NEUES LEXIKON DES JUDENTUMS

NEUES LEXIKON DES JUDENTUMS

HERAUSGEGEBEN VON
PROF. DR. JULIUS H. SCHOEPS

Redaktion des Moses Mendelssohn Zentrums
Prof. Dr. Julius H. Schoeps, Dr. Willi Jasper (Koordination),
Dr. Bernhard Vogt, Olaf Glöckner

GÜTERSLOHER VERLAGSHAUS

Redaktionelle Leitung der Erstausgabe 1992: Dieter Lang, Werner Ludewig
Redaktion der überarbeitenden Neuausgabe: Angelika Geese-Heinemann, Dr. Hans Leuschner
Datentechnische Leitung: Peter Kolm
Umschlaggestaltung: Jens Vogelsang, Aachen, unter Verwendung folgender Fotos:
Umschlagvorderseite (oben links): © Rolf M. Kneller, Jerusalem. – (oben rechts): © Reinhard Kemmether, Nürnberg. – (Mitte): © Bertelsmann Lexikon Verlag, Gütersloh/München. – (unten rechts): © Nachum Tim Gidal. – Hinterlegung: Stadtansicht: © Rolf M. Kneller, Jerusalem. – Sederteller: © Archiv für Kunst und Geschichte, Berlin. – Bildstreifen (von rechts nach links): Foto 1, 2, 3, 7, 8, 9, 10: © Rolf M. Kneller, Jerusalem.
– Foto 4, 5, 6: © Reinhard Kemmether, Nürnberg. –
Die auf Seite 13 (Abbildungsnachweis) angegebenen Quellen zu den Umschlagmotiven sind nicht korrekt und wurden irrtümlicherweise abgedruckt.
Bildbeschaffung: Elisabeth Lezius
Karten: Elke Christoph
Satz und Grafik: Böcking & Sander, Kommunikationsdesign, Bochum
Herstellung: Martin Kramer

Die Deutsche Bibliothek – CIP-Einheitsaufnahme

Neues Lexikon des Judentums / hrsg. von Julius H. Schoeps.
Red. des Moses Mendelssohn Zentrums Julius H. Schoeps ... –
Überarb. Aufl. – Gütersloh: Gütersloher Verl.-Haus, 2000
ISBN 3-579-02305-5

ISBN 3-579-02305-5

Überarbeitete Neuausgabe
mit Genehmigung des Bertelsmann Lexikon Verlages, Gütersloh/München

Druck und Bindung: Graphischer Großbetrieb Pößneck GmbH
Printed in Germany

Vorwort zur Neuausgabe

Das »Neue Lexikon des Judentums« ist eine aktualisierte Neufassung der 1992 erschienenen Erstausgabe. Da die übernommene Substanz im wesentlichen fortgeschrieben, erweitert und ergänzt wurde, bleiben Konzeption und inhaltliche Schwerpunkte in ihren Grundzügen erhalten. Auch die Neuausgabe des Lexikons richtet sich nicht in erster Linie an jüdische Leser, sondern vor allem an eine nichtjüdische Zielgruppe mit historischen, politischen, kulturellen und religiösen Interessen und einer gewissen Vorbildung, die nach Bestätigung sucht.

Die vertiefte Beschäftigung mit der jüngeren deutschen Vergangenheit hat auch das Interesse an der jüdischen Geschichte gefördert. Diesem gewachsenen Informationsbedürfnis fühlen sich Herausgeber, Redaktion und Verlag verpflichtet. Aus der beschriebenen Konzeption ergeben sich folgende inhaltliche Schwerpunkte:

1. Allgemeines Grundwissen über Religion und Kultur des Judentums
2. Jüdisches Leben in der Antike und im Mittelalter
3. Geschichte des deutschen Judentums
4. Geschichte des Judentums in Europa, in den USA und in anderen Ländern
5. Neubeginn jüdischen Lebens nach dem Holocaust
6. Entstehung und Entwicklung des Staates Israel

Herausgeber, Redaktion und Verlag waren sich von vornherein im klaren, daß es ein schwieriges Unterfangen ist, die Fülle und Vielfalt der Geschichte des Judentums in einem Band zu erfassen. Vollständigkeit im enzyklopädischen Sinn sollte und konnte nicht das Ziel sein.

Dies entspricht der beabsichtigten Tendenz zum Exemplarischen. Während die Antike, das Mittelalter und die Neuzeit bis zur Aufklärung eine zwar vielfältige, insgesamt aber doch zusammenhängende, einheitliche jüdische Kulturgeschichte darstellen, unterliegen die jüdischen Lebensverhältnisse vor allem seit der Aufklärung pluralistischen Bedingungen. Deshalb verlangt eine Gesamtdarstellung des Judentums ihrem Charakter nach eine von allgemeinen Enzyklopädien und lexikalischen Nachschlagewerken abweichende Gliederung und Verteilung des Stoffs. Allein der Zufall der Buchstabenfolge erlaubt keine systematische Darstellungsform. Aus diesem Grund wurde der Entschluß gefaßt, komplexe Themenbereiche wie »Antisemitismus«, »Geschichte des deutsch-jüdischen Verhältnisses«, »Kirche und Judentum«, »Jüdische Philosophie«, »Reformjudentum« oder »Zionismus« nicht in Artikelform, sondern als Essays abzuhandeln.

Bei der Anstrengung, den Gang der jüdischen Geschichte zu ordnen und zu skizzieren, ließ sich nicht immer der Versuchung widerstehen, einzelne Elemente nach subjektiver Beurteilung besonders zu betonen, andere in den Hintergrund zu rücken. Eine solche »archäologische« Methode der Quellennutzung und Darstellung rechtfertigt sich aber bis zu einem gewissen Grad durch den Umstand, daß jüdische Geschichte mit den »Normalkategorien« der Historiographie kaum faßbar ist. Herausgeber und Redaktion lag vor allem daran, neben der Vermittlung von »Grundwissen« die tragische Geschichte des deutsch-jüdischen Beziehungsgeflechts darzustellen, die mit dem Holocaust nicht beendet ist, sondern bis in die Gegenwart reicht.

Die Schwierigkeit des Lexikons beginnt mit der Definition seines Gegenstands. Definitionen dessen, was spezifisch »jüdisch« ist, führen notwendigerweise zu widersprüchlichen Analysen des Verhältnisses von Judentum und der jeweiligen Umwelt, ein Verhältnis, das oft auf das Phänomen der Assimilation reduziert wird. Besonders die Auswahl der Biographien spiegelt die Verlegenheit, die die offene Frage nach der »jüdischen Identität« hinterläßt. Die Redaktion hat sich bemüht, primär solche Biographien zu berücksichtigen, in denen ein subjektiver Bezug zum Judentum und eine objektive Wirkung auf jüdisches Leben erkennbar sind. Der Einfluß einiger nichtjüdischer Politiker, Philosophen oder Literaten ist für das jüdische Denken und Leben im positiven und negativen Sinn so folgenreich gewesen, daß auch sie in diesem Lexikon Erwähnung finden. Auch die Auswahlkriterien für noch lebende jüdische Persönlichkeiten müssen umstritten bleiben. Allein der Blickwinkel eines zukünftigen Forschungsinteresses konnte nicht entscheidend sein. Angesichts der Mitarbeit von mehr als hundert Autoren mit unterschiedlichen wissenschaftlichen und methodischen Standpunkten war die Koordinierung nicht immer einfach. Deshalb haben wir durch namentliche Kennzeichnung der Artikel die wissenschaftliche Verantwortung jeweils bei den Autoren gelassen. Das freundliche Verständnis, das die Mitarbeiter für gelegentlich unumgängliche Eingriffe in die Manuskripte (Streichungen, Änderungen und Zusätze) bewiesen haben, verdient besonderen Dank.

Die Redaktionsarbeiten zu der ersten Ausgabe des »Neuen Lexikons des Judentums« fanden vor dem Hintergrund epochaler Umwälzungen in Mittel- und Osteuropa statt, deren Ausmaß und Auswirkungen auf die jüdischen Lebenswelten nur in beschränktem Maß berücksichtigt werden konnten. Das gilt vor allem für den Exodus der Juden aus dem Gebiet der ehemaligen Sowjetunion. Nach Schätzungen von 1991 lebten auf dem Gebiet der ehemaligen Sowjetunion etwa 1,5 bis 2 Millionen Juden. Am Vorabend des Zweiten Weltkrieges waren es noch weit über fünf Millionen. Inzwischen sind mehr als eine Million Juden ausgewandert, über 700 000 nach Israel, ein größeres Kontingent in die Vereinigten Staaten und 80 000 nach Deutschland. Vor Jahren noch unvorstellbar die Feststellung des Jüdischen Weltkongresses (WJC) im April 1998, »daß die jüdischen Gemeinden zu Berlin derzeit die prozentual am schnellsten anwachsende jüdische Gemeinschaft außerhalb Israels darstellen«.

Für Herausgeber und Redaktion ergab sich die Notwendigkeit, bei der inhaltlichen Aktualisierung und Ergänzung insbesondere das historische und aktuelle Verhältnis von Juden und nichtjüdischer »Umgebungsgesellschaft« neu zu thematisieren. Das galt auch und gerade für die aktuelle Debatte über Architektur und Topographie von Gedenkstätten. Neu aufgenommen wurde daher der Essay von Salomon Korn zum Thema »Deutsch-jüdische Gedenkkultur nach dem Holocaust«. Aber auch in Israel erscheinen im 50. Jubiläumsjahr der Staatsgründung die traditionellen kulturellen, sozialen und religiösen Beziehungsgeflechte gefährdeter denn je. »Kulturkampf« im Inneren und eine Gefährdung des Friedensprozesses stellen die israelische Gesellschaft vor eine Zerreißprobe, deren Dramatik nicht ohne Einfluß auf die redaktionelle Bearbeitung bleiben konnte. Aktualisiert wurden auch biographische Daten und demographische Entwicklungen einschließlich der graphischen Darstellungen und entsprechender Illustrationen. Zu danken habe ich der zentralen Redaktion des Moses Mendelssohn Zentrums für europäisch-jüdische Studien/Universität Potsdam, die von PD Dr. Willi Jasper unter Mitarbeit von Dr. Bernhard Vogt und Olaf Glöckner koordiniert wurde.

Der Herausgeber

Alphabetische Reihenfolge der Stichwörter

Die Reihenfolge der Stichwörter richtet sich streng alphabetisch nach der Schreibweise, unabhängig von der Aussprache und Bedeutung. Stichwörter, die aus mehreren selbständigen oder durch Bindestrich verknüpften Teilen bestehen, werden wie ein zusammenhängendes Wort behandelt; auch Abkürzungen, die aus mehreren Buchstaben bestehen, gelten als ein Wort.
Die Buchstabenfolgen ae, oe, ue gelten als je zwei Buchstaben, auch wenn sie als Umlaut wie ä, ö, ü gesprochen werden. ß wird wie ss eingeordnet.
Buchstaben mit Sonderzeichen (z. B. á, à, ç, ä, ö, ü) werden wie solche ohne Sonderzeichen behandelt; Sonderzeichen und auch zum Stichwort gehörige Satzzeichen werden bei der alphabetischen Einordnung nur insofern berücksichtigt, als *bei sonst buchstabengleichen Stichwörtern* solche ohne diese Zeichen vor denen mit diesen Zeichen, solche mit ß vor denen mit ss stehen.
Stimmen mehrere Stichwörter in der Schreibweise *völlig* überein, so stehen an erster Stelle Sachbegriffe, dann geographische Namen, dann Personennamen.
Mehrgliedrige Stichwörter werden möglichst in der natürlichen Stellung dieser Bestandteile aufgeführt und eingeordnet. Dies gilt nicht in Fällen, in denen zu erwarten ist, daß der Benutzer den Inhalt unter dem Hauptbestandteil des mehrgliedrigen Stichworts sucht, z. B.: »Kunst, jüdische«. In Zweifelsfällen wird das Auffinden eines Artikels durch entsprechende Verweise erleichtert.
Arabische Ziffern bleiben bei der Alphabetisierung unberücksichtigt.
Römische Ziffern werden wie Buchstaben alphabetisiert.

Schreibweise der Stichwörter und fremdsprachlichen Ausdrücke

Wenn für ein und dasselbe Stichwort unterschiedliche Schreibweisen geläufig sind, so ist für das NEUE LEXIKON DES JUDENTUMS jene Form gewählt worden, von der anzunehmen ist, daß der Leser hier zuerst nachschlagen wird; andere mögliche Schreibweisen stehen (in der Regel in Klammern) hinter dem Hauptstichwort.
Namen aus Sprachen, die die Lateinschrift verwenden, werden in der Regel in der landesüblichen Form, mit allen eventuellen Sonderzeichen, wiedergegeben. Bei Namen und Begriffen aus fremden Schriftsystemen ist diejenige Umschrift gewählt, von der angenommen werden kann, daß sie dem Leser am ehesten vertraut ist. Das gilt vor allem für das Hebräische, das Arabische und das Russische. Wo immer sich eine vom gewählten Umschriftsystem abweichende Schreibweise so weit durchgesetzt hat, daß sie als allgemein üblich gelten kann, wird ihr jedoch der Vorzug gegeben.
Die Schreibweise geographischer Namen richtet sich nach den Prinzipien des *Lexikon Instituts Bertelsmann*. Geographische Namen in Israel folgen in der Regel den amtlichen Karten des Survey of Israel, sofern nicht im deutschsprachigen Raum übliche Schreibweisen sich durchgesetzt haben.
In Zweifelsfällen wird das Auffinden eines Artikels wiederum durch Verweise erleichtert. Stichwörter, die man unter C vermißt, suche man unter K oder Z, und umgekehrt; ähnlich bei C, Ch, Cz und Tsch, bei V und W, bei Sch und Sh, bei J, I und Y, bei F und Ph usw.
Kursivsetzung wird gelegentlich verwendet, wenn Begriffe oder Namen aus dem Text hervorgehoben werden sollen.

Sprachliche Angaben

Bei Fremdwörtern oder Lehnwörtern, besonders bei Sachbegriffen aus dem Hebräischen, ist die *sprachliche Herkunft* kurz angegeben, im allgemeinen nur die Sprache, aus der das Wort stammt. Sind mehrere Sprachen an der Bildung einer Wortzusammensetzung beteiligt, so werden die verschiedenen Sprachangaben genannt. Wenn die deutsche Entsprechung des Ursprungsworts für das Verständnis des Stichworts hilfreich ist, wird diese angegeben.

Datenangaben und Werktitel

Statistische Angaben wie Bevölkerungszahlen sind, sofern verfügbar, der amtlichen Statistik entnommen und gerundet angegeben. Gesicherte und zuverlässige Daten können in der Regel für einen Zeitpunkt angegeben werden, der zwei

oder mehr Jahre vor der Veröffentlichung des Lexikons liegt, da die statistischen Fortschreibungen in der Regel mit der aktuellen Entwicklung nicht Schritt halten. Die meisten Länder verfügen über keine oder unvollständige amtliche Statistiken; hier mußte auf Schätzungen zurückgegriffen werden (vgl. auch Artikel »Demographie«).
Für neuzeitliche *Daten* gilt, wie üblich, in der Regel der Gregorianische Kalender. Daten am Anfang einer Biographie geben - soweit feststellbar - Geburts- und Sterbetag an. Regierungs- oder Amtszeiten sind - wo es zur Vermeidung von Mißverständnissen erforderlich ist - durch die Abkürzung R. gekennzeichnet.
Ein Zeitraum von mehreren Jahren innerhalb eines Jahrhunderts wird mit Bindestrich in der Form 1870–75 angegeben, nur bei zwei aufeinander folgenden Jahren desselben Jahrhunderts ist die Form mit Schrägstrich gewählt: 1870/71. Wenn sich der Zeitraum über eine Jahrhundertwende erstreckt, werden beide Zahlen ausgeschrieben: 1898–1901, 1899/1900. Die Angabe 1470/1480 bei Lebensdaten bedeutet, daß das Geburtsdatum nicht genau bekannt ist und zwischen den beiden genannten Jahren liegt.
Die Jahreszahlen hinter *Werktiteln* aus der Neuzeit geben, wenn nichts anderes vermerkt ist, das Datum der Erstveröffentlichung oder Uraufführung an, nicht den Zeitraum der Ausarbeitung oder den Zeitpunkt der Fertigstellung. Fremdsprachige Werke werden meist mit dem Titel der deutschen Übersetzung zitiert, wenn eine solche vorliegt; dabei werden häufig das Erscheinungsdatum der fremdsprachigen Ausgabe und das der deutschen Ubersetzung angegeben.

Literaturangaben

Literaturangaben zu einem Stichwort sind durch das Zeichen [L] kenntlich gemacht. Sie stehen am Ende des Artikels. Bei der Literaturauswahl wurden im Interesse des Lesers aktuelle deutschsprachige Darstellungen bevorzugt. Die Titelaufnahme enthält: den Vornamen (mit dem ersten Buchstaben abgekürzt) und Namen des Verfassers oder Herausgebers (dann mit dem Zusatz »Hrsg.«), den Titel und das Erscheinungsjahr. Die jeweils letzte Auflage wird mit einer hochgestellten Zahl vor dem Jahr vermerkt. Der Erscheinungsort wird in der Regel nur bei Titeln angegeben, die im Ausland erschienen sind.

Verweise

Neben den Verweisen zum Auffinden eines Stichworts, dessen Schreibweise oder alphabetische Einordnung fraglich sein könnte, werden Verweise von einem Stichwort auf ein anderes möglichst sparsam verwendet. Der *direkte Verweis* (→) deutet an, daß der Gedankengang eines Artikels unter dem so gekennzeichneten Stichwort weitergeführt wird. Der Gesamtzusammenhang, in dem die Stichwörter stehen, wird auf diese Weise verständlich. Der *Siehe-auch-Verweis* (auch →) gibt an, unter welchen Stichwörtern zusätzliche Informationen zu der angeschnittenen Thematik zu finden sind, um das Verständnis des größeren Zusammenhangs zu erleichtern.

Abkürzungen der biblischen Bücher (einschl. N.T.)

Am	Das Buch Amos
Apg	Die Apostelgeschichte
Bar	Das Buch Baruch (griechisch)
1 Chr	Das 1. Buch der Chronik
2 Chr	Das 2. Buch der Chronik
Dan	Das Buch Daniel (mit griechischen Zusätzen)
Dtn	Deuteronomium (5 Mose)*
Eph	Der Brief an die Epheser
Esr	Das Buch Esra
Est	Das Buch Ester (mit griechischen Zusätzen)
Ex	Exodus (2 Mose)*
Ez	Das Buch Ezechiel (Hesekiel)
Gal	Der Brief an die Galater
Gen	Genesis (1 Mose)*
Hab	Das Buch Habakuk
Hebr	Der Brief an die Hebräer
Hld	Das Hohelied (Das Hohelied Salomos)
Hos	Das Buch Hosea
Ijob	Das Buch Ijob (Job, Hiob)
Jak	Der Brief des Jakobus
Jdt	Das Buch Judit (griechisch)
Jer	Das Buch Jeremia
Jes	Das Buch Jesaja

Joh	Das Evangelium nach Johannes
1 Joh	Der 1. Brief des Johannes
2 Joh	Der 2. Brief des Johannes
3 Joh	Der 3. Brief des Johannes
Joel	Das Buch Joel
Jona	Das Buch Jona
Jos	Das Buch Josua
Jud	Der Brief des Judas
Klgl	Die Klagelieder des Jeremia
1 Kön	Das 1. Buch der Könige
2 Kön	Das 2. Buch der Könige
Koh	Das Buch Kohelet (Pred = Der Prediger Salomo)*
Kol	Der Brief an die Kolosser
1 Kor	Der 1. Brief an die Korinther
2 Kor	Der 2. Brief an die Korinther
Lev	Levitikus (3 Mose)*
Lk	Das Evangelium nach Lukas
1 Makk	Das 1. Buch der Makkabäer (griechisch)
2 Makk	Das 2. Buch der Makkabäer (griechisch)
3 Makk	Das 3. Buch der Makkabäer (griechisch)
4 Makk	Das 4. Buch der Makkabäer (griechisch)
Mal	Das Buch Maleachi
Mk	Das Evangelium nach Markus
Mt	Das Evangelium nach Matthäus
Mi	Das Buch Micha
Nah	Das Buch Nahum
Neh	Das Buch Nehemia
Num	Numeri (4 Mose)*
Obd	Das Buch Obadja
Offb	Die Offenbarung des Johannes
1 Petr	Der 1. Brief des Petrus
2 Petr	Der 2. Brief des Petrus
Phil	Der Brief an die Philipper
Phlm	Der Brief an Philemon
Ps	Die Psalmen
Ri	Das Buch der Richter
Röm	Der Brief an die Römer
Rut	Das Buch Rut
Sach	Das Buch Sacharja
1 Sam	Das 1. Buch Samuel
2 Sam	Das 2. Buch Samuel
Sir	Das Buch Jesus Sirach (griechisch)
Spr	Das Buch der Sprichwörter (Die Sprüche Salomos)
1 Thess	Der 1. Brief an die Thessalonicher
2 Thess	Der 2. Brief an die Thessalonicher
1 Tim	Der 1. Brief an Timotheus
2 Tim	Der 2. Brief an Timotheus
Tit	Der Brief an Titus
Tob	Das Buch Tobit (Das Buch Tobias)
Weish	Das Buch der Weisheit (Die Weisheit Salomos) (griechisch)
Zef	Das Buch Zefania

* *In Klammern ist die in der Tradition der Lutherbibel übliche Bezeichnung angegeben.*

Abkürzungen der rabbinischen Texte

a) Mischna, Tossefta, Talmudim

Abot	
Ar	Arakhin, Arachin
AZ	Aboda Zara, Awoda Sara
BB	Baba Batra
Bek	Bekhorot
Ber	Berakhot, Berachot
Betsa	
Bik	Bikkurim
BM	Baba Metsia
BQ	Baba Qamma
Chag	Chagiga
Chal	Challa
Chul	Chullin
Demmai	
Ed	Edujot
Er	Erubin, Eruwin
Git	Gittin
Hor	Horajot
Jad	Jadajim
Jeb	Jebamot
Joma	
Kel	Kelim
Ker	Keritot
Ket	Ketubbot
Kil	Kilajim
Maas	Maassrot
Mak	Makkot
Makh	Makhschirin, Machschirin
MSch	Maasser Scheni
Meg	Megilla
Meila	
Men	Menachot
Mid	Middot

Miqw	Miqwaot, Mikwaot
MQ	Moed Qatan
Naz	Nazir, Nasir
Ned	Nedarim
Neg	Negaim
Oh	Ohalot
Orla	
Para	
Pea	
Pes	Pessachim
Qid	Qidduschin, Kidduschin
Qin	Qinnim, Kinnim
RH	Rosch ha-Schana
Sanh	Sanhedrin
Schab	Sabbat
Schebi	Schebiit, Schewiit
Schebu	Schebuot
Scheq	Scheqalim, Schekalim
Sota	
Suk	Sukka
Taan	Taanit
Tam	Tamid
TebJ	Tebul Jom, Tewul Jom
Tem	Temura
Ter	Terumot
Uq	Uqtsin, Ukzin
Zab	Zabim, Sabim
Zeb	Zebachim, Sewachim

b) Andere Texte

ARN	Abot de Rabbi Natan
DtnR	Deuteronomium Rabba
ExR	Exodus Rabba
GenR	Genesis Rabba
HldR	Hoheslied Rabba
ISG	Iggeret Rab Scherira Gaon
KlglR	Klagelieder Rabba
KohR	Kohelet Rabba
LevR	Levitikus Rabba
Mek	Mechilta de R. Jischmael
MHG	Midrasch ha-Gadol
MidrPss	Midrasch Psalmen
MidrSpr	Midrasch Sprichwörter
MidrTann	Midrasch Tannaim
MRS	Mechilta de R. Simeon
NumR	Numeri Rabba
PesR	Pesikta Rabbati
PRE	Pirqe de Rabbi Eliezer
PRK	Pesikta de Rab Kahana
SER	Seder Elijahu Rabba
SOR	Seder Olam Rabba
SOZ	Seder Olam Zutta
STA	Seder Tannaim we-Amoraim
SZ	Sifre Zutta
Tan	Tanchuma
TanB	Tanchuma Buber

Mitarbeiter

(in Klammern Autoren-Sigel)

Arens, Detlev, Köln (DA)
Aufgebauer, Peter, Dr., Göttingen (PAU)
Avineri, Shlomo, Prof. Dr., Jerusalem
Baleanu, Avram A., Dr., Köln (AB)
Bartnik, Petra C., Duisburg (PB)
Battenberg, Friedrich, Dr., Darmstadt (FB)
Belke, Ingrid, Dr., Marbach (IB)
Ben-Chorin, Schalom, Prof. Dr., Jerusalem
Berg, Hetty, Amsterdam (HB)
Biehl, Jürgen, Dr., Duisburg (JB)
Bittmann, Karl, Sydney, Australien (KB)
Bokovoy, Douglas, München (DB)
Brauer, Susanne, Berlin (SB)
Brocke, Edna, MA, Essen
Brumlik, Micha, Prof. Dr., Frankfurt/Heidelberg
Brüning, Michael, Köln (MBR)
Carlebach, Julius, Prof. Dr., Heidelberg
Castritius, Helmut, Prof. Dr., Braunschweig (HC)
Cramer, Doortje, Mainz (DC)
Delf, Hanna, Frankfurt/Duisburg (HD)
Detering, Heinrich, Dr., Göttingen (HED)
Dettmer, Frauke, Dr., Rendsburg (FD)
Deventer, Jörg, Hamburg (JÖD)
Dick, Jutta, Duisburg (JD)
Dode, Ralf-Erik, Dr., Essen (RD)
Doering, Lutz, Heidelberg (LD)
Döpp, Heinz-Martin, MA, Heidelberg (HMD)
Dratwa, Daniel, Dr., Brüssel (DAD)
Gartner, Isabella, Innsbruck (IG)
Glöckner, Olaf, Potsdam (OG)
Grab, Walter, Prof. Dr., Tel Aviv

Gries, Sabine, Dipl. rer. soc., Bochum (SG)
Guggenheim, Willy, Dr., Zürich (WGU)
Hahn, Barbara, Dr., Berlin (BH)
Hayoun, Maurice-Ruben, Prof. Dr., Paris/Boulogne (MH)
Heid, Ludger, Dr., Duisburg (LH)
Heitmann, Margret, Dipl.-Päd., Duisburg (MAH)
Herzig, Arno, Prof. Dr., Hamburg (AH)
Hilzinger, Sonja, Dr., Mainz (SOH)
Honigmann, Peter, Dr., Straßburg/Heidelberg (PH)
Horch, Hans-Otto, Prof. Dr., Aachen (HH)
Hübsch-Faust, Monika, Duisburg (MHF)
Humrich, Christiane, Dipl.Soz.Wiss., Duisburg (CH)
Illmann, Karl-Johan, Prof. Dr., Åbo, Finnland (KI)
Jasper, Willi, Dr., Potsdam (WJ)
Keilson, Hans, Prof. Dr., Bussum, Niederlande (HAK)
Kennecke, Andreas, Potsdam (AKE)
Kochan, Lionel, Prof. Dr., Oxford, Großbritannien (LK)
Korn, Salomon, Dr., Frankfurt a. M.
Kovács, András, Dr., Budapest (AK)
Krochmalnik, Daniel, Dr., Heidelberg (DK)
Kruse, Joseph, Prof. Dr., Düsseldorf (JK)
Kugelmann, Cilly, Frankfurt a. M. (CK)
Künzl, Hannelore, Prof. Dr., Heidelberg (HK)
Kwasman, Theodore, Prof. Dr., Duisburg (TK)
Lang, Ulrike, Innsbruck (UL)
Levitt, Cyril, Prof. Dr., Hamilton, Ontario, Kanada (CL)
Levy, Jan-Erik, Solna, Schweden (JL)
Lichtenstein, Heiner, Köln (HL)
Lordick, Harry, Duisburg (HAL)
Lotter, Friedrich, Prof. Dr., Göttingen/Kassel (FL)
Lucas, Franz D., Generalkonsul a. D., London (FDL)
Ludewig, Werner, Dipl.-Geogr., Gütersloh (WL)
Mandelartz, Michael, Dr., Aachen (MIM)
Mandelartz-Kaußen, Helga, Dr., Aachen (HMK)
Mattenklott, Gert, Prof. Dr., Marburg (GM)
Meier-Cronemeyer, Hermann, Dr. Dr., Berlin
Mertens, Lothar, Bochum (LM)
Meyer, Michael A., Prof. Dr., Cincinnati, Ohio, USA
Mittelmann, Hanni, Dr., Jerusalem (HAM)
Mosse, Werner E., Prof. Dr., London
von zur Mühlen, Patrik, Dr., Bonn (PM)
Müller, Marion, Dipl.Soz.Wiss., Duisburg (MAM)
Müller-Salget, Klaus, Prof. Dr., Bonn (KMS)
Nachama, Andreas, Dr., Berlin (AN)
Navè-Levinson, Pnina, Prof. Dr., Mallorca
Na'aman, Shlomo, Prof. Dr., Tel Aviv (SN)
Neubauer, Hans-Joachim, Berlin (HN)
Neubert, Barbara, Heidelberg (BN)
Nicolai, Elke, Siegen (EN)
Nussbaum, Laureen, Prof. Dr., Portland, USA (LN)
Orland, Nachum, Dr., Berlin (ON)
Pazi, Margarita, Prof. Dr., Tel Aviv (MP)
Presser, Ellen, München (EP)
Pross, Harry, Prof. Dr., Weissen/Allgäu
Redaktion (RED)
Rian, Dagfinn, Assoc. Prof., Trondheim, Norwegen (DR)
Ripkens, Werner, Duisburg (WR)
Röcher, Ruthy, Dr., Siegen (RR)
Rohlén-Wohlgemuth, Hilde, Dr., Stockholm (HIR)
Rudnicka, Agnieszka, Berlin (AGR)
Rüsel, Manfred, Aachen (MAR)
Sajak, Clatra, Mainz (CS)
Sassenberg, Mariana, Dipl.Soz.Wiss., Duisburg (MAS)
Scheichl, Sigurd Paul, Prof. Dr., Innsbruck (SPS)
Scherer, Stefan, Würzburg (STS)
Schindler, Thomas, MA, Gerbrunn (TS)
Schmidt, Michael, Dr., Berlin (MS)
Schoeps, Julius H., Prof. Dr., Potsdam (JS)
Schulz, Georg-Michael, Priv.Doz Dr., Aachen (GMS)
Schuster, Gerhard, Dr., Marbach (GS)
Schwarz, Rudolf, Mainz (RS)
Shear-Yashuv, Aharon, Prof. Dr., Jerusalem/Heidelberg
Shedletzky, Itta, Dr., Jerusalem (IS)
Silbermann, Alphons, Prof. Dr., Köln (AS)
Sparr, Thomas, Dr., Frankfurt a. M. (THS)
Straub, Eberhard, Dr. habil., Essen (ES)
Toury, Jacob, Prof. Dr., Herzliya, Israel
Trautner-Kromann, Hanne, Prof Dr., Ringsted, Dänemark (HTK)
Vogt, Bernhard, Dr., Duisburg (BV)

van Voolen, Edward, Drs., Amsterdam (EV)
Wenninger, Markus J., Dr., Klagenfurt, Österreich (MAW)
Wickert, Christl, Dr., Berlin (CW)
Wiechmann, Dietmar, Kempen (DW)
Wistrich, Robert S., Prof. Dr., Jerusalem
Wolffsohn, Michael, Prof. Dr., München (MW)
Zimmermann, Dorothee, Aachen (DZ)

Essays

Karten und graphische Darstellungen

Abbildungsnachweis

Umschlagvorderseite o. l.: Archiv für Kunst und Geschichte, Berlin; u. l. und r.: Nachum Tim Gidal.
Umschlagrückseite: Sven Simon.
Umschlagrückseite, Klappe: Maik Jespersen/Octopus.

Archiv für Kunst und Geschichte, Berlin: I o., I u. l., I u. r., II u., III o., III u. l., III u. r., IV o., IV u. r., V o. l., VI o. l., VI o. r., VI u., 218, 316, 332, 363, 728, 756, 780; *Bettmann-Corbis Archiv, New York:* 92/UPI, 107/UPI, 109/UPI, 145, 160/UPI, 181, 220/UPI, 222 o., 255, 260/UPI, 271, 277/UPI, 296, 319/UPI, 345/UPI, 441, 470, 489, 540, 550, 563, 644/UPI, 647, 691/UPI, 736, 746/UPI, 748, 766/UPI, 818/UPI, 845, 850/Springer, 853/UPI, 896; *Bildarchiv Preußischer Kulturbesitz, Berlin:* VIII o., 73, 132, 194, 300, 388, 598, 621, 781; *Caisse Nationale des Monuments C.N.M.H.S., Paris:* 120; *dpa, Frankfurt:* 50, 85, 509, 636, 867; *Gidal-Bildarchiv im Steinheim-Institut, Düsseldorf:* II o. l., II o. r.; *Institut für Theater-, Film- und Fernsehwissenschaften, Köln:* 137; *Interfoto, München:* VIII u. l., 222 u.; *Keystone, Hamburg:* VII u., 23, 245, 361, 561, 789; *Keystone Color, Zürich:* 156, 458, 713, 880; *Hannelore Künzl, Heidelberg:* IV u. l., V o. r., V u.; *Österr. Nationalbibliothek, Wien:* 89, 170, 212, 488, 532, 688, 715, 771; *Public Address, Hamburg:* 41; *Reportagebild, Stockholm:* 724; *Schiller-Nationalmuseum, Marbach:* 150, 586, 820; *Sipa Press, Paris:* 105/Trippelt, 122/Brown; *Süddeutscher Verlag, München:* VII o., 516, 559; *Ullstein Bilderdienst:* VIII u. r.

Die hier nicht aufgeführten Abbildungen stammen aus dem Archiv des Verlages.

Trotz sorgfältiger Recherche konnten nicht alle Urheber ermittelt werden. Es wird gegebenenfalls um Mitteilung gebeten.

A

Aachen, Kaiserpfalz, 936–1531 Krönungsort der deutschen Könige. 820 erste im Mittelalter quellenmäßig belegte Niederlassung jüdischer Kaufleute im späteren Deutschland. Vom 11. bis 14. Jahrhundert sind die Juden im Nekrolog der Marktkirche namentlich genannt. 1241 zeugen 15 Mark Reichssteuer für die nur geringe Größe der jüdischen Gemeinde. Im 13. Jahrhundert tauchen mehrmals jüdische Apostaten auf, im 14./15. Jahrhundert wird wiederholt die Judengasse erwähnt. 1629 siedelten aus Aachen ausgewiesene Juden mehrheitlich ins benachbarte Burtscheid über. 1770 berücksichtigte das Stadtrecht jüdischer Geldverleiher. 1847 übernahm die Judengemeinde das jüdische Gemeindestatut Preußens. 1845 Bau einer Grundschule, 1862 Errichtung einer Synagoge. Diese wurde beim Novemberpogrom 1938 zerstört; damals lebten noch etwa 1700 Juden in Aachen. 1941/42 wurden 700 Juden nach Polen und 250 nach Theresienstadt deportiert, von denen 25 zurückkehrten. 1957 Bau einer neuen Synagoge. Seit den 70er Jahren ist Aachen, vor allem auch durch die bischöfliche Akademie, zu einem Zentrum christlich-jüdischer Verständigung geworden. (FL)

Aaron, Sohn von Amram und Jochebed aus dem Stamme Levi, Bruder Mirijams und →Moses. Seine Ehe mit Elischeba, der die Söhne Nadab, Abihu, Eleasar und Ithamar entstammen, verbindet ihn mit der Familie des Stammes →Juda, aus der →David abstammt. So werden Aaroniden und Davididen miteinander verknüpft. Das Bild Aarons trägt in der biblischen Tradition unterschiedliche Züge, die von manchen Bibelforschern verschiedenen Quellen zugeordnet werden. Er ist Sprecher und Begleiter des Mose und wird als Wundertäter gezeigt. Vor allem aber gilt er als Stammvater des israelitischen Priestertums (→Priester) und wird trotz seiner Beteiligung an der Errichtung des Goldenen Kalbs zum →Hohepriester eingesetzt. Aufgrund seines Ungehorsams gegenüber Gott stirbt er, nachdem er seinem Sohn Eleasar das Hohenpriestergewand übergeben hat, ohne das Gelobte Land gesehen zu haben. In rabbinischer Tradition gilt er als Vorbild der Friedfertigkeit. In diesem Sinne wird auch sein Verhalten im Zusammenhang mit dem Goldenen Kalb erklärt: Er bezweckte, Unheil zu verhüten. Deshalb wurde ihm auch das Amt des Hohenpriesters übertragen. Besonderes Kennzeichen seines Priestertums ist sein grünender Stab. Die Schriften aus Qumran erwähnen sogar einen Messias, der von Aaron abstammt. (HMD)

Aaron ben Elija von Nikomedien, karäischer Religionsphilosoph, ? – 1369. Aaron ben Elija von Nikomedien war der karäische Gegenspieler von →Mose ben Maimon. In seinem 1346 verfaßten philosophischen Hauptwerk nimmt er den →Kalam als bibelgemäße Theologie gegen die vernichtende Kritik des Maimonides in Schutz und weist dagegen den →Aristotelismus als heidnisch zurück. In seinen halachischen Werken vertritt Aaron ben Elija insgesamt die für die Karäer typisch fundamentalistische Auffassung des Gesetzes, während er in seiner Moralphilosophie an den ethischen Rationalismus des mutazilitischen Kalam anknüpft und beides durch die dort gängige Unterscheidung von Offenbarungs- und Vernunftgeboten vermittelt.

🄻 I. Husik, A History of Mediaeval Jewish Philosophy, Philadelphia (USA) 1948. (DK)

Abaelard, Petrus, französischer Theologe und Philosoph der Frühscholastik, 1079 Le Pallet bei Nantes – 21. 4. 1142 Kloster St.-Marcel, Saône. Abaelard suchte Erkenntnis und humanistisches Verständnis der Glaubenswahrheiten in dialektischer Logik (»Sic et Non«). 1141 schrieb er in Cluny einen Dialog zwischen einem Juden, einem Christen und einem arabischen Philosophen über das Verhältnis von Glauben und Vernunft, Schrift und Naturrecht (unvollendet). Abaelard betonte die Nähe zwischen Judentum und Christentum im Prinzip des Glaubens sowie in der Gottes- und Nächstenliebe, betrachtete das Leid der Juden als Zeugnis ihrer Erwählung, erkannte in ihrer Abdrängung zur Zinsnahme die Ursache des Judenhasses und sprach die Juden wegen Unwissenheit von der Schuld an der Kreuzigung Jesu frei. Abaelard empfahl der Nonne Heloïse, zum besseren Verständnis der Bibel Hebräisch zu lernen.

🄻 H. Schreckenberg, Die christlichen Adversus-Judaeos-Texte (11.–13. Jahrhundert), 1988. (FL)

Abaje (bar Nachmani), →Amoräer, 280–339 n. Z. Schüler seines Onkels Rabba und von Rabbi Josef bar Chija. Aufgewachsen mit →Rawa, mit dem er viele Debatten führte. Diese »Hawajot Abaje we-Raba« sind Inbegriff talmudischer Dialektik und machen einen großen Teil der Diskussion im babylonischen →Talmud aus. Mit sechs Ausnahmen folgt die →Halacha der Meinung Rawas. Vor seinem Tod war Abaje fünf Jahre Schuloberhaupt in Pumbedita (→Akademie). (HMD)

Abba Arikha (der Gr. oder der Hochgewachsene), gewöhnlich nur Rab genannt, →Amoräer, um 160–247 n. Z. Schüler von →Jehuda ha-Nassi und seines Onkels Rabbi Chija. Gründer der →Akademie in Sura (um 219 n. Z.), Gegenspieler des Mar Samuel. (HMD)

Abbahu, →Amoräer, um 300 n. Z. Schüler von Rabbi →Jochanan ben Nappacha und Rabbi Jose ben Chanina. Studierte mit Resch Laqisch und Rabbi Eleasar ben Pedat. Schuloberhaupt in →Caesarea. (HMD)

Abel (hebräisch »Hewel«, Namensbedeutung unsicher: »Sohn, Hauch von Nichtigkeit bzw. Eitelkeit, Windhauch, Kamel«), zweiter Sohn →Adams und →Evas, Bruder →Kains. Viehzüchter. Wird von seinem Bruder aus Neid über dessen von Gott nicht beachtetes Opfer erschlagen. Seine Geburt und seine Ermordung sind Gegenstand vieler Midraschim (→Midrasch). Danach folgte die Ermordung auf einen Streit über die Weltordnung oder über die Aufteilung der beweglichen und unbeweglichen Güter (des Ackerbauers einerseits und des Viehzüchters andererseits) oder aber um den Besitz der zweiten Zwillingsschwester Abels. (HMD)

Abendgebet →Maariw

Aberdam, Alfred, Maler, 1894 Lemberg – 1963. Studium an der Münchner Kunstakademie, im Ersten Weltkrieg Kriegsdienst im österreichischen Heer. Aberdam geriet in russische Gefangenschaft, schloß sich in Rußland den Revolutionären an und wurde bei der Einnahme von Irkutsk durch die Rote Armee zum Direktor des örtlichen Museums ernannt. Er setzte 1920 seine Studien fort, zuerst in Krakau, dann in Berlin bei Archipenko, überlebte den Zweiten Weltkrieg in Paris im Untergrund, besuchte 1949 und 1952 Israel, wo er in Tel Aviv, Haifa und Jerusalem ausstellte. (JS)

Abessinien →Äthiopien, →Afrika

Abkürzungen (hebräisch »Rasche Tewot«, wörtlich »Wortköpfe«, oder »Qitzurim«, wörtlich »Kürzel«) sind für das Hebräische von alters her belegt. In der tannaitischen Literatur wird dafür der griechische Ausdruck Notarikon (»Stenographie«), in der →Gemara der Ausdruck »Siman« (»Zeichen«) benutzt. Abkürzungen wurden u. a. verwendet, um Platz und damit kostbares Schreibmaterial zu sparen, den Gottesnamen nicht auszuschreiben und durch Merkworte das Behalten zu erleichtern. Die Abkürzungen folgen in der Regel dem Prinzip, den oder die Anfangsbuchstaben eines Wortes zu schreiben und einen Punkt bzw. schrägen Strich über oder neben den letzten Buchstaben zu setzen (z. B. R' für Rabbi). Es können auch mehrere Worte in einer Abkürzung zusammengefaßt werden (z. B. die zehn Plagen in Ägypten oder alle Halachot, die Abaje zugeschrieben werden). In diesem Fall werden zwei schräge Striche vor den letzten Buchstaben gesetzt. Da das Hebräische eine Konsonantensprache ist, entstehen erst durch Einfügung von Vokalen aus den Abkürzungen aussprechbare Kunstwörter, die dann leicht zu merken sind. Wichtige und z. T. in den Sprachgebrauch übergegangene Abkürzungen sind: Buchtitel wie TaNaKh (Tora, Propheten, Schriften = Hebräische Bibel) und SCHaS (sechs Ordnungen der Mischna = babylonischer Talmud), Namen wie RaSCHI (Rabbi Salomo ben Isaak) oder RaMBaM (Rabbi Mose ben Maimon), Ortsnamen wie SCHUM (Speyer, Worms und Mainz), Titel wie SCHaZ (Gesandter der Gemeinde = Vorbeter), Namenhinzufügungen wie SaL (seligen Angedenkens), aber auch das Kürzel Akkum (Diener der Sterne und Sternbilder; Abkürzungen, die die christliche Zensur für Nichtjuden in die rabbinische und talmudische Literatur einfügte). Die Mehrdeutigkeit der Abkürzungen kann zu Mißverständnissen führen, so daß der Gebrauch von Abkürzungen in Dokumenten eingeschränkt ist. (HMD)

Abner von Burgos, als Christ Alfonso von Valladolid, um 1270–1350, hochgelehrter Arzt aus dem nordspanischen Burgos. In seiner Jugend hegte er messianische Hoffnungen, wie sie Propheten in Avila und Ayllon für das Jahr 1295 geweckt hatten. Nachdem sie sich als trügerisch erwiesen hatten, schwankte Abner von Burgos lange zwischen Judentum und Christentum, ehe er auch unter dem Eindruck von Judenverfolgungen etwa im 50. Lebensjahr zum Christentum übertrat. Diesen Schritt rechtfertigte er schon vor der Taufe in seiner hebräischen Schrift »Sefer milchamot adonaj« (spanische Übersetzung: »Libero de los batallos de Dios«, Buch der Gotteskämpfe) wie auch später in seinem Hauptwerk »Mostrador« (hebräisch »More zedek«, Lehrer der Gerechtigkeit) mit harscher antijüdischer Polemik, aber auch mit philosophischen Argumenten für die durchgängige göttliche Bestimmung aller Ereignisse. Folglich betrachtete er den historischen Triumph der Kirche und seine eigene Konversion als Beweise gegen das Judentum. Abner von Burgos löste damit eine langanhaltende Kontroverse über die Freiheit und Unfreiheit des menschlichen Willens aus, an der sich im späten Mittelalter jüdische Denker wie M. →Narboni und C. →Crescas beteiligten.

L M. R. Hayoun, La Philosophie et la Théologie de Moïse de Narbonne, Tübingen 1989. (PAU/DK)

Aboab, Isaak (der Ältere), Moraltheologe, Ende des 14. Jahrhunderts Spanien, keine weiteren biographischen Angaben. In seinem volkstümlichen Erbauungsbuch »Menorat ha Maor« (Der lichtspendende Leuchter) unterstreicht Aboab gegen die Überbetonung der halachischen Kasuistik den Wert der aggadischen Erbauung für das religiöse Leben. Das Werk ist in alle jüdischen Umgangssprachen übersetzt worden und gilt neben »Herzenspflichten« von →Bachja ibn Pakuda als Klassiker der jüdischen Moral.

L I. Aboab, Der lichtspendende Leuchter, deutsche Übersetzung von S. Bamberger, 1920. (DK)

Aboda →Awoda

Aboda Sara →Awoda Sara

Abot →Mischna

Abraham bzw. Abram, ältester der drei Erzväter Israels, Sohn Terachs, Ehemann →Saras und Hagars, Vater Ismaels und →Isaaks, aus Ur in Chaldäa nach Kanaan eingewandert, begraben in der Höhle Machpela bei Hebron. Grundmotiv der Abrahamgeschichte sind die Land- und Nachkommenverheißungen und der Bund mit Gott, dessen Zeichen die →Beschneidung ist. In der rabbinischen Tradition gilt Abraham als so bedeutend, daß um seinetwillen die Welt erschaffen wurde. Er beachtete bereits die →Mizwot und bestand alle Glaubensprüfungen, darunter die Opferung bzw. Bindung (»Akeda«) Isaaks. Für seinen Gottesglauben nimmt er auch Bedrückung auf sich (→Nimrod). Es ist sein Verdienst, wenn Israel trotz Sünden vor Gott bestehen kann. Er tritt als Fürbitter ein und sitzt an der Tür zur Hölle, um die Beschnittenen zu retten. Doch auch ihm werden Glaubenszweifel zugeschrieben, aufgrund derer seine Nachfahren nach Ägypten ziehen mußten. Abraham wird dargestellt als Priester, Prophet und Vater der →Proselyten. Für →Philo von Alexandrien verkörpert er das griechische Tugendideal. In der jüdischen Liturgie nimmt Abraham eine zentrale Stellung ein (vgl. die Abot der →Amida, die Beschneidungsliturgie sowie die Lesung der →Parascha Akeda im →Morgengebet und am zweiten Tag von →Rosch ha-Schana). Die wichtigsten erhaltenen pseudepigraphischen Abrahamschriften sind die Apokalypse und das Testament des Abraham. Sie liegen in Übersetzungen eines hebräischen/aramäischen Originals aus dem 2. Jahrhundert n. Z. vor. Die Apokalypse berichtet von Abrahams Abkehr vom Götzendienst, das Testament von seinem Tod, beide von einer Himmelsreise Abrahams. (HMD)

Abraham bar Chija, Philosoph, Naturwissenschaftler und Übersetzer, ?–1136. Abraham bar Chija wirkte als Hofjude und Gemeindevorsteher in Barcelona. Er hat als erster wissenschaftliche Werke auf Hebräisch verfaßt. Seine enzyklopädischen Werke u. a. zur Mathematik, Geometrie, Astronomie und Kalenderberechnung haben dem Abendland griechisches und arabisches Wissen vermittelt, vor allem waren sie aber bis in die Neuzeit Quellen jüdischer Wissenschaft. Allerdings haben die astrologischen und geschichtstheologischen Spekulationen in Abraham bar Chijas Hauptwerk »Megillat ha-megalleh« (hebräisch »Buchrolle des Offenbarers«; spanische Übersetzung von J. M. Millás Vallicrosa, 1929) auch die jüdische Esoterik beeinflußt. Die Philosophie Abraham bar Chijas ist eklektisch. Insgesamt folgt er dem metaphysischen Ab- und Aufstiegsschema des →Neuplatonismus, mengt ihm aber christliche Lehren, wie die Erbsünde und die Zeitalterspekulation bei. Andererseits bekräftigte Abraham bar Chija als Vorläufer Jehuda →Halewis den exklusiven Bezug der göttlichen Offenbarung und Erlösung auf Israel.

L G. Vajda, Les idées théologiques et philosophiques d'Abraham bar Chija, 1946. (DK)

Abraham ben David aus Posquières (RABaD III.), bedeutender Talmudist, um 1125 Provence – 1198 Provence, Frankreich. Studium in Lunel. Sein Reichtum ermöglichte es ihm, eine eigene Talmudschule mit hohem Ansehen zu betreiben. Abraham ben David ist Vertreter der französischen dialektischen Methode mit ihrem präzisen Textstudium, der Rückverfolgung von Aussagen auf die talmudischen Quellen, der logischen Analyse von Problemen und einer an praktischen Fragen orientierten Diskussion. Seine Werke umfassen Kommentare zur →Mischna (vor allem zu solchen Passagen, die im Talmud nicht erklärt werden), erstmals zu den halachischen →Midraschim und dem gesamten →Talmud, Kompendien (z. B. »Baale ha-Nefesch«, Venedig 1602), →Responsen (z. B. »Tummat Jescharim«, Venedig 1622) und Glossen zu Standardwerken der rabbinischen Literatur (vor allem zur »Mischne Tora« von →Mose ben Maimon, zu den »Halachot« von Isaak ben Jakob →Alfassi und zum »Sefer ha-Maor« von Serahija ben Isaak ha-Levi). Seine harte Kritik an Serahija führte zu einer heftigen Kontroverse, an der auch →Mose ben Nachman beteiligt war. Mose ben Maimon warf er vor, in seiner »Mischne Tora« ohne Quellen die →Halacha zu kodifizieren. Abraham ben Davids Einwendungen gehören zum Standardkommentar einer jeden »Mischne Tora«-Ausgabe. (HMD)

Abraham ben Meir ibn Esra, Dichter, Exeget, Grammatiker, Philosoph, Astronom, Astrologe und Arzt, um 1089 Toledo – um 1164 Rom. Bis 1140 hielt sich Abraham ben Meir ibn Esra im Kreis seiner Freunde →Josef ben Jakob ibn Zaddik, Jehuda ben Samuel →Halewi und →Abraham ibn Daud Halewi als vielseitiger weltlicher und religiöser Dichter und Gelehrter in Andalusien auf. Danach führte er unfreiwillig ein unstetes Wanderleben, das ihn durch ganz Westeuropa und vielleicht auch durch Asien führte. Sein enzyklopädisches Werk entstand unterwegs. Als Grammatiker hat Abraham ben Meir ibn Esra vor allem das Verdienst, den europäischen Juden die arabischen Klassiker der hebräischen Sprachwissenschaft zugänglich gemacht zu haben. Seine klassischen Bibelkommentare, die in der »Biblia Rabbinica« mit abgedruckt sind, betonen vor allem die grammatikalische Erklärung des Schriftsinns. In rätselhaften Wendungen deutet Abraham ben Meir ibn Esra auf den geheimen philosophischen Sinn der Bibelstellen, ja bisweilen sogar auf bibelkritische Sachverhalte hin. Er folgte vor allem dem →Neuplatonismus und unterlegte der Bibel im Anschluß an den →Aristotelismus Avicennas (930 bis 1037) eine intellektuelle Mystik, wonach Ziel menschlichen Lebens die intellektuelle Vereinigung mit Gott sei. Die philosophische Wirkung von Abraham ben Meir ibn Esra ist wegen der Popularität seines Kommentars weitreichend; so gilt er als einer der Vorläufer der →Kabbala und der modernen Bibelkritik. Abraham ben Meir ibn Esras Wirkung auf christliche Gelehrte des Mittelalters und der Renaissance beruhte vor allem auf seinen zahlreichen astronomischen und astrologischen Traktaten.

[L] H. Greive, Studien zum jüdischen Neuplatonismus. Die Religionsphilosophie des Abraham ben Meir ibn Esra, 1973. (DK)

Abraham ben Mordechai Farissol, italienischer Bibelexeget, Polemiker und Geograph, 1451 Avignon – nach 1525. Farissol lebte überwiegend in Ferrara. Nach einem Disput mit zwei Mönchen am Hof des Herzogs von Ferrara verfaßte er 1503/04 seine Schrift »Magen Abraham« (Verteidigung von Abraham, gemeint ist die Rechtfertigung der jüdischen Lehre). In dieser Schrift setzt er sich auch mit dem Christentum und dem Islam auseinander. Farissols Hauptwerk ist »Iggeret Orot Olam« (wörtlich: Briefe über die Lichter der Welt). Es handelt sich um das erste ausführliche und, gemessen am damaligen Wissensstand, auch fundierte geographische Buch in hebräischer Sprache. Es erschien 1524 in Ferrara, 1586 in Venedig. In dem Buch geht Abraham ben Mordechai Farissol auch auf die Entdeckung Amerikas ein. Es enthält zudem Mutmaßungen über die verlorenen zehn Stämme. (RED)

Abraham ben Samuel Abulafia
→Abulafia

Abraham ibn Daud Halewi (RABaD I.), Philosoph und Chronist, um 1110 Córdoba – 1180 Toledo. Als Abkömmling der führenden Gelehrtenfamilie Albalia genoß Abraham ibn Daud Halewi eine umfassende religiöse und weltliche Bildung. Der Einfall der Almohaden in Andalusien (1148) zwang Abraham ibn Daud Halewi zur Flucht nach Toledo, wo er vielleicht als »Avendauth philosophus« an der lateinischen Übersetzung wissenschaftlicher und philosophischer arabischer Quellen teilnahm. 1160/61 entstand sein historiographisches Hauptwerk »Sefer ha-Kabbala« (»Buch der Überlieferungen«, herausgegeben und englisch übersetzt von G. D. Cohen, 1967), das lange als zuverlässige Quelle der Geschichte des spanischen Judentums galt. Das Werk spiegelt jedoch vor allem Abraham ibn Daud Halewis polemische Absicht wider, die Kontinuität der rabbinischen Tradition gegen Christen und

→Karäer und die Legitimität des westlichen, besonders des spanischen Rabbinismus gegen den Führungsanspruch der babylonischen Akademien zu verteidigen. Zur selben Zeit entstand Abraham ibn Daud Halewis philosophisches Hauptwerk, das aus apologetischen Motiven die vollständige Übereinstimmung des biblischen Glaubens mit dem arabischen →Aristotelismus nachweisen will. Die unkritische Harmonisierung bewältigt die Schwierigkeiten nicht, den Gott der Philosophen und den Gott der Bibel zu vereinbaren. Das erklärt vielleicht, weshalb diese erste Synthese des jüdischen Aristotelismus vom problembewußten Denken des →Mose ben Maimon verdrängt und erst Ende des 14. Jahrhunderts unter dem Titel »Emmuna Rama« (»Erhabener Glaube«) hebräisch übersetzt wurde (deutsche Übersetzung von S. Weil, 1852). Abraham ibn Daud Halewi kam 1180 unter unbekannten Umständen als Märtyrer zu Tode.

Ⓛ T. A. M. Fontaine, In defence of judaism. Abraham ibn Daud Halewi, Assen 1990. (DK)

Abraham-Schriften →Abraham

Abramowitsch, Schalom Jakob→Mendele Mocher Sforim

Abravanel, 1. Isaak ben Juda, führender Vertreter der sephardischen Juden, Exeget und Philosoph, 1437 Lissabon – 1508 Venedig. Aus einer Familie von portugiesischen Hofjuden hat sich Abravanel nach einer umfassenden religiösen und weltlichen Ausbildung mit wechselndem Erfolg an den Staatsgeschäften in Portugal und später in Spanien beteiligt. 1492 versuchte Abravanel erfolglos, die Vertreibung der Juden aus Spanien zu verhindern, und emigrierte anschließend nach Italien. Seine von Juden und Christen geschätzten Bibelkommentare zeichnen sich durch ihren Realitätssinn aus; eine utilitäre, z. B. hygienische, soziale oder politische Begründung des geoffenbarten Gesetzes lehnte Abravanel jedoch ab. Besondere Aufmerksamkeit schenkte er der zwischen Juden und Christen strittigen messianischen Frage und errechnete aus den Visionen Daniels Erlösungstermine für seine Zeit, die durch Vertreibung und Not gekennzeichnet war. Religionsphilosophisch ist Abravanel vor allem durch seine konservativen Kommentare zu →Mose ben Maimon hervorgetreten. In seinem philosophischen Hauptwerk »Rosch Amana« (Hauptgrundsätze des Glaubens; 1505) verteidigte Abravanel die 13 Glaubensgrundsätze des Mose ben Maimon gegen spätere Systematisierungen des jüdischen Glaubens bei C. →Crescas und J. →Albo. Abravanel spricht sich jedoch gegen die dogmatische Reduktion des Judentums aus und vertritt einen integristischen Standpunkt. Sein Werk kann als abschließende Summe der mittelalterlichen Diskussion um das Wesen des jüdischen Glaubens betrachtet werden.

Ⓛ B. Netanjahu, Don Isaak ben Juda Abravanel, Paris 1953. (DK)

2. Juda ben Isaak, auch Leone Ebreo, Philosoph, Dichter und Arzt, Sohn des Isaak Abravanel, um 1460 Lissabon – 1523 Venedig. Zeitweise Leibarzt des Gran Capitan (Admiral) Gonzalo de Córdoba. Nach der Flucht aus Spanien ließ er seinen Sohn Isaak (1491–?) heimlich nach Lissabon bringen, wo dieser als Geisel aufgegriffen, zwangsgetauft und christlich erzogen wurde. Seinem Sohn, den er nie wieder sah, widmete er 1503 eine Elegie. Abravanel stand dem Kreis der italienischen Renaissancegelehrten um Pico della Mirandola nahe. Seine 1535 erschienenen italienischen »Dialoghi d'Amore« (Dialoge über die Liebe; 1929 von C. Gebhardt herausgegeben) bieten eine idyllische Vision eines von der verbindenden Kraft der Liebe durchwalteten Kosmos und eines in der Gottesliebe gipfelnden Lebens. Sie waren wegen ihrer literarischen Reize unter den Gebildeten das beliebteste Werk des →Neuplatonismus der Renaissance. Trotz einer hebräischen Übersetzung von Leon →Modena gehört dieses Werk nicht mehr der jüdischen Philosophie an. Einflüsse Abravanels auf B. →Spinoza sind nachgewiesen.

Ⓛ H. Pflaum, Die Idee der Liebe. Leone Ebreo, 1926. (DK/ES)

Abulafia, Abraham ben Samuel, Kabbalist, 1240 Saragossa – nach 1291 Barcelona. Abulafia wanderte in der Überzeugung, prophetische Inspiration zu besitzen, durch den Mittelmeerraum, um seine Lehre zu verkünden. Sie fußt auf der älteren →Kabbala und der Religionsphilosophie und benutzt die Methoden des Zerufs (Kombination von Buchstaben), der Gematria (Zahlenmystik) und des →Notarikons. Zur mystischen Vertiefung verwendet er sogar den Gottesnamen. Mit seiner prophetischen Kabbala, die die Vereinigung mit Gott ermöglichen soll, wendet sich Abulafia sowohl an die Anhänger des →Mose ben Maimon als auch an die der Kabbala. Mit seinen Schriften ist er ein bedeutender Vertreter der vorlurianischen Kabbala und nimmt auf deren Entwicklung maßgeblichen Einfluß. Seine messianischen Neigungen gipfelten 1280 in dem Versuch, Papst Nikolaus III. zum Judentum zu bekehren. Nur der Tod des Papstes rettete Abulafia vor dem Scheiterhaufen. Seine Endzeitberechnungen waren so populär, daß sich die größte rabbinische Autorität seiner Zeit, Salomo ben Abraham →Adret, genötigt sah, ihn als Scharlatan zu bezeichnen und damit zu isolieren. Sein bekanntester Schüler war Joseph ben Abraham Gikatilla. (HMD)

Abwehrverein →Verein zur Abwehr des Antisemitismus

Achad Haam (ursprünglich Ascher Ginzberg), zionistischer Philosoph und Literat, 18. 8. 1856 Skwira, Ukraine – 2. 1. 1927 Tel Aviv. Philosophiestudium in Odessa, Berlin, Wien und Brüssel. 1885 Rückkehr nach Odessa und Anschluß an die zionistische Organisation Chowewe Zion. 1908 ließ er sich in London nieder. Die letzten fünf Lebensjahre verbrachte er in Palästina als Ehrenbürger Tel Avivs. Widersprach dem Gedanken T. →Herzls vom jüdischen Staat – hielt diesen für eine Utopie – und meinte, daß Palästina zum geistigen Zentrum des Judentums werden müsse, um durch seinen Einfluß auch die Renaissance des jüdischen Volkes in der Diaspora zu veranlassen. Seine Veröffentlichungen widmen sich besonders den philosophischen Fragen des Judentums, der Polemik mit Herzl und dem Autonomismus Simon Dubnows, sowie der neuen hebräischen Literatur. Er war einer der Gründer des modernen hebräischen Literaturstils. Achad Haams gesammelte Aufsätze und Abhandlungen erschienen unter dem Titel »Am Scheideweg« (4 Bände, 1895). (AB)

Achai aus Schabbecha, Talmudgelehrter der →Akademie in Pumbedita, 680–752. Achai aus Schabbecha wanderte nach Palästina aus, als er in Pumbedita nicht zum →Gaon gewählt wurde. Verfasser der ältesten gaonäischen Halacha-Sammlung »Scheeltot« (»Fragen/Thesen«) in aramäischer Sprache. Die Sammlung ist das erste Werk nach Abschluß des Talmuds, von dem der Verfasser bekannt ist. Es befaßt sich mit ausgewählten Entscheidungen der mündlichen Tora und mit sog. Herzenspflichten. Achai verfolgt das Ziel, beides auf die schriftliche Tora zurückzuführen. Deshalb sind die 171 Fragen in der Reihenfolge der entsprechenden Tora-Abschnitte angeordnet. Jeder Fragenkomplex ist viergeteilt. Einer Einleitung in Thema und Wichtigkeit folgt nach der Formel: »Aber es ist notwendig, daß du lernst« die eigentliche, auf einen halachischen Aspekt konzentrierte Frage. Ihr schließt sich ein homiletischer Teil mit Predigten an, die Achai aus Schabbecha in Palästina gehalten hatte. Den Abschluß bildet die Lösung der Frage. Manchmal fehlt der 3. Teil. Das vierteilige Schema findet sich schon im Talmud, scheint aber gewöhnlich aggadisch verwendet worden zu sein. Das Werk Achais aus Schabbecha ist der Vorläufer der umfangreichen →Responsen. (HMD)

Acharonim (hebräisch »die Späteren [Autoritäten]«) werden die späteren Dezisoren (→Possekim) und Kodifikatoren der →Halacha genannt. Sie werden damit chronologisch, literarisch und unter halachischen Gesichtspunkten von den sog. →Rischonim, den früheren rabbinischen Autoritäten, und den diesen vorangehenden Geonim (→Gaon) abgegrenzt. Der Beginn der bis zur Gegenwart reichenden Epoche der Acharonim wird unterschiedlich angesetzt: frühestens bei den Tossafisten (12./13. Jahrhundert), üblicherweise aber bei J. →Karo (16. Jahrhundert), dem Verfasser des →Schulchan Aruch. (HMD)

Achdut Haawoda (AH, hebräisch »Einheit der Arbeit«), – **1.** zionistische, sozialdemokratische, dem landwirtschaftlichen Pionierideal (→Chaluziut) verpflichtete Partei in Palästina (→Jischuw), 1919 gegründet. Zu den Gründern gehörten D. →Ben-Gurion, I. →Ben-Zwi und B. →Katznelson. Die AH war bei der Gründung der →Hagana und der →Histadrut maßgeblich beteiligt. Bei allen Wahlen zu den jüdischen Selbstverwaltungsorganen des Jischuw war die AH stets die stärkste Gruppierung. 1930 schlossen sich die AH und →Hapoel Hazair zur →Mapai zusammen.

2. israelische Partei, 1944 durch Abspaltung einer Gruppierung von der Mapai entstanden. Diese neue AH war mit der Kibbuz-Bewegung eng verbunden; sie stand sicherheitspolitisch »rechts«, jedoch sozialpolitisch »links« von der Mapai und behielt bis Mitte der 1950er Jahre eine positive Einstellung zur Sowjetunion. Die AH vereinigte sich 1946 mit der →Poale-Zion-Linken (PLZ) und 1948 mit dem →Haschomer Hazair zur →Mapam. 1954–68 war die AH wieder selbständig und zunehmend westlich orientiert. Sie schloß sich 1965 dem →Maarach mit der Mapai an und vereinigte sich 1968 mit Mapai und →Rafi zur →Israelischen Arbeitspartei (IAP). Die prominentesten Politiker der AH waren Izhak Tabenkin und Y. →Allon. Die AH erzielte in den Wahlen zur Knesset folgende Ergebnisse:

1955	8,2%	der Stimmen	10 Mandate
1959	6,0%	der Stimmen	7 Mandate
1961	6,6%	der Stimmen	8 Mandate

Y. Shapiro, The Formative Years of the Israeli Labour Party [...] 1919–1930, 1976. – M. Wolffsohn, Politik in Israel, 1983. (DB/MW)

Acher →Elischa ben Abuja

Acosta, Uriel, auch Gabriel da Costa, heterodoxer Denker, 1585 Oporto, Portugal – 1640 Amsterdam, stammte mütterlicherseits von →Marranen ab. Nach dem Studium des kanonischen Rechts bekleidete Acosta ein kirchliches Amt. Als sich die →Inquisition Oporto näherte, setzte sich Acosta mit seiner Familie nach Nordeuropa ab und revertierte zum Judentum. Für Acosta, der das Judentum nur aus der Bibel kannte, war die Begegnung mit der lebendigen rabbinischen Tradition schockierend. Er kritisierte offen die rabbinischen Autoritäten und bestritt die Geltung der mündlichen Überlieferung, besonders des biblisch nicht ausgewiesenen Unsterblichkeitsglaubens. Deshalb wurde Acosta 1624 von der portugiesischen Gemeinde in Amsterdam verbannt. Nach einem geheuchelten Widerruf (1633) wurde er abermals verbannt, und nach einem erneuten, für ihn demütigenden Widerruf nahm er sich das Leben. Seine heftige antijüdische Apologie »Exemplar Humanae Vitae« (postum 1687) zeigt, daß Acosta inzwischen zum Vertreter einer Natur- und Vernunftreligion geworden war und jede positive Religion ablehnte. Der Liberalismus hat Acosta zum verfolgten Vorkämpfer der Gewissensfreiheit stilisiert, so Karl Gutzkow in seiner Novelle »Der Sadducäer von Amsterdam« (1834) und in seinem Drama »Uriel Acosta« (1847, hebräisch von S. Rubin, 1856). Acosta wurde auch ein Einfluß auf B. →Spinoza zugeschrieben.

J. P. Osier, D'Uriel da Costa à Spinoza, Paris 1983. (DK)

Adam, Namensbedeutung unklar, eventuell Erde, rot oder Blut, der erste Mensch. Seine Erschaffung wird zweimal berichtet. Dabei ist er zunächst als Ebenbild Gottes und Krönung der Schöpfung dargestellt, später als aus Erde geschaffen. Diese beiden Aspekte geben Anlaß zu unterschiedlichen Auslegungen. So unterscheidet →Philo von Alexandrien z. B. zwischen einem unkörperlichen himmlischen Menschen als Ebenbild Gottes und einem teils unkörperlichen, teils körperlichen Erdenmenschen aus Geist und Blut. In der rabbinischen Tradition wird neben der Namensetymologie, dem Zeitpunkt und Ort der Erschaffung und des Begräbnisses vor allem Adams Erscheinung reflektiert (Abbild der Herrlichkeit Gottes, →Androgynos, Gesicht vorn und hinten, Schönheit, körperliche und geistige Vollkommenheit). Mit Adams Erschaffung wird der sog. Engelfall verbunden, weil →Satan seine Anbetung verweigert. Auf Adams Sündenfall folgt die Vertreibung aus dem →Paradies. Mit Adam büßen alle Dinge ihre Vollkommenheit ein. Die Menschen sind seither verdorben und sterblich. Die Ebenbildlichkeit Adams bleibt trotz allem erhalten. Adams Sünde besteht auch darin, zunächst nicht Buße (→Teschuwa) tun zu wollen. Erst von seinem Sohn →Kain lernt er die Umkehr. Von ihr handeln besonders die sog. Adamschriften »Vita Adae et Evae« (lateinisch), die Apokalypse Moses (griechisch) und das slawische Adambuch, die z. T. christlich überarbeitet auf eine gemeinsame hebräische Grundschrift aus der Zeit 100 v. Z. bis 100 n. Z. zurückgehen. Die Folgen der Sünde Adams für die Menschheit werden vor allem in apokalyptischen Schriften aus dem 1. Jahrhundert n. Z. betont. Zur Literatur über Adam gehören auch die christlichen Schriften wie das äthiopische Leben Adams, das syrische Testament Adams, die syrische Schatzhöhle und das armenische Adambuch. Der Begriff Adam Kadmon (»der erste Mensch«) oder Adam Elion (»höherer Mensch«) bezeichnet in der →Kabbala seit dem 13. Jahrhundert den geistigen Urmenschen, dem zum Ebenbild der physische Mensch (Adam ha-Rischon) geschaffen wurde. Der Begriff Adam Kadmon kann in der Kabbala sowohl einzelne →Sefirot wie auch deren Gesamtheit darstellen. Besonders in der Lurianischen Kabbala spielt er als erhabenste Manifestation der göttlichen Lichtemanation und menschlicher Meditation eine bedeutende Rolle. (HMD)

Adam Kadmon →Adam

Adam von Perseigne, Benediktiner (Marmoutier), später Zisterzienser (Pontigny, Perseigne), Abt und Kreuzzugsprediger, ? bis um 1221. Adam von Perseigne lehnte die Abfassung eines antijüdischen Traktats als nutzlos ab und hielt die Schuld der Christen für größer als die der Juden, weil die Christen in Kenntnis der Wahrheit durch ihren schlechten Lebenswandel täglich Christus kreuzigten und verfolgten, die Juden aber unwissend sündigten. Statt der Juden sollten die Priester ihre christlichen Glaubensgenossen durch Beispiel belehren. (FL)

Adar →Kalender

Adass Jisroel (hebräisch »Gemeinde Israels«), 1869 gegründete Vereinigung gesetzestreuer Juden, die »aus religiösen Bedenken« die jüdische Gemeinde zu →Berlin verlassen hatten. Zum ersten Rabbiner wurde Dr. E. →Hildesheimer gewählt. 1885 wurden der Religionsgesellschaft die Rechte einer Synagogengemeinde im Sinne des →Judengesetzes von 1847 verliehen. Zweck der »Israelitischen Synagogen-Gemeinde [Adass Jisroel] zu Berlin« war es, »das jüdische Religionsgesetz, wie es in der Heiligen Schrift und im Talmud enthalten und in den rabbinischen Kodizes für das praktisch-religiöse Leben zur Darstellung gelangt ist, zu erhalten und hiernach den Gottesdienst, ebenso alle für eine israelitische Religionsgemeinde erforderlichen Anstalten und Institutionen dauernd einzurichten«. Mitglieder konnten nur in Berlin wohnende Juden werden, die aus der jüdischen Gemeinde zu Berlin ausgetreten waren, einen Jahresbeitrag entrichteten, die religiösen Vorschriften über →Beschneidung und Eheschließung (→Ehe) beachteten und vom Vorstand der Gemeinde aufgenommen wurden. Der Gottesdienst fand ursprünglich in Privathäusern statt, seit 1873 in einer eigenen Synagoge (Gipsstr. 12a, seit 1904 Artilleriestr. 31, seit 1924 Siegmundshof 11). Im Zentrum Berlins unterhielt Adass Jisroel Religionsschulen sowie Knaben- und Mädchenschulen. 1880 wurde in →Weißensee ein eigener Gemeindefriedhof angelegt. Ende der 20er Jahre zählte die Gemeinde etwa 250 wahlfähige und 1500 außerordentliche Mitglieder. Zu diesem Zeitpunkt verfügte Adass Jisroel über drei Synagogen, ein eigenes Krankenhaus und ein Rabbinerseminar. Im Dezember 1938 zwangen die Nazis die Gemeinde zur Eingliederung in die »Reichsvereinigung der Juden Deutschland«, ihre Mitglieder wurden in den Folgejahren ermordet oder vertrieben. Mitte der 80er Jahre konstituierte sich Adass Jisroel neu und beantragte sowohl bei der DDR-Regierung als auch beim West-Berliner Senat die Wiedereinsetzung in die Rechte der ursprünglichen, 1869 gegründeten Gemeinde. Durch ein Urteil des Bundesverwaltungsgerichtes wurde Adass Jisroel 1997 der Status einer Körperschaft des öffentlichen Rechtes bestätigt. Sitz und Zentrum der Gemeinde befinden sich nach wie vor in Berlin-Mitte (Tucholskystraße). →Berlin. Die Gemeinde besitzt ca. 950 Mitglieder.

[L] M. Breuer, Jüdische Orthodoxie im Deutschen Reich 1871–1918, 1986. – M. Offenberg (Hrsg.), Adass Jisroel. Die jüdische Gemeinde in Berlin (1869–1942). Vernichtet und vergessen, 1986. (JS/OG)

Adler, 1. Alfred, Begründer der Individualpsychologie, 7.2.1870 Wien – 28.5.1937 Aberdeen, Schottland, Medizinstudium in Wien. Konvertierte 1904 zum protestantischen Glauben. 1902–11 gehörte er zum Kreis um S. →Freud und wurde 1910 Präsident der Wiener Psychoanalytischen Vereinigung. Aufgrund theoretischer Uneinigkeiten trennte sich Adler 1911 von Freud und gründete die »Gesellschaft für Individualpsychologie«. Adler beschäftigte sich sowohl mit der Entwicklung der Persönlichkeit und der Entstehung von Neurosen (der Begriff Minderwertigkeitskomplex wurde von ihm geprägt) als auch mit den Grundzügen einer Erziehungslehre. Seit 1932 Lehrstuhl für Klinische Psychologie am Long Island Medical College. 1934 Übersiedlung in die USA. Hauptwerk: »Der Sinn des Lebens« (1933).

Alfred Adler, 1933

[L] H. und R. Ansbacher, Alfred Adlers Individualpsychologie, 1972. (CH)

2. Guido, österreichischer Musikwissenschaftler, 1.11.1855 Eibenschütz, Mähren – 15.2.1941 Wien. Studierte Jura und Musikwissenschaft in Wien, habilitierte 1882 an der Universität Wien als Privatdozent für Musikwissenschaft; 1885 Professor an der Deutschen Universität Prag; 1898 bis 1927 als Nachfolger von E. Hanslick auf dem Lehrstuhl für Musikwissenschaft an der Universität Wien. Adler gilt als der Begründer der bedeutenden österreichischen musikwissenschaftlichen Schule, indem er die Grundlinie für eine umfassende Gliederung und Systematik der weitverzweigten Probleme und Gebiete musikwissenschaftlicher Forschung entwickelte und bei der Organisation des von ihm errichteten Wiener Musikhistorischen Instituts verwirklichte. Weltweit bekannt wurde Adler u. a. durch die Bücher »Richard Wagner« (1904), »Der Stil in der Musik« (1911), »Handbuch der Musikgeschichte« (1924) und als Herausgeber der Reihe »Denkmäler der Tonkunst in Österreich«, in der seit 1894 unter seiner Leitung 83 Bände ununterbrochen bis 1938 erschienen sind. Adler, der sich zu Gunsten von G. →Mahler, A. →Schönberg, Anton von Webern, E. →Wellesz u. a. und damit für das zeitgenössische Musikleben einsetzte, erhielt nach der Besetzung Österreichs durch die Nationalsozialisten 1938 Publikationsverbot. (AS)

3. Jankel, Maler, 26. 7. 1895 Tuszyn bei Lodz – 25. 4. 1949 Aldbourne. Ausgebildet als Goldschmied und Kupferstecher, lebte Adler 1913–33 in Deutschland; er dekorierte das Düsseldorfer Planetarium. Adler floh 1933 aus Deutschland und hielt sich danach in verschiedenen europäischen Hauptstädten auf, ehe er 1941 in England Zuflucht fand. Adler, der unter dem Einfluß von Pablo Picasso und Fernand Léger stand, malte Porträts, Stilleben und Szenen, die der jiddischen Folklore verhaftet sind.
Ⓛ A. Klapheck, Jankel Adler, 1966. (JS)

4. Nathan Marcus, Rabbiner, 15. 1. 1803 Hannover – 21. 1. 1890 Brighton. Adler studierte klassische und moderne Sprachen und erwarb 1822 das Rabbinatsdiplom bei Abraham Bing in Würzburg; 1828–30 Landesrabbiner von Oldenburg, anschließend als Rabbiner Nachfolger seines Vaters in Hannover; 1845 wurde Adler zum Oberrabbiner von London gewählt, später zum Chief Rabbi of the United Hebrew Congregations of the British Empire. Adler war entscheidend am Aus- und Aufbau jüdischer Organisationen in →Großbritannien beteiligt: 1855 gründete Adler das »Jews College«, das englische Rabbinerseminar, und den Gemeindeverband →United Synagogue, der sich zum Sprecher der englischen Juden und zum Träger ihres gesamten religiösen Lebens entwickelte; darüber hinaus gründete Adler in London verschiedene jüdische Wohlfahrtseinrichtungen.
Ⓛ L. Trepp, Die Oldenburger Judenschaft, 1973. (JÖD)

Theodor W. Adorno

Adler-Rudel, Schalom, Pionier der jüdischen Sozialarbeit in Deutschland, 23. 6. 1894 Tschernowitz – 14. 11. 1975 Jerusalem. 1915 bis 1918 Generalsekretär der →Poale Zion in Wien; 1919–34 Geschäftsführer des →Arbeiterfürsorgeamts der jüdischen Organisationen Deutschlands und 1930–34 der »Arbeitsgemeinschaft der Jüdischen Arbeitsnachweise« der jüdischen Gemeinde in Berlin; 1934–36 Generalsekretär der »Reichsvereinigung der deutschen Juden«; 1936–45 Repräsentant der deutschen Juden in internationalen Organisationen; Administrator des »Central British Fund« in London. 1949 bis 55 Leiter der Abteilung für Internationale Beziehungen der »Jewish Agency«; Mitglied der Delegation für Wiedergutmachung; 1958–75 Direktor des Leo-Baeck-Instituts, Jerusalem. Zahlreiche Veröffentlichungen zur ostjüdischen Wanderungsbewegung und jüdischen Sozialpolitik. Hauptwerk: »Ostjuden in Deutschland 1880 bis 1940« (1959). (LH)

Adorno, Theodor (ursprünglich Wiesengrund), Sozialphilosoph und Soziologe, 11. 9. 1903 Frankfurt am Main – 6. 8. 1969 Visp, Wallis, studierte Philosophie in Frankfurt, wo er 1924 mit einer Arbeit über Edmund Husserl promovierte. Nach einem Aufenthalt in Wien zum Kompositionsstudium bei Alban Berg, Schüler von A. →Schönberg, Rückkehr nach Frankfurt (1927), dort 1930/31 Habilitation mit einer Arbeit über Kierkegaard; seitdem Dozent an der Universität Frankfurt bis 1933; Emigration 1934 nach Oxford. 1938 übersiedelte Adorno nach New York, wo er durch Vermittlung seines Freundes M. →Horkheimer an dem aus Frankfurt nach New York verlegten »Institut für Sozialforschung« mitarbeitete. In Princeton wurde Adorno Direktor für Musikforschung beim

»Office of Radio Research«, geleitet von P. F. →Lazarsfeld. Nach weiterer Tätigkeit in Berkeley kehrte er 1949 nach Frankfurt zurück, war an der dortigen Universität von 1950–69 Professor für Sozialphilosophie, seit 1959 Direktor des »Instituts für Sozialforschung«. Adorno war einer der führenden Theoretiker der deutschen »Neuen Linken«. Die von ihm zusammen mit Horkheimer entworfene »Kritische Theorie« – Kritik an der spätbürgerlichen Industriegesellschaft sowie Inanspruchnahme dialektischer Negativität in Philosophie und Kunst (vor allem Musik) – wurde zum Markenzeichen der sog. »Frankfurter Schule«. Zu seinen philosophischen Hauptwerken gehören: »Dialektik der Aufklärung« (mit M. Horkheimer, 1947), »Minima Moralia« (1951), »Aspekte der Hegelschen Philosophie« (1957), »Negative Dialektik« (1966); zu seinen musikphilosophischen bzw. -soziologischen: »Philosophie der neuen Musik« (1949), »Dissonanzen. Musik in der verwalteten Welt« (1956), »Einleitung in die Musiksoziologie« (1962). (AS)

Adret, Salomo ben Abraham, (RaSchBA), um 1235 Barcelona – um 1310. Schüler von Jona ben Abraham Gerondi und →Mose ben Nachman, über 40 Jahre Rabbiner in Barcelona mit eigener Akademie. Vertreter der traditionellen Lernweise (vor allem Verfechter des göttlichen Ursprungs der Tora), Gegner allegorischer Bibelexegese südfranzösischer/spanischer Rationalisten sowie mystischer Tendenzen in Spanien (vor allem Abraham ben Samuel →Abulafia). Als bedeutendste rabbinische Autorität seiner Zeit sind von ihm etwa 1000 →Responsen überliefert, die gesammelt wurden. Sie erlangten weite Verbreitung und sind eine wichtige Quelle für den →Schulchan Aruch. Zugleich bieten sie heute Informationen zur Geschichte der Juden jener Zeit. Adrets Kenntnisse in römischem und spanischem Recht machten ihn zu einem bedeutenden Verteidiger der Eigenständigkeit der jüdischen Gemeinden. Aufgrund seiner Autorität spielte Adret eine zentrale Rolle im Streit um die Lehren des →Mose ben Maimon und der philosophischen Schulen. Er entschied 1305 moderat, indem er das Studium der Metaphysik erst vom 25. Lebensjahr an erlaubte, um den Mißbrauch der Philosophie einzudämmen. Mose ben Maimon verteidigte er und veranlaßte, dessen Mischna-Kommentar aus dem Arabischen ins Hebräische zu übertragen. Im Zuge seiner Lehrtätigkeit entstanden Novellen (→Chidduschim) zu 17 Talmudtraktaten und den talmudischen Aggadot (»Chiddusche Aggadot ha-Schas«). Dabei ist der Einfluß von Nachman und Mose ben Maimon deutlich spürbar. Außerdem verfaßte Adret die halachischen Werke »Torat ha-Bajit« (zur rituellen Einhaltung der Tora) und »Awodat ha-Kodesch« (zu Sabbat und Festtagsgeboten). (HMD)

Adversus-Judaeos-Traktate. Unter diesem oder ähnlichem Titel – z. B. Contra perfidiam Hebraeorum, auch Dialogus, Disputatio, Altercatio inter Iudaeum et Christianum, Ecclesiam et Synagogam – verfaßte apologetische-polemische Traktate, die seit dem ausgehenden 2. Jahrhundert bis in den Beginn der Neuzeit den theologischen →Antijudaismus vor allem der Geistlichkeit vermittelten. Inhaltlich und methodisch auf der Exegese des sog. Barnabasbriefes und auf Justinus Martyr fußend, hatte →Tertullian diese Literaturgattung noch mit relativ maßvoller Argumentation eingeführt. Sie diente weniger der Judenmission als vielmehr der Absicherung des Glaubens gegenüber jüdischer Argumentation. Im Sinne der →Verus-Israel-Konzeption wurden Gestalten und Ereignisse des AT typologisch allegorisierend auf Christus und das Christentum bezogen und besonders auch die Zerstörung Jerusalems und des Tempels im Sinne der endgültigen Verdammung und Ablösung Israels durch das Christentum gedeutet. Die mit der allgemeinen Verschlechterung der christlich-jüdischen Beziehungen seit dem 13. Jahrhundert sich weiter verschärfende Polemik kam auch in veränderten Titeln zum Ausdruck: Fortalicium, Pharetra, Pugio fidei; Capistrum, Flagellum, Malleus Iudaeorum (Festung, Köcher, Dolch des Glaubens; Zaum, Geißel, Hammer für die Juden).

[L] H. Schreckenberg, Die christlichen Adversus-Judaeos-Texte und ihr literarisches und historisches Umfeld (1.–11. Jahrhundert), ²1990. – H. Schreckenberg, Die christlichen Adversus-Judaeos-Texte (11. bis 13. Jahrhundert), 1988. – L. Williams, Adversus-Judaeos, 1935. (FL)

Afghanistan. Jüdische Gemeinde seit dem 12. Jahrhundert nachweisbar. Zunahme jüdischer Bevölkerung durch Flucht persischer Juden im Jahr 1839, die sich hauptsächlich in Herat, Kabul und Balkh niederließen. Mitte des 19. Jahrhunderts lebten etwa 40 000 Juden in Afghanistan. 1870 begannen antijüdische Unterdrückungsmaßnahmen, die die Zahl der Juden auf (1948) nur noch 4000 verminderten. Nach der

Aufhebung der Auswanderungssperre im Jahr 1951 emigrierten die meisten nach Israel. Z. Z. der sowjetischen Invasion (1979) gab es nur noch wenige jüdische Familien in Herat und Kabul. Das vom fortwährenden Bürgerkrieg zerrüttete Afghanistan unterhält keine diplomatischen Beziehungen zu Israel. (PB)

Afikoman →Pessach

Afrika. Nach dem Aufenthalt Jakobs und des Volkes Israel in →Ägypten und der zeitweiligen Pharaonenherrschaft über Palästina begann die jüdische Ansiedlung in Afrika im Anschluß an die Zerstörung des Tempels 586 v. Z. mit der Flucht einiger Überlebender nach Ägypten und in die jüdische Militärkolonie Elephantine; sie intensivierte sich nach den Eroberungen Alexanders des Großen im 4. und 3. Jahrhundert v. Z. auch infolge der Umsiedlungen durch die Ptolemäer. Alexandria wurde zum griechischsprachigen kulturellen Zentrum des Judentums, in dem die →Septuaginta-Übersetzung entstand und wo →Philo von Alexandrien wirkte. Spätestens im 2. Jahrhundert v. Z., eventuell aber auch schon in Zusammenarbeit mit den phönizischen Kolonisatoren, erreichten jüdische Siedler die →Maghreb-Staaten; die erste jüdische Niederlassung in Libyen ist auf das 3. Jahrhundert v. Z. zu datieren. Über die Siedlungen an der nordafrikanischen Küste hinaus machte sich jüdischer Einfluß durch die Annahme des Judentums durch verschiedene Berberstämme und die weitere Übernahme jüdischen Rituals und Gedankenguts bis nach →Äthiopien und ins Innere des Kontinents bemerkbar, bis die blutige Niederschlagung der jüdischen Aufstände von 70 und 115–117 n. Z. sowie die Annahme des Christentums als Staatsreligion des Römischen Reichs der jüdischen Expansion ein Ende bereiteten; besonders in Alexandria kam es zu Pogromen. Systematisch unterdrückt wurden die jüdischen Gemeinden in Afrika nach den Eroberungen durch Byzanz im 6. Jahrhundert. Die arabische Herrschaft seit dem 7. Jahrhundert beendete die Unterdrükkung und erlaubte eine Blüte jüdischer Kultur im 11. Jahrhundert, die jedoch mit dem Sieg der Almohaden im 12. Jahrhundert ein Ende fand; trotzdem flohen nach der Verschärfung des christlich-islamischen Konflikts im Mittelalter besonders spanische Juden nach Nordafrika, wodurch auch die im Jahr 117 zugrundegegangene jüdische Gemeinde in Libyen wiederbegründet wurde. Erst die Zunahme des europäischen Einflusses seit etwa 1830 brachte den Juden die Emanzipation. Es bestanden drei Pläne zur Einrichtung jüdischer Kolonien in Afrika: 1903 der →Uganda-Plan, 1908/09 Überlegungen zu einer jüdischen Kolonie in der Cyrenaica (Libyen), 1940 deutsche Pläne zur Ansiedlung von 4 Millionen europäischer Juden auf Madagaskar (→Madagaskar-Plan). Gute Beziehungen, die durch arabischen Druck innerhalb der Organisation für afrikanische Einheit (OAU) nur zeitweise unterbrochen bzw. getrübt waren, bestehen heute zwischen Israel und den wichtigsten west-, zentral- und ostafrikanischen Staaten (israelische Entwicklungshilfe). (PB)

Afula →Jesreel

Aggada (aramäisch »Erzählung«; hebräisch »Haggada«), neben →Mikra, →Mischna, →Talmud und →Halacha Teil der Tora (Lehre), wird traditionell als alles Nichthalachische innerhalb der mündlichen Tora definiert. Die Aggada umfaßt erzählerische Traditionen verschiedenster Art: Geschichten, Sagen, Legenden, Anekdoten, Märchen, Fabeln, Gleichnisse, Wunder- und Weisheitsgeschichten, Witze, Rätsel und vieles andere. Die Aggada zielt in der Auslegung der Schrift nicht auf die Herleitung praktischer Normen, sondern vielmehr auf die Ideen, die ethischen und religiösen Anschauungen, die dahinter stehen, ohne jedoch ein System zu entwerfen. Die Aggada lebt von der spielerischen Phantasie bei der Schriftauslegung. Jeder kann einen Schriftvers so erklären, wie er es für richtig hält. Dabei können sich Aggadot durchaus widersprechen. Es ist auch unwesentlich, ob eine Schriftstelle Quelle einer aggadischen Idee ist oder diese in eine Schriftstelle hineingelesen wurde. Im Gegensatz zur →Halacha wird die Aggada nicht als autoritativ angesehen. So kann aus einer Aggada keine Halacha abgeleitet werden. Dennoch ist die Aggada Ausdruck ernsthafter Lehre und hat mit ihrer Variationsbreite in Form und Inhalt didaktische Bedeutung. Sie soll das Herz anrühren und hat besonders in Predigten eine wichtige Funktion. (HMD)

Agnon, Samuel Josef, hebräischer Schriftsteller, 17. 7. 1888 Buczacz, Galizien – 17. 2. 1970 Rehovot, Israel. Emigrierte 1908 nach Palästina, mußte das Land aber während des Ersten Weltkriegs verlassen. Lebte bis 1924 in Deutschland, kehrte dann nach Erez Israel zurück. Die Romane und Erzählungen seiner ersten Schaffensperiode (»Das Krumme wird gerade«, »Der Verstoßene«, »Tehilla«, »Die Bräutigamsuche«, »Im Herzen der Meere«. »Zwei Gelehrte, die in unserer Stadt lebten« u. a.) zeichnen ein umfassendes Bild des Lebens galizischer Juden mit der ihm eigenen Atmosphäre. Die späteren Schriften sind besonders angeregt von der Existenz der in Jerusalem lebenden zionistischen Emigranten (der Roman »Gestern, Vorgestern«, die Erzählung »Schira« u. a.). Der Band »Die Tage der Anbetung« versammelt einen Schatz an Traditionen, Legenden und Kommentaren zu den großen religiösen jüdischen Feiertagen. 1966 erhielt Agnon den Nobelpreis für Literatur. (AB)

Agobard, Erzbischof von Lyon (816–840), westgotischer Herkunft, um 779–840 Lyon. Geprägt von der karolingischen Renaissance, war Agobard ein Vorkämpfer kirchlicher Autorität in der Auseinandersetzung mit Kaiser Ludwig dem Frommen und dessen Söhnen; 835–839 verbannt. Agobard opponierte 822–829 in fünf Schreiben gegen die judenfreundliche Haltung des Adels und des Kaiserhofs. Ausgangspunkt des Streits war das (fälschlich) kirchenrechtlich begründete Verbot der kaiserlichen Judenprivilegien, nichtchristliche Sklaven der Juden zu taufen. Agobard beklagte sich über Maßnahmen des Judenmeisters Ebrard und der kaiserlichen Sendboten, versuchte in der Denkschrift »Über den Aberglauben der Juden« die Notwendigkeit ihrer Isolierung wegen schädlichen Einflusses auf die christliche Umgebung nicht nur theologisch auf eine antijüdische Interpretation der Bibel, sondern auch rechtlich auf die Kirchenväter und die Konzilsbeschlüsse zu stützen. Agobard nahm erstmals polemisch auf antichristliche Traditionen, auf talmudische und Toledot-Jeschu-Literatur (Judentum und →Jesusbild) Bezug und unterstrich die Verstoßung der Juden, die er für gefährlicher hielt als die Ketzer.

L E. Boshof, Erzbischof Agobard von Lyon, 1969. – H. Liebeschütz, Synagoge und Ecclesia, 1983. (FL)

Agrippa I., von Rom eingesetzter jüdischer König, 11 oder 10 v. Z. – Ende 43 Caesarea (Maritima), Sohn des Aristobul (somit Enkel →Herodes' des Großen) und der →Berenike (1), in der Apostelgeschichte aus typologischen Gründen – fälschlich – Herodes genannt. In Rom in engem Kontakt zur Familie des →Augustus aufgewachsen und erzogen, profitierte Agrippa I. jeweils von den Herrscherwechseln in den Jahren 37 (→Caligula) und 41 (→Claudius). In seinen beiden Geschichtswerken gibt →Josephus eine ausführliche Darstellung der Mittlerrolle des Agrippa I. zwischen dem Prätendenten Claudius und dem römischen Senat, die Claudius anschließend mit der Zuweisung weiterer Herrschaftsgebiete an Agrippa I. honoriert haben soll. Daß Agrippa I., zuvor bereits Günstling des Caligula, für den römischen Senat ein anerkannter Verhandlungspartner gewesen sein soll, ist zweifellos eine Überschätzung seiner Rolle in den jüdischen Quellen. Im Jahr 37 erhielt Agrippa I. die Herrschaft seines Onkels Philippus mit dem Königstitel (die Gebiete südlich des Hermon mit Panias/Caesarea als Hauptstadt). 39 und 41 kamen die Gebiete des →Herodes Antipas und des →Archelaos hinzu, so daß Agrippa I. bis zu seinem Tode nahezu den gesamten Herrschaftsbereich Herodes' des Großen als römisches Klientelkönigreich besaß. Agrippa I. knüpfte an die hellenistisch geprägte Bautätigkeit seines Großvaters an, förderte den →Tempel und versuchte, die Gunst der Juden durch Verfolgung der christlichen Urgemeinde zu gewinnen. Ungeklärt sind die Umstände seines plötzlichen Todes. Die rabbinische Kritik an seiner Königsherrschaft beruhte wohl weniger darauf, daß man Agrippas I. Judentum in Zweifel zog, als daß man die in der Hebräischen Bibel vorgeschriebene besondere Abstammung des Agrippa I. als nicht gegeben ansah.

L D. R. Schwartz, Agrippa I., 1990. (HC)

Agrippa II., von Rom eingesetzter jüdischer König, 28 – um 94, Sohn von →Agrippa I. und der Cypros, einer Enkelin →Herodes' des Großen, der letzte aus dessen Familie. Beim Tod seines Vaters wurde er wohl deshalb nicht sofort von den Römern zum Nachfolger eingesetzt, weil sein Vater ihnen gegenüber politische Selbständigkeit an den Tag gelegt hatte. 48 erhielt er Chalkis am Libanon mit dem Königstitel, weitere Übertragungen in den Jahren 53 und 56 (Gebiete südlich des Hermon und Abila in Phönizien; Tiberias, Ostgaliläa und Teile der Peräa im Ostjordanland). Mit der Umbenennung der Hauptstadt Panias/Caesarea (Philippi) 61 in Neronias begann eine neue Ära. Die Römer übertrugen ihm auch das Recht zur Ernennung der Hohenpriester. Am Vorabend des großen jüdischen Aufstands gegen die Römerherrschaft (66–73) versuchte Agrippa II. erfolglos, die aufrührerischen Juden zu besänftigen und den allgemeinen Volksaufstand zu verhindern; die von ihm angeordneten und finanzierten Notstandsmaßnahmen in Jerusalem (Pflasterung der Straßen) sollten wohl sozialen Unruhen vorbeugen. Agrippa II. beteiligte sich mit Geld und Truppen auf der Seite der Römer an der Niederschlagung des Aufstands und behielt vermutlich ein unverändertes Herrschaftsgebiet. Nach seinem Tod wurde es unter die römischen Provinzen Judäa und Syrien aufgeteilt. (HC)

Agudat Israel (AI, hebräisch »Vereinigung Israels«), 1912 in Kattowitz gegründete, streng religiöse Organisation, die zunächst versuchte, alle orthodoxen Gruppen in Ost- und Westeuropa und in den USA gegen den Zionismus zu vereinen, weil er von säkularisierten Juden gegründet und geleitet wurde und weil die Verbannung der Juden aus Zion gottgewollt sei und nur von Gott, nicht von Menschen beendet werden könne. AI bestand aus unterschiedlichen orthodoxen Gruppierungen aus Deutschland, Ungarn und Polen. Sie lehnte die Autorität und jede Mitarbeit in der →Jewish Agency ab und suchte bei der britischen Mandatsverwaltung die Anerkennung als eigenständige jüdische Gemeinschaft. Die aus der AI entstandene Arbeiterbewegung →Poale Agudat Israel (PAI) beteiligte sich besonders am Siedlungswerk in Palästina/Israel. Nach dem Holocaust mäßigte die AI ihren Standpunkt. 1949 bildete sie mit anderen religiösen Parteien eine gemeinsame Wahlliste (Vereinigte Religiöse Front, VRF). Sie war 1949–52 und seit 1977 wiederholt an Koalitionen beteiligt. Die AI strebt die Durchsetzung religiöser Grundsätze im gesamten politischen, wirtschaftlichen und gesellschaftlichen Leben an. An dem bis ins 18. Jahrhundert zurückreichenden Gegensatz zwischen Chassidim und Mitnaggedim unter den orthodoxen osteuropäischen Juden zerbrach die AI 1987/88. AI wurde zur Partei der mystisch-religiösen, populistischen Chassidim und konnte ihren Stimmanteil bei den Knessetwahlen 1988 erhöhen; sie wurde zeitweise zweitstärkste religiöse Partei. Die Mitnaggedim gründeten eine eigene Partei: →Degel Hatora. Die AI erzielte in den Wahlen zur Knesset folgende Ergebnisse:

1949	12,2% der Stimmen	16 Mandate
(gesamte VRF)		
1951	2,0% der Stimmen	3 Mandate
1955	4,7% der Stimmen	6 Mandate
(mit PAI)		
1959	4,7% der Stimmen	6 Mandate
(mit PAI)		
1961	3,7% der Stimmen	4 Mandate
1965	3,3% der Stimmen	4 Mandate
1969	3,2% der Stimmen	4 Mandate
1973	3,8% der Stimmen	5 Mandate
(mit PAI)		
1977	3,4% der Stimmen	4 Mandate
1981	3,7% der Stimmen	4 Mandate
1984	1,7% der Stimmen	2 Mandate
1988	4,5% der Stimmen	5 Mandate
1992	3,3% der Stimmen	4 Mandate
1996	3,2% der Stimmen	4 Mandate

[L] I. Greilsammer, Le poids des partis religieux sur la politique étrangère d'Israel, in: Politique Etrangère 4, 1988. – J. Lustick, For the Land of the Lord: Jewish Fundamentalism in Israel, 1988. – G. Schiff, Tradition and Politics, 1977. – M. Wolffsohn/D. Bokovoy, Israel. Geschichte, Politik, Gesellschaft, Wirtschaft, [5]1996.
(DB/MW)

Aguna (hebräisch »die gebundene Frau«), ursprünglich eine Frau, die keinen Ehemann gefunden hat. In der rabbinischen Literatur wird unter Aguna eine Frau verstanden, die nicht wieder heiraten darf, weil kein Scheidebrief (→Get) vorliegt oder weil der Tod ihres verschollenen Mannes (z. B. im Krieg oder aktuell im Holocaust) nicht nachweisbar ist. Da im jüdischen Recht eine →Ehe nur aufgrund eines Scheidebriefs des Mannes oder aufgrund des einwandfrei nachgewiesenen Todes eines Partners gelöst werden kann, hat eine Aguna von sich aus keine Möglichkeit, die Ehe zu lösen und sich wiederzuverheiraten. Deshalb wurden diesbezüglich Erleichterungen festgelegt, die den Scheidebrief und den Nachweis des Todes betreffen. Um eine Frau vor dem Stand der Aguna zu bewahren, kann der Mann vor seiner Abreise einen Scheidebrief ausstellen, der in Kraft tritt, wenn er bis zu einem bestimmten Termin nicht zurückkehrt. Fragen zu diesem sehr komplexen Thema halachischer Literatur nehmen in der →Responsen-Literatur einen weiten Raum ein. (HMD)

Ägypten. Zur Zeit der Formierung der israelitischen Stämme befand sich ein großer Teil →Kanaans während der Herrschaft Amenophis' IV. (Echnaton, um 1364–1346 v. Z.) unter ägyptischer Kontrolle. Einige Israeliten zogen in das Land Gosen, den Nordostrand des Nildeltas. Pharao Ramses II. (1290–1224 v. Z.) setzte Juden als Zwangsarbeiter für seine Bauprojekte ein; unter seinem Nachfolger Merenptah flohen die Juden um 1220 v. Z. durch den Sinai nach Kanaan (→Pessach). Im 4. Jahrhundert v. Z. bildete sich in Alexandria eine hellenisierte griechischsprachige Gemeinde, die u. a. den Philosophen →Philo von Alexandrien (um 20 v. Z.–50. n. Z.) und vorher schon die Septuaginta (→Hebräische Bibel) hervorbrachte. Antijüdische Ressentiments seitens der griechischen Herrschaftsschicht führten zu Unruhen, diese und die Massentaufe von Alexandria (415 n. Z.) infolge der Christianisierung des Römischen Reiches ließen die Gemeinde von Alexandria noch vor der arabischen Eroberung (642 n. Z.) zur Bedeutungslosigkeit absinken. Dafür bildete sich seit dem 10. Jahrhundert in Kairo (Fostat) eine bedeutende Gemeinde, zu der 1165 →Mose ben Maimon stieß, der hier den Großteil seiner Werke verfaßte und vom Wesir zum Oberhaupt der ägyptischen Juden (→Nagid) ernannt wurde. 1517 fiel Ägypten unter die relativ tolerante osmanische Herrschaft (→Osmanisches Reich), die in unterschiedlicher Ausprägung bis 1914 anhielt. Im Jahre 1897 lebten vor allem in Kairo und Alexandria ca. 25 000 Juden, 1937 erreichte die Bevölkerungsentwicklung Ägyptens mit 64 000 ihren Höhepunkt im 20. Jahrhundert. Kam es in Alexandria schon seit 1844 zu →Blutbeschuldigungen und seit 1882 zu Tätlichkeiten gegenüber Juden, so breitete sich 1938/39 der Protest gegen die Einwanderung von Juden aus Deutschland in Palästina über ganz Ägypten aus. Einen ersten Höhepunkt erreichte die antiwestliche und antizionistische Stimmung mit den Krawallen am Balfour-Tag (2. 11. 1945). Ägypten schloß 1948 den Suezkanal für israelische Schiffe, wobei es zu Pogromen kam, und beteiligte sich am israelischen →Unabhängigkeitskrieg 1948/49, am →Sechs-Tage-Krieg 1967 (Eroberung der Sinai-Halbinsel durch Israel) sowie am →Jom-Kippur-Krieg 1973 (erneuter israelischer Sieg). In Folge der antijüdischen Ausschreitungen und Politik sank die Zahl der jüdischen Einwohner nach 1945 rapide, so waren 1957 nur noch 15 000 ansässig. Die letzte große Auswanderung von den verbliebenen etwa 3000 Juden erfolgte nach dem Sechs-Tage-Krieg, 1997 lebten nur noch 100–200 in Ägypten. Nach dem Besuch Präsident Sadats in Israel 1977 und dem Friedensvertrag 1979 wurden die Rechte der wenigen Juden in Ägypten allerdings wieder hergestellt; Ägypten unterhält nunmehr volle diplomatische Beziehungen zu Israel, doch ist das Verhältnis beider Staaten durch die Entwicklung des palästinensischen Friedensprozesses seit Mitte der 90er Jahre erneut belastet worden. (PB)

Ahlwardt, Hermann →Völkische Bewegung

Ahnenverehrung →Kaddisch

Ahron →Aaron

Ahroniden →Aaron

AIU →Alliance Israélite Universelle

Akademie (hebräisch »Jeschiwa«, aramäisch »Metiwta«, »Sitzen« genannt), abgeleitet von der speziellen Sitzordnung der Gelehrten und ihrer Schüler. Akademien vereinten anfangs Lehrhaus und Gerichtshof und damit die Entwicklung, Unterweisung und Ausübung der →Halacha. Dies geschah in öffentlicher Diskussion. In amoräischer Zeit hielt der Rosch Jeschiwa (Vorsitzender der Akademie), der von den Weisen gewählt wurde, morgens und abends Lektionen. Er wurde dabei von einem Tanna (»Wiederholer«) unterstützt, der die mündliche →Tora durch permanente Wiederholung auswendig lernte und festhielt. Ein Meturgeman oder Amora (»Übersetzer«) übermittelte und verdeutlichte den bis zu 1200 Zuhörern die Lehre. Die anwesenden Schüler saßen in Reihen und wiederholten die Lektionen. Die Schüler waren an den halachischen Diskussionen beteiligt, hatten dem Lehrer ggf. zu widersprechen, seine Entscheidungen anzufechten, wurden zu Rate gezogen und auch getestet. Sie sollten so in die Lage versetzt werden, mit der mündlichen Tora aus der Halacha Gesetze abzuleiten und auf neue Situationen anzuwenden. Eine besondere Art des Lernens stellte die sog. Kalla in Sura seit →Abba Arikha dar. Die Schüler gingen ihrem Beruf nach und versammelten sich nur in den Monaten Elul und Adar in der Akademie zum Studium eines bestimmten Themas, das sie in den fünf vorangehenden Monaten privat studiert hatten. Dazu gab es öffentliche Vorträge von Abba Arikha. Die Ursprünge der Akademien liegen schon in der Zeit des Zweiten Tempels. Auch der große →Sanhedrin wurde als Jeschiwa bezeichnet. War zunächst nur Jerusalem Zentrum des Studiums, wurden nach der Zerstörung des Zweiten Tempels 70 n. Z. verschiedene Akademien außerhalb Jerusalems gegründet. Neben Lehrhäusern von einzelnen Gelehrten (→Elieser ben Hyrkanos in Lydda; Rabban →Jochanan ben Zakkai in Beror Chajil; Rabbi →Jehoschua in Pekiin; Rabbi →Akiba in Bene Beraq) entstanden Akademien in Palästina und Babylonien: in Palästina in →Jawne (Rabban Jochanan ben Zakkai; Rabban →Gamaliel II.), Uscha, Bet Shearim, Sephoris (Rabbi →Jehuda ha-Nassi), Tiberias

(Rabbi →Jochanan ben Nappacha), Caesarea, Lydda und seit dem 9. Jahrhundert wieder in Jerusalem; in Babylonien vor allem seit dem 3. Jahrhundert in Chusal bei Nehardea bis 259 n. Z. (Mar Samuel), Nisibis, Nechar-Pekod, Pumbedita seit 259 n. Z. (Rabbi →Jehuda bar Jechezqel; →Rabba bar Nachmani, →Abaje), Machoza (→Rawa), in Sura seit 219 n. Z. (Abba Arikha, Rab Chuna) und Mata Machscheja (Rab Aschi). Der Tod Chai Gaons (1038 n. Z.) gilt als das Ende der Akademien in Babylonien. Das Zentrum jüdischer Akademien verlagerte sich danach nach Kairouan (bis zum 12. Jahrhundert) Spanien, Frankreich und Deutschland. (HMD)

Essay

Ahasverus, der ewige Jude

Avram A. Baleanu

Weit verbreitet war in der christlichen Welt des Mittelalters die Legende von einem Mann aus Jerusalem, der Christus mit rohen Worten beleidigt hatte und ihn – wie es in einigen Varianten heißt – sogar geschlagen haben soll. Als Strafe für diesen Frevel führe er nun bis zum Jüngsten Gericht ein rastloses Leben, ohne die Ruhe des Todes zu finden. Diese Gestalt – nicht in allen Legendenvarianten als Jude charakterisiert – hieß in England Cartaphilus, in Italien Buttadeus (»Gottstoßer«), in Spanien Juan Espera en Dios, in Frankreich und Belgien Isaak Laquedem; in einem berühmten deutschen Volksbuch aus dem Jahr 1602 erhielt sie erstmals den Namen Ahasverus, und dieser Name setzte sich dann überall durch. Die Legende hat keinerlei Bezüge zur jüdischen Folklore, denn der Name Ahasverus stellt eine irrige Übernahme aus dem Buch Ester dar, wo er der Name eines Perserkönigs ist.

Christliche Quellen: Der Evangelist Matthäus überliefert die Worte Jesu: »Wahrlich, ich sage euch: Es stehen einige hier, die werden den Tod nicht schmecken, bis sie den Menschensohn kommen sehen in seinem Reich« (16, 28). Im Johannes-Evangelium (21, 22) sagt Jesus nach der Auferstehung zu einem seiner Apostel über einen seiner Jünger: »Wenn ich will, daß er bleibt, bis ich komme, was geht es dich an?« Dieser Jünger soll der heilige Johannes gewesen sein, von dem man glaubte, er sei nicht gestorben, sondern erwarte die Wiederkehr des Erlösers hier auf Erden. Auf der Grundlage einiger Stellen aus dem NT ist die Legende von Malchus entstanden, einem Diener des Hohenpriesters Hannas. Malchus soll Christus bei dessen Verhör ins Gesicht geschlagen und noch viele Jahrhunderte später mit mannigfachen Strafen für seine gotteslästerliche Tat gebüßt haben. Obwohl die Malchus- und die Johannes-Legende eine augenscheinlich entgegengesetzte Bedeutung haben, könnten sie gleichwohl zur Herausbildung der Figur des unsterblichen Ahasverus beigetragen haben.

Heidnische Quellen: Die Forschung stellt einen Bezug zur buddhistischen Legende von Pindola her, der sich der Überheblichkeit Buddha gegenüber schuldig gemacht und den dieser zur Unsterblichkeit verdammt hatte mit den Worten: »Solange mein Gesetz nicht untergeht, sollst du nicht ins Nirvana eingehen.« Verwandt mit dem Ewigen Juden ist auch der Wilde Jäger, eine Figur aus der germanischen Mythologie, die vorwiegend in Winternächten auf die Jagd geht und oftmals denen, die ihr begegnen, Unglück bringt. Ebenso sieht man eine gewisse Ähnlichkeit zwischen dem ewig-wandernden Juden und anderen Legendenfiguren wie Wotan, Kain, dem fliegenden Holländer.

Schriftliche Versionen: Johannes Moschos aus Damaskus (6. Jahrhundert) erzählt in seiner Geschichtensammlung »Leimonarion« von der Begegnung eines Mönchs mit einem Äthiopier in zerlumpten Kleidern, der zu ihm sagt: »Ich bin

derjenige, der den Schöpfer der Welt, unseren Herrn Jesus Christus, auf seinem Leidensweg ins Gesicht geschlagen hat.«
Andere mittelalterliche Texte setzen den Ursprung der Legende in Kleinasien an. So ist in einer Chronik aus Bologna im Bericht über das Jahr 1223 die Rede von einem in Armenien lebenden Juden, der bei den Folterqualen Christi auf Golgatha zugegen gewesen sei und ihn beschimpft habe: »Geh, geh, du Verführer und Verderber, auf daß du das bekommst, was du verdienst!«, worauf Christus ihm geantwortet habe: »Ich gehe, du aber sollst mich erwarten, bis ich wiederkomme.« Ebenfalls im 13. Jahrhundert erzählt ein Erzbischof aus Armenien bei einem Besuch in Frankreich und England eine ähnliche Geschichte, von der er behauptet, sie sei authentisch. Diese Legendenversion ist in einer »Reimchronik« des Erzbischofs Phillip Mouskes von Tournoy enthalten, und der englische Mönch Roger of Wendower übernimmt sie 1228, überzeugt von ihrer Glaubwürdigkeit, in die Chronik »Flores Historiarum«.
Danach wurde die erwähnte Freveltat von einem Türhüter des Pilatus namens Cartaphilus begangen. Dieser Cartaphilus soll anschließend Christ geworden sein und ein sehr frommes Leben geführt haben. Alle 100 Jahre geschah mit ihm eine Verjüngung, bei der er wieder 30 Jahre alt wurde, so alt also, wie Christus war, als er gekreuzigt wurde. Matthew Paris, der Nachfolger Wendowers, übernahm diese Passage fast unverändert in seiner 1586 in Zürich auch in deutscher Übersetzung erschienenen »Chronica Majora«. Eine ähnliche Variante der Legende findet sich in Kurzform in einer Abhandlung des italienischen Astrologen Guido Bonatti, der im 13. Jahrhundert lebte.
Verschiedene in der europäischen Literatur des 14., 15. und 16. Jahrhunderts zu findende Hinweise zeugen davon, daß dieses Thema in fast ganz Europa im Umlauf war und die Themenmotive sich in den einzelnen Ländern überlagerten. So enthält auch die von dem spanischen Dichter Villalón um das Jahr 1557 geschriebene Komödie »Crotalon« eine geraffte Fassung der Legende, die ähnliche Ausdrücke verwendet wie die Bologneser Chronik. Doch wird hier der Legendengestalt erstmals der Beruf des Schuhmachers zugeschrieben. Das unter dem verkürzten Titel »Kurtze Beschreibung und Erzehlung von einem Juden mit Namen Ahasverus« bekannt gewordene deutsche Volksbuch aus dem Jahr 1602 – ursprünglich ohne Verfasserangabe, seit der 10. Ausgabe unter dem Pseudonym Chrysostomus Dudulaeus Westphalus erschienen – ist höchstwahrscheinlich von Paris' und Bonattis Texten inspiriert, wobei allerdings die Darstellung an Umfang gewinnt und eine dramatischere Form annimmt. Dieses Volksbuch ist auch die erste selbständige Schrift zu diesem Thema. Hier ist Ahasverus ein jüdischer Schuhmacher aus Jerusalem. Als Jesus, das Kreuz schleppend, einen Augenblick vor Ahasverus' Haus stehenblieb, um auszuruhen, jagte ihn der Schuhmacher mit Schmähworten davon. Daraufhin erwiderte ihm Christus: »Ich will stehen und ruhen, aber ihr sollt gehen.« Seither irrt Ahasverus umher, führt ein asketisches Leben und erzählt allen Leuten von den Leiden und von der Allmacht des Erlösers. Laut Volksbuch hat Bischof Paulus von Eitzen, ein Schüler Luthers und angesehener Theologe, 1542 in Hamburg die Bekanntschaft von Ahasverus gemacht.
Die bei Matthew Paris vorkommenden heftigen antisemitischen Töne sind in den ersten Auflagen des Volksbuchs größtenteils nicht vorhanden, in den zahlreichen nachfolgenden Ausgaben hingegen sind sie mit größerer Virulenz wiederzufinden. Übersetzungen und Kompilationen der »Kurtzen Beschreibung« erschienen im 17. Jahrhundert in vielen Ländern Westeuropas. Der Ausdruck »der Ewige Jude«, der erst in der Ausgabe des Volksbuches von 1694 auftaucht, breitete sich in der Folge in den deutschsprachigen Ländern aus, mit Entsprechungen im Tschechischen und Polnischen. In anderen Ländern ist die Wendung »der wandernde Jude« üblich (englisch: the wandering jew; französisch: le juif errant; italienisch: l'ebreo errante usw.).

Volkstümliche Fassungen und mündlich überlieferte Varianten: Als Zeuge des Leidensweges Christi und als ein Muster an Frömmigkeit genießt der Ewige Jude den Respekt, das Mitleid und die Sympathie der Menschen. Dafür ist auch die große Zahl von Scharlatanen ein Beweis, die sich im Spätmittelalter und zu Anbruch der Neuzeit als Ahasverus ausgaben. Sie kleideten sich dementsprechend und erfanden naive Geschichten, um so in den Genuß der Ahasverus entgegengebrachten Verehrung, von Geschenken und ihm zu Ehren veranstalteten Festessen zu gelangen. Berichte, in denen es hieß, Ahasverus sei zu verschiedenen Zeiten an den unterschiedlichsten Orten Europas gesehen worden, sind daher möglicherweise auch auf Begegnungen mit solchen Schwindlern zurückzuführen. Ein großer Teil der volkstümlichen Ahasverus-Erzählungen ist sicherlich von den vor ihnen erschienenen gelehrten Texten beeinflußt. Andere der Volksdichtung entstammende Varianten, vor allem die in Deutschland, Österreich und der Schweiz, sind frei von jeglichem religiösen Charakter, enthalten keine antisemitischen Anschuldigungen und erwähnen den Umstand, daß Ahasverus ein Jude ist, allenfalls beiläufig. Im Vordergrund stehen hier sein tragisches Schicksal und seine seltsamen Verhaltensweisen. So kann Ahasverus beispielsweise nicht schlafen und nicht stillsitzen, und wenn er irgendwo zu Gast ist, verbringt er seine Nächte damit, unaufhörlich um einen Tisch zu kreisen. Er hat die Erde mehrfach umrundet, geht barfuß und hat, wie es manchmal heißt, Berge von Schuhen zerschlissen. Typisch für die volkstümliche Vorstellung von Ahasverus ist folgendes Porträt in einer Legende aus dem Vogtland: »Es war eine lange unheimliche Gestalt mit langem, eisgrauem Barte und Haar und eingewickelt in einem graubraunen zerrissenen Mantel, von dem auch das ganze unheimlich zerfetzte Gesicht bedeckt war.« Die Figur des Ahasverus verkörpert in der Volksdichtung oftmals das unerbittliche Verrinnen der Zeit und dessen Wirkungen: Dort, wo Ahasverus auf seiner Wanderschaft zum zweiten oder dritten Mal vorbeikommt, stellt er entweder fest, daß einst blühende Städte und Anpflanzungen verschwunden und zu verlassenen, wüsten Gegenden geworden sind, oder (seltener) daß sich menschliche Siedlungen an Orten entwickelt haben, die zuvor nur Wald und Feld waren. Bisweilen wird Ahasverus mit dem Wilden Jäger gleichgesetzt oder mit anderen umherziehenden Geistern und gilt als Unheilsverkünder. Im Alpenraum erzählt man, daß gewisse Seen und Gletscher aus seinen Tränen entstanden seien. Charakteristisch für diese Volkssage ist, daß fast jede ihrer Varianten unterschiedliche Einzelheiten enthält und Begebenheiten erzählt, die sich an ganz bestimmten Orten zugetragen haben sollen.

Bearbeitungen des Themas in Literatur und Kunst: Einer der ersten Schriftsteller, die dieses Thema zu einer Bearbeitung reizte, war Goethe; von seinem Entwurf für ein großes episches Gedicht sind jedoch nur Fragmente ausgeführt. Im 18., 19. und 20. Jahrhundert sind Hunderte von der Ahasverus-Legende inspirierte Gedichte, Novellen, Erzählungen, Romane und Theaterstücke erschienen, als deren Autoren zu nennen sind: in der deutschsprachigen Literatur Schubart, Arnim, Klingemann, Chamisso, A. W. Schlegel, Brentano, Auerbach, Lenau, Mosen, Gutzkow, Hamerling, S. Heller, Haushofer, Wedekind, Toller; in England Wordsworth, Shelley, Croly, R. Buchanan, Kipling, Galsworthy; in Frankreich Béranger, E. Qinet, E. Sue, Dumaspère, E. Fleg, Apollinaire; in Dänemark H. Chr. Andersen, Paludan-Müller; in Schweden Strindberg, P. Lagerkvist; in Spanien Blasco Ibáñez; in Ungarn Vörösmarty, Arany; in den Vereinigten Staaten Mark Twain, J. L. Makeever, O'Henry; auf jiddisch A. Goldfaden, D. Pinski. Entsprechend den von Forschern wie Werner Zirus (»Ahasverus, der ewige Jude«, Berlin-Leipzig 1930) oder George K. Anderson (»The Legend of the Wandering Jew«, Brown University Press 1965) vorgenommenen Klassifizierungen lassen sich eine Reihe äußerst verschiedener Erscheinungsbilder des Ahasverus als literarischer Figur ausmachen: ruheloser Wanderer oder gläubiger Mahner; Zeitkritiker oder an Weltschmerz Leidender; Wohltäter und Retter oder Geist des Bösen; Künder des Weltuntergangs oder Revolutionär von der Art eines Prometheus; Exponent der »Kollektivsünde« des jüdischen Volkes, das zu ewiger Zerstreuung und heimatlosem Herumirren in der Welt verurteilt ist. Oder, genau umgekehrt: Symbolfigur der ungerechten Verfolgung dieses Volkes und Ausdruck seines Wunsches, wieder eine Heimat zu bekommen; Gegenpol der Gottheit oder Verkörperung der Idee der Liebe und des Verständnisses unter den Menschen. Der jüngste Roman über das Thema des Ewigen Juden ist Stefan Heyms »Ahasver« (1981). Der Autor geht mit dem Stoff der Legende sehr frei um, benutzt ihn gewissermaßen eher als Vorwand für eine Satire des starren marxistischen Dogmatismus in unserer Zeit und der antisemitischen Atmosphäre im Umfeld Luthers um die Mitte des 16. Jahrhunderts. Die auf Ahasverus lastende Verdammung und seine sonderbare Erscheinung haben die schöpferische Phantasie vieler bildender Künstler angeregt. Gustave Doré stellt ihn 1856 in einem Zyklus von Zeichnungen dar mit einem riesig langen weißen Bart, bekleidet mit einem langen, einer Mönchskutte ähnlichen Gewand, in der Hand einen großen Stab, umringt von einer neugierigen Menge auf dem mittelalterlichen Markt, oder wie er unversehrt über Schlachtfelder hinwegschreitet, Schiffbrüche übersteht, zwischen Raubtieren und Giftschlangen seines Weges zieht und schließlich beim Jüngsten Gericht glücklich Vergebung erlangt. 1852 fand in Paris die Uraufführung der Oper »Le juif errant« statt, mit der Musik von Jacques F. Halévy nach einem Libretto von Eugène Scribe und M. de Saint-Georges. Zu diesem Thema drehten die Jaffa Productions 1933 einen Film mit Jacob Ben-Ami, 1935 entstand ein englischer Film mit Conrad Veidt und 1948 der italienische Film »L'ebreo errante« (»Sablie del tempo«) mit Vittorio Gassmann in der Hauptrolle.

[L] R. Auget, Le juif errant, Paris 1977. – J. J. Gielen, De Wandelnde Jood in Volkskunde en Letterkunde, Amsterdam 1931. – The Wandering Jew. Essays in the Interpretation of a Christian Legend, edited by G. Hasan-Rokem and A. Dundes, Bloomington 1986. – L. Neubaur, Die Sage vom ewigen Juden, 1884. – A. Schmidt, Das Volksbuch vom Ewigen Juden, 1927.

Akademie für die Wissenschaft des Judentums →Wissenschaft des Judentums

Akdamut →Schawuot

Akeda →Abraham, →Isaak

Akiba ben Josef, auch Rabbi Akiba, Märtyrer unter Hadrian nach dem Aufstand unter →Bar Kochba, den Akiba ben Josef als →Messias titulierte, um 50–135 n. Z.; Schüler des →Elieser ben Hyrkanos, →Jehoschua ben Chananja, Nachum aus Gimso und Tarfon. Leiter einer eigenen Schule in Bene Beraq, Lehrer von Rabbi →Meir, Rabbi →Jehuda bar Ilai, Rabbi Simon ben Jochai und Rabbi Jose ben Chalafta. Bedeutender →Tannait. Er systematisierte die Schriftauslegung in →Midrasch Halachot und Midrasch Aggadot. Seine Überlieferungen bildeten den Grundstock der →Mischna. Er ging davon aus, daß in der →Tora nichts überflüssig geschrieben ist und somit jedem Buchstaben ein Sinn zukommt. Darin war er Kontrahent des Rabbi →Jischmael ben Elischa. Akiba ben Josef war maßgeblich beteiligt an der Kanonisierung der →Hebräischen Bibel und der Entstehung der griechischen Übersetzung des Aquila. Er gilt auch als bedeutender Mystiker. Über den Beginn seines Studiums im Alter von 40 Jahren auf Veranlassung seiner Frau, seine gerühmte Bescheidenheit und seinen Tod gibt es zahlreiche Legenden. (HMD)

Akko, englisch Acre, israelische Stadt am Nordende der Haifabucht, 46 000 Einwohner, davon 12 000 Araber. Altstadt orientalischen Charakters mit Jâzzar-Moschee, Basar und Karawansereien; auf den Resten der Kreuzfahrerburg (12./13. Jahrhundert) türkische Zitadelle (18. Jahrhundert), die im 19. Jahrhundert (Baha'ullah, der Grün-

der der Baha'i-Religion) und in der britischen Mandatszeit (Jabotinsky u. a. jüdische Widerstandskämpfer) als Gefängnis diente. – Akko, eine kanaanitische Gründung, war im 15.–13. Jahrhundert v.Z. eine bedeutende phönizische Handelsstadt, in der Glas und Purpur hergestellt wurden. Sie war dem Stamm Ascher zugewiesen, konnte aber nicht erobert werden (Ri 1,31). In hellenistischer und byzantinischer Zeit hieß es Ptolemais. Im Jahr 143 v.Z. wurde in Akko der Makkabäer Jonathan ermordet und 66 n.Z. eine jüdische Gemeinde von 2000 Mitgliedern von den Römern massakriert. Nach der arabischen Eroberung (636) nahm die Bedeutung der Stadt ab. Unter der Herrschaft der Kreuzfahrer (seit 1104) hieß Akko St.-Jean d'Acre. 1191–1291 war Akko Hauptstadt des Kreuzfahrerreichs. 1198 wurde hier (nach einer Spitalgründung 1190) der Deutsche Ritterorden gegründet. In der Kreuzfahrerzeit errichteten Rabbiner aus Frankreich bedeutende Jeschiwot. Nach dem Abzug der Kreuzfahrer lag Akko in Ruinen, bis nach 1740 der in Galiläa herrschende Beduinenscheich Dahir al-Ummar hier seine Hauptstadt errichtete. Ihm folgte 1775 der albanische Söldnerführer Ahmed al-Jâzzar (der Schlächter), dem der Jude Hayyim Farhi als Schatzmeister diente. 1799 scheiterte Napoleons Belagerung Akkos am Feuer einer britischen Flotte, die die Stadt schützte. 1832–40 ging Akko in den Besitz der Ägypter unter Ibrahim Pascha über, 1918 wurde es von den Briten besetzt. Nach der Einnahme Akkos durch israelische Truppen 1948 blieb ein relativ großer Teil der arabischen Bewohner in der Stadt.
[L] Y. Karmon, Israel. Eine geographische Landeskunde, [2]1994. (WL)

Akkum → Abkürzungen

Akrostichon (griechisch; hebräisch »Siman«, »Zeichen« oder »Chatima«, »Unterschrift«). Literarisches Stilmittel, das am Anfang (Akrostichon), in der Mitte (Mesostichon) oder am Ende (Telestichon) von Abschnitten, Strophen oder Zeilen die Buchstaben entsprechend ihrer alphabetischen Reihenfolge oder in deren Umkehrung verwendet. Das Akrostichon wird zur Untergliederung von Dichtung und Prosa sowie zu mnemotechnischen oder didaktischen Zwecken verwendet, aber auch, um in hintereinander zu lesenden Anfangsbuchstaben den Namen des Verfassers bzw. Empfängers festzuhalten. Das Akrostichon begegnet bereits in der Hebräischen Bibel. Unter dem Einfluß der arabischen Literatur findet es als Stilmittel seit dem 6. Jahrhundert n.Z. auch Eingang in die synagogale Poesie. Das Akrostichon wird auch bei Grabinschriften verwendet. (HMD)

Aktion Sühnezeichen/Friedensdienste e.V., von Präses Lothar Kreyssig angeregte, 1958 gegründete Organisation, mit dem Ziel, sich der Verantwortung der von Deutschen begangenen Verbrechen während der Zeit des Nationalsozialismus zu stellen und aus dieser Verantwortung heraus Sühne zu leisten und Zeichen der Umkehr zu setzen. Als Zeichen der Sühne sollen junge Deutsche in den von Deutschen während des Zweiten Weltkriegs überfallenen Ländern (u. a. Frankreich, Israel, Polen, UdSSR, Niederlande, Griechenland, Norwegen) Hilfsdienste leisten. Zunächst war die Aktion Sühnezeichen als gesamtdeutsche Organisation ins Leben gerufen. Doch im Zuge des Kalten Kriegs und der deutschen Teilung versagte die ehemalige DDR der Aktion Sühnezeichen die Teilnahme ihrer Bürger an laufenden Projekten und führte eine organisatorische Trennung herbei, die jedoch nach der Vereinigung der beiden deutschen Staaten wieder aufgehoben wurde. Die Diskussionen über das Selbstverständnis der Aktion Sühnezeichen (West) führten Ende der 60er/Anfang der 70er Jahre zu einer Politisierung und Erweiterung des Namens (Friedensdienste). Die Aktion Sühnezeichen/Friedensdienste e.V. erhielt 1965 den Theodor-Heuss-Preis.
[L] K.-K. Rabe, Umkehr in die Zukunft. Die Arbeit der Aktion Sühnezeichen, 1983. (MHF)

Albalag, Isaak, Philosoph, spätes 13. Jahrhundert, Spanien, keine weiteren biographischen Angaben. Sein Denken ist durch die Arbeiten von G. → Vajda vergleichsweise gut erschlossen. 1292 übersetzte Albalag das gegen die Philosophie gerichtete Werk des islamischen Fideisten Al Ghasali (1059 bis 1111) »Die Absichten der Philosophen« (1094) ins Hebräische und kommentierte es kritisch im Anschluß an → Averroes unter dem Titel »Tikkun ha-Deot« (Wiederherstellung der philosophischen Lehren). In Reaktion auf die Kritik der Fideisten, die den Gottesglauben als einzige Quelle der Erkenntnis der Vernunft überordnen, versuchte Albalag die Freiheit des Denkens zu schützen, indem er grundsätzlich zwischen den pädagogischen und politischen Zielen der Offenbarung sowie den spekulativen Zielen der Philosophie unterschied. Für Albalag entsprechen dabei die praktischen

Gesetze dem allgemein verständlichen (exoterischen) Sinn der Tora; die »wahre« Wissenschaft, die in der Tora nur angedeutet wird, entspricht dagegen dem eigentlichen (esoterischen) Sinn der Tora. Im Gegensatz zu →Mose ben Maimon nimmt Albalag aber nicht mehr an, daß der exoterische Schriftsinn durch Allegorese in den esoterischen Schriftsinn übersetzt werden kann. In seinem allegorischen Kommentar zur Schöpfungsgeschichte versucht er, diese mit der aristotelischen Lehre von der Entstehung der Welt in Einklang zu bringen und kommt zu einem dem buchstäblichen Schriftsinn der Tora widerstreitenden Ergebnis: der Lehre von der Ewigkeit der Welt.

Ⓛ G. Vajda, Isaak Albalag, traducteur et commentateur d'Al Ghazali, Paris 1960. (DK)

Albanien. Juden seit 1175 nachweisbar. 1492 kamen nach der Vertreibung aus Spanien weitere Juden nach Albanien. Ihnen folgten Juden aus Süditalien. Sie bewohnten die Küstengebiete um Durazzo (Durrës), Valona (Vlorë), Elbasan und Berat. →Sabbatai Zewi verbrachte die letzten Jahre seines Lebens in Albanien und starb 1676 in Dulcigno. Vor dem Zweiten Weltkrieg existierte eine jüdische Gemeinde in Skutari (Shkodër), eine kleinere in Koritza (Korçë). 1938 flohen deutsche Juden nach Albanien, das sich bis September 1943 unter italienischer Kontrolle befand. Im April 1944 wurden 400 Juden nach Priština (Serbien) deportiert, von dort aus weiter nach →Bergen-Belsen; die Hälfte der albanischen Juden kam um. Da in Albanien bis 1990 jegliche Religion offiziell verboten war, existierte auch keine organisierte jüdische Gemeinde. Die wenigen albanischen Juden leben in Tirana und Valona. Es bestehen keine diplomatischen Beziehungen zu Israel. (PB)

Albertus Magnus, dominikanischer Theologe, vor 1200 Lauingen a. d. Donau – 15. 11. 1280 Köln. Der Sohn aus der staufischen Ministerialenfamilie von Lauingen studierte in Padua, wo er 1223 dem Dominikanerorden beitrat, ferner in Köln und Paris und lehrte seit 1248 hauptsächlich in Köln. Auf ihn geht die Einrichtung eines Generalstudiums als Vorläufer der Kölner Universität zurück. Er gilt als vielseitigster und am umfassendsten gebildeter deutscher Gelehrter des Mittelalters (»doctor universalis«). 1931 wurde er heiliggesprochen. Das sich mit allen Fragen der Philosophie und Naturwissenschaft beschäftigende Œuvre führte weit über die Tradition hinaus und bezog erstmals umfassend aristotelisches, arabisches und jüdisches Gedankengut ein. Von der jüdischen religionsphilosophischen Literatur rezipierte Albertus Magnus insbesondere die Schriften des →Salomo ben Jehuda ibn Gabirol aus Malaga (11. Jahrhundert) und vor allem des →Mose ben Maimon. Den von diesem versuchten Ansatz, jüdisches und aristotelisches Denken miteinander zu verknüpfen, übertrug Albertus Magnus in seine Synthese einer aristotelisch-christlichen Philosophie. Seine praktische Haltung gegenüber den Juden blieb ambivalent. Einerseits wirkte er maßgeblich in einer 40köpfigen Kommission mit, die auf Betreiben des päpstlichen Legaten Odo von Châteauroux im Jahr 1248 erneut den Talmud auf christenfeindlichen Inhalt überprüfte und einen Verurteilungsspruch fällte, andererseits verhalf er 1275 der Frankfurter Judengemeinde zu bestätigten Ausfertigungen der Papstbullen von 1247 und 1274, in denen die Juden gegen die Blutbeschuldigung in Schutz genommen worden waren.

Ⓛ Opera omnia. Editio Coloniensis, 1951 ff., (40 Bände geplant). – A. Zimmermann (Hrsg.), Albertus Magnus. Seine Zeit, sein Werk, seine Wirkung, 1981. (PAU)

Albo, Josef, Theologe, um 1360 – nach 1433 Spanien. Albo war Schüler von C. →Crescas. Beim Religionsgespräch von Tortosa (1413/14) war Albo als Abgesandter der Gemeinde von Daroca (bei Saragossa) einer der wichtigsten jüdischen Vertreter. Die Erfahrungen dieses Schauprozesses gegen das Judentum verarbeitete Albo in seinem 1425 in Soria vollendeten Hauptwerk »Ikkarim« (Die Grundlehren, deutsch von Schlesinger 1844; englisch von I. Husik, 1929 und 1946). Dieses Werk ist zugleich der Höhepunkt der dogmatischen Theologie im Judentum. In kritischer Auseinandersetzung mit 13 Glaubensartikeln des →Mose ben Maimon entwickelt Albo ein vollständiges System von heilsnotwendigen Grund- und Folgewahrheiten des Judentums, wobei er vermutlich in Entgegnung auf die aggressive christliche Mission den Messianismus als untergeordnetes Dogma einstuft. Obwohl das Buch »Ikkarim« eklektisch den Rationalismus des Maimonides und den Fideismus des Crescas verbindet und durch seinen dogmatischen Charakter den jüdischen Interpretationspluralismus empfindlich beschneidet, ist es dank seiner ansprechenden Darstellung zu einem Klassiker der jüdischen Theologie geworden.

Ⓛ A. Pacios Lopez, La Disputa de Tortosa, Madrid/Barcelona 1957. (DK)

Albrecht I., Herzog von Österreich und der Steiermark, deutscher König (1298–1308), Juli 1255–1.5.1308 bei Brugg an der Aare. Der älteste Sohn König Rudolfs von Habsburg gelangte erst nach langjähriger kriegerischer Auseinandersetzung und dem Sieg über den Rivalen Adolf von Nassau auf den Thron. Sein Versuch, eine starke Hausmachtpolitik durchzusetzen, scheiterte am Widerstand der Fürsten, insbesondere der Wettiner. Auch gelang es ihm nicht, nach dem Tod des böhmischen Königs Wenzel III., Böhmen als erledigtes Reichslehen zugunsten seines Sohnes Rudolf einzuziehen. Ehe er die Auseinandersetzungen um Böhmen zu Ende führen konnte, fiel Albrecht I. einem Mordanschlag seines Neffen Johann, genannt Parricida, der sich um sein Erbe geprellt fühlte, zum Opfer. Albrecht I. nahm 1298 die sog. Rindfleischverfolgung zum Anlaß, die Juden in den am 17. 11. 1298 in Nürnberg proklamierten Landfrieden aufzunehmen. Damit waren sie erstmals seit 1224 wieder, im Unterschied zur üblichen Praxis des besonderen »Judenprivilegs«, in einen allgemeinen Königsfrieden eingeschlossen. Der damit angestrebte Schutz vor weiteren Überfällen wurde jedoch kaum erreicht: Allein in den ersten drei Jahrzehnten nach der Proklamierung des Landfriedens kam es in Renchen, Kirchheim, Weißensee, Gotha, Kölleda, Tennstedt, Konstanz und Überlingen zu Pogromen.

Ⓛ Z. Avneri (Hrsg.), Germania Judaica. Band 2: Von 1238 bis zur Mitte des 14. Jahrhunderts, 1968. – F. Lotter, Die Judenverfolgung des »König Rintfleisch« in Franken um 1298, in: Zeitschrift für historische Forschung 12, 1988. (PAU)

Aleppo →Syrien

Alexander, Sohn →Herodes' des Großen und der 29 v.Z. hingerichteten →Mariamne. 23 oder 22 v.Z. wurde Alexander zusammen mit seinem Bruder Aristobul (→Agrippa I.) nach Rom zur Erziehung in der Familie des →Augustus gesandt. Fünf Jahre später wurde er von seinem Vater nach Palästina zurückgeholt. Seit dem Jahr 14 v.Z. kam es immer wieder zu Spannungen zwischen den Brüdern und Herodes, so daß dieser bald den Römern seinen Sohn Antipater (aus der Ehe mit der Idumäerin Doris) als Thronerben präsentierte. Bereits 12 v.Z. klagte Herodes auf einer Italienreise Alexander und Aristobul vor Augustus an; der Kaiser erzwang jedoch eine Beilegung des Konflikts. Zwei Jahre später ließ Herodes Alexander einkerkern, durch Vermittlung des Königs Archelaos von Kappadokien, des Schwiegervaters von Alexander, kam Alexander jedoch wieder frei. Im Jahr 8 v.Z. erpreßte Herodes von Anhängern Alexanders Geständnisse auf der Folter. Alexander und sein Bruder Aristobul wurden erneut eingekerkert und in Rom des Hochverrats angeklagt; Augustus gab Herodes nun freie Hand. Im Jahr 7 v.Z. wurden beide Brüder in Berytus (Beirut) zum Tod verurteilt und wenig später in Sebaste (Samaria) umgebracht. Ob Alexander wirklich eine Verschwörung gegen seinen Vater geplant hatte oder ob seine Ermordung gewissermaßen den Endpunkt der Vernichtung der →Hasmonäer durch Herodes darstellte, ist in der Forschung strittig. (HC)

Alexander II. (Anselm von Lucca), Papst (1061–73), Kirchenreformer, ? Baggio – 21.4.1073 Rom. Alexander II. förderte die Pataria-Bewegung in Mailand, war Gegner Kaiser Heinrichs IV. und verbot bei Feldzügen gegen die Muslime, Juden anzutasten und Zwangstaufen durchzuführen. Alexander II. fixierte 1063 im Vorfeld der →Kreuzzüge die kirchlich-päpstliche Haltung gegenüber Muslimen und Juden: Da die Muslime Christen verfolgten und vertrieben, müßten sie bekämpft, die Juden aber geschont werden, da sie stets zu dienen bereit seien. Diese Feststellung ging als Kanon Dispar nimirum über das Decretum Gratians ins Kirchenrecht ein.

Ⓛ H. Schreckenberg, Die christliche Adversus-Judaeos-Texte und ihr literarisches und historisches Umfeld (1.–11. Jahrhundert), 2 1990. (FL)

Alexander III. (Orlando Bandinelli), Papst (1159–81), 1105(?) Siena – 30.8.1181 Cività Castellana. Gegner Kaiser Friedrichs I. Barbarossa, schloß Alexander III. mit diesem den Frieden von Venedig 1177. Er unterstützte die Bettelorden, berief 1179 das 3. →Laterankonzil. Alexander III. legte mit erster erhaltener →Sicut-Iudaeis-Bulle und eigenen Dekretalen das Papsttum für die Zukunft auf eine relativ moderate Judenpolitik fest und beanspruchte in Konkurrenz zu weltlichen Herrschern die oberste Schutzgewalt über die Juden. Die restriktiven Bestimmungen seiner Bulle hielten sich im Rahmen römischer Rechtssatzungen: Verbote, christliche Sklaven zu besitzen, christliche Lohndiener, Ammen und Mägde in Häusern zu halten, neue Synagogen zu bauen, Kleriker vor weltlichen Gerichten und unter Hinzuziehung nur eines Zeugen anzuklagen, am Karfreitag Türen und Fenster zu öffnen. Alexander III. forderte von den Juden die Zahlung des Kirchenzehnten für Grundbesitz und förderte ihre Bekehrung durch Unterhaltshilfen für Konvertiten.

🄻 S. Grayzel, Pope Alexander III and the Jews, 1974. (FL)

Alexander der Große, König von Makedonien (nach der Ermordung seines Vaters 336 v.Z.), 356 Pella – 13.6.323 v.Z. Babylon. 334 Beginn der Eroberung des persischen Weltreichs der Achämeniden (→Kyros, →Dareios I., →Artaxerxes I.); Schlachtensiege bei Issos (333) und Gaugamela (331), Eroberung Kleinasiens (334/33), Phöniziens (332), Ägyptens und Palästinas (331), Mesopotamiens und der persischen Stammlande (331/30), Unterwerfung des südlichen Mittelasien und Feldzug nach Indien (329–327). Nach Rückkehr in die Zentren des eroberten Perserreichs Aufbau eines europäisch-asiatischen Großreichs mit einer ethnisch gemischten Aristokratie als Trägerschicht (324 Massenhochzeit von Susa zwischen Griechen/Makedonen und Perserinnen). Als erster Vertreter einer griechisch-orientalischen Mischkultur spielte Alexander der Große für das nachbiblische Judentum eine Rolle – Talmud und Midraschim erwähnen Alexander den Großen an einigen Stellen. Anknüpfend an altorientalischen Vorstellungen, versuchte er seine Vergöttlichung zu Lebzeiten durchzusetzen. Er starb in Babylon vermutlich an Sumpffieber. Die von ihm geschaffenen politisch-administrativen Voraussetzungen haben das Leben in der →Diaspora erleichtert. Nach →Josephus soll Alexander der Große auch nach Jerusalem gezogen sein, wo man ihm das Buch Daniel zeigte; hierbei handelt es sich um eine vielleicht in Ägypten entstandene Legende.

🄻 G. Wirth, Alexander der Große, 1973. (HC)

Alexander Jannaj (Iannaeus), hasmonäischer König (103–76 v.Z.), Sohn →Hyrkans I. Die Kämpfe gegen Ptolemäer, Seleukiden, Nabatäer u. a. Anrainerstaaten, in denen der hasmonäische Staat seine größte Ausdehnung (unter Einschluß der weitgehend griechisch besiedelten Küstenebene Palästinas und beträchtlicher Gebiete im Ostjordanland) erreichte, nahmen Alexander Jannajs gesamte Regierungszeit ein. Mit der Annahme des Königstitels verschärfte sich der Gegensatz zu den gesetzestreuen Juden (→Pharisäer) und entlud sich schließlich in einem sechsjährigen Bürgerkrieg, der einen hohen Blutzoll forderte (die Quellen geben die Zahl der Gefallenen mit 56000 an). Der Sicherung seiner Herrschaft diente ein umfangreicher Festungsbau (Hyrkania, Alexandreion, Masada, Gamala, Macharäus). Die Herrschaft Alexander Jannajs entwertete das volkstümliche Ideal der Priesterherrschaft. Seine Münzprägung belegt den engen Anschluß an die hellenistische Vorstellungswelt (Betonung des Bildes – Herrscherkopf mit Strahlenkrone – an Stelle anikonischer Darstellungen der jüdischen Tradition; griechische Umschriften neben hebräischen). (HC)

Alexander von Hales, scholastischer Philosoph und Theologe, Magister der Universität Paris, Gründer der »Franziskanerschule«, um 1185 Halesowen – 21.8.1245 Paris. Sein Hauptwerk »Summa theologica« (unvollendet) ist nicht nur von Aristoteles und Augustinus, sondern auch von arabisch-jüdischen Denkern beeinflußt. In der Auslegung der Gesetzgebung des Pentateuchs stützte sich Alexander von Hales weitgehend auf den »Führer der Unschlüssigen« des →Mose ben Maimon. Seine Haltung gegenüber den Juden war von einer moderaten Auslegung der kirchlichen Tradition bestimmt, denn »sie lästern Christus aus Unwissenheit und dürfen nicht strenger als Christen bestraft werden«.

🄻 W. Lampen, Alexander von Hales und der Antisemitismus, 1929. (FL)

Alexandra Salome, um 140 – 67 v.Z., Gemahlin zunächst →Aristobuls I., dann des →Alexander Jannaj, übernahm nach dessen Tod (76 v.Z.) die Herrschaft und stand in Einvernehmen mit den →Pharisäern. Ihr ältester Sohn, →Aristobul II., setzte die Tradition seines Vaters Alexander Jannaj fort und führte die antipharisäische Partei an. Alexandra Salome starb vor dem Ende des Konflikts. (HC)

Alexandria →Ägypten

Alfassi, Isaak ben Jakob, (RIF), Schüler des →Chananel ben Chuschiel und des →Nissim ben Jakob in Kairouan (heute Tunesien); bedeutender Talmudgelehrter und Nachfolger der babylonischen →Geonim, 1013 bei Fes – 1103 Lucena. Nach der Vertreibung aus Fes (Marokko) Oberhaupt der Gelehrtenschule in Lucena (Spanien). Sein wichtigster Schüler und Nachfolger war Joseph ibn Migasch. Alfassi verfaßte drei talmudische Abhandlungen und zahlreiche zumeist arabische →Responsen. Sein Werk »Sefer ha-Halachot« (»Buch der Halachot« oder »Der kleine Talmud«) stellt die erste systematische Zusammenfassung des Talmud dar. Alfassi folgt darin der talmudischen Ordnung, beschränkt sich aber auf das Wesentliche und für seine Zeit praktisch Relevante. Alfassi faßt die zu einem Thema passenden Passagen des Talmuds zusammen, legt Entstehung und Entwicklung der entsprechenden →Halacha dar und stützt sie z.T. mit der →Aggada. Er verwendet dazu auch die gaonäische Literatur sowie die Scheeltot des →Achai aus Schabbecha, zeigt auf, wenn sich die Geonim widersprechen, und fügt seine Meinung an. So ist sein Werk zugleich ein Abriß des Talmuds zur Erleichterung des Studiums wie auch ein kurzgefaßtes halachisches Kompendium. Als solches wurden die Halachot oft kommentiert und neben den Werken des →Mose ben Maimon und →Aschers ben Jechiel zur Grundlage des →Schulchan Aruch. (HMD)

Alfons X., König von Kastilien und León, 23. 11. 1221 Toledo – 4. 4. 1284 Sevilla. Alfons X., seit 1252 König von Kastilien und León, wurde 1257 während des Interregnums in Konkurrenz zu Richard von Cornwall zum Deutschen König gewählt, hat das Reich aber nie betreten. Als König von Kastilien mit dem ehrenden Beinamen »der Weise« machte er Toledo zu einer Hochburg der empirischen Naturwissenschaft und zog zahlreiche arabische und jüdische Gelehrte an seinen Hof. Nach ihm sind die in seinem Auftrag durch den Kantor der Synagoge von Toledo, Isaak ibn Cid, bearbeiteten astronomischen Tabellen benannt (»Alfonsinische Tafeln«), die bis in das 16. Jahrhundert Grundlage der Nautik und der beobachtenden Astronomie waren. Entgegen dem seit dem 4. Laterankonzil von 1215 geltenden und nominell auch in Kastilien in Kraft gesetzten Kirchenrecht beschäftigte Alfons X. einen jüdischen Leibarzt (der ihm zugleich als Hofastrologe diente) und übertrug auch höhere Ämter im Staat und in der Finanzverwaltung an Juden. Dagegen erhob Papst Nikolaus III. – freilich vergeblich – Protest.

[L] F. Baer, Die Juden im christlichen Spanien, 1929. – P. E. Schramm, Das kastilische Königtum in der Zeit Alfons' des Weisen (1252–82), in: Festschrift für E. Stengel, 1952. (PAU)

Alfonso de Spina (d'Espina), spanischer Theologe, 2. Hälfte des 15. Jahrhunderts. Vermutlich jüdischer Herkunft, erlangte als Rektor der Universität Salamanca und Beichtvater König Enriques IV. von Kastilien einflußreiche Stellungen. Im Jahr 1491 wurde er zum Titularerzbischof von Thermopylae erhoben. In seinem 1458/59 in Valladolid verfaßten Hauptwerk »Festung des Glaubens gegen die Juden, Sarazenen und andere Feinde des christlichen Glaubens« (Fortalitium fidei contra Judeos, Saracenos et alios Christianae fidei inimicos) kritisiert er die Natur und Erziehung der Juden, die ihnen eine echte Konversion unmöglich mache, und polemisiert besonders gegen die von der spanischen Inquisition massenhaft zwangsbekehrten Juden (→Marranen). Das allein von 1471 bis 1529 neunmal im Druck aufgelegte Werk half, den Boden zu bereiten für die mit königlichem Edikt vom 31. 3. 1492 verfügte Vertreibung der Juden aus Spanien.

[L] Y. F. Baer, Die Juden im christlichen Spanien, 1929–36 (Neudruck 1970). – H. Kamen, The Spanish Inquisition, London 1965. (PAU)

Alfonso de Valladolid →Abner von Burgos

Algerien →Maghreb-Staaten

Alija (hebräisch »Aufstieg«, Plural Alijot). Die wörtliche Bedeutung des Begriffs spiegelt einen Grundsatz zionistischer Ideologie: Immigration als ethische Erhebung der Persönlichkeit und Erfüllung eines Ideals. In der Geschichte der zionistischen Einwanderung nach Palästina/Israel wird zwischen den fünf Alijot während des →Jischuw und der Alija seit der Staatsgründung 1948 unterschieden.

Erste Alija, 1882 bis 1904. Rund 25 000 jüdische Immigranten kamen in dieser Zeit nach Palästina. Diese ersten Pioniere des Jischuw stammten überwiegend aus Rußland, Rumänien und Galizien. Ein wichtiger Auslöser waren die 1881 begonnenen Pogrome im zaristischen Rußland. Bevorzugtes Auswanderungsziel waren die USA; lediglich rund zwei Prozent aller Auswanderer aus Osteuropa ließen sich vom zionistischen Ideal nach Palästina leiten. Die ersten Siedlungen wurden gegen den Widerstand der türkischen Behörden von Juden vorwiegend städtischer Herkunft gegründet, die oft weder genügend Kapital noch das nötige Wissen für den Aufbau einer Landwirtschaft in Palästina mitbrachten. Für einige Siedlungen, die mit dem Wein- und Zitrusanbau begannen, leistete Baron Edmond de Rothschild entscheidende Hilfe. Insgesamt wurden 20 landwirtschaftli-

che Siedlungen errichtet, in denen 1905 rund 6000 Einwanderer lebten. Weitere rund 4000 ließen sich in Jaffa, Haifa und Jerusalem in dieser Zeit nieder. Die Mehrzahl der Einwanderer blieb nicht in Palästina. Trotz ihrer geringen Zahl setzten die Siedler der ersten Alija ein wirkungsvolles Vorbild für die nachfolgenden Wellen zionistisch inspirierter Einwanderung.
Zweite Alija, 1904 bis 1919. Rund 40 000 Immigranten, vornehmlich junge, meist mittellose Pioniere aus Rußland, kamen nach Palästina. Ein Auslöser war die Welle von Pogromen 1904/05 im Zusammenhang mit der Revolution von 1905. Obwohl auch viele dieser Einwanderer das Land wieder verließen, schufen diejenigen, die blieben, viele Grundlagen des Jischuw und des späteren Staates Israel. Viele Einwanderer der Zweiten Alija waren vom Pionierideal der Chaluziut inspiriert und errichteten neue oder arbeiteten in bestehenden landwirtschaftlichen Siedlungen. Dazu gehörten die Gründer des ersten →Kibbuz, Deganya (1909). Andere Einwanderer dieser Alija waren am Aufbau einer städtischen Kultur und Wirtschaft interessiert. Dazu gehörten die Gründer der ersten modernen Stadt in Palästina, Tel Aviv (1909), die bald zum wichtigsten Zentrum des Jischuw wurde. Die Zweite Alija betrachtete den Jischuw als eine nationale Gesellschaft, für die es galt, demokratische Institutionen zu schaffen. Gegründet wurden die ersten (sozialistisch-zionistischen) politischen Parteien (Poale Zion, Hapoel Hazair), Verteidigungsverbände, Schulen, Gewerkschaften u. a. Sie waren überzeugt, daß es nur dann zu einer jüdischen Mehrheit in Palästina und zu einem Judenstaat kommen könnte, wenn Juden die Arbeiten in allen Bereichen verrichteten. Ihr Prinzip →Kibbusch Haavoda (»Eroberung der Arbeit«) wandte sich gegen die Praxis der früheren Siedler, überwiegend arabische Lohnarbeiter zu beschäftigen. Der Erste Weltkrieg setzte der Zweiten Alija ein plötzliches Ende.
Dritte Alija, 1919 bis 1923. Die rund 35 000 Einwanderer kamen zur Hälfte aus Rußland, zu einem Drittel aus Polen und sonst hauptsächlich aus Mittel- und Osteuropa. Als »3. Alija« schlechthin gelten die mehrheitlich jungen landwirtschaftlichen Pioniere, deren Ideal der Chaluziut diese Einwanderungswelle besonders prägte. Zu den Motiven der Auswanderung gehörten antisemitische Verfolgungen in den neuen Staaten Osteuropas, besonders aber in der Ukraine, und die Enttäuschung der idealistischen Jugend über die Realität des kommunistischen Systems in der Sowjetunion. In Palästina nahmen sie entscheidenden Anteil am Aufbau zahlreicher Kibbuzim, besonders im Jesreeltal, und spielten eine wichtige Rolle bei der Gründung der Gewerkschaft →Histadrut und der Verteidigungsorganisation →Hagana. Die Dritte Alija erhöhte die Bevölkerung

Die Herkunft der Einwanderer vor (1919–14. 5. 1948) und nach der Unabhängigkeitserklärung Israels (15. 5. 1948–1990)

Einwanderung aus	1919–14.5.1948	%	15.5.1948–1995	%
USA/Kanada	7 000	1,4	80 000	3,2
Zentral- u. Südamerika	600	0,1	72 000	2,9
Nordafrika	1 900	0,4	414 000	16,5
übriges Afrika	2 200	0,5	76 000	3,0
Westeuropa	66 700	13,8	100 000	4,0
Osteuropa *(ohne UdSSR)*	258 500	53,5	558 000	22,2
UdSSR	52 400	10,9	830 000	33,0
Asien	40 800	8,4	360 000	14,3
Ozeanien	–	–	3 000	0,1
unbek. Herkunft	52 800	10,9	21 000	0,8
gesamt	**482 900**	**100**	**2 514 000**	**100**

Die Einwanderung (Alija) nach Palästina/Israel 1919–1995

(nach: Immigration and Settlement, Israel Pocket Library, Jerusalem 1973; Statistical Abstracts of Israel 1990 u. a.)

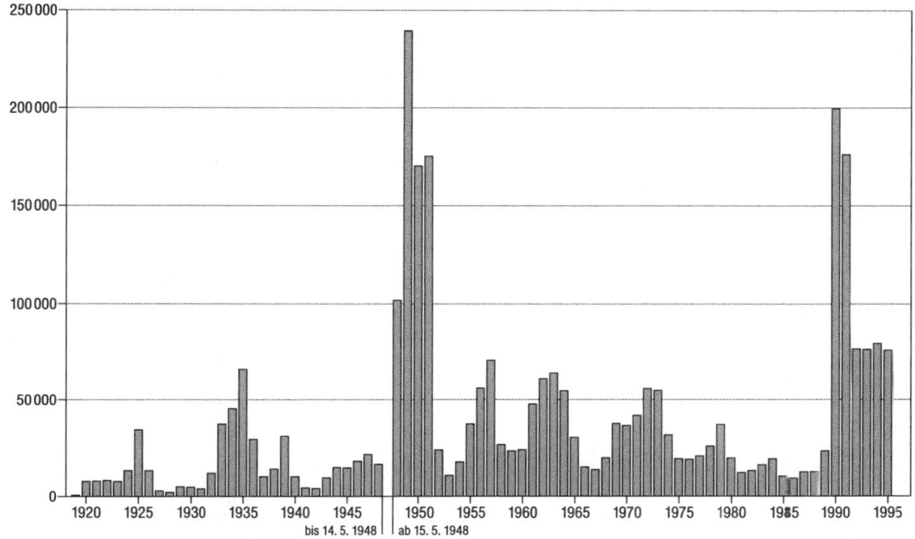

Jahr	Einwanderer	Jahr	Einwanderer	Jahr	Einwanderer
1919	1806	1947	22098	1971	41930
1920	8223	1948, bis 14. 5.	17165	1972	55888
1921	8294			1973	54886
1922	8685	1919–14. 5. 1948 *(gesamt)*	482857	1974	31981
1923	8175			1975	20028
1924	13892	1948, ab 15. 5.	101819	1976	19754
1925	34386	1949	239576	1977	21429
1926	13855	1950	170215	1978	26394
1927	3034	1951	175129	1979	37222
1928	2178	1952	24369	1980	20428
1929	5249	1953	11326	1981	12599
1930	4944	1954	18370	1982	13723
1931	4075	1955	37478	1983	16906
1932	12553	1956	56234	1984	19981
1933	37337	1957	71224	1985	10642
1934	45267	1958	27082	1986	9505
1935	66472	1959	23895	1987	12965
1936	29595	1960	24510	1988	13034
1937	10629	1961	47638	1989	24050
1938	14675	1962	61328	1990	199516
1939	31195	1963	64364	1991	176100
1940	10643	1964	54716	1992	77057
1941	4592	1965	30736	1993	76805
1942	4206	1966	15730	1994	79844
1943	10063	1967	14327	1995	76361
1944	15552	1968	20544		
1945	15259	1969	37804		
1946	18760	1970	36750	15. 5. 1948–1995 *(gesamt)*	2 514 000

des Jischuw um 60 Prozent und gab ihm den Charakter einer jungen, dynamischen Gesellschaft.
Vierte Alija, 1924 bis 1931. Die Hälfte der insgesamt etwa 80 000 Immigranten kamen aus Polen, zahlreiche andere aus der Sowjetunion. Die Wirtschaftskrise in Polen und die antijüdische Politik der Grabski-Regierung (1923–25) wie auch die in bezug auf osteuropäische Einwanderer immer restriktivere Immigrationspolitik der USA waren dabei wichtige Faktoren. Die Mehrzahl dieser Einwanderer (62 000) kamen zwischen 1924 und 1926 nach Palästina. Neben Siedlern mit landwirtschaftlichen Pionier-Idealen, die besonders zu einer Expansion der Moschavim (→Moschava) beitrugen, immigrierten zahlreiche Geschäftsleute und Handwerker, die zunächst einen wirtschaftlichen Aufschwung in die bestehenden städtischen Zentren Jerusalem, Haifa und Tel Aviv brachten.
Mit der Vierten Alija kamen im Jischuw privatwirtschaftliche Ansätze erstmals zum Tragen. Politisch stärkte sie die bürgerlichen Parteien, besonders die Revisionisten. Eine Krise in der Landwirtschaft und in der Bauindustrie im Jischuw sowie drastische Beschränkungen des Kapitaltransfers seitens der polnischen Regierungen führten zu einer rückläufigen Einwanderungsbilanz im Zeitraum 1927/28 (etwa 5000 Immigranten gegenüber mehr als 7000 Emigranten).
Fünfte Alija, 1932 bis 1939. In dieser Zeit immigrierten 235 000 legale und etwa 12 000 »illegale« Einwanderer nach Palästina. Die jüdische Bevölkerung stieg von 160 000 auf 400 000, d. h. von rund 18 Prozent auf 30 Prozent der Gesamtbevölkerung Palästinas. In den Jahren 1929–31 kamen nur 14 300 Einwanderer; mit dem Einsetzen der Weltwirtschaftskrise 1932 und dem Beginn der nationalsozialistischen Herrschaft in Deutschland 1933 kam eine große Zahl mittelständischer Juden aus Mitteleuropa, insgesamt 164 000 Immigranten von 1933 bis 1936, als die Auswanderung aus Deutschland praktisch aufhörte. Teilweise wurde die Auswanderung durch ein zwischen Reichsregierung und Jewish Agency ausgehandeltes Transferabkommen (→Haavara) geregelt. Die Fünfte Alija brachte ein großes Volumen an Kapital nach Palästina, das etwa zur Hälfte in der Baubranche, der Rest vorwiegend in anderen Industrien und in der Landwirtschaft investiert wurde. Mit Ausnahme einiger von deutschen Juden gegründeten Siedlungen blieb jedoch die Entwicklung der Landwirtschaft vergleichsweise zurück. Die Fünfte Alija trug entscheidend zum Wachstum der Städte bei. Die jüdische Bevölkerung Jerusalems stieg um 50 Prozent, die Einwohnerzahl Tel Avivs wurde auf 150 000 verdreifacht. Zahlreiche Einwanderer dieser Alija übten selbständige Berufe aus (Ärzte, Rechtsanwälte u. a.). Ebenfalls verdreifachte sich die Zahl der in der Industrie beschäftigten Arbeiter. Damit wurde die jüdische Bevölkerung Palästinas zum dominierenden Wirtschaftsfaktor im Mandatsgebiet. Arabische Reaktionen auf die massive jüdische Einwanderung Mitte der 1930er Jahre führten zum arabischen Aufstand 1936 und 1939 zu einer restriktiven Einwanderungspolitik der britischen Mandatsregierung. Infolge des arabischen Aufstands sank die Einwandererzahl 1937 auf 10 629.
Alija seit 1948. Zu den ersten Handlungen der provisorischen Regierung Israels gehörte die Aufhebung der Immigrationsrestriktionen aus der Mandatszeit. Zwischen Mai 1948 und Ende 1951 trafen in dem von rund 650 000 Juden bewohnten Land 687 000 neue jüdische Einwanderer ein. Davon kamen 326 000, vornehmlich Überlebende des Holocaust, aus Europa. Aus den arabischen Ländern Asiens und Afrikas kamen 237 000 bzw. 94 000 Juden, die teilweise lebensbedrohlichen Verfolgungen ausgesetzt gewesen waren. Mit Luftbrükken holte Israel aus dem Irak und Jemen beinahe die ganze jüdische Bevölkerung dieser Länder (→Operation Esra und Nehemia, →Operation Zauberteppich). Diese Neueinwanderer waren fast alle mittellos und stellten den jungen Staat vor schwerwiegende wirtschaftliche Probleme. Als Folge davon ging die Einwanderung in der Mitte der 1950er Jahre dramatisch zurück. Die Masseneinwanderung führte langfristig zu einer Spaltung der jüdischen Gesellschaft Israels in →Aschkenasim euroamerikanischer und →Orientalische Juden afro-asiatischer Herkunft. Seit 1951 schwanken die Zahlen der jährlichen Einwanderer. Bemerkenswerte Wellen erfolgten 1961–64 mit rund 120 000 nordafrikanischen, hauptsächlich marokkanischen Juden, zwischen 1971 und 1974 verstärkt und bis 1982 insgesamt 163 000 sowjetischen Juden, 1969 bis 82 rund 54 000 amerikanischen Juden, 1983/84 etwa 10 000 →Falascha mit einer geheimen Luftbrücke aus Äthiopien. Seit 1991 folgte der größte Teil der in Äthiopien verbliebenen Falascha (über 31 000). Seit 1989 immigrierte wieder eine sehr große Zahl von Juden aus der ehemaligen Sowjetunion (bis 1998 etwa 700 000), deren Integration vor allem auf-

grund finanzieller Engpässe (sinkende Unterstützung aus dem Ausland und vor allem den USA), hoher Arbeitslosigkeit, sozialer und politischer Spannungen Israel vor große Schwierigkeiten stellt. (DB/MW)

Alija Chadascha (hebräisch »Neue Einwanderung«), eine 1942 in Palästina von Einwanderern aus Deutschland und Österreich gegründete Partei, die die besonderen Interessen dieser Einwanderer vertrat: vor allem den Kampf gegen das nationalsozialistische Deutschland und die Auswanderung der gefährdeten jüdischen Gemeinden in Mitteleuropa. Sie war linksliberal, gegen Gewaltanwendung und für jüdisch-arabische Zusammenarbeit. Unter Führung von Pinhas →Rosen wurde die Alija Chadascha 1944 bei den Wahlen zur Delegiertenversammlung des →Jischuw (nach →Mapai mit 63 Sitzen) mit 18 Mandaten zweitstärkste Fraktion. 1948 schlossen sich die Alija Chadascha, Haoved Hazioni und ein Teil der →Allgemeinen Zionisten zur →Progressiven Partei zusammen.

Ⓛ M. Wolffsohn, Politik in Israel, 1983. (DB/MW)

Woody Allen, 1994

Allegorese, Allegoristik →Philo von Alexandrien

Allen, Woody (ursprünglich Allen Stewart Konigsberg), Komiker, Schauspieler, Drehbuchautor, Regisseur, 1. 12. 1935 New York. Anfang der Karriere als Witzverfasser für berühmte Komiker des amerikanischen Fernsehens. Ende der 50er Jahre Komiker in dem →Borscht Belt , Anfang der 60er Jahre in New York, erster Film (Drehbuch und Schauspieler) »What's new, Pussycat?« (1965). Allen verkörpert den »Schlemiel« – im jüdischen Volksleben derjenige, der auf den Rücken fällt und sich die Nase bricht, eine chaplinartige Figur des späten 20. Jahrhunderts. Viele Auszeichnungen für seine Filme. Repräsentativ sind: »Bananas« (1971), »Sleeper« (1973), »Love and Death« (1975), »Annie Hall« (1978), »Manhattan« (1979), »Zelig« (1983), »Broadway Danny Rose« (1984) und »Hannah and her Sisters« (1985). (CL)

Allgemeine Jüdische Wochenzeitung, ursprünglich wöchentliches Periodikum, seit 1973 in der Herausgeberschaft des →Zentralrats der Juden in Deutschland. Vorläufer war das im April 1946 in der britischen Besatzungszone bewilligte »Mitteilungsblatt für die Gemeinden Rheinlands und Westfalens«, herausgegeben von Dr. Hans Frey aus Düsseldorf. Seit November 1946 zeichnete Karl →Marx als Herausgeber verantwortlich. Seit April 1949 umbenannt in »Allgemeine Wochenzeitung der Juden in Deutschland«. Mit dieser Bezeichnung wurde der fehlenden Anknüpfungsmöglichkeit des Nachkriegsjudentums, in der Mehrheit osteuropäischer Herkunft, an die deutsch-jüdische Identität vor dem →Holocaust noch Rechnung getragen. Mitte der 60er Jahre Umbenennung in »Allgemeine unabhängige jüdische Wochenzeitung«. Schwerpunktthemen waren zunächst Wiedergutmachungspolitik und Entschädigungsgesetzgebung der Bundesrepublik Deutschland, Entstehung und Konsolidierung des Staates Israel, deutsch-israelische Beziehungen und Verständigung von Juden und Nichtjuden. Besondere Berücksichtigung fand seit jeher die Berichterstattung über antisemitische und rechtsextreme Vorfälle. Das innerjüdische Leben spiegelte sich in Beiträgen aus Gemeinden und Organisationen wieder. Seit 1973 Übernahme durch den Zentralrat, Umbenennung in »Allgemeine Jüdische Wochenzeitung«. Der Kritik und Forderung nach einer unabhängigen jüdischen Presse versuchte die Allgemeine Jüdische Wochenzeitung durch eine Modernisierung ihres Erscheinungsbildes zu begegnen. Steigende Kosten und sinkende Auflagenzahlen führten zur Veränderung des Erscheinungsrhytmus von wöchentlich auf vierzehntägig. Als »ideologische Kernfragen« sind geblieben: »Diaspora-Judentum, Israel, Juden in der Sowjetunion, Konservativismus und Reformjudentum«. Redaktionssitz ist seit März 1985 Bonn.

Ⓛ R. Giordano (Hrsg.), Narben, Spuren, Zeugen – 15 Jahre Allgemeine Wochenzeitung der Juden in Deutschland, 1961. (EP)

Allgemeine Zeitung des Judentums (AZJ), von 1837 bis 1921 erschienen, bis 1889 von ihrem Gründer L. →Philippson herausgegeben; die Zeitung wurde anfangs zum größten Teil von ihm selbst geschrieben und redigiert. In den ersten Jahren erschien sie dreimal wöchentlich, danach in größerem Umfang als Wochenzeitschrift; seit 1838 wurde dreimal monatlich ein »Beiblatt für Homiletik und Literatur« beigefügt; die Existenz der Zeitung war zeitweise durch abnehmende Abonnentenzahlen gefährdet (1845 hatte sie 1600 Abonnenten, 1849 nur noch 700). Die AZJ trat für die →Emanzipation und die jüdische Reformbewegung ein. Zudem unterstützte sie die Tradierung jüdischer Kultur und sammelte für die Gründung einer jüdischen Fakultät an einer deutschen Universität unter den Lesern 10 000 Taler. Die AZJ wandte sich allen Fragen jüdischen Lebens zu; die Berichterstattung über die innere Entwicklung der jüdischen Gemeinden in Deutschland, die jüdische Wohlfahrtspflege sowie Diskussionen über die Emanzipation und rechtliche Gleichstellung standen im Vordergrund.

🄻 M. A. Meyer, Response to Modernity. A History of the Reform Movement in Judaism, New York 1988. – J. Philippson, Ludwig Philippson und die AZJ, in: H. Liebeschütz/A. Paucker (Hrsg.), Das Judentum in der Deutschen Umwelt 1800–50, 1977.

(JÖD/AH)

Allgemeine Zionisten (AZ), zionistische und israelische Partei(en). – **1.** AZ in der Diaspora: Mit der religiösen →Misrachi und der sozialistischen →Poale Zion (1907) formierten sich die ersten politischen Parteien in der zionistischen Bewegung. Die politisch noch nicht festgelegte Mehrheit der Zionisten wurde danach als AZ bezeichnet; sie verstand sich als gemäßigte liberal-demokratische Bewegung, zionistisch, aber ohne einheitliche Ideologie. Ihre politische Führung lag zunächst bei der Zionistischen Weltorganisation. 1923 trennten sich innerhalb der Bewegung die →Demokratischen Zionisten von den anderen AZ. Bei der 1931 in Basel organisierten 1. Weltkonferenz der AZ und besonders nach der 1935 gehaltenen 2. Weltkonferenz kam es zu einer Spaltung der AZ in eine A-Gruppe, die C. →Weizmanns Politik sowie die →Histadrut und die Arbeiterbewegung in Palästina unterstützte, und eine B-Gruppe, die Weizmanns Politik als zu probritisch kritisierte und die Gründung eigener Arbeiterorganisationen in Palästina beabsichtigte. Der interne Streit und die relativ geringe Beteiligung der AZ an den Institutionen des Jischuw schwächte allmählich ihre dominante Stellung auch in der Diaspora. Nach der Staatsgründung scheiterten alle Versuche, eine Einheit unter den Allgemeinen Zionisten in der Diaspora zu erreichen. 1958 wurde die Spaltung formalisiert. Seitdem gibt es in der Diaspora zwei gleichnamige, konkurrierende Welt-Konföderationen der AZ. Nach 1963 hatte die von Israel Goldstein und Rose Halperin geführte Konföderation keinen Zweig mehr in Israel, während sich die von Emanuel Neumann angeführte Konföderation zur Welt-Union der AZ umbenannte und in Israel durch die →LiberalePartei Israels vertreten war.

2. AZ in Israel: Kurz vor den Wahlen zur ersten Knesset 1949 bildeten Anhänger der Allgemeinen Zionisten der Gruppe A die Progressive Partei, während die Gruppe B die Allgemeine Zionistische Partei (AZ) gründete, die mehr die alteingesessenen und wohlhabenderen bürgerlich orientierten Allgemeinen Zionisten anzog. AZ-Anhänger sahen in der Histadrut eine sozialistische Gefahr für die wirtschaftliche Freiheit des Mittelstandes. Im Gegensatz zur Progressiven Partei, die mit Ausnahme einer kurzen Zeit immer Bestandteil der Mapai-IAP-geführten Regierungskoalition war, blieb die AZ (mit Ausnahme der Jahre 1952–55) grundsätzlich in der Opposition. 1961 vereinigten sich AZ und Progressive Partei zur Liberalen Partei, spalteten sich aber 1965 wieder, als sich eine Mehrheit der Liberalen (hauptsächlich der ehemaligen AZ) für die Bildung des →Gachal-Blocks mit der →Cherut-Partei entschied. Die ehemaligen »Progressiven« gründeten die →Unabhängige Liberale Partei, während die AZ als »Liberale Partei Israels« den israelischen Zweig der Welt-Union der Allgemeinen Zionisten bildeten.

🄻 M. Wolffsohn, Politik in Israel, 1983.

(DB/MW)

Alliance Israélite Universelle (AIU), internationale jüdische Hilfsorganisation. 1860 unter dem Eindruck der →Damaskusaffäre (1840) und des →Mortara-Falls (1858) mit dem Ziel gegründet, eine große Vereinigung der Juden der Welt zu bilden. Sitz des Zentralkomitees war Paris mit Landeskomitees in verschiedenen Staaten. Führende Mitglieder der deutschen AIU mit Sitz in Berlin waren L. M. Goldberger (1906 bis 10), B. Timendorfer (1910), E. Fuchs (1911). Einer der wichtigsten politischen Programmpunkte der AIU war der Kampf gegen den Antisemitismus (besonders gegen die Pogrombewegung in Osteuropa) und für die Emanzipation in einzelnen Ländern. Die AIU leistete humanitäre Hilfe vor allem für Ostjuden, u.a. durch Sammlungen, Spenden und die Errichtung von Waisenhäusern in den betroffenen Staaten, organisierte Auswanderungen seit den 1880er-Pogromen in Rußland und vermittelte während des Ersten Weltkriegs orthodoxe Ostjuden in die deutsche Rüstungsindustrie, ein Versuch, der scheiterte. Die AIU erwarb sich große Verdienste in ihrer Erziehungsarbeit: Sie errichtete ein Netz von Schulen und Lehrwerkstätten, das von Marokko (1862) über das Mittelmeer- und Nahostgebiet (vor allem in Palästina) bis nach Osteuropa und in die entlegensten Gegenden Asiens reichte. Wegen ihrer einseitigen französischen Kulturpropaganda war die französische Landesorganisation innerhalb der AIU umstritten. Das deutsche AIU-Organ »Ost und West« forderte im Gegensatz zu den Zionisten, die die hebräische Sprache favorisierten, die Berücksichtigung der deutschen Sprache. Nach dem Ersten Weltkrieg verlor die AIU in Deutschland und Osteuropa an Bedeutung und verlagerte ihre Aktivität auf Palästina. (LH)

Allianz, Israelitische, 1873 in Wien gegründete Hilforganisation für verfolgte und bedürftige Juden in Ost- und Südosteuropa. Anlaß zur Gründung waren die Verfolgungen in Rumänien 1872. Die Israelitische Allianz war ähnlich organisiert wie die →Alliance Israélite Universelle und als deren Zweigstelle gedacht. Aufgabe der Israelitischen Allianz war die Förderung der Erziehung, der Bau von Schulen und Hilfe bei der Emigration. Das erste Exekutiv-Komitee bestand aus Joseph Ritter von Wertheimer (Präsident 1873–87), Ignaz Kuranda und Leopold Kompert. Zweigstellen gab es in Prag, Brünn, Lemberg, Tschernowitz, Triest u.a. Städten. Auf dem Berliner Kongreß von 1878 wurde die »Judenfrage« in Rumänien auf Initiative der Israelitischen Allianz auf die Tagesordnung gesetzt. Die Israelitische Allianz organisierte Hilfsmaßnahmen anläßlich des russisch-türkischen Kriegs 1878 und der Pogrome in Rußland in den Jahren 1881/82 und 1891/92. Bei der rumänischen Massenemigration 1900 bis 1902 wurden mehrere Tausend Flüchtlinge von Wien aus, 1903–06 eine noch größere Anzahl von der russischen Grenze aus in die USA und nach Kanada weitergeleitet. Beim Pogrom von Kischinjow 1903 konnte die Israelitische Allianz als einzige Organisation an Ort und Stelle Hilfe leisten und einen authentischen Bericht von den Vorkommnissen geben, der in der westeuropäischen Presse großes Aufsehen erregte. Während des Ersten →Weltkriegs leitete die Israelitische Allianz Fürsorgemaßnahmen für über 100 000 Flüchtlinge aus Galizien in etwa 250 Orten Österreichs und in etwa 500 Städten Russisch-Polens. Die Israelitische Allianz publizierte aufklärerische Schriften bei den →Ritualmordbeschuldigungen in Tisza-eszlár (1883), Polna (1899) und über den Beilis-Prozeß in Kiew 1911. Die Israelitische Allianz wurde nach dem »Anschluß« Österreichs an das nationalsozialistische Deutschland 1938 aufgelöst. (LH)

Allon, Yigael, israelischer General und Politiker (→Achdut Haawoda und →Israelische Arbeitspartei), 10.10.1918 Kfar Tabor (Galiläa) – 29.2.1980 Afula. 1937 gehörte er zu den Gründern des Kibbuz Ginnosar. Von Jugend an bei der →Hagana; 1941 Mitgründer der →Palmach, der Elitetruppe der Hagana. 1945–48 war er deren Kommandeur; 1948 wurde er Generalmajor der israelischen Armee. Allon war 1961–68 Arbeitsminister, 1968–77 stellvertretender Ministerpräsident, gleichzeitig 1968/69 Einwanderungsminister, 1969–74 Erziehungsminister und 1974–77 Außenminister. Urheber des »Allon-Plans«, der aus Sicherheitsgründen den Anschluß von etwa 30 Prozent des Westjordanlands an Israel forderte. Werke: »Shield of David«, (1970), »... und David ergriff die Schleuder. Geburt und Werden der Armee Israels« (1971). (DB/MW)

Allon-Plan →Siedlungspolitik

Almuqammis, David, Philosoph, um 820 bis 890. Seinen Beinamen, arabisch: »Der Springer«, verdankt Almuqammis seiner Konversion zum Christentum und seiner Reversion zum Judentum. Almuqammis war einer der ersten jüdischen Vertreter des →Kalam. Almuqammis hat sich in seinen erst 1898 wiederentdeckten »Ischrun Makalat« (Zwanzig Kapitel) die Argumente des Kalam gegen die Trinitätslehre zueigen gemacht und dabei den Kalam aber noch überboten. Almuqammis behauptete nicht nur die Einheit der göttlichen Attribute, wie Leben, Wissen und Macht, sondern auch ihren negativen Sinn. Die Attribute sagen nach Almuqammis nur, was Gott nicht ist (sterblich, unwissend, ohnmächtig), während das, was er an sich ist, unbestimmbar bleibt. Diese vom →Neuplatonismus inspirierte negative Theologie kehrt bei den meisten jüdischen Philosophen des Mittelalters, vor allem bei →Mose ben Maimon, wieder.

Aloni, Shulamit →Bürgerrechtsbewegung

Altenberg, Peter (Pseudonym für Richard Engländer), österreichischer Schriftsteller, 9.3.1859 Wien – 8.1.1919 Wien. Nach dem Studium der Rechte und der Medizin Prototyp des Wiener Bohemien im Umkreis von Kraus, Polgar, Friedell und Schnitzler. Altenbergs erste Veröffentlichung »Wie ich es sehe« (1896) mit ihren kurzen Texten zählt zu den Meisterwerken des Wiener Impressionismus. 1900 Konversion zum Katholizismus; in deren Folge Stellung gegen das Judentum und dessen Weltbezogenheit. (JD)

Altercatio Ecclesiae et Synagogae, fiktive Disputation zwischen der allegorischen Figur der Kirche und der Synagoge, überliefert im Corpus der augustinischen Schriften. Ihr Verfasser ist unbekannt; die Schrift stammt wohl aus der Mitte des 5. Jahrhunderts und setzt die antijüdische Gesetzgebung mit der rechtlichen und sozialen Erniedrigung der Juden voraus. Aufgrund der vermeintlichen Verfasserschaft des Kirchenvaters →Augustinus erheblichen Einfluß der Schrift auf die theologische und künstlerische Auseinandersetzung mit dem Judentum im Mittelalter (Darstellung der Ecclesia und Synagoga am Bamberger Dom und am Straßburger Münster). (HC)

Altes Testament →Hebräische Bibel

Altmaier, Jakob, Journalist und Politiker, 23.11.1889 Flörsheim/Main – 8.2.1963 Bonn. Journalistische Ausbildung, 1913 Eintritt in die SPD, Redakteur der »Frankfurter Volksstimme« (1917–21), (Auslands-) Korrespondent des »Vorwärts« (1919 bis 32), 1933–48 Emigration, Journalist in Paris, Belgrad, Spanien, Kairo, 1948 Rückkehr nach Deutschland, Bundestagsabgeordneter der SPD 1949–63. Im Bundestag u. a. Einsatz für die Wiedergutmachung und Entschädigung des nationalsozialistischen Unrechts, 1950–62 Mitglied der Beratenden Versammlung des Europarats, Wegbereiter des →Luxemburger Abkommens zwischen der Bundesrepublik Deutschland und Israel (1952), Mitglied der Versammlung der Westeuropäischen Union (1957). Altmaier war im ersten deutschen Bundestag einer der beiden Abgeordneten jüdischer Herkunft und der einzige, der sich zur jüdischen Glaubensgemeinschaft bekannte. In den Anfangsjahren der Bundesrepublik Deutschland war Altmaier ein wichtiger Vermittler erster Kontakte zwischen der Bundesregierung und der Regierung Israels. Werke: »Die Juden im heutigen Deutschland« (1949), »Sozialdemokratie und Religion« (1953), »Die Lehre von Anne Franks Sterben und Leben« (1955), »10 Jahre Luxemburger Abkommen« (1962). Nachlaß: Archiv der sozialen Demokratie, Friedrich-Ebert-Stiftung, Bonn.

[L] W. Albrecht, Ein Wegbereiter: Jakob Altmaier und das Luxemburger Abkommen, in: Wiedergutmachung in der Bundesrepublik Deutschland, L. Herbst u. a. (Hrsg.), 1989. (LH)

Altman, Nathan, Bildhauer und Maler, 1889 Winniza, Ukraine – 1970. Ausbildung in Odessa, Wien, München und Paris, seit 1912 in St. Petersburg; organisierte dort 1916 eine jüdische Kunstaustellung und schuf 1918 die Festdekoration zum ersten Jahrestag der Oktoberrevolution. Altman zeichnete und skulptierte Bildnisse Lenins u. a. sowjetischer Führer, war beteiligt an der Ausbildung des Konstruktivismus, schuf am Habima-Theater die Bühnenbilder für die Inszenierung des »Dybbuk«, am jüdischen Staatstheater Bühnenbilder für die Stücke »Uriel Acosta« und »Die zehn Gebote«. 1922 Reise nach Berlin, dort Teilnahme an der Ersten Russischen Kunstausstellung, 1923 Veröffentlichung eines Buchs über jüdische Graphik. Altman hielt sich 1928–35 in Paris, seit 1936 in Leningrad auf. (JS)

Altmann, Alexander, Rabbiner und Philosophiehistoriker, 16.4.1906 Kaschau, Slowakei – 1987 Boston. Altmanns Vater Adolf Altmann, Oberrabbiner von Trier, wurde in Auschwitz ermordet. Altmann war 1931–38 Rabbiner in Berlin und Dozent am orthodoxen Rabbinerseminar; Gründer des Rambam-Lehrhauses für jüdische Erwachsenenbildung. 1938 Emigration nach England; dort bis 1959 Rabbiner in Manchester, wo er das »Institute of Jewish Studies« (heute London) gründete. Seit 1959 Professor für jüdische Philosophie an der jüdischen →Brandeis University Boston (USA). Altmanns wissenschaftliche Arbeiten waren den Anfängen der jüdischen Philosophie im Orient und der Aufklärung, vor allem aber M. →Mendelssohn gewidmet. Altmann war vermutlich der erste orthodoxe Rabbiner, der sich mit der dialektischen Theologie Karl Barths auseinandersetzte. Seine Hauptwerke sind »Studies in Religion, Philosophy and Mysticism« (1969), »Moses Mendelssohn: A Biographical Study« (London/Philadelphia/Alabama 1973).

🄻 S. Ben-Chorin/V. Lenzen (Hrsg.), Jüdische Theologie des 20. Jahrhunderts, 1988. (DK)

Altona. Ende des 16. Jahrhunderts ließen sich aschkenasische Juden in Altona nieder. Als sog. »Schutzjuden« wurden ihnen zunächst von den Grafen von Holstein-Schauenburg und nach 1640 von den dänischen Königen bemerkenswert freizügige Aufenthaltsrechte eingeräumt. Das Generalprivileg von König Christian IV. aus dem Jahr 1641 für die Juden in Altona und die Altonaer Juden, die in Hamburg wohnten, sicherte Gemeindeautonomie zu; 1680 wurde die Genehmigung zum Bau einer Synagoge erteilt. 1771 Gründung einer kleinen sephardischen Gemeinde, die bis 1887 existierte. Ohne (auch zahlenmäßige) Beschränkung konnten sich Juden in allen Stadtteilen niederlassen und Grundbesitz erwerben. Die Zulassung der Gemeindemitgliedschaft war jedoch an die Zustimmung des Gemeindevorstands geknüpft. Aktives Wahlrecht war nur den Vermögenssteuer zahlenden Familien vorbehalten. Die Einrichtung eines Rabbinatsgerichts mit einer eigenen Rechtsprechung in Zivil- und Zeremonialsachen in allen zur dänischen Krone gehörenden Gemeinden (mit Ausnahme von →Glückstadt) begründete die hegemoniale Stellung Altonas in der Dreigemeinde Altona, →Hamburg, →Wandsbek von 1671 bis 1812, als der Dreigemeinde-Verband von Napoleon I. aufgelöst wurde.
In geistig-religiöser Hinsicht kam der Altonaer Gemeinde überregionale Bedeutung zu. Die Arbeit des jüdischen Gerichts brachte eine umfangreiche Responsenliteratur hervor, und in den seit 1751 ausgetragenen →Altonaer Rabbinerstreit griffen jüdische Gemeinden aus ganz Europa ein. Die Aufklärungsbewegung schlug sich in Altona u. a. in dem seit 1778 erfolgenden Besuch jüdischer Schüler am Altonaer Christianeum nieder, unter ihnen z. B. N. H. →Wessely und S. →Maimon. Nachdem der dänische König Christian VII. den deutschsprachigen Juden in Altona 1842 die Bürgerrechtsfähigkeit erteilt hatte – ein Recht, das der kleinen sephardischen Gemeinde bereits 1719 zuerkannt worden war, – gewährte erst das Emanzipationsgesetz vom 14. 7. 1863 für das Herzogtum Holstein die bürgerliche Gleichstellung, das auch nach dem Anschluß an →Preußen gültig blieb.
🄻 H. M. Graupe, Die Statuten der drei Gemeinden Altona, Hamburg, Wandsbek, 1973. – A. Herzig (Hrsg.), Die Juden in Hamburg, 1590–1990, 1991. – G. Marwedel, Die Privilegien der Juden in Altona, 1976. (JÖD)

Altonaer Rabbinerstreit. Anlaß der seit 1751 ausgetragenen Streitigkeiten war die Austeilung von →Amuletten, mit denen sich Frauen vor Kindbettfieber schützen wollten, durch den amtierenden Altonaer Oberrabbiner J. →Eibenschütz. In den Worten des Amuletts sah J. →Emden einen Hinweis auf →Sabbatai Zewi und beschuldigte Eibenschütz daraufhin, Anhänger des Sabbatianismus zu sein. Die Auseinandersetzung erhielt durch die Einmischung der dänischen und Hamburger Behörden auch eine politische Dimension. Die schweren Konflikte innerhalb der jüdischen Gemeinde in →Altona im Verlauf dieses theologisch-ideologischen Streits zwischen zwei orthodoxen Talmudisten erregten in vielen jüdischen Gemeinden Europas Aufsehen; sie erschütterten das Ansehen der Rabbiner und die Gemeindedisziplin in Deutschland. (JÖD)

Amalekiter, alteingesessener Nomadenstamm aus dem →Negev. Der Name ist nur aus der Hebräischen Bibel bekannt. Danach stammen die Amalekiter von →Esau ab. In der Zeit seit dem Auszug aus Ägypten bis zu den Königen Saul und →David lebten die Amalekiter in ständiger Feindschaft mit Israel. Nach der Tora sollen ihre (Un-)Taten in Erinnerung bleiben und sie selber ausgerottet werden. Erst danach werde der Gottesthron wieder in vollem Glanz erstrahlen. Niemals soll ein Amalekiter als →Proselyt anerkannt werden. Da im →Midrasch auch Haman, der als Günstling des Perserkönigs Xerxes die persischen Juden verfolgte, als Abkömmling des Königs Agag aus dem Stamm der Amalekiter gilt, wird mit der Lesung eines Abschnitts aus der Bibel (Dtn 25,17–19) am Sabbat vor dem →Purim der Ausrottung der Amalekiter gedacht. Als der Feind schlechthin wird Amalek in der →Haggada auch mit Rom, in späterer Literatur mit dem Christentum gleichgesetzt. In der →Kabbala gilt Amalek als Inkarnation des Bösen. (HMD)

Ambrosius, Bischof von Mailand (374–397), um 340 Trier – 4. 4. 397 Mailand, der einflußreichste Ratgeber der Kaiser Gratian, Valentinian II. und →Theodosius I. Schrieb Abhandlungen über die Beschneidung, über das Gesetz, über Erbe und Verheißung, bezog in der Affäre in →Callinicum eine judenfeindliche Position. (HC)

Amen →Tefilla

American Council for Judaism (ACJ), 1942 von antizionistischen Reformrabbinern gegründet, 1943 von Laienführern übernommen, kämpfte der ACJ gegen die Gründung des Staates Israel und die herrschende Rolle des Judenstaats im Gemeindeleben der amerikanischen Juden. Ähnlich dem →Centralverein deutscher Staatsbürger jüdischen Glaubens behauptet der ACJ, daß das Judentum eine reine Glaubensgemeinschaft sei, also eine Religion und keine Nationalität ausmachte. Vor dem →Sechs-Tage-Krieg warfen viele führende amerikanische Organisationen dem ACJ vor, arabische und antisemitische Propaganda verbreitet zu haben. Nach diesem Krieg verlor der ACJ viele Mitglieder, die Israel in der Stunde der Gefahr nicht im Stich lassen wollten. Nach dem →Jom-Kippur-Krieg (1973) verlor der ACJ weitgehend an Bedeutung.

L ACJ, What We Believe, 1962. – E. Berger, Judaism for Jewish Nationalism, New York 1957. – E. Hananer, An Analysis of Conflicting Jewish Positions Regarding the Nature and Political Role of American Jews (Dissertation), Washington D. C. 1972.
(CL)

American Israel Public Affairs Committee (AIPAC), als Nachfolger des American Zionist Committee for Public Affairs vom American Zionist Council Mitte der 50er Jahre gegründet, um »public relations« für Israel in Amerika aufrecht zu erhalten. Als anerkannte »lobby group« für israelische Interessen tätig; wendet sich strikt gegen den Verkauf hochentwickelter Waffen an arabische Staaten; fördert amerikanisch-israelische Zusammenarbeit.

L N. Cohen, American Jews and the Zionist Idea, New York 1975. – M. Urofsky, We are One, New York 1978. (CL)

American Jewish Committee, älteste jüdische Selbstschutzorganisation in den USA, 1906 von 59 führenden Persönlichkeiten deutsch-jüdischer Herkunft wie L. →Marshall und J. →Schiff gegründet. Bis zum Ende des Zweiten Weltkriegs eine elitäre, politisch nicht gebundene Organisation, die durch »schtadtlones« (die Vermittlung einflußreicher Individuen) handelte. Bekämpfte die Erschwerung der Immigration und den einheimischen Antisemitismus, mobilisierte die öffentliche Meinung gegen die Judenverfolgung der Nazionalsozialisten und nahm an der Rettung der deutschen Juden teil; unterstützte die Arbeit der →Jewish Agency beim Aufbau Palästinas und vertrat die Sache Israels innerhalb der amerikanischen Bevölkerung. Teilnahme auch an der Bürgerrechtsbewegung (Civil Rights Movement) der amerikanischen Schwarzen; wandte sich gegen die Diskriminierung aller ethnischen, religiösen und rassischen Minderheiten. Das American Jewish Committee subventionierte sozialwissenschaftliche Forschungen über ethnische und rassistische Vorurteile (einschließlich der Adorno-Studie über die »Authoritarian Personality«). Förderte die wichtige Monatsschrift »Commentary« und das »American Jewish Yearbook«. 1998 Eröffnung eines ständigen Büros im Berliner Mosse-Palais, das zugleich die Funktion einer europäischen Repräsentanz übernimmt.

L N. Cohen, Not Free to Desist: The American Jewish Committee, 1906–66, Philadelphia 1972. – J. Slaeson, The American Jewish Committee, What It Is, What It Does, New York 1965. (CL)

American Jewish Congress, 1918 als Versammlung von Delegierten verschiedener amerikanischer jüdischer Organisationen zusammengerufen, um ein Nachkriegsprogramm zu entwerfen. Nach Abschluß des letzten Treffens 1920 in Philadelphia tagten Vertreter verschiedener Organisationen unter der Führung von Rabbi Stephen S. →Wise und schufen eine organisatorische Basis des American Jewish Congress, die erst 1928 vervollständigt wurde. Nahm eine führende Rolle im Kampf gegen den Nationalsozialismus in Deutschland ein. Organisierte den jüdischen Weltkongreß in den 30er Jahren. Wandte sich nach 1945 dem Kampf für Bürgerrechte zu und unterstützte die Bürgerrechtsbewegung der schwarzen Amerikaner; versuchte eine große Koalition aller liberal gesinnten Organisationen Amerikas zu bilden. Verteidigte vor Gericht das Prinzip der Trennung zwischen Staat und Religion. Aktive Unterstützung des Staates Israel innerhalb der amerikanischen Bevölkerung.

L M. Frommer, The American Jewish Congress: A History, 1914–59 (Dissertation), Columbus, Ohio 1978. (CL)

American Joint Distribution Committee, am 27. 11. 1914 von prominenten Juden deutsch-jüdischer Abstammung wie Felix M. →Warburg gegründet, um Gelder zur Erleichterung des Elends der Juden unter Kriegsbedingungen zu verteilen. Verwaltete den Verteilungsapparat des American Jewish Relief Committees (von Warburg, L.

→Marshall, J. H. →Schiff u. a. gegründet), des Orthodoxen Central Relief Committees und des von den Arbeiterorganisationen gegründeten People's Relief Committee. Lieferte während des Ersten Weltkriegs Nachschub im Wert von Millionen von Dollar an Juden in Palästina und Polen. Half nach dem Krieg den Juden in Polen und der Ukraine, die vor Pogromen flüchteten. Von 1924 bis 1938 unterstützte das American Joint Distribution Committee die Gründung jüdischer Ackerbausiedlungen in der UdSSR. In den 30er Jahren half das American Joint Distribution Committee deutschen Juden bei der Emigration. Während des Zweiten Weltkriegs Teilnahme an der Rettung des bedrohten europäischen Judentums; Versorgung der polnischen Ghettos während der NS-Herrschaft mit Geld und Nachschub. Das American Joint Distribution Committee leistete nach 1945 die umfangreichste Hilfe für die jüdischen Überlebenden. Die finanziellen Mittel für diese Arbeit wurden von verschiedenen internationalen jüdischen Organisationen durch Sammlungen bereitgestellt, vorwiegend vom amerikanischen »United Jewish Appeal« (UJA). Anfang der 50er Jahre kamen finanzielle Mittel aus den Wiedergutmachungszahlungen hinzu. Der Schwerpunkt der Arbeit lag auf der Lösung des Problems der →Displaced Persons (DP's) 1945–56. Bis zur Währungsreform 1948 importierte das American Joint Distribution Committee 50 000 Tonnen Nahrungsmittel, 4000 Tonnen Bekleidung, 5000 Tonnen Artikel des täglichen Bedarfs, danach leistete es finanzielle Aufbauhilfe für die neuen jüdischen Gemeinden in Deutschland. Über das American Joint Distribution Committee wurde ärztliche und medizinische Hilfe finanziert, Rekonvaleszenzheime wurden eingerichtet; es kümmerte sich um Erziehung und Unterricht von über 13 000 Kindern, errichtete 200 Schulen in den DP-Lagern, unterhielt ein Lehrerseminar, in dem 890 Lehrer ausgebildet wurden, druckte 475 000 Schulbücher, finanzierte 18 DP-Zeitungen, unterhielt zwölf mobile Kinos, drei jiddische Theater und zwei DP-Orchester. Neben der finanziellen Unterstützung für berufliche Ausbildung verhalf es 5500 Studenten zum Studium in 90 →Talmud-Tora-Schulen, druckte 500 000 Gebetbücher und gab, zusammen mit der amerikanischen Armee, eine 19bändige Talmudausgabe heraus. In der Zeit zwischen 1945 und 1950 ließ es tonnenweise Mazzot backen, importierte Gebetsriemen- und Mäntel, Schofarim, Türpfostenkapseln und ähnliches, ohne die ein religiöses Leben in den Lagern nicht hätte stattfinden können. Die Rechtsabteilung des American Joint Distribution Committee vertrat DP's in annähernd 10 000 Rechtsfällen. Nach der Auflösung der DP-Lager beriet und unterstützte das American Joint Distribution Committee die Zentralwohlfahrtsstelle und den Zentralrat der Juden in Deutschland. Weitere wichtige Organisationen waren HIAS (Hebrew Immigrant Aid Society), die hauptsächlich bei der Auswanderung von jüdischen DP's in die USA tätig wurde, ORT (Organization for Rehabilitation through Training), eine Organisation, die sich der Berufsausbildung, Schulung und Umschulung von Jugendlichen und Erwachsenen widmete, die britische JRU (Jewish Relief Unit), die besonders in Bergen-Belsen aktiv wurde, und der Vaad Haazala, eine Organisation der religiösen Agudat-Israel-Partei, die den orthodoxen Juden half, nach den Religionsgeboten zu leben, in dem sie für geschächtetes Fleisch, koschere Lebensmittel und rituelle Hilfsmittel sorgte.

Ⓛ Y. Bauer, My Brother's Keeper: A History of the American Joint Distribution Committee, Philadelphia 1974. (CK/CL)

American Organization for Rehabilitation Through Training Federation (AORTF), Organisation zur Unterhaltung technischer Schulen und Ausbildungsinstitute weltweit, 1880 als →ORT in St. Petersburg als Ausbildungs- und Selbsthilfeorganisation für Osteuropa gegründet und 1921 zur World ORT Union mit 55 europäischen Zweigen erweitert. 1922 Gründung der American ORT Society; 1924 Wiederaufbauhilfe für Europa unter der Leitung von F. →Warburg; 1927 Schwesterorganisation Women's American ORT in New York gegründet; Geldspenden an World ORT Union zwecks Ausbildung in verschiedenen Ländern übergeben. 1936 American ORT Society in American ORT Federation umbenannt. Nach dem Zweiten Weltkrieg Erweiterung der technischen Ausbildung in Israel und den USA. In den 70er Jahren auch aktiv in den jüdischen Gemeinden in Afrika, Europa und im Nahen Osten.

Ⓛ J. Rader, By the Skill of Their Hands: The Story of ORT, Genf 1970. – L. Shapiro, The History of ORT, New York 1980. (CL)

Améry, Jean (Pseudonym für Hans Maier seit 1955), Schriftsteller, 31. 10. 1912 Wien – 17. 10. 1978 Salzburg (Freitod). Als Sohn jüdischer Eltern geboren, wurde Améry katholisch erzogen. 1933 Austritt aus der jüdischen Gemeinde, 1937 Wiedereintritt. Seit Dezember 1938 war Améry auf der Flucht vor den Nationalsozialisten oder ihr Häftling; Stationen waren u. a. Antwerpen, das Lager Gurs, Brüssel, Auschwitz. Amérys Werk seit 1966 – zuvor journalistische Arbeiten vor allem für Schweizer Blätter – läßt sich als die autobiographische Antwort eines Intellektuellen lesen, der die Folter der Gestapo und Auschwitz überlebte, aber seitdem das Weltvertrauen verlor (»Jenseits von Schuld und Sühne. Bewältigungsversuche eines Überwältigten«, 1966). Amérys Essays kreisen um Größen der europäischen Literatur, auch um deutsche oder österreichische Autoren, aber Deutschland wie Österreich blieben für den in Brüssel Lebenden fremd, prekäre Heimat war nur die Sprache (»Örtlichkeiten«, postum 1980). Die Neue Linke mit ihrer Selbstüberheblichkeit und ihrem Antizionismus (»Widersprüche«, 1971) konnte dem »Linksemotionellen«, dem die Existenz Israels die Selbstachtung zurückgegeben hatte, ebenfalls nicht Heimat sein – »Alienation« blieb sein als jüdisch empfundenes Schicksal. Die wichtigsten Bücher nach 1966 waren »Über das Altern. Revolte und Resignation« (1968), »Unmeisterliche Wanderjahre« (1971), »Le feu oder Der Abbruch« (1974), »Hand an sich legen. Diskurs über den Freitod« (1976), »Charles Bovary, Landarzt« (1978). (HH)

Am ha-Arez (hebräisch »Volk des Landes«). In der Hebräischen Bibel bezeichnet Am ha-Arez allgemein die israelitische und nichtisraelitische Bevölkerung, manchmal aber auch den Landadel oder die einfache Landbevölkerung. Zur Zeit Esras und Nehemias standen sich die Am ha-Arez und die aus dem Exil Zurückgekehrten (»Bene ha-Gola«) gegenüber. Im 1. Jahrhundert v. Z. handhabte der Am ha-Arez die Beachtung der Gebote, vor allem des Zehnten und der rituellen Reinheit, nachlässig; dies führte aus Vorsicht vor ritueller Verunreinigung zu einer Abgrenzung seitens der Chawerim (Mitglieder der Pharisäerpartei). Kontakte und Ehen waren aber durchaus möglich. Mit dem Bemühen um die Wiederherstellung jüdischen Lebens und dem Kampf um die Führerschaft nach der Zerstörung des Zweiten Tempels 70 n. Z. wurde für die Rabbinen die Nichtbeachtung der Tora und der rabbinischen Lehre durch den Am ha-Arez maßgebend für eine Abgrenzung. Mischehen und Kontakte mit dem Am ha-Arez wurden abgelehnt. Trotzdem war das Studium in rabbinischen Lehrhäusern auch für Angehörige des Am ha-Arez möglich, wie das Beispiel des Rabbi →Akiba ben Josef zeigt. Unter →Jehuda ha-Nassi und mit den →Amoräern änderte sich die Einstellung der Rabbinen gegenüber den Am ha-Arez. In der ökonomischen und politischen Krisenzeit des 3. Jahrhunderts, in der es nicht um Führerschaft, sondern um das physische Überleben des Volkes ging, wurde die Einheit der verschiedenen Gruppierungen betont. Die Rabbinen suchten die Annäherung an die reiche Oberschicht, die zum Am ha-Arez gerechnet wurde, der Am ha-Arez war Teil des Volkes, man wandte sich ihm zu und lehrte die Tora. Konnte für die →Tannaiten ein Am ha-Arez kein Frommer sein, so schätzten die Amoräer und später die →Chassidim gegenüber dem Gelehrtentum die reine Herzensfrömmigkeit des Am ha-Arez. Üblicherweise bedeutet heute Am ha-Arez »Ignorant« oder »Unwissender« der →Halacha. (HMD)

Amida →Tefilla

Amir, Yehoshua (Hermann Neumark), Religionsphilosoph, Rabbiner, Übersetzer, 1. 12. 1911 Duisburg . Studium in Bonn und Berlin, 1937 an der »Hochschule für die Wissenschaft des Judentums« zum Rabbiner ordiniert. 1939 Emigration nach Palästina. 1949–66 Sprachlehrer am Ulpan Etzion in Jerusalem. Seit 1966 Dozent für Hellenistisches Judentum und Moderne Jüdische Philosophie an der Hebräischen Universität in Jerusalem. Übersetzte wichtige Bücher ins Hebräische, vor allem aus der neueren deutschsprachigen jüdischen Literatur, u. a. Bubers »Königtum Gottes« (1962) und Franz Rosenzweigs »Stern der Erlösung« (1970). 1975/76 Gastprofessor an der Universität Duisburg, 1979/80 Professor an der »Hochschule für Jüdische Studien« Heidelberg. Hauptwerke: »Die Hellenistische Gestalt des Philon von Alexandrien« (1983), »Deraschot: Jüdische Predigten« (1983). (LH)

Amolo, Erzbischof von Lyon (841–52). Amolo setzte als Schüler →Agobards dessen judenfeindliche Politik fort und nahm Einfluß auf die Judensatzungen des Konzils von →Meaux/Paris (845/46). Bestürzt durch den Übertritt des kaiserlichen Kaplans →Bodo-Eleazar zum Judentum, widmete Amolo seinen umfangreichen Traktat »Contra Iudaeos« dem westfränkischen König Karl dem Kahlen; er erweiterte darin die Argumentation Agobards, polemisierte gegen die antichristliche Tradition der Juden, forderte die Umsetzung der theologisch verstandenen in eine rechtliche Knechtschaft (servi fiscales), betonte die Verfluchung der Juden und bereitete die Talmudpolemik des Spätmittelalters vor.

🄻 H. Schreckenberg, Die christlichen Adversus-Judaeos-Texte und ihr literarisches und historisches Umfeld (1.–11. Jahrhundert), ²1990. (FL)

Amoräer (von hebräisch »amar« = »sprechen, interpretieren«). – **1.** Bezeichnung für den Meturgeman oder Amora, der im Lehrhaus den Vortrag des Lehrers dem Publikum laut zu wiederholen, ggf. ins Aramäische zu übersetzen und zu erklären hatte (→Akademie).

2. Bezeichnung für die Gelehrten der Zeit seit Abschluß der →Mischna bis zum Abschluß des babylonischen →Talmuds (200–500 n.Z.). Sie sind damit abgegrenzt von den →Tannaiten und den →Sabboräern. In Palästina in der Regel vom →Nassi ordiniert und Rabbi, in Babylonien Rab oder Mar genannt, diskutierten und erklärten die Amoräer die Mischna mit Hilfe der →Baraita, um die →Halacha von ihr abzuleiten und zu klären. Dabei entwickelten vor allem die babylonischen Amoräer aus den tannaitischen Quellen, die den Amoräern als Autorität galten und nicht angezweifelt werden durften, halachische Prinzipien. Diese Prinzipien wie auch die Schrift selbst dienten ihnen zur Entwicklung neuer Lehrsätze. Dabei hatten ihre halachischen Lehrentscheidungen gleiches Gewicht wie die der Tannaiten. Die Amoräer beschäftigten sich aber auch mit der →Aggada. Zwischen den Amoräern Palästinas und Babyloniens gab es zahlreiche Kontakte, wobei die Babylonier die Autorität der palästinischen Amoräer aufgrund deren Ordination und lokalen Nähe zu den Tannaiten anerkannten und sich selbst als deren Stellvertreter betrachteten. Üblicherweise werden die Amoräer Palästinas und Babylons in verschiedene Generationen eingeteilt, wobei diese Einteilungen variieren. (HMD)

Amos →Hebräische Bibel

Amram ben Scheschna, →Gaon von Sura, ? – um 875 n.Z. Verfasser zahlreicher →Responsen (z.T. zusammengefaßt in dem Sammelband »Schare Zedek«), die halachische Entscheidungen und Kommentare zum Talmud enthalten. Amram ben Scheschna ist zudem der Verfasser des ältesten bekannten jüdischen Gebetbuchs »Seder Rab Amram« (oder »Jessod ha-Amrami« bzw. »Machsor de-Rab Amram«). Es liegt in drei voneinander abweichenden Handschriften und einigen Fragmenten aus der Kairoer →Genisa (Archiv der Esra-Synagoge) vor, so daß die Überlieferungsgeschichte nachvollzogen werden kann. Mit diesem Gebetbuch war Amram ben Scheschna der erste, der eine Einteilung für den gesamten Jahreszyklus einschließlich der einschlägigen Gebote zusammengestellt hat. Er orientierte sich dabei an den Arbeiten der →Geonim sowie an den Riten der babylonischen →Akademie. Sein Gebetbuch erlangte schnell Verbreitung unter den Gelehrten in Spanien, Frankreich und Deutschland und wurde Grundlage für spätere Gottesdienstordnungen. (HMD)

Amsterdam. 1602 erste jüdische Gemeinde, bestand aus einer Gruppe portugiesischer Juden. 1614 Erwerb eines Grundstücks für einen jüdischen Friedhof außerhalb Amsterdams. Im Jahr 1635 kam die aschkenasische Gemeinde hinzu. Die erste öffentliche Synagoge konnte erst 1639 eingeweiht werden. Im Osten der Stadt, dem Gebiet der Stadterweiterung, ließen sich die Juden nieder. Es entstand das jüdische Viertel. Ende des 17. Jahrhunderts wurden die großen, monumentalen Synagogen gebaut. In der 2. Hälfte des 18. Jahrhunderts betrug die Zahl der Sephardim ungefähr 3000, die der Aschkenasim dagegen etwa 20000. Von der ersten Gruppe lebten 85 Prozent, von der zweiten 47 Prozent von der Wohlfahrt. Auch nach der bürgerlichen Gleichstellung im Jahr 1796 blieb die Armut groß. Der soziale Aufstieg des jüdischen Proletariats nach 1870 fiel zusammen mit der Hausse der Diamantenindustrie. In diesen Kreisen entstand die erste niederländische Gewerkschaft, der »Algemene Nederlandse Diamantwerkers Bond«. Um 1900 wohnten 60000 Juden in Amsterdam. Viele hatten das alte jüdische Viertel verlassen und waren in das neue Arbeiterviertel gezogen. Weniger als 10000 von den 80000 Amsterdamer Juden überlebten den Zweiten Weltkrieg. An vielen Stellen der Stadt sieht man die Spuren der Besatzungsjahre 1940–45. Mit der jüdischen Tradition Amsterdams sind vor allem Namen wie B. →Spinoza und A. →Frank verbunden.

🄻 J. Stoutenbeek, P. Vigeveno, A guide to Jewish Amsterdam, Weesp 1985. (HB)

Amulett (talmudisch »kamia« oder »kamea«), dient zum Schutz gegen Unglück, böse →Dämonen, den Bösen Blick, Gefahren und Krankheiten. Als heiliges oder magisches Objekt wird es nahe am Körper getragen oder an die Stelle gelegt, an der es wirken soll (Amulett gegen Feuer im Dachgiebel, Amulett gegen Kindstod unter dem Laken im Wochenbett). Es gilt: je frommer der Hersteller, desto »wirkmächtiger« das Amulett. Amulette sind schon biblisch belegt. Möglicherweise ist aus ihrem Gebrauch Schmuck entstanden. Eine dem Amulett ähnliche Funktion nehmen später →Mesusa, →Zizit und →Tefillin wahr. In talmudischer Zeit von manchen verpönt, waren Amulette in Form von Metallplatten, Pergament, Papier, Wurzeln u. a. weit verbreitet und galten, soweit nicht heidnischen Inhalts, als zulässig. Sie wurden mit Gottes-, Engel- und Dämonennamen, aber auch mit Bibelversen versehen. Längere Texte beginnen oft mit Beschwörungsformeln (»Ich beschwöre über dich/euch«). Manchmal wurden auch bildliche Darstellungen verwendet (magische Dreiecke oder Quadrate, Davidstern, Menora, Hand). In der sog. praktischen →Kabbala erlangten Amulette besondere Wichtigkeit. (HMD)

Anan ben David →Karäer

Anatolio, Jakob ben Aba Mari, Philosoph, Übersetzer, Arzt und Prediger, um 1200 Provence – 1260 Italien. Anatolio war Schwiegersohn von Samuel ibn Tibbon und übersetzte wie dieser wissenschaftliche Werke aus dem Arabischen. Er setzte sich im Anschluß an →Mose ben Maimon für eine allegorische Bibelexegese ein und mußte wohl auch deshalb die Provence verlassen. Anatolio wurde vor 1231 als Arzt an den Hof des Staufers →Friedrich II. nach Neapel berufen. Dort arbeitete er zur selben Zeit wie Michael Scotus an der Übersetzung der Werke des →Averroes. Anatolio gilt als Initiator der Bildungsbewegung im italienischen Judentum des 13. Jahrhunderts.

Ⓛ I. E. Barzilay, Between Reason and Faith. Antirationalism in Italian Jewish Thought 1250–1650, Den Haag/Paris 1967. (DK)

Ancona. In der für den Levante-Handel wichtigen Hafenstadt an der italienischen Adria finden sich seit dem 10. Jahrhundert jüdische Einwohner. Im Zuge der Vertreibung der Juden aus Spanien, Portugal, →Sizilien (1492/93) und dem Königreich Neapel (1541) ließen sich viele Flüchtlinge in Ancona nieder, die vorwiegend in Handels- und Geldgeschäften tätig waren. 1555 wurden in Ancona 25 →Marranen, die ihren jüdischen Glauben nicht verleugnen wollten, auf der Piazza verbrannt. 1569 wurde ein jüdisches Ghetto errichtet. In der Folgezeit wanderten viele jüdische Familien aus. Bei Ankunft der französischen Armeen (1796/97) lebten rund 1400 Juden in Ancona, denen die Bürgerrechte verliehen wurden; nach dem Abzug der Franzosen fiel Ancona 1799 wieder an den Kirchenstaat, der die Juden erneut dem Ghettozwang unterwarf. Die vollständige Gleichberechtigung erlangten die Juden erst 1860/61, als Ancona mit dem Königreich Piemont bzw. dem Königreich Italien vereinigt wurde. Anfang des 20. Jahrhunderts gab es etwa 1800 Juden in Ancona, heute rund 400. (JÖD)

Anders, Günther (ursprünglich Günther Stern), Philosoph und Essayist, 12. 7. 1902 Breslau – 17. 12. 1992 Wien. Sohn des Kinderpsychologen William Stern und Nachkomme des radikalen jüdischen Reformators S. →Stern. Studium der Philosophie bei E. →Cassirer, Martin Heidegger und E. →Husserl in Freiburg; Promotion zum Doktor der Philosophie 1924. 1925–33 Redakteur u. a. bei der »Vossischen Zeitung«. 1933 emigrierte Anders nach Paris und 1936 in die USA. Seit 1950 lebte er als Essayist in Wien. Für sein Denken sind die Traumata von Auschwitz und Hiroshima bestimmend. In seinem Hauptwerk »Die Antiquiertheit des Menschen« (2 Bände, 1956 und 1980) beklagte er die Diskrepanz zwischen Kultur und Technik in der technologischen Zivilisation. Anders, nach eigenem Bekenntnis den biblischen Unheilspropheten verwandt, war ein radikaler Wortführer der Anti-Atombewegung. 1982 zeichnete ihn die Stadt Frankfurt am Main mit dem Adorno-Preis aus.

Günther Anders

Ⓛ J. Langenbach, Günther Anders. Eine Monographie, 1988. (DK)

Andreas von St.-Victor, Augustinerchorherr, Theologe, ?– 1175 Wigmore, Herefordshire, Schüler von →Hugo von St.-Victor in Paris, (1147/48–1175)Abt von Wigmore. In zahlreichen Werken zur Bibelexegese vertrat er eine konsequent historisch-literale Deutung. Fußend auf →Hieronymus, berücksichtigte er dabei den hebräischen Text (→Veritas Hebraica), übernahm jedoch in größerem Umfang als alle Zeitgenossen auch rabbinische Auslegungen →Raschis und seiner Schule, die er Bezügen auf Christus gegenüberstellte, oft ohne sie ausdrücklich zurückzuweisen. Diese Haltung stand in deutlichem Gegensatz zu dem gängigen →Antijudaismus der →Adversus-Judaeos-Traktate. Wegen der offensichtlichen Bevorzugung einer historischen und eher philologisch-kritischen Auslegung gegenüber den allegorisch-spirituellen Deutungen wurden ihm judaisierende Tendenzen vorgeworfen; vor allem übte sein Ordensbruder Richard von St.-Victor scharfe Kritik. Die Methoden des Andreas von St.-Victor beeinflußten jedoch zahlreiche bedeutende Bibelexegeten des 12. bis 14. Jahrhunderts.

🄻 B. Smalley, The Study of the Bible in the Middle Ages, 1964. (FL)

Androgynos (griechisch »Mannweib«), Mensch, der sowohl die Geschlechtsmerkmale eines Mannes wie die einer Frau aufweist (oft im Zusammenhang mit einem »Tumtum«, d. h. einem Geschöpf unbestimmbaren Geschlechts erwähnt). Da die Rechte und Pflichten von Männern und Frauen im Judentum unterschiedlich festgelegt sind, hat ein Androgynos von Fall zu Fall den Status eines Mannes, einer Frau, beider oder keines von beiden. Grundsätzlich übernimmt er alle Pflichten eines Mannes, d. h. er ist zur Beachtung aller Gebote der Tora verpflichtet und wird beschnitten. Eine Ehe mit einer Frau ist rechtsgültig, die mit einem Mann dagegen verboten. Er trägt zwar Männerkleidung, muß sich aber den Reinheitsvorschriften für Männer und Frauen unterziehen. Gleich den Frauen darf er nicht als Zeuge auftreten. Deshalb gelten für ihn auch nicht die Bestimmungen der →Leviratsehe. Ein Androgynos hat keine Erstgeburtsrechte. Anders als Männer und Frauen ist er von der Wallfahrtspflicht befreit. Beim →Erbrecht hat er weder wie seine Brüder Anteil an noch wie seine Schwestern Unterhaltsansprüche aus dem väterlichen Nachlaß. In der →Aggada wird u. a. erzählt, daß Gott den ersten Menschen als Androgynos erschuf. Daran knüpft die Vorstellung des Androgynos als Symbol der ursprünglichen Einheit von Strenge und Güte Gottes in der →Kabbala an. (HMD)

Angelologie →Engel

Anglo-Amerikanische Untersuchungskommission. Die Aufgabenstellung der Anglo-Amerikanischen Untersuchungskommission nach dem Zweiten Weltkrieg ergab sich aus der Situation der Juden im jüdischen Siedlungsgebiet in Palästina und ebnete damit den Weg für die Gründung eines jüdischen Staats. Die illegale Einwanderung einer großen Zahl von Juden nach Palästina in der unmittelbaren Nachkriegszeit veranlaßte Großbritannien im Herbst 1945, die USA zu einer gemeinsamen Untersuchung der Lage im Nahen Osten in Verbindung mit der Situation der jüdischen →Displaced Persons (DP's) zu bewegen. Im Januar 1946 nahm die zu diesem Zweck ins Leben gerufene und mit jeweils sechs Briten und Amerikanern besetzte Anglo-Amerikanische Untersuchungskommission die Arbeit auf. Für die Briten unerwartet, sah die Kommission die Lösung des jüdischen DP-Problems in einer Masseneinwanderung jüdischer Flüchtlinge nach Palästina. Als Sofortmaßnahme schlug sie den Briten die Bereitstellung von 100 000 Einreisezertifikaten vor; die Einwanderungspolitik sollte nach den Transferbestimmungen von 1940 geregelt werden, die die Zustimmung der Araber vorsahen. Palästina sollte weiterhin als britisches Mandat verwaltet werden. Die Vorschläge der Kommission bedeuteten jedoch die faktische Abschaffung der restriktiven Weißbuchpolitik Großbritanniens. Die britische Ablehnung der Kommissionsempfehlungen führte in letzter Konsequenz zur Rückgabe des Mandats an die Vereinten Nationen, die die Palästinafrage an das UN Special Committee on Palestine (UNSCOP) delegierten. (CK)

Anielewicz, Mordechaj, Kommandant des Aufstands im Warschauer Ghetto (Pseudonym Marian, Anioł, Malakhi), 1919 Wyszkow – 9. 5. 1943 Warschau. In einer jüdischen Arbeiterfamilie geboren, Mitglied von →Betar, Leiter der →Haschomer Hazair in Warschau. Nach dem deutschen Einmarsch in Polen mißlungener Versuch, über Rumänien nach Palästina zu fliehen. Über Wilna Rückkehr nach Warschau, Aufbau eines Kibbuz im Ghetto, Herausgabe der Untergrundzeitung »Neged ha-Zerem« (»Gegen den Strom«). Nach der Juli-Aktion im Ghetto 1942 Mitglied des bewaffneten Widerstands. Kommandant der Jüdischen Kampforganisation Ż. O. B. (Żydowska Organizacja Bojowa). Leitete den Ghettoaufstand bis zum 8. 5. 1943, danach beging er angesichts der Niederlage mit der gesamten Leitung des Aufstands Selbstmord im Bunker an der Miłastr. 18. (AGR)

Ansiedlungsrayon. Seit 1791 erließ die zaristische Regierung eine Reihe von Dekreten, die das Wohnrecht der Juden auf ein bestimmtes Gebiet im Westen →Rußlands beschränkten. Diese Regelung behielt, mit wenigen Änderungen, Gültigkeit bis zum Ersten Weltkrieg und betraf, nach den drei Teilungen →Polens gegen Ende des 18. Jahrhunderts und der Annektierung →Bessarabiens (1812), ein Gebiet von fast einer Million Quadratkilometern zwischen Schwarzem Meer und Ostsee, d.h. 25 Provinzen der →Ukraine, der →Krim, →Weißrußlands, Bessarabiens, Kurlands, →Litauens, Polens, des Gebiets von Astrachan und des Kaukasus, mit Ausnahme einiger großer Städte wie →Kiew, Nikolajew, Sewastopol und einigen ländlichen Gebieten. Im Ansiedlungsrayon machten die Juden im 19. Jahrhundert ein Neuntel der Bevölkerung aus. Sie hatten die Erlaubnis, geschäftlich in die inneren Provinzen Rußlands zu reisen, und zwar höchstens sechs Wochen lang, mit der Möglichkeit einer Verlängerung auf sechs Monate für Kaufleute Erster Gilde und auf drei Monate für solche Zweiter Gilde. Während der Herrschaft Alexanders II. erhielten bestimmte Gruppen von Juden, die als »nützlich« betrachtet wurden, das Privileg, sich außerhalb des Rayons niederzulassen: Großkaufleute (1859), Ärzte und sonstige akademische Graduierte (1861), besonders Handwerker (1865), ehemalige jüdische Soldaten, die der Zwangsrekrutierung unterwor-

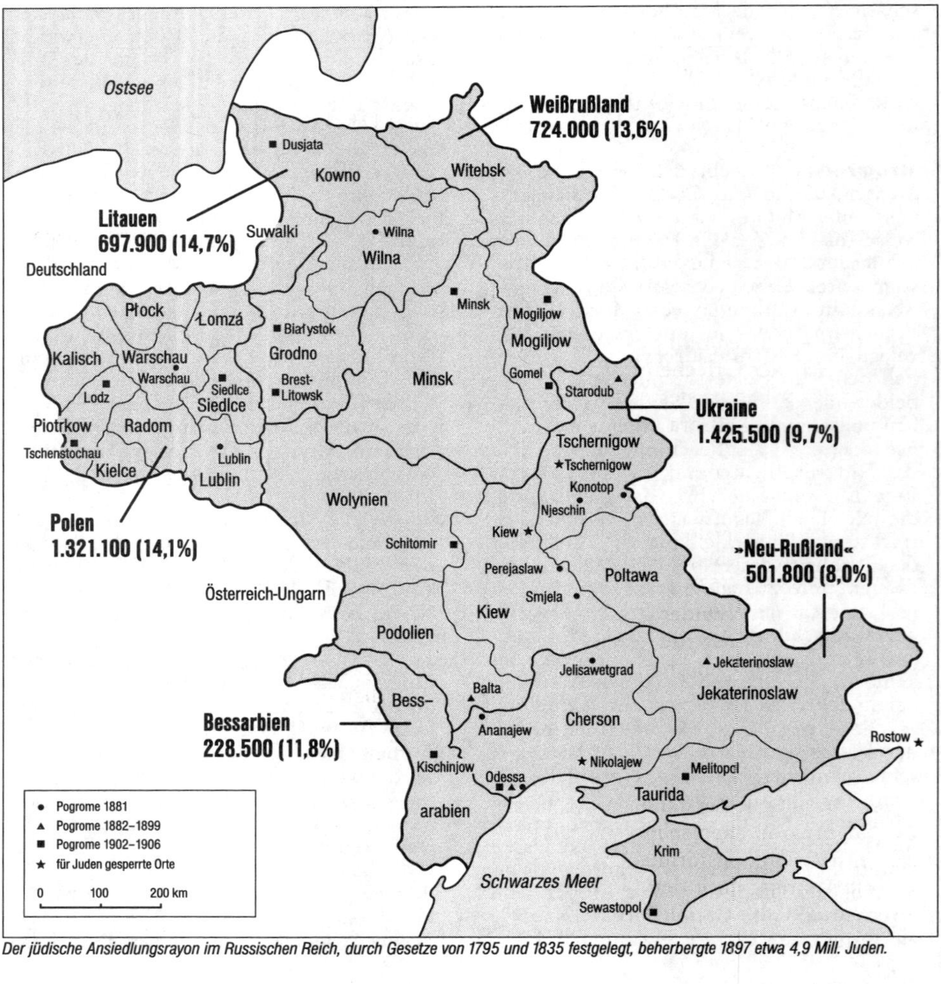

Der jüdische Ansiedlungsrayon im Russischen Reich, durch Gesetze von 1795 und 1835 festgelegt, beherbergte 1897 etwa 4,9 Mill. Juden.

fen waren (die →Kantonisten, 1870). Die armen Schichten führten weiterhin das Ghettoleben des Ansiedlungsrayons, in dem sich eine spezifische jüdische Kultur und religiöse Bewegung entwickelte. Die Mehrheit dieser Bevölkerung lebte in Städten und Marktflecken, von denen einige (die →»Schtetl«) zum größten Teil von Juden bewohnt und durch patriarchalische Existenz charakterisiert waren, in der sorgsam jüdische Riten und Traditionen konserviert wurden, Legenden und jüdische Volksmusik blühten und jüdische Lehrtätigkeit gepflegt wurde. (AB)

An-ski, S. (eigentlich Rapoport, Salomon Seinwil), Schriftsteller und Folklorist, 1863 Witebsk – 8.11.1920 Warschau. Schrieb anfangs in russischer, später in jiddischer Sprache. Wegen revolutionärer Tätigkeit von der zaristischen Polizei verfolgt, floh An-ski 1894 nach Paris. 1905 Rückkehr nach Rußland. Verfasser des Poems »Der Schwur«, dessen Text später zur Hymne der sozialistischen Partei →Bund wurde. An-ski veröffentlichte Erzählungen, Romane, Dramen und Folklore-Sammlungen. Sein bekanntestes Werk ist das Drama »Der Dibbuk« (1920) mit symbolischem und mystischem Charakter, angeregt aus chassidischer Mentalität. Es gehört heute noch zu den meistgespielten Bühnenstükken der jüdischen Schauspieltruppen in aller Welt. (AB)

Essay

Juden in der Antike

Helmut Castritius

Der Antikebegriff klammert die Epoche der altorientalischen Großreiche des sogenannten Fruchtbaren Halbmonds und des Nilstromtals aus und beschränkt sich auf die Zeit der geistigen und politischen Vorherrschaft der Griechen und der Römer bis zum Beginn des Mittelalters. Dabei setzte die Diaspora (Zerstreuung) als eine wesentliche Konstante der jüdisch-nichtjüdischen Beziehungsgeschichte erst mit der Etablierung der griechischen Herrschaft im östlichen Mittelmeerraum seit Alexander dem Großen ein. Seit dem Edikt des Kyros II. (538 v.Z.) und verstärkt im 5. Jahrhundert v.Z. war ein beträchtlicher Teil der Juden nach Palästina zurückgekehrt und hatte mit dem Bau des Zweiten Tempels Jerusalem als politisch-religiöses Zentrum neu etabliert; unter persischer Oberherrschaft und unter voller Ausnutzung der ihnen gewährten inneren Autonomie entstand das nachexilische Judentum in allen seinen charakteristischen Erscheinungsformen; Exklusivität des Kultes, streng nach den Gesetzen geordnete Lebenspraxis, Theokratie (→Priester). Mit den Eroberungen der Alexanderzeit und der Einbeziehung Palästinas in die Diadochenreiche zunächst der Ptolemäer, dann der Seleukiden gerieten die Juden immer mehr in den Gesichtskreis der Griechen, und im Zusammenhang eines allgemeinen Interesses an östlicher Weisheit wurde versucht, die Besonderheiten und Eigenarten des Judentums herauszufinden; die dabei zutage tretenden Mißverständnisse und Fehleinschätzungen entsprachen durchaus den sonstigen Ergebnissen der griechischen Ethnographie. Unter den Gebildeten z.B. im Umfeld des Aristoteles und seiner Schüler herrschte anfangs eine erstaunliche Wertschätzung der Juden: Sie galten als Philosophen, und ihr Herkunftsland wurde mit Indien angegeben, nach Theophrast hatten sie als erstes Volk die Menschenopfer abgeschafft. Ihrem Gesetzgeber Mose setzte Hekataios von Abdera als einem großen, philosophisch inspirierten Führer gewissermaßen ein Denkmal. Ein negatives Gegenbild lieferte hingegen um 270 v.Z. der ägyptische Priester Manetho mit einer gehässigen Interpretation des Exodus. In der zweiten Hälfte des 3. Jahrhunderts v. Z. behauptete dann Mnaseas von Patara, im Tempel von Jerusalem würde ein Eselskopf verehrt. Die Gewichte verlagerten sich immer mehr zum Negativen hin, und das Bild, das der römische Historiker Tacitus zeichnete, markierte etwa den Endpunkt der von Unkenntnis und Verständnislosigkeit gezeichneten Auseinandersetzung des griechisch-römischen Heidentums mit dem zeitgenössischen Judentum.

Die Selbstbehauptung der Juden war zunächst jedoch keineswegs gewiß, denn die Hellenisierung schritt kontinuierlich voran, seitdem sich die Juden nach der Verfestigung der neuen Machtverhältnisse im östlichen Mittelmeerraum zunächst in Ägypten und in der Cyrenaica, dann auch in den übrigen Gebieten rund um das Mittelmeer niederließen. In der Dispora lernten die Juden mit der griechischen Polis neue Formen der Bürgerverwaltung und Selbstorganisation kennen und schufen sich analoge Gemeindestrukturen. Diese Entwicklung hatte ihre Entsprechung in der Hellenisierung der jüdischen Geistigkeit und des jüdischen Denkens, die besonders in Alexandria dazu führte, daß man die jüdische Religion immer wieder in den Begriffen der griechischen Philosophie neu interpretierte, aber auch das hebräische Schrifttum der griechischen Welt zugänglich zu machen versuchte (Septuaginta). Ausweis der gesellschaftlichen und kulturellen Selbstintegration ist das Eindringen von Begriffen, die für die jüdischen Gemeinschaftsformen wichtig sind, aus dem Griechischen in das Hebräische (→Sanhedrin, →Synagoge). Den griechischen Herren Palästinas (seit der Zeit um 200 v. Z. die Seleukiden) mußte diese Entwicklung als folgerichtig und geradezu zwangsläufig erscheinen, zumal sich die jüdische Priesteraristokratie mit dem →Hohepriester in Jerusalem an der Spitze der Hellenisierung vollkommen öffnete und der Hohepriester Jason im Jahr 175 v. Z. sogar ein Gymnasium, die Stätte der körperbetonten griechischen Kultur schlechthin, in Sichtweite des Tempels bauen ließ. Die Maßnahmen, die der Seleukide Antiochos IV. Ephiphanes seit dem Sommer 167 v. Z. anordnete und ausführte, waren wohl als staatlicher Vollzug und Abschluß des Hellenisierungsprozesses der Juden gedacht: Verbot der jüdischen Kultpraxis und damit auch des Sabbats und der Beschneidung, Darbringung heidnischer Opfer für den Zeus Olympios auf dem Jahwe-Altar im Tempel, Umleitung der Tempelsteuer in die Kassen des Königs, die Verwandlung der Tempelstadt in eine griechische Polis. Nachdem die Priesterfamilie der Hasmonäer die Führung im Widerstandskampf der auf ihren national-religiösen Traditionen beharrenden Juden übernommen hatte, erreichte dieser in Organisation, Durchführung und Zielsetzung eine neue Qualität. Schon 166/65 v. Z. konnte Juda Makkabi Judäa freikämpfen, im Dezember 164 v. Z. wurde dann der Tempel in Jerusalem erneut geweiht. In jahrzehntewährenden Kämpfen erreichten die Hasmonäer nicht nur die staatliche Unabhängigkeit des jüdischen Kerngebiets in Palästina, sondern bezogen dank einer erfolgreichen aggressiven Politik auch die griechisch-phönizische Küstenzone und kaum von Juden besiedelte Randgebiete Palästinas, vor allem jenseits des Jordan, in die jüdische Reichsbildung ein. Seit 140 v. Z. waren die Ämter und Funktionen des Hohepriesters, des militärischen Oberbefehlshabers und des Ethnarchen bzw. Königs jeweils in einem Mitglied der Familie des Juda Makkabi zusammengeführt; ein selbständiger jüdischer Kleinstaat war entstanden, der auch die geistige und politische Führerschaft des Diaspora-Judentums beanspruchte.

Mit Rom war es bereits während der Anfänge des Makkabäeraufstands zu diplomatischen Beziehungen gekommen, und die Römer hatten aus machtpolitischen Gründen die Unabhängigkeitsbestrebungen der Juden Palästinas mit Sympathie verfolgt und diplomatisch unterstützt. Im Zusammenhang mit diesen Kontakten ist die Entstehung einer jüdischen Bevölkerungsgruppe in Rom etwa seit der Mitte des 2. Jahrhunderts v. Z. zu sehen, die seitdem, bedingt durch Zuzug, Kinderreichtum, Versklavung von Juden u. a., kontinuierlich wuchs. Die Juden brachten dabei ihre religiöse Organisationsform, die Synagoge, auch nach Rom und Italien, ein Vorgang, der allerdings der Zustimmung durch die römischen Behörden bedurfte. Diese unterstellten die Juden traditionsgemäß dem Fremdenrecht, eröffneten ihnen aber als Kollektiv durch die Zuerkennung des Status eines Vereins (collegium) den Mindestspielraum, den sie benötigten, um ihrer Religion gemäß leben zu können. Dabei blieb das Gebot der öffentlichen Sicherheit und Ordnung Maßstab für die Tolerierung, die amtliche Einschränkung und notfalls Bekämpfung der jüdischen Gemeinden. So kam es bereits 139 v.Z. in Rom zu einem Zusammenstoß und zu polizeilicher Verfolgung und Vertreibung der Juden und anderer Gruppen, vor allem wohl deshalb, weil jüdischer →Proselytismus in einer aufrührerischen, durch apokalyptische Spekulationen aufgeheizten Atmosphäre die national-ethnischen Reservate zu überschreiten und die öffentliche Ordnung zu gefährden drohte. Diese Regelung der Rechtsnatur der Beziehungen zwischen Rom und den Juden hatte auch grundsätzlich Bestand, als mit der römischen Expansion über die gesamte Mittelmeerwelt seit dem letzten Drittel des 2. Jahrhunderts v.Z. das Diaspora-Judentum und seit 63 v.Z. die Juden Palästinas unter römische Herrschaft kamen (Ausnahme: das Judentum Mesopotamiens). Die in den Städten und Provinzen geltenden Regelungen für die Juden bedurften allerdings der Bestätigung oder der Korrektur durch die römischen Behörden vor Ort. Aus den im Geschichtswerk des jüdischen Renegaten Flavius Josephus enthaltenen mehr als 30 Verfügungen Roms bezüglich der Juden wird indes deutlich, daß die Römer immer dann intervenierten, wenn die Juden an der Ausübung ihrer Religion gehindert wurden. Da die Kultbehinderung viele Facetten hatte, wurde auch der Katalog der Ausnahmeerteilung von bürgerlichen Pflichten zugunsten der Juden immer umfangreicher. Schließlich zog der Diktator Caesar die Summe aus der Entwicklung und formulierte eine Art Charta der Rechte der Juden: über die Garantie der Versammlungsfreiheit hinaus Gewährung der Sabbatheiligung, begrenzte Jurisdiktion der jüdischen Gemeinden über ihre Mitglieder, Befreiung vom Militärdienst, jedenfalls vom Dienst in nichtjüdischen Einheiten. Neben der persönlichen Verbundenheit Caesars mit den politischen Führern des Judentums (→Hyrkan II., →Antipater) dürfte dafür ausschlaggebend gewesen sein, daß man eine wirkliche Integration der Juden in die römische Gesellschaft anstrebte; bei der Rigorosität des jüdischen Glaubensanspruchs konnte dies jedoch nur gelingen, wenn man den Juden bei der Ausübung ihrer staatsbürgerlichen Pflichten eine Reihe von Ausnahmeregelungen gewährte.

Caesars Nachfolger haben in den Grundlinien dessen Politik gegenüber den Juden fortgesetzt; die einmal aufgestellten Rechtsgrundsätze wurden trotz relativ häufig vorkommender Verstöße und Widerstände nicht mehr in Frage gestellt. Daran änderten auch die großen jüdischen Aufstände gegen die Römerherrschaft – 66–73/74 und 132 bis 135 in Palästina, 115–117 in Ägypten und der Cyrenaica – nichts, ebensowenig der immer wieder aufflammende Bürgerkrieg zwischen Juden und Nichtjuden in Alexandria im ganzen 1. Jahrhundert. Bei den Volkserhebungen in Palästina (Zerstörung des Zweiten Tempels im Jahr 70) und im weitesten Sinne auch bei den Aufständen in Ägypten und der Cyrenaica stand als Ziel die Errichtung eines von Rom unabhängigen nationaljüdischen Staates im Vordergrund, während zur Erklärung des Bürgerkriegs in Alexandria verschiedene und zum Teil sich gegenseitig ausschließende Ursachen namhaft gemacht wurden. Ökonomische Gründe wird man jedenfalls ausschließen müssen. Die großen jüdischen Aufstände (Masada; →Bar Kochba) gegen die römische Zentralmacht zeitigten beträchtliche und lang anhaltende Wirkungen auf die innerjüdische Entwicklung wie auf das Verhältnis zwischen Juden und Nichtjuden. Die Tempelsteuer wurde zugunsten einer staatlichen Steuer (→Fiscus Judaicus) umgeleitet und der Kreis der dazu

Verpflichteten beträchtlich erweitert. Nach dem Scheitern des Bar-Kochba-Aufstands (135) wurden die Juden aus Jerusalem und auch weitgehend aus ihrem Kernland Judäa gewaltsam vertrieben; aus Jerusalem wurde die heidnische und später christliche Stadt Aelia Capitolina.

Im Bewußtsein der gesamten Judenschaft stellten die Zerstörung des Tempels und die endgültige Verhinderung seines Wiederaufbaus nach 135 tiefe und scharfe Einschnitte dar. Das Judentum wurde nun zunehmend von Palästina abgelenkt und mehr denn je auf die Universalität verwiesen; für Jerusalem und den Tempel entstanden in Jawne als Ersatzinstitutionen ein Lehrhaus und ein neues Sanhedrin; ebenso wurde ein erbliches Patriarchat (→Nassi) begründet (dem außerhalb der Reichsgrenzen Mesopotamiens der →Exilarch entsprach). Auch Staat und Gesellschaft Roms, die auf die Homogenisierung der öffentlichen Verhaltensweisen aus waren und Fremdartigkeit wie selbstgewählte Abgeschlossenheit als bedrohlich empfanden, handhabten fortan den ursprünglich sehr großzügigen Ermessensspielraum viel restriktiver als zuvor. Wenn auch der Versuch des Kaisers Hadrian, durch ein Beschneidungsverbot das Judentum an der Wurzel zu treffen, nur Episode blieb, so wurde doch dem jüdischen Proselytismus der Kampf angesagt, indem die Beschneidung von Nichtjuden unter die Kapitalverbrechen eingereiht wurde (unter Antoninus Pius, Regierungszeit 138–161). Der später erneuerte und verschärfte Bann gegen den Proselytismus (unter Septimius Severus, Regierungszeit 193–211) beweist jedoch, daß es keine wirksame Waffe gegen die Bekehrung zum Judentum gab; gerade auf die Gebildeten und damit auf die Angehörigen der Oberschicht muß es eine große Anziehungskraft ausgeübt haben. Zudem war das Problem eines ebenfalls gerade in der Oberschicht immer weitere Kreise ziehenden Sympathisantentums mit dem Judentum durch Kriminalisierung nicht zu lösen. Unter den geänderten Bedingungen des späten 2. und vor allem 3. Jahrhunderts wurden die Juden zu den öffentlichen Aufgaben in der gleichen Weise herangezogen wie die nichtjüdischen Bürger, dabei aber von den Amtspflichten befreit, bei deren Ausübung es zu einer Kollision mit den jüdischen religiösen Vorschriften hätte kommen können (Corpus Iuris Civilis, Digesten 50, 2,3,3). Durch das Bürgerrechtsgesetz des Kaisers Caracalla (212 oder 213) Reichsbürger geworden, behielten die Juden ihre für den religiösen Bereich verbriefte Sonderstellung sogar in der Zeit der großen reichsweiten Christenverfolgung, sahen die römischen Machteliten doch längst im Christentum eine größere Gefahr für den Bestand des Reichs.

Mit dem Sieg des Christentums und dem im 4. Jahrhundert erreichten Kirchenfrieden (→Konstantin I. und →Theodosius I.) erhielt die nichtjüdische Beziehungsgeschichte eine neue und viel grundsätzlichere Dimension. In dem Bewußtsein, im Besitz der absoluten Wahrheit zu sein, mußte das Christentum auf notfalls gewaltsam zu erreichende Gesinnungsänderungen drängen. Dem stand jedoch die auf Caesar und Augustus zurückgehende Tradition der Tolerierung gerade des Judentums entgegen; hinzu kam, bedingt durch die Entstehungsgeschichte des Christentums, eine für die Antike neue Bewertung des Judentums in Ergänzung des heidnischen Judenbildes: Wegen der Ablehnung und Ermordung des Messias hätten sich die Juden aus dem göttlichen Heilsplan herausgelöst und seien durch die Kirche als dem »wahren Israel« ersetzt worden (→Adversus-Judaeos-Traktate). Vor diesem ideologischen Dilemma standen die Herrscher des nun christlich gewordenen Römischen Reichs. Die Rücksicht auf die Tradition, theologische und eschatologische Argumente erwiesen sich schließlich als stärker: Theodosius I. formulierte im Jahr 393 den Rechtsgrundsatz, »daß durch kein Gesetz die jüdische Religion (Iudaeorum sectam) verboten sei« (→Codex Theodosianus 16, 8,9). Andererseits wurde den Juden untersagt, Proselyten zu machen und Nichtjuden zu beschneiden; jüdische Konvertiten zum Christentum wurden gegen Mißhandlungen durch ihre bisherigen Glaubensgenossen staatlicherseits geschützt. Die Proselytismusfurcht, künftig das Hauptthema der christlich-jüdischen Beziehungen, lag auch dem gegenüber den Juden verhängten Verbot zugrunde, christliche Sklaven zu kaufen; ein generelles Besitzverbot von Sklaven, die Juden betreffend, existierte jedoch ebensowenig wie ein allgemeines Kaufverbot, wenn es auch immer wieder Versuche staatlicherseits gab, jüdischen Sklavenbesitz zu unterbinden. Diese Versuche waren Ausdruck einer Tendenz zur sozialen und rechtlichen Deklassierung der Juden wie zur Einschränkung ihrer religiösen Wirkungsmöglichkeiten (Plünderung und Zerstörung von Synagogen, Verbot des Neubaus von Synagogen 415 im Ostreich), die es jedoch nicht verhindern konnte, daß der Staat den Juden auf Dauer einen Platz in der christlichen Gesellschaft einräumen wollte, nicht zuletzt auch aufgrund kirchlichen Einflusses (→Augustinus). In der im Januar 438 erlassenen 3. Novelle des Kaisers Theodosius II. wurde schließlich die Duldung der jüdischen Religion und Kultausübung festgeschrieben. Erst durch Justinian I. (527–565) wurden längst vorhandene Tendenzen zur Diskriminierung der Juden zu einem neuen, relativ geschlossenen, abstoßenden Bild zusammengefügt: Verbot der freien Berufsausübung, Trennung der Amtspflichten von den mit einem Amt verbundenen Ehren, wenn ein Jude ein Amtsträger war, Verbot des Besitzes christlicher Sklaven, Aufruf gegenüber den Sklaven der Juden, zum Christentum überzutreten, mit dem Anreiz der Freilassung. Für die im Westteil des Römischen Reichs lebenden Juden war diese neue Qualität der Beziehungen allerdings deshalb von geringerem Gewicht, weil dort, und später in den germanischen Nachfolgestaaten des Imperium Romanum, die Normen des Codex Theodosianus angewandt wurden, die Gesetzgebung Justinians (Codex Justinianus) hingegen viel später und dann in modifizierter Form bekannt und der Behandlung der Juden zugrunde gelegt wurde.

[L] E. Schürer, Geschichte des jüdischen Volkes im Zeitalter Jesu Christi, 3 Bände, 1901–09 (englische Neubearbeitung von G. Vermes u. a., 1973ff.). – M. Hengel, Judentum und Hellenismus, 1973. – A. Momigliano, Die Juden in der Antiken Welt, 1988. – H. Ben-Sasson, Geschichte des jüdischen Volkes, Band 1, 1978. – E. M. Smalwood, The Jews under Roman Rule from Pompey to Diocletian, 1976. – K. Bringmann, Hellenistische Reform und Religionsverfolgung in Judäa, 1983. – J. Gager, The Origins of Anti-Semitism, 1983. – A. Lindner (Hrsg.), The Jews in the Roman Imperial Legislation, 1987. – Z. Yavetz, Judenfeindschaft in der Antike, 1997.

Antichrist, Figur der christlichen Eschatologie, Anti- oder Pseudo-Messias. Der Antichrist, auch »Widerchrist« und bei Luther »Endechrist« genannt, gilt als Inkarnation der bösen, widergöttlichen Kräfte. Der Antichrist geht in der neutestamentlichen Vorstellung, hier namentlich erstmals erwähnt, der Wiederkunft Christi voraus und wird von ihm besiegt (1 Joh 2,18; 22; 4,3; 2 Joh 7). Als eine Vorlage wurden die apokalyptischen Schreckensberichte über die Herrschaft →Antiochos' IV. Ephiphanes aus der jüdischen Überlieferung benutzt; hier ist es die Figur eines gottlosen Tyrannen, die den Höhepunkt des Bösen vor der Erlösung symbolisiert (u. a. Dan 7,7–8,19 bis 26; 8,23–25; 11,21–45). Für die weitere Entwicklung war u. a. neben der Darstellung des Antichristen als einer pseudomessianischen »Lügengestalt« bei Paulus (2 Thess 2,3ff.) das antijüdische Motiv wichtig, die Juden würden den Antichrist als ihren Messias ansehen (Joh 5,43). Die später weit verbreitete antijüdische Darstellung der frühen christlichen Exegeten Irenäus von Lyon (um 200) und seines Schülers Hyppolit (?–235) trug wesentlich zur Individualisierung des Antichristen bei. Sie schrieben ihm u. a. eine jüdische Herkunft sowie eine Residenz in Jerusalem zu. Seit dem Mittelalter wurde der Antichrist (z. B. in vielen Antichristdramen) verstärkt mit antijüdischen Stereotypen vermischt. Auch in neuerer Zeit wurde das Motiv des Antichristen literarisch z. B. von Fjodor M. Dostojewskij (»Die Brüder Karamasow«,

1879/80) und Wladimir S. Solowjow (»Kurze Erzählung vom Antichrist«, 1899/1900) häufig aufgegriffen.
Ⓛ W. Bousset, Der Antichrist in der Überlieferung des Judentums des NT und der alten Kirche, 1895. – R. K. Emmerson, Antichrist in the Middle Ages, Manchester 1981. (BV)

Anti-Defamation-League →Independent Order of B'nai B'rith

Antigonos II., auch Mattatias, letzter hasmonäischer König, (40–37 v.Z.), jüngerer Sohn →Aristobuls II., konnte mit seinem Vater 56 v.Z. aus römischer Gefangenschaft entfliehen und mit parthischer Hilfe 40 v.Z. gegen →Herodes den Großen die Herrschaft in Palästina zurückgewinnen. Neben dem Königstitel nahm er auch die Hohepriesterwürde an. Von 39 v.Z. an begann Herodes der Große mit römischer Unterstützung die Rückeroberung seines Königreichs, im Sommer 37 v.Z. wurde Jerusalem erstürmt und Antigonos II. gefangengenommen. Nach der Auslieferung an den römischen Machthaber Marcus Antonius wurde Antigonos II. noch im gleichen Jahr in Antiochia hingerichtet. (HC)

Antijudaismus, theologischer. Im Gegensatz zum rassistischen →Antisemitismus und zu dem von stereotypen Vorurteilen und Verdächtigungen (→Ritualmordvorwurf, →Weltverschwörungslegende, Wucher) gekennzeichneten vulgären Judenhaß des Mittelalters ist der Antijudaismus in der Theologie der christlichen Kirche selbst angelegt. Der Antijudaismus griff die Kritik Jesu an der Veräußerlichung jüdischer Gesetzlichkeit auf, setzte die in der Form einer Auseinandersetzung zwischen jüdischen Sekten (Pharisäern, Sadduzäern, Essenern) geführte innerjüdische Kontroverse um die Messianität Jesu und die Geltung der Gesetze (Beschneidung, Mt 3,7ff.) bei zunehmender Ablösung der Heidenchristen von der jüdisch-christlichen Urkirche zu den Anklagen der Propheten gegen das abtrünnige Israel in Beziehung und deutete sie im Sinne einer schon im Altertum angelegten Verwerfung der Juden insgesamt. Dieser Prozeß wirkte sich in Ansätzen schon auf die Abfassung der Evangelien selbst aus. Daher lassen sich Stereotypen wie die den Juden vorgeworfene Verstocktheit und Blindheit, die Tötung der Propheten, die Kreuzigung Jesu (unter Entlastung der Römer; →Christusmordvorwurf), Teufelssohnschaft und verordnete Knechtschaft mit ihren alttestamentlichen Bezügen schon aus dem NT ableiten und mit ihm begründen. Judenfeindschaft wurde zum Bestandteil christlicher Theologie bis in die Gegenwart, obwohl dieser Sicht Aussagen Jesu selbst (Mk 12,34ff.) und des Apostels Paulus (Röm 11,16–24) entgegenstehen. Innerhalb dieses theologischen Antijudaismus entwickelten sich jedoch schon um die Wende des 4. Jahrhunderts unterschiedliche Positionen. Während Augustin auf der Basis paulinischer Aussagen die Lehre von der heilsgeschichtlichen Rolle der Juden (→Endzeiterwartung) weiter ausbildete, betonten vor allem Kirchenlehrer des Ostens (→Ephraim der Syrer, →Johannes Chrysostomos) in Fortentwicklung johanneischer Aussagen ihre ewige Verdammnis. Da die Juden als die unumgänglichen Vermittler christlicher Wahrheiten im Altertum diesen Wahrheitsbeweis zugleich unablässig in Frage stellten, lieferte die christliche →Apologetik dem Antijudaismus immer neue Nahrung. Die Bedingungen und die Ursachen des theologischen Antijudaismus bestanden auch nach der Reformation fort (Martin Luther).
Ⓛ R. Ruether, Nächstenliebe und Brudermord, 1978. – M. Stöhr (Hrsg.), Jüdische Existenz und die Erneuerung der christlichen Theologie, 1981. (FL)

Antiochos IV., genannt Epiphanes (»der Glänzende«), König im vorderasiatischen Großreich der makedonischen Dynastie der Seleukiden (Kernland Nordsyrien mit Antiochia), (175–164 v.Z.). Mit seinem Namen verbindet sich der Versuch des Ausbaus und der Hellenisierung des Seleukidenreichs. Als Landesherr Palästinas und ermutigt durch Teile der jüdischen Priesteraristokratie (→Menelaos), versuchte er die Sonderstellung der Juden und Jerusalems zu beseitigen; nach der Eroberung der Stadt ordnete Antiochos IV. seit Sommer 167 v.Z. folgende Maßnahmen an: Verbot der jüdischen Kultpraxis und damit des Sabbats und der Beschneidung, Darbringung heidnischer Opfer für den Zeus Olympios auf dem Jahwe-Altar im Tempel, Umleitung der Tempelsteuer in die Kassen des Königs; aus Jerusalem sollte eine Polis werden. Der König unterschätzte jedoch die Kraft der nationalreligiösen Traditionen des Judentums, der ideellen Grundlagen des im Sommer 166 v.Z. ausbrechenden Aufstands unter der Führung des Priesters Mattatias und seines Sohnes Juda Makkabi. Beim Tod des Königs in Persien war die militärische Entscheidung zu Gunsten der Juden gefallen, der →Tempel war entsühnt und wurde erneut geweiht.

Ⓛ K. Bringmann, Hellenistische Reform und Religionsverfolgung in Judäa, 1983. (HC)

Antipas →Herodes Antipas

Antipater (Latinisierung von Antipatros), Leiter der Staatsgeschäfte von Judäa, ?–43 v. Z., Sohn des Militärbefehlshabers von Idumäa unter →Alexander Jannaj, heiratete eine arabische Fürstentochter (aus dieser Ehe: →Herodes der Große, der damit Proselyt war). Günstling und engster Berater →Hyrkans II., zunächst im Bürgerkrieg zwischen →Caesar und Pompeius auf der Seite des letzteren, wechselte Antipater rechtzeitig die Partei und schickte dem 48 v. Z. in Alexandria belagerten römischen Diktator ein Entsatzheer. Zum Dank dafür wurde Hyrkan II. zum Ethnarch (»Herrscher des Volkes«) und Antipater zu dessen ersten Minister ernannt; die Mauern Jerusalems wurden wiederaufgebaut. Die militärischen Kommandostellen besetzte Antipater mit seinen Söhnen Phasael und Herodes dem Großen. In den Wirren nach Caesars Ermordung wurde Antipater von einem gewissen Malichus umgebracht. (HC)

Antisemitenpetition, antisemitische Kampagne 1880/81 der →Völkischen Bewegung, u. a. von Bernhard Förster, Max Liebermann von Sonnenberg und Ernst Henrici initiiert. Die Antisemitenpetition forderte einen separaten Zensus für die Juden, ihren Ausschluß aus allen Regierungsämtern, eine Zulassungsbeschränkung für den Beruf des Richters, Lehrers und Universitätsdozenten sowie das Verbot jüdischer Immigration. Mit 250 000 Unterschriften wurde die Antisemitenpetition 1881 Reichskanzler Bismarck übergeben, ein Anzeichen dafür, wie populär der Antisemitismus im Kaiserreich war. Die Antisemitenpetition hatte keine unmittelbaren administrativen Folgen, doch wurden ihre Forderungen immer wieder aufgegriffen. So führte das preußische Kriegsministerium eine tendenziöse Zählung der jüdischen Soldaten im Ersten →Weltkrieg durch, die sog. »Judenzählung«; die anderen Punkte wurden schließlich mit dem →Berufsverbot und den →Rassegesetzen im Dritten Reich verwirklicht. (BV)

Antisemitismus in der Literatur. Als Jahrhundertelang der Bevölkerung indoktriniertes kulturelles Deutungsmuster in den christlichen Ländern äußerte sich Judenfeindschaft bis zur Aufklärung vor allem in pragmatischen, meist politisch-juristischen und theologisch-philosophischen Texten, in Predigten, auf Wallfahrten und in Einblattdrucken, aber selten in literarischen Werken, wie scheinbare Ausnahmen, etwa Passionsspiele oder Dichtungen des Nürnberger Meistersingers Hans Folz (gestorben 1513), bestätigen. Auch die Reaktion auf →Lessings »Nathan den Weisen«, den literarischen Typus des edlen Juden und die Antizipation einer bürgerlichen Gleichstellung der Juden, war eher publizistisch-polemischer Art; Nathan-Travestien treten erst im frühen 19. Jahrhundert auf. Ein entschiedener Antisemitismus in der Literatur läßt sich erstmals in den Anfängen des bürgerlichen »Lachtheaters« konstatieren, als stereotype Possen (K. B. Sessa) und seichte Komödien (Julius von Voß) parallel zu zahlreichen emanzipations- und judenfeindlichen Traktaten (Grattenauer, Rühs, Fries) Konjunktur hatten. Die Polemik richtete sich gegen die rechtliche Gleichstellung der Juden in der Napoleonischen und der Restaurationsepoche. Die vor allem in romantisch-biedermeierlichen Kreisen der bürgerlichen Intelligenz wohlwollend aufgenommenen meist dialogischen Texte verspotteten die jüdischen Akkulturationsbestrebungen. Man führte jüdische Figuren vor, die trotz ihrer Bildung und ihres Wohlstands doch wieder in den angeblichen Jargon der kleinen Hausierer zurückfielen. Ein besonders aggressiver Antisemitismus findet sich gelegentlich im Fabrikroman des Vormärz (Tarnowsky) und in späteren Kolportageromanen (Karl May), beide für einen expandierenden Literaturmarkt produziert. Auch in bedeutenden Romanen des poetischen Realismus (Fritz Reuter, Gustav Freytag, Wilhelm Raabe) gibt es antisemitische Klischees. Der nach 1870 erstandene völkisch-rassistische Antisemitismus, seinem Anspruch nach eine neuartige, säkulare Ideologie, äußerte sich allerdings kaum literarisch, sondern versuchte mittels Denunziation, jüdische Autoren von Literatur, Literaturwissenschaft und der allgemeinen Publizistik auszugrenzen. Im Prinzip handelte es sich um einen Kreuzzug gegen die klassische Moderne zugunsten einer Heimatkunstbewegung. Das peinlichste Beispiel dieser Spezies ist Arthur Dinters Roman »Die Sünde wider das Blut« (1918). J. →Roths sarkastisches Diktum, im Westen sei der Antisemitismus zur Wissenschaft geworden, kennzeichnet tatsächlich die Haltung der antisemitischen Rechten der Weimarer Republik und besonders des Nationalsozialismus im Umgang mit der deutschen Kultur. In der ersten Hälfte des 20. Jahrhunderts äußerte sich Antisemitismus in der Literatur vor allem in politisch-religiösen Traktaten mit philosophischem (Houston Stewart Chamberlain, Adolf Hitler) oder wissenschaftlichem Anspruch (Philipp Lenard). Bezeichnenderweise griff das übelste antisemitische Kunstwerk der NS-Zeit, Veit Harlans »Jud Süß«-Film, auf den Erfolg von L. →Feuchtwangers Roman zurück. Soweit Juden und Judentum in der bürgerlichen Literatur von Christian Fürchtegott Gellert bis heute überhaupt zur Darstellung gelangten, hinterließ der Antisemitismus in der Literatur als kulturelles Deutungsmuster oft ambivalente Spuren, selbst bei Autoren mit jüdischem Hintergrund (W. →Mehring) und jedenfalls auch noch nach 1945 (Rainer Werner Fassbinder). Allerdings hat diese Literatur seit Lessing sich auch immer wieder um Aufklärung über gesellschaftliche Grundlagen des Antisemitismus bemüht. (MS)

Essay

Antisemitismus

Robert S. Wistrich

Der Begriff Antisemitismus wurde kaum zehn Jahre nach der rechtlichen Gleichstellung der Juden im deutschen Kaiserreich von dem Journalisten Wilhelm Marr (1819–1904) geprägt. Er versuchte damit der zeitgenössischen antisemitischen Welle in Mitteleuropa einen programmatischen, ideologischen und »wissenschaftlichen« Anstrich zu geben. Die antisemitische Agitation war zugleich eine Reaktion auf den Eintritt der Juden in die nichtjüdische Gesellschaft nach der Emanzipation, Ausfluß der Gründerkrise von 1873 und Ausdruck der Ablehnung einer aufkommenden modernen Industriegesellschaft. Enttäuschte Intellektuelle, protestantische Geistlichkeit und katholischer Klerus, der konservative Feudaladel und der traditionelle Mittelstand (kleine Geschäftsleute und Handwerker) fühlten sich vom Kapitalismus und insbesondere von der jüdischen Konkurrenz bedroht. In steigendem Maße wurde die neue Ideologie mit dem in fast allen europäischen Ländern entstehenden Nationalismus verbunden, der die Juden als fremde, »asiatische Elemente« stigmatisierte, unfähig, sich der europäischen Kultur und Gesellschaft anzupassen. Die Radikalität dieses Denkens wurde schon in dem berüchtigten Pamphlet Marrs »Der Sieg des Judentums über das Germanentum« (1879) deutlich sichtbar, denn im Zusammenhang mit dem →Berliner Antisemitismus-Streit behauptete er, daß es nicht um religiöse Vorurteile gehen könne, wenn die »Judenfrage« eine »Rassenfrage« sei und der entscheidende Unterschied im »Blut« liege.

Der Begriff »Antisemitismus« kennzeichnete bald, obgleich er ebenso wie die nach ihm benannte Bewegung neu war, alle Formen der Judenfeindschaft, die historisch Bestand hatten. Judenhaß war ein bemerkenswert konstantes Merkmal christlicher und (in geringerem Umfang) muslimischer Gesellschaft. Judenhaß wurzelte in religiösen und sozialen Antagonismen. Verschärft durch den →Christusmord-Vorwurf, gipfelte er in einer christlich dominierten Gesellschaft in der Beschuldigung, Juden seien vom Teufel besessen, Wucherer und subversive »Elemente« (→Antijudaismus). Im Mittelalter wurden diese diskriminierenden Feindbilder politisch legitimiert und institutionalisiert, was schließlich zur Ghettoisierung und ökonomischen Ausgrenzung der Juden als »Wucherer«, Zwischen- und Kleinhändler führte. Resultat war die fast vollständige soziale Isolation der jüdischen Minderheit, die wiederum die Vorurteile der »Kirchenväter« und der späteren christlichen Theologie verfestigte. Dieses christliche Vermächtnis beeinflußte von den

Anfängen des politischen Antisemitismus in den späten 1870er Jahren bis zum Holocaust und sogar bis heute die Antisemiten – selbst jene, die sich formal zur religiösen Toleranz oder zum Atheismus bekannten.
In Deutschland war es nicht Marr, sondern der evangelische Hofprediger Adolf Stoecker (1835–1909), der maßgeblich durch die Gründung der Christlich-Sozialen Arbeiterpartei (1878) und die Initiierung der →Berliner Bewegung zur politischen Instrumentalisierung des Antisemitismus beitrug. Eine ähnliche Bewegung, politisch weitaus erfolgreicher, entwickelte sich unter der charismatischen Führerschaft von Dr. Karl Lueger (1844 bis 1910) im katholischen Österreich gegen Ende der 1880er Jahre. Dessen antisemitische Christlich-Soziale Partei behauptete von den Wahlen zum Wiener Stadtrat 1895 bis zum Ersten Weltkrieg ihre Vormachtstellung in der habsburgischen Metropole. Anders als die antisemitischen Parteien im deutschen Kaiserreich, die auf der parlamentarischen Bühne nur vorübergehend Erfolg hatten, waren ihre österreichischen Gegenstücke, die einen populären traditionalistischen Katholizismus vertraten, in der Mobilisierung der Massen erfolgreicher. Der kombinierten Anziehungskraft radikal antikapitalistischer und später antimarxistischer Ressentiments sowie eines schwarz-gelben Patriotismus konnte das Wiener Kleinbürgertum nicht widerstehen. Parallel zum christlich-sozialen Antisemitismus, in dem Geistliche eine maßgebliche Rolle spielten, entwickelte sich eine radikalere und langfristig gefährlichere Richtung eines nationalistischen, rassistischen und pangermanischen Antisemitismus. Seine ideologischen Wurzeln finden sich bereits in Schriften wie »Das Judentum in der Musik« (1850, 1869) von Richard Wagner (1813–1883). Wagner bezeichnete den jüdischen Beitrag zur deutschen und europäischen Kultur als bedrohliche Invasion fremder, rassisch minderwertiger »Elemente«, die ohne schöpferisches Talent nur aufgrund der Dekadenz und Korruption der Bourgeoisie Beachtung fänden. Der Bayreuther Kreis, dem auch der Schwiegersohn Wagners, Houston Stewart Chamberlain, angehörte, propagierte die Ansichten Wagners nach dessen Tod weiter. Chamberlains »Grundlagen des Neunzehnten Jahrhunderts« (1899) avancierten zu einem Standardwerk rassistischer und antisemitischer Ideologie in Deutschland. Die Artikel des führenden konservativen Historikers und Professors an der Berliner Universität Heinrich von Treitschke – der erste erschien zeitgleich mit den antijüdischen Schmähungen von Marr und Stoecker in den Preußischen Jahrbüchern 1879 – waren unter den deutschen Studenten und Akademikern populär. Treitschke war zwar eher ein Nationalist als ein religiöser oder rassistischer Antisemit, aber seine Parteinahme im Berliner Antisemitismusstreit verlieh der gemeinen antisemitischen Agitation die Insignien der »Wissenschaftlichkeit«, die sie sonst vielleicht nicht erhalten hätte.
Der Berliner Ex-Sozialist, Philosoph und Nationalökonom Eugen Dühring propagierte in seiner populären Schrift »Die Judenfrage als Racen-, Sitten- und Culturfrage« (1881) ein rassistisches Programm, mit dem er in erster Linie die Studenten an den deutschen und österreichischen Universitäten erreichte. Das Werk postulierte eine unüberbrückbare Kluft zwischen der nordisch-arischen und der semitischen Rasse. Es rief die »Arier« dazu auf, das Joch des Alten und Neuen Testaments abzuwerfen und die Re-Ghettoisierung der Juden einzuleiten.
In der habsburgischen Monarchie fand diese Richtung eines heidnischen, neorassistischen, kirchenfeindlichen und sozialdarwinistischen Antisemitismus in der Pangermanischen Bewegung von Georg von Schoenerer ihren politischen Ausdruck. Unter den deutschen Studenten in Wien, Graz und Prag, den Sudetendeutschen und den Angehörigen der Mittelschicht der Alpenprovinzen genoß diese Bewegung in den 1880er und 1890er Jahren eine beachtliche Popularität. Ihre parlamentarische Bedeutung blieb zwar denkbar gering, doch die Saat des Hasses gegen Juden und Slawen sollte schon bald katastrophale Folgen haben. Es war die Weltanschauung des biologischen Rassismus, des »ewigen

Kampfes« zwischen Ariern und Semiten, die die politischen Anschauungen des jungen Adolf Hitler (1889–1945) prägten. Er war bereits ein überzeugter Anhänger des Pangermanischen Antisemitismus, als er im Alter von 18 Jahren (1907) nach Wien kam. Hitlers Ideologie setzte sich aus Versatzstücken des österreichischen Pangermanismus, des christlich-sozialen Gedankenguts und der Angst vor der aufkeimendenen Sozialdemokratie zusammen. Hinzu kam später noch der hysterische Nationalismus, der aus der Polemik gegen den Versailler Vertrag erwuchs. Die antisemitische Ideologie hatte sich also schon vor 1914 voll entfaltet (auch →Völkische Bewegung) und ihre Effizienz gezeigt im Zusammenschweißen von divergierenden Interessen sozialer Klassen, religiöser Bekenntnisse und ethnischer Gruppen gegenüber der jüdischen Minderheit als einem Symbol aller Übel des kapitalistischen »Systems«. Dies galt selbst für Frankreich, wo die jüdische Emanzipation 1791 als ein Ergebnis der Französischen Revolution abgeschlossen war. Im Zuge des Zusammenbruchs der katholischen Bank »Union générale« und der nationalistischen Agitation, die sich um den rechten General Georges Boulanger ausbreitete, veröffentlichte Edouard Drumont seinen antisemitischen Bestseller »La France Juive« (1886). Die Schrift demonstrierte, daß der Antisemitismus zu einer respektablen sozialen und politischen Ideologie avanciert war. Ein Großteil des Erfolgs antisemitischer Ideologie ist auf katholische und monarchistische Kräfte zurückzuführen, die nicht nur die Dritte Republik und ihre Institutionen verabscheuten, sondern auch ihre laizistische Politik mit einer Verschwörung von Juden und Freimaurern gleichsetzte. Die Kirchen (besonders die katholische in Verbindung mit der anmaßenden Zeitung »La Croix«) waren also auch in Frankreich, wie in Mittel- und Osteuropa, entscheidend daran beteiligt, antisemitische Vorurteile zu schüren. Zur gleichen Zeit entwickelte sich eine genuin französische Form des Nationalsozialismus, in den der berühmte Schriftsteller und Boulangist Maurice Barrès den Antisemitismus als zentrales integratives Element in den 1890er Jahren einführte. Schließlich gründete der führende monarchistische Schriftsteller Charles Maurras die »Action française«, die bis zum Ersten Weltkrieg der kompromißloseste Verfechter konservativer, nationalistischer und antisemitischer Gesinnung in Frankreich blieb. Die Action française entwickelte sich aus der →Dreyfus-Affäre, die als Höhepunkt des politischen Antisemitismus im Europa des Fin-de-siècle bezeichnet werden kann. Nachdem sich die öffentliche Meinung zwischenzeitlich etwas beruhigt hatte, nahm in den 30er Jahren des 20. Jahrhunderts der politische Antisemitismus erneut zu. Die Gründe hierfür sind in der Fremdenfeindlichkeit zu suchen, der ökonomischen Krise, dem Andrang jüdischer Flüchtlinge, der Angst vor einem neuen deutsch-französischen Krieg, der faschistisch-nationalsozialistischen Bedrohung und dem Wahlsieg der linken Volksfrontregierung, die von dem Sozialisten jüdischer Abstammung Léon Blum geführt wurde.

Das →Vichy-Regime (1940–44) beraubte die Juden nicht nur aller Rechte und setzte sie einem hemmungslosen Radau-Antisemitismus aus, der Juden als die Feinde der Menschheit verunglimpfte, sondern kollaborierte auch, wie die meisten anderen europäischen Länder, mit den Deutschen in der Durchführung der →Endlösung.

Der Antisemitismus der Nachkriegszeit kann zwar nicht mit dem der 30er und 40er Jahre verglichen werden, doch hat er sich, besonders bei der äußersten Rechten, als zählebig erwiesen. Zunächst benutzten der Poujadismus in den 50er Jahren und heute der »Front National« Le Pens (aktuell die größte rechtsradikale Bewegung Europas) antisemitische Parolen. Dies wurde besonders während der Kampagne »La France aux Français« deutlich, denn selbst um der Forderung einer Repatriierung der nordafrikanischen und arabischen Minderheit Nachdruck zu verleihen, wurden judenfeindliche Stereotypen bemüht. Die Repatriierung bildet zwar die Hauptforderung des zeitgenössischen Rassismus, doch ist zunehmend eine

Tendenz festzustellen, prominente Juden aus der Politik, der Wirtschaft und den Medien zu diffamieren, den Holocaust zu verleugnen und die Loyalität jüdischer Bürger gegenüber dem Staat anzuzweifeln. Traditionell war es jedoch – mit Ausnahme des singulären Phänomens des deutschen →Nationalsozialismus – in Osteuropa und im Russischen Reich (hier lebte die große Mehrheit der Juden), wo der Judenhaß seine bedrohlichsten und gewaltsamsten Formen annahm (dem Russischen entstammt übrigens das Wort »Pogrom«). Im Süden und Westen Rußlands sowie in den annektierten polnischen Gebieten wurden vor der Februarrevolution 1917 Juden von der nichtjüdischen Bevölkerung getrennt und in den sogenannten →Ansiedlungsrayons zusammengepfercht. Nach der Ermordung Zar Alexanders I. (1881) ereigneten sich die schlimmsten Pogrome seit den →Chmielnicki-Pogromen des 17. Jahrhunderts. Marodierende Banden brandschatzten jüdische Häuser und Besitztümer, ermordeten wahllos jüdische Männer, Frauen und Kinder. Die gleichen Szenen wiederholten sich in Kischinjow (1903) und während der Revolution 1905. Der russische Bürgerkrieg bildete einen neuen Höhepunkt der Gewalt, als die angreifenden »Weißen« Armeen versuchten, das bolschewistische Regime, das sie mit »jüdischen« Kommissaren gleichsetzten, zu stürzen und über hunderttausend Juden in der Ukraine ermordeten.

Der russische und ukrainische Antisemitismus der vorrevolutionären Zeit hatte eine Reihe spezifischer Merkmale. Er war, abgesehen von Rumänien, das einzige Beispiel eines staatlich unterstützten, offiziellen Antisemitismus, der neben der traditionellen »Judophobie« der russischen, ukrainischen und polnischen Bauernschaft sowie dem krankhaften theologischen Judenhaß der Orthodoxie und von Teilen der Intelligenz (gleichgültig ob Panslawisten, Slawophile oder Radikale) existierte. Die diskriminierende Politik wurde von allen folgenden russischen Regierungen fortgesetzt. Dies nahm seinen Anfang mit den berüchtigten Mai-Gesetzen von 1882, die die Juden in ihrer Bewegungs-, Gewerbe- und Berufsfreiheit einschränkten, ihnen den Zugang zu den Universitäten verwehrten und sie in die Armut stürzten. Die Passivität der amtlichen Stellen, die Pogrome offensichtlich als Sicherheitsventil für soziale Unzufriedenheit betrachteten, vermehrte das Elend der jüdischen Minderheit. 1905 wurde dann der Antisemitismus bewußt als Mittel gegen die Revolution eingesetzt. Es war sicher kein Zufall, daß die infamen →Protokolle der Weisen von Zion im zaristischen Rußland geschrieben und zuerst publiziert wurden. Der Mythos einer jüdischen »Weltverschwörung«, die mit dem Ziel der Weltherrschaft mit Hilfe der Presse, des Liberalismus und des Kapitalismus gezielt ein ökonomisches und politisches Chaos in der nichtjüdischen Welt verbreite, deckte sich natürlich mit den reaktionären Vorstellungen der russischen Rechten.

Der Zusammenbruch der russischen, österreich-ungarischen, deutschen und osmanischen Monarchien, die bolschewistische Revolution und die →Balfour-Deklaration (1917), das Chaos des ökonomischen Systems und die chronische Instabilität der osteuropäischen Länder als Folge des Ersten Weltkriegs erhöhten die Plausibilität der »Protokolle« auf ungeahnte Weise. Das Gespenst des »internationalen Judentums« (der Titel einer Schrift Henry Fords) und die bolschewistische Revolution als sein Mittel erschreckte nicht nur die Nationalsozialisten in Deutschland, sondern ließ auch Konservative in Ostmitteleuropa, Frankreich, Großbritannien und Amerika wie gebannt auf die Idee der jüdischen »Weltherrschaft« starren. Diese Ängste waren nach dem Krieg besonders stark in den neuen osteuropäischen Nationalstaaten ausgeprägt. Juden wurden somit in der Ukraine und in Litauen als Träger der »Russifizierung«, in den Nachfolgestaaten der Doppelmonarchie von der slawischen Bevölkerung als Träger der »Germanisierung« oder »Magyarisierung« verunglimpft. Die Auflösung der Habsburger Monarchie öffnete in Osteuropa einem überhitzten, nationalistischen Antisemitismus Tür und Tor. Die staatliche Unabhängigkeit fiel in Polen, Rumänien, Ungarn und Polen mit Pogromen in Ostgalizien zusammen. Die ungarische Rechtsprechung, die vor 1914 in jüdischen Belangen als liberal gelten kann, vollzog in den 20er Jahren eine pointiert antisemitische Wendung. Selbst die weitsichtige liberale Regierung der Tschechoslowakei konnte wenig tun, um die antijüdischen Ausschreitungen unter Tschechen, Slowaken und Sudetendeutschen zu verhindern.

Der rassistische Antisemitismus erreichte mit der nationalsozialistischen Bewegung in Deutschland, für die der »Kampf gegen die Juden« in der Ideologie und der politischen Praxis einen zentralen Stellenwert einnehmen sollte, seinen Höhepunkt. Der Antisemitismus bildete das Zentrum des →Nationalsozialismus, integrierte Hitlers innen- und außenpolitische Ziele und wurde seit 1933 zur offiziellen Politik des am höchsten industrialisierten europäischen Staates. Ein unerbittlicher Krieg wurde gegen den »jüdischen Geist« in Kunst, Literatur, Musik, Recht, Religion und Politik geführt, während gleichzeitig Juden aus ihren Berufen zwangsweise entfernt und aus Deutschland vertrieben wurden. Die deutsche Propaganda benutzte nun vorsätzlich antisemitische Stereotypen, um das westliche Ausland aufzuhetzen und zu destabilisieren. Die Nationalsozialisten begannen nach 1939 mit der gnadenlosen physischen Ausrottung des europäischen Judentums, die nach der Invasion in der Sowjetunion im Sommer 1941 beschleunigt wurde und im Genozid an schätzungsweise sechs Millionen jüdischen Männern, Frauen und Kindern endete. Dieser Völkermord, euphemistisch →Endlösung genannt, erschließt die Abgründe eines sadistischen Hasses und eines irrationalen barbarischen Rassismus, der in der Geschichte des Antisemitismus ohne Beispiel ist. Dies findet auch keine Parallele in der Verfolgung anderer Gruppen durch die Nationalsozialisten, gleichgültig ob hiervon Russen, Polen, Serben, Tschechen, Sinti, Roma, Homosexuelle oder politische Gegner betroffen waren. Die Liste der Kollaborateure bei diesem Verbrechen ist lang und setzt sich aus fast allen europäischen Nationalitäten zusammen. Sie reicht von Ländern mit einer schwachen antisemitischen Tradition wie Holland bis hin zu Polen, das einen tiefverwurzelten und populären Antisemitismus aufweist, wobei sich Ukrainer, Letten, Litauer und Österreicher besonders »hervortaten«. Selbst in den Ländern der Kriegsgegner Deutschlands, in antifaschistischen Demokratien wie Großbritannien und den USA, verursachten antisemitische Vorurteile die Indifferenz der offiziellen Politik gegenüber dem tragischen Schicksal, das die europäischen Juden heimsuchte.

Der Antisemitismus ist nach dem Zweiten Weltkrieg nicht verschwunden, obgleich er als Mittel der politischen Agitation und Mobilisierung in West- und Mitteleuropa beträchtlich an Bedeutung verloren hat. Neonazistische und neofaschistische Gruppen erleben zwar gegenwärtig eine kleine Renaissance, sie konnten aber nirgendwo – mit Ausnahme Frankreichs – einen nennenswerten Wahlerfolg oder eine andere Form öffentlicher Legitimation erreichen (auch →Neonazismus). Antisemitische Haltungen bestehen jedoch latent in weitaus größerem Ausmaß, als sich das in Wahlergebnissen oder in den Verlautbarungen der Amts- und Würdenträger erkennen läßt. In der Bundesrepublik Deutschland und besonders in Österreich enthüllten Meinungsumfragen, daß ungefähr zehn Prozent der Bevölkerung trotz des verschwindend geringen jüdischen Bevölkerungsanteils überzeugte Antisemiten sind, etwa ein Drittel »gemäßigte« antisemitische Ressentiments hegt und nur ein Drittel vollkommen frei von derlei Vorurteilen ist. Die politische Verwertbarkeit solcher Präferenzen demonstrierte die Auseinandersetzung um die erfolgreiche Präsidentschaftskandidatur Kurt Waldheims in Österreich, die antisemitische Vorurteile in der Bevölkerung mobilisierte.
In der Sowjetunion und in Osteuropa war dies seit 1945 durchgängig der Fall. Die tiefverwurzelte populäre »Judophobie« wurde entweder aus nationalistischen

Gründen, zur Rechtfertigung innerparteilicher Säuberungen oder zur Diffamierung der Opposition (als Werkzeug einer internationalen Verschwörung des westlichen Imperialismus und Zionismus) von den herrschenden kommunistischen Parteien manipuliert. Die Überreste der jiddischen Kultur in der Sowjetunion wurden während der letzten Jahre der Stalin-Herrschaft vernichtet, die Blüte der jiddischen Schriftsteller, Künstler und Intellektuellen 1952 hingerichtet. Juden wurden gleichzeitig als »heimatlose Kosmopoliten« und »bourgeoise Nationalisten« denunziert, und Stalins infame Kampagne gegen die sogenannten »Weißhemden«, die eine Verschwörung der jüdischen Ärzte gegen den Parteiapparat suggerieren wollte (→ Ärzteverschwörung), hätte wohl zu landesweiten Pogromen geführt, wenn Stalin nicht plötzlich gestorben wäre. Die → Slánský-Affäre führte in der Tschechoslowakei zur Hinrichtung führender Kommunisten jüdischer Herkunft und einer unsäglichen antisemitischen Hetze, die zum Teil von Moskau gesteuert wurde. Mit der Niederschlagung des Prager Frühlings durch die Panzer des Warschauer Pakts 1968 entstand der Antisemitismus erneut als eine Waffe gegen die liberalen Strömungen, die einen Kommunismus mit menschlichem Gesicht anstrebten. In Polen waren ähnliche Methoden erfolgreich. Die Vertreibung aller Überlebenden der Vorkriegsgemeinde, die einst mehr als drei Millionen Juden zählte, war das Resultat einer angeblich »antizionistischen« Hexenjagd im Jahr 1968. Die schamlose rassistische Propaganda verunglimpfte loyale Kommunisten jüdischer Herkunft als »fünfte Kolonne« des zionistischen Feindes, deren Ziel der Umsturz des »Arbeiter- und Bauernstaates« sei – Hitlers Werk in Polen wurde so vollendet.

Der Zusammenbruch des Kommunismus in Osteuropa und der Zerfall der Sowjetunion schadete der Popularität des Antisemitismus nicht, obwohl er jetzt nicht mehr durch die Machthabenden propagiert und manipuliert wird. Organisationen wie die Pamjat-Bewegung schüren einen ungestümen russischen Nationalismus, der in Rußland antisemitische Motive der Zarenzeit reaktiviert, während die Juden für die bolschewistische Revolution, die Massenmorde des Stalinismus und alle sozialen, religiösen und politischen Mißstände der heutigen sowjetischen Gesellschaft verantwortlich gemacht werden. Die Tendenz, der jüdischen Bevölkerung das »Versagen« des Kommunismus anzulasten, wurde auch in der Politik der amtlichen Stellen in Rumänien, Ungarn, den baltischen Staaten und der ehemaligen DDR deutlich. In Polen griff zum Beispiel Erzbischof Glemp antikommunistische Themen wieder auf, die auf den polnischen Nationalisten Roman Dmowski zurückgehen, dessen bösartige antisemitische Nationaldemokratische Partei in der Zwischenkriegszeit die massenhafte »Evakuierung« der jüdischen Bevölkerung Polens unterstützt hatte.

Die eindeutig stärkste Quelle des Antisemitismus der Nachkriegszeit ist jedoch ohne Zweifel in der islamisch-arabischen Welt zu suchen. Die Beurteilung der Einstellung der Bevölkerung in den arabischen Ländern gegenüber den Juden wird erschwert durch fehlende Feldstudien oder Meinungsumfragen. Seit den 1950er Jahren verbreitete sich jedoch rasch eine umfangreiche antisemitische Literatur, deren Motivation vor allem im arabisch-israelischen Krieg zu suchen ist. Diese Literatur wurde von Verlagshäusern unter der Schirmherrschaft der Regierungen veröffentlicht und entsprach dem öffentlichen Bewußtsein der arabischen Gesellschaft. Der Antisemitismus trug ideologische Züge und versuchte die »Verderbtheit« des Staates Israel als einen Auswuchs des »verdorbenen Charakters« des jüdischen Volkes, seiner Religion, Geschichte und Kultur erscheinen zu lassen. Das Motiv der »jüdischen Weltverschwörung«, das in den »Protokollen der Weisen von Zion« entwickelt sei – sie sind noch immer eine weit verbreitete Quelle in der arabisch-islamischen Welt –, wurde von den arabischen politischen und intellektuellen Eliten mit Nachdruck ebenso verbreitet, wie Stereotype, die Juden als abstoßende, anmaßende und heimtückische Betrüger darstellen und sich auf eine ältere islamische Literatur

beziehen. Eine Rückkehr zur traditionellen islamischen Feindschaft gegen Juden vollzog der islamische Fundamentalismus. Der Antijudaismus wurde im Licht der Ereignisse des arabisch-israelischen Konflikts sowie des ideologischen Feldzugs gegen den Zionismus noch verstärkt und neu interpretiert. Die fundamentalistische Literatur weist starke Ähnlichkeit mit den mittelalterlichen christlichen Polemiken (zum Beispiel mit der Blutbeschuldigung [→ Ritualmordvorwurf] und den Angriffen auf den Talmud) oder der vulgären Verteufelung von Juden in nationalsozialistischen Hetztiraden auf. Die Grenze zwischen → Antizionismus und Antisemitismus verwischte vor allem nach dem Sechs-Tage-Krieg zusehends. Israel wurde als »Bazillus«, »Seuche« oder »Krebsgeschwür« bezeichnet und zum politischen Arm eines »rassistischen« Judentums erklärt, dem eigentlichen Feind des Islam und der Araber. Zusammenfassend betrachtet, lassen sich unterschiedliche kulturelle, religiöse und politische Wurzeln zwischen dem arabischen und dem europäischen Antisemitismus feststellen, denn in der arabischen Welt fand nie eine Emanzipation der Juden statt, die mit der europäischen vergleichbar wäre. Auch erreichten die Juden in den arabischen Ländern nie eine ähnliche Bedeutung im kulturellen, ökonomischen oder politischen Leben wie in Europa. Dennoch wurden zunehmend tradierte antisemitische Vorstellungen der europäischen Rechten und Linken übernommen, islamisch eingefärbt und den politischen Bedürfnissen im Kampf gegen Israel angepaßt.
(Aus dem Englischen von Bernhard Vogt)

L S. Almog (Hrsg.), Antisemitism through the Ages, 1988. – J. Katz, Vom Vorurteil bis zur Vernichtung, 1988 (englisch 1979). – L. Poliakov, Geschichte des Antisemitismus, 8 Bände, 1977–88 (französisch 1955–77). – R. Wistrich, Der antisemitische Wahn, 1987. – J. H. Schoeps und J. Schlör (Hrsg.), Antisemitismus. Vorurteile und Mythen, 1995.

Antizionismus, Bezeichnung für eine ideologische und politische Position, die vorgibt, nicht die Juden zu bekämpfen, sondern den Zionismus, d. h. konkret den Staat Israel und die Israelis. Historisch entstand der Antizionismus aus dem Widerstand der arabischen Bewohner des ehemaligen britischen Mandatsgebiets Palästina gegen die zionistische bzw. jüdisch-nationale Besiedlungs- und Einwanderungspolitik vor dem Zweiten Weltkrieg. In der Person des damaligen Großmufti von Jerusalem, Amin al-Husseini, der sich dem Nationalsozialismus als Verbündeter gegen die Juden anbiederte, mischten sich erstmals in deutlicher Form antizionistische und antisemitische Motive. Der → Antisemitismus blieb in arabischer Propaganda präsent und erhielt vor allem nach der Gründung des Staates Israel und während der militärischen Konfrontationen, wie dem → Sechs-Tage-Krieg 1967 und dem Zweiten Golfkrieg (1990/91) einen neuen Aufschwung. In arabischen Zeitungen erscheinen bis heute antisemitische Karikaturen. Einen besonderen Akzent bekam der politische Begriff »Antizionismus« in der Sowjetunion und anderen Ostblockstaaten während und nach der Stalin-Zeit. Im Prager → Slánský-Prozeß (1952) und in den Moskauer »Ärzte-Prozessen« (1953) wurde der Zionismus als »internationale Verschwörung« gegen die Sowjetunion »entlarvt« und der »zionistische Kosmopolitismus« gegeißelt. Auch bei den Reformtendenzen in Polen (1956) und im »Prager Frühling« (1968) wurden »zionistische Drahtzieher« erfunden, und noch in dem 1980 in der DDR herausgegebenen »Wörterbuch der Außenpolitik und des Völkerrechts« wurde Zionismus als »chauvinistische Ideologie« und »rassistische, expansionistische politische Praxis der jüdischen Bourgeoisie« definiert. In der jüngsten Vergangenheit erlebte die alte antisemitische Hetzschrift der → Protokolle der Weisen von Zion sowohl in der Sowjetunion als auch in arabischen und anderen islamischen Ländern eine regelrechte Renaissance. In der antizionistischen Propaganda erkennt man heute immer deutlich die Neuauflage der alten Phantasie von der »Weltverschwörung«. Die antizionistisch orientierte Polemik in der arabisch-islamischen Welt weist starke Ähnlichkeit mit den antijüdischen Polemiken der Christen im Mittelalter auf, zum Beispiel hinsichtlich der → Blutbeschuldigung und der Angriffe auf den Talmud.

Den Zionisten versucht man heute ein ähnliches Etikett anzuheften wie den Juden während des Nationalsozialismus: damals Feinde der Nation, heute Feinde der Nationen. (WJ)

Antokolsky, Mark (Mordechai), Bildhauer, 21. 10. 1843 Wilna – 14. 7. 1902 Homburg v. d. H. Antokolsky studierte seit 1862 an der Kunstakademie in St. Petersburg, wurde 1864 mit der Großen Silbermedaille für das Holz-Basrelief »Der jüdische Schneider« ausgezeichnet und hatte großen Erfolg auf der Weltausstellung 1878 in Paris. Während der Pogrome des Jahres 1880 wurde er von der nationalistischen russischen Presse angegriffen, die dem jüdischen Künstler das Recht absprach, berühmte Persönlichkeiten der russischen Geschichte und durch das NT angeregte Szenen nachzubilden. Enttäuscht ließ sich der Künstler endgültig in Paris nieder. Hauptwerke: »Der Kuß des Juda-Ischariot«, »Talmud-Debatte«, »Inquisition«, »Spinoza«, »Iwan der Schreckliche«, »Mephistopheles«, »Alexander II.«, »Peter der Große« (Marmorstatue, heute in Peterhof). (AB)

Antwerpen →Belgien

Aphrodisias, Stadt in der antiken Landschaft Karien (Südwestkleinasien) mit bedeutenden baulichen Überresten aus der Antike (Tempel der Aphrodite, Thermen). Eine 1976 gefundene griechische Bauinschrift aus dem frühen 3. Jahrhundert ermöglichte die Rekonstruktion des Personalbestands der jüdischen Gemeinde (126 Namen). Beleg für die Existenz der »Gottesfürchtigen« (Proselyten) und Zeugnis für jüdisch-nichtjüdische Symbiose in der Stadt.
Ⓛ J. Reynolds/R. Tannenbaum, Jews and Godfrearers at Aphrodisias, Cambridge 1987. (HC)

Apologetik, Verteidigung und Rechtfertigung der eigenen Religion gegen fremde Einflüsse, Angriffe und Bedrohung. Die jüdische Apologetik wehrte sich zunächst gegen hellenistische Polemik. Höhepunkte waren im 1. Jahrhundert →Philo von Alexandrien und Flavius →Josephus. Im 2. Jahrhundert begann der Konflikt zwischen Judentum und Christentum als konkurrierende Religionen; die rabbinische Argumentation spiegelte sich in christlichen Streitschriften wider (→Adversus-Judaeos-Traktate). Seit dem 9. Jahrhundert setzten sich christliche Polemiker mit der Herabsetzung Jesu in dem Jesusroman Toledot Jeschu (Judentum und →Jesusbild) auseinander. Später entstand eine jüdisch-exegetische Literatur im Disput mit dem Christentum und dem Islam auf hohem Niveau. Seit dem 13. Jahrhundert verschärfte sich die Kontroverse, als christliche Theologen zunehmend mit dem Talmud bekannt wurden. Von den Christen erzwungene öffentliche Disputationen (Paris 1240, Barcelona 1263, Tortosa 1412) mit strittigen Ergebnissen förderten auf beiden Seiten die Polemik. Seit Aufklärung und Emanzipation ging die jüdische Apologetik immer mehr in die wissenschaftliche Erforschung des Judentums über.
Ⓛ H. Schreckenberg, Die christlichen Adversus-Judaeos-Texte und ihr literarisches und historisches Umfeld. (1.–11. Jahrhundert), ³1990. – H. Schreckenberg, Die christlichen Adversus-Judaeos-Texte (11.–13. Jahrhundert), 1988. – A. Bein, Judenfrage, 1980. (FL)

Apostasie, Abfall von der überkommenen Religion. Die Apostasie wurde von den Rechtssystemen der monotheistischen Religionen Judentum, Christentum (bis zur Aufklärung) und Islam grundsätzlich als Abfall von der Verehrung des wahren Gottes bei Strafe verboten. Laut Tora wurde Apostasie mit Steinigung geahndet. Noch Konstantin verbot den Juden wiederholt die Verfolgung und die Steinigung von Konvertiten, zugleich jedoch Christen den Übertritt zum Judentum (→Proselytismus). Apostasie von Christen wurde im römischen Recht mit Vermögenskonfiskation und Verlust des Zeugnis-, Klage- und Vermächtnisrechts geahndet. In den Sammlungen →Burchards, →Ivos von Chartres und →Gratians tritt uns das Proselytismusverbot noch immer als Hauptanliegen des kirchlichen »Judenrechts« entgegen. Zwangstaufen von Juden im westgotischen Spanien des 7. Jahrhunderts und im Mittelalter (→Zwangstaufe) schufen das Problem der »Apostasie« zwangsbekehrter Konvertiten. 1267 bestimmte Papst Klemens IV. in der Bulle Turbato corde, Apostaten seien wie Ketzer zu behandeln, d. h. zu verbrennen; 1274 unterwarf Nikolaus IV. auch rückfällige Konvertiten diesem Urteil. 1310 bestätigte eine Mainzer Provinzialsynode diese Bestimmung. – Heute gilt ein oft mit Härte durchgesetztes Apostasie-Verbot noch im Islam.
Ⓛ W. Pakter, Medieval Canon Law and the Jews, 1988. – F. Lotter, Geltungsbereich und Wirksamkeit des Rechts der kaiserlichen Judenprivilegien, in: Aschkenas I, 1991. (FL)

Araba →Sukkot

Arabien. Kontakte zu Israel bestanden schon z. Z. der Erzväter; biblischer Niederschlag der regen Handelsbeziehungen ist der Besuch der Königin von Saba bei Salomo. Jüdische Emigranten ließen sich in den Oasen des Hedjas um Medina (heutiges Saudi-Arabien) sowie im →Jemen nieder. Da ihre religiöse Praxis vordeuteronomisch war, hoffte →Mohammed im 7. Jahrhundert n. Z., die Bene Israel des Hedjas könnten sich ihm anschließen, und ging nach ihrer Weigerung kriegerisch gegen sie vor. Seine Nachfolger vertrieben sie aus dem Hedjas ins heutige Jordanien, den Irak und möglicherweise nach →Indien. Die jemenitischen Juden hingegen lebten seit Mohammed als Schutzbefohlene der islamischen Araberstämme. Sie blieben durch den Seehandel im Roten Meer, Persischen Golf und Indischen Ozean in Kontakt mit anderen jüdischen Gemeinschaften. Saudi-Arabien, wie Jemen Mitglied der Arabischen Liga, beteiligte sich vorwiegend indirekt (Erdölboykott u. a.) sowohl am →Sechs-Tage-Krieg (1967) wie am →Jom-Kippur-Krieg (1973) gegen Israel, aber auch an der finanziellen Förderung terroristischer Aktivitäten. (PB)

Arabische Demokratische Partei (ADP), eine im März 1988 von ehemaligen arabischen Mitgliedern der →Israelischen Arbeitspartei (IAP) gegründete politische Partei der israelischen Araber. Bereits bei den Knessetwahlen 1981 kandidierten die mit der IAP verbundenen →Arabischen Listen erfolglos. Nach dem Ausbruch der Intifada (des im Dezember 1987 einsetzenden Aufstands der in den besetzten Gebieten lebenden palästinischen Araber) beschloß eine Gruppe von arabischen Mitgliedern der IAP unter Führung des ehemaligen Knessetabgeordneten Daruscha, eine rein arabische Partei zu gründen. Seither erzielte die ADPin den Wahlen zu Knesset folgende Ergebnisse:

1988	1,2%	der Stimmen	1 Mandat
1992	1,6%	der Stimmen	2 Mandate
1996	2,9%	der Stimmen	4 Mandate

🄻 M. Wolffsohn, Israel. Geschichte, Politik, Gesellschaft, Wirtschaft, [5]1996. (DB/MW)

Arabische Listen, Wahllisten von Gruppierungen israelischer Araber, die besonders im Verbund mit der jüdischen →Mapai bzw. →Israelischen Arbeitspartei an den Knessetwahlen von 1949 bis 1981 teilnahmen. Aufgrund innerarabischer Rivalitäten kam es nie zur Gründung einer arabischen »Schwesterpartei« der Mapai/IAP. Statt dessen kandidierten verschiedene israelisch-arabische Gruppen, an deren Spitze immer die Oberhäupter der arabischen Großfamilien standen. Da sie nach den Wahlen 1973 merkten, daß sie bei den jüngeren, modernen arabischen Wählern kaum mehr Anhänger hatten, legten sie bei den Knessetwahlen 1977 und 1981 eine einzige, »Vereinigte Arabische Liste« vor, die jedoch 1981 kein Mandat mehr erhielt. Hinzu kam, daß seit 1969 israelische Araber, die in der Armee gedient hatten, seit 1973 auch Nicht-Gediente Mitglieder der IAP werden konnten. Eine Gruppe dieser arabischen IAP-Mitglieder gründete 1988 die →Arabische Demokratische Partei. Die der Mapai/IAP verbundenen Arabischen Listen erzielten in den Wahlen zur Knesset folgende Ergebnisse:

1949	3,1%	der Stimmen	2 Mandate
1951	4,7%	der Stimmen	5 Mandate
1955	4,4%	der Stimmen	5 Mandate
1959	3,9%	der Stimmen	5 Mandate
1961	3,5%	der Stimmen	4 Mandate
1965	3,8%	der Stimmen	4 Mandate
1969	3,5%	der Stimmen	4 Mandate
1973	3,1%	der Stimmen	3 Mandate
1977	1,4%	der Stimmen	1 Mandat
1981	0,6%	der Stimmen	0 Mandate

🄻 M. Wolffsohn/D. Bokovoy, Israel. Geschichte, Politik, Gesellschaft, Wirtschaft, [5]1996. – M. Wolffsohn, Politik in Israel, 1983. (DB/MW)

Arabische Sprache und Literatur der Juden. Die arabische Sprache gehört zur südlichen Gruppe der semitischen Sprachen. Nach dem Siegeszug des Islam im 7. und 8. Jahrhundert folgte die rasche Ausbreitung der arabischen Sprache in den eroberten Ländern; sie wurde zur Muttersprache eines Teils des jüdischen Volkes (u. a. in Syrien, Palästina, Babylonien, Ägypten und im islamischen →Spanien). In Anlehnung an die arabische Kultur entstand eine arabische Literatur der Juden. Als Schriftsprache benutzten die Juden in der Regel das Mittelarabische mit starken Besonderheiten und verwandten hebräischen Buchstaben. Zahlreiche bedeutende, wissenschaftliche Werke des Mittelalters wurden arabisch abgefaßt. Arabisch schreibende Autoren waren u. a.: Jehuda ben Samuel →Halewi, →Abraham ibn Daud Halewi, →Mose ben Maimon. Von →Saadja ben Josef stammt eine arabische Bibelübersetzung. Jüdische Gelehrte vermittelten durch Übersetzungen arabische Literatur, Philosophie und Wissenschaft nach Europa. (RED)

Arad →Negev

Arama →Isaak ben Mose Arama

Aramäisch, dem →Hebräischen verwandte Sprache der Nordwestsemitischen Sprachgruppe, seit dem 1. Jahrhundert v. Z. belegt. Die Sprachentwicklung kann in zwei Phasen eingeteilt werden: In der 1. Phase bis zum 1. Jahrhundert v. Z. wird zwischen dem Altaramäischen (Inschriften aus Arpad, Damaskus, Hama, Assyrien und Samal aus dem 10.–8. Jahrhundert v. Z.), dem Reichsaramäischen (Amtssprache in Assyrien und Babylonien, danach im persischen Reich im 7.–4. Jahrhundert v. Z., belegt u. a. in Dokumenten aus →Elephantine) und dem biblischen Aramäisch unterschieden (Gen 31,47; Jer 10,11; Dan 2,4– 7,28; Esr 4,8– 6,18 und 7,12–16). In der zweiten Phase unterteilt sich die Entwicklung der Sprache in zwei große Bereiche, in das West- und das Ostaramäische. Zum Westaramäischen zählt Nabatäisch (Sprache der Bewohner der nabatäischen Hauptstadt Petra südöstlich von Jerusalem, 1. Jahrhundert v. Z.–3. Jahrhundert n. Z., belegt in Urkunden unter den Tote-Meer-Papyri und Inschriften selbst in Griechenland und Italien), das jüdisch-palästinische Aramäisch (Sprache in Palästina, belegt durch das GenApocryphon, den palästinischen →Targum und die Targumim Onkelos und Jonathan, sowie als galiläisches Aramäisch in verschiedenen Midraschim und im palästinischen Talmud), das samaritanische Aramäisch (belegt im samaritanischen Targum des 4. Jahrhunderts n. Z.) und das christlich-palästinische Aramäisch (Sprache der Melkiten seit dem 5. Jahrhundert). Zum Ostaramäisch gehören Syrisch (Sprache von Edessa, 3.–13. Jahrhundert), das babylonische Aramäisch (Sprache der babylonischen Juden, belegt im babylonischen Talmud und in magischen Texten des 4.–6. Jahrhunderts) und Mandäisch (Sprache der gnostischen Sekte der Mandäer des 3.–8. Jahrhunderts). Außerdem sind eine Vielzahl der →Responsen und darüber hinaus viele Gebete (z. B. Kaddisch), Pijutim (→Pijut), Teile der Pessach-Haggada, feststehende Formeln (z. B. die →Ketubba) und auch Bücher in aramäischer Sprache verfaßt. (HMD)

Arava, arabisch Wadi al-Arabah, der Südteil des Jordangrabens zwischen Totem und Rotem Meer, 175 km lang, 6–20 km breit, im Westen vom Negev, im Osten von den Bergen von Edom begrenzt; auf jordanischer Seite unbesiedelt, auf israelischer Seite einige Grenzkibbuzim auf bewässertem Land (Gemüse, Blumen, Viehzucht); nördlich von Elat die Kupfervorkommen von Timna, auch auf jordanischer Seite Kupferfunde (kein Abbau). Straße von Sedom nach Elat (Phosphattransport). Im August 1994 wurde bei Elat ein Grenzübergang nach Jordanien eröffnet. In biblischer Zeit wurde der Name Arava auch auf das Jordantal nördlich des Toten Meeres, speziell das Gebiet von Jericho, angewandt (Jos 4,13). In 2 Kön 14,25 heißt das Tote Meer »Meer der Arava«.

[L] G. Philipp, Die Arava (Dissertation), 1976. (WL)

Arba Kanfot →Zizit

Arbeit, Die, Organ der zionistischen volkssozialistischen Partei →Hapoel Hazair. Herausgegeben vom Zentralen Waad des deutschen Landesverbandes. Berlin, 1919–24. Redakteur: Georg Landauer. (LH)

Arbeiterbewegung, jüdische. Die jüdische Aufklärung (→Haskala) führte bereits zu Beginn des 19. Jahrhunderts in Osteuropa zu einer dynamischen Verbindung von religiös-kultureller Tradition und sozialen Utopien. Sie begünstigte nicht nur die Entstehung zionistischer Strömungen, sondern auch die Entwicklung einer spezifisch jüdischen sozialreformerischen Bewegung. Die Masse der Juden lebte von Kleinsthandel, Schankgewerbe, Pfandleihgewerbe, primitivem Handwerk und von Vermittlungsgeschäften für die Großgrundbesitzer. Ende der 1860er Jahre setzte auch in Osteuropa eine allmähliche Industrialisierung ein, allerdings entstanden die wenigen Großbetriebe der Schwerindustrie nicht im jüdischen →Ansiedlungsrayon, sondern in Moskau, St. Petersburg und im Donezbecken. Das jüdische Proletariat blieb wesentlich ein »Handwerksproletariat«. Die überwiegende Mehrheit der jüdischen Arbeiter war ausschließlich in nur-jüdischen Kleinbetrieben bzw. erweiterten Handwerkstätten (vor allem Textilfabrikation) beschäftigt. Aufgrund der kleinbetrieblichen Struktur war die Assimilation der jüdischen Arbeiter nahezu ausgeschlossen. Die Existenz eines »sozio-ökonomischen Ghettos« war die Voraussetzung dafür, daß – anders als in Westeuropa – überhaupt eine gesonderte jüdische Arbeiterbewegung entstehen konnte. Die jüdische Arbeiterbewegung erhielt ihre Impulse durch sozialistische Zirkel, die in den 70er und 80er Jahren des 19. Jahrhunderts von Intellektuellen in den jüdischen Ballungszentren des zaristischen

→Rußland gegründet worden waren. Der erste und bekannteste dieser Zirkel war der »Wilna-Zirkel« (1872), aus dem jüdische sozialistische Führer wie A.S. →Libermann oder Aron Zundelwitz hervorgingen. Bedingt durch die Wanderungsbewegung der →Ostjuden nach Westeuropa und vor allem durch die Auswanderung in die USA entwickelte sich auch dort eine jüdische Arbeiterbewegung. 1876 wurde durch Libermann in London der erste jüdische sozialistische Verein gegründet. Generell kristallisierten sich zwei Hauptströmungen heraus: 1. Die nichtzionistischen Gruppen, die in der Aufhebung der Klassengegensätze (K. →Marx) durch die internationale Arbeiterbewegung gleichzeitig eine Lösung der »jüdischen Frage« erwarteten bzw. auf eine jüdisch-nationale Autonomie in einer neuen sozialistischen Gesellschaft hofften. Die Sprache dieser Strömung war Jiddisch; zur einflußreichsten Gruppe entwickelte sich der 1897 in Wilna gegründete →Bund (»Allgemeiner jidisher Arbeter Bund«). 2. Die zionistisch orientierte Arbeiterbewegung, die eine Klärung der sozialen und nationalen Frage durch eine territoriale Lösung in Palästina anstrebte. Den Bewegungen für einen sozial orientierten jüdischen Nationalismus, zu deren Propagandisten auch M. →Hess gehörte, war gemeinsam die Orientierung auf die Bibel, ihre soziale Gesetzgebung und Prophetie. Als Organisationen und Parteien des Arbeiterzionismus entstanden →Poale Zion (»Arbeiter Zions«) und →Hapoel Hazair (»Der junge Arbeiter«) sowie →Achdut Haawoda (»Vereinigung der Arbeit«) und später →Mapai (Abkürzung für »Partei der Arbeiter des Landes Israel«) und →Mapam (Abkürzung für »Vereinigte Arbeiterpartei«). Die Poale Zion wollten die jüdische Entfremdung von der »Urproduktion« durch den Aufbau einer selbständigen Wirtschaft in Palästina aufheben. In der Epoche der künftigen proletarischen Weltrevolution werde die jüdische Arbeiterbewegung ihr gegenwärtig notwendiges Bündnis mit der jüdischen Bourgeoisie kündigen, um den Klassenkampf für einen demokratischen Sozialismus aufzunehmen. Während die Poale Zion auch in vielen Ländern der Diaspora tätig waren, konzentrierte der Hapoel Hazair seine Arbeit ausschließlich auf Palästina. Führender Theoretiker des Hapoel Hazair war Aaron David Gordon, der eine naturverbundene, arbeitsreligiöse jüdische »Volks-Individualität« anstrebte und ähnlich wie M. →Buber auch für eine politische Verständigung mit den Arabern in Palästina eintrat. Zwischen den Bundisten und den Arbeiterzionisten entbrannten heftige Auseinandersetzungen. Nach bundistischer Auffassung war der Zionismus nur eine Ideologie für das deklassierte jüdische Kleinbürgertum und Teile der Intelligenz; die »Besitzergreifung Palästinas« (David Balakan) schwäche und spalte die jüdische Arbeiterbewegung. Die Arbeiterzionisten vertraten demgegenüber die Auffassung, daß das jüdische Proletariat allein auf eigenem jüdischen Territorium eine »strategische Basis« (B. →Borochow) erlangen könne. In der Diaspora haben zahlreiche assimilierte, nichtreligiöse Juden nicht nur in sozialistischen bzw. sozialdemokratischen Organisationen (E. →Bernstein) mitgewirkt, sondern auch in kommunistischen Parteien. Sie erhofften sich dadurch in der Regel eine endgültige persönliche Emanzipation und Assimilation. Die Möglichkeit einer jüdischen Sowjetrepublik, die vorübergehend durch das Projekt →Birobidschan eröffnet schien, erwies sich durch den massiven →Antizionismus unter Stalin als Illusion. In Palästina/Israel blieb die Kommunistische Partei ohne Bedeutung. Während der soziale Aufstieg des Judentums in den USA die jüdischen sozialistischen Strömungen neutralisierte, versuchte die zionistische Arbeiterbewegung in Palästina/Israel eine Mustergesellschaft zu errichten. Als eine Keimzelle der neuen Gesellschaft galt der →Kibbuz. Die Geschichte der israelischen Gewerkschaftsbewegung ist eng mit den Einwanderungsströmen (→Alija) verbunden. Die Zersplitterung der Arbeiterorganisationen war die Ursache für die Gründung der Gewerkschaftsorganisation →Histadrut im Jahr 1920. Die Histadrut erfüllte zugleich gewerkschaftliche, genossenschaftliche, unternehmerische, soziale, kulturelle und erzieherische Funktionen. Sie hat das wirtschaftlich-gesellschaftliche und politische Leben in Israel bis heute geprägt.

L J. Bunzl, Klassenkampf in der Diaspora. Zur Geschichte der jüdischen Arbeiterbewegung, Wien 1975. – P. Merchav, Die israelische Linke. Zionismus und Arbeiterbewegung in der Geschichte Israels, 1972.

(SN/WJ)

Arbeiterfürsorgeamt der jüdischen Organisationen Deutschlands (AFA), am 1.1. 1918 gegründete Dachorganisation bedeutender deutsch-jüdischer Verbände zur Unterstützung der in Deutschland lebenden Ostjuden mit Sitz in Berlin. An der Gründung und der 1920 erfolgten Reorganisation des AFA waren beteiligt: →Hilfsverein der deutschen Juden, →Centralverein deutscher Staatsbürger jüdischen Glaubens, →Zionistische Vereinigung für Deutschland, Unabhängiger Orden Bne Briss, jüdische Gemeinde Berlin, →Komitee für den Osten, Zentralstelle der Wanderarmenfürsorge, →Jüdischer Arbeiter-Bund, →Hapoel Hazair, →Poale Zion und →Verband der Ostjuden. Zielgruppe des AFA waren die seit dem Ersten Weltkrieg teils freiwillig, teils durch Zwang nach Deutschland gekommenen ostjüdischen Rüstungsarbeiter sowie die Juden, die wegen der politischen Umwälzungen in Osteuropa und der diese begleitenden blutigen Pogrome seit 1919 nach Deutschland flüchteten. Die Ostjudenfürsorge des AFA umfaßte soziale, materielle und politisch-konsularische Hilfe, während das Ende 1918 gegründete Jüdische Arbeitsamt produktive Unterstützung (Berufsumschichtung) und Arbeitsvermittlung anbot. Durch Erlaß des preußischen Innenministers wurde das AFA am 1.11.1919 als offizielle Einrichtung anerkannt, die von nun an den Rechtsschutz der Ostjuden gegenüber den Behörden wahrnehmen konnte. Das AFA gab Informationsbroschüren heraus, um der Ostjudenhetze in Deutschland entgegenzuwirken. Es bemühte sich um die Aufhebung der Konzentrationslager in Cottbus und Stargard sowie später in Lechfeld und Ingolstadt. Im Jahr 1921 gab es in den industriellen Ballungszentren Deutschlands 18 Zweigstellen des AFA. Aus dem AFA sind Institutionen wie die »Arbeitsgemeinschaft der jüdischen Arbeitsnachweise« in Berlin und die »Hauptstelle für Jüdische Wanderfürsorge« hervorgegangen. Zusammen mit der »Hauptstelle« gab das AFA seit dem 1.7.1927 die Monatsschrift »Jüdische Arbeits- und Wander-Fürsorge« heraus. Erster Vorsitzender war Adolf Friedemann, Leiter des AFA war F. M. →Kaufmann. Erste Geschäftsführer waren D. W. →Senator und A. →Berger.

[L] S. Adler-Rudel, Ostjuden in Deutschland, 1959. – T. Maurer, Ostjuden in Deutschland, 1986. (LH)

Archäologie, jüdische. Die Wissenschaft von den Zeugnissen der älteren Geschichte des Judentums, untersucht alle materiellen Hinterlassenschaften, auch Schriftquellen, die die überlieferten kanonischen Texte ergänzen oder bestätigen, besonders aber Baudenkmäler und Bodenfunde. Am Anfang der jüdischen Archäologie stand die Untersuchung von Funden antiker Schriftzeugnisse, z.B. der Mescha-Säule mit moabitischer Inschrift (9. Jahrhundert v.Z., gefunden 1868), der Keilschrifttafeln von Amarna (Ägypten, 14. Jahrhundert v.Z., 1886), der Hieroglyphen der ägyptischen Merenptah-Stele (um 1220 v.Z., 1896), der Keilschrifttafeln mit den Gesetzen des Hammurapi (aus Susa, 18. Jahrhundert v.Z., 1901), der althebräischen Sinai-Inschriften (um 1500 v.Z., 1905) u.a. Die jüdische Archäologie untersucht auch die Zeugnisse der jüdischen Diaspora, vor allem Synagogenruinen. Zu den ersten gehörten die Funde in Kleinasien (1895 Priene, 1908 Milet u.a.), später besonders in Dura-Europos am Euphrat (1932), Ostia (1960) und Sardis (1962). Im Mittelpunkt der jüdischen Archäologie aber stehen die Altertümer im Land Israel. Ihre Aufdeckung und Erforschung hat für zahlreiche Israelis ein über das akademische Interesse hinausgehendes Gewicht, wird sie doch von vielen als wissenschaftliche Bestätigung religiös fundierter politischer Ansprüche auf das Land verstanden. Bereits 1919 wurde die erste jüdische archäologische Gesellschaft in Palästina gegründet; an der Hebräischen Universität in Jerusalem wurde 1926 ein Lehrstuhl für Archäologie eingerichtet, und seit der Staatsgründung koordiniert das Departement of Antiquities die Tätigkeit der Israel Exploration Society u.a. Institutionen. Dabei hat die Intensität der Forschung zur Entdeckung zahlreicher Fundstellen geführt; die erhaltenen Überreste sind allerdings, verglichen mit anderen antiken Kulturzentren, meist wenig spektakulär, da die wechselhafte Geschichte oft mit gründlichen Zerstörungen verbunden war. Neben Grundmauern und Teilen von Türmen und Toren sind Geräte, beschriftete Tonscherben und Inschriften vielfach die bemerkenswertesten Funde. In Jerusalem sind z.B. keine Reste des Ersten Tempels erhalten geblieben. Relativ bescheiden sind selbst die Überreste aus der griechisch-römischen Antike, wobei von der Bautätigkeit der Zeit Herodes' des Großen noch die eindrucksvollsten Zeugnisse (Masada, Herodeion, Caesarea, Sebastia) vorliegen. Insgesamt sind vom Archaeological Survey of Israel mehr als 3500 Stätten von archäologischem Interesse in Israel registriert worden. Ein Schwerpunkt der Forschung ist Jerusalem, dessen Altstadt bis zum Sechs-Tage-Krieg der israelischen Archäologie wegen der jordanischen Annexion fast 20 Jahre lang verschlossen war. Dazu gehören die von Benjamin Mazar geleiteten Ausgrabungen am Südhang des Tempelbergs, die Siedlungsschichten seit der Zeit Salomos freilegten, sowie im Gebiet der Davidsstadt, die bis in die jebusitische Zeit zurückreichen. Die Grabungstätigkeit am Rand des Tempelberges wurde von arabischer Seite stets mit Argwohn betrachtet. Die Freilegung und schließlich Eröffnung eines antiken Tunnels am Westrand führte im September 1996 zu den schwersten Unruhen in Jerusalem seit Ende der Intifada. Beim Wiederaufbau des Jüdischen Viertels der Altstadt entdeckte Nahman Avigad Wohngebiete aus der Zeit des Ersten Tempels, aber auch Häuser, die bei der Zerstörung Jerusalems im Jahr 70 verbrannten, ferner Teile des Cardo Maximus, der Hauptachse des römischen Jerusalem (Aelia Capitolina), und der Nea, der Neuen Marienkirche, die im 6. Jahrhundert unter Justinian erbaut wurde. Schließlich vervollständigten Grabungen im Gebiet der Zitadelle (»Davidsturm«) das Bild der Stadt in der Zeit des Zweiten Tempels. Außerhalb Jerusalems waren Orte wie Arad, Avdat, Caesarea, Hazor, Masada, Tell Dan, Bet Shean u. a. Forschungsschwerpunkte. Hazor, die einst mächtige, von Josua eroberte Königsstadt nördlich des Sees Genezareth, wurde ebenso seit 1955 bzw. 1968 unter Leitung von Yigael Yadin freigelegt wie in den 1960er Jahren die herodianische Bergfestung Masada, Schauplatz des letzten jüdischen Widerstands gegen Titus' Legionen (73 n. Z.), und die Höhlen westlich des Toten Meers mit den Zeugnissen des Bar-Kochba-Aufstands (132–135 n. Z.). Mit dem Namen von Yadins Vater Eliezer Lipa Sukenik ist die Entdeckung der Schriftrollen von Qumran (seit 1947) verbunden, deren Bedeutung von Sukenik zuerst erkannt wurde. Besonderen Wert legte und legt die jüdische Archäologie auf die Untersuchung des Negev, wo zwischen Arad und Ezyon Gever eine Reihe befestigter Städte (u. a. Avdat, Shivta) entdeckt wurden, die Handel und Anbau trieben und z. T. auch Kupfer verarbeiteten. Das gleiche gilt seit 1967 für den Golan, wo man u. a. Spuren einer intensiven jüdischen Besiedlung von der Zeit des Zweiten Tempels bis zur byzantinischen Periode mit Synagogen und Talmudschulen fand. Dan, das von den Königen Jerobeam und Ahab zum wichtigsten religiösen Zentrum des Nordreichs Israel ausgebaut worden war, wurde seit 1966 unter Leitung von Avraham Biran systematisch freigelegt. Eindrucksvolle römisch-byzantinische Synagogen fanden sich u. a. in Baram, Bet Jerah, Bet Alpha; Rabbinergräber aus Altertum und Mittelalter u. a. in Meron, Safed und Tiberias; die Nekropole des talmudischen Judentums nach der Zerstörung Jerusalems in Bet Shearim. In Megiddo, das als Bergfestung über viele Jahrhunderte die Jesreel-Ebene beherrschte, grub bereits 1903–05 der Deutsche G. Schumacher. 1958 begann nach mehreren weiteren Grabungsphasen die Abteilung für Landschaftspflege und Denkmalschutz (Department for Landscaping and the Preservation of Historic Sites) der israelischen Regierung mit der Restaurierung. Neben zahlreichen weiteren Fundstätten der jüdischen Archäologie, von denen hier nur Ashqelon, Lakhish, Beer Sheva und Jericho herausgehoben seien, gibt es in Israel viele archäologisch wichtige Plätze zur altchristlichen (neben Jerusalem und Bethlehem vor allem in Galiläa vom Norden des Sees Genezareth über Nazareth zum Tabor) und islamischen (Jerusalem, Hebron, Ramle) Geschichte, zur Kreuzfahrer- (Akko, Caesarea, Montfort, Athlit, Abu Ghosh u. a.) und Türkenzeit (Tiberias, Akko, Safed, Jaffa).

[L] M. Avi-Yonah/E. Stern (Hrsg.), Encyclopedia of Archaeological Excavations in the Holy Land, 4 Bände, Jerusalem, 1975–78. – K. M. Kenyon, Archäologie im Heiligen Land, 1967. – K. M. Kenyon, Die Bibel im Licht der Archäologie, 1980. – M. Magnusson, Auf den Spuren der Bibel, 1977. – A. Negev, Funde und Schätze im Land der Bibel, 1978. – M. Pearlman/Y. Yannai, Historische Stätten im Heiligen Land, 1983. – Y. Yadin, Masada, 1967. – Y. Yadin, Bar Kochba, 1971. – Y. Yadin, Hazor, 1976. – Y. Yadin, Die Tempelrolle, 1985. (WL)

Archelaos, auch Herodes Archelaos, Sohn des →Herodes dem Großen und einer Samariterin, 23 v. Z. – 18 n. Z. (in Gallien in der Verbannung). Das von den Römern bestätigte Testament seines Vaters wies ihm die Herrschaft über Judäa, Samaria und Idumäa nebst einem Küstenstreifen zu. Nach zehnjähriger Herrschaft wurde Archelaos auf Betreiben einer jüdischen Gesandschaft im Jahr 6 von Augustus abgesetzt und nach Vienna in Gallien verbannt; Grund dafür war wohl weniger die Ausplünderung der Bevölkerung als die Tatsache, daß er der ständigen Unruhen und Aufstände im jüdischen Kerngebiet nicht Herr wurde. Sein Anteil am Herrschaftsbereich seines Vaters wurde deshalb im Interesse Roms der römischen Verwaltung direkt unterstellt. (HC)

Archives Israélites →Presse

Arendt, Hannah, Philosophin und Politologin, 14. 10. 1906 Linden bei Hannover – 4. 12. 1975 New York. Tochter einer assimilierten Familie mit sozialdemokratischem

Hintergrund. Studium (zusammen mit Hans Jonas) bei Edmund Husserl in Freiburg, Martin Heidegger in Marburg und bei Karl Jaspers in Heidelberg; dort promovierte sie 1928 zum Doktor der Philosophie mit einer vor allem an Heidegger, dem sie auch persönlich nahestand, orientierten Arbeit über den »Liebesbegriff bei Augustin«. In erster Ehe mit Günther →Anders, seit 1940 mit Heinrich Blücher verheiratet. Anfang der 30er Jahre schrieb sie eine Biographie R. →Varnhagens (englisch 1958, deutsch 1959), in der sie die Problematik der jüdischen Assimilation analysierte. Dem Typus des Assimilanten stellte sie den bewußten, rebellischen jüdischen Außenseiter (»Paria«) gegenüber (vgl. die Aufsätze in: »Die verborgene Tradition«, 1976). Nach Beginn der Judenverfolgung in Deutschland 1933 arbeitete Arendt im zionistischen Untergrund und nach der Flucht nach Paris in der Jugend-Alija. Im amerikanischen Exil (seit 1940) kritisierte sie die offizielle zionistische Haltung in der Araber-Frage, vor allem in der deutsch-jüdischen Zeitschrift »Aufbau«, und distanzierte sich vom Zionismus. Nach dem Krieg trat Arendt mit bahnbrechenden Analysen des Totalitarismus hervor. In ihrem Werk »Elemente und Ursprünge totaler Herrschaft« (englisch 1951, deutsch 1955) legte sie ihre Totalitarismustheorie dar und beschrieb das KZ als typische Erscheinung totalitärer Regime. Empörung löste Arendt mit ihrem Bericht über den Eichmann-Prozeß »Eichmann in Jerusalem« (englisch 1963, deutsch 1965) aus, den sie als Schauprozeß darstellte: Einerseits schilderte sie Eichmann als schuldunfähigen Vernichtungsbürokraten, andererseits monierte sie die Verstrickung der »Judenräte« der Ghettos in den Holocaust. Arendts politische Philosophie, die sie in einem umfangreichen Werk hinterließ, ist vom Ideal einer radikal-demokratischen Öffentlichkeitskultur bestimmt. Weitere Werke: »Nach Auschwitz« (Essays und Kommentare, Band 1, 1989), »Die Krise des Zionismus« (Essays und Kommentare, Band 2, 1989), »The Human Condition« (Chicago 1958; deutsch »Vita Activa oder vom täglichen Leben«, 1960), »The Life of the Mind« (2 Bände, edited by M. McCarthy, San Diego 1981; deutsch »Vom Leben des Geistes«, 1989).

Hannah Arendt, 1966

[L] E. Young-Bruehl, Hannah Arendts Leben und Werk, 1986. (DK)

Arens, Moshe, israelischer Ingenieur, Diplomat und Politiker (→Cherut, →Likud), 27.12.1925 Kaunas (Kowno, Litauen); wuchs in Riga auf; seine Familie immigrierte 1939 in die USA, wo er am M.I.T. studierte. Als Student war Arens im →Beitar aktiv. Nach seinem Dienst 1944–46 in der US-Armee kam er 1948 nach Israel und wurde Mitglied des →Irgun Zvai Leumi. Als (Chef-)Ingenieur und später Vizepräsident von Israel Aircraft Industries war Arens für die Entwicklung vieler Waffensysteme der israelischen Luftwaffe verantwortlich. 1962 wurde er Professor für Aeronautik am Technion in Haifa. 1973 wurde Arens in die Knesset und 1974 in den Vorstand der Cherut-Partei gewählt. Arens gehört zu den prominentesten, doch stets pragmatischen »Falken« in Israel. Er war gegen die →Camp-David-Abkommen und ist ein Befürworter einer umfassenden Siedlungspolitik in den besetzten Gebieten. 1982 als Botschafter in die USA entsandt, wurde er 1983 als Nachfolger A. →Scharons ins Verteidigungsministerium berufen. Seit 1984 war er Minister ohne Geschäftsbereich in der »Koalition der nationalen Einheit«. 1988 wurde Arens Außenminister, 1990–92 wieder Verteidigungsminister. (DB/MW)

Argentinien. In der spanischen Kolonialzeit gab es nur sporadisch eine meist illegale jüdische Einwanderung. Nach der Unabhängigkeit 1810 erleichterten Säkularisierung und Liberalisierung das Entstehen eines jüdischen Gemeindelebens, das erst mit der kontinuierlichen Einwanderung seit 1840 Gestalt annahm. Die Verfassung von 1853 garantierte volle Religionsfreiheit für Nicht-Katholiken. 1868 Gründung der ersten Gemeinde, der Congregación Israelita de la República Argentina (CIRA). Nach den russischen →Pogromen 1881 verstärkte Einwanderung aus Osteuropa. In den 1890er Jahren landwirtschaftliche Siedlungs- und Kolonisationsarbeit durch die →Jewish Colonization Association (ICA, JCA), vor allem in der Provinz Entre

Ríos. Seit der Jahrhundertwende reges jüdisches Gemeindeleben und politische Aktivität von Zionisten, Bundisten und revolutionären Gruppen. Nach der russischen Revolution 1917 führte die Gleichsetzung von Bolschewiki und russischen Juden zu antisemitischer Propaganda und 1919 zu einem erstem Pogrom (Semana trágica). In den 1920er Jahren etwa 70000 jüdische Einwanderer, überwiegend aus Osteuropa. Nach der nationalsozialistischen Machtergreifung in Deutschland 1933 emigrierten 30000 bis 40000 Juden nach Argentinien, nach antisemitisch motivierten Aufnahmebeschränkungen seit 1938 auch illegal. Nach 1945 kam es auch zur Zuwanderung jüdischer Emigranten aus ärmeren Nachbarländern. 1933 Gründung des Jüdischen Hilfsvereins (Asociación Filantrópica Israelita, AFI), 1934/35 des Dachverbands DAIA (Delegaciones de Asociaciones Israelitas Argentinas) und 1938 der Jüdischen Kultusgemeinde mit einem umfassenden System von sozialen, schulischen und kulturellen Einrichtungen; Zeitschrift »Jüdische Wochenschau« (seit 1940). Antisemitische Aktivitäten auslandsdeutscher NS-Anhänger wurden vom Staat unterdrückt. Dagegen förderte das Asyl für ehemalige NS-Funktionäre in der Ära Perón (1946 bis 1955) antisemitische Tendenzen, die nach der Entführung Adolf Eichmanns (1960) zu Ausschreitungen führten. – Heute hat Argentinien die siebtgrößte jüdische Gemeinschaft außerhalb Israels (nach den USA, Frankreich, Rußland, der Ukraine, Kanada und Großbritannien) mit etwa 250000 Mitgliedern; starke Konzentration (80%) auf den Großraum Buenos Aires. In politischen und wirtschaftlichen Krisenzeiten bestehen Tendenzen zur Abwanderung nach Israel, in die USA und nach Europa. Die Gemeinden und Organisationen sind religiös, politisch und landsmannschaftlich zersplittert, es gibt nur geringe innerjüdische Assimilierung. Argentiniens Judentum ist stark bürgerlich geprägt, aber auch in der Arbeiterschaft vertreten. Zwei Provinzgouverneure und ein Arbeitsminister waren Juden. Der jüdische Einfluß auf Wirtschaft und Presse, Hochschule, Wissenschaft und Kulturleben (besonders Literatur, Theater und Musikleben) ist erheblich. (PM)

ARI →Luria, Isaak ben Salomo Aschkenasi

Arianismus. Geht auf den alexandrinischen Presbyter Arius zurück, auf dem Konzil von Nicäa (325) verurteilte christliche Glaubensrichtung, die in Christus ein Geschöpf Gottes sah, das folglich wie alle Menschen der Erlösung bedürfe. Das Konzil von Nicäa definierte demgegenüber das Verhältnis von Gott Vater zu Gott Sohn als wesenseins, während die Arianer es als wesensähnlich auffaßten. Dadurch, daß der Gotenbischof Wulfila das Christentum in seiner arianischen Form kennenlernte, wurde die als häretisch verurteilte arianische Form des Christentums zum Bekenntnis der Mehrzahl der Germanenstämme der Völkerwanderungszeit. Von der orthodoxen Staatskirche wurden die Arianer häufig polemisch als Juden bezeichnet und aus dem Judentum kommende Christen der arianischen Irrlehre verdächtigt. Möglicherweise haben tatsächlich jüdisch-häretische und judenchristliche Einflüsse auf das Denken der Protagonisten des Arianismus eingewirkt. (HC)

Arier →Rassegesetze

Aris, Helmut, Kaufmann, 1940–45 Zwangsarbeiter, 11.5.1908 Dresden – 22.11.1987 Dresden. Vor 1933 SPD-, seit 1946 SED-Mitglied und Mitglied des Nationalrats der Nationalen Front, 1953–87 Vorsitzender der jüdischen Gemeinde Dresden, außerdem 1962–87 als Nachfolger von Hermann Baden Präsident des Verbands der jüdischen Gemeinden in der DDR. (LM)

Arisierung, (gewaltsame) Überführung jüdischen Besitzes (Unternehmen, Geschäfte, Haus- und Grundeigentum, Aktien, Barvermögen) in die Hände nichtjüdischer (»arischer«) Firmen oder Privatleute und in Staatsbesitz, häufig pseudolegitimiert durch erpreßten Verkauf weit unter Wert, was später die Durchsetzung von Rückgabe- oder Entschädigungsansprüchen erschwerte. Arisierung erfolgte auch über den Weg der Enteignung oder Beschlagnahme als entschädigungsloser Einzug von Besitz und Vermögen aufgrund verschiedener antijüdischer Gesetze und Verordnungen. Die Arisierung jüdischen Eigentums begann 1933 (→Boykott jüdischer Geschäfte), von 1938 an (→Reichspogromnacht) wurde sie rücksichtslos verwirklicht.

L J. Ludwig, Boykott-Enteignung-Mord, 1989. (SG)

Aristobul, Philosoph, etwa 2. Jahrhundert v.Z., Alexandrien. Aristobul war, soweit unsere Erkenntnis reicht, der erste jüdische Philosoph. Die bei den christlichen Kirchenvätern spärlich erhaltenen Fragmente des Aristobul zeigen, daß er vor allem den apologetischen Beweis für die Übereinstim-

mung der jüdischen und der griechischen Weisheit bzw. für den Vorrang der ersteren erbringen wollte. Zu diesem Zweck bediente er sich der allegorischen Schriftauslegung, wie sie auch in der zeitgenössischen Homerauslegung üblich war, und hob den spirituellen und universellen Sinn der Bibel hervor. Diese typische Methode der jüdisch-hellenistischen Philosophie begegnet in konsequenter Ausführung vor allem bei dem klassischen Exponenten dieser Tradition: →Philo von Alexandrien.
🄻 N. Walter, Der Thoraausleger Aristobulus, 1964. (DK)

Aristobul I., auch Judas Aristobul I., Sohn →Hyrkans I., 104 v.Z. Nachfolger seines Vaters als Hoherpriester und Herrscher über Palästina, judaisierte →Galiläa und Ituräa; Aristobul I. nahm als erstes Mitglied der →Hasmonäer den Königstitel an. Er starb nach nur einjähriger Regierung; sein Nachfolger wurde sein Bruder →Alexander Jannaj. (HC)

Aristobul II., jüngerer Sohn des →Alexander Jannaj und der →Alexandra Salome, ? –49 v.Z. Rom. Als Führer der antipharisäischen Partei opponierte Aristobul II. gegen die Thronbesteigung seines Bruders →Hyrkan II., setzte ihn noch im gleichen Jahr (67 v.Z.) als König und Hoherpriester ab und trat dessen Nachfolge an. Hyrkan II. und sein Berater →Antipater bewogen den Nabatäerkönig Aretas III. zum militärischen Eingreifen. Aristobul II. mußte sich auf dem Tempelberg verschanzen und wurde von einem römischen Heer entsetzt (64 v.Z.), wollte sich jedoch einem römischen Schiedsspruch nicht beugen und floh in die Festung Alexandreion. Nach der Eroberung Jerusalems und des Tempels durch Pompeius (63 v.Z.) wurde Palästina ein römischer Vasallenstaat, Hyrkan II. wieder als Hoherpriester eingesetzt und Aristobul II. gefangen nach Rom geführt. 56 v.Z. freigelassen, versuchte er zusammen mit seinem Sohn Alexander in drei erfolglosen Aufständen, die Herrschaft über Judäa wieder an sich zu bringen. Von →Caesar nach neuerlicher Gefangennahme in Rom freigelassen, sollte Aristobul II. in dessen Auftrag Palästina gegen Pompeius und dessen Vasallen Hyrkan II. und Antipater zurückgewinnen, wurde aber noch vor seiner Abreise von Anhängern des Pompeius umgebracht. (HC)

Aristobul III., auch Jonatan Aristobul III., Enkel →Aristobuls II., durch seine Schwester →Mariamne Schwager →Herodes' des Großen, ?– 35 v.Z. Nach der Hinrichtung seines Onkels →Antigonos II. (37 v.Z.) von Herodes dem Großen als Hoherpriester eingesetzt, erfreute sich Aristobul III. steigender Beliebtheit bei den Juden; deshalb von Herodes am Laubhüttenfest in einem Teich ertränkt. (HC)

Aristotelismus. Die Philosophie des Aristoteles lernten die jüdischen Denker des Mittelalters in arabischen Übersetzungen und Bearbeitungen kennen. Zunächst vermittels der Werke Alfarabis (um 870–950) und Avicennas (980–1037), die eine Verschmelzung des Aristotelismus mit dem →Neuplatonismus vorgenommen hatten, später vermittels der klassischen Aristoteles-Kommentare des →Averroes, der den ursprünglichen Aristotelismus wiederherstellen wollte. Im Judentum begegnet der Aristotelismus zunächst in der Form der Antithese bei Jehuda →Halewi, der den unpersönlichen Gott, die unerschaffene Welt und das intellektualistische Lebensideal im Aristotelismus kritisierte. Dennoch hat sich der Aristotelismus in der jüdischen Philosophie durchsetzen können: zunächst mit →Abraham ibn Daud, endgültig mit →Mose ben Maimon. Diesem galt Aristoteles als »Fürst der Philosophen«, als absolute Autorität in der Physik, während er seine Metaphysik und Theologie nur mit Einschränkungen hinnahm. Die Synthese von jüdischem Glauben und Aristotelismus blieb stets spannungsreich. Die Verknüpfung der Tugendlehre des Aristotelismus mit der rabbinischen Moral, die Verwendung der Psychologie des Aristotelismus zur Erklärung der Prophetie und die Betrachtung der Tora als die beste Staatsverfassung im Sinne der Politik des Aristoteles und Platons konnten noch vertreten werden. Die Metaphysik des Aristotelismus mit ihren Lehren von einem unbewegten Beweger, der einen nach ewigen und unwandelbaren Formgesetzen gestalteten Kosmos in Bewegung hält, dessen kontemplative Schau das höchste Ideal sein sollte, war allerdings schwer mit dem Glauben an einen persönlichen, durch Wunder in die Welt eingreifenden Schöpfergott und dem Ideal des menschlichen Lebens als gehorsame Erfüllung des göttlichen Willens zu vereinbaren. Die Geschichte des jüdischen Aristotelismus, d.h. die Geschichte des jüdischen Denkens vom 12. bis zum 15. Jahrhundert, kann als Versuch betrachtet werden, mit diesen Spannungen fertigzuwerden. Neben den Anhängern des Mose ben Maimon, wie →Schem Tow ibn Falaquera, →Josef ben Abba Mari ibn Kaspi, →Hillel ben Samuel und averroistischen Nachfolgern wie I. →Albalag, M. →Narboni und →Levi ben Gerson hatte der Aristotelismus auch zahlreiche Gegner (→Maimonidesstreit), die schließlich mit dem Niedergang des spanischen Judentums obsiegten (C. →Crescas) und die die Religionsphilosophie bis in das Zeitalter der Aufklärung aus dem Zentrum der jüdischen Tradition verdrängt haben.

Ⓛ G. Vajda, Aristote devant la pensée juive au Moyen Age, Lyon 1958. (DK)

Arles, französische Stadt, deren Bedeutung für das Judentum im Mittelalter lag. In der Hauptstadt des seit dem 10. Jahrhundert bestehenden, vom Reich lehnsabhängigen Königreichs Burgund (»Arelat«) lebten bereits im 6. Jahrhundert Juden. Als um 820 die Gemeinden von Lyon, Chalon-sur-Saône u. a. mit Zwangstaufe bedrängt wurden, flohen sie nach Arles. Bischof →Agobard von Lyon beschuldigte die Juden von Arles, christliche Kinder zu entführen und sie in die Sklaverei zu verkaufen. Die Gerichtsbarkeit über die Juden nahm vom 9. bis in das 12. Jahrhundert der Erzbischof von Arles wahr. Laut Benjamin von Tudela hatte die Gemeinde im Jahr 1175 200 Mitglieder. Zu ihren bedeutenden Gelehrten zählten Gershom ben Salomon (Anfang 13. Jahrhundert), Josef ibn Kaspi (Anfang 14. Jahrhundert) und Kalonymos ben Kalonymos (frühes 14. Jahrhundert). Anfang des 14. Jahrhunderts wurde Arles zum Zufluchtsort für zahlreiche Juden aus dem Königreich Frankreich. Größere Ausschreitungen und Pogrome im 15. Jahrhundert. Eine besonders schwere Verfolgung, verbunden mit Zwangstaufen, durch marodierende Landarbeiterbanden aus der Dauphiné, der Auvergne und der Provence fand 1480 statt. Bald nachdem die Provence dem Königreich Frankreich angegliedert worden war (1481), erfolgte 1493/94 mit Zustimmung König Karls VIII. die endgültige Vertreibung der Juden aus Arles; einige wenige ließen sich taufen. (PAU)

Arlosoroff, Chaim Victor, zionistischer Führer, 23. 2. 1899 Romny, Ukraine – 16. 6. 1933 Tel Aviv. 1905–24 Aufenthalt in Deutschland, Mitbegründer des Hapoel Hazair in Deutschland und Redakteur des Parteiblatts →»Die Arbeit«. Mitbegründer des sozialistisch-zionistischen Weltverbands »Hitachdut olamit schel Hapoel Hazair u'Zeire Zion« (1920–32) und einer seiner Führer. 1924 Übersiedlung nach Palästina. 1926 Vertreter der palästinischen Juden beim Völkerbund in Genf. 1931 Wahl in die Exekutive der →Jewish Agency als Leiter der politischen Abteilung in Jerusalem. 1933 Ermordung durch einen Unbekannten in Tel Aviv. Hauptwerk: »Der jüdische Sozialismus« (1919). (LH)

Armee, israeliische →Zahal

Armée Juive (wörtlich »Jüdische Armee«; A. J.), u. a. von Abraham Polonski und Lucien Lublin als Reaktion auf die deutsche Besatzung Ende 1940/41 aufgebaute Organisation des jüdischen Widerstands in Frankreich; Hauptquartier in Toulouse. Die Armée Juive war ein Zusammenschluß unterschiedlicher politischer Richtungen und hat vor allem jüdischen Emigranten die Möglichkeit zum bewaffneten Kampf gegen Hitler gegeben. Obwohl die Mitglieder auf die Hebräische Bibel und die zionistische Flagge vereidigt wurden, war die Armée Juive in der zionistischen Führung umstritten. Die Armée Juive ermöglichte die gefährliche Flucht von etwa 300 jüdischen Flüchtlingen über die Pyrenäen nach Spanien. Partisanengruppen der Armée Juive unternahmen in Toulouse, Nizza, Lyon und Paris bewaffnete Aktionen gegen Gestapo-Informanten und Agenten. Die Abteilung in Lyon verteilte mehrere zehn Millionen Franc der →Jewish Agency und des →American Joint Distribution Committee an Hilfsorganisationen und kämpfende Einheiten. Bewaffnete Truppen der Armée Juive, über deren genaue Mitgliederzahl keine nachprüfbaren Angaben vorliegen, nahmen zusammen mit den Forces Françaises de l'Intérieur (den Streitkräften der französischen Widerstandsbewegung) an schweren Kämpfen, auch am allgemeinen Aufstand in Paris, Lyon und Toulouse im August 1944 teil. Die schwersten Verluste hatte die Armée Juive durch die Verfolgung der Gestapo und des →Vichy-Regimes zu erleiden.

Ⓛ A. Latour, Jewish Resistance in France (1940–44), New York 1981 (französisch 1970). – L. Lazare, La résistance juive en France, Paris 1987. (BV)

Armleder, Lederarmschutz unvermögender Ritter und Bürger. »König« Armleder wurden 1336–1338 einige ritterliche und bürgerliche Anführer von Judenverfolgungen in Franken und im Elsaß genannt. Der Ritter Arnold der Jüngere von Uissigheim, 1333 als Friedensbrecher verbannt, suchte im Sommer 1336 Mainfranken heim. Vom Würzburger Aufgebot geschlagen, im November in Kissingen hingerichtet, wurde er als Märtyrer und Opfer jüdischer Hinterlist verehrt und von der Volkssage verherrlicht;

sein Grabstein in Uissigheim ist erhalten. Eine zweite Verfolgungswelle griff 1337 von Franken auf den Mittelrhein-, den Lahn- und den Moselraum über, im Januar 1338 auf das Unterelsaß; dort wurden die Anführer, der Gastwirt Zimberlin und ein Adliger, ebenfalls Armleder genannt. Zeitgenossen sahen die Ursache der Verfolgung in der Verschuldung durch Pfandleihe bei Juden. (FL)

Arndt, Siegfried Theodor, Pfarrer in Leipzig, 17.3.1915 Lindenthal – 7.5.1997 Leipzig. Langjähriger Vorsitzender der Arbeitsgemeinschaft Kirche und Judentum, die den christlich-jüdischen Dialog in der DDR intensivierte. Wegen seiner Verdienste (zusammen mit H. →Eschwege) 1984 mit der Buber-Rosenzweig-Medaille ausgezeichnet. Hauptwerk: »Das christlich-jüdische Gespräch in der Deutschen Demokratischen Republik«, in: S. T. Arndt u.a., »Juden in der DDR«, 1988. (LM)

Arnheim, Rudolf, Professor für Psychologie der Kunst, Filmtheoretiker, 15.7.1904 Berlin . Studium u.a. bei dem Begründer der »Gestalt«-Schule Max Wertheimer. Mitarbeiter des Wochenmagazins »Die Weltbühne«, Verfasser von Feuilletons und Filmkritiken. 1933 Emigration nach Italien, 1939 nach England, 1940 in die USA. Beiträge für BBC London, Gastprofessor u.a. in New York, Tokio und Harvard. Diverse Veröffentlichungen zur Psychologie der Wahrnehmung und ihrer Anwendung auf die Künste. Lebt in Ann Arbor, Michigan. (RED)

Arnstein, Fanny (Franziska) von, 29.11.1758 Berlin – 8.6.1818 Wien. Tochter des Bankiers Daniel Itzig, Frau des jüdischen Bankiers Nathan Adam von Arnstein. Ihrem Wiener Salon kann eine ähnliche Bedeutung beigemessen werden wie den Berliner Salons von R. →Varnhagen und H. →Herz. Geistliche, Kaufleute, Künstler, Politiker und Gelehrte trafen sich bei ihr, ganz besonders während des →Wiener Kongresses 1815. Zu den Gästen zählten Wilhelm und Alexander von Humboldt, Friedrich Schlegel, Karl August Varnhagen von Ense, Justinus Kerner, Karoline Pichler, G. →Meyerbeer und Theodor Körner. Arnstein widmete sich der Wohlfahrt und spendete für die Errichtung eines Krankenhauses und für verwundete und erkrankte Soldaten aus den Befreiungskriegen 1813/14. Arnstein gründete die »Gesellschaft der Musikfreunde«.

L H. Spiel, Fanny von Arnstein oder Die Emanzipation. Ein Frauenleben an der Zeitwende 1758–1818, [3]1991. (MAM)

Aron ha-Berit (hebräisch »Bundeslade«), Platz der Offenbarung Gottes, hölzerner Schrein, innen und außen vergoldet, mit massiver goldener Deckplatte (»Kapporet«, »Sühnedeckel«), auf der zwei goldene →Cherubim stehen. Der Aron ha-Berit ist Behältnis der steinernen Bundestafeln und Verkörperung der Idee des Bundes. Als Zeichen der Gegenwart Gottes beim Zug durch die Wüste und später in den Philisterkriegen umhergetragen, stand der Aron ha-Berit zunächst in Silo und gelangte durch →David nach Jerusalem. Nach dem Tempelbau stellte →Salomo ihn im Allerheiligsten auf. Nach der →Aggada stand er im Ersten Tempel auf dem Grundstein, von dem aus die Welt erschaffen wurde. Nach der Eroberung des Tempels 587 v.Z. wird nichts von einer Zerstörung oder Wegführung des Aron ha-Berit berichtet. Daraus entstanden die Legenden, daß er durch Jeremia, Josia oder Engel bis zur messianischen Zeit verborgen oder ins Exil nach Babylonien geschafft worden sei. Im Zweiten Tempel wurde der Aron ha-Berit nicht mehr aufgestellt. Nach der pseudepigraphischen Schrift »Vitae Prophotarum« wird der Aron ha-Berit in messianischer Zeit als erstes wieder auftauchen, aus dem Felsen kommen und auf den Sinai gestellt. Älteste Darstellungen: Fresko in der Synagoge von Dura Europos (245 n.Z.) und Fries in der Synagoge von Kapernaum. Der Aron ha-Berit ist Vorbild des Aron ha-Kodesch, des Schreins für die Torarollen in den Synagogen. (HMD)

Aron ha-Kodesch →Toraschrein

Artaxerxes I., Sohn Xerxes' I., Enkel →Dareios' I., regierte das altorientalische Großreich der persischen Achämeniden von (464–425/24 v.Z.) Er entsandte 445 →Nehemia als Statthalter in die Provinz →Judäa und gestattete die weitere Zuwanderung von Juden nach Palästina. (HC)

Ärzteverschwörung, Höhepunkt der antisemitischen Kampagne in der Sowjetunion während der letzten Jahre des Stalin-Regimes, der von 1948–53 Hunderte von jüdischen Schriftstellern und Intellektuellen zum Opfer fielen (vgl. auch →Slánský-Prozeß). Im Januar 1953 wurden neun prominente Moskauer Ärzte, darunter sechs jüdischer Herkunft, verhaftet und beschuldigt, zwei sowjetische Politiker umgebracht und die Ermordung weiterer führender Politiker und Generäle in einer geheimen Verschwörung geplant zu haben. Für die fiktive Konspiration wurde in der sowjetischen Partei- und Regierungszeitung »Prawda« das →American Joint Distribution Committee verantwortlich gemacht. Die antijüdische und antizionistische Kampagne führte u. a. zum zeitweiligen Abbruch der israelisch-sowjetischen Beziehungen, zu einer Pogromstimmung in der sowjetischen Bevölkerung und zur Entlassung von zahlreichen jüdischen Ärzten. Unmittelbar nach dem Tod Stalins am 5. 3. 1953 wurden zwar die verhafteten Ärzte und die anderen Opfer von Haft und Deportation, soweit sie noch am Leben waren, freigelassen und die sog. »Verschwörung« später offiziell als Teil stalinistischer »Säuberungspolitik« entlarvt, doch antijüdische und antizionistische Elemente blieben dauerhafter Bestandteil sowjetischer Politik. (BV)

Asch, Scholem (auch Schalom), jiddischer Novellist, Romancier und Dramatiker, 1.1.1880 Kutno (Polen) –10.7.1957 London. Lebte seit 1906 in Palästina, in den USA und in England. Einer der Hauptvertreter des jiddischen Schrifttums. Das umfangreiche Werk (bereits 1924 erschien in Warschau eine achtzehnbändige Gesamtausgabe) lebt vom Geist der Bibel und des Talmuds, chassidischer Literatur und Tradition. Asch begann seine Laufbahn in der jiddischen Presse Warschaus mit Skizzen, die 1905 als Buch unter dem Titel »Das kleine Städtchen« (»Dos klajne Schtetl«) erschienen. Seine Dramen wurden dadurch bedeutsam, daß 1910 sein »Gott der Rache« durch die Berliner Aufführung unter Max Reinhardt der Welt bekannt gemacht wurde. Sein Werk ist gegliedert in drei Perioden: 1. die bis etwa 1914 reichende Zeit sentimentalhumoristischer Erzählungen (»Jiddische Provinz«) und Dramen; 2. die zwei Jahrzehnte umfassende Zeit der realistischen Romane, in denen Asch über seine engere polnische Heimat schrieb: Städtetrilogie »Sankt Petersburg–Moskau–Warschau«; »Mottke der Dieb« (1916); »Chaim Lederers Rückkehr«; die 3. Periode wurde durch den Roman »Der Trost des Volkes« (1934) eingeleitet. Asch wandte sich nun dem Chassidismus und mythologischen Religionsepen zu. Neben den 1939–51 erschienenen Romanen um die großen Gestalten nicht nur seiner eigenen, sondern auch der christlichen Religion (»Der Nazarener«; »Der Apostel«; »Maria«), die von jüdischen Lesern vielfach abgelehnt wurden, schrieb er auch über die Juden Amerikas (»East River«; »Kinder Abrahams«). Asch hat die Tradition jiddischer Literatur aus ihrer Blütezeit vor dem Ersten Weltkrieg fortgeführt und zwischen den Weltkriegen vor allem in den USA populär gemacht. Seine Werke sind in fast alle Weltsprachen übersetzt. (LH)

Ascher, Saul, Schriftsteller, Philosoph und Religionsreformer, 6.2.1767 Berlin – 8.12.1822 Berlin, wandte sich in seinen Schriften gegen Judenfeindschaft und Deutschtümelei. 1794 veröffentlichte er eine Polemik gegen die antijüdischen Auffassungen Fichtes. In seinem Werk »Leviathan oder Über Religion in Rücksicht des Judentums« (1792) versuchte er das Aufklärungsdenken mit jüdischer Tradition zu verbinden. Seine Reformvorschläge gipfelten in der Konzeption, eine neue, Denk- und Handlungsfreiheit bewahrende Glaubenssymbolik einzuführen, die er in 14 an →Mose ben Maimon orientierten Lehrsätzen zusammenfaßte und »Wissenschaft von der Konstituierung der Religion« nannte. Hauptwerke: »Bemerkungen über die bürgerliche Verbesserung der Juden, veranlaßt bei der Frage: Soll der Jude Soldat werden« (1788), »Eisenmenger der Zweite« (1794), »Germanomanie« (1815). (JS)

Ascher ben Jechiel, Rosch oder auch Ascheri, um 1250 Worms – 1327 Toledo. Sohn des →Jakob ben Ascher, Schüler des Rabbi →Meir von Rothenburg in Mainz und nach dessen Inhaftierung anerkannter Führer der deutschen Judenschaft. Wanderte 1303 über die Provence nach Spanien aus. In Barcelona nahm er Kontakt zu Salomo ben Abraham →Adret auf und war seit 1305 Rabbi in Toledo. Ascher ben Jechiel kämpfte gegen die maimonidische Philosophie und befürwortete die Position Adrets. Als halachische Autorität verfaßte er über 1000 →Responsen (»Besamim Rosch«). Er bemühte sich, die Auslegungsmethoden der Tossafisten (→Tossafot) sowie aschkenasische Bräuche in die spanische →Halacha einzuführen. Zugleich unterzog er die halachischen Entscheidungen der →Rischonim und Geonim (→Gaon) einer kritischen Untersuchung bezüglich deren talmudischer Quellen. So entstanden in Anlehnung an →Alfassi seine Halachot (»Piske ha-Rosch«). Außerdem verfaßte Ascher ben Jechiel Kommentare zum Pentateuch, zu Teilen der Mischna und talmudischen Traktaten. In »Haggahot ha-Rosch« stellte er 131 ethische Sprüche zu den sechs Wochentagen zusammen, die das Verhalten im privaten wie öffentlichen Bereich betreffen. (HMD)

Aschkenas, nach (Gen 10) dritter Enkel Japhets, Sohn Gomers, nach (Jer 51,27) Land am oberen Euphrat; schon im 6. Jahrhundert mit Scandza (Skandinavien) identifiziert, im Mittelalter hebräische Bezeichnung für Deutschland. Im 12. Jahrhundert nennen hebräische Kreuzzugschroniken und Briefe orientalischer Gemeinden die Deutschen noch Aschkenasim neben den Franzosen, den Zarfatim. Spätestens seit der Wende des 13./14. Jahrhunderts wurde mit zunehmender Emigration der Juden aus Deutschland der Name auf diese übertragen und umfaßte dann auch die aus (Nord-)Frankreich, England und Norditalien stammenden Juden im Gegensatz zu den von der Iberischen Halbinsel vertriebenen Sepharden. Gegenüber den Sepharden entwickelten die Aschkenasen, ausgehend von der mittelalterlichen Bewegung der Chassidei Aschkenas, eine eigene Tradition mit fundamentalistisch-rigoristischen Zügen, eigenen Riten, eigener Aussprache des Hebräischen, der Verherrlichung des Martyriums (Kiddusch ha Schem) und der von →Gershom ben Jehuda verordneten Einehe. Im neuzeitlichen Polen-Litauen entwickelten die Aschkenasen eine eigene Kultur, seit dem 18. Jahrhundert stark geprägt von der Frömmigkeitsbewegung des →Chassidismus. Zu Beginn des 19. Jahrhunderts stellten die Aschkenasen 90 Prozent aller Juden der Welt. Im 19. und 20. Jahrhundert verdrängten die Sprachen der Länder, in denen die Aschkenasen wohnten, allmählich das Jiddische als Muttersprache, ein Indiz für die demographische und kulturelle Assimilierung zahlreicher Aschkenasen. Die überwiegende Mehrheit der zionistischen Einwanderer nach Palästina in den fünf Einwanderungswellen (Alijot) vor 1940 waren Aschkenasen aus Mittel- und Osteuropa. 1948 waren rund 80 Prozent der israelischen Juden Aschkenasen. Nach 1940 nahm jedoch die Einwanderung von Aschkenasen ständig ab, die der →orientalischen Juden afroasiatischer Herkunft stark zu. 1965 stellten Aschkenasen noch 50 Prozent der jüdischen Bevölkerung Israels, 1990 waren nur noch rund ein Drittel der jüdischen Israelis euro-amerikanischer Herkunft. Seit 1969 und besonders seit 1989 (Immigration aus der Sowjetunion) ist die Mehrheit unter Israels Neueinwanderern wieder aschkenasischer Herkunft. (FL/MW)

Aschmodai →Dämonen

Asefat Haniwcharim, hebräische Bezeichnung für die erstmals am 19.4.1920 gewählte Delegiertenversammlung (DV) des →Jischuw. Nach mehreren vorbereitenden Versammlungen konnten freie, allgemeine, geheime und direkte Wahlen in der Knesset Israel, d.h. unter den freiwillig registrierten jüdischen Mitgliedern der Jischuw-Bevölkerung, abgehalten werden. 77 Prozent der 28765 berechtigten Personen wählten nach dem Verhältniswahlrecht. Stärkste Partei war bei diesen und allen nachfolgenden Wahlen zur DV die →Achdut Haawoda. Die orthodoxe →Agudat Israel nahm an den ersten Wahlen zur DV teil, boykottierte jedoch die nachfolgenden Wahlgänge aufgrund von Meinungsverschiedenheiten mit den anderen Parteien über religiöse Gesetzgebung und das Wahlrecht für Frauen, das AI ablehnte. Das »bürgerliche Lager« blieb immer in mehrere Parteien gespalten (→Allgemeine Zionisten, Revisionisten). Der Einfluß der »ethnischen« Gruppen, d.h. der in Palästina alteingesessenen sephardischen und jemenitischen Juden, nahm infolge der Einwanderungsströme (Alijot) aus Ost- und Mitteleuropa ständig ab. Die DV arbeitete eine Verfassung für die Selbstverwaltungsorgane des Jischuw aus, die am 1. 1. 1928 von der britischen Mandatsregierung offiziell anerkannt wurden. Als Exekutivorgan wählte die DV einen Nationalrat (→Waad Leumi). In der Übergangszeit zum unabhängigen Staat (März 1948 bis Januar 1949) ging die DV in den Provisorischen Staatsrat über, der am 13. 2. 1949 offiziell aufgelöst wurde. Bei den Wahlen zur DV erzielten die Parteiblöcke folgende Ergebnisse (Prozent der gültigen Stimmen):

	Wahljahr			
Parteiblock	**1920**	**1925**	**1931**	**1944**
Arbeiter	37,0	42,4	53,1	59,7
Bürgerliche	19,6	33,0	30,2	21,9
Religiöse	19,7	6,9	8,1	14,9
Kommunisten	–	–	–	1,9
"Ethnische"	23,7	16,3	7,6	3,1

🄻 D. Horowitz/M. Lissak, The Origins of the Israeli Policy, 1978. – W. Laqueur, Der Weg zum Staat Israel, deutsch 1975. – H. Sachar, A History of Israel ..., 1977. – M. Wolffsohn, Politik in Israel, 1983.
(DB/MW)

Ashdod, israelische Stadt südlich von Tel Aviv, 140000 Einwohner; 1956 neu gegründet, Hafen (seit 1965) und Industriestandort: Produktion von Kunstfasern, Lastkraftwagen, Kosmetika, Metallwaren,

Lebensmittel; Erdölraffinerie, Großkraftwerk; Hafenumschlag: 1990 zehn Millionen Tonnen (Export der Agrar- und Bergbauprodukte des Nord-Negev). – Das biblische Ashdod war Wohnort der als riesenhaft geltenden Enakiter (Jos 11,22), dann seit etwa dem 12. Jahrhundert v. Z. die nördlichste der fünf Königsstädte der Philister (Jos 13,3) mit einem Tempel des Gottes Dagon, in dem nach dem Sieg der Philister bei Aphek die erbeutete Bundeslade aufgestellt wurde (1 Sam 5,2). Nach bewegter Geschichte, in der Ashdod in judäischer, assyrischer und ägyptischer Hand war, wurde die Stadt im 2. Jahrhundert v. Z. von dem Makkabäer Jonathan niedergebrannt. In römischer Zeit war Ashdod ein bedeutendes jüdisches Zentrum. In der Nähe des späteren arabischen Dorfes Isdud wurden 1948 die vordringenden Ägypter zurückgeschlagen.

🄻 Y. Karmon, Israel. Eine geographische Landeskunde, [2]1994. (WL)

Ashqelon, Ascalon, Askalon, Küstenstadt im südlichen Israel, nördlich von Gaza, 90 000 Einwohner; Industriestandort (Baumaterialien, Maschinenbau, Holzverarbeitung u. a.), Erdölterminal (Pipeline von Elat), touristisches Zentrum. – In biblischer Zeit eine der fünf Fürstenstädte der Philister (Jos 13,3); während der israelitischen Königszeit unabhängig; 734 v. Z. von Assyrern erobert; in hellenistischer Zeit ein Zentrum griechischer Kultur (umfangreiche Ausgrabungen); Geburtsort Herodes' des Großen; die in mischnaischer und talmudischer Zeit bedeutende jüdische Gemeinde überlebte auch die Eroberung durch die Araber (638) und die Kreuzfahrer (1153); nach vielen Kämpfen 1270 endgültige Zerstörung der Stadt durch Sultan Baibars. Die 1832 gegründete und erst nach dem Waffenstillstandsabkommen 1949 verlassene arabische Ortschaft Migdal ging danach im modernen Ashqelon auf. 8 km südlich von Ashqelon liegt der Kibbuz Yad Mordechai (der Name erinnert an →Anielewicz, einen der Anführer des Aufstands im Warschauer Ghetto 1943) mit Gedenkstätte der heftigen Kämpfe im Unabhängigkeitskrieg 1948.

🄻 Y. Karmon, Israel. Eine geographische Landeskunde, [2]1994. (WL)

Asien. Der Ursprung jüdischer Geschichte liegt in Vorderasien, beginnend mit dem Zug der Patriarchen aus Ur in Chaldäa, dem heutigen Irak; →Kanaan kontrollierte den Landweg zwischen Asien und →Afrika. →Syrien, →Assyrien und →Babylonien übten großen Einfluß auf das Nordreich Israel aus, dessen Bevölkerung nach der assyrischen Eroberung 722 v. Z. nach Osten verschleppt wurde. Die babylonische Eroberung Judäas 586 v. Z. bewirkte die weitgehende Verlagerung jüdischen Lebens nach Mesopotamien; die Zurückkehrenden brachten von dort religiöse und kulturelle Vorstellungen nach Erez Israel mit. Ein Großteil jedoch blieb in Babylonien und entwickelte ein eigenes Zentrum des Judentums. Das gesamte Judentum wurde geprägt durch den von den Sassaniden des Persischen Reichs (→Iran) beeinflußten Babylonischen →Talmud. Handel führte möglicherweise bereits im 5. Jahrhundert n. Z. zur Gründung jüdischer Gemeinden in →Indien; die jüdischen Niederlassungen in →China, vor allem Kaifeng, verdankten ihre Entstehung um 1000 wahrscheinlich dem Seidenhandel, während das Reich der →Chasaren, an dessen Südrand die →Kaukasischen Bergjuden überlebten, bereits 1016 zerstört wurde. Wurden die Juden in Asien von den islamischen Mehrheiten als »Volk des Buches« geschützt und von chinesischen und hinduistischen Gesellschaften akzeptiert, so erfuhren ihre Gemeinschaften durch die Vertreibung aus Spanien 1492 und später durch portugiesische →Marranen nicht nur im Gebiet des →Osmanischen Reichs Zuwanderung: Marranen erreichten im 16. und 17. Jahrhundert die Philippinen. Im 19. Jahrhundert wanderten Juden aus Bagdad u. a. irakischen Städten nach Ostasien aus, 1841 nach Singapur, 1842 nach →Hongkong, 1857 nach Birma, zur gleichen Zeit nach Indien und Indonesien; russische Juden zogen nach Sibirien und in die Mandschurei. 1928 richtete die Sowjetregierung an der chinesischen Grenze ein jüdisches Siedlungsgebiet um die Stadt →Birobidschan ein, das 1934 formelle Autonomie erhielt. Während des Zweiten Weltkriegs flohen Juden aus den deutsch besetzten Ländern und der Sowjetunion in den japanischen Herrschaftsbereich (z. B. Korea und →Schanghai), obwohl auch dort Repressalien herrschten. Zwischen 1949 und 1951 wanderten etwa 230 000 asiatische Juden nach Israel aus, seither weitere 130 000. (PB)

Asmachta (»Stütze, Anlehnung«). – **1.** In rabbinischer Exegese bezeichnet Asmachta die Heranziehung eines Schriftverses zum Beleg einer →Halacha, die sich eigentlich nicht aus einem Schriftvers ableitet. Es ist der Versuch, rabbinische Verordnungen mit biblischer Autorität zu stützen.

2. Im jüdischen Zivilrecht bezeichnet Asmachta in einem konkreten Rechtsfall ein Vertragsgeschäft, in dem ein Partner seine Zusage an eine Bedingung knüpft, von der er hofft, daß sie nicht eintreffen möge. Zum Schutz von wirtschaftlich Schwächeren und in Not Geratenen gilt eine Asmachta deshalb als nicht bindend, weil die bewußte Absicht (»Gemirat Daat«) zur Vertragserfüllung fehlt. Um Mißbrauch vorzubeugen, gibt es jedoch verschiedene Einschränkungen, unter denen eine Asmachta doch bindend ist, vor allem dann, wenn in die Abmachung Vertrauen gesetzt und sie als bindend betrachtet wurde (»Semichat Daat«). Auf das Bürgschaftswesen darf eine Asmachta ausdrücklich nicht übertragen werden. (HMD)

Assimilation →Emanzipation und Assimilation

Assing, Rosa Ludmilla, Schriftstellerin und Publizistin, 22.2.1821 Hamburg – 25.3. 1880 Florenz. Tochter des jüdischen Arztes und Dichters David Assur Assing und der Schriftstellerin Rosa Maria (Antoinette Paulina) Assing. 1842, nach dem Tod ihrer Eltern, Übersiedlung nach Berlin zu ihrem Onkel Karl August Varnhagen von Ense, mit dem sie den Salon R. →Varnhagens weiterführte. Die Veröffentlichung der Tagebücher ihres Onkels aus dessen Nachlaß brachte ihr eine Gefängnisstrafe ein, so daß sie 1862 von einer Italienreise nicht nach Deutschland zurückkehrte und sich in Florenz niederließ. Die Ehe mit dem italienischen Offizier Cino Grimelli wurde nach zwei Jahren 1875 wieder geschieden. Ihre literarische Arbeit begann sie in Berlin mit spätromantischen Novellen, Märchen und Erzählungen, die sie unter dem Pseudonym Achim Lothar oder Talora veröffentlichte. Erstmals bekannt wurde sie durch die von ihr verfaßten Biographien der Gräfin Elisa von Ahlefeldt und der Sophie von La Roche. Ihre Übersetzungen der Schriften Giuseppe Mazzinis und Piero Cironis in die deutsche Sprache waren Ausdruck ihres Anliegens, italienische Kultur- und Zeitgeschichte dem deutschen Publikum näherzubringen. Während ihrer späten Jahre widmete sie sich literarisch-biographischen Veröffentlichungen, der weiteren Herausgabe des Nachlasses K. A. Varnhagen von Enses und war Italienkorrespondentin der »Frankfurter Zeitung«. (MAM)

Astronomie. Die Tradition der antiken und biblischen Astronomie setzten Araber und Juden fort. Vor allem im christlichen Spanien betätigten sich Juden als Hofastronomen der Könige und des Hochadels. Sie machten die Europäer im 11. Jahrhundert mit dem Astrolabium vertraut, das bei der Seefahrt über die Ermittlung des Sonnenstands eine Ortsbestimmung ermöglichte. P. Alfonsi, 1062 Christ geworden, vermittelte dessen Kenntnis nach England. Avicennas astronomische Schriften wurden in spanischer Übersetzung (von Jehuda ben Salomon Akoke) in Europa bekannt. Im 13. Jahrhundert stellte Isaak ibn Said die Navigationstabellen, die »tablas alfonsies«, zusammen, die später Isaac Israeli verbesserte. Fast alle von Europäern benutzten Navigationstafeln wurden von jüdischen Astronomen erstellt oder bearbeitet, u. a. von →Abraham bar Chija, →Abraham ben Meir ibn Esra, bis hin zu Abraham ben Samuel →Zacuto, dessen Tafeln Kolumbus bei seinen Entdeckungsreisen benutzte. Die Astrologie, das Abfassen von Horoskopen gemäß der Vorstellung, daß die Konstellation der Sterne das Leben beeinflusse, blieb immer umstritten, obschon spanisch-jüdische Astronomen von diesen Tendenzen nicht unberührt blieben (so geht das deutsch-jiddische Wort »Massel« [»Glück«] auf »mazal« zurück, was Sternkonstellation bedeutet). In der Neuzeit ging die Bedeutung der arabischen und jüdischen Astronomie zurück; hier ragte nur D. →Gans hervor, der mit Johannes Kepler einen Briefwechsel führte. (ES)

Atbasch, Methode einer Geheimsprache (→Abkürzungen), die die Buchstaben des hebräischen Alphabets in anderer Reihenfolge verwendet: Taw (der letzte Buchstabe) statt Alef (dem ersten), Schin (der vorletzte Buchstabe) statt Bet (dem zweiten) usw. Die Methode wird möglicherweise schon in der Hebräischen Bibel angewendet (Jer 25,26; 51,1; 51,41). Neben dem System des Atbasch bestehen noch weitere, so z. B. Atbach (Tet statt Alef, Chet statt Bet usw., so daß der Zahlenwert der zu vertauschenden Buchstaben immer zehn ergibt) oder Albam (Lamed statt Alef; Mem statt Bet usw.). (HMD)

Äthiopien. Die Herkunft der äthiopischen Juden, der →Falascha, die sich selbst auf den Stamm Dan oder König Salomo zurückführen, ist unbekannt; ob sie Nachkommen der Überlebenden aus der ägyptischen Kolonie Elephantine (um 400 v. Z.) sind oder ob sie erst im 2./3. Jahrhundert n. Z. durch den in dieser Zeit im ganzen Norden →Afrikas spürbaren jüdischen Einfluß geprägt wurden, ist ungeklärt. Bis Kaiser Haile Selassie (Regierungszeit 1930 bis 1974) führten sich die äthiopischen

Herrscher auf einen legendären Sohn Königs Salomos und der Königin von Saba zurück; Wappentier Äthiopiens war der Löwe von Juda. Während des Mittelalters bestand ein jüdisches Königreich in Nordwest-Äthiopien, das 1616 Teil des christlichen Abessinien wurde. Kontakt zur internationalen jüdischen Gemeinschaft ergab sich erst 1867, als J. →Halévy im Auftrag der →Alliance Israélite Universelle Äthiopien bereiste. In den 50er Jahren des 20. Jahrhunderts bezog die äthiopische Regierung den Juden gegenüber eine zunehmend feindliche Position; das seit 1974 herrschende marxistische Regime verbot vorübergehend die Religionsausübung und den Hebräischunterricht. Bürgerkrieg und Hungersnot ließen 1983/84 rund 10 000 Juden über den Sudan nach Israel fliehen (»Operation Mose«), nachdem zuvor schon rund 5000 nach Israel eingewandert waren. 1989 nahm die Regierung Mengistu diplomatische Beziehungen mit Israel auf und ermöglichte die Ausreise von Juden als Gegenleistung für Warenlieferungen. Während ihres Sturzes im Mai 1991 wurden fast 15 000 Juden aus Äthiopien ausgeflogen (»Operation Salomo«), insgesamt wanderten 1990–95 etwa 31 000 äthiopische Juden nach Israel ein, etwa 3000 blieben zurück. (PB)

Auerbach, Berthold (Baruch), Schriftsteller, 28.2.1812 Nordstetten, Schwarzwald – 8.2.1882 Cannes. Nach jüdisch-theologischem und philosophischem Studium in süddeutschen Städten seit 1837 freier Autor. Bewußter Jude und Verfechter von Liberalismus und jüdischer Gleichberechtigung (»Das Judenthum und die neueste Literatur«, 1836), fand Auerbach nach seinen ersten Romanen mit jüdischer Thematik (»Spinoza« 1837, »Dichter und Kaufmann« 1840) mit seinen »Schwarzwälder Dorfgeschichten« (1843–54) die beste Form, öffentlich wirksam seine politische und sozio-ethische Überzeugung auszudrücken, und wurde damit zu einem der meistgelesenen Autoren seiner Epoche. Die nach 1848 (»Das Tagebuch aus Wien«) folgenden Romane (u. a. »Neues Leben«, 1851; »Auf der Höhe«, 1865; »Das Landhaus am Rhein«, 1868) verdeutlichen Auerbachs dezidiert liberal-bürgerliche Position. Von zeitgeschichtlicher und literarischer Bedeutung sind die »Briefe an Jakob Auerbach« (1884). (MP)

Auerbach-Affäre, benannt nach Philip Auerbach, 1906 Hamburg – 16. 8. 1952 München. Der ehemalige KZ-Häftling beteiligte sich zunächst am Aufbau der jüdischen Gemeinde in Nordrhein-Westfalen; entwikkelte in Bayern als »Staatskommissar für die Betreuung der Opfer des Faschismus« von 1946–48 eine rege Fürsorgetätigkeit, organisierte Entschädigungszahlungen, setzte sich für eine einheitliche Wiedergutmachungsregelung ein; 1948 Generalanwalt des neuen Bayerischen Landesamts für Wiedergutmachung, Mitbegründer und Präsident des Landesverbands der Israelitischen Kultusgemeinden in Bayern. 1950 wurde Auerbach in einen Skandal um gefälschte Entschädigungsberechtigungen verwickelt. Im März 1951 erließ das Justizministerium Haftbefehl. Eine Verleumdungskampagne in der Presse gab antisemitischen Strömungen Auftrieb und brachte das ganze Konzept der Wiedergutmachung in Mißkredit. Trotz offensichtlicher Involvierung von Regierungskreisen und Entlastung in den Hauptanklagepunkten wurde Auerbach am 14. 8. 1952 zu einer Haft- und Geldstrafe verurteilt. Zwei Tage später beging er Selbstmord. (EP)

»Aufbau«, 1934 in New York gegründete deutsch-jüdische Wochenzeitung. Die erste Ausgabe des »Aufbau« erschien am 1. 12. 1934 anläßlich des zehnjährigen Bestehens des German-Jewish Club. »Ideell wie materiell« wollte der ursprünglich als Klub-Zeitschrift konzipierte »Aufbau« den »vertriebenen deutschen Juden beim Aufbau einer neuen Existenz in einem neuen Land behilflich sein«. Unter der Chefredaktion von Manfred George (1939–65) entwickelte der »Aufbau« eine neue thematische Vielfalt. Die Auflage stieg von 8000 (1938) auf 30 500 (1944). Der Kulturteil der Zeitung entwickelte sich zu einem der wichtigsten Foren der deutsch-jüdischen Exilliteratur. Bekannte Schriftsteller, Kritiker und Publizisten wie J. →Bab, L. →Feuchtwanger, H. →Kesten, A. →Kerr, W. →Mehring, H. →Sahl, F. →Werfel oder A. →Zweig gehörten zu den Autoren. Auch prominente nichtjüdische Exilautoren wie H. und T. →Mann schrieben für den »Aufbau«. Daß man nicht nur Exil-Zeitung sein wollte, wurde durch die englische Ausgabe unter dem Titel »Reconstruction« unterstrichen. Neben verschiedenen innerjüdischen Auseinandersetzungen kam es auch zu Kontroversen mit anderen Exilblättern. Hier ist vor allem die Polemik mit der sozialdemokratischen »Neuen Volks-Zeitung« über die Frage der Umerziehung der Deutschen und die Rolle der Exilpolitiker in einem neuen Deutschland (→Exilpresse) zu erwähnen. Noch 1960 lag die Auflage des

»Aufbau« bei 30 000, seither ist sie rapide gesunken. Ein »Friends of Aufbau-Committee« bemüht sich verstärkt um internationale Abonnenten-Werbung. (WJ)

Auferstehung (hebräisch »Techijat ha-Metim«). Der Glaube an die leibliche Auferstehung nach dem Tod ist zu unterscheiden von der Vorstellung der Unsterblichkeit der Seele (→Philo von Alexandrien; 4 Makk). Er richtet sich gegen die Trennung von Leib und Seele. Die leibliche Auferstehung ist biblisch zunächst nur vereinzelt, seit der Makkabäerzeit häufig belegt. Sind es zunächst einzelne Fromme, Gottesfürchtige oder Märtyrer, die von den Toten auferstehen, so stehen nach der pseudepigraphischen Schrift »äthiopischer Henoch« alle Toten der Unterwelt, die Gerechten wie die Ungerechten (ausgenommen die bereits ermordeten, d. h. gerichteten Sünder), zum Gericht auf. In rabbinischer Tradition gehört der Glaube an die Auferstehung zum Grundbestand des Glaubens und des täglichen Gebets (zweite Benediktion der Amida). Die Rabbinen stehen damit in der Tradition der →Pharisäer. Die Auferstehung gilt den Gerechten und Frommen, andere sind ausgeschlossen. Ferner wird diskutiert, wie der Körper beschaffen und wie er bekleidet sein wird und wie er aus dem Exil nach Israel kommt. Umstritten ist auch, ob Auferstehung und kommende Welt zeitlich zusammenfallen oder aufeinanderfolgen. Wichtige Äußerungen zur Auferstehung machen →Saadja ben Josef, →Mose ben Maimon und →Mose ben Nachman. Dabei zeigt sich das Bemühen, platonische bzw. aristotelische Philosophie mit rabbinischer Lehre, die Unsterblichkeit der Seele mit der leiblichen Auferstehung in Einklang zu bringen. (HMD)

Aufhäuser, Siegfried, Gewerkschaftler, Politiker, 1. 5. 1884 Augsburg – 6. 12. 1969 (West-)Berlin. Aufhäuser stammte aus einer bürgerlich-jüdischen Familie. Kaufmännische Ausbildung. Seit 1912 Mitglied der SPD, 1917 Wechsel zur USPD und Rückkehr zur SPD 1921. MdR 1921–33, Vorsitzender der Arbeitsgemeinschaft freier Angestelltenverbände (AFA) 1921–33. Verfolgung durch die Nationalsozialisten seit Anfang 1933 und Ausschluß aus dem AFA-Vorstand am 28. 3. 1933. Mai 1933 Emigration nach Paris über die Schweiz nach Prag. 1933–38 Mitarbeit an der Wirtschaftszeitung der Arbeitsgemeinschaft mitteleuropäischer Angestelltenverbände. Ende 1938 Emigration nach London und April 1939 bis Juni 1951 in die USA, wo er als Redakteur von Emigranten-Zeitungen und Redakteur der deutsch-amerikanischen »New Yorker Staats-Zeitung und Herald« arbeitete. 1951 Rückkehr nach Deutschland. Bis 1959 Vorsitzender des Landesverbands Berlin der deutschen Angestellten-Gewerkschaft. Hauptwerke: »Weltkrieg und Angestellte« (1918), »An der Schwelle des Zeitalters der Angestellten« (1963). (LH)

Aufklärung →Haskala

Aufnahmeedikt 1671. Durch das Edikt vom 21. 5. 1671 erlaubte der Große Kurfürst Friedrich Wilhelm 50 aus Wien vertriebenen jüdischen Familien den Aufenthalt in der Mark →Brandenburg und im Herzogtum Krossen für 20 Jahre ungehinderten Handel und den Kauf oder die Miete von Häusern. Gleichzeitig wurde den Juden Polens, Hamburgs, der preußischen Provinzen und anderer deutscher Landschaften die Einwanderung in die Mark Brandenburg erlaubt. Mit dem Aufnahmeedikt 1671 beginnt die kontinuierliche Entwicklung jüdischen Lebens in →Preußen und die Herausbildung der wohl bedeutendsten Judenschaft in Mittel- und Westeuropa.
🄻 S. Jersch-Wenzel, Juden und »Franzosen« in der Wirtschaft des Raumes Berlin/Brandenburg z. Z. des Merkantilismus, 1978. – S. Stern, Der preußische Staat und die Juden, 1. Teil, 1. Abteilung, 1962. (AH)

Augsburg, freie Reichsstadt 1276–1806, dann zu Bayern. Juden werden in Augsburg erstmals 1212 genannt; im 13. Jahrhundert ist jedoch schon eine voll ausgebildete Gemeinde bezeugt. 1276 regelte das Stadtbuch die Rechtsstellung der Juden, die als vorbildlich galt; u. a. erhielten sie in Augsburg das Bürgerrecht. Während der Verfolgungen von 1298 und 1336–38 schützte der Rat die Juden; 1348 konnte er die Vernichtung der Gemeinde nicht verhindern, bestrafte jedoch einzelne Schuldige und gestand den Überlebenden die Rückkehr und später die Wiedererstattung des Vermögens zu. Um die Rechte an den Juden stritten sich Bürgerschaft, König und Bischof. Seit der Mitte des 14. Jahrhunderts mehrten sich Steuererpressungen durch den Rat (1374, 1381, 1384) und den König (1385, 1390). Anfang des 15. Jahrhunderts blühte die Talmudschule des Jakob Weil. 1438 wurde die Ausweisung aller Juden wegen angeblichen Ungehorsams gegenüber der Stadtobrigkeit und wegen ihres »üblen Einflusses« verfügt. 1532–40 gab es eine hebräische Druckerei in Augsburg. Doch erst 1803 wurde wieder eine jüdische Gemeinde zugelassen. 1871 beriet in Augsburg eine Rabbinerversammlung über Liturgiereformen. Um 1900 zählte die jüdische Gemeinde 1150, um 1938 noch 960 Köpfe. Etwa 550 Augsburger Juden konnten sich durch Auswanderung retten, über 400 wurden in die Konzentrations- und Vernichtungslager deportiert. 1985 wurde die Synagoge nach ihrer Renovierung wieder eingeweiht. 1998 zählte die Gemeinde 430 Mitglieder. (FL)

Augustinus, Aurelius, größter lateinischer Kirchenlehrer, seit 395 Bischof von Hippo Regius (heute bei Bône in Ost-Algerien), 13.11.354 Thagaste – 28.8.430 Hippo Regius. Ursprünglich Heide und Manichäer, trat Augustinus durch die Bekanntschaft mit →Ambrosius von Mailand zum Christentum über. Sein geschichtsphilosophisches Hauptwerk »Über den Gottesstaat« integriert die christliche Heilsgeschichte in die antike Weltgeschichte. Der Großteil seiner Publikationen und Predigten war der Bekämpfung der Manichäer und der von der christlichen Orthodoxie abweichenden häretischen Glaubensrichtungen gewidmet; gegen diese bewirkte er immer wieder den Einsatz des Staates. Im Unterschied dazu bekämpfte Augustinus die Juden theologisch und trat energisch gegen ihre Zwangsbekehrung ein, denn er wollte sie als Zeugen des Heilsgeschehens und Bewahrer der Weissagungen des AT geschützt sehen. Dementsprechend setzte Augustinus sich wiederholt gegenüber anderen Bischöfen für die strikte Einhaltung des weltlichen Judenrechts ein, das den Juden grundsätzlich freie Religionsausübung und Schutz ihres Eigentums garantierte. Besonders seine »Predigt wider die Juden«, in der er die Gerechtigkeit Gottes bei der Verwerfung der Juden beleuchten will, ist im Mittelalter mißverstanden worden und hat als ideelle Grundlage für die Ausgrenzung und Verfolgung der Juden gedient.

[L] H. Castritius, Festschrift H. A. Strauss, 1987. – F. Lotter, Die Zwangsbekehrung der Juden von Menorca um 418 im Rahmen der Entwicklung des Judenrechts der Spätantike, in: Historische Zeitschrift 242, 1986. (HC)

Augustus, römischer Kaiser, 23.9.63 v.Z. Velitrae – 19.8.14 n.Z. Nola, Großneffe und Adoptivsohn →Caesars, dessen politisches Erbe er nach den Iden des März 44 v.Z. beanspruchte und nach jahrelangen Bürgerkriegen gegen eine Reihe von Mitkonkurrenten durchsetzte. Die von Caesar verfügte Charta der Rechte der Juden hat Augustus mehrfach bestätigt und ist damit lokalen Bestrebungen, die Rechte der Juden einzuschränken, wirksam entgegengetreten. Unter seiner Regierung erfuhr die jüdische Gemeinde Roms – sie besaß nun mindestens vier Synagogen – großen Zulauf; auch konnten die römischen Juden Einfluß auf das politische Schicksal Palästinas nach dem Tod →Herodes' des Großen nehmen. Die in ihrer Mehrheit den ärmeren Bevölkerungsschichten Roms angehörenden Juden wurden von Augustus zur Getreideverteilung zugelassen.

[L] H. J. Leon, The Jews of Ancient Rome, 1960. – D. Kienast, Augustus, 1982. (HC)

Auschwitz, größtes Vernichtungslager der Nationalsozialisten, im Juni 1940 südlich von Kattowitz (Polen) errichtet. Auschwitz ist im allgemeinen Sprachgebrauch zum Synonym für die rassistische Ausrottungspolitik der Nationalsozialisten geworden (→Holocaust/Shoa). Allein hier wurden über eine Million Juden systematisch ermordet. Für die Errichtung des Lagers auf einer Fläche von 40 km^2 mußten 40 Dörfer geräumt werden. Auschwitz bestand aus einem Stammlager, dem Vernichtungslager Birkenau mit vier Gaskammern und Krematorien sowie 38 Außen- und Nebenlagern. Zu Beginn war Auschwitz ein Lager für politische Häftlinge aus Polen und für sowjetische Kriegsgefangene. Die Zahl der Gefangenen betrug 11 000 Personen. Die Ermordung von 600 sowjetischen Offizieren im September 1941 war die erste Vergasung. Aus dem KZ für Häftlinge war nun ein Vernichtungslager geworden. Der fabrikmäßige Mord in den Gaskammern begann im Februar 1942. Hier wurden täglich bis zu 6000 Menschen durch Zyklon B ermordet. Zwei Drittel der Inhaftierten und später Ermordeten waren europäische Juden, die aus fast allen von den deutschen Truppen besetzten Staaten Europas kamen. Unmittelbar nach Ankunft der Transportzüge fand die Selektion der Opfer auf der Rampe statt. Während der größere Teil der Deportierten (Kranke und Alte) direkt in die als Duschräume getarnten Gaskammern geführt wurde, mußte ein kleinerer Teil, jüngere, kräftige Menschen, Zwangsarbeit leisten. Mehrere Zehntausend Häftlinge wurden unter menschenunwürdigen Bedingungen von der SS an die dafür in Lagernähe errichteten Rüstungsbetriebe und an Bergwerke »verliehen«. Im nahegelegenen Lager Monowitz errichteten die IG Farben riesige Fabrikanlagen für die Herstellung

von Buna. Allein hier arbeiteten etwa 35 000 Häftlinge. Unter den mörderischen Arbeitsbedingungen und wegen mangelnder Ernährung starben viele innerhalb weniger Monate oder wurden infolge von Entkräftung ins Hauptlager zur Vergasung überstellt. Selbst geringste Ansätze zum Widerstand wurden vom Lagerkommandanten Rudolf Höß und von kriminellen Kapos mit äußerster Brutalität niedergeschlagen. Im Januar 1945 wurde das Lager vor den heranrückenden Sowjettruppen evakuiert. Tausende von Inhaftierten starben auf den Gefangenenmärschen in weiter westlich gelegene KZs oder wurden von der SS erschossen.
L W. Michalak, Auschwitz, Geschichte und Wirklichkeit des Vernichtungslagers, 1980. (RED)

Auschwitz-Protokolle, Bezeichnung für zwei authentische Berichte über die Massenmorde in Auschwitz, die jüdische Flüchtlinge 1944 der Öffentlichkeit übergaben. Der erste Bericht stammt von Rudolf Vrba (Walter Rosenberg) und Alfred Wetzler, die im April 1944 aus dem Lager in die Slowakei fliehen konnten. Ihre Aussagen wurden von Oscar Krasnansky, einem Mitglied des Jewish Council, in einem 30seitigen schriftlichen Protokoll zusammengefaßt. Der Bericht beschreibt die Systematik des Vernichtungslagers und schätzt die Zahl der bis 1944 ermordeten Juden auf etwa 1,75 Millionen. Er warnt außerdem vor Vorbereitungen für den Mord an den ungarischen und tschechischen Juden, die aus Theresienstadt nach Auschwitz deportiert wurden. Der zweite Bericht stammt von Czeslaw Mordowicz und Arnost Rosin, die Ende Mai/Anfang Juni 1944 aus Auschwitz fliehen konnten. In diesem Bericht, der ebenfalls von Oscar Krasnansky protokolliert wurde, wird die Ermordung der ungarischen Juden bestätigt. Die beiden Protokolle wurden ins Ausland geschmuggelt. Sie enthielten einen dringlichen Appell an die Alliierten, das Vernichtungslager und die dorthin führenden Eisenbahnlinien zu bombardieren. Die Protokolle wurden u. a. an die tschechische Exilregierung, den Vatikan, den US-Geheimdienst in der Schweiz (Allan Dulles), das amerikanische Außenministerium in Washington sowie die englische Botschaft in Bern geschickt. Die BBC sendete am 18. 6. 1944 Auszüge. (WJ)

Rose Ausländer, 1977

Ausländer, Rose (Rosalie Scherzer), Lyrikerin, 11. 5. 1901 Tschernowitz – 3. 1. 1988 Düsseldorf. Seit 1921 in den USA, 1931 Rückkehr nach Tschernowitz, 1941–44 im dortigen Ghetto, 1946–64 erneut in den USA, seit 1965 in Düsseldorf. Das lyrische Werk ist bestimmt von der Erfahrung des Exils, des »in der Fremde daheim«, wobei Ausländer seit Mitte der 50er Jahre eine eigene Sprache entwickelte – parallel zu Paul Celan, aber unabhängig von ihm. »Blinder Sommer« (1965) ist die wichtigste Gedichtsammlung, bestimmt durch das Gedenken an den »Aschensommer« der Judenverfolgung; die Gedichte »Das Dorf Duminika«, »Israel« und »Im Chagall-Dorf« sind Zeugnisse für Schrecken und Schönheit jüdischen Lebens. Auch im zunehmend abstrakten Spätwerk blieb ein Bezug zur jüdischen Herkunft erhalten, wobei der Glaube an das poetische Wort fast messianischen Charakter annahm (»ohne visum«, 1974). (HH)

Auslösung →Pidjon ha-Ben

Australien. Die Geschichte der Juden in Australien begann mit unfreiwilligen Einwanderern im 19. Jahrhundert, als Australien noch eine britische Sträflingskolonie war. Unter den rund 145 000 Deportierten befanden sich auch etwa 1500 Juden. Erst als freie Kolonisten aus England eintrafen, entwickelten sich jüdische Gemeinden. Die erste Synagoge wurde 1844 in Sydney eröffnet. Der Goldrausch 1850–80 brachte auch europäische jüdische Immigranten ins Land, 75 Prozent von ihnen stammten aus Deutschland. Die Pogrome in Rußland und Polen führten zu einem Zustrom osteuropäischer Flüchtlinge, deren Nachkommen sich rasch anglisierten, bis sie 1911 zusammen mit den aus England eingewanderten Juden 76 Prozent der jüdischen Gesamtbevölkerung ausmachten. Um 1933 betrug die Gesamtzahl der Juden über 25 000, lediglich 0,4 Prozent der Bevölkerung. Sie waren gleichberechtigt, trotz gewisser antisemitischer Vorurteile im allge-

meinen sehr angesehen und konnten auch die höchsten Stellen im Land bekleiden. Hitlers Machtergreifung, besonders der gewaltsame Anschluß Österreichs und die Reichspogromnacht, bewogen die australische Regierung, Flüchtlinge, hauptsächlich aus Deutschland und Österreich, aufzunehmen. Ungefähr 6500 kamen 1938/39, dazu weitere 1000, die 1940 als Internierte aus England mit der berüchtigten »Dunera« gelandet waren. Sie konnten 1942 ihre Freiheit erlangen, wenn sie sich zum australischen Militärdienst meldeten. Die Einheimischen waren in der Mehrzahl freundlich und hilfsbereit, aber eine geringe, wenn auch lautstarke Minderheit lehnte die jüdischen Flüchtlinge ab – aus einem Gemisch von Fremdenfeindlichkeit, Antisemitismus und nach dem Ausbruch des Zweiten Weltkriegs auch aus »Deutschenhaß«. Bemerkenswert war der Beitrag dieser Gruppe zum wirtschaftlichen und kulturellen Leben des Landes, speziell in der Musik. Österreichische und deutsche Juden gründeten die »Musica Viva«, die sich zum größten Kammermusikverband der Welt entwickelt hat. Nach Ende des Kriegs begann die australische Regierung ein umfangreiches Einwanderungsprogramm, das u. a. auch zu einem Zustrom von Hitleropfern führte, die in anderen Ländern vorübergehend Zuflucht gefunden hatten. Überlebende der KZs und Juden aus den Displaced Persons Camps erhöhten dieses Kontingent. Nach dem Ungarischen Aufstand 1956 kamen ungarisch-jüdische Flüchtlinge dazu, gefolgt von tschechischen, polnischen, und russischen Juden, die vor dem Kommunismus flohen. Südafrikanische Juden in nennenswerter Anzahl wanderten in den folgenden Jahren nach Australien ein. Bei der Volkszählung 1986 belief sich die Gesamtzahl der Personen, die ihre Religion als jüdisch angaben (was nicht Pflicht ist), auf etwa 69 000. Die tatsächliche Ziffer dürfte ungefähr 80 000 betragen haben und seither auf 100 000 gestiegen sein (über 0,5 Prozent der Bevölkerung). Das Wachstum der jüdischen Bevölkerung ist von einer regen und vielfältigen kommunalen und religiösen Aktivität begleitet. Eine Reihe neuer Synagogen wurde errichtet; der von deutschen Juden 1930 gegründete liberale Tempel Emanuel in Melbourne fand auch in Sydney Anhänger, wo nun zwei sehr aktive und ständig wachsende Gemeinden existieren. Jüdische Altersheime wurden erweitert und neu gebaut; neben der →B'nai B'rith, den zionistischen Organisationen und Wohlfahrtsverbänden, Sportvereinen und Klubs gibt es ein jüdisches Museum sowie eine umfangreiche jüdische Wochenpresse. Als Dachorganisationen fungieren der »Jewish Board of Deputies« und der »Executive Council of Australian Jewry«, die auch, wenn nötig, bei den Behörden intervenieren. Die Mehrheit der Juden in Australien unterstützt Israel moralisch und materiell.
(KB)

Auswanderung aus Israel →Jerida

Auszug aus Ägypten (Exodus) →Hebräische Bibel

Autobiographien, deutsch-jüdische, alle Selbstzeugnisse, die seit dem 18. Jahrhundert von jüdischen Autoren in deutscher Sprache verfaßt wurden und sich (zumindest partiell) mit jüdischen Fragen auseinandersetzen. Durch die Oberfläche der beschriebenen Lebensereignisse hindurch werden die für das jüdische Leben in Deutschland prägenden Vorgänge gespiegelt: die Emanzipation, die Assimilation oder Bewahrung der »Jüdischkeit«, der wachsende Antisemitismus im Kaiserreich, die Auseinandersetzung mit dem Zionismus und dem Sozialismus, die Verfolgung im Dritten Reich und das Leben nach dem Holocaust. All diese historischen Vorgänge waren für viele Autoren Anstoß, sich mit ihrem Judentum explizit oder implizit zu beschäftigen und ihre Rolle als Juden in Deutschland zu bestimmen. Darüber hinaus geben viele Texte auch Aufschluß über den jüdischen Alltag in Deutschland – über Erziehung, Familie, Tradition, jüdisches Gemeindeleben u. a. Eine Fülle von deutsch-jüdischen Autobiographien ist im Leo-Baeck-Institut New York archiviert. Die Mehrzahl dieser Lebensbeschreibungen wurde nicht für die Öffentlichkeit verfaßt, sondern richtete sich an Familie, Gemeinde u. a. Sozialisationsinstanzen. Diese (literarisch meist unbedeutenden) Texte sind gerade wegen ihres privaten Charakters von hohem sozialgeschichtlichen Wert (vergleiche Monika Richarz, »Jüdisches Leben in Deutschland«). Auch viele jüdische Prominente aus Wissenschaft und Kunst, Literatur, Theater und Journalismus haben Autobiographien verfaßt. Diese Selbstzeugnisse sind zwar meist nicht aus der direkten Auseinandersetzung der Autoren mit ihrem Judentum erwachsen, geben aber dennoch oft Auskunft über die Haltung der Schreiber zu ihrer Existenz als Juden. Die erste bedeutende deutsch-jüdische Autobiographie – sieht man von der in jiddischer Sprache verfaßten Lebensbeschreibung der

→Glückel von Hameln ab – stammt von dem Kantianer S. →Maimon. Er beschreibt in seiner von Karl Philipp Moritz 1792/93 herausgegebenen Lebensgeschichte den Weg vom orthodox erzogenen litauischen Talmudschüler zum Philosophen der Aufklärung, einen Weg, der über die kulturelle Assimilation, besonders die Aneignung abendländischer philosophischer Bildung, verlief. Dieser Weg wurde von vielen Juden beschritten, da in ihm die rabbinische Tradition des »Lernens« aufgehoben ist. Weitere literarische oder literarhistorisch wichtige deutsch-jüdische Autobiographien des 19. Jahrhunderts stammen u. a. von H. Heine, H. Herz, F. Lewald, H. Lorm, F. Mauthner, J. Popper-Lynkeus, J. Rodenberg, J. Stettenheim, H. Stieglitz; für das 20. Jahrhundert wichtig sind unter anderen J. Améry, S. Ben-Chorin, W. Benjamin, E. Blumenfeld, M. Brod, E. Canetti, A. Döblin, H. Domin, A. Eloesser, L. Feuchtwanger, M. Fürst, A. Holitscher, A. Kerr, H. Kesten, F. Kortner, W. Lansburgh, Th. Lessing, E. Lothar, P. Mühsam, H. Mayer, H. Sahl, A. Schnitzler, M. Sperber, H. Spiel, E. Toller, J. Wassermann, A. Zweig, M. Zweig, S. Zweig. (DZ)

Autodafé, der aus dem Portugiesischen stammende Begriff bedeutet »Glaubensakt« (lateinisch »actus fidei«) und bezeichnet die öffentliche und feierliche Verkündigung eines Inquisitionsurteils sowie dessen anschließende Vollstreckung. Im Falle eines Schuldspruchs lautete die Strafe auf Tod durch Verbrennen. Während im 13. und 14. Jahrhundert Autodafés hauptsächlich der Ketzerbekämpfung (Katharer, Waldenser) dienten, sind sie seit dem 15. Jahrhundert – erstmals 1481 in Sevilla – zunehmend über Juden abgehalten worden. Vor allem wurden sie in der Folge von der spanischen Inquisition gegen die zwangsgetauften Juden (offiziell »Conversos«, volkstümlich »Marranen« genannt) angewandt, die als nur scheinbar zum Christentum konvertiert verdächtigt wurden, ferner gegen offen oder heimlich judaisierende Christen. Zunächst erhob Papst Sixtus IV. scharfen Protest gegen das juristisch unzulängliche Inquisitionsverfahren, doch drang er damit gegenüber dem spanischen König und dem von diesem eingesetzten Großinquisitor T. →Torquemada nicht durch. Vielfach wurden Autodafés nach Art eines lokalen Volksfestes mit Arbeitsbefreiung, Aufmarsch der Zünfte u. a. begangen. Große Autodafés fanden noch in der Neuzeit 1680 in Madrid, 1699 in Coimbra, 1721 und 1727 wiederum in Madrid statt. Das letzte Autodafé wurde 1826 in Valencia abgehalten.

Ⓛ E. N. Adler, Autodafé and Jews, London/New York 1908. – H. Kamen, The Spanish Inquisition, London 1965. (PAU)

Autoemanzipation →Pinsker, Jehuda Leib

Averroes (arabisch Ibn Roschd), arabischer Philosoph, Arzt und Richter, 1126 Córdoba – 1198 Marrakesch, galt im Mittelalter allgemein als der klassische »Kommentator« des Aristoteles. Dessen Lehre wollte er in ihrer ursprünglichen Form wiederherstellen und gegen Skeptiker verteidigen. Es sind vor allem drei Lehrstücke, die den Averroismus auszeichnen. Gegen die monistische Interpretation des arabischen →Neuplatonismus betonte Averroes den Dualismus des →Aristotelismus. Daraus folgt eindeutig die Unerschaffenheit der Welt. Noch anstößiger wirkte Averroes' Ablehnung der individuellen Unsterblichkeit. Statt dessen lehrte Averroes das Fortbestehen eines allen Menschen gemeinsamen Geistes, woran der Einzelne nach dem Tod im Maß seiner geistigen Leistung Anteil gewinnt. Um den drohenden Konflikt mit der Orthodoxie zu vermeiden, unterschied Averroes in der Offenbarung streng zwischen den exoterischen (»allgemein verständlich«) Dogmen für die ungebildete Masse und den verborgenen esoterischen Wahrheiten für die gebildete Elite – die sog. Lehre der »doppelten Wahrheit«. Dies hinderte die islamische Orthodoxie allerdings nicht, Averroes zu verfolgen. Im späten Mittelalter hatte Averroes auch bedeutende jüdische Anhänger, u. a. I. →Albalag, M. →Narboni, →Levi ben Gerson. In der Renaissance war die Universität Padua eine Hochburg des Averroes. Dort wirkte der jüdische Averroist E. →Delmedigo, dessen Hauptwerk auch von B. →Spinoza zur Kenntnis genommen wurde.

Ⓛ E. Renan, Averroès et l'averroïsme, Paris 1948 (Nachdruck). (DK)

Avignon, französische Stadt. Avignon und Carpentras sind bekannt für einen besonderen jüdischen Ritus. Die Anfänge jüdischer Besiedlung liegen bereits im 4. Jahrhundert. In der schriftlichen Überlieferung ist die Übertragung des Judenschutzes durch Friedrich I. Barbarossa an den Bischof von Avignon im Jahr 1178 der älteste Beleg. Im Spätmittelalter bewohnte die mit mehr als 1000 Personen sehr stattliche Gemeinde ein abgeschlossenes Quartier um die heutige Place Victor-Basch (romanische Synagoge). In der Zeit des Avignonesischen

Papsttums (1309–1376/1430) lebten die Juden unter verhältnismäßig günstigen rechtlichen und wirtschaftlichen Bedingungen, wurden 1348 während des »Schwarzen Tods« durch Papst Klemens VI. und den Rat vor Pogromen geschützt; die Rückkehr der Päpste nach Rom brachte den Juden von Avignon eine deutliche Verschlechterung ihrer Lage (Verfolgungen, trotz Schutzes durch den Rat, im Mai 1485). (PAU)

Avisohar-Gruppe →Staatsliste

Avitus, Bischof von Clermont-Ferrand. Avitus veranlaßte 576 eine Massentaufe von Juden. Die Christen, durch den Angriff der Juden auf einen Konvertiten provoziert, erstürmten das Judenviertel und brannten die Synagoge nieder. Avitus stellte in einer Missionspredigt die Juden vor die Wahl »Ausweisung oder Taufe«. Von den Juden, die z. T. als Kolonen Pachtgüter bebauten, nahmen über 500 die Taufe; die übrigen siedelten nach Marseille über. In einem umfangreichen Gedicht gab Venantius Fortunatus den Inhalt der Predigt als trinitarische Exegese des AT wieder und unterstellte den Juden den Abfall von der Lehre des Abraham und des Mose. Ziel des Avitus sei es gewesen, die Einheit der Gemeinde herzustellen und diese von allen Störungen durch die Gegenwart der Juden zu befreien.

Ⓛ W. Goffart, The Conversions of Avitus of Clermont, in: To See Ourselves As Others See Us, J. Neusner/E. R. Frerichs (Hrsg.), 1985. (FL)

Avnery, Uri (ursprünglich Joseph Ostermann), israelischer Journalist und Politiker, 10. 9. 1923 Beckum/Westfalen, 1933 nach Palästina eingewandert. Avnery gründete 1965 die Partei →Haolam Haze, die er nach der von ihm herausgegebenen Wochenzeitschrift nannte, einer Mischung aus »Spiegel« und »Playboy«. Avnerys Ansicht nach sollte sich Israel weniger um die Juden der Welt und mehr um seine »semitische Umwelt« kümmern, sollte mehr »israelisch« und weniger »zionistisch« werden. Daher setzt sich Avnery besonders für eine israelisch-palästinische Verständigung ein. Innerhalb und außerhalb Israels gehört er zu den bekanntesten »Tauben«. 1977 war er Mitgründer der →Schelli und kam 1984 zur →Progressiven Liste für den Frieden. Zu seinen Schriften gehören »Israel ohne Zionisten« (1968, deutsch 1969), »Mein Feind – der Freund« (1988), »Wir tragen das Nessosgewand. Israel und der Frieden im Nahen Osten« (1991), »Zwei Völker – Zwei Staaten« (1995); mit anderen gab er heraus: »Die Jerusalemfrage« (1996). (DB/MW)

Aw →Kalender

Aw, neunter →Tischa be Aw

Awoda (hebräisch »Gottesdienst«), Opferdienst im Tempel. Die Awoda gilt als eine der drei Dinge, auf denen die Welt steht. Die Bitte um Wiederkehr der Awoda ist Teil des →Schemone essre. Die Seder-Awoda (Ordnung des Opferdienstes) umfaßt speziell die Wiedergabe des Opferdienstes am Versöhnungstag (→Jom ha-Kippurim) durch den Hohenpriester im Tempel. Er ist zentraler Bestandteil des →Mussaf am Versöhnungstag und wurde seit dem 4. Jahrhundert mit je nach Ritus unterschiedlichen Pijutim (→Pijut) ausgestaltet. Der Begriff Awoda wurde später auf den Gottesdienst in den →Synagogen übertragen. (HMD)

Awoda Sara (hebräisch »Götzendienst«), umfaßt biblisch die Anbetung von Götzen, die Anbetung Gottes mit nichtjüdischen Riten und die Errichtung von Götzenbildern. Hintergrund des Verbots ist der Monotheismus des Judentums, in dem die Berufung Abrahams und die Erwählung des Volkes Israel zum Dienst an dem einen Gott erfolgte. Die →Hebräische Bibel zeugt von dem Ringen um die Erfüllung des zweiten Gebots. Im rabbinischen Judentum wird der Götzendienst detailliert beschrieben und vor allem versucht, seine Förderung durch die Unterbindung von sozialem Kontakt mit Götzendienern zu vermeiden. Der Traktat Awoda Sara in der Ordnung Nesikin in der →Mischna, die noch viel umfangreichere →Tossefta und der babylonische und palästinische →Talmud enthalten entsprechende Verhaltensregeln. Awoda Sara gehört neben Blutvergießen und Inzest zu den drei sog. Kardinalsünden, denen der Märtyrertod (→Kiddusch ha-Schem) vorgezogen wird. Fernhalten vom Awoda Sara wiegt wie das Erfüllen aller Gebote der →Tora; wer ihn ausübt, leugnet die Tora. (HMD)

Azeglio, Massimo d', italienischer Maler, Schriftsteller und Staatsmann, 24. 10. 1798 Turin – 15. 1. 1866 Turin. Nach Abbruch der Offizierslaufbahn seit 1829 Studium der Malerei in Rom; seit den 1840er Jahren entfaltete Azeglio verstärkt politische Aktivität in der Risorgimento-Bewegung; Mai

1849 Ernennung durch Viktor Emanuel II. zum Ministerpräsidenten von Piemont. In seinen Schriften setzte er sich mit den sozialen und politischen Unruhen in Italien auseinander; besonderes Aufsehen erregte seine Denkschrift »Degli ultimi casi di Romagna« (1846). In seiner an Papst Pius IX. addressierten Schrift »Dell' emancipazione civile degli Israeliti« (1848), in der er die menschenunwürdigen Lebensbedingungen der Juden im römischen Ghetto beschrieb, forderte er als Christ die Verleihung der bürgerlichen Rechte an die Juden Italiens. (JÖD)

B

Ba'al ha-Bajit (hebräisch »Hausherr«), ursprünglich der Besitzer eines Hauses, später auch jeder Inhaber eines Besitzes oder Geschäfts, ebenso der Inhaber des Verfügungsrechts über einen Gegenstand. Oft wird der Ausdruck auch für einen verheirateten Bürger als Gemeindemitglied und Haupt der eigenen Familie verwendet. Die jiddische Form ist »Balebos«, feminin »Baleboste« (aus hebräisch »ba'alat ha-bajit«, »Hausherrin«, »Wirtin«, »tatkräftige Hausfrau«). Das Adjektiv heißt »balebattisch« (»bürgerlich«). (LD/TK)

Ba'al ha-Turim →Jakob ben Ascher

Ba'al Schem Tow →Israel ben Elieser

Isaak Babel

Bab, Julius, Theaterkritiker, Dramaturg, Schriftsteller, 11. 12. 1880 Berlin – 12. 2. 1955 Roslyn Heights, Long Island, USA. Seit 1901 Theaterkritiker für Berliner Tageszeitungen. 1915–19 Dramaturg bei L. →Jessner am Neuen Schauspielhaus in Königsberg, später an der Volksbühne Berlin. Rezensent für die »Berliner Volkszeitung« (1923–33), weiterhin Beiträge für »Die Schaubühne« und »Die Weltbühne«, 1923 bis 33 Herausgeber der »Dramaturgischen Blätter« der Volksbühne. 1933–38 edierte Bab die »Monatsblätter« des Jüdischen Kulturbunds. Leiter der Abteilung Theater und Rhetorik im Jüdischen Kulturbund. 1939 Emigration über Paris nach New York. Theater- und Literaturkritiker beim »New York Herold« und der »New Yorker Staatszeitung«. Scharfblickender Beobachter, streitbarer Theaterkritiker und Sachwalter eines idealistischen Bildungstheaters im Sinne der deutschen Klassik. Publikationen u. a. Schauspielerporträts (Sammlung deutscher Schauspieler, 1908), Essays zur Situation der deutschen Juden in der Schrift »Rembrandt und Spinoza« (1934), außerdem theaterwissenschaftliche Arbeiten wie »Das Theater der Gegenwart« (1928), »Das Theater im Lichte der Soziologie« (1930). Berühmt für seine fünfbändige Chronik des Dramas (1900–26). (MB)

Baba Batra →Mischna

Baba Metsia →Mischna

Baba Qamma →Mischna

Babel, Isaak Emmanuelowitsch, Schriftsteller, 13. 7. 1894 Odessa – 17. 3. 1941. Babel kämpfte in den Reihen bolschewistischer Kosakeneinheiten im Bürgerkrieg und schrieb eines der wertvollsten, der Epoche gewidmeten Bücher, den Erzählungsband »Budjonnys Reiterarmee« (1926). In seinen »Geschichten aus Odessa« (1926) verarbeitete er Anregungen aus dem jüdischen Leben. Obwohl sein Werk nicht umfangreich ist, gilt er als einer der größten Stilisten der russischen Prosa. Zwei Theaterstücke: »Sonnenuntergang« (1928) und »Marija« (1935). Am 15. 5. 1939 wurde er verhaftet und starb im stalinistischen Archipel Gulag. Babel wurde 1958 offiziell rehabilitiert, und seine Werke wurden seither wieder in der Sowjetunion veröffentlicht. (AB)

Babij Jar, 30 Meter tiefes Tal in Lukjanowka, nahe dem jüdischen Friedhof am Rande →Kiews, in dem am 29. und 30. 9. 1941 ein Sonderkommando der Gestapo, mit Beteiligung der ukrainischen Kollaborationsmiliz, 33 771 Juden – Männer, Frauen und Kinder – mit Maschinengewehren umbrachte. Später wurden in den gleichen Massengräbern weitere Zehntausende von

Leichen verscharrt, mehrheitlich Juden. Nach der Befreiung der Stadt Kiew wurden Pläne ausgearbeitet für die Errichtung eines Denkmals zur Erinnerung an die in Babij Jar vernichteten Juden. Dieses Denkmal wurde jedoch nie gebaut. Statt dessen gab es Entwürfe für ein Sportstadion in diesem Tal und für einen den Opfern des Nationalsozialismus allgemein gewidmeten Obelisken, ohne Erwähnung der ermordeten Juden. Das Massaker von Babij Jar wurde beschrieben im Roman »Der Sturm« von I. →Ehrenburg und in weiteren literarischen Werken. Ein besonderes Echo hatte Jewgenij Jewtuschenkos Poem »Babij Jar« (1961), das die Art, das jüdische Martyrium von Babij Jar bewußt in Vergessenheit geraten zu lassen, als Akt des Antisemitismus anklagte. Stalinistische Literaten und Parteichef Chruschtschow selbst kritisierten Jewtuschenko wegen dieses Poems. Der Komponist Dmitrij Schostakowitsch schloß dessen Verse in seine 13. Symphonie ein (1962). (AB)

Babylonien →Mesopotamien

Bacharach, 1. Chajim (Jair Chajim ben Mose Simson), bedeutender rheinischer Rabbiner, 1639 Leipnik, Mähren – 1. 1. 1702 Worms. Studierte an der Jeschiwa des Rabbiners Mendel Bass in Frankfurt; 1660 Ordination zum Rabbiner. Von 1666 bis 1669 Rabbiner in Koblenz, danach Rückkehr nach Worms. Wurde erst 22 Jahre nach dem Tod seines Vaters (1669) in dessen Amt als Rabbiner in Worms (1691) bestätigt. Angeregt durch seinen Vater, der sämtlichen Briefe und Dokumente über →Sabbatai Zewi und Nathan aus Gaza sammelte, widmete sich Bacharach schon früh dem Studium der sabbatianischen Bewegung. In Koblenz beschäftigte er sich intensiv mit den Verkündigungen über den Messias. Spätere Abkehr von Sabbatai Zewi (»Pseudo-Messias«). Bacharach hinterließ ein umfangreiches Werk (46 Manuskriptbände), darunter die besonders wertvolle Sammlung zur sabbatianischen Bewegung. Bacharach verfaßte ein unveröffentlichtes Sammelwerk in neun Bänden über jüdische Religion »Ez ha-Chajim« (»Baum des Lebens«) sowie 635 Responsen und gab u. a. mehrere hundert Bittgebete älterer liturgischer Autoren sowie liturgische Gedichte und Responsen seines Vaters heraus. (RD)

2. Eva, Gelehrte, Talmudistin, 1580 oder 1585 Prag – 1651 oder 1652 Sofia. Tochter des Rabbiners Isaak Samson Cohen, Frau des Rabbiners Samuel Bacharach, mit dem sie bis 1615 in Worms lebte. 1615 Rückkehr nach Prag. Ihr Sohn übernahm 1650 das Rabbinat in Worms, wohin Bacharach ihm folgte. 1651 begann sie eine Pilgerfahrt nach Jerusalem. Auf dem Weg dorthin starb sie in Sofia.
Eva Bacharach zeichnete sich durch umfassende Kenntnisse des Talmuds aus und war damit für ihre Zeit eine außergewöhnliche Frau. (MAM)

Bacher, Wilhelm, Rabbiner, Gelehrter, 12. 1. 1850 Liptószentmiklós – 25. 12. 1913 Budapest. 1876 Abschluß der rabbinischen Studien in Breslau. 1877 Professor, 1909 Vorsitzender, dann Direktor des Landesrabbinerseminars in Budapest. Forschungen auf dem Gebiet der biblischen Exegese, der Hebraistik, der Religionsphilosophie und der Orientalistik. Hauptwerke: »Die Agada der palästinischen Amoräer« (3 Bände, 1892–99), »Exegetische Terminologie der jüdischen Traditionsliteratur« (1. Band 1899, 2. Band 1905) (AK)

Bachi, Roberto, Spezialist für jüdische Demographie und Statistik, 16. 1. 1909 Rom, lebt in Israel. 1930 Promotion an der Juristischen Fakultät der Universität Rom. Hochschullehrer für Statistik an verschiedenen italienischen Universitäten, 1937 ordentlicher Professor, 1938 Auswanderung nach Palästina. Zunächst als Statistiker im medizinischen Dienst tätig. Seit 1947 ordentlicher Professor an der Hebräischen Universität Jerusalem. 1948 gründete Bachi das Statistische Zentralbüro des Staates Israel, das er bis 1971 leitete. Er war an der Vorbereitung und Ausführung mehrerer Volkszählungen maßgeblich beteiligt. 1953 gehörte er zu den Gründern der Sozialwissenschaftlichen Fakultät und wurde ihr erster Dekan. 1959/60 Prorektor der Hebräischen Universität. 1960 gründete er die Abteilung für Jüdische Demographie und Statistik und leitete sie bis zu seiner Emeritierung 1977. Bachi veröffentlichte zahlreiche wissenschaftliche Aufsätze und mehrere Bücher, darunter die Monographie »The Population of Israel« (1977).
L U. O. Schmelz/G. Nathan (Hrsg.), Studies in the population of Israel, in honor of R. Bachi, Jerusalem 1986. (PH)

Bachja ben Ascher ibn Chalawa, Bibelkommentator und Kabbalist, 2. Hälfte 13. Jahrhundert Saragossa – 1340 Saragossa, Schüler von Salomo ben →Adret und Isaak ben Todros. Wirkte als Prediger und Richter in seiner Gemeinde in Saragossa. In seinem Hauptwerk, dem Torakommentar (abgeschlossen 1291), wandte Bachja ben Ascher ibn Chalawa eine vierfache Auslegungsmethode an: Erklärung nach dem Wortsinn (→Peschat), kreativ-erbauliche Deutung (→Derasch/Derascha), philosophisch-allegorische und mystische Auslegung (→Kabbala). In der philosophisch-allegorischen Auslegung folgt er meist →Mose ben Maimon, während er sich in der mystischen Deutung an →Mose ben Nachman orientiert, zugleich aber über diesen hinausgeht; das mystische Interesse überwiegt. Bachja ben Ascher ibn Chalawa bringt in seinem Kommentar disparate Quellen aus Talmud und →Midrasch, exegetische, philosophische und kabbalistische Literatur zusammen; der Sohar (klassisches Hauptwerk der →Kabbala) ist ihm bekannt, doch erwähnt er ihn nur zweimal. Bachja ben Ascher ibn Chalawas Tora-Kommentar wurde 1492 erstmals gedruckt; es existieren Superkommentare, besonders zum kabbalistischen Teil des Buchs, und eine lateinische Übersetzung. Bachja ben Ascher ibn Chalawa verfaßte auch das Buch »Kad ha-Kemach« (»Mehlkrug«), das in alphabetischer Anordnung Predigten über Glaubensfragen und Sittenlehre enthält, ferner das Buch »Schulchan schel Arba« über Tischbräuche. Bachja ben Ascher ibn Chalawa gehört zu den wichtigsten Vertretern der älteren Kabbala.

Ⓛ B. Bernstein, Die Schrifterklärung des Bachiâ ben Ascher ibn Chalâwa und ihre Quellen, in: Magazin für die Wissenschaft des Judentums 18, 1891. (LD/TK)

Bachja ibn Pakuda, Philosoph, Moralist und Dichter, 2. Hälfte des 11. Jahrhunderts, wahrscheinlich aus Saragossa, Spanien. Sein etwa 1080 ursprünglich arabisch verfaßter »Chobot halebabot« (hebräisch »Die Pflichten des Herzens«; deutsch 1922) ist das einflußreichste jüdische Erbauungsbuch und seit 1498 in zahlreichen Auflagen in alle jüdischen Umgangssprachen übersetzt worden. Als Gegengewicht zur halachischen Reglementierung der äußeren, körperlichen Pflichten behandelt Bachja ibn Pakuda die ebenfalls gebotenen inneren Herzenspflichten und betont, daß Werke und Handlungen nur durch fromme innere Einstellungen wie Gehorsam, Glaube, Demut, Buße und Enthaltsamkeit verdienstvoll sind. Die sittliche Läuterung der Seele auf dem Weg zu Gott beschreibt Bachja ibn Pakuda mit Hilfe des Ab- und Aufstiegsschemas des →Neuplatonismus. Obwohl Bachja ibn Pakuda fast nur biblische und rabbinische Autoritäten zitiert, ist er doch weitgehend von der islamischen Mystik und Asketik abhängig. Deren weltflüchtige Tendenz vermeidet er und sucht gemäß der biblischen Sozialethik ein Gleichgewicht zwischen religiösen und sozialen Bindungen.

Ⓛ G. Vajda, La Théologie ascétique de Bachja ibn Pakuda, Paris/New York 1947. (DK)

Bad →Mikwe

Baden, ursprünglich Markgrafschaft, die sich erstmals 1112 nach der Burg Baden benannte. 1803 Kurfürstentum und 1806 Großherzogtum; nach 1918 Freistaat im Deutschen Reich, seit 1952 Teil des Landes Baden-Württemberg (→Württemberg). Im Mittelalter nur von wenigen Juden bewohnt (nachweislich ab 1235). Im 13. Jahrhundert als jüdische Gemeinden erwähnt: Tauberbischofsheim, Lauda bei Pforzheim, im 14. Jahrhundert: Überlingen, Konstanz, Bretten, Freiburg, Heidelberg, Ettlingen und Durlach. Im Verlauf des Mittelalters waren die Juden den üblichen Verfolgungen und Vertreibungen ausgesetzt. In der Stadt Baden-Baden mußten die Juden seit 1606 jährlich 400 Gulden für das Wohnrecht aufbringen. 1615 Vertreibung, Rückkehr nach dem Dreißigjährigen Krieg. 1681 wurde in verschiedenen Städten (zuerst in Ettlingen) das Judengericht eingeführt. Detaillierte Reglementierungen über Handel, Verwaltung und allgemeine Beziehung zur christlichen Bevölkerung enthielten die verschiedenen Judenverordnungen des 18. Jahrhunderts. Am 13. 1. 1809 wurde durch das Edikt des Großherzogs Carl Friedrich über die »Kirchenverfassung« der Oberrat der Israeliten Badens gegründet. Doch erst 1860 waren alle Juden in Baden völlig gleichberechtigt; die neue Landesregierung galt als besonders liberal. 1936 lebten in Baden 17 000 Juden, davon 6400 in Mannheim, 3100 in Karlsruhe, 1100 in Freiburg und 1100 in Heidelberg. 1940 wurden 6000 badische Juden in die französischen Internierungslager Gurs, Rivesaltes und Les Milles deportiert (»Aktion Bürckel«). Allein in Gurs fanden 1000 den Tod, die übrigen wurden in den Vernichtungslagern des Ostens ermordet. Heute leben in Baden insgesamt etwa 900 Juden. (WJ)

Baden-Baden →Baden

Badt, Hermann, Politiker und Ministerialbeamter, 13. 7. 1887 Breslau – September 1946 Jerusalem. Studium der Rechtswissenschaften in Breslau und München, 1908 Promotion, im Ersten Weltkrieg verwundet, 1919 erster jüdischer Regierungsassessor im preußischen Verwaltungsdienst, 1920 Regierungsrat, 1922–26 Mitglied des Preußischen Landtags (SPD), 1927–32 Ministerialdirigent im Innenministerium, Leiter der Rechts- und Verfassungsabteilung, ab 1926 hauptamtlicher Bevollmächtigter des Landes Preußen beim Reichsrat, 1932 Vertreter der preußischen Regierung vor dem Staatsgerichtshof nach dem Staatsstreich Papens, führender deutscher Zionist, 1933 Emigration nach Palästina. (JS)

Badt-Strauss, Bertha (Pseudonym Bath-Hillel), Schriftstellerin, Literaturhistorikerin und Publizistin, 7. 12. 1885 Breslau – 20. 2. 1970 Chapel Hill, North Carolina/USA. Schwester des jüdischen Juristen Hermann Badt, Frau des jüdischen Pädagogen Bruno Strauss (1889–1969). Badt-Strauss studierte Anglistik und Germanistik in London, Breslau, München und Berlin. 1908 wurde sie in Breslau mit einer Arbeit über »Annette von Droste-Hülshoff, ihre dichterische Entwicklung und ihr Verhältnis zur englischen Literatur« promoviert. Von 1912 an war Badt-Strauss Dozentin in Breslau und Berlin, bis sie 1939 mit ihrem Mann in die USA emigrierte. Eines ihrer Hauptwerke, »Rahel Varnhagen und ihre Zeit« (1912), behandelt die deutsch-jüdische Beziehungsgeschichte im Zusammenhang mit den Berliner Salons um 1800. Das 1937 erschienene Werk »Jüdinnen« enthält biographische Bilder jüdischer Frauengestalten von der Antike bis in die 30er Jahre. Mit ihrem Mann gab sie 1939 die Briefe H. →Cohens heraus. Neben ihrer schriftstellerischen Tätigkeit publizierte sie in verschiedenen Zeitungen: »Berliner Tageblatt«, »Vossische Zeitung«, »Der Morgen«, »Jüdische Rundschau«, »Hadassah Newsletter« und »National Jewish Monthly«. Weitere Werke: »Die Lieder des Süßkind von Trimberg« (1920), »Moses Mendelssohn, der Mensch und das Werk« (1929, zusammen mit Bruno Strauss), »White Fire – The Life and Works of Jessie Sampter« (1956). (MAM)

Baeck, Leo, Rabbiner, Judaist und führende Persönlichkeit des deutschen Judentums, 23. 5. 1873 Lissa, Posen – 2. 11. 1956 London. Baeck entstammt mährischen Rabbinerfamilien. Er besuchte das konservative Rabbinerseminar in Breslau und ging 1894 gegen den Willen seines Vaters an die liberale →Hochschule für die Wissenschaft des Judentums in Berlin und promovierte 1895 bei Wilhelm Dilthey, dem Begründer der modernen Geisteswissenschaften, an der Universität Berlin. Seit 1897 amtierte Baeck als Rabbiner in Oppeln, von 1907–12 in Düsseldorf und, seit 1912 in Berlin und dozierte an der Hochschule für die Wissenschaft des Judentums über rabbinische Erbauungsliteratur. Baecks liberale Deutung des Judentums betonte, ähnlich wie die Religionsphilosophie seines älteren Kollegen H. →Cohen, den ethischen Monotheismus der Propheten, wenn er auch gegen diesen idealistischen Ansatz, geschult an der Hermeneutik Diltheys, einfühlsam die geschichtliche Individualität des Judentums erfassen wollte. In seinem Hauptwerk »Das Wesen des Judentums« richtete er sich gegen die verzerrende Darstellung des Judentums als überholte Gesetzesreligion, die der liberalprotestantische Kirchenhistoriker Adolf von Harnack in seinem populären Buch »Das Wesen des Christentums« vorlegte. Baeck zeigte dagegen, daß die universalistische Botschaft, die Zeremonialgesetze, der Gedanke der Auserwählung und Menschheitssendung und anderes mehr zur spannungsreichen Ganzheit des konkreten Judentums gehören und es als den zukunftsweisenden »Nonkonformisten der Geschichte« auszeichnen. Nach dem Ersten Weltkrieg, in dem Baeck als Feldrabbiner diente, wurde er zum führenden rabbinischen Repräsentanten des deutschen Judentums.: Präsidialmitglied des →Keren Hajessod und der →Jewish Agency; 1922 Vorsitzender des Allgemeinen Rabbinerverbands in Deutschland; seit 1924 Präsident des deutschen →B'nai B'rith; 1925 Vorsitzender der Zentralwohlfahrtsstelle der deutschen Juden; seit 1933 Mitglied und später Vorsitzender der →Reichsvertretung der deutschen Juden. Im Zweiten Weltkrieg hatte Baeck Kontakte zur Widerstandsgruppe von Carl Friedrich Goerdeler. 1943 wurde Baeck nach Theresienstadt deportiert, wo er als Mitglied des Ältestenrats unter großen Ent-

Leo Baeck, Washington 1948

behrungen weiter für seine Gemeinde einstand. Baeck entrann nur knapp dem Tod und war nach seiner Befreiung und Niederlassung in London der allseits geehrte Repräsentant des liberalen Judentums. Seit 1948 Professor für Religionsgeschichte am Hebrew Union College in Cincinnati. 1954 wurde in New York das →Leo Baeck Institut gegründet. Seit 1956 wird jährlich der vom →Zentralrat der Juden in Deutschland und der Zentralwohlfahrtsstelle gestiftete L. Baeck-Preis vergeben.
🄻 A. H. Friedländer, Leo Baeck. Leben und Lehre, 1990. (DK)

Baer (Dow) von Mesiritsch, »der große Maggid« (Prediger) genannt, 1710 Wolynien – 1772 Anapoli, nach dem Tod des →Israel ben Elieser (Ba'al Schem Tow) dessen Nachfolger als Führer der chassidischen Bewegung. Talmudisch und kabbalistisch gebildet, soll ihn sein zunächst streng asketisches Leben krankgemacht haben; die Legende berichtet von einer Wunderheilung durch den Ba'al Schem Tow, dessen Schüler Baer von Mesiritsch daraufhin wurde. Baer von Mesiritsch verlagerte das Zentrum des →Chassidismus nach Zentralpolen (Wolynien), von wo dieser sich durch Sendboten nicht nur über ganz Polen, sondern auch in der Ukraine, sogar nach Litauen ausbreiten konnte. Baer von Mesiritschs Lehre von der »dewekut« (Verbindung mit der Gottheit) geht von der pantheistischen Annahme aus, daß Gottes Wesen die gesamte Existenz durchdringt und alles umschließt. Jeder Mensch könne daher durch Hingabe und Reflexion einen Zugang zu Gott haben; auch körperliche Handlungen seien Gottesdienst (awoda begaschmijut). Baer von Mesiritsch führte Elemente der →Kabbala des Isaak →Luria in den Chassidismus ein und übernahm auch dessen Gebetbuch (→Siddur). Im Streit mit den Mitnaggedim (→Mitnagged) wurde über Baer von Mesiritsch und seine Chassidim kurz vor seinem Tod unter →Elia ben Salomo Salman der Bann (→Cherem) verhängt. (LD/TK)

Bagdad, Hauptstadt des Irak, im Talmud einmal Bagdat (Qid 1b), sonst auch Babel genannt. Seit 762, als Bagdad als Hauptstadt der abassidischen Dynastie neugegründet wurde, gab es dort eine jüdische Gemeinde, die sich zur größten des Landes entwikkelte und Sitz des Exilarchen (→Resch Galuta) war. Während der gaonäischen Zeit (→Gaon) lebten die Juden in einem Judenviertel (dar al-jahud). Sektierer und →Karäer waren zahlreich in Bagdad. Am Ende des 9. Jahrhunderts siedelten die berühmten →Akademien von Sura und Pumbedita nach Bagdad über. An der Akademie von Bagdad unterrichteten →Scherira ben Chananja Gaon und sein Sohn Hai ben Scherira Gaon. Im 10. Jahrhundert brachten es die Familien von Mar Netira und Mar Aaron zu Ansehen beim Kalifat. Ihre größte Blüte hatte die Gemeinde von Bagdad während der Amtszeit von Samuel ben Ali ha-Levi als Leiter der Akademie (um 1164–94), eines Gegners von →Mose ben Maimon. →Benjamin von Tudela berichtet, 1170 habe es etwa 1000 jüdische Familien in Bagdad gegeben. Heute haben die meisten Juden Bagdads, nach anhaltender Verfolgung seit 1932, den Irak verlassen.
🄻 H. J. Cohen, The Anti-Jewish farhûd in Baghdad 1944, in: Middle Eastern Studies 3, 1966. – S. Poznanski, Babylonische Geonim im nachgaonischen Zeitalter nach handschriftlichen und gedruckten Quellen, 1914. – D. S. Sassoon, A History of the Jews in Baghdad, Letchworth 1949. (LD/TK)

Bahir, Sefer ha-, auch »Midrasch Rabbi Nechunja ben ha-Kana« genannt, die älteste Schrift der →Kabbala im engeren Sinne, tauchte Ende des 12. Jahrhunderts in Südfrankreich auf. Die Autorschaft ist ungeklärt; verschiedene Einflüsse, u. a. das Werk »Sefer Jezira«, gnostische Elemente und magische Deutungen, lassen sich nachweisen. In einer schon ausgeprägten Symbolsprache werden besonders kosmogonische und kosmologische Bibelverse in Form eines →Midrasch gedeutet, dazu auch einzelne hebräische Buchstaben, Vokale und Akzente. Eine Vorform der Lehre von den zehn Emanationen Gottes (Sefirot) wird angewendet; eine theoretische Darstellung der kabbalistischen Vorstellungen fehlt noch. Der Bahir war weit verbreitet, wurde später aber durch den Sohar (→Kabbala), der den Bahir kaum aufgenommen zu haben scheint, verdrängt.
🄻 G. Scholem, Ursprung und Anfänge der Kabbala, 1962. – G. Scholem, Das Buch Bahir, 1980 (Übersetzung und Kommentar). (LD/TK)

Bakst, Leo (Rosenberg, Lew Samoilowitsch), Maler und Graphiker, 10.5.1866 Grodno – 28.12.1924 Paris. In der Kindheit getauft, kehrte er später zum Judentum zurück. Studierte an der Kunstakademie in St. Petersburg, später in Paris. Bakst wurde berühmt als Szenenbildner des »Russischen Balletts« des Serge Diaghilews. Illustrationen zu Gogol. (AB)

Bałaban, Majer (Meir), Historiker, Gründer der jüdischen Historiographie in Polen, 1877 Lemberg – 24.12.1942 Ghetto Warschau. Studierte in Lemberg Jura und Geschichte. War aktiv in der zionistischen Bewegung, schrieb Leitartikel für die Wochenzeitung »Wschód« (»Der Osten«), unterrichtete Religion an einer jüdischen Schule. 1918–20 Leiter der Jüdischen Hochschule in Tschenstochau, 1920–30 Leiter des Rabbinerseminars Tahkomoni in Warschau. Seit 1936 Professor an der Warschauer Universität. Mitbegründer des Instituts für Jüdische Studien (1927). Bałaban publizierte etwa 70 historische Arbeiten sowie zahlreiche Artikel zur Geschichte des polnischen Judentums. Die meiste Beachtung fanden: »Żydzi krakowscy na przełomie XVI-XVIIw.« (1906, »Die Juden in Lemberg an der Wende vom 16. zum 17. Jahrhundert«), »Dzieje żydów w Krakowie i na Kazimierzu, 1304–1868« (»Die Geschichte der Juden in Krakau und Kazimierz«, 2 Bände, 1931–36), »Die Judenstadt von Lublin« (1919), über die sabbatianische und frankistische Bewegung »Le-Toledot ha-Tenu ach ha-Frankit« (2 Bände 1934/35), »Zabytki kulturalne Żydów w Polsce« (»Kultur-Denkmäler der Juden in Polen«, 1929), »Historia i literatura żydowska« (»Geschichte und Literatur der Juden«, 3 Bände, 1925); darüber hinaus 150 Artikel für die »Jewrejska Enzyklopedja«, das russische Lexikon des Judentums, sowie Studien zur Vierländersynode für die elfbändige russische Geschichte der Juden (1914). Bałaban starb noch vor der Liquidation des Ghettos, und wurde auf dem jüdischen Friedhof in Warschau bestattet.
(AGR)

Balázs, Béla (Herbert Bauer), Filmkritiker, -theoretiker, -regisseur, Schriftsteller, 4.8. 1884 Szeged, Ungarn –17.5.1949 Prag. Zusammenarbeit mit G. →Lukács, Ernst Bloch und Béla Bartók. Balázs verließ Ungarn nach dem Sturz der Räteregierung 1919. Von Österreich siedelte er 1926 nach Berlin über, von 1932 bis 1946 Professor für Filmästhetik am Moskauer Filminstitut. Anschließend kehrte Balázs nach Ungarn zurück. Lehraufträge in Rom, Warschau und Prag. Balázs entwickelte als Filmkritiker (»Wiener Tageszeitung«, »Die Rote Fahne«, »Der Tag«) seine visuelle Theorie des Films, die in »Der sichtbare Mensch« (1924) zusammengefaßt ist. Während seiner Berliner Zeit, in der er u.a. für »Die Weltbühne« schrieb, engagierte sich Balázs in der linken avantgardistischen Filmbewegung, arbeitete am Drehbuch der »Dreigroschenoper« (1931) mit und veröffentlichte das stark vom russischen Montagefilm geprägte kulturideologische Theoriewerk »Der Geist des Films« (1930). 1949 erschien in Wien »Film – Werden und Wesen einer neuen Kunst«. Als einer der ersten Filmkritiker bildet Balázs zusammen mit Rudolf Arnheim und S. →Kracauer das sog. »ABK« der deutschen Filmtheorie.
(MAR)

Balfour-Deklaration, die in einen Brief des britischen Außenministers Arthur J. Balfour an Baron Lionel W. Rothschild vom 2.11.1917 gekleidete Erklärung der britischen Regierung, sie betrachte »die Schaffung einer nationalen Heimstätte in Palästina für das jüdische Volk mit Wohlwollen« und werde »die größten Anstrengungen machen, um die Erreichung dieses Ziels zu erleichtern«. Für das Zustandekommen der Deklaration, die den Zielen der zionistischen Bewegung entgegenkam, hatte sich besonders Ch. →Weizmann eingesetzt, der durch seine Tätigkeit als Chemiker und Berater der britischen Regierung Einfluß bei Lord Balfour und (dem künftigen Premierminister) Lloyd George gewonnen hatte. Die britische Regierung suchte durch die Balfour-Deklaration vor allem die Unterstützung der US-amerikanischen Juden für einen stärkeren Kriegseinsatz der USA im Ersten Weltkrieg zu gewinnen. Außerdem sollte die Unterstützung der Zionisten für ein britisches Protektorat in Palästina gewonnen werden. Die Deklaration stand im Widerspruch zu Versprechungen, die Großbritannien etwa gleichzeitig Frankreich und den Arabern machte. Die Balfour-Deklaration wurde als Teil der Präambel in das Völkerbundsmandat für Palästina von 1922 ausdrücklich aufgenommen.
🄻 W. Laqueur, Der Weg zum Staat Israel, 1975.
(DB/MW)

Ballin, Albert, Kaufmann und Reeder, 15.8.1857 Hamburg – 9.11.1918 Hamburg. Seit 1874 arbeitete Ballin als Prokurist in der von seinem Vater 1852 gemeinsam mit Samuel Moritz Hirsch gegründeten Auswanderer-Agentur Morris & Co., die er schließlich leitete; seit 1886 Chef der Passageabteilung der Hamburg-Amerikanischen Packetfahrt-Actiengesellschaft (HAPAG); 1888 in den Vorstand berufen, avancierte Ballin 1899 zum Generaldirektor der größten Reederei der Welt. Viele osteuropäische Juden wanderten über das Hamburger Unternehmen in die USA aus. Ballin warnte vor dem Ersten Weltkrieg vor einem Wettrüsten zwischen Deutschland und Großbritannien und versuchte in zahlreichen Verhandlungen, ein deutsch-englisches Flottenabkommen herbeizuführen. Nach dem deutschen Waffenstillstandsangebot und kurz vor seinem Selbstmord hatten ihm die SPD und das Zentrum angetragen, die Friedensverhandlungen mit den Westmächten zu übernehmen.

Ⓛ L. Cecil, Albert Ballin, 1969. – P. F. Stubmann, Albert Ballin. Leben und Werk eines deutschen Reeders, 1926. (JÖD)

Bamberg, von 1007–1803 Hauptstadt eines Fürstbistums, anschließend kreisfreie Stadt. Erste Ansiedlung von Juden wahrscheinlich schon im späten 11. Jahrhundert, da z. Z. des ersten Kreuzzugs Zwangstaufen stattfanden; eine jüdische Gemeinde ist seit der 2. Hälfte des 12. Jahrhunderts nachgewiesen. Während der →Rindfleisch-Unruhen 1298 wurden etwa 125 Juden in Bamberg ermordet. Nach den →Pestverfolgungen 1348/49 wurde die »Judengasse« niedergebrannt und die Synagoge vom Bischof in eine Marienkapelle umgewandelt. 1478 wurde die jüdische Bevölkerung aus Bamberg vertrieben, und bis Mitte des 17. Jahrhunderts durften sich nur wenige Juden, die aber wiederholt vertrieben und verfolgt wurden, gegen hohe Abgaben in der Stadt aufhalten. 1694 wurde die erste und 1910 die zweite Synagoge erbaut, die während des Novemberpogroms 1938 niedergebrannt wurde. 1699 fand ein Pogrom statt, das durch Militäreinsatz niedergeschlagen werden mußte. Das Reglement des Bamberger Domprobstes von Guttenberg aus dem Jahr 1719 gewährte der jüdischen Bevölkerung weitgehende religiöse und wirtschaftliche Freiheit und Selbstverwaltung. 1810 lebten 287, im Jahr 1880 1270 (4,3 Prozent der Gesamtbevölkerung), 1910 1177 und 1933 812 Juden (1,5 Prozent) in Bamberg. Von 1825 bis 1862 war S. W. →Rosenfeld Distriktrabbiner von Bamberg, sein Nachfolger war Josef Kobak (1864–83), der Herausgeber der Zeitschrift »Jeschurun«, und von 1888 bis 1926 hatte Adolf Eckstein dieses Amt inne, der zahlreiche Arbeiten zur jüdischen Geschichtsschreibung von Bamberg und Bayern veröffentlichte. Unter der NS-Herrschaft emigrierten von 1933 bis 1941 443 Juden vor allem in die USA, nach England und Palästina; 253 wurden in die KZs deportiert; den Holocaust überlebten 15 Bamberger Juden. Nach 1945 Neugründung der Gemeinde. 1963 wurde ein neues Bethaus mit Gemeindezentrum eingeweiht. 1998 zählte die Gemeinde in Bamberg wieder 520 Mitglieder. (BV)

Bamberger, 1. Ludwig, deutscher Schriftsteller, Nationalökonom und Politiker, 22. 7. 1823 Mainz – 14. 3. 1899 Berlin. Tätigkeit als Anwalt in Mainz von 1845–47. Politisches Engagement bedingt durch die revolutionären Ereignisse des Jahres 1848. Als Chefredakteur der »Mainzer Zeitung« trat er für Demokratie und die Einheit Deutschlands ein. Als Führer der Pfälzer Erhebung wurde er nach deren Mißlingen in Abwesenheit zum Tode verurteilt; er emigrierte zunächst in die Schweiz, dann nach Paris. An den weiteren politischen Auseinandersetzungen in Deutschland nahm er publizistisch teil und wurde nach der Amnestie im Jahr 1868 Mitglied des deutschen Zollparlaments, von 1871–93 MdR (Mitglied der Nationalliberalen, später Mitbegründer der Freisinnigen Partei). Unterstützte Bismarcks Ziel der Einigung Deutschlands, lehnte aber dessen Politik- und Wirtschaftsvorstellungen ab. Befürworter des Freihandels, anerkannte Autorität auf dem Gebiet des Staatsrechts, der Bankgesetzgebung und der Währungsfragen. Mitbegründer der Deutschen Reichsbank. Gesammelte Schriften in fünf Bänden. Hauptwerke u. a.: »Deutschtum und Judentum« (1880), »Bismarck Posthumus« (1899), »Erinnerungen« (1899). (RD)

2. Seligmann Baer, Rabbiner, Talmudgelehrter und führender Vertreter der jüdischen Orthodoxie in Deutschland, 9. 11. 1807 Wiesenbronn, Bayern – 13. 10. 1878 Würzburg. Von 1823 bis 1828 absolvierte Bamberger die Jeschiwa in Fürth. 1838 wurde er als Nachfolger von Abraham Bing Rabbiner in Würzburg; seit 1840 Bezirksrabbiner. 1855 gründete Bamberger eine jüdische Realschule mit Internat und 1864 die orthodoxe →Israelitische Lehrerbildungsanstalt in Würzburg. Zusammen mit N. →Adler und E. →Hildesheimer gründete er eine orthodoxe Bibelgesellschaft und führte Sammlungen in Unterfranken zur Unterstützung der jüdischen Bevölkerung in Palästina durch. Bamberger verfügte über umfassende Kenntnisse des Talmud und publizierte, neben seiner intensiven Lehrtätigkeit, u. a. Schriften zu halachischen Fragen. Bamberger setzte sich nachdrücklich für die Beibehaltung orthodoxer Gebräuche ein, plädierte allerdings nicht für einen prinzipiellen Austritt von gesetzestreuen Mitgliedern aus reformierten Gemeinden, worüber er mit S. R. →Hirsch eine Debatte führte. (BV)

Bambus, Willy, Politiker und Schriftsteller, 21. 3. 1862 Berlin – 5. 11. 1904 Berlin. Bambus schloß sich 1885 dem Berliner Verein für die Kolonisation Palästinas »Esra« an und gründete einige Jahre später mit Hirsch Hildesheimer, Emil Meyersohn und J. Turoff das Zentralkomitee der »Chowewe Zion« mit Sitz in Paris. Mit diesem Komitee, dem auch die →JCA und die →Alliance Israélite Universelle angehörten, hoffte er eine Weltorganisation für die Besiedlung Palästinas zu schaffen. Nach der Gründung des →Zionistischen Weltkongresses wurden diese Bestrebungen aufgegeben. 1887/88 gab Bambus in Berlin die vorzionistische Zeitschrift »Serubabel« heraus, später die Zeitschrift »Zion«. (JS)

Bankwesen →Geldhandel, →Wirtschaftsleben, Juden und

Bann →Cherem

Baraita (Plural Baraitot, aramäisch »die draußen befindliche [Lehre]«), jede →Halacha oder aggadische Tradition, die nicht von der →Jehuda ha-Nassi zugeschriebenen Mischna-Redaktion aufgenommen wurde. Eine Baraita kann im Aufbau der →Sugia von einem →Amoräer als Argument, Beweis, Angriff und dgl. angeführt werden; sie ist aber in der Regel der Mischna unterlegen. Die anonyme Baraita wird durch besondere Formeln eingeleitet (»tanja«, »es wurde gelehrt«; »tannu rabbanan«, »unsere Meister/Weisen haben gelehrt« – im Gegensatz zu »tenan«, »wir haben gelehrt«, das stets eine Mischna einleitet). Es gibt verschiedene (z. T. verlorengegangene) Sammlungen von Baraitot (z. B. →Tosefta). Das Wort Baraita bezeichnet auch, im übertragenen Sinn, abgeschlossene Texteinheiten, die selbständig oder in Verbindung mit anderen Werken überliefert wurden (z. B. die sog. Baraita des Rabbi Jischmael mit den 13 Auslegungsregeln am Anfang von Sifra, einem halachischen Midrasch). (LD/TK)

Barak (ursprünglich Brog), Ehud, israelischer Offizier und Politiker (→Israelische Arbeitspartei), 1941 Mischmar Hascharon. Als Sohn polnischer Einwanderer im Kibbuz aufgewachsen; mit 17 Jahren Berufssoldat; studierte Mathematik und Physik und später in den USA Wirtschaftsingenieurwesen. Nahm an den Kriegen 1967, 1970 und 1973 teil. 1982 Chef des Planungsstabes der Streitkräfte; 1983–86 Leiter des militärischen Geheimdienstes, 1987 Stellvertreter des Generalstabschefs, 1991–95 Generalstabschef. Juli 1995 Eintritt in die Politik als Innenminister; nach der Ermordung von Ministerpräsident →Rabin im November 1995 Außenminister bis zur Neuwahl der Knesset im Mai 1996. Im Juni 1997 wurde Barak nach dem Verzicht des ehemaligen Regierungschefs →Peres zum Vorsitzenden der IAP und Oppositionsführer gewählt; gilt im Vergleich mit Peres als weniger kompromißbereit gegenüber den Wünschen der Palästinenser. (WL)

Barcelona. Bereits seit dem 9. Jahrhundert ist eine jüdische Gemeinde nachgewiesen. 1079 lebten 40, vielleicht 60 jüdische Familien in Barcelona. Sie gehörten zu den großen Landbesitzern, waren Handwerker, Händler, Bankiers und →Hoffaktoren der Grafen von Barcelona und Könige von Aragón. Seit dem 11. Jahrhundert lebten die meisten Juden freiwillig in einem eigenen Bezirk in Hafennähe. Mit dem Beginn des 14. Jahrhunderts wurden alle Juden gezwungen, von den Christen abgesondert zu leben. Anfänglich stand die Gemeinde vollkommen unter dem Einfluß des vornehmen und reichen Hauses Sheshet. Seit 1241 teilten sich die Verwaltung Mitglieder der wohlhabendsten Familien, denen seit 1327 der Rat der Dreißig zur Seite stand. 1386 wurden auch Vertreter der kleinen Handwerker und Händler an der Gemeindeverwaltung beteiligt. Mit dem Aufkommen der antijüdischen Bettelorden in Barcelona, seit dem Ende des 13. Jahrhunderts, entwickelten sich wachsende Spannungen zwischen Christen und Juden. Im Anschluß an das →Religionsgespräch von Barcelona im Jahr 1263 verstärkten sich die Bemühungen, die Juden zur Konversion zu veranlassen. 1348, im Pestjahr, kam es zu ersten, heftigen Ausschreitungen gegen die Juden. 1391 inszenierten fanatisierte Kastilianer, die sich schon in Sevilla und Valencia an den Gewaltakten gegen Juden beteiligt hatten, Pogrome. Über 400 Juden wurden ermordet, der Rest zur Taufe gezwungen. Johann I. verurteilte zwar einige der Rädelsführer, forderte 1392 auch Juden auf, wieder in Barcelona zu siedeln, doch folgten dieser Aufforderung nur vorübergehend einige Juden, denen endgültig ab 1424 nur ein zeitlich begrenzter Aufenthalt zugestanden wurde. Unter den Conversos befanden sich viele, die nur zum Schein das Christentum angenommen hatten. Als 1486 die Inquisition auch in Aragón eingerichtet wurde, flohen sie oder wurden 1492 vertrieben. Im 20. Jahrhundert kam es zur Neubildung einer jüdischen Gemeinde, die nach dem Zweiten Weltkrieg u. a. eine sephardische und eine aschkenasische Synagoge und eine Talmud-Tora-Schule unterhielt. (ES)

Bar Giora, Simon, einer der Anführer des ersten jüdischen Aufstands gegen die Römer (66–70 n. Z.). Nach Flavius →Josephus wurde er in Gerasa geboren, das von den meisten mit Jerash im heutigen Jordanien identifiziert wird. Giora heißt aramäisch »Konvertit« (→Proselyt); es ist anzunehmen, daß Bar Gioras Vater zum Judentum übergetreten war. Bar Giora trat erstmals in der Schlacht von Bet-Choron (66) gegen Cestius Gallus als verwegener Kämpfer hervor; da sich die gemäßigte Führung des Aufstands von ihm distanzierte, zog er sich mit seinen Anhängern in das Gebiet der Acrabatene (nahe Sichem) zurück. Zusammenstöße mit den Römern drängten ihn für kurze Zeit zum Unterschlupf bei den Sikariern auf Masada. Bar Giora soll daraufhin den Südteil des Landes »terrorisiert«, die Idumäer unterworfen und Hebron unter seine Kontrolle gebracht haben. 69 zog er in Jerusalem ein, wo er sich Rivalenkämpfe mit Jochanan von Gusch-Chalaw lieferte, die bis zum Aufzug →Titus' vor Jerusalem im Jahr 70 dauerten. Die Stärke von Bar Gioras Truppen zu dieser Zeit wird mit 15 000 Mann angegeben. Nach der Zerstörung des →Tempels in Jerusalem stellte sich Bar Giora den Römern. Laut Flavius Josephus soll er dabei in weißen Kleidern und im Purpurmantel auf der Tempelruine erschienen sein; vielleicht waren mit der Person Bar Gioras messianische Hoffnungen verbunden. Bar Giora wurde im Triumphzug nach Rom gebracht und hingerichtet.

🄻 M. Hengel, Die Zeloten, 1961. (LD/TK)

Barhebraeus, Johanan (Gregorius Abu'l Faradsch), Jakobit, Sohn eines jüdischen Arztes und Konvertiten, Mönch in Antiochia, Erzbischof von Aleppo, 1226 Melitene – 30. 7. 1286 Al Maragha. Barhebraeus, letzter bedeutender Autor syrisch-aramäischer Sprache, schrieb einen Kommentar zum AT und zum NT, der Einfluß jüdischer Exegese verrät, ferner eine systematische Darstellung der aristotelischen Philosophie, eine syrische Grammatik und eine Weltgeschichte; außerdem übersetzte er arabische Werke (Avicenna). (FL)

Bar Ilan Universität →Universitäten in Israel

Bar Kochba (hebräisch »Sternensohn«), eigentlich Sim(e)on Bar Kosiba, Führer des zweiten großen Aufstands der Juden Palästinas gegen die Römerherrschaft (132–135). Aufgrund der verworrenen Quellenlage sind die Ursachen des Aufstands kaum klar zu benennen. Die Hellenisierungspolitik Kaiser →Hadrians einerseits, die politischen Hoffnungen und die messianischen Erwartungen der Juden andererseits dürften jedenfalls den Boden dafür bereitet haben. Unmittelbarer Anlaß für den Aufstand war die Gründung der römischen Kolonie Aelia Capitolina neben oder an Stelle Jerusalems. Der geistige Führer der Juden, Rabbi →Akiba ben Josef, erkannte dabei Bar Kochba als »König Messias« an; ob Bar Kochba jedoch wirklich die Unterstützung Akibas genoß, wird bezweifelt. Bar Kochba errang gegen die überraschten Römer schnelle Anfangserfolge; so wurde Jerusalem eingenommen und im provisorisch hergerichteten Tempel der Opferkult wieder aufgenommen. Auf den sogleich geschlagenen Bronzemünzen führt Bar Kochba den Titel »Nassi«, auf den Silbermünzen erscheint der Name »Eleazar der Priester«, vermutlich ein Onkel Bar Kochbas. Die in verschiedenen Höhlen der judäischen Berge gefundenen Dokumente belegen den Aufbau einer geordneten Verwaltung im Gebietasüdlich von Jerusalem, die letzten Schriftstücke datieren vom Herbst 135, dem »Jahr 4 der Befreiung«. Die Römer führten mit einer gewaltigen Militärmaschinerie einen mehrjährigen Zermürbungskrieg. Jerusalem ging 134 verloren, Bar Kochba und sein Heer wurden auf das Gebiet zwischen Jerusalem und Hebron zurückgedrängt und schließlich in der Festung Bethar eingeschlossen. In Spätsommer 135 wurde Bethar erobert. Die Römer richteten ein großes Blutbad an; Überlebende konnten in die Höhlen am Toten Meer flüchten, während Bar Kochba sich unter den Gefallenen von Bethar befand.

🄻 P. Schäfer, Der Bar Kochba-Aufstand, 1981. (HC)

Bar-Lew, Chaim, General und Politiker (→Israelische Arbeitspartei), 6. 11. 1924 Wien – 7. 5. 1994 Tel Aviv. Bar-Lew kam 1939 nach Palästina, wurde 1942 Mitglied der →Palmach und im →Unabhängigkeitskrieg Bataillons-Kommandeur der Negev-Brigade. 1952 wurde er Kommandeur des Nordabschnitts, 1954/55 der Giwati-Brigade. Im Sinaifeldzug 1956 war er Panzerkommandeur; seine Einheiten gehörten zu den ersten, die den Suezkanal erreichten. 1964 wurde er Operationschef, 1967 stellvertretender Generalstabschef und 1968 bis 1971 Generalstabschef der Armee. Nach ihm wurde die →Bar-Lew-Linie, die israelische Verteidigungslinie am Suezkanal benannt, die er erbauen ließ. 1972–77 war Bar-Lew Minister für Handel und Industrie, 1978–84 Generalsekretär der Israelischen Arbeitspartei, 1984–90 Polizeiminister und 1992 Botschafter in Moskau. (DB/MW)

Bar-Lew-Linie, die nach dem israelischen Generalstabschef C. →Bar-Lew benannte israelische Verteidigungslinie am Suezkanal. Infolge der zunehmenden ägyptischen Angriffe im sog. →Zermürbungskrieg errichtete die israelische Armee bis März 1969 an der vordersten Linie am Suezkanal eine Reihe von befestigten Stellungen, die den darin stationierten Einheiten einen maximalen Schutz gegen den massiven ägyptischen Artilleriebeschuß bieten sollten. Die kleinen, mit etwa 15 Mann besetzten Posten dienten als Beobachtungs- und Warnsystem sowie als Basen für Gegenangriffe über den Kanal. 1970 wurde eine ausgedehnte Verteidigungslinie 8–11 km hinter dem Kanal gebaut, aber infolge eines wachsenden Sicherheitsgefühls sowie von Sparmaßnahmen teilweise vernachlässigt oder aufgelassen. Der Versuch, die Forts der vordersten Linie gegen den ägyptischen Überraschungsangriff im →Jom-Kippur-Krieg zu verteidigen, erwies sich als verlustreiche Belastung. Die ägyptische Armee kam jedoch im wesentlichen nicht über die zweite Verteidigungslinie hinaus. (DB/MW)

Bar Mizwa (hebräisch »Gesetzespflichtiger«, eigentlich »Sohn des Gebotes«), Bezeichnung für einen Jungen mit Vollendung des 13. Lebensjahrs. Obwohl der Begriff erst seit dem 15. Jahrhundert dafür gebraucht wird, erklärt schon die Mischna, daß der 13jährige »für die Gebote (befähigt)«, damit volljährig ist und am öffentlichen religiösen Leben teilnimmt; dies fällt in die Zeit, in der sich auch die äußeren Zeichen der Geschlechtsreife entwickeln. An einem der Tage nach seinem 13. Geburtstag, an dem die Tora vorgelesen wird (Montag, Donnerstag oder Samstag), wird der Bar Mizwa aufgerufen und spricht die Segenssprüche über der Tora. Wenn der Vater zur Tora aufgerufen wird, sagt er einen zusätzlichen Segensspruch, der ihn von der Verantwortung für seinen Sohn befreit. Nach dem Brauch in Westeuropa liest der Bar Mizwa am Sabbat meist auch den letzten Teil des Wochenabschnitts (Maftir) und die →Haftara. Der Bar Mizwa pflegt bei einem festlichen Essen einen kleinen Vortrag zu halten (→Derasch/Derascha). Im Gegensatz zu den meisten anderen Geboten (→Mizwa) und Bräuchen (→Minhag), die schon das Kind auszuüben hat, legt der Bar Mizwa nun zum erstenmal die →Tefillin an und wird beim →Minjan mitgezählt. Das Mädchen wird bereits mit Vollendung des 12. Lebensjahrs religiös volljährig. Eine entsprechende Feier (Bat Mizwa) ist erst im 19. Jahrhundert entstanden und wird vor allem im Reformjudentum begangen. (LD)

Barnay, Ludwig, Schauspieler und Theaterdirektor, 11. 2. 1842 Pest – 31. 1. 1924 Hannover. Debüt 1860 in Trautenau. Schauspieler in Budapest und in Graz. Seit 1874 Helden- und Charakterdarsteller am Landestheater Meiningen (Meininger Bühne). 1880–84 Gastspielreisen durch Europa. Barnay spielte u. a. den Hamlet, Othello, Wallenstein, Wilhelm Tell. 1881 Mitbegründer der Genossenschaft Deutscher Bühnenangehöriger. 1883 neben A. →L'Arronge Gründungsmitglied des Deutschen Theaters. An dieser Bühne sollten die Errungenschaften der Meininger Bühne – wie vollendetes Zusammenspiel und historische Echtheit der Ausstattung – durch die Schauspielkunst des Virtuosen Barnay eine besondere Prägnanz erfahren. 1887 Gründung des »Berliner Theaters« durch Barnay, dort Theaterleiter bis 1894. 1906 Direktor des Königlichen Schauspielhauses in Berlin. 1908–12 Leitung des Hoftheaters in Hannover. (MBR)

Barnowsky, Victor, Schauspieler und Regisseur, 10. 9. 1875 Berlin – 9. 8. 1952 New York, war von 1893–1903 Schauspieler in Konstanz und Breslau. 1903–05 Regisseur am Lustspielhaus Berlin. 1905–13 Direktor des »Kleinen Theaters unter den Linden« (Nachfolger von M. →Reinhardt). 1912 bis 24 Leiter des Lessingtheaters Berlin. 1915 bis 24 Leiter des deutschen Künstlertheaters. Ein literarisch anspruchsvoller Grundzug prägte Barnowskys Spielplan am Lessingtheater. Wichtige Inszenierungen u. a. 1912 »Peer Gynt«, 1920 »Hölle Weg Erde« (Georg Kaiser), 1921 »Morgens bis Mitternacht« (Georg Kaiser). Am Lessingtheater präsentierte Barnowsky Schauspieler wie E. →Bergner, Eugen Klöpfer oder F. →Kortner. 1925–33 Intendant des Theaters in der Königgrätzerstraße, zeitweise Leiter des Theaters am Schiffbauerdamm und des Komödienhauses. Gegen Ende der 20er Jahre geschäftliche Zusammenarbeit mit den Reinhardt- und Rotterbühnen (gemeinsame Abonnentenorganisation »Reibaro«). 1933 Emigration in die USA. Dramaturg für Metro-Goldwyn-Mayer und 20th Century Fox, später Lehraufträge am »Dramatic department« der Fordham University. (MBR)

Baron, Salo Wittmayer, Historiker, 26.5. 1895 Tarnow, Galizien – 29.11.1989 New York. Baron studierte an der Wiener Universität und erwarb seinen ersten Doktortitel 1917. Ordination zum Rabbiner am →Jüdisch-Theologischen Seminar 1920. 1919–1926 lehrte Baron Geschichte am Jüdischen Pädagogium in Wien. Nach seiner Übersiedlung in die USA lehrte er 1927–30 am Jewish Institute of Religion, 1930–63 an der Columbia University, wo er seit 1950 Direktor des Center of the Israel and Jewish Studies war. Baron war das erste Mitglied einer historischen Fakultät in den USA, das »Jewish Studies« lehrte. Inhaber zahlreicher Ehrenämter und Mitglied in einer Reihe von akademischen Vereinigungen, u.a. Präsident der American Academy for Jewish Research (1940–43, 1958–66 und ab 1968), der Conference on Jewish Social Studies (1941–54, 1963–67). Hauptwerke: »Die Judenfrage auf dem Wiener Kongreß« (1920), »A Social and Religious History of the Jews« (16 Bände, 1952–76), »The Jewish Community« (3 Bände, 1942), »Russian Jews Under Tsars and Soviets« (1964), »History and Jewish Historians« (1964). (JS)

Bart. In der Antike kamen verschiedene Bartformen vor. Das Raufen oder Abschneiden des Barts war Zeichen der Trauer, das gewaltsame Abschneiden eine schwere Erniedrigung für den Mann. Bartlosigkeit galt als Zeichen der Eunuchen; der Bartlose war lächerlich. Im Mittelalter ließen die Juden in den islamischen Ländern den Bart ungestutzt stehen, während sie ihn im christlichen Abendland oft mit Scheren schnitten. Die Halacha sieht das Verbot des Rundschneidens des Barts nur beim Rasieren mit dem Rasiermesser (ta'ar) gegeben; das Schneiden und Rasieren mit Scheren, chemischen Enthaarungsmitteln und (in unserer Zeit) Rasierapparat hingegen ist erlaubt. Orthodoxe Juden rasieren sich nicht in der Zeit des →Omer und der Drei Wochen (→Tischa be-Aw); über das von der Mischna verbotene Rasieren am →Chol ha-Moed besteht eine Kontroverse. (LD/TK)

Baruch, Schreiber (Jer 36,32) und Freund des Propheten Jeremia, dessen wechselhaftes Schicksal er teilte, um 600 v.Z. Später hat man in Baruch den ersten Schriftgelehrten gesehen. Die sog. Baruch-Literatur, die sich an seinen Namen heftete und im nachbiblischen Judentum entstanden ist, ist uns nur in christlichen Handschriften überliefert und hat z.T. christliche Überarbeitungen erfahren: 1. Das Buch Baruch (2./1. Jahrhundert v.Z.) mit dem Bußgebet der aus Jerusalem Verbannten, dem Lobpreis der Weisheit, die Gott allein Israel gegeben hat, der Hoffnung auf Heimkehr der Verbannten nach Jerusalem und (in der katholischen Tradition) dem Brief, den Jeremia an die Exulanten (→Galut) in Babylon geschrieben haben soll (in katholischen Bibeln nach den Klageliedern). 2. Die syrische Baruch-Apokalypse (1. Jahrhundert n.Z.) mit sieben Visionen vom Paradies bis zum Kommen des Messias und Briefen Baruchs an die Stämme im assyrischen und babylonischen Exil (an letztere nur angedeutet). 3. Die griechische Baruch-Apokalypse (2. Jahrhundert n.Z.) schildert die Reise Baruchs durch die verschiedenen Himmel und seine Vision des Paradieses; besonders hier finden sich christliche Interpolationen. Von der griechischen Baruch-Apokalypse existiert auch eine slawische Handschrift. (LD/TK)

Baseler Programm, beim 1. Zionistenkongreß in Basel 1897 beschlossen: »Der Zionismus erstrebt für das jüdische Volk die Schaffung einer öffentlich-rechtlich gesicherten Heimstätte in Palästina. Zur Erreichung dieses Zieles nimmt der Kongreß folgende Mittel in Aussicht: 1. die zweckdienliche Förderung der Besiedlung Palästinas mit jüdischen Ackerbauern, Handwerkern und Gewerbetreibenden, 2. die Gliederung und Zusammenfassung der gesamten Judenschaft durch geeignete örtliche und allgemeine Veranstaltungen nach den Landesgesetzen, 3. die Stärkung des jüdischen Volksgefühls und Volksbewußtseins, 4. vorbereitende Schritte zur Erlangung der Regierungszustimmungen, die nötig sind, um das Ziel des Zionismus zu erreichen.« Die Formel des Baseler Programms wurde 20 Jahre später in die →Balfour-Deklaration und sodann in das →Palästina-Mandat aufgenommen. (JS)

Basler Konzil. Das auf dem Konzil von Konstanz (1414–18) ungelöst gebliebene Problem der »Reform der Kirche an Haupt und Gliedern« wurde auf dem Basler Konzil 1431–37(48) erneut aufgegriffen. In diesem Rahmen sollte auch das Verhältnis der römischen Kirche zu den Juden und den Griechisch-Orthodoxen geregelt werden. Am 7. 9. 1434 verabschiedete das Konzil ein Dekret »Über die Juden und Neugetauften« (De Judaeis et Neophytis), das ältere Bestimmungen des kanonischen Rechts zusammenfaßte und erneuerte. Es hatte zum Ziel, die Juden zur Konversion zu bewegen und dort, wo dies nicht gelingen sollte, eine strikte gesellschaftliche Trennung von Christen und Juden zu gewährleisten. Untersagt wurden u. a. Heiratsverbindungen und Dienstverhältnisse zwischen Christen und Juden; Christen durften keine jüdischen Ärzte konsultieren, an Juden keine öffentlichen Ämter übertragen oder Wohngemeinschaften mit ihnen unterhalten. Erneuert und verschärft wurden auch die auf das 4. Laterankonzil (1215) zurückgehenden Auflagen, daß Juden äußerlich an ihrer Kleidung erkennbar sein sollten. Zur Umsetzung der Beschlüsse diente u. a. die Legationsreise des Kardinals Nikolaus von Kues im Jahr 1451.

🄻 J. Helmrath, Das Basler Konzil 1431 bis 49. Forschungsgegenstand und Probleme, 1987. – M. Simonsohn, Die kirchliche Judengesetzgebung im Zeitalter der Reformkonzilien von Konstanz und Basel, 1912. (PAU)

Bassani, Giorgio, italienischer Schriftsteller, 4.3.1916 Bologna. Studium der Literatur- und Kunstgeschichte in Bologna. 1943 Verhaftung als Antifaschist. Nach Ende des Kriegs in Rom als Mitarbeiter bei verschiedenen Verlagen und beim Rundfunk tätig. Seit 1957 Professor an der Schauspielakademie in Rom. Bassani war Entdecker und Herausgeber des postum erschienenen Romans »Der Leopard« von Giuseppe Tomasi di Lampedusa. In seinen Werken setzte sich Bassani immer wieder mit seiner jüdischen Identität auseinander; so auch in seinem bekanntesten Roman »Il giardino dei Finzi-Contini« (1962, deutsch: Die Gärten der Finzi-Contini) – 1970 von Vittorio de Sica verfilmt. Hauptwerke: »Cinque storie ferraresi« (1956, deutsch: »Ferrareser Geschichten«), »Dietro la porta« (1964, deutsch: »Hinter der Tür«).

🄻 A. Dolfi, Le forme del sentimento. Prosa e poesia in G. Bassani, Padua 1981. – A. Neige, Bassani e il mondo ebraico, Neapel 1983. (JÖD)

Bassevi von Treuenberg, Jakob (auch Bath Schewi [Basch] oder Jakob Schmiles), →Hoffaktor, 1570 – 1634 Jungbunzlau. Bassevi von Treuenberg wirkte unter den deutschen Kaisern Rudolf II., Matthias und Ferdinand II. Bereits 1590 ein bedeutender Kaufmann, wurde er von Rudolf II. 1599 zum Hoffaktor erhoben und konnte damit u. a. seinen Wohnsitz frei wählen, frei Handel treiben, war von Zoll, Maut und dem Tragen von Judenkennzeichen befreit. Dieses Privileg wurde von Kaiser Matthias bestätigt. Bassevi von Treuenberg wurde Vorsteher der jüdischen Gemeinde Prag (1616). In schwieriger Zeit reiste Bassevi von Treuenberg im Land umher und sorgte für die Einbringung der Steuern, wofür er vom Kaiser als erster Jude in Österreich geadelt wurde (18. 1. 1622). In das Münzkonsortium aufgenommen, dem Ferdinand II. das Münzrecht verpachtete, hatte Bassevi von Treuenberg Anteil an den bedeutendsten Münzoperationen seiner Zeit. Den mit seiner Stellung verbundenen Einfluß setzte er dafür ein, die jüdische Bevölkerung vor den Übergriffen marodierender Truppen während des Dreißigjährigen Kriegs zu bewahren. Nach dem Tod Wallensteins, dessen Schutz Bassevi von Treuenberg genoß, verlor er sein Vermögen und starb bald darauf. (WR)

Bat Mizwa →Bar Mizwa

Batseba, schöne Frau →Davids, die David dem Hetiter Uria weggenommen hatte, Mutter Salomos. Während Uria am Krieg gegen Rabbat-Ammon teilnahm, sah David vom Dach des Palastes aus Batseba beim Baden zu, verliebte sich in sie und bestellte sie zu sich, worauf sie miteinander schliefen und Batseba schwanger wurde (2 Sam 11). Als Uria zurückkehrte, schickte David ihn mit einem Brief an seinen Feldhauptmann Joab an die Front zurück, wobei er Joab anwies, Uria an die gefährlichste Kampfposition zu stellen (2 Sam 11,14 bis 27). Nachdem Uria gefallen war, nahm David Batseba zur Frau. Das erregte den Zorn Gottes; er schickte den Propheten Natan, der David das Gleichnis (→Maschal) vom einzigen Lamm des Armen erzählte, das der reiche Mann ihm wegnahm (2 Sam 12,1–12). Zur Strafe für die Sünde Davids starb das erste Kind Batsebas. Mit Hilfe Natans setzte sich Batseba bei David dafür ein, daß ihr zweiter Sohn Salomo – und nicht Adonja – zum Thronfolger ernannt wurde (1 Kön 1,11–31); später erbat sie von Salomo für Adonja die ehemalige Konkubine Davids, Abisag, zur Frau; bei dieser Gelegenheit ließ Salomo einen Thron für Batseba hereinbringen (1 Kön 2,19). In den Chronikbüchern wird Batsebas Name Batschu'a geschrieben; im Geschlechtsregister Davids wird sie als die Frau genannt, die David neben Salomo mindestens noch drei Söhne gebar (1 Chr 3,5). Gemäß der →Aggada sei Batseba für David bestimmt gewesen – die Sünde bestand darin, daß sie ihre Liebe zu früh genossen hätten. Batseba wird unter die 22 gerechten Frauen gerechnet, die Salomo in seinen Sprüchen (Spr 31,10–13) gepriesen habe. (LD/TK)

Bat Yam →Tel Aviv

Bauer, Felice, Stenotypistin, Prokuristin, 18. 11. 1887 Neustadt, Oberschlesien – 15. 10. 1960 USA. Bauer kam 1899 nach Berlin; seit 1916 Mitarbeit im Jüdischen Volksheim Berlin, wo sie Kinder ostjüdischer Einwanderer betreute. Heirat 1918, Übersiedlung 1931 in die Schweiz, 1936 in die USA. Bauer trat am 13. 8. 1912 zum erstenmal mit F. →Kafka in Prag zusammen, mit dem sie bis Ende 1917 eng befreundet und zweimal verlobt war. Kafkas Briefe gab sie 1955 an den Schocken Verlag in New York, der 1967 die erste Ausgabe der »Briefe an Felice« herausbrachte. Ihre Briefe an Kafka sind verlorengegangen; nur aus seinen Antworten lassen sie sich in Umrissen rekonstruieren.
Ⓛ E. Canetti, Der andere Prozeß, 1969. – F. Kafka, Briefe an Felice, 1967. (BH)

Baum, 1. Herbert→Baum-Gruppe

2. Oskar, Schriftsteller und Musikkritiker, 21. 1. 1883 Pilsen – 20. 3. 1941 Prag. Frühe Erblindung; Studium an der Blindenanstalt Wien. Gehörte zu den engsten Freunden Kafkas und Brods. Seine sieben Blindenromane (z. B. »Uferdasein« 1898; »Nacht ist umher« 1929) protokollieren die Sinn- und Existenzkrisen von Blinden, denen sich die Umwelt mit »mitleidloser Objektivität« nähern sollte. Der jüdische Kleinstadtroman »Die böse Unschuld« (1913) und der Roman über die Chasaren »Das Volk des harten Schlafes« (1937) sind die bedeutendsten unter den übrigen Werken des fruchtbaren Autors. Der Versuch der Emigration scheiterte. Zu einer Deportation kam es nicht, da Baum an den Folgen einer Operation starb. (MP)

Baum-Gruppe, Widerstandsgruppe, gegründet von Herbert Baum (1912–42). Mitglieder waren junge Juden und meist Kommunisten, die in sich 1938/39 in Berlin zusammengefunden hatten. Ihre spektakulärste Aktion war am 18. 5. 1942 der Brandanschlag auf eine antisowjetische Propagandaausstellung im Berliner Lustgarten. Die erhoffte Initialzündung trat jedoch nicht ein. Ein Spitzel verriet die Aktion an die Gestapo, die nicht nur fast alle Mitglieder der Gruppe verhaftete, sondern auch furchtbare Rache nahm. Für jeden Verhafteten wurden am 27. 5. 1942 je 100 jüdische Geiseln (insgesamt 500) auf den Straßen zusammengetrieben, von denen noch am selben Tag 250 auf dem Hof der SS-Kaserne Berlin-Lichterfelde erschossen wurden; die übrigen verschleppte man ins KZ Sachsenhausen, um sie dort zu ermorden. Von den verhafteten Gruppenmitgliedern starb H. Baum bereits am 11. 6. 1942 an den Folgen der Folterungen, die er in der Gestapohaft erlitten hatte. Marianne Baum, Sala Kochmann, Gerd Meyer, Heinz Joachim, Marianne Joachim, Susanne Wesse, Irene Walter, Hanni Meyer, Heinz Rotholz, Heinz Birmbaum, Hella Hirsch, Felix Heymann und Martin Kochmann wurden vom Volksgerichtshof zum Tod verurteilt und zwischen August 1942 und September 1943 hingerichtet. Die sterblichen Überreste wurden 1949 exhumiert und auf dem Friedhof →Weißensee beigesetzt.
Ⓛ W. Scheffler, Der Brandanschlag im Berliner Lustgarten und seine Folgen, in: Jahrbuch des Landesarchivs Berlin, 1984. (JS)

Bayern, seit 1180 Herzogtum der Wittelsbacher, 1623 Kurfürstentum, 1806 Königreich, 1918 Republik (Verfassung als Freistaat 1919) und 1949 Bundesland der Bundesrepublik Deutschland. Die Nennung von jüdischen Kaufleuten in der Raffelstedter Zollordnung 903/06 ist der erste urkundliche Nachweis für den Aufenthalt von Juden in Bayern; wahrscheinlich kamen Juden schon in der Römerzeit entlang der Handelswege der Donau nach Bayern. Die früheste jüdische Gemeinde ist in Bayern für das Jahr 981 in →Regensburg nachgewiesen. Im Lauf des 12. und 13. Jahrhunderts entstanden in den meisten bayerischen Märkten und Städten jüdische Gemeinden, so z. B. in →Augsburg, →Bamberg, →München, →Nürnberg, →Würzburg. Die weltlichen und geistlichen Herrscher (Bischöfe, Herzöge u. a.) förderten die Ansiedlung von Juden als Geldleiher vor allem zur Finanzierung des Städtebaus. Nach Verfolgungen z. Z. der →Kreuzzüge kam es 1298 zu den →Rindfleisch-Unruhen und 1335–38 zu den →Armleder-Pogromen. Neben verschiedenen willkürlichen Schuldtilgungen für die Schuldner jüdischer Gläubiger (so für die Bürger Straubings 1338 und für das gesamte Herzogtum von Kaiser Wenzel 1390) und dem →Ritualmordvorwurf in München (1285) wurde in Deggendorf im Jahr 1338 wegen einer von den Behörden inszenierten angeblichen Hostienschändung (→Hostienfrevellegende) die gesamte jüdische Gemeinde ermordet oder vertrieben, was Pogrome in ganz Niederbayern zur Folge hatte. Trotz der allgemeinen schwierigen Lebensbedingungen entstand in Rothenburg im 13. Jahrhundert unter der Leitung von →Meir ben Baruch eine berühmte Lehrakadamie. Nach den →Pestverfolgungen 1348/49 kam es zur zögerlichen Neuansiedlung. Im Anschluß an Verfolgungen und Vertreibungen im 15. Jahrhundert und Anfang des 16. Jahrhunderts aus Ober- und Niederbayern sowie den Reichsstädten Augsburg und Regensburg fanden die Juden vor allem in Landgemeinden Frankens und Schwabens Aufnahme. Nach der Vertreibung aus Nürnberg 1498/99 siedelten Juden seit 1528 wieder in →Fürth, das sich zusammen mit der markgräflichen Residenz Ansbach besonders im 18. Jahrhundert zu einem Zentrum jüdischen Lebens in Franken entwickelte. Die jüdische Bevölkerung in Ober- und Niederbayern wurde auf Veranlassung der Landstände durch Herzog Albrecht V. 1551 für über 200 Jahre verbannt. Das Ansiedlungsverbot wurde im Landrecht von 1553 festgeschrieben, so daß in Niederbayern kein oder nur sehr geringer und in Oberbayern erst im 19. Jahrhundert ein größerer Zuwachs der jüdischen Bevölkerung zu verzeichnen ist. Im oberpfälzischen Sulzbach bestand von 1669 bis 1841 eine berühmte hebräische Druckerei, die u. a. 48 Bibelausgaben herstellte. Im 18. und Anfang des 19. Jahrhunderts konnten →Hoffaktoren wie Jakob Joseph Schwabacher und Aaron Elias Seligmann (der spätere Freiherr von Eichthal) vor allem durch ihre Rolle als Kriegslieferanten und -finanziers eine Sonderstellung erreichen. Im Zuge der →Emanzipation erhielten 1804 jüdische Kinder die Erlaubnis, allgemeine Schulen zu besuchen. Das Edikt von 1813 schuf zwar für alle bayerischen Juden eine einheitliche Rechtsgrundlage, verschlechterte aber nicht selten die Lebensbedingungen vor allem durch den berüchtigten Matrikelparagraphen, der die Zahl der Gemeindemitglieder festschrieb und alle »überschüssigen« Nachgeborenen zur Auswanderung zwang. 1819 kam es in Franken zu den antijüdischen →Hep-Hep-Unruhen. Trotz vielfältiger Emanzipationbestrebungen (z. B. von E. →Henle, D. →Morgenstern und S. W. →Rosenfeld) wurde der Martrikelparagraph erst 1861 abgeschafft und die vollständige Gleichberechtigung erst durch das Reichsgesetz 1871 erreicht. In der Pfalz, deren jüdische Bevölkerung 1797 unter französischer Herrschaft die Bürgerrechte erhalten hatte, wurde das Matrikelgesetz nicht eingeführt, und die einschränkenden Bestimmungen des napoleonischen »décret infâme« aus dem Jahr 1808 bestanden bis 1851. Die langsame Wirtschaftsentwicklung und Emanzipation führten im 19. Jahrhundert zu einer permanenten Aus- und Abwanderung der bayerischen Juden in die Industriegebiete (vor allem nach Preußen und Sachsen) und besonders nach Amerika. Der überwiegende Teil der bayerischen Juden war im 19. und Anfang des 20. Jahrhunderts im Handel und Verkehr tätig. Das bayerische Landjudentum blieb trotz starken zahlenmäßigen Rückgangs den traditionellen jüdischen Lebensformen verbunden; noch 1818 waren etwa 85 Prozent der jüdischen Bevölkerung in Orten unter 2000 Einwohnern ansässig; im Jahr 1900 lebten 38 und 1925 50 Prozent in den fünf größten Gemeinden Bayerns (Augsburg, Fürth, Nürnberg, München und Würzburg).

	1818	1871	1933
Oberbayern	489	3033	9522
Niederbayern	5	111	293
Pfalz	10470	12466	6477
Oberpfalz	991	1221	1004
Oberfranken	6286	4045	2133
Mittelfranken	11816	10830	11631
Unterfranken	16637	14573	8520
Schwaben	6514	4369	2359
Insgesamt	**53208**	**50648**	**41939**

1920 wurde der →Verband Bayerischer Israelitischer Gemeinden als Gesamtorganisation der jüdischen Gemeinden gegründet. Nach der kurzen Ministerpräsidentschaft K. →Eisners 1918/19 nahm der →Antisemitismus in den 20er Jahren immer mehr zu, und auch der →Nationalsozialismus hatte in Bayern seinen Ausgangspunkt. 1930 wurde in Bayern, ein einmaliger Vorgang in der Weimarer Republik, das Schächten (→Schechita) verboten. Auch die wirtschaftliche Depression trug zur Abwanderung bei. Während der NS-Herrschaft emigrierten etwa 15000–16000 Juden vor allem in die USA. Am 22. 3. 1933 wurde das erste KZ in Dachau errichtet. Schon vor dem Novemberpogrom 1938 wurden im Juni die Münchner und im August die Nürnberger Synagoge abgerissen. Seit 1939 wurde die jüdische Bevölkerung in sog. Judenhäusern zusammengepfercht; seit November 1941 systematische Deportationen (vor allem nach Riga, Lublin und Theresienstadt). Nach dem Zusammenbruch des NS-Regimes 1945 lebten etwa 900 bis 3000 deutsche Juden in Bayern. In den folgenden Jahren diente das spätere Bundesland hauptsächlich als Durchgangsstation für jüdische →Displaced Persons.

Am 12. 1. 1947 wurde der Landesverband der Israelitischen Kultusgemeinde in Bayern gegründet, die Dachorganisation der 12 (von ehemals 172) Gemeinden (Ansbach, Augsburg, Bamberg, Bayreuth, Fürth, Hof, München, Nürnberg, Regensburg, Straubing, Weiden). Der Landesverband vertritt die Belange der Gemeinden gegenüber dem Staat, fördert das religiöse und kulturelle Leben der Juden in Bayern, betreibt soziale Fürsorge, betreut die 123 Friedhöfe und versucht, das jüdische Erbe Bayerns zu bewahren (so konnten zahlreiche Synagogen wiederaufgebaut bzw. renoviert werden). In Dachau (1967) und Flossenbürg (1995) wurde auf dem Gelände des ehemaligen KZ eine Gedenkstätte für die Opfer des Völkermords an den Juden errichtet. 1955 zählte Bayern 2942 jüdische Einwohner, die in der Mehrzahl osteuropäischer Herkunft waren. 1989 lebten in Bayern etwa 5500 Juden, davon über 4000 in München. Durch den Zuzug von Kontingentflüchtlingen aus der ehemaligen Sowjetunion erhöhte sich ihre Zahl 1997 in Bayern auf etwa 11 000, in München auf 5700. Am 14. 8. 1997 schlossen der Landesverband und die Staatsregierung einen Staatsvertrag: Er stellt die israelitische Glaubensgemeinschaft den christlichen Kirchen gleich und gibt staatlichen Zuschüssen an die Gemeinden eine rechtliche Grundlage.

🄻 B. Z. Ophir/F. Wiesemann, Die jüdischen Gemeinden in Bayern 1918–45, 1979. – S. Schwarz, Die Juden in Bayern im Wandel der Zeiten, 1963. – I. Schwierz, Steinerne Zeugnisse jüdischen Lebens in Bayern, 1988. – M. Treml/J. Kirmeier (Hrsg.), Geschichte und Kultur der Juden in Bayern, 1988. (BV)

Bayreuth. Erste Ansiedlung von Juden in der Stadt Bayreuth seit dem 13. Jahrhundert nachgewiesen. Nach den Pestverfolgungen 1348/49 übertrug Kaiser Karl IV. das →Judenregal dem Burggrafen und seinen Nachkommen, die ihren jüdischen Untertanen zunächst relativ weitgehende Privilegien erteilten. 1422 beschlossen die Markgrafen und die Bischöfe von Würzburg und Bamberg eine Schuldtilgung für die Schuldner jüdischer Gläubiger und vertrieben die jüdische Bevölkerung aus Bayreuth. 1441 siedelten sich wieder einige Familien an, die 1488 erneut vertrieben wurden. Bis 1759, als zehn jüdische Familien das Ansiedlungsrecht und die Erlaubnis zur Errichtung einer Synagoge erhielten, gab es keine jüdische Gemeinde mehr. 1771 zählte Bayreuth 401 jüdische Einwohner. Im Verlauf des 19. und 20. Jahrhunderts veränderte sich die Zahl der Juden in Bayreuth nur wenig; sie belief sich 1837 auf 530 sowie 1910 auf 365 (1933: 261). 1861 gründete der Arzt und Psychiater Dr. Simon Würzburger in Bayreuth eine Nervenheilanstalt für jüdische Patienten, die bis 1933 bestand, und versuchte, auch den religiösen Bedürfnissen der Kranken gerecht zu werden. Die antisemitischen Äußerungen Richard Wagners, die nach dessen Tod der »Bayreuther Kreis« weiter propagierte, trugen erheblich zur Entwicklung des →Antisemitismus bei, beeinträchtigten die jüdische Gemeinde Bayreuths aber nicht direkt. Die Verfolgungen unter der NS-Herrschaft überlebten nur wenige; nur vier Bayreuther Juden kehrten nach Kriegsende zurück. Nach 1945 Neugründung der Gemeinde. (1998: 220 Mitglieder). (BV)

Becker, Jurek, Erzähler und Filmautor, 30. 9. 1937 (offizielles Datum) in Lodz – 14. 3. 1997 Berlin. Becker wuchs im Ghetto Lodz und in den KZs Ravensbrück und Sachsenhausen auf; er verlor fast seine ganze Familie. In Berlin traf er 1945 seinen Vater wieder und lernte Deutsch. Nach dem Abitur Studium der Philosophie; 1960 bis 1977 freier Schriftsteller in der DDR, wegen politischen Schwierigkeiten Übersiedlung in die Bundesrepublik Deutschland, wo sich Becker auch als Filmautor einen Namen machte (u. a. mit der Serie »Liebling Kreuzberg«, 1986–88). Mit seinen drei Romanen »Jakob der Lügner« (1969), »Der Boxer« (1976) und »Bronsteins Kinder« (1986) und der Erzählung »Die Mauer« (in der Sammlung »Nach der ersten Zukunft«, 1980) verarbeitete Becker als einer der wenigen jüdischen Schriftsteller in Deutschland die Dimension des Holocaust, wobei Opfer wie Täter und ihre Nachkommen zu Figuren eines sensiblen Erzählexperiments wurden. Die Erzählung »Die beliebteste Familiengeschichte« (Sammlung 1980) kann – mit Blick auf die jiddische Erzähltradition – als Entwurf einer Poetik des Erzählens gelesen werden. Trotz der auffälligen Wahl jüdischer Themen blieb Becker skeptisch gegenüber allen Versuchen, seine jüdische Identität festzulegen: die Aufklärung eines möglicherweise vorhandenen »Geheimnisses« in seinem Judesein würde sein Leben als Mensch und Schriftsteller nicht bereichern (»Mein Judentum«, 1978). Der Roman »Amanda Herzlos« (1992) hat u. a. die Tristesse des Alltags in der DDR der späten 80er Jahre zum Gegenstand. Auszeichnungen: Adolf-Grimme-Preis (mit Manfred Krug) für

»Liebling Kreuzberg« (1986); Deutscher Filmpreis für das Drehbuch zu dem Werner-Maske-Film »Neuner« (1991). (HH)

Beer, Michael, Dramatiker, 19. 8. 1800 Berlin bis 22. 3. 1833 München; Bruder des Komponisten Meyerbeer. Nach einem Studium der Geschichte und Philosophie und vielen Reisen ließ sich der Bankierssohn in München nieder. Mit seiner einaktigen Tragödie »Der Paria« (Uraufführung Berlin 1823, im selben Jahr wie Heines »Almansor«; Druck Urania 1826) schrieb Beer ein Stück über die Situation der Juden in Deutschland nach 1815; er tat dies in verkleideter Gestalt, indem er die Handlung in den Bereich des indischen Kastenwesens verlegte und auf das allgemeine Humanitätsideal der Weimarer Klassik abhob. So (und nur so) konnte das Stück vorübergehenden Erfolg haben, der Autor selbst fiel bald der Vergessenheit anheim. (HH)

Beer-Hofmann, 1. Paula, Lissy, 25. 2. 1879 Wien – 30. 10. 1939 Zürich. Sie lernte 1895 R. →Beer-Hofmann kennen, konvertierte zum Judentum und heiratete ihn 1897; ihr jüdischer Name war Ruth. 1939 Flucht aus Österreich. Beer-Hofmann hat nichts publiziert und außer Briefen nichts geschrieben. Doch ihr Mann hat in ihrem Namen geschrieben, als ob sie ihm souffliert hätte. Er widmete ihr sein Drama »Der junge David« mit den Worten: »Für Paula, als ärmlicher Dank für unermeßliches Schenken« und schrieb ihr in einem Brief vom 21. 2. 1933: »Liebe – was daran gut ist – das ist ja doch von Dir.« Sie unterstützte sein Schreiben; in einem ihrer Briefe heißt es: »›Denk‹ an nichts anderes mehr, als an Dich und Deine Arbeit. Nimm auf Niemanden mehr Rücksicht, ›lerne es‹!« (6. 10. 1916) Nach ihrem Tod schrieb R. Beer-Hofmann die Prosaskizze »Paula. Ein Fragment«, in der er sie mit langen Passagen wörtlich zitiert und ihre Geschichte in ihren Worten erzählt. Eine Edition des Briefwechsels der beiden ist in Vorbereitung.

Ⓛ B. Hahn, Unter falschem Namen, 1991. (BH)

2. Richard, Dichter, 11. 7. 1866 Rodaun – 26. 9. 1945 New York. Kindheit in Brünn, 1883–90 Jurastudium in Wien mit Promotion. Seit Herbst 1890 im Umkreis des »Jungen Wien«. Im Dezember 1895 Beginn des »neuen Lebens« nach Bekanntschaft mit der späteren Frau Paula Lissy (Erinnerungen »Paula. Ein Fragment«, 1949). Mit dem berühmten »Schlaflied für Mirjam« (1897) und dem Roman »Der Tod Georgs« (1900) bekennt sich Beer-Hofmann erstmals öffentlich zum Judentum als Kulturtradition. Von 1898 bis zur Flucht aus Österreich 1939 Arbeit am Hauptwerk »Die Historie von König David«, einer Folge von fünf Dramen, von denen jedoch nur das Vorspiel »Jaákobs Traum« (1918) und »Der junge David« (1933) fertiggestellt wurden. Der biblische Stoff, zu dessen Tradierung sich Beer-Hofmann »auserwählt« fühlte, sollte mit den Ausdrucksmöglichkeiten der Bühne im Sinne des österreichisch-barocken Welttheaters verbunden werden: »Meiner Substanz nach bin ich durchaus Jude, funktionell durchaus Österreicher.« Beer-Hofmann bekannte sich stolz zu seiner jüdischen Identität, ohne freilich eine nationale Lösung des Judenproblems zu propagieren; insofern erlangte er für die österreichischen Juden vor allem seit dem Ersten Weltkrieg große moralische Bedeutung. (STS)

Beer Sheva, Beerseba (»Sieben Brunnen«, auch »Eidbrunnen«), israelische Distrikt-Hauptstadt im nördlichen Negev; 160 000 Einwohner; Verkehrszentrum (Straßenknoten, Eisenbahnanschluß) und Industriestandort (Baustoffe, Textil-, chemische und metallverarbeitende Industrie); Ben-Gurion-Universität (1968) mit Institut für Wüstenforschung (1957). – Beer Sheva spielte in der Geschichte der Patriarchen Abraham (Gen 21,25–33) und Isaak (Gen 26,33) als Ort der Bündnisse mit den Abimelech genannten Philisterkönigen eine zentrale Rolle; später diente es als Markierung der Südgrenze Israels (»von Dan bis Beer Sheva«: Ri 20,1,1 Sam 3,20,2 Sam 3,10 u. a.). Saul und David errichteten Festungen. Nach der Rückkehr aus der Babylonischen Gefangenschaft wurde der Ort neu besiedelt (Neh 11,27). In der Römerzeit (2./3. Jh) war Beer Sheva Grenzfestung gegen die Nabatäer. Nach der Verwüstung im Spätmittelalter entstand um 1900 ein türkisches Städtchen als Mittelpunkt des Beduinenlands. Eine jüdische Gemeinde wurde 1929 vertrieben. Mai 1948 durch ägyptische und Oktober 1948 durch israelische Truppen besetzt; danach Aufbau der modernen Großstadt Beer Sheva.

Ⓛ Y. Karmon, Israel. Eine geographische Landeskunde, [2]1994. (WL)

Befreiungskriege, Bezeichnung der Kriege 1813–15, die die Herrschaft →Napoleons I. beendeten und Europa von der französischen Besatzung befreiten. Der Kampf gegen die französische Besatzungsmacht löste eine Welle des →Patriotismus in den deutschen Ländern aus, von der auch die Juden vor allem in →Preußen erfaßt wurden. Dies geschah trotz der Zugeständnisse in der Frage der →Emanzipation, die im Zuge der →Französischen Revolution und der Koalitionskriege u.a. im →Rheinland, in →Westfalen und →Baden gemacht wurden. Zuverlässige Schätzungen gehen von 392 jüdischen Kriegsfreiwilligen für 1813/14 und von 101 für das Jahr 1815 aus; zu ihnen gehörte auch eine Frau, Luise Grafemus (Esther Manuel), im Rang eines Wachtmeisters, die wie viele andere mit dem Eisernen Kreuz ausgezeichnet wurde. Das freiwillige jüdische Engagement im →Militärdienst, das während der Befreiungskriege in Relation zur Einwohnerzahl dem christlichen durchaus entsprach, verhinderte nicht, daß die gewährten bürgerlichen Rechte nach dem →Wiener Kongreß wieder aufgehoben wurden. Die nationalistische Begeisterung z.Z. der Befreiungskriege, die u.a. von Ernst Moritz Arndt und Friedrich Ludwig Jahn verbreitet und z.B. von L. →Börne bekämpft wurde, war auch von antijüdischen Tönen begleitet, die in den sog. →Hep-Hep-Unruhen eskalierten. (BV)

Menachem Begin, 1982

Begin, Menachem, Politiker, Jurist und Journalist, 16.8.1913 Brest-Litowsk (damals Russisch-Polen) – 8.3.1992 Tel Aviv. Seit 1929 Mitglied der →Revisionistischen Partei in Polen und Kommandeur ihrer Jugendorganisation →Beitar. Ab 1939 gehörte Begin dem radikalen Flügel der Revisionisten an und war bei der Organisierung der illegalen Einwanderung nach Palästina aktiv. Begin wurde 1940 verhaftet und war 1940/41 in sowjetischen Arbeitslagern; 1942 kam er mit polnischen Truppen nach Palästina, wo er die Führung der dortigen Beitar-Organisation übernahm. 1943 wurde er Kommandant der antibritischen Untergrundorganisation →Irgun Zvai Leumi. 1948 war Begin ein Mitgründer der →Cherut-Partei und wurde als deren Vorsitzender gewählt. Von 1948 bis 1977 war er Oppositionsführer in der →Knesset (mit Ausnahme von 1967–70, als er als Minister ohne Geschäftsbereich an dem kurz vor dem →Sechs-Tage-Krieg gebildeten Kabinett der nationalen Einheit beteiligt war). Das Wiedergutmachungsabkommen mit der Bundesrepublik Deutschland lehnte Begin ab. Er vertrat eine extrem nationalistische Politik, besonders im Hinblick auf das Westjordanland (→Judäa und →Samaria), das er als Bestandteil Israels betrachtete. Nach dem Wahlsieg des von ihm geführten →Likud-Blocks wurde Begin 1977 Ministerpräsident einer Koalitionsregierung, die er 1981 mit geschrumpfter Mehrheit fortführte. Begin zeigte sich konzessionsbereit in bezug auf die Sinai-Halbinsel und schloß mit dem ägyptischen Präsidenten Anwar as-Sadat am 17. 9. 1978 die Abkommen von Camp David und am 26. 3. 1979 den israelisch-ägyptischen Friedensvertrag. 1978 erhielt er gemeinsam mit Sadat den Friedensnobelpreis. Unter Begins politischer Führung unternahm Israel 1982 einen militärischen Vorstoß (→Operation Frieden für Galiläa) nach Libanon gegen palästinische Kampfverbände, der zu wachsender Kritik gegen seine Regierung führte. Während seiner Amtszeit verschärften sich auch die innenpolitischen Gegensätze. Begin trat 1983 zurück. Werke: »The Revolt« ([3]1977), »White Nights« (1957).

🄻 A. Perlmutter, The Life and Times of Menachem Begin, 1987. – N. Temko, To Win or to Die. A Personal Portrait of Menachem Begin, 1987. (DB/MW)

Behr, Isachar Falkensohn, 1746 Salantin (Litauen) – 1817 Kamenez-Podolsk (Ukraine). Nachdem sein Versuch, aus einer armseligen Hausiererexistenz heraus in Königsberg zu studieren, gescheitert war, erwarb er seit 1768 eine säkulare, sprachlich-popularphilosophische Bildung mit Unterstützung der jüdischen Gemeinde zu Berlin. Später studierte er Medizin in Halle, nach der Promotion 1772 ging er über Breslau nach Kurland und Weißrußland, wo er nach seiner Konversion zur griechisch-orthodoxen Kirche (1782) als Militärarzt praktizierte. Zuvor publizierte er eine zumeist an anakreontischen Mustern geschulte Sammlung deutschsprachiger Dichtung, die einige Beachtung fand und vom jungen Goethe recht überheblich besprochen wurde (»Gedichte von einem pohlnischen Juden«, 1772). Der fand, wo er eine »neue«, exotische Perspektive, »Wahrheit« und »Schönheit« erwartet hatte, lediglich »bunte Seifenblasenideale« und »verhaßte Mittelmäßigkeit«. (MS)

Behrens, Leffmann, Hoffaktor und Bankier, 1634 Bockum, Westfalen – 30. 1. 1714 Hannover. Nach der Gründung einer Handelsfirma war Behrens und seinen zwei Söhnen in der Neustadt von Hannover 1694 ein Schutzbrief auf 10 Jahre ausgestellt worden. In seinem Besitz befanden sich eine Tuch- und Lakenfabrik in Lüneburg und eine Tabakmanufaktur in Celle. Der wirtschaftliche Aufstieg des Hauses setzte ein, als Behrens in Subsidienverträge eingebunden wurde. 1698 wurden Behrens und sein Sohn Herz von Herzog Georg Wilhelm zu Braunschweig-Celle zu Hof- und Kammeragenten von Hannover und Celle ernannt. Behrens trat immer wieder in einzelnen Streitfällen oder bei der Durchsetzung von Ansiedlungsrechten für seine Glaubensgenossen ein oder intervenierte beim Landesherrn gegen judenfeindliche Schriften; 1687 setzte er beim Herzog die Anstellung eines Landesrabbiners durch. In seinem Haus richtete Behrens ein Lehrhaus ein, in dem er Talmudgelehrten freie Unterkunft und Verpflegung bot und mitunter die Drucklegung ihrer Schriften bezahlte.

L B. Schedlitz, Leffmann Behrens. Untersuchungen zum Hofjudentum im Zeitalter des Absolutismus, 1984. (JÖD)

Bein, Alexander, Historiker und Archivar, 21. 1. 1903 Steinach/Saale – 20. 6. 1988 Stockholm. Studium in Erlangen und Berlin, 1927 Promotion bei Friedrich Meinekke, anschließend Archivar am Reichsarchiv in Potsdam. 1933 Auswanderung nach Palästina, Aufbau des dortigen Archivwesens, langjähriger Direktor des Zionistischen Zentralarchivs. Bein, der 1934 eine in viele Sprachen übersetzte Theodor-Herzl-Biographie veröffentlichte, war seit 1980 zusammen mit Hermann Greive, Moshe Schaerf und Julius H. Schoeps Mitherausgeber der »Briefe und Tagebücher« von T. →Herzl. Ferner schrieb er u. a. »Die Judenfrage. Biographie eines Weltproblems« (2 Bände, 1980). (JS)

Beitar (hebräisch Kurzwort aus »Brit Trumpeldor«, »Trumpeldor-Bund«), 1923 in Riga gegründete, nach Joseph →Trumpeldor, einem 1920 gefallenen zionistischen Pionier, benannte Jugendorganisation der →revisionistischen Partei. Vor dem Ausbruch des Zweiten Weltkriegs zählte Beitar 100 000 Mitglieder in 26 Ländern. Weitgehend unabhängig von der Mutterpartei, war Beitar militanter als diese in bezug auf die Mittel zur Errichtung eines jüdischen Staates. Beitarmitglieder führten die jüdischen Kämpfer im Warschauer Ghettoaufstand von 1943 und stellten in Palästina die meisten Kämpfer in den Untergrundorganisationen →Irgun Zvai Leumi und →Lechi. Seit 1948 ist Beitar die Jugendorganisation der →Cherut- bzw. →Likud-Partei in Israel. (DB/MW)

Bekhorot →Mischna

Belgien. Überlieferungen von der Existenz jüdischer Ansiedlungen im Gebiet zwischen Maas und Rhein (römisch »Gallia Belgica«) bereits in der Zeit von 2.–4. Jahrhundert sind legendär. Verschiedene Hinweise berichten über eine Duldungspolitik unter der Herrschaft Pippins (Regierungszeit 751–768) und →Karls des Großen (Regierungszeit 768–814). Abgesicherte Quellen belegen das Entstehen jüdischer Siedlungen längs des Handelsweges Köln–Brügge im Mittelalter, vor allem in Gent (1120), Stavelot (1160), Jodoigne (1200), Löwen (1220), Tirlemont (1255) und Brüssel (vor 1260). Trotz einer immensen Besteuerung lebten die Juden während des 13. Jahrhunderts relativ unbehelligt in Belgien, bauten Synagogen, errichteten Friedhöfe und betätigten sich als Händler und Geldverleiher. Die Lage verschlechterte sich durch Ausnahmegesetze unter Herzog Heinrich III. (1260). Die Zeit der →Pestverfolgung (1348/49) brachte den Juden in Belgien erneut schweres Unheil. Nach einem Vorwurf der Hostienschändung fanden am 22. 5. 1370 allein in Brüssel über 500 Juden den Tod auf dem Scheiterhaufen. Bis zum 18. Jahrhundert existierten in Belgien keine jüdischen Gemeinden mehr in organisierter Form. Erst nach dem Vertrag von Utrecht (1713), der das Gebiet unter österreichische Herrschaft stellte, setzte langsam eine Immigration holländischer und deutscher Juden ein. Der Zugang zum Bürgertum wurde mit dem von Joseph II. verkündeten Toleranzedikt erleichtert. Unter der französischen Herrschaft (1794–1814) erhöhte sich die Zahl der Juden weiter, und seit dem →Sanhedrin (1808) wurden die Gemeinden von Antwerpen, Brüssel, Herentals, Lüttich und Mons ans Konsistorium von Krefeld angeschlossen. Als Ergebnis des Wiener Kongresses wurde Belgien 1815 holländischer Besitz. Die belgische Verfassung von 1831 schrieb die Gleichheit aller Religionsgemeinschaften fest und erkannte das Judentum offiziell an. Beeinflußt vom französischen Modell, errichtete das Consistoire Israélites de Belgique, am 28. 3. 1832 gegründet und in Brüssel ansässig, für alle Juden des Landes eine zentrale Organisation. Bis zur Zeit der Verfolgung durch den Nationalsozialismus stieg die Gesamtzahl der Juden in Belgien über 65 000. Bevorzugte wirtschaftliche Betätigungsfelder wurden die Diamanten-, Leder- und Pelzbranche. Nach der Besetzung Belgiens durch deutsche Truppen (10. 5. 1940) wurden mehrere tausend deutsch-jüdische Emigranten, die in Belgien Zuflucht gefunden hatten, in südfranzözische Lager deportiert. Vom Tag der Kapitulation (28. 5. 1940) bis zur Befreiung (September 1944) wurde Belgien einer Militärverwaltung unterstellt, die für die antijüdischen Maßnahmen zuständig war. Die ersten Verordnungen wurden im Oktober 1940 erlassen. Der »Endlösung«, die mit dem 22. 7. 1942 begann, fielen mehr als 24 000 Juden aus Belgien zum Opfer, die von der berüchtigten Dossin-Kaserne in Mecheln aus nach →Auschwitz transportiert wurden. Das Komitee zur Verteidigung der Juden konnte allerdings in Verbindung mit offiziellen Stellen, katholischen, protestantischen und Laien-Organisationen und nicht zuletzt unter der Mithilfe Tausender Patrioten mehr als die Hälfte der jüdischen Bevölkerung, darunter 3000 Kinder, retten. Verschiedene Gedenkstätten und andere Einrichtungen (z. B. Mémorial National aux Martyrs Juifs de Belgique) erinnern an diese Zeit des Leidens und Kämpfens. Die jüdische Bevölkerung wird 1997 auf 40 000 Personen geschätzt (das sind rund 0,4 Prozent der Gesamtbevölkerung). In Brüssel und Antwerpen leben jeweils über 15 000 Juden, kleiner Ansiedlungen bestehen in Arlon, Charleroi, Gent, Liege, Lüttich, Mons und Ostende. Ca. die Hälfte ist in einer der staatlich anerkannten Gemeinden organisiert. Zwei Gemeinden rechnen sich zum sephardischen Ritus, die übrigen zum aschkenasischen. Antwerpen gilt mit seinem hohen Anteil an Chassidim als letztes »Schtetl« in Europa. Aufgrund der starken jüdischen Beteiligung gilt das Yiddische als lingua franca im dortigen Diamantenhandel. Zu den staatlichen Unterstützungsmaßnahmen gehört u. a. die Förderung verschiedener offizieller jüdischer Schulen und Bildungseinrichtungen. An den Universitäten von Brüssel und Antwerpen bestehen Judaistische Institute. Nahezu 100 Vereinigungen befassen sich in Belgien mit Fragen des zeitgenössischen jüdischen Lebens, u. a. La Conférence Permanente des Institutions Juives, das Comité de Coordination des Organisations Juives de Belgiques (deren Präsident Joseph Wybran wurde im Oktober 1989 ermordet), die Fédération Sioniste de Belgique et les Centrales d'oeuvres Sociales Juives. Zudem gibt es einen jüdischen Radiosender (seit 1980), religiöse Sendungen im Fernsehen, 25 Periodika (darunter eine Wochenzeitung), ein Museum für jüdische Kunst und Geschichte.

Ⓛ D. Dratwa, Répertoire des périodiques juifs en Belgique de 1841–1986, Brüssel 1987. – J. Stengers, Les Juifs dans les Pays-Bas au Moyen Age, Brüssel 1950.

(DAD/BV)

Bellow, Saul, Schriftsteller, 10. 6. 1915 Lachine, Quebec, emigrierte 1924 nach Chicago, 1937 Abschluß des soziologisch-ethnologischen Studiums an der Northwestern University. 1944 erschien Bellows erster Roman, »Dangling Man«; 1938–42 Lehrer am Pestalozzi-Fröbel Teachers College in Chicago, 1952/53 Professor an der Princeton University; ab 1963 Professor für Englisch und Mitglied des Committee for Social and Political Thought, z. Z. Professor an der Oxford University. Viele seiner Romane behandeln jüdische Themen oder stellen jüdische Charaktere dar. »Herzog« (1964) erzählt die Geschichte eines humanistischen jüdischen Professors in einer enthumanisierten Welt; »Mr. Sammler's Planet« (1970) stellt die Probleme eines Holocaust-Überlebenden in den 60er Jahren dar; »To Jerusalem and Back« (1976, deutsch 1977) handelt von den israelisch-arabischen Kriegen. Verleihung des Nobelpreises 1976. (CL)

Saul Bellow, 1984

Belsazar (akkadisch »Bel schützt den König«), nach der Hebräischen Bibel Sohn Nebukadnezars und letzter babylonischer König; sein Nachfolger sei der Meder Darius gewesen (Dan 5,1f. und 5,30f.). Historisch war Belsazar aber wohl Sohn Nabonids, des wirklich letzten Königs von Babylon (555–539), und dessen Mitregent und Stellvertreter. Während der langen Abwesenheit Nabonids vom babylonischen Hof verlor Belsazar 539 den Kampf gegen den

Perserkönig →Kyros, der daraufhin Babylon einnahm. Später erhielt sich in den Sagen über das Ende des babylonischen Reichs nur Belsazars, nicht aber Nabonids Name. Nach dem Buch Daniel hat Belsazar ein Gastmahl gegeben, bei dem die von Nebukadnezar aus dem Jerusalemer →Tempel geraubten Kultgefäße entweiht wurden; in dessen Verlauf schrieben »Finger einer Menschenhand« das »mene, mene, tekel u-farsin« (»gezählt, gewogen, zerteilt«) an die Wand, das Daniel als Weissagung des bevorstehenden Untergangs des babylonischen Reichs deutete. Nach der →Aggada wurde Belsazar das Opfer eines Rechenfehlers: Er zählte die 70 Jahre des Exils nicht von der Zerstörung des Tempels, sondern von der Thronbesteigung Nebukadnezars an und meinte daher, diese Zeit sei schon ohne das Eingreifen Gottes verstrichen. Dareios und →Kyros seien Türhüter Belsazars gewesen; in der Nacht des Gastmahls habe er ihnen befohlen, jeden, der sich der königlichen Kammer nähern wollte, zu töten, selbst wenn er sich als König ausgebe. Belsazar mußte in der Nacht austreten; als er zurückkam und beteuerte, er sei der König, wurde er getötet. (LD/TK)

Bemidbar →Hebräische Bibel

Ben Ascher →Massora

Ben-Chorin, Schalom (ursprünglich Fritz Rosenthal), Schriftsteller, Religionsphilosoph und Journalist, 20. 7. 1913 München. Studierte in München Germanistik, Theaterwissenschaft und Religionswissenschaft. 1935 Emigration nach Palästina. Nach Erfahrungen mit der jüdischen Orthodoxie wandte er sich als Religionsphilosoph und Schüler M. →Bubers offeneren Formen eines religiösen und verinnerlichten Judentums zu. 1958 gründete er in Jerusalem die Har-El-Gemeinde als erste jüdische Reformgemeinde. Ben-Chorin gilt als Vorkämpfer und einer der bedeutendsten Vertreter des christlich-jüdischen Dialogs, den er seit Sommer 1940 führt. 1961 Mitbegründer der »Arbeitsgemeinschaft Juden und Christen« beim Evangelischen Kirchentag. 1970–82 Gastprofessor, Dozent und Lehrbeauftragter an den Universitäten Jerusalem, München und Tübingen. Auszeichnungen, u. a. Leo-Baeck-Preis des Zentralrats der Juden in Deutschland (1959), Bundesverdienstkreuz (1969), Leopold-Lucas-Preis (1975), Buber-Rosenzweig-Medaille (1982). Werke u. a.: »Bruder Jesus. Der Nazarener in jüdischer Sicht« (1967), »Paulus. Der Völkerapostel in jüdischer Sicht« (1970), »Mutter Mirjam. Maria in jüdischer Sicht« (1971), »Jüdischer Glaube – die Tafeln des Bundes – das Zehnwort vom Sinai und Beten des Judentums« (1975), »Die Erwählung Israels« (1993). (MHF)

Bendavid, Lazarus, ursprünglich Eleazar, Philosoph und Pädagoge, 18. 12. 1762 Berlin – 28. 3. 1832 Berlin. Bendavid hat schon früh mit der jüdischen Tradition gebrochen und radikal aufklärerische Standpunkte bezogen. Nach Studium in Göttingen und Halle trat er in Berlin und Wien öffentlich für die Philosophie I. →Kants ein. Mit ihm teilte er auch die Geringschätzung des jüdischen Religionsgesetzes. In seiner Schrift »Etwas zur Charakteristik der Juden« (1793) setzte er sich vehement für die Abschaffung der »sinnlosen und auf die jetzigen Zeiten gar nicht mehr passenden Zeremonialgesetze« ein. Im Gegensatz zu Kant hat Bendavid aber die Bekehrung von Juden zum Christentum abgelehnt. Als Erzieher wollte Bendavid vor allem die Ideen der Aufklärung unter den Juden verbreiten und die kulturelle Assimilation fördern. Er war 1803–25 Leiter der jüdischen Freischule in Berlin (→Freischulen), wo zunächst auch christliche Schüler zugelassen waren, bis die Regierung dies 1819 untersagte. (DK)

Bene Akiva, 1922 in Palästina gegründet, inzwischen internationale jüdische Jugendorganisation der →Misrachi-Bewegung. Unter dem Leitziel »Tora Vaavoda« (Tora und Arbeit) sollten religiöse junge Menschen auf Berufe in der Landwirtschaft und im Handwerk vorbereitet werden. Zunächst am Aufbau verschiedener Kibbuzim beteiligt, gründete Bene Akiva seit 1946 eigene, vor allem Grenzkibbuzim. Bene-Akiva-Einheiten dienten in der Nachal-Brigade der israelischen Armee. Bene Akiva gründete Bene Akiva Jeschiwot, ein Netz von Schulen, deren Curriculum teilweise aus staatlichen Lehrplänen abgeleitet ist und zum anderen Teil aus Talmud-Studien besteht. (DB/MW)

Bene Beraq, Bnei Braq, Bene Berak, israelische Stadt im nordöstlichen Vorortbereich von Tel Aviv, 130 000 Einwohner; metallverarbeitende und Nahrungsmittelindustrie. – Das biblische Bene Beraq lag weiter südlich im Siedlungsgebiet des Stammes Dan. Die Stadt war vor allem im 1. Jahrhundert n. Z. ein Zentrum jüdischer Gelehrsamkeit und Sitz der Schule des Rabbi

Akiba. 1924 erfolgte die Neugründung, zunächst als landwirtschaftliche Siedlung, durch fromme polnische Juden. Bene Beraq behielt seinen religiösen Charakter und ist Sitz zahlreicher Jeschiwot. (WL)

Benedikt XIII. (Pedro de Luna), Gegenpapst (1394–1417), um 1328 Illuecd, Aragón – 23.5.1423 Burg Peñíscola. Benedikt XIII. wurde im Zeichen des Großen Abendländischen Schismas als Nachfolger des Gegenpapstes Klemens VII. in Avignon gewählt. Das Konzil von Pisa im Jahr 1409 setzte sowohl ihn als auch den römischen Papst Gregor XII. ab, doch akzeptierten beide diese Entscheidung nicht und bestritten die Rechtmäßigkeit der vom Konzil vollzogenen Wahl Alexanders V. Erst nachdem das Konstanzer Konzil 1417 erneut die Absetzung ausgesprochen hatte, willigte Benedikt XIII. ein. Aus eigenem theologischen Antrieb und bestärkt durch seinen Beichtvater, den hl. Vinzenz Ferrer, ließ Benedikt XIII. 1413/14 zu Tortosa eine große Glaubensdisputation abhalten. Das über 69 Sitzungen sich erstreckende Streitgespräch wurde von Benedikt XIII. selbst geleitet. Seinen Worten zufolge sollen im Anschluß daran mehr als 3000 Juden zum Christentum konvertiert sein. Am 11. 5. 1415 erließ Benedikt XIII. die Bulle »Et si doctoris«, in der die Konfiszierung des Talmud gefordert wurde und die Juden restriktiven und diskriminierenden Maßnahmen unterworfen wurden.

L F. Baer, Die Juden im christlichen Spanien, 1929. – P. Browe, Die Judenmission im Mittelalter und die Päpste, Rom 1942.
(PAU)

Benediktion →Beracha

Ben-Gurion, David (ursprünglich David Grün), israelischer Politiker, 16.10.1886 Płońsk (Polen) – 1.12.1973 Tel Aviv; ab 1904 Mitglied der →Poale Zion. 1906 nach Palästina gekommen, war er bis 1910 Landarbeiter, dann Journalist in Jerusalem und Berufspolitiker; 1912–14 Jurastudium in Istanbul. 1915 von den Türken aus Palästina ausgewiesen, verbrachte er einen Teil seiner Exilzeit mit politischer Arbeit in New York; 1918 Rückkehr. Ben-Gurion war Mitgründer und Führer der (alten) →Achdut Haawoda und der →Histadrut (1920), deren Generalsekretär er 1921–35 war. Beim Zusammenschluß von Achdut Haawoda und →Hapoel Hazair 1930 zur →Mapai übernahm Ben-Gurion den Vorsitz der neuen Partei. Als Vertreter einer pragmatischen, gemäßigten Politik bekämpfte Ben-Gurion linke Tendenzen in den Organisationen der Arbeiterbewegung und die extremen Positionen der nationalistischen Revisionisten. Von 1935 bis 1948 war er Vorsitzender der Exekutive der →Jewish Agency, des wichtigsten jüdischen Selbstverwaltungsorgans in Palästina. In Territorialfragen kompromißbereit, befürwortete er die Teilungspläne der Peel-Kommission und der UN von 1947. Als sich Großbritannien jedoch nach 1945 anschickte, die im »White Paper« von 1939 angepeilte, äußerst restriktive Einwanderungspolitik durchzusetzen, ging Ben-Gurion zu einer Politik des Widerstands gegen die Mandatsbehörden über. Da die britische Regierung die »illegale« Einwanderung unter Einsatz ihrer Streitkräfte zu unterbinden versuchte, autorisierte Ben-Gurion den bewaffneten Widerstand. 1946 übernahm er die Führung der →Hagana und begann, die jüdische Bevölkerung Palästinas auf einen Krieg vorzubereiten. Ben-Gurion war 1948 maßgebend beteiligt an der Entscheidung, den Staat Israel auszurufen. Er verlas die Unabhängigkeitserklärung am 14. 5. 1948 und wurde Ministerpräsident und Verteidigungsminister der provisorischen Regierung. Nach den Wahlen zur ersten Knesset war Ben-Gurion 1949–53 und 1955–63 Ministerpräsident und Verteidigungsminister. Gegen starke Opposition setzte er die Auflösung der parteigebundenen Militärorganisationen durch und schuf →Zahal, die israelische Verteidigungsarmee. Da kein arabischer Nachbarstaat zu Friedensverhandlungen bereit war, setzte Ben-Gurion Israels Sicherheitsinteressen als höchste Priorität in der Außenpolitik. Vor und nach dem Sinaifeldzug (1956) pflegte er besonders enge Beziehungen zu Frankreich und sicherte damit Israels Verteidigungsbedarf ab. Er befürwortete energisch eine Aussöhnung mit Deutschland, setzte das deutsch-israelische Wiedergutmachungsabkommen 1952 durch und traf

David Ben-Gurion, New York 1951

sich 1960 mit Bundeskanzler Konrad Adenauer in New York. Aufgrund persönlicher Rivalitäten trat Ben-Gurion 1965 aus der Mapai aus und gründete die →Rafi, die sich ohne ihn 1967 wieder der Mapai anschloß. 1970 zog sich Ben-Gurion aus der Politik zurück. Werke: »Erinnerung und Vermächtnis« (1971), »Israel, die Geschichte eines Staates« (1973).

[L] M. Bar-Zohar, David Ben-Gurion, (deutsch) 1988. – E. Shaltiel (Hrsg.), David Ben-Gurion, Israel's Prime Minister – Selected Papers (1947–63), 1977. – S. Teveth, Ben-Gurion: The Burning Ground 1886–1948, 1987. (DB/MW)

Beni Israel, jüdische Gemeinschaft in Indien (vor allem Bombay) mit eigener, vom rabbinischen Judentum weithin getrennter Entwicklung. Eine Legende berichtet, die Vorfahren der Beni Israel seien sieben Männer und sieben Frauen gewesen, die auf der Flucht vor Antiochos IV. Epiphanes (Regierungszeit 175–164 v. Z.) vor der Konkanküste Schiffbruch erlitten hätten. Bekannt als Ölpresser, später unter den Briten als Soldaten der Eingeborenen-Regimenter, verlernten die Beni Israel die hebräische Sprache bis auf das →Schema Jisrael, das sie rezitierten. Sie befolgten den Sabbat (kein Feuer, kein Pressen von Öl), führten die Beschneidung (→Berit Mila) durch und hielten bestimmte Speisegesetze ein; eine eigentliche →Schechita kannten sie nicht. Von den jüdischen Festen feierten sie →Rosch ha-Schana, →Jom ha-Kippurim, →Pessach, →Tischa be-Aw und →Sukkot, z. T. in stark veränderter Form, dazu einige eigene Feste. Eine Scheidung (→Get) war bei ihnen nicht üblich; Witwen blieben unverheiratet (daher keine →Leviratsehe). Kontakte mit anderen jüdischen Gruppen hatten die Beni Israel wohl erst im 18. Jahrhundert (mit den indischen Kotschin-Juden) und im frühen 19. Jahrhundert, als Juden aus →Bagdad nach Bombay kamen. Diese Kontakte führten im Lauf der Zeit zu einer Annäherung an das rabbinische Judentum. Im 19. Jahrhundert entstanden auch erste Schulen für die Beni Israel, in denen u. a. Hebräisch gelehrt wurde, sowie mehrere Synagogen. Zunächst skeptisch gegenüber dem Zionismus, wanderten 1948–69 über 12 000 Beni Israel nach Israel aus; etwa 6000 (1975) blieben in Indien. In Israel hatten die Beni Israel zunächst große Probleme: soziokulturelle, weil sie sich in Gewohnheiten, Hautfarbe, Sprache und Chancen auf einen Arbeitsplatz stark von den übrigen Einwohnern unterschieden; und religiöse, weil einige Rabbiner wegen der abweichenden Eherechtspraxis Ehen von Beni Israel mit anderen Juden zunächst nicht erlaubten. Eine Entscheidung des Oberrabbinats (1962) gestattete die Eheschließung unter gewissen Bedingungen; die Beni Israel betrachteten aber die Auflagen als demütigend und organisierten eine Reihe von Streiks. 1964 sicherte Israels Ministerpräsident Levi Eschkol den Beni Israel zu, daß sie in jeder Hinsicht als Juden betrachtet würden.

[L] U. S. Kehimkar, History of the Bene Israel of India, Tel Aviv 1937. – S. Strizower, The Children of Israel: The Bene Israel of Bombay, Oxford 1971. (LD/TK)

Benjamin, Walter, Schriftsteller und Literaturwissenschaftler, 15. 7. 1892 Berlin – 27. 9. 1940 Port Bou. Studium der Philosophie in Freiburg, Berlin, München und Bern. Promotion zum Doktor der Philosophie (1919). Seine ersten wissenschaftlichen Arbeiten und Publikationen standen unter dem Einfluß des philosophischen Idealismus. Benjamin kam durch G. →Scholem in Berührung mit dem Zionismus und der jüdischen Mystik. In Berlin wirkte er als Literaturkritiker und Übersetzer von Charles Baudelaire und Marcel Proust. Benjamin war Mitarbeiter u. a. der »Frankfurter Zeitung« und der »Literarischen Welt«. Seine Habilitationsschrift »Ursprung des deutschen Trauerspiels« (gedruckt 1928) wurde von der Frankfurter Universität zurückgewiesen. Ende der 20er Jahre Freundschaft mit Bertolt Brecht und Annäherung an den Marxismus. März 1933 Emigration nach Spanien und Frankreich. In Paris bis 1935 Mitarbeit an verschiedenen Exilzeitschriften. Ab 1935 Beiträge für die »Zeitschrift für Sozialforschung« und Mitglied des Pariser Büros des →Instituts für Sozialforschung. Nach vorübergehender Internierung Flucht nach Südfrankreich. Nach gescheitertem Versuch, die spanische Grenze zu überschreiten, Freitod in Port Bou. Benjamin gilt als einer der geistigen Väter der »Frankfurter Schule«. Benjamins Kulturkritik verbindet Elemente des historischen Materialismus mit einem eschatologisch-messianischen Geschichtsbild. Werke u. a.: »Der Begriff der Kunstkritik in der deutschen Romantik« (1920), »Einbahnstraße« (1928, 1955), »Deutsche Menschen. Eine Folge von Briefen« (1936, 1965), »Das Kunstwerk im Zeitalter seiner technischen Reproduzierbarkeit« (1936, 1963), »Illuminationen« (ausgewählte Werke, 1961), »Gesammelte Schriften«, herausgegeben von R. Tiede-

mann und H. Schweppenhäuser (1972ff.).
[L] G. Scholem, Walter Benjamin – die Geschichte einer Freundschaft, 1975. (WJ)

Benjamin ben Jona von Tudela, jüdischer Reisender und Chronist, 2. Hälfte des 12. Jahrhunderts. Seine Reisen (um 1160 bis 73) führten ihn in nahezu 300 Orte der verschiedensten Länder (u. a. Marseille, Rom, Theben, Konstantinopel, Jerusalem, Damaskus, Bagdad, Babylon, Kairo, Alexandrien). Die von Benjamin ben Jona gemachten Aufzeichnungen, vor allem seine exakten geographischen Angaben, machten sein Reisetagebuch »Sefer ha-Massaot« zu einem der bedeutendsten geographischen Bücher des Mittelalters. Die Reisebeschreibungen des Benjamin ben Jona, seine Mitteilungen über die Lebensweise, die Größe und soziale Schichtung der jüdischen Gemeinden ist eine unschätzbare Quelle zur jüdischen Geschichte und Kultur. Benjamin ben Jonas Notizen wurden, wahrscheinlich nach seinem Tod, redigiert und mit einem Vorwort versehen. Erstmals veröffentlicht wurden sie 1543 in Konstantinopel. Es folgten zahlreiche Ausgaben und Übersetzungen (u. a. ins Lateinische, Französische, Englische und Deutsche). Eine kritische Ausgabe, versehen mit einer Einleitung und geographischen Karten, wurde von L. Gruenhut und M. N. Adler, London 1907 herausgegeben. Was Benjamin ben Jona zu seinen Reisen veranlaßte, ist nicht bekannt, auch über sein sonstiges Leben gibt es keine gesicherten Erkenntnisse. Es wird vermutet, daß er (Navarra/Spanien) stammt und 1178 gestorben ist.
[L] G. Caro, Sozial- und Wirtschaftsgeschichte der Juden im Mittelalter und der Neuzeit, Band 1, 1920 (Nachdruck 1964). (WR)

Ben Jehuda, Elieser (eigentlich Elieser Isaak Perlman), 7. 1. 1858 Luschky, Litauen – 16. 12. 1922 Jerusalem, hebräischer Schriftsteller und Lexikograph, Erneuerer der hebräischen Sprache. Nach Besuch von Jeschiwa und Realschule 1878 Aufnahme des Medizinstudiums in Paris. Nach dem Erleben des Unabhängigkeitskampfes der Balkanländer erörterte Ben Jehuda seine Vorstellung des Zusammenhangs von Wiedergeburt des jüdischen Volkes, Land und hebräischer Sprache in einem ersten Artikel, der 1879 unter dem Titel »sche'ela nichbada« (»eine wichtige Frage«) in der Zeitschrift »Ha-Schachar« veröffentlicht wurde. Seither betonte Elieser Ben Jehuda den für einen Nationalstaat konstituierenden Charakter einer neu belebten nationalen Sprache. 1881 kam Ben Jehuda nach Palästina, war Redaktionsmitglied und Herausgeber verschiedener Zeitschriften und Lehrer an der Schule der →Alliance Israélite Universelle in Jerusalem. Sein Haushalt war der erste, in dem nur modernes Hebräisch gesprochen wurde. Ben Jehudas Hauptwerk ist das hebräische »Gesamtwörterbuch der alt- und neuhebräischen Sprache«, dessen letzter Band 1959, lange nach Ben Jehudas Tod, erschien. Ben Jehuda trug viel zur Durchsetzung des Hebräischen als Nationalsprache in Israel bei. (LD/TK)

Ben Naftali →Massora

Ben Soma, Simeon, gehört zur jüngeren Gruppe der zweiten Generation der →Tannaiten, wirkte im frühen 2. Jahrhundert in Palästina und war Zeitgenosse von Rabbi →Akiba ben Josef. Schüler von Rabbi Josua ben Chananja, wurde Ben Soma nur als »Schüler der Weisen« bezeichnet und als einer, der »vor den Weisen« beim →Sanhedrin sprach. Zugleich war er ein außergewöhnlicher Gelehrter: »Wer Ben Soma im Traum sieht, mag hoffen, Weisheit zu erlangen«. Ben Soma war auch Bibelausleger und Aggadist; daneben beschäftigte er sich mit Geheimlehre (→Pardes), Schöpfungsspekulation (ma'ase bereschit) und Thronwagenmystik (ma'ase merkawa). Er starb jung. (LD/TK)

Ben-Zwi, Izhak (ursprünglich Isaak Schimschelewitz), israelischer Politiker, 6. 12. 1884 Poltawa (Ukraine) – 23. 4. 1963 Jerusalem. Nach einem Palästina-Besuch 1904 war er als Organisator für →Poale Zion in der Ukraine tätig. Mehrmals von den russischen Behörden verhaftet, entkam er 1907 nach Palästina. Ben-Zwi studierte Jura in Istanbul mit Ben-Gurion; beide wurden 1915 verbannt, gingen nach New York, waren dort in der zionistischen Bewegung aktiv und kehrten 1918 zurück. Bei der Gründung der →Histadrut (1920) wurde er ins Sekretariat gewählt. 1931 wurde er Vorsitzender, später Präsident des Nationalrats (→Waad Leumi). Nach dem Tod von C. →Weizmann wurde Ben-Zwi 1952 von der Knesset zum zweiten Staatspräsidenten Israels gewählt; 1957 und 1962 wurde er wiedergewählt. Durch seine vielen Besuche in allen Teilen des Landes, seine Aufgeschlossenheit und die zahlreichen kulturellen Veranstaltungen, die er förderte, trug Ben-Zwi entscheidend zur Erhöhung des Ansehens des Staatspräsidentenamtes bei. (DB/MW)

Beracha (hebräisch, Plural Berachot, lateinisch »Benediktion«), Segens- oder Dankformel in gottesdienstlichem oder privatem Gebrauch. Gab es in biblischer und nachbiblischer Zeit verschiedene Formeln der Beracha, so bildete sich in talmudischer Zeit eine feste Form heraus. Jede vorgeschriebene Beracha beginnt mit der Einleitungsformel (EF): »Gepriesen seist du, Herr, unser Gott, König der Welt.« Gemäß dem Hauptteil der Beracha werden drei Formen unterschieden: 1. die kurze Form: EF und kurzer, auf den Anlaß bezogener Satz (z.B. über den Wein: »... der die Frucht des Weinstocks schafft«). 2. die lange Form: EF, längerer Text und zusammenfassende Schlußformel (z.B. beim Tischgebet: »... der die ganze Welt ernährt ..., denn er ist Gott, der alles ernährt ...; Gepriesen seist du, Herr, der alles ernährt«). 3. die Beracha-Serie: EF nur bei der 1. Beracha, Abschluß wiederum durch Schlußformel (z.B. beim →Schemone essre, das – als Ausnahme – außerdem eine verkürzte EF ohne »Melech ha-Olam« hat). Die Beracha stellt einen festen Bestandteil der täglichen Gebete (→Tefilla) dar. Daneben gibt es vorgeschriebene Berachot vor einer →Mizwa, Berachot bei verschiedenen Anlässen (Freude, Genuß, →Kiddusch, →Hawdala). Alle 28 Jahre wird eine Beracha als Dank für die Erschaffung der Sonne gesprochen (Birkat ha-Chamma); am Sabbat vor dem Neumond (→Rosch Chodesch) wird der neue Monat nach der Toravorlesung angekündigt (Birkat ha-Chodesch, ohne EF), während man nach Erscheinen des neuen Mondes nachts heraustritt und für die Erneuerung ies Mondes dankt (Birkat ha-Lewana). Nach Überstehen einer weiten, gefährlichen Reise, einer Krankheit und dgl. ist es üblich, daß der Gerettete nach der Toravorlesung eine Beracha (Birkat ha-Gomel, jiddisch: Gaumel benschen) spricht. (LD/TK)

Berachot →Mischna

Beradt, Martin, Schriftsteller, 26. 8. 1881 Magdeburg – 26. 11. 1949 New York. Jurastudium und Tätigkeit als Anwalt in Berlin. Beradt emigrierte 1940 in die USA. Werke u. a.: »Go« (Roman eines Knaben, 1909), »Eheleute« (Roman um die Bourgeois-Ehen der Bankiersfrau Susanne Stern), »Die Verfolgten« (1920), »Die Straße der kleinen Ewigkeit« (1965 aus dem Nachlaß). In Beradts Nachlaß befindet sich eine umfangreiche Korrespondenz u. a. mit M. →Buber, M. →Brod, Hermann Hesse, S. →Fischer, W. →Rathenau. (WJ)

Berdyczewski, Micha Josef (Bin Gorion), hebräischer Schriftsteller, Publizist, Folklorist, Religionsforscher, 30. 8. 1865 Miedzyborz, Ukraine – 18. 11. 1921 Berlin. Sohn eines Rabbiners, studierte anfangs an der Talmudhochschule in Woloszyn, später Philosophie an den Universitäten Berlin, Breslau und Bern. Berdyczewski galt als entschiedener Gegner des »geistigen Zionismus« von →Achad Haam und betonte die nationale, von jeder Weltanschauung unabhängige Grundlage des Zionismus. Seine zahlreichen Erzählungen und die Kurzromane in hebräischer Sprache »Donner«, »Bau ein Haus« und »Nachbarn« schildern das Leben der osteuropäischen Juden. Veröffentlichte fünf Bände der »Sagen der Juden zur Bibel« und sechs Bände mit Märchen und Gedichten unter dem Titel »Der Born Judas« (1916–23). (AB)

Berend, Alice, Schriftstellerin, 30. 6. 1875 oder 1878 Berlin – 2. 4. 1938 Florenz. Tochter von Ernst Berend und Hedwig Gumpertz, Schwester von C. →Berend-Corinth. Während ihrer ersten Ehe lebte Berend acht Jahre in Italien, wo ihre ersten erfolgreichen humoristischen Romane aus der Berliner Gesellschaft entstanden: »Die Reise des Herrn Sebastian Wenzel« (1912), »Frau Hempels Tochter« (1913), »Die Bräutigame der Babette Bomberling« (1915). Von 1921 bis 1924 lebte Berend in Konstanz, dann wieder in Berlin, bis sie 1935 über die Schweiz nach Italien emigrierte. Dort trat sie 1936 zum Protestantismus über. Berend war Mitglied des PEN-Clubs. Weitere Werke: »Der Kapitän vom Bodensee« (1932), »Rücksicht auf Martha« (1934), »Ein Hundeleben« (1935), »Spießbürger« (1938). (MAM)

Berend-Corinth, Charlotte, Malerin, Graphikerin, 25. 5. 1880 Berlin – 10. 1. 1967 New York. Schülerin von Lovis Corinth (1858 bis 1925), den sie 1904 heiratete. Von 1916 bis 1926 war Berend-Corinth Vorstandsmitglied der Berliner Secession. 1927 eröffnete sie eine Malschule in Berlin. 1933 siedelte sie nach Italien über, hielt sich von 1937 bis 1939 zeitweise in der Schweiz auf, bis sie 1939 in die USA emigrierte. Porträts und Landschaften sind die Themen ihrer Gemälde. Berend-Corinth schuf lithographische Zyklen von Künstlern und zu Andersens Märchen und illustrierte Novellen von Guy de Maupassant. Autobiographisches von ihr erschien in zwei Teilen: »Mein Leben mit Lovis Corinth« (1948) und »Als ich ein Kind war« (1950). 1958 veröffentliche Berend-Corinth die Memoiren von Lovis Corinth unter dem Titel »Lovis«. Noch in den 60er Jahren fanden in Düsseldorf, New York, Frankfurt am Main und Berlin Ausstellungen ihrer Kunstwerke statt. (MAM)

Berendsohn, Walter Arthur, Literaturhistoriker, 10. 9. 1884 Hamburg – 31. 1. 1984 Stockholm. Nach Studium und Promotion 1914–33 Lehrtätigkeit, seit 1926 als Professor für Literaturwissenschaft an der Universität Hamburg. Emigration, seit 1943 in Schweden. Begründer der Stockholmer Koordinationsstelle zur Erforschung der deutschsprachigen Exilliteratur. Berendsohn gilt als Nestor der Exilforschung. Berendsohn arbeitete vor allem über die Literatur der nordischen Länder. Werke u. a.: »Die Idee der Humanität in Vergangenheit und Gegenwart« (1961), »Der junge Staat Israel« (1962). (WJ)

Berenike, 1. Tochter der Salome, der Schwester →Herodes' des Großen, und des Idumäers Costobar, ?– um 23 n. Z. Rom. Sie heiratete 17 v. Z. ihren Vetter Aristobul, einen Sohn Herodes' des Großen und der →Mariamne, der durch eine Intrige der Salome 7 v. Z. von Herodes hingerichtet wurde. Aus der Ehe der Berenike mit Aristobul stammte u. a. →Agrippa I. Berenike lebte lange in Rom und unterhielt freundschaftliche Beziehungen zu Antonia minor, der Mutter des Kaisers →Claudius, die ihrem Sohn politisch nützten. (HC)

2. 28 – nach 79 n. Z., Tochter →Agrippas I.; Schwester →Agrippas II. und der Drusilla, die mit dem römischen Statthalter von Judäa, Antonius Felix, verheiratet war. Berenike war mit ihrem Onkel Herodes, König von Chalkis (gestorben 48) verheiratet, danach Geliebte des späteren römischen Kaisers Titus (Regierungszeit 79–81); angeblich inzestuöses Verhältnis zu ihrem Bruder Agrippa II. In Bet Shearim außerhalb des Königreichs ihres Bruders hatte Berenike Grundbesitz. (HC)

Bereschit →Hebräische Bibel

Bergen-Belsen. In das im Frühjahr 1943 von der SS eingerichtete →Konzentrationslager in der Lüneburger Heide wurden verschiedene Gruppen von europäischen Juden deportiert, an deren rascher Vernichtung dem nationalsozialistischen Regime nicht gelegen war: Juden mit doppelter Staatsangehörigkeit, die gegen Deutsche ausgetauscht werden konnten; Juden, die als Geiseln und als politisches oder wirtschaftliches Druckmittel für das Deutsche Reich brauchbar sein konnten; Juden mit verwandtschaftlichen oder sonstigen Beziehungen zu einflußreichen Persönlichkeiten im Ausland. Die zahlenmäßig stärkste Gruppe bildeten Anfang 1944 die 3670 holländischen »Austauschjuden«. Seit März 1944 diente Bergen-Belsen als Aufnahmelager für nicht mehr arbeitsfähige Häftlinge anderer KZ; im Sommer 1944 wurde zusätzlich ein Frauenlager mit rund 4000 Insassen errichtet. Seit Oktober/November 1944 wurde Bergen-Belsen Auffanglager für Evakuierten-Transporte aus dem Osten; im Dezember 1944 lebten in dem vollkommen überfüllten Lager unter katastrophalen Bedingungen rund 15 000 Häftlinge, davon 8000 Frauen und Mädchen, darunter auch A. →Frank; Hauptursachen für das Massensterben waren Hunger und Seuchen. Noch nach der Befreiung des Lagers durch die britische Armee am 15. 4. 1945, als sich noch etwa 60 000 Menschen im Lager befanden, starben viele vor Erschöpfung und durch Krankheit; die Gesamtzahl der Opfer in Bergen-Belsen betrug über 50 000 Menschen. Im November 1945 wurde ein Mahnmal errichtet, 1952 eine Gedenkstätte eingeweiht. 1990 Eröffnung des »Dokumentenhauses« mit einer Ausstellung über die Geschichte des KZ und des Holocaust.

🄻 E. Kolb, Bergen-Belsen. Geschichte des »Aufenthaltslagers« 1943–1945, 1962. – E. Kolb, Bergen-Belsen, 1985. (JÖD)

Berger, 1. Alfred, Zionist, 23. 10. 1891 Niederbreisig, Rheinland – 2. 1. 1940 Jerusalem. Während des Ersten Weltkriegs sah er die Not der Ostjuden und wurde Mitarbeiter seines Bruders Julius Berger in der Leitung der →Jüdischen Abteilung der Deutschen Arbeiter-Zentrale in Warschau. Führendes Mitglied der →Poale Zion in Deutschland, Leiter des →Arbeiterfürsorgeamts der jüdischen Organisationen Deutschlands und 1923–29 des »Keren Hajessod«. Mitglied des Geschäftsführenden Ausschusses der Zionistischen Vereinigung für Deutschland. 1933 Auswanderung nach Palästina, seit 1936 Leiter der Informationsabteilung der Hebräischen Universität Jerusalem. (LH)

2. Julius, Publizist, 29. 3. 1883 Niederbreisig, Rheinland – 3. 1. 1947 Jerusalem. Bruder von A. →Berger, Sekretär von D. →Wolffsohn im Zionistischen Zentralbüro und bei der Zionistischen Vereinigung für Deutschland, führend im »Keren Hajessod« in Mitteleuropa. Seit 1917 Leiter der →Jüdischen

Abteilung der Deutschen Arbeiter-Zentrale in Warschau. Aktiv in der Ostjudenfürsorge und sozialpolitisch tätig im Berliner →Arbeiterfürsorgeamt. (LH)

Bergmann, Hugo alias Schmuel, Philosoph, Übersetzer und Bibliothekar, 25.12.1883 Prag – 18.6.1975 Jerusalem. Bergmann war neben Jakob Klatzkin ein Pionier der neuhebräischen Philosophie. Als Student gehörte er dem zionistischen Bar-Kochba-Verein an und frequentierte, wie seine engen Freunde F. →Kafka, M. →Brod, E. →Utitz, A. →Einstein, den Salon des Hauses Fanta, wo die antikantianischen christlichen Philosophen Bernhard Bolzano und Franz Brentano – der Lehrer E. →Husserls – aber auch die Anthroposophie Rudolf Steiners verehrt wurden. Nach Abschluß seiner naturwissenschaftlichen und philosophischen Studien wurde Bergmann Universitätsbibliothekar. 1920 emigrierte er nach Palästina und baute dort die Nationalbibliothek auf. Als Professor für Philosophie und Rektor der Hebräischen Universität hat sich Bergmann durch seine philosophiegeschichtlichen und systematischen Arbeiten, besonders aber durch seine Übersetzungen ins Hebräische von S. →Maimon, I. →Kant und E. →Husserl verdient gemacht. Philosophisch orientierte Bergmann sich vor allem an Kant und am Neukantianismus H. →Cohens, während er sich religiös M. →Buber und F. →Rosenzweig anschloß, ohne je seine mystischen Neigungen zu verleugnen. Politisch trat Bergmann als Aktivist des →Brit Schalom für eine friedliche Verständigung mit den Arabern ein.

L H. Bergmann, Tagebücher und Briefe, 2 Bände, 1985. (DK)

Bergner, Elisabeth (ursprünglich Elisabeth Ettel), Schauspielerin, 22.8.1897 Drogobytsch, Galizien –12.5.1986 London, studierte Schauspiel an der Akademie für Musik und darstellende Kunst, Wien. Schauspielerin u.a. am Stadttheater Innsbruck, am Lessingtheater Berlin, an den Münchner Kammerspielen, am Deutschen Theater und am Staatstheater Berlin. Heroine und Berühmtheit des deutschen Theaters. F. →Kortner charakterisierte Bergner als ein »in Wahrheit mit allen Wassern gewaschenes Genie der Weiblichkeit«. Gefeierte Darstellerin u.a. als Königin Christine (Strindberg, 1922), als Viola in »Was ihr wollt« (Shakespeare, 1923), in »Die heilige Johanna« (Shaw, 1923), als Nina in »Das seltsame Zwischenspiel« (O'Neill, 1929). 1929 Filmarbeit; Regie führte ihr Ehemann Paul Czinner. 1932 Emigration nach London. 1933–35 Theater- und Filmproduktionen. 1940 Emigration in die USA, Filmarbeiten in Kanada und Hollywood. 1944 Tourneen und Broadway-Auftritte. 1949 Rezitationsabende in Deutschland. Seit 1954 Theaterarbeit in Deutschland, England, in den USA und in Israel. Subtile Charakterporträts in den Stücken von Terence Rattigan, Eugene O'Neill, Jean Giraudoux und G. B. Shaw. 1978 Hauptrolle in dem Film »Der Pfingstausflug« (Regie Michael Günther). Autobiographie: »Bewundert viel und viel gescholten ... E. Bergners unordentliche Erinnerungen«, 1978. (MBR)

Bergson, Henri, Philosoph, 18.10.1859 Paris bis 4.1.1941 Paris. Der Vater Michael Bergson war Komponist und entstammte einer angesehenen Dynastie polnischer Hofjuden aus Warschau; die Mutter kam aus England. 1866 erhielt Bergson durch Vermittlung eines Rabbiners ein Stipendium für das Gymnasium. Seit 1870 war Bergson Interner des jüdischen Instituts Springer. In seiner brillanten akademischen und diplomatischen Karriere (u.a. 1928 Nobelpreis für Literatur) hat sich Bergson allerdings dem Judentum vollständig entfremdet. In seinem letzten Werk »Die beiden Quellen der Religion und der Moral« (französisch 1931, deutsch 1933) bezog er seinen lebensphilosophischen Ansatz, den er zuvor vor allem an naturwissenschaftlichen Gegenständen erprobt hatte, auch auf soziale und religiöse Themen. Bergson unterscheidet hier statische Religionen, die der Erhaltung sozialer Systeme dienen, von dynamischen Religionen, die durch vorbildliche Glaubenshelden die Grenzen der sozialen Systeme sprengen, die ganze Menschheit liebend umfassen und ihr so einen neuen Entwicklungsschub geben. Solche Persönlichkeiten waren nach Bergson die biblischen Propheten, deren Wirkung allerdings in engen nationalen Grenzen blieb. Erst die tätige christliche Mystik habe den prophetischen Ansatz vollendet. Konsequent schrieb Bergson in seinem Testament vom 8. 2. 1937, er wäre zum Christentum übergetreten, wenn das bedrohliche Anwachsen des Antisemitismus ihn nicht dazu bewogen hätte, sich mit dessen Opfern zu solidarisieren. Eine Ausnahme von den antisemitischen Gesetzen der Vichy-Regierung lehnte er ab.

L V. Jankélévitch, Henri Bergson et le Judaïsme, in: Mélanges de Philosophie et de Littérature Juives, 2 Bände, Paris 1956/57. (DK)

Berit (hebräisch »Bund«), biblischer Ausdruck für ein Treueverhältnis, vor allem zwischen Gott und Israel. Die wichtigsten biblischen Berit-Schlüsse, oft begleitet durch besondere Zeichen der Berit, sind: 1. Der Bund mit →Noah; Zeichen der Berit ist der Regenbogen. 2. Die Berit mit →Abraham, zunächst nur mit Mehrungs- und Landverheißung, dann als »ewige Berit« mit der Beschneidung (→Berit Mila) als Bundeszeichen. 3. Der Sinaibund, den Gott mit Israel durch →Mose schließt. 4. Der Davidsbund; 5. Die Berit mit Josia mit Verlesung des aufgefundenen Bundesbuches. Die religiöse Vorstellung unterscheidet meist nicht zwischen den verschiedenen Berit-Schlüssen. Berit bedeutet hier sowohl die Verheißung Gottes als auch die Verpflichtung Israels, die Gebote der →Tora zu halten. Andererseits zeichnet sich schon in der Bibel die Tendenz ab, Berit mit Gesetz und Gebot gleichzusetzen. In der →Aggada finden sich Versuche, den Berit-Schluß am Sinai als gegenseitige Handlung zu erklären; betont wird vor allem die Mittlerschaft des Mose am Sinai. Ein besonderes Verhältnis besteht zwischen Berit und der Erwählung Israels: selbst wenn Israel Gottes Berit immer wieder gebrochen hat und Propheten wie Amos dem Volk das Ende androhen oder, wie Hosea, die Scheidung der als Ehe vorgestellten Verbindung Gottes mit Israel ankündigen, bleibt doch die Erwählung Israels bestehen.

[L] E. Kutsch, Verheißung und Gesetz, Beihefte zur Zeitschrift für die alttestamentliche Wissenschaft 131, 1973. – M. Weinfeld, Berît. Covenant vs. Obligation, Biblica 56 (1975). (LD/TK)

Berit Mila, Beschneidung, Entfernung der Vorhaut des männlichen Glieds. Grundlegendes Gebot des Judentums, Zeichen des Bundes (→Berit) mit →Abraham, daher des Bundes Gottes mit Israel überhaupt. Abraham beschnitt sich im Alter von 99 Jahren, dazu alle Männer seines Hauses, ferner →Isaak am von Gott angeordneten achten Tag nach der Geburt. Nicht immer wurde die Berit Mila konsequent gehalten: So beschnitt Moses Frau Zippora ihren Sohn erst später; in den Wirren der Wüstenwanderung geriet die Berit Mila in Vergessenheit, so daß Josua die in der Wüste Geborenen beim Einzug ins Land Kanaan beschneiden mußte. Unter der Herrschaft Antiochos' IV. Epiphanes (Regierungszeit 175–164 v.Z.) wurde die Berit Mila erstmals bei Todesstrafe verboten. Nach dem Sieg der →Hasmonäer zwangen diese die Idumäer zur Berit Mila. Die Berit Mila entwickelte sich später zu einem wichtigen äußerlichen Unterschied zwischen Juden und Christen und gab Anlaß zu antijüdischer Polemik. →Proselyten müssen auf jeden Fall beschnitten werden. Die Berit Mila muß bei einem jüdischen Jungen am achten Tag nach der Geburt vollzogen werden – außer im Fall körperlicher Schwäche –, auch wenn dieser Tag ein →Sabbat oder Fest ist (außer im Fall von Kaiserschnitt oder wenn die Berit Mila bereits verschoben wurde). Die Berit Mila sollte durch einen ausgebildeten Fachmann, den Mohel, ausgeführt werden. Dabei wird mit einem Stahlmesser zunächst die obere Vorhaut abgeschnitten (eigentliche Mila), danach die untere Vorhaut zerrissen oder zerschnitten und bis unter die bloßgelegte Eichel geschoben (Peri'a), schließlich die Wunde ausgesaugt (Meziza). Besonders letzteres führte vor allem im 19. Jahrhundert zu heftigen Kontroversen über die Berit Mila (1843: Abschaffung der Meziza durch das Konsistorium in Paris; in Frankfurt Überlegungen zur Abschaffung der Berit Mila überhaupt). Heute wird die Wunde meist nicht mehr mit dem Mund, sondern mit Glasrohr und Wattebausch ausgesaugt; moderne Richtlinien der Desinfektion werden befolgt. Nach der Berit Mila spricht der Vater des Jungen eine →Beracha. Es schließt sich ein Festmahl an. Die Berit Mila ist mit der Namensgebung verbunden. (LD/TK)

Berlin, deutsche Hauptstadt seit 1871. Juden werden 1295 erstmals urkundlich erwähnt. 1349, zur Zeit der Schwarzen Pest, wurden die Häuser der Juden auf dem »Jüdenhof« verbrannt, die Juden selbst getötet oder vertrieben. Im 15. und im 16. Jahrhundert siedelten sich immer wieder jüdische Familien an, die hauptsächlich vom Pfandleihgeschäft sowie vom Klein-, Hausier-, Fleisch- und Viehhandel lebten, regelmäßig aber wieder vertrieben wurden. Erst 1671 ließ der Große Kurfürst die Ansiedlung von Juden wieder zu. Wechselnde Edikte, Generalreglements und Anordnungen regelten von da an die rechtliche Lage. 1712 wurde der Grundstein zur Gemeindesynagoge in der Heidereuthergasse gelegt. Unter der Regierung Friedrich Wilhelms I. wurden dem Handel der Juden Beschränkungen auferlegt; gleichzeitig war man aber bemüht, immer größere Einnahmen aus ihnen zu ziehen. Die Gesetzgebung wurde in einem »Generaljudenreglement« (1730), unter Friedrich II. in einem »Revidierten Generaljudenreglement« (1750) zusammengefaßt, in dem zwischen »ordentlichen« und

»außerordentlichen« Schutzjuden unterschieden wurde. Um das Einschleichen »Unvergeleiteter« zu verhindern, gab es scharfe Kontrollen. Die Gemeinde hatte Schutzgelder zu entrichten und haftete solidarisch für jedes Mitglied. Hinzu kam eine Reihe von Sonderabgaben bei allen möglichen Anlässen, z. B. für die Bestätigung der Ältestenwahlen, für Trauscheine, Ehedispense, für die Verheiratung der Kinder, Ablösungsgelder für erlassene Dienste und anderes mehr. Die Gemeindeältesten begannen sich sofort nach dem Tod Friedrichs II. um eine Reform der die Juden betreffenden Gesetzgebung zu bemühen. Eine besondere Rolle fiel dabei D. →Friedländer zu, dem Schüler M. →Mendelssohns. Berühmt als Orte der Begegnung und des Gedankenaustausches wurden die Salons von Dorothea Veit-Mendelssohn, H. →Herz und R. →Varnhagen. Die Städteordnung vom 19. 11. 1808 verschaffte den Juden schließlich das Bürgerrecht und die Anwartschaft auf städtische Ehrenämter. Salomon Veit und D. Friedländer waren die ersten Juden in Berlins Magistrat und Stadtverordnetenversammlung (1809). Mit der staatsbürgerlichen Emanzipation 1812 änderte sich die Denk- und Lebensweise der Berliner Juden, die sich jetzt besonders um einen Anschluß an die deutsche Kultur bemühten. Durch Jacob Jacobson und den Bankier Jacob Herz Beer kam es zur Einrichtung eines mit deutschen Elementen durchsetzten Gottesdienstes. L. →Zunz, E. →Gans und Moses Moser gründeten 1819 den →Verein für Cultur und Wissenschaft des Judentums. 1827 Eröffnung des Friedhofs Schönhauser Allee. 1845 wurde auf Anregung von S. →Stern und A. D. →Bernstein die »Genossenschaft für Reform im Judentum« gegründet, aus der die »Jüdische Reformgemeinde« hervorging. Entsprechend den Bestimmungen des Gesetzes von 1847 konstituierte sich am 23. 5. 1860 die Synagogengemeinde mit einem Vorstand von sieben Ältesten und einer Repräsentantenversammlung mit 21 Mitgliedern. 1866 Einweihung der zweiten Gemeindesynagoge in der Oranienburger Straße mit →Orgel, Chorgesang und neuer Gebetsordnung. Die Streitigkeiten um die Berufung des Rabbiners A. →Geiger führten 1866 zur Gründung der Austrittsgemeinde →Adass Jisroel. 1872 wurde die →Hochschule für die Wissenschaft des Judentums eröffnet, 1874 das Rabbiner-Seminar und 1880 der Friedhof →Weißensee. Nach der Reichsgründung entwickelte sich Berlin zunehmend zum Zentrum des deutschen Judentums (1871 lebten 36326 Juden in Berlin und seinen Vororten, 1910 waren es 142289, 1925 rund 173000). 1927 gab es 11 Gemeindesynagogen und zahlreiche Betstuben, die besonders von den →Ostjuden bevorzugt wurden. 1930 erfolgte die Einweihung der Wilmersdorfer Synagoge in der Prinzregentenstraße 69–70. Vorhanden waren außerdem ein Gemeindekrankenhaus und drei von der Gemeinde eingerichtete Altersheime. Von den Waisenhäusern und den Erziehungsanstalten waren die ältesten die Nauensche Erziehungsanstalt (1789) und die Baruch Auerbachsche Waisen- und Erziehungsanstalt (1832). Die politischen, religiösen, wirtschaftlichen und sozialen Spitzenorganisationen der preußischen und der deutschen Juden hatten in Berlin ihren Sitz, so u. a. der →Deutsch-Israelitische Gemeindebund, der →Preußische Landesverband jüdischer Gemeinden (gegründet 1922), der →Centralverein deutscher Staatsbürger jüdischen Glaubens (gegründet 1893), die →Zionistische Vereinigung für Deutschland. Die Machtergreifung durch die NSDAP im Januar 1933 leitete das Ende der Gemeinde ein. Schrittweise erfolgten die Entrechtung und die Aussonderung der Juden. Dem Boykott vom 1. 4. 1933 folgten Berufsverbote, schließlich Vernichtung und Raub der Vermögenswerte. Am 9. 11. 1938 wurden die Synagogen in Brand gesetzt (→Reichspogromnacht) und 12000 Juden vor den Augen der Bevölkerung in das KZ →Sachsenhausen verschleppt. Am 18.10. 1941 setzten die Deportationen nach →Theresienstadt ein sowie in die Lager →Lodz, →Riga und →Auschwitz. Die Gemeinde wurde als selbständige Organisation am 28. 1. 1943 zwangsweise aufgelöst. Von den etwa 160000 Berliner Juden des Jahres 1933 waren 1945 rund 90000 ausgewandert, 55000 ermordet, 7000 vorwiegend durch Selbstmord gestorben. Nur 8000 Juden hatten überlebt, 4700 von ihnen in Mischehen und 1400 im Untergrund; 1900 waren aus den Lagern zurückgekehrt. Bereits im Sommer 1945 gab es wieder Gottesdienste. Die Gemeinde, zunächst als Liquidationsgemeinde angesehen, erhielt im Februar 1946 die Wiederanerkennung als Körperschaft des öffentlichen Rechts. 1948 fanden die ersten Wahlen zur Repräsentantenversammlung statt, seit 1949 führte Heinz →Galinski den Gemeindevorsitz. Infolge der Auswirkungen des Kalten Krieges kam es 1953 zur Trennung zwischen West- und Ostberliner Gemeinde, wodurch letztere in ihrem Mitgliederbestand stark geschwächt wurde. Die

West-Berliner Gemeinde machte vier Synagogen wieder für den Gottesdienst zugänglich. 1959 konnte das Gemeindehaus in der Fasanenstraße eingeweiht werden, welches bis heute das eigentliche Gemeindezentrum bildet. 1962 öffnete die Jüdische Volkshochschule in Berlin ihre Pforten. Die Rechtsbeziehungen zum Berliner Senat werden seit dem 31. 1. 1971 auf der Basis einer »Vereinbarung zur Vertretung gemeinsamer Interessen« geregelt. Vor der Maueröffnung im November 1989 zählte die Jüdische Gemeinde in Berlin West knapp 6000 Mitglieder, im Ostteil der Stadt waren es gerade noch 200. Hauptsächlich durch den kontinuierlichen Zuzug jüdischer Auswanderer aus der ehemaligen Sowjetunion während der 90er Jahre ist die Zahl der registrierten Gemeindemitglieder wieder auf über 11 500 angewachsen. Am 1. 1. 1991 war es zur Wiedervereinigung der West- und der Ost-Berliner Gemeinde unter dem Namen »Jüdische Gemeinde zu Berlin« gekommen. Neben der Einheitsgemeinde konstituierte sich schon Mitte der 80er Jahre im Ostteil Berlins die orthodoxe Austrittsgemeinde →Adass Jisroel neu, die 1997 vom Bundesverwaltungsgericht als legitime Rechtsnachfolgerin der 1869 gegründeten Adass-Jisroel-Gemeinde anerkannt worden ist. Im Sommer 1993 nahm wieder ein Jüdisches Gymnasium den Schulbetrieb auf. Seit Sommer 1995 beherbergt der teilweise wiederhergestellte Bau der einst größten Synagoge Deutschlands in der Oranienburger Straße das →Centrum Judaicum, eine große Ausstellungs- und Begegnungsstätte mit Veranstaltungsräumen, Dokumentationsstelle, Archiv und Bibliothek. In unmittelbarer räumlicher Nähe des Centrum Judaicum hat sich während der 90er Jahre eine facettenreiche jüdische Künstlerszene entwickelt. An der Spitze der Einheitsgemeinde vollzog sich ein Generationswechsel. Am 19. Juli 1992 verstarb der seit 1949 amtierende Gemeindevorsitzende Heinz →Galinski. Sein Nachfolger wurde J. Kanal, von dem im Juni 1997 der Historiker A. Nachama den Vorsitz übernahm.

🄻 L. Geiger, Geschichte der Juden in Berlin, 1988 (Reprint). – B. Scheiger, Juden in Berlin, in: Von Zuwanderern zu Einheimischen, 1990. – Jüdische Geschichte in Berlin. Essays und Studien/Bilder und Dokumente. Hrsg. von R. Rürup, 1995. – Jüdisches Städtebild Berlin. Hrsg. von G. Mattenklott, 1997. (JS/OG)

Berlin, 1. Irving (ursprünglich Israel Baline), amerikanischer Komponist volkstümlicher Lieder, 11. 5. 1888 Temun, Kirgisien – 22. 9. 1989 New York. Berlin immigrierte als kleines Kind nach New York; arbeitete als Kellner und sang den Gästen selbstkomponierte Lieder vor. Komponierte mehr als 1000 Lieder, obwohl seine Kenntnisse der Komposition schwach waren. Schrieb viele der unter der amerikanischen Bevölkerung beliebtesten Lieder. Das patriotische Lied »God Bless America« ist eine Art zweite Nationalhymne geworden. Wie viele jüdische Immigranten identifizierte sich Berlin völlig mit der amerikanischen bürgerlichen Kultur und dichtete das moderne, populäre Weihnachtslied »White Christmas« und das berühmte Osterlied »Easter Parade«; verfaßte Lieder für Filme wie »On the Avenue« und für Broadway-Stücke wie »Annie Get Your Gun« und »Call Me Madam«.

🄻 M. Freedland, A Salute of Irving Berlin, London 1986. – I. Whitcomb, Irving Berlin and Ragtime America, London 1987. (CL)

2. Isaiah, Philosoph und Historiker, 6. 6. 1909 Riga – 6. 11. 1997 Oxford. 1919 wanderte seine Familie nach England ein. Nach seinen akademischen Anfängen als Philosoph beschäftigte sich Berlin mit der europäischen Ideengeschichte und dem russischen Liberalismus. 1957 wurde er als Professor für soziale und politische Theorie noch Oxford berufen. Seine Freiheitstheorie war in ihren Motiven und Antrieben eine Antwort auf den Totalitarismus. Neben zahlreichen monographischen Schriften u. a. über Karl Marx, Moses Heß, Turgenjew oder Alexander Herzen ist seine bekannteste und wichtigste Publikation der Essay »Freiheit Vier Versuche« (1969). (RED)

Berlin Documents Center →Dokumentationszentren

Berliner, 1. Abraham, Historiker und Prediger, 2. 5. 1833 Obersitzko, Provinz Posen – 21. 4. 1915 Berlin. 1858–65 Lehrer und Prediger in Arnswalde; 1865–73 Leiter der Gesellschaft für Talmudstudium »Chebrat Schass« in Berlin; 1866 Ehrendoktor der Universität Leipzig; im gleichen Jahr gab Berliner die erste kritische Raschi-Ausgabe zum Pentateuch mit Quellenverweisen heraus und setzte sich vor allem mit der Geschichte des italienischen Judentums auseinander; an seinem 70. Geburtstag wurde ihm in Berlin der Professorentitel zuerkannt. 1874 hatte Berliner das »Magazin für Geschichte, Literatur und Wissenschaft des Judentums« gegründet, das er bis 1893 gemeinsam mit David Hoffmann herausgab. Hauptwerke: »Aus dem Leben der deutschen Juden im Mittelalter« (1900), »Geschichte der Juden in Rom von der ältesten Zeit bis zur Gegenwart« (1893).

🄻 A. Freimann/M. Hildesheimer(Hrsg.), Festschrift zum 70. Geburtstag von Abraham Berliner, 1903. (JÖD)

2. Cora, Nationalökonomin, 23. 1. 1890 Hannover – 1942 KZ Theresienstadt. Berliner gehörte zur zweiten Generation gemäßigter Feministinnen im Jüdischen →Frauenbund (JFB). Auch sie versuchte, wie B. →Pappenheim und H. →Karminski, jüdische Identität, an der sie zeitlebens festhielt, mit ihren feministischen Überzeugungen zu verbinden. Ihrer Berufung als Referentin für Fragen des Verbraucherschutzes und des Genossenschaftswesens in das Reichswirtschaftsministerium (1919) folgte 1923 die Ernennung zum Regierungsrat im Statistischen Reichsamt. Anfang der 30er Jahre erhielt sie einen Lehrstuhl am Institut für Volkswirtschaftslehre in Berlin, der ihr nach der Machtübernahme der Nationalsozialisten wieder entzogen wurde. 1934 übernahm sie den stellvertretenden Vorsitz des JFB und fungierte als Beraterin für die Reichsvertretung. (MAM)

Cora Berliner

Berliner Antisemitismus-Streit, ausgelöst 1879/80 durch eine Reihe judenfeindlicher Aufsätze des Historikers Heinrich von Treitschke in den »Preußischen Jahrbüchern«, die zusammen als »Ein Wort über unser Judentum« veröffentlicht wurden. Die antisemitische Berliner Bewegung erschien Treitschke als eine »natürliche Reaktion des germanischen Volksgefühles«, die in dem später von den Nationalsozialisten aufgenommenen Ruf gipfelte: »Die Juden sind unser Unglück!« Treitschke wollte zwar nicht die vollzogene →Emanzipation antasten, forderte aber das vollständige Aufgehen der Juden »in den Kulturvölkern, deren Sprache sie reden«. Treitschkes Broschüre löste eine Flut von Gegenschriften aus, u. a.: M. Joel, »Offener Brief an Herrn Professor Heinrich von Treitschke« (1879), M. →Lazarus, »Was heißt national?« (1880), P. →Cassel, »Wider Heinrich von Treitschke« (1880), Karl Fischer, »Heinrich von Treitschke und sein Wort über unser Judentum« (1880), Theodor Mommsen, »Auch ein Wort über unser Judentum« (1880).

🄻 W. Boehler (Hrsg.), Der Berliner Antisemitismus-Streit, 1965. (JS)

Berliner Aufklärung →Haskala

Berliner Bewegung, antisemitische Bewegung, die Ende der 1870er Jahre in Berlin entstand, nachdem antisemitische Veröffentlichungen (u. a. von Wilhelm Mau und Otto Glagau) kurz nach der Reichsgründung und der →Emanzipation der Juden eine große Popularität erreicht hatten. Ausgangs- und Mittelpunkt der Berliner Bewegung war die verleumderische Agitation des evangelischen Hofpredigers Adolf Stoecker und der von ihm 1878 gegründeten konservativ-monarchistischen »Christlich-Sozialen Partei«. Stoecker versuchte mit Hilfe antisemitischer Parolen, die stark von der Theologie Luthers geprägt waren, in der Wirtschaftskrise nach der Reichsgründung den unzufriedenen Mittelstand und die sozialdemokratische Arbeiterschaft für Kirche und Monarchie zu gewinnen. Liberalismus und Sozialdemokratie wurden als angeblich »jüdische« Organisationen bekämpft, Juden willkürlich als Verantwortliche aller Mißstände der deutschen Gesellschaft diffamiert. 1881 wurde unter dem Vorsitz Stoeckers das »Conservative Central-Comité« (CCC) gebildet, das die Aktionen der »Christlich-Sozialen Partei« mit denen der in großer Zahl neu gegründeten konservativen Bürgervereine koordinieren sollte; das CCC arbeitete auch zeitweise mit dem völkischen »Deutschen Volksverein« (→Völkische Bewegung) zusammen. Der parlamentarische Erfolg der Berliner Bewegung war eng begrenzt, doch trug sie maßgeblich zur politischen Instrumentalisierung des →Antisemitismus in Deutschland bei.

🄻 P. W. Massing, Vorgeschichte des politischen Antisemitismus, 1949 (deutsche Übersetzung von F. J. Weil, 1959). (BV)

Bernard Gui, französischer Inquisitor, um 1260 – 1331. Der dem Dominikanerorden angehörende Bernard Gui war maßgeblich an der Bekämpfung jüdischer Schriften beteiligt. In seinem Werk »Praxis der Inquisition« (Practica officii inquisitionis, 1314–16), einem Handbuch zur Ketzerbekämpfung, unterstellte er den Juden eine Verlästerung des christlichen Glaubens. Neben der Vernichtung des Talmuds galt sein Bestreben auch der Konfiszierung bedeutender theologischer Schriften wie der Tora- und Talmudkommentare von Rabbi →Salomo ben Isaak (Raschi) aus Troyes (1040–1105). Mit Unterstützung durch den französischen König Philipp V. veranstaltete Bernard Gui im Jahr 1319 in Toulouse eine große Bücherverbrennung. Er starb als Bischof von Lodève (Languedoc).

🄻 P. Browe, Die religiöse Duldung der Juden im Mittelalter, in: Archiv für katholisches Kirchenrecht 118, 1939. – W. P. Eckert, Hoch- und Spätmittelalter. Katholischer Humanismus, in: K. H. Rengstorf/S. von Kortzfleisch (Hrsg.), Kirche und Synagoge, Band 1, 1968 (Neudruck 1988). – G. Mollat (Hrsg.), Bernard Gui Manuel de l'Inquisition, Paris 1926/27. (PAU)

Bernardino da Feltre, italienischer Theologe, 1439 – 1494. Der den franziskanischen Minoriten angehörende Theologe zählte zu den schärfsten Judengegnern Italiens: »Fast an allen Orten, an denen er predigte, kam es zu Judenverfolgungen« (W. P. Eckert). Aus dem Armutsideal der Bettelmönche heraus, ohne Berücksichtigung der Mechanismen des Wirtschaftslebens, geißelte Bernardino da Feltre jegliche Zinsgeschäfte als Wucher; zugunsten der ärmeren Bevölkerungsschichten forderte er, Kreditgeschäfte generell zu verbieten und dementsprechend den Juden die wirtschaftliche Grundlage ihrer Existenz zu entziehen. Statt der jüdischen Pfandleihhäuser und Banken sollten karitative Kreditinstitute (Monti di Pietà), die ohne Zinsgewinne arbeiteten, geschaffen werden. Innerhalb von nur neun Jahren, zwischen 1484 und 1492, begründete Bernardino da Feltre mehr als 20 solcher Monti, vor allem im Gebiet der Republik Venedig. Bernardino da Feltres Polemik gegen die Juden gipfelte im Frühjahr 1475 in Trient in der Prophezeiung eines Ritualmords »noch ehe das Osterfest des Herrn um ist«. Als am Karsamstag tatsächlich ein Knabe verschwand (→Simon von Trient), kam es zu einem aufsehenerregenden Prozeß, zu Judenmorden und -vertreibungen.

🄻 W. P. Eckert, Hoch- und Spätmittelalter. Katholischer Humanismus, in: K. H. Rengstorf und S. von Kortzfleisch (Hrsg.), Kirche und Synagoge, Band 1, 1968 (Neudruck 1988). (PAU)

Bernays, 1. Isaak »Chacham«, Rabbiner und Talmudist, 1792 Mainz – 1.5.1849 Hamburg, Studium der Orientalistik und Altphilologie in Würzburg und München, wo er von Friedrich Wilhelm Schelling stark beeinflußt wurde. Bernays wurde 1821 als Oberrabbiner nach Hamburg berufen. Er war einer der ersten aufgeklärten Rabbiner Deutschlands, der eine abgeschlossene akademische Bildung besaß. Den Unterschied zum alten Rabbinat betonte Bernays dadurch, daß er nur unter drei Bedingungen das Amt angenommen hatte: 1. Alleinige Leitung der Gemeindeschulen und Unabhängigkeit vom Gemeindevorstand; 2. Zubilligung eines festen Gehalts; 3. Anstellung als »geistlicher Beamter« nicht mit dem Titel »Rabbiner«, sondern nach sephardischer Sitte als »Chacham« (Weiser). Bernays gilt als Begründer der orthodoxen Reformbewegung, der sog. Neuorthodoxie, und beeinflußte entscheidend Reformen im jüdischen Schul- und Erziehungswesen; mit der Methode »Thorah im derech eretz« strebte er eine enge Verbindung von religiöser und weltlicher Bildung an.

🄻 E. Duckesz, Zur Biographie des Chacham Isaak Bernays, 1908. – H. M. Graupe, Die Entstehung des modernen Judentums, 1977. (JÖD)

2. Jacob, Sohn des Hamburger Rabbiners Isaak →Bernays, Altphilologe, 11.9.1824 Hamburg – 26.5.1881 Bonn. 1844–48 Studium der Klassischen Philologie bei Friedrich Gottlieb Welcker und Friedrich Ritschl in Bonn; bis 1853 als Privatdozent in Bonn tätig. 1854–66 Dozent am →Jüdisch-Theologischen Seminar in Breslau, gleichzeitig öffentliche Vorlesungen an der Breslauer Universität; 1866 Rückkehr nach Bonn als Oberbibliothekar der Universitätsbibliothek und außerordentlicher Professor. Hauptwerke: »Joseph Justus Scaliger« (1855), »Grundzüge der verlorenen Abhandlung des Aristoteles über die Wirkung der Tragödie« (1857), »Lucian und die Kyniker« (1879).

🄻 H. J. Bach, Jacob Bernays, 1974. – M. Fraenkel, Jacob Bernays. Ein Lebensbild in Briefen, 1932. – L. Wickert, T. Mommsen und Jacob Bernays, in: Historische Zeitschrift 205, 1967. (JÖD)

3. Michael, Sohn des Hamburger Rabbiners I. →Bernays, Literaturhistoriker, 27.11.1834 Hamburg – 25.1.1897 Karlsruhe. 1853–56 Studium der Jurisprudenz, Geschichte und germanischer Philologie in Bonn und Promotion bei Georg Gottfried Gervinus in Heidelberg; 1856 ließ Bernays sich taufen;

zunächst in Bonn als Privatdozent tätig, nahm er 1872 eine außerordentliche Professur in Leipzig an; seit 1873 Inhaber des neu eingerichteten Lehrstuhls für neuere deutsche Literaturgeschichte in München. Seine Vorlesungen über Goethe und Shakespeare erfreuten sich aufsehenerregenden Zulaufs. Bernays zählt in der deutschen Literaturforschung zu den Gründern der historisch-philologischen Methode. Hauptwerke: »Briefe Goethes an F. A. Wolf« (1868), »Zur Entstehungsgeschichte des Schlegelschen Shakespeare« (1872), »Goethe und Gottsched« (1880). (JÖD)

Bernfeld, Siegfried, Psychoanalytiker, 7.5. 1892 Lemberg – 2.4.1953 San Francisco. Bernfelds wissenschaftliches Interesse und politisches Wirken sind durch die Vielfalt seiner Interessen und Tätigkeiten gekennzeichnet, aus der sich gleichwohl eine Linie erkennen läßt: er versucht, theoretisch wie praktisch, →Psychoanalyse und Marxismus für die Erziehungswissenschaft nutzbar zu machen. Nach einem abgebrochenen Studium der Biologie und Mathematik wandte sich Bernfeld der Pädagogik und Psychologie zu. Politisch war er zunächst im linken Flügel der Jugendbewegung und später im linken Flügel der zionistischen Bewegung aktiv. 1916 beschäftigte sich Bernfeld erstmals mit den Bedingungen einer organisierten jüdischen Kriegswaisen-Pflege; 1919 entwarf er in »Das jüdische Volk und seine Jugend« u. a. eine Utopie des jüdischen sozialistischen Gemeinwesens in Palästina und besonders von dessen Erziehungsinstitutionen für Kinder und Jugendliche. Im →Kinderheim Baumgarten wollte er diese sozialistische Utopie mit jüdischen Kriegswaisen aus Osteuropa verwirklichen. Das Scheitern seiner praktischen pädagogischen Bemühungen mündete in einer psychoanalytisch und sozialistisch fundierten Kritik der bürgerlichen Pädagogik. Bernfeld emigrierte 1932 über Wien, Südfrankreich und England in die USA (seit 1937), wo er am Aufbau des Psychoanalytischen Instituts in San Francisco mitwirkte und an einer Freud-Biographie arbeitete. Hauptwerke vor allem: »Sisyphos oder die Grenzen der Erziehung« (1925), »Psychologie des Säuglings« (1925). (CH)

Sarah Bernhardt in der Rolle der Lady Macbeth

Bernhard, Georg →Exilpresse

Bernhardt, Sarah (ursprünglich Henriette-Rosine Bernard), Schauspielerin, 22.10. 1844 Paris – 26.3.1923 Paris. 1862 erster Auftritt an der Comédie Française, in einer Nebenrolle in der »Iphigenie« (Racine). 1869 gefeierte Sängerin in Burleskkomödien im Pariser »Odéon«. 1872 wieder zurückgekehrt an die Comédie Française, übernahm Bernhardt u. a. folgende Bühnenrollen: Cherubino (Hochzeit des Figaro, Beaumarchais), Andromache (Phaedra, Racine), Dona Sol (Hernani, Hugo), außerdem Gastspiele in ganz Europa. 1881 großer Bühnenerfolg in London mit »Die Kameliendame« (A. Dumas Sohn). 1893 Leiterin des Theaters »Théâtre de la Renaissance«, jetzt umbenannt in »Théâtre Sarah Bernhardt«. Eine der populärsten Schauspielerinnen des 19. Jahrhunderts. Victorien Sardou widmete ihr zwei seiner Dramen, »Théodora« (1885) und »Tosca« (1887). Maurice Rostand schrieb für Bernhardt das Stück »L'Aiglon«. (MBR)

Bernhard von Clairvaux, Zisterzienserabt, Kirchenführer, um 1090 Fontaines bei Dijon – 20. 8. 1153 Clairvaux . Bernhard von Clairvaux rechtfertigte die Ritterorden (Templer), bekämpfte die Frühscholastik (→Abaelard) und trat im Schisma von 1130 für Innozenz II. gegen Anaklet II. ein, dem er jüdische Herkunft vorwarf. Er gewann den König von Frankreich und den deutschen König 1146 für die Teilnahme am 2. Kreuzzug (→Kreuzzüge), warnte jedoch vor Judenverfolgungen und griff persönlich ein, als der Zisterziensermönch Radulf ohne Autorisation in einer Kreuzzugspredigt zum Judenmord aufrief. In betontem Gegensatz zu →Petrus Venerabilis nahm er die Argumentation Papst →Alexanders II. über den Unterschied zwischen Juden und Muslimen auf und begründete aus dem AT (Ps 59,11f.) und aus (Röm 11,25f.), daß die Juden nicht getötet und verfolgt werden dürften. Er identifizierte die Juden mit Wucherern, die jedoch von Christen übertroffen würden; auch erleide Jesus von christlichen Seelenverführern schlimmere Verfolgung als von Juden. Ein jüdischer Chronist sah in Bernhard von Clairvaux den von Gott gesandten Retter aller Juden, der Gutes über Israel gesprochen habe, ohne Geld zu nehmen.

🄻 H. Schreckenberg, Die christlichen Adversus-Judaeos-Texte (11.–13. Jahrhundert), 1988. (FL)

Bernhard von Pavia, ?– 1213, Kanonist, Bischof. Bernhard von Pavia verfaßte um 1190 die Dekretalensammlung des Breviarium Extravagantium (Compilatio Prima), die in der systematischen Ordnung der Texte für alle späteren Sammlungen maßgebend wurde. Sie enthält erstmals (I, 5,5) einen eigenen Titel »De Iudaeis et Sarracenis et eorum servis« mit sieben Kapiteln, davon fünf die Juden betreffend, die in den →Liber Extra aufgenommen wurden: drei ältere über den Freikauf christlicher und taufwilliger Sklaven, die Erlaubnis, statt Sklaven Hörige (coloni) zu halten, und das Verbot, neue Synagogen zu errichten, zwei jüngere Kapitel mit den Verboten, christliche Lohndiener zu halten und Konvertiten zu enterben, und den Verfügungen, daß bei Prozessen mit Juden Christen als Zeugen heranzuziehen seien und die Juden am Karfreitag Türen und Fenster schließen müßten (→Alexander III.). Zum Breviarium verfaßte Bernhard von Pavia eine Summa, die – ähnlich wie die dort herangezogenen Texte – noch auf der Linie Gregors I. und Gratians liegt. Immerhin glaubte Bernhard von Pavia, daß die Juden schlimmere Feinde der Christen seien als die Muslime, und verbot aus Furcht vor jüdischem Einfluß gemeinsame Mahlzeiten und die Konsultation jüdischer Ärzte.

🄻 E. Friedberg, Quinque Compilationes Antiquae, 1882. (FL)

Bernstein, 1. Aron David (Pseudonym Rebenstein), Journalist, Schriftsteller und Religionsreformer, 6.4.1812 Danzig – 12.2.1884 Berlin. Bernstein besuchte die Rabbiner-Schule in Fordon, Posen, ließ sich 1832 in Berlin nieder, wo er für Zeitungen und Zeitschriften zu schreiben begann, u.a. für Gubitz' »Gesellschafter« und Alexis' »Freimüthigen«. Sein erstes Werk war eine Übersetzung des Hoheliedes (1834); es folgten u.a. »Novellen und Lebensbilder« (1840) und »Rotation der Planeten« (1843). Bernstein nahm an der 48er Revolution teil und gründete im März 1849 die alsbald unterdrückte demokratische »Urwähler-Zeitung«, die spätere »Volkszeitung«, deren täglichen Leitartikel er bis zu seinem Tod schrieb. Seine politischen Aufsätze veröffentlichte er als »Revolutions- u. Reaktionsgeschichte Preußens und Deutschlands von den Märztagen bis zur neuesten Zeit« (1882). Seine »Naturwissenschaftlichen Volksbücher«, die in 18 (1852–57), später in 21 Bänden (1858) erschienen, erlebten viele Auflagen und wurden in fremde Sprachen (u.a. Hebräisch, Englisch, Schwedisch) übersetzt. Die beiden Novellen »Vögele der Maggid« (1857/58) und »Mendel Gibbor« (1859) schildern jüdisches Kleinstadtleben. Bernstein gehörte zu den Mitbegründern der Jüdischen Reformgemeinde in →Berlin.

🄻 J. H. Schoeps, Aron Bernstein, in: Zeitschrift für Religions- und Geistesgeschichte, 1976. – J. H. Schoeps, Bilder aus dem Ghetto, in: H. O. Horch/H. Denkler (Hrsg.), Conditio Judaica, Band 2, 1989. (JS)

2. Eduard, Journalist, Schriftsteller, sozialistischer Politiker, 6.1.1850 Berlin – 18.12.1932 Berlin. MdR 1902–07, 1912–18, 1920–28. Theoretiker des Revisionismus in der deutschen Sozialdemokratie. Unter dem Einfluß der Kirchenaustrittspropaganda in der Sozialdemokratie 1877 Austritt aus dem Judentum, ohne allerdings seine jüdische Herkunft zu verleugnen. Redakteur des »Sozialdemokraten« von 1878–1900. 1918 Beigeordneter im Preußischen Finanzministerium. Kein jüdischer Parlamentarier, ausgenommen O. →Cohn, hat so intensiv in die Debatten über die »Judenfrage« eingegriffen und für jüdische Interessen gewirkt, wie Bernstein. Im Reichstag verurteilte er wiederholt die Unterdrückung der rumänischen Juden. Er kritisierte die Benachteiligung ausländischer Juden bei der Einbürgerung in Deutschland. Mit seiner Auffassung von den besonderen Aufgaben des Judentums war Bernstein unter den jüdischen Sozialisten ein origineller Einzelgänger. Er war überzeugt, daß die Juden aufgrund ihrer Geschichte die Aufgabe haben, zwischen den Völkern zu vermitteln. In den 20er Jahren hatte er engen Kontakt zur sozialdemokratisch-zionistischen →Poale Zion in Deutschland und setzte sich für deren Zulassung zur Sozialistischen Internationale ein. Insgesamt stand er dem Zionismus jedoch als wohlwollender Fremder gegenüber. Die Idee eines jüdischen Nationalstaats bewertete er kritisch, trat aber für das völkerrechtlich garantierte, auf der friedlichen Zusammenarbeit von Juden und Arabern beruhende jüdische Heim in

Palästina ein. In der Weimarer Republik Mitglied verschiedener »Pro-Palästina-Komitees« und Ausschüsse »Für das arbeitende Palästina«. Unter dem Eindruck der antisemitischen Kampagnen gegen die Ostjuden in Deutschland engagierte er sich in der »Ostjudenfrage«. Mit Entschiedenheit verwarf er die Assimilation, wenn ihr »bloße Rechnungsträgerei« zugrunde läge. Verfasser zahlreicher politischer und theoretischer Schriften. Seit 1916 zahlreiche Aufsätze, oft autobiographischen Inhalts, auch zu jüdischen Fragen: »Vom Patriotismus der Juden« (1916), »Vom Mittlerberuf der Juden« (1917), »Die Aufgaben der Juden im Weltkrieg« (1917), »Wie ich als Jude in der Diaspora aufwuchs« (1917/18). (LH)

3. Leonard, amerikanischer Komponist und Dirigent, 25. 8. 1918 Lawrence, Massachusets (USA) – 14. 10. 1990 New York. Erhielt seine Ausbildung an verschiedenen Musikinstituten; als Dirigent war er u. a. der Schüler von Fritz Reiner und Serge Koussevitzky. Seine brillante Karriere als Dirigent begann, als er 1943 für den erkrankten, nach Amerika ausgewanderten Bruno Walter einsprang. Bernstein zählte zu den weltweit führenden Dirigenten. Seine Individualität verband sich mit einem hochentwickelten Klangsinn und ausgesprochenem künstlerischen Temperament. Sein kompositorisches Schaffen zeichnet sich durch wirkungsvolle Dramatik, rhythmische Spannung, Expressivität und, ähnlich wie bei A. →Copland, durch Eingängigkeit aus. Eines seiner ersten Werke, die 1. Symphonie für Altsolo und Orchester »Jeremiah« (1942), in ihrer dramatischen Kraft von Jean Sibelius und G. →Mahler beeinflußt, behandelt das biblische Thema in den Sätzen: Prophecy, Profanation, Lamentation. Zu Bernsteins Welterfolgen gehören das Ballett »Fancy Free« (1944), die Musicals »On the Town« (1944) und »Westside Story«, die ihm die Reputation des »typischen Komponisten unserer Tage« eingebracht haben. (AS)

Leonard Bernstein, 1988

Bernstein-Porges, Elsa (Pseudonym Ernst Rosmer), Dramatikerin, 28. 10. 1866 Wien – 12. 7. 1949 Hamburg. Tochter des Kapellmeisters und Leiters der Königlichen Musikschule in München Heinrich Porges. 1883–87 Schauspielerin in Magdeburg und Braunschweig, dann Rückkehr nach München. 1890 heiratete sie den jüdischen Rechtsanwalt und Theaterkritiker Max Bernstein. Das Haus des Ehepaars war bis in die 30er Jahre ein Zentrum des musikalischen und literarischen Lebens Münchens; zu den Besuchern gehörten u. a. M. →Harden, Hermann Levi, E. →Mühsam, Rainer Maria Rilke und Richard Strauss. 1942 Deportation in die KZs Dachau und Theresienstadt. Nach der Befreiung aus Theresienstadt 1945 lebte Bernstein-Porges bis zu ihrem Tod 1949 bei ihrer Tochter Eva in Hamburg. Bernstein-Porges verfaßte neben Gedichten, Novellen und Erzählungen zahlreiche naturalistische und historische Dramen. Werke u. a.: »Wir Drei« (1893), »Die Königskinder« (1895, 1897 von Engelbert Humperdinck als Oper vertont), »Achill« (1910).

🄻 E. Penzoldt, Causerien, 1962. – K. Wiener, Die Dramen Elsa Bernstein-Porges' (Ernst Rosmer), Dissertation, Wien 1923. (BV)

Berthold von Freiburg, dominikanischer Theologe, Anfang 14. Jahrhundert. Berthold von Freiburg genoß bei seinen Zeitgenossen hohes Ansehen als Prediger und Seelsorger. Aus dieser praktisch-theologischen Tätigkeit erwuchs auch seine Beschäftigung mit den sog. Buß- und Beichtsummen, lehrbuchartigen Zusammenstellungen für die Beichtpraxis. Meist an einzelnen Fallbeispielen orientiert, wurde der theologische und kanonische Stoff in Form eines Handbuchs aufbereitet. Berthold von Freiburgs Schrift »Summa Johannis«, eine deutsche Bearbeitung der »Summa Confessorum« seines Ordensbruders Johannes von Freiburg (gestorben 1314), entfaltete große Wirkung. An die Lehren von →Albertus Magnus angelehnt, sprach sich Berthold von Freiburg in seinem Werk gegen die Zwangstaufe der Juden aus, die wegen der mit ihrer Durchsetzung verbundenen Gewaltanwendung ungültig sei.

🄻 P. Browe, Die Judenmission im Mittelalter und die Päpste (Miscellanea Historiae Pontificiae 6), Rom 1942. (PAU)

Berthold von Regensburg, Franziskaner, um 1210 Regensburg – 14. 12. 1272 Regensburg. Berthold von Regensburg ist der bedeutendste Vertreter früher franziskanischer Volkspredigt im süddeutschen Raum; Nachwirkung durch über 300 mittelhochdeutsche und lateinische Handschriften belegt. Seine Äußerungen über Juden geben ein lebendiges Bild volkstümlicher Vorstellungen jener Zeit wieder. Berthold von Regensburg vermittelte z. T. Rechtssätze wie das Verbot der Tötung und der Zwangstaufe von Juden, des Zusammenwohnens, gemeinsamer Mahlzeiten und der Diskussion über religiöse Themen. Er setzte die Juden häufig mit dem Attribut »stinkend« herab und nannte sie in einem Atemzug mit Räubern und Dieben; sie seien Wucherer und wie Heiden und Ketzer dem Teufel verfallen. Zwar betonte Berthold von Regensburg, die Juden seien als Zeugen der Passion Christi und wegen der Hoffnung auf ihre endzeitliche Bekehrung zu dulden, deutete aber den bevorstehenden Wandel in den Beziehungen bereits an: Falls sie sich so vermehrten, daß sie die Oberhand über die Christen gewinnen könnten, müsse man sich gegen sie ebenso wie gegen die Heiden wehren. Die Juden dienten Berthold von Regensburg jedoch auch als Gegenbild für ein christliches Ideal: Viele Christen seien in ihren Werken eher Juden, die Putzsucht christlicher Frauen passe eher zu Jüdinnen, Dirnen und Konkubinen von Geistlichen. Gelegentlich stellte Berthold von Regensburg den Christen die Lebensführung von Juden als Vorbild hin: ihre Achtung vor den Eltern, ihre Frömmigkeit, ihre Zucht in der Ehe. Schließlich warnte er die Christen davor, den Juden Unrecht zu tun, denn auch der schlimmste Mensch sei nach dem Vorbild Gottes erschaffen.

🄻 D. Richter, Berthold von Regensburg, 1968. (FL)

Bertinoro, Obadja ben Abraham, Rabbiner und Mischnakommentator, Mitte 15. Jahrhundert Italien – vor 1516 Jerusalem; lebte eine Zeitlang in Città di Castello (Provinz Perugia) und war ein Schüler von Rabbi Josef Kolon. 1485 begann er seine Reise nach Jerusalem; über Palermo – wo er das Angebot einer festen Anstellung ablehnte –, Messina und Rhodos gelangte Bertinoro zunächst nach Ägypten; der →Nagid Natan ha-Kohen Scholal verhalf ihm zur Rabbinerstelle in Jerusalem. Unter seinem Rabbinat blühte die Gemeinde auf, vor allem nachdem sie nach 1492 Vertriebene aus Spanien aufgenommen hatte. Drei Briefe Bertinoros (1488–90) berichten von seiner Reise und der Lage der Juden in Sizilien, Rhodos, Ägypten und im Land Israel. Sein Hauptwerk ist der Kommentar zur →Mischna, erstmals gedruckt 1548/49 in Venedig und in die meisten folgenden Mischna-Ausgaben aufgenommen. Bertinoro verarbeitet darin vor allem den Talmud-Kommentar von →Salomo ben Isaak (Raschi) und den Mischna-Kommentar von →Mose ben Maimon; daneben bezieht sich Bertinoros Kommentar auf Samson ben Abraham von Sens und →Ascher ben Jechiel. Es ist der Standardkommentar zur Mischna. Nach seinem Tod wurde Bertinoro in Jerusalem am Ölberg begraben.

🄻 Briefe mit deutscher Übersetzung, in: Jahrbuch für Geschichte der Juden und des Judentums 3, 1863. (LD/TK)

Berufe. Jüdische Berufe im religiösen Sinne sind neben dem Schochet (Schächter) vor allem seit dem Mittelalter die Angestellten der →Gemeinde (wie z. B. →Chasan und →Rabbiner). Über die Berufsstruktur im alten Israel ist nur wenig bekannt. Bibelstellen und archäologische Funde weisen darauf hin, daß Acker- und Weinbau dominierten, Schafe und Ziegen wurden offenbar vor allem zur Milchproduktion gehalten. In der Zeit der Könige bildeten sich Handwerksberufe wie das Schmiede- und das Töpferhandwerk, Maurer, Steinhauer und Zimmerleute heraus. Das Leben in der →Diaspora, →Vertreibungen, →Wanderungen und das Bestreben, den kulturell-religiösen Zusammenhalt zu bewahren sowie die Verbindungen mit Palästina aufrechtzuerhalten, waren Gründe für die vergleichsweise hohe Mobilität der jüdischen Bevölkerung und den hohen Anteil im Handel, wo Juden ihre weitreichenden Geschäftsverbindungen nutzen konnten. Das jüdische Bildungsideal und das hohe Ansehen gelehrter Berufe innerhalb der jüdischen Gemeinde förderte die Wahl von geistigen und religiösen Tätigkeiten (wie Astronomie, Philosophie, Literatur, Poesie, rabbinische Gelehrsamkeit u. a.), was seit dem Mittelalter nicht selten dazu führte, daß Frauen den Lebensunterhalt für die Familie sicherten und Männer ihren Studien nachgingen. Die Vorschriften und Interessen der weltlichen und geistlichen Herrscher und Obrigkeiten sowie wirtschaftliche Bedingungen trugen zur Entwicklung von regional und geschichtlich verschiedenen Berufsstrukturen der jeweiligen jüdischen Bevölkerung bei, die als Minderheit flexibel auf Angebotslücken reagierte bzw. reagieren mußte. In islamischen Ländern dominierten im Mittelalter Handwerksberufe (wie Färber, Gerber, Weber, Glasbläser, Schmiede u. a.), während die Betätigung in der Landwirtschaft immer mehr abnahm (mit Ausnahme des maurischen →Spanien, wo Juden in größerem Ausmaß in der Landwirtschaft tätig waren). In Westeuropa waren Juden u. a. als Ärzte und vor allem als Kaufleute tätig; als im Hochmittelalter die italienischen Hafenstädte den Mittelmeerhandel und später in Mitteleuropa die Fugger und Welser den binnenländischen Fernhandel übernahmen, wichen jüdische Kaufleute auf den Lokal-, Klein- und →Geldhandel aus, wobei das kirchliche Zinsverbot, die finanziellen Interessen der weltlichen Herrscher und die Zünfte die Konzentration der jüdischen Erwerbstätigkeit im Handelssektor (vor allem im Geldhandel) weiter erhöhten. Im Zeitalter des Absolutismus (und z. T. schon im Mittelalter) entwickelte sich die kleine Oberschicht der →Hoffaktoren. In Osteuropa waren Juden neben dem Handel (hier vor allem Zwischenhandel mit landwirtschaftlichen Produkten im Feudalsystem, Pelz- und Fellhandel, sowie Wanderhändler und Hausierer) u. a. auch in handwerklichen Berufen tätig. In Deutschland, wie im übrigen Europa, blieb die atypische (im Vergleich zur Gesamtbevölkerung) Berufsstruktur der jüdischen Bevölkerung auch in der Industrialisierungsphase weitgehend erhalten. Insgesamt läßt sich die ökonomische Entwicklung der westeuropäischen jüdischen Bevölkerung in der Neuzeit als relativ erfolgreicher Versuch kennzeichnen, in die Mittelschicht aufzusteigen. In Deutschland ist im Verlauf der →Emanzipation und Assimilation (vor allem nach der Reichsgründung) der Trend in akademische und freie Berufe (Ärzte, Anwälte, Journalisten und Schriftsteller u. a.) auffällig, der zu einer deutlichen Überrepräsentierung jüdischer Studenten an den Universitäten führte; der hohe Anteil der Beschäftigten (im Verhältnis zu allen jüdischen Erwerbstätigen) in Handel und Verkehr blieb relativ konstant; in der Textilindustrie waren die meisten jüdischen Arbeiter beschäftigt, während sie in der Schwerindustrie kaum vertreten waren (auch Juden und →Wirtschaftsleben in Deutschland). Die restriktiven Lebensbedingungen in Osteuropa (z. B. der Zwang für die russischen Juden, im →Ansiedlungsrayon zu leben) schränkten die beruflichen Entfaltungsmöglichkeiten in der Neuzeit stark ein; viele Juden emigrierten und fanden u. a. als Land- und Industriearbeiter in Deutschland und den USA Beschäftigung. Die zionistische Bewegung propagierte die Idee, daß zur Kolonisation Palästinas eine berufliche Umschichtung notwendig sei, und gründete zu diesem Zweck spezielle Ausbildungs- und Umschulungseinrichtungen. Zur weiteren Entwicklung: →Israel u. a. Länderartikel. (BV)

Berufsverbot →Rassegesetze

Beruria, gelehrte Frau aus der dritten Generation der →Tannaiten, um 2. Jahrhundert n. Z. Palästina. Sie ist die einzige Frau in der talmudischen Literatur, deren Meinung über die →Halacha berücksichtigt wird. Ihre große Gelehrsamkeit wurde noch in der Zeit der frühen →Amoräer gerühmt. Sie wies einmal Rabbi Jose ha-Gelili, ein anderes Mal einen Schüler zurecht und beeinflußte gelegentlich auch ihren Mann, Rabbi →Meir. Ihr Tod, im babylonischen Talmud nur angedeutet, wurde von →Salomo ben Isaak (Raschi) mit Legenden ausgeschmückt: Rabbi Meir wollte Beruria, die sich für eine willensstarke Frau hielt, prüfen, ob sie sich zum Ehebruch überreden ließe; sie habe sich hinreißen lassen und sich danach aus Scham erdrosselt.

L D. Goodblatt, The Beruriah Traditions, Journal of Jewish Studies 26, 1975. (LD/TK)

Beschneidung →Berit Mila

Bescht →Israel ben Elieser Ba'al Schem Tow

Bessarabien, Gebiet zwischen den Flüssen Pruth und Dnjestr. Gehörte bis 1812 zum rumänischen Fürstentum Moldau, wurde anschließend von Rußland annektiert. Rückgabe an Rumänien 1918. 1940/41 und erneut 1944 von der Sowjetunion annektiert und – zum größten Teil – in die Moldauische Sowjetrepublik (seit 1991 Republik Moldawien) umgewandelt, mit Hauptstadt Kischinjow (Chişinau); Teile im Norden und Süden Bessarabiens wurden der Ukraine zugeschlagen. Erste jüdische Siedlungen stammen aus dem 15. und 16. Jahrhundert. Unter russischer Verwaltung wuchs die jüdische Bevölkerung zahlenmäßig von ungefähr 20 000 im Jahr 1812 auf 228 620 im Jahr 1897. Ein Viertel dieser Bevölkerung lebte in Dörfern. Als Eigenheit der jüdischen Bevölkerung Bessarabiens galt, daß sie in der Landwirtschaft besonders aktiv war, wodurch sie in der Diaspora auffiel. Pogrome großen Ausmaßes fanden in den Jahren 1882, 1903 und 1905 statt. Die Rassenverfolgung setzte sich unter der rumänischen Regierung fort.

1940, nach der Wiederbesetzung Bessarabiens, verfügten die sowjetischen Behörden die Deportation zahlreicher zionistischer Führer und sonstiger Juden – die als »Gegenrevolutionäre« betrachtet wurden – nach Sibirien. Weit über die Hälfte der bessarabischen Juden kam während der nationalsozialistischen Massaker und in den Lagern →Transnistriens um. 1970 lebten in Bessarabien noch etwa 100 000 Juden, davon ungefähr die Hälfte in Chişinau; sie stellten – mit 2,75 Prozent – den höchsten Prozentsatz jüdischer Bevölkerung im Vergleich zu allen anderen Sowjetrepubliken. Ihre Zahl sank seither durch eine besonders hohe Auswanderungsquote rapide. (AB)

Bessomimbüchsen →Hawdala, →Kunstgewerbe

Bestattung. Vor der Bestattung wird der Tote gewaschen (hebräisch »Tahara«), dabei wird immer nur der Körperteil aufgedeckt, der gerade gewaschen wird Die religiös-rituelle Reinigung erfolgt durch neun abschließende Wassergüsse von Kopf bis Fuß. Dabei werden Verse aus den Psalmen und dem Hohenlied gesprochen. Dann werden dem Toten die Sterbekleider aus einfachem Leinen angelegt. Oft legt man dem Toten im Sarg ein Säckchen Erde aus dem Heiligen Land unter den Kopf, in Osteuropa ist es üblich, die Augen mit Tonscherben zu bedecken. Die Aufgaben, die mit der Bestattung verbunden sind, übernimmt fast immer die →Chewra Kaddischa (»Heilige Bruderschaft«). Die rabbinische Vorschrift, die Bestattung noch am Tag des Todes vorzunehmen, konnte in der Neuzeit durch obrigkeitliche Restriktionen kaum noch eingehalten werden. Im 19. Jahrhundert wurde der Tote meist am folgenden Tag begraben, außer am →Sabbat. Die Trauerfeier findet im Trauerhaus, in der Leichenhalle oder am Grab statt. Dem Toten das Geleit zu geben, ist eine religöse Pflicht. Üblicherweise hält der Rabbiner eine Leichenrede. Auf dem →Friedhof wird ein Gebet gesprochen, das dem Vertrauen in das gerechte Walten Gottes Ausdruck gibt. Man rezitiert das »Ele male rachamim« (»Gott voller Barmherzigkeit«), das Gebet für das Seelenheil der Toten. Am offenen Grab spricht der Rabbiner ein kurzes Gebet, das mit den Worten schließt: »Ki afar ata we-el afar taschuw« (»Denn Du bist Erde, und zur Erde kehrst Du zurück«, Gen 3,19), in manchen Gemeinden folgt noch der Satz: »Adonaj natan we-Adonaj laqach jehi schem Adonaj meworach« (»Der Herr hat gegeben und der Herr hat genommen, der Name des Herrn sei gelobt«, Hiob 1,21). Das Grab wird von den Mitgliedern der Chewra Kaddischa zugeschaufelt, oft beteiligen sich die Anwesenden mit drei zeremoniellen Erdwürfen. Dann wird von den Hinterbliebenen das →Kaddisch gesprochen. Es ist üblich, daß das Trauergefolge ein Spalier bildet, durch das die Hinterbliebenen den Friedhof verlassen. Der Grabstein wird meist zur ersten Jahrzeit, dem Todestag, aufgestellt. (LH)

Bet Din, Plural »Batte Din«, rabbinische Bezeichnung für den jüdischen Gerichtshof. Nach dem Ende des großen →Sanhedrin 70 n. Z. errichtete →Jochanan ben Zakkai ein Bet Din in →Jawne (ebenfalls Sanhedrin genannt), das zur Regulierung des →Kalenders befugt war und unbestritten das kulturelle und politische Zentrum der Juden in Palästina war; der Vorsitzende dieses Bet Din führte den Titel →Nassi. Daneben gab es berühmte Bet Din in der Nähe der →Akademien. (In Babylonien konnte sich wegen der Rivalität der Akademien kein zentrales Bet Din entwickeln.) In Orten mit unter 120 Einwohnern gab es ursprünglich Bet Din mit drei Richtern (Dajanim), in deren Aufgabenbereich Zivil- und Personenstandsrecht (→Recht) sowie kleinere Strafsachen fielen. In Geldangelegenheiten konnte auch ein qualifizierter Gesetzeskundiger (Mumche) allein oder ein Schiedsgericht aus drei gewählten Laien Recht sprechen. Für Strafsachen, einschließlich todeswürdiger Verbrechen, mußte ein Bet Din von 23 Richtern zusammentreten, das »kleiner Sanhedrin« genannt wurde und in jeder Stadt mit mindestens 120 Einwohnern bestehen sollte. Die Richter wurden ursprünglich ordiniert (→Semicha), im Mittelalter, vor allem in Westeuropa, gewählt. Im Mittelalter war das Bet Din Instrument der Autonomie der jüdischen →Gemeinde. Wo es heute noch ein festes Bet Din gibt (z. B. in Frankreich, besonders in England) oder ein solches, bestehend aus drei Rabbinern, einberufen wird, hat es meist die Funktion eines Schiedsgerichts in religiösen Fragen; in Israel bezeichnet Bet Din heute das rabbinische Gericht, das in religiösen und personenrechtlichen Angelegenheiten entscheidet. (LD/TK)

Bet ha-Midrasch, jüdisches Lehrhaus, schon z. Z. des Zweiten →Tempels bezeugt, entwickelte sich zu einer wichtigen Institution des Jüdischen Lernens. Das Bet ha-Midrasch scheint in mischnäischer Zeit von der →Synagoge getrennt gewesen zu sein. Eine Synagoge konnte in ein Bet ha-Midrasch umgewandelt werden, nicht aber umgekehrt. Schüler wechselten nach Abschluß der Schule (Bet ha-Sefer, später Cheder), in der meist die Bibel, wohl auch die Mischna gelehrt wurde, mit 12–15 Jahren in das Bet ha-Midrasch über. Zugleich stand der Zugang zum Bet ha-Midrasch allen offen und unterlag, im Unterschied zu →Akademien und zur Jeschiwa, keinen Beschränkungen. Das Bet ha-Midrasch vermittelte auch dem einfachen Volk Grundlagen in der →Halacha und der →Aggada. Es bürgerte sich ein, vor und nach dem Gebet ins Bet ha-Midrasch zu gehen, um gemeinsam, oft unter Anleitung eines Rabbiners, zu lernen. Das Bet ha-Midrasch besaß später meist eine Büchersammlung mit rabbinischer Literatur. Ein Bet ha-Midrasch kann entweder von einer Gemeinde oder von Privatleuten getragen werden; letzteres hieß im deutschen Sprachraum »Klaus«. Im Umkreis des →Chassidismus hat sich die Form des »Stibl« entwickelt, in dem gelehrt, gebetet und Mahlzeit gehalten wird. (LD/TK)

Bethar →Bar Kochba

Bethe, Hans Albrecht, Physiker, 2.7.1906 Straßburg, lebt in Ithaca (USA). Physikstudium in München, Schüler von Arnold Sommerfeld. Promotion 1928, Assistent in Frankfurt am Main 1929, Privatdozent an der Universität München 1930. 1930/31 Rockefeller-Stipendiat in Cambridge und Rom. 1932/33 Lehrauftrag an der Universität Tübingen. 1933 Entlassung wegen Bethes jüdischer Herkunft. Emigration nach Großbritannien, 1935 Übersiedlung in die USA. 1937–75 Professor für theoretische Physik an der Cornell University in Ithaca. 1941 erhielt Bethe die amerikanische Staatsbürgerschaft. Aufgrund seiner Forschungen auf dem Gebiet der Festkörperphysik, der Quantenelektrodynamik und der Kernphysik war Bethe maßgeblich an der Entwicklung der Atombombe beteiligt. Nach anfänglicher Weigerung auch Mitarbeit an der Entwicklung der Wasserstoffbombe. 1956–59 Mitglied des President's Science Advisory Committee, u.a. auch Mitarbeit in der US-Delegation bei den Verhandlungen über den Stop von Atomwaffen-Tests in Genf. 1967 erhielt Bethe den Nobelpreis für Physik, 1986 den Orden Pour le mérite für Wissenschaften und Künste. (WJ)

Bethlehem, arabisch Bayt Lahm, Stadt in den palästinensischen Autonomiegebieten, 8 km südlich von Jerusalem, 1948 von Jordanien annektiert, seit 1967 bis zum 21. 12. 1995 unter israelischer Verwaltung, 45 000 Einwohner (Araber); Kleingewerbe, Landwirtschaft, Fremdenverkehr. – Bethlehem ist nach der Überlieferung Heimat Davids und Geburtsort von Jesus. Schon vor der Salbung Davids durch Samuel (1 Sam 16) war Bethlehem der Platz, in dessen Nähe nach der Überlieferung Rahel starb und begraben wurde (Gen 35,19; das Gebäude über dem Grab wurde 1860 durch Sir Moses Montefiore errichtet) und wo die Liebesgeschichte von Rut und Boas spielte (Rut 1-4). Später sagte der Prophet Micha (Mi 5,1) die Geburt des Messias in Bethlehem voraus. – Die 326 vom römischen Kaiser Konstantin gegründete, von dessen Mutter Helena errichtete und 339 geweihte griechisch-orthodoxe Geburtskirche, die nach ihrer Zerstörung (529) unter Kaiser Justinian 540 neu erbaut wurde, gilt als ältester erhaltener christlicher Kirchenbau. Seit 386 lebte in Bethlehem der Kirchenlehrer Hieronymus und übersetzte hier die Bibel ins Lateinische (Vulgata). Einige Kilometer südlich von Bethlehem liegt Kefar Etzion, eine 1943 durch religiöse Zionisten errichtete, 1948 im Unabhängigkeitskrieg von Arabern zerstörte und nach 1967 neu gegründete Gruppe von jetzt sieben jüdischen Siedlungen. (WL)

Bet Olam →Friedhof

Betsa →Mischna

Bet Shean, Beit Shean, Beisan, nordisraelische Stadt im Tal von Bet Shean, nahe dem Jordan, 15 000 Einwohner; landwirtschaftliches Zentrum, Baumwollverarbeitung, Bekleidungsindustrie. In der Antike ein wichtiger Handelsplatz, seit der Steinzeit besiedelt. Im Tell Bet Shean (Tell el-Husn) wurden 18 Siedlungsschichten seit der Kupferzeit freigelegt, u.a. ägyptische Festung und Tempel. Im 13. Jahrhundert v.Z. im Siedlungsgebiet des Stammes Manasse, weiter von Kanaanitern bewohnt. Nach der Niederlage am Berg Gilboa (494 m) westlich von Bet Shean wurde die Leiche von König Saul an der Mauer von Bet Shean aufgehängt (1 Sam 31). Erst Salomo nahm die Stadt in israelitischen Besitz (1 Kön 4,12). Aus hellenistischer – damals hieß die Stadt Skythopolis – und römischer Zeit sind die Reste von Amphitheater, Hippodrom, Dionysos-Tempel u.a. erhalten. Im 13./14. Jahrhundert bestand eine kleine jüdische Gemeinde, zu der Rabbi Aschtori ha-Parhi gehörte, der 1322 das erste hebräische Werk über die Geographie Palästinas schrieb. Das Tal von Bet Shean, das im Altertum als »Pforte zum Paradies« galt, versumpfte im Mittelalter und war von Malaria verseucht. Erst unter ägyptischer Herrschaft begann 1832 eine neue Kultivierung, die in den 1930er Jahren von jüdischen Neusiedlern konsequent fortgesetzt wurde. Aus der Stadt Bet Shean, einem Zentrum des arabischen Nationalismus, wurde 1936 die jüdische Gemeinde vertrieben. 1948 verließen die Araber Bet Shean. (WL)

Bet Shearim, antiker Ort am südöstlichen Abhang des Karmel, etwa 1 km südlich der modernen Stadt Qiryat Tiv'on. Bet Shearim wird als Wohnort des →Tannaiten Rabbi Jochanan ben Nuri und vielleicht als Heimat des →Amoräers Rabbi Menachem genannt. Bet Shearim wurde bedeutend, als Rabbi →Jehuda ha-Nassi Bet Shearim zum Sitz des →Sanhedrin machte; er ließ sich auch in Bet Shearim begraben. Bis ins 4. Jahrhundert war daraufhin Bet Shearim der wichtigste Begräbnisplatz für Gelehrte und Mitglieder der Patriarchenfamilie (→Nassi). Im Jahr 352 n. Z. wurde Bet Shearim durch Gallus zerstört. (LD/TK)

Bettelheim, Bruno, Kinderpsychologe und Pädagoge, 28. 8. 1903 Wien – 13. 3. 1990 Silver Springs, Maryland. Bettelheim, Anhänger S. →Freuds, ging 1939 ins Exil und begründete 1944 an der Universität Chicago die »Orthogenetische Schule«, eine Spezialklinik für psychisch gestörte Kinder und jugendliche Erwachsene, die er bis zu seiner Emeritierung 1973 leitete. Bettelheims Sorge galt Menschen, in »Extremsituationen«; besonders beschäftigte ihn die Situation von Häftlingen in KZs. Werke u. a.: »So können sie nicht leben« (1973), »Die Geburt des Selbst« (1977), »Kinder brauchen Märchen« (1977). (JS)

Betteljuden. Betteljuden waren »unvergeleitete« Juden ohne Schutzbrief und Paß, die keinen festen Wohnsitz und keine Erwerbserlaubnis besaßen. Häufig aus dem Ausland kommend (Polen, Böhmen), wurden sie von Gemeinde zu Gemeinde, von Grenze zu Grenze abgeschoben; aufgrund religiöser Vorschriften konnte ihnen die jüdische Gemeinde Hilfe nicht verweigern. In der Regel erhielten sie für eine Nacht Quartier und Verpflegung, am Freitag war es üblich, sie für die Dauer des Sabbats zu beherbergen. Dieses System der sozialen Fürsorge konnte jedoch wegen der steigenden Zahl von Betteljuden im 17. und vor allem im 18. Jahrhundert, wo sie rund 10 Prozent der jüdischen Bevölkerung in Deutschland ausmachten, nicht aufrecht erhalten werden. Zum einen waren viele jüdische Gemeinden den finanziellen Belastungen nicht gewachsen; zum anderen stellte die Aufnahme von fremden Betteljuden, unter denen sich auch Diebe und Gauner befinden konnten, für die Gemeinde, der die kollektive Haftung für das Wohlverhalten ihrer Mitglieder und die Aufsichtspflicht über Fremde unterlag, ein gewisses Risiko dar. Zahlreiche Landesverordnungen verboten den Gemeinden unter Androhung schwerer Strafen die Aufnahme und Versorgung fremder Betteljuden; in manchen Staaten versuchte man das Problem durch Landesvertreibungen zu lösen (Bayern, Baden). Die rigorosen Maßnahmen der Behörden hingen auch mit der Tatsache zusammen, daß sich in manchen Gegenden Betteljuden zu Räuberbanden zusammengeschlossen hatten; in der Folgezeit wurde der Vorwurf von der »unabänderlichen Verderbtheit« und der kriminellen Potenz der Juden zu einem immer wiederkehrenden Topos der Gegner einer Emanzipation der Juden.

🄻 R. Glanz, Geschichte des niederen jüdischen Volkes in Deutschland, New York 1968. (JÖD)

Bewegung der Mitte, ein 1987 gebildeter Zusammenschluß der →Liberalen Zentrumspartei, der →Schinui und der →Unabhängigen Liberalen Partei, die eine gemeinsame Wahlliste (Zentrum-Schinui-Liste) aufstellte. Der Block erhielt bei den Knessetwahlen 1988 1,7 Prozent der Stimmen und zwei Mandate, war aber durch Abspaltungen bis Mitte 1989 im wesentlichen wieder auf den Bestand der Schinui zusammengeschrumpft und schloß sich →Merez an.

🄻 M. Wolffsohn/D. Bokovoy, Israel. Geschichte, Politik, Gesellschaft, Wirtschaft, [5]1996. (DB/MW)

Bialik, Chajim Nachman, Dichter, 9. 1. 1873 Rady, Wolynien – 4. 7. 1934 Wien. Studierte im Cheder in Schitomir und in der Jeschiwa in Woloszyn. 1897 wurde er Professor für Hebräisch in Sosnowice, zog dann um nach →Odessa. Beeinflußt von →Achad Haam, begann Bialik zu schreiben. Gedichtbände in Hebräisch: »Die Toten der Wüste«, »Die Flammenrolle« sowie »Am Ort des Mordes«, in Erinnerung an den grausamen Pogrom in Kischinjow. Bialik gilt als größter hebräischer Dichter der Moderne. Seine Verse sind geprägt von der

Tendenz zur nationalen Renaissance des jüdischen Volkes. Bialik veröffentlichte außerdem Volkslieder (auch jiddische), Erzählungen, Studien und übersetzte u.a. Werke der Weltliteratur wie »Wilhelm Tell« (Schiller), »Don Quijote« (Cervantes) sowie →An-skis jiddisches Drama »Dibbuk« und jiddische Werke von →Scholem Alejchem ins Hebräische. 1905 war er Mitbegründer des Verlags »Morija« für hebräische Schulliteratur. Bialik leitete zahlreiche Zeitschriften: »Ha-Schilo'ah« (1904–09), »Keneset« (1917), »Reshumot« (1918–21). 1921 verließ er Rußland, lebte bis 1924 in Deutschland, dann in Tel Aviv; Präsident des Verbands der Schriftsteller Hebräischer Sprache. (AB)

Białystok, Stadt im Nordosten Polens, in der sich seit dem 14. Jahrhundert Juden niederließen. Sie gehörten zunächst der Gemeinde Tykocin (Tikitin) an und bildeten erst 1745 eine eigene selbständige Gemeinde. Haupterwerbstätigkeit der Juden war zunächst der Handel (Ende des 18. Jahrhunderts vor allem mit Rußland). Seit den napoleonischen Kriegen waren sie führend an der Entwicklung der Textilindustrie beteiligt. Nach dem Krieg waren in Białystok 93 Prozent der Geschäftsleute und 89 Prozent der Industriearbeiter (1921) Juden. 1880 entstand in Białystok eine zionistische Gruppe, geleitet von dem Rabbiner Samuel Mohilewer (1824–98). Seit 1897 war unter den Arbeitern der →Bund (2) tätig und erschien die Arbeiterzeitung »Der Bialistiker Arbajter«. Ein von Russen vorbereiteter und durchgeführter Pogrom 1906 forderte 70 Opfer; 90 Personen wurden schwer verletzt. Im 19. Jahrhundert waren neben Mohilewer auch die Rabbiner Aryeh Leib ben Baruch Bendit und Yom Tov Lipmann Hilpern (1816–79) über die Grenzen der Stadt hinaus bekannt. Mehrere Synagogen zeugten vor dem Zweiten Weltkrieg vom regen Leben der jüdischen Gemeinde in Białystok. Im September 1939 befand sich Białystok in der sowjetischen Besatzungszone. Im Juni 1941 erfolgte der Einmarsch der deutschen Truppen: Zerstörung der Hauptsynagoge, Ermordung von etwa 2000 Juden (der »rote Sonntag«); 4000 Juden (Jüdische Intelligenz, Kommunisten, prominente Persönlichkeiten der Gemeinde) wurden in den darauffolgenden Wochen im benachbarten Pietrasze ermordet. Im August 1941 wurden etwa 50000 Juden im Ghetto eingeschlossen und zur Arbeit in deutschen Fabriken gezwungen. Ein Jahr später entstand die erste Widerstandsgruppe im Ghetto. Seit November 1942 organisierte Mordechaj Tanenbaum den Widerstand im Ghetto. Er gründete ein Ghetto-Archiv, das im April 1943 auf die »arische« Seite Białystok's geschmuggelt wurde und heute eine wichtige Informationsquelle über das Leben im Ghetto ist. Ein Teil der Juden flüchtete aus Białystok und schloß sich den Partisanen an. Am 15./16. August 1943 begann die Liquidation des Ghettos. Ein bewaffneter Aufstand der Eingeschlossenen (16.–20. 8. 1943) endete mit einer Niederlage. Die Anführer Tanenbaum und Dawid Moszkowicz begingen Selbstmord, etwa 4000 Juden wurden in die Vernichtungslager Treblinka, Majdanek und Auschwitz deportiert. Im August 1944 befreiten die sowjetischen Truppen Białystok. 1085 Juden überlebten den Krieg in der Stadt und ihrer Umgebung; die kleine Gemeinde schwand mit den Jahren dahin.

Jahr	Juden	Gesamteinwohnerschaft
1745	765	
1856	9547	13748
1895	47783	62993
1913	61500	89700
1931	39165	91207

Ⓛ S. Bronstejn, Ludność Żaydowska w Polsce w okresie miedzywojennym, Breslau 1963. – P. Burchard, Pamiatki i zabytki ... kultury Żydowskiej w Polsce, Warschau 1990. – B. Klibański, The Underground Archives in the Bialystok Ghetto founded by Zevi Mersik and Mordecai Tanenbaum, in: Yad Vashem Studies 2, 1958. (AGR)

Bibel →Hebräische Bibel

Bibelauslegung →Exegese

Bibelübersetzungen →Hebräische Bibel, →Targum

Bielefeld →Ravensberg

Bikkur Cholim, eigentlich »Krankenbesuch«, allgemein jedoch Krankenpflege, die als religiöse Pflicht gegenüber Juden wie Nichtjuden gilt. Die Wahrnehmung von Verantwortung gegenüber einem Kranken wird zu den verdienstvollen Handlungen gerechnet, deren religiös-moralische Verpflichtung aus dem Talmud abgeleitet wird (Gott selbst, so die Exegese Raschis von Gen 18,1, habe Abraham am 3. Tag seiner Beschneidung einen Besuch abgestattet). Dem Kranken

Trost und Pflege zu spenden, ist ein Gebot der Ethik: »Wer den Besuch eines Kranken unterläßt, ist gleichsam, als ob er eine Menschenseele getötet hätte« (Rabbi Akiba). Besonders verdienstvoll ist der Krankenbesuch an Sabbat- und Feiertagen; dabei dürfen sogar (bei Schwerkranken) die Sabbatvorschriften (Arbeitsverbot) übertreten werden. In der Gemeinde wird die Krankenpflege von der →Chewra Kaddischa besorgt. (RD)

Bikkurim →Mischna

Bilderverbot. Das biblische Bilderverbot (Ex 20,4; Dtn 5,8f.) hat zunächst die Herstellung von Kunstwerken eingeschränkt. Dennoch gab es in der Antike Tierplastiken, nicht aber Darstellungen von Menschen, als Abgrenzung gegenüber den heidnischen Kulten und ihren Götterbildern. Die →Mischna (um 200) und die spätere rabbinische Literatur (3.–5. Jahrhundert) haben das Verbot genauer gefaßt. Danach sind Plastiken und Hochreliefs verboten, nicht aber die zweidimensionale Darstellung von Mensch und Tier. Diese Lockerung zeigt sich in der Synagogenkunst (Dura Europos, Wandmalereien, →Mosaikkunst spätantiker Synagogen). Seit dem Mittelalter sind illustrative Darstellungen von Mensch und Tier gebräuchlich (→Buchmalerei, spätere →Buchkunst, →Malerei und Graphik der Neuzeit). Generell verboten sind die Plastik, die nur in neuerer Zeit vereinzelt vorkommt. Ferner werden Darstellungen von Gott und Menschen mit religiöser Konnotation als Götzenanbetung grundsätzlich verworfen. Daher existiert abgesehen von der Antike in Synagogen keine Darstellung von Menschen. Nur in modernen Reformsynagogen in den USA hat man sich über dieses Bilderverbot hinweggesetzt (Malerei, Reliefs). (HK)

Bildfrevellegende, Vorwurf der Schändung eines Christus- oder Heiligenbilds bzw. einer Statue (meist des Gekreuzigten), vorwiegend gegen Juden. Die Bildfrevellegende dürfte auf die jüdische Sitte der Verspottung des Haman am Purimfest zurückgehen, die schon in der Spätantike auch als Verhöhnung Christi aufgefaßt und verboten wurde. Bereits Gregor von Tours erzählte von einem blutenden Christusbild, das ein Jude angegriffen habe. Am bekanntesten ist das »Blutwunder« von Beirut von 765; die Kunde davon verbreitete sich mit den Ausführungen des 2. Konzils von Nicaea (787) zum Bilderstreit. In verschiedenen Versionen trat diese Erzählung später auch an anderen Orten auf (Konstantinopel, Köln). Die Bildfrevellegende war häufig noch als »Bekehrungswunder« angelegt und endete insofern »versöhnlich«, als die Juden, »erschreckt« durch das »Wunder«, sich am Schluß taufen ließen. Richer von Senones griff bei dem angeblichen Kölner »Blutwunder« von 1264 bereits die Erfahrungen der Ritualmordverfolgungen (→Ritualmordvorwurf) auf und nahm die unversöhnliche Form der →Hostienfrevellegende bereits vorweg. (FL)

Bildung →Erwachsenenbildung, →Erziehung, →Schulwesen

Bileam, heidnische Gestalt, nach der Hebräischen Bibel aus Mesopotamien stammend. Bileam erscheint auf der Seite der Gegner Israels, stellt aber eine Einzelfigur dar. Das größte zusammenhängende Stück der Bileam-Tradition findet sich in Numeri (»Bileam-Sprüche«, Num 22–24). Bileam wird vom Moabiterkönig Balak herbeigerufen, um Israel zu verfluchen, muß aber – nach dem Wunder der sprechenden Eselin – Israel auf Geheiß Gottes hin in vier Sprüchen segnen. Die beiden älteren Sprüche enthalten einen Lobpreis der Fruchtbarkeit des Landes Israel und der Stärke seines Königs sowie die Vision von einem »Stern aus Jakob« und einem »Stab aus Israel«. Die beiden jüngeren Sprüche reden von Israels Absonderung und Gottes Beistand für Israel. Bekannte Themen von Segen und Fluch werden aufgenommen. Bileam ist nach Numeri bei Israels Kampf gegen die Midianiter getötet worden, nachdem er Israel zum Götzendienst verführt hatte (Num 31,8 und 31,16). In der →Aggada gilt Bileam als Verführer Israels und als einer der vier Privatleute, die keinen Platz in der zukünftigen Welt haben; er soll Zauberei mit seinem Glied und Sodomie mit seiner Eselin getrieben haben.

🄻 W. Groß, Bileam, 1974. (LD/TK)

Bilu, Anfangsbuchstaben von hebräischen »Bet Jaakov Lechu Wenelcha« (Jes 2,5: »Kommt nun, ihr vom Hause Jakob, laßt uns wandeln ...«), Leitspruch und Name einer 1882 in Charkow von Studenten gegründeten Pionierbewegung, deren Hauptziele der nationale Widerstand der Juden gegen Verfolgung (1882 begannen Pogrome in Rußland) und die Rückkehr des jüdischen Volkes zur Landwirtschaft waren. Bilumitglieder gehörten zu den frühesten Einwanderern der ersten →Alija. Obwohl die Zahl der Bilupioniere sehr klein war, übten sie eine starke idealistische Vorbildwirkung auf die nachfolgende zionistische Einwanderung aus. (DB/MW)

Bima →Synagogenbau

Bing, 1. Ilse, Photographin, bildende Künstlerin, 23.3.1899 Frankfurt am Main – 10.3.1998 New York; Studium der Mathematik und Kunstgeschichte in Frankfurt am Main und Wien. 1928 begann sie als freie Photographin zu arbeiten. 1930–39 in Paris, vor allem spezialisiert auf Mode- und Porträtphotographie u. a. für »Vogue« und »Harper's Bazaar«. 1940/41 Internierung in einem französischen KZ. Emigration in die USA. Weiter als freie Photographin tätig. Seit 1959 schriftstellerische Arbeiten, Malerei und Collagen. (RED)

2. Sir Rudolf, Theatermanager, 9.1.1902 Wien –2.9.1997 Yonkers/New York. 1928 Verwaltungsdirektor am Hessischen Staatstheater in Darmstadt, 1930 an der Städtischen Oper in Berlin-Charlottenburg; 1933 Emigration über Wien und Prag nach England. 1934–39 Generalmanager der Mozart-Festspiele in Glyndebourne; 1946 britischer Staatsbürger, Gründer und erster künstlerischer Leiter der Festspiele in Edinburgh; 1950–72 Generaldirektor der Metropolitan Opera in New York. Bing, der auf einzigartige Weise in seiner Person Organisationstalent, kommerziellen Verstand und künstlerischen Idealismus verband, machte die Met innerhalb kurzer Zeit zu einem der glanzvollsten Musiktheater der Welt. Autobiographie: »5000 Abende in der Oper. Die Sir Rudolf Bing Memoiren« (deutsch 1973). (RED)

Birkat ha-Chamma →Beracha

Birkat ha-Chodesch →Beracha

Birkat ha-Gomel →Beracha

Birkat ha-Lewana →Beracha

Birkat Kohanim →Priestersegen

Birkenau →Auschwitz

Birnbaum, Nathan (Pseudonym: Mathias Acher), Schriftsteller, 16.5.1864 Wien – 2.4.1937 Scheveningen. Wortschöpfer der Begriffe »Zionismus« und »Ostjudentum«. Fürsprecher der Ostjuden und Propagandist der jiddischen Sprache. 1883 Gründer des ersten jüdisch-nationalen Studentenvereins →Kadima in Wien und seit 1885 Herausgeber der Zeitschrift »Selbst-Emancipation«. Abkehr vom politischen Zionismus der Vor-Herzl-Ära und Hinwendung zur Orthodoxie. Nach dem Ersten Weltkrieg Geschäftsführer der →Agudat Israel.

[L] L. Herrmann, Nathan Birnbaum, 1914. (LH)

Birobidschan, 36 000 km² großes Gebiet am Ufer des Amur, an der Grenze Rußlands zur Mandschurei (China). In diesem Gebiet mit den Flüssen Biro und Bidschan, Nebenflüssen des Amur, begann die sowjetische Regierung im Jahr 1928 Juden anzusiedeln. 1934 wurde die Autonome Jüdische Region Birobidschan ausgerufen, mit Jiddisch als zweiter Amtssprache neben Russisch, mit Zeitungen und Zeitschriften in jiddischer Sprache und einem Jiddischen Staatstheater. Erklärtes Ziel der Einrichtung war die »Produktivisierung« der jüdischen Massen, sie sollte einerseits dem Zionismus eine territoriale Gegenlösung entgegensetzen und andererseits zur Festigung der sowjetischen Grenze beitragen, für die sowjetische Regierung eine dringende Notwendigkeit besonders nach der japanischen Besetzung der Mandschurei 1931. In den Jahren 1932 und 1933 sollten 50 000 Juden nach Birobidschan umgesiedelt werden, es kamen aber nur 11 000, von denen 8000 das Gebiet nach kurzer Zeit wieder verließen, wegen des schwer erträglichen Klimas, der ungünstigen landwirtschaftlichen Bedingungen, der schwierigen Versorgungslage, des Mangels an Straßen, Wohnungen und technischen Mitteln für die Landwirtschaft. Ähnliches wiederholte sich in den Folgejahren mit dem Ergebnis, daß am Vorabend des Zweiten Weltkriegs die Anzahl der Juden in diesem Gebiet 30 000 nicht überschritt. Birobidschan erwies sich als vollständiger Fehlschlag. In der Zeit der großen stalinistischen Säuberungen und Prozesse 1936/37 wurden die führenden jüdischen Persönlichkeiten in Birobidschan des Nationalismus und Trotzkismus beschuldigt und umgebracht. Eine weitere Verfolgungswelle gab es in den Jahren 1948–53, als das Jiddische Theater geschlossen, die meisten jüdischen Literaten verhaftet und die Einwanderung der Juden verboten wurde. Am 1. 1. 1961 befanden sich in Birobidschan 14 269 Juden, d. h. 8,8 Prozent der ansässigen Bevölkerung, und die einzige Amtssprache war Russisch. Die jiddische Zeitung »Birobidschaner Stern« erschien noch dreimal wöchentlich in einer Auflage von 1000 Stück. Nachdem die Zahl der Juden unter 10 000 abgesunken war, wurde das Autonome Jüdische Gebiet zum 1. 2. 1982 aufgelöst. (AB)

Blachstein, Peter, Journalist, Diplomat, Politiker, 30. 4. 1911 Dresden – 4. 10. 1977 Hamburg. Studium der Nationalökonomie, Literatur und Geschichte; 1933–34 Gefängnishaft, dann Internierung im KZ Hohnstein, 1935 Flucht nach Skandinavien, Mitglied der Internationalen Brigade im Spanischen Bürgerkrieg. 1945 leitete er Hilfsmaßnahmen für deutsche Gewerkschaftler und Kinder; Rückkehr nach Deutschland; freier Journalist und Medienpolitiker; Mitglied des Landesvorstands der SPD in Hamburg und des Verwaltungsrats des NDR. 1949–69 Bundestagsabgeordneter der SPD; 1968/69 erster Botschafter in Belgrad. (LH)

Blau, Bruno, Rechtsanwalt, Demograph und Soziologe. 1881 Marienwerder (Westpreußen) – 21. 8. 1954 Freiburg. Seit 1908 Rechtsanwalt beim Kammergericht Berlin. Zugleich statistische Forschungen, besonders zur »Kriminalität der deutschen Juden« (1906) und über »Die Austritte aus dem Judentum in Berlin« (1907). 1909 übernahm er als Nachfolger von A. →Ruppin die Leitung des Büros für Statistik der Juden. 1909–20 Herausgeber der »Zeitschrift für Demographie und Statistik der Juden«. Im Ersten Weltkrieg Frontsoldat. 1936 ließ er sich wegen schwindender Klientenzahl aus dem Anwaltsregister streichen. Auf der Suche nach einer neuen Existenz ging er 1937 nach Prag. Dort wurde er später verhaftet und infolge schwerer Erkrankung 1942 als Gestapohäftling ins Jüdische Krankenhaus Berlin eingewiesen. Da er Krebspatient und mit einer Nichtjüdin verheiratet war, konnte er dort bis zur Befreiung 1945 bleiben. Blau emigrierte 1947 nach New York und wurde Bibliothekar am YIVO-Institut. Er publizierte ein Buch über »Das Ausnahmerecht für die Juden in Deutschland 1933–45« (^{2}1954) und hinterließ zwei Manuskripte, einen 120 Seiten umfassenden, teilweise autobiographischen Bericht »Vierzehn Jahre Not und Schrecken (1933–47)« sowie eine 385 Seiten starke Ausarbeitung über »Die Entwicklung der jüdischen Bevölkerung in Deutschland 1800–1945«. Er starb während eines Aufenthalts in Deutschland.

🄻 M. Richarz (Hrsg.), Bürger auf Widerruf, Lebenszeugnisse deutscher Juden 1780–1945, 1989. (PH)

Bleichröder, Gerson von, Bankier, 22. 12. 1822 Berlin –19. 2. 1893 Berlin. Entstammte einer jüdischen Bankiersfamilie. Sein Vater Samuel hatte sich in Zusammenarbeit mit den Rothschilds etabliert und 1803 in Berlin eine Bank eröffnet, in der Bleichröder seit 1839 tätig war. Seit 1859 persönlicher Vermögensberater Bismarcks, beriet er ihn auch bei der Kriegsfinanzierung und den Friedensverhandlungen mit Frankreich. Bleichröder war nach 1871 der renommierteste Bankier Berlins, einer der reichsten Bürger und die Symbolfigur der neuen Wirtschaftselite. 1872 als erster Jude in Preußen mit seiner Familie in den erblichen Adelsstand erhoben. »Tief im Religiösen verhaftet« (F. Stern), war er in den 1860er Jahren Mitglied des Vorstands der jüdischen Gemeinde Berlin und wurde nach seinem Tod auf dem jüdischen Friedhof an der Schönhauser Allee beigesetzt.

🄻 F. Stern, Gold und Eisen Bismarck und sein Bankier Bleichröder, 1978. (AH)

Bloch, 1. Ernest, Schweizer Komponist, 24. 7. 1880 Genf – 15. 7. 1959 Portland, Oregon, USA. Wirkte zunächst in seinem Heimatland als Dirigent und Kompositionslehrer. 1916 in die USA, dort an mehreren Musiklehrstätten als Leiter, Dirigent und Lehrer amerikanischer Komponisten tätig. Blochs eigene Kompositionen zeichnen sich durch ihre »Jüdischkeit« aus, und zwar ohne sich der Liturgie entlehnter Melodien oder orientalichen Wendungen zu bedienen. Wie er selbst in einem Aufsatz schrieb, lausche er auf eine innere Stimme, die beim Lesen des AT in ihm wach werde. Sein Gesamtwerk umfaßt etwa 35 Kompositionen, u. a. die Kompositionen »Trois Poèmes Juifs« (für Orchester, 1913), »Der 22. Psalm« (für Bariton und Orchester, 1914), »Schelomo« (Hebräische Rhapsodie für Violoncello und Orchester, 1916), »Israel« (Sinfonie mit 5 Solostimmen, 1916), »Baal Schem« (für Violine und Klavier, 1923) sowie das Werk für Bariton, Chor und Orchester »Sacred Service« (1933), das für den Sabbat-Gottesdienst geschrieben ist. Obwohl es Bloch nach seinen eigenen Worten nur darum getan war, »to write good, genuine music«, wird er von vielen zu denjenigen Komponisten gezählt, die sich am Aufbau einer neohebräischen Musikkultur versucht haben. (AS)

2. Ernst, marxistischer Philosoph, 8. 7. 1885 Ludwigshafen – 4. 8. 1977 Tübingen. Bloch stammt aus einer weitgehend assimilierten jüdischen Familie und fühlte sich bereits als Schüler vom Sozialismus angezogen. 1933–48 im Exil, seit 1949 Professor in Leipzig. 1955 Nationalpreis der DDR. 1957 Zwangsemeritierung und Emigration in die Bundesrepublik Deutschland, seit 1961 Professor in Tübingen, 1967 Friedenspreis des Deutschen Buchhandels. Obwohl sein ausgeprägtes messianisches Bewußtsein und sein apokalyptisches Denken oft auf seine jüdische Herkunft zurückgeführt werden, beschränkte sich Blochs jüdische Bildung auf die deutsche Übersetzung des AT und chassidischer Geschichten. In seinen philosophischen Hauptwerken, »Vom Geist der Utopie« (1918), »Das Prinzip Hoffnung« (entstanden im amerikanischen Exil 1938–47, 3 Bände 1954 ff.), »Atheismus im Christentum. Zur Religion des Exodus und des Reichs« (1968) hat Bloch allerdings wie kein anderer Marxist den revolutionären Gehalt der Bibel und umgekehrt den messianischen Ursprung und Antrieb des Sozialismus herausgestellt. Der Würdigung geht aber eine doppelte Umdeutung voraus. Einmal eine atheistische Umdeutung der religiösen Symbole der Transzendenz in Symbole der geschichtlichen Immanenz. So werden »Gott«, »Exodus«, »Reich« zu verheißenden Signalen und symbolischen Vorwegnahmen einer glücklichen Zukunft der Menschheit sowie einer gnostischen Umdeutung, die die apokalyptischen Bilder der Erlösung gegen die Schöpfungs- und Offenbarungsordnung ausspielt. Christliche Theologen wie Johannes Baptist Metz und Jürgen Moltmann haben die Philosophie Blochs als Korrektiv zur religiösen Weltflüchtigkeit aufgenommen, während jüdische Denker wie Michael Landmann und E. →Lévinas im diesseitigen Messianismus Paralellen zur rabbinischen und kabbalistischen Eschatologie wiederfinden. Bloch, der Denker der konkreten Utopie, hat die zionistische Utopie T. →Herzls wie andere Marxisten als kleinbürgerlich-nationalistische Regression abgetan. Als Jude fühlte er sich in der Nachfolge der Propheten zum universalistischen Engagement für den Sozialismus verpflichtet.

Ernst Bloch, um 1960

🄻 E. Bloch, Gesamtausgabe, 16 Bände, 1959 ff. – M. Landmann, Das Judentum bei Ernst Bloch und seine messianische Metaphysik, in: Jüdische Miniaturen, Band 1, 1982. (DK)

3. Marc, Historiker und Widerstandskämpfer, 6. 7. 1886 Lyon – 16. 6. 1944 Les Roussiles. Bloch stammt aus einem jüdisch-elsässischen Elternhaus, sein Vater war Althistoriker an der Sorbonne. Nach Studienjahren in Paris, Leipzig und Berlin Fronterfahrung im Ersten Weltkrieg. Dann Berufung an die Straßburger Universität (1919) und an die Sorbonne (1936). Blochs wissenschaftliche Arbeiten auf dem Gebiet der mittelalterlichen Sozial-, Agrar- und Mentalitätsgeschichte haben Generationen von Studenten beeinflußt. 1929 gründete Bloch zusammen mit Lucien Febvre die Zeitschrift »Annales«, die auch heute noch für die internationale Geschichtswissenschaft von Bedeutung ist. 1940 erhielt Bloch eine Einladung an die New School of Social Research in New York, die ihm sicheres Asyl geboten hätte, doch Bloch wollte Frankreich nicht verlassen. Als die deutsche Wehrmacht im November 1942 die »freie Zone« besetzte (→Vichy-Regime), mußte Bloch untertauchen. Er schloß sich der Résistance an und leistete aktive Propagandaarbeit gegen Hitler-Deutschland. Am 8. 3. 1944 wurde er in Lyon verhaftet und von der Gestapo unter Klaus Barbie schwer gefoltert. Später mit 28 anderen Widerstandskämpfern erschossen.

🄻 C. Fink, Marc Bloch. A Life in History, Cambridge 1990. (WJ)

4. Mózes, Rabbiner, Gelehrter, 1. 2. 1815 Ronspergen – 10. 8. 1909 Budapest. Rabbinische Studien bei den prominentesten Gelehrten seiner Zeit. 1839–77 Rabbiner in verschiedenen Städten. 1877 Einladung nach Budapest, wo er die Leitung des neugegründeten Landesrabbinerseminars übernahm. Direktor des Seminars bis 1909. Forschungsgebiet: mosaisch-talmudisches Recht. Hauptwerk: »Schaarei Torat ha-Takkanot« (3 Bände, 1879–1906; Die Institutionen des Judentums nach der in den talmudischen Quellen angegebenen geschichtlichen Reihenfolge geordnet und entwickelt). (AK)

Blum, Léon, Politiker und Schriftsteller, 9. 4. 1872 Paris – 29. 3. 1950 Jouy-en-Josas. Anfangs als Theaterkritiker und Autor tätig, wurde Blum 1895 Mitglied des Staatsrats und gehörte 1902 zu den Mitbegründern der Sozialistischen Partei Frankreichs. 1914–16 Kabinettschef des Ministeriums für öffentliche Arbeiten. 1929 beteiligte Blum sich an der Gründung der erweiterten Jewish Agency for Palestine. Als Politiker und Publizist war Blum wegen seiner exponierten Stellung im öffentlichen Leben, Frankreichs massiven antisemitischen Angriffen ausgesetzt. In den 30er Jahren ergriff Blum die Initiative für die französische Volksfront, die er als historisches Bündnis von Arbeiterbewegung und bürgerlichen Intellektuellen propagierte. In den Jahren 1936/37 und im März 1938 war Blum Ministerpräsident. 1940 ließ ihn Marschall Pétain (→Vichy-Regime) verhaften. Blums mutiges Auftreten im Prozeß von Riom erregte internationales Aufsehen. Von 1943–45 war Blum in den KZs Buchenwald und Dachau interniert. Nach seiner Befreiung übernahm er die Leitung des sozialistischen Organs »Le Populaire« und war führend in der Programmkommission der UNESCO tätig. Im Dezember 1946 (bis Januar 1947) wurde er erneut zum Ministerpräsidenten gewählt. 1945 erschien Blums einflußreiches Werk »Al'échelle humaine« (deutsch 1947: »Blick auf die Menschheit«). (WJ)

Blumenfeld, 1. Erik, Unternehmer, Politiker, 27.3.1915 Hamburg – 10.4.1997 Hamburg. Ausbildung in England, Frankreich und Skandinavien bis 1935. Studium an der TH in Berlin. 1939 Kriegsdienst. 1941 wegen jüdischer Herkunft aus der Wehrmacht entlassen. 1942 verhaftet. War in den KZs Auschwitz und Buchenwald bis zur Befreiung durch die Alliierten. Ab 1945 Wiederaufbau des Familienbetriebs (Brennstoffhandel und -produktion und Schiffahrt). Seit 1945 politisch tätig in der Hamburger Bürgerschaft und der CDU. Mitglied der Deutsch-Israelischen Gesellschaft und des Europa-Parlaments. (RED)

2. Kurt, Politiker und Journalist, 29.5.1884 Marggrabowa, Ostpreußen –21.5.1963 Tel Aviv. Studium der Rechte in Berlin, Freiburg und Königsberg, 1909 Leiter der zionistischen Propaganda in Deutschland, 1911 Generalsekretär des →Zionistischen Weltkongresses, 1913/14 Chefredakteur des zionistischen Zentralorgans »Die Welt«, 1924–33 Vorsitzender der →Zionistischen Vereinigung für Deutschland. 1933 Auswanderung nach Palästina, Direktor des →Keren Hajessod und Vorsitzender der Hitachdut Olej Germania. Werk: »Erlebte Judenfrage« (1962). (JS)

Blutbeschuldigung, Blutgenuß →Ritualmordvorwurf

B'nai B'rith →Independent Order of B'nai B'rith

Bnei Mosche (hebräisch »Söhne des Mose«), vor- und frühzionistische Organisation zur kulturellen Belebung des Judentums, die 1889 in Odessa gegründet wurde, aber ihren Sitz 1893 nach Palästina verlegte, wo sie sich auch mit Kolonisation befaßte. In Berlin war ihr bedeutendster Vertreter W. →Bambus. (JS)

Board of Deputies, anglojüdischer politischer Interessenverband, gegründet 1760, als die sephardischen und aschkenasischen Volksgruppen in London vereinbarten, für ihre Interessen gemeinsam einzutreten; gesetzlich anerkannt von der britischen Regierung 1835. Der Board of Deputies verabschiedete im selben Jahr eine Satzung und hielt in der Folge regelmäßig Sitzungen ab. Laut Satzung mußten die Mitglieder Angehörige einer Gemeinde sein. Die Mitgliedschaft wurde im 20. Jahrhundert auch auf Angehörige anderer jüdischer Organisationen ausgedehnt. Die Versammlung umfaßt zur Zeit 500 Mitglieder, die alle drei Jahre gewählt werden. Sie tagt einmal im Monat und unterhält eine Reihe von Ausschüssen, die in allen Bereichen des britischen jüdischen Lebens tätig sind.

[L] A. Newman, The Board of Deputies of British Jews 1760–1985, London 1987.
(LK)

Boas, Franz, Anthropologe, 9.7.1858 Minden – 21.12.1942 New York. Gymnasialbesuch in Minden, 1877 Abitur. Studium der Physik, Mathematik und Geographie in Heidelberg, Bonn und Kiel, wo er 1881 promovierte. 1883/84 Expedition zu den Eskimos auf Baffin Land. Emigrierte 1886 in die USA, wo sein Onkel A. →Jacobi tätig war; 1899–1936 Professor an der Columbia University in New York. Errang durch die »Jessup-Nordpazifik-Expedition« (1897–1902), durch die die asiatische Herkunft der nordamerikanischen Indianer nachgewiesen werden konnte, für die US-Ethnologie eine Spitzenstellung; bemühte sich um die Sicherung des kulturellen Erbes der nordamerikanischen Indianer und der Eskimos. Protestierte am 27. 3. 1933 in einem Offenen Brief an den Reichspräsidenten von Hindenburg gegen den Antisemitismus der Nationalsozialisten; 1933 öffentliche Verbrennung seiner Bücher und Publikationen.

[L] H. Grundmann, Franz Boas (1858 bis 1942), in: Ratsgymnasium Minden (Hrsg.), Land und Leuten dienen, 1980.
(AH)

Böckel, Otto →Völkische Bewegung

Bodecker, Stephan, Bischof von Brandenburg, 1384 – 1459. Bodecker studierte in Erfurt, Prag und Leipzig, trat in den Prämonstratenser-Orden ein und war seit 1421 Bischof von Brandenburg. Um die Beschlüsse des Basler Konzils von 1434 zur Judenmission verwirklichen zu können, entschloß sich Bodecker, mit Hilfe einzelner gelehrter Juden selbst Hebräisch zu lernen und erwarb eine Reihe hebräischer Handschriften. Zahlreiche in den erhaltenen Exemplaren angebrachte Glossen von seiner Hand in Hebräisch und Aramäisch belegen die fundierten Kenntnisse nicht nur in sprachlicher, sondern auch in jüdisch-theologischer Hinsicht. Auch in einzelnen theologischen Fragen korrespondierte er gelegentlich mit Juden. Seine Studien gipfelten in einer umfangreichen (ungedruckt gebliebenen) theologischen Abhandlung »Gegen die Juden« (Contra Judaeos), die insbesondere gegen den einflußreichen »Sefer nizzachon« des Jomtov Lipmann gerichtet war und als Handbuch der Judenmission dienen sollte. Als Kurfürst Friedrich II. am 17. 12. 1446 die Vertreibung aller Juden aus der Mark Brandenburg befahl, protestierte Bodecker; nach wenigen Monaten wurden wieder Juden durch den Landesherrn in die Mark Brandenburg aufgenommen.

L P. Aufgebauer, Zwischen Schutz und Verfolgung. Zur Judenpolitik der Brandenburger Bischöfe im 15. und frühen 16. Jahrhundert, in: Roderich Schmidt (Hrsg.), Mitteldeutsche Bistümer im Spätmittelalter, 1988. (PAU)

Bodenheimer, Max Isidor, Rechtsanwalt und Mitbegründer der zionistischen Bewegung in Deutschland, 21. 3. 1865 Stuttgart – 20. 7. 1940 Jerusalem. Von 1893 – 1933 Rechtsanwalt in Köln, dort Verfechter der Siedlungsidee in Palästina. Mitbegründer der »Jüdischen Humanitätsgesellschaft« Berlin (1893) und des »Vereins behufs Förderung der jüdischen Ackerbaukolonien in Syrien und Palästina« (1894). 1893 gemeinsam mit D. →Wolffsohn Gründung des Kölner »Chowewe-Zion Vereins« (später »Kölner Zionistische Vereinigung«). Als T. →Herzl seine zionistischen Pläne veröffentlichte, schloß sich Bodenheimer ihm an und gründete u. a. mit Wolffsohn die →National-Jüdische Vereinigung in Köln (1896), die 1897 in »Zionistische Vereinigung für Deutschland« umbenannt wurde und deren Vorsitzender Bodenheimer bis 1910 blieb. Gemeinsam mit Wolffsohn Verfasser der →Kölner Thesen (1896), die zur Leitlinie des Kongreßzionismus wurden. Gemeinsam mit F. →Oppenheimer und Adolf Friedemann Gründung des →Komitees für den Osten. 1933 Ausweisung nach Holland, Übersiedlung nach Jerusalem 1935. Dort vielfältige publizistische Tätigkeit für die zionistische Bewegung. Werke u. a.: »Wohin mit den russischen Juden?« (1891), »So wurde Israel« (Biographie, 1958), »Schriftwechsel mit Theodor Herzl« (1966), »In Sachen Jesu« (Dramen unter dem Pseudonym M. Bodmer, 1933). (RD)

Bodo-Eleazar, Alemanne adliger Herkunft, Kaplan am Hof Ludwigs des Frommen, Proselyt. Bodo-Eleazar trat 839 zum Judentum über, floh mit einem Neffen ins islamische Spanien und korrespondierte mit Paulus Alvarus von Córdoba. Vier Briefe des Paulus sind ein wichtiges Zeugnis der christlich-jüdischen Kontroverse. Aus dem Versuch des Paulus, im Sinne der →Adversus-Judaeos-Traktate die jüdische Bibelexegese zu widerlegen, läßt sich der jüdische Standpunkt des Bodo-Eleazar erschließen. Wie Prudentius von Troyes 847 mitteilte, wollte Bodo-Eleazar den Emir von Córdoba dazu überreden, alle Christen Spaniens unter Todesandrohung zur Bekehrung zum Islam oder zum Judentum zu zwingen.

L H. Schreckenberg, Die christlichen Adversus-Judaeos-Texte und ihr literarisches und historisches Umfeld (1.–11. Jahrhundert), ²1990. (FL)

Böhmen →Tschechien

Borchardt, Rudolf, deutscher Dichter und Gelehrter, 9. 6. 1877 Berlin – 10. 1. 1945 Trins, Tirol. Entstammt einer vermögenden Königsberger jüdischen Kaufmannsfamilie, die während der Befreiungskriege zum Calvinismus übertrat. Studium der klassischen Philologie in Berlin, Bonn und Göttingen; lebte seit 1903 in der Toskana. Als Dichter bestimmt durch das Erlebnis Hofmannsthals und Georges. Erst nach 1919 verstärkte Rezeption von Borchardts Lyrik, seiner Essays und Übersetzungen; außerdem sprach Borchardt öffentlich zu kulturpolitischen Fragen im Sinne »schöpferischer Restauration«. Jüdische Überlieferungen hatte man in Borchardts Elternhaus seit zwei Generationen »begraben und vergessen«. So bestimmte sich sein Verhältnis zum Judentum aus der Ablehnung der »Berliner« Gründerzeit-Parvenus und späterhin sämtlicher nicht-konservativer Parteiungen. Die Kritik am positivistischen Determinismus des 19. Jahrhunderts bewahrte ihn jedoch vor jedem Antisemitismus. Provozierend auf Zionisten, die Borchardts fingierte Apokryphe »Das Buch Joram« (1905/07) zunächst als jüdische Urkunde verstanden hatten (Brod, Buber), wirkte seine Behauptung von der historischen Pflicht des Judentums zum »Aufgehen« im christlichen Bekenntnis des jeweiligen »Wirtsvolkes«. Je massiver die Vorwürfe der politischen Linken gegen Borchardts Nationalismus zugleich als Werkmotiv »dichterischen Selbsthaß« einschlossen (Benjamin, Brod, Haas, Lessing), desto entschiedener vertrat Borchardt seine Assimilationstheorie (offener Brief »An den Herausgeber des ›Ring‹«, 1929). Jeglich »Rassengerassel« lehnte er scharf ab. Außer in seiner Korrespondenz mit Strauss, Brod und Buber setzte er sich nach 1933 auch in anderen Schriften mit dem Rassismus auseinander, so noch 1943 in der Nadler-Rezension »Zur deutschen Judenfrage«. (GS)

Born, Max, Professor für Physik, Nobelpreisträger, 11. 12. 1882 Breslau – 5. 1. 1970 Göttingen. 1901–07 Studium der Mathematik und der Astronomie in Breslau, Heidelberg, Zürich, Göttingen; 1907 Promotion zum Doktor der Philosophie, 1909–15 Privatdozent, 1915 außerordentlicher Professor in Berlin, 1919–21 Professor in Frankfurt am Main, 1922 bis zu seiner Entlassung 1933 aufgrund seiner jüdischen Herkunft Direktor des Instituts für Theoretische Physik in Göttingen. Born emigrierte 1933 nach England; er lehrte in Cambridge (1933–34), war Gastprofessor in Indien (1935–36) und bis zu seiner Emeritierung 1953 Professor in Edinburgh, Schottland. Er kehrte 1954 nach Göttingen zurück. Im selben Jahr erhielt er für seine Forschungen auf dem Gebiet der Wellen- und Quantenmechanik den Nobelpreis für Physik. 1957 gehörte Born zu den 19 Göttinger Professoren, die sich öffentlich gegen die Bewaffnung der Bundesrepublik Deutschland mit Atom- und Nuklearwaffen aussprachen. Er erhielt zahlreiche internationale Auszeichnungen; in seinem umfangreichen wissenschaftlichen Werk äußerte er sich auch zu Fragen der Ethik der Naturwissenschaft. Werke u. a.: »Moderne Physik« (1933), »Von der Verantwortung der Naturwissenschaft« (1965), »Ausgewählte Abhandlungen« (2 Bände, 1963).

🄻 A. Hermann, Max Born. Eine Biographie, 1962. (MAH)

Börne, Ludwig (Juda Löw Baruch), Publizist und Schriftsteller, 6. 5. 1786 Frankfurt am Main – 12. 2. 1837 Paris. Kindheit im Frankfurter Ghetto. Als Student Aufenthalt im Berliner Haus von M. und H. →Herz. Nach Promotion (Kameralistik) Tätigkeit als »Polizeiaktuar« in Frankfurt. 1815 Entlassung, weil Juden keine öffentlichen Ämter mehr bekleiden durften. Seit 1816/17 lebenslange Freundschaft mit Jeanette →Wohl. 1818 Taufe und Namensänderung. Herausgabe der »Wage« (1818 bis 21), Mitarbeit an zahlreichen Zeitungen und Zeitschriften. Nach Ausbruch der Julirevolution (1830) Emigration nach Paris. Durch die »Briefe aus Paris« wurde Börne populär als glänzender Stilist und radikaler Vorkämpfer für geistige und soziale Freiheit. Der Widerspruch, »zugleich ein Deutscher und Jude zu sein«, war Motiv für Börnes literarisches und politisches Engagement. Börne bekämpfte →Goethe als Repräsentanten der »untergehenden Kunstperiode« und stritt mit →Heine über die Frage, ob Literatur politischer Moral verpflichtet sei. Als Börnes politisches Vermächtnis gilt die Polemik »Menzel der Franzosenfresser«. Schriften u. a.: »Für die Juden« (1816), »Bemerkungen über Sprache und Stil« (1826), »Briefe aus Paris« (1832–34), »Studien über Geschichte und Menschen der Französischen Revolution« (1833–35), »Menzel der Franzosenfresser« (1837).

Ludwig Börne

🄻 W. Jasper, »Keinem Vaterland geboren«, 1989. – L. Marcuse, Revolutionär und Patriot, 1929. – I. Rippmann, Börne-Index, 1985. (WJ)

Börneplatz-Konflikt, Auseinandersetzung um den ehemaligen »Judenmarkt« im Frankfurter Ghetto. Seit 1855 »Börneplatz«, 1933–78 »Dominikanerplatz«. Im Februar 1987 begann die Stadt dort mit Bauarbeiten, ohne die Kritik der jüdischen Gemeinde zu berücksichtigen. Im Zuge der

Aushebungsarbeiten wurden Grundmauern mehrerer Häuser der ehemaligen Judengasse freigelegt, u. a. eine →Mikwe. Eine Bürgerinitiative forderte Baustopp und besetzte das Gelände. Die Stadtverordnetenversammlung genehmigte schließlich den Erhalt einiger weniger Fragmente. Sie werden eine »Dauerausstellung Judengasse« im neuen Gebäudekomplex bestücken. Als Hauptkritik blieb: Man übersah die seltene Chance, Zeugnisse jüdischen Lebens zu bewahren, von denen die nationalsozialistische Zerstörungspolitik kaum etwas übrig gelassen hatte. Das Unverständnis städtischer Bürokratie, die Reste des Ghettos als Beispiel Jahrhundertelanger Ausgrenzung der Juden zu erhalten, offenbarte nach der →Fassbinder-Kontroverse (1985) die engen Auslegungsgrenzen deutscher Vergangenheitsbewältigung.

[L] M. Best, Der Frankfurter Börneplatz. Zur Archäologie eines politischen Konflikts, 1988. (EP)

Borochow, Beer (Dow), Historiker und Philologe, Führer und Theoretiker des sozialistischen Zionismus, 2. 6. 1881 Solotonoschka, Ukraine – 17. 12. 1917 Kiew. Borochow gründete 1901 in Rußland den »Sozialistisch-Zionistischen Bund der Arbeiter«; widersetzte sich dem →Uganda-Plan und den Vorstellungen eines »Territorialismus« außerhalb Palästinas und stand auf dem 7. Zionistischen Kongreß (1905) an der Spitze der Delegierten der Partei →Poale Zion, die dem Gedanken der Emigration nach Erez Israel treu blieb. Auf der Konferenz von Poltawa (1906) reorganisierte Borochow die Bewegung Poale Zion als »Jüdische Sozial-Demokratische Arbeiterpartei« und faßte ihre ideologischen Grundsätze im Beitrag »Unsere Plattform« zusammen. Borochow verließ 1907 Rußland und befaßte sich in Wien mit politischer Publizistik sowie mit sozial-ökonomischer und philologischer Forschung. 1914 reiste er in die USA, wo er u. a. die jiddische Zeitung »Di Warheit« (New York) herausgab. Nach der russischen Revolution im Februar 1917 kehrte er nach Rußland zurück und starb bald infolge einer Lungenentzündung. In seinen theoretischen Schriften erarbeitete Borochow eine Synthese von Marxismus und Zionismus mit dem Argument, daß der Klassenkampf des jüdischen Proletariats seinen nationalen Zielen nicht widerspreche. In der Diaspora und ohne normale soziale Struktur sei das jüdische Volk zu einem Zustand der Minderwertigkeit und der wirtschaftlichen Entfremdung verurteilt. Die Gründung eines jüdischen Staates in Palästina (Erez Israel) sei alleinige Voraussetzung für das jüdische Volk, die »strategischen« Bedingungen für den Sozialismus zu schaffen. Borochow schrieb »Sozialismus und Zionismus« (1932) und beeinflußte damit wesentlich das Gedankengut linker zionistischer Bewegungen (→Arbeiterbewegung). (AB)

Borscht Belt, ein geographisches Gebiet im Zentrum des Catskill-Gebirges im Staat New York, wo viele kulturelle Treffpunkte der jüdischen Bevölkerung New Yorks angesiedelt sind; Anfang des Jahrhunderts Zufluchtsort tuberkulosekranker jüdischer Arbeiter aus New York City, danach Sommerferienort für den neuen Mittelstand; bekannt für jüdisches (d. h. osteuropäisches) Essen, daher der volkstümliche Name »Borscht-Gürtel«. Karriereanfang vieler jüdisch-amerikanischer Komiker und Entertainer wie Joey Adams, Milton Berle, Sid Caesar, Eddie Cantor, Eddie Fisher, Buddy Hackett, Danny Kaye, Alan King, Jerry Lewis, Jackie Mason, Joan Rivers und Henny Youngman. Berühmteste Adressen sind Grossingers (nach dem Familiennamen der Inhaber) und Concord. Der Hollywoodfilm »Dirty Dancing« spielte in diesem Milieu in den frühen 60er Jahren.

[L] S. Kanfer, A Summer World: The Attempt to Build a Jewish Eden in the Catskill, New York 1989. (CL)

Böser Trieb →Jetzer

Boykott, antijüdischer, Aufforderung an Deutsche, nicht in jüdischen Geschäften zu kaufen. Auftakt der terroristischen nationalsozialistischen Judenpolitik war der sog. »Boykott-Tag« am 1. 4. 1933, an dem SA- und SS-Wachen mit antisemitischen Plakaten vor jüdischen Geschäften aufzogen. Die Aktion wurde als Gegenmaßnahme gegen die »antideutsche, jüdische Greuelpropaganda im Ausland« deklariert. Bereits unmittelbar nach der Machtergreifung der Nationalsozialisten kam es auf lokaler Ebene zu Ausschreitungen gegen Juden. Als es aus dem Ausland Proteste gegen die antisemitischen Übergriffe in Deutschland gab, war das für die Hitler-Regierung und NSDAP-Führung willkommener Anlaß zur Vorbereitung des Boykotts gegen jüdische Geschäftsleute, Ärzte und Rechtsanwälte. Offiziell wurde erklärt, daß die Aktion eine Antwort auf die angeblich von jüdischen Organisationen im Ausland verbreiteten »Greuelmärchen« sei. Die Entscheidung für die Durchführung des Boykotts fiel am 26. 3. 1933 nach einer Absprache zwischen

Himmler und Goebbels. Die zentrale Leitung der Aktion lag in Händen des berüchtigten fränkischen Gauleiters Julius Streicher, die Regierung hielt sich offiziell zurück. Vom Boykott betroffen waren jüdische Geschäfte, Warenhäuser, Kanzleien und Arztpraxen. Am Sonnabend, dem 1. April, um 10 Uhr bezogen die Nationalsozialisten vor den Gebäuden Posten. Auf Plakaten standen Parolen wie: »Kauft nicht beim Juden!«, »Boykottiert alle jüdischen Geschäfte!«, »Geht nicht zu jüdischen Rechtsanwälten!«, »Meidet jüdische Ärzte!« oder »Die Juden sind unser Unglück!«. Jüdische Geschäftsleute wurden durch die Straßen getrieben und mißhandelt. Man zwang sie auch, demütigende Plakate zu tragen.

🄻 A. Barkai, Vom Boykott zur »Entjudung«, 1988. (WJ)

Brachvogel, Carry, Schriftstellerin, 16. 6. 1864 München – 20. 11. 1942 KZ Theresienstadt. Über ihr Leben ist nur wenig bekannt. Brachvogel entstammte der jüdischen Kaufmannsfamilie Hellmann und heiratete den katholischen Schriftsteller Wolfgang Josef Emil Brachvogel, ohne jedoch zu konvertieren. Nach dem Tod ihres Mannes 1892 lebte Brachvogel weiterhin in München. Im Juli 1942 Deportation nach Theresienstadt, wo sie kurz darauf starb. Im Zentrum ihrer Romane, Novellen, Vorträge und Artikel steht die Darstellung der Identität und der Probleme von Frauen in Familie und Gesellschaft. Ihre weiblichen Romanfiguren zeichnet Brachvogel sowohl im bürgerlichen und künstlerischen als auch im bäuerlichen Milieu; in den historischen Romanen stehen Herrscherinnen im Vordergrund. Daneben spielen in einigen Werken auch jüdische Motive wie die Legende des →Ahasverus und das jüdische Mäzenatentum eine Rolle. Werke u. a.: »Alltagsmenschen« (1895), »Erntetag und Anderes« (1897), »Die Wiedererstandenen. Cäsaren-Legenden« (1900), »Hebbel und die moderne Frau« (Vortrag, 1912).

🄻 R. Heuer, Carry Brachvogel (1864 bis 1942), in: M. Treml/W. Weigand(Hrsg.), Geschichte und Kultur der Juden in Bayern. Lebensläufe, 1988. (BV)

Otto Brahm

Brahm, Otto, Regisseur und Theaterleiter, 5. 2. 1856 Hamburg – 28. 11. 1912 Berlin. Studium der Germanistik bei Wilhelm Scherer. 1881 Theaterkritiker bei der »Vossischen Zeitung«. 1889 Mitbegründer und Vorsitzender des Vereins »Freie Bühne Berlin«. 1894 bis 1904 mietete Brahm von A. →L'Arronge das Deutsche Theater. 1904–12 Direktor des Lessingtheaters. Gegenüber dem Unterhaltungs- und Bildungstheater der 80er Jahre des 19. Jahrhunderts schuf Brahm mittels eines sparsamen Darstellungsstils die adäquate Bühne für die Dichter des Naturalismus (Ibsen, Gorki, Hauptmann) und die Dramatiker des aggressiven Realismus (Wedekind, Sternheim). Bedeutende Inszenierungen: »Die Weber« (1894), »Der Biberpelz« (1897), 1894/95 »Nora«, »Gespenster« (Ibsen), seit 1896 spielte Brahm Werke von Arthur Schnitzler: »Liebelei« (1896), »Das Vermächtnis« (1898), »Der einsame Weg« (1904). Brahms Verdienst lag in der Bühnenproduktion. Er vereinte die Funktionen des Theaterleiters, des Regisseurs und des Dramaturgen. Die Auseinandersetzung mit den psychologischen und gesellschaftlichen Problemen der Zeit bestimmte maßgeblich seine Theaterarbeit. Publikationen: »Das deutsche Ritterdrama des 19. Jahrhunderts« (1880), »Ibsen« (1887), »Schiller« (2 Bände 1888 bis 92), »Kritische Schriften«, herausgegeben von P. Schlenther, 2 Bände 1913/14. (MBR)

Brandeis, Louis Dembitz, Jurist und Zionistenführer, 13. 11. 1856 Louisville, Kentucky – 5. 10. 1941 Washington. Familie wanderte nach der Revolution von 1848 von Europa nach Amerika aus. 1877 Abschluß des Jurastudiums an der Harvard University. Brandeis setzte sich als Teilhaber einer Anwaltspraxis in Boston für die Interessen des »kleinen Mannes« ein. 1916 erster jüdischer Richter des höchsten Gerichts; verteidigte die soziale Gesetzgebung, die Tarifautonomie, die Rechte der Einzelstaaten gegenüber der Bundesregierung und die Meinungsfreiheit. Ehrenpräsident der World Zionist Organization und führende Persönlichkeit der Allgemeinen Zionisten in Amerika. Mitbegründer und Unterstützer verschiedener Organisationen, die Projekte in Israel finanzierten. 1948 Gründung der →Brandeis University, der ersten politisch und religiös nicht gebundenen jüdischen Hochschule in den USA.

L L. Baker, Brandeis and Frankfurter: A Dual Biography, New York 1984. – R. Burt, Two Jewish Justices: Outcasts in the Promised Land, Berkeley 1988. – M. Urofsky, Louis Dembitz Brandeis and the Progressive Tradition, Boston 1981. (CL)

Brandeis University, 1948 als nicht politisch oder konfessionell gebundene Universität der freien Künste von führenden jüdischen Persönlichkeiten aus New York in Waltham, Massachusetts eröffnet. Erster Präsident war Abram L. Sachar. Die Gründung als Reaktion gegen Numerus-clausus-Paragraphen in bezug auf Juden u. a. Minoritäten; Amerikaner und Ausländer verschiedener Herkunft, Religion und Rassen studieren zusammen an der Brandeis University. Unter Beteiligung weltbekannter Wissenschaftler entwickelte sich die Brandeis University zu einem Zentrum der Judaistik.

L A. Sachar, A Host at Last, Boston 1976. (CL)

Brandenburg, Provinz des früheren Königreiches, späteren Freistaates Preußen, seit 1157 Markgrafschaft und seit 1252 mit Unterbrechungen Kurfürstentum. Juden in Brandenburg werden zum erstenmal in einer Chronik von 1247 erwähnt. Von Juden in →Berlin spricht eine Urkunde zum erstenmal 1295, also kurz nach Gründung der Stadt. Aus Spandau datiert ein Grabstein aus dem Jahre 1244. Eine Synagoge wird bereits 1322 für Brandenburg/Havel erwähnt. Aus der von den Markgrafen Otto und Konrad für die Stendaler Juden erlassenen Judenordnung geht hervor, daß die Lage der Juden in einigen Gebieten Brandenburgs vergleichsweise günstig war. Im 14. Jahrhundert scheinen sie in Salzwedel, der Stadt Brandenburg, Berlin und Spandau das Bürgerrecht besessen zu haben. Das Privileg vom 9. 9. 1344 für die Juden der Neumark, das 1420 von dem Hohenzollern Friedrich I. bestätigt wird und die Juden »weise und kluge Leute« nennt, erweiterte ihre Rechtsfähigkeit, hob Beschränkungen auf und stellte sie in bezug auf den Gerichtsstand den Christen gleich. In der Zeit der Pestepidemien verschlechterte sich die Lage der Juden zusehends (→Pestverfolgung), 1446 und 1510 wurden alle märkischen Juden ausgewiesen. Von da an war die Lage der Juden abhängig von den jeweiligen Launen der Fürsten, von deren Finanznöten, den wirtschaftlichen Bedingungen und von dem Machtverhältnis, das zwischen dem Fürsten und den Ständen herrschte. Unter Joachim II. fanden die Juden wieder Aufnahme in Brandenburg, nachdem Philipp Melanchthon sich für sie eingesetzt hatte. Einen gewissen Einfluß hatte auf Joachim II. der Münzmeister →Lippold (→Münzjuden). Als der Fürst 1571 starb, kam das Gerücht auf, sein Münzmeister habe ihn ermordet. Es kam zu einem spektakulären Prozeß, bei dem Lippold, obwohl ihm keine Unredlichkeit nachgewiesen werden konnte, zum Tod verurteilt wurde; die märkischen Juden wurden auf »ewige Zeiten« des Landes verwiesen. Über die weitere Geschichte der brandenburgischen Juden →Preußen und →Berlin.

L L. Davidsohn, Beiträge zur Sozial- und Wirtschaftsgeschichte der Berliner Juden vor der Emanzipation, 1920. – W. Heise, Die Juden in der Mark Brandenburg, 1932. – I. Diekmann/J.H. Schoeps, Wegweiser durch das jüdische Brandenburg, 1995. (JS)

Brandes, Georg (Morris Cohen), dänischer Literaturkritiker und Essayist, 4. 2. 1842 Kopenhagen – 19. 2. 1927 Kopenhagen; aus einer jüdischen, wenn auch bereits nicht mehr religiösen Familie stammend, stand Brandes allen Religionen distanziert gegenüber, besonders auch dem als reaktionär empfundenen Judentum. Mit politisch-sozialen und literarischen Kritikern wie Heine, Börne und Lassalle sympathisierte er, weil sie seiner Idee des Fortschritts entsprachen. Brandes wurde einer der großen europäischen Förderer der naturalistischen und nachnaturalistischen Literatur (Ibsen u. a., 1883; Nietzsche, 1909; Autobiographie 1905–08), tat sich aber auch als Interpret Shakespeares (1895/96) und Goethes (1914/15, 1924) hervor. In Dänemark wie in Deutschland war Brandes als Jude umstritten, die Frage seiner eigenen Identität blieb prekär. Er wandte sich gegen die Verfolgung von Minderheiten aller Art, besonders auch der russischen Juden, konnte aber im Zionismus lediglich eine Perspektive für die Ostjuden sehen. (HH)

Brann, Marcus, Rabbiner und Historiker, 19. 7. 1849 Rawitsch, Posen – 29. 9. 1920 Breslau. 1873 Promotion (Doktor der Philosophie), 1876 Rabbinatsdiplom, seit 1875 stellvertretender Rabbiner in Breslau neben Manuel Joel, 1883 Waisenhausdirektor in Berlin, 1885 Rabbiner in Pleß, Oberschlesien, seit 1891 bis zu seinem Tod als Nachfolger von H. →Graetz Inhaber des Lehrstuhls für Geschichte am →Jüdisch-Theologischen Seminar Breslau. Brann beschäftigte sich als erster Historiker mit der Geschichte der Juden in Schlesien; neben jüdischen Quellen nutzte er vor allem Archivbestände und veröffentlichte zahlreiche Schriften auf diesem Gebiet, u. a. »Geschichte der Gesellschaft der Brüder« (1880), »Geschichte des Landrabbinats in Schlesien« (1887), »Geschichte der Juden und ihrer Literatur« (1896); unvollendet blieb seine jüdisch-historische Monographie »Geschichte der Juden in Schlesien« (sechs Teile, 1896–1917). Brann gab mehrere Bände der Geschichte der Juden von H. Graetz und die »Gesammelten Schriften« von D. Kaufmann heraus. Seit 1893 führte er die »Monatsschrift für Geschichte und Wissenschaft des Judentums« bis zu seinem Tod weiter und war zusammen mit Aron Freimann Herausgeber der →Germania Judaica, eines Verzeichnisses aller jüdischen Ansiedlungen in Deutschland. Brann war in zahlreichen jüdischen Organisationen engagiert, setzte sich für die Lehrerausbildung ein und vertrat die jüdischen Interessen im Verein für die Geschichte Schlesiens.

L W. Cohn, Marcus Brann, in: Schlesische Lebensbilder, Band 4, 1985. – I. Elbogen, Marcus Brann, in: Monatsschrift für Geschichte und Wissenschaft des Judentums 64, 1920. (MAH)

Brasilien. Seit der Entdeckung der brasilianischen Küsten durch Cabral, bei der Gaspar da →Gama, ein getaufter Jude aus Posen, eine wichtige Rolle spielte, und der Eroberung Portugiesisch-Amerikas seit 1500 Einwanderung von →Marranen und Neuchristen, von denen viele ihr Judentum heimlich praktizierten. Im späten 16. Jahrhundert Verfolgungen durch Inquisition. Zeitweilige Blüte jüdischen Gemeindelebens während der niederländischen Besetzung Nordbrasiliens (Recife) 1630–54. Im frühen 18. Jahrhundert erneute Verfolgungswelle durch die Inquisition. 1773 hob ein königliches Edikt alle Diskriminierungen von Neuchristen auf. Nach der Unabhängigkeitserklärung Brasiliens garantierte die kaiserliche Verfassung religiöse Toleranz; Gleichstellung aller Konfessionen in der republikanischen Verfassung 1891. In der ersten Hälfte des 19. Jahrhunderts nur geringe jüdische Einwanderung, meist aus Nordafrika und Osteuropa, seit 1893 auch aus Mitteleuropa. Anstieg der Einwanderungsquoten nach dem Ersten Weltkrieg: 1920–1930 etwa 29000 Einwanderer aus Rußland, Polen und den Balkan-Ländern. Nur schleppende Entwicklung der ab 1902 durch die →JCA betriebenen landwirtschaftlichen Siedlungs- und Kolonisationsprojekte. Zunahme jüdischer Flüchtlinge aus Deutschland und Österreich nach der nationalsozialistischen Machtergreifung 1933 (1933–43 etwa 16000 Immigranten, zu 95 Prozent Juden) führte zu Aufnahmebeschränkungen und zur Festsetzung von Quoten nach ethnischen Kriterien. Brasilianische Konsulate erhielten geheime Weisung, Visa-Anträge von Juden abzulehnen. Auf Bitten des Vatikans erfolgte aber eine brasilianische Zusage für 3000 Juden. Einige Flüchtlinge setzten ältere Siedlungsprojekte fort (Resenda) oder gründeten gemeinsam mit nicht-jüdischen Immigranten die erfolgreiche Agrarkolonie Rolândia in Paraná. Nach 1945 jüdische Einwanderung aus Nordafrika. Heute leben etwa 100000 Juden in Brasilien mit Schwerpunkten in São Paulo, Rio de Janeiro und Porto Alegre. Gemeinden und Organisationen sind nach Kongregationen und Landsmannschaften getrennt; Versuche zur Vereinheitlichung scheiterten. Unter Staatspräsident Getúlio Vargas (1934–45, 1950–54) bestand ein starker Assimilierungsdruck – das Verbot fremdsprachiger Zeitschriften erzwang die Einstellung der jiddischen Presse –, der aber keine verstärkten antisemitischen Tendenzen in der Bevölkerung zur Folge hatte. Juden sind in den letzten Jahrzehnten in allen Bereichen des öffentlichen Lebens vertreten, in Politik (Minister Horácio Lafer), Wirtschaft und Kultur. Brasilien sprach sich 1947 für die Teilung Palästinas und die Gründung eines jüdischen Staates aus und wirkte in der UNO mäßigend auf die Kritik anderer lateinamerikischer Staaten an Israel nach dem Sechs-Tage-Krieg 1967. (PM)

Brauchtum →Minhag

Brauner, Artur (Abraham), Filmregisseur, -produzent, 1. 8. 1918 Lodz, Polen. Brauner, der viele Familienangehörige durch den Holocaust verlor und selbst nur knapp den SS-Schergen entkam, zählt zu den wenigen Juden, die nach dem Krieg in der deutschen Filmbranche eine bemerkenswerte Rolle spielten. 1946 gründete er mit seinem Schwager Joseph Epstein die Central Cinema Company (CCC-Film) in Berlin und produzierte bis 1998 253 Filme, deren Bandbreite von Unterhaltungsfilmen (»Old Shatterhand«, 1963/64; »Jungfrauenreport«, 1971/72) bis hin zu ernsthaften Literaturadaptionen (»Die Ratten«, 1954) reicht. Während Brauners Unterhaltungsfilme das Verdrängungsbedürfnis der Deutschen bestätigten, produzierte er zunehmend auch Filme, die sich mit der unbewältigten deutschen Vergangenheit und dem Leidensweg der Juden auseinandersetzen (»Meine jüdischen Filme«): »Morituri« (1947/48), »Sie sind frei, Dr. Korczak« (1973/74, deutsch-israelische Koproduktion), »Die Weiße Rose« (1981/82), »Bittere Ernte« (1984/85), »Hanussen« (1987/88), »Der Rosengarten«, »Hitlerjunge Salomon« (beide 1989/90), letzterer 1992 als bester Auslandsfilm mit dem »Golden Globe« ausgezeichnet. In den 50er/60er Jahren engagierte Brauner viele Emigranten für seine Filme (z. B. Aleksander Ford, Fritz Lang, Robert Siodmak). 1991 gründete er die Artur-Brauner-Stiftung (jährlich Preis für einen Film zum Thema Toleranz und Humanität). Für das Großprojekt »Der Golem« (1998/99) wurden u. a. Ben Kingsley und Winona Ryder verpflichtet. (MAR)

Braunschweig, Herzogtum und Stadt. Eine jüdische Gemeinde ist in Braunschweig seit dem ausgehenden 13. Jahrhundert nachweisbar; nachdem in der 2. Hälfte des 14. Jahrhunderts der Judenschutz durch Verpfändung von den Herzögen an den Geheimen Rat übergegangen war, entwikkelte sich im 15. Jahrhundert eine relativ günstige Rechtslage für die jüdischen Familien. Im Zuge der zunehmenden Aushöhlung der Judenschutzverträge im 16. Jahrhundert kam es schließlich 1546 auf Drängen der Gilden und der übrigen Einwohner der Stadt zur Vertreibung der Juden. Eine erneute Ansiedlung erfolgte erst, als der Herzog aufgrund des Finanzbedarfs seiner absolutistischen Regierung 1697 M. →Gumpel in Wolfenbüttel und 1708 A. →David in Braunschweig als →Hoffaktoren aufnahm und ihnen umfassende Schutzrechte zuerkannte. In der 2. Hälfte des 18. Jahrhunderts nahm die jüdische Einwohnerzahl deutlich zu, und der Rat gewährte Verwandten dieser Familien und neu Zugewanderten in verschiedenen Landesstädten wie Seesen, Bockenem oder Elze Privilegien und Konzessionen für den Erwerb von Haus- und Grundbesitz und auch Zugang zum Manufakturhandel. Seit 1780 wurden die Auswirkungen der Aufklärung spürbar: Der Geheime Rat reformierte den →Judeneid und hob den Leibzolls 1803 auf. Doch wurde keine neue →Judenordnung erlassen, die rechtliche und soziale Stellung der Juden blieb weiterhin unsicher. Erst die Eingliederung Braunschweigs in das Königreich →Westfalen (1808–14) brachte für die jüdische Bevölkerung vorübergehend die rechtliche Gleichstellung. Nach dem →Wiener Kongreß kehrte das Herzogtum Braunschweig zwar nicht zum alten Schutzjudenstatus zurück und unterwarf seine jüdischen Untertanen der allgemeinen Steuer- und Militärpflicht, doch wurde ihnen das Bürgerrecht nicht zuerkannt. In dieser Zeit lebten im Herzogtum 182 jüdische Familien mit 1008 Personen. Am 23. 5. 1848 wurde die volle rechtliche Gleichstellung gesetzlich verkündet. Mit einem jüdischen Bevölkerungsanteil von 0,37 Prozent lag das Herzogtum Braunschweig 1844 im Vergleich zu den anderen deutschen Bundesstaaten an 14. Stelle. 1920 lebten 720, nach der Volkszählung von 1933 noch 682 Juden in der Stadt Braunschweig; die seit Januar 1942 stattfindenden Deportationen in die Konzentrations- und Vernichtungslager Riga, Theresienstadt und Auschwitz löschten die Gemeinden dieser Region vollständig aus. Nach 1945 Neugründung der Gemeinde.

🄻 Brunsvicensia Judaica, 1966. – H.-H. Ebeling, Die Juden in Braunschweig, 1987. (JÖD)

Braunschweiger Rabbinerversammlung. Die Braunschweiger Rabbinerversammlung wurde 1844 von L. →Philippson in der »Allgemeinen Zeitung des Judentums« angeregt und gemeinsam mit L. →Herzfeld vorbereitet und durchgeführt. Es waren zwar »alle Rabbinen und jüdischen Geistlichen Deutschlands« eingeladen, doch nahmen im wesentlichen nur Anhänger der jüdischen →Reformbewegung teil. Es sollte über Mittel und Wege zur Stärkung des Judentums beraten werden. Die Braunschweiger Rabbinerversammlung beriet Reformen der Gottesdienstordnung und des Brauchtums (Sabbatordnung, Ehegesetze); einen breiten Raum nahm dabei die Gebetssprache (hebräisch oder deutsch) ein. Das Ergebnis der Braunschweiger Rabbinerversammlung bestand nur aus formalen Vorschlägen; alle theologischen Fragen wurden Kommissionen zur weiteren Bearbeitung übergeben. Auch auf den nachfolgenden Konferenzen 1845 in Frankfurt am Main (28 Teilnehmer) und 1846 in Breslau (24 Teilnehmer) gelang es nicht, eine Vereinheitlichung aller Reformbewegungen herbeizuführen.

🄻 S. M. Loewenstein, The 1840s and the Creation of the German-Jewish Religious Reform Movement, in: Revolution and Evolution. 1848 in German-Jewish History, 1981. – M. A. Meyer, Response to Modernity, New York/Oxford 1988. (JÖD)

Bredig, Georg, Chemiker, 1. 10. 1868 Glogau – 24. 4. 1944 New York. 1901–10 Lehr- und Forschungstätigkeit an der Universität Heidelberg, 1910 an der Technischen Hochschule Zürich, 1911–33 an der Technischen Hochschule Karlsruhe; Spezialgebiet: Physikalische Chemie, besonders Elektrochemie, Katalyse und Reaktionskinetik; 1898 gelang Bredig die Herstellung von Metallkolloiden mit Hilfe des elektrischen Lichtbogens (»Bredig-Methode«). 1939 emigrierte Bredig in die USA. (FDL)

Bremen, Sitz eines Erzbischofs und Kaufmannssiedlung seit dem 9. Jahrhundert. Seit 1541 reichsunmittelbar, seit 1806 Freie Hansestadt; seit 1866 Mitglied des Norddeutschen Bundes, seit 1871 des Deutschen Reichs, seit 1947 Bremen Land. Bis ins 16. Jahrhundert kontinuierlicher Aufenthalt von Juden in Bremen unwahrscheinlich; nur vereinzelte Vergeleitungen. Seit 1600 striktes Niederlassungsverbot für Juden, das bis 1803 gültig blieb. Zwischen 1803 und 1813 erste Niederlassungsmöglichkeit für Juden in Bremen, wovon etwa 40 Familien Gebrauch machten. Auf diplomatischem Weg erreichte der Bremer Unterhändler Smidt auf dem →Wiener Kongreß die Änderung des Artikels 16 der Bundesakte. Da von dem Bundesstaat Bremen den Juden kein Niederlassungsrecht gewährt worden war, erklärte sich der Bremer Senat am 13. 8. 1814 lediglich dazu bereit, den in der Franzosenzeit aufgenommenen Juden Aufenthalt und Schutz für sechs Jahre zu gewähren. Mit Hilfe repressiver Maßnahmen wie Geldstrafen und Handelsverbot, für die sich der Bürgermeister Smidt einsetzte, gelang in Übereinstimmung von Staat und Bürgerschaft bis 1826 weitgehend die Abschiebung der in Bremen ansässigen Juden. Trotz Beibehaltung dieser Maxime bis 1848 gab es vermutlich auch weiterhin Juden in Bremen. Erst die Verfassung von 1854 machte den Erwerb des Bürgerrechts von der Religion unabhängig, nachdem die Juden 1849 den Christen praktisch gleichgestellt worden waren. In der Folgezeit Bildung einer jüdischen Gemeinde mit Gemeindeversammlung, Gemeinderat, Gemeindevorstand und mehreren Hilfsvereinen und Stiftungen; 1876 Bau der Synagoge; 1896 Einrichtung eines Rabbinats. Antisemitische Strömungen im Bürgertum verhinderten um die Jahrhundertwende die Einbürgerung der zugewanderten rumänischen, polnischen und galizischen Juden. Eigene Gemeinden entstanden in dem zu Bremen gehörenden Wesermünde (mit Bremerhaven) und Aumünd; 1923 wurde ein Antrag auf Gleichstellung mit den christlichen Kirchen als »Körperschaft des öffentlichen Rechts« abgelehnt, die Bremer Gemeinde behielt den Status einer »juristischen Person«. Gegen die immer stärker werdende antisemitische Hetze während der Weimarer Zeit erhielten die jüdischen Vereine in ihrer Gegenpropaganda keine Unterstützung aus dem Bremer Bürgertum. 1928 abendliche Überfälle auf Juden in den Straßen; Verschärfung der antijüdischen Aktionen nach 1933 mit Geschäftsboykotten, Plünderung des jüdischen Gemeindehauses und Entwendung wertvoller Kultgegenstände. Weitere Boykottmaßnahmen in den folgenden Jahren von Interessengruppen des Mittelstands initiiert. In der Pogromnacht (9./10. 11. 1938) wurden auf Befehl des SA-Gruppenführers und Bremer Bürgermeisters Böhmcker die Synagogen verbrannt bzw. verwüstet, die Wertgegenstände gestohlen, Geschäfte und Wohnungen geplündert und verwüstet, 106 jüdische Männer ins KZ Sachsenhausen gebracht, fünf jüdische Bürger ermordet. Im November 1941 Deportation von 570 Bremer Juden nach Minsk, wo sie 1942 ermordet wurden; die in Bremen verbliebenen 140 Juden wurden 1942 nach Theresienstadt und Auschwitz deportiert. Nach 1945 Neubildung einer jüdischen Gemeinde, 1960 Neubau der Synagoge; 1961 Errichtung eines Gemeindezentrums der Israelitischen Gemeinde Bremen, die 1997 aufgrund der jüdischen Zuwanderer aus der GUS wieder rund 700 Mitglieder zählte.

[L] M. Markreich, Die Beziehungen der Juden zur Freien Hansestadt Bremen von 1065–1848, 1928. – H. Schwarzwälder, Geschichte der Freien Hansestadt Bremen, 4 Bände, 1975–85. (AH)

Breslau. Seit Beginn des 13. Jahrhunderts nachweisbar und schon vor 1246 im Besitz eines eigenen Friedhofs, erlitten die Juden schwere Verfolgungen im Pestpogrom vom Mai 1349. Hab und Gut der Ermordeten teilten sich König und Stadt. In der Folgezeit nur noch periodische Aufenthalte steuerkräftiger Juden. Die fanatischen Predigten des Franziskaners Johannes Capestrano führten im Februar 1453 erneut zur Tötung bzw. Vertreibung. 1455 erhielt der Rat von König Ladislaus das »privilegium de non tollerandis Judaeis«. 1635 erlaubte der Kaiser einigen Juden die Niederlassung in den Vorstädten, auch erhielten sie unbeschränkten Zutritt zu den freien Märkten und die Erlaubnis, eigene Synagogen zu errichten. Erneut einschränkende Bestimmungen durch die Judenordnung von 1702. Unter König Friedrich II. Privilegierung der Breslauer Juden in acht Abteilungen; erst 1790 erfolgte aufgrund der Bemühungen des Mendelssohn-Verehrers und schlesischen Provinzialministers Graf Hoym eine tolerante Judenordnung. 1724 Gründung einer →Chewra Kaddischa, 1760 des israelitischen Waisenhauses, 1780 der →Gesellschaft der Brüder, 1791 der Königlichen Wilhelmsschule, 1801 der Industrieschule für israelitische Mädchen. In Breslau publizierten S. →Maimon und der jüdische Barockdichter E. M. →Kuh. 1827/28 Bau der Storchsynagoge im klassizistischen Stil; 1872 Einweihung der Neuen Synagoge im neoromanischen Stil. Die Konflikte zwischen Reformern und Orthodoxen kulminierten in Breslau 1842 in den Auseinandersetzungen zwischen dem Oberrabbiner S. →Tiktin und dem Beisitzer A. →Geiger. Auf der Basis des Gesetzes von 1847 entstand in Breslau eine Satzung, die Vorbild für die Satzungen zahlreicher Gemeinden wurde. Überregionale Bedeutung erhielt Breslau 1854 durch die Gründung des →Jüdisch-Theologischen Seminars. Im ausgehenden 19. Jahrhundert war Breslau nach Berlin und Hamburg die drittgrößte Gemeinde in Deutschland. Um 1925 waren von 573 660 Einwohnern 23 200 Juden (etwa vier Prozent). Es existierten 35 Vereinigungen zur Ausübung sozialer Tätigkeiten, 20 Vereine zur Förderung jüdischer Kultur. Juden waren in führenden Positionen des wirtschaftlichen (Getreide-, Textilhandel) und kulturellen Lebens (Verlag, Presse, Universität, Theater) tätig. Aus Breslau stammten zwei jüdische Nobelpreisträger, die Naturwissenschaftler Fritz Haber und M. →Born. Ausgrenzung und Vernichtung unter dem Nationalsozialismus, in der Pogromnacht 1938 Zerstörung der Neuen Synagoge; seit 1941 Deportationen in die KZs, nur 160 Juden überlebten in Breslau Nach 1945 Bildung der »Vereinigung früherer Juden aus Breslau und Schlesien« in Tel Aviv und New York.

L B. Brilling, Die jüdische Gemeinde Mittelschlesiens, 1972. – B. Brilling, Geschichte der Juden in Breslau von 1454 bis 1702, 1960. – W. Tausk, Breslauer Tagebuch 1933–40, 1988. – J. Walk (Hrsg.), Als Jude in Breslau 1941, 1984. (AH)

Bresslau, Harry, Historiker, 22. 3. 1848 Dannenberg (Provinz Hannover) – 27. 10. 1926 Heidelberg. Zunächst Lehrer am Philanthropin in Frankfurt am Main, habilitierte er sich 1872 in Berlin, seit 1890 Professor in Straßburg, von wo er 1919 von den Franzosen ausgewiesen wurde. Als Spezialist für mittelalterliche Geschichte (Mitherausgeber der »Monumenta Germaniae Historica«) initiierte er 1885 die →Historische Kommission für Geschichte der Juden in Deutschland. Vertrat 1878 im →Berliner Antisemitismus-Streit in seiner Auseinandersetzung mit Treitschke (»Sendschreiben an Herrn Professor Doktor Heinrich von Treitschke«) die These vom »Amalgamierungsprozeß« der Juden mit der deutschen Kultur.

L W. Boehlich (Hrsg.), Der Berliner Antisemitismusstreit, 1965. (AH)

Breviarium Alarici →Lex Romana Visigothorum

Bricha (hebräisch »Flucht«). Die Bricha-Bewegung war eine Rettungsorganisation, die im Spätherbst 1944 von Partisanen aus dem Wilnaer Ghetto gegründet wurde. An der Kibbuzidee und den zionistischen Jugendverbänden orientiert, wollten sie nach Palästina fliehen und sich dort am Aufbau einer neuen jüdischen Gesellschaft beteiligen. Im März 1945 organisierte Aba Kovner in Polen junge Leute aus linkszionistischen Jugendverbänden, die 1941 aus dem besetzten Polen in die Sowjetunion geflohen waren und 1944/45 illegal nach Polen zurückkehrten. Ziel dieser Gruppe war es, zunächst selbst nach Palästina zu gelangen, später weiteten sie ihren Plan auf andere Überlebende aus, die ebenfalls Europa verlassen wollten. Sie fälschten Dokumente, bauten an den Grenzen mit Bricha-Agenten besetzte Kontrollpunkte auf, mit deren Hilfe sie kleine Flüchtlingsgruppen über die Slowakei nach Rumänien schmuggelten. Über Kontakte mit der Jüdischen Brigade in Italien gelang es ihnen, größere Gruppen über Österreich, Ungarn und Rumänien nach Italien zu bringen, von wo sie von der →Jewish Agency nach Palästina geschmuggelt wurden. Mit dem Beginn der Massenflucht aus Osteuropa mußte diese Route aufgegeben werden, weil sie durch britisch besetztes Gebiet (Graz) führte. Der Flüchtlingsstrom wurde in die amerikanische Zone Deutschlands und Österreichs umgeleitet. Ein Koordinierungs-Komitee wurde in Preßburg (Slowakei) gegründet, das bis zum Jahresende 1946 die Flucht von Osteuropa in die Amerikanische Besatzungszone organisierte. Die letzte Etappe, über den Seeweg nach Palästina, übernahm das Büro für illegale Einwanderung (Mossad le Alija Bet) der Jewish Agency. (CK)

Brilling, Bernhard, Rabbiner, Archivar, Historiker, 3.6.1906 Tremessen, Posen – 7.7.1987 Münster, Westfalen, 1924–26 Studium der klassischen Sprachen, der Geschichte und Nationalökonomie in Berlin, 1927–33 in Breslau, Studium am Rabbiner-Seminar Berlin 1924 bis 1926 und Breslau 1927 bis 1932, 1932 Ordination zum Rabbiner, 1927–39 Archivar der jüdischen Gemeinde Breslau, November 1938 Deportation in das KZ Buchenwald, März 1939 Emigration mit seiner Frau Eva nach Palästina (Tel Aviv), ab 1946 Archivar in Tel Aviv, 1957 Rückkehr nach Deutschland, 1958 Promotion (Doktor der Philosophie) in Münster, wissenschaftlicher Mitarbeiter am Institutum Judaicum Delitzschianum an der Westfälischen Wilhelms-Universität Münster, Lehrbeauftragter für Geschichte und Glauben der deutschen Juden, trat 1970 als Akademischer Oberrat in den Ruhestand. 1979 wurde Brilling der Professorentitel verliehen. Brilling verfaßte über 360 Arbeiten zu allen Gebieten jüdischen Lebens, besonders zur Regionalgeschichte Schlesiens und Westfalens, u.a. »Geschichte der Juden in Breslau 1454–1702« (1960), »Die jüdischen Gemeinden Mittelschlesiens. Entstehung und Geschichte« (1972), »Westfalia Judaica I: Urkunden und Regesten zur Geschichte der Juden in Westfalen und Lippe 1005–1350« (mit Helmut Richtering). Brillings wissenschaftlicher Nachlaß ist im Jüdischen Museum Frankfurt am Main erhalten; er bildet eine wichtige Forschungsgrundlage, da zahlreiche Archivalien nicht mehr existieren.
Ⓛ P. Freimark/H. Richtering (Hrsg.), Gedenkschrift für Bernhard Brilling, 1988. (MAH)

Hermann Broch

Brit Schalom (hebräisch »Friedensbund«), im März 1926 von A. →Ruppin, später Vorsitzender, gegründet; Gründungsmitglieder u.a. H. →Bergmann, H. →Kohn und G. →Landauer. Trat für einen binationalen Staat Palästina ein, in dem Juden und Araber, deren historisch-kulturelle Gemeinsamkeiten als semitische Völker betont wurden, die gleichen bürgerlichen und politischen Rechte erhalten sollten. Die Vorstellungen des Brit Schalom sind in einem Memorandum an die Jewish Agency (Januar 1930) und in der ergänzenden Programmschrift »Practical Proposals by the Brit Schalom Society for Cooperation between Jews and Arabs in Palestine« (August 1930) dargelegt sowie in den ersten Ausgaben des Publikationsorgans »Sche'ifotenu«. Unterschiedliche Auffassungen zwischen den Mitgliedern über das Programm und die Strategie verursachten den Rücktritt Ruppins. Zu seinem Nachfolger wurde 1929 Joseph Lurie gewählt. Das Programm und die Aktivität des Brit Schalom führten zu heftigen Auseinandersetzungen mit den zionistischen Organisationen und im →Jischuw. Im April 1933 endete die Aktivität des Brit Schalom, Nachfolgeorganisation wurde der →Ihud.
Ⓛ S. Flapan, Zionism and the Palestinians, London/New York 1979. – S. L. Hattis, The bi-national Idea in Palestine during Mandatory Times, Haifa 1970. (DW)

Brit Trumpeldor →Beitar

Broadway, Straße in →New York City im Stadtteil Manhattan, an der sich viele der besten Theater der USA befinden, Kern des New Yorker Theaterlebens und Wegweiser fürs ganze Land. Starker jüdischer Beitrag zum Broadway; Komponisten, Lyriker und Dramatiker wie Harold Arlen, I. →Berlin, George und Ira Gershwin, Oscar Hammerstein II, Lorenz Hart, Jerome Kern, Richard Rogers, Neil Simon und Stephen Sondheim verfaßten die populärsten Lieder, Musik- und Theaterstücke in Amerika; Bühnenklassiker wie »Annie Get Your Gun«, »Carousel«, »Guys and Dolls«, »Oklahoma«, »Porgy and Bess«, »South Pacific«, »West Side Story« u.a. sind auf diese jüdischen Künstler zurückzuführen. (CL)

Broch, Hermann, Schriftsteller und Sozialwissenschaftler, 1.11.1886 Wien – 30.5.1951 New Haven. Aus einem begüterten assimilierten Elternhaus stammend; 1909 Übertritt zum Katholizismus. Broch übernahm 1908 die väterliche Textilfabrik und leitete sie bis zum Verkauf 1927. 1925–30 Studium der Mathematik, Philosophie und Psychologie in Wien, u.a. bei Schlick und Carnap. 1938 emigrierte Broch nach kurzer

Haft in die USA, wo er vor allem an der Fragment gebliebenen Massenwahntheorie arbeitete. – Seit 1913 veröffentlichte Broch essayistische Arbeiten zur Ästhetik, Geschichtsphilosophie und Werttheorie. Brochs Kritik des Neopositivismus ging in die geschichtsphilosophisch fundierte Romantrilogie »Die Schlafwandler« (1930–32) ein, in der der »Zerfall der Werte« europäischer Kultur dargestellt und formal im Zerfall der Romanform reflektiert wird. In »Der Tod des Vergil« (1945) rechnet der sterbende Dichter mit der ethischen Unzulänglichkeit seines Werks ab. Im ethischen Rigorismus Brochs spiegelt sich der Gesetzesbegriff der Tora; ohne Rekurs auf H. →Cohens Religionsphilosophie, →Achad Haams Begriff kultureller Universalität sowie M. →Bubers chassidische Erzählungen ist das Werk des Autors nicht angemessen zu verstehen.

🄻 P. M. Lützeler, Hermann Broch. Eine Biographie, 1985. (MIM)

Brod, Max, Schriftsteller, 27.5.1884 Prag – 20.12.1968 Tel Aviv. Brods Bemühungen um das 1939 aus Prag gerettete Werk seines Freundes Kafka überschatten sein eigenes umfangreiches literarisches Œuvre. Der anfängliche Pessimismus (»Schloß Nornepygge«, 1908) wich der Erkenntnis, daß der Mensch eine ethische Aufgabe gegenüber der Schöpfung hat. Mit dem Roman »Tycho Brahes Weg zu Gott« (1916) wurde Brod berühmt, die religionsphilosophische Schrift »Heidentum, Christentum, Judentum« (1921) war für viele Zeitgenossen wegweisend. Die berufliche Tätigkeit des promovierten Juristen als Beamter, als Theater- und Musikkritiker des »Prager Tagblatts«, sein aktiver Zionismus, die Förderung junger Talente (Werfel, Hašek, Janáček und viele andere), seine Mittlerrolle für die tschechische Literatur und Musik beeinträchtigten nicht das literarische Schaffen. Für den Roman »Reubeni, Fürst der Juden« (1925) erhielt Brod den Staatspreis der ČSR. 1939 ging Brod nach Israel, wo er Dramaturg der »Habima« wurde. In Israel entstanden neben historischen Romanen (z. B. »Galilei in Gefangenschaft« 1948, Bialik-Preis) und religionsphilosophischen Werken die autobiographischen Bücher »Streitbares Leben« (1960) und »Der Prager Kreis« (1966) und mehrere Kafka-Darstellungen (1948, 1953,1966). (MP)

Brodsky, Joseph Alexandrowitsch, Lyriker und Übersetzer, 24.5.1940 Leningrad – 28.1.1996 New York. Seine Verse erschienen ursprünglich in der illegalen russischen Zeitschrift »Sintaksis«. Als Dissident wurde Brodsky mehrmals verhaftet. Im Februar 1964 stellte man ihn als »Sozial-Parasiten« vor Gericht und schickte ihn zur Zwangsarbeit in den Hohen Norden. Zu seinen bedeutendsten Werken gehören das epische Poem mit biblischem Thema »Isaak und Abraham« und das Poem »Der jüdische Friedhof bei Leningrad«. 1972 wurde Brodsky von der sowjetischen Regierung ausgebürgert und lebt seither in den USA. Lehrtätigkeit an der University of Michigan, New York University, Columbia University. 1987 erhielt Brodsky den Nobel-Preis für Literatur. (AB)

Bronfman, Samuel, Industrieller und Philanthrop, 4.3.1891 Brandon, Manitoba – 10.7.1971 Montreal. 1924 gründete Bronfman eine Whiskeyfabrik in Montreal, 1928 Zusammenschluß mit Joseph E. Seagrams und Söhne; wurde unter seiner Leitung zum größten Spirituosenhändler der Welt. Bronfman gab großzügige Spenden für jüdische und allgemeine Wohlfahrt und war aktiv im jüdischen Leben; 1939–62 Präsident des →Canadian Jewish Congress. Diente als Präsident der nordamerikanischen Abteilung des Jüdischen Weltkongresses und als dessen Vizepräsident.

🄻 P. C. Newman, Bronfman Dynasty: The Rothschilds of the New World, Toronto 1978. (CL)

Bruckner, Ferdinand (seit 1926 Pseudonym für Theodor Tagger), österreichischer Dramatiker, 26.8.1891 Wien – 5.12.1958 Berlin. Leitete seit 1923 das Berliner Renaissance-Theater. Emigration 1933 zunächst nach Paris, dann in die USA; lebte seit 1951 in Paris und Berlin. Der in den 20er und frühen 30er Jahren mit expressionistischen und vor allem realistisch-zeitanalytischen Stücken (»Krankheit der Jugend«, Uraufführung 1926; »Die Verbrecher«, Uraufführung 1928; »Die Kreatur«, 1930) und historischen Dramen (»Elisabeth von England«, Uraufführung 1930) bekanntgewordene Autor schrieb mit »Die Rassen« (Uraufführung 30. 11. 1933 Zürich; 1938 USA; 1948 Berlin) das erste Exildrama, das sich unmittelbar mit der Rassendoktrin der Nationalsozialisten und ihren Folgen auseinandersetzt. Das Drama wurde 1945 (statt »Die Kreatur«) Schlußstück des Zyklus »Jugend zweier Kriege«. Bruckner gehörte unter den Exilautoren zu den konsequentesten Gegnern des Nationalsozialismus; nach seiner Rückkehr aus den USA konnte er jedoch an seine früheren Erfolge nicht mehr anknüpfen. (HH)

Brunnenvergiftungslegende, sporadisch schon in der Antike belegter Verdacht, Epidemien beruhten auf Brunnenvergiftung. Um 1321 wurden in Südfrankreich Leprakranke beschuldigt, muslimische Herrscher hätten sie durch jüdische Mittelsmänner bestochen, durch Brunnenvergiftung die Christen auszurotten. Massaker an Leprösen und Juden waren die Folge. Als mit der Ausbreitung der Pest im Frühjahr 1348 die Beschuldigung der Brunnenvergiftung gegen die Juden aufkam, verband sich damit die in Zusammenhang mit dem →Ritualmordvorwurf entwickelte Weltverschwörungslegende. Obwohl Papst Klemens VI. schon im Sommer 1348 die Juden wiederholt in Schutz nahm und Verfolgungen untersagte, wurde die Brunnenvergiftungslegende im Herbst 1348 durch erpreßte Geständnisse in Savoyen scheinbar bestätigt. Die Prozeßprotokolle gingen an Städte in der Schweiz und im Elsaß, die die Kunde von einer jüdischen Verschwörung zur Ausrottung aller Christen weiterverbreiteten. Trotz zahlreicher Zweifel an der Schuld der Juden löste der Verdacht schwerste Verfolgungen aus. Bald überholte die Verfolgungswelle die Pestwelle und löschte nun auch in Mitteleuropa die meisten Judengemeinden aus. Nach dem weitgehenden Verschwinden der Juden aus West- und Mitteleuropa wurde Brunnenvergiftung wiederholt anderen Randgruppen wie den Bettlern in Frankreich um 1390, den Ketzern (Waldensern) in Arras 1460, am häufigsten aber Hexen vorgeworfen.

Martin Buber

Ⓛ F. Graus, Pest–Geißler–Judenmorde, 1987. (FL)

Brunner, Constantin (Pseudonym für Leo Wertheimer), Philosoph, 28.8.1862 Altona – 27.8.1937 Den Haag. Brunner wuchs im verarmten Elternhaus in der jüdischen Tradition auf. Philosophisch orientierte er sich jedoch am Monismus B. →Spinozas und Goethes und verehrte Jesus Christus als geistigen Höhepunkt des Judentums (»Unser Christus oder das Wesen des Genies«, 1921). Brunners elitäre Geistphilosophie verbindet vor allem in seinem Hauptwerk, »Die Lehre von den Geistigen und vom Volk« (1908) einen schwärmerischen Geniekult und bittere Kulturkritik. Als deutscher Patriot – Brunners Vorbild war Friedrich der Große – hat er den Zionismus heftig bekämpft und in mehreren Büchern den Antisemitismus analysiert (»Der Judenhaß und die Juden«, 1919). Seine charismatische Ausstrahlung wirkte auf Gruppen der jüdischen Jugendbewegung, die sich nach der Emigration vor allem in Israel und Kanada in esoterischen Brunner-Zirkeln erhalten haben, aber auch auf Persönlichkeiten wie W. →Rathenau und G. →Landauer. 1933 emigrierte Brunner nach Holland, wo er 1937 starb.

Ⓛ E. Rottner, Aus Spinozas Heimat und Constantin Brunners letzte Zufluchtsstätte, 1972. – E. Rottner, Das Ethische Seminar in Czernowitz. Die Wiege des Internationalen Constantin-Brunner-Kreises, 1973. (DK)

Brunschvicg, Léon, französischer Philosoph, 10.11.1869 Paris – 18.1.1944 Aix-les-Bains. Seit 1909 Professor an der Sorbonne, wo er gegen H. →Bergson eine an der Mathematik orientierte rationalistische Philosophie vertrat. Brunschvicg war von der Vision des geistigen Fortschritts der Menschheit zu einer philosophischen Vernunftreligion durchdrungen. Er sah in B. →Spinoza (»Spinoza et ses Contemporains«, 1923) den Repräsentanten eines neuen Bundes, der das AT und das NT ablösen sollte. Brunschvicg, dessen prägende politische Erfahrung die →Dreyfus-Affäre war, hat sich allerdings vom Judentum nicht abgewandt und in der Zwischenkriegszeit im Zentralkomitee der →Alliance Israélite Universelle gewirkt. Unter der Vichy-Regierung wurde er von allen öffentlichen Tätigkeiten ausgeschlossen.

Ⓛ E. Lévinas, L'Agenda de Léon Brunschvicg, in: Difficile Liberté. Essais sur le Judaïsme, Paris 1963. (DK)

Buber, Martin, Philosoph und Pädagoge, 8.8.1878 Wien – 13.6.1965 Jerusalem. Buber war Enkel des bedeutenden Midrasch-Forschers und Großkaufmanns Salomon Buber aus Lemberg, wo er aufwuchs. Von 1896 bis 1904 studierte Buber u.a. bei G. →Simmel. Seit 1898 war er in der zionistischen Bewegung tätig und vertrat gegen T. →Herzl und im Anschluß gegen →Achad Haam den kulturzionistischen Standpunkt, der vor der politischen die geistige Erneuerung des Judentums fordert. Durch seine »Drei Reden über das Judentum« (gehalten in Prag 1909–11) übte Buber in diesem Sinn einen nachhaltigen Einfluß auf die zionistische Jugendbewegung in Deutschland aus. Als eine wichtige Quelle der Erneuerung sah Buber das im Westen verachtete Ostjudentum an. Seine Nacherzählungen der chassidischen Überlieferungen (1906 ff.) haben zur Entdeckung der ostjüdischen Spiritualität im Westen entscheidend beigetragen. Sonst trat Buber politisch wie sein Freund G. →Landauer für einen religiös orientierten Anarchismus ein und forderte die jüdischen Siedler in Palästina frühzeitig zur Verständigung mit den Arabern auf. 1902 Mitbegründer des →Jüdischen Verlags; 1906–22 Verlagslektor bei Rütten & Loening in Frankfurt. 1916 begründete er die Monatsschrift »Der Jude« (bis 1924 Herausgeber). 1930–33 Professor für vergleichende Religionswissenschaft in Frankfurt am Main, 1938–51 für Sozialphilosophie an der Hebräischen Universität Jerusalem. Die religionsphilosophische Grundlegung seiner politischen und literarischen Arbeit veröffentlichte Buber 1923 in seinem Hauptwerk »Ich und Du«. Hier unterscheidet er prinzipiell die konkrete dialogische Beziehung und Sprache im zwischenmenschlichen Verhältnis und im Verhältnis zur Natur und zu Gott von einem verdinglichenden Zugriff auf die Wirklichkeit. Echte »Religiosität« findet Buber im Gegensatz zu einer in Gesetzen und Glaubenssätzen erstarrten »Religion« nur in der dialogischen Begegnung, wie sie u. a. die Bibel und die chassidischen Geschichten bezeugen. Die mit F. →Rosenzweig unternommene »Verdeutschung« der Schrift (1926 ff.) sollte besonders ihren dialogischen Anspruch wieder hörbar machen. Das dialogische Prinzip beherrschte auch Bubers Konzeption der Erwachsenenbildung, die er zunächst mit Rosenzweig am Jüdischen Lehrhaus in Frankfurt, nach 1933 als Leiter der Mittelstelle für Erwachsenenbildung in ganz Deutschland und schließlich nach seiner Emigration (1938) in Palästina umgesetzt hat. Seine Ablehnung des normativen Judentums hat die Rezeption Bubers im Judentum beeinträchtigt, während er Nichtjuden besonders in Deutschland als einer der wichtigsten geistigen Repräsentanten des Judentums galt und auch in der Gegenwart noch gilt. (Auch →Ihud).

Ⓛ H. Kohn, Martin Buber, 1979. – B. Casper, Das dialogische Denken, 1967. (DK)

Bubis, Ignatz, Unternehmer, 12. 1. 1927 Breslau. Als Überlebender des Holocaust kehrte Bubis nach Kriegsende nach Deutschland zurück (der Vater, ein Bruder und eine Schwester hatten das Leben verloren). Er betätigte sich zunächst im Schmuck- und Edelmetallgroßhandel, danach im Immobilienbereich. Seit 1983 ist er Vorsitzender der Jüdischen Gemeinde in Frankfurt/M., seit 1992 als Nachfolger H. →Galinskis Vorsitzender des Zentralrats der Juden in Deutschland. Bubis, ein Mann des Ausgleichs und klarer Worte, sucht das Gespräch auch mit Andersdenkenden und hofft auf die Solidarität der Demokraten gegen Antisemitismus und Fremdenfeindlichkeit. Veröffentlichung: »Ich bin deutscher Staatsbürger jüdischen Glaubens. Ein autobiographisches Gespräch mit Edith Kohn« (1993). (RED)

Buchenwald, →Konzentrationslager nahe Weimar. Neben →Dachau und →Sachsenhausen eines der Stammlager der SS. Erst im Jahr 1937 eingerichtet, ging der Aufbau rasch voran. Allein nach der →Reichspogromnacht wurden fast 10 000 Juden in Buchenwald inhaftiert. In den acht Jahren von 1937–45 waren insgesamt 239 000 Menschen in Buchenwald inhaftiert. Über 56 000 von ihnen überlebten die unmenschlichen Haftbedingungen nicht. Einige Häftlinge kamen 1944 bei einem alliierten Bombenangriff auf das Lager ums Leben. Befreit wurde Buchenwald von amerikanischen Truppen Anfang April 1945. In den Anfangsjahren der SBZ/DDR diente Buchenwald den sowjetischen Machthabern und ihren Vasallen als Internierungslager. Viele, die gegen die Nationalsozialisten gekämpft und in den KZs die Kriegsjahre überlebt hatten, waren nur befreit worden, um wegen ihrer politischen Meinung erneut eingesperrt zu werden. Etwa 13 000 von ihnen haben diese zweite Haft nicht überlebt. Über dem Eingangstor des Lagers, das heute eine →Gedenkstätte ist, sind noch immer die zynischen Worte »Jedem das Seine« zu lesen.

Ⓛ K. W. Fricke, Politik und Justiz in der DDR, 1979. – E. Kogon, Der SS-Staat, 1946. (LM)

Bücherverbrennung. Am 10. 5. 1933 verbrannten Studenten in SA-Uniform in allen großen deutschen Universitäten und Kulturzentren die Bücher von Autoren, die als »undeutsch« galten, auf riesigen Scheiterhaufen. Die Liste der Autoren, deren Schriften in gespenstischen mitternächtlichen Szenen in Berlin, Danzig, Breslau,

Leipzig, Köln, Frankfurt oder München Opfer der Flammen wurden, reichte von Voltaire über Lessing, Heine, Marx, Gorkij, Freud bis Heinrich Mann und Döblin. Überwiegend waren es die Bücher deutsch-jüdischer Schriftsteller, Wissenschaftler und Politiker, die man in Möbelwagen herangekarrt hatte, um sie unter »Feuersprüchen« zu vernichten. Bewußt wurde das schaurige Ritual nach dem Vorbild der Ketzerverbrennungen in Szene gesetzt. Bücherverbrennungen als antijüdische Aktion haben eine lange Tradition. Schon die Disputationen (Religionsgespräche) des Mittelalters führten zur Verurteilung und Verbrennung des Talmuds und anderer hebräischer Schriften (→Talmudverbrennung). »Unser gefährlichster Widersacher ist der Jude, und der, der ihm hörig ist« stand auf einem Plakat der »Deutschen Studentenschaft«, mit dem die Aktion »Wider den undeutschen Geist« im Mai 1933 vorbereitet wurde. Und Goebbels, der die Bücherverbrennung auf dem Berliner Opernplatz einleitete, erklärte in seiner Ansprache vor den fanatischen Studenten: »Das Zeitalter eines überspitzten jüdischen Intellektualismus ist nun zu Ende [...] Ihr tut gut daran, um diese mitternächtliche Stunde den Ungeist der Vergangenheit den Flammen anzuvertrauen. Das ist eine starke, große und symbolische Handlung [...] Hier sinkt die geistige Grundlage der November-Republik zu Boden.« Doch es ging um mehr als eine theatralische Zerstörung der deutsch-jüdischen Literaturkultur. Der Bücherverbrennung sollten bald die millionenfache Vertreibung und Vernichtung jüdischer Menschen folgen. (WJ)

Buchholz, Carl August, Rechtsanwalt, 1785 Lübeck – 15. 11. 1843 Lübeck. Der »Anwalt der Juden Deutschlands« (Salomon Carlebach) richtete im Februar 1814 nach der Aufhebung aller Verordnungen aus der französischen Besatzungszeit eine Eingabe an den Rat der Stadt Lübeck, in der er die Bewilligung der Bürgerrechte und die Aufnahme in die bürgerlichen Kollegien für die Juden forderte. Auf dem Wiener Kongreß 1815 trat Buchholz als bevollmächtigter Vertreter der Judenschaften der Hansestädte Bremen, Hamburg und Lübeck für die Rechte der Juden ein. 1820 verfaßte er eine Denkschrift an die Bundesversammlung in Frankfurt gegen die am 8. 6. 1815 festgeschriebene Entrechtung der Juden; auf Betreiben des Bremer Bürgermeisters Johann Smidt wurde die Beschwerde jedoch abgelehnt. Werke: »Über die Aufnahme der jüdischen Glaubensgenossen zum Bürgerrecht« (1814), »Aktenstücke, die Verbesserung des bürgerlichen Zustandes der Israeliten betreffend« (1815).

Ⓛ S. Carlebach, Geschichte der Juden in Lübeck und Moisling, 1898. – D. A. Winter, Geschichte der jüdischen Gemeinde in Moisling/Lübeck, 1986. (JÖD)

Buchkunst. Der frühe hebräische Buchdruck (→Buch- und Druckwesen) des späten 15. Jahrhunderts besitzt im Gegensatz zur zeitgenössischen Buchmalerei noch keine Bildszenen, sondern nur ein neutral dekoriertes Rahmenwerk. Auch die Titelbilder entwickeln sich erst im 16 Jahrhundert. Recht beliebt sind Torkompositionen mit zwei Säulen und Rundbogen. Seit dem 17. Jahrhundert werden die Titelblätter von aschkenasischen Aggadot (→Aggada) häufig von den stehenden Gestalten Mose und Aaron oder den Königen David und Salomo bestimmt. Den Text illustrierende Szenen, zunächst als Holzschnitte, dann als Kupferstiche, treten im 16. Jahrhundert auf und sind im 17. und 18. Jahrhundert besonders reich, vor allem in den Aggadot. Geographische Schwerpunkte sind Holland, Deutschland, Italien und Osteuropa. Neben den Drucken ist im 18. Jahrhundert im deutschsprachigen Raum eine Renaissance der Buchmalerei in den Aggadot zu beobachten. Auch die handgeschriebenen Esterrollen, Kalenderblätter und Ketubbot (Heiratsverträge, →Ketubba) sind reich dekoriert, besonders die Ketubbot aus den islamischen Ländern. Im frühen 20. Jahrhundert erlebt die Buchkunst durch M. E. →Lilien eine neue Blüte (vgl. →Malerei und Graphik 19./20. Jahrhundert). (HK)

Buchmalerei. In hebräischen Manuskripten in orientalischen Ländern schon seit dem 9. Jahrhundert entstanden, jedoch nur als floraler oder geometrischer Schmuck. Bildszenen existieren ausschließlich in den europäischen Büchern des 13.–15. Jahrhunderts in Spanien/Portugal, Frankreich, Belgien, Deutschland und Italien. Am Ende des 15. Jahrhunderts wird die Buchmalerei durch den Buchdruck abgelöst. Die sephardische Tradition vermeidet Bildszenen in Bibeln, in denen Tempelgeräte, besonders die →Menora, als Hoffnungssymbol (messianische Zeit) dargestellt werden, während die aschkenasische Tradition über reiche Illustrationen verfügt. Auch in der Illustration der →Aggada unterscheidet sich die sephardische Tradition von der aschkenasischen: In den sephardischen Aggadot gibt es ganze Bildzyklen biblischen Inhalts, in den aschkenasischen sind die Bilder in den

Text eingefügt. Neben den Bildern in Bibeln und Aggadot existiert eine reiche Buchmalerei in Gebetbüchern, religiösen Kommentaren, in Talmudhandschriften und wissenschaftlichen Werken zu Medizin und Astronomie. Der Stil der Ranken, Tierdarstellungen (oft als Symbole) und Miniaturen entspricht dem der zeitgenössischen christlichen Buchmalerei. Verschieden sind nur die Initiale: Wortinitiale in der hebräischen, Buchstabeninitiale in der christlichen Buchmalerei. Die italienischen Bücher des 15. Jahrhunderts weisen schon Renaissance-Einfluß auf. Die Maler, sofern durch ein Kolophon bekannt, waren vorwiegend jüdisch, einige christlich.

[L] J. Gutmann, Buchmalerei in hebräischen Handschriften, 1978. – M. Metzger, La Haggada enluminée, 1973. – B. Narkiss, Hebrew Illuminated Manuscripts, 1969.

(HK)

Buch- und Druckwesen. Das hebräische Buch ist fast 3000 Jahre alt. In biblischer und rabbinischer Zeit schrieb man Texte für den liturgischen Gebrauch auf das Leder zum Verzehr erlaubter Tiere (→koscher), später auch auf Pergament; Papyrus war der einfache Schreibstoff (Papyrus wurde auch in der Judäischen Wüste gefunden; die Funde enthalten aber keine biblischen Texte). Geschrieben wurde mit Tinte. Wachstafeln, Ostraka (Tonscherben) u. a. Stoffe wie Kupfer (Kupferrolle aus →Qumran) wurden nur zu profanen Zwekken benutzt. Im Altertum hatten alle Bücher die Form der Schriftrolle, spätestens in den letzten Jahrhunderten v. Z. Etwa im 5. Jahrhundert n. Z. übernahmen auch die Juden den Kodex (das gefaltete Buch), behielten aber die Rollenform für die Tora und die →Megillot bei. Im 9. Jahrhundert n. Z. wird auch Papier als Schreibstoff bekannt (z. B. Kairoer →Genisa). Die nun bis zur Erfindung des Buchdrucks vorherrschenden Handschriften sind in Quadratschrift, sog. Raschi-Schrift oder Kursivschrift geschrieben, meist in Kolumnen eingeteilt und oft mit einem (z. T. versteckten) Hinweis auf den Schreiber versehen. Beim Kopieren der Bücher konnten sich versehentliche oder absichtliche Textänderungen einschleichen. 35 Jahre nach Erfindung des Buchdrucks wurden die ersten hebräischen Bücher gedruckt (1475 →Salomo ben Isaaks (Raschis) Torakommentar und →Jakob ben Aschers »Arba Turim«). Mit dem Druck wurde auch die →Hebräische Bibel in Kapitel eingeteilt. Der Buchdruck übte einen großen Einfluß auf das Studium, die Synagoge und auf das gesamte jüdische Leben aus; nun wurden grundlegende Schriften in einigermaßen einheitlicher Form verbreitet. Erste Druckzentren (vor 1500) befanden sich in Italien (Reggio di Calabria, Piave di Sacco und Mantua), Konstantinopel und Saloniki. Ende des 15. Jahrhunderts profilierte sich die Familie Soncino, Anfang des 16. Jahrhunderts Daniel Bomberg (Venedig). Nach dem Verbot des Talmud-Druckens in Italien 1550 wurde dieser in Krakau, Lublin und Basel gedruckt; zugleich entstanden in Italien zahlreiche kleinere Druckereien, die andere hebräische Bücher herstellten. Ende des 16. Jahrhunderts Drucke in Prag, im 17./18. Jahrhundert in Amsterdam. Der sephardische Rabbiner Menasse ben Israel eröffnete 1626 die erste jüdische Druckerei in Amsterdam. Viele andere jüdische Drukker, wie u. a. Jozef Athias und Salomon Proops folgten seinem Beispiel. In der zweiten Hälfte des 17. Jahrhunderts versorgten die Druckereien von Amsterdam den internationalen Markt mit hebräischen Druckerzeugnissen. Wichtige Druckorte in Deutschland waren u. a. Altona, Berlin, Dessau, Frankfurt am Main, Frankfurt an der Oder und Fürth. Seit Ende des 18. Jahrhunderts große Drucktätigkeit in Rußland und Polen. In Palästina 1577 erste hebräische Druckpresse in Safed, seit 1841 durch Israel Bak in Jerusalem. (LD/TK)

Budapest, Hauptstadt von Ungarn. Nach der Vereinigung der Städte Buda, Pest (Ofen) und Obuda (Alt-Ofen) 1872 entstand Budapest als administrative Einheit.

Buda: Niederlassung der Juden in Buda im 11. Jahrhundert, Dokumente über die Gemeinde in Buda aus dem 12. Jahrhundert, Judengasse, Synagoge im 14. Jahrhundert. In den nächsten Jahrhunderten kontinuierliche Anwesenheit der Juden in Buda. Antijüdische Ausschreitungen im 14., dann im 15.-16. Jahrhundert. Unter osmanischer Herrschaft Deportation der Juden in die Türkei. 1580 lebten in Budapest 88 jüdische Familien in 64 Häusern. Nach der Eroberung der Stadt durch die kaiserlichen Truppen (1686) blutige Pogrome. 1746 unter starkem Druck der städtischen Behörden Vertreibung der Juden aus Buda. Am Ende des 18. Jahrhunderts unter Kaiser Joseph II. Neugründung der Gemeinde. 1850 hatte die Stadt 4976 jüdische Bürger.

Obuda: Erste Dokumente über die Niederlassung in Obuda aus dem 14. Jahrhundert. Erste Gemeinde im 15. Jahrhundert. 1712 lebten in der Stadt 24 jüdische Familien (88 Personen), 1787 320 Familien. 1820 Bau der großen Synagoge.

Pest: Niederlassung der Juden in Pest nachgewiesen seit dem 15. Jahrhundert; 1504 jüdischer Friedhof; nach der Vertreibung der Türken wegen starker Diskriminierung hundert Jahre lang keine Juden in Pest. Erste jüdische Ansiedler unter Joseph II. 1787 gab es 14 jüdische Familien in Pest. Ständige Konflikte um die Ansiedlungsrechte. 1833 lebten 1346 jüdische Familien in der Stadt. Starke Reformbewegung innerhalb der Gemeinde; Gründung des »Reformvereins Pester Israeliten«. In den ersten Tagen der Revolution 1848 antijüdische Ausschreitungen. Die Pester Juden unterstützten die Revolution, deshalb nach 1849 von Kaiser Franz Joseph zu hoher Geldbuße verurteilt. 1854 Bau der großen Synagoge in der Dohány-Straße.
Budapest: In der Zeit der Doppelmonarchie schnelles Wachstum der jüdischen Bevölkerung; das Judentum bald zweitgrößte konfessionelle Gruppe. Ihre Mitglieder hauptsächlich in der prosperierenden Industrie, im Handel und in den intellektuellen Berufen tätig. Seit 1870 neben der orthodoxen auch eine Reformgemeinde. Budapest wurde zu einem Zentrum der religiösen und urban-säkularen jüdischen Kultur Ungarns und Osteuropas: Gründung des →Budapester Landesrabbinerseminars, bedeutender sozialer Einrichtungen (Krankenhäuser, Waisenhaus u. a.), von Lehranstalten sowie zahlreicher jüdischer Vereine. 1900 lebten in Budapest etwa 120 000 meist assimilierte Juden (23 Prozent der Bevölkerung), 1920 etwa 215 000, 1941 noch 184 000. Der politische Antisemitismus und die antisemitische Gesetzgebung (Numerus clausus 1921, »Judengesetze« 1938 bis 1941) trafen die Budapester Juden schwer. Die physische Verfolgung begann 1944 nach dem deutschen Einmarsch. Obwohl die zu der Zeit etwa 140 000 Juden von einer Deportation in die Vernichtungslager weitgehend verschont blieben, erlitten sie nach der Machtergreifung der ungarischen Faschisten (Pfeilkreuzler) am 15. Oktober 1944 schwere Verluste; Zehntausende fielen seit November 1944 den Todesmärschen und Deportationen zum Opfer. Nach dem Krieg lebten zunächst etwa 75 Prozent, seit Beginn der 90er Jahre etwa 90 Prozent der 60 000 bis 70 000 ungarischen Juden in Budapest. Dort befinden sich heute die wichtigsten jüdischen Einrichtungen Ungarns, mehrere Synagogen, das Rabbinerseminar, Schulen, ein Krankenhaus, ein Altersheim und der Kulturverein. (AK)

Budapester Landesrabbinerseminar, am 4. 10. 1877 eröffnet. In den folgenden Jahrzehnten bis in die 20er Jahre bedeutendes Zentrum jüdischer Gelehrsamkeit in Europa. Lehrer u. a. M. →Bloch, Lajos Blau, M. →Guttmann, D. →Kaufmann, I. →Goldziher, S. →Scheiber. Von 1877 bis 1927 wurden 135 Rabbiner ausgebildet. In den 20er Jahren hatte das Seminar jährlich etwa 20 Absolventen. Nach dem Zweiten Weltkrieg nahm das Seminar als einzige derartige Lehranstalt in Osteuropa seine Tätigkeit wieder auf und bildete von 1948 bis 1983 40 Rabbiner aus. (AK)

Budko, Joseph, Maler, 27. 8. 1888 Płońsk Polen – 17. 7. 1940 Jerusalem. Zentrale Themen in seinen Bildern war die Überlieferungskraft und Vielfalt, die tragische Größe und Problematik des jüdischen Schicksals sowie die Gottessehnsucht. Budko siedelte, wie Hermann Struck, dessen Schüler er war, nach Palästina über. Seit 1934 Leiter der Kunstschule Bezalel in Jerusalem. In seinen Gemälden und graphischen Arbeiten spielten Szenen aus dem ostjüdischen →Schtetl eine große Rolle; darüber hinaus umschrieb er illustrativ Szenen aus der Bibel und jüngere religiöse Dichtungen. In seinen letzten Jahren wandte sich Budko thematisch immer mehr dem jüdischen Alltag zu. In seinen Holzschnitten wechselten Motive wie schwermütige Klage, Trauer, Religiosität, Vision und Legende mit neuen, hoffnungsvollen Inhalten im Spätwerk. Hauptwerke: »Radierfolgen Hagada« (1917), »Das Jahr der Juden« (1919). Einzelgraphiken u. a.: »Der zürnende Moses«, »Der Traum Jakobs«, »Der klagende Jeremias«. (LH)

Budzislawski, Hermann, Publizist, 11. 2. 1901 Berlin – 28. 4. 1978 Leipzig. Jurastudium mit Abschluß als Dr. rer. pol. In der Weimarer Republik politisches Engagement als Sozialist. 1933 Emigration in die Schweiz, 1934 in die ČSR. Von 1934 bis 1939 Herausgeber der »Neuen Weltbühne« (→Exilpresse) zuerst in Prag, ab Juni 1938 in Paris. 1940 Internierung in verschiedenen französischen Lagern. Flucht über Spanien und Portugal in die USA. Berater und Mitarbeiter der amerikanischen Publizistin Dorothy Thompson. Umfangreiche Korrespondenz mit prominenten Exil-Autoren (vor allem mit H. →Mann). 1948 Rückkehr nach Deutschland und Mitarbeit in Kulturbehörden der DDR. Zuletzt tätig als Professor für Zeitungswissenschaft in Leipzig. (WJ)

Bühler, Charlotte, Psychologin, 20. 12. 1893 Berlin – 3. 2. 1974 Stuttgart, entstammt zwar einer jüdischen Familie, wurde aber protestantisch getauft und erzogen. Arbeiten zur Denk- und Willenspsychologie, zur Psychologie des menschlichen Lebenslaufs und Untersuchungen zur Entwicklungspsychologie des Kindes und des Jugendlichen. 1938 Emigration nach Norwegen und 1940 in die USA; 1971 kehrte Bühler nach Deutschland zurück. (CH)

Bukowina, Gebiet in Nordrumänien, gelegen zwischen Ostkarpaten und oberem Dnjestr; gehörte ursprünglich zum rumänischen Fürstentum Moldau, ging 1775 in österreichischen Besitz über. Nach dem Ersten Weltkrieg wieder an Rumänien; 1940 Annexion des nördlichen Teils mit der Hauptstadt →Tschernowitz durch die Sowjetunion. Die jüdische Bevölkerung, seit dem 14. Jahrhundert hier seßhaft, umfaßte im Jahr 1914 etwa 120000 Menschen. In Tschernowitz lebten 1940 ungefähr 50000 Juden, etwa die Hälfte der Stadtbevölkerung. Vor dem Ersten Weltkrieg waren 10 der 63 Landtagsvertreter und 20 der 50 Gemeinderatsmitglieder der Stadt Tschernowitz Juden. In Tschernowitz wurden zweimal jüdische Bürgermeister gewählt, in anderen Städten öfter.
Nach Rückgabe der Bukowina von Österreich-Ungarn an Rumänien beteiligten sich die Juden weiterhin aktiv am politischen und sozialen Leben, obwohl antisemitische Strömungen zunahmen. Berühmte chassidische Zentren waren der Rabbinerhof in Sadagura (seit 1842) und der in Bojan (seit 1886). 1908 fand in Tschernowitz eine denkwürdige jiddische Sprachkonferenz statt – unter Beteiligung von Persönlichkeiten aus der Literatur wie Schalom Asch und I. L. →Perez –, die der jiddischen Literatur neue Impulse gab. Aus der Bukowina stammen bedeutende jüdische Schriftssteller deutscher Sprache, wie P. →Celan, R. →Ausländer, A. →Margul-Sperber und andere mehr, berühmte Dichter jiddischer Sprache, wie E. →Steinbarg, I. →Manger, J. Sternbarg, der »Troubadour« Welwel Zbaraczer-Ehrenkranz, der Sänger Josef Schmidt, der Theaterregisseur Mauriciu Sekler. Hier waren zeitweise künstlerisch tätig der Schriftsteller K. E. →Franzos und die jiddische Schauspielerin Sidy Tal. Die Einverleibung der Nordbukowina (einschließlich Tschernowitz) in die Ukrainische Sowjetrepublik beendete zum größten Teil dieses vielseitige geistige Leben. 1941 wurden 3800 Juden aus der Bukowina nach Sibirien deportiert. Kurz nach Kriegsausbruch kam es durch deutsche und rumänische Truppen zu Massenmassakern und Deportationen, denen mindestens die Hälfte der Bukowina-Juden zum Opfer fiel. In der Nordbukowina, die 1944 erneut der Sowjetunion einverleibt worden war, wurde die jüdische Bevölkerung zahlenmäßig weiter stark reduziert; Tschernowitz bildete immer noch das Zentrum mit ungefähr 15000–20000 Juden, von denen nach dem Zerfall der Sowjetunion viele emigrierten. Auch in einigen Städten der rumänischen Südbukowina gibt es noch kleine jüdische Gemeinden. (AB)

Charlotte Bühler, 1935

Bulgarien. Juden waren seit römischen Zeiten ansässig; im 8./9. Jahrhundert gründeten Flüchtlinge vor byzantinischer Verfolgung eine griechischsprachige jüdische Gemeinde (Romaniots); 1335 Heirat Zar Iwan Alexanders mit der Jüdin Sara (später Theodora). Während der Kreuzzüge jüdische Einwanderer aus Mitteleuropa und nach der Vertreibung 1376 auch aus Ungarn. 1393 wurde Bulgarien Teil des →Osmanischen Reichs; Flüchtlinge vor der spanischen Inquisition ließen sich in Sofia, Nicopolis und Pleven nieder. 1640 vereinigten sich verschiedene kleinere Gemeinden zu einer großen, Romaniots und Aschkenasim nahmen →Ladino als Sprache an. Nach der Unabhängigkeit Bulgariens wurde die Gleichberechtigung der Juden durch den Berliner Kongreß (1878) festgelegt, die Gemeinde konnte sich trotz Antisemitismus entwickeln. 1880 Gründung verschiedener zionistischer Gruppen, 1894 Landkauf in Palästina (Har Tuv) und erste Ansiedlung. Zunehmender Antisemitismus in den 30er Jahren des 20. Jahrhunderts. 1940 Bündnis mit Deutschland. Nach dem Vorbild der Nürnberger Gesetze (→Rassegesetze) wurde das antijüdische »Gesetz zum Schutz der Nation« verabschiedet. Parlamentarische und außerparlamentarische Opposition, auch die orthodoxe Kirche verhinderten die Deportation der bulgarischen Juden (1943). Dagegen wurden 12 000 Juden aus den von Bulgarien besetzten Gebieten Thrakiens und Makedoniens in die KZs in Polen deportiert. 1944 Aufhebung der antijüdischen Gesetze. Bis 1951 wanderten 44 000 Juden nach Israel aus. Die verbliebenen 5000 (1997: 3000) sephardischen und meist assimilierten Juden leben vorwiegend in Sofia. Die dortige Synagoge ist eine der größten sephardischen in der Welt. Nach dem Zusammenbruch des kommunistischen Regimes wanderte der größte Teil aus (1990 bis 1995 allein 2700 nach Israel). (PB)

Bund, 1. →Berit
2. Abkürzung für »Allgemeyner Yidischer Arbeter Bund in Lite, Polyn un Rusland«. Erste jüdische sozialistische Partei, gegründet 1897 in Wilna. Ab 1898 gehörte sie als autonome Fraktion zur Russischen Sozialdemokratischen Arbeiterpartei. 1921 trat der russische Flügel des Bunds der Russischen Kommunistischen Partei bei, während der polnische Flügel bis 1948 eine eigene Rolle im politischen Geschehen Polens behielt. Der Bund kämpfte für die nationale und soziale Gleichheit der jüdischen Bevölkerung, für die Anerkennung des Jiddischen als Nationalsprache, für die Förderung der Kultur und des Unterrichts in dieser Sprache; er wandte sich zugleich gegen den Zionismus und die territoriale Lösung der jüdischen Frage (→Arbeiterbewegung). (AB)

Bundeslade →Aron ha-Berit

Bundesrepublik Deutschland →Deutschland

Bundesverband Jüdischer Studenten in Deutschland, 1968 gegründet als »Vereinigung aller jüdischen Studenten in der Bundesrepublik Deutschland und Westberlin zu gemeinsamer wissenschaftlicher, politischer und kultureller Arbeit«. Regionale Gruppen, praktisch ausschließlich in Universitätsstädten, bildeten sich schon in den Nachkriegsjahren; so sorgte z. B. die »Vereinigung Jüdischer Studenten in München« 1947/48 für Lebensmittelmarken und Studienberatung. Bei der Regionalgründung der »Vereinigung Jüdischer Studenten in Bayern« 1957 wurden als Ziele genannt u. a. »Aufklärung über Israel, Sozialarbeit, kulturelle und gesellschaftliche Veranstaltungen«. Ganz anders definierte sich 1968 in der allgemeinen Aufbruchstimmung und angesichts des Nahostkonflikts der Bundesverband Jüdischer Studenten in Deutschland. Seine Ziele u. a.: Bekämpfung jeder Art kollektiven Vorurteils, jeder Form rassistischer, religiöser und politischer Diskriminierung, Förderung demokratischer Überzeugungen in Deutschland und Information über jüdische und israelische Probleme. Der Bundesverband organisierte Demonstrationen im Verlauf von NS-Prozessen. In der Frage des israelisch-arabischen Dialogs geriet der Bundesverband Anfang der 70er Jahre in Gegensatz zum Zentralrat. Aktuelle Veranstaltungen: Seminare über »Rechtsradikalismus in Europa«, »Geistige Strömungen im heutigen Judentum« u. a. Publikationen u a.: »Schalom«, »Danach«, »Cheschbon«, »Najes«. (EP)

Bund gesetzestreuer jüdischer Gemeinden Deutschlands, 1919 in Halberstadt gegründet, war eine der größten Organisationen der jüdischen Orthodoxie in Deutschland. Der Bund gesetzestreuer jüdischer Gemeinden Deutschlands setzte sich zum Ziel, die Interessen der gesetzestreuen jüdischen Gemeinden nach außen zu vertreten und einzelne Gemeinden finanziell zu unterstützen. Innerhalb eines Jahres waren dem Bund gesetzestreuer jüdischer Gemeinden Deutschlands mehr als 200 Gemeinden beigetreten, unter ihnen größere Gemeinden wie Altona, Fulda und Halberstadt sowie der größte Teil der bayerischen und hessischen Kleingemeinden. Nach dem Scheitern der Verhandlungen über den Zusammenschluß des Bundes gesetzestreuer jüdischer Gemeinden Deutschlands mit dem →Deutsch-Israelitischen Gemeindebund wurde 1922 der »Preußische Landesverband gesetzestreuer Synagogengemeinden« gegründet. Durch das Gesetz vom 28. 3. 1938 über die »Rechtsverhältnisse der jüdischen Kultusgemeinde« verloren die jüdischen Synagogengemeinden und ihre Verbände die Stellung als Körperschaft des öffentlichen Rechts. Die unabhängige Orthodoxie trat der →Reichsvertretung der deutschen Juden bei.
🄻 H. B. Auerbach, Die Geschichte des Bundes gesetzestreuer jüdischer Gemeinden Deutschlands 1919–1938, Tel-Aviv, 1972. (JÖD)

Bund Jüdischer Akademiker (B. J. A.), gegründet 1906 als Zusammenschluß der seit 1903 entstandenen Vereinigungen Jüdischer Akademiker (V. J. A.) in Berlin, München und Straßburg. Der Bund Jüdischer Akademiker erstrebte gemäß seinem Wahlspruch »Thorah im derez erez« die Erziehung seiner Mitglieder zu modernen Wissenschaftlern auf der Grundlage des orthodoxen Judentums; zur Erreichung dieses Ziels wurden u. a. Arbeitstagungen veranstaltet, die über den Bund Jüdischer Akademiker hinaus Beachtung fanden. In jüdisch-politischen Fragen wahrte der Bund Jüdischer Akademiker Neutralität; das deutsche studentische Brauchtum wurde weitgehend abgelehnt. 1929 bestanden Vereinigungen an 12 Hochschulen, davon je eine in Wien und Zürich. Einigen Vereinigungen waren zeitweise »Beruria« genannte Studentinnengruppen angegliedert. Verbandsorgan waren die »Mitteilungen« (1910–16), später »Unser Weg. Jüdisch-akademische Blätter« (1919–1921), neue Folge (1928–31). Der Verband hatte 1933 über 800 Mitglieder. (TS)

Bund Jüdischer Corporationen (B. J. C.), 1901 gegründet als Verband der Vereine Jüdischer Studenten (V. J. St.) in Berlin, Leipzig, Breslau und München. Ziel war die Ausbildung der Mitglieder zur Mitarbeit »an der Entwicklung eines lebendigen Judentums«. 1914 vereinigte sich der mittlerweile acht Vereine umfassende Bund Jüdischer Corporationen mit dem →Kartell Zionistischer Verbindungen zum →Kartell Jüdischer Verbindungen. (TS)

Bund ostjüdischer Vereine, 1919 von Josef Lin in Berlin gegründet; Vereinigung der Ostjuden in Deutschland mit zionistischer Tendenz. Tätigkeit vor allem auf dem Gebiet der Flüchtlingshilfe. Der Bund ostjüdischer Vereine nannte sich bald in »Ostjüdischen Verband« um. (LH)

Bund Zionistischer Korporationen (B. Z. K.), entstanden im Januar 1920 als Abspaltung vom →Kartell Jüdischer Verbindungen, umfaßte der Bund Zionistischer Korporationen zeitweise bis zu acht »Akademisch-Zionistische Verbindungen«. Seine etwa 500 Mitglieder schlossen sich 1929 dem Kartell Jüdischer Verbindungen wieder an. (TS)

Burchard, Bischof von Worms, um 965 – 20. 8. 1025. Burchard setzte die bischöfliche Stadtherrschaft durch, war um administrative Reform und Sicherung der Rechtsverhältnisse bemüht und verfaßte neben einem Hofrecht des Hörigenverbandes die erste große systematische Sammlung des Kirchenrechts in 20 Büchern mit 1785 Kapiteln. Sie enthält 19 Judenkapitel, von denen 13 aus Konzilskanones (davon sechs westgotisch) und zwei von Papst →Gregor I. dem Großen stammen. Von den Einzelbestimmungen lassen sich vier der Kategorie Judenschutz, acht der Judenmission, zehn der Verhinderung des Proselytismus (die sich z. T. rechtsmindernd auswirkten) zuordnen. Wesentlich war jedoch die Neufassung des Kanons »Qui odii meditatione«, der über →Ivo von Chartres in →Gratians Decretum eingegangen ist; er verbot die Ermordung eines Juden, weil damit ein Abbild Gottes und die Hoffnung auf Erlösung ausgelöscht werde. Diese Hoffnung stützte Burchard auf einen Text Gregors, der (Röm 11,25f.) auslegt. Diesen günstigen Bestimmungen stehen mehrere Kontaktverbote und die wiederholte Verfügung, taufwillige Sklaven von Juden freizulassen, gegenüber.

[L] F. Lotter, Kirchliches Judenrecht bei Burchard von Worms und Ivo von Chartres, in: R. Erb u. a. (Hrsg.), Antisemitismus, 1987. (FL)

Burg, 1. Meno, preußischer Offizier, 9. 10. 1787 Berlin – 26. 3. 1853 Berlin. Burg, Vetter des ersten preußisch-jüdischen Regierungsbeamten, des Bauinspektors Salomon Sachs, wurde 1813 bei der Garde abgewiesen, trat – begünstigt vom Prinzen August von Preußen – bei der Artillerie ein, lehrte an der Artillerie-Ingenieurschule in Berlin und verfaßte mehrere artillerietechnische Werke. Burg, stadtbekannt als »Judenmajor«, war ein gläubiger Jude, der seit 1840 auch Mitglied des Vorstands der Berliner jüdischen Gemeinde war.

[L] R. Rieger, Der »Judenmajor«. Leben und Werk von Meno Burg, 1990. (JS)

2. Schlomo Joseph, israelischer Politiker (→Nationalreligiöse Partei), 31. 1. 1909 Dresden; Burg studierte in Berlin und Leipzig und war sehr früh in der →Misrachi-Bewegung aktiv. Als Mitglied der Misrachi-Exekutive kam er 1940 nach Palästina. 1941–46 unternahm er Missionen in Europa zur Rettung von Juden. 1949 wählte ihn die Knesset zum ersten stellvertretenden Sprecher. Von der Regierungsbildung nach den Knessetwahlen 1951 bis zu seinem Rücktritt als Religionsminister 1986 war Burg (mit Ausnahme einer kurzen Zeit 1976) Mitglied aller Regierungen. Er begann und beendete seine Ministerlaufbahn als Religionsminister, diente aber auch als Gesundheits-, Post-, Innen- und 1959–70 als Sozialminister. (DB/MW)

Bürgerrecht im Mittelalter. Im Römischen Reich erwarben zahlreiche Juden wie etwa Paulus das römische Bürgerrecht im Mittelalter, bis Kaiser Caracalla um 212 allen freien Einwohnern des Reichs und damit auch den Juden insgesamt das Bürgerrecht im Mittelalter verlieh. Dies galt im Anwendungsbereich des Codex Theodosianus, etwa in Südfrankreich, bis weit ins Mittelalter hinein. Im Karolingerreich und in seinen Nachfolgestaaten schützte die Juden als Gruppe ein in Kapitularien, Privilegien und besonders im Gewohnheitsrecht festgelegtes Personalrecht. Erst als im Hochmittelalter zahlreiche Städte mit der Reichsfreiheit die Unabhängigkeit von fürstlicher Gewalt durchsetzten, konnte sich das Schutzverhältnis der Juden einem bürgerrechtlichen Status annähern. Indem die Bürgergemeinde den Schutz der Juden übernahm und in den städtischen Gesetzen verankerte, forderte sie zugleich von ihnen Erfüllung bürgerlicher Pflichten wie Abführung von Steuern, Beteiligung an der Stadtverteidigung und Anerkennung der städtischen Gerichtsbarkeit als oberster Instanz. Zwar waren die Juden neben der dingpflichtigen Bürgergemeinde eine eigene Genossenschaft; sie standen jedoch rechtlich zwischen den Vollbürgern und den Schutzgenossen wie Geistlichen, Frauen, Unmündigen und Fremden. In einzelnen Städten wie etwa Worms seit 1290, Speyer nach 1300, Hameln nach 1320 und Regensburg nach 1330 wurden Juden einzeln oder als Gemeinde auch formal in das Bürgerrecht im Mittelalter aufgenommen. Mit der Vernichtung fast aller größeren Judengemeinden um die Mitte des 14. Jahrhunderts endete diese Entwicklung. Mit seinem Gutachten zur Frage der Talmudeinziehung stellte →Reuchlin um 1510 unter Berufung auf das Römische Recht fest, daß die Juden als Bürger des Römischen Reichs vom Kaiser zu schützen seien.

🄻 H. Fischer (A. Maimon), Verfassungsrechtliche Stellung der Juden, 1931. (FL)

Bürgerrechtsbewegung (BR, auch: RAZ), eine 1973 unter Führung von Shulamit Aloni (ehemals IAP) gegründete israelische politische Partei, die sich besonders der Frauenpolitik widmete und sich gegen die »Vergewaltigung« durch die religiösen Parteien wehrte. 1983/84 kamen weitere Dissidenten aus der IAP hinzu, die eine »Koalition der nationalen Einheit« mit dem →Likud ablehnten, sowie der Teil der →Schelli, der nicht bereit war, eine jüdisch-arabische Partei zu gründen. Mit ihrer engen Verbindung zur Bewegung »Frieden Jetzt« gehörte die BR zu den entschiedensten »Tauben«, d.h. zu den Befürwortern eines Kompromisses mit den palästinischen Arabern in bezug auf die besetzten Gebiete. Die BR erzielte, bevor sie 1992 im Wahlbündnis Merez aufging, in den Wahlen zur Knesset folgende Ergebnisse:

1973	2,2%	der Stimmen	3 Mandate
1977	1,2%	der Stimmen	1 Mandat
1981	1,4%	der Stimmen	1 Mandat
1984	2,4%	der Stimmen	3 Mandate
1988	4,3%	der Stimmen	5 Mandate

(DB/MW)

Buße →Teschuwa

Byzantinisches Reich. Mit der Bestimmung des in Konstantinopel umbenannten Byzanz zur Hauptstadt des Römischen Reichs 330 n. Z. wollte das Oströmische Reich sich bewußt als christliches Kaiserreich vom heidnischen Rom absetzen. Dies hatte zur Folge, daß im Byzantinisches Reich, zu dem nach der Reichsteilung 395 noch die Balkanländer, →Griechenland, →Kleinasien und bis zur arabischen Eroberung im 7. Jahrhundert Erez Israel (→Palästina), →Syrien sowie →Ägypten zählten, der Rechtsschutz des Judentums als erlaubter Religion aufgehoben wurde. Antijüdische Gesetzgebung begann bereits unter Kaiser Konstantin (Regierungszeit 306–337), wurde verschärft besonders von Theodosius I., Theodosius II. (Kodifizierung bisheriger antijüdischer Gesetze 438 mit Verbot des Neubaus von Synagogen und von Purimfeiern) und Justinian I. (535 Verbot jüdischer Religionsausübung in Nordafrika, 553 Verbot der →Mischna, Eingriffe in den jüdischen Gottesdienst). Diese antijüdischen Gesetze waren – mit Ausnahme der Zeit des Julianus Apostata (Regierungszeit 361 bis 363) – bis zum Fall des Byzantinischen Reiches und dessen Aufgehen im →Osmanischen Reich 1453 in Kraft; maßgebend war dabei oftmals die Kirche (Einfluß der antisemitischen Predigten des Johannes Chrystostomos 387 auch außerhalb des Byzantinischen Reiches, wiederholt massenweise Zwangstaufen). 415 Vertreibung der Juden aus Alexandria, 425 Abschaffung des Patriarchats in Palästina (→Nassi); Massaker an der jüdischen Bevölkerung nach der Rückeroberung Jerusalems 629, das die Perser mit jüdischer Unterstützung erobert hatten. Da die Juden für die Bewegung der Ikonoklasten (Bilderstürmer) verantwortlich gemacht wurden, verlangte Basileios I. 873/74 ihre Zwangsbekehrung (Flucht vieler Juden ins Reich der →Chasaren). Während des 4. Kreuzzugs 1204 zerstörten die Lateiner bei der Eroberung Konstantinopels das jüdische Viertel (Pera); auch nach dem Ende der lateinischen Herrschaft 1261 besserte sich die Situation der Juden im Byzantinischen Reich nicht. (PB)

C

Caesar, Gaius Iulius, römischer Politiker und Staatsmann, auch als Redner und Schriftsteller (»Der Gallische Krieg«) vielfach hervorgetreten, 13.7.100 Rom – 15.3.44 v.Z. Rom. 63 Wahl in das oberste Priesteramt (pontifex maximus), 59 Konsul, 58–51 Eroberung Galliens (Grundlage der militärischen Machtstellung Caesars in Rom), seit 48 Diktator und seit 45 Diktator auf Lebenszeit. Caesar beanspruchte nach dem Vorbild des altrömischen Königtums eine monarchische Machtfülle, weshalb ihm der Ausgleich mit dem Senat nicht gelang. 44 fiel er einer Senatsverschwörung zum Opfer. Seine Freundschaft zu den damaligen politischen Führern des Judentums (→Hyrkan II., →Antipater), aber auch objektive Beweggründe wie die Einsicht in die Notwendigkeit religiöser Toleranz als einer Voraussetzung für die Integration der Juden führten zur Gewährung umfassender Rechte für die Juden (Juden in der →Antike). Von den Juden Roms wird berichtet, sie hätten nach der Ermordung Caesars viele Nächte seinen Scheiterhaufen besucht und ihn aufrichtig betrauert.

🄻 M. Gelzer, Caesar, 1960. – C. Meier, Caesar, 1982. (HC)

Caesarea, auch Caesarea Palaestinae, Caesarea maritima, Caesarea ad Mare, antike Stadt südlich des heutigen Haifa, am Mittelmeer, heute israelischer Fremdenverkehrsort (Qesari) mit Golfplatz. – In hellenistischer und römischer Zeit Hauptstadt Palästinas (zeitweise über 100 000 Einwohner), Hafenausbau unter Herodes (22–10 v.Z.); Sitz des römischen Statthalters; Schauplatz zahlreicher neutestamentlicher Ereignisse. 66 n.Z. lösten schwere Auseinandersetzungen zwischen Römern und Juden, bei denen 20 000 jüdische Bewohner getötet worden sein sollen, den Jüdischen Krieg aus (70: Zerstörung Jerusalems); 69 wurde in Caesarea Vespasian zum Kaiser ausgerufen; im 2. Jahrhundert Bischofssitz; im 3. Jahrhundert Wirkungsstätte des Origenes und seiner Schule; die reichhaltige Bibliothek diente den Geschichtsschreibern Eusebios und Prokopios von Caesarea; als letzte Stadt des byzantinisch beherrschten Palästina fiel das stark befestigte Caesarea 640 in die Hände der Araber; die jüdischen Bewohner, die seit dem 2. Jahrhundert zahlreiche Synagogen und Jeschiwot unterhielten, sollen ihnen das Eindringen ermöglicht haben. 1101 eroberten die Kreuzfahrer unter Balduin I. die Hafenstadt, erneuerten die herodianischen Festungsanlagen, errichteten ein Erzbistum und bauten eine Kathedrale. Genueser Soldaten glaubten, in Gestalt eines grünen Glasgefäßes den Heiligen Gral gefunden zu haben, und brachten das vermeintliche Heiligtum nach S. Lorenzo in Genua. Die jüdische Gemeinde schrumpfte in der Kreuzfahrerzeit so, daß →Benjamin von Tudela 1170 nur noch 20 Juden hier antraf. Die Mamluken unter Baibars I. eroberten 1265 die Stadt und zerstörten sie. Erst im späten 19. Jahrhundert entstand aus den Ruinen eine neue Siedlung (1878 Ansiedlung bosnischer Muslime). Ausgrabungen vor allem seit 1956: u.a. Aquädukt (7 km), Amphitheater (Jährlich Musik- und Theaterfestival), Pontius-Pilatus-Inschrift, Hippodrom; jüdisches Viertel mit Synagogen (3.–5. Jahrhundert), Reste der Kreuzfahrerburg. 1940 Gründung des Kibbuz Sedot Yam.

🄻 M. Benvenisti, The Crusaders in the Holy Land, 1976. – Y. Karmon, Israel. Eine geographische Landeskunde, [2]1994.

(PAU/WL)

Caesarius von Heisterbach, Zisterzienser, Verfasser von historischen und theologischen Werken, um 1180 Köln – 1240 Heisterbach. Die »Miracula« des Caesarius von Heisterbach berichten je zweimal von jüdischen Mädchen, die sich trotz aller Widerstände seitens ihrer Familie taufen ließen, und von solchen, die von Klerikern geschwängert wurden. Der »Dialogus« enthält nur eine Erzählung, die das Wunder der in ein Kind verwandelten Hostie mit dem Wunder des Knaben im Feuerofen verbindet. Allerdings finden sich in der nicht von Caesarius von Heisterbach stammenden Erweiterung fünf weitere Geschichten, in denen die Juden negativer dargestellt sind: eine Version der →Bildfrevellegende; ein durch den sehend gewordenen Didymus bewirktes Bekehrungswunder; die wunderbare Rettung der Christen vor der Wut des von einem Juden aufgehetzten Fürsten von Babylon; die Wiedererweckung eines von Juden getöteten Sängers; die Überführung eines betrügerischen Juden durch ein sprechendes Marienbild. Auffallenderweise treten in den zahlreichen Erzählungen vom Hostienfrevel und von Wucherern keine Juden auf.

🄻 A. Hilka, Die Wundergeschichten des Caesarius von Heisterbach, 1933. (FL)

Cahan, Abraham, Schriftsteller und Redakteur, 7.7.1860 Pabradé (Podberezje), Litauen – 31.8.1951 New York. Radikaler Politiker in Wilna; 1882 Immigration in die USA; 1897 Mitbegründer und Redakteur der volkstümlichen jüdischen Tageszeitung »The Forverts«; Mitglied der sozialistischen Partei, vertrat den Sozialismus, lehnte aber jede Orthodoxie als massenfremd ab. Leitete den »Forverts« als Sprachrohr der arbeitenden und kleinbürgerlichen jüdischen Immigranten. Anfänglich Unterstützung der sowjetischen Regierung, bald aber erbitterter Gegner des Leninismus/Stalinismus. Führte die Arbeiten von I. B. →Singer u.a. jiddischer Schriftsteller seinem Leserpublikum vor, schrieb auch in englischer Sprache Artikel, Kritiken und Geschichten und verfaßte Bücher wie »Yekl« (1896) und »The Rise of David Levinsky« (1917), die die jüdischen Immigrantenerfahrungen widerspiegeln. 1925 Reise nach Palästina, allmähliche Öffnung für den Zionismus. (CL)

Caligula (lateinisch »Soldatenstiefelchen«), eigentlich Gaius, römischer Kaiser, Urenkel des →Augustus, 24.1.12–31.8.41 n.Z. Gelangte nach dem Tod seines Großonkels Tiberius im Jahr 37 zur Regierung, nach einer schweren Erkrankung bald nach Regierungsantritt offensichtlich geisteskrank. Der schon lange latent vorhandene Konflikt zwischen Juden und Nichtjuden in Alexandria entwickelte sich in den Jahren 38–41 zu einem offenen Bürgerkrieg. Dabei machten sich die Führer der antijüdischen Partei die Empfänglichkeit Caligulas für seine Verehrung als Gott zunutze und setzten die Aufstellung von Kaiserbildern in den Synagogen Alexandrias durch. Höhepunkt der Kultbesessenheit des Kaisers war der Befehl, seine Statue im Tempel von Jerusalem aufzustellen, was die Existenz des Judentums im Römischen Reich grundsätzlich in Frage gestellt hätte. Die projüdischen Interventionen →Agrippas I. und einer Gesandtschaft der Juden Alexandrias unter Führung des →Philo von Alexandrien blieben erfolglos, und nur geschicktes Lavieren und Hinauszögern der angeordneten Maßnahmen durch verantwortungsbewußte staatliche Würdenträger konnte einen größeren Konflikt vermeiden. Nach der Ermordung des Caligula kehrte der neue Kaiser →Claudius zur Tolerierungspolitik gegenüber den Juden zurück. (HC)

Callinicum, Kallinikon, Stadt am Euphrat, in der es im August 388 unter Führung des Bischofs zu schweren Ausschreitungen gegen Häretiker und Juden kam. Fanatisierte Christen plünderten u.a. die Synagoge und äscherten sie ein. Der Verfügung des Kaisers →Theodosius I. in Anwendung des damaligen Judenrechts, den Wiederaufbau der Synagoge aus kirchlichen Mitteln zu bestreiten, trat →Ambrosius von Mailand erfolgreich entgegen. Theodosius I. schlug daraufhin alle zivil- und strafrechtlichen Verfahren wegen der Synagogenzerstörung nieder. Der gesetzliche Schutz der Synagogen wurde jedoch auch nach diesem Vorfall vom Staat bestätigt und auf seine Einhaltung geachtet (in Palästina sogar Synagogenneubauten). (HC)

Camp-David-Abkommen, Kurzbezeichnung für zwei Rahmenvereinbarungen zwischen Ägypten und Israel vom 19. 7. 1978. Den Anstoß zur Aufnahme direkter Gespräche zwischen Ägypten und Israel hatte der Besuch des ägyptischen Präsidenten Anwar as-Sadat in Jerusalem im November 1977 gegeben. Es folgten langwierige Verhandlungen, in die zunehmend US-Präsident Jimmy Carter als Vermittler eingriff. Die abschließenden Verhandlungen fanden im September 1978 in Camp David (Maryland, USA) statt. Das Abkommen unterzeichneten Sadat, der israelische Ministerpräsident M. →Begin und Präsident Carter »als Zeuge«. In der 1. Vereinbarung, »Rahmen für Frieden im Nahen Osten«, bekundeten die Unterzeichnerstaaten ihren Willen, eine »gerechte, umfassende und dauerhafte Lösung des Nahostkonflikts« zu erreichen. Insbesondere kamen sie überein, Verhandlungen über die Gewährung voller Autonomie an die Bewohner der von Israel besetzten Gebiete (Westjordanland und Gasastreifen) zu führen und hierzu auch Jordanien sowie Vertreter der Palästinenser hinzuzuziehen. Die 2. Vereinbarung, »Rahmen für den Abschluß eines Friedensvertrags zwischen Ägypten und Israel«, sah insbesondere vor: Rückgabe des Sinai an Ägypten, Begrenzung der ägyptischen militärischen Präsenz auf dem Sinai, freie Durchfahrt für israelische Schiffe durch den Suezkanal, Aufnahme normaler Beziehungen zwischen den beiden Staaten. Aufgrund der 2. Vereinbarung wurde am 26. 3. 1979 in Washington der ägyptisch-israelische Friedensvertrag geschlossen. Die getroffenen Abmachungen wurden anschließend verwirklicht. Die Autonomieverhandlungen wurden zwar aufgenommen, blieben aber ergebnislos.

L C. P. Bradley, The Camp David Peace Process, 1981. – T. Parker, The Road to

Camp David, 1989. – M. Tessler, The Camp David Accords and the Palestinian Problem, 1980. – E. Weizman, Eine Schlacht für den Frieden, deutsch 1981. (DB/MW)

Canadian Jewish Congress (CJC), 1919 als nationale jüdische Organisation gegründet; aktive Unterstützung des osteuropäischen Judentums; gründete die Jewish Immigrant Aid Society (JIAS), die kanadische Parallele zum amerikanischen HIAS (→HICEM). 1934 wurde der CJC angesichts der wachsenden Gefahr des Nationalsozialismus neu organisiert; Geldsammlung, um die Arbeit des →American Joint zu unterstützen. Nach dem Krieg mit der Ansiedlung jüdischer Immigranten aus Europa beschäftigt; Bekämpfung des Antisemitismus, Veranstaltung erzieherischer und kultureller Programme, Förderung eines Archivs, Kontrolle der Kaschrutgesetze (Speisegesetze), Aufbau eines jüdischen Sozialhilfe- und Erziehungswesens mit Tagesschulen, Abendschulen und einem Gemeindegymnasium sind nur einige Funktionen des CJC, der die anerkannte Vertretung des kanadischen Judentums im öffentlichen Leben ist.
L CJC, Pathways to the Present: Canadian Jewry and Canadian Jewish Congress, Toronto 1986. (CL)

Elias Canetti

Canetti, Elias, deutschsprachiger Dichter und Sozialanthropologe, 25.7.1905 Ruse (Rustschuk), Bulgarien – 14.8.1994 Zürich. Aus sephardischer Familie stammend, zog Canetti 1911 mit den Eltern nach Manchester, 1913 nach dem Tod des Vaters mit der Mutter nach Wien, Zürich und Frankfurt. Ab 1924 Chemiestudium in Wien und Besuch der Vorlesungen von K. Kraus. 1938 emigrierte Canetti nach London. Nobelpreis 1981. Canettis Werk steht unter dem Zeichen des Widerstands gegen die Herrschaft des Todes in der modernen Gesellschaft. Der Roman »Die Blendung« (1936) wird von Charakteren beherrscht, deren Unfähigkeit zur Kommunikation hypertrophe Weltbilder erzeugt. Canettis strenge Moralität äußert sich in der Selbstverbrennung des Helden am Schluß des Romans. In »Masse und Macht« (1960) führt Canetti phänomenologisch moderne Massenphänomene auf mythisches und animalisches Verhalten und die Macht auf den Überlebenstrieb zurück. Beide werden so als dem Tod verfallen entlarvt. Das jüdische Motiv der Aufbewahrung des Geringsten in der Erinnerung konturiert die dreibändige Autobiographie (1977, 1980, 1985). (MIM)

Carlebach, 1. Joseph, Pädagoge und Rabbiner, 30.1.1883 Lübeck – 26.3.1942 Riga, Sohn von S. →Carlebach, 1901–05 Studium der Naturwissenschaften und Mathematik in Berlin. 1905–07 Lehrer am deutschsprachigen Laemel-Lehrerseminar in Jerusalem; seit 1908 Oberlehrer am Margarethen-Lyzeum in Berlin. 1914 Examen am Berliner Rabbinerseminar. 1915–20 Organisation des jüdischen Erziehungswesens in Litauen und des jüdischen Gymnasiums in Kowno. 1920 Rabbiner in Lübeck. 1921–26 Direktor der →Talmud-Tora-Schule Hamburg, die sich innerhalb weniger Jahre zu einem Modell für jüdisch-orthodoxe Erziehung in Deutschland entwickelte: die Kombination von traditionell jüdischer und säkularer Erziehung mit modernen Lern- und Lehrmethoden hatte für viele jüdische Schulen Vorbildcharakter. 1926 Berufung zum Oberrabbiner in →Altona; letzter Oberrabbiner der Deutsch-Israelitischen Gemeinde in Hamburg. Nach der Deportation im Dezember 1941 starb Carlebach drei Monate später in Riga.
L N. Carlebach, Joseph Carlebach and his Generation, New York 1959. – H. H. Cohn, in: Joseph Carlebach, Ausgewählte Schriften, Band 1, 1982. – M. Gillis-Carlebach, Jüdischer Alltag als humaner Widerstand 1939–1941, 1990. (JÖD)

2. Salomon, Rabbiner, 28.12.1845 Heidelsheim, Baden – 12.3.1919 Lübeck. Besuch des Gymnasiums in Bruchsal und des Lyzeums in Karlsruhe; seit 1866 Studium der Philologie und Philosophie an der Universität Würzburg; daneben traditionelle rabbinische Ausbildung; Promotion 1868 in Tübingen. 1870 Wahl zum Rabbiner in Lübeck. Carlebach leitete die jüdische Religionsschule und war 1877–95 Mitglied der Lübecker Bürgerschaft.
L D. A. Winter, Geschichte der jüdischen Gemeinde in Moisling/Lübeck, 1968. (JÖD)

Caro, Georg, Historiker, 28. 11. 1867 Glogau – 19. 1. 1912 Zürich. Caro promovierte 1891 an der Universität Straßburg. Nach längerem Italienaufenthalt (vor allem in Genua) 1896 Habilitation an der Universität Zürich und danach in Zürich als Privatdozent tätig. Caro war Mitarbeiter verschiedener wissenschaftlicher Zeitschriften (»Byzantinische Zeitschrift«, »Mitteilungen des Instituts für österreichische Geschichtsforschung« u. a.). Hauptwerke: »Genua und die Mächte am Mittelmeer 1257–1311« (2 Bände, 1895–99), »Sozial- und Wirtschaftsgeschichte der Juden im Mittelalter und in der Neuzeit« (2 Bände, 1908–20). (FDL)

Casablanca →Maghreb-Staaten

Cassel, 1. David, Historiker und talmudischer Gelehrter, 7. 8. 1818 Glogau – 23. 1. 1893 Berlin. Cassel besuchte vom 9. bis zum 17. Lebensjahr das Klostergymnasium in Glogau, widmete sich danach in Berlin talmudischen und rabbinischen literaturgeschichtlichen Studien (u. a. bei L. →Zunz) und hörte an der Universität gleichzeitig philosophische und philologische Vorlesungen. 1840 erschien im »Literaturblatt des Orients« seine erste größere Arbeit: »Die Psalmüberschriften in kritischer, historischer und archäologischer Hinsicht«. Über dieses Thema promovierte er 1842 und erhielt danach die Ordination zum Rabbiner. Nach vorübergehender Tätigkeit als Privatgelehrter war Cassel von 1846–79 Leiter des Dina-Nauenschen Stifts in Berlin (Jüdische Erziehungsanstalt für Waisen und unbemittelte Kinder); seit 1872 lehrte David Cassel als Dozent an der →Hochschule für die Wissenschaft des Judentums; Verfasser von Lehr- und Wörterbüchern. (FDL)

2. Paulus (eigentlich Selig), Theologe und Schriftsteller, Bruder von D. →Cassel, 27. 2. 1821 Glogau – 23. 12. 1892 Berlin. Nach philosophischen und rabbinischen Studien in Berlin beschäftigte sich Cassel mit Forschungen zur jüdischen Geschichte und Literatur. Cassel war ursprünglich im konservativen Sinn Gegner der Reform im Judentum. Nach Redakteurstätigkeit für die »Erfurter Zeitung« trat er aber 1855 zum evangelischen Glauben über. Später wirkte Cassel als Prediger der Londoner Judenmissionsgesellschaft in Berlin und war ein publizistischer Streiter gegen den Antisemitismus; Veröffentlichungen zu kultur- und religionshistorischen Themen. (FDL)

Cassian (Katz), Nina, Dichterin, 27. 11. 1927 Galai, Rumänien. Erregte Aufmerksamkeit durch erotisch-intellektuelle Verse: »Zum Maßstab 1/1« (1947), »Beschenken wir uns« (1963), »Die große Konjugation« (1971), »Vorstellung im Freien. Eine andere Monographie der Liebe« (1974) u. a. Cassian gilt auch als bedeutende Kinderbuchautorin. Das Märchen »Der Angstlose« (1950) wurde mehrfach verlegt und dramatisiert. Cassian komponierte auch Lieder, Klavier- und symphonische Musik. Sie ist Staatspreisträgerin 1950 und Preisträgerin des Schriftstellerverbandes Rumäniens 1969; lebt seit 1985 in den USA. (AE)

Cassirer, Ernst, Philosoph, 28. 7. 1874 Breslau – 13. 4. 1945 New York. Cassirer entstammte einer jüdischen Kaufmannsfamilie und studierte zunächst Philologie und deutsche Literaturgeschichte in Berlin, später Mathematik und Philosophie in Marburg, wo er 1899 bei H. →Cohen und Paul Natorp promovierte. 1906 Habilitation in Berlin. Anschließend Privatdozent und seit 1919 ordentlicher Professor für Philosophie an der im gleichen Jahr neugegründeten Universität Hamburg; 1929/30 Rektor. 1933 Emigration nach Großbritannien, wo er bis 1935, mit Unterbrechung 1934, Gastprofessor an der Universität Oxford war. 1935–41 Professor an der Universität Göteborg; 1941 Emigration in die USA, wo er zunächst Gastprofessor an der Yale University in New Haven (Connecticut) und 1945 an der Columbia University in New York war. Cassirer war Herausgeber der dreibändigen Ausgabe der philosophischen Werke Leibniz' (1904–15) und einer zehnbändigen Gesamtausgabe der Schriften Kants (1911–22). Cassirer gilt als ein führender Vertreter des Neukantianismus der Marburger Schule und publizierte zahlreiche wissenstheoretische und philosophiegeschichtliche Schriften, die häufig übersetzt wurden und besonders im angelsächsischen Raum auch außerhalb der Universitäten großen Einfluß ausübten. Werke u. a.: »Leibniz' System in seinen wissenschaftlichen Grundlagen« (1902, Neudruck 1962), »Das Erkenntnisproblem in der Philosophie und Wissenschaft in der neueren Zeit« (3 Bände, 1906–22; Band 4, 1957), »Substanzbegriff und Funktionsbegriff« (1910), »Kants Leben und Lehre« (1918), »Zur Einsteinschen Relativitätstheorie« (1920), »Die Philosophie der symbolischen Formen« (1923–29), »Die Philosophie der Aufklärung« (1932), »Zur Logik der Kulturwissenschaften« (Göteborg 1942), »Zur modernen Physik« (Oxford 1957).

[L] D. Lipton, Ernst Cassirer: The Dilemma of a Liberal Intellectual in Germany, Toronto 1978. – P. A. Schlipp, Ernst Cassirer, 1949 (deutsch 1966). (BV)

Castelnuovo-Tedesco, Mario, italienischer Komponist, 3.4.1895 Florenz – 15.3.1968 Los Angeles, ist einer der wenigen italienischen Komponisten jüdischen Glaubens. Er entstammte einer orthodoxen Familie und hat sich in seinen Werken vielfach jüdischen Themen zugewandt. U.a.: Hebräische Rhapsodie »Le danze del Rè David« (1925); »3 Corali su melodie ebraiche« (1926); das von Jascha Heifetz in Auftrag gegebene Violinkonzert »The Prophets« (1933), in dem Castelnuovo-Tedesco auf der Grundlage alter jüdischer Melodien die Propheten Jesaja, Jeremia und Elia porträtiert. Der im wesentlichen romantische Komponist ist außer mit Instrumentalkonzerten, Kammermusik und Vokalwerken mit den Opern »La Mandragola« (1921 bis 1923), »Bacco in Toscana« (1925/26), »Aucassin et Nicoletta« (1938) und Filmmusiken bekannt geworden. Der hervorstechende Charakter seiner Werke beruht auf seinem Gefühl für melodische Schönheit und architektonische Konstruktion. Castelnuovo-Tedesco verließ 1938 Italien und emigrierte in die USA. (AS)

Castro, Balthasar (Isaak) Orobio de, Arzt, Philosoph, um 1620 Braganza – 7.11.1687 Amsterdam, stammte aus einer Familie heimlicher Juden (→Marranen). Auf der Universität von Alcalá de Henares geriet er unter den Einfluß von J. de →Prado. Castro lehrte danach Philosophie in Salamanca und praktizierte als Arzt der königlichen Familie. 1655 wurde er als heimlicher Jude denunziert, bis 1658 eingekerkert und dann des Landes verwiesen. Castro erhielt einen Ruf an die Universität Toulouse. 1666 bekannte sich Castro öffentlich zum Judentum und wanderte nach Amsterdam aus. Dort wurde er bald zu einem angesehenen Mitglied der jüdischen Gemeinde. In polemischen Schriften setzte er sich mit seinem ehemaligen Mitstreiter de Prado, mit B. →Spinoza und mit dem Christentum auseinander. Seinen Religionsdisput mit Philipp van Limborch, den dieser unter dem Titel »De veritate religionis christianae; amica colatio cum erudito judaeo« mit der Apologie U. →Acostas (Gouda 1687) veröffentlichte, hat H.-J. →Schoeps als das »einzig wirkliche Religionsgespräch des 17. Jahrhunderts« bezeichnet.

[L] H.-J. Schoeps, Jüdisch-Christliches Religionsgespräch, 1961. – Y. Kaplan, Isaak Orobio de Castro and his circle, 2 Bände, Jerusalem 1978. (DK)

Celan (Antschel), Paul, deutsch-jüdischer Dichter, 23.11.1920 Tschernowitz – Ende April 1970 Paris. 1938 Abitur in Tschernowitz, Medizinstudium in Tours, Frankreich. 1939 Rückkehr nach Tschernowitz, Romanistikstudium an der Universität. Nach Ausbruch des Zweiten Weltkriegs, während der deutschen Besetzung, lebte Celan im Ghetto und leistete Zwangsarbeit. Die Eltern wurden in ein Vernichtungslager in →Transnistrien deportiert und kehrten nicht mehr zurück. 1945 war Celan Übersetzer und Verlagslektor in Bukarest, 1947 literarisches Debut in der rumänischen Zeitschrift »Agora«. 1948 ließ Celan sich in Paris nieder. In Wien erschien der Band »Der Sand aus den Urnen«. Die Sammlung enthält das berühmte Gedicht »Todesfuge«, ein Requiem, gewidmet den Opfern des Holocaust. 1950 erhielt Celan das französische Literatur-Diplom. Seit 1959 Lektor und Dozent in Paris. Gedichtbände: »Mohn und Gedächtnis« (1952), »Von Schwelle zu Schwelle« (1955), »Sprachgitter« (1959), »Die Niemandsrose« (1963), »Atemwende« (1967), »Fadensonnen« (1968), »Lichtzwang« (postum 1970), »Schneepart« (postum 1971), »Zeitgehöft« (postum 1976). Celan gilt als einer der größten deutschsprachigen Dichter der Nachkriegszeit, ausgezeichnet mit dem Bremer Literaturpreis (1958), dem Georg-Büchner-Preis (1960), dem Großen Kunstpreis des Landes Nordrhein-Westfalen (1964).

Paul Celan

[L] I. Chalfen, Paul Celan. Eine Biographie seiner Jugend, 1983. – W. Hamcher/W. Menninghaus (Hrsg.), Paul Celan, 1988. – P. Mayer, Paul Celan als jüdischer Dichter, 1969. (AB)

Celsus (Kelsos), Platoniker, 2. Jahrhundert n.Z., verfaßte um 178 in griechischer Sprache eine »Das Wahre Wort« betitelte Streitschrift gegen das Christentum, die sich aus der Entgegnung des Kirchenvaters →Origenes noch zum größten Teil rekonstruieren läßt. Celsus benutzte dabei die Argumente der jüdischen Apologetik gegen die Christen; im Judentum sah Celsus keine Bedrohung von Staat und Gesellschaft des Römischen Reichs. (HC)

Centralverein deutscher Staatsbürger jüdischen Glaubens, gegründet 1893 in Berlin zum Zweck der Durchsetzung staatsbürgerlicher Rechte und der Bekämpfung des →Antisemitismus. Der Centralverein deutscher Staatsbürger jüdischen Glaubens zählte 1927 etwa 70 000 Einzelmitglieder, die in 555 Ortsgruppen und 21 Landesverbänden zusammengeschlossen waren. Nach 1933 gab der Centralverein deutscher Staatsbürger jüdischen Glaubens Rechtsunterstützung und Ratschläge in ökonomischen Fragen. 1935 mußte der Centralverein deutscher Staatsbürger jüdischen Glaubens sich in »Central-Verein der Juden in Deutschland« und 1936 in »Jüdischen Central-Verein« umbenennen. Publikationen des Centralvereins deutscher Staatsbürger jüdischen Glaubens waren die Monatsschrift »Im Deutschen Reich« (1895–1922) und die »C. V.-Zeitung« (Auflage 1927: etwa 65 000 Exemplare), die den Mitgliedern kostenlos zugestellt wurde. In dem dem Centralverein deutscher Staatsbürger jüdischen Glaubens gehörenden Philo-Verlag wurden die »Zeitschriften für die Geschichte der Juden in Deutschland«, »Der Morgen«, über 100 Bücher und Broschüren sowie das »Philo-Lexikon« (1935) verlegt. Der erste Vorsitzende des Centralvereins deutscher Staatsbürger jüdischen Glaubens war Maximilian Horowitz (1893–1917); seine Nachfolger waren E. Fuchs (1917 bis 1919) und Julius Brodnitz (1920–36). Am 10. 11. 1938 wurde der Centralverein deutscher Staatsbürger jüdischen Glaubens verboten und in die →Reichsvertretung der deutschen Juden übergeführt.

[L] R. Bernstein, Zwischen Emanzipation und Antisemitismus, 1969. – A. Hirschberg, Hollaender, Director of the Z. V., in: Year Book Leo Baeck Institute 7, 1962. – A. Paucker, Der jüdische Abwehrkampf, 1968. (JS)

Centre de Documentation Juive Contemporaine (CDJC) →Dokumentationszentren

Centro di Documentazione Ebraica Contemporanea (CDEC) →Dokumentationszentren

Centrum Judaicum (Neue Synagoge Berlin, Oranienburger Straße). Ursprünglich Name einer im Sommer 1988 noch mit Unterstützung durch die damalige DDR-Regierung gegründeten Stiftung, die sich die Wiedererrichtung der ehemals größten deutschen Synagoge in der Oranienburger Straße in →Berlin Mitte zum Ziel gesetzt hatte. Mittlerweile Bezeichnung für das 1995 in der teilweise rekonstruierten Synagoge eröffnete jüdische Begegnungs- und Ausstellungszentrum, das auch eine Bibliothek, ein Archiv und eine Dokumentationsstelle beherbergt. Obwohl in Räumen des Centrum Judaicum auch Gottesdienste stattfinden, konzentriert sich die Arbeit dieser Einrichtung vorrangig auf den musealen, kulturellen und wissenschaftlichen Bereich. (OG)

CHaBaD →Chassidismus

Chacham (hebräisch »Weiser«), zunächst Bezeichnung eines (auch nichtjüdischen) Weisen, vor allem aber Titel für einen rabbinischen Gelehrten. Ursprünglich für einen Gelehrten ohne →Semicha gebraucht, meinte Chacham später auch den ordinierten Gelehrten. Im →Sanhedrin war Chacham der Titel einer dritten »Führungspersönlichkeit« nach dem →Nassi und dem Aw bet din. Der Plural Chachamim umfaßt alle →Amoräer und →Tannaiten (aramäisch »Rabbanan«). Im Sprachgebrauch der →Sephardim meinte Chacham den örtlichen →Rabbiner, während »Rabbi« für einen hervorstechenden Gelehrten reserviert war. Der Oberrabbiner im Osmanischen Reich hieß »Chacham baschi«. (LD/TK)

Chad Gadja (aramäisch »ein Zicklein«), populäres aramäisches Kettenlied im Schlußteil der aschkenasischen (→Aschkenas) →Haggada schel Pessach, erstmals 16. Jahrhundert in Prag. Es umfaßt zehn Strophen: Der Vater kauft ein Zicklein für zwei Sus, eine Katze frißt das Zicklein, ein Hund beißt die Katze, ein Stock schlägt den Hund, Feuer verbrennt den Stock, Wasser löscht das Feuer, ein Stier trinkt das Wasser, ein Schächter schlachtet den Stier, der Todesengel tötet den Schächter, Gott selbst den Todesengel. Chad Gadja wurde des öfteren kommentiert und allegorisch ausgelegt. (LD/TK)

Chagall, Marc, Maler, 7. 7. 1887 Liosno, Gouvernement Witebsk – 28. 3. 1985 Saint-Paul-de-Vence. Studium in Witebsk und St. Petersburg, 1910–14 in Paris; 1914 Rückkehr nach Witebsk und Verbleib in

Rußland bis 1923; danach wieder in Paris. Von 1941–47 lebte Chagall in den USA. In seiner frühen Periode entstanden neben Porträts und Stilleben zahlreiche Gemälde zum jüdischen Leben in Rußland, stilistisch z.T. beeinflußt durch den französischen Kubismus. Für die Zeit des Zweiten Weltkriegs sind seine »Kreuzigungen« als Anklage gegen Krieg und Judenverfolgung wesentlich. Nach 1950 entstanden u.a. Werke zu antiken Themen, das Deckengemälde der Pariser Oper, vor allem aber Gemälde und Zeichnungen zu biblischen Themen (»Biblische Botschaft in Nizza«), ferner Bildzyklen zur Bibel auf Teppichen (Jerusalem, Knesset) und Glasfenstern (Kathedrale in Metz; Synagoge des Hadassa-Krankenhauses in Jerusalem; Kapelle in Pocantico Hills, USA; Fraumünster in Zürich; Kathedrale in Reims; St. Stephan in Mainz).

Marc Chagall, italienische Riviera 1959

[L] W. Haftmann, Marc Chagall, Selbstbiographie »Ma Vie«, 1931. 1972. – F. Meyer, Marc Chagall. Leben und Werk, 1961. – P. Provoyeur, Marc Chagall – Bilder zur Bibel, 1983. – P. Provoyeur, Marc Chagall, Das graphische Werk, 1988. – H.-M. Rotermund, Marc Chagall und die Bibel, 1971.
(HK)

Chagiga →Mischna

Chajim (Elieser) ben Isaak Or Sarua (MaHaRCHaS), Rabbiner und Halachist, Sohn des →Isaak ben Mose aus Wien (»Or Sarua«), 2 Hälfte 13. Jahrhundert. Chajim ben Isaak Or Sarua war Schüler des Rabbiners →Meir ben Baruch aus Rothenburg, stand in Korrespondenz mit vielen bekannten Gelehrten seiner Zeit und wirkte in Regensburg, später in Köln. Er verfaßte einen Auszug aus dem »Or Sarua« seines Vaters (Kizzur oder Simane Or Sarua), der in der rabbinischen Literatur im Deutschland des 14. und 15. Jahrhunderts häufig zitiert wurde; außerdem schrieb er zahlreiche →Responsen und Homilien (→Derasch/Derascha) über Festtagsbestimmungen. (LD/TK)

Chaliza, Zeremonie bei Ablehnung der →Leviratsehe durch den Schwager.

Challa (hebräisch »Teighebe«). Ursprünglich wohl auch Bezeichnung für eine bestimmte Brotform, ist die Challa nach der hebräischen Bibel eine Opfergabe (Num 15,17–21). Da genauere Angaben dort nicht gemacht werden, haben die Rabbinen festgesetzt, daß gewöhnlich 1/24 des Teigs eines Privathaushalts und 1/48 des Teigs eines Bäckers als Abgabe an die Priester zu zahlen ist. Die Challa ist vom zubereiteten Teig abzuheben (anders berichtet Josephus), allerdings nur, wenn Brot (und nicht anderes Gebäck) aus den fünf Getreidearten Weizen, Gerste, Dinkel, Hafer und Roggen gebacken wird. Ist das Absondern der Challa vergessen worden, kann sie vom gebackenen Brot genommen werden. Obwohl die Pflicht der Challa nur im Land Israel besteht, haben die Rabbinen, damit sie nicht vergessen werde, sie auf die Diaspora ausgeweitet. Da die rituelle Reinheit der →Priester nicht mehr gegeben ist, wird die Challa heute ins Feuer geworfen; eine kleine Portion genügt. Traditionell ist das Absondern der Challa eine der religiösen Pflichten der jüdischen Frau, die für das Brotbacken zuständig ist; sie spricht dabei eine →Beracha. Noch heute backen Frauen Brote für den →Sabbat; diese Brote heißen im Volksmund ebenfalls Challa. (LD/TK)

Chalukka (hebräisch »Verteilung«), finanzielle Unterstützung armer und frommer Juden im Land Israel, vor allem in den vier »heiligen Städten« →Jerusalem, Hebron, Safed und Tiberias, durch Juden oder jüdische Gemeinden in der Diaspora (→Galut). Schon in der Zeit von Mischna und Talmud wurden arme Juden in Palästina bevorzugt unterstützt; palästinische Rabbinen reisten ins Ausland, um Zuwendungen der dortigen Juden für Gelehrte zu erwirken. Seit dem Mittelalter ist die Chalukka weit verbreitet. Besonders die Aschkenasim (→Aschkenas), die stärker als die im Lande besser integrierten →Sephardim auf die Chalukka angewiesen sind, spalteten sich, gemäß ihrer Heimatregionen, in verschiedene spendenempfangende Gruppen (Kolelim, Singular Kolel); bis 1830 gab es nur den Kolel der Chassidim und den ihrer Gegner (→Mitnagged), später den Kolel Holland we-Deutschland (deutsch-

hebräisch »Holland und Deutschland«), den Kolel Warscha(u), Hungarja und andere mehr. Während die Aschkenasim die Chalukka als Pro-Kopf-Summe verteilten, war sie bei den Sephardim nur für professionelle Gelehrte und Gemeinnutz bestimmt. Vor allem im 19. Jahrhundert von großer Bedeutung für die Entwicklung der jüdischen Ansiedlung (z. B. die Gründung neuer Stadtviertel außerhalb der Altstadt von Jerusalem), wurde die Chalukka in der 2. Hälfte des 19. Jahrhunderts Zielscheibe der Kritik; bemängelt wurde vor allem der (aschkenasische) Brauch, das Geld an Menschen zu verteilen, die weder arm noch gelehrt waren. Im heutigen Israel hat die Unterstützung durch zionistische Organisationen die Chalukka in erheblichem Maße verdrängt; Reste der traditionellen Chalukka finden sich vor allem in der finanziellen Unterstützung der Jeschiwot in Israel durch Juden aus der Diaspora.
L M. M. Rothschild, Halukkah, 1969 (englisch). (LD/TK)

Chaluz (Plural »Chaluzim«, hebräisch »Pionier«), landwirtschaftlicher Pionier, der das zionistische Idealbild der →Chaluziut, vor allem durch Zugehörigkeit zu einem →Kibbuz oder →Moschav, zu verwirklichen suchte. (DB/MW)

Chaluziut (von »Chaluz«, hebräisch »Pionier«). Der Begriff bezog sich ursprünglich auf das zionistische Ideal der Einwanderer der dritten →Alija und bezeichnete eine Rückkehr in die jüdische Heimat (d. h. Palästina) mit dem Ziel, das Land wieder zu bebauen. Chaluziut stand für ein nationales und soziales Ideal, das einen Verzicht auf Verbesserung des eigenen materiellen Lebensstandards zugunsten harter körperlicher Arbeit im Dienst der Gemeinschaft bedeutete, am Anfang in der Regel bei der Erschließung verkarsteter oder versumpfter Gebiete für die jüdische Landwirtschaft. Als höchste Erfüllung des Chaluziut-Ideals galt der Eintritt in einen →Kibbuz. Später gehörte auch der Dienst in der →Hagana zum Bild des selbstlosen Chaluz. Obwohl nur eine Minderheit der Einwanderer in den 1920er und 1930er Jahren tatsächlich Chaluzim waren, erfüllten sie eine Vorbildfunktion für alle Zionisten und waren das dominierende Bild in der Literatur und Kunst dieser Zeit. (DB/MW)

Chamberlain, Houston Stewart →Antisemitismus, →Völkische Bewegung

Chamez →Pessach

Chananel ben Chuschiel, Talmudgelehrter in Kairouan (Nordafrika), ? – 1055/56, verfaßte den ersten zusammenhängenden Kommentar zum Großteil des babylonischen Talmuds, von dem noch die Stücke zum ganzen Seder Moed, zu einem Großteil von Naschim und Nesikin sowie zum Traktat Ber erhalten sind. Chananel ben Chuschiel bezieht sich in seinem Kommentar vor allem auf Hai Gaon ben Scherira, aber auch auf seinen Vater Chuschiel ben Elchanan. Er faßt sich kurz und erklärt schwierige Passagen. Chananel ben Chuschiels Hauptinteresse ist das Feststellen der →Halacha, ferner gibt er schwer verständliche Wörter in der Landessprache (Arabisch, Griechisch) wieder. Chananel ben Chuschiel zieht auch den palästinischen Talmud heran. Sein Talmudkommentar war weit verbreitet und stellt ein Zwischenglied zwischen der Lehre der babylonischen Geonim (→Gaon), den nordafrikanischen Gelehrten einerseits und den europäischen und palästinischen Gelehrten andererseits dar. Chananel ben Chuschiel verfaßte auch einen Torakommentar. (LD/TK)

Chanukka (hebräisch »Einweihung«), achttägiges jüdisches →Fest, beginnend mit dem 25. Kislew (→Kalender). Nach (1 Makk 4,36–59) reinigte Juda Makkabäus (→Hasmonäer) den entweihten →Tempel, entfernte den heidnischen Altar und brachte auf einem neuen Altar wieder Brandopfer dar (Dezember 165 v. Z., vgl. 1 Makk 4,59 mit 1,59). Bei →Josephus heißt das Fest »Lichter«. Eine der zahlreichen Chanukka-Legenden erzählt von einem einzigen Fläschchen mit reinem Öl, das die Griechen nicht entweiht hatten und das – obwohl der Menge nach nur für einen Tag ausreichend – durch ein Wunder acht Tage brannte (Schab 21b). Erst aus der 2. Hälfte des 1. Jahrhunderts n. Z. wird das Anzünden von Lichtern berichtet. Die →Mizwa von Chanukka bestand zunächst im Anzünden eines Lichts pro Haushalt. Die Eifrigen entzündeten jedoch mehr Lichter: nach der Schule →Hillels am ersten Tag eines, an den folgenden Tagen immer eines mehr, während die Schule →Schammais es umgekehrt lehrte (Schab 21b). Durchgesetzt hat sich die Schule Hillels. Der Chanukka-Leuchter (Chanukkija, acht Arme und zusätzlicher Schammasch [»Diener«]) muß von Sonnenuntergang bis zur Stunde, da der letzte die Straße verlassen hat, angezündet werden. Er soll vor dem Hauseingang, mindestens aber sichtbar am Fenster stehen(außer bei Gefahr: Schab 21b). Auch Frauen sind zum Anzünden der Lichter verpflichtet (Schab 23a). Dabei wird je eine →Beracha für die Lichter und für die Wunder gesagt. An Chanukka werden der Toraabschnitt (Num 7,1 – 8,4) sowie besonders Haftarot (→Haftara) gelesen. Chanukka ist heute ein beliebtes Familienfest. Typische Speisen sind ölige Pfannkuchen (Latkes) und Spritzgebäck (Sufganijot); Kinder spielen mit einem Kreisel (hebräisch »Sewiwon«, jiddisch »Treidel«). (LD/TK)

Chanukka-Leuchter →Kunstgewerbe

Chargaff, Erwin, Biochemiker und Schriftsteller, 11. 8. 1905 Tschernowitz, lebt in New York. 1923–28 Studium der Chemie in Wien, Abschluß mit Promotion. 1930 bis April 1933 Tätigkeit am »Hygienischen Institut« der Berliner Universität, danach Flucht nach Frankreich. Wissenschaftliche Tätigkeit am Institut Pasteur in Paris. 1934 starb der Vater, Hermann Chargaff, in Wien. 1935 Übersiedlung in die USA, wo er im Oktober eine Stellung an der New Yorker Columbia University antrat. 1943 wurde die in Europa zurückgebliebene Mutter deportiert und ermordet. 1948/49 machte Chargaff die wichtigste Entdeckung seiner wissenschaftlichen Laufbahn: die der Komplementarität der Basen Adenin und Guanin sowie Cytosin und Thymin in der Erbsubstanz des Zellkerns. Nach seiner Emeritierung im Jahr 1974 ging Chargaff seiner schriftstellerischen Neigung nach. Im Alter von 70 Jahren begann Chargaff Essays und Aphorismen zu veröffentlichen, die ihn als radikalen Kritiker der naturwissenschaftlichen Forschung und als Geschichtsphilosophen ausweisen. (WJ)

Charosset →Pessach

Chasan, Kantor, Vorbeter in einer →Synagoge. In rabbinischer Zeit gab es keinen festen Kantor; jedes Gemeindemitglied konnte als Scheliach zibbur (»Gemeindebeauftragter«, Vorbeter) das Gebet (→Tefilla) leiten und die Tora vorlesen. Der Ausdruck Chasan bezeichnete damals verschiedene Ämter in der Synagoge. In gaonäischer Zeit (→Gaon) wurde der Chasan zum ständigen Vorbeter. Gründe dafür waren die zunehmende Komplexität der Liturgie, die schwächere Kenntnis des Hebräischen in der Bevölkerung, der Wunsch nach stimmlicher Schönheit, vor allem die Einführung der Pijutim (liturgische Dichtungen, →Pijut), deren Melodie oft vom Chasan selbst entwickelt wurde. Während des Mittelalters stieg das Ansehen des Chasan; bedeutende Gelehrte wie Rabbi →Meir ben Baruch aus Rothenburg und →Jakob ben Mose ha-Levi fungierten auch als Chasan. Ein Chasan soll eine gute Stimme und einen →Bart haben, verheiratet, untadelig und mit der Liturgie vertraut sein. Die Überbetonung der musikalischen Gestaltung erregte hin und wieder Kritik. Seit dem 19. Jahrhundert vollzogen sich starke Umbrüche: Klassische Motive (Salomo Sulzer) und Wechselgesang von Chasan und Chor wurden eingeführt; in manchen Reformgemeinden wurde das Amt des Chasan sogar abgeschafft. Zugleich entwickelte sich die Kantillationskunst fort. Ausbildung zum Chasan heute vor allem in den USA, in Großbritannien und Israel.

🄻 A. Z. Idelsohn, Hebräisch-orientalischer Melodienschatz, 1914–32. – A. M. Rothmueller, Die Musik der Juden, 1951. (LD/TK)

Chasaren, Turkstämme, die teils nomadisierten, teils seßhaft waren. Die Chasaren schufen sich im 7. Jahrhundert im Gebiet zwischen dem Kaspischen und dem Schwarzen Meer ein geschlossenes Reich und behaupteten sich zwischen den rivalisierenden Weltmächten Byzanz und Islam. Als Kaufleute, königliche Berater und Ärzte hatten zahlreiche aus Byzanz und Kleinasien gekommene Juden beträchtlichen Einfluß und nutzten ihn offenbar, um ihre Religion zu propagieren. Um die Mitte des 8. Jahrhunderts traten der König (Chagan) und der größere Teil der chasarischen Oberschicht zum Judentum über – ein Schritt, der in der jüdischen Diaspora Westeuropas großes Aufsehen erregte und messianischer Hoffnungen neue Nahrung gab; man deutete das unerwartete Auftreten eines jüdischen Volkes als die Wiedergeburt der Zehn Stämme Israels und sah darin ein Vorzeichen für die Ankunft des Messias. Das Chasarenreich ging in den Mongoleneinfällen des 13. Jahrhunderts zugrunde. Inwiefern zwischen Chasaren und osteuropäischen und ungarischen Juden ein Zusammenhang besteht, ist unklar.

🄻 P. B. Golden, Khazar Studies, 2 Bände, Budapest 1980. – A. H. Posselt, Geschichte des chazarisch-jüdischen Staates, Wien 1982. (PAU)

Chaser (eigentlich hebräisch »chasir«, »Schwein«), in verächtlichem Sinne gebraucht; jemand, der die Speisegesetze nicht befolgt. (RED)

Chasside Aschkenas (hebräisch »die Frommen Deutschlands«), elitäre, ethisch-mystische Frömmigkeitsbewegung innerhalb des deutschen, später z.T. auch des französischen Judentums im 12./13. Jahrhundert. Die Chasside Aschkenas sammelten sich anfangs in Regensburg, Speyer, Worms und Mainz; im Zentrum der Bewegung stand vor allem die Familie →Kalonymus. Wichtigste Führungspersönlichkeiten: Samuel ben Kalonymos he-Chassid (2. Hälfte 12. Jahrhundert), sein Sohn →Juda ben Samuel he-Chassid aus Regensburg und dessen Schüler →Eleasar ben Juda aus Worms. Wichtigstes Werk des Kreises ist das »Sefer Chassidim«, das großen Einfluß auf die ethische Literatur des Judentums gehabt hat. Die Chasside Aschkenas bezogen sich (in enger Verbundenheit mit der →Kabbala) auf die →Hekalot-Literatur und die Thronwagen-(Merkawa-)Mystik, schöpften aus Ideen der jüdischen Philosophie (vor allem →Saadja ben Josef); ferner bestehen Einflüsse durch die christlichen Frömmigkeitsbewegungen der Zeit, vor allem in der Askese. Zugleich versuchten die Chasside Aschkenas unter dem Eindruck christlicher Greueltaten in den Kreuzzügen ihrer christlichen Umwelt entgegenzutreten; sie entwickelten eine besondere Wertschätzung des Martyriums (→Kiddusch ha-Schem). Die Chasside Aschkenas bekämpften anthropomorphe Gottesvorstellungen und sahen, sofern solche in der Bibel vorkommen, dort die Kawod (»Gottherrlichkeit«) oder →Schechina angesprochen, die durch Emanation aus Gott »herausfließt«; zugleich betonten sie die Immanenz Gottes in der Schöpfung. Sie knüpften mystische Vorstellungen an den →Gottesnamen und an Buchstaben des hebräischen Alphabets. Sie strebten materiellen Ausgleich an: Ungleichheit sei ein Ergebnis der Sünde, Eigentum verpflichte, so daß es unter Chasside Aschkenas üblich war, den Zehnten für Arme zu geben. Als esoterischer und moralisierender Kreis standen die Chasside Aschkenas in der Spannung von Absonderung von der Masse und dem Anspruch, den einfachen Menschen Führer im Sinne ihrer Ziele zu sein; dies führte zu zahlreichen Konflikten mit den örtlichen Rabbinern.

L G. Scholem, Die jüdische Mystik in ihren Hauptströmungen, 1957. (LD/TK)

Chasside Umot ha-Olam →Noachidische Gebote

Chassidische Musik →Musik, jüdische

Chassidismus, mystisch-religiöse jüdische Bewegung, um die Mitte des 18. Jahrhunderts in Südostpolen entstanden, ergriff später breite Schichten des Judentums in der Ukraine, in Galizien, Zentralpolen, Weißrußland und Ungarn, in geringerem Maße in Litauen, wo sich die stärkste Gegnerschaft zum Chassidismus bildete (→Mitnagged). Zum Entstehen des Chassidismus trugen äußere Lebensumstände (Verfolgungen, Verarmung durch Kriege und die beginnende Aufspaltung Polens) und innerjüdische Faktoren bei (Enttäuschung über die messianischen Bewegungen →Sabbatai Zewis und der Frankisten und über die nüchtern-restriktive Antwort der Rabbiner). Der Chassidismus begann mit →Israel ben Elieser Baal Schem Tow (gestorben 1760), Wunderheiler und Charismatiker. Er schnitt die →Kabbala des Isaak ben Salomon →Luria auf die breiten Volksschichten zu; seit etwa 1740 sammelte er in Medschibosch (Podolien) einen Kreis von Schülern und ergebenen Bewunderern. Sein Nachfolger wurde Maggid →Baer (Dow) von Mesiritsch (gestorben 1772), weniger als sein Vorgänger ein Mann des Volkes, dafür aber der geordneten Rede. 1772 wurden die Anhänger des Chassidismus auf Betreiben von →Elia ben Salomo Salman zweimal mit dem Bann (→Cherem) belegt, 1781 ein drittes Mal. Dennoch großer Zustrom und geographische Ausbreitung. Seit der dritten Generation (um 1773–1815) Dezentralisierung der Leitung, Herausbildung verschiedener Gruppen und Dynastiebildung durch Erblichkeit der leitenden Stellung (→Zaddik). So begründete Schneur Salman aus Ladi, den CHaBaD-Chassidismus (CHochma Bina Da'at – »Weisheit, Verstand, Wissen«). Rabbi Nachum aus Tschernobyl gründete eine ukrainische Dynastie, Rabbi Israel aus Ruschin, ein Urenkel des Maggid von Mesiritsch, die Dynastie der Ruschiner oder Sadagorer (vor allem in Rumänien). Um Rabbi →Levi Isaak ben Meir von Berdiczew ranken sich viele Legenden. Die Schüler des Rabbi →Nachman aus Brazlaw wählten sich nach dessen Tod keinen neuen Zaddik, sondern sammeln sich bis heute an seinem Grab, um von ihm Kraft und Weisung zu empfangen. Die →Haskala brachte eine Annäherung von Chassidismus und Orthodoxie im Kampf gegen diesen gemeinsamen Feind. Grundlehre des Chassidismus ist die panentheistische Annahme, daß Gott die gesamte Schöpfung, auch die Materie, durchdringt; selbst das Böse ist eine (niedrige) Stufe des Guten. Durch Konzentration auf das Wesenhafte der Dinge und ekstatische »Begeisterung« (Hitlahawut) gelangt der Mensch zur »Anbindung« an

Gott (Dewekut) und zur absoluten Einheit mit ihm und erlöst die in der Materie versprengten »Funken« (Nizozot) des Göttlichen. Gottesdienst kann daher jede körperliche Handlung sein; Gebete sind nicht an einen bestimmten Ort gebunden, müssen aber mit »bewußter Absicht« (→Kawwana) gesprochen werden. Der Zaddik ist Mittelpunkt der Gruppe und Mittler zwischen Gott und den Menschen. Anders als die Kabbala preist der Chassidismus die Freude; Trauer und Fasten werden bekämpft. Hatten manche Gruppen anfangs das Talmudstudium zugunsten der Kontemplation und der sozialen Handlung (Armenunterstützung, →Chalukka) zurückgedrängt, so wurde die Jeschiwa seit der 2. Hälfte des 19. Jahrhunderts auch im Chassidismus eingeführt. Besondere Eigenarten des Chassidismus sind Tanz und Niggun (»Musik«), die Melawwe Malka (vierte Mahlzeit nach Sabbatausgang) am →Sabbat, bei der die Chassidim den Worten des Zaddik lauschen, die Verwendung eines besonders »geschliffenen« Messers für die →Schechita, der häufige Besuch des Tauchbads (→Mikwe) und anderes mehr. Nach der Zerstörung des osteuropäischen Judentums im Holocaust leben Anhänger des Chassidismus vor allem in den USA und in Israel.

Ⓛ G. Scholem, Die jüdische Mystik in ihren Hauptströmungen, 1957. (LD/TK)

Cheder →Schulwesen

Chemnitz. Erst seit Mitte des 19. Jahrhunderts war Juden die Ansiedlung in der sächsischen Industriestadt erlaubt, nachdem ihnen besonders im 17. Jahrhundert das Wohnrecht verweigert worden war. Seit 1867 lebten vereinzelt Juden in Chemnitz, aber erst nach 1870/71 und nach der Aufhebung zahlreicher Beschränkungen kam es zu einem verstärkten Zuzug, so daß bereits 1878 die erste Synagoge eingeweiht werden konnte. Durch die kriegsbedingte Zuwanderung von 1200 Ostjuden im Jahr 1914, die fast die Hälfte der Gemeindemitglieder stellten, setzte sich die Expansion fort. Anfang der 1930er Jahre lebten 4000 Juden in Chemnitz. Im Februar 1945 wurden die letzten Juden aus Chemnitz ins KZ Theresienstadt deportiert. Bei der Volkszählung im Jahr 1946 bekannten sich 55 Bürger, die die Lagerhaft überlebt hatten, zur im Herbst 1945 wiedergegründeten Gemeinde. Im Jahr 1990 umfaßte die jüdische Gemeinde der Stadt Chemnitz, die von 1953–90 offiziell »Karl-Marx-Stadt« hieß, nur noch ein Dutzend Personen; bis 1997 ist diese Zahl aufgrund der jüdischen Zuwanderer aus der GUS auf rund 150 gestiegen.

Ⓛ A. Diamant, Chronik der Juden in Chemnitz, heute Karl-Marx-Stadt, 1970. (LM)

Cherem (hebräisch »Bann«), in der Zeit der →Tannaiten heißt der Bann »Niddui«; er bezeichnet die Strafe des Ausschlusses einer Person von der Gesellschaft oder von bestimmten gesellschaftl.-religiösen Rechten und Funktionen, war weit verbreitet und konnte unter Umständen nach dem Tod wieder aufgehoben werden (→Elieser ben Hyrkanos). Im babylonischen (nicht im palästinischen) Talmud wird zwischen dem (leichteren) Niddui und dem (schwereren) Cherem unterschieden: Zunächst wird der Niddui ausgesprochen; ist der Betreffende bußwillig und ersucht um Aufhebung des Niddui, wird dieser nach 30 Tagen gelöst, andernfalls um 30 Tage verlängert, und erst danach der Cherem ausgesprochen. Dem mit Niddui Belegten ist Sozialkontakt (Studium, Geschäft) erlaubt, während zum Gebannten alle Kontakte (bis auf ein kleines Erwerbsgeschäft) abgebrochen werden. Beide müssen sich wie Trauernde verhalten, dürfen weder ihre Haare schneiden noch ihre Kleider waschen; der Sarg eines im Bann Gestorbenen wird durch Auflegen eines Steins »gesteinigt«. Seit der gaonäischen Zeit (→Gaon) wurden die Strafen bei Cherem verschärft und der Gebannte wie ein Nichtjude behandelt (Verbot der Beschneidung und der Heirat von Kindern des Gebannten, ihr Ausschluß aus der Schule, Verweis seiner Frau aus der →Mikwe, Verweigerung einer jüdischen Bestattung); zugleich wurde der Cherem vornehmlich Zwangsmittel gegen Schuldner. Auch die Annahme rabbinischer Entscheidungen wurde durch Androhung von Cherem erzwungen (→Gershom ben Jehuda, →Ehe). Der Cherem wurde in der Synagoge über der Torarolle gesprochen; der →Schofar wurde geblasen, die Anwesenden löschten Kerzen, die sie in der Hand hielten. Im Lauf der Zeit verlor der Cherem durch zu häufige Anwendung seine Wirksamkeit. (LD)

Cherubim →Engel

Cherut (hebräisch »Freiheit«), 1948 aus dem →Irgun Zvai Leumi mit Beteiligung von Revisionisten und der →Lechi gegründete, stark nationalistische israelische Partei. Von der Gründung bis 1983 war M. →Begin der Parteiführer. 1951/52 erklärte sich die Cherut grundsätzlich gegen die Annahme von Wiedergutmachungsgeldern aus Deutschland. 1965 bildete sie zusammen mit der →Liberalen Partei den →Gachal-Block. Bis 1967 blieb sie in der Opposition; gehörte 1967–70 der Regierung der nationalen Einheit an. 1977 gewann der von ihr geführte →Likud-Block die Knessetwahlen. 1977–84 war sie die dominierende Partei in der Regierungskoalition. 1983 trat Ministerpräsident I. →Schamir an die Spitze der Partei. 1984–90 regierte sie mit der →Arbeitspartei in einer Koalition der nationalen Einheit, seit 1990 ohne IAP in einer Koalition mit religiösen und rechten Parteien. 1988 ging die Cherut in die Likud-Partei über. Die Cherut betrachtet das Westjordanland als Teil des historischen Israel. Dagegen war sie in bezug auf den Sinai nicht ideologisch festgelegt. Während Begins Regierungszeit wurde infolge der →Camp-David-Abkommen der 1967 eroberte Sinai an Ägypten zurückgegeben. Einerseits tritt die Cherut für freie Marktwirtschaft ein, bekämpft den Einfluß der →Histadrut als Arbeitnehmer- und zugleich Arbeitgeberorganisation und lehnt den Streik als Mittel zur Konfliktlösung ab. Andererseits vertritt sie besonders die Interessen ihrer überwiegend städtischen Wähler aus den weniger wohlhabenden Schichten der afro-asiatischen Israelis und fordert daher staatliche Zuschüsse für wirtschaftliche Grundgüter. Sie verlangt die Auflösung der von der Histadrut dominierten Krankenkasse zugunsten einer staatlichen Krankenversicherung. Die Cherut befürwortet den sozialen Wohnungsbau in Israel und in den besetzten Gebieten (→Siedlungspolitik).

Die Cherut erzielte in den Wahlen zur Knesset folgende Ergebnisse (für weitere Wahlergebnisse vgl. Gachal und Likud):

1949	11,5%	der Stimmen	14	Mandate
1951	6,6%	der Stimmen	8	Mandate
1955	12,6%	der Stimmen	15	Mandate
1959	13,5%	der Stimmen	17	Mandate
1961	13,8%	der Stimmen	17	Mandate

L N. Orland, Die Cherut. Analyse einer rechtsorientierten Partei, 1983. – N. Orland, Cherut – Gachal – Likud 1965 bis 1977, 1994. – M. Wolffsohn/D. Bokovoy, Israel. Geschichte, Politik, Gesellschaft, Wirtschaft, [5]1996. – M. Wolffsohn, Politik in Israel, 1983. (DB/MW)

Cheschwan →Kalender

Chewra Kaddischa (hebräisch »heilige Vereinigung«), eine in allen jüdischen Gemeinden bestehende »Beerdigungsbrüderschaft«, deren Zweck die Fürsorge in Krankheitsfällen sowie die Bestattung der Toten ist. Wegen des rituellen Gebots, nach Berührung eines Leichnams sieben Tage den Tempel nicht aufsuchen zu dürfen (Unreinheit), wurden schon in Jerusalem die Totenbestattung sowie die Spendung von Trost und Hilfe den Trauernden gegenüber einer Gruppe von Gemeindeangehörigen übertragen. Die Mitglieder der Chewra Kaddischa nehmen Aufgaben der Krankenpflege, der Leichenbestattung, der Gedächtnisgottesdienste und der Waisenfürsorge in der Gemeinde wahr. Ebenso obliegt ihnen die Friedhofserhaltung. Einige Chewra Kaddischa unterhielten auch ein Spital, das Zugereisten offenstand. Die Leistungen werden durch Begräbnisgebühren und Beiträge der Gemeindemitglieder finanziert. Zu den ältesten Chewra Kaddischa-Gründungen in Deutschland gehören Frankfurt am Main (vor 1600), Halberstadt (1631), Worms (1659) und Mainz (1661). (RD)

Chewra Psychoanalytith d'Erez Israel, gegründet 1934. Bereits in den 20er Jahren entwickelte sich das Interesse an der Psychoanalyse in Palästina; ihre organisatorische Grundlage und damit auch ihre systematische Anwendung entstanden aber erst auf Initiative M. →Eitingons. Die Gründergruppe der Psychoanalytischen Gesellschaft Palästinas (seit 1948: Israelische Psychoanalytische Gesellschaft) bestand überwiegend aus Einwanderern aus dem deutschsprachigen Raum, so daß sich die Sprache, die das zentrale Medium der Psychoanalyse ist, als ernstes Problem für die Arbeit der ersten Jahre erwies. Der Anwendungsbereich reichte über die Therapie von Patienten und die Ausbildung von Kandidaten, wie sie in dem 1934 gegründeten Institut in Jerusalem praktiziert wurden, hinaus: Im Erziehungswesen ersuchte die Einwanderungsabteilung für Kinder und Jugendliche der →Jewish Agency um psychoanalytische Beratung, und in die Kibbuzerziehung flossen z. T. analytische Erkenntnisse ein. Mit wachsendem Bedarf verlagerte sich die Arbeit von der direkten Hilfeleistung zur psychoanalytisch orientierten Ausbildung von Lehrern, Erziehern und Jugendleitern. Ein weiteres Betätigungsfeld ist heute die Betreuung der durch Krieg und Unruhen entstehenden Kriegsneurosen bei Soldaten und ihren Angehörigen. (CH)

Chibbat Zion (hebräisch: »Liebe zu Zion«), bekannte zionistische Bewegung der 2. Hälfte des 19. Jahrhunderts, besonders in Rußland und Rumänien. Ihre Anhänger nannten sich Chowewe Zion (Zion-Liebende) und bemühten sich, praktische Unterstützung für die erste →Alija und die ersten jüdischen Siedlungen in Erez Israel zu leisten, wobei sie von Philanthropen wie dem Baron E. de Rothschild gefördert wurden. (AB)

Chidduschim (hebräisch »Novellen«), die Ableitung neuer Einsichten aus talmudischen und rabbinischen Texten (mit dem Ziel, die →Halacha zu klären). Wenn auch die Grenze zwischen Kommentar und Chidduschim oft schwer zu ziehen ist (typisch z. B. für →Abraham ben David aus Posquières), gehen Chidduschim über den Kommentar hinaus, da sie eine Analyse von Thema und Prinzipien des jeweiligen Textes voraussetzen und daraufhin im Sinne der Tora Antwort geben auf halachische Fragen, die durch neue Lebensumstände entstanden sind. Erste Chidduschim in der gaonäischen Zeit (→Gaon), in denen der Rahmen einer Halacha festgelegt oder Bedingungen für die Anwendung einer Halacha angegeben wurden, dann vor allem Chidduschim in den →Responsen. Manche Gelehrte seit dem 15. Jahrhundert (→Acharonim) neigen in ihren Chidduschim oft zu Scharfsinn (→Pilpul) und diskutieren z. T. hypothetische Fälle. Andere, wie J. →Landau und A. →Eger, lösten eine Vielzahl von Problemen; ihre Chidduschim gingen in die Halacha ein. (LD)

Chija der Große, Vertreter der fünften Generation der →Tannaiten, Ende des 2. Jahrhunderts Babylonien. Sohn des Abba ben Acha; der Familie wird davidische Abstammung nachgesagt. Chija der Große kam später nach Palästina, trat in das →Bet ha-Midrasch von Rabbi →Jehuda ha-Nassi ein, entwickelte sich zu seinem bevorzugten Schüler und wurde von ihm als beinahe ebenbürtiger Gelehrter anerkannt. Mit Chija des Großens Namen ist eine bedeutende Sammlung von Baraitot (→Baraita) verbunden (»geheime Rolle«); er galt zusammen mit Rabbi Orchaja ben Chama als Garant für die Zuverlässigkeit der Baraitot. Da er als Tannait und →Amoräer galt, war er berechtigt, anderen Tannaiten zu widersprechen, während er zugleich in vielen amoräischen Diskussionen zitiert wird. Chija der Große war im Seidenhandel tätig. Er war der Onkel und Lehrer von →Abba Arikha. (LD/TK)

China. Vom 8. Jahrhundert an sind in China Juden belegt, die aus Persien auf dem Landweg nach Khotan (Turkestan), auf dem Seeweg nach Canton kamen. Seit der Sung-Dynastie (10. Jahrhundert) gab es eine jüdische Gemeinde in Haifeng (Honan). Marco Polo bezeugte nach 1279 die Anwesenheit von Juden am Hof des Mongolenherrschers Kublai Khan in Peking. Aus dem 14. Jahrhundert sind drei kaiserliche Dekrete bekannt, die neben Muslimen und Christen auch Juden betrafen. Erst Mitte des 19. Jahrhunderts entstanden neue jüdische Gemeinden in chinesischen Hafenstädten wie Hongkong und Schanghai. Nach der Oktoberrevolution siedelten sich russische Juden in der Mandschurei an; Charbin zählte damals 5000 Juden. Nach 1938 bot das von den Japanern besetzte Schanghai etwa 20 000 aus Deutschland vertriebenen Juden die letzte Zuflucht. Seit Ende des Zweiten Weltkriegs leben Juden – soweit bekannt – nur noch in Hongkong.
🄻 W. C. White, Chinese Jews, 1966. (FL)

Chiwi Al-Balkhi, Freidenker des 9. Jahrhunderts (Persien). Chiwi Al-Balkhis 200 religions- und bibelkritische Thesen sind nur in den zahlreichen Widerlegungen seiner Gegner, vor allem des →Saadja ben Josef, erhalten. Sein Verdienst für die jüdische Philosophie war es, eine rationale Verteidigung des biblischen Glaubens provoziert zu haben.
🄻 I. Davidson, Saadia's Polemic against Chiwi Al-Balkhi, New York 1915. (DK)

Chmielnicki-Pogrome, eines der blutigsten Pogrome der ostjüdischen Geschichte vor dem →Holocaust, in die polnische Geschichtsschreibung unter der Bezeichnung »Sintflut« eingegangen. Ausgangspunkt der Massenmorde an den Juden Polens (die Zahl der Opfer wird auf 100 000 geschätzt) war der Aufstand der ukrainischen Kosaken gegen den polnischen Landadel 1648, der von Bogdan Chmielnicki angeführt wurde. Die marodierenden Kosaken, die sich mit den Krimtataren verbündet hatten, ermordeten auf ihrem Weg durch die Ukraine und durch Polen unterschiedslos jüdische und polnische Zivilisten, plünderten und brandschatzten. Die Grausamkeit der Chmielnicki-Pogrome, die sich zu einem Volksaufstand ausweiteten, ist in vielen Augenzeugenberichten festgehalten (so die Chronik von Nathan Hannover, »Jewen metzula«, Venedig 1653, deutsch 1863). Die Aufstände flackerten in den folgenden Jahren immer wieder auf. Als schwedische und russische Truppen eingriffen, wurden Juden nun auch von polnischen Truppen des Verrats bezichtigt, verfolgt und ermordet. Die Friedensschlüsse von Oliva 1660 und Andrussowo 1667 beendeten zwar die Kriege, nicht aber die Pogrome. Die Folge der jahrzehntelangen Verfolgungen und Vertreibungen war die wirtschaftliche Verelendung des polnischen Judentums und die Entstehung von neuen messianischen Bewegungen. Viele Juden emigrierten nach Westeuropa. (BV)

Chol ha-Moed, Zwischenfeiertage der →Feste →Pessach und →Sukkot, in Israel mit dem zweiten, in der Diaspora mit dem dritten Tag des Festes beginnend. Für das Haar- und Bartschneiden gelten an Chol ha-Moed besondere Bestimmungen. Erlaubt sind erhaltende oder Schaden vermeidende Arbeiten; für die Arbeiten darf – außer im Fall äußerster Armut – kein Geld genommen werden. Hochzeitsfeiern sind verboten. Ferner gibt es besondere Bestimmungen für die Behandlung von Toten und für die →Trauerriten an Chol ha-Moed. Im →Schemone essre wird nach der Bitte um die Erneuerung des Tempelgottesdienstes das Gebet »ja'ale we-jawo« (»es möge aufsteigen und kommen« – unser Angedenken vor Gott usw.) eingefügt; im Tischgebet wird es in die Bitte für Jerusalem eingeschoben. An Chol ha-Moed von Sukkot wird →Hallel, an Chol ha-Moed von Pessach Halb-Hallel gebetet. An Chol ha-Moed von Sukkot finden Umzüge mit Feststräußen (→Lulaw) statt. (LD)

Jüdische Gemeinden in China um das Jahr 1200.
Nur in Kaifeng hielten sich Juden bis ins 20. Jahrhundert

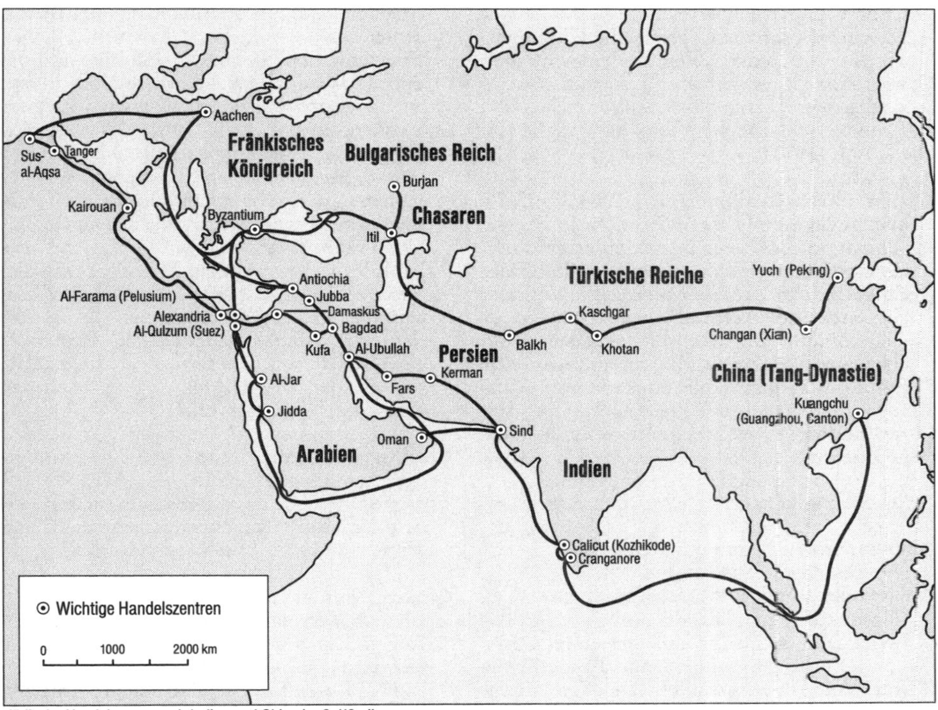

Jüdische Handelswege nach Indien und China im 9./10. Jh.

Chonte, im Jiddischen Bezeichnung einer Dirne; Herkunft des Wortes ist unbekannt. (RED)

Chor. Nach der Zerstörung des Tempels in Jerusalem geriet der Gesang der Levitenchöre in Vergessenheit. Allein der Vorbeter gestaltete den Gottesdienst in der Synagoge. Die Gemeinde hatte lediglich die Funktion, einzelne Responsen, wie das »Amen«, einzufügen. Aus Bagdad ist bereits aus dem Jahr 950 eine Beteiligung von Chören mit einstimmigen Hymnodien am Sabbatgottesdienst überliefert. Salomo Rossi komponierte für die Synagoge in Venedig im 17. Jahrhundert bis zu achtstimmige hebräische Gebetsgesänge. Zum Standard des mitteleuropäischen Gottesdienstes gehörte seit dem späten Mittelalter, daß dem Vorbeter »Singerl«, ein Knabe mit hoher Stimmlage, und »Baß« beigefügt waren. Sie variierten meist die vom Vorbeter vorgetragenen Melodien durch Zwischengesänge, Introduktionen oder Wiederholungen. Mit der Einführung der →Orgel wurden die traditionellen, meist nur mündlich überlieferten Gebetsgesänge gesammelt und nach den Regeln der klassischen Musik des 19. Jahrhunderts arrangiert. Entsprechend wurde der Part von Singerl und Baß in Chorgesang transformiert. Seit Mitte des 19. Jahrhunderts sind gemischte Chöre verbreitet; altfromme Gemeinden schließen weibliche Chormitglieder weiterhin aus.
[L] I. Elbogen, Der jüdische Gottesdienst in seiner geschichtlichen Entwicklung, 1913. (AN)

Chorin, Aron, Rabbiner, 3. 8. 1766 Weißkirchen – 24. 8. 1844 Arad. Studien in der Jeschiwa von Nagymarton (Mattersdorf), dann bei E. Landau in Prag. Seit 1789 Rabbiner in Arad (Siebenbürgen). Radikaler Anhänger der Reformbewegung, setzte er sich für eine umfassende Erneuerung des religiösen Lebens ein. Zahlreiche Konflikte mit den Anhängern der konservativen Richtungen in Ungarn. Zusammenfassung seiner Ansichten in »Jeled Zekunim« (Wien 1839). (AK)

Choschen Mischpat →Schulchan Aruch

Christentum →Kirche und Judentum

Christlich-deutsche Tischgesellschaft, in Opposition zum Reformkurs →Hardenbergs 1811 in Berlin auf Anregung Achim von Arnims von adligen und bürgerlichen Romantikern gegründet. Die Christlich-deutsche Tischgesellschaft trat wöchentlich zu Sitzungen zusammen. Unter ihren etwa 45 Mitglieder befanden sich Heinrich von Kleist, Clemens Brentano, Adam Müller, Carl von Clausewitz, Johann Gottlieb Fichte und Friedrich Karl von Savigny. Ein in die Statuten aufgenommener Arier-Paragraph regelte, daß kein Jude, kein getaufter Jude und kein Nachkomme eines getauften Juden als Mitglied in die Christlich-deutsche Tischgesellschaft aufgenommen werden durfte. (JS)

Christusmord-Vorwurf, auch Gottesmord-Vorwurf, Bezeichnung für die seit der Antike von Christen erhobene Beschuldigung, die Juden hätten Jesus von Nazareth verurteilt und hingerichtet. Schon in den Schriften von Matthäus, Paulus, Eusebius von Caesarea, Origenes und Augustinus wird die Schuld am Tod Jesu den Juden zugewiesen: Der römische Statthalter Pontius Pilatus habe ihn aufgrund der Anklage des jüdischen →Sanhedrins verurteilt und hinrichten lassen. Trotz einer Reihe von Widersprüchen (so ist kein weiterer Fall bekannt, daß die römische Besatzungsmacht ein Verfahren der innerjüdischen Gerichtsbarkeit zum Abschluß gebracht hätte; auch ist u. a. die Schilderung unglaubwürdig, der Sanhedrin habe in der Nacht und an einem Feiertag getagt, was religionsgesetzlich verboten war) wurde der Christusmord-Vorwurf von den Kirchen (→Kirche und Judentum) vor allem im Mittelalter immer wieder erhoben und erst auf dem Zweiten Vatikanischen Konzil (1962–65) fallen gelassen. Der Christusmord-Vorwurf war seit dem Mittelalter ein verbreitetes Motiv in Kunst und Literatur und findet sich z. B. bei Albrecht Dürer, Gawriil R. Derschawin und Victor Hugo.
[L] W. Fricke, Standrechtlich gekreuzigt. Der Prozeß Jesu, 1987. – L. Poliakov, Geschichte des Antisemitismus, (8 Bände, deutsche Übersetzung von R. Pfisterer), 1977–88. (BV)

Chronik →Hebräische Bibel

Chullin →Mischna

Chuzpe, eigentlich aramäisch »Chuzpa«, »Anmaßung«, »Frechheit«, »Unverschämtheit«.

Cicero, Marcus Tullius, römischer Politiker, 63 v. Z. Konsul, berühmter Redner und erfolgreicher Strafverteidiger, Staatstheoretiker und Philosoph, 3. 1. 106 Arpinum – 7. 12. 43 v. Z. bei Formiae. Cicero arbeitete nach Caesars Ermordung 44 auf die Wie-

derherstellung der Senatsherrschaft hin, wurde aber von seinen Gegnern ermordet. Im Jahr 59 v. Z. verteidigte Cicero den wegen räuberischer Erpressung angeklagten ehemaligen Statthalter der römischen Provinz Asia, Valerius Lucius Flaccus; Flaccus hatte während seiner Statthalterschaft die von den dortigen Juden zusammengebrachten Beiträge für den Tempel widerrechtlich konfisziert, was Cicero auch gar nicht bestritt; vielmehr bezeichnete er dieses Vergehen als Ausweis gesellschaftlicher Tugend und gab so seinen antijüdischen Vorurteilen Ausdruck. Diesem Prozeß sollen viele Juden beigewohnt haben.
🄻 M. Gelzer, Cicero, 1969. (HC)

Cilibi, Moise (Ephraim Moses ben Sender), Dichter, 1812 Focşani, Rumänien – 31. 1. 1870 Bukarest. Cilibi war Autor volkstümlicher Bücher, deren Inhalt Sinnsprüche und Parabeln ethischer Art sowie Aphorismen, sprühend vor Intelligenz und Humor, sind. War fliegender Kurzwarenhändler, konnte nur hebräisch schreiben, weshalb er seine Gedichte und Anmerkungen anderen in die Feder diktierte, manchmal sogar direkt den Druckern. Seine Büchlein, die zwischen 1858 und 1870 jährlich veröffentlicht wurden, stellten den ersten jüdischen Literaturbeitrag in rumänischer Sprache dar; seine zeitgenössische Beliebtheit berechtigte ihn, seiner Unterschrift hinzuzufügen: »Berühmt in rumänischen Landen«. (AB)

Cisjordanien, das Land »diesseits«, d. h. westlich des Jordan, im Gegensatz zu Transjordanien. Der Begriff ist geographisch nicht eindeutig festgelegt. Als Cisjordanien werden meist die Teile des ehemaligen britischen Mandatsgebiets Palästina bezeichnet, die nach dem israelischen →Unabhängigkeitskrieg von Jordanien annektiert wurden und sich seit dem →Sechs-Tage-Krieg 1967 unter israelischer Verwaltung befanden oder befinden. Für dieselben Gebiete werden auch die Begriffe Westjordanland und West Bank verwendet. (Auch →Palästina). (DB/MW)

Claims Conference →Deutschland, Israel und die →Wiedergutmachung

Claudius, römischer Kaiser (41–54 n. Z.), 1. 8. 10 v. Z. Lyon – 13. 10. 54 n. Z. Rom, Neffe des Kaisers Tiberius und Onkel seines Vorgängers →Caligula, nach dessen Ermordung bei einem Militärputsch zur Regierung gelangt. Der Gefährte seiner Jugend und Freund →Agrippas I. soll bei der Gewinnung des Senats für Claudius eine wesentliche Rolle gespielt haben. Agrippa I., dessen Einfluß zweifellos überschätzt wird, erhielt von Claudius jedenfalls den Herrschaftsbereich →Herodes des Großen zurück. Claudius gelang es, den Bürgerkrieg zwischen Juden und Nichtjuden in Alexandria zu beenden und beide Parteien in die Schranken zu verweisen. In seinem Edikt an die Alexandriner garantierte Claudius den Juden ungestörte Religionsausübung und den Schutz vor Übergriffen, untersagte jedoch jeden weiteren Zuzug von Juden. Jüdische Aufrührer wurden danach ebenso hart bestraft wie die Anführer bei den judenfeindlichen Aktionen in der Stadt. – Das Bild der zeitgenössischen Quellen, die Claudius als »Trottel« und von seinen verschiedenen Ehefrauen beherrscht darstellen, ist von der Forschung positiv korrigiert worden.
🄻 V. M. Scramuzza, The Emperor Claudius, 1940. (HC)

Cochin-Juden, ursprünglich wohl schon seit der Zeit vor 600 n. Z. in Cranganore (nördlich von Cochin an der Malabarküste im Südwesten Indiens), möglicherweise aufgrund von Handelsbeziehungen, ansässige Bevölkerungsgruppe. Spätestens seit dem 9. Jahrhundert Tochterkolonien auf Ceylon (Sri Lanka) und im südostchinesischen Yangtze-Delta, z. B. in Nanking (Nanjing). 1523 nach muslimischem Massaker Flucht der Überlebenden nach Cochin; 1662 in Cochin portugiesisches Pogrom; 1663 bis 1795 standen die Cochin-Juden unter dem Schutz der holländischen und seit 1795 unter dem der britischen Kolonialbehörden. Seit 1947 Übersiedlung der Mehrheit der Cochin-Juden (3000) nach Israel. Um 1950 gab es noch rund 1200 Cochin-Juden mit trotz gleichem sephardischem Ritus nach »schwarzer«, »brauner« und »weißer« Kaste getrennten Synagogen, 1968 noch 100. Verstanden sich die »schwarzen« Cochin-Juden (korrekter: Malabaris) als Nachkommen der ursprünglichen Siedler, so waren die »weißen« Cochin-Juden überwiegend Nachkommen europäischer und mittelöstlicher Einwanderer des 16. und 17. Jahrhunderts. (PB)

Codex Justinianus. →Justinian I. ließ seit 527 n. Z. alle verfügbaren Quellen des römischen Rechts sammeln, überarbeiten und nach sachlichen Gesichtspunkten in einem großen Gesetzeswerk ordnen, dem sog. Corpus Iuris Civilis, das für das gesamte Römische Reich sukzessive in Kraft trat. Ein Teil davon ist der 534 veröffentlichte, etwa 4600 Verfügungen umfassende Codex Justinianus, der sich allerdings im Westteil des Römischen Reichs nicht durchsetzen konnte (→Codex Theodosianus). In 34 Verfügungen (aus dem Codex Justinianus und den Novellen Justinians) finden sich Regelungen zur Rechtsstellung der Juden und zu ihrem Verhältnis zur christlichen Umwelt, die eine neue Qualität der Beziehungen enthüllen: die Bewegungsfreiheit und die religiöse Selbstbestimmung der Juden werden in einer Weise eingeschränkt, die weit über eine Diskriminierung hinausgeht, beides vielmehr ernstlich bedroht, ja unmöglich macht. Zwangstaufen wurden begünstigt, jüdischer Sklavenbesitz untersagt und damit die wirtschaftliche Basis jüdischer Grundbesitzer ruiniert. (HC)

Codex Theodosianus, Sammlung kaiserlicher Verfügungen (leges generales), die seit 312 ergangen waren und die →Theodosius II. in 16 Büchern systematisch anlegen ließ. Seit 1. 1. 439 im gesamten Römischen Reich ausschließliche, fortlaufend ergänzte Grundlage der Rechtsordnung und -sprechung. Mehr als 50 Verfügungen enthalten Bestimmungen zum Rechtsstatus (Privilegien, Rechtsangleichung und -minderung, Rechtsschutz) und zum Verhältnis der Juden zu ihrer christlichen gewordenen Umwelt (Proselytismusverbot, Konversionen, Apostasieverbot, Schutz von Christen), die gegenüber dem vorkonstantinischen Judenrecht essentiell keine qualitative Veränderung darstellen: Die Kultausübung der Juden blieb geschützt, sie wurden aber sozial diskriminiert, sofern nicht politische und wirtschaftliche Interessen des spätrömischen Staates unmittelbar davon betroffen waren (Erhaltung des Steueraufkommens und der Funktionsfähigkeit der städtischen Selbstverwaltung). So wurde den Juden der Besitz von Sklaven grundsätzlich nicht untersagt, um die Existenz jüdischer Grundbesitzer nicht zu gefährden. Allerdings wurden Diktion und Ton der späteren Verfügungen unter dem Eindruck eines veränderten Verhaltens der christlichen Öffentlichkeit gegenüber den Juden schärfer und gehässiger, und die Juden als Personen bezeichnet, »die der höchsten Majestät und den römischen Gesetzen feindlich sind« (438). Insgesamt sind die die Juden betreffenden Verfügungen des Codex Theodosianus eher Ausweis für die Verteidigungsstellung des christlich gewordenen Reichs als für eine systematische Unterdrückung und Verfolgung der Juden. Für die germanischen Nachfolgestaaten auf dem Boden des Römischen Reichs blieben die im Codex Theodosianus formulierten Grundprinzipien und Normen auch nach dem Inkrafttreten des →Codex Justinianus, der den Codex Theodosianus ablöste, Richtschnur und wurden so eine wesentliche Grundlage für die dauerhafte Existenz der Juden im Abendland.

L A. Linder, The Jews in Roman Legislation, Detroit 1987. (HC)

Cohen, 1. Cosmann David, Industrieller, 1836 Bocholt, Westfalen – 1897 Bocholt. Erbte von seinem Großvater gleichen Namens und seinem Vater Salomon Cosmann Cohen ein Textilverlagsgeschäft, das er zu einem führenden Textilunternehmen in Westfalen ausbaute. Mitbeteiligung auch an anderen Bocholter Textilunternehmen. Mitbegründer und zweiter Vorsitzender des jüdischen Hilfsvereins »Esrass K'fufim« für mittellose jüdische Gewerbetreibende.

L E. Westerhoff, Die Bocholter Textilindustrie. Unternehmer und Unternehmen, 1984. (AH)

2. Hermann, Philosoph, Begründer der neukantianischen »Marburger Schule«, 4. 7. 1842 Coswig, Anhalt – 4. 4. 1918 Berlin. Sohn eines Kantors, sollte ursprünglich Rabbiner werden, brach jedoch sein Studium am Breslauer →Jüdisch-Theologischen Seminar ab und wandte sich dem Studium der Philosophie in Breslau und Berlin zu. 1865 Promotion zum Doktor der Philosophie in Halle. Nach der Veröffentlichung seiner epochemachenden Kant-Exegese, »Kants Theorie der Erfahrung« (1871), wurde Cohen als erster Jude in Deutschland zum Ordinarius für Philosophie nach Marburg berufen; 1876 ordentlicher Professor. Hier entwarf er von 1877 bis 1912 im Anschluß an I. →Kant und S. →Maimon und in Analogie zur naturwissenschaftlichen Methode ein eigenes System, indem er zeigte, wie das reale Sein aus dem Denken

Hermann Cohen

erzeugt und das ideale Sein aus dem reinen Willen verwirklicht wird. Cohen nahm die Religion ganz in die Ethik zurück und sah die Gottesidee nur als Bürgschaft für die zukünftige Verwandlung des realen in das ideale Sein einer freien und einigen Menschheit. Der →Berliner Antisemitismus-Streit zwang Cohen nach Jahren der Gleichgültigkeit zu einem »Bekenntnis zur Judenfrage« (1880), wobei er die völlige Integration der Juden in Deutschland feststellte. Noch in seinen enthusiastischen Kriegsschriften feierte Cohen die Harmonie von »Deutschtum und Judentum« (gleichnamige Schrift 1916) und lehnte den Zionismus entschieden ab. Gleichzeitig bezeichnete sich Cohen seit 1880 als »Ba'al T'schuwa«, als »Rückkehrer«. In seinen »Jüdischen Schriften« (3 Bände, 1867 bis 1918) stellte er das Judentum vor allem als einen von den Propheten verkündeten ethischen Monotheismus dar, den er u. a. durch sein sozialistisches Engagement zu verwirklichen suchte. Nach der Emeritierung lehrte Cohen an der Berliner →Hochschule für die Wissenschaft des Judentums. In seiner posthumen jüdischen Philosophie »Religion der Vernunft aus den Quellen des Judentums« (1919, Neudruck 1978) erkannte Cohen in der individuellen Korrelation von Mensch und Gott den über die auf die Menschheit gerichtete Ethik hinausgehenden jüdischen Beitrag zur Religion und versuchte von da aus dem Judentum gerecht zu werden. Cohen hat einen tiefgreifenden Einfluß auf jüdische Denker des 20. Jahrhunderts ausgeübt, u. a. auf M. →Wiener, L. →Baeck und F. →Rosenzweig, indirekt auch auf J. D. →Soloveitschik und die amerikanische Neuorthodoxie.

L A. Altmann, Hermann Cohens Begriff der Korrelation, 1962. – H. Liebschütz, Von Georg Simmel zu Franz Rosenzweig, 1970. (DK)

Cohen-Reuß, Max, Politiker, Journalist und Schriftsteller, 30. 1. 1876 Langenberg, Rheinland – 12. 3. 1963 Paris. Politiker, Journalist und Schriftsteller. Seit 1900 Mitglied der Gewerkschaft, 1902 Eintritt in die SPD. 1908–14 Stadtverordneter in Frankfurt am Main; 1912–18 MdR. Die Not der Ostjuden während der Besatzungszeit im Ersten Weltkrieg suchte er durch die Anwerbung ostjüdischer Arbeitskräfte für die deutsche Kriegsindustrie zu lindern. Auf seine Mitinitiative hin richtete die Deutsche Arbeiter-Zentrale im von deutschen Truppen besetzten Russisch-Polen die →Jüdische Abteilung ein, die mit der zionistischen Organisation eng zusammenarbeitete. Er selbst wurde zwar nicht Zionist, trat jedoch für die zionistische Idee ein. 1934 Emigration nach Frankreich, wo er durch die Hilfe französischer Parteifreunde die deutsche Besatzungszeit überlebte. 1947–51 ständiger Vertreter des SPD-Vorstands in Frankreich. Veröffentlichte u. a.: »Imperialistische Randbemerkungen« (1915), »Das Volk und der Krieg« (1917), »Die politische Bedeutung des Zionismus« (1918). (LH)

Cohn, 1. Gustav, Nationalökonom, 12. 10. 1840 Marienwerder, Westpreußen – 20. 9. 1918 Göttingen. Cohn studierte Nationalökonomie und war 1869 Privatdozent in Heidelberg, 1871 Professor am Polytechnikum in Riga, 1872/73 sozialpolitischer Redakteur der »Frankfurter Zeitung«, 1872 Mitbegründer des Vereins für Socialpolitik. 1875 Ruf an das Polytechnikum Zürich, 1884–1918 Professor in Göttingen. Hauptwerke: »System der Nationalökonomie« (3 Bände, 1885–98), »Finanzwissenschaft« (3 Bände, 1889). (JS)

2. Haim Hermann, Jurist, Rechtsanwalt, 11. 3. 1911 Lübeck . Studium in München, Jerusalem, Hamburg und Frankfurt am Main. 1933 Emigration über Frankreich nach Palästina. Anwalt in Jerusalem und Rechtsberater der Jewish Agency. 1948 in der gesetzgebenden Versammlung. 1950–1960 Generalstaatsanwalt im israelischen Justizministerium. 1952/53 Justizminister. Seit 1960 Richter am Obersten Gerichtshof. Gastprofessor für Rechtsgeschichte und Rechtsphilosophie. Mitglied des Internationalen Schiedsgerichts in Den Haag. Lebt in Jerusalem. (RED)

3. Jonas, Philosoph, Pädagoge, Psychologe, 2. 12. 1869 Görlitz – 12. 1. 1947 Bournville-Birmingham. Studium der Naturwissenschaft in Leipzig und Heidelberg, 1892 Promotion in Botanik, 1892–94 Mitarbeiter im Psychologischen Institut von Wilhelm Wundt, Leipzig; Habilitation 1897 bei Wilhelm Windelband in Freiburg. Cohn lehrte als außerordentlicher Professor seit 1901 bis zu seiner Entlassung 1933 an der Freiburger Universität; er emigrierte 1939 nach England und starb, bevor er nach Deutschland zurückkehren konnte. Cohn wurde auf dem Friedhof in Freiburg-Günterstal beerdigt. Philosophie wurde für Cohn im Anschluß an die Begründung des sog. Badischen Neukantianismus Wilhelm Windelband und Heinrich Rickert zur kritischen Wertwissenschaft. Seine Originalität liegt in der Konzeption der Lehre vom Dualismus des Erkennens (Utraquismus), auf der er seine Dialektik als Organon der Philosophie aufbaute. Cohn veröffentlichte zahlreiche Aufsätze zu Psychologie, Ästhetik, Ethik und Pädagogik. Hauptwerke: »Allgemeine Ästhetik« (1901), »Voraussetzung und Ziele des Erkennens« (1908), »Der Sinn der gegenwärtigen Kultur« (1914), »Geist der Erziehung« (1919), »Theorie der Dialektik« (1923), »Wertwissenschaft« (1932), »Wirklichkeit als Aufgabe« (1955), »Selbstüberschreitung. Grundzüge der Ethik, entworfen aus der Perspektive der Gegenwart« (1986). Der Nachlaß befindet sich im Jonas-Cohn-Archiv, Universität Duisburg.

[L] M. Heitmann, Jonas Cohn. Philosoph, Pädagoge und Jude, in: W. Grab/J. H. Schoeps (Hrsg.), Juden in der Weimarer Republik, 1986. – I. Idalovichi, Dialektisches Denken innerhalb des Neukantianismus. Kritische Untersuchungen zu Jonas Cohns dialektischer Philosophie (Dissertation), 1981. – D.-J. Löwisch, Jonas Cohns System der Pädagogik, in: Jonas Cohn, Vom Sinn der Erziehung. Ausgewählte Texte, 1970. (MAH)

4. Oskar, Rechtsanwalt, 15. 10. 1869 Guttentag, Oberschlesien – 2. 11. 1934 Genf. 1909 bis 1922 Stadtverordneter in Berlin und SPD-Mitglied; Mitglied der verfassunggebenden Preußischen Landesversammlung, MdR 1912–18 und 1919–20. 1919–24 MdL in Preußen. Mitglied der verfassunggebenden Deutschen Nationalversammlung. Seit Mitte der 1920er Jahre umfangreiche Tätigkeit für verschiedene jüdische Einrichtungen und Organisationen. Einziger zionistischer Parlamentarier in Deutschland. Cohn setzte sich für die Rechte der Ostjuden in der Kriegs- und Nachkriegszeit ein. 1925 Mitglied der Berliner jüdischen Repräsentantenversammlung als Vertreter der →Poale Zion. 1933 emigrierte er nach Frankreich, später in die Schweiz. In Genf arbeitete er für eine internationale jüdische Flüchtlingsorganisation. Seine Asche wurde seinem Wunsch gemäß im Kibbuz Deganya beigesetzt. (LH)

Collegio Rabbinico Italiano. Die erste moderne Studienanstalt für Rabbinatskandidaten wurde 1829 in →Padua gegründet. Auf der Grundlage einer Denkschrift des Privatgelehrten und Rabbiner von Görz (Friaul) Isaak Samuel Reggios hatte seit 1826 die »Conferenza Israelitica« mit Vertretern jüdischer Gemeinden aus Venedig, Padua, Rovigo und Mantua einen Lehrplan ausgearbeitet. Vor oder nach Besuch des Collegio Rabbinico Italiano sollte ein Jura- oder Medizinstudium absolviert werden. Erste Professoren am Institut waren der Lehrer und Vizerabbiner von Turin, Lelio della Torre, und S. D. →Luzzatto. 1871 Schließung, seit 1887 von M. M. Ehrenreich in Rom weitergeführt. 1899 Verlegung nach Florenz; mit Lehrern wie I. →Elbogen, E. S. Artom und U. Cassutto erlangte es zu Beginn des 20. Jahrhunderts erneut Bedeutung. 1934 erneute Verlegung nach Rom, jetzt unterrichteten am Collegio Rabbinico Italiano bis zur Schließung in der faschistischen Spätphase neben U. Cassutto I. Kahn und D. Lattes. Wiedereröffnung 1945. Das Institut gibt das »Annuario di Studi Ebraica« heraus.

[L] N. Pavoncello, Il Collegio Rabbinico Italiano, Rom 1961. – L. R. Prato, Cennistorici sul Collegio Rabbinico Italiano, Florenz 1900. (JÖD)

Comedian Harmonists, weltberühmte Gesangsgruppe aus fünf Sängern und einem Pianisten. Gegründet wurden die Comedian Harmonists Ende 1927 in Berlin, 1929 kam der Durchbruch. Neben dem Bulgaren Ari Leschnikoff (Erster Tenor) und den beiden Deutschen Robert Biberti (Baß) und Erwin Bootz (Klavier) hatte das Ensemble drei jüdische Mitglieder. Harry Frommermann (12. 10. 1906 Berlin bis 24. 10. 1975 Bremen) war der eigentliche Gründer der Comedian Harmonists; er besaß Witz, Phantasie und Musikalität und bewies dies auch als Tenor-Buffo in der Gruppe. Sein Vater war russischer Jude, Kantor und hervorragender Sänger. Die Freundschaft mit Asta Nielsen führte dazu, daß die Idee einer modernen komischen Gesangsgruppe in Anlehnung an die »Revellers« Ende 1927 realisiert werden konnte. Erich Abraham-Collin (26. 8. 1899 Berlin – 29. 4. 1961 Kalifornien), Zweiter Tenor, entstammte einer assimilierten Familie, er distanzierte sich von allem prononciert Jüdischen, bis er sich durch die Nürnberger Gesetze auf sein Judentum zurückverwiesen sah. Der Bariton Roman J. Cycowski (geb. 25. 1. 1901 Lodz) stammte aus einer chassidischen Familie, die von den Nationalsozialisten fast völlig ausgerottet wurde; er blieb gläubiger, wenn auch nicht observanter Jude und arbeitete nach 1942 als Kantor in den USA. Nach 1933 gab es Differenzen zwischen den »arischen« und »nichtarischen« Mitgliedern; da man sich nicht zur gemeinsamen Emigration entschließen konnte, erhielt die Gruppe 1935 Auftrittsverbot, nachdem bereits seit 1934 nur noch Auftritte im Ausland erlaubt waren. Während die jüdischen Mitglieder in Wien ein gleichnamiges Ensemble gründeten (später umbenannt in »Comedy Harmonists«), traten die nichtjüdischen Mitglieder in einem »Meistersextett« auf; beide Gruppen konnten aber nicht an den früheren Erfolg anknüpfen.

🄻 E. Fechner: Die Comedian Harmonists, 1988. (HH)

Comité Français pour la Protection des Intellectuels Juifs Persécutés (Französisches Komitee zum Schutz verfolgter jüdischer Intellektueller). Das am 10. 4. 1933 gegründete Comité Français pour la Protection des Intellectuels Juifs Persécutés bemühte sich um die Unterstützung der in der Emigration besonders stark vertretenen jüdischen Intellektuellen. Am 10. Mai veranstaltete das Comité Français pour la Protection des Intellectuels Juifs Persécutés in Paris eine große Protestversammlung gegen die →Bücherverbrennung in Deutschland. Als Redner trat neben den ehemaligen Ministern L. Rollin und F. Piétri sowie prominenten Professoren und Anwälten auch der Oberrabbiner von Frankreich, Israel Lévi, auf. Das Comité Français pour la Protection des Intellectuels Juifs Persécutés war vor allem in den Jahren 1933/34 aktiv. Später gründeten die Emigranten eigene Schutz- und Hilfsverbände. (WJ)

Compilationes Antiquae, die wichtigsten fünf Dekretalensammlungen zwischen →Gratian und dem →Liber Extra. →Bernhard von Pavia verfaßte um 1190 mit dem Breviarium Extravagantium die Compilatio Prima, die zum Vorbild für alle folgenden kirchenrechtlichen Sammlungen wurde und erstmals auch den Titel »De Iudaeis et Sarracenis et eorum servis« enthielt. 1210 stellte Peter von Benevent im Auftrag Papst →Innozenz' III. dessen Briefe, um 1212 Johannes Galensis die vorinnozentianischen Dekretalen zusammen. Um 1216 vereinigte Johannes Teutonicus die Dekrete des 4. Laterankonzils mit den Dekretalen der letzten Jahre Innozenz' III., und 1226 fügte schließlich Tankred von Bologna die Briefe des Papstes Honorius III. hinzu. Die Compilationes Antiquae enthalten 26 Judenbestimmungen; fast alle gelangten 1234 durch →Raimund von Peñafort in die nach denselben Prinzipien geordnete Sammlung der Dekretalen →Gregors IX. (Liber Extra) und wurden damit zu anerkanntem Kirchenrecht.

🄻 E. Friedberg, Quinque Compilationes Antiquae, 1882. (FL)

Conseil Représentatif des Institutions Juives de France (CRIJF), französische Organisation, mit dem Zentralrat der Juden in Deutschland vergleichbar; versucht, die Politik des französischen Staats, aber auch ausländischer Regierungen zu beeinflussen. Beispiel dafür war die Forderung, in der Präambel der Verfassung des vereinigten Deutschlands die Judenvernichtung zu erwähnen. Als die französische Regierung unter Präsident Valerie Giscard d'Estaing beabsichtigte, Jasir Arafat nach Frankreich einzuladen, gelang es dem CRIJF, dies zu verhindern. (MH)

Consistoire de Paris und Consistoire Central. Voraussetzung zur Einbürgerung der Juden in die französische Gesellschaft unter Napoleon I. war eine Organisationsform des jakobinischen Zentralismus: die Consistoires. Jede Provinzgemeinde erhielt dadurch ein Consistoire als Vorstand; auf der oberen Stufe steht der Consistoire régional. Darüber wird aus allen diesen Gremien ein Consistoire Central gebildet. Einen Sonderstatus mit besonderer Machtfülle besitzt der Consistoire de Paris. Er wählt einen Oberrabbiner von Paris, der weitgehende Befugnisse hat, besonders für den →Bet Din (orthodoxer Gerichtshof) und das Finanzwesen. Die vorhandenen Finanzmittel werden dazu benutzt, die Funktionäre der Consistoires zu bezahlen, neue Synagogen zu bauen, →Talmud-Tora-Schulen zu unterhalten und Sozialhilfe zu leisten. Der Consistoire de Paris ist faktisch eine Kultusgemeinde, eine Art Verein, dessen Präsident z.Z. Emile Touati ist. Der Consistoire Central hat demgegenüber nur einen juristischen Charakter bzw. eine politisch-repräsentative Funktion gegenüber den Behörden. (MH)

Copland, Aaron, amerikanischer Komponist, 14.11.1900 Brooklyn, New Jersey – 2.12. 1990 Westchester, New York. Von 1921 bis 1924 Kompositionsschüler bei Nadia Boulanger in Paris, aus deren Schule zahlreiche wohlbekannte Komponisten und Dirigenten hervorgegangen sind. Nach Rückkehr in die USA widmete sich Copland der Komposition und erlangte Aufmerksamkeit mit der Brisanz seiner »Dance Symphony« (1925). Bis Ende der 50er Jahre widmete sich Copland mit beachtlichem organisatorischem Talent der Aufführung und Ausbildung amerikanischer Komponisten. Sein Werkverzeichnis enthält Orchesterwerke, darunter »El Salón México« (1936); bemerkenswerte Filmmusiken, u.a. »The City« (1939), »Of Mice and Men« (1939), »Our

Town« (1940); Chöre, Kammermusik und Ballette, von denen »Billy the Kid« (1938) und »Appalachian Spring« (1944) zum ständigen Konzertreportoire gehören. In dem wenig bekannten Klaviertrio »Vitebsk« (1929) verarbeitete Copland ostjüdische Themen. Seine Musik ist durch das Streben nach Eingängigkeit gezeichnet und bewegt sich zwischen realistisch malender Anschaulichkeit und expressiv-sinfonischem Ausdruck. Zum Verständnis und zur Rezeption moderner Musik haben Coplands Schriften »What to Listen for in Music« (1938) und »Our New Music« (1941, deutsch 1947) beigetragen. (AS)

Córdoba, bald nach dem Einfall der Araber 711 wichtigste jüdische Gemeinde im arabisierten →Spanien. Córdoba war der Mittelpunkt jüdischer Geisteskultur, von dem aus unter dem Einfluß Moses ben Hanokh im 10. Jahrhundert die Talmudwissenschaft sich erneuerte. Bis zum Beginn des 12. Jahrhunderts konnte Córdoba diese Stellung behaupten. Hier erhielten u. a. Jehuda ben Samuel →Halewi und →Mose ben Maimon ihre Ausbildung. Während der Berbereinfälle, den Bürgerkriegen unter den Omajjaden seit 1010, ging Córdobas wirtschaftliche Bedeutung zurück. Möglicherweise wurde die Gemeinde 1148 von den Almohaden zerstört. Erst nach 1236, als Ferdinand III. von Kastilien Córdoba eroberte, gewann die jüdische Gemeinde wieder ein gewisses Ansehen, doch zum geistigen Zentrum des Judentums hatte sich indessen →Toledo entwickelt. Das Wohngebiet der Juden lag im Südwesten der Stadt, in der Nähe des Alcázar. Die Synagoge, z. Z. der Reconquista im Bau befindlich, empfanden die Christen wegen ihrer Ausmaße als Herausforderung. Sie ist ein hervorragendes Zeugnis des arabisch beeinflußten Mudéjar-Stils. Juden waren vornehmlich mit Textilhandel und mit Handwerk beschäftigt. Die Massaker und Zwangstaufen im Jahr 1391 beendeten gewaltsam hier, wie in vielen anderen spanischen Städten, die selbständige jüdische Kultur und Gemeinschaft. 1483 wurden die Juden, die die Konversion verweigerten, gezwungen, Córdoba und Andalusien zu verlassen. Die katholischen Könige, die ihr Hauptquartier im Krieg gegen Granada in Córdoba aufschlugen, fürchteten jüdische Sympathien für die Mauren. Die Conversos in Córdoba, die noch lange im Verdacht standen, die hartnäckigsten Anhänger des jüdischen Glaubens zu sein, wurden von der Inquisition besonders schwer überwacht: Der letzte Converso, der für seine entdeckten heimlichen Überzeugungen sterben mußte, war 1665 Abraham Athias, aber bis gegen Ende des 18. Jahrhunderts beobachtete die Inquisition die »Neu-Christen«. (ES)

Cordovero, Mose ben Josef, Kabbalist, 1522 – 1570 Safed, wirkte seit etwa 1540 in Safed, Schüler von Josef →Karo und dem Kabbalisten Salomo ha-Levi Alkabez (Verfasser der Sabbathymne →Lecha Dodi). Cordovero hat die ältere →Kabbala systematisch zusammengefaßt (in Pardess Rimmonim) und weiterentwickelt (in Elima Rabbati). Hauptthema Cordoveros ist die Frage, wie der absolut transzendente, unendliche Gott (En-Sof) sich zur geschaffenen Welt verhält; Cordoveros Antwort ist die Annahme, die aus Gott »herausfließenden« Emanationen, die zur Weltschöpfung führen (→Sefirot), seien sowohl göttliche Substanz als auch bloße Gefäße (Kelim). Der Wille Gottes, der das Ausfließen des Lichts in die Sefirot veranlaßt, ist ebenso dialektisch zugleich als Göttliches und als Emanation gedacht. So hält Cordovero einerseits an der Unveränderlichkeit Gottes, andererseits an seinem Eingreifen in das Weltgeschick fest. Die Emanation der Sefirot beschreibt er dialektisch: um sich zu offenbaren, »verbirgt« sich Gott in den Sefirot. Anders als andere Kabbalisten hält Cordovero an der Trennung des »Unendlichen« (En-Sof) von der 1. Sefira, Keter, fest. Cordovero hatte zunächst großen Einfluß; zu seinen Schülern gehörte zeitweilig auch Isaak →Luria. Seine Kabbala wurde jedoch bald von der lurianischen verdrängt, deren Anhänger Cordoveros Lehre nur als »Einführung« in die Mystik betrachteten. Mit seinem »Tomer Dewora« hat Cordovero den Grundstein für die ethische Literatur der Kabbalisten des 16.–18. Jahrhunderts gelegt. Hauptwerke: »Pardess Rimmonim« (Erstdruck Krakau, 1592), »Elima Rabbati« (Erstdruck Lemberg, 1881). (LD/TK)

Corpus Iuris Canonici, Bezeichnung für die Zusammenfassung mehrerer Sammlungen mittelalterlicher Kirchenrechtsquellen, die sich seit dem 13. Jahrhundert in den Schulen der Kanonisten in Anlehnung an das Corpus Iuris Civilis durchsetzte. Der Text wurde jedoch erst mit der Editio Romana von 1580 endgültig festgelegt. Das Corpus besteht aus →Gratians Decretum sowie den authentischen Sammlungen des →Liber Extra, des Liber Sextus (1298) und der Clementinae (1314). Während das Decretum Gratians noch etwa 42, der Liber

Extra noch 30 Judenbestimmungen enthält, findet sich in den beiden letzten Sammlungen nur je ein eigentlicher Judenkanon der Päpste Bonifaz VIII. und Klemens V. Die Bestimmungen halten an der Duldung der jüdischen Religion fest, doch treten zunehmend repressive und rechtsmindernde Tendenzen zutage.

🄻 W. Pakter, Medieval Canon Law and the Jews, 1988. (FL)

Creizenach, Michael, Mathematiker, Pädagoge, Gelehrter und Vorkämpfer des Reformjudentums, 16. 5. 1789 Mainz – 5. 8. 1842 Frankfurt am Main. Zunächst Talmudstudium, von 1805–1807/08 Besuch des französischen Lyzeums in Mainz. Anschließend setzte sich Creizenach für die Reform des jüdischen Schulwesens ein. 1813 Gründung einer jüdischen Schule in Mainz, die später von der Gemeinde übernommen wurde, und von israelischen Handwerkervereinen in Mainz und Frankfurt am Main. 1824 Promotion in Gießen. Seit 1825 Lehrer am →Philanthropin in Frankfurt am Main. Creizenach trat früh für das →Reformjudentum ein und gab 1823/24 die Zeitschrift »Geist der pharisäischen Lehre« in Mainz heraus. Er arbeitete an A. →Geigers »Wissenschaftlicher Zeitschrift für jüdische Theologie« und an I. M. →Josts »Annalen« mit. Verfaßte neben Lehrbüchern für Mathematik und Hebräische Sprache auch Gebetbücher und übersetzte 1840 die Schrift »Jessod mora« von →Abraham ben Meir ibn Esra ins Deutsche. Seine reformerischen Ideen legte Creizenach vor allem in seinen »Zweiunddreißig Thesen über den Talmud« (anonym 1831 veröffentlicht) und im »Schulchan aruch« (in vier Teilen 1833–40 erschienen) dar. (BV)

Crescas, Chasdaj, Philosoph und Rabbiner, um 1340 Barcelona – um 1410 Saragossa. Crescas war geistiger und politischer Führer des spanischen Judentums am Scheitelpunkt seiner Entwicklung. Bei den Pogromen von 1391 verlor er seinen jüngsten Sohn und sein Vermögen. Als geschätzter jüdischer Gelehrter am Hof von Aragón und als Oberrabbiner von Aragón bemühte er sich um die materielle und geistige Restauration der zerstörten Gemeinden. Er verfaßte ein polemisches Werk zur »Widerlegung der christlichen Dogmen« (»Tractado«, 1396), das auch der jüdischen Apostasie entgegenwirken sollte. Gegen die christliche Heilslehre behauptete er, Juden würden durch Tora und Mizwot von der Erbsünde und vom natürlichen Fatum erlöst. Crescas machte besonders die rationalistische Philosophie für die Schwächung des Glaubens verantwortlich. In seinem Hauptwerk »Or' Adonai« (»Gotteslicht«, 1410) entwickelte er eine Dogmatik des Judentums, die gegen den herrschenden aristotelischen Intellektualismus die moralischen und affektiven Werte des Judentums unterstrich. Sinn der Tora und der Mizwot sei es, durch die dauernde Zügelung der Selbstliebe, durch die Werke der Nächstenliebe und durch Zeichen der Gottesliebe alle Menschen, nicht nur die Intellektuellen, in die Lage zu versetzen, die göttliche Liebe zu erwidern. Die wissenschaftsgeschichtliche Bedeutung von Crescas liegt in seiner durchschlagenden Kritik des Raum-, Zeit- und Materiebegriffes des →Aristotelismus, mit der er zeitgleich mit christlichen Scholastikern das mittelalterliche Weltbild erschütterte.

🄻 M. Joel, Don Chasdaj Crescas' religionsphilosophische Lehren, 1866 (Neudruck 1978). – H. A. Wolfson, Crescas' Critique of Aristotle, Cambridge (Massachusetts) 1929. (DK)

Croner, Else, Wollstein, Schriftstellerin, 4. 5. 1878 Beuthen – 20. 12. 1940, Sterbeort unbekannt. Sie wechselte wie viele schreibende Frauen ihrer Zeit von der Wissenschaft zur Publizistik. Nach ihrer Dissertation veröffentlichte sie das populäre Buch »Fontanes Frauengestalten« (1906), danach als fiktive Herausgeberin das »Tagebuch eines Fräulein Doktor« (1908?), die Geschichte einer Frau, die zwar studiert, dann aber doch heiratet und die wissenschaftliche Arbeit aufgibt. In ihrem wichtigsten Buch, »Die moderne Jüdin« (1913), wollte Croner »einen Typus Frau in ein paar Griffelzügen festbannen, ehe er von der großen Zeitströmung ›Assimilation‹ rettungslos verschlungen« wurde. Dabei skizzierte sie »die Jüdin« als »Vollblutorientalin«, die »über allen anderen Frauen der Erde« stehen könne, wenn sie die alttestamentliche Kultur mit der christlich-deutschen verbinde. 1928 erschien »Die Frauenseele in den Übergangsjahren«, ein Plädoyer dafür, daß in Zukunft alle »Kulturschöpfungen auf zweigeschlechtlichem Wege« geschaffen werden sollten. (BH)

C. V. →Centralverein deutscher Staatsbürger jüdischen Glaubens

C. V.-Zeitung →Presse

Cyprian, Bischof von Karthago, um 200/210 Karthago – 14. 9. 258 Karthago, ursprünglich Heide und Rhetor, wurde 246 Christ und 248 Bischof; 258 Opfer der Christenverfolgung unter Kaiser Valerian. Cyprian veröffentlichte eine systematisch geordnete Sammlung von Bibelstellen mit dem Ziel, das Christentum gegenüber dem Judentum polemisch zu rechtfertigen. Unter seinem Namen erschien eine Reihe weiterer, gegen das Judentum gerichteter Schriften anderer Verfasser aus dem 3. Jahrhundert n. Z., die wie die Schriften Cyprians dem Gefühl einer großen Distanz zwischen Christen und Juden Ausdruck geben. (HC)

Cyrill (Kyrillos), (seit 412) Patriarch von Alexandria, um 380 (?)–27. 6. 444, ein Wortführer der christlichen Orthodoxie im Kampf gegen häretische Richtungen im Christentum; Cyrill setzte u. a. die Verurteilung der Nestorianer durch. 414 oder 415 hetzte er fanatische Christen gegen die Juden Alexandrias auf, ließ die Synagogen besetzen, den Besitz der Juden plündern und diese aus Alexandria vertreiben, wobei er einen schweren Konflikt mit dem römischen Präfekten riskierte. Anscheinend konnten nur zum Christentum konvertierte Juden wieder nach Alexandria zurückkehren. Theologisch hat Cyrill sein Eintreten für die Zwangsbekehrung der Juden damit begründet, daß er diese wie die Häretiker als Apostaten vom »wahren Glauben« einstufe, der bereits im AT für alle erkennbar vorhanden gewesen sei. Die Bedeutung und Fortwirkung der antijüdischen Schriften Cyrills wird im Gegensatz zu seinem politischen Handeln als gering eingeschätzt. (HC)

Czerniaków, Adam, Vorsitzender des Warschauer Judenrats, 1880 Warschau – 1942 Warschau. Ingenieur, jahrelang stellvertretender Vorsitzender der jüdischen Gemeinde →Warschau. Im September 1939 zum Vorsitzenden der jüdischen Gemeinde berufen, mußte er nach der Besetzung der Stadt durch die Deutschen den Vorsitz des Judenrats übernehmen, d. h. die Anordnungen der Besatzungsmacht ausführen, eine Rolle, die ihm viele Gegner, wie z. B. E. →Ringelblum, verschafft hat. Czerniaków führte ein geheimes Tagebuch, in dem er seine Amtshandlungen, die Anweisungen und Befehle der Besatzer festhielt und den Alltag im größten Ghetto Europas beschrieb (»Im Warschauer Ghetto. Das Tagebuch des Adam Czerniaków 1939 bis 1942«, 1986). Er hatte auf das Überleben gesetzt, war Gegner des bewaffneten Widerstands und rechnete mit einer baldigen Hilfe der Alliierten. Seinen Kampf gegen die Verkleinerung des ohnehin überfüllten Ghettos, um die Wohlfahrtseinrichtungen, um das Essen für die Eingeschlossenen bezahlte er mit Erniedrigung und Gefängnis. Die ihm angetragenen Möglichkeiten zu fliehen, schlug er aus. Als er Anweisungen über die Deportation von Kindern unterschreiben mußte, nahm er sich das Leben.
🄻 M. Fuks, Das Problem der Judenräte und Adam Czerniakóws Amtstätigkeit, in: S. Jersch-Wenzel (Hrsg.), Deutsche – Polen – Juden, 1987. (AGR)

D

Dachau, in der Nähe von München gelegenes →Konzentrationslager, neben →Buchenwald und →Sachsenhausen eines der Stammlager der SS. Das KZ Dachau wurde bereits im März 1933 von der SA errichtet, um politische Gegner des NS-Staats zu inhaftieren. Von 1936 an erfolgte, nun unter der SS, der Ausbau zum KZ. Systematische Massenvernichtungen wurden in Dachau nicht durchgeführt, jedoch wurden Hunderte von Gefangenen in den Jahren 1941 bis 1945 exekutiert. Die amerikanischen Truppen befreiten am 29. 4. 1945 über 30 000 Gefangene, von denen noch über 2000 an den Folgen der jahrelangen Haft im Sommer 1945 starben. Am 7. 5. 1967 wurde auf dem Gelände des ehemaligen KZs eine jüdische Gedenkstätte eingeweiht. (LM)

Dam, Hendrik George van, Jurist, Generalsekretär des →Zentralrats der Juden in Deutschland, 8. 11. 1906 Berlin – 28. 3. 1973 Düsseldorf. Promotion 1934 in der Schweiz, Korrespondententätigkeit in Holland, Flucht nach England, Rückkehr 1945. 1945/46 Reorganisation des deutschen Gerichtswesens in Oldenburg, 1947 Rechtsberater der »Jewish Relief Unit«, 1950–73 Generalsekretär des Zentralrats, den er zu einer anerkannten Interessenvertretung des Nachkriegsjudentums in Deutschland ausbaute. Der Experte für Entschädigungsfragen trug 1952 zum Abschluß des Wiedergutmachungsabkommens bei. Er trat in Leitartikeln der »Allgemeinen Jüdischen Wochenzeitung« ein für Pluralismus in der jüdischen Gemeinschaft, für Verlängerung der Verjährungsfristen in NS-Verfahren, gegen Beschäftigung ehemaliger NSDAP-Mitglieder in Staatsämtern. 1965 Gründung des »Jüdischen Presse-Dienstes«. 1973 Ernennung zum Herausgeber und Chefredakteur der »Allgemeinen«. 1973 wurde ihm posthum der Leo-Baeck-Preis verliehen. (EP)

Damaskus, syrische Stadt. Erwähnt in der Patriarchengeschichte (Gen 14,15), jüdische Ansiedlung seit dem 9. Jahrhundert v. Z. bekannt. Die Lage der Juden in Damaskus verbesserte sich, nachdem die Araber im Jahr 635 die byzantinische Herrschaft beendet hatten. Die Omajjaden-Dynastie (661–750) verhielt sich gegenüber Juden und Christen verhältnismäßig tolerant. Restriktive Gesetze und finanzielle Ausbeutung brachte die Herrschaft der Abbasiden (750–1258). Der Niedergang des Kalifats von Babylonien unter den Fatimiden (Anfang 11. Jahrhundert) bewirkte einen starken Zustrom von Juden aus dem heutigen Irak nach Palästina und Syrien, eine irakische Gemeinde mit eigener Synagoge etablierte sich auch in Damaskus. Die zeitgenössischen Angaben über die Größe der jüdischen Bevölkerung von Damaskus aus dem 12. Jahrhundert (Benjamin von Tudela, 1173: rund 3000 Juden; Petachja aus Regensburg: rund 10 000) sind sicherlich übertrieben, eine Zahl von 2000 rabbanitischen und 600 karäischen Juden wahrscheinlicher. Auch das Regiment der Ajjubiden (12. und 13. Jahrhundert) erwies sich als relativ tolerant gegenüber Andersgläubigen, unter der Herrschaft der Mamluken-Sultane (seit 1260) waren die Juden in Damaskus und anderen Städten wiederholt Verfolgungen ausgesetzt. Das 15. Jahrhundert brachte noch einmal friedliche Zeiten, prosperierende wirtschaftliche Verhältnisse einer stattlichen Gemeinde von 300–500 jüdischen Familien; daneben bestanden eine karäische und eine samaritanische Gemeinde. Am 5. 2. 1840 berüchtigte Blutbeschuldigung (→Damaskus-Affäre). Syriens judenfeindliche Haltung wurde fortgesetzt bis in die Gegenwart. Seit der Unabhängigkeit Israels nimmt die jüdische Bevölkerung an Zahl ständig ab. Nach dem →Sechs-Tage-Krieg (1967) erneute Verfolgung der Juden. Heute leben in Damaskus etwa 1000 Juden. (PAU)

Damaskus-Affäre, →Ritualmordvorwurf, der internationales Aufsehen erregte. Im Februar 1840 verschwand der Kapuzinermönch Pater Tomaso in Damaskus auf ungeklärte Weise. Daraufhin wurde das Gerücht verbreitet, Juden hätten einen Ritualmord begangen. Auf Veranlassung der französischen Konsuln Ratti-Menton und Cochelet kam es unter dem (von Frankreich protegierten) ägyptischen Vizekönig Mehmed Ali, der Syrien kurzzeitig vom Osmanischen Reich erobert hatte, zu einer skandalösen Untersuchung des Vorfalls. Jüdische Kinder wurden als Geiseln inhaftiert, Mitglieder der jüdischen Gemeinde und mehrere Rabbiner wurden verhaftet, gefoltert und zu falschen Geständnissen gezwungen. Die Ereignisse nahmen erst eine Wendung, als sich Österreich für zwei verhaftete österreichische Juden einsetzte. Der französische Ministerpräsident Adolphe Thiers unterstützte nachdrücklich die Politik seiner Beamten und Mehmed Alis, während die übrigen europäischen Länder nun eher für die verfolgten Juden und den osmanischen Sultan Partei ergriffen. Im Protest gegen die Verfolgungen traten vor allem M. →Montefiore, Adolphe Crémieux und Baron James de Rothschild hervor. Der Rücktritt Thiers' und die Kapitulation Mehmed Alis führten schließlich zur Rehabilitierung der Juden. Als Folge der Ereignisse wurde die →Alliance Israélite Universelle gegründet. (EV)

Dämonen (hebräisch »Schedim«, auch »Masikim«, wörtlich »Schädigende«, oder »Kelifot«, wörtlich »Schalen«, genannt) werden in der Hebräischen Bibel zu Göttern der Heiden abgewertet, ihre Existenz wird aber nicht bestritten. Als dienende Geister sind sie Gott selbst unterstellt. Sie leben in der Wüste, bringen Krankheit und verwirren den Geist der Menschen. Im nachbiblischen Judentum wird die Existenz von Dämonen durch den sog. Engelfall erklärt. Sie werden entweder in einem dualistischen Denkgebäude zu widergöttlichen Mächten, die erst im Weltgericht besiegt werden, oder aber zu Versuchern, die aus Neid gegenüber den Menschen handeln. Im rabbinischen Judentum gelten Dämonen nur noch als Mittelwesen zwischen →Engeln und Menschen, die am sechsten Schöpfungstag geschaffen oder von →Adam nach dessen Sündenfall gezeugt wurden. Sie sind verantwortlich für Krankheiten, Geistesstörungen und Unreinheiten, aber auch für Naturkatastrophen und Unglücksfälle. Sie können jedoch durch Wundertäter oder mit Heilmitteln ausgetrieben werden. Als Schutz vor Dämonen dienen →Amulette. Die Zahl der Dämonen ist ungeheuer groß. Die bekanntesten sind Aschmodai, der König der Dämonen, Lilit und Asasel (→Jom ha-Kippurim). Die →Kabbala übernahm den volkstümlichen Dämonenglauben, fügte ihm aber noch neue Elemente aus dem jeweiligen regionalen kulturellen Umfeld hinzu. (HMD)

Dänemark. Anfang des 17. Jahrhunderts Handelskontakte zwischen Juden, König und Adel. 1622 erste jüdische Siedlung in →Glückstadt (schon 1582 in →Altona), seit 1670 im Königreich Dänemark. Im Jahr 1684 Erteilung des Rechts auf die Abhaltung von Gottesdiensten in Kopenhagen, später in den Landgemeinden. Ende des 18. Jahrhunderts etwa 1200 Juden in Kopenhagen, die meisten lebten vom Handel. Die jüdische Bevölkerung erhielt seit 1788 mehrere bürgerliche Rechte: Juden durften Mitglieder der Zünfte werden und Gymnasien besuchen (1799); 1809 folgten Grundbesitzrecht und Militärdienstpflicht; 1814 volle Gleichberechtigung. 1833 große Synagoge in Kopenhagen. Die Assimilation, Ehen mit Christen und Taufen schwächten einerseits die Gemeinden, andererseits stärkten sie die Beziehungen zwischen Juden und Christen; z. B. pflegte Hans Christian Andersen eine enge Freundschaft mit den Familien Melchior und Henriques. Viele bedeutende Juden in den Natur-, Geistes- und Gesellschaftswissenschaften. Meir Aron Goldschmidt (1819–87) beschrieb jüdisches Leben für dänische Leser (»Ein Jude«, 1845), später auch Henri Nathansen (1868–1944), vor allem im Schauspiel »Hinter Mauern« (1912), das immer noch als dänischer Nationalklassiker gilt. Um 1900 Auflösung der Landgemeinden und Abwanderung nach Kopenhagen. 1910 entstand eine strenggläubige Gruppierung »Machazike Hadas« mit eigenem Rabbiner. Die Immigration aus Osteuropa 1904–14 verdoppelte die Gemeinde um etwa 3000 Juden. Der ehemalige Oberrabbiner D. →Simonsen leistete bedeutende Integrationshilfe. Nach 1933 Immigration aus Deutschland, vor allem Landwirtschaftspraktikanten (etwa 1800 Chaluzim), die nach einjährigem Aufenthalt nach Palästina fuhren. Bei der deutschen Besetzung Dänemarks im April 1940 hielten sich über 500 Praktikanten im Land auf. Die entschiedene Ablehnung der Existenz einer »Judenfrage« durch die dänische Regierung bewahrte die jüdische Bevölkerung bis zum Rücktritt der Regierung vor Verfolgung; im Oktober 1943 begann die »Judenaktion« der Nationalsozialisten. Mit Hilfe der dänischen Bevölkerung entkamen über 7000 Juden nach Schweden. 474 (einschließlich 101 nichtdänische) Juden wurden von den Deutschen nach Theresienstadt abtransportiert, wo 57 ums Leben kamen. Aufgrund der dänischen Intervention wurden alle Juden als dänische Staatsbürger anerkannt, durften Hilfspakete empfangen und wurden nicht in die Vernichtungslager geschickt. Eine schwedisch-dänische Hilfsexpedition brachte im April 1945 die Juden nach Schweden. In vielen Orten Israels tragen heute Straßen und Plätze Namen, die an die dänische Hilfe für verfolgte Juden erinnern. Nach Kriegsende konnten die meisten Juden in ihre früheren Wohnungen und zu ihrer Arbeit zurückkehren. Neue Immigrationswelle aus Polen um 1970. Heute zählt die Einheitsgemeinde mit orthodox-religiöser Praxis etwa 6000 Mitglieder, darüber hinaus ca. 2000 jüdische Einwohner. Die große Mehrzahl lebt in Koppenhagen (auch →Königliche Bibliothek), kleinere Gemeinden bestehen in Odense und Aarhus.

🄻 Kings and Citizens. The History of the Jews in Denmark 1622–1983, Band 1, New York 1983. (HTK)

Daniel →Hebräische Bibel

»Daniel Deronda«, 1876 erschienener Roman der Schriftstellerin George Eliot (eigentlich Mary Ann Evans); er gilt als literarischer Vorläufer der zionistischen Ideologie. (JS)

Danzig (polnisch Gdańsk). – 1. Die Bezeichnung »Judengasse« weist seit 1430 auf den Aufenthalt jüdischer Händler hin; erste Erwähnung von Danziger Juden (Zub und Michael) in einem Geleitbrief des polnischen Königs 1476. Der Welthandelsmarkt Danzig übte große Anziehungskraft auf jüdische Händler aus, ihre Konkurrenz und dauerhafte Niederlassung wurde aber vor allem durch die Zünfte bekämpft; Niederlassungs- und Handelsverbot 1454 und 1595, Gottesdienstverbot 1605, Vertreibungen 1616 und 1723. Juden siedelten sich deshalb vor allem in Vororten Danzigs an, seit Ende des 17. Jahrhunderts entwickelten sich in Altschottland, Langfuhr und Weinberg jüdische Gemeinden. Friedrich der Große erteilte ihnen 1773 ein Generalprivileg; 50 Familien erhielten den Status von Stammschutzjuden, 136 wurden auf Lebenszeit toleriert. Bei der französischen Besetzung der Stadt 1807 wurden die Vororte größtenteils zerstört, die Einwohner flohen nach Danzig. 1814 wieder unter preußischer Herrschaft, erlangten die Juden in Danzig Bürgerrechte. Bis 1883 gab es fünf selbständige jüdische Gemeinden, ihre Vereinigung zur »Synagogengemeinde zu Danzig« wurde mit dem Bau der Großen Synagoge (Einweihung 15. 9. 1887) vollendet. Demographische Entwicklung: 1616: 400–500 jüdische Einwohner; 1772 (Vororte): 1257; 1816: 3798; 1895: 2367; 1910: 2546.

2. Freie Stadt Danzig, Freistaat 15. 11. 1920 – 1. 9. 1939, infolge des Versailler Vertrags vom Deutschen Reich losgelöst und durch den Völkerbund garantiert. Die besondere rechtliche Stellung der Freien Stadt Danzig (u. a. keine Einwanderungsbeschränkungen) förderte den Zuzug und die Emigration von Juden über Danzig (zwischen 1920 und 1925 etwa 60 000, vor allem in die USA). Unter der seit 1933 mit absoluter Mehrheit regierenden NSDAP waren die jüdischen Einwohner zunehmenden Verfolgungen, einem Boykott ihrer Wirtschaft und seit 1938 einer antijüdischen, den →Rassegesetzen entsprechenden Gesetzgebung ausgesetzt. Der Völkerbund erwies sich trotz seiner Garantie der Verfassung Danzigs, die u. a. Religionsfreiheit und Gleichberechtigung von Minderheiten vorsah, nicht als fähig, den verfassungswidrigen Maßnahmen entgegenzuwirken. Unter dem politischen Druck und nach antisemitischen Ausschreitungen 1937/38 beschloß die jüdische Gemeinde am 17. 12. 1938 ihre Auflösung, nachdem die Zahl jüdischer Einwohner durch Emigration (insbesondere 1937/38) auf etwa 3500 gesunken war. Dieser Beschluß wurde z. T. in der ausländischen jüdischen Presse als »Aufgabe jüdischer Positionen« heftig kritisiert. Die Liegenschaften der Gemeinde (u. a. Friedhöfe und Synagogen) mußten zur Finanzierung der Auswanderung an die Stadt veräußert werden, am 2. 5. 1939 begann der Abbruch der Großen Synagoge. In mehreren Transporten gelang bis zum 26. 8. 1940 einem Großteil der Gemeindemitglieder die Emigration, zurück blieben etwa 650, meist Alte und Kranke; sie wurden 1941–43 in verschiedene →Konzentrationslager deportiert. Am Tag des deutschen Angriffs auf Polen wurde die Freie Stadt Danzig in das Deutsche Reich eingegliedert, am 2. 9. 1939 wurde das Lager Stutthof (Januar 1942–April 1945 KZ) auf der Danziger Nehrung errichtet, in dem annähernd 50 000 Juden umkamen. Demographische Entwicklung: 1923: 7282; 1929: 10 448; 1937: etwa 7000; 1938: etwa 3500.

L C. J. Burckhardt, Meine Danziger Mission 1937–1939, 1960. – S. Echt, Die Geschichte der Juden in Danzig, 1972. – E. Lichtenstein, Die Juden der Freien Stadt Danzig unter der Herrschaft des Nationalsozialismus, 1973. (HAL)

Danzig, Abraham ben Jechiel Michel, Halachist, Schüler von Joseph Liebermann und Ezechiel Landau in Prag, Kaufmann und ehrenamtlicher Dajan in Wilna, 1784 Danzig – 12. 9. 1820 Wilna, Litauen. Unter seinen zahlreichen halachischen Schriften wurden zwei besonders bekannt, die für Laien und Studenten Teile des →Schulchan Aruchs zusammenfassen: »Chaje Adam« und »Chochmat Adam«. Dabei verarbeitete Danzig didaktisch geschickt die nach Erscheinen des »Schulchan Aruch« geäußerten halachischen Ansichten. In zwei Zusatzbänden erläuterte er seine eigene Position, wenn sie der üblichen Ansicht entgegenstand (in »Nischmat Adam« zu »Chaje Adam«), und besprach spezielle halachische Probleme und →Responsen (»Binat Adam« zu »Chochmat Adam«). (HMD)

Dareios I., der Große, (522–486 v. Z.), kam 522 an der Spitze einer Verschwörung des persischen Hochadels auf den Thron des von →Kyros II. gegründeten Weltreichs; die Leistungen des Dareios I. lagen vor allem auf dem Gebiet der Herrschaftsorganisation und der Verwaltung. Die Niederlage der Perser bei Marathon (490) gegen die Athener ist ebenso mit seinem Namen verbunden wie die Festsetzung der Perser auf europäischen Boden (Thrakien). Durch die Verwaltungsreform des Dareios I. wurde Palästina ein Bestandteil der 5. Satrapie mit der Hauptstadt Damaskus; darin bildete →Judäa wiederum eine Provinz, an deren Spitze ein Statthalter, beraten vom Hohenpriester und einem Ältestenrat, stand. 516 konnte der Zweite →Tempel geweiht werden. (HC)

Darlehenskassen, jüdische. Um die Folgen der hohen Arbeitslosigkeit unter den Juden zu lindern, entstanden in Polen im 19. Jahrhundert »Chewrot« (Vereine, Genossenschaften oder Bruderschaften), die versuchten, Hilfe durch Selbsthilfe zu organisieren. Die »Chewrot« der chassidischen Proletarier bildeten Vorformen der Arbeiterbewegung. Am wichtigsten wurden Darlehenskassen für die Genossenschaften der Handwerker und Kleinhändler. Sie förderten insbesondere Maßnahmen zur strukturellen Verbesserung der Gewerbe. Die Darlehenskassen als Träger jüdischer Kreditinstitute und Wirtschaftsorganisationen hatten ihre Zentralstelle in Berlin. Sie hatten meist die Form eines eingetragenen gemeinnützigen Vereins und konnten in der Regel Kredite bis zu 1000 Mark bei einer Laufzeit von einem Jahr und gegen Sicherheiten (zwei Bürgen) gegen eine geringe Verwaltungsgebühr vergeben. In Deutschland bestanden 1933 etwa zehn, 1935 etwa 60 Darlehenskassen. 1963 gab es nur noch fünf Darlehenskassen, die in den 70er Jahren aufgelöst wurden. (LH)

David, Sohn Jesses aus Bethlehem (Juda), Nachfahre Ruts, König von →Juda und →Israel, um 1010 – 970 v. Z. David machte →Jerusalem zu seinem Herrschaftssitz und durch die Überführung der →Bundeslade zum kultischen Mittelpunkt des Judentums. Zugleich machte er die Hohenpriester zu seinen Beamten und setzte Priester ein. David baute das Staatswesen (Söldnerheer; Beamte) aus und erreichte durch außenpolitische Erfolge den Höhepunkt der Machtentfaltung Israels. David hatte neben Michal, Abigail und Batseba noch viele Frauen. Aus der umstrittenen Thronnachfolge ging →Salomo als sein Nachfolger hervor. In der →Aggada wird Davids Kraft, Dicht- und Gesangskunst, Gelehrsamkeit und halachische Autorität hervorgehoben. Die unrühmliche Liebesaffäre mit Batseba wird entschuldigt; dennoch bleibt seine Person nicht ohne Kritik. Sie richtet sich vor allem gegen seine Selbstüberschätzung; auch sein Königtum ist umstritten. In der →Kabbala verkörpert David die 10. Sefira Malchut bzw. als das himmlische Gegenstück des biblischen David die →Schechina. In der synagogalen Liturgie werden die messianischen Tendenzen, die sich mit David verbinden, in der Bitte um Wiederkehr des davidischen Königshauses u. a. in der 15. Bitte des →Schemone essre aufgegriffen und wachgehalten. (HMD)

David, 1. Alexander, Hoffaktor und Kaufmann, 17. 1. 1687 Halberstadt – 14. 10. 1765 Braunschweig. Nachdem David sich als knapp 20jähriger in Braunschweig niedergelassen hatte, erhielt er schon 1708 das Schutzrecht auf Lebenszeit. 1717 wurde er zum Hoflieferanten ernannt und übernahm bis 1728 die Leitung der fürstlichen Tabakfabrik. Wie aus Davids Schutzbrief hervorgeht, war er sowohl Hofjude, →Hoffaktor und Bankier der Herzöge von Braunschweig als auch Kaufmann der Stadt Braunschweig; er durfte mit allem Handel treiben, womit auch christliche Kaufleute handelten.

L H.-H. Ebeling, Die Juden in Braunschweig, 1987. (JÖD)

2. Jakob Julius, österreichischer Schriftsteller, 6. 2. 1859 Mährisch-Weißkirchen – 20. 11. 1906 Wien. Sohn eines jüdischen Pächters in Mähren. Studium der Germanistik; erste journalistische Arbeiten in Wien gefördert durch K. E. Franzos. Als Prosaautor ein letzter Vertreter des österreichischen Realismus. Der assimilierte und 1891 zum Katholizismus übergetretene David betonte stets sein Deutschtum, bezog freilich auch die Tschechen Mährens immer wieder in sein Werk ein. Jüdische Figuren sind selten: mit negativem Akzent in der Novelle »Das Höfe-Recht« (1885, 1890 als Buch), sehr viel positiver eine Hauptfigur des Romans »Am Wege sterben« (1900). Im letzten Erzählband »Die Hanna« (1904) wird das harte, konfliktreiche Leben von Juden, Deutschen und Tschechen in Mähren geschildert. (SPS)

David ben Samuel ha-Levi, bekannt als Tas, Schüler seines älteren Bruders Isaak und seines Schwiegervaters Joel Sirkes, um 1585 Wladimir-Wolinski, Ukraine – 13. 1. 1667 Lemberg. Gründer eines Bet Midrasch in Krakau, dann Rabbi in Putalicze in der Nähe von Rawa (Galizien) und 20 Jahre lang in Posen. Seit 1641 Rabbi in Ostrog, wo er eine Jeschiwa einrichtete. Während der →Chmielnicki-Pogrome (1648/49) floh er über Ulick und Lublin westwärts. Später kehrte David ben Samuel ha-Levi nach Polen zurück und wurde 1654 Rabbi in Lemberg. Teilnehmer der sog. →Vierländersynode. David ben Samuel ha-Levi ließ Nachforschungen über →Sabbatai Zewi anstellen und scheint dessen Messias-Anspruch zugestimmt zu haben. David ben Samuel ha-Levis wichtigstes Werk, »Ture Sahaw« (abgekürzt: Tas), ist ein Kommentar zum →Schulchan Aruch. Er wurde in Auszügen zusammen mit ihm abgedruckt. In der Diskussion der Entscheidungen vor dem Hintergrund der talmudischen Quellen tendierte. David ben Samuel ha-Levi eher zum »Arba Turim« des →Jakob ben Ascher als zum »Schulchan Aruch«. Als anerkannte halachische Autorität traf David ben Samuel ha-Levi Entscheidungen, die sich angesichts der sozialen und ökonomischen Wirklichkeit durch Umsicht auszeichnen. Neben diesen halachischen Werken schrieb David ben Samuel ha-Levi auch einen Kommentar zum Pentateuchkommentar von →Salomo ben Isaak. (HMD)

Davidschild →Magen David

Davidsohn, Georg, Privatsekretär, Übersetzer und Schriftsteller, 20. 8. 1872 Gnesen – 15. 7. 1942 Berlin. Redakteur bei verschiedenen Zeitschriften. Seit 1900 SPD-Mitglied. 1912–20 MdR und Mitglied der Nationalversammlung. Mitbegründer und Vorstandsmitglied des Reichsbunds der Kriegsbeschädigten und des Deutschen Arbeiterabstinenzlerbunds. 1921 Austritt aus der SPD. Zusammen mit O. →Cohn vertrat er die Interessen der in Deutschland lebenden ostjüdischen Arbeiter. Während der nationalsozialistischen Gewaltherrschaft konnte er sich durch die Hilfe von Freunden in Berlin vor der Deportation retten. (LH)

Davidstern →Magen David

Dawison, Bogumil, Schauspieler, 15.5.1818 Warschau – 1.2.1872 Dresden. 1836 Schauspielunterricht an der »Dramatischen Schule« Warschau. Seit 1838 Engagements an den Theatern in Wilna und Lemberg. 1846 Reise nach Deutschland. 1847 Bühnenerfolg am Hamburger Thaliatheater mit der Rolle des polnischen Studenten Zolski in »Der alte Student« (G. A. Maltitz). Gastspiele in ganz Europa. 1849 Schauspieler am Wiener Burgtheater. Die Jahre 1854–64 markierten den Zenit seiner Karriere. In diesem Zeitraum feierte der mittlerweile am Königlichen Hoftheater in Dresden wirkende Dawison in Berlin, Wien, Paris, Petersburg triumphale Auftritte mit Rollen aus den Dramen von Schiller, Shakespeare und Goethe. Dawison, beiläufig die »polnische Furie« genannt, verkörperte den Typ des reisenden Virtuosen. Seit 1864 Engagements an verschiedenen Bühnen. 1866/67 bereiste Dawison mit dem »Theater an der Wien« die Vereinigten Staaten. (MBR)

Dayan, Moshe, israelischer Offizier und Politiker, 20.5.1915 Kibbuz Deganya – 16.10.1981 Tel Aviv. In jungen Jahren schon Mitglied der →Hagana, diente Dayan während des Araberaufstands 1936 in den besonderen Nachteinheiten unter Orde Wingate; 1939–41 in britischer Haft. Dayan führte eine jüdische Spähertruppe im Zweiten Weltkrieg und verlor dabei das linke Auge. Als Oberstleutnant im israelischen →Unabhängigkeitskrieg (1948/49) führte er die Truppen, die Lod und Ramle einnahmen. Danach war er israelischer Unterhändler beim Waffenstillstandsabkommen mit Jordanien. Der Berufssoldat stieg 1953 zum Generalmajor und Generalstabschef (bis 1957) auf und leitete 1956 den Sinaifeldzug. Als Mitglied der →Mapai war Dayan 1959–64 Landwirtschaftsminister. 1965 verließ er mit →Ben-Gurion und anderen die Mapai und gründete die →Rafi, kehrte aber 1968 zur →Israelischen Arbeitspartei zurück. Wenige Tage vor Ausbruch des →Sechs-Tage-Kriegs (1967) wurde Dayan zum Verteidigungsminister (bis 1974) berufen. Danach praktizierte er die »Politik der offenen Brücken« (freier Personen- und Güterverkehr zwischen dem Westjordanland und Jordanien). Nach öffentlicher Kritik an seiner Amtsführung im →Jom-Kippur-Krieg (1973) trat er zurück. Er verließ 1977 die Arbeitspartei und wurde Außenminister unter M. →Begin. Dayan war maßgeblich beteiligt an den →Camp-David-Abkommen und dem Friedensschluß mit Ägypten. Wegen Differenzen mit Begin in der Palästinenserfrage schied er 1979 aus der Regierung aus. 1981 gründete er die →Telem-Partei, die zwei Knessetmandate erhielt. Bücher: »Diary of the Sinai Campaign« (1966), »Die Geschichte meines Lebens« (deutsch 1976), »Die Mission meines Lebens« (deutsch 1981). (DB/MW)

Moshe Dayan, 1973

Debora (hebräisch »Biene«), Richterin und Prophetin, die »Mutter in Israel«, besiegte zusammen mit Barak in der Jesreel-Ebene Sisera aus Haroschet-Gojim, den Feldhauptmann des kanaanitischen Königs Jabin von Chazor. Das sog. Debora-Lied (Ri 5,1–31) besingt den Sieg über die Kanaaniter und gilt als einer der ältesten Psalmen der Hebräischen Bibel. Besonders interessant sind darin die Stammessprüche, die erkennen lassen, daß offenbar weder ein Zwölfstämme-Volk noch die geforderte Einheit der Stämme bestand. In der →Aggada gilt Debora als eine der sieben Prophetinnen der Hebräischen Bibel. In der Auslegung der Jotam-Parabel (Ri 9,8–15) wird Debora mit dem Feigenbaum verglichen. Ihr Reichtum ermöglicht ihr richterliche Unabhängigkeit. Nach ihrem Tod wurde 70 Tage getrauert. (HMD)

Decretales Gregorii IX. →Liber Extra

Deganya, ältester Kibbuz Israels, südlich vom Genezarethsee, gegründet 1909. Deganya, die »Mutter der Kibbuzim«, war die letzte Arbeitsstätte des zionistischen Philosophen und »Vaters der Kibbuzbewegung« A. D. Gordon, an den der Museumskomplex Beit Gordon (botanische und zoologische Sammlungen) erinnert, und der Geburtsort von M. →Dayan. Als der Kibbuz nach den Vorstellungen seiner Gründer zu groß wurde, entstand 1920 »Deganya B«. In der Nähe von Deganya befinden sich die Ruinen des antiken Bet Yerah (Philoteria) mit den Resten einer großen Synagoge (22 x 37 m) aus dem 5. Jahrhundert.

🄻 J. Baratz, A Village by the Jordan. The Story of Deganya, New York 1955. (WL)

Degel Hatora (hebräisch: »Torabanner«), eine nach den Knessetwahlen 1988 einmalig im Parlament vetretene, extrem religiöse israelische Partei. Aufgrund einer bitteren, bis ins 18. Jahrhundert zurückgehenden Rivalität zwischen Chassidim und Mitnaggedim, zwei Gruppen orthodoxer osteuropäischer Juden, spalteten sich 1987/88 die Mitnaggedim (wörtlich: Gegner, nämlich der Chassidim) unter Führung des »Littauer« Rabbiners Eliezer Menachem Schach von der →Agudat Israel ab. In religiösen Fragen äußerst streng, besonders in der Verurteilung weltlicher Politiker und der Chassidim, zeigte sich Degel Hatora antizionistisch und damit zu Kompromissen in Territorialfragen bereit. Bei den Knessetwahlen 1988 erhielt sie 1,5 Prozent der Stimmen und zwei Mandate.

🄻 M. Wolffsohn/D. Bokovoy, Israel. Geschichte, Politik, Gesellschaft, Wirtschaft, 5 1996. (DB/MW)

Deggendorf, Stadt in Niederbayern, um 1338 Schauplatz eines Judenmassakers und angeblichen Hostienfrevels. Nachdem im Gefolge der →Armleder-Verfolgungen in Franken und im Elsaß zu Ostern 1338 in →Pulkau (Niederösterreich) ein inszenierter Hostienfrevel Judenmassaker ausgelöst hatte, die nach Böhmen, Mähren und Kärnten übergriffen, wurde im Herbst 1338 auch Deggendorf zum Ausgangspunkt einer Verfolgungswelle. Der herzogliche Landpfleger Hartwig von Degenberg, der Landrichter Konrad von Freiberg, der Kämmerer und der Rat von Deggendorf wollten sich ihrer Schulden entledigen und verschworen sich eidlich, die Juden zu töten. Diesen Beschluß führten sie am 30. September aus. Herzog Heinrich II. von Niederbayern gewährte durch eine Urkunde schon am 14. Oktober Straffreiheit und Schuldenerlaß. Anschließend kam es mit Duldung des Herzogs zu Massakern in etwa 20 weiteren Orten, darunter in Straubing und Landshut. Erst nachträglich wurde zur Rechtfertigung des Verbrechens den Juden ein Hostienfrevel vorgeworfen und die entsprechende Legende nach dem Pariser Vorbild konstruiert (→Hostienfrevellegende). Sie wurde am Ort durch den Bau einer Kirche zum Heiligen Grab, durch eine jährliche Wallfahrt und einen Bilderzyklus mit Unterschriften, die den Judenmord verherrlichen (bis 1968), am Leben erhalten. Die Wallfahrt gilt neuerdings als »Sühnewallfahrt«. (FL)

Dehmel, Paula, Dichterin, 31. 10. 1862 Berlin – 9. 7. 1918 Berlin-Steglitz. Tochter des Predigers der jüdischen Reformgemeinde Berlins, Julius Oppenheimer, Schwester von Carl und F. →Oppenheimer. Dehmel war die erste Frau des Lyrikers Richard Dehmel, mit dem sie 1919 »Das liebe Nest. Gesammelte Kindergeschichten« herausgab. Des weiteren veröffentlichte sie Bilder- und andere Kinderbücher: »Fitzebutze« (1900), »Rumpumpel« (1903), »Das grüne Haus« (1907). (MAM)

Dekalog →Mizwa

Delitzsch, Franz →Institutum Judaicum

Della Pergola, Sergio, Demograph, 7. 9. 1942 Triest, lebt in Israel. Studium der Politischen Wissenschaften in Pavia. Nach der Promotion 1966 Auswanderung nach Israel. 1973 Promotion an der Hebräischen Universität Jerusalem. Am dortigen Institut für Zeitgenössisches Judentum zuerst als Dozent und später als Professor tätig. Seit 1986 als Nachfolger von U. O. →Schmelz Direktor der Abteilung für Jüdische Demographie. Unter den zahlreichen wissenschaftlichen Arbeiten von Della Pergola ragen seine Untersuchungen zur →Mischehe heraus, vor allem »Jewish and Mixed Marriages in Milan 1901–1968« (Jerusalem 1972). Er war außerdem führend beteiligt an wissenschaftlichen Großerhebungen zur jüdischen Demographie 1965 in Italien und 1972–78 in Frankreich. Weitere Arbeiten sind den Juden in Argentinien, Südafrika und den USA gewidmet. (PH)

Delmedigo, 1. Elia, Philosoph, um 1460 Kandia (heute Heraklion), Kreta – 1497 Kandia. Delmedigo war vor allem als Kommentator des →Averroes bekannt. In Padua, wo er die Jeschiwa leitete, hielt er öffentliche philosophische Vorlesungen und zählte u. a. den Grafen Pico della Mirandola zu seinen Schülern, wenn er auch dessen Neigung zur Kabbala nicht teilte. Philosophische und halachische Zwistigkeiten zwangen ihn 1494, nach Kandia zurückzukehren. Dort schloß er 1496 sein Hauptwerk »Bechinat ha-Dat« (Prüfungen der

Religion) über das Verhältnis von Glauben und Wissen ab. Ähnlich wie I. →Albalag und die lateinischen Averroisten vertrat Delmedigo die Lehre von der »doppelten Wahrheit«, die Religion und Philosophie als Gebiete jeweils eigenen Rechts streng unterschied. Delmedigo hielt allerdings an einem Minimalkonsens zwischen Philosophie und Religion für den gläubigen Philosophen fest und sah auch Regeln für den Konfliktfall vor; sein Standpunkt bedeutet das Ende der religionsphilosophischen Synthesen des Mittelalters. In der Exegese hatte das die Rückkehr zum einfachen Schriftsinn zur Folge. Delmedigos »Bechinat ha-Dat« wurde mit den Werken seines Sohnes J. S. →Delmedigo veröffentlicht und war auch B. →Spinoza bekannt.

🄻 J. Guttmann, Elia Delmedigos Verhältnis zu Averroes in seinem Bechinat ha-Dat, 1927. (DK)

2. Josef Salomo, Philosoph, Astronom, Arzt und Rabbiner, 16. 6. 1591 Kandia, Kreta – 16. 10. 1655 Prag. Delmedigo hat, der Tradition seiner Familie folgend, eine umfassende klassische und rabbinische Bildung erhalten und mit 15 Jahren die Universität Padua besucht, wo er unter Galilei studierte. Delmedigo war der erste jüdische Gelehrte, der Konsequenzen aus der kopernikanischen Wende in der Astronomie zog und zur Kritik des mittelalterlichen Weltbilds ansetzte. Sein enzyklopädisches Werk ist aber so uneinheitlich wie sein Leben als Arzt, Rabbiner und als wissensdurstiger »Weltenbummler«. In seinem Hauptwerk »Elim« (Palmen), das er 1629 als Rabbiner von Amsterdam veröffentlichte und das Antworten an einen befreundeten litauischen →Karäer enthält, breitet er seine diversen Kenntnisse aus.

🄻 I. Barzilay, Delmedigo, 1974. (DK)

Demmai →Mischna

Demographie. Die jüdische Demographie beschäftigt sich mit der Gesamtzahl der Juden und ihrer geographischen Verteilung. Sie analysiert sowohl Zustände als auch zeitliche Entwicklungen. Zu ihrer Fragestellung gehören Untersuchungen über Geburten- und Sterberaten, Alters- und Berufsstruktur, Eheschließungen, Wanderungsbewegungen sowie Assimilationserscheinungen wie →Taufen, →Mischehen und Übertritte zum Judentum. Als wissenschaftliche Disziplin ist die jüdische Demographie relativ jung. Ihre Anfänge liegen im Deutschland des ausgehenden 19. Jahrhunderts. Erste Höhepunkte waren die Eröffnung des Büros für Statistik der Juden (1904) in Berlin sowie die Gründung der »Zeitschrift für Demographie und Statistik der Juden« (1905).

1. *Gesamtzahl der Juden.* Die Frage nach der Gesamtzahl der Juden auf der Erde kann nur analytisch beantwortet werden, d. h. indem man die Beiträge der einzelnen Länder abschätzt und summiert. Einigermaßen zuverlässige Ergebnisse können jedoch lediglich für die letzten zweihundert Jahre erzielt werden. Für alle davor liegenden Epochen lassen sich nur sehr vage Vorstellungen entwickeln. Es gibt zu wenig Quellen, die überhaupt entsprechende Aussagen enthalten. Außerdem ist die Glaubwürdigkeit dieser Aussagen in den meisten Fällen recht zweifelhaft. Unter Berücksichtigung aller literarischen und archäologischen Indizien gelangt man zu einer Abschätzung der Bevölkerung von Israel und Juda, die sich in den drei Jahrhunderten nach 1000 v. Z. in einer Größenordnung von einer bis zwei Millionen bewegt. Mit dem fortschreitenden Niedergang der jüdischen Königreiche und der anschließenden babylonischen Eroberung kommt es auch zu einem starken Bevölkerungsrückgang. Ein deutlicher Aufschwung ist dann erst wieder unter den Hasmonäern zu verzeichnen. Die höchste Bevölkerungszahl erreichte das jüdische Volk in der römischen Zeit. Kurz vor der Zerstörung Jerusalems im Jahr 70 gab es mehr als acht Millionen Juden. Zu diesem Ergebnis kommt jedenfalls S. →Baron, indem er sich vor allem auf die Zählung der Juden im Römischen Reich beruft, die unter Claudius durchgeführt wurde. Innerhalb der Grenzen des Römischen Reichs wurden damals fast sieben Millionen Juden ermittelt, womit die Juden etwa zehn Prozent der gesamten Bevölkerung ausmachten. Dieser hohe Anteil erklärt auch die Bedeutung der Juden im politischen und geistigen Leben des Römischen Reichs. Nur etwa 2,5 Millionen Juden lebten jedoch in Palästina. Jeweils etwa eine Million war in Kleinasien, Syrien und Ägypten ansässig. Außerhalb des römischen Herrschaftsbereichs, d. h. besonders in Babylonien, schätzt man die Zahl der Juden auf ungefähr eine Million. In der folgenden Zeit führten Krieg und Exil zu einer starken Reduktion der jüdischen Bevölkerungszahl. Übertritte zum Christentum und der Niedergang des Römischen Reichs bewirkten weitere Schrumpfungen. Nach wie vor lebten große Gruppen in Persien und Babylonien, es lassen sich jedoch keine gesicherten Zahlen ermit-

teln. Erst die Reise des →Benjamin von Tudela, der um das Jahr 1170 die meisten von Juden bewohnten Länder besuchte, lieferte wieder eine gewisse Grundlage zur Abschätzung der jüdischen Weltbevölkerung. Die Zahl der Juden war im 12. Jahrhundert auf ein bis zwei Millionen gesunken. Dieser Wert blieb im Rahmen der Schätzungsgenauigkeit bis in die frühe Neuzeit hinein einigermaßen konstant. Für 1700 wird die Gesamtzahl der Juden mit zwei Millionen angegeben. Die nun einsetzende rasche Vermehrung hängt vor allem mit einer Zunahme des aschkenasischen Judentums zusammen. Arthur Ruppin hat berechnet, daß im Jahr 1170 nur etwa sieben Prozent aller Juden aschkenasische Juden waren, um 1700 betrug ihr Anteil etwa 50 Prozent und im Jahr 1900 dann schon über 90 Prozent. Während die Zahl der sephardischen Juden über die Jahrhunderte annähernd gleichbleibend eingeschätzt wird, kam es in Europa zu einer dynamischen Bevölkerungsentwicklung, von der auch die dort lebenden aschkenasischen Juden erfaßt wurden. Nach den Berechnungen von Jacob Lestschinsky hat sich die jüdische Weltbevölkerung im Lauf des 19. Jahrhunderts verdreifacht. Aus 3,28 Millionen Juden im Jahr 1825 waren 1900 mehr als zehn Millionen geworden. Der größte Beitrag wurde von den Juden Mittel- und Osteuropas erbracht. Die Verbesserung der medizinischen und hygienischen Lebensbedingungen hat zu einer Senkung der Sterblichkeit bei zunächst gleichbleibend hoher Geburtenrate geführt. Erst mit der Wende zum 20. Jahrhundert begann dann auch die Fruchtbarkeit nachzulassen. Die Wachstumsgeschwindigkeit des europäischen Judentums fing an, sich zu verringern, teilweise kam es zu Stagnation und vor allem in Deutschland, Österreich-Ungarn und Italien auch schon zu rückläufigen Tendenzen. Dieser Effekt wurde in der Weltbilanz aber zunächst durch die nun einsetzende Vermehrung der Juden in Nordafrika u. a. orientalischen Ländern ausgeglichen. Zu einem spürbaren Rückgang der Sterblichkeit kam es bei den sephardischen Juden erst im 20. Jahrhundert. Hier waren die gesundheitspolitischen Maßnahmen der Kolonialmächte ausschlaggebend. Mit 16,5 Millionen erreichte die jüdische Weltbevölkerung am Vorabend des Zweiten Weltkriegs ihren bisher höchsten Wert. Nachdem die nationalsozialistischen Vernichtungsaktionen etwa einem Drittel aller Juden das Leben gekostet hatten, belief sich die Gesamtzahl der Juden 1948 auf 11,4 Millionen. Der Babyboom der Nachkriegsjahrzehnte wirkte sich auch auf die Juden aus, so daß es nochmals zu einer leichten Zunahme kam. 1975 gab es nach einer Schätzung von U. O. Schmelz knapp 13 Millionen Juden auf der Welt. Diese Summe hat sich seitdem wenig verändert. Es findet jedoch eine stetige Gewichtsverlagerung von der Diaspora nach Israel statt. Lebten 1975 noch etwa zehn Millionen Juden in der Disapora, so waren es 1986 nur noch 9,4 Millionen. Das hängt z. T. mit der anhaltenden Einwanderung nach Israel zusammen. Ebenso entscheidend für das allmähliche Schrumpfen der Diaspora sind geringe Kinderzahl und Zunahme von Mischehen sowie die Entfremdung vom Judentum. In Israel gibt es weder Assimilationsverluste noch spielen Mischehen eine besondere Rolle, vor allem aber ist die durchschnittliche Kinderzahl spürbar größer als in den Ländern der Diaspora. So hatte 1970 in Israel eine Frau im Durchschnitt mehr als drei Kinder, während es in der Diaspora im Durchschnitt weniger als zwei Kinder pro Frau waren. Unter Zugrundelegung dieser Trends wurden für das Jahr 2000 noch etwa acht Millionen Juden in der Diaspora vorausgesagt. Bei den projektiven Berechnungen, die aus dem Jahr 1980 stammen, ergab sich für das Jahr 2000 eine jüdische Einwohnerschaft des Staates Israel von etwa 4,5 Millionen. Diese Zahl wurde, bedingt durch die Auswanderung aus der ehemaligen Sowjetunion, bereits 1995 überschritten.

2. *Geographische Verteilung.* Eine Besonderheit der jüdischen Demographie ist die herausragende Bedeutung von Wanderungsbewegungen. Im Hinblick auf die natürliche Vermehrung gibt es kaum tiefgreifende Unterschiede zwischen der jüdischen und der allgemeinen Bevölkerungsentwicklung. Bestimmte Trends sind bei den Juden stärker ausgeprägt oder treten früher in Erscheinung. Grundsätzlich läßt sich jedoch sagen, in Zeiten generellen Bevölkerungswachstums nimmt auch das jüdische Volk an Umfang zu, und in Zeiten des Geburtenrückgangs schrumpft auch die Zahl der Juden. So ging mit dem Niedergang des Römischen Reichs eine drastische Abnahme der jüdischen Bevölkerung einher. Im 19. Jahrhundert wurden die Juden von der europäischen Bevölkerungsexplosion erfaßt. Und der sich daran anschließende starke Rückgang der Fruchtbarkeit durch Geburtenkontrolle ist bei den Juden ebenso feststellbar wie der Babyboom nach dem Zweiten Weltkrieg. Ihre Spezifik erhält die jüdische Bevölkerungsentwicklung nicht so sehr durch die Schwankungen bei der na-

türlichen Vermehrung, sondern vor allem durch Wanderung und Assimilation. Für die Demographie der Juden in einzelnen Ländern sind Wanderungsbilanzen oft bedeutungsvoller als Geburtenüberschüsse. Im Lauf der Geschichte verlagerte sich der Schwerpunkt jüdischen Lebens immer wieder in neue Gebiete. Während der hellenistischen Zeit siedelten die Juden vor allem im östlichen Mittelmeerraum. Später gewannen Babylonien und Persien an Bedeutung. Im Mittelalter erschlossen sie sich den europäischen Westen und wurden von dort nach Osteuropa vertrieben. Nach einigen Jahrhunderten begannen sie wieder westwärts zu ziehen und ließen sich seit dem ausgehenden 19. Jahrhundert besonders zahlreich in Amerika nieder. In der jüngsten Vergangenheit setzte dann eine allgemeine Rückkehrbewegung nach Erez Israel ein. Einige Etappen dieser großen Wanderung des jüdischen Volkes mögen im folgenden etwas näher erläutert werden. Schon in der Antike gab es eine jüdische Ausbreitung bis nach Europa. Die ältesten Siedlungen finden sich in Italien, Südfrankreich und Teilen Spaniens. Erst im 12. und 13. Jahrhundert jedoch begann sich der europäische Westen zu einem Schwerpunkt der jüdischen Welt zu entwickeln.

Die Juden in Europa im Jahr 1300 *(nach Schätzungen von S. W. Baron)*	
Frankreich *(einschl. der Grafschaft Avignon)*	100 000
Heiliges Römisches Reich	100 000
Italien	50 000
Spanien *(Kastilien, Aragón u. Navarra)*	150 000
Portugal	40 000
Polen-Litauen	5 000
Ungarn	5 000

Die jüdische Präsenz in West- und Mitteleuropa sollte in dieser Form nicht von langer Dauer sein. Im 14. Jahrhundert nahmen Verfolgungen und Vertreibungen derart zu, daß eine verstärkte Auswanderung nach Osten und Süden einsetzte. Schon 1290 wurde die Ausweisung der Juden aus England verordnet. Davon betroffen waren vielleicht 10 000 Personen. Um die gleiche Zeit gingen die jüdischen Gemeinden in Süditalien unter. Auch in dieser Gegend hatten etwa 10 000 Juden gelebt. Im Lauf des 14. Jahrhunderts wurde dann die Ausweisung der Juden aus Frankreich durchgesetzt. Das Jahr der Vertreibung aus Spanien war 1492. Portugal folgte 1497. Der endgültigen Vertreibung von der Iberischen Halbinsel ging ein ganzes Jahrhundert verstärkter Repression voraus. Einen Höhepunkt bildeten die Ausschreitungen im Jahr 1391, bei denen etwa 50 000 Juden ums Leben kamen. Die große Mehrheit der aus Spanien Vertriebenen zog in muslimische Länder, vor allem in das Osmanische Reich und nach Marokko. Beachtliche Gruppen fanden auch in Italien, in einigen Orten Südfrankreichs und in Holland Aufnahme. Aus Deutschland wurden die Juden nie grundsätzlich verbannt, jedoch die Verfolgungen, besonders im Zusammenhang mit der Pest 1348/49, und die Ausweisungen aus zahlreichen Städten und immer wieder auch aus ganzen Landesteilen während des 14., 15. und 16. Jahrhunderts hatten eine ähnliche Wirkung. Den Fliehenden öffnete König Kasimir der Große bereits im 14. Jahrhundert weit die Tore Polens. Bis zum 17. Jahrhundert hatte sich die Zahl der Juden im damaligen Großreich Polen-Litauen auf etwa eine halbe Million erhöht. Um 1300 waren es noch kaum 5000 gewesen. Das »goldene Zeitalter« des polnischen Judentums endete dann in der Katastrophe von 1648, als der Kosakenaufstand unter Chmielnicki zu einem einzigen Pogrom ausartete, dem mehr als 100 000 Juden auf die grausamste Weise zum Opfer fielen. Die Wanderungsbewegung der Juden aus dem Westen nach dem Osten begann sich nun langsam umzukehren. Ein erstes Anzeichen für eine erneute Öffnung des Westens war die Wiederzulassung der Juden in England 1656. Erst gegen Ende des 19. Jahrhunderts jedoch strömten die Ostjuden in großen Massen nach Westen. Bis dahin erfolgten die entscheidenden demographischen Veränderungen noch im Osten. Es kam zu einer weiteren geographischen Ausbreitung und zu einer außerordentlichen Zunahme der jüdischen Bevölkerung. Nach der Teilung Polens Ende des 18. Jahrhunderts gelangten die Juden zum größten Teil unter russische und österreichische Herrschaft. Das Ostjudentum war jetzt nicht mehr mit Polen identifiziert, es entwickelte sich zu einem multinationalen Phänomen. Im Russischen Reich, das bis zur Eingliederung der ehemals polnischen Gebiete im wesentlichen keine Juden in seinen Grenzen geduldet hatte, wurde nun die weitere geographische Ausbreitung der in den eroberten Gebieten wohnenden Juden durch gesetzliche Bindung an einen Ansiedlungsrayon verhindert. Innerhalb der österreichischen Monarchie dagegen kam es zu einer starken Wanderungsbewegung in das bis dahin relativ judenarme Ungarn. Auch nach Rumänien, das sich zunächst noch unter türkischer Herrschaft befand, wanderten im Lauf des 19. Jahrhunderts Ostjuden in großer Zahl ein.

Die jüdische Weltbevölkerung 1820–1825
(nach Jacob Lestschinsky)

Land bzw. Kontinent	Zahl der Juden in Tausend
Rußland *(mit Kongreß-Polen)*	1600
Rumänien	80
Österreich-Ungarn	568
Deutschland	223
Italien	25
England	20
Frankreich	50
Niederlande	45
Palästina	45
Europa	2730
Amerika	10
Asien	300
Afrika	240
Welt insgesamt	**3280**

Mit dem 19. Jahrhundert beginnt für die jüdische Demographie ein neuer Abschnitt, sowohl inhaltlich als auch methodisch. In immer größerem Umfang liegen nun statistisch auswertbare Quellen vor. Demographische Vorgänge lassen sich jetzt viel besser analysieren als in früheren Epochen. Die Entwicklung der europäischen Juden im 19. Jahrhundert ist vor allem durch drei Faktoren bestimmt: Bevölkerungsexplosion, Westwanderung und Urbanisierung. Juden hatten stets eine Tendenz, in größeren Städten zu wohnen. Auch in der Diaspora setzte sich diese Tendenz immer wieder durch. Das antike Rom beherbergte zeitweise 40 000 Juden, und das ägyptische Alexandria zählte mehr jüdische Einwohner als Jerusalem in seinen besten Tagen. Schätzungen nennen 200 000 als niedrigsten Wert. Ende des 18. Jahrhunderts ragte Amsterdam mit einer Gemeinde von 23 400 Mitgliedern hervor. Im allgemeinen jedoch war den Juden im Mittelalter der Aufenthalt in den größeren Städten entweder ganz verwehrt oder durch zahlreiche Beschränkungen erschwert worden. Zu Anfang des 19. Jahrhunderts konnte Hamburg mit 6430 Mitgliedern noch als die größte jüdische Gemeinde Deutschlands gelten, und in Paris wurden z. Z. der Französischen Revolution ganze 500 Juden gezählt. Diese Situation änderte sich erst, als den Juden mit der bürgerlichen Emanzipation auch die Freizügigkeit gewährt wurde. In den Hauptstädten und Wirtschaftsmetropolen entstanden nun rasch jüdische Großgemeinden.

Die Entwicklung jüdischer Großgemeinden in einigen europäischen Städten

Stadt	Jahr	Zahl der Juden
London	1850	18000
	1926	200000
Paris	1789	500
	1926	140000
Berlin	1817	3700
	1925	173000
Wien	1777	520
	1923	202000
Budapest	1813	5525
	1910	204000
Warschau	1797	7688
	1921	310000
Moskau	1858	444
	1939	400000

Aber nirgends war die Urbanisierung so stark wie in New York. In den 30er Jahren lebten dort etwa zwei Millionen Juden. Das entsprach einem Anteil von fast 30 Prozent an der Gesamteinwohnerschaft. Die USA waren seit 1880 zum Hauptanziehungspunkt für ostjüdische Auswanderer geworden. Allein zwischen 1890 und 1914 wanderte etwa ein Viertel des osteuropäischen Judentums aus, wobei der größte Teil sich für die USA entschied. Wachsende wirtschaftliche Not und in Pogromen sich entladende politische Spannungen waren dabei die treibenden Kräfte. Zu Beginn des 19. Jahrhunderts lebten in den USA noch weniger als 3000 Juden, 1848 wurde die Zahl dann auf 50 000 geschätzt. Bis 1880 kamen vor allem deutsche Juden. Damit hatte sich die Gesamtzahl der in den USA lebenden Juden bis zum Beginn der russischen Einwanderungswelle auf 230 000 erhöht. In den Jahren von 1881 bis 1914 wanderten nun insgesamt zwei Millionen Juden in die USA ein. Die meisten kamen aus Rußland, größere Gruppen jedoch auch aus Galizien und Rumänien. Der absolute Höhepunkt wurde nach den

Die jüdische Weltbevölkerung im 20. Jahrhundert

(Es werden nur Länder aufgeführt, in denen mehr als 5000 Juden leben. Die statistischen Angaben wurden auf ganze Tausender gerundet. Die Zahlen beruhen im wesentlichen auf dem Artikel „Population" von S. W. Baron in der Encyclopaedia Judaica und für 1995 auf einem „Special Supplement" des Jerusalem Report vom 4. Mai 1995.)

Land	Am Vorabend des 2. Weltkriegs		1948	1995
	Jahr	Zahl (in Tausend)		
Europa				
ehem. UdSSR *(einschl. der asiat. Teile)*	1939	2825	2000	1250
Polen	1939	3250	88	10
Litauen	1923	155	–	6,5
Lettland	1935	95	–	15
Estland	1934	5	–	3
Rumänien	1939	850	380	15
Österreich	1934	191	31	8
Tschechoslowakei	1930	357	42	12
Ungarn	1930	445	174	80
Jugoslawien	1931	68	10	2,5
Bulgarien	1934	49	45	4
Griechenland	1928	73	8	5
Türkei *(einschl. der asiat. Teile)*	1935	80	80	20
Deutschland	1933	504	153*	60
Schweiz	1930	18	35	19
Italien	1936	48	53*	31
Spanien	–	–	3	15
Frankreich	1936	260	235	600
Großbritannien	1931	300	345	300
Niederlande	1930	112	28	30
Belgien	1930	60	45	35
Dänemark	1921	6	6	7
Schweden	1930	7	16	16
Amerika				
USA	1937	4771	5000	5800
Kanada	1931	156	180	360
Mexiko	1930	9	25	40
Argentinien	1935	275	360	250
Brasilien	1930	35	111	100
Chile	–	–	25	27
Uruguay	1931	12	37	30
Venezuela	1926	1	3	18
Kolumbien	1935	2	6	8
Asien				
Israel	1939	475	750	4550
Irak	1935	91	90	0,3
Syrien u. Libanon	1935	26	20	0,4
Jemen	1935	50	45	0,8
Iran	1935	50	50	25
Indien	1931	24	30	6
China	1936	10	15	3
Australien	1933	24	37	100
Afrika				
Ägypten	1937	70	75	0,1
Marokko	1936	162	286	7,5
Algerien	1931	110	130	0,1
Libyen	1931	25	31	0,1
Tunesien	1936	60	72	2,5
Äthiopien	1935	51	51	3
Südafrika	1936	91	100	114
Europa**		9510	3780	2550
Amerika		5333	5778	6650
Asien *(ohne ehem. UdSSR u. Türkei)*		1017	1030	4590
Australien u. Ozeanien		33	41	105
Afrika		628	746	130
Welt		16520	11373	13025

Pogromen von 1905 erreicht. Durch diese Masseneinwanderung begann sich der Schwerpunkt der jüdischen Welt in den angelsächsischen Bereich zu verlagern. Um die Jahrhundertwende hatte die jüdische Bevölkerung der USA bereits die Millionengrenze erreicht, 1927 schätzte man ihren Umfang dann schon auf 4,2 Millionen. Der Schwung dieser Bewegung wurde erst gebremst, als die Auswanderung aus Rußland durch das kommunistische System erschwert bzw. unterbunden und die Einwanderung in die USA seit 1924 durch ein Quotensystem geregelt wurde. Ende der 30er Jahre kam dann nochmals eine größere Flüchtlingswelle aus Deutschland, und in den ersten Nachkriegsjahren nahm Amerika zahlreiche Überlebende der Shoa auf. Ähnlich wie in den USA wuchsen die jüdischen Gemeinschaften auch in anderen Ländern der westlichen Welt durch die Auswanderung aus Ost- und Mitteleuropa. Zu nennen sind besonders England, Frankreich, Kanada, Argentinien, Südafrika und Erez Israel (siehe Tabelle: Die jüdische Weltbevölkerung im 20. Jahrhundert – Anmerkung der Redaktion: Andere Quellen enthalten z. T. deutlich nach oben abweichende Schätzwerte, wobei die Differenz nicht selten aus einer unterschiedlichen Bewertung von Assimilationsverlusten u. a. Faktoren zu erklären ist. Diese Zahlen haben in einigen Fällen auch Eingang in die Länderartikel dieses Lexikons gefunden, wenn den Autoren die Werte plausibel erschienen.). Die entscheidenden demographischen Vorgänge des 20. Jahrhunderts hängen mit der Shoa, der Gründung des Staates Israel, dem Schicksal des Kommunismus in Osteuropa und mit der wachsenden Assimilation in den Ländern der Diaspora zusammen. Der von Deutschland ausgehenden physischen Vernichtung in den Jahren 1939–45 fielen nach qualifizierten Schätzungen 5 950 000 Juden zum Opfer. Das waren zwei Drittel des europäischen Judentums. Damit war Amerika endgültig zum wichtigsten Zentrum jüdischen Lebens geworden. Gleichzeitig setzte eine bis dahin nicht gekannte Einwanderung nach Erez Israel ein. Allein in den ersten dreieinhalb Jahren nach der Staatsgründung kamen mehr Einwanderer als in den sieben Jahrzehnten zuvor. Von 1882 bis 1948 waren es 547 900 und vom 15. 5. 1948 bis Ende 1951 wurden 686 700 gezählt. Viele der neuen Einwanderer waren Überlebende der Katastrophe in Europa. In den unmittelbaren Nachkriegsjahren waren sie von den Engländern an der Einwanderung in das damalige Mandatsgebiet Palästina gehindert worden und hatten in sog. →Displaced Persons Camps in Deutschland, Österreich und Italien warten müssen. Aber nicht nur die Intensität der Einwanderung, auch ihre Zusammensetzung änderte sich. In der Vorkriegszeit machten die europäischen Juden etwa 90 Prozent der Neuankömmlinge aus, nach der Staatsgründung sank ihr Anteil dann auf die Hälfte. Der erstarkende arabische Nationalismus und die damit einhergehende Feindschaft zum Zionismus führten zu jüdischen Massenauswanderungen aus den meisten arabischen Ländern. Innerhalb weniger Jahre verschwanden jüdische Gemeinschaften mit jahrtausendealten Traditionen. So ließen sich von 1948 bis 1950 die Juden aus dem Irak (123 000), aus Jemen und Aden (48 000) und aus Libyen (31 000) fast vollständig in Israel nieder. Auch in den folgenden Jahren verlief die jüdische Wanderung nach Israel in Form von Einwanderungswellen. Einen zweiten Höhepunkt gab es in den Jahren 1955–57. Die Immigranten kamen hauptsächlich aus politischen Krisengebieten wie z. B. Ungarn (Aufstand 1956) oder Ägypten (Suezkrise 1956). Während der Einwanderungswelle in den frühen 60er Jahren überwogen dann Juden aus Rumänien und Marokko. Die mehr als 130 000 Juden Algeriens, die nach dem Unabhängigkeitskrieg 1962 das Land verließen, gingen in der großen Mehrheit jedoch nach Frankreich. Auch viele Juden aus Marokko und Tunesien wählten Frankreich als Ziel (zur Einwanderung nach Israel siehe Tabelle bei Alija). 1971 begannen sich die Genzen der Sowjetunion für die jüdische Auswanderung zu öffnen. Bis Ende 1987 konnten 270 000 Juden das Land verlassen. Sie gingen zunächst hauptsächlich nach Israel, später immer mehr in die USA. 1989 begann eine neue, noch stärkere Auswanderungswelle (→Alija). Die Zeit nach dem Zweiten Weltkrieg gehört zu den intensivsten Wanderungsepochen der jüdischen Geschichte. Es wird geschätzt, daß von den frühen 50er Jahren bis Mitte der 90er Jahre etwa 3,5 Millionen Juden zu Emigranten wurden. Das Hauptzentrum der Einwanderung war Israel, jedoch haben seit der Staatsgründung auch 500 000 Juden das Land wieder verlassen. In zweiter Linie war die jüdische Wanderungsbewegung nach den USA und nach Frankreich gerichtet. In den Ländern der Diaspora begannen gegen Ende des 20. Jahrhunderts auch die Assimilationsverluste demographisch bedeutsam zu werden. Judentaufen und Mischehen spielten zwar schon im 19. Jahrhundert eine Rolle in der innerjüdischen und öffentlichen Diskussion. Aber immer war der moralische Verlust viel bedeutender als der wirkliche nachweisbare statistische Effekt. Erst in der Gegenwart wird der Bestand vieler Diasporagemeinden ernsthaft durch assimilatorische Tendenzen in Frage gestellt. Nachlassende religiöse Bindung, geringe Kinderzahl und zunehmende Häufigkeit von Mischehen sind längst keine Alarmsignale mehr, sondern stellen bereits gewichtige demographische Faktoren dar, die die Entwicklung großer jüdischer Gemeinschaften bestimmen (vgl. auch →Mischehen, →Taufen).

Ⓛ S. W. Baron, A Social and Religious History of the Jews, Band 1, 1958. – H. H. Ben-Sasson (Hrsg.), Geschichte des jüdischen Volkes, 3 Bände, 1979. – E. Friesel, Atlas of Modern Jewish History, 1990. – M. Gilbert, Jewish History Atlas, 1986. – A. Ruppin, Soziologie der Juden, Band 1, 1930. – U. O. Schmelz, World Jewish Population. Regional Estimates and Projections, 1981. (PH)

Demokratische Bewegung für Veränderung (DBV, hebräische Abkürzung Dash), eine 1977 aus mehreren Gruppen und Persönlichkeiten unter Führung von Y. →Yadin gebildete israelische politische Partei, die sich im Wahlkampf 1977 für Reformen und Erneuerung einsetzte und auf Anhieb 11,6 Prozent der Stimmen und 15 Knessetmandate erhielt. Damit stellte die DBV die drittstärkste Fraktion in der Knesset. Nach anfänglichem Zögern trat die DBV im Oktober 1977 der Regierungskoalition unter Führung des →Likud-Blocks bei, deren Bildung die seit dem →Jischuw währende Dominanz der →Mapai beendete. Die Regierungsverantwortung und besonders die betont vorgelebte »innerparteiliche Demokratie« trugen dazu bei, die inneren Spannungen unter den aus allen politischen Lagern zusammengekommenen Gruppen und Persönlichkeiten so zu verschärfen, daß die DBV zerfiel. Den Anlaß zur ersten Spaltung gaben die Verhandlungen, die zu den →Camp-David-Abkommen führten. 1981 kandidierte die DBV nicht mehr. Als eigenständige Partei blieb die →Schai bzw. →Schinui übrig.

Ⓛ M. Wolffsohn/D. Bokovoy, Israel. Geschichte, Politik, Gesellschaft, Wirtschaft, ⁵1996. – M. Wolffsohn, Politik in Israel, 1983. (DB/MW)

Demokratische Front für Frieden und Gleichheit (DFG). Da die →Neue Kommunistische Liste (NKL) überwiegend nur israelische Araber als Wähler gewinnen konnte, versuchte sie 1977 durch Umbenennung zur DFG und durch Erweiterung um einige »unabhängige« jüdische und arabische Persönlichkeiten (darunter Charly Biton von den →Schwarzen Panthern) einen breiteren jüdischen Wählerkreis, besonders die sozial benachteiligten orientalischen Juden, anzusprechen. Friedens- und Sozialpolitik standen im Mittelpunkt; die Moskau-Orientierung der NKL blieb. Die Ergebnisse der Knessetwahlen verdeutlichen, daß der Erweiterungsversuch der DFG nur vorübergehend einen geringen Stimmenzuwachs brachte:

1977	4,6%	der Stimmen	5 Mandate
1981	3,4%	der Stimmen	4 Mandate
1984	3,4%	der Stimmen	4 Mandate
1988	3,7%	der Stimmen	4 Mandate
1992	2,4%	der Stimmen	3 Mandate
1996	4,2%	der Stimmen	5 Mandate

Ⓛ M. Wolffsohn/D. Bokovoy, Israel. Geschichte, Politik, Gesellschaft, Wirtschaft, ⁵1996. – M. Wolffsohn, Politik in Israel, 1983. (DB/MW)

Demokratische Zionisten (nach 1927: Radikale Zionisten), eine 1923 durch Abspaltung von den →Allgemeinen Zionisten (AZ) gebildete Strömung in der Zionistischen Weltorganisation (ZWO). Unter Führung von Izhak Grünbaum und N. →Goldmann lehnten die Demokratischen Zionisten den Plan von Chaim Weizmann ab, die ZWO um Nicht-Zionisten zu erweitern. Sie forderten die Ansiedlung einer jüdischen Mehrheit in Palästina als höchste Priorität und die Gründung eines jüdischen Staates als Endziel des Zionismus. Nach 1935 gehörten die Demokratischen Zionisten zur »A«-Gruppe der AZ.

Ⓛ M. Wolffsohn, Politik in Israel, 1983. (DB/MW)

Deportationen, gewaltsame Verschleppung, meist in Viehwaggons und »Sonderzügen«, von Juden aus Deutschland und allen eroberten europäischen Ländern in bestimmte Gebiete des Ostens (aber auch des Westens), in Ghettos und (anschließend oder direkt) in die Arbeits- und Todeslager. Die Deportationspolitik der Nationalsozialisten begann am 28. 10. 1938 mit der Ausweisung von etwa 18 000 polnischen Juden (→Ostjuden) aus Deutschland unter schrecklichen Begleitumständen. Dies war die erste Massendeportation Hitler-Deutschlands und das Vorspiel für das wenige Tage später inszenierte Pogrom vom 9. November (→Reichspogromnacht). Im Zuge einer zweiten, kleineren Deportation aus dem Reich im Juli 1939 wurden weitere 4000 polnische Juden zwangsweise repatriiert. Seit Oktober 1939 betrieb Deutschland eine systematische »Umsiedlungs«-Politik, wie die Deportationen euphemistisch genannt wurden: Zunächst wurden alle etwa 550000 Juden aus den ins Reich »wiedereingegliederten« polnischen Provinzen sowie der Provinz Lodz in das sog. Generalgouvernement »umgesiedelt«. Die ersten Deportationen von Juden nach Polen fielen in die Zeitspanne von Oktober 1939 bis März 1940. Damals wurden die Juden nicht wie während des zweiten Deportationsdramas, das im Oktober 1941 einsetzte, in geschlossene Ghettos, →Konzentrations- bzw. Vernichtungslager geschafft. Es wurde ihnen lediglich ein Zwangsaufenthalt in einer der bestehenden jüdischen Gemeinschaften im Gebiet zwischen Weichsel und Bug zugewiesen, wo viele Städte bereits Ghettos waren. Am 12.10.1939 erfolgten die ersten Deportationen aus Österreich und dem »Protektorat«; am 10.2.1940 die ersten aus Pommern nach Polen; am 22.10.1940 begannen die Deportationen aus Elsaß-Lothringen, dem Saarland, der Pfalz und Baden nach Südfrankreich (»Aktion Bürckel«), und 1942 nach Auschwitz. Der 14.10.1941 war der Beginn der systematischen Deportationen von Juden aus dem »Altreich«, die bis Mai 1943 anhielten, als das »Großdeutsche Reich« offiziell für »judenrein« erklärt wurde. Die letzten Deportationszüge rollten aus Budapest im November 1944 mit 38000 Juden in verschiedene Konzentrationslager.

L R. Hilberg, Die Vernichtung der europäischen Juden, 1982. – G. Reitlinger, Die Endlösung, 1979. – L. Rosh/E. Jäckel, »Der Tod ist ein Meister aus Deutschland«, 1990. (LH)

Derasch, Derascha, (von hebräisch »darasch«, »forschen, auslegen«), im speziellen Sinne u.a. neben →Peschat, →Pescher eine Methode der Schriftauslegung. Als Gattung entspricht die Derasch einer Homilie. Heute Bezeichnung für die Synagogen-Predigt. Auch wenn die Ursprünge der Derasch nicht bekannt sind (eventueller Zusammenhang mit dem →Targum), so ist sie doch seit der Antike Bestandteil der synagogalen Liturgie am →Sabbat und an Festtagen (→Feste). Als aktualisierende Schriftauslegung zur jeweiligen Toralesung diente sie der religiösen Erbauung und Unterweisung, aber auch dem Vergnügen. Es gibt zwei Typen von Derasch: a) Die halachische Derasch (besonders an Sabbaten vor und während →Pessach und →Sukkot) beginnt mit der Formulierung »Möge unser Meister uns lehren«. Ziel ist es, die Schrift auf die →Halacha hin auszulegen, die bestehende halachische Praxis mit der Bibel in Übereinstimmung zu bringen, auf sie zurückzuführen oder Widersprüche auszugleichen. b) Die aggadische Derasch kann in zwei Hauptrichtungen eingeteilt werden: die »schöpferische Geschichtsschreibung« (Ergänzung von Details) und die »schöpferische Philologie« (Deutung philologischer Auffälligkeiten). Sie beginnt entweder mit einer Benediktion, dem auszulegenden Schriftvers oder aber einer Peticha (»Eröffnung«). Diese eröffnet meist mit einem Zitat aus den Hagiographen (→Hebräische Bibel) und führt zum Schluß zu dem ersten Vers der Lesung. Dies geschieht so kunstvoll und mit überraschenden Wendungen, daß umstritten ist, ob solche Petichot nur Einleitungen oder nicht selber Predigten sind. Der Hauptteil der Derasch ist an keine feste Struktur gebunden. Er schließt mit einem messianischen Redeabschluß (»Chatima«), der vom Schriftvers der Lesung zu einem tröstlichen Propheten-Vers führt. Die Derasch trug der Darschan (»Prediger«) mündlich vor. Es entstanden aber auch schon bald, vor allem aber im Mittelalter, literarische Homilien und Predigtsammlungen. (HMD)

Derech Erez (hebräisch, wörtlich »Weg/Weise des Landes«). Der Begriff umfaßt verschiedene Aspekte: natürliches menschliches Verhalten, weltliche Beschäftigung, geschlechtliche Vereinigung und korrektes, der Tora entsprechendes Betragen. Im rabbinischen Judentum wird unter Derech Erez vor allem das wünschenswerte Verhalten von Menschen gegenüber Mitmenschen und der Natur verstanden. Kennzeichen sind Bescheidenheit, Maßhalten und Zuvorkommenheit, verbunden mit Weltgewandtheit. Dieses Verhalten ist nicht geboten, sondern wird empfohlen. Es betrifft das Verhältnis Mann/Frau, Lehrer/Schüler, aber auch Tischsitten und Gastfreundschaft. So verknüpft Derech Erez theoretisches Wissen mit praktischer Lebensführung. Dies ist auch Thema der kleinen Talmudtraktate »Derech Erez Rabba« und »Derech Erez Suta« sowie des »Perek ha-Schalom«. Die Verknüpfung spielt vor allem im Konzept von »Tora und Derech Erez« (d.h. Tora im Kontext säkularer Kultur) der Neu-Orthodoxie, besonders bei S. R. →Hirsch, eine wichtige Rolle. (HMD)

Essay

Deutsche Judenheit und Demokratie

Walter Grab

Dem Zeitalter der Gottesgnadenherrscher und des Absolutismus war das Ideengut der Demokratie, der Volkssouveränität und der Rechtsgleichheit aller Staatsbürger fremd. In den christlichen Ländern Europas bildeten die Juden eine von der Mehrheit abgesonderte Bevölkerungsgruppe. Die Kirchenlehre von der »gottgewollten Knechtschaft der Juden« diente dazu, sie in ein Netz von Geboten und Verboten einzuspannen, die sie schwer benachteiligten. Die Bewahrung ihrer religiösen Tradition, die kulturelle Autonomie ihrer Gemeinden und die Solidarität mit den Glaubensgenossen gaben den Juden Geborgenheit und geistigen Halt. In West- und Mitteleuropa veränderte die Entstehung des dynamischen Leistungs- und Wettbewerbssystems seit Mitte des 18. Jahrhunderts die gesellschaftlichen Beziehungen und machte die rechtliche Gleichheit aller Staatseinwohner notwendig. Die Aufklärung emanzipierte das wirtschaftlich erstarkende Bürgertum geistig von den traditionellen religiösen und politischen Autoritäten; sie erschütterte die auf Ungleichheit der Stände beruhende Privilegienordnung und forderte, alle Lebensbereiche zu säkularisieren, alle Religionen zur Privatsache des Einzelnen zu erklären und die Juden auf der Basis gleicher Rechte und Pflichten einzubeziehen. Die intellektuellen Wortführer des Bürgertums, die keine aus außerökonomischen Ursachen diskriminierten und ausgegrenzten Gruppen duldeten, stützten sich zur theoretischen Begründung der notwendigen Rechtsgleichheit auf den Egalitätsbegriff des rationalen Naturrechts. Er besagte, daß alle Menschen unabhängig von ihrer ethnischen Zugehörigkeit und ihrer Religion dieselben angeborenen und unveräußerlichen Rechte besitzen, weil sie dieselben Grundbedürfnisse des Lebens haben – nämlich Nahrung, Kleidung, Obdach, Sicherheit in Krankheit und Alter.

Diese Ideen standen beim Dekret über die Gleichberechtigung der Juden Pate, das von der französischen Nationalversammlung im September 1791 erlassen wurde und alle Benachteiligungen und Ausnahmebestimmungen bezüglich der Bekenner der jüdischen Religion aufhob. Die Revolutionäre erblickten im Judentum keine Nation, also keinen separaten Volkskörper mit eigenen Gesetzen, sondern lediglich eine Glaubensgemeinschaft, deren individuellen Mitgliedern sie dieselben Rechte zuzugestehen bereit waren wie den Anhängern anderer Religionen. Die gesellschaftliche Demokratisierung war daher mit der Aufrechterhaltung der kulturellen Autonomie der jüdischen Gemeinden unvereinbar und hatte die Konfessionalisierung des Judentums zur Folge.

Im Revolutionszeitalter waren die Demokraten sowohl in Frankreich als auch in den anderen europäischen Staaten die entschiedensten Gegner der Willkürherrschaft und der traditionellen sozialen Hierarchie, weil sie die auf Geburtsvorrechten beruhende politische Suprematie des Adels durch die Prinzipien der Volkssouveränität und der Rechtsgleichheit aller Bürger unabhängig von Herkunft, Besitz, sozialer Stellung und Religion ersetzen wollten. Von der prinzipiellen Gleichwertigkeit aller Kulturen und Religionen ausgehend, forderten die Demokraten gesellschaftliche Eingliederung, Anerkennung der Menschenwürde und politische Gleichberechtigung der Juden und bemühten sich, die realen und bewußtseinsmäßigen Ghettomauern niederzureißen, die die Juden von der Bevölkerungsmehrheit trennten. Judenfeindschaft und Demokratie sind daher

kontradiktorische, absolut unvereinbare Begriffe.
Wurden die Juden in Frankreich von den *Revolutionären* als gleichberechtigte Bürger anerkannt und am Aufbau öffentlicher Institutionen beteiligt, so erfolgte die von den *traditionellen Obrigkeiten* dekretierte Emanzipation der Juden in Österreich, Preußen und anderen deutschen Teilstaaten am Ende des 18. und zu Beginn des 19. Jahrhunderts *ohne* Mitwirkung der Bevölkerungsmehrheit, ohne Demokratisierung der Gesellschaft, *ohne* Änderung der überlieferten Machtstrukturen und sozialen Hierarchie. In der Restaurationsepoche und im Vormärz (1815–48) ließen die Obrigkeiten mannigfache Ausnahmebestimmungen bestehen, benachteiligten und demütigten die Juden weiterhin und schlossen sie von der Verwaltung, der Justiz, der Universitäts- und der Offizierslaufbahn aus.
Der Magdeburger Rabbiner Ludwig Philippson, der seit 1837 die »Allgemeine Zeitung des Judentums« herausgab, erblickte im Judentum ein Miniaturbild der gesamten Menschheit, deren Bestimmung die Gleichberechtigung und freie Entfaltung aller ihrer Mitglieder ist. Als die Revolution von 1848 ausbrach, suchte er zu zeigen, daß die biblischen Gesetze mit der liberalen Demokratie übereinstimmten. Er fand im altjüdischen Staat die Freiheit des Individuums: Wegfall aller Standesunterschiede, allgemeine Wehrpflicht, Rechtsgleichheit, Beamtenwahl und lokale Selbstverwaltung. Die Juden seien daher durch ihr uraltes Erbe auf die moderne Demokratie gut vorbereitet.
Im Revolutionsjahr von 1848 hoffte die Mehrheit der deutschen Juden, daß die Errichtung einer demokratischen Ordnung ihre individuelle Emanzipation und gesellschaftliche Eingliederung bewirken werde. Beim größten Sieg der Demokratie in der Revolution, nämlich den Wiener und Berliner Barrikadenkämpfen des März 1848, standen Juden Schulter an Schulter mit den Handwerkern und Arbeitern; ihr Blutzoll war bedeutend höher, als es ihrem prozentualen Anteil an der Bevölkerung entsprach. Die Leipziger jüdische Wochenschrift »Der Orient« rief die Juden zum Kampf um Deutschlands Befreiung auf und betonte, daß die jüdische Gleichberechtigung nur beim Sieg der Demokratie gesichert sei.
Das jüdische Zusammengehörigkeitsgefühl erlitt im revolutionären Sturmjahr entscheidende Einbußen und verwandelte sich in die Ideologie des individuellen mosaischen Konfessionalismus. Infolge der Niederlage der Revolution wurde die in der Paulskirchenverfassung verankerte jüdische Emanzipation nicht verwirklicht.
Die siegreiche demokratiefeindliche Restauration war an der politischen und gesellschaftlichen Gleichberechtigung der Juden uninteressiert. Konservative, die dem rassistischen Antisemitismus zuneigten, sahen das Judentum als unassimilierbaren Fremdkörper an, während Liberale die Judenemanzipation zwar bejahten, jüdische Traditionen und Lebensformen jedoch ablehnten und von den Juden als Bedingung völliger Eindeutschung die Selbstaufgabe des Judentums erwarteten. Die Verfassung des Deutschen Reichs von 1871, die den anachronistischen Adelsstand konservierte und ihm politische Vorrechte einräumte, bestimmte zwar, daß die Konfession kein Hindernis bei der Bekleidung öffentlicher Ämter sein dürfe; aber dieses Gleichberechtigungsgesetz war kein Beschluß eines souveränen Volkes, das eine demokratische Neuordnung im Kampf gegen die alten Gewalten erfolgreich durchgesetzt hatte.
Die konservativen Machtträger neigten grundsätzlich dazu, alle politischen Freiheitsrechte – also auch die Judenemanzipation – als staatliche Konzession mit Vorbehalt des Widerrufs zu betrachten. Sie gewährten nur den christlichen Konfessionen Anspruch auf Staatsmittel, führten keine durchgreifende Trennung des Staates von der Kirche durch und verliehen dem Judentum nur den Rang einer geduldeten, nicht aber einer vollberechtigten und dem Christentum ebenbürtigen Religion. Die Verfassung gestand zwar den Juden als Privatpersonen Bürgerrechte zu; sie wurden aber weiterhin von höheren Positionen in der Verwaltung, im Justizwesen, in der Armee und an den Universitäten fernge-

halten. Die Judenemanzipation blieb daher infolge der mangelnden Demokratisierung ein Torso.
Mehrere jüdische Intellektuelle, die dem Bürgertum entstammten und sich von den Voraussetzungen ihres kollektiven Bewußtseins als Juden lösten, schlossen sich der Arbeiterpartei an, die den militaristischen Obrigkeitsstaat in eine parlamentarische und soziale Demokratie umwandeln wollte. Die Judenfeinde waren auch die entschiedensten Gegner der Arbeiterbewegung. Eine wüste antisemitische Rassenhetze begleitete das Gesetz »gegen die gemeingefährlichen Bestrebungen der Sozialdemokratie«, das 1878 – 90 in Kraft war. Die von dem Historiker Heinrich von Treitschke geprägte Losung: »Die Juden sind unser Unglück!« wurde bald zum Feldgeschrei all jener Hoch- und Niedrigstehenden, die das deutsche Volk von sozialem Fortschritt und politischer Demokratie abdrängen wollten. Nationalistische Überheblichkeit und Ablehnung demokratischer Ideen waren im Wilhelminischen Reich an der Tagesordnung und drohten das humanitäre Erbe der Aufklärung zu ersticken, aus dem sich die Judenemanzipation speiste.
Im Ersten Weltkrieg hofften die deutschen Juden vergeblich, durch betont patriotisches Verhalten die antisemitischen Vorurteile zu überwinden und völlige gesellschaftliche Integration zu erringen. Diese Erwartungen erfüllten sich jedoch nicht. Chauvinistische Rassehetzer, die die Demokratisierung von Staat und Gesellschaft bekämpften, behaupteten, daß die deutsche Niederlage und die Novemberrevolution 1918 durch eine »Verschwörung des internationalen Judentums« zustandegekommen sei, die dem siegreichen deutschen Soldaten den Dolch in den Rücken gestoßen habe.
Die Verfassung der Weimarer Republik, der ersten Demokratie in der deutschen Geschichte, wurde von dem Juden Hugo Preuß entworfen. Zu den Gründern und Mitgliedern der bürgerlichen Deutschen Demokratischen Partei zählten zahlreiche Juden. Auch in den Führungsgremien und in der Wählerschaft der Sozialdemokratie waren viele Männer und Frauen jüdischer Herkunft zu finden. Die Regierungen der Weimarer Republik erkannten die gänzliche Gleichberechtigung der Juden im politischen und gesellschaftlichen Leben zwar an, unterließen es jedoch, gegen die Mordhetze der völkischen Rassenantisemiten energisch vorzugehen. Daher befand sich während der Existenz der ersten Demokratie Deutschlands das Judentum zwar auf dem Gipfel seiner Erfolge, war aber gleichzeitig mehr gefährdet als jemals seit Beginn der Emanzipation.
Die Legende von der jüdischen Weltverschwörung und der Diffamierungsfeldzug gegen militante Demokraten und Sozialisten waren eng miteinander verknüpft. Nach ihrer Machtübernahme nahmen die Nationalsozialisten nicht nur die Judenemanzipation zurück, sondern machten auch die sozialen und demokratischen Rechte der Arbeiterbewegung rückgängig. Mit Recht wurden die Arbeiterparteien von ihren Gegnern als Verteidiger der jüdischen Gleichberechtigung angesehen, denn die Ideen der demokratischen Gesellschaftsordnung, der unveräußerlichen Menschenrechte und der brüderlichen Gleichberechtigung aller Völker lag sowohl im Lebensinteresse der Juden als auch der Arbeiterbewegung. Die Massenverhaftungen von proletarischen und bürgerlichen Nazigegnern waren also die Voraussetzung der mörderischen »Endlösung der Judenfrage«. Es bestand ein immanenter Zusammenhang zwischen der politischen Liquidierung der deutschen Demokratie und der Arbeiterbewegung im Jahr 1933 und der physischen Liquidierung der Juden während des Zweiten Weltkriegs. Der Mangel an Demokratie in Deutschland ermöglichte die Vernichtung der Juden im Machtbereich der Nationalsozialisten. Dieselben Feinde der Demokratie, die die Juden in die Todesöfen trieben, führten auch das eigene Volk auf die Schlachtbank.

Dessau, Paul, deutscher Komponist und Dirigent, 19. 12. 1894 Hamburg – 28. 6. 1979 Ostberlin. Stammte aus einer alten Kantorenfamilie und war von jung an mit dem jüdischen Melodienreichtum vertraut. Seit seinem Studium als Kapellmeister an Opernhäusern in Hamburg, Köln, Mainz und Berlin tätig. Seit der Emigration aus Deutschland lebte er von 1939 bis 1948 in den USA. Nach der Remigration wurde er zu einem der führenden Komponisten in der DDR. Seine 1. Sinfonie (1926) enthält Fragmente des traditionellen Kol Nidre (Einleitungsgebet am Abend von Jom Kippur); die Vertonung von sieben Psalmen, vor allem das Oratorium »Hagada« auf einen Text von M. →Brod in hebräischer Sprache, ist spezifisch jüdischen Inhalts. Am bekanntesten ist Dessau durch Opern und Bühnenmusiken geworden, in denen er u. a. mit Bert Brecht zusammengearbeitet hat: »Mutter Courage« (1946), »Der gute Mensch von Sezuan« (1947), »Die Verurteilung des Lukullus« (1951, bzw. 1968), »Der Kaukasische Kreidekreis« (1954), »Puntila« (1966). Im Lauf seiner kompositorischen Tätigkeit, ungefähr ab 1933, wandte sich Dessau in seinen Werken der Zwölftontechnik zu, als deren hauptsächlicher Vertreter er auch im Musikleben der DDR galt. (AS)

Paul Dessau, 1951

Deuteronomium →Hebräische Bibel

Deutsch, Ernst, Schauspieler, 16. 9. 1890 Prag – 22. 3. 1969 Berlin. Beginn der Theaterkarriere in Wien, Prag und Dresden. Erste Titelrolle 1916 in der Uraufführung von Walter Hasenclevers »Der Sohn«. 1917–31 in Berlin (Deutsches Theater), erfolgreiche Zusammenarbeit mit M. →Reinhardt, Carl Meinhard, Victor Barnowsky u. a. Deutsch spielte vor allem Rollen des klassischen, realistischen und expressionistischen Theaters. 1931/32 am Wiener Burgtheater. Im April 1933 emigrierte Deutsch nach Prag und 1938 in die USA. Deutsch begann seine Filmkarriere in Hollywood vor allem mit Rollen in Anti-Nazi-Filmen. 1946/47 in Buenos Aires (Gastspiel an der »Freien Deutschen Bühne«). 1951 Rückkehr nach Deutschland und Berlin; Bühnenerfolge u. a. als »Nathan der Weise«, Philipp II. in »Don Carlos« und als →Shylock. Wichtige Rollen als Filmschauspieler vor allem in »Der Prozeß« (1947) und in »Der dritte Mann«.

L G. Zivier, Ernst Deutsch und das deutsche Theater, 1964. (WJ)

Deutsche Demokratische Republik →Deutschland

Deutsch-Israelitischer Gemeindebund, am 29. 6. 1869 mit dem Ziel der Interessenvertretung der deutschen Juden in Leipzig gegründet. Hauptaufgabe: der Kampf für die rechtliche Gleichstellung der Juden. Nach 1877 Aufklärung über den Antisemitismus. Gründung zahlreicher Stiftungen zur Fort- und Weiterbildung Jugendlicher, Gründung von Darlehenskassen zur Finanzierung der Berufsausbildung und Existenzgründung, einer Zentral-, Versicherungs- und Pensionskasse für Gemeindebeamte. Weitere Aufgaben betrafen die Sicherstellung religiöser Erziehung in leistungsschwachen Gemeinden durch Beihilfen und Lehrerförderung. Nach 1882 Verlegung des Sitzes nach Berlin. Zu den vom Deutsch-Israelitischen Gemeindebund initiierten und finanzierten sozialen und kulturellen Einrichtungen gehörten u. a.: die »Deutsche Zentralstelle für jüdische Wanderarmenfürsorge«, das »Gesamtarchiv der Deutschen Juden«, die »Historische Kommission für die Geschichte der Juden in Deutschland«; außerdem war der Deutsch-Israelitische Gemeindebund Mitbegründer der »Zentralwohlfahrtsstelle der deutschen Juden«. Versuche, eine Gesamtorganisation der Juden ins Leben zu rufen (Gemeindetag am 23. 1. 1921), scheiterten. Seit der Gründung von Organisationen der Gemeinden auf Landesebene (u. a. »Preußischer Landesverband«, 25. 6. 1922) verlor der Deutsch-Israelitische Gemeindebund an Bedeutung. 1928 Gründung der Arbeitsgemeinschaft jüdischer Landesverbände, aus der 1932 die »Reichsvertretung der jüdischen Landesverbände« hervorging, die unter der Leitung von L. →Baeck und O. →Hirsch in der am 17. 9. 1933 gegründeten »Reichsvertretung der deutschen Juden« aufging. (RD)

Deutschland, **1.** Chronik

Chronik jüdischen Lebens in Deutschland von der Römerzeit bis heute

70	Zerstörung des Zweiten Tempels in Jerusalem, erneuter Beginn der jüdischen Diaspora.
321	Erste jüdische Gemeinden in Köln nachgewiesen; in der Römerzeit wahrscheinlich auch in Regensburg, Trier und Worms jüdische Siedlungen.
1. Hälfte 9. Jh.	Verordnungen (»Kapitularien«) zum Rechtsschutz der Juden unter Karl dem Großen und Ludwig dem Frommen, erste Blütezeit des deutschen Judentums.
10.–13. Jh.	Mainz, Speyer und Worms (nach ihren hebräischen Anfangsbuchstaben SCHUM genannt) sind Zentren des geistigen und kulturellen Lebens.
1096–99	Vernichtung zahlreicher jüdischer Gemeinden im Rheinland während des 1. Kreuzzugs.
1147–49	Erneute Verfolgung während des 2. Kreuzzugs.
1140–1234	Abschließende Kodifizierung des kanonischen Judenrechts (u.a. im »Decretum« Gratians von 1140/42 und im »Liber Extra« von 1234).
1236	Beginn der kaiserlichen Kammerknechtschaft mit dem Privileg Friedrichs II.
1298	Pogrome in Franken und Bayern durch die Anhänger des Fleischermeisters Rindfleisch (»Rindfleisch-Unruhen«), denen über 140 Gemeinden zum Opfer fielen.
1335–38	»Armleder«-Pogrome in Franken, im Mittelrhein- , Lahn- und Moselgebiet sowie im Elsaß.
1348/49	Pestpogrome, weitgehende Ermordung der jüdischen Bevölkerung Mitteleuropas.
seit Ende 13. Jh.	Entstehung von Ghettos bzw. Judengassen u. a. in Augsburg, Frankfurt/M., Köln, Nürnberg, Prag, Wien und Worms.
1420–1520	Vertreibung der Juden aus den meisten deutschen Städten.
seit 1475	Entwicklung des hebräischen Buchdrucks.
Ende 15./ Anfang 16. Jh.	Zuwanderung von Juden aus Spanien und Portugal nach ihrer Verfolgung und Vertreibung durch die Inquisition.
Mitte 16. Jh.	Seit Beginn der Gegenreformation verstärkte offizielle Zensur jüdischer und hebräischer Schriften durch Aufnahme in den kirchlichen Index verbotener Schriften.
17./18. Jh.	Aufkommen von Hoffaktoren (»Hofjuden«), die finanzielle und politische Dienste an den Fürstenhöfen übernahmen.
1614	Plünderung der Frankfurter Judengasse und Vertreibung der Juden (»Fettmilch-Aufstand«); 1616 Wiedereinzug.
seit 1648	Zuwanderung von Ostjuden nach den Chmielnicki-Pogromen; Zunahme messianischer Bewegungen mit Sabbatai Zewi (1626–1676) an der Spitze (»Sabbatianer«).
1700/14/30/50	Generalreglements in Preußen, verschlechterten die Lebensbedingungen der preußischen Juden erheblich.
2. Hälfte 18. Jh.	Anfänge der Emanzipation mit Zentrum in Berlin und Moses Mendelssohn als wichtigstem Vertreter; seitdem Berlin das geistige und kulturelle Zentrum des deutschen Judentums.
1778	Gründung der »Jüdischen Freischule« in Berlin durch David Friedländer und Isaak Daniel Itzig, die die Ideen der Aufklärung unter der jüdischen Bevölkerung verbreiten sollte.
nach 1800	Beginn der jüdischen Reformbewegung mit Abraham Geiger, Samuel Holdheim und Israel Jacobson als wichtigsten Vertretern sowie der Neu-Orthodoxie mit Samson Raphael Hirsch und Esriel Hildesheimer. Zunahme der Mischehen und Konversionen zum Christentum im Zuge des Akkulturationsprozesses.
1807/08	Bürgerliche Gleichstellung in den französisch besetzten Gebieten (Rheinland und Westfalen); seit 1808 hierarchisches Gemeindesystem und wirtschaftliche Einschränkungen im linksrheinischen Gebiet.
1812	Emanzipationsedikt, beseitigte Wohn- und Bildungsbeschränkungen sowie wirtschaftliche Einschränkungen für die preußischen Juden.
1914/15	Wiener Kongreß, Restauration von diskriminierenden Judenordnungen.
1819	»Hep-Hep«-Krawalle v. a. in Frankfurt/M., Würzburg und Hamburg. Anfänge der »Wissenschaft des Judentums« mit der Gründung des »Vereins für Cultur und Wissenschaft der Juden« in Berlin durch Eduard Gans und Leopold Zunz.

seit 1830	Auswanderungswelle in die USA.
1849	Bürgerliche Gleichberechtigung der Juden durch die Nationalversammlung in Frankfurt/M. unter Mitwirkung von Gabriel Riesser; nach dem Scheitern der 48er-Revolution wieder aufgehoben.
1840–50	Höhepunkt der Auseinandersetzungen zwischen der jüdischen Reformbewegung und der Neu-Orthodoxie (1837, 1844, 1845, 1846 Rabbinerversammlungen in Wiesbaden, Braunschweig, Frankfurt/M. und Breslau).
1854	Gründung des konservativen »Jüdisch-Theologischen Seminars« in Breslau mit Zacharias Frankel als erstem Leiter.
1869	Gleichberechtigung der Juden in Preußen und im Norddeutschen Bund, 1871 Übernahme des Gesetzes für ganz Deutschland; Gründung des »Deutsch-Israelitischen Gemeindebundes« als Organ zur Koordination der Arbeit und der Interessen der jüdischen Gemeinden.
1872	Eröffnung der 1870 auf Initiative von Moritz Lazarus, Abraham Geiger und Ludwig Philippson gegründeten »Hochschule für die Wissenschaft des Judentums« in Berlin.
1879/80	Berliner Antisemitismus-Streit. Beginn des modernen politischen Antisemitismus.
nach 1880	Erneute Zuwanderung von Ostjuden nach Pogromen in Polen und Rußland; Beginn des organisierten Zionismus.
1890	Gründung des »Vereins zur Abwehr des Antisemitismus« (»Abwehrverein«).
1893	Gründung des »Central-Vereins deutscher Staatsbürger jüdischen Glaubens« der 1927 70 000 Mitglieder hatte. Der Abwehrkampf gegen den Antisemitismus und die pro-assimilatorische Position des C.-V. fanden bei der Mehrzahl der deutschen Juden Zustimmung.
1896	Theodor Herzl veröffentlicht den »Judenstaat«, die grundlegende programmatische Schrift des Zionismus; Gründung der »Nationaljüdischen Vereinigung« in Köln durch Max Bodenheimer; 1897 in »Zionistische Vereinigung für Deutschland« umbenannt, die 1914 etwa 10 000, in den 20er Jahren etwa 20 000 Mitglieder hatte.
1904	Gründung des »Jüdischen Frauenbundes in Deutschland« durch Bertha Pappenheim und Sidonie Werner; 1953 Neugründung in der Bundesrepublik Deutschland.
1917	Balfour-Deklaration, in der der britische Außenminister die Gründung einer nationalen »Heimstätte« für Palästina zusagte. Gründung der »Zentralwohlfahrtstelle der deutschen Juden«. 1951 Neugründung in der Bundesrepublik.
seit 1919	Erste größere Auswanderungswelle nach Palästina; bis 1933 wanderten jedoch höchstens 2 000 deutsche Juden dorthin aus.
1920	Gründung des »Freien Jüdischen Lehrhauses« in Frankfurt/M. unter Leitung des Religionsphilosophen Franz Rosenzweig.
Januar 1933	Beginn der NS-Herrschaft; seitdem zunehmende Emigration deutscher Juden – insgesamt etwa 280 000, v. a. in die USA und nach Palästina.
April 1933	Boykott jüdischer Geschäfte, Arztpraxen, Anwaltskanzleien u. a., sowie Entlassung jüdischer Beamter aus dem Staatsdienst (»Ariergesetzgebung«); Beginn der systematischen Judenverfolgungen.
September 1933	Gründung der Hilfsorganisation »Reichsvertretung der deutschen Juden« mit Leo Baeck als Präsidenten; seit 1939 von den Nationalsozialisten erzwungene Gesamtvertretung (»Reichsvereinigung der Juden in Deutschland«).
Juli 1935	Ausschluß der jüdischen Bevölkerung vom Militärdienst.
September 1935	Nürnberger Gesetze: Juden wurden zu »Staatsangehörigen« zweiter Klasse; Mischehen und Geschlechtsverkehr zwischen Juden und »Reichsbürgern« wurden verboten.
seit 1938	Berufsverbot u. a. für jüdische Ärzte und Rechtsanwälte; Universitätsausschluß für jüdische Studenten.
März 1938	Jüdische Gemeinden werden als »private Vereine« deklariert.
August 1938	Pflicht zur namentlichen Kennzeichnung: Jüdische Frauen mußten den zusätzlichen Vornamen »Sara« annehmen, Männer den Namen »Israel«.
November 1938	Pogrome in ganz Deutschland (»Reichskristallnacht«); Entfernung jüdischer Kinder aus öffentlichen Schulen; Verhängung von Wohnbeschränkungen.
seit Oktober 1939	Beginn von Deportationen aus Österreich und Böhmen-Mähren nach Polen; Deportationen aus Süddeutschland nach Südfrankreich, von dort später in das Vernichtungslager Auschwitz.

Februar 1941	Deportationen ins Warschauer Ghetto.
März 1941	Verpflichtung der jüdischen Bevölkerung zur Zwangsarbeit.
September 1941	Einführung der Kennzeichnungspflicht mit dem Gelben Stern.
seit Okt. 1941	Systematische Deportationen in die Ghettos und Vernichtungslager in Polen.
Januar 1942	»Wannseekonferenz« über die »effiziente« Verwirklichung der »Endlösung der Judenfrage« – d. h. die fabrikmäßige Ermordung der deutschen und europäischen Juden. Insgesamt fielen dem nationalsozialistischen Terrorregime etwa sechs Millionen Juden zum Opfer.
April/Mai 1945	Befreiung der letzten Konzentrationslager auf deutschem Boden.
1945/46	Nürnberger Prozeß, Internationaler Militärgerichtsprozeß gegen einige der deutschen Hauptkriegsverbrecher; Neubeginn des jüdischen Gemeindelebens mit den wichtigsten Gemeinden in Berlin, Frankfurt/M. und München.
1950	Gründung des »Zentralrats der Juden in Deutschland«.
1952	»Luxemburger Abkommen« (»Wiedergutmachungsabkommen«) zwischen Deutschland und Israel.
1959	Gründung der Bibliothek »Germania Judaica« in Köln.
1962	Neugründung der »Jüdischen Volkshochschule« in Berlin.
1963	Gründung des »Instituts für die Geschichte der deutschen Juden« in Hamburg.
1965	Aufnahme diplomatischer Beziehungen zwischen der Bundesrepublik Deutschland und Israel.
1968	Gründung des Bundesverbands »Jüdischer Studenten in Deutschland«.
1979	Gründung der »Hochschule für Jüdische Studien in Heidelberg« in der Trägerschaft des Zentralrats.
1982	Gründung des »Zentrums für Antisemitismusforschung« in Berlin.
1985/86	Skandal um die Premiere des Theaterstücks »Der Müll, die Stadt und der Tod« von Rainer Werner Fassbinder, die mit der Besetzung der Bühne durch Mitglieder der jüdischen Gemeinde Frankfurt/M. zunächst verhindert wurde.
1986	Gründung des »Salomon Ludwig Steinheim-Instituts für deutsch-jüdische Geschichte« in Duisburg.
1986–89	Historikerstreit um die Frage der Vergleichbarkeit der fabrikmäßigen Ermordung der deutschen und europäischen Juden unter der NS-Herrschaft mit anderen Verbrechen gegen die Menschlichkeit.
1988	Gründung der Stiftung »Neue Synagoge Berlin - Centrum Jadaicum«; seit November 1988 Wiederaufbau, Eröffnung des Ausstellungs- und Begegnungszentrums im Mai 1995.
seit 1988	Diskussion über die Errichtung einer zentralen Holocaust-Gedenkstätte in Berlin; 1995 Scheitern der ersten Ausschreibung, seitdem fortgesetzter öffentlicher Streit um die Konzeption und die zweite Ausschreibung.
1989	Auftrag für einen Erweiterungsbau des Berlin-Museums für das Jüdische Museum Berlin an den Architekten Daniel Libeskind; 1992 Baubeginn; seitdem öffentliche Auseinandersetzungen um Organisation und Konzeption des Jüdischen Museums.
seit 1989	Zuwanderung von rund 93 000 Juden (Stand August 1998) aus der ehemaligen Sowjetunion und den GUS-Staaten; dadurch de jure oder de facto Neugründung von Gemeinden, neue entstehen unter anderem in Dessau, Emmendingen, Lörrach, Pforzheim, Potsdam, Rostock und Schwerin.
Januar 1991	Vereinigung der beiden Berliner Gemeinden.
1992	Gründung des «Moses Mendelssohn Zentrums für europäisch-jüdische Studien« in Potsdam seitdem Einrichtung von Studiengängen und Lehrstühlen für Jüdische Studien bzw. Geschichte u. a. an den Universitäten Potsdam, Duisburg, München, Oldenburg und Halle.
1996–1997	Diskussion über die Thesen Daniel Goldhagens («Hitlers willige Vollstrecker«, 1996) zu einer deutschen Kollektivschuld am Holocaust («eliminatorischer Antisemitismus« als überwiegendes Einstellungs- und Verhaltensmuster), was ähnlich wie beim Historikerstreit 1986 heftige Kontroversen zur Bewertung des Nationalsozialismus und des Holocaust auslöst.

Bernhard Vogt

2. →Baden, →Bayern, →Berlin (u. a. Städteartikel), →Brandenburg, →Hannover, →Hessen, →Mecklenburg, →Pommern, →Posen, →Preußen, →Rheinland, →Sachsen/Sachsen-Anhalt, →Schlesien, →Schleswig-Holstein, →Thüringen, →Westfalen, →Württemberg
3. Juden und →Nationalsozialismus
4. →Emigration und Exil nach 1933
5. *Jüdische Überlebende nach 1945.* Die politischen Strategien in bezug auf die Behandlung der jüdischen →Displaced Persons (DP's) wurden in den einzelnen Besatzungszonen unterschiedlich gehandhabt: In der Französischen Zone gab es wegen der geringen Zahl jüdischer Überlebender kein DP-Problem. Für die Sowjetunion waren Juden eine unter vielen Opfer- und Verfolgtengruppen des Nationalsozialismus, die keinen besonderen Status erwarten durften. Die Briten lehnten aus Furcht vor zionistischer Propaganda die Zentralisierung von jüdischen DP's ab. Bergen-Belsen war mit 13 000 jüdischen Überlebenden im August 1945 das einzige jüdische Lager in der Britischen Zone. Auch in der Amerikanischen Besatzungszone dauerte es Monate, bis der Status der jüdischen DPs geklärt war. Die Überlebenden wurden nach ihrer Herkunftsstaatsbürgerschaft behandelt: Juden aus alliierten Ländern erhielten den Status von DP's, während deutsche und österreichische Juden wie ehemalige Kriegsgegner behandelt wurden. Diese diskriminierende Behandlung führte unter den deutschen Juden und den sog. »Geltungsjuden« (Nürnberger Gesetze) zu heftigen Protesten. Ausländische Juden wurden in Lagern untergebracht, die aus ehemaligen Wehrmachtsunterkünften, SS-Baracken und KZs bestanden, oft mit Stacheldraht umzäunt und von Deutschen bewacht. Die Lager wurden mit Menschen aus allen DP-Ländern belegt: Überlebende der Vernichtungslager zusammen mit Nazikollaborateuren. Jüdische Hilfsorganisationen wie dem →Joint oder der →Jewish Agency war der Zutritt zu den Lagern, wie allen Zivilisten, verboten. Eine Verbesserung dieser Zustände trat erst Ende August 1945 als Folge der von Präsident Truman angeordneten Untersuchung durch Earl G. Harrison (→Harrison Report) ein: Spezielle Lager für Juden wurden eingerichtet und zur Lösung des jüdischen Flüchtlingsproblems höhere Einwanderungsquoten für Palästina gefordert. Ein »Berater für jüdische Angelegenheiten« wurde als Vermittlungsinstanz zwischen den DP's und der US-Armee eingestellt. Eines der Hauptprobleme für die DP-Verwaltung und die Binnenstruktur der Lager resultierte aus der ständig zunehmenden Einwanderung von Juden aus osteuropäischen Staaten. Der polnische Nachkriegsantisemitismus, der zwischen November 1944 und Oktober 1945 351 Juden das Leben kostete, veranlaßte Tausende von Überlebenden, in die westlichen Besatzungszonen zu fliehen. Bis Juni 1945 verließen 10 000 polnische Juden das Land, wobei sie sich der Bewegung zur Rettung von Juden (→Bricha) anvertrauten. Mit gefälschten Dokumenten und auf geheimen Fluchtrouten schleusten die Bricha-Agenten Flüchtlinge in die Amerikanische Besatzungszone ein, um sie von dort auf Schleichwegen nach Palästina zu bringen. Diese letzte Phase der illegalen Einwanderung übernahm später die Jewish Agency. Ihr Geheimunternehmen Alija B (Zweite Einwanderung) brachte von insgesamt 115 000 illegalen Einwanderern 105 000 nach Palästina. Viele dieser »Infiltranten« gehörten zu den etwa 150 000 Juden, die vor den Nationalsozialisten in die UdSSR geflohen waren und durch das polnisch-sowjetische Repatriierungsabkommen im Frühjahr 1946 nach Polen zurückgekehrt waren. Nach dem Pogrom in Kielce, bei dem am 4. 7. 1946 über 50 Juden ermordet wurden, weitete sich die Flucht aus Polen zu einem Massenphänomen aus. In das amerikanische Hoheitsgebiet kamen in den Jahren 1946–49 über 250 000 jüdische Flüchtlinge, die von der Armee untergebracht und versorgt werden mußten. Im Gegensatz zu den Überlebenden der KZs, unter denen es kaum Kinder und alte Menschen gab, kamen nun Familien mit Großeltern und Enkelkindern. Chaotische Zustände in den Lagern der UNRRA (UN-Organisation zur Verwaltung der Flüchtlingsfrage) waren die Folge. Es gab weder Einrichtungen für Kinder und Säuglinge noch Versorgung für die Alten. Fehlende Auswanderungsmöglichkeiten und der unabsehbar lange Aufenthalt in den Lagern verschlimmerten die depressive Stimmung, trotz zahlreicher Eheschließungen und der höchsten Geburtenquote in allen jüdischen Gemeinden weltweit (1946/47 wurden über 20 000 Kinder in den Lagern geboren). Die Hoffnungen auf das Gelobte Land wurden zusätzlich durch die radikal antizionistische Politik Großbritanniens enttäuscht. Seit August 1946 wurden alle auf illegalen Schiffen aufgegriffenen Passagiere in Zypern interniert. Die Lage verschärfte sich, als die Briten im August 1947 die 4515 Passagiere des illegalen Einwanderungsschiffs »EXODUS '47« nach Deutschland zurückbrachten. Die Weltöffentlichkeit reagierte

mit zunehmendem Unverständnis auf die britische Politik, was nicht ohne Einfluß auf die folgende Entwicklung blieb: Die Informationsreise des United Nations Special Committee on Palestine (UNSCOP) ebnete unter dem Eindruck der Exodus-Affäre den Weg für die Teilungsresolution der Vereinten Nationen am 29. 11. 1947 und damit für offene Grenzen nach Palästina. Ein von Präsident Truman erlassenes DP-Gesetz vom Juni 1948, das die Aufnahme von 200 000 DP's vorsah, schaffte zusätzliche Auswanderungsmöglichkeiten in die USA. Die Gründung eines jüdischen Staates in Palästina am 14. 5. 1948 und die Gründung der Bundesrepublik Deutschland im Jahr 1949 machten schließlich die DP-Lager überflüssig. Zwischen 1948 und 1950 wurden die meisten Lager aufgelöst. Auch die verschiedenen Hilfsorganisationen wie der Joint oder HIAS schlossen ihre Büros. In den Jahren zwischen 1945 und 1949 wanderten etwa zwei Drittel der jüdischen Überlebenden nach Palästina und Israel aus, ein Drittel ging in die USA oder in andere Staaten. Zurück blieben die »hard core«-Fälle, meist kranke oder alte Menschen und jene, die ihre Auswanderungspläne auf unbestimmte Zukunft verschoben. Föhrenwald bei München war das letzte Lager in Deutschland. Es wurde erst 1957 geschlossen. Seine Bewohner verteilten sich auf die neu entstandenen jüdischen Gemeinden in der Bundesrepublik Deutschland oder wanderten nach Argentinien aus. (CK)

6. *Bundesrepublik Deutschland.* Als im Jahr 1949 die Bundesrepublik Deutschland gegründet wurde, sahen die inzwischen schon relativ konsolidierten jungen Gemeinden (→Gemeindeleben in Deutschland nach 1945) die Notwendigkeit, im neuen Staat eine überregionale Organisation zu schaffen. 1950 wurde daher der →Zentralrat der Juden in Deutschland als Dachorganisation gegründet. Zu Beginn der 50er Jahre hatten die jüdischen Gemeinden in der Bundesrepublik Deutschland etwa 15 000 Mitglieder. Die zweite Phase der jüdischen Nachkriegsgeschichte in Deutschland begann nach der ökonomischen Konsolidierung und dem Abschluß des Wiedergutmachungsvertrags von 1952 (Deutschland, Israel und die →»Wiedergutmachung«). Zu diesem Zeitpunkt war die Auswanderung der →Displaced Persons abgeschlossen, und die →Entschädigungsgesetze signalisierten, daß die Bundesregierung aus demokratischen Legitimierungsgründen daran interessiert war, daß Juden in der Bundesrepublik Deutschland lebten. Von 1955 bis 1959 kamen etwa 6000 jüdische Rückwanderer in die Bundesrepublik Deutschland, davon 60 Prozent aus Israel, die übrigen vorwiegend aus Lateinamerika. Durch diese Welle der Remigration stieg die Mitgliederzahl der jüdischen Gemeinden von 15 000 im Jahr 1955 auf 21 000 im Jahr 1959. In den 60er Jahren stieg die Zahl weiter auf 26 000; sie betrug seitdem bis 1989 relativ kontinuierlich etwa 28 000. Die Gesamtzahl der 1989 in der Bundesrepublik Deutschland lebenden Juden wurde auf ungefähr 50 000 geschätzt. Die Entwicklung der jüdischen Minorität in der Bundesrepublik Deutschland verlief in einer demographisch ungewöhnlichen Form. Das Durchschnittsalter der Juden schwankte in der Regel zwischen 45 und 50 Jahren. Es starben etwa siebenmal soviel Juden wie geboren wurden. D. h., die Fluktuation ist wesentlich höher, als es die konstanten Zahlen vermuten lassen. In der Vergangenheit wanderten jährlich etwa 1000 Juden ein und 400 aus Entsprechend uneinheitlich ist die Struktur der jüdischen Gemeinschaft. Die früheren deutschen Juden machen heute nur noch 10 Prozent der jüdischen Gemeinden aus. Überwiegend setzt sich die jüdische Gemeinschaft aus polnischen, rumänischen, tschechischen, ungarischen und in zunehmendem Maße auch Juden aus der GUS zusammen. Nach dem Einigungsvertrag und der Auflösung der ehemaligen →Deutschen Demokratischen Republik existierten in der erweiterten Bundesrepublik Deutschland 1990 70 west- und ostdeutsche jüdische Gemeinden. Seit 1990 kommt es zu einer Zuwanderung von jüdischen Emigranten aus der ehemaligen Sowjetunion in einer historisch zu nennenden Größenordnung. Seit 1989 haben ca. 900 000 Juden die UdSSR und ihre Nachfolgestaaten verlassen. Davon sind im Zuge der gesetzlichen Aufnahmeregelung bis März 1998 über 60 000 nach Deutschland eingewandert. Darüber hinaus haben bis Februar 1998 mehr als 50 000 Personen einen entsprechenden Einreiseantrag gestellt, wobei bei den Antragstellern bisher eine monatliche Zuwachsrate von etwa 1500 zu verzeichnen war. Auch die Gemeinden wuchsen durch die Zuwanderung erheblich, diese verzeichneten Anfang 1997 rund 61 200 Mitglieder (davon 38 000 aus der GUS). Vielerorts kam es de jure oder de facto zu Neugründungen von Gemeinden, neue entstanden u. a. in Dessau, Emmendingen, Lörrach, Pforzheim, Potsdam, Rostock und Schwerin. Die größten Gemeinden befinden sich in →Berlin mit rund 11 500 Mitgliedern und in →Frankfurt am Main mit rund 6300 Mitgliedern, gefolgt von den Gemeinden in →München, →Düsseldorf, →Hamburg und →Köln. Zu den inneren Problemen der jüdischen Gemeinschaft in der Bundesrepublik Deutschland, wie Migration, →Mischehen und nationale Identität, kommt die Gefahr eines wachsenden →Antisemitismus (auch →Neonazismus). Angesichts der nach wie vor unbewältigten Vergangenheit und neuer Spannungen zwischen der jüdischen Gemeinschaft und der nichtjüdischen Umwelt ist wohl auf absehbare Zeit nicht mit einer »Normalisierung« des Verhältnisses von Juden und Deutschen zu rechnen (→deutsch-jüdisches Verhältnis, Zur Geschichte des), wenngleich viele die starke Zuwanderung aus der GUS als Chance zur Erneuerung des deutschen Judentums betrachten, das allerdings seine kulturellen Wurzeln in Osteuropa haben wird.

L H. M. Broder/R. M. Lang (Hrsg.), Fremd im eigenen Land. Juden in der Bundesrepublik, 1979. – M. Brumlik/D. Kiesel/C. Kugelmann/J. H. Schoeps (Hrsg.), Jüdisches Leben in Deutschland seit 1945, 1986. – P. Sichrovsky, Wir wissen nicht, was morgen wird, wir wissen wohl, was gestern war. Junge Juden in Deutschland und Österreich, 1985. (RED)

7. *Deutsche Demokratische Republik* (DDR), aus der Sowjetischen Besatzungszone (SBZ) nach dem Zweiten Weltkrieg hervorgegangen, bestand vom 7. 10. 1949 bis zum 3. 10. 1990 (Beitritt zur Bundesrepublik Deutschland), war politisch und ideologisch von der Sowjetunion abhängig. Im Januar 1953 kam es im Zuge des →Slánský-Prozesses auch in der DDR zu politischen Säuberungen und antisemitischen Aktionen, die innerhalb weniger Tage zu einer Massenflucht von Juden aus der DDR in den Westen führten. Die Zahl der Gemeindemitglieder sank im Lauf der Zeit infolge von Überalterung und Abwanderung kontinuierlich. Gab es 1945 noch 3100 Gläubige, so sank die Zahl im Jahr 1953 auf 2600 und im Sommer 1967 auf lediglich 1200. Bei der Auflösung der DDR gab es nur noch 350 Gemeindemitglieder in acht Gemeinden in Ostberlin, →Chemnitz, →Dresden, →Erfurt, →Halle, →Leipzig, →Magdeburg und Schwerin. Die Zahl derer, die zwar aus einem jüdischen Elternhaus stammen, sich aber nicht mehr zum Judentum bekennen, dürfte mindestens zehnmal größer sein als die Zahl der Gläubigen. So erhielten rund 3900 Personen als rassistisch verfolgte »Opfer des Faschismus« eine staatliche Zusatzrente. Das jüdische Leben beschränkte sich in

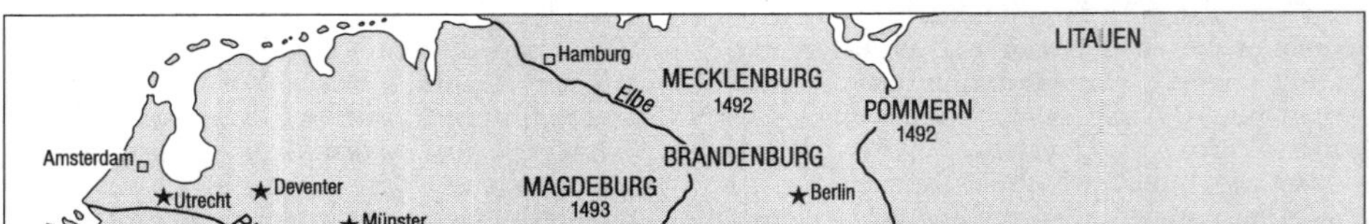

Jüdische Gemeinden und ihr Schicksal in Mitteleuropa im 11.–15. Jahrhundert

den Gemeinden auf den rituell-kulturellen Bereich. Kennzeichnend für die ambivalente Haltung vieler Juden gegenüber der Außenpolitik der DDR war das Verhältnis der Gemeinden zum Staat Israel. Analog zum Verhalten staatlicher Stellen bestanden keine offiziellen Kontakte zum jüdischen Staat. Eine Auseinandersetzung mit dem →Holocaust setzte erst in den 60er Jahren ein, wobei, der marxistisch-leninistischen Geschichtskonzeption gemäß, der nationalsozialistische Rassismus unter Imperialismus und Klassenkampf subsumiert wurde. Bis Mitte der 80er-Jahre war die Außenpolitik der DDR von einer antizionistischen Haltung geprägt. Auf Vermittlung des →American Jewish Committee besetzte Isaac Neuman von September 1987 bis Mai 1988 die 18 Jahre vakante Rabbinerstelle der Ostberliner Gemeinde. Neuman beendete seine Arbeit, da er sich zu starker Kontrolle durch staatliche Stellen ausgesetzt sah. Zum Staat Israel gab es bis zum Ende der SED-Herrschaft 1989 keine offiziellen diplomatischen Kontakte. Die prinzipielle Weigerung der DDR, Wiedergutmachung zu leisten, war das entscheidende Hindernis. Das erste freigewählte Parlament der DDR bekannte sich in einer gemeinsamen Erklärung aller Fraktionen am 12.4.1990 erstmals zur »Mitverantwortung für Demütigung, Vertreibung und Ermordung jüdischer Frauen, Männer und Kinder«. Der Wiederaufbau der Neuen Synagoge (Oranienburger Straße) als →Centrum Judaicum wurde aus der Honecker-Ära übernommen und als Stiftung weitergeführt. Noch vor dem offiziellen Beitritt der DDR zur Bundesrepublik Deutschland am 3.10.1990 hatten sich im September 1990 die acht Gemeinden des früheren Verbandes der Jüdischen Gemeinden in der DDR in zwei Landesgemeinden (Brandenburg/Mecklenburg-Vorpommern und Sachsen/Sachsen-Anhalt/Thüringen) dem Zentralrat der Juden in Deutschland angeschlossen.

Ⓛ S. T. Arndt u.a., Juden in der DDR, 1988. (LM)

Essay

Zur Geschichte des deutsch-jüdischen Verhältnisses

Julius H. Schoeps

Wer sich mit den Problemen des Zusammenlebens von Juden und Deutschen befaßt, fragt sich unwillkürlich, ob der im 18. und zu Beginn des 19. Jahrhunderts eingeleitete Emanzipations- und Akkulturationsprozeß (→Emanzipation und Assimilation) nicht von Anfang an zum Scheitern verurteilt war. Sind nicht die Widerstände, die die Versuche begleiteten, die Juden zu gleichberechtigten Bürgern zu machen, unüberwindlich gewesen? Vielleicht haben diejenigen recht, die im Zusammenhang mit der Emanzipationsgesetzgebung in Deutschland von einer Art »Konstruktionsfehler« sprechen. Im Gegensatz zu Frankreich, wo es sich um einen einmaligen revolutionären Akt handelte, der den Juden mit einem Federstrich die Gleichberechtigung zugestand, war es in Deutschland die Konzeption der allmählichen, der stufenweisen Emanzipation, die nicht als Rechtsakt, sondern als Erziehungsvorgang begriffen wurde. In der Publizistik und in den gesetzgebenden Versammlungen wurde häufig die Ansicht geäußert, daß den Juden die völlige Gleichstellung erst dann zugestanden werden könne, wenn sie sich diese durch Wohlverhalten verdient hätten – eine Forderung, die deutlich erkennen läßt, daß sie von Mißtrauen und Widerwillen diktiert war. Bis 1848 hatte kaum ein Staat des Deutschen Bundes die volle gesetzlich verankerte Emanzipation der Juden verwirklicht. Hardenbergs berühmte Formel »Gleiche Pflichten – gleiche Rechte« wurde zwar im Prinzip anerkannt, aber selbst im Revolutionsjahr in den meisten deutschen Staaten auf die Juden nicht angewandt. Vorhandene Hoffnungen wurden bitter enttäuscht. Das »Reaktionsjahrzehnt«, das dem Vormärz und der 48er Revolution folgte, beendete den »Emanzipationsspuk«, und die Juden mußten erfahren, daß die zugestandene verfassungsmäßige Gleichberechtigung mehr auf dem Papier als in der Wirklichkeit bestand. Erste Anzeichen eines Umschwungs in der allgemeinen Haltung zur »Judenfrage« sind erst wieder mit Beginn der »Neuen Ära« in →Preußen festzustellen. Freilich war es dann nicht der revolutionär auftretende Radikalliberalismus der Jahre 1848/49, sondern der staatsreformierende und staatsgründende (National-)Liberalismus, der auf dem Hintergrund eines expansiven, freihändlerischen Wirtschaftsdenkens die staatsbürgerliche Gleichstellung der Juden im »Norddeutschen Bund« und im »Deutschen Reich« von 1871 herbeiführte.

Vor einigen Jahren hatte der Religionsphilosoph und -historiker Gershom Scholem eine seitdem oft und meist kontrovers diskutierte These entwickelt, es habe nicht eine deutsch-jüdische Symbiose gegeben, sondern immer nur einen sehr einseitigen jüdisch-deutschen Dialog. Die Unbefangenheit wirklicher Humanität, den Juden als Juden gelten zu lassen, hätten nur wenige Deutsche gehabt. Ob man diese These teilt oder nicht, sie führt jedenfalls in das Zentrum der Fragestellung: Wieso war die christlich-deutsche Umwelt in ihrer überwiegenden Mehrheit gegen die Juden eingestellt? Und warum haben die Juden, trotz des Wissens um diese Feindschaft, sich dennoch um Emanzipation und Akkulturation bemüht? In gewisser Weise wird Scholems These bestätigt durch die Untersuchungen von Historikern wie Jacob Toury zum Beispiel, der nachgewiesen hat, daß es sich bei der Emanzipationsgesetzgebung in den meisten deutschen Staaten lediglich um die Gewährung individueller Staatsbürgerrechte gehandelt hat – eine Politik also, die den Menschen, aber nicht den Juden emanzipieren wollte, ganz nach dem Vorbild der Emanzipationsdebatte der Französischen Nationalversammlung im Dezember 1789, wo Graf Clermont-Tonnerre öffentlich zum erstenmal den Satz formulierte, der dann zum unumstößlichen Credo der Emanzipationsgegner werden sollte: »Den Juden als Individuen alles, den Juden als Nation nichts.«

Trotz der vorhandenen Hindernisse hat sich ein allmählicher Angleichungsprozeß der Juden an die christlich-deutsche Umwelt vollzogen, der mit Stichworten wie »Individualisierung«, »Säkularisierung« und »Eindeutschung« beschrieben werden kann. Daß dies geschah, dafür gibt es eine Reihe von Gründen, so u. a. den Eintritt der Juden in das Bürgertum, den damit verbundenen wirtschaftlichen Aufstieg in Groß- und Mittelstädten, den Aufstieg »ordentlicher« kaufmännischer sowie akademischer Berufe unter den Juden, die Schrittmacherfunktion der Juden im Neuland der wirtschaftlichen Umwälzungen und Entwicklungen. Diese und andere Faktoren waren es, die die wirtschaftlich-soziale Integration vorantrieben, den Anpassungsprozeß der Juden in Deutschland beschleunigten. Sieht man genauer hin, dann erkennt man jedoch, daß ihrer sozialen Integration meist gesellschaftliche Grenzen gesetzt waren. Typisch ist ein Bericht der »Breslauer Morgenzeitung« aus dem Jahr 1870 über einen Ball der Breslauer Kaufmannschaft: »Unsere christlichen und jüdischen Kaufleute haben zusammen marchandiert, discontiert, diniert, soupiert, smoliert, sie haben sich sogar spousiert, aber niemals miteinander getanzt. Ist das nicht höchst merkwürdig?«

Vorbehalte und offene Feindschaft haben nicht den Akkulturationsprozeß verhindern können, der sich – langsamer oder schneller, je nach Ort und Gemüt – bei den Juden durchsetzte. Radikale Veränderungen begannen sich abzuzeichnen. Eine Kultur der Anpassung entstand, die sich auf alle Lebensbereiche auswirkte: Rabbiner traten auf, die sich für eine Reform des Judentums einsetzten. Die traditionell jüdische Unterrichtsweise ging zurück. Die Sabbatheiligung wurde durch die Arbeitsruhe nicht mehr eingehalten, die rituellen Speisevorschriften immer mehr vernachlässigt. Die jüdische Religion wurde zu einer Konfession neben anderen. Der »deutsche

Staatsbürger jüdischen Glaubens« war die Formel, auf die man sich verständigte. In Kleidung und Sprache paßten sich die Juden der christlichen Umwelt an. Vereinzelt gelang es Juden sogar, Aufnahme an Honoratiorenstammtischen zu finden, in Turn- und Schützenvereine einzutreten und Mitglied in Sängerbünden zu werden. Begeistert von der Möglichkeit, vollständig im Deutschtum aufgehen zu können, haben viele Juden die letzten Hemmungen fallenlassen. Sie wollten Deutsche sein und kamen gar nicht auf die Idee, daß ihre Bereitschaft nicht akzeptiert werden könnte. Markus Lehmann, der Redakteur der in Frankfurt erscheinenen Wochenzeitung »Israelit«, erklärte gegen Ende 1870: »Wir deutschen Juden sind Deutsche und nichts anderes.« Das Bekenntnis zu Deutschland führte dazu, daß Familien ihre jüdischen Vornamen ablegten und dafür deutsche annahmen. Wer sich die Mühe macht, einen jüdischen Friedhof aufzusuchen, der kann feststellen, welchen Einfluß der Anpassungsprozeß auf Vor- und Familiennamen hatte. Besonders eindrucksvoll sind die Grabsteine auf dem jüdischen Friedhof in der Schönhauser Allee in Berlin. Dort liegen im Laub verwittert Steine wie der aus dem Jahr 1879, dessen Inschrift »Hier ruht unser heißgeliebtes Kind Alfred Deutschland« vielleicht mehr über das Lebensgefühl der Zeit aussagt als lange gelehrte Abhandlungen. Mit der Reichsgründung 1871 schien die Gleichstellung der Juden vollzogen zu sein. Doch wie war ihre Position tatsächlich? Gesellschaftlich integriert waren sie nicht, auch wenn es vielfach so schien. Bei vielen schlug sich das Gefühl des Nichtdazugehörens in einer inneren Unsicherheit nieder. Selbst Walther Rathenau, von der Möglichkeit der Symbiose zwischen Deutschtum und Judentum zutiefst überzeugt, ein Mann also, von dem man es eigentlich nicht erwarten würde, bekannte einmal, er werde »ein beklommenes Gefühl der Einengung und Verlassenheit .. nicht los« und fühle sich immer von neuem schmerzlich daran erinnert, daß er als Bürger zweiter Klasse in die Welt getreten ist und daß keine Tüchtigkeit und kein Verdienst ihn aus dieser Lage befreien kann. Zu einem Trauma für die Juden in Deutschland ist die »Judenzählung« im Ersten Weltkrieg 1916 geworden. Von offiziellen Stellen war damals verfügt worden, festzustellen, wie viele Kriegsteilnehmer jüdischer Herkunft waren. Kenner der Lage begriffen sofort, daß auf diese Weise versucht wurde, im jüdischen Bevölkerungsteil Drückebergerei und nationale Unzuverlässigkeit nachzweisen. Jüdischerseits wurde dieser Vorgang verständlicherweise als Ausdruck eines latenten Antisemitismus empfunden. Proteste halfen wenig. Selbst der wiederholt geführte Nachweis, daß es 100 000 jüdische Kriegsteilnehmer gab und von diesen rund 12 000 gefallen (entsprechend dem Prozentsatz der Nichtjuden unter den Kriegstoten) sind, nützte wenig. In der öffentlichen Meinung war das Urteil bereits gefällt. Den Juden ist es nicht gelungen, vollständig akzeptiert zu werden. Sie blieben Außenseiter – und zwar nicht am Rand, sondern im Zentrum der Gesellschaft. Man empfand sie als Fremde, als Eindringlinge, die irritierten, vor denen man ein diffuses Gefühl der Angst hatte. Widerstände, Diskriminierungen und offene Feindschaft waren an der Tagesordnung. Die konservativen Kreise, namentlich Adel, Geistlichkeit, Landwirtschaft und Kleinbürgertum, das heißt die Teile der Bevölkerung also, die an Kapitalismus und Industrie keinen oder nur wenig Anteil hatten, betrachteten mit zunehmender Unruhe die Entwicklung, die manche Juden in der Wirtschaft, besonders im Bank- und Börsenwesen, in der Presse und in der Politik, hervortreten ließ. Die aufkommende »antikapitalistische Sehnsucht« als Ausdruck eines Unbehagens an der Modernität in Verbindung mit den ursprünglichen theologisch-religiösen Wurzeln der Judenfeindschaft und dem Neid auf den Erfolg der Juden im Wirtschaftsleben führte dazu, daß in konservativen Kreisen schließlich die Juden als Haupturheber aller »zersetzenden« und »materialistischen« Ideen und als eine Gefahr für die deutsche Kultur überhaupt angesehen wurden.

Der Historiker weiß heute, daß die Modernität, die um die Jahrhundertwende das ganze Leben durchdrang, die Arbeit und Spiel, Moral und Religion beeinflußte, die sich in der Kunst, in der Literatur und im Reich der Ideen niederschlug, fälschlich mit Juden und Judentum in Verbindung gebracht worden ist. Was den angeblich unverhältnismäßig hohen Anteil und übergroßen Einfluß der Juden auf den kulturellen Wandel angeht, so sind dies Übertreibungen, die geeignet waren, die Juden als Verkörperung des Bösen zu denunzieren. Besonders unsinnig war die stereotyp vorgebrachte Behauptung, die Juden seien besonders begierig auf Experimente und Neuerungen in Kunst und Literatur, weil ihr Judentum, sprich ihre »Wurzellosigkeit« oder ihr »Intellektualismus«, sie dazu prädestiniere. Es hat zwar Juden gegeben, die in vorderster Reihe der kulturellen Avantgarde standen. Das waren aber nur Ausnahmen. Die Mehrzahl der deutschen Juden verhielt sich angepaßt. Sie schwammen wie die Nichtjuden unauffällig im Strom der deutschen Kultur, verhielten sich bürgerlich rechtschaffen, waren konservativ in den politischen Anschauungen, konventionell im Geschmack und patriotisch in ihren Überzeugungen. Eine wirkliche Rolle im Kulturbetrieb haben die Juden nur dort gespielt, wo es um das geschriebene und gesprochene Wort ging. Dies ist insofern erklärbar, als hier, im Gegensatz zur bildenden Kunst, Traditionen und Erfahrungen fortwirkten, die jedem Juden von Kindheit an vertraut waren, selbst wenn er nichts mehr vom Judentum wußte und sich von diesem entfernt hatte. Für Verlage, Zeitungen, Zeitschriften oder Theater entwickelten Juden eine klar erkennbare Vorliebe. Die Kultur war eines der wenigen Felder, wo Juden, ohne einer studentischen Verbindung angehört zu haben und ohne Reserveoffizier zu sein, aktiv werden und Karriere machen konnten. Hinzu kam, daß für Juden Publizistik und Theater Freiräume in der in ihren Strukturen festgefügten deutschen Gesellschaft waren, die es unabhängigen Geistern möglich machten, sich zu artikulieren und moderne und zukunftsweisende Ideen zu propagieren.

Die Erfahrung von →Auschwitz läßt uns heute das deutsch-jüdische Verhältnis vor 1933 kritischer betrachten. Dennoch wäre es ungerecht, denjenigen, die an die Emanzipation geglaubt haben, den Vorwurf zu machen, sie seien einem Irrtum aufgesessen, hätten einen falschen Weg eingeschlagen. Sie sind, bürgerlich-liberal und aufgeklärt, begeistert von Philosophien, die Frieden und Brüderlichkeit predigten, davon überzeugt gewesen, daß sie richtig handelten. In ihrem Selbstverständnis fühlten sie sich als Deutsche. Sie dachten und sagten »wir« und identifizierten sich somit mit Deutschland und dem Deutschtum. Sie verstanden vielfach überhaupt nicht, daß ihr Bekenntnis auf Widerstand stieß. Sie verschlossen davor die Augen, wollten es vielleicht auch nicht zur Kenntnis nehmen, wohl insgeheim in der Hoffnung, es werde im Deutschland Goethes und Schillers, dem sie sich angehörig fühlten, so schlimm schon nicht kommen. Pessimistische Stimmen wie die des Hannoveraner Philosophen und Schriftstellers Theodor Lessing, der im August 1933 im Marienbader Exil von Gestapo-Agenten heimtückisch ermordet wurde, waren vergleichsweise selten. Lessing, Jahre vorher schon von Ahnungen geplagt, daß er einst ein gewaltsames Ende nehmen würde, hatte ein Jahr bevor die Macht an Hitler und die Nationalsozialisten überging, einen Essay geschrieben, in dem er sich skeptisch über das deutsch-jüdische Verhältnis äußerte und bezweifelte, daß die »Judenfrage« überhaupt lösbar sei. In gewisser Weise, meinte er, stünde fest, was kommen werde. Die Tragödie der »unlösbaren Widersprüche« werde die Versuche geradezu herausfordern, die »Judenfrage« mit Gewalt zu lösen: »Wir suchen immer den leichtesten Weg. Am leichtesten ist, daß man das Unbequeme verleumdet oder beseitigt. Am einfachsten also wäre es, die 12 oder 14 Millionen Juden totzuschlagen...«. Hellsichtig prophezeite Lessing, sollte es zu Pogromen kommen, dann würde dies Juden und christliche Deutsche gleichermaßen treffen. Ihr künftiges Schicksal, das stand für ihn außer Zweifel, würde dann unlöslich miteinander verkettet sein. Sie hätten es dann mit einer Erinnerung zu tun, die beiden gehören und an der beide leiden würden: »Weist uns aus jeder Heimat, stellt uns überall unter Ausnahmegesetze aus Furcht vor unserer Seele, entwürdigt, demütigt, kränkt, beleidigt. Aber denkt auch an eure eigene Seele. Aus der werdet ihr uns nie los, denn dank dieser Not unseres Lebens sind wir der tiefere Teil eurer selbst. Richtet uns, dann richtet ihr euch selbst.« Es kam schlimmer und grauenhafter, als es sich die kühnste Phantasie hätte ausmalen können. Im Strudel der braunen Revolution ging nicht nur eine ganze Epoche unter. Eine Welt versank.

Mit dem Jahr 1933 war die deutsch-jüdische liberale Weggemeinschaft unwiderruflich beendet. Emanzipation und Gleichberechtigung waren rückgängig gemacht worden. Der Kampf, über 100 Jahre geführt, war verloren.

Für die meisten Juden war es ein jäher Schock. Der sechsundachtzigjährige Maler und Graphiker Max Liebermann, der Inbegriff des deutschen Juden, erklärte in einem Brief, den er am 8. Juni 1933 dem Dichter Chajim Bialik und Meir Dizengoff, dem Bürgermeister von Tel Aviv, schrieb: »Wie ein fürchterlicher Alpdruck lastet die Aufhebung der Gleichberechtigung auf uns allen, besonders aber den Juden, die, wie ich, sich im Traume der Assimilation hingegeben hatten [...]. So schwer es mir auch wurde, ich bin aus dem Traume, den ich mein langes Leben geträumt habe, erwacht.«

🄻 J. Toury, Soziale und politische Geschichte der Juden in Deutschland 1847–1871. Zwischen Revolution, Reaktion und Emanzipation, 1977. – J. H. Schoeps (Hrsg.), Juden als Träger bürgerlicher Kultur in Deutschland, 1989. – J. Toury, Leiden an Deutschland. Vom antisemitischen Wahn und der Last der Erinnerung, 1990. – W. Grab, Der deutsche Weg der Judenemanzipation 1789–1938, 1991. – J. H. Schoeps, Deutsch-jüdische Symbiose Oder die mißglückte Emanzipation, 1996.

Dewarim →Hebräische Bibel

Dewekut (hebräisch »Anhaften«, »Kleben«), Bezeichnung für die besondere Nähe zu Gott. Nach rabbinischem Verständnis wird diese Nähe durch die Heirat der Tochter eines Gelehrten oder die finanzielle Unterstützung von Gelehrten hergestellt. Im →Chassidismus und der →Kabbala bedeutet Dewekut die Vereinigung mit Gott. Diese vollzieht sich im Gebet und in mystischer Kontemplation, die mit entsprechender »Ausrichtung« (»Kawanna«) geübt werden müssen. Die Dewekut ist die höchste Stufe mystischer Kontemplation. In der Kabbala ist eine Vereinigung mit Gott selbst weitgehend ausgeschlossen; sie ist nur in wenigen kabbalistischen Systemen möglich. Folge der Vereinigung, des Kontakts mit dem »Ruach ha-Kodesch« (»Heiligen Geist«) ist die Fähigkeit zur Prophetie. Für den Chassidismus ist Dewekut nicht mehr Ziel der Kontemplation, sondern ständiger Bewußtseinszustand im alltäglichen Leben. (HMD)

Dezisoren →Possekim

Dialogisches Denken →Buber, Martin

Diaspora (griechisch »Zerstreuung«, hebräisch »Galut«, lateinisch »Exil«), Bezeichnung für das Leben außerhalb Palästinas/Israels. Es wird zwischen einem freiwilligen und einem zwangsweisen Leben in der Diaspora unterschieden. Die unterschiedlichen Bezeichnungen (Diaspora, Galut, Exil) werden meist synonym verwendet; manchmal wird auch mit Diaspora das freiwillige und mit Galut das zwangsweise Leben außerhalb Palästinas/Israels bezeichnet. Die erzwungene jüdische Diaspora begann mit den Deportationen nach Mesopotamien 722 und 597–586 v. Z. Trotz der Rückwanderungen nach →Palästina unter →Kyros II. sowie Esra und Nehemia wuchs die jüdische Minderheit dort stetig. Gleichzeitig entstanden jüdische Siedlungen in der Nachbarschaft bis nach Syrien. Seit →Alexander dem Großen nahm die jüdische Bevölkerung in →Ägypten stark zu. In der Folgezeit lebten in den Hafenstädten des östlichen und westlichen Mittelmeers griechischsprachige Diasporagemeinden, die eigene religiöse und kulturelle Formen entwickelten. Nach der Zerstörung des Zweiten →Tempels 70 n. Z. wanderten viele Juden aus Palästina aus, doch mindestens bis ins 5. Jahrhundert bestand dort noch eine große jüdische Siedlung. In Rom bildeten die Juden, denen die römischen Bürgerrechte verliehen wurden, einen nicht unbedeutenden Faktor im Leben der Stadt. In der römischen Kaiserzeit und im beginnenden Mittelalter breitete sich die Diaspora über Nordafrika nach →Spanien aus, durch die Entwicklung des Fernhandels in die christlichen Reiche Süd-, West- und Mitteleuropas und weiter, wenngleich an Zahl gering, nach →Indien und →China. Im Spät-Mittelalter und in der Neuzeit entstanden vor allem durch die deutsche Ostsiedlung und durch Vertreibungen aus West- und Mitteleuropa jüdische Siedlungen in Osteuropa. Bis etwa zum Jahr 1500 bildete die sephardische Diaspora den Schwerpunkt. In Amerika gründeten die →Marranen kleine sephardische Gemeinden. Mit der Vertreibung von der Iberischen Halbinsel seit 1492 wanderten die Juden meist über →Italien und Nordafrika (→Maghreb-Staaten) nach Osten ins →Osmanische Reich, wo sie vor allem in →Griechenland und an der türkischen Mittelmeerküste kulturell rege Gemeinden gründeten. Trotz judenfeindlicher Unruhen (wie z. B. der →Chmielnicki-Pogrome) verlagerte sich die Diaspora nach Osteuropa, das im 19. Jahrhundert zum Siedlungsschwerpunkt der Gesamtjudenheit wurde. Durch die Pogrombewegung im Osten seit den 1880er Jahren entstand innerhalb eines halben Jahrhunderts in den →Vereinigten Staaten von Amerika der zweite Diasporaschwerpunkt. Durch die Verfolgungen unter der NS-Herrschaft veränderte sich die Struktur der Diaspora erneut: Neben den USA und →Kanada gewann auch →Südamerika an Bedeutung, während das europäische Judentum weitgehend ausgerottet wurde. In der UdSSR (→Rußland) lebten 1989 mindestens 1,5 Millionen Juden in der Diaspora. Seit der Gründung Israels gibt es wieder den Gegensatz zwischen Palästina/Israel und der Diaspora, und es entwickeln sich unterschiedliche, z. T. gegensätzliche und konkurrierende Wertungen der Diasporaexistenz. Zugleich verschwand die Diaspora in den afrikanischen und asiatisch islamischen Ländern durch Auswanderung nach →Israel fast völlig. (LH)

Dibbuk (hebräisch »Anheftung«), böser Geist, der in einen lebenden Menschen fährt, sich an dessen Seele heftet, eine fremde Personalität verkörpert und den Menschen dadurch als besessen erscheinen läßt. Diese Vorstellung ist aus der Zeit des Zweiten Tempels, den neutestamentlichen Evangelien, der talmudischen Literatur und der →Kabbala bekannt. Der Begriff Dibbuk (als Verkürzung von »Dibbuk me-Ruach raa«, »Anhaftung von einem bösen Geist« oder »Dibbuk min ha-Chizonim«, »Dibbuk von außerhalb«) taucht aber erst im 17. Jahrhundert auf. Wurden mit dem Dibbuk zunächst nur böse Geister verbunden, entstand später die Vorstellung, daß es sich um die Seele eines Sünders handelt, der vor den Verfolgungen böser Geister Ruhe sucht. Seine Anheftung konnte aber nur geschehen, weil eine geheime Sünde dem Dibbuk den Eintritt ermöglichte. Die Austreibung eines Dibbuk konnte nur durch einen chassidischen Wundertäter geschehen. Als Teil des Volksglaubens wird der Dibbuk auch Thema der Literatur, so z. B. im berühmten jiddischen Schauspiel »Der Dibbuk« von S. →An-ski (1916). (HMD)

Dimona, israelische Stadt im nördlichen Negev, südöstlich von Beer Sheva, 32 000 Einwohner; 1955 gegründet; Wohnstadt für die Beschäftigten der Chemiewerke (Dead Sea Works) Sedoms und der Phosphatfelder von Oron; Textil-, Glas-, Keramikindustrie; Zentrum der israelischen Kernforschung. (WL)

Din (hebräisch »Recht«). Abgesehen von dem juristischen Aspekt des Begriffs Din im Verhältnis von Menschen zueinander (im Zivil- und Strafrecht, →Recht), betrifft die Pluralform Dinim hauptsächlich das Verhältnis von Menschen zu Gott. Es umfaßt spezielle Riten, die sich nicht auf einen mündlich überlieferten →Minhag (»Brauch«) gründen, sondern auf schriftlich festgelegte →Halacha, die es auszuüben gilt. (HMD)

Din Tora (hebräisch »Recht der Tora«), umfaßt das Recht, das ausdrücklich in der Tora festgelegt ist (»Middeorajta«), und ist damit von dem Recht der Rabbinen (»Midderabbanan«) abgegrenzt, das auf rabbinische Verordnungen zurückgeht. Allerdings sollten nach Möglichkeit die Rechtsentscheidungen nicht nach dem strengen Din Tora gefällt, d. h. das Recht sollte nicht immer bis zu seinen Grenzen ausgeschöpft werden. Darunter ist ein gewisser Rechtsverzicht zu verstehen, der nicht per Gesetz geboten, sondern Folge eines moralisch-sozialen Bewußtseins im Sinne der Gerechtigkeit ist, um unnötige Härten für eine Partei zu vermeiden; in diesem Sinne wird ein Vergleich (»Peschara« oder »Bizzua«) angestrebt. Din Tora bezeichnet auch die Regelung eines Rechtsstreits nach jüdischem im Gegensatz zum bürgerlichen Recht. Dieses Schiedsgerichtsverfahren ersparte den beteiligten Parteien vor allem die Vereidigung vor bürgerlichen Gerichten. (HMD)

Dinur, Ben-Zion (ursprünglich Dinaburg), israelischer Historiker und Erzieher, 2. 1. 1884 Chorol, Ukraine – 1973. Nachdem er 1901 Rabbiner geworden war, unterrichtete Dinur in verschiedenen jüdischen Institutionen und engagierte sich in der zionistischen Bewegung in Rußland; 1911–17 Studium in Berlin, Bern und Petrograd; nach 1921 in Palästina. Dinur unterrichtete Hebräisch und jüdische Geschichte an der Bet ha-Kerem Lehrerakadamie in Jerusalem, deren Rektor er 1943 wurde; 1936–52 lehrte er Geschichte an der Hebräischen Universität Jerusalem; 1951–55 war er Erziehungsminister. Dinur war der Initiator des Israel-Preises und des Holocaust-Mahnmals Yad Vashem, das er 1956–59 leitete. Hauptwerke: »Die Vorläufer des Zionismus«, (1939) und »Die Geschichte Israels«. (DB/MW)

Displaced Persons, jüdische. Im Januar 1945 zählte die UNRRA (UN-Organisation zur Verwaltung der Flüchtlingsfrage, 1943 gegründet) über 13,5 Millionen »displaced persons« (DP's, UNRRA-Definition für Entwurzelte) auf dem Kriegsschauplatz Europa. Etwa 250 000 Juden waren darunter: 50 000 Überlebende der KZs; Juden, die mit »arischen« Papieren oder in Verstekken überlebten; Mitglieder bewaffneter Widerstandsgruppen und Partisanen; Überlebende des Budapester Ghettos; rumänische und bulgarische Juden, die in den Zwangsarbeiterkolonnen der faschistischen Regime dieser Staaten überlebt hatten, und polnische Juden, die beim Vormarsch der Wehrmacht in die Sowjetunion geflohen waren. Nach den Repatriierungsaktionen der ersten Nachkriegsmonate schmolz die Zahl der DP's auf knapp 1,5 Millionen Polen, Balten, Ukrainer und Juden – Verfolgte und Verfolger, die die Heimkehr verweigerten. Unter diesen nicht repatriierbaren DP's befanden sich in den alliierten Besatzungszonen Deutschlands, Österreichs und Italiens 53 322 Juden, die den letzten Vernichtungsakt der SS, die Todesmärsche aus dem Osten in den Westen, überlebt hatten. Die Mehrheit dieser jüdischen Überlebenden befand sich in der Amerikanischen Besatzungszone. Die jüdischen Überlebenden bezeichneten sich selbst als den »Rest der Geretteten« (»Scherit Hapleita«) und formulierten damit einen historischen Zusammenhang, der ihr Überleben als Neubeginn in eine jüdisch-nationale Perspektive stellte. Bereits in den ersten Nachkriegsmonaten knüpften sie ein verzweigtes Netz von Selbstverwaltungsorganisationen. Im Juli 1945 fand die konstituierende Versammlung statt, im Januar der erste Kongreß des »Zentralkomitees der befreiten Juden in der Amerikanischen Besatzungszone«. Die politische Arbeit des Komitees wurde in den Dienst der Bildung eines jüdischen Staates gestellt. Die auf dem ersten Kongreß noch allgemein formulierten zionistischen Ziele wurden bald von politischen Fraktionskämpfen um strategische Fragen überlagert. Neben den politischen Gruppierungen des palästinischen Judentums etablierten sich einflußreiche religiöse Gruppen und Landsmannschaften verschiedenster jüdischer Gemeinden. Neben dem Zentralkomitee entstand eine Organisationsstruktur, die sich in Regional- und Lagerverbände verzweigte. Zahlreiche Ämter wurden gegründet: Das Kultur- und Erziehungsamt baute mit Hilfe anderer Organisationen (ORT, UNRRA, →Joint und →Jewish Agency) und unter größten Schwierigkeiten Fachschulen, Ausbildungsstätten, Lesesäle und Bibliotheken auf. Ein »Gesundheitsamt« richtete mit DP-Ärzten und Pflegepersonal Krankenstuben, Zahnarztpraxen u. ä. ein. Eine »Sportabteilung« veranstaltete Boxmeisterschaften und Fußballturniere. Ein »Rabbinat« kümmerte sich um rituelle Belange und schlichtete religiöse Divergenzen zwischen Orthodoxen und Traditionalisten. Die »Presseabteilung« hatte die Aufgabe, die Weltöffentlichkeit über das Schicksal der jüdischen DP's zu informieren, um für Sympathien für das zionistische Projekt zu werben. Eine wichtige Aufgabe übernahm der »Suchdienst« in Bad Arolsen, der seine Arbeit auf einem Konvolut von 60 000 Namen aufbauen konnte, die bereits in den ersten Nachkriegswochen aufgezeichnet wurden. Erste Forschungen über die Massenvernichtung leistete die »Historische Kommission«, die Text- und Bildmaterial über die Verfolgung, das Leben im Ghetto und in den KZs sammelte und Gespräche mit Zeugen führte. Von 1946–49 gab sie die Zeitschrift »Fun letztn Chruban« (»Über die letzte Vernichtung«) heraus, die erste Analysen über den Holocaust publizierte. Eine große Zahl von Zeitungen und Zeitschriften, meistens in jiddischer Sprache, wurde trotz Papiermangels und fehlender hebräischer Drucktypen herausgegeben. Die Komitees arbeiteten eng mit der Jewish Agency und ihrer Geheimorganisation »Mossad le Alija B« (»Büro der illegalen Einwanderung nach Palästina«) zusammen: In den Lagern wurden Soldaten für den Kampf um Israel rekrutiert und militärisch ausgebildet, in Kibbuzim und Übungsfarmen (»Hachscharaot«) wurden Jugendliche auf ein Leben in der zukünftigen israelischen Landwirtschaft vorbereitet. Die Jewish Agency, die in den DP's ein Kampf- und Bevölkerungspotential für den zu gründenden Staat sah, wachte außerdem mißtrauisch darüber, daß Auswanderungsziele außerhalb Palästinas nicht vorgezogen wurden. Eine Zukunft in Deutschland wurde nicht nur von der Jewish Agency mit einem Bann belegt, sondern auch von 90 Prozent aller jüdischen DP's abgelehnt. Dementsprechend gespannt waren die Beziehungen zu den jüdischen Gemeinden, die außerhalb der DP-Lager in deutschen Städten entstanden. Nach der Auflösung der DP-Lager befanden sich etwa 12 000 jüdische Überlebende in Deutschland. Sie setzten jedoch nicht die zu Recht von L. →Baeck als beendet betrachtete tausendjährige Geschichte des deutschen Judentums fort, sondern begannen, wenn auch zögernd, mit der Gründung neuer Gemeinden eine neue Geschichte der Juden in →Deutschland. (CK)

Disraeli, Benjamin, erster Earl of Beaconsfield, Staatsmann und Romancier, 21. 12. 1804 London – 19. 4. 1881 London. Als überzeugter Konservativer wurde Disraeli 1837 zum ersten Mal ins Parlament gewählt. Obwohl er es 1845/46 wegen der Schutzzollfrage zum Bruch mit der Parteiführung kommen ließ, machte er eine politische Karriere als Schatzkanzler (1852) und Premierminister (1868 und 1874–80). Kennzeichnend für seine Politik waren a) eine Sozialgesetzgebung, die die Kluft zwischen den »beiden Nationen« der Armen und der Reichen überbrücken sollte, b) die Ausdehnung des Wahlrechts und c) der Ausbau des britischen Weltreichs. Sein Vater ließ ihn mit 13 Jahren durch die anglikanische Kirche taufen, aber Disraeli verleugnete niemals seine jüdische Abstammung und stimmte im Parlament durchgängig für die Judenemanzipation, obwohl dies im Widerspruch zur offiziellen Parteilinie der Konservativen stand. Dabei entsprang seine Begründung nicht liberalen Vorstellungen von Toleranz, sondern der Tatsache, daß sich bei ihm die konservativen Prinzipien von Traditionspflege und Privatbesitz mit den positiven sozialen Wertsetzungen des Judentums deckten. In seinen Romanen nahmen seine politischen und sozialen Überzeugungen Gestalt an. »Alroy« (1833) beschreibt einen jüdischen Messiasanwärter des 12. Jahrhunderts; »Coningsby« (1844) stellt einen idealisierten jüdischen Bankier nach dem Vorbild Rothschilds in den Mittelpunkt; »Tancred« (1847) verbindet den Wunsch nach einer moralischen Erneuerung der anglikanischen Kirche mit der Hoffnung auf die Wiederherstellung des jüdischen Nationalstaats.

L R. Blake, Disraeli, London 1967. (LK)

Diwre ha-Jamim →Hebräische Bibel

Dizengoff, Meir (ursprünglich Akimowzi), israelischer Politiker, 25. 2. 1861 Bessarabien – 23. 9. 1936 Tel Aviv. Während einer Haftstrafe wegen revolutionärer Tätigkeit beschloß der junge Dizengoff, sich künftig dem Wohl des jüdischen Volkes zu widmen. 1892 gründete er eine von Baron Edmond de Rothschild finanzierte, aber erfolglose Fabrik in Palästina. Nach seiner Rückkehr nach Rußland wurde er zum Anhänger T. →Herzls und warb für zionistische Siedlungstätigkeit. Nach 1905 wieder in Palästina, gründete er 1909 die Achuzat-Bayit-Gesellschaft, die eine jüdische Vorortssiedlung bei Jaffa aufbaute, aus der die Stadt Tel Aviv entstand. Sein Ziel war es, Tel Aviv zur größten Stadt und zum kulturellen Zentrum des →Jischuw zu machen. Nachdem Tel Aviv 1921 zur Stadt erklärt worden war, war Dizengoff 1921–25 und 1928–36 Bürgermeister. Für Tel Aviv vermittelte er Darlehen aus den USA und die Erlaubnis der britischen Mandatsbehörden, einen Hafen zu bauen, wodurch der Jischuw vom arabischen Hafen in Jaffa unabhängig wurde. Dizengoff vermachte sein Haus und seinen Nachlaß dem 1931 von ihm gegründeten Tel-Aviv-Museum. In diesem Gebäude wurde 1948 Israels Unabhängigkeitserklärung verkündet. (DB/MW)

Döblin, Alfred, deutscher Romancier und Essayist, 10. 8. 1878 Stettin – 26. 6. 1957 Emmendingen. Entstammt einem weithin assimilierten, religiös ungebundenen Elternhaus aus der Provinz Posen, trat 1912 aus der jüdischen Gemeinde aus. Gleichwohl hat sich Döblin nie antijüdisch geäußert und den Antisemitismus in mehreren Essays der frühen 20er Jahre mit Hohn überschüttet. Reise nach Polen, wo er die Juden als Volk kennen- und schätzenlernt (»Reise in Polen«, 1925). Noch vor 1933 wandte er sich wegen des wachsenden Antisemitismus gegen die Assimilation (»Jüdische Erneuerung«, Amsterdam 1933). Annäherung an die Freilandbewegung und den Zionismus unter Verstärkung der religiösen Sicht (»Flucht und Sammlung des Judenvolks«, 1935); 1937 wandte er sich enttäuscht ab, weil ihm die geistig-seelige Entwicklung wichtiger war als die Frage von Land und Nation. 1941 Übertritt zum Katholizismus in den USA, bis nach dem Krieg aus Solidarität und aus finanziellen Gründen geheimgehalten. Sympathie für die Entstehung des Staates Israel. Jüdische Tradition und Geschichte haben in Döblins Werk mannigfache Spuren hinterlassen. Wichtige Rolle des Themas der Judenverfolgung in mehreren Romanen (»Die drei Sprünge des Wang-lun«, 1915; »Wallenstein«, 1920; »Babylonische Wanderung«, 1934; »Amazonas«, 1937/38). Im bekanntesten Roman »Berlin Alexanderplatz« (1929) treten Juden als leichtfertig verschmähte Ratgeber auf, und der Struktur des letzten Romans, »Hamlet oder die lange Nacht nimmt ein Ende« (1956), liegt der Ablauf des Jom-Kippur-Festes zugrunde.

Alfred Döblin

🄻 L. Huguet, Alfred Döblin et le judaïsme, 1976. (KMS)

Dohm, Christian Wilhelm von, preußischer Diplomat und politischer Schriftsteller, 11.2.1751 Lemgo – 29.5.1820 Pustleben bei Nordhausen; 1779 geheimer Kriegs- und Archivrat in Berlin; publizierte 1781 auf Anregung M. →Mendelssohns »Über die bürgerliche Verbesserung der Juden« (1781; Neudruck 1973), die für die Spätaufklärung bedeutendste Programmschrift zur »Judenfrage«. Darin stellte er die Sonderentwicklung der jüdischen Minderheit als Folge der durch die christliche Umwelt geschaffenen Bedingungen dar. In seinen ökonomischen Konzepten blieb Dohm merkantilistischen Vorstellungen verbunden, so daß seine Forderung nach der Anpassung der Juden an die Wirtschafts- und Sozialstruktur des ausgehenden 18. Jahrhunderts sich für die weitere Entwicklung als bedeutungslos erwies. Die von ihm geforderte »Erziehungsemanzipation«, d.h. die Forderung, die jüdische Bevölkerung durch Aufklärung und Bildung zu Staatsbürgern zu erziehen, war jedoch für die »Lösungskonzepte« der »Judenfrage« des 19. Jahrhunderts bestimmend. Mit der Propagierung der aufgeklärten Losung, im Juden den Menschen zu sehen, trug Dohm erheblich zum Abbau der Vorurteile gegenüber dieser Minderheit bei. In der zweiten Auflage seines Buches 1783 ging er auf die kritische Rezeption seiner Vorschläge in der Aufklärungsgesellschaft ein, leistete jedoch keinen weiteren Beitrag zu der infolge seiner Schrift einsetzenden Diskussion über die »Judenfrage«.

🄻 Möller, Aufklärung, Judenemanzipation und Staat. Ursprung und Wirkung von Dohms Schrift »Über die bürgerliche Verbesserung der Juden«, in: W. Grab (Hrsg.), Deutsche Aufklärung und Judenemanzipation, Tel Aviv 1980. – F. Reuss, Christian Wilhelm von Dohms Schrift über die bürgerliche Verbesserung der Juden und deren Einwirkung auf die gebildeten Stände Deutschlands, 1891 (Neudruck 1973). – R. Vierhaus, Christian Wilhelm von Dohm – Ein politischer Schriftsteller der deutschen Aufklärung, in: R. Vierhaus, Deutschland im 18. Jahrhundert, 1987. (AH)

Dokumentationszentren, Sammelbezeichnung für Einrichtungen zur Dokumentation und Erforschung des →Holocausts, des jüdischen →Widerstands und des →Nationalsozialismus. Es bestehen u.a. folgende Dokumentationszentren: Das »Berlin Documents Center« untersteht dem US-Außenministerium (1994 zum Bundesarchiv Koblenz) und ist mit seinen umfassenden Archivmaterialien (vor allem Dossiers, Mitgliederlisten und Personalakten des NS-Staats, des SD, der SS und der NSDAP) eine erstrangige Quelle zur Erforschung des NS-Herrschaftssystems. Das »Centre de Documentation Juive Contemporaine« (CDJC) in Paris besitzt u.a. amtliche Dokumente zur Verfolgung der französischen Juden unter der deutschen Besatzungsmacht und dem →Vichy-Regime; neben seiner Forschungsarbeit zum Holocaust veranstaltet das CDJC wissenschaftliche Tagungen und Ausstellungen zu Widerstand und Verfolgung während der NS-Herrschaft. Das »Centro di Documentazione Ebraica Contemporanea« (CDEC) in Mailand sammelt Materialien zur Geschichte der italienischen Judenheit seit Ende des 19. Jahrhunderts, zum italienischen Antisemitismus nach dem Zweiten

Weltkrieg und besonders aus der Zeit von 1938–45. Das »Rijksinstituut voor Oorlogsdocumentatie« in Amsterdam ist ein staatliches Forschungsinstitut (mit angeschlossener Dokumentensammlung und Bibliothek) für die niederländische Geschichte während des Zweiten Weltkriegs; die umfangreichen Archivbestände enthalten speziell zur jüdischen Geschichte u. a. zahlreiche Fotos und Tagebücher, Materialien zum jüdischen Widerstand und zu den jüdischen Hilfsorganisationen sowie Akten der deutschen Besatzungsmacht. Das »Żydowski Instytut Historyczny« in Warschau ist als Institut für jüdische Geschichte der polnischen Akademie der Wissenschaften angegliedert und unterhält ein Archiv, das neben Akten der deutschen Besatzungsmacht, Tagebüchern und Aufzeichnungen aus den polnischen Ghettos, Gemeinden, Konzentrations- und Vernichtungslagern während des Zweiten Weltkriegs vor allem das Privatarchiv des Historikers E. →Ringelblum enthält. Die »Wiener Library« (1934 von Alfred Wiener in Amsterdam gegründet, 1934 nach London überführt, seit 1980 in Tel Aviv) verwaltet u. a. ein Bildarchiv, eine umfangreiche Bibliothek und über eine Million Zeitungsausschnitte zur Geschichte des Antisemitismus im 20. Jahrhundert und des Nationalsozialismus und gilt als ein führendes Institut der NS- und Faschismusforschung. Die Gedenk- und Bildungsstätte »Lochamei ha-Ghettaot« (wörtlich »Ghetto-Kämpfer«) auf dem Gelände des gleichnamigen Kibbuz in Israel unterhält ein Archiv und eine Bibliothek mit Materialien und Kunstwerken aus den Ghettos und Vernichtungslagern sowie zum jüdischen Widerstand unter der NS-Herrschaft; der Einrichtung ist das Weiterbildungszentrum »The Zivia and Yitzchak Zuckerman Study Center« angeschlossen, das u. a. Seminare, Vorträge und Workshops zu diesen Themen veranstaltet. Weiterhin sind das →Leo Baeck Institute in New York und die Gedenk- und Forschungsstätten →Yad Vashem in Jerusalem zu nennen (vgl. auch →Gedenkstätten und →Museen). (BV)

Domeier, Lucie, Schriftstellerin, geboren als Esther Gad, um 1767 Breslau – nach Oktober 1833 London. Domeier, die in erster Ehe mit dem Breslauer Kaufmann Bernard verheiratet war, lebte seit 1800 in Berlin, wo sie den (verlorengegangenen) Roman »Die Geschwister« schrieb. Nach vergeblichen Publikationsbemühungen verließ sie Preußen 1801 und ging nach England. 1802/03 erschienen zwei Bände ihrer »Briefe während meines Aufenthalts in England und Portugal«, 1814 ihre »Kritische Auseinandersetzung mehrerer Stellen in dem Buche der Frau von Staël über Deutschland«. Domeier stand im Briefwechsel mit Jean Paul, der ihr selten auf ihre ausführlichen Briefe antwortete. »Wer einen Schriftsteller liebt, liebt immer ohne Gegenliebe«, schrieb sie ihm bitter. Auch eine interessante Korrespondenz mit R. →Varnhagen von Ense ist überliefert (Publikation in Vorbereitung). Werk: »Geliebtester Schriftsteller. Esther Gads Briefwechsel mit Jean Paul«, Jean-Paul-Jahrbuch 25 (1990).

L B. Hahn, Unter falschem Namen, 1991. (BH)

Domin, Hilde, Lyrikerin und Schriftstellerin, 27. 7. 1912 Köln. Aus einem längst assimilierten Elternhaus sammend, studierte Domin u. a. Soziologie und Philosophie und ging bereits 1932 nach Italien, das zu ihrem ersten Exilland wurde. Nach einem kürzeren Aufenthalt in England lebte Domin 1940–54 in der Dominikanischen Republik, wo sie als Dozentin für Deutsch tätig war. Mit ihrem Mann, dem Archäologen Palm, kehrte Domin 1954 nach Deutschland (Heidelberg) zurück, wo sie mit Unterbrechungen seither lebt. »Die Rückkehr, nicht die Verfolgung, war das große Erlebnis meines Lebens« – das bedeutet vor allem eine Rückkehr zur deutschen Sprache und zu den (immer erneut von Schändung bedrohten) Gräbern. So wird das Wort selbst als Instrument des (Selbst-)Dialogs mit den Lebenden und Toten zum eigentlichen Thema ihrer Lyrik (»Nur eine Rose als Stütze«, 1959; »Rückkehr der Schiffe«, 1962; »Hier«, 1964; »Ich will dich«, 1970). Das Judentum wird als Schicksalsgemeinschaft begriffen, in die man »hineingeboren« ist – ohne Rekurs auf Religion, Volk oder gar Rasse; die Zugehörigkeit bedeutet die Chance, Extremerfahrungen zu machen (»Offener Brief an Nelly Sachs«, in: »Wozu Lyrik heute?«, 1968; »Von der Natur nicht vorgesehen. Autobiographisches«, 1974; »Mein Judentum«, 1978; »Aber die Hoffnung. Autobiographisches. Aus und über Deutschland.«, 1982). (HH)

Dominikaner. Der im Jahr 1215 im zeitlichen Zusammenhang mit dem 4. Laterankonzil und im Zusammenwirken des heiligen Dominikus mit Papst Innozenz III. begründete Orden sollte vor allem die Ketzer missionieren und predigen. Daher wurde er offiziell als Predigerorden (Ordo fratrum predicatorum, Abkürzung OP) bezeichnet.

Der ursprüngliche Charakter eines Bettelordens ging im Spätmittelalter teilweise verloren. Nachdem Papst Gregor IX. 1232 dem Orden die →Inquisition übertragen hatte, waren die Dominikaner, die im Ruf »scharfe Hunde Gottes« (lateinisch domini canes) standen, häufig führend an →Autodafés, →Religionsgesprächen, Talmudverbrennungen und →Zwangstaufen beteiligt. Im sog. Reuchlinstreit (→Reuchlin) und seinen Weiterungen in den humanistischen »Dunkelmännerbriefen« spielten die Kölner Dominikaner eine unrühmliche Rolle. Doch war das Verhältnis des Ordens zu den Juden weder einheitlich noch gleichbleibend: es wurde ebenso durch →Albertus Magnus und →Thomas von Aquin wie durch →Bernard Gui, Vinzenz →Ferrer und Jakob van →Hoogstraeten geprägt. Mit der Ausbreitung der Jesuiten im 16./17. Jahrhundert verloren die Dominikaner an Einfluß.

🄻 B. Altaner, Die Dominikanermission des 13. Jahrhunderts, 1924. – P. Browe, Die Judenmission im Mittelalter und die Päpste, Rom 1942. (PAU)

Donin, Nicolas, Konvertit, 13. Jahrhundert. Der in der rabbinischen Theologie ausgebildete Donin wurde im Jahr 1225, offenbar nachdem er sich der karäischen Sekte angeschlossen hatte, aus der Synagoge von La Rochelle ausgeschlossen. Er ließ sich taufen und widmete sich fortan einer intensiven Bekämpfung des rabbinischen Schrifttums und des Talmuds; er behauptete, vor allem in dessen erzählenden (aggadischen) Teilen antichristliche und unsittliche Lehren entdeckt zu haben. Auf Donins Betreiben trug Papst Gregor IX. den spanischen, französischen und englischen Bischöfen sowie den →Dominikanern auf, alle erreichbaren Talmudexemplare einzuziehen, um den Sachverhalt zu überprüfen. Eine öffentliche Disputation unter Vorsitz des judenfeindlichen gesonnenen Königs Ludwig des Heiligen im Juni 1240 in Paris, mit Beteiligung Donins sowie der Rabbiner Jechiel von Paris und Mose ben Jakob aus Coucy, konnte die talmudfeindlichen Bestrebungen nicht abwenden. Am 29. 9. 1242 wurden 24 Wagenladungen mit Talmudexemplaren in Paris verbrannt.

🄻 J. E. Rembaum, The Talmud and the Popes: Reflections on the Talmud Trials of the 1240s, in: Viator. Medieval and Renaissance Studies 13, 1982. (PAU)

Dönmeh (türkisch »Abtrünnige«; Selbstbezeichnung: »Maaminim«, »Gläubige«; »Chawerim«, »Genossen« oder »Baale Milchama«, »Krieger«), mit →Sabbatai Zewi und vielen anderen nach dessen Tod zum Islam übergetretene Juden und deren Nachfahren. Sie lebten zunächst in Adrianopel, dann in Saloniki; heutzutage vor allem in Istanbul. Offiziell Muslime mit Türkisch als Muttersprache, befolgen sie im geheimen jüdische Riten entsprechend den 18 Geboten des Sabbatai Zewi und verrichten ihre Gebete in hebräischer Sprache. Dönmeh sehen in Sabbatai Zewis Übertritt zum Islam und ihrem Doppelleben eine geheime Mission und verknüpfen diese mit mystisch-messianischen Ideen. Sie feiern zusätzliche Feste, die mit dem Leben Sabbatai Zewis zusammenhängen, verrichten an Festen Arbeit, um nicht aufzufallen, und erlauben halachisch verbotene Heiraten. Es existieren bis heute verschiedene Richtungen, die Sabbatai Zewi (Ismirli), dessen Schwager Jakob Querido (Jakubi) oder auch Baruchija Russo (türkisch »Karakaschlar«, ladino »Konjosos«) verehren. Diese Gruppen repräsentieren jeweils verschiedene soziale Schichten. Handelte es sich zunächst nur um wenige Familien, erreichten die Dönmeh zu Anfang des 20. Jahrhunderts die Zahl von etwa 15 000. Heute sind die wenigen Dönmeh in der Türkei weitgehend assimiliert. (HMD)

Dori, Jaakov (ursprünglich Dostrowskij), israelischer Offizier, 1899 Odessa – 1973. Seit seiner Kindheit in Palästina, kämpfte Dori nach 1917 in der Jüdischen Legion und bei der Verteidigung der jüdischen Bevölkerung in Tel Aviv und Jaffa während der arabischen Unruhen im Mai 1921. In den 30er Jahren arbeitete er in der technischen Abteilung der jüdischen Exekutive und war Mitglied der →Hagana, deren Stabschef er 1938 wurde. Von 1948 bis 1950 war Dori Stabschef der israelischen Armee im →Unabhängigkeitskrieg, danach Leiter der Forschungs- und Entwicklungsabteilung der israelischen Regierung und 1951–1965 Präsident des Technions in Haifa. (DB/MW)

DP-Lager →Displaced Persons, jüdische

Drach, Albert, Schriftsteller und Jurist, 17. 12. 1902 Wien – 27. 3. 1995 Mödling bei Wien. Promotion zum Doktor der Rechtwissenschaft 1926, Arbeit als Anwalt und nebenberuflich Autor. 1938 Flucht über Jugoslawien nach Südfrankreich; Rückkehr 1947, nachdem ein Großteil von Drachs Werken verlorengegangen war. Erst mit dem Roman »Das große Protokoll gegen Zwetschkenbaum« (1964) kam der Durchbruch. Drachs Prosa, in einem stilisierten k.u.k.-Kanzleistil geschrieben, sowie seine Dramen handeln von Judenhaß, Macht und Recht. 1993 erschien seine Autobiographie »Das Beileid«. (CS)

Drei Wochen →Tischa be-Aw

Dresden, Landeshauptstadt des Freistaats Sachsen, dessen Jüdische Gemeinde im Jahr 1375 zum ersten Mal urkundlich erwähnt wird. Die Gemeinde blieb relativ klein; erst nach der Genehmigung zur Anlage eines Friedhofs (1750) kam es zu einem raschen Aufschwung. Im Jahr 1837 wurde die erste Synagoge eingeweiht. Während des Kaiserreichs wuchs die Gemeinde weiter, so daß über 5000 der 600 000 Dresdener jüdischen Glaubens waren. Vor 1933 wohnten in der Stadt zeitweilig über 6000 Juden. Nach Kriegsende 1945 lebten in Dresden nur noch 70 Juden, die übrigen waren ausgewandert oder in Auschwitz und Theresienstadt umgekommen. 1950 wurde die neue Synagoge in der Fiedlerstraße eingeweiht, die der erste Synagogenneubau in der ehemaligen DDR war. Neben Ost-Berlin ist Dresden die einzige Gemeinde in der ehemaligen DDR, in der regelmäßig Gottesdienste stattfinden. Von 1953 bis 1987 war H. →Aris Gemeindevorsitzender. 1997 zählte die Dresdner Gemeinde aufgrund der jüdischen Zuwanderer aus der GUS wieder rund 150 Mitglieder.

L A. Diamant, Chronik der Juden in Dresden, 1973. (LM)

Dreyfus-Affäre, innenpolitische Krise in Frankreich. Anlaß war die unbegründete kriegsgerichtliche Anklage gegen den jüdischen Offizier Alfred Dreyfus (1859 bis 1935), der der Spionage für Deutschland beschuldigt wurde. Beweismittel waren gefälschte Dokumente und ein geheimes Schreiben (»Bordereau«) an den deutschen Militärattaché in Paris Max von Schwarzkoppen, das aufgrund umstrittener Gutachten Dreyfus zugeschrieben wurde. Am 22.12. 1894 Verurteilung zu lebenslänglicher Verbannung und am 5.1.1895 Degradierung Dreyfus'. Erst als durch die Bemühungen seiner Familie, Bernard Lazares und des Majors Georges Picquart neue Beweise für seine Unschuld bekannt wurden, kam die Dreyfus-Affäre erneut in Bewegung. Der Offizier ungarischer Herkunft Marie Charles Ferdinand Walsin Esterhazy wurde als der Verfasser des »Bordereau« identifiziert, aber dennoch in einem manipulierten Verfahren von einem Kriegsgericht freigesprochen. Am 13.1.1898 veröffentlichte Georges Clemenceau in seiner Zeitung »L'Aurore« Émile Zolas offenen Brief an den französischen Staatspräsidenten unter dem Titel »J'accuse« (»Ich klage an«), in dem Zola Esterhazy als den wahren Schuldigen und die antisemitische Haltung der französischen Militärbehörden anprangert; auch Politiker der bürgerlichen und sozialistischen Parteien wie Jean Jaurès, Joseph Reinach und Auguste Scheurer-Kestner traten für eine Revision des Prozesses ein. Im August 1898 gestand Oberstleutnant Hubert Joseph Henry die Fälschung der belastenden Dokumente und beging anschließend Selbstmord. Esterhazy floh kurz darauf nach London, wo er zugab, den »Bordereau« verfaßt zu haben. Vom 7. 8.–9. 9. 1899 fand eine zweite Verhandlung statt, die in offenem Rechtsbruch mit einer erneuten Verurteilung Dreyfus' bei Herabsetzung der Strafe auf zehn Jahre endete, was am 19. 9. 1899 zur Begnadigung durch den neugewählten Staatspräsidenten Émile Loubet führte. Erst 1906 wurde Dreyfus freigesprochen und rehabilitiert. Die Dreyfus-Affäre spaltete Frankreich quer durch alle Gruppen und Parteien in zwei Lager (die sog. »Dreyfusards« und die »Anti-Dreyfusards«) und führte in die politische Dauerkrise der 3. Republik. Für die Gegner der Republik, wie die katholische Kirche, die Armee, die Royalisten, Teile der französischen Linken und die antisemitischen Gruppierungen um Paul Déroulède und Edouard Drumont mit seiner Zeitung »Libre Parole« war die Schuldfrage unbedeutend. Im Mittelpunkt stand die Hetze gegen den französischen Staat als »République juive« (»Judenrepublik«) und gegen die kleine aber exponierte jüdische Minderheit. Zu den vielschichtigen Auswirkungen in Frankreich gehörte u.a. die Entstehung von zahlreichen antisemitischen Organisationen, wie der von Charles Maurras und Léon Daudet 1898/99 gegründete »Action

Alfred Dreyfus

française« (→Antisemitismus). International war die Dreyfus-Affäre auch für die Geschichte des Zionismus von Bedeutung; so schrieb T. →Herzl unter ihrem Eindruck 1895 sein Buch »Der Judenstaat«.

🄻 J.-D. Bredin, The Affair. The Case of Alfred Dreyfus, New York 1986. – S. Thalheimer, Macht und Gerechtigkeit. Ein Beitrag zur Geschichte des Falles Dreyfus, 1958. – M. Thomas, L'affaire sans Dreyfus, Paris 1961. (BV)

Dritter Weg (hebräisch »Haderech Haschlischit«, HD), israelische politische Partei, entstand in den 90er Jahren als rechte Absplitterung der IAP, die sich einer Räumung des →Golan widersetzt. HD erhielt bei den Wahlen zur Knesset 1996 3,2% der Stimmen und 4 Mandate; trat der Regierung unter Benjamin Netanjahu bei.

🄻 M. Wolffsohn/D. Bokovoy, Israel. Geschichte, Politik, Gesellschaft, Wirtschaft, 51996. (WL)

Druckwesen →Buch- und Druckwesen

Drumont, Edouard→Dreyfus-Affäre, →Völkische Bewegung, →Weltverschwörungslegende

Dubnow, Simon, Historiker und Publizist, 10. 9. 1860 Mstislawl, Weißrußland – 8. 12. 1941 Riga. 1906–22 Mitarbeiter verschiedener russisch-jüdischer Zeitschriften, in denen er sich u. a. für religiöse Reformen innerhalb des Judentums aussprach, Privatgelehrter in St. Petersburg; seit 1917 Dozent für Geschichte an der neu gegründeten jüdischen Hochschule; 1922 Übersiedlung nach Berlin; nach der nationalsozialistischen Machtübernahme erneute Übersiedlung nach Riga. 1941 bei der Deportation von einem Gestapo-Offizier ermordet. Dubnow setzte sich in seinen Arbeiten mit der Geschichte der Juden in Polen, Litauen und Weißrußland und mit der Geschichte des Chassidismus auseinander; in seinem Hauptwerk, der »Weltgeschichte des jüdischen Volkes« (1925–29, zehn Bände), tat Dubnow im Vergleich zu vorausgegangenen Darstellungen einen großen Schritt zu einer jüdischen Sozial- und Alltagsgeschichte. Weitere Werke: »Geschichte der Juden in Rußland und Polen« (1916–20), »Geschichte des Chassidismus« (1931).

🄻 I. Elbogen, Von Graetz bis Dubnow, in: I. Elbogen/J. Meisl/M. Wischnitzer (Hrsg.), Festschrift zu Simon Dubnows siebzigstem Geburtstag, 1930. (JÖD)

Duchan →Priestersegen

Dühring, Eugen→Antisemitismus

Dukas, Paul, französischer Komponist, 1. 10. 1865 Paris – 17. 5. 1935 Paris. Er studierte am Pariser Conservatoire und fand mit seinen ersten Werken nur mäßigen Beifall. Erst als er sich vom Einfluß Richard Wagners und César Francks frei gemacht hatte, erzielte er 1897 mit »L'apprenti sorcier« (Der Zauberlehrling), ein sinfonisches Scherzo nach einer Ballade von Goethe, einen Erfolg, der seinen Namen in aller Welt bekannt machte. Dukas, der hauptberuflich bis ins Jahr 1932 als einflußreicher Musikkritiker wirkte, hat viele seiner kompositorischen Werke unvollendet gelassen oder vernichtet. Erst 1906 trat er wieder hervor, und zwar mit der Oper in drei Akten »Ariane et Barbe-Bleue« nach einer Dichtung von Maurice Maeterlinck, die 1907 im Théâtre de l'Opéra-Comique uraufgeführt wurde. Vom Publikum kaum gewürdigt, erregte das sich durch Virtuosität des Klangs auszeichnende lyrische Märchen Begeisterung bei Dukas' Kollegen, die hier die Zusammenführung der Tendenzen der großen Romantiker mit den neuen künstlerischen Absichten des 20. Jahrhunderts erkannten. Ein weiteres Meisterwerk schuf Dukas mit der Tanzdichtung »La Péri« (1911), die wie »Der Zauberlehrling« regelmäßig in Konzertprogrammen zu hören ist. (AS)

Dunasch ben Labrat, auch Adonim ha-Levi, jüdisch-arabischer Sprachforscher, um 920 Bagdad – um 990. Schüler →Saadja ben Josefs, Gelehrter und Rabbi in Fes (Marokko) und Córdoba (Spanien). Seine Kritik an Menachem ben Saruks hebräischem Wörterbuch führte zu einem Streit zwischen beiden Schulen. In einer Zeit der »Verwahrlosung« der hebräischen Sprache kam es zur methodischen Neubesinnung und Entdeckung von Gesetzmäßigkeiten der hebräischen Sprachbildung. Als Dichter gelang es ihm, vier der 16 komplizierten arabischen Versmaße, die auf der regelmäßigen Abwechslung zwischen kurzen und langen Silben beruhen, dem Hebräischen anzupassen. So entstanden neben gottesdienstlichen Liedern auch Gedichte in Hebräisch. Letztere hatten konventionelle arabische Themen (Liebe, Sehnsucht, Weingelage, Jagd) sowie spezifisch jüdische Themen wie die Sehnsucht nach dem Gelobten Land oder den Schmerz über das Geschick Israels zum Inhalt. (HMD)

Duns Scotus, Johannes, Theologe und Philosoph, 1265 – 8. 11. 1308 Köln. Der aus Schottland stammende, in Oxford ausgebildete Franziskaner genoß großes Ansehen als scharfsinniger Kritiker und gegenüber der augustinischen, der aristotelistischen und der thomistischen Tradition unabhängiger Denker. Er erhielt den Ehrentitel »Doktor subtilis«. Aus der Definition des göttlichen Willens leitet er in seinem Hauptwerk, dem Sentenzenkommentar (Liber sententiarum) – im Widerspruch zur Lehre des →Thomas von Aquin – die Auffassung her, die Zwangstaufe jüdischer Kinder auch gegen den Willen ihrer Eltern sei erlaubt, weil der jüdische Glaube dem Willen Gottes widerstreite. Auch die erwachsenen Juden sollten durch Unterweisung, Überredung oder Drohung zur Taufe bewogen werden. Vor allem die Fürsten seien verpflichtet, in ihren Territorien Entsprechendes zu veranlassen. Duns Scotus' Lehre half den Boden zu bereiten für die 1291 erfolgte Vertreibung der Juden aus England. (PAU)

Dupont, Ewald André, Filmdramaturg, -autor, -regisseur, 25. 12. 1891 Zeitz – 12. 12. 1956 Los Angeles. Dupont, Redakteur der »Morgenpost« und der »Berliner Allgemeinen Zeitung«, schrieb als einer der ersten über den Film (»Wie ein Film geschrieben wird und wie man ihn verwertet«, 1919), kam so mit Filmemachern in Berührung und verfaßte 40 Filmtranskripte, die von Regisseuren wie Joe May, Friedrich Zelnik und Richard Oswald verfilmt wurden. Dupont begann nach dem Ersten Weltkrieg mit der Arbeit als Regisseur und Produzent. Aus seinem Gesamtwerk (26 Stummfilme, 23 Tonfilme) sind hervorzuheben: »Variété« (1926) mit ungewöhnlichen Kameraperspektiven und beeindruckenden Mehrfachbelichtungen (Kamera: Karl Freund) sowie »Atlantik« (GB 1929), einer der ersten Tonfilme. Dupont drehte zwei Filme mit jüdischer Thematik: den Stummfilm »Das alte Gesetz« (1923, auch unter dem Titel »Baruch«) über osteuropäische Juden und den Tonfilm »Two Worlds« (USA 1930), in dem der Antisemitismus während des Ersten Weltkriegs thematisiert wird. (MAR)

Dura-Europos →Archäologie, jüdische

Duran, 1. Salomo ben Simon (RaSchBaSch), Sohn des Simon ben Zemach Duran und dessen Nachfolger als Rabbi und Schuloberhaupt in Algier, um 1400 – 1467. Bekannt durch seine Apologie des Talmuds »Milchemet Mizwa« (»Pflichtkrieg«) und »Setirat Emunat ha-Nozerim« (»Widerlegung des christlichen Glaubens«). Hier verteidigt er gegen den Apostaten Josua Lorki (mit christlichem Namen Geronimus von Santa Fé) die halachischen Teile des Talmuds und erklärt die aggadischen Teile als nicht bindend. Den Vorwurf, der Talmud lehre die Unsterblichkeit, weist er als unberechtigt zurück. In seinen →Responsen vertritt er vielfach die Ansichten von →Mose ben Nachman. Er hielt die Ansiedlung in Israel für ein großes Gebot und die creatio ex nihilo, nicht aber den Glauben an die Zerstörung der Welt, für bindend. Die →Kabbala und deren Sefirot-Lehre lehnte er ab. (HMD)

2. Simon ben Zemach (RaSchBaZ), Arzt, Oberrabbiner und philosophischer Schriftsteller, 1361 Palma de Mallorca – 1444 Algier. Aufgrund der Judenverfolgungen floh Duran 1391 nach Algier. Dort zunächst Arzt, dann Nachfolger des →Isaak ben Scheschet als Oberrabbiner. Verfasser zahlreicher Kommentare zur Hebräischen Bibel (vor allem zum Buch Hiob) und zum Talmud, sowie von →Responsen. Die Responsen wurden autoritativ in Nordafrika und im Zweifelsfall denen des Salomon ben Abraham →Adret vorgezogen. Duran beschäftigte sich u. a. mit dem Problem der →Marranen und mit religionsgesetzlichen Fragen. In seinen halachischen Entscheidungen wie in seinen philosophischen Ansichten folgte Duran →Mose ben Maimon, meinte allerdings, daß ewige Glückseligkeit nicht nur von Intellekt und Wissensstand, sondern ebenso von der Beachtung der Gebote und göttlicher Gnade abhänge. In seinem Hauptwerk »Magen Abot« (»Schild der Väter«) verteidigt er die Tora gegen die →Karäer sowie gegen Christentum und Islam. (HMD)

Durkheim, Emile, Soziologe, 15. 4. 1858 Épinal – 15. 11. 1917 Paris, studierte an der École Normale Supérieure, war Professor für Philosophie an diversen Gymnasien und lehrte von 1887 – 1902 an der Universität Bordeaux (Erziehungswissenschaft, Pädagogik und Sozialwissenschaft), danach an der Sorbonne als Ordinarius für Pädagogik und Soziologie. Seine Schriften – darunter besonders: »De la division du travail social« (1893, deutsch 1977), »Les règles de la méthode sociologique« (1895, deutsch zuerst 1908), »Le suicide« (1897, deutsch 1960), »L'éducation morale« (1923) – gehören zu den Klassikern der modernen soziologischen Literatur. Unter Durkheims Einfluß wandte sich die soziologische Betrachtung gesellschaftlicher Phänomene streng empirischen Methoden zu, um Soziales nur durch Soziales zu erklären. Durkheim wandte sich gegen die Reduktion sozialer Phänomene auf individualpsychologische Vorgänge und betrachtete sie als Wirklichkeit eigener Art, als »besondere Arten des Handelns, Denkens und Fühlens, die außerhalb des Einzelnen stehen«. Durkheims Denken war positivistisch orientiert, wie auch seine »Schule«, die sich um die von ihm 1898 gegründete, heute noch existierende Zeitschrift »L'année sociologique« scharte. (AS)

Düsseldorf. Mitte des 17. Jahrhunderts erste Niederlassung von Juden in Düsseldorf. Zu Beginn des 18. Jahrhunderts fanden erste Gottesdienste im Haus des kurfürstlichen Hoffaktors Joseph Jacob van Geldern statt. 1904 Bau der Synagoge an der Kasernenstraße. Ein Jahr später zählte die Gemeinde 2897 Mitglieder (Höchststand 1925: 5130), was etwa einem Prozent der Gesamteinwohnerschaft entsprach. Im Jahr 1843 leitete der 7. Rheinische Provinziallandtag in Düsseldorf die Emanzipation der rheinischen Juden ein; seitdem wirkten Juden verstärkt am Aufstieg der rheinischen Metropole mit, darunter z. B. die Kaufleute Leonhard Tietz und Paul Carsch. Mit der jüdischen Tradition der Stadt sind bekannte Namen verbunden wie H. →Heine, F. →Lassalle, F. →Mendelssohn-Bartholdy, der Maler Eduard Bendemann, der Bildhauer Leopold Fleischhacker, der Schauspieldirektor G. →Lindemann, die Dichterin R. →Ausländer u. v. a. m. Die Zuwanderung zahlreicher Flüchtlinge aus Osteuropa nach dem Ersten Weltkrieg begünstigte 1923 die Abspaltung einer orthodoxen Separatgemeinde »Adass Jisroel« (erste Austrittsgemeinde war 1904 die »Israelitische Religionsgemeinschaft«). Größte Bedeutung erlangte der Rabbiner der liberalen Gemeinde (1907–12), L. →Baeck, einer der wichtigsten Vertreter des modernen Judentums. In der Pogromnacht von 1938 wurde die Synagoge zerstört; viele Gemeindemitglieder konnten sich durch Emigration vor der nationalsozialistischen Verfolgung bis 1938/39 retten; die verbliebenen wurden deportiert und etwa 1800 ermordet. Neuanfang der Nachkriegsgemeinde im Jahr 1945 durch 57 Überlebende; 1958 Neubau eines Gemeindezentrums und einer Synagoge an der Zietenstraße; die heutige Gemeinde, zu der auch jüdische Einwohner der Städte Neuss und Ratingen zählen, ist eine orthodox geführte Einheitsgemeinde, die aufgrund der jüdischen Zuwanderer aus der GUS über 5000 Mitglieder (zum Vergleich 1990: 1500) aufweist. Die Gemeinde verfügt mittlerweile neben zahlreichen sozialen und kulturellen Einrichtungen auch über ein Altersheim, einen Kindergarten und eine Grundschule.
🄻 B. Suchy, Juden in Düsseldorf. Ein geschichtlicher Überblick von den Anfängen bis zur Gegenwart. Landschaftsverband Rheinland u. a. (Hrsg.), 1990. (MAS)

E

Eban, Abba (Aubrey) Solomon, israelischer Politiker (→Mapai und →Israelische Arbeitspartei), 2.2.1915 Kapstadt, in englischen Privatschulen und an der Universität Cambridge als Orientalist ausgebildet, 1938–40 als Lehrbeauftragter in Cambridge, im Zweiten Weltkrieg britischer Offizier, zuletzt im Majorsrang. Seit 1942 in Palästina, Verbindungsoffizier zwischen dem alliierten Hauptquartier und der Jewish Agency. 1946 wurde er Mitglied der Politischen Abteilung der Jewish Agency und 1947 der jüdischen Vertretung bei der UN-Generalversammlung. 1948/49 Israels Vertreter bei den UN und zugleich seit 1950 Botschafter in den USA. Seit 1959 Knessetabgeordneter, 1960–63 Erziehungsminister, 1964/65 stellvertretender Ministerpräsident, 1966–74 Außenminister. Während der Krise, die im →Sechs-Tage-Krieg gipfelte, vertrat Eban Israels Standpunkt in Fernsehreden, im UN-Sicherheitsrat und vor der UN-Generalversammlung. Ebans Reden begründeten seinen Ruf als glänzender Rhetoriker. 1958 bis 1966 war er Präsident des Weizmann-Instituts. Werke u. a.: »Dies ist mein Volk. Die Geschichte der Juden« (1970), »Mein Land. Das moderne Israel« (1973), »Das Erbe. Die Geschichte des Judentums« (1988); seine Autobiographie erschien 1977. (DB/MW)

Ebenbildlichkeit (hebräisch »Zelem«, »Demut«) von Gott und Mensch. Sie gilt nicht nur für →Adam, sondern für alle Menschen, weil sie vor Gott gleich sind. Die Ebenbildlichkeit, die auch nach der Vertreibung aus dem →Paradies erhalten blieb, begründet zugleich des Menschen Ehre wie auch seine Pflicht und Verantwortlichkeit: a) Der Begriff Ebenbildlichkeit charakterisiert ein Verhältnis, das den Menschen mit Gott verbindet und von der Welt trennt. Als eine Welt für sich und

Ebenbild Gottes ist jeder Mensch zu ehren. Um dieser Ehre willen darf sogar ein Gebot der Tora übertreten werden. Es kann auch von einer Ebenbildlichkeit mit den Engeln gesprochen werden. Ebenso gibt es die Vorstellung der geistigen Ebenbildlichkeit, die in der Religionsphilosophie eine bedeutende Rolle spielt. Die Ebenbildlichkeit erstreckt sich hier auf den erworbenen Intellekt und auf die Willensfreiheit. b) Zugleich verbindet sich mit der Ebenbildlichkeit eine ethische Verpflichtung. Sie gilt nicht nur gegenüber den Mitmenschen, sondern auch gegenüber der Schöpfung. Die Herrschaft über die Welt wird jedoch durch den Gehorsam gegenüber Gott und seiner Tora begrenzt. Sie vollzieht sich in Analogie zu oder in der Nachahmung von Gottes Handeln (»imitatio dei«). Diese Vorstellung der »imitatio dei« wurde vor allem von →Mose ben Maimon, der →Kabbala und der →Mussar-Bewegung aufgegriffen. (HMD)

Eben ha-Eser →Schulchan Aruch

Ebioniten →Judenchristen

Echa →Hebräische Bibel

Edels, Samuel Elieser ben Juda ha-Levi, (MaHaRSchA), Talmudgelehrter und Kommentator, um 1560 Krakau – 30. 11. 1631 Ostrog. Mit der finanziellen Unterstützung seiner Schwiegermutter Edel, deren Namen er annahm, Gründer einer →Jeschiwa in Posen, danach Rabbi in Chelm, Rosch Jeschiwa (Schuloberhaupt) und Rabbi in Lublin und Ostrog. Bedeutender Talmudkommentator, der sich in seinen »Chiddusche Halachot« in der Regel auf →Salomo ben Isaak und die Tossafisten (→Tossafot) stützt. Mit Hilfe des →Pilpul versuchte Edels, Textschwierigkeiten und Widersprüche auszugleichen. Das Verständnis seiner Erklärungen ist Gradmesser für die Qualifikation eines Talmudschülers. In seinen »Chiddusche Aggadot« bemüht sich Edels um eine rationalistische Auslegung der talmudischen →Aggada, zieht aber ebenso kabbalistische und philosophische Erklärungen wie auch säkulare Wissenschaften zur Interpretation heran. Seine »Chiddusche Halachot we-Aggadot« sind in fast allen Talmudausgaben enthalten. Als Rabbi setzte Edels sich mit sozialen Mißständen in den Gemeinden auseinander. So war er 1590 u. a. an der sog. →Vierländersynode in Lublin beteiligt, die den käuflichen Erwerb eines Rabbineramts unter Bann stellte. (HMD)

Eden →Gan Eden

Edom →Esau

Edujot →Mischna

Eger, Akiba der Jüngere, auch Akiba ben Moses Gins aus Eisenstadt, Talmudgelehrter, 8. 11. 1761 Eisenstadt, Ungarn – 12. 10. 1837 Posen. Schüler der →Jeschiwa seines Onkels Rabbiner Benjamin Wolf Eger in Breslau, Leiter der Jeschiwa in Polnisch-Lissa, Rabbiner in Märkisch Friedland (1791–1815) und später in Posen. Einer der bedeutendsten Gelehrten seiner Zeit. Eger galt als der inoffizielle Oberrabbiner der Provinz Maskilim in →Posen. Dabei trat er als Verfechter der →Orthodoxie wiederholt gegen Reformbestrebungen der Maskilim auf, regte selber aber auch wichtige Neuerungen an (Erneuerung der Lehrpläne für jüdische Schulen; Deutsch statt Jiddisch als Umgangssprache). Politisch tat er sich vor allem 1807 bei Verhandlungen über die Rechte der Juden mit den Franzosen anläßlich der Errichtung des Großherzogtums Warschau hervor und 1831 durch hilfreiche Takkanot (→Takkana) in der Cholera-Epidemie. Eine Reihe der von ihm gegründeten Wohlfahrtsinstitutionen bestand bis zum Zweiten Weltkrieg. Aus seinen vielen Schriften ragen besonders die zur →Mischna (»Haggahot«), zum →Talmud (»Giljon ha-Schas«), zum →Schulchan Aruch (»Haggahot«) sowie seine →Responsen heraus. (HMD)

Ehe, als geschlechtliche und wirtschaftliche Verbindung von Mann und Frau – obwohl nur aus (Gen 1,28) abgeleitet – in Israel bis heute eine religiöse und keine zivilrechtliche Einrichtung (die zivilrechtliche Eheschließung im Ausland wird jedoch in Israel anerkannt). In der rabbinischen Literatur wird die Ehe hoch geschätzt, das Zölibat gilt als unnatürlich. Das Eherecht wird vor allem in der Ordnung Naschim von →Mischna, →Tossefta und →Talmud sowie im Teil »Eben ha-Eser« des →Schulchan Aruch abgehandelt und ist Hauptthema der →Responsen-Literatur. Ehe ist nicht nur eine private, sondern auch eine öffentliche Angelegenheit. Lagen die Ursprünge des Eherechts in der Hebräischen Bibel beim Matriarchat, entwickelte sich die Ehe später zu einer Institution des Patriarchats. Der Ehegatte ist der Herr (»Baal«), die Ehefrau das Eigentum (»Beula«; im rabbinischen Sinne aber erst nach dem Beischlaf.) Zudem war dem Mann Polygamie erlaubt. Sie wurde erst später kritisiert und 1040 in Europa, 1951 in Israel verboten. Wichtigste Voraussetzung der Ehe ist neben der Ehefähigkeit (ausgeschlossen sind Minderjährige, Unzurechnungs- und Zeugungsunfähige) sowie absoluten (z. B. Verwandtenehe) und zeitlich begrenzten Ehehindernissen (im Falle der Wiederverheiratung) die freiwillige Zustimmung der Partner. Galt ursprünglich der Beischlaf (»Bia«) als rechtsgültige Form der Eheschließung, so hat die Eheschließung heute die Form eines Vertrags und ist durch drei Aspekte gekennzeichnet: Vorbesprechungen (»Schiduchin«), Verlöbnis (»Erussin«) und Heirat (»Nissuin«), wobei Verlöbnis und Heirat seit dem 12. Jahrhundert zeitlich zusammenfallen. Bei den Vorbesprechungen werden die Mitgift vereinbart, der Hochzeitstermin festgelegt und der Erwerbsakt (»Kinjan«) als rechtsgültige Vereinbarung (»Tenaim«) vollzogen. Die Verlobung erfolgt durch die sog. Antrauung (»Qidduschin«). Sie geschieht vor zwei Zeugen in der Regel durch Übergabe einer Wertsache (»Kessef«) oder Urkunde (»Schetar«). Dabei hat der Mann den Ehering zu übergeben und die Antrauungsformel zu sprechen. Anschließend wird im Beisein eines →Minjans der Segen über den Wein und der Verlobungssegen (»Birkat Erussin«) gesprochen. Bei dieser Zeremonie gibt es die Möglichkeit, sich vertreten zu lassen. Zwischen Verlöbnis und Heirat sollte ursprünglich ein Jahr liegen. Wurde das Verlöbnis unter Bedingungen ausgesprochen und wurden diese nicht eingehalten, wird es hinfällig. Die Verheiratung gilt als Freudenfest und wird unter der Chuppa (Baldachin für die Hochzeitszeremonie) in Ausrichtung auf Jerusalem bzw. den Tempel vollzogen. Im Beisein eines Minjans werden die sechs Hochzeitssegen (»Birchot Nissuin«) gesprochen und der Ehevertrag (→Ketubba) verlesen. Die Zeremonie ist um viele Bräuche erweitert worden (siebenmalige Umwanderung des Bräutigams durch die Braut, Zertreten von Glas, als erster dem Bräutigam und der Braut auf den Fuß treten, Reiswerfen). Ihr folgt das Alleinsein (»Jichud«) der Ehegatten. Zu den Pflichten des Ehemanns gehören die Sorge für den Lebensunterhalt der Ehefrau, der eheliche Verkehr, die Fürsorge im Krankheitsfall, die Auslösung der Ehefrau aus Gefangenschaft und ihre Bestattung. Die Pflichten der Ehefrau betreffen vor allem die eheliche Treue, den ehelichen Verkehr, die Führung des Haushalts, die Mithilfe bei der Erwerbstätigkeit, die Abgabe von Entlohnung, Funden, Nutznießungs- und Nachlaßrechten, den Umzug an den Wohnsitz des Mannes. Ehebruch (»Niuf«) wird nur bei der Ehefrau verurteilt und bestraft. Dabei gilt Ehebruch nicht als Privatsache, er ist ein Vergehen gegen Gott, gegen den Gatten, gegen die Familie der Frau und gilt als eine der drei Todsünden. Die Strafe wird aber nur bei auf frischer Tat Ertappten vollzogen. Bei Verdacht des Ehebruchs darf der Ehemann ein Ermittlungsverfahren gegen die verdächtigte Frau anstrengen und die Ehe auflösen. Die Frau verliert alle ihre in der Ketubba verbrieften Ansprüche. Das im Ehebruch gezeugte Kind heißt →Mamser. Die Ehescheidung (»Geruschin«) erfolgt durch den Tod des Gatten oder aufgrund seines Scheidebriefs (→Get). Die Wiederverheiratung mit der geschiedenen Frau ist unmöglich. Zum Schutz der Frau wurden verschiedene Bestimmungen festgesetzt: a) im Scheidungsfall werden ihr die Ketubba-Beträge und die Mitgift ausbezahlt; b) auf Vermittlung des →Bet Din kann auch die Frau sich scheiden lassen (unehrenhafter Beruf des Mannes, Mißhandlung der Frau, Nichtzahlung der Unterhaltsbeträge); c) die Scheidungsgründe für den Mann sind beschränkt (Verdacht des Ehebruchs, Verweigerung des ehelichen Verkehrs und der Übersiedlung an den Wohnort des Mannes, Übertretung von Geboten [»Mizwot«] bei der Führung des Haushalts); d) zur Scheidung ist das Einverständnis der Frau erforderlich. (HMD)

Ehre, Ida, Schauspielerin, Regisseurin, Theaterleiterin, 9. 7. 1900 Prerau – 16. 2. 1989 Hamburg. 1901 Übersiedlung nach Wien. Verschiedene Engagements an zahlreichen Bühnen. 1930 Lessing-Theater in Berlin; 1933 Berufsverbot. 1939 scheiterte eine Auswanderung nach Chile. 1945 gründete sie die »Hamburger Kammerspiele«, deren Geschäftsführerin sie bis zu ihrem Tod blieb. (RED)

Ehrenberg, Samuel Maier, Pädagoge, 16. 10. 1773 Braunschweig –21. 10. 1853 Wolfenbüttel. Seit 1794 war Ehrenberg als Hauslehrer und Erzieher in Berlin, Brandenburg und Hannover tätig; 1807 übernahm er die →Samson-Schule in Wolfenbüttel. Unter seiner Leitung entwickelte sich die Schule zu einer der ersten aufgeklärten jüdischen Schulen. War früher der Talmud oberstes Unterrichtsfach gewesen, wurden unter Ehrenberg die Unterrichtsfächer der Volks- und Realschulen aufgenommen; seit 1822 war Ehrenberg Mitglied im →Verein für Cultur und Wissenschaft der Juden.

[L] L. Zunz, Samuel Maier Ehrenberg, Inspektor der Samsonschen Freischule zu Wolfenbüttel, Braunschweig 1854. (JÖD)

Ehrenburg, Ilja Grigorjewitsch, Schriftsteller und Publizist, 27. 1. 1891 Kiew – 31. 8. 1967 Moskau. Lebte 1908–17 in Paris, kehrte danach nach Rußland zurück, verbrachte aber in den 20er und 30er Jahren die meiste Zeit im Westen. Seine wichtigsten Romane sind: »Julio Jurenito« (1922, deutsch 1923), »Der Fall von Paris« (1942, deutsch 1945), »Der Sturm« (1947, deutsch 1949). Ehrenburg erhielt zahlreiche Ehrungen, u. a. auch den Stalinpreis. Die Erzählung »Tauwetter« (1954) spiegelte erste Anzeichen der Liberalisierung in der Zeit nach Stalin wider. Ehrenburgs Autobiographie »Menschen, Jahre, Leben« (1961–65) gab Aspekte der Literatur- und Kunstszene Rußlands und Westeuropas wieder. Ehrenburg galt als talentierter Journalist. Besonders einflußreich waren seine agitatorischen Artikel während des Zweiten Weltkriegs. Die persönliche Protektion durch Stalin schützte ihn vor der Verfolgung, der zahlreiche andere sowjetische Schriftsteller zum Opfer fielen. Dieser Umstand brachte ihm den Vorwurf des Opportunismus ein; vor allem sein Auftritt als Zeuge gegen jüdische Schriftsteller und Intellektuelle, die in den Prozeß von 1952 verwickelt waren, wird ihm vorgehalten. (AB)

Ehrenpreis, Marcus (Mordechai), Rabbiner und Schriftsteller, 25. 6. 1869 Lemberg – 26. 2. 1951 Stockholm. Ehrenpreis war 1896–1900 Rabbiner in Djakovár, Kroatien, 1900 bis 1914 Oberrabbiner von Sofia, 1914 bis zu seinem Tod Oberrabbiner von Stockholm. Ehrenpreis war ein früher Anhänger T. →Herzls und des →Zionismus, nahm am 1. Zionistenkongreß 1897 in Basel teil und war mit M. →Berdyczewski einer der Führer der junghebräischen Bewegung. Ehrenpreis veröffentlichte Essays und Bücher in verschiedenen Sprachen, übersetzte vom Hebräischen ins Schwedische. 1928 Gründer der jüdisch-schwedischen Zeitschrift »Judisk Tidskrift«. Werke u. a.: »The Builders of Israel« (3 Bände, 1929–43), »My Life between East and West« (1946). (JS)

Paul Ehrlich, um 1900

Ehrenstein, Albert, österreichischer Dichter, 23. 12. 1886 Wien – 8. 4. 1950 New York. Als Sohn ungarisch-jüdischer Eltern im Wiener Arbeiterviertel Ottakring aufgewachsen. Antisemitische Erfahrungen prägten vor allem sein erzählerisches Werk, in dem Fremdheit, soziale Isolation und Außenseiterexistenz gestaltet werden (»Tubutsch«, 1911). Das Gesamtwerk mit seiner Hervorhebung sozialer Gerechtigkeit und messianischer Erlösung verrät die Identifikation mit einem säkular-humanistisch verstandenen Judentum. 1911 Übersiedlung nach Berlin, Verbindung zum Kreis um die expressionistische Zeitschrift »Der Sturm«. Während des Ersten Weltkriegs Protest gegen Krieg und Patriotismus mittels ekstatischer Lyrik (»Der Mensch schreit«, 1916; »Die rote Zeit«, 1917). Enttäuscht von der »teuflischen Durchschnittsethik unserer Judenchristen« wandte sich Ehrenstein nach dem Krieg der chinesischen Gedankenwelt zu. 1932 freiwilliges Exil in der Schweiz, 1941 bis zum Tod im Armenhospital in New York. (HAM)

Ehrlich, Paul, Mediziner und Biologe. 14. 3. 1854 Strehlau – 20. 8. 1915 Homburg von der Höhe. Nach Examen (1877 in Breslau) und Promotion (1878 in Leipzig) ging Ehrlich zunächst als Assistent, später als Oberarzt an die Berliner Charité. In Anerkennung seiner Leistungen auf dem Gebiet der Mikroskopie wurde er 1884 Professor. Ehrlichs eigentliche Habilitation erfolgte 1887 an der Berliner Universität. Weitere Stationen seiner wissenschaftlichen Laufbahn waren u. a.: 1896 Direktor des neugegründeten Heilserumsinstituts in Steglitz, 1899 Direktor des Instituts für experimentelle Therapie in Frankfurt am Main, dem 1906 durch private Förderung das Georg-Speyer-Haus für chemotherapeutische Forschung angegliedert werden konnte. 1914 Professor in Frankfurt am Main. Während seiner Tätigkeit am Hygiene-Institut Robert Kochs (seit 1890) entwickelte Ehrlich ein effektives Verfahren zum Nachweis des Tuberkelbazillus; die Immunitätslehre erhielt durch die von ihm entwickelte »Seitenkettentheorie« (1890–1905) eine neue theoretische Basis. Für seine Arbeiten über die Immunität erhielt Ehrlich 1908 den Nobelpreis. Ehrlich ist Begründer der Chemotherapie, deren experimenteller Erforschung er sich in den Jahren 1904–14 zuwandte. Das von Ehrlich entwickelte Medikament »Salvarsan« war das erste wirksame Präparat gegen die Syphilis. Hauptwerke u. a.: »Das Sauerstoffbedürfnis der Organismen« (1885), »Gesammelte Aufsätze zur Immunitätsforschung« (1904), »Die experimentelle Chemotherapie der Spirillosen« (1910). (WR)

Eibenschütz, Jonathan, Gerichtsvorsitzender und Oberrabbiner, 1690 Krakau oder Pinczow, Polen – 18. 9. 1764 Altona. Studierte jüdisches Recht auf den Talmudhochschulen in Pronitz und Holleschau (Mähren); 1734 Mitglied des Prager jüdischen Gerichtshofs; seit 1741 Gerichtsvorsitzender und Oberrabbiner von Metz; 1751 übernahm er das Amt des Vorsitzenden des jüdischen Gerichts in Altona. Im →Altonaer Rabbinerstreit wurde ihm 1751 von J. →Emden vorgeworfen, Anhänger der ketzerischen Sekte der Sabbatianer zu sein. In den jahrelangen Auseinandersetzungen setzte sich Eibenschütz schließlich durch und übte bis zu seinem Tod das Amt des Oberrabbiners aus. (JÖD)

Eichmann-Prozeß, Prozeß gegen einen der Hauptverantwortlichen für die Deportation und Ermordung von Millionen europäischen Juden unter der NS-Herrschaft (→Endlösung). Der Eichmann-Prozeß fand von April bis Dezember 1961 vor dem Obersten Gericht in Jerusalem unter Vorsitz von Moshe Landau statt. Hauptankläger war der israelische Generalstaatsanwalt Gideon Hausner. Der Angeklagte Otto Adolf Eichmann (1906–1962) war SS-Obersturmbannführer im Reichssicherheitshauptamt (RSHA), Leiter der Abteilung B4 der Gestapo und der »Abteilung für Judenangelegenheiten«. Eichmann, der nach 1945 untergetaucht war, wurde 1961 vom israelischen Geheimdienst in Argentinien aufgespürt und nach Jerusalem überführt; er wurde zum Tod verurteilt und im Mai 1962 hingerichtet. Der Eichmann-Prozeß bewegte weltweit die Öffentlichkeit und verlieh der Diskussion und Erforschung des →Holocaust neue Impulse.

Ⓛ H. Arendt, Eichmann in Jerusalem, 1964. – G. Hausner, Justice in Jerusalem, 1965. – J. v. Lang (Hrsg.), Das Eichmann-Protokoll, 1982. (RED)

Eichthal, Bernhard von, Staatsbeamter und Unternehmer, 16. 9. 1784 Leimen bei Heidelberg – 9. 5. 1830 Rom. 1804–06 Studium der Philosophie und Promotion in Göttingen; 1807/08 Studium der Rechts- und Staatswissenschaften in Heidelberg. Nach Absolvierung der Beamtenausbildung 1811 wurde Eichthal zum Finanzrat ernannt und arbeitete für eineinhalb Jahre in der französischen Finanzdirektion in Paris. 1813 trat Eichthal sein Amt im Isar-Kreis an. 1814 wurde ihm zusammen mit seinem Vater Aaron Elias Seligmann, der zu diesem Zeitpunkt bayerischer Hofbankier war, der Freiherrentitel verliehen. 1816 konvertierte Eichthal zum Katholizismus. Nach dem Tod seines Vaters 1824 suchte er um Amtsentlassung nach, um sich der Verwaltung des väterlichen Guts Ebersberg zu widmen. Eichthal förderte das Ausbildungsniveau seiner Angestellten, führte verbesserte landwirtschaftliche Anbaumethoden ein und konzipierte eine Gasbeleuchtungsanstalt für München. Eichthal unternahm bis zu seinem Tod bei einem Italienaufenthalt Studienreisen durch Europa.

Ⓛ F. Jungmann-Stadler, Bernhard von Eichthal (1784–1830), Bürgerpflicht und wohltätiger Sinn, in: M. Treml/W. Weigand (Hrsg.), Geschichte und Kultur der Juden in Bayern. Lebensläufe, 1988. – H. Schnee, Die Familie Seligmann-Eichthal als Hoffinanziers an süddeutschen Fürstenhöfen, in: Zeitschrift für bayerische Landesgeschichte 25, 1962. (BV)

Eid, auch Schwur. Ein Eid ist an eine Glaubensüberzeugung gebunden. Damit ergeben sich Probleme für Eidesleistungen von Juden vor nichtjüdischen Instanzen oder von Nichtjuden vor jüdischen Instanzen. Dies führte seit dem 5. Jahrhundert zu den diskriminierenden sog. »Judeneiden« (»Juramentum Judaeorum« oder »More Judaico«) vor nichtjüdischen Gerichten. In der Hebräischen Bibel wird der Eid in drei Varianten beschrieben (als reinwaschender, freisprechender Schwur; als Beschwörung, Zeugnis abzulegen oder Informationen zu geben; als freiwilliges Gelübde, etwas zu tun oder zu unterlassen). Er enthält eine bedingte Selbstverfluchung: Die Strafe Gottes wird herabgezogen auf den, der die Unwahrheit sagt oder Versprochenes nicht einhält. Ein Meineid käme einer Entweihung des göttlichen Namens gleich. Die Strafe dafür liegt allein in Gottes Hand. Die Gefahr der Entweihung des göttlichen Namens hat zur Folge, daß der Eid gemieden, z. T. sogar verworfen wird. Der Eid wird mit einer bestimmten Formel und Handhaltung (Emporheben der Hände; Berühren der Lenden; Berühren eines Gegenstands wie Torarolle, →Tefillin) gesprochen und durch »Amen« bekräftigt. In talmudischer Zeit wurde der juristische Eid von den nichtjuristischen Gelübden (Neder) unterschieden. Der Eid wird im Zivilrecht als eine Art juristischer Beweis zugelassen, wenn kein anderes Beweismittel vorliegt und er zur Klärung beiträgt. Kann der Eid nicht geleistet werden, so gilt dies als Schuldeingeständnis. Gründet sich ein Urteil auf einen Eid, kann es durch eine spätere Zeugenaussage noch hinfällig werden. Der Eid kann durch den Angeklagten (»Fegefeuer-Eid«), den Kläger (»Bekräftigungseid«) und seit dem 14. Jahrhundert auch durch Zeugen (»Zeugeneid«) erfolgen. Letzterer ist aber sehr umstritten und wird heutzutage nicht in rabbinischen Gerichten praktiziert. Potentielle Lügner wie Spieler, Wucherer usw. oder Meineidige sind ebenso wie Minderjährige, Taube, Stumme und Geisteskranke nicht eidesfähig. Eide bezogen sich zunächst nur auf bewegliche Güter, doch wurden sie später auch auf unbewegliche Güter und Taten ausgeweitet. Es bestehen Abstufungen des Eids nach den Quellen, die den entsprechenden Eid als Beweismittel für einen bestimmten Tatbestand vorgesehen haben: Tora-Eid (»Reinigungseid« des Beschuldigten zur Beseitigung eines begründeten Verdachts), Mischna-Eid (»Erfüllungseid« des Klägers zu dessen Entlastung bei Beweisschwierigkeiten) und der rabbinische oder sog. »Hesset-Eid« (Eid des Nachdenkens seit dem babylonischen Amoräer Rab Nachman). Der rabbinische Eid ist eine Art Versicherung des Beklagten und wird dann von ihm abgenommen, wenn die Forderung des Klägers nicht beweisbar, aber davon auszugehen ist, daß sie nicht ohne Grund erhoben wird. (HMD)

Albert Einstein

Eike von Repkow (Repgow), Verfasser des »Sachsenspiegel«, um 1180 – um 1235. Herkunft (der Name deutet auf Reppichau bei Dessau), sozialer Stand und Ausbildungsgang Eikes sind nicht zweifelsfrei geklärt. Zwischen 1220 und 1235 verfaßte er, als Handreichung für den praktischen Gebrauch, den »Sachsenspiegel«, eine zunächst lateinische Zusammenstellung des geltenden Rechts. Das in mehr als 300 Handschriften überlieferte Werk wurde das am stärksten verbreitete volkssprachliche Rechtsbuch des deutschen Mittelalters. Das Judenrecht des »Sachsenspiegels« (Landrecht) führt auf, daß die Juden seit dem Mainzer Landfrieden (1103) unter dem besonderen Schutz des Königs stehen (II, 66); daß ihnen, aus diesem besonderen Schutz folgend, das Waffentragen verboten sei (III, 2); ferner sind Regelungen zum Gerichtsstand und das Handelsprivileg (sog. Hehlerprivileg) genannt (III, 7). – Im Vergleich mit dem anderer mittelalterlicher deutscher Rechtsbücher ist das Judenrecht des »Sachsenspiegels« verhältnismäßig moderat.

🄻 K. A. Eckhardt (Hrsg.), Sachsenspiegel. (MGH Fontes 8), 1966. (PAU)

Einhorn, David, einer der bedeutendsten Reformrabbiner Amerikas, 10. 11. 1809 Dispeck, Bayern – 2. 11. 1879 New York. Auf der Rabbinerversammlung (1845) trat er für das Beten in der jeweiligen Muttersprache sowie für die Beseitigung aller Gebete um Wiederaufrichtung des jüdischen Staates und des Tempels ein. Einhorn wirkte seit 1855 in Baltimore, später in New York. Er trat mit besonderem Nachdruck für eine Liturgie in deutscher Sprache ein. Sein Gebetbuch wurde dem Union Prayer-Book der amerikanischen Reformgemeinden zugrunde gelegt. Einhorn beteiligte sich am Kampf für die Aufhebung der Sklaverei. 1856–63 Herausgeber der Zeitschrift »Sinai« (Baltimore), die für die »Erkenntnis und Veredelung« des Judentums eintrat. Werke: »Princip des Mosaismus und dessen Verhältnis zum Heidentum und rabbinischem Schrifttum« (1854), »Ausgewählte Predigten und Reden« (1880). (LH)

Einstein, 1. Albert, Physiker, 14. 3. 1879 Ulm – 18. 4. 1955 Princeton, New Jersey, USA. Einstein verbrachte seine Kindheit in München und siedelte 1895 in die Schweiz über. 1902–09 als Experte am Eidgenössischen Patentamt in Bern tätig. 1905 Promotion und Veröffentlichung der Abhandlung »Zur Elektrodynamik bewegter Körper«, mit der bereits die Spezielle Relativitätstheorie begründet wurde. 1909 Professor für theoretische Physik in Zürich, 1911 in Prag, 1914 Mitglied der Preußischen Akademie der Wissenschaften und Ernennung zum Direktor des Kaiser-Wilhelm-Instituts für Physik in Berlin; Begründung der Allgemeinen Relativitätstheorie. Seit 1920 war Einstein verstärkt antisemitischen Angriffen ausgesetzt. Einstein bekannte sich zum Pazifismus und äußerte sich zunehmend zu politischen Fragen. 1921 erhielt Einstein den Nobelpreis für Physik für seine Arbeit auf dem Gebiet der Quantentheorie. Im Winter 1932/33 kehrte er von einem Gastvorlesungsaufenthalt in den USA nicht mehr nach Deutschland zurück und erklärte von Belgien aus seinen Austritt aus der Preußischen Akademie der Wissenschaften. Die Nationalsozialisten verbrannten seine Bücher, bürgerten ihn aus und setzten auf ihn eine Kopfprämie in Höhe von 50 000 RM aus. Seit Oktober 1933 war Einstein Emigrant in den USA und beteiligte sich an verschiedenen Aktionen politischer Exilorganisationen. Erwarb 1941 die amerikanische Staatsbürgerschaft und wirkte am Institute for Advanced Studies in Princeton. In einem Brief vom 2. 8. 1939 an Präsident Franklin D. Roosevelt sprach sich Einstein für die Entwicklung der Atombombe als Schutz vor Hitler-Deutschland aus. 1946 übernahm Einstein den Vorsitz des Emergency Committee of Atomic Scientists (Verhütung eines Atomkriegs). 1952 bot man ihm das Amt des Staatspräsidenten von Israel an. (WJ)

2. Alfred, amerikanischer Musikwissenschaftler, 13. 12. 1880 München – 13. 2. 1952 El Cerrito, Kalifornien, USA, Vetter des Physikers Albert Einstein, gilt in der Geschichte der Musikwissenschaft zwischen 1910 und 1950 international als eine der markantesten Persönlichkeiten. Studium und Promotion (1903) München, redigierte 1918–33 die angesehene »Zeitschrift für Musikwissenschaft« und war von 1927–33 Musikkritiker bei der »Münchner Post« und beim »Berliner Tageblatt«. 1933 Emigration zunächst nach London, dann nach Italien und Anfang 1939 nach New York. 1939–50 Professor für Musik am Smith College in Northampton (Massachusets). Einstein, der bis zum Ende seines Lebens in deutscher Sprache schrieb, hat zahlreiche größere und kleinere wissenschaftliche Beiträge verfaßt, deren Thematik vom Mittelalter bis zur Neuzeit reicht. Eine gewaltige Arbeit leistete Einstein als Herausgeber der 9.–11. Auflage von Riemanns Musiklexikon (1919, 1922, 1929) sowie durch die Neuausgabe des Köchel-Verzeichnisses von Mozarts Werken (1937,1940 und 1947 überarbeitete und erweiterte Fassungen). Darstellende Schriften u. a. über Schütz (1928), Gluck (1936), Mozart (1945), Schubert (1951). Einen besonderen Platz nimmt das zum Standardwerk gewordene Buch »Music in the Romantic Era«, deutsch »Die Romantik in der Musik«, (1950) ein, sowie die zweibändige Ausgabe »The Italian Madrigal« (1949). (AS)

3. Carl, deutscher Schriftsteller, 26. 4. 1885 Neuwied – 5. 7. 1940 in den Pyrenäen, Selbstmord auf der Flucht vor den deutschen Truppen. Einstein wuchs in Karlsruhe auf, wo der Vater Direktor am Israelitischen Landesstift war. Das Werk Einsteins steht – als Konsequenz der Entfremdung vom jüdischen Elternhaus – im Zeichen der Loslösung von der Tradition: »all diese artistik ist 1. die jüdische Heimatlosigkeit, 2. die süddeutsche überkultiviertheit (...)« (Pariser Nachlaß). Mit dem Roman »Bebuquin oder die Dilettanten des Wunders« (1912) begründete Einstein die akausale »absolute« Prosa, mit dem Buch »Negerplastik« (1915) wurde er zum bahnbrechenden Theoretiker des Kubismus. Politisch radikal links orientiert, gehörte er 1918 zum Brüsseler Soldatenrat, hatte Kontakte zum Spartakus, zum Malik-Kreis und zum Berliner Dadaismus. 1928 Übersiedlung nach Paris, 1936 Teilnahme am Spanischen Bürgerkrieg, danach wieder Paris, bis er 1940 im Lager Gurs interniert wurde. (HAM)

Einwandererpartei → Israel Baalija

Einwanderung nach Israel → Alija

Eisenstadt, Samuel N., Soziologe, 10. 9. 1923 Warschau, Studium und Promotion an der Hebräischen Universität Jerusalem; Dozent 1949–57; außerordentlicher Professor 1957 bis 1959; seit 1959 Professor für Soziologie. Eisenstadt, sowohl Theoretiker als auch Praktiker, gilt als der führende Soziologe in Israel. Zwei in gewissem Sinne zusammenhängende Gebiete bestimmen sein Hauptinteresse: das vergleichende Studium des sozialen Wandels und die fortschreitende Modernisierung der Gesellschaft. So befaßte er sich forschend und theoretisierend mit Fragen der kulturellen Assimilation von Einwanderern, eine für die Entwicklung Israels wesentliche Problematik, die er in seinen Schriften »The Absorption of Immigrants« (1955) und »From Generation to Generation« (1956, deutsch 1966) behandelt hat. Sozialen Wandel durch Modernisierung sowie seine

»Theorie der Modernisierung« hat er in den Bänden »Modernization: Protest and Change« (1966) und »Tradition, Change and Modernity« (1973) dargelegt. Eisenstadt hat sich auch auf dem Gebiet der politischen Soziologie einen Namen gemacht; seine zahlreichen Aufsätze und die Veröffentlichungen: »The Political Systems of Empires« (1963, 1969), »Die israelische Gesellschaft« (1967, deutsch 1973), »Political Sociology« (Herausgeber, 1971) und »Die Transformation der israelischen Gesellschaft« (deutsch 1987) legen hiervon Zeugnis ab. (AS)

Eisenstaedt, Alfred, Fotograf und Bildjournalist, 6.12.1898 Dirschau, Westpreußen – 23.8.1995 Martha's Vineyard/Massachusetts (USA). Nach dem Ersten Weltkrieg Vertreter für Kurzwaren, wandte sich Eisenstaedt in den 20er Jahren der Fotografie zu. Zunächst beschäftigte er sich mit der Kunst- und Porträtfotografie. Seine ersten Arbeiten fertigte er im Auftrag des Magazins »Die Funkstunde« und als freier Mitarbeiter der Associated Press an. Mit dem Aufkommen der Leica-Kleinbildkamera entschied sich Eisenstaedt für den Bildjournalismus; als Bildjournalist war er u.a. für den »Weltspiegel«, die »Berliner Illustrirte Zeitung« und die »Illustrated London News« tätig. Neben Erich Salomon gilt Eisenstaedt als einer der bedeutendsten Bildchronisten der Weimarer Republik. Fotoarbeiten über Hitler, Mussolini und Goebbels (berühmt die Aufnahme von Joseph Goebbels im Garten des Genfer Völkerbundpalastes, 1933) ließen bei ihm die Erkenntnis reifen, in Deutschland keine Zukunft mehr zu haben. Eisenstaedt emigrierte 1935 in die USA; dort arbeitete er bis 1972 als Fotograf des Magazins »Life«. Durch seine etwa 1600 Bildreportagen wurde das Erscheinungsbild von »Life« entscheidend mitgeprägt. Die Foto-Ausstellung »Eisenstaedt: Deutschland«, die er selbst eröffnete, führte ihn 1980 erstmals wieder in seine alte Heimat. Werke u.a.: »Witness to our Time« (1966), »The Eye of Eisenstaedt« (1969), »Eisenstaedt's Guide to Photography« (1978). Ausstellungen: »Eisenstaedt – Martha's Vineyard« (1988), »Eisenstaedt – Remembrances« (1990). (WR)

Sergej Eisenstein

Eisenstein, Sergej Michailowitsch, Regisseur und Filmtheoretiker, 23.1.1898 Riga – 11.2.1948 Moskau. Vater Jude, Mutter Nichtjüdin. Eisenstein absolvierte ein Ingenieur-Studium und kämpfte im Bürgerkrieg auf seiten der Roten Armee. Als Regisseur und Filmtheoretiker wirkte Eisenstein stilbildend für das agitatorische Kino. Gegenstand seiner Stummfilme waren die revolutionären Ereignisse in Rußland. Berühmt wurde Eisenstein durch den Film »Panzerkreuzer Potemkin« (1925), der als klassisches Werk der Filmkunst gilt. »Que viva Mexico!« (1932) enthält Teile seiner unvollendeten Dreharbeiten in Mexiko. Für den Film »Alexander Newskij« (1938) wurde er mit dem Lenin-Preis ausgezeichnet. »Iwan der Schreckliche« (1941) erregte die Unzufriedenheit der stalinistischen Führung; der zweite Teil des Films konnte bis 1958 nicht gezeigt und der geplante dritte Teil nicht mehr gedreht werden. (AB)

Kurt Eisner

Eisler, Hanns, deutscher Komponist, 6.7.1898 Leipzig – 6.9.1962 Berlin, studierte in Wien bei A. →Schönberg und Anton von Webern. 1924 gewann er den Musikpreis der Stadt Wien und siedelte 1925 nach Berlin über, wo er bis 1936 als Lehrer am Klindworth-Scharwenka Konservatorium tätig war. 1937 Emigration in die USA. In Hollywood schrieb er während der Jahre 1942–48 mehrere Filmmusiken, publizistisch ausgewertet in seinem Buch »Composing for the Films« (1947). 1948 kehrte Eisler nach Ostberlin zurück und lehrte dort an der nach ihm benannten Musikhochschule. Politisch engagiert, wurde er zum Wortführer der kommunistischen Musikbewegung. Bekannt als »proletarischer Komponist«, schrieb er neben zahlreichen politischen Songs eine Anzahl von Massenliedern, darunter die Nationalhymne der DDR, die ihm alle Ehren hat zukommen lassen. Unter Nutzung und Fortführung der Schönbergschen Zwölftontechnik wenden sich seine Chorwerke, Kantaten, Lehrstücke und seine Oper »Goliath« bewußt gegen Pathos und Lyrismus. Seine Schriften, darunter »Musik und Politik« (1973) und »Materialien zu einer Dialektik der Musik« (1973), waren einflußreicher als seine oft als »sozialistische Funktionsmusik« bezeichneten Kompositionen. (AS)

Eisner, Kurt, Publizist, sozialdemokratischer Politiker und bayerischer Ministerpräsident (1918/19), 14.5.1867 Berlin – 21.2.1919 München (ermordet). Seit 1886 Studium der Germanistik und Philosophie in Berlin, das er 1889 aus finanziellen Gründen abbrach; anschließend arbeitete Eisner als Journalist u.a. 1893–98 bei der »Hessischen Landeszeitung« in Marburg, wo er die Vorlesungen H. →Cohens besuchte. Seit 1898 Redakteur des sozialdemokratischen »Vorwärts«, bis er 1905 aus Protest gegen die zunehmende Polarisierung von »Revisionisten« und »Radikalen« innerhalb der SPD und aufgrund des massiven Drucks der Parteileitung von seiner Stelle zurücktrat. Seit 1910 freier Schriftsteller in München. Während des Ersten Weltkriegs trat Eisner als Pazifist öffentlich gegen die Kriegspolitik auf und war Gründungsmitglied der USPD (1917). Nach seinem Aufruf zu den Streiks in München im Januar 1918 wurde Eisner bis Oktober inhaftiert. In der Novemberrevolution 1918 Vorsitzender des Arbeiter-, Bauern- und Soldatenrats, proklamierte Eisner den »Freistaat Bayern« und wurde am 8. 11. 1918 vom »Provisorischen Nationalrat« zum Ministerpräsidenten ernannt. Eisner blieb mit seiner pazifistischen Grundhaltung und der Idee einer funktionsfähigen Verbindung von Rätedemokratie und Parlamentarismus völlig isoliert und mußte bei den Wahlen zum Bayerischen Landtag im Januar 1919 (mit nur drei Mandaten für die USPD) eine vernichtende Niederlage hinnehmen. Auf dem Weg zur konstituierenden Sitzung des Landtags wurde Eisner von dem Leutnant Anton Graf Arco-Valley erschossen.

[L] F. J. Bauer, Die Regierung Eisner 1918/19. Ministerratsprotokolle und Dokumente, 1987. – F. Wiesemann, Kurt Eisner, in: K. Bosl (Hrsg.), Die Revolution von 1918, ihre Voraussetzungen, ihr Verlauf und ihre Folgen, 1969. (BV)

Eitinger, Leo Shua, norwegisch-jüdischer Psychiater, 12.12.1912 Lomnice, Tschechoslowakei. Seit 1932 Studium der Medizin in Brno (Brünn), wo er 1937 den Doktor für Medizin erwarb. 1939 Flucht nach Norwegen, 1942 verhaftet und 1943 nach Auschwitz und später nach Buchenwald deportiert. Nach dem Krieg Arzt in Norwegen. Zahlreiche Veröffentlichungen auf dem Gebiet der Psychiatrie, u.a. »Psychiatrische Untersuchungen von Flüchtlingen in Norwegen« (1958), »Concentration Camp Survivors in Norway and Israel« (1964), eine Beschreibung der Ängste und Depressionen der KZ-Überlebenden (→KZ-Syndrom), und Herausgeber von »The Antisemitsm in Our Time: A Threat Against Us All« (1984). Starkes jüdisches Engagement. Bekannt für seinen Kampf gegen Antisemitismus und für Menschenrechte. Ehrenprofessor Haifa 1980; Goldmedaille des Königs von Norwegen 1954. Kommandeur des St. Olavs Ordens 1978 u.a. Ehrungen.

[L] M. Skjæråsen, Lege for livet, 1988. (DR)

Eitingon, Max, Psychoanalytiker, 26.6.1881 Mogiljo, Weißrußland – 30.7.1943 Jerusalem. Medizinstudium in Zürich, gehörte zum engen Kreis um S. →Freud. Eitingons großes Verdienst lag in seinem Engagement für die psychoanalytische Bewegung als Organisator, Lehrer und Mäzen. So war er 1920 Mitbegründer der psychoanalytischen Poliklinik und Lehranstalt in Berlin, die er finanziell unterstützte. Neben der analytischen Behandlung von Patienten war die Ausbildung von Psychoanalytikern Aufgabe der Klinik. Erstmals erarbeitete eine Unterrichtskommission unter dem Vorsitz Eitingons allgemein verbindliche Ausbildungskriterien, die neben der Lehranalyse und dem Theorieunterricht die Kontrollanalyse zum festen Bestandteil machte. Von 1926–33 Präsident der Internationalen Psychoanalytischen Vereinigung, 1933 Emigration nach Palästina, wo Eitingon die psychoanalytische Vereinigung →Chewra Psychoanalytith d'Erez Israel und das Psychoanalytische Institut in Jerusalem gründete. Bis zu seinem Tod war er Präsident der Vereinigung und prägte die Arbeit des Instituts nach dem Berliner Vorbild.

[L] Israel Psychoanalytic Society (Hrsg.), Max Eitingon in memoriam, 1950. (CH)

Ekstase →Chassidismus

El →Gottesnamen

Elat, Eilat(h), israelischer Hafen (1950 gegründet) und Badeort am Golf von Elat (Golf von Aqaba), dem 190 km langen Nordost-Zipfel des Roten Meers, 42 000 Einwohner; der Hafen erlangte zeitweise besondere Bedeutung als Ölhafen und vor allem durch die Sperrung des Suezkanals für israelische Schiffe (1948–79); Pipelines nach Ashqelon und Haifa, Phosphatexport (Hafenumschlag 1990: 1,2 Millionen Tonnen ohne Erdöl); Schmuckerzeugung, Baustoffindustrie, Kraftwerke; Wasserversorgung u. a. durch Meerwasserentsalzung; meeresbiologisches Observatorium, lebhafter Tourismus (Flughafen); seit November 1985 Freihandelszone mit steuerlichen Erleichterungen. – Das biblische Elat, wo Mose auf dem Weg von Ägypten durchzog (Dtn 2,8), war, wie das benachbarte Ezion Geber, im Besitz der Edomiter der Ausgangspunkt des Handels mit Ostafrika und Südarabien. Es wurde von David erobert und von Salomo zum Hafen der israelitischen Flotte gemacht (1 Kön 9,26). – Unter islamischer Herrschaft bestand bis zum 10. Jahrhundert eine jüdische Gemeinde. 1116–66 wurde Elat von den Kreuzfahrern besetzt. Im März 1949 erreichten israelische Truppen den Ort. Durch die Sinai-Operation von 1956 wurde der Seeweg geöffnet. Die neuerliche Sperrung der Zufahrt durch Ägypten im Mai 1967 führte zum →Sechs-Tage-Krieg.
[L] Y. Karmon, Israel. Eine geographische Landeskunde, ²1984. (WL)

Elbogen, Ismar, Historiker, 1. 9. 1874 Schildberg, Posen – 1. 8. 1943 New York. Nach dem Besuch des Gymnasiums Studium am →Jüdisch-Theologischen Seminar und an der Universität in Breslau; Promotion 1898. 1899–1902 Dozent für jüdische Geschichte und Bibelexegese am →Collegio Rabbinico Italiano in Florenz; 1902–38 Lehrtätigkeit an der →Hochschule für die Wissenschaft des Judentums in Berlin. 1919 war Elbogen der preußische Professortitel verliehen worden; Elbogen war Mitarbeiter des Jüdischen Lexikons (1927 bis 1930), der Encyclopaedia Judaica (1928 bis 1934), Gründer und Mitherausgeber der »Zeitschrift für die Geschichte der Juden in Deutschland« und seit 1934 Mitarbeiter der →Germania Judaica. Von 1933–38 war er Mitglied bzw. Vorsitzender der Schulabteilung der →Reichsvertretung der deutschen Juden. 1938 emigrierte Elbogen in die USA, wo er bis zu seinem Tod am Hebrew Union College in New York lehrte. Hauptwerke: »Die Religionsanschauungen der Pharisäer« (1904), »Der jüdische Gottesdienst in seiner geschichtlichen Entwicklung« (1913), »Die Geschichte der Juden in Deutschland« (1935).
[L] S. W. Baron/A. Marx, Ismar Elbogen, in: Proceedings of the American Academy for Jewish Research 13, 1943. – E. Rosenthal, Ismar Elbogen and the New Jewish Learning, in: Year Book Leo Baeck Institute 8, 1963. (JÖD)

Eleasar ben Asarja, →Tannait, bedeutender Gelehrter in →Halacha und →Aggada, 1./Anfang 2. Jahrhundert n. Z. Priesterliche Abstammung und zeitweise mit Rabban →Gamaliel II. Vorsitzender des Lehrhauses in →Jawne. Eleasar ben Asarja war halachisch der milderen Methode des Rabbi →Jischmael zugeneigt, aggadisch bevorzugte er den Schluß aus nebeneinander stehenden Schriftversen und den vom Kleineren auf das Größere. (HMD)

Eleasar ben Jose ben Chalafta, bedeutender →Tannait, 2. Hälfte des 2. Jahrhunderts n. Z. Eleasar ben Jose ben Chalafta tradierte vor allem die Aussprüche und halachische Entscheidungen seines Vaters. Soll zusammen mit Rabbi Simeon ben Jochai in Rom die Rücknahme der Hadrianischen Dekrete erreicht und den von Titus weggeschafften Tempelschatz gesehen haben. Eleasar ben Jose ben Chalafta führte Diskussionen mit den →Samaritanern und →Sadduzäern über die Unsterblichkeit der Seele, den Garizim (heiliger Berg der Samaritaner) und ihre Torarollen, und betonte die Wichtigkeit von Wohltätigkeit und Menschenliebe. (HMD)

Eleasar ben Juda aus Worms, nach seinem Werk »Rokeach« (hebräisch »Salbenmischer«) genannt, Halachist und letzter bedeutender Lehrer des aschkenasischen →Chassidismus, um 1165 Mainz – um 1230. Nachkomme der Familie →Kalonymos, die angeblich die →Kabbala nach Deutschland gebracht hat. Schüler seines Vaters Juda ben Kalonymos, des →Juda ben Samuel aus Regensburg, des Mose ha-Kohen und Eliesers aus Metz, später Rabbiner in Worms. Beide Aspekte, Chassidismus und Halacha, finden sich in seinem wichtigsten Werk, dem »Sefer ha-Rokeach«: In den ersten beiden Kapiteln werden die Werte des Chassidismus und die Wege der Umkehr beschrieben; in den folgenden werden die →Halacha und ihre talmudische Basis ganz im Sinne und unter besonderer Berücksichtigung der nordfranzösisch-deutschen Tossafisten (→Tossafot) erklärt. Eleasar ben Juda bezieht dabei auch nicht-halachische Bräuche (→Minhag) ein. In seinen zahlreichen Kommentaren zu Gebeten und →Pijut-Dichtungen spiegelt sich sowohl sein persönliches Schicksal als auch die Katastrophe der jüdischen Gemeinden (vor allem Worms) in der Zeit der →Kreuzzüge wider. Eleasar ben Juda verfaßte zudem mystische Werke (»Sode Rasajja«, »Geheimnisse der Geheimnisse« und »Sefer ha-Chochma«, »Buch der Weisheit«), Kommentare zu talmudischen Traktaten, zu den fünf Megillot (→Megilla) und zur Pessach-Haggada. Eleasar ben Juda hatte auch erheblichen Anteil an der Festsetzung von Verordnungen der Gemeinden in Mainz, Speyer und Worms. (HMD)

Eleasar Kalir →Kalir, Eleasar

Eleazar ben Jair, Nachkomme Judas' des Galiläers, der bereits nach dem Tod des →Herodes' einen Aufstand gegen die Römer angezettelt hatte. Eleazar ben Jair befehligte zu Beginn des großen jüdischen Aufstands die Garnison auf dem Felsen von Masada (→Zeloten; →Sikarier). Nach längerer Belagerung eroberten die Römer unter Führung des Statthalters Flavius Silva im April 73 n. Z. die Festung, deren Verteidiger zuvor nach Überredung durch Eleazar ben Jair Selbstmord begangen hatten. (HC)

Eleazar ben Simon, einer der Anführer der →Zeloten im großen jüdischen Aufstand gegen Rom (66–73 n. Z.), aus priesterlichem Geschlecht. Mit seinen Anhängern hielt er das Tempelinnere besetzt und verrichtete den Tempeldienst. Im Konflikt mit der radikalen Richtung der Zeloten unter Jochanan (Johannes) aus Gischala unterlag Eleazar ben Simon unmittelbar vor Beginn der Belagerung Jerusalems im April 70 n. Z. durch →Titus. Die Reste seiner Anhänger schlossen sich Jochanan an. (HC)

El Eljon →Gottesnamen

El Schaddai →Gottesnamen

Elephantine, aramäisch »Jeb«, im 6./5. Jahrhundert v. Z. jüdische Militärkolonie am Nil in der Nähe des heutigen Assuan. 1905/06 Fundort zahlreicher aramäischer Papyri, die Einblick in das jüdische Alltagsleben (Ehe, Scheidungen, Handel, Erbschaften) und in die Struktur der Militärkolonie geben, die die politische und religiöse Situation in der Zeit Esras und Nehemias erhellen und zur Chronologie beitragen. (HMD)

Elia, oder Elijahu der →Prophet, (auch der »Tischbite« genannt), Prophet im Nordreich Israel, der in der Zeit des Ahab und Ahasja (9. Jahrhundert v. Z.) um den Monotheismus kämpfte und darin zum Vorläufer der Schriftpropheten wurde. Wundertäter, der nicht starb, sondern in den Himmel fuhr. Nach biblischem Zeugnis (Mal 3,23) letzter Prophet vor dem großen Gerichtstag. Nach seiner Himmelfahrt kämpft Elia zunächst mit dem Todesengel, sitzt dann im Himmel, schreibt die Taten der Menschen auf, leitet die Frommen zu ihren Plätzen und führt die Seelen der Sünder am Sabbat aus der Gehenna (»Hölle«) hinauf. In der →Aggada wegen seines rigorosen Einsatzes für den Monotheismus mit Pinchas, dem Enkel Aarons, identifiziert. Beide gelten als unsterblich. Elia wird aber auch mit →Mose verglichen. Nach manchen Traditionen ist Elia schon als Engel auf die Welt gekommen. Als solcher hat er den Namen Sandalphon, kann sich überall hin bewegen und unterschiedliche Gestalt annehmen. In Abgrenzung zum Christentum wurde zeitweise versucht, Elias Bedeutung herabzuspielen und auf seine halachische Kompetenz zu beschränken. Dennoch bleibt das Interesse an seinen Erscheinungen und Offenbarungen (vgl. die Schrift »Tanna debe Elijahu«). Mit der Person des Elia verbinden sich verschiedene Vorstellungskreise. Er gilt a) als Tröster in der Not, Helfer der Frommen, Freund der Armen und Bedrängten, Fürsprecher vor Gott; b) als Warner vor Unrecht, Mahner der Sünder, Rächer der Schuld; c) als Halachist und Besucher der Lehrhäuser; d) als Verkünder und Vorläufer des Messias, der Israel zur Buße bewegen und die Toten erwecken wird; e) als Engel des Bundes, der bei der Beschneidung zugegen und zugleich Beschützer der Kinder und Schutzgeist der Wöchnerinnen ist. In der Liturgie wird Elia am Ende des Tischgebets, in den Riten bei der Beschneidung (»Elia-Stuhl«) und beim Sederabend (»Elia-Becher«) erwähnt. Die sog. Elia-Apokalypsen (lateinische und griechische Fragmente; hebräische und koptische Elia-Apokalypse aus dem 3. Jahrhundert n. Z.) und die Elia-Volksbücher in Jiddisch, Ladino, Jüdisch-Arabisch aus dem Mittelalter unterstreichen seine Popularität. (HMD)

Elia ben Salomo Salman (HaGRA), der Wilnaer →Gaon, 1720 vemutlich Selz, Litauen – 1797 Wilna. Angesehener Halachist, der zurückgezogen – von Unterstützungen lebend – wenige ausgewählte Schüler unterrichtete, durch die er maßgeblichen Einfluß vor allem auf das litauische Judentum ausübte. Neben seiner umfangreichen Allgemeinbildung zeichnete Elia ben Salomo Salman Lerneifer und -disziplin aus. So soll er nie mehr als zwei Stunden am Tag und nie mehr als eine halbe Stunde am Stück geschlafen haben. Elia ben Salomo Salman schrieb zu fast allen Werken der rabbinischen Literatur sowie zu Gebeten und Pijutim (→Pijut) Kommentare. Zum Studium des Talmud zog er vor allem →Salomo ben Isaak und die Tossafisten (→Tossafot) heran. Er verteidigte die Tora, zu deren Erklärung alles Wissen (auch der Astronomie, Mathematik, Geschichte, Medizin und Musik) notwendig, zugleich aber auch schon in ihr enthalten sei, und die →Halacha. Deshalb wandte er sich gegen →Haskala und Philosophie, weil diese Glauben und Tradition in Frage stellten, und gegen den →Chassidismus, dem er pantheistische Tendenzen und die Einführung neuer Bräuche vorwarf. Die →Kabbala jedoch versuchte er mit der talmudischen Wissenschaft unter dem Primat der Halacha in Einklang zu bringen.(HMD)

Elias, Norbert, Soziologe und Kulturphilosoph, 22. 6. 1897 Breslau – 1. 8. 1990 Amsterdam, studierte in Breslau, Heidelberg und Frankfurt am Main Medizin, Psychologie und Philosophie, promovierte 1924 in Breslau; 1930–33 Assistent von Karl Mannheim in Frankfurt; emigrierte 1933 zunächst nach Paris, 1938 nach England, wo er in London als Gruppentherapeut und in der Erwachsenenbildung arbeitete; erhielt 1954 den Lehrstuhl für Soziologie an der Universität Leicester, 1962–64 war er Professor an der Universität von Ghana. In seiner Zivilisationstheorie versucht Elias, die Geschichte des Individuums mit der Geschichte der Gesellschaft zu verschmelzen und den Zusammenhang zwischen psychologischer und soziologischer Entwicklung in der abendländischen Zivilisation aufzuzeigen (dargestellt in seinem Hauptwerk: »Über den Prozeß der Zivilisation. Soziogenetische und psychogenetische Untersuchungen«, 2 Bände, 1939, und der Studie »Die höfische Gesellschaft«, 1969). Elias wandte sich mit den Studien »Was ist Soziologie?« (1970) und »Gesellschaft der Individuen« (1987) gegen eine von abstrakten Struktur- und Systemtheorien beherrschte Soziologie, die darüber das Sein des Menschen in seiner historischen, sozialen und kulturellen Wirklichkeit übergeht. Elias, der sich selbst als »Menschenwissenschaftler« bezeichnete, wird heute als einer der bedeutendsten Soziologen der Gegenwart angesehen. Eine späte Würdigung seines Werks erhielt Elias durch die Verleihung des Theodor-W.-Adorno-Preises der Stadt Frankfurt (1977) und des Ehrendoktors der Universität Bielefeld (1980). (AS)

Elieser ben Hyrkanos, in der Mischna meist nur Rabbi Elieser genannt, →Tannait, Schüler des Rabban →Jochanan ben Zakkai, 1./Anfang 2. Jahrhundert n. Z. Nach der Zerstörung des Zweiten Tempels bedeutender Gelehrter des →Bet Din in →Jawne, lehrte danach in Lydda. Elieser ben Hyrkanos bewahrte Überlieferungen aus der Zeit vor der Tempelzerstörung 70 n. Z. (Mischnatraktat »Para«) und tradierte die Lehren seiner Lehrer. Seine Ablehnung von Erneuerungen der →Halacha führte oft zu Debatten mit Rabbi →Jehoschua ben Chananja und seinem eigenen Schüler Rabbi →Akiba ben Josef, schließlich sogar zum Bann durch den →Sanhedrin in Jawne. (HMD)

Elieser ben Joel ha-Levi aus Bonn (Rabiah), Tossafist (→Tossafot), Schüler seines Vaters, →Judas ben Samuel des Frommen, und Eliesers ben Samuel aus Metz, um 1140 – um 1225 Köln. Nach einer Studien-Wanderung durch Deutschland und Frankreich wurde er 1200 in Köln Rabbiner. 1220–23 Teilnehmer der Synoden in Mainz und Speyer. Elieser ben Joel ha-Levi schrieb Tossafot zu verschiedenen Talmudtraktaten, Likutim (»Sammlungen«) zur Tora und Pijutim (→Pijut). Seine Sammelwerke »Awieser« und »Awiassaf« enthalten, geordnet nach den talmudischen Traktaten, Halachot und Entscheidungen sowie Untersuchungen zu speziellen halachischen Themen, von Elieser ben Joel ha-Levi Responsen genannt. Elieser ben Joel ha-Levi bemühte sich dabei um Klärung der Texte und ihrer talmudischen Quellen sowie um die Festlegung der →Halacha. Damit beeinflußte Elieser ben Joel ha-Levi die halachische Praxis bis hin zum →Schulchan Aruch. Unter dem Namen »Sefer Rabiah« wurden Teile des Werkes »Awieser« von Dembitzer (1885) und Aptowitzer (1913) sowie in einer Überarbeitung von Cohen/Prisman (1965) veröffentlicht. (HMD)

Elieser ben Natan aus Mainz (Raben), Talmudgelehrter der Generation nach →Salmo ben Isaak und einer der führenden rabbinischen Autoritäten des 12. Jahrhunderts in Deutschland, um 1090 – um 1170. Studium in Mainz, wohin er nach Reisen vor allem in die slawischen Länder wieder zurückkehrte. Mitglied des Mainzer rabbinischen Gerichts. Zusammen mit →Jakob ben Meir und →Samuel ben Meir Verfasser der »Takkanot Troyes«. Sein Hauptwerk »Sefer ha-Raban« oder »Eben ha-Eser« (unter beiden Titeln geläufig) ist das erste vollständig erhaltene Buch der deutschen Juden. Es enthält halachische Abhandlungen und →Responsen entsprechend der talmudischen Anordnung. Elieser ben Natan bezieht sich darin u. a. auf den Kommentar des →Chananel ben Chuschiel und auf den Aruch des →Natan ben Jechiel. Es finden sich auch Kommentare zu Bräuchen, Erklärungen zu Midraschim, liturgische Stücke und Korrespondenzen. Damit ist das Werk eine wichtige Quelle über die Lebensweise der Juden im 12. Jahrhundert. Elieser ben Natan verfaßte Kommentare zu den Gebeten, der Pessach-Haggada und den Sprüchen der Väter. Er dichtete selber Pijutim (→Pijut), die sich z. T. mit den Pogromen zur Zeit der →Kreuzzüge befassen. Über die Judenverfolgungen am Rhein 1096 schrieb er eine Chronik. (HMD)

Elischa ben Abuja (später Acher), zunächst bedeutender →Tannait, 1./Anfang 2. Jahrhundert n. Z. Freund Rabbi →Akibas ben Josef und Lehrer Rabbi Meirs, dann vom Judentum abgefallen. Deshalb wurde er mit dem Namen »Acher« (»ein anderer«) benannt. Allein Rabbi Meir hielt den Kontakt zu ihm, lernte weiter bei ihm, verteidigte ihn und versuchte ihn zur Umkehr zu bewegen. Für seinen Abfall werden unterschiedliche Gründe genannt: Neigung zur gnostischen oder hellenistischen Literatur; Abkehr von den Geboten (→Mizwa); falsche Motivation zum Tora-Studium oder Verzweiflung an der Gerechtigkeit Gottes aufgrund falscher Unterweisung. (HMD)

Elizur, Sportorganisation der →Misrachi, →Hapoel Hamisrachi.

Elohim →Gottesnamen

Elsaß. Im Reisebericht des →Benjamin von Tudela wurden Juden im Elsaß erstmals in der 2. Hälfte des 12. Jahrhunderts erwähnt. Erste Ansiedlungen existierten in Straßburg, Ehnheim, Hagenau und Rosheim. Judenverfolgungen gab es schon im 13. und 14. Jahrhundert, vor allem 1348/49 (Schwarzer Tod). Der Halachist →Meir ben Baruch aus Rothenburg wurde 1286 in Ensisheim eingekerkert. Das Straßburger Judenstatut von 1322 verbot den Juden den Erwerb von Häusern und Landgütern. Der wirtschaftliche und kulturelle Verfall des elsässischen Judentums dauerte bis nach dem Dreißigjährigen Krieg an. Zu den wenigen bekannten jüdischen Gelehrten jener Zeit gehörte →Josel von Rosheim. Nach 1648, unter Ludwig XIV., entstanden zahlreiche jüdische Landgemeinden. Aus dieser Zeit stammen auch die alten Zentralfriedhöfe in Heggenheim, Jungholz, Makkenheim, Schlettstadt, u. a. Trotz judenfeindlicher Stimmungen erhielten auch die elsässischen Juden durch Beschluß der französischen Nationalversammlung am 27. 9. 1791 die Bürgerrechte. Vollständige Gleichberechtigung wurde erst um 1850 erreicht. Ende des 18. Jahrhunderts gab es im Elsaß etwa 20 000 Juden. Es folgte eine Abwanderungswelle nach Zentralfrankreich, Amerika und in die Schweiz. 1936 lebten etwa 25 000 Juden im Elsaß. Nach Vertreibung und Ermordung von Tausenden in der NS-Zeit beträgt die Zahl der Juden im Elsaß heute etwa 20 000, darunter zahlreiche Einwanderer aus Nordafrika. Bekanntester Oberrabbiner der Nachkriegszeit war Max Warschawsky (Le Bas-Rhin und Straßburg). An der Straßburger Universität besteht heute ein wichtiges Institut für jüdische Studien sowie ein jüdisches Gymnasium, die Ecole Akiba. Die traditionelle Mundart der Juden im Elsaß ist das Elsässisch-Jiddisch mit hebräischen, aramäischen, französischen, deutschen und slawischen Elementen. (MH)

Elul →Kalender

Emanzipationsedikt, preußisches. Am 11. 3. 1812 unter der Regierung Hardenberg erlassen, erklärte es alle in den preußischen Staaten privilegierten Schutzjuden zu »Einländern und preußischen Staatsbürgern«. Doch das hier verliehene Staatsbürgerrecht erstreckte sich weder auf den Staatsdienst noch auf die Ausübung ständischer Rechte, so daß es sich faktisch um ein erweitertes Privileg handelte, das nur privatrechtlich die Juden den christlichen Einwohnern gleichstellte. Nach Wiederherstellung des preußischen Staats 1815 galt das Emanzipationsedikt nur für die fünf alten preußischen Provinzen, während für die neu hinzugekommenen Staatsteile die dort geltenden gesetzlichen Regelungen in Kraft blieben. Erst das →Judengesetz von 1847 stellte mit Ausnahme →Posens die Juden aller preußischen Provinzen rechtlich gleich. Die Bedeutung des Emanzipationsedikts liegt weniger im politischen, eher im ökonomischen Bereich, da für Juden alle ökonomischen Einschränkungen entfielen.

🄻 I. Freund, Die Emanzipation der Juden in Preußen unter besonderer Berücksichtigung des Gesetzes vom 11. März 1812, 2 Bände, 1912. – R. Koselleck, Preußen zwischen Reform und Revolution, 1975. (AH)

Essay

Emanzipation und Assimilation

Jacob Toury

Der römische Grundbegriff »emancipatio« diente zur Beschreibung der förmlichen Entlassung des Sohnes aus der väterlichen Gewalt und wurde dann auf die Freilassung von Sklaven ausgedehnt. Anstelle weiterer umständlicher Begriffsdefinitionen des späteren Sprachgebrauchs darf wohl hier, im Kontext der jüdischen Rechtsstellung, als zutreffende Erklärung die Hardenbergsche Formel in ihrer weitesten Fassung dienen: »Gleiche Pflichten – gleiche Rechte« für alle. In dieser Formulierung ist sowohl ein *Endzustand* bezeichnet als auch ein, möglicherweise langwieriger, *Prozeß der Durchsetzung*.

Außer der Doppelschichtigkeit des Begriffs ist zu beachten, daß der ursprünglich auf bürgerliche und staatsbürgerliche Rechte bezogene Terminus seinen Inhalt im Verlauf des 19. Jahrhunderts erheblich erweiterte, da man damals von gesellschaftlicher, wirtschaftlicher, ja auch kultureller Emanzipation zu sprechen begann. Im weiteren sind hier hauptsächlich die staats- und kommunalbürgerlichen Gleichstellungsprozesse der Juden dargestellt, die nicht immer, und in Deutschland fast niemals, in einheitlichem Zusammenspiel verwirklicht wurden.

Generell ist bezüglich der Judenemanzipation auf staatsbürgerlicher Ebene zwischen zwei Typen unterschieden worden: dem kontinentalen und dem angelsächsischen Typ, wobei neuerdings beim ersteren noch ein französisches und ein deutsches Modell als unterschiedlich in Konzeption und Durchführung herausgearbeitet wurden. Der kontinentale Typ ist dadurch charakterisiert, daß die Juden in eine uniforme (oder zumindest nach Einheitlichkeit strebende) Staats- und Gesellschaftsform einbezogen werden, in Frankreich durch einen einzigen revolutionären Schritt (genauer: durch ganz wenige Schritte, die auch kommunalbürgerliche und gruppenspezifische Aspekte regeln), in Deutschland durch Vorschaltung einer kürzeren oder längeren »Erziehungs«-Periode, wodurch die endgültige Emanzipation von der Erfüllung gewisser *Bedingungen* abhängig gemacht wird (vgl. Zur Geschichte des →deutsch-jüdischen Verhältnisses).

Der angelsächsische Typ hingegen stellt sich als Eingliederung der Juden in eine *pluralistische Form* von Staat und Gesellschaft dar. Die »kontinentalen« Emanzipationsvorgänge, seien sie deutscher oder französischer Herkunft, postulieren jedenfalls einen Verzicht auf eigenständige Organisations- und Lebensformen zugunsten staatsbildender Uniformität; der angelsächsische Typ indessen erkennt ein gewisses Eigenleben der verschiedenen staatsbildenden Gruppen an und macht die Gleichheit vor dem Gesetz nicht vom bedingungslosen Aufgehen der Sondergruppen im Staatsganzen abhängig. Daraus ergibt sich, daß in den kontinentalen Modellen eine Sondergesetzgebung zur Regelung des Status der jüdischen Religionsgesellschaft(en) im Staat erforderlich wird, weil deren Stellung durch die Emanzipation der jüdischen *Individuen* nicht über das Niveau voremanzipatorischer Duldung herausgeho-

ben ist. In den angelsächsischen Ländern hingegen fand die jüdische Religion als Organisationsform ihre Einordnungsmöglichkeit nach dem Muster der kleineren christlichen Bekenntnisse.
Das angelsächsische Emanzipationsmodell zeichnet sich demnach vor dem kontinentalen dadurch aus, daß es nicht nur die Gleichstellung der Individuen, sondern auch die der jüdischen *Gruppe* ohne große Schwierigkeiten ermöglicht. Diese kollektive Möglichkeit der Emanzipation ist auch deshalb von Wichtigkeit, weil sie – aufgrund der Wilsonschen Vierzehn Punkte – nach dem Ersten Weltkrieg in Form nationaler und religiöser *Minderheitenrechte* aufgegriffen wurde und zum Schutz solcher Minderheiten in die Friedensverträge Eingang fand. Ihre nur teilweise Verwirklichung in einigen der neuen Nationalstaaten verhinderte jedoch nicht ihre theoretische Anerkennung als Grundsatz internationalen Rechts. Auf die Frage nach dem Beginn und dem Ort der ersten jüdischen Emanzipationsversuche werden auch heute noch weit auseinandergehende Antworten gegeben. Einige gehen sogar bis auf den Status der Juden in den amerikanischen Kolonien zurück: bis auf das Jahr 1654 in Neu-Amsterdam. Damals hatten sich jüdische Siedler auf lokaler Ebene die Bürgerrechte erkämpft. Später folgten andere amerikanische Kolonien diesem Beispiel, und der erste Staat, der eine *allgemeine Gleichheit der Bürgerrechte* ohne Rücksicht auf die Religion verkündete, war Virginia (1785), noch bevor die Verfassung der USA diese Gleichheit festschrieb. Übrigens ist der Blick auf Amerika von der Entstehung des Emanzipationsbegriffs her gerechtfertigt, denn vor allem von dort aus – aufgrund der amerikanischen Kontroverse in der Sklavenfrage –, aber auch wegen des englischen Dilemmas im katholischen Irland breitete sich das Wort gegen Ende des 18. Jahrhunderts allmählich auf dem Kontinent aus. Im Hinblick auf die Juden wandte es wohl als erster der deutsche Tagesschriftsteller Friedrich August Cranz im Jahr 1798 an; danach taucht das Zeitwort »emancipieren« um das Jahr 1803 in Frankfurt am Main auf und scheint dort heimisch geworden zu sein; denn Ludwig Börne benutzte 1816 sowohl die verbale wie die substantivische Form. Noch vor 1830 war der Begriff Allgemeingut aller Sprachen.
Zu dieser Zeit war die staats- und stadtbürgerliche Emanzipation der Juden in den Vereinigten Staaten (1789), in Frankreich (1789, 1791) und in den Niederlanden (1796) bereits eine vollendete Tatsache, während in England zumindest die kommunalbürgerlichen Rechte allmählich durchgesetzt wurden.
Die Lage in den deutschen Staaten war komplizierter. Die von Frankreich in den linksrheinischen Gebieten dekretierte Gleichberechtigung verschwand nach 1814 bis auf geringe Ausnahmen. Im allgemeinen setzte sich die Reaktion durch. Besonders Preußen, das am 11. März 1812 seine Juden zu »Einländern« und Staatsbürgern erklärt hatte, nutzte bald die Möglichkeit, dem Gesetz – das nicht einmal die volle bürgerliche Gleichstellung gebracht hatte! – selbst seine beschränkte Kraft zu entziehen. Erst die preußischen Verfassungen von 1848 und 1849 enthielten klare Emanzipationsparagraphen, während die Verfassung von 1850 wieder das antiemanzipatorische Prinzip des »christlichen Staates« zur Maxime erhob. Lediglich die kommunalbürgerliche Emanzipation, niedergelegt in der Städteordnung von 1808, blieb den preußischen Juden (außer zunächst in Posen) mehr oder weniger erhalten.
Von den übrigen deutschen Staaten konnte sich höchstens Braunschweig rühmen, niemals ausdrücklich die im Königreich Westfalen eingeführte Gleichberechtigung der Juden rückgängig gemacht zu haben. Das Großherzogtum Baden hatte zwar von sich aus im Jahr 1808/09 die Juden zum Staatsbürgerrecht zugelassen, schob jedoch ihre Lokalbürgerrechte bis 1860 hinaus, und das trotz der Revolution von 1848/49!
Im Jahr 1848 begann in Dänemark, ebenso wie in den deutschen Stadtstaaten Hamburg, Bremen, Lübeck und Frankfurt, die Verwirklichung der Emanzipation, deren Fortschritte allerdings nur langsam sichtbar wurden, selbst wenn man das Prinzip auch während der Reaktionsjahre nicht wi-

derrief. Auch Hessen-Darmstadt, Hessen-Homburg, Nassau, Oldenburg, Waldeck, Sachsen-Weimar (beginnend schon 1823), ja sogar das Königreich Sachsen (1850) beschritten den Weg der Rechtsverleihung und bewegten sich in emanzipatorischer Richtung vorwärts. Dagegen widerriefen nach der Revolution 1848/49 die anhaltischen Staaten, Lippe-Detmold, Hannover, Württemberg und Hessen-Kassel ihre Emanzipationsgesetzgebung, während die meisten thüringischen und mecklenburgischen Staaten sowie Bayern nicht einmal zur Zeit der Revolution eine eindeutige Gleichberechtigung beschlossen hatten.
Von all diesen Staaten ermannten sich allein Baden und Württemberg und verwirklichten zur Zeit der »Neuen Ära« die Judenemanzipation in vollem Umfang. Baden bestätigte 1862 nicht nur das Staats-, sondern auch das jüdische Kommunalbürgerrecht, und Württemberg verlieh seinen Juden in den Jahren 1861 bis 1864 die staats- und kommunalbürgerliche Gleichberechtigung. Beide südwestdeutschen Staaten hatten übrigens auch die Stellung der jüdischen Religionsgemeinschaft im emanzipatorischen Sinne anerkannt. Alle anderen deutschen Staaten ließen sich mit der →Judengesetzgebung noch mehr Zeit, so daß ihnen schließlich der Norddeutsche Bund bzw. das deutsche Kaiserreich zuvorkamen. So liegen für sie alle die Emanzipationsdaten in den Jahren 1869 oder 1871 (→Deutschland). Etwa zur selben Zeit verliehen die Schweizer Behörden den Juden kantonale und kommunale Rechte bis zur Vollbürgerschaft und regelten auch den Status der jüdischen Religionsgemeinschaften (1863–78). Ähnlich ließen sich die Dinge in Schweden an. Vielleicht der schnellste und größte Fortschritt vollzog sich im Habsburgerreich (1867/68), das bisher, trotz der Anfänge zur Zeit Josephs II., ein Hort der Zurücksetzung gewesen war. Nun wurden die Juden, zumindest theoretisch, als Vollbürger angesehen. Derselbe Status kam den Juden Italiens im Verlauf des Einigungsprozesses und spätestens im Jahr 1871 zu.
Nicht so die übrigen Staaten Europas (von den muslimischen Ländern, außer der Türkei, ganz abgesehen). Zwar zeigten sich auf den Kongressen von Paris (1856) und Berlin (1878) die Nachfolgestaaten des Osmanischen Reichs und die Türkei selbst auf Druck der Großmächte zu Zugeständnissen in der Behandlung ihrer Juden bereit; jedoch ist de facto – wenn auch vielleicht in Serbien, Griechenland und Bulgarien nicht de jure – eine Verschleppung der Emanzipationsregelung in Südosteuropa bis ins 20. Jahrhundert hinein zu konstatieren. Dies gilt besonders für Rumänien, das sich die Verhältnisse im benachbarten Zarenreich zum Vorbild nahm. Merkwürdigerweise verschleppte man auch in Norwegen die Gleichstellung der Juden bis gegen Ende des 19. Jahrhunderts (1891).
Wann auch immer die Emanzipation zustande kam und wie sie tatsächlich im Alltagsleben ihren mehr oder weniger vollen Ausdruck fand – ihre nichtjüdischen Befürworter versprachen sich von ihr eine baldige Assimilation der Juden an die Umwelt, während ihre Gegner – Juden wie Nichtjuden – lauthals vor deren verderblichen Folgen warnten. Dabei gab es in vielen Ländern – zumindest in den Kreisen der Hof- und Finanzagenten einerseits und in den marginalen nichtseßhaften Unterschichten andererseits – den Beginn einer, allerdings individuellen, Konformität mit dem Lebensstil der Umwelt, die den Befürwortern der Gleichberechtigung zum Beweis der jüdischen »Erziehbarkeit« diente. Traditionsgebundene Juden hingegen befürchteten den Untergang alles Jüdischen als Endpunkt des Emanzipations- und Assimilationsprozesses – ohne zuzugestehen, daß die Neigung zur Angleichung an die Umwelt nicht als Funktion und Folge der Gleichberechtigung selbst auftrat, sondern als Funktion einer wirtschaftlichen, gesellschaftlichen und kulturellen Öffnung der Umwelt, d. h. ohne *direkte Abhängigkeit* von der Problematik der jüdischen staatsrechtlichen Einordnung, und teilweise tatsächlich merklich früher als diese.
Der Begriff »Assimilation« tauchte nicht vor dem letzten Viertel des 19. Jahrhunderts in der Umgangssprache auf. Vorher redete man von den Aussichten und Gefahren einer »bürgerlichen Verbesserung«

und einer gegenseitigen »Annäherung« oder »Anpassung«, ohne mit diesen Begriffen genau definierbare Grundsätze ausdrücken zu wollen. Als erstes Programmwort in Richtung der späteren Assimilation erschien in der ersten Hälfte des 19. Jahrhunderts der Begriff der »Amalgamierung«, der – hinausgreifend über die vorhergenannten Ausdrücke, die nicht an der Existenz(berechtigung) der sich Anpassenden rüttelten – den aus der Chemie entlehnten Vorgang der Legierung, d. h. einer (Material-)Neubildung einschloß. Obwohl ein Amalgam immerhin in seine Komponenten zerlegbar bleibt, ging die Bezeichnung wohl dem Präzeptor der Neuorthodoxie, Samson Raphael Hirsch, zu weit, und er gebrauchte an ihrer Stelle das Wort »Anbürgerung«. Damit wies er dem angesprochenen Vorgang seinen Platz ausschließlich auf der bürgerlich-politischen Ebene zu.

Seit 1848 und bis etwa 1875 tauchten dann in der Diskussion um die Gleichberechtigung im (deutschen) Staatsgefüge noch Begriffe wie »Identifizierung«, »Eingliederung« oder gar »Verschmelzung« auf, die wohl auf fortschreitende Tendenzen der Bereitwilligkeit zu einer – im 20. Jahrhundert »Akkulturation« oder gar »Symbiose« genannten – Geistes- und Lebensgemeinschaft anspielten. Sie mochten wohl auch gewisse Neigungen zur (teilweisen bis gänzlichen) Selbstaufgabe des sich einfügenden Teiles ausdrücken. Aber sogar »verschmolzene« Teile sind theoretisch wieder isolierbar, so daß schließlich die extremen Befürworter des deutsch-jüdischen Zusammenwachsens – Juden wie Nichtjuden, im positiven wie negativen Sinne – Begriffen wie »Auflösung« und »Aufgehen« den Vorzug gaben. Daß gerade während dieser Zeit um 1875 die Judengegner, aus ihrer extremen Ablehnung des jüdischen Aufgehens in Deutschland, die rassistische Ideologie des modernen politischen Antisemitismus in die Welt setzten, ist wohl kein Zufall. Von jüdischer Seite wurde jedenfalls gerade damals der Terminus »Assimilation« in die Diskussion geworfen, dem anfangs, für ganz kurze Jahre, ein *positiver* politischer Begriffsinhalt zugeschrieben wurde: »Die Juden haben sich in staatlicher Hinsicht assimiliert, so in Deutschland, Frankreich, England u. s. w.«, schrieb der Leitartikler der Magdeburger »Israelitischen Wochenschrift« (1875, Nr. 1). Bald aber, zuerst bemerkt von Rabbiner Adolf Jellinek (»Die Neuzeit«, Wien, 1884), scheinen die hebräischen und nationaljüdischen »Journale sich dieses Wortes bemächtigt zu haben, und zwar als Objekt der Bekämpfung« nicht nur der politischen, sondern auch der kulturellen und gesellschaftlichen Auflösungstendenzen der Juden in bezug auf die nichtjüdische Umwelt. Seitdem diente tatsächlich »Assimilation« als innerjüdisches Reizwort.

Tatsächlich läßt sich der Begriff der »Assimilation« – von seinem Reizwortcharakter einmal abgesehen – sowohl auf Individuen als auch auf gesellschaftliche Gruppierungen anwenden. Doch ergibt sich eine Beschränkung aus der Tatsache, daß es zur Aufnahme von Assimilations*willigen* nicht genügt, wenn *einzelne* ihre Aufnahmebereitschaft unter Beweis stellen. Zur völligen Einordnung nicht nur von Gruppen, sondern sogar von Individuen müssen ganze gesellschaftliche Gruppierungen ihren Absorbierungswillen mobilisieren, wenn der Prozeß erfolgreich verlaufen soll. Mit anderen Worten: Die Einordnung der Juden ins Leben ihrer Umwelt, als einzelne wie auch als Gruppe, hing weniger vom Willen der Juden zur »Assimilation« ab – der ja zumindest in gemäßigten Formen im Zunehmen begriffen war – als von der Bereitschaft der Umwelt, die Juden in ihrer Eigenart zu akzeptieren, ohne ihre Selbstaufgabe zu postulieren. Wieder erweist sich die pluralistische Gesellschaft als der geeignetere Rahmen zur Verwirklichung einer solchen Akkulturation, während uniforme, monolithische Gesellschaften entweder jede Eigenart und jeden Eigenwert der zur Einordnung Bereiten ablehnen oder von vornherein eine Akkulturation aus Rassen- oder Religionsgründen.

[L] L. Auerbach, Das Judentum und seine Bekenner in Preußen, 1890. – I. Freund, Die Emanzipation der Juden in Preußen, 2 Bände, 1912. – A. Herzig, Judentum und Emanzipation in Westfalen, 1973. – R. Rürup, Emanzipation und Assimilation. Kritische Studien zur Geschichtswissenschaft, Band 15, 1975. – J. Toury, Soziale und politische Geschichte der Juden in Deutschland 1847–1871, 1977.

Embden, Charlotte, 18. 10. 1800 Düsseldorf – 14. 10. 1899 Hamburg. Tochter des jüdischen Textilkaufmanns Samson Heine (1764–1828) und von Betty Heine, geb. von Geldern (1771–1859), Schwester H. →Heines. 1820 Übersiedlung nach Hamburg, wo sie den Kaufmann Moritz Embden kennenlernte, den sie 1823 heiratete. Auch ihr Haus war, wie das von S. L. →Steinheim und David und R. L. →Assing, Treffpunkt für Schriftsteller, Politiker und Künstler. 1826 Reise durch Deutschland. 1855 besuchte sie H. Heine in Paris, dem sie Vertraute und Ratgeberin war. Ihr kritisches Urteil zu seinen literarischen Werken war ihm sehr wichtig. Heine widmete ihr zahlreiche Gedichte: »Heimkehr«, »Jugendeselei« und den 1831 erschienenen Gedichtzyklus »Neuer Frühling«. In den »Erinnerungen an Heinrich Heine von seiner Nichte«, die die älteste Tochter Embdens, Marie (spätere Fürstin della Rocca), 1881 herausgab, wird die enge Kindheitsbeziehung von Heine und Embden beschrieben. Der Band »Heinrich Heines Familienleben« (1892) enthält Briefe Heines an Embden, die seine enge Beziehung zu ihr dokumentieren.

🄻 W. Goldbaum, Heinrich Heine's Schwester, in: Pester Lloyd 43, 1899. – G. Karpeles, Charlotte Embden, in: Frankfurter Zeitung 287/288, 1899. (MAM)

Emden, Jakob (auch Jakob ben Zwi Emden), Rabbiner, Jurist, Kaufmann und Buchdruckereibesitzer, 4. 6. 1697 Altona – 19. 4. 1776 Altona. Studierte auf der Talmudhochschule von Ungarisch-Brod; 1729–33 Rabbiner der jüdischen Gemeinde von Emden. 1743 erhielt Emden eine Konzession zur Errichtung einer hebräischen Buchdruckerei. Emden gilt als Freund M. →Mendelssohns, Aufklärer und Gegner des Sabbatianismus. Emden entfachte 1751 den →Altonaer Rabbinerstreit, indem er dem amtierenden Oberrabbiner J. →Eibenschütz vorwarf, Anhänger des Pseudomessias →Sabbatai Zewi zu sein und in seiner Privatsynagoge über Eibenschütz den →Bann aussprach. Von den Vorstehern der Altonaer Gemeinde genötigt, die Stadt zu verlassen, setzte er in Amsterdam seine Propaganda fort. Nach Intervention der dänischen Behörden, die die Ausweisung Emdens aus Altona zurücknahmen, schickte er seit Juli 1752 von Altona aus Pamphlete gegen Eibenschütz an Rabbiner und Gemeinden in ganz Europa, konnte dessen Absetzung jedoch nicht erreichen.

🄻 M. J. Cohen, Jakob Emden. A Man of Controversy, Philadelphia 1937. (JÖD)

Emergency Rescue Committee (ERC), amerikanische Hilfsorganisation zur Rettung deutscher und jüdischer Emigranten aus dem von den Nationalsozialisten besetzten Frankreich. Das ERC wurde im Juni 1940 in New York mit Unterstützung von Regierungskreisen und verschiedenen Organisationen, u. a. der »Hebrew Sheltering and Immigrant Aid Society«, gegründet. Seine eigentliche Rettungstätigkeit begann im August 1940, als der amerikanische Journalist Varian Fry als Organisator in das unbesetzte Gebiet Frankreichs entsandt wurde. Die Repressalien des →Vichy-Regimes erforderten eine illegale Tätigkeit, die von Marseille aus organisiert wurde. Zu Tarnungszwecken gründeten Fry und seine Mitarbeiter (vor allem Daniel Bénédite und Fritz Heine) das »Centre Américain de Secours«, eine Wohltätigkeitsorganisation zur Unterstützung notleidender Flüchtlinge. Die Arbeit bestand vorwiegend in finanzieller Unterstützung, der Beschaffung von Pässen und Visa sowie der Erkundung von illegalen Fluchtwegen. Am 29. 8. 1941 wurde Fry von der Vichy-Polizei verhaftet und aus Frankreich ausgewiesen. Am 2. 6. 1942 wurde das Büro der Hilfsorganisation in Marseille wegen »subversiver Tätigkeit« geschlossen. Etwa 600 überwiegend jüdische Flüchtlinge konnten durch das ERC vor dem Tod gerettet werden, mehr als 3500 erhielten finanzielle u. a. Unterstützung; unter ihnen waren prominente Künstler und Schriftsteller wie L. →Feuchtwanger, H. →Mann, F. →Werfel, W. →Mehring, S. →Kracauer, Konrad Heiden, Max Ernst oder H. →Sahl.

🄻 V. Fry, Surrender on Demand, New York 1945, deutsche Übersetzung: Auslieferung auf Verlangen, 1986. (WJ)

EMIDIRECT (Vereinigtes Komitee für jüdische Auswanderung) →HICEM

Essay

Emigration und Exil nach 1933

Willi Jasper

Seit biblischer Zeit gehören Flucht und Vertreibung zum Schicksal der Juden. Historisch gesehen sind die beiden Phänomene universelle Erscheinungen. Zur Bezeichnung und Deutung des Geschehens werden unterschiedliche Wörter – »Exil« und »Emigration« –verwendet. Beiden gemeinsam ist die Erfahrung, daß man als Person oder Gruppe aus einer sozialen oder politischen Gesamtheit ausgeschlossen wird. Der Unterschied besteht darin, daß beim Exilierten die Trennung von außen erzwungen und daher unfreiwillig ist, während der Emigrant sich im Prinzip selbst dazu entscheidet wegzugehen, weil er seine Situation als unerträglich empfindet. Offensichtlich können die Phänomene Exil und Emigration mit ihren Gemeinsamkeiten und Unterschieden nur im Bezugsrahmen einer allgemeinen Theorie sozialer und politischer Systeme gedeutet werden.

Im Vergleich zu den erzwungenen Wanderungsbewegungen früherer Epochen erscheint die Zahl der etwa 280 000 deutsch-jüdischen Emigranten nach 1933 nicht einmal sehr hoch. Doch weil diese Emigration Vorgeschichte und Bestandteil eines millionenfachen Massenmordes war, ist sie historisch kaum vergleichbar. Die Zerstörung der jüdischen Gemeinschaften in Mitteleuropa durch die Nationalsozialisten zerschlug nicht nur einen labilen »historischen Kompromiß« zwischen Deutschen und Juden, sondern markierte generell den Beginn einer post-emanzipatorischen Ära der jüdischen Geschichte (Juden und →Nationalsozialismus). Insgesamt umfaßte die deutschsprachige Emigration nach 1933 etwa 500 000 Menschen, deren Mehrzahl sich als »Staatsbürger jüdischen Glaubens« verstand. Nicht alle haben das Land in erster Linie als »rassisch« Verfolgte verlassen. Ungefähr 30 000 Emigranten definierten sich primär als politische Gegner des Nationalsozialismus bzw. sahen mit ihrer Kunstauffassung oder Wissenschaftskonzeption im NS-Staat und den annektierten Gebieten keine Existenzmöglichkeit mehr. An der Statistik der deutsch-jüdischen Emigration (Schätzzahlen) läßt sich die Entwicklung der antijüdischen Politik der Hitler-Regierung ablesen: 1933 (37 000), 1934 (23 000), 1935 (21 000), 1936 (25 000), 1937 (23 000), 1938 (40 000), 1939 (78 000), 1940 (15 000), 1941 (8000), 1942–45 (8500).

Die erste antijüdische Terrorwelle erfolgte unmittelbar nach der nationalsozialistischen Machtübernahme und gipfelte im »Judenboykott« des 1. April 1933. Zunächst richteten sich die gewalttätigen Aktionen der SA vor allem gegen die sich politisch und intellektuell artikulierende Opposition. Symbolisches Signal dafür war die Bücherverbrennung am 10. Mai 1933. Die unmittelbar antijüdischen Maßnahmen der ersten Phase bestanden in der Gesetzgebung gegen »nichtarische« Beamte, Wissenschaftler, Richter sowie akademische Freiberufler wie Rechtsanwälte und Ärzte. In der Phase bis zum Frühjahr 1935 trafen die antijüdischen Gesetze neben den freien Berufen vor allem Studenten, Angestellte, Arbeiter und Intellektuelle. Mit den Menschen traten auch wissenschaftliche Disziplinen den Auszug aus Deutschland an. Es waren jene Fächer, deren namhafteste Vertreter jüdischer Herkunft waren. Mit der Schließung des Warburg-Instituts büßte die deutsche Kunstgeschichte ihre Bedeutung ein – entsprechende Verluste waren die Auflösung des Instituts für Sozialforschung, des Psychoanalytischen Instituts Berlin oder der Deutschen Hochschule für Politik. Für das deutsch-jüdische Exil ste-

hen große Namen wie Hannah Arendt, Theodor W. Adorno, Walter Benjamin, Elisabeth Bergner, Ernst Bloch, Martin Buber, Ernst Deutsch, Albert Einstein, Lion Feuchtwanger, Erich Fromm, Nahum Goldmann, Alfred Kerr, Richard Löwenthal, Rudolf Hilferding, Max Horkheimer, Else Lasker-Schüler, Fritz Kortner, Herbert Marcuse, Felix Nussbaum, Nelly Sachs, Hans-Joachim Schoeps, Alphons Silbermann, Kurt Tucholsky, Kurt Weill, Theodor Wolff, Arnold Zweig und viele, viele andere – Politiker, Wissenschaftler, Schriftsteller, Künstler oder Publizisten.
Prominente jüdische Emigranten aus Österreich waren u. a. Bruno Bettelheim, Hermann Broch, Elias Canetti, Sigmund Freud, Franz Werfel und Stefan Zweig.
Im Juli 1935 kam es in Berlin zu ersten großen und blutigen antisemitischen Straßenkrawallen. Am 15. September wurden dann die »Nürnberger Gesetze« verabschiedet, die den deutschen Juden das Reichsbürgerrecht aberkannten und die »rassische Trennung« zwischen Juden und Nichtjuden verordneten. Vom Herbst 1937 an wurden die von physischem Zwang begleiteten »Arisierungen« jüdischer Unternehmen inszeniert. Unmißverständliches Signal, daß die antijüdischen Maßnahmen der Hitlerregierung auf die totale Zerstörung der jüdischen Existenzbasis zielten, waren die angeordneten Pogrome in der sogenannten »Reichskristallnacht« vom 9./10. November 1938. Bereits durch das Ausbürgerungsgesetz vom 14. Juli 1933 waren die Grundlagen geschaffen, daß das Reichsfinanzministerium sich die Vermögen von insgesamt 300 000 (!) Emigrationswilligen aneignete. Eine besonders üble Rolle spielte die in Wien unter Leitung von Adolf Eichmann errichtete »Zentralstelle für jüdische Auswanderung«. Der enge Spielraum der jüdischen Organisationen in Deutschland bewegte sich innerhalb des diskriminierenden Gesamtrahmens entlang der Grundfrage »Aushalten oder Auswandern«. Die zentralen Leitstellen für die jüdische Emigration waren der »Hilfsverein der Juden in Deutschland«, das »Palästina-Amt« (eine Dienststelle der »Jewish Agency for Palestine«) und die »Jüdische Wanderfürsorge«. Nach dem Emigrationsverbot (Erlaß Heinrich Himmlers vom 23. Oktober 1941) lösten Deportation und physische Vernichtung die Vertreibung als Ziel der »Judenpolitik« ab.
Ein wichtiges Einwanderungsland wurde naturgemäß Palästina. Die Einwanderung in das britische Mandatsgebiet war durch ein System von Einwandererkategorien geregelt, deren Quoten die Mandatsregierung jeweils zweimal jährlich festlegte. Als Vertreter der Exekutive der »Jewish Agency for Palestine« betonte Chaim Arlosoroff in einem Interview mit der »Jüdischen Rundschau« vom 23. Mai 1933, daß Palästina »im Gegensatz zu manchen anderen Plänen keine Zwischenlösung, kein Nachtasyl« sei. Von 1933 bis 1941 betrug der Anteil der deutschen Juden mit 55 000 Personen über 20 Prozent der gesamten Einwandererzahl.
Nach den Bücherverbrennungen und den ersten antisemitischen Ausschreitungen in Deutschland war vor allem den jungen Juden bewußt geworden, daß dieses Land nicht mehr ihr Land sein konnte. Als Beispiel für die Entschlossenheit, sich durch Änderung des eigenen Lebenskonzepts in einer fremden Welt zu behaupten, steht die Gründung des deutsch-jüdischen Kibbuz »Hasorea«. Für die zwanzig- bis fünfundzwanzigjährigen assimilierten deutschen Juden war die Emigration nicht nur Abschied von der Welt der deutschen Romantik und Kultur, sondern vor allem ein neuer Anfang. Man wollte »zurück zur Natur«, als Arbeiter oder Bauer körperlich arbeiten, die Lebensform des rein intellektuellen jüdischen »Luftmenschen« überwinden. Oft geschah die Emigration gegen den Widerstand der Eltern, deren Verwurzelung in der deutsch-europäischen Kultur so vielen zum Verhängnis wurde. Nicht wenige deutsche Juden wurden gerettet, weil sie ihren Kindern in den Kibbuz folgen konnten.
Auch in anderen Emigrationszentren, so in Frankreich (vor allem in Paris), entfalteten die verschiedenen Richtungen der politischen Emigration ein vielfältiges kulturelles Leben, an dem jüdische Auswanderer entscheidenden Anteil hatten. In Europa

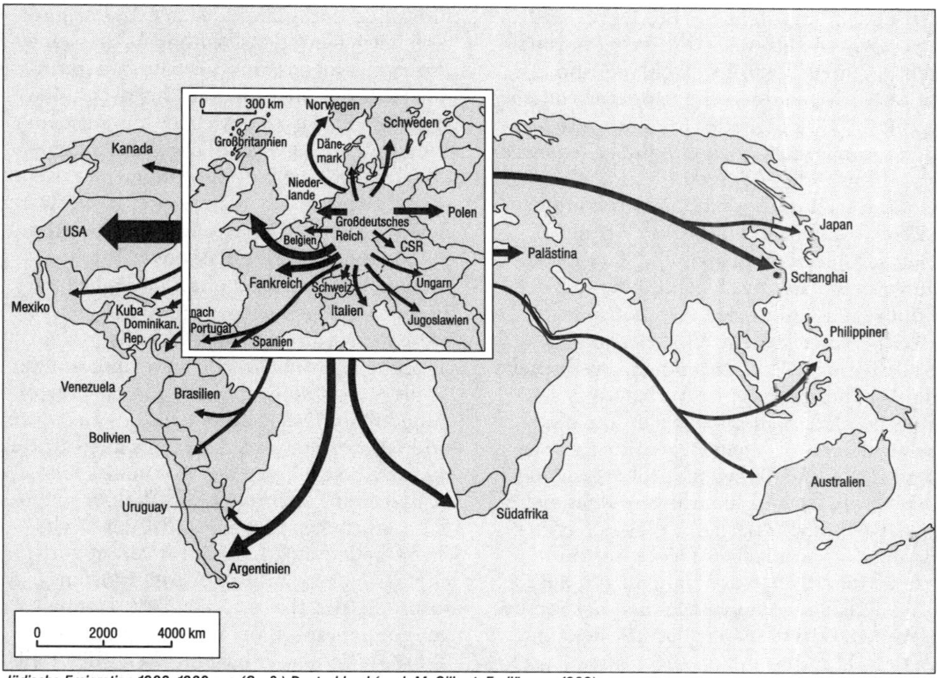

Jüdische Emigration 1933–1938 aus (Groß-) Deutschland (nach M. Gilbert, Endlösung, 1982).

nahmen neben Frankreich vor allem die Niederlande, Belgien, die Tschechoslowakei, die Schweiz und Dänemark eine größere Zahl von Emigranten auf und verhalfen vielen zur Weiterwanderung. In vielen Ländern fielen allerdings Asylrecht und Humanität dem politischen und wirtschaftlichen Opportunismus zum Opfer. Nach der Annexion der Sudetengebiete und der Besetzung der »Rest-Tschechoslowakei« durch die Hitler-Truppen wurden vorübergehend Großbritannien und Schweden, die bisher eine Randbedeutung gehabt hatten, zu Zentren der politischen Emigration in Europa. In England fanden bis 1941 insgesamt etwa 32 000 deutsche und 27 000 österreichische Juden Aufnahme. Von besonders geringer Bedeutung als Asylland erwies sich die Sowjetunion. Offiziell wurden von der »Reichsvertretung« zwischen 1933 und 1941 nur 17 deutsche Juden als »Rußlandauswanderer« registriert. Eine besondere Stellung unter den Exilländern nahm das republikanische Spanien ein. Im Bürgerkrieg hatte der bewaffnete Widerstand gegen den Faschismus besonders für jüdische Emigranten eine große emotionale Bedeutung. Von den insgesamt etwa 40 000 – 60 000 Angehörigen der Internationalen Brigaden waren 6000 – 8000 Freiwillige jüdischer Herkunft.

Mit insgesamt 132 000 Einwanderern waren die Vereinigten Staaten von Amerika das wichtigste Emigrationsland, obwohl die Einwanderung deutscher Juden in größerem Maßstab erst 1937 einsetzte. Die Einwanderungsgesetze verlangten Bürgschaften (affidavits of support) von Verwandten, die in den USA ansässig sein mußten. Auch die von Franklin D. Roosevelt einberufene internationale Flüchtlingskonferenz von Evian im Juli 1938 änderte trotz der Ereignisse in Österreich kaum etwas an den restriktiven Maßnahmen. Erst nach der »Reichskristallnacht« und den Masseninternierungen erzwang der Druck der öffentlichen Meinung eine Änderung der amerikanischen Einwanderungspolitik. So wurde durch Erleichterung des konsu-

larischen Verfahrens für die Jahre 1939 und 1940 die etwa 27 000 Personen umfassende Quote für in Deutschland und Österreich geborene Einwanderer voll ausgenutzt. Die Eingliederung der »refugees« und »immigrants«, wie die jüdischen Amerika-Einwanderer genannt wurden, »war ein kulturell und psychologisch komplizierter Vorgang« (Herbert A. Strauss). Deutsch-jüdisch-europäische Traditionen gingen eine kreative Verbindung mit der politischen Kultur der »offenen Gesellschaft« Amerikas ein. Eine besondere Rolle für den Akkulturationsprozeß spielte die Wochenzeitung →»Aufbau«.
Von den lateinamerikanischen Staaten zeigten sich vor allem Argentinien, Brasilien, Chile und Bolivien vorübergehend für deutsch-jüdische Flüchtlinge aufnahmebereit. Doch auch hier gelang es der Hitler-Regierung, politischen Druck auf die Praxis der Einreisegenehmigungen auszuüben. Als Tragödie wurde die Odyssee des HAPAG-Dampfers »St. Louis« bekannt, der mit Hunderten von Flüchtlingen an Bord auf hoher See umherirrte, nachdem das Einlaufen in einen kubanischen Hafen verweigert wurde. Verglichen mit dem amerikanischen Kontinent spielte die jüdische Emigration in den anderen überseeischen Staaten kaum eine Rolle. In Südafrika fanden bis 1936 etwa 4000 Einwanderer Aufnahme, Australien und Neuseeland, besorgt um ihre »angelsächsische Substanz«, machten Kapitalbesitz zur Voraussetzung der Asylgewährung. Eine Ausnahme war das international konzessionierte Schanghai, wo 13 000 NS-Flüchtlinge ohne Visum (!) einreisen konnten.
Wie das Beispiel der aktiven Teilnahme jüdischer Freiwilliger am Spanischen Bürgerkrieg zeigt, ist die These von der »Widerstandslosigkeit« der von den Nationalsozialisten verfolgten Juden falsch. Auch heute wird immer noch behauptet, daß ein völlig ahnungsloses Judentum von seinen unerbittlichen Gegnern ohne Gegenwehr überrumpelt worden sei. Arnold Paucker z. B. geht davon aus, daß »über anderthalb Millionen jüdischer Männer (und auch Frauen) in den Armeen der antifaschistischen Allianz gekämpft haben«. Für den jüdischen und nichtjüdischen Bereich gilt gleichermaßen, daß Exil und Widerstand durch ein subsidiäres Verhältnis verbunden waren. Exil bedeutete für diese Menschen nicht die Zwischenstation auf dem Weg in eine neue staatliche, sprachliche und soziale Einbindung, sondern ein Refugium, von dem aus man hoffte, irgendwann den Weg in die befreite Heimat antreten zu können. Für eine Reihe von Intellektuellen, die dem assimilierten deutschen Judentum angehörten, veränderte sich diese Situation im Lauf des Exils – die jüdische Identität wurde zum Fluchtpunkt in die Verstörung, die sich aus der Verfolgung ergab. Die Problematik des Exils war und ist, wie Hannah Arendt es ausdrückte, nicht in erster Linie die verlorene Heimat, sondern eine tiefgreifende »Weltlosigkeit«. Ein natürliches, humanes »In-der-Welt-Sein« bedeutet, Identität im verantwortlichen Handeln zu finden, eine Existenzform, die das Exil kaum zuläßt. Demgegenüber sprach Lion Feuchtwanger von der »Größe und Erbärmlichkeit« des Exils, und der Nichtjude Thomas Mann erhob das Exil zum Prototyp einer zukünftigen Weltbefindlichkeit: »Es ist kein Wartezustand, den man auf Heimkehr abstellt, sondern spielt schon auf eine Auflösung der Nation an und auf die Vereinheitlichung der Welt.« In der Tat zeichnete sich das politische Kulturelement des Exils nach 1933 durch eine besondere Lernfähigkeit aus, weil bestimmte historische Traditionen Deutschlands in der Diaspora relativiert wurden. Im politischen und kulturellen Freiraum von Emigration und Exil entwickelten sich auch keimhafte Neuansätze für die zerstörte liberale deutsch-jüdische Weggemeinschaft.

[L] B. Eckert, unter Mitwirkung von W. Berthold (Hrsg.), Die jüdische Emigration aus Deutschland 1933–1941. Die Geschichte einer Austreibung. Ausstellungskatalog, 1985. – T. Koebner/W. Köbke u. a. (Hrsg.), Exilforschung. Ein internationales Jahrbuch, Band 4: Das jüdische Exil u. a. Themen, 1986. – W. Röder/H. A. Strauss (Hrsg.), Biographisches Handbuch der deutschsprachigen Emigration nach 1933, 1980–1983.

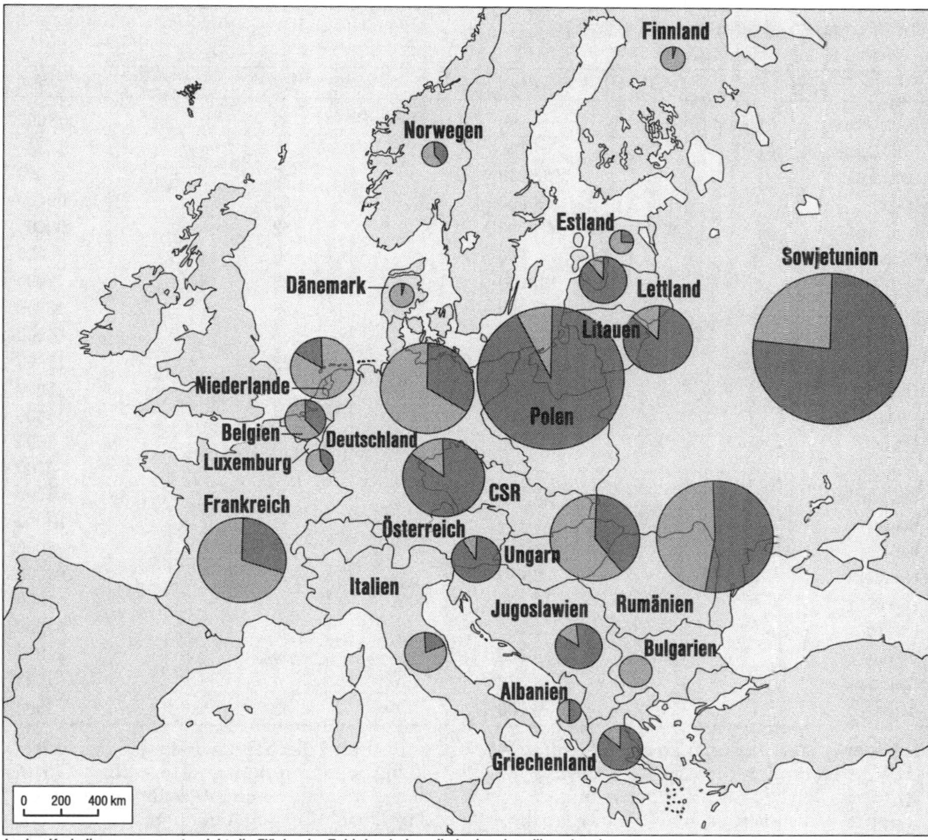

In den Kreisdiagrammen entspricht die Fläche der Zahl der Juden, die in dem jeweiligen Land vor Beginn der NS-Herrschaft lebten; der dunkle Sektor zeigt den Anteil der Ermordeten.

Jüdische Emigration 1933-1938 aus (Groß-) Deutschland
(nach M. Gilbert, Endlösung, 1982)

Zielland		Zielland	
Großbritannien	52 000	Kanada	6 000
Frankreich	30 000	USA	102 200
Belgien	12 000	Mexiko	3 000
Niederlande	30 000	Kuba	3 000
Dänemark	2 000	Dominik. Republik	500
Norwegen	2 000	Venezuela	600
Schweden	3 200	Brasilien	8 000
Polen	25 000	Bolivien	7 000
Tschechoslowakei	5 000	Argentinien	63 500
Ungarn	3 000	Uruguay	2 200
Jugoslawien	7 000	Südafrika	26 100
Italien	5 000	Palästina	33 400
Schweiz	7 000	Australien	8 600
Spanien	3 000	Philippinen	700
Portugal	10 000	Schanghai	20 000
		Japan	300

Die Ermordung der europäischen Juden 1939–1945
(nach M. Gilbert, Endlösung, 1982)

Land	Ermordete	%	Überlebende
Deutschland	169 000	33	338 000
(inkl. Danzig, Memelland)			
Österreich	65 000	90	7 000
Ungarn	200 000	40	300 000
Rumänien	470 000	52	430 000
Albanien	200	50	200
Jugoslawien	67 000	85	12 000
Griechenland	71 000	86	12 000
Tschechoslowakei	277 000	86	44 000
Polen	3 000 000	93	225 000
Litauen	135 000	87	20 000
Lettland	80 000	89	10 000
Estland	1 000	25	3 000
Finnland	11	0,5	2 000
Sowjetunion	1 000 000	77	300 000
Bulgarien	–	–	50 000
Italien	8 000	19	35 000
Frankreich	83 000	29	200 000
Luxemburg	700	41	1 000
Belgien	24 400	38	40 000
Niederlande	106 000	84	20 000
Dänemark	77	1	5 500
Norwegen	700	42	1000

Endlösung der Judenfrage. Seit Juli 1941 NS-Bezeichnung für die Vernichtung der europäischen Juden. Zunächst meinte der Begriff »Endlösung« in NS-Führungskreisen die Zwangsaussiedlung der Juden nach Madagaskar (→Madagaskar-Plan), danach die Ghettoisierung in Ostpolen. Die wahnhafte nationalsozialistische Rassenideologie und die offene Drohung Hitlers in einer Rede vom Januar 1939, ein Krieg würde die Vernichtung der jüdischen Rasse in Europa zum Ergebnis haben, kündigten den →Holocaust an (vgl. auch Juden und →Nationalsozialismus). Wann genau Hitler den Befehl zum systematischen Massenmord gab, wissen wir nicht. Es gibt nur mündliche Zeugnisse von NS-Größen, die sich auf einen Führerbefehl berufen. Ein schriftlicher Befehl Hitlers existiert nicht. Begonnen haben die Planungen zur Endlösung der Judenfrage im Frühsommer 1941. Am 20. Mai wurde die Sicherheitspolizei per Erlaß vom Reichssicherheitshauptamt angewiesen, die Auswanderung von Juden aus Frankreich und Belgien zu stoppen »im Hinblick auf die zweifellos kommende Endlösung der Judenfrage«. In einem Schreiben vom 31. 7. 1941 erteilte dann Reinhard Heydrich, Chef der Sicherheitspolizei und des SD sowie Leiter des Reichssicherheitshauptamts, Hermann Göring den Auftrag, einen »Gesamtentwurf [...] zur Durchführung der angestrebten Endlösung der Judenfrage vorzulegen«. Auf der am 20. 1. 1942 stattfindenden →Wannseekonferenz wurde die »Durchführung« der Endlösung der Judenfrage bürokratisch geregelt – mit »effektiveren« Mordmethoden, hatten sich doch die bisherigen in den Augen der anwesenden NS-Funktionäre und Beamten als »unzulänglich« erwiesen: u. a. die Massenerschießungen von Juden durch die SS-Einsatzkommandos (→Babij Jar); die Erschießungsanlagen in den →Konzentrationslagern, die Tötung durch Dieselauspuffgase in mobilen Stationen. Von nun an wurden in den als Vernichtungslagern vorgesehenen KZs als Duschen getarnte Gaskammern eingerichtet, in denen die Juden durch Einströmen des Gases Zyklon B ermordet wurden. Die industrielle Massenvernichtungsmaschinerie unter der Regie des Reichssicherheitshauptamts war nun perfekt. Alle Voraussetzungen für eine Massendeportation der europäischen Juden in die Vernichtungslager waren bereits geschaffen worden: die völlige Ausgrenzung der Juden aus der Gesellschaft (vgl. auch →Boykott, antijüdischer, →Rassengesetze, →Reichspogromnacht), sie waren rechtlos, besitzlos, seit September 1941 für alle sichtbar mit dem »Judenstern« (→Judenkennzeichnung) gekennzeichnet. Nicht die geringste Chance des Überlebens sollten sie haben: Wer nicht gleich an der Rampe in die Gaskammer geschickt wurde, sollte durch Arbeit vernichtet werden. Zwischen 5,2 und über 6 Millionen europäische Juden wurden Opfer der NS-Vernichtungsmaschinerie. Um die KZs erstreckte sich eine Zone des Schweigens, die niemand zu durchbrechen wagte oder durchbrechen wollte. Zu dem riesigen Organisationsapparat, der nötig war, um die Endlösung der Judenfrage zu verwirklichen, gehörten neben SS- und Parteidienststellen zahlreiche weitere Reichsbehörden wie etwa die Reichsbahn, die für die Transporte zuständig war und für jeden Deportierten den einfachen Dritte-Klasse-Fahrpreis erstattet bekam! Der unvorstellbare Vorgang, mehrere Millionen Menschen nach »rassischen« Kriterien zu »selektieren«, zu deportieren und fabrikmäßig zu ermorden sowie zugleich deren letzte Habe, ja sogar die Haare und das Zahngold der Toten zu sammeln und zu verwerten, war nur durch die arbeitsteilige Zusammenarbeit vieler staatlicher Behörden und ziviler Institutionen möglich. Die Kombination von systematischer, fabrikmäßiger Menschentötung mit einem gnadenlosen, ideologisch bedingten Vernichtungswillen, der sich wider alle Vernunft anmaßt, wahllos darüber zu befinden, welches Leben, welche »Rasse« »minderwertig« sei und deshalb ausgelöscht werden dürfe – dies hat es so im europäischen Kulturkreis noch nie gegeben. Für die meisten Überlebenden dieses Grauens ist auch Jahrzehnte danach die traumatische Vergangenheitsbewältigung des Unvollstellbaren noch immer nicht abgeschlossen (vgl. auch →KZ-Syndrom, →Shoa und Traumatisierung).

L E. Jäckel/J. Rohwer (Hrsg.), Der Mord an den Juden im Zweiten Weltkrieg, 1985. – P. Longerich (Hrsg.), Die Ermordung der europäischen Juden, 1989. – A. Mayer, Der Krieg als Kreuzzug, 1989. – G. Reitlinger, Die Endlösung der Judenfrage, 1979. – H. U. Thamer, Verführung und Gewalt, 1986. (RED)

Endzeiterwartung. In der jüdischen und der christlichen Eschatologie findet sich gleichermaßen die Voraussage, daß vor der Ankunft oder der Wiederkehr des Messias und dem dann folgenden Gottesgericht über die Menschheit alle Völker zum Glauben an den einen Gott gelangen werden. Die christliche Theologie des Mittelalters glaubte zwar an die Verstoßung der Juden wegen ihrer Verstocktheit und ihres Unglaubens, vertrat aber seit Augustin und Gregor dem Großen auch die Auffassung, daß die Juden, die durch den Verlust des Tempels und ihre Zerstreuung für ihre Sünden bereits bestraft seien, sich vor dem Weltende zum wahren Glauben bekehren würden. Diese Lehre war grundlegend für die Haltung der Amtskirche und die prinzipielle Duldung der jüdischen Religion als des einzigen nichtchristlichen Bekenntnisses innerhalb der Christenheit. Endzeiterwartungen in vulgärem Sinnverständnis veranlaßten freilich auch die christlichen Kreuzfahrer, vor dem Zug nach Jerusalem die Juden vor die Wahl »Tod oder Taufe« zu stellen, um so die Erfüllung der Prophezeiung zu erzwingen. Demgegenüber traten Päpste, Bischöfe und führende Kirchenlehrer, gerade unter Berufung auf die Endzeiterwartung, oft für Schonung und Schutz der Juden ein.

L R. Schnackenburg (Hrsg.), Zukunft. Zur Eschatologie bei Juden und Christen, 1980. (FL)

Engel, von griechisch »angelos«, »Bote«.

1. In der Hebräischen Bibel meist »Malach« (»Bote«), aber auch »Bene Elohim« (»Söhne Gottes«), »Kedoschim« (»Heilige«) oder einfach »Mann« genannt. Engel erscheinen als Boten Gottes einzeln oder in Gruppen in Menschengestalt, um Zukünftiges zu verkünden oder Visionen zu erklären. In den Theophanien sind sie Teil des himmlischen Hofstaats und in verschiedene Gruppen unterteilt: Cherubim, Serafim, Chajot, Ofanim, Erelim. Mit Namen sind nur Michael und Gabriel bekannt.

2. In den pseudepigraphischen Schriften wird das Engelwesen stark ausgeweitet. Engel beherrschen die himmlische Welt und die irdische Natur. Die gefallenen Engel bilden eine Gegenmacht zu Gott, die es von den Gerechten zu bekämpfen gilt. Die Engellehre ist z. T. nur den Eingeweihten vertraut. Es gibt Anklage-, Straf-, Gerichts- und Todesengel ebenso wie auch Kriegs-, Schutz- und Fürspracheengel. Aus der ungeheuren Vielzahl ragen verschiedene sich z. T. überschneidende Gruppen heraus:

a) die sog. Erzengel Uriel, Raphael, Raguel, Michael, Sariel, Gabriel und Jeremiel mit je unterschiedlichen Aufgaben;

b) die »Engel der Gegenwart« (»Malache ha-Panim«) Michael, Gabriel, Raphael, Phanuel;

c) die »70 Fürsten der Völker«.

Neben speziellen Einzelaufgaben ist die Funktion der Engel die Anbetung Gottes, die Vermittlung von Gebeten, die Begleitung der Menschen und die Fürsprache vor Gott.
3. Im rabbinischen Judentum begegnen Engel oft in aggadischen Ergänzungen biblischen Erzählungen. Engel sind am zweiten oder fünften Schöpfungstag geschaffen, nehmen am Schöpfungswerk teil, gehören dem Rat Gottes an und sind seine Dienstengel im himmlischen Jerusalem. Es gibt Friedensengel und böse Engel (→Dämonen), Engel des Lebens und des Todes. Die bekanntesten sind Gabriel, Michael, Raphael, Uriel, Sandalfon und Metatron. Die Engel sind Gott unterstellt und hauptsächlich zum Gotteslob bestimmt. Eine ausdrückliche Engelverehrung wird abgelehnt. Wichtiger ist der direkte Kontakt zwischen Gott und Israel bzw. den Gerechten. Die Über-, Gleich- oder Unterordnung von Menschen und Engeln ist umstritten.
4. Die Engellehre wird im Mittelalter vor allem in der →Kabbala und im →Chassidismus weiter ausgebaut. Auch in der Philosophie wird an ihr festgehalten, nur verlieren die Engel ihre Körperlichkeit und gelten als unkörperliche Intelligenzen, die im Kosmos wirken. (HMD)

English Zionist Federation, gegründet 1899, erster Präsident Sir Francis Montefiore. Anfänglich von der jüdischen Führungsschicht überwiegend gemieden; erlitt einen Rückschlag, als I. →Zangwill sich mit seiner »Jewish Territorial Organisation« abspaltete (1905). Gewann später wieder an Einfluß durch Zusammenarbeit mit C. →Weizmann, besonders als dieser die internationale politische Machtkonstellation nutzte, um die britische Regierung zur Abgabe der →Balfour-Deklaration zu bewegen (November 1917). Sie verpflichtete die britische Regierung dazu, ihre »besten Kräfte« dafür einzusetzen, »in Palästina eine nationale Heimstätte für das jüdische Volk« zu schaffen. Dieses Dokument hob das Ansehen der EZF unter den britischen Juden, und 1939 wurde eines ihrer Mitglieder, Prof. Selig Brodetsky, zum Präsidenten des →Board of Deputies gewählt. In der Nachkriegszeit spielte die Organisation eine aktive Rolle im Kampf für den jüdischen Staat, obwohl ihr dies Reibereien mit der britischen Regierung einbrachte. Seither hat ihr Einfluß in der Politik deutlich abgenommen. Andererseits hat ihre Bedeutung im Erziehungswesen durch den Aufbau von etwa zehn Schulen in beachtlichem Umfang zugenommen. (LK)

Enteignung →Arisierung

Entnazifizierung. Nach den Beschlüssen von Jalta und den Grundsätzen des Potsdamer Abkommens (2. 8. 1945) hatten die Alliierten ein Entnazifizierungsabkommen geschlossen, das die Entfernung ehemaliger Nationalsozialisten aus allen staatlichen und wirtschaftlichen Stellungen zum Ziel hatte. Die Durchführung der Bestimmungen wurden in den einzelnen Besatzungszonen unterschiedlich gehandhabt, am konsequentesten in der Amerikanischen Zone. Die Vorschriften sahen fünf Belastungsstufen vor: Hauptschuldige (Kriegsverbrecher), Belastete, Minderbelastete, Mitläufer und Entlastete. Die Mehrheit der Betroffenen wurde als Mitläufer kategorisiert. Spruchkammern, die nach politischen Gesichtspunkten zusammengesetzt waren, führten die Untersuchungen anhand von Fragebögen durch. Strafen wie Internierung oder Gefängnis, Amtsenthebung, Berufsverbot, Pensionsverlust, Geldbußen und Aberkennung des Wahlrechts konnten verhängt werden. Der allgemeine Entnazifizierungsprozeß, der in den meisten Fällen weitgehend folgenlos blieb, wurde 1952 abgeschlossen. (CK)

Entschädigungsgesetze. Mit dem Überleitungsvertrag aus dem Jahr 1952 übernahm die Bundesrepublik Deutschland die Verpflichtung zur Kompensation für die Opfer des Nationalsozialismus, die zu dem »Gesetz zur Regelung der rückerstattungsrechtlichen Verbindlichkeiten des Deutschen Reiches und gleichgestellter Rechtsträger« (BRüEG, 1957) führte (Deutschland, Israel und die →»Wiedergutmachung«). In den Haager Protokollen und Luxemburger Verträgen (1952/53) wurden drei Entschädigungsbereiche gesetzlich verankert, die zahlreiche Ergänzungen erfuhren.
1. Das Bundesrückerstattungsgesetz (1957–65) regelte die Wiedergabe oder Kompensation für entzogenes, beschlagnahmtes und geraubtes Eigentum (Immobilien, Haushaltsgüter, Bankkonten, Firmen u. a.). Die Voraussetzungen hierfür wurden bereits mit dem US-Militärgesetz Nr. 52 geschaffen, das 1947 nach erfolglosen Verhandlungen mit den deutschen Länderregierungen von den Amerikanern für ihre Zone dekretiert wurde. Die Durchsetzung von Ansprüchen für erblose Vermögenswerte und das ehemalige Eigentum jüdischer Gemeinden und Organisationen wurde der 1948 ins Leben gerufenen Nachfolgeorganisation »Jewish Restitution and Successor Organization« (JRSO, US-Zone;

»Jewish Trust Corporation«, Britische und Französische Zone) überantwortet. Bis zum 31. 12. 1968 wurden 3,9 Millionen Einzelanträge aus allen Opfergruppen mit über 25 Mrd. DM befriedigt. Mit der an die JRSO gezahlten Rückerstattung wurden jüdische Hilfsorganisationen, Gemeinden, Verbände und kulturelle Einrichtungen in aller Welt unterstützt. Der Wiederaufbau der jüdischen Gemeinschaft in der Bundesrepublik Deutschland und ihrer Dachorganisationen (Zentralrat, Zentralwohlfahrtsstelle, Darlehenskassen u. a.) wurde aus Rückerstattungsgeldern finanziert. Eine Unterabteilung der JRSO, die »Cultural Reconstruction Inc.« mit Sitz in Offenbach, später Wiesbaden, hatte die Aufgabe, nach geraubtem Kulturgut zu fahnden. Die wiederbeschafften Objekte wurden an jüdische Institutionen weltweit verteilt.

2. Das Bundesentschädigungsgesetz (BEG, 1953–65) regelte die Kompensation für Opfer des Nationalsozialismus, die aus rassischen, religiösen und politischen Gründen verfolgt wurden. Gesundheitsschäden, Freiheitsentzug, Verluste aufgrund abgebrochener Berufsausbildung und ökonomischer Benachteiligungen u. a. wurden durch dieses Gesetz abgedeckt. Der ursächliche Zusammenhang des Antragsgrundes mit der nationalsozialistischen Verfolgung wurde von den Gutachtern in diesen Verfahren oft bezweifelt, was zu niedrigen Kompensationsleistungen oder zu Ablehnung führte.

3. Trotz des heftigen Protestes von Teilen der israelischen Bevölkerung gegen das »Blutgeld« wurden in Luxemburg (1952) Vereinbarungen über Globalzahlungen an den Staat Israel getroffen (→Luxemburger Abkommen). Für die Summe von drei Mrd. DM wurden Warenlieferungen vereinbart, die für Eingliederungs- und Fürsorgeleistungen verwendet werden sollten. Für die Rehabilitation und Wohlfahrtspflege jüdischer Opfer in anderen Staaten wurden 450 Mio. DM an die 1951 gegründete Wiedergutmachungskonferenz (Conference on Jewish Material Claims against Germany) gezahlt. 76 Prozent des Betrags wurden für Rehabilitationsmaßnahmen, 20 Prozent für Kultur und Erziehung und 4 Prozent für Administration und juristische Antragshilfe der United Restitution Organization (URO) ausgegeben. (CK)

Ephraim, 1. (Ephräm oder Efraim), genannt der »Syrer«, der fruchtbarste und vielleicht bedeutendste Autor der syrischen Kirche, um 306 Nisibis – 9. 6. 373 Edessa. Ephraim versuchte aus der Geschichte abzuleiten, daß die Juden ihre Erwählung verloren hätten und nach der Auflösung des Bundes mit Gott wie Häretiker und Apostaten zu behandeln seien. Ursache für seine theologisch begründete Judenfeindschaft war die akute jüdische Missionskonkurrenz. Den (versuchten) Wiederaufbau des Tempels durch Kaiser Julian »den Abtrünnigen« (Apostata) in den Jahren 362/63 hat Ephraim in syrisch geschriebenen Hymnen angeprangert: Gott habe durch ein Erdbeben den Wiederaufbau verhindert. (HC)

2. Veitel-Heine, Hofjuwelier und Münzentrepreneur, 1703 – 16. 5. 1775 Berlin, zählte als Hoffaktor zu den privilegierten Juden Berlins, die von den Beschränkungen der →Generalreglements ausgenommen und 1761 den christlichen Kaufleuten gleichgestellt wurden. 1760 verpachtete König Friedrich II. ihm zusammen mit Daniel Itzig und Markus Levin die Berliner Münze mit dem Auftrag, wertgemindertes Geld zu prägen, das im Volksmund »Ephraimiten« genannt wurde. Neben seinen Bankgeschäften betätigte Ephraim sich auch als Unternehmer in der Herstellung von silbernen Tressen, Litzen und Brüsseler Spitzen. 1761 kaufte er das sog. →Ephraim-Palais. Ephraim gründete und finanzierte in Berlin die →Veitel Heine Ephraimsche Lehranstalt.

🄻 J. H. Schoeps, Veitel-Heine Ephraim. Ein Vorkämpfer der Judenemanzipation, in: Mendelssohn-Studien. Beiträge zur neueren deutschen Kultur- und Wirtschaftsgeschichte, 1975. (AH)

Ephraim-Palais. Am 3. 6. 1761 kaufte V.-H. →Ephraim ein um 1700 errichtetes Haus in der Poststraße 16, Ecke Mühlendamm, im Zentrum Berlins. Ephraim, ein führendes Mitglied der jüdischen Gemeinde, war ein vor allem während des Siebenjährigen Kriegs wichtiger Münzmeister Preußens. Sein Haus ließ er durch den Baumeister Friedrich Wilhelm Diterichs (1702–1782) auf der Mühlendammseite erweitern und umbauen. Es wurde zu einem der schönsten baugeschichtlichen Zeugnisse Berlins. Um verkehrstechnische Erweiterungen zu ermöglichen, wurde um 1930 die Verlegung des Palais vorgeschlagen. Am 12. 11. 1936 begann der Abbruch des Gebäudes: insgesamt 2493 Werkstücke wie Balkongitter, Treppengeländer, Putten, Wandtäfelung und Fassadenteile wurden numeriert und auf einen Lagerplatz im Berliner Westhafen verbracht. Seit Anfang der 70er Jahre plante man in West-Berlin die Rekonstruktion des Bauwerks als Sitz eines Jüdischen

Museums. Da jedoch bekannt wurde, daß in Ost-Berlin auf Grundlage der noch vorhandenen architektonischen Skizzen eine konkurrierende Version entstehen sollte, beschloß der West-Berliner Senat 1983 die Rückgabe der erhaltenen Fassadenelemente. Bis 1987 wurde das Palais, leicht versetzt, am Mühlendamm, Ecke Breite Straße, für etwa 20 Millionen Mark von der Regierung der DDR wiederaufgebaut. 1987 fand hier eine zentrale Ausstellung der DDR zur 750-Jahr-Feier Berlins, 1988 die erste umfassende Präsentation zur Geschichte der Juden Berlins in der DDR (»Und lehrt sie: Gedächtnis!«) statt.

🄻 R.-H. Krüger, Das Ephraim-Palais in Berlin, 1988, 21990. (AN)

Epikuräer (griechisch, hebräisch »Apikoros«), in talmudischer Zeit nicht mehr Begriff für die Anhänger des griechischen Philosophen Epikur (342/41–271/70 v.Z.) und seiner Lehre, sondern – obwohl es einige Übereinstimmungen zwischen Epikureismus und rabbinischer Lehren gibt – Bezeichnung für jüdische Häretiker und Ungläubige. Sie mißachten die Rabbinen, spotten über die Wundererzählungen des Talmuds, bestreiten die Existenz Gottes und die individuelle Vorsehung oder lehnen die Tora ab. →Mose ben Maimon bestimmt als die Charakteristika eines Epikuräers die Leugnung der Prophetie (und damit der Möglichkeit der Gemeinschaft zwischen Gott und Mensch), die Ablehnung des Propheten →Mose, die Leugnung der schriftlichen und mündlichen →Tora als der Offenbarung Gottes und der Kenntnis Gottes über das menschliche Tun. (HMD)

Epiphanius, Bischof von Salamis auf Zypern (367–403), um 315 Palästina – 403. Lebte lange als Mönch und Klostervorsteher in Palästina. In seinen Schriften bekämpfte Epiphanius die verschiedenen christlichen Irrlehren und stufte dabei auch das Judentum als Irrlehre ein, wobei er sich wohl vor allem an judaisierende Christen wandte. Einen interessanten Einblick in die Situation Palästinas im 4. Jahrhundert ermöglicht seine Erzählung über den römischen Würdenträger (comes) und Konvertiten Josef von Tiberias, der enge Verbindungen zum jüdischen Pariarchat unterhielt.

🄻 G. Stemberger, Juden und Christen im Heiligen Land, 1987. (HC)

Epstein, Harry, Rechtsanwalt, 26. 8. 1879 Duisburg – 25. 8. 1973 Jerusalem. Seit 1898 Zionist. 1909–29 Vorsitzender des Zionistischen Gruppenverbands Rheinland-Westfalen; Mitglied des Komitees der →Zionistischen Vereinigung für Deutschland; Vorkämpfer der zionistischen Gemeindepolitik. Bis 1933 trat er für die politische, rechtliche und soziale Gleichstellung der Ostjuden in den jüdischen Gemeinden Deutschlands ein. 1934 Flucht nach Palästina, dort eine Zeitlang tätig für die »Haavara«, den Palästinatransfer deutscher Juden. (LH)

Erbrecht, gründet sich in seinen Grundzügen auf das Recht in der Hebräischen Bibel. Da das Land als Lehen Gottes gilt, dessen Nutznießung bis zum nächsten Jubeljahr währt und das dann neu verteilt wird, war eine dauernde Übertragung des Erbes unmöglich. Das Erbrecht ist stammesgebunden geregelt. Erstgeborene, selbst (→Mamser) erhielten den doppelten Anteil vom Vermögen ihres Vaters, sofern sie nicht nach dessen Tod geboren wurden; Töchter waren ausgeschlossen. Als Ersatz erhielten sie eine Mitgift. Erbten sie in Ausnahmefällen, so mußten sie innerhalb des Stammes ihres Vaters heiraten. Die Erbfolge war klar geregelt: Söhne, Töchter, Brüder des Verstorbenen, Brüder des Vaters. Die in der Liste nachfolgenden hatten erst dann Anspruch, wenn der vorhergehende Erbberechtigte ausfiel. Im rabbinischen Judentum wurden diese Grundprinzipien aufgegriffen und durch das Erbrecht des Vaters bzw. Großvaters, das »Parentelsystem« (erst Nachkommen des Erblassers, dann dessen väterlicher, dann dessen großväterlicher Stamm), und das Repräsentationsrecht (»Jeruscha ba-Kewer«, d. h. Nachkommen eines verstorbenen Erbberechtigten treten an dessen Stelle) erweitert. Außerdem wurde das Erbrecht des Ehemanns (erbt nur persönlich; erst nach der Hochzeit; nur vom Eigentum der Ehefrau und nicht von deren Anwartschaften; Sonderregelung bei kinderlosen Ehen) und das der Töchter (Unterhaltszahlungen durch die Brüder bis zur Vollreife; seit dem Mittelalter Anspruch auf die Hälfte des Anteils der männlichen Nachkommen, oft als Pauschalsumme festgelegt) genauer geregelt. Grundsätzlich erbt nur die väterliche Linie, wobei die männlichen Erben jeweils den weiblichen vorangehen (anders bei den →Sadduzäern und →Karäern). Die Ehefrau, die durch die →Ketubba und Mitgift abgesichert ist, und die Mutter sind vom Erbrecht ausgeschlossen. Ein Erbrecht aufgrund testamentarischer Verfügungen wurde abgelehnt. Allenfalls eine Schenkung auf dem Totenbett wurde zugelassen, eine Aufhebung des Erstgeburtsrechts aber war unmöglich. Ist der Tod des Erblassers zweifelsfrei nachgewiesen, geht der Nachlaß wie auch die Haftung für Schulden sofort an die Erben, selbst an Kinder, über. Im Fall eines Hochverrats geht das Erbe an den Staat, im Fall von Götzendienst wird es vernichtet. Ein →Proselyt beerbt seinen Vater. Stirbt ein Proselyt kinderlos, wird sein Erbe herrenlos, ansonsten erben seine nach der Konversion geborenen Söhne. (HMD)

Erez Israel →Palästina

Erfurt, Landeshauptstadt Thüringens. Bereits in karolingischer Zeit war Erfurt ein wichtiger Knotenpunkt im fränkisch-slawischen Handel. Jüdische Ansiedlung läßt sich für das ausgehende 12. Jahrhundert nachweisen; ältestes Zeugnis ist der vom Mainzer Erzbischof Konrad I. (1161–1200) vorgeschriebene Judeneid, der neben dem Görlitzer der älteste deutschsprachige ist und vielfach vorbildlich wirkte. Anfang des 13. Jahrhunderts ging das Judenregal vom Reich auf den Mainzer Erzbischof über; nach der Mitte des Jahrhunderts gerieten die Juden zunehmend in Abhängigkeit vom städtischen Rat, an den sie 1291–1307 verpfändet wurden. Nachdem es bereits 1221 und um 1265 zu Verfolgungen gekommen war, wurde die Gemeinde im Zuge der Pestverfolgung von 1349 vernichtet. Nach Aufkündigung des Schutzes durch den Rat verließen die Juden 1453/54 die Stadt. Erst im 18. Jahrhundert kam es wieder zur Bildung einer Gemeinde. Von den über 1100 Juden, die vor 1933 in Erfurt ansässig waren, lebten nach 1945 nur noch 15 Personen. Die übrigen waren emigriert oder in den Vernichtungslagern ermordet worden. Bis zur Volkszählung im Oktober 1946 stieg die Zahl der jüdischen Gemeindemitglieder auf 169 Personen an, vornehmlich durch Zuwanderer aus den ehemaligen deutschen Ostgebieten. Die Zahl der Personen, die nun die Jüdische Landesgemeinde Thüringen, Sitz Erfurt, bildeten, sank bis 1990 auf etwa 25 Personen; aufgrund der jüdischen Zuwanderer aus der GUS zählte die Landesgemeinde 1997 aber wieder rund 200 Mitglieder. (PAU/LM)

Erfurter Synode. Auf dieser 932 abgehaltenen Kirchenversammlung kam es zur ersten durch Quellen belegten Konfrontation der ostfränkisch-deutschen Reichsgewalt mit der Frage der Duldung der Juden. Nach den Synodalakten wurde der in Anwesenheit König Heinrichs I. tagenden Erfurter Synode ein Schreiben vorgelegt, das »von Jerusalem über Konstantinopel und von dort vom Patriarchen nach Rom gesandt worden war«. Darin war von einem Wettstreit in Jerusalem zwischen Juden und Christen um die Wahrheit des Glaubens die Rede, wobei die Juden angeblich durch ein Erscheinungswunder überzeugt wurden und sich taufen ließen. Der Brief schloß mit der Aufforderung, alle Juden innerhalb der Christenheit zu taufen oder auszuweisen. Strittig ist, welcher Patriarch – der von Jerusalem, der von Konstantinopel oder gar der von Grado – in dem Schreiben gemeint war, und ob es mit einem weiteren Brief des Dogen und des Patriarchen von Venedig (Grado) an König Heinrich I. und den deutschen Episkopat identisch ist, der über dasselbe Ereignis berichtet und ähnliche Konsequenzen zieht. Auf jeden Fall blieben die Appelle erfolglos.

🄻 E.-D. Hehl (Hrsg.), Die Konzilien Deutschlands und Reichsitaliens 916 bis 1001, MGH Conc. VI,1, 1987. (FL)

Erstlingsfrüchte →Mischna

Erter, Izhak →Haskala

Eruw (hebräisch »Vermischung«, »Verschmelzung«), Bezeichnung für die Verbindung von Gebieten, Grenzen, Zeiträumen und Schriftstellen zu einer Einheit. Diese Verschmelzung dient zur Erleichterung von Verboten, die am →Sabbat oder an Festtagen (→Feste) gelten (wie z.B. das Tragen einer Sache aus einem privaten in einen öffentlichen Bereich oder zwischen zwei privaten Grundstücken, das Überschreiten der Sabbatgrenze, das Kochen an einem Feiertag für den darauffolgenden Sabbat). Diese Verschmelzung geschieht z.T. durch bleibende bauliche Maßnahmen (Vereinigung verschiedener Haushalte, Häuser zu gemeinsamen Höfen, Passagen oder Privatstraßen; Sabbatschnur, um den privaten Bereich abzuschließen) oder aber durch spezielle Vorbereitungen (Niederlegen einer Speise im Fall der Sabbatgrenze, Herrichten einer vorbereitenden Mahlzeit am Tag vor dem Feiertag im Fall des Kochens an einem Feiertag). Die Erweiterung der Sabbatgrenze mittels Eruw ist nur dann erlaubt, wenn sie der Erfüllung einer →Mizwa dient (z.B. dem Besuch einer Synagoge oder der Bewohnung einer Beschneidung). (HMD)

Eruwin →Mischna

Ervigius (Erwich), Westgotenkönig (680 bis 687), Sohn des byzantinischen Comes Ardabast. Ervigius erstrebte die Herstellung der Glaubenseinheit durch endgültige Ausrottung des Judentums mittels Zwangstaufe der noch vorhandenen Glaubensjuden und durch ein ausgeklügeltes System der Überwachung aller Konvertiten. Bald nach Herrschaftsantritt bestätigte er alle (17) Judendekrete seiner Vorgänger und ergänzte sie durch 27 neue Dekrete, ersetzte jedoch die ursprünglich meist vorgesehene Todesstrafe durch eine Skala von Bußen. Mit dem Taufbefehl verband er strenge Verbote, sich den christlichen Riten zu entziehen und weiter jüdische Riten und Sitten zu pflegen. Die Bekehrten mußten ein schriftliches Glaubensbekenntnis ablegen und beschwören, wurden jedoch in ihren Rechten weiterhin eingeschränkt. Die Judenpolitik des Ervigius erwies sich als Fehlschlag.

L L. García Iglesias, Los Judíos en la España Antigua, 1978. – B. S. Bachrach, Early Medieval Jewish Policy, 1977. (FL)

Erwachsenenbildung. Die traditionelle Erwachsenenbildung im Judentum beruht auf der Verpflichtung jedes erwachsenen Juden zum täglichen Studium der →Tora. Das religionsgebundene Lernen war besonders in Osteuropa verbreitet. Die in ihrer Mehrheit assimilierten deutschen Juden vernachlässigten diese Tradition. Anfang des 20. Jahrhunderts wurden in Berlin (1919), Frankfurt am Main (1920), Stuttgart (1926) und Mannheim (1929) Freie Jüdische Volkshochschulen gegründet, die regelmäßige Kurse zu jüdischer Kultur, Geschichte und Religion veranstalteten. Auf Initiative M. →Bubers entstand 1933 die »Mittelstelle für jüdische Erwachsenenbildung«, die Buber selbst bis 1938 leitete. Ihre Aufgabe war die Koordinierung der Erwachsenenbildung, der Lehrerfortbildung und der Planung neuer Einrichtungen, um auf diese Weise das Selbstbewußtsein und den geistigen Widerstand der deutschen Juden in der Zeit der Entrechtung und Verfolgung zu stärken. Anknüpfend an die alte Lerntradition, gründeten die größten jüdischen Gemeinden in der Bundesrepublik Deutschland Volkshochschulen in Berlin (1962) und in Frankfurt am Main (1988). Schwerpunkte ihrer Arbeit sind hebräische Sprachkurse und Vorträge zu jüdischen Themen.

L E. Simon, Aufbau im Untergang. Jüdische Erwachsenenbildung im nationalsozialistischen Deutschland als geistiger Widerstand, 1959. – F. Pöggeler, Judentum und Erwachsenenbildung, in: Handwörterbuch der Erwachsenenbildung, I. Wirth (Hrsg.), 1978. (RR)

Erziehung, Erziehungswesen. Der traditionelle Erziehungsbegriff beinhaltet die Überlieferung des Hebräischen, der Tora und des Talmuds sowie die Weitergabe der Riten und Gebräuche, die aus den Geboten der Tora, deren Auslegungen und der Geschichte des jüdischen Volkes entstanden (→Schulwesen). Beeinflußt durch den Geist der Aufklärung (→Haskala) und die Ideale der bürgerlichen Gesellschaft, entwickelten sich liberale Strömungen des Judentums mit neuen Erziehungszielen, die an der Idee eines gleichberechtigten Nebeneinanders von Juden und Christen orientiert waren. Als kulturelle Rückbesinnungsbewegung bemühte sich die Neuorthodoxie in Deutschland ab Mitte des 19. Jahrhunderts um eine Synthese aus traditionellen und aufklärerischen Elementen und propagierte den »Jisroel-Menschen«, der Humanismus und gesetzestreues Judentum in sich verbindet. Erziehungsziel der zionistischen Bewegungen war der →Chaluz (Pionier), der aktiv am Aufbau des jüdischen Staates teilnimmt. Jüdische Erziehung heute ist vielfältig und geprägt von den bestehenden Strömungen des Judentums, doch bei allen steht das Familien- und Gemeindeleben weiterhin im Zentrum. Im Nachkriegsdeutschland werden jüdische Gemeinden als Einheitsgemeinden geführt. Der Ritus ist, bis auf eine liberal geführte Synagoge in Berlin, orthodox. In den Familien hält man traditionell meist nur mehr hohe Feiertage ein. Die Liberalisierung der jüdischen Sitten verlagert den Erwerb jüdischen Wissens und die Einübung religiöser Riten in das Erziehungswesen. Jüdische Kindergärten in großen und mittleren Gemeinden (Berlin, Frankfurt am Main, München, Köln und Düsseldorf), Spielgruppen in kleineren (z. B. Stuttgart, Nürnberg) und Talmud-Tora-Unterricht, d. h. Religionslehre zur Vorbereitung auf →Bar Mizwa bzw. →Bat Mizwa, sollen das Fundament einer religiösen Identität schaffen, die das Elternhaus oft nicht mehr bietet. Problematisch ist, wenn das Gelernte, z. B. die Einhaltung der →Kaschrut und der →Sabbat-Gesetze, zu Hause gar nicht praktiziert wird. Die Anerkennung jüdischer Religionslehre im allgemeinen Unterrichtswesen und als Abiturfach (z. B. in München) ist im Rahmen des Normalisierungsprozesses jüdischen Lebens begrüßenswert, enthebt sie als ordentliches Schulfach aber der alltäglichen Praxis. Kleingemeinden mit wenigen schulpflichtigen Kindern teilen sich häufig einen Wanderlehrer. In Frankfurt am Main, München (1966) und Berlin (1986) konnten sogar jüdische Grundschulen eingerichtet werden. Der Lehrplan ist hier erweitert um jüdische Religionslehre, biblische Geschichte, Hebräisch. Diese u. ä. Fächer bestimmen auch das Programm jüdischer →Erwachsenenbildung, die nach dem Vorbild des Frankfurter Jüdischen →Lehrhauses jüdisches Wissen tradieren wollen. Die jüdischen Volkshochschulen in Berlin, München und Frankfurt haben einen hohen Anteil nichtjüdischer Hörer. Gleiches gilt für akademische Ausbildungsstätten, wie die →Hochschule für die Wissenschaft des Judentums. Erziehungsarbeit obliegt ferner den Jugendverbänden und den Jugendzentren. Mangels eigener Fachkräfte werden häufig Jugendleiter aus Israel verpflichtet. Entweder zionistisch-säkular oder religiös-orthodox orientiert, versuchen sie emotionale Bindung ans Judentum und Solidarität mit Israel zu fördern. Dazu gehören Gruppenstunden (»Peulot«), Wanderlager (»Machanot«), Feste zu jüdischen und israelischen Festtagen u. ä. Dennoch zeichnet sich ein Integrationstrend ab. Nach Abschluß der Schulausbildung klingt das Interesse an innerjüdischem Engagement häufig bis zur Familiengründung ab. Alternativen ermöglicht z. B. der →Bundesverband Jüdischer Studenten in Deutschland und Young Leadership, die Jugendabteilung des Keren Hajessod. Der Nachwuchs für die Tätigkeit in jüdischen Gemeinden, kulturellen und karitativen Institutionen rekrutiert sich erfahrungsgemäß vor allem aus Personen, die schon früh einen Anteil am Gemeindeleben hatten.

L E. Auerbach, Al Jahadut ve'chinuch, Jerusalem 1966 (hebräisch). – M. Breuer, Jüdische Orthodoxie im Deutschen Reich 1871–1918, 1986. – M. Güdemann, Quellenschrift zur Geschichte des Unterrichts und der Erziehung bei den deutschen Juden, von den ältesten Zeiten bis auf Mendelssohn, 1891. (EP/RR)

Levi Eschkol

Esau (auch »Seir«, Edom), Zwillingsbruder →Jakobs und Ahnherr der Edomiter (Name abgeleitet von der rötlichen Haut bzw. dem Linsengericht, (Gen 25,25,30); »Seir« abgeleitet von den Haaren, (Gen 27,11)). Die Feindschaft der Israeliten mit den Edomitern durchzieht die Hebräische Bibel und wird auf den Streit zwischen Jakob und Esau zurückgeführt. Edom besaß schon vor der Staatenbildung in Israel ein Königtum. Es umfaßt das Gebiet südöstlich von Judäa. Durch die Nabatäer nach Nordwesten verdrängt, rückten die Edomiter Anfang des 6. Jahrhunderts v. Z. bis Hebron in das südliche Judaä vor, das seither Idumäa genannt wird. Von Hebron wurden sie erst 163 v. Z. durch Judas Makkabäus vertrieben, endgültig besiegt wurden sie 126 v. Z. von →Hyrkan I. Dieser ließ die Idumäer, von denen →Herodes der Große abstammt, zwangsweise zum Judentum bekehren. Seit dem →Bar-Kochba-Aufstand ist Edom die symbolische Bezeichnung für Rom bzw. dessen Zwangsherrschaft. Später wird der Begriff aber auch als Bezeichnung für Christen bzw. das Christentum verwendet. (HMD)

Eschatologie →Endzeiterwartung

Eschkol, Levi (auch Eshkol, ursprünglich Schkolnik), israelischer Politiker (→Hapoel Hazair, →Mapai), 25. 10. 1895 Oratowo, Ukraine – 26. 2. 1969 Jerusalem. Seit 1914 als Landarbeiter in Palästina, im Gewerkschafts- und Siedlungswesen tätig, ein Gründer der →Histadrut (1920), Mitglied der 1. Delegiertenversammlung des Jischuw und ab 1930 in der Verwaltung der →Mapai. Als Leiter der Siedlungsabteilung im Palästina-Büro in Berlin organisierte Eschkol die Immigration deutscher Juden während der ersten Jahre des Dritten Reichs. Ende der 30er Jahre war er Leiter der Finanzverwaltung im Oberkommando der →Hagana. Nach der Staatsgründung Generaldirektor im Verteidigungsministerium; spielte eine Schlüsselrolle beim Aufbau der israelischen Waffenindustrie. Eschkol war 1950–52 Schatzmeister der →Jewish Agency. 1951/52 förderte er als Minister für Landwirtschaft und Entwicklung Israels Ölindustrie und die Ausbeutung der Mineralressourcen des Toten Meers und im Negev. Als Finanzminister 1952–63 war er für die Durchführung des Wiedergutmachungsabkommens zwischen der Bundesrepublik Deutschland und Israel verantwortlich. 1963 trat Eschkol die Nachfolge Ben-Gurions als Ministerpräsident und Verteidigungsminister an. Unter seiner Führung nahm Israel 1965 diplomatische Beziehungen mit der Bundesrepublik Deutschland auf. 1965 wiedergewählt, erweiterte Eschkol unter dem Druck der Krise, die zum →Sechs-Tage-Krieg führte, im Mai 1967 sein Kabinett zur Koalition der »nationalen Einheit«; Verteidigungsminister wurde M. →Dayan. 1968 führte Eschkol die Verhandlungen zur Bildung der →Israelischen Arbeitspartei. 1969 als Ministerpräsident gestorben. (DB/MW)

Eschwege, Helmut, deutsch-jüdischer Historiker, 10. 7. 1913 Hannover – 19. 10. 1992 Dresden. 1934 Emigration nach Dänemark und 1936 nach Palästina, Rückkehr in die SBZ 1946. Bis 1952 Mitglied der SED-Landesleitung Sachsen, nach dem →Slánský-Prozeß Parteiausschluß, Rehabilitierung durch die PDS 1990. Seit 1953 hauptberuflich an der Technischen Universität Dresden. Daneben zahlreiche Veröffentlichungen zur jüdischen Geschichte, wegen seiner Verdienste (zusammen mit S. T. →Arndt) 1984 mit der Buber-Rosenzweig-Medaille ausgezeichnet. Hauptwerke: »Die Synagoge in der deutschen Geschichte« (1980), »Kennzeichen J« (1981), (mit K. Kwiet) »Selbstbehauptung und Widerstand« (1984). (LM)

Esra →Hebräische Bibel

Essen. 1291 erste urkundliche Erwähnung von Juden in Essen; sie unterstanden als Schutzjuden unmittelbar der Äbtissin von Essen. Trotz der Schutzbriefe wurden die Juden 1328, 1334, 1347, 1495 und 1648 vom Rat der Stadt Essen ausgewiesen, erhielten aber jedesmal die Erlaubnis zurückzukommen. Von 1545 bis 1578 lebten keine Juden in Essen. Obwohl 1652 nur sechs Juden dort lebten und 1791 13, wurde 1683 eine Synagoge gebaut und 1716 ein Friedhof eingeweiht. Mit der Freizügigkeit zogen zahlreiche Familien aus kleineren Orten Westfalens und des Niederrheingebiets nach Essen. 1836 lebten in Essen, Steele und Werden insgesamt 373 Juden, 1910 in der Stadt- und Landgemeinde Essen 3265. In der Berufsstruktur der jüdischen Bevölkerung Essens bildete während des Kaiserreichs und der Weimarer Republik der selbständige Mittelstand den Schwerpunkt. In der Führungsspitze der Montanindustrie Essens waren Juden zu keinem Zeitpunkt vertreten, in der Industrie- und Bergarbeiterschaft dagegen in geringem Umfang. Ausdruck des Selbstbewußtseins der Essener Juden war der Bau einer repräsentativen Synagoge im Stadtzentrum (gegenüber dem Essener Münster) 1911–13, die während des Novemberpogroms 1938 verwüstet, bis 1959 als Ruine belassen und die folgenden Jahre zweckentfremdet genutzt wurde; seit 1980 beherbergt sie eine Mahn- und Gedenkstätte sowie ein politisch-kulturelles Dokumentationszentrum. Nach dem Ersten Weltkrieg kamen Juden aus Osteuropa auch nach Essen. 1925 machten sie 28 Prozent der Synagogengemeinde aus, 1933 32 Prozent; Ausbildung eines eigenen ostjüdischen Vereinswesens. 1932 wurde das jüdische Jugendheim eingeweiht. 1933 stürmte die Essener HJ das Jugendheim und verließ es erst nach 15 Monaten aufgrund der Beschwerden der jüdischen Gemeinde. Während der Verfolgungszeit wurde das jüdische Jugendheim zum Zentrum des sozialen und kulturellen Lebens der Essener Juden. Es wurde im Dezember 1938 von den Essener Nationalsozialisten in Brand gesetzt und 1939 abgerissen. Die Essener jüdische Gemeinde hatte im Juli 1933 etwa 4500 Mitglieder; etwa 60 Prozent gelang die Emigration. Die Deportation begann am 27. 10. 1941, etwa 1200 Essener Juden wurden ermordet. Die Nachkriegsgemeinde bildete sich im Mai 1945; 1946 umfaßte sie 150 Mitglieder, 1990 etwa 200. 1959 wurde an der Stelle, wo das jüdische Jugendheim gestanden hatte, die neue Synagoge der Jüdischen Kultusgemeinde eingeweiht. Aufgrund der jüdischen Zuwanderer aus der GUS stieg die Zahl der Gemeindemitglieder in Essen bis 1997 wieder auf 320 an.

[L] Widerstand und Verfolgung in Essen 1933–1945, 1981. – Alte Synagoge Essen (Hrsg.), Stationen jüdischen Lebens. Von der Emanzipation bis zur Gegenwart, 1990. – H. Schröter, Geschichte und Schicksal der Essener Juden, 1980. (JD)

Essener (auch Essäer); Herkunft des Namens umstritten: eventuell von aramäisch »Chasaja«, »die Frommen«, oder aramäisch »isin«, »Heil(end)e(r)«, in den Zeugnissen von →Josephus, →Philo von Alexandrien und Plinius Bezeichnung einer speziellen jüdischen Gruppe, Philosophenschule oder Sekte (2. Jahrhundert v. Z. – 1. Jahrhundert n. Z.) neben →Sadduzäern und →Pharisäern, ähnlich der Sekte der Therapeuten. Die Ursprünge der Essener sind unbekannt. Sie lebten asketisch in brüderlicher Gütergemeinschaft meist außerhalb, manchmal in den Städten und hatten ihr Zentrum am Ufer des Toten Meers (Plinius). Zurückgezogen von der Welt und zumeist ehelos, verfolgten sie das Prinzip körperlicher und sittlicher Reinheit als Vorbereitung für die kommende Welt. Dazu verrichteten sie tägliche Waschungen, achteten auf die Reinheit der Speisen, heiligten den Sabbat und lebten nach einem festen Tagesablauf. Dieser war geprägt von gemeinsamen Gebeten, Feldarbeit und gemeinsamen Mahlzeiten. Die Essener betrieben ein intensives Tora-Studium, verehrten →Mose, lehnten die Tempelopfer und den →Eid ab und glaubten an die Macht des Schicksals und die Unsterblichkeit der Seele, nicht aber an die körperliche →Auferstehung. Die Gemeinschaft war streng in vier Stände nach Dauer der Zugehörigkeit geordnet. Sie lebte unter der Leitung von gewählten Vorstehern, die uneingeschränkte Autorität besaßen. Die Aufnahme erfolgte nach einer einjährigen Probezeit. Nach Waschungen und weiteren zwei Jahren wurde das neue Mitglied dann feierlich auf die Satzung der Gemeinschaft verpflichtet und zum gemeinsamen Mahl zugelassen. Die Essener scheinen z.T. am Jüdischen Krieg aktiv beteiligt gewesen zu sein. Einige starben als Märtyrer. Die Gemeinschaft der Essener ging im Krieg unter. Trotz mancher Übereinstimmungen und der Lokalisierung durch Plinius ist eine Identität mit der →Qumran-Gemeinde nicht unumstritten. (HMD)

Eßkultur, jüdische. Die Geschichte der jüdischen Eßkultur reicht bis in biblische Zeit zurück, wie verschiedene Ausgrabungen und die Hebräische Bibel belegen. Religiöse Speisegebote, wie das Verbot, bestimmte Tiere und Blut zu essen, Fleisch und Milch gleichzeitig zu verzehren oder am Sabbat Feuer zu entzünden, spielen in der traditionellen jüdischen Eßkultur bis heute eine wichtige Rolle (→Koscher, →Rein und unrein). Milch und Milchprodukte (Butter, Käse, Rahm und Quark) dürfen deshalb mit Gemüse, Fisch und Mehlspeisen, aber nie mit Fleisch, tierischem Fett, Fleischbrühe u.ä. gekocht oder gegessen werden, weshalb auch im traditionellen jüdischen Haushalt zweierlei Besteck und Geschirr für »Milchiges« und »Fleischiges« vorhanden ist. Ergänzt werden diese Regeln durch das biblische Gebot der Gastfreundschaft, woraus sich die Tradition entwickelte, regelmäßig am Sabbat und an Festtagen einen Gast aus der Synagoge zum Essen mit nach Hause einzuladen. Diese und andere Vorschriften sowie ein ausgeprägtes Traditions- und Geschichtsbewußtsein trugen dazu bei, daß bestimmte Gerichte, Speisefolgen und Tischsitten vor allem am →Sabbat und an Festtagen (→Feste) für die jüdische Eßkultur typisch sind: Das biblische Verbot des Feuerentzündens am Sabbat brachte Gerichte hervor, die bei geringer Wärmezufuhr eine lange Garzeit benötigen. Diese sehr unterschiedlich zusammengesetzten Gerichte, im Talmud »Chamin« (von hebräisch »cham«, »warm«), in Europa später »Tscholent« (wahrscheinlich abgeleitet von altfranzösisch »chauld«, »warm«) genannt, werden am späten Freitagnachmittag aufgesetzt und bis zum Samstagmittag gegart. (Die →Karäer lehnten im Rückgriff auf die Speisegesetze der Tora auch den Gebrauch schon entfachten Feuers ab, weshalb alle Tscholent-Gerichte fehlten.) Neben Wein und den geflochtenen, zopfähnlichen Sabbatbroten (Challa) sind kalte Vorspeisen (vor allem gefüllte und gelierte Fische und Fischgerichte) ein typischer Bestandteil der festlichen Sabbat-Tafel. Auf die biblische Zeit geht die reichliche Verwendung von Lauchgemüsen (vor allem Zwiebeln und Knoblauch) in der koscheren Küche zurück, die ebenso wie die Säuerung des Brotteigs von den Ägyptern übernommen wurde. Bis heute wird an →Pessach, das zur Erinnerung an die Befreiung von der ägyptischen Sklaverei gefeiert wird, auf den Genuß von Mehlspeisen, leichtsäuernder Speisen (z.B. Konfitüre, Honig und Schnaps aus Getreide) und gesäuertem Brot verzichtet. Das Brot wird durch das flache ungesäuerte Fladenbrot der Beduinen Vorderasiens (»Mazza«, auch »Brot des Elends« genannt) ersetzt, das auch in zahlreichen Pessachspeisen als Mehlersatz verwendet wird. Zur traditionellen festlichen Seder-Tafel beim Pessachfest gehören als symbolische Speisen neben drei Mazzen noch verschiedene Kräuter, Wein, ein hartes Ei, ein gebratener Knochen und eine Mischung aus geriebenen Äpfeln, gehackten Nüssen, Rosinen, Zimt und Wein (»Charosset«). Bei den anderen Festen (vor allem beim Laubhüttenfest, →Sukkot) variieren die Gebräuche bis auf wenige Ausnahmen je nach Ort z.T. erheblich: Beim Wochenfest (→Schawuot) ist es üblich, vor allem milchige Speisen zu essen; am jüdischen Neujahrsfest (→Rosch ha-Schana) werden vorwiegend süße und gesüßte Gerichte als Zeichen der Hoffnung für ein »süßes« neues Jahr gereicht; zu →Chanukka werden in Osteuropa u.a. Bliny (Buchweizenpfannkuchen) und Latkes (Kartoffelpfannkuchen) gegessen; an →Purim werden überwiegend Gebäck, Süßigkeiten, reichlich Alkohol und unterschiedlich gefüllte Teigtaschen, die sog. Haman-Taschen, verzehrt. Für die Entwicklung der jüdischen Eßkultur sind die zahlreichen →Wanderungen und der jüdische Handel wichtig, denn sie trugen zur Verbreitung von bestimmten Nahrungsmitteln bei. Schon in biblischer Zeit führten zurückgewanderte jüdische Exilanten neue Getreidesorten und die Dattelpalme aus Mesopotamien in Palästina ein. Im Mittelalter (8./9. Jahrhundert) verbreiteten die →Radaniten (Jüdische Fernhandelskaufleute) indische Gewürze und chinesische Teigwaren in Südeuropa (vor allem »Rundnudeln«, die späteren Spaghetti und Vermicelli, und gefüllte Teigtaschen); in Osteuropa standen Nudeln lange nur in jüdischen Haushalten auf dem Speiseplan. Die unterschiedlichen landwirtschaftlichen und ökonomischen Bedingungen sowie differierende Ernährungsgewohnheiten in den jeweiligen Ländern der →Diaspora brachten trotz aller Unterschiede zwei Hauptrichtungen der koscheren Küche hervor, die orientalische (häufig auch sephardische genannt) und die okzidentale (bzw. aschkenasische). Die orientalische Küche zeichnet sich durch den üppigen Gebrauch von Gewürzen, Olivenöl, Reis, Hülsenfrüchten sowie von Lamm- und Hammelfleisch aus. Die okzidentale Küche bevorzugt Rindfleisch und Gemüse, die mit Fett, Zucker, Salz und Zwiebeln zubereitet werden. Es bildeten sich auch jüdische Regionalküchen, wie z. B. die deutsch-jüdische während der karolingischen Zeit, die marokkanische und die persische, die sich aufgrund der fehlenden europäischen Einflüsse kaum von den jeweils einheimischen Küchen unterschieden, und die slawisch beeinflußte Küche Osteuropas. Der Einfluß der slawischen auf die koschere Küche Osteuropas zeigte sich u. a. in der Übernahme des sauer eingelegten Gemüses (rote Bete, Salzgurken u. a.). Die →Pogrome und →Verfolgungen in Osteuropa seit Mitte des 17. Jahrhunderts zogen eine Verarmung der dortigen Festtagsküche nach sich. In Österreich-Ungarn entwickelte sich vor allem in Wien eine besondere abwechslungsreiche und üppige jüdische Eßkultur, die von assimilierten Juden seit Mitte des 19. Jahrhunderts polemisch als »Freßfrömmigkeit« bezeichnet wurde. Die historisch bedingte Vielfalt der jüdischen Eßkultur wird im heutigen Israel besonders deutlich, denn die israelische Eßkultur besteht aus einer bunten Fülle von Gerichten und Gebräuchen, die von jüdischen Immigranten aus aller Welt ins Land gebracht wurden; eine selbständige israelische Eßkultur existiert daher (noch) nicht.

L Z. Herbst-Krausz, Traditionelle jüdische Speisen, 1988. – S. Landmann, Koschere Kostproben, 1968. – Z. Sofer, Das kleine jüdische Kochbuch (überarbeitet von J. Radel), 1986. (BV)

Ester →Hebräische Bibel, →Mordechai

Estland (Esti), baltische Republik, 1940–91 Sowjetrepublik. Die Juden waren während der Unabhängigkeit (1914–40) eine der vier Minderheiten, denen das Parlament 1925 national-kulturelle Autonomie gewährte. Zu Beginn des Zweiten Weltkriegs lebten in Estland etwa 5000 Juden, davon die Hälfte in der Hauptstadt Reval (Tallin). Wachsender Antisemitismus seit 1930. Grausame Verfolgung während der nationalsozialistischen Okkupation von 1941–44. Im Jahr 1959 gab es 5436 Juden in Estland, davon nannten 25 Prozent das Jiddische als Muttersprache; heute dominiert das Russische. In Tallin entstand nach 1990 eine zwölfstufige jüdische Schule mit heute 350 Schülern. Von 1989–1997 sind rund 1000 Juden nach Israel ausgewandert, die Zahl der jüdischen Bevölkerung betrug 1997 ca. 2500. (AB)

Ethnarch, griechisch »Beherrscher des Volkes«, auch »Volksfürst«, speziell bei den Römern Amt und Titel für den Herrscher über ein von Rom abhängiges staatliches Gebilde (griechisch »ethnos«), einen Fürsten, dem man aus unterschiedlichsten Gründen das Führen des Königstitels verweigert hatte (→Hyrkan II.; →Archelaos). In Rang und Bedeutung ist Ethnarch vergleichbar mit dem ebenfalls in Palästina belegten Tetrarchentitel (»Vierfürst«). (HC)

Etrog →Sukkot

Eusebius, Bischof von Caesarea (seit 313) und Begründer der Kirchengeschichtsschreibung (seine »Kirchengeschichte« reicht bis 324), um 263 Palästina – 339 Caesarea. Eusebius erlebte die diokletianische Christenverfolgung (im Osten des Reichs bis 312). Durch seine Nähe und enge geistige Bindung zu Kaiser →Konstantin I. nahm er in dem sich christianisierenden Reich geradezu die Stellung eines Staats- bzw. Hofbischofs ein, dem auch seine Neigung zum →Arianismus nicht schaden konnte. In seinen theologisch-apologetischen Schriften unterschied Eusebius zwischen den guten und von Gott gerechtfertigten Juden der Frühzeit (vor Mose) und den schlechten, für ihre Sünden unwiderruflich verworfenen Juden, die nach dem Gottesmord die ihnen gegebene Gelegenheit zur Reue nicht genutzt hätten und deshalb mit der Zerstörung des Tempels bestraft worden seien. (HC)

Eva (hebräisch »Chawwa«), Frau →Adams, Mutter von →Kain, →Abel und Set und somit Mutter alles Lebendigen (Namensetymologie nach (Gen 3,20). Obwohl nicht namentlich genannt, entweder am sechsten Schöpfungstag gemeinsam mit dem Mann (Gen 1,27) oder aus dessen Rippe geschaffen (Gen 2,21f.). Hauptperson der Paradies- und Sündenfallgeschichte (Gen 3). Da ihr Sündenfall aber auf einer Verführung durch die Schlange beruht, wird sie nicht mit dem Tod, sondern mit Schwangerschaft und schmerzhafter Entbindung bestraft. – In der →Aggada wird ihr Name von dem aramäischen »chewja« (»Schlange«) abgeleitet. Sie wurde erst, nachdem →Lilit, Adams erste Frau, ihn verlassen hatte, als seine zweite Frau ganz bewußt aus dessen 13. rechter Rippe geschaffen. Aus Neid gegenüber Adam, dem die Engel Ehre erwiesen, versuchte →Satan Eva mittels der Schlange (nach manchen Überlieferungen war Satan die Schlange selber), weil sie gutgläubiger erschien, und verging sich an ihr. In der Furcht, daß sie sterben müsse und Adam sich eine andere Frau nehmen würde, gab Eva Adam von der Frucht, damit er ihr Schicksal teile. Nach der Vertreibung lebten Adam und Eva 130 Jahre getrennt, bevor sie wieder zusammenkamen und Eva Set gebar. Eva wurde neben Adam in der Höhle Machpela begraben. (HMD)

Evangelische Kirche →Kirche und Judentum

Evian-Konferenz, internationale Flüchtlingskonferenz vom 6.–14. 7. 1938 in Évian am Genfer See, an der 31 Staaten und etwa 20 jüdische und nichtjüdische Organisationen teilnahmen. Das wichtigste Ergebnis der vom amerikanischen Präsidenten Roosevelt initiierten Evian-Konferenz bestand in der Gründung eines »Intergovernmental Committee on Refugees« unter Leitung des »Hochkommissars für Flüchtlinge«. Für die jüdischen Flüchtlinge aus Deutschland ergab sich keine grundlegende Verbesserung ihrer Situation. Nach Auffassung der Kritiker Roosevelts waren seine Motive überwiegend innenpolitischer Natur. Schon in seiner Einladung hatte der amerikanische Präsident geschrieben, er erwarte nicht, daß die Länder ihre Einwanderungsbestimmungen ändern und zusätzlich Flüchtlinge aufnehmen sollten. Damit war der Ausgang der Konferenz im vorhinein entschieden. (WJ)

Ewiger Jude →Ahasverus, der ewige Jude

Exegese (griechisch »Auslegung, Erklärung«), im engeren Sinne Schriftauslegung. Ziel der Exegese ist nicht nur eine Erklärung, sondern eine Aktualisierung und zwar in dem Sinne, daß die Schrift auf ihren Erfahrungsgehalt überprüft und so aufs neue wahr, lebensecht wird. Exegese der Schrift findet schon innerhalb der Hebräischen Bibel selbst statt. So gilt z.B. das Deuteronomium (5. Buch Mose) als Erklärung zum Bundesbuch oder die Chronik zu Samuel/Könige. Seit dem 5. Jahrhundert v.Z. entstanden erste Übersetzungen der Toralesung und Haftara, die erklärende Zusätze enthielten (Septuaginta, →Targum), oder ausschmückende Nacherzählungen (Jubiläen u.a.). Die schriftliche Fixierung der Tora, die das Leben der Gemeinschaft mit Anweisungen für das tägliche Leben regeln sollte, hatte weitreichende Konsequenzen. Da sich die Gemeinschaft weiterentwickelte, mußte die Tora bezüglich der Halacha nicht nur erklärt werden. Neuformulierungen wurden nötig, die den neuen Erfahrungen und Gegebenheiten Rechnung trugen. Es entwickelte sich eine mündliche Tora (zwischen →Sadduzäern und →Pharisäern heftig umstritten), die der schriftlichen vollkommen gleichberechtigt war. Unmittelbar mit dieser mündlichen Tora war die tannaitische und amoräische Schriftauslegung des →Midrasch verbunden, bei der sich die Rabbinen spezieller hermeneutischer Regeln bedienten. Der halachische Midrasch diente einer nachträglichen Stütze der Halacha (→Asmachta); der aggadische Midrasch, der den Text aus- oder umdeutete und Erweiterungen sowie neue Ideen von außen herantrug, diente erbaulichen und homiletischen Zwecken. In beiden Fällen ging es um die aktualisierte Bedeutung der Schrift. Dies geschah mit philologischen, linguistischen, lexikographischen oder ethischen, rechtlichen, homiletischen Auslegungstechniken. Dabei lag schon ein mehrfacher Schriftsinn (→Pardes) zugrunde. Seit dem 6. Jahrhundert beherrschte die wissenschaftliche Behandlung der Hebräischen Bibel auf der Ebene des literarischen Sinns die Exegese. Auf der Basis der →Massora wurden Vers- und Absatzeinteilungen, Vokale, Akzente, Kere (das »zu Lesende«) und Ketiw (das »Geschriebene«) auf den Wortsinn hin ausgelegt. Grammatiker versuchten diesen nicht mehr nur aufgrund von Parallelstellen innerhalb der Schrift zu eruieren, sondern durch Sprachvergleich mit dem Arabischen und Aramäischen sowie aufgrund grammatikalischer Kenntnisse. Vor allem im Gegenzug zu der Exegese der →Karäer entstanden neue Übersetzungen, Paraphrasen, basierend auf linguistischer und philologischer Forschung (→Saadja ben Josef). Bevorzugten die spanischen Schulen eine grammatikalisch-philologisch orientierte Exegese (Menachem ben Jakob ibn Saruk; Jona ibn Janach u. a.), richtete sich das Interesse der französischen/deutschen Exegeten auf eine fortlaufende, knappe literarische Exegese (→Salomo ben Isaak; →Josef ben Isaak Bechor Schor u. a.). Mit Rücksicht auf homiletische Interessen griffen sie in beschränktem Maße in ihrer Exegese auch auf rabbinische →Midraschim zurück. Neben der literarischen Exegese hat es seit jeher auch immer eine allegorische Exegese gegeben. Herausragendster Vertreter ist →Philo von Alexandrien. Die allegorische Exegese lebt vor allem in der Mystik und in der →Kabbala fort. Aber auch die Philosophie (→Mose ben Maimon) bediente sich der Allegorese, jedoch in streng rationalistischem Interesse. →Abraham ibn Esra, David ben Mose Kimchi und →Mose ben Nachman versuchten eine Synthese aller Vorgehensweisen. Ihre Kommentare enthalten philologische, philosophische, literale, homiletische und z. T. auch kabbalistische Elemente. Im 18. Jahrhundert knüpfte M. →Mendelssohn in seiner deutschen Bibelübersetzung an alte Traditionen an und versuchte sie im Zuge der Aufklärung mit der neuesten christlichen wissenschaftlichen Bibelforschung zu verbinden. Die heutige jüdische Exegese gründet auf den Ergebnissen der historisch-philologischen Forschung. Zugleich bleibt das Bemühen, auf die traditionellen Kommentare zurückzugreifen, um die Aktualisierung auf der Basis von schriftlicher und mündlicher Tora fortzuführen. (HMD)

Exempel-Literatur, erzählende Texte mit moralisierend-belehrender Tendenz, oft volkstümlich-legendären Charakters. Die Exempel-Literatur gibt z. T. traditionelle Motive, häufig auch tatsächliche Begebenheiten der jüngsten Vergangenheit u. a. zum Gebrauch bei christlichen Predigten wieder. Soweit Sammlungen von Exempel-Literatur auch Geschichten von Juden aufnahmen, bieten sie Aufschluß über die unterschiedlichen Haltungen der Verfasser und ihres Umkreises (→Caesarius von Heisterbach) sowie über das sich verändernde Bild des Juden in der Öffentlichkeit. Mit zahlreichen Erzählungen angeblicher Ritualmorde und Hostienfrevel verbreitete die Exempel-Literatur oft jene Erwartungshaltung, die jederzeit Judenverfolgungen hervorrufen konnte (→Rudolf von Schlettstadt).

Ⓛ J.-C. Schmitt, L'exemple, 1982. (FL)

Exil →Diaspora

Exilarch →Resch Galuta

Exilpresse. Aufgaben und Probleme der Exilpresse nach 1933 waren denen der →Exilverlage ähnlich. Entsprechend den Bedingungen des deutsch-jüdischen Exils (→Emigration und Exil nach 1933) litt auch die Exilpresse unter Finanzierungsschwierigkeiten, einem ständig schrumpfenden Markt, Problemen bei Druck und Vertrieb, der Zensur und dem Zwang immer wieder neu vor den Nationalsozialisten flüchten zu müssen. Einer besonderen innerjüdischen Problematik waren die in Palästina von deutsch-jüdischen Immigranten gegründeten und deutschsprachig erscheinenden Blätter ausgesetzt. Deutlich wurde dies vor allem in der Kontroverse, die um und in dem von A. →Zweig und W. →Yourgrau gegründeten »Orient« geführt wurde. Vom zionistischen Standpunkt aus hatte eine Exilpresse (zumal wenn sie in deutscher Sprache erschien) keine Existenzberechtigung in Palästina, da das Land für Juden nicht als Exil zu gelten hatte, sondern als wiedergewonnene historische Heimat. Die Kontroverse griff auch auf die »Mitteilungsblätter« (MB) des HOGOA (Verband der Einwanderer aus Deutschland und Österreich) über, die zeitweise von R. →Weltsch, dem ehemaligen Redakteur der »Jüdischen Rundschau«, redigiert wurden. Für einige deutsch-jüdische Autoren, die an der Schranke der hebräischen Sprache scheiterten, bot sich die in Jerusalem erscheinende englischsprachige »Palestine Post« als Forum an. Zu den wenigen von deutsch-jüdischen Immigranten gegründeten hebräischen Zeitschriften gehörten die von Gustav Krojanker geleiteten »AMUDIM« (hebräisch »Blätter«). Maßgebliches Organ für deutsch-jüdische Emigranten in den USA war der →»Aufbau«. Relativ kurzlebig war die Existenz der seit 1937 von S. →Heym geleiteten Wochenzeitung »Deutsches Volksecho« (New York). Zentrum der Exilpresse in Europa wurde Frankreich. Prominente jüdische und nichtjüdische Exilautoren schrieben vor allem für die von H. →Budzislawski geleitete »Neue Weltbühne«, L. →Schwarzschilds »Neues Tage-Buch« oder das »Pariser Tageblatt« unter der Chefredaktion von Georg Bernhard (1857–1944). Bernhard, der frühere Chefredakteur der »Vossischen Zeitung« und Mitglied des Reichswirtschaftsrats, war neben dem Kommunisten Willi Münzenberg wohl der aktivste und einflußreichste Exilpublizist in Paris. Durch die Vermittlung von H. →Mann erhielten Georg Bernhard, T. →Lessing, A. →Kerr und T. →Wolff auch Kolumnen in der einflußreichen französischen Tageszeitung »Dépêche de Toulouse«. Die Exilpresse nach 1933 war so vielfältig, wie ihre Initiatoren und Verleger aus unterschiedlichen Lagern kamen. Es war vor allem das Verdienst deutsch-jüdischer Autoren, Journalisten und Publizisten, daß sich in der Emigration eine deutschsprachige, anti-nationalsozialistische Gegen-Öffentlichkeit herausbilden konnte.

Ⓛ L. Maas, Handbuch der deutschen Exilpresse 1933–45, 1976 ff. – H. A. Walter, Deutsche Exilliteratur 1933–50, Band 7: Exilpresse, 1974. (WJ)

Exilverlage, nach 1933 oft die einzige Publikationsmöglichkeit für deutsch-jüdische Autoren. Im Exil mußte in besonderem Maße auf den literarischen Markt Rücksicht genommen werden. In der Regel waren nicht die Verleger Nutznießer, sondern die Autoren. Verlagshonorare waren nicht selten alleinige Einnahmequellen für Exilautoren. Die meisten Exilverlage befanden sich in Palästina: Romema-Verlag, Peter-Freund-Verlag, Willi-Verkauf-Verlag, R.-Mass-Verlag, Junge Dichtung (alle Jerusalem); ABC-Verlag, Aetan-Verlag, Edition Olympia und Matara-Verlag (alle Tel Aviv). Außerhalb Palästinas waren neben S. →Fischer in Stockholm die wichtigsten Exilverlage Querido und Albert de Lange (Amsterdam) mit H. →Kesten als Lektor und Fritz Landshoff als Geschäftsführer. Zu den bekannten jüdischen Autoren bei Querido und Albert de Lange gehörten u. a. A. →Zweig, J. →Roth, J. →Wassermann, E. →Ludwig, A. →Döblin. Wichtige nichtjüdische Exilautoren waren Thomas, Heinrich und Klaus Mann sowie B. Brecht. Als weiterer Exilverlag existierte in Holland (Leiden) der Verlag Sijthoff mit wissenschaftlicher Literatur. Die wichtigsten Exilverlage in Frankreich waren die Editions du Carrefour (A. →Koestler, E. E. →Kisch) sowie Éditions du Phénix mit Büchern wie »Deutsche und Arier« (Anselm Ruest), »Rassenschande« (Paul Westheim) in Paris. Bei Emil Oprecht in der Schweiz erschienen u. a. E. →Bloch und T. →Wolff. In Prag und London wirkte der Malik-Verlag von Wieland Herzfelde. In den USA verlegte Benjamin Huebsch in seinem Verlag Viking Press H. →Broch, A →Döblin, L. →Feuchtwanger, F. → Werfel, S. →Zweig u. a. Ebenfalls in New York existierte W. Herzfeldes Aurora-Verlag, der als Autorenverlag konzipiert war. In Mexiko brachte El Libro Libre u. a. Bücher von Kisch und Feuchtwanger heraus.

Ⓛ A. Betz, Exil und Engagement. Deutsche Literatur im Frankreich der 30er Jahre, 1986. – L. Hoffmann, R. Hirsch, B. Leske u. a., Exil in der Tschechoslowakei, in Großbritannien, Skandinavien und Palästina, 1981. – J. M. Spalek/J. Strelka(Hrsg.), Deutsche Exilliteratur seit 1933, Band 1: Kalifornien, 1976. (WJ)

Exkommunikation, Kirchenbann, ursprünglich lebenslanger, später zeitweiliger Ausschluß aus der Kirchengemeinschaft und Entzug der kirchlichen Sakramente. Die Päpste Coelestin III. und →Innozenz III. führten die indirekte Exkommunikation als sog. Iudicium Iudaeorum ein, indem sie Christen durch Androhung der Exkommunikation zum Abbruch jedes gesellschaftlichen und geschäftlichen Verkehrs mit Juden nötigten, um so gegen diese indirekt Zwangsgewalt ausüben zu können. Die indirekte Exkommunikation wurde erstmals angewandt, um von Juden die Entrichtung des Kirchenzehnten für ihnen verkaufte oder verpfändete zehntpflichtige Liegenschaften zu erzwingen, später jedoch auch, um die Rückerstattung von Wucherzinsen und das Ämterverbot durchzusetzen. Die indirekte Exkommunikation ging in das Kirchenrecht ein und wurde seit Honorius III. auch gegen andere der päpstlichen Gewalt nicht unmittelbar unterworfene Personen und Institutionen angewandt.

Ⓛ W. Pakter, Medieval Canon Law and the Jews, 1988. (FL)

Exodus →Hebräische Bibel

Expressionismus und Judentum. Die Generation der vor allem in den 80er Jahren des 19. Jahrhunderts geborenen Expressionisten fand sich im Protest gegen die autoritäre wilhelminische Vater-Gesellschaft, durch die sie sich als Außenseiter diskriminiert fühlte. Über das Ziel waren sich die nichtjüdischen wie die jüdischen Expressionisten einig: Es sollte nach der radikalen Umkehr eine humanistische Gemeinschaft des Geistes etabliert werden, in der mit der allgemeinen menschlichen auch die »jüdische Frage« gelöst werden konnte. Die »Explosion jüdischen Talents« (Benjamin) im Expressionismus verdankte sich dieser Idee: Auf allen Ebenen des literarischen und kulturellen Lebens traten Juden für die expressionistische Utopie ein. Annähernd die Hälfte der expressionistischen Autoren entstammt dem Judentum; sie gaben wichtige Anthologien heraus (Kurt Hiller: »Der Kondor«, 1912; Kurt Pinthus: »Menschheitsdämmerung«, 1919) und gründeten Zeitschriften (Herwarth Walden: »Der Sturm«, 1910 ff). Der bedeutendste expressionistische Verleger – u. a. von Kafka, Kraus, Werfel, Hasenclever – wurde Kurt Wolff, der mit seiner Buchreihe »Der jüngste Tag« einen repräsentativen Querschnitt durch die neue Dichtung vorlegte. Aufbruchs- und Revolutionsstimmung, ekstatisches Verbrüderungs- und »O Mensch«-Pathos (Werfel: »Der Weltfreund«, 1911) bestimmten das Bild des frühen Expressionismus; zugleich wurden in der Großstadtlyrik Entfremdung und Heimatlosigkeit zu den eigentlichen Themen. Dabei konnte sich jüdische Existenz als Paradigma der Gesamtbefindlichkeit des modernen intellektuellen Menschen verstehen. Der Erste Weltkrieg löste dann den pazifistischen Ruf nach einer übernationalen und überreligiösen Gemeinschaft der Menschen aus (Rubiner: »Der Mensch in der Mitte«, 1917, seine Anthologie »Kameraden der Menschheit«, 1919; Ernst Bloch »Geist der Utopie«, 1918). Jüdisches Wesen und deutsche Sprache, so sah es Alfred Wolfenstein, begegneten und vereinigten sich in einer besonders intensiven Weise. Spätestens 1920 zeichnete sich jedoch das Scheitern der expressionistischen Utopie ab (Ehrenstein »Briefe an Gott«, Yvan Goll) – einer Utopie, die gleichwohl nicht, wie in der marxistischen Expressionismus-Debatte der 30er Jahre, als von vornherein illusorisch oder gar als teilweise präfaschistisch abzuqualifizieren ist. (HAM)

Eybenberg, Marianne (eigentlich Meyer), 1770 Berlin – 1812 Wien. Eybenberg ließ sich taufen und war seit 1797 in heimlicher Ehe mit dem Fürsten Heinrich XIV. Reuß verbunden. Nach dessen Tod 1797 bekam sie den Namen Eybenberg und zog nach Wien. 1795 hatte sie in Karlsbad Goethe getroffen, mit dem sie danach eine umfangreiche (bis heute nur teilweise gedruckte) Korrespondenz führte. Goethe schickte ihr u. a. die »Wahlverwandtschaften« im Manuskript zur Begutachtung; sie schrieb ihm auch von ihrer Loslösung vom Judentum. Ihr literarischer Nachlaß, »Bildnisse oder Karakterschilderungen von Personen aus der Gesellschaft, deren Schärfe und Richtigkeit Bewunderung und Furcht erregte« (Varnhagen), ist verlorengegangen.

Ⓛ B. Hahn, Unter falschem Namen, 1991. (BH)

Ez Chajim (»Baum des Lebens«), Wohltätigkeitsverein, 1820 in Braunschweig mit dem Ziel der Unterstützung von Armen und Kranken, der sozialen und materiellen Sicherung für diejenigen, die durch Unglücksfälle in ihrer Existenz gefährdet waren, und der Hilfe für Studierende gegründet. Die Statuten aus dem Jahr 1834 weisen auch darauf hin, daß sich der Verein darüber hinaus der Berufsumschichtung der Juden widmete und damit dem von christlicher Seite häufig erhobenen Vorwurf von der »unproduktiven Handelsnation« entgegentreten wollte; in der Tradition der →Jacobson-Schule in Seesen wurde geeigneten Bewerbern Lehrgeld, Berufskleidung und Arbeitsgerät zur Verfügung gestellt.

Ⓛ H.-H. Ebeling, Die Juden in Braunschweig, 1987. (JÖD)

Ezel →Irgun Zvai Leumi

F

Fabrik-Aktion, eine Verhaftungswelle in Berlin am frühen Morgen des 27. 2. 1943. SS-Einheiten stürmten Fabriken, in denen Juden arbeiteten, und durchkämmten systematisch Stadtviertel, um Juden festzunehmen und in verschiedene Sammellager überzuführen. Bei der Aktion wurden außerdem 1000 bis 2000 Juden verhaftet, die durch ihren Status als »Mischlinge« oder durch eine »Mischehe« geschützt waren. Am 28. Februar kam es zu Protesten der »arischen« Angehörigen, die vor dem Lager in der Rosenstraße demonstrierten und nach vier Tagen erreichten, daß ihre Angehörigen nicht deportiert, sondern freigelassen wurden. (JS)

Falascha, Bezeichnung für die schwarzen Juden, die im Norden des äthiopischen Hochlandes lebten (→Äthiopien). Im Altäthiopischen bedeutet das Wort »Wanderer«, in amharischer Sprache »Fremder«. Die Herkunft der Falascha ist unbekannt. Viele Legenden wurden darüber erzählt, so diese, daß die Falascha aus der Verbindung zwischen König Salomo und der Königin von Saba hervorgegangen seien. Eine andere Vermutung – so der Rabbiner David ibn Zimra aus Kairo im 16. Jahrhundert – ist, daß die Falascha die Nachkommen des Stammes Dan seien, eines Stammes, der nach der Zerstörung des Ersten →Tempels ins Land Kusch wanderte. Die Falascha selber bezeichnen sich als Bet Israel (das Haus Israel). Bedingt durch die Isolierung von der übrigen jüdischen Welt, erstarrten die Falascha im vor-rabbinischen Judentum. Sie praktizieren die Reinheitsgebote, heiligen den Sabbat, kennen aber weder den Talmud noch die hebräische Sprache. Deshalb war ihre Zugehörigkeit zum Judentum stets umstritten. Vor allem die →Alliance Israélite Universelle setzte sich für die Falascha ein. In ihrem Auftrag bereiste der Orientalist Joseph Faitlovitsch um 1910 ihre Siedlungsgebiete. Er betonte, daß sie Juden seien, und machte sowohl auf die Gefahren der Assimilation in der amharischen Gesellschaft als auch auf eventuelle Verfolgungen aufmerksam. Bis in die 70er Jahre hat es einige Tausende Falascha in Israel gegeben. Danach begann eine verstärkte Einwanderung, bedingt auch durch politische Umstände. 1975 wurden die Falascha von den aschkenasischen und sephardischen Rabbinern als Juden anerkannt. Mitte der 80er Jahre kam es zur erneuten Einwanderung nach Israel. Im Juni 1991 wurde in einer spektakulären Aktion ein großer Teil der noch in Äthiopien lebenden Falascha nach Israel gebracht, insgesamt 1990–95 etwa 31 000. Neben religiösen Vorbehalten, die es heute noch gegen sie gibt, treffen sie auch auf andere, eher gesellschaftlich und soziologisch bedingte Integrationsschwierigkeiten in Israel. (RED)

Familiantengesetze, Bezeichnung für die gesetzliche Beschränkung der Zahl der heirats- bzw. niederlassungsberechtigten Juden in Böhmen, Mähren und Schlesien im 18. Jahrhundert. In Galizien ließen sich die Familiantengesetze aufgrund der großen Zahl der Juden nicht anwenden, und man versuchte, die jüdischen Eheschließungen durch andere Mittel (Heiratstaxen und Religionsexamen) einzuschränken. Ab 1781 wurden die Familiantengesetze unter Joseph II. etwas gemildert und im Rahmen der →Emanzipation im Habsburgerreich ab 1859 abgeschafft. (RED)

Familie (hebräisch »Mischpacha«) ist im Judentum die Zelle der Volksgemeinschaft. Im alten Sprachgebrauch hatte sie auch die Bedeutung von »Großfamilie«. Im engeren Sinne des Wortes entsteht die Familie aus einem Ehebündnis zwischen Mann und Frau (→Ehe) und schließt deren Nachkommen mit ein. Die Familie hat im Judentum einen hohen Stellenwert. Obwohl die traditionelle Familie patriarchalisch strukturiert ist, kommt der Rolle der Familienmutter eine große Bedeutung zu. Das vierte Gebot verpflichtet die Kinder, ihre Eltern zu ehren, die Eltern ihrerseits sind verpflichtet, für das Wohl der Kinder zu sorgen und sie im jüdischen Geist zu erziehen. Bedingt durch die Verfolgung, vor allem in der osteuropäischen →Diaspora, kam es erneut zu einem engen Zusammenhalt der Familie. Sie bot Schutz und Geborgenheit. Die Diaspora- und Minderheitensituation, traditionelle Bildung, Erziehung und Frömmigkeit haben im Judentum eine bis heute weitgehend intakte Familienstruktur bewahrt. (RED)

Familiennamen →Namen, jüdische

Farissol →Abraham ben Mordechai Farissol

Fassbinder-Kontroverse, ausgelöst durch die Mitglieder der Frankfurter jüdischen Gemeinde, die am 31. 10. 1985 die Bühne der Kammerspiele besetzten. Sie wollten die Premiere des 1976 geschriebenen Theaterstückes »Der Müll, die Stadt und der Tod« von R. W. Fassbinder, gegen das der Vorwurf des Antisemitismus erhoben wurde, verhindern. Die Antisemitismuskontroverse setzte sich über Wochen in der deutschen Presse fort. Die Ansicht, die Gestalt eines jüdischen Geschäftemachers inmitten eines Panoptikums von Prostitution, Kriminalität und unbewältigter NS-Vergangeheit sei zum antisemitischen Klischee verzerrt, vereinte z. T. selbst konträre jüdische Kreise, d. h. jüdische Linke und Establishment. Die Diskussion wurde öffentlich geführt und war von Demonstrationen begleitet. Man wertete dies als Zeichen eines neuen jüdischen Selbstbewußtseins, das Angepaßtheit und Behauptungsschwäche gegenüber den Deutschen langsam ersetze. Gegenstand der Kontroverse war vor allem die Formel vom »Ende der Schonzeit«.

[L] H. Lichtenstein (Hrsg.), Die Fassbinder-Kontroverse oder Das Ende der Schonzeit, 1986. (EP)

Fasten →Feste

Fastenrolle →Megillat Taanit

Feiwel, Berthold, Schriftsteller und zionistischer Politiker, 15. 8. 1875 Pohrlitz, Mähren – 29. 12. 1937 Jerusalem. Feiwel nahm am 1. Zionistenkongreß 1897 in Basel teil und wurde von T. →Herzl in die Redaktion des zionistischen Zentralorgans »Die Welt« berufen. Später gehörte er mit M. →Buber und C. →Weizmann der »Demokratischen Fraktion« an und trat in Opposition zu Herzl. 1902 Mitbegründer des →Jüdischen Verlags, Herausgeber- und Übersetzertätigkeit. Seit der Gründung des →Keren Hajessod (1919) dessen geschäftsführender Direktor, seit 1929 Leiter des Jewish Colonial Trust. Ließ sich 1933 in Jerusalem nieder. (JS)

Ferenczi, Sándor, Psychiater, Psychoanalytiker, 7. 7. 1873 Miskolc – 22. 5. 1933 Budapest. Medizinstudium in Budapest und Wien. Seit 1897 als Psychiater in Budapest tätig. 1908 Beginn der langjährigen Zusammenarbeit mit S. →Freud. 1910 Mitbegründer der »Internationalen Psychoanalytischen Vereinigung« und Präsident der »Psychoanalytischen Vereinigung Ungarns«. Autor zahlreicher grundlegender Werke über die Theorie und Praxis der Psychoanalyse. (AK)

Ferrara. Unter dem Schutz der Herzöge von Este siedelten sich vertriebene Juden im 15. und 16. Jahrhundert in Ferrara an: seit 1492 aus Spanien und Portugal, 1530 aus Deutschland, 1541 aus dem Königreich Neapel, dem Kirchenstaat (vor allem Bologna) und dem Herzogtum Mailand. Zu diesem Zeitpunkt lebten rund 2000 Juden in Ferrara. Besondere Bedeutung kam im 15. und 16. Jahrhundert dem hebräischen Buchdruck zu. Seit der Eingliederung in den Kirchenstaat 1598 verschlechterte sich die Situation der Gemeinde, und viele Juden wanderten ab. Unterbrochen durch die französische Herrschaft (1796–99, 1802 bis 1914), die den Juden vorübergehend die bürgerliche Gleichstellung brachte, gehörte Ferrara bis 1859 zum Kirchenstaat. Erst mit der Eingliederung in das Königreich Italien 1860 erlangten die Juden die volle bürgerliche Gleichstellung. 1941 wurde die Synagoge von den Faschisten geschändet, 1943/44 200 Juden in KZs deportiert.

🄻 W. Angelini, Gli Ebrei di Ferrara nel Settecento, Urbino 1973. – G. Bassani, Die Gärten der Finzi-Contini, 1962. (JÖD)

Ferrer, Vincenz, dominikanischer Prediger, um 1350 – 5. 4. 1419 Vannes, Bretagne. Der später heiliggesprochene Ferrer zählt zu den bedeutendsten Predigern des Mittelalters. Begleitet von Geißlern u. a. fanatisierten Anhängern, trat er in Kastilien und Aragón leidenschaftlich gegen die Juden auf, drängte zahlreiche Judengemeinden durch Gewaltandrohung zur Annahme der Taufe, weihte Synagogen zu Kirchen um und belegte widerstrebende Juden mit wirtschaftlichen Sanktionen wie Markt- und Handelsverbot (Statut von Valladolid 1412). Mehr als 20 000 Juden sollen innerhalb kurzer Zeit unter derartigem Zwang konvertiert sein. Den Gegenpapst →Benedikt XIII. bewog Ferrer zur Abhaltung eines →Religionsgesprächs in Tortosa 1413/14.

🄻 F. Baer, Die Juden im christlichen Spanien, 1929–36. (PAU)

Feste (hebräisch »Jamim Towim«, auch »Moadim« oder »Chagim« genannt). Neben dem wöchentlichen →Sabbat und dem monatlichen Neumond (→Rosch Chodesch) werden im Judentum folgende Feste begangen: Die drei Wallfahrtsfeste →Pessach, →Schawuot (Wochenfest) und →Sukkot (Laubhüttenfest). Die Tage zwischen Beginn und Ende der einwöchigen Feste Pessach und Sukkot gelten als sog. Zwischenfeiertage (→Chol ha-Moed); der Abschluß von Sukkot (→Schemini Azeret, Schlußfest) ist in der Diaspora ein eigener Feiertag und in Israel identisch mit →Simchat Tora (»Freude der Lehre«), das in der Diaspora als zweiter Tag des Schlußfestes gefeiert wird. Hohe Feiertage sind →Rosch ha-Schana (Neujahrsfest) und →Jom Kippur (Versöhnungstag); die Tage von Rosch ha-Schana bis Jom Kippur (1. bis 10. Tischri) werden die »Zehn Tage der Ein- und Umkehr« genannt. Neben Jom Kippur ist der 9. Aw (→Tischa be- Aw) ein strenger Fasten- und Gedenktag; die Zeit vom 17. Tammus bis zum 9. Aw (drei Wochen) wird als Trauerzeit begangen. Weitere Fastentage sind der 17. Tammus, der 3. Tischri (»Gedalja-Fasten«), der 10. Tewet und der 13. Adar (»Ester-Fasten«). Als Halbfeiertage gelten Lag ba-Omer (33. Tag des →Omer-Zählens), →Chanukka (Lichter oder Weihefest), →Tu bi Schewat (Neujahrsfest der Bäume) und →Purim (Losfest). In Israel werden zusätzlich der Unabhängigkeitstag und der →Opfergedenktag (Holocaust-Gedenktag, Jom ha-Shoa) begangen. (RED)

Fettmilch-Aufstand, Plünderung der Judengasse in →Frankfurt am Main und Vertreibung der Juden am 22. 8. 1614. Ausgangspunkt der Revolte, die von dem Metzger

Vincenz Fettmilch angeführt wurde, waren die Auseinandersetzungen zwischen dem Frankfurter Stadtrat und den Zünften, die gegen ihren wirtschaftlichen Niedergang protestierten und anläßlich der Kaiserwahl 1612 u. a. willkürlich eine Herabsetzung des Zinsfußes für die von Juden gewährten Kredite forderten. Der Stadtrat und später der neugewählte Kaiser Matthias lehnten diese Forderungen ab. Als der eingesetzte Verhandlungsausschuß keine Lösung brachte und die jüdische Bevölkerung in den Mittelpunkt der Agitation der Zünfte geriet, überfielen Fettmilch und seine marodierenden Anhänger die Judengasse. Die ausgeraubten und vertriebenen Juden wurden in den benachbarten Gemeinden (u. a. Offenbach und Hanau) aufgenommen. Einige Monate später wurde in →Worms nach dem Frankfurter Beispiel die jüdische Gemeinde vertrieben. Die Provinz- und die kaiserlichen Behörden konnten erst nach einiger Zeit die Unruhen eindämmen: 1616 zog die jüdische Bevölkerung in feierlichem Aufzug und unter dem Schutz kaiserlicher Truppen wieder in Frankfurt ein. Fettmilch und einige andere Rädelsführer wurden hingerichtet, die Stadt zum Schadenersatz verurteilt. Die jüdische Gemeinde in Frankfurt beging später den Tag der Rückkehr als Festtag (Purim-Vincenz).

L I. Kracauer, Geschichte der Juden in Frankfurt am Main, 1925. (BV)

Feuchtwanger, Lion, Schriftsteller, 7.7. 1884 München – 21.12.1958 Pacific Palisades, Kalifornien. Aus orthodoxer Familie; Dissertation über Heines »Rabbi von Bacherach« (1907). Große Erfolge als linksliberaler Autor der Weimarer Zeit. 1933 gemeinsam mit A. →Zweig »Die Aufgabe des Judentums«. Für Feuchtwanger bestand Judentum nicht in einer gemeinsamen Nationalität oder Sprache, sondern im »Bekenntnis zu einem geistigen Prinzip«. Nach 1933 Exil in Frankreich, seit 1941 in Los Angeles. In zahlreichen, sehr erfolgreichen (historischen) Erzählwerken behandelt Feuchtwanger immer wieder jüdische Themen: »Jud Süß« (1925; zuerst Drama, 1918; von Veit Harlan 1940 mit antisemitischer Tendenz verfilmt); »Der Wartesaal«, eine Trilogie über den NS-Terror (»Erfolg«, 1930; »Die Geschwister Oppenheim«, 1933 (seit 1949 »Die Geschwister Oppermann«), »Exil«, 1940); »Josephus«, eine Trilogie über Josephus Flavius mit aktuellen Bezügen (»Der jüdische Krieg«, 1932; »Die Söhne«, 1935; »Der Tag wird kommen«, 1945); »Jefta und seine Tochter« (1957). (IG)

Lion Feuchtwanger

Film. Juden spielten eine herausragende Rolle bei der frühen Etablierung des Films als Kunstform. In Amerika machte die erste Generation jüdischer Emigranten den Film zu einem bedeutenden Wirtschaftsfaktor. Die Traditionslosigkeit des neuen Mediums erleichterte ihnen den ökonomischen und kulturellen Zugang. Nahezu sämtliche Hollywood-Studios wurden von Juden gegründet und verwaltet: Universal (1912 Carl Laemmle), Paramount (1913 Jesse L. Lasky, Samuel Goldwyn und Darryl F. Zanuck), United Artists (1919 u. a. Mary Pickford), Warner Brothers (1923 Brüder Albert, Harry, Jack und Sam Warner), Columbia (1920 Harry und Jack Cohn), Metro Goldwyn Mayer (1924 Marcus Loew und S. Goldwyn), 20th Century Fox (1935 William Fox und Joseph M. Schenk). Zu den ersten jüdischen Stars zählten S. →Bernhardt, Lilian Gish, Mary Pickford, Al Jolson und die →Marx Brothers. Wie wichtig deutsche und europäische Juden für den Film waren, zeigte sich nach ihrem Exodus. Die Liste der Emigrierten liest sich wie ein »Who is Who« des Films; sie umfaßt Filmhistoriker (u. a. B. →Balázs, S. →Kracauer, Jerzy Toeplitz), Regisseure (u. a. Paul Czinner, E. A. →Dupont, Paul Leni, E. →Lubitsch, Joe May, Max Ophüls, Richard Oswald, M. →Reinhardt, Robert Siodmak, Douglas Sirk, Josef v. Sternberg, Erich v. Stroheim, B. →Wilder), Autoren (u. a. W. →Haas, C. →Mayer), Kameramänner (u. a. Karl Freund, Eugen Schüfftan), Komponisten (u. a. H. →Eisler, F. →Hollaender, E. W. →Korngold, Franz Wachsmann), Schauspieler (u. a. E. →Bergner, F. →Kortner, P. →Lorre, Adolf Wohlbrück) und Produzenten (u. a. E. →Pommer, Arnold Pressburger). In der UdSSR unterdrückte Stalin die Mitwirkung der Juden im Film. So sah sich einer der innovativsten Regisseure des Mediums, S. M. Eisenstein, seit den 30er Jahren Restriktionen ausgesetzt. Im zeitgenössischen angloamerikischen Kino zählen Juden zur ersten Riege der Filmkünstler: als Schauspieler u. a. Allen W. Arkin, Kirk und Michael Douglas, Jeff Goldblum, Eliot Gould, Dustin Hoffman, Jerry Lewis, Barbra Streisand und Gene Wilder, als Regisseure u. a. Jim Abrahams, W. →Allen, Milos Forman, Stanley Kramer, Stanley Kubrick, Barry Levinson, Sydney Lumet, Joseph L. Mankiewicz, Roman Polanski, Steven Spielberg, David und Jerry Zucker.

Darstellung von Juden im Film. Juden werden im Film entweder negativ klischiert, als Verfolgte gezeichnet oder in ihrer genuinen Identität dargestellt. In den ersten Jahrzehnten der Filmgeschichte finden sich nur wenige Produktionen, die um Objektivität der Darstellung bemüht sind. Meist tauchen Juden nur als Randfiguren auf. In den beliebten »Bibelfilmen« wurde oftmals die Leidensgeschichte Jesu kombiniert mit dem tradierten negativen Judenbild des Christentums. Kennzeichnend für die erste Phase ist die stereotyp karikierende Judendarstellung. Mit Errichtung der Reichsfilmkammer unter Goebbels wurde der Antisemitismus eine feste Größe im deutschen Film (z. B. Franz Wenzlers »Hans Westmar – einer von vielen«, 1933). Zur psychologischen Vorbereitung des Genozids dienten u. a. Erich Waschnecks »Die Rothschilds« und Hans H. Zerletts »Robert und Bertram« (beide 1939) sowie vor allem Fritz Hipplers Pseudodokumentarfilm »Der ewige Jude« und Veit Harlans »Jud Süß« (mit Ferdinand Marian als Titelfigur und Werner Krauss, in allen übrigen jüdischen Rollen), beide 1940 uraufgeführt. Die Judendarstellung im Nachkriegsfilm konzentrierte sich auf Verfolgung und Holocaust. Da eine wirkliche Aufklärung der Bevölkerung fehlte, stießen die amerikanischen Unterhaltungsfilme auf breite Resonanz eines eskapistischen eingestellten Publikums, während die wenigen Filme, die sich mit Judenverfolgung und Emigrationsschicksalen auseinandersetzten (Eugen Yorks »Morituri«, 1948; Fritz Kortners »Der Ruf«, 1949; Peter Lorres »Der Verlorene«, 1951), kaum Erfolg hatten. Bis in die 70er Jahre war die Beschäftigung mit dem Antisemitismus im Film selten und meist oberflächlich. Erst mit der kulturpolitischen Diskussion um die umstrittene Fernsehserie »Holocaust« (USA 1979) entstanden zunehmend bemerkenswerte europäische Produktionen: Usch Barthelmeß-Wellers »Die Kinder aus Nr. 67« (BRD 1979), François Truffauts »Le Dernier Métro« (Frankreich 1980), Markus Imhoofs »Das Boot ist voll« (BRD/Österreich/Schweiz 1980), Peter Cohens »The Story of Chaim Rumkowski« (Schweden 1981). In außergewöhnlich dichter Weise berichten die eindringlichen Dokumentationen »Shoah« von Claude Lanzman (Frankreich 1974–85) und »Hotel Terminor« von Marcel Ophüls (USA 1988) vom Leid der Judenverfolgung. Jeanine Meerapfel, Tochter emigrierter Juden, dokumentierte in den Filmen »Malou« (BRD 1980) und »Im Land meiner Eltern« (BRD 1981) das Problem des »Fremdseins, des Judeseins«. Die dritte Gruppe – filmische Darstellung genuiner jüdischer Identität – ist dadurch gekennzeichnet, daß Juden nicht mehr Objekt, sondern Subjekt der Geschichte sind. Als erster Film mit genuin jüdischer Thematik gilt der zweiminütige, in Palästina gedrehte Filmstreifen »A Dance in Jerusalem« (USA 1902). In den osteuropäischen und amerikanischen Zentren der Juden war der jiddische Film besonders in den 30er Jahren erfolgreich. Jüdische Geschichte im populären Kino findet sich z. B. in Norman Jewisons Filmmusical »The Fiddler on the Roof« (USA 1971) und in Barbra Streisands Singer-Adaption »Yentl« (USA 1983). Weitere Filme (neben denen W. →Allens) zum Assimilations-Identitäts-Problem: »Bruxelles-Transit« von Samy Szlingerbaum (Belgien 1980), »Crossing Delancey« von Joan Micklin Silver (Sarah und Sam, USA 1987/88), »Histoires d'Amérique« von Chantal Ackerman (Belgien/Frankreich 1988), »Avalon« von Barry Levinson (USA 1990). In den 80er Jahren erschienen einige ambitionierte israelische Filme, die sich mit Leben, Kultur und Konflikten in Israel auseinandersetzen: »Hakayitz shel Aviya« von Eli Cohen (Aviyas Sommer, 1988), »Biglal ha'milchama hahi« von Orna Ben-Dor Niv (Wegen dieses Krieges, 1988) und »Hamsin« von Daniel Wachsmann (Der Wind in der Wüste, 1988).

[L] N. Gabler, An Empire of Their Own. How the Jews Invented Hollywood, New York 1989. – D. Hollstein: »Jud Süß« und die Deutschen. Antisemitische Propaganda im nationalsozialistischen Spielfilm, 1983.

(HH/MAR)

Finnland. Die jüdische Minorität stammt zum größten Teil von Soldaten ab, die ihren Militärdienst in der russischen Armee im seit 1809 russischen Großfürstentum Finnland vor der Souveränität des Landes abgeleistet hatten. Die Juden erwarben erst 1918, nachdem Finnland unabhängig geworden war, ihre vollen Bürgerrechte. In den 20er und 30er Jahren stieg ihre Zahl auf 2000 Personen. Diese verteilten sich auf drei Gemeinden: Helsinki (Helsingfors), Wiborg (Viipuri) und Turku (Åbo). Während des Zweiten Weltkriegs haben die jüdischen Bürger ebenso wie andere Finnen in der Armee und entsprechenden Bereichen Dienst getan. Von den 150 jüdischen Flüchtlingen wurden acht an die nationalsozialistische Besatzung in Estland ausgeliefert, von denen nur einer überlebte. Heute gibt es zwei jüdische Gemeinden in Finnland, eine in Helsinki und eine in Turku. Die Gesamtzahl der Mitglieder beträgt etwa 1200. In Helsinki besteht eine jüdische Grundschule (neunjährig). Während Juden älterer Generationen sich vorwiegend im Handel betätigten, sind sie heute größtenteils Akademiker und Arbeitnehmer. Im finnischen Reichstag ist ein jüdischer Abgeordneter. Kulturelle Aktivität wird besonders in der größeren Gemeinde Helsinki von verschiedenen Vereinen wie z. B. dem Jüdischen Chor, dem Judaica-Club, dem Iwrit-Sprachclub und dem Makkabi-Sportverein ausgeübt. Diese Gemeinde veröffentlicht ein Mitgliedsblatt (»Ha-Kehilla«), das zweimal im Monat erscheint. Die Juden sind in die finnische Gesellschaft völlig integriert, und einzelne jüdische Persönlichkeiten haben bedeutende kulturelle Leistungen erbracht. Hier seien nur die Sängerin Ida Morduch (1875 bis 1942), der Dirigent Simon Parmet (1897 bis 1969), die Instrumentalisten Naum Levin (1907–69), Sam Vanni (geb. 1908) und Rafael Wardi (geb. 1942) sowie der Schriftsteller Daniel Katz (geb. 1942) genannt, die sämtlich zur kulturellen Elite des Landes gehörten bzw. gehören. Von den Wissenschaftlern sei der Odontologe, ehemaliger Rektor und Kanzler der Universität Turku, Arje Scheinin (geb. 1923), erwähnt. (KI)

Fischer, Samuel, Verleger, 24. 12. 1859 Liptó Szent Miklós, Ungarn – 15. 10. 1934 Berlin. Gründete nach Buchhändlerlehre in Wien und Teilhaberschaft an der Steinitz-Buchhandlung in Berlin 1886 den Fischer-Verlag, der bis 1933 zum führenden deutschen Literaturverlag aufstieg. Fischer gab zusammen mit O. →Brahm die Theaterzeitschrift »Freie Bühne« heraus und ab 1889 »Die Neue Rundschau«; er brachte das Werk Ibsens nach Deutschland und veröffentlichte Übersetzungen von Dostojewskij, Tolstoj und Zola. Zu den jüdischen Autoren des Verlags gehörten u. a. S. J. →Agnon, A. →Döblin, R. →Beer-Hofmann, M. →Beradt, S. →Freud, H. →Heimann, F. →Kafka, A. →Kerr, B. →Pasternak, W. →Rathenau, A. →Schnitzler, J. →Wassermann, S. →Zweig. Prominente nichtjüdische Autoren waren Hans Carossa, Gerhart Hauptmann, Hermann Hesse, Oskar Loerke, T. →Mann und George Bernard Shaw. Nach dem Tod des Verlagsgründers (1934) gingen viele Autoren in die Emigration. Der Schwiegersohn Gottfried Bermann Fischer führte den Verlag im Exil, zuerst in Wien, dann in Stockholm und New York weiter. Nach dem Krieg wurde die Verlagstradition in Frankfurt am Main fortgesetzt. (WJ)

Fiscus Judaicus. Fisci (Plural von fiscus) hießen in Rom die verschiedenen staatlichen Einzelkassen, neben denen es noch Sonderfisci gab, u. a. den Fiscus Judaicus. Dieser wurde zur Verwaltung der Tempelsteuer (»Didrachmon«) nach der Eroberung Jerusalems und der Zerstörung des Tempels durch →Vespasian im Jahr 70 n. Z. eingerichtet. Ursprünglich waren von jedem männlichen Juden zwischen 20 und 50 Jahren zwei Drachmen (= Didrachmon, gleich ein halber Schekel) zum Unterhalt des Tempels erhoben worden. Vespasian erhöhte nun die Zahl der Didrachmonpflichtigen drastisch und zweckentfremdete die eingezogenen Gelder. Durch die Inflation des 3. Jahrhunderts wurde die Erhebung indes unrentabel und die Sondersteuer eingestellt. In dieser Zeit mag auch die Krongold genannte Steuer aller jüdischen Gemeinden für den jüdischen →Patriarchen aufgekommen sein, die nach dem Ende des Patriarchats wiederum in die Staatskassen umgeleitet wurde. (HC)

Flatto-Scharon, 1977 in die Knesset gewählte Einmannfraktion des »Politikers« Schmuel Flatto-Scharon, der vorher mit einer Unterschriftensammlung ein Verbot der →Neuen Kommunistischen Liste hatte erreichen wollen und nach seiner Wahl die →Likud-Koalition unterstützte. Wegen Steuerhinterziehung in Frankreich gesucht, war er zunächst durch seine Immunität als Knessetabgeordneter geschützt. Aufgrund von Korruptionsvorwürfen beantragte im Jahr 1979 der juristische Berater der Regierung die Aufhebung von Flatto-Scharons Immunität. Die Knesset stimmte zu. (DB/MW)

Flavius Josephus →Josephus

Fleischer, Max, Architekt, 29. 3. 1841 Prossnitz, Mähren – 19. 12. 1905 Wien, Schüler der Wiener Akademie, u. a. von Friedrich von Schmidt (1825–1891), dessen Mitarbeiter am Wiener Rathaus er 1868–87 war. Fleischer gestaltete mehrere Grabmäler auf dem Wiener Zentralfriedhof und wurde vor allem durch zahlreiche Synagogenbauten bekannt, die seit 1883 unter dem Einfluß von Schmidt, Kirchenschemata angepaßt, als neogotische Backsteinbauten entstanden: drei Synagogen in Wien, im Schmalhof (1883/84), in der Müllnergasse (1888/89) und in der Neudeggergasse (1897 bis 1903), ferner eine in Budweis (1888) und eine in Příbram (Böhmen). Fleischer gilt als Hauptvertreter des neugotischen Synagogenbaus in Österreich, er baute aber auch Synagogen in anderen Stilen, so in Lundenburg und Nikolsburg. Die Synagoge in Krems (1894) errichtete er als Giebelhaus im Renaissance-Stil; im gleichen Stil entstanden auch einige Profanbauten von Fleischer in Krems.

[L] P. Genée, Wiener Synagogen. 1825 bis 1938, 1987. – H. Hammer-Schenk, Synagogen in Deutschland, 2 Bände, 1981.

(HK)

Fleisch und Milch →Eßkultur, →Koscher

Flüchtlingsschiffe, Bezeichnung für die Schiffe, auf denen sich Juden während des Zweiten Weltkriegs aus dem vom Nationalsozialismus beherrschten Europa zu retten versuchten. Viele der Flüchtlingsschiffe waren seeuntüchtig. Mehr als 2000 jüdische Frauen, Männer und Kinder kamen auf der Flucht mit Blockadebrechern zu Tode. Besonders tragisch war das Schicksal des HAPAG-Schiffs »St. Louis«, dem im Mai 1939 mit über 900 deutsch-jüdischen Flüchtlingen an Bord das Anlaufen von Kuba verweigert wurde. Nach mehrwöchiger Odyssee, in deren Verlauf zahlreiche Flüchtlinge Selbstmord verübten, kehrte das Schiff nach Europa zurück. Die Passagiere gingen in Belgien, Holland und Frankreich an Land, wo sie wenig später wieder in die Hände der Nationalsozialisten fielen. 786 Todesopfer forderte am 24. 2. 1942 der Untergang der völlig seeuntüchtigen »Struma« aus Rumänien im Bosporus. Im Dezember 1940 versuchte die »Salvadore« von Varna (Bulgarien) aus einen Hafen in Palästina zu erreichen. Das Schiff lief auf ein Riff im Marmara-Meer, und 199 jüdische Flüchtlinge fanden den Tod. Ebenfalls im Dezember 1940 waren mehr als 1500 jüdische Flüchtlinge mit der »Atlantic« bis nach Palästina gekommen, wurden aber von der britischen Mandatsregierung wegen fehlender Visa nach Mauritius deportiert. Nur wenige, die eine Tropenepidemie überstanden, konnten nach Kriegsende nach Palästina zurückkehren. Am 25. 11. 1940 starben 189 jüdische Passagiere der »Patria« im Hafen von Haifa; das Schiff hatte 1771 Palästina-Immigranten von anderen Schiffen übernommen und wurde danach gesprengt. Durch Roman und Film bekannt wurde das Schicksal der »Exodus«, die im Sommer 1947 mit 4500 →Displaced Persons an Bord nicht in Haifa anlegen durfte. Die visalosen Passagiere wurden mit drei britischen Schiffen nach Deutschland zurückgebracht. (WJ)

Flusser, David Gustav, Religionswissenschaftler, 15. 9. 1917 Wien. Schulausbildung in Böhmen, von 1936–38 Studium der Philologie in Prag. Nach der Besetzung der Tschechoslowakei durch deutsche Truppen (1938/39) emigrierte Flusser im November 1939 nach Palästina. Von 1947–50 unterrichtete er an der Universität Prag Hebräisch. Seit 1950 erneut Studium der Philologie, der allgemeinen und der jüdischen Geschichte an der Hebräischen Universität in Jerusalem; 1955 Promotion zum Doktor der Philosophie. Seit 1962 Professor für Religionsgeschichte an der Hebräischen Universität. Flusser war Gastprofessor u. a. an den Universitäten Berlin, Harvard, Paris und Wien. Er veröffentlichte u. a. in Hebräisch, Deutsch und Englisch zahlreiche, z. T. grundlegende Arbeiten zur (Früh-)Geschichte des Christentums (vor allem zu den jüdischen Quellen des NT), des Judentums während des Zweiten Tempels (vor allem zu den Qumran-Schriftrollen), darunter: »Jesus in Selbstzeugnissen und Bilddokumenten« (1968; liegt in englischer, französischer, holländischer, italienischer und schwedischer Übersetzung vor). (BV)

Fonds Social Juif Unifié (FSJU), und Appel Unifié Juif de France (AUJF), zwei Dachverbände, die mit den Consistoires das jüdische Leben in Frankreich bestimmen. Der FSJU hat als Tochtergesellschaft des AUJF die Aufgabe, Spenden für Israel zu sammeln und gleichzeitig die Kosten der jüdischen Altersheime, Krankenhäuser und Erziehungsanstalten zu bestreiten. Die beiden Verbände kümmern sich nicht um religiöse Dinge, organisieren allerdings viele Bereiche des kulturellen Lebens der Juden in Frankreich. (MH)

Ford, Henry →Antisemitismus

Formstecher, Salomon, Rabbiner, Philosoph, radikaler jüdischer Reformer, 28. 7. 1808 Offenbach am Main – 24. 4. 1889 Offenbach am Main. Nach Studien der Philosophie, Philologie und Theologie in Gießen (1831 Doktor der Philosophie) war Formstecher seit 1842 bis zu seinem Tod Rabbiner seiner Geburtsstadt. Er nahm an den Rabbinerversammlungen von 1844/45/46 teil und trat für eine radikale Reform des jüdischen Religionsgesetzes ein. Seinem Reformwillen entsprach seine Sicht der religiösen Entwicklung in seinem Hauptwerk »Die Religionslehre des Geistes« (1841). In selbständiger Auseinandersetzung mit dem Frühwerk Friedrich Wilhelm Joseph Schellings zeigt Formstecher, daß die jüdische Geistesreligion im Gegensatz zur heidnischen Naturreligion das Ideal des ethischen Monotheismus verkörpere und sich so lange durch die Religionsgesetze absondern müsse, bis die Menschheit sich zu diesem Ideal bekehrt hat. Die Verwirklichung dieser Bekehrung obliegt nach Formstecher den christlichen und muslimischen Tochterreligionen, die allerdings als Mischreligionen stets vom Rückfall in das Heidentum bedroht seien. Allerdings sah Formstecher im Protestantismus, in der Aufklärung und im Liberalismus Vorzeichen für die Bekehrung der Menschheit zur Geistesreligion. Im Gegenzug müßte das Judentum allmählich seine besondere Lebensform aufgeben. (DK)

Forschungseinrichtungen zur Geschichte der Juden (in Deutschland) →Germania Judaica, →Hochschule für Jüdische Studien, →Institut für die Geschichte der deutschen Juden, →Salomon Ludwig Steinheim-Institut, →Zentrum für Antisemitismusforschung

Förster, Bernhard →Antisemitenpetition, →Völkische Bewegung

Foss, Lukas, amerikanischer Komponist, 15. 8. 1922 Berlin. Emigrierte 1937 mit seinen Eltern in die USA, wo er seine Ausbildung in Klavier, Dirigieren (u. a. bei Fritz Reiner) und Komposition (u. a. bei Paul Hindemith) erhielt. Er war Gastdirigent verschiedener amerikanischer Orchester und trat vielfach als Solist in Orchesterkonzerten auf. 1953 wurde er als Professor für Komposition an die Universität Los Angeles berufen. In seinen Werken widmet er sich seit 1960 freieren Formmodellen mit Improvisationsmöglichkeiten, die stilistisch in der Nähe Hindemiths gelegen sind. Bekannt geworden ist Foss durch die Kantate »The Prairie« (1942) und die Oper in einem Akt »The Jumping Frog« (1948). Unter den von der Bibel inspirierten Werken finden sich die biblische Solokantate für Bariton und Orchester »Song of Anguish« nach Jesaja (1945); die biblische Solokantate für Sopran und Orchester »The Song of Songs« (1946) und »Adon Olom« für Kantor, Chor und Orgel (1947). Foss gilt als eine der stärksten und originellsten Begabungen im amerikanischen Musikleben. (AS)

Fraenckel, Jonas, Kommerzienrat, 19. 11. 1773 Breslau – 27. 11. 1846 Breslau, entstammte einer Berliner Rabbinerfamilie. Mit seinem Bruder David führte er in →Breslau das einflußreiche Handelshaus Fraenckel und Söhne mit Geschäftsbeziehungen nach Polen und Rußland. 1841 zum Königlichen Kommerzienrat ernannt, vermachte er zusammen mit seinem Bruder große Teile des Vermögens der öffentlichen Wohlfahrtspflege, u. a. für den Bau von Stiftungshäusern, in denen 350 verarmte Familien billige Unterkunft fanden. Kernstück der Fraenckel-Stiftung war das durch A. →Geiger initiierte →Jüdisch-Theologische Seminar in Breslau.

🄻 I. Rabin, Jonas Fraenckel, in: Schlesische Lebensbilder, Band 3, 1928. (AH)

Fraenkel, Eduard, Altphilologe, 17. 3. 1888 Berlin – 5. 2. 1970 Oxford. Nach dem Studium der klassischen Philologie promovierte Fraenkel 1912 zum Doktor der Philosophie. 1913–15 war er Mitarbeiter am Thesaurus Linguae Latinae in München. 1917 Habilitation, danach Tätigkeit als Privatdozent und außerordentlicher Professor in Berlin; 1923 Professur an der Universität Kiel, von 1928 bis 1931 Göttingen, danach in Freiburg i. Br. 1933 wurde er zwangsweise emeritiert, 1934 Emigration nach England. Von 1935 bis 1953 lehrte Fraenkel Latein am Corpus Christi College in Oxford. Nach der Emeritierung erhielt Fraenkel Gastprofessuren an verschiedenen italienischen und deutschen Universitäten. Seine Forschungsschwerpunkte waren die römische und griechische Literatur. Fraenkel suchte den Freitod. (WJ)

Frank, 1. Anne, Autorin der berühmten Tagebücher, 12. 6. 1929 Frankfurt am Main – März 1945 Bergen-Belsen. Anne Franks Familie war eng mit der Stadt Frankfurt verbunden. Erste Vorfahren sind Anfang des 16. Jahrhunderts im Ghetto nachweisbar. Sie war vier Jahre alt, als die Familie vor dem Nationalsozialismus floh und sich in Amsterdam niederließ. Ihr berühmtes »Tagebuch« entstand zwischen 1942 und 1944 in einem Hinterhausversteck in der Prinsengracht 263. Die Tagebuchaufzeichnungen enden am 1. 8. 1944. Das Versteck wurde verraten, die versteckten Juden wurden verhaftet und deportiert. Anne Frank starb im März 1945 im KZ Bergen-Belsen an den Folgen einer Typhusepidemie. Ihre Aufzeichnungen konnten im Original gerettet werden. Der einzige Überlebende der Familie, ihr Vater Otto Frank, bereitete aus den verschiedenen Textversionen eine Publikation vor, die unter dem Titel »Das Tagebuch der Anne Frank« weltweit in mehr als 15 Millionen Exemplaren verbreitet ist. Anne Frank wurde zur Symbolgestalt des jüdischen Schicksals. Anne Franks Ideale einer neuen Welt nach dem Nationalsozialismus sind das Vermächtnis des Tagebuchs. Immer wieder erhobene Fälschungsvorwürfe wurden durch die textkritische Edition von 1986 (1988 auch in Deutschland erschienen) endgültig widerlegt. 1991 erschien eine von Mirjam Pressler zusammengestellte erweiterte Fassung des Tagebuchs.

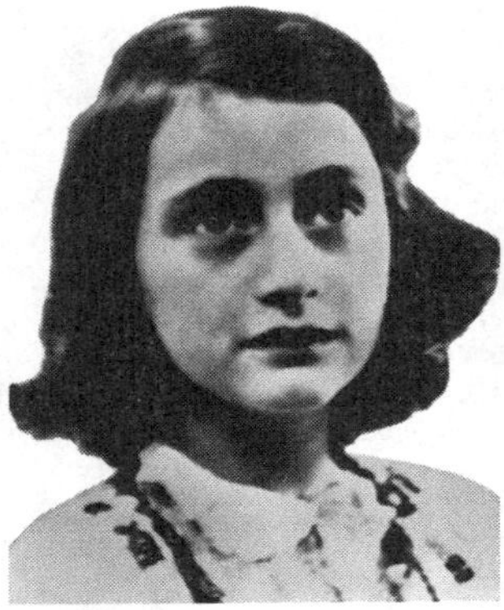
Anne Frank, 1942

L M. Gies, Meine Zeit mit Anne Frank, 1987. – J. Steen/W. v. Wolzogen, Anne aus Frankfurt. Leben und Lebenswelt Anne Franks, 1990. (WJ)

2. Jakub Lejbowicz (Jacob Leib Frank), Begründer einer religiös-mystischen Bewegung, der sog. →Frankisten, 1726 Korólówka, Podolien – 10. 12. 1791 Offenbach. Stammte aus einer armen Familie eines jüdischen Buchbinders. Kam früh, auf Reisen nach Bukarest und Saloniki, mit dem türkischen Sabbatianismus und der →Kabbala in Berührung. Seit 1755 wieder in Polen, ernannte er sich zum Messias und Nachfolger von →Sabbatai Zewi. Wirkte hauptsächlich in Podolien und Galizien. Frank stützte sich auf popularisierte kabbalistische Ideen der Sabbatianer und der Seelenwanderung, verkündete Lebensfreude und Verbindung mit Gott durch Ekstase. 1756 wurde Frank mit seinen Anhängern auf Veranlassung des Ortsrabbiners in Lanckorona unter die Anklage der Häresie und des ausschweifenden Lebens gestellt und vorübergehend verhaftet. Im Juli 1756 wurde in Brody über ihn und seine Anhänger der Bann verhängt. Am Streitgespräch 1757 in Kamieniec Podolski, das zugunsten der Frankisten verlief, nahm Frank nicht teil. Erst nachdem der König den Frankisten 1758 einen Schutzbrief ausgestellt hatte, nahm Frank die öffentliche Tätigkeit wieder auf. Im Juli 1759 fand auf Franks Bitte hin und unter seiner Mitwirkung ein erneuter Disput statt, in dem die Frankisten den alten Ritualmordvorwurf gegen die Talmudisten erhoben. Nach dem erneuten Sieg löste Frank das der katholischen Kirche vor dem Disput gegebene Versprechen ein und trat samt seiner Anhängerschaft zum Christentum über. Frank wurde am 25. 11. 1759 getauft, der polnische König stand ihm Pate. Frank ließ sich aber weiterhin als Messias feiern, und das, besonders im sexuellen Bereich, sehr freizügige Leben seiner Gemeinde erregte bald Anstoß in der Kirche: Noch im Jahr seiner Taufe wurde Frank verhaftet und auf Anordnung der Kurie 1760 in der Festung Tschenstochau interniert. Von dort aus leitete er weiterhin die religiöse Propaganda der Sekte. Nach der Ersten Teilung Polens 1772 wurde Tschenstochau russisch; Frank wurde befreit und wanderte aus, zunächst nach Mähren (Brünn), dann nach Hessen. Er kaufte das Offenbacher Schloß der Isenburgschen Fürsten, legte sich den Titel eines Barons zu und empfing die zu ihm pilgernden Anhänger. Nach seinem Tod übernahm seine Tochter Eva die Führung der Sekte. (AGR)

3. Ludwig, Rechtsanwalt und Politiker, 23. 5. 1874 Nonnenweier, Baden – 3. 9. 1914 (gefallen) Baccarat, Frankreich. Frank studierte Rechtswissenschaft und Volkswirtschaftslehre, 1899 Doktor der Rechtswissenschaft, 1900 Rechtsanwalt in Mannheim, 1904 Stadtverordneter in Mannheim, 1905–14 Mitglied des badischen Landtags, Vorsitzender der sozialdemokratischen Fraktion, 1907–14 MdR.

L E. Hamburger, Juden im öffentlichen Leben Deutschlands, 1968. (JS)

Frankel, Zacharias, Rabbiner, 30. 9. 1801 Prag – 13. 2. 1875 Breslau; wirkte in Leitmeritz, Teplitz und (seit 1836) Dresden. In Anlehnung an Savigny entwickelte er die Idee vom »Historischen Judentum«. Die neue »Wissenschaft des Judentums«, die auf Bestrebungen des Berliner →Vereins für Cultur und Wissenschaft der Juden (gegründet 1819) zurückging, sollte nach Frankels Auffassung das Wesen der jüdischen Tradition als ein organisch gewachsenes Ganzes zur Darstellung bringen. Als Schöpfer eines wissenschaftlichen Talmudstudiums und Begründer der positiv-historischen Richtung innerhalb der modernen jüdischen Theologie, der sog. Breslauer Schule, gewann er als erster Direktor des →Jüdisch-Theologischen Seminars in Breslau seit 1854 großen Einfluß auf die Ausbildung der Rabbiner in Deutschland. In der Auseinandersetzung zwischen Reform und Orthodoxie vertrat er eine Mittelstellung. Ohne die Autorität des überlieferten hebräischen Wortlauts der Bibel in Frage zu stellen, betonte er die Bedeutung der griechischen Septuaginta aus dem 3. Jahrhundert v. Z. als Quelle für die Erforschung der frühzeitlichen →Exegese. Frankel nahm für den Ursprung der im hellenistischen Alexandria entstandenen Septuaginta palästinische Quellen an. Er war davon überzeugt, die Wirkung der aramäischen Quellen auf die griechischen Übersetzer rekonstruieren zu können (vgl. »Vorstudien zu der Septuaginta«, 1841). Gegenstand der Forschung waren nicht die Aussagen der Heiligen Schrift, sondern lediglich die Methoden, mit denen die Rabbiner der verschiedenen Epochen das Verhältnis von Bibel und →Halacha interpretiert hatten. Gründete 1851 die »Monatsschrift für Geschichte und Wissenschaft des Judentums«.

[L] H. Liebeschütz, Judentum und deutsche Umwelt im Zeitalter der Restauration, in: H. Liebeschütz/A. Paucker (Hrsg.), Das Judentum in der deutschen Umwelt 1800–1850, 1977. – M. A. Meyer, Jewish Religious Reform and Wissenschaft des Judentums. The Position of Zunz, Geiger and Frankel, in: Leo Baeck Institute Year Book 16, 1971. (AH)

Franken →Bayern

Frankenburger, Wolf, Jurist und Politiker, 27. 3. 1827 Obbach, Unterfranken – 18. 7. 1889 Nürnberg. Nach Abschluß des Jurastudiums wurde Frankenburger 1861 in Nürnberg zum königlichen Justizrat ernannt. In Nürnberg errang er 1869 ein Mandat für den bayerischen Landtag, das er bis zu seinem Tod behielt; von 1874 bis 1878 wurde er im Wahlkreis Nürnberg für die Fortschrittspartei in den Reichstag gewählt; daneben war Frankenburger u. a. Mitglied in verschiedenen Einrichtungen der jüdischen Gemeinde Nürnbergs. Frankenburger setzte sich nachdrücklich für den Eintritt Bayerns in den Deutsch-Französischen Krieg von 1870/71 und den Beitritt Bayerns zum Deutschen Reich ein. Nach 1870 widmete er sich in seiner parlamentarischen Arbeit vor allem dem Militärhaushalt und Rechtsfragen und kritisierte hartnäckig antisemitische Entgleisungen von Abgeordneten. Mit seiner 20jährigen Parlamentsarbeit gilt er als einer der bedeutendsten jüdischen Parlamentarier in Bayern. (BV)

Frankenthal, Käte, Ärztin, 30. 1. 1883 Kiel – 21. 4. 1976 New York. Tochter des Vorstehers der Jüdischen Gemeinde Kiel, Julius Frankenthal. Abitur 1909, 1909–14 Medizinstudium in Kiel, Heidelberg, Erlangen, München, Wien und Freiburg, schloß als eine der ersten Frauen im Deutschen Reich mit dem Doktor der Medizin ab. 1914/15 Tätigkeit als Landärztin, 1915–18 Militärärztin in Österreich, vor Beendigung des Ersten Weltkriegs Umsiedlung nach Berlin. 1920–33 Stadtärztin von Berlin-Neukölln, dort auch von 1919–30 Stadtverordnete der SPD, der sie seit 1914 angehörte, 1930–32 Mitglied des Preußischen Landtages, seit 1931 SAP-Mitglied. Ihr berufliches und politisches Engagement galt vorwiegend der Einrichtung von Sexualberatungsstellen und der Legalisierung der Abtreibung; Frankenthal wollte damit Arbeiterfrauen bei der Bewältigung ihrer sozialen Probleme helfen. 1933 Emigration über Prag, die Schweiz und wieder Prag – dort Mitarbeiterin im Jüdischen Flüchtlingskomitee – nach New York (1936). 1943–1947 Psychologiestudium, von 1947 an Familientherapeutin und Psychoanalytikerin beim »Jewish Family Service«.

[L] C. Wickert, Unsere Erwählten. Sozialdemokratische Frauen im Deutschen Reichstag und im Preußischen Landtag, 2 Bände, 1986. (CW)

Frankfurt am Main, seit der ersten Hälfte des 12. Jahrhunderts Nachweis einer Judengemeinde. Erste Verfolgungen fanden 1241 und 1349 (»Judenschlachten«) statt. Die Gemeinde blieb seit 1360, mit kurzer Unterbrechung während des →Fettmilchaufstands (1614–16) bis zur Emanzipationszeit als solche bestehen. Um 1600 zählte sie schon 2100 Seelen; nach kriegsbedingten Rückgängen wurde um 1700 wieder die Zahl von 2000 erreicht, die in der Folgezeit schnell wuchs: 1750: 3000; 1808: 3200; 1867: 8238; 1900: 21 875; 1933: 28 000. Seit 1462 wurde die Siedlung der Juden in Frankfurt am Main im Osten der Stadt an einer eigens dafür angelegten »Judengasse« konzentriert. Im 16. Jahrhundert entstand hieraus das Ghetto, das seit dem durch einen Brand 1711 erzwungenen Wiederaufbau bis 1796 bestand. Seit dem 14. Jahrhundert orientierte sich das Leben der Juden in Frankfurt am Main an der sog. Stättigkeit, der Judenordnung der Stadt. Der geistige Ausbruch der Judenschaft aus dem Ghetto gelang 1804 mit der Gründung des späteren »Philanthropin«, einer reformorientierten Lehranstalt. Die 1811 von Großherzog Karl Theodor von Dalberg erkaufte Emanzipation wurde aufgrund der Wiener Bundesakte von 1815 wieder aufgehoben. Erst 1864, in einem Gesetz zur bürgerlichen Gleichstellung, konnte sie vollendet werden. In dem Frankfurter Juden L. →Börne fand die Gemeinde ihren prominentesten Vertreter der Emanzipationszeit. Seit 1844 hatte sie mit Leopold Stein einen liberalen Rabbiner an der Spitze. Aus der Gemeinde ging auch der Reformer A. →Geiger hervor. Als Gegenbewegung bildete sich 1851 die »Israelitische Religionsgesellschaft« mit dem bedeutenden Rabbiner S. R. →Hirsch an der Spitze, die 1853 mit der Gründung einer eigenen Lehranstalt eine führende geistige Rolle im deutschen Judentum erlangte und 1878 durch das preußische Austrittsgesetz gesetzlich Legitimation erhielt. Liberale und Neoorthodoxe bildeten seither separate Gemeinden mit eigener Synagoge, der »Hauptsynagoge« in der Judengasse und der Synagoge am (späteren) Börneplatz. Das Ende der jüdischen Gemeinde kündigte sich mit dem Boykott 1933 und der Bücherverbrennung auf dem Römerberg an. Die Zerstörung der Synagogen 1938 beraubte die Gemeinden ihres Mittelpunkts, bis – nach der Deportation und anschließenden Vernichtung der noch in Frankfurt am Main zurückgebliebenen Juden – 1942 das Ende kam. Schon 1945 konnte sich mit zunächst etwa 500 Mitgliedern eine neue, vierte jüdische Gemeinde in Frankfurt am Main bilden, die mit ihren inzwischen rund 6500 Mitgliedern eine führende Stellung innerhalb der deutschen Judenschaft einnimmt. In Frankfurt sind neben zahlreichen jüdischen Organisationen, wie der →Zentralwohlfahrtsstelle der Juden in Deutschland, Forschungs- und Dokumentationseinrichtungen, wie das Jüdische Museum, auch jüdische Zeitschriften und Zeitungen ansässig, wie »Babylon« oder die »Frankfurter Jüdische Zeitung«.

[L] Germania Judaica I-III, 1963–87. – P. Arnsberg, Die Geschichte der Frankfurter Juden seit der Französischen Revolution, 3 Bände, 1983. – I. Kracauer, Geschichte der Juden in Frankfurt am Main, 1925.

(FB)

Frankfurter, Felix, Jurist, Professor und Ratgeber, 15. 11. 1882 Wien – 22. 2. 1965 Washington. Immigrierte 1894 in die USA, beendete 1906 sein Jurastudium an der Harvard University; arbeitete als Bundesstaatsanwalt in New York; 1914 zum Professor an der Harvard Law School ernannt. Spezialisiert im gerichtlichen Verfahren, untersuchte Frankfurter umstrittene Urteile; bekämpfte vergebens das Mordurteil gegen Sacco und Vanzetti; Mitbegründer der American Civil Liberties Union und Rechtsberater der National Association for the Advancement of Colored People. Mit L. D. →Brandeis aktive Teilnahme an der zionistischen Bewegung. Rechtsratgeber von Franklin D. Roosevelt; 1939 Richter am obersten Bundesgericht; bemüht um die Balance der Rechte des Individuums und des Rechts der Regierung, die Gesellschaft zu verteidigen.

[L] H. Hirsch, The Enigma of Felix Frankfurter, New York 1981. – M. Parrish, Felix Frankfurter and his Time, New York 1982.

(CL)

Frankfurter Schule →Institut für Sozialforschung

Frankisten, Anhänger der von J. L. →Frank gegründeten religiös-mystischen Bewegung, die vor allem in der 2. Hälfte des 18. Jahrhunderts unter den polnischen Juden verbreitet war. Die bedeutendsten Frankisten waren: Salomon und Natan Schorr, Nachman aus Busk, Leib Krysa. Sie wirkten zunächst in Podolien, das sie zu einem unabhängigen frankistischen Gebiet erklären wollten. 1756 verhängte der rabbinische Rat der →Vierländersynode den großen Bann über die Frankisten. Im Juli 1757 fand in Kamieniec Podolski auf Veranlassung des Erzbischofs von Lemberg, Dembowski, ein öffentliches Disput zwischen Frankisten und Talmudisten statt, der mit einem Urteil zugunsten der Frankisten endete. Die Talmudisten wurden zu hohen Entschädigungen verurteilt, mußten öffentliche Verbrennungen des Talmuds und Plünderungen über sich ergehen lassen. Im Juli 1758 stellte König August III. den Frankisten einen Schutzbrief aus. Nach dem zweiten Sieg, im Lemberger Disput 1759, traten etwa 7000 Frankisten zum Christentum über. Die gesellschaftliche Eingliederung der Neophyten beschäftigte mehrfach (1764–68) den polnischen und den litauischen Sejm. Des Konfessionswechsels ungeachtet, verehrten die Frankisten weiterhin Frank als Messias und betrieben Bigamie. Im Prozeß gegen Frank wurden sie als Opfer seiner Verführung freigesprochen und verbreiteten in den Jahren seiner Internierung die Lehren des Meisters über die polnischen Grenzen hinaus. In Prag wurden sie vom Oberrabbiner Ezchiel Landau (1713–93) mit dem Bann belegt. Nach der Freilassung Franks konzentrierte sich das Leben der Sekte um den Offenbacher Hof. Nach Franks Tod übernahm seine Tochter Eva die Leitung der Sekte. Sie ließ sich als weibliche Emanation des Messias, als »heilige Jungfrau«, verehren und schaffte es, die Bewegung noch über Jahre aufrechtzuerhalten. Danach verloren die Frankisten jeglichen Einfluß auf die polnische Judenheit, auch wenn es ihre Anhänger noch über Jahrhunderte als kleine geschlossene Gruppe gab.

🄻 P. Arnsberg, Von Podolien nach Offenbach. Die jüdische Heilsarmee um Jakob Frank, 1965. (AGR)

Frankl, Ludwig August, Arzt und Schriftsteller, 3.2.1810 Chrást, Böhmen – 12.3.1894 Wien. Seit 1838 Sekretär der jüdischen Gemeinde Wien (»Geschichte der Juden in Wien«, 1853). In den 1842 gegründeten und 1848 verbotenen »Sonntagsblättern« fanden zahlreiche jüdische Autoren erste Veröffentlichungsmöglichkeiten. Das Gedicht »Die Universität« (1848) wurde als erste unzensierte freiheitliche Publikation beispiellos verbreitet. 1854 Besuch in Jerusalem (Reisebericht »Nach Jerusalem«, 1858), Gründung der ersten säkularen Schule für jüdische Kinder (Lämelschule). 1876 für sein philanthropisches Blindenwerk geadelt. (MP)

Frankreich. Einzelne Juden siedelten seit römischer Zeit, Gemeinden existierten seit dem 4. Jahrhundert (Arles, Avignon, Bordeaux, Narbonne). Im Frankreich der Merowinger kam es zu ersten restriktiven Judengesetzen und Zwangstaufen. Während der →Kreuzzüge häuften sich Verfolgungen und Ritualmordbeschuldigungen. Nach schweren Pogromen wurden 1394 sämtliche Juden aus Frankreich vertrieben; sie flohen überwiegend nach Savoyen, Italien und Spanien. 1492 begann mit der großen Judenvertreibung aus →Spanien und 1497 aus →Portugal eine neue Periode für die französischen Juden. Die Sepharden siedelten als →Marranen bzw. als »Neuchristen« in Frankreich und bekamen unter diesen Namen Wohnrecht. Starken Zuwachs erhielten die Juden in Frankreich nach der Einverleibung des →Elsaß (1648) und durch den Besitz Lothringens, wo konzentrierte Judensiedlungen bestanden. Als Ergebnis der →Französischen Revolution wurde in der Nationalversammlung am 28.1.1790 ein Emanzipationsdekret verabschiedet. Formell erfolgte am 27.9.1791 die bürgerliche Gleichstellung von etwa 40 000 französischen Juden. Weitgehende kulturelle Assimilation unter →Napoleon 1806–08 (Grand Sanhédrin, Consistoires). Volle Gleichberechtigung allerdings erlangten die französischen Juden erst 1846. Um 1880 erstarkte die antisemitische Bewegung, die in der Affäre →Dreyfus um die Jahrhundertwende kulminierte. Von etwa 300 000 Juden (1939) wurden während der NS-Besatzung und auch unter dem →Vichy-Regime etwa 80 000 französische Juden ermordet. Zahlreiche Juden kämpften in der Widerstandsbewegung und der →Armée Juive (Harry Baur, Jacques Bingen, Joseph Boczov, Joseph Epstein, Szolms Grzywacz, Raymond Lévy, Sam Segal u. a.). Den großen Anteil der Juden am geistigen, kulturellen und politischen Leben Frankreichs symbolisieren Namen wie S. →Bernhardt, L. →Brunschvicg, L. →Blum, M. →Chagall, Edmond Fleg, Daniel Halévy, Gabriel Lippmann, Pierre Mendès-France, J. →Offenbach u. a. Wichtige jüdische kulturelle Organisationen in Frankreich waren und sind die →Alliance Israélite Universelle (seit 1860), die →Société des Études Juives (seit 1880) sowie das Centre de Documentation Juive Contemporaine (seit 1943; →Dokumentationszentren). Bestimmende Organisationen des Gemeindelebens sind: →Conseil Représentatif des Institutions Juives de France (CRIJF), →Consistoire de Paris und Consistoire Central sowie →Fonds Social Juif Unifié (FSJU) und Appel Unifié Juif de France (AUJF). Die jüdische Bevölkerung von Frankreich hat zu einem großen Teil fast immer aus Immigranten bestanden. Traditionelle Siedlungsgebiete waren vor allem das Elsaß (Ostgebiet) und das Bordelais (Carpentras, Avignon, Westgebiet). Seit der Unabhängigkeitserklärung der Maghreb-Staaten kamen auch Einwanderer aus Marokko, Tunesien und Algerien. Frankreich ist zu einer Art Schmelztiegel der europäischen und nordafrikanischen Juden geworden. Die Schätzungen der Gesamtzahl der Juden in Frankreich gehen zumeist von 600 000 aus, wobei mehr als die Hälfte der jüdischen Einwohner in →Paris und Umgebung leben. Größere jüdische Gemeinden bestehen außerdem in Marseille (70 000), Lyon (25 000), Toulouse (23 000), Nizza (20 000), Straßburg (16 000), Grenoble (8000), Metz und Nancy (4000); hinzu kommt ein Dutzend mit rund 2000 Mitgliedern. Insgesamt existieren etwa 230 jüdische Gemeinschaften. Als sich die nordafrikanischen Juden in Frankreich niederließen, trugen sie mit ihren Sitten und Bräuchen zu einer völligen Erneuerung des Gemeindelebens bei. Der sog. aschkenasische Teil der Bevölkerung hat erheblich abgenommen, so daß die Führung der Gemeinden einen Sephardisierungsprozeß erfuhr. Dies hatte eine erhebliche Verstärkung des Solidaritätsgefühls mit dem Staat Israel zur Folge, das zwar auch früher existiert hatte, aber nie so stark zum Vorschein gekommen war. Das Jahr 1967 und der →Sechs-Tage-Krieg waren ein Wendepunkt in der modernen Geschichte der Juden in Frankreich. Zur Steigerung des jüdischen Selbstbewußtseins haben auch die Politik und die Äußerungen de Gaulles beigetragen. Der jüdischen Elite, die als Minister, hohe Beamte, Ministerialdirektoren, Sonderberater und dgl. tätig war und ist, gehörte auch z. B. Laurent Fabius an, der als Ministerpräsident viel für die jüdische Gemeinde getan hat. Heute sieht man sich mit einer neuen Form des Antisemitismus konfrontiert. Beispiele dafür sind der Front National und die Schändung des jüdischen Friedhofs von Carpentras am 9./10. 5. 1990. Das für die französischen Juden typische Zugehörigkeitgefühl wird auch von Menschen empfunden, die nicht mehr nach den Regeln des rabbinischen Judentums leben wollen. Es gibt zahlreiche Mischehen. Es wurden auch Gemeinden gegründet, die sich zur Reformbewegung bekennen. Die profiliertesten Vertreter des Judentums gehören meist liberalen Synagogen oder Gemeinden an. Zu erwähnen sind hier vor allem in Paris die Synagoge in der Rue Copernic und die in der Rue Gaston de Caillavet, wo zum erstenmal in Frankreich eine Frau als Rabbinerin und geistige Führerin einer jüdischen Gemeinde nach US-amerikanischem Vorbild fungiert. Demgegenüber versammeln sich in der Synagoge in der Rue Cadet diejenigen Juden, die sich als die Erben von S. R. →Hirsch betrachten; die Synagoge ist eine Hochburg der jüdischen Orthodoxie in Paris. Die Überlebenden der KZs lasen vorwiegend jiddische Publikationen wie »Unser Wort«. In den 60er Jahren umfaßte die jüdische Presse 45 Publikationen, darunter drei jiddische Tageszeitungen sowie die bekannten Publikationen »Droit et liberté« und »Le Monde Juif«. Heutzutage liest man fast ausschließlich französischsprachige Zeitungen wie »L'Arche« (Sprachrohr des FSJU, eine Monatsschrift), »Communauté Nouvelle« (Sprachrohr des AUJF; erscheint drei- bis viermal im Jahr) oder »Tribune Juive« (eine Wochenschrift, die in Straßburg entstanden ist, aber heute in Jerusalem von Rabbiner Jacquôt Grunwald herausgegeben wird); Synagogen geben Gemeindeblätter heraus, so »La Voix De La Victoire«, herausgegeben von M.-R. Hayoun für die Gemeinde der großen Synagoge La Victoire. Zu den Monatsschriften und Zeitungen kommen noch eine Rundfunksendung (»Ecoute Israel«) und eine Fernsehsendung (»Bible ouverte« und »La source de la vie«) hinzu. Außerdem existieren drei wichtige Buchreihen: »Présences du Judaïsme«, »Les Droites Paroles« und »Patrimoines-Judaïsme«. (MH)

Frankreich, Israels Beziehungen zu. Von der Mitte der 1950er Jahre bis zum →Sechs-Tage-Krieg 1967 war Frankreich Israels wichtigster Waffenlieferant. Auch Israels Nukleartechnologie kam zunächst aus Frankreich. Nachdem Präsident Charles de Gaulle den Algerienkrieg beendet hatte, suchte Frankreich wieder engere Kontakte zu den arabischen Staaten. De Gaulle kritisierte das israelische Vorgehen im Sechs-Tage-Krieg vehement und verhängte ein Embargo gegenüber Israel. Die Tatsache, daß Frankreich bald zum wichtigsten westlichen Waffenlieferanten vieler arabischer Staaten wurde, verschlechterte die Beziehungen zu Israel noch weiter. Wie die Sowjetunion, so mußte auch Frankreich in den 1980er Jahren erkennen, daß es auf einen zu einseitig proarabischen Kurs gesetzt und damit an Einfluß in der Region verloren hatte. Präsident François Mitterrand bemühte sich um bessere Beziehungen zu Israel. Sein Nachfolger Jacques Chirac löste bei einem Besuch in Jerusalem im Oktober 1996 mit seiner Absicht, in Ostjerusalem das Orienthaus, die inoffizielle außenpolitische Vertretung der Palästinenser, zu besuchen, einen Eklat aus.

L S. Cohen, De Gaulle, les gaullistes et Israel, 1974. – S. K. Crosbie, A Tacit Alliance. France and Israel from Suez to the Six Day War, 1974. – H. H. Weinberg, The Myth of the Jew in France 1967 bis 1982, 1987. (DB/MW)

Franziskaner, der vom Heiligen Franz von Assisi 1209 gestiftete Orden (Ordo fratrum minorum, Abkürzung OFM) wurde 1223 durch Papst Honorius III. bestätigt. Bald bildeten die »Minderbrüder« den am weitesten verbreiteten Bettelorden. Von einigen fanatischen Ordensangehörigen wie z. B. →Bernardino da Feltre, →Johannes Capestrano und Bernhard von Siena abgesehen, war die Haltung des Ordens gegenüber den Juden weniger feindlich als die der →Dominikaner. Vergleiche auch →Alexander von Hales, J. →Duns Scotus, →Raimundus Lullus.

🄻 H. Holzapfel, Handbuch der Geschichte des Franziskanerordens, 1909. (PAU)

Franzos, Karl Emil, Schriftsteller, 25. 10. 1848 Czortkow, Galizien – 28. 1. 1904 Berlin. Nach beendetem Jurastudium Erfolg mit ersten Erzählungen (»David der Bocher« 1870, »Ein einzig Kind« 1873), der die weitere Themenwahl bestimmte: Die Novellenbände »Aus Halbasien« (1876) und »Die Juden von Barnow« (1877) mit ihren Schilderungen jüdischen Lebens in galizischen Städtchen erreichten ungewöhnlich hohe Auflagen und wurden in 16 Sprachen übersetzt. Franzos, der bereits als Gymnasiast in Tschernowitz für die deutsche Kultur focht, vertrat auch in seinen Darstellungen des ostjüdischen Milieus assimilatorische Ideen, ohne religiöse, soziale und wirtschaftliche Umstände einzubeziehen. Die angestrebte Objektivität zwang ihn jedoch auch zur Schilderung der Mängel der gepriesenen deutschen Kultur und der Lichtseiten der geschmähten jüdischen Daseinsform. Erst im Spätwerk (»Der Pojaz«, geschrieben 1893, erschienen posthum 1905; »Leib Weihnachtskuchen und sein Kind«, 1896) gelangt Franzos, auch unter dem Eindruck des zunehmenden Antisemitismus, zu einer ausgewogeneren Darstellung ostjüdischen Lebens. Verdienste erwarb sich Franzos ferner als Herausgeber der literarischen Halbmonatsschrift »Deutsche Dichtung« (1886 ff.) und Herausgeber der ersten Werkausgabe Büchners. (MP)

Französische Revolution. Zu Beginn der Französischen Revolution von 1789 befanden sich die Juden in Frankreich in vollständiger Rechtlosigkeit. Als nach der Erstürmung der Bastille im ganzen Land Bauernunruhen ausbrachen, wurden diese im →Elsaß von Pogromen begleitet. Mehr als 1000 Juden flohen in die Schweiz. In der Nationalversammlung setzte sich Abbé Grégoire für die Rechte der bedrängten Juden ein. Am 22. 8. 1789 erörterte die Nationalversammlung zum ersten Mal die Frage der Gleichberechtigung. Die Partei der Juden ergriff vor allem Graf Mirabeau. Der Debatte folgten verschiedene Petitionen der Pariser Juden, Beschlüsse wurden jedoch immer wieder vertagt. Am 28. 1. 1790 wurde ein Beschluß angenommen, der sich gegen die Interessen der Juden richtete. Einem Vorschlag der jüdischen Delegation aus Bordeaux zufolge sollten nur die Sephardim Gleichberechtigung erlangen, nicht aber die elsässischen Juden. Nach monatelangen heftigen Auseinandersetzungen faßte die Nationalversammlung am 27.9.1791 einen Beschluß, nach dem »sämtliche hinsichtlich der Juden aufgenommenen Klauseln und Ausnahmeverfügungen außer Kraft« gesetzt werden sollten. Zahlreiche Juden, die als »Aristokraten« oder »Ausländer« verdächtigt wurden, fielen dem Terror zum Opfer. Wirkliche Gleichberechtigung erreichten Frankreichs Juden erst wesentlich später. Außerhalb Frankreichs, so auch in den deutschen Staaten, brachten die Truppen →Napoleons den Juden vorübergehend bürgerliche Gleichstellung. Der Gleichstellungsprozeß der Juden hatte vor allem in Frankreich eine Welle des →Antisemitismus zur Folge. Fragen, die bis heute diskutiert werden, lauten: Hatte die Französische Revolution für die Juden einen Janus-Charakter, indem sie einseitig der Ideologie der Assimilation Vorschub leistete? Bedeutete der von der Französischen Revolution eingeleitete Prozeß der Emanzipation auch eine Abkehr von religiösen Traditionen und eine Entwicklung zur Entwurzelung der Juden?

🄻 L. Kahn, Les juifs de Paris pendant la révolution, Paris 1899. (WJ)

Frauenbewegung, deutsch-jüdische. Die Stellung der jüdischen Frau (vgl. auch Die →Frau im Judentum) im Deutschland des 19. Jahrhunderts beruhte auf einer traditionellen Rollenverteilung, die jüdischen Frauen außerhalb der Familie nur die Wohltätigkeit gestattete. Es entstanden jüdische Wohlfahrtsorganisationen, die sich überwiegend sozialen Aufgaben widmeten (Kranken-, Alters-, Berufsfürsorge und Erziehungsheime). Die aus Liberalismus, Idealismus und Romantik der späten 1840er Jahre hervorgegangene allgemeine deutsche Frauenbewegung führte 1865 zur Gründung des »Allgemeinen Deutschen Frauenvereins« (ADF), der sich als Kern der bürgerlichen Frauenbewegung vor allem für die wirtschaftliche Unabhängigkeit der Frauen einsetzte und das Recht auf Bildung und Arbeit forderte, das traditionell nur Männern zugestanden wurde. Der ADF, der 1866 gegründete Lette-Verein, der sich für die Berufstätigkeit der Frau einsetzte, und die Mitte des 19. Jahrhunderts aufkommenden Fröbelschen Kindergärten wurden von zahlreichen jüdischen Frauen unterstützt (u. a. H. →Goldschmidt, H. →Karminski, Henriette Fürth,

J. →Levy-Rathenau). 1894 entstand durch den Zusammenschluß aller feministischen Gruppierungen der »Bund deutscher Frauenvereine« (BDF). Diejenigen Frauen, die von den Zielen der deutschen Frauenbewegung überzeugt waren, denen der karitative Charakter der jüdischen Wohlfahrtsverbände jedoch nicht ausreichte und die eine religiöse Richtung der Bewegung bevorzugten, schlossen sich 1904 zum Jüdischen →Frauenbund (JFB) zusammen. Seitdem kann von einer organisierten deutsch-jüdischen Frauenbewegung gesprochen werden. Die Vorstellungen des BDF lieferten sowohl der bürgerlichen deutschen als auch der jüdischen Frauenbewegung eine gemeinsame Basis. Teile der Organisationsstruktur und des Programms des BDF übernahm der JFB. Beide Organisationen hatten aber unterschiedliche Schwerpunkte. Kam es dem BDF auf bessere Ausbildungs- und Berufschancen und die politische Gleichstellung der Frau an, legte der JFB, geprägt von der Tradition jüdischer Wohlfahrtsverbände, seinen programmatischen Schwerpunkt auf das Gebiet der Sozialarbeit. Die Gründung des JFB war auch eine Reaktion auf den Antisemitismus. Der JFB verfolgte ähnliche Interessen wie der →Centralverein deutscher Staatsbürger jüdischen Glaubens (Z. V.). Als Alternative zu den nichtreligiösen Frauengruppen und als ein organisierter Interessenverband, der sich für die Gleichstellung der Frau in der jüdischen Gemeinde einsetzte, war der JFB wie der Z. V. bestrebt, die Bindungen innerhalb des Judentums zu stärken. Seit den 20er Jahren war der Kampf gegen den Antisemitismus Bestandteil des Programms. Die Bemühungen des JFB um eine liberale, pluralistische Gesellschaft scheiterten. Die Vorbereitung der Frauen auf die Emigration war bis zu seiner Zwangsauflösung im Jahr 1938 die Hauptaufgabe des JFB. 1953 wurde der JFB in der Bundesrepublik Deutschland neu gegründet.

[L] M. A. Kaplan, Die jüdische Frauenbewegung in Deutschland (1904–1938), 1981. (MAM)

Essay

Die Frau im Judentum

Pnina Navè-Levinson

Nach dem Verständnis der Hebräischen Bibel sind Mann und Frau nach dem Ebenbild Gottes erschaffen (Gen 1,27). Die wünschenswerte Lebensform von Erwachsenen ist die →Ehe. In orientalischen Ländern gibt es von jeher auch die Polygamie, doch wurde sie selten ausgeübt und mehrheitlich in jüdischen Gesellschaften untersagt. Die Erfüllung der Persönlichkeit in einer Ehepartnerschaft beruht auf geistigen, seelischen und körperlichen Komponenten. Auf diese wurde stets Wert gelegt. Das verhinderte die einseitige Sicht der Frau als Sexualobjekt. Hingegen betonen die jüdischen Richtlinien schon früh den Anspruch der Frau auf regelmäßigen Verkehr und Orgasmus. Kinder sind als hohes menschliches Glück willkommen. War eine schwierige Geburt zu befürchten, durften jedoch bereits in talmudischer Zeit von der Frau Verhütungsmittel angewandt werden, da ihre Gesundheit ein Grundrecht ist. Nach rabbinischer Meinung hat die Frau mehr Verstand als der Mann, und er soll sich mit ihr beraten. Bei Nichtgelingen der Ehe und Kinderlosigkeit ist die Scheidung möglich. Sie erfolgt mittels des Scheidebriefs (→Get) und darf seit dem 11. Jahrhundert nur mit Einwilligung der Frau geschehen. Die Rechtsquellen bestimmen seit der Mischna die Scheidungsgründe, auch für die Frau. Die finanzielle Sicherung der Frau ist in der →Ketubba (Eheverschreibung) bezeugt, die oft künstlerisch gestaltet und im Hause aufgehängt wird.

Die Bibel betont die pädagogische Aufgabe beider Eltern. Beide tragen Verantwortung für die Charakterbildung und die Lebenstüchtigkeit ihrer Töchter und Söhne. Die Eltern vermitteln die ethischen und kultischen Werte und Inhalte, die zugleich die Sinnhaftigkeit der Gemeinschaft ausmachen. Dabei ergreifen oft Frauen die Initiative und sichern so das Fortleben des jüdischen Volkes. Kennzeichnend ist die durchgehende, traditionelle Ehrung der Frau als »Krone des Mannes« (Spr 12,4) und »Priesterin des Hauses«: Sie leitet den Sabbat und die Festtage durch das Entzünden und das Segnen der Lichter ein; Mann und Kinder singen in traditionellen Familien das biblische Frauenlob (Spr 31); häufig wird die Mutter mit der Gegenwart der göttlichen →Schechina verglichen. Jedoch hängt die Ehrung der Frau nicht von der Tüchtigkeit ab; vielmehr gebührt sie mit aller gesundheitlichen Fürsorge gerade auch der alten oder schwachen Frau. Zur Verwirklichung jüdischen Lebens in Haus und Gemeinde waren stets vielseitiges Wissen und Fertigkeiten nötig, die in Familie und Schule weitergegeben wurden. Dazu gehören Hygiene, Heilmethoden, die Kenntnis von Krankheitszeichen bei Fleisch und Fischen ebenso wie das Lesen biblischer und rabbinischer Kommentare in Hebräisch und/oder den jeweiligen Umgangssprachen bereits zu Zeiten, als Lesen und Schreiben noch nicht Teil der Gesellschaft in ihrer Gesamtheit waren. Schon in der Antike sollten Mädchen, anders als Knaben, die Sprache der nichtjüdischen Gesellschaft gründlich lernen (Pea 25c). In vielen jüdischen Familien ergänzten sich so die jüdische und die allgemeine Bildung sowie deren Vermittlung durch die Eltern. Kennzeichnend dafür ist die Umschreibung bzw. Umarbeitung europäischer Epen des Mittelalters in hebräische Buchstaben sowie konkurrierender biblischer Epen u. a. ins Jüdisch-Deutsche. Diese und andere Werke dienten dem Vorlesen am Sabbat.

Zur religiösen und kultischen Tätigkeit der Frau gehörten: die Mitgliedschaft in der Beerdigungsgemeinschaft, der Chewra Kaddischa; das Knüpfen von Schaufäden (Zizit) in Gebetsmäntel; das Zusammennähen von Torarollen; das Besticken der aus Knabenwindeln herzustellenden Wimpel, der Torabänder; die Herstellung von Toravorhängen aus kostbaren Kleidern; das Schenken persönlicher Schmuckstücke zur Umwidmung als Toraschmuck. Frauen erlernten auch die Kunst des Beschneidens und wurden Mohelet, Beschneiderin. Um Familie und Nachbarschaft versorgen zu können, erhielten sie, nach Studium und Praktikum, das Diplom als Schochetet, als Schächterin von Geflügel. Mancherorts leiteten sie Schlachthäuser.

Die Vorschriften zum gesundheitlichen Schutz der Frauen bestimmten, daß sie keine Feldarbeit leisten sollten. Hingegen übten sie seit biblischer Zeit viele Erwerbstätigkeiten aus und hatten oft auch Grundbesitz, den sie eigenständig kauften oder verkauften (Spr 31,14–18); Dokumente der Frau Babata aus den Höhlen am Toten Meer, 2. Jahrhundert, Schrein des Buches in Jerusalem). Frauen mit kaufmännischen Kenntnissen verwalteten Familien- und Gemeindegelder. Oft waren sie im Pfand- und Bankgeschäft tätig, so z. B. die Tochter Rabbi Judas des Frommen aus Regensburg (13. Jahrhundert), Gracia Mendes Nassi (Niederlande, Italien, Türkei, 16. Jahrhundert), →Glückel von Hameln (17. Jahrhundert), Flora Sassoon (Indien, London, 20. Jahrhundert).

Die Verantwortung für das jüdische Wohlfahrtswesen wurde stets von Frauen und Männern übernommen. Frauen leiteten Stiftungen für Krankenhäuser und Altenheime oder verwalteten Schenkungen für die Herstellung zunächst handgeschriebener, später gedruckter Bücher. Frauen waren als Setzerinnen hebräischer Bücher in berühmten Familienverlagen in den deutschen Ländern, in Italien und in der Türkei tätig. Die meisten Talmudfolianten der letzten hundert Jahre erschienen im Verlag der Witwe Debora Romm in Wilna. Das moderne hebräische Verlagswesen wurde weitgehend von Frauen aufgebaut, beispielsweise von Schoschana Persitz (Rußland, Deutschland, Israel) und Bracha Peli (Israel).

Andere Stiftungen befaßten sich mit dem Bau und dem Unterhalt von Synagogen. Inschriften aus fünfhundert Jahren, die man in den Mittelmeerländern gefunden

hat, bezeugen zudem, daß Frauen leitende Positionen in der Synagogengemeinde innehatten, etwa als Vorsteherin, Älteste oder »Mutter der Synagoge«. Diese Zeugnisse wurden von Forschern oft als inhaltslose »Ehrentitel« gedeutet, weil nicht sein konnte, was nicht sein durfte.
Aus dem Gesagten geht bereits hervor, daß die Religionsausübung der Frauen über Jahrtausende hinweg ebenso intensiv war wie die der Männer. Wesentliche Ausdrucksformen des Judeseins wie die Sexualhygiene, die Speisevorschriften, die Sabbatruhe und das Betenlernen der Kinder gehörten überwiegend in die Verantwortung der Frau. Hinzu traten freilich Ausgrenzungen aus »männlich« verstandenen religiösen Pflichten wie dem Tragen von Schaufäden, des Gebetsmantels (Tallit) und der Gebetskapseln (Tefillin) beim wochentäglichen Morgengebet; ferner waren Frauen ausgeschlossen vom Vorbeten und vom Tora-Vorlesen in der Gemeinde der Männer, von der Zugehörigkeit zum Minjan, der Zehnerschaft als Mindestgemeinde, und von der Teilnahme als dritte Person an der Liturgie des Tischgebets. Einige, ja manchmal sogar alle der genannten Funktionen wurden jedoch zu verschiedenen Zeiten auch von Frauen übernommen. So lesen Frauen die Ester-Rolle vor und werden zur Tora aufgerufen, wenn eine Gemeinde ganz aus Kohanim (Priesterstämmlingen) besteht, oder legen Tefillin mit oder ohne Segensspruch an. In Orient und Okzident leiteten Frauen stets ihre eigenen Gebete in Hebräisch und den Umgangssprachen, bildeten bei Tisch selbst die liturgische Dreierschaft (z. B. im Mittelalter in Deutschland und Frankreich) und kannten durch Jahrhunderte die Vorbeterin, die in der Frauensynagoge (Weiberschul) die Liturgie leitete. Solche frühen Vorbilder spielen heute eine wichtige Rolle, wo immer orthodoxe und nichtorthodoxe Jüdinnen sich in ihrem Selbstverständnis und ihrem Wirken für die Gemeinschaft neu definieren.
Das betrifft seit Beginn des 20. Jahrhunderts zunehmend auch das Tora- und Talmudstudium von Mädchen und Frauen. Früher studierten Frauen gleichsam passiv, als Nutznießerinnen des häuslichen Studiums ihres Mannes. Mit zunehmender Emanzipation errichtete die Orthodoxie eigene Institute, an denen Frauen studieren konnten. So wuchsen Generationen würdiger Erbinnen jener Frauen heran, die sich seit der Antike einen Namen als rabbinische Gelehrte gemacht hatten.
Ähnlich steht es mit der Amtsausübung von Predigerinnen, Rabbinerinnen und Vorbeterinnen (Kantorinnen, Chasanijot). Im Chassidismus wirkten einige Frauen als weibliche »Rebbes«, zum Beispiel Edel, die Tochter des Ba'al Schem Tow, und Channa, die Maid von Ludomir (19. Jahrhundert). Lilli Montagu (1874–1963) war Gründerin und Laienpredigerin der Londoner liberalen Synagoge. Frauen in Amerika, Deutschland und Asien übernahmen nach dem Tod ihrer Ehemänner rabbinische Aufgaben. Als erste ordinierte Rabbinerin wirkte Regina Jonas seit 1934 in Berlin, später in Theresienstadt (sie starb in Auschwitz). In den USA und in England erfolgt die Ordination von Rabbinerinnen seit 1972 im Reformjudentum und bei den Liberalen, seit 1984 bei den Konservativen. Bald werden wohl auch Orthodoxe auf diesem Weg folgen. Ähnliches gilt für die Ausbildung und die Anstellung von Kantorinnen.
Gleichzeitig besteht ein verstärktes Interesse an der Wiederentdeckung und der Neuschaffung von spezifisch weiblichen Ritualen als Ausdruck religiösen Lebens in Gruppe, Familie und Gemeinde, so bei der Niederkunft der Mutter, der Geburt der Tochter, der Bat Mizwa, der Konfirmation oder Bat Tora, beim Beginn des Studiums, bei der paritätischen Ketubba und der Trauung sowie bei einer Scheidung, beim Eintritt der Menstruation und der Wechseljahre. Hinzu kommen die Feier des Neumonds als »klassischer« Frauenfeiertag, das Singen des Kiddusch, des Weinsegens, die Fragen der vier Töchter bei der österlichen Seder-Feier. All dies sind Bestandteile der jüdischen feministischen Theologie, sofern sie sich als partnerschaftlicher Zugang zum Judentum versteht.
In der *Kunst* wirken Jüdinnen seit bibli-

scher Zeit in orientalischen und westlichen Ländern in Kunsthandwerk, Dichtung, Gesang und Tanz. Mit der Emanzipation im 19. Jahrhundert, seit der Zeit der Berliner und der Wiener Salons, war für Frauen die Möglichkeit weiterer Betätigung in der Kunst gegeben, vor allem in Theater und Oper, in der Literatur und der Förderung anderer Künste, der Musik, der Malerei und der Bildhauerei.

Seit der Zulassung von Frauen in *Wissenschaft* und *Politik* nehmen Jüdinnen intensiven Anteil an diesen Gebieten. Ihr Interesse gilt sowohl speziell jüdischen Themen als auch politischer und sozialer Aktivität in der jeweiligen Gesellschaft. Dabei gibt es keinen Unterschied zwischen religiös gebundenen und nicht religiösen Frauen, ob es sich nun um Berufsausbildung, Hochschularbeit oder politische und diplomatische Tätigkeit handelt. Grenzen bilden vor allem männliche Bestrebungen, das Teilen von Macht zu verhindern. Darin gleichen sich Juden und Nichtjuden.

Insgesamt ist festzustellen, daß es vor allem zwei menschliche Grundfaktoren sind, die den Weg der Jüdinnen und ihre Handlungsmöglichkeiten bestimmt haben: das Verständnis des jüdischen Religionsgesetzes, der Halacha, und soziale Gegebenheiten. Die Halacha kann und muß den Lebensumständen angepaßt werden, da sie keine starre oder gar monolithische Größe ist. Dabei hängt viel von der Einsichtsfähigkeit der Gesetzesdeuter ab. Verantwortungsgefühl sowie berechtigte und grundlose Ängste ergeben sich aus der Minderheitssituation der Juden. Jedoch wird heute betont, daß erst die sichtbare und anerkannte Teilnahme von Frauen an der Weiterentwicklung der Halacha deren erneute Belebung bewirkt. Wo Traditionalisten davor zurückscheuen, sollten sie sich vor allem auf die biblische Forderung nach Gerechtigkeit besinnen, die ein halachischer Grundsatz ist: »Tue das Gute und Richtige in den Augen Gottes« (Dtn 12,28). Moderne orthodoxe Halachisten wenden diesen Grundsatz kritisch an und weisen darauf hin, daß die einzigen gesellschaftlich und persönlich relevanten archaischen Gesetze, die nicht geändert wurden, Ungerechtigkeiten gegen Frauen enthalten: so das erforderliche Einverständnis des Mannes zur Scheidung; die Freistellung einer kinderlosen Witwe durch einen Schwager, bevor eine neue (orthodoxe) Ehe eingegangen werden kann; die Erklärung von Kindern aus einer halachisch nicht möglichen Verbindung zu Mitgliedern der Kaste des →Mamser; das Verbot der Ehe zwischen einer Konvertitin und einem Kohen. Diese Gesetze sind auch im Staat Israel noch gültig. Wie die Kritiker betonen, enthält die Halacha selbst Möglichkeiten, Vorschriften abzuschaffen, die Frauen diskriminieren. Schritte in diese Richtung haben die Konservativen unternommen; für die Reformjuden existiert das Problem ohnehin nicht mehr. Die gelehrten Rabbiner, die dies getan haben, gehören gewiß zu den Jüngern der Prophetin und Richterin Debora, die nach Auffassung französischer Rabbiner des Mittelalters die Richter Israels in der Halacha unterwies, und der Prophetin Hulda, in deren Lehrhaus Männer die vergessene Deutung der Tora erlernten.

[L] I. Abrahams, Jewish Lives in the Middle Ages, 1896. – M. M. Brayer, The Jewish Woman in Rabbinic Literature, 1986. – B. J. Brooten, Women Leaders of the Ancient Synagogue, 1982. – I. Epstein, The Jewish Women in the Responsa (900–1500), 1934. – L. Jung (Hrsg.), The Jewish Woman, 1934. – R. Katznelson-Shazar (Hrsg.), The Plough Women of Palestine. Memoires, 1975. – M. Kayserling, Die jüdischen Frauen in Geschichte, Literatur und Kunst, 1879. – N. R. Lazarus, Das jüdische Weib, 1922. – P. Navè-Levinson, Sexualität, in: M. Klöcker/U. Tworuschka (Hrsg.), Ethik der Religionen, Band 1, 1984. – P. Navè-Levinson, Was wurde aus Saras Töchtern? Frauen im Judentum, 1990. – P. Navè-Levinson, Perspektiven einer jüdischen feministischen Theologie, 1991.

Frauenbund (JFB), Jüdischer, in Deutschland 1904 von B. →Pappenheim und Sidonie Werner gegründet. Der JFB widmete sich der Sozialfürsorge, jüdisch-religiöser, kultureller und pädagogischer Information. Die Ziele des JFB waren die Abschaffung des Mädchenhandels, die Durchsetzung des Frauenwahlrechts, des Rechts auf eine Ausbildung und bessere Ausbildungsbedingungen sowie Hilfen für unverheiratete Mütter. Der JFB hatte 1935 in 450 Ortsverbänden etwa 52 000 Mitglieder, gab die »Monatsblätter der jüdischen Frau« heraus. 1938 zwangsaufgelöst, neugegründet im Mai 1953 auf Initiative des kurz vorher entstandenen Verbands der jüdischen Frauenvereine Nordwest-Deutschlands unter Vorsitz von Käte Weinberg, schloß sich der JFB, der →Zentralwohlfahrtsstelle, dem Deutschen Frauenrat und 1954 dem International Council of Jewish Women an. 1971 existierten Ortsverbände in 24 Städten. Der JFB veranstaltet Arbeitstagungen zu Fortbildung und Informationsaustausch, z. B. über Sozialarbeit, Generationskonflikte, das Verhältnis der jüdischen Frau zur Religion. 1956–80 erschien als Beilage der »Allgemeinen Jüdischen Wochenzeitung« das Mitteilungsblatt »Die Frau in der Gemeinschaft«.

L M. A. Kaplan, Die jüdische Frauenbewegung in Deutschland (1904–1938), 1981. (EP)

Frauenpartei, 1977 von Marcia Friedman gegründete israelische politische Partei, die sich besonders der Frauenpolitik widmen wollte. 1969 aus den USA nach Israel eingewandert, war Friedman zunächst Mitglied und Knessetabgeordnete der →Bürgerrechtsbewegung, dann der kurzlebigen →Jaad-Fraktion/Partei und der →Unabhängigen Sozialisten. 1977 gründete sie in Israel eine reine Frauenpartei. Ihre Liste erhielt bei den Knessetwahlen 1977 jedoch nur 0,3 Prozent der Stimmen und damit keinen Knessetsitz.

L M. Wolffsohn, Politik in Israel, 1983. (DB/MW)

Fraustädter, Werner, Jurist, 7. 6. 1894 Leipzig – 29. 1. 1962 Tel Aviv, 1919/20 Leiter der Jüdischen Arbeiterfürsorgestelle in Duisburg. Seit 1923 verantwortlicher Redakteur bei verschiedenen Zeitschriften. 1927–33 juristischer Syndikus der »Reichsgewerkschaft deutscher Kommunalbeamten« und Leiter der juristischen Sprechstunde des →Arbeiterfürsorgeamts in Berlin. 1935 Emigration nach Palästina. Seit 1942 Regierungsbeamter der Mandatsregierung, dann des Staates Israel. 1945 »Ruppin-Preis« für die Arbeit »Das Recht der nationalen Minderheiten«. Mitglied der Gesetzgebungskommission des →Waad Leumi. (LH)

Freiburg →Baden

Freies Zentrum (FZ), im März 1967 gegründete, bürgerlich-liberale israelische politische Partei, die eine sofortige Annektion der im →Sechs-Tage-Krieg eroberten Gebiete befürwortete. Teilweise aufgrund persönlicher Rivalitäten mit M. →Begin spaltete sich eine Gruppe von Dissidenten unter Führung von Schmuel Tamir und Eliezer Schostak von der →Cherut-Partei ab. Vor den Knessetwahlen 1969 bot sich das FZ als »einzige Opposition« an, da die Cherut damals Teil einer großen Koalition war. Das FZ erhielt 1,2 Prozent der Stimmen und zwei Mandate. 1973 trat das FZ zum Teil dem →Likud-Block bei. Als FZ ging Tamirs Gruppe 1976 zur →Demokratischen Bewegung für Veränderung über. Schostak gründete 1975 eine eigene Partei, das →Unabhängige Zentrum.

L M. Wolffsohn, Politik in Israel, 1983. (DB/MW)

Freischulen. Schulgeldfreie Schulen für jüdische Kinder aus minderbemittelten Familien wurden bereits seit der Aufklärung (→Haskala) gegründet. Trotz der geringen Anzahl beeinflußten die Freischulen wesentlich die moderne jüdische Erziehung. Die erste Freischule wurde von D. →Friedländer 1778 in Berlin ins Leben gerufen, die offizielle Eröffnung erfolgte 1781. Um die Schulkosten zu decken, wurde eine hebräische Druckerei gegründet; dort entstand das erste hebräische Lesebuch. Die Freischule war die erste jüdische Schule, in der neben Hebräisch auch Deutsch und Französisch unterrichtet wurde. Unterrichtssprache war Deutsch, Profanfächer wurden als Kernstücke des Unterrichts verstanden. Dem Hebräisch- und Religionsunterricht wurde nur geringe Bedeutung im Lehrplan zugemessen. 1806 setzte der neue Rektor L. →Bendavid durch, daß auch christliche Kinder in die Freischule aufgenommen werden durften. 1819 verbot die preußische Regierung per Dekret christlichen Kindern den Besuch dieser Schule. Wegen finanzieller Probleme wurde die Freischule 1825 geschlossen, Lehrer und Schüler wurden von der Knabenschule der jüdischen Gemeinde Berlin übernommen. Eine weitere führende Freischule war die →Jacobson-Schule in Seesen, 1801 von

Rabbiner I. →Jacobson mit dem Ziel gegründet, die jüdische Jugend zu guten Staatsbürgern zu erziehen. Sie war die erste Simultanschule in Deutschland, von 1867 an stammte über die Hälfte der Schüler aus christlichen Familien. 1870 wurde die Jacobson-Schule zu einer Realschule, 1906 zu einem Reform-Realgymnasium. Seit 1922 hatte sie den Status einer öffentlichen Schule. Weitere Freischulen bestanden in Breslau (1791–1848, »Königliche Wilhelmsschule«), in Dessau (1799–1869, »Jüdische Haupt- und Freischule«, 1816 in »Herzogliche Franzschule« umbenannt, 1825 wurde ein Lehrerseminar angegliedert), in Wolfenbüttel (1807–1928, Samsonschule) sowie in Frankfurt am Main (→Philanthropin).

Sigmund Freud

🄻 M. Eliav, Jewish Education in Germany in the Period of Enlightenment and Emancipation (hebräisch), Jerusalem 1960. (RR)

Freud, 1. Anna, Psychoanalytikerin, 3.12.1895 Wien – 8.10.1982 London, Tochter und Schülerin von S. →Freud. Ausbildung zur Lehrerin; seit 1923 ausschließlich als Analytikerin tätig. 1938 Emigration nach London. Ihr theoretisches und praktisches Wirken konzentrierte sich auf den pädagogisch-psychoanalytischen Bereich. Mit der von Freud gegründeten und als ihr Lebenswerk zu betrachtenden »Hampstead Child Therapy–Course and Clinic« schuf sie eine Institution, die die drei Arbeitsgebiete praktische Kinderanalyse, psychoanalytische Forschung und Ausbildung von Kinderanalytikern miteinander verbindet und vermittelt. Ihre Werke sind als »Gesammelte Schriften«, im Jahr 1980 erschienen. (CH)

2. Sigmund, Begründer der →Psychoanalyse, 6.5.1856 Freiberg, Mähren – 23.9.1939 London, lebte von 1860 bis zu seiner Emigration 1938 mit kurzen Unterbrechungen in Wien. 1873–81 Studium der Medizin. Nach langjähriger psychotherapeutischer Tätigkeit wurde er 1902 Professor an der Universität Wien. Immer mehr in Distanz zur ausschließlich naturwissenschaftlich orientierten Psychiatrie entwickelte Freud eine Theorie von der menschlichen Psyche, deren Konstitution das Ergebnis eines wechselseitigen Prozesses physiologischer und sozialer Einflüsse ist. Das Lebenswerk Freuds umfaßt neben einer Theorie der psychischen Entwicklung und einer Psychopathologie und -therapie auch kulturtheoretische Analysen. Die Religion wird von Freud als psychisches Produkt gedeutet, das phylogenetisch mit dem Eintritt des Menschen aus dem Naturzustand in die kulturelle Ordnung entstand (Vatermord/Schuldgefühl). In »Der Mann Moses und die Monotheistische Religion« (1939) versuchte Freud, den jüdischen Monotheismus geschichtlich unter psychologischen Gesichtspunkten zu rekonstruieren: er sei auf die revolutionär-monotheistische Vorstellung des ägyptischen Pharaos Echnaton zurückzuführen, die der Ägypter Mose dem jüdischen Volk übermittelt habe. Die bei Hosea und anderen Propheten angedeutete Erhebung gegen Mose, sein gewaltsamer Tod und die Abwendung von seiner Religion sind nach Freud die Grundlage des jüdischen Messianismus. Freuds Schriften sind in 18 Bänden als »Gesammelte Werke« 1972 von Anna Freud herausgegeben worden.

🄻 P. Gay, Freud. A life for our Time, New York/London 1988. – E. Jones, Das Leben und Werk von Sigmund Freud, 3 Bände, 1960–62. (CH)

Freudenthal, Max, Rabbiner, 12.6.1868 Neuhaus an der Pegnitz – 11.7.1937 München. Freudenthal besuchte das →Jüdisch-Theologische Seminar und studierte Geschichte und Philosophie an der Universität Breslau; 1891 Promotion über Philo von Alexandrien. 1893 Rabbiner in Dessau, seit 1900 in Danzig und von 1907–34 in Nürnberg; anschließend lebte er bis zu seinem Tod in München. In Danzig und Nürnberg führte er gemäßigte Reformen vor allem des Religionsunterrichts und der Gebetbücher durch. Freudenthal war innerhalb der Bne-Briss-Logen aktiv und gründete die »Jakob-Herz-Loge« in Nürnberg. Zeitweise Vorsitzender der Bayerischen Rabbinerkonferenz und zweiter Vorsitzender des →Verbands Bayerischer Israelitischer Gemeinden. Darüber hinaus erwarb er sich mit seinen Arbeiten zur Geschichte der jüdischen Teilnehmer der Leipziger Messe, der jüdischen Gemeinden in Nürnberg und

Dessau sowie der Familie Gomperz Verdienste in der Regionalgeschichtsschreibung. (BV)

Freund, 1. Ismar, Historiker, 11.5.1876 Breslau – 21.2.1956 Jerusalem. Freund war 1902 bis 1938 Vorstandsmitglied und Syndikus der jüdischen Gemeinde Berlin, 1905–38 Dozent an der Lehranstalt bzw. →Hochschule für die Wissenschaft des Judentums, 1922 Mitbegründer des →Preußischen Landesverbands jüdischer Gemeinden, 1927 Mitglied der →Jewish Agency. 1939 Auswanderung nach Palästina, zahlreiche Veröffentlichungen zur Rechtsgeschichte der Juden in Preußen. (JS)

2. Wilhelm, Altphilologe, 27.1.1806 Kempen, Posen – 4.6.1894 Breslau. Freund studierte klassische Philologie und war 1855–70 Direktor der gehobenen israelitischen Gemeindeschule in Gleiwitz, Oberschlesien. Ausgedehnte literarische Tätigkeit auf dem Feld der Altphilologie, vor allem aber auf dem jüdischen Sektor. 1843/44 gab er mehrere Bände der Zeitschrift »Zur Judenfrage« heraus. Freund, ein führender Liberaler, beklagte, daß in Preußen das »ruhmgekrönte Emanzipationsgesetz zu einem kärglichen Juden-Schutz-Privilegium zusammengeschmolzen« sei.
L E. Hamburger, Juden im öffentlichen Leben Deutschlands, 1968. (JS)

Freytag, Gustav→Antisemitismus in der Literatur

Fried, Erich, Lyriker und Übersetzer, 6.5.1921 Wien – 22.11.1988 Baden-Baden. Seit 1938 als Emigrant in London ansässig; zunächst in unterschiedlichen Berufen tätig, von 1952 bis 1968 Kommentator des deutschen Programms der BBC, danach freier Schriftsteller. Übersetzer u.a. von Shakespeares Dramen (u.a. »Der Kaufmann von Venedig«, »Der Sturm«, 1984), Marlowes »Der Jude von Malta« (1981). Auschwitz bestimmte das Lebenswerk des Dichters und Moralisten Fried; erschüttertes Weltvertrauen und Heimatlosigkeit sind demnach die Grundlage aller seiner Werke, nicht nur der thematisch einschlägigen (z.B. »Angst und Trost. Erzählungen und Gedichte über Juden und Nazis«, 1983). Häufig wird Frieds Lyrik nur unter dem isolierten Aspekt einer radikalen politisch-moralischen Zeitkritik (Vietnam-Krieg, Terrorismus, Anti-Atom-Bewegung) bewertet (»und Vietnam und«, 1966; »Zeitfragen«, 1968); dabei werden andere Themen leicht übersehen (»Anfechtungen«, 1967; »100 Gedichte ohne Vaterland«, 1978; »Liebesgedichte«, 1979). Israel und der Zionismus wurden vor allem bezüglich der Palästinenserfrage scharf kritisiert (»Höre, Israel!«, 1974, erweiterte Ausgabe 1983); mit »jüdischem Selbsthaß« kann man diese Kritik aber nicht abtun, sie folgte eher einem prophetischen Gestus, insbesondere im Titelgedicht von »Anfechtungen« (1967). Hinter dem umstrittenen Zyklus steht Frieds Solidarität mit allen Opfern politischer Machtausübung, die allerdings nicht selten in Gefahr ist, bloß gesinnungsethisch zu wirken. (HH)

Friedberg, Heinrich von, Jurist und Historiker, 27.1.1813 Märkisch-Friedland – 2.6.1895 Berlin. 1829 Taufe, 1833–36 Jurastudium in Berlin, anschließend beim dortigen Kammergericht, 1848 ebenda zweiter Staatsanwalt, 1850 Oberstaatsanwalt am Appellationsgericht in Greifswald, 1854 Vortragender Rat und Geheimer Justizrat im Justizministerium, 1870 Präsident der Justizprüfungskommission, 1872 Mitglied des preußischen Herrenhauses, 1873 Unterstaatssekretär im Reichsjustizamt, 1875 Kronsyndikus, 1876 Staatssekretär, 1879 bis 1989 preußischer Justizminister, 1888 von Friedrich III. in den Adelsstand erhoben. Friedberg beschäftigte sich in seinen letzten Lebensjahren mit Forschungen zur deutschen Rechtsgeschichte.
L E. Hamburger, Juden im öffentlichen Leben Deutschlands, 1968. (JS)

Friedell, Egon (Friedmann), österreichischer Schriftsteller, 21.1.1878 Wien – 16.3.1938 Wien (Freitod). Friedell machte sich als Kabarettist, Feuilletonist, Satiriker, Kritiker, Übersetzer und Schauspieler einen Namen, ehe er mit seinen kulturgeschichtlichen Darstellungen (»Kulturgeschichte der Neuzeit«, 1927–32) Erfolg hatte. Das Judentum kannte für den zum Protestantismus übergetretenen Friedell keinen (philosophischen) Idealismus und verbreitete das Gift des Rationalismus. Von daher war sein Versuch naheliegend, sich 1935 den Nationalsozialisten anzuschließen – ein Verhalten, das zur Tragödie seines Selbstmords führte. (JD)

Friedensprozeß →Israel, →Palästina

Friedenthal, Karl Rudolf, Jurist und Politiker, 15.9.1827 Breslau – 7.3.1890 Gießmannsdorf, Oberschlesien. Friedenthal, seit 1832 evangelisch, war 1857–64 Landrat in Grottkau, Mitbegründer der freikonservativen Partei, 1867–70 Mitglied des Norddeutschen Reichstags und des Zollparlaments, 1870–81 MdR, 1870–79 Mitglied und 1873/74 zweiter Vizepräsident des Preußischen Abgeordnetenhauses, 1874 bis 1979 preußischer Landwirtschaftsminister, 1879 Mitglied des preußischen Herrenhauses, Mitglied des schlesischen Provinziallandtags.

🄻 L. Hamburger, Juden im öffentlichen Leben Deutschlands, 1968. (JS)

Friedhof (hebräisch »set ha-Kwarot«, auch »bet Olam« [Haus der Ewigkeit], gelegentlich auch »Bet ha-Chaim« [Haus des Lebens], Hiob 30,23). Der Friedhof hat als Ort der Erinnerung und des Gedenkens an die Toten im Judentum einen besonderen Stellenwert (auch →Trauerriten). In biblischer Zeit war es üblich, die Toten in Grabhöhlen (»Kuchim«) zu begraben, die in Felsen gehauen wurden, oder vorhandene Höhlen zu Grabstätten auszubauen. Bedingt durch ägyptische und hellenistische Einflüsse wurden die Toten – wie die Ausgrabungen in Bet Shearim zeigen – auch in Sarkophagen bestattet. In Megiddo, im Jesreeltal, wurden Reste von Schachtgräbern gefunden. Sehr verbreitet war auch die Form der Familiengräber, die allmählich zu einem Gemeindegrab ausgeweitet wurden. Der uns bekannte jüdische Friedhof hat seinen Ursprung in Babylonien. Im allgemeinen waren die Gräber in Reihen angeordnet. Es gab Ehrenreihen und Erb- bzw. Familiengräber. Selbstmörder, getaufte Juden und andere Verstorbene mit zweifelhaften Ruf wurden außerhalb der Reihen am Rande beerdigt. Die Gräber von Männern, Frauen und Kindern waren oft getrennt angelegt. Im aschkenasischen Bereich standen die Grabsteine senkrecht. Im Mittelalter sind die Grabsteine zumeist schmucklos gehalten. Erst am Ausgang des 16. Jahrhunderts, mit dem Aufkommen des Barockstils, tauchten auf jüdischen Grabsteinen Zierleisten, Zierbänder und Ranken als Dekor auf. Im Lauf des 19. Jahrhunderts entwickelte sich eine differenzierte und aufwendige Grabstein- und Grabinschrift-Kultur (→Grabkunst). (RED)

Friedhofsschändungen. Mutwillige Schändungen jüdischer Friedhöfe sind seit dem Mittelalter bekannt. Bei der Vertreibung der Juden aus Rothenburg o. d. T. (1298), Speyer (1349), Augsburg (1439) und Nürnberg (1489) sind ihre Friedhöfe zerstört worden gemäß der Devise: »Sepulcra hostium religiosa nobis non sunt« (Die Gräber unserer Feinde verdienen keine Ehrfurcht). Die Grabsteine wurden zur Ausbesserung der Stadtmauern, aber auch zum Haus- und Kirchenbau verwendet. Allerdings wurden im Mittelalter auch jüdische Friedhöfe von der weltlichen und geistlichen Obrigkeit unter Schutz gestellt. So sprach sich im 12. Jahrhundert eine Reihe von Päpsten in besonderen Schutzbullen dafür aus. Offensichtlich hatte man damals noch – im Gegensatz zu späteren Zeiten – mehr Achtung vor den Toten. Genauere Angaben über die Schändung jüdischer Friedhöfe existieren erst aus der Zeit nach dem Ersten Weltkrieg. So wurden in der Weimarer Republik von 1923–32 in einer Statistik 106 Fälle registriert. Man kann davon ausgehen, daß in der Zeit von 1933 bis 1945 zwischen 80 und 90 Prozent der insgesamt etwa 1700 jüdischen Friedhöfe geschändet wurden. Begünstigt und legalisiert wurden diese Taten durch offizielle Aufrufe, wie dem zur »Reichsmetallspende«. Nach Kriegsausbruch wurden Trupps von SA-Männern und Hitlerjungen auf jüdischen Friedhöfen zu »Demontagearbeiten« eingesetzt. Für die Zeit von 1945 bis 1980 hat ein Historiker im Bereich der Bundesrepublik Deutschland 598 Schändungsfälle ermittelt, von denen 64 Prozent nicht aufgeklärt wurden. Die Tendenz ist steigend. Die für Schmierereien auf Friedhöfen typischen Parolen wie »Juda verrecke«, »Sieg Heil« oder »Judenschwein«, verbunden mit Symbolen wie Hakenkreuz oder SS-Runen machen deutlich, daß die Täter überwiegend aus den Reihen des →Neonazismus stammen. Auffällig ist, daß sich die Schändungsfälle überwiegend auf die Jahreszeiten Frühjahr und Spätherbst konzentrieren. Dabei sind neben dem Jahrestag der →Reichspogromnacht (9. 11. 1938) auch religiöse Traditionen und Motive nicht zu unterschätzen. So lassen umgestürzte Grabsteine in der Passions- und Osterzeit auf das klassische Vorurteil des →Antijudaismus schließen. Im Mai 1990 wurde die Öffentlichkeit aufgeschreckt durch die besonders abscheuliche Form der Grabschändung auf dem jüdischen Friedhof im südfranzösischen Carpentras.

🄻 Centralverein (Hrsg.), Friedhofsschändungen in Deutschland 1923–1931. Dokumente der politischen Verwilderung unserer Zeit, 1932. (WJ)

Friedländer, 1. David, Kaufmann und Seidenfabrikant, 6. 12. 1750 Königsberg – 25. 12. 1834 Berlin. Friedländer, seit 1771 in Berlin, Freund und geistiger Nachfahre M. →Mendelssohns, Vorkämpfer der Judenemanzipation in Preußen, war darum bemüht, das Judentum als eine Konfession formenbefreiter Ethik zu definieren. Er wirkte als Herausgeber zahlreicher Übersetzungen von hebräischen Gebeten und Abschnitten der Bibel, als Mitarbeiter an Berliner Aufklärungs-Zeitschriften und verfaßte ein »Lesebuch für jüdische Kinder« (1779) in deutscher und hebräischer Schrift. Um der jungen jüdischen Generation den Eintritt in die bürgerliche Gesellschaft zu ermöglichen, schlug er im »Sendschreiben einiger Hausväter jüdischer Religion an den Probst Teller« (1799) einen modifizierten Übertritt der Juden zur christlichen Religion vor. Friedländer war anerkannter Führer der Berliner jüdischen Gemeinde, spielte aber auch eine bedeutende Rolle in der Berliner Gesellschaft. 1809 wurde er von der Berliner Stadtverordnetenversammlung als erster Jude zum Stadtrat gewählt.

🄻 E. Friedländer, Das Handelshaus Joachim Moses Friedländer & Söhne zu Königsberg in Preußen, 1913.– I. H. Ritter, Geschichte der jüdischen Reformation, Band 2: David Friedländer, 1861. (JS)

2. Salomon, Reformrabbiner, 23.9.1823 Brilon, Westfalen – 22.8.1860 Chicago, USA. Enkel des Oberrabbiners Joseph Abraham Friedländer (1752–1852), der sich für die Reformbewegung in Westfalen einsetzte. Studium in Berlin, Doktor der Philosophie, 1847 Prediger in Berlin, danach 1847–55 in Münster/Westfalen im Sinne der Reformbewegung tätig. Gleichzeitig bis 1851 Lehrer an der →Marks-Haindorf-Stiftung. Mußte auf Einspruch orthodoxer Kreise im Rheinland die Lehrtätigkeit aufgeben. Nach einem ergänzenden Medizinstudium und der Promotion zum Doktor der Medizin in Heidelberg emigrierte er 1855 in die USA, wo er als Prediger in Chicago tätig war. Hauptwerke: »Geschichte des israelitischen Volkes« (1847), »Der Verein für Westfalen und Rheinprovinz zur Bildung von Elementarlehrern und zur Beförderung von Handwerken und Künsten unter den Juden in Münster« (1850), »Predigten, gehalten im Tempel der jüdischen Reformgemeinde Berlin« (1857).

🄻 A. Herzig, Judentum und Emanzipation in Westfalen, 1973. (AH)

Friedrich, Erzbischof von Mainz (937–954). Trotz Ernennung durch Kaiser Otto I. war Friedrich dessen Gegner in der Reichs- und Kirchenpolitik. Er forderte und erlangte von Papst Leo VII. unter Berufung auf die Stellung des Bonifatius das päpstliche Vikariat für Germanien und leitete daraus einen Auftrag zur Juden- und Heidenmission ab. Schon 937 verlangte er von dem Priester Gerhard ein kanonistisches Gutachten vor allem zur Frage einer Bekehrung der Juden in seinem Amtsbereich. Als Gerhard nach eingehender Begründung vor allem mit Texten →Gregors des Großen Friedrichs Absicht einer Gewaltmission zurückwies, fragte Friedrich nochmals beim Papst an, ob er die Juden, wenn sie die Taufe verweigerten, ausweisen dürfe. Der Papst antwortete, Zwang sei unzulässig, gestattete jedoch als letzten Ausweg die Vertreibung der Juden. Offensichtlich ist es dazu nicht gekommen.

🄻 F. Lotter, Der Brief des Priesters Gerhard, 1975. (FL)

Friedrich I. von Hohenstaufen, genannt Barbarossa, deutscher König (1152) und Kaiser (1155–90), 1122 Waiblingen (?) – 10.6.1190 im Saleph, Kleinasien. Friedrich I. von Hohenstaufen erstrebte die Stärkung der Reichsgewalt und die Eingliederung Italiens im Kampf gegen Papsttum, lombardische Städte und Normannen. Er erneuerte 1157 das Privileg Kaiser →Heinrichs IV. für die Juden von Worms. Dessen allgemeine Geltung bestätigte die Formel von der Zugehörigkeit aller Juden zur kaiserlichen Kammer bei der Erneuerung des rheinfränkischen Landfriedens von 1179 und im Judenprivileg für Regensburg von 1182. Damit bereitete Friedrich I. von Hohenstaufen die sog. →Kammerknechtschaft vor. Nach der Auffindung einer ermordeten Christin mußten die rheinischen Judengemeinden vom Kaiser für 500 Mark Silber Schutz vor Verfolgungen erkaufen. Jüdische Chronisten lobten den Kaiser dafür, daß er und sein Sohn Heinrich (VI.) den Juden gewogen waren und sie, gemeinsam mit den Bischöfen – wenn auch gegen Geldzahlungen –, vor einer Verfolgung bewahrten, die ihnen nach dem Fall Jerusalems 1188 drohte.

🄻 K. Lohrmann, Judenrecht und Judenpolitik, 1990. (FL)

Friedrich II. (der Große), König von Preußen →Ephraim, V.-H., →Generalreglements, →Itzig, D., →Judenordnung(en), →Judenporzellan, →Mendelssohn, M., →Preußen

Friedrich II. von Babenberg, genannt der Streitbare, Herzog von Österreich und Steiermark (1230–46), 1210–15.6.1246. Der von Friedrich II. von Babenberg rücksichtslos geführte Kampf um den Ausbau seiner Territorialgewalt führte dazu, daß er 1235 vor dem Hofgericht angeklagt wurde; da er der Aufforderung, sich zu rechtfertigen, nicht Folge leistete, wurde er von Kaiser Friedrich II. geächtet und verbannt. Nach seiner Rückkehr gewährte Friedrich II. von Babenberg den Juden von Wien und Österreich ein Privileg (Privilegium Fridericianum), das den Erfordernissen der Zeit und dem Kirchenrecht besser angepaßt war als das Kaiser Friedrichs II. von 1238. Es gewährte den Juden Sicherheit für Leben und Eigentum, Synagogen und Friedhöfe, Gleichberechtigung im Zivilprozeß, Freiheit des Handels mit Wein, Farben und Drogen, freien Verkehr in herzöglichen Territorien, innere Gerichtsautonomie, Marktschutz bei Nachweis gutgläubigen Erwerbs von Diebesgut. Die gewachsene Bedeutung von Geldleihe und Pfandgeschäft spiegelt sich in 22 (von 30) Kapiteln wider. Das Privilegium Fridericianum diente – mit gewissen Veränderungen – als Vorlage für die Privilegien König Bélas für Ungarn 1251, König Ottokars II. Přemysl für Böhmen und Mähren 1255 und 1262, Herzog Boleslaw Pius' für das polnische Teilfürstentum von Kalisch und Gnesen 1264, schließlich König Kasimirs des Großen 1334 und 1364 für ganz Polen.

Ⓛ K. Lohrmann, Judenrecht und Judenpolitik, 1990. (FL)

Friedrich II. von Hohenstaufen, König von Sizilien (seit 1198), deutscher König (1196 bzw. 1212) und Kaiser (1220–50), 26. 12. 1194 Iesi – 13. 12. 1250 Fiorentino. Friedrich II. von Hohenstaufen gewann 1229 durch Vertrag Jerusalem (bis 1244), führte seit 1239 nach zweiter Bannung den Entscheidungskampf gegen das Papsttum, förderte das kulturelle Leben und die Wissenschaft und lud jüdische Übersetzer und Philosophen an den Königshof. Er sprach die Juden nach einer Ritualmordanklage in →Fulda nach Befragung von Experten frei und erneuerte 1236 das Judenprivileg →Friedrichs I., das er ausdrücklich auf alle Juden des Reichs bezog; auch definierte er deren Verhältnis zum Hof als →Kammerknechtschaft, um sie besser schützen zu können. Unter Friedrich II. von Hohenstaufen übertrug dessen Sohn Heinrich (VII.) als zeitweiliger Reichsverweser 1227 dem Grafen Wilhelm von Jülich als erstem weltlichen Fürsten das →Judenregal. Das Reichssteuerverzeichnis von 1241 weist aus, daß nur ein Teil der jüdischen Gemeinden Steuern an den Kaiserhof abführte. Während der Auseinandersetzungen mit Herzog →Friedrich II. von Österreich nahm Friedrich II. von Hohenstaufen 1238 in einer den Verhältnissen angepaßten Neufassung des Judenprivilegs auch die Wiener Juden unter kaiserlichen Schutz.

Ⓛ K. Lohrmann, Judenrecht und Judenpolitik, 1990. (FL)

Friedrich Wilhelm, der Große Kurfürst (von Brandenburg-Preußen), 16. 2. 1620 Berlin – 9. 5. 1688 Potsdam. Für den Ausbau seines merkantilistisch bestimmten absolutistischen Staates benutzte er auch die wirtschaftliche Potenz seiner jüdischen Untertanen, denen er für seine Zeit verhältnismäßig großzügige Privilegien und eine weitgehende Gemeindeautonomie einräumte. Er versuchte dadurch gegen den Willen der Stände in den neugewonnenen Westprovinzen (→Kleve, →Mark, →Ravensberg, →Minden, →Halberstadt) die Umwandlung der mittelalterlichen Wirtschaftsweise in die moderne Geldwirtschaft zu erreichen. Durch sein Edikt vom 21. 5. 1671 nahm er 50 reiche Familien, die aus Wien vertrieben worden waren, in Brandenburg auf und setzte damit die seit 1573 gültige »immerwährende« Judenverbannung für den Staat außer Kraft. Auch wenn er das System der →Schutzjudenschaft beibehielt, gewährte er den Juden ausreichenden Spielraum für die Handelstätigkeit. Die großzügige Politik des Großen Kurfürsten wurde von seinen Nachfolgern nicht in gleichem Umfang fortgesetzt; doch schuf er die Voraussetzungen dafür, daß →Preußen in der Neuzeit zum bedeutendsten Territorium für die Juden in Mittel- und Westeuropa wurde.

Ⓛ H. Holeczek, Die Judenemanzipation in Preußen, in: B. Martin/E. Schulin (Hrsg.), Die Juden als Minderheit in der Geschichte, 1981. – S. Stern, Der preußische Staat und die Juden, 1. Teil, 1. Abteilung, 1962. (AH)

Friedrichstadt, Stadt im Schleswig-Holstein. Kreis Nordfriesland, von Gottorfischen Herzögen 1621 angelegte Freistätte für holländische Remonstranten und Mennoniten; für 1674 sind Zeugnisse für das Vorhandensein einer deutschen jüdischen Gemeinde zu finden, nach 1734 Errichtung einer Synagoge, Neubau 1844–46. 1845 hatte die Gemeinde, die mit allen Gemeindeeinrichtungen versehen war, mit 421 Mitgliedern ihren Höhepunkt erreicht. Der dänisch-schleswig-holsteinische Krieg von 1848–50 und die Umwandlung Schleswig-Holsteins in eine preußische Provinz 1867 veranlaßten viele zur Abwanderung; von 1871 (193 Juden) bis 1905 (117 Juden) ging der jüdische Bevölkerungsanteil in der

Stadt von 8,8 auf 4,3 Prozent zurück. 1925 lebten nocht 40 Juden in Friedrichstadt. Beim Novemberpogrom 1938 wurden die Synagoge, die jüdischen Geschäfte und Wohnungen zerstört und die meisten jüdischen Einwohner verhaftet; 1939 lebten noch 14 Juden und nach dem Krieg keine Juden mehr in Friedrichstadt.

L H. Kellenbenz, Sephardim an der unteren Elbe, 1958. – Landeszentrale für politische Bildung (Hrsg.), Die Juden in Schleswig-Holstein, 1988. (JÖD)

Frisch, Efraim, Essayist, Übersetzer und Romancier, 1.3.1873 Stryi, Galizien – 26.11. 1942 Ascona. Im Konflikt mit seinen orthodoxen Eltern, die ihn zum Rabbiner bestimmten, studierte Frisch Philosophie, Kunst- und Literaturgeschichte und Nationalökonomie. Erster Mitarbeiter an der Zeitschrift »Das Theater« seines Freundes Ch. Morgenstern (1903/04), danach Dramaturg M. Reinhardts (1904/05), Lektor im Georg Müller Verlag, schließlich Herausgeber der bedeutenden Kulturzeitschrift »Der neue Merkur« (1914–16, 1919–25) und Redakteur der »Europäischen Revue« (bis zur Emigration in die Schweiz 1933). Frisch wurde zu einem der Wortführer des Kulturlebens seiner Zeit. In seinem schriftstellerischen Werk stehen Essays und Literaturkritik an erster Stelle, gefolgt von stark autobiographischen Romanen: »Das Verlöbnis« (1902), »Zenobi« (1927), »Das leere Haus« (postum 1959). Die Essays (»Zum Verständnis des Geistigen«, postum 1963) gelten u.a. der weltliterarischen Avantgarde, zeitgenössischer Kunst und jüdischen Themen; wie seine Frau Fega übersetzte Frisch aus zahlreichen Sprachen, u.a. aus dem Polnischen und Russischen. (GM)

Fritsch, Theodor → Völkische Bewegung

Frizzi, Benedetto, Arzt und Schriftsteller, 11.4.1756 Ostiano bei Mantua – 30.5. 1844 Ostiano. Studium am Rabbinerseminar in Mantua und Unterricht bei Jesuiten in Philosophie, Mathematik, lateinischer Literatur und orientalischen Sprachen. Ausbildung als Feldvermesser. Studium der Medizin in Pavia. Frizzi praktizierte in Parma, Bologna, Florenz, ließ sich 1789 in Triest nieder und gründete ein israelitisches Krankenhaus, das Armen kostenlose Hilfe zusicherte. In seinem breit angelegten literarischen Werk profilierte sich Frizzi in Italien als ein Aufklärer, der religiöse Riten und Gesetze unter rein wissenschaftlichen Gesichtspunkten betrachtete und sich für innerjüdische Reformen aussprach. Besonderes Aufsehen erregte seine Entgegnung (»Difesa contro gli attacchi fatti alla nazione ebrea«, Pavia 1784) auf die judenfeindliche Schrift des Grafen Giovanni Battista d'Arco aus Mantua. Frizzi hob hier den großen Nutzen und die Vielfalt jüdischer Wirtschaftstätigkeit in Italien hervor und sprach sich für eine Abschaffung des Ghettosystems aus. (JÖD)

Frohberg, Regine (eigentlich Rebecca Salomon), Schriftstellerin, 1783 Berlin – 30.8. 1850 Wien. Frohberg heiratete 1801 Moses Friedländer, trennte sich aber im selben Jahr wieder von ihm und ließ sich anschließend taufen, danach nahm sie wie ihre Schwestern den Namen Saaling an. Seit 1813 lebte sie in Wien. Frohberg verfaßte 16 Romane und zwei Bände Erzählungen, die teilweise mehrere Auflagen erlebten. In dem Rührstück »Schmerz der Liebe« von 1810 fühlte sich Rahel Levin (→ Varnhagen von Ense) porträtiert, und Karl August Varnhagen von Ense veröffentlichte pseudonym eine scharfe Kritik des Romans. Ihre Briefe an Rahel Levin sind nicht überliefert; die Gegenbriefe wurden auszugsweise gedruckt.

L Briefe an eine Freundin. Rahel Varnhagen an Rebecca Friedländer, 1988. – B. Hahn, Unter falschem Namen, 1991. (BH)

Frölich-Wolfstein, Ros(e)i, Politikerin, Gewerkschaftlerin, 27.5.1888 Witten – 11.12.1987 Frankfurt am Main. 1908 Eintritt in die SPD. Schülerin und Kampfgefährtin von R. → Luxemburg. Mitglied des Spartakusbunds und des Arbeiter- und Soldatenrats in Düsseldorf. Mitbegründerin und Mitglied der Zentrale der KPD. 1921 bis 1924 Mitglied des Preußischen Landtags. 1924 Demission aus allen Parteiämtern nach Differenzen mit der Linken um Ruth Fischer. Mitarbeit bei der Herausgabe der Werke von Rosa Luxemburg durch ihren Lebensgefährten Paul Frölich, den sie 1948 heiratete. Lektorin im Malik-Verlag, zusammen mit Paul Frölich Nachlaßverwalterin Rosa Luxemburgs. Seit 1932 Mitglied der Sozialistischen Arbeiterpartei Deutschlands. 1933 Flucht aus Deutschland und aktiv im Widerstand gegen den Nationalsozialismus. 1950 Rückkehr aus New York und Wiedereintritt in die SPD. (LH)

Fromm, Erich, Soziologe und Psychoanalytiker, 23.3.1900 Frankfurt am Main – 18.3. 1980 Muralto bei Locarno. Fromm studierte in Heidelberg, München, Berlin. Im Zentrum seines wissenschaftlichen Interesses stand die Vermittlung von Psychoanalyse und dialektisch-materialistischer Sozialwissenschaft: Er wollte herausfinden, wie der Einzelne und die Gesellschaft ineinander wirken und miteinander verbunden sind. Mit seiner Konzeption der Sozialpsychologie schuf er eine Verbindung zwischen Soziologie und Psychologie, die die gesellschaftliche Prägung und die Funktion des menschlichen Charakters begrifflich erfaßt. In ersten theoretischen Abhandlungen setzte sich Fromm mit jüdischen Themen auseinander, so in »Das jüdische Gesetz« (Dissertation, 1925) und in »Der Sabbath« (1927). 1926, nach seiner Ausbildung als Psychoanalytiker, wandte er sich vom orthodoxen Judentum ab. Über 8 Jahre Mitarbeiter am →Institut für Sozialforschung, 1934 Emigration nach New York, wo er (auch nach 1949) als Gastprofessor und Dozent u. a. an der Columbia University, der Washington School of Psychiatry, der Yale University und der New School for Social Research tätig war; 1949 Übersiedlung nach Mexiko City. Seit 1965 lebte er in der Schweiz. Dort schrieb er sein letztes großes Werk »Haben oder Sein« (1976). Wichtige Werke: »Die Furcht vor der Freiheit« (1945), »Die Kunst des Liebens« (1959), »Psychoanalyse und Religion« (1966). (CH)

Erich Fromm

Fromm-Reichmann, Frieda, Psychoanalytikerin, 23. 10. 1889 Karlsruhe – 28. 4. 1957 Maryland, studierte von 1908–13 Medizin in Königsberg. Bereits während des Studiums spezialisierte sich Fromm-Reichmann zur Nervenärztin und erforschte vor allem den Zusammenhang von körperlichen Störungen und Psychosen. Ihre analytische Ausbildung bei H. Sachs in Berlin, kombiniert mit ihrer lebenslangen Arbeit mit psychotischen Patienten (vor allem im Weißer-Hirsch-Sanatorium in Dresden) ermöglichte es ihr, die →Psychoanalyse für die Behandlung von Psychosen nutzbar zu machen. Seit 1924 in Heidelberg seßhaft, eröffnete sie zusammen mit ihrem späteren Ehemann E. →Fromm eine Privatklinik, in der sie versuchte, jüdische Lebensweise mit psychoanalytischer Denkweise zu verbinden: Unter Einhaltung der jüdischen Speise- und Sabbatgesetze, tägliche Gebete und Gespräche über die Bibel arbeitete eine Gruppe von Analytikern mit ihren Patienten. 1929 Mitbegründerin und bis 1933 Leiterin des Psychoanalytischen Instituts in Frankfurt am Main. 1933 Emigration über Straßburg und Palästina in die USA (1934), wo sie u. a. an der Washington School of Psychiatry, am Center for Advanced Studies in the Behavioral Sciences in Stanford (Kalifornien) sowie in der Privatklinik Chestnut Lodge (Rockville, Maryland) tätig war. Werke u. a.: »Das jüdische Speiseritual« (1927), »Principles of Intensive Psychotherapy« (Chicago 1950). (CH)

Fuero Juzgo →Lex Visigothorum

Fulda, Stadt in Hessen. Neben der auf Bonifatius zurückgehenden Reichsabtei entwickelte sich eine bürgerliche Siedlung, die im 13. Jahrhundert zur Stadt aufstieg. 1235 wurden nach Auffindung fünf toter Christenkinder die Juden von Fulda des Ritualmords beschuldigt und mehr als 30 von ihnen erschlagen. Kaiser Friedrich II. sprach 1236 die Fuldaer Juden und die übrigen deutschen Juden vom Ritualmordvorwurf frei und erneuerte den königlichen Judenschutz. 1310 ging das Judenregal vom Reich an die Abtei Fulda über; 1349 Pogrom im Zusammenhang mit der Pestwelle, die den Ort aber erst 1350 erreichte. Seit 1367 lebten wieder einzelne Juden in Fulda. (PAU)

Fulda, Ludwig, deutscher Schriftsteller, 15. 7. 1862 Frankfurt am Main – 30. 3. 1939 Berlin (Freitod; nach gezwungener Annahme des Zusatznamens »Israel« und Rückgabe des Ehrenrings des Wiener Burgtheaters); Mitbegründer der »Freien Bühne« 1889. Verfasser von sozialkritischen Dramen und Lustspielen, guter Übersetzer und Essayist. 1926 im Kreis der ersten Mitglieder der Sektion Dichtkunst der Preußischen Akademie der Künste, 1933 wieder ausgeschlossen. (HH)

Fürstenberg, Carl F., Bankier, 28. 8. 1850 Danzig – 9. 2. 1933 Berlin. Fürstenberg, Geschäftsinhaber der Großbank »Berliner Handels-Gesellschaft«, nahm als Aufsichtsrat in zahlreichen Unternehmen eine führende Stellung in deutschen Finanz- und

Industriekreisen ein. Autobiographie: »Die Lebensgeschichte eines deutschen Bankiers« (1961). (JS)

Fürth. Erste Ansiedlung von Juden ist für das Jahr 1528 nachgewiesen, als Markgraf Georg der Fromme zwei Juden das Niederlassungsrecht erteilte. Die Rivalität der Domprobstei →Bamberg und der protestantischen Markgrafschaft Fürth um die Ansiedlung von Juden und die judenfeindliche Politik des Rats von →Nürnberg, der 1498/99 die jüdische Bevölkerung vertrieben hatte, begünstigten den Aufstieg der jüdischen Gemeinde Fürths im 17. Jahrhundert; bis in die 2. Hälfte des 19. Jahrhunderts war in Fürth die größte jüdische Gemeinde →Bayerns (1840: 2535 und 1867: 3116 jüdische Einwohner). 1652 wurde eine neue Judenordnung erlassen, die der jüdischen Bevölkerung das Recht aberkannte, den Bürgermeister zu stellen, ihr aber wegen ihres Grundbesitzes das Recht auf die Entsendung einer Vertretung in die Gemeindeversammlung zugestand; das Reglement von 1719 bestätigte im wesentlichen die alten Privilegien und die Selbstverwaltung der Fürther Gemeinde. Einen bedeutenden Zuwachs erhielt die Gemeinde durch die Zuwanderung von jüdischen Flüchtlingen, die 1670 aus Wien vertrieben wurden. Seit 1691 entstanden in Fürth insgesamt wahrscheinlich 17 hebräische Druckereien. Im 17. und 18. Jahrhundert waren jüdische Bankiers, Hoflieferanten und Münzpächter für verschiedene Fürstenhöfe tätig und unterhielten weitreichende Geschäftsverbindungen. 1783 wurde das erste jüdische Waisenhaus in Deutschland gegründet, darüber hinaus wurden seit dem 17. Jahrhundert u. a. acht Synagogen bzw. Bethäuser, eine Mikwe, ein Friedhof, ein Altersheim, eine Realschule und zwei Kindergärten eingerichtet. In der 2. Hälfte des 17. Jahrhunderts wurde auch die berühmte Fürther Jeschiwa (Schule für das Talmudstudium) gegründet, die um die Wende vom 18. zum 19. Jahrhundert etwa 400 Schüler zählte. Seit den 20er und 30er Jahren des 19. Jahrhunderts entwickelte sich die Fürther Gemeinde zu einer Reformgemeinde, was seinen sichtbaren Ausdruck in der Schließung der Jeschiwa und dem Umbau der Hauptsynagoge fand. 1910 zählte Fürth 2836 jüdische Einwohner, was 4,2 Prozent der Gesamtbevölkerung entsprach. Unter der NS-Herrschaft wanderten von 1933 bis 1941 etwa 1400 Juden aus Fürth ab, wie viele sich durch Emigration retten konnten, ist nicht im einzelnen bekannt; von November 1941 bis Januar 1944 wurden insgesamt 504 jüdische Einwohner in die KZs deportiert. Nach 1945 kehrten 40 Juden nach Fürth zurück und gründeten die Gemeinde neu, die 1998 etwa 360 Mitglieder zählt.

[L] Germanisches Nationalmuseum (Hrsg.), Geschichte und Kultur der Juden in Bayern, 1988. – B. Z. Ophir/F. Wiesemann, Die jüdischen Gemeinden in Bayern 1918 bis 45, 1979. (BV)

G

Gabbai, ursprünglich Bezeichnung für jemanden, der die Steuer erhob oder als Mitarbeiter der römischen Verwaltung mit der Steuereintreibung befaßt war. Seit dem Mittelalter erfuhr dieser Begriff einen Sinneswandel. Er wurde als Bezeichnung für den Synagogenvorsteher verwendet oder auch für eine Person, die ähnlich wie der →Parnas für Wohltätigkeitszwecke Gelder sammelte. Unter den Juden aus Italien, der Türkei und dem Irak ist der Familienname Gabbai sehr geläufig, und in Bagdad hat es im 19. Jahrhundert eine bedeutende Bankiersfamilie mit diesem Namen gegeben. (RED)

Gabirol →Salomo ben Jehuda ibn Gabirol

Gabriel (hebräisch »Mann Gottes«), einer der vier Erzengel. Im Buch Daniel (vgl. Kapitel 8 und 9) erscheint Gabriel in menschlicher Gestalt, jedoch geflügelt, und deutet Daniel (Dan 8,15 und 9,21) seine Vision. Gabriel tritt oft als Fürsprecher und Beschützer Israels auf. Er hat zwar menschliche Gestalt, ist jedoch aus Feuer. Dennoch erhielt er den Auftrag, die Feueröfen, in die Chananja, Mischael und Asarja geworfen wurden, zu kühlen (Pes 118a–b). Als der Erzvater →Abraham den Besuch der drei Engel erhielt, war Gabriel einer von ihnen. Er erhielt auch den Auftrag, Sodom zu vernichten. Gabriel vollbrachte mehrere Wundertaten, um die Gerechten zu schützen, Gefahren von ihnen abzuwenden und die Sünder zu strafen. Auch im NT kommt Gabriel eine besondere Rolle zu. Er verkündet die Geburt Johannes' des Täufers (Lk 1,11–20) und die Geburt Jesu (Lk 1,26–38). Im Islam ist er einer der Engel, der Mohammed als »treuer Geist« (Sure 26) und »edler Gesandter« (Sure 81) die Botschaft Gottes überbringt. (RED)

Gachal, Abkürzung für hebräisch Gusch Cherut Liberalim, »Block Cherut-Liberale«, eine Verbindung der beiden israelischen Parteien →Cherut und →Liberale Partei Israels, die bei fortbestehender organisatorischer Unabhängigkeit eine gemeinsame Wahlliste stellten und eine gemeinsame Parlamentsfraktion bildeten. Der führende Politiker des Blocks war M. →Begin. Von Mai 1967 bis 1969 war Gachal mit zwei Ministern ohne Geschäftsbereich, M. Begin (Cherut) und Joseph Saphir (Liberale), im Kabinett der nationalen Einheit vertreten. Gachal ging 1973 im →Likud-Block auf. Der Gachal-Block erzielte in den Wahlen zur Knesset folgende Ergebnisse:

1965	21,3%	der Stimmen	26 Mandate
1969	21,7%	der Stimmen	26 Mandate

Für weitere Wahlergebnisse vgl. →Likud.

Ⓛ N. Orland, Cherut – Gachal – Likud 1965–1977, 1994. – M. Wolffsohn/D. Bokovoy, Israel. Geschichte, Politik, Gesellschaft, Wirtschaft, [5]1996. – M. Wolffsohn, Politik in Israel, 1983. (DB/MW)

Galiläa, hebräisch Hagalil, Landschaft im Norden Israels zwischen Mittelmeer und Jordangraben, im Süden durch das Jesreeltal begrenzt. Das regenreiche gebirgige Obergaliläa im Norden (Meron 1208 m) wird vom hügeligen Untergaliläa (Kamon 598 m, Tabor 588 m) durch das Tal von Bet-Ha-Kerem getrennt. Obergaliläas Bevölkerung besteht zur Hälfte aus Arabern und Drusen; Anbau von Tabak und Obst; Hauptort Safed. Untergaliläa, im Altertum die fruchtbarste Landschaft Palästinas, ist das Hauptsiedlungsgebiet der israelischen Araber; Anbau von Oliven und Weizen; Hauptort Nazareth. Die jüdische Bevölkerung treibt Bewässerungsfeldbau und Viehwirtschaft und konzentriert sich in städtischen Neugründungen wie Nazareth Illit, Karmiel und Maalot. – Galiläa galt in biblischer Zeit als Land der Ungläubigen (Jes 8,23), es war den Stämmen Sebulon, Asher und Naphtali als Siedlungsgebiet zugewiesen (Ri 1,30–33) und wurde 733/732 v.Z. vom Assyrerkönig Tiglat-Pileser III. erobert. 107–104 v.Z. gliederten Johannes Hyrkan I. bzw. sein Sohn Aristobul Galiläa ihrem jüdäischen Herrschaftsbereich ein. Es wurde dann ein Distrikt des herodianischen Reiches. 67 leitete Flavius Josephus hier den erfolglosen Aufstand gegen die Römer. Nach dem →Bar-Kochba-Aufstand (135) wurde Galiläa das Zentrum des Judentums in Palästina, wovon zahlreiche Synagogenruinen u. a. archäologische Funde zeugen. Tiberias, Sephoris u. a. Städte wurden Sitz des Sanhedrin und wichtiger Talmudschulen. Jüdische Gemeinden überlebten die Besetzungen durch Perser, Araber und Kreuzfahrer. Vor allem im 16./17. Jahrhundert entwickelte sich →Safed zum rabbinischen und kabbalistischen Mittelpunkt. In neuerer Zeit markierten die Gründungen von Rosh Pinna (1882) und →Deganya (1909) wichtige Abschnitte jüdischer Siedlung. Obwohl der UN-Plan von 1947 eine Teilung Galiläas vorsah, fiel es durch den Unabhängigkeitskrieg zwischen Juli und Oktober 1948 völlig in israelische Hand.

Ⓛ Y. Karmon, Israel. Eine geographische Landeskunde, [2]1994. – M. Rheinheimer, Das Kreuzfahrerfürstentum Galiläa, 1990. (WL)

Galinski, Heinz, 28. 11. 1912 Marienburg, Westpreußen – 19. 7. 1992 Berlin. Ausbildung zum Textilkaufmann. Nach Zwangsarbeit in Berlin 1943 Deportation nach Auschwitz, 1945 nach Buchenwald, schließlich am 20. 4. 1945 von britischen Soldaten aus Bergen-Belsen befreit. Galinski wurde im April 1949 zum Vorsitzenden der jüdischen Gemeinde zu Berlin gewählt und mehrfach in dieser Funktion bestätigt. Von 1988 bis zu seinem Tod war er Vorsitzender des Zentralrats der Juden in Deutschland. Unmittelbar nach Kriegsende setzte sich Galinski für die Gleichstellung der rassisch Verfolgten mit den Widerstandskämpfern gegen die Nationalsozialisten ein. Er beeinflußte maßgeblich die Ausarbeitung der ersten Entschädigungs- und Versorgungsgesetze für rassistisch, politisch und religiös Verfolgte und engagierte sich für den Neuaufbau der jüdischen Gemeinde Berlin. Galinski trat entschieden dafür ein, daß die sog. »Auschwitz-Lüge« (das Leugnen der Shoa) unter Strafe gestellt wird. Nach dem Fall der Mauer bemühte er sich besonders um die Integration der jüdischen Einwanderer aus der Sowjetunion. Für sein Wirken wurde Galinski vielfach ausgezeichnet, u. a.: Großes Bundesverdienstkreuz (1966), mit Stern (1979) und Schulterband (1982), Ernst-Reuter-Plakette in Silber (1974), Ehrenbürger der Stadt Berlin (1987). 1987 wurde die Heinz-Galinski-Stiftung der jüdischen Gemeinde Berlin gegründet. (WR)

Galizien. 1772–1918 größtenteils österreichisch, 1918–39 polnisch; heute gehört der westliche Teil zu Polen, der östliche zur Ukraine. Seit dem 18. Jahrhundert jüdisches Wohngebiet und Zentrum jüdischer Aufklärung und Gelehrsamkeit. Durch die Teilungen Polens kamen die Ostjuden in unterschiedliche Herrschaftsbereiche. Außerhalb des russischen Einflußgebiets lebten die meisten Juden nun in der Habsburgermonarchie, und zwar in Galizien. Im aufgeklärt-absolutistischen Staat waren Ehen seit 1773 vom österreichischen Statthalter zu genehmigen. Nur ein männlicher Nachkomme durfte heiraten und damit »Familiant« werden. 1789 erließ Joseph II. ein besonderes Toleranzpatent, das die Selbstverwaltung der →Kahal einengte, die Verbote im Wirtschaftsleben verschärfte, die Ansiedlung einschränkte, die Annahme eines Familiennamens zur Pflicht machte, Militärdienstpflicht einführte und die strenge Ehepolitik bestätigte. Wegen ständig höherer Steuern flohen viele Juden ins Ausland, so daß die jüdische Bevölkerung in den folgenden Jahren rapide abnahm und erst im 19. Jahrhundert wieder anstieg: 1773: 225 000; 1777: 145 000; 1803: 400 000. Auch in der Reaktionszeit (1815 bis 1860) blieben die Einschränkungen bestehen. In vielen Städten war es verboten, außerhalb des Judenviertels zu wohnen. Juden wurden gezwungen, staatliche Schulen zu besuchen, in denen es eigene »Judenbänke« gab. Absolventen der Universitäten war der Zugang zu einem obrigkeitlichen Amt versagt. Erst mit der österreichischen Verfassung 1860 besserte sich die Lage der Juden in Galizien. Sie erhielten Freizügigkeit in allen Ländern Österreichs, das Recht zum Erwerb von Land, das sie selbst bearbeiten mußten. 1867 erfolgte die rechtliche Emanzipation, was gleichzeitig zum Erstarken des Antisemitismus führte. In der Folgezeit nahmen die Juden lebhaften Anteil am politischen Leben. 1910 lebten in Galizien etwa 900 000 Juden (10,5 Prozent der Gesamtbevölkerung) in über 60 Gemeinden, darunter bedeutenden Zentren wie Brody, Krakau, Lemberg, Przemyśl, Tarnopol. Während des Ersten Weltkriegs war Galizien Frontgebiet, und etwa 400 000 Juden flüchteten nach Böhmen, Mähren, Ungarn und Wien. Seit dem Frieden von Brest-Litowsk kamen die Juden Galiziens nicht mehr zur Ruhe. Nach 1918 blutige Pogrome im wiedererrichteten polnischen Staat. Während der deutschen Besatzung 1939–44 fast vollständige Ausrottung der jüdischen Bevölkerung. (LH)

Galut →Diaspora

Gama, Gaspar da, jüdischer Seefahrer und Weltreisender, um 1440 Posen – 1510 Calicut, Indien. Sein richtiger Name ist unbekannt, er wurde angeblich in Ägypten gefangengenommen und als Sklave nach Indien verkauft, wo er dem Statthalter von Goa diente. Bei der Landung der Portugiesen wurde er befreit und von Vasco da Gama zur Taufe und Annahme des Namens Gama gedrängt. Begleitete 1498 diesen nach Portugal und diente portugiesischen Seefahrern als Lotse und nautischer Berater. Von König Manuel zum Ritter geschlagen. Begleitete 1500 Pedro Alvares Cabral nach Brasilien. 1502 Teilnahme an Expeditionen nach Indien; dabei Begegnung mit seiner an der Malabarküste zurückgelassenen jüdischen Frau, die weiterhin die Annahme des Christentums ablehnte. Unter Francisco d'Almeida 1505 erneute Fahrt nach Indien, wo er vermutlich bei einem portugiesischen Angriff auf Calicut fiel. (PM)

Gam(a)liel ben Simeon I. (auch »ha-Zaken«, der Alte), der Enkel von →Hillel, zweites Drittel des 1. Jahrhunderts n. Z. Raban Gamaliel ben Simeon I. war einer der geachtetsten Gelehrten seiner Zeit und amtierte auch als Oberhaupt (Nassi) des Obersten Gerichts. Seine Verordnungen, die sich auf den Tempeldienst bezogen, wurden vom Königshaus anerkannt. Gamaliel ben Simeon I. hat mehrere Takkanot (→Takkana) erlassen, die alle vom »Geist Hillels« durchdrungen waren. So verordnete er z. B., daß eine Frau, deren Mann verschollen war, als Witwe anerkannt wurde, wenn ein Zeuge bestätigte, den Tod ihres Mannes wahrgenommen zu haben (zuvor mußten dies zwei Zeugen bestätigen). Auf diese Weise erhielt sie die Möglichkeit, wieder zu heiraten. Ebenso verordnete Gamaliel ben Simeon I., daß im Fall einer Lebensgefahr die Verbote des Sabbats übertreten werden durften. Zu seiner Zeit, und sicherlich bedingt durch ägyptische Einflüsse, war es Brauch geworden, Tote in sehr aufwendiger Kleidung zu bestatten. Gamaliel ben Simeon I. hat verordnet, daß die Toten in einem weißen Leinengewand bestattet werden sollen. Über sein Leben und die Umstände seines Todes ist nichts bekannt. (RED)

Gam(a)liel II. (auch Raban Gam[a]liel II. Beribbi genannt), Sohn von →Gam(a)liel I., wirkte Ende des 1. Jahrhunderts, Anfang des 2. Jahrhunderts n. Z. überwiegend in →Jawne. Er lebte z. Z. der Zerstörung des Tempels und des Verlusts der jüdischen Souveränität. In Jawne, wo →Jochanan ben Zakkai mit Erlaubnis Vespasians ein Lehrhaus gegründet hatte, übernahm Gamaliel II. das Patriarchat, das mit dem Amt des Vorsitzenden des Lehrhauses verbunden war. Gamaliel II. führte die hillelitische Tradition (→Hillel) fort, bewies aber auch Strenge und Unerbittlichkeit. Ihm ging es darum, unter schwierigen Bedingungen die jüdische Einheit zu bewahren und das Lehrhaus in Jawne zu einer von allen Juden anerkannten Autorität zu machen. Er hat bei der Auslegung der →Halacha mehrere Konflikte mit anderen Gelehrten ausgefochten. Zu seiner Zeit begann auch die deutliche Trennung zwischen Juden und Christen, wobei er in den →Judenchristen eine Gefahr für die Einheit Israels sah. Er unternahm viele Reisen nach Rom, ließ sich auf Dispute mit römischen Gelehrten ein und versuchte den Rest der jüdischen Souveränität zu bewahren und nach Möglichkeit zu erweitern. Wann er starb, läßt sich nicht mit Gewißheit sagen; man geht davon aus, daß er 114 n.Z. in Lydda starb. Seine Grabstätte ist unbekannt. (RED)

Gan Eden (Garten Eden, das Paradies), der Ort, an dem sich der erste Mensch (→Adam) bis zur Vertreibung aufthielt. Mehrmals (so Gen 2,15) in der Bibel und in anderen Quellen erwähnt. Der Ort ist nicht lokalisiert, die in der Legende erwähnten Flüsse sind Euphrat und Tigris. Erzählungen mit ähnlichen Motiven wie in den jüdischen Quellen enthält die Literatur der alten Orientvölker (griechisch Paradeisos = umgrenzter Park). Gan Eden gilt als der Ort der Gerechten nach dem Tod, wobei dieser Aufenthalt mit leiblichen Annehmlichkeiten (Verspeisen des Walfisches am goldenen Tisch, BB 75a und Taan 25a) verknüpft ist. Gan Eden ist zu einem Universalbegriff geworden, wobei die Bedeutung, die man ihm im übertragenen Sinne beimißt, wesentlich ist. Oft wird er als Metapher für ideale Zustände angewandt. In der Literatur ist die Vertreibung aus dem Paradies, verbunden mit dem Wunsch, diesen Verlust rückgängig zu machen, ein häufig wiederkehrendes Motiv. Die Vorstellungen vom Paradies variieren je nach den kulturgeschichtlichen Überlieferungen der Völker. (RED)

Gannef, eigentlich hebräisch »gannaw«, »Dieb«.

Gans, 1. David ben Salomon, Historiker, Mathematiker, Astronom, 1541 Lippstadt, Westfalen – 22.8.1613 Prag. Nach dem Besuch von Talmudschulen in Bonn und Frankfurt am Main war Gans in Prag Schüler von M. →Isserles und Juda ben Bezalel →Löwe. Hier beschäftigte er sich auch mit Mathematik und Astronomie und arbeitete am Observatorium. Gans stand in engem Kontakt zu Johannes Kepler, Johannes Müller (Regiomontanus) und Tycho de Brahe, für den er die »Alfonsinischen Tafeln« aus dem Hebräischen ins Deutsche übersetzte. Gans war ein Anhänger des Ptolemäischen (geozentrischen) Weltbilds, obwohl er das Kopernikanische (heliozentrische) System kannte. Gans verfaßte u.a. ein großes astronomisches Werk, »Nechmad we-naim« (1743 gedruckt), und das zweiteilige Werk »Zemach David« (1592, mehrfach gedruckt und übersetzt) zur jüdischen und allgemeinen Geschichte. (RED)

2. Eduard, Jurist und Philosoph, 23.3. 1798 Berlin – 5.5.1839 Berlin. Gans entstammt einer weitverzweigten Hofjuden-Dynastie; sein Vater Abraham leistete dem preußischen Staat in den Befreiungskriegen wichtige Dienste. Nach dem Studium in Berlin und Heidelberg (1816–19), wo er Schüler G. F. W. →Hegels war, bemühte sich Gans mit Berufung auf das Emanzipationsedikt von 1812 um eine akademische Anstellung. Zugleich gründete er mit L. →Zunz den →Verein für Cultur und Wissenschaft der Juden, der eine wissenschaftliche Würdigung und zugleich eine Reform des Judentums anstrebte. In der Zeit der Präsidentschaft von Gans (März 1821 bis April 1823) entfaltete der Verein seine größte Aktivität. Gans trug damit neben Zunz maßgeblich zur Entstehung der →Wissenschaft des Judentums bei. Gans' akademische Pläne wurden 1822 durch eine königliche Order, die »Lex Gans«, vereitelt. 1825 trat Gans in Paris zum Christentum über und wurde daraufhin 1828 zum Professor an der Rechtswissenschaftlichen Fakultät Berlin ernannt. Als treuer Schüler Hegels, dessen »Vorlesungen zur Geschichte« Gans aus dem Nachlaß 1837 herausgab, trat er gegen die national-romantisch orientierte historische Rechtsschule für eine vernünftige Begründung des Rechts ein und war ein gefeierter Vordenker des vormärzlichen Liberalismus.
[L] H. G. Reissner, Eduard Gans, Ein Leben im Vormärz, 1965. (DK)

Gaon (Plural Geonim). Gaon war von 589 n.Z. bis 1034 der Amtstitel des Leiters einer hohen rabbinischen Schule. Er entwickelte sich in den Lehrakademien (Jeschiwot) von Pumpedita (seit 589) und Sura (seit 606) im babylonischen Exil. Diese Ära nennt man auch die Ära der Geonim. Sie haben eine weitverzweigte Korrespondenz mit allen jüdischen Zentren entwickelt und schrieben Kommentare zu religiösen Fragen. Im Lauf der Zeit verloren die Zentren von Sura und Pumpedita an Bedeutung, und es entstanden andere Zentren. Noch im 18. Jahrhundert nannte man den Rabbiner Elia von Wilna den »Gaon von Wilna«. (RED)

Gaon, Saadja →Saadja ben Josef

Gaskammern →Konzentrationslager

Gaster, Moses, Rabbiner, bedeutender Philologe und Volkskundler, Wortführer des Zionismus, 16. 9. 1856 Bukarest – 5. 3. 1939 Abingdon bei London. Studierte an der Universität Breslau und am dortigen Jüdisch-Theologischen Seminar. 1882 Lektor für rumänische Sprache und Literatur an der Universität Bukarest. Seine Berichte über antisemitische Handlungen in Rumänien lösten eine Untersuchung im britischen Parlament aus. Daraufhin wurde er 1885 von der rumänischen Regierung des Landes verwiesen. Die Ausweisung wurde 1888 zurückgenommen, doch Gaster lehnte die Rückkehr ab. 1886 war er Lektor für slawische Sprachen an der Universität Oxford, 1907 Präsident der Englischen Zionistischen Föderation. Beteiligte sich an den Bemühungen, die zur →Balfour-Deklaration führten. Hauptwerke u. a.: »Rumänische Volksliteratur« (1883), »Jüdische Folklore im Mittelalter« (1887). (AB)

Gaza, Gasa, Ghaza, Stadt in der südlichen Küstenebene von Palästina, 360 000 Einwohner; Hauptort des Gazastreifens. Seit dem 18. Jahrhundert v. Z. bekannt, war Gaza in biblischer Zeit die südlichste der fünf Fürstenstädte der Philister. Es war eine oft umkämpfte, zeitweise blühende Hafen- und Handelsstadt zwischen Ägypten und Assyrien/Palästina und konnte vom Stamm Juda nicht erobert werden (Ri 1,17), weil die Bewohner eiserne Wagen hatten. Samson wurde in Gaza gefangengehalten und starb hier (Ri 16). Danach stand es unter wechselnder Herrschaft (u. a. 720 Sargon von Assyrien, 529 Kambyses von Persien, 332 Alexander der Große, 96 Alexander Jannaj). 635 von Arabern besetzt; Kreuzritterfestung; seit dem 16. Jahrhundert türkisch und nach dem Ersten Weltkrieg Teil des britischen Mandats. 1948–67 mit dem Gazastreifen (202 km^2, 700 000 Einwohner) von Ägypten und im Oktober/November 1956 (bis Frühjahr 1957) während des Sinai-Feldzugs von Israel besetzt; seit dem →Sechs-Tage-Krieg 1967 unter israelischer Verwaltung. Etwa 60 Prozent des Gazastreifens wurden im Mai 1994 von den israelischen Truppen an die palästinensische Verwaltung übergeben. Mehr als die Hälfte der etwa eine Million Einwohner des wüstenhaften Gazastreifens lebt in Flüchtlingslagern, die seit 1987 den Ausgangspunkt des palästinischen Aufstands (Intifada) bildeten. Vor dem Aufstand arbeiteten Zehntausende arabische Bewohner des Gebiets in Israel. Ihre Zahl ging seither stark zurück. Der Anbau von Zitrusfrüchten, Datteln, Obst und Gemüse auf künstlich bewässerten Flächen ist durch die drohende Versalzung der Wasserreserven gefährdet. Nach 1967 entstanden im Gazastreifen etwa 20 kleine jüdische Siedlungen mit 5500 Einwohnern. Zur Tradition jüdischer Siedlung in Gaza gehört das 1965 aufgefundene Mosaik einer Synagoge des 5. Jahrhunderts, das David als Harfenspieler in der Kleidung des Orpheus zeigt. Neuzeitliche jüdische Gemeinden hatten 1917 und 1929 Gaza verlassen müssen.

🄻 H. Zeev, The Gaza Strip, Jerusalem 1974. (WL)

Gebetbücher →Gottesdienst, →Machsor, →Siddur

Gebete, 1. →Tefilla.

2. landessprachliche. Sie sind bis zum 19. Jahrhundert nicht üblich gewesen. Auch Übersetzungen waren nur unter portugiesischen und italienischen Juden verbreitet. 1761 erschien in New York das erste ins Englische übersetzte Gebetbuch, 1786 veröffentlichte D. →Friedländer in Berlin eine erste Übersetzung. 1807 führte Israel Jacobson in Kassel deutsche Gebete und Lieder in den Gottesdienst ein; 1816 publizierte er in Berlin das erste landessprachliche Gesangbuch in Deutschland, was zu heftigen Kontroversen innerhalb der jüdischen Gemeinden führte. 1823 endete der um diese Form des Gottesdienstes entstandene Streit durch eine Kabinettsorder, die jede Änderung, auch die Predigt und deutsche Gesänge, in Preußen grundsätzlich verbot. 1817 wurde in Hamburg ein Reformtempel gegründet, der landessprachliche Gebete und Predigten einführte. 1825 wurde in Charleston, South Carolina, der erste ausschließlich in englisch abgehaltene Gottesdienst gefeiert. In den folgenden Jahrzehnten schwächte sich die Kontroverse ab. Gottesdienste, die auf die traditionellen Gebetssprachen (hebräisch und aramäisch) ganz verzichten, haben sich nicht durchgesetzt, aber mit Ausnahme altfrommer Gemeinden sind heute landessprachliche Gebete Bestandteil der jüdi-

schen Gottesdienste. (→Reformjudentum)
🄻 I. Elbogen, Der jüdische Gottesdienst in seiner geschichtlichen Entwicklung, 1913.
(AN)

Gebetsgesänge. Der Brauch, dreimal am Tag zu Hause zu beten, ist schon in der Hebräischen Bibel erwähnt (Dan 6,11; Ps 55,18). Der Opfergottesdienst im Jerusalemer →Tempel wurde durch Gebetsgesänge der Leviten umrahmt. Drei Gesangsstile werden unterschieden: Psalmodie, Lectio und Hymnodik. Die Psalmodie basiert auf dem Singen der Psalmen im Tempel; hier sollen bereits feste Formen des Chorgesangs entwickelt worden sein. Die Lectio ist die Bibelkantilation, die wegen des unregelmäßigen Satzbaus der Hebräischen Bibel durch Leseakzente für den Vortragenden systematisiert wurde. Dieses System setzt sich einerseits im Gregorianischen Gesang, andererseits in dem noch heute üblich, im 9. Jahrhundert entwickelten, ober- und unterhalb des hebräischen Textes angebrachten Akzentsystem fort. Die musikalischen Ausformungen hebräischer Gebetsgesänge sind seit dem 11. Jahrhundert überliefert, regional sehr unterschiedlich und spiegeln die kulturellen Einflüsse der jeweiligen nichtjüdischen Umgebung wider.
🄻 I. Elbogen, Der jüdische Gottesdienst in seiner geschichtlichen Entwicklung, 1913.
(AN)

Gebetsmantel →Tallit

Gebetsriemen →Tefillin

Gebot →Mizwa

Geburtenkontrolle →Frau im Judentum

Essay

Deutsch-jüdische Gedenkkultur nach dem Holocaust

Salomon Korn

Wie immer man zu Daniel Goldhagens umstrittenen Thesen stehen mag, einen wunden Punkt hat er schmerzlich getroffen: das in Deutschland seit 1945 verbreitete Opfersyndrom. Gleichgültig, welche Publikation man in diesem Land über den Nationalsozialismus und seine Folgen liest, anstelle der Bezeichnung »deutsch« wird fast immer »nationalsozialistisch« gewählt, wenn es um die Verbrechen jener ewigen zwölf Jahre geht – so, als seien Nationalsozialisten keine Deutschen, sondern Invasoren von einem fremden Stern gewesen, die Deutschland besetzt und unterdrückt hätten. Der bis 1945 verwendete aktive Begriff des Opfers erfuhr nach Kriegsende unter der Hand eine semantische Umwandlung in einen bis in unsere Gegenwart hineinwirkenden passiven Begriff. Unmittelbar nach dem als Niederlage empfundenen Kriegsende mag diese Reaktion auf die durch den nationalsozialistischen Massenmord ausgelöste traumatische Belastung des nationalen Selbstverständnisses als schützende Abwehr, Leugnung oder Verdrängung verständlich gewesen sein. Doch ihre Folgen sind bis heute wirksam: Infolge des 1945 von vielen Deutschen vorgenommenen Rollenwechsels von Tätern, Mitläufern, Profiteuren und Duldern in »Opfer des Nationalsozialismus« sind deren Nachfahren selbst solche »Opfer« geworden. Die irrational heftige Abwehr der Goldhagenschen Thesen von »Hitlers willigen Vollstreckern«, die sachliche Argumente beiseite drängte, zeigt schlaglichtartig, wie zählebig die Eigendefinition vieler Deutschen als frühe oder späte »Opfer des Nationalsozialismus« noch immer ist. Das aus dem selbstdefinierten Opferstatus entwickelte historische Gedächtnis mußte zwangsläufig unscharf bleiben. So beschränken sich viele der nach 1945 errichteten Mahnmale auf die Formulierung pazifistischer Allgemeinplätze. Indem sich Denkmäler einer Aussage über Schuldige enthalten, verschleiern und verleugnen sie – spiegelbildlich zur Seelenlage weiter Bevölkerungskreise – Ursachen und Hintergründe der Kriegskatastrophe. Seither sind sowohl Mahnmale als auch Gedenktage bis in unsere Gegenwart hinein vorwiegend »opferzentriert« ausgerichtet. Wer gegen dieses Tabu verstößt, geht ein hohes Risiko ein. Das bekam der frühere Bundestagspräsident Philipp Jenninger zu spüren, als er am 9. November 1988, zum 50. Jahrestag der »Reichskristallnacht«, vor dem Deutschen Bundestag den Versuch unternahm, aus dem eingefahrenen Opferjargon der Eigentlichkeit auszubrechen, um die Motive der Täter zu benennen, und dafür zurücktreten mußte. Sein Verstoß gegen das opferzentrierte Betroffenheitskartell der professionellen Gutmenschen und den Versuch, staatliche Einheit im Gedenken auf Kosten der Opfer zu erlangen, erfolgte zu einem Zeitpunkt, der für eine offene und tabufreie Auseinandersetzung mit öffentlichem Gedenken noch nicht reif war. Er zeigt aber auch, daß Gedenken im öffentlichen Raum vorrangig nicht nach den Erkenntnissen historischer Forschung, sondern nach dem jeweiligen staatlichen Interesse am eigenen, öffentlich präsentierten Geschichtsbild ausgerichtet ist. Wenn in Israel staatlich überhöht oder individuell betrauert der Ermordeten gedacht wird, wenn in den U.S.A. der Holocaust den Juden als Identitätsstütze dient, dann sollte es in Deutschland, dem Land, in dem der nationalsozialistische Massenmord geplant wurde, selbstverständlich sein, vor allem an die Täter und ihre Taten zu erinnern. Die Bereitschaft zum Erinnern und Gedenken ist abhängig vom Verhältnis des einzelnen zur eigenen Geschichte, zur Geschichte des eigenen Volkes und abhängig vom Grad der Identifizierung mit Volk, Staat oder Nation. Je näher und unverbrüchlicher man zu den Geschicken der eigenen Gemeinschaft steht, desto eher wird man die Erinnerung an deren Geschichte, die dann auch als eigene empfunden wird, zu bewahren suchen. Je ambivalenter, schwieriger und brüchiger die Vergangenheit des Volkes ist, dem man angehört, desto mehr Überwindung erfordert die Beschäftigung mit dessen Geschichte, die dann als eigene eher abgewehrt wird. Erinnern und Gedenken werden unter diesen Voraussetzungen zur mühsamen Tätigkeit; sie konfrontieren mit den dunklen Seiten der eigenen Gemeinschaft und erschweren die Ausbildung einer ungebrochenen Identität mit dieser. Die Bereitschaft, der nationalsozialistischen Verbrechen aufrichtig zu gedenken, hängt von der Bereitschaft der nichtjüdischen Deutschen ab, nationale Identität in ihren geschichtlich geformten Brechungen anzunehmen – sich eben nicht in eine scheinbar heile nationale Identität zu flüchten, die zwangsläufig die Erinnerung an den nationalsozialistischen Massenmord auf ihre Bedürfnisse hin verbiegen, relativieren und schließlich verfälschen muß. Diese Wechselwirkung zwischen Erinnerungsbereitschaft und nationalem Selbstverständnis zeigt, daß es unterschiedliche Ausprägungen des Erinnerns und Gedenkens auf der Seite derer gibt, die Nachfahren der Opfer und derer, die Nachfahren der Täter sind. Die Nachfahren der Täter können nicht in gleicher Intensität um die ihnen ferner stehenden Opfer des Völkermordes trauern wie die unmittelbar betroffenen Nachfahren der Ermordeten oder Überlebenden. Während letztere im Gedenken vorwiegend die Erinnerung an die Ermordeten der eigenen Familie, des eigenen Volkes bewahren, müßte das Gedenken der Täternachkommen an die Opfer des nationalsozialistischen Massenmordes immer auch die Erinnerung an Verbrechen des eigenen Volkes sowie Fragen nach deren Ursachen und Folgen einschließen. Diese zweigeteilte Erinnerung kann nicht in ein und demselben nationalen Holocaust-Mahnmal gleich intensiv angesprochen werden. Der nationalsozialistische Massenmord hat den Deutschen ein kaum auflösbares Dilemma hinterlassen: Errichten sie – aus welch redlichen Gründen auch immer – kein Holocaust-Mahnmal, wird man ihnen vorhalten, sie wichen dem notwendigen öffentlichen Erinnern und Mahnen an die Verbrechen der Nationalsozialisten aus. Bauen sie ein »opferzentriertes« Holocaust-Mahnmal, wird man ihnen vorwerfen, sie identifizierten sich mit den Opfern und gingen der notwendigen Auseinandersetzung mit den Tätern und deren Taten aus dem Wege. Entschließen sie sich, ein »tat-« oder »täterzentriertes« Holocaust-Mahnmal zu errichten, werden sie sich dem Vorwurf ausgesetzt sehen, sie vernachlässigten das Andenken der Opfer. Eine Ursache dieses Dilemmas liegt in der Tatsache begründet, daß zum ersten Mal in der Geschichte ein Volk – das der Deutschen – keine Denkmäler für seine »Kriegshelden« errichtet, sondern Mahnmale für die von seinen Angehörigen verübten Verbrechen. Wenn aber im Land der Täter nicht vorrangig der Opfer, sondern der Tat und der Täter mahnend gedacht werden soll, dann stellt sich die Frage, wie dieser Verbrechen in Mahnmalen zu gedenken ist, ohne Tat und Täter zu sehr in den Vordergrund zu rücken, die Opfer aber in den Hintergrund zu drängen? Es war nicht zuletzt die Vermischung von Opfer- und Täterstatus, die im langjährigen Ringen um ein angemessenes nationales Holocaust-Mahnmal in der deutschen Hauptstadt kaum auflösbare Widersprüche nach sich gezogen hat. Dazu hätte es nicht kommen müssen, wenn das Ergebnis des 1995 entschiedenen, ersten Wettbewerbes um das »Denkmal für die ermordeten Juden Europas« und die ihm folgende, kontrovers geführte öffentliche Debatte von staatlicher Seite ernst genommen worden wären. In deren Verlauf war deutlich geworden, daß eine wesentliche Ursache der aufgetretenen Konfusionen und Mißverständnisse in der unzulässigen Vermengung von freiwilliger Privatinitiative und unabdingbarer staatlicher Verpflichtung im Bereich öffentlichen Gedenkens lag. Denn begonnen hatten die am Ende unentwirrbaren Schwierigkeiten mit dem 1988 gefaßten Beschluß einer Privatinitiative, dem späteren »Förderkreis zur Errichtung eines Denkmals für die ermordeten Juden Europas e.V.«, ausschließlich einer ausgewählten Opfergruppe ein Denkmal zu setzen. Es ist zweifellos das Recht jeder privaten Vereinigung, ein Denkmal für diese oder jene Opfergruppe des nationalsozialistischen Völkermordes zu errichten. Doch was einem privaten »Förderkreis« erlaubt ist, ist dem Staat noch lange nicht erlaubt. Im Falle des »Denkmals für die ermordeten Juden Europas« hat er sich 1992 in bester Absicht dieser partikularistischen Privatinitiative angeschlossen, sie gleichsam staatlich geadelt, statt die Initiative für eine unteilbare staatliche Verpflichtung von Anbeginn selbst zu ergreifen. Seine Aufgabe wäre es gewesen – und ist es auch weiterhin –, im öffentlichen Gedenken die Totalität des nationalsozialistischen Massenmordes zu wahren und daraus die Notwendigkeit eines »ungeteilten« Mahnmals gegen den nationalsozialistischen Völkermord in seiner Gesamtheit abzuleiten und es zu verwirklichen. Der Hinweis, für andere Opfergruppen seien bereits Mahnmale geplant, geht am staatlich selbstverschuldeten Dilemma vorbei. Denn selbst wenn Deutschland neben dem »Denkmal für die ermordeten Juden Europas« in Zukunft für alle übrigen Opfergruppen Denkmäler errichten sollte, so wird am Ende doch *das* zentrale Mahnmal fehlen, in dem der nationalsozialistischen Verbrechen nicht ratenweise, sondern in ihrer Gesamtheit gedacht wird. Die Addition unterschiedlicher Opfergruppen-Denkmäler, zumal an verschiedenen Standorten, bildet noch kein Mahnmal-Ensemble gegen den nationalsozialistischen Massenmord. Und selbst ein solches Ensemble muß nicht unbedingt von sich aus ein die Gesamtdimension des Verbrechens umfassendes Mahnmal sein. Ein Mahnmal, das ein ungeteiltes Bekenntnis der Deutschen zum nationalsozialistischen Inferno beinhaltet, überspannt alle Aspekte des nationalsozialistischen Völkermordes und ist dadurch eben mehr als die Summe aller über die Hauptstadt verteilten Opfergruppen-Denkmäler. Es ist ihnen übergeordnet, weil es auch ohne einzelne Opfergruppen-Denkmäler seine Berechtigung hätte – nicht umgekehrt. So zeitigt die begrüßenswerte Privatinitiative des »Förderkreises« durch herausgehobene staatliche Beteiligung ungewollt die Verhinderung eines zentralen deutschen Mahnmals gegen die nationalsozialistischen Verbrechen in ihrer Gesamtheit. Die fehlende Abgrenzung zwischen privater Initiative und öffentlichen Aufgaben erzeugt eine mißverständliche Durchdringung von Inhalten und Begriffen: Weil zwischenzeitlich die Bezeichnungen »Holocaust-Mahnmal« und »Holocaust-Denkmal« im Verständnis der Öffentlichkeit nicht allein den Völkermord an den Juden meint, sondern zunehmend für das nationalsozialistische Verbrechen insgesamt steht, verschwimmen die Begriffe »Denkmal für die ermordeten Juden Europas« und »Holocaust-Mahnmal« bis zur Austauschbarkeit ineinander. Die Verwirrung der Bedeutungen und Bezeichnungen wäre nicht entstanden, wenn die Errichtung von Opfergruppen-Denkmälern – mit oder ohne öffentliche Unterstützung – auf der Ebene von Privatinitiativen verblieben wäre und die Bundesrepublik Deutschland, vertreten durch den Deutschen Bundestag, ein alle Aspekte des nationalsozialistischen Völkermordes überspannendes nationales Holocaust-Mahnmal errichtet hätte. Die Ergebnisse des 1997 entschiedenen, zweiten Wettbewerbes um das »Denkmal für die ermordeten Juden Europas« in der deutschen Hauptstadt zeigen deutlich, daß das 20 000 qm große Wettbewerbsgelände südlich des Brandenburger Tors dafür nicht der angemessene Standort sein kann.

Da die Übergänge zwischen »opferzentrierten« und »täterzentrierten« Holocaust-Mahnmalen gestalterisch fließend sind und das eine immer auch im anderen durchscheint, kommt Standort und stadträumlichem Kontext entscheidende Bedeutung zu, wenn einer dieser beiden Aspekte unmißverständlich hervorgehoben werden soll. Die im Land der Täternachfahren notwendige vorrangige Auseinandersetzung mit Tat und Täter, statt mit den Opfern, geschieht auf gestalterischer Ebene am entschiedensten in Konfrontation des Holocaust-Mahnmals mit den gebauten Ikonen nationaler Identität. Weil diese Monumente deutscher Geschichte eher mit den Tätern und deren Nachkommen als mit den Opfern assoziiert werden, wäre damit öffentlich bekundet, daß in Deutschland die Auseinandersetzung mit dem Holocaust vor allem als Auseinandersetzung der Täternachfahren mit Tat und Täter verstanden wird. Vor allem wäre es ein hoffnungsvolles Zeichen dafür, daß die Deutschen sich des nationalsozialistischen Jahrtausendverbrechens nicht durch irgendein Denkmal zu entledigen versuchen, sondern den Holocaust als Beschädigung des eigenen kulturellen Erbes, ja, als nationale Selbstverstümmelung begriffen haben. Die nach Auschwitz notwendige Absage an scheinbar heile nationale Identität ist Voraussetzung für die Annahme eines zentralen Holocaust-Mahnmals als Gegenentwurf zu Identifikationsangeboten herkömmlicher Denkmäler. Wie ein Pfahl im Fleisch müßte ein solches Mahnmal zwischen Betrachter und den zu »positiver« Identifizierung mit deutscher Geschichte einladenden Wahrzeichen stehen. Das aber ist wirksam nur möglich an den nationalen Symbolen selbst. Allein deren künstlerische Verfremdung, Infragestellung, Beschädigung kann, wenn überhaupt, jenen im Sinne Nietzsches unabdingbaren, bleibenden Schmerz auslösen, der – gleich dem Affekt, an den sich stets dieselbe Assoziation bindet – individuelle und kollektive Erinnerung über einen nennenswerten Zeitraum aufrechtzuerhalten vermag. Andernfalls bleibt das Holocaust-Mahnmal konventioneller Denkmalsikonographie verhaftet und verfehlt durch seinen Anspruch auf künstlerisch-autarke Wirkung die notwendige Konfrontation mit den gebauten Ikonen deutscher Identität. Je weiter weg das Holocaust-Mahnmal von den Symbolen deutscher Geschichte errichtet wird, desto ungefährlicher ist dies für die Aufrechterhaltung einer ungebrochenen nationalen Identität im neuvereinigten Deutschland. Prominent gelegen und dennoch historisch isoliert, verhindert der vorgesehene Standort, was andernorts – am Brandenburger Tor, an der Neuen Wache, am Reichstag – mit weit bescheideneren Mitteln möglich gewesen wäre: die schmerzliche, aber notwendige Einbindung des Holocaust-Mahnmals in die scheinbar heilen Wahrzeichen deutscher Geschichte.

🄻 Der Wettbewerb für das "Denkmal für die ermordeten Juden Europas", Berlin 1995. – Salomon Korn, Die Tafeln sind zerbrochen, in: FAZ vom 9.2.1996, S. 36. – Salomon Korn, Der Tragödie letzter Teil – das Spiel mit der Zeit, in: FR vom 13.9.1996, S. 18. – Aus Politik und Zeitgeschehen, Beilage zur Wochenzeitung Das Parlament, B 3-4/97 vom 17.1.1997. – Christian Meier, Das Problem eines Berliner Denkmals, in: Die Neue Gesellschaft / Frankfurter Hefte Nr. 8, August 1997, S. 733.

Gedenkstätten. Gedenken (an den Bund, die Geschichte und das Vorbild der Propheten) ist ein Grundzug jüdischer Religiosität. Entsprechend hoch ist der Stellenwert der Trauerriten. Von besonderer Bedeutung sind die Gedenkstätten für die Opfer des Nationalsozialismus. Weltweit bestehen mehr als 100 Museen und Gedenkstätten, die dem Andenken und der Mahnung an die Shoa gewidmet sind; u. a.: die international bekannte Gedenkstätte →Yad Vashem in Jerusalem, die Museen Majdanek, Treblinka und Auschwitz-Birkenau in Polen sowie das »United States Holocaust Memorial Museum« in Washington D. C. Auch in Deutschland existieren zahlreiche Gedenkstätten und Mahnmale, die an Stätten des zerstörten jüdischen Lebens errichtet wurden. Außerdem erinnern allgemeine Gedenkstätten, denen z. T. Dokumentations- und Informationseinrichtungen angegliedert sind, an Konzentrationslager, Gefängnisse und andere Folterstätten der Nationalsozialisten, so in Dachau und Bergen-Belsen. In der DDR gab es u. a. drei größere Gedenkstätten in Buchenwald, Ravensbrück und Sachsenhausen, die den kommunistischen Widerstand gegen das nationalsozialistische Regime in den Mittelpunkt stellten (vgl. auch →Dokumentationszentren und →Museen).

🄻 U. Puvogel, Gedenkstätten für die Opfer des Nationalsozialismus, 1987. – United States Holocaust Memorial Council (Hrsg.), Directory of Holocaust Institutions, Washinton D. C. 1988. (BV)

Gehinnom (hebräisch »Hölle«), Bezeichnung für einen Ort, wo Feuer, Kälte und Dunkelheit zugleich herrschen. Der Gehinnom ist verbunden mit der Vorstellung von Strafen für die Sünder nach dem Tod. Insofern gibt es einen Unterschied zwischen Gehinnom und »Scheol«, dem Land der Toten. In »Scheol« werden sich alle Verstorbenen, unabhängig von ihrem irdischen Lebenswandel, wiederfinden. Gehinnom im biblischen Sinne ist eine Schlucht im Süden Jerusalems. In Jos 15,8 heißt es »... danach führe sie hinaus zum Tal des Sohnes Hinnoms, südlich des Berghangs des Jebusiters – das ist Jerusalem«. In Jer 7,31 wird dieser Ort »Tal Ben Hinnom« (auf hebräisch »Gei Ben Hinnom«, daher »Gehinnom«) genannt. Es war der Ort, wo die Israeliten, die vom Glauben abfielen, Kinder als Menschenopfer zum Moloch brachten. Im Bewußtsein des Volkes – nicht zuletzt auch durch die zornige Prophezeiung Jeremias (7,32) – war dieser Ort mit Unglück verbunden, ein Ort, wo viele ihren Tod finden sollten. Gleichwohl ist die Idee des Gehinnom als eines Orts, an dem die Frevler bestraft werden, nachbiblisch. Im Talmud gibt es viele Legenden, die mit dem Gehinnom verbunden sind, ebenso detaillierte Beschreibungen davon, welche Strafen die Sünder zu gewärtigen haben. →Schammai hat die Strafe strenger beschrieben, als →Hillel dies tat. Die Beschreibung der Strafen entsprach der Phantasie der Autoren, sie spiegelten aber auch die Rechtsvorstellungen der damaligen Zeit wider, ebenso die bei den Römern üblichen Foltermethoden. Das Prinzip der Angemessenheit und der Gerechtigkeit wurde stark betont, die Strafen sind stets abgestuft. Die jüdische Volksliteratur und viele Sprüche benutzten in assoziativen Bildern die Vorstellungen von Gehinnom wie »Jischorei Gehinnom« für »Höllenqual«. (RED)

Geiger, 1. Abraham, Rabbiner, 24. 5. 1810 Frankfurt am Main – 23. 10. 1874 Berlin. Geiger war ein bedeutender jüdischer Theologe, der sich als Verfechter des religiösen →Reformjudentums auch auf dem Gebiet der →Wissenschaft des Judentums große Verdienste erwarb. Seine Forschungen erstreckten sich auf fast alle Gebiete der jüdischen Wissenschaft, auf die Bibel, die Mischna, die historische, philosophische, exegetische, apologetische und poetische Literatur des Mittelalters und der späteren Zeit. 1838 Rabbiner in Breslau, nahm er an den Rabbiner-Versammlungen in Braunschweig (1844), Frankfurt am Main (1845) und Breslau (1846) teil. Geiger, Mitbegründer bzw. Herausgeber der »Wissenschaftlichen Zeitschrift für jüdische Theo-

logie« (1835–38, 1842–47) und der »Jüdischen Zeitschrift für Wissenschaft und Leben« (1862–75), 1863–70 Rabbiner in Frankfurt am Main, wurde 1870 Rabbiner in Berlin und später Dozent an der dort 1872 von ihm mit eingerichteten Lehranstalt für die Wissenschaft des Judentums, der späteren →Hochschule für die Wissenschaft des Judentums.
L L. Geiger, Abraham Geigers Leben in Briefen, 1878. – L. Geiger, Abraham Geiger. Leben und Lebenswerk, 1910. – M. Wiener, Jüdische Religion im Zeitalter der Emanzipation, 1933. (JS)

2. Ludwig, Literatur- und Kulturhistoriker, 5.6.1848 Breslau –9.2.1919 Berlin. Geiger, Sohn von A. →Geiger, habilitierte sich 1873 in Berlin mit der Schrift »Urteile griechischer und römischer Schriftsteller über Juden und Judentum« und wurde 1880 zum außerordentlichen Professor ernannt. 1886–92 war er Schriftleiter der »Zeitschrift für die Geschichte der Juden in Deutschland«. Er veröffentlichte Arbeiten über M. →Mendelssohn, L. →Zunz, Moritz →Veit und M. →Sachs und arbeitete an einer historisch-kritischen Börne-Ausgabe (unvollendet). Bekannt wurde er durch seine Studien über die Epoche des Humanismus und über die Weimarer Klassikerzeit, vor allem durch das von ihm seit 1880 herausgegebene Goethe-Jahrbuch (34 Bände), das lange Zeit den Mittelpunkt der Goethe-Forschung bildete. Geiger, der einer der herausragendsten Vertreter des Reformjudentums war, redigierte seit 1908 die →Allgemeine Zeitung des Judentums. (JS)

3. Moritz, Philosoph, 26.6.1880 Frankfurt am Main –9.8.1937 Sea Harbor, USA. Geiger war mit A. →Geiger verwandt. Ursprünglich Studium der Rechts- und Geschichtswissenschaften, danach Studium der Philosophie und Psychologie bei Theodor Lipps in München und bei Wilhelm Wundt in Leipzig, später bei E. →Husserl in Göttingen. 1904 Promotion zum Doktor der Philosophie, Mitbegründer der »Jahrbücher für Philosophie und phänomenologische Forschung«, in denen er über ästhetische, tiefenpsychologische und naturwissenschaftliche Themen schrieb. Nach der idealistischen Wende seines Lehrers hat Geiger mit Alexander Pfänder den »Münchner Kreis« der realistischen Phänomenologie gegründet. Hier hat K. →Löwith bei ihm 1923 promoviert. Von 1923–33 war Geiger ordentlicher Professor in Göttingen. 1933 emigrierte er in die USA und war bis zu seinem Tod Professor am Vassar College, Poughkeepsie (New York). Werke u.a.: »Die philosophische Bedeutung der Relativitätstheorie« (1921) und »Die Wirklichkeit der Wissenschaften und die Metaphysik« (1930).
L H. Zeltner, Moritz Geiger zum Gedächtnis, in: Zeitschrift für philosophische Forschung 14, 1960. (DK)

Geis, Robert Raphael, Rabbiner, 4.7.1906 Frankfurt am Main – 18.5.1972 Baden-Baden. Studium an den rabbinischen Hochschulen in Breslau und Berlin sowie Studium von Geschichte, Germanistik und Philosophie an den Universitäten Breslau, Berlin und Köln, Rabbiner in München, Mannheim und Kassel, 1938 KZ Buchenwald. Während des Kriegs in Palästina, danach Lehrer und Rabbiner in England, der Schweiz und den Niederlanden. 1952–56 Landesrabbiner in Baden. Mitglied der deutschen UNESCO-Kommission, Vorsitzender der Arbeitsgruppe Juden und Christen beim Deutschen Evangelischen Kirchentag, seit 1969 Honorarprofessor an der Pädagogischen Hochschule Duisburg. (JS)

Gelasius I., Papst (492–496). Unter der Ostgotenherrschaft prägte Gelasius I. in der Auseinandersetzung mit dem byzantinischen Kaiser Anastasios I. die sog. Zweigewaltenlehre. Juden gegenüber aufgeschlossen, gab er die Empfehlung eines jüdischen vir clarissimus (Angehörigen des Senatorenstandes) an einen Bischof weiter und forderte andere Bischöfe auf, die Klage eines Sklaven gegen seinen jüdischen Herrn wegen angeblicher widerrechtlicher Beschneidung unvoreingenommen und sorgfältig zu prüfen. Letztere Verfügung ist über Gratians Decretum ins Kirchenrecht eingegangen.
L W. Ullmann, Gelasius I., 1981. (FL)

Gelber, Nathan Michael, Historiker und zionistischer Politiker, 27.5.1891 Lemberg – 23.9.1966 Jerusalem. Gelber diente im Ersten Weltkrieg in der österreichisch-ungarischen Armee; 1918–21 war er Generalsekretär der Ostgalizischen Delegation der →Waad Leumi in Wien, 1921–30 Sekretär der Österreichischen Zionistischen Organisation. 1934 Emigration nach Palästina. Bis zu seiner Pensionierung war Gelber bei der →Keren Hajessod in Jerusalem tätig. Er verfaßte über 1000 Bücher, Aufsätze und Artikel in hebräisch, deutsch, jiddisch und polnisch; ferner war er Mitarbeiter am »Jüdischen Lexikon« und an der »Encyclopaedia Judaica«. Werke u.a.: »Zur Vorgeschichte des Zionismus« (1927), »Aktenstücke zur Judenfrage am Wiener Kongreß 1814/15« (1920), »Die Juden und der polnische Aufstand« (1923), »Toledot Ha-Tenu'ah Ha-Zionit b'Galizia, 1875–1978« (2 Bände, 1958). (JS)

Gelber Fleck →Judenkennzeichnung

Geldhandel (Geldsortenwechsel), bedingt durch die Vielzahl der Münzstätten und -sorten im Mittelalter, die vielerorts den Umtausch in Kurantwährung erforderten, und Geldkapitalnutzung durch Darlehensgeschäft mit Zinsnahme. Juden erwiesen sich aufgrund ihrer Erfahrung im internationalen Handel und ihrer Kenntnisse der Geldsorten sowie des in Byzanz und im islamischen Orient noch lebendigen Bank- und Kreditwesens als Pioniere der Geldwirtschaft. Sie sind für Worms schon im 11. Jahrhundert als Geldwechsler belegt. Nach ihrer Verdrängung aus dem Fernhandel wurde der Geldhandel vom 12. bis 15. Jahrhundert zur Hauptquelle ihres Lebensunterhalts. Sie hatten dabei weit stärker als ihre christlichen Konkurrenten unter dem Vorwurf des Wuchers und dem Haß der Schuldner zu leiden. Zahlreiche Mordfälle und im Spätmittelalter sich häufende Massaker und Verfolgungswellen zielten bei oft vorgeschobenen religiösen Begründungen vor allem auf die Vernichtung der Schuldscheine (England 1190, →Armleder 1336–38, Schwarzer Tod 1348–50). Mit dem Ausbau des Bankwesens durch die Lombarden wurden die Juden im Spätmittelalter zunehmend in die Pfandleihe und den sich daraus entwickelnden Kramhandel abgedrängt.

Ⓛ M. Hoffmann, Der Geldhandel der deutschen Juden während des Mittelalters, 1910. – J. Shatzmiller, Shylock reconsidered, 1990. (FL)

Geleit →Leibzoll

Gemara →Talmud

Gemeinde, jüdische. Nach →Midrasch und →Talmud bereits eine Einrichtung der mosaischen Zeit. In der antiken →Diaspora war die Gemeinde eine autonome Körperschaft innerhalb der dem Judentum als Religionsgemeinschaft zuerkannten Privilegien. In Palästina war sie von der jeweiligen jüdischen Zentralgewalt abhängig. In Babylon trat an die Stelle der bisherigen nur nationalen Organisation die religiösnationale Gemeinschaft. Die →Synagoge wurde Mittelpunkt des religiösen und sozialen Lebens. Sie war zugleich Tempelstätte, Volkshaus und Gerichtssaal. Die politische jüdische Gemeinde wurde als »Stadtverband« (»Chewer ir«) bezeichnet. Entsprechend lautete eine hasmonäische Münzinschrift »Chewer ha-Jehudim« (Gemeinschaft der Juden). Als ältester Name der Religionsgemeinschaft gilt nach dem Papyrusfund von →Elephantine die Bezeichnung »Eda«. Daneben traten dann die Bezeichnungen »Kehilla«, »Sibbur« und →Knesset für die religiöse Gemeinde und »Bene ha-Knesset« für deren Mitglieder. Politische Gemeinden entstanden in der Diaspora an den wichtigen Handelsplätzen am Mittelmeer, in Kleinasien und Babylonien. In juristischer Hinsicht waren diese jüdischen Gemeinden Niederlassungen auswärtiger Kaufleute mit einer politischen Verfassung und nationaler Gerichtsbarkeit. Dies änderte sich nach dem Untergang des jüdischen Staates (70 n.Z.). Im Römerreich konnten die Juden ein Kultuskollegium bilden, besaßen aber keine nationale Jurisdiktion. Sie hatten das Recht zur Errichtung von Synagogen und zur freien Vermögensverwaltung. Die Gemeinde setzte sich aus den Ortsansässigen und denen zusammen, die länger als ein Jahr in der Gemeinde ansässig waren. Dem Gemeinderat (griechisch »Gerusia«, hebräisch »Kenischta debule«) oblag die Gemeindeverwaltung. Seine Mitglieder, die die Bezeichnung »Freibürger«, »Pfleger« (hebräisch »Parnassim«), »Älteste« (hebräisch »Sekenim«) oder »Stadtherren« trugen, wurden im September vor dem Neujahrsfest von der ganzen Gemeinde gewählt. Der Vorsitzende hieß »Stadthaupt« (hebräisch »Resch Mata«). Eine besondere Aufgabe des Gemeinderats bestand in der Armenpflege (→Wohlfahrtspflege). Die Verwaltung war in Palästina weitgehend von den Patriarchen (hebräisch →Nassi) und in Babylonien von den Exilarchen (hebräisch »Resch Galuta«) abhängig. Sie setzten die Richter und den Gerichtshof ein. Über Höhe und Verteilung der Steuern entschied der Gemeinderat. Besaß eine Gemeinde mehr als zehn Mitglieder, so war sie zur Einrichtung einer Synagoge verpflichtet. Die Synagogen-Gemeinde hatte eine eigene Verwaltung unter Leitung des Synagogenvorsitzenden (hebräisch »Rosch ha-Knesset«, später »Rosch ha-Kahal«). Seine Amtskollegen waren die Gemeindepfleger. In der Synagoge hatte der »Dienstleiter« (hebräisch »Chasan ha-Knesset«) die eigentliche Aufsicht. Er stand über dem Vorbeter. Die Gemeinde besaß außer dem Schulhaus ein besonderes Gemeindehaus. Oft war allerdings die Synagoge zugleich Gemeindehaus. Im Mittelalter wurde das Zusammenwohnen der Juden in eigenen Stadtvierteln (→Ghetto) mit besonderen solidarischen Verpflichtungen gefördert und damit auch die Bildung von jüdischen Gemeinden unter dem Schutz und der Aufsicht der weltlichen und geistlichen Herrscher. Im christlichen Bereich herrschte die autonome Einzelgemeinde vor. Die Gemeinde (→Kahal) regelte neben den religiösen und sozialen auch alle rechtlichen, wirtschaftlichen und fiskalischen Fragen selbständig. Diese Entwicklung förderte eine oligarchische Struktur. In der Gemeindeleitung wurden die Aufgaben verteilt und der Vorsitz turnusmäßig gewechselt, wobei die Ausübung der Vollmachten regional unterschiedlich war. In der Neuzeit verarmten vor allem in Osteuropa die ursprünglich relativ reichen Gemeinden zusehends, bedingt durch den großen Bevölkerungszuwachs und die Niederlassungsberechtigung breiter Randschichten. Im Lauf der →Emanzipation wurde die Kahal-Autonomie weitgehend abgeschafft, und die Gemeinden verwandelten sich in kirchengemeindeähnliche Körperschaften mit stärkeren Leitungsfunktionen für die Rabbiner. Am längsten hielt sich die alte Kahal-Struktur in orientalischen und nordafrikanischen Ländern.

(RED)

Essay

Gemeindeleben in Deutschland nach 1945

Cilly Kugelmann

»Es ist meine Überzeugung, daß es für Juden möglich sein wird, eine Zukunft in Deutschland aufzubauen, und daß es ein tragischer Fehler sein würde, Deutschland ›judenrein‹ zu machen. Meiner Meinung nach werden mindestens 30 000 Juden in Deutschland bleiben.« Diese weitsichtige Einschätzung des amerikanischen Generals Lucius D. Clay vom Februar 1949 hat bis heute ihre Gültigkeit behalten. Knapp 30 000 Juden, fünf Prozent der jüdischen Vorkriegsbevölkerung, sind heute Mitglieder in 62 west- und acht ostdeutschen jüdischen Gemeinden. Die meisten dieser Gemeinden haben nur wenige Mitglieder; lediglich sechs Großgemeinden umfassen mehr als 1000 Personen. Mit sechs westlichen und zwei östlichen Landesverbänden sowie dem in Bonn ansässigen →Zentralrat der Juden in Deutschland haben sich diese Gemeinden eine bundesweite Organisationsstruktur gegeben. Die überregionale Zentralwohlfahrtsstelle der Juden in Deutschland mit Sitz in Frankfurt am Main ist für die sozialen Belange, die Alten- und Jugendpflege zuständig. Zahlreiche zionistische Verbände und die B'nai-B'rith-Loge vervollständigen das Bild jüdischer Organisationen in Deutschland.

Wie schon der Name des Dachverbands andeutet, unterscheidet sich das Selbstverständnis der heutigen jüdischen Gemeinden von dem der jüdischen Gemeinden der Vorkriegszeit. Aus den »deutschen Juden« sind »Juden in Deutschland« geworden. Das deutsche Judentum ist, wie Millionen jüdischer Menschen, von den Nationalsozialisten für immer zerstört worden. Vier in ihrer Orientierung sehr unterschiedliche Gruppen bestimmen heute das Bild der jüdischen Gemeinschaft in der Bundesrepublik Deutschland: Juden, die die Verfolgung in Deutschland überlebt haben oder 1945 aus den Konzentrationslagern und der Emigration in ihre Heimat zurückgekehrt sind; Displaced Persons (DP's), d. h. überlebende Juden aus Osteuropa; deutsche Juden, die in den 50er Jahren aus Israel, Schanghai oder aus anderen Emigrationsländern zurückgekehrt sind; jüdische Flüchtlinge aus Polen, der Sowjetunion und dem Iran.

Der Neubeginn jüdischen Lebens in Deutschland wurde von den jüdischen

Überlebenden aus Deutschland und den DP's, zwei in ihrem jüdischen Erbe sehr unterschiedlichen Gruppen, geleistet, wobei der Gegensatz zwischen deutschen und osteuropäischen Juden Konflikte prägt, die die jüdischen Gemeinden bis heute mit sich selbst und in bezug auf ihr Verhältnis zur deutschen Umwelt haben. Bis zur Gründung der beiden deutschen Staaten bestand eine radikale Trennung zwischen den DP's und den sogenannten deutschen Restgemeinden. Die jüdischen Überlebenden aus Osteuropa lebten in den DP-Lagern der drei Westzonen ohne Kontakt zu den Gemeinden außerhalb der Lager. Sie projizierten ihre Zukunft auf Länder außerhalb Europas und fanden es nicht vertretbar, in Deutschland wieder »Bilder aufzuhängen, Radios aufzustellen und Vorhänge an die Fenster zu hängen« (YIVO, DP-Folder). Der Zionismus erlangte größte Popularität unter den Überlebenden, denn der Holocaust schien bewiesen zu haben, daß die Emanzipation der Juden in Europa keine Garantie für deren Existenz war. Diesen Gedanken drückte David Ben-Gurion bereits 1944 aus, als er auf einem Parteikongreß der Mapai über die Perspektiven der Nachkriegszeit äußerte: »Es wird uns keinesfalls möglich sein, die Toten wieder zum Leben zu erwecken. Aber es gibt noch Lebendiges. Es leben noch die Juden in Erez Israel.« Sich den Juden in Palästina anzuschließen und für einen jüdischen Staat zu kämpfen war daher auch das Ziel der meisten DP's, die in den Lagern auf die Chance zur Realisierung ihrer Hoffnungen warteten.

Die Mehrheit der Überlebenden zog es in die amerikanische Besatzungszone, da sie die einzige war, in der man dem Wunsch der Überlebendenorganisationen nach Anerkennung des Status einer nationalen Gruppe entsprach und Juden in eigenen Lagern unterbrachte. In der französischen Zone gab es wegen der geringen Zahl jüdischer Überlebender kein »DP-Problem«. Für die Sowjetunion waren Juden eine unter vielen Opfer- und Verfolgtengruppen der NS-Zeit, die keinen besonderen Status erwarten durften. Die Briten lehnten aus Furcht vor zionistischer Propaganda die Zentralisierung von jüdischen DP s ab. Doch auch in der amerikanischen Besatzungszone dauerte es Monate, bis der Status der jüdischen DP's geklärt war. Erst Ende August 1945, als Folge der von Präsident Harry S. Truman angeordneten Untersuchung durch Earl G. Harrison, wurden spezielle Lager für Juden eingerichtet. Zu den etwa 50 000 Überlebenden aus den Vernichtungs- und Konzentrationslagern, die in diesen DP-Zentren bis zum Winter 1945 aufgenommen wurden, kamen von 1946 bis 1948 nahezu 200 000 jüdische Flüchtlinge aus Osteuropa hinzu. Der virulente polnische Nachkriegsantisemitismus und der Umstand, daß fast alle jüdischen Gemeinden in Osteuropa zerstört waren, verursachten eine Massenflucht, die von der Bricha (hebr. »Flucht«) in die Besatzungszonen und vom »Büro für Illegale Einwanderung« der Jewish Agency nach Palästina gelenkt wurde.

In politischer Hinsicht beherrschten zionistische Fraktionen die DP-Lager. Die Revisionisten, die Vereinigten Zionisten unter der Führung Ben-Gurions sowie andere politische Parteien kämpften um die Unterstützung der DP's für ihre jeweiligen Staatsgründungsstrategien – oft mit bürgerkriegsähnlichen Mitteln. Nichtzionistische Hilfsorganisationen, die sich für Auswanderungsziele in den USA, in Kanada und Australien oder gar für den Verbleib in Europa einsetzten, wurden von den zionistischen Organisationen bekämpft, die mit Hilfe der jüdischen DP's der Errichtung eines jüdischen Staates in Palästina näherzukommen hofften.

Im Gegensatz dazu formulierten die deutschen Juden der unmittelbaren Nachkriegszeit den Anspruch, »die Nachfolge des einst großen und bedeutenden Judentums« (Karl Marx, Herausgeber der »Allgemeinen Jüdischen Wochenzeitung«) in Deutschland anzutreten. In zahlreichen Publikationen wurde diese Programmatik unter Titeln wie »Für eine geistige Nachfolge«, »Wir deutschen Juden«, »Unser Wiederaufbau« verfochten. Die nach Deutschland zurückgekehrten Emigranten, die das Bild der Gemeinden im ersten Jahrzehnt nach Kriegsende bestimmten, sahen in den DP's aus Osteuropa eine Gefahr, die ihr Bemühen um Verständigung mit dem neuen Deutschland erschweren könnte. Osteuropäische Juden wurden mit Schwarzmarkt und Kleinkriminalität in Zusammenhang gebracht; alte Befürchtungen, daß diese Zuschreibungen neuen Antisemitismus provozieren würden, veranlaßten so manchen deutsch-jüdischen Gemeinderat, Bedingungen zu schaffen, die polnische Juden daran hindern sollten, repräsentative Funktionen in der Öffentlichkeit zu übernehmen.

Zusätzlich belastet war die jüdische Gemeinschaft in Deutschland durch die Ächtung von seiten internationaler jüdischer Organisationen, mit der die neuen Gemeinden bis zum Beginn der Verhandlungen über das Bundesentschädigungsgesetz konfrontiert waren. Während sich die neuen Zentren jüdischer Kultur in Israel und in den USA als Triumph über die Vernichtung und als Renaissance des Judentums schlechthin feierten, sprach man den Juden in Deutschland ihre Existenzberechtigung in diesem Land ab. Die Jewish Agency argumentierte, daß Juden, »die in Deutschland verbleiben, keine Berechtigung zum Hierbleiben [hätten], weder eine jüdische noch eine zionistische, noch eine menschliche«; der Jüdische Weltkongreß sprach in diesem Zusammenhang sogar von der »Gefahr [einer] nationalen und moralischen Degeneration«. Erst durch ihre Mittlerrolle bei den Verhandlungen um die Wiedergutmachungszahlungen erlangten die jüdischen Gemeinden politische Anerkennung und psychologisches Verständnis bei den jüdischen Auslandsorganisationen und besonders bei den Zionisten. 1954, zwei Jahre nach der Unterzeichnung der Luxemburger Verträge über Globalzahlungen an Israel, stimmte die Exekutive der Zionistischen Organisation der Gründung eines Landesverbands in Deutschland zu, wurde der Zentralrat der Juden in Deutschland als Mitglied in den Jüdischen Weltkongreß aufgenommen.

Für die deutsche Öffentlichkeit spielte die jüdische Gemeinschaft eine wichtige symbolische Rolle. Sie war und ist der Stellvertreter von Millionen Ermordeten, eine lebendige Erinnerung an die Schuld, die die Nationalsozialisten auf das deutsche Volk geladen haben. In dieser Funktion begleiteten die Vertreter der jüdischen Gemeinschaft öffentliche Delegationen nach Israel und in die ehemaligen Konzentrationslager, gaben als Zeugen über die Vernichtungspolitik Auskunft, waren als Redner bei Erinnerungsfeiern gefragt. Gute Beziehungen zu den jüdischen Gemeinden und zu dem neuen israelischen Staat galten unter Konrad Adenauer als ein wichtiger, wenn auch nicht von allen Teilen der deutschen Gesellschaft mitgetragener Beitrag zur moralischen und politischen Wiedereingliederung der Deutschen in die internationale Völkergemeinschaft. Verschiedene Organisationen und Institutionen wie die »Aktion Sühnezeichen«, die »Woche der Brüderlichkeit«, die »Gesellschaft für Christlich-Jüdische Zusammenarbeit« sowie deutsch-israelische Freundschaftsgruppen wurden mit dem Ziel gegründet, eine Versöhnung mit dem jüdischen Volk herbeizuführen. Für diesen Versöhnungsdialog spielten Juden eine hervorragende, aber auch zwiespältige Rolle, weil sie weniger als reale Personen denn als idealisierte Juden betrachtet wurden. Man erwartete von ihnen moralische Integrität und ständigen politischen Einsatz gegen Ungerechtigkeit und fragwürdige politische Entscheidungen. Gerade unter den engagierten Deutschen können sich viele kaum mit der Tatsache abfinden, daß die jüdischen Gemeinden Religionsgemeinschaften sind und keine politischen Kampfverbände gegen Antisemitismus und Rechtsradikalismus. Das Bewußtsein, stellvertretend für alle von den Nationalsozialisten ermordeten Juden als das Symbol der jüdischen Opfer schlechthin zu gelten, ist jedoch für die Juden in Deutschland nicht nur eine psychische Bürde, sondern auch die mehr oder weniger bewußte Legitimation dafür, überhaupt in Deutschland leben zu können. Die Beschreibung der ambivalenten Gefühle vieler Juden gegenüber Deutschland, die Hans-Joachim Schoeps 1958 formulierte, hat auch heute noch nichts von ihrer Gültigkeit verloren, wenn auch die Schlüsse, die Schoeps daraus zog, für die

Juden in der Bundesrepublik kein Identitätsangebot mehr sind; »Ich sehe heute, 13 Jahre nach Ende des Hitlerreiches, die Sachlage so, daß die in Deutschland verbliebenen Juden aus der Tatsache ihres Nichtausgewandertseins einige Konsequenzen ziehen müssen. Sie haben die Frage zu beantworten, ob sie sich als eine Auslandsorganisation des Staates Israel sehen wollen oder als vorübergehend in Deutschland gastierende Auslands-Israelis oder als deutsche Staatsbürger mit allen politischen Rechten und Pflichten, die das Bekenntnis zu Deutschland mit sich bringt. Das würde bedeuten, daß sich die jüdischen Gemeinden in Deutschland wieder als reine Religionsgemeinschaft betrachten, wie das vor 1933 der Fall war.«

[L] M. Brumlik/D. Kiesel/C. Kugelmann/J. H. Schoeps (Hrsg.), Jüdisches Leben in Deutschland seit 1945, 1986. – H. Ganther, Die Juden in Deutschland, 1958. – J. H. Schoeps, Leiden an Deutschland, 1990. – E. Serotta, Juden in Deutschland heute, 1996.

Gemeindebund →Deutsch-Israelitischer Gemeindebund

Gemilut Chassadim, ein hebräischer Begriff, der sich sehr schwer ins Deutsche übersetzen läßt. Er bedeutet sinngemäß Hilfe ohne Eigennutz, Wohltätigkeit. Nach einem bekannten jüdischen Spruch besteht die Welt aus drei Säulen: der Lehre (Tora), der Arbeit und den Gemilut Chassadim. Allgemein versteht man unter Gemilut Chassadim Hilfe in allen Lebenslagen und Bereichen. Im Mittelalter war es üblich, zur Linderung wirtschaftlicher Not je nach Möglichkeit einen zinslosen Kredit und materielle Unterstützung zu gewähren; auch dies war »Gemilut Chassadim«. (RED)

Generalreglements, preußische. Nach der großzügigen Politik des Großen Kurfürsten →Friedrich Wilhelm schränkten die vier Judenordnungen oder Generalreglements von 1700, 1714, 1730 und 1750 die Rechte und Entfaltungsmöglichkeiten der Juden in →Preußen erheblich ein. Das Generalreglement von 1700 erhöhte die Schutzgelder, führte den entehrenden →Leibzoll wieder ein und ordnete die Beschränkung auf 50 jüdische Familien pro Gemeinde an. Das Generalreglement von 1714 erlaubte die »Ansetzung« von höchstens drei Kindern, für das zweite und dritte war ein bestimmtes Vermögen vorzuweisen und eine Taxe zu zahlen. König Friedrich Wilhelm reduzierte in dem Generalreglement von 1730 die erlaubte Kinderzahl auf zwei und zwang die übrigen als Erwachsene zur Auswanderung. Noch enger faßte König Friedrich II. 1750 die Bestimmungen, indem er die Unterscheidung zwischen ordentlicher und außerordentlicher →Schutzjuden verfügte. Die ordentlichen durften nur noch ein Kind »ansetzen«, die außerordentlichen keines; zudem war es ihnen verboten, zu heiraten oder einen selbständigen Beruf auszuüben. Bei großem Vermögen waren Ausnahmen zulässig. Ausgenommen von den Bestimmungen blieben die privilegierten Familien der Hofjuden. Für die Abführung der Schutzgelder wurde ein Pauschalsystem eingeführt. Die Regelung der Umlage (Repartition) auf die einzelnen Familien überließ die Regierung der innerjüdischen Verwaltung. Ebenso übernahm die Gesamtjudenschaft die Solidarhaftung bei Diebstählen, Betrügereien und Bankrotten, die von einzelnen Gemeindemitgliedern verübt wurden. Zusätzlich wurde der Handelsverkehr auf Luxuswaren, modische Artikel, Juwelen u. ä. eingeschränkt. Das Generalreglement von 1750 blieb trotz der Reformvorschläge von C. W. v. →Dohm bis zum →Emanzipationsedikt von 1812 in Kraft und trug erheblich zur Verarmung der Juden in Preußen bei.

[L] I. Freund, Die Emanzipation der Juden in Preußen unter besonderer Berücksichtigung des Gesetzes vom 11. März 1812, 2 Bände, 1912. – S. Stern, Der Preußische Staat und die Juden, Teil 3: Die Zeit Friedrichs des Großen, 1971. (AH)

Genesis →Hebräische Bibel

Genezareth, hebräisch Kinneret, auch See von Tiberias, Galiläisches Meer, vom Jordan durchflossener See in Nord-Israel, westlich vom Golan, 168 km² (21 km lang, bis 13 km breit), 212 m u. M., 44 m tief (die Angaben wechseln je nach Zufluß und Entnahme von Wasser); fischreich, Schiffahrt durch Fallwinde gefährdet. Am Nordwest-Ufer die Ebene Ginnesar, in römischer Zeit dicht besiedelt (Städte Tiberias, Kapernaum, Bethsaida u. a.), später verödet, im 20. Jahrhundert wieder kolonisiert: Anbau von Bananen, Datteln, Trauben, Tomaten u. a. Der See ist das Hauptwasserreservoir Israels; sein Wasser wird mit Hilfe von Pumpstationen seit 1965 durch die Jordan-Negev-Hauptwasserleitung bis Beer Sheva geleitet (über 300 Mio. m^3 im Jahr). – Während der See in biblischer Zeit meist als Grenzposition genannt wird (Num 34,11; Jos 12,3 und 13,27), ist er im NT Schauplatz zentraler Szenen im Wirken Jesu. Die Stätten dieser Ereignisse (Kapernaum/Kefar Naum, Tabgha, Berg der Seligpreisungen u. a.) sind Ziele des lebhaften christlichen Tourismus, während Heilquellen und Klima weitere Anreize bieten; →Tiberias.

L Y. Karmon, Israel. Eine geographische Landeskunde, ²1994. (WL)

Genisa (ursprünglich persisch, hebräisch »Aufbewahrung«). Im Althebräischen werden Archive und auch Bibliotheken »Bet ha-Genisa«, das Haus der Aufbewahrung, genannt. Genisa gab es in vielen Gemeinden und in Synagogen. Es war ein Ort der Aufbewahrung unbrauchbar gewordener heiliger Bücher und anderer Kultgegenstände. Oft wurden die alten Gebetbücher auch in Gräbern rituell bestattet. Die bekannteste Genisa befindet sich im Kairoer Vorort Fostat. Es handelt sich um ein Dachbodenarchiv in einer Synagoge, die 882 gebaut wurde. Die überwiegend aus dem 9.–13. Jahrhundert stammenden mehr als 200 000 Texte und Fragmente wurden nach Umbauten vergessen und erst im 19. Jahrhundert wieder entdeckt. Teile der Dokumente gelangten in den 60er Jahren des 19. Jahrhunderts in die Hände von Sammlern und Forschern. Erst 1896 vermochten Salomon Schechter und Charles Taylor das meiste zu erwerben. Der größte Teil davon wird als »Taylor-Schechter-Collection« in der Universitätsbibliothek von Cambridge und am »Jewish Theological Semenary« New York aufbewahrt. Die Sammlung enthält wertvolle Quellen: u. a. die hebräische Fassung des Buches Ben Sira, Pijutim (liturgische Lieder) von Juden aus Babylonien und Israel und viele Primärquellen über die Lage der Juden in Palästina und Ägypten aus der Zeit der arabischen Eroberung bis zum 1. Kreuzzug. Teile der Dokumente, die Abraham Schmuel Prikowitz, ein Karäer von der Krim, erworben hatte, befinden sich u. a. auch in St. Petersburg. (RED)

Geonim →Gaon

Georg(e), Manfred, Journalist und Schriftsteller, 22. 10. 1893 Berlin – 30. 12. 1965 New York. Jurastudium und Promotion (1917) in Berlin zum Doktor der Rechtswissenschaft. 1917–20 Mitherausgeber des »Marsays«, danach Chefredakteur der »Berliner Abendpost«. 1933 Emigration in die ČSR. Hier war Georg(e) leitender Redakteur der »Jüdischen Revue«, die in Munkacevo erschien. Die Stationen seines Exils nach Verlassen der ČSR waren die Schweiz, Frankreich, Spanien und 1938 die USA. In New York löste Georg(e) im April 1939 Rudolf Brandl als Chefredakteur der vom German-Jewish-Club gegründeten deutsch-jüdischen Wochenzeitung →»Aufbau« ab. (WJ)

Gerechter →Zaddik

Gericht →Bet Din

Gerichte in Israel. Das komplizierte Gerichtssystem in Israel wurde in einem 1984 verabschiedeten Grundgesetz umfassend geregelt. Oberste Instanz ist der Oberste Gerichtshof, dessen Entscheidungen für alle anderen Gerichte in Israel bindend sind. Jedes Gericht ist auch an die Entscheidungen der jeweils höheren Gerichte gebunden. Israels ziviles Gerichtswesen kennt Gerichte auf Distrikt- und Subdistrikt-Ebene, städtische Gerichte, Verkehrsgerichte und andere spezielle Tribunale. Im Subdistrikt Beer Sheva gibt es auch Stammesgerichte. Die Militärgerichte in Israel sind nicht nur für Angehörige der israelischen Armee, sondern auch für die Bewohner der besetzten Gebiete zuständig. Sie unterstehen einem militärischen Berufungsgericht sowie dem Obersten Gerichtshof. Die Rabbinatsgerichte sind für Fragen der Staatsbürgerschaft sowie Ehe und Ehescheidung bei jüdischen Israelis zuständig, in anderen Bereichen nur, wenn alle Parteien zustimmen. Muslimische, christliche und drusische Gerichte sind mit ähnlichen Kompetenzen im Bereich des Personenstandrechts für ihre jeweilige Bevölkerungsgruppe ausgestattet. Zivile Richter werden von einem unter dem Vorsitz des Justizministers arbeitenden Nominierungsausschuß vorgeschlagen und vom →Staatspräsidenten formal ernannt. Zum Nominierungsausschuß gehören außer dem Justizminister ein weiterer vom Kabinett gewählter Minister, der Präsident des Obersten Gerichtshofs, zwei weitere aus den eigenen Reihen gewählte Richter des Obersten Gerichts, zwei in geheimer Abstimmung gewählte Abgeordnete der Knesset und zwei von der Anwaltskammer gewählte Anwälte. Richter der religiösen Gerichte in Israel werden in einem ähnlichen Verfahren ausgesucht. Eine Ernennung gilt bis zur Pensionierung, eine Amtsenthebung kann nur aufgrund eines vorgeschriebenen Verfahrens durch Zusammenwirken des Justizministers, eines besonderen Disziplinargerichts und des Staatspräsidenten erfolgen.

🄻 A. Bin-Nun, Einführung in das Recht des Staates Israel, 1983. (DB/MW)

Gerichtsbarkeit, jüdische. Die jüdische Gemeinde besaß schon seit frühester Zeit in unterschiedlichem Umfang eine eigene Gerichtsbarkeit (→Bet Din); die Jurisdiktion der Rabbinatsgerichte erstreckte sich vor allem auf Ritual- und Zeremonialangelegenheiten, aber auch auf Zivilstreitigkeiten. Im Mittelalter hatten die Karolinger in Privilegien festgeschrieben, daß Juden nach eigenen Rechten leben sollten (Speyer 1084). Kaiser Heinrich IV. bestimmte 1090, daß Prozesse unter den Juden von ihnen selbst zu richten seien; es war den Juden auch erlaubt, sich direkt an den Kaiser zu wenden. Zum Zeitpunkt der »Frankfurter Rabbinerversammlung« 1603 gab es Rabbinatsgerichte in Bingen, Bonn, Friedberg, Frankfurt am Main, Fulda, Günzburg, Wallerstein und Worms. Mit der Ausbildung von →Landjudenschaften seit dem frühen 17. Jahrhundert waren in innerjüdischen Streitfällen nicht mehr auswärtige Rabbinatsgerichte zuständig, sondern es wurden Landrabbiner in den einzelnen Territorien als religiöse Führer der Gemeinschaft und oberste Gerichtsinstanz ernannt. Daneben fungierten Landrichter, die für einzelne oder mehrere Distrikte zuständig waren. Der Landrabbiner hatte das Recht, den Angeklagten vorzuladen, im Weigerungsfall ihn zu bestrafen; er durfte den Bann (→Cherem) aussprechen; eine verhängte Strafe wurde teils an die fürstliche Kasse, teils an die Armenkasse abgeführt. 1730 bestätigte das Generalprivilegium (→Generalreglements) in Preußen die Jurisdiktion des Rabbiners und der Ältesten über alle internen Konflikte. Bei allen Rechts- und Streitsachen und bei Streitigkeiten zwischen Juden und Christen sollten Juden den ordentlichen kommunalen Gerichten unterstehen, Kriminalsachen lagen in den Händen des Kurfürsten. Der absolutistische Staat schränkte allmählich die jüdische Jurisdiktion auf Bagatellfälle und auf Fragen, die jüdische Bräuche und Zeremonien betrafen, ein. Kompetenzkonflikte zwischen Regierung und Hofgericht, Magistrat und Kammer häuften sich; auch kommunale Gerichte griffen nun in die Jurisdiktion des Rabbiners ein. Juden begannen, sich in Streitfällen an öffentliche Gerichte zu wenden. Die preußische →Judenkommission, die die Aufhebung der jüdischen Gerichtsbarkeit und Strafbefugnis gefordert hatte, konnte das Generalprivilegium von 1750 als einen Teilerfolg verbuchen; christlichen Richtern, die unter Zugrundelegung jüdischen Rechts urteilten, wurde mit der Sammlung »Ritualgesetze der Juden« (1778) eine Entscheidungshilfe an die Hand gegeben. Im Zuge der →Emanzipation und bürgerlicher Gleichstellung der Juden wurde die Gerichtsbarkeit, teilweise unter Protest von Rabbinern, endgültig aufgehoben.

🄻 F. Battenberg, Das Europäische Zeitalter der Juden, 1990. – I. Elbogen/E. Sterling, Die Geschichte der Juden in Deutschland, 1966. – H. M. Graupe, Die Entstehung des modernen Judentums, [2]1977. (JÖD)

Germania Judaica, Kölner Bibliothek zur Geschichte des deutschen Judentums, gegründet 1959 auf Initiative Kölner Bürger, u. a. des Schriftstellers Heinrich Böll, als privater Verein in »der Erkenntnis, daß die Öffentlichkeit nur in unzureichendem Maße über die Geschichte des Judentums informiert ist«. Umfaßt rund 40 000 Werke, heute untergebracht in der Kölner Zentralbibliothek. Alle drei Jahre Veröffentlichung einer Arbeitsinformation über laufende Forschungsprojekte zur Geschichte des deutschen Judentums.

🄻 A. Müller-Jerina, Germania Judaica, 1986. (EP)

Gershom ben Jehuda (genannt »Meor ha-Gola«, Leuchte des Exils), bedeutender Rabbiner des Mittelalters, um 960 – 1028 oder 1040 Mainz. Gershom ben Jehuda leitete in Mainz ein Lehrhaus und trug durch seine moralische Autorität und seinen Sachverstand zur Verbreitung des Talmud-Studiums im Rheinland bei. Er hat mehrere →Pijutim für die Versöhnungstage verfaßt, darüber hinaus Kommentare zu Teilen des →Talmuds. Von großer Bedeutung sind Gershom ben Jehudas Verordnungen, so das völlige Verbot der Polygamie, die, wenn zwar nicht üblich, dennoch rechtlich möglich war. Im Fall einer Scheidung hat er die rechtliche Stellung der Frau verbessert. Scheidung sollte nur in gegenseitigem Einvernehmen erfolgen. Eine mittellose geschiedene Frau müsse von der Gemeinde Unterstützung erhalten. Ebenso hat er die

Pfändung erschwert. Mit seinem Namen ist auch die Bewahrung des Briefgeheimnisses verbunden, das Verbot, Briefe, die an einen anderen adressiert sind, zu öffnen. Das war insofern von Belang, als zu seiner Zeit die Briefe meist durch Reisende befördert wurden. Jeder, der gegen diese Bestimmungen verstieß, sollte mit dem Bann (→Cherem) belegt werden. Zu Gershom ben Jehudas Zeiten häuften sich die Fälle, wo Juden, um eine drohende Ausweisung zu umgehen, zum Schein zum Christentum übertraten. Sobald sich eine günstige Gelegenheit ergab, bekannten sie sich wieder zum Judentum. Gershom ben Jehuda verbot die Schmähung dieser reumütig Zurückgekehrten und plädierte dafür, sie als vollwertige Gemeindemitglieder anzuerkennen. Gershom ben Jehudas Verordnungen sind bis heute gültig. (RED)

George Gershwin

Gershwin, George, amerikanischer Komponist und Pianist, 26. 9. 1898 Brooklyn, New York – 11. 7. 1937 Beverly Hills, Kalifornien. Begann als Barpianist und Schlagerkomponist. Von seinen Songs und Tanzschlagern wurden u. a. »The Man I love«, »Oh Lady be good«, »I got Rhythm«, »Embraceable you«, »Strike up the Band« und andere mehr zu weltweit bekannten Evergreens. Der in den 20er Jahren als »König des Jazz« bekannte Bandleader Paul Whiteman veranlaßte Gershwin, sich der Komposition größerer Werke zu widmen, deren Grundlage der »sinfonische Jazz« bildete. Es entstanden die Orchesterwerke »Rhapsody in Blue« (1924), »Klavierkonzert in f« (1925), »An American in Paris« (1928), »2. Rhapsody« (1931) und »Cuban-Ouverture« (1932), alles Werke, die angesichts ihrer Lage zwischen unterhaltender und ernster Musik zu vielgespielten Erfolgen geworden sind. Mit seinem Hauptwerk, der 1935 in Boston uraufgeführten Oper »Porgy and Bess«, für die er Folklore- und Slum-Studien in den amerikanischen Südstaaten betrieben hatte, erreichte er einen Welterfolg. Die Musik ist breit in ihrem Ausmaß, dramatisch und mit Komik und Zärtlichkeit durchsetzt. Die Gesänge (Chor und Lieder) tragen den Stempel der von den Schwarzen gepflegten Improvisationskunst; in ihrem melodischen Einfallsreichtum sowie in der Orchestrierung bleiben sie jedoch höchst originell. Gershwin schrieb über 100 Songs, Operetten und Filmmusiken, in denen nicht nur die Färbung und der Rhythmus der amerikanischen Szene zum Ausdruck kommen, sondern der »Amerikanismus« generell. (AS)

Gesamtarchiv der deutschen Juden. gegründet 1905; von seiner Zielsetzung her Nachfolgeinstitut der →Historischen Kommission für die Geschichte der Juden in Deutschland. Der bis 1918 als Direktor tätige E. →Täubler unternahm den Versuch, die gesamte geschichtlich bedeutsame handschriftliche Überlieferung in dem Archiv zu erfassen. Dem Nachfolger Täublers, Jakob Jakobson, war bis Ende der 30er Jahre nur eine Arbeit in begrenzter Form möglich. Seit 1941 eine Abteilung des »Reichssippenamtes«, mußte das Gesamtarchiv der deutschen Juden unter nationalsozialistischer Aufsicht als archivalische Zentralstelle für alle behördlichen Nachforschungen über jüdische Familienverhältnisse dienen. Mit der Deportation Jakobsons im Mai 1943 nach Theresienstadt endete die Arbeit des Archivs. Die Masse seiner Bestände verschwand in den Kriegs- und Nachkriegswirren, Teile befinden sich heute in Potsdam und Jerusalem.

L W. Schochow, Deutsch-Jüdische Geschichtswissenschaft, 1969. (JÖD)

Geschichte, siehe Juden in der →Antike, →Demographie, →Emanzipation und Assimilation, →Gemeindeleben in Deutschland nach 1945, →Kirche und Judentum, Juden im →Mittelalter, Juden und →Nationalsozialismus, Juden in der frühen →Neuzeit, →Wanderungen

Geschichtsschreibung, jüdische. Sie beginnt mit Bibel und Apokryphen. Im Frühjudentum entstand eine Geschichtsschreibung, die sich am hellenistischen Vorbild orientierte (Makkabäerbücher, →Josephus); seit dem Ende des Altertums und im Mittelalter sind es hauptsächlich Chroniken, Traditionsgeschichten, Verfolgungsberichte und Reisebeschreibungen, die als Dokumente jüdischer Geschichtsschreibung gelten. Der erste Versuch einer Gesamtdarstellung jüdischer Geschichte, »L'Histoire de la religion des Juifs depuis Jésus-Christ jusqu'à présent« (5 Bände, 1706–11), stammt von dem französischen Protestanten Jacques Basnage (1653–1723). Mit dem Aufkommen der →Wissenschaft des Judentums zu Beginn des 19. Jahrhunderts entstanden neben Spezialuntersuchungen auf den verschiedensten Feldern (Religionsphilosophie, Geschichte der Mystik, Musikgeschichte, Literaturgeschichte u. a.) systematische Bearbeitungen der gesamten jüdischen Geschichte, die die unterschiedlichen Auffassungen insbesondere der Diaspora-Geschichte spiegeln. I. M. →Jost, der als »Vater der neuen jüdischen Historiographie« bezeichnet wird, verfaßte eine großangelegte »Geschichte der Israeliten von der Makkabäer-Zeit bis auf die Gegenwart«, in der die Geschichtsschreibung der Juden als Geistesgeschichte interpretiert wurde. Die »Geschichte der Juden« (11 Bände, 1853–75) von H. →Graetz ist als Stammesgeschichte konzipiert. Dieses in den Akzenten teils aufgeklärte, teils national-jüdisch geprägte Werk galt in Deutschland für Jahrzehnte als maßgeblich. S. →Dubnows»Weltgeschichte des jüdischen Volkes« (10 Bände, deutsch 1925–29) beschreibt die Geschichtsschreibung der Juden wiederum als Volksgeschichte und legt dabei Wert auf osteuropäisch-jiddische und autonomistische Gesichtspunkte. Nach 1945 setzten sich stärker zionistische Standpunkte in den Gesamtdarstellungen durch, so z. B. in den Werken von C. H. Ben-Sasson »Geschichte des jüdischen Volkes« (deutsch 1978–80) und A. →Bein »Die Judenfrage. Biographie eines Weltproblems« (2 Bände, 1980). Eine spezifische Richtung der neueren jüdischen Geschichtsschreibung ist geprägt u.a. durch Arbeiten des →Leo-Baeck-Institutes, des →Salomon Ludwig Steinheim-Instituts und des →Moses Mendelssohn Zentrums, in denen die Geschichte der Juden nicht als isoliertes Phänomen, sondern als Beziehungsgeschichte begriffen und entsprechend im Blick auf das jeweilige Umfeld dargestellt wird. (JS)

Gesellschaft der Brüder, 1780 im Geist der Aufklärung von gebildeten und wohlhabenden jüdischen Bürgern nach dem Vorbild der Freimaurerlogen als Vereinigung zur Förderung des sozialen, kulturellen und religiösen Lebens der Juden in Breslau gegründet, geriet bald in Konflikt mit den Landrabbinern, die auf dem Boden des traditionellen Judentums standen. Auseinandersetzungen um eine Gottesdienstreform und die Schulausbildung der Kinder: 1791 Gründung der Königlichen Wilhelmsschule für jüdische Kinder, 1798 Einrichtung eines Reformtempels.

L M. Braun, Geschichte der Gesellschaft der Brüder. Festschrift zur Saecular-Feier am 21. 3. 1880, 1880. (AH)

Gesellschaft der Freunde, u. a. von Isaac Abraham Euchel 1791 in Berlin gegründet. Sie förderte neben den karitativen Aufgaben gegenseitiger Unterstützung im Fall von Not, Krankheit oder Tod besonders die Verbreitung von Bildung und Aufklärung. Die Gesellschaft der Freunde, die im gesellschaftlichen und kulturellen Leben Berlins einen großen Einfluß ausübte, wandte sich gegen die in den religiösen Belangen vorherrschende Orthodoxie, die »Freidenkern« die Hilfe in Not und das rituelle Begräbnis verweigerte. Eines der Hauptanliegen der Gesellschaft der Freunde war die Verständigung zwischen Juden und Christen. 1842, zum 50jährigen Bestehen, hatte die Gesellschaft der Freunde 423 Mitglieder. (JS)

Gesellschaften für christlich-jüdische Zusammenarbeit. Zum Reedukations- und Demokratisierungskonzept der amerikanischen Militärbehörden gehörte auch die Verbesserung des Verhältnisses zwischen Christen und Juden. Durch Aufklärung und Erziehung sollten weltanschaulicher Fanatismus und religiöse Intoleranz überwunden werden. Der Gründung einer ersten Gesellschaft für christlich-jüdische Zusammenarbeit am 15. 7. 1948 in München folgten rasch weitere in Wiesbaden, Frankfurt und Stuttgart. Im Frühjahr 1949 entstand unter amerikanischer Leitung der »Deutsche Koordinierungsrat der Christen und Juden«. Später nannte sich die Zentralstelle »Koordinierungsrat der Gesellschaften für christlich-jüdische Zusammenarbeit«, mit Sitz in Frankfurt. Der »Koordinierungsrat« ist mit etwa 18 000 Mitgliedern und Förderern größtes Einzelmitglied im »Internationalen Rat der Christen und Juden« (ICCJ), dem z. Z. 19 nationale Vereinigungen für christlich-jüdische Zusammenarbeit angehören. Durch kontinuierliche Neugründungen ist der Deutsche Koordinierungsrat bis 1990 auf etwa 68 lokal und regional arbeitende Gesellschaften angewachsen. Das Programm wird von erzieherischen, theologischen und politischen Fragen bestimmt. Seit 1951 findet jährlich bundesweit eine →Woche der Brüderlichkeit statt. (EP)

Gesellschaft von Freunden der Aufklärung, die sog. Mittwochsgesellschaft. Sie bestand in Berlin 1783–98 und wurde 1863 als »Freie Gesellschaft für wissenschaftliche Unterhaltung« wiedergegründet. Die Gesellschaft von Freunden der Aufklärung tagte an jedem ersten und dritten Mittwoch des Monats. Die Zusammenkünfte fanden wechselweise in den Wohnungen der Mitglieder statt, deren Höchstzahl man auf 24 festgesetzt hatte. Mitglieder waren u. a. Wilhelm Abraham Teller, Johann Jacob Engel, C. W. v. →Dohm und M. →Mendelssohn.

🄻 G. Birtsch, Die Berliner Mittwochsgesellschaft, in: P. Alter u. a. (Hrsg.), Über den Prozeß der Aufklärung im 18. Jahrhundert, 1987. (JS)

Gesellschaft zur Förderung der Wissenschaft des Judentums, am 2. 11. 1902 mit Sitz in Berlin gegründet. Initiator und erster Schriftführer war der Rabbiner L. →Lucas, erster Vorsitzender der Historiker Martin Philippson. Spätere Vorsitzende waren Jakob Guttmann, Moritz Sobernheim und Eugen Mittwoch. Die Gesellschaft zur Förderung der Wissenschaft des Judentums entwickelte sich zum führenden Institut für jüdische Wissenschaft in Deutschland (→Wissenschaft des Judentums). 1920 verzeichnete die Gesellschaft zur Förderung der Wissenschaft des Judentums 1742 Mitglieder, zu denen Vertreter aller jüdischen Richtungen sowie zahlreiche nichtjüdische Persönlichkeiten und Institute gehörten. Um ihre Ziele zu erreichen, veröffentlichte und unterstützte die Gesellschaft zur Förderung der Wissenschaft des Judentums wichtige und wertvolle Arbeiten aus allen Gebieten der jüdischen Wissenschaft. Die Gesellschaft zur Förderung der Wissenschaft des Judentums vergab Stipendien an jüngere Gelehrte, betrieb die Errichtung und Dotierung von Lehrstühlen und veranstaltete öffentliche Generalversammlungen mit wissenschaftlicher Tagesordnung und Vorträgen. Als Organ übernahm die Gesellschaft zur Förderung der Wissenschaft des Judentums die seit 1851 bestehende »Monatsschrift für die Geschichte und Wissenschaft des Judentums«. Zu den groß angelegten wissenschaftlichen Unternehmungen gehörte der »Grundriß der gesamten Wissenschaft des Judentums«, eine Reihe von bedeutsamen Veröffentlichungen, die aber nicht vollendet wurde. Innerhalb dieses Grundrisses erschienen u. a. M. Güdemann: »Jüdische Apologetik«, G. Caro: »Sozial- und Wirtschaftsgeschichte der Juden«, H. Cohen: »Religion der Vernunft aus den Quellen des Judentums«. Weitere Reihen waren »Corpus Tannaiticum« und »Germania Judaica«. Zu den zahlreichen von der Gesellschaft zur Förderung der Wissenschaft des Judentums betreuten Einzelveröffentlichungen gehörte u. a. die klassische Arbeit von L. →Baeck: »Das Wesen des Judentums«. 1938 wurde die Gesellschaft zur Förderung der Wissenschaft des Judentums Opfer der nationalsozialistischen Gewaltherrschaft.

🄻 E. G. Lowenthal, in: Das Neue Israel 12, Zürich, 1982. (FDL)

Gesetz →Tora

Gesetzesfreude →Simchat Tora

Get, ursprünglich Urkunde, bekam die Bedeutung von Scheidebrief. Möglichkeit, Formalitäten und Voraussetzung einer Scheidung, sind schon in Dtn 24,3 erwähnt; die Scheidungsurkunde wird dort »Sefer Kritut« (sinngemäß: das Buch der Trennung) genannt. Die rechtliche Voraussetzung für die Scheidung wurde im Traktat »Gittin« festgelegt. Eine Scheidung ist erst mit der Annahme des Get rechtsgültig. Dieser muß auf einem besonderen Papier (oft Pergament) niedergeschrieben sein. (RED)

Gewerkschaften in Israel, →Histadrut, →Histadrut Haovidim Haleumit, →Poale Agudat Israel, →Hapoel Hamisrachi

Ghetto. Der Name Ghetto leitet sich wahrscheinlich vom italienischen »getto nuovo«, der »Neuen Gießerei« in →Venedig, ab, wo sich Juden 1516 nach ihrer Vertreibung aus →Spanien zum ersten Mal auf einem bestimmten Terrain in der Lagunenstadt niederlassen durften; andere Herleitungen nehmen Bezug auf das hebräische Wort →»Get«. In Frankreich sprach man von der »Juiverie«, in Portugal von der »Judavia«. Gemeinsame rechtliche, wirtschaftliche und religiöse Interessen führten schon seit der Antike zu einem freiwilligen Zusammenwohnen von Juden in bestimmten Straßen, Gassen oder Stadtvierteln (Alexandria, Trastevere in →Rom); im Mittelalter suchten Juden in den sich entwickelnden städtischen Siedlungen die Nähe zu Märkten, Häfen oder landesherrlichen Befestigungen. Gesellschaftliche Vorurteile, Stigmatisierungen und die ablehnende Haltung der Kirche gegenüber einem Zusammenwohnen von Juden und Christen führten schließlich zu der erzwungenen Niederlassung in bestimmten Wohnbezirken; der räumlichen folgte eine stärkere soziale Isolierung; in Deutschland bildeten sich Ghettos und sog. »Judengassen« seit Ende des 13. Jahrhunderts (→Augsburg, →Frankfurt, →Köln, →Nürnberg, →Worms, →Wien, →Prag). Eine gesetzliche Regelung der Einrichtung eines genau festgelegten geschlossenen Wohnbezirks enthielt erstmals die päpstliche Bulle »Cum nimis absurdum« (1555) für die Juden Roms. Seitdem war das Ghetto typischer Bestandteil des jüdischen Lebens. Italien entwikkelte sich zu dem europäischen Land mit der ausgeprägtesten Ghettokultur. Zu den typischen Einrichtungen des Ghettos gehörten: die →Synagoge, die →Mikwe, der Cheder (die religiöse Elementarschule) und die Jeschiwa (Schule für Talmudstudien). Die von Mauern umschlossenen Ghettos besaßen Tore, die bei Tagesanbruch geöffnet und nach Sonnenuntergang geschlossen wurden. Das Ghetto mußte außerhalb des Blickfelds der Kirche und durfte nicht am Weg christlicher Prozessionen oder Umzüge liegen. An christlichen Feiertagen blieben die Ghettos geschlossen. Jedes Ghetto besaß ein besonderes Reglement, das von den städtischen Behörden verabschiedet werden mußte. Ghettos befanden sich häufig in entlegenen Straßen oder benachteiligten Stadtvierteln (z. B. wurde das römische Ghetto durch die Nähe zum Tiber häufig überschwemmmt). Bei steigenden Einwohnerzahlen war keine räumliche Ausbreitung möglich. Die Folge war eine enge Bebauung (mehrstöckige Häuser, Kellerwohnungen), die u. a. häufige Erkrankungen der Bewohner und eine erhöhte Brandgefahr nach sich zog (so zerstörten Feuer in den Jahren 1711 und 1721 fast die gesamte Frankfurter Judengasse). Der üble Geruch und Schmutz, die beengten Lebensverhältnisse ohne frische Luft und ohne Licht sind immer wieder Gegenstand zahlreicher literarischer Beschreibungen gewesen. Die an vielen Orten stattfindende Zerstörung der Ghettomauern – sichtbarster Ausdruck für die Trennung von Juden und Christen – durch die französischen Revolutionsarmeen wurde als symbolischer Akt empfunden. Dagegen kam es an manchen Orten von jüdischer Seite zu Protesten: Das Ghetto hatte bei judenfeindlichen Ausschreitungen Schutz geboten; außerdem bewahrten die Ghettomauern religiöse Traditionen und schützten ein intaktes kollektives Leben vor Eingriffen von außen. Mit dem Zeitalter der Emanzipation kündigte sich die Auflösung der Ghettokultur an. Umgeben von einer feindlich gesinnten Umwelt, betrachteten orthodoxe Juden das Ghetto als einzigen festen Halt ihrer jüdischen Identität; die weniger gläubigen Juden, vor allem in West- und Mitteleuropa, fühlten sich zunehmend vom Leben im Ghetto eingeengt; sie strebten nach →Emanzipation und Assimilation. Die ostjüdische Kultur in Polen und Galizien blieb im Gegensatz dazu erheblich länger den traditionellen Sitten und Gebräuchen des Ghettolebens verbunden. Aufgrund gesetzlicher Verordnungen kam es im 20. Jahrhundert erneut zur Einrichtung von Ghettos, vor allem im zaristischen Polen (→Warschau, →Lodz, →Lemberg, →Krakau, →Wilna, →Lublin). In Polen erfolgte unter der NS-Herrschaft seit 1939/40 der Ausbau des Ghettosystems als administrative Vorbereitung des →Holocaust. Im Lauf des Jahres 1942 wurde auf Befehl Himmlers der größte Teils der polnischen Ghettos liquidiert. Im Warschauer Ghetto, wo zeitweilig bis zu 430 000 Juden eingezwängt waren, starben bis Mitte 1942 etwa 75 000 Juden an Hunger, Kälte und Epidemien. Im Januar 1943 begann ein heroischer, bewaffneter Aufstand, der 50 000 Todesopfer forderte. Im Mai 1943 wurde das Warschauer Ghetto von der NS-Kriegsmaschinerie vollständig zerstört.

🄻 F. Battenberg, Das Europäische Zeitalter der Juden, 1990. – J. Hermand (Hrsg.), Geschichten aus dem Ghetto, 1987. – R. Hilberg, Die Vernichtung der europäischen Juden, 1990. – G. Schwarzberg, Das Ghetto, 1989. (JÖD)

Ghettoliteratur, seit etwa 1900 gegen den Widerstand jüdischer Autoren und Literaturwissenschaftler (etwa K. E. →Franzos) als Genredefinition eingeführt. Unter Ghettoliteratur wird allerdings nicht nur die literarische Erfassung traditioneller jüdischer Lebensformen im osteuropäischen →Ghetto verstanden. Autoren wie Leopold Kompert und Salomon Kohn (1825–1905) z. B. betonten die großen Unterschiede jüdischen Lebens in östlicher oder westlicher Umgebung und die guten Wechselbeziehungen zwischen Juden und Tschechen (»Alte und neue Erzählungen aus dem böhmischen Ghetto« 1896); unter den tschechischen Autoren ist Vojtech Rakousz (1862–1935) zu erwähnen (»Die Vojkovizer und Umgebung«). Jakob Kaufmanns Erzählung »Der böhmische Dorfjude« (1841), die wahrscheinlich die erste Ghettogeschichte ist, betont die enge Verbindung zwischen Juden- und allgemeiner Menschheitsemanzipation. K. E. Franzos forderte demgegenüber rasche Assimilation an die deutsche Kultur. I. →Zangwill, im

Gegensatz zu Franzos ein Anhänger des Zionismus, wurde mit seinen zahlreichen jüdischen Erzählungen und Dramen auch in Deutschland berühmt (»The Children of the Ghetto«, 1892/93). Die Frage der Zielgruppe dieser Ghettoliteratur wurde bereits 1894 von Franzos gestellt: schreibt ein Autor für ein vorwiegend christliches Publikum, so kann er viel weniger detailreich und nur mit ausführlichen Kommentaren jüdisches Leben zeichnen. Andererseits benötigte auch das jüdische Publikum bei zunehmender Ferne zur Tradition Erläuterungen. Nach 1945, angesichts der Nostalgie des →»Schtetls«, entstand eine Pseudo-Ghettoliteratur. Ob der Nobelpreisträger I. B. →Singer mit seinen durch psychologisch-philosophische und existentielle Überlegungen angereicherten Charakterschilderungen noch als Autor des Genres gelten kann, ist umstritten. (MP)

Therese Giehse als Wassa Schelesnowa in Gorkijs gleichnahmigem Stück, Kammerspiele Berlin, 1949

Gidal, Nachum Tim, Fotograf, einer der Pioniere des modernen Fotojournalismus, Historiker, 18. 5. 1909 München – 4. 10. 1996 Jerusalem. Studium der Geschichte, Kunstgeschichte und Nationalökonomie in München, Basel und Berlin, danach Fotoreporter. 1929–33 Mitarbeiter an der »Münchner Illustrierten Presse«. 1935 Promotion über das Thema »Bildberichterstatter und Presse«. 1936 Einwanderung nach Israel. 1942–45 Captain in der britischen Armee. 1929–70 freier Fotograf, Lehrer des modernen Fotojournalismus an Universitäten in den USA 1954–58 und in Israel 1971 bis 1973, Gastprofessuren in Deutschland und England 1986/87. Ehrenmitglied des Israel Museums in Jerusalem. 1972 Berater des Projekts »Geschichte der Photographie« (Pennsylvania State University). 1979 Kavlin-Preis für Kreative Photographie, 1983 Erich Salomon-Preis der »Deutschen Gesellschaft für Photographie«. Hauptwerke: »Bildberichterstattung und Presse« (1935), »Mein Dorf« (Buchserie, 1956–70; mit Sonia Gidal), »Jüdische Kinder in Erez Israel« (1936), »Ursprung und Entwicklung des modernen Photojournalismus« (1973), »Ewiges Jerusalem« (1980), »Das Land der Verheißung« (1984), »Juden in Deutschland von der Römerzeit bis zur Weimarer Republik« (1988), »Die Freudianer« (1990). (LH)

Giehse, Therese, Schauspielerin, 6. 3. 1898 München – 3. 3. 1975 München. Debütierte 1920 im Bühnenverein für primitive und expressionistische Kunst »Das Spiel«, München. Seit 1924 Schauspielerin an Provinztheatern u. a. in Siegen, Gleiwitz und Landshut. 1925–33 Engagement an Otto Falckenbergs Kammerspielen in München. 1933 zusammen mit Klaus und Erika Mann Mitbegründerin des antifaschistischen Kabaretts »Die Pfeffermühle«, damit bis 1937 Gastspiele in ganz Europa. 1933 Emigration in die Schweiz. Seit 1937 Engagement am Schauspielhaus Zürich. Herausragende Charakterdarstellerin bei den Uraufführungen der »Mutter Courage« (1941), »Der gute Mensch von Sezuan« (1943), »Herr Puntila und sein Knecht Matti« (1948). 1945 Filmrolle in »Die letzte Chance« von L. →Lindtberg. 1949–52 im Berliner Ensemble (B. Brecht, Helene Weigel). 1952–73 ausdrucksstarke Schauspielerin in den Produktionen der Münchner Kammerspiele und des Züricher Schauspielhauses. Radio-, Film- und Fernsehproduktionen. Autobiographie: »Ich hab nichts zum Sagen. Gespräche mit Monika Sperr«, 1973. (MBR)

Gilbert Crispin, Abt von Westminster, um 1046 – 1117. Gilbert Crispin verfaßte eine Disputation (→Religionsgespräche) mit einem in Mainz geschulten Juden, die sich durch auffallende Realitätsnähe und Mäßigung auszeichnet. Der Verfasser geht von der Freundschaft zwischen den beiden Dialogpartnern aus, die sich eingangs gegenseitig zu einer »toleranten« und geduldigen Haltung verpflichten, und zielt weniger auf die Bekehrung des Partners als auf Vertiefung der eigenen Glaubensüberzeugung. Dabei spielt der Christ eher die Rolle des Verteidigers seines Glaubens gegen dessen Infragestellung durch die Argumente des Juden, geht jedoch bei der Berufung auf die üblichen alttestamentlichen Bezugstellen rational-dialektisch auf dessen Einwände ein. Kernpunkt sind die Fragen der Gottessohnschaft und der Messianität Christi. Der verständnisvolle Charakter der

Disputation wurde durch spätere Erweiterung und Neufassung (→Altercatio, Pseudo-Wilhelm von Champeau) ins Gegenteil verkehrt.

Ⓛ H. Schreckenberg, Die christlichen Adversus-Judaeos-Texte (11.–13. Jahrhundert), 1988. (FL)

Gilboa →Bet Shean, →Qishon

Ginzberg, Ascher→Achad Haam

Ginzburg, Natalia, Schriftstellerin, 14.7.1916 Palermo – 8.10.1991. Ginzburgs Vater, Giuseppe Levi, erhielt aufgrund der Rassegesetze Mussolinis Lehrverbot als Anatomieprofessor an der Turiner Universität. Ginzburg war verheiratet mit Leone Ginzburg, der in einem römischen Gefängnis wegen seiner jüdischen Herkunft und seiner KP-Mitgliedschaft von den Faschisten ermordet wurde. Auch Ginzburg beteiligte sich am antifaschistischen Widerstand. Die Ereignisse während des Kriegs und der nationalsozialistischen Besatzung sind auch bestimmende Themen ihrer Romane. Immer wiederkehrende Thematik ist die psychologische Analyse von Angst, Einsamkeit und Enttäuschung. Werke u.a.: »La strada che va in città« (1942), »Le voci della sera« (1964, deutsch: »Die Stimmen des Abends«), »Lessico famigliare« (1965, deutsch: »Mein Familien-Lexikon«), »Tutti i nostri ieri« (1965, deutsch: »Alle unsere Jahre«), »L'inserzione« (1968, deutsch: »Das Schauspiel«).

Ⓛ H. S. Hughes, Prisoners of Hope. The Silver Age of Italian Jews, Cambridge 1983. (RED)

Giordano, Ralph, Schriftsteller, 20.3.1923 Hamburg. Als rassistisch Verfolgter seit 1933 (der Vater Italiener, die Mutter Jüdin) machte Giordano die Verfolgung von Minderheiten, die Reaktion der Täter und Opfer zu Hauptthemen seiner Tätigkeit als Journalist und (seit 1964) Fernsehautor. Mit dem autobiographischen Roman »Die Bertinis« (1982, auch verfilmt) wurde Giordano in weiten Kreisen bekannt: Beschrieben wird das Schicksal einer in Hamburg ansässigen italienisch-deutsch-jüdischen Familie von der Jahrhundertwende bis nach 1945. In seinem Buch »Die zweite Schuld oder Von der Last Deutscher zu sein« (1987) bündelte Giordano die Fragen um die Verdrängung der nationalsozialistischen Vergangenheit. Weitere Werke: »Ich bin angenagelt an dieses Land« (1992); »Ostpreußen ade – Reise durch ein melancholisches Land« (1994). (HH)

Gittin →Mischna

Givatayim →Tel Aviv

Gleichnis →Maschal

Glogau (Groß-Glogau), zweitgrößte Stadt Schlesiens. Stadt und Fürstentum Glogau standen unter polnischer, böhmischer, österreichischer, ab 1740 unter preußischer Herrschaft; seit 1945 zu Polen. Urkundlich erwähnt werden die Glogauer Juden erstmals im Privileg Herzog Heinrichs III. von 1299, das ihnen u.a. Niederlassung und gleiche Rechte wie den christlichen Kaufleuten zugestand. Laut Privileg besaßen die Juden zu dieser Zeit bereits eine Synagoge und einen Friedhof. 1402 wurde der erste Ritualmordprozeß Schlesiens in Glogau geführt. Die Juden mußten vorübergehend die Stadt verlassen. 1442 wurde das jüdische Viertel von aufgebrachten Glogauern nach einem Stadtbrand zerstört. Hans II. (Hans der Grausame) ließ das jüdische Viertel niederbrennen und verkaufte es 1484 an die Stadt. Für die folgenden Jahre ist belegt, daß Hans II. die vollständige Vertreibung der Juden aus der Stadt nicht gelang. Als Kaiser Rudolf II. 1582 die Vertreibung der Juden aus Schlesien befahl, wurde der jüdischen Bevölkerung Glogaus eine Frist bis November 1584 gesetzt. Trotz permanenter Anfeindungen seitens der Stadt und der Fürstentage konnten sich die Glogauer Juden behaupten. 1598 erhielt der wohlhabende Glogauer Kaufmann Benedikt Israel für sich, seine Familie, seine zwei Schwägerinnen und deren Familien von Kaiser Rudolf II. ein Privileg, das ihm für das Fürstentum Glogau Wohnungs- und Handelsfreiheit zubilligte. Die jüdische Gemeinde durfte jedoch nie mehr als 140 Stuben und 282 Familienvorstände (Wirte) haben. Das Privileg ließen sich die Glogauer Juden von allen nachfolgenden Herrschern, zuletzt vom preußischen König Friedrich Wilhelm II. 1787, bestätigen und erweitern. Die Gemeinde wuchs im 17. und im 18. Jahrhundert trotz zahlenmäßiger Begrenzung rasch und breitete sich über das gesamte Stadtgebiet aus. 1725 lebten in Glogau insgesamt 1564 Juden. 1791 machten die Glogauer Juden mit fast 2000 Personen ein Fünftel aller schlesischen Juden aus; seit Mitte des 19. Jahrhunderts nahm ihre Zahl kontinuierlich ab. 1892 wurde die letzte Glogauer Synagoge eingeweiht. Sie war nicht nur ein Ausdruck der Wohlhabenheit der Gemeinde, sondern dokumentierte zugleich die Integration ihrer Mitglieder in der Stadt. Um 1900 bis 1932 lebten in Glogau etwa 600 Juden bei einer Gesamtbevölkerung von 26500 Einwohnern; sie gehörten vorwiegend der Mittel- und der Oberschicht an. 1941 lebten in Glogau noch 45 Juden, die in zwei sog. Judenhäusern ghettoisiert waren; im April 1942 wurden die letzten 30 in das Ghettolager Izbica bei Lublin deportiert und ermordet. Nach 1945 ist kein Jude nach Glogau zurückgekehrt. Das Glogauer Rabbinat stand zeitweilig in höherem Ruf als das von →Breslau; Rabbiner waren u. a. A. →Tiktin, Benjamin Rippner, Heymann Arnheim und L. →Lucas. Persönlichkeiten aus dem kulturellen Leben Glogaus: M. →Sachs, D. →Cassel und A. →Zweig; die Familien von G. →Scholem und R. →Kempner stammten aus Glogau.

[L] R. Berndt, Geschichte der Juden in Groß-Glogau, 1873. – J. Blaschke, Geschichte der Stadt Glogau und des Glogauer Landes, 1913. – F. D. Lucas/M. Heitmann, Stadt des Glaubens, Geschichte und Kultur der Juden in Glogau, 1991. (MAH)

Glückel von Hameln, Kauffrau, 1646 Hamburg – 1724 Metz. Verfaßte in jiddischer Sprache ihre Lebenserinnerungen, die ein eindrucksvolles Bild jüdischen Alltagslebens in der 2. Hälfte des 17. und im beginnenden 18. Jahrhundert bieten. Aufgewachsen in der für Juden ungesicherten Situation in →Hamburg, heiratete sie um 1660 den Kaufmann Chajm Hameln; 1661/62 siedelte das Paar nach Hamburg über, wo sie aktiv an den Geschäften ihres Mannes teilnahm. Die Begeisterung für →Sabbatai Zewi erfaßte auch ihre Familie, so daß ihr Schwiegervater sein Haus in Hameln verkaufte, um nach Palästina auszuwandern. Glückel von Hameln unterhielt verwandtschaftliche und gesellschaftliche Beziehungen zu einflußreichen Rabbinern und Hoffaktoren (→Gomperz, L. →Behrens, Jost Liebmann). Nach dem Tod ihres Mannes (1689) heiratete sie 1700 Hirz Levy und zog nach Metz. Das Original ihrer Memoiren ist verloren; Veröffentlichung nach einer Abschrift ihres Sohns Moses Hameln.

[L] Denkwürdigkeiten der Glückel von Hameln. Aus dem Jüdisch-Deutschen (in Auswahl) übersetzt, mit Erläuterungen versehen und herausgegeben von A. Feilchenfeld, 1913 (Neudruck 1987). – D. Kaufmann (Hrsg.), Die Memoiren der Glückel von Hameln, 1896. – G. Marwedel, Glükkel von Hameln und ihre Familie in den Steuerkontenbüchern der Aschkenasischen Gemeinde Altona, in: P. Freimark/I. Lorenz/G. Marwedel, Judentore, Kuggel, Steuerkonten, 1983. (AH)

Glückstadt, Stadt in Schleswig-Holstein; in dem seit 1618 von dem dänischen König Christian IV. zur Festungs- und Hafenstadt ausgebauten Ort ließen sich auf Einladung des Königs seit 1622 sephardische Juden aus Hamburg und Amsterdam nieder. Die Privilegien für die »Portugiesische Nation« vom 19. 6. 1630 sicherten u. a. freies Niederlassungsrecht sowie Handels- und Gewerbefreiheit zu. Die 20 portugiesischen Familien, die sich 1640 in Glückstadt aufhielten, spielten eine bedeutende Rolle für die Wirtschaft der Stadt. Die Gemeinde blieb allerdings ein Anhängsel der Hamburger Juden und mußte von dort immer wieder finanziell unterstützt werden; ein sephardisches Gotteshaus bestand von etwa 1630 bis 1785, eine aschkenasische Synagoge von 1768 bis 1895. Als 1732 um die Verlängerung der alten portugiesischen Privilegien gebeten wurde, kam es zu deren Aufhebung, da keine der alten portugiesischen Familien mehr am Ort wohnte. Im Jahr 1835 lebten 188 Juden in Glückstadt und 1925 nur noch vier; 1929 hörte die Gemeinde auf zu bestehen.

[L] H. Kellenbenz, Sephardim an der unteren Elbe, 1958. – Landeszentrale für politische Bildung (Hrsg.), Die Juden in Schleswig-Holstein, 1988. (JÖD)

Gobineau, Joseph A. Graf von →Völkische Bewegung

Goebbels, Joseph, Juden und →Nationalsozialismus, →Reichspogromnacht

Goethe, Johann Wolfgang, 28. 8. 1749 Frankfurt am Main – 22. 3. 1832 Weimar. Der Patriziersohn lernte früh die christlich-antijüdischen Mythen aus der Lutherbibel und alten Chroniken kennen, seine ersten Besuche im Frankfurter Ghetto waren, durch Neugierde, aber auch Ritualmordängste geprägt, nach eigenen Worten »erschrekkend« (»Dichtung und Wahrheit«). Goethe nahm Partei gegen M. →Mendelssohn für Lavater. Alttestamentliche Reflexe und Spuren einer Faszination für die alte hebräische Literatur und Mythologie durchziehen sein Lebenswerk. Als Minister eines der sächsischen Staaten, die Juden bis ins 19. Jahrhundert nicht tolerierten, am Emanzipationsprozeß zunächst wenig interessiert, polemisierte Goethe teilweise heftig (»Humanitätssalbader«) gegen die bürgerliche Gleichstellung der Juden, enthielt sich zu Beginn der Restaurationszeit demonstrativ »aller Theilnahme an Juden und Judengenossen« und verdammte besonders Mischehen. Goethe lehnte die →Französische Revolution ab und wurde deshalb von Autoren des »Jungen Deutschland« vor allem von L. →Börne, als Repräsentant der »alten Kunstperiode« kritisiert. Die Leitbildfunktion seiner Humanitätsvorstellungen für die Emanzipation im 19. Jahrhundert dokumentieren indessen – beginnend mit dem Kreis um R. Varnhagen – ungezählte jüdische Leser, Wissenschaftler und Künstler, die sich intensiv mit seinem Werk beschäftigten.

L J. Bab, Goethe und die Juden, 1926. – M. Bollacher, Der junge Goethe und Spinoza, 1969. – L. Deutschländer, Goethe und das Alte Testament, 1923. – W. Leppmann, Goethe und die Deutschen, 1982 (erweiterte Fassung von 1962). – P. Meinhold, Goethe zur Geschichte des Christentums, 1958. – G. Möbius, Die Christus-Frage in Goethes Leben und Werk, 1964. – A. Raabe, Goethe und Luther, 1949. (MS)

Gog und Magog, ursprünglich die Namen von Völkern, doch unklar und umstritten welcher. In Gen 10,2 wird Magog als der Bruder von Gomer und Madai und anderen erwähnt. →Josephus setzte Gomer und Madai mit dem nördlichen Volksstamm der Skythen gleich, andere Quellen sehen u. a. in Gog den König von Lydien, und Magog sei das Land. Bedeutung erlangten Gog und Magog in der Endzeitvision von Ezechiel (Ez 38,2 und 39,2), wonach die Völker des Nordens Krieg gegen das – wieder in einem Land vereinte – Volk Israel und gegen Gott führten und dabei durch den Erlöser geschlagen wurden. Nach einer anderen Version ist der Krieg von Gog und Magog die Voraussetzung für das Erscheinen des →Messias. Auch das Christentum übernahm die Vorstellung von Gog und Magog, wobei diese zunächst mit den »wilden Völkern« am Kaspischen Meer gleichgesetzt wurden. Während der islamischen Eroberungen war es bei den Christen geläufig, die arabischen und später türkischen Heere mit Gog und Magog gleichzusetzen. Der Krieg von Gog und Magog wird oft auch als Kampf zwischen Gut und Böse schlechthin gedeutet. (RED)

Goi (Plural Gojim), zuerst Bezeichnung für Volk oder Nation. Dies bezog sich sowohl auf heidnische Völker (Jes 8,23), als auch auf das Volk Israel (Dtn 4,6), das als »Goi«, Volk unter den Völkern, bezeichnet wurde. Im Lauf der Zeit hat der Begriff eine Präzisierung erfahren, wobei zunächst zwischen den Juden, die ihre 613 Gebote und Verbote zu befolgen hatten, und den Gojim, die nur ihre sieben noachidischen Gebote und Verbote zu beachten hatten, unterschieden wurde. Später vor allem in Europa – wurde Goi – ohne theologischen Hintergrund – die Bezeichnung für einen Nichtjuden. In der osteuropäischen →Diaspora, wo es Jahrhundertelang Verfolgungen gab, war die Pauschalbezeichnung »Gojim« im Bewußtsein des Volkes mit Gefahren und Bedrohungen verbunden und drückte auch den Wunsch nach Selbstbehauptung aus. Heute wird der Begriff, soweit überhaupt noch verwendet, weitgehend in seiner ursprünglich wertneutralen Bedeutung benutzt, wobei zunehmend statt von »Gojim« von »Amim« (Völkern) gesprochen wird. (RED)

Gojim Naches (von hebräisch »gojim« »Nichtjude«, und »nachat« »Ruhe«, »Behaglichkeit«, »Vergnügen«), Bezeichnung für ein zweifelhaftes Vergnügen. (RED)

Golan, Gaulan, Djolan, die antike Gaulanitis, Hochland im südwestlichen Syrien, östlich des Sees Genezareth, über dem es steil aufsteigt zu Höhen zwischen 700 m im Süden und 1300 m im Norden, zu Füßen des Hermon; Basaltflächen und -kegel, relativ niederschlagsreich, Nutzung als Weideland, auch Anbau von Weizen, Mais, Baumwolle, Gemüse, Wein, Ölbaumkulturen; Hauptort Qunaitra (Kuneitra). – Golan entspricht dem biblischen Basan (Bashan), wo es eine Stadt Golan gab, die Totschlägern auf der Flucht vor der Blutrache als Asyl diente (Dtn 4,43; Jos 20,8). Der Golan, fast 20 Jahre lang Ausgangspunkt syrischer Anschläge auf israelische Grenzdörfer, kam nach dem Sechs-Tage-Krieg 1967 unter israelische Verwaltung. Der größte Teil der Bewohner floh; die Drusen in einigen Dörfern am Südhang des Hermon (u. a. Majdal Shams, 7500 Einwohner) blieben. Im vierten arabisch-israelischen Krieg 1973 war der Golan erneut umkämpft; nach Waffenstillstand und israelischem Teilrückzug wurden an der Waffenstillstandslinie UN-Truppen stationiert. Israel legte auf dem Golan zahlreiche Siedlungen an; die größte ist Kazrin (Qazrin, 6000 Einwohner; mit großer Synagoge, 15x18 m, 1971 freigelegt). Am 14. 12. 1981 erließ die Knesset ein Gesetz, das den Golan als Subdistrikt mit 1176 km^2 und 34 000 Einwohnern (davon je 16 000 Juden und Drusen) der israelischen Gesetzgebung, Rechtsprechung und Verwaltung unterstellte, was einer Annexion gleichkam. Syrien verlangt seit Beginn des Nahost-Friedensprozesses 1993 kompromißlos die

Räumung des Golan als Vorbedingung für Friedensverhandlungen. (WL)

Goldberg, 1. Arthur J., Jurist, Richter, Politiker und Botschafter, 8.8.1908 Chicago – 19.1.1990 Washington. Beendete 1929 sein Studium an der Northwestern University; Karriere in Chicago als Anwalt für Arbeitsrecht; diente während des Zweiten Weltkriegs als Chef der Arbeitsabteilung des Office of Strategic Services; half nach dem Krieg bei der Vereinigung der zwei größten Arbeitergewerkschaften, der American Federation of Labor und des Congress of Industrial Organizations. 1961 zum Arbeitsminister unter Präsident John F. Kennedy ernannt; folgte 1962 F. →Frankfurter als Richter des höchsten Bundesgerichts. 1965 Vertreter der USA in der UNO. Als Zionist aktiv in jüdischen Angelegenheiten; 1965–69 Vorsitzender des höchsten Gremiums des →Jewish Theological Seminary und 1969–70 Präsident des →American Jewish Committee.

L D. Goldberg, A Private View of an Public Life, New York 1975. (CL)

2. Oskar, Philosoph, 5.11.1885 Berlin – 13.8.1953 Nizza. Goldberg, ein ebenso origineller wie absonderlicher Mythenforscher, war 1920–33 Mittelpunkt der »Philosophischen Gruppe« in Berlin, der u.a. Joachim Caspary, Simon Guttmann und Erich Unger angehörten. In seinem einflußreichen Hauptwerk »Die Wirklichkeit der Hebräer« (1925) vertrat Goldberg gegen den Fortschrittsoptimismus im liberalen Christentum und in der jüdischen Apologetik die Meinung, daß der archaische Zustand der Hebräer zur Zeit der Wüstenwanderung der ideale Zustand des jüdischen Volkes sei. Damals habe sich Gott durch den Opferdienst als wirkliche Lebensmacht der Hebräer manifestieren können. Die Spiritualisierung des Gottesdienstes und -glaubens in den Psalmen und Propheten bedeutet nach Goldberg dagegen einen Abfall vom ursprünglichen Ideal. Vollends von der Wirklichkeit der Hebräer entfremdet war nach Goldberg die rationalistische Religionsphilosophie eines →Mose ben Maimon. Goldberg setzte in seinem Buch »Maimonides' Kritik der jüdischen Glaubenslehre« (1935) den alten →Maimonidesstreit fort und trat für die Wiederherstellung des biblischen Opferkults ein. Thomas Mann hat Goldberg in seinem Roman »Doktor Faustus« als »Dr. Chajim Breisacher« karikiert.

L S. Moses, Thomas Mann und der Mythos der Hebräer, 1987. (DK)

Goldenes Kalb. Die Fertigung und Verehrung des Goldenen Kalbs gilt für das nachbiblische Judentum als der entscheidende Sündenfall Israels. In Ex 32 wird berichtet, daß, nachdem das Volk Israel am Fuße des Sinai nicht mehr an Moses Rückkehr geglaubt hatte, es von Aaron verlangte, ein Goldenes Kalb zu fertigen. Er gab dem Drängen nach, ließ aus gespendeten goldenen Ohrringen ein Goldenes Kalb gießen, und das Volk Israel huldigte dem Kalb als Gott. Dieser Götzendienst war ein Verstoß gegen die zehn Gebote, die das Volk vorher empfangen hatte (Ex 20,1,4). Verschiedene Interpretationen mildern die Schuld Aarons durch den Hinweis, daß er versucht habe, die Fertigung des Goldenen Kalbs zu verzögern. Er hätte den inneren Frieden bis zur Rückkehr Moses bewahrt. Trotz dieser Sünde wurde das Bündnis zwischen Israel und Gott erneuert. Woher der Brauch, dem Goldenen Kalb als Gott zu huldigen, herrührt, ist umstritten. Er scheint in Altägypten und anderen Ländern des alten Orients geläufig gewesen zu sein. Heute wird das Goldene Kalb im übertragenen Sinne als Huldigung des Geldes verstanden. Daher der Spruch »Tanz um das Goldene Kalb«. (RED)

Goldfaden, Avram, Dramatiker und Komponist, 12.7.1840 Staro Konstantinow, Ukraine – 1.9.1908 New York. Goldfaden gilt als Vater des Jiddischen Theaters. Debüt 1862 mit hebräischen Versen und 1863 mit Gedichten in jiddischer Sprache; »Das Yudele« (1866) und »Di Yudene« (1869), Sammlungen jiddischer Lieder. Goldfaden schrieb über 50 musikalische Dramen, Operetten und Musikkomödien. Unter den erfolgreichsten: »Schmendrik« (1877), »Sulamith« (1880), »Di Tsvey Kuni Lemels« (1880), »Bar Kochba« (1887). Im Oktober 1876 gründete er in Iaşi, Rumänien, das erste professionelle →Jiddische Theater. Tourneen nach Bukarest und in andere Städte Rumäniens, später in Rußland. 1883 verbot die russische Regierung die Vorstellungen in jiddischer Sprache. Goldfaden setzte seine Theaterarbeit in London, Paris und New York fort und brachte die eigenen Werke auf die Bühne. (AB)

Goldmann, 1. Emma, Publizistin und Feministin, 27.6.1869 Kaunas, Litauen – 14.5.1940 Toronto. In einer kleinbürgerlichen russisch-jüdischen Familie im zaristischen Rußland aufgewachsen, emigrierte sie 1885 mit ihrer Halbschwester Helena in die USA, wo sie Kontakt zu anarchistischen und exilrussischen Kreisen aufnahm. Goldmann trat als Rednerin und Agitatorin für das Selbstbestimmungsrecht ein und befürwortete anfangs Gewalt als Mittel des politischen Kampfes gegen Unterdrückung und Ausbeutung. Zusammen mit dem Arzt und Soziologen Ben Reitman setzte sie sich für den Acht-Stunden-Tag, für Rede- und Pressefreiheit, für Geburtenkontrolle, gegen Militarismus, gegen Polizeiwillkür und gegen politische Verfolgung ein. Ihre Radikalität führte 1893 zu einer einjährigen Gefängnisstrafe. Von 1895 bis 1896 lebte Goldmann in Wien, ließ sich zur Hebamme ausbilden und kehrte danach in die USA zurück. Sie gab dort die Zeitschrift »Mother Earth« heraus und veröffentlichte 1911 »Anarchism and other Essays«. 1917 wurde Goldmann (mit ihrem Freund Alexander Berkman) erneut für zwei Jahre inhaftiert. Nach Verbüßung der Strafe wurde sie mit A. Berkman in die Sowjetunion abgeschoben. Ihre politischen Ziele sah sie im revolutionären Rußland nicht verwirklicht, so daß Goldmann versuchte, in die USA zurückzukehren. Sie erhielt jedoch keine Einreise- und Aufenthaltsgenehmigung, so daß sie sich in der Folgezeit in Schweden, Deutschland, Frankreich, Spanien, England und zuletzt in Kanada aufhielt. Goldmann kämpfte für das Recht auf freie Meinungsäußerung und vertrat das Ideal der »freien Liebe«, die nicht auf bürgerlichen Zwängen beruhen sollte. Ihre Autobiographie »Living my Life« erschien 1931 in New York.

Ⓛ C. Falk, Liebe und Anarchie & Emma Goldmann, 1987. (MAM)

2. Nahum, zionistischer Politiker, 10.7.1895 Wischnewo, Polen – 29.8.1982 Bad Reichenhall. In Frankfurt am Main aufgewachsen, studierte Jura in Heidelberg; seit seinem 15. Lebensjahr in der zionistischen Bewegung tätig, besuchte Palästina erstmals 1913. Im Ersten Weltkrieg leitete Goldmann eine Abteilung für jüdische Angelegenheiten im deutschen Außenministerium und versuchte, die deutsche Regierung zur Intervention in Istanbul zu bewegen, um die jüdischen Siedlungen in Palästina zu schützen. 1923 begannen Goldmann und Jakob Klatzkin die Herausgabe der »Encyclopedia Judaica«, von der 10 Bände in deutscher und zwei in hebräischer Sprache vor Hitlers Machtergreifung erschienen. 1933–40 lebte Goldmann in Genf, organisierte den Jüdischen Weltkongreß und fungierte 1935–39 als dessen Vertreter beim Völkerbund. Nach dem Ausbruch des Zweiten Weltkriegs ging Goldmann als Vertreter der →Jewish Agency in die USA, beteiligte sich 1942 an der Ausarbeitung des Biltmore-Programms und arbeitete für die Gründung eines jüdischen Staates in Palästina. 1949 wurde er Vorsitzender der amerikanischen Sektion der Jewish Agency, im selben Jahr stellvertretender Präsident, 1953–77 Präsident des Jüdischen Welt-Kongresses und 1956–68 Präsident der Zionistischen Weltorganisation. Im Oktober 1951 organisierte Goldmann die Claims Conference (Conference on Jewish Material Claims against Germany), die die diaspora-jüdischen Organisationen bei den Wiedergutmachungsverhandlungen mit der Bundesrepublik Deutschland vertrat. Wiederholt spielten seine persönlichen Verhandlungen mit Konrad Adenauer eine wichtige Rolle beim Zustandekommen des →Luxemburger Wiedergutmachungsabkommens von 1952. Bis 1964 lebte Goldmann in New York, wo er auch den Anstoß zur Gründung der Conference of Presidents of Major American Jewish Organisations als wichtigste Dachorganisation der US-amerikanisch-jüdischen Organisationen gab; er übernahm deren Vorsitz 1954–59. Nach 1964 lebte Goldmann in Jerusalem. Neben anderen Büchern schrieb Goldmann eine zweibändige Autobiographie: »Mein Leben als deutscher Jude« (1979), »Mein Leben. USA – Europa – Israel« (1982). (DB/MW)

Goldscheid, Rudolf, Philosoph und Soziologe, 12.8.1870 Wien – 6.10.1932 Wien. Goldscheid entstammte einer jüdischen Kaufmannsfamilie und studierte in Berlin und Wien, wo er später Professor wurde. Als Anhänger eines wissenschaftlichen Sozialismus und Pazifist gehörte Goldscheid führend dem 1906 gegründeten »Deutschen Monistenbund« an und war 1907 Mitbegründer und langjähriger Vorsitzender der »Wiener Soziologischen Gesellschaft«. Goldscheid war auch Mitbegründer der »Deutschen Gesellschaft für Soziologie« im Jahr 1909. Er trug zur Institutionalisierung der Soziologie als universitäres Lehrfach bei und prägte den Begriff »Menschenökonomie«. Werke u.a.: »Kritik der Willenskraft« (1905), »Höherentwicklung und Menschenökonomie« (1911), »Friedensbewegung und Menschenökonomie« (1912), »Frauenfrage und Menschenökonomie« (1913), »Staatssozialismus und Staatskapitalismus« (1917). (BV)

Goldschmidt, 1. Henriette, Frauenrechtlerin, 23.11.1825 Krotoschin, Posen – 30.1.1920 Leipzig. Tochter des jüdischen Kaufmanns Levin Benas, seit 1855 mit dem liberalen

Rabbiner Abraham Meyer Goldschmidt verheiratet. 1858 Übersiedlung nach Leipzig. Mit L. →Morgenstern und J. →Goldschmidt zählte sie zu den bedeutendsten Verfechterinnen der Lehre Friedrich Fröbels. Fröbels Ideen harmonierten mit ihrem idealistischen, an Herder, Lessing, Schiller und Goethe orientierten Weltbild und bildeten den Ausgangspunkt für ihr Engagement in der deutschen →Frauenbewegung auf dem Gebiet des Erziehungs- und Bildungswesens. In ihrem Haus entstand 1865 der »Leipziger Frauenbildungsverein«, dessen Aktivität zur Gründung des »Allgemeinen Deutschen Frauenvereins« (ADF) führte, so daß Goldschmidt als eine der jüdischen Mitbegründerinnen der deutschen Frauenbewegung gilt. Dem von ihr 1871 gegründeten »Verein für Familien- und Volkserziehung« gelang es 1911, die »Leipziger Hochschule für Frauen« aufzubauen. Ihre publizistische Tätigkeit umfaßte neben Reden auch Schriften, u. a. »Die Frauenfrage, eine Culturfrage« (1870), »Ideen über weibliche Erziehung im Zusammenhange mit dem System Friedrich Fröbels« (1882). (MAM)

2. Johanna, Frauenrechtlerin, 1806 Bremerlohe, Hannover – 1884 Hamburg, Tochter des späteren Kommerzienrats Marcus Hertz Schwabe, der Mitglied des →Neuen Israelitischen Tempelvereins in Hamburg war, heiratete 1827 den Kaufmann M. D. Goldschmidt. Nach der Erziehung ihrer acht Kinder fand sie zu schriftstellerischer und philanthropischer Tätigkeit; setzte sich für die Emanzipation der Juden ein und gründete 1848 mit Amalie Westendorf einen überkonfessionellen »Frauenverein zur Bekämpfung und Ausgleichung religiöser Vorurteile in Deutschland«, der 1849 zum »Allgemeinen Bildungsverein deutscher Frauen« wurde. Mit Adolf Diesterweg und Friedrich Fröbel förderte sie mit der »Hamburger Hochschule für das weibliche Geschlecht« die berufliche Qualifikation von Frauen als Kindergärtnerinnen. Ziel war es, bürgerliche Lebenswerte an die Kinder der Unterschicht weiterzugeben, um so soziale Gegensätze abzubauen. 1850 eröffnete sie im Lokal des Hamburger Arbeiterbildungsvereins den ersten »Bürger-Kindergarten« für 70 Kinder aus Handwerkerfamilien; später gründete Goldschmidt eine »Kinderbewahranstalt« für Arbeiterkinder. Für arme Kinder ermöglichte sie privaten Schulunterricht, woraus eine 1854 staatlich anerkannte Schule hervorging, aus deren Leitung Goldschmidt allerdings herausgedrängt wurde.

🄻 J. M. Fassmann, Jüdische Frauenrechtlerinnen in der deutschen Frauenbewegung, Dissertation, 1989. (AH)

3. Levin, Jurist, 30. 5. 1829 Danzig – 16. 7. 1897 Wilhelmshöhe, Kassel. Goldschmidt studierte Rechtswissenschaft und wurde 1855 Privatdozent, 1860 außerordentlicher, 1866 ordentlicher Professor des Handelsrechts in Heidelberg. 1875 folgte er einem Ruf an die Universität nach Berlin. 1870 bis 1875 war er Rat am Bundes- bzw. Reichsoberhandelsgericht in Leipzig, 1875–77 nationalliberales MdR. 1858 gründete Goldschmidt die »Zeitschrift für das gesamte Handelsrecht«. Er war tätig im →Deutsch-Israelitischen Gemeindebund und fungierte als Vorsitzender des Hilfsvereins für jüdische Studierende in Berlin.
🄻 M. Pappenheim, Levin Goldschmidt, 1897. (JS)

Goldstücker, Eduard, Literaturwissenschaftler und Diplomat, 30. 5. 1913 Podbiel, Slowakei. 1939 Emigration nach England. Arbeitete im Außenministerium der tschechischen Exilregierung in London. 1946 Rückkehr in die Tschechoslowakei. Kulturattaché in Paris, London, Israel und Schweden. 1952 im Zusammenhang mit den Slánský-Prozessen zu lebenslänglicher Haft verurteilt. 1955 freigelassen. Dozent für Germanistik in Prag. Präsident des tschechischen Schriftstellerverbands und einer der Promotoren des »Prager Frühlings«. 1969 Flucht nach Wien und später Umsiedlung nach England. Lebt in Brighton. (RED)

Goldziher, Ignaz, Orientalist, 22. 6. 1850 Székesfehérvár – 13. 11. 1921 Budapest. Studium in Budapest, Berlin und Leipzig. 1870 Promotion bei H. L. Fleischer in Leipzig, 1872 Habilitation in Budapest. 1873/74 Forschungsreise nach Kairo, Damaskus und Jerusalem. 1874–1904 Hauptsekretär der Pester Israelitischen Kultusgemeinde; 1892 Ordentliches Mitglied der Ungarischen Akademie der Wissenschaften. Seit 1899 Lehrtätigkeit am Landesrabbinerseminar in Budapest. 1904 Professor an der Universität Budapest. Mitglied verschiedener Akademien der Wissenschaften. Einer der anerkanntesten Orientalisten seiner Zeit. Seine Forschungsergebnisse sind bis heute maßgebend auf dem Gebiet der Islamforschung. Hauptwerke: »Beiträge zur Geschichte der Sprachgelehrsamkeit bei den Arabern« (3 Bände, 1871–73), »Abhandlungen zur arabischen Philologie« (2 Bände, 1896–99), »Mohammedanische Studien« (2 Bände, 1889/90). (AK)

Golem (hebräisch), nach Ps 139,16 eine formlose Masse, seit dem 12. Jahrhundert ein stummer, minderwertiger Mensch, der mit Hilfe eines sprachmagischen Rituals – analog zur Erschaffung Adams – künstlich erschaffen wird. Die Golemsage basiert auf neuplatonisch überlagerten judäischen Schöpfungsmythen und kabbalistischen Quellen. Vor allem im 15. Jahrhundert intensive Legendenbildung. Zwei Hauptströmungen der Überlieferung: um 1600 erste Golemsagen im Zusammenhang mit dem Chelmer Rabbiner Elijahu Ba'alschem, erste schriftliche Fassung dieser polnischen Sage 1674. Zum literarischen Stoff wurde sie durch die Veröffentlichung von Jacob Grimm 1808; die Version ist durch das Motiv des ständigen Wachstums des Golem gekennzeichnet und hatte starken Einfluß auf die deutsche Romantik. Die zweite Überlieferung entstand Mitte des 18. Jahrhunderts um den Prager Rabbi Löw; 1837 von Berthold Auerbach erstmals schriftlich fixiert, fand sie durch die Prager Sammlung jüdischer Legenden »Sippurim« (1846) weitere Verbreitung. In der Prager Sage wird der Konflikt zwischen Schöpfer und Geschöpf betont, neue Motive sind der Aufstand des Golem und die Wiederholbarkeit von Belebung und Entleibung. Diese Version wurde besonders gegen Ende des 19. Jahrhunderts beliebt. Für die Literatur des 20. Jahrhunderts wurde schließlich eine dritte Quelle wichtig, das 1909 anonym veröffentlichte hebräische »Volksbuch«, in dem der Golem erstmals positiv, als Retter des jüdischen Volkes, dargestellt wird. Der Golemstoff wurde häufig in Lyrik, Dramatik, Oper, Erzählung und Roman verarbeitet: siehe vor allem Gustav Meyrinks »Der Golem« (1915), Egon Erwin Kischs »Dem Golem auf der Spur« (in: »Der rasende Reporter«, 1925), Friedrich Torbergs »Golems Wiederkehr« (1968).

🄻 G. Scholem, Die Vorstellung vom Golem in ihren tellurischen und magischen Beziehungen, in: Scholem, Zur Kabbala und ihrer Symbolik, Zürich 1960. – S. Mayer, Golem. Die literarische Konzeption eines Stoffes, Bern, Frankfurt am Main 1975. (DC)

Golfkrieg →Israel

Goll, Yvan (Isaac Lang), elsässisch-lothringischer Schriftsteller, 29.3.1891 St.-Dié, Vogesen – 27.2.1950 Neuilly-sur-Seine bei Paris. Goll studierte mit Unterbrechungen 1910–14 in Straßburg, seit 1914 in Lausanne Jura, pendelte 1919–39 zwischen Berlin und Paris, emigrierte kurz vor Beginn des Zweiten Weltkriegs nach New York und kehrte, 1944 an Leukämie erkrankt, 1947 nach Frankreich zurück. – Zweiprachig aufgewachsen, dichtete Goll in Deutsch und Französisch. Schwerpunkt ist die Lyrik, bis um 1920 vom Expressionismus geprägt, bevor sich Goll einer »überrealistischen« Gestaltungsweise zuwandte. Jüdische Figuren (Ahasver, Hiob) und Motive (Dasein im Galut, ewige Wanderschaft, unmäßiges Leiden und Hoffnung auf Erlösung) treten mit »Jean sans terre« (entstanden 1934–44, erschienen 1957) in den Vordergrund und dominieren das stark von Kabbala, Alchemie und dem eigenen Leiden beeinflußte Spätwerk »Traumkraut« (posthum 1951). (HMK)

Gollancz, Victor, Verleger, 9.4.1893 London – 8.2.1967 London. Gollancz war ein Neffe des in Bremen geborenen und in London geadelten Rabbiners und Orientalisten Sir Hermann Gollancz. Nach Lehrerausbildung und kurzer Schultätigkeit gründete Gollancz 1927 in London einen Belletristik- und Sachbuchverlag. Er wurde bekannt als Förderer progressiver und politisch links orientierter Autoren. 1936 gründete Gollancz den sozialistischen »Left Wing Book Club«. Gollancz setzte sich für die Völkerverständigung ein und war aktiv in der englischen Friedensbewegung. Obwohl jüdischer Herkunft, trat Gollancz nach dem Zweiten Weltkrieg als einer der ersten Engländer für eine Aussöhnung mit Deutschland ein. 1952 erschien Gollanczs Autobiographie »My dear Timothy« (1954 in deutscher Übersetzung: »Aufbruch und Begegnung«). 1960 erhielt Gollancz den Friedenspreis des Deutschen Buchhandels. (RED)

Gollomb, Eugen, Kaufmann, 19.1.1917 Breslau – 10.1.1988 Leipzig. Kämpfte während des Zweiten Weltkriegs in der polnischen Armee und geriet 1940 in Kriegsgefangenschaft. 1943 wurde Gollomb nach →Auschwitz verschleppt, 1944 gelang ihm die Flucht. Seit 1946 in Leipzig und seit 1967 Vorsitzender der jüdischen Gemeinde Leipzig. Gollomb war zusammen mit S. T. →Arndt einer der Initiatoren des christlich-jüdischen Dialogs in Sachsen. (LM)

Gombrich, Ernst Hans Josef, Sir, Kunsthistoriker, 30.3.1909 Wien. Studium der Kunstgeschichte und der Archäologie. 1936 Emigration nach England. Während des Zweiten Weltkriegs im Abhördienst für die BBC. Lehrtätigkeit in Oxford, London, Harvard und Cambridge. Mit seinen Arbeiten über die Ziele und Grenzen der Ikonographie hat er, ausgehend von Aby Warburg, die methodischen Grundlagen der modernen Kunstgeschichte mitgeschaffen. Gombrich lebt in London. (RED)

Gomperz, Hoffaktorenfamilie. Nach ihrem Aufstieg durch Geschäfte im Dreißigjährigen Krieg stellte die Familie Gomperz unter sechs preußischen Herrschern vom Großen Kurfürsten bis zu König Friedrich Wilhelm III. die meisten Hoffaktoren. Die Familie stammte aus den Jülich-Klever Landen, wo sie von der kleverischen Regierung unterstützt wurde und das Amt des →Vorgängers nachweislich von 1653–1743 ausübte. Die Gomperz' hatten verwandtschaftliche Verbindungen nach Holland, Hamburg, Bayern, Prag, London, Österreich und Ungarn. Der bedeutendste Vertreter war Ruben Elias Gomperz (1655–1705), der seinen Sitz nach Berlin verlegte und 1700 zum Oberrezeptor (Steuereinnehmer) für →Kleve und Mark und damit zum Staatsbeamten ernannt wurde.

🄻 H. Schnee, Die Hoffinanz und der moderne Staat, Band 1, 1953. (AH)

Gordon, Jehuda Leib →Haskala

Göring, Hermann →Endlösung, →Wannseekonferenz

Gottesattribute. In der Bibel und in der talmudischen Literatur werden Gott Eigenschaften und Wirkungen zugeschrieben, obwohl Gottes Wesen im Judentum als unfaßbar gilt (→Gottesnamen). Im Mittelalter gestand man nur Wirkungsattribute zu, wobei auch dies problematisch war, angesichts der Unveränderlichkeit und Vollkommenheit Gottes. Durch die Einwirkung des Islams und des Hellenismus (→Philo von Alexandrien) nahm man zunächst drei in der Wirkung verschiedene Grundattribute an: Existenz, Allmacht und Allwissenheit. Neuplatoniker und aristotelische Gelehrte wie →Mose ben Maimon gingen demgegenüber von einer »theologia negativa« aus, d.h. sie akzeptierten nur Attribute, die Gottes Unvollkommenheit ausschlossen und keine positive Bestimmung enthielten. In der kabbalistischen Auslegung (→Kabbala) definierte man Schöpfungspotenzen, die in der talmudischen Hermeneutik als sog. 13 Middot (hebräisch »Maße«) bestimmt wurden. Erst der Ausgleich der Gegensätze von »Middat ha-Din« (absolute Strenge Gottes) und »Middat ha-Rachamim« (absolute Güte Gottes) vereinte die Gottesattribute. (RED)

Gottesdienst →Tefilla, →Parascha, →Synagoge, →Tempelkult

Gottesmord-Vorwurf →Christusmord-Vorwurf

Gottesnamen. In der Bibel werden mehrere Namen erwähnt. Manche beschreiben die Handlungen Gottes, deuten auf seine Attribute (→Gottesattribute) hin oder sind rein metaphorisch aufzufassen. Die am häufigsten erwähnten Gottesnamen sind »Hael« (»der wahre Gott«, Ps 18,31,33 und 48), »El Eljon« (»Der Höchste«, Dtn 32,3), »El Schaddai« oder »El«. Dieser Name war eine Bezeichnung sowohl für die Götter der heidnischen Völker, als auch für den einzigen Gott Israels. El-Elohim kommt auch in der Bibel mehr als 2000mal vor. Ein anderer, sehr häufiger Name ist das Tetragramm »JHWH«. In der Offenbarung des brennenden Buschs nannte sich Gott, als er zu Mose sprach: »Ich werde sein, der ich sein werde« (Ex 3,14). Es ist unbekannt, wie der Name JHWH ausgesprochen wurde. Aus religiösen Gründen haben die Juden dieses Wort nicht ausgesprochen und Umschreibungen wie »ha-Schem« (»der Name«), »Hakadosch-Baruch Hu«, »ha-Makom«, »Harachmanan« u.a. benutzt. Den wahren Namen Gottes durfte nur der Hohepriester an →Jom Kippur aussprechen. (RED)

Gottfried IV. von Bouillon, Herzog von Niederlothringen, um 1060 Boulogne – 18.7.1100 Jerusalem. Anführer des Ritterheers im 1. Kreuzzug (→Kreuzzüge), wurde Gottfried IV. von Bouillon nach Einnahme Jerusalems im Juli 1099 zum Oberhaupt des Kreuzfahrerstaates gewählt. Nach der hebräischen Chronik Salomon bar Simsons schwor Gottfried IV. von Bouillon zunächst, das Blut Christi an allen Juden rächen zu wollen. Als Kaiser Heinrich IV. auf den Hilferuf des Mainzer Rabbiners Kalonymos hin alle Reichsfürsten zum Schutz der Juden verpflichtete und die Juden von Köln und Mainz Gottfried IV. von Bouillon große Summen (Köln: 500 Mark Silber) zahlten, widerrief er seine Absicht. Dennoch verhinderte er die von irregulären Heerhaufen im Rheinland verübten Massaker ebensowenig wie das Massaker an den Juden bei der Eroberung Jerusalems.

🄻 R. Chazan, European Jewry and the First Crusade, 1987. (FL)

Gottlieb, Maurycy, Maler, 1856 Drogobytsch, Galizien –17.7.1879 Krakau; Studium in Lemberg, München, Wien und Krakau bei Jan Matejko. Nach Historiengemälden seiner frühesten Phase entstanden Gemälde zu jüdischen Themen, Porträts polnischer Juden, Selbstporträts, u. a. als Ahasver, und dann 1878 »Betende Juden an Jom Kippur«, eines seiner Meisterwerke. Nach Aleksander Lesser, der ausschließlich Historiengemälde schuf, war Gottlieb der erste jüdische Maler in Polen, der jüdische Themen aufgriff und zum Wegbereiter für die nachfolgende Generation jüdisch-polnischer Maler wurde, die jüdische Sujets behandelte und das Leben polnischer Juden darstellte. Trotz seiner kurzen Schaffenszeit – er starb mit 23 Jahren an Tuberkulose – galt er als der bedeutendste Schüler von Matejko.

🄻 C. Roth, Die Kunst der Juden, 1964. (HK)

Gottschalk, Andreas, Arzt, Politiker, 28. 2. 1815 Düsseldorf – 8. 9. 1849 Köln. Sohn eines jüdischen Schächters und streng orthodox erzogen; seit 1834 Studium der Medizin in Bonn; 1839 Promotion. Tätigkeit als Armenarzt in Köln, wo er durch M. →Hess für den Sozialismus gewonnen und 1847 in den Bund der Kommunisten aufgenommen wurde. Organisierte am 3. 3. 1848 eine große Volksdemonstration, die den Auftakt zur Revolution in Köln bildete. Im April 1848 Mitbegründer des Kölner Arbeiter-Vereins, dessen Präsident er bis Juli 1848 war; Verhaftung, Prozeß und Freispruch (Dezember 1849). Obwohl er zum Protestantismus konvertierte, trat er im Arbeiter-Verein antijüdischen Ressentiments entgegen, von denen er jedoch in der Auseinandersetzung mit K. →Marx selbst nicht frei war. Starb in Ausübung seines ärztlichen Berufs an der Cholera.

🄻 A. Herzig, Andreas Gottschalk und der Kölner Arbeiter-Verein, in: J. Bohnke-Kollwitz u. a. (Hrsg.), Köln und das rheinische Judentum, 1984. (AH)

Götzendienst →Awoda Sara

Grab, Walter, Historiker, 17. 2. 1919 Wien. 1938 Emigration nach Palästina. Studium der Geschichte, Anglistik, deutschen Literaturwissenschaft und Politischen Philosophie an der Hebräischen Universität Jerusalem und den Universitäten Tel Aviv und Hamburg. 1965 Promotion zum Thema »Demokratische Strömungen in Hamburg und Schleswig-Holstein zur Zeit der ersten französischen Republik«. 1965–70 Senior Lecturer an der Universität Tel Aviv für Neuere europäische Geschichte. Seit 1970 Professor, 1971 Gründer und bis 1985 Leiter des »Instituts für Deutsche Geschichte« an der Universität Tel Aviv; Herausgeber des Jahrbuchs des Instituts 1972–86. 1977/78 und 1984/85 Gastprofessor in Duisburg und Hamburg. Seine Hauptforschungsgebiete sind: Demokratische Strömungen in Deutschland von der Französischen Revolution bis zur Reichsgründung und Probleme der deutsch-jüdischen Emanzipation. Ehrendoktor der Universität Duisburg. Hauptwerke: »Noch ist Deutschland nicht verloren« (^{3}1980), »Leben und Werke norddeutscher Jakobiner« (1973), »Heinrich Heine als politischer Dichter« (2. Aufl., 1992), »Georg Büchner und die Revolution von 1848« (1985), »Ein Volk muß seine Freiheit selbst erobern« (1985), »Dr. Wilhelm Schulz aus Darmstadt« (1987), »Die Französische Revolution« (1989), »Der deutsche Weg der Judenemanzipation« (1991). (LH)

Grabkunst. In der Antike dominierten Familiengräber (→Katakomben), jüdische →Friedhöfe mit Einzelgräbern entstanden erst später. Im Rheinland ist der älteste bekannte Grabstein aus Mainz (1064) nachgewiesen. Die sephardischen Gräber im mittelalterlichen Spanien besaßen senkrecht stehende Grabsteine oder liegende Grabplatten, die sich seit 1600 durchsetzten. Während die mittelalterlichen Steine ausschließlich hebräische Inschriften besitzen, wurden die Steine seit etwa 1600 zweisprachig. Sephardische Grabplatten waren seit dem 17. Jahrhundert reich dekoriert. Neben neutralem Pflanzen- und Blumendekor findet man allgemeine Todessymbole wie Sanduhr, Totenschädel oder den abgeknickten Baum, ferner Familienwappen und Reliefs mit figürlichen Szenen biblischen Inhalts (Oudenkerk bei Amsterdam). Die ausschließlich senkrecht stehenden Steine des aschkenasischen Raumes, im Mittelalter sehr schlicht, besitzen bis ins 19. Jahrhundert hinein hebräische Inschriften; erst dann wurden sie zweisprachig. Seit dem 16./17. Jahrhundert gewann ihre künstlerische Gestaltung Konturen und erreichte in Osteuropa ihren Höhepunkt. Neben neutralem Dekor überwiegen allgemeine jüdisch-religiöse Symbole sowie solche, die den Verstorbenen charakterisieren. Seit dem 19. Jahrhundert wurden Grabsteine häufig rundansichtig, erhielten von Säulen getragene Vorbauten oder nahmen neue Formen an: Obelisk, abgeschlagene Säule oder Baum. Ansätze zu Monumentalgräbern mit architektonischen Aufbauten finden sich schon im frühen 19. Jahrhundert (Wien, Warschau), sie wurden aber erst für die Zeit nach 1900 charakteristisch, ebenso die Verwendung neuer Materialien (Marmor) neben den üblichen lokalen Steinsorten. In neuerer Zeit wurden die Grabsteine wieder schlichter. Friedhofsbauten für die rituelle Waschung und Bekleidung der Toten (Tahara) oder für die Versammlung der Trauergemeinde wurden seit dem 19. Jahrhundert üblich.

🄻 M. Brocke/H. Mirbach, Grenzsteine des Lebens. Auf jüdischen Friedhöfen am Niederrhein, 1988. – M. Diamant, Jüdische Volkskunst, 1937. – A. Levy, Jüdische Grabmalkunst in Osteuropa, 1924. (HK)

Gradenwitz, Peter Emanuel, israelischer Musikwissenschaftler, 24. 1. 1910 Berlin. Studierte Musikwissenschaft in Freiburg/Br. und Berlin, außerdem Soziologie, Literaturgeschichte und Komposition. Nach Studienaufenthalten in Paris und London siedelte er 1936 nach Tel Aviv über, wo er erste musikgeschichtliche Bücher in hebräischer Sprache veröffentlichte. Gradenwitz hat sich besondere Verdienste als Begründer und Leiter des Musikverlags »Israel Music Publications Limited« erworben, in dem vorwiegend Kompositionen von in Israel ansässigen Komponisten der älteren und jüngeren Generation erschienen sind. Seine Bücher »The Music of Israel. 5000 Years of its Rise and Growth« (1949) und »Music and Musicians in Israel« (1959) sowie seine in führenden europäischen und amerikanischen Zeitungen und Zeitschriften erscheinenden musikkritischen Beiträge über das Musikleben in Israel haben ihn weit über die Grenzen seines Landes bekannt gemacht. Seit Jahren vertritt Gradenwitz Israel in internationalen Gremien. (AS)

Graetz, Heinrich, Historiker, 31. 10. 1817 Xions, Posen – 7. 9. 1891 München. Graetz war von 1836 bis 1839 Schüler von S. R. →Hirsch in Oldenburg; ab 1842 Studium der semitischen Philologie und Philosophie, 1845 Promotion in Jena. Seit 1845 Lehrer am →Jüdisch-Theologischen Seminar in Breslau und seit 1869 Honorarprofessor an der dortigen Universität. Von 1869 bis 1881 edierte Graetz die »Monatsschrift für Geschichte und Wissenschaft des Judentums«. Graetz war Verfasser der ersten umfassenden »Geschichte der Juden von den ältesten Zeiten bis auf die Gegenwart« (11 Bände, 1853–75), die als Synthese und Höhepunkt der Wissenschaft des Judentums gelten kann. Graetz, der Volks- und Weltgeschichte miteinander verband und sich an den Grundprinzipien der historischen Ideenlehre orientierte, konzentrierte sich auf die Darstellung der Entwicklung jüdischen Denkens und seiner Literatur, der Entwicklung der Institutionen und des Martyriums des Judentums; wirtschafts- und sozialgeschichtliche Aspekte blieben weitgehend ausgeklammert. Weitere Werke: »Die Konstruktion der jüdischen Geschichte« (1846), »Volkstümliche Geschichte der Juden« (1888–91).

🄻 L. Kochan, The Jew and his History, New York 1977. – J. Meisl, Heinrich Graetz, 1917. (JÖD)

Graf, Max, österreichischer Musikschriftsteller, 1. 10. 1873 Wien – 24. 6. 1958 Wien. Schüler von A. Bruckner und E. Hanslick. Ab 1900 hat er als Kritiker bei der »Wiener Allgemeinen Zeitung« das Musikleben seiner Heimatstadt maßgeblich beeinflußt, ab 1902 auch als Professor für Musikgeschichte und -ästhetik an der Staatsakademie für Musik tätig. Graf, der durch seine Arbeit mit vielen Komponisten in Verbindung stand, setzte sich u. a. stark für →Mahler, →Schönberg, Claude Debussy, César Franck und Hugo Wolf ein. 1938 Emigration in die USA, wo er als Gastprofessor an Universitäten in New York, Pittsburgh und Philadelphia sowie als Verfasser von Büchern seinen Unterhalt verdiente. Nach der Rückkehr (1947) nahm er seine Tätigkeit an der Staatsakademie und als Musikkritiker wieder auf. Zu seinen wesentlichen Veröffentlichungen gehören: »Musik und Gesellschaft der Renaissance« (1905), »Modern Music« (1946), »Composer and Critic« (1946), »Geschichte und Geist der modernen Musik« (1953), »Die Wiener Oper« (1955) (AS)

Granach, Alexander (ursprünglich Jessaja Szajko Gronach, bis 1912 Hermann Gronach), Schauspieler, 18. 4. 1890 Werbowitz, Galizien – 14. 3. 1945 New York. Spielte zuerst bei jiddischen Wandertheatern. 1912/13 Schüler an M. →Reinhardts Schauspielschule am Deutschen Theater (Berlin). 1919 Engagement am Münchner Schauspielhaus. 1921–33 spielte Granach in den Theaterproduktionen von M. →Reinhardt, L. →Jessner und Erwin Piscator. Maßgebender Schauspieler des expressionistischen Theaters. 1931 Gastspiel am Jiddischen Theater in New York. 1933 Emigration in die Schweiz. 1933–35 Tournee mit dem antifaschistischen Stück von Friedrich Wolf »Professor Mamlock« (Jiddisches Theater Warschau). 1935–37 Aufenthalt in der UdSSR, u. a. Zusammenarbeit mit dem Moskauer Jiddischen Akademischen Theater, später Direktor des Jüdischen Nationaltheaters der Ukraine (Kiew). 1937 Engagement in Zürich. 1938 Emigration in die USA. 1938/39 Auftritte im Jiddischen Theater in New York. 1939–44 Filmproduktionen in Hollywood. Im Ensemble des Jiddischen Theaters Los Angeles. Autobiographischer Roman »Da geht ein Mensch« (Stockholm 1945, Weimar 1949, 1975). (MBR)

Grand Sanhedrin →Sanhedrin

Graphik →Malerei und Graphik

Gratian, Magister, Rechtslehrer in Bologna, ? Carraria – um oder nach 1150. Gratian verfaßte um 1140 die »Concordia discordantium canonum«, die eine thematisch geordnete, mit Inhaltsangaben, Erklärungen und harmonisierenden Kurzkommentaren angereicherte Sammlung von fast 4000 Rechtstexten, die in überarbeiteter, erweiterter Fassung die Grundlage der kanonistischen Rechtswissenschaft bildete. Mit Judenrecht befassen sich etwa 35 Kanones (indirekt weitere neun). Diese betreffen den Judenschutz und die rechtliche Gleichstellung, die Judenmission, die Verhinderung von →Proselytismus (und Kontakten). Die Tendenz Gratians ist im ganzen verständnisvoller als die des →Ivo von Chartres. So erkennt Gratian die Bedeutung der →Veritas Hebraica nach Hieronymus an und betont mit Gregor dem Großen, Ungläubige seien eher hinzunehmen als zu strafen. (FL)

Green, Joseph (Józef), Filmschauspieler, -regisseur, -produzent, 1904 Lodz – 20.6. 1996 Long Island/New York. Green findet in der Filmforschung kaum Beachtung, dabei war er mit seinen lediglich vier Filmen der erfolgreichste Regisseur des Jiddischen Films: »Yidl mitn fidl« (1936), »Der Purimschpiler« (1937), »Mamele« (1938), »A Brivele der Mamen« (beide 1938). Green gründete in Warschau (Nebenstelle New York) eine eigene Produktionsfirma, die Green-Film, und produzierte seine Filme für den polnischen wie amerikanischen Markt. Im Unterschied zu den jiddischen Filmen anderer Regisseure basieren seine Werke auf Originaldrehbüchern. Die zum größten Teil an polnischen Originalschauplätzen gedrehten und mit bekannten amerikanischen Stars des Jiddischen Theaters besetzten folkloristisch-musikalischen Komödien zeichnen sich durch sorgfältige und anspruchsvolle Inszenierungen aus und waren große Publikumserfolge. Der Einmarsch Hitlers in Polen und der anschließende Völkermord bedeuteten das Ende des jiddischen Films in Osteuropa, was Green lakonisch so kommentierte: »Während des Krieges verschwanden sechs Millionen meiner besten Kunden.« (MAR)

Gregor I., der Große, Klostergründer, Mönch, Papst (590–604), um 540 Rom – 12.3.604 Rom. Gregor I. bekämpfte Häretiker und Schismatiker und veranlaßte die Angelsachsenmission. Im Briefkorpus des Registrum Gregorii befinden sich 28 Texte, die das Judenrecht des →Codex Justinianus modifizieren (→Sicut-Iudaeis-Bullen). Hauptanliegen Gregors I. war die Judenmission, die er durch eine humane Behandlung und den Schutz jüdischer Religionsausübung, aber auch durch materielle Anreize wie Abgabennachlaß bei Pächtern, Unterhaltszuschüsse oder Taufgewänder bei Armen, Asylrecht bei Sklaven förderte. Gregor I. verbot auch die Zwangstaufen von Juden, die Enteignung von Synagogen und die Behinderung bei der Kultausübung. Er entzog den Juden christliche Sklaven, ohne dabei ihre Geschäftsinteressen zu schädigen. Auch in theologischen Schriften relativierte Gregor I. eher traditionelle Vorstellungen und untermauerte die →Endzeiterwartung des Römerbriefs durch eine Fülle von neuen alt- und neutestamentlichen Bezügen.

🄻 H. Schreckenberg, Die christlichen Adversus-Judaeos-Texte und ihr literarisches und historisches Umfeld (1.–11. Jahrhundert), ²1990. – B. Blumenkranz, Les auteurs chrétiens latins du moyen âge sur les juifs et le judaïsme, Paris 1963. (FL)

Gregor IX. (Hugo von Segni), Papst (1227 bis 1241), Gegner Kaiser Friedrichs II., um 1160 Anagni – 22.8.1241 Rom. Gregor IX. förderte die Bettelorden und die Inquisition und beauftragte 1234 →Raimund von Peñafort, die wichtigsten Dekretalen seit Gratian zusammenzustellen (→Liber Extra). Etwa 30 Dekretalen Gregors IX. geben Aufschluß über seine Judenpolitik. Einschränkende Maßnahmen standen dabei im Vordergrund. So bemühte sich Gregor IX. um die Durchsetzung der längst in das Kirchenrecht eingegangenen Verbote der Zinsnahme, der Bekleidung öffentlicher Ämter und der Anstellung christlicher Sklaven (vor allem auf der Iberischen Halbinsel) und freier Lohnarbeiter, Mägde und Ammen sowie der Forderungen, daß Juden sich durch besondere Kleidung abhoben und den Kirchenzehnten von Landbesitz entrichteten. Andererseits trat

Gregor IX. für den Schutz der Juden anläßlich von Unterdrückung und Verfolgung in Frankreich ein (1233,1236); in derselben Absicht erneuerte er die →Sicut-Iudaeis-Bullen. Gegen Ende seiner Amtszeit ordnete Gregor IX. die Konfiskation und die Überprüfung des Talmuds an und leitete so den Prozeß ein, der 1242 in der Verbrennung talmudischer Schriften (→Talmudverbrennungen) gipfelte.

L S. Grayzel, The Church and the Jews, Band 1, 1966. (FL)

Grenzen Israels. Das Gebiet des britischen Mandats Palästina (1922–48) stellte eine bis dahin nie gekannte politische Einheit dar. Nachdem das Gebiet des Staates Transjordanien 1923 abgetrennt worden war, wurde in der UN-Resolution vom 29. 11. 1947 die Teilung des restlichen Mandatsgebiets in einen arabischen und einen jüdischen Staat beschlossen. Jerusalem sollte unter internationaler Verwaltung stehen. Im →Unabhängigkeitskrieg hat Israel das vorgesehene Staatsgebiet erfolgreich verteidigt und besonders in Nordgaliläa und im Dreieck Tel Aviv–Jerusalem–Beer Sheva erweitert. Diese Grenzen wurden 1949 in den Waffenstillstandsabkommen von Rhodos mit den kriegführenden arabischen Staaten festgehalten, jedoch weder völkerrechtlich abgesichert noch von den arabischen Staaten anerkannt. Erst mit den →Camp-David-Abkommen (1979) wurde die Grenze zwischen Israel und Ägypten vertraglich festgelegt. Nach Israels Sieg im →Sechs-Tage-Krieg 1967 wurde israelisches Recht bereits am 28. 6. 1967 auf Ostjerusalem übertragen und die Annektierung im Grundgesetz über Jerusalem von 1980 verankert. Durch Knessetbeschluß vom 14. 12. 1981 wurden die Golanhöhen israelisches Rechtsgebiet.

L G. H. Blake/R. N. Schofield (Hrsg.), Boundaries and State Territory in the Middle East and North Africa, 1987. – B. Kimmerlin, Zionism and Territory, 1983. – B. Kipnis, Geopolitical Ideologies and Regional Strategies in Israel, in: Tijdschrift voor economische en sociale geografie, Amsterdam, 1987. – E. Shalit, Within Borders and Without: The Interaction between geopolitical and personal boundaries in Israel, in: Political Psychology, Band 8, Nummer 3, 1987. (DB/MW)

Griechenland. Jüdische Gemeinschaften sind seit dem 3. Jahrhundert v. Z. belegt; griechische Kultur prägte zahlreiche jüdische Gemeinden im gesamten Mittelmeerraum (→Antike; →Aristotelismus). Im ersten Jahrhundert v. Z. blühende Gemeinden in allen größeren Städten. Verfolgung der Juden und Zwangstaufen unter den byzantinischen Herrschern; auch die zwischenzeitlich herrschenden griechischen Despoten unterdrückten die Juden. 1376 flüchteten ungarische Juden nach Griechenland; 1492 Einwanderung spanischer Juden, hauptsächlich in Saloniki, das sich zu einem der Zentren jüdischer Kultur entwickelte. Während des griechischen Befreiungskriegs gegen die Osmanische Herrschaft (1821) unterstützten die Juden die Türken, was zu Antisemitismus führte (1891 Pogrom in Korfu). Von den über 80 000 griechischen Juden lebten zu Beginn des Zweiten Weltkriegs 56 000 in Saloniki, fast 44 000 von ihnen wurden von den deutschen Behörden nach Auschwitz deportiert. Der Athener Erzbischof Damaskinos öffnete Juden die Klöster als Zufluchtsstätte. Einige Juden schlossen sich den Partisanen an. Gegen Ende des Kriegs lebten nur noch 12 000 Juden in Griechenland, vorwiegend in Athen; über 7000 Juden sind seither nach Israel und in die USA ausgewandert. 1997 lebten etwa 5000 Juden in Griechenland; größere Ansiedlungen bestehen in Athen (3000), und Saloniki (1000); Kleinstgemeinden in Rhodos, Chalkis, Korfu, Joannina, Larissa, Trikkala und Volos. (PB)

Gronemann, Sammy, Schriftsteller, 21. 3. 1875 Strasburg, Westpreußen – 6. 3. 1952 Tel Aviv, Rabbinersohn, Talmudstudien, anschließend Jurastudium, Rechtsanwalt in Berlin. Hinwendung zum Zionismus, besonderes Interesse an den Problemen des Ostjudentums. Durch seine Tätigkeit als Syndikus des »Schutzverbandes deutscher Schriftsteller« angeregt, begann er selbst zu schreiben. Autor vielgelesener Bücher wie: »Tohuwabohu« (1920), »Hawdoloh und Zapfenstreich« (1924; Neudruck 1984), »Erinnerungen eines Jecken« (1947).

L M. Richarz (Hrsg.), Jüdisches Leben in Deutschland, 2 Bände, 1976–82. (LH)

Großbritannien. Erster Beleg für jüdische Siedler aus dem 11. Jahrhundert, in dem eine Anzahl Juden aus der Normandie Wilhelm dem Eroberer nach England folgte. Es waren hauptsächlich Bankiers und Geldverleiher, die sich in den größeren Städten und Handelszentren des Südostens und in Ostanglien niederließen: so in →London, Norwich, King's Lynn, Canterbury, Oxford, Winchester. Im Mittelalter gab es zu keiner Zeit mehr als 4000 Juden in Großbritannien. Zu den bedeutenden Gelehrten zählten Rabbi Mose ben Jom Tow und Rabbi Elija Menachem aus London, Benedikt von Nicole (Lincoln), Rabbi Isaak ben Perez aus Northampton und Meir von Norwich. Sie schrieben vor allem Talmudkommentare und beschäftigten sich mit den Normen religiöser Praxis und liturgischer Dichtung. Während es den Juden unter den normannischen Herrschern gut ging, schwankte die Lage anschließend zwischen widerwilliger Duldung und härtester Verfolgung, besonders z. Z. der Kreuzzüge. In York entging die jüdische Gemeinde 1190 nur durch den gemeinsamen Freitod einem Massaker. Immer wieder mußten die Juden stark überhöhte Steuern zahlen. Norwich steuerte 1144 den ersten →Ritualmordvorwurf zur europäischen Geschichte bei. Weitere folgten in Bury St. Edmunds (1181), Winchester (1192) und Lincoln (1255). Die Synode von Oxford verordnete 1222 in Anlehnung an das 4. →Laterankonzil (1215), daß Juden ein besonderes Abzeichen zu tragen hätten, und 1232 wurde in London eine neugebaute Synagoge enteignet. Unterdessen war die Armut der Juden so groß geworden, daß sie für die Krone nicht mehr von Nutzen waren, und so verfügte Eduard I. im Jahr 1290 ihre Ausweisung. Die meisten flohen nach Frankreich, in Länder des Heiligen Römischen Reichs und nach Flandern. Abgesehen von kleinen marranischen Gruppen, die im 16. Jahrhundert in London und Bristol lebten, gab es bis zur Mitte des 17. Jahrhunderts in Großbritannien keine Juden mehr. Erst 1655 handelte →Manasse ben Israel von Amsterdam mit Cromwell die Bedingungen für ihre Wiederzulassung aus, die bei weitem günstiger als sonstwo in Europa waren. Wirtschafts- und Niederlassungsbeschränkungen gab es nicht mehr. Mitte des 18. Jahrhunderts betrug die Gesamtzahl der Juden in Großbritannien ungefähr 8000, hauptsächlich als Folge der Einwanderung; sie lebten überwiegend in London. Ihre Anwesenheit wurde im allgemeinen akzeptiert. Als aber 1753/54 die Gesetzesvorlage über die Einbürgerung von Juden (»Judenvorlage«) es den im Ausland geborenen Juden ermöglicht hätte, den im Inland geborenen gleichgestellt zu werden, trat ein weitverbreiteter Antisemitismus zutage. Kaum war die Vorlage zum Gesetz erhoben, mußte es wegen überall laut werdender Opposition wieder außer Kraft gesetzt werden, obwohl es nur in Ausnahmefällen zu Gewalttätigkeiten gekommen war. 1760 gründeten führende sephardische und aschkenasische Juden, z. T. wegen des Scheiterns der Vorlage, den →Board of Deputies zur Förderung der Interessen der britischen Judenschaft. Im 19. Jahrhundert richteten sich die Reformbemühungen auf das Ziel der Emanzipation. Der Kampf dauerte von Beginn der 1830er Jahre bis 1858, als Lionel de Rothschild seinen Platz im Unterhaus als liberaler Abgeordneter für den Wahlbezirk der City of London einnehmen konnte. Seit jenen Tagen wurden die englischen Juden von den beiden großen Parteien unterstützt. Die viktorianische Epoche war außerdem gekennzeichnet durch die Gründung bedeutender Gemeinschaftseinrichtungen, wie z. B. des Jews' College, eines Seminars für die Ausbildung von Geistlichen (1855), des Board of Guardians, einer Hilfsorganisation für die Armen (1858), und der →United Synagogue, die die bedeutendsten aschkenasischen Synagogen zusammenschloß und das Oberrabbinat unterstützte (1870). Von 1880 bis 1914 veränderte sich der Charakter der englischen Judenschaft durch die Masseneinwanderung von Juden aus Osteuropa; die Zahl stieg in dieser Zeit von 65 000 auf 300 000. Während die schon bestehende Judenschaft weitgehend anglisiert war und der Mittelschicht angehörte, sprachen die Neuankömmlinge Jiddisch, waren religiöse Traditionalisten und zum großen Teil Proletarier, da sie überwiegend in der Konfektions-, Möbel-, Schuh- und Tabakindustrie tätig waren. Diese Unterschiede führten zu Spannungen mit der schon etablierten englischen Judenschaft. Eine der Folgen war die Gründung der Federation of Synagogues (1887). Um die Neuankömmlinge zu anglisieren, wurden auch Jugendclubs und Schulen gegründet. Diese Maßnahmen hatten erst in den Jahren nach dem Zweiten Weltkrieg durchgreifenden Erfolg: Es setzte eine Bewegung weg vom Londoner East End (und ähnliche »jüdische« Bezirke in den Provinzstädten) ein – hin zu den von der Mittelschicht geprägten Vororten, verbunden mit einer Übertragung der Führungsverantwortung von den alteingesessenen Familien auf die Nachkommen der osteuropäischen Einwanderer. In den 30er Jahren wanderten ungefähr 90 000 Flüchtlinge ein, um sich vor der Verfolgung durch die Nationalsozialisten zu retten: Ungefähr die Hälfte von ihnen blieb in England. Die englische Judenschaft zählt heute etwa 300 000 Menschen, von denen zwei Drittel in London leben, die übrigen in Mittelpunktsorten der Provinz, wobei zuerst →Manchester (30 000), dann Leeds (10 000) und Glasgow (6500) zu nennen sind; kleinere Gemeinden u. a. in Birmingham, Brighton, Bournemouth, Leicester und Liverpool. Trotz einer größeren Zahl von zugewanderten Israelis ist die jüdische Bevölkerung seit den 60er Jahren (über 400 000 im Jahre 1967) um 25 Prozent zurückgegangen. Die negative demographische Entwicklung läßt sich auch an rückläufigen Eheschließungen und am überdurchschnittlichen Anteil der über 55jährigen an der Bevölkerung ablesen. Die meisten englischen Juden gehören der beruflich selbständigen Mittelschicht an, mit starker Tendenz zu den akademischen Berufen und zum Kleinhandel. Der früher dominierende Einfluß der United Synagogue und der Federation of Synagogues ist zurückgegangen zugunsten orthodoxer Gemeinden, die bereits etwa die Hälfte aller Gemeinden ausmachen, zu einem kleinen Teil aber auch von liberalen und Reformgemeinden.

🄻 C. Roth, A History of the Jews in England, Oxford [3]1964. – V. D. Lipman, A History of the Jews in Britain since 1858, Leicester 1990. (LK)

Großbritannien, Israels Beziehungen zu. Nach Israels Unabhängigkeit (1948) blieben die Beziehungen zur ehemaligen Mandatsmacht bis Mitte der 1950er Jahre gespannt. Trotz des geheim ausgehandelten gemeinsamen Vorgehens (Israels →Sinai-Feldzug) während der Suezkrise 1956 blieben und bleiben die Beziehungen eher britisch unterkühlt. Dies hing zunächst nicht zuletzt mit Großbritanniens besonderen Verbindungen zum Königreich Jordanien zusammen. Unter Premierministerin Margaret Thatcher und ihren Nachfolgern besserten sich die Beziehungen zu Israel.

🄻 J. Abadi, Britain's Withdrawal from the Middle East, 1947–1971, 1982. – M. J. Cohen, Palestine to Israel. From Mandate to Independence, 1988. – W. R. Louis, The British Empire in the Middle East 1945–1951, 1984. – I. Pappé, Britain and the Arab-Israeli Conflict 1949–51, 1988. – H. Wilson, The Chariot of Israel. Britain, America and the State of Israel, 1981.
(DB/MW)

Groß-Israel-Bewegung, territorialpolitische Interessenorganisation in Israel, die sich gegen eine Rückgabe der 1967 eroberten Gebiete wendet. Von diesem Ziel abgesehen, vertreten die Mitglieder unterschiedliche politische Richtungen. 1973–79 gehörte sie dem →Likud-Block an, verließ ihn jedoch wieder aus Protest gegen den Rückzug von der Sinai-Halbinsel. Die Groß-Israel-Bewegung beteiligte sich an der Gründung der →Techija-Partei.

🄻 M. Wolffsohn/D. Bokovoy, Israel. Geschichte, Politik, Gesellschaft, Wirtschaft, [5]1996. – M. Wolffsohn, Politik in Israel, 1983. (DB/MW)

Grossmann, Kurt Richard, Publizist, 21.5. 1897 Berlin – 2.3.1972 St. Petersburg, Florida, seit 1926 Generalsekretär der Deutschen Liga für Menschenrechte. Wies bereits 1931 mit seiner Monographie »Dreizehn Jahre republikanische Justiz« auf die reaktionäre Tendenz der deutschen Justiz hin. Nach der NS-Machtergreifung 1933 Flucht in die Tschechoslowakei. Nach Zwischenstation in Paris 1939 Emigration in die USA. Seit 1943 vom Jüdischen Weltkongreß mit der europäischen Flüchtlingsfrage betraut. Nach dem Ende des Zweiten Weltkriegs sah Grossmann seine Hauptaufgabe in der deutsch-jüdischen Versöhnung. In diesem Sinne unternahm er von 1948 an regelmäßig Vortragsreisen nach Deutschland. Außerdem war er 1952 als Experte der amerikanischen Sektion der Jewish Agency in Wiedergutmachungsfragen tätig. Neben über 5000 Artikeln in Zeitungen und Zeitschriften verfaßte Grossmann mehrere Bücher: »Deutschland am Hakenkreuz« (Prag 1933), »Ossietzky. Ein deutscher Patriot« (1963), »Die Ehrenschuld. Kurzgeschichte der Wiedergutmachung« (1967), »Emigration. Geschichte der Hitler-Flüchtlinge« (1969). (LM)

Grotthuß, Sophie (eigentlich Sarah Meyer), Schriftstellerin, 1763 Berlin – 11.12.1828 Oranienburg. Grotthuß wurde 1778 mit dem Kaufmann Lipman Wulf verheiratet, der 1788 starb, und heiratete 1797 den livländischen Baron Ferdinand Dietrich von Grotthuß. Bis auf die Erzählung »Sophie ou la différence de l'Éducation« und zwei ungedruckte Manuskripte, den Essay »Ansichten einer deutschen Frau, geschrieben zu Dresden im Sommer 1814« und das Theaterstück »Die deutsche Erzieherin« (Sammlung Varnhagen), ist das literarische Werk Grotthuß' verlorengegangen. In ihren späteren Jahren war sie schriftstellerisch sehr produktiv, wie aus einem (ungedruckten) Brief an Goethe vom 14.8.1824 hervorgeht. Sie spricht darin von einem Roman, einem Drama und mehreren Erzählungen, die sie ihm zur Begutachtung mitschicke. Wie Karl August Varnhagen von Ense schrieb, war sie »anderthalb Jahre vor ihrem Tode« damit beschäftigt, »eine Anzahl Briefe von Ramler, Gedike, Zöllner, Biester, von Ligne, Frau von Staël und Andern zur Herausgabe zu ordnen, allein diese Papiere sind durch Unkunde nur späterhin größtentheils verbrannt worden«. Ihre nur auszugsweise gedruckten Briefwechsel mit Goethe und R. →Varnhagen von Ense werden zur Publikation vorbereitet.

🄻 B. Hahn, Unter falschem Namen, 1991. (BH)

Grubel, Frederick, Leiter des Leo-Baeck-Instituts, 22.10.1908 Leipzig. 1933 Ausschluß vom zweiten juristischen Staatsexamen. Leitende Stelle in der Verwaltung der Jüdischen Gemeinde Leipzig. 1938 KZ Buchenwald. 1939 Emigration nach England, 1940 in die USA. In New York Studium der Volks- und Betriebswirtschaft, 1943 Zulassung als Wirtschaftsprüfer. Tätigkeit für diverse jüdische Organisationen. Lebt in Lushing, N. Y. (RED)

Grüber, Heinrich, evangelischer Theologe, 24.6.1891 Stolberg, Rheinland – 29.11. 1975 Berlin. Grüber setzte sich nach 1933 für die Bekennende Kirche ein und organisierte Hilfe für die Opfer der Nürnberger Gesetze (→Rassegesetze). Nach Einrichtung einer entsprechenden Hilfsstelle in Berlin erhielt Grüber zwei Jahre KZ-Haft in Sachsenhausen und Dachau. Nach 1945 wirkte Grüber als Probst an der Marienkirche in Berlin. Von 1949–59 war er Bevollmächtigter der Evangelischen Kirche in Deutschland bei der Regierung der DDR. Während des →Eichmann-Prozesses in Jerusalem (1961) trat Grüber als erster deutscher Zeuge auf. Werke u.a.: »Dachauer Predigten« (1965), »Erinnerungen aus sieben Jahrzehnten« (1968). (RED)

Grünberg, Carl, Wirtschafts- und Sozialhistoriker, 10.2.1861 Focşani, Rumänien – 2.2.1940 Frankfurt am Main (von Nationalsozialisten ermordet). 1881–85 Studium der Jurisprudenz in Wien, wo er promovierte und sich 1894 habilitierte; seit 1909 ordentlicher Professor für Nationalökonomie an der Wiener Universität. Grünberg gab seit 1905 die »Studien zur Sozial-, Wirtschafts- und Verwaltungsgeschichte« heraus und gründete 1910 das »Archiv für die Geschichte des Sozialismus und der Arbeiterbewegung«. Grünberg engagierte sich auch in der SPÖ, der Arbeiterbildung und der Volkshochschulbewegung; u.a. gründete er zusammen mit Ludo Moritz Hartmann in den 90er Jahren den »Sozialwissenschaftlichen Bildungsverein« in Wien. 1924–30 Leiter des →Instituts für Sozialforschung in Frankfurt. Grünberg war Anhänger des Marxismus und veröffentlichte zahlreiche Arbeiten vor allem zur Agrarpolitik und -geschichte sowie zur Geschichte des Sozialismus. (BV)

Grunewald, Max (ursprünglich Grünewald), Rabbiner, 4.12.1899 Königshütte, Oberschlesien. Studium in Breslau und Heidelberg. 1925–37 Rabbiner der Gemeinde Mannheim und Mitglied im Präsidialausschuß des »Reichsverbands der Deutschen Juden«. 1938 Emigration nach Palästina, 1939 in die USA. Vorstandsmitglied diverser jüdischer Vereinigungen, Lehranstalten und Stiftungen zur Rekonstruktion der jüdischen Kultur. (RED)

Grynszpan (oder Grünspan), Herschel, 28.3.1921 Hannover – ?, Sohn der 1911 aus Polen eingewanderten jüdischen Eheleute Sendel Grynszpan und Rywka, geb. Silberberg. Bis 1935 besuchte Grynszpan die Volksschule in Hannover und für ein Jahr auch die Jeschiwa in Frankfurt/Main. 1936 emigrierte er über Brüssel nach Paris, wo er von seinem Onkel Abraham Grynszpan aufgenommen und finanziell unterstützt wurde. Nach Ablauf der Gültigkeit seiner Papiere lebte Grynszpan seit August 1938 illegal in Paris. Die Nachricht von der Abschiebung seiner Familie in die polnische Grenzstadt Zbýszyń und das anschließende Zerwürfnis mit seinem Onkel trieben Grynszpan in einem Akt der Verzweiflung dazu, den Legationssekretär der deutschen Botschaft, Ernst vom Rath, zu erschießen. Der Tod vom Raths, der zwei Tage später (am 9.11.1938) seinen Verletzungen erlag, diente der nationalsozialistischen Propaganda zur Rechtfertigung der →Reichspogromnacht. Das Ermittlungsverfahren der französischen Behörden wurde durch den deutschen Überfall unterbrochen. Grynszpan wurde von den französischen Behörden nach Orléans gebracht und aus der Haft entlassen, stellte sich allerdings anschließend in Toulouse freiwillig der französischen Polizei. Das →Vichy-Regime lieferte Grynszpan ohne Rechtsgrundlage im Juli 1940 an die NS-Behörden aus, die Grynszpan nach Berlin überführten. Dort wurde 1941/42 ein Schauprozeß vorbereitet, der beweisen sollte, daß Grynszpan der Agent einer »jüdischen Weltverschwörung« gewesen sei, die das nationalsozialistische Deutschland in den Weltkrieg »gestürzt« habe. Der Prozeß fand nicht mehr statt, und das weitere Schicksal Grynszpans ist ungeklärt; wahrscheinlich starb er kurz vor Ende des Kriegs in einem KZ.

🄻 H. Heiber, Der Fall Grynszpan, in: Vierteljahreshefte für Zeitgeschichte 5, 1957. – M. R. Marrus, The Strange Story of Herschel Grynszpan, in: The American Scholar 57, 1988. (BV)

Güdemann, Moritz, Rabbiner, 19.2.1835 Hildesheim – 5.8.1918 Baden bei Wien. Güdemann, Absolvent des Breslauer →Jüdisch-Theologischen Seminars, war seit 1866 Oberrabbiner in Wien. Verfasser jüdisch-kulturgeschichtlicher Werke. Nach anfänglicher Sympathie für T. →Herzls Ideen bekämpfte er diese mit seiner Broschüre »Nationaljudenthum« (1897) und richtete sein wissenschaftliches Interesse verstärkt auf die »Jüdische Apologetik« (1906) gegen den akademischen Antisemitismus. (JS)

Guggenheim (auch Guggenheimer, Guckenheim oder Guckenheimer), weit verbreiteter jüdischer Familienname. Bedeutung und Herkunft des Namens sind unklar. Erstmals ist eine Familie Guggenheim in einer genealogischen Aufzeichnung in Worms 1679 dokumentiert. Dem Schweizer Zweig der Guggenheims (dort seit 1696 nachgewiesen) gehörten der Völkerrechtler Paul Guggenheim (1899–1977) und der Begründer des amerikanischen Zweigs, Meyer Guggenheim (1828 bis 1905), an. Meyer und seine sieben Söhne bauten ein internationales Wirtschaftsimperium auf, das Besitzungen und Firmen von Alaska bis nach Chile und Afrika unterhielt. Die Söhne Isaac (1854–1922), Daniel (1856–1930), Murry (1858–1939), Salomon Robert (1861–1949), Benjamin (1865–1912), Simon (1867–1941) und William (1868–1941) sowie die Tochter Benjamins, Marguerite (Peggy, 1898–1979), und der Sohn Daniels, Harry Frank (1890–1971), zeichneten sich als Philanthropen und Kunstmäzene aus. Sie unterstützten und stifteten u.a. zahlreiche Einrichtungen der Wohlfahrtspflege, Krankenhäuser, Kunstgalerien, das »Guggenheim Museum« in New York, das »Jewish Theological Seminary«, das »Hebrew Union College« und gründeten u.a. die Stiftungen »John Simon Guggenheim Foundation«, »Daniel and Florence Guggenheim Foundation«, »Daniel Guggenheim Fund for the Promotion of Aeronautics«, »Solomon R. Guggenheim Foundation« und die »Harry Frank Guggenheim Foundation«.

Peggy Guggenheim, um 1970

🄻 M. Dienemann/S. Guggenheim, Die Familie Guggenheim aus Worms, 1926. – M. Lomask, Seed Money, 1964. – E. P. Hoyt, Guggenheims and the American Dream, 1967. (BV)

Gumbel, Emil J., Statistiker und Publizist, 18.7.1891 München – 10.9.1966 New York. Gumbel studierte Mathematik, Wirtschaftswissenschaften, Statistik und Physik in München, Berlin und Heidelberg. 1914 freiwillige Meldung zum Kriegsdienst, 1915 Entlassung aus gesundheitlichen Gründen. In Berlin schloß Gumbel sich der USPD und später der SPD an. Als Pazifist engagierte Tätigkeit in der »Deutschen Liga für Menschenrechte«. 1923 Habilitation in Heidelberg und Tätigkeit als Privatdozent. Nach Ernennung zum außerordentlichen Professor (1930) war Gumbel einer nationalsozialistischen Hetzkampagne ausgesetzt, die zu mehreren Disziplinarverfahren und im August 1932 zur Entlassung führte. Gumbel war bei den Nationalsozialisten besonders verhaßt wegen seiner aufklärerischen Publikationen über politische Morde, Terror und Justizskandale. Bereits im März 1919 hatten Freikorpssoldaten versucht, Gumbel zu ermorden. 1932 ging Gumbel nach Frankreich und lehrte an der Sorbonne und an der Universität Lyon. Er gehörte zu den ersten Emigranten, die von der Hitler-Regierung ausgebürgert wurden. Gumbel schrieb für Exilzeitschriften und engagierte sich zusammen mit H. →Mann u.a. Intellektuellen in der Volksfrontbewegung. 1940 Flucht über Spanien und Portugal in die USA. Wissenschaftliche Tätigkeit an der New Yorker School for Social Research. In den 50er und 60er Jahren mehrfach Gastprofessuren in der Bundesrepublik Deutschland. (WJ)

Gumpel, Moses, Hoffaktor und Kaufmann, um 1660 Halberstadt – 5.2.1733 Wolfenbüttel. Zunächst in Braunschweig als Handlungsdiener tätig; 1697 erhielt Gumpel als erster Jude im Herzogtum Braunschweig für Wolfenbüttel einen Schutzbrief mit umfangreichen Privilegien, der 1706 »auf Lebenszeit« verlängert wurde. Gumpel wurde die freie Ausübung der Religion und die Erlaubnis zum Geldgeschäft und zur Pfandleihe zugesichert, darüber hinaus wurde er vom Leibzoll befreit. 1721 wurde Gumpel auf seinen Antrag hin aus der Gerichtsbarkeit des Stadtmagistrats herausgenommen, womit er als fürstlicher Hoflieferant und -bankier den staatlichen Beamten faktisch gleichgestellt wurde; 1724 erreichte er die Genehmigung zur Anlage eines Friedhofs. (JÖD)

Gumpertz, Aron Salomon, Enkel des brandenburgisch-preußischen Hofagenten und -lieferanten Elias Gumpertz aus Emmerich, Schriftsteller, Arzt und Philosoph, 10. 12. 1723 Berlin – 10. 4. 1769 Hamburg. Seit 1742 war Gumpertz Schüler des Gelehrten Israel Samosz, bei dem er außer Talmud und Maimonides auch Mathematik und Naturwissenschaften studierte; 1751 Promotion als erster deutscher Jude in Frankfurt/O. zum Doktor der Medizin; von 1745 bis 1752 lieferte Gumpertz regelmäßig die astronomischen und kalendarischen Berechnungen für den in Berlin erscheinenden jüdischen Kalender. Als Lehrer und Förderer führte er den um einige Jahre jüngeren M. →Mendelssohn in die literarischen und gebildeten Kreise Berlins ein; er vermittelte Mendelssohn die erste Begegnung mit Gotthold Ephraim Lessing.
L D. Kaufmann, Die Familie Gomperz, 1907. (JÖD)

Gumplowicz, Ludwig, Soziologe und Jurist, 9. 3. 1838 Krakau – 19. 8. 1909 Graz (Freitod). Nach dem Studium in Krakau und Wien betätigte sich Gumplowicz als Rechtsanwalt und Journalist. Seit 1875 lehrte er in Graz als Dozent, später als Professor Staatsrecht und Verwaltungslehre. Gumplowicz gilt als einer der Pioniere der Soziologie, der bemüht war, das Erkenntnisgebiet der Soziologie von allen verwandten Wissenschaften abzugrenzen; dargelegt im »Grundriß der Soziologie« (1885). Gumplowicz erarbeitete Grundlegendes zur Theorie der sozialen Gruppe, indem er verlangte, soziale Prozesse der gleichen objektiven Erforschung zu unterwerfen wie natürliche Prozesse. Ausgehend von der These, daß die Geschichte der Zivilisation die Geschichte eines unablässigen Kampfes sei, sah Gumplowicz auch die Kultur als sich auf den Kampf zwischen Gruppen gründend: Die starke Gruppe unterwirft die schwache, nutzt sie zur Befriedigung ihrer materiellen Bedürfnisse aus und kreiert, befreit von Arbeit und Mühsal, eine neue, eigene Kultur. In seinen Werken »Rasse und Staat« (1875) und »Der Rassenkampf« (1883) zeigt Gumplowicz den Kampf der »Rassen« (später der sozialen Gruppen) als die treibende Kraft der Geschichte auf. Um seiner Karriere willen trat Gumplowicz, der aus einer Familie galizischer Rabbiner stammte, zum Christentum über. (AS)

Gundolf, Friedrich, Literaturwissenschaftler, 20. 6. 1880 Darmstadt – 12. 7. 1931 Heidelberg. Studium in München, Heidelberg und Berlin, promovierte mit der Arbeit »Cäsar in der deutschen Literatur«, 1911 Habilitation, 1920 Professor in Heidelberg. Gundolf gehörte seit 1911 zum George-Kreis; er wirkte auf die deutsche Literaturwissenschaft durch seine Arbeiten über Shakespeare, Goethe, Kleist und Lessing. (JS)

Gurvitch, Georges, Soziologe, 2. 11. 1894 Noworossisk, Rußland – 12. 12. 1965 Paris, studierte in St. Petersburg, Heidelberg und Paris. 1927–29 Lehrauftrag an der Sorbonne, 1934 Professor für Soziologie in Bordeaux, 1935–40 an der Universität Straßburg. Flucht in die USA, wo er an der »New School for Social Research«, New York, lehrte. 1948 Berufung an die Sorbonne. Gurvitch grenzte sich strikt von der in Frankreich vorherrschenden Durkheim-Schule ab. Er war der Verfechter einer strukturellen Soziologie. Mit der von ihm entworfenen Methode eines »dialektischen Hyperempirismus« sollte der lebendigen Komplexität der sozialen Wirklichkeit und den sozialen Totalphänomenen ohne Rücksicht auf subjektive Bewußtseins-Konstellationen Rechnung getragen werden. Schriften u. a.: »La Vocation actuelle de la Sociologie. Vers une Sociologie différencielle« (2 Bände, 1950) und »Déterminismes sociaux et liberté humaine« (1955). In Deutschland fand seine Studie »Dialectique et sociologie« (1962, deutsch 1965) starke Beachtung. Gurvitch, der sich mit Philosophie, Wissens-, Rechts-, Moral- und systematischer Soziologie befaßte, sah den Auftrag der Soziologie darin, der menschlichen Freiheit zur Entfaltung zu verhelfen. (AS)

Gusch Emunim (hebräisch »Block der Getreuen«), 1974 gegründete außerparlamentarische Gruppe in Israel, die sich für eine verstärkte jüdische Besiedlung des Westjordanlands einsetzt. Die größte Zahl der überwiegend kleinen jüdischen Siedlungen im Westjordanland haben Mitglieder des Gusch Emunim gegründet. Er war zunächst mit der →Nationalreligiösen Partei verbunden. Der Gusch Emunim war an der Gründung der →Techija-Partei maßgeblich beteiligt.

🄻 D. Newman (Hrsg.), The Impact of Gusch Emunim Politics ..., 1985. – D. Schnall, Radical Dissent in Contemporary Israeli Politics, 1979. (DB/MW)

Guttmann, Julius, Philosophiehistoriker, 15.4.1880 Hildesheim – 19.5.1950 Jerusalem, Sohn des Breslauer Rabbiners Jakob Guttmann (1845–1919), der in zahlreichen Monographien den Einfluß der jüdischen Religionsphilosophie auf die christliche Scholastik untersucht hatte. Guttmann besuchte das →Jüdisch-Theologische Seminar in Breslau und war seit 1919 Professor für jüdische Philosophie an der →Hochschule für die Wissenschaft des Judentums in Berlin. In dem Standardwerk »Die Philosophie des Judentums« (1933) hat Guttmann vor allem die religionsphilosophischen Synthesen des Mittelalters mit mustergültiger Objektivität dargestellt, obwohl er im Anschluß an I. →Kant und Friedrich Schleiermacher der Auffassung war, daß Religion und philosophische Spekulation unvereinbar seien. Seine Folgerung, daß die moderne der alten Religionsphilosophie überlegen sei, führte 1935 zu einer Kontroverse mit L. →Strauss über die Darstellung des positiven Gesetzes im jüdischen Denken des Mittelalters und der Neuzeit. 1934 wurde Guttmann als Professor für Philosophie an die Hebräische Universität in Jerusalem berufen. (DK)

Guttmann, Mihály, Rabbiner, Gelehrter, 6.2.1872 Félegyháza – 6.8.1942 Budapest. 1903 Abschluß der Studien im →Budapester Landesrabbinerseminar. 1903–07 Rabbiner in Csongrád, Südungarn. 1907–21 Professor des Seminars in Budapest. 1921–33 Rabbiner und Professor des Theologischen Seminars in Breslau. 1933–42 Direktor des Rabbinerseminars in Budapest. Forschungsgebiet: die Halacha und die talmudische Methodologie. Über das Verhältnis des Judentums zur nichtjüdischen Umgebung: »Das Judentum und seine Umwelt« (Teil 1, 1927). (AK)

H

Haas, 1. Jacob de, Journalist und Schriftsteller, 14.9.1872 London – 1937 New York. Herausgeber des Wochenblatts »Jewish World« von 1896 bis 1900, gehörte zu den ersten zionistischen Helfern T. →Herzls in England, siedelte 1902 auf Herzls Bitte in die Vereinigten Staaten über, wo er zum Sekretär der →Zionist Organization of America gewählt wurde. Werk: »Theodor Herzl. A Biographical Study«, 2 Bände (1927). (JS)

2. Ludwig, Politiker und Rechtsanwalt, 16.4.1875 Freiburg/Br. – 2.8.1930 Karlsruhe. Beteiligte sich aktiv in dem deutsch-jüdischen Studentenverband »Kartell Convent« und gründete 1897 die »Friburgia« in Freiburg. 1908–19 Stadtrat in Karlsruhe, 1912 MdR. Seit 1915 stand er an der Spitze des jüdischen Dezernats der deutschen Zivilverwaltung im besetzten Polen. Im Oktober 1918 wurde Haas Innenminister in der ersten republikanischen Regierung Badens und damit nach Moritz Ellstätter der zweite Jude, der, ohne einen Glaubenswechsel vorzunehmen, in einem deutschen Land an die Spitze eines Ministeriums berufen wurde. 1929 Vorsitzender der Reichstagsfraktion der Deutschen Demokratischen Partei. Vorstandsmitglied im →Centralverein deutscher Staatsbürger jüdischen Glaubens und des →Reichsbunds jüdischer Frontsoldaten. Die deutschen Juden sah er durch Geschichte und Kultur unlösbar mit dem deutschen Volk verbunden. Die zionistischen Bestrebungen lehnte er ab. Er war überzeugt, durch Aufklärung und Erziehung alle Gegensätze zwischen Deutschtum und Judentum aufheben zu können.

🄻 J. Schrag-Haas, Ludwig Haas, 1961.
(LH)

3. Willy, Schriftsteller, Kritiker und Drehbuchautor, 7.6.1891 Prag – 3.9.1973 Hamburg. Seit 1921 in Deutschland. In Berlin zunächst Mitarbeiter des »Filmkuriers«. Als Herausgeber der »Literarischen Welt« (1925–33), als Kritiker und Essayist bewies Haas manch treffendes Urteil und Scharfblick bei der Erkenntnis und Prüfung schwer zugänglicher Erscheinungen und Probleme des modernen Geisteslebens. Er war Drehbuchautor von Zelniks »Webern«, Picks »Napoleon« und dem

Vandevelde-Film »Wege zur guten Ehe«. Weitere filmliterarische Arbeiten: »Jerusalem« (nach Selma Lagerlöf), »Der brennende Acker« und G. W. Pabsts »Die freudlose Gasse«. 1933 Rückkehr in die ČSR, 1939 Emigration nach Indien, 1947/48 London, bevor er nach Deutschland zurückkehrte. Seit 1953 Theaterkritiker der »Welt« (Hamburg), auch unter dem Pseudonym Caliban. Hauptwerke: »Gestalten der Zeit« (1930), »Die literarische Welt« (1957), »Fragmente meines Lebens« (1960).
Ⓛ R. Italiaander (Hrsg.), Faksimile-Ausgabe zum 70. Geburtstag von Willy Haas, 1962. (LH)

Fritz Haber, 1919

Haase, Hugo, Rechtsanwalt, sozialdemokratischer Politiker, 29.9.1863 Allenstein – 7.11.1919 Berlin. MdR 1897–1907, 1912 bis 1918; leitete zusammen mit Friedrich Ebert 1911–16 die SPD. Plädierte abweichend von der Parteimehrheit gegen die Kriegskredite und war ab 1917 Vorsitzender der USPD. 1918 kurzzeitig im Rat der Volksbeauftragten, bejahte die Einberufung der bürgerlichen Volksversammlung, die er mit dem Rätesystem verbinden wollte. Starb an den Folgen eines Attentats. Haase, der aus einer frommen jüdischen Familie stammte, hat die jüdische Gemeinschaft nicht verlassen, sich aber offiziell nicht dazu bekannt. Während seine Tochter noch vor 1914 Zionistin wurde und später nach Palästina auswanderte, stand er dem Zionismus fern.
Ⓛ E. Haase (Hrsg.), Hugo Haase. Sein Leben und Wirken, 1929. (AH)

Haasefa Chamehonenet, hebräische Bezeichnung für die am 25. 1. 1949 gewählte verfassunggebende Versammlung. Die UN-Resolution vom 29. 11. 1947 sah die Teilung Palästinas in einen jüdischen und einen arabischen Staat vor und bestimmte, daß in jedem der beiden Staaten bis zum 1. 10. 1948 Wahlen zu einer verfassunggebenden Versammlung erfolgt sein müßten. Diese Versammlungen sollten provisorische Regierungen einsetzen und Verfassungen für parlamentarische Demokratien ausarbeiten. In der Übergangsphase sollte je ein »Provisorischer Regierungsrat« eingesetzt werden. Die britische Regierung verhinderte jedoch die Durchführung der UN-Entschließung. Im März 1948 bildeten Nationalrat (→Waad Leumi) und Exekutive der →Jewish Agency einen aus ihren Mitgliedern zusammengesetzten Provisorischen Regierungsrat. Dieser beschloß am 29. 4. 1948 die Unabhängigkeit Israels, hieß danach »Provisorischer Staatsrat« und bereitete zusammen mit der aus dem Nationalrat gebildeten provisorischen Regierung die Wahlen zur verfassunggebenden Versammlung vor. Wegen der andauernden Kampfhandlungen des →Unabhängigkeitskriegs konnten diese Wahlen erst am 25.1. 1949 durchgeführt werden. Die Versammlung trat am 14.2. 1949 zusammen und konstituierte sich mit dem Übergangsgesetz (→Hok Hamawar) vom 16.2. 1949 zur ersten →Knesset. Da kein Konsens über den Geltungsbereich religiöser Gesetze im neuen Staat erreicht wurde, konnte keine Verfassung geschrieben werden. Statt dessen beschloß die Knesset im Juni 1950, die Verfassungsstrukturen Israels nacheinander in Form von einzelnen Grundgesetzen festzulegen.
Ⓛ E. Likhovski, Israel's Parliament. The Law of the Knesset, 1971. – M. Wolffsohn, Politik in Israel, 1983. (DB/MW)

Haavara →Palästina-Transfer

Habakuk →Hebräische Bibel

Haber, Fritz, Chemiker, 9.12.1868 Breslau – 29.1.1934 Basel. Studium in Heidelberg und Berlin, 1898 Professor in Karlsruhe, 1911–33 Direktor des Kaiser-Wilhelm-Instituts (heute Fritz-Haber-Institut der Max-Planck-Gesellschaft), 1918 Nobelpreis für Chemie für die Synthese von Ammoniak, 1933 Emigration nach Großbritannien.
Ⓛ M. H. Goran, The Story of Fritz Haber, 1967. – C. Haber, Mein Leben mit Fritz Haber, 1970. (JS)

Hachschara (»Ausbildung«), Vorbereitung einer beruflichen Ausbildung jüdischer Menschen für ein Arbeiterleben in Palästina (Chaluzim). Die Hachschara-Arbeit in Deutschland, festgelegt auf der Hechaluz-Konferenz (14.–16. 12. 1922 in Berlin), umfaßte: Einrichtung einer zentralen Stellenvermittlung; Erleichterung der Berufswahl und der Spezialisierung im Beruf durch regelmäßige Informationen aus Palästina; Förderung der Chaluzim in ihrem Fach und im Hebräischen durch Einrichtung von Kursen; Darlehensbeschaffung für Mittellose. (LH)

Hadas →Sukkot

Hadassa-WIZO (Women's Zionist Organization of America), 1912 als Ergebnis einer zionistischen Studiengruppe für Frauen, der »Töchter Zions«, unter Führung von H. →Szold gegründet. Betonung der praktischen Arbeit in Palästina; schickte im Ersten Weltkrieg eine medizinische Einheit nach Palästina. Nach dem Krieg Vereinigung mit der →Zionist Organization of America, Ausbau der praktischen Tätigkeit auf medizinischem Gebiet, Unterstützung der Jugend-Alija; Stifter von Ausbildungsprojekten für die Jugend in Israel. Heute größte zionistische Frauenorganisation der Welt.

L M. Levin, Balm of Gilead: The Story of Hadassa-WIZO, New York 1973. (CL)

Hadera →Karmel

Hadrian, Publius Aelius, römischer Kaiser (seit 117), 24.1.76 Italica, Spanien – 10.7.138 Baiae, beendete die weit ausgreifende Eroberungspolitik seines Vorgängers Trajan und verfolgte mit einer dezidierten Hellenisierungspolitik eine Renaissance des Griechentums; der große jüdische Aufstand in Palästina unter →Bar Kochba war eine Reaktion darauf. Die Erhebung richtete sich auch gegen die judenfeindliche Umgestaltung Jerusalems in eine römische Kolonie mit Namen Aelia Capitolina, die Hadrian vielleicht schon bei seinem ersten Palästina-Besuch im Jahr 130 beschloß. Wohl erst kurz vor Niederschlagung des Aufstands 135 erließ Hadrian ein Beschneidungsverbot, das das Judentum empfindlich getroffen hätte, wenn Hadrians Nachfolger Antoninus Pius es nicht wieder aufgehoben hätte. Die jüdische Überlieferung weist Hadrian noch weitere Unterdrückungsmaßnahmen zu, die von der Forschung als Produkt historischer Legendenbildung entlarvt wurden. (HC)

Haftara (hebräisch »abschließen«). Nach dem Abschluß der Toralesung bei jedem Morgengebet sowie an Feiertagen wird stets ein entsprechender Propheten-Abschnitt gelesen. Dies nennt man Haftara. Der Propheten-Abschnitt hängt meist inhaltlich mit dem gelesenen Tora-Abschnitt zusammen. Dieser Brauch entstand wahrscheinlich unter dem Religionsedikt →Antiochos' IV. (168–165 v. Z.). Um das Verbot der Toralesung zu umgehen, las man beim Gebet eben den Propheten-Abschnitt. Danach wurde es Gepflogenheit, sowohl den Tora-Abschnitt als auch die entsprechende Haftara zu lesen. (RED)

Hagana (hebräisch »Schutz«), 1920 gegründete zionistische militärische Untergrundorganisation in Palästina, die Juden vor arabischen Überfällen schützen sollte, Vorläufer der israelischen Verteidigungsstreitkräfte →Zahal. Die Hagana unterstand zunächst der →Achdut Haawoda, dann, nach ihrer Gründung 1920, der →Histadrut sowie der Exekutive der Zionistischen Weltorganisation und schloß dadurch auch palästinische Juden ein, die der Arbeitnehmerorganisation nicht angehörten. Die arabischen Unruhen im Mai 1921 trafen die Hagana weitgehend unvorbereitet, obwohl sie den Angriff auf das jüdische Viertel in der Jerusalemer Altstadt erfolgreich abwehrte. Auch die Unruhen von 1929 überraschten die Hagana, die Jerusalem, Haifa und viele landwirtschaftliche Siedlungen über eine Woche bis zum Eingreifen britischer Truppen erfolgreich verteidigte, die Massaker in Hebron und Safed jedoch nicht verhindern konnte. Als Konsequenz wurde die Hagana von Grund auf reorganisiert, eine neue Verteidigungsstrategie entwickelt, eine heimische Munitionsindustrie gefördert und der geheime Waffenkauf aus dem Ausland forciert. Von den britischen Mandatsbehörden wurde die Hagana teils geduldet, teils verfolgt. Während der arabischen Revolte von 1936 mußte keine einzige jüdische Siedlung aufgegeben werden. Da die arabischen Angriffe sich auch gegen die Mandatsmacht richteten, organisierten die britischen Behörden 1937 in der »Jüdischen Siedlungspolizei« eine »legale« jüdische Verteidigungskraft, die Eisenbahn, Häfen, Brücken und öffentliche Institutionen schützte und Tausenden von Hagana-Mitgliedern eine Ausbildung ermöglichte. Im Zweiten Weltkrieg dienten zahlreiche Hagana-Mitglieder in der britischen Jüdischen Brigade; andere Hagana-Einheiten arbeiteten mit den Alliierten im Nahen Osten zusammen. 1944 hatte die Hagana rund 36000 Mitglieder. 1945–47 führte die Hagana (insgesamt rund 90000) »illegale« Einwanderer nach Palästina und schützte sie dort. Nach der UN-Teilungsresolution vom November 1947 und besonders seit Februar 1948 versuchte sie, die für den jüdischen Teilstaat vorgesehenen Gebiete unter ihre Kontrolle zu bringen. Mit der Staatsgründung am 14. 5. 1948 stand sie den Armeen aus fünf arabischen Staaten und weiteren Verbänden im israelischen →Unabhängigkeitskrieg gegenüber. Auf Befehl der provisorischen Regierung ging die Hagana am 31. 5. 1948 in der →Zahal auf.

🄻 A. Perlmutter, The Military and Politics in Israel, 1977. – Z. Schiff, A History of the Israeli Army, 1974. (DB/MW)

Haggada →Aggada

Haggada schel Pessach. Die Haggada schel Pessach nimmt innerhalb der →Aggada einen besonderen Stellenwert ein. Nach Ex 13,7f. ist das Familienoberhaupt zur Weitergabe der Tradition durch die Erzählung des Exodus am Sederabend von →Pessach verpflichtet. Die Erzählung des Pessachereignisses erfuhr im Lauf der Zeit zahlreiche Zusätze und Ausschmückungen aus →Mischna und →Midrasch sowie durch Legenden, Erzählungen, Benediktionen, Lieder und volkstümliche Stoffe. Die häufig reich illuminierten und illustrierten Manuskripte der Haggada schel Pessach fanden weite Verbreitung als Handschriften und Drucke und sind für die Geschichte der jüdischen Kunst von größter Wichtigkeit. Berühmte Ausgaben sind u. a. die »Kaufmann-Haggada schel Pessach« (spätes 14. Jahrhundert), die »Sarajevo-Haggada schel Pessach« (14. Jahrhundert), die »Goldene Haggada schel Pessach« (frühes 14. Jahrhundert), die »Darmstädter Haggada schel Pessach« (frühes 15. Jahrhundert), die »Mantuaner Haggada schel Pessach« (16. Jahrhundert) und die »Venezianische Haggada schel Pessach« (18. Jahrhundert). (RED)

Haggahot (hebräisch »Druckkorrekturen«). Die Haggahot im religiösen Sinne entstanden nach Randbemerkungen und anderen Notizen, die die Gelehrten in ihren Büchern oder anderweitig vornahmen. Diese wurden später von ihren Schülern gesammelt und in Buchform herausgegeben. Die Haggahot enthalten meist Kommentare zu Tora und Talmud. Im Verlauf des 16. bis 18. Jahrhunderts entstand eine ausführliche, Hunderte von Büchern umfassende Haggahot-Literatur, so die Haggahot von M. →Isserles (gestorben 1572) oder die Haggahot von Rabbiner Elia von Wilna (1720–97). (RED)

Hagiographen →Hebräische Bibel

HaGRA →Elia ben Salomo Salman

Hahn, Michael, Kongreßabgeordneter und Gouverneur von Louisiana, 24. 11. 1830 Klingenmünster bei Landau, Pfalz – 15. 3. 1886 Washington D. C., USA. Die verwitwete Mutter Margarete Hahn emigrierte 1839 mit ihren fünf unmündigen Kindern in die USA. In New Orleans besuchte Hahn nach dem Tod der Mutter (um 1840) eine High School und absolvierte bis 1851 eine Ausbildung zum Anwalt in einer Anwaltskanzlei. In den 50er Jahren bekämpfte er die Sklaverei, auch nach dem Anschluß Louisianas an die Konföderation der Südstaaten. Nach der Besetzung Louisianas durch die Unionstruppen wurde Hahn 1862 in das Repräsentantenhaus gewählt. Nach etwa einjähriger Tätigkeit als Kongreßabgeordneter wurde er zum Gouverneur von Louisiana und kurz darauf in den Senat gewählt; obwohl er das Gouverneursamt aufgab, übte Hahn das Senatsmandat aus unbekannten Gründen nicht aus. 1866 wurde Hahn bei rassistischen Unruhen in New Orleans schwer verletzt und war seitdem behindert. Erst im November 1884 wurde Hahn erneut in den Kongreß gewählt und ging nach Washington. Hahn gründete den Ort Hahnville am südlichen Mississippi und war neben seiner politischen Arbeit auch als Verleger, Herausgeber und Chefredakteur bei verschiedenen Zeitungen sowie als Bundesdistriktsrichter (1879–85) tätig.

🄻 H. Marx, Michael Hahn (1830–86). Gouverneur von Louisiana, in: M. Treml/W. Weigand (Hrsg.), Geschichte und Kultur der Juden in Bayern. Lebensläufe, 1988. (BV)

Haifa, hebräisch Hefa, die wichtigste Hafenstadt Israels, zwischen Karmel und Haifabucht, 255 000 Einwohner, mit der Vorortzone (Conurbation) 460 000 Einwohner; die Altstadt in Küstenhöhe mit den Geschäftsvierteln, die Wohnviertel am und auf dem Karmel, die Industriezone nördlich der Stadt (Ölraffinerie mit Pipeline von Elat, 1948 Sperrung der Pipeline von Kirkuk; Stahlwerk, Schiffbau, chemische, Zement-, Kraftfahrzeug-, Glas-, keramische, Textil-, Metall- u. a. Industrie); Hafenumschlag 1990: 6,6 Mio. Tonnen; Marinestützpunkt; einzige U-Bahn Israels (»Karmelit«); Technische Hochschule »Technion« (1912 gegründet, 1925 erweitert), Universität (1963), Theater und Museen; Zentrum der Baha'i-Religion und Grab von Baha'ullah. – Haifa war im 4. Jahrhundert ein Fischerdorf (Epha). Im

Frühmittelalter jüdische Gemeinde, die im Zuge der Eroberung durch Byzanz (628) zerstört wurde. Während des ersten Kreuzzugs wurde die wohlbefestigte Siedlung mit überwiegend jüdischer Bevölkerung im Sommer des Jahres 1100 mit Hilfe venezianischer Truppen erobert, die jüdische Bevölkerung zum größten Teil ermordet. Haifa wurde 1187 von Saladin erobert, fiel im siebten Kreuzzug (1228) vorübergehend an Ludwig IX. von Frankreich und 1265 in die Hände der Mamluken. Die moderne Entwicklung des von Dahir al-Ummar 1758 neu gegründeten Haifa und seines Hafens begann in der 2. Hälfte des 19. Jahrhunderts, als der Hafen von Akko versandete und sich in Haifa europäische Kolonien (auch deutsche Templer, 1868) niederließen. 1905 erfolgte der Anschluß an das Eisenbahnnetz (Teil des Hedjasbahn-Systems). Während der britischen Mandatszeit wurden der Hafen ausgebaut (1929 bis 1933) und eine Erdölraffinerie mit Pipeline von Kirkuk (1936–39) errichtet. Am 22. 4. 1948 Einnahme durch die →Hagana und Flucht der meisten Araber. 1997 lebten in Haifa 27 000 Araber.

L A. Carmel, Geschichte Haifas in der türkischen Zeit 1516–1918, 1975. – A. Carmel, Christen als Pioniere im Heiligen Land, 1981. – Y. Karmon, Israel. Eine geographische Landeskunde, ²1994. – B. Menzinger, Der Hafen Haifa, 1966.
(PAU/WL)

Haindorf, Alexander, Mediziner und Pädagoge, 2. 5. 1782 Lenhausen, Kreis Meschede – 16. 10. 1862 Hamm, Westfalen. Studium der Medizin in Würzburg, Bamberg und Heidelberg. 1810 Promotion zum Doktor der Medizin mit einer Dissertation, die vom Großherzog von Baden mit einer Goldmedaille ausgezeichnet wurde. 1811 Habilitation in Heidelberg und drei Semester Privatdozent. Aufenthalt als Arzt in Paris. Bewerbungen auf Professuren in Deutschland scheiterten, 1814 Privatdozent in Göttingen, 1815/16 Stabsarzt in Münster, Westfalen, und 1816–18 Privatdozent an der dortigen Universität. Nach deren Auflösung 1818 Lehrer an der dortigen Medizinisch-Chirurgischen Lehranstalt mit dem Titel Professor. Externes Mitglied des Berliner Cultur-Vereins, dessen Akkulturationspläne Haindorf in dem von ihm mitinitiierten »Verein zur Beförderung von Handwerken unter den Juden und zur Errichtung einer Schulanstalt« im Sinne einer kulturellen Angleichung bei Beibehaltung einer eigenen jüdischen kulturellen Identität umzusetzen versuchte (→Marks-Haindorf-Stiftung). 1831 Mitbegründer des Westfälischen Kunstvereins und Sammler bedeutender Tafelbilder der mittelalterlichen Kunst Westfalens. Neben seiner Tätigkeit als Arzt bis zu seinem Tod Lehrer und Leiter seiner Anstalt, für die er jährlich Berichte verfaßte, in denen er seine pädagogischen Ansichten publizierte, so u. a. zur Geschichtsdidaktik, Ganzheitsmethode und Charakterlehre.

L A. Herzig, Alexander Haindorfs Bedeutung für die Pädagogik Westfalens, in: Westfälische Forschungen 23, 1971. – H.-J. Schoeps, Alexander Haindorf, in: Westfälische Lebensbilder 11, 1975.
(AH)

Hakafa (hebräisch »Umzug, Umrundung«, Plural Hakafot). Am Fest von →Sukkot wird nach dem Mussafgebet und der Aushebung der Torarolle eine Prozession innerhalb der Synagoge abgehalten. Dabei werden ein Feststrauß (Lulaw und Etrog) getragen und »Hoschanot« (Hosianna) gesungen. Dies geschieht, um symbolisch der Umzüge um den Altar, als der Tempel noch stand, zu gedenken. Weitere Hakafot finden an →Simchat Tora statt. (RED)

Halacha (hebräisch »Gehen, Wandeln«), allgemeiner Begriff, der das gesamte »gesetzliche« System des Judentums umfaßt. Die Halacha umfaßt die Ge- und Verbote der mündlichen und schriftlichen Überlieferung und war geschichtlichem Wandel unterworfen. Die Halacha beschreibt den Lebensinhalt und die Lebensführung, eine Trennung zwischen Säkularem und Religiösem existiert nicht. Ursprünglich bezeichnete Halacha ein bestimmtes Gesetz oder eine Entscheidung, wie z. B. in dem Ausdruck »Dies ist eine Halacha dem Mose (gegeben) am Sinai« deutlich wird. Die Halacha besteht aus verschiedenen Komponenten; manche sind sinaitischen und manche rabbinischen Ursprungs. Die Verbindlichkeit einer halachischen Anweisung hängt von verschiedenen Kriterien ab. Von maßgeblicher Bedeutung ist der Nachweis einer langen Tradition und die Berufung auf eine anerkannte Autorität. Unter gewissen Umständen kann ein Brauch (→Minhag), wenn er einer bestimmten Halacha widerspricht, diese ersetzen. Die Begründung einer halachischen Anweisung ist auch durch den Schriftbeweis möglich, doch reicht dieser, weil er grundsätzlich als widerlegbar gilt, ohne die anderen Kriterien nicht aus. Bei umstrittenen Halachot gilt der Mehrheitsbeschluß. Bedeutende Sammlungen der Halacha sind in rabbinischer Zeit die →Mischna, die →Tossefta, die halachische Midraschim (→Midrasch) und der babylonische und palästinische →Talmud sowie in nachtalmudischer Zeit vor allem die »Mischne Tora« von →Mose ben Maimon und der →Schulchan Aruch von J. →Karo. (RED)

Halberstadt. Auf Veranlassung des Bischofs, der die Stadtherrschaft ausübte und auch das Judenregal innehatte, erteilte der Rat 1261 ein Schutzprivileg; 1364 geschlossene Judensiedlung erwähnt; Pogrome nach 1348 nicht nachweisbar; stark wechselnde Politik der Fürstbischöfe gegenüber den Juden im 15./16. Jahrhundert. Die Judenschaft wurde durch bedeutende Schtadlanim (→Vorgänger) wie Jacob ben Israel Naphtali oder B. →Lehmann vertreten. Durch den Frieden von Münster und Osnabrück fiel das Bistum Halberstadt an den Großen Kurfürsten, der gegen den Widerstand der Stände 1652 elf jüdische Familien in Halberstadt vergeleitete. Die Stände setzten jedoch das Synagogenverbot durch und ließen 1669 die Synagoge zerstören. Erst 1712 erfolgte unter B. Lehmann der Bau einer neuen Synagoge im Barockstil, die 1938 in der Reichspogromnacht zerstört wurde. In den 1720er Jahren wurde Halberstadt mit über 200 Familien zu einem bedeutenden jüdischen Zentrum in Deutschland, wozu das durch B. Lehmann 1703 errichtete Haus für talmudische Studien (»Klaus«) beitrug. 1807 fiel Halberstadt an das Königreich →Westfalen. Der Präsident des jüdischen Konsistoriums in Westfalen, I. →Jacobson versuchte erfolglos, die Gemeinde für die Reform zu gewinnen. Im 19./20. Jahrhundert war Halberstadt ein Zentrum der Orthodoxie. Sowohl der →Bund gesetzestreuer jüdischer Gemeinden Deutschlands als auch der →Preußische Landesverband jüdischer Gemeinden hatten hier ihren Sitz. Von Halberstadt aus bekämpfte E. →Hildesheimer als Gemeindesekretär (1845–51) 1849 mit der Schrift »Die Verwaltung der jüdischen Gemeinde in Halberstadt« die Reformversuche L. →Philippsons. Von 1862–72 wirkte in Halberstadt Benjamin Hirsch Auerbach (1808–72) als Rabbiner, der 1866 mit seiner »Geschichte der israelitischen Gemeinde in Halberstadt« eine der bedeutendsten Gemeindegeschichten des 19. Jahrhunderts schrieb und wichtige Beiträge zum rabbinischen Schrifttum lieferte. Nach dem Pogrom 1938 konnte das Gemeindeleben nur im jüdischen Altersheim aufrechterhalten werden, bis 1942 die noch 186 Verbliebenen in die Ghettos von Warschau und Theresienstadt deportiert wurden. Von ihnen kehrte keiner zurück. Nach 1945 entstand keine neue Gemeinde in Halberstadt. 1995 wurde in Halberstadt die Moses Mendelssohn Akademie gegründet, die Wissen zur jüdischen Geschichte, Religion und Kultur vermittelt (→Mendelssohn Zentrum).

L H. B. Auerbach, Die Halberstädter Gemeinde 1844 bis zu ihrem Ende, in: Bulletin Leo Baeck Institute 10, 1968. (AH)

Halbwachs, Maurice, Soziologe und Sozialpsychologe, 11.3.1877 Reims – 16.3.1945 KZ Buchenwald, Schüler von E. →Durkheim, studierte an der École Normale Supérieure, war Lehrer an verschiedenen Gymnasien, habilitierte sich 1909 und wurde 1918 Professor in Caen, 1919 in Straßburg, ab 1935 an der Sorbonne. Wenige Monate vor seiner Deportation 1944 wurde Halbwachs als Professor für Sozialpsychologie an das Collège de France berufen. Abgesehen von methodologischen Fragen befaßte sich Halbwachs vordringlich mit den soziologischen Problemen des Lebensstandards und der Entwicklung der Bedürfnisse (»La classe ouvrière et le niveau de vie«, 1913). In seiner Studie »Morphologie sociale« (1938) zeigt Halbwachs Bedingungen, Beziehungen und Verhältnisse, unter denen soziale Gruppen Gestalt und Veränderungen erfahren sowie sich darzustellen vermögen. Einflußreiche Werke seines reichhaltigen Schaffens sind die Schriften zur Kollektivpsychologie: »Les cadres sociaux de la mémoire« (1925, deutsch 1966) und »La Mémoire collective« (1950, deutsch 1967), in denen er, Individual- und Kollektivgedächtnis einander gegenüberstellend, davon ausgeht, daß soziales Bewußtsein, Bedürfnisse und Verhalten ihren Ursprung nicht nur im gesellschaftlichen Leben, sondern auch im (Kollektiv-) Gedächtnis haben. (AS)

Halévy, Jacques Fromental Elie (eigentlich Elias Lévy), französischer Komponist, 27.5.1799 Paris – 17.3.1862 Nizza. Schrieb über 20 Opern, gehörte zu den Vertretern der »grande opéra« im 19. Jahrhundert, eine Reputation, die durch die Erfolge seines Glaubensgenossen G. →Meyerbeer überdeckt wurde. Abgesehen von der Komposition des hebräischen Textes des »De profundis« liegen von Halévy zwei Opern vor, in denen jüdische Themen behandelt werden: das Hauptwerk »La Juive« (1835) und »Le juif errant« (1852). Die Oper »Die Jüdin« folgt einer von Eugène Scribe verfaßten tragischen mittelalterlichen Geschichte, in der Christen und

Juden unversöhnbar gegenübergestellt werden. Halévy zeigt sich als Meister der musikalischen Charakterisierung in Verbindung mit der Fähigkeit des Schaffens vollendeter Instrumentation, harmonischer Strukturen sowie lyrischer Reichhaltigkeit. Bis in den Anfang des 20. Jahrhunderts wurde das Werk weltweit mit Begeisterung aufgenommen; heutzutage wird es nur noch selten aufgeführt, vermutlich weil sein Thema, der Religionshaß, von Tabus überlagert ist. Im Pariser Musikleben spielte Halévy nicht nur als Komponist, sondern auch als Lehrer und in späteren Jahren als Mitglied und Sekretär der Französischen Akademie eine einflußreiche Rolle. Zu seinen Schülern zählten bekannte Komponisten wie Gounod, Saint-Saëns, Bizet und →Offenbach. (AS)

Halewi, Jehuda ben Samuel, Dichter, Philosoph und Arzt, vor 1075 Toledo – 1141 Ägypten. Halewi gilt als der bedeutendste hebräische Dichter des Mittelalters. Jung zog er in die Zentren der arabischen und der jüdischen Kultur Andalusiens, wo sein dichterisches Talent bald Anerkennung fand. Nach vorübergehender Tätigkeit als Arzt in Toledo genoß er im Kreis seiner Freunde, u. a. →Josef ben Jakob ibn Zaddik und →Abraham ben Meir ibn Esra, wachsenden Dichter- und Gelehrtenruhm. Um 1140 folgte Halewi seiner Zionssehnsucht und brach zu einer Palästinareise auf. Sein Ziel hat er aber nicht mehr erreicht. Unter den etwa 800 erhaltenen weltlichen und religiösen Gedichten sind alle zeitgenössischen Gattungen, Formen und Motive vertreten. In den weltlichen Gedichten hält sich Halewi meist an die Konventionen der arabischen Poetik und besingt stereotyp u. a. Wein, Minne und Weltschmerz. In seinen liturgischen Dichtungen löst er sich aber vom arabischen Metrum und schafft eine eigene, am Hebräischen orientierte dichterische Sprache. Das berühmteste Gedicht, »Zion ha-lo tischali« (»Zion, nicht fragst du den Deinen nach, die Joch tragen«, deutsch von F. →Rosenzweig), ist in die Liturgie des 9. Aw, die an die Zerstörung des Tempels erinnert, aufgenommen worden. Das philosophische Hauptwerk Halewis, das arabische »Buch zur Begründung und des Beweises zur Verteidigung der unterdrückten Religion«, ist in den Jahren 1130–40 entstanden. 1170 wurde es von Jehuda ibn Tibbon ins Hebräische übersetzt und nach der fiktiven Rahmenhandlung »Buch Kusari« genannt. Es ist ein Dialog zwischen einem Chasarenfürsten, der nach einer wahren Lebensregel sucht, und einem Philosophen sowie einem muslimischen, einem christlichen und einem jüdischen Gelehrten. Im Gegensatz zum arabischen und jüdischen →Aristotelismus und im Anschluß an den muslimischen Theologen Al Ghasali (1059–1111) stellte Halewi das Judentum weniger als eine »natürliche« Vernunftreligion denn als positive Geschichtsreligion dar. Er hob die hingebungsvolle, affektive Beziehung Israels zum Gott der Väter von der kühlen, kognitiven Beziehung der Philosophen zur Gottesidee ab und prägte die klassische Antithese vom Gott der Philosophen und vom Gott der Väter. Die Religionsphilosophie Halewis mit ihrer Betonung der affektiven und kollektiven Werte des Judentums wurde von den Traditionalisten stets als Gegenstück zur rationalistischen Philosophie des →Mose ben Maimon geschätzt. In der Gegenwart hat vor allem A. J. →Heschel auf Halewi zurückgegriffen.

[L] J. Halewi, Diwan, herausgegeben und kommentiert von H. Brody, 4 Bände, 1901–03. – Auswahl mit englischer Übersetzung, ders., New York 1924. – Zweiundneunzig Hymnen und Gedichte, übersetzt von F. Rosenzweig, 1916. – Jehuda Halewi, Der Kusari, deutsch von H. Cassel, Nachdruck, Zürich 1990. – H. A. Wolfson, Studies in the History of Philosophy and Religion, 2 Bände, Cambridge (Massachusetts) 1973–77. (DK)

Halle. Bereits 1184 ist eine jüdische Siedlung an der Saale urkundlich bezeugt. Die durch die Pest (1349) ausgelösten Vertreibungen führten zur Auflösung der Gemeinde. Kurzzeitige Ansiedlungen wurden durch die allgemeine Vertreibung von 1458 zunichte gemacht. Von 1692 an bestand wieder eine jüdische Gemeinde in Halle, auch erste jüdische Studenten an der Universität sind nachweisbar. Von den etwa 194 000 Einwohnern des Jahres 1925 waren 1236 Juden. Nach der Deportation und der Ermordung der Juden unter der NS-Herrschaft lebten 1946 in Halle 66 jüdische Bürger. 1990 hatte die jüdische Gemeinde nur noch ein Dutzend Mitglieder, wuchs aber seither durch Zuwanderung. (LM)

Hallel (»Lobet den Namen des Herrn«), Bezeichnung für die liturgische Verwendung der Psalmen 113 bis 118. Die Rezitation des Hallel wird bereits in Esr 3,11 (»und sie stimmten den Lobpreis an«) erwähnt. Das Hallel wird an den großen Feiertagen mit Ausnahme von Neujahr und Versöhnungstag rezitiert; an Rosch Chodesch (Monatsanfang) wird Hallel ohne die Psalmen 115 und 116 rezitiert, das »kleine Hallel«. Die Psalmen 115 und 116 handeln von Gottes Wundern beim Auszug aus Ägypten; sie werden auch als »Hallel Mizri« (ägyptisches Hallel) bezeichnet und am Sederabend rezitiert. Die ansprechende Melodie ist sehr beliebt und wird meist vom Vorbeter und von den Betenden in der Synagoge gemeinsam gesungen. Als »Hallel-Gebet« gilt auch der Psalm 136 »Danket dem Herrn, denn er ist freundlich« (»Großes Hallel«). Dieses Gebet wird im Morgengebet für den Sabbat und die Feiertage gesprochen. (RED)

Haman →Purim

Hamburg. Früheste nachweisbare Niederlassung von Juden 1575, als Sephardim, die aber als Katholiken galten, das Wohnrecht erhielten. Als sie sich zum Judentum bekannten, verlangte die Bürgerschaft ihre Ausweisung, was der Senat jedoch in Anbetracht der wirtschaftlichen Bedeutung dieser Gruppe verhinderte. 1612 Vertrag mit dem Senat, der ihnen gegen Zahlung von jährlich 1000 Mark das Niederlassungs- und Aufenthaltsrecht zugestand. Gottesdienstliche Versammlungen und die Beschneidung blieben verboten, sie durften jedoch den 1611 in Altona errichteten jüdischen Friedhof benutzen. Aufgrund der Heraufsetzung der jährlichen Abgabe auf 6000 Mark im 17. Jahrhundert wanderten viele vermögende Juden nach Amsterdam ab. Neben den Sephardim ließen sich im 17. Jahrhundert auch Aschkenasim in Hamburg nieder (1627), die, wie →Glückel von Hameln bezeugt, des öfteren ausgewiesen wurden. Erst das 1710 vom Kaiser bestätigte »Reglement der Judenschaft in Hamburg so Portugiesisch als Hochteutscher Nation« garantierte bis 1933 eine kontinuierliche Entwicklung. Entscheidend am Wirtschaftsleben Hamburgs beteiligt (Schiffbau, Reederei, Tabakverarbeitung, Zuckersiederei, vor allem Bankwesen), bildeten die Sephardim die Oberschicht der Hamburger Juden, stellten Ärzte und sogar Diplomaten (D. und M. de →Teixeira). Trotz abnehmender Zahl und des Verlusts ihrer wirtschaftlichen Bedeutung im 18. und 19. Jahrhundert bildeten die Sephardim bis 1942 eine eigene Gemeinde. Die Aschkenasim erreichten erst im 19. Jahrhundert ihre Blütezeit. Mit Bildung des →Neuen Israelitischen Tempelvereins öffneten sich Hamburgs Juden den Reformbestrebungen. Soziale Differenzierung im 18. Jahrhundert; Teilnahme am binnendeutschen Fernhandel mit Gold, Juwelen, Tabak und Wolle bis hin zum Wechselgeschäft, Klein-, Straßen- und Hausierhandel. Unter der Napoleonischen Herrschaft (1811–14) war etwa die Hälfte der Juden verarmt. Während dieser Phase kurzfristige Gleichstellung mit den christlichen Einwohnern, auf dem Wiener Kongreß wieder rückgängig gemacht. Nach Auflösung der Dreigemeinde (seit 1697, Hamburg-Altona-Wandsbek) 1812 durch Napoleon Bildung der »Deutsch-Israelitischen Gemeinde«, der größten in Deutschland, die alle divergierenden Richtungen bis zur Auflösung 1942 umfaßte. Die Gemeinden →Altona, →Wandsbek, später auch Harburg blieben bis zur Bildung von Groß-Hamburg 1937 selbständig. 1805 Gründung der orthodoxen →Talmud-Tora-Schule, 1815 der reformierten →Israelitischen Freischule. Trotz der bis 1860 verzögerten Gleichstellung durch die Hamburger Verfassung wirkten während der Revolution 1848/49 u. a. G. →Riesser und A. →Rée an der politischen Neugestaltung mit. Im 20. Jahrhundert kennzeichneten starke Säkularisierungstendenzen die innerjüdische Entwicklung in Hamburg. Von etwa 20 000 Juden, die 1927 hier lebten, waren nur 8000 Mitglieder der Deutsch-Israelitischen Gemeinde, 1928 lag der Anteil der gemischten Ehen bei 33 Prozent. Daneben starke Rejudaisierungstendenzen vor allem durch den letzten Hamburger Oberrabbiner J. →Carlebach. Als soziale Gruppe kennzeichnete die jüdische Minderheit in Hamburg eine überdurchschnittliche Schulbildung, ein höheres Durchschnittseinkommen und eine unterdurchschnittliche Geburtenrate. Der Verfolgung und Deportation (seit 1941) der nationalsozialistischen Zeit fielen bis 1943 über 7000 Hamburger Juden zum Opfer. Von den öffentlichen Synagogen blieb in der Pogromnacht 1938 nur die ehemalige portugiesische Synagoge unversehrt; dort hatte es bereits am 18. 3. 1931 eine Schändung gegeben. Etwa 10 000 jüdische Einwohner aus Hamburg, Altona, Wandsbek und Harburg emigrierten. 1945 Neubildung der jüdischen Gemeinde; 1960 wurde der Neubau einer Synagoge mit Gemeindezentrum geweiht. 1979 zählte die Gemeinde etwa 1300 Mitglieder; 1997 aufgrund der jüdischen Zuwanderer aus der GUS rund 3500.

🄻 P. Freimark (Hrsg.), Juden in Preußen – Juden in Hamburg, 1983. – A. Herzig (Hrsg.), Die Juden in Hamburg (1590 bis 1990), 1991. – H. Krohn, Die Juden in Hamburg. Die politische, soziale und kulturelle Entwicklung einer jüdischen Großstadtgemeinde nach der Emanzipation

(1848–1918), 1979. – I. Lorenz, Die Juden in Hamburg z. Z. der Weimarer Republik, 2 Bände, 1987. – G. Marwedel, Geschichte der Juden in Hamburg, Altona und Wandsbek, 1982. – M. Zimmermann, Hamburg. Patriotismus und deutscher Nationalismus. Die Emanzipation der Juden in Hamburg 1830–65, 1979. (AH)

Hamburger, 1. Ernst, Historiker und Politiker, 30. 12. 1890 Berlin – 2. 4. 1980 New York. Studium der Geschichte, Promotion in Berlin 1918, Tätigkeit im preußischen Innenministerium und 1925–33 SPD-Abgeordneter für Breslau im Preußischen Landtag, 1933 Emigration nach Frankreich, 1940 in die Vereinigten Staaten, wo er in New York an der New School for Social Research lehrte. 1948–55 war er Geschäftsführer der Abteilung für Menschenrechte bei den Vereinten Nationen, seit 1956 im Vorstand des →Leo-Baeck-Instituts. Werk: »Juden im öffentlichen Leben Deutschlands« (1968). (JS)

2. Käte, Literaturwissenschaftlerin, 21. 9. 1896 Hamburg. Studium der Literaturwissenschaft. 1934 Emigration nach Schweden. 1956 zurückgekehrt. 1959 Professorin für Germanistik. Grundlegende Arbeiten zu Fragen der Literaturinterpretation sowie zahlreiche Monographien u. a. zu Thomas Mann, Novalis, Jean Paul, Schiller, Rilke, Tolstoj. Lebt in Stuttgart. (RED)

Hame'assef (hebräisch »Sammler«), 1784 von dem Kantschüler Isaac Euchel und Mendel Bresselau in Königsberg gegründete hebräischsprachige Zeitschrift. Ziel war die Pflege der hebräischen Sprache und die Einführung hebräischer Leser in die Weltliteratur. Der Mitarbeiterkreis umfaßte Schriftsteller aller Länder, die hebräische Dichtungen, aber auch Übersetzungen aus der deutschen und der Weltliteratur beisteuerten. Nach zehn Jahrgängen wurde der Hame'assef 1797 eingestellt, erschien aber von 1809–11 erneut unter dem Titel »Neuer Hame'assef«. Da unter den Juden in Deutschland die Hebräischkenntnisse immer mehr zurückgingen, verlegte der Redakteur Schalom Cohen die Herausgabe des »Neuen Hame'assef« nach Wien, wo er nun unter dem Namen »Bikkure Ha'ittim« (Erstlinge der Zeiten) von den Juden in Galizien rezipiert wurde. Die Zeitschrift gilt als Wegbereiter der →Haskala in Osteuropa und der modernen hebräischen Literatur. (AH)

Handauflegung →Semicha

Handel. Der Übergang der Juden vorwiegend zum Handel in der Spätantike ist auf rechtliche Einschränkungen zurückzuführen, die sie aus den grundbesitzenden Schichten verdrängten. Dabei erleichterte die Diaspora Geschäftsverbindungen über weite Entfernungen. Mit dem Vordringen des Islam fielen auch die syrischen Konkurrenten im Orienthandel aus. Im 9. Jahrhundert beschreibt eine arabische Quelle die Handelswege jüdischer Kaufleute, der →Radaniten, zwischen Orient und Abendland. Im 10. Jahrhundert deutet die in deutschen Urkunden häufig auftretende Formel »die Juden und die übrigen Kaufleute« auf eine dominierende Rolle der Juden im Fernhandel hin. Die Juden handelten mit Sklaven, Gewürzen, Luxuswaren, Pelzen, Erzeugnissen aus Edelmetallen usw. Seit dem 11. Jahrhundert schwächte das Aufkommen der italienischen Handelszentren und die Urbanisierung mit Kaufleutegilden und Zünften den jüdischen Fernhandel, der sich allmählich zur Iberischen Halbinsel und nach Polen verlagerte. In Mitteleuropa reduzierte sich der jüdische Handel im Spätmittelalter auf Trödel- und Hausierhandel. Nach der Vertreibung aus den Städten verlegten sich die Juden in Deutschland weithin auf den Viehhandel und die Versorgung der Landbewohner. Die →Sephardim (Marranen) hielten auch nach der Vertreibung vor allem von Amsterdam und Hamburg aus einen erheblichen Anteil am Überseehandel. Seit dem 18. Jahrhundert regenerierte sich allmählich der jüdische Markthandel (Messen).
L W. Sombart, Die Juden und das Wirtschaftsleben, 1907. (FL)

Handschriften →Buch- und Druckwesen

Handwerk →Berufe

Hanna, Mutter des Propheten Samuel. In 1 Sam 1 und 2 wird geschildert, wie Hanna, eine kinderlose Frau, Gott um einen Sohn bittet und verspricht, diesen Sohn »dem Herrn [zu] geben sein Leben lang und soll kein Schermesser auf sein Haupt kommen«. Als Hanna einen Sohn gebar, nannte sie ihn Samuel, eine Zusammenfassung der Wörter »Gott hat mich erhört«. Die Bitte ging in Erfüllung. Als Sinnbild von Gottesfurcht, Glaube und Mütterlichkeit wird Hanna in der →Aggada als eine der Prophetinnen verehrt. (RED)

Hannover, Königreich und Stadt. Die Altstadt von Hannover durften Juden seit 1588 bis Anfang des 19. Jahrhunderts nicht betreten. In der Neustadt wurde ihnen durch Schutzbriefe der von den welfischen Fürsten direkt verwalteten Neustadt die Ansiedlung seit 1608 erlaubt. Ein Edikt aus dem Jahr 1687 gestattete freie Religionsausübung und die Einrichtung eines Landesrabbinats. 1689 lebten rund 50, um 1700 200–300 Juden in der Neustadt. Die Bedeutung der Gemeinde wuchs mit dem zunehmenden Einfluß jüdischer Kauf- und Finanzleute, die als Hofjuden für den Kurfürsten von Hannover tätig waren; ihr bedeutendster Vertreter war L. →Behrens. Nachdem im 18. Jahrhundert die Stellung der Juden durch zahlreiche Sondergesetze geregelt und ihnen während der Zugehörigkeit zum Königreich Westfalen (1810–13) und der französischen Besatzung die bürgerliche Gleichberechtigung gewährt worden war, wurden mit der Proklamation Hannovers zum selbständigen Königreich im Jahr 1815 die alten diskriminierenden Verordnungen wieder eingeführt. Als einer der letzten deutschen Staaten unternahm Hannover erst seit 1842 Schritte in Richtung auf eine volle Gleichberechtigung; politische Rechte, die Übernahme von Staats- und Gemeindeämtern sowie der Erwerb von Grundeigentum blieben der jüdischen Bevölkerung weiterhin verwehrt; 1848 Einrichtung einer jüdischen Lehrerbildungsanstalt. Nach der Annexion des Königreichs durch →Preußen 1866 erfolgte die volle Emanzipation der Juden. Seit der Aufhebung des Niederlassungsverbots für Juden in der Stadt Hannover und dem seit dem Ende des 19. Jahrhunderts erfolgenden Ausbau zu einer modernen Großgemeinde stieg die Zahl der jüdischen Einwohner von 668 (1852) auf 5521 (1925); dieser Zuwachs hing auch mit der Niederlassung zahlreicher Ostjuden zusammen, die 1929 25 Prozent der Gemeindemitglieder ausmachten. In den 20er Jahren kam es wiederholt zu antisemitischen Ausschreitungen u. a. zur Rufmordkampagne gegen T. →Lessing. 1921 lebten 73 Prozent der jüdischen Einwohner Hannovers in der Stadt und nicht mehr auf dem Land. Der letzte Rabbiner in Hannover war bis 1938/39 Samuel Freund. Zwischen Dezember 1941 und 1945 wurden bei acht Transporten 2400 Juden in die KZs Riga und Theresienstadt und in das Warschauer Ghetto deportiert. Nach dem Krieg Neugründung der Gemeinde; 1959 wurde der »Landesverband Jüdischer Gemeinden in Niedersachsen« eingetragener Verein. Im Jahr 1963 wurde die neue Synagoge mit Gemeindezentrum eingeweiht; 1989 hatte die Gemeinde 380 Mitglieder; 1997 aufgrund der jüdischen Zuwanderer aus der GUS rund 2700.

🄻 A. Löb, Die Rechtsverhältnisse der Juden im ehemaligen Königreich und der jetzigen Provinz Hannover, 1908. (JÖD)

Hannover, Rafael Levi, Mathematiker und Astronom, 1685 Weikersheim, Franken – 18. 5. 1779 Hannover. Nach dem Besuch der Talmudschule in Frankfurt verlegte Hannover seinen Wohnsitz um 1700 nach Hannover und arbeitete als Buchhalter im Bankhaus von Simon Wolf Oppenheimer; 1706–12 Schüler und Sekretär im Hause des Philosophen G. W. Leibniz; anschließend Lehrer für Mathematik, Astronomie und Naturphilosophie. Hannover war Verfasser von hebräischen Kalendertafeln zur Berechnung der jüdischen Feiertage und von Studien zur Astronomie und zum jüdischen Kalender. (JÖD)

Hanoar Haoved Vehalomed (hebräisch »Arbeitende und studierende Jugend«), 1959 aus dem Zusammenschluß von Vorgängerorganisationen entstandener Jugendverband der →Histadrut. Zahlreiche Sektionen umfassen Einrichtungen für Kultur, Bildung und Freizeitaktivitäten für Schüler, Lehrlinge, Berufsanfänger, Studenten, Soldaten (Nachal) und Jugendliche aus →Kibbuzim sowie →Moschavim. (DB/MW)

Hanoar Hazioni, 1931 in Polen gegründete, internationale zionistische Jugendorganisation, die sich dem Ideal der →Chaluziut verschrieb, besonders der Gründung von →Kibbuzim und dem Dienst in der →Hagana und der →Palmach. In Israel mit der →Unabhängigen Liberalen Partei verbunden, unterhält Hanoar Hazioni fünf Kibbuzim und Jugenddörfer mit akademischen und berufsorientierten Ausbildungsprogrammen. (DB/MW)

Hanukka →Chanukka

Haolam Haze (hebräisch: »Diese Welt«), von U. Avnery herausgegebene Wochenzeitschrift und zugleich Name der 1965 von Avnery in Israel gegründeten politischen Einmannpartei. Avnerys Ansicht nach sollte sich Israel weniger um die Juden der Welt und mehr um seine »semitische Umwelt« kümmern. Er gehört zu den bekanntesten »Tauben« des Landes. 1972/73 wurde die Partei um die Kommunistische Opposition (ein Rest der →Kommunistischen Partei Israels), →Siah und einige Friedensgruppen erweitert, blieb aber dennoch unter der Ein-Prozent-Hürde und erhielt keinen Knessetsitz. 1977 beteiligte sich die Avnery-Gruppe an der Gründung der Schelli-Partei. Haolam Haze erzielte in den Wahlen zur Knesset folgende Ergebnisse:

1965	1,2%	der Stimmen	1 Mandat
1969	1,2%	der Stimmen	2 Mandate
1973	0,7%	der Stimmen	0 Mandate

Ⓛ D. Schnall, Radical Dissent in Contemporary Israeli Politics, 1979. – M. Wolffsohn, Politik in Israel, 1983. (DB/MW)

Haoved Hazioni → Alija Chadascha

Hapoel Hamisrachi (hebräisch für »Arbeiter-Misrachi«), eine 1921/22 aus der → Misrachi-Bewegung entstandene, selbständige Organisation und später politische Partei, die sich dem Ideal Tora Vaavoda, d.h. Tora und Arbeit, verschrieb. Hapoel Hamisrachi versuchte, die zionistischen Pionier-Ideale der Chaluziut im religiösen Rahmen zu verwirklichen und gründete über 60 Moschavim und 10 Kibbuzim, Hunderte von Synagogen und Zentren für religiöse Jugendliche sowie eine eigene Bank, Baufirma und andere Wirtschaftsunternehmen. Nach der Staatsgründung stellten Hapoel Hamisrachi und Misrachi eine gemeinsame Liste bei den Knessetwahlen und vereinigten sich 1956 zur → Nationalreligiösen-Partei (dort Wahlergebnisse). Bis dahin hatte sich Hapoel Hamisrachi mehrfach an Regierungskoalitionen beteiligt.

Ⓛ G. Schiff, Tradition and Politics. The Religious Parties of Israel, 1977. – M. Wolffsohn/D. Bokovoy, Israel. Geschichte, Politik, Gesellschaft, Wirtschaft, [5]1996. (DB/MW)

Hapoel Hazair (»Der junge Arbeiter«), zionistisch-volkssozialistische Partei. Als jüdisch-sozialistische, nicht-marxistische Arbeiterpartei wurde Hapoel Hazair 1906 in Palästina gegründet. Der Hapoel Hazair wollte den durch die Bedingungen der Diaspora von der Landarbeit entfremdeten jüdischen Arbeiter als Bauern in Palästina ansiedeln, um ihn durch diese »Eroberung der Arbeit« moralisch und geistig zu erneuern und im Land zu verwurzeln (→ Kibbuz). Die Bewegung kämpfte für die Hebraisierung des jüdischen Lebens in Palästina. Seit 1920 bildete die Partei einen Bestandteil des sozialistisch-zionistischen Weltverbands → Histadrut, der unter ihrem Einfluß entstanden war. Nach dem Vorbild der palästinischen Partei war die Bewegung seit Oktober 1917 in Deutschland tätig. Zu dieser Aktivität gehörten u.a. die Förderung einer starken Chaluzbewegung (→ Chaluz), die Gründung sozialer Institutionen (Volksheime, Kinderheime, Beratungsstellen) und die Erziehung der Juden im nationalen und sozialen Sinn. Zu den führenden Mitgliedern des Hapoel Hazair in Deutschland gehörten V. C. → Arlosoroff, R. → Weltsch, G. → Landauer und für kurze Zeit auch K. → Blumenfeld. Der Hapoel Hazair übte einen starken Einfluß auf das geistige Leben des deutschen Zionismus aus. (LH)

Hapoel-Spiele, von der Israelischen Sportorganisation für den Arbeitersport in Tel Aviv jährlich durchgeführte Sportwettkämpfe in verschiedenen Sportarten. (DB/MW)

Harden, Maximilian (eigentlich Felix Ernst Witkowski), Publizist und Schriftsteller, 20.10.1861 Berlin – 30.10.1927 Montana, Wallis. Harden gründete 1892 die politische Wochenschrift »Die Zukunft« und führte unter dem Pseudonym Apostata scharfe Polemiken für den gestürzten Bismarck gegen Wilhelm II. sowie dessen Berater Helmuth von Moltke und Philipp Fürst zu Eulenburg, die in drei Skandalprozessen (1907–09) gipfelten. Vor dem Ersten Weltkrieg Vertreter eines deutschen Imperialismus, wurde Harden während des Kriegs Pazifist und Gegner des Nationalismus.

Maximilian Harden; Zeichnung von Emil Orlik, 1920

Ⓛ B. U. Weller, Maximilian Harden und »Die Zukunft«, 1970. – H. F. Young, Maximilian Harden Censor Germaniae, 1971. (JS)

Hardenberg, Karl August Freiherr von, Fürst, preußischer Staatsmann, 31.5. 1750 Essenrode bei Braunschweig – 26.11. 1822 Genua. Realisierte unter allen Politikern seiner Zeit am konsequentesten die Forderung der Aufklärung nach bürgerlicher Verbesserung der Juden. Gemäß seiner Devise »Gleiche Rechte, gleiche Pflichten für die Juden« trat er bereits in seiner Funktion als Etat- und Kabinetts-Minister der preußischen Markgrafschaft Ansbach-Bayreuth für eine Integration und soziale Besserstellung der Juden dieser Provinz ein. Dabei vermied er es, die bestehenden Grundsätze der jüdischen Religion zu verletzen. Die durch die Politik Friedrichs II. verursachte soziale Not der Juden in →Preußen versuchte er als preußischer Staatskanzler (seit 1810) durch das →Emanzipationsedikt für die Juden vom 11. 3. 1812 zu beseitigen. Die staatsbürgerliche Gleichheit wurde ihnen aufgrund der beträchtlichen Widerstände in der Gesellschaft zwar nur auf wirtschaftlichem Gebiet zugestanden, Hardenberg schuf den Juden in Preußen damit jedoch die Möglichkeit des ökonomischen und sozialen Aufstiegs. Trotz seiner Versuche, nach 1815 auch in anderen deutschen Bundesstaaten, vor allem in den Hansestädten, eine liberale Verfassung für die dortigen Juden durchzusetzen, scheiterte er letztlich mit seinem Emanzipationsvorhaben auch in Preußen. Für die neuerworbenen Provinzen wurde das Emanzipationsedikt nicht übernommen, in den alten auf dem Verwaltungsweg allmählich wieder eingeschränkt.

L A. Eckstein, Hardenberg und die Frage der Judenemanzipation in den preußisch-fränkischen Fürstentümern, in: Festschrift M. Philippson, 1917. – I. Freund, Die Emanzipation der Juden in Preußen, 2 Bände, 1912. – R. Koselleck, Preußen zwischen Reform und Revolution, 1975. (AH)

Harrison Report. Am 22. 6. 1945 beauftragte der amerikanische Präsident Harry S. Truman den Dekan der juristischen Fakultät der University of Pennsylvania, Earl G. Harrison, mit der Untersuchung der Lebensbedingungen und Bedürfnisse der staatenlosen und nicht repatriierbaren →Displaced Persons (DP's) in Deutschland. Damit reagierte der Präsident auf Klagen über unmenschliche Lebensbedingungen in den DP-Lagern. Nach einer Informationsreise durch die Lager in der amerikanischen Besatzungszone lieferte Harrison am 24. 8. 1945 ein schockierendes Gutachten in Washington ab. Er beschuldigte die Armee, die Juden so zu behandeln, wie die SS es getan habe, mahnte an, daß die Überlebenden noch Häftlingskleidung oder SS-Uniform trugen, daß viele Lager mit elektrisch aufgeladenen Stacheldrahtzäunen umgeben seien. Als Konsequenz der Zusammenlegung von Juden und Nichtjuden in ein Lager, besonders mit Polen und Balten, befürchtete er tätliche Auseinandersetzungen. Seine Vorschläge an die Armee sahen daher u. a. die Errichtung von getrennten Lagern vor. Mehr Lebensmittel und Kleidung sollten zur Verfügung gestellt werden, und er empfahl, um Spannungen mit der US-Militärpolizei zu vermeiden, die Armeedisziplin nicht auf die Zivilbevölkerung anzuwenden. Er übermittelte den Wunsch der Mehrheit der Überlebenden, nach Palästina auszuwandern, und schlug den Briten vor, 100 000 Einwanderungszertifikate zur Verfügung zu stellen. Eisenhower, dem der Harrison Report in vielen Punkten übertrieben vorkam, bemühte sich aber dennoch um Abhilfe, mit der Folge, daß sich die allgemeine Situation der DP's verbesserte. Die amerikanischen Behörden erteilten den Juden den Status einer besonderen Flüchtlingsgruppe; das →American Joint Distribution Committee, als zivile Hilfsorganisation, wurde in den Lagern zugelassen und die Lebensmittelkalorienmenge wurde auf 2500 pro Person angehoben. Die UNRRA (UN-Organisation zur Verwaltung der Flüchtlingsfrage, 1943 gegründet) wurde angehalten, das deutsche Wachpersonal durch Juden zu ersetzen. Großbritannien schloß sich den Vorschlägen des Harrison Reports nicht an und bestand auf der Beibehaltung der im Weißbuch fixierten Einwanderungsquote von 1500 Juden im Monat. (CK)

Hartmann, Moritz, Schriftsteller und Politiker, 15. 10. 1821 Duschnik, Böhmen – 13. 5. 1872 Oberdöbling bei Wien. Aufgewachsen in tschechischer Umgebung, besuchte Hartmann das Piaristengymnasium in Jungbunzlau, dessen antijüdische Atmosphäre er nur durch die Nähe des verehrten orthodoxen, aber undogmatischen Großvaters ertrug. 1838 Immatrikulation an der Prager Universität, erste Gedichte in »Ost und West«. 1840 in Wien, wo L. A. Frankl Hartmanns Gedichte und Prosa veröffentlichte; 1844 in Leipzig, wo der Lyrikband »Kelch und Schwert« 1845 erschien, der von einem deutsch-böhmischen Landespatriotismus getragen ist. Als anerkannter Dichter und Politiker (1848 Wahl in die Nationalversammlung, 1849 Flucht in die Schweiz) verfocht Hartmann großdeutsche Ideen (»Reimchronik des Pfaffen Maurizius« 1849). (MP)

Haschomer Hazair (hebräisch »junger Wächter«), 1913 in Galizien und Rußland gegründete, später internationale links-sozialistische, zionistische Jugendorganisation. Zunächst von den Pfadfinder- und Wanderbewegungen beeinflußt, gründete sie in Palästina zahlreiche Kibbuzim und wurde allmählich zur politischen Partei, eine Vorläuferorganisation der 1948 gebildeten →Mapam. Sie war vor 1948 bei der →Hagana – besonders in der →Palmach – und in der »illegalen« Einwanderung stark engagiert.

🄻 P. Merhav, Die israelische Linke. Zionismus und Arbeiterbewegung in der Geschichte Israels, 1972. – M. Wolffsohn, Politik in Israel, 1983. (DB/MW)

Haskalah, hebräischer Begriff für Aufklärung, begann in den 70er Jahren des 18. Jahrhunderts in →Deutschland und endete in den 80er Jahren des 19. Jahrhunderts in →Rußland. Die Anhänger der Haskalah nennt man Maskilim (Einzahl →Maskil). Die Haskalah hatte ihre Wurzeln sowohl in der allgemeinen europäischen Aufklärung als auch im jüdischen Rationalismus des Mittelalters. Wie →Maimonides setzten sich die Maskilim für das Studium der säkularen Wissenschaften neben dem Studium der →Thora ein und stießen dabei auf den Widerstand der →Orthodoxie. Die Bildung der jüdischen Jugend war ein Hauptziel der Haskalah und sollte den Einfluß der →Rabbiner schmälern. Die Bildungspolitik stellte einen ständigen Streitpunkt zwischen Maskilim und Traditionalisten dar. Ein wichtiges Anliegen der Haskalah war es, die Juden mit den Landessitten und -gebräuchen und der Landessprache bekannt zu machen und somit zu helfen, die Juden aus dem →Ghetto die befreien. Seit Mitte des 18. Jahrhunderts erlebte das Judentum in →Preußen einen starken wirtschaftlichen Aufschwung, was zu einer Differenzierung innerhalb der jüdischen Gemeinschaft führte. Das aufstrebende deutsche Bürgertum nahm erstmals neben den wirtschaftlichen auch persönliche Kontakte zu einzelnen, meist wohlhabenden Juden auf, was durch staatliche Reformen unterstützt wurde. Damit bot sich erstmalig die Möglichkeit für die Juden, die Grenzen des Ghettos zu überwinden. Moses →Mendelssohn wurde durch seine Persönlichkeit und seine Werke für viele Generationen das Vorbild der Juden in Mittel- und Osteuropa. Mit seiner Übersetzung der →hebräischen Bibel ins Deutsche und seinen grammatischen Kommentaren (Bi'ur) verstärkte er unwillentlich die assimilatorischen Tendenzen im deutschen Judentum und gab den Juden zudem einen Anreiz zum Erlernen der deutschen Sprache. Dagegen erhob sich der Protest der Traditionalisten im Judentum. Moses Mendelssohn, der die jüdische Tradition bejahte, versuchte jede Konfrontation mit den Vertretern der Tradition zu vermeiden. Der Versuch aber, das Judentum zu erneuern, stieß auf starken Widerstand seitens der Traditionalisten. Die Maskilim versuchten durch Erziehung und Literatur auf die Juden reformerisch einzuwirken. 1778 gründeten David →Friedländer und andere Maskilim in Berlin die →»Freischule«, die den ärmeren jüdischen Schülern eine Ausbildung auch in den profanen Wissenschaften gewähren sollte, entgegen dem alleinigen Studium der →Thora in den religiösen Schulen des Judentums. 1781 war die Schrift C.W. von →Dohms »Über die bürgerliche Verbesserung der Juden« in Berlin erschienen, worin u.a. vorgeschlagen wurde, die Erwerbsstruktur der Juden zu verändern und damit die Juden in den Staat eingliedern zu können. 1783 wurde in →Königsberg, nach dem Muster der aufklärerischen »Berliner Monatsschrift«, die erste hebräischsprachige Zeitschrift, der →»Hame'assef« gegründet. Als Herausgeber firmierte die →»Gesellschaft der Freunde der hebräischenSprache«, deren Mitglieder Isaak Euchel und Mendel Breslauer gleichzeitig die ersten Herausgeber der Zeitschrift waren. Der →Hame'assef hatte sich zum Ziel gesetzt, die Juden mit den Neuerungen der Zeit bekannt zu machen, und äußerte sich in den ersten Jahren des Erscheinens noch moderat in der Kritik an der jüdischen →Orthodoxie. In ihrem Streben nach Erneuerung des Judentums stützten sich die Me'assfim (die Freunde des →Hame'assef) auf die biblischen Schriften und damit auf das biblische Hebräisch, das talmudische Hebräisch und somit die Überlieferungen der →Rabbinen galten ihnen als verfälscht. Die Rubrik »Geschichte der Großen Israels« im →Hame'assef versuchte den Lesern, erstmals in der jüdischen Geschichte, eine profane Geschichtsdarstellung zu vermitteln. Auch hierdurch glaubten die Me'assfim die bisher uneingeschränkte Autorität der Traditionalisten innerhalb des Judentums brechen zu können, was deren erbitterten Widerstand hervorrief. In späteren Jahren verschärfte sich der Ton der Zeitschrift und sie mußte, mangels Lesern, mehrmals ihr Erscheinen einstellen. Herz (Hartwig) →Wessely, der sich als Erneuerer der hebräischen Poesie einen Namen gemacht hatte und ein Förderer des →»Hame'assef« war, veröffentlichte 1782 die hebräische Schrift »Divrei Schalom weEmet« (»Worte des Friedens und der Wahrheit«), in der er sich, mit Bezug auf das Toleranzedikt Joseph II., für eine Verbesserung des jüdischen Bildungswesens einsetzte und eine säkulare Bildung der Jugend befürwortete. Im letzten Jahrzehnt des 18. Jahrhunderts beschleunigten sich die assimilatorischen Tendenzen im deutschen Judentum, nur wenige waren noch an einer Erneuerung des Judentums interessiert. Auf seiten der →Orthodoxie blieb die Ablehnung der Haskalah weiterhin bestehen. Mit dem Ende des →»Hame'assef« 1811 ging in Deutschland auch die Epoche der Haskalah zu Ende. Von →Deutschland, vor allem von →Königsberg aus, war von Beginn der Haskalah an versucht worden, auf die Juden in →Österreich und Osteuropa einzuwirken. Kaiser Joseph II. versuchte mit staatlichen Mitteln auch das jüdische Bildungssystem zu reformieren. In →Galizien, →Böhmen und →Mähren war der Maskil Herz Homberg von der Regierung in →Wien mit der Leitung des Schulwesens betraut worden. Seine repressiven Methoden stießen jedoch auf die Ablehnung der jüdischen Bevölkerung, die unter dem Einfluß des Rabbinismus und vor allem des noch jungen →Chassidismus stand. Antichassidische Tendenzen waren in der Haskalah Osteuropas besonders stark. Josef Perl gründete 1813 in Tarnopol die »Deutsch-Israelitische Hauptschule«, die die Ideen der Haskalah in →Galizien und bis nach →Rußland verbreitete. Der →Chassidismus zeigte sich in →Galizien letztendlich aber als die stärkere Bewegung und verdrängte die Haskalah, zugleich wurde er selbst von den Ideen der Haskalah beeinflußt. Bereits Ende des 18. Jahrhunderts waren die Ideen der Haskalah, vor allem über →Königsberg, nach →Rußland gelangt. In →Litauen befürworteten einige Vertreter des Rabbinismus die Notwendigkeit einer Verbindung von Wissen und Glauben und unterstützten die Verbreitung naturwissenschaftlichen Wissens. Die liberale Politik des Zaren am Anfang des 19. Jahrhunderts den Juden gegenüber begünstigte den Einfluß der Haskalah in Rußland. Die Bedeutung der Haskalah wurde mit der Verschärfung der Judenpolitik in →Rußland seit den 20er Jahren deutlich geringer. Die wichtigsten Zentren der Haskalah in Osteuropa waren →Odessa und →Wilna, in denen die →hebräische Literatur blühte und die Ideale der Me'assfim weiterlebten. 1853 veröffentlichte in →Wilna Abraham Mapu den Roman »Ahavat Zion« (Zionsliebe), einen Meilenstein der neuhebräischen Literatur. Zur Zeit der »Neuen Ära« unter Alexander II. 1855-81 begann eine größere Assimilation der Juden in Rußland. Die Thronbesteigung Alexanders III. markiert das Ende der Haskalah in Rußland.

[L] Moshe Pelli, The Age of Haskalah, Leiden 1979. – Shmuel Feiner, Haskalah and History, Jerusalem 1995 (hebr.). – Horst Möller, Vernunft und Kritik, 1986. (AKE)

Hasmonäer und Makkabäer, ursprünglich priesterliches Geschlecht aus Modin, nördlich von Jerusalem; Familienname der makkabäischen Dynastie nach Hasmon; »Makkabi« (der Hammer) war Beiname des Hasmonäers Juda (Judas Makkabäus), Sohn des Mattatias ben Simon. Unter Mattatias Beginn des großen Makkabäer-Aufstands gegen die seleukidische Fremdherrschaft unter König →Antiochos IV. Epiphanes 168 v. Z. Auslösendes Moment war ein Religionsedikt des Königs, das den Juden die Anbetung des Zeus von Olympia aufzwang. Nach Mattatias' Tod (167 v. Z.) führte Juda ha-Makkabi den Kampf weiter. Er eroberte 164 v. Z. Jerusalem und reinigte den →Tempel. Juda fiel 161 v. Z. Seinen Brüdern gelang es, weitere Gebiete zu erobern (zur Geschichte des Aufstands siehe die Makkabäer-Bücher in der Bibel). Die Makkabäer führten das Amt des Hohenpriesters und des Königtums wieder ein und vereinigten beide in ihrer Dynastie. König Alexander Jannaj (103–76 v. Z.) brachte Israel zu beiden Seiten des Jordans wieder unter jüdische Herrschaft. Die Ära der Makkabäer war jedoch von kurzer Dauer. Es kam zu inneren sozialen und religiösen Spannungen. Außerdem verkannten die Makkabäer die Bedeutung der neuen Weltmacht Rom. Die Römer eroberten schließlich 63 v. Z. Palästina. →Herodes, ein Feind der Makkabäer, verstand es, sich bei den Römern unentbehrlich zu machen, und wurde von ihnen als Statthalter akzeptiert. Um seine Herrschaft abzusichern, entmachtete er die Makkabäer und ließ sie z. T. auf brutale Weise umbringen. Mit dem Mord an Antigonos II. 37 v. Z. ging die Herrschaft der Makkabäer zu Ende, und ihr Geschlecht starb aus. (RED)

Hatikwa (hebräisch »Die Hoffnung«), Hymne der zionistischen Bewegung und Nationalhymne des Staates Israel; von Naftali Imber geschrieben und zuerst 1886 in Jerusalem veröffentlicht, später verändert; die Melodie klingt z. T. wie die »Moldau« von Smetana. (DB/MW)

Hauptmann →Vorgänger

Haurwitz, Bernhard, Meteorologe, 14. 8. 1905 Glogau – 22. 2. 1986 Fort Collins, USA; seit

1932 in den USA, Tätigkeit u. a. am Blue Hill Observatory (Harvard) als Dozent 1932–35, 1935–37 beim Kanadischen Wetterdienst beschäftigt. 1941–47 Professor am Meteorologischen Institut und 1947–76 Institutsleiter und Professor an der Universität New York. 1959–64 Universität Boulder, 1964–76 National Center of Atmospheric Research (NCAR), 1976 bis 1982 Universität Fort Collins; Spezialgebiet: Dynamische Meteorologie. Hauptwerke: »The Physical State of Upper Atmosphere« (1937), »Dynamic Meteorology« (1941). (FDL)

Hauschner, Auguste (Sobotka), österreichische Schriftstellerin, 12. 2. 1850 Prag – 10. 4. 1924 Berlin. Nah verwandt mit F. Mauthner, der – wie auch G. Landauer, M. Harden, M. Liebermann, M. Brod – in ihrem Salon verkehrte und mit ihr in engem Briefverkehr stand. Radikale Skepsis bestimmte das Werk der völlig assimilierten Autorin; zugleich engagierte sie sich für die Gleichberechtigung der Juden und der Frauen. Wichtig wurde vor allem der autobiographische Doppelroman »Die Familie Lowositz« (1908) und »Rudolf und Camilla« (1910) (HH)

John Heartfield

Hawdala (hebräisch »Unterscheidung«), Bezeichnung für eine Zeremonie, die am Ausgang des →Sabbats oder eines Festtags vollzogen wird. Man denkt dabei an den heiligen Charakter des gerade zu Ende gehenden Sabbats oder Festtags und an den profanen des beginnenden Werktags. Die Hawdala wird bereits in der Mischna (Ber 5,2) erwähnt. Die Zeremonie beginnt mit der Rezitation von Bibelstellen, die das Vertrauen auf Gott zum Ausdruck bringen und von Gott Vertrauen zum Volk Israel erflehen (z. B. Jes 12,2,3; Ps 3,9; 42,12; 116,12; Est 8,16). Meist wird – zum Zeichen des Segens und des Überflusses – Wein zum Überfließen gebracht. Es folgt der Gewürzsegen unter Verwendung der Bessomimbüchse: Der Wohlgeruch erinnert noch einmal an die Freuden des gerade zu Ende gehenden Sabbats, die Kraft für den beginnenden Werktag geben sollen. Zum Abschluß wird ein Preis- und Dankgebet über der Flamme einer geflochtenen Kerze gesprochen, zur Erinnerung an die Erschaffung der Welt, die am ersten Tag der Woche mit dem Licht begann. (RED)

Heartfield, John (Herzfeld, Helmut), Photomonteur und Graphiker, 19. 6. 1891 Berlin – 26. 4. 1968 Berlin. Nach dem Studium an der Münchner Kunstgewerbeschule (1909 bis 1912) und an der Kunst- und Handwerkerschule in Charlottenburg (1913) erster Preis der Werkbund-Ausstellung in Köln für den Entwurf eines Wandfrieses. 1916 nennt sich Herzfeld aus Protest gegen die Hetze »Gott strafe England!« John Heartfield. Mitbegründer des Malik-Verlags (1917), Mitarbeit und Mitherausgeberschaft verschiedener Zeitschriften (u. a. »Neue Jugend«, »Jedermann sein eigener Fußball«, »Die Pleite«, »Da-Da 3«). Auf der »I. Internationalen Dada-Messe« in Berlin (1922) stellte Heartfield erstmals eigene Arbeiten aus, die erste »Fotomontage zur Zeitgeschichte« entstand 1924. Seit 1927 Fotomontagen für die »Arbeiter-Illustrierte-Zeitung« (AIZ). Nach der Besetzung seiner Wohnung durch die SA flüchtete Heartfield 1933 nach Prag, dort arbeitete er weiter für die umgesiedelte AIZ (seit 1936 »Volks-Illustrierte«) und den Malik-Verlag. 1938 Flucht nach London. 1950 kehrte Heartfield nach Deutschland zurück und lebte in Leipzig. In zahlreichen Ausstellungen wurden die Arbeiten Heartfields gezeigt. Bis heute gilt Heartfield als der Meister der politischen Fotocollage. Auszeichnungen u. a.: Nationalpreis für Kunst und Literatur der DDR (1957), Karl-Marx-Orden (1967).

🄻 W. Herzefelde, John Heartfield: Leben und Werk, 1962. – R. Mürz, John Heartfield, Photomontagen aus den Jahren 1924–44, 1978. (WR)

Hebe (hebräisch »Teruma«). In Num 18,8 wird eine besondere Abgabe von den Israeliten und den Leviten an den Hohenpriester gefordert. Die Israeliten sind verpflichtet, den Zehnten der Erstlingsfrüchte und der Opfergaben an die Leviten abzugeben, diese müssen ein Zehntel ihres Zehnts an den Hohenpriester abgeben. In der Ordnung Seraim im Talmud wird im 6. Traktat die Abgabe der Priesterhebe in elf Kapiteln ausführlich behandelt, so z. B., wovon keine Hebe genommen werden darf, was als Hebe gilt, die Absonderung und das Maß der Hebe, zweifelhafte Hebe usw. (RED)

Hebraica. Der seit der Frühen Neuzeit in der wissenschaftlichen Literatur gängige Sammelbegriff umfaßt zunächst hebräische Schriften wie Tora oder Talmud, wird aber auch auf hebräische Sekundärliteratur über das Judentum angewandt, die von nichtjüdischen Autoren stammt. (AN)

Hebräische Bibel, als Abkürzung nach den Anfangsbuchstaben der drei kanonischen Hauptelemente (Tora, Propheten, Schriften) TaNaKh (Tenach) genannt. Bibel ist ein griechisches Wort und bedeutet ursprünglich Buchrolle, Buch, Schrift und zwar bezogen auf jedes Buch. Seit der Zeit des Kirchenvaters Chrysostomos hießen die kanonischen Schriften des Alten und Neuen Testaments »ta biblia«; daraus wurde der Singular »biblia« (Bibel), ein Begriff, der seit dem 12. Jahrhundert in Gebrauch ist. Die Hebräische Bibel, die sich von den christlichen Ausgaben des AT unterscheidet, ist keine literarische Einheit, und auch heute noch wissen wir nicht genau, wie die uns bekannten Schriften entstanden sind, was ihr Urtext war, welche Veränderungen sie durch die Gelehrten erfuhren, die sie im Lauf der Jahrhunderte kopierten und edierten. Die Hebräische Bibel ist das Ergebnis einer langen Geschichte, die etwa im Jahr 1000 v.Z. begann, als die Israeliten nach Palästina einwanderten. Die Forschung geht davon aus, daß es um das Jahr 400 v.Z. zu einem Abschluß der →Tora, der fünf Bücher Mose, kam und daß Teile der Tora im Tempel und in den Synagogen vorgelesen wurden. In der Zeit zwischen 100 v.Z. und 100 n.Z. wurden dann die »Heiligen Schriften« insgesamt abgeschlossen, heilig nun auch insofern, als von nun an der Wortlaut unantastbar war. Die Hebräische Bibel enthält 24 kanonische Schriften in drei Gruppen: *1. Die Tora,* auch als Pentateuch bezeichnet. Im Hebräischen werden diese Bücher nach ihren Anfangswörtern benannt, im Griechischen nach ihrem Inhalt: 1. Bereschit-Genesis (1 Mose), die Schöpfungs- und die Erzvätergeschichte; 2. Schemot-Exodus (2 Mose), die Errettung des jüdischen Volks durch Mose, der sein Volk aus Ägypten führte, die Offenbarung und die Annahme der Tora; 3. Waijkra-Leviticus (3 Mose), das Priestergesetz und die Reinheitsvorschriften; 4. Bemidbar-Numeri (4 Mose), die Wüstenwanderung; 5. Dewarim-Deuteronomium (5 Mose), eine Art von Wiederholung und Zusammenfassung.
2. Die prophetischen Bücher: a) die älteren prophetischen Schriften (Newiim Rischonim) 6. Josua, 7. Richter, 8. Samuel I und II, 9. Könige I und II; b) die jüngeren prophetischen Schriften (Newiim Acharonim) 10. Jesaja, 11. Jeremia, 12. Ezechiel (oft auch Hesekiel geschrieben); c) unter 13. die zwölf kleineren prophetischen Schriften Hosea, Joel, Amos, Obadja, Jona, Micha, Nachum, Habakuk, Zefanja, Haggai, Sacharja, Maleachi.
3. Die Hagiographen (Ketuvim): 14. Psalmen, 15. Sprüche (Mischle), 16. Ijob (Hiob), 17. Hoheslied, 18. Rut, 19. Klagelieder (Echa), 20. Kohelet (Prediger Salomo), 21. Ester, 22. Daniel, 23. das Buch Esra und Nehemia (es wird als ein Buch gezählt), 24. das erste und das zweite Buch der Chronik (Diwre ha-Jamim; auch diese beiden werden als ein Buch gezählt). Die für die Auslegungsgeschichte der Bibel im Judentum wichtigsten Bibelübersetzungen sind: die griechische (Septuaginta), die lateinische (Vulgata), die aramäische (Targumin), die syrische (Peschitta) und die arabische Übersetzung. So wichtig die Bibel auch für das religiöse Selbstverständnis des Judentums ist, die »schriftliche Tora« wird nur als eine der Grundlagen des Judentums angesehen; die andere ist die »mündliche Tora«, d. h. die Tradition, die sich in der rabbinischen Literatur niederschlug. Bibel und Tradition werden im Judentum als verbindliche Quellen des religiösen Lebens betrachtet. (RED)

Hebräische Sprache und Literatur, *1. Sprache:* Althebräisch ist die Sprache der Bibel, die bis auf kleinere aramäische Teile in Hebräisch abgefaßt ist. In der Hebräischen Bibel selbst findet sich diese Bezeichnung der Sprache allerdings nicht. Es kommen zwei Bezeichnungen vor: 1. Sprache Kanaans (Jes 19,18), 2. Judäisch (2 Kön 18,26, 28; Neh 13,24). Der Name »Hebräisch« ist vom Volksnamen Hebräer (Iwri) abgeleitet und erscheint zuerst im NT bzw. bei F. →Josephus. In den Targumin (→Targum) wird das Hebräische Leschon hakodesch (Heilige Sprache) im Gegensatz zur Profansprache (Leschon hedjot) genannt. Heute unterscheidet man Althebräisch als Sprache der Bibel und Neuhebräisch als Bezeichnung der nachbiblischen, im 19. Jahrhundert neubelebten Sprache. Hebräisch ist eine semitische Sprache, verwandt mit der phönizischen und der aramäischen Sprache. Die Juden eigneten sie sich vermutlich bei der Ankunft in Kanaan an. Das Alphabet besteht aus 22 Konsonanten. Die Vokale wurden erst im 8. Jahrhundert in die Schrift aufgenommen. Die meisten Wortstämme bestehen aus drei Konsonanten (z. B. KaTaW = er schreibt, KTaW = Dokument, miKTaW = Brief, KToWet = Adresse usw.). Die Substantive haben zwei Geschlechter (männliches und weibliches) und drei Numeri (Einzahl, Mehrzahl, Dual). Die Verben haben zwei Zeiten: Vergangenheit und Zukunft. Die

Name	Quadratschrift	Raschi
Alef	א	א
Bet	ב	ב
Gimel	ג	ג
Dalet	ד	ד
He	ה	ה
Waw	ו	ו
Sajin	ז	ז
Chet	ח	ח
Tet	ט	ט
Jod	י	י
Kaf	כ ך	כ ך
Lamed	ל	ל
Mem	מ ם	מ ם
Nun	נ ן	נ ן
Samech	ס	ס
Ajin	ע	ע
Pe	פ ף	פ ף
Zade	צ ץ	צ ץ
Kof	ק	ק
Resch	ר	ר
Sin	שׂ	ש
Schin	שׁ	ש
Taw	ת	ת

Das hebräische Alphabet in Quadratschrift (Druckschrift) und Raschi oder Kursivschrift (Schreibschrift)

Gegenwart wird mit Hilfe des Partizipiums gebildet, das in einem Zusammenhang Verb ist, im anderen Substantiv. Wie in anderen semitischen Sprachen sind Kehllaute häufig (Alef, Chet, Ajin) sowie die emphatischen Konsonanten (Tet, Zade, Kof). In den ersten Jahrhunderten n. Z. wurde Hebräisch immer seltener gesprochen; es blieb die Sprache des Gebets und der Theologie, der Philosophie, Wissenschaft und Dichtung, wurde aber auch von zahlreichen gelehrten Juden in der Korrespondenz benutzt. Beginnend mit der Aufklärung versuchten jüdische Dichter und Wissenschaftler, die hebräische Sprache durch neue Worte und entsprechend moderne Begriffe anzureichern. So schuf →Bialik zahlreiche eigene Ausdrücke, die zum großen Teil in die gesprochene Sprache übernommen wurden. Der Publizist und Forscher Elieser →ben Jehuda (1858 bis 1922) emigrierte 1881 von Litauen nach Palästina, wo er den Gedanken verbreitete, die hebräische Sprache wieder in eine lebendige Sprache umzuwandeln. Dank seiner Beharrlichkeit sprach in relativ kurzer Zeit die Mehrheit der Juden Palästinas Hebräisch. Ben Jehuda begann mit der Ausarbeitung eines umfassenden Wörterbuchs des Neu- und Althebräischen. (Das Werk wurde von seinen Nachfolgern im Jahr 1960 mit dem 18. Band zu Ende geführt.) Er richtete 1890 den Sprachenrat (Waad ha-Laschon) ein, der 1953 zur Akademie für die hebräische Sprache in Jerusalem wurde, ein Institut, das sich mit der Festlegung des modernen Sinns alter Wörter befaßt sowie mit der Gestaltung und Assimilation Tausender neuer Wörter, die die moderne hebräische Sprache benötigt. So wurde eine fast 2000 Jahre für »tot« gehaltene Sprache laufend aktualisiert.

2. Literatur: Hebräisch ist die Sprache der Bibel, deren Texte ungefähr zwischen dem 11. und 3. Jahrhundert v. Z. verfaßt wurden. Dieses Hauptwerk des Monotheismus umfaßt die antiken Meisterwerke der religiösen, mythologischen, moralischen und Geschichtsliteratur sowie der hebräischen Dichtkunst (Die Psalmen, Das Hohelied Salomos). Gegen 200 n. Z. wurde die Mischna verfaßt (erster Teil des Talmuds), in einem Neuhebräisch, das sich stilistisch vom Bibelhebräisch unterscheidet und Einflüsse aus dem Aramäischen sowie griechischer und lateinischer Neologismen aufweist. Im gleichen Neuhebräisch entstand im Mittelalter eine reichhaltige religiöse, moralisch-philosophische, Geschichts- und wissenschaftliche Literatur. Die großen jüdischen Dichter des Mittelalters (Samuel ha-Nagid, →Salomo ibn Gabirol, →Mose ibn Esra, J. →Halewi) schrieben auch weiterhin, meist in Althebräisch. Im Mittelalter verbreitete sich in einigen europäischen Ländern gleichfalls Folkloreliteratur sowie mündlich überlieferte Dichtkunst von Minnesängern hebräischer Sprache (Südfrankreich, Italien). Beginnend mit der Aufklärung, entwickelte sich unter dem Einfluß M. →Mendelssohns und seiner Schüler eine Bewegung zur Förderung der Literatur (schöngeistige Literatur in Prosa, wissenschaftliche, philosophische und publizistische Literatur, Dichtung, Dramaturgie, Übersetzungen aus der Weltliteratur) sowie zur Bereicherung der hebräischen Literatursprache. N. H. →Wessely veröffentlichte ein umfassendes Werk über die hebräischen Sprachwurzeln, und Juda Löb Ben-Seew verfaßte eine hebräische Grammatik (1796) und ein hebräisch-deutsches Wörterbuch (1807). Abraham Mapu (1808–1867), Autor der ersten Romane in hebräischer Sprache, der Dichter Jehuda Leib Gordon (1830–1892), →Mendele Mocher Sforim, der auch jiddisch schrieb, →Achad Haam, M. J. →Berdyczewski (Bin Gorion), Chajim N. →Bialik, S. →Tschernichowski, Uri Nissan Gnessin u. a. Schriftsteller legten den Grundstein einer Nationalliteratur. Es folgte die Generation von Josef Chajim Brenner, Aharon David Gordon, Izhak Lamdan, David Schimoni, S. J. →Agnon (Nobelpreis für Literatur), Salman Schneur, Ascher Barasch, Aharon Avraham Kabak, Chajim Hasas, Jehuda Burla, A. →Schlonski, Natan Altermann, Lea Goldberg u. a., die ihre Arbeit in der Diaspora begannen und in Palästina fortsetzten. Bis zum Zweiten Weltkrieg spiegelte die hebräische Literatur insbesondere das Leben der Juden in kleinen Städtchen Osteuropas wider, beherrscht von den Gedanken und der besonderen Atmosphäre des Neo-Chassidismus, oder aber die Selbstzweifel der jüdischen Intellektuellen in der Diaspora, wobei auch jene Werke nicht fehlten, die sich den ersten Alijot und jüdischen Siedlungen widmeten. Nach Gründung des Staates Israel verlagerte sich die Betonung auf Themen aus der Arbeit der zionistischen Pioniere, der Problematik der Kibbuzbewegung, der Kriege zur Verteidigung der Unabhängigkeit des Landes, der jüdisch-arabischen Beziehungen sowie aus den heldenhaften Episoden der weit zurückliegenden Geschichte des jüdischen Volks. Zu den repräsentativen israelischen Autoren der 2. Hälfte des 20. Jahrhunderts zählen Mosche Schamir, David Grossman, S. J. Agnon, Aaron Megged, A. →Oz, David Schahar, Yehuda Amichai, A. B. →Yehoshua u. a.

🄻 Epochen der jüdischen Literatur. An ausgewählten Texten erläutert von G. Stemberger, 1982. – E. Horowitz, How The Hebrew Language Grew, USA 1960. – P. Navè, Die neue hebräische Literatur, 1962. – R. Wallenrod, The Literature of Modern Israel, New York/London 1956. – L. Prija (Hrsg.), Hauptwerke der hebräischen Literatur, 1978. (AB)

Hebräische Universität Jerusalem →Universitäten in Israel

Hebraistik. Bis in das 12. Jahrhundert waren im christlichen Europa die Kenntnisse über Schriften und Lehren des Judentums auf das von Origenes und Hieronymus Vermittelte beschränkt und wurden durch die enzyklopädischen Werke von Isidor von Sevilla, Beda Venerabilis, Hrabanus Maurus verbreitet. Einzelne Gelehrte des 13. Jahrhunderts wie z. B. der Augustiner Hugo von St.-Victor und der Franziskaner Roger Bacon (1214–1294), der nachhaltig die Beschäftigung mit dem Hebräischen forderte, erwarben selbst Grundkenntnisse; doch erst die Bestrebungen zur Judenmission, vor allem beim Predigerorden (Dominikaner) in Spanien, führten zu systematischen Sprach- und Schriftstudien. Das Ordenskapitel der spanischen Provinz wurde 1259 mit der Einrichtung hebräischer und arabischer Studien beauftragt, das Konzil von Vienne 1311 beschloß auf Betreiben des →Raimundus Lullus, in Rom, Bologna, Paris, Oxford und Salamanca Schulen für Hebräisch und Arabisch einzurichten. Doch ist dies offenbar nur in Avignon und Paris in die Praxis umgesetzt worden. Neben Lullus sind die Dominikaner →Raimundus Martini und Arnold von Villanova (gestorben 1311) und bei den Franziskanern etwa Nikolaus von Lyra Kenner des Hebräischen gewesen, sonst blieb die christliche Theologie auf mündlichen Umgang mit einzelnen Rabbinern und auf die Kenntnisse konvertierter Juden angewiesen. Eine eigentliche Hebraistik als systematische und umfassende Disziplin ist erst durch →Petrus Negri, dann durch Pico della Mirandola (1463–1494) u. a. Humanisten (J. →Reuchlin) entwickelt worden. Im 19. Jahrhundert entstand auf dieser Grundlage die moderne Hebraistik im Rahmen der Semistik.

🄻 J. Cohen, The Friars and the Jews, Ithaca/London 1983. – M. Thiel, Grundlagen und Gestalt der Hebräischkenntnisse des frühen Mittelalters, 1973. (PAU)

Hebrew Union College (HUC), 1875 in Cincinnati, Ohio, von Isaac M. Wise als Hochschule für jüdische Studien und als Ausbildungsstätte für Reformrabbiner gegründet. Das HUC steht unter der Leitung der Union of American Hebrew Congregations, der Organisation der Reformgemeinden in den USA und Kanada. Schloß sich 1950 mit dem Jewish Institute of Religion, das 1922 in New York von Rabbiner S. S. →Wise gegründet worden war, zusammen; 1954 Eröffnung einer Zweigstelle in Los Angeles und 1963 Eröffnung der Hebrew Union College Biblical and Archeological School in Jerusalem. (CL)

Hebron, hebräisch Hevron, arabisch Al Halil, Al Khalil, Stadt in Judäa, seit 1948 unter jordanischer, seit 1967 unter israelischer Verwaltung, 30 km südwestlich von Jerusalem, 925 m ü. M., 130 000 Einwohner, Moschee (Haram Al Khalil; Kreuzfahrerbau aus dem 12. Jahrhundert mit Resten einer byzantinischen Kirche von 570) über der Höhle Machpela, der Überlieferung nach über den von Juden, Muslimen und Christen verehrten Gräbern von Abraham, Isaak und Jakob und ihrer Frauen Sara, Rebekka und Lea errichtet; landwirtschaftliches Zentrum (Wein, Oliven); vielseitiges Gewerbe. – Hebron hieß ursprünglich Qiryat Arba (so u. a. Gen 23,2), nach dem Enakiter Arba; es wurde Anfang des 17. Jahrhunderts v. Z. von den Hyksos gegründet; nachdem sich Abraham im nahegelegenen Mamre niedergelassen (Gen 13,18) und dort seinen Bund mit dem Herrn geschlossen hatte (Gen 17), kaufte er hier die Höhle Machpela von den Hethitern (Gen 23) als Begräbnisstätte für Sara. Bei der Eroberung Kanaans zerstörte Josua Hebron, den Sitz des Amoriterkönigs Joham (Jos 10,36f.). David wurde hier gesalbt (2 Sam 2,1–4) und nahm für sieben Jahre und sechs Monate seinen Sitz (2 Sam 2,11), bevor er die Gesamtherrschaft erkämpft hatte und nach Jerusalem umzog. 597 v. Z. ging Hebron an die Edomiter verloren; nach 538 Neubesiedlung durch Juden; 164 Eroberung durch Juda Makkabi (gegen Antiochos IV. Epiphanes); 68 n. Z. Zerstörung durch die Römer. Hebron blieb eine der vier heiligen Städte des Judentums. Spanische Juden führten im 16. Jahrhundert die Glasbläserei ein. Bald danach ließen sich Kabbalisten aus Safed nieder. 1929 floh die jüdische Bevölkerung Hebrons (700) aus der Stadt, nachdem Araber 67 Juden ermordet hatten; ein 1931 zurückgekehrter Rest wurde 1936 vertrieben. 1972 wurde auf einem Hügel über der Stadt eine jüdische Siedlung mit dem Traditionsnamen Qiryat Arba (5500 Einwohner) gegründet; Ende der 70er Jahre begann eine neue jüdische Niederlassung in Hebron selbst (400 Juden), die die Beziehungen von Juden und Arabern in Hebron ebenso belastete wie die Ermordung von 29 betenden Muslimen durch einen Siedler am 25. 2. 1994. Die Spannungen führten dazu, daß Hebron später als die anderen besetzten Städte erst 1997 (und auch nur zu 80 %) palästinensischer Verwaltung unterstellt wurde. (WL)

Hechaluz (»Pionier«). Der deutsche Landesverband des Hechaluz wurde am 16. 12. 1922 in Berlin zum Zweck der Vorbereitung auf ein Arbeiterleben in Palästina gegründet. Mitglied konnte werden, wer einen landwirtschaftlichen, handwerklichen oder anderen unmittelbar für den Aufbau des arbeitenden Palästina lebenswichtigen Beruf erlernte oder ausübte und gewillt war, sich in das Leben der palästinischen Arbeiterschaft einzugliedern. Zu den Aufgaben gehörte weiterhin die Zentralisierung der →Hachschara-Arbeit in Deutschland: Förderung der Chaluzim in ihrem Beruf und im Hebräischen durch Einrichtung von Sprachkursen; Darlehensbeschaffung; Organisation der →Alija; Auswahl der Chaluzim; Beschaffung der Visa. (LH)

Hecht, Ben, Journalist, Schriftsteller, Dramatiker und Drehbuchautor, 28. 2. 1894 New York – 18. 4. 1964 New York; arbeitete 1910–14 für das »Chicago Journal«, 1914 bis 1923 für die »Chicago Daily News«; 1918/19 Auslandskorrespondent in Berlin, Freundschaft mit George Grosz. 1928 erstes Drama (mit Charles McArthur) »The Front Page«. Sein erster Roman »Erik Dorn« basiert auf seiner Berlin-Erfahrung. Hecht schrieb Drehbücher für Hollywoodfilme wie »Scarface« (über Al Capone) und erhielt zwei »Oscars«. 1930 Roman »A Jew in Love«, voll von Selbsthaß. Erbitterter Gegner des Nationalsozialismus, zu Beginn des Zweiten Weltkriegs jüdischer Nationalist, unterstützte die jüdische Untergrundbewegung Irgun Zvai Leumi in Palästina. »A Guide for the Bedevilled« (1944) und »A Flag is Born« (1946) beschäftigten sich mit Antisemitismus und Zionismus; 1954 erschien seine Autobiographie »Child of the Century«.

L W. MacAdams, Ben Hecht, The Man Behind the Legend, New York 1990. (CL)

Hefker. In der rabbinischen Literatur wird mit Hefker die Freigabe eines Gutes bezeichnet. Ein Hefker gehört somit der Allgemeinheit, und wer Gegenstände, die als Hefker deklariert wurden, an sich nimmt, begeht keinen Diebstahl. Vermutlich liegt der Ursprung des Hefker in dem Gebot (Lev 19,9–10), wonach man bei der Ernte einen Teil des Feldes ungepflückt lassen soll, damit die Armen es abernten können (vgl. auch Pea 6,1). Sonderfälle für den Hefker gab es im Fall der Zwangsenteignung (Git 36b, Jeb 89b) oder beim Nachlaß eines →Proselyten, dessen Kinder nur erbberechtigt sind, wenn sie nach seinem Übertritt geboren wurden (Kid 17b). Heute besitzt Hefker als Rechtspraxis nur noch beschränkte Gültigkeit. (RED)

Hegel, Georg Friedrich Wilhelm, Philosoph, 27.8.1770 Stuttgart – 14.11.1831 Berlin. Die beherrschende Stellung Hegels in der deutschen Philosophie hat seinen Äußerungen über das Judentum großes Gewicht verliehen. Auf der einen Seite trat er für die Emanzipation der Juden ein und wandte sich gegen die deutschtümelnden Antisemiten, besonders gegen I. →Kants Schüler Jakob Friedrich Fries, der in seinem Pamphlet »Über die Gefährdung des Wohlstandes und Charakters der Deutschen durch die Juden« (1816) empfahl, das Judentum »mit Stumpf und Stiel auszurotten«. Auf der anderen Seite stufte Hegel – in seinen Jugendschriften mit heftigen Beschimpfungen – das Judentum als minderwertige »Knechtsreligion« ein, und zwar nicht nur unterhalb der absoluten christlichen Religion, sondern auch unterhalb der griechischen, römischen und germanischen Religionen der Freiheit. Diese Herabsetzung hat zahlreiche und wichtige jüdische Reaktionen ausgelöst. Hegels jüdischer Schüler E. →Gans, Moses Moser und I. →Wohlwill begründeten 1819 mit L. →Zunz den →Verein für Cultur und Wissenschaft der Juden, der eine objektive Würdigung des historischen Judentums und eine Reform des gegenwärtigen Judentums anstrebte. Diese Initiative, die 1824 ein unrühmliches Ende fand, war die Vorläuferin der →Wissenschaft des Judentums. Philosophisch gebildete Rabbiner wie S. →Hirsch und S. →Formstecher haben versucht, in idealistischen Gegenentwürfen zu Hegels System den geistesgeschichtlichen Vorrang des Judentums zu sichern. In Osteuropa hat N. →Krochmal in diese Richtung gewirkt. Die Philosophie Hegels ist vor allem durch Sozialisten jüdischer Herkunft wie K. →Marx, M. →Hess und F. →Lassalle geschichtswirksam geworden. Unter den akademischen Vertretern des Neuhegelianismus der Jahrhundertwende waren auch Professoren jüdischer Herkunft (wie A. →Lasson) vertreten.

🄻 H. Liebeschütz, Das Judentum im deutschen Geschichtsbild von Hegel bis Max Weber, 1967. – N. Rotenstreich, The Recurring Patterns. Studies in Anti-Judaism in Modern Thought, London 1963. (DK)

Hegesippus →Josephus

Heidelberg →Baden

Heilbronn →Württemberg

Heilmann, Ernst, Jurist, Journalist, Politiker, 13.4.1881 Berlin – 3.4.1940 KZ Buchenwald. 1909–14 Chefredakteur der »Chemnitzer Volksstimme«. 1917 schwere Kriegsverletzung. 1919 wurde Heilmann Mitglied der Preußischen Verfassunggebenden Landesversammlung, danach bis 1933 Mitglied des preußischen Landtags. 1928–33 MdR. Seit 1921 Fraktionsvorsitzender der SPD im Preußischen Landtag. Für die Weimarer Republik das Vorbild eines Parlamentariers, wirkte Heilmann auch als Herausgeber und Mitarbeiter der »Internationalen Korrespondenz« sowie der Zeitschrift »Das Freie Wort«. Im Juni 1933 wurde Heilmann verhaftet und in mehrere KZs verschleppt, wo er sieben Jahre unvorstellbar gequält und erniedrigt wurde. Die Entscheidung über sein Schicksal hatte sich Himmler vorbehalten. Heilmann wurde durch eine Injektion ermordet, der schlimmste Folterungen vorausgegangen waren. Hauptwerk: »Geschichte der Arbeiterbewegung in Chemnitz und dem Erzgebirge« (1911).

🄻 P. Lösche, Ernst Heilmann, Ein Widerstandskämpfer aus Charlottenburg, 1981. (LH)

Heimann, 1. Hugo, Buchhändler und Politiker, 15.4.1859 Konitz, Westpreußen – 23.2. 1950 New York. Heimann war 1890–1900 alleiniger Inhaber der I. Guttentagschen Verlagsbuchhandlung in Berlin. Nach Reisen durch Algerien, Ägypten und Indien gründete er 1899 die erste Berliner Volksbibliothek. 1900–32 war er Berliner Stadtverordneter, 1908–10 Mitglied des Preußischen Abgeordnetenhauses, 1918 einer der vier Volksbeauftragten für Berlin, 1920–32 MdR. Seit 1926 Ehrenbürger von Berlin, emigrierte Heimann 1939 nach New York. (JS)

2. Moritz, Schriftsteller und Lektor, 19.7. 1868 Werden, Mark Brandenburg – 22.9.

1925 Berlin. In einer preußisch-jüdischen Kleinbürgerfamilie aufgewachsen, studierte Heimann 1886–90 in Berlin Philosophie und Literatur; 1895 bis 1925 war er – auf Vermittlung G. Hauptmanns und O. Brahms – Cheflektor des S. Fischer Verlags und engster Berater des Verlegers. Neben Hauptmann förderte er besonders J. Wassermann und H. Stehr; zu seinen engsten Freunden zählten O. Loerke und W. Lehmann. Ein moralisch und politisch einflußreicher Ratgeber wurde Heimann seit 1902 durch seine Teilnahme am Berliner »Donnerstag-Kreis«, dem u. a. W. Rathenau, S. W. Fischer, G. Hauptmann, M. Dauthendey, M. Bin Gorion, A. Mombert, E. Orlik und M. Buber angehörten. Für die »Neue Rundschau« schrieb Heimann zwischen 1895 und 1922 rund 100 kritische, essayistische und novellistische Beiträge (»Prosaische Schriften«, 1918; »Wintergespinst«, 1921; »Nachgelassene Schriften«, 1926). Heimanns dramatische Produktion hatte wegen ihres philosophischen Charakters wenig Erfolg; immerhin stand »Das Weib des Akiba« (1922) auf dem Spielplan des Habima-Theaters. Als Mitarbeiter wichtiger Zeitungen und Zeitschriften schrieb Heimann auch Artikel zu jüdischen Themen, loyal zu einem jüdischen Palästina, vor politischem Nationalismus warnend. (GM)

Heine, 1. Heinrich, deutscher Dichter, 13. 12. 1797 Düsseldorf – 17. 2. 1856 Paris. Vorfahren: deutsch-jüdische Hoffaktoren (u. a. in Bückeburg, Wien); Vater: Samson Heine (aus Hannover), Textilkaufmann; Mutter: Betty (Peira) van Geldern, Tochter und Schwester von Düsseldorfer »Judendoktoren«. Emanzipationswille der Familie, unorthodoxe Distanz zur jüdischen Gemeinde und Integration in das ghettofreie Leben der niederrheinischen Residenzstadt. Großneffe des Abenteurers und Palästinareisenden Simon van Geldern; Neffe des Bankiers und Mäzens Salomon Heine in Hamburg. – Kindheit und Schulzeit in Düsseldorf; 1816–19 Kaufmann in Hamburg: Firma »Harry Heine & Comp.«, Antrag auf Mitgliedschaft in der Jüdischen Gemeinde; seit 1819 Jurastudium in Bonn, Göttingen und Berlin; dort im »Verein für Cultur und Wissenschaft der Juden« und im Salon der Rahel Varnhagen; vor der Promotion in Göttingen (1825) Übertritt zur protestantischen Kirche; anschließend freier Schriftsteller; Redakteur bei Cottas »Neuen allgemeinen politischen Annalen« in München (1827); 1831 Übersiedlung nach Paris. Ambivalentes Verhältnis zum ebenfalls aus jüdischer Familie stammenden L. →Börne. 1841 Eheschließung mit der französischen Lebensgefährtin »Mathilde«; Bekanntschaft mit K. →Marx und F. →Lassalle; 1848 gesundheitlicher Zusammenbruch, Beginn der »Matratzengruft«. Heines sog. »Bekehrung« ist als Ausdruck jüdischer Solidarität zu verstehen. – Jüdische Themen durchziehen Werk und Briefwechsel, besonders das Erzählfragment »Der Rabbi von Bacherach« (1840) und die »Hebräische Melodien« aus dem »Romanzero« (1851). Skandale der Heine-Rezeption (Denkmalstreitigkeiten u. a.) meist aufgrund antisemitischer Argumente. Weltweit ist Heine einer der bekanntesten und einflußreichsten deutschen Dichter.

🄻 R. L. Jacobi, Heinrich Heines jüdisches Erbe, 1978. – H. Kircher, Heinrich Heine und das Judentum, 1973. – S. S. Prawer, Heines Jewish Comedy, 1983. – L. Rosenthal, Heinrich Heine als Jude, 1973. (JK)

2. Salomon, Bankier, 19. 10. 1767 Hannover – 23. 12. 1844 Hamburg. Entstammte einer in Norddeutschland weitverzweigten Bankiersfamilie. Nach dem Tod des Vaters, des aus Schaumburg-Lippe stammenden Hoffaktors Heymann Heine (1780), hatte sich die Mutter in Hamburg niedergelassen, wo die Söhne, unter ihnen auch Heinrich Heines Vater Samson, eine kaufmännische Lehre erhielten. Durch seine Erfolge als Bankier und seinen ausgeprägten Familiensinn wurde Heine zum Familienoberhaupt, von dem auch der Neffe Heinrich über den Tod des Onkels hinaus nicht immer ohne Konflikte finanziell abhängig blieb. Seit dem 1. 1. 1819 selbständig, wurde Heine bald einer der führenden Bankiers Hamburgs. Seine sozialen Leistungen, so beim Stadtbrand von 1842 oder durch die Stiftung des Israelitischen Krankenhauses (1841) und einer Vorschußkasse für israelitische Gewerbetreibende, verhalfen ihm in der Öffentlichkeit zu hohem Ansehen, vermochten aber nicht, den Senat dazu zu bewegen, ihm, wie vorgeschlagen, die Ehrenbürgerwürde zu verleihen.

🄻 J. A. Kruse, Heines Hamburger Zeit, 1972. – J. Mendelssohn, Salomon Heine, 1845. (AH)

Heinemann, Isaak, Philologe und Religionsphilosoph, 5. 6. 1876 Frankfurt am Main – 29. 7. 1957 Jerusalem. Lehrer am →Jüdisch-Theologischen Seminar in Breslau, Honorarprofessor an der Universität Breslau. Verfechter der Gemeindeorthodoxie. Heinemann war Herausgeber und Redakteur der »Monatszeitschrift für Geschichte und Wissenschaft des Judentums« (1920 bis 1938), 1939 Emigration nach Palästina. Hauptwerke: Übersetzung der Werke Philos von Alexandrien (1910/38), »Zeitfragen im Lichte jüdischer Lebensanschauung« (1921), »Philons jüdische und griechische Bildung« (1932). (LH)

Heinrich II., der Heilige, deutscher König (1002) und Kaiser (1014–24), 6.5.973 Bayern – 13.7.1024 Grone. Heinrich II., als Geistlicher erzogen und reformerisch gesinnt, setzte 1009 den Markgrafen Gunzelin von Meißen ab, weil er u. a. christliche Hörige an Juden verkauft habe. 1012 stellte Heinrich II. die Juden von Mainz vor die Alternative »Taufe oder Ausweisung«, doch hob er die Anordung später auf. Das Vorgehen Heinrichs II. war vielleicht durch die Zerstörung der Grabeskirche in Jerusalem 1009 veranlaßt, da sie den Juden angelastet wurde. Nach dem Übertritt des Kaplans →Wecelins zum Judentum beauftragte Heinrich II. einen Geistlichen namens Heinrich mit der Widerlegung eines Pamphlets Wecelins gegen den christlichen Glauben. (FL)

Heinrich III., der Erlauchte, Markgraf von Meißen, vor 1216 – vor Februar 1288 in Dresden. Der als Anhänger Kaiser Friedrichs II. mit Thüringen und der Pfalzgrafschaft Sachsen belehnte Fürst konnte seine Herrschaft erst nach heftigen Kämpfen mit Sophie von Brabant, der Tochter der Heiligen Elisabeth, unangefochten ausüben. Um Zweifel über die Rechtslage der Juden in seinen Landen zu beseitigen, ließ Heinrich III. 1265 das geltende Judenrecht kodifizieren. In 16 Paragraphen wurden die wirtschaftlichen und juristischen Lebensbedingungen der Juden in verhältnismäßig großzügiger Weise geregelt. Die einzelnen Bestimmungen zu Pfandrecht, Zeugenbeweis, innerjüdischer Gerichtsbarkeit, landesherrlichen oder Reichsinstanzen sind z. T. noch günstiger als diejenigen des »Sachsenspiegels« und ermöglichten jahrzehntelang friedliches Leben der Juden in Mitteldeutschland.

L W. R. Lutz, Heinrich der Erlauchte, 1977. (PAU)

Heinrich IV., deutscher König (1056) und Kaiser (1084–1106), 11.11.1050 – 7.8. 1106 Lüttich. 1073 nach einer Niederlage gegen die Sachsen von Wormser Bürgern gerettet, gewährte Heinrich IV. diesen 1074 einschließlich der Juden Zollfreiheit. 1090 garantierte Heinrich IV., der seit 1075 mit dem Papst im Streit um das Investiturrecht lag, den Juden von Speyer und Worms (→Judenprivilegien) teilweise im Widerspruch zum kanonischen Recht den Schutz von Leib und Leben, Besitz und Handelsgeschäften, Religionsausübung und Rechtsautonomie und regelte das Prozeßrecht. Zu Beginn des 1. Kreuzzugs (→Kreuzzüge) befahl er von Italien aus den Reichsfürsten, die Juden zu schützen, konnte jedoch Massaker in einigen rheinischen Städten nicht verhindern. Nach seiner Rückkehr erklärte er 1097 in Regensburg trotz kirchlicher Proteste die Zwangstaufen für ungültig und zog Erzbischof Ruthard von Mainz wegen Veruntreuung jüdischer Vermögen zur Verantwortung. 1003 verkündete er in Mainz einen allgemeinen Landfrieden und bezog dabei ausdrücklich auch die Juden ein. (FL)

Heirat →Ehe

Hekalot (hebräisch »Paläste«). Bezeichnung für eine frühe mystische Literatursammlung aus amoräischer und gaonäischer Zeit. Die Sammlung umfaßt zwei Werke, die »Hekalot Rabbati« (große Hekalot) und die »Hekalot Zutrati« (kleine Hekalot). Beide werden Rabbi →Jischmael ben Elischa zugeschrieben. Die Sammlung beschreibt die Vision des göttlichen Thronwagens (Merkawa), die mystische Himmelsreise durch die sieben himmlischen Paläste (daher die Bezeichnung der Sammlung als Hekalot). Ferner enthält sie Darstellungen über die menschliche Seele und Schöpfungstheorien. Die Hymnen fanden Eingang in die aschkenasische Liturgie zu den hohen Feiertagen. (RED)

Hekataios von Abdera, griechischer Schriftsteller, um 300 v. Z. Thrakien, der erste Grieche, der sich mit jüdischer Geschichte eingehender beschäftigte. Am Hof des ägyptischen Herrschers Ptolemaios I. tätig und an einheimischen Traditionen interessiert, bezog er in sein Werk »Über die Ägypter« die Juden positiv ein; der Exodus wird von Hekataios von Abdera als eine Vertreibung von Fremden aus Ägypten interpretiert und Mose als philosophisch inspirierter Führer und Gesetzgeber gesehen. Hekataios von Abderas Darstellung fußt auf Werken griechischer Autoren, auf eigener Landeskenntnis, mündlicher Überlieferung und auf Spekulationen, die er nach den Prinzipien der griechischen Ethnographie verarbeitete. (HC)

Hekhal Schlomo, das in Jerusalem mit Hilfe einer Spende von Sir Isaac Wolfson errichtete, 1958 eingeweihte religiöse Zentrum; es beherbergt u. a. eine Synagoge, eine Bibliothek, das israelische Oberrabbinat und rabbinische Gerichte. (DB/MW)

Hellenismus und Judentum, siehe Juden in der →Antike

Heller, Jom-Tow Lipmann, Talmudist, 1579 Wallerstein, Bayern – 1654 Krakau. Heller war früh sozialpolitisch und religiös engagiert und studierte bei Rabbi →Löwe in Prag, wo er seit 1627 selbst amtierte. Bedingt durch den Dreißigjährigen Krieg, wurden die Juden Prags mit einer Sondersteuer belegt. Gegen seinen Willen wurde Heller der Vorsitzende einer Kommission, die die Summe für jeden Einzelfall festzulegen hatte, und zog sich den Zorn derjenigen zu, die glaubten, daß er ihr Vermögen zu hoch einschätze. Heller wurde denunziert mit dem Argument, daß seine Bücher und Äußerungen staatsbeleidigend und auch antichristlich seien. Er wurde verhaftet, zum Tod verurteilt, begnadigt und in seiner Tätigkeit eingeschränkt; lebte dann bis zu seinem Tod in Polen. Heller schrieb bedeutende Kommentare zur →Mischna (Tossafot Jom-Tow). Er war auch in der Naturwissenschaft bewandert und brachte eine rationalistische Auslegungsweise in Lehre und Kommentar: Jedes übernatürliche Ereignis in heiligen Schriften sei entweder naturwissenschaftlich zu erklären oder als Traum oder nur in übertragenem Sinne zu verstehen. Heller war ein Kenner der jüdischen Mystik (→Kabbala), relativierte aber deren Bedeutung. Er schrieb auch Bücher über das Brauchtum der Juden in verschiedenen Ländern. Seine Autobiographie, erst 1818 in Breslau erschienen, ist für das Verständnis der religiösen und sozialen Lage der Juden im 17. Jahrhundert aufschlußreich. (RED)

Hellwitz, Lazar Levi, Obervorsteher, 1786 Beverungen, Westfalen – 1860 Beverungen. Versuchte in Nachahmung von I. →Jacobson die jüdische Religion zu reformieren und unter einem israelitischen Konsistorium zu organisieren. Dieses sollte über alle »kirchlichen, Schul- und Erziehungsangelegenheiten« der Juden in Deutschland entscheiden. Verfaßte angeblich die unter seinem Namen erschienene Schrift »Die Organisation der Israeliten in Deutschland« (1819, 1826), deren Urheberschaft umstritten ist, da auch L. →Zunz diese für sich in Anspruch nahm.

[L] A. Herzig, Judentum und Emanzipation in Westfalen, 1973. (AH)

Henle, Elkan, Vorkämpfer der Emanzipation und der jüdischen Reformbewegung in Bayern, 7.12.1761 Fürth – 14.10.1833 Fürth. Henle entstammte einer jüdischen Kaufmannsfamilie und erhielt eine traditionelle jüdische Schulbildung. In Schriften wie »Über die Verbesserung des Judentums« (1803 anonym, 1808 in der Zeitschrift »Sulamith« wieder abgedruckt) und »Über die Verfassung der Juden im Königreiche Baiern und die Verbesserung derselben zum Nutzen des Staates« (1811) knüpfte Henle an die Forderungen C. W. v. →Dohms und die Ideen der jüdischen Aufklärung (vor allem an M. →Mendelssohn) an. Henle forderte in Bayern als einer der ersten die bürgerliche Gleichstellung der Juden und den freien Zugang zum Bildungssystem. Henle verlangte nicht nur staatliche Reformen, sondern rief auch das orthodoxe Landjudentum zur Aufgabe des traditionellen Gemeindelebens auf und zur Bildung einer Gesamtvertretung nach dem Vorbild des napoleonischen →Sanhedrins.

[L] F. Babinger, Elkan Henle, 1761–1833. Ein Beitrag zur Geschichte der Judenverselbstständigung in Bayern, in: Monatsschrift für die Geschichte und Wissenschaft des Judentums 62, 1918. – M. Treml, Rabbi Elkan Henle (1761–1833), ein Vorkämpfer für die Judenemanzipation, in: M. Treml/W. Weigand (Hrsg.), Geschichte und Kultur der Juden in Bayern. Lebensläufe, 1988. (BV)

Henoch, Gestalt der jüdischen Apokalyptik. Der Name wird in Gen 5,21–24 erwähnt. Henoch war der Vater von Metuschelach (Methusalem) und wandelte mit Gott. »Und weil er mit Gott wandelte, nahm ihn Gott hinweg und er ward nicht mehr gesehen.« Diese unpräzise Aussage gab Anlaß zu vielerlei Vermutungen über seine Person. Er gilt als Verfasser eines apokalyptischen Sammelwerks, des Buchs »Henoch«. In Europa ist es seit dem Ende des 18. Jahrhunderts – handschriftlich in äthiopischer Sprache – bekannt. Dieses Buch ist aller Wahrscheinlichkeit nach eine Übersetzung aus dem Griechischen, nachdem die hebräisch-aramäische Fassung verlorengegangen war. Das »Henoch-Buch« erzählt, daß Henoch auf einer Reise durch das Weltall den Wohnort der Geister, den →Gan Eden (Garten Eden) und die →Gehinnom (Hölle) gesehen habe, die Sonne und die Sterne. Nach den Angaben eines Himmelsrichters, eines schon immer existierenden →Messias, werden die Bahnen der Sonne, des Mondes und der Sterne beschrieben, der Fall von Tau und Regen, die

Jahreszeiten und auch ein Kalender mit 364 Tagen und 52 Wochen; der auf dem Sonnenkalender der Tradition von →Qumran beruht. (RED)

Henrici, Ernst →Völkische Bewegung

Hep-Hep, Hetz- und Spottruf gegen Juden bei den antisemitischen Unruhen des Jahres 1819, für den es unterschiedliche Erklärungen gibt. Die Brüder Grimm deuteten ihn als Zuruf an die Ziegenböcke in Franken, der schmähend auf die Juden wegen ihrer Ziegenbärte übertragen wurde. Von anderen wurde er als Zusammenstellung der Anfangsbuchstaben von »Hierosolyma est perdita« (Jerusalem ist verloren) interpretiert. (JS)

Herakleios, byzantinischer Kaiser (610–641), 575 – 11. 2. 641. Herakleios rettete das Reich in Kriegen gegen Perser und Awaren und reformierte Verwaltung und Heerwesen durch die sog. Themenverfassung. 614 eroberten die Perser Jerusalem mit jüdischer Hilfe und zerstörten Kirchen und Klöster. Nach seinem entscheidenden Sieg über die Perser zog Herakleios 629 in Jerusalem ein und befahl 632 die Zwangstaufe aller Juden des Reichs wegen Kollaboration mit den Reichsfeinden, erzielte jedoch keinen dauernden Erfolg. Nach der Überlieferung veranlaßte Herakleios auch Frankenkönig Dagobert, alle Juden seines Reichs taufen zu lassen. Mit dem endgültigen Verlust der byzantinischen Ostprovinzen samt Jerusalem an die Araber 634–640 wurden die byzantinischen Juden von ihren östlichen Zentren abgeschnitten.

L A. Sharf, Byzantine Jewry, 1971. (FL)

Herford, Salomon Joel, lippischer Hofagent und Kommissionsrat, 1750 Herford – 1816 Detmold. Der bedeutendste Hofjude von Lippe hatte durch Heirat im Jahr 1779 das Geleitrecht erworben; während der Regentschaft der Fürstin Pauline wurde Herford 1806 der Titel eines Hofkommissärs verliehen. 1812 Kommissionsrat (höchster Titel, den ein Jude in Lippe erlangen konnte). Für viele Jahre Vorsteher der Detmolder Judenschaft. Herford setzte sich dafür ein, daß junge Juden ein Handwerk erlernten; er förderte Mittellose, u. a. indem er ihnen das Lehrgeld bezahlte. In seinem Testament hatte Herford die Einrichtung verschiedener Stiftungen bestimmt: die »Herfordsche Schulstiftung« in Detmold sollte jüdischen Jungen und Mädchen eine solide Schulbildung vermitteln; ein bestimmter Betrag wurde für die finanzielle Unterstützung von bedürftigen Schulkindern bereitgestellt; darüber hinaus richtete Herford einen Aussteuerfonds für arme jüdische Mädchen und eine jüdische Militärunterstützungskasse ein.

L M. Guenter, Die Juden in Lippe von 1648 bis zur Emanzipation 1858, 1973. (JÖD)

Herlitz, Georg, Historiker und Archivar, 11. 3. 1885 Oppeln – 7. 1. 1968 Jerusalem. Herlitz war 1911–16 Direktor des →Gesamtarchivs der deutschen Juden, Gründer und Leiter des Archivs der zionistischen Weltorganisation und 1927–30 Mitherausgeber des »Jüdischen Lexikons«. 1933 Auswanderung nach Palästina. Nach Überführung des zionistischen Archivs nach Jerusalem war er dessen Leiter bis 1955. Werke: »Hebräisch-deutsches Wörterbuch« (1933 bis 1935), »Mein Weg nach Jerusalem« (1964, Autobiographie). (JS)

Hermann, Georg (Pseudonym für Georg Hermann Borchardt), deutscher Schriftsteller, 7. 10. 1871 Berlin – 19. 11. 1943 (auf dem Weg nach?) Auschwitz. Aus alter kultivierter Berliner Familie. 1896–99 kunsthistorische und philosophische Studien in Berlin, vor allem bei Simmel. Danach Kunstkritiker für Ullstein. Seit 1906 durchschlagender Erfolg mit »Jettchen Gebert« und »Henriette Jacoby«, einem Doppelroman über eine Berliner jüdische Familie des Biedermeiers. Weitere Romane und Erzählungen folgten (u. a. »Die Nacht des Doktor Herzfeld« 1912, »Schnee« 1921, »Träume der Ellen Stein« 1927, die fünfteilige Romanfolge »Die Kette« 1917–34), die zumeist im jüdischen Milieu spielen und autobiographisch getönt sind; daneben zahllose Essays und Plaudereien für Zeitschriften und Zeitungen. Mitbegründer und erster Vorsitzender des Schutzverbands deutscher Schriftsteller. Nachdem Hermann bis 1914 sein Judentum problemlos als »die Weste unter dem Rock des anständigen Europäers« angesehen hatte, nahm der überzeugte Pazifist 1921 mit »Der doppelte Spiegel« Stellung gegen den seit 1918/19 sich verstärkenden Antisemitismus; gleichwohl blieb er weiter überzeugter Antizionist. Seit März 1933 lebte Hermann im Exil in den Niederlanden. In den dort entstandenen Romanen »B. M. Der unbekannte Fußgänger« (1935) und »Der etruskische Spiegel« (1936) beschrieb er Exilschicksale. (LN)

Hermann von Scheda (Juda ben David ha-Levi), Prämonstratenserpropst von Scheda,

Konvertit, um 1107/08 – nach 1170 (1181?). Hermann von Schedas autobiographische Schrift über seine »Bekehrung«, als bekenntnishafte Erbauungsschrift angelegt, bietet eine Fülle kulturgeschichtlicher Details. Als der nachmalige Hermann von Scheda sich zwecks Eintreibung eines Kredits 20 Wochen lang am Hof des Bischofs Ekbert von Münster aufhielt, pflegte er enge Kontakte zur Geistlichkeit. Bei einem Glaubensdisput mit →Rupert von Deutz beeindruckte ihn die Verbindung von Vernunft und Schriftbeweis in dessen Argumentation. Seine Aufgeschlossenheit für das Christentum führte zum Konflikt mit der Gemeinde. Nach dem Entschluß zur Konversion entführte Hermann von Scheda seinen siebenjährigen Stiefbruder und brachte ihn im Kloster unter. Hermann von Scheda ermahnte die Christen, mit den Juden brüderlich umzugehen und sie durch beispielhaften Lebenswandel für sich zu gewinnen. In der Verbindung von jüdischer und christlicher Sicht ist Hermann von Schedas Schrift einzigartig. Ein neuerlicher Versuch, sie als Fälschung hinzustellen, ist fehlgeschlagen.

L H. Schreckenberg, Die christlichen Adversus-Judaeos-Texte (11.–13. Jahrhundert), 1988. (FL)

Hermlin, Stephan (Pseudonym für Rudolf Leder), Dichter, 13.4.1915 Chemnitz – 7.4.1997 Berlin. Entstammt einer jüdischen Unternehmerfamilie (der Vater 1938 im KZ Sachsenhausen ermordet). Seit 1931 im kommunistischen Jugendverband, 1936 Exil in Palästina, Frankreich und der Schweiz. 1945 Rückkehr nach Frankfurt am Main, 1947 Übersiedlung in die spätere DDR. Das vielseitige Werk des »religiösen Atheisten« Hermlin ist geprägt von der Spannung zwischen säkularer sozialistischer Hoffnung und biblisch-religiöser Tradition. So verschränkt die Erzählung »Zeit der Gemeinsamkeit« (1949) über den Aufstand im Warschauer Ghetto kommunistische Zukunftsentwürfe mit jüdisch-messianischer Hoffnung. Hermlins komplexe Exilgedichte (zuerst »Wir verstummen nicht« 1945, mit Jo Michaly und Lajser Ajchenrand) bestimmen die Position des Dichters im Blick auf alttestamentliche Modelle. Immer wieder hat Hermlin versucht, das Schweigen über antisemitische Strömungen in der DDR zu brechen, mit Repräsentanten israelischer Kultur (G. →Scholem) zusammenzuarbeiten, an die große Tradition jiddischer Dichtung zu erinnern und in literarischen Texten die besondere Verantwortung des sozialistischen Staats angesichts der antisemitischen Vergangenheit Deutschlands anzumahnen. Nach der Wiedervereinigung trat Hermlin der PDS bei. 1996 entbrannte in der Öffentlichkeit eine heftige Debatte über das Verhältnis von Dichtung und Wahrheit in Hermlins autobiographischem Werk. (HED)

Hermon, arabisch Jabal Saykh, Djebel ech Chech, Gebirgsstock in Süd-Syrien, aus Jurakalken aufgebaut; seit 1967 teilweise in israelischer Hand; der Südwestgipfel ist mit 2814 m die höchste Erhebung Syriens; auf der feuchten Westseite und auf der Südflanke Oliven-, Feigen-, Wein- und Maulbeerkulturen (drusisches Siedlungsgebiet mit 16 000 Einwohnern); die früher bewaldeten Hänge sind durch übermäßige Holznutzung heute weitgehend kahl; Wintersportbetrieb (ein Großteil des 1300 bis 1700 mm Niederschlags fällt als Schnee). – In der Bibel markiert der Hermon die Nordostgrenze des Heiligen Landes (1 Chr 5,23 u. a.). (WL)

Herodes Antipas, Sohn →Herodes' des Großen und der Samaritanerin Malthake um 20 v. Z. – um 40 n. Z., im Testament des Herodes mit den rein jüdisch besiedelten Gebieten Galiläa und Peräa (im Ostjordanland) und dem Titel Tetrarch (»Vierfürst«) bedacht, beides von den Römern bestätigt. Er wurde damit zum Landesherrn Jesu und von Johannes dem Täufer. Im Jahr 17 oder 18 n. Z. gründete er am Westufer des Sees Genezareth seine Hauptstadt Tiberias (zu Ehren des römischen Kaisers Tiberius). In seinem politischen Ehrgeiz durch seine Gattin Herodias bestärkt, wollte Herodes Antipas auch die übrigen jüdischen Klientelfürstentümer (→Agrippa I.) unter seiner Herrschaft vereinigen, konnte jedoch bei dem römischen Kaiser →Caligula nicht durchdringen, wurde vielmehr des Hochverrats verdächtigt und mit seiner Gattin 39 n. Z. nach Lugdunum (Lyon) verbannt, wo er starb. (HC)

Herodes der Große, König von Judäa, um 73 – 4 v. Z., Sohn des →Antipater und der Nichtjüdin Kypros, durch seinen Vater auch im Besitz des römischen Bürgerrechts (deshalb Iulius Herodes). Baute mit Hilfe Roms seine Stellung gegen innere und äußere Widerstände (→Antigonos II.; Parther) aus, die nationaljüdischen Kreise konnte er jedoch trotz seiner Heirat mit der Hasmonäerin →Mariamne nicht wirklich gewinnen. Im Jahr 40 v. Z. kurzzeitig aus Palästina vertrieben und nach Rom geflohen, wurde er vom römischen Senat zum

König erhoben. Mit römischer Hilfe konnte Herodes der Große im Sommer 37 Jerusalem erobern und seinen Herrschaftsbereich sukzessive um Palästina benachbarte, von Nichtjuden besiedelte Gebiete erweitern, so daß sein Reich schließlich in etwa dem der Davidszeit entsprach. Herodes der Große führte einen schonungslosen Vernichtungsfeldzug gegen seine politischen Gegner, vor allem gegen die Priesteraristokratie (→Aristobul III.) und gegen die →Zeloten, erreichte damit jedoch nicht das Ende des inneren Aufruhrs. Das Hohepriesteramt suchte Herodes den Großen dadurch politisch zu neutralisieren, daß er es nicht mehr mit Mitgliedern der führenden Priesterfamilien besetzte und die Hohenpriester immer wieder auswechselte. Durch die Hinrichtung der Mariamne und ihrer Söhne verlor Herodes der Große jede Unterstützung der nationaljüdischen Kreise, so daß sein Tod mit großer Erleichterung aufgenommen wurde. Ob seine Position von Anfang an bei den Juden Palästinas deshalb umstritten war, weil er als Idumäer von Herkunft nicht wirklich als Jude gelten konnte – so ein Großteil der Forschung –, erscheint doch als äußerst fraglich; der Widerstand gegen ihn dürfte viel eher damit zusammenhängen, daß er nicht den biblischen Vorstellungen entsprach, die mit der Königsstellung verbunden waren. Neuere Forschungen betonen die Übereinstimmung der »realpolitischen Interessen« (Gerhard Prause) zwischen Herodes dem Großen und dem jüdischen Volk. – In seiner großangelegten Baupolitik – Städtegründungen, Festungsbauten, Tempelbau, Paläste – ist Herodes der Große ein später Nachfahre der großen hellenistischen Könige gewesen.

[L] St. Perowne, Herodes der Große, 1957. – A. Schalit, König Herodes der Große. Der Mann und sein Werk, 1969. – G. Prause, Herodes der Große. Korrektur einer Legende, 1977, 1990. (HC)

Herodianer, die von Matthäus (22,16) so bezeichnete politische Anhängerschaft des →Herodes des Großen und seiner Familie unter den Juden, die den kulturellen und religiösen Kompromiß des Herrscherhauses mit der griechisch-römischen Kultur und der römischen Herrschaft bejahte, um die Existenz des jüdischen Staates und der jüdischen Nation nicht aufs Spiel zu setzen (radikale Gegenposition zu den →Zeloten). (HC)

Herrmann, Helene, geb. Schlesinger, Literaturwissenschaftlerin, 9. 4. 1877 Berlin – Dezember 1944 Auschwitz (ermordet). Sie heiratete 1898 den Theaterwissenschaftler Max Herrmann, begann im selben Jahr in Berlin zu studieren (Germanistik, Kunstgeschichte und Philosophie) und wurde 1904 mit der Arbeit »Die psychologischen Anschauungen des jungen Goethe und seiner Zeit« promoviert. 1906 erschienen ihre »Studien zu Heines Romanzero«; danach bereitete sie zusammen mit Raimund Pissin eine 15bändige Ausgabe von Heines Werken vor (erschienen 1927). 1914 veröffentlichte sie »Faust, der Tragödie zweiter Teil – Studien zur inneren Form des Werkes«. Im September 1942 wurde sie mit ihrem Mann nach Theresienstadt deportiert, 1944 weiter nach Auschwitz. Werke: »Helene Herrmann. Einfühlung und Verstehen« (1988). (BH)

Hertz, Joseph Hermann, rabbinischer Gelehrter, 25. 9. 1872 Rebrits, Rumänien – 14. 1 1946 London. Seit 1884 in den USA, 1899–1912 Rabbiner in Südafrika, während des Burenkriegs aus Südafrika ausgewiesen; von 1913–45 war Hertz Chief-Rabbi, das geistliche Oberhaupt der englischen Judenheit und des englischen Weltreichs. Hertz vertrat in religiösen Fragen einen konservativen Standpunkt. Als Zionist leistete er wichtige Dienste beim Zustandekommen der →Balfour-Deklaration. Hertz war Vorsitzender des Kuratoriums des Judaistischen Instituts der Hebräischen Universität Jerusalem. Hauptwerke: »The Jews in South Africa« (1905), »A Book of Jewish Thoughts« (1920, deutsch »Jüdische Gedanken und Gedanken über Judentum«, 1924). (LH)

Hertzka, Theodor, Nationalökonom und Journalist, 13. 7. 1845 Pest – 22. 10. 1924 Wiesbaden. 1872–79 Wirtschaftsredakteur der »Neuen Freien Presse« in Wien, anschließend bis 1886 Chefredakteur der von ihm gegründeten »Wiener Allgemeinen Zeitung«; seit 1889 gab er die »Zeitschrift für Staats- und Volkswirtschaft« heraus. Bekannt wurde er vor allem durch seinen utopischen Roman »Freiland, ein soziales Zukunftsbild« (1890; mehrfach übersetzt). Hier entwickelte Hertzka ein genossenschaftliches Gesellschaftsmodell, in dem es zwar Privateigentum und freie Konkurrenz geben, der Grundbesitz aber abgeschafft und die Landwirtschaft genossenschaftlich organisiert werden sollte. Hertzka hielt allerdings sein Modell innerhalb des bestehenden Systems für nicht durchführbar und initiierte eine internationale Bewegung mit dem Ziel, es in Afrika zu realisieren.

Der Versuch im Jahr 1893 mißlang. Hertzka beeinflußte mit seinen Ideen F. →Oppenheimer und T. →Herzl. Weitere Werke u. a.: »Die Gesetze der socialen Entwicklung« (1885), »Das Wesen des Geldes« (1887), »Das Sociale Problem« (1912). (BV)

Herz, 1. Henriette, 5. 9. 1764 Berlin – 22. 10. 1847 Berlin. Herz entstammte der aus Portugal eingewanderten jüdischen Familie des Benjamin de Lemos; heiratete 1779 den Arzt M. →Herz. Sie unterhielt in ihrem Haus einen Salon, wo sich eine geistig-intellektuelle Elite in schöngeistiger Unterhaltung und philosophischem Gespräch im Geist der Aufklärung zusammenfand und der zu einem Mittelpunkt des geistigen und kulturellen Lebens in Berlin wurde. Zu den regelmäßigen Gästen gehörten u. a. Friedrich Schleiermacher, Friedrich von Schlegel, Alexander und Wilhelm von Humboldt, Jean Paul, M. →Mendelssohn, und später der junge L. →Börne. Nach dem Tod ihres Mannes arbeitete Herz als Erzieherin armer Kinder. Während längerer Reisen lebte sie mehrere Jahre in Rom und Wien; nach dem Tod ihrer Mutter ließ sie sich 1818 taufen.

Ⓛ D. Hertz, Die jüdischen Salons im alten Berlin, 1991. – H. Landsberg, Henriette Herz in Erinnerungen, Briefen und Zeugnissen, 1984. (JÖD)

2. Jakob (ursprünglich Koppel Herz), Mediziner, 2. 2. 1816 Bayreuth – 27. 9. 1871 Erlangen. Herz entstammte einer jüdischen Kaufmannsfamilie. Nach Abschluß des Gymnasiums in Bayreuth 1835 Studium der Medizin in Erlangen; 1839 Promotion. Nach langjähriger Arbeit als Assistenzarzt und Anatomiedozent wurde Herz 1862 zum Honorarprofessor, 1863 zum außerordentlichen und 1869, als erster Jude in Bayern, zum ordentlichen Professor ernannt. Herz, der zeitlebens strenggläubig blieb, zeichnete sich vor allem in der Anatomie, Chirurgie (besonders der operativen Orthopädie) und Narkologie aus. Für seine freiwillige Arbeit als Militärarzt in den Kriegen von 1866 und 1870/71 wurde er mehrfach ausgezeichnet und 1867 zum Ehrenbürger der Stadt Erlangen ernannt. 1875 wurde ihm in Erlangen ein Denkmal errichtet, das die Nationalsozialisten 1933 entfernten. (BV)

3. Markus, Philosoph und Arzt, 17. 1. 1747 Berlin – 19. 1. 1803 Berlin. Herz war Sohn armer Kaufleute und wurde 1762 nach Königsberg in die Handelslehre geschickt; dort entschloß er sich unter schwierigsten Umständen zu einem Studium bei I. →Kant. Seit 1770 in Berlin, wo er sich mit Empfehlungen Kants dem Kreis jüdischer Aufklärer um M. →Mendelssohn anschloß; trat erfolgreich für die Philosophie Kants ein. Nach der von D. →Friedländer ermöglichten Vollendung seines Medizinstudiums in Halle wurde Herz 1774 an das neugegründete jüdische Krankenhaus Berlin berufen und galt als einer der besten Ärzte seiner Zeit. 1779 heiratete er H. →Herz. Das Ehepaar unterhielt in seinem Haus einen Salon, der zum Mittelpunkt des geistigen und kulturellen Lebens in Berlin wurde. 1787 wurde Herz von Friedrich Wilhelm II. zum Professor der Philosophie ernannt. Er setzte sich für die Gleichberechtigung der Juden ein und übersetzte auf Geheiß von M. Mendelssohn →Manasse ben Israels »Rettung der Juden«, eine »Widerlegung der der jüdischen Nation gemachten Vorwürfe« (1656). In einzelnen religionsgesetzlichen Fragen wie der Pflicht zur frühen Leichenbestattung bezog Herz antirabbinische Standpunkte. Mit dem Judenklischee auf der Bühne setzte er sich vom Standpunkt assimilierter Juden in einer frühen Schrift auseinander: »Freimütige Kaffeegespräche zweier jüdischer Zuschauerinnen über den Juden Pinkus« (1772). Außerdem verfaßte Herz u. a. »Betrachtungen aus der spekulativen Weltweisheit« (1771) sowie psychologische, medizinische und naturwissenschaftliche Schriften. Der Briefwechsel mit Kant ist eine wichtige Quelle der Kant-Forschung. (DK)

Herzfeld, Levi, Rabbiner und Historiker, 27. 12. 1810 Ellrich, Harz – 11. 3. 1884 Braunschweig. 1833–36 Studium in Berlin, wo er u. a. Schüler von L. →Zunz war; seit 1842 Landesrabbiner von Braunschweig. Als Anhänger einer gemäßigten innerjüdischen Reform leitete Herzfeld mit L. →Philippson, mit dem er 1844 die →Braunschweiger Rabbinerversammlung einberufen hatte, und Abraham Meyer Goldschmidt von 1860–73 das →Institut zur Förderung der israelitischen Literatur. Als erster »jüdischer Wirtschaftshistoriker« (Salo W. Baron) arbeitete Herzfeld in seinen Werken mit einem integralen politik- und religionsgeschichtlichen Ansatz, der in hohem Maß die Beziehungen zwischen der jüdischen und der allgemeinen Geschichte berücksichtigte. Hauptwerke: »Vorschläge zu einer Reform der jüdischen Ehegesetze« (1846), »Geschichte des Volkes Israel« (1847–56), »Handelsgeschichte der Juden des Altertums« (1879).

Ⓛ S. W. Baron, Levi Herzfeld. The First Jewish Economic Historian, in: Louis Ginzberg Jubilee Volume, New York 1945. – K. Wilhelm, Levi Herzfeld – der erste jüdische Wirtschaftshistoriker, in: Brunsvicensia Judaica, 1966. (JÖD)

Herzfelde, Wieland→Exilverlage

Herzl, Theodor, Schriftsteller und zionistischer Politiker, 2.5.1860 Budapest – 3.7. 1904 Edlach, Niederösterreich. Sein Leichnam wurde 1949 zur Gedächtnisstätte auf dem Herzl-Berg in Jerusalem überführt. Nach einem Jurastudium in Wien wurde Herzl Journalist, war 1891–96 Pariser Korrespondent der Wiener »Neuen Freien Presse«, danach Feuilletonredakteur dieser Zeitung. Unter dem Eindruck der →Dreyfus-Affäre gelangte Herzl zu der Auffassung, daß sich die Juden als Nation konstituieren und einen Staat gründen müßten. Sein 1896 erschienenes Werk »Der Judenstaat« gab den Anstoß zur Gründung der zionistischen Bewegung. 1897 berief er den 1. Zionistenkongreß nach Basel ein und wurde zum Präsidenten der Zionistischen Weltorganisation gewählt. Herzl führte zahlreiche Verhandlungen (u.a. mit dem türkischen Sultan Abdül Hamid II. und dem deutschen Kaiser Wilhelm II. 1898 in Jerusalem) mit dem Ziel, eine »Heimstätte des jüdischen Volkes« in Palästina zu gründen. Obwohl seinerzeit ohne greifbaren Erfolg, schuf Herzls Tätigkeit wesentliche Voraussetzungen für die Gründung des Staates Israel (1948). Unter seinen zahlreichen literarischen Werken schildert Herzls utopischer Roman »Altneuland« (1902) den künftigen jüdischen Staat. Seine Briefe und Tagebücher (7 Bände, 1983 ff.) sind eine wichtige Quelle zur Geschichte der zionistischen Bewegung.

Theodor Herzl

Ⓛ A. Bein, Theodor Herzl, (deutsch) 1983. – E. P. Blumenthal, Diener am Licht. Eine Biographie Theodor Herzls, 1977. – A. Elon, Die Israelis Gründer und Söhne, 1972. – J. H. Schoeps, Theodor Herzl. 1860–1904, 1995. (DB/MW)

Herzliya, Herzliyya (nach T. Herzl), israelische Stadt im nördlichen Vorortbereich von Tel Aviv, 16 km vom Stadtzentrum; 85 000 Einwohner; 1924 als Dorfsiedlung mit Orangenanbau gegründet; heute Industriestandort: Elektrogeräte-, Textil- und Nahrungsmittelindustrie; Seebad; Diplomatenviertel. (WL)

Herzog, 1. Chaim, israelischer Offizier, Rechtsanwalt und Politiker (→Israelische Arbeitspartei), 17.9.1918 Belfast, Nordirland – 17.4.1997 Tel Aviv. Studierte in Dublin, London und Cambridge; lebte seit 1935 in Palästina. Während des Zweiten Weltkriegs diente Herzog in der britischen Armee. 1947/48 war er Leiter der Sicherheitsabteilung der →Jewish Agency; 1948–62 in der israelischen Armee. Er war Direktor der militärischen Nachrichtendienste 1948–50 und wieder 1959–62. Nach dem →Sechs-Tage-Krieg 1967 war Herzog der erste israelische Gouverneur des Westjordanlands. Zeitweise als Anwalt, Journalist, Rundfunk- und Fernsehkommentator tätig; 1975 bis 1978 Israels UN-Botschafter, 1983–93 Staatspräsident (1988 wiedergewählt). Herzog hat mehrere Werke zur jüdischen Geschichte und zur israelischen Militärgeschichte verfaßt, darunter »Kriege um Israel«, 1982 (deutsch 1984). (DB/MW)

2. Wilhelm, Schriftsteller (Pseudonym: Julian Sorel), Übersetzer und Publizist, 12.1.1884 Berlin – 18.4.1960 München. Studium der Germanistik und Kunstgeschichte in Berlin. Herzog gab 1910–15 in Berlin zusammen mit Paul Cassirer und A. →Kerr die Halbmonatsschrift »Pan« heraus; 1914–29 mit Unterbrechungen Herausgeber des »Forum«, einer Zeitschrift für eine Politik der Völkerverständigung auf der Grundlage der abendländischen Kultur. Nach dem Ersten Weltkrieg gab Herzog unter dem Titel »Weltliteratur« eine Wochenschrift heraus, die je ein vollständiges Werk der Weltliteratur enthielt, außerdem 1918/19 die sozialistische Tageszeitung »Die Republik«. Zusammen mit Hans José Rehfisch schrieb er das Schauspiel »Die Affäre Dreyfus«, das am 25.11.1929 an der Berliner Volksbühne uraufgeführt wurde. Während des Zweiten Weltkriegs Internierung, 1941 Flucht aus Marseille, Internierung in Trinidad, dann Exil in den USA. 1947

Rückkehr nach Basel, 1952 München. 1956 erhielt er den Kulturpreis der Stadt München. Hauptwerke u. a.: »Kleist« (1911), »Im Zwischendeck nach Südamerika« (1924), »Der Kampf einer Republik. Die Affäre Dreyfus« (1933), »Barthou« (1938), »Menschen, denen ich begegnete« (Erinnerungen, 1959); Herausgeber von »Große Gestalten der Geschichte« (4 Bände, 1959–61). (LH)

Heschel, Abraham Joshua, Philosoph, 11. 1. 1907 Warschau – 23. 12. 1972 New York. Heschel stammt von berühmten chassidischen Führern ab: väterlicherseits von A. J. Heschel von Opatow; mütterlicherseits von Levi Jizchak von Berditschew. Seit 1927 studierte Heschel in Berlin und promovierte 1933 mit einer bahnbrechenden Arbeit über »Die Prophetie« (deutsch Krakau 1936; erweiterte englische Ausgabe 1962), eine an E. →Husserl und M. →Scheler orientierte Phänomenologie der prophetischen Gotteserfahrung. In Anlehnung an J. →Halewis Antinomie unterscheidet sich nach Heschel der Gott der Bibel vom Gott der Philosophen dadurch, daß er nicht als gleichgültiger Gegenstand der spekulativen Theologie, sondern als ein dem Menschen zugewandtes, gefühlsmäßig beteiligtes Gegenüber erscheint. Dem »Pathos« Gottes entspricht die »Sympathie« des Propheten, der die Beziehung zwischen Gott und Mensch mitfühlend versteht und das Verlangen Gottes (»Ethos«) verkündet. Die Spannung von affektiver und rationaler Theologie im Judentum hat Heschel 1935 in seiner Maimonides-Biographie personifiziert. 1937 berief M. →Buber Heschel als Nachfolger an die Mittelstelle für jüdische Erwachsenenbildung und an das jüdische Lehrhaus in Frankfurt am Main. Im Oktober 1938 wurde Heschel von den Nationalsozialisten nach Polen ausgewiesen, von wo ihm 1939 über England die Flucht in die USA (1940) gelang. Von 1940–45 lehrte Heschel am Hebrew Union College in Cincinnati (Ohio), seit 1945 am konservativen Jewish Theological Seminary in New York. In seinem religionsphilosophischen Hauptwerk »Gott sucht den Menschen« (englisch 1956, deutsch 1980) entfaltet Heschel seinen ursprünglichen phänomenologischen Ansatz zu einer existenzialistischen »Tiefentheologie«, die sich weniger mit den religiösen Vorstellungen des Judentums als mit den Glaubensakten der jüdischen Existenz befaßt. Sehr populär wurden Heschels Bücher über den »Shabbat« (1951, deutsch 1990) und über das Gebet (»Der Mensch fragt nach Gott«, 1954, deutsch 1982). Heschel hat sich in der Bürgerrechts- und Protestbewegung der 60er Jahre politisch engagiert und galt als profiliertester geistiger Vertreter des Judentums. Eine entscheidende Rolle spielte er im interreligiösen Dialog, so bei der Vorbereitung zum 2. →Vatikanischen Konzil.

Ⓛ F. A. Rothschild, Abraham Joshua Heschel (1907–72): Theologian and Scholar, in:American Jewish Yearbook 74, 1973. – B. L. Sherwin, Abraham Joshua Heschel, 1907–72, in: Jewish Book Annual 32, 1974/75. (DK)

Hesekiel →Hebräische Bibel

Hess, Moses, sozialistischer und zionistischer Denker, 21. 6. 1812 Bonn – 6. 4. 1875 Paris. Der Sohn eines Zuckerfabrikanten wurde streng religiös erzogen. Nachdem Hess mit 14 Jahren in die väterliche Firma eingetreten war, eignete er sich autodidaktisch die Philosophie und Religionskritik B. →Spinozas, G. F. W. →Hegels und Ludwig Feuerbachs an und löste sich von der strengen jüdischen Observanz. 1837–39 studierte Hess in Bonn und veröffentlichte »Die heilige Geschichte der Menschheit. Von einem Jünger Spinozas«, ein visonäres Panorama der Verkörperung Gottes im Fortschritt der Menschheit zum Sozialismus, das in der messianischen Verklärung des Judentums gipfelt. Anfang der 40er Jahre trat Hess publizistisch für radikale kommunistische Ideen ein und gewann dafür u. a. K. →Marx (Arnold Ruge nannte Hess den »Kommunisten-Rabbi«). Hess teilte auch das bei den meisten französischen und deutschen Linksradikalen übliche Klischee vom Judentum als Inbegriff des Händler- und Schachertums. 1841 Mitbegründer der »Rheinischen Zeitung«, 1845 gemeinsam mit Friedrich Engels Herausgeber der Zeitschrift »Gesellschaftsspiegel«. Anfang der 60er Jahre bekannte sich Hess im Exil jedoch zu einem modernen jüdischen Nationalismus. In seinem programmatischen zionistischen Werk »Rom und Jerusalem. Die letzte Nationalitätenfrage« (1862) prophezeite er das Scheitern der jüdischen Emanzipation in den europäischen Staaten, rief die jüdischen Assimilanten zur nationalen Selbstbesinnung auf und forderte die Gründung eines jüdischen Nationalstaats, den Hess allerdings nur als Vorstufe der messianischen Erlösung der Menschheit betrachtete. Eine solche Vision konnte im Zeitalter der jüdischen Emanzipation und des Liberalismus keinen Anklang finden. Hess setzte unterdessen seine sozialistische Aktivität fort und unterstützte zeitweise

F. →Lassalles parlamentarischen Reformismus.

🄻 E. Silberner, Moses Hess, Geschichte seines Lebens, Leiden 1966. – S. Na'aman, Emanzipation und Messianismus. Leben und Werk des Moses Hess, 1982. (DK)

Hessen, Juden in Hessen spätestens seit dem 12. Jahrhundert. Älteste Gemeinde seit 1188 in Münzenberg, dessen Tradition im 13. Jahrhundert Friedberg übernahm. Daneben sind frühe Judengemeinden im kurmainzischen Fritzlar (1200) und in Fulda (1235) bezeugt, die 1275 einem Pogrom zum Opfer fielen. Die Wetterau mit den vier Reichsstädten Frankfurt, Friedberg, Gelnhausen und Wetzlar sowie den Gebieten der Grafen von Hanau, Isenburg, Nassau und Solms blieb stets Siedlungsschwerpunkt der Juden in Hessen. Die Geschichte der zunächst auf die Städte konzentrierten Gemeinden nahm im Pestjahr 1349 ein abruptes Ende. Die meisten Juden wurden vertrieben, viele erschlagen, andere flüchteten nach Erfurt. Zwar konnten sich von 1367 an wieder Gemeinden an alter Stelle bilden, doch waren die meisten Juden seither gezwungen, um einen Schutzbrief nachzusuchen. Innerhalb der Landgrafschaft verlief die Entwicklung der nun stark aufgefächerten Gemeinden ungestört, bis 1524 Landgraf Philipp sie des Landes verwies. 1532 Wiederaufnahme der Juden in Hessen, 1539 unter eine tolerante Judenordnung gestellt, die Grundlage aller späteren Ordnungen der hessischen Teillandgrafschaften wurde. Seither kam es unter dem Druck der Zünfte noch zu Vertreibungen aus den Städten aufs Land (1661/62 in Darmstadt, Gießen, Groß-Gerau). Rechtliche Grundlage blieben die Judenordnungen (seit 1585) und zahlreiche Einzelverordnungen, daneben weiterhin die Schutzbriefe. In den Territorien Hessen-Darmstadt und Hessen-Kassel bildete sich seit dem 17. Jahrhundert je ein separater Judenlandtag (→Landjudenschaft). Doch gerieten die Landtage, die sich außer um innerjüdische Angelegenheiten auch um Steuerumlagen zu kümmern hatten, zunehmend unter die Kontrolle staatlicher Kommissare und wurden zur Installierung christlicher Bekehrungspredigten benutzt. Im Zuge der Aufklärung wurde das durch extensive Besteuerung charakterisierte System gelockert, bis 1803 die Leibzollaufhebung die neue Zeit ankündigte. In Hessen-Kassel wurde die Emanzipation gesetzlich 1833, in Hessen-Darmstadt nach Vorstufen (von 1820/21) 1848 und im Herzogtum Nassau 1849 eingeführt. In Hessen-Kassel, dem größten der hessischen Territorien, gab es nach einer Aufstellung von 1776 259 Judenfamilien in den Städten, 138 in den herrschaftlichen und 297 in den adligen Dörfern des Landes. In den 20er Jahren des 19. Jahrhunderts zählte Kurhessen 17 000 Juden, das Großherzogtum etwa 20 000 Juden (um 1850 28 000), das Herzogtum Nassau 6150 Juden. Trotz einer gewissen Reurbanisierung blieb die jüdische Bevölkerung weitgehend auf kleine Gemeinden verstreut. Noch 1932 gab es in Hessen 401 Gemeinden (200 in Hessen-Nassau, 198 im Volksstaat Hessen, drei im Kreis Wetzlar), von denen 132 mit 15 000 Mitgliedern im Landesverband Israelitischer Religionsgemeinden vertreten waren. Das Ende der Judengemeinden in Hessen kam wie überall im Reichsgebiet in der NS-Zeit, beginnend mit den in Hessen besonders früh einsetzenden Pogromen der »Reichskristallnacht« (Kassel). Nur allmählich konnten sich nach 1945 wieder Gemeinden bilden. Sie hatten, zusammengeschlossen im Landesverband Jüdischer Gemeinden in Hessen, bis 1970 einen Gesamtbestand von 1600 Mitgliedern erreichen können (ausgenommen →Frankfurt), die sich im wesentlichen auf die Gemeinden Darmstadt, Fulda, Gelnhausen, Bad Homburg, Kassel, Marburg, Bad Nauheim, Offenbach und Wiesbaden verteilten. 1997 zählte der Landesverband aufgrund der jüdischen Zuwanderer aus der GUS rund 3200 Mitglieder.

🄻 P. Arnsberg, Die jüdischen Gemeinden in Hessen, 2 Bände, 1971. – F. Battenberg, Judenverordnungen in Hessen-Darmstadt, 1987. – Neunhundert Jahre Geschichte der Juden in Hessen, 1983. (FB)

Heydrich, Reinhard →Wannseekonferenz

Heym, Stefan (eigentlich Helmut Flieg), Journalist und Schriftsteller, 10. 4. 1913 Chemnitz. 1933 Emigration nach Prag, 1935 in die USA. Dort u. a. Chefredakteur der antinationalsozialistischen New Yorker Wochenzeitung »Deutsches Volksecho« (1937 bis 1939); 1943–45 Sergeant in der Armee. 1951 Übersiedlung in die DDR, journalistische Tätigkeit. Zahlreiche Erzählwerke parallel in der DDR und der BRD (seit 1977 aus politischen Gründen nur noch im Westen), in denen die Hoffnung auf einen humanen Sozialismus wachgehalten wurde. Auch jüdische Themen und Stoffe wurden von Heym im Sinne seiner gesellschaftskritischen Dialektik funktionalisiert. Während im Roman »Der König David Bericht« (1972) die Darstellung der Herrscherdynastie David/Salomo auf Stalin und die DDR hin lesbar wurde, deutete Heym die christlich-antijüdische Legende vom Ewigen Juden im Roman »Ahasver« (1981) positiv um: Ahasver ist nun seit Schöpfungsbeginn der intellektuelle Rebell, der mit einer entmystifizierten Jesus-Figur zum Inbegriff des wahrhaft Göttlichen als eines immanenten Weltprinzips verschmolzen wird. In der Autobiographie »Nachruf« (1989) bekannte sich Heym zu Heine, dessen »Atta Troll« er interpretiert hatte (1983), wie allgemein zu jüdischen Sozialisten und Humanisten, in deren Umkreis er sein eigenes Engagement – auch nach 1990 – ansiedelt. 1994 wurde er – als Abgeordneter der PDS – Alterspräsident des Deutschen Bundestags. 1995 erschien der Roman »Radek«. (HH)

Heymann, 1. Carl, Buchhändler und Verleger, 29. 11. 1794 Glogau – 22. 8. 1862 Berchtesgaden. Heymann verbrachte seine Kindheit und Jugend in Glogau. Er gründete 1815 ein Antiquariat und eine Leihbibliothek und begann 1821 seine Tätigkeit als Verleger. Das Unternehmen, das 1836 nach Berlin verlegt wurde, begründete die Tradition des bis heute bestehenden rechtswissenschaftlichen Verlags. 1846 wurde Heymann zum Königlichen Kommerzienrat ernannt. (FDL)

2. Fritz, Journalist und Schriftsteller, 28. 8. 1897 Bocholt – 1943 Auschwitz (ermordet). Freiwilliger im Ersten Weltkrieg, Mitglied eines Freikorps, Studium der Literatur und der Rechtswissenschaft, Promotion zum Doktor der Rechtswissenschaft. 1927 Eintritt in die Redaktion der »Düsseldorfer Lokalzeitung«, 1933 Flucht in das freie Saargebiet, Redakteur der antinazistischen Zeitschrift »Westland« (46 Nummern, 11. 11. 1933 – 17. 11. 1934), dann über Paris 1935 nach Amsterdam. Veröffentlichte dort 1937 im Querido Verlag das Buch »Der Chevalier von Geldern«, das die Lebensläufe jüdischer Abenteurer und Außenseiter nachzeichnet.

🄻 J. H. Schoeps, Jeder Stein ist besudelt, in: J. H. Schoeps, Über Juden und Deutsche, 1986. (JS)

Paul Heyse

Heyse, Paul, deutscher Schriftsteller, 15. 3. 1830 Berlin – 2. 4. 1914 München. Heyse bekannte sich stets zu seiner »westöstlichen« Herkunft und Natur: Der christliche Vater war klassischer Philologe und Sprachwissenschaftler, die äußerst gebildete Mutter stammte aus der Familie des preußischen Hofjuweliers Jakob Salomon, die nach der Taufe den Namen Saaling annahm. Heyse lebte seit 1854 auf Betreiben Geibels als poeta laureatus und Verfasser einer Vielzahl von technisch perfekten Dichtungen aller Genres und Gattungen in München. Er wurde zum Repräsentanten seiner Epoche und daher noch 1910 mit dem Nobelpreis ausgezeichnet. Jüdische Figuren schilderte er mehrmals, besonders in der Novelle »Judith Stern« (1874), im Roman »Kinder der Welt« (1873) und im (mehrfach verbotenen) biblischen Drama »Maria von Magdala« (Uraufführung 1901), wobei der liberale, freigeistige Heyse immer um eine ausgewogene Darstellung bemüht war. (HH)

HIAS (Hebrew Immigrant Aid Society) →HICEM

HICEM, 1927 mit Sitz in Paris gebildete Vereinigung der jüdischen Emigrantenhilfsorganisationen HIAS (»Hebrew Immigrant Aid Society«, New York), JCA (»Jewish Colonization Association«, Paris) und EMIDIRECT (»Vereinigtes Komitee für jüdische Auswanderung«, Berlin). Als Aufgabenbereiche waren u. a. programmatisch festgeschrieben: Unterrichtung der jüdischen Auswanderer über die Lebensbedingungen und Arbeitsmarktsituation in den Immigrationsländern, juristische und konsularische Hilfeleistungen, Einrichtung von Sprach-, Berufs- und Landwirtschaftskursen sowie Beschaffung von Arbeitsnachweisen. Angesichts des weitverzweigten Netzes von Büros und Komitees wurde HICEM nach der seit März 1933 einsetzenden jüdischen Massenemigration (→Emigration und Exil nach 1933) aus Deutschland zur wichtigsten Organisationszentrale für jüdische Auswanderer außerhalb Palästinas. HICEM unterhielt Stützpunkte u. a. in Ägypten, Argentinien, Australien, Brasilien, Chile, China, England, Griechenland, Jugoslawien, Kanada, Mexiko, Nordafrika, Persien, Portugal, Südafrika, Syrien, der Türkei, Uruguay und in den USA. (WJ)

Hieronymus, Theologe, Kirchenvater, Klostergründer, um 347 Stridon, Dalmatien – 30. 9. 419 (420?) Bethlehem. Hieronymus verschrieb sich schon in jungen Jahren der christlichen Askese, nach dem ersten Besuch in Palästina im Jahr 373 lebte er seit 386 endgültig in Bethlehem und scharte einen Kreis gleichgesinnter aristokratischer Frauen um sich. In Bethlehem entstand auch die lateinische Bibelübersetzung, die im Lauf des Mittelalters als Vulgata verbindlich wurde. Hieronymus lernte neben Griechisch auch Hebräisch und vertrat in der Auslegung des AT den Vorrang des hebräischen Textes (→Veritas Hebraica) gegenüber der griechischen Übersetzung, der Septuaginta. In Anlehnung an →Origenes sah Hieronymus im historisch-wörtlichen Verständnis nur die Voraussetzung der meist typologisch-allegorischen Deutung des Textes. Während der Buchstabe die Juden töte, mache der Geist die Christen lebendig. Gute Kontakte zu jüdischen Gelehrten, die ihm zahlreiche rabbinische Überlieferungen vermittelten, stehen im Gegensatz zu einer meist negativen Darstellung des Judentums. Immer wieder betonte er dessen ewige Verdammung als »Synagoge des Satans« und hielt eine Bekehrung kaum für möglich. Hieronymus wandte sich auch gegen die Judenchristen und gegen judaisierende Tendenzen im Christentum, was wiederum belegt, wie groß die Attraktivität jüdischer Riten und Lebensweise auf die Christen seiner Zeit war. Hieronymus' umfangreiches Werk enthält auch wichtige Zeugnisse zur Topographie Palästinas und zur Situation des Judentums seiner Zeit.

[L] H. Schreckenberg, Die christlichen Adversus-Judaeos-Texte und ihr literarisches und historisches Umfeld (1.–11. Jahrhundert), [2]1990. (HC)

Hildesheim. Im Stift und in der Stadt Hildesheim sind Juden seit dem 13. Jahrhundert nachweisbar. Im 14. Jahrhundert bildete sich in der Stadt Hildesheim eine zahlenmäßig bedeutsame Gemeinde (ein bis zwei Prozent der Einwohner) mit Synagoge in der Nähe des Altstädter Markts (Judenstraße). Zwischen 1457 und 1601 lebten hier nur vereinzelt jüdische Familien. Danach entstand wieder eine Gemeinde, die bis 1941 existierte. In Berufung auf die Herleitung von Kaiser und Reich verfügte der Bischof im Stift über das Judenregal und verpfändete es 1428 an den Rat der Altstadt. Auch nach den Vertreibungen der Juden aus der Stadt (1457 und 1595) behauptete der inzwischen protestantisch gewordene Rat dieses Recht. Die Auseinandersetzungen zwischen Rat und Bischof Jobst von Brabeck (Regierungszeit 1688 bis 1702) konnten trotz wiederholter Klagen vor Reichsgerichten keine Regelung der von beiden Seiten ausgeübten Vergeleitung bringen. Während der protestantische Rat für die Juden eine öffentliche Religionsausübung zu verhindern suchte und deshalb den Bau einer Synagoge verbot, gestattete dies der bischöfliche Schutzbrief von 1662, der den Charakter einer →Judenordnung hatte. Ein Versuch des Bischofs, 1698 die Wahl der drei Vorsteher der jüdischen Gemeinde zu entziehen und unter den Einfluß bischöflicher Kommissare zu bringen, scheiterte. Wie in anderen norddeutschen Territorien verarmten auch im Stift Hildesheim die meisten jüdischen Familien nach dem Siebenjährigen Krieg. 1803 fiel das Stift an Preußen und kam 1807 an das Königreich Westfalen. Bedingt durch das Synagogen-Bauverbot des protestantischen Rates durfte erst nach 1848 in der Stadt im jüdischen Viertel am Lappenberg eine Synagoge gebaut werden, die in der Reichspogromnacht 1938 zerstört wurde. Nach der Vernichtung der jüdischen Gemeinde unter dem Nationalsozialismus keine Wiedererrichtung nach 1945.

[L] P. Aufgebauer, Die Geschichte der Juden in der Stadt Hildesheim im Mittelalter und in der frühen Neuzeit, 1984. – A. Rexhausen, Die rechtliche und wirtschaftliche Lage der Juden im Hochstift Hildesheim, 1914. (AH)

Hildesheimer, 1. Esriel (Israel), Rabbiner, 20. 5. 1820 Halberstadt – 12. 7. 1899 Berlin. Hildesheimer war darum bemüht, das gesetzestreue Judentum auf eine neue Grundlage zu stellen. Er gehört neben S. R. →Hirsch und Marcus Lehmann zu den Neubegründern der →Orthodoxie. 1869 wurde er Rabbiner bei der Gemeinde →Adass Jisroel in Berlin, 1873 gründete er das Rabbiner-Seminar. Hildesheimer hielt mit Rücksicht auf die durch die Emanzipation geschaffene Lage eine Erweiterung der traditionellen, rein halachischen Ausbildung des Rabbiners durch ein Studium der jüdischen Geschichte, der hebräischen Philologie, der →Religionsphilosophie, der Homiletik und der →Exegese für erstrebenswert. Durch seine Tätigkeit und durch seine Schüler hat Hildesheimer über die Grenzen Deutschlands hinaus die Entwick-

lung des Judentums im 19. Jahrhundert bestimmt.
L Anonym (vermutlich G. Karpeles), Esriel Hildesheimer, Eine biographische Skizze, 1870. – M. Eliav, Rabbiner Esriel Hildesheimer, 1965. (JS)

2. Wolfgang, Schriftsteller und Grafiker, 9. 12. 1916 Hamburg – 21. 8. 1991 Poschiavo, Schweiz. 1933 Emigration über England nach Palästina; 1937–39 und 1946 England; 1946–49 Simultan-Dolmetscher bei den Nürnberger Prozessen; lebte seit 1957 in der Schweiz. Mit seinen frühen Dramen (seit dem Ende der 50er Jahre) ist Hildesheimer ein deutschsprachiger Vertreter des »absurden Theaters«. Daneben hat er Hörspiele, Erzählungen und Essays geschrieben. Bedeutend sind seine größeren Werke, u. a. der Roman »Tynset« (1965), der den lastenden Bann der jüngsten deutschen Vergangenheit deutlich werden läßt, und die Studie »Mozart« (1977). Seit Mitte der 80er Jahre hatte Hildesheimer sich von der Literatur zurückgezogen und widmete sich seinem graphischen Werk (u. a. Collagen). 1966 erhielt er den Georg-Büchner-Preis. (GMS)

Hilferding, Rudolf, sozialdemokratischer Politiker, 10. 8. 1877 Wien – 12. 2. 1941 Paris. Medizinstudium in Wien und Kontakt zum Kreis um Viktor Adler. 1901 Studienabschluß als Doktor der Medizin. Danach Beschäftigung mit der Volkswirtschaft. Profilierung als sozialistischer Theoretiker. Hauptwerk: »Das Finanzkapital. Eine Studie über die jüngste Entwicklung des Kapitalismus« (1910). Als Redakteur tätig für Zeitungen der USPD und SPD. Führender Wirtschaftstheoretiker der SPD. Finanzminister in den Regierungen Stresemann (1923) und Hermann Müller (1928/29). Als Jude besonders gefährdet nach der nationalsozialistischen Machtergreifung. 1933 Emigration nach Dänemark, in die Schweiz und Frankreich. Mitarbeiter des Exilvorstands der SPD. Mitverfasser des »Prager Manifestes« vom 28. 1. 1934. Auf Verlangen der Hitler-Regierung vom →Vichy-Regime an die Gestapo ausgeliefert (11. 2. 1941). Starb im Pariser Gestapo-Gefängnis nach schweren Mißhandlungen. (WJ)

Hilfskomitee für die aus Deutschland geflüchteten Opfer des Antisemitismus, Hilfsorganisation für deutsch-jüdische Emigranten in Frankreich. Das am 14. 6. 1933 vom Consistoire Israélite ins Leben gerufene Komitee war die einzige von der französischen Regierung anerkannte Vertretung deutsch-jüdischer Emigranten. Unter dem Vorsitzenden Albert Lévy und dem Generalsekretär Raymond-Raoul Lambert wurden Hilfsmaßnahmen koordiniert und Möglichkeiten der Weiterwanderung organisiert. Nach einem Bericht an den »Hochkommissar für Flüchtlinge« vom Oktober 1934 waren bis dahin 8000 Männer, 5000 Frauen und 1500 Kinder unterstützt worden. Am 23. 7. 1935 wurde das Wohlfahrtsamt des Komitees infolge »der Wirtschaftskrise und der politischen Unsicherheit« geschlossen. Bis Kriegsbeginn wurde lediglich ein Büro für Rechts- und Verwaltungsfragen weitergeführt. (WJ)

Hilfsorganisationen →HICEM

Hilfsverein der deutschen Juden, am 20. 5. 1901 als »neutrale« und philantropische Organisation auf Initiative von Eugen Landau, Paul Nathan, Oscar Cassel, Ernst Magnus und Berthold Timendorfer mit Hauptsitz in Berlin gegründet. Der Hilfsverein der deutschen Juden sollte anstelle der Hilfskomitees, die jeweils bei Judenverfolgungen gegründet wurden, eine dauerhafte Hilfsorganisation für Juden sein, die in wirtschaftlicher und sozialer Not lebten. Der Hilfsverein der deutschen Juden unterhielt u. a. Erziehungsanstalten in Rumänien, Bulgarien, der Türkei und Palästina. Er finanzierte die Auswanderung russischer und rumänischer Juden nach Amerika. Von 1904 bis zum Kriegsbeginn förderte der Hilfsverein der deutschen Juden durch das zu diesem Zweck gegründete »Zentralbüro für jüdische Auswanderungsangelegenheiten« die Emigration. In den zehn Jahren vor dem Weltkrieg haben insgesamt 200 000 Auswanderer diese Fürsorgetätigkeit in Anspruch genommen. Während des Ersten Weltkriegs koordinierte der Hilfsverein der deutschen Juden die internationale Hilfsaktion für die osteuropäischen Juden. Während der nationalsozialistischen Gewaltherrschaft kam dem Hilfsverein der deutschen Juden eine erhöhte Bedeutung zu. Von 1933–39 unterstützte er über 90 000 deutsche Emigranten. Im Juli 1939 erfolgte die zwangsweise Eingliederung in die →Reichsvereinigung der Juden in Deutschland. Nach dem Beginn der Deportationen mußte der Hilfsverein der deutschen Juden seine Arbeit am 1. 1. 1942 beenden. Vorsitzende waren James Simon (1901–32), Eugen Landau (1932–34), Moritz Warburg (1934–38/39). Generalsekretäre waren W. →Bambus (1901–04), B. →Kahn (1904–21), M. →Wischnitzer (1922–38/39). Presseorgan war das »Korrespondenzblatt für jüdische Auswanderungsangelegenheiten«. (LH)

Hillel (auch ha-Sakeu, »Ältester Gelehrter«), bedeutender rabbinischer Gelehrter, wahrscheinlich Ende des 1. Jahrhunderts Babylonien – Anfang des 2. Jahrhundert n. Z. Über sein Leben sind sehr wenige verläßliche Daten vorhanden. Er hat zusammen mit seinem späteren Widersacher →Schammai die Tora bei Schmaja und Abtaljon studiert. Wann genau er nach Palästina kam, ist nicht feststellbar. Hillel und seine Schule (Bet Hillel), genauer die Denkweise, die er begründete, unterschieden sich grundsätzlich von der Schule seines Widersachers Schammai (Bet Schammai). Im Gegensatz zu Schammai deutet Hillel die Gesetze auf eine nicht so strenge, aber sehr praxisnahe Weise. In den meisten Fällen folgt die →Halacha dem Urteil von Hillel. Er hat viele Takkanot (→Takkana) erlassen. Eine seiner bekanntesten Verordnungen betrifft den Prosbul: In biblischen Zeiten galt das Sabbatjahr – das siebte Jahr – als generelles Schuldenerlaß-Jahr (vgl. Dtn 15). Der Prosbul ist eine Erklärung vor Gericht, die die Verjährungsfrist aufhebt. (RED)

Hillel ben Samuel, Philosoph und Arzt, um 1220– 1295. Hillel ben Samuel entstammte einer Familie illustrer Talmudisten aus Verona und lebte in Neapel und Capua. Sein Werk und sein Wirken stehen im Zusammenhang mit der Verbreitung der Ansichten des →Mose ben Maimon in Italien. Obwohl Hillel ben Samuel 1289/90 eine Ächtung des Philosophen verhindert und eine internationale Synode zur Klärung der Vorwürfe angeregt hatte, lehnte er auch den radikalen Rationalismus der Anhänger des →Averroes ab, vor allem in der auch an den christlichen Universitäten debattierten Frage des individuellen Fortlebens der Seele, das die Averroisten leugneten. In seinem Hauptwerk »Tagmule ha-Nefesch« (»Vergeltung der Seele«) versucht Hillel ben Samuel, gegen die populäre Auslegung des Jenseitsglaubens dessen spirituelle Bedeutung herauszustellen und mit ausgiebiger Verwendung der Argumente von →Thomas von Aquin die individuelle Relevanz des Vergeltungsglaubens zu sichern. Bemerkenswert ist, daß sich Hillel ben Samuel der von Mose ben Maimon und seinen Nachfolgern praktizierten allegorischen Auffassung der biblischen Wunderberichte widersetzte und deshalb, etwa von seinem Zeitgenossen Serachja Garcian, gar nicht als Philosoph anerkannt wurde.

[L] M. Geyer, Hillel ben Samuel von Verona, ein Psychologe nach Maimonides, und sein Hauptwerk »Tagmule ha-nefesch«, 1911. (DK)

Hiller, 1. Ferdinand von, deutscher Pianist, Dirigent und Komponist, 24. 10. 1811 Frankfurt am Main – 11. 5. 1885 Köln. War eine der repräsentativsten Musikerpersönlichkeiten im deutschen 19. Jahrhundert. Seine vielseitige musikalische Begabung brachte ihn mit vielen seiner künstlerischen Zeitgenossen in enge freundschaftliche Verbindung, darunter mit Hummel, Moscheles, →Mendelssohn-Bartholdy, Cherubini, →Meyerbeer, Rossini, Liszt, Chopin, Schumann und anderen mehr. Zunächst erfolgreicher Pianist, 1847 nach Düsseldorf als Kapellmeister berufen. Drei Jahre später Dirigent und Direktor des Kölner Konservatoriums, das er durch kluge Auswahl tüchtiger Lehrer zu großem Ansehen brachte. Durch seine Konzertreisen als Pianist und Dirigent sowie durch die Führung seines berühmten »Salons« in Köln baute er weitreichende Verbindungen im In- und Ausland auf. Weniger erfolgreich war Hiller als Komponist, obwohl er mehr als 200 Werke vorgelegt hat, darunter sechs Opern, Sinfonien, Kammermusik, Lieder, Klavierstücke, Kantaten und zwei Oratorien, die beide an jüdischen Themen angelehnt sind: »Die Zerstörung Jerusalems« (1840) und »Saul« (1858). Hiller gehörte sowohl musikalisch als auch politisch einer konservativen Richtung an, in Abgrenzung zu der sog. neudeutschen Richtung. Er setzte sich besonders für seinen Duzfreund Johannes Brahms ein, wurde 1849 Mitglied der Berliner Akademie und 1875 durch Verleihung des württembergischen Ordens der Krone geadelt. Verdienste um das Kölner Konservatorium (Jetzt Hochschule für Musik) sowie um die von ihm geleiteten Niederrheinischen Musikfeste in Köln zwischen 1853 und 1883 wurden von der Stadt bisher durch kein öffentliches Memorial gewürdigt. (AS)

2. Kurt, deutscher Publizist und Kritiker, 17. 8. 1885 Berlin – 1. 10. 1972 Hamburg. Sohn eines jüdischen Fabrikanten, kämpfte als Jurist und Publizist gegen die verlogene bürgerliche Moral und den wilhelminischen Staat (»Die Weisheit der Langenweile«, 1913). Wichtiger Anreger des Frühexpressionismus: Gründung des »Neuen Clubs« (1909), des »Neopathetischen Cabarets« (1910), des literarischen Kabaretts »Gnu« (1911); Herausgabe der Anthologie »Kondor« (1912). Mit seinen Entwürfen des »Aktivismus« und der »Logokratie« zielte Hiller auf die Herrschaft des Geistigen; die »Ziel«-Jahrbücher (1916–24) wurden wegen ihres Antimilitarismus zeitweilig verboten. In der Weimarer Republik Engagement für den Pazifismus. 1934 nach Gestapohaft Flucht nach Prag, 1938 nach London, wo Hiller den »Freiheitsbund deutscher Sozialisten« gründete. Rückkehr nach Hamburg 1955; undogmatisches linkes Engagement bis zu seinem Tod. (HAM)

Hillesum, Etty, niederländische Schriftstellerin, 15. 1. 1914 Middelburg –30. 11. 1943 Auschwitz (ermordet). Entstammte einer assimilierten Familie, aufgewachsen in Deventer, Magister in Jura an der Universität Amsterdam 1939. Wegen der deutschen Besetzung der Niederlande konnte sie ihr Studium der Slawistik nicht beenden. Sie war in einer antifaschistischen Studentengruppe aktiv. Unter Einfluß des deutschjüdischen Flüchtlings Julius Spier (1887–1942) konzentrierte sie sich seit 1941 auf ihre eigene geistige Entwicklung, wobei Rilke und die Bibel (einschließlich des NT) eine wichtige Rolle spielten. Spier bewog sie zum Schreiben eines Tagebuchs. Seit Sommer 1942 arbeitete sie im Durchgangslager Westerbork, um Juden auf den Transport vorzubereiten. In dieser Zeit schrieb sie verschiedene Briefe. Möglichkeiten, sich selbst zu retten, hat sie nicht wahrgenommen, sie wollte »das Schicksal ihres Volkes teilen«. Der niederländische Widerstand publizierte anonym schon während des Kriegs zwei Briefe aus Westerbork. Ihre Briefe und Tagebücher konnten gerettet werden und wurden seit 1981 in verschiedenen Sprachen publiziert und für Theater und Film bearbeitet. (EV)

Hiliquit, Morris, Sozialist, 1. 8. 1869 Riga – 7. 10. 1933 New York; 1886 Ansiedlung in New York; 1888 Teilnahme an dem Versuch, jüdische Immigranten in Gewerkschaften zu organisieren; Mitglied der Socialist Labor Party, bekämpfte aber den Versuch der Partei, die etablierten Gewerkschaften zu spalten; ab 1900 führendes Mitglied der Socialist Party of America. 1903 Veröffentlichung der »History of Socialism in the United States«; 1909 »Socialism in Theory and Practice«. 1917 kandidierte Hiliquit für das Bürgermeisteramt von →New York City mit Unterstützung der jüdischen Arbeiter der Lower East Side.

🄻 N. Pratt/Morris Hiliquit, A Political History of an American Jewish Socialist, Westport (Connecticut) 1979. (CL)

Hilsenrath, Edgar, Schriftsteller, 2. 4. 1926 Leipzig. Entstammt einer jüdischen Kaufmannsfamilie. 1938 vom Vater nach Rumänien geschickt, wurde er 1941 in ein ukrainisches Ghetto deportiert. Nach der Befreiung 1944 schlug er sich bis nach Palästina durch, 1951–75 lebte er in den USA, seit 1975 in Berlin. Thema seines nur mühsam gegen eine ästhetisierende deutsche Kritik durchgesetzten Romans »Nacht« (1964, Neuausgabe 1978) ist die Dehumanisierung nicht nur der Täter, sondern auch der Opfer unter dem Zwang nackter Überlebensstrategien – homo homini lupus. Das Groteske an der Barbarei schilderte Hilsenrath in dem moralischen Roman »Der Nazi & der Friseur« (1977), einer monströsen Parabel austauschbarer Identität von Täter und Opfer. Der Roman »Bronskys Geständnis« (1980) bietet die autobiographische Summe eines zutiefst verletzten Lebens. Mit dem Roman »Das Märchen vom letzten Gedanken« (1989) begab sich Hilsenrath nur scheinbar auf ein anderes Terrain: Die epische Erinnerung an den Genozid der Türken an den Armeniern im Ersten Weltkrieg hält zugleich den Holocaust an den Juden im Zweiten Weltkrieg gegenwärtig. Ein Totenlied auf die Kultur des Schtetls ist der Roman »Jossel Wassermanns Heimkehr« (1993). (HH)

Himmler, Heinrich →Wannseekonferenz

Hintze, Hedwig, Historikerin, 6. 2. 1884 München – 19. 7. 1942 Utrecht. Entstammte der jüdischen Bankiersfamilie Guggenheimer. Seit 1904 Gasthörerin an der Universität München, seit 1910 Studium der germanischen Philologie, der Geschichte und der Nationalökonomie an der Universität Berlin. Unter den damaligen 189 Studentinnen in Preußen stellten die jüdischen elf Prozent. Gegen das Vorurteil der Berliner Historiker, das ihr als Frau, Jüdin und Linksintellektueller galt, gelang es ihr, sich als eine der ersten Frauen mit der Arbeit »Staatseinheit und Föderalismus im alten Frankreich und in der Revolution« (1928, Neudruck 1989) zu habilitieren. Unter der NS-Herrschaft wurde ihr 1933 die Lehrerlaubnis entzogen. Obwohl ihr Mann, der angesehene preußische Historiker Otto Hintze (1861–1940), mit dem sie seit 1912 verheiratet war, zu ihr hielt, emigrierte sie am 22. 8. 1939 in die Niederlande und nahm sich dort das Leben.

🄻 R. Jütte, Hedwig Hintze (1884–1942). Die Herausforderung der traditionellen Geschichtswissenschaft durch eine linksliberale jüdische Historikerin, in: W. Grab

(Hrsg.), Juden in der deutschen Wissenschaft, Tel Aviv 1986. – I. Stephan, Leben und Werk von Hedwig Guggenheimer-Hintze, in: I. Stephan, Das Drama der begabten Frau. Im Schatten berühmter Männer, 1989. (AH)

Hiob →Hebräische Bibel

Hirsch, 1. Julius, Nationalökonom, 30. 10. 1883 Mandel bei Bad Kreuznach – 14. 8. 1961 New York. Nach dem Studium in Aachen und Bonn und der Promotion zum Doktor der Philosophie 1909 habilitierte sich Hirsch 1911 in Köln. 1917 wurde er ordentlicher Professor für Privatwirtschaftslehre des Handels an der Handelshochschule Köln. 1916 war er in der Reichspreisstelle tätig, später als Referent im Kriegsernährungsamt. 1919–23 war er Staatssekretär im Reichswirtschaftsministerium. Nach dem Ausscheiden aus dem Reichsdienst Professor an der Universität in Berlin, emigrierte Hirsch 1933 nach Dänemark, wo er 1933–40 Professor an der Handelshochschule in Kopenhagen war. 1941 siedelte er in die USA über. Hauptwerke: »Der moderne Handel« (1925), »Das amerikanische Wirtschaftswunder« (1926), »Price Control in the War Economy« (1943). (JS)

2. Leo, Schriftsteller, Feuilletonist, 18. 1. 1903 Posen – 6. 1. 1943 Berlin. Bis 1933 Feuilletonredakteur des »Berliner Tageblatts«. 1939 Dramaturg am Theater des Jüdischen Kulturbunds in Berlin (als Nachfolger Julius Babs). Nach Auflösung des Kulturbunds Mitarbeit in der Bibliothek der jüdischen Gemeinde. Seit 1942 Zwangsarbeit, an deren Folgen er starb. Hauptwerke: »Lampion« (1928), »Vorbestraft« (1929), »Elisa Radziwill« (Biographie, 1929), »Praktische Judentumskunde« (1935), »Jüdische Glaubenswelt« (1966). (LH)

3. Moritz Baron von, Bankier und Philanthrop, 9. 12. 1831 München – 21. 4. 1896 O'Gyala, Ungarn. Hirsch trat 1851 in das Brüsseler Bankhaus Bischoffsheim & Goldschmid ein, dessen Pariser Filiale er übernahm (Banque de Paris et des Pays-Bas). 1869 erhielt er von der türkischen Regierung eine Generalkonzession für Eisenbahnbauten in der ganzen Türkei (daher sein Spitzname »Türkenhirsch«). Hirsch baute aber auch Eisenbahnen in Rußland und Österreich. Sein Vermögen verwendete er zum großen Teil für jüdische philanthropische Zwecke. So gründete er 1891 die →Jewish Colonization Association, deren Erstausstattung von 2 Mio. Pfund er im Lauf der Jahre auf 180 Mio. Francs erhöhte. Mit anderen Stiftungen hat Hirsch ungefähr 500 Mio. Francs wohltätigen Zwecken zugewendet.

🄻 K. Grunwald, Tuerkenhirsch, 1966 (englisch, mit Bibliographie). (JS)

4. Otto, Jurist und Politiker, 9. 1. 1885 Stuttgart – 19. 6. 1941 KZ Mauthausen (ermordet). Seit 1911 war Hirsch Rechtsanwalt in Stuttgart und wurde 1912 Ratsassessor der Stadt. Hirsch leitete während des Weltkriegs als Rechtsrat das Kriegsleistungswesen, zu dem er einen Gesetzeskommentar herausgab. 1919 wurde er ins württembergische Innenministerium für die Bereiche Schiffahrt und Wasserkraftnutzung berufen. Seit 1920 war Hirsch Ministerialrat und setzte den Beschluß zur Neckarkanalisierung durch. Als Leiter der Neckar-Kanal-AG förderte er das Projekt eines Main-Neckar-Kanals. Am jüdischen Leben nahm er starken Anteil: Er war Vorstandsmitglied des →Centralvereins deutscher Staatsbürger jüdischen Glaubens und als Nicht-Zionist stellvertretendes Mitglied des Rats der →Jewish Agency. 1933 übernahm er die Leitung der Reichsvertretung der Juden. Nach wiederholter vorübergehender Inhaftierung wurde er nach Mauthausen deportiert, weil er sich weigerte, an den Deportationsmaßnahmen von Juden nach Polen mitzuwirken.

🄻 L. Hirsch, Familiengeschichte und Lebenserinnerungen, 1937. – O. Konz, Die Tätigkeit von Ministerialrat Dr. Otto Hirsch, 1957. – R. Nebinger, Otto Hirsch, 1957. (LH)

5. Samson Raphael, Rabbiner, 20. 6. 1808 Hamburg – 31. 12. 1888 Frankfurt am Main. Seit 1829 Studium der klassischen Sprachen, Geschichte und Philosophie in Bonn; 1830 als Rabbiner nach Oldenburg, 1841 als Hannoverscher Landrabbiner für die Provinz Ostfriesland nach Emden berufen; 1847 übernahm er das Landrabbinat von Nikolsburg in Mähren; 1851 wurde Hirsch Rabbiner der orthodoxen »Israelitischen Religionsgesellschaft« in Frankfurt, die er zu einer orthodoxen Modellgemeinde ausbaute. 1854 war er Herausgeber der Zeitschrift »Jeschurun«, eines »Monatsblatts zur Förderung jüdischen Geistes und Lebens in Haus, Gemeinde und Schule«. Hirsch war der bedeutendste Theoretiker und organisatorischer Kopf der Neuorthodoxie. Er begriff die Tora als Lebenszentrum des Judentums und sprach sich für die strenge Einhaltung der religiösen Ge-

bote aus. Gleichwohl waren für ihn weltliche Kenntnisse und weltliche Kultur integrale Bestandteile der jüdischen Weltanschauung. Vor diesem Hintergrund erkannte Hirsch die Notwendigkeit von Reformen an, wie z. B. das Predigen in deutscher Sprache und die Aufnahme säkularer Fächer an den jüdischen Schulen. 1876 gelang es ihm, im Preußischen Landtag das sog. Austrittsgesetz durchzusetzen; damit war es gesetzestreuen Juden möglich, jüdische Ortsgemeinden zu verlassen und sich in Separatgemeinden mit vollem öffentlichrechtlichen Charakter zusammenzuschließen. Hauptwerke: »Neunzehn Briefe über das Judentum« (1836), »Horeb, Versuche über Jisroels Pflichten in der Zerstreuung« (1837).
L M. Breuer, Jüdische Orthodoxie im Deutschen Reich 1871–1918, 1986. (JÖD)

6. Samuel, Rabbiner, Philosoph und radikaler jüdischer Reformer in Deutschland und in den USA, 8. 6. 1815 Thalfang bei Trier – 14. 5. 1889 Chicago. Nach dem Studium in Dessau (1838–41) war Hirsch Großrabbiner in Luxemburg (1843–66). Auf den Rabbinerversammlungen von Braunschweig (1844) und Frankfurt am Main (1845) vertrat er eine radikale Reform des Judentums, die sich in Deutschland allerdings nicht durchsetzen konnte. Nach seiner Emigration in die USA gründete er die »Orphens' Guardian Society« sowie den amerikanischen Zweig der →Alliance Israélite Universelle. Hirsch trug als Rabbiner von Philadelphia und Vorsitzender der ersten Konferenz der amerikanischen Reformrabbiner (1869 in Philadelphia) maßgeblich zur Formulierung der Grundsätze des →Reformjudentums bei. Die massiven Eingriffe in die jüdische Tradition, z. B. die Einführung des Sonntagsgottesdienstes, rechtfertigte Hirsch mit der Unterscheidung des bleibenden ideellen Kerns und des wandelbaren rituellen Ausdrucks des Judentums. Gegen die unvorteilhafte Einstufung des Judentums unterhalb der heidnischen Naturreligionen im herrschenden idealistischen Geschichtsbild →Hegels zeigte Hirsch in seinem unvollendeten Hauptwerk »Die Religionsphilosophie der Juden« (1842), daß das Judentum und das Urchristentum als Religionen der Freiheit allen Naturreligionen absolut überlegen seien. Dem »extensiven« Christentum komme im Gegensatz zum »intensiven« Judentum die Aufgabe zu, die Menschen zur Religion der Freiheit zu bekehren, was aber nur gelingen könne, wenn es die paulinische Verknüpfung von Judentum und Heidentum überwinde. Bis zur Vollendung dieser Entwicklung müsse sich das Judentum als Vorbild der neuen Menschheit allerdings absondern, gleichzeitig aber sein allgemeines Ideal sichtbar machen. Dieser Entwurf stellt eine typische Verknüpfung des bürgerlichen Fortschrittsoptimismus und des Messianismus im liberalen Judentum dar.
L E. J. Fackenheim, Samuel Hirsch und Hegel, Cambridge (Mass.) 1964. (RD/DK)

Hirschfeld, Georg, deutscher Schriftsteller, 11. 2. 1873 Berlin – 17. 1. 1942 München, wo er seit 1916 lebte. Vorkämpfer des deutschen Naturalismus, großer Erfolg mit dem Drama »Die Mütter« (1896), das ebenso wie das Berliner Ehedrama »Agnes Jordan« (1898) in jüdischem Milieu spielt. Hirschfeld dramatisierte auch den Roman »Der Pojaz« von Franzos, vom jüdischen Kulturbund im Dritten Reich mehrfach aufgeführt. Im Roman »Das Mädchen von Lille« (1907) kommt einem alten jüdischen Ehepaar eine wichtige humane Funktion zu. (HH)

Hirschlandbank, gegründet von Simon Hirschland 1841 in Essen, neben dem Bankhaus S. Oppenheim & Co. bedeutendste rheinische Bank; maßgeblich an Aufbau und Modernisierung des rheinisch-westfälischen Industriegebiets beteiligt. Vor allem unter Isaac Hirschland wirkte das Bankhaus durch die Finanzierung des Bergbaus an der industriellen Erschließung des Ruhrgebiets mit. Hauptkunden der Privatbank waren die führenden Industriellen des Ruhrgebiets (F. Grillo, M. Stinnes, R. M. Dinnendahl und die Firma Krupp). Darüber hinaus beteiligte sich die Hirschlandbank an zahlreichen Industrieunternehmen, Banken und Gesellschaften. 1938 wurde sie im Zuge der →»Arisierung« jüdischer Unternehmen von der Kommanditgesellschaft Burkhardt und Co übernommen. Nach 1945 Beteiligung der Familie Hirschland als Kommanditistin, seit 1971 Weiterführung der Tradition der Hirschlandbank durch Trinkhaus und Burkhardt. Mit der Familie Hirschland verbindet sich für das Ruhrgebiet ein beachtliches kulturelles und soziales Engagement (u. a. Gründung des Folkwangmuseums, des »Vereins zur Förderung des Handwerks unter den Juden« und des Isaac und Henriette Hirschland-Hauses, eines Kinderhorts). Die Gründung der »Reichsvertretung der deutschen Juden«, der ersten zentralen jüdischen Organisation überhaupt, am 17. 9. 1933 geht auf die Initiative von Georg Hirschland zurück. (RD)

Histadrut (hebräisch »Zusammenschluß« bzw. »Organisation«; der volle Name heißt: »Allgemeine Organisation der jüdischen Arbeiter im Lande Israel«), 1920 in Haifa gegründet, sozialistisch-sozialdemokratisch und zionistisch orientierte Arbeitnehmerorganisation, die institutionell und ideologisch die Schaffung eines jüdischen Staatswesens vorbereitete. Die meisten Kibbuzim und Moschavim sind ihr angeschlossen. Die Histadrut bildete zur Zeit der Staatsgründung 1948 das eigentliche politisch-wirtschaftliche Machtzentrum der jüdischen Bevölkerung Palästinas. Mit 1,6 Millionen Mitgliedern (1995) ist die Histadrut trotz eines starken Mitgliederverlustes die bei weitem größte Organisation in Israel. Auch Selbständige, die nicht mehr als fünf Angestellte beschäftigen, und Hausfrauen können ihr beitreten. Die Histadrut ist nicht nur im engeren Sinne gewerkschaftlich (als Tarifpartner und betriebliche Arbeitervertretung), sondern auch als Unternehmer und umfassende Wohlfahrtsorganisation tätig. Sie führt zahlreiche Industriebetriebe, Konsumgenossenschaften, Kaufhäuser, Ladenketten, die zweitgrößte Bank Israels, das größte Bau- und Versicherungsunternehmen, eine Reisegesellschaft, hebräische und arabische Zeitungen. Die größte Krankenkasse Israels (jedes Mitglied gehört ihr automatisch an) ist ebenfalls ein Unternehmen der Histadrut, die zugleich Krankenhäuser und Gesundheitsämter unterhält. Sie sorgt für Renten, führt Altersheime, Jugendorganisationen, Bildungs- und Kulturinstitute, auch für die arabische Bevölkerung Israels. Die sozialdemokratische →Israelische Arbeitspartei sowie ihre Vorläuferorganisationen hatten seit 1920 bei allen Wahlen zur Generalversammlung der Histadrut (durch die Mitglieder alle vier Jahre gewählt) die absolute Mehrheit erhalten. Seit 1977 wuchs jedoch der Einfluß anderer Parteien, vor allem des →Likud. Die Wahlen 1994 brachten überraschend eine Niederlage der Arbeitspartei gegen ein Wahlbündnis einer abgesplitterten IAP-Fraktion um den Minister Chaim Ramon mit der linksliberalen →Merez und der orthodoxen →Schass. Eine Reihe von Streiks in Histadrut-Unternehmen in den 60er Jahren warf die Frage der potentiellen Widersprüche in der Doppelrolle der Histadrut als größter Arbeitgeber und als Arbeitnehmerorganisation des Landes auf. Zu den bekanntesten Generalsekretären der Histadrut zählten D. →Ben-Gurion (1921–35 im Amt) und Pinhas Lavon (1949/50, 1956–61).

🄻 D. Ben-Meir, Histadrut. Die israelische Gewerkschaft, 1982. – M. Wolffsohn, Politik in Israel, 1983. (DB/MW)

Histadrut Haovidim Haleumit (hebräisch »Nationale Arbeiterorganisation«, NAO), 1934 unter Führung der Revisionisten in Jerusalem gegründete, nicht-sozialistische Arbeitnehmerorganisation, die im Gegensatz zur →Histadrut den Streik ablehnt und anstelle von gewerkschaftseigenen Industrieunternehmen Arbeiter-Kooperativen befürwortet. Sie führt u. a. landwirtschaftliche Siedlungen, Versicherungen, eine Krankenkasse (Kupat Holim Leovidim Leumijim), eine Bau-Kooperative, Synagogen, eine Jugendorganisation und Kindergärten. Die zunächst enge Verbindung mit der Cherut-Partei (→Cherut) entwickelte sich zu einer lockereren Verbindung mit dem →Likud.

🄻 M. Wolffsohn, Politik in Israel, 1983. (DB/MW)

Historikerstreit, Kontroverse deutscher Historiker (1986–88) über die Frage, ob die nationalsozialistische Judenvernichtung mit anderen – vor allem stalinistischen – Formen des Massenmords »vergleichbar« sei (→Holocaust und →Vergangenheitsbewältigung). Die Kontroverse begann mit einem Artikel des Philosophen und Soziologen Jürgen Habermas in der Wochenzeitung »Die Zeit« (11. 7. 1986), in dem die Thesen der Historiker Andreas Hillgruber und Ernst Nolte zur relativierenden Neubewertung des Holocausts und der nationalsozialistischen Diktatur zurückgewiesen wurden. Habermas erklärte, daß die Auschwitz-Verbrechen so einzigartig in der Weltgeschichte seien, daß keine Relativierung zulässig sei, weil sie auf Verharmlosung des nationalsozialistischen Regimes und seiner Verbrechen hinauslaufe. Daher sei der Vergleich zwischen den NS-Verbrechen und denen des Kommunismus (vom russischen Bürgerkrieg über Stalin bis Pol Pot) abzulehnen. Die Singularität der NS-Verbrechen erkläre sich vor allem aus der Tradition eines »deutschen Sonderwegs«, der konsequent ins Dritte Reich geführt habe. In der Debatte, die in der Medienöffentlichkeit über Monate emotional fortgesetzt wurde, wurden schließlich Nolte und Hillgruber in die Defensive gedrängt, ohne daß allerdings die Frage, ob eine »Historisierung der NS-Zeit« notwendig sei, ausdiskutiert wurde.

🄻 »Historikerstreit«. Die Dokumentation der Kontroverse um die Einzigartigkeit der nationalsozialistischen Judenvernichtung, 1987. (WJ)

Historiographie, jüdische →Geschichtsschreibung, jüdische

Historische Kommission für die Geschichte der Juden in Deutschland. Das 1885 gegründete Institut war die erste Forschungseinrichtung in Deutschland, die eine primär historische Zielsetzung verfolgte, nämlich die Untersuchung der jüdischen Geschichte im deutschen Sprachraum. Vorsitzender war der Berliner Mediävist Harry Breßlau. Hauptaufgabe war die Sammlung und kritische Auswertung historischer Quellen. Die Historische Komission arbeitete an Quelleneditionen, die die Grundlage für spätere wissenschaftliche Untersuchungen bildeten. 1902 mußte die Historische Komission ihre Arbeit einstellen: Der Ausschluß von bekannten, der Apologetik bezichtigten Historikern wie H. →Graetz hatte zu polemischen Kontroversen geführt, die dem Ansehen des Instituts schadeten und eine auffallende Zurückhaltung vieler jüdischen Gemeinden und Vereine bei der Finanzierung der Arbeit der Kommission zur Folge hatten.

[L] W. Schochow, Deutsch-jüdische Geschichtswissenschaft, 1969. (JÖD)

Hitler, Adolf →Antisemitismus, →Endlösung, →Nationalsozialismus

Höchheimer, Simon, Arzt, Aufklärer und Schriftsteller, 1744 Veitshöchheim bei Würzburg – 26. 5. 1828 Fürth. Nach Besuch des →Cheder eignete sich Höchheimer autodidaktisch geographische, mathematische und ökonomische Kenntnisse an. 1773/74 ging er nach Berlin, wo er Privatlehrer war und u. a. mit M. →Mendelssohn, M. und H. →Herz sowie D. →Friedländer in Kontakt stand. Nach Reisen in Franken und Bayern lebte Höchheimer 1785/86 wieder in Berlin. Nach Mendelssohns Tod (1786) studierte Höchheimer an der Universität Mainz Medizin. 1791 erwarb er als erster Jude den Doktor der Medizin in Freiburg im Breisgau und arbeitete anschließend als Arzt und fürstlicher Leibarzt in Wien und Mähren; 1803 amtlicher Totenbeschauer in Würzburg und seit 1806 Armenarzt der jüdischen Gemeinde Fürth. Höchheimer veröffentlichte neben medizinischen und pädagogischen Schriften u. a. die erste biographische Skizze Mendelssohns, »Moses Mendelssohns Tod« (1786), sowie politische Schriften, in denen er sich gegen judenfeindliche Tendenzen wandte und für die Emanzipation, eine verbesserte Wohlfahrtspflege und den Ausbau des jüdischen Erziehungswesens eintrat.

[L] G. Och/G. Reda, Simon Höchheimer (1744–1828), in: M. Treml/W. Weigand (Hrsg.), Geschichte und Kultur der Juden in Bayern. Lebensläufe, 1988. (BV)

Hochschule für die Wissenschaft des Judentums. 1870 in Berlin gegründet, eröffnet am 6. 5. 1872, führte die Hochschule für die Wissenschaft des Judentums 1883 bis 1922 den Namen »Lehranstalt für die Wissenschaft des Judentums«. Die Hochschule für die Wissenschaft des Judentums war selbständig und unabhängig von Staats-, Gemeinde- und Synagogenbehörden und verstand sich als eine von jeder Rücksicht freie Stätte von Forschung und Lehre. Studierende waren ohne Unterschied des Glaubens, des Geschlechts und der Fakultät zugelassen. Die Dozenten bildeten ein Kollegium von gleichberechtigten Mitgliedern, von denen alljährlich eines mit dem Vorsitz betraut wurde. Dozenten waren u. a. A. →Geiger, D. →Cassel, H. →Steinthal, E. →Täubler, I. →Elbogen, L. →Baeck. 1927/28 zählte die Hochschule für die Wissenschaft des Judentums 66 Hörer und 35 Hospitanten, 1932 bereits 155 Hörer. In der Zeit des Nationalsozialismus diente die Hochschule für die Wissenschaft des Judentums der Erwachsenenbildung. Sie wurde am 19. 7. 1942 geschlossen. (JS)

Hochschule für Jüdische Studien, 1979 errichtet in der Trägerschaft des →Zentralrats der Juden in Deutschland in Heidelberg; geplant als Zentrum jüdischer und judentumskundlicher Ausbildung. Dank eines Kooperationsvertrags mit der Ruprecht-Karl-Universität Heidelberg Studienabschluß mit dem Magister Artium. Die Hochschule will an angesehene Vorbilder anknüpfen wie das →Jüdisch-Theologische Seminar in Breslau, die →Hochschule für die Wissenschaft des Judentums und das Rabbiner-Seminar für das orthodoxe Judentum in Berlin, deren Existenzgrundlage in der NS-Zeit zerstört wurde. Die Hochschule für Jüdische Studien soll den Nachwuchs an jüdischen Religionslehrern, Erziehern, Kultusbeamten und Sozialarbeitern für die jüdischen Gemeinden in Deutschland sichern. Für die Zukunft besteht die Absicht, wieder eigene Rabbiner und Kantoren auszubilden. Die Hochschule für Jüdische Studien hat vorrangig Wissenschaftler aus Israel und den USA nach Heidelberg geholt, darunter auch jüdische Gelehrte, die in den 30er Jahren Deutschland verlassen mußten. Kernfächer sind Bibel und Bibelauslegung, Hebräisch u. a.; Ergänzungsfächer sind z. B. Synagogale

Musik, Jüdisches Erziehungswesen, Jüdische Kunst. Forschungsprojekte: Sammlung und Katalogisierung hebräischer Handschriften, Registrierung jüdischer Friedhöfe in Deutschland. Ferner ist das Zentralarchiv zur Erforschung der Geschichte der Juden in Deutschland angeschlossen. Rektor der Hochschule für Jüdische Studien ist seit 1989 Professor Julius Carlebach (Brighton/England). (EP)

Hoddis, Jakob van (Pseudonym für Hans Davidsohn), deutscher Lyriker, 16. 5. 1887 Berlin – ermordet nach dem 30. 4. 1942 in einem polnischen Vernichtungslager. Das Elternhaus stand dem Judentum aufgeschlossen (die Mutter Doris, geb. Kempner, war später Zionistin) bzw. gleichgültig (der Vater) gegenüber. Der Sohn, der bereits ab 1912 Zeichen einer schizophrenen Erkrankung zeigte und sein Leben fast immer in Heilanstalten verbrachte (zuletzt in Bendorf-Sayn bei Koblenz, von wo er deportiert wurde), rebellierte gegen seine Mutter und ließ sich katholisch taufen – in der Absicht, ein »katholisches Judentum zu gründen« (Brief an Loewenson, 25. 1. 1913; bereits 10. 3. 1913 Absage an den Katholizismus). 1909/10 gehörte er mit Hiller und Loewenson zum Kreis um den »Neuen Club« und das »Neopathetische Cabaret«; Mitarbeiter des »Sturm« und der »Aktion«. Berühmt und viel nachgeahmt sein Grotesk-Gedicht »Weltende« (1911). (HAM)

Hoffaktoren. Zu ihren Funktionen gehörten Kreditvermittlung und Warenbeschaffung, aber auch Münzherstellung, diplomatische und politische Dienste, auch die Vermittlung zwischen Herrscher und Judenschaft. Entstehung und Bedeutung des Hoffaktorentums sind umstritten. Vorläufer waren Kapitalbeschaffer, Lieferanten und Münzmeister (→Lippold) an den spätmittelalterlichen und frühneuzeitlichen Fürsten- und Adelshöfen. Etablierung als Institution parallel zur Herausbildung des absolutistischen Wirtschaftsstaates infolge der Bedeutung einzelner jüdischer Heeres- und Hoflieferanten im Dreißigjährigen Krieg. Überschätzung ihrer Bedeutung durch antisemitisch gefärbte Literatur (Sombart, Schnee). Die Stellung der Hoffaktoren war relativ unsicher, da sie persönlich von den einzelnen Fürsten abhängig waren, dazu Verbindlichkeiten vom Nachfolger oder von den Ständen nicht anerkannt werden mußten. Die weitgehend verwandtschaftlich fixierten Beziehungen der Hoffaktoren untereinander waren für die Kreditbeschaffung und -absicherung wichtig, führten aber nicht zu einer solidarischen Kreditverweigerung im Falle nicht eingehaltener fürstlicher Verpflichtungen. Zu den Nachteilen gehörte auch die Feindschaft der Stände, die sich in ihrem politischen Einfluß eingeschränkt fühlten (J. S. →Oppenheimer); Feindschaft auch der Bevölkerung, wenn die Hoffaktoren im Auftrag des Fürsten zur Münzverschlechterung beitrugen (V.-H. →Ephraim). Von Vorteil dagegen war der immediate (= direkte) Verkehr mit dem Fürsten, die Außerkraftsetzung aller einengenden Bestimmungen für Juden, die weitgehende Gleichstellung mit den christlichen Kaufleuten und die vereinzelte Nobilitierung (auch ohne Taufe) zu Beginn des 19. Jahrhunderts. Die durch den Fürsten herbeigeführte Vorrangstellung in der Judenschaft des Territoriums als →Vorgänger konnte für die Judenschaft von Vorteil sein, aber auch zu Konflikten führen (B. →Levi). In der Emanzipationsdiskussion der Aufklärung spielten die Hoffaktoren im Gegensatz zur Darstellung in der älteren Literatur (Sombart, Schnee) keine Rolle; sie gaben sich mit der eigenen bürgerlichen Gleichstellung zufrieden. Ihre ökonomische Rolle war weniger für den absolutistischen Wirtschaftsstaat, vielmehr für die sich im 19. Jahrhundert herausbildende kapitalistische Wirtschaft von Bedeutung, so durch die Etablierung großer Bankhäuser (siehe Juden und →Wirtschaftsleben in Deutschland).

🄻 F. Carsten, The Court Jews, in:Year Book Leo Baeck Institute 3, 1958. – B. Schedlitz, Leffmann Behrens. Untersuchungen zum Hofjudentum im Zeitalter des Absolutismus, 1984. – H. Schnee, Die Hoffinanz und der moderne Staat, 6 Bände, 1953–67. – W. Sombart, Die Juden und das Wirtschaftsleben, 1911. – S. Stern, The Court Jew. A Contribution to the History of the Period of Absolutism in Central Europe, Philadelphia, 1950. (AH)

Hofjuden →Hoffaktoren

Hofmannsthal, Hugo von, österreichischer Lyriker, Dramatiker, Erzähler und Essayist, 1. 2. 1874 Wien – 15. 7. 1929 Rodaun. Sein ursprünglich aus Prag nach Wien zugewanderter Urgroßvater Isaak Löw Hofmann (nobilitiert 1835) war als vermögender Seidenhändler Repräsentant der Wiener jüdischen Gemeinde; nur einer der Söhne, Hofmannsthals Großvater väterlicherseits, konvertierte 1849 und heiratete eine lombardische Adlige. Anders als Beer-Hofmann und Schnitzler schloß Hofmannsthal mit dem Bekenntnis zur übernational-katholischen Tradition Österreichs eine Erörterung jüdischer Thematik aus seinem Werk aus und entzog sich entsprechenden Debatten um seine Person. Schnitzlers »Weg ins Freie« (1908) lehnte er als einen den Freundeskreis karikierenden Schlüsselroman ab, kritisierte freilich (an Pannwitz 2.9.1917) das »jüdisch« dominierte Wiener Kulturleben der Moderne und befürchtete in Beer-Hofmanns Drama »Jaákobs Traum« die Mißdeutung ins »Chauvinistische oder Nationalstolze« (20.4.1919). Zuweisungen durch W. →Haas, der etwa Hofmannsthals Casanova-Figuren aus dem »ahasverischen Problemkreis« ableitete (Krojanker 1922), weigerte er sich ernstzunehmen. Wie R. Borchardt, nur ohne dessen programmatische Zuspitzung, sah Hofmannsthal im Taufakt die Konsequenz »einer höchst natürlichen, ja wohl zu Anfang des XIX. Jahrhunderts einzig möglichen Tendenz, aus einer nicht mehr begreiflichen Absonderung in die als die menschliche und allgemein erkannte Sphäre zu treten« (an Haas 4.5.1922).

Hugo von Hofmannsthal

Ⓛ E. Simon, Agur – fils d'Jake. Hofmannsthals jüdische Legende, in: Festschrift G. Scholem, Jerusalem 1970. (GS)

Hohepriester →Priester

Hoheslied →Hebräische Bibel

Hok Hamawar (hebräisch »Übergangsgesetz«). Mit ihrem am 16.2.1949 verabschiedeten ersten Gesetz konstituierte sich Israels Verfassunggebende Versammlung (→Haasefa Chamehonenet) zur ersten →Knesset. Dieses Übergangsgesetz legte die Grundprozeduren der Gesetzgebung fest und diente zusammen mit dem »Law and Administration Ordinance« als Israels vorläufige Verfassung. Demnach muß in Israel ein Gesetz von der Knesset verabschiedet, vom →Ministerpräsidenten und dem für die Ausführung zuständigen Minister sowie vom →Staatspräsidenten unterschrieben werden und innerhalb von zehn Tagen nach Verabschiedung im offiziellen Staatsanzeiger Reschumot veröffentlicht werden.

Ⓛ E. Likhovski, Israel's Parliament. The Law of the Knesset, 1971. (DB/MW)

Holdheim, Samuel, Reformrabbiner, 1806 Kempen, Posen – 22.8.1860 Berlin. Holdheim war 1836–40 Rabbiner in Frankfurt/Oder, seit 1840 Landesrabbiner von Schwerin. 1847 Berufung zum Rabbiner der Reformgemeinde in Berlin (→Reformjudentum), wo er den →Sabbat als Ruhetag abschaffte und diesen durch den Sonntag zu ersetzen suchte. Holdheim trat für die Trennung der jüdisch-religiösen von den jüdisch-nationalen Vorschriften ein, erkannte das Judentum nur noch als religiöse Gemeinschaft an und bekämpfte besonders das seiner Ansicht nach antiquierte jüdische Ehe- und Scheidungsgesetz (→Ehe), aber auch den Akt der Beschneidung (→Berit Mila). Nach seinem Tod wollten seine Gegner seine Beisetzung in dem für Rabbiner bestimmten Teil des Friedhofs verhindern.

Ⓛ I. H. Ritter, Geschichte der jüdischen Reformation, 1861. (JS)

Hollaender, Friedrich, Komponist und Kabarettist, 18.10.1896 London – 18.1.1976 München. Der Sohn des Hauskomponisten am Berliner Metropoltheater (1901), Victor Hollaender (1866–1940), und Neffe des Schriftstellers und Dramaturgen Felix Hollaender (1867–1931) war eine der auffallendsten Figuren von Kabarett, Revue und Film der 20er und beginnenden 30er Jahre in Berlin. Zu seinen bekanntesten Kompositionen gehört die Musik zu dem Film »Der blaue Engel« (1930) mit dem von Marlene Dietrich vorgetragenen Chanson »Ich bin von Kopf bis Fuß auf Liebe eingestellt«. Zu vielen Chansons schrieb er die Texte selbst. Hollaender emigrierte wie sein Vater 1933 in die USA, wo er als Frederick Hollander ebenfalls vor allem im Filmgeschäft erfolgreich war. Nach 1945 wirkte Hollaender wieder in Deutschland, u.a. an der »Kleinen Freiheit« in München. Autobiographie: »Von Kopf bis Fuß« (1965). (AS)

Hölle →Gehinnom

Holocaust, die ideologisch vorbereitete und fabrikmäßig durchgeführte Ausrottung von sechs Millionen Juden im nationalsozialistischen Machtbereich 1933–45. Die überwiegend im angelsächsischen Bereich verwendete Bezeichnung »Holocaust« (griechisch »Ganzopfer«, »Brandopfer«) und der Begriff »Shoa« (hebräisch »Verwüstung«, »Vernichtung«, »Katastrophe«) für den Genozid am jüdischen Volk werden auch oft mit den Greueln von →Auschwitz und der →Endlösung gleichgesetzt. Vor allem durch den →Eichmann-Prozeß in Jerusalem (1960) trat die Unfaßbarkeit dieses Geschehens ins Bewußtsein der öffentlichen Meinung. Die junge Generation in Deutschland wurde vor allem durch den amerikanischen Serienfilm »Holocaust« mit der hierzulande gern verdrängten Dimension des Grauens konfrontiert. »Holocaust/Shoa« sind zum Gradmesser für das theologische und humane Verhalten der modernen Menschheit geworden. Es entstand die Einsicht, daß man die Erinnerung für alle Zeiten wachhalten müsse, damit sich das Schreckliche nicht wiederholen könne. Das nicht zu überbietende Böse bei dem Massenmord an den Juden liegt darin, daß die Juden wahllos und kollektiv vertrieben, gequält und ermordet wurden. Das Hitler-Regime und seine Schergen begründeten ihre Pläne zur Vernichtung der Juden mit einer perversen »Rassenlehre«. Sie bedienten sich aber auch traditionell christlich-antijüdischer Vorurteile (die Juden als Gottesmörder). Das griechische Wort »holokaust«, das erstmals im Jahr 1944 von einem amerikanischen jüdischen Publizisten zur Bezeichnung des nationalsozialistischen Massenmords benutzt wurde, kann mit seiner einstigen Bedeutung kaum den unvergleichlichen Vorgang fassen. Religiöse Juden haben zu Recht darauf hingewiesen, daß es in der Bibel »Ganzopfer« bedeutet und die freiwillige Anerkennung einer göttlichen Ordnung symbolisiert, in der auch derjenige, der das Opfer bringt, sich in Gottes Obhut weiß. Die vergeblichen Bemühungen einiger Überlebender, die Dimensionen jenes »anderen Planeten« an diejenigen zu vermitteln, die es selbst nicht erfahren haben, führte oft zu einem Kommunikationsverlust zwischen der einsamen Gemeinde der Überlebenden, ihren eigenen Kindern und der neuen Generation. Dies hatte als Ergebnis auch die Herausbildung einer »Post-Shoa-Identität«, die mit der ursprünglichen – sei es assimilatorisch oder nationaljüdisch – Identität der europäischen Vorkriegsjuden nur noch wenig zu tun hat. Die diesen traumatischen Effekt auslösende Katastrophe ist vermutlich am besten mit dem hebräischen Wort »shoa« gekennzeichnet (vgl. auch →Shoa und Traumatisierung sowie →KZ-Syndrom). Auch die inzwischen institutionalisierte wissenschaftliche Erforschung des Holocaust begann mit der Einsicht, daß eine Erklärung des Holocaust über das hinausgeht, was Wissenschaft leisten kann. Geschichts- und Sozialwissenschaft scheinen überfordert, den Holocaust in rational erfaßbaren Zusammenhängen darzustellen. Jeder ernsthafte Schriftsteller, der sich mit dem Problem »Holocaust/Shoa« auseinandersetzt, kommt zu einem ähnlichen Schluß wie der jüdische Autor Primo Levi: »Uns wurde bewußt, daß unserer Sprache die Worte fehlen, um diese Beleidigung, diese Zerstörung des Menschen zu beschreiben.«

[L] H. Friedlaender/S. Milton, The Holocaust. Ideology, Bureaucracy and Genocide, New York 1980. – I. Gutman (Hrsg.), Encyclopedia of the Holocaust, 4 Bände, New York/London 1990. – R. Hilberg, Die Vernichtung der europäischen Juden, 1982. – E. Jäckel/J. Rower (Hrsg.), Der Mord an den Juden im Zweiten Weltkrieg, 1985. – P. Longerich, Die Ermordung der europäischen Juden, 1989. – A. Mayer, Der Krieg als Kreuzzug, 1989. – Yad Vashem Studies on the European Jewish Catastrophe, 14 Bände, Jerusalem 1957 ff. (WJ)

Holocaust-Literatur. Lyrik nach oder gar über Auschwitz zu schreiben, sei barbarisch: Mit diesem Diktum reagierte Th. W. →Adorno auf P. →Celans Versuch, in seinem Gedicht »Todesfuge« den pervertierten Kosmos des »Holocaust« poetisch zu evozieren – mit traditionellen lyrischen Mitteln. Auch wenn Adorno dieses Verdikt später abmilderte, blieb er bei seiner Meinung, daß jede Art von mimetischer, »engagierter« Literatur versagen müsse vor der Realität – weshalb allein das kompromißlos »autonome« Kunstwerk mittels seiner sprachlich-bildhaft realisierten »Negativität« Widerstand gegen die Perversionen der modernen Gesellschaft leisten könne, als deren Tiefpunkt das Dritte Reich und der Holocaust gelten müssen. Die Entwicklung Celans gab ihm in gewisser Weise ebenso recht wie die der Lyrikerin N. →Sachs: Beider Werk war zunehmend von einer Tendenz zur Negativität, zur Abstraktion gekennzeichnet, die ins Verstummen mündete. Allerdings zeugt dieses Werk auch davon, daß Poesie nach dem Holocaust möglich ist – freilich immer am Abgrund entlang, der durch die beiden Extreme des Schweigens und des Ausdruckszwangs markiert ist. Holocaust-Literatur muß demnach als der Versuch definiert werden, das unvergleichbare Verbrechen der Ausrottung der europäischen Judenheit durch die Nationalsozialisten und dessen seelische Folgen für Opfer und Täter literarisch zu fassen – gleichgültig in welcher Sprache (neben den bekannten europäischen Sprachen vor allem Jiddisch und Hebräisch), in welchem Genre (Lyrik, Drama, Erzählprosa, Autobiographie, Essay), in welcher Stillage und in welchem Medium (vgl. z. B. Gerald Greens »Holocaust«-Film von 1979 mit seiner unglaublichen Breitenwirkung). Holocaust-Literatur ist international, ihre Autoren sind durch nichts miteinander verbunden als eben durch ihre (direkte oder indirekte) Erfahrung von und durch ihre Reflektion über »Auschwitz«, wo nach E. →Wiesel nicht nur der Mensch starb, sondern auch seine Idee. Im weiteren Umkreis dieser Literatur ist demgemäß auch das Werk von Autoren anzusiedeln, die entweder als Juden in zweiter oder dritter Generation die Erfahrungen ihrer Eltern oder Großeltern verarbeiten (etwa David Grossman in seinem hebräischen Roman »Ayen Erekh: ›Ahavà‹«, 1986; deutsch »Stichwort: Liebe«, 1991), oder die als Nichtjuden, besonders als Deutsche, versuchen, die Vergangenheit literarisch zu »bewältigen« (etwa Böll, Grass, Hochhuth mit seinem Drama »Der Stellvertreter«, Bobrowski; auch Frischs »Andorra« gehört hierher). »Auschwitz« ist als Provokation der abendländischen Ethik zugleich die ungeheuerlichste Herausforderung der Ästhetik, die es je gab; demgemäß extrem unterschiedlich sind die Ergebnisse literarischer Bewältigungsversuche, von denen nur wenige exemplarisch genannt werden können: 1. das Tagebuch der A. →Frank, das Warschauer Tagebuch von Chaim A. Kaplan, autobiographische Darstellungen von P. →Levi, E. Wiesel, J. →Améry; 2. neben dem lyrischen Werk Celans und Sachs' dasjenige von G. →Kolmar, Czeslaw Milosz, Dan Pagis, Sylvia Plath, Jacob Glatstein; 3. erzählerisch-fiktionale Entwürfe von André Schwarz-Bart (»Le dernier des justes«, 1959), Tadeusz Borowski (»Prosze pánstwa do gazu«, »Die Herrschaften bitte ins Gas!«, 1946; deutsch 1963), Jerzy Kosinski (»The Painted Bird«, 1965), Romain Gary (»La danse de Genghis Cohn«, 1967), J. →Becker, E. →Hilsenrath; 4. dramatische Entwürfe von Frances Goodrich und Albert Hackett (»The Diary of Anne Frank«, 1956), Erwin Sylvanus (»Janusz Korczak und die Kinder«, 1957), →Sachs, P. →Weiss.

Ⓛ A. H. Rosenfeld, A Double Dying, 1980.
(HH)

Holon →Tel Aviv

Holstein →Schleswig-Holstein

Homiletik →Derasch

Hongkong. Die ersten Juden kamen 1842 nach Hongkong, nachdem der Vertrag von Nanking (Nanjing) ausländische Niederlassungen ermöglicht hatte. Sie waren hauptsächlich irakischer und indischer Herkunft. 1882 lebten etwa 60 Familien in Hongkong, darunter die Kaufmanns- und Bankiersfamilien Kadoorie und Sassoon. 1904 bis 1907 hatte Hongkong einen jüdischen Gouverneur, Sir Matthew Nathan. Vor dem Zweiten Weltkrieg nahm Hongkong Flüchtlinge aus Osteuropa und Deutschland auf, viele von ihnen verließen Hongkong mit Japans Kriegseintritt. Nach der Besetzung Hongkongs durch die Japaner 1941 wurden die meisten Juden interniert. Nach 1945 emigrierten viele Überlebende nach Australien, Brasilien oder Europa; jedoch kamen nach dem Regierungsantritt der Kommunisten in China auch zahlreiche chinesische Juden nach Hongkong. Die jüdische Bevölkerung Hongkongs besteht sowohl aus aschkenasischen als auch aus sephardischen Juden mit 18 verschiedenen Nationalitäten. Israel unterhält ein Konsulat in Hongkong, obwohl dieses als britische Kronkolonie keine eigenständige Außenpolitik betreibt. Auch wenn das jüdische Gemeindeleben rege und Antisemitismus unbekannt ist, bleibt die Zukunft der Juden in Hongkong (1995: 2000) unsicher, nachdem Hongkong 1997 an China zurückfiel. (PB)

Hoogstraeten, Jakob van, Theologe, um 1460 Hoogstraeten, Brabant – 27. 1. 1527 Köln. Der Prior des Kölner Dominikanerklosters und Theologieprofessor an der dortigen Universität war ein besonders strenger Verfechter der Inquisition und einer der ersten theologischen Gegner Martin Luthers. Im Reuchlin-Pfefferkornschen Streit um die Einziehung jüdischer Schriften ergriff er gegen →Reuchlin Partei, bezichtigte dessen Werke, insbesondere den »Augenspiegel« (1511), der Häresie und strengte bei der römischen Kurie einen Prozeß gegen Reuchlin an; das Verfahren endete 1514 mit einem Freispruch Reuchlins durch den Bischof von Speyer. Gegen Reuchlins Schrift »Über die kabbalistische Kunst« (»De arte cabbalistica«, 1517) veröffentlichte Hoogstraeten die »Vernichtung der Kabbala« (»Destructio cabale«, 1519). In den »Dunkelmännerbriefen« des Humanistenkreises um Ulrich von Hutten wird Hoogstraeten scharf angegriffen. (PAU)

Horajot →Mischna

Horeb →Sinai

Horkheimer, Max, Philosoph und Soziologe, Haupt der neomarxistischen »Frankfurter Schule«, 14.2.1895 bei Stuttgart – 7.7. 1973 Nürnberg. Horkheimer entstammte einer großbürgerlichen und traditionalistischen jüdischen Familie von Textilfabrikanten. Er studierte Philosophie in München, Freiburg und Frankfurt am Main, wo er 1922 promoviert wurde und sich 1925 habilitierte, und engagierte sich in radikal-marxistischen Studentengruppen. 1930 wurde Horkheimer in Frankfurt am Main zum Professor für Sozialphilosophie berufen und übernahm die Leitung des →Instituts für Sozialforschung. Seit 1932 gab er die »Zeitschrift für Sozialforschung« heraus. Horkheimers Programm einer »Kritische Theorie« beabsichtigte im Unterschied zu einer naturwissenschaftlich und technisch orientierten Theorie eine revolutionäre Theorie, die ihre Gegenstände historisch und soziologisch darstellt. 1933 emigrierte Horkheimer nach Genf und 1934 in die USA; dort etablierte sich das Institut in New York. Hier entstanden bahnbrechende interdisziplinäre Arbeiten zur Faschismus- und Antisemitismusforschung, so die »Studien über Autorität und Familie« (1936) und »Studies in Prejudice« (1949/50). Horkheimers mit T. W. →Adorno verfaßtes Hauptwerk, »Dialektik der Aufklärung« (1944–47), diagnostizierte u.a. am Antisemitismus, wie die aufklärerische Entzauberung und Beherrschung der Natur in die totale Unterdrückung des Menschen umgeschlagen war. Nach dem Krieg kehrte Horkheimer in die Bundesrepublik Deutschland zurück und baute als Professor für Philosophie und Soziologie sowie als Rektor der Universität Frankfurt am Main das Institut für Sozialforschung wieder auf. Nach seiner Emeritierung 1959 zog er sich nach Montagnola/Tessin zurück. In seiner späten Philosophie spielten auch theologische Gedanken von Gott als dem ersehnten »ganz Anderen« angesichts der »leidvollen Gegenwart« eine immer wichtigere Rolle.

Max Horkheimer

L R. Wiggershaus, Die Frankfurter Schule, 1986. (DK)

Horowitz, Jesaja ha-Levi, genannt »(ScheLoH)«, nach der Abkürzung für sein Hauptwerk »Schenei Luchot ha-Berit«, Rabbiner und Kabbalist, um 1565 Prag – 1630 Tiberias. Einer seiner Lehrer war Rabbiner Meir aus Lublin (MaHaRaM). 1597 veröffentlichte er ein Werk seines Vaters (Emek Beracha) mit eigenen Glossen. 1602 war er Leiter der Jeschiwa in Ostrog, 1606–14 in gleicher Funktion in Frankfurt am Main und nach dem →Fettmilchaufstand seit 1615 Rabbiner in Prag. 1621 wanderte er nach Erez Israel aus, wo er Rabbi der aschkenasischen Gemeinde wurde. Er strebte danach, die Gemeinde durch die →Kabbala neu zu beleben. Die Kabbala war für ihn der Zugang zum Geheimnis des →Sohar (Hauptwerk der Kabbala), die Beschäftigung mit ihr ein Zeichen für die baldige Erlösung der Juden. In seinem Hauptwerk (ScheLoH) behandelt er die 13 Middot (vgl. →Gottesattribute) als hermeneutisches Prinzip und die Methode der talmudischen Methodologie. Er galt nicht nur als großer Halachist, sondern führte auch zahlreiche Takkanot (rechtlich bindende Verordnungen, →Takkana) ein. Er forderte das intensive Studium der Tora, des Talmuds, der hebräischen Grammatik und des Sohar. Sein Werk übte großen Einfluß auf die Entwicklung des Chassidismus aus. (RED)

Hoschana Rabba →Sukkot

Hosea →Hebräische Bibel

Hostienfrevellegende. Erzählungen von blutenden Hostien dienten seit der Spätantike vor allem dazu, die Wandlung von Brot und Wein in Fleisch und Blut Christi in der Eucharistie zu beweisen. Seit dem 9. Jahrhundert sind Blutwunder auch als Bekehrungs- oder Strafwunder nach Hostienschändungen durch Ketzer, Zauberer oder Diebe überliefert. Die eigentliche Hostienfrevellegende, die ausschließlich Juden beschuldigte, sie wiederholten aus unversöhnlichem Haß gegen Christus an der Hostie als seinem Leib die Passion, entstand aus der Verbindung von Hostienschändung und Bildfrevel (→Bildfrevellegende) und trat voll ausgebildet erstmals mit dem Pariser Hostienfrevelprozeß von 1290 auf: Ein Jude kauft angeblich eine Hostie von einem

Christen und martert sie im Beisein von Glaubensgenossen; Blut strömt heraus; die Juden versuchen die Bluthostie zu verbergen, doch wird der Frevel offenbar; vor Gericht bleiben die Juden verstockt und enden, da sie die Taufe verweigern, auf dem Scheiterhaufen. Am Ort des Blutwunders entsteht eine Kapelle, wo jährlich Wallfahrten und die Zurschaustellung der Bluthostie und der Marterwerkzeuge die Erinnerung an den behaupteten Frevel wachhalten. Die Hostienfrevellegende verbreitete sich schnell vor allem in Deutschland, wo sie zahlreiche Verfolgungen auslöste (→Rindfleisch, →Armleder). Häufig diente sie der nachträglichen Rechtfertigung von Verfolgungen (→Deggendorf); gelegentlich wurden Blutwunder auch erst später mit Juden in Verbindung gebracht (Beelitz 1247). In einigen Fällen kam es nachweislich zu bewußter Inszenierung des Blutwunders, um eine gewinnbringende Wallfahrt stiften zu können. Nach der Reformation blieb die Hostienfrevellegende vor allem in Randregionen wie Polen und Portugal lebendig; mit der Aufklärung verlor sie an Bedeutung.

🄻 F. Lotter, Hostienfrevelvorwurf und Blutwunderfälschung, 1988. – J. Trachtenberg, The Devil and the Jews, Band 2, 1961. (FL)

Hostiensis (Heinrich von Segusia), Kardinalbischof von Ostia (1261–71), führender Dekretalist, vor 1200 Susa – 25. 10. 1271 Lyon. Hostiensis verfaßte eine »Summa aurea« zum →Liber Extra und umfangreiche Kommentare. In seinen Schriften wirkte sich der zunehmende Einfluß des römischen Rechts zugunsten der Juden aus. So trat Hostiensis in verschiedenen Fragen für die prinzipielle Gleichberechtigung der Juden ein, etwa für ihren Zugang zu christlichen Gerichtshöfen und ihre Rechte, als Angeklagte unter bestimmten Voraussetzungen christliche Zeugen abzulehnen und Erbschaften von Juden und Christen (außer von Geistlichen) anzutreten. Hostiensis erkannte auch das jüdische Ehe- und Elternrecht an, das die Taufe jüdischer Kinder gegen deren Willen ausschloß. Er scheute sich nicht, gelegentlich sogar Rechtsentscheidungen der Päpste zu korrigieren, bekräftigte andererseits aber auch repressive Bestimmungen wie die Einführung des Judenabzeichens.

🄻 W. Pakter, Medieval Canon Law and the Jews, 1988. (FL)

Hoym, Karl Georg Heinrich Graf von, preußischer Staatsmann, 1739 Poblotz bei Stolp – 1807 Dyhernfurth bei Breslau. Als begeisterter Anhänger M. →Mendelssohns zählte er während der Regierungszeit Friedrichs II. von →Preußen zu den wenigen preußischen Beamten, die für eine Reform der sozialen Verhältnisse der Juden eintraten. Ermöglichte in →Breslau 1791 die Errichtung der Königlichen Wilhelms-Schule, in der Jungen außer in den Religionswissenschaften auch in profanen Fächern unterrichtet wurden. Die von ihm initiierte Judenordnung für Breslau von 1790 bekundete zwar die Absicht, die Juden den übrigen Staatsbürgern gleichzustellen, sah sich aber in der Realisierung durch deren »religiöse Gebräuche« gehindert. Die einzige preußische Judenordnung aus der Zeit der Aufklärung brachte somit keine wesentlichen Verbesserungen für die Juden. (AH)

Hugo von Lincoln, angeblich Opfer eines jüdischen Ritualmords. Der achtjährige Knabe Hugo von Lincoln (Hugh) wurde 1255, vier Wochen nach seinem Verschwinden, tot in einem Brunnen entdeckt, der nachträglich einem Judenhaus zugeordnet wurde. Dekan und Domherren von Lincoln überführten den Leichnam in feierlicher Prozession in die Kathedrale, wo Wunder Hugo von Lincolns Heiligkeit und damit das Martyrium durch die Juden »bewiesen«. Nach dem Muster des →Ritualmordvorwurfs wurde die Geschichte konstruiert und von dem Juden Copin nach Zusage von Straffreiheit bestätigt. König Heinrich III. von England ließ 91 Juden in London vor Gericht stellen und 18 von ihnen hinrichten; die übrigen wurden auf Fürsprache von Bettelmönchen freigelassen. Da der König selbst die Anklage vertrat, wurde Hugo von Lincoln gewissermaßen zum klassischen Fall des Märtyrers durch Ritualmord. Die Geschichte des Martyriums Hugo von Lincolns und des angeblichen Verbrechens der Juden blieb durch Chaucer sowie durch englischen, französischen und schottischen Balladen bis in die Gegenwart lebendig.

🄻 G. I. Langmuir, Toward a Definition of Antisemitism, 1990. (FL)

Hugo von St.-Victor, Augustinerchorherr, Theologe und Philosoph, um 1096 – 11. 2. 1141 Paris, erzogen im Stift Hamersleben (Diözese Halberstadt), jung in das Stift St.-Victor (Paris) eingetreten, dort seit 1125 Leiter der Schule. In zahlreichen Werken steht Bibelexegese im Vordergrund. Unter Einfluß von →Origenes und →Hieronymus suchte Hugo von St.-Victor den dreifachen

Schriftsinn, wobei er das historisch-literale Verständnis zur Voraussetzung der allegorisch-mystischen und moralischen Deutung machte. Dies veranlaßte ihn, immer wieder den hebräischen Urtext (→Veritas Hebraica) zu befragen und rege Kontakte mit Rabbinern zu pflegen, die der Schule →Raschis nahestanden. Sie vermittelten ihm die Kenntnis zahlreicher Midraschim (mündliche rabbinische Schriftdeutungen), die er oft unbefangen zitiert. Die rabbinische Literatur kannte er jedoch nicht aus eigenem Studium. Seine Lehren vermittelte er zahlreichen Schülern, u. a. →Andreas von St.-Victor.

Ⓛ M. Awerbuch, Christlich-jüdische Begegnung im Zeitalter der Frühscholastik, 1980. (FL)

Huguccio (Hugo von Pisa), Grammatiker, Theologe, führender Dekretist in Bologna, Bischof von Ferrara (1190–1210), nach 1140 Pisa – 30. 4. 1210 Ferrara. Huguccio, Lehrer des späteren Papstes Innozenz III., zog in seinem Hauptwerk, einer Summa zum Decretum →Gratians, bereits römisches Recht heran. Juden gegenüber war er aufgeschlossen, ihren Kultus bezeichnete er als »großenteils heilig und gut«. Daher kommentierte er die Kanones oft in mäßigendem Sinn und ging von prinzipieller Gleichberechtigung der Juden aus. So trat er für das Elternrecht in der Frage der Taufe von jüdischen Kindern ein, gestand den Juden das Zeugenrecht im Zivilprozeß und bei Sachen von öffentlichem Interesse zu, desgleichen als Opfer von Vergehen das Klagerecht. Andererseits ging Huguccio mit der Auffassung, daß die Kirche die Gerichtsgewalt über die Juden ausüben und gegen sie Geldbußen und auch die Todesstrafe verhängen dürfe, über Gratian hinaus.

Ⓛ W. Pakter, Medieval Canon Law and the Jews, 1988. (FL)

Hulatal, Hule(h)tal, Emeq Hula, Nordteil des Jordangrabens in Israel; ein Becken von etwa 200 km^2, in dessen Norden sich die Quellflüsse des Jordan vereinen; früher vom Hulasee, einem natürlichen Stausee, ausgefüllt, der in historischer Zeit bis auf einen Rest verlandet und malariaverseuchten Sümpfen gewichen war. – 1882 Gründung des jüdischen Dorfes Rosh Pinna, 1939 größere Ansiedlungen; 1951–58 Trockenlegung bis auf einen Naturschutzpark (Feuchtgebiet und Artenschutz-Reservat mit reichem Bestand an Vögeln und Säugetieren, Rastplatz für Zugvögel) und Karpfenteiche; eines der am intensivsten bewirtschafteten Siedlungsgebiete Israels; Anbau von Obst (Äpfel), Baumwolle, Zuckerrüben u. a.; Hauptort ist Qiryat Shemona nahe der libanesischen Grenze mit 20 000 Einwohnern.

Ⓛ Y. Karmon, Israel. Eine geographische Landeskunde, ^{2}1994. (WL)

Husik, Isaac, Historiker der jüdischen Philosophie, 10. 2. 1876 Kiew – 1939 Philadelphia. 1888 emigrierte Husik in die USA. Nach dem Abbruch seiner rabbinischen Ausbildung lehrte Husik von 1898–1916 am Graetz-College in Philadelphia. 1916 erschien sein Hauptwerk »A History of Mediaeval Jewish Philosophy«, die erste umfassende Darstellung der jüdischen Philosophie des Mittelalters. Husik beschränkte sich bewußt auf die Periode des Mittelalters, denn in der Neuzeit gibt es seiner Ansicht nach zwar jüdische Philosophen, aber keine jüdische Philosophie mehr. Die wichtigsten Vertreter der jüdischen Philosophie des Mittelalters stellt Husik mit methodischer Unparteilichkeit dar. Er hielt allerdings ihren Rationalismus zur Darstellung der biblischen Religion für ungeeignet. Da ihre philosophischen Ansätze zudem von griechischen und arabischen Elementen beeinflußt sind, kann nach Husik also nicht einmal im Mittelalter von einer jüdischen Philosophie gesprochen werden. Husiks Werk ist für die angelsächsischen Länder auch nach der Übersetzung von J. →Guttmanns Standardwerk maßgeblich geblieben. Husik hat auch die englische Standardausgabe des »Sefer ha-Ikkarim« von J. →Albo herausgegeben.

Ⓛ M. C. Nahm/L. Strauss (Hrsg.), Philosophical Essays of I. Husik, Oxford 1952. (DK)

Edmund Husserl, um 1930

Husserl, Edmund, Philosoph, Begründer der Phänomenologie, 8. 4. 1859 Proßnitz, Mähren – 27. 4. 1938 Freiburg im Breisgau. Husserl entstammte einer wohlhabenden

Familie von Tuchhändlern. Unter dem Einfluß von T. G. Masaryk und dessen Lehrer Franz Brentano entschloß sich Husserl zur akademischen Laufbahn als Philosoph und zum Übertritt zum Protestantismus. Als Privatdozent in Halle heiratete er die ebenfalls konvertierte Malvine Steinschneider und veröffentlichte 1900/01 sein epochemachendes Werk »Logische Untersuchungen« (2 Teile). Hier wurde zum erstenmal die Phänomenologie als umfassendes Programm einer philosophischen Wissenschaft sichtbar, das versuchte, sowohl gegen den materialistischen Reduktionismus als auch gegen den idealistischen Konstruktivismus gerichtet, mathematische, logische und sinnliche Gegenstände in ihrer jeweiligen Eigengesetzlichkeit zu erfassen. In Göttingen, wo Husserl seit 1901 lehrte, arbeiteten zahlreiche Schüler jüdischer Herkunft mit ihm an der Verwirklichung des Phänomenologischen Programms, u. a. M. →Geiger, A. →Reinach, M. →Scheler, A. →Koyré, E. →Stein und H. →Plessner. 1916 wurde Husserl nach Freiburg berufen. Auch hier schlossen sich ihm und seinem Assistenten Martin Heidegger eine Reihe von später bedeutenden jüdischen Philosophen an, u. a. G. →Anders, H. →Arendt, H. →Jonas, L. →Strauss und E. →Lévinas. Seit 1928 war Husserl emeritiert; trotzdem »beurlaubten« ihn die Nationalsozialisten im April 1933.

Unter dem Rektorat seines wichtigsten Schülers Martin Heidegger war Husserl an der Universität Freiburg persona non grata. 1936 veröffentlichte er sein Alterswerk »Die Krisis der europäischen Wissenschaften und die transzendentale Phänomenologie«. Einsam starb er 1938. Pater Van Breda rettete unter abenteuerlichen Umständen Husserls 45 000 Manuskriptseiten umfassenden Nachlaß nach Löwen, wo das Husserl-Archiv seit 1950 die Gesammelten Werke in der Reihe »Husserliana« (Den Haag) herausgibt.

L H. Siegelberg, Husserl. The Phenomenological Movement, London 1982. (DK)

Hyrkan I., auch Johannes Hyrkan, regierte 135–105 v. Z. als »Fürst des Gottesvolks« und Hoherpriester den von den Hasmonäern gegründeten Judenstaat (in Nachfolge seines Ende 135 v. Z. ermordeten Vaters Simon). Der Herrscher Syriens, der Seleukide Antiochos VII., machte nach der Eroberung Jerusalems (133 v. Z.) für kurze Zeit den Unabhängigkeitsbestrebungen ein Ende und zwang Hyrkan I. zur Heeresfolge im Partherkrieg (auf die parthische Landschaft Hyrkania geht wohl der Name Hyrkan I. zurück). Nach Niederlage und Tod des Antiochos VII. auf diesem Feldzug (129 v. Z.) konnte Hyrkan I. jedoch die Unabhängigkeit des Judenstaats durchsetzen und ihn um Samaria, Idumäa und Gebiete im Ostjordanland vergrößern. Idumäer und Ituräer schlossen sich unter seiner Herrschaft – wohl freiwillig – dem Judentum an. Im Streit der »Religionsparteien« unterstützte er die →Sadduzäer. (HC)

Hyrkan II., auch Johannes Hyrkan, Sohn des →Alexander Jannaj und der →Alexandra Salome, 76 v. Z. Hohepriester, 67 auch König des Judenstaats; zum Bruderzwist und zum römischen Schiedsspruch →Aristobul II. Von Caesar 48 v. Z. in der Hohenpriesterwürde bestätigt und zum Ethnarchen (»Volksfürst«) ernannt, blieb Hyrkan II. ein Spielball in den Händen des →Antipater, später →Herodes' des Großen. Beim Parthereinfall 40 v. Z. in Palästina wurde Hyrkan II. gefangengenommen, verstümmelt (womit er für die Hohenpriesterwürde untauglich gemacht wurde) und nach Babylon verschleppt, von Herodes dem Großen ausgelöst und zunächst hochgeehrt, im Jahr 30 v. Z. jedoch umgebracht. Hyrkan II. war der letzte männliche Sproß der Dynastie der Hasmonäer. (HC)

I

Ibn Daud Halewi, Abraham →Abraham ibn Daud Halewi

Ibn Esra, Abraham ben Meir →Abraham ben Meir ibn Esra

Ibn Esra, Mose ben Jakob →Mose ben Jakob ibn Esra

Ibn Gabirol →Salomo ben Jehuda ibn Gabirol

Ibn Zaddik, Josef ben Jakob →Josef ben Jakob ibn Zaddik

Ibrahim ibn Jakub, jüdischer Arzt aus Tortosa, 10. Jahrhundert; Ibrahim ibn Jakubs Bericht über eine Reise nach Mitteleuropa an den Kalifen von Córdoba ist auszugsweise von arabischen Geographen, zuerst von Al-Bakri (gestorben 1094), überliefert worden. Ibrahim ibn Jakub begegnete um 966 Kaiser Otto I. in Magdeburg und besuchte Mainz, Fulda, Schleswig und Böhmen. Er war ein sorgfältiger Beobachter und beschrieb Lebensbedingungen, Ernährung und Krankheiten der Menschen, Landwirtschaft, Industrie, Handel und Religion, Preise und Münzen in Deutschland, Böhmen und Polen. Ibrahim ibn Jakub erwähnt eine von Juden betriebene Salzsiederei an der Saale (Halle?) und jüdische Kaufleute in Prag.

Ⓛ E. Ashtor, Ibrahim ibn Jakub, in: C. Roth (Hrsg.), Dark Ages, 1966. (FL)

Ichenhausen (bei Günzburg). In dem schwäbischen Dorf, das über Jahrhunderte zur Habsburger Markgrafschaft Burgau gehörte, sind seit 1518 Juden nachgewiesen. Die relativ tolerante Judenpolitik der Habsburger in ihrer Enklave führte nach den Vertreibungen der jüdischen Bevölkerung aus →Augsburg im 15. und aus Memmingen und Günzburg im 16. Jahrhundert zu einer starken Zuwanderung. 1730 war Ichenhausen mit etwa 700 Einwohnern die größte jüdische Gemeinde der Markgrafschaft. Im Jahr 1687 wurde die Synagoge errichtet und 1781 an gleicher Stelle eine neue gebaut, die während des Novemberpogroms 1938 verwüstet, in der Nachkriegszeit als Feuerwehrhaus benutzt wurde und seit ihrer Restaurierung 1983–87 eine Begegnungsstätte ist. Im 18. Jahrhundert entstand eine Mikwe, im 19. Jahrhundert ein jüdisches Schulgebäude, ein Schlachthaus, ein Rabbinatsgebäude und ein Altenheim. Trotz des Rückgangs der jüdischen Einwohnerschaft im 19. und 20. Jahrhundert betrug der Anteil 1910 mit 437 Juden noch 16,2 Prozent der Gesamteinwohnerschaft (1933: 309 Juden). Unter der NS-Herrschaft emigrierten 168 Juden, 1942/43 wurden 123 in die KZ deportiert. Nach 1945 existierte keine jüdische Gemeinde mehr. (BV)

Idelsohn, Abraham Zwi, Musikwissenschaftler und Komponist, 14. 7. 1882 Filzburg bei Libau, Litauen –14. 8. 1938 Johannesburg, Südafrika. Nach Musikstudien in Königsberg, Berlin und Leipzig Kantor in Regensburg, ging Idelsohn 1905 nach Johannesburg und 1906 nach Jerusalem, wo er etwa 15 Jahre blieb. Dort gründete er das »Institut für jüdische Musik« und die erste jüdische Musikschule. Anfang der 20er Jahre verließ er Palästina, ging auf Forschungs- und Vortragsreisen nach Berlin, Leipzig, London, Oxford und in die USA. 1924 Professor für jüdische Musik am Hebrew Union College in Cincinnati. Hier entstanden seine Bücher zur jüdischen Musikgeschichte und Liturgie. 1930 zog er sich nach Johannesburg zurück. Mittels des Phonographen und Tonmessers sowie unter Anwendung neuerer Methoden der Musikethnologie und Liturgiekunde wurden von Idelsohn älteste Schichten des synagogalen Gesanges analysiert und ausgewertet. Zwischen 1914 und 1932 erschien das zehnbändige Monumentalwerk »Hebräisch-orientalischer Melodienschatz«. Weitere grundlegende Schriften: »Jewish Music in its Historical Development« (1929) und »Jewish Liturgy and its Development« (1932). Idelsohn ist als einer der führenden Pioniere jüdischer Musikwissenschaft anzusehen. Als Komponist blieb er wenig erfolgreich. Zu seinen Werken gehören die erste Oper in hebräischer Sprache »Jephta« (1922), eine Anzahl von Gesängen für den Gottesdienst sowie Bearbeitungen von Kantoralmusik. (AS)

Ihud (hebräisch »Einheit«), eine 1942 in der Nachfolge von →Brit Schalom geschaffene Organisation unter Führung von J. →Magnes und M. →Buber, die sich während des Zweiten Weltkriegs und danach für die Bildung eines binationalen, paritätisch verwalteten jüdisch-arabischen Gemeinwesens in einem ungeteilten Palästina einsetzte.

Ⓛ M. Buber, Ein Land und zwei Völker, 1983. (DB/MW)

Ijar →Kalender

Ikkarim →Albo, Josef, →Mose ben Maimon

Independent Order of B'nai B'rith (Söhne des Bundes), am 13. 10. 1843 in New York als jüdischer brüderlicher Orden von deutschstämmigen Juden gegründet; Tätigkeit auf dem Gebiet des Sozialdienstes, allgemeine Wohlfahrt und Philanthropie. 1882 Gründung der ersten deutschen Loge als »Loge des Deutschen Reiches«, 1888 erste Loge im Heiligen Land, »Jerusalem«; 1897 Frauenhilfsverein in San Francisco gegründet. Teilnahme an den Unterstützungsmaßnahmen für die ostjüdischen Einwanderer, 1913 Gründung der Anti-Defamation-League als Abwehrverein gegen Antisemitismus und Rassenhaß. 1924 Gründung der B'nai B'rith Youth Organization (BBYO). Der Orden unterstützt den Staat Israel. Er ist weltweit hochrespektiert. Sein Hauptquartier befindet sich in New York.

Ⓛ E. Grusd, B'nai B'rith: The Story of a Convenant, New York 1966. – D. Moore, B'nai B'rith and the Challenge of Ethic Leadership, Albany 1982. (CL)

Indien. Der Legende zufolge bestehen seit König Salomos Zeiten jüdische Ansiedlungen; erste historische Belege um 1000 n. Z. (Privilegien des örtlichen Hindufürsten für Joseph Rabban, Führer der Juden an der Malabarküste). Neben den Juden der Malabarküste (→Cochin-Juden) gibt es die Bene Israel an der Konkanküste südlich von Bombay (Maharashtra), die sich zurückführen auf israelitische Flüchtlinge aus →Arabien (2. Jahrhundert v. Z.), deren Schiff an der Konkanküste strandete; sie sind assimiliert unter Beibehaltung lediglich essentieller Traditionen und bilden die größte Einzelgruppe im indischen Judentum (1995: 6000 Juden), stehen außerhalb des Kastensystems, von dem sie jedoch einzelne Elemente übernommen haben. Die sog. Bagdad-Juden gehören hauptsächlich zur unteren Mittelschicht; sie sind aktiv im öffentlichen Leben von Bombay und Calcutta und an der ehemaligen britischen Herrschaftsschicht orientiert. Zwischen 1543 und 1623 wurden in Goa über 100 z. T. portugiesische Juden durch die Inquisition verbrannt. Seit dem 19. Jahrhundert ließen sich kleinere Emigrantengruppen aus Irak, Iran und Syrien hauptsächlich als Händler in Bombay und Calcutta nieder. Indien erkennt Israel an (Israelisches Konsulat in Bombay), die Beziehungen sind jedoch kühl. Die Juden indischer Herkunft leben heute großenteils in Israel. (PB)

Innerösterreich. Im Zuge der Teilungen der habsburgischen Länder im Spätmittelalter entstandenes Gebiet, vor allem die Kronländer Steiermark, Kärnten und Krain umfassend. Juden sind in Kärnten im frühen, in der Steiermark im späten 13. Jahrhundert erstmals nachgewiesen, waren aber zumindest als durchreisende Händler schon viel früher anwesend (→Österreich). In beiden Ländern gab es im Mittelalter zahlreiche größere und kleinere Gemeinden, in Krain nur eine einzige (Laibach, gegründet 1327). Im 15. Jahrhundert im Zuge der sich verschlechternden sozialen und wirtschaftlichen Lage der Juden Konzentration in wenigen größeren Gemeinden, vor allem in der Steiermark, die in dieser Zeit aufgrund besonderer Rechtsverhältnisse eines der wichtigsten jüdischen Siedlungsgebiete des Deutschen Reichs war. Auf Betreiben der Landstände, von denen er dafür (wegen der entfallenden Judensteuern) eine beträchtliche Abschlagszahlung erhielt, verfügte Kaiser Maximilian 1496 die Ausweisung der Juden aus der Steiermark und Kärnten, 1515 aus Krain, erlaubte ihnen aber teilweise die Niederlassung in einigen niederösterreichischen und westungarischen (heute burgenländischen) Orten. Wiederansiedlung erst seit 1848–67 (Österreich), nur in den zum 1809 neu gebildeten und von Frankreich abhängigen Königreich Illyrien gehörenden Gebieten (Krain, Oberkärnten) schon seit dieser Zeit erlaubt, aber nur in Laibach tatsächlich erfolgt. Bis 1939/40 Kultusgemeinden in Graz (seit 1869) und Klagenfurt (seit 1923). Heute werden die Steiermark, Kärnten und das südliche Burgenland (Gebiet der ehemaligen Kultusgemeinde Güssing) von der 1946 neu gegründeten Kultusgemeinde Graz betreut (insgesamt etwa 100 Mitglieder, während vor 1938 allein die Kultusgemeinde Graz über 2100 hatte).

L Israelitische Kultusgemeinde für die Steiermark (Hrsg.), Geschichte der Juden in Südost-Österreich, 1990. – W. Wadl, Geschichte der Juden in Kärnten im Mittelalter, 1981. (MAW)

Innozenz III. (Lothar von Segni), Papst (1198–1216), um 1160 Anagni – 16. 7. 1216 Perugia. Unter Innozenz III. erreichte das Papsttum aufgrund der Ausweitung des Jurisdiktionsprimats den Höhepunkt seiner Macht. Innozenz III. rief zum 4. Kreuzzug (→Kreuzzüge) und zum Albigenserkreuzzug auf und bestätigte 1210 den Franziskanerorden und 1215 die Ketzermission des Dominikus. In zahlreichen Dekretalen legte Innozenz III. das Papsttum auf eine Verschärfung der Judenpolitik fest. Er machte die indirekte →Exkommunikation zum Zwangsmittel für die Juden, schränkte den Begriff der Freiwilligkeit bei der →Zwangstaufe ein und deutete die ursprünglich theologisch verstandene Knechtschaft der Juden (→Servitus perpetua) im rechtlich-sozialpolitischen Sinn. Mit dem Kreuzzugsaufruf verband Innozenz III. das Gebot der Zinsbefreiung, das er später zum allgemeinen Zinsverbot auch für Juden ausweitete. Die Kanones des 4. Laterankonzils (→Laterankonzile) nahmen Ziele von Innozenz' III. Judenpolitik auf. Innozenz III. versuchte jedoch auch zu verhindern, daß die Kreuzfahrer die Juden antasteten und daß die Juden wegen ihrer besonderen Tracht um ihr Leben fürchten mußten.

L H. Schreckenberg, Die christlichen Adversus-Judaeos-Texte (11.–13. Jahrhundert), 1988. (FL)

Innozenz IV. (Sinibaldo Fieschi), Papst (1243–54), 1195 Genua – 7. 12. 1254 Neapel. Der »Juristenpapst« setzte 1245 auf dem Konzil von Lyon Kaiser Friedrich II. ab. In 32 Dekretalen griff er Fragen des

Judenrechts auf und knüpfte an die Politik →Gregors IX. an. Den König von Frankreich forderte er schon 1244 auf, »jüdische Mißbräuche« abzustellen. Trotz jüdischer Eingaben bestand Innozenz IV. auf der Verdammung des Talmuds und der Einhaltung des Verbots, (überhöhte) Zinsen zu nehmen, und forderte die Einziehung durch Wucher erworbener Vermögen und eine besondere Kleidung für Juden. Auch setzte er sich nachdrücklich für die Versorgung von Konvertiten und deren Erbrecht ein. Innozenz IV. befürwortete die vom König von Aragón eingeführte Zwangspredigt der Bettelmönche. Andererseits erneuerte er mehrmals die →Sicut-Iudaeis-Bullen und verurteilte wiederholt →Verfolgungen der Juden, die Zwangstaufe jüdischer Kinder und den →Ritualmordvorwurf. Gegen Ende seiner Amtszeit gestattete er jedoch dem Erzbischof von Vienne die Ausweisung der Juden seiner Kirchenprovinz.

🄻 S. Grayzel, The Church and the Jews, Band 1, 1966. (FL)

Inquisition, seit dem späten 12. Jahrhundert Einrichtung der katholischen Kirche zur Verfolgung und Bestrafung von Häretikern und judaisierenden Christen. Juden waren der Gerichtsbarkeit der Inquisition zwar nicht prinzipiell unterworfen, doch beanspruchte die Inquisition das Recht, gegen Juden einzuschreiten, denen Blasphemie, Hostienschändung oder ähnliches vorgeworfen wurde. Das Verfahren gegen Juden unterschied sich im allgemeinen nicht von dem gegen Ketzer, und Juden konnten zu Geldstrafen, zum Tragen diffamierender Abzeichen, zu Kerker, zur Verbannung und zum Tod verurteilt werden; das Urteil wurde in einem öffentlichen, feierlichen Akt verkündet (→Autodafé). In Deutschland entfaltete die Inquisition gegen Juden kaum Aktivität; die meisten Verurteilungen gab es im spanischen Aragón im 13. und 14. Jahrhundert. In Spanien wurde 1483 mit päpstlicher Erlaubnis der Consejo de la Suprema y General Inquisición der unmittelbaren Kontrolle der Krone in Kastilien und Aragón unterstellt. Die Inquisitionstribunale, die in Kastilien keine Tradition besaßen, in Aragón ein Schattendasein führten, beschäftigten sich vor allem mit Christen, die als Häretiker oder als judaisierende Scheinchristen angezeigt wurden. Die katholischen Könige Ferdinand von Aragón und Isabella von Kastilien, gebrauchten die Inquisition als staatliches Instrument, um dem Kryptojudaismus unter den Conversos (zum Katholizismus konvertierte Juden) zu begegnen. In den ersten 15 Jahren ihrer Untersuchungen wurden rund 13 000 Kryptojuden verurteilt, davon etwa 2000 zum Tod. Der erste Großinquisitor T. de →Torquemada und sein Nachfolger Diego de Deza sollen Conversos gewesen sein. Der Kryptojudaismus unter einer Minderheit der Conversos brachte diese soziale Gruppe insgesamt in erhebliche Schwierigkeiten. Die meisten überstanden unter demütigenden und grausamen Bedingungen den Inquisitionsprozeß, indem sie abschworen und sich zur Kirche bekannten. In Europa fanden (mit stark abnehmender Häufigkeit) bis ins 18. Jahrhundert Inquisitionsprozesse statt. Bis 1868 konnte kein Neuchrist Staatsbeamter in Spanien werden. (ES)

Institut für die Geschichte der deutschen Juden, gegründet 1963 in Hamburg, angeregt durch Archivbestände der jüdischen Gemeinden der Region Hamburg, die über die NS-Zeit gerettet wurden. Forschungsschwerpunkte: Regionalgeschichte der Juden, u. a. Untersuchung zur Sozial- und Wirtschaftsgeschichte im 17. und 18. Jahrhundert, Dokumentation zur Geschichte der Juden in Hamburg in der Weimarer Republik und im Dritten Reich. Schriftenreihe: »Hamburger Beiträge zur Geschichte der deutschen Juden.« (EP)

Institut für Sozialforschung, 1923/24 von M. →Horkheimer und C. →Grünberg an der Frankfurter Universität gegründet. Finanzielle Unterstützung erfolgte durch Felix Weil. Prominente Institutsangehörige waren u. a. T. W. →Adorno, H. →Marcuse, E. →Fromm, W. →Benjamin, Otto Kirchheimer, Friedrich Pollock, Wilhelm Reich. Das Verdienst des Instituts für Sozialforschung liegt darin, erstmals moderne Forschungsmethoden angewandt zu haben, die sich gleichermaßen auf Erkenntnisse von Soziologie, Geschichtsphilosophie und Psychoanalyse stützten. Es war die erste interdisziplinäre Vereinigung von Wissenschaftlern, die unterschiedliche Probleme von einer gemeinsamen theoretischen Position (»Kritische Theorie«) anging. Den Kern der Kritischen Theorie bildet die Abneigung gegen hermeneutische philosophische Systeme. Bekannt wurde das Institut unter der Bezeichnung »Frankfurter Schule«. Seit 1932 wurde die »Zeitschrift für Sozialforschung« herausgegeben, die bis 1939 im Pariser Exil weitererschien, danach, seit 1940, unter dem Titel »Studies in Philosophy and Social Sciences« in New York. In Amerika erschienen auch die berühmten Studien zur Faschismus- und Antisemitismusforschung. Horkheimer und andere leitende Instistutsmitglieder arbeiteten seit 1934 am New Yorker »Institute for Social Research« und für die »Research & Analysis Branch« des Office of Strategic Service (OSS). 1949 kehrte Horkheimer nach Frankfurt zurück und gründete 1950 zusammen mit Adorno das Institut für Sozialforschung neu. Das Institut für Sozialforschung gilt als einer der wenigen Repräsentanten einer deutsch-jüdischen Kultur- und Wissenschaftstradition, die das Exil überdauerte und nach Deutschland zurückkehrte, um eine Brücke zu schlagen. Das Institut für Sozialforschung übte großen Einfluß auf die westdeutsche Studentenbewegung von 1968 aus.

L M. Jay, Dialektische Phantasie. Die Geschichte der Frankfurter Schule und des Instituts für Sozialforschung 1923–50, 1976/1981. – J. Radkau, Die deutsche Emigration in die USA: Ihr Einfluß auf die amerikanische Europapolitik, 1971. (WJ)

Institut zur Förderung der israelitischen Literatur. Das von L. →Philippson zusammen mit Adolf Jellinek und dem Historiker I. M. →Jost 1855 in Leipzig gegründete Institut hatte es sich zur Aufgabe gemacht, in Form einer Buchgemeinschaft teils belehrende wissenschaftliche, teils unterhaltende Literatur auf den Gebieten der jüdischen Geschichte, Religionswissenschaft, der Dichtung und der Belletristik herauszugeben. In den 18 Jahren seines Bestehens wurden einem Kreis von zeitweise 3000 Abonnenten mehr als 80 Titel vorgelegt; darunter befanden sich u. a. die »Geschichte des Judenthums und seiner Sekten« von Isaak Markus Jost und die ersten Bände der »Geschichte der Juden von den ältesten Zeiten bis auf die Gegenwart« von H. →Graetz.

L W. Schochow, Deutsch-jüdische Geschichtswissenschaft, 1969. (JÖD)

Institutum Judaicum, Bezeichnung für judaistische Einrichtungen an den Universitäten Halle (gegründet 1728), Berlin (1883) und Leipzig (1886), die der jeweiligen evangelisch-theologischen Fakultät angeschlossen waren und bis Anfang des 20. Jahrhunderts die Aufgabe hatten, evangelische Theologen zur sog. →Judenmission auszubilden. Das Institutum Judaicum in Leipzig bekam nach dem Tod seines Gründers Franz Delitzsch (1813–90), den Beinamen »Delitzschianum« und enwikkelte seitdem eine zunehmend wissenschaftliche Aufgabenstellung; 1935 wurde es von den Nationalsozialisten geschlossen und 1936 in Wien bzw. 1948 in Münster wiedereröffnet. Das Institut befaßt sich u. a. mit der jüdisch-christlichen Beziehungsgeschichte seit der Antike und mit Editionen hebräischer und lateinischer Texte. 1960 wurde in Tübingen ein Institutum Judaicum gegründet, aus dem 1979 das »Institut für antikes Judentum und hellenistische Religionsgeschichte« ausgegliedert wurde; die beiden Institute widmen sich vor allem der Erforschung der Hellenisierung des Judentums in Palästina und in der Diaspora sowie allgemein des antiken Judentums und Christentums. (BV)

Iran. Die ältesten Diasporagemeinschaften bestanden seit dem 6. Jahrhundert v. Z., als die Babylonier jüdische Kolonien in Persien gründeten. Seit der Eroberung →Babyloniens 538 v. Z. durch Kyros (Rückkehr vieler Juden aus dem Exil, Wiederaufbau des Tempels und Einweihung 516 v. Z. unter Dareios I.) gehörte es, wie seit 525 auch →Ägypten, zum Persischen Reich, dessen Amtssprache unter den Achämeniden →Aramäisch war. Judäa hatte als persische Provinz Jahud keine politische, dafür aber religiöse Selbständigkeit; die Parther verhalfen 40 v. Z. dem hasmonäischen König Mattatias Antigonos II. zur Herrschaft über Judäa. Unter den Sassaniden (224–642 n. Z.) wurden die Juden verfolgt. Die arabische Eroberung 642 brachte vorübergehend Erleichterung. Die Etablierung der Schia als vorherrschender Form des Islam in Persien führte zu religiöser Intoleranz und stürzte bis zu den Reformbestrebungen der Pahlewi-Dynastie im 20. Jahrhundert die Juden in Armut und Unterdrükkung. Die allgemeine Säkularisierung und Westorientierung nach 1925 ermöglichte die Emanzipation und einen sozialen wie ökonomischen Aufstieg der iranischen Juden. Am Vorabend der islamischen Revolution lebten ca. 80 000 Juden im Iran, vorwiegend in Teheran (60 000) sowie in Kermanshah, Schiras, Isfahan u. a. Die schiitische Machtübernahme 1979 beendete das zeitweise gute Verhältnis des Irans zu Israel und führte erneut zur Verfolgung der Juden im Iran. Zehntausende verließen das Land, zumeist nach Israel. Mitte der 90er Jahre lebten 20 000 bis 25 000 Juden im Iran. Die iranische Botschaft in London veröffentlichte 1984 erneut die →Protokolle der Weisen von Zion. (PB/BV)

Irgun Zvai Leumi (hebräisch: »Nationale Militärorganisation«, abgekürzt IZL oder Ezel), zionistische, bürgerliche, extrem nationalistische militärische Untergrundorganisation in Palästina, 1937 gegründet (Vorläufer 1931). Der IZL stand der →Revisionistischen Partei nahe und lehnte die zurückhaltendere Politik der →Hagana gegenüber arabischen Angriffen ebenso ab wie das britische Mandat über Palästina. Im Zweiten Weltkrieg unterstützte der IZL zunächst Großbritannien. 1943 übernahm M. →Begin die Führung. Angesichts der Massenmorde in Europa und der weiterhin restriktiven britischen Einwanderungspolitik ging der IZL im Januar 1944 zum »Aufstand« gegen die Mandatsregierung über, wobei er terroristische Mittel anwandte, u. a. Sprengstoffanschlag auf das Jerusalemer King-David-Hotel (Zentrum der britischen Armee und Verwaltung) am 22.7. 1946. 1948 zählte der IZL 5000 Mitglieder aller Altersgruppen. Ob der IZL absichtlich arabische Zivilisten ermordet hat, ist umstritten (am 10.4.1948 starben vier IZL-Mitglieder und 240 Araber in Dir Jassin). Am 1. 9. 1948 ging der IZL nach harten Auseinandersetzungen mit der Regierung in der israelischen Armee auf. Die politische Nachfolgeorganisation des IZL war die →Cherut-Partei. (DB/MW)

Irland. Die im Gefolge der englischen Eroberung durch Richard Strongberg 1170 gegründete kleine jüdische Gemeinde Irlands ging 1290 unter, als die Juden von den Britischen Inseln vertrieben wurden. Einige Flüchtlinge aus Spanien und Portugal kamen Ende des 15. Jahrhunderts nach Irland, um 1660 siedelte sich eine Gruppe →Marranen hier an, eine Synagoge soll ab 1661 bestanden haben. Während der nächsten zwei Jahrhunderte folgten aschkenasische Juden aus Polen, Deutschland, Holland, Böhmen und England. Bis 1881 stieg die Zahl der Juden in Irland auf 450. Nach den antijüdischen Ausschreitungen 1884 in Limmerick und 1894 in Cork führte die Agitation eines katholischen Priesters in Limmerick 1904 zu einem zweijährigen Boykott der jüdischen Händler, wodurch die Anzahl der dortigen Gemeindemitglieder von rund 200 auf weniger als 40 sank. Zu dieser Zeit lebten in Irland insgesamt knapp 4000 Juden, deren Zahl bis 1941 auf 5000 stieg; von ihnen lebten die meisten in Dublin, wo auch heute noch der größte Teil der 1800 irischen Juden lebt. Das Schächten ist in Irland erlaubt. Die Beziehungen zur katholischen Bevölkerung sind gut. (PB)

Isaac, 1. Aaron (auch: Isak, Aron), Begründer der jüdischen Gemeinde in →Schweden, 1730 Treuenbrietzen, Brandenburg – 1816. Zunächst Hausierer, folgte seinen künstlerischen Neigungen und eignete sich autodidaktisch die Kunst der Siegelgravur an. Ließ sich in Bützow nieder und arbeitete während des Siebenjährigen Kriegs für die preußische und später für die schwedische Armee. Wie von allen nach Schweden übersiedelnden Juden vor ihm, wurde auch von ihm verlangt, sich taufen zu lassen, was er jedoch ablehnte. Dennoch gewährte König Gustav III. ihm u. a. 1775 das Niederlassungsrecht in Stockholm. So entstand mit Isaac die erste jüdische Gemeinde in Schweden, deren Leiter er lange Jahre blieb. Seine Memoiren »Sjelfbiografi«, das erste jüdische Buch in Schweden, entstanden 1804 in jiddisch mit einem Vorwort in hebräisch, wurden erstmals 1897 in lateinischer Schrift gedruckt und u. a. 1932 im Originaltext mit schwedischer Übersetzung und einer Einleitung von Abraham Brody herausgegeben. Von Interesse sind die Memoiren sowohl für den Historiker als auch für den Philologen des Jiddischen. (HIR)

2. Jules, Historiker, 1877 Paris – 6.9.1963 Aix-en-Provence. 1936–40 französischer Generalschulinspektor. Nach seiner Entlassung durch das Vichy-Regime aktiv in der Résistance. Neben L. →Poliakov einer der bedeutendsten Historiker der Geschichte des Antisemitismus. Hauptwerke: »Jesus und Israel« (1947), »Die Genesis des Antisemitismus« (1957). (LH)

Isaak (Namensetymologie in Gen 17,17; 18,12; 26,8), Sohn →Abrahams und einziger Sohn →Saras, zeugte mit Rebekka →Esau und →Jakob. Als Halbnomade siedelte er in dem Gebiet um Gerar, Beer Sheva und Beer-Lahai-Roi. Er starb in Hebron und wurde in der Höhle Machpela begraben. In der Aggada finden sich weitere Namensetymologien, die sich vor allem auf seine Beschneidung beziehen. Im Gegensatz zu den anderen Patriarchen erhielt er seinen Namen von Gott vor der Geburt. Isaak gilt als toratreu, als Urheber des →Mincha (»Nachmittagsgebet«) und als jemand, der Gott in der Welt bekannt macht. So zählt er u. a. zu den sechs Frommen, über die der Todesengel keine Macht hat. Bedeutsamstes Thema ist seine Fesselung (»Akeda«). In der Hebräischen Bibel gilt sie als Probe der Treue Abrahams durch Gott selber. In manchen Aggadot wird diese Probe durch den →Satan veranlaßt. Zugleich erscheint die »Akeda« aber auch als freiwilliger Akt des Gehorsams Isaaks, der zu diesem Zeitpunkt schon

37 Jahre alt gewesen sein soll. Isaak wird vom Satan in Versuchung geführt und, als er ohnmächtig wird, durch das Gebet von →Engeln gerettet. Dabei verliert er sein Augenlicht. Nach manchen Überlieferungen wird er von Abraham verletzt, stirbt sogar vor Schreck angesichts des erhobenen Messers und wird durch die Benediktion »Techijat ha-Metim« (2. Benediktion des Schemone essre) wiederbelebt. Gott erkennt Isaaks freiwillige Hingabe als vollzogene Opferung an. So kann Abraham in Erinnerung der »Akeda« Gott bitten, im Falle von Übertretungen der Gebote mit Israel gnädig zu sein. Daraus entwickelte sich die Tradition, an →Rosch ha-Schana den Abschnitt über die Bindung Isaaks (Gen 22) zu lesen, den →Schofar zu blasen und an Fasttagen Asche über das Haupt zu streuen. Vor allem nach den Pogromen z. Z. der Kreuzzüge galt die »Akeda« als Symbol des Martyriums und gewann vor allem in Deutschland und Polen als eigenständige Gattung des →Pijut herausragende Bedeutung in den Bitt- und Bußgebeten (»Selichot«). (HMD)

Isaak ben Ascher ha-Levi, 1. der Ältere (Riba), Talmudist in Speyer und einer der älteren Schüler des →Salomo ben Isaak, 11./Anfang 12. Jahrhundert. Isaak ben Ascher ha-Levi gilt als der erste Tossafist in Deutschland. Von seinen Schülern, unter ihnen →Isaak ben Mordechai aus Böhmen (RIBaM), Schemarja ben Mordechai aus Speyer und Mose ben Joel Saltmann aus Regensburg, aufgrund seiner Toratreue selbst angesichts des Todes »der Heilige« genannt. Trotz schwerer Krankheit und gegen den Rat seines Arztes fastete er am Versöhnungstag (→Jom ha-Kippurim) und starb daraufhin. Isaak ben Ascher ha-Levi sammelte zu den meisten Talmudtraktaten →Tossafot. Außerdem stellte er halachische Sammlungen zu bestimmten Themen und Traktaten zusammen. (HMD)

2. der Jüngere (Riba II.), Enkel von 1., rabbinischer Gelehrter, Anfang 12. Jahrhundert (am Todestag des Großvaters) – 1195 (als Märtyrer). Isaak ben Ascher ha-Levi lernte bei den Schülern seines Großvaters und war Mitglied des →Bet Din von Speyer. Zu seinen Schülern gehörte →Elieser ben Joel ha-Levi (Rabiah). (HMD)

Isaak ben Jacob Alfassi →Alfassi, Isaak ben Jakob

Isaak ben Josef ibn Polgar, Dichter, Religionsphilosoph und Verteidiger des Judentums, erste Hälfte des 14. Jahrhunderts Kastilien, Spanien. Isaak wandte sich vor allem gegen seinen ehemaligen Freund →Abner von Burgos, der, zum Christentum übergetreten, für weitere Konversionen warb. Seine Schriften richteten sich weniger an Christen als vielmehr an Juden, um sie in ihrer Überzeugung zu festigen. Wie für Christen galt nicht minder für Juden der Religionswechsel als verdammenswert. Zugleich bemühte er sich, auf Aufforderung der Gemeinde von Avila, die Vereinbarkeit von weltlich-griechischer Philosophie mit der jüdischen Religion zu begründen. Mitten in einer Umwelt, die klassische Philosophie dem christlichen Denken assimiliert hatte, verteidigte er lebhaft das Studium der »Alten«, deren Erkenntnisse der jüdischen Religion nicht schaden könnten und für die Naturwissenschaften, die gerade Juden pflegten, unerläßlich seien. Unter der Voraussetzung der Überlegenheit der jüdischen Religion gegenüber rein rationalen Erklärungen entwickelte er eine Vorstellung von sich wechselseitig ergänzender Durchdringung religiöser und philosophischer Denkweisen. (ES)

Isaak ben Juda Abravanel →Abravanel, Isaak ben Juda

Isaak ben Mordechai (RIBaM), bedeutender deutscher Tossafist, wahrscheinlich aus Böhmen, Schüler des →Isaak ben Ascher ha-Levi in Speyer und des →Jakob ben Meir, 12. Jahrhundert. Rabbi in Prag und Mitglied des Rabbinats in Regensburg. Dort galt er als herausragender Gelehrter, der mit den halachischen Größen Deutschlands und Frankreichs in Kontakt stand. Seine zahlreichen Tossafot, die er z. T. mit seinem Lehrer Isaak ben Ascher ha-Levi zusammenstellte, finden sich verstreut in den Sammlungen anderer (z. B. bei Jesaja di Trani, →Elieser ben Joel ha-Levi aus Bonn und →Isaak ben Mose aus Wien) aber auch in den gedruckten Tossafot-Ausgaben. (HMD)

Isaak ben Mose Arama, rabbinischer Gelehrter, um 1420 Zamora, Spanien – 1494 Neapel. 1492 aus Spanien vertrieben. Rabbiner in Tarragona, Fraga und Calatayud (Aragonien). 1492 durch die Inquisition vertrieben. Verfasser des bis heute populären Torakommentars »Akedat Jizchak«, der u. a. von Isaak ben Juda →Abravanel rezipiert wurde. Der Kommentar besteht aus eigenständigen philosophischen Predigten, die jeweils, ausgehend vom Text, mit der Untersuchung einer philosophischen

Idee beginnen und mit der Erläuterung des Textes und seiner Probleme schließen. Isaak ben Mose Arama schrieb auch Kommentare zu den fünf →Megillot, den Sprüchen Salomos (»Jad Awschalom«) und ein eher polemisches Werk über die Beziehung von Philosophie und Religion (»Chasut kascha«). Er ordnet darin die Vernunft der göttlichen Wahrheit unter. Isaak ben Mose Arama kritisierte den Rationalismus des →Mose ben Maimon und dessen Glaubensregeln, die er durch sechs neue ersetzen wollte. (HMD)

Isaak ben Mose aus Wien, rabbinischer Gelehrter, auch Or Sarua genannt, um 1180 bis um 1250. Isaak ben Mose studierte in Böhmen bei den Tossafisten Jakob ben Isaak ha-Lawan und Abraham ben Asriel, später bei →Juda ben Samuel he-Chassid in Regensburg, →Elieser ben Joel ha-Levi in Bonn, Simcha ben Samuel in Speyer und Juda ben Isaak Sir Léon in Paris. Rabbiner in Regensburg und Würzburg, dann in Böhmen und Wien. Zu seinen Schülern zählt Meir von Rothenburg. Sein wichtigstes Werk »Or Sarua« behandelt, ausgehend von den Talmudtraktaten, den halachischen Stoff. Dabei zitiert Isaak ben Mose aus Wien zunächst die Kommentare und Entscheidungen der französischen und deutschen Gelehrten, oft in ihrer Landessprache, um sie dann ausführlich zu kritisieren. Sein Werk ist damit überaus wertvoll für die Erforschung der Geschichte, des Brauchtums und der Lebensweise der jüdischen Gemeinden in Europa im Mittelalter. Es ist aber so umfassend, daß es kaum abgeschrieben und verbreitet wurde. Deshalb schrieb sein Sohn Chajim eine Kurzfassung (»Simane Or Sarua«), aus der oft zitiert wurde. Erst Ende des 19. Jahrhunderts wurden Teile des »Or Sarua« gedruckt. (HMD)

Isaak ben Salomo Luria Aschkenasi →Luria, Isaak (Aschkenasi) ben Salomo

Isaak ben Scheschet Perfet (RiBaSch), Rabbi und Talmudgelehrter, 1326 Barcelona – 1408 Algier. Schüler des →Nissim ben Ruben Gerondi, 1370–77 Rabbiner in Saragossa, später Rabbiner und Leiter einer →Jeschiwa in Valencia, 1391 nach Algier vertrieben, wo Isaak ben Scheschet Perfet sich vor allem um die Integration der geflüchteten Juden bemühte. Bedeutende halachische Autorität, dessen →Responsen die Halacha bis hin zum →Schulchan Aruch maßgeblich beeinflußt haben. Sie stellen nicht nur eine umfangreiche Sammlung des halachischen Materials seiner Zeit dar (z. T. sogar von heute nicht mehr existenten Quellen), sondern geben auch Informationen über die Bräuche in Spanien und Nordafrika. Die Responsen sind damit eine wichtige Quelle für die Geschichte der sephardischen Juden im 14. Jahrhundert. Als halachische Autorität befaßte Isaak ben Scheschet Perfet sich mit dem Problem der →Marranen, der finanziellen Absicherung der Frau im Eherecht und der Auseinandersetzung um das französische Oberrabbinat. Isaak ben Scheschet Perfet verfaßte Kommentare zur Tora, zu talmudischen Traktaten und Gedichte. (HMD)

Isaak der Blinde, auch Sagi Nahor (aramäisch »reich an Licht«, Euphemismus für blind), Sohn des →Abraham ben David aus Posquières, gilt als einer der ersten Kabbalisten, als »Vater der →Kabbala«, um 1160 Provence, Frankreich – 1235 Provence. Über seine Biographie ist wenig bekannt. Ihm wurden mystische Fähigkeiten, magische Kräfte im Gebet und eine Offenbarung von →Elia nachgesagt. Irrtümlich galt er als Verfasser des Buches →Bahir. Er schrieb einen Kommentar zu dem kabbalistischen Buch »Sefer Jezira« (Kabbala). Isaak der Blinde versuchte zu zeigen, wie der Mensch durch Kontemplation, Vorsatz und Hingabe mit Gott in Verbindung treten kann. Das System göttlicher Emanation in der Kabbala stellt er als eine Bewegung von der Einheit zur Vielheit und umgekehrt dar. In ihm ist alles miteinander verbunden. Die Schöpfung erscheint als ein Akt der inneren Einkehr Gottes in sich selbst. Die Welt gilt als Verkörperung der göttlichen Sprache. Deshalb sind die Tora und das Gebet der Schlüssel auf dem Weg zu Gott. (HMD)

Isaak Meir Rothenberg Alter (Rim; Gerer Rebbe), 1789 bei Warschau – 1866 bei Warschau, Sohn des Rabbis Israel aus Gora Kalwarija (Ger/Gur). Schüler des Maggid von Kozienice, des Simcha Bunem aus Przysucha und vor allem des Menachem Mendel aus Kotsk. Als einer der bedeutendsten Talmudgelehrten seiner Zeit verfaßte er →Responsen zum Traktat »Chul« (»Josefow«) sowie Novellen zu verschiedenen Traktaten und zum →Schulchan Aruch (»Chiddusche Rim«). Sie sind klassische Werke nach der Methode des →Pilpul. Isaak Meir Rothenberg Alter suchte fortwährend den Kontakt mit den Menschen und versuchte, sie für das Torastudium, das er zum Mittelpunkt des spirituellen Lebens erhob, und die chassidischen

Ideale zu begeistern. Er begründete die Dynastie der Gerer Rebben, die von 1859 bis 1939 in Polen bestand und maßgebend für die Entwicklung des dortigen →Chassidismus war. Seither haben die Gerer Chassidim ihr Zentrum in Jerusalem. (HMD)

Isenstein, Kurt Harald, Bildhauer und Graphiker, 13.8.1898 Hannover – 3.2.1980 Kopenhagen. Erste Ausstellungen 1917 in Berlin; 1921–25 Lehrer an der Reimann-Kunstschule, Berlin; 1925 Mitbegründer der Volks-Kunstschule, Berlin; 1933 Verhaftung und anschließend Emigration nach Dänemark, 1943 nach Schweden. Isenstein schuf u.a. Büsten von A. →Döblin, A. →Einstein, Magnus Hirschfeld, E. →Toller, Friedrich Ebert und Paul von Hindenburg, auch das Heine-Denkmal in Cleveland, Erinnerungsmale für jüdische Friedhöfe (Trondheim, Oslo) und machte Buchillustrationen für die Werke von Arno Holz sowie einen Entwurf der deutschen Heinrich-Hertz-Briefmarke 1958.

L Leben und Schicksal. Zur Einweihung der Synagoge in Hannover, 1963. (LH)

Isidor von Sevilla, Kirchenvater, Bischof von Sevilla (600–636), um 560 Cartagena – 4.4.636 Sevilla. Isidor von Sevilla sammelte enzyklopädisches Wissen in seinen »Etymologiae«, schrieb theologische Lehrbücher und Geschichtswerke. Die Judenmission war ihm Herzenssache. In Traktaten und Quaestiones faßte er die wichtigsten Argumente antijüdischer Apologetik wirksam zusammen, um den Glauben der Christen und der judaisierenden Konvertiten zu stärken. Sie übten auf die mittelalterliche Kirche eine nachhaltige Wirkung aus. Obwohl Isidor von Sevilla die Zwangsbekehrung der Juden durch König Sisebut ablehnte und grundsätzlich für die Freiwilligkeit der Bekehrung eintrat, bestand er doch auf der Gültigkeit bereits erfolgter Zwangstaufen. Entscheidenden Einfluß nahm er auf die Beschlüsse des 4. Konzils von →Toledo, dessen Maßnahmen gegen die zwangsgetauften »Kryptojuden« die Judenpolitik der Westgotenkönige ebenso wie die der Kirche festlegten.

L B. Blumenkranz, Les auteurs chrétiens latins du moyen âge sur les juifs et le judaïsme, Paris 1963. (FL)

Islam (Ergebung [in Gottes Willen]), monotheistische Weltreligion, versteht den Stifter →Mohammed (570–632) als letzten (»Siegel«) einer Reihe von Propheten des einen Gottes Allah, die über Noah (Nuh), Abraham (Ibrahim) und Mose (Musa) bis zu Jesus (Isa) reicht. Quelle des Glaubens ist zunächst der →Koran, daneben die mündliche Tradition (Hadith) von Aussprüchen und Leben des Mohammed als Handlungsanweisung der Sunna. Der Islam vertritt die Einheit von Religion und Recht und verpflichtet die Gläubigen (Muslime) zum Kampf gegen die Ungläubigen. Vor allem Juden und Christen gesteht er als »Volk des Buches« (ahl al-kitab) nach ihrer Unterwerfung das Schutzrecht der Dimma zu (Dimmis). Unter den ersten vier »rechtgläubigen« Kalifen Abu Bakr, Omar, Othman und Ali (gestorben 661) eroberte der Islam die byzantinischen Provinzen Syrien, Palästina, Ägypten, Libyen und das neupersische Großreich. Die bisher unterdrückten christlichen Sekten des Ostens und die Juden begrüßten die Muslime als Befreier; eschatologische Deutungen des Geschehens führten zu zahlreichen Übertritten. Später stabilisierten sich die religiösen Minderheiten, für lange Zeit lebte die Mehrheit der jüdischen Weltbevölkerung unter islamischer Herrschaft. Unter den Omajjaden (bis 750) drang der Islam über den Kaukasus, das Industal nach Innerasien, im Westen in den Maghreb und auf die Pyrenäenhalbinsel vor. Nach der Ermordung Alis um 661 spaltete sich die Richtung der Schiiten ab, die im Gegensatz zu den Sunniten nur den Koran anerkennt. Die erste Formulierung des Schutzrechts der Dimmis im sog. »Pakt des Omar« (I.) dürfte eher auf Omar II. (717–720) zurückgehen. Die Einschränkungen der Dimma betreffen unterschiedliche Kleidung; sie verbieten, Waffen zu tragen, auf Pferden zu reiten, neue Gotteshäuser zu erbauen, gegen Muslime zu zeugen; sie gebieten, den Muslimen stets Ehrfurcht zu erweisen, und fordern eine besondere Kopfsteuer. Die Dimmis waren Bürger zweiter Klasse, rechtlich und sozial den Muslimen untergeordnet. Trotz der negativen Einschätzung der Juden in Koran und Hadith und im ganzen härterer Vorschriften war die islamische Praxis vor allem in den frühen Jahrhunderten oft milder als die der Christen. Bei der Auslegung der Dimma waren die den Herrschern nahestehenden Juristen entgegenkommender als die Theologen und die Korankommentatoren. Im Islam waren die Juden nur eine Minderheit unter mehreren, die nicht als Bedrohung empfunden wurde. Wo sie, wie etwa in Marokko und teilweise im Iran, die einzige religiöse Minderheit bildeten, wurden sie meist schlechter als unter den Christen behandelt. Die zunächst relativ günstige Stellung der Juden förderte die Arabisierung, die

Juden nahmen die arabische Sprache an und assimilierten sich an islamische Gedankenwelt und Verhaltensweisen. In dieser Epoche waren die islamisch-jüdischen Beziehungen weithin von sozialer und intellektueller Kooperation, ja Symbiose bestimmt. Gemeinsamkeiten zwischen jüdischer und islamischer Religion beeinflußten Gesetzesverständnis und -auslegung; nach islamischem Vorbild entwickelte sich eine jüdische Theologie (→Mose ben Maimon), die islamische nahm biblische und rabbinische Traditionen auf. Parallelen finden sich auch in der Entwicklung einer Textkritik bei der Suche nach der wahren Überlieferung. In der Wahl der Berufe wurden die Juden nur wenig beschränkt, bevorzugten jedoch die des Kaufmanns, Arztes oder Bankiers. Diese Tätigkeiten öffneten ihnen auch den Zugang zu den Höfen. Andererseits zeichnete die arabische Literatur und Dichtung vorwiegend ein negatives Bild von den Juden, voll von Mißtrauen und Verachtung. Gelegentlich gab es auch polemische Schriften gegen Juden, vereinzelt beklagten jüdische Apologeten ihre Erniedrigung unter dem Islam. Mit den Kreuzzügen verschlechterte sich die Lage der Juden zusehends, doch war die Haltung der Muslime ihnen gegenüber nicht wie bei den Christen von tiefverwurzeltem Haß, sondern eher von Verachtung geprägt. Im muslimischen Andalusien entluden sich um 1066 soziale Spannungen und der Vorwurf, daß die Juden durch Wohlstand und gehobene Stellung den Pakt gebrochen hätten, im ersten großen Judenmassaker von Granada. Islamische Reformbewegungen führten immer wieder zur Rückbesinnung auf das repressive Gesetz. So beendete die Invasion der Almoraviden in Andalusien nach 1146 endgültig das »goldene Zeitalter« arabisch-jüdischer Symbiose. Während in Nordafrika das Christentum verschwand, mußten die Juden schwere Verfolgungen und Zwangsbekehrungen erdulden. Zu den Scheinkonvertiten gehörte auch Mose ben Maimon, der ihre Haltung rechtfertigte. Von Marokko aus suchten die Juden in Ägypten, von Andalusien aus in den christlichen Reichen des Nordens Zuflucht. Auch unter der Mamlukenherrschaft in Ägypten, Syrien und Palästina (um 1250 bis 1517) verschlechterte sich die Lage der Dimmis. Während einzelne Juden in Regierungsämter aufsteigen konnten, verarmte die Mehrheit wie auch die muslimische Mittelschicht. – Mit dem Vordringen der Türken und dem Aufstieg des Osmanischen Reichs begann eine neue Epoche jüdischer Existenz unter dem Islam. Durch die Eroberung ehemals byzantinischer Gebiete verfügten die Türken über griechisch sprechende sog. romaniotische Juden, zu denen im Spätmittelalter aschkenasische Flüchtlinge aus Mitteleuropa kamen. Sie wurden seit Ende des 15. Jahrhunderts von der Welle der sephardischen Einwanderer überlagert, denen der Sultan Obdach anbot. Seit der Einnahme Konstantinopels im Jahr 1453 entwickelten die Sultane eine Strategie gezielter Ansiedlung von Juden in den eroberten Städten. Die Juden galten als nützliches Element der osmanischen Gesellschaft, da sie aus Europa, dessen Zivilisation die des Islam inzwischen überholt hatte, wertvolle Fertigkeiten und Kenntnisse mitbrachten. Diese betrafen u. a. die Gebiete der Medizin, des Buchdrucks und des Militärwesens (Artillerie). Der Beitrag der Juden zum Wirtschaftsleben schloß nicht nur Handel und Bankwesen, sondern auch die Errichtung von Manufakturen (Textilien) ein. Juden traten auch als Steuereinzieher und -pächter, Münzmeister und Versorger der Janitscharen auf. So erlebten die osmanischen Juden im 15. und 16. Jahrhundert eine Blütezeit. Im 17./18. Jahrhundert trat auch hier ein Wandel ein, da der moderne Bildungsstandard der Juden gegen den der Christen, der Griechen und Armenier zurückfiel und das Scheitern der Bewegung des →Sabbatai Zewi und der gleichzeitige Niedergang des Osmanischen Reichs dazu beitrugen. Typisch für den Wandel und den zunehmenden Einfluß der Christen war trotz der Erlasse mehrerer Sultane das Umsichgreifen der Ritualmordbeschuldigungen bis zum 19. Jahrhundert. In dieser Zeit führte die Mehrheit der türkischen Juden eine elende und verachtete Existenz. Noch schlimmer erging es ihnen in den islamischen Randgebieten Marokko, Jemen, Innerasien und Iran. In den arabischen Ländern kam es vereinzelt, im schiitischen Iran häufig zu Zwangsbekehrungen. Im Lauf des 19. Jahrhunderts verbesserte das Eingreifen europäischer Mächte – der Russen in Innerasien, der Franzosen im Maghreb – und deren zunehmender Einfluß auf die Türkei auch die Lage der Juden.

🄻 F. E. Peters, Children of Abraham, 1982. – B. Lewis, Die Juden in der islamischen Welt, 1987 (englisch 1984). (RED)

Ismael ben Elisa →Jischmael ben Elischa

Israel, Republik an der östlichen Küste des Mittelmeers, der Staat des jüdischen Volkes. Das Land hat eine Fläche von 20770 km^2 und reicht von Norden nach

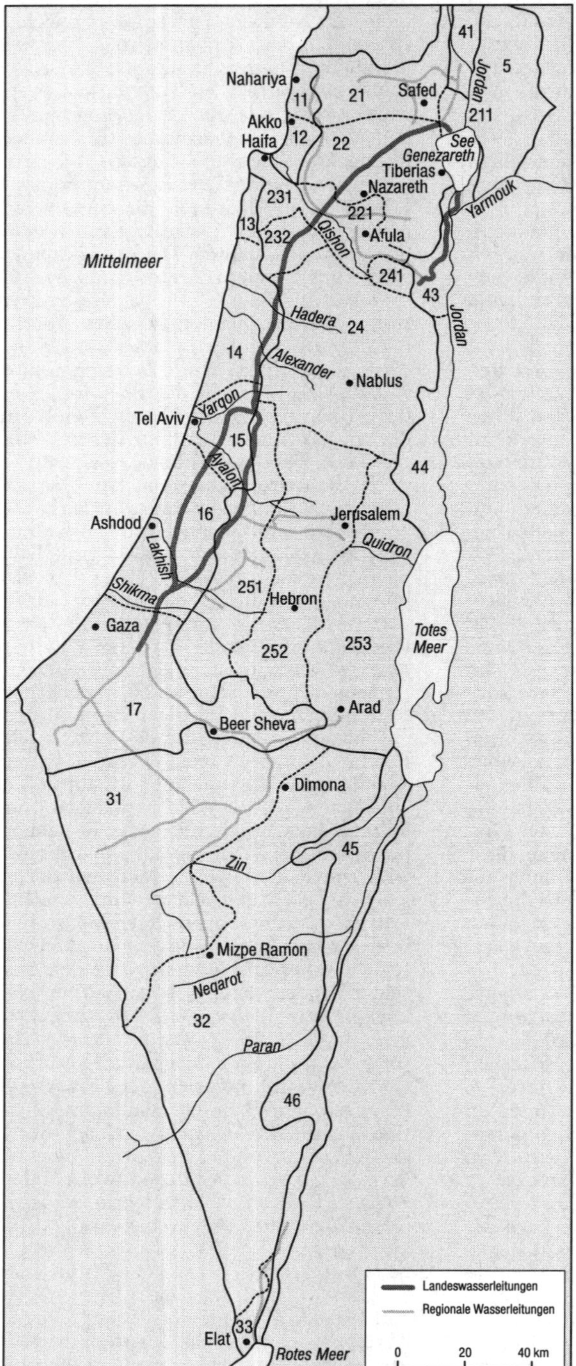

Israel: Landschaftsgliederung

(nach Y. Karmon u. a.)

1 Küstenebene

- 11 Galiläische Küste
- 12 Sebulon-Ebene
- 13 Karmelküste
- 14 Sharon
- 15 Yarqon-Ayalon-Becken
- 16 Judäische Küste
- 17 Negev- Küstenebene und Beer-Sheva-Tal

2 Zentrale Bergländer

- 21 Obergaliläa
  - 211 Korazim-Region
- 22 Untergaliläa
  - 221 Jesreel-Ebene
- 23 Karmelgebirge
  - 231 Karmelhorst
  - 232 Menashe-Höhen
- 24 Samaria
  - 241 Gilboa-Massiv
- 25 Judäa
  - 251 Shefela
  - 252 Judäisches Gebirge
  - 253 Judäische Wüste

3 Negev

- 31 Nordnegev
- 32 Zentral- und Südnegev
- 33 Berge von Elat

4 Jordangraben

- 41 Hulatal
- 42 Genezareth/Kinneret
- 43 Bet-Shean-Tal
- 44 Jordantal
- 45 Südküste des Toten Meeres
- 46 Arava

5 Golan

Süden von 33° 17' bis 29° 29' nördliche Breite über 440 km, von Westen nach Osten von 34° 16' bis 35° 39' östliche Länge über 125 km (auch →Grenzen Israels).
Israels geographische Lage im Berührungsgebiet zwischen Afrika, Asien und Europa hat dem Land seit Jahrtausenden eine besondere Bedeutung als Durchgangsgebiet für Heere und Händler, Waren und Waffen gegeben. Es war auch aus diesem Grund stets schwer, in diesem Gebiet einen Staat eigenen Gewichts zu bilden. Gelungen ist es nur zweimal, um 1000 v. Z. unter König David und 1948 unter David Ben-Gurion.
Israel gliedert sich in sechs Distrikte (Jerusalem, Haifa, Tel Aviv, Nord-, Zentral- und Süddistrikt) und 13 Unterdistrikte. Die Fläche von 20 770 km^2 schließt das 1967 eingegliederte Ost-Jerusalem ein, nicht aber die Golangebiete (1176 km^2), auf die 1981 die israelische Rechtsprechung ausgedehnt wurde, und die besetzten oder zeitweise besetzten Gebiete in Judäa, Samaria und Gazastreifen (insgesamt 6257 km^2).
Landesnatur: Israel ist ein größtenteils bergiges oder hügeliges Land, das überwiegend von Kalkstein und Kreideschichten aufgebaut wird. Diese Gesteinsgrundlage und das subtropische Mittelmeerklima mit seiner intensiven Sonneneinstrahlung und dem scharfen Gegensatz von relativ regenreichem Winter, der jährlich 1100 mm Niederschlag am Meron in Obergaliläa, 800 mm am Karmel und 100–300 mm im nördlichen Negev bringt, und absolut regenlosem Sommer bestimmen den Charakter der Böden und des natürlichen Pflanzenwuchses.
In der Nordhälfte Israels lassen sich drei große, nordsüdlich ziehende Landschaftszonen unterscheiden: Küstenebene, Bergland und Jordangraben; eine Sonderstellung nimmt der Negev, der wüstenhafte Süden, ein. Auf dieses von Natur mit seinen Lößböden im Norden keineswegs unfruchtbare, aber regenarme Gebiet, das auch einige Bodenschätze (Phosphat; in geringen Mengen Erdöl und Erdgas, Erze; keramische Rohstoffe) aufweist, konzentrierten sich die Bemühungen um die innere Entwicklung. Durch Bewässerung konnte die Südgrenze des bebauten Landes um etwa 60 km nach Süden und Südosten vorgeschoben werden. Im zentralen Negev, einem stark abgetragenen, von Trockentälern durchzogenen Faltengebirgsland, erreichen einige Berge über 1000 m Höhe. Im Süden bilden die Kupferminen von Timna das bedeutendste bisher bekannte Erzvorkommen (Abbau 1976 eingestellt). Die durchweg sandige, flache Küste wird weithin von einem Dünenstreifen gesäumt, hinter dem sich die eigentliche fruchtbare und wasserreiche, aber bei fehlender Entwässerung zur Versumpfung neigende Küstenebene erstreckt. Im Hinterland der philistäischen Küste ist seit der Inbetriebnahme der Yarqon-Negev-Leitung 1953 um die Stadt Qiryat Gat das Lakhishgebiet planmäßig besiedelt worden, in dem Baumwolle, Zuckerrüben, Erdnüsse, Gemüse, Tabak und Getreide erzeugt werden, während in Küstennähe Zitrusfrüchte vorherrschen. Nach Norden schließt sich die schmale Karmelküste mit Bananenanbau an. Das Sebulontal um die Haifabucht, in die mit dem Qishon der größte Fluß des Landes mündet, bildet mit der Städteballung Haifa-Akko das wichtigste Industriezentrum des Landes, während die sog. Akkoebene nördlich von Akko mit Nahariya ein Gebiet intensiven Acker- und Gartenbaus ist. Das 600 bis über 1000 m hohe Bergland besteht aus den drei Hauptabschnitten →Judäa, →Samaria und →Galiläa (von Süden nach Norden). Der See →Genezareth ist das Hauptwasserreservoir Israels, während das →Tote Meer mit seinem stark salzhaltigen Wasser Rohstoffe für die chemische Industrie liefert (Kalium-, Bromverbindungen).
Die *Vegetation* ist weitgehend von den jährlich fallenden Niederschlägen abhängig. Wo sie 350 mm im Jahr übersteigen – im Küstengebiet und im nördlichen Bergland – herrscht die typische Mittelmeervegetation mit Hartlaubgewächsen und immergrünen Eichenarten vor. Lichtes Buschland mit Zwergsträuchern (u. a. Wermut, Artemisia-Arten) kennzeichnet den nördlichen Negev um Beer Sheva bei Niederschlägen von 150–300 mm/Jahr. Eine echte Wüstenvegetation findet sich im Negev, Aravatal und in der jüdäischen Wüste, wo die jährlichen Niederschläge 50–150 mm betragen. Der nicht trockengelegte Rest des Hulatals zeichnet sich durch eine Sumpfvegetation aus. Dieses Gebiet, das unter Naturschutz steht, ist reich an verschiedenen Vogelarten. Der See Genezareth beheimatet viele Fischarten, während das Tote Meer wegen seines Salzgehalts kein tierisches Leben gestattet.
Bevölkerung: Die Bevölkerungszahl ist von 1948 bis Ende 1997 von 915 000 (darunter 759 000 Juden) auf über 5,8 Mio. (davon 4 750 000 Juden) gestiegen, vor allem durch Einwanderung. Neben 80,8 Prozent Juden (61,5 Prozent in Israel geboren, 26,5 Prozent in Europa und Amerika, 12 Prozent in Asien und Afrika) gibt es 14,6 Prozent islamische Araber, 2,9 Prozent Chri-

sten und 1,7 Prozent Drusen sowie einige Tscherkessen und Angehörige der jüdischen Sekten der Karäer und Samaritaner. Trotz der umfangreichen ländlichen Neuansiedlung leben 91 Prozent der Bevölkerung (sowohl der Juden als auch der Araber) in Städten und städtischen Gemeinden, über 33 Prozent allein im Großraum von Tel Aviv. 6,4 Prozent der Juden leben in Genossenschaftssiedlungen (2,6 Prozent in Kibbuzim, 3,8 Prozent in Moschavim). Etwa 175 jüdische Städte, Dörfer und Siedlungen in den besetzten Gebieten haben insgesamt 160 000 Einwohner (1997). Die arabische Bevölkerung der besetzten Gebiete beträgt 2,6 Mio. (1997), auf den 1981 de facto annektierten Golanhöhen wohnen 16 000 Drusen. Israel hat seit 1948 über 2,6 Millionen jüdische Einwanderer (davon etwa 35 Prozent aus Asien und Afrika) aufgenommen. 1990 setzte eine erneute Masseneinwanderung ein (rund 700 000, ganz überwiegend aus der ehemaligen Sowjetunion), nachdem vorher die Einwandererzahl in den 1980er Jahren durchschnittlich weniger als 15 000 pro Jahr erreicht hatte.
Staatssprache ist das (Neu-)Hebräische (Iwrit); das Arabische ist im öffentlichen Leben gleichberechtigt. Die Religionsgemeinschaften genießen als staatlich anerkannte Körperschaften praktisch uneingeschränkte Selbständigkeit und nehmen in manchen Bereichen, vor allem in der Rechtsprechung, auch staatliche Aufgaben wahr. Auch →Alija, Aschkenas, Falascha, Jerida, Orientalische Juden, Sephardim, Zabarim.
Wirtschaft: Israel ist ein Staat, der trotz der ständigen Rüstungslast das höchste Bruttosozialprodukt pro Kopf seiner Bewohner (1995: 15 920 Dollar) und den höchsten Lebensstandard aller Mittelmeerländer mit Ausnahme von Frankreich und Italien aufweist und in Asien außer Japan und den Stadtstaaten Hongkong und Singapur das einzige strukturell vollentwickelte Land ist. Seine Strukturdaten sind die eines hochentwickelten Industriestaats mit dominierendem tertiären Sektor, nur noch drei Prozent aller Beschäftigten arbeiten in der Landwirtschaft. Chaluziut, das Ideal des landwirtschaftlichen Pioniers, war das dominierende Leitbild der zionistischen Einwanderung (Alija) nach Palästina während des Jischuw. Obwohl die Landwirtschaft und besonders die Kibbuzim und Moschavim beim Aufbau des jüdischen Gemeinwesens und des Staates Israel eine entscheidende Rolle spielten, waren 1936 nur 19 Prozent der jüdischen Erwerbstätigen in Palästina in diesem Wirtschaftsbereich tätig. Der Anteil fiel bis 1988 auf 4,6 Prozent und bis 1995 auf 2,9 Prozent. Landwirtschaftliche Produkte machten 1949 64 Prozent, aber 1995 nur 4,2 Prozent des Exportvolumens aus. Trotzdem hat der Agrarbereich in Wirtschaft und Gesellschaft (Kibbuzim, Moschavim) noch einen nicht unbedeutenden Rang. Obwohl im Negev und in den arabischen Siedlungsgebieten noch erhebliche Entwicklungsprobleme zu lösen sind, hat das israelische Volk seit der Staatsgründung einen beachtlichen Wirtschaftsaufschwung erzielt. Israel bemüht sich mit Erfolg um eine allseitige Entwicklung der Wirtschaft, wobei Kapitalimporte (s. u.) und staatliche Förderung eine große Rolle spielten und spielen. Mit Hilfe wissenschaftlicher Forschung wird die landwirtschaftliche Bodennutzung intensiviert. Im Vordergrund stand lange die Erweiterung des bewässerten Bodens (70 Prozent der landwirtschaftlichen Nutzfläche, z. T. mehrere Ernten) durch Bewässerungsvorhaben, deren größtes die Kultivierung des nördlichen Negev unter Verwendung von Yarqon- und Jordanwasser (aus dem See Genezareth) ist. Die extrem ungleichmäßige Verteilung der Niederschläge über das Jahr erfordert eine Speicherung der Vorräte, die ungleichmäßige Verteilung über das Land (Überschuß im Norden, Mangel im Süden) den Transport in die Bedarfsgebiete. Der erste große Schritt in diese Richtung war das Yarqon-Negev-System seit Anfang der 1950er Jahre, das das Wasser der Yarqonquellen östlich von Tel Aviv in das Lakhishgebiet und den nördlichen Negev leitet; der wichtigste Beitrag war nach einigen anderen Projekten die 1965 fertiggestellte Leitung, die Jordanwasser größtenteils durch Rohrleitungen aus dem Genezarethsee durch Galiläa, das Jesreeltal und die Küstenebene bis nach Beer Sheva leitet. Zu ihr gehören gewaltige Pumpwerke, die den Höhenunterschied zwischen dem Genezareth (212 m u. M.) und den Hügeln Galiläas überwinden (→Jordan). Israel nutzt etwa 85 bis 90 Prozent des auf seinem Gebiet verfügbaren Wassers, ein Spitzenwert, der aber den weiter steigenden Bedarf nicht deckt. Deshalb hat auch die Klärung und Wiederverwendung von Abwässern große Bedeutung. Außerdem arbeitet man (aus Kostengründen in begrenztem Umfang) mit Meerwasserentsalzungsanlagen, die u. a. einen großen Teil des Wasserbedarfs in Elat decken, und anderen Methoden wie Tiefbohrungen und künstlicher Regen. Als Zentren der landwirtschaftlichen Erschließung wurden zahlreiche neue Städte, die sog. Entwicklungs-

städte, gegründet (u. a. Qiryat Gat, Qiryat Shemona). Die landwirtschaftlichen Nutzflächen, die größtenteils in den Händen von Staat oder Genossenschaften (Moschavim, Kibbuzim) sind, in der Küstenebene aber noch vorwiegend privaten Plantagenbesitzerfamilien aus der ersten Einwanderungszeit gehören, konnten wesentlich erweitert werden (1948/49: 8 Prozent, seit 1960 etwa 20 Prozent der Landesfläche). Die bebaute Fläche stieg bis Mitte der 1960er Jahre stark an, änderte sich nur wenig bis Anfang der 1980er Jahre und geht seither leicht zurück (1995: 435 000 ha). Die Landwirtschaft erzeugt zwei Drittel des inländischen Nahrungsmittelbedarfs, bei Fleisch, Milchprodukten, Eiern, Gemüse, Obst, Kartoffeln u. a. 75–100 Prozent, aber nur noch vier Prozent des Exportwerts. Nur bei Getreide, Zucker, Ölen und Fetten sind größere Importe notwendig, die durch Agrarexporte zu zwei Dritteln ausgeglichen werden, vor allem Zitrusfrüchte (Jaffa-Orangen, Grapefruits) und Blumen, ferner Gemüse, Weintrauben, Äpfel, Avocados, Erdbeeren und andere Früchte. Umfangreich ist auch der Anbau von Zuckerrüben, Bananen, Baumwolle und Tabak. Während der Zitrusanbau zurückgeht, gewinnen Obstanbau und Blumenzucht größere Bedeutung. Bei ständig steigender Produktion wurde die Rentabilität vorübergehend negativ. Seit 1977 überstieg der Preisindex im Input-Bereich regelmäßig den Output-Preis. Erst 1987 und 1988 besserte sich die Lage wieder, in den 90er Jahren deutlich. In der Viehzucht dominieren die leistungsfähige Geflügelhaltung und die Milchwirtschaft sowie die sehr umfangreiche Fischzucht in künstlichen Teichen, für die auch Wasser verwendet wird, das für Bewässerungszwecke zu salzig ist. Wald bedeckt nur etwa drei bis vier Prozent der Fläche, davon ist der größere Teil in den letzten Jahrzehnten aufgeforstet worden. – Seit der Staatsgründung hat sich Israel von einem vorwiegend landwirtschaftlich geprägten Land zu einer modernen Industrie- und Dienstleistungsgesellschaft gewandelt. Zwischen 1952 und 1995 ging der Anteil der Landwirtschaft von rund elf Prozent auf 2,3 Prozent des Nettoinlandsprodukts zurück. Ebenso schrumpfte der Anteil des Handels von 23 Prozent auf elf Prozent. Nahezu gleich blieben die Sektoren Verarbeitendes Gewerbe (von 22 Prozent auf 19 Prozent), Bau (von elf Prozent auf zehn Prozent) und Verkehr (sieben Prozent). Gestiegen sind vor allem die Anteile der öffentlichen Dienstleistungen (von 18 Prozent auf 25 Prozent) und der Kreditinstitute und Versicherungen (von drei auf 20 Prozent). Die Beschäftigungsstruktur spiegelt diese Entwicklung und verdeutlicht zugleich Unterschiede zwischen den in Israel arbeitenden Bevölkerungsgruppen. Am Bau arbeiteten 1995 5 Prozent der jüdischen, 23 Prozent der arabischen Israelis und rund 50 Prozent der in Israel beschäftigten Palästinenser aus den besetzten Gebieten. Während 1995 nur 2,7 Prozent der jüdischen Israelis in der Landwirtschaft arbeiteten, waren es 4,3 Prozent der arabischen Israelis und – als Lohnarbeiter – rund 20 Prozent der aus den besetzten Gebieten kommenden Palästinenser. Im öffentlichen Dienstleistungsbereich waren 1995 21 Prozent der arabischen und 32 Prozent der jüdischen Israelis beschäftigt. Die *Industrie* ist weitgehend auf importierte Rohstoffe und Energieträger angewiesen. Das produzierende Gewerbe beschäftigt 22 Prozent der Erwerbstätigen. 8 bzw. 14 Prozent des gesamten Wirtschaftsertrags in Israel werden von Betrieben und Institutionen des Staates und der Gewerkschaft →Histadrut erwirtschaftet, 78 Prozent von Privatunternehmen. Wichtigster Industriezweig für den Export ist trotz mancher Krisen die Import-Rohware verarbeitende Diamantenschleiferei (20–30 Prozent des Werts der Ausfuhr). Daneben sind viele andere Industriezweige systematisch entwickelt worden (Lebensmittel-, Getränke-, Metall-, Maschinen-, Textil-, chemische, Gummi-, Kunststoff-, Flugzeug-, Fahrzeug-, Holz-, elektronische, Elektrogeräteindustrie u. a.). Mehr als 30 Prozent der Industrieproduktion werden exportiert.
Außenhandel: Israel ist als relativ rohstoffarmes Land auf Einfuhren angewiesen. Hinzu kommt der Rüstungsbedarf des jüdischen Staates (über 20 bis über 30 Prozent des Staatshaushalts). Rohstoffe und Erdöl machten 1995 69,6 Prozent aller Importe aus, Investitionsgüter 17,5 Prozent. In dem demokratischen Einwanderungsstaat, der die jüdische Diaspora an sich ziehen will, aber seinen Bürgern bzw. Wählern hohe Steuer- und Sicherheitslasten aufbürdet, wagte es bisher kaum eine Regierung, die Importe von Konsumartikeln drastisch zu drosseln. Dennoch ist der Gesamtanteil der Verbrauchsgüter von fast 32 Prozent 1949 auf 12,9 Prozent aller Importe 1995 zurückgegangen. Seit der Staatsgründung weist Israel ein chronisches Defizit in der Außenhandelsbilanz auf. Steigende Ausfuhren trugen jedoch dazu bei, das Verhältnis zwischen Exporten und Importen zu verbessern. Während Ausfuhren 1949 nur

11,3 Prozent der Einfuhren ausmachten, waren es 1988 76,7 Prozent und 1995 67,3 Prozent. Israels wichtigster Handelspartner war seit den 50er Jahren und ist bis heute die EG bzw. EU (1995: 52 Prozent der Importe, 32 Prozent der Exporte), mit der es seit 1970 ein – inzwischen mehrfach, zuletzt im November 1995 verbessertes – Handels- und Zollabkommen gibt, gefolgt von den USA (19 Prozent der Importe, 30 Prozent der Exporte). Der Anteil der Bundesrepublik Deutschland an Israels Einfuhren ist von 1960 (14 Prozent) bis 1995 (10 Prozent) zurückgegangen, bleibt aber noch bedeutend. Im selben Zeitraum ging der Anteil der Ausfuhren von zehn auf 5,5 Prozent zurück. Die Einnahmen aus dem Fremdenverkehr schließen durchschnittlich etwa ein Viertel der Lücke zwischen Ein- und Ausfuhr. Darüber hinaus bleiben einseitige Transferzahlungen aus dem Ausland, die wesentlich zum Aufbau des Jischuw und des jüdischen Staates beitrugen, ein wichtiger Faktor bei der Minderung des chronischen Defizits in der Zahlungsbilanz. Während des Jischuw und bis Mitte der 50er Jahre blieben die diaspora-jüdischen Organisationen, vor allem der Juden der USA, die wichtigste Hilfsquelle: 1950–54 stellten sie 45,4 Prozent aller Kapitalimporte. Mit einigen Schwankungen ist der Trend seitdem rückläufig. 1988 waren es nur 13 Prozent. Seit dem Luxemburger Vertrag (1952) spielen deutsche Wiedergutmachungsleistungen an den israelischen Staat (bis 1965) und an Privatpersonen eine wichtige Rolle. Im Zeitraum 1961–65 waren sie Israels Hauptquelle der Kapitalimporte. Seit dem Jom-Kippur-Krieg kommt der weitaus größte Anteil einseitiger Transferzahlungen von der Regierung der USA (35–66 Prozent). Außerdem erhält Israel Anleihen vor allem von den USA, der Bundesrepublik Deutschland und von diaspora-jüdischen Organisationen. Mit Ausnahme des Jahres 1953 ist Israels Bruttosozialprodukt stets gewachsen. Die besten Jahre (mit Wachstumsraten zwischen 12 und 15 Prozent) waren 1968–72. In den 80er Jahren schwankte das Wachstum zwischen 0,4 Prozent (1982) und 5,2 Prozent (1987), in den 90ern mit Ausnahme von 1993 (3,5 Prozent) zwischen 6 und 7 Prozent, während die Reallohnentwicklung einen unsteten Zick-Zack-Kurs nahm. Nach den Krisenjahren (Folge der Masseneinwanderung) am Anfang der 50er Jahre blieb die Inflationsrate bis 1971 stets unter zehn Prozent, erreichte dann 1974–77 Raten zwischen 31 und 40 Prozent. Ab 1978 trat eine Phase der Hyperinflation ein, die 1984 mit 445 Prozent den Höhepunkt erreichte und 1985 noch 185 Prozent betrug. 1986 bis 1991 lag die Inflation wieder zwischen 16 und 21 Prozent, 1992 bis 1994 zwischen 9 und 14 Prozent und 1995 nur noch bei 8,1 Prozent. Die Arbeitslosenquote lag in den 1970er Jahren unter fünf Prozent, bis 1987 zwischen fünf und sieben Prozent und stieg bis 1992 im Zusammenhang mit der Masseneinwanderung russischer Juden auf 11,2 Prozent; danach sank sie bis 1995 auf 6,3 Prozent.

Verkehr: Das Verkehrsnetz ist gut entwickelt, vor allem das Straßennetz (1995: 14 700 km). Bemerkenswert sind die Straßen, die Elat am Roten Meer mit dem Mittelmeer und dem Toten Meer verbinden. Die Eisenbahn (1995: 965 km Streckenlänge) hat geringe Bedeutung für den Personen-, erhebliche für den Güterverkehr; ihre Hauptstrecken sind Nahariya-Gaza an der Küste sowie Haifa-Beer Sheva-Dimona-Oron und Tel Aviv-Jerusalem. Die Handelsflotte hat ihre Hauptstützpunkte in den Häfen von Haifa, Ashdod und Elat. Neben einer älteren Pipeline, die Elat mit den Raffinerien von Haifa verbindet, gibt es seit 1970 eine weitere, leistungsfähigere, aber seit der Revolution im Iran nicht ausgelastete Erdöl-Pipeline von Elat zum Ölhafen von Ashqelon. Sie sollte den für Großtanker ohnehin zu flachen Suezkanal teilweise entbehrlich machen. Der internationale Zentralflughafen ist Lod bei Tel Aviv; Elat wird ebenfalls international angeflogen; dem Inlandsverkehr dienen Flughäfen in Tel Aviv, Haifa, Jerusalem, Elat, Rosh Pinna u. a.

Geschichte: Vorgeschichte (auch →Palästina, →Zionismus): Nach der endgültigen Zerstörung des selbständigen jüdischen Staates durch die Römer im Jahre 70 n. Z. begann die Zerstreuung der Juden über Vorderasien, Nordafrika und den Mittelmeerraum. Eine kleine jüdische Bevölkerung blieb jedoch stets im Lande Israel, das seit 135 n. Z. Palästina hieß. Größere jüdische Gemeinden bestanden in Jerusalem, Hebron, Safed und Tiberias. Die Politik der aufeinanderfolgenden Eroberer (Römer, Byzantiner, Araber, Seldschuken, Kreuzfahrer, Mamluken und Türken) schwankte zwischen Unterdrückung und Duldung. Die messianische Idee der Heimkehr und der Wiedererrichtung eines jüdischen Staates war wesentlich für den Zusammenhalt der Juden in der Diaspora. Immer wieder im Lauf der Geschichte zogen einzelne Juden aus religiösen Motiven nach Palästina, doch blieb diese Form der Einwanderung politisch bedeutungslos. Im letzten Viertel des 19. Jahrhunderts entstand aus verschiedenen Quellen die moderne jüdische Nationalbewegung, der *Zionismus*. In Rußland bildete sich unter dem Einfluß von L. Pinsker u. a. eine Bewegung, die die Rückkehr nach Israel und die Rückwendung zur Landarbeit als Mittel zur Erneuerung des jüdischen Volkes ansah. Aus ihr ging die erste Einwanderungswelle (hebräisch →Alija, »Aufstieg« [nach Zion]) in den Jahren 1882–1904 hervor. Starke Impulse gab dann der von T. Herzl begründete politische Zionismus, der die Errichtung eines Judenstaats anstrebte. In diesem Zeichen stand die zweite Alija (1904–14). Während des Ersten Weltkriegs erlangte C. Weizmann 1917 von der britischen Regierung das Versprechen, bei der Schaffung einer jüdischen »nationalen Heimstätte« in Palästina Hilfe zu leisten (→Balfour-Deklaration). Nach dem Krieg wurde Palästina britisches Völkerbundsmandat. Die Araber sahen sich in ihren nationalen Hoffnungen enttäuscht und begannen, sich gegen die jüdischen Einwanderer zu wenden (1920/21 erste Überfälle auf jüdische Siedlungen). Die arabisch-jüdischen Gegensätze verstärkten sich 1929 (arabische Massaker an der jüdischen Gemeinde von Hebron). Zugleich wuchs die Unzufriedenheit der arabischen Mehrheit gegenüber der britischen Mandatsmacht, die keine Schritte in Richtung auf die Unabhängigkeit Palästinas unternahm. 1936 kam es zu einem allgemeinen arabischen Aufstand, der erst 1939 ein Ende fand. Die britische Regierung äußerte im Peel-Report 1937 erstmals den Gedanken einer Teilung des Landes, der jedoch von arabischer Seite abgelehnt wurde. Im Zweiten Weltkrieg organisierten die jüdische Selbstschutztruppe Hagana und verschiedene Untergrundorganisationen die illegale Einwanderung (1940 bis Mai 1948, etwa 100 000 Einwanderer). Die britische Regierung, die des jüdischen und arabischen Terrors und Gegenterrors sowie der allgemeinen Unsicherheit nicht mehr Herr wurde, übergab das Palästina-Problem 1947 den Vereinten Nationen. Eine UN-Sonderkommission empfahl die Beendigung des Mandats, den Abzug der britischen Truppen und die Teilung Palästinas in einen jüdischen und einen arabischen Staat. Eine entsprechende Resolution wurde von der UN-Vollversammlung am 29. 11. 1947 angenommen. Am 14. 5. 1948 endete das Mandat.

Der *Staat Israel* wurde am gleichen Tag proklamiert. Am 15. Mai fielen die Armeen Ägyptens, Transjordaniens, Syriens, Libanons und Iraks in Israel ein (→Unabhängigkeitskrieg). Israel sah sich bei Kriegsende im Besitz eines Gebiets, das geringfügig größer war (vor allem in Galiläa) als das im UN-Teilungsplan vorgesehene. Der größere Teil der in diesem Gebiet ansässigen Araber hatte es verlassen – teils freiwillig in Befolgung arabischer Aufrufe, teils in Panik angesichts des Gegenterrors extremistischer jüdischer Kampfgruppen, teils unter direktem israelischen Druck. Die Flüchtlinge (nach unterschiedlichen Schätzungen 600 000 bis 800 000) wurden von den arabischen Aufnahmeländern nicht eingegliedert, sondern in Lagern gehalten. Aus diesen rekrutierten später arabisch-palästinische Guerillaverbände mit der Dachorganisation PLO ihre Mitglieder. Israel hatte unmittelbar nach der Staatsgründung alle Einwanderungsbeschränkungen aufgehoben (→Staatsbürgerschaft, →Rückkehrgesetz). Dem Waffenstillstand von 1949 folgte kein Frieden. Die arabischen Staaten verweigerten direkte Verhandlungen und die Anerkennung Israels; sie förderten einen ständigen Kleinkrieg an Israels Grenzen. Die Schaffung eines arabischen Staates in Palästina lehnten sie weiterhin ab, weil darin eine Anerkennung der Teilung gelegen hätte. Das Westjordanland wurde von Transjordanien annektiert, das sich nun Jordanien nannte; den Gazastreifen nahm Ägypten unter seine Verwaltung, ohne ihn zu annektieren. Auf die sich ständig steigernden Terrorakte, die Sperrung des Suezkanals und schließlich des Golfs von Aqaba sowie direkte Angriffsvorbereitungen reagierte Israel am 29. 10. 1956 im Einverständnis mit Großbritannien und Frankreich mit dem Einmarsch nach Sinai und Gaza (→Sinai-Feldzug). 1967 bewog der ägyptische Präsident Nasser den UN-Generalsekretär U Thant zum Abzug der die Grenze zu Israel überwachenden UN-Truppen, sperrte erneut die für Israels Wirtschaft lebenswichtige Zufahrt nach Elat und zog, in einer mit Syrien und Jordanien koordinierten Aktion, Truppen an Israels Grenzen zusammen. Israel führte am 5. 6. 1967 einen Präventivschlag gegen die drei Nachbarländer und besetzte in den folgenden sechs Tagen die ganze Sinaihalbinsel, den Gazastreifen, das Westjordanland einschließlich Ostjerusalem und die syrischen Golanhöhen (→Sechs-Tage-Krieg). Nach dem von den UN vermittelten Waffenstillstand vereinigte Israel die beiden Teile Jerusalems. Die übrigen Gebiete wurden unter Militärverwaltung gestellt, die sich weitgehend auf die örtlichen arabischen Behörden stützte. Am Suezkanal kam es 1968–70 zu neuen Kämpfen

(→Zermürbungskrieg). Am 6. 10. 1973 führte ein koordinierter ägyptisch-syrischer Angriff (→Jom-Kippur-Krieg) zu arabischen Anfangserfolgen, die Israel rasch ausgleichen konnte. Durch Vermittlung des US-amerikanischen Außenministers Henry Kissinger schlossen Israel und Ägypten 1974 und 1975 zwei Abkommen, die zu einem Teilrückzug Israels auf der Sinaihalbinsel führten. Kissinger vermittelte auch ein syrisch-israelisches Abkommen über eine Truppenentflechtung an der Golanfront. Auf Initiative des ägyptischen Präsidenten Sadat (Besuch in Jerusalem im November 1977) kam es zu Friedensverhandlungen zwischen Ägypten und Israel, die durch Vermittlung des US-amerikanischen Präsidenten Carter zum →Camp-David-Abkommen von 1978 führten und mit der Unterzeichnung eines Friedensvertrags am 26. 3. 1979 in Washington abgeschlossen werden konnten. Israel wurde damit erstmals von einem arabischen Staat völkerrechtlich anerkannt. Es verpflichtete sich zur Rückgabe der Sinaihalbinsel an Ägypten bis April 1982 und vollzog sie termingemäß. Seit Ende der 1970er Jahre war der Norden Israels zunehmenden Terrorakten der PLO ausgesetzt, die sich in Südlibanon eine Operationsbasis geschaffen hatte. Diese Angriffe nahm Israel am 6. 6. 1982 zum Anlaß für einen großangelegten militärischen Vorstoß nach Libanon (→Libanonkrieg). Im Mai 1983 schloß Israel ein Abkommen mit Libanon, in dem es sich unter bestimmten Bedingungen zum Abzug seiner Truppen verpflichtete. Unter syrischem Druck annullierte Libanon im März 1984 dieses Abkommen. Bis Juni 1985 zog Israel als einseitige Maßnahme seine Truppen ab und behielt nur die Kontrolle über eine schmale Sicherheitszone entlang seiner Nordgrenze. In den durch die Besetzung Kuwaits durch irakische Truppen ausgelösten zweiten Golfkrieg (August 1990–Februar 1991), in dessen Endphase zahlreiche wenig wirkungsvolle irakische Raketen gegen Israel gestartet wurden, ließ sich Israel nicht hineinziehen, indem es sich durch eine Kombination von US-amerikanischen Sicherheitsgarantien und Druck zur Zurückhaltung bewegen ließ. Diese Haltung war Ausdruck der Priorität, die für Israel die Beziehungen zu den →Vereinigten Staaten von Amerika seit seiner Gründung hatten und bis in die Gegenwart haben. Zwischen 1956 und 1967 war →Frankreich der Hauptverbündete, die Beziehungen zu →Großbritannien, der ehemaligen Mandatsmacht, waren meist kühl, während diejenigen zur →Sowjetunion starken Schwankungen unterworfen waren. Stark belastet war von Anfang an das deutsch-israelische Verhältnis. Während die DDR jede Verantwortung für die nationalsozialistischen Greueltaten am jüdischen Volk ablehnte, schloß die Bundesrepublik Deutschland 1952 mit Israel ein Wiedergutmachungsabkommen, das dem Aufbau der israelischen Wirtschaft sehr zugute kam. 1965 wurden diplomatische Beziehungen aufgenommen. Deutschland ist im Rahmen der EU, deren Mitglieder Israel z. T. reserviert gegenüberstehen, um Offenheit für die Wirtschafts- und außenpolitischen Interessen Israels bemüht. Die größte politische Herausforderung an Israel ist das Problem der besetzten Gebiete und der in ihnen lebenden Palästinenser. Diese Frage hat Israel in eine scharfe innenpolitische Polarisierung und eine zeitweise starke außenpolitische Isolierung geführt. Die »Falken« (d. h. Vertreter eines unnachgiebigen Kurses) wollten aus sicherheitspolitischen, aber auch ideologischen Gründen die besetzten Gebiete für immer unter israelischer Oberhoheit behalten; sie unterstrichen diese Absicht durch die Anlegung jüdischer Siedlungen in diesen Gebieten (→Siedlungspolitik). Die »Tauben« (Gemäßigten) traten in unterschiedlichen Schattierungen für Räumung der Gebiete und Selbstverwaltung der Palästinenser unter Wahrung der israelischen Sicherheitsinteressen ein. Verhandlungen mit der PLO lehnten jedoch fast alle Parteien ab, solange diese nicht das Existenzrecht Israels eindeutig anerkannte und auf Terrorakte verzichtete. An dieser Situation hatte sich durch zahlreiche Friedenspläne und durch die im Dezember 1987 ausgebrochene Intifada, den allgemeinen Aufstand der Araber in den besetzten Gebieten, sowie durch die Proklamation eines Staates Palästina in diesen Gebieten am 15. 11. 1988 bis 1991 nichts geändert. Das indirekte Zugeständnis des Existenzrechts Israels und die formelle Absage an den Terror wurden durch eine vor allem seit 1990 sich häufende Anzahl von Angriffen auf Zivilisten und die Solidarisierung der PLO mit Iraks Präsidenten Saddam Hussein 1990/91 unglaubwürdig. Nach Ende des Golfkriegs im Februar 1991 begannen erneut vor allem von den USA betriebene Bemühungen um eine Nahostfriedenskonferenz. Israel stimmte dieser Konferenz am 1. 8. 1991 nur unter der Voraussetzung zu, daß die Palästinenser als Mitglieder einer gemeinsamen Delegation mit Jordanien auftraten. Nach der Wiederaufnahme diplomatischer Beziehungen zur Sowjetunion am 18. 10. 1991 fand die Nahostfriedenskonferenz in Madrid vom 30. 10. – 1. 11. 1991 unter Teilnahme von Israel, Ägypten, Jordanien/Palästina, Libanon und Syrien und unter der Schirmherrschaft der Außenminister von USA und Sowjetunion statt. Beobachter waren EG, Maghrebstaaten, Golfkooperationsrat und UN. Nach dem Austausch grundsätzlicher Standpunkte mündeten die Verhandlungen in bilaterale Gespräche, die 1992–94 mehrfach in Washington fortgesetzt wurden. Eine Begleiterscheinung war der Widerruf der Resolution vom 11. 11. 1975, die den Zionismus als eine Form des Rassismus diskriminiert hatte, durch die UN-Vollversammlung am 16. 12. 1991. – Während die bilateralen Gespräche mit Jordanien am 25. 7. 1994 zur formellen Beendigung des Kriegszustandes und am 26. 10. 1994 zur Unterzeichnung eines Friedensvertrages führten, blieben die Gespräche mit Syrien bzw. Libanon über den Golan bzw. die Sicherheitszone entlang Israels Nordgrenze ohne Ergebnis. Zwar war die Regierung Rabin nach dem Grundsatz »Land gegen Frieden« prinzipiell zu Verhandlungen über einen Teilrückzug vom Golan bereit, doch blockierte Syrien mit der Forderung eines völligen Rückzuges als Vorbedingung für ein Sicherheitsarrangement (nicht etwa für einen Friedensvertrag – der sollte an den erfolgreichen Abschluß der Verhandlungen mit den Palästinensern geknüpft sein!) den Erfolg der sich mühsam dahinschleppenden Gespräche, die nach dem Regierungswechsel 1996 völlig einschliefen. Aus den Gesprächen der israelischen und palästinensischen Delegationen entwickelten sich Geheimverhandlungen unter norwegischer Vermittlung, die im August 1993 zu ersten Vereinbarungen (Fünf-Stufen-Plan) über eine palästinensische Selbstverwaltung in den besetzten Gebieten führten (Oslo-Abkommen). Am Anfang der praktischen Umsetzung stand die gegenseitige Anerkennung von Israel und PLO im September 1993; im Mai 1994 folgte ein in Kairo unterzeichnetes Abkommen über die Räumung von Gaza und Jericho und eine Teilautonomie, die nach einem weiteren Teilabkommen im August/September 1995 (Oslo B) den israelischen Rückzug aus weiteren Städten und Gebieten brachten (Näheres zum Friedensprozeß →Palästina).

Schon unter der IAP-Regierung Rabin/Peres war der Friedensprozeß von zahlreichen terroristischen Aktionen palästinensischer islamistischer Extremisten, die von der Autonomiebehörde nicht unter Kontrolle gehalten werden konnten, begleitet. Sie forderten im Laufe der Jahre nicht nur Hunderte von Todesopfern, sondern verunsicherten auch viele Israelis, die sich nach Frieden sehnten und zu Kompromissen bereit waren. So trugen sie zur Niederlage von Peres gegen Netanjahu bzw. der IAP gegen den Likud und die Religiösen bei den Wahlen von 1996 entscheidend bei, die den Friedensprozeß weitgehend zum Erliegen brachten. Auf israelischer Seite erwies sich die →Siedlungspolitik als kritischer Faktor, vor allem auch im Ausland. Die IAP-Regierung unter Rabin hatte kurz nach der Amtsübernahme, am 23. 7. 1992, einen weitgehenden Stopp neuer Siedlungen außerhalb von Jerusalem, dem Jordantal und den Golanhöhen beschlossen. Als die Regierung dann im Mai 1994 die Enteignung von Bauland in Ost-Jerusalem ankündigte, mußte sie diesen Schritt aussetzen, da die arabischen Knessetabgeordneten, auf die Rabin nach dem Ausscheiden der Schass-Partei aus der Koalition angewiesen war, ihn zu stürzen drohten. Am 2. 8. 1996 hob die Regierung Netanjahu knapp zwei Monate nach dem Machtwechsel den Siedlungsstopp auf. Als besonders umstritten erwies sich das Bauvorhaben auf dem Hügel Har Homa (Mauerberg; arabisch Djebel Abu Ghunein) in Ost-Jerusalem im Frühjahr 1997.

Probleme der *Innenpolitik* ergeben sich aus der wirtschaftlichen und finanziellen Belastung, die die Masseneinwanderung und die ständig erforderliche Kriegsbereitschaft mit sich brachte und bringt (s. u.: Wirtschaftspolitik und Wirtschaftsgeschichte). In der Innenpolitik hatte bis 1977 die sozialdemokratische Mapai bzw. Arbeitspartei (IAP) bestimmenden Einfluß und stellte alle Regierungschefs (→Ministerpräsident). Sie war aber stets auf →Koalitionen mit Partnern aus dem »bürgerlichen« und religiösen Lager angewiesen. Hier waren es die gemäßigten Parteien (Progressive Partei bzw. Unabhängige Liberale sowie Nationalreligiöse), die Koalitionen mit den Sozialdemokraten eingingen. 1967–70 bestand eine Große Koalition, der erstmals die Cherut (im Rahmen des Gachal-Blocks) angehörte. Aus den Wahlen von 1977 ging der um die Cherut formierte Likud-Block als stärkste Gruppierung hervor; er dominiert seither meist. Von 1984 bis 1990 bestand eine große Koalition von Likud und IAP, seit 1990 regierte Izhak Schamir (Likud) mit einer Koalition aus rechten und religiösen Parteien. 1992 kam es zu einer Koalition von IAP, Merez und Schass unter Itzak Rabin und Shimon Peres, der 1996 eine Likud-geführte Regierung des ersten direkt gewählten Ministerpräsidenten

Benjamin Netanjahu folgte. Israels erster Staatspräsident war Chaim Weizmann (1949–52), der aus den Reihen der Allgemeinen Zionisten stammte. Die ihm folgenden Staatspräsidenten waren alle zuvor Mitglieder der Mapai/IAP gewesen (→Staatspräsident).

Politik: Israel ist eine parlamentarisch-demokratische Republik. Eine →Verfassung ist seit der Staatsgründung 1948 nicht zustande gekommen, hauptsächlich wegen der Uneinigkeit zwischen religiösen und nichtreligiösen Parteien. Die Anerkennung der allgemeinen Menschen- und Bürgerrechte ist durch einfache Gesetze gesichert. Gesetzgebendes Organ ist das Einkammerparlament der →Knesset (auch →Ministerpräsident, Staatspräsident, Staatskontrolleur). Im Rechtswesen spielen türkische und englische Regelungen aus der Zeit vor der Staatsgründung noch eine große Rolle (→Gerichte in Israel). Im Sozial- und Arbeitsrecht haben die Gewerkschaften, die rechtswirksame Kollektivverträge mit Arbeitgebern und dem Staat abschließen, entscheidende Bedeutung (→Histadrut). Sie tragen die Sozialversicherung und die Gesundheitspflege (→Kupat Holim). Das israelische Parteiensystem ist außerordentlich zersplittert, wozu auch das bestehende Verhältniswahlrecht mit neuerdings 1,5-Prozent-Sperrklausel beiträgt. Parteispaltungen, Fusionen und Blockbildungen sind häufig. Dennoch lassen sich drei relativ stabile politische Lager unterscheiden: das sozialdemokratisch-sozialistische, das »bürgerliche« und das religiöse. Die beiden letztgenannten sind seit den späten 70er Jahren enger zusammengerückt. Daher kann man heute von zwei großen Blöcken sprechen: einem gemäßigt nationalistisch-weltlichen Block einerseits und einem nationalistisch-religiösen Block andererseits, in dem aber die religiösen Parteien ihre organisatorische Selbständigkeit bewahrt haben (auch →Religion und Politik in Israel). Historische und gegenwärtige Parteien und Parteiverbindungen waren bzw. sind u. a. →Achdut Haawoda, →Agudat Israel, →Allgemeine Zionisten, →Bürgerrechtsbewegung, →Cherut, →Degel Hatora, →Demokratische Bewegung für Veränderung, →Dritter Weg, →Gachal, →Hapoel Hamisrachi, →Israel Baalija, →Israelische Arbeitspartei, →Kach, →Kommunistische Partei Israels, →Liberale Partei, →Likud, →Maarach, →Mapai, →Mapam, →Merez, →Moked, →Moledet, →Nationalreligiöse Partei, →Neue Kommunistische Liste, →Poale Agudat Israel, →Progressive Liste für den Frieden, →Progressive Partei, →Rafi, →Revisionistische Partei, →Schass, →Schelli, →Schinui, →Staatsliste, →Tami, →Techija, →Unabhängige Liberale Partei, →Zomet. Die jüdische Gesellschaft Palästinas war bis 1948 europäisch geprägt, da die meisten Einwanderer, die seit dem ausgehenden 19. Jahrhundert ins Land kamen, aus Ost- und Mitteleuropa stammten (Aschkenasim). Nach 1948 nahm Israel etwa 800 000 Juden auf, die aus den islamischen Staaten Nordafrikas und des Nahen Ostens emigrierten oder vertrieben wurden (→Orientalische Juden, auch →Sephardim). Seit Ende der 80er Jahre wanderten etwa 700 000 Juden aus dem Gebiet der ehemaligen Sowjetunion ein.

Wirtschaftspolitik und Wirtschaftsgeschichte: Die Masseneinwanderung meist mittelloser jüdischer Flüchtlinge in den ersten Jahren nach der Unabhängigkeit hatte die Bevölkerung Israels mehr als verdoppelt und die Regierung zu drastischen Sparmaßnahmen, Preiskontrollen und Rationierung gezwungen. Die Unterstützung der diaspora-jüdischen Gemeinden und (ab 1953) die Wiedergutmachungsleistungen aus der Bundesrepublik Deutschland trugen zur Verbesserung der wirtschaftlichen Lage bei. Eine Liberalisierung vor allem der Außenhandelspolitik begann 1952. Die Jahre 1954 bis 1965 brachten ständiges Wachstum. Die Mapai-geführten Regierungen planten und subventionierten den Bau von neuen »Entwicklungsstädten«, um die Bevölkerung gleichmäßiger zu verteilen und mit neuen Industrieanlagen auch neue Arbeitsplätze, besonders für die vorwiegend orientalischen Neueinwanderer, zu schaffen. Nach einer Rezession 1966/67 folgten der Sechstagekrieg und eine Phase mit hohen Wachstumsraten von 1967 bis 1973. Der Zermürbungskrieg (1968–70) sowie der Jom-Kippur-Krieg (1973) bewirkten drastische Erhöhungen im Verteidigungshaushalt. Den Inflationsschub bekämpfte die Regierung mit Abwertung der Währung, hohen Importzöllen, Zwangsanleihen und Subventionsstreichungen. Nach dem Machtwechsel 1977 (→Koalitionen) wurde die Regierung M. Begins mit einer galoppierenden Inflation konfrontiert. Das Außenhandelsdefizit erreichte 1978 ein Sechstel des Bruttosozialprodukts. Weiter steigende Verteidigungskosten (neue militärische Infrastruktur nach dem Friedensvertrag mit Ägypten), gestiegene Zinskosten für die wachsende Verschuldung und die Indizierung der Löhne und Gehälter heizten die Inflation zusätzlich an. Zwei Finanzminister der Liberalen Partei versuchten drastische Sparprogramme und mußten zurücktreten. Im Wahljahr 1981 erhöhte der Likud-Finanzminister die Subventionen für Waren des Grundbedarfs und senkte Steuern. Die Wahltaktik gelang, aber die Einfuhren stiegen weiter, und die Inflation war nicht mehr zu bremsen. Nach dem Beginn des Libanonkriegs mußte die Regierung die Steuern erhöhen (1981/82 stieg die Steuerlast um 80 Prozent) und Zwangsanleihen auferlegen. Geplante Streichungen der Subventionen für Verbrauchsgüter und eine Abwertung des Schekels konnte der Finanzminister nicht durchsetzen. Vor den Wahlen 1984 wurden die Staatsausgaben wieder erhöht. Die Inflation erreichte einen Rekord. Intensiver Druck aus Washington und die Bildung der »Koalition der nationalen Einheit« führten 1985/86 zu neuen Sparprogrammen mit Steuererhöhungen, Subventionsstreichungen, Währungsreformen, Lohn- und Preiskontrollen und Entlassungen aus dem öffentlichen Dienst. Die Inflationsrate sank dramatisch, aber die Arbeitslosigkeit, die Abwanderung aus den Entwicklungsstädten und die Auswanderung stiegen. Nach einer Phase von Einsparungen auch im Verteidigungshaushalt brachte der Ausbruch der Intifada wieder höhere Ausgaben und schwerwiegende Arbeitsausfälle durch den verlängerten Reservedienst. Die Eingliederung der 1989 einsetzenden Masseneinwanderung von Juden aus der Sowjetunion stellte Israel vor neue wirtschaftliche Herausforderungen, die – auch mit erheblichen US-amerikanischen Eingliederungshilfen – in wenigen Jahren weitgehend bewältigt wurden.

Verteidigung und Militärwesen: →Zahal; auch →Hagana, →Irgun Zvai Leumi, →Lechi, →Palmach.

Bildungswesen: →Schulen in Israel, →Universitäten in Israel

🄻 *Geographie:* D. Amiran u. a. (Hrsg.), Atlas of Israel, Tel Aviv, ³1985. – P. Bockenheimer, Struktur und Entwicklung ausgewählter Kibbuzim in Israel, 1978. – E. Efrat, Judaea and Samaria, Jerusalem 1970. – S. N. Eisenstadt, Die israelische Gesellschaft, 1973. – W. Guggenheim, 30 mal Israel, ⁶1990. – Y. Karmon, Israel. A Regional Geography, New York 1971. – Y. Karmon, Israel. Eine geographische Landeskunde, ²1994. – G. W. Kreutzer, Der Negev – ein Entwicklungsgebiet Israels, ³1976. – J. M. Landau(Hrsg.), Israel, 1966. – R. Levedag, Industrialisierungstendenzen in den Kibbuzim. 1974. – H. Meier-Cronemeyer, Kibbuzim – Geschichte, Geist und Gestalt, 1969. – T. Meysels, Israel, ²1963. – E. Orni/E. Efrat, Geographie Israels, Jerusalem ²1971. – E. Orni/E. Efrat, Geography of Israel, Jerusalem ⁴1980. – W. Richter, Israel und seine Nachbarräume. Ländliche Siedlungen und Landnutzung seit dem 19. Jahrhundert, 1979. – W. Richter, Jüdische Agrarkolonisation in Südpalästina (Südisrael) im 20. Jahrhundert, 1980. – E. Spiegel, Neue Städte in Israel, 1966. – Statistisches Bundesamt (Hrsg.), Länderbericht Israel, 1995 – Statistical Abstract of Israel, 1996. – Tatsachen über Israel (Informationsdienst des israelischen Außenministeriums). Jerusalem, jährlich. – *Geschichte:* M. Aumann, Geschichte Israels, 1985. – D. Ben-Gurion, Israel. Die Geschichte eines Staates, 1973. – N. Bethell, Das Palästina-Dreieck, 1979. – A. Eban, Dies ist mein Volk, 1974. – A. Eban, Mein Land. Das moderne Israel, 1975. – C. Herzog, Kriege um Israel. Von 1948 bis 1984, 1985. – H. Jendges, Israel. Eine politische Landeskunde, ²1973. – M. Krupp, Zionismus und Staat Israel, ³1992. – M. Landau, Israel, ²1970. – W. Laqueur, Der Weg zum Staat Israel, 1975. – H. Meier-Cronemeyer, Geschichte des Staates Israel, ³1997. – H. M. Sachar, A history of Israel, Oxford 1977. – H. Wagner, Der Arabisch-Israelische Konflikt im Völkerrecht, 1971. – M. Wolffsohn, Ewige Schuld? 40 Jahre deutsch-jüdisch-israelischer Beziehungen, 1988. – M. Zimmermann, Wende in Israel. Zwischen Nation und Religion, ²1996. *Politik:* A. Diskin, Das politische System Israels, 1980. – S. N. Eisenstadt, Die israelische Gesellschaft, 1973. – S. N. Eisenstadt, Transformation der israelischen Gesellschaft, 1987. – G. R. Wehling, Die politischen Parteien im Verfassungssystem Israels, 1977. – M. Wolffsohn, Politik in Israel, 1983. – M. Wolffsohn/D. Bokovoy, Israel. Geschichte, Politik, Gesellschaft, Wirtschaft. ⁵1996. *Wirtschaftspolitik und Wirtschaftsgeschichte:* Y. Ben-Porath (Hrsg.), The Israeli Economy, 1986. – D. Horowitz, Economic Development in Israel, 1973. – B. Kimmerling, Zionism and Economy, 1983. – H. Pack, Structural Change and Economic Policy in Israel, 1981. – M. Sanbar, The Political Economy of Israel 1946–1962, 1984.

(WL/DB/MW)

Israel Baalija (Einwandererpartei), 1995 von Nathan →Schtscharanskij (Scharansky) gegründete israelische Partei, die ohne spezifische politische Richtungsbindung die materiellen und kulturellen Interessen der im letzten Jahrzehnt aus der ehemaligen Sowjetunion eingewanderten Juden vertritt. Die Partei, für die zionistische und religiöse Traditionen von untergeordneter Bedeutung sind, erreichte unter Führung Schtscharanskijs bei den Knessetwahlen 1996 5,7% der Stimmen und 7 Mandate. Sie trat in die Regierung von Benjamin Netanjahu ein; Schtscharanskij übernahm das Amt des Industrie- und Handelsministers. (WL)

Israel ben Elieser Ba'al Schem Tow (Bescht/RIBASch), Begründer des →Chassidismus in Osteuropa, um 1700 Okop (Podolien) – 1760 Miedzyboz, Schlesien. Israel ben Elieser Ba'al Schem Tow lebte bis zu seinem 36. Lebensjahr in schlichten Verhältnissen an verschiedenen Orten. Sein Charisma nutzte er seit 1730 erfolgreich, wurde von einer kleinen Anhängerschar zum »Meister« ausgerufen, ging auf Wanderschaft und sammelte einfache, fromme Menschen wie auch einige Gelehrte um sich, darunter Dow Baer von Mesiritsch, Jakob Joseph von Polonnoje, Pinchas Korez, Menachem Mendel von Witebsk und Nachum von Tschernobyl. Israel ben Elieser Ba'al Schem Tow siedelte sich in Miedzyborz an, das zu einem chassidischen Zentrum wurde. Israel ben Elieser Ba'al Schem Tow gab seine Lehren nur mündlich weiter. Sie sind z. T. in den Schriften seiner Schüler, vor allem in »Schiwche ha-Bescht« (eine Art legendarischer Biographie), in »Toledot«, »Ketonet Passim« und »Zafenat Panea« von Jakob Joseph, in »Zawaat ha-RIBASch« von Jesaja von Janow und »Keter Schem Tow« von Solkiew enthalten. Mittelpunkt seiner Lehre ist die Erlösung der Seele des einzelnen, die der Erlösung der Welt vorangehen muß. Israel ben Elieser Ba'al Schem Tow geht davon aus, daß der Welt und jedem einzelnen die Gottesherrlichkeit innewohnt. Glaube ist für ihn die »Anhaftung« (→Dewekut) der Seele an Gott. »Dewekut« kann in allen Lebenslagen vor allem im Gebet, in Gedanken und im Umgang mit den Mitmenschen durch andächtige Freude, nicht aber durch Fasten und Askese eintreten. Besondere Bedeutung kommt dabei dem →Zaddik zu; als Vorbild ist es seine Aufgabe, den Gliedern der Gemeinschaft (bzw. Israels) die Bedeutung der Dewekut nahezubringen und Sünder zur Umkehr zu führen. Israel ben Elieser Ba'al Schem Tow war zugleich Wunderheiler, so daß er den Beinamen Ba'al Schem erhielt. Seine Gegner kritisierten, daß er sich mit Heilungen, Schreiben von →Amuletten und Gesprächen mit einfachsten Leuten begnüge, seine Lehren Material der →Aggada und →Kabbala enthielten, nichts aber mit talmudischer Gelehrsamkeit gemein hätten. (HMD)

Israeli, Isaak ben Salomo, Philosoph und Arzt, um 850 Ägypten – um 950 Nordafrika. Israeli war Hofarzt der Fatimiden und galt im Mittelalter als medizinische Autorität auf dem Gebiet der Diätetik. Er hat den →Neuplatonismus in die jüdische Philosophie eingeführt und dem biblischen Glauben angepaßt. Nach seiner Lehre ist aber der kosmische Prozeß kein Ausfluß aus Gott, sondern eine Wirkung von Gottes freiem Willen. Andererseits gipfelt auch der geistige Prozeß, das ist die Befreiung der Sinnlichkeit zur Erleuchtung, die Israeli und seine Schüler mit der Prophetie gleichsetzen, nicht in der ekstatischen Vereinigung mit Gott, sondern bloß in der beseligenden Schau seiner Weisheit. Die Bibel soll nach Israeli die Masse der Unwissenden belehren; für die Elite der Verständigen ist sie dagegen ein verschlüsselter Hinweis auf das neuplatonische Erlösungsprogramm. Israelis »Buch der Definitionen« (vor 950, englisch S. M. Stern, 1956) hat die jüdische und die nichtjüdische Philosophie und Mystik beeinflußt.

[L] A. Altmann/S. M. Stern, Isaak ben Salomo Israeli, Oxford 1958. (DK)

Israelische Arbeitspartei (IAP, hebräisch »Mifleget Haawoda Haisraelit«), 1968 durch Zusammenschluß der sozialdemokratisch-sozialistischen Parteien →Achdut Haawoda, →Mapai und →Rafi entstandene israelische Partei. G. →Meir war die erste Generalsekretärin. 1969 bildete die IAP unter dem Namen →Maarach einen »Block« mit der →Mapam, d. h. Wahlprogramm, Wahlliste und Parlamentsfraktion wurden gemeinsam zusammengesetzt. Im August 1984 kamen die drei Abgeordneten der Jahad-Partei zum Block hinzu; die sechs Knessetmitglieder der Mapam verließen den Maarach im September 1984. Bis 1977 stellte die IAP (wie vor ihr bereits die Mapai) stets den israelischen Ministerpräsidenten, blieb dann 1977–84 in der Opposition. Von 1984 bis 1990 war die IAP an einer Koalition der »nationalen Einheit« mit dem →Likud-Block beteiligt. Nach zwei Jahren der Opposition wurde 1992 I. Rabin Ministerpräsident. Vorsitzender der Partei war 1977–92 und 1995–1997 S. →Peres, der 1984–86 und nach der Ermordung von I. Rabin erneut 1995/96 Ministerpräsident war. Ihn löste als Parteivorsitzender 1997 Ehud →Barak ab. Wahlergebnisse der IAP →Maarach.

[L] M. Aronoff, Power and Ritual in the Israel Labor Party, 1977. – M. Wolffsohn/D. Bokovoy, Israel. Geschichte, Politik, Gesellschaft, Wirtschaft, [5]1996. (DB/MW)

Israelitische Allianz →Allianz, Israelitische

Israelitische Freischule Hamburg. 1815 als Lehranstalt für arme jüdische Jungen gestiftet. Träger der Schule war die jüdische Mittel- und Oberschicht der Stadt, die aufs engste mit der jüdischen Reformbewegung verbunden war. Bis 1841 hatten insgesamt 602 Schüler die Israelitische Freischule Hamburg verlassen. Seit 1859 wurde sie als konfessionelle Simultanschule weitergeführt. Die Erziehung sollte die Assimilation der jüdischen Unterschicht fördern; darüber hinaus wollte die Israelitische Freischule Hamburg zu einer beruflichen Umschichtung unter den Juden beitragen, d. h. vornehmlich Schüler für das Ergreifen eines Handwerks qualifizieren. Der Religionsunterricht beschränkte sich auf die Vermittlung ethischer Grundprinzipien. Von 1828 an hatte die Schule von Organisation und Lehrplan her weitgehend den Charakter einer Bürgerschule.

L S. Baumbach, Die Israelitische Freischule von 1815, in: P. Freimark/A. Herzig (Hrsg.), Die Hamburger Juden in der Emanzipationsphase (1780–1870), 1989. (JÖD)

Israelitische Gartenbauschule Ahlem. Die »Israelitische Erziehungsanstalt für schulpflichtige und ältere Knaben und Mädchen« wurde als Schule für Handwerk, Bodenkultur, Hauswirtschaft und Gartenbau im Jahr 1893 von Konsul Moritz Simon gegründet. Die Schule wollte dem weit verbreiteten Vorurteil entgegentreten, daß Juden nur in kaufmännischen und freien Berufen tätig sein könnten und außerstande seien, manuelle Arbeit auszuführen. Direktor der Gartenbauschule und Leiter des Instituts war von 1896–1930 Albert Silberberg. Das hohe Ausbildungsniveau der Schule zog Schüler aus Polen, Rußland, Jugoslawien, Norwegen und Palästina an. Zwischen 1893 und 1938 hatten 685 Schülerinnen und Schüler die Schule, die 1910 als öffentliche Erziehungsanstalt anerkannt worden war, besucht; von 1941–45 diente sie der SS als Sammellager für Deportationen jüdischer Bürger aus den Regierungsbezirken Hannover und Hildesheim.

L Beiträge zur Geschichte der Gartenbauschule Ahlem 1893–1979, 1980. (JÖD)

Israelitische Lehrerbildungsanstalt Würzburg, 1864 von dem Rabbiner S. B. →Bamberger gegründetes orthodoxes Seminar zur Aus- und Fortbildung von jüdischen Lehrern, das auch außerhalb Bayerns bei den Anhängern der Orthodoxie Anerkennung fand. 1884 bezog die Israelitische Lehrerbildungsanstalt Würzburg ein eigenes Gebäude mit Wohnräumen für die Seminaristen. Das traditionelle Lehrangebot (→Erziehungswesen, →Schulwesen) wurde 1926 durch Neuhebräisch ergänzt. Im Lauf seines Bestehens legten von den Seminaristen insgesamt etwa 600 eine Abschlußprüfung ab; seit 1914 konnte die Israelitische Lehrerbildungsanstalt Würzburg staatlich anerkannte Abschlußprüfungen durchführen. 1931 erfolgte der Umzug in ein größeres Gebäude. Nach den reichsweiten Pogromen im November 1938 wurde die Israelitische Lehrerbildungsanstalt Würzburg geschlossen, die Bibliothek beschlagnahmt und die Gebäude bis zur Deportation der Würzburger Juden 1942 zur Unterbringung der Jüdischen Volksschule und von Flüchtlingen aus den umliegenden Gemeinden benutzt. (BV)

Israelitische Töchterschule Hamburg. 1884 in Hamburg als Zusammenschluß zweier Schulen für arme jüdische Mädchen, der »Mädchenschule von 1818« und der »Israelitischen Mädchenschule von 1798« gegründet. Sie wurde von M. →Marcus bis 1924 geleitet und zeitweise von rund 600 Schülerinnen besucht. Außerordentlich breites Lehrangebot, das naturwissenschaftliche Fächer, Hauswirtschaft, Stenographie und Buchführung umfaßte. Die Zielsetzung der Israelitischen Töchterschule Hamburg war es anfangs, armen jüdischen Mädchen eine gute Schulausbildung zu verschaffen (etwa 50 Prozent der Schülerinnen waren in der Anfangszeit von Schulgeldzahlungen befreit). Die Israelitische Töchterschule Hamburg, 1930 in »Mädchenschule der Deutsch-Israelitischen Gemeinde« umbenannt, wurde später eine Volks- und Realschule, 1937 eine Volks- und Oberschule. 1939 verfügte die Gestapo die Zusammenlegung mit der Talmud-Tora-Schule. 1941/42 wurden Schülerinnen und Lehrerinnen in die KZ Auschwitz, Lodz, Minsk, Riga und Theresienstadt deportiert.

L U. Randt, Carolinenstraße 35. Geschichte der Mädchenschule der Deutsch-Israelitischen Gemeinde in Hamburg 1884–1942, 1984. (JÖD)

Israels, Josef, Maler und Graphiker, 27. 1. 1824 Groningen – 12. 8. 1911 Den Haag. Israels studierte in Paris, wo er mit der romantischen Malerei in Berührung kam, die sein Werk zunächst bestimmte. Nach Amsterdam zurückgekehrt, wandte er sich der Historienmalerei zu, später behandelte er

Themen aus dem bäuerlichen Milieu: Fischerszenen, Hütten und Dörfer an der holländischen Küste. Daneben entstanden Gemälde mit jüdischen Themen, wie »Der Thoraschreiber«, »Ein Sohn eines alten Volkes« oder die »Jüdische Hochzeit«, die spätere jüdische Maler in Holland zu jüdischen Themen anregten. Nach seiner romantischen Phase mit Hell-Dunkel-Effekten malte er in hellen lichten Farben und gilt als einer der hervorragendsten Vertreter des niederländischen Impressionismus. Er schuf auch Aquarelle und Radierungen. Israels war u. a. mit M. →Liebermann befreundet.

L C. L. Dake, Josef Israels, o. J. – M. Eisler, Josef Israels, 1924. (HK)

Isserlein, Israel ben Petachja (auch: Israel Neustadt bzw. Marburg), angesehenster deutscher Rabbiner im 15. Jahrhundert, um 1390 Regensburg – 1460 Wiener Neustadt, lebte in Wien, Marburg (Steiermark) und Neustadt. Isserlein stand noch in der Tradition des aschkenasischen →Chassidismus. Er ist bekannt durch seine →Responsen (»Terumat ha-Deschen« und »Pessakim u-Ketawim«). Gegen die übliche Tendenz, sich nur noch auf die jüngsten →Possekim zu stützen, bemühte sich Isserlein in außergewöhnlicher Klarheit und mit profunder Kenntnis um eine Klärung und Festlegung der halachischen Bestimmungen auf der Basis der talmudischen Quellen und den Entscheidungen der deutschen und französischen Gelehrten. Er zitierte aber auch Isaak ben Jakob →Alfassi und →Mose ben Maimon, selten →Mose ben Nachman. Darüber hinaus verfaßte Isserlein einen Kommentar (»Biurim«) zum Torakommentar von Salomo ben Isaak, ein Werk zu den Gesetzen von →Issur we-Hetter Gesetzen und →Pijutim. (HMD)

Isserles (Abkürzung für Ben Israel Lazarus), Mose (ReMA), Schüler seines Schwiegervaters Schalom Schachna aus Lublin, Rabbiner und bedeutende halachische Autorität in Krakau, um 1525 Krakau – 1. 5. 1572 Krakau. Es sind etwa 100 →Responsen und Briefwechsel von Isserles mit den wichtigsten halachischen Autoritäten seiner Zeit erhalten. Aufgrund seiner umfassenden Allgemeinbildung und zahlreichen halachischen, kabbalistischen, philosophischen und auch naturwissenschaftlichen Arbeiten wurde Isserles als der »Maimonides« des polnischen Judentums bezeichnet. Neben seinem Kommentar »Darsche Joseph« zum »Beit Joseph« des J. →Karo sind seine Bemerkungen zum →Schulchan Aruch sein bedeutenstes Werk, die zusammen mit diesem als »Mappa« (»Decke«) abgedruckt werden. Ergänzend berücksichtigt Isserles dabei vor allem die deutsch-polnischen Bräuche. Mit diesen Zusätzen machte Isserles den aus der sephardischen Tradition stammenden Schulchan Aruch auch im aschkenasischen Judentum zum maßgeblichen Kodex. Methodisch zieht Isserles zu seinen Arbeiten nicht nur die rabbinischen Quellen heran, sondern auch die Philosophie und die →Kabbala, die für ihn mehr oder weniger identisch sind. Besonderes Gewicht aber mißt Isserles in seinen Werken den Bräuchen bei. Sie stellen für ihn oft eine Autorität dar, die auch gegen die bestehende →Halacha und ohne talmudische oder rabbinische Referenzen neue Halacha prägen kann. Dies führte zu massiver Kritik seiner Zeitgenossen, vor allem des Chajim ben Bezalel. (HMD)

Issur we-Hetter (hebräisch »Verbot und Erlaubnis«), seit Mitte des 12. Jahrhunderts Bezeichnung für ein spezielles literarisches Genre, das sich ausschließlich mit Fragen verbotener Ritual-Angelegenheiten befaßt. »Hetter« steht dabei für das generell wie auch für das zeitweilig Erlaubte. Die wichtigsten der zumeist nur in Handschriften vorliegenden Werke stammen von Isaak ben Meir aus Düren, I. →Isserlein, →Jakob ben Moses ha-Levi Mölln, M. →Isserles und Jona Gerondi. (HMD)

Italien. Das italienische Judentum, neben dem griechischen das älteste in Europa, kann auf eine Geschichte, die von der Antike bis in die Gegenwart reicht, zurückblicken (→Rom). Bis zum 15. Jahrhundert befanden sich seine Zentren in Süditalien, vor allem auf →Sizilien. Italien spielte damals geistig und kulturell eine Mittlerrolle zwischen dem Judentum im Vorderen Orient und in Mitteleuropa. Die verhältnismäßig liberale kirchliche Gesetzgebung gegenüber den Juden verschärfte sich seit dem 12. Jahrhundert und fand ihren vorläufigen Höhepunkt in den Bestimmungen des 4. Laterankonzils (1215). Vor allem durch Einwanderungen aus Deutschland, Frankreich und Spanien im 13. und 14. Jahrhundert bildeten sich verstärkt auch in Nord- und Mittelitalien größere Gemeinden heraus (z. B. in →Ferrara, →Mantua, →Padua, →Venedig). Juden waren in den Städten vor allem als Geldverleiher, Händler und Kaufleute tätig. Sie schufen die Grundlagen für die Entwicklung einer blühenden jüdischen Wissenschaft und Kultur (vor allem hebräischer

Buchdruck, Dichtung und Poesie), die durch die Ankunft jüdischer Immigranten aus Spanien und Portugal seit 1492 und von →Marranen seit dem 16. Jahrhundert eine besondere Vielfalt ausbildete. Das Zeitalter der Renaissance und des Humanismus stand im Zeichen eines jüdisch-christlichen Dialogs. Die Gegenreformation, die ihren Ausdruck in der Bulle »Cum nimis absurdum« (1555) unter Paul IV. fand, endete für das italienische Judentum mit der fast vollständigen Ghettoisierung. Juden wurde das Besitzrecht an Häusern und Boden entzogen und bis dahin geltende Privilegien aufgehoben. Es kam zu Vertreibungen aus den Teilen Italiens, die unter spanische Herrschaft gekommen waren. Der Prozeß der Emanzipation des italienischen Judentums vollzog sich zwischen dem ausgehenden 18. Jahrhundert und der Mitte des 19. Jahrhunderts. In den von Frankreich besetzten Gebieten erfolgte 1796–99 und 1800–14 die bürgerliche Gleichstellung der Juden. In der Restaurationsphase nach dem Wiener Kongreß 1815 beteiligten sich viele Juden an der Risorgimento-Bewegung. Die volle rechtliche Gleichstellung erfolgte zwischen 1848 (Königreich Piemont-Sardinien) und 1870 (Befreiung Roms). Anfang des 20. Jahrhunderts lebten rund 37 000 Juden in Italien, die in hohem Grade akkulturiert und integriert waren. Zu den Mitgliedern der sich bildenden faschistischen Bewegung in Italien zählten zu Anfang auch Juden; nach Ausbreitung antisemitischer Strömungen seit 1934 erließ Benito Mussolini 1938 die Rassegesetze; rund 6000 Juden emigrierten, rund 4000 konvertierten; nach der Besetzung Norditaliens durch deutsche Truppen im September 1943 Massaker und Deportationen, denen rund 8000 Juden zum Opfer fielen; viele wurden in Konventen und Klöstern der katholischen Kirche oder von Privatpersonen versteckt. 1995 lebten 31 000 Juden (größte Gemeinden in →Rom und →Mailand) in Italien.

[L] A. Milano, Storia degli ebrei in Italia, Turin 1963. – C. Roth, The History of the Jews of Italy, Philadelphia 1946. – A. Sacerdoti, Guida all'Italia ebraica, Genua 1986. – L. Tas, Storia degli ebrei italiani, Rom 1987. (JÖD)

Itzig, 1. Daniel, Hofbankier und Vorsteher der Berliner jüdischen Gemeinde, 18. 3. 1723 Berlin – 21. 5. 1799 Berlin. Nachdem er 1761 das Generalprivileg mit den Rechten christlicher Kaufleute erworben hatte, wurde er 1764 von Friedrich dem Großen zum Vorsteher der Berliner jüdischen Gemeinde und zum Landesältesten der Judenschaften in den preußischen Provinzen ernannt; 1772 übernahm er die königliche Lederakademie in Potsdam, die der Familie ein Jahr später durch Kabinettsordre geschenkt wurde; 1781 Einrichtung einer Lederfabrik mit eigenen Mitteln. Durch das Naturalisationspatent von 1791 und den geleisteten Bürgereid 1792 wurde Itzig mitsamt seinen 15 Kindern und Schwiegersöhnen preußischer Staatsbürger.

[L] H. Schnee, Die Hoffinanz und der moderne Staat, Band 1, 1953. (JÖD)

2. Isaak Daniel, ältester Sohn des Daniel Itzig, Hofbankier und Hofbaurat, 20. 12. 1750 Berlin – 7. 7. 1806 Berlin. Zunächst hatte sich Itzig vorwiegend als Münzfaktor seines Vaters betätigt; König Friedrich Wilhelm II. ernannte ihn zum Oberhofbankier; nach der Verleihung des Naturalisationspatents, das ihn zu einem gleichberechtigten preußischen Staatsbürger gemacht hatte, stieg Itzig zum Hofbaurat auf und wurde 1793 zum Dezernenten für den Chausseebau im Generaldirektorium ernannt; 1778 hatte er gemeinsam mit seinem Vater und seinem Schwager D. →Friedländer die Jüdische Freyschule (→Freischulen) in Berlin gegründet, der er bis zu seinem Tod 1806 als Direktor vorstand; 1794 war Itzig preußischer Heereslieferant im Feldzug gegen Polen.

[L] H. Schnee, Die Hoffinanz und der moderne Staat, Band 1, 1953. (JÖD)

Ivo von Chartres, Kirchenrechtler, Bischof von Chartres (1090–1116), um 1040 bei Beauvais – 23. 12. 1116 Chartres. Unter Ivo von Chartres' Ägide entstanden wichtige Sammlungen des Kirchenrechts vor →Gratian: das Decretum und die Panormia. Das Decretum enthält mit rund 50 von 3760 Texten einen bedeutenden Anteil judenrechtlicher Bestimmungen, die sich auf den →Judenschutz und die →Judenmission, auf →Proselytismus und Rechtsminderung beziehen. Ivo von Chartres ersetzte die eschatologische Begründung des Judenschutzes bei →Burchard durch Zeugnisse der Verdammung und befürwortete repressive Maßnahmen gegen Juden, ergänzte das Ämter- durch ein theologisch begründetes Waffenverbot, untersagte den Juden den freien Ausgang zu Ostern und den Neubau von Synagogen, sprach allen Juden das Zeugnis- und das Klagerecht gegen Christen ab und wandte sich gegen jede Begünstigung der Juden. Die einzigen neuen Texte in seiner Sammlung überliefern Schreiben von Papst →Alexander II., die

eine Verfolgung von Juden in Verbindung mit Kriegen gegen die Ungläubigen verbieten. Die weniger umfangreiche, doch weiter verbreitete Panormia enthält gegenüber dem Decretum nur 12 Judenkapitel, die durchweg in Gratians Decretum eingingen.
🄻 F. Lotter, Ausbildung kirchlichen Judenrechts, in: R. Erb u. a. (Hrsg.), Antisemitismus und jüdische Geschichte, 1987. (FL)

Iwrit (Ivrit) →Hebräische Sprache und Literatur

J

Jaad, 1. (hebräisch »Ziel«). – Eine 1975 unter Führung von Arieh Eliav und Shulamit Aloni gegründete israelische Reformbewegung und politische Partei, die sich jedoch wegen Meinungsverschiedenheiten in der Führung 1976 wieder auflöste. Eliav ging zur →Schelli, Aloni zur →Bürgerrechtsbewegung zurück.
2. Die 1978 nach Auflösung der →Demokratischen Bewegung für Veränderung vom Knessetabgeordneten Assaf Jaguri gebildete Einmannfraktion. Jaguri schloß sich 1979 dem →Likud-Block an.
🄻 M. Wolffsohn/D. Bokovoy, Israel. Geschichte, Politik, Gesellschaft, Wirtschaft, [5]1996. (DB/MW)

Jabès, Edmond, Schriftsteller, 1912 Kairo – 2. 1. 1991 Paris. Stammt aus italienisch-jüdischem Elternhaus in Ägypten. Nach Studienaufenthalt in Paris Beginn seiner Laufbahn als Schriftsteller in Frankreich. Kontakte zu den Surrealisten, ohne sich einem Gruppenzwang zu unterwerfen. Nach 1939 Engagement in der französischen Widerstandsbewegung, Flucht und Emigration nach Ägypten. Brotberuf als Börsenmakler in Kairo, gleichzeitig Veröffentlichung von Gedichten in der surrealistischen Zeitschrift »La part du sable«. Nach Ausbruch der Suezkrise kehrte Jabès 1957 zusammen mit seiner Familie nach Frankreich zurück. 1959 erschien die surrealistische Gedichtsammlung »Ich baue mir eine Bleibe«. Danach verstärkt Auseinandersetzung mit jüdischer Tradition. Sein Werk, u. a. das »Buch der Fragen«, steht im Zeichen des Totengedenkens. Seine späteren Texte (Erzählungen, Gleichnisse, Sentenzen, Bildgedichte) sind schwer einer literarischen Gattung zuzuordnen. Subtile Interpretationen durch Maurice Blanchot und Jacques Derrida. In deutscher Übersetzung liegen vor: »Das Buch der Fragen«, »Es nimmt seinen Lauf«, »Die Schrift in der Wüste«, »Von Buch zu Buch«. (WJ)

Jabotinsky, Zeev (Vladimir), zionistischer Politiker und Schriftsteller, 17. 10. 1880 Odessa – 4. 8. 1940 Camp Bethar bei Hunter, New York (USA). Als ein Pogrom 1903 in Odessa drohte, gehörte Jabotinsky zu den Gründern einer der ersten zionistischen Verteidigungsorganisationen. Nach 1910 kämpfte er in Rußland für die Einführung des Hebräischen als Unterrichtssprache an allen jüdischen Schulen. Im Ersten Weltkrieg gründete er die jüdische Legion, die auf britischer Seite kämpfte, und gehörte 1920 zu den Gründern der →Hagana. 1921 in die Zionistische Exekutive gewählt, trat er 1923 zurück, weil sie seiner Meinung nach nicht ausreichend Widerstand gegen die britische antizionistische Politik leistete. Jabotinsky gründete 1923 die Jugendorganisation →Beitar und 1925 die →Revisionistische Partei. 1931 verließ er die Zionistische Weltorganisation, weil sie sich noch nicht eindeutig für die Gründung eines jüdischen Staates ausgesprochen hatte. Bis zu seinem Tod 1940 kämpfte er gegen alle Teilungspläne für Palästina. Jabotinsky schrieb Romane, Dramen und Gedichte, meist in russischer Sprache, und übersetzte Werke von Dante und Poe ins Hebräische.
🄻 J. Schlechtmann, The Life and Times of V. H., 1986. – Y. Shavit, Jabotinsky and the Revisionist Movement 1925–1948, 1987. (DB/MW)

Zeev (Vladimir) Jabotinsky

Jacob, Mathilde, 8. 3. 1873 Berlin – 14. 4. 1943 KZ Theresienstadt (ermordet). Tochter eines jüdischen Fleischers in Berlin, betrieb in ihrer Berliner Wohnung ein Schreibbüro, wo sie Ende 1913 R. →Luxemburg kennenlernte; fortan arbeitete Ja-

cob für sie und wurde ihre Vertraute und Gefährtin. Jacob rettete 153 Briefe von R. Luxemburg aus den Gefängnissen. Sie arbeitete für führende sozialistische Persönlichkeiten – Leo Jogiches, Franz Mehring und Paul Levi, dessen politischen Nachlaß sie bewahrte und dessen Familie übergab. Veröffentlichung: »Von Rosa Luxemburg und ihren Freunden in Krieg und Revolution 1914–1919«, in: Internationale Wissenschaftliche Korrespondenz 4 (1988).
🄻 H. Knobloch, Meine liebste Mathilde, 1990. (LH)

Jacobi, Abraham, Mediziner und Politiker, 6.5.1830 Hartum bei Minden – 19.7.1919 Bolton Landing, USA. 1851 Promotion zum Doktor der Medizin in Bonn; Anschluß an den Bund der Kommunisten, von Mai 1851 bis Juni 1853 deshalb in Haft (»Memoiren aus preußischen Gefängnissen«), emigrierte in die USA, wo er sich in New York als Arzt niederließ. Zunächst in der Laryngologie tätig, wandte er sich seit 1857 der Kinderheilkunde zu, die er von der Frauenheilkunde trennte. 1865 Professor für Kinderheilkunde am New York Medical College, seit 1870 Professor an der Columbia University; 1902 emeritiert. Präsident zahlreicher medizinischer Gesellschaften und fünffacher Ehrendoktor. Den Ruf an die Universität Berlin (1893) lehnte er aus politischen Gründen ab. In dritter Ehe seit 1873 mit der Ärztin Mary Putnam verheiratet, setzte sich mit dieser für Verbesserungen der Sozialpolitik ein.
🄻 A. Herzig, Abraham Jacobi. Die Entwicklung zum sozialistischen und revolutionären Demokraten, 1980. (AH)

Jacobowski, Ludwig, Schriftsteller, 21.1. 1868 Strelno, Posen – 2.12.1900 Berlin. Neben eigenen Gedichten, Romanen, Dramen und Essays publizierte Jacobowski klassische und volkstümliche Literatur in Zehn-Pfennig-Heften, war Mitbegründer der »Neuen Freien Volksbühne« Berlin, wo er auch den Klub »Die Kommenden« für junge Autoren gründete. Jacobowski arbeitete im »Verein zur Abwehr des Antisemitismus« mit. In dem Roman »Werther der Jude« (1892) problematisierte Jacobowski den negativen Einfluß des Antisemitismus auf die Juden in Deutschland, plädierte aber gleichzeitig für ihr »restloses Aufgehen in deutschem Geist und deutscher Gesittung«. (IS)

Jacobs, 1. Aletta Henrietta, Ärztin und Frauenrechtlerin, 9.2.1854 Sappemeer, Niederlande – 10.8.1929 Baarn. 1871 als erste Studentin an der niederländischen Universität Groningen immatrikuliert. Erste Frauenärztin in Holland, kämpfte für Geburtenkontrolle. 1903 wurde sie Präsidentin der Vereinigung für Frauenwahlrecht und erlangte internationale Anerkennung. Mitbegründerin der »Womens' League for Peace and Freedom«. Sie veröffentlichte u. a.: »Herinneringen van Aletta Henrietta Jacobs« (1924). (LH)

2. Sam (Samuel Wolf), Rechtsanwalt und Politiker, 6.5.1871 Lancaster, Ontario – 21.8.1938 Montreal; 1893 Abschluß des Jurastudiums an der McGill University; 1897 Mitherausgeber der »Jewish Times«, der ersten jüdischen Zeitung in Kanada. Bekämpfte den verbreiteten Antisemitismus in Quebec, führte erfolgreich den Rechtsstreit gegen den bekannten Antisemiten Plamondon (→Ritualmordvorwurf); 1911 Vertreter des Zionist National Council beim 10. Zionistischen Weltkongreß in Basel; 1917 als erstes jüdisches Mitglied in das Bundesparlament gewählt. Starkes Engagement für freiere Immigration nach Kanada; Präsident des →Canadian Jewish Congress von 1934 bis zu seinem Tod.
🄻 B. Figler, Sam Jacobs: Member of Parliament, Ottawa 1970. (CL)

Jacobson, Israel, Kaufmann und Bankier, 17.10.1768 Halberstadt – 14.9.1828 Berlin. 1786 eröffnete Jacobson in Braunschweig ein Handelshaus. 1794 zum »Landesrabbiner des Weserdistrikts« ernannt. Gründer der →Jacobson-Schule Seesen. 1804 erhielt Jacobson im Herzogtum Braunschweig das Bürgerrecht. Als einer der Wegbereiter der jüdischen →Reformbewegung in Deutschland richtete Jacobson 1806 eine Denkschrift an →Napoleon I., in der er zur Bildung eines »Hohen Rates der Juden« aufforderte, der jedem europäischen Juden das Bürgerrecht verleihen könnte. 1807 wurde Jacobson zum Präsidenten des »Konsistoriums der Israeliten« in Kassel ernannt; im neu errichteten Königreich Westfalen machte ihn König Jérôme Bonaparte zu seinem Hofbankier. Nach dem Ende des Königreichs ging Jacobson nach Berlin und setzte dort seine Reformbemühungen u. a. als Mitglied des →Vereins für Cultur und Wissenschaft der Juden fort.
🄻 H. Schnee, Die Hoffinanz und der moderne Staat, Band 2, 1954. (JÖD)

Jacobson-Schule Seesen, 1801 von I. →Jacobson als Religions- und Handelsschule für arme Jungen und Mädchen gegründet. Die Jacobson-Schule Seesen war eine der ersten Lehranstalten der jüdischen Reformbewegung in Deutschland; schon seit 1802 wurden auch christliche Schüler aufgenommen. Mit der Ernennung I. →Wohlwills zum Direktor der Schule (1838) veränderte sich die Jacobson-Schule Seesen immer mehr zu einer simultanen Mittel-Realschule; während ein breiter Fächerkanon die allgemeine Erziehung sicherstellte, wurden geeignete Knaben auf handwerkliche und technische Berufe vorbereitet. Von den 142 Schülern im Jahr 1846 waren 84 jüdischer Herkunft; in der Folgezeit ging die Zahl der jüdischen Schüler immer mehr zurück; 1921 wurde das Institut als jüdische Schule aufgehoben und vom Staat übernommen.

L G. Ballin, Geschichte der Jacobson-Schule in Seesen, 1979. (JÖD)

Jacoby, Johann, Arzt und Politiker, 1.5.1805 Königsberg – 6.3.1877 Königsberg. Jacoby leitete mit seiner Flugschrift »Vier Fragen, beantwortet von einem Ostpreußen« (1841) die öffentliche Verfassungsdebatte in Preußen ein. Politisch stand er äußerst links. Er rief dem Preußenkönig das berühmte Wort entgegen: »Das eben ist das Unglück der Könige, daß sie die Wahrheit nicht hören wollen!« Als Mitglied des Preußischen Abgeordnetenhauses bekämpfte er entschieden die Politik Bismarcks und schloß sich 1872 der Sozialdemokratie an. Jacoby setzte sich für die rechtliche Gleichstellung der Juden ein. In der Schrift »Über das Verhältnis der Juden zum Staate, Gegenschrift gegen Herrn Geheime Rat Streckfuß« (1833) nahm er vom Standpunkt des Rechts und der Humanität etwa auf der Linie von G. →Riesser scharf Stellung gegen die Ansicht, die Juden seien nur schrittweise der Emanzipation zuzuführen.

Johann Jacoby war zeitweilig Mitglied der 1845 in Berlin gegründeten »Genossenschaft zur Reform im Judentum«.

L E. Silberner, Johann Jacoby, Politiker und Mensch, 1976. (JS)

Jadajim →Mischna

Jaffa →Tel Aviv

Jahad (hebräisches Kürzel für »Bewegung für die Nationale Einheit«), liberale, reformistische israelische Partei, die 1984 unter Führung E. →Weizmans bei den Knessetwahlen kandidierte, 2,2 Prozent der Stimmen und damit drei Mandate erhielt. Jahad trat im August 1984 dem →Maarach-Block bei und vereinte sich 1986 mit der →Israelischen Arbeitspartei.

L M. Wolffsohn/D. Bokovoy, Israel. Geschichte, Politik, Gesellschaft, Wirtschaft, 5 1996. (DB/MW)

Jakob (Namensetymologie in Gen 25,26; 27,36; nach Gen 32,29 und 35,10 »Israel« genannt), Sohn →Isaaks, 3. Erzvater, Vater der zwölf Stämme. Die Jakob-Überlieferung wird in nachbiblischer Tradition erweitert und z. T. auf die Endzeit hin gedeutet. In der rabbinischen Tradition gilt Jakobs Leben als Vorbild für die spätere Geschichte des jüdischen Volkes. So können seine Auseinandersetzungen mit →Esau und Laban (dem Aramäer) als Vorwegnahme des Verhältnisses zwischen Israel und Rom angesehen werden. Jakob gilt als der herausragendste aller Erzväter. Seine Stellung ist nur wenig geringer als die der Engel, sein Bild ist an einem Ehrenplatz unterhalb des göttlichen Throns eingraviert. Er verkörpert das Ideal von Tugendhaftigkeit und Wahrheit. Um seinetwillen soll →Abraham vor →Nimrods Nachstellungen bewahrt und die Welt geschaffen worden sein. Auch Israels Erfolge werden auf seine Verdienste zurückgeführt. Selbst nach seinem Tod bleibt er Israel in Freud und Leid verbunden. Die Annahme der Unsterblichkeit Jakobs spiegelt die Hoffnung auf die Unsterblichkeit Israels wider. Seine moralischen Schwächen werden deshalb gemildert (z.B. die Erschleichung des Erstgeburtsrechts und des Segens), seine Gegenspieler Esau und Laban negativ dargestellt. Einzig seine Bevorzugung →Josefs gilt als Fehler. (HMD)

Jakob ben Ascher (Ba'al ha-Turim), rabbinischer Gelehrter, Schüler seines Vaters →Ascher ben Jechiel, um 1280 Deutschland – 1340 Toledo. 1303 nach Spanien geflohen, lebte er in Toledo seit 1314 in ärmlichsten Verhältnissen ausschließlich für seine Studien. Verfasser des halachischen Kompendiums »Arba Turim« (»Vier Reihen«), benannt nach den vier Edelsteinreihen auf dem Brustschild des Hohenpriesters. Die vier Teile des Kompendiums sind: 1. »Orach Chajim« (»Lebensweise«, Ps 16,11); 2. »Jore Dea« (»Lehrer der Erkenntnis«, Jes 28,9); 3. »Eben ha-Eser« (»Stein der Hilfe«, 1 Sam 4,1) und 4. »Choschen Mischpat« (»Brustschild des Rechts«, Ex 28,15). Sie enthalten: 1. Lobpreisungen, Gebete, Sabbat, Feier- und Fasttage; 2. »Issur we-Hetter« (»Ritualgesetze«); 3. Gesetze für Frauen (besonders Ehegesetze) und 4. das jüdische Recht. Sie fassen die Entwicklung der →Halacha zusammen. Dabei zitiert Jakob ben Ascher den Text des Talmuds, Talmud-Kommentare sowie die Ansichten der späteren Autoritäten und setzt daraufhin die Halacha fest. In seiner Auslegung orientiert er sich an →Mose ben Maimon und mehr noch an seinem Vater. Das Werk errang schnell uneingeschränkte Autorität, wurde in der Folgezeit von den bedeutendsten Halachisten kommentiert und Vorbild des →Schulchan Aruch. Außerdem verfaßte Jakob ben Ascher →Responsen, das halachische Werk »Sefer ha-Remazim« (Zusammenstellung von Auszügen aus den halachischen Entscheidungen seines Vaters) und einen Kommentar zur Tora (»Perusch ha-Tora«). (HMD)

Jakob ben Meir (Rabbenu Tam), bedeutender Talmudgelehrter, Enkel des →Salomo ben Isaak, um 1100 Ramerupt, Seine – 9. 6. 1171 Troyes Champagne, lebte vom Geldverleih und Weinbau. Jakob ben Meir war Vorsitzender des →Bet Din und Leiter eines →Bet ha-Midrasch, zu dem Schüler selbst aus Böhmen und Rußland kamen. In der Zeit des 2. Kreuzzugs bemühte er sich unter Einsatz seines Lebens um das Überleben und die Einheit der jüdischen Gemeinden. Jakob ben Meir galt in West- und Mitteleuropa als größter Gelehrter seiner Zeit, der allerdings keinen Widerspruch gegen die Entscheidungen seines Bet Din duldete. Auf seinen Kommentaren und Entscheidungen beruhen die →Tossafot zum babylonischen Talmud. In seinem Werk »Sefer ha-Jaschar« finden sich im ersten Teil einige seiner →Responsen, im zweiten Teil Novellen zum Talmud, die dessen Text gegen nachträgliche Korrekturen verteidigen. Jakob ben Meir beherrschte den spanischen Stil (→Sephardim) in seinen weltlichen Gedichten, den deutsch-französischen Stil (→Aschkenas) in seinen →Pijutim, verfaßte außerdem eine hebräische Grammatik. (HMD)

Jakob ben Moses ha-Levi Mölln (MaHaRIL oder Mahari Segal bzw. Mahari Molin), angesehener Talmudist im Europa seiner Zeit, der in seinen Entscheidungen soziale und politische Begebenheiten berücksichtigte und übermäßige Strenge ablehnte, um 1360 Mainz – 1427 Worms. Zunächst war Jakob ben Moses ha-Levi Mölln Schüler seines Vaters, dann in Österreich von Meir ha-Levi und Schalom ben Isaak, der ihm den Titel »Morenu« (»unser Lehrer«) zuerkannte, seit 1390 Nachfolger seines Vaters als Rabbiner in Mainz, dann kurz vor seinem Tod Rabbiner in Worms. Leiter der jüdischen Gemeinden in Deutschland, Österreich und Böhmen. Gründer einer →Jeschiwa in Mainz. Sein bedeutendster Schüler war Jakob Weil. Als einer der letzten →Possekim-Rischonim und Vertreter der aschkenasischen Gelehrtenschule bewahrte Jakob ben Moses ha-Levi Mölln die deutschen Bräuche. Er wandte sich gegen eine Vernachlässigung des Torastudiums und gegen die Praxis, halachische Entscheidungen nur auf Kompendien zu stützen. Seine Kommentare bildeten zusammen mit denen des I. →Isserlein lange Zeit die Basis der religiösen Tradition in deutsch-jüdischen Gemeinden. Dies gilt ebenso für seinen Einfluß auf die Liturgie. Jakob ben Moses ha-Levi Mölln legte die Gottesdienstordnung der deutschen Gemeinden fest. Als →Chasan hielt er an den traditionellen Melodien fest. Seine Äußerungen zur →Halacha finden sich in dem von seinem Schüler Eleasar ben Jakob Salman herausgegebenen »Sefer (MaHa-RIL)«. Viele seiner →Responsen sind in der Sammlung »Toledot Adam« des Salomo ben Abraham →Adret abgedruckt. (HMD)

Jakob ben Zwi Emden →Emden, Jakob

Jalkut →Midrasch

Jankélévitch, Vladimir, Philosoph und Musikologe, 31. 5. 1903 Bourges – 6. 6. 1985 Paris. Jankélévitch, dessen aus Rußland stammender Vater Samuel mit der Übersetzung Freuds die Psychoanalyse in Frankreich einführte, lehrte seit 1926 Philosophie. 1939 wurde er eingezogen und an der Front schwer verletzt. Die Vichy-Regierung entzog ihm die Lehrerlaubnis. Daraufhin schloß er sich der Résistance an. Auch nach dem Krieg engagierte sich Jankélévitch politisch, vor allem für das Gedenken an die Opfer des Nationalsozialismus. In philosophischer Hinsicht knüpfte er an die Lebensphilosophie H. →Bergsons an und beschrieb vor allem die moralischen Momente der menschlichen Existenz, die nach Jankélévitch in altruistischer Großzügigkeit und Liebe gipfeln. Er war 1951–78 Professor für Moralphilosophie an der Sorbonne und mit E. →Lévinas einer der führenden Aktivisten der »Kolloquien der jüdischen Intellektuellen französischer Sprache«. (DK)

Janko, Marcel (eigentlich Iancu), Maler, 24. 5. 1895 Bukarest – 21. 4. 1984 Tel Aviv. Studierte Malerei und Architektur in Zürich. Mitbegründer der Gruppe »Dada« in der Schweiz. In den 20er und 30er Jahren Mitglied der modernen künstlerischen Bewegung in Rumänien (Gruppe »Contimporanul«); 1942 Auswanderung nach Palästina. Wortführer der israelischen Künstlerbewegung »Ofakim Hadashim« (Neue Horizonte). 1953 war er an der Gründung des Künstlerdorfs En Hod bei Haifa beteiligt; 1967 erhielt er den Israel-Preis. (AB)

Jannai Paitan, einer der ersten synagogalen Dichter (→Paitan), wahrscheinlich aus Palästina, 5./6. Jahrhundert. Obwohl in Schriften aus dem 10. Jahrhundert erwähnt, wurden Teile seines Werks erst aufgrund von Funden in der Kairoer →Genisa (Archiv der Esra-Synagoge) wiederentdeckt. Die Funde sind →Kerowot, die als liturgische Komposition zum →Schemone essre eine spezielle Gattung des →Pijut darstellen. Jannai Paitans Kerowot weisen eine feste Struktur auf, die von späteren religiösen Dichtungen in den Grundzügen aufgegriffen wurde Es handelt sich entweder um eine »Keduschta« (»Heiligung«), ein Gedicht für das Morgengebet am Sabbat, oder um eine »Schiwata« (»Sieben«), ein Gedicht für das →Mussaf-Gebet am Sabbatabend oder an Festtagen. Jannai Paitan geht in seiner blumigen Sprache schon über den biblisch-talmudischen Wortbestand hinaus. Im Stil wird der Reim wichtiger als der Rhythmus. Inhaltlich bestehen zahlreiche Übereinstimmungen mit den älteren palästinischen →Midraschim, ohne daß aber eine Abhängigkeit konstatiert werden könnte. Jannai Paitans Kerowot enthalten auch halachische Themen. Sie sind somit aggadisch wie halachisch von besonderem Interesse. Wahrscheinlich hat Jannai Paitan Kerowot zu allen Wochenabschnitten des dreijährigen palästinischen Lesezyklus geschrieben, die u. a. in der Kairoer Gemeinde verwendet wurden. (HMD)

Japan. Die ersten Juden kamen 1861 aus Rußland und Polen nach Japan, Kaufleute aus dem Irak folgten. Die jüdische Gemeinde wurde 1894 in Nagasaki formell gegründet und hatte in den ersten zehn Jahren 100 Mitglieder. Diese Zahl erhöhte sich durch Einwanderer aus Deutschland, Rußland und China ab 1939 beträchtlich. Während des Zweiten Weltkriegs wurden die Juden zwar nicht direkt verfolgt, jedoch war die Unterstützung zionistischer Bewegungen verboten. Japan (1995: 1000 Juden) und Israel unterhalten diplomatische Beziehungen. Allerdings ist Japan stark auf arabisches Öl angewiesen, was die Verbindungen zu Israel einschränkt. Obwohl die Japaner nicht als antisemitisch zu bezeichnen sind, fanden antisemitische Buchpublikationen um 1985 großen Absatz. (PB)

Jason, hebräisch Jeshua, von →Antiochos IV. gleich nach dessen Thronbesteigung an Stelle seines Bruders Onias III. als Hoherpriester eingesetzt, unterstützte er die Hellenisierungspolitik des Seleukiden, indem er in Jerusalem ein Gymnasium bauen ließ und auch sonst versuchte, die Anpassung der Juden an die hellenistische Kultur und Lebensform zu beschleunigen. Auf Betreiben des →Menelaos wurde Jason 172/71 v. Z. abgesetzt, konnte aber 168 für kurze Zeit erneut in Jerusalem das Hohepriesteramt erlangen und verlor bei der Erstürmung der Stadt im folgenden Jahr sein Leben. (HC)

Jawne, griechisch Jamnia, biblisch belegt, Hafenstadt südlich des heutigen Tel Aviv. In der Zeit der →Hasmonäer von strategischer Bedeutung, mit nur kleiner, Repressalien ausgesetzter jüdischer Bevölkerung, durch Simeon 137 v. Z. erobert, aber erst mit dem Herrschaftsantritt von →Alexander Jannaj mehrheitlich jüdische Ansiedlung. Durch Pompejus wieder abgetrennt, durch Augustus →Herodes dem Großen übergeben, durch das Testament von Herodes' Schwester Salome in den Besitz der kaiserlichen Familie übergegangen und schließlich Privatbesitz von Tiberius. 40 n. Z. Aufstand gegen Rom, von Vespasian belagert. Das Gebiet um Jawne war mit dem Tempel verbunden und diente zu dessen Versorgung. Zur Zeit des Jüdischen Kriegs wahrscheinlich römisches Internierungslager für jüdische Überläufer. Kleine jüdische Gemeinde mit →Bet Din, an dessen Spitze nach seiner Flucht aus Jerusalem Rabban →Jochanan ben Zakkai trat. Gründung eines Lehrhauses, des sog. Weingartens von Jawne. 70–135 n. Z. Zentrum des rabbinischen Judentums mit einer Neukonstitution des →Sanhedrins unter Rabban Jochanan ben Zakkai und Rabban →Gamaliel II. und damit Jerusalem vergleichbar. U. a. erfolgten die Neuformulierung des Ketzersegens und die Anfänge der Kanonisierung der →Hebräischen Bibel in Jawne. Dies trug gemeinsam mit der Zusammenstellung großer Teile des Talmudtraktats »Edujot« und dem Beginn der →Mischna-Edition zur Konsolidierung des Judentums nach der Zerstörung des Zweiten Tempels 70 n. Z. bei. Indem sich der Sanhedrin in dem zum Tempel gehörenden Magazin in Jawne versammelte, wurde auch eine gewisse örtliche Kontinuität gewahrt. (HMD)

JCA →Jewish Colonization Association

Jebamot →Mischna

Jehoschua ben Chananja, meist nur Rabbi Jehoschua genannt, Angehöriger des Stammes Levi, →Tannait, 1./Anfang 2. Jahrhundert n. Z. Jehoschua ben Chananja wirkte als Chorsänger noch im Tempel, war z. Z. der Zerstörung des Zweiten Tempels 70 n. Z. wahrscheinlich schon 30 Jahre alt und überlieferte als Augenzeuge die Zeremonie des Wasserschöpfens an →Sukkot. Einer der fünf wichtigsten Schüler Rabban →Jochanans ben Zakkai, von dem er gemeinsam mit →Elieser ben Hyrkanos vor der Tempelzerstörung ordiniert wurde und dem er half, aus Jerusalem zu fliehen. In →Jawne geriet er als Vizepräsident des →Bet Din in Konflikt mit Rabban →Gamaliel II. Jehoschua ben Chananja lebte in ärmlichen Verhältnissen in Peqiin und führte oft Dispute mit Elieser ben Hyrkanos. Als Anhänger der Schule →Hillels vertrat er liberale Ansichten gegenüber den Proselyten und wandte sich gegen jede Art von Rigorismus. Jehoschua ben Chananja führte mit den Römern, unter ihnen Kaiser Hadrian, aber auch mit →Judenchristen Gespräche. Offenbar diente Jehoschua ben Chananja oft als Vermittler zwischen Juden und Römern, reiste nach Rom und Alexandria und bemühte sich, einen erneuten Aufstand gegen Rom zu verhindern. (HMD)

Jehuda bar Ilai, meist nur Rabbi Juda oder Jehuda genannt, 2. Jahrhundert n. Z. →Tannait, Schüler seines Vaters, Tarfons und →Akibas, halachische Autorität im Lehrhaus Rabban →Gamaliels II. und Lehrer →Jehuda ha-Nassis. Trotz Verbots wurde er von Jehuda ben Baba während der hadrianischen Verfolgungen ordiniert und versuchte in dieser Zeit die Gebote (→Mizwa) zu befolgen. Nach der Verfolgungszeit gehörte er zu den führenden jüdischen Persönlichkeiten und wurde auch von den Römern anerkannt. Seine gesamte Generation wurde nach ihm benannt. Er selbst galt als Chassid (»Frommer«). Bei aller Hochschätzung der Tora waren ihm die religiöse Tat und das Erlernen eines Handwerks besonders wichtig. In seinen Überlieferungen, die weite Passagen von →Mischna und →Tossefta ausmachen, räumte Jehuda bar Ilai seinen Lehrern einen besonderen Platz ein. Er setzte sich auch mit seinem Gegner Rabbi →Meir auseinander, tradierte aber dessen Ansicht, ohne sie zu akzeptieren. Im wesentlichen folgt die →Halacha auch Jehuda bar Ilai, dem die anonymen Aussagen des halachischen →Midrasch Sifra zugeschrieben werden. (HMD)

Jehuda bar Jechezqel (Jehuda ben Ezechiel), meist nur Rab Jehuda, →Amoräer, Schüler →Abba Arikhas, Rab Assis und Mar Samuels, ? – 299. Begründer der →Akademie in Pumbedita und nach dem Tod von Rab Huna wichtigster und angesehenster Lehrer Babyloniens. Sein Beiname »Schinena« wird überwiegend als »scharfsinnig« gedeutet. Mit seinen Schülern beschäftigte sich Jehuda bar Jechezqel vorwiegend mit dem Zivilrecht. Jehuda bar Jechezqel gilt gemeinsam mit seinem Gegner Rab Huna als Hauptschöpfer der talmudischen Dialektik und wird am häufigsten von allen Rabbinen in den Talmudim erwähnt. Seine Bedeutung liegt in der wortgetreuen Wiedergabe der Überlieferungen von Abba Arikha und Mar Samuel. (HMD)

Jehuda ben Samuel Halewi →Halewi, Jehuda ben Samuel

Jehuda ha-Nassi, der »Fürst«, Patriarch, meist nur Rabbi oder Rabbenu ha-Kodesch (»unser Lehrer«, »der Heilige«) genannt, 2. Jahrhundert – Anfang 3. Jahrhundert, Nachfahre →Hillels, Sohn Rabban →Gamaliels II. und nach dessen Tod Patriarch. Schüler des →Jehuda bar Ilai, Simeons ben Jochai, Eleasars ben Schammua und Rabbi →Meirs. Jehuda ha-Nassi lebte in Bet Shearim, später in Sepphoris. Er stärkte durch verschiedene Maßnahmen den Status des Patriarchen: Er vereinte alle Macht des →Sanhedrins in seinen Händen, stärkte sein →Bet Din, dehnte seinen Einfluß über Galiläa hinaus aus und versicherte sich der Unterstützung der babylonischen →Diaspora. Gegenüber den Römern, zu denen er gute Beziehungen unterhielt, verfolgte er eine zurückhaltende Politik. Sein Augenmerk galt der Einheit und inneren Konsolidierung der jüdischen Gemeinden. So erließ er einige religionsgesetzliche Verfügungen, die das Leben in ökonomischen Krisenzeiten erleichterten, und bemühte sich, die Kenntnis der Tora sowie die Beachtung der Gebote (→Mizwa) im Volk zu fördern. Nichts verabscheute er mehr als Unwissenheit. Sein Einfluß und seine Größe zeigten sich vor allem in der Kodifizierung der →Mischna. Er sammelte schon bestehende Sammlungen der mündlichen Tora (vor allem die Rabbi Meirs), wählte unter ihnen aus und bearbeitete das Material, indem er es in sechs Ordnungen einteilte. Diese erste schriftliche Fixierung der mündlichen Lehre wurde zum Standardkanon, der in seinem Bestand nicht weiter ergänzt, wohl aber gelernt und kommentiert wurde (→Talmud). (HMD)

Jellinek, Georg, Staatsrechtslehrer, 16. 6. 1851 Leipzig – 12. 1. 1911 Heidelberg. Sohn des Leipziger, später Wiener Rabbiners Adolf Jellinek. 1883 außerordentlicher Professor in Wien – seine Ernennung zum Ordinarius wurde wegen seiner jüdischen Abstammung abgelehnt –, 1890 ordentlicher Professor in Basel, 1891 Ordinanus in Heidelberg. Bekannt ist seine Lehre von der »normativen Kraft des Faktischen«. Hauptwerke: »System der subjektiven öffentlichen Rechte« (1892), »Allgemeine Staatslehre« (1900) (JS)

Jemen. Der Norden des südwestarabischen Landes war möglicherweise bereits in biblischen Zeiten von Juden bewohnt, erwiesenermaßen seit dem 3. Jahrhundert n. Z. Im 4./5. Jahrhundert Konversion der jemenitischen Könige Abu Karib Asad und Dhu Nuwas zum Judentum. Seit 630 unter islamischer Herrschaft. Im 10. Jahrhundert erste restriktive Maßnahmen. 1172 Trostbrief des →Mose ben Maimon an die Juden (Aufforderung zur Standhaftigkeit im Glauben). Im 17. Jahrhundert lebte und wirkte hier der hebräisch-arabische Dichter und Kabbalist Rabbi Shalom Shabazzi. Seit 1881 Auswanderung von Juden nach Palästina, 1905 und 1922 Repressalien, 1929–1948 Auswanderungsverbot durch Imam Jahja. 1948–50 Auswanderung von etwa 50 000 Juden nach Aden, von dort Luftbrücke (→Operation Zauberteppich) nach Israel. Die heute noch möglicherweise bis zu einigen Hundert jemenitischen Juden sind vom öffentlichen Dienst und vom Landbesitz ausgeschlossen; Kontakte zur internationalen jüdischen Gemeinschaft sind verboten. – Auch in Südjemen seit römischen Zeiten jüdische Ansiedlungen, darunter Habani-Juden. Unter britischer Schutzherrschaft moderne jüdische Gemeinde mit (1946) 7000 Juden in Aden. 1947 antisemitische Ausschreitungen (100 Ermordete); 1967 nach weiteren Pogromen und Beginn des →Sechs-Tage-Kriegs Evakuierung der meisten Überlebenden nach Israel (auch →Arabien). (PB)

Jeremia →Hebräische Bibel

Jericho, arabisch Eriha, Stadt in Judäa, seit 1948 unter jordanischer, 1967–94 unter israelischer Verwaltung, in einer Oase des unteren Jordantals, 18 000 Einwohner; mit 250 m u. M. die tiefstgelegene Stadt der Erde; schon in der Bibel als »Palmenstadt« bezeichnet (Dtn 34,3), intensiver Obst-, Gemüse- und Getreideanbau (u. a. Bananen, Zitrusfrüchte, Datteln, Tomaten, Auberginen); Textilindustrie; Fremdenverkehr. – Gründliche Ausgrabungen (1907–1909, 1930–36, 1952–56) brachten auf dem Tell as-Sultan eine der ältesten Stadtkulturen zutage (7. Jahrtausend v. Z., 6 m hohe Festungsmauer, 13,5 m hoher Turm von 9 m Durchmesser). Die Funde der reichen städtischen Zivilisation und die Grabfunde der Umgebung vermitteln einen Eindruck von der wechselvollen Siedlungsgeschichte der frühen und mittleren Bronzezeit. Nach der Zerstörung um 1580 v. Z. war Jericho nur noch schwach besiedelt, und die im 13./12. Jahrhundert einwandernden Israeliten fanden es wohl zerstört und unbesiedelt vor, so daß der biblische Bericht (Jos 5,13– 6,27) über die Zerstörung Jerichos wahrscheinlich einer anderen Stadt gilt. Eine neue Siedlung bestand erst wieder im 10. Jahrhundert v. Z. mit stärkerer Bebauung in der Zeit Ahabs (9. Jahrhundert). Eine weitere Blüte erlebte Jericho in römischer Zeit: Herodes der Große machte es zur Winterresidenz; Teile seines Palastes wurden 1950/51 ausgegraben. Im Jüdischen Krieg wurde Jericho von Titus zerstört (68). In byzantinischer Zeit war es Bischofssitz; Verfall nach der arabischen Eroberung; ein vom Omajjaden-Kalifen Hisham errichteter weitläufiger Palast wurde schon nach kurzer Zeit (747) durch ein Erdbeben zerstört; Aufschwung in der Kreuzfahrerzeit, dann bis ins 19. Jahrhundert bedeutungslos. 1948–67 große Flüchtlingslager (mehr als 50 000 Einwohner), die im Sechs-Tage-Krieg größtenteils verlassen wurden. Auf Grung eines am 4. 5. 1994 in Kairo von Israels Ministerpräsidenten I. Rabin und PLO-Chef Arafat unterzeichneten Abkommens wurde Jericho von der israelischen Armee geräumt und palästinensicher Verwaltung unterstellt.

[L] K. M. Kenyon, Digging up Jericho, London [3]1957. (WL)

Jerida (hebräisch »Abstieg«, im Gegensatz zu →Alija = »Aufstieg«), Auswanderung aus Israel. Für den jüdischen Staat, der sich als nationale Heimstätte der Juden aus aller Welt versteht, in dem aber 1997 nur etwa 35 Prozent der jüdischen Weltbevölkerung tatsächlich lebten, bedeutet Auswanderung mehr als ein rein demographisch-wirtschaftliches Phänomen. Sie stellt das zionistische Aufbauwerk in Frage. Bei den ersten Einwanderungswellen des →Jischuw blieb stets nur eine Minderheit der Angekommenen im Land. Dies änderte sich erst mit der fünften Alija ab 1932. Auch nach der Gründung des Staates blieb der Umfang der Auswanderung beachtlich, wobei die große Mehrheit in die USA ging. Zahlenangaben über die Ausgewanderten bis zum Jahr 1995 schwanken zwischen 490 000 (Statistical Abstract) und über 800 000 (Vereinigung zur Verhinderung von Auswanderung). Selbst die kleinere Zahl macht mehr als 10 Prozent der jüdischen Bevölkerung Israels aus.

Ⓛ Migration of Israelis Abroad – A Survey of Official Data from Selected Countries, in: Monthly Bulletin of Statistics 37, Nr. 6, 1986. – M. Shokeid, Children of Circumstances. Israeli Emigrants in New York, 1988. – M. Wolffsohn/D. Bokovoy, Israel. Geschichte, Politik, Gesellschaft, Wirtschaft, [5]1996. (DB/MW)

Jerusalem, hebräisch Yerushalayim, Hauptstadt und größte Stadt Israels, liegt an einer wasserarmen, paßartigen Mulde des judäischen Berglands, nahe der Wasserscheide zwischen Mittelmeer und Jordangraben, dem östlich der Altstadt der Kidron (Qidron) zufließt; 630–830 m ü. M.; 610 000 Einwohner (1997), davon 425 000 Juden, 160 000 Muslime und 25 000 Christen.

Jerusalem ist als Ort des salomonischen Tempels auf dem Berg Moria das Zentrum jüdischen Glaubens, geistigen Lebens und nationalen Bewußtseins, aber auch heilige Stadt für Christen und Muslime.

Jerusalem wird in der Bibel etwa 800mal erwähnt (zuerst Gen 14,8) als »Salem«, im Koran dagegen findet sich keine namentliche Erwähnung. Erst Kalif Al Welid (705–715) erhob Al Quds (das »Heiligtum«) als legendäres Ziel der »Nachtreise« des Propheten (Sure 17) zur drittheiligsten Stadt des Islam, um den Pilgerstrom über Jerusalem zu leiten und wirtschaftlich zu nutzen.

Die Altstadt hat eine Fläche von etwa 1 km^2 und etwa 25 000 Einwohner. Ihre Mauern werden von acht Toren durchbrochen: im Westen das Jaffator, im Norden das Neue Tor (1889), das Damaskus- und das Herodestor, im Osten das Löwen- oder Stephanustor und das verschlossene Goldene Tor und im Süden das Mist- und das Zionstor. Im Osten überragt der Ölberg (828 m) mit dem großen jüdischen Friedhof die Altstadt, im Nordosten der Skopus mit der ersten Hebräischen Universität (gegründet 1918, eröffnet 1925); der Lehrbetrieb wurde nach 1967 wieder aufgenommen. Südlich der Altstadt findet sich die Gihonquelle, die einzige größere Quelle der Stadt, deren Wasserversorgung in historischer Zeit durch Zisternen ergänzt und seit 1935 durch eine Wasserleitung von Rosh Ha'ayin an den Yarqonquellen gesichert wurde. Die Altstadt ist gegliedert in ein christliches Viertel im Nordwesten (mit Grabeskirche, heutige Bausubstanz überwiegend 12. Jahrhundert, und Via Dolorosa), ein islamisches Viertel im Nordosten (Tempelplatz, arabisch Haram ash Sharif, 475 x 275 m, mit Felsendom oder Omarmoschee, 691 n. Z., und El-Aqsa-Moschee, heutige Bausubstanz überwiegend aus der Kreuzfahrerzeit, Anfang 13. Jahrhundert, und der West- oder Klagemauer, einem Stück der Außenmauer des herodianischen Tempelkomplexes), ein armenisches Viertel im Südwesten (mit Zitadelle und Davidsturm, Reste des Herodespalastes) und ein jüdisches Viertel, das 1948 fast völlig zerstört und seit 1967 wieder aufgebaut wurde. Außer den bereits genannten heiligen Stätten befinden sich in der Altstadt und ihrer näheren Umgebung: Annenkirche, Bethesdateiche, die z. T. legendären Gräber von Absalom, David, Maria u. a., Garten Gethsemane mit der Kirche der Nationen, der russischen Maria-Magdalena-Kirche und der Kirche Dominus Flevit, der Zionsberg mit Dormitionsabtei, Bethanien, zahlreiche weitere Kirchen und Synagogen. Nördlich der Altstadt erstrecken sich moderne arabische und neue jüdische Viertel, während sich im Westen und Süden die Neustadt ausdehnt mit Residenz des Präsidenten, Knesset (Parlament; 1966), Ministerien u. a. politischen und religiösen Institutionen (u. a. Oberrabbinat), Yeshurum-Synagoge, dem Grab von T. Herzl, dem zentralen Militärfriedhof, neuer Universität, Gedenkstätte Yad Vashem (für die Opfer des Nationalsozialismus), Hadassahospital (Universitätsklinik mit Synagoge, Glasfenster von M. Chagall), Israel-Museum (1965) mit dem »Schrein des Buches« (Schriftrollen von Qumran) u. a. Jerusalem besitzt neben der Universität weitere höhere Bildungseinrichtungen, Museen (u. a. Rockefeller-Museum in der arabischen Neustadt, Museum für Islamische Kunst auf dem Tempelberg, Herzl-Museum, Stadtmuseum), mehrere Theater und einen »Biblischen Zoo«.

Als Industriestandort hat Jerusalem geringere Bedeutung, da Verwaltung, Dienstleistung und Handel überwiegen. Erwähnenswert sind die vielseitige Verbrauchsgüterindustrie (Elektrogeräte, Textilien, Schuhe, Medikamente) und die Diamantschleifereien. Sehr umfangreich ist der Fremdenver-

Jerusalem: Stadtentwicklung von den Anfängen bis zur Kreuzfahrerzeit (zum Vergleich sind jeweils die heutigen Altstadtmauern mit eingezeichnet):

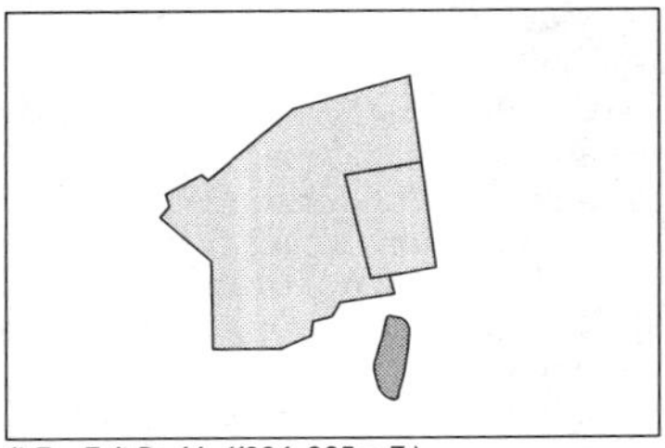

1) Zur Zeit Davids (1004–965 v. Z.)

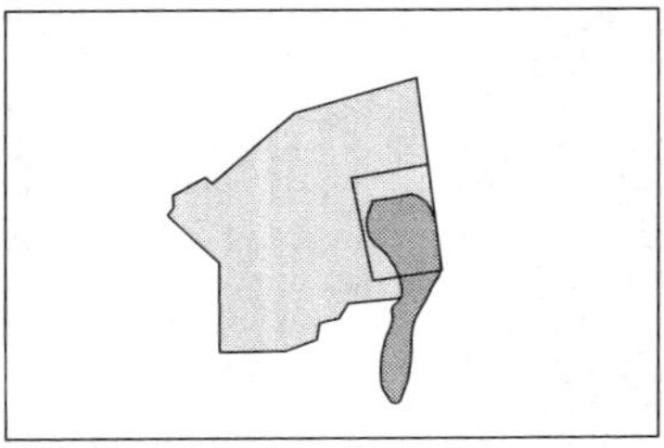

2) Zur Zeit Salomons (965–926 v. Z.)

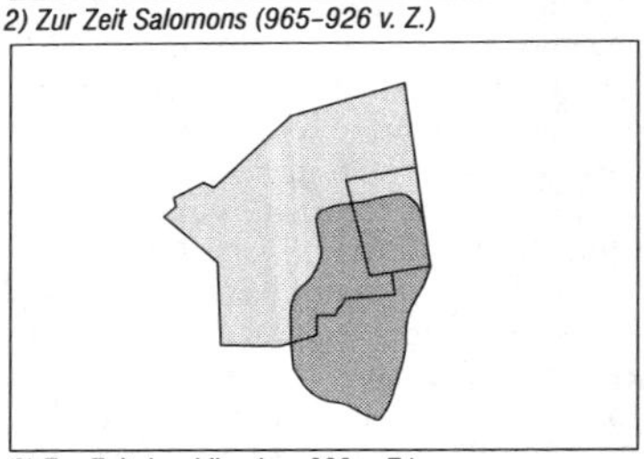

3) Zur Zeit Joschijas (um 609 v. Z.)

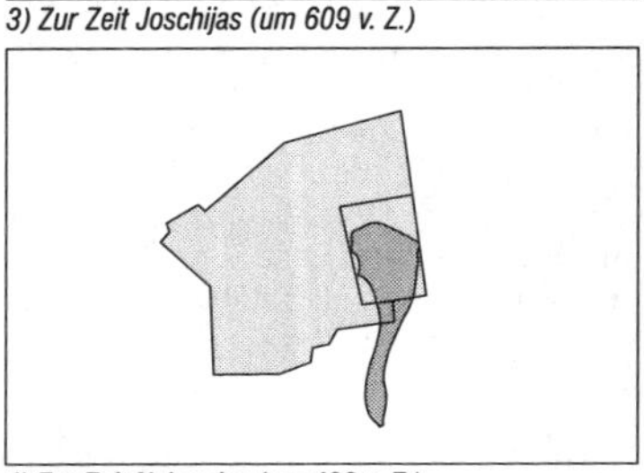

4) Zur Zeit Nehemias (um 433 v. Z.)

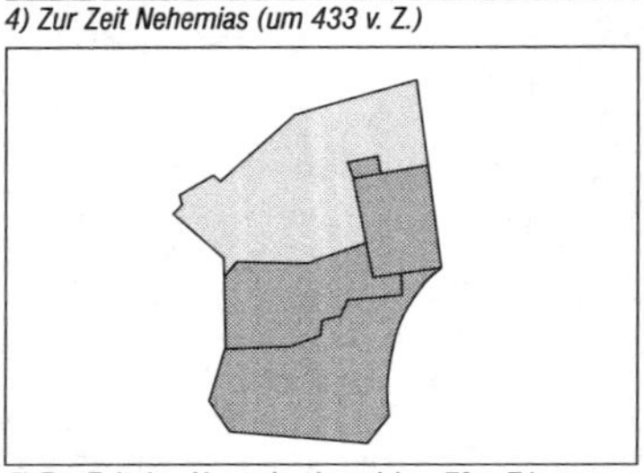

5) Zur Zeit des Alexander Jannaj (um 76 v. Z.)

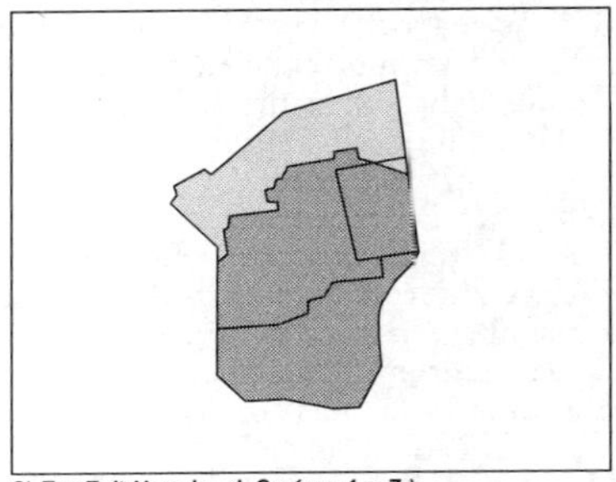

6) Zur Zeit Herodes d. Gr. (um 4 v. Z.)

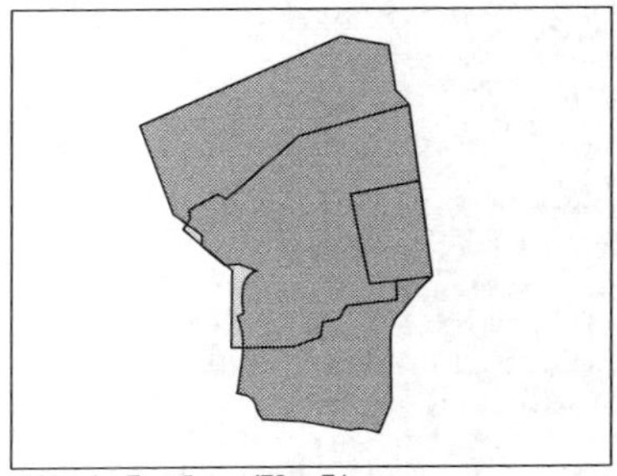

7) Vor der Zerstörung (70 n. Z.)

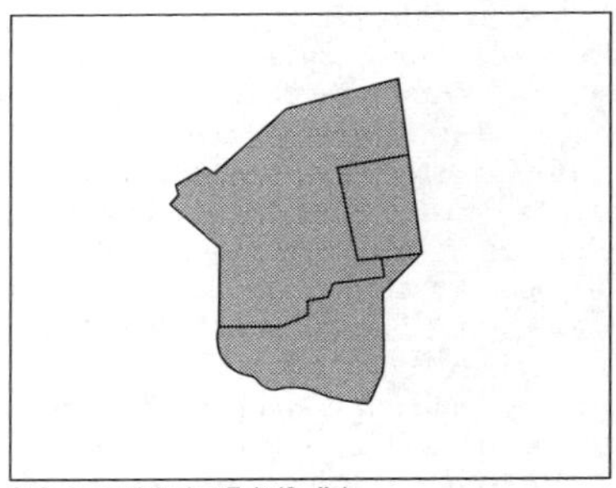

8) In byzantinischer Zeit (6. Jh.)

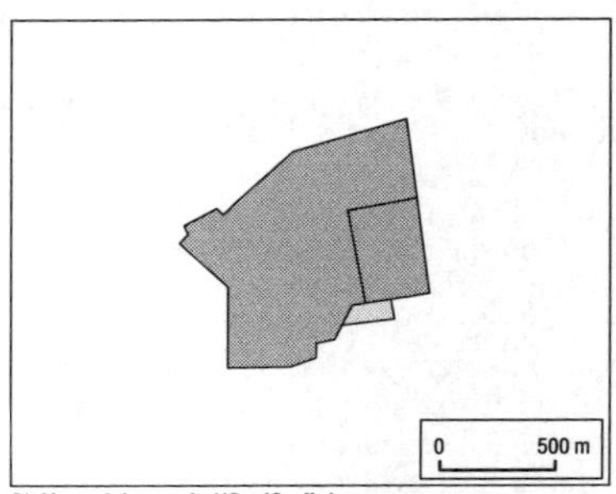

9) Kreuzfahrerzeit (12.–13. Jh.)

kehr mit einer rasch gewachsenen Zahl moderner Hotels. Der Flughafen im Norden hat nur für den Inlandsverkehr Bedeutung. Eisenbahn und Autobahn verbinden Jerusalem mit Tel Aviv, letztere auch mit dem internationalen Flughafen in Lod.
Geschichte: Die Stelle des heutigen Jerusalem ist seit der frühen Bronzezeit (3. Jahrtausend v. Z.) besiedelt. Die älteste sichere schriftliche Erwähnung (nach einer ägyptischen Nennung als »U[r]ushamem« im 19. Jahrhundert v. Z.) findet sich in den ägyptischen Amarna-Texten (»Urusalimmu«, 14. Jahrhundert v. Z.). Im 2. Jahrtausend v. Z. bestand ein Stadtstaat der Jebusiter unter ägyptischem Einfluß. Josua konnte ihn nicht erobern (um 1200, Jos 15,63). Nach der Eroberung durch König David um 1000 v. Z. (2 Sam 4,6–9; 1 Chr 6,4–8) wurde Jerusalem – nun häufig »Zion« genannt – zum politischen und kulturellen Mittelpunkt seines Reichs. König Salomo baute den Tempel (2 Chr 3–5; 1 Kön 6), der bei der Niederschlagung eines jüdischen Aufstands in der schon 597 v. Z. durch Nebukadnezar eroberten Stadt

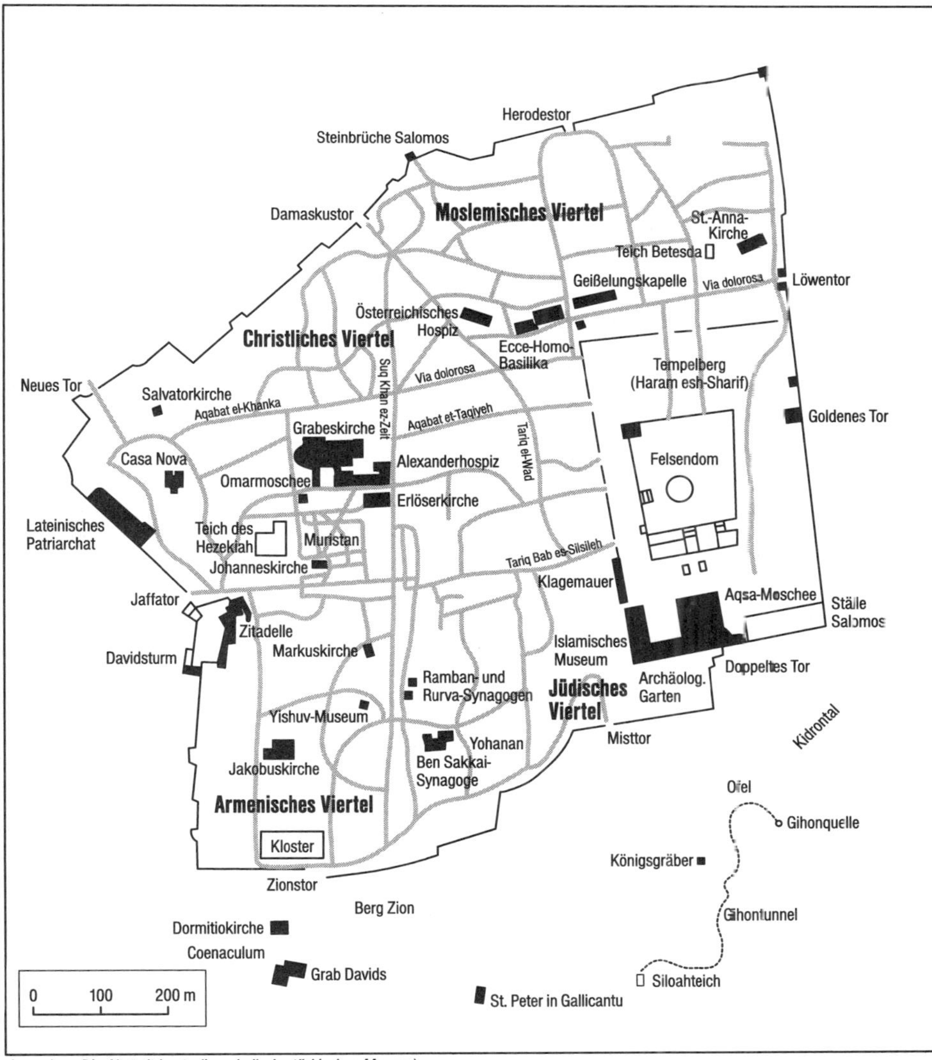

Jerusalem: Die Altstadt heute (innerhalb der türkischen Mauern).

586 v. Z. zerstört wurde (2 Kön 25,8ff.). Nach der Rückkehr der Juden aus der Babylonischen Gefangenschaft wurde unter dem vom Perserkönig Kyros als Statthalter eingesetzten Serubbabel der Zweite Tempel (520–516 v. Z.) gebaut (Esr 3,6ff.); Jerusalem wurde – wohl Mitte des 5. Jahrhundert v. Z. – unter Leitung des Priesters Esra erneut der geistige Mittelpunkt der Judenschaft innerhalb und außerhalb Palästinas. Der im Exil geborene Nehemia, Mundschenk des Perserkönigs Artaxerxes, richtete ab 445 v. Z. die Stadtmauern Jerusalems wieder auf. Der Seleukide Antiochos IV. Epiphanes benannte Jerusalem in Antiochia um und plünderte 169 v. Z. den Tempel (1 Makk 1,21ff.), der nach dem Makkabäeraufstand (164) wiederhergestellt wurde (1 Makk 4,36ff.). Simon, der letzte der Makkabäerbrüder, wurde 140 v. Z. erblicher Hoherpriester und Fürst und begründete die Dynastie der Hasmonäer. 63 v. Z. wurde Jerusalem von Pompeius erobert. Danach erlebte es eine Glanzzeit als hellenistische Stadt unter Herodes dem Großen, der ab etwa 20 v. Z. den Tempel erneuerte. In seiner Zeit hatte Jerusalem etwa 70 000–100 000 Einwohner. Jüdische Aufstände führten 70 n. Z. zur Zerstörung Jerusalems und des Tempels durch Titus. Nach einem weiteren jüdischen Aufstand (Bar Kochba, 132–135) beseitigten die Römer auch die hebräischen Ortsnamen; Jerusalem wurde für die Juden zur verbotenen Stadt erklärt und in Aelia Capitolina umbenannt. Das Trauma der Zerstörung Jerusalems lag auf den Juden der Diaspora bis zur Gegenwart, und der Wunsch nach Rückkehr wurde ein Hauptinhalt der jüdischen Religion.

Unter Konstantin dem Großen, dessen Mutter Helena ab 326 zahlreiche Ereignisse aus dem Leben Jesu lokalisierte und Kirchenbauten veranlaßte, wurde Jerusalem für 300 Jahre eine christliche Stadt (Grabeskirche). Ein Versuch des Kaisers Julianus Apostata (361–363), den Tempel wiederaufzubauen, scheiterte mit dem frühen Tod des Herrschers. Im 5. Jahrhundert jüdische Neubesiedlung; 614–629 Perserherrschaft: Chosrau II. überließ den Juden die Stadt, bis sie von dem Byzantiner Herakleios wieder vertrieben wurden (629). 638 wurde Jerusalem von den islamischen Arabern erobert (und Al Quds genannt; um 700 Felsendom). Nach langem, relativ friedlichem Zusammenleben der drei Religionen ließ der Fatimidenkalif Al-Hakim ab 1009 alle Kirchen und Synagogen zerstören. 1099 entrissen die Kreuzfahrer den Arabern Jerusalem (Königreich Jerusalem; bei der Eroberung wurden 70 000 Juden und Muslime getötet, Jerusalem hatte nur noch 2000 Einwohner), doch wurde es 1187 durch Saladin wieder islamisch (mit einer Unterbrechung 1229–44 durch Kaiser Friedrich II.). 1267 soll →Mose ben Nachman eine neue jüdische Siedlung gegründet haben. 1517 wurde Jerusalem türkisch; Sultan Suleiman der Prächtige ließ die Stadtmauern (um 1540) errichten, die erhalten sind. In der 2. Hälfte des 19. Jahrhundert hatte Jerusalem bereits eine jüdische Bevölkerungsmehrheit, die, z. T. mit Hilfe von Sir Moses Montefiore, die ersten Wohnviertel außerhalb der Mauern anlegte. Das bekannteste ist Mea Shearim (1875), noch heute die Hochburg jüdischer Orthodoxie. 1892 wurde eine Eisenbahnverbindung mit Jaffa eröffnet. 1898 besuchte Kaiser Wilhelm II. zur Einweihung der Erlöserkirche Jerusalem. Im Dezember 1917 besetzten die Engländer Jerusalem. Sie ernannten stets einen Bürgermeister aus der arabischen Minderheit der Stadt. Versuche, eine arabisch-jüdische Stadtverwaltung zu errichten, scheiterten immer wieder. 1920–48 war Jerusalem Sitz der britischen Mandatsregierung. 1927 schwere Erdbebenschäden (Grabeskirche, El-Aqsa-Moschee u. a.). 1920, 1922, 1929 und 1936–39 kam es zu arabischen Unruhen und Übergriffen gegen die Juden. 1945 hatte Jerusalem 165 000 Einwohner (100 000 Juden, 40 000 Muslime, 25 000 Christen).

Im israelischen Unabhängigkeitskrieg 1948/49 war Jerusalem hart umkämpft. Die Altstadt wurde von der Arabischen Legion erobert, ihre jüdischen Einwohner vertrieben. 1950 annektierte Jordanien Ost-Jerusalem mit der Altstadt. Der westliche Teil blieb israelisch und wurde 1950 zur Hauptstadt Israels erklärt. Im Sechs-Tage-Krieg 1967 besetzten die Israelis am 7. Juni Ost-Jerusalem, vereinigten es am 29. Juni mit West-Jerusalem und gliederten es ihrem Staat ein, was durch das Jerusalem-Gesetz 1980 bekräftigt wurde. Im Norden und Osten wurden in den letzten Jahrzehnten große jüdische Neubauviertel errichtet. Wie umstritten diese Bautätigkeit zunehmend geworden ist, zeigte sich besonders im Frühjahr 1997, als ein umfangreiches Neubauvorhaben in Ost-Jerusalem am Hügel Har Homa (»Mauerberg«) begonnen wurde, das Demonstrationen und Straßenschlachten in Ost-Jerusalem und Städten des Westjordanlandes (z. B. Hebron) auslöste. Die Überempfindlichkeit der Palästinenser wurde schon bald nach 1967 in dem Argwohn deutlich, mit dem auf arabi-

scher Seite jede archäologische Forschung in der Altstadt Jerusalems und besonders am Rand des Tempelberges begleitet wurde (→Archäologie). Die Freilegung und schließlich Eröffnung eines antiken Tunnels am Westrand des Tempelberges führte im September 1996 zu den schwersten Unruhen in Jerusalem und den besetzten Gebieten seit Ende der Intifada mit 15 toten Israelis und 70 toten Palästinensern. Noch problematischer ist auf Dauer der umfassende Anspruch auf Ost-Jerusalem als Hauptstadt eines Palästinenserstaates, der für die Mehrzahl der Israelis nicht akzeptabel ist, vor allem sofern er mit einer neuerlichen Teilung verbunden wäre.
Die zunehmende Bedeutung Jerusalems für die national und religiös orientierten Israelis hatte sich andererseits schon 1993 gezeigt, als bei der Kommunalwahl das jahrzehntelang amtierende Stadtoberhaupt Theodor →Kollek dem Likudvertreter Ehud Olmert deutlich unterlag.

Ⓛ *Geographie:* Atlas von Jerusalem, Jerusalem 1973. – Urban Geography of Jerusalem. A companion volume to the Atlas of Jerusalem, 1973. – W. Guggenheim, Jerusalem, 1968. – Y. Karmon, Israel. Eine geographische Landeskunde, ²1994. – T. Kollek/S. Eisner, Jerusalem. Der Bürgermeister führt durch seine Stadt, 1990. – P. Lapide, Brennpunkt Jerusalem, 1972.
Geschichte: N. Avigad, Discovering Jerusalem, 1980. – D. Bahat, Jerusalem. 4000 Jahre Geschichte der Heiligen Stadt, 1985. – M. Gilbert, Jerusalem Illustrated History Atlas, New York, 1977. – J. Gray, A History of Jerusalem, 1969. – K. M. Kenyon, Jerusalem. Die Heilige Stadt von David bis zu den Kreuzzügen. Ausgrabungen 1961–67, 1968. – T. Kollek/M. Pearlman, Jerusalem. Heilige Stadt der Menschheit, 1969. – I. Lande-Nahs, 3000 Jahre Jerusalem, 1964. – E. Otto, Jerusalem. Die Geschichte der Heiligen Stadt von den Anfängen bis zur Kreuzfahrerzeit, 1980. – A. L. Tibawi, Jerusalem. Its Place in Islam and Arab History, 1969. (WL)

Jerusalem, Wilhelm, Philosoph und Psychologe, 11. 10. 1854 Drenic, Böhmen – 16. 7. 1923 Wien. Sohn des Landrabbiners Markus Jerusalem. Nach dem Besuch des Gymnasiums in Prag Studium der Philologie und Geschichte an der Universität Prag. 1876–78 war er Hilfslehrer an einem deutschen Gymnasium und erwarb den Doktor der Philosophie. 1879 Gymnasiallehrer in Nikolsburg und seit 1885 in Wien. Bekannt wurde er durch die Veröffentlichungen »Lehrbuch der Psychologie« (1888) und eine Studie »Laura Bridgemann, Erziehung einer Taubblinden« (1890). Seit 1891 unterrichtete Jerusalem als Privatdozent an der Universität Wien Philosophie und Pädagogik; 1920 wurde er zum außerordentlichen Professor ernannt; 1894–1902 unterrichtete er auch an der »Jüdisch-Theologischen Lehranstalt« in Wien. Nachdem er weitere psychologische, pädagogische und philosophiegeschichtliche Arbeiten publiziert hatte, wandte er sich nach der Jahrhundertwende stärker philosophischen und soziologischen Fragestellungen zu. Jerusalem kritisierte den Neukantianismus und die Philosophie E. →Husserls als intellektuell und weltfremd und plädierte für eine zugleich lebensnahe wie kritische Philosophie. Weitere Werke u. a.: »Einleitung in die Philosophie« (1899, mehrmals übersetzt), »Der kritische Idealismus und die reine Logik« (1905), »Der Krieg im Lichte der Gesellschaftslehre« (1915), »Moralische Richtlinien nach dem Kriege« (1918), »Einführung in die Soziologie« (1926). (BV)

Jesaja →Hebräische Bibel

Jesreel, Emeq Yizre'el, griechisch Esdraelon, Tallandschaft in Nord-Israel, vom Qishon durchflossen, zwischen dem Karmel im Südwesten und Untergaliläa mit dem Tabor im Nordosten; als Unterdistrikt 1197 km², 355 000 Einwohner, davon 51,5 Prozent Araber; Verwaltungssitz Afula (36 000 Einwohner; 1925 gegründet); sehr fruchtbare, intensiv bewirtschaftete Schwemmlandebene, die vor der jüdischen Ansiedlung versumpft war; Trockenlegung seit den 1920er Jahren und Anbau vor allem von Weizen, Baumwolle und Obst. – Jesreel, oft auch als Ebene von Megiddo bezeichnet, war vor der israelitischen Landnahme von Kanaanitern bewohnt (Jos 17,16), wurde dem Stamm Isachar zugewiesen (Jos 19,18) und war in der Folgezeit oft umkämpft: Es war Schauplatz der Deboraschlacht (Ri 4) und des Siegs Gideons (Ri 6f.). Bei Megiddo unterlag König Joshija dem ägyptischen Pharao Necho (2 Kön 23,29). Die Stadt Jesreel war unter Ahab Residenz Israels geworden (1 Kön 18,45; 21,1).

Ⓛ Y. Karmon, Israel Eine geographische Landeskunde, ²1994. (WL)

Jessner, Leopold, Regisseur und Theaterleiter, 3. 3. 1878 Königsberg – 30. 10. 1945 Hollywood, debütierte als Schauspieler in Cottbus, spielte später u. a. in Breslau, Berlin und Hannover. 1904/05 Regisseur am Thaliatheater in Hamburg. Hier inszenierte

Jessner überwiegend zeitgenössische dramatische Werke, u. a. Ibsen, Hauptmann, Wedekind, Tschechow, Maeterlinck. 1915 bis 1919 Direktor des Neuen Schauspielhauses in Königsberg. 1919–30 Intendant des Preußischen Staatstheaters in Berlin. 1928–30 Generalintendant der Staatlichen Schauspiele Berlin. Herausragender Regisseur des expressionistischen Theaters. Bis 1933 inszenierte Jessner knapp 40 Stücke am Staatstheater. Bedeutende Inszenierungen: »Wilhelm Tell« (1919), »Marquis von Keith« (1920), »Richard III.« (1920). Gegen Ende der 20er Jahre lockerten realistische Tendenzen Jessners streng symbolische, antinaturalistische Bühnensprache auf, beispielsweise in den Stücken »Die Weber« (1928) und »Wallenstein« (1931). Jessner war Leiter der Berliner Schauspielschule, Filmregisseur, Hauptvorstandsmitglied des →Centralvereins deutscher Staatsbürger jüdischen Glaubens. Der Sozialdemokrat und Idealist Jessner stand häufig im Brennpunkt der Kritik der Rechtspresse. Im preußischen Landtag war Jessner ständig Angriffen der Rechtsfraktionen ausgesetzt. 1933 Emigration. Tourneetheater-Inszenierungen u. a. 1934 in Rotterdam. 1935–37 Produktionen am Habima-Theater Tel Aviv. 1937 Aufenthalt in den USA. Seit Oktober 1937 Lektor bei Metro-Goldwyn-Mayer in Hollywood. Arbeitslos. Finanzielle Unterstützung durch den European Film Fund. 1940–43 Präsident des Jewish Club of 1933, Los Angeles.
(MBR)

Essay

Judentum und Jesusbild

Schalom Ben-Chorin

Das Jesusbild des Judentums hat jahrhundertelang unter einer Deformation gelitten, die sich in der sogenannten »Toledot Jeschu«-Literatur niederschlägt. Es handelt sich dabei um eine Sammlung von Legenden, die die Berichte der Evangelien sozusagen mit einem negativen Vorzeichen wiedergeben. Diese Legenden reichen bis zu talmudischen Quellen zurück, liegen heute aber in einer mittelalterlichen Fassung aus der Zeit der Kreuzzüge, einer Zeit schwerster Judenverfolgungen, vor. Der Historiker Heinrich Graetz bemerkte hierzu: »Die Christen vergossen unser Blut, wir vergossen nur Tinte.« Die »Toledot Jeschu« sind also die Tinte wider das Blut.

Erst im 19. Jahrhundert trat hier eine gewisse Entspannung ein. Vertreter der Wissenschaft des Judentums, der Aufklärung und einer liberalen Theologie versuchten, in apologetischem Sinne, die Schuld der Juden am Tode Jesu zu entkräften, um so eine Wurzel des Antijudaismus auszurotten. Die eigentliche Wende aber erfolgte 1922 mit dem Erscheinen des Buches »Jesus von Nazareth« von Joseph Klausner, weiland Professor für Neuhebräische Literatur und Geschichte des Zweiten Tempels an der Hebräischen Universität zu Jerusalem. Klausners Buch in hebräischer Sprache ist das erste wissenschaftliche Werk über das Leben Jesu von jüdischer Seite. Jesus wird bei ihm als Lehrer des Judentums dargestellt, der aber zugleich gewisse unjüdische Züge aufweist, die zur Sprengung des nationalen Rahmens führen. Der besondere Wert dieses klassischen Buches liegt in der Fülle des beigebrachten Materials aus Talmud und Midrasch zur Gestalt Jesu (→Kirche und Judentum).

Seit dem Erscheinen des noch heute gültigen Werkes Klausners ist eine ganze Reihe von Büchern jüdischer Autoren über Jesus von Nazareth zu verzeichnen. In den Jahrzehnten seit Gründung des Staates Israel, 1948, sind mehr jüdische Jesus-Bücher erschienen als in den Jahrhunderten davor. Israelische Forscher wie Schalom Ben-Chorin, Chaim Cohn und David Flusser haben Darstellungen Jesu in ihren Büchern geliefert, die durchaus positiv motiviert sind. Auch in Romanen jüdischer Autoren wie Schalom Asch und Max Brod und des hebräischen Dichters Aaron Abraham Kabak wird eine Darstellung Jesu versucht. Diese Darstellungen differieren. Jesus wird als Prophet gesehen, als Freiheitskämpfer, Sozialrevolutionär und Rabbi. Martin Buber hat klargestellt, daß Jesus in keine der uns bekannten Kategorien ganz einzureihen ist.

Vom Judentum aus läßt sich in einem normativen Sinn von Jesus von Nazareth nur eine negative Aussage formulieren. Für das Judentum ist Jesus nicht der Messias, denn die Welt hat sich nach dem Opfergang von Golgatha nicht grundsätzlich verändert. Es gab Kriege vor und nach Jesus, Klassen- und Rassenhaß wurden durch sein Wirken nicht beseitigt, so daß unsere Welt noch der Erlösung harrt. Vom Messias aber wird erwartet, daß er den Weltfrieden bringt, Israel in das Land der Verheißung zurückführt, das Reich seines Urvaters David wiedererrichtet und den Dritten Tempel erbaut. All das ist mit dem Kommen Jesu nicht verwirklicht worden.

Für das Judentum ist Jesus auch nicht der eingeborene Sohn Gottes, das Fleisch gewordene Wort Gottes, da diese Vorstellungen dem Judentum fremd sind. Aus jüdischer Sicht kann Jesus auch nicht als zweite Person einer Trinität gesehen werden, da das Judentum keine Dreifaltigkeit kennt und an dem Bekenntnis festhält: »Höre, Israel, der Herr, unser Gott, der Herr ist *einer*« (Dtn 6,4), das Jesus selbst als das vornehmste der Gebote bezeichnet hat.

Kreuz und Leiden Jesu können aus jüdischer Perspektive nicht isoliert betrachtet werden. Jesus ist für das Judentum *ein* Blutzeuge des Glaubens Israels, aber nicht der einzige Gerechte, dessen Sühneleiden als Regulativ der Schöpfung gesehen wird. Die Tora, das Gesetz Israels, ist jedem Juden zur Erfüllung aufgetragen, so daß es nicht von Jesus stellvertretend ein für allemal erfüllt werden konnte. Jesus von Nazareth gilt (irrtümlich) als der Stifter des Christentums, was seinen eigenen Intentionen aber keineswegs entsprach. Er war ein Rabbi in Israel, der die Revolution der Herzen gegen eine erstarrte Gesetzlichkeit predigte, aber nicht eine wie immer geartete Lösung vom Judentum: »Ich bin nicht gekommen, das Gesetz [die Tora] aufzuheben, sondern zu stärken« (Mt 5,17). »Eher werden Himmel und Erde vergehen als ein Jota am Gesetz« (Mt 5,18; Lk 16,17). »Ich bin nur gesandt zu den verlorenen Schafen aus dem Hause Israel« (Mt 15,24). Jesus wurde vermutlich 4–8 v.Z. in Nazareth geboren. Die Geburt in Bethlehem stellt nur eine Erfüllungssage dar (Mi 5,1). Seine Mutter Maria (Mirjam) verbürgt seine jüdische Abkunft. Der Vater Joseph ist im NT deshalb nicht eindeutig bezeugt, weil Jesus dort als der Sohn Gottes, vom Heiligen Geist gezeugt, proklamiert wird. Bis zu seinem dreißigsten Lebensjahr scheint Jesus in Nazareth das unauffällige Leben eines Handwerkers geführt zu haben, der das Gewerbe seines Vaters, eines Zimmermanns, fortführte. Erst durch die Taufe (Twila) im Jordan durch Johannes den Täufer wird sich Jesus seiner Sendung bewußt und zieht ein bis drei Jahre als Wanderprediger durch Galiläa und Judäa. Er verkündet und predigt, vor allem in Gleichnissen (Meschalim), das nahe bevorstehende Reich Gottes und setzt damit die Botschaft seines Vorgängers, Johannes' des Täufers, fort, der von Herodes enthauptet wurde. Nicht nur als Prediger, sondern auch als Arzt und Wundertäter gewinnt Jesus große Popularität, vor allem in den sozial schwachen Schichten der jüdischen Bevölkerung. Nur einmal verläßt er die Grenzen des Landes und begibt sich in die Dekapolis, am jenseitigen Ufer des Sees Genezareth (Jam Kinnereth).

Die Theologie Jesu stimmt mit der der Pharisäer überein, und der Titel »Rabbi«, den nur pharisäische Schriftgelehrte führten, zeigt, daß er selbst dieser Richtung, freilich in Opposition gegen das Establishment, angehörte. Seine erbittertsten Gegner aber kamen aus dem Kreis der Tempel-Aristokratie der Sadduzäer unter Führung des amtierenden Hohenpriesters Kaiphas. Es waren zwei Motive, die Jesus die unerbittliche Gegnerschaft der jüdischen Führung eintrugen. Obwohl er mit der Theologie der Phşarisäer übereinstimmte, so etwa in der Frage der Auferstehung der Toten, riß er den Heuchlern unter den Pharisäern, die im Talmud »gefärbte Pharisäer« genannt werden, die Maske vom Gesicht. Das läßt sich keine Führungsschicht ungestraft gefallen. Die Sadduzäer erzürnte Jesus durch die Relativierung des Tempelkults, der in Äußerlichkeit erstarrt und entartet war. Damit setzte Jesus den Protest der hebräischen Propheten fort, obwohl er selbst kein Prophet war, sondern die Züge eines Rabbi trug. In seiner Lebensweise erregte Jesus das Ärgernis der pharisäischen Schriftgelehrten, da er Umgang mit Zöllnern (Kollaborateuren Roms) und Dirnen pflegte, sich so bewußt den Erniedrigten und Beleidigten zuwandte, um das Verlorene wiederzufinden. Bei der Tischgemeinschaft mit diesen am Rande der Gesellschaft Stehenden hat er offensichtlich auch die Speisegesetze nicht mit der minuziösen Buchstabentreue der Pharisäer gewahrt (Mt 15,11).

Den innersten Kreis seiner Anhänger bildeten die Jünger, deren er zwölf (Apostel) berief, um so die zwölf Stämme Israels in seiner Gefolgschaft zu symbolisieren. Ein weiterer Kreis von siebzig Getreuen, unter ihnen auch Frauen wie Maria Magdalena, bildete seine Gemeinde, zu deren Haupt er Simon Petrus berief.

Einer der Jünger, Judas Ischariot, verriet den Meister an das Synhedrion, den Hohen Rat, sicher nicht um des Kopflohnes von dreißig Silberlingen willen, sondern um den als Messias erkannten Rabbi zur Aktion zu bewegen. In der Sedernacht des Jahres 30 oder 32 soll Jesus durch die Knechte des Hohenpriesters und eine römische Kohorte verhaftet worden sein. Dieses Datum wird nur verständlich, wenn man annimmt, daß Jesus mit seinen Jüngern das letzte Abendmahl (Seder) nach dem Kalender von Qumran gefeiert hat, so daß dieser Termin für das Synhedrion nicht die Pessachnacht darstellte. Nach einem Kurzverfahren vor dem Hohen Rat, wo Jesus angemaßte Messianität vorgeworfen wird, wurde er dem Prokurator Pontius Pilatus zur Aburteilung übergeben und auf Golgatha gekreuzigt. Nach dem Glauben seiner Jünger soll er am dritten Tag auferstanden sein, was aber in außerchristlichen Quellen nicht bezeugt ist. Ob sich Jesus selbst für den Messias gehalten hat, ist fraglich.

Es ist anzunehmen, daß Jesus verheiratet war, denn ein unverheirateter Rabbi wäre als Ärgernis empfunden worden. Von allen uns bekannten Rabbinen des Talmuds war nur einer unverheiratet, Ben Assai, ein Gesprächspartner des Rabbi Akiba (2. Jahrhundert), den man deshalb tadelnd zur Rede stellte: »Du bist ein Mörder, denn wer das Menschengeschlecht nicht vermehrt, der vermindert es« (Jeb 63b). Die Gegner Jesu, die ihm so gern kleinste Verstöße gegen das Gesetz vorwarfen, erwähnen aber diesen Verstoß gegen das Gesetz nicht. Wenn wir im NT kein Wort über die Frau Jesu lesen, so darf uns das nicht wundern, denn wir wissen auch nichts über die Frauen der meisten Schriftgelehrten dieser Epoche. Auch von den Frauen der Jünger hören wir nichts, und doch wird erzählt, daß Jesus die Schwiegermutter von Petrus geheilt hat, woraus zu entnehmen ist, daß Petrus verheiratet war. Durch eine Integration Jesu in seine jüdische Umwelt gewinnen die Züge des Nazareners neue Realität, die durch eine christlich-dogmatische Überhöhung zu weit spiritualisiert wurde, so daß die Gefahr eines »Christus-Gespenstes« entstand. Jesus der Jude hingegen nähert sich der historischen Wirklichkeit an, soweit sie durch die Quellen des NT erkennbar sind.

L S. Ben-Chorin, Jesus im Judentum, 1970. – S. Ben-Chorin, Bruder Jesus, 1989. – M. Brod, Der Meister, 1981. – C. Cohn, The Trial of Jesus, Jerusalem 1967. – D. Flusser, Jesus, 1968. – W. Fricke, Der Fall Jesus, 1994. – J. Klausner, Jesus von Nazareth, 1922. – S. Krauss, Das Leben Jesu nach jüdischen Quellen, 1902. – G. Schlichting, Ein jüdisches Leben Jesu, 1982. – H.-J. Schoeps, Jesus, in: Gottheit und Menschheit, 1950.

Jesus von Nazareth →Judentum und Jesusbild

Jetzer (auch Jezer, hebräisch »Trieb«). In der rabbinischen Anthropologie ist der Mensch – abgeleitet aus Gen 2,7 – mit zwei gegensätzlichen Trieben geschaffen worden, dem guten (»Jetzer ha-Tow«) und dem bösen Trieb (»Jetzer ha-Ra«). Der Mensch ist ihnen nicht willenlos ausgeliefert, sondern entscheidet in eigener Verantwortung, welchem Trieb er folgt. Dabei ist der böse Trieb, der häufig mit natürlichen (vor allem sexuellen) Begierden und Leidenschaften gleichgesetzt wird, nicht absolut zu verwerfen oder vollständig zu unterdrücken. Ohne ihn könnte der Mensch keine Familie gründen, kein Haus bauen und keinen Handel treiben. Nur unkontrolliert wird er schädlich. So hat Gott dem Menschen die →Tora an die Seite gestellt und die Möglichkeit gegeben, den Jetzer mit ihr zu beherrschen. Während der böse Trieb schon bei der Schöpfung in Erscheinung tritt, tut dies der gute Trieb zu dem Zeitpunkt, an dem der Mensch in der →Bar Mizwa sich der Tora verpflichtet. Doch auch Größe und Gelehrsamkeit bewahren nicht vor dem bösen Trieb. Vielmehr gilt: je größer der Mensch, desto größer der Trieb. Er zeigt sich in Form von Rachsucht und Habsucht, Zorn und Eitelkeit, ist zunächst ganz klein und kann ungeheuer wachsen. Wenn er auch oft mit dem →Satan oder Todesengel identifiziert wird, so ist er doch von Gott geschaffen und ihm ausgeliefert. Er hat nur Einfluß auf dieser Welt und wurde von Gott einzig und allein gegeben, damit sich der Mensch durch seine Beherrschung auszeichne und Gott durch beide Triebe liebe. (HMD)

Jewish Agency for Palestine (JA, englisch »Jüdische Vertretung für Palästina«), seit 1948 »Jewish Agency for Israel«. Das aufgrund Artikel 4 des Mandatsvertrags für Palästina von 1922 gebildete Organ der Zionistischen Weltorganisationen wurde 1929 durch Hinzuziehung von Nicht-Zionisten erweitert. Danach waren die Verwaltungsinstitutionen der JA paritätisch besetzt: 50 Prozent mit Zionisten, 50 Prozent mit Nicht-Zionisten von jüdischen Organisationen aus 26 Ländern, hauptsächlich aus den USA (44 Mitglieder), Polen (14), dem britischen Commonwealth (11) und Deutschland (7). Die JA vertrat die Interessen der in Palästina lebenden Juden bei der britischen Mandatsregierung, vor dem Völkerbund und ab 1947 vor den Vereinten Nationen. Mit ihrer ausgebauten Verwaltung in Palästina, mit ihren erheblichen finanziellen Mitteln und ihrer ausgedehnten landwirtschaftlichen und städtischen Siedlungstätigkeit wurde die JA faktisch, jedoch nicht offiziell, zur Regierung des →Jischuw. Mit der Staatsgründung übernahm die israelische Regierung viele Aufgaben der JA, die als Bindeglied zwischen Israel und den Juden der Diaspora weiterhin (außerhalb Israels als Zionistische Weltorganisation) besteht. Durch die ZWO-JA nimmt die jüdische Diaspora am Aufbauwerk des Staates Israel teil. In Israel ist die JA vornehmlich für die Siedlungsarbeit und für die Eingliederung der von ihr nach Israel geführten neuen Einwanderer zuständig. Sie unterhält zu diesem Zweck Aufnahmelager sowie Hebräisch-Schulen (→Ulpan) und leistet notwendige soziale Dienste. Innerhalb und außerhalb Israels bietet die ZWO-JA eine Vielfalt an Kultur- und Bildungsprogrammen für die Juden der Diaspora an.

🄻 E. Stock, Chosen Instrument. The Jewish Agency for Palestine in the First Decade of the State of Israel, 1988. – E. Stock, Partners & Pursestrings. A History of the United Israel Appeal, 1987.
(DB/MW)

Jewish Colonization Association (JCA), gegründet 1891 von Baron M. →Hirsch zu dem Zweck, Mittel für die Schaffung jüdischer Ackerbaukolonien in Argentinien bereitzustellen (vgl. auch →HICEM). (JS)

Jewish National Fund →Keren Kajemeth Lejisrael

Jewish Theological Seminary of America (JTS), 1886 als Ausbildungszentrum konservativer Rabbiner in New York City von Sabato Morais als Reaktion gegen das reformorientierte →Hebrew Union College gegründet. Salomon Schechter übernahm 1902 die Präsidentschaft und behielt sie bis zu seinem Tod 1915; stellte als Lehrkräfte einige der besten Wissenschaftler auf dem Gebiet der Judaistik ein und gründete die United Synagogues of America als Dachorganisation der konservativen Gemeinden zur Unterstützung des JTS of America; 1915–40 war Cyrus Adler Präsident des JTS. Die Bibliothek des JTS gilt auf dem Gebiet der Judaistik als eine der größten der Welt. 1947 Gründung der University of Judaism als Zweigstelle des JTS in Kalifornien; Zentren wurden auch in Jerusalem gegründet.

🄻 H. Parzen, Architects of Conservative Judaism, New York 1964.
(CL)

Jewsektzia, Abteilung für jüdische Probleme in der Kommunistischen Partei der UdSSR, spielte in den Jahren 1918–30 eine besonders aktive Rolle im Kampf gegen Zionismus und jüdische Religion, in der Förderung der Assimilierungstendenzen und der Schwächung der national-kulturellen Identität der jüdischen Minderheit. Nach Auflösung der Jewsektzia wurden viele ihrer Aktivisten Opfer der stalinistischen »Säuberungen« der 30er Jahre. (AB)

JHWH → Gottesnamen

Jiddischer Film. Von den etwa 120 Filmen dieses fast vergessenen Genres sind noch etwa 50 erhalten. Seine Blüte erlebte der Jiddische Film in den osteuropäischen und amerikanischen Zentren der 30er Jahre (Polen, New York). Das kulturelle Identifikationsangebot war das zentrale Motiv der ausschließlich in Jiddisch und mit durchweg geringen Mitteln gedrehten Filme. Vorlagen bildeten entweder die jiddische Literatur (I. L. Perez, S. Alejchem) oder melodramatische Stoffe (»Shund«) über die Konflikte zwischen Assimilation und Tradition. Die Schauspieler rekrutierten sich aus den Stars der Jiddischen Bühne. Als bekannteste Regisseure gelten Edgar G. Ulmer (1904–72; »Grine Felder«, USA 1937; »Yankl der Schmid«, USA 1937), Maurice Schwartz (1890–1960; »Tevje«, USA 1939) und Joseph Green. Für die Filmästhetik ist der Jiddische Film von geringer Bedeutung, da die Inszenierungen oftmals bühnenhaft wirken und die filmischen Gestaltungsmittel sehr begrenzt sind. Sozialhistorisch gesehen ist der Jiddische Film jedoch ein wichtiges akustisches und visuelles Zeugnis einer kulturell einheitlichen jüdischen Gruppenidentität, die heute nahezu verschwunden ist.

[L] Das jiddische Kino, 1982. – E. A. Goldmann, Visions, Images and Dreams. Yiddish Film Past and Present, Ann Arbor 1983. (MAR)

Jiddische Sprache und Literatur. 1. *Sprache:* Jiddisch, die Sprache der Aschkenasim, hat ihren Ursprung im Mittelalter. Ursprünglich nur Umgangssprache, wurde sie ab dem späten 13. Jahrhundert – zunächst vereinzelt – auch schriftlich tradiert. Jiddisch war von Beginn an eine Misch- oder Komponentensprache. Phonetische und grammatische Strukturen beruhen – historisch gesehen – auf mittel- und oberdeutschen Dialekten, der Wörterbestand setzt sich aus – mehrheitlich – deutschen, hebräisch-aramäischen, romanischen und slawischen Elementen zusammen. Im Verlauf der historischen Entwicklung bildeten sich die beiden großräumigen Varianten Westjiddisch (verbreitet vor allem in den deutschsprachigen Gebieten, in den Niederlanden, zeitweilig auch in Oberitalien) und Ostjiddisch (verbreitet vor allem in Litauen, Polen, Rußland, Rumänien) mit ihren jeweiligen Dialekten heraus. Nach dem sozial bedingten Bedeutungsverlust des Westjiddischen im 19. und beginnenden 20. Jahrhundert blieb allein das Ostjiddische als wichtige Variante der Sprache erhalten. Der Ausbau des Ostjiddischen zu einer modernen Verkehrs- und Literatursprache erfolgte im 19. und 20. Jahrhundert – in ständiger Konkurrenz mit dem Hebräischen, aber auch mit dem Deutschen, Polnischen und Russischen. Die Arbeiten an der Standardisierung des Jiddischen haben aber noch kein allgemein anerkanntes Ergebnis erbracht. Bedingt durch die Ende des 19. Jahrhunderts einsetzenden Migrationsbewegungen wurde Ostjiddisch auch in Westeuropa, in den USA, in Kanada, Südamerika, Südafrika, Australien und nicht zuletzt in Israel benutzt. Durch neue Kontaktsituationen wurden zunehmend sprachliche Elemente z. B. aus dem Englischen oder Spanischen übernommen.

Der entscheidende Einschnitt für den Bedeutungsverlust der jiddischen Sprache entstand durch die Ausrottungspolitik der Nationalsozialisten. Die heutige Situation ist gekennzeichnet von zunehmender sprachlicher Assimilation an die jeweilige Landessprache. Da auch der Staat Israel der Sprache nach wie vor offiziell reserviert begegnet, ist die Zukunft des Jiddischen bedroht. Eine Gegentendenz zeigt sich aber in der wachsenden Zahl von Orthodoxen, bei denen Jiddisch weiterhin wichtige Funktionen in der alltäglichen Kommunikation wie in Bereichen religiöser Unterweisung hat.

2. *Literatur:* Erste Zeugnisse jiddischer Literatur finden sich im Spätmittelalter. Es handelte sich hierbei einerseits um Werke wie den »Dukus Horant«, überliefert in einer Handschrift von 1382, die auf nicht-jüdischer Thematik und Erzähltradition beruhen, wobei vor allem Stoffe der Sagenüberlieferung, der Heldenepik und aus dem Artuskreis bearbeitet wurden. Doch finden sich ebenso – offenkundig als Gegenströmung – Bearbeitungen von Stoffen und Themen aus der Tanakh-Tradition wie etwa das »Shmuel-bukh« oder das »Melokhimbukh«. In Oberitalien erschien in der ersten Hälfte des 16. Jahrhunderts das »Bo-

vo-bukh« von Elia Levita, ein Poem in Stanzenform. Sammlungen von Erzählungen, Legenden, Parabeln u. a. sind das »Maasse-bukh« und die »Tseno-Ureno«. Eine Reihe von Sittenspiegeln dokumentieren die Tendenz jiddischer Literatur zur Unterhaltung, Erbauung und Erziehung, gedacht vor allem für Frauen. Seit dem 16. Jahrhundert erschienen jiddische Texte zunehmend in Drucken.

Die moderne jiddische Literatur beginnt mit der Aufklärung (→Haskala). Nach ersten, oft satirischen Werken gegen Orthodoxie und Chassidismus in der 1. Hälfte des 19. Jahrhunderts entwickelte sich später auch eine massenhaft produzierte Unterhaltungsliteratur nach westeuropäischen Vorbildern.

Durch die historischen Umstände bedingt, nimmt in der jiddischen Literatur neben Lyrik und Milieukurzgeschichten vor allem die Memoirenliteratur großen Raum ein. Sie thematisiert überwiegend das alte Leben im Osteuropa der Vorkriegszeit und die Schrecken der Kriegszeit. Als Klassiker der jiddischen Literatur gelten vor allem →Mendele Mocher Sforim (gleichzeitig ein führender hebräischer Autor), →Scholem Alejchem und I. L. →Perez, der ebenfalls in Hebräisch schrieb. Vor allem Perez begründete als Mentor einer jüngeren Generation eine Tradition in Poesie und Prosa, die im 20. Jahrhundert zur Blüte der jiddischen Literatur führte. Neben dem traditionellen Kulturbereich Osteuropa gewann vor allem Amerika (New York) zusehends an Bedeutung. Hier bildete sich unter eingewanderten Autoren eine rege Literaturszene heraus. Bewegungen wie »Di Yunge« (benannt nach der gleichnamigen Zeitschrift) oder die »Insichisten« stehen für die Entwicklung moderner Poesie. Autoren wie I. B. →Singer, dessen Bruder Israel Jehoshua Singer (1893–1944), I. →Manger, S. →Asch, Avrom Reisen (1876–1953), Hersh David Nomberg (1876–1927), Joseph Opatoshu (1886–1954) u. a. erwiesen sich als bedeutende Erzähler, die z. T. durch Übersetzungen in europäische Sprachen auch Leser in nichtjüdischen Kreisen gefunden haben. Peretz Hirschbejn (1880 bis 1948) und David Pinski (1872–1959) gelten als kompetente Dramenschreiber.

Durch die Shoa wurde nicht nur weitgehend die jiddische Sprache und Literatur, sondern auch die Erinnerung an sie zerstört. In den Jahren 1948–52 verfügte Stalin eine zweite Vernichtung. Durch die Verleihung des Nobelpreises an I. B. Singer wurde die gesamte jiddische Literatur geehrt. (JB)

Jiddisches Theater in Rumänien, gilt als erstes professionelles Theater in jiddischer Sprache, gegründet von A. →Goldfaden; Aufführungen seit Oktober 1876. In der Zwischenkriegszeit gab es in Rumänien fünf jiddische Theater: zwei in Bukarest, zwei in →Tschernowitz, eins in Iaşi. 1948 existierten nur noch zwei (Bukarest und Iaşi), die verstaatlicht wurden. Das Jiddische Theater in Iaşi wurde in den 60er Jahren geschlossen, die Lage des Bukarester Theaters verschlechterte sich zunehmend. In der Spielzeit 1949/50 verfügte das Jiddische Theater Bukarest über einen Haushalt von 25 Mio. Lei, zum überwiegenden Teil aus staatlicher Subvention. 1984 war diese Subvention unter 3 Mio. gesunken. Aufgrund des Geldmangels und der Abnahme des Publikums durch massive Auswanderung erfolgten Aufführungen nur noch sporadisch. Das Repertoire enthält Scholem Alejchem, Jacob Gordin u. a. klassische Autoren jiddischer Sprache sowie zeitgenössische Autoren, wie W. →Allen oder das Drama nach dem Roman »Die Tore des Waldes« von E. →Wiesel. (AB)

Jischmael ben Elischa, meist einfach Rabbi Jischmael genannt, 1. Hälfte des 2. Jahrhunderts. →Tannait, aus priesterlicher Herkunft, Schüler des Nechonja ben ha-Qana, lebte in Kefar Aziz an der Grenze zu Edom, wird aber auch mit →Jawne und Uscha in Verbindung gebracht. Er hatte eine eigene Schule, deren Lehren in den Talmudim, vor allem aber in den →Midraschim Sifra und Sifre zum Buch Numeri zitiert werden (»dewe Rabbi Jischmael«). Auch mystische Schriften (»Maase Bereschit« und »Maase Merkawa«) soll er verfaßt haben. Sein Name begegnet zudem oft in zwei Sammlungen der älteren kabbalistischen Literatur (»Hechalot«). Jischmael ben Elischa werden traditionell 13 Auslegungsregeln (»Middot«) der Hermeneutik zugeschrieben. Er selbst verwendete hauptsächlich den Schluß vom Kleineren aufs Größere und den Analogieschluß. In seiner Exegese vertrat er den Standpunkt, daß die Tora in der Sprache der Menschen rede. Damit betonte er gegen →Akiba ben Josef den einfachen Schriftsinn. Eine Ausdeutung von sprachlichen Stilmitteln und Konjunktionen lehnte er ab. Als Gelehrter wurde er anerkannt, bewundert und vor allem wegen seiner Milde und Menschenfreundlichkeit gerühmt. (HMD)

Jischuw (hebräisch »bewohntes Land«), die Gesamtheit der jüdischen Siedlungen und

Einwohner in Palästina vom Beginn der zionistisch motivierten Einwanderung (um 1882) bis zur Gründung des Staates Israel. Im Gegensatz zu der früheren jüdischen Bevölkerung in Palästina (»alter Jischuw«), die sich vornehmlich als religiöse Gemeinschaft betrachtete, hatten die zionistischen Einwanderer das Ziel, ein nationales Gemeinwesen zu bilden. 1903 tagte die erste Versammlung (Knesset Hajischuw), doch blieb die jüdische Selbstverwaltung bis nach dem Ersten Weltkrieg (Ende der osmanischen Herrschaft) auf Lokalorgane beschränkt. Nach mehreren wegbereitenden Versuchen wurden am 19. 4. 1920 die ersten Wahlen zu einer Delegiertenversammlung (→Asefat Haniwcharim) gehalten. Daraus wurde der Nationalrat (→Waad Leumi) als Exekutivorgan gewählt. Die Eintragung in das vom Nationalrat geführte Register der Knesset Israel (»Versammlung Israels«) und damit die Teilnahme an den Selbstverwaltungsorganen des Jischuw war freiwillig. Die Institutionen des Jischuw wurden am 1. 1. 1928 von der britischen Mandatsregierung offiziell anerkannt, wobei die Freiwilligkeit der Zugehörigkeit – und damit der Steuerzahlung – festgehalten wurde. Trotz der Beschränkungen unter dem britischen Mandat gelang es den Institutionen des Jischuw, funktionierende Kommunalverwaltungen einzurichten und ein System von jüdischen Schulen in Palästina aufzubauen und weitgehend selbst zu finanzieren. Andere Aufbauprojekte im Gesundheitswesen und in verschiedenen Bereichen der wirtschaftlichen Entwicklung des Jischuw wurden in enger Zusammenarbeit mit der →Jewish Agency durchgeführt. Weitere Wahlen zur Delegiertenversammlung fanden 1925, 1931 und 1944 statt. In der Übergangsphase von der Unabhängigkeitserklärung (14. 5. 1948) bis Januar 1949 übernahmen der Provisorische Staatsrat und die Provisorische Regierung die Führung des Jischuw, bis sich die am 25. 1. 1949 gewählte Verfassunggebende Versammlung (→Haasefa Chamehonenet) zur ersten →Knesset konstituierte.

L D. Horowitz/M. Lissak, The Origins of the Israeli Polity, 1978. – W. Laqueur, Der Weg zum Staat Israel, deutsch 1975. – H. Sacher, A History of Israel, 1977. – M. Wolffsohn, Politik in Israel, 1983.

(DB/MW)

Jochanan ben Nappacha (»der Schmied«), meist nur Rabbi Jochanan genannt, →Amoräer, Schüler des →Jehuda ha-Nassi, Jannais, Hoschajas und Chaninas ben Chama, um 180 – um 279. Jochanan ben Nappacha lehrte anfangs in Sepphoris, später in dem von ihm in Tiberias gegründeten Lehrhaus. Zu seinen Schülern gehörten →Abbahu, Ammi, Assi II., Eleasar ben Pedat, Jose ben Chanina, Chija II. und Simeon ben Abba. Seine Disputationen mit seinem Schwager Resch Laqisch in Tiberias sind maßgebend für die talmudische Dialektik. Zugleich gilt er mit seiner Schule als Schöpfer des palästinischen Talmuds. Jochanan ben Nappacha ist für seine Hochschätzung der tannaitischen Quellen bekannt. Zu seinen halachischen Kommentaren zog er sowohl die →Mischna wie auch →Baraitot heran. Jochanan ben Nappacha entwickelte dabei folgende Ansichten: Bis auf drei Ausnahmen folge die →Halacha der Meinung Rabban →Gamaliels II. Die Ansicht Rabbi Jehudas sei der Rabbi →Meirs, die Rabbi Joses der Rabbi Jehudas vorzuziehen. Die Halacha entspreche immer der anonymen Mischna. (HMD)

Jochanan ben Zakkai, führte den Ehrentitel Rabban, auch »Leuchte Israels«, »mächtige Säule« und »gewaltiger Hammer« genannt, 1. Jahrhundert n.Z. →Tannait, Schüler →Hillels, umfangreich gebildet und sogar in der Mystik bewandert. Vor dem Jüdischen Krieg (66–73 n.Z.) scheint er in Jerusalem gelernt und gelehrt zu haben. Er soll die Zerstörung des Zweiten Tempels 70 n.Z. vorausgesehen haben. Im Jüdischen Krieg war er Anhänger der Friedenspartei und floh auf abenteuerliche Weise aus Jerusalem zu Vespasian. Von diesem erhielt er die Erlaubnis, in →Jawne ein Lehrhaus zu errichten. Nur wenige seiner Schüler folgten ihm dorthin nach, möglicherweise, weil sie seine Flucht aus dem belagerten Jerusalem nicht billigten. Seine Gegnerschaft gegen eine Sonderstellung der →Priester und die Tatsache, daß er nicht aus dem davidischen Geschlecht stammte und selber kein Priester war, scheinen der Grund für die Distanz von Priestern gegenüber seinem Lehrhaus gewesen zu sein. Dennoch entwickelte sich Jawne zum neuen Mittelpunkt des rabbinischen Judentums, und Jochanan, der selber in Beror Chail vor den Toren Jawnes lebte, wurde dessen geistiger Führer. Er erhielt aber nicht den Titel →Nassi. Seine →Takkanot trugen nach dem Krieg und der Tempelzerstörung zur Konsolidierung des Judentums bei. (HMD)

Joel →Hebräische Bibel

Joel-Herfordsche Schulstiftung →Herford, Salomon Joel

Johannes Chrysostomos, größter Prediger der griechischen Kirche, 344 Antiochia, Syrien – 14. 9. 407 n. Z. Komana, Pontus. Seit 386 Prediger an der Bischofskirche in Antiochia, 398 Bischof von Konstantinopel, 403 abgesetzt und verbannt, kurz danach wieder zurückgerufen und durch kaiserlichen Machtspruch 404 erneut aus der Hauptstadt gewiesen, auf dem Weg zu seinem zweiten Verbannungsort im östlichen Schwarzmeergebiet gestorben. In den Jahren 386 und 387 hielt Johannes Chrysostomos in Antiochia acht Homilien (Predigten) »Gegen die Juden« und verfaßte einen polemischen Traktat »Gegen die Juden und die Heiden«; er wendet sich darin gegen judaisierende Christen und faßt mit unversöhnlichem, blankem Haß alle Argumente der vorausgegangenen antijüdischen christlichen Apologetik zusammen: Durch den Gottesmord ist Israel verflucht, Juden sind zu ewiger Heimatlosigkeit und Rechtlosigkeit verdammt und haben keine Hoffnung auf Verzeihung und Erlösung. Wirken und Schriften des Johannes Chrysostomos stellen den Höhepunkt antijüdischer Agitation in der christlichen Antike dar und haben die Einstellung späterer Zeiten maßgeblich beeinflußt. (HC)

Johannes Hyrkan I. → Hyrkan I.

Johannes Hyrkan II. → Hyrkan II.

Johannes von Capestrano, antijüdischer Prediger, 24. 6. 1386 Capestrano, Abruzzen – 23. 10. 1456 Ilok an der Donau. Der dem Franziskanerorden angehörende Theologe und Wanderprediger gegen das Hussitentum war in einflußreicher Stellung in der italienischen und deutschen Inquisition tätig. Neben dem Dominikaner → Petrus Negri war Johannes von Capestrano der berüchtigtste antijüdische Prediger seiner Zeit. Sein Auftreten führte verschiedentlich zu Judenverfolgungen, so 1453 in Erfurt. In Polen unterstützte Johannes von Capestrano die judenfeindlichen Bestrebungen des hohen Klerus, im Kirchenstaat hatte er zuvor den Plan unterbreitet, alle Juden Roms per Schiff über See zu deportieren. Bei der Breslauer Verfolgung im Frühjahr 1453, der mehr als vierzig des Hostienfrevels beschuldigte Juden zum Opfer fielen, war Johannes von Capestrano persönlich am Inquisitionsverfahren beteiligt. Zahlreiche überlebende Juden wurden aus der Stadt vertrieben, die jüdischen Kinder unter sieben Jahren zwangsgetauft, das jüdische Vermögen zugunsten des böhmischen Königs Ladislaus Postumus eingezogen.

L M. Brann, Geschichte der Juden in Schlesien, Band 1, 1896. (PAU)

Joint → American Joint Distribution Committee

Jom Haazmaut, der israelische Unabhängigkeitstag, nationaler Feiertag am fünften Tag des Monats Ijar in Erinnerung an die Verlesung der israelischen Unabhängigkeitserklärung am 14. 5. 1948 (5. Ijar 5708). Die Feier beginnt mit einer Fackelzeremonie auf dem Herzlberg in Jerusalem und der Verleihung des Israel-Preises; Straßentänze und Musikfeste folgen. (DB/MW)

Jom ha-Kippurim (auch Jom Kippur, hebräisch »Versöhnungstag«).

1. Der große Jom ha-Kippurim am 10. Tischri (→ Kalender) ist der letzte der zehn mit → Rosch ha-Schana beginnenden Bußtage. Gemäß der → Hebräischen Bibel der »Sabbat Sabbaton«, ein Sühnetag, an dem das Heiligtum von allen Verunreinigungen durch nicht zu sühnende Vergehen der Israeliten gereinigt wurde. Damit wurde zugleich für den Hohenpriester selbst, die Priester und auch das Volk Israel die Sühne vollzogen. Während für die Gemeinde nur Arbeitsruhe und Fasten angeordnet war, wurden die vom → Priester unter Ausschluß der Öffentlichkeit zu vollziehenden Riten ausführlich beschrieben (Lev 16; 23,26–32; Num 29,7–11). Zu den Opfern gehörte ein Stier als Sühneopfer für den Hohenpriester und sein Haus, ein Bock als Sühneopfer für das Volk und ein Bock, der mit allen Übertretungen Israels beladen in die Wüste zu Asasel geleitet wurde. Nach der → Halacha war es zu Zeiten des Tempels dieser Bock, der die Sühne für Israel bewirkte, nach der Zerstörung des Zweiten Tempels 70 n. Z. aber der Jom ha-Kippurim selbst. Zugleich wird aber vor einem Mißverständnis der Sühnekraft gewarnt. Sie gilt nur dem, der Buße tut. Deshalb entstand der Brauch, die zehn Bußtage zur Versöhnung mit den Mitmenschen und zur persönlichen Buße zu nutzen. Der Jom ha-Kippurim ist ein strenger Fasttag. Da niemandem aber ein zweitägiges Fasten zugemutet werden kann, hat er in der → Diaspora keinen zusätzlichen Tag. Zur Vorbereitung des Jom ha-Kippurim gehören das Schofar-Blasen (→ Schofar) während des Eluls (→ Kalender), die zehn Halbfastentage vor dem Jom ha-Kippurim und die Selichot-Gebete (→ Selicha) ebenso wie, je nach Brauch, der Besuch des Friedhofs, Gaben für die Armen und das äußerst umstrittene Kapporetschlagen, bei dem ein Hahn bzw. eine

Henne, während Sühnegebete gesprochen werden, über dem Kopf geschwungen, dann wie ein Sühneopfer geschlachtet und an die Armen verteilt wird. Am Ende des Mittaggebets (→Mincha) des Erew Jom Tow (Vorabend) wird zum ersten Mal das Sündenbekenntnis →Widdui gesprochen, es folgt ein Bad, eine letzte Mahlzeit, das Decken des Tisches wie an einem →Sabbat mit Kerzen und der Gang zur Synagoge in einem weißen Gewand, z. T. mit →Tallit. Der Tag selbst wird in der Synagoge verbracht. Er hat als einziger fünf Gebetszeiten (Kol Nidre, →Schacharit, →Mussaf, Mincha, →Neila), wobei Mincha unmittelbar an das Mussaf-Gebet anschließt. Liturgisch gemeinsam ist allen Gebetszeiten das Sündenbekenntnis, Selichot und Pijutim (→Pijut) nach den Gebeten. Besonders herausragend sind der Beginn mit dem Kol Nidre, das Mussaf-Gebet mit der →Awoda und das Neila-Gebet mit dem Schofar-Blasen zum Ausklang des Jom ha-Kippurim.

2. Der kleine Jom ha-Kippurim als Bezeichnung für den Vorabend des Neumondtags ist im →Schulchan Aruch noch nicht erwähnt. Er wurde erstmals im ausgehenden 16. Jahrhundert in Safed von den Kabbalisten als Fast- und Bußtag begangen. Dementsprechend werden an ihm im Mincha-Gebet die Fasttagsabschnitte (Ex 32,11–14; 34,1–10) und (Jes 55,6–56,8) gelesen. Vom großen Jom ha-Kippurim sind die Selichot sowie das Sündenbekenntnis Widdui übernommen. Im →Schemone essre (hebräisch »Achtzehngebet«) wird das Gebet Anenu (»Erhöre uns«) eingeschaltet.(HMD)

Jom Kippur →Jom ha-Kippurim

Jom-Kippur-Krieg, arabisch-israelischer Krieg, der 1973 am jüdischen Versöhnungstag (Jom Kippur), dem 6. Oktober, ausbrach und bis zum 24. Oktober dauerte. Ägyptens Präsident Sadat war zu der Überzeugung gekommen, daß nur ein weiterer Krieg mit Israel zur arabischen Solidarität und zu einer für Ägypten positiven Lösung des Nahostkonflikts führen könne. Dazu wäre ein Überraschungsangriff mit der vollen Stärke der ägyptischen Armee notwendig. Im Frühjahr 1973 aufgestellte sowjetische Scud-Raketen, die in der Lage waren, Israels Kernland zu treffen, vervollständigten den Aufbau einer dichten »Mauer« von Raketen, die Israels Überlegenheit in der Luft neutralisieren sollte. Eine lange, komplexe und erfolgreiche Täuschungs- und Desinformationskampagne führte die israelischen (sowie die westlichen) Geheimdienste in die Irre, so daß Israel lediglich mit einer Teilmobilisierung der Reserven begonnen hatte, als die ägyptischen und syrischen Armeen am Jom Kippur 1973 angriffen.

Die ägyptische Armee griff am 6. Oktober entlang der ganzen Front am Suezkanal an. In den ersten Kriegstagen verursachten Ägyptens rund 150 SAM-Batterien hohe Verluste bei der israelischen Luftwaffe. Die 16 unzulänglich ausgestatteten Forts der vordersten →Bar-Lew-Linie wurden erobert oder mußten geräumt werden. In den ersten vier Tagen des Kriegs bis zur vollen Mobilisierung mußten die israelischen Einheiten mit mangelnder Artilleriedeckung und größtenteils ohne Unterstützung der Luftwaffe gegen eine überwältigende Überlegenheit am Boden einen sehr verlustreichen Verteidigungskampf führen. Dennoch kam der ägyptische Vorstoß nur stellenweise über die zweite Verteidigungslinie (etwa 10 km hinter dem Kanal) hinaus. Nachdem eine große ägyptische Offensive am 14. Oktober mit hohen Verlusten an Panzern völlig mißlungen war, setzten am 16. Oktober israelische Verbände unter dem Kommando von Ariel Scharon über den Suezkanal. Nach der Zerstörung vieler SAM-Raketenstellungen durch die Bodentruppen konnte die israelische Luftwaffe wieder zur Geltung kommen. Präsident Sadat ließ jedoch einen vom Militär empfohlenen Rückzug der exponierten Verbände östlich des Kanals nicht zu. Bis zum Inkrafttreten des (zweiten) von den USA und der UdSSR gemeinsam geforderten Waffenstillstands am 24. Oktober hatten die israelischen Divisionen westlich des Suezkanals alle Verbindungslinien der 3. ägyptischen Armee sowie die Stadt Suez abgeschnitten.

Auf den Golanhöhen im Norden griffen am 6. Oktober mehrere syrische Divisionen mit über 1400 Panzern an und rückten im Südabschnitt bis nahe an den See Genezareth und an den Jordan vor. Mit hohen Verlusten (bis zu 90 Prozent der Mannschaften) konnten die überraschten israelischen Verteidiger, die nur über 170 Panzer verfügten, dennoch Zeit bis zur vollständigen Mobilisierung gewinnen. Wegen der unmittelbaren Gefährdung der israelischen Bevölkerung im Norden Galiläas (Syrien setzte sowjetische Raketen gegen zivile Ziele ein) gab Israel der Nordfront höchste Priorität. Der israelische Gegenangriff endete mit einer Katastrophe für die syrische Armee. Bis zum 10. Oktober war sie besiegt, 867 Panzer sowie Tausende von Fahrzeugen und Geschützen wurden von Israel erbeutet. Etwas später eingreifende irakische Panzerverbände wurden nahezu vollständig aufgerieben. Auch jordanische und saudiarabische Panzereinheiten kämpften an der Golan-Front, jedoch fanden keine Kämpfe an der Grenze mit Jordanien statt. Als israelische Truppen weiter nach Syrien einrückten, Damaskus in Reichweite der israelischen Artillerie geriet und die Ägypter keine Entlastung an der Südfront bieten konnten, akzeptierte Syrien den ersten UN-Waffenstillstand, der am 22. Oktober in Kraft trat. Der Jom-Kippur-Krieg war der erste Krieg, in dem die Raketentechnik in der Luft, auf See und in den Panzerschlachten eine zentrale Bedeutung hatte. Die Streitkräfte der USA und der UdSSR wurden teilweise in Alarmbereitschaft versetzt und durch massive Nachschubaktionen indirekt am Krieg beteiligt. Schließlich jedoch arbeiteten beide Mächte zusammen, um die Kampfhandlungen zu beenden, als die Niederlagen der syrischen und ägyptischen Armeen zur Katastrophe zu werden drohten. Die arabischen Ölstaaten setzten die »Ölwaffe« mit weltweiter Wirkung ein. Präsident Sadats politische Ziele, mit einem begrenzten Krieg arabisches bzw. ägyptisches Nationalbewußtsein zu stärken und Israels Sicherheitsgefühl zu erschüttern, wurden erreicht und die Grundlagen für Sadats spätere Friedensinitiative geschaffen. Israels Kriegsstrategie, die sich auf eine rechtzeitige Warnung durch die Geheimdienste verließ, hatte versagt, und in den ersten Kriegstagen wurden schwere Fehler begangen. Israel erlitt hohe und gefährliche Verluste, ehe sich die Armee an beiden Fronten behaupten konnte, was zu schweren innenpolitischen Auseinandersetzungen führte.

Hans Jonas, 1992

[L] G. Golan, Yom Kippur and After, 1979. – M. Handel, Perception, Deception and Surprise. The Case of the Yom Kippur War, 1976. – C. Herzog, Kriege um Israel, 1984. – C. Herzog, Entscheidung in der Wüste. Die Lehren des Jom-Kippur-Kriegs, 1975. – F. Schreiber/M. Wolffsohn, Nahost. Geschichte und Struktur des Konflikts, 1988. (DB/MW)

Jomtow ben Abraham Ischbili (RITBA), rabbinischer Gelehrter, Schüler des Aaron ha-Levi und Salomo ben A. →Adret, um 1250–1330. Nach dem Tod seiner Lehrer die rabbinische Autorität Spaniens. Jomtow ben Abraham Ischbili lehrte in Saragossa und war Vorsitzender des →Bet Din. Er schrieb zahlreiche selbständige Novellen zum Talmud (»Chiddusche ha-Ritba«), die eine Vielzahl alter Quellen zitieren. Jomtow ben Abraham Ischbili verfaßte neben Kommentaren zur Pessach-Haggada (→Pessach), zum »Sefer Jezira« (→Kabbala) und zu Isaak ben Jakob →Alfassi auch →Responsen und Predigten. Bei aller Verehrung für →Mose ben Nachman verteidigte er gegen dessen ungerechtfertigte Anschuldigungen den »Führer der Unschlüssigen« des →Mose ben Maimon. (HMD)

Jona →Hebräische Bibel

Jonas, Hans, Philosoph, 10.5.1903 Mönchengladbach – 5.2.1993 New York. Jonas studierte seit 1921 bei E. →Husserl und wurde von Martin Heidegger und Rudolf Bultmann mit einer existentialistischen Interpretation der Gnosis (»Gnosis und spätantiker Geist«, 2 Bände, 1934 und 1954) promoviert. 1933 wanderte Jonas nach Großbritannien, 1935 nach Palästina aus. Dort wurde er 1938 an die Hebräische Universität berufen. 1940–45 wirkte er in der Militärpropaganda der Alliierten; im Unabhängigkeitskrieg 1948/49 kämpfte er als Artillerieoffizier in der →Hagana. 1949 folgte er einem Ruf L. →Strauss' nach Kanada, und 1955–76 lehrte er an der »New School for Social Research« in New York. Nach der Entdeckung der Prozeß-Philosophie A. N. Whiteheads versuchte Jonas in seinem Denken den Dualismus von Geist und Natur, der ihm aus der Gnosis bekannt war und den er in der idealistischen Universitätsphilosophie wiederfand, durch eine an den Naturwissenschaften orientierte Philosophie zu überwinden (»Organismus und Freiheit«, 1966). In seinem bahnbrechenden Werk »Prinzip Verantwortung« (1979) begründete Jonas sodann eine Ethik zur Bewältigung der bedrohlichen Folgen der technologischen Zivilisation. Gegen den zügellosen Utopismus E. →Blochs stellt Jonas den Imperativ der Bescheidenheit und den der Verpflichtung gegenüber den künftigen Generationen und fremden Arten. In einer auch an die →Kabbala anknüpfenden theologischen Reflexion über Auschwitz hebt Jonas die Verantwortung des Menschen hervor, den Gott mit dem »eindringlichen stummen Werben eines unerfüllten Zieles« angeht (»Der Gottesbegriff nach Auschwitz«, 1987). 1987 erhielt Jonas den Friedenspreis des deutschen Buchhandels; er wurde als vertriebener jüdischer Philosoph und als Kundschafter im Niemandsland der Ethik gewürdigt.

[L] B. Aland (Hrsg.), Gnosis. Festschrift für Hans Jonas, 1978. (DK)

Jonathan ben Usiel →Targum

Joods Historisch Museum. Am J. D. Meijerplein in Amsterdam befindet sich gegenüber der Portugiesischen Synagoge der Synagogenkomplex, in dem seit 1987 das z. Z. größte jüdische Museum Westeuropas untergebracht ist. Nach dem Holocaust fanden hier keine Gottesdienste mehr statt. Der Komplex besteht aus vier Synagogen, die alle im Auftrag der aschkenasischen Gemeinde erbaut worden sind. Die Große Synagoge enthält einen Toraschrein aus Marmor (eine Spende von Abraham Auerbach aus Coesfeld aus dem Einweihungsjahr 1671), die ursprünglichen Galerien für Männer und Frauen sowie ein rituelles Bad. Hier werden die jüdische Religion und die Geschichte der jüdischen Gemeinschaft in Amsterdam am Beispiel einer hervorragenden Sammlung, die im Jahr 1932 gegründet wurde, dargestellt. In den Jahren 1680 und 1700 wurden zwei kleinere Synagogen gebaut, die Obbene Synagoge, z. Z. ein koscheres Restaurant, und die Dritte Synagoge (Jetzt Büros). Die Neue Synagoge (1752) zeichnet sich vor allem durch die Architektur ihrer Lichtkuppel aus. Das Joods Historisch Museum vermittelt einen historischen Einblick in jüdische Identität und in die Wechselbeziehung von niederländischer Kultur und Judentum.

[L] E. van Voolen (Hrsg.), Joods Historisch Museum, Den Haag 1988. (EV)

Essay

Deutsch-jüdischer Journalismus

Harry Pross

I. Der jüdische Anteil an der Entwicklung des modernen Journalismus gründet in den Wechselwirkungen der Industrialisierung und der damit verbundenen bürgerlichen Emanzipation der Juden gegen den hinhaltenden Widerstand verzunfteter Professionen einerseits und der Notwendigkeit, die mobilisierten Massen durch Presseerzeugnisse zu integrieren, andererseits. Die Bourgeoisie reiße durch die unendlich erleichterten Kommunikationen auch die barbarischsten Nationen in die Zivilisation, schrieb Karl Marx im Kommunistischen Manifest (1848). Im selben Jahr eröffnete Bernhard Wolff sein Telegraphenbüro, indem er Kurszettel telegraphierte, nach dem Vorbild des Franzosen Charles Havas und ein Jahr vor Paul Julius Reuters Agentur. Marx war der nachhaltigste deutsche Journalist jüdischer Herkunft, in seiner Funktion als Analytiker, Kommunikator und Interpret von Wirklichkeit aber keineswegs einzigartig. Erst seine prophetische Aufarbeitung aller mythischen Elemente der Volksfrömmigkeit hob ihn und den »Wuppertaler Mucker« Friedrich Engels über seine Kollegen hinaus. Das Duo Karl Marx und Friedrich Engels ist repräsentativ für die enge Verbindung jüdischer Intellektueller mit dem deutschen Protestantismus, der als Aufbegehren gegen den römischen Katholizismus die »Umkehr« zum Wort vollzog und sich damit den jüdischen Ursprüngen näherte. Beide zielten mit dem Philosophen einer auf Vernunftglauben gründenden »Volksreligion«, Georg Wilhelm Friedrich Hegel, auf eine »höhere Kausalität« der Menschengeschichte. Sie erklärten die Klasse der Ausgebeuteten im Bund mit dieser sinnvollen Kausalität. Damit aktualisierten sie ein urjüdisches Motiv der Überwindung der inneren Knechtschaft als Voraussetzung der Emanzipation im ewigen Geisteskampf der Wollenden gegen die Indolenten. Die Sozialisten entdeckten, was man heute eine »Marktlücke« nennen würde: Sinnstiftung durch wiederholte Verkündung in Presseerzeugnissen und ritualisierten Veranstaltungen mit Kanzeleffekten für Desorientierte. Sie wandten sich an Desorientierte, die mit Wirkungen konfrontiert waren, deren Ursachen sie nicht kennen konnten und infolgedessen nicht beherrschten. Ihre Auseinandersetzung mit der erweiterten, neuen oder fremd gewordenen räumlichen Umwelt entbehrte der zeitlichen Koordinate, die sie beeinflußbar gemacht hätte durch ihre Möglichkeit, zeitliche Prioritäten zu setzen. Information übersetzte das Durcheinander in Nacheinander. Dazu diente die Zeitung von Tag zu Tag und im allgemeinen. Indem sie zwischen den biologischen Rhythmen der einzelnen und den kosmologischen der Natur sozial vermitteln half, profanierte sie religiöse Riten. In der Richtungspresse bot sie speziellen Interessen zeitliche Koordination. Der jüdische Anteil mußte sich personell auf die allgemeine Presse (→Presse, →Exilpresse) erstrecken, weil die speziellen Organe überwiegend konfessionell und professionell besetzt waren, mit zwei Ausnahmen: dem »linken« Spektrum und dem Finanzjournalismus, der infolge des jüdischen Anteils am Bankgewerbe offenstand. Diese Eingangskonstellation vom Anfang des 19. Jahrhunderts wurde ein Jahrhundert später in der antisemitischen Verzerrung »des Juden« als »Börsenjuden« und »Bolschewiken« zugleich zum rassistischen Feindbild, als die ursächlichen Zusammenhänge von Wirtschaft, Politik und Geistesgeschichte durch vermehrte Kommunikation immer verwirrender erschienen und der Glaube an den Fortschritt schwand.

II. Den Stufen der technischen Entwicklung folgend – 1796 Einführung der Lithographie, 1811 der Schnellpresse, 1846 Beginn der Massenpresse mit Rotationsdruck, 1884 Mergenthalers Setzmaschine –, blühte das Pressewesen auf. Zu nennen sind hier neben der Fülle von kleinen Zeitschriften, die das emanzipatorische Räsonnement des 18. Jahrhunderts fortspannen, darunter die »Allgemeine Zeitung des Judentums« seit 1837, vor allem die Blätter des Stuttgarter Verlegers J. F. Cotta und die »Kölnische Zeitung« (DuMont Schauberg) mit den Anfängen des Zeitungsfeuilletons. Ludwig Börne und Heinrich Heine haben stilbildend gewirkt, insbesondere als Korrespondenten mit literarischen Ansprüchen, politisch begünstigt durch die unterschiedliche Handhabung der Zensur in den deutschsprachigen Ländern. 1856 übernahm der Kaufmann Leopold Sonnemann das Frankfurter Börsenblatt und entwickelte daraus die liberale »Frankfurter Zeitung«, die bis 1934 in der Familie blieb, eine Tageszeitung für die »gebildeten Stände«, balancierend zwischen der Abhängigkeit von Wirtschaftswachstum und politischer Macht sowie dem Postulat unabhängiger Meinungsbildung. Der Sozialist Ferdinand Lassalle hat diesen Grundwiderspruch der Presse in seiner klassisch gewordenen Rede »Die Feste, die Presse und der Frankfurter Abgeordnetentag« festgehalten, die er 1863 gegen die »Berliner Volks-Zeitung« von Aron Bernstein hielt. 1876 kam es über die gleiche Frage zu einem Prozeß zwischen dem Redakteur Franz Mehring und dem Verleger Sonnemann – einer der erbitterten Rechtsstreite, die bis in die Jahre der Nazimorde und darüber hinaus deutsche Journalisten jüdischer Herkunft untereinander ausgetragen haben, unter ihnen nicht wenige Juristen, durch die unterschiedlichen religiösen Einstimmungen z. B. zwischen österreichischen und norddeutschen Juden, soziale Herkunft und Bildungsvoraussetzungen subjektiviert. Die starke jüdische Idee der Gerechtigkeit für alle Menschen und die Verheißung, als ein Gerechter durch das Tor zur Ewigkeit zu ziehen, findet sich im 20. Jahrhundert in der Propaganda für soziale Gerechtigkeit bis ins Martyrium – Rosa Luxemburg, Gustav

Landauer, Kurt Eisner, Erich Mühsam – wie in der universalistischen Position jüdischer Feuilletonisten, die von der Tageskritik zur Kulturkritik übergingen: Walter Benjamin, Arthur Koestler, Ludwig Marcuse und Siegfried Kracauer. Siegfried Jacobsohn erweiterte seine »Schaubühne« (seit 1905) 1918 zur »Weltbühne« und zum Weltgericht. Liberal trat diese Position bei Eduard Lasker wie in Zeitschriften von Leopold Schwarzschild zutage. Die konservative Variante manifestiert sich in der Anhänglichkeit an die habsburgische Universalmonarchie als eine Ordnung über den Völkern bei Peter Altenberg, Joseph Roth und Karl Kraus. Die genannten Namen stehen für hauptberufliche Journalisten; aber sie zeigen auch, daß die Übergänge zu Politik, Literatur und Kunst fließend sind. Wie umgekehrt der Weg vom Speziellen zum Allgemeinen führt: Der Theaterkritiker Emil Faktor wurde Chefredakteur des »Börsenkuriers« in Berlin, der Feuilletonist und Gerichtsreporter Paul Schlesinger nach 25 Berufsjahren als »Sling« zum gerühmten Strafrechtskritiker der Republik.

III. Der technische Hintergrund all dieser subjektiven Leistungen war die Entwicklung der Massenpresse im Ausgang des 19. Jahrhundert. Um möglichst viele Zahler in möglichst kurzer Zeit über möglichst weite Räume zu erreichen, brauchte sie neues Personal und komprimierte Aussageformen. Sie erforderte konzentrierte Kapitalinvestitionen, die vom handwerklichen Druckgewerbe mit seinen beschränkten Dienstleistungen in der Regel nicht aufzubringen waren, also hohe Kredite von branchenfremdem Kapital und damit verstärkte Abhängigkeiten. Diese waren am leichtesten in den Standorten der Industrie zu verzinsen, wo sich orientierungsbedürftige Massen lohnabhängiger Arbeiter und Angestellter zusammenballten. Hier bildete sich die am Annoncenumsatz orientierte Geschäftspresse heraus, deren Gratisanzeiger, Generalanzeiger und Magazine die Trennung von Anzeigeninteressen und Nachrichtenteil faktisch aufhoben und politisch indolent blieben. Fortschritte in der Klischeetechnik und in der Herstellung von leicht transportablen Nachdruckplatten (Matern) erleichterten Kolportage und Illustration. Sie verschafften demselben Text und Bild größere Verbreitung und verringerten somit den Signalaufwand. In der »Zeitungsstadt Berlin«, wie sie Peter de Mendelssohn im Rückblick beschrieben hat, begründete Rudolf Mosse 1867 eine Annoncenexpedition, die zum Rückgrat eines Großverlags wurde. Er nahm als erster ganze Anzeigenteile in Pacht. Sein »Berliner Tageblatt« (1872) wurde, im Gegensatz zu zahlreichen anderen Neuerscheinungen nach der »Reichsgründung« von 1871, in den »Gründerjahren«, zum kontinuierlichen Organ eines eher linken Liberalismus bis zur Übergabe dieses Staates an Hitler in der »Nationalen Erhebung« von 1933. Die Chefredakteure Artur Levysohn und Theodor Wolff analysierten scharf und schrieben brillant. Um die Jahrhundertwende hatte das »Tageblatt« mit den wenigen überregionalen Zeitungen in Deutschland gleichgezogen und nahm unter den rund vierzig Zeitungen, die in Berlin gemacht wurden, eine Sonderstellung ein. Darunter waren auch die Blätter des Papiergroßhändlers Leopold Ullstein, der seit 1877 das »Neue Berliner Tagblatt« mit ausgeschiedenen Redakteuren des »Berliner Tageblatts« übernommen hatte und es als »Deutsche Union« für »den Ausbau, die Einheit, die Freiheit und die Macht des deutschen Vaterlandes« in die »Berliner Zeitung« überführte. Zu dieser Morgenzeitung kam 1885 die »Berliner Abendpost« und 1891 als erfolgreichstes Projekt die »Berliner Illustrirte Zeitung«. Sie stieg im Zeitalter wilhelminischen Pomps und visueller Präsentation zur ersten Auflagenmillionärin der deutschen Pressegeschichte auf und hat Pressephotographie und -illustration (Erich Salomon, Nachum Tim Gidal, Paul Simmel, Walter Trier) vorangebracht. 1914 kam das älteste noch bestehende Berliner Blatt, die »Vossische Zeitung«, in den Verlag. Eine bunte Palette von Freizeit- und Frauenzeitschriften – in den 1920er Jahren die Magazine »Uhu« (1924–34) und »Der Querschnitt« (1921–36) – rundeten das Imperium. Zwei Zeitschriften der Bismarckzeit bleiben zu erwähnen: Julius Rodenberg gründete auf Anregung Berthold Auerbachs 1874 die »Deutsche Rundschau«, um der »Revue des deux mondes« ein deutsches Gegenstück zu bieten. Der Verleger Samuel Fischer brachte 1890 mit dem Theatermann Otto Brahm als Herausgeber eine Wochenschrift »Freie Bühne für modernes Leben«: »Wo das Neue mit freudigem Zuruf begrüßt wird, muß dem Alten Fehde angesagt werden mit allen Waffen des Geistes« (Heft 1). Zunächst »Neue Deutsche Rundschau« (1894–1904) genannt, erscheint sie als »Neue Rundschau« im 102. Jahrgang (1991) weniger stürmisch viermal im Jahr.

IV. Die Katastrophe des Ersten Weltkriegs, deren Ausbruch weithin als Sinngebung gefeiert worden war, endete im besiegten Deutschen Reich mit einer politisch vernünftigen Revolution und einer apolitischen Reaktion auf die Niederlage des militärisch-industriellen Komplexes, als den sich das »mit Blut und Eisen« gegründete Bismarckreich verstanden hatte. Die profane Volksfrömmigkeit brauchte ihren Teufel und suchte ihn im Judentum, wo ihn kirchlicher Antijudaismus schon gepredigt hatte, und bei der internationalistisch gesinnten Linken der Menschenrechtler, Pazifisten und Sozialisten. Die Zahl der Zeitungen wurde nach wie vor mit 3000 bis 4000 Titeln angegeben, überwiegend national traditionalistisch und demokratiefeindlich in der Tendenz: Das »Deutschsein« als Wunsch und Erfüllung, zugleich mythisierend über die Grenzen von Wahrnehmung und Vorstellung hinweg, »von der Maas bis an die Memel«, wie die republikanische Hymne lautete. Dabei richtete sich das Mißtrauen in den deutschen Ländern auf die ständig noch wachsende Metropole Berlin, nach dem Niedergang Wiens die einzige »Weltstadt« deutscher Zunge. Dort war inzwischen Ullstein zum größten Pressekonzern Europas geworden. Der expressionistische »Sturm«, den Herwarth Walden seit 1910 angeführt hatte, legte sich. Maximilian Harden, mit seiner »Zukunft« seit 1892 ein »praeceptor Germaniae«, gab 1922 auf; aber 1925 eröffnete Willy Haas mit der »Literarischen Welt« ein erstklassiges zeitgeschichtliches Literaturblatt, das bis 1934 bestand. Das neue Medium Film hatte in Berlin seine skandalumwitterten Produktionsstätten. Theater und Kabarett blühten, während gleichzeitig Arme und Verarmte an den Suppenküchen Schlange standen. Alfred Kerr, Kurt Tucholsky, Friedrich Torberg, Alexander Roda Roda, Egon Erwin Kisch, Walter Zadek, Franz Mehring, Alfred Polgar, Stefan Großmann, die Gerichtsberichterstatter Moritz Goldstein-Inquit und Gabriele Tergit, der Wirtschaftsjournalist Richard Levinsohn-Morus und viele andere brachten die von der Produktionstechnik bedingte »kleine Form« zur Meisterschaft. Die Pressevisage »als Spiegelbild der Zeitvisage« – Karl Kraus reflektierte zunehmende Gewalttätigkeit bei gleichzeitigem Rückzug in die Idylle. Vor den Revuetheatern der Großstädte passierten um 1933 die paramilitärischen Organisationen der politischen Parteien Revue. Unter der Regierung Brüning wurde im Sommer 1932 per Notverordnung fast jeden Tag eine Zeitung verboten. Der Rundfunk war schon gleichgeschaltet. Das dunkelste Kapitel der deutschen Geschichte begann nicht erst am 30. Januar 1933 mit der Machtübergabe an Hitler. Der Mythos vom »Dritten Reich« ließ für die Freiheit des Menschen, für seine Selbstentscheidung keinen Raum. Er propagierte den »Volksgenossen« als Partikel des Ganzen im Dienste der räumlichen Expansion. Gab »Lebensraum« oder entzog ihn. Diese Kasernenphilosophie stand der Hoffnung der Zeit im Judentum strikt entgegen, wie sie jüdische Journalisten als Mahner und Erinnerer zu bedenken gegeben haben, nicht zuletzt im Blitzlicht ihrer Pointen und Witze.

V. Die Nazijahre drehten die jüdische Emanzipation und den Ausgang der Deutschen aus der »selbstverschuldeten Unmündigkeit« (Kant) zurück. »Das Wort entschlief, als jene Welt erwachte«, dichtete Karl Kraus im 888. Heft der »Fackel« (Oktober 1933); aber das war ein Irrtum. In der Isolation des Exils mußte sich der Drang zur Selbstdarstellung in Wort und Schrift verstärken. Sogar die jüdische Publizistik im »Dritten Reich« verstärkte sich (Robert Weltsch) auf der geistesgeschichtlichen Linie, die Julius Goldstein mit seiner Zweimonatsschrift »Der Morgen« 1925 und Martin Buber (mit Joseph Wittig und Viktor von Weizsäcker) in der Vierteljahresschrift »Die Kreatur« (1926–29) vorgezeichnet hatten. Politische Journalisten wie Berthold Jacob und Morus (eigentlich Richard Levinsohn) verfolgte die Gestapo auch im Ausland. Zeitschriften wie »Maß und Wert« (Zürich 1937–39), »Die Sammlung« (Amsterdam 1933–35), »Das Neue Tagebuch« (Paris/Amsterdam 1933–40), »Das Wort« (Moskau) setzten die Diskussion fort. Zeitungsanspruch erhoben das »Pariser Tageblatt« (1933–36) und dessen Nachfolgerin »Pariser Tageszeitung« (1936–40), in Santiago de Chile »El Alemán Antinazi/Freie Deutsche Zeitung« (1941–45), in London »Die Zeitung« (1941–45) im Auftrag des Informationsministeriums mit über 100 Mitarbeitern, unter ihnen Monty Jacobs, Wilhelm Wolfgang Schütz, Erich Fried, Hilde Spiel und Sebastian Haffner. Man zählt über 200 Exil-Organe, meist von kurzer Dauer. In New York erwarb sich der →»Aufbau« des »Jüdischen Clubs« ab 1934 eine Sonderstellung, die er über die Jahrzehnte bewahrt hat. Manfred George und Ludwig Wronkow, Redakteur, Karikaturist und zeitweilig Vertriebsleiter zugleich, haben ihn über schwierige Jahre gebracht. Zu ihren Mitarbeitern zählten der Kunstkritiker B. F. (Benedikt Fred) Dolbin, Kurt Kersten, Carl Misch, als Wirtschaftsjournalist Herbert Weichmann, Julius Bab, Hannah Arendt, Kurt Pinthus, Max Osborn. Mit den alliierten Militärregierungen kehrten wenige deutsch-jüdische Journalisten als Presseoffiziere zurück, so Hans Habe und Hans Wallenberg in die amerikanische, Peter de Mendelssohn in die britische Zone. Alfred Kantorowicz erhielt eine sowjetische Lizenz für die Zeitschrift »Ost und West« (1947–49), der Romancier Alfred Döblin öffnete 1946 im französischen Hauptquartier, Baden-Baden, »Das Goldene Tor«. Hans Sahl machte im selben Jahr an den »Unabhängigen Blättern der jungen Generation: Der Ruf« mit. Aus Schweden kehrte Immanuel Birnbaum heim und verhalf der »Süddeutschen Zeitung« zu überregionaler Bedeutung. Die mit der Bundesrepublik 1949 gegründete »Frankfurter Allgemeine Zeitung« suchte die Tradition der »Frankfurter Zeitung«, zuletzt Verleger Heinrich Simon, wiederaufzunehmen. Der Hamburger Drucker und Verleger Axel Springer kaufte und pflegte das Erbe der Dynastie Ullstein in der Berliner Kochstraße, ohne den metropolitären Glanz erneuern und die verspielte nationale Größe restaurieren zu können. Im Zeitalter des elektronischen Journalismus und der Massenpresse ist das deutsch-jüdische Verdienst um die tägliche Information in emanzipatorischer Absicht Geschichte geworden.

L K. Koszyk, Deutsche Presse im 19. Jahrhundert, 1966. – K. Koszyk, Deutsche Presse 1914–1945, 1972. – H. Hurwitz, Die Stunde Null der deutschen Presse, 1972 – H.-A. Walter, Deutsche Exilliteratur, Band 4: Exilpresse 1933–1945, 1978. – P. de Mendelssohn, Zeitungsstadt Berlin, 1982 (überarbeitete und erweiterte Auflage).

Jordan, hebräisch Yarden, arabisch Nahr ash-Shariah, größter Fluß Israels und Jordaniens, 330 km; bildet sich im Norden des Hulatals aus den Quellflüssen Hermon (arabisch Baniyas), Dan und Senir (arabisch Hasbani), die vom Hermonmassiv kommen. Weiter abwärts fließt der Iyon (arabisch Ayun) von libanesischem Gebiet zu. Der Jordan durchfließt das Hulatal, den See Genezareth und das Ghor und mündet ins Tote Meer. Südlich des Sees Genezareth mündet von links der größte Zufluß, der Yarmouk, dessen Wasser den jordanischen Ghorkanal speist, während aus dem See Genezareth Wasser bis zum Negev abgeleitet wird. Israel stützt sich bei dieser Ableitung auf den von allen beteiligten Regierungen zunächst gebilligten Johnston-Plan von 1953, der ihm 40 Prozent des Jordanwassers zusprach. Die Arabische

Liga hat diesen Plan 1955 nachträglich verworfen und 1963/64 die Ableitung der Jordanquellflüsse auf syrischem bzw. libanesischem Gebiet beschlossen, ein wirtschaftlich ziemlich wertloses Projekt, dessen Realisierung durch die israelische Besetzung der Hermonsüdflanke seit 1967 verhindert ist. – Das Wasser des Jordan galt schon in biblischer Zeit als heilkräftig. So wurde der aramäische Hauptmann Naaman, der sich auf Veranlassung des Propheten Elisha siebenmal im Jordan wusch, von Lepra geheilt (2 Kön 5,14). Im Jordan wurde nach den synoptischen Evangelien Jesus von Johannes dem Täufer getauft. – Der Jordangraben ist ein Teil des syrisch-ostafrikanischen Grabensystems, von Grabenbrüchen begrenzt und – z. T. durch Querbrüche – gegliedert in (von Norden): →Hulatal, Bekken des Sees →Genezareth, Bet-Shean-Tal, von dem das Jesreeltal abzweigt, unteres Jordantal, →Totes Meer und →Arava.

[L] Y. Karmon, Israel. Eine geographische Landeskunde, ²1994. – Tahal, The Jordan Project, Tel Aviv 1963. (WL)

Jore Dea →Schulchan Aruch

Josef (Joseph), Sohn von →Jakob und →Rachel, Vater von Ephraim und Manasse. Die Josef-Geschichte (Gen 30; 37; ,39–50) stellt eine Lehrerzählung dar, in der Josef als der demütige Weise erscheint, hinter dessen Geschick die verborgene Führung Gottes steht. Diese Erzählung wird in der →Aggada reichlich ausgeschmückt. Josef erscheint dabei – ganz in den Zügen seines Vaters – als der Prototyp des Gerechten, den Standhaftigkeit, die Liebe zu seinem Vater und zu seinen Brüdern und politisches Talent auszeichnen. Als Ursache seiner Leiden werden die Bevorzugung durch seinen Vater und die falschen Beschuldigungen seiner Brüder genannt. Aufgrund seiner Gerechtigkeit wird er aber selbst im Brunnen bewahrt. Potifars Frau, die ihn versucht, gilt als Prototyp der unmoralischen Heidin. Josefs Heirat mit Asenat, der Tochter des ägyptischen Priesters Poti-Phera, wird insofern legitimiert, als sie zum Judentum übergetreten sei. Während seiner Zeit in Ägypten soll Josef seine Familie niemals vergessen, sondern fortwährend getrauert und gefastet haben. Nach seinem Tod wurde er, wie sein Vater, einbalsamiert und in einem Metallsarg im Nil versenkt. So sollte der Nil gesegnet werden; nach einer anderen Überlieferung wurde er in den Königsgräbern bestattet. Mose nahm Josefs sterbliche Überreste beim Auszug aus Ägypten mit. Unter den Josef-Schriften ragt besonders der jüdische Roman »Joseph und Asenat« heraus (im 2. Jahrhundert n. Z. griechisch verfaßt und in slawischen, syrischen, armenischen und lateinischen Versionen erhalten). Es ist die Geschichte von Asenat, der Tochter des Priesters von Heliopolis, Pentephres, die konvertiert und Josef, nicht aber den Sohn des Pharao, heiratet. (HMD)

Josef ben Abba Mari ibn Kaspi, Philosoph, Exeget und Grammatiker, 1279 Argentière, Südfrankreich – 1340(?). Josef ben Abba Mari ibn Kaspi war ein vielgereister Wahrheitssucher und fruchtbarer Schriftsteller. Als Bibelexeget war er ein Literalist, der natürliche Erklärungen des biblischen Wortsinns vorzog und darin ein – übrigens auch umstrittener – Vorläufer B. →Spinozas war. Als Denker neigte er dem Rationalismus zu und radikalisierte in seinen Kommentaren zu →Mose ben Maimon im Anschluß an →Schem Tow ben Josef ibn Falaquera dessen Doktrin im Sinne des aristotelischen und averroistischen Naturalismus. Z. B. behauptete er, der »Meister« habe die Ewigkeit der Welt zwar für wahr gehalten, aber aus pädagogischen Gründen verschwiegen. Kaspi bildet den Übergang zum radikalen Rationalismus von M. →Narboni und →Levi ben Gerson.

[L] I. Twersky, Josef ben Abba Mari ibn Kaspi, in: B. Blumenkranz (Hrsg.), Juifs et judaïsme de Languedoc, Toulouse 1977. (DK)

Josef ben Abraham ibn Wakar, Philosoph und Kabbalist, 14. Jahrhundert Toledo. Josef ben Abraham ibn Wakar entstammte einer Familie angesehener kastilischer Hofärzte. In seinem von G. →Vajda untersuchten unveröffentlichten arabischen Werk über die Versöhnung von Philosophie und Religion versucht Josef ben Abraham ibn Wakar, die herrschenden religiösen Ideologien des spanischen Judentums zu harmonisieren, indem er sie verschiedenen Geltungsbereichen zuordnet. So gilt nach ihm die Astrologie in der materiellen, die Philosophie in der geistigen und die →Kabbala in der göttlichen Sphäre. Josef ben Abraham ibn Wakar akzeptierte die Kabbala, allerdings nicht den Sohar, als Offenbarung. Eher von der Mystik bestimmt ist der andalusische Plagiator Josef ben Abraham ibn Wakars, Samuel ben Saadja ibn Motot, ein Philosoph, Kabbalist und Exeget der 2. Hälfte des 14. Jahrhunderts. Die Synthesen von philosophischem Rationalismus und mystischem Irrationalismus blieben jedoch erfolglos.

🄻 G. Vajda, Recherches sur la Philosophie et la Kabbale dans la pensée juive du Moyen Age, Paris 1962. (DK)

Josef ben Efraim Karo →Karo, Josef ben Efraim

Josef ben Isaak Bechor Schor, Bibelexeget, Tossafist und Dichter von Pijutim aus Orléans, 12. Jahrhundert. Schüler von →Jakob ben Meir. Als Exeget Vertreter der nordfranzösischen Schule, die sich auf →Salomo ben Isaak, Josef ben Efraim →Karo und besonders auf →Samuel ben Meir gründet. In seinen erhaltenen Kommentaren zum Pentateuch und einem Teil der Psalmen bevorzugt Josef ben Isaak Bechor Schor den einfachen Wortsinn, neigt manchmal zu eigenwilligen, wechselseitigen Interpretationen von Bibelstellen. Er ist an einigen Stellen geradezu Psychologe, rationalisiert Wunder, zeigt wenig Interesse an Grammatik und Homiletik und benutzt eine exegetische Methode der Zahlenmystik, die einen Begriff aus dem Zahlenwert der Buchstaben deutet (Gematria). Wiederholt sind zu einzelnen Versen halachische Diskussionen eingestreut. Oft findet sich eine polemische Abgrenzung gegen eine allegorisierende christliche Auslegung. Seine Talmudkommentare sind nicht erhalten. Er wird aber als Josef ben Isaak Bechor Schor von Orléans wiederholt in den →Tossafot erwähnt. Ein Teil seiner halachischen Fragen an Jakob ben Meir ist im »Sefer ha-Jaschar« erhalten. (HMD)

Josef ben Jakob ibn Zaddik, Philosoph, Richter und Dichter, gestorben 1149. Josef ben Jakob ibn Zaddik gehörte dem Dichterkreis um →Abraham ben Meir ibn Esra und Jehuda ben Samuel →Halewi an. Seit 1138 bekleidete er das Richteramt in Córdoba. Dort lernte ihn auch der junge →Mose ben Maimon kennen und schätzen. Sein in hebräischer Übersetzung erhaltener »Sefer ha-Olam ha-Katon« (»Buch des Mikrokosmos«) ist eine Belehrung über den Lebenssinn. Josef ben Jakob ibn Zaddik leitet zur Selbsterkenntnis an, weil der Mensch als getreue Miniatur der Welt auf diese Weise Welt- und Gotteserkenntnis erlangen, somit einen idealen Maßstab für sein Handeln gewinnen und glückselig werden könne. Den Weg zur Seele beschreibt Josef ben Jakob ibn Zaddik nach dem Ab- und Aufstiegsschema des jüdischen →Neuplatonismus. Er macht aber auch dazu nicht immer stimmige Anleihen beim jüdischen →Kalam, um dem ethischen Monotheismus der Bibel gerecht zu werden. Die →Tora ist nach Josef ben Jakob ibn Zaddik ein Mittel, das neuplatonische Erlösungsprogramm zu verwirklichen, wobei die positiven Gehorsamsgebote (→Saadja ben Josef) als darauf verweisende symbolische Handlungen interpretiert werden.

🄻 S. Horovitz (Hrsg.), Josef ben Jakob ibn Zaddik. Der Mikrokosmos, Breslau 1903. – G. Vajda, La philosophie et la théologie de Josef ben Jakob ibn Zaddik, in: Mélanges George Vajda, 1982. (DK)

Josef ben Meir Halewi ibn Migas, bedeutender Talmudgelehrter, 1077 Sevilla – 1141 Lucena. Schüler und seit 1103 Nachfolger von Isaak ben Jakob →Alfassi als Leiter der jüdischen Akademie in Lucena. Der Ruhm von Josef ben Meir Halewi ibn Migas, der in seinen Talmudkommentaren Deutlichkeit, Klarheit und unmittelbare Verständlichkeit anstrebte, um die religiöse Gelehrsamkeit nicht in eine Geheimwissenschaft zu verwandeln, drang bis nach Ägypten. Zu seinen Schülern gehörte der Vater des →Mose ben Maimon. Mose ben Maimon würdigte ihn als den anregendsten und überlegensten Geist, schätzte seine spekulative Beweglichkeit. Unumwunden bekannte er, daß es in der jüdischen Geschichte wahrscheinlich keinen so assoziationsfreudigen und zugleich präzisen Denker gegeben habe wie ihn. J. →Halewi widmete ihm einige anerkennend-begeisterte Verse. Seine Talmudkommentare wirkten, im 18. und 19. Jahrhundert gedruckt, bis in die Moderne nach. Mose ben Maimon behauptete von ihm: »Seinesgleichen hat es wohl vor ihm nicht gegeben.« (ES)

Josef ben Schem Tow ibn Schem Tow, Hofjude, Apologet und Philosoph, um 1400–1460. Josef ben Schem Tow ibn Schem Tow, Sohn von →Schem Tow ibn Schem Tow, verteidigte in seinem 1442 verfaßten »Kewod Elohim« (»Die Ehre Gottes«) die Nützlichkeit der rationalistischen Philosophie für das Verständnis der Offenbarung gegen seinen Vater, wenn er auch daran festhielt, daß sich ihr tiefster Sinn nur der mystischen Intuition erschließe und das Heil nicht von der Erkenntnis, sondern von der Frömmigkeit abhänge. (DK)

Josef Nassi, um 1515 Portugal – 1579 Konstantinopel. Er gehörte zu der kryptojüdischen Familie Mendes, die von Lissabon aus eines der größten internationalen Bankhäuser leitete. 1535 floh er vor der →Inquisition nach Antwerpen und arbeitete dort in der Familienbank. Als 1549 Karl V.

deren Vermögen konfiszieren wollte, flüchtete Josef Nassi nach Venedig, 1553 nach Konstantinopel. Dort bekannte er sich öffentlich zum Judentum. Sein Projekt, in Tiberias eine jüdische Kolonie zu errichten, schlug fehl. Auf seinen Rat hin – Josef Nassi war 1566 zum Herzog von Naxos ernannt worden – eroberte Sultan Selim II. 1571 Zypern. Josef Nassi, selber an jüdischer Gelehrsamkeit interessiert, betätigte sich als Mäzen und gründete eine Druckerei für jüdisches Schrifttum. Sein Vermögen wurde nach seinem Tod beschlagnahmt, da er kinderlos geblieben war. (ES)

Josel von Rosheim, auch Joselmann von Rosheim oder Josef ben Gerson Loans, bedeutendste jüdische Persönlichkeit z. Z. der Reformation, um 1478 Hagenau, Elsaß – März 1554 Rosheim. 1510 von der elsässischen Landjudenschaft zum »Vorsteher und Leiter« gewählt, erweiterte er Schritt für Schritt seinen Aufgabenbereich, bis er zum Fürsprecher aller Juden im Reich wurde. Unter wechselnden und z. T. umstrittenen Bezeichnungen (»Regierer der Jüdischkeit«, »Befehlshaber gemeiner jüdischer Nation«, »gemeiner jüdischer Anwalt«) setzte sich Josel von Rosheim für die Interessen der Juden ein und wurde in diesem Amt allmählich von Herrschern und Obrigkeiten anerkannt. Von Kaiser Karl V. erhielt Josel von Rosheim 1520 ein Privileg für ganz Deutschland und vertrat später die Juden auf den Reichstagen. 1530 Durchsetzung einer für ganz Deutschland geltenden Judenordnung. Aufgrund seines überzeugenden Eintretens konnte Josel von Rosheim mehrere Ausweisungen verhindern und gegenüber Karl V. jüdische Interessen wahren. Auf seine Veranlassung bestätigte dieser alle Privilegien und Schutzbriefe deutscher Juden. 1539 Verteidigung der Judenschaft gegen die antijüdischen Äußerungen Martin Luthers und Martin Bucers. 1541 veranlaßte Josel von Rosheim die Abschaffung der Leibzölle und der Judenabzeichen. Verhinderung der Vertreibung der Juden aus Böhmen. Überliefert sind Tagebücher und Memoiren sowie der moralphilosophische Traktat »Derech hakkodesch«. [L] R. Feilchenfeld, Josel von Rosheim, Straßburg 1898. – S. Stern, Josel von Rosheim, 1959. (RD)

Josel von Rosheim; aus einem zeitgenössischen Flugblatt

Joseph, Dov, Jurist, zionistischer und israelischer Politiker (→Mapai), 27.4.1899 Montreal. Joseph unterbrach sein Jurastudium in Kanada, um in der jüdischen Legion zu dienen. 1921 eröffnete er eine Anwaltskanzlei in Jerusalem. Der →Jewish Agency diente er als Rechtsberater (1936–1945), in der Exekutive (1945–48) und als Schatzmeister (1956–61). Im →Unabhängigkeitskrieg war Joseph Militärgouverneur von Jerusalem während der arabischen Belagerung (1948/49). Als Mitglied des israelischen Kabinetts war er u. a. Minister für Rationierung (1949/50), Kommunikationsminister (1950/51), Handelsminister (1951/52), Entwicklungsminister (1953–55) und Justizminister (1961–65). (DB/MW)

Josephthal, Giora, zionistischer und israelischer Politiker (→Mapai), 9. 8. 1912 Nürnberg – 21. 8. 1962 Luzern. Als Student in Berlin und München wurde Josephthal, der mit 17 Jahren der zionistischen Bewegung beigetreten war, in der jüdischen Sozialarbeit tätig. Nach Hitlers Machtergreifung wurde er 1933 Vorsitzender der Jugendabteilung der jüdischen Gemeinden in Bayern, 1936 Generalsekretär der Hechaluz-Organisation in Deutschland. Nach 1938 in Palästina und London, arbeitete er an der Rettung der Hechaluz-Führung aus Deutschland. 1943–45 in der britischen Armee; leitete 1945–56 die Abteilung für die Eingliederung von Immigranten der →Jewish Agency; 1952 Leiter der israelischen Delegation bei den Wiedergutmachungsverhandlungen mit der Bundesrepublik Deutschland; 1959 in die Knesset gewählt; 1960/61 Arbeitsminister und 1961 bis zu seinem Tod Entwicklungsminister. (DB/MW)

Josephus (Josef ben Matthitjahu ha-Kohen); mit römischem Namen (nach Erlangung des Bürgerrechts) Josephus Flavius, bedeutender jüdischer Historiker, 37/38 Jerusalem – nach 100 Rom. Entstammte jüdischem Priesteradel, schloß sich bereits in jungen Jahren den →Pharisäern an, wirkte 64–66 in diplomatischer Mission erfolgreich in Rom, nahm nach seiner Rückkehr am großen jüdischen Aufstand (66–73/74) teil und erhielt das Kommando der Festung Jotapata in Galiläa. Nach deren Kapitulation – die Rolle des Josephus dabei bleibt undurchsichtig – und seiner Gefangennahme (67) weissagte Josephus dem römischen Oberkommandierenden →Vespasian die Kaiserwürde und wurde bereits 69 freigelassen. Im Gefolge des →Titus erlebte Josephus die Eroberung Jerusalems und die Zerstörung des Tempels und ging dann nach Rom, wo er als kaiserlicher Pensionär zahlreiche literarische Werke verfaßte. Diesen allen war der Versuch gemeinsam, der Welt des griechisch-römischen Heidentums Geschichte, Religion und Kultur der Juden verständlich zu machen und so eine Aussöhnung zwischen der römischen Weltmacht und dem laut Josephus verkannten und deshalb verfolgten Judentum zu erreichen. Sein literarisches Werk ist vermutlich komplett erhalten: sieben Bücher »Über den jüdischen Krieg«, zuerst aramäisch, später griechisch verfaßt; 20 Bücher »Jüdische Altertümer«, eine Darstellung der Geschichte und Kultur der Juden von den Anfängen bis zum Ausbruch des großen jüdischen Aufstands; »Gegen Apion«, eine Apologie gegen zeitgenössische judenfeindliche Äußerungen; eine Art Autobiographie, später den »Jüdischen Altertümern« angefügt. Alle seine Werke dienten auch der Rechtfertigung des eigenen Handelns und zeigen eine Distanzierung gegenüber der Synagoge und den jüdischen wie christlichen apokalyptischen Strömungen. Die Kriegsgeschichte in seinen Werken wurde im 4. Jahrhundert ins Lateinische übersetzt und unter dem Namen Hegesippus veröffentlicht; im Mittelalter nahm das Judentum sein Werk unter dem Namen Josippon wieder auf.

L R. Laqueur, Der jüdische Historiker Flavius Josephus, 1920. – A. Momigliano, Die Juden in der Alten Welt, 1988. (HC)

Josephuslegende. Die Christen machten Flavius →Josephus nachträglich zum Kronzeugen für das von den Römern an den Juden vollzogene Strafgericht. Daher kam es zu einer reichen Legendenbildung, der der Zyklus →Vindicta Salvatoris und die eigentliche Josephuslegende entstammen. Sie entstand durch die Übertragung einer aggadischen Überlieferung des Talmuds von der Heilung des Kaisers →Vespasian durch Rabbi Jochanan ben Zakkai auf →Titus und Josephus. Danach heilte Josephus den Römer Titus von einem Beinleiden, das diesen aus Freude über die Kaisererhebung Vespasians befallen hatte. →Eike von Repgow behauptete dementsprechend, Vespasian habe den Juden aus Dank für die Heilung seines Sohnes den noch zu seiner Zeit geltenden Königsfrieden gewährt. Der Schwabenspiegel kannte neben dieser Überlieferung noch die andere, daß Josephus von Titus Begünstigungen für die Juden erwirkt und dieser sie für alle Zeit der kaiserlichen Kammer überantwortet habe.

L H. Schreckenberg, Josephus und die christliche Wirkungsgeschichte, in: H. Temporini/W. Haase (Hrsg.), Aufstieg und Niedergang der römischen Welt, Band 21, 1984. (FL)

Jost, Isaak Markus, Historiker und Pädagoge, 22. 2. 1793 Bernburg, Anhalt – 20. 11. 1860 Frankfurt am Main. 1809 erster Jude in der Prima des Braunschweiger Gymnasiums; seit 1813 Studium der Philosophie in Göttingen und Berlin; seit 1816 Leiter der »Bockschen Privatbürgerschule« (Jüdische Simultanschule). Von 1819 bis 1821 war Jost Mitglied im →Verein für Cultur und Wissenschaft der Juden; 1835 Berufung an das Frankfurter →Philanthropin, wo er bis zu seinem Tod tätig war. In der Tradition der Aufklärungshistorik stehend, kommt seinem Werk bleibende Bedeutung auf dem Gebiet der modernen jüdischen Historiographie zu. Jost war der erste jüdische Geschichtsforscher der Neuzeit, der den Versuch einer Darstellung der Gesamtgeschichte der Juden unternommen hat. Hauptwerke: »Geschichte der Israeliten von der Zeit der Makkabäer bis auf unsere Tage« (1820–28), »Geschichte des Judentums und seiner Sekten« (1857–59).

L G. Herlitz, Three Jewish Historians, Isaak Markus Jost – Heinrich Graetz – Eugen Täubler, in: Year Book Leo Baeck Institute 9, 1964. (JÖD)

Josua →Hebräische Bibel

Jotzer (auch Jozer; Plural Jotzerot, hebräisch »Schöpferhymnen«), Serie von Pijutim (→Pijut) zu den →Berachot (»Benediktionen«) des →Schema Jisrael beim Morgengebet (→Schacharit) des Sabbats oder der Festtage, benannt nach den Anfangsworten »Jotzer Or u-bore Choschech« (»Der Licht bildet und Finsternis schafft«) des ersten Pijuts. Die Jotzer gilt nach der →Kerowa als einer der ältesten Pijutim. Ursprünglich wohl gedacht als Ersatz der Schema-Benediktionen, dann aber zu deren Ausschmükkung geworden. Traditionell besteht eine Serie von Jotzerot aus folgenden Elementen: Vor dem Schema: »Jotzer« oder »Guf ha-Jotzer« (»Schöpferhymnus«); »Ofan« (»Engelsgedicht«); »ha-Meora« (»Lichtgedicht«); »Ahawa« (»Gedicht von der Gottesliebe«). »Meora« und »Ahawa« fehlen oft in italienischen und deutschen Pijutim. Nach dem Schema: »Sulat« oder »Emet« (»Bekenntnisgedicht«); »Mi kamocha« (»Gottesverherrlichung«); »Adonai malkenu« oder »Geula« (»Erlösungsgedicht«). (HMD)

Jourdan, Berta, Pädagogin, 21. 6. 1892 Frankfurt am Main – 4. 12. 1981 Frankfurt am Main. Nach dem Besuch der Volksschule und des jüdischen Mädchenpensionats Ausbildung und nachfolgend Beschäftigung als Lehrerin an der Frankfurter Anna-Schule. Seit 1917 SPD-Mitglied, 1924–32 Stadtverordnete von Frankfurt, 1928–33 Abgeordnete des Preußischen Landtags mit den Arbeitsschwerpunkten Schul- und Lehrerinnenpolitik. 1938 Emigration nach Rhodesien, 1942–65 Behindertenlehrerin in Bulawayo, 1944–57 UN-Berichterstatterin für rhodesische Schulfragen. 1966 Rückkehr nach Frankfurt am Main.
Ⓛ C. Wickert, Unsere Erwählten. Sozialdemokratische Frauen im Deutschen Reichstag und im Preußischen Landtag, 2 Bände, 1986. (CW)

Juda (Namensetymologie Gen 29,35), 1. Vierter Sohn →Jakobs und Leas, der beim Verkauf →Josefs eine entscheidende Rolle spielte und später Wortführer der Brüder in Ägypten war. Weil seine Schwägerin Tamar die →Leviratsehe forderte, wurde er Vater von Perez und Serach (Gen 38). Im Jakobssegen wird Juda die Führung des Volkes versprochen.
2. Name des Stammes, der zahlenmäßig zwar sehr groß war, beim Exodus in der Wüste die Führung übernahm, sich an der Eroberung des Westjordanlands beteiligte, sein Gebiet durch Los erhielt, sich aber gegen sein Nachbarvolk, die Philister, nicht durchsetzen konnte und deshalb nur im Bergland siedelte. Da auch der Stamm Simeon und andere Gruppen in diesem Gebiet lebten, ist weniger von einem Stamm Juda als von einer größeren Gruppierung (Haus Juda) zu sprechen. Auch wenn Otniel, der erste Richter, aus dem Stamm Juda kam, so ist über Juda aus der Richterzeit (um 1200–1000 v. Z.) wenig bekannt. Juda ist im Debora-Lied (→Debora) nicht erwähnt. Erst mit →David, dem König über Juda, wurde es zum Kerngebiet des neuen Reiches Israel. Nach dessen Zerfall durch den Abfall Israels, d. h. der Nordstämme vom Haus David (aus judäischer Sicht), wurde Juda die Bezeichnung für das Südreich.
3. Name des Königreichs im Süden, das die Gebiete der Stämme Juda, Benjamin, Simeon umfaßte, die Hauptstadt Jerusalem mit dem Tempel beibehielt und sich auf die davidische Dynastie berief. Die Folgezeit ist durch die Spannungen zwischen Nord- und Südreich und die Kämpfe mit den Aramäern gekennzeichnet. 733/32 v. Z. wurden Juda und Israel Vasallen der Assyrer unter Tiglatpileser. Während Israel 722 v. Z. von ihm erobert wurde und unterging, zahlte Juda Tribut. Anschließend lavierte es zwischen den Großmächten an Nil und Euphrat, war abhängig von Assyrien und später Babylonien, sympathisierte aber immer wieder mit Ägypten. Nach wiederholtem Abfall von Babylon zog Nebukadnezar gegen Juda, das sich 597 v. Z. kampflos ergab. Ein Teil der Bevölkerung wurde deportiert und ein neuer König eingesetzt. Nach nochmaligem Abfall von Babylon wurde Juda 587/86 v. Z. erobert, Jerusalem belagert, mit ihm der Tempel zerstört und weitere Teile der Bevölkerung ins Exil verschleppt. Der südliche Teil des Gebiets wurde zu der späteren Provinz Idumäa geschlagen, der nördliche zu Samaria. (HMD)

Judäa, hebräisch Yehuda, der mittlere Teil des Berglands von Israel und besetztem Westjordanland, zwischen Samaria im Norden und dem Negev im Süden, von Westen nach Osten gegliedert in das Vorhügelland Shefela mit dem städtischen Zentrum Qiryat Gat (52 000 Einwohner), das Bergland Har Yehuda und die Judäische Wüste Midbar Yehuda, die steil zum Jordangraben abfällt. Die Niederschläge nehmen von Norden nach Süden und von Westen nach Osten stark ab. Das Bergland um die Universitätsstadt Ramallah (45 000 Einwohner) im Norden und um →Hebron im Süden wird vorwiegend von Arabern bewohnt, die Regenfeldbau betreiben. Seine höchsten Höhen übersteigen 1000 m knapp. Der mittlere Teil mit Jerusalem liegt etwas tiefer. – Judäa war ursprünglich die Bezeichnung für das jüdische Siedlungsgebiet um Jerusalem nach der Babylonischen Gefangenschaft, später für das Reich Herodes' des Großen, das etwa Palästina umfaßte. Seit 67 n. Z war Judäa römische Provinz. Der größte Teil des Gebiets war seit 1948 von Jordanien annektiert (offizieller Verzicht 31. 7. 1988) und kam 1967 unter israelische Verwaltung. Im Zug des nahöstlichen Friedensprozesses räumte Israel 1995 Ramallah und Bethlehem und 1997 den größten Teil von Hebron.

🄻 Y. Karmon, Israel. Eine geographische Landeskunde, ²1994. (WL)

Juda ben Barsillai Al Barceloni ha-Nassi, Rabbiner von Barcelona, Besitzer einer umfangreichen Bibliothek, 11./12. Jahrhundert. In seinen halachischen Werken stützte sich Juda ben Barsillai Al Barceloni ha-Nassi auf Isaak ben Jakob →Alfassi, Samuel ibn Nagrela, Isaak ben Juda ibn Ghajjat und Isaak ben Baruch Albalia. Durch seine vielen Zitate sind seine Werke eine wichtige Quelle für gaonäisches und zeitgenössisches Material. Sie waren aber so um-

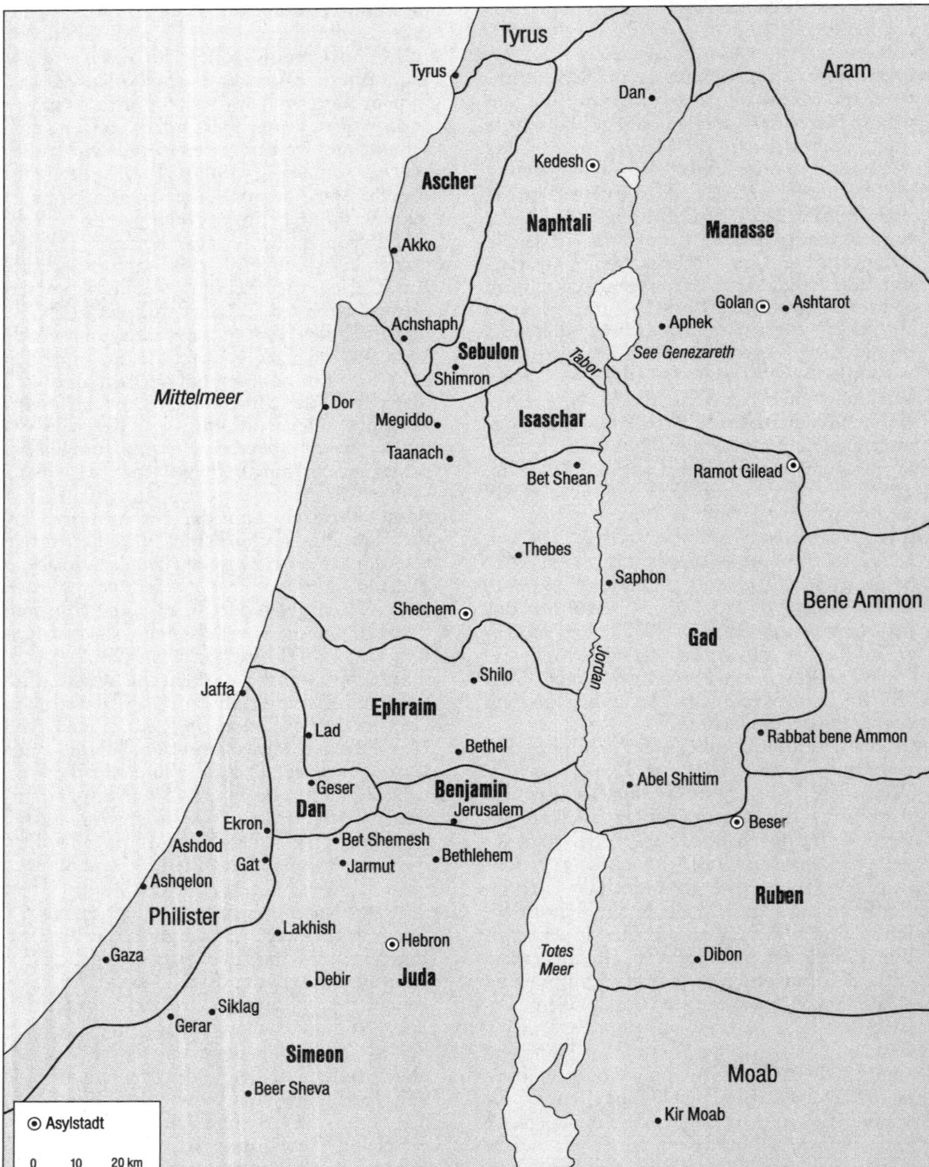

Die zwölf Stämme Israels (nach Jos 13–19).

fangreich, daß sie wenig Verbreitung fanden. Dennoch wurden sie bis um 1600 zitiert, u. a. von Abraham ben Isaak von Narbonne, den Schülern →Salomos ben Isaak und →Abrahams ben David aus Posquières. Zu seinen Werken gehören der »Sefer ha-Ittim« (»Buch der Zeiten«), in dem Sabbat, Festtage und jüdische Kalender behandelt werden, die Schrift »Jichus Scheer Basar«, die Heirat und Privatrecht abhandelt, der »Sefer ha-Din« (Zivilrecht), von dem nur der Teil »Sefer ha-Schetarot« publiziert ist, und ein Kommentar zum »Sefer Jezira« (→Kabbala), in dem Juda ben Barsillai Al Barceloni ha-Nassi ausführlich aus den »Zwanzig Traktaten« (»Ischrun Makalat«) des Al-Mukammi und aus dem Kommentar von →Saadja ben Josef zitiert. (HMD)

Juda ben Samuel he-Chassid (»der Fromme«) aus Regensburg, Begründer des aschkenasischen →Chassidismus, um 1150 bis 1217. Über sein Leben gibt es nur Legenden aus dem 15./16. Jahrhundert. Demnach war er ein bescheidener Mann und ein mystischer Wundertäter. Beeinflußt von talmudischer Gelehrsamkeit und spanischer →Kabbala legte er sein Schwergewicht auf das Gebet, suchte darin die mystische Verbundenheit mit Gott und bezweckte die Heiligung des religiösen wie profanen Lebens durch Askese und Demut. Von seinem wichtigsten Werk, »Sefer ha-Kawod« (»Buch der Herrlichkeit«), existieren nur noch Zitate bei späteren Autoren, vor allem bei seinem Schüler →Eleasar ben Juda aus Worms. Zu den wenigen erhaltenen Werken gehören »Sod ha-Jechud« (»Geheimnis der Einheit«) und Auslegungen zu einigen Pijutim (→Pijut). Wahrscheinlich geht der »Sefer Chassidim« (»Buch der Frommen«), das klassische, einflußreiche Werk des deutschen →Chassidismus, auf Juda ben Samuel he-Chassid zurück. (HMD)

Judaica. Der seit der Frühen Neuzeit in der wissenschaftlichen Literatur gängige Sammelbegriff umfaßt zunächst Schriften über das Judentum, auch von nichtjüdischen Autoren. Seit der Einführung Jüdischer Museen findet dieser Begriff vorwiegend als Abstractum jüdischer Zeremonialobjekte seine Anwendung. (AN)

Judaisieren, als Nichtjude oder Konvertit jüdische Bräuche und Riten pflegen oder an ihnen teilnehmen. Das Judaisieren, erstmals in Gal 2,14 erwähnt, wird im 4. Jahrhundert in Konzilsbeschlüssen zunehmend verurteilt. Im 7. Jahrhundert finden sich in westgotischen Konzilien und Königsedikten strenge Verbote, die zwangsbekehrte Neuchristen an der Rückkehr zum Judentum hindern. Merowingische Synoden und die Judenrechtssammlungen der Erzbischöfe von Lyon →Agobard und →Amolo wandten sich gegen die Teilnahme an Festen und Mahlzeiten der Juden, z. T. auch gegen das Einhalten der Sabbatruhe, um den angeblich überhandnehmenden jüdischen Einfluß einzudämmen. Die Wiederaufnahme derartiger Bestimmungen in die Sammlungen →Burchards von Worms, →Ivos von Chartres und →Gratians spricht für die Fortdauer entsprechend enger Kontakte zwischen Juden und Christen. Seit Mitte des 12. Jahrhunderts wurde Judaisieren auch mit Zinswucher gleichgesetzt. Seit dem Hochmittelalter beschuldigten kirchliche Würdenträger immer wieder auch Ketzer- und Reformbewegungen oder innerkirchliche Gegner des Judaisierens. Mit neuerlich erzwungenen Massentaufen von Juden in Spanien ergab sich hier wiederum das Problem der judaisierenden Neuchristen, dem die katholischen Könige seit 1481 mit Inquisition, Ketzerverbrennung und schließlich Ausweisung der Glaubensjuden zu begegnen suchten. (FL)

Judaistik →Wissenschaft des Judentums

Judenbischof (Episcopus Iudaeorum), der von der christlichen Obrigkeit eingesetzte oder bestätigte Vorsteher örtlicher oder regionaler Judenschaften. Der Judenbischof wird erstmals im Privileg König Heinrichs I. für Worms, seit Mitte des 12. Jahrhunderts in England bezeugt. Die Amtsaufgaben des Judenbischofs umfaßten die Vertretung gegenüber der christlichen Obrigkeit sowie Verwaltung und Gerichtsbarkeit innerhalb der Gemeinde. Judenbischöfe sind in Worms bis 1792 nachzuweisen, in Köln 1135/1159–1417, in Mainz von etwa 1280 bis ins 14. Jahrhundert, in Trier um 1250, in Nürnberg 1314, in Speyer 1333. Neben den Judenbischöfen bestanden Judenräte bzw. -kapitel. In Worms trug seit 1312 einer von zwölf Vorstehern den Titel Judenbischof. Dieses Amt wechselte jährlich; auch in Köln wurde die Amtszeit des Judenbischofs laut erzbischöflichem Privileg von 1252 auf ein Jahr beschränkt, konnte aber verlängert werden. Der Judenbischof konnte gleichzeitig auch Rabbiner einer Gemeinde sein.

Ⓛ E. Carlebach, Rechtlich-soziale Verhältnisse der jüdischen Gemeinden Speyer, Worms und Mainz, 1901. (FL)

Judenchristen. Mit der von Paulus von Anfang an betriebenen Heidenmission entstand innerhalb des noch jungen Christentums eine Gruppe, die aufgrund ihrer jüdischen Herkunft von der christlichen Kirche die Bezeichnung »Judenchristen« erhielt und zunehmend häretischer Anschaungen verdächtigt wurde. Dabei hatte das Apostelkonzil des Jahres 48 den Judenchristen ausdrücklich zugebilligt, sich an das jüdische Gesetz als ihre ursprüngliche Lebensform halten zu dürfen. Ihre Aufspaltung in zahlreiche Glaubensrichtungen und die Beschränkung auf Palästina hatten ihre Bedeutung stark reduziert, so daß die Rabbinen ihnen kaum Aufmerksamkeit schenken mußten. Die wichtigsten Gruppen der in den jüdischen Quellen →Minim genannten Judenchristen waren die Ebioniten (Ebionäer), die nur das Matthäusevangelium in seiner hebräischen Version als echt anerkannten, die Nazaräer (Nazoräer), die sich an die Regelungen des Apostelkonzils hielten, und eine Mehrheit unter den Judenchristen, für die im Gegensatz zu den Ebioniten Christus Gottes Sohn und damit Gott war. Im 4. Jahrhundert n. Z. gab es in Palästina nur sehr wenige judenchristliche Gemeinden, die Judenchristen waren für die christliche Kirche eher Museumsstücke und lediglich historisch interessant, während das Hauptproblem die jüdische Mission unter den Christen und die Anziehungskraft jüdischer Riten und Lebensformen auf die Christen war. (HC)

Judeneid. Die aus dem Mittelalter stammende Rechtsform des »more judaico« bezeichnet die den Juden aufgezwungene Form des Eids. Von der christlichen Umwelt wurden Vorwürfe und Anschuldigungen erhoben, nach denen Juden sich von einem geleisteten Eid nachträglich lösen könnten bzw. daß der gegenüber einem Andersgläubigen vollzogene Eid keine Gültigkeit besitze. Um der Gefahr des »Meineids« zu begegnen, wurden demütigende und entehrende Zeremonien mit langen und schweren Selbstverfluchungsformeln erdacht. Der Schwörende mußte z. B. mit einem Dornenkranz ins Wasser steigen, drei Mal auf sein Glied spucken und schwören, nicht die Unwahrheit zu sagen. Andere Zeremonien sollten Juden religiös verletzen; so zielte die Vorschrift, beim Vollzug des Eids barfuß auf einer blutigen Schweinshaut stehen zu müssen, auf das jüdische Tabu des Schweinefleisch- und Blutgenusses. Die Diskussion über die Abschaffung des Judeneids im 18. und 19. Jahrhundert, die eine umfangreiche Literatur hervorbrachte, war Bestandteil der aufgeklärten Diskussion über die Emanzipation der Juden. Die formelle Aufhebung des Judeneids in den deutschen Ländern vollzog sich zwischen 1813 (Baden) und 1869 (Preußen).

[L] V. Zimmermann, Die Entwicklung des Judeneids, 1973. (JÖD)

Judenfeindschaft →Antisemitismus, →Kirche und Judentum

Judenfleck →Judenkennzeichnung

Judengasse →Ghetto

Judengeleit →Leibzoll

Judengesetz von 1847. In seiner ursprünglichen Planung versuchte König Friedrich Wilhelm IV. mit diesem Gesetz die in einzelnen Teilen der preußischen Monarchie gültigen staatsbürgerlichen Rechte der Juden zu reduzieren und ihnen korporative Rechte einzuräumen. Der Vereinigte Landtag 1847 billigte jedoch nur die Bestimmung zur Bildung von Synagogengemeinden bzw. -bezirken, die bis zum Ende der Weimarer Republik für →Preußen verpflichtend blieb, und den Gemeindezwang, der 1876 aufgehoben wurde. Das Gesetz vereinheitlichte die bis dahin gültigen 22 verschiedenen Judenordnungen der preußischen Provinzen. Es stellte Juden in ihren Rechten und Pflichten den christlichen Untertanen gleich, schuf aber doch rechtliche Ausnahmeregelungen. Zudem legte es für das Großherzogtum →Posen eine gesonderte Rechtsordnung fest, die für 80 Prozent der dortigen jüdischen Bevölkerung die Freizügigkeit, das städtische Bürgerrecht, die Freiheit der Eheschließung und die Gewerbefreiheit einschränkte.

[L] A. Brammer, Judenpolitik und Judengesetzgebung in Preußen 1812–47, 1987. (AH)

Judenhut →Judenkennzeichnung

Judenkennzeichnung. Der Brauch, Andersgläubige durch bestimmte Auflagen hinsichtlich ihrer Kleidung zu äußerlicher Unterscheidbarkeit zu zwingen, reicht bis ins 7. Jahrhundert zurück, wo er erstmals bei islamischen Herrschern festzustellen ist. Im Abendland hat dann Innozenz III. auf dem 4. Laterankonzil von 1215 für Juden und Sarazenen äußere Kenntlichmachung gefordert, ohne jedoch eine bestimmte Art der Kennzeichnung festzulegen. Als Begründung führte der Papst an, es solle eine »irrtümliche« geschlechtliche Vermischung verhindert werden. Die Kennzeichnung wechselte in Form und Farben je nach Land und Mode: Streifen (England), kreisförmiges Zeichen (Frankreich), Hut und langer Mantel (Kastilien), gelbes Rad und Kappenmantel (Aragón). Weit verbreitet war seit dem 13. Jahrhundert, vor allem im Deutschen Reich, der spitze Hut, der ursprünglich ein jüdisches, nicht oktroyiertes Kleidungsstück war, jedoch mit zunehmender Wandlung zum stigmatisierenden Zeichen von den Juden abgelehnt wurde. Seit dem 15. Jahrhundert traten der an der Brust befestigte gelbe Ring oder Fleck bei Männern und blaue Fäden an der Kopfbedeckung bei Frauen (Vorschrift des →Nikolaus von Kues) hinzu, daneben gab es zahlreiche lokale Sonderbestimmungen in den städtischen Kleiderordnungen. Neben das Motiv, unstandesgemäße Pracht und Luxus zu unterbinden, trat das Bestreben, die Juden als begehrtes Steuerobjekt durch die äußere Kennzeichnung besser überwachen zu können. Mit der Reichspolizeiordnung Kaiser Karls V. von 1530 wurde die Bestimmung, »daß die Juden einen gelben Ring an dem Rock oder Kappen allenthalben zu ihrer Erkenntnis öffentlich tragen«, zum allgemein geltenden Reichsrecht. Der aufgeklärte Absolutismus des 18. Jahrhunderts schaffte die Judenkennzeichen an der Kleidung ab (Österreich 1780, Preußen 1790) und forderte, weitergehend, von den Juden, sich auch in Haar- und Barttracht an ihre nichtjüdische Umgebung anzupassen. Mit Gesetz vom 15. 9. 1941 ordnete die nationalsozialistische Regierung an, daß alle Juden im Deutschen Reich vom sechsten Lebensjahr an einen gelben Stern in Form des Davidssterns (→Magen David) mit der Aufschrift »Jude« in pseudo-hebraisierenden Lettern sichtbar zu tragen hatten (zuvor unter deutscher Besatzung bereits im Oktober 1939 in Polen, im Juli 1941 in den baltischen Staaten eingeführt).

L G. Kisch, The Yellow Badge in History, in: G. Kisch, Forschungen zur Rechts-, Sozial- und Wirtschaftsgeschichte der Juden, 1979. – F. Singermann, Die Kennzeichnung der Juden im Mittelalter, 1915. (PAU)

Essay

Judengesetzgebung

Friedrich Battenberg

Die im deutschen Sprachraum wirksam gewordene Judengesetzgebung beruhte auf der Vorstellung, daß es sich bei den Juden um eine abgegrenzte, durch religiöskulturelle, später auch rassische Merkmale hervorgehobene Bevölkerungsgruppe handele, die einem Sonderrecht zu unterwerfen sei. Sie entsprach wechselnden Motiven, die in außerrechtlichen Vorstellungskomplexen (Ideologien) kirchlicher und staatlicher Herkunft ihre Grundlage hatte. Ging es anfangs besonders um Verhinderung jüdischer Missionierung (Proselytismus) und Sicherstellung von Bekehrungschancen gegenüber Juden (christliche Missionierung), teilweise auch um den Schutz der Juden vor existenzbedrohenden Angriffen, so traten im Lauf der Zeit Gesichtspunkte der Repression und Rechtsminderung in den Vordergrund. Hinzu kamen Vorstellungen, eine einheitliche Untertanenschaft herzustellen und überterritoriale Verbindungen zu verhindern, ferner Interessen zum Schutz des Rechtsverkehrs, besonders der nichtjüdischen Geschäftspartner, und schließlich seit der Aufklärungszeit Erziehungsgedanken und Gesichtspunkte der Gleichstellung mit der nichtjüdischen Umgebung. Die Judengesetzgebung für den engeren deutschen Bereich begann mit den karolingischen Kapitularien und den Konzilsbeschlüssen der Kirche. Diese müssen ebenso wie die Gesetze der Folgezeit vor dem Hintergrund der spätrömischen Kodifikationen und der älteren Konzilsgesetzgebung gesehen werden, da sie überwiegend nicht neues Recht setzten, sondern an deren Rechtsgehalt anknüpften. Zu beachten ist das bis 438 im →Codex Theodosianus kodifizierte spätrömische Kaiserrecht, in dem z. B. erstmals die Errichtung neuer Synagogen und die Bekleidung öffentlicher Ämter durch Juden verboten wurde; die Judengesetzgebung der römischen Synoden seit Elvira um 306 bis ins späte 5. Jahrhundert mit ihren zahlreichen Bestimmungen zur Separierung der jüdischen Gemeinschaft; die Judengesetzgebung der gallo-fränkischen Synoden und Könige aus der Zeit von 506 bis 626, nach der besonders die Übernahme von öffentlichen Ämtern durch Juden ausgeschlossen wurde; der →Codex Justinianus von 534 mit seinem Verbot für Juden, christliche Sklaven zu halten; die in der →Lex Visigothorum zusammengefaßten Judenverordnungen westgotischer Könige der Zeit von 586 bis 702, die immerhin seit dem 4. Toletanum 633 ein Verbot der Zwangstaufe von Juden festlegten. Schließlich müssen die Entscheidungen Gregors des Großen zum Judenrecht herangezogen werden, durch die die justinianischen Gesetze modifiziert wurden. Die endgültige kanonische Ausprägung fand das Judenrecht im Decretum →Gratians von 1140–42, in neuen Dekretalen, in den Kompilationen der Jahre 1191 bis 1226 und im →Liber Extra von 1234. Im Anschluß an die hier aufgenommenen Bestimmungen des 5. Lateranums läßt sich in der damit im wesentlichen abgeschlossenen Judengesetzgebung der Kirche eine Akzentverlagerung beschränkender Bestimmungen beobachten. Die vier maßgebenden Konstitutionen des Lateranums mit ihrer Beschränkung der Zinsdarlehen, der Festlegung einer Kennzeichnungspflicht, dem Verbot der Ausübung öffentlicher Ämter und der Sicherung des Neuchristentums machten deutlich, daß die Kirche jetzt schärfer als bisher die Juden als besondere soziale Gruppe aus der christlichen Gesellschaftsordnung ausgrenzen wollte. Zunächst wurde die kanonische Judengesetzgebung in England und Frankreich übernommen; im späteren 13. Jahrhundert gewann sie auch im Heiligen Römischen Reich größeren Einfluß. Das aus anderen Erwägungen heraus entstandene kaiserliche Judenrecht setzte von Anfang an stärker beim Judenschutz an und geriet spätestens mit Agobard in Konflikt mit der Konzilstradition. Der Schutz des Handels, der sich überwiegend in jüdischer Hand befand, gebot einen in Schutzbriefen wahrgenommenen Judenschutz zugunsten einzelner jüdischer Kaufleute und Kaufmannsgemeinschaften (so Ludwig der Fromme). Erst die den 1. Kreuzzug 1096 begleitenden Massaker an den Juden veranlaßten Kaiser Heinrich IV., die bedrohte Judenschaft durch Aufnahme in den Landfrieden generell in Schutz zu nehmen (erstmals 1103). Die weitere Entwicklung, die im rheinfränkischen Landfrieden Friedrichs I. von 1179 erreicht war, wies die Juden als der kaiserlichen Kammer zugehörig aus und legitimierte daraus die Gewährung von Schutz (ähnlich gleichzeitig Heinrich II. in England). Die auf diese Weise erreichte Konzentration des Judenschutzes in königlicher Hand ermöglichte eine Relativierung der kirchlichen Konzilstradition.

Die Zeit der →Kammerknechtschaft begann im wesentlichen mit einem Privileg Kaiser Friedrichs II. von 1236, das die bisherige Entwicklung der kaiserlichen und päpstlichen Judengesetzgebung zusammenfaßte. Ihm zufolge wurden die Juden als »Sklaven« dem kaiserlichen Fiskus zugeordnet (servi camerae nostrae). Doch bedeutete die Kammerknechtschaft zunächst noch keine Rechtsminderung, sondern bot dem kaiserlichen Hof nur die Handhabe zu verstärkter Besteuerung der Juden. Die Einführung des Goldenen Opferpfennigs 1342 als einer Kopfsteuer für Juden durch König Ludwig, die Auferlegung von Konzils- und Krönungssteuern durch König Sigismund und die Praxis spezifischer Gerichtszuständigkeit der Juden seit König Ruprecht waren spätere Konsequenzen der Kammerknechtschaft. Die von Sigismund 1415 erlassene Judenordnung für die Juden des Reichs vermochte demgegenüber keine dauernde Wirkung zu entfalten.

Nach der Goldenen Bulle von 1356 erhielten die Kurfürsten generell das Judenregal, während andere Landesherren und Städte von Fall zu Fall damit begünstigt wurden. Diese Aufweichung der Judengesetzgebung hatte für die Juden beträchtliche Unsicherheiten zur Folge und erleichterte die in großem Stil angelegten Judenvertreibungen des 15./16. Jahrhunderts. Sie ermöglichte König Wenzel u. a. auch die sogenannten Judenschuldentilgungen, die eine ökonomische Ausblutung der deutschen Judenschaft bewirkten. Angesichts dieser Situation kam der päpstlichen Judengesetzgebung einige Bedeutung zu. Besonders im Fall der Ritualmordbeschuldigungen gelang es einzelnen Judengemeinden, die päpstliche Schutzherrschaft gegen Eingriffe weltlicher Herrscher zu aktivieren. Dies geschah vor allem durch die immer wieder erneuerten sogenannten →Sicut-Iudaeis-Bullen, die den minderen, aber erhaltenswerten Rechtsstatus der Juden festschrieben und jeden Taufzwang ablehnten. Die ursprünglich nur in Spanien geltende Bulle Papst Benedikts XIII. vom Mai 1415 faßte nochmals die gesamte kanonische Judengesetzgebung zusammen, indem sie vor allem den Schutz der Gläubigen gegen jüdische Einflüsse verfügte, aber auch die religiösen Freiheiten der Juden garantierte. Einschränkend wurde ihnen die Ausübung richterlicher Funktionen, die Errichtung und Verschönerung von Synagogen und die Einstellung christlicher Diener untersagt. Neu war die Unterbindung jeglichen Geschäftskontakts zwischen Juden und Christen. Bereits das Basler Konzil nahm 1434 die Repressionspolitik Benedikts wieder auf, und Papst Eugen IV. erneuerte darüber hinaus in einer Bulle von 1442 die älteren und zum Teil wieder vergessenen Separationsvorschriften gegenüber Juden. Insgesamt ging im 15. Jahrhundert die Bedeutung päpstlicher und konziliarer Judengesetzgebung zurück. Im Trienter Konzil fand sie 1547 für den deutschen Bereich einen Abschluß.

Die Rezeption des römischen Rechts verbesserte die Rechtsstellung der Juden insofern, als sie von nun an als Bürger behandelt wurden, die vor Gericht die gleichen Rechte wie die Christen genossen. Das Bestreben der Landesherren und der städtischen Obrigkeiten, ihre Herrschaft rational zu begründen, führte dazu, daß die Juden einem territorial einheitlichen Recht unterworfen wurden. Besonders in den protestantisch gewordenen Territorien wurde das Verhältnis zu den Juden neu definiert (unter dem Einfluß Luthers meist repressiv) und gesetzlich verankert. Die Judenordnung Philipps des Großmütigen für die Landgrafschaft Hessen von 1539, weitgehend auf dem Gutachten des Reformators Martin Bucer beruhend, wurde zum Vorbild zahlreicher späterer →Judenordnungen. In den katholischen Gebieten gab es seltener Judenordnungen. Von Bedeutung waren die Ordnungen von 1553 für Bayern, von 1599 für Kurköln und von 1619 für Kurtrier. Da in den größeren Städten kaum mehr Juden ansässig waren, gab es nur noch wenige städtische Judenordnungen. Zu erwähnen sind das 1524/41 erlassene »Gedinge« der Reichsstadt Worms, die »Judenstätigkeit« von 1624 in Wetzlar sowie die 1617 für Frankfurt erlassene und 1701 vom Kaiser bestätigte »Judenstätigkeit«. Für die Juden sehr günstige Rechtsbestimmungen hatte das 1719 vom Domstift Bamberg erlassene Fürther Judenreglement. In die gleiche Reihe der voremanzipatorischen Ordnungen gehören noch die Generalprivilegien für Brandenburg-Preußen von 1730, 1737 und 1750 sowie die Ordnung für die elsässischen Juden von 1784. Demgegenüber brachte die Judengesetzgebung auf Reichsebene (Abschiede von 1530, 1548 und 1551, Reichspolizeiordnung von 1577) nur Rahmenregelungen, die von der Landesgesetzgebung aufgenommen werden konnten. Die Gesetzgebung der Judenordnungen erfaßte nur die wichtigsten Rechtsbereiche im Verhältnis zwischen Juden und Christen. Überwiegend wurde der Geschäftsverkehr (Zinsen, Beurkundungen, Kaufgeschäfte) geregelt. Daneben gab es Steuervorschriften (Schutzgeld und Leibzoll) und vielfache Vorschriften zum Schutz des christlichen Glaubens vor jüdischen Einflüssen (Disputationsverbote, Bücherinquisitionen, Gottesdienstbeschränkungen, Synagogenbauverbote, Bekehrungspredigten). Auch zahlreiche früh- und hochmittelalterliche Konzilsvorschriften wurden übernommen, besonders das Verbot des Sabbatdienstes von Christen. Ergänzt wurden die Vorschriften durch zahlreiche Polizeiverordnungen. Die Judengesetzgebung der Emanzipationszeit wurde von aufgeklärten Beamten der deutschen Territorialstaaten eingeleitet. Danach sollte die »Bürgerliche Verbesserung« der Juden in der Regel durch einen längeren Erziehungsprozeß erreicht und gesetzlich abgesichert werden. Die Vorschläge Christian Wilhelm von Dohms (1781–83) und die Toleranzpatente Kaiser Josephs II. (1781) gaben, vermittelt über Mirabeau, den Anstoß zur Emanzipationsdebatte in der französischen Nationalversammlung. Das im September 1791 von ihr verabschiedete Emanzipationsgesetz, gültig für die »Juifs de l'Est« der Provinzen Elsaß, Lothringen und »Trois Evêchés« (Metz, Toul, Verdun), ging über die deutschen Emanzipationsgedanken hinaus, da es eine sofortige Gleichstellung der Juden vorsah, zugleich aber deren Korporationsrechte aufhob. Es wurde Vorbild für ähnliche Gesetze im Großherzogtum Berg und im Königreich Westfalen 1808. Die in den deutschen Staaten seither erlassenen frühen Emanzipationsgesetze knüpften nur noch teilweise an das französische Modell an, nachdem dieses durch zwei napoleonische Dekrete 1808 erheblich eingeschränkt worden war (→Emanzipation und Assimilation). Die Revolution von 1848, mehr noch die »Neue Ära« der späten 50er Jahre, gaben den Anstoß zu abschließenden Wellen der Judengesetzgebung. Den Anfang machten die Freien Städte Hamburg und Frankfurt mit den stärksten Judengemeinden in Deutschland (1859). Das Großherzogtum Baden folgte 1862, und bis zur Mitte der 60er Jahre gab es in fast allen deutschen Städten Emanzipationsgesetze. Abgeschlossen wurde die Entwicklung durch das Gleichstellungsgesetz des Norddeutschen Bundes von 1869, das durch die Übernahme als Reichsgesetz 1871 auch auf das Königreich Bayern ausgedehnt wurde. Durch Artikel 44 des Berliner Vertrags von 1878 wurde die bürgerliche Gleichstellung der Juden zur völkerrechtlich verbindlichen Norm erklärt. Daneben gab es in den deutschen Bundesstaaten und auf Reichsebene zahlreiche weitere Gesetze, die Einzelfragen für Juden und jüdische Gemeinden regelten (Matrikelvorschriften, Namensrecht, Korporationsvorschriften, Prozeß- und Gerichtsverfassung; bekannt das Preußische Austrittsgesetz von 1878, das die Bildung orthodoxer Religionsgemeinschaften legitimierte). Sie alle hatten aber teils Übergangscharakter, teils sollten sie die Konstituierung einer jüdischen Konfession neben den christlichen Glaubensgemeinschaften ermöglichen. Sie waren in der Regel nicht mehr als Sonderrecht gedacht und setzten die bürgerliche Gleichstellung voraus.

Was rechtlich weitgehend abgeschlossen war, stieß besonders in der 2. Hälfte des 19. Jahrhunderts auf verstärkten gesellschaftlichen Widerstand. Hatten sich schon im »Früh-Antisemitismus« benachteiligte Bevölkerungsgruppen und deutschnationalistische Intellektuelle als Gegner der Emanzipation zu Wort gemeldet, so setzte seit den 80er Jahren unter dem Eindruck wirtschaftlicher Krisen eine Bewegung ein, die recht bald auch gesetzliche Schritte zur Aufhebung der Emanzipation forderte (→Antisemitismus). Die ersten Ansätze zu einer »Sondergesetzgebung« für Juden wurden in der »Judenzählung« des Jahres 1916 deutlich, durch die eine angebliche militärische »Drückebergerei« der Juden nachgewiesen werden sollte. In der Weimarer Republik wurde der Ausbau der Emanzipation zwar weitergetrieben und verfassungsrechtlich verankert; parallel dazu gewann jedoch die antiemanzipatorische Einstellung der Bevölkerung und teilweise der Beamtenschaft an Intensität. Darauf konnte von 1933 an die antisemitische NS-Bewegung aufbauen (Juden und →Nationalsozialismus). Sie erhob die Aufhebung der Emanzipation zugunsten einer repressiven Fremdengesetzgebung zum Regierungsprogramm. Den Anfang machte im April 1933 das sogenannte Gesetz zur Wiederherstellung des Berufsbeamtentums, das mit wenigen Ausnahmen alle Beamten vom öffentlichen Dienst ausschloß, wenn sie nicht »arischer« Abstammung waren. In rascher Folge wurden parallele Gesetze für Anwälte, Geschworene und Vertragsärzte erlassen. Mit der Einsetzung der Reichskulturkammer im September 1933 wurde der Ausschluß der Juden aus Kunst, Literatur, Theater und Film eingeleitet. Einen tiefen Einschnitt brachten dann die Nürnberger Gesetze vom 15. September 1935: Sie schlossen die Juden von der Reichsbürgerschaft aus und stellten sie unter Fremdenrecht. Nach der sogenannten Reichskristallnacht folgten im November 1938 die »Verordnung zur Ausschaltung der Juden aus dem deutschen Wirtschaftsleben« und weitere Gesetze zur Einschränkung der Bewegungsfreiheit und der Vermögensbildung der Juden. Mit Hilfe zahlreicher weiterer Einzelverordnungen erweiterte die NS-Regierung die Berufsverbote und die Wirtschaftsbeschränkungen, hob die Kündigungs- und Arbeitsschutzbestimmungen auf, führte Zwangsbeschäftigungen ein und verschärfte die Überwachung der Juden durch besondere Kennzeichnungspflichten. Den Höhepunkt dieser Aussonderung bildete die Einführung des Davidsterns und des »J«-Stempels sowie der Vornamen »Israel« und »Sara«. In der letzten Etappe, die zunehmend durch innerdienstliche Weisungen (seit 1940 von der Abteilung IV D 4 des RSHA) abgesichert wurde, erhielten die Deportation und die Vernichtung der deutschen Judenschaft ihre gesetzliche Legitimierung. Ähnliches vollzog sich in den besetzten europäischen Staaten. Damit war die Judengesetzgebung ihrerseits zu einem Mittel der Durchsetzung des totalitären Systems geworden. Die Nachkriegsgesetzgebung der Gegenwart, z. B. in Wiedergutmachungsfragen gegenüber Juden, bildet keinen herausgehobenen Bereich der allgemeinen Gesetzgebung.

🄻 F. Battenberg, Gesetzgebung und Judenemanzipation im Ancien Régime, in: Zeitschrift für Historische Forschung 13, 1986. – B. Blau, Das Ausnahmerecht der Juden in Deutschland 1933–1945, 1954. – G. Kisch, Forschungen zur Rechts- und Sozialgeschichte der Juden in Deutschland während des Mittelalters, [2]1978. – F. Lotter, Geltungsbereich und Wirksamkeit des Rechts der kaiserlichen Judenprivilegien im hohen Mittelalter, in: Aschkenas 1, 1991.

Judenkommission. Der Ausbau des absolutistischen Territorialstaats führte zu einer immer stärkeren Kontrolle und Überwachung interner jüdischer Angelegenheiten durch die Landesherrschaft; Beamte der unterschiedlichsten Ressorts beschäftigten sich seit Ende des 17. Jahrhunderts intensiv mit der jüdischen Minderheit im Lande: Sie führten Judenzählungen durch, überprüften Schutzbriefe und unvergeleitete Juden und fertigten Statistiken über Handel und Gewerbe von Juden an zur Feststellung des wirtschaftlichen Nutzens. Im Zuge der Zentralisierung der Zuständigkeiten und einer stärkeren Einbindung der Juden in den Staat kam es in Preußen und Hessen-Kassel im 18. Jahrhundert zur Einrichtung von sog. Judenkommissionen. Sie sollten Verordnungen überprüfen und Entwürfe für neue Reglements vorlegen. Ihnen wurde die Jurisdiktion in kleineren innerjüdischen Streitsachen und Religionsangelegenheiten übertragen. Die Untergrabung rabbinischer Autorität führte häufig zu Kompetenzstreitigkeiten zwischen Judenkommission und Rabbiner; die preußische Judenkommission forderte die vollständige Aufhebung der jüdischen →Gerichtsbarkeit.

🄻 D. J. Cohen, Ständetum und Staatsbildung in Brandenburg-Preußen, 1983. – F. Priebatsch, Die Judenpolitik des fürstlichen Absolutismus im 17. und 18. Jahrhundert, 1915. – S. Stern, Der Preußische Staat und die Juden, 4 Bände, 1962–71. (JÖD)

Judenlandtage →Landtage, jüdische

Judenmission. Die urchristliche Mission der Apostelkirche wandte sich zunächst an die Juden (Röm 1,16), doch gewann sie neben Juden vor allem die »Gottesfürchtigen«, Luthers »Judengenossen«, die, ohne beschnitten zu sein, jüdische Sitten und Riten angenommen hatten (Apg 2,11; 13,43). Schon Paulus gestand den weitgehenden Mißerfolg der Judenmission ein. Kaiser →Konstantin I. suchte sie durch den Schutz jüdischer Konvertiten gegen Übergriffe ihrer ehemaligen Glaubensgenossen zu fördern. Tendenzen kirchlicher Kreise, nach der Anerkennung des Christentums als Staatsreligion auch die Juden durch

Synagogenzerstörungen und erzwungene Massentaufen in die Kirche einzugliedern, konnten sich nicht durchsetzen, weil der römische Staat an der traditionellen Duldung der jüdischen Religion festhielt und Augustinus die Missionstheologie im Sinne einer Duldung der Juden fortentwickelte. Demnach galt der Missionsauftrag zunächst den Heiden, während die Juden am Ende der Zeiten nach Bekehrung aller Heiden auch selbst zum Glauben an Christus finden würden. Auf dieser Basis legte →Gregor I. die Kirche prinzipiell auf Predigtmission und milde Behandlung der Juden unter Beachtung der ihnen verordneten Einschränkungen fest. Diese Auffassung wurde vom Papsttum seit dem 12. Jahrhundert in zahlreichen →Sicut-Iudaeis-Bullen immer wieder bestätigt. Trotzdem kam es im Westgotenreich des 7. Jahrhunderts sowie im Byzantinischen Reich und im merowingischen Frankenreich, dann auch im Hochmittelalter im Zusammenhang mit Judenverfolgungen (→Verfolgungen), immer wieder zu →Zwangstaufen. Seit der Mitte des 13. Jahrhunderts versuchte die Kirche durch öffentliche Disputationen, zunehmend auch durch Zwangspredigten und materielle Unterstützung der Konvertiten, die Judenmission voranzutreiben. Trotz der seit 1391 in Kastilien-Aragón erfolgenden Massentaufen hielten zahlreiche getaufte Juden, die sog. Marranen, an ihren jüdischen Riten fest, weshalb viele von ihnen von 1481 an Opfer der Inquisition wurden. Erst im 19. Jahrhundert unternahmen die katholischen, die orthodoxen und die protestantischen Kirchen wieder verstärkte Anstrengungen zur Judenmission, doch erfolgten Bekehrungen vorwiegend aus gesellschaftlichen Gründen. Im 20. Jahrhundert ist die Judenmission der Amtskirchen weitgehend eingestellt worden.

L P. Browe, Judenmission im Mittelalter und die Päpste, 1942 (1973). (FL)

Judenordnung(en). Die Verfügungsgewalt des Kaisers über die Juden war trotz der Reichspolizeiordnungen von 1530, 1548 und 1577 seit Erlaß der Goldenen Bulle von 1356 an die Territorialherren übergegangen, die sich um eine Vereinheitlichung der für die Juden gültigen Bestimmungen bemühten. In vielen deutschen Territorialstaaten traten seit Beginn des 16. Jahrhunderts an die Stelle der in den individuellen Schutzbriefen festgehaltenen Anweisungen und diversen Rechtsvorschriften allgemein gültige Judenordnungen. Sie regelten die unterschiedlichen und z. T. kontroversen Interessen des Landesherrn und der Stände, der Zünfte sowie der Geistlichkeit hinsichtlich der jüdischen Minderheit. Dabei behielten die Reichspolizeiordnungen weiterhin subsidiäre Geltung. Insgesamt brachten die Judenordnungen den Juden in den Territorialstaaten eine größere Rechtssicherheit. Wenn im Einzelfall auch recht unterschiedlich, so regelten sie allgemein das Judengeleit (→Leibzoll), die wirtschaftlichen Eingrenzungen (Ausschluß vom Zunftgewerbe und -handel, Vorschriften für die erlaubten Handelszweige und -orte, Festsetzung der Zinshöhe und »Wucherverbot«), den Lebenswandel (Kleidervorschriften, Wohnerlaubnis für bestimmte Straßen) und die Beziehungen zu den christlichen Untertanen (Verbot von christlichen Ammen und Dienstboten, Verbot, mit Christen in einem Haus zu wohnen, Verbot sexuellen Verkehrs mit Christen). Im Zuge der Konfessionalisierung kam es in der 2. Hälfte des 16. Jahrhunderts vor allem in den Judenordnungen protestantischer Territorialstaaten zu einschränkenden Religionsbestimmungen (Verbot des Synagogenbaus, der Disputation mit Christen, der Lästerung des christlichen Glaubens, Zwang zum Anhören christlicher Predigten). Erscheinen solche Bestimmungen bereits 1539 in den Judenordnungen des lutherischen Landgrafen Philipp von Hessen, so sind sie für einen katholischen Territorialstaat erst 1662 (→Münster) bezeugt. Ein Einfluß der Aufklärung auf die Judenordnungen des 18. Jahrhunderts ist nicht festzustellen; so kam es z. B. im Judenedikt Friedrichs II. 1750 zu verschärften Wirtschafts- und Niederlassungsbedingungen. Die Judenordnungen erloschen erst durch die bürgerlichen Gleichstellungsgesetze im 19. Jahrhundert.

L F. Battenberg, Judenverordnungen in Hessen-Darmstadt, 1987. (AH)

Judenporzellan, von den Juden Preußens unter Friedrich II. zwangsweise bei Eheschließungen, Todesfällen, Hauskäufen u. a. aus der Berliner Porzellan-Manufaktur anzukaufendes Porzellan. Die erpresserische Methode ging sogar so weit, jedes Judenprivileg (Konzessionen, Geschäftsgründung u. a.), das erbeten wurde, nur dann zu bewilligen, wenn die Juden auch gleichzeitig eine bestimmte Menge Porzellan abnahmen.

L G. Kolbe, Geschichte der Königlichen Porzellanmanufaktur zu Berlin, 1863. (JS)

Judenprivilegien. Während das römische Recht die Juden als Reichsbürger schützte, unterstanden sie seit den Karolingern dem allgemeinen Schutz des Herrschers (→Judenschutz). Z. B. gewährte Kaiser Ludwig der Fromme 826 bzw. 828 einzelnen Juden, der jüdischen Kaufmannschaft oder der Gemeinde von Lyon Privilegien, die den betreffenden Juden Schutz von Leib und Leben, des Eigentums und der Religionsausübung sowie die Freiheit von Abgaben, das Recht zur Anstellung christlicher Lohnarbeiter sowie die Regelung des Prozeßrechts zugestanden. Auf diese Urkunden gehen die Privilegien zurück, die Kaiser →Heinrich IV. 1090 den Juden von Speyer und Worms einräumte. Die Erweiterung der 1157 von Kaiser →Friedrich I. erneuerten Wormser Urkunde zum Generalprivileg durch →Friedrich II. 1236 stellte deren allgemeine Geltung offiziell fest. Judenprivilegien verliehen auch die Könige von England und Frankreich, so Richard Löwenherz um 1190, Ludwig X. um 1315. Im 13. Jahrhundert setzte mit den Judenprivilegien Herzog →Friedrichs II. für Österreich 1244, Erzbischof Konrads für Köln 1252 und Markgraf Heinrichs für Meißen 1265 die landesherrliche Privilegierung ein. Das österreichische Privileg spiegelt wie das Meißener in zahlreichen Bestimmungen den wirtschaftlichen Wandel und die gestiegene Bedeutung der Pfandleihe wider. Das günstige Privileg Herzog Friedrichs II. bildete die Vorlage für Judenprivilegien in Ungarn, Böhmen und Polen.

Ⓛ F. Lotter, Geltungsbereich und Wirksamkeit des Rechts der kaiserlichen Judenprivilegien im hohen Mittelalter, in: Aschkenas 1, 1991. (FL)

Judenregal, königliches/kaiserliches Verfügungs- und Schutzrecht (Steuerhoheit und Gerichtsbarkeit) über Juden. Seit Kaiser Friedrich I. (1152–1190) Erteilung des Judenregals, das aus dem Fremdenrecht abgeleitet wurde. Seinen spezifischen Ausdruck fand es in dem rechtlichen Status der →Kammerknechtschaft. Gegenüber ihren Kammerknechten hatten die jeweiligen Inhaber der Staatsgewalt eine besondere Schutzverpflichtung und erhielten dafür eine spezielle Abgabe, die Judensteuer. Den Kammerknechten wurde dafür die Befreiung von Zollabgaben und die Handelsfreiheit gewährt. Die mit dem Schutzregal verbundenen Einkünfte wurden eine wichtige Finanzquelle für die kaiserliche Kammer. Das Judenregal gewährleistete relative Sicherheit vor →Pogromen. Mit dem Zerfall der Zentralgewalt und aufgrund finanzieller Schwierigkeiten der deutschen Könige und Kaiser ging das Judenregal im Hochmittelalter auf die erstarkenden weltlichen und geistlichen Territorialherren sowie auf die mit ihnen rivalisierenden Städte über. Das Judenregal wurde durch Verleihung oder Verpfändung zum Handels- und Geldobjekt, was die Verelendung und →Vertreibung der Juden zur Folge hatte. Mit der Verarmung und der Abwanderung der meisten Juden aus den größeren Städten im 15. Jahrhundert verlor das Judenregal an Bedeutung. (RD)

Judensau →Karikatur, Juden in der

Judenschutz. Judenschutz gewährte einerseits das Kirchenrecht durch Synodalbeschlüsse, päpstliche Dekretalen und – seit dem 11. Jahrhundert – kanonische Sammlungen, andererseits das weltliche Recht seit der Karolingerzeit vor allem durch die →Judenprivilegien der Herrscher, seit dem 13. Jahrhundert als Generalprivilegien für alle Juden im Reich gültig. Das Kirchenrecht verbot nicht nur Tötung, Verfolgung und Beraubung, sondern auch die →Zwangstaufe der Juden und sprach ihnen freie Religionsausübung und Rechtsschutz zu. Kirchliche wie weltliche Schutzgarantien erwiesen sich jedoch schon gegenüber dem von Volkspredigern geschürten Fanatismus der Kreuzfahrer als wirkungslos. Könige und Kaiser versuchten daher, die Juden durch Aufnahme in den Landfrieden, später in ein unmittelbares Dienstverhältnis, die sog. →Kammerknechtschaft, besser zu schützen. Seit dem 12. Jahrhundert traten auch die Päpste mit häufigen Bestätigungen der →Sicut-Iudaeis-Bullen und Verboten der Verbreitung judenfeindlicher Legenden für den Schutz der Juden ein. Dennoch konnten weder geistliche noch weltliche Herrscher in Zeiten sozialer und politischer Krisen blutige Verfolgungen und Massaker verhindern. (FL)

Judenstaatpartei, eine durch Spaltung der Revisionisten 1933 entstandene zionistische Partei, die im Gegensatz zu den anderen Revisionisten zur Mitarbeit innerhalb der Zionistischen Weltorganisation bereit war. 1946 schloß sich die Judenstaatpartei der Weltunion der Zionisten-Revisionisten an (→Allgemeine Zionisten)

Ⓛ M. Wolffsohn, Politik in Israel, 1983.

(DB/MW)

Judenstern →Judenkennzeichnung

Judensteuern. Schon in der römischen Kaiserzeit hatte Kaiser Vespasian die jüdische

(FL)

Tempelsteuer in eine Kopfsteuer, den →Fiscus Judaicus, umgewandelt, die an den kapitolinischen Jupiter zu entrichten war. In der Karolingerzeit wurden von den Juden Dienste in Form von Abgaben an den Kaiserhof (Schatzkammer) gefordert, unter Karl dem Kahlen ein Zehntel des Einkommens. Spätestens seit dem 11. Jahrhundert hatten die Juden zumindest in Frankreich Abgaben zu leisten, die auf die Gemeindemitglieder umgelegt wurden. Ähnlich war es mit Sondersteuern, die in Frankreich und England seit dem 12./13. Jahrhundert in zunehmender Höhe gefordert wurden. 1241 führte eine Steuerliste für eine Anzahl von Judengemeinden des Reichs die Summen an, die sie an den kaiserlichen Fiskus abzuführen hatten und die einen beträchtlichen Teil des gesamten Steueraufkommens ausmachten. 1342 führte Kaiser Ludwig der Bayer mit dem »goldenen Pfennig« eine Kopfsteuer ein. Mit wachsender Territorialisierung erhoben Landesherren und Städte Judenschutzgelder. Schließlich mußte der Judenschutz in immer kürzeren Abständen durch neue Steuern erkauft werden. Im 15. Jahrhundert kam der »Dritte Pfennig« zunächst als Kaiserkrönungssteuer auf; darüber hinaus wurden die Juden fortan bei Bedarf zu Kriegskontributionen und Zwangsanleihen herangezogen. Eine weitere Form der Judensteuern war der →Leibzoll. (FL)

Judentum, ursprüngliche Bezeichnung für die Religion der Juden, ist als Begriff nicht einheitlich definierbar. Da das Judentum intern keinen »Säkulisierungsprozeß« vollzogen hat, umschreibt der Begriff nicht nur die Religion, sondern das gesamte kulturell-politische und philosophische Umfeld. Das bedeutet, daß der religiöse Bereich untrennbar mit dem öffentlichen Leben verbunden ist. Falls das Judentum überhaupt definierbar ist, dann durch den Begriff →Halacha. Dieser beinhaltet sowohl die schriftliche als auch die mündliche →Tora. Man könnte die ganze Geschichte des Judentums als ein Spannungsfeld zwischen halachischen und antihalachischen Tendenzen betrachten. Entsprechend besitzt das Judentum keine normative Dogmatik bzw. keine systematische Theologie, wohl aber theologische Inhalte. Es gibt Auffassungen, die die →Aggada als eine Art jüdischer Theologie betrachten. Vor allem im angelsächsischen Bereich werden heute die religiösen und philosophischen Aspekte des Judentums als »Jewish Thought« (»Jüdisches Denken«) bezeichnet. Bereits im Mittelalter wurden von →Mose ben Maimon und J. →Albo Glaubensgrundsätze oder Prinzipien aufgestellt. Kritiker waren der Meinung, daß das Aufstellen von Glaubensgrundsätzen zur einseitigen Hervorhebung bestimmter Teile der Tora führe. Das Judentum betrachtet seine Lehre als einzige Wahrheit. Es wird religionswissenschaftlich oft als »ethischer Monotheismus« bezeichnet. Das zeitgenössische Judentum wird in der Regel im aschkenasischen Bereich (→Aschkenas) in zwei Hauptrichtungen eingeteilt, in das orthodoxe Judentum und das →Reformjudentum. Daneben existieren weitere Formen, wie konservatives Judentum (überwiegend in den USA) oder liberales Judentum. Die Unterschiede und Abgrenzungen sind teilweise fließend.(RED)

Judenviertel →Ghetto

Judeo-Español →Ladino

Jüdische Abteilung der deutschen Arbeiter-Zentrale, auf Initiative von deutschen Zionisten und mit tätiger Hilfe einiger SPD-Parlamentarier (u. a. M. →Cohen-Reuß, O. →Cohn) im Ersten Weltkrieg gegründete Einrichtung der deutschen Besatzungsmacht in Russisch-Polen, die den Arbeitertransfer von Ostjuden für die deutsche Rüstungsindustrie regulieren, verbessern und Mißstände beseitigen sollte. Leiter dieser Abteilung mit der Zentrale in Warschau und einigen Nebenstellen (u. a. in Lodz) war J. →Berger. (LH)

Jüdische Arbeiterstimme, Organ der jüdischen sozialdemokratischen Arbeiter-Organisation →Poale Zion in Deutschland. Die erste Nummer des Blattes erschien am 5.3. 1921 in Berlin. Es verstand sich nach eigenem Selbstverständnis als Stimme des »klassenbewußten jüdischen Proletariats« in Deutschland und erschien im Gegensatz zum jiddischsprachigen Organ »Unzere Bewegung«, mit dem sie redaktionell verbunden war, in deutscher Sprache. Redakteure waren: Melech Neustadt, W. →Fraustädter, Carl Greger. (LH)

Jüdische Kommunistische Partei →Sozialistische Arbeiterpartei

Jüdische Kulturbünde, Selbsthilfeorganisationen jüdischer Künstler seit 1933, gegründet, um die Boykott-Politik der NS-Regierung und die dadurch bedingte kulturelle Isolation zu überwinden. Die wichtigsten Jüdischen Kulturbünde entstanden in Berlin, im Rhein-Ruhr-Gebiet, in Hamburg und München. 1936 Zusammenschluß zum

»Reichsverband der Jüdischen Kulturbünde in Deutschland« mit mehr als 36 regionalen und lokalen Verbänden. 1938 wurde der Reichsverband im Zuge der Zentralisierung durch den »Jüdischen Kulturbund in Deutschland e. V.« abgelöst. Die gesamtdeutsche Organisation wurde am 11.9. 1941 aufgelöst. Dem Berliner Bund traten schon im ersten Jahr nach der Gründung etwa 20000 Mitglieder bei. Am 1. 10. 1933 wurde sein Theater mit einer Aufführung von G. E. →Lessings »Nathan dem Weisen« eröffnet. Die NS-Behörden überwachten die Arbeit der Jüdischen Kulturbünde und förderten sie zugleich je nach Interessenlage in eng begrenztem Maße. 1989 wurde in der Berliner Akademie der Künste das »Archiv Jüdischer Kulturbünde« eingerichtet. Der Jüdische Kulturbund Rhein-Ruhr wurde als »Gemeinschaft der Freunde der Musik und des Theaters« 1933 in Köln gegründet. Wie die Jüdischen Kulturbünde Berlins, Münchens, Hamburgs und Rhein-Mains war auch der Jüdische Kulturbund Rhein-Ruhr nicht nur ein geistiger, sondern auch ein wichtiger ökonomischer Faktor. Seine Gründung stand in Zusammenhang mit dem Bemühen, die Hilfe der Kölner »Zentralstelle für jüdische Wirtschaftshilfe« auch auf Künstler auszudehnen. Neben der Zentralstelle in Köln gab es Nebenstellen in Aachen, Bochum, Bonn, Duisburg, Essen, Gelsenkirchen, Krefeld, Wuppertal, Dortmund und Düren. Erster Vorsitzender des Jüdischen Kulturbunds Rhein-Ruhr war Dr. Paul Moses. Neben Bildungs-, Informations- und Konzertveranstaltungen lag der Schwerpunkt seiner Bemühungen auf der Theaterarbeit. Im Rahmen der Bildungsarbeit wurden Vorträge u. a. von L. →Baeck, K. →Blumenfeld, M. →Buber, David und J. →Carlebach und A. →Kober gehalten. (RD)

Jüdischer Arbeiterkulturverein, Landesverband Rheinland-Westfalen. Vorläufer waren durch ostjüdische Arbeiter gegründete Theater- und Lesezirkel im rheinisch-westfälischen Industriegebiet im und kurz nach dem Ersten Weltkrieg. 1920 Zusammenschluß zum Landesverband Rheinland-Westfalen der jüdischen Arbeiterkulturvereine mit Sitz in Duisburg. Der Jüdische Arbeiterkulturverein förderte im Geist der Aufklärung die geistige und kulturelle Bildung jüdischer Arbeiter und versuchte, ihre wirtschaftliche Lage zu verbessern. Zu seinen Aufgaben gehörte die Gründung von Ortsvereinen, die Durchführung von Kultur- und Bildungsveranstaltungen. In diesem Rahmen wurden u. a. von N. →Goldmann, K. →Blumenfeld und M. →Buber Vorträge gehalten. Finanzielle und materielle Unterstützung, wie die Versorgung mit in- und ausländischem Informationsmaterial, erhielt der Jüdische Arbeiterkulturverein durch das jüdische Arbeitsamt Duisburg und die Bochumer Außenstelle des →Arbeiterfürsorgeamts der jüdischen Organisationen Deutschlands. Politisch wurde der Jüdische Arbeiterkulturverein von der →Poale Zion und dem →Bund beeinflußt. Die Auflösung des Verbands erfolgte mit dem Niedergang der ostjüdischen Arbeiterkulturvereine 1926. (RD)

Jüdischer Frauenbund →Frauenbund, Jüdischer

Jüdischer Nationalfond →Keren Kajemeth Lejisrael

Jüdischer Verlag →Verlage

Jüdisches Antifaschistisches Komitee (JAFK), im April 1942 in der UdSSR unter der Führung des Schauspielers S. →Mikhoels und zahlreichen sowjetischen Juden aus Partei, Armee, Wissenschaft und Kultur gegründet. Als wichtigste Aufgabe betrachtete das JAFK die Geldsammlung zur Unterstützung des Verteidigungskriegs der Sowjetunion. Die damit aufzubauenden Fliegerstaffeln und Panzerverbände sollten Namen wie Heinrich Heine, Spinoza oder Bar Kochba erhalten. Es wurden auch ein eigener Verlag, eine Presseagentur und eine Zeitung gegründet. Das Komitee wurde 1948 aufgelöst, nachdem Mikhoels bei einem angeblichen »Autounfall« umgekommen war. Im Juli 1952 fand ein aufsehenerregender Prozeß gegen eine Gruppe führender jüdischer Intellektueller statt. Die Anklageschrift enthielt völlig unbegründete Beschuldigungen der Spionage zugunsten fremder Staaten, der unerlaubten Beziehungen zur internationalen Bourgeoisie, der antisowjetischen Propaganda und der nationalistischen Tätigkeit. U. a. behauptete die Anklage, daß Mikhoels und der Dichter Itzik Fefer, die während des Kriegs Amerika besucht hatten, um Gelder für die sowjetische Armee zu sammeln, bei dieser Gelegenheit Beziehungen zu amerikanischen Spionageorganisationen geknüpft hätten. Das Komitee sei damit zu einer Spionageagentur mit der Aufgabe geworden, nach dem Krieg auf der Krim eine mächtige jüdische Kolonie zu bilden, um dieses Gebiet mit Waffengewalt von der Sowjetunion abzutrennen und es in eine reaktionäre zionistische Republik umzuwandeln. Alle Angeklagten wurden – mit einer einzigen Ausnahme – zum Tod verurteilt und erschossen. Nachträglich wurden sie rehabilitiert. (AB)

Jüdisches Arbeitsamt →Arbeiterfürsorgeamt der jüdischen Organisationen Deutschlands

Jüdisches Museum der Stadt Frankfurt am Main, wurde am 9. 11. 1988 eröffnet, 50 Jahre nachdem die Gestapo während der »Reichskristallnacht« auch das 1922 eröffnete »Museum für jüdische Altertümer« zerstört hatte, das sich im ebenfalls verwüsteten Verwaltungsgebäude der Frankfurter jüdischen Gemeinde befand. Als erste und bisher einzige eigenständige Einrichtung dieser Art hat sich das Jüdische Museum zur Aufgabe gemacht, Religion, Kultur und Geschichte des deutschen Judentums am Beispiel der Geschichte der Frankfurter Juden darzustellen. Die drei Abteilungen der Dauerausstellung behandeln: 1. die jüdische Geschichte vom Mittelalter bis zur Neuzeit; 2. die Zeit von der Emanzipationsbewegung über die beiden Weltkriege bis zur nationalsozialistischen Massenvernichtung und den Wiederaufbau der jüdischen Gemeinden nach 1945 sowie 3. jüdisches Leben: die religiöse Tradition und die dazugehörigen Objekte für Fest- und Gedenktage. Zu dem Museum gehören eine ständige Gedenkausstellung in den Räumen des →Philanthropins, der berühmten jüdischen Reformschule, und das Museum am Börneplatz (Eröffnung im Herbst 1992). Hier werden fünf Fundamente von Häusern der ehemaligen Judengasse zu sehen sein; eine Dokumentation über das Leben in diesem Ghetto wird zusätzliches Anschauungsmaterial über die Situation der jüdischen Gemeinden im Mittelalter bieten. Das Museum verfolgt mit modernen museographischen Mitteln wie Inszenierungen, audiovisuellen Medien, elektronischem Lexikon, Bild- und Videoarchiv sowie einem breiten Bildungsprogramm das Prinzip einer dialogischen Arbeit mit den Besuchern. (CK)

Jüdisches Recht →Recht

Jüdisch-Orientalische Handelsgesellschaft, erstmals 1597 im Erzstift Trier zugelassen. Die zuvor unter der Leitung von Generalkonsul Magino Gabrieli im Orient tätige Jüdisch-Orientalische Handelsgesellschaft spielte im mittelalterlichen Orienthandel eine wichtige Rolle und arbeitete mit Genehmigung des Papstes und mit Unterstützung der Könige von Frankreich und Spanien. 1597 gewährte der Erzbischof und Kurfürst Johann VII. von Schöneberg der Gesellschaft ein Handelsprivileg, das ihr freies und sicheres Geleit auf dem Gebiet des Erzstifts mit der Auflage einräumte, nur größere Geschäfte zu betreiben, damit kleinere Händler nicht benachteiligt würden. Überdies waren von den Import-Export-Geschäften fünf Prozent des Umsatzes an den Kurfürsten zu entrichten (bei Edelmetallen und Edelsteinen ein halbes Prozent vom Umsatz). Dafür durfte die Gesellschaft in Trier und Koblenz ein Handels- und ein Wohnhaus mieten (der Mietzins mußte an den Landesherrn entrichtet werden); den Gesellschaftern wurde das Recht auf freie Religionsausübung und die Genehmigung zur Errichtung eines Friedhofs eingeräumt. Das Privileg enthielt zudem die Zusage, Forderungen durch die Gerichte schneller eintreiben zu dürfen. (RD)

Jüdisch-Theologisches Seminar, Breslau. Auf den Rat von A. →Geiger, der bereits 1836 die Errichtung einer jüdischen theologischen Fakultät an einer Universität vorgeschlagen hatte, bestimmten die Brüder David und J. →Fraenckel testamentarisch die Gründung einer jüdischen Hochschule in Breslau, die 1854 eröffnet wurde; bis zu ihrer Schließung 1938 studierten dort 723 Rabbiner und Gelehrte. Als bedeutendste Institution für die Ausbildung von Rabbinern in Europa wurde sie Vorbild für spätere Gründungen jüdischer Hochschulen, so in Berlin (1870 durch A. Geiger), Budapest (1877) und Wien (1883). Nach dem von ihrem ersten Leiter Z. →Frankel entwickelten »Breslauer Programm« vertrat das Seminar auf der Basis des traditionellen jüdischen Gesetzes die uneingeschränkte Freiheit der Forschung und vermittelte in der Ausbildung neben theologischen auch philologisch-historische Interessen. Zu den bedeutendsten Lehrern zählen Frankel, die Historiker H. →Graetz, M. →Brann, Guido Kisch, die klassischen Philologen J. →Bernays, Jacob Freudenthal; zu den bedeutendsten Schülern I. →Elbogen, J. →Guttmann, M. Güdemann, I. →Freund, H. →Cohen, L. →Baeck. Die von Z. Frankel 1851 gegründete »Monatsschrift für Geschichte und Wissenschaft des Judentums« war bis zu ihrem Ende 1939 eng mit dem Seminar verbunden.

L G. Kisch (Hrsg.), Das Breslauer Seminar. Jüdisch-Theologisches Seminar (Fraenckelsche Stiftung) in Breslau 1854–1938, Gedächtnisschrift, 1963. (AH)

Jud Süß →Oppenheimer, Josef Süß

Jugendaustausch, deutsch-israelischer, neben dem deutsch-französischen das zweitgrößte bilaterale Austauschprogramm der Bundesrepublik Deutschland. 1960–65 reisten auf kirchliche und gewerkschaftliche Initiative mehr als 12 000 deutsche Jugendliche nach Israel. 1968 erfolgte die Bildung eines ständigen Ausschusses des Bundesministeriums für Familie und Jugend zur Vorbereitung des staatlich geförderten deutsch-israelischen Jugendaustauschs. Der Jugendaustausch besteht aus gemeinsamen Programmen für Führungskräfte der Jugendarbeit mit Fachseminaren und ausgewählten Studienreisen sowie Begegnungen und gemeinsame Veranstaltungen von Jugendgruppen in beiden Ländern. Organisatoren sind Jugendverbände, Stadt- und Landkreise, Gemeinden, Schulen u. a. Programm: Unterbringung in Gastfamilien, Besichtigungen (in Israel z. B. Kibbuzim, in der Bundesrepublik Deutschland Gedenkstätten), Fachgespräche über Fragen der Jugendpolitik und -arbeit. Die Anzahl der Reisen von Deutschland nach Israel ist von 3215 (1970) über 4924 (1983) auf 7736 (1987) gestiegen. Die Anzahl der Reisen von Israel nach Deutschland stieg von 1286 (1970) über 3041 (1983) auf 4248 (1987). (EP)

Essay

Deutschlands jüdische Jugendbewegung Versuch eines Fazits

Hermann Meier-Cronemeyer

Als Bürger ließ es sich leben im Kaiserreich, und die Juden fühlten sich als Bürger, zumal in den großen Städten. Mit dem Gründerkrach von 1873 und der Depression war jedoch der optimistische Fortschrittsglaube geschwunden; Kulturpessimismus breitete sich aus. Der Liberalismus geriet in die Defensive, und mit ihm die Juden. Immer stärker trat die demokratische Sinngebung des Nationalismus zurück gegenüber einer völkischen, die zwar verschwommen blieb, aber auch nicht klar zu sein brauchte, da Volkswerdung nicht dem Verstand, sondern einem Mythos zu folgen hatte, der sich aller rationalen Kritik entzog. Was immer völkischen Literaten verdammenswert erschien, ließ sich denn auch, wenn nicht dem Judentum, so doch den Juden zur Last legen, ob Kapitalismus oder Sozialismus, Rationalismus und Intellektualismus, Verstädterung und Entwurzelung. Das tagtägliche Leben indes mochte von der Literatur nur wenig berührt erscheinen, die Juden sich in Sicherheit wiegen, solange Recht und Ordnung gewahrt blieben.

Leben gewann die Literatur – wen wundert's – an den Universitäten. Zurückgestoßen von ihren Kommilitonen, begannen in den achtziger Jahren jüdische Studenten ihre eigenen Verbindungen aufzubauen. Da die Religion nur wenigen noch etwas bedeutete, besannen sie sich auf jene Komponente des Judentums, die ein Jahrhundert lang der Assimilation zuliebe zurückgedrängt worden war, nämlich die der gemeinsamen Abstammung und des gemeinsamen kulturellen Erbes. Als um die Jahrhundertwende städtische Gymnasiasten im Wandervogel der Kultur in die Natur zu entfliehen suchten, konnten auch junge Juden mitmachen, wenn, ja wenn sie nicht als zu wenig natürlich, zu intellektuell und individualistisch, körperlich schwach womöglich und eben anders, nicht so recht passend in der Gruppe empfunden wurden. Tatsächlich sollte es auch weiterhin Juden in der deutschen Jugendbewegung geben, vorzugsweise in ihren linken Gruppierungen. Vollends prekär wurde es, als sich, nach einem Wort Hans Blühers, die Oberlehrer des Wandervogels bemächtig-

ten, der Sog lebensreformerischer Ideologien stärker und vages völkisches Denken eindeutig antisemitisch aufgeladen wurde. Da wurden nicht bloß Fußlahme daheim-, da wurden bewährte Wanderer fallengelassen, weil sie Juden waren.
Den zionistischen Referendaren und Studenten, die selber längst die gängige Kritik an den Juden übernommen und verinnerlicht hatten, konnte es nur recht sein. Am Rande des Zionistentags 1912 in Posen, am grünen Tisch gewissermaßen, gründeten sie, bedacht um Nachwuchs für ihre Verbindungen, den Jüdischen Wanderbund Blau-Weiß. Die Idee eines jüdischen Wandervogels zündete, rasch breitete der Blau-Weiß sich aus, denn er begegnete Nöten, die die Eltern nicht wahrhaben wollten. Als Juden unter Juden fühlten die Jugendlichen sich frei, wie sie es sonst nur selten vermochten. Ihr Judesein schien fast eine Selbstverständlichkeit, jedenfalls war es kein Makel, ja es konnte und sollte die Quelle eines von Grübeln und Zagen befreiten Selbstbewußtseins sein, was auch immer dieses Judesein bedeuten mochte. Denn religiös gab sich der Blau-Weiß neutral und nannte sich auch, trotz der zionistischen Farben, lieber nicht zionistisch, sondern jung-jüdisch, um die so betont deutschen Eltern nicht unnötig zu verschrecken. Aus Wandervogelgeist einen neuen, naiveren jüdischen Menschen zu schaffen, schien einfach: Natur macht natürlich, und natürliche Juden werden früher oder später sowieso Zionisten, wie sich Felix Rosenblüth, als Pinhas Rosen Justizminister Israels, erinnerte. Die gern besungenen Zedern des Libanons hatten es freilich schwer, sich gegen die hohen Tannen zu behaupten.
Deutschem Patriotismus tat das Nationaljudentum ohnehin kaum Abbruch. Begeistert zogen Blau-Weiße in den Ersten Weltkrieg; im Osten glaubten sie ein wirkliches, wahres Judentum zu entdecken. Heimkehrer aber sollten den Blau-Weiß nicht wiedererkennen. Unversehens hatte er sich von seinen Gründern emanzipiert, sich aber auch von Gerhard, später Gershom Scholem vorhalten lassen müssen, daß ihm der Wille zum Judentum fehle. Jüdisch Mensch zu werden, verlange Jüdisches Lernen und Hebräischlernen. Walter Moses indes, der neue charismatische Führer des Blau-Weiß, leugnete rundheraus die Bedeutung des Jüdisch-Stofflichen für die Erneuerung des Volkes; entscheidend sei der eigene Lebensrhythmus, und nicht zufällig berief er sich auf Micha Josef Berdyczewski, Nietzsches jüdischen Jünger. Jüdisches Leben hoffte er in Palästina zu finden, das mit der Balfour-Deklaration stärker ins Blickfeld gerückt war. Moses beteiligte sich an der Gründung des →Hechaluz in Deutschland, der jedoch erst Jahre später zur Dachorganisation der →Chaluzim, der Pioniere, werden sollte. Der zweite Mose, wie gespottet wurde, wollte mehr. Bedingungslos sich einordnenden Soldaten, wenn nicht Mönchen gleich sollten die Blau-Weißen nach Palästina aufbrechen, um dort Siedlungen und Werkstätten zu gründen.
Geradezu idealtypisch verkörperte die auf Burg Prunn überm Altmühltal 1922 emphatisch beschworene »Armee« eine Form der Gesellung, die der amorphen, gefühligen Gesellschaft die Festigkeit zweckrationaler Gesellschaft geben sollte, im Bund nämlich, der nun allenthalben in der Jugendbewegung angestrebt wurde und der den Begriff »Bündische Jugend« für diese Phase ihrer Entwicklung sich einbürgern ließ. Nötig ist allerdings, schärfer als dies bei der vom Zeitgeist begierig aufgenommenen Tönniesschen Dichotomie Gemeinschaft-Gesellschaft und der von Herman Schmalenbach dazwischengeschobenen Kategorie des Bundes damals üblich war, zwischen den Begriffen als Instrumenten soziologischer Analyse einerseits und als ideeller Zielsetzung andererseits zu unterscheiden. Bund entspricht dem italienischen »fascio«, und so konnten Gegner die Prunner Armee nicht zu Unrecht als faschistisch bezeichnen, ohne daß dies die anderen mittlerweile entstandenen jüdischen Jugendbewegungen davon abgehalten hätte, die Sehnsucht nach dem Bund zu kultivieren. In der Wirklichkeit scheiterte das Ideal von Führer und Gefolgschaft gewöhnlich. Wenn erst das Charisma des Führers verflog – bei Moses ge-

schah es skandalös schnell –, verlor die bis zur Selbstaufgabe gedachte Hingabe des Einzelnen an den Bund Rechtfertigung und prägende Kraft. Mochte der kämpferische Elan des Bundes, seine Stärke nicht zuletzt im homoerotisch gefärbten Männerbund liegen, zugleich bedeutete er seine Schwäche. Und Volk konnte nicht allein aus Männern werden, wie die Mädchen eh und je betonten. Nicht zuletzt scheiterte der Blau-Weiß, der von seinen hochfliegenden Plänen erste Werkstätten hatte verwirklichen können, an der von Ostjuden beherrschten →Histadrut. Daß sie und der größte Kibbuzverband keine landsmannschaftlichen Siedlungen dulden, vielmehr Schmelztiegel schaffen wollten, wurde zum gravierenden Problem aller zionistischen Bünde bis in den Zweiten Weltkrieg hinein. Überhaupt hatte die jüdische Jugendbewegung stets mit den im Blau-Weiß vorgezeichneten Strukturproblemen zu kämpfen, besonders dem Problem der Älteren. Hatten die Jugendlichen Schule oder Lehre hinter sich, schwand ihr Interesse an Wandern, Zelten und Lagern, und viele neigten dazu, »unter Bürgern zu sterben«, d. h. in Beruf und Ehe aufzugehen. Selbstbewußtsein vermochte die Bewegung Kindern zu vermitteln, weitergespannte Ideale konnten die Bünde nur mit jungen Erwachsenen in die Tat umsetzen – ein Problem auch für den Historiker. Für ihn ist das von den Jungen und Mädchen selbst als das Eigentliche empfundene, das gemeinsame Erleben recht uninteressant, verglichen mit dem scheinbar Uneigentlichen der ideologischen Auseinandersetzung unter womöglich nur wenigen sogenannten Prominenten innerhalb der einzelnen Bünde und der Bünde untereinander. Denn allenthalben im organisierten deutschen Judentum war erkannt worden, daß man die jüdische Jugend nicht dem Blau-Weiß überlassen durfte.

Vom →Centralverein deutscher Staatsbürger jüdischen Glaubens inspirierte Kreise gründeten während des Ersten Weltkriegs die Kameraden, die der →Agudat Israel den Esra, und nach dem Kriege mauserten sich Teile des jugendpflegerischen, stark um die Integration von Ostjuden bemühten Verbandes der jüdischen Jugendvereine zu einer veritablen Jugendbewegung, dem Jung-Jüdischen Wanderbund (JJWB). Schließlich entstanden nach dem Fiasko des Blau-Weiß aus seinen Resten mehrere Bünde, darunter →Kadima und Jüdischer Pfadfinderbund (JPD). In allen Bünden aber wuchs die Erkenntnis, daß es mit Wandern nicht getan war, Goethe und Völkerball keinen Weg zum Judentum wiesen, es vielmehr seiner Vertiefung und Verwirklichung gerade aus dem Geist der Jugendbewegung heraus bedürfe. Das galt selbst für den in der Religion ruhenden Esra, in dem Zweifel aufkamen an der als veräußerlicht angesehenen Orthodoxie. Gesinnung und Glaube sollten die toratreue Befolgung der Gebote und Verbote verinnerlichen. Die gleichen nationalen und sozialen Tendenzen drangen ein, in denen die anderen, kaum in der Religion verankerten Bünde immer mehr die Erfüllung des Judentums suchten. Umworben und bald auch angetrieben von der Arbeiterbewegung in Palästina wurde die Brit Haolim, der Bund der Aufsteigenden. Einige seiner →Hachschara-Gruppen in der Gegend von Hameln schlossen sich vollmundig zum Kibbuz Cherut zusammen, ein Kuriosum und doch symbolisches Zeugnis des Bemühens um die Synthese von Zionismus und einem Sozialismus, der anders als der Marxismus nicht nur die Verhältnisse, sondern auch das Verhalten der Menschen zu revolutionieren trachtete und Raum für Vorverwirklichungen einer idealen Gesellschaft ließ. Trotzdem wollte das Hängen zwischen Moskau und Jerusalem nicht enden, drohte eh und je die Gefahr der »roten Assimilation«. Immer wieder wandten Linke sich ab, desinteressiert an einem Judentum, dessen zionistische Sinngebung keineswegs so schlüssig war, wie man vorgab, vielmehr darauf hinauslief, was in Palästina entstehe, werde schon irgendwie jüdisch sein. Der JJWB ging in der Brit Haolim auf; zum Bundestag stieg Salman Rubaschow, später Israels Präsident Schasar, den Hohen Meissner hinan. Weitere Bünde entstanden, so als Ableger der in Osteuropa und Palästina verbreiteten Bewegungen →Haschomer Hazair, der junge Wächter, auf der Linken und auf der Rechten der revisionistische →Beitar. Charakteristisch für die an Zusammenschlüssen und Spaltungen reiche und verwirrende Geschichte der Bünde war 1932 die Spaltung der Kameraden in die linke Freie Deutsch-Jüdische Jugend (FDJ), das betont deutsche Schwarze Fähnlein und als größte Gruppe die Werkleute, die unter ihrem Führer Hermann Gerson so nationaljüdisch geworden waren, daß ein FDJler sie vor den Lobrednern der völkischen Substanz gewarnt hatte: »Lassen wir uns durch sie nicht irre machen, mögen sie nun Hitler oder Stapel oder Buber heißen«.

Nach der Machtübergabe an Hitler schlossen sich Brit Haolim und Kadima zu Habonim, Bauleuten, zusammen, einer Chaluzbewegung ohne viel Wenn und Aber. Für die als »jeunesse dorée« der jüdischen Jugendbewegung angesehenen Werkleute war es ein kurzer Schritt von ihrem Vorhaben, in Deutschland jüdische Volksheime einzurichten, zum Plan, in Palästina einen →Kibbuz zu erbauen. Dort angelangt, fasteten die Werkleute nur einen einzigen Jom Kippur. Unter den Nöten des Pionierlebens verblaßte die Suche nach dem Judentum.

Im nationalsozialistischen Deutschland, wo Recht zur Entrechtung und Ordnung zur Verfolgung wurde, erlebten zunächst auch die Bünde einen Aufschwung, die nach wie vor bereit für Deutschland sein wollten. Wenngleich, trotz seiner Ausstrahlung ins Schwarze Fähnlein, in der deutsch-jüdischen Jugend eine Randerscheinung, verkörperte Hans-Joachim Schoeps' Deutscher Vortrupp wie kein anderer Bund die Tragik des deutschen Judentums und heroische bündische Ideale, die auch hier in den Dienst einer jüdischen Wiedergeburt treten sollten, gleichermaßen fern dem Nationaljudentum wie der Assimilation, der Orthodoxie und dem Liberalismus. Die jedoch in den Augen der deutschen Machthaber immer noch assimilatorischen Bünde waren die ersten, die verboten wurden. Der Aufschwung der zionistischen Bünde, die in dieselbe antiliberale Kerbe hieben, war weit nachhaltiger. Denn von ihnen und dem für die Hachschara zuständigen, organisatorisch gestärkten Hechaluz versprachen sich die diskriminierten jungen Juden und die deutschen Instanzen am ehesten eine Förderung der Auswanderung. Der Kibbuz wurde zum Mythos, mochte er in Wirklichkeit noch so weit von der Erfüllung jüdischer und jugendbewegter Ideale entfernt sein. Schließlich schwenkte auch der »Spätkommer« unter den Bünden, der mit dem IPD vereinigte Makkabi Hazair auf die Kibbuzlinie ein. Fromme Chaluzim, hervorgegangen häufig aus dem Esra, schufen die originellste Leistung der jüdischen Jugendbewegung Deutschlands, den religiösen Kibbuz. Ihn hatte es in Palästina nicht gegeben. Bedingt durch den ungleich größeren sozialen und seelischen Druck, der auf jüdischen Jugendlichen lastete, und nicht zuletzt durch ihre Anlehnung an die jüdische Arbeiterbewegung Palästinas, gelang der jüdischen dauerhafter als der übrigen deutschen Jugendbewegung eine Verwirklichung ihrer Vorstellungen. Zwar zerbrach manch einer an den hochgespannten Anforderungen, Tausenden aber gab Deutschlands jüdische Jugendbewegung jenen Halt, den die oftmals dem Judentum entfremdeten Eltern nicht vermitteln konnten, und eine Haltung, die fähig machte zum aufrechten Gang.

L H. Abt, Jüdische Jugendbewegung, in: Nachlat Z'wi. Eine Monatsschrift für Judentum in Lehre und Tat, Vorstand der Rabbiner-Hirsch-Gesellschaft (Hrsg.), 2. Jahrgang, Nr. 9/10 (Juni/Juli 1932) – 3. Jahrgang, Nr. 12 (September 1932). – H. Meier-Cronemeyer, Jüdische Jugendbewegung, in: Germania Judaica, Teil 1, N. F. 27/28, 8. Jahrgang (1969), Heft 1/2 – Teil 2, N. F. 28/30, 8. Jahrgang (1969), Heft 3/4. – W. T. Angress, Jüdische Jugend zwischen nationalsozialistischer Verfolgung und jüdischer Wiedergeburt, in: Die Juden im nationalsozialistischen Deutschland 1933–1943, A. Paucker (Hrsg.), 1986.

Jugoslawien. Eine jüdische Gemeinde bestand in Dalmatien seit römischer Zeit (Jüdischer Friedhof aus dem 3. Jahrhundert in der Nähe von Split), in Kroatien und Slowenien aschkenasische Juden seit dem 12. Jahrhundert. Flüchtlinge aus Spanien gründeten Ende des 16. Jahrhunderts Gemeinden in Belgrad, Skopje, Bitola und Sarajevo, die unter türkischer Herrschaft dem Hakham Bashi, dem Oberrabbiner in Konstantinopel, unterstanden. Slowenien und Kroatien blieben Juden zwischen 1456 und 1750 verschlossen. Nach der rechtlichen Gleichstellung 1867 und dem Berliner Kongreß 1878 erfolgte eine Verbesserung der Lage der Juden, das serbische Parlament erteilte erst 1889 die bürgerliche Gleichberechtigung. Mit der Bildung des Königreichs Jugoslawien nach dem Ersten Weltkrieg vergrößerte sich der jüdische Bevölkerungsanteil durch Juden aus Österreich-Ungarn. Eine Volkszählung aus dem Jahre 1931 ermittelte 73 000 jüdische Einwohner in Jugoslawien; bis 1940 stieg diese Zahl noch um ca. 7000 Flüchtlinge aus Deutschland, Österreich und anderen Ländern. Schwerpunkte waren Belgrad und Zagreb (je 11 000), Sarajevo (10 000), Osijek, Bjelovar, Skopje und Bitola. Seit 1933 zunehmender Antisemitismus. In der Absicht, das NS-Regime zu beschwichtigen, verabschiedete die jugoslawische Regierung 1940 zwei »Judengesetze«, die Zulassungsbeschränkungen für das Bildungssystem und Handelsrestriktionen für Juden vorsahen. Nach der Kapitulation der jugoslawischen Armee am 18. April 1941 wurde Jugoslawien unter den verbündeten Invasoren Deutschland, Italien, Ungarn und Bulgarien aufgeteilt. In Serbien wurde eine deutsche Militärverwaltung eingesetzt und ein künstlicher Marionettenstaat Kroatien unter der Kontrolle der Ustaša-Bewegung errichtet. Unmittelbar danach begann die Ermordung der jüdischen Bevölkerung. Es wurden mehrere Konzentrationslager u. a. in Sajmište (bei Belgrad), Šabac, Topovske Supe und Niš eingerichtet. In Jasenovac (Mittelkroatien) entstand ein großes KZ unter der Leitung der Ustaša, die sich aktiv an der Ermordung und Deportation von über 7000 Juden in das Vernichtungslager Auschwitz beteiligte. Gleiches gilt für Mazedonien, auch dort internierte die bulgarische Besatzungsmacht die jüdischen Einwohner in Skopje und deportierte über 7000 Juden nach Treblinka. 1941–43 war die Insel Rab, Teil des italienisch besetzten Dalmatien, Flüchtlingslager. Die italienischen Besatzer weigerten sich, die jüdischen Flüchtlinge an Deutsche oder Kroaten auszuliefern, und nach der italienischen Kapitulation im September 1943 wurde die Insel von Partisanen kontrolliert, was vielen das Leben rettete. Insgesamt fielen 67 000 Juden dem Holocaust zum Opfer. Mehrere tausend Juden kämpften in der Partisanenarmee Josip Broz Tito's. Nach Kriegsende kehrten viele der überlebenden 13–15 000 jugoslawischen Juden in die Sozialistische Föderative Republik Jugoslawien zurück. Seit 1948 wanderten ca. 10 000 Juden nach Israel aus. Nach dem Bürgerkrieg und der Auflösung Jugoslawiens in unabhängige Staaten 1991/92 leben dort nur noch wenige Juden: In der Republik Kroatien etwa 2000 (hauptsächlich in Zagreb), in den Republiken Slowenien und Mazedonien jeweils weniger als 100, mehrere hundert in Bosnien (Sarajevo) sowie in der Bundesrepublik Jugoslawien etwa 2500, die fast alle in Serbien, d. h. Belgrad (ca. 2000), ansässig sind. (PB/BV)

Julian (Julianus Apostata), Neffe →Konstantins I., (seit 361)römischer Kaiser, 331 Konstantinopel – 26. 6. 363 Maranga am Tigris (auf einem Feldzug gegen die Perser). Unter dem Einfluß des Neuplatonikers Maximos fiel er heimlich vom Christentum ab, deshalb von den Christen »Apostata« (der Abtrünnige) genannt. Durch eine Politik religiöser Toleranz versuchte Julian das klassische Heidentum neu zu beleben und das Christentum zurückzudrängen, was ihm die scharfe Gegnerschaft der Kirche einbrachte, die ihn über seinen Tod hinaus unversöhnlich verfolgte und sein Andenken systematisch zerstörte. Seine Haltung gegenüber dem Judentum ist sowohl im Zusammenhang seiner allgemeinen Toleranzpolitik als auch seiner Bekämpfung des Christentums zu sehen. So diente das den Juden gegebene Versprechen, den Tempel wiederaufzubauen, der Widerlegung der christlichen antijüdischen Polemik, vom Tempel werde – als Zeichen der Verworfenheit der Juden – für alle Zeiten kein Stein auf dem anderen bleiben. Die ersten Fehlschläge beim Baubeginn (Feuer und Erdbeben) und die durch den Schlachtentod des Kaisers unterbliebene Wiederaufnahme der Bauarbeiten wurden von den Christen als ein gegen die Juden gefälltes Gottesurteil interpretiert und propagiert.

🄻 J. Vogt, Kaiser Julian und das Judentum, 1939. (HC)

Jungk, Robert (bis 1950 Robert Baum), Schriftsteller, Futurologe, 11. 5. 1913 Berlin – 14. 7. 1994 Salzburg. Studium in Berlin und nach der Emigration 1933 an der

Sorbonne. 1936/37 illegaler Aufenthalt in Berlin, Kontakte zu Widerstandsgruppen, u. a. zu Harry Schulze-Boysen. 1937 in Prag. 1938 Emigration in die Schweiz. Ab 1944 Korrespondent für den »Observer« in London, ab 1946 US-Korrespondent für deutsche und Schweizer Zeitungen. Ab 1957 in Wien; aktiv in zahlreichen Kampagnen gegen Atomwaffen; 1977 im Russell-Tribunal; Organisator internationaler Kongresse zu Zukunftsfragen. 1970 Honorarprofessor an dem eigens für ihn eingerichteten Lehrstuhl für Futurologie an der TU Berlin. Autobiographie: »Trotzdem. Mein Leben für die Zukunft.« (RED)

Jung-Wien →Wiener Moderne

Justinian I., 527 von seinem Onkel zum Mitkaiser erhoben, noch im selben Jahr Alleinherrscher, 11.5.482 Tauresium bei Skopje – 11.11.565 Konstantinopel. Justinian I. versuchte, die politische Idee der Reichseinheit mit der einer christlichen Einheitsreligion zu verbinden und durchzusetzen. Daraus erklären sich sowohl seine erfolgreichen Rückeroberungsfeldzüge im lateinischen, von germanischen Völkern beherrschten Westen des Reichs (Nordafrika, Italien, Spanien) als auch seine rigorose Verfolgungspolitik gegenüber den häretischen christlichen Richtungen im Osten. Seine Judengesetzgebung stellt einen Bruch mit der bisherigen Rechtstradition dar (→Codex Justinianus) und gibt das von →Theodosius I. eingeschärfte Rechtsprinzip auf, daß das Judentum eine amtlich zugelassene Religion sei. Zwangsbekehrungsmaßnahmen sind allerdings nur im Einzelfall belegt. (HC)

Juvenal, römischer Dichter, um 60 Aquinum – nach 127 n.Z., übte in seinen 16 (erhaltenen) Satiren scharfe Kritik an der römischen Gesellschaft seiner Zeit und sprach ein vernichtendes Urteil über das Großstadtleben. Juvenals Satiren zeigen, daß die Juden Roms eher wegen ihrer Armut verachtet als wegen ihres Reichtums verhaßt waren (Satiren 3, 13 ff.; 6, 542 ff.). In Satire 14,96 ff. geht Juvenal davon aus, daß Proselyten die Tora sehr genau kennen mußten. (HC)

K

Kabarett. Seit Beginn des Kabaretts (»Chat noir« Paris, 1881; »Überbrettl« und »Kleines Theater. Schall und Rauch« Berlin, 1901; »Elf Scharfrichter« München, 1901) haben Juden eine wichtige Rolle bei der Entwicklung des Genres gespielt. Max Reinhardt etwa war Initiator des ersten »Schall und Rauch«-Kabaretts von 1901 und erneuerte diese Institution 1919 mit politischer Akzentsetzung – mit Blandine Ebinger und Paul Graetz als Schauspielern, Friedrich Hollaender und Mischa Spoliansky als Komponisten, Walter Mehring und Kurt Tucholsky als Autoren. Die Genannten gehörten – neben Fritz Grünbaum, Paul Morgan, Kurt Robitschek, Rosa Valetti, Therese Giehse, Valeska Gert, Peter Hammerschlag, Stella Kadmon, Max Colpet, Werner Richard Heymann, Rudolf Nelson – zu den wesentlichen Gestaltern des Kabaretts der Zeit bis 1933 bzw. 1938. Das Exil-Kabarett versammelte seit 1933 eine große Zahl jüdischer Künstler, von denen viele von den Nationalsozialisten ermordet wurden (u. a. Grünbaum, Willy Rosen, Otto Wallburg, Max Ehrlich, Kurt Gerron). Jüdisches Kabarett im engeren Sinn gab es in Wien, wo 1927 die Zionisten Oscar Teller, Victor Schlesinger und Fritz Stöckler das »Jüdisch-Politische Kabarett« gründeten, das sich gegen die Assimilation und den Antisemitismus wandte. Zu dem 1943 von Teller in New York neugegründeten Kabarett (»Die Arche«) gehörten u. a. Hugo F. Koenigsgarten, Schlesinger, Teller, Jimmy Berg, Fritz Spielmann, Kitty Mattern, Erna Trebitsch, Erich Juhn, Vilma Kürer, Gertrud Hill, Arthur Hoff. Herbert Nelson wagte zusammen mit seinem Vater und der holländischen Kabarettistin Henriette Davids nach dem Einmarsch der Deutschen in Amsterdam 1940 die Gründung der »Joodsche Schowburg«, die später in eine Privatwohnung verlegt wurde. (HH)

Kabbala (hebräisch »Überlieferung«), jüdische Mystik und Geheimlehre seit dem 12. Jahrhundert. Vorläuferin und Vorbedingung der Kabbala ist die esoterische Bewegung im Judentum seit dem Ende der Zeit des Zweiten Tempels. Jüdisches Gedankengut paarte sich mit mystischen Vorstellungen. Spekulationen über den himmlischen Thronwagen (Maase Merkawa), mystische Schau Gottes in Form eines übernatürlichen Menschen und Spekulation über seine Maße (Schi'ur Koma), Lehren über den →Engel Metatron finden sich in der Hekalot-Literatur (→Hekalot), aber auch angedeutet in Mischna und Talmud (→Pardes). Spekulationen über den →Gottesnamen, Zahlenmystik (Gematria) und Buchstabendeutung (→Atbasch) waren verbreitet, ebenso Magie und Zauber. Die Spekulation über das Schöpfungswerk (Maase Bereschit) fand ihren besonderen Ausdruck in dem Werk »Sefer Jezira« (3. bis 6. Jahrhundert n. Z.), das bereits zehn →Sefirot erwähnt, hier verstanden als die vier Elemente und sechs Raumdimensionen. Enge Beziehungen zur Kabbala hatten die →Chasside Aschkenas (11.–13. Jahrhundert). Die eigentliche Kabbala, die sich auf diese Esoterik immer wieder rückbezieht, entstand in der 2. Hälfte des 12. Jahrhunderts, als das Buch →Bahir in der Provence auftauchte und mit (neuplatonischer) jüdischer Philosophie des Mittelalters (z. B. →Bachja ibn Pakuda, →Abraham ben Meir ibn Esra) zusammentraf. Ein erstes Zentrum der Kabbala entstand um →Isaak den Blinden in der Provence, ein zweites später in Gerona (Katalonien) um →Mose ben Nachman. Das Verhältnis von Philosophie und Mythologie schwankte: Abraham →Abulafia formte unter Aufnahme der Philosophie eine »prophetische Kabbala«, die echte Mystik, d. h. die Vereinigung mit der Gottheit, erstrebte. Den mythologischen Pol bildete die kastilianische Kabbala um Mose aus Burgos, die sich besonders mit dem Dämonischen beschäftigte, umfangreiche Listen von Engelwesen aufstellte und sich auch um Sammlung und Kommentierung alter Überlieferungen bemühte. Elemente der geronesischen und der kastilianischen Kabbala treffen zusammen im Hauptwerk der älteren Kabbala, dem Sohar. Gemeinsame Grundlagen der älteren Kabbala sind: 1. eine entwickelte Lehre von den zehn Sefirot, die durch Emanation (»Herausfließen«) aus dem der Erkenntnis entzogenen »Unendlichen« (En-Sof) hervorgehen. Die Sefirot bilden die Form eines übernatürlichen Menschen (Adam Kadmon). Jede Sefira kann mit einer Reihe von Namen gleichgesetzt werden, was eine esoterische Interpretation der →Hebräischen Bibel ermöglicht (der biblische Schöpfergott z. B. ist nicht selbst das En-Sof, sondern Name einer Emanation); 2. eng damit verbunden ist die Vorstellung von der Tora als lebendigem Organismus und mystischer Verkörperung des Gottesnamens, die zu mystischem und magischem Gebrauch von Wörtern und Buchstaben führt; 3. eine Lehre von mehreren Welten, im Sohar verstanden als mißglückte Schöpfungen (»Könige von Edom«), später als vier gestufte Welten (Azilut, »Emanation«; Beria, »Schöpfung«; Jezira, »Formung«; Assija, »Handlung« – erst diese ist die materielle Welt) oder Schöpfungszyklen (Schemittot), die von jeder Sefira ausgehen; 4. eine dualistische Sicht des Bösen als »andere Seite« (Sitra Achra) mit mehr oder minder eigener Macht, z. T. in Form eines eigenen Sefirot-Systems, bevölkert von allerlei →Dämonen; 5. die Ansicht, der Mensch könne sich durch →Dewekut (kontemplative »Anheftung« an die Sefirot), Gebet und →Kawwana (bewußte Absicht in Gebet und Gebotserfüllung) zum Göttlichen erheben; eine Vereinigung mit der Gottheit selbst ist aber nur in den wenigsten Systemen der Kabbala möglich. Daneben findet sich, in den frühesten Systemen begrifflich und inhaltlich undeutlich, später ausgeprägt eine Lehre der Seelenwanderung (Reinkarnation, hebräisch »Gilgul«) und der Imprägnierung der Seele durch eine andere, z. T. nur für eine bestimmte Zeit (Ibbur; z. B. Gegenwart der Seele des Juda, als Boas den Großvater Davids zeugte). Die Kabbala stand stets in der Spannung von Esoterik und Popularität. Breiten Kreisen wurde sie erst mit der Vertreibung der Juden aus Spanien (1492) zugänglich; sie nahm nun messianische Züge an und wurde eine bedeutende geschichtliche Kraft. Neues Zentrum wurde Safed in →Galiläa. M. →Cordovero schuf dort seine systematische Form der Kabbala. Ein völlig neues, messianisch gefärbtes System der Kabbala entwickelte I. →Luria, das von seinem Schüler Chajim Vital verbreitet wurde: In ihm kann ganz Israel die bei einer kosmischen Katastrophe in die materielle Welt versprengten göttlichen Lichtfunken durch Läuterung und Toraerfüllung wieder zusammenführen. Die lurianische Kabbala hatte großen Einfluß auf →Sabbatai Zewi. Die theoretische Kabbala ist oft mit einer »praktischen Kabbala« verbunden, die Askese, Kawwana und Torafrömmigkeit, z. T. aber auch Magie und Zauber umfaßt. Die Kabbala hatte großen Einfluß auf den →Chassidismus.

Ⓛ G. Scholem, Die jüdische Mystik in ihren Hauptströmungen, 1957. – G. Scholem, Zur Kabbala und ihrer Symbolik, 1977.

(LD)

Kabbalat Schabbat (hebräisch »Begrüßung des Sabbat«), Gebet zur Einleitung des

→Sabbat am Freitagabend vor dem →Maariv-Gebet. Man beginnt es vor Einbruch der Nacht, um (nach Joma 81b) vom »Profanen dem Heiligen hinzuzufügen« (d.h. ein Stück des Wochentags auf die Seite des heiligen Tags hinüberzuziehen, um den heiligen Tag gebührend zu feiern).
Kabbalat Schabbat wurde erst im 16. Jahrhundert eingeführt: Im Umkreis der →Kabbala in Safed bezog man sich auf den Brauch Rabbi Chaninas, in Sabbatkleidern bei Sonnenuntergang am Freitagabend auszurufen: »Laßt uns der Königin Schabbat entgegengehen«, und auf den Brauch Rabbi Jannais, den Sabbat mit den Worten »komm Braut, komm Braut« zu begrüßen. Die Kabbalisten in Safed gingen daher hinaus aufs Feld, um den Sabbat zu begrüßen. Von dort breitete sich das Gebet in die jüdische Welt aus. Es besteht (im aschkenasischen Ritus) aus Ps 95-97, Ps 29, dem Sabbatlied →Lecha Dodi und Ps 92 und 93, die nach →Mose ben Maimon (12. Jahrhundert) schon vor dessen Zeit in die Liturgie aufgenommen worden waren. (LD/TK)

Kach, 1973 von Rabbiner Meir Kachana (Kahane) gegründete extrem nationalistische religiöse Partei in Israel. Kachana führte seit 1968 in New York die militante »Jüdische Verteidigungsliga«. Seine Versuche, bei den Knessetwahlen 1973 (0,8 Prozent), 1977 (0,3 Prozent) und 1981 (0,3 Prozent) mit seiner Liste ein Mandat zu gewinnen, blieben erfolglos. 1984 erhielt er jedoch 1,5 Prozent der Stimmen und einen Sitz in der Knesset. Vehement forderte Kachana die arabische Bevölkerung Israels auf, das Land zu verlassen. Seine extremen Positionen gaben der Knesset den Anlaß, ein »Antirassismus-Gesetz« zu verabschieden. Als »rassistische« Partei wurde Kach 1988 von Israels Oberstem Gerichtshof von der Teilnahme an den Knessetwahlen ausgeschlossen, ebenso 1992 und 1996. Rabbi Kachana wurde am 5. 11. 1990 in New York ermordet.
[L] Y. Kotler, Heil Kahana, 1986. – R. Mergui/P. Somonnot, Israel's Ayatollahs: Meir Kahane and the Far Right in Israel, 1987. (DB/MW)

Kaddisch (aramäisch »heilig«), Gebetshymnus, aramäisch mit hebräischen Einschüben, der z.T. im Wechsel von Vorbeter (Scheliach Zibbur, →Chasan) und Gemeinde gebetet wird. Es gibt fünf Typen des Kaddisch:
1. Vollkaddisch, enthält (a) Heiligung des Namens Gottes und Bitte um Errichtung seines Königreichs, (b) Segnung, Lobpreis und Erhöhung seines Namens, (c) Bitte um Gebetsannahme, (d) Bitte um Frieden (aramäisch), (e) abgewandelte Form dieser Bitte (Ose Schalom, hebräisch). Das Vollkaddisch bildet den Abschluß des →Schemone essre.
2. Halbkaddisch, enthält nur die Teile (a) und (b) und wird vom Vorbeter zwischen bestimmten Abschnitten des Gottesdienstes gesprochen.
3. Waisenkaddisch (ohne Teil [c]), wird von Trauernden am Ende des Gottesdienstes während elf Monaten nach dem Todesfall (→Trauerriten) und jährlich am Todestag (Jahrzeit) gesprochen.
4. Kaddisch de-Rabbanan, in dem Teil (c) durch eine Bitte für Gelehrte ersetzt ist, wird von Trauernden nach Lehrvorträgen und an besonderen Stellen von →Schacharit, →Kabbalat Schabbat und der Gottesdienste an →Sabbat und an den →Festen gesprochen.
5. bei Bestattungen, aber auch bei Abschluß des Studiums eines Talmudtraktats (Sijum) ist im Teil (a) des Kaddisch ein Passus über die →Auferstehung und den Wiederaufbau →Jerusalems eingefügt. Ursprünglich nur Abschlußgebet aggadischer Vorträge, ist das Kaddisch heute ein wichtiges Gebet, das stehend und in Anwesenheit von zehn Männern (→Minjan) gesprochen werden muß. Gebet der Trauernden wurde es in Deutschland erst im 13. Jahrhundert. (LD/TK)

Kadima (hebräisch »Ostwärts«, d.h. nach Israel, und »Vorwärts«). Erste national-jüdische Studentenorganisation, gegründet 1882 in Wien unter dem Einfluß von P. →Smolenskin und L. →Pinsker als Folge der Ausschließung von Juden aus den Studentenverbindungen. Die Ziele der Kadima waren: Bekämpfung der Assimilation, Hebung des jüdischen Selbstbewußtseins und (unter dem Einfluß Herzls) Nationalgefühls, Besiedlung Palästinas. Treibende Kraft bei der Gründung der Kadima war N. →Birnbaum. Auf das Drängen der Kadima übernahm Herzl die Führung der zionistischen Bewegung. (LH)

Kaff (von biblisch-hebräisch »kafar«, »Dorf«), Bezeichnung für einen unbedeutenden Platz; im Rotwelsch »Kfar« und »Gfar« (»Gefahr«) ausgesprochen. (RED)

Kafka, Franz, Schriftsteller, 3.7 1883 Prag – 3.6.1924 Kierling bei Wien. Promotion als Jurist 1906; 1908–22 Beamter der Arbeiter-Unfall-Versicherungs-Anstalt. Seit 1917

tuberkulosekrank. 1912 Bekanntschaft mit F. →Bauer; zweimalige Ver- und Entlobung 1914 und 1917 (»Briefe an Felice« 1967). Bekanntschaft mit Milena Jesenská (»Briefe an Milena«, 1952, erweitert 1986); seit September 1923 mit Dora Diamant in Berlin.
Das Hauptwerk Kafkas wurde zum größten Teil erst posthum, gegen den testamentarischen Willen des Autors, von Lebensfreund M. Brod veröffentlicht, vor allem die drei fragmentarischen Romane »Der Verschollene« (»Amerika«), »Der Prozeß«, »Das Schloß« sowie Tagebücher und Briefe; zu Lebzeiten erschienen als Buch oder in Zeitschriften vor allem »Betrachtung« (1912), »Das Urteil« (1913), »Der Heizer« (1913), »Die Verwandlung« (1915), »Vor dem Gesetz« (1915), »In der Strafkolonie« (1919), »Ein Landarzt« (1919/20), »Ein Hungerkünstler« (1922).
Das literarische Werk Kafkas, das wie seine Tagebücher und Briefe zu den größten Prosazeugnissen des 20. Jahrhunderts gehört, ist reich an visionären Episoden, die unzählige Interpretationen gestatten. Kafkas Protagonisten, denen in einer grausamen und undurchschaubaren Umwelt keine Handlungsfreiheit gelassen ist, leiden unter ihrer existenziellen Schuld, ohne deren Ursache klar zu erfassen: »Die Schuld ist immer zweifellos.« In der kristallklaren Sprache Kafkas enthüllt sich das labyrinthische Umherirren einer vergebens den Sinn und das Ziel ihres Daseins suchenden Menschheit.
Neuerdings wurden die jüdischen Aspekte von Kafkas Leben und Werk besonders beachtet: Der Widerstreit von Westjudentum gegen Ostjudentum und jiddische Literatur, Zionismus, Vaterkomplex, Gesetzlichkeit und Verschuldung treten dabei in den Blick.

Franz Kafka

L K. E. Grözinger/S. Mosès/H. D. Zimmermann (Hrsg.), Kafka und das Judentum, 1987. – E. Pawel, Das Leben Franz Kafkas, deutsch 1986. – R. Robertson, Kafka, Judentum – Gesellschaft – Literatur, deutsch 1988. (MP)

Kaftan, 1. Mantelartiger, langer und eng geknöpfter schwarzer Rock der orthodoxen Juden.

2. Jüdische Kleinkunstbühne in Berlin 1930–33. Der Kaftan war vor 1933 das einzige jiddische Kabarett in Deutschland. Begründet und geleitet von Maxim Sakaschansky und R. →Klinger, war es als »Kammerkunstbühne« anerkannt. Durch das rein jiddisch ausgerichtete Repertoire wurde das Spektrum des bunten Berliner Theaterlebens um ein Novum bereichert. Es wurden sowohl von Sakaschansky selbst verfaßte Couplets und Szenen aufgeführt als auch Stücke jiddisch schreibender Autoren wie I. L. →Perez, →Mendele Mocher Sforim, →Scholem Alejchem. Die Programme enthielten inszenierte jüdische Volkslieder aus Osteuropa, die Jehuda Pommeranz am Flügel begleitete. Oskar Ebelsbacher erzählte »Rabbinische Weisheiten«, Ernst Pöckel sekundierte als »Daitscher« in lustigen Sketchen von Scholem Alejchem. Manfred Geis rezitierte hebräische Bibelsprüche und Esther und Jacob Moschkowitz stellten dazu zwei fragende, unbeholfene Kleinbürger dar. Höhepunkt der Programme waren Dorfszenen mit Sakaschansky und Klinger. Mit seinen satirischen Couplets, in denen er die assimilierten deutschen Juden aufs Korn nahm, erzielte Sakaschansky große Bühnenerfolge. Zuletzt hatte der Kaftan ein Lokal in der Berliner Jägerstr. 9 mit 170 Sitzplätzen an Tischen. Das Publikum des Kaftan setzte sich zusammen aus Ostjuden aus dem →Scheunenviertel und dem Berliner Westen sowie deutschen Zionisten. Der Kaftan unternahm Tourneen in Deutschland, Holland, Belgien, Österreich und der Tschechoslowakei. Am 1. 4. 1933 lösten Sakaschansky und Klinger den Kaftan auf und emigrierten nach Palästina, wo ihr Kabarett allerdings nicht überlebte. Jiddisch als Bühnensprache war in Palästina zu dieser Zeit verpönt. In Israel haben allein das jiddische Komikerduo Dzigan und Schumacher sowie Oscar Teller diese spezifische Kabarettform weitergeführt. (LH)

Kahal (von hebräisch »Kehila«, »Gemeinde«), Bezeichnung für die Organisationsform der jüdischen Gemeinden in Polen, die sich bis Ende des 16. Jahrhunderts ausbildete (1595 erstes erhaltenes Gemeindestatut in →Krakau), eine weitgehende Autonomie erlangte und eine wichtige Rolle

im Leben der polnischen Juden spielte. Die Aufgaben des Kahal waren: die administrative Gewalt und die Gerichtsbarkeit über seine Mitglieder auszuüben sowie ihnen ein ungehindertes religiöses und kulturelles Leben zu ermöglichen.
Die administrative Gewalt bestand vor allem in der Steuererhebung. Der Kahal mußte sämtliche Steuern (Quartiergeld, Nadelgeld, Kopfsteuer, Haussteuer und eine Reihe Sondersteuern) für seine Mitglieder pauschal entrichten. Ihrerseits nahm die Gemeinde direkte (Kopf-, Vermögens- und Kahalsteuer) und indirekte (Konsum- und Einkommensteuer) Steuern ein. Gegen Mitte des 17. Jahrhunderts reichten diese Einnahmen nicht mehr aus, um die erhöhten finanziellen Forderungen des Staates und die Gemeindekosten zu decken. Die Gemeinden waren gezwungen, bei Adel und Klerus Schulden zu machen; gegen Ende des 17. Jahrhunderts waren alle großen Gemeinden bankrott.
Zur Gerichtsbarkeit: Streitigkeiten zwischen Juden wurden vor einem Richterkollegium ausgetragen.
Zur (ehrenamtlichen) Struktur des Kahal: dem Kahal standen die Ältesten (seniores, im 15. Jahrhundert Judenbischöfe, im 18. auch Judenmeister oder Judenbürgermeister genannt) vor, je nach der Größe der Gemeinde drei bis fünf. Sie rekrutierten sich meist aus der wohlhabenden Kaufmannschaft und aus Pächtern, wurden gewählt und sollten sich monatlich im Vorsitz der Gemeinde abwechseln. Die Machtbefugnisse des Vorsitzenden lagen vor allem in der Kontrolle der Gerichtsbarkeit, der Steuerkommissionen, im Aufstellen des Gemeindebudgets sowie in Verleihung und Aufnahme von Anleihen. Für die Verwaltung der Gemeinde (vor allem die Buchhaltung) waren die Vorsteher zuständig. Kahalräte bildeten Kommissionen, die u.a. die Einhaltung der religiösen Gebote, den jüdischen Handel und die jüdischen Schulen überwachten. Zu den bezahlten Beamten gehörten vor allem die Rabbiner. Sie hatten gegenüber den Beschlüssen des Kahalvorstands eine exekutive Funktion, kontrollierten die Korrektheit der Kahalwahlen, hatten den Vorsitz im höchsten Richterkollegium inne und konnten den Bann verhängen. Ihr Status war zwar hoch, in den meisten Entscheidungen waren sie aber von der Zustimmung des Vorstands abhängig.
Im 17. und im 18. Jahrhundert büßten die Kahalbehörden an Autorität ein, Folge einer erstarkenden Gemeindeoligarchie einerseits und sozialer Konflikte andererseits, die mit den immer schwerer zu tragenden Lasten zusammenhingen. Mit der Teilung Polens im 18. Jahrhundert wurde der Kahal sowohl in den von Preußen als auch in den von Österreich besetzten Gebieten und 1822 im russischen Königreich Polen abgeschafft. Im russischen Polen wurde der Kahal durch die »Synagogenaufsicht« (Dózor Bóżniczy) ersetzt, deren Kompetenzen sich lediglich auf Kultus und Wohlfahrt erstreckten.

Ⓛ M. Bałaban, Der Kahal in Polen im 16. bis 17. Jahrhundert, in: Neue Jüdische Monatshefte, Nr. 14, 19, 20, 23/24, 1917. – A. Leszczyński, Die Rolle der Gemeinden (Kehila) bei der Entwicklung des wirtschaftlichen und kulturellen Lebens der Juden im alten Polen, in: S. Jersch-Wenzel (Hrsg.), Deutsche, Polen, Juden, 1987. (AGR)

Kahn, Bernhard, Sozialpolitiker, 9.4.1876 Oskarsham, Schweden – 27.4.1955 New York, Generalsekretär des →Hilfsvereins der deutschen Juden 1904–21, Direktor des →American Joint Distribution Committee 1924–39. (LH)

Kain, ältester Sohn →Adams und Evas, Akkerbauer (Gen 4,2), Bruder von Abel, den er tötete, als Gott Abels Opfergaben annahm, die Kains aber verschmähte. Die vom Blut seines Bruders getränkte Erde konnte Kain keinen Ertrag mehr bringen; Kain wurde verurteilt, unstet und umherirrend (na' wanad) zu leben. Gott schützte ihn aber durch ein Zeichen (Ot) vor der Rache anderer. Kain ließ sich im Lande Nod (»Umherirren«) östlich von →Gan Eden nieder (Gen 4,1–16). Der Name Kain wird in der Hebräischen Bibel (Gen 4,1) von hebräisch »KNH« (»erwerben«) abgeleitet; vielleicht ist er jedoch von »Schmied« abzuleiten (wie im Aramäischen und Arabischen, vgl. Gen 4,22). Oft wird Kain als Stammvater der Keniter angesehen (vgl. schon Num 24,21f.). In der →Aggada wird Kains Zeichen als Horn gedeutet; Kain habe den Tod durch seinen blinden Nachfahren Lamech gefunden, der auf Anweisung seines Sohnes seinen Pfeil auf ein »gehörntes Tier« schoß, eben Kain mit seinem Mal. Zur aggadischen Aufnahme des Brudermords →Abel. (LD/TK)

Kalam (arabisch ursprünglich »Rede«), Bezeichnung für die rationale Theologie im Islam. Der Kalam erreichte am Anfang des abassidischen Kalifats von Bagdad (9. Jahrhundert) seinen Höhepunkt und bildete das intellektuelle Klima für die Aufnahme der griechischen Wissenschaft. Der Kalam der Mutaziliten (arabisch ursprünglich »die Abgesonderten«), die sich auch »Leute der Gerechtigkeit und des Einheitsbekenntnisses« nannten, vertrat gegen die Fatalisten im eigenen Lager und die Dualisten sowie die Trinitarier konkurrierender Religionen einen strengen ethischen Monotheismus. Dieser bewies die Existenz eines von allen anthropomorphen Vorstellungen gereinigten Schöpfers aus der Kontingenz der Welt, eines Schöpfers, der gleichzeitig Hüter einer vernünftigen und wirksamen sittlichen Ordnung ist, vor der sich der zur freien Entscheidung befähigte Mensch verantworten muß. Der Kalam stimmte, mit Ausnahme seiner atomistischen Kosmologie, in allen Punkten mit dem Judentum überein und übte daher starken Einfluß auf das jüdische Denken aus. Der wichtigste jüdische Vertreter des Kalam war →Saadja ben Josef Gaon, der als der Vater der jüdischen Philosophie des Mittelalters gilt. Wohl noch vor Saadja hat David →Almuqammis an den Kalam angeknüpft. Auch in den babylonischen Talmudakademien wurde der Kalam rezipiert. Vor allem hat der Kalam aber das Denken der →Karäer geprägt, u. a. des →Aaron ben Elija von Nikomedien. Die scharfe Polemik des →Mose ben Maimon gegen den Kalam, die dessen Wirksamkeit im Judentum beendete, richtete sich vor allem gegen die Karäer.

[L] M. Schreiner, Der Kalam in der jüdischen Literatur, 1895 (immer noch grundlegend). – G. Vajda, Le Kalam dans la Pensée religieuse juive du Moyen Age, in: Revue de l'Histoire des Religions 183, 1973. (DK)

Kaléko, Mascha, deutsche Lyrikerin ostjüdischer Herkunft, 7. 6. 1907 Schidlow, Galizien – 21. 1. 1975 Zürich, auf der Rückreise von Berlin, wo sie von 1918 bis zur Emigration in die USA 1938 lebte, nach Jerusalem, wo sie seit 1960 eher Unterschlupf fand als zu Hause war. Den größten Erfolg hatte Kaléko seit 1930 mit ihren neusachlichen Zeitungsgedichten (»Das lyrische Stenogrammheft«, 1933; »Kleines Lesebuch für Große«, 1935). Erst seit 1933 und verstärkt im Exil begann Kaléko sich mit ihrer jüdischen Identität auseinanderzusetzen (»Fahrt über Land«, 1938; »Enkel Hiobs«, 1940); statt der religiösen Identifikation mit dem Judentum war ihr aber die soziale gemäßer (»Einer Negerin im Harlem-Express«). Heimweh, zunehmende Einsamkeit und Melancholie kennzeichnen die spätere Lyrik, die mit dem Einbezug der Umgangssprache wieder an die Berliner Anfänge anknüpfte. (HH)

Kalender. Der heute gültige jüdische Kalender (etwa seit dem 10. Jahrhundert n. Z. unverändert) ist lunisolar: die Monate werden nach dem Mond, die Jahre nach der Sonne berechnet. Der Tag beginnt mit Einbruch der Nacht und hat 24 Stunden mit je 1080 »Teilen« (Chalakim); diese haben je 76 »Augenblicke« (Regaim). Die Tage der Woche werden durch die sechs ersten Buchstaben des hebräischen Alphabets oder durch Ordnungszahlen bezeichnet, der siebte Tag heißt →Sabbat; die Woche beginnt daher mit Sonntag. Das jüdische Jahr hat zwölf Monate mit je 29 Tagen (»mangelhafter« Monat) oder 30 (»voller« Monat); die Monatsnamen sind über das Aramäische dem Babylonischen entlehnt: Tischri (30 Tage), Marcheschwan (auch Cheschwan; 29 oder 30), Kislew (30 oder 29), Tewet (29), Schewat (30), Adar (29), Nissan (30), Ijar (29), Siwan (30), Tammus (29), Aw (30), Elul (29). Hat Marcheschwan 29 und Kislew 30 Tage, spricht man von einem »regelmäßigen« Jahr mit 354 Tagen; haben beide 29 Tage, so ist das Jahr mit 353 Tagen »mangelhaft«; haben beide 30 Tage, so ist es »überzählig« und hat 355 Tage. Der Überschuß des Sonnenjahrs gegenüber diesem (durch feste Monatslängen bereits leicht ausgeglichenen) Mondjahr wird durch Einfügung eines zusätzlichen Monats ausgeglichen (Adar II mit 29 Tagen folgt dann auf Adar [I] mit 30 Tagen); dabei ist in 19jährigem Zyklus jedes 3., 6., 8., 11., 14., 17. und 19. Jahr ein Schaltjahr (Schana me'ubberet). Der erste Tag, bei »vollen« Monaten auch der 30., heißt →Rosch Chodesch. Wichtiges Element zur Berechnung des Jahresanfangs (→Rosch ha-Schana) ist der Molad, der Zeitpunkt, an dem der Mond direkt zwischen Sonne und Erde steht (»mittlere Konjunktion«). Das jüdische Jahr beginnt heute in der Regel mit dem Molad von Tischri (September/Oktober; in Rücksicht auf den Wochentag für →Jom ha-Kippurim und Hoschana Rabba [→Sukkot] gibt es fünf Fälle von Verschiebungen um ein bis zwei Tage). Drei hebräische Buchstaben (für den Wochentag von Rosch ha-Schana, die Länge des Jahres und den Wochentag von →Pessach) markieren den jeweiligen »Charakter« des Jahres (Kewi'a), mit dem die Sequenz aller →Feste bestimmt werden kann; es ergeben sich 14 Typen von Jahren. Tabellen mit diesen Angaben (Luchot) sind verbreitet. Die Anfänge der Jahreszeiten werden nach den Monaten benannt, in die sie fallen: Tekufat Nissan (Frühlings-), Tekufat Tammus (Sommer-), Tekufat Tischri (Herbst-) und Tekufat Tewet (Winteran-

Das jüdische Jahr

Tischri	Cheschwan	Kislew	Tewet	Schewat	Adar	Nissan	Ijar	Siwan	Tammus	Aw	Elul
1 Rosch ha-Schana	1	1	1	1	1	1	1	1	1	1	1
2	2	2	2	2	2	2	2	2	2	2	2
3 Gedalja-Fasten	3	3	3	3	3	3	3	3	3	3	3
4	4	4	4	4	4	4	4	4	4	4	4
5	5	5	5	5	5	5	5 Israels Unabhängigkeitstag	5	5	5	5
6	6	6	6	6	6	6	6	6 Schawuot (Wochenfest)	6	6	6
7	7	7	7	7	7	7	7	7 ★	7	7	7
8	8	8	8	8	8	8	8	8	8	8	8
9	9	9	9	9	9	9	9	9	9	9 Fastentag des 5. Monats (Tischa be-Aw)	9
10 Jom Kippur	10	10	10 Fastentag des 10. Monats	10	10	10	10	10	10	10	10
11	11	11	11	11	11	11	11	11	11	11	11
12	12	12	12	12	12	12	12	12	12	12	12
13	13	13	13	13	13 Ester-Fastentag	13	13	13	13	13	13
14	14	14	14	14	14 Purim	14 Fastentag der Erstgeborenen	14	14	14	14	14
15 Sukkot	15	15	15	15 Neujahrsfest der Bäume	15	15 Pessach	15	15	15	15	15 Erinnerungstag des Weinlesefestes
16	16	16	16	16	16	16	16	16	16	16	16
17	17	17	17	17	17	17	17	17	17 Fastentag des 4. Monats	17	17
18	18	18	18	18	18	18	18 Lag ba-Omer	18	18	18	18
19	19	19	19	19	19	19	19	19	19	19	19
20	20	20	20	20	20	20	20	20	20	20	20
21	21	21	21	21	21	21 Letzter Pessach-Tag	21	21	21	21	21
22 Schemini Azeret	22	22	22	22	22	22 ★	22	22	22	22	22
23 Simchat Tora ★	23	23	23	23	23	23	23	23	23	23	23
24	24	24	24	24	24	24	24	24	24	24	24
25	25	25 Tewet Chanukka	25	25	25	25	25	25	25	25	25
26	26	26	26	26	26	26	26	26	26	26	26
27	27	27	27	27	27	27 Holocaust Gedenktag	27	27	27	27	27
28	28	28	28	28	28	28	28	28	28	28	28
29	29	29	29	29	29	29	29	29	29	29	29
30		30		30		30		30		30	

1.–10. Tischri
Zehn Tage der Einkehr

hohe Festtage
Pilgerfeste
andere Festtage
geringere Fasten- und Feierperioden

16. Nissan–5. Siwan
Omer-Erzählung

17. Tammus–9. Aw
Drei Wochen der Trauer

★ In Israel und in Reformgemeinden werden diese Tage nicht gefeiert. Simchat Tora wird einen Tag früher begangen.

fang). Die jüdische Zeitrechnung bezieht sich auf den Zeitpunkt der Weltschöpfung (berechnet im Midrasch SOR); auf die gregorianische Zeitrechnung kann durch Addition von 3760 umgerechnet werden: 1992 n.Z. = 5752 nach jüdischer Zeitrechnung. In biblischer Zeit wurde anfangs nach den Regierungsjahren der Könige von Israel und Juda gezählt, später nach der seleukidischen Zeitrechnung (Ausgangspunkt: 1. Tischri 312 v.Z.), die lange in Gebrauch war. Während des 2. jüdischen Aufstands (→Bar Kochba) zählte man »nach der Befreiung/Erlösung«. Ein Sonnenkalender mit 364 Tagen liegt den Angaben in den Büchern →Henoch und Jubiläen zugrunde; auch die Sekte von →Qumran scheint zeitweilig einen Sonnenkalender benutzt zu haben.

🄻 E. Mahler, Handbuch der jüdischen Chronologie, 1916. (LD)

Kalir, Eleasar, einer der größten und einflußreichsten religiösen Dichter (→Paitan), Schüler von →Jannai Paitan. Dichtete Pijutim (→Pijut) zu allen wichtigen jüdischen →Festen, den besonderen Schabbatot (→Sabbat) und den Fasttagen. Kalirs Pijutim (Jotzer, Kerowa, Schiwa, Hoschanot, Tau- und Regengebete) wurden klassisch; sie wurden sehr oft in →Siddur und →Machsor aufgenommen, ferner von verschiedenen rabbinischen Gelehrten zitiert. Kalir schöpfte aus der →Aggada, schuf neue hebräische Wörter und verwendete das →Akrostichon sowie Reim- und Klangspielereien. Name, Herkunft und Lebensdaten sind ungewiß; es wird angenommen, daß er etwa Ende des 6. Jahrhunderts n.Z. in Palästina (Tiberias?) lebte. Kalir war schon früh von Legenden umwoben. Bislang unbekannte Pijutim wurden in der Kairoer →Genisa gefunden. (LD/TK)

Kalisch, 1. David, Possendichter, 23.2.1820 Breslau – 21.8.1872 Berlin. Wie F. Lassalle entstammte Kalisch einer jüdischen Händlerfamilie; der Großvater mütterlicherseits war Syndikus der jüdischen Gemeinde. Nach Verarmung der Familie schlug sich Kalisch u.a. als Kaufmann durch, ging 1844 nach Paris, 1846 nach Berlin. Hier wurde er bald mit seinen Altberliner Possen im Gefolge der vormärzlichen und revolutionären Ereignisse zum Liebling eines kleinbürgerlichen Publikums (»Einmalhunderttausend Thaler!«, 1847); durch die Gründung der satirischen Zeitschrift »Kladderadatsch« (1848–1944) mit ihrem Jargon und ihren Witzfiguren trug er maßgeblich zur Herausbildung des spezifischen Berliner Witzes bei. Die vor allem im Wallner-Theater aufgeführten nachrevolutionären Possen (»Berlin, wie es weint und lacht«, 1858; »Einer von unsere Leut«, 1859 u.a.) waren zwar dem nachrevolutionären Zeitgeist angepaßt, verraten aber immer noch viel Chuzpe, die neben französischem und märkischem Einfluß maßgeblich die Berliner Eigenart geprägt hat. (HH)

2. Ludwig, Schriftsteller, 7.9 1814 Lissa – 3.3.1882 Paris, Studium in Heidelberg und München, Promotion in Gießen, übernahm 1843 in Mainz die Redaktion der satirischen Zeitung »Narrhalla«, später auch die Redaktion der Zeitschrift »Das Rheinland«. Veröffentlichte eine Reihe satirischer Bücher, u.a. »Schlagschatten«, »Buch der Narrheit«, »Allgemeine Heulerbibliothek«, »Shrapnels«. Im Revolutionsjahr 1848 Redakteur des Blatts »Der Demokrat«; im Mai 1849 stellte er sich der pfälzischen Revolutionsregierung als Beauftragter für Propaganda zur Verfügung und redigierte in Kaiserslautern den »Boten für Stadt und Land«. Nach dem Scheitern des Aufstands wurde er zum Tod verurteilt, konnte sich jedoch der Vollstreckung des Urteils durch Flucht entziehen und lebte seitdem im Exil in London und Paris.

🄻 J. H. Schoeps, An der Seite der Unterdrückten, in: W. Grab/Schoeps, Juden im Vormärz und in der Revolution von 1848, 1983. (JS)

Kalla-Monate, die Monate Elul und Adar (→Kalender), während deren sich in talmudischer und gaonäischer Zeit viele Schüler zu Gelehrtenvorträgen und halachischen Diskussionen in den babylonischen (nicht palästinischen) →Akademien versammelten (von →Rabba bar Nachmani wird berichtet, er habe 12000 Hörer angezogen [BM 86a]). In gaonäischer Zeit wurde in jedem Kalla-Monat ein Traktat des Talmuds (»Kalla-Traktat«) behandelt, vom Schulhaupt eingeleitet und von den in den ersten Reihen sitzenden »Häuptern der Kalla« mit der Zuhörerschaft diskutiert; am Ende der Kalla-Monate wurde der behandelte Stoff jeweils gebündelt und z.T. abgefragt. (LD/TK)

Kalonymus, weitverzweigte jüdische Familie italienischer Herkunft (Lucca), wohl in der 2. Hälfte des 9. Jahrhunderts n.Z. unter den Karolingern (Karl der Kahle) nach Deutschland gekommen, dort bis zum 13. Jahrhundert eine der bedeutendsten jüdischen Familien. Obwohl der Name im Talmud vorkommt (AZ 11a), lassen sich die Spuren der Familie nur bis ins Italien des 8. Jahrhunderts verfolgen. Ein Jude namens Kalonymus soll nach der Erzählung des Thietmar von Merseburg Kaiser Otto II. in der Schlacht bei Cotrone (982) das Leben gerettet haben; ob dieser Kalonymus sich als erster seiner Familie dann in Deutschland niedergelassen hat, ist strittig. In Deutschland finden sich berühmte Vertreter der Familie vor allem in Mainz und Speyer. Der Familie entstammt eine Vielzahl von religiösen Dichtern (Kalonymus aus Lucca, etwa 9. Jahrhundert; Kalonymus ben Juda der Jüngere, 11. Jahrhundert in Mainz, beschrieb als Augenzeuge die Verfolgungen während des 1. Kreuzzugs 1096; Meschullam ben Mose, 11. Jahrhundert; Meschullam ben Kalonymus aus Rom, 10. Jahrhundert), Halachisten und Talmudisten (Kalonymus ben Mose aus Lucca, siedelte vielleicht auch nach Mainz über; Juda ben Kalonymus ben Meir aus Speyer, schrieb ein großes talmudisches Lexikon; Juda ben Kalonymus ben Mose aus Mainz, Vater des →Eleasar ben Juda aus Worms) und Gemeindevorstehern (Kalonymus ben Meschullam ha-Parnass, leitete die Mainzer Gemeinde während der Verfolgungen 1096, ging mit ihr in den Tod). Der Sohn des Gemeindevorstehers und Halachisten Kalonymus ben Isaak des Älteren, Samuel ben Kalonymus he-Chassid, begründete die mittelalterliche Bewegung der →Chasside Aschkenas; dessen Sohn →Juda ben Samuel he-Chassid aus Regensburg wurde ihr einflußreichster Anführer. Die Beziehungen der Familie Kalonymus in der Provence zum italienisch-deutschen Zweig sind unklar. (LD/TK)

Kaminka, Armand, Gelehrter, 5.5.1866 Berditschew – 12.3.1950 Tel Aviv. Rabbiner in Prag von 1893–97. Von 1897 bis 1900 war er Oberrabbiner in Esseg (Slawonien). Er wurde 1901 Sekretär der Israelitischen Allianz zu Wien und unterrichtete bis 1924 am Wiener Beth Hamidrasch, las seit 1926 an der Wiener Universität über Talmud und jüdische Religionsphilosophie. 1938 wanderte Kaminka nach Palästina aus. Er übersetzte Marc Aurel, Aischylos, Sophokles und Euripides ins Hebräische. (JS)

Kammerknechtschaft. Die sog. Kammerknechtschaft entwickelte sich aus der schon in den →Judenprivilegien Kaiser Ludwigs des Frommen festgelegten, aus dem Königsschutz abgeleiteten Dienst- bzw. Abgabenpflicht der Juden gegenüber dem Königshof bzw. der Schatzkammer. Das Wormser Privileg Kaiser →Heinrichs IV. spricht demgemäß von der Bindung der betreffenden Juden an seine Kammer, während Kaiser →Friedrich I. im Landfrieden von 1179 die Zugehörigkeit aller Juden des Reichs zur Kammer feststellt. In der Bestätigung des Wormser Privilegs durch Kaiser →Friedrich II. 1236 werden die Juden erstmals als »Knechte unserer Kammer« bezeichnet. Im Privileg für Wien von 1237 taucht die Vorstellung der →Servitus perpetua, der »ewigen Knechtschaft«, auf; sie wird jedoch im Gegensatz zur päpstlichen Deutung auf altes kaiserliches Recht zurückgeführt (→Josephuslegende). Da Unfreie im Königsdienst durchaus eine gehobene soziale Stellung einnahmen, beabsichtigte der Kaiser keine Rechtsminderung, sondern wirksameren Schutz angesichts zunehmender Bedrohung. Erst König →Rudolf I. von Habsburg nahm die seit Papst →Innozenz III. vertretene kirchliche Deutung der Servitus im Sinne des römischen Rechts auf und verstand die Kammerknechtschaft als Sklaverei; dementsprechend nahm er den Juden die Freizügigkeit und beanspruchte die Verfügungsgewalt über ihr Vermögen.

L G. Kisch, Forschungen zur Rechts- und Sozialgeschichte der Juden in Deutschland während des Mittelalters, ²1978. (FL)

Kanaan →Palästina

Kanada. Erste jüdische Siedlung nach der britischen Eroberung 1759, zuerst in Montreal, wo die erste spanisch-portugiesische Synagoge, She'arith Israel, 1768 gegründet wurde. Ein erster Jude, der zweimal ins Landesparlament gewählt wurde, schied wegen des christlichen Charakters des Eids aus. 1832 volles Bürgerrecht für Juden; ab 1840 jüdische Ansiedlung in Toronto, Hamilton und Kingston. Anfang der 1880er Jahre begann eine starke jüdische Einwanderung aus Osteuropa. Die erste Loge des →Independent Order of B'nai B'rith 1875 gegründet, der →National Council of Jewish Women 1897, die Zionist Organization of Canada 1899 und →Hadassa-WIZO 1916. Der →Canadian Jewish Congress als Dachverband aller jüdischen Organisationen etablierte sich 1919 und wurde 1934 angesichts der nationalsozialistischen Bedrohung reorganisiert. Die osteuropäischen jüdischen Immigranten fingen als Arbeiter besonders in der Bekleidungsindustrie in Montreal, Toronto und Windsor an und waren bis zum Ende des Zweiten Weltkriegs einem öffentlichen und versteckten Antisemitismus ausgesetzt. Kanada schloß in den 30er und 40er Jahren seine Grenzen für jüdische Flüchtlinge aus Deutschland und Osteuropa. Nach dem Krieg herrschte ein liberaleres Klima. Juden aus den →Displaced-Persons-Lagern wanderten zu Zehntausenden ein; rascher Aufstieg der Juden in die freien Berufe und ins Geschäftsleben; aktive Teilnahme am Kampf gegen Diskriminierung. Juden besetzten wichtige Positionen im öffentlichen Leben. Schon 1930 war David Croll Bürgermeister von Winnipeg (später im kanadischen Senat). Nathan Philips, Bürgermeister von Toronto 1955–63, änderte das Gesicht der Stadt. Einer seiner Nachfolger war Phil Givens (ursprünglich Gewirtz). B. →Laskin wurde 1970 als erster Jude Richter am Obersten Bundesgericht. 1961 wurde Louis Rasminsky Präsident der kanadischen Staatsbank, und 1971–74 war D. →Lewis Vorsitzender der Sozialdemokratischen Partei Kanadas (NDP). In Kanada entstand eine lebendige jüdische Kultur. Jiddische Dichter wie Melech Ravitch und Moishe Shaffir bereicherten das literarische Leben. Andere schrieben für jiddische Zeitungen wie »Der keneder adler« in Montreal und »Der yidisher zhurnal« in Toronto. In englischer Sprache haben jüdische Autoren Großes geleistet. A. M. →Klein war einer der führenden kanadischen Dichter dieses Jahrhunderts. Bekannte Autoren wie Mordechai Richler und Irving Layton haben jüdische Probleme in ihren Werken thematisiert. Heute leben etwa 175 000 Juden in Toronto und 100 000 in Montreal. Andere größere Zentren sind Winnipeg, Vancouver und Ottawa. Insgesamt lebten 1995 etwa 360 000 Juden in Kanada.

L I. Abella/H. Troper, None is Too Many, Toronto 1982. – Canadian Jewish Congress, Pathways to the Present, Montreal 1986. – C. Levitt/W. Shaffir, The Riot at Christie Pits, Toronto 1987. – D. Rome, Clouds in the Thirties, Montreal 1977 bis 1981. – S. Speisman, The Jews of Toronto, Toronto 1979. – M. Weinfeld/W. Shaffir/I. Cotler, The Canadian Jewish Mosaic, Toronto 1981. (CL)

Kanon heiliger Schriften →Hebräische Bibel

Kant, Immanuel, Philosoph, 22. 4. 1724 Königsberg – 12. 2. 1804 Königsberg. Die Philosophie Kants hat das jüdische Denken stark beeinflußt, und zahlreiche jüdische Denker und Gelehrte haben sich an ihrer Verbreitung, Weiterbildung und Erneuerung beteiligt. Die ersten Apostel Kants in Berlin und Wien waren M. →Herz und L. →Bendavid. Der erste sachkundige Kritiker war der von Kant erst gerühmte, später verschmähte S. →Maimon, der die für den deutschen Idealismus maßgebliche Umbildung der Transzendentalphilosophie Kants einleitete. Der erste Neukantianer war Otto Liebmann (1840–1912); in seinem Buch »Kant und die Epigonen« (1865) forderte er am Schluß jedes Kapitels gegen den Idealismus: »Es muß auf Kant zurückgegangen werden!« Das Haupt der neukantianischen Marburger Schule war H. →Cohen. Dessen wichtigster Schüler, E. →Cassirer, hat den nachkantianischen Ansatz zu einer allgemeinen Kulturphilosophie erweitert und wirkt heute vor allem in den USA nach. Die Philosophie Kants hat aber auch in der jüdischen Philosophie und Apologetik eine wichtige Rolle gespielt, vor allem bei S. L. →Steinheim, M. →Lazarus und H. Cohen, neuerdings bei J. →Leibowitz und J. D. →Soloveitschik. Dabei hat Kant das Judentum geringgeschätzt. In seinem Spätwerk »Die Religion innerhalb der Grenzen der bloßen Vernunft« (1793) geht er von der Identität von Religion und vernünftiger Moral aus und bescheinigt dem Christentum die größte Nähe zur Vernunftreligion. Das Judentum sei dagegen »eigentlich gar keine Religion«, sondern die politische Verfassung einer Stammesgemeinschaft, ein »Inbegriff bloß statuarischer Gesetze«. Die jüdische Philosophie in der Nachfolge Kants versuchte vor allem nachzuweisen, daß das Judentum Vernunftreligion im Sinne Kants sei. Die Affinität der jüdischen Philosophie zum Denken Kants hat mehrere Gründe. Den liberalen, d. h. vom positiven Religionsgesetz emanzipierten jüdischen Denkern kam die Reduktion der Religion auf die Moral entgegen. Außerdem steht die rigoristische Pflicht- und Gesetzesethik der jüdischen Moral sehr viel näher als die eudämonistische Tugend- und Glücksethik. Die autonome und abstrakte Ethik Kants ist aber nicht mit der theonomen und konkreten Moral des Judentums vollständig vereinbar.

L J. Guttmann, Kant und das Judentum, 1908. – N. Rotenstreich, Jewish Philosophy in Modern Times, New York 1968. (DK)

Kantonisten, seit Beginn des 18. Jahrhunderts zwangsweise zum →Militärdienst (meist im Alter von zwölf Jahren und jünger) rekrutierte Kinder im zaristischen →Rußland. Seit Ausdehnung der Wehrpflicht auf die jüdische Bevölkerung 1827 bis zur Abschaffung der Kantonisten durch Alexander II. 1856 wurden auch jüdische Kinder eingezogen; ihre Zahl wird auf

60 000 geschätzt. Die Rekrutierung der jüdischen Kantonisten oblag den Gemeindeverwaltungen, deren Auswahl fast ausschließlich die Kinder armer Familien traf. Seit 1853 übernahmen die Rekrutierung sog. »Chappers« (halbamtliche Kidnapper), die gewaltsam Kinder von armen Familien ohne Paß einziehen durften. Die Kantonisten wurden in speziellen militärischen Erziehungsanstalten untergebracht, einer brutalen Ausbildung unterzogen und häufig bis nach Sibirien verschleppt. Mit dem 18. Geburtstag begann dann der 25 Jahre dauernde Armeedienst. Jüdische Kantonisten sollten russifiziert und christianisiert werden, was in der Mehrzahl der Fälle u. a. durch →Zwangstaufen gelang. Die Erinnerung an die Kantonisten blieb in jiddischen Volksliedern und in der Literatur lebendig, so u. a. in »Winschfingerl« (1911) von →Mendele Mocher Sforim und in den Erinnerungen »Erlebtes und Gedachtes« (deutsch 1859, 1862/63) von Alexander Herzen. (BV)

Kantor →Chasan

Kantor, Alfred, tschechischer Maler und Grafiker, 7. 11. 1923 Prag, lebt heute in Maine, USA; wurde bekannt durch Aquarellzeichnungen über die Leiden in den KZs Theresienstadt und Auschwitz. Kantor mußte im Juni 1940 in Prag sein Studium der Werbegrafik abbrechen, da die Deutschen den Ausschluß aller Juden aus Schulen und Bildungseinrichtungen angeordnet hatten. Er erhielt am 1. 12. 1941 den Deportationsbefehl nach Theresienstadt, wo er bis 1943 blieb; dann wurde er nach Auschwitz und 1944 in das Zwangsarbeitslager nach Schwarzheide verlegt. Kurz vor der Kapitulation wurde Kantor freigelassen und kam in das Lager für »Displaced Persons« in Deggendorf. Hier schuf er mehr als 127 Aquarelle über seine Leidensstationen Theresienstadt – Auschwitz – Schwarzheide. Kantor dokumentierte die Schrecken des KZ-Alltags ohne Selbstmitleid, objektivierend wie ein Fotograf: die Operettenfassade von Theresienstadt, Hungerszenen, Folter, Selektion und auch den Feuerschein der Öfen von Auschwitz. Die Aquarelle sind dokumentiert und kommentiert als »Das Buch des Alfred Kantor«. (WJ)

Kantorowicz, 1. Alfred, Essayist und Publizist, 12. 8. 1899 Berlin – 27. 3. 1979 Hamburg. Studium der Rechtswissenschaft und Literaturgeschichte mit Abschluß als Doktor der Rechtswissenschaft. Beginn der beruflichen Tätigkeit in Berlin als Literatur- und Theaterkritiker. 1931 Eintritt in die KPD, 1933 Emigration nach Frankreich. In Paris wurde Kantorowicz Generalsekretär des »Schutzverbandes deutscher Schriftsteller im Exil« und Begründer der »Deutschen Freiheitsbibliothek«. 1935 Teilnahme am 1. »Internationalen Schriftstellerkongreß zur Verteidigung der Kultur« in Paris. 1936 war Kantorowicz Offizier der »Internationalen Brigaden« im →Spanischen Bürgerkrieg. 1938 kehrte er nach Frankreich zurück und wurde 1939 interniert. 1941 Flucht über Martinique und die Dominikanische Republik in die USA. Tätigkeit u. a. als Abteilungsleiter des CBS-Rundfunks. 1946 Rückkehr nach Deutschland (Ostberlin). 1947–49 Herausgeber der Zeitschrift »Ost und West«. Ab 1950 Germanistikprofessor an der Humboldt-Universität. Herausgeber der Heinrich-Mann-Ausgabe im Auftrag der Akademie der Künste (DDR). 1957 Übersiedlung in die BRD. Hauptwerke: »Verboten und verbrannt. Deutsche Literatur, 12 Jahre unterdrückt« (1947), »Spanisches Tagebuch« (1948), »Deutsches Tagebuch« (2 Bände, 1959 und 1961), »Politik und Literatur im Exil. Deutschsprachige Schriftsteller im Kampf gegen den Nationalsozialismus« (1978). (WJ)

Alfred Kantorowicz

2. Ernst, Historiker, 3. 5. 1895 Posen – 9. 9. 1963 Princeton. Soldat im Ersten Weltkrieg, danach Mitglied eines Freikorps, 1921 Promotion in Heidelberg, 1932 Berufung auf eine Professur in Frankfurt am Main, Mitglied des Stefan-George-Kreises. Kantorowicz wurde bekannt durch seine Biographie über Kaiser Friedrich II. Er emigrierte 1938 über England in die USA, wo er anfänglich im kalifornischen Berkeley lehrte; später zog er nach Princeton, wo er am Institute for Advanced Studies bis zu seinem Tod forschte. (JS)

3. Gertrud, Kunsthistorikerin und Dichterin, 9. 10. 1876 Posen – 19. 4. 1945 Theresienstadt. Studium in Berlin und München,

Antike Funde

Der Tempel zur Zeit Herodes' des Großen. Modell (Ausschnitt), Holy Land Hotel Jerusalem. In der Mitte das Hauptgebäude mit »Hechal« – dort standen Menora, Schaubrottisch, Altar – und »Dewir«, einem leeren Raum. *Foto Erich Lessing.*

Links: Mosaik in der Synagoge von Hammat (heute Hama in Syrien), 4. Jahrhundert n. Z.: Menora mit Lulaw und Etrog. Die Menora als Lebens- und Lichterbaum ist ein beliebtes Motiv in der jüdischen Kunst der Spätantike. *Foto Erich Lessing.*
Rechts: Zweigeschossiges jüdisches Wohnhaus auf den Golanhöhen, 1. Jahrhundert n. Z.: Eingang mit Lebensbaum-Symbol. *Foto Erich Lessing.*

Juden im Mittelalter

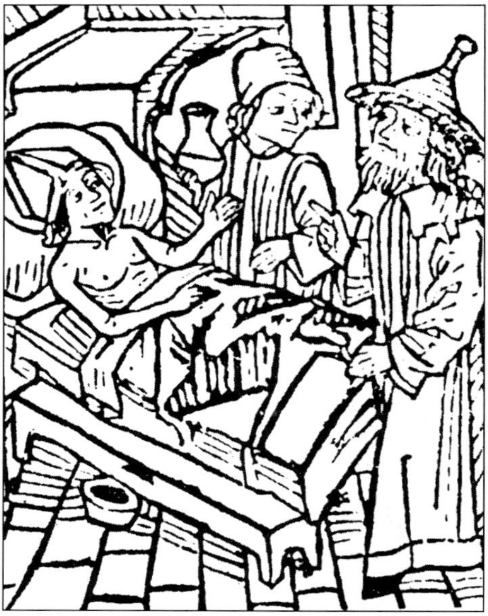

Durch das kirchliche Zinsverbot für Christen wurden die Juden zunehmend in den Geldhandel abgedrängt. Sie waren Kaufleute und Trödler, Geldhändler und Pfandleiher, Schausteller auf Jahrmärkten und Wandermusikanten (Klesmer). Auch der Beruf des Arztes stand ihnen offen.

Oben links: Ein jüdischer Arzt und sein Patient. Holzstich, Augsburg 1487.

Oben rechts: Eher eine Ausnahmeerscheinung war der jüdische Minnesänger Süßkind von Trimberg. Die Miniatur aus der »Manessischen Handschrift« (um 1250–1300) zeigt ihn vor geistlichen Würdenträgern.

Links: Die Rechtslage der Juden im Mittelalter war immer gefährdet: Juden ziehen dem neuen Papst Martin V. zur Bestätigung ihrer Schutzbriefe entgegen. Konstanz, 11. November 1417. Buchmalerei aus der Konzilschronik des Ulrich von Richenthal, 2. Hälfte des 15. Jahrhunderts.

Jüdische Symbole

Silberner Sederteller mit einer Darstellung des Pessachmahls. Deutschland, 18. Jahrhundert, Judaica-Sammlung Max Berger, Wien. *Foto Erich Lessing.*

Mesusa, 18. Jahrhundert, Judaica-Sammlung Max Berger, Wien. *Foto Erich Lessing.*

Chanukka-Leuchter, 18. Jahrhundert, Judaica-Sammlung Max Berger, Wien. *Foto Erich Lessing.*

Synagogen

Oben: Die Altneuschul in Prag, um 1270. Der Giebel stammt aus dem 14. Jahrhundert. Fotopostkarte, um 1930. Der Sage nach haben Einwanderer aus Jerusalem das Fundament der Synagoge aus Steinen des von den Römern zerstörten Tempels errichtet, unter einer Bedingung: sobald der Messias käme, sollten sie die Synagoge abreißen und die Steine wieder nach Zion bringen. Daher der Name der Synagoge: Alt-tenaj-Schul (»unter der Bedingung«) – Altneuschul.

Oben links: Die »orientalische« Synagoge in der Oranienburger Straße in Berlin, erbaut von Eduard Knoblauch 1859–1866. Foto, um 1900. Im Zweiten Weltkrieg zerstört, wurde die Neue Synagoge am 5. September 1991 wieder eingeweiht. Sie dient nun als Dokumentationszentrum und Erinnerungsstätte an die Opfer des Holocausts. – **Oben rechts:** Die Synagoge Bnai Jeshurun auf Manhattan, New York, 1918. Architekten: Hertz und Schneider. – **Unten:** Die Hauptsynagoge in Jerusalem, 1982. Architekt: Alexander Friedman. – **Gegenüber unten links:** Die alte Synagoge von Worms: Innenansicht des Männerraums, 1174/75. Die Synagoge, in der NS-Zeit zerstört, ist wieder originalgetreu aufgebaut worden. – **Gegenüber unten rechts:** Die neuromanische Neue Synagoge am Königsplatz in Köln. Architekten: Below und Schreiterer. Foto, 1909.

Die Tora

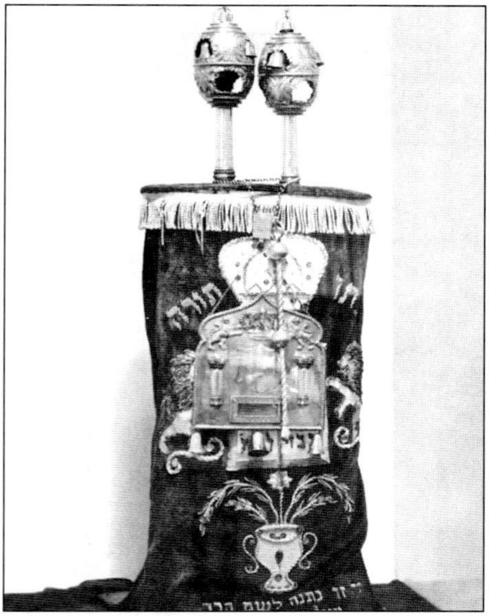

Torarolle (Sefer Tora. »Buch der Lehre«), um 1850, Berlin-Museum. *Foto Gert Schütz.* Die Torarolle ist eine für die Toralesung bestimmte Pergamentrolle mit der Niederschrift der Tora.

Toraschrein und Toravorhang mit einer Inschrift zur Erinnerung an die Familie Berger aus der Synagoge in Wien, 1970. Judaica-Sammlung Max Berger, Wien. *Foto Erich Lessing.* Im Toraschrein (Aron ha-Kodesch. »Heilige Lade«) werden die Torarollen aufbewahrt. Meist in eine Nische am östlichen Ende der Synagoge eingebaut, repräsentiert der Schrein symbolisch das Allerheiligste, worauf der Toravorhang (Parochet), oft eine fromme Spende, hinweist.

Torakrone (Keter Tora) aus Silber, um 1780. Judaica-Sammlung Max Berger. *Foto Erich Lessing.* Die Torakrone wird an bestimmten Festtagen anstelle der Rimmonim der Torarolle aufgesetzt. Die Krone symbolisiert die königliche Bedeutung der »Lehre«.

Häftlinge beim Zählappell in einem Konzentrationslager.

Bei der Befreiung des Konzentrationslagers Majdanek finden sowjetische Soldaten grausame Spuren der Vernichtungsmaschinerie. Der SS gelang es bei ihrem überhasteten Rückzug nicht mehr, alle Spuren zu vernichten.

Staatsgründung: David Ben-Gurion verliest die Unabhängigkeitserklärung Israels, 14. Mai 1948. Am Tag danach begann der Einmarsch der Armeen aus den arabischen Staaten.

Gebet an der Westmauer des herodianischen Tempelbezirks in Jerusalem, der heiligen Stätte des Judentums.

»Der Schrein des Buches« mit Schriftrollen aus Qumran im Israel-Museum in Jerusalem, erbaut 1965.

Promotion in Zürich mit der Arbeit »Über den Meister des Emmausbildes in San Salvatore in Venedig« (1904). Befreundet mit Edith Landmann und Stefan George, der 1900 ihre Gedichte in den »Blättern für die Kunst« unter dem Pseudonym Gertrud Pauly veröffentlichte. Kantorowicz lernte M. →Susman kennen – die Briefe an diese sind erhalten, aber nicht gedruckt –, 1903 auch G. →Simmel, mit dem sie eine Tochter hatte. Nach Simmels Tod gab sie seine »Fragmente und Aufsätze aus dem Nachlaß« (1923) heraus. Sie übersetzte Henri Bergson (»Schöpferische Entwicklung«, 1912) und Sonette von Michelangelo (ungedruckt). Nach einem gescheiterten Versuch, in die Schweiz zu fliehen, wurde Kantorowicz nach Theresienstadt deportiert, wo sie bis kurz vor ihrem Tod Gedichte schrieb (»Verse aus Theresienstadt«, 1948). Ihr Hauptwerk, »Vom Wesen der griechischen Kunst«, erschien erst 1961.
L M. Susman, Ich habe viele Leben gelebt, 1964. (BH)

Kaplan, 1. Eliezer, zionistischer und israelischer Politiker, 1891 Minsk – 13.7.1952 Genua. Durch seine Familie war Kaplan sehr früh in der zionistischen Bewegung tätig. Ab 1923 in Palästina, arbeitete für die wirtschaftlichen Institutionen der →Histadrut und der Stadt Tel Aviv. 1933 Mitglied der Exekutive der →Jewish Agency und Leiter der Finanzabteilung. Mit Gründung des Staates Israel wurde Kaplan Finanzminister und kurz vor seinem Tod stellvertretender Ministerpräsident. (DB/MW)

2. Jacob, französischer Rabbiner, 7.11.1895 Paris – 5.12.1994 Bagneux bei Paris. Er bekleidete das Amt des Oberrabbiners von Frankreich seit 1955 für drei Jahrzehnte; Kaplan war Mitglied der Académie des Sciences Morales et Politiques und erhielt die höchste Ehrung der Französischen Republik, das Großkreuz der Ehrenlegion. Kaplan hat zahlreiche Bücher verfaßt, darunter »Racisme et Judaïsme« (1940) und »L'enseignement de l'estime. Justice pour la foi juive«. (MH)

3. Mordechai M., Rabbiner, Philosoph, Begründer der »Reconstructionist«-Bewegung in den USA, 11.6.1881 Swenzlany, Litauen – 1983 New York. Trotz orthodoxer Erziehung studierte Kaplan und lehrte von 1909 bis 1963 am konservativen »Jewish Theological Seminary of America« (JTS) in New York. Unter dem Einfluß des Kulturzionismus gründete und leitete er von 1917 bis 1922 das jüdische Kulturzentrum der kurzlebigen New Yorker Einheitsgemeinde. In den 30er Jahren entwickelte Kaplan die Ideologie des Rekonstruktionismus. 1934 erschien sein Hauptwerk »Judaism as a civilization« (deutsch »Judentum als Zivilisation«, New York ²1958) und von 1935 an die Zeitschrift »The Reconstructionist«. Gegen die Konfessionalisierung und die kulturelle Assimilation des Judentums in der Reformbewegung, gegen die kulturelle Dissimilation der »Orthodoxie« und schließlich gegen das unentschlossene Lavieren der »Konservativen« zwischen den Fronten wollte Kaplan einen neuen Weg einschlagen: eine »Rekonstruktion« des Judentums. Er betrachtete das Judentum als eine selbständige religiöse Kultur, die alle ihre Elemente, wie Sprache, soziale Formen, Sitten, Bräuche, Künste, zwar einer religiösen Tradition verdankt, die aber in einer sich wandelnden Welt zur Innovation fähig bleiben und zu diesem Zweck ihre religiösen Quellen dauernd neu interpretieren, »rekonstruieren« muß. Die geistige Anpassung an die Moderne fordert nach Kaplan insbesondere die radikale Verweltlichung der transzendenten Elemente des jüdischen Glaubens und die Verwandlung der supranaturalistischen Religion in einen innerweltlichen Fortschrittsglauben (vgl. »Judaism without Supernaturalism«, 1958). Das in diesem Sinn gestaltete rekonstruktionistische Gebetbuch »Sabbath Prayer Book« ist von der Orthodoxie mit einem Bann belegt worden, und auch die Anhänger Kaplans, wie der konservative Rabbiner und Philosoph Milton Steinberg (1903–1950) und der existentialistische jüdische Philosoph Will Herberg (geb. 1906) haben die evolutionistische Theologie Kaplans abgelehnt. Obwohl der Rekonstruktionismus eine kulturelle Renaissance im amerikanischen Judentum bewirkt und die Ausbildung der Gemeindekader beeinflußt hat, sind seine Anhänger eine verschwindend kleine Gemeinschaft geblieben. (DK)

Kapparot (hebräisch »Sühnungen«), volkstümlicher Brauch, bei dem symbolisch die Sünden eines Mannes auf einen Hahn, die einer Frau auf eine Henne und die einer Schwangeren auf einen Hahn und eine Henne (auch für das ungeborene Kind) übertragen werden. Das Tier wird dreimal über dem Kopf geschwungen und eine Formel gesprochen, die auf das stellvertretende Sterben des Tieres hinweist. Danach pflegt man das Tier oder seinen Gegenwert in Geld den Armen zu geben. Die Kapparot werden heute noch am Vorabend des →Jom ha-Kippurim vollzogen; in vielen

Gemeinden werden die Tiere durch Geld ausgelöst. Der Brauch der Kapparot wird im Talmud nirgends erwähnt; er taucht erstmals bei den Geonim (→Gaon) im 9. Jahrhundert auf. Aufgrund ihrer Ähnlichkeit mit dem (nach der Tempelzerstörung verbotenen) →Opfer waren die Kapparot äußerst umstritten: Salomo ben A. →Adret, →Mose ben Nachman und J. →Karo verboten sie, während die Kabbalisten I. →Luria und J. →Horowitz den Brauch mystisch interpretierten; M. →Isserles machte ihn zur Pflicht. Die Verwendung von Hühnern (neben denen auch andere Tiere, nicht aber Tauben benutzt werden dürfen) soll die Kapparot vom Opfer abgrenzen. (LD/TK)

Kapper, Siegfried, Arzt und Autor, 21.3. 1821 Smichov – 7.6.1879 Pisa. In ärmlicher tschechischer Umgebung geboren, besuchte Kapper das Prager Piaristengymnasium. Während des Medizinstudiums in Prag und Wien bereits literarische Tätigkeit mit Freiheitsliedern, Übersetzungen der serbischen Volksdichtung und tschechischen Lyrik; 1850 erschienen die »Prager Ghettosagen«. Kapper war glühender Verfechter einer Annäherung zwischen Juden und Tschechen, die von den Jung-Tschechen noch zurückgewiesen wurde (erst Ende der 1870er Jahre nationalpolitische Bedeutung der jüdisch-tschechischen Bewegung). (MP)

Kapstadt →Südafrika

Karäer, jüdische Sekte, entstanden Anfang des 8. Jahrhunderts, ergriff dann weite Kreise des orientalischen Judentums, lehnt die talmudisch-rabbinische Gesetzestradition (mündliche Lehre) ab und bemüht sich um Ableitung der Halacha aus der →Hebräischen Bibel (hebräisch »Mikra«, daher der Name »Karäer«). Für die Bestimmung der Halacha wurden Prinzipien aufgestellt, wie der Literalsinn des biblischen Textes, der Gruppenkonsens, die Ableitung mittels Analogieschluß (Hekkesch) und (umstritten) der Vernunftschluß. Die Zahl der Gebote (→Mizwa) ist nicht festgesetzt. Die Karäer entwickelten eine eigene Gesetzestradition, von ihnen »Erblast« (Sewel ha-Jeruscha) oder »Überlieferung« (Ha'ataka) genannt, die wenig systematisch ist und deren Bestimmungen oft schwerer als die rabbinischen sind. Besondere Aufmerksamkeit erhielten der →Kalender, Vorschriften von →rein und unrein und Ehegesetze. Nissan ist der erste Kalendermonat. Das Erscheinen des neuen Mondes muß selbst beobachtet werden (dadurch ist eine Verlängerung des Monats um einen Tag möglich). →Rosch ha-Schana kann an jedem Wochentag beginnen; →Pessach und →Sukkot werden nur sieben Tage gefeiert, →Chanukka gar nicht. →Schawuot fällt auf den 50. Tag nach dem Sabbat von Pessach. Die meisten Fasttage weichen von den rabbinischen ab, da die Karäer dabei der Zerstörung des Ersten (und nicht des Zweiten) →Tempels gedenken. Gebetet wird zweimal täglich (dazu an Sabbat und Festen →Mussaf); das →Schema Jisrael wird gesprochen, das →Schemone essre nicht. Während des Gebets werden Schaufäden (→Zizit) mit einem himmelblauen Faden getragen. →Mesusa und →Tefillin werden nicht verwendet. Das Arbeitsverbot an Sabbat ist gegenüber dem rabbinischen verschärft. Abgelehnt werden Peria und Meziza bei der Beschneidung (→Berit Mila); ferner bestehen Unterschiede in der rituellen Schlachtung (→Schechita), so daß Karäer das Fleisch rabbinisch geschächteter Tiere nicht essen dürfen. Das biblische Verbot, ein Böcklein in der Milch seiner Mutter zu kochen, wird nur auf gemeinsamen Genuß von Rindfleisch mit Milch oder Butter bezogen; die erschwerenden rabbinischen Vorschriften (→koscher) werden abgelehnt. Die Ehegesetze sind durch Ausweitung des Inzestverbots äußerst streng. Die Karäer führen sich auf die Reichsteilung unter Jerobeam zurück; die rechte Lehre sei später z.T. von den →Sadduzäern gefunden, doch erst vom angeblichen Begründer der Sekte, Anan ben David, ganz enthüllt worden. Wichtigste Gelehrte der Karäer: Benjamin Nahawendi (um 830–860 n.Z.), Jakob ben Isaak al-Qirqisani, Tobija ben Mose (Verfasser des Torakommentars »Ozar Nechmad«), Jakob ha-Sefaradi (Verfasser des Bibelkommentars »Sefer ha-Oscher«, 12. Jahrhundert), Juda ben Elija Hadassi (Verfasser der Enzyklopädie »Eschkol ha-Kofer«, 1148/49), Aaron ben Josef (Verfasser des Bibelkommentars »Sefer ha-Miwchar«, Ende 13. Jahrhundert), →Aaron ben Elija von Nikomedien (Verfasser des halachischen Kompendiums »Gan Eden«, des Torakommentars »Keter Tora« und des religionsphilosophischen Werks »Ez Chajim«, Anfang 14. Jahrhundert). Vor allem seit dem 17./18. Jahrhundert Ausbreitung der Karäer auf der Krim und in Litauen; bedeutendster Historiograph und Vorkämpfer für die Emanzipation der Karäer (die ihnen in Rußland 1863 zugesprochen wurde) war dort Abraham ben Samuel Firkowitsch (1785–1874). In der Sowjetunion lebten 1970 4571 Karäer, in Israel 1988 nach Schätzungen der Karäer 20 000–25 000, dazu einige Tausend in Istanbul und San Francisco.

Ⓛ L. Nemoy, Karaite Anthology, 1952. (LD/TK)

Karikatur, Juden in der. Die antisemitischen Juden in der Karikatur mit ihrer verächtlichmachenden und anklägerischen Tendenz hat ihren Ursprung in Deutschland. Um 1300 setzte eine allgemeine Judenhetze in plastischer Form ein. Stein- oder Holzskulpturen in Reliefform an Kirchen, Chorstühlen oder öffentlichen Gebäuden behandelten fast ausschließlich das Thema der »Judensau«. In der Regel handelte es sich um Skulpturen, die durch charakteristische Kleidung gekennzeichnete Juden beim Saugen an den Zitzen einer Sau zeigen (selten: beim Umarmen und Küssen einer Sau). Die »Judensau« tritt seit der 2. Hälfte des 13. Jahrhunderts und nahezu ausschließlich im deutschsprachigen Raum auf, zunächst an kirchlichen (u. a. in Brandenburg, Xanten, Magdeburg, Köln, Metz, Regensburg, Colmar, Wittenberg), später auch an öffentlichen Gebäuden und an Brückentoren (u. a. in Frankfurt am Main). Das bis in das 16. Jahrhundert zunehmend drastischer verwendete Motiv wurde seit dem 15. Jahrhundert auch in die judenfeindliche Literatur (Einblattdrucke, Flugschriften usw.) übernommen, häufig mit Ritualmordszenen kombiniert (z. B. Simon von Trient) und obszön gesteigert. Bei diffamierenden Judendarstellungen finden sich neben den obengenannten Assoziationen auch Anspielungen auf das jüdische Religionsgesetz, das den Verzehr von Schweinefleisch und das Berühren des Kadavers kategorisch verbietet; vgl. z. B. das seit dem 13. Jahrhundert auftretende entehrende Eidesritual (→Judeneid), bei dem der Jude barfuß auf der blutigen Haut einer Sau stehen muß, die innerhalb der letzten 14 Tage geferkelt hat (Schwabenspiegel u. a.). Mitte des 17. Jahrhunderts begann die Karikierung des sog. jüdischen Typs. Die Judenabzeichen (Judenhut, Judenring), Bart und »Judennase« wurden zunehmend in verzerrter und übertriebener Hervorhebung als Kennzeichen jüdischer Spottgestalten verwendet. Ebenfalls im 17. Jahrhundert tauchten die ersten antijüdischen Spottmünzen auf: 1641 ein Taler mit David und Batseba, 1694 in Schlesien und Hamburg Spottmünzen auf Kornjuden, 1711 eine Münze auf den Brand der Frankfuner Judengasse, 1738 eine Münz-Karikatur auf Josef Süß →Oppenheimer. Im 18. Jahrhundert kam als weiteres Karikaturmotiv die Darstellung des jüdischen Geld- und Getreidewucherers auf. Im 19. Jahrhundert setzte mit Beginn der Emanzipation eine wahre Flut von Publikationen mit antijüdischen Karikaturen ein. Bekannt wurde vor allem die 1819 erschienene Posse »Unser Verkehr« von Karl Borromäus Sessa. In den 1830er Jahren veröffentlichte der Goedtsche Verlag (Meißen) zehn illustrierte Bändchen mit volkstümlichen antijüdischen Karikaturen. In dieser Zeit entstanden auch die ersten satirischen Zeitschriften mit Karikaturen auf Juden. Bevorzugte Zielscheibe der Karikatur waren prominente Juden aus Wirtschaft, Politik und Geistesleben, wie G. →Bleichröder, M. →Mendelssohn oder das Bankhaus →Rothschild. Wesentlich platter und vulgärer als in den satirischen Zeitschriften der 1830er Jahre waren die Judendarstellungen in antisemitischen Witzblättern, die seit den 1860er Jahren aufkamen. Zu nennen wären hier u. a. der Wiener »Kikeri«, der Leipziger »Puck«, der Dresdner »Antisemitische Bilderbogen« und seit 1920 das »Deutsche Witzblatt« in Berlin. In Frankreich wurde vor allem das 1893 gegründete antisemitische Blatt »La libre Parole« wegen seiner judenfeindlichen Karikaturen bekannt. Während der →Dreyfus-Affäre erschien das ähnlich strukturierte Witzblatt »Psst ...!«. Auch im zaristischen Rußland gab es zahlreiche Zeitschriften mit antijüdischen Karikaturen (z. B. seit 1906 »Pluvium«). In der Weimarer Republik begann die Karriere von Philipp Rupprecht (»Fips«), der von 1925 an für fast jede Ausgabe von Julius Streichers antisemitischem Hetzblatt »Der Stürmer« die Titelkarikatur entwarf. Er popularisierte das Bild des »Stürmer-Juden«, der in der nationalsozialistischen Propaganda Häßlichkeit, Gerissenheit und Verderbtheit der Juden symbolisierte. Das Grundstereotyp dieser vulgärantisemitischen Karikaturen ist bis heute in Darstellungen des →Antizionismus und des →Neonazismus erhalten.

Ⓛ A. Fuchs, Die Juden in der Karikatur, 1921. – G. Paul, Aufstand der Bilder. Die NS-Propaganda vor 1933, 1990. (PAU/WJ)

Karl der Große, Frankenkönig (768–814), Kaiser (800–814), 2. 4. 747–28. 1. 814 Aachen. Karl der Große unterwarf und bekehrte die Sachsen und die Awaren. Er sah die Franken als auserwähltes Volk in der Nachfolge Israels und verglich sein Königtum mit dem Davids. Die Wertschätzung des AT förderte Karls des Großen Aufgeschlossenheit gegenüber den Juden. In Kapitularien regelte er den Rechtsschutz der

Juden und erlaubte ihnen die Anstellung christlicher Lohndiener, die jedoch nicht an Sonntagen arbeiten durften; außerdem verbot er den Juden den Ankauf sakraler Gegenstände. Einer Gesandtschaft an den Kalifen Harun Ar-Raschid teilte Karl der Große den Juden Isaak zu, der die Mission nach dem Tod der Gesandten selbständig zu Ende führte und 802 nach fünfjähriger Reise mit Geschenken – u. a. einem Elefanten – nach Aachen zurückkehrte. Karls des Großen vertrauter Umgang mit jüdischen Kaufleuten und seine wohlwollende Einstellung gegenüber den Juden werden durch die fränkische Volkssage (Gesta Karoli, Ende des 9. Jahrhunderts) und durch hebräische Legenden noch aus dem 13. Jahrhundert bestätigt.

🄻 A. Grabois, Le Moyen Age, 1966. (FL)

Karl IV., deutscher Kaiser, 14. 5. 1316 Prag – 29. 11. 1378 Prag. In die Zeit der umstrittenen Vorherrschaft im Reich (1346 König gegen →Ludwig IV., 1355 Kaiserkrönung in Rom) und des Kampfes um seine Position als König fallen die Pestepidemie, die Geißlerzüge und im Gefolge beider die verheerendsten Judenverfolgungen des Mittelalters (1348/49), denen etwa ein Drittel der jüdischen Bevölkerung zum Opfer fiel. Während Karl IV. in seinen Erblanden (Böhmen, Schlesien) die Juden zu schützen bemüht war und einzelne Ausschreitungen bestrafte, duldete er vielfach ihre Verfolgung und Ermordung in den großen Städten des Reichs (u. a. Augsburg, Straßburg, Speyer, Frankfurt, Nürnberg), billigte, teils schon im Vorgriff, teils nachträglich, Pogrome und Schuldentilgungen und bereicherte sich unter Berufung auf die →Kammerknechtschaft mitunter selbst am Nachlaß der Ermordeten. In seinem großen Reichsgrundgesetz, der Goldenen Bulle von 1356, übertrug Karl IV. das Judenregal vom Reich auf die Kurfürsten.

🄻 F. Graus, Pest – Geißler – Judenmorde. Das 14. Jahrhundert als Krisenzeit, 1989. (PAU)

Karl-Marx-Stadt →Chemnitz

Karlsruhe →Baden

Karmel (hebräisch »Baumgarten«), höhlenreicher, bei Haifa (Israel) ins Mittelmeer vorspringender Bergrücken, Ausläufer des Berglands von Samaria, 32 km lang und bis 546 m hoch; mit reicher Eichen-, Maulbeerbaum- und Pinienvegetation, u. a. von Drusen in den Dörfern Isfiya (9000 Einwohner) und Daliyat al-Karmel (12 000 Einwohner) besiedelt. – Funde frühmenschlicher Überreste (Palaeanthropus palaestinensis); Aufenthaltsort und Kampfplatz des Elias mit den Propheten von Baal und Ashera (1 Kön 18,19ff.); im Mittelalter Einsiedelei und (seit 1156) Heimatsitz des Karmeliterordens; Kloster 1291 von Mamluken zerstört. – An den Karmel schließt nach Süden die allmähliche breiter werdende Küstenebene Sharon an, die hinter Küstendünen leicht hügelig ist und teilweise versumpft war, bevor sie im 20. Jahrhundert zu Israels wichtigstem Agrargebiet mit Zitrus- und Bananenpflanzungen entwickelt wurde. Verwaltungssitz ist →Netanya, weitere wirtschaftliche Zentren sind Hadera (65 000 Einwohner) und Hod HaSharon (31 000 Einwohner). (WL)

Karmiel, nordisraelische Stadt (Untergaliläa) östlich von Akko, 39 000 Einwohner; Industriestandort (Maschinenbau, Elektronik); 1961 für Neueinwanderer gegründet. (WL)

Karminski, Hannah, Sozialarbeiterin, 24. 4. 1887 Berlin – 1942 (verschleppt). Im Pestalozzi-Fröbel-Haus in Berlin wurde Karminski zur Kindergärtnerin ausgebildet und studierte anschließend Sozialarbeit am Sozialpädagogischen Institut in Hamburg, das von Gertrud Bäumer geleitet wurde. Mitte der 20er Jahre trat sie dem Jüdischen →Frauenbund (JFB) bei, wurde die engste Mitarbeiterin B. →Pappenheims und blieb bis zur Auflösung des JFB Vorstandsmitglied. 1924 bis 1928 war sie die Herausgeberin des JFB-Nachrichtenblatts. Nach 1933 arbeitete sie in der →Reichsvertretung der deutschen Juden und unterstützte jüdische Frauen und Kinder, die zu emigrieren versuchten. Mit C. →Berliner gehörte Karminski zur zweiten und letzten Generation deutsch-jüdischer Feministinnen. Sie unterschied sich insofern von früheren Feministinnen, als sie, anders als die ersten Führerinnen des JFB, eine professionelle Sozialarbeiterin war und sich weniger auf den Kampf gegen den Mädchenhandel konzentrierte, sondern versuchte, jüdische Frauen von der Notwendigkeit einer Berufsausbildung zu überzeugen und sie dazu zu bringen, die Gleichberechtigung innerhalb ihrer Gemeinden zu fordern. (MAM)

Kärnten →Innerösterreich

Karo, Josef ben Efraim, Halachist, Verfasser des →Schulchan Aruch, 1488 Toledo – 1575 Safed. Nach der Vertreibung aus Portugal (1497) Flucht in die Türkei (Konstantinopel, später Adrianopel, Nikopolis und

Saloniki). Karo war Schüler seines Vaters Efraim ben Josef; nach dessen frühem Tod lernte er bei seinem Onkel Isaak ben Josef. Durch Begegnung mit Salomo Molcho, Josef Taitasak und Salomo Alkabez schon in der Türkei spürbarer Einfluß der →Kabbala auf Karo, während er sich gleichzeitig rabbinischen Studien widmete. 1538 gelangte Karo über Ägypten nach Safed, wo er zu den vier Gelehrten gehörte, die von Jakob Berab die Ordination (→Semicha) erhielten. Karo war Haupt der Gelehrten in Safed, leitete eine Jeschiwa und das dortige →Bet Din (zusammen mit seinem Kontrahenten Mose di Trani). Zu seinen Schülern zählen M. →Cordovero und Mose Alscheich. Hauptwerk Karos ist der Kommentar »Bet Josef« zu den »Arba Turim« des →Jakob ben Ascher. Ziel Karos war es, die Vielfalt der unterschiedlichen halachischen Meinungen zu ordnen. Er stützt sich auf I. →Alfassi, →Mose ben Maimon und →Ascher ben Jechiel und übernimmt in der Regel die Meinung einer Mehrheit unter diesen dreien; weicht die Mehrzahl aller anderen Ansichten von dieser Meinung ab, läßt Karo den vorherrschenden Brauch gegen seine eigene Meinung gelten. Karo gibt die halachischen Quellen an. An »Bet Josef« kann die Entwicklungsgeschichte der →Halacha von den Quellen bis zum 16. Jahrhundert abgelesen werden. Der noch berühmtere Schulchan Aruch ist ein Auszug aus diesem Werk. Wichtig ist auch Karos Kommentar »Kessef Mischne« zu Teilen der »Mischne Tora« von Mose ben Maimon. Karos →Responsen wurden erst nach seinem Tod veröffentlicht. Das kabbalistische Werk »Maggid Mescharim« enthält Tora-Auslegungen und Offenbarungen, die Karo nachts durch einen himmlischen Mentor (Maggid) empfangen haben soll. (LD/TK)

Karolinger, fränkisches Königsgeschlecht. Die Karolinger haben vorwiegend eine judenfreundliche Politik, teilweise auch gegen immer wieder spürbare kirchliche Opposition, verfolgt, um die wirtschaftliche Entwicklung des Reichs zu fördern. Schon um 770 fand Bischof Aribert von Narbonne bei Papst Stephan III. mit der Klage Gehör, König Pippin begünstige jüdische Landeigner bei Narbonne. Jüdischer Grundbesitz ist vor allem im Süden des Frankenreichs belegt. →Karl der Große und Kaiser Ludwig der Fromme regelten den Rechtsstatus der Juden durch Kapitularien, Ludwig auch durch Privilegien. Die engen Beziehungen der Juden zum Kaiserhof und ihre Begünstigung u. a. durch das vom Kaiser ausgesprochene Verbot der Taufe ihrer Sklaven verschärften Ludwigs Konflikt mit dem fränkischen Episkopat. Der westfränkische König und Kaiser Karl der Kahle (843–877) lehnte es ab, die antijüdischen Beschlüsse des Konzils von →Meaux/Paris auszuführen. Unter den der kirchlichen Opposition nahestehenden Kaisern Lothar I. und dessen Sohn Ludwig II. kam es indes zu Massentaufen jüdischer Kinder (→Kindertaufe) im Rhônegebiet und zur Ausweisung der Juden aus dem italienischen Reichsteil. Demgegenüber förderten die ostfränkischen Karolinger den jüdischen Handel und zogen aus ihm Nutzen, wie König Ludwig IV. das Kind in der Zollordnung von Raffelstetten um 903/06 für sich und seine Vorgänger bezeugt.

L S. Schwarzkopf, Karolinger, in: C. Roth (Hrsg.), Dark Ages, 1966. (FL)

Karpeles, Gustav, Literaturwissenschaftler und -kritiker, Schriftsteller, 11. 11. 1848 Eiwanowitz, Mähren – 21. 7. 1909 Nauheim. Seit 1866 in Deutschland, 1870 in Berlin Mitbegründer der Wochenschrift »Jüdische Presse«; 1873–77 Feuilletonredakteur der »Breslauer Zeitung«; 1890–1909 Redakteur der →Allgemeinen Zeitung des Judentums; 1893 Mitbegründer des »Verbands der Vereine für jüdische Geschichte und Literatur«. Karpeles war Heine-Forscher und 1884 Herausgeber der Heine-Werke. Außerdem war er Herausgeber der populären Kompilation »Geschichte der jüdischen Literatur«. Hauptwerke: »Heinrich Heine und das Judentum« (1868), »Geschichte der jüdischen Literatur« (1886), »Goethe in Polen« (1890), »Allgemeine Geschichte der Literatur von ihren Anfängen bis auf die Gegenwart« (2 Bände, 1891 und 1901). (LH)

Kartell-Convent (K. C.), Verband farbentragender schlagender »Verbindungen deutscher Studenten jüdischen Glaubens«, gegründet am 8. 8. 1896. Vorbild für die späteren Kartellverbindungen war »Viadrina« Breslau (1886), die als erste jüdische Korporation im Deutschen Reich »den Kampf gegen Antisemitismus in der deutschen Studentenschaft und die Erziehung ihrer Mitglieder zu selbstbewußten Juden« aufnahm. Der K. C. stand dem →Centralverein deutscher Staatsbürger jüdischen Glaubens nahe, in dessen Führung seine Angehörigen stark vertreten waren; der Zionismus wurde dagegen abgelehnt. Als nach 1918 der Abwehrkampf mit der Waffe nahezu unmöglich wurde (Verweigerung der Satisfaktion durch den »Allgemeinen Deutschen Waffenring«), wurde großes Gewicht auf sportliche Betätigung gelegt (Boxen, Jiu-Jitsu u. a.). 1929 bestanden 14 Verbindungen; die Mitgliederzahl betrug 1933 etwa 2100. Die emigrierten Mitglieder sind bis heute in der »American Jewish K. C. Fraternity Inc.« mit Sitz in New York zusammengefaßt; zur Unterstützung in Notfällen dient die »Max Mainzer Memorial Foundation Inc.«. Die 1910 begründeten »K.C. Blätter« werden von diesen Organisationen neu herausgegeben. Zu den bekannten Angehörigen des K. C. zählen u. a.: L. →Haas, L. Holländer, B. Jacob, A. →Klee, L. Loewenstein, A. →Silbermann und B. →Weil. (TS)

Kartell Jüdischer Verbindungen (K. J. V.). Das K. J. V. entstand am 19. 7. 1914 durch Fusion von →Bund Jüdischer Corporationen und →Kartell Zionistischer Verbindungen, nachdem der Bund Jüdischer Corporationen (hervorgegangen aus dem von Zionisten um Heinrich Loewe 1895 gegründeten Verein Jüdischer Studenten in Berlin) sich offen zum Zionismus bekannt hatte. Nach 1918 wurde das im K. J. V. bzw. in seinen Vorläufern übliche deutsche studentliche Brauchtum (vor allem die Satisfaktion mit der Waffe) abgeschafft und zeitweise durch Fusion mit dem Wanderbund Blau-Weiß der akademische Charakter des Kartells gelockert, was u. a. zur Abspaltung des →Bundes Zionistischer Korporationen führte. Insgesamt hatten »Verbindungen Jüdischer Studenten« an 23 deutschen Universitäten und Hochschulen sowie in Wien und Riga mit zusammen über 2000 Mitglieder bestanden. Ab 1902 erschien die Zeitschrift »Der Jüdische Student« (1918–20 und 1933–37 »Der Jüdische Wille«). 1924 wurde ein Landesverband in Palästina gegründet; das K. J. V. besteht noch heute als Altherrenverband in Israel. Bekannte Mitglieder des K. J. V. waren u. a. C. →Arlosoroff, K. →Blumenfeld, N. →Goldmann, J. →Kastein, R. →Lichtheim und P. →Rosen. (TS)

Kartell Zionistischer Verbindungen (K. Z. V.). Das K. Z. V. wurde 1906 von »Hasmonaea« Berlin und »Jordania« München begründet; bis 1914 kamen noch Verbindungen in Freiburg, Breslau und Wien hinzu. Abzeichen war ein einfarbiges, goldgerändertes Band mit goldenem →Magen David. Im Gegensatz zum →Bund Jüdischer Corporationen wurden nur solche Studenten aufgenommen, die sich zum Zionismus bekannten. 1914 erfolgte der Zusammenschluß mit dem Bund Jüdischer Corporationen zum →Kartell Jüdischer Verbindungen. (TS)

Kaschrut →Koscher

Kaspi, Josef ibn →Josef ben Abba Mari ibn Kaspi

Kastein, Josef (eigentlich Julius Katzenstein), Rechtsanwalt und Schriftsteller, 6. 10. 1890 Bremen – 13. 6. 1946 Haifa. Bis 1927 Rechtsanwalt in Bremen; 1927 Auswanderung in die Schweiz, seit 1935 in Tel Aviv. Kastein war Verfasser zahlreicher biografischer Werke, u. a. »Uriel da Costa« (1932), »Süßkind von Trimberg« (1934), »Herodes« (1936). 1921 publizierte er das Drama »Arbeiter«. Im Jahr 1936 wurde ihm die deutsche Staatsbürgerschaft entzogen, nachdem er auf die jüdischen Schwimmer Österreichs eingewirkt hatte, nicht an der Olympiade in Berlin teilzunehmen. Kastein versuchte in seinen literarischen Arbeiten die Zusammenhänge der sabbatianisch-messianischen Bewegung mit dem Puritanismus aufzuzeigen. Hauptwerke: »Logos und Pan« (1918), »Sabbatai Zewi« (1930), »Eine Geschichte der Juden« (1931), »Die Juden in Deutschland« (1935), »Das Geschichtserlebnis des Juden« (1936), »Jerusalem: die Geschichte eines Landes« (1937). (LH)

Katakomben, künstlich angelegte unterirdische Grabräume. Aus der Bestattungsweise in natürlichen Höhlen noch in biblischer Zeit entstanden. In Palästina wurden die meisten Katakomben seit dem 2. Jahrhundert v. Z. mit architektonischen Monumentalanlagen verbunden, nicht als Mausoleen, sondern als Markierungen der Katakomben. Die Leichen wurden in Tücher gehüllt, ihre Knochen nach der Verwesung in Knochenkisten (Ossuarien) geborgen. Die häufigsten Grabtypen in den Katakomben waren Schiebe-, Senk- oder Arkosoliengräber. Sarkophage, unter römischem Einfluß verwendet, waren relativ selten. Die Wände waren meist unverputzt, besaßen aber aus Fels gehauene Reliefs mit Symbolen, so besonders in Bet Shearim (um 200–352). Außerhalb Palästinas sind Katakomben u. a. in Karthago, Malta, Venosa (Süditalien) und Rom erhalten. Von den sechs römischen Katakomben ist die am Monteverde (begonnen 1. Jahrhundert v. Z.) die früheste. Sie ist unverputzt, während die späteren verputzt und mit Malereien versehen sind, z. T. mit reicher jüdischer →Symbolik. Grabinschriften sind vorwiegend in griechischer, weniger in aramäischer und lateinischer Sprache abgefaßt. Der Übergang von der Katakombe zum Friedhof fällt in die Spätantike. (HK)

Katholische Kirche →Kirche und Judentum

Katzir, Ephraim (ursprünglich Katchalskij), israelischer Naturwissenschaftler und Politiker (→Mapai, →Israelische Arbeitspartei), 16.5.1916 Bielsk, Rußland. 1922 nach Palästina gekommen, studierte Katzir an der Hebräischen Universität Jerusalem. 1951 Leiter der Biophysikalischen Abteilung des Weizmann-Instituts in Rehovot (Hauptforschungsgebiete: Enzyme und Polyaminosäuren). 1966–68 wissenschaftlicher Chefberater der israelischen Armee. Zahlreiche naturwissenschaftliche Veröffentlichungen, aufgrund seiner Forschungsarbeit mit vielen israelischen und ausländischen Auszeichnungen und Ehrendoktoraten geehrt. 1973–78 Staatspräsident. (DB/MW)

Katznelson, 1. Berl (auch Kazenelson), israelischer Arbeiterführer und Politiker, 1887 Bobruisk, Rußland – 1944 Jerusalem. In jungen Jahren in jüdisch-sozialistischen Organisationen in Rußland, ab 1909 als Landarbeiter in Palästina tätig. Nach Dienst in der Jüdischen Legion im Ersten Weltkrieg Mitbegründer der →Achdut Haawoda (1919), der →Histadrut (1920) und der →Mapai (1930). 1925 gründete Katznelson »Dawar«, die erste Tageszeitung der Arbeiterbewegung in Palästina, und blieb deren Herausgeber bis an sein Lebensende. Als solcher bekämpfte er kommunistische und revisionistische Tendenzen und gehörte zu den einflußreichsten Sprechern des →Jischuw. 12 Bände seiner gesammelten Werke wurden 1946–50 veröffentlicht. (DB/MW)

2. Siegmund (auch Kaznelson), Redakteur und Verleger, 17.5.1893 Warschau – 20.3. 1959 Jerusalem. Katznelson war schon als Gymnasiast Zionist. Er studierte Jura und promovierte 1919 in Prag. Von 1913–17 war er Redakteur der Wochenzeitschrift »Selbstwehr«. 1920 siedelte er nach Berlin über. Er war Redakteur der Monatsschrift »Der Jude« sowie Direktor des Jüdischen Verlags (→Verlage). 1931 gründete er eine Tochtergesellschaft (The Jewish Publishing House Ltd.) in Palästina. 1937 siedelte er nach Jerusalem über. (JS)

Kaufmann, 1. Arthur, Maler, 7.7.1888 Mülheim/Ruhr – 25.9.1971 Rio de Janeiro. Von 1905–09 Studium an der Königlichen Kunstakademie in Düsseldorf. Auslandsaufenthalte in London und Paris, wo er Mitglied der Künstlervereinigung »Café du Dôme« war. 1919–26 Mitbegründer und Vorstandsmitglied der Gruppe »Das junge Rheinland«. Präsident der ersten internationalen Kunstausstellung im Kaufhaus Tietz (Düsseldorf) mit Paul Klee, Wassily Kandinsky, Oskar Kokoschka u.a. Nach Auflösung des »Jungen Rheinlands« 1926 Vorsitzender der »Rheingruppe« Düsseldorf, 1928 Mitbegründer der »Rheinischen Sezession«. Vorsitzender und Organisator der »Großen Deutschen Kunstausstellung« im Kaufhaus Tietz in Düsseldorf (1931). Von 1930–33 Direktor der von ihm 1930 gegründeten Städtischen Neuen Schule für dekorative Kunst (Düsseldorf). 1933 Emigration nach Holland (Mitglied des »Haagsche Kunst Kring«), 1936 Auswanderung in die USA, wo er Porträts emigrierter deutscher Künstler malte. Von 1938–65 Arbeit an dem Triptychon »Arts and Sciences Finding Refuge in the United States of America«, mit 38 Porträts (Mann-Familie, Paul Tillich, Kurt Weill, Arnold Schönberg, Erwin Piscator u.a.). Wohnsitze: 1946 in Brasilien, 1949 USA, 1953 Bundesrepublik Deutschland, 1964 Brasilien. International renommierte Ausstellungen. (RD)

2. David, Rabbiner und Gelehrter, 7.6.1852 Kojetein – 6.7.1899 Karlsbad. 1877 Abschluß rabbinischer Studien in Breslau. Seit 1877 Professor der jüdischen Theologie und Geschichte am Landesrabbinerseminar in Budapest. Veröffentlichungen über mittelalterliche jüdische Geschichte und Theologie. Sammler wertvoller Quellenliteratur (Bücher und Manuskripte) der jüdischen Geschichte und Theologie. Die Kaufmann-Sammlung ist heute im Besitz der Bibliothek der Ungarischen Akademie der Wissenschaften in Budapest. Seine Hauptwerke sind in »Gesammelte Schriften« (3 Bände, 1910) veröffentlicht. (AK)

3. Fritz Mordechai, Zionist, Sozialpolitiker, Publizist, 13.12.1888 Eschweiler – 2.3. 1921 Berlin. Publizierte vor allem zur ostjüdischen Thematik: »Vier Essays über ostjüdische Dichtung und Kultur«, »Die schönsten Lieder der Ostjuden«. Unter dem geistigen Einfluß N. →Birnbaums wandte er sich von der zionistischen Bewegung ab und gründete 1913 die Zeitschrift »Die Freistatt«, eine alljüdische Revue, die für die Erstarkung der »Jüdischkeit« und für das Verständnis jüdischer Probleme bei den assimilierten deutschen Juden wirken wollte. Bis zu seinem frühen Tod Generalsekretär und führender Kopf des →Arbeiterfürsorgeamts der jüdischen Organisationen Deutschlands in Berlin. (LH)

4. Isidor, Maler, 22.3.1854 Arad, heute Rumänien – 15.11.1921 Wien. Kaufmann kam 1876 nach Wien, unternahm Reisen nach Galizien, Polen und in die Ukraine, wo er das Leben der Ostjuden und ihr Milieu studierte. Seine Skizzen hielt er in Ölgemälden fest, durch die er bald bekannt wurde. Auch der österreichische Kaiser kaufte eines seiner Bilder, »Der Besuch des Rabbi«; der deutsche Kaiser und der Zar schlossen sich als Käufer an. Kaufmann wurde als jüdischer Genremaler bekannt, als Meister des Porträts und der stofflichen Malerei. Obwohl er die Stilentwicklungen seiner Zeit nicht mitmachte, war er zu Lebzeiten recht beliebt, geriet nach seinem Tod in Vergessenheit und wird heute wegen seiner ausdrucksvollen Gestalten und Milieuschilderungen wieder geschätzt.
L H. Menkes, Isidor Kaufmann: A Painter of Jewish Life, 1925. (HK)

Kaukasische Bergjuden. Im Kaukasus ließen sich im 5./6. Jahrhundert aus Persien geflüchtete Juden nieder, zu denen anscheinend im 11. und 12. Jahrhundert Juden stießen, die aus dem untergegangenen Chasarenreich (→Chasaren) geflohen waren. Legenden führen die Anwesenheit der Bergjuden auf die Zeit des Exils der zehn Stämme nach 722 v.Z. oder aber auf die Zeit nach der Zerstörung des Königreichs Juda durch Nebukadnezar 586 v.Z. zurück. Kaukasische Juden befaßten sich seit Urzeiten mit Landwirtschaft, Gerberei und Seidenraupenzucht. Viele von ihnen konvertierten zwangsweise zum Islam, so daß nach dem 17. Jahrhundert, als auch in Talgebieten jüdische Gemeinden entstanden, diese sehr klein waren. Die kaukasischen Juden gehören zwei unterschiedlichen Sprachgruppen an: Georgische Juden sprechen grusinisch, die sog. Bergjuden einen iranischen Dialekt. Anfang des 20. Jahrhunderts verstärkten ungefähr 40 000 jüdische Einwanderer – die meisten sprachen jiddisch – die Gemeinden in Baku, Tiflis, Kutaisi und Batumi. 1919 ereignete sich ein großer Pogrom in Baku. Trotz oft konfliktbeladener Beziehungen mit anderen Nationalitäten des Gebiets entwickelten sich die jüdischen Gemeinden auch in den Jahren der Sowjetmacht. 1959 lebten über 100 000 Juden im Kaukasus, sehr traditionsgebunden und die religiösen Gesetze streng beachtend; die meisten von ihnen wanderten in den letzten Jahrzehnten nach Israel aus. 1995 waren in Aserbeidschan noch 25 000, in Georgien 13 000 und in Armenien nur noch 300 Juden ansässig. (AB)

Kawwana, hebräisch »Intention«, »bewußte Absicht« beim Gebet (→Tefilla) und bei der Verrichtung einer →Mizwa. Begriff und Konzept sind rabbinisch, wiewohl biblisch vorbereitet.
1. Kawwana im Gebet: Nach Rabbi Schim'on (ben Netan'el) ist das Gebet nicht mechanisch, sondern als Flehen um Erbarmen und Gnade vor Gott zu verrichten (Abot 2,18). Im Talmud wird Kawwana begründet durch das Bewußtsein des Beters, der →Schechina gegenüberzustehen (Sanh 22a). Die Frommen (Chassidim) zur Zeit der Makkabäer hätten eine Stunde vor und nach dem Gebet gewartet, um den Zustand der Kawwana zu erreichen und wieder zu verlassen (Ber 5,1). Später wurde die Frage diskutiert, ob ein Gebet ohne Kawwana gültig ist. →Mose ben Maimon hielt es für ungültig. Der →Schulchan Aruch empfiehlt zwar Kawwana, lehnt aber die Wiederholung eines ohne Kawwana gesprochenen Gebets ab, da anzunehmen ist, daß die Kawwana in der Wiederholung nicht besser sein wird. Gegenüber der Zeit der →Mischna sei generell ein Verlust an Kawwana eingetreten. In der →Kabbala bezeichnet der Plural »Kawwanot« die durch Schlüsselworte ausgelösten Anspielungen auf esoterische Vorstellungen beim Sprechen des Gebets.
2. Kawwana in den Mizwot bedeutet, daß jemand eine Handlung bewußt und ausdrücklich als religiöse Vorschrift vollbringt. Als Gegenbeispiel wird das zufällige Hören des →Schofar an →Rosch ha-Schana genannt, dem die Kawwana fehlt. Über die Gültigkeit einer Mizwa-Erfüllung ohne Kawwana bestehen verschiedene Meinungen. (LD)

K. C. →Kartell-Convent

Keduscha (hebräisch »Heiligkeit«), Bezeichnung für verschiedene Gebetsstücke, deren Zentralbegriff »heilig« (hebräisch »kadosch«) ist.
1. Keduscha (de-Amida) heißt die dreigliedrige Einfügung nach der dritten Benediktion bei der Wiederholung des →Schemone essre. Kern dieser Keduscha sind das Trishagion der Cherubim (Jes 6,3) und der Lobpreis der Ofanim (Ez 3,12; →Engel); vereint bilden sie die Engelchöre, die in der mystischen Vorstellung Gott täglich das Lob zurufen und Vorbild für die betende Gemeinde sind (Chul 91b). Dazu

tritt als dritter Vers Ps 146,10. Die Keduscha im →Mussaf-Gebet enthält dazu noch das →Schema Jisrael; mit der Einfügung an dieser Stelle wollte man das persische Verbot des Schema im 6. Jahrhundert umgehen.

2. In der Keduscha de-Jeschiwa, die nach dem Barechu-Gebet gesprochen wird, wird der Lobpreis der Engel bloß beschrieben, weshalb sie im Sitzen gesagt werden kann; Kern dieser Keduscha sind nur Jes 6,3 und Ez 3,12.

3. Im Schlußteil des →Schacharit findet sich die Keduscha de-Sidra, die ursprünglich, wohl nach babylonischer Sitte, im Zusammenhang mit den an das Morgengebet anschließenden Lehrvorträgen stand. Ferner gibt sie Zuspätkommenden die Möglichkeit, Keduscha zu sagen. Schriftverse dieser Keduscha (Jeweils mit aramäischer Übertragung) sind Jes 6,3, Ez 3,12 und Ex 15,18. (LD/TK)

Kefar Baram →Synagogenbau

Kefar Sava →Tel Aviv

Keilson, Hans A., Arzt, Psychoanalytiker, Erzähler, Essayist, Lyriker, 12. 12. 1909 Bad Freienwalde/Oder. Studium der Medizin an der Universität Berlin, Ausbildung an der Preußischen Hochschule für Leibesübungen in Spandau, Turn-, Sport- und Schwimmlehrer, nach dem Arztexamen (1934) Lehrer und Erzieher im Landschulheim Caputh sowie an Schulen der jüdischen Gemeinde Berlin. 1936 Emigration in die Niederlande. Während des Kriegs untergetaucht, Mitglied illegaler Organisationen. Nach dem Krieg Mitbegründer und Mitarbeiter der jüdischen Waisenorganisation »Le Ezrat Ha-Jeled« (1945–70). Holländisches Arztexamen, Ausbildung zum Nervenarzt und Psychoanalytiker. 1967–75 Mitarbeiter an der Kinderpsychologischen Universitätsklinik Amsterdam. 1985–88 Präsident des PEN-Zentrums deutschsprachiger Autoren im Ausland (London). Veröffentlichungen u. a : »Das Leben geht weiter« (1933, 1984), »Komödie in Moll« (1948), »Der Tod des Widersachers« (1959), »Dissonanzen-Quartett« (1968), »Sequentielle Traumatisierung bei Kindern. Eine deskriptiv-klinische und quantifizierend statistische follow-up-Untersuchung zum Schicksal der jüdischen Kriegswaisen in den Niederlanden« unter Mitarbeit von Herman R. Sarphatie (1979), »Sprachwurzellcs« (1986), »Wohin die Sprache nicht reicht« (1984), »Linker Antisemitismus« (1985). (RED)

Kelim →Mischna

Kemelman, Harry, amerikanischer Kriminalautor, 24. 11. 1908 Boston – 15. 12. 1996 Marbleheads/Mass. Zunächst als Lehrer tätig. Seine Romane, in deren Zentrum Rabbi David Small als Amateurdetektiv steht, machten Kemelman weltberühmt (»Friday The Rabbi Slept Late«, 1964; »Saturday The Rabbi Went Hungry«, 1966; »Sunday The Rabbi Stayed Home«, 1969; »Monday The Rabbi Took Off«, 1972; »Tuesday The Rabbi Saw Red«, 1973; »Wednesday The Rabbi Got Wet«, 1976; »Thursday The Rabbi Walked Out«, 1978; »Someday The Rabbi Will Leave«, 1985; »One Fine Day The Rabbi Bought a Cross«, 1987). Durch die an Chestertons Pater Brown erinnernde Mittelpunktsfigur wird der Leser nicht nur mit jüdischer Tradition und Denkweise bekannt gemacht, sondern auch in das Leben einer durchschnittlichen amerikanisch-jüdischen Gemeinde eingeführt. Nicht Assimilation, sondern Verständnis und Anerkennung der Differenz heißt die Devise des Rabbis, die jenseits der Kriminalhandlung als eigentliche Botschaft von Kemelmans Werk anzusehen ist. (HH)

Kempner, Robert M., Jurist und Publizist, 17. 10. 1899 Freiburg i. Br. – 15. 8. 1993 Königstein/Taunus. Seine Mutter, Lydia Rabinowitsch-Kempner, war 1912 die erste Professorin in Preußen (Tuberkuloseforscherin). Bis 1928 Staatsanwalt und Richter in Berlin, danach Justitiar der preußischen Polizei und Oberregierungsrat im Preußischen Innenministerium (1928–33). Daneben seit 1925 Mitarbeiter an Berliner Tageszeitungen und Dozent an der Deutschen Hochschule für Politik. 1935–38 war er Direktor eines Landschulheims bei Florenz. Seit 1939 wirkte er an der Universität von Pennsylvania in Philadelphia (USA). Im Stab des Bundesrichters Jackson leitete Kempner eine Abteilung der in Nürnberg errichteten Anklagebehörde im Prozeß gegen die deutschen Kriegsverbrecher, trug persönlich die Anklage gegen den NS-Reichsinnenminister Wilhelm Frick vor und war danach Hauptankläger im Prozeß der Wilhelmstraße; 1947–49 einer der Hauptankläger beim Internationalen Militärtribunal in Nürnberg. Seit 1951 Rechtsanwalt in Frankfurt am Main. Kempner war Herausgeber des »Warren-Reports«. 1986 veröffentlichte die Universität Osnabrück eine Bibliographie seiner sämtlichen Schriften. Hauptwerke: »Das Urteil im Wilhelmstraßenprozeß« (1950), »SS im Kreuzverhör« (1964), »Der Mord an 35 000

Berliner Juden« (1971), »Ankläger einer Epoche. Lebenserinnerungen« (1983). (LH)

Keren Hajessod (hebräisch: »Stiftungsfonds«), 1921 in London gegründete Gesellschaft zur Finanzierung jüdischer Einwanderung und landwirtschaftlicher Siedlungen in Palästina. 1926 wurde das Hauptquartier nach Jerusalem verlegt. Diese in mehr als 50 Ländern aktive Institution (in den USA: United Jewish Appeal, eine Dachorganisation, die den Keren Hajessod einschließt) ist seit ihrer Gründung für die Finanzierung der vielfachen Tätigkeiten der Zionistischen Weltorganisation bzw. der →Jewish Agency in Palästina/Israel verantwortlich. Rund zwei Drittel der Spenden, die zu Israels wichtigsten Quellen des Kapitaltransfers zählen, kommen aus den USA. (DB/MW)

Keren Kajemeth Lejisrael (hebräisch: »Jüdischer Nationalfond«, englisch »Jewish National Fund«, JNF), Institution für Bodenkauf und Wiederaufforstung in Palästina/Israel. Die 1907 in Großbritannien gegründete und registrierte Gesellschaft geht auf eine 1897 dem 1. Zionistenkongreß in Basel vorgetragene Idee Hermann Schapiras zurück, das vom JNF zu kaufende Land nicht weiter zu verkaufen, sondern im Besitz des jüdischen Volkes zu behalten. Der JNF kaufte Boden in Palästina, der jüdischen Siedlern und Institutionen in Form einer erneuerbaren Dauerpacht (49 Jahre) zur Verfügung gestellt wurde. Bis 1932 gehörten etwa 60 Prozent des im jüdischen Besitz befindlichen Bodens in Palästina dem JNF, darunter besonders wichtige Landkäufe im Jesreeltal, um Haifa, Tel Aviv und Jerusalem. Der JNF war 1937 an der Gründung der Wassergesellschaft →Mekorot beteiligt. Seit Beginn des Zweiten Weltkriegs wurde der JNF vornehmlich durch Spenden amerikanischer Juden unterstützt. Seit der Staatsgründung widmet sich der JNF hauptsächlich der Erschließung (Straßenbau, Bewässerung), der Urbarmachung und der Wiederaufforstung des Bodens. (DB/MW)

Keriat Schema →Schema Jisrael

Keritot →Mischna

Alfred Kerr

Kerowot (von aramäisch »karowa«, Bezeichnung für einen Vorbeter; unter französischem Einfluß auch »krowez«), poetische Stücke (→Pijut), die vom Vorbeter (→Chasan) bei der Wiederholung des →Schemone essre an Festtagen, besonders Sabbaten, Fasttagen und →Purim, eingefügt werden. Je nach dem Gebet, in dem sie vorkommen, werden unterschieden:
1. Die →Keduscha im →Schacharit des besonderen →Sabbats oder →Festes, mit Zusätzen zu den ersten drei Benediktionen (→Beracha) des Schemone essre. Der Zusatz zur ersten Benediktion heißt »Magen« (»Schild [Abrahams]«), der zur zweiten »Mechaje« (»der [die Toten] belebt«). Es folgen verschiedene poetische Stücke, die u. a. nach Art des →Akrostichons die Buchstaben des Verfassernamens enthalten, sowie eine längere Passage mit Erklärungen zum Wochenabschnitt der Tora (→Parascha) und zur Bedeutung des Tages. Der dritten Benediktion folgt eine →Keduscha (de-Amida).
2. Die Schiwata (»sieben«), Zusätze in den sieben Benediktionen des →Mussaf.
3. Im Schemone essre eines Wochentags werden Kerowot in 18 Benediktionen eingefügt (zur 15. Benediktion, der Bitte um das Kommen des Davidsprosses, gibt es keine). Erste Kerowot sind von →Jannai Paitan bekannt. Eingang in die heutigen Gebetbücher (→Siddur) fanden aber nur die Kerowot des E. →Kalir. (LD/TK)

Kerr, Alfred (Kempner), Essayist und Kritiker, 25.12.1867 Breslau – 12.10.1948 Hamburg. Aus wohlhabendem jüdisch-bürgerlichem Haus; seit etwa 1890 journalistische Tätigkeit, seit 1900 Theaterkritiker beim »Tag«, seit 1919 beim »Berliner Tageblatt«, Förderer des naturalistischen, symbolistischen und expressionistischen Theaters. Durch seinen kämpferischen, witzigen Stil rückte Kerr in den Mittelpunkt der Berliner Kritik; er blieb aber umstritten und wurde u. a. von K. →Kraus hart attackiert. Kritik sollte eine Kunstform sein, ihr Stil ist gekennzeichnet durch manierierte Knappheit und Enthusiasmus. Das Judentum spielte bei Kerr eine große Rolle, z. B. im Reisebericht »Jeruschalajim« (in »Die Welt im Licht«, 1920); ein grundsätzliches Bekenntnis dazu findet sich im Vorwort zu Heines

»Romanzero«. 1933 floh Kerr über Prag nach London. (UL)

Kesten, Hermann, Lektor und Schriftsteller, 28. 1. 1900 Nürnberg – 3. 5. 1996 Basel. Nach dem Studium der Geisteswissenschaften an der Universität Frankfurt am Main und ersten literarischen Arbeiten wurde Kesten 1927 Cheflektor des Kiepenheuer-Verlags und übernahm nach der Emigration von Frankreich aus die literarische Leitung des Amsterdamer Exilverlags Allert de Lange. 1940 Flucht nach New York, Berater des Emergency Rescue Comittee, 1949 US-Bürger, lebte in New York und Rom, seit 1977 in Basel. Zahlreiche Auszeichnungen für sein literarisches und moralisches Engagement. Wenngleich Kestens »Ausgewählte Werke« (1980ff.) 20 Bände umfassen, gründet der Ruhm des emsigen Romanciers und Erzählers, Dramatikers, Übersetzers und Essayisten vor allem auf seiner Tätigkeit als Literaturvermittler, Übersetzer und Herausgeber für »Meine Freunde, die Poeten« (1953, 1959). Mit seinen Essays kämpfte Kesten gegen das Vergessen insbesondere der seit 1933 verfemten Autoren an. (MS)

Ketubba (von hebräisch »KTB«, »schreiben«), Bezeichnung für ein Dokument, das die finanziellen Verpflichtungen des Ehemanns gegenüber der Ehefrau (→Ehe) für den Fall der Scheidung (→Get) oder seines Ablebens festhält (»Ehevertrag«), ferner für die darin genannte Summe selbst. Die Ketubba wird als rabbinisches Gebot behandelt. Eine Ketubba muß geschrieben werden, soll die Ehe gültig sein; Beischlaf ohne Ketubba ist Unzucht (Ket 5,1). Die Ketubba ist in aramäischer Sprache abgefaßt und im Lauf der Zeit standardisiert worden. Sie enthält Wochentag, Datum und Ort der Ausfertigung, die Namen der Brautleute sowie ihrer Väter, ferner die Angabe, ob die Braut Jungfrau, Witwe oder Geschiedene ist, gefolgt von den Verpflichtungen des Mannes. Die nun folgende Ketubba-Summe setzt sich zusammen aus der Grund-Ketubba, die traditionell für eine Jungfrau mit 200 Sus, in anderen Fällen mit 100 Sus angesetzt wird (Ket 10b), und einer Zusatz-Ketubba (Tossefet Ketubba), deren Umfang je unterschiedlich ist. Ferner werden Mitgift und Aussteuer (aramäisch »Nedunja«) der Braut angeführt. Da der Ehemann damit handeln und Gewinn erwirtschaften darf, fügt er der Mitgift üblicherweise einen Zusatz (Tossefet Nedunja, meist die Hälfte der Mitgift) hinzu. Umrechnung und Wertschwankungen werden nach dem lokalen Brauch für sonstige Schulden gehandhabt. Der Mann verpflichtet sich, all seine Immobilien und Mobilien bis hin zu seinem Mantel mit Wirkung für sich und seine Erben mit der Schuld der Ketubba generalhypothekarisch zu belasten. Abschließend folgen die Erklärung der Zeugen, den Bräutigam auf die Bedingungen der Ketubba verpflichtet zu haben, und ihre Unterschrift. Die Ketubba hat zwei Hauptabsichten: die finanzielle Absicherung der Frau und die Erschwerung der Scheidung für den Mann. Läßt sich dieser scheiden oder stirbt er, so wird die Gesamtsumme der Ketubba gegen Rückgabe des Ketubba-Dokuments ausgezahlt. Ist die Scheidung durch die Frau verschuldet, erlischt ihr Anspruch auf die Ketubba-Summe, nicht aber auf die Mitgift. Geht die Ketubba verloren, muß sie neu geschrieben werden. Die Ketubba ist vom Brautpreis (→Ehe) zu unterscheiden. Ein Ehevertrag ist im Buch Tobit (Tob 7,13) erwähnt; Ketubba-Dokumente wurden in Elephantine und im Wadi Muraba'at gefunden. Die heutige Grundform der Ketubba wird auf Simeon ben Schetach (→Sugot) zurückgeführt. Die Ketubba ist häufig reich verziert und ein wichtiges Objekt des jüdischen Kunsthandwerks. (LD/TK)

Ketubbot →Mischna

Ketura, nach der Hebräischen Bibel Frau oder Nebenfrau →Abrahams (Gen 25,1 und 3; 1 Chr 1); sie gebar ihm sechs Söhne, deren bedeutendster Midian war. Ferner werden sieben Enkel und drei Urenkel aufgeführt. Sie gelten als Stammväter nordarabischer Stämme, deren Ahnfrau Ketura somit ist. Mit allen Söhnen von Nebenfrauen schickte Abraham auch Keturas Söhne mit Geschenken fort von seinem Sohn →Isaak nach Osten (Gen 25,6). In der Aggada wird Ketura mit Hagar identifiziert (GenR 61,4). Sie hieß Ketura, weil sie von guten Werken duftete (mekuteret). In der Etymologie wird eine Herleitung des Namens von »Weihrauch« (Ketoret/Ketora) für möglich gehalten. (LD/TK)

Ketuwim →Hebräische Bibel

Kibbusch Haavoda (hebräisch »Eroberung der Arbeit«), eine während der zweiten Alija (1904–19) entstandene und besonders von →Hapoel Hazair vertretene Ideologie, die die Bedeutung der jüdischen Arbeit als Basis einer jüdischen Gesellschaft in Palästina betonte. Da eine »Eroberung des Landes«, d. h. jüdischer Besitz und jüdisches Management, nicht zu einer Bevölkerungsmehrheit in Palästina führen könne, müsse auch die »Arbeit« erobert werden, d.h. in den jüdischen landwirtschaftlichen Siedlungen die bis dahin beschäftigten arabischen durch jüdische Lohnarbeiter ersetzt werden. Das Hauptziel war der Aufbau einer jüdischen Arbeiterklasse. Dies führte zu Konflikten mit den bereits etablierten jüdischen Siedlern. Mit der dritten Alija (1919–23) wurde das Prinzip (danach: »Avoda Iwrit«, »jüdische Arbeit«) von der Landwirtschaft auf alle Sektoren der sich schnell entwickelnden jüdischen Wirtschaft ausgedehnt und weitgehend durchgesetzt. (DB/MW)

Kibbuz (Plural: Kibbuzim, hebräisch »Sammlung«, auch: Kwuza, Plural: Kwuzot), Gemeinschaftssiedlung in Israel; Genossenschaft auf freiwilliger Basis mit gemeinsamem Eigentum, gemeinsamer Produktion und Arbeit sowie gemeinsamen Einrichtungen des Konsums und der Lebensführung ohne Privatbesitz und ohne privatwirtschaftliche Tätigkeit. Der Kibbuz sorgt für Wohnung, Nahrung, Kleidung, Kinderbetreuung und alle anderen Dienstleistungen sowie private Bedürfnisse. Ein wesentlicher Unterschied zu kommunistischen Kollektiven ist die Freiwilligkeit von Ein- und Austritt. Ein Genossenschaftstyp von geringerem Kollektivitätsgrad ist der Moschav. Der erste Kibbuz war Deganya, 1909 gegründet. 1996 bestanden in Israel 269 Kibbuzim mit 124 000 Einwohnern. Das waren 2,6 Prozent der jüdischen Bevölkerung Israels. Die Kibbuzim betrieben früher überwiegend Landwirtschaft in wirtschaftlichen und politischen Grenzsituationen (Wüsten- und Sumpfgebiete, Wehrdörfer). Zunehmend betätigen sie sich industriell (Verarbeitung von Agrarprodukten, arbeitsintensive Kleinindustrie, besonders Möbel, Plastik, Kleingeräte) oder im Fremdenverkehr. Die Kibbuzim wurden in der Regel von Organisationen gegründet, die mit Israels politischen Parteien verbunden sind. Ichud Hakibbuzim (mit dem früheren Hewer Hakwuzot) und Kibbuz Hameuhad (seit 1979 als Vereinigte Kibbuzbewegung zusammengeschlossen) stehen der →Israelischen Arbeitspartei nahe; Kibbuz Haarzi ist mit der →Mapam eng verbunden. Die →Nationalreligiöse Partei und →Poale Agudat Israel haben religiös orientierte Kibbuzim gegründet.

L N. Besch, Die israelischen Genossenschaften, besonders die Siedlungsgenossenschaften, 1995. – C. Busch-Lüty, Leben und arbeiten im Kibbuz, 1989. – H. Darin-Drabkin, Der Kibbuz, 1967. – H. Meier-Cronemeyer, Kibbuzim, 1969. – W. Melzer/G. Neubauer (Hrsg.), Der Kibbuz als Utopie, 1988. (DB/MW)

Kiddusch (hebräisch »Heiligung«), Segensspruch bei einem Becher →Wein, durch den der →Sabbat (nach Ex 20,8; vgl. Pes 106a) und analog die →Feste geheiligt werden. Gewöhnlich wird der Kiddusch am Vorabend gesprochen, kann aber bis zum Schluß des Sabbats oder Festes nachgeholt werden (Pes 105a). Die Pflicht des Kiddusch (und auch der →Hawdala) gilt auch für die jüdische →Frau (die sonst von einer zeitlich gebundenen →Mizwa ausgenommen ist), da das Arbeitsverbot am Sabbat auch Frauen einbezieht (Ber 20b). Sie ist erfüllt, wenn einer der Anwesenden den Kiddusch (für alle) rezitiert. Ist Wein nicht verfügbar, kann Kiddusch auch über zwei Brotlaiben gesprochen werden (Pes 106b). Der Kiddusch muß unmittelbar vor der Mahlzeit gesprochen werden. Daneben hat sich der (nur im Ritual der Aschkenasim erhaltene) Brauch entwickelt, Kiddusch auch in der →Synagoge (in der die Durchreisenden ursprünglich aßen, Pes 101a) zu sprechen; der dabei verwendete Wein wird, da solch ein Kiddusch heute nicht mehr gültig ist, den Kindern gegeben. Der Kiddusch ist sehr alt; er wird schon in einem Streit zwischen den Schulen →Hillels und →Schammais unter der Bezeichnung »den Segen über den Tag sprechen« erwähnt (Ber 8,1; auch Lk 22,17 ist wohl der Kiddusch gemeint). Der Kiddusch beginnt am Sabbat mit dem leise gelesenen Halbvers Gen 1,31a und dem lauten Rezitieren von Gen 1,31b– 2,3. Wie Hillel und seine Schule es festgelegt haben, schließt sich die Segnung (→Beracha) über den Wein an, dann erst die über den Sabbat bzw. (feierlich) über das Fest. Fällt das Fest auf den Sabbatausgang, wird die Hawdala rezitiert. An →Sukkot folgt eine Segnung über das Sitzen in der Laubhütte. An allen Festen (außer den letzten zwei Tagen von →Pessach) folgt eine Segnung für das Erleben des nur einmal im Jahr wiederkehrenden Ereignisses (Sche-Hechejanu). Am Morgen vor der Tagesmahlzeit wird zudem ein kleinerer Kiddusch, (beschönigend Kidduscha rabba, »großer Kiddusch«, genannt), rezitiert, bestehend aus Bibelversen zur Heiligung des Sabbats (Jes 58,13f.; Ex 31,16f.; 20,8–11) oder des Festes (Lev 23,4,44; Ps 81,4f.) und dem Segen über dem Wein. Ist kein Wein vorhanden, verwendet man Brotlaibe, scharfe Alkoholika oder ein »Nationalgetränk«. (LD)

Kiddusch ha-Schem, hebräisch »Heiligung des (göttlichen) Namens« vor allem durch Martyrium, Gebet und Lebensführung.
1. Martyrium. Vorbilder für Kiddusch ha-Schem waren Chananja, Mischael und Asarja, die lieber in den Feuerofen gingen, als das Götzenbild anzubeten (Dan 3,16ff.); vgl. (Pes 53b). Auf der rabbinischen Zusammenkunft in Lod (Lydda) im 2. Jahrhundert n.Z. wurde festgelegt: Kiddusch ha-Schem als Opferung des eigenen Lebens muß vollzogen werden bei Zwang zu Götzendienst, zu verbotenem Beischlaf und Mord (Sanh 74a), bei Zwang zur Übertretung aller anderen Gebote nur dann, wenn diese in der Öffentlichkeit stattfindet, d.h. wenn mindestens zehn jüdische Männer (→Minjan) anwesend sind. In Zeiten religiöser Verfolgung allerdings ist bei jeder erzwungenen Übertretung Kiddusch ha-Schem geboten (ebenda). Um der Verfolgung zu entgehen, ist es erlaubt, sich als Nichtjude auszugeben. Nichtjuden, die zur Übertretung der →Noachidischen Gebote gezwungen werden, sind nicht zu Kiddusch ha-Schem verpflichtet.
2. Gebet. Kiddusch ha-Schem ist hier zum einen die Erklärung der Bereitschaft zum Martyrium, wo immer es gefordert wird, zum andern stellt das Gebet selbst eine Heiligung des göttlichen Namens dar, vor allem in den Gebeten →Keduscha und →Kaddisch.
3. Lebensführung. Durch vorbildliches Verhalten soll Nichtjuden die Macht des jüdischen Glaubens an Gott gezeigt werden. Dabei geht es weniger darum, den Nichtjuden Moralität zu lehren, als ihnen Respekt für die jüdische Moralität abzugewinnen. Das Gegenstück zu Kiddusch ha-Schem, die »Entweihung des (göttlichen) Namens«, heißt »Chillul ha-Schem«; darunter fällt jede Mißachtung Gottes und seiner Gebote sowie jedes Verhalten, das Anstoß erregt und zu Respektlosigkeit gegenüber Juden und Judentum verleitet. Es ist eine schwerwiegende Sünde, die eigentlich nur durch den Tod gesühnt werden kann (Joma 86a). (LD/TK)

Kidduschin →Mischna

Kiel. Seit 1693 sind einzelne Schutzjuden nachgewiesen; seit Mitte des 19. Jahrhunderts wuchs die Gemeinde zusehends. 1766: 37, 1835: 41, 1871: 187, 1905: 430, 1925: 605 Mitglieder. Im Jahr 1986 waren es noch fünf. Die erste Synagoge bestand von 1782 bis 1869. 1852 Einrichtung des jüdischen Friedhofs (bis in die 1970er Jahre belegt). Von 1891 bis 1938 Religionsschule. Von der Synagoge in der Haßstraße (1869–1908) ist noch die Fassade erhalten. Die Synagoge in der Goethestraße wurde während des Novemberpogroms 1938 zerstört. Nach der Pogromnacht wurden 55 Juden in KZs deportiert. (JÖD)

Kiew, die Hauptstadt der →Ukraine, war 882–1240 Residenzstadt der Kiewer Rus bzw. des russischen Großfürstentums, wurde 1240 von Mongolen zerstört, 1320 von Litauen und 1654 von Rußland besetzt. Antisemitische Ausschreitungen aus religiösen und ökonomischen Gründen sind seit dem 12. Jahrhundert bekannt. 1794 dem →Ansiedlungsrayon zugeschlagen, aber 1827 aus diesem den Juden zugänglichem Gebiet wieder ausgeschlossen. Die jüdische Gemeinde konnte erst nach 1861 wieder entstehen. Das Aufblühen des jüdischen geistigen Lebens rechtfertigte das Stichwort »Von Kiew geht die Lehre aus«. Auch in den ersten zwei Jahrzehnten der Sowjetherrschaft konnte sich eine starke jiddische Kultur behaupten. 1930 entstand an der Akademie der Wissenschaften in Kiew das »Institut für proletarische jüdische Kultur«, das einige Jahre danach wieder geschlossen wurde. Vor dem Zweiten Weltkrieg stellten Juden mehr als ein Viertel der Bevölkerung von Kiew. Nach dem deutschen Einmarsch wurden alle Juden, denen die Flucht nicht gelang, in →Babij Jar ermordet. Unter der sowjetischen Regierung und vor allem nach 1989 wanderten viele Juden aus Kiew hauptsächlich nach Israel, so sank die jüdische Einwohnerzahl von über 150 000 in den 70er Jahren auf etwa 100 000 im Jahr 1996. (AB)

Kina (Plural Kinot), Klagelied. Ursprünglich Totenklage (z.B. 2 Sam 1,19–27), wurde die Kina später über Unheil und nationale Katastrophen erhoben (vor allem Zerstörung →Jerusalems und des →Tempels, z.B. Ps 74), oft durch Klagefrauen (Mekonenot, Jer 9,16) oder männliche Klageleute (Sofedim, Koh 12,5). Das biblische Buch der Klagelieder wird traditionell auch »Kinot« genannt. Im Talmud findet sich eine Reihe von (z.T. fragmentarischen) Kinot. Im volkstümlichen Sprachgebrauch bezeichnet Kina heute die Klagelieder, die an →Tischa be-Aw rezitiert werden. Die meisten sind mittelalterliche Dichtungen (→Pijut), deren Thema neben der Tempelzerstörung zunehmend zeitgenössische Judenverfolgungen sind; persönliches Schicksal kommt ebenso zur Sprache wie das Geschick Israels. Die Kina-Sammlungen der Aschkenasim (→Aschkenas) und der →Sephardim unterscheiden sich voneinander: Die sephardischen, insgesamt 65, stammen vor allem von →Salomo ben Jehuda ibn Gabirol, J. →Halewi (»Zionslieder«) und →Abraham ben Meir ibn Esra; hinzu kommen Kinot, die unter dem Eindruck der Vertreibung aus Spanien (1492) entstanden sind. Die aschkenasischen Kinot, insgesamt 61, werden vor allem auf E. →Kalir zurückgeführt; berühmt sind ferner die Kinot des →Eleasar ben Juda aus Worms über den Mord an seiner Frau und seinen beiden Töchtern und die Kinot des →Meir ben Baruch aus Rothenburg nach der Talmudverbrennung in Paris. (LD/TK)

Ephraim Kishon

Kinderheim Baumgarten. Als Projekt des American Joint Distribution Committee for Jewish Warshipers, Vienna Branch wurde es im August 1919 gegründet und in Wien im ehemaligen Kriegsspital untergebracht. Bis April 1920 stand es unter der pädagogischen Leitung des Psychoanalytikers S. →Bernfeld. Auf der Grundlage eines ausdrücklich jüdisch und sozialistisch orientierten Erziehungskonzepts betreute eine Gruppe von Pädagogen etwa 300 jüdische Kriegswaisen im Alter von 3–16 Jahren, die überwiegend aus Osteuropa stammten. Das Ziel war, die emotionale Zugehörigkeit der Kinder zur jüdischen Gemeinschaft aufzubauen und zu festigen, um so Bestrebungen zur Assimilation entgegenzuwirken und die Politik der Zionisten mit pädagogischen Mitteln zu unterstützen. Dem Grundsatz gemäß, die Persönlichkeit des Kindes nicht durch Zwangsmaßnahmen, sondern über Identifikation auszubilden, erhielt die Pädagogik eine zentrale Stellung im Gemeinschaftsleben: Die Pädagogen bestimmten sowohl den Unterricht in den theoretischen Fächern und die handwerkliche Ausbildung als auch die Haushaltsführung und das Alltagsleben. Das Projekt scheiterte an Zwistigkeiten zwischen der Verwaltung und den Pädagogen.

L S. Bernfeld, Kinderheim Baumgarten, Bericht über einen ernsthaften Versuch mit neuer Erziehung, 1921. (CH)

Kindertaufe. Entführung und Taufe jüdischer Kinder waren meist Begleiterscheinungen von Zwangsbekehrungen (→Zwangstaufe). Um Zwangsgetaufte jüdischem Einfluß zu entziehen, beschloß das 4. Konzil von →Toledo 633, getaufte Kinder den (rückfälligen) Eltern fortzunehmen und christlich zu erziehen. Als das Konzil von →Meaux/Paris 845/46 diesen Kanon aufnahm und damit nahelegte, daß jüdische Kinder zum Zweck der Taufe entführt werden dürften, kam es bald danach in Städten des Rhônegebiets zu Massentaufen jüdischer Kinder. Kaiser →Heinrich IV. verbot 1090 unter Androhung derselben Strafe wie bei Judenmord, jüdische Kinder zu entführen und zwangsweise zu taufen. Diese Verfügung wurde nicht nur in spätere Bestätigungen, sondern wenigstens als Verbot der Kindesentführung auch in das österreichische Judenprivileg Herzog →Friedrichs II. von Babenberg aufgenommen. Die Judenverfolger der Kreuzzugsepoche schonten häufig die Kinder der Juden, um sie zu Christen erziehen zu können. Im 13. Jahrhundert wurde die Frage der Kindertaufe auch von führenden Scholastikern kontrovers diskutiert, doch setzte sich eher die Meinung des →Thomas von Aquin durch, wonach der Elternwille auch bei Juden zu respektieren sei. Dennoch kam es bis in die Neuzeit wiederholt zu Entführung und Taufe jüdischer Kinder. Noch 1858 empörte der sog. →Mortara-Fall in Bologna nicht nur die jüdische Gemeinschaft, sondern auch die Weltpresse. (FL)

Kinnim →Mischna

Kippa →Kopfbedeckung

Kisch, Egon Erwin, Journalist, 29. 4. 1885 Prag – 31. 3. 1948 Prag. Seit 1905 beim »Prager Tagblatt«, dann bei der »Bohemia« als Reporter tätig. »Logische Phantasie« gegenüber Fakten bestimmte bereits den ersten Reportageband »Aus Prager Gassen und Nächten« (1912). Als Mitglied der KP seit 1919 lebte Kisch bis 1933 in Berlin, ging dann nach einer Verhaftung durch die Gestapo nach Paris, nahm am Spanischen Bürgerkrieg teil, emigrierte 1939 nach Mexiko und kehrte 1946 nach Prag zurück. Die zahlreichen Reportagebände (»Der rasende Reporter«, 1925, bis »Entdeckungen in Mexiko«, 1945) zeigen Kisch als parteilichen Reporter mit einem Spürsinn für bisher unbekannte Aspekte. Mit den »Geschichten aus sieben Ghettos« (1934) trug Kisch zum Verständnis der Situation der Juden im Zeitalter des Nationalsozialismus bei. (MP)

Kishon, Ephraim, Humorist und Satiriker, 23. 8. 1924 Budapest, lebt seit 1949 in Tel Aviv. Kishon, wohl der bekannteste israelische Publizist in der Welt, begann seine Karriere als Leiter einer literarischen Kleinkunstbühne in Tel Aviv. Der Erfolg seiner satirischen Erzählungen, Romane, Theaterstücke und Filme erklärt sich aus der gelungenen Karikierung des israelischen Alltagslebens. Kishon erhielt zahlreiche internationale Auszeichnungen und Literaturpreise. Hauptwerke: »Arche Noah, Touristenklasse« (deutsch 1963), »Der seekranke Walfisch oder Ein Israeli auf Reisen« (deutsch 1965), »Wie unfair David« (deutsch 1967), »Nicht so laut vor Jericho« (deutsch 1970), »Kein Öl, Moses?« (deutsch 1974), »Paradies zu vermieten« (deutsch 1979), »Der Hund, der Knöpfe fraß« (deutsch 1980), »Das Kamel im Nadelöhr« (deutsch 1982). (RED)

Essay

Kirche und Judentum

Edna Brocke

Die Geschichte der Beziehungen der Kirche(n) zum jüdischen Volk ist von längeren Phasen der Spannung und kurzen Perioden der Koexistenz gekennzeichnet; doch zieht sich ein religiös geprägter Antijudaismus wie ein roter Faden durch diese zweitausendjährige Geschichte. Unterbrochen wurde diese Tradition erst nach der Shoa, nachdem (nur in den westlichen Kirchen) einige Christen und wenige Theologen erkannt hatten, inwieweit der christliche Antijudaismus auch ein Wegbereiter des späteren politischen und rassistischen Antisemitismus war. Weder in den Ostkirchen noch in den Kirchen Lateinamerikas, Asiens oder Afrikas wird diese gesamtchristliche Problematik gesehen. Sie tritt dort hinter Fragen zurück, die am Ort größeres Gewicht zu haben scheinen. Es hat auch eine vorchristliche, heidnische Feindschaft gegen Juden gegeben. Sie läßt sich vor allem vor dem Hintergrund des jüdischen Glaubens an einen einzigen und zugleich unsichtbaren Gott verstehen – eine Vorstellung, die den Völkern um Israel fremd war. Dies war jedoch kein inhaltlicher Streitpunkt zwischen Juden und Heiden, sondern Ausgangspunkt für Machtansprüche und folglich für kriegerische Auseinandersetzungen. Was das frühe Christentum anbelangt, so zeigt sich bereits in den Schriften des NT die Loslösung der Jesus-Nachfolger von der jüdischen Gemeinschaft (Judentum und →Jesusbild). Der Kanon des NT enthält Texte, die ein Auseinandergehen der Wege präjudizierten. Das jüdische Prinzip, das für jeden Vers in der Tora mindestens zwei legitime Auslegungen zuläßt (was einer Absage an Dogmatisierungsversuche gleichkommt), hat sich in der Jesus-Nachfolgegemeinde nicht durchgesetzt. So versuchte die Kirche den Gläubigen trotz der Tatsache, daß die drei synoptischen Evangelien viele Ereignisse in unterschiedlicher Weise berichten, eine einheitliche Jesus-Geschichte zu vermitteln und bindende Lehren aus ihr zu ziehen. Diese zeitgebundenen, doch kaum veränderbaren Lehren der Kirche(n), wie sie sich in Glaubensbekenntnissen, Dogmatiken, Katechismen u. a. niedergeschlagen haben, bilden eine wesentliche Hürde im Verhältnis der Kirche(n) zum jüdischen Volk im Lauf der Geschichte. Unter den kanonisierten Evangelien bereitet das Johannesevangelium besondere Probleme. Es sind darin gegensätzliche Äußerungen zu lesen, wie: »Das Heil kommt von den Juden« (Joh 4,22) oder: »Ihr habt den Teufel zum Vater, und die Begierden eures Vaters wollt ihr erfüllen...« (Joh 8,44). Auch die synoptischen Evangelien enthalten schwierige Verse wie z. B. jenen, der von einer angeblichen Selbstverfluchung des jüdischen Volkes spricht: »Sein Blut komme über uns und unsere Kinder« (Mt 27,25) – eine folgenreiche, verhängnisvolle Behauptung. Eine zentrale Rolle spielen die Aussagen des Paulus im Neuen Testament. Im Römerbrief sind zwar Versuche vorhanden (etwa in den Kapiteln 9–11), eine nichtausgrenzende »Israel-Theologie« zu formulieren, doch hat sich dieser Ansatz in der jahrhundertelangen christlichen Tradition nicht durchgesetzt. Prägender waren Äußerungen wie etwa die aus dem Philipperbrief 3,8, wo Paulus alles, was ihm aus der jüdischen Tradition vertraut war, als Unrat bezeichnet. In 1. Thessalonicher 2,16 heißt es, die Juden »wollen uns hindern, den Heiden zu predigen, daß sie gerettet würden, und machen so das Maß ihrer Sünden voll zu allen Zeiten. Auch schon hat sie das Strafgericht in vollem Maße erreicht.« Die Tatsache, daß die Äußerungen des Paulus – eines Diasporajuden, der die griechische Version der Hebräischen Bibel tradierte und der Jesus nicht gekannt hatte –, in die Schriften des NT Eingang gefunden haben, bildet eine weitere Erschwernis, sich dem jüdischen Volk gegenüber partnerschaftlich zu verhalten. Daß die Verfolgungen der Juden eine Strafe Gottes seien, ist ein weitverbreitetes christlich-theologisches Erklärungsmuster von Pauli Zeiten bis in die Gegenwart. Gelegentlich wird diese Deutung mit der Behauptung legitimiert, sie gehe lediglich auf die Tradition der prophetischen Scheltrede zurück. Was möglicherweise für Paulus selbst an manchen Stellen eingeräumt werden könnte, gilt indes nicht für christliche Nachfahren. Es wird verkannt, daß die Propheten eine innerisraelitische, innerjüdische Kritik äußerten, wohingegen die christliche Interpretation eine von Heidenchristen ist und somit gar nicht in dieser prophetischen Tradition stehen kann. Der häufig hinzugefügte Vorwurf, die Juden seien schuld an der Kreuzigung Jesu, hat zusammen mit der Behauptung, man stünde in prophetischer Tradition, lediglich die Funktion, alle Leiden der Juden als Strafe auch für diese angebliche Tat zu interpretieren. Ein erstes Zeichen dafür sah man in der Zerstörung des Tempels in Jerusalem im Jahr 70 n. Z., spätere folgten. Auch in dieser Einstellung lag ein Hindernis, sich dem jüdischen Volk gegenüber partnerschaftlich zu verhalten. Römer 11,1 kann so interpretiert werden, daß Paulus sich mit der heidenchristlichen These konfrontiert sah, derzufolge Gott sein Volk verworfen habe. Er kleidet diese Behauptung in die Form einer Frage und sucht sie zu negieren. Für Juden jedoch war (und ist bis heute) eine solche Fragestellung unverständlich, wußten (und wissen) sie sich doch in der besonderen Beziehung zwischen Elohej Jissrael und Am Jissrael, zwischen Gott und Volk, aufgehoben. Paulus war dies zwar geläufig, gleichzeitig aber war er der Überzeugung, daß mit Jesus etwas anderes, Neues angefangen habe. Das war das Dilemma, vor dem Paulus stand. Für ihn hatte Jesus den Völkern verkündet, sie alle hätten Anteil an der besonderen Beziehung zwischen Am Jissrael und seinem Gott. Deshalb hoffte Paulus auf einen Zeitpunkt, an dem zwischen Juden und Heiden, zwischen Knechten und Freien, zwischen Männern und Frauen kein Unterschied mehr sein würde, denn sie sollten eins »in Christus« sein (Gal 3,28). Auf diese Hoffnung folgte die nächste, nämlich auf eine Kirche aus Juden und Heiden, also auf das Aufgehen von Am Jissrael in der Kirche, denn damit wäre die besondere Partnerschaft zwischen Elohej Jissrael und Am Jissrael preisgegeben. Nur so kann man verstehen, weshalb Paulus wagte, die Grundfrage des TaNaCh (Kürzel für Tora, Newi'im, Ch'tuwim, die häufigste jüdische Bezeichnung für das AT) nach dem Verhältnis von Am Jissrael zu den anderen Völkern angesichts seiner besonderen Beziehung zu Elohej Jissrael von Grund auf zu ändern. Für Paulus lautete diese Frage nun: Wie bestimmen die dazugekommenen Völker ihr Verhältnis zu dem ursprünglichen Israel? Aussagen des Paulus über das ursprüngliche Israel decken sich nicht mit Eigenaussagen des realen Israel, weder zu seiner Zeit noch danach. Das Ausbleiben einer Kirche aus Juden und Heiden einerseits sowie die pure Fortexistenz des jüdischen Volkes andererseits stellen die paulinische Sicht und Interpretation in Frage. Diese Infragestellung wurde jedoch zu keiner Zeit innerchristlich reflektiert oder diskutiert, obwohl sie zur vorherrschenden und prägenden Theologie der Christenheit geworden ist. Erst nach der Shoa wird sie zum zentralen Punkt für theologische Reflexion. Dies bedeutet eine Infragestellung der christlichen Identität. Können die aus den Heidenvölkern kommenden Christen jüdische Erfahrungen und jüdische Texte übernehmen, die sich zunächst auch an Judenchristen wandten und von diesen verstanden wurden? Diese Frage wurde jedoch nicht reflektiert, sondern schon früh mit der »Enterbungstheologie« beantwortet, mit der Behauptung nämlich, daß die Kirche an die Stelle Israels getreten sei. Die Kirche bezeichnete sich selbst als »verus Israel« – das wahre Israel. Die immer stärker von Heiden geprägte Gruppe der Jesus-Nachfolger in der Zeit nach der Zerstörung Jerusalems (70 n. Z.) und nach der Niederschlagung des jüdischen Aufstands gegen Rom (135 n. Z.) kannte immer weniger von der jüdischen Geschichte und entfernte sich folglich immer mehr von den jüdischen Texten ihrer eigenen Gemeinden. So entwarfen die Evangelien ein Jesusbild, aber auch einen »Geschichtsbericht«, der den Erwartungen der Heidenchristen entgegenkam. Die Kirchenväter führten diese Tradition fort und ließen sie zu einer offen judenfeindlichen Tradition werden. Justin hat um 160 den »Dialog mit dem Juden Tryphon« verfaßt, in dem er den Juden maßlose Schlechtigkeit unterstellt. Da er sie als Gottesmörder bezeichnet, verwünscht er sie und hofft auf ein endgültiges römisches Strafgericht. Die erste bekannte Brandstiftung an einer Synagoge fand im Jahr 388 im syrischen Kallinikon (am Euphrat) auf Befehl des Ortsbischofs statt. Kaiser Theodosius verlangte den Wiederaufbau der Synagoge auf Kosten des Ortsbischofs, was auf den Widerspruch des Mailänder Bischofs Ambrosius (um 340–397) stieß. Der Kaiser gab nach. Fünf Jahre später erließ Kaiser Theodosius ein verschärftes Gesetz zum Schutz der Juden. Der Erlaß schützender Gesetze war eher die Ausnahme und beruhte in der Regel auf wirtschaftlichen Interessen der Beschützer. Ausgrenzungen von Juden und Zwangsgetauften nahmen in der nachkonstantinischen Zeit zu. Diese Ausgrenzungen hatten auch in Spanien Gültigkeit, und was dort im 7. Jahrhundert geschah, kam im 15. Jahrhundert – nach der christlichen Wiedereroberung Spaniens – durch die Inquisition erneut und mit meist tödlichem Ausgang für die Juden zum Tragen. Das 4. Laterankonzil (1215) hatte verhängnisvolle Folgen für die Juden. Eine Fülle ausgrenzender Bestimmungen wurde von 300 Bischöfen bestätigt. Auf diesem Konzil wurde erstmals das eucharistische Dogma schriftlich fixiert: der Glaube an die Transsubstantiation – die Verwandlung von Brot und Wein in Fleisch und Blut Jesu. Dieses Dogma – und die Notwendigkeit, daran zu glauben – bereitete vielen Christen große Schwierigkeiten. Es führte deshalb bald zu Projektionen gegen die Juden: Ihnen wurde unterstellt, sie hätten eine geweihte Hostie gekauft (oder gestohlen) und in sie gestochen, um auf diese Weise den christlichen Glauben an die Verwandlung von Brot und Wein in Fleisch und Blut zu verhöhnen, Legenden, die im 12. und 13. Jahrhundert verstärkt aufkamen. Außerdem wurden Juden beschuldigt, christliche Kinder ermordet und ihr Blut für das Backen der Mazzot, der ungesäuerten Brote für Pessach, benutzt zu haben. Diese →Ritualmordlegende ist älter als die Legenden um den sogenannten Hostienfrevel. Beide Legenden dienten oft als Rechtfertigung, ein Pogrom gegen die Juden am Ort zu veranstalten und ihre Habe zu plündern. Gelegentlich dienten sie nachträglicher Rechtfertigung – so z. B. in →Deggendorf. Dort brachte man 1338 alle Juden um, verbreitete danach eine Hostienschändungslegende und errichtete schließlich eine Kirche, in der bis heute alljährlich im September die »Deggendorfer Gnad« gefeiert wird. Auch der Reformator Martin Luther (1483–1546) entwarf in seinen Spätschriften ein Zerrbild der Juden. Er behauptete, Juden seien Mörder von Christen und insgesamt eine »Plage, Pestilenz und eitel Unglück«. Und so schrieb er in seiner Schrift »Von den Juden und ihren Lügen« (1543): »Ich will meinen treuen Rat geben: Erstlich, daß man ihre Synagoge oder Schule mit Feuer anstecke, und was nicht verbrennen will, mit Erde überhäufe und beschütte, daß kein Mensch einen Stein oder Schlacke davon sehe ewiglich... Zum anderen, daß man auch ihre Häuser desgleichen zerbreche und zerstöre... Zum dritten, daß man ihnen nehme all ihre Betbüchlein und Talmudisten [die erste öffentliche Talmudverbrennung hatte 1242 in Paris stattgefunden, und im 13. Jahrhundert wurden in Frankreich wiederholt jüdische Auslegungsschriften verbrannt]... Zum vierten, daß man ihren Rabbinern bei Leib und Leben verbiete hinfort zu lehren... Zum fünften, daß man den Juden das Geleit und Straße ganz und gar aufhebe...« – »Ratschläge«, die in ihrer Summe im 20. Jahrhundert befolgt werden sollten. An der Aufzählung der Aspekte, die für Luther Stein des Anstoßes waren, läßt sich das Muster christlicher Feindschaft gegen Juden deutlich ablesen. Die Treue des Judentums zu sich selbst und die des religiösen Judentums zu seinem Gott, aber auch die Tatsache, daß Juden zu allen Zeiten bereit waren, ihr Leben zu wagen, um sich nicht zwangstaufen zu lassen, war und ist für das Christentum eine bleibende Herausforderung im Hinblick auf seine eigene Identität. Daran änderte sich auch durch Aufklärung und Säkularisierung nichts. Die christlichen Denkmuster, Urteilskategorien und Maßstäbe – im Sprachlichen, Künstlerischen, ja im Kulturellen überhaupt – sind geblieben, auch wenn sie fortan ein säkulares Gewand tragen. Deshalb ist auch die Ausgrenzung von Juden im 19. und im 20. Jahrhundert weit stärker von christlich geprägten Denkmustern beeinflußt, als gemeinhin angenommen wird. Die Juden, die sich nicht zwangstaufen ließen, wurden 1492 aus Spanien und 1497 aus Portugal vertrieben. Auch zwangsgetaufte Marranen (die ihren jüdischen Ritus im geheimen weiter pflegten) wurden von der Inquisition verfolgt (→Verfolgungen, →Vertreibungen). Wie wenig sogar die »Deklaration der Menschenrechte« vom 27. August 1789 gegen antijüdische Einstellungen und Emotionen wirklich auszurichten vermochte, zeigen etwa für Frankreich der Dreyfus-Prozeß von 1894 und für Preußen der evangelische Hofprediger Adolf Stoecker (1835–1909), der bis heute – als Gründer der Berliner Stadtmission 1876 – ein geschätzter Kirchenmann ist. Für seine 1878 gegründete »Christlich-Soziale Arbeiterpartei« fand er Formulierungen wie diese: »Kräftigung des christlich-germanischen Geistes..., um dem Überwuchern des Judentums im germanischen Leben ... entgegenzutreten.« Wie stark religiös motiviert die Ausgrenzungstendenzen selbst noch im 20. Jahrhundert waren, zeigt sich in den Richtlinien der »Glaubensbewegung Deutsche Christen« vom 26. Mai 1932. Dort heißt es unter anderem: »Wir lehnen die Judenmission in Deutschland ab, solange die Juden das Staatsbürgerrecht besitzen und damit die Gefahr der Rassenverschleierung und Bastardisierung besteht. Die Heilige Schrift weiß auch etwas zu sagen von heiligem Zorn und versagender Liebe. Insbesondere ist die Eheschließung zwischen Deutschen und Juden zu verbieten.« Die »Bekennende Kirche«, die noch im September 1933 den »Arierparagraphen« als bekenntniswidrig abgelehnt hatte und seine Einführung in die Kirche verweigerte, verabschiedete ein knappes Jahr später, am 31. Mai 1934, auf der ersten Bekenntnissynode in Barmen die Barmer Theologische Erklärung »Zur gegenwärtigen Lage der Deutschen Evangelischen Kirche«. Keiner ihrer sechs Abschnitte geht theologisch auf die Bedeutung des Judentums für das Christentum ein, geschweige denn auf die Lage der Juden in Deutschland. Die »Bekennende Kirche« bekannte zwar in eigener Sache, schwieg jedoch zur Verfolgung anderer, die ihr eigenes Bekenntnis bezeugten. Die Behauptung, Juden hätten Jesus gekreuzigt, wurde noch von Papst Paul VI. in seiner Predigt am Passionssonntag 1965 wiederholt und wird weiterhin geglaubt. Gleichwohl gibt es seit dem Zweiten Vatikanischen Konzil und seiner Erklärung »Nostra aetate« (1965) ernsthafte Versuche, die eigenen theologischen Positionen zu überdenken, Lehrformeln auf ihren antijüdischen Gehalt zu überprüfen, und erste Ansätze, Änderungen vorzunehmen. Evangelischerseits sind verschiedene Kirchen (in den Niederlanden, der Bundesrepublik Deutschland und anderen Ländern) intensiv darum bemüht, das Verhältnis der Christenheit zum jüdischen Volk neu zu bestimmen. Seit der Berufung der ersten EKD-Studienkommission »Kirche und Judentum« 1967 haben verschiedene Landeskirchen in der Bundesrepublik bahnbrechende Beschlüsse gefaßt, so z. B. 1980 die Rheinische Landessynode den Beschluß »Zur Erneuerung des Verhältnisses von Christen und Juden«, dem die badische Kirche, der Reformierte Bund und zahlreiche andere folgten. Seither sind von beiden Großkirchen vielseitige ernstgemeinte Schritte in theologischer, liturgischer, systematischer und praktischer Hinsicht auf diese Erneuerung hin unternommen worden. Seit 1961 gehören Themen des christlich-jüdischen Dialogs zum festen Bestandteil aller evangelischen Kirchentage und seit 1973 aller Katholikentage. Beide Großkirchen in der Bundesrepublik haben auf regionaler wie auf Bundesebene gemischte Kommissionen eingesetzt, die kontinuierlich an den theologischen Fragen zur Erneuerung des Verhältnisses von Christen und Juden arbeiten. Der »christlich-jüdische Dialog nach der Shoa« ist ein markantes, eigenes, neues und hoffentlich anhaltendes Kapitel im Verhältnis der Kirchen zum jüdischen Volk.

Ⓛ E. Brocke/J. Seim (Hrsg.), Gottes Augapfel. Beiträge zur Erneuerung des Verhältnisses von Christen und Juden, [2]1988. – J. C. Kaiser/M. Greschat (Hrsg.), Der Holocaust und die Protestanten, 1988. – H. Kremers/J. H. Schoeps (Hrsg.), Das jüdisch-christliche Religionsgespräch, 1988. – P. v. d. Osten-Sacken, Grundzüge einer Theologie im christlich-jüdischen Gespräch, 1982.

Kislew →Kalender

Kizzur Schulchan Aruch, halachisches Kompendium (→Kodizes) von Salomo Ganzfried (1804–1886), befaßt sich unter den veränderten Bedingungen der Emanzipation (und daher, was die Rechtsautonomie betrifft, z. T. nur theoretisch) mit den wichtigsten Inhalten des →Schulchan Aruch; ist weit verbreitet. Deutsche Übersetzung von S. Bamberger, 2 Bände, 1978. (LD/TK)

Klafte (von hebräisch »Kelew«, »Hund«, und aramäisch »Kalbeta«, »Hündin«), Bezeichnung für eine Frau mit unfeinem Benehmen (RED)

Klagelieder →Hebräische Bibel

Klagemauer →Westmauer

Klar, Zoltán, Journalist und Arzt, 1894 Budapest – 4. 1. 1966 New York. Redakteur der antifaschistischen Wochenschrift »Társadalmunk« in Budapest. Internierung im KZ Mauthausen; Präsident der Independent Order of B'nai B'rith im Nachkriegs-Ungarn. Kümmerte sich um das Schicksal der früheren ungarischen KZ-Häftlinge. 1949 Flucht in die USA. (LH)

Klatzkin, Jakob, Philosoph und hebräischer Publizist, 10. 3. 1882 Kartuszkaja Bereza, Polen – 28. 3. 1948 New York. Klatzkins Vater, Elija ben Naftali Herz Klatzkin, der »Lubliner Raw«, gehörte zu den bedeutendsten rabbinischen Autoritäten seiner Zeit. Mit 18 Jahren kam Klatzkin nach Marburg und studierte bei H. →Cohen. Philosophisch orientierte er sich später allerdings an dessen Antipoden B. →Spinoza, dessen »Ethik« er 1924 ins Hebräische übersetzt hat, und an H. →Bergson. Sein vitalistischer Antiintellektualismus hat auch seine zionistische Aktivität beeinflußt. 1909 bis 1911 gab Klatzkin das zionistische Organ »Die Welt« und 1912 bis 1915 die »Freien Zionistischen Blätter« heraus. Seine zionistischen Positionen hat er in seinen einflußreichen Schriften »Probleme des modernen Judentums« (1918) und »Krisis und Entscheidung« (1921) dargelegt. Klatzkin definierte die nationale jüdische Identität ausschließlich formal durch

Staat und Territorium; kulturelle Merkmale ließ er nicht gelten. Bleibende Verdienste um die neuhebräische Philosophie erwarb sich Klatzkin durch seinen »Thesaurus Philosophicus Linguae Hebraicae« (4 Bände, 1926ff.). Sein ehrgeizigstes Projekt war die auf 15 Bände angelegte deutsche und hebräische »Encyclopaedia Judaica« (zehn deutsche Bände 1928–34 und zwei hebräische Bände 1929 und 1932), die jedoch nach der Machtübernahme der Nationalsozialisten ihr Erscheinen einstellen mußte. Klatzkin entkam der nationalsozialistischen Judenverfolgung und überlebte in der Schweiz und in den USA. Die akademische Anerkennung in Israel ist ihm versagt geblieben. (DK)

Klausner, Joseph, Historiker, 15. 8. 1874 Olkieniki – 27. 10. 1958 Jerusalem. Studium der Philosophie und Judaistik in Odessa und Heidelberg, Promotion 1902, Habilitation 1918 in Odessa, 1919 Übersiedlung nach Jerusalem, 1925–49 Professor an der Hebräischen Universität Jerusalem für Jüdische Geschichte und Hebräische Literatur. Teilnahme an Zionistischen Weltkongressen, Herausgeber von »Haschiloach« (1903–27) und der »Encyclopaedia Hebraica« seit 1949. Werke u. a.: »Jesus von Nazareth« (1922), »Von Jesus zu Paulus« (1950). (JS)

Klee, Alfred, Zionistischer Politiker, 25. 1. 1875 Berlin – 10. 11. 1943 KZ Westerbork, schloß sich früh der zionistischen Bewegung an, Delegierter auf vielen Kongressen, gehörte seit 1899 dem Großen Actions-Comité an. Klee galt als glänzender Redner und gehörte zum engeren Freundeskreis von T. →Herzl, M. →Nordau und D. →Wolffsohn. Klee war Mitglied der Repräsentantenversammlung der Berliner jüdischen Gemeinde, Stellvertretender Vorsitzender des Preußischen Landesverbandes jüdischer Gemeinden und wurde 1927 in den Verwaltungsrat der JCA (Jewish Colonization Association) entsandt. 1938 Flucht nach Holland, wo er seine Arbeit für die zionistische Bewegung fortsetzte. Nach dem Einmarsch der Wehrmacht Internierung im KZ Westerbork. (JS)

Kleidung. In der Antike gab es, abgesehen von üblichen regionalen Unterschieden, kein typisches Unterscheidungsmerkmal in der Kleidung zwischen Juden und Nichtjuden.
1. In biblischer Zeit trug der Mann entweder einen Lendenschurz (z. B. Jes 5,27; auch als Kriegerkleidung: 1 Kön 2,5) oder aber ein Hemdkleid (z. B. Gen 37,3; 23,31–33) und darüber ein Oberkleid oder einen Mantel (z. B. Dtn 5,4), d. h. ein großes Tuch, das über die Schultern geworfen wurde und an den Seiten Öffnungen für die Arme hatte. Dies durfte nicht gepfändet werden, da es auch als Schlafdecke diente (Ex 22,25f.). Die Frau trug Hemdkleid und Oberkleid oder gelegentlich auch andere, nicht mehr genau zu bestimmende, schmuckvolle Kleidungsstücke. Grundlegend sind die biblischen Verbote des Kleidertausches zwischen Frauen und Männern (Dtn 22,5) und des Mischgewebes aus Wolle und Flachs (Scha'atnes, Lev 19,19; Dtn 22,11). Priester trugen besondere Kleidung (Hosen: z. B. Ex 28,42; Gürtel: z. B. Ex 28,4; Efod [Priesterschurz]: z. B. 1 Sam 2,18 und feines Unterkleid: z. B. 1 Sam 2,19). Der Hohepriester trug ein in Ex 28 beschriebenes Ornat. Erwähnt werden der Königs- und Prophetenmantel (Jona 3,6; 1 Kön 19,13 bis 19).
2. In Mischna und Talmud findet sich eine Spannung zwischen der vorherrschenden Armut (z. B. Betsa 32b) und dem Kleidungsluxus (vgl. Joma 7,1,3; 35b). Die Kleidung für Männer und Frauen bestand aus Unterkleid (z. T. mehrere übereinander), Oberkleid (meist Tallit, anfangs nicht nur Gebetsmantel) und Schuhen (meist beriemte Sandalen [Kel 26,1] oder die noch einfachere »Sohle« [Sota 8,3]). Daneben ist eine Menge von persischen, griechischen, römischen, keltischen und arabischen Kleidungsnamen bekannt. Die →Kopfbedeckung war uneinheitlich. Frauen bedeckten außer Haus ihr Haupt (vgl. NumR 9,16), bei Männern bürgerte sich dies erst sehr viel später ein. Der Gelehrte (→Chacham, →Rabbi) unterschied sich in seiner Kleidung durch sein Kopftuch (Pes 111b), seinen →Tallit (BB 98a) oder wie er sich darin einhüllte; er trug lange Kleider ähnlich denen der einfachen Leute (BB 57b) und hatte auf Sauberkeit zu achten (Schab 114a).
3. Im Mittelalter gab es zunächst nur gelegentlich eine besondere Kleidung von Juden, wenn diese z. B. den Wohnsitz wechselten und ihre Kleidung beibehielten. Manche jüdische Autoritäten achteten darauf, daß Juden keine Kleidung trugen, die kennzeichnend für die Bekenner einer anderen Religion war. Im islamischen Bereich mußten die Juden seit dem »Omar-Vertrag« (634 n. Z.) als religiöse Minderheit Abzeichen tragen: den gelben Fleck, einen besonderen Gürtel, um 1000 eine Glocke um den Hals, Anfang des 14. Jahrhunderts einen gelben Turban. Im christlichen

Abendland bestimmte die Kirche erst seit dem 4. Laterankonzil (1215) besondere Kleidung für die Juden. Vorgeschrieben waren nun u. a. der gelbe Fleck und/oder der spitze »Judenhut«. Ausnahmen wurden gewährt; die Vorschriften wurden bei weitem nicht von allen befolgt. Als im 18. Jahrhundert die Judenabzeichen abgeschafft wurden, behielten die Juden (u. a. als Wirkung des →Ghettos) eine gegenüber der Umwelt oft altmodische Kleidung bei; bevorzugt wurde schwarze Kleidung. Unter der nationalsozialistischen Diktatur mußten Juden seit dem 19. 9. 1941 das entehrende Tragen des »Judensterns« (meist gelb, mit Aufschrift »J« oder »Jude«) hinnehmen (auch →Judenkennzeichnung). Heute unterscheiden sich Juden meist nicht in der Kleidung; religiöse Juden tendieren (neben der Kopfbedeckung) zu gedeckter Kleidung. Ultraorthodoxe tragen schwarze Kleidung und Fellhut (Streimel) osteuropäischer Herkunft. (LD/TK)

Klein, Abraham Moses, Dichter, Schriftsteller und Rechtsanwalt, 14. 2. 1909 Ratno, Ukraine – 20. 8. 1972 Montreal. In Kanada aufgewachsen, Studium an der McGill University 1926–30. Mit D. →Lewis gründete Klein eine Studentenzeitung, »The McGilliad«. 1930–33 Jurastudium an der Université de Montreal. Erste Gedichtsammlung »Hath Not a Jew« (1940) von der jüdischen Volkstradition beeinflußt; Kleins satirische Behandlung des Nationalsozialismus, »The Hitleriad« (1944), ist voll von Anspielungen auf die Schriften von William Blake und Christopher Marlowe. Die Sammlung »The Rocking Chair« stellt ein Bild der französischen Kultur dar. Der einzige Roman, »The Second Scroll« (1951), zeigt den Weg vom osteuropäischen Exil der Juden ins Gelobte Land. Kleins Schriften beeinflußten die Romane von Mordechai Richler und die Gedichte von Irving Layton. (CL)

Kleinasien. Es gibt keine gesicherten Informationen über die erste Ansiedlung von Juden, die jedoch wahrscheinlich nicht später als z. Z. der Perserherrschaft im 6. Jahrhundert v. Z. erfolgt ist. Im 3. Jahrhundert v. Z. befahl Antiochos III. die Umsiedlung von 2000 jüdischen Familien aus Babylonien in die Militärkolonien von Phrygien und Lydien. Es ist anzunehmen, daß die Juden in den Städten Kleinasiens (u. a. Smyrna, Ankara, Antiochia, Aspendos, Caesarea, Seleukia, Tarsus, Bursa, Ephesus) kein volles Bürgerrecht genossen, obwohl es individuelle Sonderrechte gab. Laut →Josephus erteilte Seleukos I. Nikator (R. 305–281 v. Z.) Juden bereits gleiche Rechte. Mit der Zunahme des jüdischen Bevölkerungsanteils wuchsen antijüdische Stimmungen bei den griechischen Bewohnern Kleinasiens. 14 v. Z. forderten die Juden von Marcus Vipsanius Agrippa die Wiederherstellung ihrer Privilegien, die nach Fürsprache Herodes' gewährt wurde. Der jüdische Einfluß in Kleinasien zeigte sich darin, daß jüdische Bräuche wie das Entzünden der Sabbatlichter von weiten Kreisen der nicht-jüdischen Bevölkerung übernommen wurden. Während des →Byzantinischen Reichs (ab 330 n. Z.) kam es zur systematischen Unterdrückung der Juden und zu wiederholten Zwangstaufen (auch →Osmanisches Reich, →Türkei). (PB)

Klemens IV. (Guido Fulcodi aus Saint-Gilles), Papst (1265–68), gestorben 29. 11. 1268 Viterbo. Klemens IV. gehörte zu den Verfechtern einer strikten Trennung von Christen und Juden im Sinne der Bestimmungen des 4. Laterankonzils. So zog er 1266 König Jakob I. von Aragón wegen der Zulassung von Juden zu öffentlichen Ämtern zur Rechenschaft. Zugleich protestierte er beim König gegen die nach der Disputation von Barcelona über Rabbi →Mose ben Nachman (Ramban) verhängte zweijährige Verbannung. Er verlangte eine wesentlich härtere, exemplarische Bestrafung, vor der Nachman nach Palästina floh. Klemens IV. war maßgeblicher Förderer des Dominikaner-, des Franziskanerordens und der Inquisition in Frankreich. Insbesondere wollte er zum Judentum konvertierte Christen und vor allem jene Juden, die aus Not nur scheinbar zu Christen geworden waren, verfolgen lassen (Bulle »Turbato corde« von 1267). In den östlichen Provinzen des Reichs, in Österreich, Böhmen und Polen ließ Klemens IV. 1265–67 zahlreiche Provinzialsynoden abhalten, auf denen das restriktive Judenrecht des 4. Laterankonzils erneuert und verschärft wurde (→Wien, →Breslau).

L P. Browe, Die Judenmission im Mittelalter und die Päpste, Rom 1942. – S. Dubnow, Weltgeschichte des jüdischen Volkes, Band 5, 1927. (PAU)

Klemperer, 1. Otto, 14. 5. 1885 Breslau – 6. 7. 1973 Zürich, Dirigent und Operndirektor. Von 1901–05 Ausbildung in Frankfurt und Berlin. Von 1907–10 Dirigent am Deutschen Landestheater in Prag, bis 1912 an der Oper in Hamburg. 1913/14 Leitender Kapellmeister in Barmen, bis 1917 in Straßburg, 1923/24 Generalmusikdirektor in Köln. Nach kurzer Tätigkeit in Wiesbaden (1924) und nach Gastspielen in den USA und der Sowjetunion wurde Klemperer 1928 Generalmusikdirektor der Kroll-Oper in Berlin. Mitbegründer und Direktor des Philharmonie-Chors Berlin (1929–33). Von 1931 bis zu seiner Auswanderung in die USA 1933 an der Staatsoper Berlin. Setzte sich für zeitgenössische Komponisten ein (Hindemith, Strawinsky, Schönberg), aufsehenerregende Aufführungen von Mozartopern. In den USA Dirigent des Philharmonischen Orchesters Los Angeles (1939). 1947 Rückkehr nach Europa (Budapester Oper), Aufstieg zum bedeutendsten Konzertdirigenten der Nachkriegszeit. Chefdirigent des Londoner Philharmonischen Orchesters (1950) und der New Yorker Philharmoniker (1964). Geformt von Mahler, Strawinsky und Schönberg, machte er sich um Neuinterpretationen der Symphonien von Beethoven, Mahler und Brahms verdient. (RD)

2. Victor, Sprach- und Literaturwissenschaftler, Romanist, 9. 10. 1881 Landsberg/Warthe – 11. 2. 1960 Dresden. Neuntes Kind eines Reformrabbiners, nach dem Besuch des Französischen und des Friedrich-Werderschen Gymnasiums in Berlin, Studium der Philologie und Philosophie in Berlin, München, Genf und Paris. 1914 habilitierte sich Klemperer mit einer Arbeit über Montesquieu. Privatdozent und später als Professor für romanische Literaturgeschichte an die Universität München berufen, 1920–33 Professor in Dresden. 1934 als Jude Ausschluß aus dem Lehramt, 1943 als ungelernter Hilfsarbeiter dienstverpflichtet. Nach dem Krieg Mitglied des Kulturbunds zur demokratischen Erneuerung Deutschlands, Professuren in Greifswald (1948), Halle (1949) und Berlin (1951–60). Klemperer war Mitglied der SED und Abgeordneter der Volkskammer. 1952 erhielt er den Nationalpreis der DDR. Ehrensenator der Universität Halle (1956). Hauptwerk: »Geschichte der französischen Literatur von Napoleon bis zur Gegenwart« (5 Bände, 1925–31). Einer breiten Öffentlichkeit wurde Klemperer durch sein Buch »LTI. Notizbuch eines Philologen« (1947) bekannt. LTI: Lingua Tertii Imperii, Sprache des Dritten Reichs, ist eine sehr frühe, aus persönlichen Erfahrungen hervorgegangene Kritik der von den Nationalsozialisten geprägten Sprache. Autobiographie: »Curriculum vitae. Jugend um 1900« (1989). Ein außergewöhnliches Echo fanden seine Tagebücher aus den Jahren 1933 bis 1945, die 1995 unter dem Titel »Ich will Zeugnis ablegen bis zum letzten« erschienen.

Otto Klemperer

🄻 E. Lerch, Victor Klemperer zum 70. Geburtstag, in: Romanistisches Jahrbuch 4, 1951. (WR)

Kleve (Herzogtum und Stadt). Vor den Pestpogromen von 1350 jüdische Niederlassung im Herzogtum Kleve nur in der Stadt Wesel; im 15. Jahrhundert in Kleve, Emmerich, Xanten und Wesel Juden als Geldverleiher nachweisbar. Geleitrecht beim Herzog. Gegen den Widerstand der städtischen Magistrate versuchten die Räte des Herzogs im 16. Jahrhundert, die Juden vor allem in Wesel anzusiedeln, dadurch Herausbildung einer kleinen Gemeinde. Gesichert wurde das Wohnrecht der Juden im Herzogtum erst durch den Großen Kurfürsten →Friedrich Wilhelm, der den Städten das Geleitrecht aberkannte und zwischen 1647–51 zahlreiche Juden vergeleitete. 1650 setzte er den Hoffaktor B. →Levi als »Befehlshaber und →Vorgänger« ein, der die absolutistische Politik des Herrschers durchzusetzen versuchte, aber an der Opposition der jüdischen Gemeinden und der Hoffaktorenfamilie →Gomperz scheiterte. Die für die Juden nicht ungünstige wirtschaftliche Situation unter dem Großen Kurfürsten verschlechterte sich durch die preußischen Generalreglements und den Niedergang Hollands. Um 1730 wurde das Schutzgeld pro Kopf von vier auf 14 Reichstaler hinaufgesetzt. Die Judenschaft in Kleve, die über eine gute Organisation mit Vorstehern, Rabbinern, Beamten und Landtag verfügte, verlor immer mehr an Bedeutung, zumal die Mitglieder der einflußreichen Hoffaktorenfamilie Gomperz auswanderten oder verstarben. Durch die im Siebenjährigen Krieg verstärkt erpreßten Abgaben verarmten die Juden im Herzogtum immer mehr. Nach der Napoleonischen Phase fiel Kleve erneut an →Preußen, verlor aber an Bedeutung, was zu einer kontinuierlichen Abwanderung der jüdischen Einwohner führte.

🄻 F. Baer, Das Protokollbuch der Landjudenschaft des Herzogtums Kleve, 1922. (AH)

Kley, Eduard, Pädagoge und Prediger, 10.6.1789 Bernstadt, Schlesien – 4.12. 1867 Hamburg. Besuch der Wilhelmsschule in Breslau, wo er später als Lehrer tätig war; seit 1809 Hauslehrer bei dem Berliner Bankier Jakob Herz Beer; in dieser Zeit besuchte Kley Vorlesungen von Friedrich Schleiermacher und Johann Gottlieb Fichte; 1815 Übernahme einer Erzieherstelle und gleichzeitig Prediger am »Jacobson-Tempel« in Berlin; 1817–48 Direktor der →Israelitischen Freischule Hamburg. Kley erwarb sich einen bedeutenden Ruf als Prediger im Tempel des →Neuen Israelitischen Tempelvereins in Hamburg, er veröffentlichte zahlreiche Predigtsammlungen. Hauptwerke: »Die deutsche Synagoge« (1817/18), »Israelitisches Gesangbuch« (1818), »Geschichtliche Darstellung der Israelitischen Freischule zu Hamburg« (1841). (JÖD)

Klinger, Ruth, Schauspielerin, Kabarettitstin, Journalistin, 13.3.1906 Prag – 15.12.1989 Zürich. 1921–23 Schauspielausbildung an der deutschen »Akademie für Musik und Darstellende Kunst« in Prag. Erstes Engagement am »Neuen Deutschen Theater«. Seit 1925 als Schauspielerin in Berlin. 1930–33 zusammen mit ihrem Mann Maxim Sakaschansky Begründerin und Leiterin der jüdischen Kleinkunstbühne →Kaftan. April 1933 Emigration nach Palästina. Gescheiterte Kabarettversuche in Tel Aviv. 1943–47 Sekretärin von A. →Zweig. Herausgeberin des Handbuchs »Art and Artists in Palestine« (Tel Aviv 1946). 1947–53 Auslandskorrespondentin der Tel Aviver Zeitung »Jedioth Chadaschoth«. Bis zum →Slánský-Prozeß Sekräterin der israelischen Gesandtschaft in Prag. 1953–66 Beamtin im diplomatischen Dienst des Staates Israel in der Schweiz. 1977 Lebensbericht »Zeugin einer Zeit« (Selbstverlag; Neuausgabe unter dem Titel »Die Frau im Kaftan« von L. Heid 1992). (LH)

Knesset (hebräisch »Versammlung«), das in allgemeinen, gleichen und geheimen Wahlen auf vier Jahre gewählte Einkammerparlament Israels mit Sitz seit 1949 in Jerusalem. Vorgezogene Neuwahlen sind nach eigenem Beschluß möglich. Bei den Knessetwahlen bildet das ganze Land einen Wahlbezirk. Die 120 Mandate werden nach dem Verhältniswahlrecht verteilt. Um ein Mandat zu erhalten, muß eine Parteiliste jedoch mindestens 1,5 Prozent der gültigen Stimmen (bis zu den Wahlen 1988 ein Prozent) erhalten. Das aktive Wahlrecht haben israelische Bürger mit 18, das passive mit 21 Jahren. Die Aufgaben und Rechte der Knesset sind in der Geschäftsordnung von 1949 und im (mehrfach ergänzten) Grundgesetz über die Knesset von 1958 niedergelegt. Knessetmitglieder beziehen ein Gehalt und dürfen keine Honorare aus anderen Quellen annehmen; sie besitzen Immunität. Die Knesset hält zwei Sitzungsperioden jährlich mit einer durchschnittlichen Dauer von je vier Monaten; Sondersitzungen können einberufen werden. Den Vorsitz führt ein von der Knesset gewählter Sprecher, der das Gelände und die Knessetwache kontrolliert. Die Knesset wählt den Staatspräsidenten (Amtszeit: fünf Jahre), bestätigt die Regierung und kann sie über ein Mißtrauensvotum absetzen. (Der Ministerpräsident wird auf Grund eines Gesetzes vom 18.3.1992 direkt vom Volk gewählt.) Die Knesset kann mit Zweidrittelmehrheit einen anderen Ministerpräsidenten wählen. Sie arbeitet mit einer Reihe von ständigen Ausschüssen und beschließt über Haushalt, Gesetze und Notverordnungen. Dazu genügt eine einfache Mehrheit; zur Veränderung von »geschützten« Artikeln in einem Grundgesetz ist eine absolute Mehrheit erforderlich. In der Regel ratifiziert die Knesset Verträge mit dem Ausland, obwohl keine Vorlagepflicht der Regierung besteht. Auch →Koalitionen, →Ministerpräsident, →Staatspräsident, →Verfassung.

🄻 E. Likhovski, Israel's Parliament. The Law of the Knesset, 1971. – N. Lorch, The Knesset, 1988. – G. Mahler, The Knesset ..., 1981. – S. Sager, The Parliamentary System of Israel, 1985. – M. Wolffsohn, Politik in Israel, 1983. (DB/MW)

Koalitionen in Israel. Die seit dem →Jischuw bestehende Vielfalt der politischen Parteien in Israel und das Wahlsystem, durch das jede Wahlliste, die mindestens ein Prozent der abgegebenen gültigen Stimmen erhält, in der →Knesset vertreten ist, bedingten, daß bisher keine einzelne Partei bzw. kein Block eine absolute Mehrheit der Knessetmandate erhielt. Daher wurde jede israelische Regierung seit der Staatsgründung aufgrund einer Koalition gebildet. In der Zeit von 1949 bis 1977 (Knesset I bis VIII) dominierte die →Mapai bzw. die →Israelische Arbeitspartei (IAP) in allen Regierungskoalitionen. Von 1977 bis 1981 (Knesset IX und X) dominierte der →Likud als stärkste Partei. Nach den Wahlen 1984 und 1988 (Knesset XI und XII) blieben IAP und Likud annähernd gleich stark, während sich die Anzahl der kleinen Parteien deutlich vermehrte und damit die Bildung einer von einer Partei dominierten Koalition wesentlich erschwerte. Von 1984 bis 1990 regierte eine »Koalition der nationalen Einheit«, die im wesentlichen aus IAP und Likud bestand. Im Juni 1990 bildete die Likud-Partei eine Koalition aus religiösen und nationalistischen Parteien ohne die IAP. Nach den Wahlen 1992 (Knesset XIII) dominierte erneut die IAP im Bund vor allem mit der linksliberalen Merez und zeitweise geduldet von den arabischen Parteien. 1996 wurde Benjamin →Netanjahu (Likud) erster direkt gewählter Regierungschef, gestützt auf eine Koalition von nationalen und religiösen Parteien. Die folgende Tabelle gibt eine Übersicht der bis 1996 gebildeten Koalitionen in Israel. Aufgrund zahlreicher Wechsel wird nur eine Auswahl der wichtigsten Koalitionspartner angegeben. Unter »Sitze« steht die Anzahl der Knessetmandate der größten Partei (bzw. des dominanten Blocks). 61 Stimmen (Mandate) sind für eine absolute Mehrheit (z. B. beim Vertrauensantrag) notwendig.

(DB/MW)

Kober, Adolf, Rabbiner und Historiker, 3. 9. 1879 Beuthen, Oberschlesien – 30. 12. 1958 New York. Nach dem Studium der Geschichte, Philosophie und orientalischen Sprachen an der Universität Breslau wurde Kober 1907 zum Rabbiner ordiniert. Von 1908 Tätigkeit als Hilfsrabbiner und Religionslehrer in Köln, danach als Stadt- und Bezirksrabbiner in Wiesbaden. Von 1918 bis 1939 Rabbiner der Gemeinde Köln. 1928 (mit B. Kisch) Gründung des »Jüdischen Lehrhauses« (Erwachsenenbildungs-

Knesset	Ministerpräsident	dominante Partei(en)	Sitze /120	andere Koalitionsparteien
I 1949–51	Ben-Gurion	Mapai	46	Prog, HPM, Misrachi, AI
II 1951–55	Ben-Gurion, Scharett	Mapai	45	Prog, AZ, HPM, Misrachi
III 1955–59	Ben-Gurion	Mapai	40	Prog, AZ, Mapam, AH, HPM, Misrachi
IV 1959–61	Ben-Gurion	Mapai	47	Prog, Mapam, AH, NRP
V 1961–65	Ben-Gurion, Eschkol	Mapai	42	AH, NRP
VI 1965–69	Eschkol, Meir	Mapai, IAP (Maarach)	45	Mapam, AH, UL, NRP, Gachal
VII 1969–73	Meir	IAP (Maarach)	56	UL, NRP, Gachal bis 1970
VIII 1973–77	Meir, Rabin	IAP (Maarach)	51	UL, NRP
IX 1977–81	Begin	Likud	43	NRP, DBV
X 1981–84	Begin, Schamir	Likud	48	Telem, Techija
XI 1984–88	Peres, Schamir	IAP, Likud	44, 41	NRP, Schass, AI, PAI, Jahad, u. a.
XII 1988–92	Schamir 1988–90	Likud, IAP	40,39	Schass, Techija,
	Schamir ab 1990	Likud	40	NRP, Moledet u. a.
XIII 1992–96	Rabin 1992–95	IAP	44	Merez, Schass (bis1993),Yiud (ab 1995)
	Peres 1995–96	IAP	44	Merez, Yiud
XIV 1996–	Netanjahu 1996–	Likud	32	Schass, NRP, AI, Israel Baalija, Dritter Weg

Abkürzungen:
AH Achdut Haawoda
AI Agudat Israel
DBV Demokratische Bewegung für Veränderung
HPM Hapoel Hamisrachi
NRP Nationalreligiöse Partei
PAI Poale Agudat Israel
Prog Progressive Partei
UL Unabhängige Liberale

stätte). Kober war u. a. Vorsitzender der B'nai-B'rith-Logen in Köln und Wiesbaden (1914), 1925–39 Delegierter des Preußischen Landesverbands Jüdischer Gemeinden und Mitherausgeber der »Zeitschrift für die Geschichte der Juden in Deutschland«. 1925 leitete Kober die jüdische Abteilung der Ausstellung zur »Tausendjahrfeier« des Rheinlands. 1939 Emigration in die USA. Dort Mitbegründer der Einwanderungsgemeinde »Kehillath Yavneh«, der Leo-Baeck-Loge des B'nai B'rith sowie Vorsitzender des Wohlfahrtsverbands »Bleu Card«. Mitglied zahlreicher historischer Fachvereinigungen und Gremien. Zahlreiche Veröffentlichungen über die Geschichte der Juden in Deutschland, besonders im Rheinland. (RD)

Koblenz. Erstmalige Erwähnung von Juden im Jahr 1104. Im Mittelalter übten die Trierer Erzbischöfe das Judenregal in Koblenz aus (Privileg von 1264, Erzbischof Heinrich II.). Im 12. Jahrhundert starkes Anwachsen der jüdischen Gemeinde, Ansiedlung von durchreisenden jüdischen Kaufleuten; für das 13. Jahrhundert ist die Niederlassung von Juden am wichtigsten Koblenzer Verkehrs- und Handelsknotenpunkt belegt, dem Florinsstift am Florinshof nördlich der älteren Altstadt (Münzgasse). 1303 wurde am Osthang der Kartause, im 16. Jahrhundert im heutigen Moselweiß je eine Begräbnisstätte erworben. Synagoge in der Altstadt vermutlich in der 1. Hälfte des 14. Jahrhunderts, ein Spital bestand schon vor 1349. Den Pogromen zur Zeit des 2. Kreuzzugs und des Armlederaufstands (→Armleder) folgten schwere Ausschreitungen z. Z der Pest 1349 (nahezu vollständige Vernichtung der jüdischen Gemeinde). Wiederansiedlung von Juden um 1356. Nach darauffolgenden Vertreibungen (1418) erlangten Juden erst 1518 in Koblenz Wohnrecht. 1555 wurde der Gemeinde durch Kurfürst Johann von Isenburg erlaubt, einen Rabbiner anzustellen. Nach weiteren Vertreibungen (1592 vollständige Auflösung der Gemeinde) wurde Juden 1597 aufgrund wirtschaftlicher Schwierigkeiten das Aufenthaltsrecht durch Johann von Schoeneberg gewährt und anschließend eine →Jüdisch-Orientalische Handelsgesellschaft gegründet. Seit dem 17. Jahrhundert Befreiung der jüdischen Einwohner vom Leibzoll. Bis ins 18. Jahrhundert wohnten viele Juden in der Kleinen Rheingasse. Errichtung einer Synagoge im Bürresheimer Hof (am Florinsmarkt) 1848. Im Jahr 1925 lebten etwa 709 Juden in Koblenz, nach 1945 im gesamten Regierungsbezirk nur noch 68. 1997 belief sich die Mitgliederzahl der jüdischen Gemeinde Koblenz auf rund 50. (RD)

Kodaschim →Mischna

Kodizes (lateinisch »codex«, »Buch«), literarische Werke, die Gesetzesbestimmungen sammeln, systematisch-normativ darstellen und so die →Halacha entscheiden. Das zugrundeliegende System variiert; man unterscheidet Kodizes, die den Stoff nach den Talmudtraktaten gliedern und jeweils eine kurze Diskussion der halachischen Quellen voranstellen, und Kodizes, die den Stoff thematisch aufteilen und auf Quellendiskussion verzichten, ferner Mischformen. Dazu kommen Kodizes, die nach den Geboten eingeteilt sind (248 Gebote, 365 Verbote). Kodizes wurden notwendig, weil 1. die halachischen Diskussionen in Mischna, Talmud und der restlichen halachischen Literatur komplex und oft schwer durchschaubar sind; 2. das Bedürfnis bestand nach Werken, die die Halacha – im Gegensatz zu Kommentaren, →Chidduschim bzw. →Responsen – nicht interpretativ oder situativ, sondern systematisch-normativ dem einzelnen verfügbar machen, und dies umso dringlicher, je mehr die →Karäer an Einfluß gewannen; 3. die lokalen Bräuche (→Minhag) oft sehr unterschiedlich waren. Zugleich sind der Systematisierung der Halacha Schranken gesetzt durch Grundeigenschaften des jüdischen →Rechts (z. B. Lösungsfindung anhand konkreter Probleme). Die wichtigsten Kodizes, entstanden im Abstand von jeweils 100 bis 200 Jahren, sind: die »Halachot Gedolot« (9. Jahrhundert); »Sefer ha-Halachot« von →Alfassi (11. Jahrhundert); »Mischne Tora« von →Mose ben Maimon (12. Jahrhundert, ohne Quellenangaben); »Arba Turim« des →Jakob ben Ascher (14. Jahrhundert); »Bet Josef« von J. →Karo und sein →Schulchan Aruch (ohne Quellenangaben), der mit den Ergänzungen von M. →Isserles (16. Jahrhundert) schließlich der autoritative halachische Kodex geworden ist. Weitere Kodizes: »Sefer Mizwot Gadol« (SeMaG) des Mose ben Jakob aus Coucy, »Piske ha-Rosch« von →Ascher ben Jechiel, Mordechai ben Abraham Jaffes »Lewusch« (16. Jahrhundert), Salomo Ganzfrieds →Kizzur Schulchan Aruch und andere mehr. Zu einigen Kodizes gibt es Kommentare (Nose Kelim, »Waffenträger«). (LD)

Koestler, Arthur, Schriftsteller und Journalist, 5. 9. 1905 Budapest – 3. 3. 1983 London

(Freitod). Studium der Ingenieurswissenschaft in Wien. 1926 Aufenthalt in Palästina und kritische Auseinandersetzung mit dem Zionismus. 1926–31 war Koestler als Redakteur und Korrespondent für den Ullstein-Verlag tätig. 1931 wurde er Mitglied der KPD. 1932/33 Aufenthalt in der Sowjetunion. 1933 Emigration nach Frankreich. 1936 war Koestler für die Zeitung »News Chronicle« Korrespondent im von Franco beherrschten Spanien. 1937 journalistische Tätigkeit auf der republikanischen Seite. Beim Fall Málagas im Februar 1937 wurde Koestler von Franco-Truppen gefangengenommen und zum Tod verurteilt, dann aber ausgetauscht. Angesichts der Moskauer Prozesse wandte Koestler sich vom Kommunismus ab und verließ die KPD. 1939 Internierung im französischen Lager Le Vernet. 1940 Flucht über Portugal nach London, wo er erneut für einige Wochen interniert wurde. Während dieser Zeit erschien Koestlers berühmte Abrechnung mit dem Kommunismus, »Darkness at Noon« (deutsch: »Sonnenfinsternis«, 1946). Weitere Hauptwerke: »A Spanish Testament« (»Ein spanisches Testament«, 1938), »Scum of the Earth« (»Abschaum der Erde«, 1941), »The Yogi and the Commissar« (»Der Yogi und der Kommissar«, 1945, 1950), »Promise and Fulfilment: Palestine 1917–1949« (1949), »Arrow in the Blue« (»Pfeil ins Blaue«, 1952/53), »The Invisible Writing« (»Die Geheimschrift«, 1954/55). (WJ)

Kohelet →Hebräische Bibel

Kohn, Hans, Historiker, 15. 9. 1891 Prag – 16. 3. 1971 Philadelphia. Führendes Mitglied der jüdischen Hochschülervereinigung »Bar Kochba« in Prag, Redakteur der Prager »Selbstwehr«, 1915–19 in russischer Kriegsgefangenschaft, 1920/21 Sekretär des »Comité des délégations juives« bei der Pariser Friedenskonferenz, 1921–29 für die Keren Hajessod tätig, 1931 Übersiedlung in die USA, Professor an verschiedenen Universitäten, zuletzt am City College in New York. Verfaßte Bücher zu historisch-politischen, soziologischen und philosophischen Themen, die in englischer und deutscher Sprache erschienen. Werke u. a.: »Nationalismus« (1922), »Martin Buber, sein Werk und seine Zeit« (1930), »Die Ideen des Nationalismus« (1962), »Bürger vieler Welten« (Autobiographie, 1966). (JS)

Kollek, Theodore (Teddy), Politiker (→Rafi, →Mapai, →Israelische Arbeitspartei), 27. 5. 1911 Wien. Seit seiner Studentenzeit in zionistischen Organisationen aktiv, 1934 nach Palästina, Gründungsmitglied des Kibbuz En Gev. 1942–45 in der Politischen Abteilung der →Jewish Agency, 1947/48 in den USA für die →Hagana tätig. 1952–64 Generaldirektor im Amt des Ministerpräsidenten; erstmals 1965, dann bis zu seiner Niederlage gegen Ehud Olmert (Likud) 1993 immer wieder zum Bürgermeister von Jerusalem gewählt. Autobiographie: »Ein Leben für Jerusalem« (deutsch 1980). (DB/MW)

Kolmar, Gertrud (eigentlich Chodziesner), Dichterin, 10. 12. 1894 Berlin – nach März 1943 Auschwitz. Aus Kolmars Werk spricht ein starkes jüdisches Selbstbewußtsein, das sich in Besonderheiten ihrer lyrischen Sprache (biblische und mythische Bilder) und Sujets (existentielle Fremdheit, Identifikation mit Tieren, Pflanzen und historischen Gestalten) niederschlägt. Im Zyklus »Das Wort der Stummen« (1933) sind alle wesentlichen Themen versammelt – der Bezug auf das »dritte, christlich-deutsche Reich« als eine brutale Aktualisierung der jüdischen Leidensgeschichte wird deutlich (»Der ewige Jude«, »Wir Juden«). Kraft zum Dulden und aktiver Glaube an einen Kampf gegen widriges Geschick (»wie Jakob mit dem Engel«) zeichnen Kolmar aus, die sich selbst dichterisch als »mit Türmen gegürtete« Jüdin beschrieben hat. (SOH)

Kol Mewasser (»Verkündende Stimme«), von E. M. Lilien illustrierte Kriegschronik, in der auf die Initiative der deutschen Zionisten (u. a. Max I. Bodenheimers) und mit redaktioneller Unterstützung durch das →Komitee für den Osten die obersten Heeresleitungen der verbündeten deutschen und österreichisch-ungarischen Armeen im August/September 1914 einen Aufruf an die Juden in Polen richteten (»Zu die Jidn in Poilen«). Die deutschen Militärs sahen zu Beginn des Weltkriegs in den Juden des Ostens »natürliche« Verbündete und erklärten sich zu Freunden und Befreiern der polnisch-russischen Juden von der zaristischen Herrschaft. In dem Aufruf versprachen die Mittelmächte den Ostjuden gleiches Bürgerrecht, Glaubensfreiheit, Freiheit auf ökonomischem und kulturellem Gebiet. (LH)

Köln, älteste jüdische Niederlassung in Deutschland. Die Urkunden Kaiser Konstantins (321 und 331) belegen eine jüdische Gemeinde (Friedhof am Bonner Tor) im 4. Jahrhundert. Fast völliger Untergang der Gemeinde z. Z. des 1. Kreuzzugs 1096. Eine Judenpforte wurde 1106 angelegt. Außerdem wurden 1040 eine Synagoge (um 1100 in der Judengasse wieder aufgebaut), 1170 eine Mikwe, 1288 ein Spital, Gemeindehaus und Backhaus erbaut und ebenfalls im 12. Jahrhundert ein Friedhof nahe St. Severin angelegt. Größte Ausdehnung des Judenviertels (Pfarrbezirk von St. Laurenz) um 1340 mit etwa 70 Häusern. An der Spitze der Gemeinde stand ein »episcopus Judaeorum« mit seinem Judenrat. Diese Behörde war zugleich Verwaltung und Gericht. Auslöschung der Gemeinde während der Pest in der Bartholomäusnacht 23./24. 8. 1349. Nach 1372 erneute Niederlassung von Juden bis zu ihrer Vertreibung am 1. 10. 1424. Ansiedlung zumeist in umliegenden Gemeinden (→Kurköln). Rückkehr der ersten Juden am 10. 3. 1798. 1802 wurde auf Initiative des Bankiers S. →Oppenheim, der auch der erste Vorsteher wurde, eine neue Gemeinde mit vorbildlichen sozialen und kulturellen Einrichtungen gegründet. Die Gemeinde bestand im Jahr 1806 aus 124 Personen. Die jüdische Einwohnerschaft nahm im 19. und frühen 20. Jahrhundert stark zu (1852: 1531 Mitglieder, 1910: 12 156, 1933: 17 600). 1861 wurde eine Synagoge in der Glockengasse und 1899 eine weitere in der Roonstraße eingeweiht. Köln war der Sitz einer Vielzahl bedeutender kultureller und sozialer Einrichtungen von überregionaler Bedeutung (z. B. →Verein für die jüdischen Interessen des Rheinlands und Jüdischer Kulturbund Rhein-Ruhr). Mit der jüdischen Tradition der Stadt sind Namen verbunden wie K. →Marx, M. →Hess, J. →Offenbach und O. →Klemperer. Unter M. I. →Bodenheimer und D. →Wolffsohn wurde Köln zu einem Zentrum des Zionismus, 1906 zum Mittelpunkt der Zionistischen Weltvereinigung. Im gleichen Jahr Gemeindespaltung und anschließend Gründung der orthodoxen Austrittsgemeinde »Adass Jeschurun« durch die Initiative von David Carlebach. In der NS-Zeit Deportation (u. a. nach Lodz, Minsk, Riga und Theresienstadt) und Ermordung von etwa 11 000 jüdischen Bürgern. Nur 50 Juden überlebten die Vernichtungslager. 1948 wurde ein Mahnmal für die Opfer errichtet. Die →Germania Judaica in Köln ist mit über 40 000 Bänden die größte Bibliothek zur Geschichte der deutschen Juden. Seit 1966 gibt es das Martin-Buber-Institut für Judaistik an der Universität Köln. Durch die osteuropäische Zuwanderung stieg die Zahl der Gemeindeglieder 1989–1997 auf 2500.

[L] Z. Asaria (Hrsg.), Die Juden in Köln, 1959. – J. Bohnke-Kollwitz u. a. (Hrsg.), Köln und das rheinische Judentum. Festschrift Germanica Judaica 1959–84, 1984. – A. Carlebach, Adass Yeshurun of Cologne, the Life and Death of a Kehilla, Belfast 1964. – K. Schilling (Hrsg.), Monumenta Judaica. 2000 Jahre Geschichte und Kultur der Juden am Rhein. Handbuch, 1963. (RD)

Kölner Thesen, Titel der ersten allgemeinen Programmschrift des Zionismus, die 1896 von der →National-jüdischen Vereinigung veröffentlicht und von M. I. →Bodenheimer und D. →Wolffsohn verfaßt wurde. Wesentliche programmatische Aussagen und Forderungen: 1. Das Judentum läßt sich nicht als Religion, sondern als eine durch gemeinsame Abstammung und Geschichte verbundene nationale Gemeinschaft definieren. 2. Sicherstellung einer sozialen und kulturellen Zukunft der Juden durch die Bildung eines eigenen Staates, der alle Juden, die in ihren Heimatländern nicht bleiben können oder wollen, aufnimmt und sie völkerrechtlich vertritt. Als Weg dazu wurde vorgeschlagen: Kolonisation in Syrien und Palästina, Pflege jüdischen Wissens und jüdischer Sitte, Verbesserung der sozialen und kulturellen Lage der Juden. Gegenüber den Grundsätzen des »Nationaljüdischen Klubs Zion« in Köln, der den Primat kultureller und sozialer Ziele betonte, waren für Wolffsohn und Bodenheimer jüdische Sitte und Kultur ein Mittel der Politik. Das Postulat völkerrechtlicher Vertretung enthielt bereits den Kerngedanken des Baseler Programms: »Schaffung einer öffentlich-rechtlich gesicherten Heimstätte in Palästina«. In ihren Kölner Thesen verbanden Wolffsohn und Bodenheimer den politischen Zionismus und dessen liberal-nationale Staatsidee (→Herzl) mit dem Kulturzionismus (→Achad Haam), ein Programm, das großen Einfluß auf den Kongreßzionismus ausübte.

[L] M. I. Bodenheimer, So wurde Israel, 1958. – H. H. Bodenheimer, Der Durchbruch des politischen Zionismus in Köln 1890–1900, 1978. (RD)

Komitee für den Osten (K.f.d.O.), gegründet am 18. 8. 1914 auf Initiative des ersten Vorsitzenden der →Zionistischen Vereinigung für Deutschland, M. I. →Bodenheimer, der mit seiner Flugschrift »Wohin mit den russischen Juden?« 1891 Vorschläge zur Lösung des ostjüdischen Problems gemacht hatte. Vorausgegangen war ein

Memorandum Bodenheimers vom 4.8. 1914 an das Reichsaußenministerium, in dem gezeigt wurde, wie mit Hilfe der osteuropäischen Judenheit Deutschlands Ziel gefördert werden könne, das zaristische Rußland zu zerstören. Zunächst unter der Bezeichnung »Komitee zur Befreiung der russischen Juden« gegründet, wurde der provokante Name in K.f.d.O. abgeändert. Anfangs waren die deutschen Zionisten führend, doch schlossen sich bald auch nichtzionistische Vertreter dieser Organisation an. Hauptziele des Komitees für den Osten waren die Wahrung der Rechte der Ostjuden und die Förderung der zionistischen Ziele durch Unterstützung der deutschen Kriegsziele. Das Komitee verfocht die Idee eines osteuropäischen Nationalitätenstaats von der Ostsee bis zum Schwarzen Meer, in dem die Ostjuden unter deutscher Schutzmacht als nationale Minderheit anerkannt leben sollten. Das K.f.d.O. arbeitete zu Beginn des Ersten Weltkriegs mit der Obersten Heeresleitung zusammen und beteiligte sich an der Redaktion der illustrierten Flugschrift →Kol Mewasser. Das Interesse der deutschen Militärbehörden an den Ostjuden nahm bald ab. Seit 1916 beschränkte das K.f.d.O. seine Arbeit auf philanthropische Tätigkeiten und löste sich nach dem Krieg auf. Führende Mitglieder waren neben Bodenheimer F. →Oppenheimer und A. Friedemann. (LH)

Kommunismus, jüdischer →Jewsektzia

Kommunistische Partei Israels. Nach der Gründung des Staates Israel 1948 wurde die →Sozialistische Arbeiterpartei in die Kommunistische Partei Israels (hebräisch »Maki« = KPIL) überführt und auf Moskau-Kurs ausgerichtet. Nachdem am Anfang jüdische Mitglieder aus- und der →Mapam beigetreten waren, verhielt sich die KPIL konsequent antizionistisch binational und wurde vornehmlich von israelischen Arabern gewählt. Meinungsverschiedenheiten über die Haltung der Partei zu Moskau, zum jüdischen Staat, zu den arabischen Staaten und zu den verschiedenen Strömungen innerhalb der arabischen Nationalbewegung führten wiederholt zur Spaltung, vor allem 1965, als sich die →Neue Kommunistische Liste (NKL) abtrennte. Da die KPIL den ägyptischen Präsidenten Nasser für den Aggressor im →Sechs-Tage-Krieg 1967 hielt, verlor sie bald die Gunst Moskaus und ihrer arabischen Wähler. Nach 1973 war sie nicht mehr in der Knesset vertreten. Die Fraktionen gingen in anderen Linksparteien auf. Die KPIL erzielte in den Wahlen zur Knesset folgende Ergebnisse:

1949	3,5% der Stimmen	4 Mandate
1951	4,0% der Stimmen	5 Mandate
1955	4,5% der Stimmen	6 Mandate
1959	2,8% der Stimmen	3 Mandate
1961	4,2% der Stimmen	5 Mandate
1965	1,1% der Stimmen	1 Mandat
1969	1,1% der Stimmen	1 Mandat

L A. Greilsammer, Les communistes israéliens, 1978. – M. Wolffsohn/D. Bokovoy, Israel. Geschichte, Politik, Gesellschaft, Wirtschaft, 5 1996. (DB/MW)

Kommunistische Partei Palästinas (KPP), eine 1922–24 bestehende Abspaltung von der →Sozialistischen Arbeiterpartei (SAP). Während die SAP jüdische Siedlungspolitik und Klassenkampf in Palästina führen wollte, gab die KPP dem Klassenkampf, auch gegen den britischen »Imperialismus«, die Priorität vor der wirtschaftlichen Entwicklung des Landes, die weitgehend den bürgerlichen Zionisten überlassen werden sollte. Die KPP war konsequent antizionistisch eingestellt. (DB/MW)

Kompert, Leopold, Schriftsteller, 15.5.1822 Münchengrätz, Böhmen – 23.11.1886 Wien. Beeinflußt vom weltlichen gebildeten Großvater mütterlicherseits, wuchs Kompert in tschechischer Umgebung auf und besuchte das Piaristengymnasium in Jungbunzlau. Dessen antijüdische Atmosphäre führte dazu, daß Kompert sein Leben lang für ein besseres Verständnis des jüdischen Lebens eintrat. Kompert arbeitete als Journalist seit 1838 in Wien, seit 1840 in Preßburg. Gefördert von L. A. Frankl, erschien 1848 die Erzählsammlung »Aus dem Ghetto«; es folgten »Böhmische Juden« (1851) und »Am Pflug« (1855). In diesen Werken stellte Kompert das Leben kleiner jüdischer Gemeinden in tschechischer Umgebung dar, deren Integration durch Landwirtschaft und Handwerk gefördert werden soll, ohne daß es zum Glaubensabfall kommt. Das pädagogisch orientierte Alterswerk Komperts ist von einem Humanitätsbegriff bestimmt, der die Zuneigung zum tschechischen Volk mit der Zugehörigkeit zur deutschen Kultur zu verbinden erlaubt. (MP)

Königliche Bibliothek Kopenhagen, im 17. Jahrhundert gegründet, erwarb früh viele hebräische Handschriften, Inkunabeln und seltene Bücher. Auf der Basis der hebräischen Sammlung der Universitätsbibliothek und der Privatbibliothek D. →Simonsens wurde die Judaistische Abteilung mit jüdischer und hebräischer Literatur gegründet. Nach dem Zweiten Weltkrieg wurden viele von den Deutschen in Dänemark zurückgelassene deutsche und antisemitische Bücher in die Sammlung aufgenommen, auch herrenlose Judaica- und Hebraicabände aus Deutschland. Mehrere Sammlungen jiddischer und rabbinischer Literatur wurden von jüdischen Gelehrten und der Gemeinde in Kopenhagen erworben. 1949 wurde die bedeutende Buchsammlung L. →Goldschmidts mit etwa 2500 seltenen oder einmaligen hebräischen Büchern und Inkunabeln gekauft. Seitdem sind viele Schenkungen vor allem jiddischer Bücher sowie Neuerscheinungen eingegangen. Heute besteht die Sammlung aus etwa 80000 Bänden, über 60 Inkunabeln, 300 Postinkunabeln und etwa 400 Handschriften, viele davon illuminiert. Alle Bereiche jüdischer und rabbinischer Literatur sind vertreten.

🄻 Kings and Citizens. The History of the Jews in Denmark 1622–1983. Manuscripts and Printed Books from the Collection of the Royal Library, Copenhagen, New York 1983. (HTK)

Königlich-Westfälisches Konsistorium der Israeliten. Das Königlich-Westfälische Konsistorium der Israeliten war durch ein Dekret König Jérômes, des Bruders von →Napoleon I., in dem neu gegründeten Königreich Westfalen 1808 eingerichtet worden. Ihm gehörten neben dem Präsidenten I. →Jacobson drei Rabbiner und zwei »weltliche« Räte an. Nach der bürgerlichen Gleichstellung der Juden im Königreich verabschiedete das Gremium ein umfassendes Reformprogramm, das vorwiegend an dem Ziel einer jüdischen Assimilation an die christliche Umwelt orientiert war. Dazu gehörten u.a. eine neue Synagogenordnung, Reformen im jüdischen Schulwesen, Neuerungen beim Trauungszeremoniell und beim Ehevertrag sowie die Einführung der Konfirmation für Jungen und Mädchen. Gegen die Einführung der →Konsistorialverfassung und die Auferlegung erheblicher finanzieller Lasten von seiten des Königlich-Westfälischen Konsistoriums der Israeliten regte sich schon bald in jüdischen Kreisen erheblicher Widerspruch. Gleichwohl wurden auch nach der Auflösung des Königlich-Westfälischen Konsistoriums der Israeliten im Jahr 1813 viele Reformen beibehalten.

🄻 H. Berding, Die Emanzipation der Juden im Königreich Westfalen (1807–13), in: Archiv für Sozialgeschichte 23, 1983. (JÖD)

Königsberg (seit 1946 Kaliningrad), frühere Hauptstadt →Ostpreußens, heute in Rußland. Während der Herrschaft des Deutschen Ordens wurden Juden in Königsberg nicht geduldet. Erst 1538 und 1541 war zwei jüdischen Ärzten der Aufenthalt in Königsberg gestattet. Jüdische Händler aus Litauen und Polen erhielten ab 1654 das Privileg, in der Stadt handeln zu dürfen. Seit 1658 durften sich Juden an der Königsberger Universität in Medizin graduieren. 1680 wurde eine Synagoge gebaut. 1716 lebten 38 jüdische Familien in Königsberg, die erste Synagoge wurde 40 Jahre später erbaut, nachdem 1734 die Gemeinde durch Flüchtlinge aus Danzig auf rund 300 Mitglieder angewachsen war. Mit Berlin war auch Königsberg Zentrum der Aufklärungsbewegung. Zu den bessergestellten jüdischen Familien, die Zugang zur christlichen Gesellschaft erhielten, zählte auch die Familie Friedländer. Unter den Juden, die ab 1712 an der Universität (hauptsächlich Medizin) studierten, war auch M. →Herz; I. →Kant hatte jüdische Schüler. Beeinflußt von den Ideen M. →Mendelssohns gründeten 1783 Isaak Abraham Euchel und Menahem Mendel-Breslau die »Gesellschaft zur Förderung der hebräischen Sprache« und die später in Berlin erscheinende hebräische Zeitschrift »Meassef«. Weitere Immigranten aus Rußland brachten die Gemeinde 1880 auf 5000 Mitglieder. 1933 hatte Königsberg noch 3000 jüdische Einwohner, 1939 nur 1500. Beim Einmarsch der Roten Armee 1944 lebten in Königsberg nur noch 60 jüdische Familien, die bis 1948 zusammen mit den nichtjüdischen deutschen Einwohnern vertrieben wurden.

🄻 M. Wieck, Zeugnis vom Untergang Königsbergs, 1988. (PB)

Königtum, jüdisches. Der sakrale Zwölfstämmeverband der Israeliten besaß auch nach der Landnahmezeit kaum übergreifende Institutionen, von dem zentralen Heiligtum der Bundeslade mit ihren wechselnden Standorten einmal abgesehen. Den militärischen Bedrohungen durch innere und äußere Feinde begegnete man unter der Führung einzelner, kurzzeitig amtierender charismatischer Persönlichkeiten (Richter). Erst der langanhaltende Konflikt mit den Philistern machte die Zusammenfassung aller Kräfte unter einer Zentralgewalt notwendig; nach einer Reihe von Niederlagen wurde um 1025 v.Z. Saul aus dem Stamm Benjamin von Samuel in Gilgal bei Jericho zum König gesalbt; nach dem Schlachtentod Sauls (1006 v.Z.) entzogen sich unter

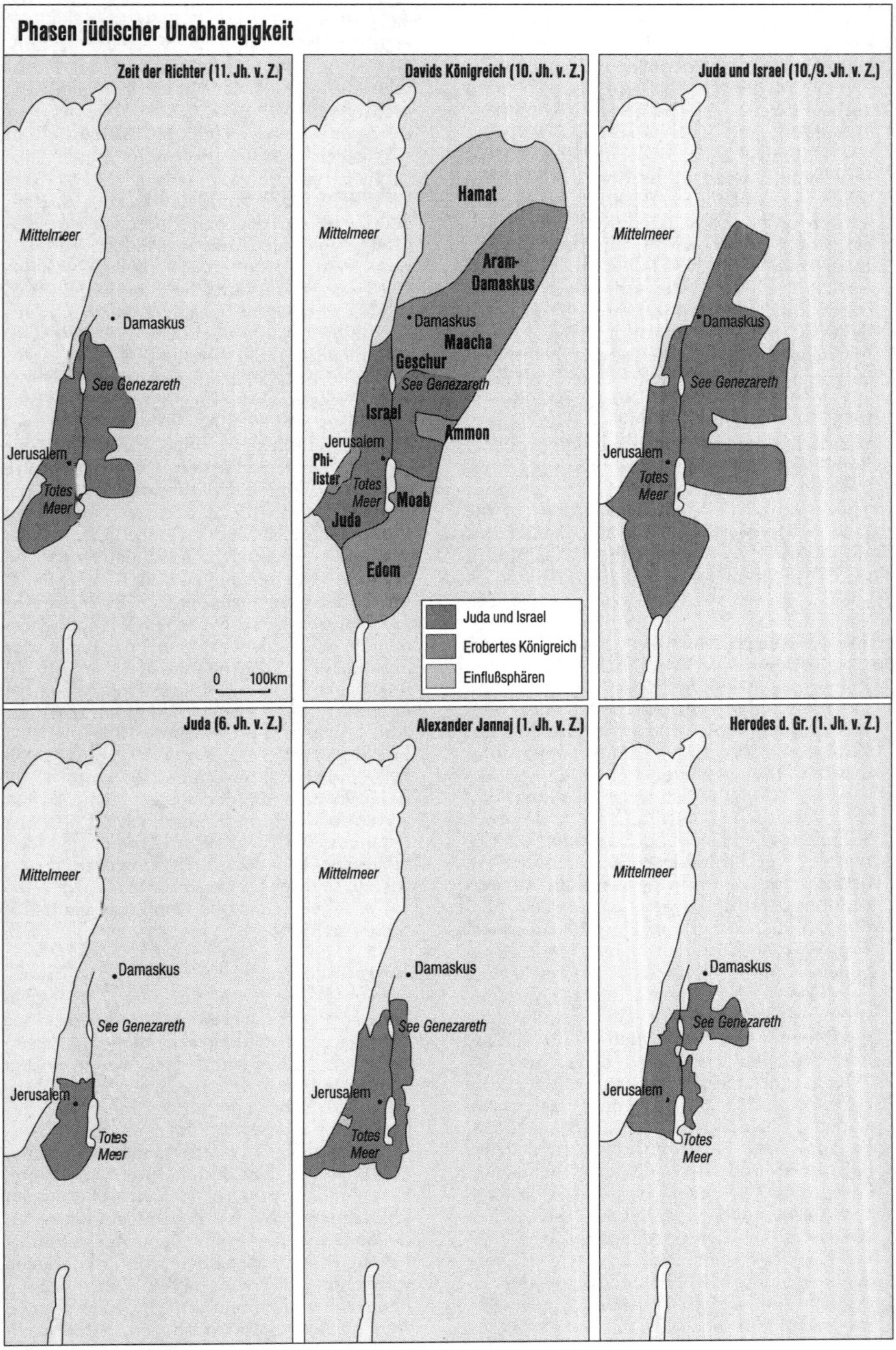
Phasen jüdischer Unabhängigkeit
Zeit der Richter (11. Jh. v. Z.)
Mittelmeer
Damaskus
See Genezareth
Jerusalem
Totes Meer
0 100km
Davids Königreich (10. Jh. v. Z.)
Mittelmeer
Hamat
Aram-Damaskus
Damaskus
Maacha
Geschur
See Genezareth
Israel
Ammon
Jerusalem
Phi-lister
Totes Meer
Moab
Juda
Edom
Juda und Israel
Erobertes Königreich
Einflußsphären
Juda und Israel (10./9. Jh. v. Z.)
Mittelmeer
Damaskus
See Genezareth
Jerusalem
Totes Meer
Juda (6. Jh. v. Z.)
Mittelmeer
Damaskus
See Genezareth
Jerusalem
Totes Meer
Alexander Jannaj (1. Jh. v. Z.)
Mittelmeer
Damaskus
See Genezareth
Jerusalem
Totes Meer
Herodes d. Gr. (1. Jh. v. Z.)
Mittelmeer
Damaskus
See Genezareth
Jerusalem
Totes Meer

Führung →Davids die beiden Südstämme Juda/Simeon und Benjamin dem Nachfolger Sauls, 1004 v.Z. konnte David dann die Herrschaft über ganz Israel erringen und nach der Eroberung von Jerusalem und der Überführung der Bundeslade (→Aron ha-Berit) dorthin dem Gesamtverband der zwölf Stämme ein neues politisches und religiöses Zentrum geben. Das israelitische Königtum hatte aufgrund seiner Entstehung den Charakter eines mit religiöser Weihe (Salbung) versehenen Heerkönigtums. Nach dem Tod →Salomos um 928 v.Z. zerbrach das israelitische Großreich in einen nördlichen und einen südlichen Teil; das Nordreich (Israel) erlag 721 v.Z. dem Ansturm der Assyrer (Sargon II.), im Südreich (→Juda) herrschte die davidische Dynastie ununterbrochen bis zur Eroberung Jerusalems 587/86 v.Z. durch die Babylonier (→Nebukadnezar II.; Zedekija). Die Wiederbegründung des Königtums durch den Hasmonäer →Alexander Jannaj geschah unter hellenistischen Vorzeichen.

L M. Clauss, Geschichte Israels, 1986. – M. Noth, Geschichte Israels, 1981. (HC)

Konservatives Judentum →Judentum

Konsistorialverfassung, 1808 von Napoleon erlassen. Das am gleichen Tag verabschiedete »Schändliche Dekret«, das die Freizügigkeit und freie Berufsausübung einschränkte, bedeutete das Ende der bürgerlichen Gleichstellung der Juden, die seit der Französischen Revolution bestand. Die Neuregelung der Organisationsform der Juden verfolgte das Ziel, die freie Religionsausübung unter Staatsaufsicht zu stellen. Die örtlichen Gemeinden wurden aufgelöst; an ihre Stelle traten sog. Consistoires, die für die Judenschaft in allen Departements mit mehr als 2000 Juden eine Pro-

Die Könige von Juda und Israel

bis 1006 Saul

1006/04–970/65 David

970/65–928/25 Salomo

Juda		Israel	
928/25–910	Rehabeam	928/25–907	Jerobeam I.
910–908	Abija	907–906	Nadab
908–868	Asa	906–883	Baesa
		883–882	Ela
		882	Simri
		(882–878	Tibni)
		(882) 878–871	Omri
868–847	Josaphat	871–852	Ahab
(852) 847–845	Jehoram	852–851	Ahasja
845	Ahasja	851–845	Joram
(845–840	Atalja)	845–818	Jehu
840–801	Joas	818–802	Joahas
801–773	Amasja	802–787	Joas
(787) 773–736	Asarja (Usija)	787–747	Jerobeam II.
(756–741	Jotham)	747	Sacharja
(741) 736–725	Ahas	747–738	Menachem
		737–736	Pekachja
		735–732	Pekach
725–697	Hiskija	731–723	Hosea
696–642	Manasse		
641–640	Amon		
639–609	Joschija		
609	Joahas		
608–598	Jojakim		
597–587/86	Zedekia		

vinzialvertretung waren. Das Konsistorium bestand in der Regel aus dem »Grandrabbin« und drei Laienmitgliedern und überwachte die Befolgung der staatsbürgerlichen Pflichten seiner Mitglieder. Ein Zentralkonsistorium in Paris führte die Aufsicht über seine Provinzgremien. Diese Verfassung wurde in verschiedenen deutschen Staaten, wie z. B. 1808 im Königreich Westfalen und nach 1815 in Baden und Württemberg, eingeführt. Auf jüdischer Seite sahen die Gegner in der Konsistorialverfassung einen unzulässigen Eingriff in die traditionelle religiöse Autonomie der einzelnen Gemeinden; die Befürworter machten geltend, daß erst diese Verfassung eine staatliche Anerkennung der jüdischen Religion ermögliche.

🄻 M. Berding, Die Emanzipation der Juden im Königreich Westfalen (1807–1813), in: Archiv für Sozialgeschichte 23, 1983. – H. M. Graupe, Die Entstehung des modernen Judentums, 1977. (JÖD)

Konstantin I., der Große, römisch-byzantinischer Kaiser, 27. 2. um 280 Naissus – 22. 5. 337 bei Nikomedia, Sohn des Kaisers Konstantius Chlorus und der Helena. Beim Tod seines Vaters in Britannien von den Soldaten zum Kaiser ausgerufen (306), setzte er erst allmählich seine Anerkennung bei den Mitkaisern durch. 312 Herrscher des Weströmischen Reichs (mit Italien) und Übertritt zum Christentum. Die kurz zuvor erfolgte Tolerierung der Christen (Toleranzedikt des Galerius) hat Konstantin I. durch eine konsequente Begünstigung der Kirche ersetzt und mit dem religionspolitischen Programm von Mailand (313) auch den Herrscher des Ostteils des Reichs darauf verpflichtet. Im Herbst 324 übernahm Konstantin I. die Herrschaft über das gesamte Römische Reich. Er griff immer wieder in die dogmatischen Streitigkeiten innerhalb der Reichskirche ein (→Arianismus) und beschränkte die Wirkungsmöglichkeiten von Heiden und Juden. Der Begriff »Konstantinische Wende« kann nicht auf das Verhältnis zu den Juden angewandt werden; obwohl die Judengesetzgebung unfreundlicher wurde, verschlechterte sich die Situation der Juden nicht grundsätzlich. Vorkonstantinische Verbote aufgreifend, wurden der Übertritt zum Judentum und die Mißhandlung jüdischer Konvertiten durch Juden unter Strafe gestellt; beide Maßnahmen sind als Ausdruck der christlich-jüdischen Missionskonkurrenz zu verstehen. Ein generelles Verbot für Juden, Sklaven zu kaufen, gab es nicht; allerdings wurde die Beschneidung neuerworbener Sklaven durch Gesetz (335) untersagt. Die verbreitete Meinung, Konstantin I. sei ein ausgesprochener Gegner der Juden gewesen, ist falsch.

🄻 H. Kraft (Hrsg.), Konstantin der Große, 1974. – J. Vogt, Konstantin der Große, 1960. (HC)

Konstanz. In der Reichsstadt Konstanz lebten seit der ersten Hälfte des 13. Jahrhunderts Juden. Die mit etwa 70 Familien stattliche Gemeinde in der rund 5000 Einwohner zählenden Stadt wurde im Zuge der Pestverfolgung am 3. 3. 1349 nahezu vollständig umgebracht; Kaiser Karl IV. sprach gegen Geldzahlung die Stadt von der Schuld am Pogrom frei. Seit 1375 lebten wieder Juden in Konstanz, zu Beginn des 15. Jahrhunderts etwa ein Dutzend Familien; diese Zahl verdoppelte sich während des Konzils 1414–18. Infolge einer Ritualmordbeschuldigung wurden 1443 alle Konstanzer Juden verhaftet und nach langjähriger Gefangenschaft 1448 ausgewiesen. Seither lebten bis zur Mitte des 19. Jahrhunderts in Konstanz keine Juden mehr. (PAU)

Konvertiten. Bei weitgehendem Mißerfolg der →Judenmission als Predigtmission gab es neben den bei Massentaufen zwangsbekehrten stets auch aus Überzeugung übergetretene Konvertiten. Einen Bericht über den inneren Prozeß einer solchen Bekehrung gibt →Hermann von Scheda. Jüdische Konvertiten wurden häufig Geistliche und stiegen sogar in der kirchlichen Hierarchie auf. Oft taten sie sich durch besonderen Fanatismus hervor. So verbreiteten Konvertiten gefährliche Verleumdungen des Judentums wie den →Ritualmordvorwurf und die →Weltverschwörungslegende (→Thomas von Monmouth), denunzierten die jüdische Lehre und den Talmud (N. →Donin), traten in Religionsdisputen ihren früheren Glaubensgenossen entgegen (so der Dominikaner Pablo Christiani in Südfrankreich) oder verfaßten polemische Widerlegungen des jüdischen Glaubens (so Anton Margarita, dessen judenfeindliche Schrift Luther stark beeinflußte). Andere verteidigten eher vermittelnd ihre Konversion (→Abner von Burgos) oder traten auch antijüdischen Verleumdungen entgegen. Mit der Aufklärung und dem Aufstieg jüdischer Konvertiten in das gehobene Bürgertum stand forcierten Versuchen der Verdrängung jüdischer Traditionen (z. B. bei K. →Marx) auch deren Hervorhebung (H. →Heine, B. →Disraeli) gegenüber. (FL)

Konzentrationslager (KZ; amtliche nationalsozialistische Abkürzung KL), von den Nationalsozialisten in ihrem gesamten Machtbereich angelegt zur Ausschaltung politischer Gegner, zur Ausgrenzung und Ermordung von Minderheiten (wie vor allem von Homosexuellen, Sinti und Roma), als Arbeitslager und – im besetzten Polen – zur Vernichtung der Juden (→Endlösung). Als erstes KZ wurde →Dachau am 20. 3. 1933 errichtet. Sein Aufbau diente als Vorbild für die anderen. Bei den KZs handelte es sich um große, mit elektrischen Stacheldrahtzäunen umgebene Geländeflächen, auf denen sich in abgeteilten Bezirken Wohn- und Arbeitsbaracken befanden, die von Wachtürmen umgeben waren. Davon abgesondert waren Kommandantur und Verwaltung. Die Häftlinge wurden in verschiedene, mit einem farbigen Winkel gekennzeichnete Kategorien eingeteilt. Jüdische Häftlinge mußten zusätzlich zum jeweiligen Winkel ein gelbes Stoffdreieck tragen (→Judenkennzeichnung), in einigen Lagern wurde den Häftlingen eine Gefangenennummer in den Arm eintätowiert. In den Vernichtungslagern befanden sich Einrichtungen zum plan- und fabrikmäßigen Massenmord, wie Erschießungsanlagen und Gaskammern mit angeschlossenen Krematorien. Zweck der KZs war zunächst die Ausschaltung der politischen Opposition, ihre Diskriminierung, Demütigung und Mißhandlung. In einigen KZs wurden regelrechte Fabriken errichtet, in denen die Häftlinge nach Plänen des SS-Wirtschafts- und Verwaltungshauptamts und später direkt für die Rüstung Sklavenarbeit verrichten mußten. Anfangs von der SA und SS verwaltet, wurden die Lager 1934 dem Reichsführer SS, Heinrich Himmler, direkt unterstellt, der zu ihrer Bewachung die SS-Totenkopfverbände gründete. Ungefähr 40 000 SS-Leute verübten in mehr als 20 Lagern, zu denen viele hundert Nebenlager und Außenkommandos gehörten, an den recht- und wehrlosen Häftlingen die unglaublichsten Brutalitäten. Mit Kriegsbeginn stiegen Zahl und Belegung der KZs sprunghaft, besonders in den besetzten Ländern. Die Häftlinge waren nun überwiegend Juden, sowjetische Kriegsgefangene und Verfolgte anderer Nationalitäten. Man schätzt, daß während der NS-Zeit in den KZs etwa sieben Millionen Menschen interniert waren, von denen die Mehrzahl ermordet wurde. Zahlreiche Häftlinge wurden das Opfer grausamer medizinischer Experimente, viele starben an Unterernährung, Krankheit oder aus Erschöpfung. Zu der Vernichtungslagern, die während des Zweiten →Weltkriegs zur Massentötung der europäischen Juden errichtet wurden, gehörten Chełmno, Bełzec, Sobibór, Treblinka, →Auschwitz-Birkenau und →Majdanek (die beiden letzten dienten zugleich als KZs). In diesen Lagern wurden jüdische Häftlinge massenweise in den Gaskammern (Zyklon B) umgebracht. Weitere KZs gab es u. a. in →Bergen-Belsen, →Buchenwald, Dachau, Flossenbürg, →Ravensbrück, →Sachsenhausen und →Theresienstadt. Im Januar 1945 befanden sich immer noch über 700 000 Menschen in KZs der Nationalsozialisten. Von Überlebenden existieren erschütternde Berichte.

L E. Kogon, Der SS-Staat, 1946. – G. Schwarz, Die nationalsozialistischen Lager, 1990. (LM/WJ)

Kopfbedeckung. Bei Frauen schon seit der Antike üblich; das Haar der Frau wurde als verführerisch und zur Unzucht verleitend betrachtet. Kopfbedeckung bei Männern setzte sich erst viel später und nur zögerlich durch. In dem Werk »Soferim« (Endgestalt: 8. Jahrhundert) 14,15 wird die Frage erörtert, ob das →Schema Jisrael mit unbedecktem Haupt gesprochen werden darf. Allgemein wird die Kopfbedeckung damit begründet, daß es verboten sei, den →Gottesnamen barhäuptig auszusprechen. Doch noch im 13. Jahrhundert wurde die Tora in Frankreich unbedeckten Hauptes verlesen; im 16. Jahrhundert studierten einige Gelehrte barhäuptig. Im Lauf der Zeit setzte sich das Bedecken des Kopfes nicht nur bei Gebet, Studium oder Mahlzeiten (den Anlässen, zu denen der Gottesname gesagt wird), sondern auch im Alltag durch. Diese Kopfbedeckung wird hebräisch »Kippa« genannt, jiddisch »Jarmulka«. Zur Kopfbedeckung der Frau →Scheitel.

L L. Löw, Eine Vorlesung über Barhäuptigkeit, in: Gesellschaftliche Schriften 2, 1979 (Nachdruck der Ausgabe 1890). (LD)

Kopfsteuern →Judensteuern

Koran (arabisch »al-quran«), hl. Buch des →Islam, dem Propheten →Mohammed zwischen 608 und 632 geoffenbart, enthält 114 Suren sehr unterschiedlicher Länge, nach Versen unterteilt, nicht chronologisch und nur partiell nach sachlichen Gesichtspunkten geordnet. Der Koran ist zugleich religiöse Vorschrift und Gesetz. Eine Fülle biblischer, vor allem alttestamentlicher Überlieferungen, unter ihnen vielfach göttliche Strafgerichte, bezeugt den Einfluß von Judentum und Christentum. Die sittlichen Regeln des Korans gehen vom Deka-

Deutschland und Danzig in den Grenzen vom 31. 12. 1937
»Großdeutsches Reich« am 1. 9. 1939
Konzentrationslager:
Dachau 1939 bestehende Lager
Stammlager
Vernichtungslager
Ghettos
Sonstige Konzentrationslager, Außenstellen u. Zwangsarbeitslager
Dänemark
Odense
Flensburg
Kiel
Hamburg
Lübeck
Nordsee
Wilhelmshaven
Wesermünde
Neuengamme
Elbe
Groningen
Niederlande
Oldenburg
Bremen
Norwich
Großbritannien
Bergen-Belsen
Weser
Ipswich
Haarlem
Amsterdam
Den Haag
Utrecht
Enschede
Osnabrück
Hannover
Braunschweig
Rotterdam
Arnheim
Bielefeld
Vught
Tilburg
Essen
Bochum
Dortmund
Eindhoven
Calais
Brügge
Gent
Antwerpen
Duisburg
Hagen
Düsseldorf
Wuppertal
Kassel
Mittelbau
Boulogne
Brüssel
Lille
Roubaix
Aachen
Köln
Erfurt
Belgien
Lüttich
Bonn
Rhein
Fulda
Amiens
Koblenz
Luxemburg
Wiesbaden
Frankfurt/M.
Luxemburg
Darmstadt
Würzburg
Bayreuth
Mannheim
Reims
Nürnberg
Saarbrücken
Paris
Metz
Frankreich
Seine
Nancy
Stuttgart
Straßburg
Struthof (Natzweiler)
Troyes
Ulm
Augsburg
Freiburg
Landsberg
Bad Tölz
Mühlhausen
Basel
Dijon
Zürich
St.Gallen
Innsbruck
Bern
Lausanne
Schweiz
0 50 100 150 km

Litauen
Ostsee
Bornholm
Memel
Tilsit
Kaunas
Königsberg
Gdingen
Danzig
Stutthof
Elbing
Suwalki
Augustow
Stettin
Bialystok
Bromberg
Weichsel
Ciechanow
Treblinka
Bug
Brest-
Litowsk
Posen
Polen
Warschau
Frankfurt/O.
Chelmno
Oder
Sobibor
Lodsch
Cottbus
Radom
Lublin
Majdanek
Breslau
Görlitz
General-Gouvernement
Dresden
Gr. Rosen
Kreisau
Tschenstochau
Reichenberg
Hindenburg
Beuthen
Königshütte
Sosnowiec
Theresienstadt
Lemberg
Kattowitz
Krakau
Lidice
Auschwitz
Prag
Mährisch-Ostrau
Gleiwitz
Olmnütz
Protektorat
Böhmen und Mähren
Brünn
Slowakei
Kaschau
Preßburg
Linz
Mauthausen
Wien
Raab
Donau
Budapest
Debrecen
Ungarn
Großwardein
Graz
Kecskemet
Rumänien

log aus, schränken jedoch das Tötungsverbot ein (5,151; 17,33). Die Stellung Mohammeds zu den Juden wandelte sich indes im Lauf der Zeit, da die Juden an ihrem Glauben festhielten. Juden (und Christen), die an Gott und das Jüngste Gericht glauben und das Rechte tun, verheißt der Koran ewigen Lohn (2,62; 5,69), mahnt sie aber immer wieder, an die neue Offenbarung zu glauben. Auf ihre Erwählung können sie nicht bauen (5,18). Der Islam entspricht der Lehre von Abraham, Mose und Jesus (2,135 f.; 3,65 ff.; 84). Die Kaaba ist das erste Gotteshaus Abrahams (2,125; 3,96 f.). Blind und taub verstehen die Juden die Botschaft nicht (2,17 ff.; 5,44; 62,5 f.) und verfälschen sie (2,75 u. a.), sie treiben Spott mit dem Glauben (2,14), haben die Propheten ermordet (2,87; 4,155; 5,70) und sind immer auf Unheil bedacht. Juden (und Christen) können nicht Freunde der Muslime sein (5,51), doch sind die Juden am feindlichsten, die Christen am freundlichsten gesinnt (5,82). Gottes Zorn hat die Juden mit Erniedrigung und Verelendung bestraft (2,61 u. a.) und verflucht (2,159; 4,46). – So werden die Juden im Koran von Kronzeugen immer mehr zu verworfenen Feinden Gottes und der Gläubigen. Die Vorwürfe der Blindheit, des Prophetenmords, der Verfälschung der biblischen Überlieferung entsprechen der christlichen antijüdischen Polemik.

[L] J. Bouman, Der Koran und die Juden, 1990. – H. Busse, Die theologischen Beziehungen des Islams zu Judentum und Christentum, 1988. – A. Th. Koury, Einführung in die Grundlagen des Korans, 1981. – R. Paret, Der Koran, 1980. (RED)

Korczak, Janusz (eigentlich Henryk Goldschmidt, Goldszmit), Schriftsteller, Arzt, Pädagoge, 22. 7. 1878 Warschau – 5. 8. 1942 Treblinka. Stammte aus einer assimilierten wohlhabenden Familie. Studierte Medizin in Warschau, Berlin, Paris und London. Zurück in Warschau, arbeitete er in einem Kinderkrankenhaus. Debütierte als Publizist mit Artikeln zu sozialen Fragen und Humoresken in den Zeitschriften »Głos« (Stimme) und »Kolce« (Dornen). Seine ersten Bücher erschienen 1901 (»Dzieci ulicy«; Die Straßenkinder) und 1906 (»Dziecko salonu«; Das Kind des Salons). Seit 1907 war Korczak in einem neugegründeten Hilfsverein für Waisenkinder tätig, der Kinder aus dem Arbeitermilieu betreute. Seit 1911 Leiter eines jüdischen Waisenhauses, seit 1919 eines weiteren von ihm mitgegründeten Waisenheims für nichtjüdische Kinder, »Nasz Dom« (Unser Heim). In beiden sammelte er pädagogische Erfahrungen, die in seine Bücher, darunter mehrere Kinderbücher, eingingen. Korczak brachte darin nicht selten politische und gesellschaftliche Erscheinungen zur Sprache und übertrug sie in eine phantastische, manchmal surrealistische Welt. Auch in Rundfunksendungen, die er bis in den Krieg hinein machte, erzählte er über Probleme der Welt und übersetzte die Politik in die Sprache der Kinder. Auf seine Initiative entstand 1926 »Mały Przeglad« (Die kleine Rundschau), eine Zeitung für Kinder, die von Kindern redigiert wurde. Korczak war drei Jahre lang ihr Leiter. In den 30er Jahren erschwerte die wirtschaftliche Not sowie der wachsende Antisemitismus Korczaks pädagogische Tätigkeit. Er gab die Leitung von »Nasz Dom« auf und dachte an Auswanderung nach Palästina, wo er sich 1934 und 1936 aufhielt. Der Krieg hielt ihn in Polen zurück. Er trat in die polnische Armee ein; nach der Kapitulation sorgte er weiter für das Überleben der Kinder. 1940 wurde er wegen der Weigerung, den gelben Stern zu tragen, verhaftet und verbrachte einige Monate im Gefängnis. Danach leitete er das Waisenhaus im Ghetto. Seit 1942 schrieb er ein Tagebuch. In den ersten Augusttagen 1942 wurde er mit etwa 200 Waisenkindern vom »Umschlagplatz« nach Treblinka deportiert und dort ermordet. Ein Teil seiner Werke erschien in deutscher und englischer Übersetzung: »König Hänschen I.« ([3]1973), »König Hänschen auf der einsamen Insel« (1971), »Begegnungen und Erfahrungen. Kleine Essays« ([3]1982), »Wie man ein Kind lieben soll« ([9]1989), »Wenn ich wieder klein bin« (1973), »Das Recht des Kindes auf Achtung« ([4]1988), »Ghetto Diary« (New York 1978).

[L] B. Ignera, Der religiöse Humanismus Janusz Korczaks, Dissertation, 1980. – K. H. Kurz, Die polnische Klage. Stationen im Leben des Janusz Korczak, 1975. – B. J. Lifton, The King of Children: A Biography of Janusz Korczak, New York 1988. (AGR)

Kornfeld, Paul, Dramatiker, 11. 12. 1889 Prag – 1942 KZ Lodz. 1914 in Frankfurt am Main, 1927/28 Dramaturg in Darmstadt, 1928 in Berlin, 1932 wieder in Prag. Seine Dramen »Die Verführung« (1916) und »Himmel und Hölle« (1919) sind die dichterische Umsetzung eines theoretisch geforderten ekstatischen Schauspiels (Manifest der expressionistischen Bühne »Der beseelte und der psychologische Mensch« 1918): die »beseelten« Protagonisten können ihre Seele nur durch den Mord an

»Unbeseelten« befreien. In seinen Komödien (u. a. »Der ewige Traum«, 1922; »Palme oder der Gekränkte«, 1924; »Smither kauft Europa«, 1929) wird zunehmend satirisch die Zeitgeisttendenz dargestellt, Gefühle durch Surrogate zu ersetzen. »Jud Süß« (1930) ist eine Anklage der Korrumpierbarkeit der Machthabenden. (MP)

Korngold, 1. Erich Wolfgang, Komponist, 29.5.1897 Brünn – 29.11.1957 Hollywood, USA. Begann als Wunderkind, schon als 13jähriger verfaßte er Kompositionen, darunter die Pantomime »Der Schneemann«, 1915 gefolgt von der heiteren Oper »Der Ring des Polykrates«. Zunächst als Dirigent am Hamburger Stadttheater tätig, kehrte nach Wien zurück und wurde 1927 Professor für Musiktheorie und Leiter der Kapellmeisterklassen an der reputierten Akademie für Musik und darstellende Kunst. Von der österreichischen Antisemitenclique drangsaliert, emigrierte Korngold 1934 in die USA, wo er sich in erster Linie als Komponist von Filmmusiken hervortat; arbeitete u. a. mit dem ebenfalls ausgewanderten M. →Reinhardt an dessen Filmbearbeitung von Shakespeares »Sommernachtstraum« mit. Korngolds größter und beständiger Erfolg ist die in Hamburg und Köln aufgeführte Oper in drei Akten »Die tote Stadt«. Hier zeichnet sich Korngold als der eine blühende Melodik beherrschende Spätromantiker aus, der er in allen seinen Werken, auch in seinen Filmmusiken und Operetten (Strauß und Offenbach), geblieben ist. (AS)

2. Julius Leopold, Musikkritiker und -schriftsteller, 24.12.1860 Brünn – 25.9. 1945 Hollywood, USA, Vater von E. W. Korngold. Einflußreiche und gleichzeitig heftig angegriffene Persönlichkeit des Wiener Musiklebens. Emigrierte mit seinem Sohn 1934 in die USA. (AS)

Kortner, Fritz (ursprünglich Fritz Nathan Kohn), Schauspieler und Regisseur, 12.5.1892 Wien – 22.7.1970 München, studierte von 1908–10 Schauspiel an der Akademie für Musik und darstellende Kunst in Wien. Schauspieler u. a. am Hof- und Nationaltheater Mannheim, am Lessingtheater (bei Victor Barnowsky 1914, 1919, 1923/24). Prototyp des expressionistischen Schauspielers. Dominierender Protagonist in Jessners Klassikerinszenierungen, u. a. in »Wilhelm Tell« (1919), »Richard III.« (1920), »Don Carlos« (1929). 1933 Emigration. 1933–37 Schauspieler und Drehbuchschreiber für britische Filmproduktionen. Seit 1938 in den USA. Filmrollen und Drehbücher. Zusammenarbeit mit dem Jewish Club of 1933, Los Angeles. 1947 Rückkehr nach Deutschland. 1949–70 überwiegend als Regisseur tätig, nur noch selten als Schauspieler. Im Darstellungsstil bildete Kortners drängender Realismus die stärkste Gegenkraft zum Klassizismus eines Gustaf Gründgens. Auf Ablehnung stieß seine Inszenierung des »Don Carlos« (1950, Hebbeltheater, Berlin). Bedeutende Bühnenproduktionen u. a. am Berliner Schillertheater »Die Räuber« (1959), »Don Juan« (1960), »Andorra« sowie seit 1961 der Shakespeare-Zyklus an den Münchner Kammerspielen. Lebenserinnerungen: »Aller Tage Abend« (1959), »Letzten Endes. Fragmente« (posthume Autobiographie, herausgegeben von Johanna Kortner, 1971). (MBR)

Koscher (hebräisch »kascher«, »tauglich«, »passend«), rituell rein. Koscher bezieht sich 1. auf die vorschriftsgemäße Herstellung und die Unverletztheit von Torarollen, →Tefillin, →Mesusa, →Zizit und die korrekte Konstruktion der →Mikwe; 2. auf die Gültigkeit und Fähigkeit von Zeugen gemäß dem rabbinischen Recht; 3. vor allem aber auf die jüdischen Speisegesetze. Früchte und Gemüse (→Parwe) sind generell koscher (vgl. aber die besonderen Bestimmungen von →Challa, →Teruma). Bei Tieren wird zwischen →rein und unrein unterschieden. Reine und somit erlaubte Tiere müssen (außer Fisch) rituell geschlachtet (→Schechita) und geprüft werden; findet sich ein Fehler an Gliedern oder Organen, ist der Verzehr des Tieres verboten (→Terefa). Das Tier wird mit dem Kopf nach unten gehängt, damit das Blut, dessen Verzehr verboten ist, abläuft. Die Entfernung des Bluts wird zudem bei der Vorbereitung des Fleisches (Hachschara, »koschern«) durch Einsalzen oder Rösten über einer offenen Flamme unterstützt. Bei allen Säugetieren muß der Ischiasnerv entfernt werden, ebenso bestimmte Fettstücke. Aas oder anders als durch Schechita getötete Tiere sind verboten (Newela), ebenso durch Raubtiere gerissene. Wird eine verbotene Speise mit einer erlaubten zusammen eingenommen, gilt die Mischung nur dann als verboten, wenn die nicht-koschere Speise geschmeckt werden kann (praktische Festlegung: 1/60 der erlaubten). Das dreifache Verbot, ein Zicklein in der Milch seiner Mutter zu kochen (Ex 23,19; 34,26; Dtn 14,21), wird rabbinisch interpretiert als die drei Verbote des Essens, Nutznießens und Kochens von

Milchprodukten zusammen mit Fleisch (Chul 115b). Getrenntes Geschirr und Besteck (Ausnahme: Glas), Spülbecken und Handtücher müssen für »milchige« und »fleischige« Speisen verwendet werden. Nach dem Verzehr von Fleisch dürfen milchige Produkte in der Regel erst nach sechs Stunden (nach anderem Brauch: drei Stunden) eingenommen werden. Es gibt nichtmilchige Ersatzprodukte. Parwe-Produkte dürfen mit Milch oder Fleisch gegessen werden. Die Einzelheiten der Speisegesetze (Kaschrut) finden sich im →Schulchan Aruch. (LD/TK)

Kosmopolitismus (weltbürgerliche Gesinnung, Weltbürgertum), in kommunistischen Staaten – vor allem in der Tschechoslowakei z. Z. der →Slánský-Prozesse – herabwürdigender Vorwurf gegenüber Juden im Sinne von »Verräter« oder »vaterlandsloser Geselle« (→Antizionismus). So konnten Juden auch offiziell mit uralten negativen Klischees bezeichnet werden, ohne daß die vorgeblich antifaschistische (judenfreundliche) Gesinnung der Staatsführung ins Zwielicht geriet.
L G. Hodos, Schauprozesse, 1988. (SG)

Kostolany, André, Finanzexperte und Journalist, 9. 2. 1900 Budapest. Ausbildung zum Börsenmakler in Paris. Ging in die USA. Teilhaber einer Finanzierungsgesellschaft. Seit 1950 wieder in Europa tätig. Als Finanzexperte Veröffentlichungen in Wirtschaftsfachzeitschriften und Autor mehrerer Fachbücher. (RED)

Koufax, Sanford (»Sandy«), Baseballspieler und Sportjournalist, 30. 12. 1935 Brooklyn. 1953 Sportstudium an der Cincinnati University; 1954 Beginn der professionellen Karriere, 1955 Spieler für die Brooklyn Dodgers. Als »pitcher« (Werfer) zeigte Koufax große Leistungen und führte die Brooklyner Mannschaft 1963 und 1965 zur Weltmeisterschaft. Vom nordamerikanischen Judentum wegen seiner Weigerung, an Rosch ha-Schana (Neujahrsfest) und Jom Kippur (Versöhnungfest) zu spielen, hoch angesehen. Koufax gab 1966 wegen akuter Arthritis das Baseballspiel auf. Im selben Jahr schrieb er (zusammen mit E. Linn) seine Autobiographie »Koufax« und begann eine Karriere als Sportjournalist für das Fernsehen. 1972 wurde er Mitglied der Ehrenhalle (Hall of Fame) im Baseball. (CL)

Kowed (eigentlich hebräisch »kawod«, »Ehre«, »Ansehen«, auch »Reichtum«), z. B. in Gen 31,1 »bekowed« (»mit Ehre«, »angesehen«, »würdig«), auch dekliniert gebraucht, z. B. eine »bekowedte« Familie. (RED)

Koyré, Alexander, Philosoph und Wissenschaftshistoriker, 29. 8. 1892 Taganrog, Rußland – 28. 4. 1964 Paris. Studium seit 1908 bei E. →Husserl in Göttingen und später bei H. →Bergson und L. →Brunschvicg in Paris. 1930 wurde Koyré zum Direktor der »École Pratique des Hautes Études« ernannt und blieb es trotz seiner Flucht in die USA vor der deutschen Besatzungsmacht im Zweiten Weltkrieg bis zu seinem Tod. Ausgehend von der Annahme der Einheit der Manifestationen des menschlichen Geistes, der Philosophie, der Theologie und der Naturwissenschaften, hat Koyré eine Reihe von bahnbrechenden Werken zur Geistesgeschichte der naturwissenschaftlichen Revolution im 16. und im 17. Jahrhundert geschrieben.
L A. L. Mélanges, Alexander Koyré. L'aventure des sciences, 1964. (DK)

Kracauer, Siegfried, Publizist, Sozialwissenschaftler und Filmtheoretiker, 8. 2. 1889 Frankfurt am Main – 26. 11. 1966 New York, Studienabschluß als Diplomingenieur mit anschließender Promotion, arbeitete seit 1915 als Architekt in München und Frankfurt am Main, 1920–33 als Journalist für die »Frankfurter Zeitung« tätig, zuletzt Berliner Feuilleton-Korrespondent. Kracauer thematisierte bereits 1930 in seinem Essay »Die Biographie als neubürgerliche Kunstform« spätere Aspekte von Exil und Exilliteratur. 1933 Emigration nach Frankreich, 1941 in die USA (New York). Erhielt Rockefeller-Stipendium für die Analyse der nationalsozialistischen Filmpropaganda. 1941–43 wissenschaftlicher Mitarbeiter der Museum of Modern Art Film Library, 1943–45 Guggenheim Fellowship für die Arbeit »From Caligari to Hitler« (Studie zur Geschichte des deutschen Films). 1950–52 Mitarbeiter der »Stimme Amerikas«. Von 1952 bis 1958 Tätigkeit für das »Bureau for Applied Social Research« an der Columbia University. Publikationen u. a.: »Die Angestellten aus dem neuesten Deutschland« (1930), »Jacques Offenbach und das Paris seiner Zeit« (1937), »Theorie des Films« (1960, deutsch 1964). (WJ)

Kraft, Werner, Schriftsteller, Essayist und Literaturkritiker, 4. 5. 1896 Braunschweig – 14. 6. 1991 Jerusalem. Studium der Germanistik, Romanistik und Philosophie in Berlin, Freiburg i. Br. und Hamburg, Promotion 1925. Kontakte zu R. →Borchardt, F. →Kafka, K. →Kraus, E. →Lasker-Schüler, T. →Lessing. Bibliothekar an der deutschen Bücherei in Leipzig, 1927 Bibliothekar in Hannover. 1933 Emigration über Stockholm und Paris nach Jerusalem, wo er seit 1934 lebte. 1966 Literaturpreis der Bayerischen Akademie der Schönen Künste, 1971 Johann-Heinrich-Merck-Preis der Deutschen Akademie für Sprache und Dichtung. In Jerusalem veröffentlichte Kraft die Lyrikbände »Wort aus der Leere« (1937), in der Bundesrepublik Deutschland erschien »Figur der Hoffnung. Ausgewählte Gedichte 1925–1953« (1955). 1960 der Roman »Der Wirrwarr« (Autobiographie), 1973 sein Lebensbericht »Spiegelung der Jugend«. Kraft war ein bedeutender Karl-Kraus-Forscher und gab seit 1952 mehrere Arbeiten und ausgewählte Schriften von Kraus heraus. Weitere literaturkritische Essays über die Schriftssteller Heinrich Heine (1936), Rudolf Borchardt (1961), Franz Kafka (1968), Else Lasker-Schüler (1951), Ludwig Strauss (1963). Kraft gilt als einer der letzten Vertreter der klassischen deutsch-jüdischen Literatur. Weitere Werke: »Carl Gustav Jochmann und sein Kreis« (1972), »Eine Handvoll Wahrheit« (1977), »Gespräche mit Martin Buber« (1966). (LH)

Krakau (Kraków), beherbergte eine der ältesten jüdischen Niederlassungen in Polen, älteste erhaltene Dokumente über die Judengasse von 1304. Seit 1335, unter König Kasimir dem Großen Zunahme der Niederlassung. Mitte des 14. Jahrhunderts gab es in Krakau eine Synagoge, Ende des Jahrhunderts wurde die nächste gebaut. 1374 hatte die Gemeinde einen Friedhof. Die Krakauer Juden waren vor allem Bankiers und Kaufleute, im 18. Jahrhundert besonders im Pelz-, Leder-, Wachs-, Tabak-, Silber- und Goldhandel stark vertreten. Der Konkurrenzkampf mit der christlichen (deutschen) Kaufmannschaft führte 1494 zur Vertreibung der Juden in die benachbarte Stadt Kazimierz (später ein Stadtteil von Krakau). Die Bestrebungen der Juden, von Kazimierz aus den Handel in Krakau aufrechtzuerhalten, waren jahrhundertelang Anlaß für wirtschaftlich motivierte Verfolgungen und Pogrome (so 1664, 1682). Im 16. und 17. Jahrhundert wuchs die Gemeinde durch den Zustrom von Flüchtlingen aus Böhmen, Schlesien, Wien (1670) und Italien. Am frühesten in ganz Polen errang die Krakauer jüdische Gemeinde die Autonomie. 1595 wurde ein Gemeindestatut in jiddischer Sprache erarbeitet, das die Fragen des öffentlichen (→Kahal) und des privaten Lebens der Gemeinde regelte. Es galt bis 1818 und war verbindlich für die Satzungen polnischer und litauischer jüdischer Gemeinden. Seit 1780 verbreitete sich in Krakau der →Chassidismus. In der 1. Teilung Polens (1772) fiel Kazimierz Österreich zu, während Krakau polnisch blieb. Die vom Ruin bedrohten Juden erwirkten 1776 die Rückgabe von Kazimierz an Polen. Nach der 3. Teilung Polens (1795) wurde Krakau österreichisch; die Juden wurden aus der Stadt hinausgedrängt und durften erst seit 1867 (→Österreich) wieder in Krakau wohnen und Handel treiben. In Kazimierz und Krakau entstanden seit dem 15. Jahrhundert mehrere Synagogen und Friedhöfe; in Krakau bestanden einige Dutzend Grund- und Talmudschulen, seit dem Anfang des 16. Jahrhunderts eine Akademie und seit der 2. Hälfte des 16. Jahrhunderts die berühmte Jeschiwa von M. →Isserles; hinzu kamen im Lauf des 19. Jahrhunderts Theater, 1876 eine Bibliothek, mehrere Vereine und um die Jahrhundertwende auch Sportclubs. Seit Ende des 19. Jahrhunderts gab es in Krakau eine starke zionistische Bewegung. In der Zwischenkriegszeit erschienen zwei jüdische Zeitungen: »Nowy dziennik« (Die neue Tageszeitung) und die »Woche«. 1939 war ein Viertel der Bevölkerung Krakaus jüdisch. Im März 1941 wurden die Krakauer Juden im Ghetto eingeschlossen. Im Juni und Oktober 1942 fanden Deportationen in das Vernichtungslager Belzec (etwa 11 000 Personen) sowie Massenexekutionen statt. Mitte 1943 wurden die im Ghetto verbliebenen Juden in das Płaszów-Lager deportiert. Nach 1945 lebten etwa 6000 Juden in Krakau (Kazimierz), die zum größten Teil auswanderten. Nach der letzten großen Auswanderungswelle 1968 hatte Krakau noch etwa 200 Mitglieder, deren religiöses Leben sich um die Synagogen Templum und Remu konzentrierte.

Jahr	Juden	Gesamteinwohnerschaft	
1570	2060		
1775	3500		
1833	10 820		
1900	25670	91 310	(28%)
1921	45 229	164 000	(27%)
1931	56800	219 286	(26%)
1938	60000	237532	(25%)
1948	5900	299565	(2%)
1955	um 4000	335000	(1%)

Heute leben einige Hundert Juden in Krakau. Es existiert ein »Zentrum für jüdische Kultur« in Kazimierz, das u. a. Ausstellungen, Filmaufführungen und Lesungen organisiert.

[L] M. Bałaban, Dzieje Żydów w Krakowie i na Kazimierzu, 2 Bände, 1931–36. – I. Schipper, Dzieje handlu Żsydowskiego na ziemiach polskich, Warschau 1937. (AGR)

Krankenfürsorge →Bikkur Cholim, →Krankenhäuser, jüdische

Krankenhäuser, jüdische. Einrichtungen zur Krankenpflege (→Bikkur Cholim) und -heilung entstanden erst in talmudischer Zeit und im Mittelalter, da Kranke zumeist in ihren Familien gepflegt wurden. Wie auch im christlichen Mittelalter hatten diese Einrichtungen den doppelten Zweck, arme oder kranke Reisende zu beherbergen (Hospital von hospes = Gast) und die leidenden Armen zu versorgen. Krankenhäuser (Hekdesch = den Armen und Kranken »Geweihtes«) entstanden im 11. Jahrhundert in Köln, 1210 in Regensburg, 1381 in München, 1422 in Trier, 1499 in Ulm. Anders als christliche Krankenhäuser behielten die Hekdesch auch nach Ende des Mittelalters ihre Doppelfunktion bei. Wegen der unsicheren ökonomischen, politischen und sozialen Lage der jüdischen Gemeinden handelte es sich dabei meist nur um ein bis zwei Räume mit maximal sechs Betten ohne geregelte ärztliche Versorgung; die großen Mediziner des 16. bis 18. Jahrhunderts waren weder in Hekdesch noch in anderen Krankenhäusern tätig. In Berlin soll es bereits vor der Vertreibung der Juden aus der Mark (1572) ein Krankenhaus gegeben haben, das nach der Rückkehr von der neugegründeten Chewra Bikkur Cholim (Verein für Krankenpflege) neu eingerichtet wurde. Ein Krankenhaus im modernen Sinne wurde erst 1753 gegründet. In London wurde 1747 ein Kranken- und Siechenhaus (Bet Cholim) eingerichtet, in Paris erst 1836, seitdem getrennte Stationen für Arme und die besitzenden Schichten. Im Nationalsozialismus wurden die jüdischen Krankenhäuser vielfach zu anderen Zwecken genutzt, z. B. als Sammellager für jüdische Nervenkranke, die später mit dem Personal nach Theresienstadt deportiert wurden (so in Berlin). Nach dem Zweiten Weltkrieg wurden einige Krankenhäuser wegen schwerer Zerstörung abgerissen, andere modernisiert. Heute existieren auf dem europäischen Kontinent aufgrund der relativ kleinen jüdischen Gemeinden nur noch wenige ihnen angegliederte Krankenhäuser, so in Berlin, Hamburg, Wien, Amsterdam und Paris. Sie stehen Kranken aller Glaubensrichtungen offen, der jüdische Anteil des Pflegepersonals beträgt oft nicht mehr als ein Prozent. (PB)

Karl Kraus

Kraus, Karl, Schriftsteller, 28. 4. 1874 Jičín (Gitschin), Böhmen – 12. 6. 1936 Wien. Aus einer assimilierten jüdischen Industriellenfamilie, seit 1877 in Wien. Erste schriftstellerische Versuche im Milieu des liberalen Wiener Journalismus. 1897 Austritt aus der Israelitischen Kultusgemeinde; 1898 Polemik gegen den Zionismus (»Eine Krone für Zion«); später teilweise Rücknahme dieses Urteils. 1899 Gründung der Zeitschrift »Die Fackel« (bis 1936, seit 1911 allein verfaßt); mehrere Bücher, darunter auch das Hauptwerk »Die letzten Tage der Menschheit«, gehen auf die »Fackel« zurück. Ihre Ausrichtung gegen Liberalismus und Presse machte häufig Wiener (gelegentlich auch Berliner) Juden zum Objekt einer oft verallgemeinernden Satire und Polemik; Nähe zu Otto Weininger. Dennoch wurde die Zeitschrift in hohem Maße von Juden gelesen. Kraus' »Differenzaffekt«, die Abgrenzung gegenüber zeitweilig nahestehenden Gruppen, machte sich auch gegenüber dem Judentum bemerkbar. Seit dem Anwachsen des Antisemitismus in den 20er Jahren äußerte sich Kraus weniger zugespitzt über die Juden, und in der »Dritten Walpurgisnacht« (1933, posthum 1952) finden sich neben dem Entsetzen über die klar durchschaute nationalsozialistische Gewaltherrschaft auch einzelne Stellen, wonach Kraus eine positivere Einstellung zur eigenen Verankerung in der jüdischen Tradition zu finden scheint. (SPS)

Krebs Sir Hans Adolf, Biochemiker, 25. 8. 1900 Hildesheim – 22. 11. 1981 Oxford. Nach dem Militärdienst (1918) Studium der Medizin, Abschluß 1925 als Doktor der Medizin. 1926–31 in Berlin Assistent von Otto Warburg am Kaiser-Wilhelm-Institut für Biologie. 1932 Privatdozent an der Universität Freiburg im Breisgau. Im Juni 1933 als Jude entlassen, Emigration nach Großbritannien. 1934 Absolvent als Magister of Arts, 1935–45 Dozent an der Universität Sheffield, 1945–48 Professor für Biochemie. Krebs nahm 1939 die britische Staatsbürgerschaft an. Ab 1945 Direktor der Medical Research Council Unit. Arbeitete über den intermediären Stoffwechsel und entdeckte 1937 den Zitronensäurezyklus (Krebszyklus); erhielt 1953 zusammen mit Albert Fritz Lipmann den Nobelpreis für Medizin. 1954–67 Professor am Whitley College in Oxford. Krebs erhielt 1958 den Adelstitel »Sir« und 1972 den Orden »Pour le mérite«. (WJ)

Hans Adolf Krebs

Kreisler, Georg, Chansonnier und Pianist, Satiriker und Kabarettist, 18.7.1922 Wien. Aus jüdischer Familie stammend, Emigration 1938 in die USA; 1942 Truppenbetreuer, Arbeit in Hollywood, nach 1946 Engagements in amerikanischen Revues und Bars, amerikanischer Staatsbürger; 1955 Rückkehr nach Wien, erste Erfolge in der »Marietta-Bar«; 1958 München (mit Topsy Küppers), 1977 Berlin (mit Barbara Peters, u.a. für »Die Wühlmäuse« und »Stachelschweine«). Kreislers Chansons wirken durch die besondere Melange von Wiener Lied, Schnulze und Jazz einerseits, von makabrem Humor, zynischer Satire und Sprachsensibilität andererseits, wobei Musik und Text gleichgewichtig die universelle Spießbürgerwelt und deren politischen Horizont als bösen Schein entlarven (Programme u.a: »Zwei alte Tanten tanzen Tango«, 1961; »Als der Zirkus in Flammen stand«, 1963; »Ich weiß nicht was soll ich bedeuten«, 1973; »Everblacks«, 1980). Neben Bearbeitungen von Komödien (u.a. Nestroy, Anouilh) schrieb Kreisler mehrere eigene musikalische Lustspiele (»Polterabend«, 1965; »Hölle auf Erden«, 1967; »Toter Playboy« 1975; »Maskerade«, 1982). Die Titelfigur von »Lola Blau« (1971) ist eine jüdische Wiener Soubrette, die nach Emigration und weltweiten Gastrollen in ihre Heimatstadt zurückkehrt. In den »Nichtarischen Arien« (1967) bezog sich Kreisler auf die jüdische (jiddische) Welt mit ihrem Witz und ihrer Melancholie, die ihn seinerseits auszeichnen. 1990 erschien sein erster Roman »Ein Prophet ohne Zukunft«, 1996 »Der Schattenspringer«. (HH)

Krethi und Plethi, Bezeichnung für die Leibwache →Davids (z.B. 1 Kön 1,38), bedeutet wohl »Kreter und Philister«, auf jeden Fall aber Fremde. Im Deutschen Bezeichnung für eine bunt gemischte Volksmenge. (LD/TK)

Kreuzzüge, Feldzüge der Christen zur Befreiung des Heiligen Landes. Die Kreuzzüge (1. Kreuzzug 1096 bis 1099, 2. Kreuzzug 1147 bis 1149, 3. Kreuzzug 1189 bis 1192) waren oft mit barbarischen Judenverfolgungen in Palästina und Europa verbunden. Bereits beim sog. Barbastro-Feldzug von 1063 wandte sich Papst →Alexander II. gegen die Bedrohung der Juden durch eine vulgäre Ideologie des heiligen Kriegs. Auch 1096 verbanden sich mit der Kreuzzugsidee eschatologische Vorstellungen vom endgültigen Sieg des Christentums. Daher stellten irreguläre Heerhaufen in Nordfrankreich, der Provence und besonders im Rheinland die Juden vor die Entscheidung »Tod oder Taufe«. Da die Bischöfe als Stadtherren die Juden zu schützen versuchten, nahm die Verfolgung in Deutschland einen unterschiedlichen Verlauf. Während die Judengemeinden in Worms, Mainz und Köln untergingen, wurden sie in Speyer und vermutlich auch in Halle an der Saale durch erfolgreiche Verteidigung, anderswo, so in Trier, Regensburg und Prag, durch Zwangstaufe und später zugestandene Rückkehr zum Judentum gerettet. Als die Kreuzfahrer dann Jerusalem und später Haifa eroberten, brachten sie dort alle Juden um. Beim 2. Kreuzzug kam es in einigen Städten Nordfrankreichs und in Würzburg wiederum zu Judenmassakern, doch konnte der Zisterzienserabt →Bernhard von Clairvaux durch sein Eingreifen Schlimmeres abwenden. Beim 3. Kreuzzug verhinderte Kaiser →Friedrich I. Barbarossa eine neuerliche Gefährdung der Juden schon im Ansatz, während in England nach der Abreise von

König Richard Löwenherz zahlreiche Judengemeinden ausgerottet wurden. Die Judenmassaker in Fulda 1235 sowie in den West- und Nordprovinzen Frankreichs im Herbst 1236 standen offenbar mit neuen, später nicht realisierten Kreuzzugsaufrufen in Zusammenhang.

Ⓛ R. Chazan, European Jewry and the First Crusade, 1987. (FL)

Krim. Jüdische Gemeinden bestanden schon in der Antike; sie entwickelten sich besonders in den genuesischen Kolonien auf der Krim 1260–1475 und bestanden unter tatarischer Herrschaft weiter. Seit dem Mittelalter war die Krim ein Zentrum der Karaiten (Karäer) und der Rabbaniten, der sog. Krim-Juden (»Krimtschaken«). Nach der Besetzung durch die Russen (Ende des 18. Jahrhunderts) gehörte die Krim zum →Ansiedlungsrayon; Ausnahmen bildeten einige städtische Siedlungen wie Sewastopol und Jalta. Ein Kolonisierungsprojekt für die Juden auf der Krim in den Jahren 1924–30, das sie in die landwirtschaftliche und industrielle Produktion dieses Gebiets integrieren und zur Errichtung einer jüdischen autonomen Sowjetrepublik führen sollte, scheiterte, weil nicht ausreichend Land verfügbar war und die einheimische Bevölkerung Widerstand leistete. Während des Zweiten Weltkriegs verübten die Nationalsozialisten Massenmorde, um anschließend die Krim für »judenrein« zu erklären. 1959 lebten wieder 26347 Juden auf der Krim (2,2 Prozent der Gesamtbevölkerung; →auch Ukraine). (AB)

Kriminalität. *1. Kriminalität in der →Diaspora.* Es gibt nur wenige Länder, in denen wenigstens zeitweise Statistiken über Straffälligkeiten für Juden und Nichtjuden getrennt geführt wurden. Diese begrenzten Daten – vom zaristischen Rußland vor dem Ersten Weltkrieg bis zum modernen Kanada – lassen bestimmte Tendenzen erkennen: Je höher der Grad der Akkulturation der jüdischen Bevölkerung in einzelnen Ländern war und je mehr sie am sozialen, ökonomischen und kulturellen Leben teilnahm, um so ähnlicher wurde der Charakter ihrer Straftaten dem der Bevölkerungsmehrheit. Juden begingen proportional weniger Vergehen gegen Personen als Nichtjuden, ihr Anteil an Morddelikten war der geringste von allen. Dies wurde generell durch den höheren Bildungsstand und den sehr gemäßigten Alkoholkonsum erklärt. Gustav Aschaffenburg und andere haben die Ansicht vertreten, daß die Minderheitenposition der Juden eine Sperre gegen die Kriminalität bildete, da potentielle Straftäter ständig der Gefahr gewärtig waren, daß das Verhalten eines Einzelnen gegen die Gruppe als Ganzes verwendet werden könnte. Dies kann auf die engen Gemeinde- und Familienbeziehungen, den durchschnittlich höheren Bildungsstand und das religiöse Gebot zu gegenseitiger Solidarität und Hilfe zurückgeführt werden. Ein anderes Verhältnis zeigt sich bei Sittenverstößen. Hier wird deutlich, daß mehr Juden im Zuhälter- und Prostitutionsmilieu straffällig wurden als Nichtjuden. Als Angehörige der Unterschicht tendierten Juden zu Straftaten, die für diese Bevölkerungsgruppe charakteristisch sind. Der Anteil von Juden an Eigentumsdelikten war generell noch niedriger als der Anteil an Personenstraftaten; allerdings wurden Juden, deren Vergehen der jüdischen Gemeinde bekannt wurden, nicht immer der verhaßten Polizei ausgeliefert. Dagegen ist der Anteil bei Betrug, Unterschlagung, Fälschung oft überrepräsentativ. Auch bei Verstößen gegen die Staatsgewalt und Staatssicherheit läßt sich ein eindeutig höherer Anteil von Juden an den Straftaten feststellen als von Nichtjuden. Auch hier mit dem deutlichen Unterschied, daß in Staaten, die Juden diskriminierten, der Anteil der Juden an diesen Vergehen höher war als in solchen, die den Juden Emanzipation gewährten.

Die wichtigsten Untersuchungen über die Unterschiede im Kriminalverhalten von Juden und Nichtjuden stammen von dem Kriminalsoziologen Rudolf Wassermann. Er kommt zu dem Schluß, daß bei zahlreichen Delikten trotz mancherlei Verschiedenheiten in der »Begehenshäufigkeit« in Ländern, wo Juden unter den verschiedensten Verhältnissen leben, ihre Straffälligkeit ähnliche Züge aufweist. Viele Kriminologen sehen übereinstimmend einen Zusammenhang zwischen der Berufsgliederung und der sozialen Schichtung auf der einen Seite und der Kriminalität bei einzelnen Delikten auf der anderen Seite. Im wesentlichen entspricht die Kriminalität der Juden derjenigen der nichtjüdischen Bevölkerung, die sich auf dem gleichen sozialen Niveau befindet.

Die Kriminalstatistik zwischen der Jahrhundertwende und 1916 im Vergleich von Christen und Juden ergibt: Verbrechen gegen das Vermögen – Diebstahl, Unterschlagung, Raub, sträflicher Eigennutz – sind bei Juden deutlich geringer als bei Nichtjuden; das gleiche gilt für grobe Gewalttaten wie Körperverletzung, Hausfriedensbruch, Mord, Totschlag, Vergewaltigung, Sachbeschädigung sowie für Verbrechen und Vergehen gegen die persönliche Freiheit. Anders bei Verbrechen und Vergehen gegen die Konkursverordnung, gegen die Gewerbeordnung, gegen das Sonntagsruhegesetz, bei Wucher, Verbreitung unzüchtiger Schriften, verbotenen Glücksspielen, Urkundenfälschung, Betrug – in diesen Bereichen sind die Delikte von Juden relativ zahlreicher als bei Nichtjuden. Allgemein läßt sich feststellen, daß die Kriminalstatistik für Juden vergleichsweise günstig ausfällt. Ebenso läßt sich behaupten, daß die Kriminalität der Juden in jedem Land der wirtschaftlichen, gesellschaftlichen, sozialen und politischen Lage entspricht, die die Juden jeweils einnehmen.

2. Kriminalität in Palästina vor 1948. Von der ersten →Alija 1882 bis zur Staatsgründung Israels 1948 waren im Jischuw in allen Bereichen die Zahlen extrem niedrig. Dies reflektiert sicherlich die idealistische und pionierhafte Einstellung der jüdischen Immigranten. Die niedrigen Zahlen müssen auch vor dem Hintergrund des Zweiten Weltkriegs gesehen werden. Die meisten jungen Juden dienten in der →Hagana, was die Zahl potentieller Straftäter in der Zivilbevölkerung reduzierte.

3. Kriminalität im Staat Israel. Bald nach der Gründung des Staates Israel wurde deutlich, daß Juden schwere Straftaten wie Mord, Vergewaltigung und Einbruch in ihrem eigenen Land begingen. Es scheint, daß die Freiheit auch in der Kriminalität ihren Ausdruck fand und einen Charakter annahm, der in der modernen jüdischen Geschichte vorher nicht bekannt war. Es läßt sich vermuten, daß eine generelle »Normalisierung« des Lebens auch eine »Normalisierung« der Kriminalität mit sich bringt. In der israelischen Kriminalstatistik erschien kein Merkmal, das als charakteristisch für die Kriminalität der jüdischen Bevölkerung in der Diaspora angesehen werden kann. Diese Normalisierung drückt sich auch in der Tatsache aus, daß Betrug und Fälschungsdelikte, die in den Jahren 1956–65 in Polen ungefähr 21 Prozent, in Deutschland etwa 13 Prozent und in den Niederlanden etwa 5 Prozent aller »jüdischen« Straftaten betrugen, in Israel nur 3,1 Prozent der Straftaten ausmachten. Ein weiteres Merkmal ist, daß nach einem Anstieg aller Straftatbestände von 30 Prozent während der ersten Jahre der Massenimmigration von 1948–52 die Zahlen über ein Jahrzehnt nicht stiegen. Trotz der Aufstände und Spannungen, die die Staatsgründung begleiteten, war die Kriminalität relativ gering. Erst das Jahr 1966 brachte einen deutlichen Anstieg der Kriminalitätsrate um 13,5 Prozent. Zwei Phänomene fallen besonders auf: die Zunahme der Raubüberfälle, der Einbrüche in Postämter, Büros, Geschäfte und Privathäuser, der Unterschlagungs- und Scheckbetrugsdelikte und der rasante Anstieg der Kriminalitätsrate unter Jugendlichen (auf 32,2 Prozent aller Fälle in diesem Jahr). Das Jahr 1966 war Höhepunkt einer ökonomischen Rezession, und die Eigentumsdelikte waren vielleicht ein Ausdruck der deprimierenden ökonomischen Situation. Der Anstieg der Jugendkriminalität reflektierte die weltweite Situation, obwohl organisierte Bandenkriminalität, außer spontan sich zusammenfindenden Gruppen, in Israel nicht zu finden war. Das Jahr 1967 mit seiner Vorkriegs- und Nachkriegszeit brachte entgegen allen Vermutungen keinen Anstieg der Kriminalität – im Gegenteil –, die Rate fiel um 2,2 Prozent. Dies ist der einzige verzeichnete Rückgang der Kriminalität seit der Staatsgründung. Ein möglicher Grund könnte die Mobilmachung gewesen sein, die potentielle Straftäter aus ihrer Umgebung herausnahm, vielleicht aber auch das allgemeine Bewußtsein der nationalen Einheit und der sozialen Verantwortung. Im Jahr 1968 normalisierte sich die Situation unverzüglich, und es gab einen erneuten Anstieg der Kriminalität um 10,6 Prozent, deren einer Grund sicherlich die Amnestie im Juli 1967 war. Wichtiger aber ist, daß seit 1968 die Art der Straftaten härter wurde: Gewaltverbrechen im Zusammenhang mit Schußwaffen- und Drogendelikten nahmen zu. Auch hier ist eher ein Zusammenhang mit der weltweiten Entwicklung als mit dem Sechs-Tage-Krieg zu sehen. Durch die Tatsache, daß wegen der ständigen inneren und äußeren Bedrohung israelische Bürger legal im Besitz von Waffen sind, gelangen Waffen auch in die Hände unautorisierter Personen. Der Anstieg der Drogenkriminalität ist auch nur indirekt ein Ausfluß des Sechs-Tage-Kriegs. Viele Freiwillige, die nach dem Krieg in die Kibbuzim kamen, brachten Drogen mit und beeinflußten Menschen ihres Alters. Ein anderer Faktor ist, daß Israel zu einem preiswerten Umschlagplatz für Haschisch wurde.

[L] B. Blau, Die Kriminalität der deutschen Juden, 1906. – A. Ruppin, Die Juden der Gegenwart, 1920. – J. Segall, Die Kriminalität der Juden in Deutschland während der Jahre 1915–16 im Vergleich zur Vorkriegszeit, 1924. – D. Sendery, The Prevention of Crime and the Treatment of Offenders in Israel, 1965. – R. Wassermann, Beruf, Konfession und Verbrechen, 1906. (LH)

Kristallnacht →Reichspogromnacht

Kritische Theorie →Institut für Sozialforschung

Kroatien →Jugoslawien

Krochmal, Nachman, genannt R'nak, Philosoph, Vertreter der Aufklärung (Haskala) und der Wissenschaft des Judentums in Osteuropa, 17.2.1785 Brody, Galizien – 31.7.1840 Tarnopol. Krochmals Vater Schalom Krochmalnik war Kaufmann und stand mit dem Mendelssohn-Kreis in Berlin in Verbindung. Nach einer traditionellen Erziehung eignete sich Krochmal als Autodidakt die idealistische Philosophie vor allem →Hegels sowie die klassischen und orientalischen Sprachen an. Das von L. →Zunz posthum veröffentlichte Hauptwerk Krochmals, »More Nebuche Ha-Zeman« (»Der Führer der Verirrten der Zeit«, 1851), bildet die Synthese einer jüdischen Geschichtstheologie und einer historischen Kritik der jüdischen Quellen. Wie für den deutschen Idealismus ist für Krochmal die Weltgeschichte Schauplatz für die Entwicklung des Geistes. Im Unterschied zum Aufstieg und Fall der Völker in der allgemeinen Entwicklung der Menschheit vermag sich nach Krochmal das Judentum durch seinen besonderen Gottesbezug immer wieder geistig zu erneuern – die Ewigkeit Israels schließt also die Entwicklung nicht aus. Krochmal hat diese evolutionistische Betrachtungsweise auch auf die biblischen und rabbinischen Quellen, vor allem die halachischen, angewandt und so trotz der apologetischen Erhöhung des jüdischen Volkes zur historischen Betrachtung von dessen Geschichte beigetragen. Er hat unter schwierigen Umständen vor allem mündlich auf die galizischen Aufklärer (hebräisch Maskilim) gewirkt, u.a. auf den streitbaren Pädagogen Josef Perl (1774–1839), der gegen den →Chassidismus polemisierte, und auf den bedeutenden Gelehrten und Rabbiner Juda Leib Rapoport (1790–1867).

🄻 J. Guttmann, Philosophies of Judaism, London 1964. – N. Rotenstreich, Jewish Philosophy in Modern Times, New York 1968. (DK)

Kuh, 1. Anton, Publizist, 12.7.1890 Wien – 18.1.1941 New York. Lebte in Wien, in den 20er Jahren einige Zeit in Berlin. Kuh galt als Bohemien, erwarb sich Verdienste als linksbürgerlicher Publizist. Kritik am philisterhaften assimilierten jüdischen Bürgertum; Zionismus und orthodoxes Judentum wurden abgelehnt; zugleich sehr früh ätzender Spott auf Antisemitismus und Faschismus. Der Essay »Juden und Deutsche« (1921) betonte (zu überwindende) Gemeinsamkeiten zwischen Deutschen und Juden, die sich aus einem unnaiven Verhältnis zur Erotik ergäben. In Börne (Essay 1922) sah Kuh ein Vorbild. Zahlreiche bisher nicht gesammelte Arbeiten mit Bezügen auf das Wiener jüdische Milieu. In New York Mitarbeiter des »Aufbau«. (HN)

2. Ephraim Moses, Kaufmann und Dichter, 1731 Breslau – 3.4.1790 Breslau. Als Sohn einer reichen jüdischen Kaufmannsfamilie wurde Kuh für den Handel ausgebildet und erwarb zugleich eine außerordentlich reiche säkulare Bildung. 1763 Wechsel nach Berlin zu seinem Onkel Veitel Ephraim; Verbindung zu M. →Mendelssohn. Ab 1768 zweijährige Bildungsreise u.a. durch Frankreich, Holland, Italien. Verbitterte Rückkehr wegen zeittypischer judenfeindlicher Schikanen; anhaltende Depressionen bis zum Tod. Kuhs Leben wurde zum Gegenstand von B. →Auerbachs Roman »Dichter und Kaufmann« (1840); seine Gedichte (gesammelt 1792), in der Form zeittypisch, sind Ausdruck des »Zorns gegen die intolerante Christengemeinschaft, seiner freien Religionsansicht« (Gervinus). Neben Behr war Kuh der erste jüdische Dichter in deutscher Sprache. (HN)

Kuk (Kook), Abraham Isaak, Rabbiner, Philosoph und Mystiker, 8.9.1865 Griva, Lettland – 1.9.1935 Jerusalem. Seine rabbinische Ausbildung erhielt Kuk an litauischen Jeschiwot. 1903 wurde er nach Palästina berufen und traf dort wichtige religionsgesetzliche Entscheidungen für die Kolonisation des Landes. Im Gegensatz zur Mehrheit der orthodoxen Rabbiner betrachtete Kuk das profane Siedlungswerk als religiös-messianisches Werk, als »Beginn der Erlösung«. 1921 wurde er zum ersten aschkenasischen Oberrabbiner berufen. Als Denker war Kuk für die religiösen Möglichkeiten der Moderne aufgeschlossen. Das kopernikanische Weltbild, die Evolutionstheorie und die sozialistischen Bewegungen betrachtete er nicht als Anfechtungen, sondern als Chancen für die Rückkehr der Menschheit zu Gott. Nach dem Prinzip: »Das Heilige wird sich erneuern und das Neue geheiligt werden« trat Kuk für eine gegenseitige Befruchtung von Judentum und moderner Kultur ein. Das von Kuk 1924 gegründete und in diesem Geist geführte Studienzentrum »Merkaz ha'rav« zeichnet sich sowohl durch seine

positive Einstellung zum Zionismus wie durch die religionsphilosophischen Lehrstoffe vor anderen Jeschiwot in Israel aus.
🄻 H. Bergmann, Die Entwicklungslehre im Gedankengebäude von Raw Kook, in: H. Tramer/K. Loewenstein (Hrsg.), Festschrift für Robert Weltsch, Tel Aviv 1961. (DK)

Kulturbünde →Jüdische Kulturbünde

Kulturzionismus, jüdische Erneuerungsbewegung, deren führende Vertreter →Achad Haam (»Einer aus dem Volke«) und M. →Buber waren. Dieser Gruppierung innerhalb der zionistischen Bewegung (→Zionismus) kam es nicht so sehr auf die Gründung eines jüdischen Staates und die Masseneinwanderung nach Palästina an, sondern auf die Verinnerlichung und Belebung jüdischen Geistes und jüdischer Kultur. Palästina sollte für die Juden in erster Linie ein Kultur- und Geisteszentrum sein. Achad Haam: »Das Heil Israels wird von Propheten kommen, nicht von Diplomaten.«
🄻 Y. Eloni, Zionismus in Deutschland, 1987. – W. Laqueur, Der Weg zum Staat Israel, 1975. (JS)

Kunert, Günter, Schriftsteller, 6.3.1929 Berlin. Die »staatlich verpfuschte Kindheit« Kunerts im Dritten Reich hatte mit seiner jüdischen Mutter zu tun; am Rand des heute verschwundenen Berliner Scheunenviertels lernte der Autor seine eigene Außenseiterschaft kennen (Vorwort zu Eike Geisels Band, 1981). Kunert überlebte den Krieg in seiner Heimatstadt, konnte aber erst danach Graphik studieren. Gefördert von Becher und Brecht, begann er in der DDR zu schreiben – Lyrik, Kurzprosa, Texte für Rundfunk, Film und Fernsehen. Trotz wachsender politischer Schwierigkeiten publizierte Kunert in der DDR und der Bundesrepublik Deutschland; 1977 Ausschluß aus der SED, seit 1979 lebt er im Westen. Der Blick des Autors auf die Gegenwart wird bestimmt von den Katastrophen der Vergangenheit, Auschwitz und Hiroshima, die zu vergessen tödlich wäre (»Im Namen der Hüte«, 1967; »Kramen in Fächern«, 1968; »Tagträume in Berlin«, 1972). Im ganzen wird Kunerts Werk dominiert von Endzeitbewußtsein (»Warnung vor Spiegeln«, 1970; »Unterwegs nach Utopia«, 1977; »Abtötungsverfahren«, 1980; »Stilleben«, 1983). Aufklärung kann – zumindest seit dem Gedichtband »Der ungebetene Gast« (1965) – immer nur Aufbrechen des Verfestigten sein, Hinweis auf »Utopia«; Reisen wird daher zu einem Erkenntnisakt (»Ziellose Umtriebe. Nachrichten von Reisen und Daheimsein«, 1979; »Baum. Stein. Beton. Reisen zwischen Ober- und Unterwelt«, 1994), Schreiben zum Widerstand gegen die Apokalypse. (HH)

Kunst. Die jüdische Kunst muß als jüdisch-religiöse Kunst definiert werden. Sie umfaßt die Gebiete Architektur, Kunstgewerbe, Malerei und Graphik, nicht die Plastik, die nach religiösem Gesetz verboten ist (→Bilderverbot) und nur in neuester Zeit vorkommt. Schwerpunkte liegen in dem seit der Antike bekannten →Synagogenbau und seiner Ausstattung, in der mittelalterlichen →Buchmalerei, der Buchillustration seit dem 15. Jahrhundert, dem →Kunstgewerbe, besonders dem →Toraschmuck der Barockzeit sowie in der modernen →Malerei und Graphik. Die jüdische Kunst kann nicht als »Kunst der Juden« interpretiert werden, da Juden seit dem Mittelalter der Zutritt zu christlichen Bauhütten und Zünften verwehrt war, so daß bis in die Neuzeit Synagogen und Metallarbeiten als Auftragswerke christlicher Architekten bzw. Silberschmiede entstanden. Profane Werke neuzeitlicher jüdischer Künstler und Architekten gehören nicht zum Bereich der jüdisch-religiösen Kunst. (HK)

Kunstgewerbe. Objekte für den jüdischen Privathaushalt und die Synagoge sowie solche, die im religiösen Leben des Einzelnen eine Rolle spielen: das Beschneidungsbesteck, für die Männer der Gebetsschal (→Tallit) und die Phylakterien (Gebetsriemen), für Frauen Hochzeitsschmuck und Amulette, besonders in den europäischen Ländern, sowie der Hochzeitsbaldachin (Chuppa). Neben der →Mesusa in allen jüdischen Häusern wird das Kunstgewerbe für Feste in der Familie benötigt. Zum Sabbat gehören: der Kiddusch-Becher für den Segen über den Wein, zur →Hawdala, dem Sabbat-Ausgang, ein Weinbecher, die geflochtene Hawdala-Kerze und die Bessomimbüchse für die Gewürze, in Europa meist als silberne Türmchen gearbeitet. Die übrigen Gegenstände sind mit den Festtagen im Jahreszyklus verbunden: Etrog-Schalen für das Laubhüttenfest (→Sukkot), der Chanukka-Leuchter für das acht Tage währende →Chanukka-Fest, entweder als Banktypus mit acht nebeneinander angeordneten Lichtquellen oder aus der Form der Menora mit acht Armen als Standleuchter entwickelt. Zum →Purim-Fest entstanden eigene Teller mit einem

Dekor aus der Ester-Geschichte sowie kostbare Metallumhüllungen der Esterrolle. Zu →Pessach wird der Sederteller für die rituellen Speisen benötigt und der Elias-Becher, da an diesem Tage die Ankunft des Propheten erwartet wird. In der Synagoge finden sich neben dem →Toraschmuck Leuchter, das Ewige Licht (Ner Tamid) und Chanukka-Leuchter als große Standleuchter sowie das →Schofar, ein Widderhorn, mit dem das neue Jahr angeblasen wird. (HK)

Kupat Holim, Krankenkasse der →Histadrut mit Vorläuferorganisationen seit 1911. Jedes Mitglied dieser Arbeitnehmerorganisation ist automatisch auch Mitglied von Kupat Holim, damit rund zwei Drittel der israelischen Bevölkerung. Kupat Holim unterhält eigene Kliniken, Krankenhäuser, Apotheken, Zahnkliniken, Rehabilitationszentren, Pflegeinstitutionen und Ausbildungsstätten für Pflegepersonal. (DB/MW)

Kupat Holim Leovidim Leumijim (hebräisch »Nationale Arbeiter-Krankenkasse«), 1933 gegründete Krankenkasse der →Histadrut Haovidim Haleumit. Außer den gewöhnlichen Leistungen im medizinischen Bereich bietet sie auch Lebensversicherung und betreibt eine große Anzahl von Kliniken. (DB/MW)

Kurköln. Das älteste Privileg für die Juden im Kölner Territorium ist der bischöfliche Schutzbrief von 1252. Er bildete die Grundlage aller späteren Ansprüche des Landesherrn auf die alleinige Ausübung des →Judenregals. Doch konnte er nicht verhindern, daß die Stadt →Köln ebenfalls Schutzbriefe ausstellte und 1424 die Juden vertrieb. Obgleich die Stadt in einem Kompromiß dem Erzbischof die Wiederaufnahme der Juden nach zehn Jahren zugesagt hatte, dauerte das Verbot bis 1794. Zum neuen jüdischen Zentrum Kurkölns wurde Deutz mit dem Sitz des Landrabbiners; 1588 Verlegung nach Bonn. Mit den Juden, die sich zu Beginn des 17. Jahrhunderts in dem zu Kurköln gehörenden Herzogtum Westfalen niederließen, bildete die rheinische Judenschaft eine Gesamtkorporation mit dem Landrabbiner an der Spitze. Beide Judenschaften hatten jedoch eigene Landtage. Die ständigen Auseinandersetzungen mit den Landständen, vor allem um das Bleiberecht der Juden, führte unter Erzbischof Ernst von Bayern zur Judenordnung von 1599 (ergänzt 1614, 1686 und 1700). Die Judenordnungen garantierten die freie Religionsausübung, duldeten aber keine jüdischen Wohnungen in der Nähe von Kirchen und Prozessionswegen. Auch verboten sie den Juden die Anstellung christlicher Ammen und Dienstboten. 1700 erstes Generalgeleit, das die Partikulargeleite aufhob, aber in der Regel alle zwölf Jahre oder beim Tod des Erzbischofs gegen entsprechende Zahlungen erneuert werden mußte. Insgesamt zahlten die etwa 400 jüdischen Familien neben den alljährlichen Tributsummen und Sondersteuern hierfür von 1700 bis 1800 57 666 Reichstaler. Während die linksrheinischen Teile Kurkölns 1791 nach der französischen Besetzung an Frankreich fielen, wurde das Herzogtum Westfalen 1803 in der Säkularisation Hessen-Darmstadt zugesprochen (→Hessen, →Rheinland).

🄻 J. Bohnke-Kollwitz u. a. (Hrsg.), Köln und das rheinische Judentum, 1984. – G. Hoffmann, Die Juden im Erzstift Köln im 18. Jahrhundert mit besonderer Berücksichtigung ihrer Stellung in der Hoffinanz, 1928. (AH)

Kurzweil, Baruch (Benedikt), Literaturkritiker, Autor und Erzieher, 22. 7. 1907 Pirnitz, Mähren – 24. 8. 1972 Israel. 1939 emigrierte Kurzweil nach Israel und lehrte an der Hugim High School in Haifa. 1955 wurde er zum Professor für Hebräische Literatur an der Bar-Ilan-Universität in Tel Aviv berufen. Kurzweil repräsentiert die »Neue Kritik« in der modernen hebräischen Literatur. Er opponierte gegen die weltlichen Konzepte →Achad Haams ebenso wie gegen G. →Scholems Annahme, daß die Sabbatai-Bewegung (→Sabbatianismus) den Beginn der modernen jüdischen Geschichte markiert und Wegbereiter für die moderne hebräische Literatur war. Kurzweils Studien über das Werk S. J. →Agnons führten zu einem neuen und tieferen Verständnis der Werke dieses Autors. Er befaßte sich auch mit den Dichtern C. N. →Bialik und Uri Zeev Greenberg. Obwohl in erster Linie Literaturkritiker, setzte sich Kurzweil auch mit sozialen Phänomenen auseinander. Seine Beiträge für Zeitung wie »Haaretz« waren durch Ironie, Witz und Polemik gekennzeichnet. Die philosophischen und historischen Ansichten sind umstritten, seine Kritiken der hebräischen Literatur aber bedeutend. Er leistete einen großen Beitrag zum Verständnis wichtiger europäischer Autoren wie Goethe, Kafka und Thomas Mann in Israel. Hauptwerk in deutscher Sprache: »Die Bedeutung bürgerlicher und künstlerischer Lebensform für Goethes Leben und Werk« (1933). (LH)

Kusari →Halewi, Jehuda ben Samuel

Kyros II. (hebräisch Koresch, altpersisch Kurusch), Gründer des persischen Großreichs aus dem Geschlecht der Achämeniden (559–530/29 v.Z.), besiegte 550/49 den Mederkönig Astyages und machte die medische Metropole Ekbata (heute im Iran) zur Hauptstadt seines persischen Reichs; 547/46 Sieg über den Lydierkönig Krösus, Ausdehnung der Herrschaft bis zur Westküste Kleinasiens. Kyros II. besiegte 539 den babylonischen Kronprinzen →Belsazar, überschritt den Euphrat und nahm Babylon kampflos ein. Dort ließ er einen Tonzylinder in akkadischer Sprache (»Kyros-Zylinder«) anfertigen, in dem er berichtet, friedlich und unter großem Jubel in den Palast eingezogen zu sein, verschiedenen Göttern ihre Tempel wiedergegeben und Exilanten an ihre Wohnorte entlassen zu haben. Positive Aufnahme findet Kyros II. auch in Deuterojesaja; dort wird Kyros II. als Adler (46,11), Gerechter (41,2), Hirt (44,28), gar als →Messias (45,1; freilich nicht aus dem Hause Davids) bezeichnet, das Ende des Exils wird von ihm erwartet. Die Rückkehr der judäischen Exilanten, der Wiederaufbau des →Tempels und die Rückführung der Kultgeräte werden erst im sog. »Kyros-Edikt« (538) angeordnet, das in aramäischer (Esr 6,3–5) und (bearbeiteter) hebräischer Fassung (1,1–4) vorliegt. In der →Aggada wird Kyros II. – aufgrund einer Konsonantenumstellung – als »rechtschaffen« (hebräisch »KoReSCH« – »KaSCHeR«) bezeichnet und mit →Dareios I. und Artaxerxes I. Longimanus (465/64–425) identifiziert (RH 3b); Kyros II. sei ein schlechter König geworden, da er den Tempel z.T. aus Holz bauen ließ, um ihn anzuzünden, falls die Juden abtrünnig würden (RH 4a). Das Messiasprädikat aus Jes 45,1 wird nicht auf Kyros II. bezogen (Meg 12a). (LD/TK)

KZ-Syndrom. Diese diagnostische Etikettierung umfaßt einen Komplex von körperlichen und seelischen Reaktionen auf langdauernde Extrembelastungen, wie sie die Überlebenden des nationalsozialistischen Terrors als Folge von Verfolgung, Verhaftung, Deportation und Gefangenschaft vornehmlich in →Konzentrations- und Vernichtungslagern oder in Umständen, die damit verglichen werden können, nach dem Zweiten Weltkrieg aufwiesen. Mit der Bezeichnung KZ-Syndrom, ist dieser Komplex von Reaktionsweisen von seinem exogenen traumatischen Anlaß her definiert. Die in ihm beschriebenen Zustandsbilder stellen sowohl in quantitativer wie auch in qualitativer Hinsicht ein Novum in der Psychopathologie dar. Sie spiegeln hiermit die massiv-kumulativ traumatische Modalität der Shoa (→Holocaust), die außer durch die entwürdigenden, erniedrigenden Umstände der Lagerhaft, den chronischen Nahrungsmangel, die »Begegnung mit dem Tod« (Eddy de Wind) auch durch die stete Gefahr von allgemeinen Infektionserkrankungen und infektiösen und traumatischen Hirnschädigungen gekennzeichnet ist. Die Neuartigkeit all dieser Erfahrungen fand in einer Fülle diagnostischer Fachbegriffe ihren Niederschlag, die alle von ihrem Anlaß her formuliert wurden: »KZ-Syndrom«, »Syndrom der Asthenie der Deportierten«, »KZ-Neurose«, »Neurose der Geächteten«, »Neurose der Vernichtung«. Bei aller *individuellen* erlebnisreaktiven, symptomatischen Differenzierung und bei der Varianz der Zuordnung dieser Bilder in psychiatrische Kategorien kann man in quantitativer und qualitativer Hinsicht ein allen gemeinsames Reaktionsmuster feststellen: diffuse Angstzustände, Phobien, depressive Verstimmungen, körperliche und seelische Erschöpfungszustände und soziale Isolierung. Die Essenz aller pathologischen Veränderungen und der hiervon abgeleiteten chronischen Symptom- und Syndromkomplexe – wie Reizbarkeit, übertriebene Wachsamkeit, Schlaflosigkeit, Angstträume, »syndrome d'hypermnésie tardif« (Anfälle von verspäteten, überscharfen Erinnerungsbildern) – und psychosomatische Syndrome wie Zirkulationsstörungen, Dysfunktionen des Bewegungsapparats, Störungen des Verdauungstrakts und schließlich frühzeitige Vergreisung, plötzlich auftretende Herzinfarkte und cerebrovasculäre Akzidente (CVA, Hirndurchblutungsstörungen) hat in der Fachliteratur wie auch in der Umgangssprache in der Etikettierung KZ-Syndrom ihren Ausdruck gefunden. Hiermit identisch ist der von einigen Autoren gebrauchte Ausdruck »Post-Konzentrationslager-Syndrom«, wie auch die Diagnose der »Posttraumatic stress disorder«, womit auch das kürzere oder längere freie Intervall zwischen dem erlittenen Trauma und dem Auftreten traumatisch bedingter Störungen in die Pathogenese einbezogen wird. Hier sind die Untersuchungen des niederländischen Psychiaters Jan Bastiaan von Bedeutung, die er in Anlehnung an die Streß-Theorie (General Adaption Syndrome) von Hans Selye durchgeführt hat. Durch die Einteilung in Phasen (Schock, Alarm, Anpassung, Erschöpfung) konnten die sog. Spätfolgen bei KZ-Häftlingen zum ersten Mal klinisch erfaßt werden. Norwegische Untersuchungen haben gezeigt, daß auch bei Matrosen, die während des Zweiten Weltkriegs im nördlichen Eismeer operierten, nach dem Krieg asthene Syndrome auftraten, die dem KZ-Syndrom entsprechen. Diese Beobachtung bestätigt die These Walter von Baeyers, daß die sog. »traumatische Neurose«, in welche Kategorie auch das KZ-Syndrom gehört, sich zu einer »Sozioneurose großen Stiles« entwikkelt hat. Mit dieser Formulierung wurde der soziopathogenetische Faktor, der »man-made-disaster«-Aspekt des nationalsozialistischen Terrors, als verursachender Faktor in die »traumatische Neurose« eingeführt.

🄻 W. v. Baeyer/H. Häfner/K. P. Kisker, Psychiatrie der Verfolgten, 1964. – P. G. Bekkering/M. Bekkering-Merens, De japanse kampen nog geen verleden tijd, 1980. – J. Goldstein/I. F. Lukoff/H. A. Strauss, Individuelles und kollektives Verhalten in Konzentrationslagern. Soziologische und psychologische Studien zu Berichten ungarisch-jüdischer Überlebender, 1991. (HAK)

L

Laam (hebräisch »Für das Volk«), eine 1976 als Zusammenschluß von →Groß-Israel-Bewegung, →Staatsliste und →Unabhängigem Zentrum gebildete israelische politische Partei unter Führung von Yigael Hurwitz (Staatsliste), der 1979–81 Finanzminister war. Als Partei der »Superfalken«, die sich für die Annexion der im →Sechs-Tage-Krieg eroberten Gebiete einsetzte, zerbrach die im →Likud-Block mit acht Knessetabgeordneten vertretene Laam 1979 an der Frage des ägyptisch-israelischen Friedensvertrags (→Camp-David-Abkommen). Die Hurwitz-Gruppe brach mit Laam und nannte sich erneut →Rafi. Die Groß-Israel-Bewegung ging zur →Techija über. Der Rest blieb als Faktion im Likud und ging 1982 in der →Cherut-Partei auf.

🄻 M. Wolffsohn, Politik in Israel, 1983. (DB/MW)

Lachmann, Hedwig, Dichterin, 1865 Stolp, Pommern – 21.2.1918 Krumbach, Württemberg. Tochter des jüdischen Kantors und Religionslehrers Isaak Lachmann und von Wilhelmine Wohlgemuth. In ihrer Kindheit Übersiedlung nach Hürben bei Krumbach, wohin ihr Vater als Vorsänger der jüdischen Gemeinde berufen worden war. Im Alter von 15 Jahren legte Lachmann in Augsburg ein Examen als Sprachlehrerin ab. 1882 ging sie als Erzieherin nach England, 1885 nach Dresden, 1887 nach Budapest und 1889 nach Berlin, wo sie sich dem Kreis um Richard und P. →Dehmel anschloß. 1903 heiratete sie G. →Landauer, mit dem sie kurze Zeit in England lebte. 1917 kehrte sie nach Krumbach zurück. Seit 1891 veröffentlichte sie Beiträge in Zeitschriften. 1892 erschien die Sammlung »Ungarische Gedichte« sowie die »Gedichte E. A. Poe's« in ihrer Übersetzung. 1902 publizierte sie »Im Bilde. Eigenes und Nachdichtungen«, das Übertragungen aus der Lyrik Algernon Charles Swinburnes, Paul Verlaines und vor allem Oscar Wildes enthält. Ihre 1903 publizierte Übersetzung der »Salome« von O. Wilde wurde 1905 das Textbuch zur gleichnamigen Oper von Richard Strauss. Mit ihren Übersetzungen gehörte Lachmann zu den ersten Vermittlerinnen der Dichtung des englischen und des französischen Symbolismus. Weitere Werke: »Oscar Wilde« (1904), »Honoré de Balzac. Verlorene Illusionen« (1909), »Napoleons Briefe« (1912). Zusammen mit G. Landauer Übersetzungen von Werken O. Wildes, darunter »Der Sozialismus und die Seele des Menschen« (1904). (MAM)

Ladino (auch Judeo-Español, Spaniolisch). Das jüdische Spanisch erhielt sich vor allem in Saloniki und Nordafrika, wo sich 1492 nach der Vertreibung der Juden aus Spanien die größten dauerhaften Gemeinden bildeten. Es verbreitete sich, je nach Dichte der Wanderungen, über die Welt, wo immer sich Nachfahren der vertriebenen spanischen Juden zu Gemeinden zusammenschlossen (u.a. in den Balkanländern, in der Türkei, in Nordafrika und Palästina). Es handelt sich dabei um ein schon für das Ende des 15. Jahrhunderts recht altertümliches Spanisch, das der damals üblichen Hochsprache nicht entspricht. Die Abweichungen ergaben sich aus dem erzwungenen und freiwilligen Eingeschlossensein in die »juderias«, die →Ghettos, seit im frühen 14. Jahrhundert Juden immer entschiedener der private Umgang mit christlichen Spaniern untersagt wurde. Als Schriftsprache, mit hebräischen Lettern geschrieben, bewahrte sich Ladino einen gewissen Ausdrucksreichtum, den es als lebendige Umgangssprache im Lauf der Jahrhunderte einbüßte. Es erstarrte, in anderer sprachlicher Umgebung, zu einem historischen Relikt und wurde nicht als selbständiger Zweig des Spanischen weiterentwickelt, zumal die Mehrheit der Juden, arm und ungeschult, sich den neuen Umgangssprachen anpassen mußte, aus denen sie viele Worte entlehnten. (ES)

Lag ba-Omer, der 33. Tag des Omer-Zählens (→Omer) zwischen →Pessach und →Schawuot. Im Gegensatz zu den übrigen Tagen der Omer-Zeit sind an Lag ba-Omer die →Trauerriten ausgesetzt und Festlichkeiten (u. a. Hochzeitsfeiern) erlaubt, ferner Rasieren und Haarschneiden. Für Lag ba-Omer werden mehrere Begründungen angegeben: An diesem Tag habe die Plage aufgehört, die 12000 Jüngerpaaren Rabbi →Akibas während der Zeit des Omer-Zählens das Leben gekostet habe (Jeb 62b, GenR 61,3). Anderer Meinung zufolge sei das →Manna an Lag ba-Omer gefallen. Nach kabbalistischem Brauch versammeln sich an Lag ba-Omer viele Juden am Berg Meron in →Galiläa beim Grab des Simeon ben Jochai und feiern dessen Aufnahme in den Himmel (Hillula de-Rabbi Simeon bar Jochai); sie schneiden den dreijährigen Knaben zum erstenmal das Haar und lassen die →Peot (Schläfenlocken) stehen. Große Feuer im Freien sind üblich. Von manchen wird dies als Erinnerung an die Nachricht von einem Sieg der Aufständischen unter dem »Sternensohn« →Bar Kochba verstanden, die durch Feuerzeichen verbreitet worden sei. (LD/TK)

Lamed Waw Zaddikim (hebräisch »36 Gerechte«), die Mindestzahl der Gerechten (→Zaddik), die in jeder Generation unerkannt in der Welt leben sollen und um derentwillen die Welt Bestand hat (vgl. Sanh 97b; Suk 45b). Die Herkunft dieser Zahl ist ungewiß; vielleicht ist sie verbunden mit dem astrologischen Glauben an 36 Perioden von je zehn Tagen pro Jahr (Gershom Scholem), doch gibt es neben der Zahl 36 auch andere (z. B. 45: Chul 92a). In der durch →Kabbala oder →Chassidismus geprägten Volksliteratur spielen Lamed Waw Zaddikim (jiddisch: »Lamedwowniks«) eine wichtige Rolle im Kampf gegen die Feinde Israels. (LD/TK)

Lamm, Hans, Journalist und Verbandsfunktionär, 8. 6. 1913 München – 23. 4. 1985 München. Studierte 1932/33 Jura und Zeitungswissenschaften, 1934–37 tätig in der Sozialabteilung der Münchner Jüdischen Gemeinde. 1938 Emigration in die USA. 1945 Rückkehr im Auftrag der American Jewish Claims Conference, Dolmetscher beim International Military Tribunal und US-Court of Restitution. Promovierte 1951 über »Innere und äußere Entwicklung des deutschen Judentums 1933–1945«. 1955 bis 1960 Kulturdezernent des →Zentralrats der Juden in Deutschland; 1961–78 Abteilungsleiter der Münchner Volkshochschule, 1970–85 Präsident der Israelitischen Kultusgemeinschaft München und Direktoriumsmitglied im Zentralrat. Stiftete der Hebräischen Universität Jerusalem einen Stipendienfonds zur alljährlichen Förderung je eines jüdischen und arabischen Studenten. Werk: »Deutsch-jüdische Publizistik. Ausgewählte Aufsätze 1933–1983« (1984). (EP)

Landau, 1. Jecheskel (Ezechiel), Rabbiner und Halachist, 1713 Opatow, Polen – 1793 Prag. Talmudische Studien in Wladimir Wolinsky und Brody; im Alter von 21 Jahren ehrenamtlicher Richter in Brody, später Rabbiner von Jampol. 1752 trat er im Streit J. →Emden gegen J. →Eibenschütz in gemäßigtem Ton für des letzteren Unschuld ein; dieses Sendschreiben trug dazu bei, daß er 1754 die Stelle des Rabbiners von Prag und Böhmen erhielt. Landau setzte sich für die Prager Gemeinde ein und vertrat zugleich die böhmischen Juden gegenüber der österreichischen Monarchie. In Prag leitete Landau eine große Jeschiwa. Er bekämpfte scharf die Bewegung des →Sabbatai Zewi und seiner Anhänger, lehnte →Kabbala und →Chassidismus ab und verurteilte M. →Mendelssohns Toraübersetzung ins Deutsche; der jüdischen Aufklärung (→Haskala) trat er nach anfänglicher Sympathie mit Schärfe entgegen. Zugleich zeigt Landau eine gewisse Eigenständigkeit in seinen halachischen Entscheidungen; im Rückgriff auf Mischna und Talmud konnte er späteren anerkannten Autoritäten widersprechen. Aufsehenerregend waren seine (erleichternde) Erlaubnis des Rasierens an →Chol ha-Moed und seine Befürwortung des Militärdienstes von Juden. Landau schrieb eine Vielzahl von →Responsen; sein »Noda bi-Jehuda« umfaßt in zwei Rezensionen etwa 860. »Zijun le-Nefesch Chaja« (Abkürzung ZeLaCH) enthält →Chidduschim zu zahlreichen Talmudtraktaten. (LD/TK)

2. Saul Rafael, Rechtsanwalt und Publizist, 1870–16. 7. 1943 New York, war zwei Jahre an der Wiener Israelitisch-Theologischen Lehranstalt Dozent für Geschichte der Juden in Polen. 1897 wurde er der erste Chefredakteur der von T. →Herzl ins

Leben gerufenen zionistischen Wochenschrift »Die Welt«. Nach einem Zerwürfnis mit Herzl gründete er die Monatsschrift »Der Jüdische Arbeiter« und gab von 1907 bis 1917 die jüdische Wochenschrift »Neue Nationalzeitung« heraus. 1939 Emigration nach London, 1941 in die USA. An Büchern veröffentlichte Landau u. a.: »Unter jüdischen Proletariern« (1898), »Der Polenklub und seine Hausjuden« (1907), »Sturm und Drang im Zionismus« (1937; das Buch enthält Erinnerungen an die gemeinsame Arbeit mit Herzl und zahlreiche Briefe Herzls). (JS)

Landauer, 1. Georg, Jurist und zionistischer Führer, 17. 11. 1897 Köln – 5. 2. 1954 New York, aktiv in der Jugendbewegung »Blau-Weiß« und im »Kartell Jüdischer Verbindungen«, 1924/25 Direktor des Palästina-Amts in Berlin, 1929–33 in leitenden Stellungen der Zionistischen Vereinigung für Deutschland, Palästina-Amt und Organisator der Jugend-Alija, seit 1934 Direktor des Büros für Ansiedlung der deutschen Juden in der Jewish Agency in Jerusalem, 1941 bis 1948 Mitglied des Waad Leumi, 1942 Mitbegünder der →Alija Chadascha. Von 1948 bis zu seinem Tod Vorsitzender der Irgun Olei Merkas Europa (Vereinigung und Interessenvertretung der in Israel ansässigen jüdischen Einwanderer aus Europa). Hauptwerk: »Der Zionismus im Wandel dreier Jahrzehnte« (1957). (JS)

2. Gustav, Schriftsteller und anarchistisch-sozialistischer Sozialphilosoph, 7. 4. 1870 Karlsruhe – 2. 5. 1919 München. Studium der Germanistik und Philosophie, lebte seit 1890 in Berlin. Landauer gehörte zu den »Jungen« in der SPD, zur »Freien Volksbühne« bzw. »Neuen freien Volksbühne« und war als Redakteur des »Sozialist« (1892–99); zentrale Figur des deutschen Anarchismus; schloß sich kurzzeitig der »Neuen Gemeinschaft« der Brüder Heinrich und Julius Hart an, lebte dann als Übersetzer, Kritiker und Essayist in Hermsdorf bei Berlin, bis er 1918, gerade als Dramaturg nach Düsseldorf verpflichtet, von K. →Eisner in die Münchner Räteregierung gerufen wurde. Seine Sozialphilosophie, geprägt von Proudhon und Kropotkin, der Mystik (»Meister Eckharts mystische Schriften«, 1903) und der Sprachkritik seines Freundes F. →Mauthner (»Skepsis und Mystik«, 1903), wird dargestellt in dem Essay »Die Revolution« (1907), dem marxismuskritischen »Aufruf zum Sozialismus« (1911) und im »Sozialist« (1909–15), dem Organ des von ihm gegründeten »Sozialistischen Bundes«. Sein sozialistisches Engagement begriff Landauer als wesentliches Merkmal seines Judentums, mit dem er sich, inspiriert von seinem Freund M. →Buber, seit 1910 öffentlich auseinandersetzte (»Ostjuden und Deutsches Reich«, »Zum Beilisprozeß«, »Judentum und Sozialismus« u. a.). Im Krieg gab er »Briefe aus der französischen Revolution« (1919) heraus, sein Buch »Shakespeare« (2 Bände, 1920) wurde, wie u. a. die Bände »Lebensgang in Briefen« (1929), von Buber ediert. Bei der Zerschlagung der Münchner Räterepublik wurde Landauer von konterrevolutionären Truppen ermordet.

🄻 E. Kenn, Prophet of Community. The Romantic Socialism of Gustav Landauer, Berkeley 1973. (HD)

3. Karl, Psychoanalytiker, 12. 10. 1887 München – 27. 1. 1945 KZ Bergen-Belsen, Medizinstudium, psychoanalytische Ausbildung bei S. →Freud in Wien. 1926 gründete Landauer die Frankfurter Psychoanalytische Arbeitsgemeinschaft, aus der 1929 das Frankfurter Psychoanalytische Institut entstand. Dieses war dem →Institut für Sozialforschung angegliedert und somit die erste offizielle psychoanalytische Institution. Mit der Auflösung des Instituts 1933 emigrierte Landauer nach Holland. Die deutschen Emigranten lösten innerhalb der Holländischen Psychoanalytischen Vereinigung eine tiefe Krise aus: Lange verschleppte Probleme eskalierten und führten zur Spaltung der Vereinigung. Erst 1938 fanden die beiden Gruppen wieder zusammen. Nach dem erzwungenen Austritt aller jüdischen Mitglieder im Jahr 1941 stellte die Holländische – anders als die Deutsche – Vereinigung ihre Arbeit ganz ein. 1943 wurde Landauer verhaftet und 1944 nach Bergen-Belsen deportiert. Sofern es die Umstände erlaubten, versuchte Landauer andere KZ-Häftlinge psychotherapeutisch zu betreuen. (CH)

Landesverband der Israelitischen Kultusgemeinden in Bayern →Verband Bayerischer Israelitischer Gemeinden

Landjudenschaft. Nach Vertreibungen der Juden aus den Städten im 15./16. Jahrhundert und der Auflösung lokaler Gemeindeverbände verlagerte sich der Schwerpunkt jüdischer Siedlung auf das Land. Die neue Organisationsform der Landjudenschaften, die seit dem späten 16. und frühen 17. Jahrhundert gegründet wurden, sollte zunehmender Zerstreuung und drohender Vereinzelung begegnen. Die Landjudenschaften waren autonome Selbstorganisationen der Juden in den Territorialstaaten des Deutschen Reichs. Bis zur Emanzipation der Juden gewährleisteten sie auf Landesebene ein selbständiges innerjüdisches Leben. Das Interesse der Territorialherrn an einer landesweiten Institution lag vor allem in der Zentralisierung der Steuererhebung begründet. Je nach Größe des Territoriums verfügte die Landjudenschaft über unterschiedliche Organe. An der Spitze stand als Vorsitzender des jüdischen Gerichts und Führer der religiösen Gemeinschaft der Landrabbiner; auf ehrenamtlicher Basis fungierten der Obervorsteher, die Beisitzer, die Wahlmänner, die Statutenentwerfer, die Steuereinschätzer, der Verwalter der Wohltätigkeitsgelder und der Rechnungsprüfer; besoldete Beamte waren der Landschreiber oder -sekretär und der Landbote. Mit Genehmigung des Landesherrn trat regelmäßig der Judenlandtag zusammen. Mit wachsenden innerjüdischen Konflikten im Lauf des 18. Jahrhunderts stießen die Institutionen der Landjudenschaft an die Grenzen ihrer Möglichkeiten der Konfliktregulierung; im Zuge von →Emanzipation und Assimilation löste sich die Landjudenschaft auf.

🄻 F. Baer, Das Protokollbuch der Landjudenschaft des Herzogtums Kleve, 1922. – F. Battenberg, Das Europäische Zeitalter der Juden, 1990. – F. Priebatsch, Die Judenpolitik des fürstlichen Absolutismus im 17. und 18. Jahrhundert, 1915. (JÖD)

Landpfleger →Statthalter

Landshut, Siegfried, Soziologe und Politologe, 7. 8. 1897 Straßburg – 8. 12. 1968 Hamburg, studierte in Freiburg i. Br. und war nach seiner Promotion 1921–26 Assistent am Institut für Auswärtige Politik in Hamburg, danach am Sozialökonomischen Seminar an der Universität Hamburg, wo er sich 1932 habilitierte. Aus dieser Zeit stammen »Kritik der Soziologie« (1929) sowie die Herausgabe der Frühschriften von Karl Marx (1932) und eine Marx-Biographie (1932), Werke, die ihn als prominenten Kenner des Marxismus etablierten. Aus Deutschland vertrieben, ging Landshut nach Palästina, wo er bis 1939 als Forschungsmitglied der Universität Jerusalem tätig war. Seine Beschäftigung mit jüdischen Fragen brachte zum einen die 1944 erschienene Untersuchung »Gemeinschaftssiedlungen in Palästina« hervor, zum anderen die Studie »Jewish Minorities in Moslem Countries« (1950). Nach Deutschland zurückgekehrt, wurde Landshut 1951 zunächst Professor für Soziologie und danach für Politische Wissenschaft an der Universität Hamburg. Die durch die Begriffe Freiheit und Gleichheit gekennzeichneten Probleme waren ihm Motiv für die politisch-soziologische Deutung der Gegenwart. (AS)

Landtage, jüdische. Bis zur Emanzipation waren Landtage die wichtigsten Selbstverwaltungsorgane der sich seit dem späten 16. und frühen 17. Jahrhundert in den Territorien bildenden →Landjudenschaften. Die Landtage traten in der Regel alle drei bis vier Jahre zusammen, aufgrund von Kriegswirren, Verfolgungen und anderer Schwierigkeiten jedoch häufig in noch größeren Abständen. In früherer Zeit waren Landtage auf Geheiß des Fürsten zusammengerufen und die Juden gezwungen worden, Predigten von Missionaren oder die Verlesung der →Judenordnung anzuhören; später erfolgte die Ausschreibung der Landtage auf Initiative der Vorsteher, die sich unter Angabe des Zwecks der Versammlung mit einer schriftlichen Bitte um Genehmigung an die jeweilige Regierung wenden mußten. Es wurden alle steuerpflichtigen Familienoberhäupter eingeladen, von denen jeder Stimmrecht besaß. Gegen Ende des 18. Jahrhunderts wurden Landtage immer häufiger von Deputierten abgehalten. Zu ihren Aufgaben gehörte: nach Prüfung und Abschätzung von Vermögen die Festsetzung der Steuerbeiträge; die Formulierung von Statuten; der Erlaß neuer Verordnungen; die Rechnungsprüfung; die Neuwahl sämtlicher Vorsteher und Beamten, einschließlich des Rabbiners, der auf den Landtagen mitunter den Schächter und den Fleischbeschauer prüfte; die Behandlung von Fragen des Schul- und Unterrichtswesens und der Versorgung von Armen, Kranken, Witwen und Waisen. Vor allem die Aufteilung der Schutzgebühren, die von den Territorialherren als eine pauschale Summe eingezogen wurde, führte immer wieder zu heftigen Auseinandersetzungen; sie offenbarten den patriarchalischen Charakter der Landtage: Ärmere Juden mußten mitunter die Hälfte ihres Vermögens veranlagen, zusätzlich ihre Vermögensverhältnisse durch Eid bekräftigen; die am besten Verdienenden wurden dagegen pauschal veranlagt und dabei erheblich begünstigt; sie mußten mitunter nur ein Prozent ihres Vermögens zahlen. (JÖD)

Landwirtschaft →Berufe

Lapide, Pinchas, Religionsphilosoph, 28. 11. 1922 Wien – 24. 10. 1997 Frankfurt/Main. Als Jugendlicher floh er aus dem KZ, ging nach Palästina und kämpfte in der Jüdischen Brigade. Nach dem Krieg Studium bei Martin Buber und später Promotion als Judaist in Köln. 1974 siedelte er mit seiner Frau nach Frankfurt/Main über. Seine Bibelforschungen betonen das Judentum im Christentum, suchen die Einheit an den Quellen. Zu seinen Veröffentlichungen zählen »Jesus – ein gekreuzigter Pharisäer?«, »Jesus, das Geld und der Weltfrieden« sowie der Roman »Ein Prophet für San Nicandro« (1987). (RED)

Laqueur, Walter, Historiker, und Schriftsteller, 26. 5. 1921 Breslau. 1938 Emigration nach Palästina, wo er zunächst in einem Kibbuz arbeitete. Ab 1944 bereiste er als Journalist den gesamten Nahen Osten. 1955 Übersiedlung nach London. Ab 1957 Gastprofessuren in den USA. Ab 1964 Direktor des Instituts für Zeitgeschichte und der »Wiener Library« in London sowie des in Amsterdam gegründeten Archivs sämtlichen Nachrichtenmaterials über die Behandlung der Juden im Dritten Reich. Autobiographie: »Wanderer wider Willen. Erinnerungen 1921–1951« (1995). (RED)

L'Arronge, Adolf, Theaterleiter und Dramatiker, 8. 3. 1838 Hamburg – 25. 5. 1908 Kreuzlingen, Kanton Thurgau. L'Arronge begann zunächst als Dirigent in Köln, Stuttgart und Budapest. 1869 Herausgeber der Berliner »Gerichtszeitung«. 1874–78 Intendant des Lobetheaters Breslau. Mit L. →Barnay gründete L'Arronge 1883 das Deutsche Theater Berlin, 1894 übergab er die Theaterleitung an O. →Brahm, dem 1905 M. →Reinhardt als Intendant folgte. Schwerpunkte des Spielplans von L'Arronge waren Klassiker, besonders die Dramen Friedrich Schillers. Als Dramatiker wurde L'Arronge durch die folgenden Bühnenwerke bekannt: »Mein Leopold« (1876), »Hesselmanns Tochter« (1879), »Dr. Klaus« (1879). (MBR)

Lasker, 1. Albert Davis, Werbefachmann, Kaufmann und Philanthrop, 1. 5. 1880 Freiburg i. Br. – 30. 5. 1952 New York. Lasker leitete die größte Annoncen-Expedition der Welt, die Lord & Thomas Advertising Agenci in Chicago. Er war ein Freund des US-Präsidenten Warren G. Harding und reorganisierte nach dem Ersten Weltkrieg die US- Schifffahrtsbehörde. Lasker widmete sein Leben seit 1939 dem Allgemeinwohl: Lasker-Foundation (für medizinische Forschung); Lasker-Award (von den Preisträgern erhielten später einige den Nobelpreis); Stiftungen für das Hebrew Union College in Chicago; Gründer der Albert-Lasker-Gemäldesammlung. (LH)

2. Eduard, Jurist, Politiker, 14. 10. 1829 Jarotschin, Posen – 5. 1. 1884 New York. Lasker studierte Philosophie, Mathematik und Rechtswissenschaft. Nach Teilnahme an der Revolution 1848/49 Englandaufenthalt (1852–56); danach in Berlin als Jurist tätig. Sein Bekenntnis zum Judentum verhinderte eine Beamtenkarriere. 1865 in das preußische Abgeordnetenhaus gewählt (Fortschrittspartei). 1866 Mitbegründer der Nationalliberalen Partei. Seit 1867 bis zu seinem Tod Mitglied des (Norddeutschen) Reichstags. Verließ 1880 die Nationalliberale Partei, weil antisemitische Strömungen seine Kandidatur verhinderten, und wurde Mitglied der Liberalen Vereinigung. Er starb auf einer Reise durch die USA. Lasker zählte zu den profiliertesten Parlamentariern der Reichsgründungsphase und erlangte Volkstümlichkeit durch sein energisches Auftreten gegen den »Gründungsschwindel«. Obgleich leidenschaftlicher Gegner der Sozialdemokratie, widersetzte er sich dem Sozialistengesetz, konnte aber nur dessen zeitliche Begrenzung durchsetzen. Unter Laskers Ägide kam 1876 im Reichstag das sog. Austrittsgesetz zur Abstimmung, das den Austritt aus einer Synagogengemeinde bei gleichzeitigem Verbleiben in der jüdischen Gemeinschaft ermöglichte.

L E. Hamburger, Juden im öffentlichen Leben Deutschlands, 1968. (LH)

Lasker-Schüler, Else, Dichterin, 11. 2. 1869 Elberfeld – 22. 1. 1945 Jerusalem. Herkunft aus einer wohlhabenden, assimilierten Familie. Lasker-Schüler lebte als Bohemienne im Umkreis des Berliner und Münchner Expressionismus, emigrierte 1933 in die Schweiz, 1939 nach Palästina. Bis heute ist das Bild Lasker-Schülers eher von harmonisierenden Mythen als von wirklicher Erkenntnis bestimmt. Von P. Hille als der »schwarze Schwan Israels« gefeiert, war ihr Verhältnis zum Judentum (wie zu anderen Religionen) eher romantisch-gefühlsbetont als aus Wissen gespeist: Die Orthodoxie wurde von ihr strikt abgelehnt, während Bubers Wiederentdeckung des Chassidismus auf großes Interesse stieß. Aber in ihren »Hebräischen Balladen« (1913, 1923) reflektiert sich ihr – privates, gleichwohl authentisches – Judentum ebenso wie in »Der Wunderrabbiner von Barcelona«

(1921), in »Arthur Aronymus. Die Geschichte meines Vaters« (1932), im Reisebuch »Das Hebräerland« (1937) und in den Gedichten der Sammlung »Mein blaues Klavier« (1943), die lyrischer Ausdruck eines universellen Heimwehs der vereinsamten Dichterin im Exil sind. Mit »IchundIch« (1940/41) legte Lasker-Schüler schließlich eine unversöhnliche Abrechnung mit dem Nationalsozialismus vor, die nicht ins harmonisierende Gesamtbild der Rezeption paßt (veröffentlicht 1980). (JD)

Laskin, Bora, Jurist und Richter, 5.10.1912 Fort William, Ontario – 26.3.1984 Ottawa. 1940 Professor für Recht an der Universität Toronto, spezialisiert auf Arbeits- und Verfassungsrecht; 1953/54 Präsident der Association of Canadian Law Teachers und 1963/64 Präsident der Canadian Association of University Teachers (CAUT); 1970 erster jüdischer Richter des Obersten Bundesgerichts, an dem er als »Chief Justice« fungierte. Vorsitzender des Rechtskomitees des →Canadian Jewish Congress sowie der Canadian Friends of the Hebrew University. (CL)

Lassalle, Ferdinand, Arbeiterführer, Philosoph und Rechtswissenschaftler, 11.4.1825 Breslau – 31.8.1864 Genf. Lassalles Großvater Feitel Braun war Anhänger der von M. →Mendelssohn propagierten Aufklärung. Sein Vater, Chajim Wolfsohn aus Loslau, später Heymann Lasal, sollte ursprünglich Rabbiner werden. In Breslau ließ er sich als Seidenhändler nieder und kam zu Wohlstand. Unter dem Eindruck der Predigten von A. →Geiger trat er in der jüdischen Gemeinde für Reformen ein. Der junge Lassalle war von den Nachrichten über die Judenverfolgungen in Damaskus (1840) schockiert. In seinem Tagebuch notierte er: »Ich bin einer der besten Juden, [...] ich werde selbst das Schafott nicht scheuen, könnte ich sie wieder zu einem geachteten Volk machen.« Das Sendungsbewußtsein ist für Lassalle typisch, wenn es sich später auch auf andere Gegenstände bezog. 1842 bereitete er sich im Lern- und Leseverein ostjüdischer Einwanderer auf die Reifeprüfung vor. Nach Beginn seines Philosophiestudiums schloß er sich dem radikalen Reformverein Theodor Creizenachs (der 1854 konvertierte) an und versuchte das Judentum in die Philosophie →Hegels einzubinden. Das Vorhaben scheiterte, und Lassalle wandte sich vollkommen vom Judentum ab. In einem späten Werbebrief versicherte er sogar, er sei kein Jude mehr, und fügte hinzu: »Ich liebe die Juden durchaus nicht, ja im allgemeinen verabscheue ich sie.« Wie bei anderen jüdischen Arbeiterführern ist seine jüdische Herkunft immer wieder gegen ihn ausgespielt worden.

Ferdinand Lassalle

🄻 E. Colberg, Die Erlösung der Welt durch Ferdinand Lassalle, 1969. – S. L. Na'ama, Lassalle, 1970. (DK)

Lasson, Adolf, bis zur Taufe Ahron Lazarussohn, Philosoph, 12.3.1832 Altstrelitz, Mecklenburg – 19.12.1917 Berlin. Lasson habilitierte sich 1877 in Berlin und trat für die Wiederbelebung der Philosophie →Hegels ein. Er trat im →Berliner Antisemitismus-Streit gegen den Antisemitismus auf. Sein Sohn Georg Lasson (1862–1932), protestantischer Pfarrer in Berlin, hat sich ebenfalls als Herausgeber an der Hegel-Renaissance beteiligt. (DK)

Lateinamerika →Mittel- und Südamerika

Laterankonzile, Bezeichnung für fünf Konzile, die im päpstlichen Palast zu Rom abgehalten wurden. Das 3. Laterankonzil befaßte sich 1179 unter Papst →Alexander II. auch mit den Juden. Kanon 26 erneuerte die alten Verbote, christliche Diener in den Häusern zu halten und jüdische Konvertiten zu enterben, verlangte die Heranziehung christlicher Zeugen in Prozessen gegen Juden und drohte allen Christen und besonders den Fürsten mit der →Exkommunikation, falls sie diesen Beschlüssen zuwiderhandelten. Das 4. Laterankonzil verabschiedete unter Papst →Innozenz III. 1215 vier Kanones, die die Lebensbedingungen der Juden weiter einschränkten: 1. Unter Androhung der indirekten Exkommunikation mußten Juden den Kirchenzehnten von Landbesitz zahlen und Wucherzinsen zurückerstatten. 2. Juden mußten sich in ihrer Kleidung von Christen unterscheiden und durften zu Ostern nicht in der Öffentlichkeit auftreten. 3. Die Übertragung von Ämtern auf Juden war bei Androhung der Exkommunikation verboten. 4. Freiwillig Bekehrte waren am Rückfall ins Judentum zu hindern. Die »Freiwilligkeit« setzte hier allerdings die Definition Innozenz' III. voraus, die auch die zeitweilige Zustimmung unter Todesdrohung einschloß. Die Beschlüsse des 3. und des 4. Laterankonzils wurden vollständig in den →Liber Extra aufgenommen und damit zu verbindlichem Kirchenrecht erklärt.

Ⓛ W. Pakter, Medieval Canon Law and the Jews, 1988. (FL)

Laub, Gabriel, Satiriker und Übersetzer, 24. 10. 1928 Bochnia, Polen – 3. 2. 1998 Hamburg. 1939–46 lebte Laub mit seinen jüdischen Eltern in der Sowjetunion (davon 16 Monate verbannt in den Ural), von 1946 bis August 1968 in Prag, seither in der Bundesrepublik Deutschland. Die ersten Worte der Kindheit waren polnisch, die ersten entzifferten Buchstaben hebräisch, die Sprache des Journalisten bis zur Emigration war tschechisch, die Sprache des Satirikers und Aphoristikers seither deutsch (»Verärgerte Logik«, 1969, noch aus dem Tschechischen übersetzt; die weiteren Bände deutsch, z. B. »Ur-Laub zum Denken«, 1972; »Erlaubte Freiheiten«, 1975; »Das Recht, recht zu haben«, 1979; »Der leicht gestörte Frieden«, 1981; »Gespräche mit dem Vogel«, 1984; »Unordnung ist das ganze Leben«, 1992). Die Erfahrungen der Diktatur prägten Themen und Denkstil Laubs; auf sie reagierte er laut T. Nowakowski, in einer Mischung von Schwejk und Wunder-Rabbi. Als frühem Übersetzer Vaclav Havels kommt Laub ein besonderes Verdienst zu. (HH)

Gabriel Laub

Laubhüttenfest →Sukkot

Lavon, Pinhas, israelischer Politiker (→Mapai), 12. 7. 1904 Kopyčincy, Galizien – 24. 1. 1976 Tel Aviv. Lavon studierte in Lemberg, kam 1929 nach Palästina. 1935 bis 1937 Generalsekretär der Mapai, ab 1942 Mitglied der Exekutive der →Histadrut. Nach Israels Unabhängigkeit war er 1950/51 Landwirtschaftsminister, 1951–54 Minister ohne Geschäftsbereich und 1952 bis 1955 Verteidigungsminister. Lavon mußte wegen einer gescheiterten, zunächst völlig geheimgehaltenen Geheimdienstoperation (Lavon-Affäre) zurücktreten, die langwierige Auseinandersetzungen mit →Ben-Gurion und letztlich das Ausscheiden beider aus der aktiven Politik bewirkte. 1956–61 war Lavon Generalsekretär der Histadrut. 1960 sprach ein Kabinettsausschuß aus sieben Ministern Lavon von der Verantwortung für die Geheimdienstaffäre frei, dennoch wurde er 1961 unter Druck seines Rivalen Ben-Gurion entlassen. 1966 wurde die Entlassung für ungültig erklärt. (DB/MW)

Law and Administration Ordinance (LAO, englisch), am 19. 5. 1948 (fünf Tage nach der Unabhängigkeitserklärung) als erstes Gesetz des Provisorischen Staatsrats erlassen, enthielt provisorische Regelungen für das Rechtssystem und die Regierung des neugegründeten Staates. Mit Ausnahme der britischen Gesetzgebung zur Beschränkung der jüdischen Einwanderung und des jüdischen Landbesitzes behielten alle vor dem 14. 5. 1948 geltenden Gesetze ihre Gültigkeit, sofern sie nicht durch neue Gesetze ersetzt würden. Der Provisorische Staatsrat wurde zur vorläufigen Legislative erklärt. Sollte die Legislative den Notstand ausrufen, konnte die (provisorische) Regierung den Ministerpräsidenten ermächtigen, Notstandsgesetze zu erlassen. Unmittelbar nach der Verabschiedung des LAO erklärte der Provisorische Staatsrat den Notstand, der bisher nicht aufgehoben wurde.

Ⓛ E. Likhovski, Israel's Parliament. The Law of the Knesset, 1971. – M. Wolffsohn, Politik in Israel, 1983. (DB/MW)

Lazarsfeld, Paul Felix, Soziologe, 13. 2. 1901 Wien – 31. 8. 1976 New York, studierte Mathematik in Wien, wo er 1925 promovierte. Die Zusammenarbeit mit den Psychologen Karl und Charlotte Bühler in deren Psychologischem Institut beeinflußte Lazarsfelds Ideen über die Erforschung von individuellen Aktionen. Aus dieser Zeit stammt seine grundlegende soziographische Studie »Die Arbeitslosen von Marienthal« (zusammen mit Marie Jahoda und Hans Zeisel, 1933). 1933 verließ Lazarsfeld Wien und ging als Rockefeller Fellow in die USA. 1940 als Professor für Soziologie an die Columbia University (New York) berufen. Lazarsfeld galt einerseits als an der Sprache der Sozialwissenschaften interessierter Epistemologe, andererseits als Vertreter einer empirischen und quantitativen Soziologie. Auf dem Gebiet der Erforschung des Publikums von Presse und Rundfunk und deren Wirkungen gilt der viel zitierte Lazarsfeld als Pionier. Lazarsfelds Anteil an der Entwicklung von Methoden zum Studium sozialer bzw. kommunikativer Prozesse und des sozialen Wandels (erforscht am Zusammenhang zwischen Propaganda und Wahlverhalten) ist durch die Einführung des sog. Panel-Verfahrens bekannt geworden. Hauptwerke: »Radio and the Printed Page« (1940), »The Peoples's Choice« (mit P. F. Bernard, R. Berelson und H. Gaudet, 1944), »Radio listening in America« (mit P. Kendall, 1948), »Personal Influence« (mit E. Katz, 1955, deutsch 1962), »The Language of Social Research« (Herausgeber, 1955), »The Uses of Sociology« (1967). (AS)

Lazarus, 1. Emma, Dichterin, Schriftstellerin und Übersetzerin, 22.7.1849 New York – 19.11.1887 New York; 1868 mit 19 Jahren erste Gedichtsammlung (»Poems and Translations«), 1871 zweite Sammlung (»Admetus and Other Poems«), Ralph Waldo Emerson gewidmet; Briefwechsel mit Henry Wadsworth Longfellow und Iwan Turgenjew; 1881 Übersetzung von Gedichten, die zusammen mit einer Biographie über H. →Heine herausgegeben wurde. Übersetzungen von Jehuda →Halewi und →Salomo ben Jehuda ibn Gabirol (1879). Jüdische Gedichte wie »Banner of the Jews« in der Sammlung »Songs of a Semite« (1882); das Gedicht »The Colossus« wurde in den Sockel der Freiheitsstatue gemeißelt: Die Worte »Give me your tired, your poor, your huddled masses yearning to breathe free« sind jedem amerikanischen Schulkind bekannt und kennzeichnen die USA als Zufluchtshafen der armen Massen der Welt.

Ⓛ H. Jacob, The World of Emma Lazarus, New York 1949. (CL)

2. Moritz, Philosoph und Völkerpsychologe, 15.9.1824 Filehne, Posen – 13.4.1903 Meran. Der 300. Geburtstag Luthers war für Lazarus Anlaß, aus der als »Enge« empfundenen rabbinischen Erziehung auszubrechen. 1851 begründete er die Völkerpsychologie, die als Ergänzung zur Individualpsychologie die Inhalte des nationalen Bewußtseins, wie Sprache, Recht und Religion, exakt erforschen sollte. Mit seinem Schwager H. →Steinthal gab Lazarus die »Zeitschrift für Völkerpsychologie und Sprachwissenschaft« (20 Bände, 1859–90) heraus. 1860 wurde er nach Bern berufen, und seit 1873 war er Honorarprofessor in Berlin. Lazarus war eine der führenden Persönlichkeiten des liberalen deutschen Judentums. Er präsidierte die Reformsynoden von Leipzig (1869) und Augsburg (1871), die einschneidende Anpassungen des überlieferten Religionsgesetzes beschlossen. Der Schöpfer der Völkerpsychologie hatte kein Verständnis für das jüdische Volkstum. In dem Vortrag »Was heißt national?« anläßlich des →Berliner Antisemitismus-Streits kam er zu dem Schluß: »Wir sind Deutsche, nichts als Deutsche, wenn vom Begriff der Nationalität die Rede ist; wir gehören nur einer Nation an – der deutschen.« In seinem apologetischen Spätwerk »Ethik des Judentums« (2 Bände, 1898–1911) hebt er in seinem stark an I. →Kant orientierten impressionistischen Panorama der jüdischen und rabbinischen Moral gerade die universellen sozialethischen Gehalte als den eigentlichen Kern des Judentums hervor und unterscheidet sie von der veränderlichen und entbehrlichen symbolischen Schale des Religionsgesetzes. H. →Cohen hat das weitverbreitete Werk Lazarus' scharf kritisiert.

Ⓛ I. Belke (Hrsg.), Moritz Lazarus und Heymann Steinthal. Die Begründer der Völkerpsychologie in ihren Briefen, 3 Bände, 1971 ff. (DK)

3. Nahida Ruth (Anna Maria Concordia), Schriftstellerin, 3.2.1849 Berlin – 12.1.1928 Meran. Tochter des Kunsthistorikers Max Schasler und der Dichterin und Vorkämpferin für die Frauenemanzipation Nahida Sturmhoefel. 1873–81 mit dem Schauspieler, Kunst- und Theaterkritiker Max Remy verheiratet. Nach dessen Tod heiratete Lazarus den jüdischen Philosophen M. →Lazarus, nachdem sie zum Judentum konvertiert war. Nach der Veröffentlichung von Dramen, Romanen, Novellen und Kunstkritiken unter ihrem früheren Namen Nahida Remy legte sie Studien zur jüdischen Geschichte vor (u.a. »Erneuerung des Judentums«, 1909). Um das Wesen des Judentums unter Christen und Juden zu verbreiten, hielt sie zahlreiche Vorträge. Aus dem Nachlaß von M. Lazarus gab sie heraus: »Moritz Lazarus. Lebenserinnerungen« (1969), »Aus meiner Jugend. Autobiographie von Moritz Lazarus« (1913), »Moritz Lazarus. Ein deutscher Professor in der Schweiz. Nach Briefen und Dokumenten im Nachlaß ihres Gatten« (1910). (MAM)

Lecha Dodi (hebräisch »Geh, mein Geliebter«), populäres Sabbatlied, im Gebet von →Kabbalat Schabbat gesungen. Lecha Dodi stammt vom Kabbalisten Salomo ben Mose ha-Levi Alkabez (um 1505–1576), dem Schwager und Lehrer von M. →Cordovero. Es besingt in neun Strophen und Kehrreim die Begrüßung und Einholung der »Braut Sabbat«. Die Anfangsbuchstaben der ersten acht Strophen bilden nach Art des →Akrostichons den Namen des Verfassers; bei der letzten Strophe wendet sich die Gemeinde der Tür zu, ein Brauch, der daran erinnert, daß die Kabbalisten in Safed zur Begrüßung des Sabbat ins Freie hinausgingen. (LD/TK)

Lechi (Abkürzung für hebräisch »Lohame Cherut Israel«, »Kämpfer für die Freiheit Israels«, auch »Lehi«), zionistisch-revisionistische militärische Untergrundorganisation, die sich 1940 vom Irgun Zvai Leumi (IZL) abspaltete, nach dem Gründer A. →Stern von ihren Gegnern auch »Stern-Bande« genannt. Im Gegensatz zur →Hagana und zum IZL war Lechi nach dem Beginn des Zweiten Weltkriegs nicht bereit, den Kampf gegen die britische Mandatsmacht einzustellen, um vereint gegen Deutschland zu kämpfen. Nach dem Tod Sterns 1942 übernahm eine Gruppe von Lechimitgliedern das Kommando; dazu gehörte I. →Schamir. Nach 1945 führte Lechi Anschläge gegen britische Militär- und Polizei-Einrichtungen, Behörden der Mandatsregierung und Ölleitungen durch. Im →Unabhängigkeitskrieg verteidigte die Lechi in Absprache mit der Hagana verschiedene Grenzbezirke. Obwohl von einer anderen Gruppe in Anspruch genommen, wurde der Mord am UN-Vermittler Graf Folke Bernadotte im September 1948 der Lechi zur Last gelegt; viele Mitglieder wurden verhaftet. Nach einem erfolglosen Versuch, eine eigene Partei nach der Staatsgründung Israels zu bilden, schlossen sich einige Lechi-Kämpfer der →Cherut an.
🄻 A. Perlmutter, Politics and the Military in Israel, 1977. – M. Wolffsohn, Politik in Israel, 1983. – N. Yalin-Mor, Lohamey Herut Israel, 1975. (DB/MW)

Lederer, Francis, Schauspieler, 6. 11. 1899 Karolinenthal bei Prag. Lehrling in einem Tuchgeschäft, nebenbei Statist am Deutschen Theater Prag. Aufnahme in die Schauspielakademie. Engagements in Breslau, Marienbad und Berlin. Partner u. a. von Elisabeth Bergner und Käthe Dorsch. Er spielte in Operetten und Filmen den jugendlichen Liebhaber und wurde mit dem Tonfilm einer der großen Stars. Emigration über England in die USA. Dort gründete er 1957 die »American National Academy of Performing Arts« in Los Angeles, an der alle Lehrkräfte unentgeltlich arbeiten. Außerdem Stiftungen in Millionenhöhe für ein Altersheim und Krankenhaus für im Ruhestand befindliche Künstler. Bürgermeister von Canoga Park. (RED)

Lehmann, 1. Berend, Hoffaktor, Schtadlan, 1661 Halberstadt – 1730 Halberstadt. Über den Hannoveraner Hoffaktor Liepmann trat er in geschäftliche Beziehungen zu zahlreichen Fürstenhöfen, darunter auch zu August dem Starken, der ihn zu seinem (königlichen polnischen) Residenten machte, nachdem ihm Lehmann 10 000 Gulden für den Erwerb der polnischen Königskrone (1697) vermittelt hatte. Lehmann stiftete 1703 in Halberstadt mit einem Gründungskapital von 9000 Talern ein Wohn- und Studierhaus, das zum Mittelpunkt der Talmud-Studien in Brandenburg/Preußen wurde.
🄻 B. H. Auerbach, Geschichte der israelitischen Gemeinde in Halberstadt, 1866. – E. Lehmann, Der polnische Resident Berend Lehmann, in: E. Lehmann, Gesammelte Schriften, 1909. (AH)

2. Siegfried, Arzt und Erzieher, 1892 Berlin – 1958 Ben Schemen, Israel. Stark von M. →Buber beeinflußt, gründete Lehmann für die Kinder von Einwanderern aus Osteuropa das Jüdische Volksheim und widmete sich nach dem Ersten Weltkrieg jüdischen Waisenkindern in Litauen. Er ließ sich 1926 in Palästina nieder, wohin er viele Kriegswaisen mitnahm, und gründete dort 1927 das Kinderdorf Ben Schemen, das für moderne Erziehung im Lande vorbildlich war. (LH)

Lehrhaus →Bet ha-Midrasch

Lehrhaus, Freies Jüdisches, gegründet 1920 von F. →Rosenzweig in Frankfurt, unabhängige Einrichtung, die allen offen stand, die lernen wollten. »Das Lehrhaus«, so die Maxime, »soll uns lehren, warum und wozu wir sind.« Lehrer waren neben Rosenzweig u. a. M. →Buber, der Arzt Richard Koch und E. →Simon. Im Januar 1923 waren 1100 Schüler eingeschrieben.
🄻 W. Licharz (Hrsg.), Lernen mit Franz Rosenzweig, 1984. (JS)

Leibowitz, Jeschajahu, Biochemiker und Philosoph, 28. 1. 1903 Riga – 18. 8. 1994 Jerusalem. Seit 1919 Studium der Chemie in Berlin, 1924 Promotion und anschließend Assistent von Bruno Kisch in Köln. In Deutschland schloß sich Leibowitz den religiösen Zionisten (→Misrachi) an und wanderte über die Schweiz, wo er 1934 sein Medizinstudium vollendete, nach Palästina aus. Seit 1953 war er Chefredakteur der »Encyclopaedia Hebraica«. 1961 wurde er als Professor für Biochemie und Neurophysiologie an die Hebräische Universität Jerusalem berufen. Nach seiner Emeritierung hielt er öffentliche Vorlesungen über →Mose ben Maimon und I. →Kant. Leibowitz ist einer der umstrittensten Intellektuellen in Israel. Seine öffentlichen Stellungnahmen gegen die Besetzung arabischer Gebiete erregten weltweit Aufsehen. Er sah darin und in der zunehmenden religiösen Ausrichtung der Gesellschaft eine Gefahr für die Demokratie in Israel. In religiöser Hinsicht war er ein strenger Integrist und Rigorist. Seine rigoristische Auffassung der →Halacha als eines »reinen« bzw. absolut sinn- und zwecklosen Gottesdienstes war exzessiv, obwohl er sich auf Autoritäten wie Mose ben Maimon berief, der immerhin eine eudämonistische Deutung fast aller Ge- und Verbote gab. Das Judentum ist nach Leibowitz ausschließlich halachisch zu bestimmen; andere kulturelle und nationale Merkmale sind dagegen zweitrangig. Allerdings sollten die jüdische Kultur und der jüdische Staat halachisch integriert werden. Deshalb war Leibowitz auch ein scharfer Kritiker des Zweckbündnisses zwischen Orthodoxie und säkularem Zionismus im Staat Israel und forderte die Trennung von Staat und Religion sowie den seiner Ansicht nach notwendigen Kulturkampf. Werke: »Vorträge über die Sprüche der Väter. Auf den Spuren des Maimonides« (deutsche Übersetzung 1990), »Gespräche über Gott und die Welt« (deutsche Übersetzung 1990). (DK)

Leibzoll, Leibmaut, Judengeleit. Nachdem die Juden durch die Landfriedensgesetze das Waffenrecht eingebüßt hatten, entwickelte sich aus der Notwendigkeit des Geleitschutzes reisender Kaufleute der Leibzoll, der seit dem 12. Jahrhundert zunehmend von den Gemeinden, später meist von den betreffenden Personen selbst jeweils bei Übergang in ein anderes Territorium zu entrichten war. Der Leibzoll für Juden wirkte besonders demütigend, weil er die Juden selbst sozusagen als zollpflichtige Sache ansah. Er wurde in den deutschen Ländern mit der Emanzipation, der russische Geleitzoll (beim Überschreiten der russisch-polnischen Grenze) erst 1862 aufgehoben.

🄻 R. Markgraf, Geschichte der Juden auf den Messen in Leipzig, 1894. (FL)

Leipzig. In der sächsischen Handelsstadt sind Juden erst seit dem 13. Jahrhundert (1248) nachweisbar. Im Jahr 1349 kam es angesichts der Pest zur Vertreibung. Die Neuansiedlung erfolgte bereits 1364. Nach der Verfolgung durch den sächsischen Kurfüsten (1430) dauerte es dann bis ins 18. Jahrhundert, ehe sich Juden wieder in der Messestadt niederlassen durften (1713). Im Jahr 1838 erhielten die Leipziger Juden das Bürgerrecht und durften eine Betstube errichten; 1855 folgte der Bau einer Synagoge. Im Jahr 1869 fanden in Leipzig die erste jüdische Synode und der erste deutsch-jüdische Gemeindetag statt. Im Kaiserreich zählte die Gemeinde über 6300 Gläubige, im Jahr 1933 über 11 600 Gemeindemitglieder, denen 13 Synagogen zur Verfügung standen. Bis Anfang 1943 wurde über die Hälfte der verbliebenen Juden Leipzigs deportiert. Nach Kriegsende kehrten bis Winter 1945 etwa 230 Überlebende in die Stadt zurück; bis 1953 wanderte ungefähr die Hälfte wieder ab. Die Zahl der Gemeindemitglieder betrug über Jahre hinweg etwa 50–60 Personen, trotz aller Bemühungen des langjährigen Vorsitzenden E. →Gollomb, neue Mitglieder zu gewinnen. Im Jahr 1990 gab es in Leipzig noch 40 Gemeindemitglieder; 1997 aufgrund der jüdischen Zuwanderer aus der GUS rund 180. (LM)

Lemberg (Lwów), polnisch-ukrainische Stadt, seit 1772 Hauptstadt →Galiziens (Österreich), 1919 polnisch, 1945 an die Sowjetunion, seit 1991 ukrainisch, eine der ältesten Niederlassungen in Polen. Bereits 1356 und 1364 erwarben Lemberger Juden königliche Privilegien. Nachgewiesen sind 1387 die Judengasse und 1411 der jüdische Friedhof. Anfänglich gab es in Lemberg zwei jüdische Gemeinden: eine in der Innenstadt (zwei Gassen) und eine in der Vorstadt (Krakowskie Przedmieście). Die Vorstadt wurde während der Kosakenkriege (1648–50) aus militärischen Gründen niedergebrannt, und die Bevölkerung flüchtete in die Innenstadt. Auf die Forderung der Kosaken, die Juden auszuliefern, zahlte sie ein hohes Lösegeld. Bald aber führte die wirtschaftliche Konkurrenz zwischen den jüdischen und den christlichen Kaufleuten zu Streitigkeiten, die in Pogromen mündeten (z. B. 1664: 102 Opfer). Bei der 1. Teilung Polens (1772) fiel Lemberg an Österreich. Die Juden wurden ins Ghetto zurückgedrängt. Seit 1867 durften sie sich in der Stadt frei niederlassen. 1820 waren 55 Prozent der berufstätigen jüdischen Bevölkerung im Handel tätig, 24 Prozent im Handwerk. Die Gemeinde besaß mehrere Synagogen (u. a. eine von 1582 und eine von 1632) sowie den ältesten jüdischen Friedhof in Polen. Vor 1848 gab es in Lemberg starke Einflüsse der →Haskala. Salomon Juda Leib Rapoport (1790–1867), Jakob Bodek und der Rabbiner Abraham Kohn (1807–1848) waren ihre wichtigsten Wegbereiter. Während der Kämpfe zwischen Polen und der Ukraine um Lemberg am Ende des Ersten Weltkriegs erlitten die neutralen Juden Verfolgungen von beiden Seiten (z. B. November 1918). In den 20er und 30er Jahren gab es in Lemberg drei Mittelschulen, zwei Gewerbehäuser, zwei akademische Häuser (Studentenwohnheime); es erschienen zwei jüdische Tageszeitungen: »Der Morgen« (Jiddisch) und »Chwila« (Der Augenblick, polnisch). 1939 wurde Lemberg der Sowjetunion angeschlossen. Tausende von Flüchtlingen kamen aus dem Westen in die Stadt. Als im Juli 1941 die deutschen Truppen Lemberg besetzten, lebten dort etwa 150 000 Juden. Zusammen mit den Deutschen organisierten die ukrainischen Nationalisten dreitägige Pogrome, die Hunderte von Opfern forderten; über 2000 wurden erschossen, das jüdische Vermögen wurde konfisziert, Synagogen und Friedhöfe zerstört. Im November 1941 wurden die Juden im Ghetto eingeschlossen, wo viele durch Hunger, Kälte und Epidemien starben; die übrigen wurden 1942/43 in die KZs deportiert. Während der letzten »Aktion« im Juni 1943 leisteten Juden bewaffneten Widerstand. Die 7000 Überlebenden wurden nach Janowska Droga deportiert. Nach dem Krieg lebten noch relativ viele Juden in Lemberg, die in den folgenden Jahren sowohl unter dem ukrainischen →Antisemitismus als auch unter den Restriktionen der kommunistischen Regierung zu leiden hatten. 1957 wurden einige jüdische Studenten unter dem Vorwand »zionistischer Aktivität«, 1962 einige Hundert wegen »wirtschaftlicher Vergehen« verhaftet. Die Synagoge wurde geschlossen und damit das Gemeindeleben unterbunden. Die Einwohnerzahl sank folglich besonders nach 1989 rapide, doch unter der ukrainischen Regierung ist jüdisches Leben wieder möglich. 1996 lebten etwa 6000 Juden in Lemberg.

[L] J. Bendo, Der Lemberger Judenpogrom November 1918–Jänner 1919, Wien/Brünn 1919. (AGR)

Leningrad →Sankt Petersburg

Leo III., fälschlich »der Isaurier« genannt, byzantinischer Kaiser (717–741), um 675 Germanikeia, Syrien – 18. 6. 741 Konstantinopel. Leo III. wehrte 717/18 die zweite Belagerung Konstantinopels durch die Araber ab, verordnete 721/22 ohne nachhaltigen Erfolg die →Zwangstaufe aller Juden des Reichs, leitete durch das Verbot der Bilderverehrung 726 die Epoche des Bilderstreits ein, wobei ihm Gegner eine Beeinflussung durch Juden und Muslime vorwarfen. Tatsächlich stützte sich Leos III. Herrschaft auf Truppen des anatolischen Militärbezirks, wo ein starkes jüdisches Element jüdisch-christlichen Synkretismus und die Polemik gegen die Bilderverehrung stützte. Das 2. Konzil von Nikaia mißbilligte 787 mit dem Bilderverbot auch die Zwangstaufe der Juden und bestätigte deren Recht auf freie Religionsausübung. Wohl 726 veröffentlichte Leo III. ein wichtiges Rechtskorpus, die Ecloga Leonis. Ein späterer Appendix nahm justinianische Verbote gegen Juden auf, so das Verbot, Ämter zu besetzen, Proselyten zu machen (das mit der Androhung der Todesstrafe Nachdruck erhielt) sowie nichtjüdische Sklaven zu besitzen, und verfügte die Enteignung von Proselyten. (FL)

Leo Baeck Institut (LBI, Jerusalem, London, New York), gegründet 1954 in Jerusalem. Benannt nach dem bedeutenden deutschen Rabbiner und Religionsphilosophen L. →Baeck. Das Institut hat sich vorrangig zum Ziel gesetzt, die deutsch-jüdische Geschichte von der Aufklärung bis zur Vernichtung des deutschen Judentums durch die Nationalsozialisten zu dokumentieren und Forschungen in diesem Bereich zu fördern. Es bemüht sich, alle Materialien zu sammeln, die nach der Vernichtung gerettet werden konnten. Diese sollen die Grundlage für eine noch zu schreibende Gesamtgeschichte des deutschen Judentums bilden. Im LBI New York befindet sich die wohl umfassendste Bibliothek zur Geschichte des deutschsprachigen Judentums und ein Archiv, in dem u. a. Nachlässe bedeutender deutsch-jüdischer Persönlichkeiten und Familien gesammelt werden, eine für die Forschung erstrangige Quelle. Periodische Publikationen des LBI: LBI Year Book (London), Bulletin des LBI (Tel Aviv), Schriftenreihe Wissenschaftlicher Abhandlungen des LBIs (Tübingen). Über die laufende Forschungstätigkeit des LBI informieren halbjährlich die LBI News. In den Library & Archives News wird regelmäßig über die Bestände der Sammlungen berichtet. (WR)

Les Milles, Internierungslager bei Aix-en-Provence (Südfrankreich), ein stillgelegtes Ziegelwerk, wurde im September 1939 nach der Kriegserklärung Frankreichs an Deutschland zum Sammellager für deutsche und österreichische Staatsbürger, später auch für Emigranten aus ganz Europa. Bis 1940 stieg die Zahl der Internierten, überwiegend Juden, auf 3000 Personen an. Unter ihnen befanden sich zahlreiche prominente Schriftsteller, Künstler, Wissenschaftler, Publizisten und Politiker wie W. →Benjamin, L. →Feuchtwanger, A. →Kantorowicz, Golo Mann und Max Ernst. Von Dezember 1940–Juli 1942 hatte Les Milles die Funktion eines Durchgangslagers. Durch die Zusammenarbeit zwischen dem →Vichy-Regime und der Gestapo wurden ab 1942 etwa 2000 jüdische Internierte nach Drancy und z.T. direkt nach →Auschwitz deportiert. Mehr als 1500 Juden aus Les Milles starben in den Vernichtungslagern. Am 10.12.1942 wurde Les Milles aufgelöst. Als Mahnmal blieben an den Ziegeleiwänden von internierten Künstlern gefertigte großformatige Fresken zurück. (WJ)

Lessing, 1. Gotthold Ephraim, Dichter und Publizist, 22.1.1729 Kamenz – 15.2.1781 Braunschweig. Schon mit seinem frühen Lustspiel »Die Juden« (1749) entwarf der Sohn eines protestantischen Predigers eine kritische Diagnose judenfeindlicher Vorurteile und initiierte damit eine Literatur- und Emanzipationsdebatte prominenter Gelehrter. Seine Freundschaft mit M. →Mendelssohn, mit dem er als Autor und Herausgeber eng zusammenarbeitete, wurde zu einer für die Epoche ebenso einzigartigen wie bedeutsamen Konstellation. Lessings Nathan der Weise im gleichnamigen dramatischen Gedicht (1779) trug als emphatisches Bekenntnis zur Aufklärung deutliche Züge des Freundes und wurde zum umstrittenen Prototyp literarischer Gestaltung der Ideen von Gleichheit und Toleranz. Erst durch Schillers Bearbeitung kam es zum Bühnenerfolg; das Pathos des Stücks provozierte auch polemisch-satirische Persiflagen. Ihren Abschluß fand Lessings Reflexion über das Verhältnis christlicher und jüdischer Religion 1780 in seinem geschichtsphilosophischen Versuch »Die Erziehung des Menschengeschlechts«. Für die Juden blieb Lessing bis ins 20. Jahrhundert hinein die Idealgestalt des Aufklärers. (HN)

2. Theodor, Schriftsteller und Philosoph, 8.2.1872 Anderten bei Hannover – 30.8.1933 Marienbad (ermordet). Lessing wurde 1895 zum Doktor der Medizin promoviert und studierte dann Philosophie und Psychologie; sein besonderes Interesse gehörte der Geschichtsphilosophie. 1922 Professor für Pädagogik und Philosophie an der Technischen Hochschule Hannover. Ein warnender Artikel vor der Wahl Hindenburgs zum Reichspräsidenten 1925 entfachte eine haßerfüllte Kampagne gegen ihn. 1933 Flucht aus Deutschland, im August desselben Jahres Opfer eines Mordanschlags. Werke: »Geschichte als Sinngebung des Sinnlosen« (1916), »Der Untergang der Erde am Geist« (1924), »Der jüdische Selbsthaß« (1930).

🄻 R. Marwedel, Theodor Lessing 1872 bis 1933. Eine Biographie, 1987. (JS)

Lettland (Latvija), baltische Republik, 1940 bis 1991 Sowjetrepublik. Bis zum 16. Jahrhundert war den Juden der Zugang nach Lettland von den deutschen Ordensrittern verwehrt. Juden begannen sich erst nach 1650 unter polnischer Herrschaft niederzulassen. Hauptzentren der jüdischen Bevölkerung bildeten sich in den Provinz Livland (1721 russisch) und Kurland (1795 russisch). Beide Provinzen befanden sich außerhalb des →Ansiedlungsrayons, so daß dort nur die Juden leben konnten, deren Familien nachweislich vor der russischen Besetzung dort gewohnt hatten. Ausnahmen von diesem Gesetz ermöglichten das Wachstum der jüdischen Gemeinden in der 2. Hälfte des 19. Jahrhunderts. Vor dem Ersten Weltkrieg lebten etwa 190 000 Juden, d.h. 7,4 Prozent der Bevölkerung, in Lettland. Nach 1918, als Lettland unabhängig wurde, waren die Juden im Parlament als nationale Minderheit gleichberechtigt vertreten. Diese Rechte wurden 1934 abgeschafft, als Lettland ein totalitärer Staat faschistischer Prägung wurde. Nach dem Zweiten Weltkrieg gab es in Lettland nach Schätzungen noch bis 30 000 (1995: 15 000) Juden, in der Mehrzahl in der Hauptstadt Riga. (AB)

Leuchter →Menora

Levi, dritter Sohn →Jakobs und Leas, rächte mit seinem Bruder Simeon die Schändung ihrer Schwester Dina (Gen 34), gilt als

Stammvater des Stammes Levi, der nie eine echte Landnahme vollzogen, sondern priesterliche Funktionen übernommen hat (vgl. Gen 49,5ff. mit Dtn 33,8ff.). Aus Levi stammen →Mose und →Aaron. Innerhalb von Levi wird zwischen den Angehörigen der drei levitischen Familien Gerschon, Kehat und Merari, die mit dem Tragen der Bundeslade (Aron ha-Berit) und dem Dienst im Stiftszelt beauftragt waren, und den Nachkommen Aarons unterschieden, die Aufseherfunktionen ausübten (Num 3 und 4). Diese Scheidung könnte für die Herausbildung eines überlegenen, aaronidischen Priestertums sprechen, dient aber auch zur Legitimierung der zadokidischen Priester, die ursprünglich nicht aus dem Stamm Levi kommen, in 1 Chr 5,29–49 aber auf (den Leviten) Aaron fiktiv zurückgeführt werden. Das Legitimationsproblem entstand, als unter König Joschija (639–609 v.Z.) die Urform des Buches Deuteronomium aufgefunden wurde, in dem Priester mit Leviten gleichgesetzt werden (Dtn 18,1–8), zugleich aber nicht-levitische Zadokiden im Tempel von Jerusalem Dienst versahen (vgl. 1 Kön 2,35), die die Leviten auf die Landheiligtümer abgedrängt hatten. Im Zug der Kultzentralisation Joschijas wurden diese Leviten entgegen Dtn 18,6–8 für den Dienst im Tempel zugelassen; sie galten von nun an als bloße Tempeldiener (Ez 44,10–14; →Priester). Zu ihnen gehörten Torhüter, Schatzmeister, Sängergilden u. a. (vgl. 1 Chr 9,17ff.). Die Leviten erhielten für ihren Dienst den Zehnten (Num 18,21ff.). Noch heute spiegelt sich die Stellung der Leviten (oft erkennbar an Namen wie [ha-]Levi, Lewin und dgl.) darin, daß sie das Vorrecht haben, nach den Priestern zur Toralesung aufgerufen zu werden (vor einem »gewöhnlichen« Juden, genannt Jisrael; Git 5,8); daß sie (durch eine Einführung der Kabbalisten) den Priestern bei der Birkat Kohanim (→Priestersegen) die Hände waschen (daher »Leviten-Kanne« als Symbol, vor allem auf Grabsteinen von Leviten). Leviten sind von der Pflicht der Auslösung des Erstgeborenen (→Pidjon ha-Ben) befreit (Bek 2,1; 8,1). (LD/TK)

Levi, 1. Berend, Hoffaktor und Bankier in Minden, →Vorgänger, Lebensdaten nicht gesichert. Herkunftsort vermutlich Bonn, urkundlich 1641 erstmals erwähnt, gestorben vor 1666. Durch Geschäfte während des Dreißigjährigen Kriegs zu Reichtum gelangt, gewann Levi Einfluß durch Verhinderung feindlicher Durchzüge in Kleve-Mark. 1647 erlangte Levi vom Großen Kurfürsten Friedrich Wilhelm I. das Geleit für Herford mit der Befugnis, dort Tribut einzunehmen. Mit Patent des Großen Kurfürsten vom 7. 2. 1650 zum »Befehlshaber und Vorgänger« der in den westlich der Elbe gelegenen brandenburgisch-preußischen Territorien und der in Halberstadt wohnenden Juden eingesetzt, versuchte er, auf eigenen Vorteil bedacht, rücksichtslos gegenüber seinen Glaubensgenossen die fiskalischen und politischen Interessen des Großen Kurfürsten durchzusetzen. 1651 von der Judenschaft des Fürstbistums Paderborn zum Vorsteher gewählt. Scheiterte mit seiner Politik jedoch an der bald entstehenden Opposition der Judenschaft und der Stände, die seine Konkurrenten aus der Familie →Gomperz unterstützten; verlor 1652 seine Position über die Juden in Kleve-Mark, 1654 über die in Paderborn, behielt sie über die Juden in Minden, Ravensburg und Halberstadt bis zu seinem Tod. Damit war der Versuch des Großen Kurfürsten, die Juden in Halberstadt und den westlichen Territorien Brandenburg/Preußens zusammenzuschließen, nicht zuletzt an der rücksichtslosen Persönlichkeit Levis gescheitert.

[L] F. Baer, Das Protokollbuch der Landjudenschaft des Herzogtums Kleve, 1922. – H. Schnee, Die Hoffinanz und der moderne Staat, Band 1, 1953. (AH)

2. Carlo, italienischer Maler, Schriftsteller und Arzt, 29. 11. 1902 Turin – 4. 1. 1975 Rom. Nach dem Medizinstudium wandte sich Levi der Malerei zu und hielt sich in den 20er Jahren mehrere Male in Paris auf. In Italien gründete er 1929 die Künstlergruppe »Sei pittori di Torino«. 1935/36 als aktiver Antifaschist nach Lukanien verbannt; schloß sich in Paris dem jüdischen →Widerstand an. 1963 und 1968 Wahl zum Senator. Die Eindrücke von Armut und Unterentwicklung Süditaliens verarbeitete Levi in seinem bekanntesten Werk, »Cristo si è fermato a Eboli« (1945, deutsch »Christus kam nur bis Eboli«). In seiner literarischen, journalistischen und politischen Tätigkeit beschäftigte Levi sich weiterhin mit der »Mezzogiorno«-Problematik und schrieb Reiseberichte. Hauptwerke: »Paura della libertà« (1946), »L'orologio« (1950, deutsch »Die Uhr«), »Le parole sono pietre« (1955, deutsch »Worte sind Steine«), »Tutto il miele è finito« (1964, deutsch »Aller Honig geht zu Ende«). (JÖD)

3. Primo, Chemiker und Schriftsteller, 31. 7. 1919 Turin – 11. 4. 1987 Turin. Studium der Chemie und Promotion; schloß sich einer piemontesischen Partisaneneinheit der »Resistenza« an. Gefangennahme 1944 und Deportation nach Auschwitz. Nach der Befreiung des Vernichtungslagers durch die sowjetische Armee im Januar 1945 kehrte Levi nach einer achtmonatigen Odyssee durch die Sowjetunion, Rumänien, Österreich und Deutschland im Oktober 1945 nach Turin zurück. Mitarbeiter in der chemischen Industrie bis 1977. Die Erfahrung von Auschwitz veranlaßte Levi zum Schreiben autobiographischer Romane und Erzählungen, die mit vielen wichtigen Literaturpreisen ausgezeichnet wurden. 1987 nahm Levi sich in Turin das Leben. Hauptwerke: »Se questo è un uomo« (1947, deutsch »Ist das ein Mensch? Erinnerungen an Auschwitz«); »La tregua« (1963, deutsch »Atempause. Eine Nachkriegsodyssee«); »Se non ora quando?« (1982, deutsch »Wann, wenn nicht jetzt?«); »I sommersi e i salvati« (1986, deutsch »Die Untergegangenen und die Geretteten«).

Primo Levi, 80er Jahre

🄻 G. Grassano, Primo Levi, Florenz 1981. (JÖD)

Leviat(h)an (hebräisch »liwjatan«), mythisches Meeresungeheuer, das von Gott getötet (Ps 74,14) oder gebändigt wurde (Ps 104,26). In Hiob 40,25–41,26 ist der Leviat(h)an als Krokodil dargestellt; in Jes 27,1 wird er als Schlange bezeichnet und steht für die Völker (Ägypter, Assyrer/Babylonier), die Gott in der Endzeit vernichten wird. In Hiob 40,15 wird parallel zum Leviat(h)an der Behemot (vorgestellt als Nilpferd) genannt; später herrscht die Vorstellung, beide würden in der Endzeit von den Gerechten verspeist werden (4 Esr 6,49ff.). Der Leviat(h)an und sein Weibchen wollten die Welt zerstören; daher habe Gott den Leviat(h)an kastriert, das Weibchen getötet und für den Verzehr in der künftigen Welt eingesalzen (BB 74b). Daneben gibt es die mythisch-kosmologische Vorstellung, der Jordan münde in Leviat(h)ans Maul (BB 74b). (LD/TK)

Levi ben Gerson (auch Gersonides, RaLBaG), Philosoph, Exeget, Astronom und Mathematiker, 1288 Bagnols, Provence – um 1344 Perpignan. Seine originellen Leistungen auf den Gebieten der Mathematik und der Astronomie – u. a. die Erfindung des »Jakobsstabs« zur Winkelmessung – verschafften Levi ben Gerson auch in der christlichen Gelehrtenwelt Ansehen. Im Judentum wirkte er vor allem durch seine Bibelkommentare, die durch ihre rationalistische Tendenz gekennzeichnet sind, auch die unscheinbarsten Details der geoffenbarten Gesetze philosophisch auszulegen. Levi ben Gerson verfaßte ausgedehnte Kommentare zu Aristoteles und →Averroes und neigte in seiner Religionsphilosophie dem averroistischen →Aristotelismus zu. In seinem 1317–29 entstandenen philosophischen Hauptwerk »Die Gotteskämpfe« (hebräisch »Milchamot Adonai«, deutsch von B. Kellermann 1914–16), setzte er scholastisch die wichtigsten religionsphilosophischen Streitpunkte auseinander. Gegen →Mose ben Maimon behauptete er insbesondere, daß Gott, d. h. das reine Denken in der Schöpfung, zu einem bestimmten Zeitpunkt der ewigen Materie ihre ewigen Formgesetze gegeben habe. Ziel des Menschen sei es, diese Formgesetze zu erkennen und dabei an ihrer Ewigkeit teilzuhaben. Diese radikal rationalistische Religionsphilosophie hat paradoxerweise weniger die Gemüter erregt als die gemäßigtere Position des →Mose ben Maimon.

🄻 C. Touati, La pensée philosophique et théologique de Gersonide, Paris 1973. (DK)

Levi Isaak ben Meir von Berdiczew, chassidischer Rabbi und →Zaddik, 1740 Husakow, Galizien – 1809 Berdiczew, Ukraine. Rabbinersohn, wurde 1766 Anhänger und Vertrauter des →Baer (Dow) von Mesiritsch, kurze Zeit Rabbiner in Ryczywol, dann in Zelechow, Polen, darauf in Pinsk, Weißrußland; die beiden letzten Orte mußte er wegen seiner Kontroversen mit den →Mitnaggedim verlassen. Schließlich wurde er Rabbiner in Berdiczew. Levi Isaak ben Meirs →Chassidismus ist nicht systematisch strukturiert; er gründet sich auf den Grundsatz, daß Gott alle Welten in sich enthalte. Gott ist als der Ferne unfaßbar und geistig, während er als der Nahe den Menschen innewohnt. Hauptthemen Levi Isaak ben Meirs sind die Liebe zu Gott und zu Israel (weswegen man

Levi Isaak ben Meir auch den »Anwalt Israels« nannte). Er pflegte auch Jiddisch zu beten; das Gebet »Got fun Awrohom«, das Frauen bei der Hawdala beten, wird ihm zugeschrieben. Levi Isaak ben Meirs Predigten sind in zwei Teilen mit Ergänzungen unter dem Titel »Keduschat Lewi« veröffentlicht worden. Levi Isaak ben Meir hatte viele Schüler und war einer der bedeutendsten Chassidim der dritten Generation. Er ist der Held zahlreicher volkstümlicher Erzählungen und Theaterstücke. (LD/TK)

Lévinas, Emmanuel, Philosoph, 12.1.1906 Kaunas, Litauen – 25.12.1995 Paris. Nach Absolvierung des russischen Gymnasiums studierte Lévinas seit 1923 Philosophie in Straßburg. 1928/29 hörte er bei E. →Husserl und Martin Heidegger in Freiburg i. Br. Mit seiner Doktorarbeit »Theorie der Intuition in der Phänomenologie Husserls« (1930) führte er die Phänomenologie in Frankreich ein. Während des Zweiten Weltkriegs kämpfte er in der französischen Armee und überlebte in einem deutschen Kriegsgefangenenlager. Seit 1947 war er Rektor der Jüdischen Schule der →Alliance Israélite Universelle in Paris, und seit 1957 wirkte er mit seinen einflußreichen Talmudvorlesungen an den vom jüdischen Weltkongreß organisierten »Kolloquien der jüdischen Intellektuellen französischer Sprache« mit. 1961 veröffentlichte Lévinas sein erstes philosophisches Hauptwerk, »Totalität und Unendlichkeit« (deutsch 1987). Im Anschluß an F. →Rosenzweig und mit Hilfe der phänomenologischen Methode versucht Lévinas gegen die seiner Meinung nach in der europäischen Denktradition übliche totalitäre Gleichschaltung alles Andersartigen die uneinholbare und moralisch verpflichtende Andersartigkeit des anderen Menschen darzutun. Den Antitotalitarismus findet Lévinas vor allem in der jüdischen Tradition wieder. Seit 1962 war Lévinas Professor für Philosophie. Zuletzt lehrte er an der Sorbonne (bis 1976). Lévinas übte auf jüdische Intellektuelle in Frankreich einen starken Einfluß aus. Ehemalige jüdische Linksintellektuelle wie Benny Lévy, B.-H. Lévy, der Anführer der »Neuen Philosophen«, Alain Finkielkraut u. a. haben durch die Totalitarismuskritik Lévinas' zu den jüdischen Quellen zurückgefunden. Weiteres Werk: »Difficile Liberté. Essais sur le judaïsme« (1984).

[L] A. Finkielkraut, Die Weisheit der Liebe, 1990. – F. Poirié, Emmanuel Lévinas, Lyon 1987. (DK)

Leviratsehe (von spätlateinisch »levir«, »Schwager«), Schwagerehe (hebräisch »jibbum«), nach Dtn 25,5f. die Ehe der Witwe eines sohnlos verstorbenen Mannes mit einem Bruder des Verstorbenen. Als Sinn der Leviratsehe wird angegeben, den Namen des Verstorbenen zu erhalten und ihm sein Haus, d. h. Nachkommenschaft, zu bauen. Lehnt der Schwager (Jawam) die Heirat ab, findet die Zeremonie der Chaliza (Schuhausziehen) statt: Die Schwägerin (Jewama, Jawma) geht zu den Ältesten und gibt die Ablehnung des Schwagers bekannt; dieser wird vorgeladen und spricht die Worte: »Ich will sie nicht nehmen.« Die Frau zieht ihm darauf den (rechten) Schuh aus, spuckt ihm ins Gesicht und ruft: »So ergeht es einem Mann, der das Haus seines Bruders nicht bauen will« (Dtn 25,7–10). Durch die Chaliza wird die Frau frei, einen anderen zu heiraten. Die Leviratsehe liegt der Geschichte von Juda und Tamar (Gen 438) zugrunde und wird im Buch Rut mit der »Auslösung« des Erbes des Verstorbenen verbunden (Rut 4). Einzelne Vorschriften: Der Mann muß überhaupt kinderlos (schon Dtn 25) verstorben sein (auch in bezug auf andere Frauen), da sonst die Schwagerehe unter das Inzestverbot (Lev 18,16) fällt. Die Leviratsehe darf frühestens drei Monate nach dem Tod des Mannes eingegangen werden (Jeb 4,10); obwohl sie durch Beischlaf (Dtn 25,5) vollzogen wird, muß eine dem »Verlöbnis« (Kidduschin, →Ehe) entsprechende Handlung stattfinden (Jeb 52a). Der älteste Bruder des Toten hat Vorrang; die Leviratsehe kann aber auch von einem anderen Bruder vollzogen werden (Jeb 24a). Der Schwager übernimmt mit der Leviratsehe auch die auf dem Nachlaß lastende Schuld der →Ketubba (Jeb 4,4). Die Chaliza erfordert einen besonderen Lederschuh. Es genügt, wenn die Frau unter den Augen der Ältesten (einem →Bet Din von fünf Mitgliedern) vor den Mann auf den Boden spuckt. Problematisch ist, daß die Frau, deren Schwager weder die Chaliza noch die Leviratsehe vollzieht (z. B. wegen Abwesenheit, Minderjährigkeit oder Glaubensabfall), als →Aguna betrachtet wird, die nicht wieder heiraten darf. Ob Leviratsehe oder Chaliza vorzuziehen sei, war seit den →Tannaiten stets strittig; heute ist die Chaliza üblich. Die Leviratsehe ist in Israel per Dekret des Oberrabbinats (1950) verboten, die Chaliza obligatorisch. (LD/TK)

Levison, Georg (Mordechai Gumpel Schnaber), Arzt, Naturwissenschaftler und theologischer Schriftsteller, um 1730/45

Berlin – 10.2.1797 Hamburg. Der Schüler des Berliner Rabbiners David Fränkel erhielt seine medizinische Ausbildung seit 1771 in London bei dem Chirurgen John Hunter; bei einer Reise nach Schweden 1780 erhielt Levison vom schwedischen König den Professorentitel. Nach kurzen Aufenthalten in London und Berlin ließ sich Levison 1782 in Hamburg nieder und war dort bis zu seinem Tod als Arzt tätig. Levison entfaltete eine umfangreiche publizistische Tätigkeit; gründete das Wochenblatt »Die Ärzte«, das später unter dem Titel »Deutsche Gesundheitszeitung« erschien; er verfaßte eine enzyklopädische Darstellung der Wissenschaften; 1782 erschien sein medizinisches Hauptwerk »Beschreibung der Londonschen medizinischen Praxis, den deutschen Ärzten vorgelegt«.

[L] H.-J. Schoeps, Gumpertz Levison, Leben und Werk eines gelehrten Abenteurers des 18. Jahrhunderts, in: Zeitschrift für Religions- und Geistesgeschichte 4, 1952. (JÖD)

Leviticus →Hebräische Bibel

Levy, 1. Asser (van Swellen), Amerika-Pionier, 1631 Schwelm in Westfalen – 1681. Levy war einer der ersten europäisch-jüdischen Einwanderer in der Zeit der Besiedlung Nordamerikas. Levy landete 1654, vor der Inquisition fliehend, in Neu-Amsterdam (später New York) und war der erste jüdische Grundbesitzer, den die Engländer nach ihrer Besetzung des Landes im Jahr 1664 aufforderten, den Treu-Eid auf die britische Besatzungsmacht abzulegen. Levy gilt als erster jüdischer Bürger und Soldat der USA und war Vorkämpfer persönlicher und religiöser Freiheitsrechte. (LH)

2. David, israelischer Politiker (→Cherut, →Likud), 1938 Rabat; immigrierte 1957 mit 19 Jahren nach Israel, zunächst als Bauarbeiter in Bet Shean tätig; engagiertes Mitglied der →Histadrut, zuerst in der →Israelischen Arbeitspartei. Levy wechselte zur Cherut-Partei und wurde Bürgermeister von Bet Shean. 1969 verschaffte ihm M. →Begin ein Abgeordnetenmandat in der Knesset. Mit dem Machtwechsel nach den Knessetwahlen 1977 wurde Levy Minister für Eingliederung. 1978 übernahm er das Wohnungsbauministerium und vertrat besonders die Interessen der nordafrikanischen Juden, kandidierte erfolglos gegen I. →Schamir 1983 für die Nachfolge Begins als Generalsekretär der Cherut. Schamir wurde Parteivorsitzender, aber Levy behielt das Wohnungsbauministerium und wurde stellvertretender Ministerpräsident. Dieses Amt nahm er während der gesamten Dauer der »Koalition der nationalen Einheit« ein. 1990–1992 war Levy Außenminister, ebenso seit 1996 in der Regierung von B. →Netanjahu, aus der er Anfang 1998 wegen Meinungsverschiedenheiten zurücktrat. (Auch die Abgeordneten der Partei Gescher, mit der er sich 1995 vom Likud abgespalten hatte, verließen die Koalition). (DB/MW)

3. Ludwig, Architekt, 14.3.1854 Landau, Pfalz – 30.11.1907 Karlsruhe. Neben Wohn- und Geschäftshäusern in Straßburg, Neustadt a. H., Landau, Kaiserslautern und Karlsruhe baute Levy zahlreiche Synagogen in unterschiedlichem Stil, charakteristisch für den Stilwandel im späten 19. und frühen 20. Jahrhundert. Nach Synagogen im neuislamischen Stil in Kaiserslautern (1883 bis 1888; nach einem Baukonzept von A. →Wolff), Pforzheim (1893) und Luxemburg (1893/94, von Pforzheim abhängig) baute Levy Synagogen im sich nun durchsetzenden neuromanischen Stil, so in Straßburg (1898) und Baden-Baden (1899). Neben den Synagogen in Rastatt (1905/06), Barmen und Rostock ist vor allem die Synagoge in Bingen (1903–05) zu nennen, die er in Überwindung des späten Historismus in schlichten, klaren Formen gestaltete. Zur 1913 in Thionville (Diedenhofen) errichteten Synagoge machte er den Entwurf.

[L] H. Hammer-Schenk, Synagogen in Deutschland (1780–1933), 1981. (HK)

Lévy-Bruhl, Lucien, Soziologe und Ethnologe, 10.4.1857 Paris – 13.3.1939 Paris, studierte an der École Normale Supérieure, unterrichtete Philosophie an verschiedenen Gymnasien, 1895 Lehrbeauftragter, 1908 Professor für Geschichte der modernen Philosophie an der Sorbonne. Zusammen mit M. →Mauss begründete er das Pariser »Institut d'Éthnologie«. Lévy-Bruhl gilt als einer der ersten Soziologen, der in Verbindung mit sozialen und historischen Untersuchungen die komparativen Methoden der Biologie nutzte. Mit Hilfe seiner kombinierten Methode gelang es Lévy-Bruhl, die Existenz einer »primitiven Mentalität« als Typus des Denkens, Fühlens und sozialen Verhaltens nachzuweisen, der an übernatürliche Kräfte glaubt, im wesentlichen mystisch denkt und sich analytischem und abstraktem Denken widersetzt. In zahlreichen Schriften, die ihn weltweit bekannt gemacht haben, setzte sich Lévy-Bruhl mit den Qualitäten und den Charakteristika des Primitivismus auseinander, in: »Les fonctions mentales dans les sociétés inférieures« (1910, deutsch 1926); »La Mentalité primitive« (1922, deutsch 1927); »L'Ame primitive« (1927, deutsch 1930); »Le Surnaturel et le Naturel dans la Mentalité primitive« (1931) u. a. Lévy-Bruhls Auffassung von der engen Verbindung zwischen Ethik und Soziologie aus moralsoziologischer Sicht findet sich in seinem Werk »La Morale et la Science des Mœurs« (1903). (AS)

Levy-Rathenau, Josephine, Sozialarbeiterin, 3. 6. 1877 Berlin – 15. 11. 1921 Berlin. Levy-Rathenau zählt wie Henriette Fürth und Camilla Jellinek zu den prominenten jüdischen Frauen, die in der deutschen →Frauenbewegung tätig waren. 1900 gründete sie den Berliner Frauenklub, 1902 die Auskunftsstelle für Frauenberufe, die sie bis 1921 leitete. 1914 war sie Mitbegründerin des Nationalen Frauendienstes. Von 1910 bis 1920 gab sie die Zeitschrift »Frauenberuf und Erwerb« heraus. 1920 wurde sie zur Stadträtin im Magistrat von Berlin gewählt. Hauptwerke: »Die deutsche Frau im Beruf« (1912), »Vergangenheit und Zukunft der Frauenberufsberatung« (1921). (MAM)

Lewald-Stahr, Fanny, Schriftstellerin, 24. 3. 1811 Königsberg – 5. 8. 1889 Dresden. 1828 getauft, lebte Lewald-Stahr bis 1843 weitgehend im Elternhaus, politisch beeinflußt von ihrem Vetter Heinrich Simon; 1843 Übersiedlung nach Berlin. 1842 erschien in Leipzig ihr erster Roman, »Clementine«. Mit dem Roman »Jenny« (1843) befreite sie sich vom Trauma ihres ohne Überzeugung vollzogenen Glaubensübertritts und wandte sich gegen die Zurückweisung der Juden durch die Umwelt. 1845 lernte Lewald-Stahr in Italien Adolf Stahr kennen, den sie 1854 heiratete. Das umfangreiche Prosawerk der populären und politisch wachen Autorin zeichnet sich durch scharfe Beobachtung zeitgeschichtlicher und sozialer Probleme, besonders auch der Frauenemanzipation, aus (u. a. »Erinnerungen aus dem Jahre 1848«, 1850; »Von Geschlecht zu Geschlecht«, 1864–66; »Die Familie Darner«, 1888). (MP)

Lewandowski, Louis, Kantor und Komponist, 3. 4. 1821 Wreschen, Posen – 4. 2. 1894 Berlin. War als erster Jude Schüler der Kompositionsschule der Berliner Akademie, wurde 1840 Gesangslehrer an der Freien Jüdischen Schule. Seine frühen, im deutschen Liedstil komponierten Werke blieben unbeachtet. Erst 1844, als er Chorleiter der Berliner jüdischen Gemeinde wurde, wandte er sich der Komposition synagogaler Musik zu, indem er altjüdische Singweisen bearbeitete. Ähnlich wie dem Wiener S. →Sulzer ging es Lewandowski um eine Anpassung des jüdischen Tempelgesangs an die europäische Musikentwicklung, wobei ihm die Ausdrucksweise von F. →Mendelssohn-Bartholdy als Vorbild diente. Sein Werk »Kol Rinna« (1871), das die Gebete am Sabbat und den jüdischen Feiertagen musikalisch unterlegt, wurde angesichts der geschickten Verbindung von liturgischen und traditionellen Modi in moderner Form von Kantoren überall in der Welt alsbald für ihren Vortrag übernommen. Berühmt als Komponist synagogaler Musik wurde Lewandowski vor allem durch die zweiteilige Komposition »Toda Wesimra« (1876–82) für vierstimmigen Chor, Kantorsolo und gemeindlichen Gesang. Unter den Erneuerern des synagogalen Gesangs war Lewandowski der beste Komponist: seine Handhabung des Chorgesangs, harmonische Linienführung, des Kontrapunkts und des traditionellen Melodienreichtums ist unübertroffen geblieben. (AS)

Lewin, 1. Herbert, Arzt und Verbandsfunktionär, 1. 4. 1899 Schwarzenau – 21. 11. 1982 Wiesbaden. Arbeitete in der Jüdischen Poliklinik in Berlin und war ab 1937 bis zur Deportation Chefarzt im Jüdischen Krankenhaus in Köln; 1941–45 KZ-Haft; nach der Befreiung sofortige Rückkehr nach Köln, 1949–67 Chefarzt der Offenbacher Frauenklinik, 1952 Professur. 1955 Präsident des Landesverbands der jüdischen Gemeinden in Hessen, Gründungspräsident des Keren Hajessod; 1963–69 Direktoriumsvorsitzender des →Zentralrats der Juden in Deutschland. Lewin widmete sich besonders dem Auf- und Ausbau der jüdischen Gemeinden und ihrer gemeinnützigen Einrichtungen. Im Mai 1986 wurde in Köln-Lindenthal die Haedenkamp-Straße in Herbert-Lewin-Straße umbenannt, gegen den Widerstand in Teilen der Öffentlichkeit. (EP)

2. Isaak, Historiker, 14. 1. 1906 Wieliczka, Polen. Seit 1941 in den USA. Professor für jüdische Geschichte an der Yeshiva University in New York, wo er über die Geschichte der polnischen Juden lehrt und forscht. Herausgeber der fünfbändigen »Eleh Eskra« (1956–63); verfaßte Biographien über von den Nationalsozialisten ermordete Juden. Hauptwerke: »The Destruction of Europe« (1948), »After the Destruction« (1950). (LH)

3. Kurt, Sozialpsychologe und Soziologe, 9. 9. 1890 Mogilno, Posen – 12. 2. 1947 Newtonville, Mass. (USA), studierte an den Universitäten Freiburg, München, Berlin. Er lehrte bis 1932 an der Universität und am Psychologischen Institut Berlin. Von 1935 bis 1945 arbeitete er an der »Child Welfare Research Station« der Universität Iowa; von 1945–47 Professor und Direktor des »Research Center for Group Dynamics« am Massachusetts Institute of Technology; zeitweilig Berater der »Commission on Community Interrelations of the American Jewish Congress«. Die von ihm entwickelte »Feldtheorie« findet sich in: »Field Theory in Social Science« (eine 1951 erschienene Gesamtausgabe verstreuter Publikationen, deutsch 1963). Lewin verband sozial- und tiefenpsychologische Arbeitsweisen zur Analyse gruppendynamischer Prozesse (»Gruppendynamik«), wodurch er sowohl der Sozialpsychologie als auch der Kommunikationsforschung entscheidende Anregungen gegeben hat. Neben seinem Hauptwerk »A Dynamic Theory of Personality« (1935) gehören »Vorsatz, Wille und Bedürfnis« (1926) und »Die Entwicklung der experimentellen Willenspsychologie und die Psychotherapie« (1929) zu seinen frühen in Deutsch veröffentlichten Schriften. (AS)

Lewinsohn, Isaak Bär →Haskala

Lewis, David, Rechtsanwalt und Politiker (Sozialist), 23. 6. 1909 Svisloč, Polen – 23. 5. 1981 Ottawa. 1921 Immigration nach Kanada; 1931 Abschluß an der McGill University; 1932–35 Besuch der Oxford University als »Rhodes Scholar«; Präsident der Oxford Union. 1935 Rückkehr nach Kanada; führendes Mitglied der League for Social Reconstruction und der Co-operative Commonwealth Federation, Rechtsanwalt für Arbeitsfragen. 1958 Mitbegründer der New Democratic Party, Kanadas sozialdemokratischer Partei; mehrmals Mitglied des Bundesparlaments; 1971–74 Führer der NDP. 1981 politische Memoiren »The Good Fight«.

[L] C. Smith, Unfinished Journey: The Lewis Family, Toronto 1989. (CL)

Lewisohn, Ludwig, Schriftsteller, 30. 5. 1882 Berlin – 31. 12. 1955 Miami Beach. Lewisohn wuchs als Kind jüdischer Immigranten in South Carolina auf, versuchte sich in die amerikanische Kultur zu integrieren, wurde sich aber insbesondere durch Erfahrungen im Ersten Weltkrieg seines Judentums neu bewußt und fand in den 20er Jahren im europäischen Exil zum Zionismus. (»Israel«, 1925); für ihn engagierte er sich, 1934 in die USA zurückgekehrt, als Ehrensekretär wie seit 1948 als Komparatist an der Brandeis University. Während im Mittelpunkt seines Romans »The Case of Mr. Crump« (1926) eine Strindberg-Ehe steht, schildert Lewisohn in »Up Stream« (1922) und »Midchannel« (1929) seine eigene amerikanisch-jüdische Biographie, in der der Jude als »culture hero« die amerikanischen Ideale wieder ins Bewußtsein hebt. (HH)

Lex Romana Visigothorum (Breviarium Alaricianum). Das vom arianischen Westgotenkönig Alarich II. (Regierungszeit 484–507) als Kompilation aus römischen Rechtssammlungen, besonders dem →Codex Theodosianus, für die römische Bevölkerung Spaniens 506 veröffentlichte Gesetz enthält 13 Artikel, die den Juden die Gerichtsbarkeit in eigener Sache, Rücksichtnahme auf Festtage im Steuerwesen und vor Gericht und den Besitz christlicher Sklaven zugestehen, Mischehen, Übergriffe gegen Konvertiten, Erwerb und Beschneidung von christlichen Sklaven und Proselytismus jedoch verbieten. Die Lex Romana Visigothorum betrachtete demnach die Juden noch als römische Bürger, garantierte ihnen ihre Existenz, freie Religionsausübung und Rechtsschutz, verschloß ihnen jedoch den Zugang zur Oberschicht und die Möglichkeit, Nichtjuden für den jüdischen Glauben zu gewinnen. Die Lex Romana Visigothorum galt auch nach der Eroberung Südwestgalliens durch die Franken weiter, beeinflußte das burgundische und das bayerische Stammesrecht und wirkte noch auf das hochmittelalterliche Regional- und Kommunalrecht in Südfrankreich ein. (FL)

Lex Visigothorum (Liber Iudiciorum). Das 654 als Rechtskorpus mit zwölf Büchern für alle Bürger des Westgotenreiches von König Rekkeswind (Regierungszeit 653 bis 672) verkündete Gesetz enthielt nach und nach mit Erweiterungen in XII, 2 zunächst 18 Judentitel westgotischer Könige seit 689, in XII, 3 später weitere 28 Judentitel des Königs →Ervigius (R. 680–687). Die Verbote reichen vom Erwerb christlicher Sklaven (Rekkared, 586–601) über die Beschneidung und den Besitz christlicher Sklaven (Sisebut, R. 612–621), die Apostasie von Zwangskonvertiten (Chindaswind,

R. 642–653) und zahlreiche Maßnahmen zur Absicherung von Zwangsbekehrungen (Rekkeswind, Ervigius) bis zu Handelsbeschränkungen und zur Enteignung aller noch übriggebliebenen Glaubensjuden (Egiza, R. 687–702). Die Dekrete der Westgotenkönige wurden von den Konzilen in →Toledo teils aufgenommen, teils auch durch zusätzliche Bestimmungen ergänzt. Über diese Konzilsbeschlüsse, vor allem die des 4. Konzils von Toledo, ging westgotisches Königsrecht auch in das Kirchenrecht (→Ivo von Chartres, →Gratian) ein. Die spanischen Reiche der Reconquista nahmen die Lex Visigothorum wieder auf. Im 13. Jahrhundert verliehen kastilische Könige in der Volkssprache bearbeitete Fassungen unter der Bezeichnung »Fuero Juzgo« als Stadtrechte in den neueroberten Landschaften des Südens. Im 14./15. Jahrhundert hat das Judenrecht der Lex Visigothorum die Judenpolitik der Könige Kastilien-Aragons beeinflußt. (FL)

Libanonkrieg, der unter dem Namen »Operation Frieden für Galiläa« am 6. 6. 1982 begonnene Eingriff der israelischen Armee in den Libanon. Hauptanlässe waren der syrische Druck auf die christlichen Falangisten in dem seit 1975 dauernden libanesischen Bürgerkrieg, die 1981 erfolgte Aufstellung syrischer Raketen im Libanon und besonders die militärisch-terroristischen Aktionen der Palästinensischen Befreiungsorganisation (PLO) als nahezu selbständiger »Staat im Staate« im Libanon. Israels erklärtes Ziel war die Verdrängung der PLO aus einem 40 km tiefen Streifen im Süden Libanons bis zum Litani-Fluß. Dies geschah in z. T. bitteren Kämpfen um die Städte Tyros (Sur) und Sidon (Saida) in den ersten Tagen der Operation. Israel hatte bekanntgegeben, es würde die syrischen Verbände nicht angreifen, wenn die Syrer ihrerseits nicht angriffen, doch kam es zu einer heftigen Konfrontation der beiden Luftwaffen, in der israelische (bzw. amerikanische) Flugzeuge 86 syrische (bzw. sowjetische) Maschinen abschossen, ohne selber einen Verlust zu verzeichnen. Die Kämpfe mit Syrien gaben Verteidigungsminister A. →Scharon Anlaß, seine insgeheim vorbereiteten, viel weiterreichenden Pläne zu verwirklichen. Die israelische Armee rückte bis zur strategischen Straße Beirut-Damaskus vor und umzingelte das islamische West-Beirut, wohin sich die PLO-Verbände zurückgezogen hatten. Nach mehreren unsicheren Waffenruhen wurde am 12. 8. 1982 West-Beirut über 11 Stunden lang von der israelischen Luftwaffe angegriffen, das Bombardement erst nach einem Telefonat zwischen US-Präsidenten Reagan und Ministerpräsidenten Begin eingestellt. Vor allem Verteidigungsminister Scharon wurde in Israel scharf kritisiert. Durch amerikanische und saudiarabische Vermittlung und unter Aufsicht einer internationalen Friedenstruppe wurden 8000 PLO-Kämpfer aus Beirut evakuiert. Zwischen dem 16. und 18. 9. 1982 verübten Falangisten, deren Einzug in PLO-Flüchtlingslager vom Kommandanten der israelischen Armee in Beirut zugelassen worden war, ein Massaker in den Lagern Sabra und Shatila. Infolge der Berichte eines offiziellen israelischen Untersuchungsausschusses mußten u. a. Scharon und der Generalstabschef zurücktreten. Mit dem Eingreifen in Beirut hatte sich Israel in den libanesischen Bürgerkrieg verstrickt und einer immer schärferen Kritik der internationalen sowie der israelischen Öffentlichkeit ausgesetzt. Zum ersten Mal in Israels Geschichte kam es zu Massenprotesten gegen das Vorgehen der israelischen Armee. An einer einzigen Demonstration in Tel Aviv nahmen rund 400 000 Menschen (fast 10 Prozent der damaligen Landesbevölkerung) teil. Die nach den Knessetwahlen 1984 gebildete »Koalition der nationalen Einheit« machte einen Rückzug aus dem Libanon zur außenpolitischen Priorität. Der Rückzug wurde mit Ausnahme einer Sicherheitszone entlang der israelischen Grenze bis Juni 1985 vollzogen.

🄻 T. Friedman, From Beirut to Jerusalem, 1989. – C. Herzog, Kriege um Israel, 1984. – Z. Schiff/E. Yaari, Israel's War in Lebanon, 1984. – F. Schreiber/M. Wolffsohn, Nahost. Geschichte und Struktur des Konflikts, ²1989. (DB/MW)

Liberale Partei, israelische Partei, die im April 1961 aus einer Vereinigung der →Allgemeinen Zionisten (AZ) und der →Progressiven Partei entstand. Sie erhielt in den Knessetwahlen 1961 17 Mandate (gegenüber insgesamt 14 für die beiden Vorgängerparteien bei den Wahlen von 1959) und ging in die Opposition. Die Liberale Partei erkannte den Wohlfahrtsstaat und die Errungenschaften der →Histadrut an, forderte aber weniger Einmischung des Staates und gleiche Chancen für private Initiativen. Sie trat für individuelle Freiheiten und eine geschriebene →Verfassung ein. Als L. →Eschkol 1965 einen Block mit seiner →Mapai und der linkssozialistischen →Achdut Haawoda zustande brachte, wuchs der Druck für ein stärkeres Zusammenrücken der nicht-sozialistischen Parteien. Die →Cherut-Partei schlug den Liberalen die Bildung eines Blocks vor. Eine Mehrheit, vornehmlich die ehemalige AZ-Mehrheit, entschied sich für die Gründung des →Gachal-Blocks. Eine Gruppe jedoch, mehrheitlich aus der ehemaligen Progressiven Partei, spaltete sich ab und gründete die →Unabhängige Liberale Partei. Bei den Wahlen zur sechsten Knesset (1965) erhielt die Liberale Partei 11 von den insgesamt 26 Sitzen des Blocks. In der sechsten Knesset behielten sich beide Parteien vor, bei bestimmten Fragen eigene Standpunkte zu beziehen. So stimmten die Liberalen für, Cherut gegen die Aufnahme von Beziehungen mit der Bundesrepublik Deutschland. Die Liberale Partei ging 1973 als Teil des Gachal in den Likud-Block über. 1986 spaltete sich die →Liberale Zentrumspartei ab. 1988 vereinigten sich Liberale und Cherut-Partei zur Likud-National-Liberalen-Partei (→Likud).

Ⓛ M. Wolffsohn/D. Bokovoy, Israel. Geschichte, Politik, Gesellschaft, Wirtschaft, 51996. (DB/MW)

Liberales Judentum →Reformjudentum, →Judentum

Liberale Zentrumspartei (LZ), im Januar 1986 von der →Liberalen Partei abgespaltene israelische politische Partei, die sich gegen die Tendenz zur außenpolitischen Kompromißlosigkeit bei den mit der →Cherut-Partei im →Likud-Block vereinigten Liberalen wehrte und in der Innenpolitik eine Rückbesinnung auf »liberale« Werte forderte. In der Hoffnung, eine pragmatischere Politik einzuleiten, knüpfte die LZ Kontakte mit der PLO. 1987 kamen Dissidenten aus der Cherut hinzu. Die LZ trat 1987 der →Bewegung der Mitte bei, die jedoch schnell wieder auseinanderfiel. Die LZ-Mitglieder blieben vornehmlich bei der übriggebliebenen →Schinui-Partei oder gingen zur Liberalen Partei zurück.

Ⓛ M. Wolffsohn/D. Bokovoy, Israel. Geschichte, Politik, Gesellschaft, Wirtschaft, 51996. (DB/MW)

Liber Extra, Dekretalen Papst Gregors IX. Der Liber Extra, eine Kompilation von Dekretalen und Konzilskanones, die seit Papst →Alexander III. in mehrere Sammlungen, besonders die fünf →Compilationes Antiquae, aufgenommen worden waren, wurde 1234 im Auftrag →Gregors IX. von →Raimund von Peñafort zusammengestellt. Dieser ordnete den Stoff nach dem von →Bernhard von Pavia eingeführten System in fünf Büchern, wobei die Texte in Tituli thematisch zusammengefaßt wurden. Insgesamt hat das Buch 25 Kapitel, die Juden unmittelbar, fünf weitere, die sie mittelbar betreffen. Neben dem Rechtsschutz der →Sicut-Iudaeis-Bullen finden sich zwei Weisungen →Gregors I., wonach Juden alte Synagogen ungehindert benutzen und Hörige besitzen dürfen. Sechs Kanones fördern die Bekehrung der Juden, sechs andere verbieten ihnen, christliche Sklaven zu halten und Dienstleute anzustellen, zwölf enthalten restriktive Bestimmungen und verbieten u. a., neue Synagogen zu bauen, Ämter zu bekleiden und zu Ostern in der Öffentlichkeit aufzutreten, fordern Rückerstattung von Wucherzinsen, ferner besondere Kleidung und die Zahlung von Kirchenzehnten für Grundbesitz. Drei weitere Verordnungen wenden sich gegen die angebliche Bevorzugung der Juden vor weltlichen Gerichten. Der Liber Extra bildet als authentische Rechtssammlung den zweiten Teil des →Corpus Iuris Canonici. Die Auslegung der Rechtsbestimmungen des Liber Extra war Aufgabe der sich schnell entwickelnden Dekretalistik.

Ⓛ W. Pakter, Medieval Canon Law and the Jews, 1988. (FL)

Libermann, Aron Samuel, hebräischer Schriftsteller und sozialistischer Theoretiker, 1845 Luna, Gouvernement Grodno – 1880 New York. Beeinflußt von revolutionärer russischer Literatur, wurde Libermann Mitglied des sozialistischen »Wilna-Zirkels« (→Arbeiterbewegung, jüdische) und propagierte bereits zu Beginn der 70er Jahre des 19. Jahrhunderts sozialistische Theorien in der Rabbinerschule von Wilna. Bedrängt durch Repressalien der russischen Regierung, flüchtete er nach London und gründete dort den ersten sozialistischen Verein jüdischer Arbeiter. Erneut von der Polizei verfolgt, ließ er sich in Wien unter dem Namen Arthur Freemann nieder und gab die hebräische Monatszeitschrift »Ha'emet« (»Die Wahrheit«) heraus. Nach Verbot der Zeitschrift arbeitete Libermann unter dem Pseudonym »Bar derora« (hebräisch: »Sohn der Freiheit«) für die Wochenzeitung »Hammabbit«. Im Februar 1878 erfolgte Libermanns Verhaftung, und nach dem Prozeß wurde er nach Preußen abgeschoben. Hier wurde Libermann erneut verhaftet und verurteilt. Als sozialistischer Agitator wurde er von Polizei und Gerichten von Land zu Land gehetzt und strandete schließlich in Amerika. Hier nahm er sich das Leben. Er hinterließ u. a. eine »Geschichte der sozialistischen Utopien« (Tel Aviv 1928). (WJ)

Lichtenstein, 1. Alfred, Lyriker und Prosaist, 23.8.1889 Berlin – gefallen 25.9.1914 bei Vermandovillers/Somme. Aus einem gutbürgerlichen assimilierten Elternhaus stammend (der Vater war Fabrikant), studierte Lichtenstein in Berlin Jura und promovierte 1914 in Erlangen. Aus der Melancholie des Außenseiters und in Abgrenzung gegenüber Expressionisten wie Georg Heym oder Ernst Blass entwickelte Lichtenstein seine satirisch-groteske Schreibart; eine zentrale Gestalt wie der bucklige Kuno Kohn (Skizze, 1910; Geschichten, 1912; Gedichte, 1912/13) kann eventuell auch als Figuration deutsch-jüdischer Existenz gedeutet werden. Neben »Weltende« von Jakob van Hoddis gehört Lichtensteins »Die Dämmerung« (1911) zu den bahnbrechenden Gedichten des Frühexpressionismus; als Prosaist wurde Lichtenstein einerseits von Mynona und Paul Scheerbart, andererseits von Carl Einstein beeinflußt (Veröffentlichungen im »Sturm« seit 1910, der »Aktion« seit 1912, im »Simplicissimus« und »Pan«). (HH)

Max Liebermann, 1932

2. Max, Justizrat, 1860 Ortelsburg, Ostpreußen – 1942 KZ Theresienstadt. Rechtsanwalt (1885) und Stadtverordneter (1894), später Stadtverordnetenvorsteher in Königsberg, 1912 Wahl in das Preußische Abgeordnetenhaus (Fortschrittliche Volkspartei). Wegen seiner jüdischen Herkunft wurde ihm die Niederlegung seines Mandats nahegelegt, was er im März 1913 auch tat. Lichtenstein galt als »linker Flügelmann« des Liberalismus in Ostpreußen. Präsident der Deutschen Kant-Gesellschaft. (LH)

Lichtheim, Richard, zionistischer Politiker, 18.7.1885 Berlin – 29.4.1963 Jerusalem, studierte in Berlin und Freiburg, 1911–13 Redakteur des zionistischen Zentralorgans »Die Welt«, Übersiedlung nach Konstantinopel, wo er während des Weltkriegs für die Zionistische Organisation tätig war. 1925 Eintritt in die Revisionistische Bewegung, die er 1933 verließ, um die Jüdische Staatspartei zu gründen. Lichtheim baute zusammen mit Georg Halpern in Palästina eine Versicherungsgesellschaft (Migdal Insurance Company) auf. Während des Zweiten Weltkriegs Aufenthalt in Genf, wo er ein Netz von Kontakten im besetzten Osteuropa aufbaute. Werke u.a.: »Memoiren« (1933), »Geschichte des Zionismus in Deutschland« (1954).
🄻 I. Friedman, Germany, Turkey and Zionism 1897–1918, 1977. (JS)

Lichtigfeld, Isaak Emil, Rabbiner, 3.1.1894 Burstyn, Galizien – 24.12.1967 Frankfurt am Main. Wuchs in Düsseldorf auf, im Ersten Weltkrieg schwer verwundet. Jurastudium und rabbinische Studien in Düsseldorf. Lichtigfeld betreute die jüdisch-orthodoxe Jugendbewegung und gründete eine Talmud-Tora-Schule. 1933 Emigration nach England, ab 1937 Rabbiner in London, Leitung der »Union of Orthodox Congregations«. Zu dieser Aufgabe gehörte u.a. im Sommer 1948 die Betreuung von Holocaust-Überlebenden auf der Insel Zypern, einer Durchgangs- und Internierungsstation auf dem Weg nach Palästina. 1954 Berufung als Landesrabbiner für Hessen und Gemeinderabbiner für Frankfurt. Lichtigfeld gründete bald darauf die Rabbinerkonferenz in Deutschland, ein Gremium aller amtierenden Rabbiner zur Klärung religiöser Fragen, z.B. der Anerkennung von Übertritten zum Judentum. Die jüdische Volksschule in Frankfurt wurde nach Lichtigfeld benannt. (EP)

Liebermann, 1. Max, Maler und Graphiker, 20.7.1847 Berlin – 8.2.1935 Berlin, führender Vertreter des Impressionismus, 1878–84 in München, gründete 1898 die Berliner Sezession, seit 1899 deren Präsident; 1920–33 Präsident der Preußischen Akademie der Künste, an der er seit 1898 eine Professur innehatte. Von den Nationalsozialisten als »entartet« bezeichnet. (JS)

2. Rolf, Komponist, 14.9.1910 Zürich, Großneffe des Malers M. →Liebermann, studierte Komposition bei W. Vogel und Dirigieren bei H. Scherchen. 1950–57 leitete er die Musikabteilung beim Schweizer Sender Beromünster, ab 1957 die des Norddeutschen Rundfunks, wurde 1959 Intendant der Hamburger Staatsoper, 1973–80 Direktor der Pariser Opernbühnen. In seiner Eigenschaft als Leiter der angeführten Opernhäuser hat er sich den Ruf eines kompetenten, fortschrittlichen und höchst erfolgreichen Operndirektors erworben. Als Komponist trat er mit den Opern »Leonore 40/45« (1952) und »Penelope« (1954, beide auf ein Libretto von Heinrich Strobel), in den Vordergrund als einer derjenigen Bühnenkomponisten, die versuchen, geistige und psychologische Zeitprobleme in das musikalische Geschehen einzubeziehen. Stilistisch hat sich Liebermann der Zwölftontechnik angeschlossen, die er in freier Weise verwendet. In seinem Werk »Concerto für Jazzband und Symphony Orchestra« (1954) hat er als einer der ersten die Gegenüberstellung von Jazzorchester und Sinfonieorchester durchgeführt. Liebermann hat sich als risikofreudiger Förderer der jungen Opernkomponistengarde außerordentlich verdient gemacht. 1995 wurde anläßlich seines 85. Geburtstages seine Oper »Medea« in Hamburg uraufgeführt. (AS)

Liebermann von Sonnenberg, Max →Antisemitenpetition, →Völkische Bewegung

Liebmann, Esther, Hofjuwelierin, Lebensdaten nicht gesichert. Tochter des Prager Hoffaktors Samuel Schulhoff (gestorben 1703 Berlin); in erster Ehe mit Israel Aaron, dem wichtigsten Hoffaktor des Großen Kurfürsten, in zweiter Ehe nach dem Tod Aarons mit dessen Nachfolger Jost Liebmann verheiratet. Angesehen beim preußischen König Friedrich I., setzte sie rücksichtslos ihre ökonomischen und politischen Pläne in der Berliner jüdischen Gemeinde durch, zeigte sich aber großzügig gegenüber ihrer Familie und ihrer Anhängerschaft.

Ⓛ H. Schnee, Die Hoffinanz und der moderne Staat, Band 1, 1953. – S. Stern, Der preußische Staat und die Juden, Teil 1, 1962. (AH)

Likud (hebräisch »Zusammenschluß«), 1973 gegründeter Zusammenschluß aus →Gachal und zunächst drei kleineren Rechtsparteien, die ein gemeinsames Wahlprogramm und eine gemeinsame Kandidatenliste vorlegten und in der →Knesset eine gemeinsame Fraktion bildeten. Nach dem Wahlsieg von 1977 war der Likud die Hauptkraft der Regierungskoalition. 1984 bis 1990 bildete er zusammen mit der →Israelischen Arbeitspartei und kleineren Parteien eine »Koalition der nationalen Einheit«. 1988 ging der Likud-Block in der Likud-National-Liberalen-Partei auf. 1990 bis 1992 regierte die Likud-Partei wieder als dominante Partei in einer Regierungskoalition aus rechten und religiösen Parteien, ebenso unter Führung von B. →Netanjahu seit 1996. Der Likud erzielte in den Wahlen zur Knesset folgende Ergebnisse:

1973	30,2%	der Stimmen	39 Mandate
1977	33,4%	der Stimmen	43 Mandate
1981	37,1%	der Stimmen	48 Mandate
1984	31,9%	der Stimmen	41 Mandate
1988	31,1%	der Stimmen	40 Mandate
1992	24,9%	der Stimmen	32 Mandate
1996	25,1%	der Stimmen	32 Mandate

Ⓛ N. Orland, Die Cherut. Analyse einer rechtsorientierten Partei, 1983. – N. Orland, Cherut–Gachal–Likud 1965–1977, 1994. – M. Wolffsohn/D. Bokovoy, Israel. Geschichte, Politik, Gesellschaft, Wirtschaft, [5]1996. (DB/MW)

Lilien, Ephraim Moses, Graphiker, 23.5. 1874 Drogobytsch, Galizien – 18.7.1925 Badenweiler. Wirkte 1894–99 in München, u.a. als Illustrator von Zeitschriften, Mitarbeiter der »Jugend«; Hinwendung zum Jugendstil mit feiner Linienführung und Schwarz-Weiß-Technik. Seit 1899 in Berlin, wurde als Buchillustrator bekannt: »Juda« von Börries von Münchhausen (1900), »Lieder des Ghetto« von Morris Rosenfeld (1902). Lilien gilt als Erneuerer der modernen jüdischen →Buchkunst und →Symbolik, besonders durch den Zyklus der zwölf Stämme Israels, war überzeugter Jude und Zionist, was seine Werke beeinflußte. Er war zeitweise Lehrer an der Bezalel-Schule in Jerusalem, bereiste Palästina seit 1906 mehrmals, malte Veduten von der Landschaft und den Städten des Landes und machte zahlreiche Radierungen jüdischer Menschen. Seit 1909 erschienen drei Bände seiner illustrierten Bibel, die jedoch unvollständig blieb.

Ⓛ L. Brieger, Ephraim Moses Lilien. Eine künstlerische Entwicklung um die Jahrhundertwende, 1922. – E. M. Lilien, Briefe an seine Frau 1905–1925, 1985. (HK)

Lilienthal, Max →Haskala

Lilit(h), weiblicher →Dämon, aus dem babylonischen Kulturkreis übernommen, in der Bibel nur Jes 34,14 (einer der bösen Geister, die am Rachetag Gottes die Erde verwüsten), im Talmud öfter vorgestellt als Wesen mit Frauengesicht, Flügeln und langen Haaren (Er 100b), das einen allein im Haus schlafenden Mann befallen kann (Schab 151b). Später wird erzählt, Lilit(h) sei eine vor der Erschaffung Evas aus der Rippe →Adams (Gen 2,7f.) geschaffene

»erste Eva« gewesen (vgl. Gen 1,27), die sich Adam gegenüber gleichberechtigt gefühlt und mit ihm einen Streit angefangen habe, wer beim Beischlaf oben liegen darf; als sie den →Gottesnamen aussprach, verflüchtigte sie sich, ließ sich im Roten Meer nieder und betonte gegenüber drei von Gott ausgesandten Engeln, sie sei geschaffen, Kleinkinder zu schwächen. Daher waren zum Schutz Neugeborener →Amulette gegen Lilit(h) (z.T. mit Namen oder Bildern jener drei Engel, z.T. mit Lilit[h]s Bild) in Gebrauch. In der →Kabbala Ausbau der Vorstellung von Lilit(h); sie ist u.a. Königin des Bösen (Sitra Achra) und Mutter unzähliger Dämonen, die sie aus den nächtlichen Samenergüssen der Männer empfängt. (LD/TK)

Lind, Jakov (eigentlich Jakov Landwirth), Dichter und bildender Künstler, 16.2.1927 Wien. Lind wuchs in einer Arbeitersiedlung auf, bevor er 1938 nach Holland emigrierte; er überlebte die Shoa mit falscher Identität u.a. als Binnenschiffer. Nach dem Krieg ging er für fünf Jahre nach Israel, lebte dann in verschiedenen europäischen Metropolen, seit 1954 vor allem in London. Seine sprachlich eindrucksvoll schroffen, zum Teil satirisch-grotesken Erzählungen, Romane und (englisch geschriebenen) Autobiographien (»Eine Seele aus Holz«, 1962; »Landschaft in Beton«, 1963; »Eine bessere Welt«, 1966; »Counting My Steps«, 1969; »Numbers«, 1972; »Reisen zu den Enu«, 1983) kreisen vor allem um die Existenzbedingungen als Jude und Außenseiter. (MS)

Lindemann, Gustav, Schauspieler und Theaterleiter, 24.8.1872 Danzig – 5.5.1960 Düsseldorf. Nach seiner Ausbildung an der Berliner Bühnenschule und einem Volontariat am Berliner Lessing-Theater neunjährige Tätigkeit als Schauspieler. 1904 gemeinsam mit seiner Frau, Luise Dumont, Gründung des Düsseldorfer Schauspielhauses, das 1905–30 unter seiner Leitung stand. Lindemann bemühte sich mit dem Düsseldorfer Schauspielhaus um eine künstlerische Modernisierung der Theaterkonzeption und um die Verwirklichung eines neuen Theaterstils, wobei werktreue Interpretation im Vordergrund stand. Aus der Düsseldorfer Schule gingen u.a. Gustaf Gründgens und Paul Henckels hervor. Die Theaterzeitschrift »Masken« war für die Bühnenarbeit ein öffentliches Forum; geringe Eintrittspreise ermöglichten einer breiten Öffentlichkeit den Besuch des Theaters. 1933–45 hatte Lindemann Berufsverbot. Während dieser Zeit Aufbau des Archivs des Düsseldorfer Schauspielhauses, das er 1947 als Dumont-Lindemann-Archiv der Öffentlichkeit übergab. Nach 1945 Mitbegründer und Vorsitzender der »Arbeitsgemeinschaft kultureller Organisationen der Stadt Düsseldorf«. (RD)

Lindtberg, Leopold (ursprünglich Lemberger), Regisseur und Theaterleiter, 1.7.1902 Wien – 18.4.1984 Sils-Maria, Schweiz. Studierte in Wien Germanistik, Philosophie, Kunstgeschichte, Theater- und Musikwissenschaft. 1924 Schauspielerdebüt in Wilhelm Dieterles expressionistischem »Dramatischen Theater« Berlin. 1925–32 Regisseur u.a. in Düsseldorf, Bielefeld, an der Piscatorbühne (Theater am Nollendorfplatz, Berlin), Koblenz, Breslau. 1933 Emigration. 1933–45 inszenierte Lindtberg am Züricher Schauspielhaus insgesamt 118 Theaterprojekte, u.a. Regisseur der Uraufführungen von »Professor Mamlock« (Friedrich Wolf), »Arthur Aronymus« (E. Lasker-Schüler, 1936), »Bellmann« (Carl Zuckmayer, 1938), »Mutter Courage und ihre Kinder« (Brecht, 1941). 1934–35 Gastregisseur am Habima Theater Tel Aviv. Seit 1935 Filmproduktionen. Preisgekrönt sein Film »Die letzte Chance« (1945). Seit 1948 Inszenierungen am Wiener Burgtheater, an verschiedenen deutschen Bühnen, bei den Salzburger Festspielen und am Habima und Cameri Theater in Tel Aviv, 1965–68 Direktor des Züricher Schauspielhauses. Lehraufträge u.a. am Max-Reinhardt-Seminar Wien (1963–65) und an der Universität Zürich 1965–73. Schriften: »Shakespeares Königsdramen« (Wien 1964), »Reden und Aufsätze« (herausgegeben von C. Jauslin, Zürich/Freiburg i. Br. 1972). (MBR)

Linker Bund →Unabhängiger Linkssozialistischer Bund

Lipmann, Jom Tow ben Salomo aus Mühlhausen, Talmudgelehrter, 14./15. Jahrhundert, lebte als rabbinische Autorität u.a. in Prag, Krakau und später auch in Lindau (Bodensee), war Kenner der jüdischen Philosophie und der lateinischen Sprache, eignete sich für seine Kontroversen mit christlichen Gelehrten auch Kenntnisse des NT und der Kirchenväter an. Wurde 1399 mit anderen Juden von einem jüdischen Konvertiten denunziert. Lipmanns Widerlegung blieb erfolglos; als darauf 80 Juden getötet wurden, verfaßte er die polemische Schrift »Sefer ha-Nizzachon«, die Angriffe vor allem auf das Christentum, aber auch auf die →Karäer, Spötter und dgl. enthält sowie Erklärungen strittiger Bibelstellen. Sie hat, vor allem seit sie (in verfälschter Form) von Christen gedruckt und ins Lateinische übersetzt worden war, nachhaltig die jüdisch-christliche Polemik beeinflußt. Lipmann ist auch Verfasser einiger kabbalistischer Werke sowie von →Responsen. (LD/TK)

Lippe-Detmold. Jüdische Einwohner sind im 14. und 15. Jahrhundert in den Städten und größeren Flecken des lippischen Landes nachgewiesen, vor allem in den Residenzen der Grafen zu Lippe wie Brake, Detmold und Blomberg. Nachdem die lippischen Stände seit der Mitte des 16. Jahrhunderts immer wieder von ihren Landesherren die Vertreibung der Juden verlangt hatten, wurden die rund 30 jüdischen Familien im Jahr 1614 des Landes verwiesen. Die erste Vergabe von Schutzbriefen ist wieder seit 1643, verstärkt seit Ende des 17. Jahrhunderts bis Mitte des 18. Jahrhunderts nachweisbar. 1767 lebten in Lippe-Detmold 142 Schutzjuden. 1720 bestätigte die lippische Regierung die erste Judenordnung, die die innerjüdischen Angelegenheiten der Verwaltung und des Kultus regelte. Im 18. und 19. Jahrhundert lassen sich in Lippe-Detmold zwischen 14 und 18 Synagogen nachweisen; die älteste und größte Synagogengemeinde bestand in Detmold, weitere in Lemgo, Horn, Blomberg und Salzuflen. Ein Polizeibericht aus dieser Zeit spricht im Jahr 1792 von 900 Juden, davon 163 Schutzjuden. Die Abschaffung des Schutzgeldes und des Schutzverhältnisses während der Revolution von 1848 wurde 1852 wieder aufgehoben. Erst 1858 erfolgte die völlige rechtliche Gleichstellung der Juden in Lippe-Detmold. Im Jahr 1864 lebten 1193 Juden in Lippe-Detmold, 1925 nur noch 607. Die größte Gemeinde mit einem vielfältigen kulturellen Leben bestand in Detmold, wo auch der Sitz des »Synagogenverbands der Israeliten des Fürstentums Lippe« war. Die jüdische Bevölkerung war vor allem im Land-, Getreide-, Vieh- und Pferdehandel tätig. Während des Novemberpogroms 1938 wurden in nahezu allen lippischen Orten die Synagogen, Bethäuser und jüdischen Geschäfte zerstört und 37 Juden in das KZ Buchenwald deportiert. Seit Dezember 1941 systematische Deportation der jüdischen Einwohner. Nach 1945 entstanden keine neuen jüdischen Gemeinden.

🄻 A. Herzig, Juden in Lemgo und Lippe-Detmold, in: Lemgoer Hefte 40, 1987. – K. Pohlmann, Vom Schutzjuden zum Staatsbürger jüdischen Glaubens, 1990. (JÖD)

Lippold, Münzmeister, aus Prag kommend, seit 1550 in der Mark Brandenburg nachweisbar – 28.1.1573 Berlin. Durch Erlaß des Kurfürsten Joachims II. 1556 zum Obersten aller märkischen Juden bestimmt, hatte Lippold als Hoffaktor dafür Sorge zu tragen, daß keine Edelmetalle, -steine und Münzen außer Landes geschafft wurden; verhielt sich tyrannisch und habgierig gegenüber seinen Glaubensgenossen, gewann aber eine Vertrauensstellung beim Kurfürsten, der ihn zum Schatullenverwalter, Kammerdiener und Münzmeister ernannte und ihn zum Verwalter der kurfürstlichen Münze einsetzte. Nach dem plötzlichen Tod des Kurfürsten (2./3. 1. 1571) wurde Lippold verhaftet und des Mordes am Kurfürsten bezichtigt. Obwohl ihm keine Schuld nachgewiesen werden konnte, wurde er am 28. 1. 1573 gerädert und gevierteilt. Nach seiner Hinrichtung wurde allen Juden »auf ewige Zeiten« der Aufenthalt in der Mark Brandenburg untersagt.

🄻 A. Ackermann, Münzmeister Lippold, 1910. (AH)

Lissauer, Ernst, Schriftsteller, 10.12.1882 Berlin – 10.12.1937 Wien. Heroisch-religiöses Pathos und deutschnationale Gesinnung kennzeichnen Lissauers Lyrik, Dramen und Aufsätze, darunter den »Haßgesang gegen England« (1914), von dem er sich später distanzierte. Lissauer befürwortete in der »Kunstwart«-Debatte (1912) die totale Assimilation der Juden an die deutsche Kultur. Das Gedicht »O Volk, mein Volk!« (»Zeiten-Wende«, 1936) ist exemplarisch für Lissauers tragische Position nach 1933. (IS)

Litauen (Lietuwa), baltische Republik, 1940–91 Sowjetrepublik. Die Litauer beherrschten seit Beginn des 14. Jahrhunderts Gebiete im Westen →Rußlands (vor allem Weißrußland, Ukraine). Gegen Ende dieses Jahrhunderts wurden den jüdischen Gemeinden Privilegien gewährt. Vom 1386 bis zum 18. Jahrhundert war Litauen mit dem Königreich Polen in Personalunion verbunden, wobei zunächst Litauen, seit 1569 Polen der dominierende Teil war. Die Juden in Litauen hatten weniger unter Verfolgung und Gewalt zu leiden als die in Rußland und der →Ukraine, wodurch ihre Kultur und ihre Religion eine besondere Entwicklung nahmen. Es entstand ein eigener Dialekt des Jiddischen, und es verbreitete sich vor allem die religiöse Bewegung der Mitnaggedim (→Mitnagged), im Gegensatz zum →Chassidismus, der im Süden Rußlands vorherrschte. Nach der Teilung Polens gegen Ende des 18. Jahrhunderts gerieten die meisten litauischen Juden unter russische Verwaltung. Zum →Ansiedlungsrayon gehörend, blieb Litauen eines der wichtigsten Zentren jüdischen Lebens und Kultur. Die berühmten Jeschiwot (»Talmudschulen«) Litauens, bereits im 17. Jahrhundert bekannt, bildeten im 19. Jahrhundert Rabbiner sowohl für ganz Rußland als auch für jüdische Gemeinden im Ausland aus. Gegen Ende des 19. Jahrhunderts lebten in Litauen etwa 150 000 Juden, mehr als ein Achtel der Gesamtbevölkerung. Zwischen 1880 und 1930 wanderten Zehntausende der litauischen Juden nach Südafrika aus, weshalb das afrikanische Land von Juden manchmal als »litauische Kolonie« bezeichnet wurde. 1918 garantierte die Verfassung der unabhängig gewordenen Republik Litauen den Juden nationale Autonomie. 1926 kamen nationalistische Extremisten an die Macht, die die meisten demokratischen Rechte der Juden annullierten. 1936 lebten in Litauen trotz starker Auswanderung in den vorangegangenen Jahrzehnten ungefähr 165 000 Juden, vor allem in der Hauptstadt →Wilna (Vilnius) und in der Stadt Kowno (Kaunas); 1959, nach dem →Holocaust und der Emigration, noch 24 672 Juden, von denen 17 025 das Jiddische als Muttersprache angaben, der höchste Anteil Jiddisch-Sprechender in der Sowjetunion. Unter der sowjetischen Regierung emigrierten viele Juden, so lebten in den 80er Jahren nur noch ca. 15 000 in Litauen. Nach Öffnung der Grenzen 1989 nahm diese Zahl noch einmal um mehr als die Hälfte ab. Heute lebt die große Mehrheit der etwa 6500 litauischen Juden in Wilna (Vilnius), wo noch Reste der großen mittelalterlichen Ansiedlung und ein jüdisches Museum existieren; kleinere Gemeinden in Kaunas (Kovno) und Memel (Klajpeda).

L H. Haumann, Geschichte der Ostjuden, 1990. (AB/BV)

Literatur, 1. Deutsch-jüdische, siehe Die deutsch-jüdische →Literatur und ihre Geschichte

2. Hebräische →Hebräische Sprache und Literatur

3. →Holocaust-Literatur

4. Jiddische →Jiddische Sprache und Literatur

5. Deutschsprachige Literatur in Palästina/Israel. Anders als die verschiedenen deutschsprachigen Literaturen außerhalb des deutschen Sprachraums ist diese Literatur weder einer der nostalgischen auslandsdeutschen Literaturgruppen noch der Exilliteratur zuzuordnen: Die in Israel deutschschreibenden Autoren empfinden Israel als ihre Heimat und benützen das Deutsche als die ihnen geläufigste Sprache, weil sie aus Alters- und Existenzgründen das Hebräische nicht ausreichend lernen konnten. Allein der Gebrauch der deutschen Sprache intensiviert allerdings die Bürde der Erinnerung an die Verbrechen, die mit dem deutschen Namen untrennbar verbunden sind, und auch der wohl auf allen Geretteten lastende Shoa-Komplex, die Frage nach der Rechtfertigung des eigenen Überlebens, geht bei einigen Autoren, z. B. Jenny Aloni oder Netti Boleslav, so weit, daß die volle Identifikation mit Israel verwehrt ist. Von den vor ihrer Einwanderung bereits bekannten oder berühmten Autoren – A. →Zweig und J. →Kastein (Julius Katzenstein) kamen 1933, L. →Strauss 1935, E. →Lasker-Schüler und M. →Brod 1939 – beherrschte nur Strauss das Hebräische auch als dichterisches Ausdrucksmittel. Wer immer seine Gedanken und Emotionen schriftlich festhalten wollte, mußte es – oft gegen das eigene Gewissen – in deutscher Sprache tun. Aber schon zuvor, 1930, hatte Irma Singer, die seit 1920 Mitglied im Kibbuz Deganya war, in ihrem Gedichtband »Licht im Lager« das Ringen um das Hebräische, die Sprache der Väter, beschrieben.

Bis zur Gründung des deutschsprachigen innerhalb des allgemeinen israelischen Schriftstellerverbands 1975 hatte es kleine literarische Zirkel gegeben; 1975 gehörten diesem Verband 79 Mitglieder an, 1990 betrug die Mitgliederzahl trotz einiger Neuaufnahmen nur noch 36, ein Rückgang, der sich aus den Geburtsjahrgängen der Autoren erklärt. Im Ausland fanden Publikationsmöglichkeiten u. a. Lola Landau-Wegner (1892–1990), die bereits vor ihrer Einwanderung 1936 als Autorin hervorgetreten war, W. →Kraft, S. →Ben-Chorin, Rusia Lampel (1901–1983), Alice Schwarz-Gardos (geb. 1916), Netti Boleslav (1923 bis 1981) und Jenny Aloni (geb. 1917). Außer in fünf Anthologien seit 1980 konnten einzelne Autoren in Buchform publizieren, so Max Zweig u. a. seine Autobiographie, Heinz Wessenberg seine Moses-Trilogie; weitere Veröffentlichungen, z. T. im Selbstverlag, erschienen vor allem von Benno Fruchtmann, Arie Efrat (geb. 1918), den Lyrikerinnen Hanna Blitzer, Lillit Pavell, Mirjam Michaelis. Es wäre unrichtig, diese Literatur als »deutsch« zu bezeichnen. Wie bei einem Großteil der hebräischen Literatur sind ihre Themenwahl und Gestaltung weitgehend vom Grauen der NS-Zeit bestimmt, und die Autoren streben auch keine Vermittlerrolle zwischen Israel und den Ländern ihrer Geburt an. Das unentwegte Heraufbeschwören von Erinnerungen in ihren Schriften entspringt dem zwanghaften Wunsch, das Gedenken an die Ermordeten wachzuhalten; mit der Präsenz dieser Erinnerungen wird aber auch jedes weitere Geschehen relativiert. Bei einigen Autoren äußert sich dies in einem Syndrom von Angst und Verwundbarkeit, bei anderen in der Betonung religiöser Momente, in der Individualisierung politischer und gesellschaftlicher Konflikte. Die Spannung zwischen dem tradierten Weltbild ihrer Jugend und völlig verschiedenen späteren Erfahrungen schlägt sich bei vielen älteren Autoren, z. B. bei Frida Hebel, literarisch in einem moralischen Deutungsmuster nieder, in Kontaktbereitschaft und Anpassungswillen, in Lebensbejahung und dem Verzicht auf einen dichterischen Rückzug in ein ideales Nirgendwo.

Der israelischen Jugend wird vertraut, sie wird aber nicht plakativ heroisiert; aus sprachlichen Gründen gibt es allerdings keine direkte Einwirkungsmöglichkeit. Die Veröffentlichungen der deutschsprachigen Autoren Israels richten sich also vor allem an ein nichtisraelisches Publikum, an die Nachkommen nicht der Opfer, sondern der Täter. (MP)

Essay

Die deutsch-jüdische Literatur und ihre Geschichte

Hans-Otto Horch/Itta Shedletzky

Der Begriff der »deutsch-jüdischen Literatur«, deren historischer Zusammenhang hier in den Blick genommen wird, ist nicht selbstverständlich. Er deckt sich nur teilweise mit den üblichen Fragestellungen, die die bisherige apologetische, polemische und wissenschaftliche Diskussion weitgehend bestimmen: »jüdische Literatur«, »die deutsche Literatur und die Juden«, »Juden in der deutschen Literatur«. Während die weltliterarisch orientierten Werke zur Geschichte der jüdischen Literatur – von Gustav Karpeles (1886) bis Meyer Waxman (1930–47) und Günter Stemberger (1977) – alle von Juden verfaßten Schriften jüdischen Inhalts von der Bibel bis zur Gegenwart behandeln, beginnt mit Ludwig Geigers »Die Deutsche Literatur und die Juden« (1910) eine Spezifikation auf den deutschen Sprach- und Kulturraum seit dem Mittelalter. Bereits aus dem Titel des Geigerschen Werks wird sein Ziel deutlich: Es geht um die vor allem seit dem 18. Jahrhundert fortschreitende Integration der Juden in die deutsche Kultur, zu der sie ihren genuinen Beitrag leisten. Im Gegensatz dazu versucht Gustav Krojanker in seinem Sammelband »Juden in der deutschen Literatur« (1922) von einem nationaljüdischen Standpunkt aus, am Beispiel deutschsprachiger jüdischer Autoren seiner Gegenwart, gerade die Facetten des Jüdischen in ihrem Werk sichtbar zu machen. Die nähere Bestimmung des auf Literatur und Kultur bezogenen Begriffs »deutsch-jüdisch« ist integral gebunden an die historische Entwicklung. Entscheidend ist in erster Linie, daß seit der Mitte des 18. Jahrhunderts Deutsch unter den Juden allmählich zur Umgangssprache wird und jüdische Autoren beginnen, deutsch und nicht jiddisch oder hebräisch zu schreiben. Dieser Vorgang steht in direktem Zusammenhang mit einer sozial- und mentalitätsgeschichtlich motivierten schrittweisen Öffnung gegenüber der ihrerseits zum ersten Mal offener werdenden Kultur der nichtjüdischen Umwelt. Die deutsche Gesellschaft wird – zunächst für eine intellektuelle Elite – in der Aufklärung zur normativen Bezugsgruppe. Insofern unterscheidet sich die nun entstehende Literatur jüdischer Autoren von der des Mittelalters: Auch die jüdische Substanz ihrer Werke kann nun in deutscher Sprache formuliert werden. Diese Konstellation unterscheidet sich wesentlich von den bereits seit dem Mittelalter bestehenden sehr vereinzelten Beziehungen der Juden zur deutschen Literatur – etwa, wenn der Minnesänger Süßkind von Trimberg deutsch dichtet oder wenn deutsche Erzählstoffe (wie z. B. die Artussage) in jiddischer Sprache nacherzählt werden. Vor diesem Hintergrund bezeichnet der Begriff »deutsch-jüdische Literatur« das literarische Werk jüdischer Autoren in deutscher Sprache, in dem explizit oder implizit in irgendeiner Form jüdische Substanz erkennbar ist – als jüdische Thematik, Motivik, Denkformen oder Modelle. Diese jüdische Substanz – im Sinn einer Auseinandersetzung mit jüdischer Tradition oder jüdischer Existenz – entfaltet sich bei den meisten Autoren innerhalb eines dominierend deutschen kulturellen Bewußtseins. Deutsch-jüdische Literaturgeschichte umfaßt aber nicht nur die Produktion, sondern auch die Rezeptions- und Wirkungsgeschichte; die mediale Komponente (Publizistik, Verlagswesen u. a.) spielt gleichfalls eine große Rolle für ein umfassendes Verständnis des Phänomens.

Mit der Aufklärung, mit Moses Mendelssohn, beginnt die deutsch-jüdische Literaturgeschichte, insofern er durch seine Bibelübersetzung und seinen Bibelkommentar dem jüdischen Publikum die deutsche Sprache nahezubringen und die Bibel im Geist der Aufklärung verständlich zu machen suchte. Seine allgemeine Literaturkritik, seine Übersetzungen literarischer Texte ins Deutsche (Shakespeare) und seine Freundschaft mit Lessing sind exemplarisch für die nun beginnende Öffnung der Juden gegenüber der deutschen Kultur. Im Gegenzug entwirft Lessing ein neues, positives literarisches Bild der Juden; Nathan der Weise wird zum Inbegriff des »edlen Juden« und damit allerdings auch zu einer wirkungsgeschichtlich problematischen Norm. Eine andere Art der Hinwendung zur deutschen Kultur findet sich bei aus dem Ostjudentum stammenden Autoren wie Salomon Maimon oder Issachar Behr Falkensohn. Während der Kantianer Maimon sich in seiner Autobiographie explizit von seiner Herkunft distanziert, bemüht sich Falkensohn darum, in seinen Gedichten unter dem unerwarteten Titel »Gedichte eines Pohlnischen Juden« den Standard der deutschen Literatur zu erreichen, was ihm von Goethe den Vorwurf mangelnder Originalität einträgt. Auch der aus Breslau stammende Ephraim Moses Kuh schreibt ganz im Geist zeitgenössischer deutscher Dichtung, so daß weder bei ihm noch bei Falkensohn, was das Werk betrifft, von deutsch-jüdischer Dichtung gesprochen werden kann. Kuh wird später selbst zu einer literarischen Figur, weil er für diese Frühphase jüdischer Autoren in mancher Hinsicht exemplarisch ist (Berthold Auerbachs Roman »Dichter und Kaufmann« von 1840). Das Werk dieser Autoren ist also bestimmt von einer Art übersetzender Adaption deutscher bzw. gemeineuropäischer Modelle – gleichzeitig werden deutsche Dichtungen der Aufklärung in hebräischer Übersetzung verbreitet. Das läßt sich erklären einerseits aus dem Willen der Juden zur Öffnung, andererseits aus dem kulturellen Druck der herrschenden Doktrin ihrer »bürgerlichen Verbesserung«, die eine völlige Angleichung an die deutsche Kultur bei gleichzeitiger Aufgabe der jüdischen zur Voraussetzung hat: Emanzipation der Juden als Menschen, aber kaum Emanzipation des Judentums als Religion und Kultur. Eine Ausnahme bildet in diesem Zusammenhang Herder mit seiner Wertschätzung der hebräischen Poesie als jüdischer Nationalliteratur; daraus erklärt sich u. a. seine wirkungsgeschichtliche Bedeutung für die »jüdische Renaissance« in Ost- und Westeuropa am Ende des 19. Jahrhunderts.

Anders als Herder und Lessing standen die Klassiker Goethe und Schiller den Juden ihrer Zeit gleichgültig, ja sogar eher negativ gegenüber. Dennoch hat vor allem ihr Werk das Kulturbewußtsein der deutschen

Juden in der Folgezeit besonders weit- und tiefgehend geprägt. Dabei wurde Schiller im Westen wie im Osten als Repräsentant liberaler, emanzipatorischer Ideen gelesen, während Goethe – allerdings zunächst in einem kleineren Kreis von Autoren und Forschern – als Inbegriff deutscher Dichtung galt. Goethes Wirkungsgeschichte in Deutschland ist ohne den Anteil jüdischer Forscher gar nicht zu denken. Bereits im Salon der Rahel Varnhagen von Ense ist Goetheverehrung ein wichtiger Faktor. In dieser vorwiegend auf jüdische Häuser beschränkten Institution des ausgehenden 18. und frühen 19. Jahrhunderts mit den Hauptzentren Wien und Berlin wird – anders als etwa in den Logen und Clubs der Aufklärung – ein Gespräch zwischen Deutschen und Juden auf einer breiteren Basis als bisher möglich, freilich ein Gespräch, das in einem gleichsam exterritorialen Raum stattfindet, die Taufe der jüdischen Gesprächsteilnehmer zur Voraussetzung oder Folge hat und ausschließlich von der deutschen Kultur bestimmt ist. Von einem deutsch-jüdischen Gespräch im Sinne der Gleichberechtigung beider Komponenten kann hier also nicht die Rede sein. In der Epoche der Romantik, die die Salonkultur wesentlich mitprägt, machen sich gleichzeitig verschiedene, auch radikale Formen des Antisemitismus bemerkbar. Weder in der romantischen »Christlich-teutschen Tischgesellschaft« (Arnim, Brentano u. a.) noch in vielen studentischen Burschenschaften werden (auch getaufte) Juden aufgenommen; in Travestien (Sessa, Voß) – zeitgleich mit massiven politischen Ausschreitungen gegen die Juden (Hep-Hep) – wird ihre Akkulturation satirisch in Frage gestellt. Von nun an wird das vom Antisemitismus geprägte negative Judenbild zu einem direkt oder indirekt wirkenden Faktor der Literatur. Gerade unter dem massiver werdenden Druck der Umgebung entwickelt sich nun die deutsch-jüdische Literatur. Die beiden prominenten Autoren Heinrich Heine und Berthold Auerbach können in diesem Zusammenhang als Repräsentanten unterschiedlicher Orientierungen verstanden werden. Heine setzt sich vor wie nach seiner Taufe – die er keineswegs als religiösen Akt, sondern als »Entreebillet zur europäischen Kultur« wertete – selbstkritisch und souverän mit seinem Judentum auseinander und wird so vielleicht zum einzigen deutschen Juden, der »beides zugleich und in eins« war, Deutscher und Jude. Verklärung der jüdischen Geschichte und Tradition einerseits, Parodie und Kritik jüdischer Existenz andererseits machen die jüdische Substanz seines Werks aus. In diesem Zusammenhang darf Heines wenn auch nur kurze Mitgliedschaft im »Verein für Cultur und Wissenschaft der Juden« nicht übersehen werden. Dagegen wendet sich der rabbinisch geschulte und die Taufe stets ablehnende Berthold Auerbach nach erfolglosen Anfängen (Romane über Spinoza und Kuh) fast ganz von jüdischen Themen ab. Seine Dorfgeschichten spielen in der schwäbischen Heimat und im bäuerlichen Milieu, wo Jüdisches allenfalls noch am Rand und in Verkleidung zur Darstellung kommt; gerade damit aber wurde Auerbach – im Sinn des »Beitrags der Juden zur deutschen Literatur« – zu einem liberalen Erfolgsschriftsteller des 19. Jahrhunderts. Obwohl Ludwig Börne in vielem ein ähnliches Schicksal wie Heine hat – er ließ sich taufen und lebte wie dieser im französischen Exil –, spielt das Judentum bei ihm keine zentrale Rolle mehr. Als bahnbrechender politischer Journalist widmet er sich ganz der Frage einer universalen Emanzipation der Menschheit von jeglicher Unterdrückung. Während die bisher genannten Autoren Heine, Auerbach und Börne sich an das allgemeine Lesepublikum richten, konzentriert sich die seit den 30er Jahren des 19. Jahrhunderts entstehende jüdische Presse vor allem auf die jüdische Öffentlichkeit. Obwohl den verschiedenen, sich neu etablierenden religiösen Richtungen zugeordnet, bemüht sie sich – angefangen mit Ludwig Philippsons »Allgemeiner Zeitung des Judentums« (seit 1837) – auf der Basis der »Wissenschaft des Judentums« Inhalte und Formen jüdischer Geschichte und Tradition zu popularisieren. Die nun ent-

stehende jüdische Belletristik – besonders Erzählungen und Romane – wird zum Exemplum einer didaktisch motivierten jüdischen Tendenzliteratur, während gleichzeitig die Literaturkritik programmatisch einen Begriff dezidiert jüdischer Literatur zu entwickeln sucht und die deutsche Literatur nach Spuren jüdischer Stoffe, Motive und Themen durchforscht. Das Genre der in den vierziger Jahren entstehenden jüdischen Dorf- und Ghettogeschichte wird zunächst von der jüdischen Literaturkritik abgelehnt. Diese hatte aufgrund ihrer universalistischen Tendenz kein Interesse an einer die leidvolle Vergangenheit evozierenden, verklärenden oder kritischen Darstellung der zumindest in Westeuropa bereits als überholt empfundenen Ghettoexistenz. Gegen Ende des Jahrhunderts aber wird die Ghettogeschichte geradezu als Inbegriff jüdischer Literatur überhaupt rezipiert (→Ghettoliteratur).
Die jüdische Presse des 19. Jahrhunderts ist medialer Ausdruck des etablierten, »offiziösen« Judentums, das sich im Sinn einer Doppelidentität deutscher Bürger jüdischen Glaubens weitgehend auf Akkulturation ausrichtet. Um die Jahrhundertwende beginnt es seine unbestrittene Stellung einzubüßen, als mit der von Martin Buber wesentlich geprägten »jüdischen Renaissance« nicht nur neue, nationaljüdische Gesichtspunkte, sondern auch spezifisch ästhetische Fragen die Debatte bestimmen. Die »Renaissance« des Judentums erfolgt unmittelbar aus dem ostjüdischen Ghetto heraus, wo man – anders als im weithin assimilierten Westen – fast unversehrtes, substantielles Judentum zu finden glaubte. Die nationaljüdische Kritik am bestehenden »Establishment« führt dann um die Jahrhundertwende zur Etablierung neuer Institutionen und Zeitschriften im Zeichen des kultur- bzw. nationalpolitisch orientierten Zionismus. Daß sich die Identitätsfrage nun neu und schärfer stellt, zeigt u. a. das Romanwerk deutsch-jüdischer Autoren dieser Zeit: Ludwig Jacobowski, Jakob Wassermann und Arthur Schnitzler thematisieren verschiedene Möglichkeiten jüdischer Identität und werden entsprechend kontrovers in der jüdischen →Presse rezipiert.
Mit der fortschreitenden Integration der Juden in die deutsche Kultur steigt auch ihr quantitativer und qualitativer Anteil an der (modernen) deutschen Literatur des 20. Jahrhunderts. Gerade jetzt zeigt das Werk vieler jüdischer Autoren immer deutlichere Spuren der Hinwendung zur jüdischen Tradition als geistiger Herausforderung und als Quelle der dichterischen Inspiration. Je längerfristig und tiefergehend die Entfernung und Entfremdung von der Tradition und je größer gleichzeitig der Druck von außen, der den Juden ihr Judesein aufzwingt, desto stärker wohl das Bedürfnis, dieser unabänderlichen und schwer erträglichen Existenz einen (positiven oder negativen) Sinn zu geben. Autoren wie Franz Kafka oder Else Lasker-Schüler, Alfred Döblin oder Joseph Roth sind ohne den Rekurs auf Facetten jüdischer Tradition (Bibel, Talmud, Mystik, Messianismus, Ostjudentum) nicht angemessen zu verstehen.
Die künstlerische Selbstsicherheit führt nun, wie im 19. Jahrhundert allein bei Heine, zu einem auch ästhetisch stimmigen Werk in deutscher Sprache. Die Kehrseite dieser Entwicklung zeigt sich in dem leidvollen Phänomen jüdischen Selbsthasses, potentieller Selbstzerstörung, das verursacht wird durch den wachsenden Antisemitismus seit dem Ende des 19. Jahrhunderts. Sogar große Autoren wie Karl Kraus und Kurt Tucholsky können sich davon nicht ganz freimachen, auch wenn diese Komponente ihres Schaffens nicht unbedingt zentral ist und die Bedeutung ihres Werks im ganzen nicht schmälert. Daß unter den expressionistischen Autoren, Verlegern und Kritikern sehr viele Juden sind, zeigt deutlich, wie gerade sie sich von einer künstlerischen Bewegung angezogen gefühlt haben müssen, die, ästhetisch radikal, vor allem eine utopisch-messianische Botschaft verkündete. Die jüdischen Autoren – und das gilt nicht nur für die expressionistischen – fahren sozusagen zweigleisig: Sie bringen ihren »Beitrag« zur deutschen Literatur wie andere nichtjüdische Autoren

auch; zugleich aber thematisieren sie wichtige Fragen der jüdischen Tradition, die den Kern dessen ausmachen, was hier unter deutsch-jüdischer Literatur verstanden wird.
Nach dem Ersten Weltkrieg bietet sich jüdischen Autoren zum ersten Mal die Möglichkeit völlig freier Betätigung, und viele nehmen diese Möglichkeit wahr, ohne sich noch um die Frage ihrer jüdischen Identität zu kümmern. In dem Augenblick aber, als in der Endphase der Weimarer Republik klar wird, daß der Antisemitismus eine Antwort auf diese Frage erzwingt, indem jeder zum Juden wird, den die Antisemiten für einen solchen erklären, kommt es gezwungenermaßen zu einer Selbstbesinnung. Das Exil nach 1933 bzw. 1938 wirft die jüdischen Autoren gleichsam wieder auf das jüdische Schicksal der Galut zurück, der Diaspora-Existenz, und in diesem Zusammenhang entstehen große deutsch-jüdische Dichtungen wie etwa Karl Wolfskehls »Hiob«-Gedichte. Im ganzen aber versuchen die meisten jüdischen Autoren – jetzt unter schwierigsten Bedingungen – die Kontinuität ihres Schaffens zu wahren; andere setzen sich mit dem Dritten Reich auseinander oder schweigen völlig (→Emigration und Exil nach 1933).
Mit dem für die meisten Autoren endgültigen Exil, dem Verlassen Deutschlands und Österreichs, der Zerstreuung in alle Welt, vor allem aber mit Auschwitz (→Holocaust-Literatur) endet die deutsch-jüdische Literatur im beschriebenen Sinn. Die Schwerpunkte jüdischen Lebens verlagern sich nach Israel, nach den USA, nach Frankreich und England. Die Literatur jüdischer Autoren konzentriert sich nun hauptsächlich auf die Erfahrung der Shoa, des »Holocaust«, und auf die allgemeinen Folgerungen, die aus dieser größten Katastrophe der Menschheit moralisch, politisch und literarisch zu ziehen sind. Die Existenz Israels hat – positiv oder negativ – einen entscheidenden Einfluß auf die Konstitution jüdischer Identität. Der Begriff der Nationalkultur, wie er die Zeit bis zum Dritten Reich weitgehend bestimmt hat, ist nun nicht mehr so zentral. Die Möglichkeit bleibt jedoch, daß Werke in deutscher Sprache mit jüdischer Motivation entstehen. Aber es ist bedeutsam, daß weder Nelly Sachs noch Paul Celan noch Wolfgang Hildesheimer deutsch in Deutschland geschrieben haben. Im Werk Celans sind jüdische Tradition und die Existenz Israels stark verankert, aber nicht als realisierbare Hoffnung, sondern im Zeichen radikalisierter Hioberfahrung, universalen Exils und totaler Heimatlosigkeit. Nelly Sachs versucht, sogar noch der Shoa eine mystisch-utopische, menschheitlich orientierte Dimension abzugewinnen. Dagegen begann und endete z. B. für den aus Polen stammenden, aber in Deutschland (Ost und West) lebenden und schreibenden, 1997 verstorbenen Jurek Becker die jüdische Existenz mit der Shoa-Erfahrung im Ghetto und im Konzentrationslager.
Die genuin deutsch-jüdische Erfahrung, aus der zwischen dem Ende des 18. und dem ersten Drittel des 20. Jahrhunderts eine so vielfältige deutsch-jüdische Literatur entstanden ist, scheint heute schwer vorstellbar.

Literatur- und Theaterkritik. Aufgrund beruflicher Behinderung war der Anteil der Juden in Positionen des kulturellen Lebens überproportional hoch, vor allem in den Metropolen, in denen während der 20er Jahre 70 Prozent der deutschen Juden lebten (allein 30 Prozent in Berlin). Trotz eines Anteils der Juden von lediglich einem Prozent der Bevölkerung des Deutschen Reichs (Volkszählung 1933) stellten sie fünf Prozent in der Berufsgruppe der Redakteure und Schriftsteller; unter den expressionistischen Autoren waren sie sogar fast zu einem Drittel vertreten.
Wichtiger als solche quantifizierenden Daten ist allerdings die Qualität der besetzten

Positionen. Das »Berliner Tageblatt« (Rudolf Mosse), die »Vossische Zeitung« (Ullstein) und die »Frankfurter Zeitung« (gegründet von Leopold Sonnemann) waren tonangebend. Hier schrieben so prominente deutsch-jüdische Kritiker wie Alfred Kerr, Max Osborn und Bernhard Diebold, Arthur Eloesser, Ernst Heilborn und Siegfried Kracauer, Fritz Engel, Alfred Einstein und Monty Jacobs. Nimmt man bedeutende Kulturzeitschriften hinzu wie die »Neue Rundschau« (mit Moritz Heimann und Alfred Döblin), den »Neuen Merkur« (mit Efraim Frisch) oder »Die Weltbühne« (mit Siegfried Jacobsohn und Kurt Tucholsky), in denen ein Großteil der bereits Genannten Beiträger waren, so wird leicht erklärlich, weshalb die antisemitische Propaganda in bezug auf die »Verjudung« von Presse und Kritik relativ erfolgreich sein konnte (→Journalismus, deutsch-jüdischer). In dieser Gruppe war der Anteil von liberalen und linken Verteidigern der Weimarer Republik weit überdurchschnittlich hoch, so daß die Nationalsozialisten in ihr eine besonders signifikante Zielscheibe ihrer Hetze fanden.

In der Phase des Übergangs vom Kaiserreich zur Republik hatte Moritz Heimann eine Schlüsselstellung inne. Sie kam ihm als drei Jahrzehnte bestimmendem Cheflektor des Fischer Verlags, als dem Schwager Gerhart Hauptmanns, Literaturkritiker der »Neuen Rundschau« und der »Weltbühne« ebenso zu wie dem Freund und Ratgeber Samuel Fischers und Walther Rathenaus. Ähnlich wie Alfred Kerr und Heinrich Mann und entsprechend der politischen Aufklärung im Frankreich der →Dreyfus-Affäre hat Heimann seine Lektoren- und Kritikerarbeit geistig-politisch aufgefaßt: Geist und Tat sollten eine Einheit sein. Heimanns Auffassung des »Geistigen« war jedoch nicht monistisch; vielmehr bestand er ausdrücklich auf Bipolarität, um den Widersprüchen der Moderne gerecht zu werden. Daß Fremdheit und Spannung, Entzweiung und Widerstreit nicht nur erlitten oder aus Harmoniesucht emphatisch übersprungen werden, daß sie vielmehr auch als Daseinsbedingungen der Gegenwart angenommen werden können, hatte Heimann bereits in seiner literaturkritischen Praxis demonstriert, als das den meisten seiner Generation noch nicht einmal zum Problem geworden war. Die deutsch-jüdische Doppelbindung war hierbei ein besonders sinnfälliger und von aktuellen Ideologien unabhängiger Grund.

Die enge Verschränkung von literarischer Kritik und moralischer Kultur – ein charakteristischer Zug deutsch-jüdischer Kunstauffassung seit Börne – prägte auch das kritische Œuvre Efraim Frischs. Als Dramaturg M. →Reinhardts, Mitarbeiter wichtiger Feuilletons, vor allem aber als Herausgeber des »Neuen Merkur« (1914 bis 1925) war sein Wirkungsfeld weit gespannt. Das Innenfutter moralischer Kultur war für ihn Universalismus. Entschieden gegen ein Wiederaufflackern der Nationalismen, entsprechend reserviert auch gegenüber den Vorstellungen der »Jungjuden«, votierte Frisch für den Europagedanken, für kurze Zeit sogar als Redakteur der »Europäischen Revue« des Prinzen Rohan. Neben dem Universalismus war die Sozialethik des Pentateuch sein Glaubensbekenntnis. Daß es sich auch hier nicht um auswechselbare Überzeugungen und Ansichten handelte, die in den literarischen Kritiken mehr oder weniger aufgesetzt transportiert würden, sondern um die prägenden Maßstäbe dieser Kritik selbst, ließ z. B. seine Aufnahme von Robert Musils Roman »Der Mann ohne Eigenschaften« erkennen. Bereits 1930 hatte Frisch den ersten Band wegen seiner situationsbezogenen Ethik gerühmt; den zweiten Teil begrüßte er dann 1933 unter dem charakteristischen Titel »Moralische Kristallbildung«. Frischs Interesse an den ethischen Voraussetzungen der Literatur ließ sich bereits an der Auswahl der besprochenen Bücher ablesen: Dostojewskij und Musil, H. Mann und Morgenstern, Galsworthy und Sherwood Anderson, Tolstoj und Gorkij.

Der pädagogisch-ethischen Pointierung jüdisch-deutscher Literatur – und Theaterkritik entsprach eine weitgehende Vernachlässigung von literarischen Qualitäten, die sich auf sinnliche Lust und Unterhaltung beziehen. Das antisemitische Klischee von jüdischem Intellektualismus und jüdischer Lebensfeindlichkeit mag auch hierdurch provoziert worden sein. (GM)

Literaturwissenschaft. Es gibt keine jüdische Literaturwissenschaft, so wenig wie es eine jüdische Physik, Geographie oder Soziologie gibt. Es gibt jüdische Literaturwissenschaftler, die bis ins 20. Jahrhundert hinein eine Belastung teilten: Sie durften keine Lehrstühle an den Universitäten haben, ihre Forschungen leisteten sie vor den Toren der Alma Mater, was oft zum Guten der Sache ausschlug – die Schriften G. →Lukács', W. →Benjamins oder M. →Heimanns wären in keinem Universitätskanon vorstellbar –, oft aber auch wirtschaftliche Not und Unsicherheit nach sich zog. Sicher hängt damit auch die Bevorzugung des Essays zusammen, der kleineren, offenen Form, die sich gegen die Systematik gelehrter Abhandlungen wendet und in Zeitschriften erscheinen konnte. Andererseits hingen viele jüdische Gelehrte auch außerhalb der Universität deren philologischen Grundsätzen an, vor allem in der Goethe-Rezeption. – Es ist ratsam, den Gegenstandsbereich jüdischer Literaturwissenschaft vom Paradigma des Jüdischen in der Erforschung moderner Literatur zu trennen. Die erste »Geschichte jüdischer Literatur« war G. →Karpeles' Versuch, verschiedene Perioden seit der biblischen Literatur zu systematisieren. Die Erforschung jüdischer Literatur als Teil der Weltliteratur wurde indessen nicht Teil der Literaturwissenschaft, sondern der Judaistik. Die Frage nach dem Judentum, nach Jüdischem wurde zu einem besonderen Paradigma für die Erforschung des Werks von Heinrich Heine, von Stefan George – vermittelt durch seinen Kreis jüdischen Schüler, Friedrich Gundolf und Karl Wolfskehl –, am eindringlichsten in der Erforschung von Franz Kafkas Werk (M. →Susman, Benjamin, G. →Scholem u. a.). Der Literaturwissenschaftler Fritz Strich schrieb 1954 über Kafka und das Judentum: »Wo aber die Symbole der Dichtung so wenig verpflichtend, bindend und zwingend sind, da sind sie die brennenden Zeichen dafür, daß die menschliche Gemeinschaft atomisiert, die Welt im Zerfall begriffen ist, der Mensch den Kontakt mit Gott und den Menschen verlor.« Hier zeigt sich, wie sehr das Paradigma des Jüdischen zur Analyse der Moderne wurde – auch bei den Wissenschaftlern, die ihr eigenes Judentum kaum oder gar nicht zum Thema eigener Arbeiten machten: Lukács' »Theorie des modernen Romans« (1920) und sein Grundsatz von der transzendentalen Obdachlosigkeit des Menschen wie Peter Szondis »Theorie des modernen Dramas« (1956), die von der Kommunikationslosigkeit, der vereitelten, zerstörten Verständigung zwischen den dramatis personae unserer Gegenwart handelt, sind ebenso Analysen literarischer Werke wie Deutungen des eigenen Judentums, das in der Bedrohung und Gefährdung die Mängel und Verfehlungen der eigenen Gegenwart um so deutlicher hervortreten und beschreiben läßt. (THS)

Liturgie →Tefilla, →Parascha, →Synagoge, →Tempelkult

Livorno. In den 44 Artikeln der 1591–93 von Großherzog Ferdinand I. von Toskana verabschiedeten »constituzione livornia« gewährten die Medici für ganz Italien beispiellose Privilegien und Freizügigkeiten: Glaubensfreiheit; Schutz vor der Inquisition; Niederlassungsrecht ohne Ghettozwang; volle Besitz- und Handelsrechte (ohne Sonderbesteuerung); Zusicherung einer eigenen Gerichtsbarkeit. Die jüdische Gemeinde von Livorno wuchs von 114 Juden 1601 auf rund 5000 Juden um 1800 an. Das rege geistige und kulturelle Leben der Stadt im 17. und 18. Jahrhundert mit ihren 6 Talmudschulen war geprägt von den spanischen und portugiesischen Juden. Sie betätigten sich u. a. im Handel, in der Korallenverarbeitung und der Seifenfabrikation. Der Niedergang der jüdischen Gemeinde setzte mit der französischen Präsenz seit 1796 ein: frühere Privilegien wurden eingeschränkt, und die Kontinentalsperre von 1806 legte das wirtschaftliche Leben der Stadt lahm. Auch der wirtschaftliche Niedergang des Hafens durch die Konkurrenz von Genua im 19. Jahrhundert veranlaßte viele jüdische Familien zur Abwanderung. Um 1900 lebten rund 2500 Juden in Livorno, heute rund 1000. (JÖD)

Lochamei ha-Ghettaot →Dokumentationszentren

Lod, Lydda, israelische Stadt im südöstlichen Vorortbereich von Tel Aviv, 54 000 Einwohner; internationaler Zentralflughafen Ben Gurion; Eisenbahn- und Straßenknotenpunkt; Verarbeitung der Olivenernte der Umgebung, Erzeugung von Zigaretten, Kartonagen, Elektroapparaten und Motoren; Flugzeugmontage. Ruinen einer Kreuzfahrerkirche mit dem legendären Grab des hl. Georg. – Lod gehörte zum Siedlungsgebiet des Stammes Benjamin (1 Chr 8,12). Es wurde nach der Babylonischen Gefangenschaft erneut besiedelt (Esr 2,33). In hellenistischer, römischer und neutestamentlicher Zeit hieß es Lydda. Nach der Eroberung durch die Römer war es bis ins 3. Jahrhundert Wirkungsstätte jüdischer Weiser (Elieser ben Hyrkanos, →Akiba ben Josef), nach der Eroberung durch die Araber für einige Jahrzehnte Hauptstadt Palästinas (bis zur Gründung von Ramle, 715–717). (WL)

Lodz (Łódź), Stadt in Zentralpolen, bis 1793 Eigentum der Bischöfe von Kujawy, vereinzelte jüdische Niederlassungen seit dem 18. Jahrhundert. Die Säkularisierung nach der 2. Teilung Polens (Lodz wurde preußisch, nach der 3. Teilung russisch) begünstigte die Einwanderung von Juden. Seit

April 1822 gab es Niederlassungsbeschränkungen, teilweise eine Ghettoisierung, von der wohlhabende und assimilierungsbereite Juden ausgenommen waren. 1862 wurden die Einschränkungen abgeschafft. In der Phase der raschen Industrialisierung 1820 bis 1863 wuchs die Gemeinde um mehr als das Zehnfache. Das wachsende ökonomische Potential der Juden machte sie für die Entwicklung der Stadt wichtig. Die Assimilierungstendenzen unter den jüdischen Industriellen und in der Handelselite riefen Konflikte in der jüdischen Gemeinde hervor, die u. a. von Elias Chaim Majzel geschlichtet wurden, dem bekanntesten Rabbiner der Stadt, der 1873–1912 im Amt war. Seit 1881 ließen sich in Lodz viele jüdische Flüchtlinge aus Rußland und Weißrußland (genannt »Litwacy«) nieder. Ende des 19. Jahrhunderts und Anfang des 20. Jahrhunderts wurden mehrere Synagogen erbaut. Bereits 1862 gab es 22 Cheder-, eine Talmud-Tora-Schule und einige weltliche jüdische Volksschulen. Bis in die 1860er Jahre überwogen in Lodz die Orthodoxen, später die Chassiden. In den 1920er Jahren wanderten zahlreiche Juden aus Lodz in die USA aus. 1939 flohen viele Juden vor den Deutschen in die Sowjetunion. Im Dezember 1939 wurde ein Teil der Juden von Lodz zwangsweise in das Generalgouvernement umgesiedelt, im April 1940 wurden die in der Stadt Gebliebenen ins Ghetto eingeschlossen; rund 135 000 Juden wurden 1942 und 1944 in die KZs deportiert; Epidemien und Hunger kosteten etwa 5000 Personen im Ghetto das Leben; 800 Juden überlebten den Krieg im Ghetto. Etwa 50 000 kamen nach dem Ende des Kriegs aus der Sowjetunion nach Lodz. Bis 1950 verließ die Hälfte von ihnen die Stadt, nach 1968 blieben nur noch einige Hundert. (AGR)

Jahr	Juden	Gesamteinwohnerschaft
1793	11	
1820	259	780
1856	2 886	24 655 (11%)
1897	98 676	310 302 (31,8%)
1910	166 628	409 405 (40,7%)
1921	156 155	452 623 (34,5%)
1931	202 497	604 470 (33,5%)
1945	870	

Loewenberg, Jakob, Schriftsteller und Pädagoge, 9. 3. 1856 Niederntudorf, Westfalen – 9. 2. 1929 Hamburg. Direktor eines fortschrittlichen Mädchengymnasiums und Mitbegründer der »Literarischen Gesellschaft« in Hamburg, Herausgeber der Lyrik-Anthologie »Vom goldnen Überfluß«. Loewenberg vertrat konsequent die Idee einer trotz des zunehmenden Antisemitismus möglichen deutsch-jüdischen Doppelidentität, so in den Gedichtbänden »Lieder eines Semiten« (1892), »Aus jüdischer Seele« (1901), »Kämpfen und Bauen« (1925), im autobiographischen Roman »Aus zwei Quellen« (1914) und im Novellenband »Der gelbe Fleck« (1924). (IS)

Loewy, Ernst, Publizist und Exilforscher, 25. 4. 1920 Krefeld, lebt in Frankfurt am Main. 1936 Emigration nach Palästina, bis 1938 im Kibbuz, anschließend Buchhandelslehre in Tel Aviv, zuletzt beschäftigt im israelischen Regierungspresseamt. Ende 1956 Rückkehr nach Deutschland. 1957–64 als Diplom-Bibliothekar Leiter der Judaica-Abteilung der Frankfurter Stadt- und Universitätsbibliothek. Danach bis 1983 Referent am Deutschen Rundfunkarchiv und Initiator des Projekts »Exil und Rundfunk«. Loewy ist Mitbegründer und Vorsitzender der »Gesellschaft für Exilforschung«. Veröffentlichungen u. a.: »Literatur unterm Hakenkreuz« (1968), »Exil – Literarische Texte und politische Texte aus dem deutschen Exil 1933–1945« (1978). (WJ)

Logen →Independent Order of B'nai B'rith

Lohame Cherut Israel →Lechi

London. Belege für die Anwesenheit von Juden in London erst aus der Zeit nach der normannischen Eroberung 1066. Doch waren bereits im Gefolge Wilhelms des Eroberers kleine Gruppen aus der Normandie und aus Rouen nach England eingewandert und hatten sich in London zu einer Gemeinschaft zusammengeschlossen. Um 1128 ist von einem jüdischen Wohnviertel die Rede. Es ist unwahrscheinlich, daß die Zahl seiner jüdischen Bewohner im Mittelalter jemals über 500 lag. Sie betätigten sich hauptsächlich als Geldverleiher und wurden so zu einem Werkzeug königlicher Macht, wodurch sie sich zwangsläufig die Feindschaft des Adels zuzogen. Sie hatten immer wieder unter Mißhandlungen, Mordfällen (1187, 1263) und willkürlichen Geldbußen (1130, 1244) zu leiden. Dennoch bildeten die Londoner Juden das

Verwaltungszentrum der gesamten englischen Judenschaft, besonders nach der Einrichtung des »Erzpresbyter«-Amtes (archpresbyter) am Ende des 12. Jahrhunderts. Kennzeichnend dafür ist, daß bis 1177 der Londoner Judenfriedhof für alle englischen Juden da war. Aber seit etwa 1275 verschlechterte sich die Situation deutlich durch das Verbot des Geldverleihens, die zwangsweise Schließung von Synagogen und Ritualmordbeschuldigungen. 1290 folgte die offizielle Ausweisung aller Juden aus England. Erst im 17. Jahrhundert wurde wieder ein funktionierendes Gemeinwesen aufgebaut. In den dreihundert Jahren dazwischen gab es in London lediglich konvertierte Juden oder Marranen, und das nur in sehr geringer Anzahl. Seit 1656 jedoch, nach Verhandlungen zwischen →Manasse ben Israel und Cromwell, konnten sich Juden wieder offen in London ansiedeln, wenn auch ihre rechtliche Stellung zu Manasses Enttäuschung unsicher blieb. Die ersten Siedler waren damals marranische Flüchtlinge aus Spanien und Portugal sowie →Sephardim aus Holland. Ihnen folgten bald Aschkenasim aus Amsterdam und Hamburg und später aus Osteuropa. Die beiden Gruppen führten ein getrenntes Gemeindeleben, obgleich beide in der Londoner City angesiedelt waren: die sephardische Synagoge und mit ihr verbundene Einrichtungen in Bevis Marks, die Hauptsynagoge der Aschkenasim in Duke's Place. Im Lauf des 18. Jahrhunderts überrundeten die Aschkenasim die Sephardim zahlenmäßig. In der Jahrhundertmitte gab es schätzungsweise 8000 Juden in London; zumeist waren sie verarmt, und auch kriminelle Elemente fehlten nicht. Obwohl die Sephardim zahlenmäßig schwächer waren, übernahmen sie 1760 die Führungsrolle und gründeten den →Board of Deputies. Die Aschkenasim taten sich in anderen wichtigen jüdischen Angelegenheiten hervor, z. B. in der Neugestaltung der »Jews' Free School« (1817), dem Kampf um die Emanzipation (1839–50), der Gründung des »Jews' College« für die Ausbildung von Rabbinern (1855) und des »Board of Guardians«, einer Wohlfahrts- und Wohltätigkeitsorganisation (1859). All diese Institutionen hatten ihren Sitz in London, wodurch die Zentralisierung der britischen Judenschaft noch verstärkt wurde. Ähnlich verlief die Entwicklung von 1881 bis 1914. Der durch die zaristischen Verfolgungen ausgelöste Flüchtlingsstrom ließ die jüdische Einwohnerschaft Londons von etwa 50 000 auf etwa 150 000 anwachsen; ungefähr zwei Drittel von ihnen wohnten im East End. Wieder waren die Neuankömmlinge arm und als ungelernte Arbeiter in der Bekleidungs-, Möbel- und Schuhindustrie beschäftigt. Auch sie brachten ein blühendes kulturelles Leben hervor, das hauptsächlich auf dem Jiddischen basierte. Es entstanden u. a. ein Theater, Lesezirkel, Verlagshäuser und Druckereien sowie mehrere Zeitschriften. Die Neubürger waren jedoch einem doppelten Integrationsdruck ausgesetzt, sowohl von ihrem weiteren Umfeld in der Stadt als auch von der schon länger ansässigen anglojüdischen Bevölkerung, die die Neuankömmlinge an ihren eigenen Lebensstil anzupassen versuchte. Die Gründung der Federation of Synagogues (1887) war Teil dieser Bemühungen. Das Erlebnis des Ersten Weltkriegs trug zur Anglisierung der Einwanderer bei, in noch größerem Maße aber die Erfahrungen der Zwischenkriegsjahre, als es der wirtschaftliche Aufstieg vielen Juden ermöglichte, das East End zu verlassen und in die mittelständischen Vororte im Norden und Nordwesten zu ziehen. Zu Beginn des 20. Jahrhunderts lag die jüdische Einwohnerzahl des East End bei etwa 125 000, 1929 bei 85 000 und 1950 bei weniger als 30 000. Diese Umverteilung erhielt noch einen zusätzlichen Auftrieb durch die Einwanderung von 30 000–40 000 Juden aus Deutschland und Mitteleuropa in den 30er Jahren, von denen sich die meisten im Londoner Nordwesten niederließen. Ihre Ankunft verstärkte sowohl die orthodoxen als auch die Reformgemeinden. Nach dem Ende des Zweiten Weltkriegs hielten die Vorkriegstendenzen an, so daß die Londoner Judenschaft mit 200 000 Mitgliedern weiterhin etwa zwei Drittel der anglojüdischen Bevölkerung ausmacht. Da sich außerdem die Zentralen aller bedeutenden jüdischen Organisationen in London befinden, bleibt die beherrschende Stellung der Londoner Judenschaft unangefochten.

🄻 E. N. Adler, History of the Jews in London, London 1933. – E. Black, The Social Politics of Anglo-Jewry, 1880–1920, Oxford 1988. (LK)

Lopes Suasso, Francisco, um 1660– 1710, Sohn von Antonio Lopes Suasso, dem zu seiner Zeit reichsten portugiesischen Juden Amsterdams, der vom spanischen König in den Adelsstand erhoben worden war. Die Suassos stammten von der Iberischen Halbinsel und traten in Amsterdam wieder dem Judentum bei. Die spanische Krone und später der Hof des Statthalters stützten sich auf das Bankhaus Suasso. Lopes Suasso führte die Arbeit seines Vaters als

Bankier fort. Er soll die Überfahrt Wilhelms III., der 1689 in England den Thron besteigen wollte, ermöglicht haben.
[L] L. Schönduve/D. Swetschinsky, The Lopes Suasso familiy, bankers to William III, Waanders/Zwolle 1988. (HB)

Lorre, Peter (Laszlo Löwenstein), Theater- und Filmschauspieler, 26.6.1904 Rosenberg, Ungarn – 23.3.1964 Hollywood. Die erste Filmrolle in Fritz Langs »M – Eine Stadt sucht einen Mörder« (1931) machte ihn schlagartig bekannt. Nach der Machtergreifung emigrierte er über Paris und London (Hitchcocks »The Man Who Knew Too Much«, 1934) nach Hollywood. In den USA wurde er durch seine Hauptrolle in der erfolgreichen Low-Budget-Serie »Mr. Moto« berühmt. Es folgten Arbeiten u.a. für Hustons »The Maltese Falcon« (Der Malteser Falke, 1941) und Curtiz' »Casablanca« (1943). In den USA ein gefeierter Star, gehörte Lorre zu den wenigen Juden, die nach dem Krieg den schwierigen Weg in die Heimat antraten. Sein von ihm selbst inszenierter Film »Der Verlorene« (1951) über den Konflikt zwischen einem zurückgekehrten jüdischen und einem nationalsozialistischen Wissenschaftler paßte weder in das politische Klima des Kalten Kriegs, noch befriedigte er das allgemein auf Verdrängung gerichtete Interesse des breiten Publikums. Damals ein finanzieller Mißerfolg, zählt »Der Verlorene« heute neben Kortners »Der Ruf« zu den herausragenden Werken des deutschen Nachkriegsfilms. Lorre verließ sein Heimatland 1953 tief enttäuscht und gesundheitlich angeschlagen. (MAR)

Löw, Lipót, Rabbiner, 22.5.1811 Czernahora – 13.10.1875 Szeged. 1846–50 Rabbiner in Pápa, seit 1850 in Szeged. 1848/49 Teilnahme als Feldrabbiner an der ungarischen Revolution, danach für kurze Zeit inhaftiert. Anhänger des reformorientierten Rabbiner A. →Chorin. Befürworter des Gebrauchs der ungarischen Sprache in der Synagoge. Vorkämpfer der jüdischen Emanzipation in Ungarn, zugleich radikaler Vertreter der Assimilation und der Modernisierung der Religionspraxis. Gründer der wissenschaftlichen Zeitschrift »Ben Chananja« (Szeged 1859–68). (AK)

Löwe (Liwa), Juda ben Bezalel, »der Hohe Rabbi Löwe« genannt, MaHaRaL von Prag, Rabbiner, Talmudist, Pädagoge und Moralist, um 1525 wahrscheinlich Posen – 1609 Prag. Löwe war 1553–73 Landesrabbiner von Mähren, danach gründete er (als Privatmann) in Prag ein Lehrhaus (»Klaus«, →Bet ha-Midrasch), überarbeitete den Status der dortigen →Chewra Kaddischa, war 1584–88 Rabbiner in Posen (oder Mähren), kehrte nach Prag zurück, ging 1592–97 wiederum als Rabbiner nach Posen und bekam dann erst die Rabbinerstelle in Prag. Löwe kritisierte scharf den damals üblichen →Pilpul und die zu frühe Belastung von Schuljungen mit Talmud und Torakommentaren; er schlug statt dessen die logische Reihenfolge Bibel – Mischna – Talmud vor und veranlaßte die Gründung von Kreisen, die sich mit dem Studium der Mischna beschäftigten. Unterricht in profanen Wissenschaften, besonders in Mathematik, befürwortete Löwe, sofern er nicht den Grundlagen des Judentums widersprach; rein philosophische Studien lehnte er ab. Er betonte die Einzigartigkeit Israels und die Hoffnung auf Rückführung der Exilanten (→Galut); Berechnung oder tätige Herbeiführung der Endzeit lehnte er aber ab. Löwe ging in seinen Werken stets auf die rabbinischen Quellen zurück und interpretierte die →Aggada neu. Am bekanntesten wurde sein Werk »Gur Arje«, eine Erläuterung zu Raschis (→Salomo ben Isaak) Pentateuch-Kommentar. Löwe war ein Einzelgänger; seine wichtigsten Schüler waren Jom-Tow Lipmann →Heller und der Chronist D. →Gans. Seit dem 18. Jahrhundert schreibt die Legende Löwe die Erschaffung des →Golem zu. (LD/TK)

Löwenthal, 1. Leo, Soziologe, 3.11.1900 Frankfurt am Main – 21.1.1993 Berkeley/Cal., studierte in Gießen, Heidelberg und Frankfurt am Main Sozial- und Geisteswissenschaften, promovierte 1923 und war seit 1926 wissenschaftlicher Mitarbeiter an dem von M. →Horkheimer geleiteten →Institut für Sozialforschung. Er emigrierte zunächst nach Paris, dann in die USA, wo er in dem dorthin übergesiedelten Institut weiter tätig blieb; gleichzeitig lehrte er als Dozent für Soziologie an der Columbia University. 1949 wurde er zum Direktor der Forschungsabteilung des Überseesenders »Voice of America« ernannt. Seit 1956 war er Professor für Soziologie an der University of California in Berkeley. Löwenthal ist in erster Linie als Literatursoziologe hervorgetreten, wie aus den Titeln seiner Hauptwerke hervorgeht: »Literature and the Image of Man« (1957, deutsch 1966), »Literature, Popular Culture, and Society« (1961), »Literatur und Gesellschaft« (1964), »Notizen zur Literatursoziologie« (1975). Das Gesamtwerk von Löwenthal ist 1980–84 in vier Bänden auf deutsch erschienen. Seine Zusammenarbeit mit der sog. »Frankfurter Schule« hat er in dem von H. Dubiel herausgegebenen Buch »Mitmachen wollte ich nie« (1980) geschildert. (AS)

2. Richard, Publizist und Politikwissenschaftler. 15.4.1908 Berlin – 9.8.1991 Berlin. 1931 Studienabschluß als Doktor der Philosophie; Engagement in der KPD und der kommunistischen Studentenbewegung. 1929 Ausschluß aus der KPD. Bis 1935 illegale Tätigkeit in Deutschland für die linkssozialistische Gruppe »Neu Beginnen«. 1935 Flucht in die Tschechoslowakei. Wechselnder Exilaufenthalt in der Tschechoslowakei, Frankreich und England. Seit 1935 politische Annäherung an die SPD. Nach Kriegsausbruch in London Redakteur der »Reports from Inside Germany«. 1940–42 Tätigkeit für den »Sender der Europäischen Revolution«, danach Korrespondent für die Agentur Reuter und den »Observer«. Seit 1945 Mitglied der SPD. 1961–74 Lehrtätigkeit in Westberlin (Otto-Suhr-Institut und Osteuropa-Institut der Freien Universität), Gastprofessuren u.a. in New York und Tel Aviv. Löwenthal übte vor allem mit seinem Werk »Jenseits des Kapitalismus« (1946 unter dem Pseudonym Paul Sering veröffentlicht) starken Einfluß auf Intelligenzkreise der DDR und sozialistische Studenten in der Bundesrepublik Deutschland aus. Nach 1968 Distanzierung von Studentenbewegung und APO. Später wurde Löwenthal Mitglied der SPD-Programmkommission. (WJ)

Löwith, Karl, Philosoph, 9.1.1897 München – 24.5.1973 Heidelberg. Löwith war mütterlicherseits jüdischer Herkunft, jedoch protestantisch getauft. Er studierte bei M. →Geiger, E. →Husserl und Martin Heidegger. Seit 1928 lehrte er in Marburg. Aufgrund der nationalsozialistischen →Rassegesetze mußte er aus Deutschland fliehen und emigrierte über Italien und Japan in die USA. 1952 bekam er einen Ruf nach Heidelberg. In seinen Werken befaßte sich Löwith vor allem mit den geistesgeschichtlichen Voraussetzungen des europäischen Nihilismus und der deutschen – wie er es nannte – »Revolution«. In »Weltgeschichte und Heilsgeschehen« (1953) zeigte er, inwiefern die modernen politischen Messianismen Säkularisationsformen der jüdischen und der christlichen Eschatologie sind. Weitere Werke: »Mein Leben in Deutschland vor und nach 1933« (1986), »Natur und Geschichte« (1967; Festschrift mit Bibliographie). (DK)

Lübeck und Moisling. Die restriktive Politik des Lübecker Rats und vor allem seiner Bürgerschaft zeigte sich in den Vertreibungen von Juden aus der Stadt (1699, 1821/22) und dem nur wenigen jüdischen Familien seit den 1650er Jahren zuerkannten Status des »Schutzjuden«. Als Ausweichort bot sich in unmittelbarer Nähe der Hansestadt das dänische Gut Moisling an, wo den Juden von Christian V. 1697 »Freiheit in Handel und Wandel« zugesichert wurde. Lange Zeit blieb Lübeck den Moislinger Juden verschlossen: In ihnen sahen Kaufleute und Krämer unliebsame Konkurrenz. Die Lübecker Schutzjuden waren von Handwerk und Handel ausgeschlossen. 1745 sind für Moisling 45 jüdische Familien nachgewiesen. In der napoleonischen Zeit, die für die Juden die volle bürgerliche Gleichberechtigung und die Aufhebung aller Ausnahmegesetze mit sich brachte, zogen viele Juden von Moisling nach Lübeck. Nach der Aufhebung der Verordnungen aus der Franzosenzeit im Jahr 1814 erließ der Senat 1821 ein Dekret, das alle Juden, die seit 1810 nach Lübeck gezogen waren, zum Verlassen der Stadt zwang. Viele Juden kehrten erneut nach Moisling zurück. Nach der bürgerlichen Gleichstellung der Juden 1848 wiederholte sich die Wanderung der Juden von Moisling nach Lübeck: lebten 1845 31 Schutzjuden in Lübeck und 453 Juden in Moisling, gab es 1871 in der Hansestadt 529, in Moisling nur noch 36 Gemeindemitglieder. 1880 Einweihung der neuen Synagoge und 1904 Eröffnung eines jüdischen Wohn- und Altenheims in Lübeck. Von 1870–1919 war S. →Carlebach Rabbiner der orthodoxen Einheitsgemeinde, nach dessen Tod übernahm sein Sohn J. →Carlebach für ein Jahr das Rabbinat. Von Dezember bis Juli 1942 Deportation der Lübecker Juden nach Riga und Theresienstadt. Nach 1945 Aufbau einer neuen Gemeinde, die bis 1968 bestand, als sich die Mitglieder der Jüdischen Gemeinschaft Schleswig-Holsteins der Gemeinde Hamburg anschlossen.

[L] S. Carlebach, Geschichte der Juden in Lübeck und Moisling, 1898. – D. A. Winter, Geschichte der jüdischen Gemeinde in Moisling/Lübeck, 1968. (JÖD)

Lubin, David, Agronom, 1.6.1849 Kłodawa, Polen – 1.1.1919 Rom. Lubin lebte seit 1855 als Obstfarmer in den USA. Trat für die Stabilisierung von Agrarpreisen und die Erhaltung der privaten Farmwirtschaft ein. 1884 bereiste er Palästina und veröffentlichte einen Artikel über die Ansiedlung der Juden in Palästina. Auf seine Initiative hin wurde 1904 in Rom ein Internationales Institut für Agrikultur gegründet und von ihm geleitet, das bei seinem Tod 75 Mitgliedstaaten zählte. (LH)

Lubitsch, Ernst, Schauspieler, Filmregisseur, 28. 1. 1892 Berlin – 30. 11. 1947 Hollywood. Lubitsch arbeitete seit 1911 im Ensemble M. →Reinhardts. In seinen ersten Filmarbeiten 1914 – eine Serie grotesker Einakter – verkörperte Lubitsch die Figur des jüdischen Lehrlings und späteren Geschäftsmannes Meyer, der mit Witz und Einfallsreichtum Alltagsgefahren meistert. 1923 verschafften ihm seine sichere Inszenierung von Massenszenen in den historischen Ausstattungsfilmen »Madame Dubarry« (1919), »Sumurun« (1920) und »Das Weib des Pharao« (1921) sowie sein komödiantisches Talent in den Lustspielen Engagements in Hollywood, das ihn als »Europas Griffith« feierte. Neben der Arbeit an ernsteren Sujets (»The Patriot«, 1928) waren es vor allem die amerikanischen Komödien, die seinen Ruhm begründeten: »Trouble in Paradise« (Ärger im Paradies, 1932), »Design for Living« (Serenade zu Dritt, 1933), »Bluebeard's Eighths Wife« (Blaubarts achte Frau, 1938), »Ninotchka« (1939). Der berühmte »Lubitsch-Touch« seiner meisterhaft ironisch-frivolen Filme begeistert noch heute und spiegelt sich in vielen Arbeiten seiner jüdischen Kollegen Otto L. Preminger, Joseph L. Mankiewicz und Billy Wilder. Lubitsch erhielt 1937 einen Ehren-Oscar für seine Filme. (MAR)

Ernst Lubitsch; Zeichnung von Robert Fuchs, 1936

Lublin, Stadt im Südosten Polens, früheste Nachweise über jüdische Niederlassungen reichen bis zum Jahr 1316 zurück. Mitte des 14. Jahrhunderts gab es bereits eine Gemeinde, zunächst in der Vorstadt (Piaski Żydowskie) später auf dem Schloßberg. Die Blüte der jüdischen Gemeinde in Lublin dauerte vom 16. bis zur Mitte des 17. Jahrhunderts. Lublin war eines der Zentren des hebräischen Buchdrucks: Die erste Buchdruckerei entstand 1536, die berühmte Kalonymus-Druckerei 1578. Für seine Talmud- und Kabbala-Studien wurde Lublin europaweit bekannt, man nannte es das »jüdische Oxford«. In der 2. Hälfte des 16. Jahrhunderts gründete Schalom Schachna (1510–1558), seit 1530 Lubliner Rabbiner, eine Talmud-Hochschule. Ihre Rektoren Salomo ben Jechiel →Luria, Mordechaj Jaffe (etwa 1535–1612), Meir ben Gedalia Lublin genannt Maharam (1558–1616) und Schüler von M. →Isserles machten sie über die polnischen Grenzen hinaus berühmt. An die Tradition dieser Schule knüpfte die 1930 gegründete Jeschywat Chachamej Lublin an. 1580–1764 war Lublin der Sitz der →Vierländersynode. 1655 ermordeten Kosaken und Moskowiter etwa 3000 Juden in Lublin und setzten das jüdische Viertel in Brand. Die Gemeinde lebte erst in der 2. Hälfte des 18. Jahrhunderts wieder auf. Im 19. Jahrhundert wurde Lublin zum bedeutenden Zentrum des →Chassidismus, vor allem durch den Zaddik Jakob Isaak Horowitz (gestorben 1815). Am Vortag des Zweiten Weltkriegs hatte die jüdische Gemeinde neben sieben Synagogen zwei Mikwe-Bäder, ein Volkshaus, ein Krankenhaus, mehrere Schulen, die »Tarbut«-Bibliothek, ein Waisen- und ein Altersheim sowie mehrere Friedhöfe. 1941 entstand in Lublin ein Ghetto. 1942 wurden 30 000 Juden in das Vernichtungslager Belzec und 4000 nach Majdan Tatarski deportiert, im September und im Oktober desselben Jahres 3800 in Massenexekutionen ermordet. Die letzten Juden wurden nach Majdanek deportiert. Nach 1945 ließen sich etwa 1000 aus der Sowjetunion zurückkehrende Juden in Lublin nieder; die meisten von ihnen verließen Polen 1946–50 wieder. Bis 1968 wirkte in Lublin die Sozial-Kulturelle Gesellschaft der polnischen Juden. Heute leben nur noch wenige Juden in Lublin.

Jahr	Juden	Gesamteinwohnerschaft
1602	2000	
1806	2973	
1857	8747	15620 (56,0%)
1897	23586	46340 (50,9%)
1929	37830	

L M. Bałaban, Die Judenstadt von Lublin, 1919. – A. Trzciński, Stary cmentarz żydowski w Lublinie, in: Kalendarz żydowski 1987–88, Warschau. (AGR)

Lublinski, Samuel, Literatur- und Kulturkritiker, 18. 2. 1868 Johannisburg, Ostpreußen – 26. 12. 1910 Weimar. Lublinski lebte 1895–1906 in Berlin. Nach kurzem Engagement für die »Moderne« und den Zionismus übte er – mit literatursoziologischem Ansatz – Kritik am Naturalismus und an der Neuromantik (»Die Bilanz der Moderne«, 1904; »Der Ausgang der Moderne«, 1909) und konzipierte eine Version liberaler Neuklassik, die er in mehreren Dramen zu realisieren suchte. In polemischen Aufsätzen sowie in Schriften über den Antisemitismus (1896) und »Die Entstehung des Judentums« (1903) befürwortete Lublinski u. a. die Assimilation der Juden, ohne den Zionismus grundsätzlich zu verwerfen. (IS)

Lucas, Leopold, Rabbiner, 18. 9. 1872 Marburg/L. – 13. 9. 1943 KZ Theresienstadt, wirkte 1899–1940 in Glogau. Lucas entstammte einer seit Anfang des 17. Jahrhunderts in Marburg ansässigen jüdischen Familie. Er studierte in Berlin Geschichte, Orientalistik und Jüdische Wissenschaft. 1895 Promotion zum Doktor der Philosophie. 1899 als Rabbiner nach Glogau berufen. Er wurde bekannt als bedeutender Religionswissenschaftler und Prediger. Lucas war 1902 Initiator der →Gesellschaft zur Förderung der Wissenschaft des Judentums, deren Leitung er sich mit Martin Philippson teilte. 1940–42 Dozent für biblische Geschichte und Literatur an der →Hochschule für die Wissenschaft des Judentums in Berlin. 1942 Deportation. Hauptwerke: Publikationen aus dem Nachlaß von S. L. →Steinheim, u. a. »Moses und Michelangelo« (1899), »Zur Geschichte der Juden im 4. Jahrhundert« (1910). An Lucas erinnert der jährlich verliehene Dr.-Leopold-Lucas-Preis der evangelischen Fakultät der Universität Tübingen. (FDL)

Ludwig, Emil (eigentlich Cohn; Namensänderung der Familie 1883), Schriftsteller, 25. 1. 1881 Breslau – 17. 9. 1948 Moscia bei Ascona. Promotion zum Doktor der Rechtswissenschaften, 1902 Konversion, die 1922 nach der Ermordung Rathenaus wieder revidiert wurde. Ludwigs literarische Laufbahn begann mit neuromantischen Dramen; seit 1914 schrieb er für Zeitungen und Zeitschriften, u. a. »Berliner Tageblatt«, »Vossische Zeitung«, »Weltbühne«. International berühmt wurde er jedoch erst nach dem Ersten Weltkrieg mit seinen populären Biographien u. a. über Goethe (1920), Wilhelm II. (1925), Bismarck (1927) u. a ; hinzu kamen Interviews mit Stalin, Atatürk, Mussolini, Trotzkij u. a. Ende der 20er Jahre bezog Ludwig Stellung zum Palästinakonflikt: Er warb einerseits um Verständnis für die jüdische wie die arabische Seite, hielt aber eine Heimstätte für die Juden wegen des erstarkenden Antisemitismus für unabdingbar. Nach Erscheinen seiner Neuinterpretation der Kriegsschuldfrage (»Juli 1914«, 1931) wurde Ludwig, schon seit 1925 offen als Jude diffamiert, 1930 in einem antisemitischen Pamphlet zum »Fall« stilisiert. So entschied sich der bereits seit 1906 im Tessin lebende Autor 1932 dafür, Schweizer Staatsbürger zu werden. 1934 erschien im Amsterdamer Querido Verlag ein kritisches Buch über »Hindenburg und die Sage von der Deutschen Republik« (deutsch erst 1986), 1936 »Der Mord in Davos«, eine ethisch-juristische Verteidigung des jüdischen Studenten Frankfurter, der auf den schweizerischen Nationalsozialisten Gustloff ein Attentat verübt hatte. Von den USA aus agitierte Ludwig seit 1940 gegen das Dritte Reich; 1945 kehrte er in die Schweiz zurück, konnte aber an seine früheren Erfolge nicht mehr anknüpfen. Sein Nachlaß ist bisher unveröffentlicht. (EN)

Ludwig IV., der Bayer, deutscher König (seit 1314) und Kaiser (1328–47), 1. 4. 1282 Heidelberg – 11. 10. 1347 bei Fürstenfeldbruck. Ludwig IV. verstand den Judenschutz als persönliche Aufgabe des Königs, nahm ihn umfassend wahr, bestrafte Pogrome (Überlingen 1332, Armleder-Bewegung 1336–38) und wurde deshalb von Anhängern der Kurie getadelt. Er verlieh den Juden als erster Herrscher Gerichtsstandsprivilegien und betonte damit den Zusammenhang von Schutz durch den Herrn und Dienst des Knechts. Als Ausdruck seiner Herrschaft über die Juden führte er 1342 den Goldenen Opferpfennig ein, eine jährliche Abgabe von einem Goldgulden, die von allen über zwölf Jahre alten Juden mit einem Vermögen von mehr als 20 Goldgulden zu leisten war und die »die erste regelmäßige staatliche Kopfsteuer« (Guido Kisch) darstellte. Das königliche Judenregal für Thüringen übertrug Ludwig IV. 1330 auf Lebenszeit seinem Schwiegersohn Landgraf Friedrich (1350 durch Kaiser Karl IV. bestätigt).

🄻 E. Schubert, König und Reich. Studien zur spätmittelalterlichen deutschen Verfassungsgeschichte, 1979. (PAU)

Ludwig IX., der Heilige, König von Frankreich (1226–70), 25. 4. 1214 Poissy – 25. 8. 1270 vor Tunis. Die langjährige Regierungszeit Ludwigs IX. ist gekennzeichnet von steter Judenfeindschaft in den verschiedensten Ausprägungen. Am Anfang seiner Herrschaft (1230) stand das Verbot der jüdischen Geldleihe überhaupt; es folgte eine Judenschuldentilgung in Höhe von einem Drittel (1234) und dann, 1239 bis 1242, nach Aufforderung durch Papst Gregor IX., die zielstrebig-straffe Verfolgung und Vernichtung des Talmuds u. a. jüdischer Schriften (→Talmudverbrennungen). Durch die Bestimmung, daß die Juden allen als »Wucher« bezeichneten Zinsgewinn ihren Kunden zurückzuerstatten hätten, untergrub er 1257/58 die Existenzmöglichkeit der Juden. Eine um 1268 geplante – dann nicht ausgeführte – allgemeine Judenvertreibung aus Frankreich ließ Ludwig IX. durch landesweite Arrestierung und Vermögenskonfiskation vorbereiten. Ludwig IX. führte die beiden letzten Kreuzzüge nach Ägypten (1248–54) und Tunis (1270) an und starb während des letzten; 1297 heiliggesprochen. (PAU)

Ludwig der Fromme, siehe Geschichte der Juden im →Mittelalter

Lueger, Karl →Antisemitismus

Lukács, Georg, marxistischer Philosoph und Literaturhistoriker, 13. 4. 1885 Budapest – 4. 6. 1971 Budapest. Der Vater Lukács' war ein geadelter jüdischer Bankdirektor. Nach der Promotion (1909) suchte Lukács vor allem in Heidelberg Anschluß an die zeitgenössische deutsche Philosophie und Soziologie. 1911 veröffentlichte er vielbeachtete ästhetische Schriften. Um diese Zeit trat er aus dem Judentum aus. Im Ersten Weltkrieg schloß er sich der Kommunistischen Partei an und war danach aktiv an der ungarischen Räterepublik unter Béla Kun beteiligt. Seine zunächst kritische Einstellung zum Sowjetkommunismus revidierte er und floh 1933 nach Moskau. 1956 beteiligte er sich jedoch an der antistalinistischen Nagy-Regierung. Als Wissenschaftler versuchte er, ebenfalls mit wechselnden Frontstellungen, eine realistische Ästhetik zu entwickeln. In seiner Autobiographie »Mein Weg zu Marx« (1933) bekannte Lukács, daß er von einem humanistischen Sozialismus angezogen worden sei, wie ihn u. a. M. →Hess vertreten habe (»Moses Hess und das Problem der idealistischen Dialektik«, 1926).

L E. Fekete/E. L. Karadi (Hrsg.), Georg Lukács. Sein Leben in Bildern, Selbstzeugnissen und Dokumenten, 1981. (DK)

Lulaw (hebräisch »junger Zweig«), im engeren Sinne der Palmzweig als Bestandteil des Feststraußes (hebräisch »Arba Minim«, »vier Arten«) für →Sukkot. (LD/TK)

Luria, 1. Isaak (Aschkenasi) ben Salomo, (auch ha-ARI, Abkürzung für »der göttliche Rabbiner Isaak«), Kabbalist, 1534 Jerusalem – 1572 Jerusalem(?). Kam nach dem Tod des Vaters mit der Mutter nach Kairo, beschäftigte sich schon dort mit der →Kabbala und zog sich für einige Zeit auf eine Nilinsel zurück. 1569/70 ging er nach Safed, studierte die Kabbala zunächst mit M. →Cordovero und sammelte nach dessen Tod (1570) selbst einige Schüler, deren bedeutendster Chajim Vital war. Luria überlieferte seine Lehre vor allem mündlich; von Vital stammen die meisten Aufzeichnungen. Epochemachend waren Lurias Neuinterpretation der theoretischen und seine praktische Kabbala. Die →Sefirot gehen bei Luria durch den Akt göttlicher Selbstbeschränkung (Zimzum) hervor, zunächst als konzentrische Kreise, dann aber auch in Gestalt eines übernatürlichen Menschen (→Adam Kadmon). Vom Gesicht dieses Menschen strömt »Licht« in die »Gefäße« der Sefirot, die an der Stärke des Lichts z. T. zerbrechen (Schewirat ha-Kelim). In die dadurch geschaffene materielle Welt sind göttliche Funken versprengt; in einem komplizierten Prozeß der »Wiederherstellung« (→Tikkun) von Kosmos und →Schechina spielen Seelenwanderung (Gigul) und »Schwängerung« einer lebenden Seele mit anderen Seelen (Ibbur) mit dem Ziel der Läuterung sowie das Leben nach der Tora eine Rolle. Das Land Israel ist ebenfalls wichtig in diesem Erlösungsprozeß, an dessen Ende der Messias erscheinen wird. In der Praxis betont Luria die Askese, die →Kawwana in Gebet und →Mizwa-Erfüllung, die mystische Deutung von Gottesdienst, Studium und Leben. Der legendenumwobene Luria ist so tief wie kaum ein anderer in die mystischen Geheimnisse eingedrungen; er hat mit seiner messianischen gefärbten Kabbala auch die sabbatianische Bewegung (→Sabbatai Zewi) beeinflußt. (LD)

2. Salomo ben Jechiel (MaHaRSCHaL), Rabbiner, Halachist und Talmudkommentator, 1510 Posen – 1573 Lublin. Um 1550 Rabbiner und Leiter einer Jeschiwa in Prag, später in Brest-Litowsk, schließlich in Lublin, wo er zunächst an der von Schalom Schachna gegründeten Jeschiwa lehrte; als er mit dessen Sohn Israel in Streit geriet, gründete er ein eigenes Lehrhaus. Luria lehnte allzu haarspalterische Dialektik (→Pilpul) ab, war zum einen von schärfster sittlicher Strenge, zum andern äußerst großherzig. In seinen halachischen Entscheidungen zeigte Luria eine gewisse Eigenständigkeit. Hauptwerke: 1. »Jam schel Schelomo«, →Chidduschim zu den meisten Talmudtraktaten; 2. »Chochmat Schelomo«, Glossen zum Talmud, zu Raschi und den Tossafot, die in vielen Talmudausgaben abgedruckt sind; daneben gibt es Textverbesserungen von Luria, die in den heutigen Talmudausgaben nicht mehr gekennzeichnet sind; 3. →Responsen, die einen Einblick in das jüdische Leben im Polen des 16. Jahrhunderts vermitteln. (LD/TK)

Luther, Martin →Kirche und Judentum

Luxemburg. Eine jüdische Gemeinde war bereits im Mittelalter vorhanden; Vernichtung bei einem Massaker 1349; Neukonstituierung, nachdem französische Revolutionstruppen Luxemburg 1794/95 besetzt hatten. Die in Luxemburg lebenden Juden genossen die gleichen Rechte wie die Juden in den französischen Gemeinden (→Frankreich). 1795 wurde das Niederlassungsverbot aufgehoben, es setzte eine Einwanderung von Juden aus Deutschland und Lothringen ein. Mit dem Kaiserlichen Dekret von 1808 erhielt die Gemeinde vollen Gesetzesschutz. Erneute Einwanderungswellen ab 1870 (nach dem deutsch-französischen Krieg) und 1935 (Flucht vor den Nationalsozialisten); während der deutschen Besetzung Deportation der meisten Juden Luxemburgs. (PB)

Rosa Luxemburg

Luxemburg, Rosa, Politikerin, 5.3.1871 Zamość bei Lublin, Russisch-Polen – 15.1.1919 Berlin (ermordet). Seit 1880 Besuch des Mädchengymnasiums in Warschau. Die Mitarbeit in illegalen politischen Zirkeln zwang sie 1889 wegen drohender Verhaftung zur Flucht in die Schweiz. 1890–97 Studium der Nationalökonomie in Zürich und Promotion. 1899 Übersiedlung nach Berlin; im gleichen Jahr schloß sich Luxemburg auf dem SPD-Parteitag in Hannover dem linken Parteiflügel um Karl Kautsky und Franz Mehring an. Sie wurde zu einer entschiedenen Gegnerin des Revisionismus (vertreten von E. →Bernstein) und verteidigte den revolutionären Standpunkt. 1905/06 Teilnahme an der russischen Revolution, zeitweilige Inhaftierung in Warschau; seit 1907 Dozentin an der SPD-Parteischule in Berlin. Vor dem Ersten Weltkrieg setzte sich Luxemburg immer wieder für einen aktiven Kampf gegen die drohende Kriegsgefahr ein. 1915–18 Gefängnishaft in Berlin; nach ihrer Freilassung trat Luxemburg mit dem von ihr gegründeten »Spartakusbund« für die Räterepublik ein und spielte eine führende Rolle beim Gründungsparteitag der KPD vom 29.–31. 12. 1918 in Berlin. Am selben Tag wie Karl Liebknecht wurde Luxemburg zwei Wochen später von Freikorps-Soldaten ermordet. Hauptwerke: »Sozialreform oder Revolution« (1899), »Massenstreik, Partei und Gewerkschaft« (1906), »Die Akkumulation des Kapitals« (1913).

L P. Frölich, Rosa Luxemburg. Gedanke und Tat, 1973. – P. Nettl, Rosa Luxemburg, 1967. (JÖD)

Luxemburger Abkommen. Das Wiedergutmachungsabkommen zwischen Israel und der Bundesrepublik Deutschland sicherte Kapitalien sowohl für die individuelle Entschädigung der jüdischen Opfer der Shoa und die Rückerstattung von Gütern als auch für Hilfen zur wirtschaftlichen Eingliederung der durch das NS-Regime zur Auswanderung gezwungenen Juden. Im November 1949 sagte Bundeskanzler Adenauer dem Staat Israel Warenlieferungen zum Aufbau des Staatswesens zu. Es schlossen sich monatelange Verhandlungen zwischen Vertretern jüdischer Organisationen und der Bundesregierung an, die mehrmals zu scheitern drohten. Auf jüdischer Seite war bei allen diplomatischen Kontakten N. →Goldmann, die führende Persönlichkeit des →World Jewish Congress und der Jewish Claims Conference, der wichtigste Gesprächspartner. Auf deutscher Seite hatte Adenauer sich gegen Widerstände im Kabinett durchzusetzen. Auch die KPD lehnte das Vorhaben ab. Ohne die Zustimmung der SPD, in der sich der Abgeordnete J. →Altmaier große Verdienste erwarb, wäre das Gesetzesvorhaben gescheitert. Die israelischen Ansprüche richteten sich an das ganze Deutschland und beliefen sich auf 1,5 Mrd. Dollar für die Aufnahme von 500 000 Flüchtlingen aus Deutschland und den ehemaligen unter deutscher Oberhoheit stehenden Gebieten – 3000 Dollar für die Ansiedlung eines Flüchtlings. Die Bundesrepublik Deutschland sollte eine Mrd., die sowjetische Zone 500 Mill. Dollar aufbringen. Die Sowjetunion reagierte auf diese Forderung nicht. Am 10. 9. 1952 wurde in Luxemburg der Vertrag zwischen Israel und der Bundesrepublik Deutschland unterzeichnet, der die Beziehungen zwischen beiden Staaten einleitete. In 17 Artikeln wurden Einzelheiten der deutschen Warenlieferungen festgelegt. Danach erhielt Israel Waren im Werte von drei Milliarden DM. Die Jewish Claims Conference erhielt 450 Mill. DM. Dieser Betrag sollte zur Unterstützung, Eingliederung und Ansiedlung jüdischer Flüchtlinge dienen, die außerhalb Israels lebten. Die Waren und Dienstleistungen waren für die Erweiterung der Ansiedlungs- und Wiedereingliederungsmöglichkeiten für Flüchtlinge in Israel vorgesehen. Israel verpflichtete sich seinerseits, einige deutsche Vermögenswerte, vor allem an religiöse Gemeinschaften, zurückzuerstatten. So erhielt der Lutherische Weltbund in Genf 3,6 Mill. DM, die Erzdiözese Köln für die entstandenen Beschädigungen durch Kampfhandlungen am Kloster Mariä Heimgang auf dem Zionsberg in Jerusalem 500 000 DM; die größte Zahlung leistete Israel an die Brudergemeinschaft der Templer für zurückgelassene Häuser und Grundstücke im Raum Tel Aviv und Haifa in Höhe von 54 Mill. DM. Am 4. 3. 1953 ratifizierte der Deutsche Bundestag das Luxemburger Abkommen. Einschließlich der Berliner Abgeordneten stimmten 255 Abgeordnete für das Abkommen, 35 Abgeordnete, darunter alle Kommunisten, stimmten dagegen, 89 enthielten sich. Mit der Hinterlegung der Urkunden im Sekretariat der UNO am 27. 3. 1953 wurde das Luxemburger Abkommen rechtskräftig. Im Sommer 1965 waren die nach dem Luxemburger Abkommen vorgesehenen Lieferungen erfüllt. Das Luxemburger Abkommen war das erste Generalabkommen der Bundesrepublik Deutschland, die später mit einer Reihe anderer Staaten Wiedergutmachungsabkommen geschlossen hat.

🄻 L. Herbst (Hrsg.), Westdeutschland und die Wiedergutmachung, 1988. – L. Herbst/C. Goschler (Hrsg.), Wiedergutmachung in der Bundesrepublik Deutschland, 1989. – M. Wolffsohn, Ewige Schuld?, [3]1989. (LH)

Luzzatto, 1. Moses Chajim, Dichter und Kabbalist, 1707 Padua – 6. 5. 1746 Akko, Palästina. Luzzatto hatte sich eine umfassende jüdische und allgemeine Bildung angeeignet. In Padua wurde er Führer einer Gruppe, die sich mit mystischer Literatur auseinandersetzte; als die Gruppe in den Verdacht kam, der sabbatianischen Bewegung anzugehören, und Luzzatto glaubte, messianische Offenbarungen zu empfangen, mußte er sich 1729 vor dem Rabbinat von Venedig verantworten; nachdem Luzzatto 1730 widerrufen und sich verpflichtet hatte, das Studium der Kabbala aufzugeben, wurde er zum Rabbiner ordiniert. Nach weiteren Auseinandersetzungen um seine Person und der Verhängung des Banns 1735 ging Luzzatto über Frankfurt nach Amsterdam, wo er in der portugiesischen Gemeinde als Lehrer tätig war. 1743 siedelte er nach Palästina über. Neben kabbalistischen Schriften und ethischen Abhandlungen verfaßte Luzzatto italienische Dramen, religiöse und profane Gedichte.

🄻 S. Ginzburg, The Life and Works of Moses Luzzatto, Founder of Modern Hebrew Literature, Westport (Connecticut), 1975. (JÖD)

2. Samuel David, jüdischer Gelehrter, 22. 8. 1800 Triest – 30. 9. 1865 Padua. Der Sohn eines Drechslers trieb als Autodidakt jüdische und allgemeine Studien und übersetzte bereits mit 21 Jahren das jüdische Gebetbuch ins Italienische. 1829 Ernennung zum Dozenten für Bibelkunde, hebräische Grammatik, jüdische Geschichte und Theologie am neu gegründeten →Collegio Rabbinico Italiano in Padua, wo er bis zu seinem Tod tätig war. Verfasser und Übersetzer lyrischer und epischer Gedichte, der Schwerpunkt seines Werks liegt jedoch auf der Bibelauslegung; als orthodoxer Exeget bekämpfte Luzzatto eine rationalistische Auslegung der Bibel. In der Auseinandersetzung mit →Mose ben Maimon, →Abraham ben Meir ibn Esra und modernen deutschen Reformern wandte sich Luzzatto gegen Versuche, die jüdische Lebensordnung aufzulösen, und forderte eine innere Emanzipation.

🄻 Verband der Vereine für Jüdische Geschichte und Literatur in Deutschland (Hrsg.), Samuel David Luzzatto. Ein Gedenkbuch zum hundertsten Geburtstag, 1900. (JÖD)

Lwów →Lemberg

M

Maamadot (hebräisch »Standmannschaften«), ein Begriff, der sich auf die Weisung bezieht, »das ganze Volk« solle an Feiertagen nach Jerusalem pilgern, um Opfer zu bringen. Dies hat sich in der Praxis jedoch als undurchführbar erwiesen. So wurde es z. B. zur Zeit des Zweiten →Tempels Brauch, daß die am Tempeldienst beteiligten Israeliten sich wie die Priester und Leviten in 24 Dienst-Gruppen aufteilten, von denen in rotierender Folge je eine Gruppe als Vertretung des Volkes im Tempel vor Gott »stehen« sollte (amad, hebräisch: »stehen«), während die übrigen sich in ihren jeweiligen Synagogen zum Gebet versammelten. Mamad oder Mahmad war später auch die Bezeichnung für die Vorstädte der portugiesischen Gemeinden in Amsterdam, London und Hamburg. (RED)

Maarach (hebräisch »Bund«), 1969 aus der →Israelischen Arbeitspartei und der →Mapam gebildeter Parteiblock mit einem gemeinsamen Wahlprogramm und einer gemeinsamen Fraktion in der →Knesset. Der Gründung dieses »Großen Maarachs« war 1965 der Zusammenschluß von Mapai und →Achdut Haawoda zum »Kleinen Maarach« vorangegangen. 1981 schlossen sich die →Unabhängige Liberale Partei und die linksliberale →Bürgerrechtsbewegung an. Mit sechs Abgeordneten trat die Mapam im September 1984 aus dem Maarach wieder aus. Im August 1984 trat die →Jahad-Partei Ezer Weizmans dem Block bei. Der Maarach erzielte in den Wahlen zur Knesset folgende Ergebnisse (ohne arabische Listen):

1965	36,7%	der Stimmen	45 Mandate
1969	46,2%	der Stimmen	56 Mandate
1973	39,6%	der Stimmen	51 Mandate
1977	24,6%	der Stimmen	32 Mandate
1981	36,6%	der Stimmen	47 Mandate
1984	34,9%	der Stimmen	44 Mandate
1988	30,0%	der Stimmen	39 Mandate
1992	34,6%	der Stimmen	44 Mandate
1996	26,8%	der Stimmen	34 Mandate

🄻 M. Wolffsohn/D. Bokovoy, Israel. Geschichte, Politik, Gesellschaft, Wirtschaft, [5]1996. (DB/MW)

Maariv (auch »Arwit«, hebräisch von »Erew«, »Abend«), Abendgebet, nach rabbinischer Tradition von Jakob (Gen 28,11) eingeführt. In Ps 55,17–18 wird von den Ruf-Gebeten – König Davids an Gott – berichtet, »abends und morgens und mittags«. Ursprünglich war das Maariv nicht verpflichtend, weil Gebete (wie →Schacharit und →Mincha) die Brandopfer ersetzten, was für das Maariv nicht der Fall war. Das war mit der Grund für den Gelehrtenstreit, ob Maariv eine Pflicht sei oder nur »Reschot«, d. h. ein Gebet, das man je nach Gutdünken beten oder auslassen kann. Der Brauch, Maariv zu beten, ist indes zur Pflicht geworden. (RED)

Maasse-Buch (hebräisch »Sefer ha-Maasse«, »Buch der Geschehnisse«), volkstümliches Buch, das 354 Erzählungen vor allem aus Talmud und Midrasch sowie Volkslegenden aus dem Leben der deutschen Juden des Mittelalters enthält. Der Verfasser, Ascher Anschel Reb Leiser Chazan, hat es mit der Absicht veröffentlicht, den Glauben im Volk zu stärken und zugleich Erzieherisches und Unterhaltsames zu bieten. Das Buch erschien 1602 auf hebräisch in Basel und hatte mehrere Auflagen. Eine Ausgabe in deutscher Sprache erschien 1612 in Gießen. In jiddischer Sprache wurden mehrere gekürzte Fassungen herausgegeben. (RED)

Maasser Scheni →Mischna

Maassrot →Mischna

Machschirin →Mischna

Machsor (Plural Machsorim, hebräisch »Wiederholung«), Gebetbuch als Kompendium des religiösen Lebens innerhalb des Jahreszyklus (→Tefilla). Bekanntester Machsor ist der Machsor Vitry (12. Jahrhundert), zusammengestellt von Simcha ben Samuel aus Vitry. Er enthält die liturgischen Regeln, die Gebete mit einer Erklärung ihres Wortlauts, Schriftvorlesungen für die Festtage (einschlich der aramäischen Bearbeitung), Sprüche der Väter sowie eine große Zahl von →Pijutim. Die häufig illustrierten Machsorim sind wichtige kulturgeschichtliche Quellen. (RED)

Mâcon, Stadt in Burgund. In Mâcon wurde 581–583 ein Generalkonzil des fränkisch-burgundischen Reichs König Guntrams (561–592) abgehalten. Von 20 Kanones betreffen sechs die Juden. Verboten wurde ihnen allzu vertrauter Umgang mit Nonnen, die Bekleidung des Richter- und des Zöllneramts, das Auftreten in der Öffentlichkeit zu Ostern und die Bekehrung christlicher Sklaven. Demgegenüber wurde

Christen bei Androhung der →Exkommunikation verboten, an Mahlzeiten der Juden teilzunehmen; Christen durften den Juden nicht dienen, christliche Sklaven sollten gegen 12 Solidi freigekauft werden. Die unverkennbare Verschärfung der Lebensbedingungen der Juden beruht auf der Erneuerung älterer fränkischer Synodalbeschlüsse oder bisher nicht geläufiger Bestimmungen des römischen Rechts.

L O. Pontal, Die Synoden im Merowingerreich, 1986. (FL)

Madagaskar-Plan. Pläne zur →Deportation europäischer Juden auf die zum französischen Kolonialreich gehörende ostafrikanische Insel wurden in antisemitischen Kreisen Europas seit den 1920er Jahren immer wieder erörtert. Seit 1938 arbeiteten NS-Dienststellen detaillierte Pläne zur Deportation der Juden aus Deutschland und Europa aus. Eine Verwirklichung schien sich – aus NS-Sicht – im Sommer 1940, nach der Besetzung Frankreichs anzubahnen. Aber die unerwartete Niederlage in der Luftschlacht um England verzögerte das Kriegsende, das gleichbedeutend mit dem geplanten Beginn der Massenvertreibung der Juden sein sollte. Statt dessen wurde seit Juli 1941 die sog. →Endlösung vorbereitet. (LM)

Magdeburg. Eine erste jüdische Ansiedlung, die unter dem Schutz des Erzbischofs stand, ist schon für das Jahr 965 nachweisbar. In den Jahren 1349 (Schwarze Pest) und 1493 wurden die Juden aus dem Erzbistum vertrieben, eine Ansiedlung erfolgte erst wieder seit 1667. Im 19. Jahrhundert wuchs die Gemeinde an Zahl und Bedeutung, im Jahr 1900 hatte sie 1925 Mitglieder. Von den 2300 Juden, die zu Beginn des Dritten Reichs in Magdeburg wohnten, überlebten nur 119 Personen (Volkszählung 1946) die Deportationen und Vernichtungslager. Im Jahr 1990 zählte die jüdische Gemeinde Magdeburg weniger als 30 Mitglieder; aufgrund der jüdischen Zuwanderer aus der GUS 1997 wieder rund 160. (LM)

Magen David (hebräisch »Schild Davids«, häufig, aber unrichtig als »Davidstern« bezeichnet). Die zwei Dreiecke, die ein Hexagramm oder einen sechszackigen Stern bilden, waren in biblischer Zeit ein dekoratives, nicht spezifisch jüdisches Motiv. Im Mittelalter wurde das Hexagramm als »Siegel Salomos« oder »Schild Davids« bezeichnet. 1527 zum ersten Mal als Symbol der Judengemeinde Prags benutzt, breitete sich das Magen David als Symbol jüdischer Identität aus und wurde durch den Zionismus zum Symbol der jüdischen Nationalbewegung. Im Flaggen- und Emblemgesetz von 1949 nahm die Knesset das Magen David in Israels Fahne auf. (DB/MW)

Magen David Adom (hebräisch »Roter Schild Davids«), die 1930 gegründete und 1950 durch das Magen-David-Adom-Gesetz der Knesset regulierte israelische Organisation, die in ihren Aufgaben dem Roten Kreuz christlicher Länder entspricht. (DB/MW)

Maggid (Plural Maggidim, »Erzähler«), Wanderprediger (überwiegend in der osteuropäischen Diaspora im 16.–19. Jahrhundert), die von Gemeinde zu Gemeinde zogen und ihren Lebensunterhalt durch Predigen bestritten. Um in der Konkurrenz mit den Rabbinern zu bestehen, bemühten sich die Maggidim, ihre Predigerkunst zu vervollkommnen, eine Synthese zwischen Belehrendem und Unterhaltsamem herzustellen. Dadurch waren sie offen für neue Ideen. So waren es die Maggidim, die die Lehre der →Kabbala in der osteuropäischen Diaspora verbreiteten. Sie trugen auch zum Entstehen von Volksliteratur bei – Literatur, die sich später von den religiösen Inhalten löste. Einige der Maggidim, so Jakow Kranz, der Maggid von Dobnow (gestorben 1804), und der Maggid →Baer von Mesiritsch, erlangten Berühmtheit, und ihre Predigten wurden, meist posthum, veröffentlicht. (RED)

Maghreb-Staaten. Das Gebiet der heutigen Staaten Marokko, Algerien und Tunesien (das antike Karthago) war seit etwa 500 v. Z. von Juden bewohnt, die ab etwa 200 v. Z. örtliche Berberstämme zum Judentum bekehrten. Als Folge der Eroberung durch die Omajjaden im 7./8. Jahrhundert fiel der Westen Nordafrikas unter zunächst tolerante islamische Herrschaft, die im 9.-11. Jahrhundert eine Blüte des Judentums mit geistigem Zentrum in Tunesien zuließ. Unter den Almohaden ab 1147 wurden die Juden jedoch zunehmend unterdrückt; bereits 1160 floh die Familie von →Mose ben Maimon nach Marokko; im 14./15. Jahrhundert kam es zu größeren Einwanderungswellen spanischer Juden in die Barbareskenstaaten des Maghreb, von denen das heutige Algerien sich zu einem sephardisch geprägten spirituellen Zentrum entwikkelte, während in Marokko ab 1438 die Ghettoisierung der Juden in »Mellahs« erfolgte. Alle drei Länder kamen im

19./20. Jahrhundert unter französische Oberhoheit, zunächst Algerien (1830), das seit 1518 unter türkischer, anfangs liberaler, durch das Erstarken der Deis jedoch zunehmend repressiver Herrschaft gestanden hatte und in dem die Juden nunmehr französische Staatsbürger wurden, dann Tunesien (1881), wo 1535–74 spanischer Einfluß bestanden hatte und die Juden erst 1910 die französische Staatsbürgerschaft erlangen konnten, und 1912 auch Marokko; allerdings verbesserte dies die Lebensverhältnisse der Juden in den Maghreb-Staaten nicht grundsätzlich. Während des Zweiten Weltkriegs, in dem sich Casablanca u.a. durch europäische Flüchtlingsströme zur bedeutendsten jüdischen Gemeinde Nordafrikas entwickelte (1967: 80 000 Juden), verhinderte in Marokko Sultan Mohammed V. Deportationen, während 1943 die deutsche Besetzung Tunesiens zur Verschleppung von Juden in europäische KZs führte. In allen drei Maghreb-Staaten kam es vor allem seit der Proklamation des Staates Israel wiederholt zu antijüdischen Ausschreitungen. 1948 lebten etwa 270 000 Juden in Marokko, die seit der Unabhängigkeit 1956 gleichberechtigte Staatsbürger sind. Aufgrund der judenfeindlichen Stimmung emigrierten die meisten nach Israel; 1997 waren noch etwa 6500 Juden in Marokko ansässig, überwiegend in Casablanca (ca. 5000), kleinere Gemeinden gibt es unter anderem in Rabat, Marrakesh, Tanger und Fez. Die jüdische Gemeinschaft Marokkos entwickelte eine eigenständige kulturell-religiöse Tradition, die auch von marokkanischen Juden in Israel mit besonderen Festen und Feiertagen weitergepflegt wird. Nach der Unabhängigkeit Algeriens 1962 wanderten innerhalb von drei Monaten 135 000 Juden nach Frankreich und Israel aus; die Zurückgebliebenen wurden 1965 für rechtlos erklärt; 1997 lebten weniger als 100 Juden in Algerien. In Tunesien wurden nach der Unabhängigkeit 1956 die Einrichtungen der jüdischen Gemeinschaft verboten bzw. aufgelöst und das jüdische Viertel in Tunis auf Befehl der Regierung zerstört. Aufgrund des fortgesetzten staatlichen und gesellschaftlichen Antisemitismus emigrierten die meisten tunesischen Juden (von 1948–1997 allein 53 000 nach Israel). Zwischen 1982 und dem Madrider Friedensabkommen 1992 befand sich das Hauptquartier der PLO in Tunesien, das 1985 von israelischen Militärflugzeugen angegriffen wurde. 1997 lebten noch etwa 1900 Juden in Tunesien, vor allem in Tunis und auf der Insel Djerba. (PB)

Magister Iudaeorum, Judenmeister. Der nicht eindeutig festgelegte Begriff Magister Iudaeorum konnte ebenso christliche Beamte wie jüdische Gemeindevorsteher bezeichnen. Der von Kaiser Ludwig dem Frommen 826/28 zur Kontrolle der Durchführung der →Judenprivilegien nach Lyon gesandte Judenmeister Evrardus war offensichtlich Christ; ihm übergeordnet übten die Missi des entsprechenden Sprengels die eigentliche Gerichts- und Exekutivgewalt aus. Offen bleibt, ob Evrardus nur für die Juden dieses Sprengels oder die des ganzen Reiches zuständig war. Seit 1250 war der Kämmerer des Erzbischofs von Trier als Magister Iudaeorum mit der Gerichtsbarkeit über die Juden betraut; in Köln waren 1384 zwei Magister Iudaeorum damit beauftragt, die Abgaben der Juden einzuziehen. Vom 13. bis 16. Jahrhundert wurde der Titel von den kirchlichen Behörden für die von den Judengemeinden gewählten Vorsteher verwendet, die vom Landes- oder Stadtherrn bestätigt werden mußten; oft wurden aber auch alle Mitglieder des Gemeindevorstands Magister Iudaeorum genannt. Im 14. Jahrhundert ist der Magister Iudaeorum häufig mit dem Rabbiner der Gemeinde identisch.

[L] L. Finkelstein, Jewish Self-Government in the Middle Ages, 1964. (FL)

Magnes, Judah Leon, Rabbiner, Erzieher und Zionistenführer, 5.8.1877 San Francisco – 27.10.1948 New York. 1900 Verleihung des Rabbinertitels vom →Hebrew Union College. 1905–08 Sekretär der American Zionist Federation; Mitbegründer des →American Jewish Committee; 1908–22 Präsident der Kehilla (einheitliche jüdische Gemeinde) in New York City. Danach Immigration nach Palästina. Mitgründer der Hebräischen Universität und deren Kanzler 1925–35 und Präsident 1935 bis zu seinem Tod. Mitarbeiter von H. →Szold in der Jugend-Alija; Vorsitzender des Middle East Advisory Council des →Joint während des Kriegs. Kämpfte für einen binationalen Staat in Palästina als führendes Mitglied des →Brit Schalom (Friedensbund). (CL)

Magog →Gog und Magog

MaHaRaM →Meir ben Baruch aus Rothenburg

MaHaRIL →Jakob ben Moses ha-Levi Mölln

MaHaRSchA →Edels, Samuel Elieser ben Juda ha-Levi

MaHaRSchaL →Luria, Salomo ben Jechiel

Mahler, Gustav, österreichischer Dirigent und Komponist, 7.7.1860 Kalischt, Mähren – 18.5.1911 Wien. Aus einer unbemittelten, kinderreichen, annähernd orthodoxen jüdischen Kleinwarenhändlerfamilie stammend, kam Mahler bereits mit 15 Jahren nach Wien, wo er bis 1878 das Konservatorium und die Universität besuchte. 1879 erstes Engagement als Kurkapellmeister in Bad Hall, als Kapellmeister in Laibach (1881), Olmütz (1882), Kassel (1883), Prag (1885), Leipzig (1886), Budapest (1888), Hamburg (1891) und endlich 1897 in Wien, zunächst als Kapellmeister, bis 1907 Direktor des K. K. Hofoperntheaters. Danach Kapellmeister an der Metropolitan Opera in New York, 1909 musikalischer Leiter der New York Philharmonic Society. 1897 trat Mahler zum Katholizismus über, da es für einen Juden unmöglich gewesen wäre, eine gehobene Stellung im Dienst des österreichisch-ungarischen Kaiserreichs zu bekleiden. 1902 heiratete er Alma Maria Schindler, deren Erinnerungsschriften zur Legendenbildung um Mahler beigetragen haben. Zu Lebzeiten errang Mahler Weltruhm in erster Linie als Dirigent: er war ein Vorbild kompromißloser Hingabe an das Werk, ein Erneuerer der Opernkultur. Als Komponist von Liedern und Symphonien war ihm ein durchschlagender Erfolg bei Publikum und Kritik versagt. Erst in den 50er Jahren des 20. Jahrhunderts setzte dank der Tätigkeit mancher Dirigenten und der Vervollkommnung der Spielqualität von Orchestern die sog. Mahler-Renaissance ein: die tiefe Ethik seines kompositorischen Schaffens wurde erkannt, ebenso wie sein Streben, mit großangelegten Mitteln ein Bild von den Freuden und Leiden der Welt in Tönen aufzuzeigen. Von »Jüdischkeit« kann in seiner Musik (wie manche seiner Kommentatoren behaupten) keine Rede sein; gleichwohl war Mahler sein Leben lang neidvollen antisemitischen Angriffen ausgesetzt. (AS)

Gustav Mahler, um 1900

Mähren →Tschechien

Maimon, Salomon, Philosoph, 1753 Litauen – 22.11.1800 Nieder-Siegersdorf, Schlesien. Maimon hat in seiner »Lebensgeschichte« (1792/93) das bewegte Schicksal eines genialen Vagabunden geschildert. Die Entdeckung des →Mose ben Maimon – daher sein Pseudonym – befreite ihn aus der Enge der rabbinischen Gelehrsamkeit und der chassidischen Frömmigkeit. Schließlich verließ er seine Familie und seine Heimat, um sich in Deutschland auf der »Suche nach der Weisheit« durchzuschlagen. Kant und Fichte lobten Maimon dafür, daß er den aktuellen Diskussionsstand in der Philosophie erreicht und eigenständig vorangebracht habe. Sein Verdienst war es vor allem, gezeigt zu haben, wie der Erkenntnisgegenstand im transzendentalen Erkenntnisprozeß restlos aufgelöst bzw. erzeugt wird. In seinem Werk »Versuch über die Transzendentalphilosophie« (1790) liegen entscheidende Anstöße zum deutschen Idealismus und Neukantianismus vor. Maimon bedauerte zwar in seiner Autobiographie die »Nutzlosigkeit« der rabbinischen Bildung und wirkte durch hebräische Kommentare zu klassischen jüdischen Autoren aktiv an der Verbreitung der Aufklärung unter Juden mit; er war aber frei von allen Animositäten gegen das Ostjudentum, das er, im Unterschied zu anderen Aufklärern, wegen seiner hohen Gesittung ausdrücklich lobte. Er betrachtete sich selbst nicht mehr als Jude, weil er, wiederum im Unterschied zu anderen Aufklärern, das Judentum vor allem für ein Religionsgesetz hielt, das er nicht mehr befolgen wollte.

L Z. Batscha (Hrsg.), Salomon Maimons Lebensgeschichte, 1984. (DK)

Maimonides →Mose ben Maimon

Maimonidesstreit. Die Werke des Maimonides (→Mose ben Maimon) lösten zunächst unter den Juden Südfrankreichs und Spaniens, später in allen jüdischen Gemeinden langwierige Streitigkeiten zwischen Anhängern und Gegnern des Rationalismus aus. Der erste Konflikt entstand noch zu Lebzeiten des Maimonides, der in seinem religionsgesetzlichen Kodex Mischne Tora (1180) den Anspruch erhob, ohne Rücksicht auf die rabbinische Kasuistik und Homiletik eine endgültige und verbindliche Darstellung des jüdischen Religionsgesetzes und der jüdischen Glaubenslehre gegeben zu haben. Einige Talmudisten sprachen jedoch Maimonides das Recht und die Autorität ab, anstelle der pluralistischen Tradition ein dogmatisches Gebäude des Judentums zu setzen. Der Hauptgegner des Maimonides, →Abraham ben David aus Posquières, dessen Einwendungen in der Standardausgabe der »Mischne Tora« mitabgedruckt sind, war auch einer der ersten Kabbalisten. Die hebräische Übersetzung und begeisterte Aufnahme des »Führers der Unschlüssigen« um die Wende zum 13. Jahrhundert provozierte 1230–35 wiederum eine scharfe Reaktion der Traditionalisten. Sie richtete sich vor allem gegen Maimonides' Rationalisierung der biblischen Theophanien, Prophetien, Wunder, des Gesetzes und andere mehr. Die Antimaimonisten der Provence verhängten über das Werk den Bann, worauf die Maimonisten einen Gegenbann aussprachen. Die Kirche, die in Südfrankreich gegen die Albigenser vorging und 1231 das Aristoteles-Studium untersagte, wurde eingeschaltet, und 1232 wurden Schriften von Maimonides in Montpellier verbrannt. Damit war die Agitation der Antimaimonisten allerdings diskreditiert. Die besonnene Haltung von →Mose ben Nachman, genannt Nachmanides, der die Notwendigkeit einer rationalen Apologetik für gebildete Juden unterstrich, setzte sich durch. Ein erneuter Versuch, den Bann gegen Maimonides zu erwirken – er ging 1288–90 vom Kabbalistenkreis von Akko aus –, scheiterte am Widerstand David Maimonides', des Enkels von Mose ben Maimon, und →Hillels ben Samuel. Einen letzten Höhepunkt erreichte der Maimonidesstreit 1303–06, als die Antimaimonisten die höchste rabbinische Autorität, Salomo ben Abraham →Adret aus Barcelona zu einem Bannspruch gegen die Allegorese in öffentlichen Predigten und den radikalen Rationalismus des →Averroes aufriefen. Nach langem Zögern sprach dieser einen Bann aus, der vor dem 25. Lebensjahr die Lektüre von philosophischen und naturwissenschaftlichen – außer medizinischen – Büchern verbot. Auch darauf reagierten die Maimonisten, vor allem die Übersetzerfamilie der Tibboniden, wiederum mit einem Gegenbann. Der Streit legte sich erst nach der Ausweisung der Juden aus Frankreich (22. 7. 1306). In literarischer Form wurde der Streit vor allem von Kabbalisten fortgeführt. Vermittlungsversuche zwischen Mystik und Rationalismus wie die von →Josef ben Abraham ibn Wakar konnten sich nicht durchsetzen. In der Zeit des Niedergangs des spanischen Judentums und der Vertreibung der spanischen Juden wurde die Philosophie Maimonides' zunehmend angegriffen (→Schem Tow ibn Schem Tow). In den osteuropäischen Jeschiwot war die Lektüre des »Führers der Unschlüssigen« verboten. In Deutschland haben die jüdische Aufklärung sowie die Maimonides-Kommentare M. →Mendelssohns und S. →Maimons zu einer Renaissance der Philosophie des Maimonides geführt. Isaak Abraham Euchel (1758–1804) veröffentlichte den »Führer der Unschlüssigen« mit den Kommentaren S. Maimons und M. →Narbonis. Damit entbrannte aber auch wieder der alte Streit. Im 20. Jahrhundert vertrat z. B. O. →Goldberg den Standpunkt der Antimaimonisten.

L G. Scholem, Ursprung und Anfänge der Kabbala, 1962. – D. J. Silver, Maimonidean Criticism and the Maimonidean Controversy 1180–1240, Leiden 1965. (DK)

Mainz, Sitz der ältesten und angesehensten Judengemeinde im ostfränkisch-deutschen Reich. Einwanderer kamen im 10. Jahrhundert aus Frankreich und Italien; die Familie der Kalonymiden stammt der Überlieferung nach aus Lucca. Jehuda ha Kohen, genannt Leontin, Lehrer von →Gershom ben Jehuda, gründete die erste Talmudschule. Erzbischof Friedrich erwog 937 die Zwangsbekehrung oder die Vertreibung. 1012 wies Kaiser →Heinrich II. die Juden vorübergehend aus Mainz aus. Während des 1. Kreuzzugs (→Kreuzzüge) fanden mehr als 1100 Juden in Mainz den Tod, da die durch den Mainzer Rabbiner Kalonymus von Kaiser →Heinrich IV. erbetene Hilfe für die Juden wirkungslos blieb. Die Gemeinde erstand jedoch bald wieder. Um 1150 bestätigte eine Rabbinersynode in Mainz den Bund der Gemeinden →Speyer, →Worms und Mainz (SchUM, ein Akrostichon, zusammengesetzt aus den hebräischen Anfangsbuchstaben der drei Städtenamen) und dessen Funktion als (inoffizielle) Appellationsinstanz für alle Juden des Reichs. Eine weitere Synode beschloß 1220 eine Reihe von Verordnungen (Takkanot SCHUM = Rechtsverordnungen der drei Städte), die für alle aschkenasischen Juden verbindlich waren. 1209 trat Kaiser Otto IV. alle Ansprüche des Reichs gegenüber den Juden an den Erzbischof von Mainz ab. Ende des 13. Jahrhunderts setzte die Bürgerschaft ihre Ansprüche gegen den Erzbischof durch. Nach ersten Ausschreitungen 1281 bedrohten Ritualmordbeschuldigungen 1283 und 1286 die Juden. Wegen angeblicher Brunnenvergiftung wurde die

Gemeinde 1349 fast ganz ausgerottet, erstand jedoch auch diesmal wieder. Die Takkanot des Mainzer Rabbiners Jakob Moellin (gestorben 1427), genannt Maharil, waren weithin anerkannt. Im 15. Jahrhundert folgten periodisch Ausweisung und Wiederzulassung, bis der Erzbischof dem Rabbinat 1513 Weisenau bei Mainz als Sitz zuwies. 1583 wurde auch in Mainz wieder eine beschränkte Anzahl von Judenfamilien zugelassen, 1639 eine neue Synagoge gebaut. Mit der französischen Besetzung 1792 begann die Emanzipation, doch wurden die Bürgerrechte nach der Angliederung an Hessen-Darmstadt 1816 zeitweilig wieder beschnitten. 1853 spaltete sich die Mainzer Judengemeinde in Reformer und Orthodoxe. Im 19. Jahrhundert stieg die jüdische Bevölkerung von 1620 Einwohnern 1828 auf 3100 Einwohner 1900, fiel dann bis 1933 auf 2730, bis 1939 auf 1450. Die meisten Mainzer Juden wurden nach Polen und Theresienstadt deportiert. Nach dem Krieg entstand eine neue Gemeinde, die 1970 wieder 122 Mitglieder zählte; in den letzten Jahren Zuwanderung. (FL)

Majdanek, im Jahr 1941 als Kriegsgefangenenlager bei Lublin (Ostpolen) errichtet, von 1942 bis Juli 1944 ein Vernichtungslager, in dem insgesamt etwa 500 000 Menschen interniert und etwa 250 000 bis 360 000 Häftlinge, meist europäische Juden, ermordet wurden. Im Juli 1944 wurde Majdanek aufgelöst, und alle noch lebenden Häftlinge wurden nach →Auschwitz deportiert. Der sog. Majdanek-Prozeß 1976–82 vor dem Landgericht Düsseldorf war das letzte größere Gerichtsverfahren in der Bundesrepublik über NS-Gewaltverbrechen. (RED)

Maki, hebräisches Kürzel für →Kommunistische Partei Israels

Makkabäer, jüdisches Hohepriester- und seit 105 v. Z. auch Königsgeschlecht, dessen Name aus dem Beinamen des Juda ha-Makkabi (»der Hammer«) abgeleitet wurde; nach einem Vorfahren des Juda Makkabi mit Namen Hasmon auch →Hasmonäer genannt. (HC)

Makkabi, 1911 gegründete jüdische Sportvereinigung mit Hauptsitz in Tel Aviv, die besonders den Wettkampfsport in Israel fördert. Seit 1932 (in den letzten Jahrzehnten immer im Jahr nach den Olympischen Spielen) finden die internationalen Makkabi-Spiele in Israel statt. Die Vereinigung Makkabi in Deutschland wurde 1921 in Berlin gegründet; 1965 erfolgte die Wiedergründung in Düsseldorf (vgl. auch →Sport). (DB/MW)

Makkot →Mischna

Malamud, Bernard, amerikanischer Erzähler, 26. 4. 1914 Brooklyn, New York – 18. 3. 1986 New York. Malamuds Vater war russisch-jüdischer Immigrant; er selbst, Exponent der zweiten Generation, lehrte 1949–61 Englisch an der Oregon State University, seit 1961 am Bennington College, Vermont. In seinen Romanen »The Assistant« (1957) und »The Fixer« (1966) sowie den Erzählsammlungen »The Magic Barrel« (1958), »Idiots First« (1966) und »Pictures of Fidelman. An Exhibition« (1969) variierte Malamud die Figur des aus der hebräischen und jiddischen Literatur bekannten Schlemiel, des einfachen Menschen: gerade im Mißerfolg, im unverschuldeten Leiden erweist sich die moralische Überlegenheit des modernen Hiob-Archetypus. Die Botschaft von Malamuds Erzählwerk reicht allerdings weit über die jüdische Thematik hinaus: »all men are Jews«, insofern sich im jüdischen das menschliche Schicksal schlechthin spiegelt. (HH)

Malbim Meir Löw ben Jechiel Michael, Rabbiner und Bibelexeget, 1809 Woloczysk – 1879 Kiew. Malbim Meir Löw ben Jechiel Michaels Predigertätigkeit entfaltete sich vor allem in den Jahren 1845–60, als er als Rabbiner in Kempen, Posen, amtierte und den Beinamen »der Kempner Maggid« erhielt. 1860 wurde er Rabbiner in Bukarest. Als Gegner des Reformjudentums geriet er in Konflikt mit jüdischen und nichtjüdischem Instanzen, wurde denunziert und verhaftet. Moses Montefiore gelang es, ihn aus der Haft zu befreien. Malbim Meir Löw ben Jechiel Michael mußte jedoch Rumänien verlassen. Er amtierte in verschiedenen Gemeinden in Rußland als Rabbiner, wobei er auch dort interne Konflikte zu bestehen hatte, die oft zu Denunziationen bei den Behörden führten. Malbim Meir Löw ben Jechiel Michaels Werke zeichnen sich durch große Kenntnisse der hebräischen Sprache aus. So schrieb er auch ein Buch über die hebräische Syntax. Sein Hauptwerk besteht aus Bibelkommentaren, in denen er gegen das Reformjudentum Stellung bezieht. (RED)

Maleachi →Hebräische Bibel

Malerei und Graphik. Angesichts des →Bilderverbots im traditionellen Judentum sind Abbildungen von Menschen und Tieren erst in talmudischer Zeit zu finden. Im Mittelalter entwickelte sich neben der →Buchmalerei (→Buchkunst) auch die →Mosaikkunst. Mit der Emanzipation erhielten Juden Zutritt zu Kunstakademien und arbeiteten als freischaffende Künstler. Im 19. Jahrhundert nahmen jüdische Künstler in Europa zum ersten Mal jüdische Themen in ihr Repertoire auf (z. B. M. D. →Oppenheim, J. →Israels, M. →Gottlieb, I. →Kaufmann und viele andere). In der Zeit nach 1900 zeigten sich in der Themenwahl Assimilierungstendenzen (L. →Ury, M. →Liebermann; die École de Paris). Andere Künstler wie E. M. →Lilien, H. →Struck oder J. →Steinhardt verwendeten bewußt jüdische Themen und belebten die jüdische Buchillustration. Die um 1912 gebildete Gruppe der russischen Avantgarde hatte eine Wiederholung russisch-jüdischer Volkskunst zum Ziel, scheiterte aber in den 20er Jahren. Die zahlreichen aus Osteuropa emigrierten Künstler belebten die jüdische Kunst in den USA und in Palästina, wo sie nach der Gründung der Bezalel-Schule (1906) in den 20er und 30er Jahren die Basis für eine moderne israelische Malerei schufen. Nach 1950 ist jüdische Malerei und Graphik besonders in den USA und Israel entstanden, während in Europa nur einzelne Künstler (M. →Chagall, Arik Brauer u. a.) hervortraten.

L A. Kampf, The Jewish Experience in the Art of the 20th Century, South Hadley, Mass. 1984. – C. Roth, Die Kunst der Juden, 1964. (HK)

Mamser. Die genaue Bedeutung des Wortes ist unklar. Möglicherweise setzt es sich aus »Meam sar« (»von einem fremden Volk«) zusammen. Als Mamser wird ein Kind bezeichnet, das aus einer unerlaubten Beziehung stammt, so z. B. aus Beziehungen zwischen Blutsverwandten (Lev 18). In Dtn 23,3 wird für die Mamserim ein Verbot ausgesprochen, ein Teil des Gottesvolkes zu sein. Zur Zeit von Esra und Nehemia, als viele Exilierte aus dem babylonischen Exil mit fremden Frauen in das Land heimkehrten, war das Problem akut, weil deren Kinder als Mamserim galten und es Bestrebungen gab, sie aus dem Volk Israel auszuschließen. Im Talmud wird die Problematik des Mamser häufig behandelt, (vgl. Qid 3,12 und Jeb 45b). Die Ehe zwischen einem Mamser und einem Juden ist untersagt. Ein Mamser darf nur einen Mamser oder Proselyten heiraten. In allen anderen rechtlichen Belangen ist der Mamser gleichberechtigt. (RED)

Manasse ben Israel, rabbinischer Gelehrter, Schriftsteller und Politiker, 1604 Lissabon – 1657 Middelburg, Niederlande. Manasse ben Israel, der aus einer marranischen Familie stammte, war 1622–39 Rabbiner der Synagoge »Newe Schalom« in Amsterdam und begründete 1627 eine hebräische Druckerei, in der u. a. ein Index zum Midrasch Rabba und eine hebräische Grammatik hergestellt wurden (→Buch- und Druckwesen). Als Schriftsteller wurde Manasse ben Israel bekannt durch zahlreiche Werke über rabbinische Literatur und Geschichte, so vor allem durch das philosophisch-mystische Werk »El Conciliador« (1632–51), in dem er sich mit Widersprüchen in der Bibel auseinandersetzt. Bedingt durch den Bekanntheitsgrad seiner Bücher führte Manasse ben Israel eine umfangreiche Korrespondenz mit zeitgenössischen Persönlichkeiten, u. a. mit Hugo Grotius, Königin Christine von Schweden und Rembrandt. Als Politiker trat er vor allem mit seiner Bemühung hervor, die Wiederansiedlung der Juden in England zu sichern (→Großbritannien). 1655 reiste er nach England und verhandelte u. a. mit Oliver Cromwell, der schließlich Zugeständnisse in der Frage der Wiederzulassung von Juden machte. Manasse ben Israels Engagement für die Juden in England ist niedergelegt in seiner Schrift »Vindiciae Judaeorum« (1656), die später auch ins Deutsche übersetzt wurde und ein Vorwort von Moses Mendelssohn enthielt (»Rettung der Juden«, 1782).

L M. Kayserling, Manasse ben Israel, sein Leben und Wirken, 1861. (WJ)

Manchester. Zweitgrößte jüdische Gemeinde in Großbritannien, entstanden um 1780, als eine Synagoge von zwei Brüdern aus Liverpool gegründet wurde. Nach Meinungsverschiedenheiten in der Gemeinde bildete sich 1856 eine Reformgemeinde. Beide richteten mit Elan kommunale Hilfsorganisationen ein, einschließlich des »Board of Guardians« (1867). 1842 wurde die erste jüdische Schule ins Leben gerufen. 1865 lag die jüdische Einwohnerzahl bei etwa 5000, stieg aber rasch durch einen von der Baumwollindustrie angelockten Einwandererstrom aus Nordafrika und dem Nahen Osten. Noch zahlreicher waren die Einwanderer aus Osteuropa nach 1883, die hauptsächlich in Maßschneidereien und in der Konfektionsindustrie Arbeit fanden. Die Anwesenheit C. →Weizmanns als Dozent an der örtlichen Universität machte Manchester zu einem wichtigen Mittelpunkt des Zionismus in der Provinz. Die gegenwärtige jüdische Einwohnerzahl beträgt etwa 35 000. (LK)

Mandelstam, Ossip Emiljewitsch, Dichter, 15. 1. 1891 St. Petersburg – 27. 12. 1938. 1907–20 lebte er in Paris, wo er seine ersten Verse im klassisch-pessimistischen Stil veröffentlichte. Nach Rußland zurückgekehrt, schrieb er bedeutende Poeme, aber auch satirische Verse auf Stalin. Mandelstams erste Verhaftung erfolgte 1930. Mandelstam wurde 1938 in ein stalinistisches Lager in Sibirien gebracht und starb auf dem Weg nach Wladiwostok. Obwohl Jude, waren Mandelstams Literatur und seine Mentalität dem Judentum fremd. Er gilt als Repräsentant des »jüdischen Selbsthasses«. Seine Werke, lange Zeit in der Sowjetunion nicht veröffentlicht, wurden in den letzten Jahrzehnten weltweit anerkannt und in zahlreiche Sprachen übersetzt. (AB)

Manetho, ägyptischer Priester, verfaßte etwa 270 v. Z. eine Geschichte Ägyptens bis zur 30. Dynastie (343 v. Z.), von der sich jedoch lediglich Teile und Abrisse (bei →Josephus u. a.) erhalten haben. Manetho gab eine gehässige Darstellung des Exodus, indem er die Juden mit Leprakranken identifizierte; möglicherweise liefen aber bereits im Altertum verfälschte Manetho-Texte um. (HC)

Manger, Itzig, jiddischer Dichter, Schriftsteller, Dramatiker. 30. 5. 1901 Tschernowitz – 21. 2. 1969 Gedera, Israel. Debütierte 1921 mit Versen in der jiddischen Zeitschrift »Kultur« in der Bukowina. Erste Gedichtbände »Shtern oyfn Dakh« (1929), »Lamtern in Vint« (1933). In »Khumesh Lider« (1935) und »Megille Lider« (1936) wurden Persönlichkeiten der Bibel auf originelle und besonders geistreiche Weise modernisiert. Der Roman »Dos Bukh fun Gan Eydn« (1939) malte ein nonkonformistisches Bild vom Paradies. 1940 mußte Manger vor den Nationalsozialisten nach London fliehen; 1951 zog er nach New York; 1967 ließ er sich in Israel nieder. Ein Musical von Dev Seltzer nach der »Meghila des Itzig Manger« wurde ein großer Erfolg auf dem Broadway 1968. (AB)

Heinrich Mann, 1926

Mann, 1. Heinrich, Schriftsteller, 27. 3. 1871 Lübeck – 12. 3. 1950 Santa Monica, USA. Nach neuromantischen und expressionistischen Anfängen wurde Mann bekannt als Verfasser politisch engagierter Romane und Novellen, als leidenschaftlicher Kritiker des Bürgertums der Wilhelminischen Ära und der Weimarer Republik (»Professor Unrat«, »Der Untertan«). Er war engagierter Gegner des Nationalsozialismus und betonte die Notwendigkeit einer radikaldemokratischen Neuordnung Deutschlands. Nach dem Ausschluß aus der Preußischen Akademie der Künste floh er am 21. 2. 1933 ins französische Exil. Als »Volksverräter« stand er zusammen mit jüdischen Politikern und Autoren auf der ersten Ausbürgerungsliste, seine Bücher wurden verbrannt. In Paris engagierte er sich publizistisch-propagandistisch für das Volksfrontkomitee, 1940 Flucht über Spanien und Portugal in die USA. Kurz vor seinem Tod wurde Mann zum 1. Präsidenten der neugegründeten Akademie der Künste Berlin/DDR berufen. Manns Äußerungen zu Fragen des Judentums entwikkelten sich im Rahmen seiner Definition des Verhältnisses von Geist und Macht. Er betonte die Bedeutung des »jüdischen Geistes« für die deutsche Kultur. Bereits vor dem Ersten Weltkrieg erfolgte ein intensiver Gedankenaustausch mit deutsch-jüdischen Intellektuellen (u. a. mit M. →Brod, A. →Ehrenstein, L. →Feuchtwanger, E. →Mühsam, K. →Tucholsky, J. →Roth, L. →Strauss, S. →Zweig). 1914 heiratete Mann die jüdische Schauspielerin Maria (Mimi) Kanová aus Prag. Publizistische Auseinandersetzung mit dem Antisemitismus seit 1912: »Das auferstandene Land« (in: »Der Jude«, Sonderheft Nr. 1, 1925), »Der Antisemitismus und seine Heilung« (in: »Die Wahrheit«, Prag 1928). Zahlreiche Essays über das deutsch-jüdische Verhältnis nach 1933 im Exil (u. a.: »Ihr ordinärer Antisemitismus«, 1933; »Die Deutschen und ihre Juden«, 1935; »Anläßlich jüdischer Gedichte«, 1937; Beiträge für die jüdische Zeitschrift, »The American Hebrew«; Mitarbeit am Sammelband »Der Pogrom«, Zürich 1939); Briefe u. a. an Salomea Rottenberg (September 1949) dokumentieren Manns Anteilnahme am Aufbau des Staates Israel.

Mann ging es in seinem publizistischen und politischen Engagement nicht nur um die Verteidigung der Juden, sondern auch und gerade um eine »sittliche Erziehung« der Deutschen.

🄻 A. Banuls, Heinrich Mann, Le poète et la politique, Paris 1966. – W. Jasper, Heinrich Mann, Eine Biographie, 1992. – K. Schröter, Heinrich Mann in Selbstzeugnissen und Bilddokumenten, 1967. (WJ)

2. Thomas, 6.6.1875 Lübeck – 12.8.1955 Kilchberg. 1905 Ehe mit der aus jüdischer Familie stammenden Katja Pringsheim. Manns Werke wurden von S. Fischer gefördert und verlegt. Als Vertreter des »Geistes« spielen Juden in verschiedenen Werken eine große Rolle, so in »Königliche Hoheit« (1909), »Der Zauberberg« (1924) und »Doktor Faustus« (1947); in »Wälsungenblut« (1921) wird der Wagnerkult zweier Juden karikierend analysiert, während die Tetralogie »Joseph und seine Brüder« (1933–43) den biblischen Stoff psychologisch remythisiert. Wegen seines Glaubens an eine besondere Affinität zwischen jüdischem und deutschem Charakter hielt er zwar 1921 J. Wassermanns Furcht vor dem wachsenden Antisemitismus in Deutschland für »dichterische Hypochondrie«, wandte sich aber dennoch früh gegen den Nationalsozialismus. 1936 bekannte er sich zur Emigrantenliteratur, wurde ausgebürgert, die Universität Bonn erkannte ihm die Ehrendoktorwürde ab. Nach der Annexion Österreichs siedelte Mann in die USA über und hielt ab 1942 monatlich Rundfunkreden gegen den Nationalsozialismus. 1952 Rückkehr in die Schweiz. (MIM)

Thomas Mann, 1949

Manna, Bezeichnung für eine bestimmte Nahrung (Wunderbrot) der Israeliten bei ihrem Zug durch die Wüste. In Ex 16,4 wird sie als »Brot vom Himmel« bezeichnet, und die Israeliten werden aufgefordert, den täglichen Bedarf zu sammeln. Woher der Name kommt, ist unbekannt. Es ist entweder ein zusammengesetzter Begriff für die Wörter »Man hu« (hebräisch »was ist das«, »woher kommt das«) oder auch eine Ableitung aus dem Arabischen (Mann = Geschenk). Legenden, oft mit moralisierenden Elementen, ranken sich um das Manna, so diese, daß die Gerechten das Manna stets vor ihren Zelten fanden, während die Ungerechten es stets mühsam sammeln mußten. Für dieses Naturphänomen hat die Wissenschaft eine Erklärung: Man hat entdeckt, daß es in Wüstengebieten eine sirupartige Absonderung von Insekten gibt, die sehr nahrhaft ist (Mannaklee). (RED)

Mannheim →Baden

Mannheim, Lucie, Schauspielerin, 30.4.1899 Berlin – 18.7.1976 Braunlage/Harz, begann zunächst als Amateurschauspielerin. Schauspielstudium an der Reicherschen Hochschule für dramatische Kunst, Berlin. Bühnendebüt in Libau. 1916–18 Schauspielerin bei L. →Jessner am Neuen Schauspielhaus Königsberg. 1918 Wechsel an die Volksbühne Berlin. 1922–33 im Ensemble des Preußischen Staatstheaters Berlin (bei L. Jessner). Mannheim spielte in den Staatstheaterproduktionen von Jürgen Fehling u.a. die Irna in »Die Wupper« (E. →Lasker-Schüler, 1927). 1933 Emigration nach England. Mannheim heiratete den Schauspieler Marius Goring. Erfolgreiches Debüt in einem Film von Alfred Hitchcock in England. 1949 Schauspielerin an Berliner Theatern. Film- und Fernsehproduktionen zunächst in England, später in der Bundesrepublik Deutschland. (MBR)

Mantua, Herzogtum und Stadt. Im 12. Jahrhundert ließen sich Juden in Mantua nieder. Erst seit der liberalen Judenpolitik des Hauses Gonzaga im 16. Jahrhundert eine größere Zahl nachweisbar (rund 6000 Juden). Trotz Gegenreformation (1577 Einführung des Judenzeichens, 1612 Einrichtung des Ghettos) erlebten die jüdischen Gemeinden ihren kulturellen Höhepunkt Ende des 16. und Anfang des 17. Jahrhunderts; so konnten sich neben einer Vielzahl kommunaler Einrichtungen am Hof der Gonzaga jüdische Schauspieler, Musiker und Komponisten entfalten. Unter österreichischer Herrschaft wurde den Juden seit 1708 der Grundbesitz und der Besuch öffentlicher Schulen (1779) erlaubt; die →Judenkennzeichnung wurde abgeschafft; 1791 Zusicherung unbegrenzten Aufenthaltsrechts. Unter französischer Herrschaft

1797–99 und 1801–14 Aufhebung des Ghettozwangs und Zuerkennung bürgerlicher Rechte, die nach erneuter österreichischer Herrschaft erst mit der Eingliederung in das Königreich →Italien 1866 (3000 jüdische Einwohner) wieder eingesetzt wurden.

🄻 S. Simonsohn, History of the Jews in the Duchy of Mantua, Jerusalem 1977. (JÖD)

Mapai (Abkürzung für hebräisch »Mifleget Poale Erez Israel«, »Arbeiterpartei des Landes Israel«), 1930 gegründete nicht-religiöse, zionistische, gemäßigt sozialistische und demokratische Partei, die im →Jischuw und in den ersten Jahrzehnten Israels zur führenden Partei wurde. Sie entstand aus dem Einigungswunsch der zionistischen Arbeiterbewegung durch Einigung von →Achdut Haawoda und →Hapoel Hazair. Zu den Gründern gehörten D. →Ben-Gurion, E. →Kaplan, B. →Katznelson, S. →Schasar und Joseph Sprinzak. In den Wahlen zur Delegiertenversammlung des Jischuw erhielt sie 1931 47 Prozent der Stimmen und dominierte auch in der Zionistischen Weltorganisation. Aus ihr gingen die meisten führenden Politiker des Jischuw und von der Staatsgründung 1948 bis 1977 alle Regierungschefs und die meisten Minister der Schlüsselressorts hervor. 1944 spaltete sich ein linker Flügel ab als (neue) Achdut Haawoda. Anfang der 60er Jahre kam es zu schweren parteiinternen Auseinandersetzungen infolge der →Lavon-Affäre. 1965 unter Führung Ben-Gurions spaltete sich ein rechter Flügel als →Rafi ab. Beide Gruppen schlossen sich 1967/68 wieder mit der Mapai zur →Israelischen Arbeitspartei zusammen. Im Programm spielten zionistische (Einwanderung und Siedlung) sowie wohlfahrtsstaatliche Tendenzen eine stärkere Rolle als sozialistische. Die Mapai stand in enger Verbindung mit der Gewerkschaft →Histadrut und deren Wirtschaftsunternehmen. Ihr waren auch arabische Kandidatenlisten angeschlossen, die bis 1988 meist vier bis fünf Mandate in der →Knesset gewannen. Die Mapai erzielte in den Wahlen zur Knesset folgende Ergebnisse (ohne arabische Listen):

1949	14,7%	der Stimmen	19 Mandate
1951	37,3%	der Stimmen	45 Mandate
1955	32,2%	der Stimmen	40 Mandate
1959	38,2%	der Stimmen	47 Mandate
1961	34,7%	der Stimmen	42 Mandate

Weitere Wahlergebnisse →Maarach.

🄻 P. Medding, Mapai in Israel, (englisch) 1972. – P. Merhav, Die israelische Linke, 1972. – Y. Shapiro, The Formative Years of the Israeli Labour Party 1919–1930, 1976. – M. Wolffsohn/D. Bokovoy, Israel. Geschichte, Politik, Gesellschaft, Wirtschaft, ⁵1996. (DB/MW)

Mapam (Abkürzung für hebräisch »Mifleget Hapoalim Hameuchedet«, »Vereinigte Arbeiterpartei«), 1948 durch Vereinigung von →Achdut Haawoda und →Haschomer Hazair entstandene linkssozialistische Partei in Israel mit besonders starker Bindung an die Kibbuz-Bewegung und die →Histadrut. Die Mapam war mit zwei kurzen Unterbrechungen von der Staatsgründung 1948 bis 1977 Teil der Regierungskoalition und ging 1969 ein Wahlbündnis (→Maarach) mit der →Israelischen Arbeitspartei (IAP) ein. Das Parteiprogramm ist gemäßigt zionistisch, dem Pionierideal (→Chaluziut) verpflichtet, relativ araberfreundlich, gegen eine zu starke Westorientierung und gemäßigt anti-kapitalistisch (Slogan: »Für Zionismus, für Sozialismus, für die Brüderschaft der Völker«). Die frühere Ablehnung ausländischer Investitionen und staatlicher Förderungsmaßnahmen für Privatunternehmen wurde weitgehend aufgegeben. Im August 1984 kündigte die Mapam den Maarach mit der IAP, weil sie an keiner großen Koalition mit dem →Likud teilnehmen wollte. Für die Wahlen 1992 und 1996 schloß sich die Mapam dem Wahlbündnis →Merez an. Die Mapam erzielte in den Wahlen zur Knesset folgende Ergebnisse:

1949	14,7%	der Stimmen	19 Mandate
1951	12,5%	der Stimmen	15 Mandate
1955	7,3%	der Stimmen	9 Mandate
1959	7,2%	der Stimmen	9 Mandate
1961	7,5%	der Stimmen	9 Mandate
1965	6,6%	der Stimmen	8 Mandate
1969–84 Teil des Maarach, nach Aufkündigung des Blocks: 1984			6 Mandate
1988	2,5%	der Stimmen	3 Mandate

🄻 P. Merhav, Die israelische Linke, 1972. – M. Wolffsohn/D. Bokovoy, Israel. Geschichte, Politik, Gesellschaft, Wirtschaft, ⁵1996. (DB/MW)

Mapu, Abraham →Haskala

Marcheschwan →Kalender

Marcus, Mary, Pädagogin und Schulleiterin, 16. 8. 1844 Hamburg – 22. 4. 1930 Hamburg. Nach Tätigkeiten als Erzieherin und Lehrerin von 1868 bis 1884 Vorsteherin der »Israelitischen Mädchenschule von 1798«; 1884–1924 Leiterin der →Israelitischen Töchterschule Hamburg. Marcus setzte vor der Jahrhundertwende gegen den Widerstand konservativer jüdischer Kreise an ihrer Schule einen erweiterten Lehrplan mit anspruchsvollen Lernzielen durch. Eine umfassende Schulbildung sollte sozialen Benachteiligungen jüdischer Mädchen aus armen Familienverhältnissen entgegenwirken. Marcus engagierte sich darüber hinaus für die Einrichtung von Ferienkolonien und Erholungsheimen für erholungsbedürftige Kinder.

[L] U. Randt, Carolinenstrasse 35. Geschichte der Mädchenschule der Deutsch-Israelitischen Gemeinde in Hamburg 1884–1942, 1984. (JÖD)

Marcuse, 1. Herbert, marxistischer Philosoph, 19.7.1898 Berlin – 29.7.1979 Starnberg. Marcuse wuchs in einem weitgehend assimilierten jüdischen Elternhaus auf. 1916 wurde er zum Kriegsdienst eingezogen und trat 1917 in die SPD ein. 1918 war Marcuse im Soldatenrat Berlin-Reinikkendorf tätig. Das Scheitern der Revolution und der Aufstieg des Nationalsozialismus waren die prägenden Erlebnisse Marcuses. Seit 1919 Studium der Philosophie in Freiburg bei Martin Heidegger, 1922 Doktor der Philosophie mit einer Dissertation über Hegels Ontologie. Nach Tätigkeit in einem Berliner Verlag 1928–32 wieder in Freiburg bei Heidegger und E. →Husserl. In dieser Zeit arbeitete Marcuse an einer Synthese von Existentialismus und Marxismus. 1933 berief ihn M. →Horkheimer an das →Institut für Sozialforschung in Frankfurt am Main. 1933 emigrierte Marcuse mit dem Institut nach Genf, 1934 in die USA. Seit 1942 arbeitete Marcuse für den amerikanischen Geheimdienst als politischer Beobachter Mitteleuropas. Im Kalten Krieg trat er mit kritischen Analysen des Sowjet-Marxismus hervor. 1954–65 Professor für Politik und Philosophie an der Brandeis-Universität. 1964 Gastprofessur in Frankfurt am Main, 1965–70 Professor für Philosophie an der University of California in San Diego. 1955 erschien sein erstes Hauptwerk, »Triebstruktur und Gesellschaft« (deutsch 1957, zuerst unter dem Titel »Eros und Kultur«). Hier entwickelt Marcuse mit psychoanalytischen Begriffen und nach dem Vorbild künstlerischer Kreativität die positive Utopie einer Gesellschaft, in der automatisierte Arbeit und Warenüberfluß eine Befreiung der erotischen Triebe und Glück ermöglichen. Weitere Werke: »Der eindimensionale Mensch« (englisch 1964, deutsch 1967), in dem er den Widerspruch von zunehmendem Überfluß und zunehmendem Leistungsdruck in den bestehenden Gesellschaften konstatiert; »Kritik der reinen Toleranz« (englisch 1965, deutsch 1967) und »Kultur und Gesellschaft« (2 Bände, 1967). 1968 war Marcuse an den wichtigsten Schauplätzen der Studentenrevolte in den USA und Deutschland. Seine von →Freud und →Marx beeinflußten Analysen der spätkapitalistischen Gesellschaft, seine Thesen wie »Repressive Toleranz« und seine Themen wie z.B. Ökologie und Feminismus haben die Protestbewegungen der 60er, 70er und 80er Jahre auch weit über seinen Tod hinaus stark beeinflußt. (DK)

2. Ludwig, Essayist und Publizist, 8.2.1894 Berlin – 2.8.1971 München. Studium der Philosophie in Berlin und Freiburg mit Abschluß als Doktor der Philosophie. Tätigkeit als Theaterkritiker und freier Schriftsteller. 1933 emigrierte Marcuse nach Frankreich und lebte in Sanary-sur-Mer. Beteiligte sich an radikaldemokratischen Aktivitäten gegen Hitler-Deutschland. Teilnahme am ersten »Internationalen Schriftstellerkongreß zur Verteidigung der Kultur« in Paris. 1937 Aufenthalt in Moskau. Marcuse beteiligte sich dort an der Diskussion über die Nachfolge von Willi Bredel als Redakteur der Exilzeitschrift »Das Wort«. 1939 siedelte Marcuse in die USA über und erhielt 1945 in Los Angeles einen Lehrstuhl für Philosophie. Nach seiner Emeritierung im Jahr 1962 Rückkehr nach Deutschland. Marcuse wurde vor allem bekannt als Verfasser von Biographien, u.a. über L. →Börne und H. →Heine. Seine während des Exils geschriebene umfangreiche Wagner-Studie konnte erst 1963 erscheinen. Weitere Werke u.a.: »Ignatius von Loyola, ein Soldat der Kirche« (Amsterdam 1935), »Philosophie des Glücks: von Hiob bis Freud« (Zürich 1949), »Mein zwanzigstes Jahrhundert. Auf dem Weg zu einer Autobiographie« (1960). (WJ)

Margul-Sperber, Alfred, Dichter. 23.9.1898 Storožinec, Bukowina – 3.1.1967 Bukarest. Margul-Sperber gilt als einer der wichtigsten Vertreter jüdischer Literatur deutscher Sprache in Rumänien. Er reiste nach dem Ersten Weltkrieg nach Frankreich und in die USA; 1925 Rückkehr nach Rumänien. Journalistische Tätigkeit in Tschernowitz. Margul-Sperber lebte nach dem Zweiten Weltkrieg in Bukarest. Hauptwerke: »Gleichnisse der Landschaft« (1934), »Geheimnis und Verzicht« (1939), »Zeuge der Zeit« (1951), »Ausblick und Rückschau« (1955), »Mit offenen Augen« (1956), »Taten und Träume« (1959), »Sternstunden der Liebe« (1963), »Aus der Vorgeschichte« (1964). (AB)

Mariamne, Enkelin sowohl →Hyrkans II. als auch →Aristobuls II., um 60 Jerusalem – 29 v.Z., heiratete 37 v.Z. →Herodes den Großen und fiel dessen antihasmonischer Politik zum Opfer; zu ihren Kindern siehe →Alexander. Ihr Bruder →Aristobul III. war der letzte hasmonäische Hohepriester. (HC)

Mark. In der sich um 1200 herausbildenden westfälischen Grafschaft Mark ist vor 1237 mit Samuel von Iserlohn, der vermutlich an der dortigen Münze tätig war, erstmals ein Jude nachgewiesen. Vor den Pestpogromen bildete sich eine jüdische Gemeinde wohl nur in Soest. 1398 mit dem Herzogtum →Kleve vereinigt, fiel die Mark zunächst 1614, endgültig 1666 an →Preußen. Ab 1661 stellten Mitglieder der Familie →Gomperz die Rezeptoren (Steuereinnehmer), wurden aber auf Protest der Gemeinden 1686 aus diesem Amt entlassen. Die Aufteilung der Abgaben übernahm der märkische Landtag, der die Vorsteher, Rezeptoren, Assessoren und Schächter bestimmte und seit 1770 regelmäßig alle fünf Jahre tagte. Nach der kurzen Emanzipationsphase z. Z. des Großherzogtums Berg fiel die Judenschaft der Mark 1815 an die preußische Provinz →Westfalen, konnte aber bis zum Judengesetz von 1847 eine gewisse Eigenständigkeit bewahren, die L. L. →Hellwitz für seine Reformpläne zu nutzen suchte.

[L] B. Brilling/H. Richtering, Westfalia Judaica, Band 1 (1005–1350), 1967. – A. Herzig, Judentum und Emanzipation in Westfalen, 1973. (AH)

Marks-Haindorf-Stiftung, aus dem von den jüdischen Medizinern David Heilbronn (Minden) und A. →Haindorf (Münster) 1825/26 gegründeten »Verein zur Beförderung von Handwerken unter den Juden« hervorgegangen. Jüdische Elementar-, später Realschule in Münster (bis 1940) mit jüdischem Lehrerseminar (bis 1928). Gründungskapital von 25 000 Talern von dem jüdischen Bankier und Schwiegervater Haindorfs, Elias Marks (1763–1854; aus Hamm, Westfalen), gespendet. Programmatisches Ziel: »Veredelung« der jüdischen Kultur durch »Verschmelzung« mit der christlichen; bedeutendste Ausbildungsstätte für jüdische Lehrer in Westfalen und im Rheinland. Von Haindorf bis zu seinem Tod 1862 geleitet, bildete die Stiftung in dieser Zeit 200 junge Juden zu Lehrern und 318 zu Handwerkern aus. Das Seminar wurde 1928 im Zuge der preußischen Lehrerausbildungsreform aufgehoben.

[L] S. Braun, Die Marks-Haindorf-Stiftung, in: H. C. Mayer, Aus Geschichte und Leben der Juden in Westfalen, 1962. (AH)

Marktschutzrecht, fälschlich als Hehlerrecht bezeichnet. Das Marktschutzrecht suchte die Frage zu lösen, wem gestohlene oder erbeutete und auf Märkten angebotene Waren gehörten, ohne daß dabei die Handelsgeschäfte geschädigt wurden. Das römische und das fränkische Recht forderten die entschädigungslose Rückgabe an den ursprünglichen Eigentümer, doch blieb der Händler bei Nachweis gutgläubigen Erwerbs straffrei. Andere germanische Stammesrechte sprachen dem Erwerber »bona fide« die Hälfte oder den vollen (angelsächsische, burgundische Sonderrechte) Kaufpreis zu, verlangten jedoch teilweise auch vom Eigentümer, seinen Anspruch zu beweisen. Unter ebendieser Voraussetzung forden die →Mischna ohne Nachweis des gutgläubigen Erwerbs vom Käufer lediglich, den Kaufpreis zu beschwören und die Ware gegen Vergütung des Preises auszuliefern. Im übrigen verurteilt auch der Talmud Hehlerei; die Gemara setzt beim Marktschutzrecht ebenfalls meist gutgläubigen Erwerb voraus, dgl. die führenden Rabbiner seit dem 11. Jahrhundert (u. a. Raschi, Meir von Rothenburg). Sie sahen den Zweck des Marktschutzrechts im Schutz des Marktverkehrs vor Behinderung durch langwierige Rechtsstreitigkeiten. Auch Kaiser →Heinrich IV. hat daher den Juden das Marktschutzrecht in dieser Form gewährt und sie damit gegenüber christlichen Kaufleuten begünstigt. Das Marktschutzrecht hat sich zwar durchgesetzt, in seiner Anwendung den Nachweis gutgläubigen Erwerbs jedoch zunehmend einbezogen. In dieser Form ging das Marktschutzrecht in das österreichische Judenprivileg Herzog →Friedrichs II. von 1238 ein und damit auch in dessen Ableitungen bis hin zu den polnischen Judenprivilegien. Das Marktschutzrecht wurde von Juden allerdings auch zu bewußter Hehlerei mißbraucht und trug so zur Verstärkung des Judenhasses bei.

[L] F. Lotter, Talmud. Recht in den Judenprivilegien Heinrichs IV., in: Archiv für Kulturgeschichte 72, 1990. (FL)

Marokko →Maghreb-Staaten

Maror (hebräisch »Bitterkraut«). In Ex 12 wird die Regelung für den Beginn des Pessachfestes (→Pessach) dargelegt. Es wird u. a. zur Pflicht gemacht, am Sederabend, bei dem die Juden des Auszugs aus Ägypten gedenken, auch Bitterkraut zu essen. Dies soll an die Bitterkeit der Knechtschaft der Israeliten in Ägypten erinnern. Als Maror sind alle Pflanzenarten zulässig, die einen milchigen Saft haben und bitter schmecken, wie Huflattich, Meerrettich (Chazeret) u. a. Die Art und Weise, wie die Maror am Sederabend zubereitet und serviert wird, ist regional sehr verschieden. (RED)

Marr, Wilhelm →Antisemitismus, →Berliner Bewegung, →Völkische Bewegung, →Weltverschwörungslegende

Marranen (spanisch »marranos«, abgeleitet von »marrana«, »Sau«), umgangssprachlich seit dem 16. Jahrhundert für getaufte Juden, die häufig im geheimen ihrem jüdischen Glauben weiter anhingen. In amtlichen Dokumenten gebrauchte man in Spanien und Portugal die offiziellen Bezeichnungen Converso oder Nuevo Cristiano. Seit den Ausschreitungen von Juni bis August 1391, bei denen Zehntausende den Tod fanden, gingen die Könige Kastiliens und Aragóns dazu über, mit Zwang und überredendem Druck die Juden zu christianisieren. Um 1391 gab es rund 260 000 bis maximal 300 000 Juden. Da 1492 nur noch rund 150 000 Juden erfaßt wurden, war ein erheblicher Teil unterdessen getauft worden. Ein für die jüdische Geschichte bis dahin einmaliger Vorgang war es, daß die freiwillige Konversion zu einer »Massenbewegung« in den Gemeinden wurde. Den Conversos, die vor allem im Bankwesen, bald aber auch in allen anderen Berufen, gerade im Klerus, höchste Stellen erreichten und mit dem Hochadel sich vermischten, warfen die sich benachteiligt fühlenden Altchristen vor, zuweilen zu Recht, insgeheim Juden geblieben zu sein. Die sozialreligiöse Spannung zwischen Neu- und Altchristen dauerte bis weit ins 17. Jahrhundert an. Die spanisch-jüdischen Konflikte setzten sich als innerchristliche fort. (ES)

Marseille. Seit dem 6. Jahrhundert ist jüdische Besiedlung in der Bischofsstadt nachweisbar. Für das 12. Jahrhundert ist die Existenz zweier Gemeinden festzustellen, von denen eine der Gerichtsbarkeit des Bischofs, die andere derjenigen des Grafen von Marseille unterstand. Nach einem 1164 durch Friedrich I. Barbarossa bestätigten Privileg für den Bischof oblag diesem jedoch die Oberhoheit über alle Juden von Marseille. Die Judenschaft, die etwa 10 Prozent der Stadtbevölkerung ausmachte, lebte im 14. Jahrhundert unter verhältnismäßig günstigen rechtlichen Bedingungen, erlitt aber bald nach dem Anschluß der Provence an das Königreich Frankreich (1481) pogromartige Ausschreitungen (1484/85). Während in der Folgezeit zahlreiche Juden deshalb die Stadt verließen, kam es infolge der Vertreibung der Juden aus Spanien (1492) andererseits zu starker Zuwanderung von dort. Wiederzulassung der Gemeinde z. Z. der Französischen Revolution. Unter Napoleon Sitz eines Konsistoriums. Im Zweiten Weltkrieg wurde Marseille für viele jüdische Flüchtlinge das Tor zur Freiheit (→Emergency Rescue Committee). Nach dem Krieg wichtige Station für die →Alija nach Israel. Heute leben etwa 65 000 Juden in Marseille. (PAU)

Marshall, Louis, Jurist, 14. 12. 1856 Syracuse, New York – 11. 9. 1929 Zürich; Sohn deutsch-jüdischer Immigranten; 1876 Student der juristischen Fakultät an der Columbia University; 1894 Partner der hochangesehenen juristischen Praxis von Guggenheim, Untermeyer und Marshall. Führendes Mitglied der Republikanischen Partei; plädierte vor dem Obersten Gericht in Verfassungsfragen. 1912–29 Präsident des →American Jewish Committee; bekämpfte den Antisemitismus und übte Druck auf Henry Ford aus, die Veröffentlichung antisemitischer Schriften in seiner Zeitung »The Deaborn Independent« einzustellen. Teilnahme an der Verteidigung Leo Franks, der unter Mordverdacht stand und schließlich gelyncht wurde. Mitbegründer und führende Persönlichkeit des →American Joint Distribution Committee; Präsident des Reformtempels Emanu-El in New York und Vorsitzender des Aufsichtsrats des →Jewish Theological Seminary; Mitbegründer der Jewish Agency (Sochnut). Kämpfte auch als Mitglied der National Association for the Advancement of Colored People für die Bürgerrechte der schwarzen Amerikaner. (CL)

Martin V. (Odo Colonna), Papst (1417–31), 20. 2. 1368 Genazzano – 20. 2. 1431 Rom. Der bei Beendigung des Großen Abendländischen Schismas (1378–1417) vom Konzil zu Konstanz gewählte Martin V. erwies sich als aufgeschlossen gegenüber den Juden. Er erneuerte die traditionellen Schutzbullen seiner Vorgänger, erließ darüber hinaus in den Jahren 1419, 1422 und 1429 weitere Privilegien zum Schutz von Synagogen und Kultausübung; einschränkend erlegte er den Juden auf, bei ihrer beruflichen Tätigkeit das christliche Sonntags-

und Feiertagsgebot zu beachten. Martin V. hielt selbst Verbindung zu einzelnen gelehrten Juden, konsultierte und förderte jüdische Ärzte und schritt – mit Erfolg – gegen das Vertreibungsedikt der Königin Johanna II. von Neapel im Jahr 1427 ein.

L E. A. Synan, Popes and Jews in the Middle Ages, 1965. (PAU)

Martini → Raimundus Martini

Martin von León, Augustinerchorherr, ? – 1185 León. Martin von León verfaßte zahlreiche und umfangreiche Predigten und Kommentare zum NT, in denen die antijüdische Apologetik einen wichtigen Platz einnimmt. Dabei verwendete er häufig die Technik des fiktiven Dialogs und sah sein Ziel in der Festigung, Stärkung und Verteidigung des katholischen Glaubens durch Widerlegung der »lügnerischen Lehre« der Juden. Im Sinne der Frühscholastik ergänzte Martin von León die typologisch-allegorische Exegese durch rationale Beweisführung und stützte sich im Gegensatz zu seinen Vorgängern weit häufiger auf das NT. Die gängigen Stereotypen arbeitete er dabei schärfer heraus: die Blindheit und Verstocktheit der Juden, ihre alleinige Schuld an der Kreuzigung Jesu, ihr gegenwärtiges Elend als Strafe für diese Schuld, die Ablösung des Judentums durch die Kirche. Indem er die Juden als Diener des Teufels immer wieder herabsetzend als moralisch nichtswürdige, vernunft- und empfindungslose Lügner und haßerfüllte Feinde der Christen kennzeichnete, bezog Martin von León Elemente ein, die aus paratheologischen, volkstümlichen Quellen stammten, und trug so zur Ausgrenzung der Juden aus der christlichen Gesellschaft bei.

L H. Schreckenberg, Die christlichen Adversus-Judaeos-Texte (11.–13. Jahrhundert), 1988. (FL)

Märtyrer → Kiddusch ha-Schem

Marx, 1. Karl, Gründer und Herausgeber der → Allgemeinen Jüdischen Wochenzeitung, 8.5.1897 Saarlouis – 15.12.1966 Ebersteinburg bei Baden-Baden. Freiwilliger im Ersten Weltkrieg, mehrfach verwundet und ausgezeichnet. In den 20er Jahren Tätigkeit als Journalist in Baden-Baden und Berlin, Förderer der Jugendherbergsbewegung in Deutschland. 1933 Flucht über Italien, Nordafrika, Gibraltar nach England. 1946 Rückkehr nach Deutschland, »um die Restbestände eines fast völlig dezimierten jüdischen Deutschtums [...] wieder zu sammeln«. Marx galt als Befürworter des christlich-jüdischen Dialogs, setzte sich für die Normalisierung der Beziehungen zwischen Deutschland und Israel ein. (EP)

2. Karl Heinrich, Hauptbegründer des modernen Sozialismus, 5.5.1818 Trier – 14.3. 1883 London. Marx hat einen rabbinischen Stammbaum. Marx' Vater Hirsch (später Heinrich) hatte allerdings eine liberal-deistische Einstellung. Als führender Advokat am Trierer Appellationsgerichtshof verlor der Vater nach der preußischen Besetzung des Rheinlands seine Stellung und konvertierte nach 1816 zum Protestantismus; 1824 wurden seine Kinder und 1825 seine Frau getauft. Seit 1835 studierte Marx in Bonn und Berlin Philosophie und Geschichte. 1841 Promotion zum Doktor der Philosophie in Jena. 1842/43 Redakteur der »Rheinischen Zeitung« in Köln. 1843 Emigration nach Paris, über Brüssel (1845) und Köln (1848), 1849 nach London. Verfasser zahlreicher philosophischer und sozialökonomischer Werke, u.a. das »Kommunistische Manifest« (1848; zusammen mit Friedrich Engels) und »Das Kapital« (Band 1, 1867; Band 2 und 3 herausgegeben von F. Engels 1885 und 1894). Während des Studiums schloß sich Marx den linken Hegelianern (G. F. W. → Hegel) Bruno Bauer und Arnold Ruge an. In der Restaurationszeit war ihre atheistische Kritik der Religion als Herrschaftsmittel und »Opium des Volks« nicht ungewöhnlich; aber Marx' lebenslange Animosität gegen Juden und das Judentum ist Anzeichen einer verleugneten Abstammung. Den Argumenten Ruges und Bauers gegen die Emanzipation der Juden, sie müßten Atheisten bzw. Christen werden, ehe sie Staatsbürger werden können, erwiderte Marx in seiner frühen Schrift »Die Judenfrage« (1843/44), die bürgerliche Gleichberechtigung müsse in einem modernen Staat

Karl Marx

vom Bekenntnis unabhängig sein. Marx forderte aber nicht nur die Emanzipation der Juden in der Gesellschaft, sondern auch die »Emanzipation der Gesellschaft vom Judentum«, womit Marx den »antisozialen«, »egoistischen« Schacher- und Händlergeist des Liberalismus bezeichnete. In der sozialistischen Emanzipation werde sich die jüdische Religion als bloßer Heiligenschein der Spekulanten von selbst erledigen. Ähnliche antisemitische Ausfälle finden sich auch in den anderen Frühschriften Marx', so in »Die heilige Familie« (1845) und den »Thesen über Feuerbach« (1845), seltener im »Kapital« (Band 1, 1867), gehäuft im Briefwechsel mit Engels, hier vor allem persönlich gegen M. →Hess und F. →Lassalle. Das hat Marx nicht davor bewahrt, von ehemaligen Mitstreitern wie Ruge, Bauer und Michail Bakunin und natürlich von Rassisten wie Eugen Dühring als »Jude« diffamiert zu werden. Orthodoxe und unorthodoxe Marxisten jüdischer Herkunft wie R. →Luxemburg, L. →Trotzkij, Ernst →Bloch, G. →Lukács, M. →Horkheimer und H. →Marcuse teilten im allgemeinen das Axiom, daß die kommunistische Revolution auch die »Judenfrage« ohne weiteres lösen werde.

L H. Lamm, Karl Marx und das Judentum, 1968. – R. Misrahi, Marx et la question juive, Paris 1972. – J. Carlebach, Karl Marx and the Radical Critique of Judaism, London 1978. – E. Silbener, Kommunisten zur Judenfrage, 1983. (DK)

Marx Brothers, Komikerteam: Chico (Leonard) 26. 3. 1891 New York – 11. 10. 1961 Hollywood; Harpo (Arthur) 21. 11. 1893 New York – 28. 9. 1964 Hollywood; Groucho (Julius Henry) 2. 10. 1895 New York – 19. 8. 1977 Hollywood; Gummo (Milton) 1897 New York – 21. 4. 1977 Hollywood; Zeppo (Herbert) 25. 2. 1901 New York – 1979. Die Söhne eines erfolglosen jüdischen Schneiders wurden von ihrer Mutter Minna Schoenberg in die Vaudeville-Kunst eingeführt. Sie tourten als »The Four Nightingales« und »The Six Musical Mascots« durch die USA, bis sie 1924 als Marx Brothers mit ihrem Musical »I'll Say She is« am Broadway Erfolg hatten. Die nächsten Produktionen »The Coconuts« und »Animal Crackers« wurden 1929/30 verfilmt, und der einzigartige anarchisch-chaotische, von romantischen Liebes- und Musikszenen unterbrochene Comedy-Stil wurde ihr Markenzeichen. Als sich die Marx Brothers 1950 mit ihrer letzten Produktion »Love Happy« (1950) als Team verabschiedeten, waren sie weltweit berühmt. Groucho, der Kopf der Gruppe, veröffentlichte in den 60er Jahren zahlreiche autobiographisch gefärbte Bücher, die zu der Renaissance der Marx Brothers in Kino und Fernsehen der 70er/80er Jahre beitrugen. (MAR)

Masada →Totes Meer

Maschal (hebräisch »Gleichnis«, »Parabel«). In der rabbinischen Literatur ist das Maschal eine hochentwickelte literarische Form der bildhaften Darstellung eines abstrakten Gedankens. Häufig sind vor allem die sog. Königsgleichnisse. Maschal wird in der Bibel gelegentlich auch als ein Spruch verstanden. In der Bibel gibt es jedoch nur vereinzelt Parabeln, die homiletisch verwendet werden. In der rabbinischen Literatur dient die Parabel dazu, durch Analogien die Tora verständlich zu machen. Berühmt für seine Tierparabeln war der Tanna Rabbi →Meir, der etwa 300 »Fuchsfabeln« geschrieben hat (Sanh 38b,39a). Im 13. Jahrhundert entwickelte sich eine eigenständige »Maschal-Literatur«. Die Parabel wurde nicht nur zur religiösen Erbauung vom →Maggid, sondern auch von Philosophen wie J. →Halewi und →Bachja ibn Pakuda angewandt. Die häufigste Form der Erzählung beginnt mit dem Satz: »Ich will dir ein Gleichnis sagen. Womit läßt es sich vergleichen?« Danach folgt die Analogie oder ein Zitat. Maschal entwickelte sich im Lauf der Zeit auch zu einer literarischen Gattung ohne religiösen Hintergrund. (RED)

Maschiach →Messias

Maskil (hebräisch »Verständiger«, »Unterweiser«) →Haskala

Massary, Fritzi, Schauspielerin, Soubrette, 21. 3. 1882 Wien – 10. 2. 1969 Hollywood, trat 1898 erstmals in einer Revue in Wien auf. Schauspielerin in Linz und am Karl-Schulze-Theater Hamburg. 1904–12 Gesangsstudium. Soubrette am Berliner Metropoltheater. Komponisten wie Leo Fall und Oscar Straus schrieben für Massary Operetten. U. a. sang und spielte Massary seit 1915 in den Leo-Fall-Kompositionen »Die Kaiserin« (1915), »Die Rose von Stambul« (1917), »Die Faschingsfee« (1918). 1929 Bühnenerfolg als Schauspielerin in St. John Ervines Stück »Die erste Mrs. Selby«. Der Theaterkritiker Herbert Ihering rühmte Massary als »die legitime Gesellschaftsspielerin Deutschlands«. 1933 Emigration nach Österreich. Verheiratet mit dem Schauspieler Max Pallenberg

(1918), 1938 Auftritt in Noel Cowards »Operetta« in London (im »His Majesty's Theater«). 1939 Emigration in die USA. Aufenthalt in Hollywood. Zahlreiche Schallplattenproduktionen. (MBR)

Massora (hebräisch »Überlieferung«), Bezeichnung für die (sprachliche) Überlieferung des Bibeltextes, die Gelehrte in Babylonien und Palästina (»Massoreten«) vom 7. bis zum 10. Jahrhundert pflegten. Die Massoreten legten die Aussprache bzw. die Punktation und Akzentuierung des Textes fest und notierten die Unregelmäßigkeiten, Abweichungen und Besonderheiten. Hierbei sind die »Massora Parva« und die »Massora Magna« entstanden. Erstere gibt vor allem die »Ketib« (wörtlich »geschrieben«, Schreibweise) und »Qere« (wörtlich »gelesen«, Aussprache) eines Wortes an, denn die Aussprache ist häufig anders, als der überlieferte Konsonantenbestandteil des Wortes es vorschreibt. Die »Massora Magna« erläutert und erweitert die »Massora Parva«. Weil das Hebräische eine Konsonantenschrift ist, waren Mißdeutungen entstanden, denen die Massoreten mit Vorschlägen zur Vokalisation und Akzentuierung begegneten. Im wesentlichen wurde zunächst das syrische Vokalsystem übernommen, das Punkte verwendet. Es sind dann hauptsächlich drei Vokalisationssysteme entstanden: ein palästinisches, ein babylonisches und das jüngere tiberianische. Das tiberianische System ist infralinear im Gegensatz zu den älteren, oft supralinearen Systemen. Es verdrängte die anderen Vokalsysteme. Die bedeutendsten Massoreten entstammten der Familie Ben Ascher aus Tiberias, die nach →Mose ben Maimon den zuverlässigsten Bibeltext edierte. Überreste anderer Vokalsysteme sind u. a. bis zum Druck des sog. Ben-Naftali-Punktationssystems bezeugt (Reuchlin-Kodex). (RED)

Mathematik. Das Interesse des Judentums an Mathematik, aber auch an Geometrie und Astronomie hatte einen theologischen Hintergrund (Beziehung zur Metaphysik) und einen praktischen, der sich durch die Bedeutung des →Kalenders ergab. Jüdische Gelehrte wurden bereits im 8. und 9. Jahrhundert durch arabische Übersetzer antiker Werke angeregt. Dies gilt vor allem für den Almagest des Ptolemaios, der 1231–35 durch Jakob Anatoli ins Hebräische übersetzt wurde, dann auch in europäische Nationalsprachen. Astronomie war eine Wissenschaft, mit der sich fast jeder Philosoph im Mittelalter befaßte. Als schöpferische Beiträge zur Geschichte der Astronomie gelten vor allem die Arbeiten von Levi ben Gerson (baculus Jacobi, camera obscura). Entscheidenden Anteil an den Anfänge dieser Wissenschaften und anderer Disziplinen in Europa hatten jüdische Gelehrte. (WJ)

Maurras, Charles →Antisemitismus, →Dreyfus-Affäre

Mauss, Marcel, Soziologe und Ethnologe, 10. 5. 1872 Épinal – 10. 2. 1950 Paris (Neffe von E. →Durkheim), wurde nach Studienreisen durch Holland, England und Deutschland Professor für Religionsgeschichte der nichtchristlichen Völker an der École des hautes études, 1931 Professor für Soziologie am Collège de France. Mauss begründete mit L. →Lévy-Bruhl und P. Rivet das Pariser »Institut d'Éthnologie«, Grundstock der bedeutenden französischen ethnologischen Schule. Indem Mauss bei seinen Arbeiten Psychologie, Ethnologie und Anthropologie in die Soziologie einbezog, durchbrach er die von Durkheim vertretene Trennung von Soziologie und Psychologie. In seinen Schriften, unter denen als die wesentlichsten zu nennen sind: »Essai sur le don« (in: Année Sociologique, 2. Folge, Band 1, 1923/24) und »Fragments d'un plan de sociologie générale descriptive« (in: Annales Sociologiques, Band 1, 1934), befaßte sich Mauss mit kollektiven Vorstellungen und Konzepten (z. B. der Gabe und des Tausches), wie sie sich in Ideen, Begriffen, überlieferten Praktiken und kollektiven Gefühlen äußern. Seine Darstellung des Verhältnisses zwischen Soziologie und Anthropologie, »Sociologie et anthropologie« (1950), erschien auf deutsch 1974/75 (2 Bände). (AS)

Mauthausen. Nach dem »Anschluß« Österreichs im März 1938 wurde nahe der oberösterreichischen Gemeinde Mauthausen ein KZ errichtet, in dem seit August 1938 vor allem politische Gefangene inhaftiert waren. Neben dem Hauptlager gab es über 30 Außenlager, von denen die meisten im Jahr 1944 errichtet wurden, die letzten im März 1945. Seit 1941 internierte die SS Tausende von Juden aus den Niederlanden, der Tschechoslowakei und Ungarn in Mauthausen. Von Januar 1945 an wurden jüdische Gefangene aus →Auschwitz nach Mauthausen deportiert. Die Zahl der Häftlinge in Mauthausen wird auf 200 000 geschätzt, zwischen 110 000 und 120 000 kamen ums Leben. Am 5. 5. 1945 befreiten US-Truppen die Häftlinge. (RED)

Mauthner, Fritz, Journalist, Schriftsteller und Sprachphilosoph, 22.11.1849 Hořice, Böhmen – 29.6.1923 Meersburg, Bodensee. Sohn einer jüdischen Kaufmannsfamilie. Seit 1876 in Berlin, wird er als Parodist (»Nach berühmten Mustern«, 1878) bekannt. Seine Romane haben zeitkritische (»Der neue Ahasver«, 1882) und historische Sujets (»Xanthippe«, 1884). Die radikale Sprachskepsis von Mauthners »Beiträgen zu einer Kritik der Sprache« (3 Bände, 1901/02, redigiert von G. →Landauer) beeinflußte die sprachphilosophische und literarische Moderne (z.B. Hugo von Hofmannsthal). Sein letztes philosophisches Werk war »Der Atheismus und seine Geschichte im Abendland« (4 Bände, 1920–23). Der Bismarck-Verehrer Mauthner befürwortete die vollständige Assimilation der Juden (»Judentaufen«, 1912). Sein Verhältnis zum Judentum blieb, trotz der Freundschaft zu Landauer und M. →Buber, zeitlebens von Distanz, ja Ablehnung geprägt (»Erinnerungen«, 1919).
[L] J. Kühn, Gescheiterte Sprachkritik. Fritz Mauthners Leben und Werk, Berlin/New York 1975. (HD)

May, Henriette, Lehrerin, Sozialarbeiterin, 1862 Berlin – 1928 Berlin. Mit Bertha Pappenheim und Sidonie Werner (1860–1932) gehört May zur Gründergeneration des Jüdischen Frauenbunds. In Berlin gründete sie einen Verband und ein Heim für Lehrerinnen, die sich dem Jüdischen Frauenbund anschlossen. Mays Beteiligung am Kampf gegen den Mädchenhandel, ihre Gründung von Heimen für Pogrom- und Kriegswaisen, die Einrichtung eines Ferienfonds für notleidende Frauen dokumentieren ihr Hauptinteresse innerhalb des Jüdischen Frauenbunds, das dem Schutz von Frauen und Kindern galt. May war eines der beiden JFB-Mitglieder, die 1917 in leitende Positionen der neugegründeten Zentralwohlfahrtsstelle der deutschen Juden gewählt wurden, und sie war die erste Frau, die einen Sitz im Vorstand des →Centralvereins deutscher Staatsbürger jüdischen Glaubens bekleidete. Für beide Verbände war sie die offizielle Verbindungsperson gegenüber dem Jüdischen Frauenbund. (MAM)

Mayer, 1. Carl, Drehbuchautor, 20.11.1894 Graz – 1.7.1944 London. Mayer war der wichtigste Autor des deutschen Stummfilms. Er schrieb u.a. die Drehbücher für »Das Cabinet des Doktor Caligari« (1919, zusammen mit Horst Jannowitz), »Die Hintertreppe«, »Scherben« (beide 1921), »Sylvester« (1923). Mayer arbeitete mit F. W. Murnau zusammen (»Schloß Vogelöd«, 1921; »Tartüff«, 1925; »Sunrise«, USA 1927) und entwickelte mit dessen jüdischem Kameramann Karl Freund die revolutionäre Technik der »entfesselten Kamera« für »Der letzte Mann« (1924). Mayer war ein akribisch arbeitender Autor, dessen visuelle Erzähltechnik ein ausgezeichnetes Gespür für filmischen Rhythmus und effektvolle Kameraführung verrät. Im politischen Klima der präfaschistischen Zeit der frühen 30er Jahre fand Mayer keinen Platz mehr für seine gesellschaftskritischen Intentionen. 1932 ging er nach London, wo er 1944 an Krebs starb. (MAR)

2. Gustav, Historiker, 4.10.1871 Prenzlau, Brandenburg – 21.2.1948 London. Ab 1890 Studium der Nationalökonomie, Geschichte, Philosophie und Kunstgeschichte in Berlin und Freiburg; 1893 Promotion an der Universität Basel; von 1896 bis 1906 Korrespondent für die liberale »Frankfurter Zeitung«; in den folgenden 10 Jahren freier Publizist und Privatgelehrter in Heidelberg und Berlin. 1917 wurde dem linksliberalen Juden, formell wegen ungenügender Kenntnisse im Kolloquium, die Habilitation in Berlin verweigert. Im darauffolgenden Jahr begann Mayer in Berlin mit Vorlesungen und Übungen auf der neugegründeten außerplanmäßigen Professur für »Geschichte der Demokratie, des Sozialismus und der politischen Parteien«. Nach der nationalsozialistischen Machtergreifung 1933 emigrierte Mayer nach England. Mayer war zu seiner Zeit, abgesehen von Franz Mehring, der einzige deutsche Historiker, der sich kontinuierlich mit der historischen Entwicklung der deutschen Sozialdemokratie auseinandersetzte. (JÖD)

3. Hans, Literaturhistoriker und Essayist, 19.3.1907 Köln. Aufgewachsen im Milieu des rheinisch-jüdischen Großbürgertums, fand der Jurastudent Mayer (Promotion über Hans Kelsen) in den 20er Jahren über die »Weltbühne«, Georg Lukács und Leo Trotzkij zu einem undogmatischen Marxismus, von dem er sich auch die Lösung der »Judenfrage« erhoffte. Im Exil (Paris, Genf) seit 1933, konnte Mayer überleben durch Forschungsaufträge (u.a. zu »Georg Büchner und seine Zeit«, 1946, erweitert 1972). Bereits 1945 Rückkehr nach Frankfurt am Main (Rundfunkarbeit), 1948 Professor für Literaturgeschichte in Leipzig, 1963 wegen politischer Schwierigkeiten Übersiedlung in die Bundesrepublik Deutschland, 1965–73 Professor in Hannover; seitdem lebt Mayer in Tübingen. Mayer hat Studien zu zahlreichen Autoren vorgelegt, u. a. zu Brecht, Büchner, Goethe, Thomas Mann, R. Wagner. In seinem Großessay »Außenseiter« (1975) vertrat er die These, daß die Aufklärung letztlich an der Stellung gegenüber Außenseitern gescheitert sei – den Frauen, den Homosexuellen, nicht zuletzt den Juden, deren Schicksal zunehmend als das eigene begriffen wird (»Mein Judentum«, 1978; »Ein Deutscher auf Widerruf. Erinnerungen«, 1982–84). Deutschland, seiner Vergangenheit, Gegenwart und Zukunft, galt Mayers Interesse nach dem Umbruch von 1989 (»Der Turm von Babel. Erinnerungen an eine Deutsche Demokratische Republik«, 1991; »Wendezeiten«, 1993). (HH)

4. Helene, Fechterin, Staatswissenschaftlerin, 20. 12. 1910 Offenbach – 15. 10. 1953 Heidelberg. Bereits mit 14 Jahren wurde Mayer 1925 deutsche Florettmeisterin. Bis 1930 holte sie sechs nationale Meistertitel. 1928 gewann sie auf der Olympiade in Amsterdam eine Goldmedaille. Europa- und Weltmeisterin 1929 und 1931. Studium des internationalen Rechts in Frankfurt am Main 1929 und Paris 1930/31, anschließend Emigration in die USA. Auf Drängen der amerikanischen Öffentlichkeit, in der ein Boykott der Olympischen Spiele 1936 diskutiert wurde, und nach Intervention des Internationalen Olympischen Komitees startete sie für Deutschland. Ihre Nominierung war ein propagandistischer Schachzug angeblicher Rassentoleranz Hitler-Deutschlands und beeinflußte die USA, an den Spielen in Berlin teilzunehmen. Mayer gewann in Berlin die Silbermedaille. 1937 wurde sie, jetzt Amerikanerin, Weltmeisterin im Florettfechten. Mayer wurde Dozentin am Mills College, später an der University of California (Berkeley). 1952 kehrte Mayer nach Deutschland zurück.
[L] K. W. Jonas, Helene Mayer, 1986. (LH)

Mazad → Morascha

Mazedonien → Jugoslawien

Mazpen (hebräisch »Kompaß«), eine 1962 in Israel gegründete linkssozialistische politische Gruppierung, zunächst aus Dissidenten, die wegen ihrer Kritik des sowjetischen Systems aus der → Kommunistischen Partei Israels ausgeschlossen worden waren. Mazpen suchte nach einem nichtkommunistischen, aber revolutionären Ideal, verlangte eine »Entzionisierung« Israels, betrachtete den → Sechs-Tage-Krieg als israelischen Angriffskrieg, lehnte die → Camp-David-Abkommen ab und sah in der Anerkennung der PLO und der Rechten der Palästinenser die Vorbedingung für eine Lösung des Nahostkonflikts.
[L] P. Merhav, Die israelische Linke, 1972. – D. Schnall, Radical Dissent in Contemporary Israeli Politics, 1979. (DB/MW)

Mazza (hebräisch »ungesäuertes Brot«). Im Zusammenhang mit dem Auszug der Israeliten aus Ägypten wird im Ex 12,34 und 39 berichtet: »Und das Volk trug den rohen Teig, ehe er durchsäuert war und sie backten aus dem rohen Teig, den sie aus Ägypten mitbrachten, ungesäuertes Brot.« Zum Gedenken daran wird am Sederabend u. a. (vgl. → Maror) auch Mazza gegessen. Im Talmud-Traktat Pes 435a,38b wird die Herstellung der Mazza aus Mehl und Wasser detailliert dargestellt. Das Mehl muß so schnell wie möglich verbacken werden. Die Mazza ist ein sehr dünnes, zerbrechliches, ungesäuertes Brot, meist in quadratischer Form; früher hatte sie eine runde Form. Die Orthodoxen essen nur die sog. Mazza schmura, die unter Aufsicht hergestellt wurde. Das zu verwendende Mehl aus Weizen, Roggen, Gerste und Hafer darf nur von Feldern orthodoxer Gemeinden stammen. Im strengen Sinne ist es Pflicht, nur am ersten Tag des Pessachfestes Mazza zu essen. Inzwischen ist es aber Brauch, daß die Mazza während der ganzen Pessachwoche das Brot ersetzt. Sie wurde zu einem Symbol dieses Festes. Vor allem bei aschkenasischen Juden ist die Mazza Bestandteil einer reichhaltigen kulinarischen Tradition geworden und wird nicht nur zu Pessach gegessen. (RED)

Mea Shearim → Neture Karta

Meaux, mit Paris Ort eines westfränkischen Konzils von 845/46. Das Konzil nahm eine Anzahl von Judenkanones auf, die inhaltlich vorwiegend auf Vorarbeiten des Diakons Florus und des Erzbischofs → Amolo von Lyon fußten. Hinzu traten einige Kanones des 4. Konzils von → Toledo und eine neue Verfügung, die christlichen und jüdischen Kaufleuten den Export von Sklaven verbot. Die Bestimmungen hatten fast durchweg restriktiven Charakter. Sie verboten Christen gemeinsame Mahlzeiten mit Juden, die Übertragung der Ämter des Richters, des Zolleinnehmers und des Kerkermeisters an Juden, Dienstverhältnisse bei Juden, die Annahme von Festgeschenken und Mazzen, die Teilnahme an jüdischen Festen und Riten und jede Begünstigung von Juden. Den Juden untersagten sie den Bau neuer Synagogen, die Bekehrung und die Beschneidung von Sklaven sowie den Besitz christlicher Sklaven. Schließlich verfügten sie die Trennung der jüdischen Kinder von ihren Eltern und deren christliche Erziehung(!). Kaiser Karl der Kahle hat diese Judenkapitel auf dem Reichstag von Epernay 846 jedoch nicht bestätigt. Dennoch wurden die Judenkanones von Meaux und Paris noch lange als angebliche Kapitularien →Karls des Großen weiterverbreitet. (FL)

Mechilta (aramäisch »Maß«, hebräisch »Midda«). Mechilta ist ein →Midrasch zum Buch Exodus; es gibt zwei Mechilta. Die eine wird »Mechilta des Rabbi Jischmael« genannt und wurde wahrscheinlich im 4. Jahrhundert ediert. Da die meisten Baraitot (→Baraita) der Mechilta im Namen Rabbi →Jischmaels ben Elischa zitiert werden, wurden die Mechilta nach ihm benannt. Wahrscheinlich stammt der größte Teil der Baraitot von ihm oder aus seiner Schule. Die »Mechilta des Rabbi Jischmael« wurde in der Zeit der Geonim (→Gaon) im 10. Jahrhundert oft zitiert. Die zweite Mechilta ist die »Mechilta des Rabbi Simon ben Jochaj«, später auch »Mechilitin Akiba« genannt. Die Mechilta des Rabbi Simon ben Jochai wurde oft zitiert, es gab von ihr jedoch keine geschlossene Buchform, und sie galt folglich als verloren. In der →Genisa wurden zusammenhängende, wenn auch unvollständige Teile der Mechilta des Rabbi Simon ben Jochaj entdeckt; eine kritische Edition wurde von E. Z. Melamed 1955 in Jerusalem veröffentlicht. (RED)

Meckauer, Walter, Romancier, Dramatiker, Essayist, Weltreisender, 13. 4. 1889 Breslau – 6. 2. 1966 München. Studium in Breslau und München, 1928 Jugendpreis deutscher Erzähler. 1933 Emigration nach Italien, anschließend nach Frankreich, später in die Schweiz, 1947 in die USA, wo er Gastprofessor an Universitäten und Hochschulen war; Mitarbeiter an der »New Yorker Staats-Zeitung«. 1952 Rückkehr nach München; Romanpreis des Langen-Müller-Verlags. Nach ihm ist die Walter-Meckauer-Medaille benannt, die seit 1983 jährlich vom Walter-Meckauer-Kreis (gegründet 1979) verliehen wird. Hauptwerke: »Unser Schlesier in Frankreich« (1915), »Die Bergschmiede« (1917), »Die Bücher des Kaisers Wutai« (1928), »Wolfgang und seine Freunde« (1949), »Venus im Labyrinth« (1953), »Ins Dasein beurlaubt« (Drama, o. J.), »Die Sterne fallen herab« (1952), »Fremde Welt« (1959), »Gassen in fremden Städten« (1959).

L J. Zeuschner (Hrsg.), Walter Meckauer, Mensch und Werk, 1959. (LH)

Mecklenburg. Die im 13. Jahrhundert in den beiden Hansestädten Wismar und Rostock gebildeten jüdischen Gemeinden gingen in den Pestpogromen von 1350 unter; erst Ende des 19. Jahrhunderts neu gegründet. Die mittelalterlichen Gemeinden in anderen Städten waren vielfach durch die →Hostienfrevellegende gefährdet, so in Krakow (1325), Güstrow (1330) und Sternberg, wo 1492 27 Juden verbrannt wurden. Daraufhin verfügte Herzog Magnus die Verbannung aller Juden aus dem Herzogtum Mecklenburg. Erst im Gefolge der Hoffaktoren, die weitgehend sephardischen Hamburger Familien (u. a. Familie Hinrichsen) entstammten, entstanden ab 1660 wieder neue Gemeinden in Schwerin und Bützow. Derselbe Prozeß vollzog sich auch in Mecklenburg-Strelitz in der 1. Hälfte des 18. Jahrhunderts. Daneben lebten vereinzelt Juden auf adligen Höfen. In den Hafenstädten Rostock und Wismar war ihnen die Niederlassung verwehrt. Um 1760 waren in Mecklenburg-Schwerin 30 »conzessionierte« Familien seßhaft, die durch eine herzogliche Verordnung von 1765 eine eigene Gemeindeorganisation und einen eigenen Landtag erhielten. Während es in Mecklenburg-Schwerin verboten war, Synagogen zu bauen, erlaubte der Herzog von Mecklenburg-Strelitz 1763, eine in Altstrelitz zu errichten. Der Widerstand in Mecklenburg-Schwerin rührte von den Landständen her, die den Großherzog Friedrich Franz u. a. zur Aufhebung der von ihm am 22. 2. 1813 verfügten Constitution veranlaßten, die die Juden zu »Einländern« erklärte und sie rechtlich mit den Christen gleichstellte. Am Widerstand der »mecklenburgischen Ritterschaft« scheiterte 1849 ein weiterer herzoglicher Gleichstellungsversuch. Ein Antrag des aus Mecklenburg stammenden liberalen Abgeordneten Moritz Wiggers an den Reichstag des Norddeutschen Bundes im April 1868 auf »Gleichstellung aller Konfessionen in allen Ländern des Norddeutschen Bundes« wurde am 16. 6. 1868 angenommen, und alle Sonderbestimmungen für Juden wurden aufgehoben. Somit kam es erst im ausgehenden 19. Jahrhundert zur freien Entfaltung der jüdischen Gemeinden in Mecklenburg. Die meisten Landjuden schlossen sich den Stadtgemeinden an. Nach der Erteilung von Ansiedlungsrechten entwickelte sich in Rostock die größte jüdische Gemeinde mit rund 350 Mitgliedern, gefolgt von Schwerin (200) und Güstrow (120). Anfang 1933 zählte Mecklenburg 47 jüdische Gemeinden mit 1000 Mitgliedern, die in der Israelitischen Landesgemeinde unter dem Vorsitzenden Max Marcus (Güstrow) zusammengeschlossen waren. Nach den in Mecklenburg besonders brutalen Pogromen am 9./10. 11. 1938 verließen über die Hälfte der Juden das Land (1937 506, 1942 232 jüdische Einwohner). Bei den Deportationen 1942/43 wurden 142 jüdische Bürger in die KZs Auschwitz, Majdanek und Theresienstadt verschleppt und ermordet. Nach dem Beitritt der DDR zur Bundesrepublik Deutschland hat sich eine Landesgemeinde Brandenburg/Mecklenburg-Vorpommern gebildet (→Deutschland).

[L] L. Donath, Geschichte der Juden in Mecklenburg von den ältesten Zeiten (1266) bis auf die Gegenwart (1874), 1874 (Neudruck 1974). – K. H. Jahnke, Terror gegen die jüdische Bevölkerung in Mecklenburg 1938, in: Wissenschaftliche Zeitschrift der W. P.-Universität Rostock, G-Reihe, 38, 1989. – H. Schnee, Die Hoffinanz und der moderne Staat, Band 2, 1954.
(AH)

Medigo, Josef Salomo del →Delmedigo, Josef Salomo

Medigo aus Kreta, Elia del →Delmedigo, Elia

Medizin. Die jüdische Medizin war durch die Jahrhunderte einem Wandel unterworfen, in dem sich die Vorstellungen von Tora, Talmud und Kabbala niederschlagen. Ein Einfluß der Kultur Ägyptens auf die biblische Medizin ist nicht nachgewiesen, wohl aber einer der babylonischen Kultur auf die talmudische Medizin. In der Tora ist der Priester zwar kein Arzt, er entscheidet jedoch darüber, ob der Kranke kultisch →rein oder unrein sei und ob überhaupt eine Krankheit vorliege, was anatomische, physiologische und pathologische Kenntnisse voraussetzt. Eine Behandlung erfolgte nicht, da Krankheit (vornehmlich Hautkrankheiten wie »Aussatz«, allgemein Infektionen und Geisteskrankheiten) als göttliche Fügung (Strafe) verstanden wurde, die nur durch Gebet und Buße abzuwenden war, weswegen ein enger Zusammenhang mit den Reinheits-, Ehe- und Speisegesetzen bestand. Die Frage nach der Berechtigung ärztlichen Eingreifens beschäftigte den Talmud bis ins Mittelalter. Auch hier wurden Krankheiten häufig als Wirkung Gottes oder von Dämonen verstanden, die Rezepte dagegen waren oft magisch; wichtigste Heilmethode war das von →Mose ben Maimon als Teil seines Kampfes gegen den Aberglauben verbotene Besprechen. Daneben fanden auch Heilmethoden Anwendung, die heute als homöopathisch bezeichnet werden, z. B. pflanzliche Medikamente und Wasserkuren. In der →Kabbala entwarf der →Sohar eine mystische Theorie der Medizin. Bereits im 6./7. Jahrhundert vereinte Asaph ben Berekja ha-Rofe jüdische, antike und persisch-indische Überlieferungen zu den ältesten hebräischen medizinischen Schriften, die für die von Sabbetaj Donnolo im 10. Jahrhundert gegründete Schule von Salerno bestimmend waren. In enger Zusammenarbeit mit den arabischen zeichneten sich die jüdischen Mediziner u. a. dadurch aus, daß sie die Werke von Hippokrates und Galen übersetzten und nicht nur im islamischen Kulturkreis als Leib- und Hofärzte wirkten. Bekannte jüdische Mediziner sind zuerst im arabischen Kulturkreis belegt, so Ibn Dschadschal, Leibarzt des ersten Omajjaden, vor allem aber Sahl al Tabari (um 820). Der in Kairo wirkende Abulmeni verfaßte ein lange gebräuchliches Werk über Heilmittel, während der Arzt Ephraim für seine umfangreiche Handschriftensammlung von 30 000 Titeln bekannt war. Für die Kalifen waren neben dem gynäkologischen Schriftsteller Mose ben Eleasar u. a. Sadid al Din und, als Leibarzt Saladins, Rabbi Nathanael tätig; im ganzen Mittelalter galten die medizinischen Schriften des Isaak ben Salomo →Israeli als Autorität. Im arabisch beherrschten Spanien waren jüdische Ärzte zugleich Lehrende (wie in Toledo) und Leibärzte der Kalifen, so Chasdaj ibn Schaprut (um 940–975) und →Averroes. Auch nach Vertreibung der Araber aus Spanien waren zahlreiche jüdische Ärzte am Hof tätig, so z. B. Isaak Benveniste. Weniger als Ärzte denn als Philosophen, Historiker und Dichter sind für Spanien J. →Halewi, →Mose ben Maimon, →Mose ben Nachman, Juda ibn Alfachar, →Abraham ibn Daud, J. →Albo u. a., für Frankreich besonders →Levi ben Gerson bekannt. Jüdische Leibärzte wirkten auch in Portugal (so Don Moses Navarra), im Osmanischen Reich (so schon unter Mehmed II. 1452 Hakim Jakob) sowie am Hof der Päpste, z. B. im Dienst Pauls III. der Vorkämpfer Averroes', Jakob Mantino (1490–1540). Nach mehreren anderen Einschränkungen verbot Papst Paul IV. 1555 die Behandlung von Christen durch Juden. In Frankreich waren jüdische Mediziner schon um 500 tätig; seit Hugo Capet sind sie als Leibärzte der Könige belegt, so auch der getaufte Jude Nostradamus (1503–66). Wissenschaftlich traten weder die jüdischen Mediziner Polens noch die Deutschlands hervor, zumal in Polen keine ärztlichen Ausbildungsstätten vorhanden und die deutschen Universitäten Juden als Professoren bis ins 19. Jahrhundert verschlossen waren; erst 1860 wurde in Wien Hermann von Zeißl (1817–84) als erster Jude Universitätsprofessor, ohne sich die Professur durch die Taufe erkaufen zu müssen; ihm folgte 1872 in Berlin der Internist Ludwig Traube (1818–76). Dennoch brachte der deutsche Kulturraum zahlreiche Pioniere der modernen Medizin hervor, so waren etwa Jacob Henle (1809–85), Lehrer Robert Kochs, und Moritz Schiff (1823–96) bahnbrechend für die moderne Anatomie und Physiologie und Hermann Munk (1839–1912) für die Gehirnphysiologie; ein Viertel der Medizin-Nobelpreisträger waren Juden. Im Nationalsozialismus wurde jüdischen Ärzten die Behandlung von »Ariern« verboten; die meisten der 1933 rund 8000 jüdischen Ärzte in Deutschland emigrierten, hauptsächlich nach England, in die USA und nach Palästina. →Krankenhäuser, →Bikkur Cholim, →Chewra Kaddischa. (PB)

Meerbaum-Eisinger, Selma, 14. 8. 1924 Tschernowitz – 16. 12. 1942 SS-Arbeitslager Michailowka. Die hinterlassenen 57 Gedichte des jungen Mädchens bezeugen – wie auf andere Weise die Tagebücher der Anne Frank –, was hätte sein können, wenn es die nationalsozialistische Barbarei nicht gegeben hätte. »Ich habe keine Zeit gehabt zu Ende zu schreiben« – dies ist als Notiz dem letzten Gedicht (»Tragik«, 23. 12. 1941) der Lyrikerin hinzugefügt; das Gedicht endet mit den Worten: »Das ist das Schwerste: [...] zu denken, daß man wie Rauch ins Nichts verfließt.« (HH)

Megilla (hebräisch »Rolle«, Plural Megillot), Bezeichnung für die fünf biblischen Bücher Rut, Hoheslied, Klagelied, Prediger und Ester. Wird die Bezeichnung Megilla ohne nähere Erläuterung benutzt, ist meistens das Esterbuch gemeint. Das Hohelied wird am Sabbat der Pessachwoche, Rut zu Schawuot, Prediger am Sabbat zu Sukkot, Ester zu Purim und Klagelied zum 9. Aw gelesen. (RED)

Megillat Taanit (hebräisch »Fastenrolle«), ein Buch, das ursprünglich in aramäischer Sprache unmittelbar nach der Zerstörung des Zweiten Tempels (70 n. Z.) verfaßt wurde. Es erinnert an die Tage, in denen den Juden zur Zeit des Zweiten Tempels Gutes widerfuhr. Für diese 36 Tage sind folglich das Fasten und jede öffentliche Trauer untersagt; der Name ist insofern irreführend. Als Ergänzung entstand deshalb die sog. »Megillat Taanit schnija«, eine zweite Fastenrolle, in der jene Tage festgelegt wurden, an denen die Juden sich an Trauertage ihres Volkes zu erinnern haben. Während in der ursprünglichen Megillat Taanit die Gedenktage sich auf die Zeit des Zweiten Tempels bezogen, beziehen sich die zu beachtenden Trauertage in der zweiten Rolle auf Ereignisse vom Beginn der jüdischen Geschichte bis in die Zeit nach der Zerstörung des Zweiten Tempels. (RED)

Mehring, Walter, deutscher Satiriker, 29. 4. 1896 Berlin – 3. 10. 1981 Zürich. Seit seinen Aktivitäten im Berliner Club Dada und im Kabarett »Schall und Rauch« erfolgreicher politischer Chansonautor der Weimarer Republik. Das Schauspiel »Der Kaufmann von Berlin« (1929) knüpft einerseits an Shakespeares Shylock-Drama und Lessings »Nathan« an, andererseits wurde es von einer Aufführung des Moskauer jüdischen Theaters beeinflußt, dessen jiddische Sprache Mehring übernahm. Piscator eröffnete am 6. 9. 1929 sein Theater am Nollendorffplatz mit diesem Stück, dessen Aufführung wegen angeblicher Verunglimpfung nationaler Ehre einen Skandal erregte. Hatte Mehring das Problem der durchaus differenziert gesehenen Ostjuden im westlichen Berlin in den Mittelpunkt gestellt, so inszenierte Piscator das Stück als Klassenstück, in dem der Jude Kaftan nur Ausbeuter ist, nicht aber treusorgender Familienvater. Mehring ging 1933 ins Exil, zunächst nach Paris, dann nach Wien, später erneut nach Frankreich, 1941 in die USA. Seit 1953 lebte Mehring heimatlos wieder in Europa, ohne noch einmal ein größeres Publikum zu gewinnen.

[L] F. Hellberg, Walter Mehring. Schriftsteller zwischen Kabarett und Avantgarde, 1983. (HH)

Meidner, Ludwig, Graphiker, Maler und Schriftsteller, 18. 4. 1884 Bernstadt, Schlesien – 14. 5. 1966 Darmstadt. Meidner studierte 1906/07 in Paris (Freundschaft mit Amedeo Modigliani) und 1908–12 in Berlin. Er war Mitglied der Berliner Sezession und arbeitete u. a. für die Zeitschrift »Weiße Blätter« und »Die Aktion«. Meidner gehörte 1912 zu den Begründern der

Berliner Malergruppe »Die Pathetiker«. 1916–18 Soldat im Ersten Weltkrieg. Nach Kriegsende als freier Künstler wieder in Berlin, ab 1925 überwiegend als Graphiker. Meidner galt vor allem wegen seiner apokalyptischen Visionen (»Apokalyptische Landschaft«, 1913) als bedeutender Repräsentant des deutschen Expressionismus. Er verfaßte auch expressionistische Erzählungen und Essays. Nach 1933 erhielt Meidner Arbeitsverbot als »entarteter Künstler«. 1935–39 Zeichenlehrer am Jüdischen Gymnasium Jawne in Köln. Im August 1939 Emigration nach Großbritannien. 1940/41 Internierung. Nach Überwindung großer existentieller Probleme konnte Meidner ein Atelier in London betreiben. 1949 erste Ausstellung in London. 1953 kehrte Meidner zusammen mit seiner Frau nach Deutschland zurück. Meidners Werke befinden sich in Museen und Galerien von Los Angeles, Chicago, Tel Aviv, Berlin, Darmstadt u. a. (WJ)

Meila →Mischna

Meir, 1. Golda (ursprünglich Meyerson, geb. Mabowitsch), Lehrerin und israelische Politikerin (→Mapai, →Israelische Arbeitspartei), 3. 5. 1898 Kiew – 8. 12. 1978 Jerusalem. Von ihrer Familie wurde sie 1906 in die USA gebracht, wuchs in Milwaukee auf, heiratete 1917 Morris Meyerson und ging mit ihm 1921 nach Palästina. Sie lebte zunächst in einem Kibbuz und wurde in der Gewerkschaftsbewegung aktiv. Seit 1934 im Exekutivausschuß der →Histadrut, nach der Verhaftung zahlreicher männlicher Führer der →Jewish Agency stellvertretende und in Abwesenheit M. →Scharetts seit 1946 de facto Leiterin der Politischen Abteilung bis 1948; führte 1948 erfolglose Geheimverhandlungen mit König Abdallah von Transjordanien über eine friedliche Lösung des Palästina-Problems. 1948/49 war Meir Botschafterin in der Sowjetunion, 1949–56 Arbeitsministerin, 1956–66 Außenministerin, 1966–68 Generalsekretärin der Mapai, 1969–74 Ministerpräsidentin. Innenpolitische Auseinandersetzungen über ihre Amtsführung vor und während des →Jom-Kippur-Kriegs 1973 veranlaßten sie zum Rücktritt. Autobiographie: »Mein Leben für mein Land« (deutsch 1973). (DB/MW)

2. Rabbi, bekannter Tannait (vierte Generation), um das 2. Jahrhundert Kleinasien. Viele Legenden ranken sich um die Herkunft des Namens. So soll er wegen seiner großen Gelehrsamkeit Meir (Der Erleuchtete) genannt worden sein (Er 13b). Er besuchte die Schulen Rabbi →Akibas ben Josef und Rabbi →Jischmaels. Er wurde Mitglied des →Sanhedrins und spielte in Uscha eine zentrale Rolle bei der Durchsetzung neuer Takkanot (rechtlich bindende Verordnungen). Durch seine dialektische Methode entwickelte und belebte er die →Halacha. Er war bekannt für seine außerordentliche Toleranz gegenüber Nichtjuden (z. B. verband ihn eine enge Beziehung mit dem griechischen Philosophen Euonymos aus Gedara) und gegenüber Apostaten wie Rabbi Elischa ben Abuja. Nach einem Konflikt mit dem Patriarchen, der ein neues Zeremoniell im Sanhedrin einführen wollte, mußte Rabbi Meir Palästina verlassen und ließ sich in Kleinasien nieder. (RED)

Meir ben Baruch aus Rothenburg (MaHaRam), deutscher Rabbiner und Gelehrter, 1215 Worms – 1293 Festung Ensisheim, Elsaß. Meir ben Baruch aus Rothenburg war Nachkomme einer der berühmtesten Gelehrtenfamilien und auch einer der geachtetsten Rabbiner seiner Zeit. Als Augenzeuge der Talmud-Verbrennung in Paris 1242 schrieb er aufgrund dieser deprimierenden Ereignisse die Elegie »schaala schrufa baAsch« (»und beklagte die im Feuer verbrannten«). Diese Elegie wird heute in der Liturgie zum 9. Aw gelesen. Meir ben Baruch, der seit 1245 in verschiedenen Gemeinden tätig war, ließ sich in Rothenburg nieder, wo er eine eigene Lehrakademie gründete. Er führte eine ausgedehnte Korrespondenz mit Gemeinden in Spanien, Frankreich und Österreich und schrieb Antworten (→Responsen) auf die Fragen, die ihm gestellt wurden. Die Werke von Meir ben Baruch behandeln die Fragen des Ansiedlungsrechts und der Steuern, des Erbrechts und des Gemeindevermögens. So schrieb er ein Buch über die Hochzeitsbräuche und über eheliche Beziehungen. Er hat auch einige »Chiduschim« (neue Verordnungen) eingeführt, die meist von den deutschen Juden angenommen wurden, so u. a. die Verordnung, wonach es einem Juden erlaubt sei, auch ohne Kopfbedeckung zu gehen. Um das bewegte Leben von Meir ben Baruch ranken sich Legenden. Als er 1286 im Begriff war, nach Palästina auszuwandern, wurde er von einem Apostaten bei Kaiser Rudolf angeschwärzt, verhaftet und in der Festung Ensisheim eingekerkert. Seine Anhänger waren bereit, 20 000 Mark in Silber aufzubringen, um ihn auszulösen. Meir ben Baruch lehnte jedoch ab. Er fürchtete einen Präzedenzfall und zog es vor, in der Festung zu bleiben. Aus seiner Sicht handelte er konsequent, denn er plädierte stets dafür, bei der Befreiung von Gefangenen (Pidjon Schwuim) niemals überhöhte Lösegelder zu zahlen, um so nicht die Begehrlichkeit der Judengegner zu wecken. Die Bedingungen in der Festungshaft waren hart; dennoch konnte Meir ben Baruch von dort aus, wenn auch in beschränktem Umfang, seine Korrespondenz und Lehrtätigkeit fortführen. In der Festung blieb er sieben Jahre lang bis zu seinem Tod. Erst 14 Jahre später, 1307, gelang es Alexander Süskind von Wimpfen, die sterblichen Überreste Meir ben Baruchs gegen eine hohe Summe freizubekommen. Meir ben Baruch aus Rothenburg wurde in Worms bestattet. (RED)

Meisel, Hans-James, Schriftsteller, Politiker, 16.7.1900 Berlin – 2.3.1991 Bellevue bei Seattle (Washington). Seine Kindheit in Riga hat er in dem autobiographischen Roman »Eine Gondel ganz aus Glas« (1984) beschrieben. 1922 Promotion an der Universität Heidelberg. 1925–33 Feuilleton-Redakteur der »Vossischen Zeitung« in Berlin. Kleist-Preis 1927 für den Roman »Torstensen. Entstehung einer Diktatur«. 1928–32 zwei Theaterstücke: »Störungen«, aufgeführt am Staatstheater Berlin, und »Geschäft«, Staatstheater Dresden. Übersetzer von Borgeses »Goliath« und Sinclair Lewis »It can't happen here«. 1934 Emigration über Italien und Österreich in die USA. 1938–40 Privatsekretär von Thomas Mann in New Jersey. Seit 1940 akademische Karriere. 1945–70 Professor für Politikwissenschaft an der Universität Michigan (LH)

Meisels, Dow Baruch, Rabbiner, polnischer Patriot, 1798 Kamieniec Podolski – 5.2.1870 Warschau. Nachkomme von M. →Isserles. Studierte bei seinem Vater, einem Rabbiner in Kamieniec Podolski. Ließ sich in Krakau nieder und eröffnete dort eine Bank. 1832 wurde er zum Rabbiner von Krakau gewählt. Bekämpfte die →Haskala. Mit Geld und Waffen unterstützte er 1830 den Novemberaufstand gegen die Russen in Warschau. 1846 in den Senat der Krakauer Republik (1815–46) gewählt; 1848 Mitglied der Gesandtschaft, die sich beim österreichischen Kaiser für die Freilassung der politischen Gefangenen einsetzte. Im Dezember 1848 als erster Jude ins österreichische Parlament gewählt; seit 1856 Oberrabbiner von Warschau. Für die Schließung der Synagoge als Solidaritätsakt im Protest gegen die russische Unterdrückung wurde er 1861 verhaftet und aus der Stadt verbannt. Trotz Angeboten aus Amsterdam und London, dort das Rabbineramt zu übernehmen, kehrte er, sobald er die Erlaubnis dazu bekam, wieder nach Warschau zurück. Erneut ausgewiesen und zurückgekehrt, zog sich Meisels aus dem politischen Leben zurück und betrieb nur noch seine Studien. Sein Begräbnis 1870 wurde zu einer Demonstration für die Unabhängigkeit Polens. (AGR)

Meisl, Josef, Historiker, 30.5.1882 Brünn – 4.3.1958 Jerusalem. Meisl war 1915–34 Sekretär der jüdischen Gemeinde Berlin und 1931–34 Leiter der Gemeindebibliothek; 1927–30 Mitherausgeber des »Jüdischen Lexikons«. 1934 Auswanderung nach Palästina. Werke: »Haskala« (1919), »Geschichte der Juden in Polen und Rußland« (4 Bände, 1921–25), »Protokollbücher der Jüdischen Gemeinde Berlin 1753–1854« (1962), »Wissenschaft des Judentums« in: S. Kaznelson (Herausgeber), »Juden im deutschen Kulturbereich« (1962). (LH)

Meitner, Lise, Physikerin, 7.11.1878 Wien – 27.10.1968 Cambridge, Großbritannien. Meitner war von 1922 bis 1933 Privatdozentin und Professorin an der Universität Berlin, Mitglied des Kaiser-Wilhelm-Instituts bis 1938. Nach ihrer Emigration nach Schweden Leiterin einer Forschungsabteilung an der Ingenieurwissenschaftlichen Akademie in Stockholm. Die letzten Lebensjahre verbrachte sie in Cambridge bei ihrem Neffen und früheren Mitarbeiter Otto Frisch. Ihre Hauptarbeitsgebiete waren Atomphysik und Radiochemie. Meitner war eine enge Mitarbeiterin von Otto Hahn, mit dem zusammen sie 1917/18 das Element Protactinium entdeckte. Meitner war 1938/39 auch an der Erforschung der Uranspaltung beteiligt und erhielt u. a. die Max-Planck-Medaille und den Enrico-Fermi-Preis.

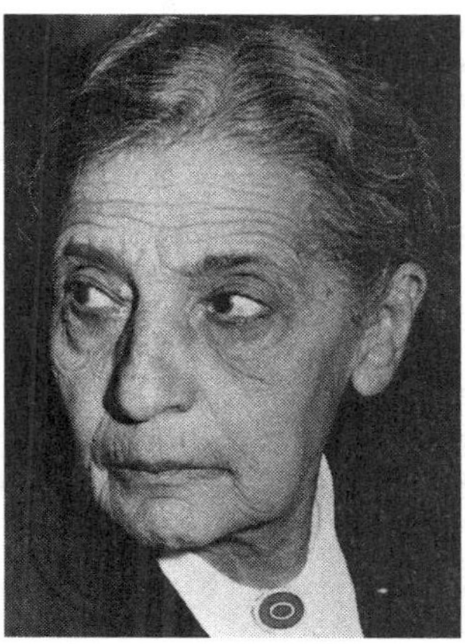

Lise Meitner, 1953

Werk u. a.: (zusammen mit Meitner Delbrück) »Der Aufbau der Atomkerne« (1935). (RED)

Mekorot, 1937 von →Jewish Agency, →Keren Kajemeth Lejisrael und →Histadrut gegründete öffentliche Gesellschaft mit der Aufgabe, Wasservorräte für die Landwirtschaft und für Siedlungen zu erschließen, zu konservieren und zu verteilen. Die ersten Projekte wurden im Jesreel- und im Bet-Shean-Tal durchgeführt. Das 1953–64 verwirklichte Hauptprojekt war die Nationale Wasserleitung vom Jordan und vom See Genezareth im Norden bis in den Negev im Süden. (DB/MW)

Melamed (Plural Melamdim, hebräisch »Lehrender«, »Lehrer«). Nach Dtn 6,7 ist es für die Gemeinde eine Pflicht, die Kinder mit den Grundlagen der jüdischen Tradition vertraut zu machen. Bereits im Talmud BB 21b wird die Praxis, Kinderlehrer einzusetzen, erwähnt. Die Melamed waren überwiegend im osteuropäischen Judentum anzutreffen. Sie trugen unter schweren Bedingungen dazu bei, daß der Prozentsatz der Analphabeten bei den Juden sehr gering war. Gerade die Melamed aus Polen hatten bis 1648 ein gewisses Ansehen. Nach den Pogromen 1648/49 begannen die Melamed aus Polen auszuwandern, um Arbeit zu suchen, was für den Berufsstand abträglich war. Auch wurden nun viele, die anderweitig nicht Fuß fassen konnten, Melamdim. (RED)

Memorbuch, Gebetbuch zum Gebrauch in der Gemeinde, bestehend aus drei Teilen: 1. Gebetsammlung; 2. Nekrologium von Personen allgemein-jüdischer oder lokaler Bedeutung; 3. Martyrologium (Verzeichnis von Märtyrern und Märtyrerstätten). Nekrologium und Martyrologium wurden innerhalb des Gottesdienstes zum Gedenken verlesen. Über ihre primäre Funktion hinaus stellen diese beiden Teile, vor allem aber das Martyrologium, zugleich eine entscheidende historische Quelle dar. Durch Memorbücher sind zahlreiche Namen von Opfern der Kreuzzugsverfolgung (1096), der →Rindfleisch- (1298) u. a. Pogrome überliefert. Angesichts der verheerenden Ausmaße der Pestverfolgung 1348–50 führen die Memorbücher hier meist nur die Namen von ausgelöschten Gemeinden und nicht mehr von einzelnen Opfern auf. Zu den bedeutendsten Memorbüchern zählt das entweder aus Mainz oder Nürnberg stammende (z. T. von S. Salfeld edierte) aus dem 13. Jahrhundert, das vielfach kopiert und bis in das 17. Jahrhundert fortgeführt worden ist.

L S. Salfeld (Hrsg.), Das Martyrologium des Nürnberger Memorbuches, 1898. – M. Weinberg, Die Memorbücher der jüdischen Gemeinden in Bayern, 1938. (PAU)

Menachem ben Salomon ha-Meiri (eigentlich Don Vidal Salomon), Talmud-Kommentator und Halachist, 1249 Perpignan – 1306 Perpignan. Menachem ben Salomon ha-Meiri gilt als einer der größten jüdischen Gelehrten in der Provence im 13. Jahrhundert. Sein Werk erschien im vollen Umfang erst im 20. Jahrhundert. Menachem ben Salomon ha-Meiri schrieb mehrere Talmud- und Bibelkommentare und beteiligte sich sehr lebhaft an den Kontroversen seiner Zeit. Er unterschied in seinem Werk zwischen philosophischen Glaubenslehren (z. B. Existenz Gottes) und Glaubensgegenständen (z. B. Schöpfung) und vertrat dabei eine für das Mittelalter ungewöhnliche Toleranz auch gegenüber Christen und Muslimen. In den Anhängern anderer Religionen sah er keine Götzendiener, sondern Vermittler des Monotheismus. (RED)

Menachot →Mischna

Mendele Mocher Sforim (Mendele der Wanderbuchhändler), Pseudonym des Schalom Jakob Abramowitsch, jiddischer und hebräischer Schriftsteller, 20. 12. 1835 Kopyl, Weißrußland – 8. 12. 1917 Odessa. Mendele Mocher Sforim wurde bekannt als »Der Großvater der jiddischen Literatur«, aber auch als einer der Vorläufer der modernen hebräischen. Zu seinen bekanntesten Werken gehören: »Das kleine Menschele oder eine Lebensbeschreibung« (1864), das Stück »Die Taxe« (1869), die Erzählung »Die Klatsche« (»Die Schindmähre«, 1873), in der er die antisemitische Agitation in der russischen Presse der 70er Jahre des 18. Jahrhunderts brandmarkte, die Satire »Die Reise Benjamins des Dritten« (1881), der Roman »Fischke der Krummer« (»Fischke der Lahme«, 1869), neuveröffentlicht unter dem Titel »Buch der Bettler«. Mendele Mocher Sforim schrieb auch Essays und populärwissenschaftliche Artikel und setzte sich für eine jüdische Volksbildung im Geist der →Haskala ein. (AB)

Mendelsohn, 1. Erich, Architekt, 21. 3. 1887 Allenstein, Ostpreußen – 15. 9. 1953 San Francisco. Studium 1907–09 in Berlin und München, seit 1919 Architekturbüro in

Berlin; errichtete Wohn- und Geschäftshäuser und leistete einen bedeutenden Beitrag zur Entwicklung der modernen Architektur; besonders zu erwähnen: der Einstein-Turm in Potsdam (1920/21), das Universum-Kino in Berlin (1926–28), die Schocken-Warenhäuser in Chemnitz und Stuttgart. 1933 Emigration, 1934–41 Architekturbüro in Jerusalem. Von ihm stammen: der frühe Komplex der Hebräischen Universität in Jerusalem auf dem Scopus, das Weizmann-Haus in Rehovot, Krankenhäuser in Jerusalem und Haifa, weitere Profanbauten in Jerusalem. 1941 Übersiedlung in die USA, seit 1945 Architekturbüro in San Francisco. Neben Profanbauten entstanden auch Synagogen und jüdische Gemeindezentren in St. Louis, Missouri (1946–50), Cleveland, Ohio (1946–52), Grand Rapids (1948–52) und St. Paul, Minnesota (1950–54).

[L] S. Achenbach, Erich Mendelsohn, 1987. – H. Klotz (Hrsg.), Erich Mendelsohn, Das Gesamtschaffen des Architekten, 1988. – B. Zevi (Hrsg.), Erich Mendelsohn, 1983. (HK)

2. Oskar, Lehrer und Historiker, 29. 3. 1912 Trondheim. In jüdischer Gemeindearbeit tätig, zuerst in Trondheim, seit 1948 in Oslo. 1976 Begründer und seitdem Herausgeber des »Jodisk menighetsblad« (Jüdisches Gemeindeblatt), das bedeutend zur Stärkung des jüdischen Selbstverständnisses in Norwegen beigetragen hat. Schrieb zahlreiche Beiträge für norwegische und ausländische Lexika, Zeitschriften und Bücher. Hauptwerk: »Jodenes historie i Norge gjennom 300 år« (Geschichte der Juden in Norwegen durch 300 Jahre, Band 1 1969, Band 2 1986). Ehrenmitglied der Gewerkschaft norwegischer Gymnasiallehrer für seine Arbeit im Schulwesen. (DR)

Mendelssohn, 1. Familie. M. →Mendelssohns Töchter Brendel (Dorothea) und Henriette (1775 bis 1831) führten Salons, die in ihrer geistigen Freiheit an der Spitze der Frauenemanzipation ihrer Zeit standen. Zusammen mit ihrem Mann Friedrich Schlegel gehört Dorothea (1764–1839) zu den bedeutendsten Übersetzern der deutschen Literaturgeschichte. Moses Sohn Abraham (1776–1835) gründete in Berlin das Bankhaus der Familie, das bis 1939 eine der führenden Privatbanken Deutschlands blieb. F. →Mendelssohn-Bartholdy, der Sohn Abrahams, wurde einer der herausragenden Komponisten, Dirigenten und Pianisten im europäischen Musikleben.

[L] Mendelssohn-Gesellschaft (Hrsg.), Mendelssohn-Studien. Beiträge zur neueren deutschen Kultur- und Wirtschaftsgeschichte, 1972 ff. (JS)

2. Henriette (eigentlich Vorname Sorel), Erzieherin, 23. 8. 1775 Berlin – 9. 11. 1831 Berlin. Dritte Tochter M. →Mendelssohns. Als Erzieherin war sie zunächst in Wien, später in Paris tätig. In Paris gründete und leitete Mendelssohn eine Pensionsanstalt für Mädchen. Ihr Pariser Haus war ein bekannter Treffpunkt für Schriftsteller, Künstler und Gelehrte, u. a. Madame de Staël, Benjamin Constant, Alexander und Wilhelm von Humboldt, David Ferdinand Koreff und Gaspare Spontini. 1824 kehrte sie nach Berlin zurück, wo sie zum Katholizismus übertrat.

[L] E. Kleßmann, Die Mendelssohns. Bilder aus einer deutschen Familie, 1990. (MAM)

3. Moses, Philosoph, Literaturkritiker, Bibelübersetzer und Reformer, 6. 9. 1729 Dessau – 4. 1. 1786 Berlin, kam 1743 nach Berlin, 1750 Hauslehrer der Kinder des Seidenfabrikanten Isaak Bernhard, 1754 Beginn der Freundschaft mit G. E. →Lessing, der ihn zu schriftstellerischer Tätigkeit auf dem Gebiet der Philosophie ermutigte. Mendelssohn war der bedeutendste der Popularphilosophen aus der Schule Christian Wolffs. In seinen Schriften, die sich für die Verbreitung der Toleranzforderung einsetzten und die Frage der Unsterblichkeit und des Daseins Gottes behandelten, nahm er Anregungen von →Spinoza, Shaftesbury und I. →Kant auf. Preisgekrönt wurde von der Berliner Akademie seine »Abhandlung über die Evidenz der metaphysischen Wissenschaften« (1764). Die Bekehrungsversuche Johann Kaspar Lavaters (1769) veranlaßten ihn, sich für die →Emanzipation der Juden einzusetzen. Seine Übersetzung der Bibel (gedruckt 1780–83), der Psalmen und des Hohenliedes diente u. a. dazu, den Juden die deutsche

Moses Mendelssohn

Sprache und Kultur näherzubringen. Unmittelbar praktische Absichten verfolgte Mendelssohns Einleitung zu der Schrift des →Manasse ben Israel, »Rettung der Juden«, die das Buch »Über die bürgerliche Verbesserung der Juden« (1781) des Kriegsrats C. W. →Dohm unterstützen sollte. In seiner Schrift »Jerusalem oder über religiöse Macht und Judentum« (1783) suchte Mendelssohn die Übereinstimmung des jüdischen Glaubens mit der Vernunfterkenntnis nachzuweisen. Den Juden sei nur das Gesetz, nicht eine Religion geoffenbart, Gott fordere die Juden auf zum Tun, nicht zum Glauben. Das Judentum kenne keinen Zwang, was von ihm gefordert sei, seien keine Lehrmeinungen, keine Heilswahrheiten, keine allgemeinen Vernunftsätze. Nach dem Tod Lessings mußte Mendelssohn seinen Freund gegen den Philosophen Friedrich Heinrich Jacobi verteidigen (»An die Freunde Lessings«, 1786 posthum), der Lessing vorgeworfen hatte, er sei ein Spinozist, also ein Atheist gewesen. Mendelssohn war der erste jüdische Philosoph der Neuzeit, der jüdische Religion mit Begriffen der Philosophie seiner Zeit zu interpretieren suchte. Werke: »Gesammelte Schriften«. Jubiläumsausgabe, herausgegeben von I. Elbogen u. a., 1929ff.

L A. Altmann, Moses Mendelssohn, 1973. – J. H. Schoeps, Moses Mendelssohn, [2]1989. (JS)

Mendelssohn-Bartholdy, Felix Jakob Ludwig, deutscher Komponist, Dirigent und Pianist, 3.2.1809 Hamburg – 4.11.1847 Leipzig, Enkel des Philosophen M. →Mendelssohn. Als 1819 der sog. »Judensturm« losbrach, verließ die Familie Hamburg und ließ sich in Berlin nieder. Hier trat die Familie zum Protestantismus über; die Kinder, auch der Zweitgeborene, Felix, wurden protestantisch erzogen. Obwohl zu einem gläubigen Christen geworden, hat Mendelssohn-Bartholdy seine jüdische Herkunft nie verleugnet, was ihm zweifellos alle jene Angriffe einbrachte, unter denen er insbesondere als Komponist kirchlicher Musik zu leiden hatte. Andererseits wird der kompositorisch zwischen den klassischen Romantikern Schubert und Weber zu plazierende Mendelssohn-Bartholdy von jüdischer Seite gerne als eine Person vereinnahmt, deren schöpferischer Beitrag zur Musik einen Höhepunkt jüdischen Tuns darstellt. Die Unvereinbarkeit der beiden Standpunkte dürfte den im Geist der romantischen Bewegung lebenden und schaffenden deutschen Christen Mendelssohn-Bartholdy kaum berührt haben. Die Ausbildung und die Karriere des bereits mit neun Jahren zum ersten Mal in einem öffentlichen Konzert aufgetretenen Mendelssohn-Bartholdy, sowohl als Dirigent wie als Komponist, waren von Anfang bis Ende von Erfolg gekrönt. Die musikalische Welt verdankt dem Dirigenten Mendelssohn-Bartholdy 1829 die künstlerische Tat der ersten Aufführung der »Matthäuspassion« seit dem Tod Bachs (1750) sowie den hohen Standard der Leipziger Gewandhauskonzerte. Mendelssohn-Bartholdys Werke gehören angesichts ihrer kompositorischen Vollkommenheit und berükkenden Schönheit zur musikalischen Weltliteratur. (AS)

Menelaos, Hohepriester, ?– 163 v.Z., aus priesterlichem Geschlecht, erlangte 172/71 v.Z. durch das Versprechen höherer Tribute von →Antiochos IV. die Absetzung →Jasons und seine Erhebung zum Hohenpriester. Menelaos war der Exponent einer Gruppe, die zum eigenen Vorteil – durch Ausplünderung des →Tempels und der jüdischen Bevölkerung – die Hellenisierungs- und Verfolgungspolitik Antiochos' IV. forcierte und damit im Sommer 166 v.Z. den Makkabäeraufstand auslöste. Immerhin konnte Menelaos 164 erfolgreich als Friedensvermittler zwischen den aufständischen Juden und den seleukidischen Herren wirken. Die Aufständischen wurden amnestiert und die Religionsfreiheit wiederhergestellt (14. 12. 164 Fest der Tempelweihe, →Chanukka). Der seleukidische Statthalter Lysias ließ Menelaos in Aleppo hinrichten. (HC)

Menora, der siebenarmige Leuchter, gehörte zum Kultgerät des Stiftszeltes (Ex 25,31ff.; 37,17ff.), während die Form der insgesamt zehn Leuchter im Salomonischen →Tempel unbekannt blieb. Die Menora stand auch im Zweiten, 70 n.Z. zerstörten Tempel. Der Tempelleuchter wurde schon in der Antike zum häufigsten jüdischen Symbol und erscheint auf Münzen des jüdischen Königs Mattatias Antigonos (40–37 v.Z.), in der Kleinkunst (Tonlampen, Glasflaschen, Goldgläser), in Synagogenbauten auf Kapitellen, als Steinrelief und auf Mosaikböden (→Mosaikkunst) und in der Grabkunst, wo die Menora brennend dargestellt wurde und das ewige Leben symbolisierte. Die Menora als Lebens- und Lichterbaum, von einem Löwenpaar bewacht, ist ein häufiges Motiv in der jüdischen Kunst der Spätantike. Im Mittelalter (→Buchmalerei) wurde sie zusammen mit den anderen Tempelgeräten zum Symbol für den Dritten Tempel der messianischen Zeit und somit für die Hoffnung auf den Messias. Seit der Barockzeit ist die Menora ein häufiges Motiv im →Kunstgewerbe, besonders im →Toraschmuck. 1948 wurde die Menora offizielles Emblem des Staates Israel. (HK)

Menorca, Baleareninsel. Für die Jahre um 418 n.Z. ist die Massenbekehrung der dortigen Judengemeinden (insgesamt 540 Personen) glaubhaft bezeugt; nach einem Rundschreiben des Inselbischofs Severus soll die Anwesenheit von Reliquien des heiligen Stephanus Wunder bewirkt und die Juden zur freiwilligen Annahme des Christentums bewogen haben; aus derselben Quelle gehen jedoch Gewaltanwendung und psychischer Terror als Beweggründe der (Zwangs-)Bekehrung hervor. Das Rundschreiben ist auch ein Zeugnis dafür, daß die führenden Mitglieder der jüdischen Gemeinde noch zu jener Zeit herausgehobene Positionen in der kommunalen und staatlichen Verwaltung des spätrömischen Reichs einnahmen.
🄻 F. Lotter, Die Zwangsbekehrung der Juden von Menorca um 418 im Rahmen der Entwicklung des Judenrechts der Spätantike, in: Historische Zeitschrift 242, 1986. (HC)

Yehudi Menuhin, um 1946

Menuhin, Yehudi, Violinvirtuose, 22.4.1916 New York. Er lernte das Geigespielen im Alter von fünf Jahren, als Achtjähriger trat er als Solist mit dem San Francisco Orchestra auf. 1927 ging er nach Europa, setzte sein Studium bei Georges Enescu und Adolf Busch fort und hatte 1928 große Erfolge in Paris, London und New York. 1933 hatte er bereits in 63 verschiedenen Städten konzertiert und setzte sich anschließend für zwei Jahre in Kalifornien zur Ruhe. Unter Bruno Walter in Berlin hatte er die Violinkonzerte von Bach, Beethoven und Brahms gespielt, unter der Leitung des 75jährigen Komponisten Edward Elgar dessen Violinkonzert in London und Paris, und unter Fritz Busch und Arturo Toscanini spielte Menuhin in New York. Als er wieder auf die Bühne zurückkehrte, war sein Ansehen so groß, daß er sofort für Jahre im voraus ausgebucht war. Während des Zweiten Weltkriegs spielte Menuhin für die Streitkräfte der USA und der Alliierten, 1944 spielte er als erster im befreiten Paris, und 1945 wurde er nach Moskau eingeladen. Er wurde Mitarbeiter der UNESCO und Präsident des International Musical Council. 1957 gründete Menuhin sein eigenes Festival in Gstaad (Schweiz) und 1959 ein weiteres in Bath (England), das er bis 1968 leitete. In England richtete er eine Schule für musikalisch begabte Kinder ein. Unter den vielen Komponisten, die speziell für ihn komponierten, waren Ernest Bloch, Béla Bartók, Paul Ben-Haim und Sir William Walton. Im Jahr 1950 besuchte Menuhin erstmals Israel. 1970 wurde er mit dem Jawaharlal-Nehru-Preis für internationale Verständigung ausgezeichnet. Lebenserinnerungen: »Unvollendete Reise« (1976, deutsch 1977).
🄻 R. Magidoff, Yehudi Menuhin. Mensch und Musiker, 1979. (LH)

Merez, Wahlbündnis in Israel, nach den Wahlen zur Knesset am 23.6.1992 drittstärkste Fraktion; am 3.2.1992 hatten die linkssozialistische →Mapam, die sozialiberale →Bürgerrechtsbewegung und die liberale →Schinui eine gemeinsame Liste beschlossen. Merez tritt vor allem für die Lösung des israelisch-arabischen Konflikts durch die Bildung eines Palästinenserstaates ein und war an der IAP-geführten Regierung unter I. Rabin bzw. S. Peres 1992 bis 1996 beteiligt. Bei den Wahlen zur Knesset erzielte Merez folgende Ergebnisse:

1992	9,6%	der Stimmen	12 Mandate
1996	7,4%	der Stimmen	9 Mandate

🄻 M. Wolffsohn/D. Bokovoy, Israel. Geschichte, Politik, Gesellschaft, Wirtschaft, ^{5}1996. (WL)

Meron, Hare Meron, höchster Berg des israelischen Obergaliläa, nordwestlich (9 km) von Safed, 1208 m; mit 1100 mm Niederschlag im Jahr der regenreichste Platz Israels. Im Dorf Meron das Grab des Rabbi Simon ben Jochaj, des Begründers der jüdischen Mystik. (WL)

Merowinger, fränkisches Königsgeschlecht. Es beherrschte das Frankenreich 486–751, seit Chlodwig I. Im 6. Jahrhundert waren

Juden hier vor allem im Fernhandel tätig; die Quellen legen eine relativ ungestörte Entwicklung und gute Beziehungen zur christlichen Bevölkerung nahe. Die auf fränkischen Synoden häufig wiederholten Verbote von Mischheiraten, allzu familiärem Umgang sowie der Vergabe der Ämter des Richters und des Zolleinnehmers an Juden sprechen gegen die Wirksamkeit der entsprechenden Bestimmungen. Von einer partiellen Verschärfung der Lebensbedingungen zeugen die Zwangsbekehrung der Juden von Clermont-Ferrand 576, für das Reich König Guntrams die Judenkapitel der Synode von Mâcon 581/585, die Zerstörung der Synagoge von Orléans 585 und eine Massentaufe von Juden im Raum von Marseille 590/591. 581/582 nötigte auch König Chilperich I. Juden zur Taufe. Dagegen betrieb Königin Brunhilde (hingerichtet 613) in der langen Epoche ihrer Reichsverweserschaft eine judenfreundliche Politik. Ein neuerlicher Umschwung unter Chlotar II. gipfelte 632 in dem von König Dagobert verfügten Taufdekret, doch war dieses zumindest im Süden des Frankenreichs kaum wirksam.

🄻 B. S. Bachrach, Early Mediaeval Jewish Policy, 1977. (FL)

Meschugge (biblisch-hebräisch »meschugga«, »verrückt«), z. B. in Dtn 28,34; als Redensart sind damit »Narrheit« oder »verrückte Einfälle« gemeint. (RED)

Mesopotamien, griechische Bezeichnung der Alexanderzeit (→Alexander der Große) für das Gebiet zwischen den beiden Flüssen Euphrat und Tigris, die im Altertum getrennt in den Persischen Golf mündeten, als Entsprechung des Aramäischen »zwischen den Flüssen«. Mesopotamien war Ausgangspunkt von Hochkulturen und ersten Staatsbildungen (Sumerer, Akkader, Assyrer, Babylonier, Aramäer) mit Ausstrahlung nach Persien, Kleinasien, Syrien, Palästina und Ägypten. Weltherrschaftsanspruch und Weltreichsidee wurden hier zum ersten Mal formuliert und in Großreiche umgesetzt; Voraussetzungen dafür waren der auf rationaler Planung beruhende Einsatz aller natürlichen Ressourcen (komplizierte Bewässerungssysteme für die Landwirtschaft) und eine arbeitsteilig organisierte Gesellschaft. Im Jahr 597 v. Z. eroberte der Herrscher des sog. neubabylonischen Reichs, →Nebukadnezar II., Jerusalem und verschleppte angeblich 10 000 Juden nach Babylon und Mesopotamien, zehn Jahre später erfolgte eine neue Verschleppungswelle: Nur die »Geringsten im Lande«, »Weingärtner und Ackerleute«, sollen in →Palästina zurückgeblieben sein. Nachdem Mesopotamien Teil des Weltreichs der Achämeniden (→Kyros II.) geworden war, wurde den Juden die Rückkehr nach Palästina gestattet (538 v. Z.), nicht wenige jedoch dürften in Mesopotamien zurückgeblieben sein und die Grundlagen für die blühenden jüdischen Gemeinden Mesopotamiens gelegt haben. Sie boten den Juden Palästinas nach dem Scheitern der großen jüdischen Aufstände gegen Rom (66–73 und 132–135 n. Z.) ideale Rückzugsmöglichkeiten, zumal in dem 227 n. Z. gegründeten Sassanidenreich (→Sassaniden), zu dem Mesopotamien gehörte, in der Regel religiöse Toleranz herrschte. Zwei Schüler von →Jehuda ha-Nassi gründeten in Sura und Neharda Religionsschulen, die bald anerkannte →Akademien wurden (an die Stelle von Neharda trat 260 n. Z. Pumbedita). Im 6. Jahrhundert wurde dort der Babylonische →Talmud vollendet, der auch für das europäische Judentum grundlegend wurde. Rom behauptete in der wechselvollen Auseinandersetzung mit den Sassaniden Teile Mesopotamiens unter seiner Herrschaft. Mit dem Untergang des Sassanidenreichs fiel 633–640 ganz Mesopotamien an die islamischen Araber. (HC)

Messias (hebräisch »Maschiach«, »der Gesalbte«). Der Messias ist der gesalbte König Israels, der in der letzten Phase der Geschichte auftreten wird, um den »Umbruch« der Zeiten, d. h. Heil und Verdammnis, anzukündigen. Gewöhnlich wird der Messias als ein Nachkomme König Davids verstanden. Mit dem Erscheinen des Erlösers verband das Volk u. a. die Vorstellung von der Wiederherstellung des jüdischen Königreichs (Haus David) und der Wiedererrichtung des Tempels, verbunden mit Frieden für die Juden und die Welt. Die Sehnsucht nach dem Erlöser war beim jüdischen Volk vor allem in Zeiten der Not so stark, daß in der Geschichte mehrmals falsche Messiasse auftraten, Menschen, die sich berufen fühlten, das Volk zu erretten, so z. B. →Bar Kochba und →Sabbatai Zewi. Durch die Einflüsse der jüdischen Mystik (→Kabbala) gewann der messianische Gedanke an Bedeutung, als man versuchte, die Endzeit und damit die Ankunft des Erlösers zu berechnen. (RED)

Mesusa (hebräisch, wörtlich »Türpfosten«), Bezeichnung für eine Kapsel mit einer Pergamentrolle, auf der Passagen von Dtn 6,4–9 und 11,13–21 geschrieben sind. Die Mesusa wird am rechten Türpfosten des

Eingangs von jüdischen Häusern und Wohnungen befestigt. Sie gilt – zusammen mit den →Tefillin und den →Zizit – als Symbol für den Schutz des Frommen vor der Sünde (Men 43b). Die Inschrift betont die Liebe des Menschen zu Gott und ermahnt den Menschen zur Erfüllung der Gebote. Die Mesusa muß 30 Tage nach dem Einzug sichtbar angebracht werden. Traditionell wird sie beim Betreten des Hauses oder der Wohnung berührt und dabei eine Benediktion gesprochen. Die Existenz der Mesusa ist bereits durch Fragmente aus →Qumran belegt. (RED)

Metatron →Engel

Meturgeman (hebräisch »Übersetzer«). Bereits zur Zeit Esras und Nehemias verstanden viele aus dem babylonischen Exil heimgekehrte Israeliten die hebräische Sprache nicht mehr. Deshalb erhielten die Leviten die Aufgabe, die gelesenen Anweisungen und Gesetze klar und verständlich auszulegen, so daß man verstand, was gelesen worden war (Neh 8,8). In talmudischer Zeit übersetzte der Meturgeman auch den hebräischen Bibeltext in die aramäische Volkssprache während des Synagogengottesdienstes. In dieser Eigenschaft war der Meturgeman nur in Palästina tätig. An den babylonischen Schulen wurde er zu einer Art Sprecher der Rabbiner und erläuterte oft die Gedanken der Gelehrten. (RED)

Meyerbeer, Giacomo (eigentlich Jakob Liebmann Meyer Beer), deutscher Komponist, 5.9.1791 Tasdorf bei Berlin – 2.5.1864 Paris, stammte aus einer strenggläubigen jüdischen Bankiersfamilie. Nach Jahren musikalischer Erziehung bei angesehenen Lehrern in Berlin und Darmstadt (darunter Clementi und Vogler) und Auftritten als Pianist komponierte er seine ersten Opern, die indes keinen nennenswerten Erfolg errangen. Reisen nach Wien, Paris und London führten ihn um 1816 auf Rat des in Wien wirkenden italienischen Komponisten und Kapellmeisters Antonio Salieri nach Venedig. In Italien kam Meyerbeer unter den Einfluß des auf Kantabilität beruhenden Opernstils, für den das Werk Rossinis beispielhaft war. Durchschlagend erfolgreich war die aus dieser Schaffensperiode stammende, 1824 in Venedig uraufgeführte Oper »Il crociato in Egitto«, die 1825 ihren Weg an die Pariser Grand Opéra und danach an das King's Theatre in London fand (als »Die Kreuzritter in Ägypten« später auch in Deutschland aufgeführt). Überall fand der »Crociato« begeisterte Aufnahme und huldigende Kritiken: das Werk machte Meyerbeer zu einem viel gesuchten Opernkomponisten. In Paris errang er mit seiner ersten französischen Oper »Robert le Diable« (1831) einen sensationellen Erfolg – vom italienischen Komponisten war er zu einem musikalisch nationalisierten Franzosen geworden. Große Erfolge waren vor allem die Opern »Les Huguenots« (1836), »Le Prophète« (1849), »L'Etoile du Nord« (1854) und »L'Africaine« (1865 nach seinem Tod uraufgeführt). 1832 erhielt Meyerbeer den Titel eines preußischen Hofkapellmeisters, ging aber erst 1842 als Nachfolger Spontinis wieder nach Berlin. Jüdische Elemente lassen sich in Meyerbeers Musik kaum feststellen, vielmehr finden sich deutsche und italienische Stilelemente zu einer lyrisch-tragischen, romantisch gefärbten und heroisch empfundenen Klangwelt zusammen. Meyerbeers Opern wurden durch die grandiosen Werke von Verdi und Wagner von den Bühnen verdrängt; nur »Die Hugenotten« und »Der Prophet« kommen von Zeit zu Zeit noch zur Aufführung. (AS)

Micha →Hebräische Bibel

Midrasch (Plural Midraschim, abgeleitet von hebräisch »darosch«, »suchen, forschen«), Bezeichnung für die rabbinische Auslegung der Bibel (auch →Exegese). Es haben sich zwei Grundformen ausgebildet: halachische (auch tannaitisch genannt) und aggadische Midraschim (→Halacha; →Aggada). Unter den Midraschim werden Gattungen z. B. nach der Form (u. a. Kommentare, Homilien, Predigten) und nach der Zeit (u. a. amoräisch, tannaitisch) unterschieden. Die halachischen Midraschim behandeln Teile des Pentateuchs, die halachischen Inhalt haben, und sind ausschließlich exegetisch z. B. »Mekhilta« zu Exodus oder »Sifra« zu Leviticus. Unter den aggadischen Midraschim gibt es exegetische zu ganzen Büchern wie z. B. zu Genesis oder Kohelet. Außerdem existieren homiletische Midraschim zu den in der Synagoge vorgelesenen Tora- und Propheten-Abschnitten; auch sind historische Midraschim und sogar solche mit ethischem Inhalt bekannt. Im Mittelalter entstanden die »Kleinen Midraschim«, u. a. apokalyptische und historische Schriften. Auch wurden – als jüngste Midraschim – im Mittelalter Anthologien zusammengestellt (die sog. Jalkut). Die ältesten Midraschim dagegen sind halachisch, beruhen auf der früheren mündlichen Überlieferung und entstanden um das 3. Jahrhundert n. Z. (RED)

Migas, Josef ben Meir Halewi ibn →Josef ben Meir Halewi ibn Migas

Mikhoels (Vovsi), Salomon, Schauspieler und Theaterregisseur jiddischer Sprache, 1890 Daugavpils – 13. 1. 1948 Minsk. Student der jiddischen Schauspielschule in St. Petersburg, die 1919 gegründet und fünf Jahre später in ein Theater umgewandelt wurde. Mikhoels wurde Berufsschauspieler dieser Truppe, die nach Moskau umzog. 1929 übernahm er die künstlerische Leitung des Jiddischen Staatstheaters in Moskau. Zu seinen unvergessenen Rollen, die ihn sowohl in der Sowjetunion als auch im Ausland berühmt machten, gehörten »Tewje der Milchmann« und andere Personen des Werks von →Scholem Alejchem sowie »König Lear«. »Künstler des Volkes der UdSSR« und Träger des Stalin-Preises; 1942–48 Vorsitzender des →Jüdischen Antifaschistischen Komitees, das in Amerika während des Kriegs Millionen Dollar für den Kampf der sowjetischen Armee gegen das nationalsozialistische Deutschland sammelte. Stalin rief ihn wiederholt in den Kreml und ließ ihn, allein für sich, Passagen aus dem »König Lear«, von Tschechow und Gogol darstellen. Trotz der vermeintlichen Freundschaft, die er für ihn empfand, hielt ihn der sowjetische Despot für einen Hofnarren. 1948 starb Mikhoels infolge eines angeblichen Autounfalls. →Tausende Menschen folgten seinem Sarg in Moskau. Später wurde bekannt, daß der große Schauspieler vom Geheimdienst umgebracht worden war. Swetlana Allilujewa, Stalins Tochter, bezeugt in ihren Erinnerungen, daß ihr Vater persönlich in dieses Verbrechen verwickelt war. (AB)

Darius Milhaud

Mikwaot →Mischna

Mikwe (hebräisch, »Becken« oder »Brunnen«, wo es fließendes Wasser gibt; im heutigen Sprachgebrauch Ritualbad). Der Sinn der Gebote, sich aus verschiedenem Anlaß – nach Beendigung der Menstruation, nach Berührung eines Toten, bei bestimmten Hautkrankheiten – in einer Mikwe zu baden, war es, zu seelischer und körperlicher Reinheit zu gelangen. Die Ritualbad-Regelung, die in der Bibel mehrmals erwähnt wird (Lev 14, Lev 15,19), erlangte nach der Zerstörung des →Tempels zunehmende Bedeutung. Die Bestimmung für den Bau einer Mikwe befindet sich im Talmud-Traktat »Mikwot«. In Deutschland wurden Reste von alten Mikwot gefunden, so die Mikwe von Worms, um 1034 gebaut, die in Speyer aus dem 12. Jahrhundert, die Kölner aus der Mitte des 15. Jahrhunderts. Im allgemeinen wurden diese Ritualbäder von Ungebildeten als »Judenbrunnen« bezeichnet. Angesichts der in früheren Jahrhunderten herrschenden schlechten hygienischen Zustände besaß die rituelle Reinigung durchaus auch eine medizinische Funktion. Durch Tauchen »gereinigt« wurden auch Metallgeräte. (RED)

Milano, Attilio, Historiker, 12. 8. 1907 Rom – 22. 6. 1969 Ramat Hasharon, Israel. Studium der Wirtschaftswissenschaften und der Jurisprudenz, Promotion 1932. 1928 Neuordnung des Archivs der jüdischen Gemeinde in Rom. 1930–32 Arbeit in Ferrara bei der »Società Bonifica Terreni e per Imprese agricole«. Nach Erlaß der Rassegesetze im faschistischen Italien 1939 Auswanderung nach Palästina; Gründer und Leiter einer Textilfabrik. In den folgenden Jahrzehnten Herausgeber von Zeitschriften und Verfasser grundlegender Monographien und Bibliographien zur Geschichte des italienischen Judentums. 1967 Leiter der Abteilung »Italien« für die »Encyclopaedia Judaica« in Jerusalem. Hauptwerke: »Storia degli Ebrei italiani nel Levante« (1949), »Storia degli Ebrei in Italia« (1963), »Il Ghetto di Roma« (1964), »Bibliotheca Historica Italo-Judaica« (1954 und 1964). (JÖD)

Milhaud, Darius, französischer Komponist, 4. 9. 1892 Aix-en-Provence – 22. 6. 1974 Genf. Bezeichnete sich als »Français de Provence, de religion israélite«, eine Aussage, die sich wie ein Schlüssel zum Verständnis von Milhauds Kunst ansehen läßt, in der sich mediterraner und jüdischer Kulturkreis treffen. Nach Studien in Paris und einem Zwischenspiel als Attaché des damaligen französischen Botschafters Paul Claudel während des Ersten Weltkriegs in Rio de Janeiro kehrte Milhaud nach Paris zurück und schloß sich dem Kreis der »Neuen Jungen« um Erik Satie und Jean Cocteau an, aus dem der lose Zusammenhang von sechs Komponisten, der »Groupe des Six«, hervorgegangen ist. Bei Ausbruch des Zweiten Weltkriegs gezwungen, Frankreich zu verlassen, wanderte er mit seiner Familie in die USA aus. 1947 kehrte er nach Paris zurück. In seinem 450 Kompositionen umfassenden Werk finden sich u.a. auch Vertonungen von Psalmen, jüdischen Gedichten und Gebeten (»Liturgie Contadine«, 1933; »Service Sacré pour le Samedi Matin«, 1947 und andere mehr) sowie die fünfaktige biblische Oper »David« zur 3000-Jahr-Feier der Gründung Jerusalems 1954. Milhaud komponierte auch für Film und Radio. Seine Kompositionen fanden dort Anerkennung, wo sich sein Einfallsreichtum mit einer warmen und menschlichen Melodienlinie verbindet, mit einer Neigung zu brillanter Satire und einer unerschöpflichen Erfindungsgabe für harmonisches und rhythmisches Gefüge. Im französischen Musikleben des 20. Jahrhunderts ist Milhaud eine der repräsentativsten Persönlichkeiten. (AS)

Militär → Zahal

Militärdienst hat für die Juden eine Tradition, die von der Antike bis in unsere Zeit reicht. Die jüdische Tradition verlangt Verteidigung von Gemeinschaft und Heimat wie des Glaubens. In biblischer Zeit wurde → Palästina erobert und verteidigt. Ägyptische und römische Herrscher stützten sich auch auf jüdische Söldner. Vor allem im jüdisch-römischen Krieg (66–70 n.Z.) bewies sich jüdische Kriegskunst und Tapferkeit. Im Mittelalter beteiligten sich Juden an den Kämpfen zwischen Christen und Muslimen und kämpften in Spanien mit den Arabern gegen die Goten. Aus dem mittelalterlichen England sind jüdische Bogenschützen bekannt. In Deutschland trugen Juden bis zum Ende des 13. Jahrhunderts Waffen, wurden dann dieses Rechts beraubt. Während des Dreißigjährigen Kriegs leisteten Juden aktiven Militärdienst. 1648 erhielten die Prager Juden für ihre Tapferkeit die »Schwedenflagge«. Als Folge der Gleichberechtigung unterlagen in vielen Ländern die Juden auch der Militärdienstpflicht. War der Militärdienst für die Juden, die sich um Assimilation und → Emanzipation bemühten, erstrebenswert, bedeutete er für die an einer religiösen Lebensweise orientierten Juden ein großes Problem. In Rußland waren die Juden bis 1827 gegen Zahlung einer Sondersteuer vom Militärdienst befreit. Danach wurden von 1000 Juden 10 eingezogen und zwar im Alter zwischen 12 und 25 Jahren, darunter auch zwangsrekrutierte jüdische Kinder (→ Kantonisten). Unter Alexander II. (Regierungszeit 1855–81) wurde die allgemeine Wehrpflicht verfügt. Die Beförderung von Juden zu Offizieren blieb seltene Ausnahme. Im Habsburgerreich wurde den Juden der Militärdienst ab 1782 allmählich gestattet. In den deutschen Staaten leisteten Juden den Militärdienst erstmals regulär in den von → Napoleon I. beherrschten Territorien. An den → Befreiungskriegen nahmen viele Juden als Freiwillige teil. Allein in → Preußen wurden 82 Eiserne Kreuze an Juden verliehen, 23 jüdische Freiwillige ernannte man zu Offizieren, einer erhielt die höchste Auszeichnung, den »Pour le mérite«. Doch die Witwen bekamen keine Rente, da nach 1815 der Anspruch jüdischer Freiwilliger auf staatliche Versorgung entfiel. Auch später, selbst im Kaiserreich (vor allem nach 1888), war es für Juden bis zum Ersten Weltkrieg fast unmöglich, Offizier zu werden. In → Frankreich brachte die → Französische Revolution mit der Gleichberechtigung auch den Militärdienst für die Juden. Unter Napoleon I. und danach stiegen zwar Juden im Offizierkorps auf bis zu Generälen, doch immer wieder gab es antisemitische Kampagnen, so vor allem in der → Dreyfus-Affäre. In → Italien setzte der Militärdienst für Juden relativ spät im Zusammenhang mit der nationalstaatlichen Einigung ein. In anderen westlichen Ländern wie in den → Vereinigten Staaten von Amerika und → Großbritannien entwickelte sich entsprechend dem Emanzipationsverlauf eine relativ tolerante Praxis des Militärdiensts. Im Ersten Weltkrieg kämpften Juden in den Armeen aller kriegführenden Länder. Angesichts antisemitischer Kampagnen dokumentierte der → Reichsbund jüdischer Frontsoldaten, daß von 100 000 jüdischen Kriegsteilnehmern 80 000 Frontkämpfer gewesen waren, von denen 12 000 fielen und 35 000 ausgezeichnet wurden. Im Zweiten Weltkrieg kämpften Juden auf der Seite der Alliierten; vorher unterstützten viele im → Spanischen Bürgerkrieg die Republikaner. In der sowjetischen Armee dienten 425 000 Juden, von denen 50 Prozent fielen. In → Israel entsprach und entspricht der Militärdienst den besonderen Bedingungen der Gründung und der Verteidigung des jüdischen Staates (→ Zahal, → Hagana, → Irgun Zvai Leumi, → Lechi, → Palmach). (WJ)

Mincha (hebräisch »Mittaggebet«), das zweite der drei Gebete, die jeder Jude täglich verrichten muß. Durch die Interpretation von Gen 24,63 weist der Talmud den Erzvater Isaak als Begründer der Mincha (Ber 26b) aus. In dem erwähnten Abschnitt heißt es, daß Isaak ausgegangen war, »um zu beten auf dem Felde gegen Abend«. Als der Tempel noch stand, war es üblich (1 Kön 18,36), gegen Nachmittag ein Speiseopfer darzubringen. Nach der Zerstörung des Tempels ersetzten die Gebete die Speiseopfer, und die Mincha wurde eingeführt: zunächst die »Mincha Gedola« (Große Mincha) etwa um 12.30 Uhr und die »Mincha Ketana« (Kleine Mincha) zwischen 15.30 und 18.00 Uhr. Der →Schulchan Aruch erklärt nur die einmalige Ausübung zur Pflicht. Die Mincha umfaßt als Kernstücke das →Schemone essre und →Tachanun. Aus praktischen Gründen wurde es Brauch, die Mincha kurz vor Sonnenuntergang zu beten, um anschließend zum →Maariv überleiten zu können. (RED)

Minden, Stadt und Stift. Seit 1270 sind Juden in der Stadt nachweisbar. Die jüdische Gemeinde verfügte im 14. Jahrhundert über eine Synagoge. Während der Pestpogrome am 21. 7. 1350 Ermordung der Juden Mindens. Von 1350 bis 1550 nur vereinzelte Juden in Minden seßhaft. Im Stift war das Judenregal zunächst im Besitz des Bischofs. Der Rat der Stadt vergeleitete seit 1550 mehrere Familien, darunter die Familie des Gemeindevorstehers Seligmann Gans. Der Rat erlaubte 1571 den Juden, ihre »Zeremonien zu pflegen« und eine Synagoge zu bauen, war aber unter dem Einfluß lutherischer Theologen, allerdings erfolglos, bestrebt, dieses Recht nach 1621 wieder einzuschränken und die Schließung der Synagoge durchzusetzen. Seit 1600 versuchte Bischof Christian von Braunschweig, sich das Judenregal anzueignen. Der Durchsetzung seiner Landeshoheit diente die 1621 erlassene Judenordnung, die für Stadt und Stift Gültigkeit beanspruchte. Als Minden 1648 an Brandenburg-Preußen fiel, ging das Geleitrecht an den Großen Kurfürsten über. Er ernannte 1650 den Mindener Bankier B. →Levi zum »Befehlshaber und Vorgänger«. In Levis Haus befand sich eine Synagoge, bis die Gemeinde im ausgehenden 17. Jahrhundert eine eigene erwarb. Die Eingliederung Mindens in das Königreich Westfalen brachte den jüdischen Einwohnern die Gleichstellung mit der christlichen Bevölkerung. Zu der nach dem preußischen Gesetz vom 9. 8. 1847 gebildeten Synagogengemeinde zählten neben den jüdischen Familien der Stadt auch die Juden aus den Ämtern Dützen, Hausberge, Rehme und Hartum (Geburtsort A. →Jacobis). Die 1865 errichtete Synagoge wurde am 9./10. 11. 1938 zerstört. Seit Dezember 1941 Deportationen in die Ghettos von Riga und Warschau und in das KZ Theresienstadt. Nach 1945 bildete sich wieder eine Gemeinde, die 1958 eine Synagoge errichtete und 1997 rund 70 Mitglieder hatte.

L Kommunalarchiv Minden(Hrsg.), Juden in Minden. Dokumente und Bilder jüdischen Lebens vom Mittelalter bis zum 20. Jahrhundert, 1988. – J. Meynert, Was vor der »Endlösung« geschah, 1988. (AH)

Minhag (hebräisch »Brauch«). Der Minhag wurde in mündlicher Überlieferung von Generation zu Generation weitergegeben. Die Bräuche haben sich im Lauf der Jahrhunderte lokal und regional entwickelt, und es gibt einen erheblichen Unterschied zwischen den Bräuchen der aschkenasischen und sephardischen Juden (z. B. Minhag Aschkenas und Minhag Italia). Im jüdischen Recht kann ein ursprünglich regionaler Brauch sich als Minhag in der Praxis durchsetzen und so für die →Halacha verbindlich werden. Seit dem frühen Mittelalter gibt es sog. Minhag-Bücher. (RED)

Min Hajessod (hebräisch »vom Grund auf«), 1964 infolge der →Lavon-Affäre von der →Mapai abgesplitterte Gruppe unter Führung von Nathan Rotenstreich und Pinhas Lavon, die eine Rückkehr zu den Grundwerten der zionistischen Arbeiterbewegung forderte. Die Gruppe führte hauptsächlich eine ideologische Debatte gegen die ihrer Meinung nach allzu bürokratisch und (von D. →Ben-Gurion) »diktatorisch« geführte Mapai. Nach Ben-Gurions Bruch mit der Mapai ging die Mehrzahl der Gruppe zur Mapai zurück, und Min Hajessod löste sich auf. (DB/MW)

Minim (hebräisch »Sekten«). Bis zum 2. Jahrhundert galten als Minim jüdische Ketzer. In der talmudischen Literatur gibt es viele Warnungen vor den Minim: Sie würden die Gesetze verletzen und zum Götzendienst neigen. Obwohl auch als Bezeichnung für theologische Gegner angewandt, bezog sie sich nie auf Christen bzw. Judenchristen. (RED)

Ministerpräsident, israelischer. Das seit 1996 parallel zu den →Knesset-Wahlen direkt vom Volk zu wählende Regierungsoberhaupt (Gesetz vom 18. 3. 1992). Zuvor wurde der Ministerpräsident von der sich konstituierenden Regierungskoalition, die entsprechende parlamentarische Mehrheiten gewann, bestimmt. Vom →Staatspräsidenten ergeht der Auftrag an den vom Volk gewählten Ministerpräsidenten, innerhalb von 45 Tagen eine Kabinettsliste mit maximal 18 Ministern und allgemeine Regierungsrichtlinien vorzulegen und sie von der →Knesset mehrheitlich bestätigen zu lassen. Die einzelnen Minister sind in ihren Amtshandlungen gegenüber dem Ministerpräsidenten verantwortlich, der sie aufgrund eines Zusatzes zum Grundgesetz über die Regierung nach vorheriger Unterrichtung des Kabinetts selbständig entlassen kann. Die Amtszeit des Ministerpräsidenten und der Regierung entspricht im allgemeinen der Wahlperiode der Knesset (4 Jahre). Der Rücktritt (oder Tod) des Ministerpräsidenten kommt einem Rücktritt der Regierung gleich. Tabelle mit Israels Ministerpräsidenten →Koalitionen. (MW/OG)

Minjan (hebräisch »Zahl«), Mindestanzahl von zehn Männern (bei den Reformern werden auch Frauen mitgezählt), die zur Abhaltung des Gottesdienstes in der Synagoge anwesend sein müssen. Die Zahl 10 ist in der Bibel ein Symbol für das Mindestmaß (vgl. Gen 18,32). Die Männer müssen die →Bar Mizwa (Frauen die Bat Mizwa) gefeiert haben. (RED)

Minsk, Hauptstadt →Weißrußlands. Im 16. Jahrhundert erste größere jüdische Ansiedlung, im 19. und Anfang des 20. Jahrhunderts bedeutendes Zentrum des kulturellen und politischen Lebens der Juden in Rußland. Im September 1902 fand in Minsk die zweite zionistische Konferenz Rußlands statt. In den 20er Jahren gab es in der Pädagogischen Fakultät der Universität Minsk eine Abteilung zur Lehrerausbildung für jiddische Schulen. Sie wurde 1930 abgeschafft und durch eine Abteilung für antireligiöse Propaganda ersetzt. 1936 lebten 53 000 Juden in Minsk, ungefähr 40 Prozent der Gesamtbevölkerung der Stadt. Zum Zeitpunkt der deutschen Eroberung waren es wahrscheinlich etwa 80 000 Juden; zwischen November 1941 und Oktober 1942 wurden 35 000 Juden aus Deutschland und den besetzten Gebieten nach Minsk deportiert. Nur wenige überlebten die Mord-»Aktionen« der SS-Einsatzgruppen und die Deportationen in die Vernichtungslager. Über die Zahl der Flüchtlinge und über den Widerstand im Ghetto von Minsk liegen keine genauen Informationen vor. Heute leben etwa 30 000 bis 50 000 Juden in der Stadt. (AB)

Mischehe. In juristischer und halachischer Hinsicht gilt eine eheliche Verbindung dann als Mischehe, wenn die Partner in ihrem Religionsbekenntnis nicht übereinstimmen. Ebenso wie das kirchliche verbot auch das rabbinische Recht die Mischehe und erklärte sie für ungültig (Dtn 7,3f.; Qid 68b; Jeb 45a). Das alte kanonische Verbot konnte daher in der mittelalterlichen Gesellschaft, die mit allen ihren Institutionen auf der religiösen Basis der Staatsreligion ruhte, gegenüber einer den gleichen Absolutheitsanspruch erhebenden Minderheitsreligion im Prinzip nicht für diskriminierend gehalten werden. Das Verbot der Mischehe wurde von Theodosius I. verfügt und in den →Codex Justinianus aufgenommen. Nach der Emanzipation wurde das Problem der Mischehe wieder aktuell, blieb aber in religiöser Hinsicht umstritten. Sofern es zu rabbinischen oder kirchlichen Trauungen kommt, ist zumindest die Erziehung der Kinder nach dem Ritus der Trauung Bedingung. Ermöglicht wurden derartige Mischehen in der Neuzeit erst nach Einführung der Zivilehe (Frankreich 1792, Deutschland 1875). Davor und auch noch lange danach kam es jedoch immer wieder zu Eheschließungen zwischen einem ursprünglich jüdischen und einem ursprünglich christlichen Partner, die nach vorhergehender Taufe des jüdischen Teils offiziell nicht als Mischehe, sondern als rein christliche Ehe zustande kamen. Erst in der Gegenwart geschieht es auch häufiger, daß der ursprünglich nichtjüdische Partner zum Judentum übertritt. Durch die Übertritte in die eine oder andere Richtung werden zwar juristische und halachische Probleme aus der Welt geschafft, nicht aber das soziologische Phänomen der Vermischung. Mit statistischen Methoden läßt sich die Mischehe bis zum Anfang des 19. Jahrhunderts zurückverfolgen. Die höchsten Werte wurden in Berlin erreicht. Nach den Untersuchungen von Deborah Hertz wählten damals 14 Prozent der in Berlin heiratenden Juden nichtjüdische Partner. Nachdem die erste Welle der Annäherung abgeklungen war, wurde dieser Prozentsatz in Berlin erst wieder gegen Ende des 19. Jahrhunderts festgestellt. Auf dem Höhepunkt der Assimilation betrug die Mischehenquote im Berlin der 20er Jahre dann Werte zwischen 25 und 30 Prozent. Ähnlich lagen die Verhältnisse in einige anderen deutschen Städten wie etwa Hamburg und Köln. Zur gleichen Zeit war die Mischehenquote sowohl in den neuen (z. B. USA) als auch in den alten Siedlungsgebieten (z. B. Sowjetunion) der Ostjuden verschwindend gering. Mit zunehmender Säkularisierung und Integration kam es aber auch in diesen Ländern, und zwar ganz unabhängig vom politischen System, zu einem Anstieg der Mischehenquote, die dann in den 70er Jahren allgemein die Vorkriegswerte der Assimilationszentren in Deutschland erreichte. Man kann heute sagen, daß in den wichtigsten Ländern der jüdischen Diaspora, also in den USA, der Sowjetunion, Frankreich und Großbritannien einer von drei heiratenden Juden einen nichtjüdischen Partner wählt. Die Tendenz ist weiterhin steigend, und verschiedentlich werden bei lokalen Untersuchungen schon Mischehenquoten von mehr als 40 Prozent gemeldet. Die höchste Mischehenquote wird seit mehreren Jahrzehnten in Deutschland beobachtet. Gegenwärtig wählen dort von drei heiratenden Juden zwei einen nichtjüdischen Partner. Es wird allgemein angenommen, daß bei geschwächtem Identitätsbewußtsein Mischehen umso häufiger auftreten, je geringer die jüdische Siedlungsdichte ist.

L S. Della Pergola, Demographic Perspectives of Mixed Marriage, in: Encyclopaedia Judaica Year Book, 1975/76. – E. Friesel, Atlas of Modern Jewish History, 1990. – D. Hertz, Die jüdischen Salons im alten Berlin, 1991. – A. Ruppin, Soziologie der Juden, Band 1, 1930. (RED)

Mischle →Hebräische Bibel

Mischmarot (von hebräischer »Mischmar«, Wächter), Bezeichnung für die Einteilung der Priester, Leviten und Israeliten in 24 Gruppen, die im rotierenden System den Tempeldienst verrichteten (vgl. →Maamadot), geht auf biblische Zeit zurück (Neh 13,30 und 1 Chr 24,1), wurde jedoch wahrscheinlich erst z. Z. des Zweiten →Tempels institutionalisiert (vgl. →Josephus, Taan 4,1–2). Die Mischmarot waren in sieben Gruppen (Bate avot) mit je einem Leiter (Rosch beit av) eingeteilt und wechselten zu jedem Sabbat. An den drei Wallfahrtsfesten dienten alle 24 zusammen (Suk 5,7). Die Mischmarot waren besonderen Gesetzen unterworfen. So war ihnen der Genuß von Wein verboten, doch brauchten sie die Fasttage nicht einzuhalten (Taan 2,6–7). (RED)

Mischna (hebräisch »Lernen, Wiederholung«). Sammlung von Lehrsätzen der mündlichen →Tora, entstanden in Palästina im 2. Jahrhundert n. Z. Ursprünglich gab es verschiedene Sammlungen von Lehrsätzen oder Mischnajot, z. B. die von Rabbi →Meir und Rabbi →Akiba ben Josef. Die Mischna in ihrer überlieferten Form wurde von Rabbi →Jehuda ha-Nassi kompiliert und stützte sich offensichtlich auf die Sammlung von Rabbi Meir. Die Mischna ist im sog. mischnischen Hebräisch verfaßt und ist auch Grundlage des →Talmuds. Sie besteht aus sechs Ordnungen (Sedarim) bzw. Teilen. Jede Ordnung umfaßt eine unterschiedliche Anzahl von Traktaten (Massekhtot), die wiederum in Kapitel (Peraqim) und Lehrsätze (Mischnajot) eingeteilt sind:

1. Ordnung Scarim (Saaten), enthält elf Traktate: *Berachot* (Benediktionen), befaßt sich mit den »Segenssprüchen«, vor allem dem →Schema Jisrael; *Pea* (Ecke): Vorschriften über die Feldecke und das Armenrecht im Anschluß an Lev 19,9f.; 23,22; Dtn 24,19ff.; *Demmai* (Zweifelhaftes): zweifelhafte Früchte hinsichtlich der Verzehntung; *Kilajim:* Vermischung zweier Gattungen von Gewächsen, Tieren, Stoffen im Anschluß an Lev 19,19; Dtn 22,9ff.; *Schewiit:* Die Vorschriften hinsichtlich des »Siebten Jahres« im Anschluß an Ex 23,11; Lev 25,1ff.; *Terumot* (Priesterhebe): vgl. Num 18,8ff.; *Maassrot:* der den Leviten zustehende Zehnte; vgl. Num 18,21ff.; *Maasser Scheni* (Zweiter Zehnt): vgl. Dtn 14,24ff.; *Challa* (Teighebe): vgl. Num 15,18ff.; *Orla* (»Vorhaut« der Bäume): vgl. Lev 19,23ff.; *Bikkurim* (Erstlingsfrüchte): vgl. Dtn 26,1ff.

2. Ordnung Moed (Festzeiten), enthält zwölf Traktate: →*Sabbat:* die Vorschriften über das Sabbatgebot; *Eruwin* (Vermischungen): Möglichkeiten zur Erweiterung der Sabbatgrenze; *Pessachim:* die Vorschriften über das →Pessach-Opfer; *Schekalim:* die Schekel-Steuer; vgl. Ex 30,12ff.; *Joma:* über den Versöhnungstag (→Jom Kippur); *Sukka:* über das Laubhüttenfest (→Sukkot); *Betsa:* allgemeine Vorschriften über Festtage; →*Rosch ha-Schana:* über das Neujahrsfest; *Taanit:* Fastenvorschriften; *Megilla:* die Verlesung der Esterrolle; *Moed Qatan:* über die Zwischenfeiertage (→Chol ha-Moed); *Chagiga:* über die drei Wallfahrtsfeste (Pessach, Sukkot, →Schawuot).

3. Ordnung Naschim (Frauen), enthält sieben Traktate: *Jebamot* (Schwägerinnen): über die Schwagerehe nach Dtn 25,5ff.; *Ketubbot:* über Eheverträge (→Ketubba); vgl. Ex 22,15f.; *Nedarim:* über Gelübde und ihre Aufhebung; vgl. Num 30; *Nasir:* über den Nasir bzw. das Nasiräat; vgl. Num 6; *Gittin:* Scheidungsrecht (→Get); vgl. Dtn 24,1ff.; *Sota:* über den Ehebruch (→Ehe); vgl. Num 5,11ff.; *Kidduschin* (Antrauung): die Verlobung der Frau mit dem Mann.

4. Ordnung Nesikin (Schädigungen), enthält zehn Traktate: *Baba Qamma* (erste Pforte), *Baba Metsia* (mittlere Pforte), *Baba Batra* (letzte Pforte): vor allem über das Zivilrecht; →*Sanhedrin:* Strafrecht; *Makkot* (Schläge): über die Prügelstrafe; vgl. Dtn 25,1ff.; *Schebuot* (Schwüre): vgl. Lev 5,4ff.; *Edujot* (Zeugnisse): enthält im Unterschied zu den anderen Traktaten Lehrmeinungen zu verschiedenen Themen, nach den Namen der Tradenten geordnet; →*Awoda Sara:* über den Götzendienst; *Abot:* der Traktat »Sprüche der Väter«; *Horajot* (Lehren, Entscheidungen): wie bei irrtümlichen halachischen Entscheidungen zu verfahren ist.
5. Ordnung Kodaschim (Heiligkeiten), enthält elf Traktate: *Sewachim:* über das Schlachtopfer; vgl. Lev 1ff.; *Menachot:* über das Speiseopfer; vgl. Lev 2 u. ä.; *Chullin* (Profanes): über das Schächten der nicht zum Opfer bestimmten Tiere; *Bekhorot:* über die Erstgeburten vor allem des Viehs; *Arachin* (Schätzungen): über den Schätzwert von Personen, Tieren, Äckern bei Gelübden; vgl. Lev 27,2ff.; *Temura:* die »Vertauschung« eines Opfertieres; vgl. Lev 27,10; *Keritot:* die Strafe der »Ausrottung«; vgl. Gen 17,14; Ex 12,15 u. ä.; *Meila:* die »Veruntreuung« von Geheiligtem; vgl. Lev 5,15ff.; Num 5,6ff.; *Tamid:* über das tägliche Morgen- und Abendopfer; Ex 29,38ff.; Num 28,3ff.; *Middot:* über die Maße und Einrichtungen des Tempels; *Kinnim* (Vogelnester): über das Taubenopfer; vgl. Lev 1,14ff.; 12,8.
6. Ordnung Toharot (Reinheiten), enthält zwölf Traktate: *Kelim:* über die Unreinheit von Geräten; *Ohalot* (Zelte): über die Unreinheit durch einen Leichnam, vgl. Num 19,14; *Negaim:* über den Aussatz; vgl. Lev 13 und 14; *Para:* über die Rote Kuh; vgl. Num 19; *Toharot* (euphemistisch für Unreinheiten): über weniger schwere Verunreinigungen; *Mikwaot:* über Tauchbäder nach Verunreinigungen; →*Nidda:* über Menstruation und Blutfluß; vgl. Lev 12; 15,19 ff.; *Machschirin:* über die Verunreinigung von Nahrungsmitteln durch Flüssigkeiten; vgl. Lev 11,34ff.; *Sabim:* über die verschiedenen Arten von Ausfluß; vgl. Lev 15; *Tewul Jom:* über die Unreinheit bis zum Sonnenuntergang; vgl. Lev 15,5; 22,6 ff. und öfter; *Jadajim:* über die rituelle Reinigung der Hände; *Ukzin* (Stiele): über die Stiele, Schalen und Kerne von Früchten und die damit verbundene Unreinheit.
Die ältesten bezeugten Mischnatexte sind Genisafragmente (etwa 8. Jahrhundert, →Genisa). Die bedeutendste Handschrift befindet sich in der Sammlung Kaufmann in der Bibliothek der Ungarischen Akademie der Wissenschaften in Budapest (etwa 13. Jahrhundert). Als Erstdruck gilt: Neapel 1492 (J. S. Soncino). (RED)

Mischne Tora →Mose ben Maimon

Misrachi (Abkürzung für hebräisches »Merkas Ruchani«, »geistiges Zentrum«), eine 1902 unter Rabbi Izhak (Isaak Jakob) Reines in Wilna gegründete religiös-zionistische Gruppierung, die einerseits die areligiöse, zum Teil anti-religiöse Entwicklung im Zionismus bekämpfen wollte, andererseits die antizionistische Tendenz der jüdischen Orthodoxie ablehnte. Nach ihrer Sicht konnte ein jüdischer Staat nur aufgrund der religiösen Traditionen des Volkes errichtet werden. Misrachi arbeitete innerhalb der Zionistischen Weltorganisation, investierte besonders Energien im Bereich der religiösen Erziehung und gründete ab 1908 zahlreiche religiöse Schulen eigener Prägung in Palästina. Misrachi sorgte dafür, daß das Oberrabbinat sowie die religiösen Gerichte im Rahmen der Institutionen des →Jischuw organisiert wurden. 1922 entstand →Hapoel Hamisrachi. Nach der Staatsgründung 1948 beteiligte sich Misrachi an der Regierungskoalition. Rabbi Fishman wurde Religionsminister. In den Wahlen zur 1., 2. und 3. Knesset bildeten Misrachi und Hapoel Hamisrachi, teilweise mit kleineren Gruppierungen, eine gemeinsame Wahlliste und vereinigten sich 1956 zur →Nationalreligiösen Partei (Wahlergebnisse siehe dort). 1953 wurden die Kindergärten und Grundschulen der Misrachi zu staatlichen religiösen Schulen. Misrachi unterhält ein System von Berufsschulen, Jeschiwot, Talmud-Schulen und gründete 1955 die religiöse Bar-Ilan-Universität.

[L] J. Fishman, The History of the Misrachi, 1972. – C. S. Liebman/E. Don-Yehiya, Religion and Politics in Israel, 1984. – G. Schiff, Tradition and Politics. The Religious Parties of Israel, 1977. – Wolffsohn/Bokovoy, Israel. Geschichte, Politik, Gesellschaft, Wirtschaft, ^{5}1996. (DB/MW)

Mission →Judenmission, →Proselytismus

Mitnagged (von hebräisch »nagad«, »Gegner«, Plural Mitnaggedim). Bezeichnung der Anhänger des →Chassidismus für ihre rabbinischen Gegner. (RED)

Mittel- und Südamerika. Mit der Besatzung des Kolumbus kamen erstmals Juden in die Neue Welt. Kurz nach 1500 wurde ein Einwanderungsverbot für Juden im spanischen und portugiesischen Kolonialreich erlassen. 1528 erste Inquisitionsprozesse gegen illegal eingewanderte →Marranen und Neuchristen, die ihr Judentum heimlich praktiziert hatten. Nur auf den Niederländischen Antillen und im niederländisch besetzten nördlichen →Brasilien (1630–54) zeitweilige Blüte jüdischer Gemeinden. Die Unabhängigkeitsbewegung 1811–21 führte unter dem Einfluß der Aufklärung, der amerikanischen und französischen Revolution zu einer begrenzten Judenemanzipation und zu religiöser Toleranz, was die jüdische Niederlassung erleichterte. Ab 1840 setzte die jüdische Einwanderung aus Mitteleuropa und dem Osmanischen Reich ein. Nach den →Pogromen in →Rußland 1881 zunehmende Einwanderung aus Osteuropa, gefördert durch Siedlungsprogramme der →JCA. Um 1900 gab es etwa 100 000 Juden in ganz Lateinamerika mit Schwerpunkten in Argentinien und im südlichen Brasilien. Etwa 80 Prozent der Juden stammten aus Mittel- und Osteuropa, der Rest aus Nordafrika und dem Orient. Nach dem Ersten Weltkrieg infolge wirtschaftlicher und politischer Instabilität in Europa verstärkte Einwanderung von Juden aus Rußland, Polen, Deutschland und den Balkanländern. 1921–30 wanderten 74 000 Juden nach Argentinien, 29 000 nach Brasilien und 12 000 in die übrigen Länder Mittel- und Südamerikas ein. Förderung der Migrationsbewegungen seitens jüdischer Organisationen wie →HIAS und →American Joint Distribution Committee (AJDC) durch landwirtschaftliche Kolonisationsprojekte, berufliche Umschulung und karitative Einrichtungen. Nach der nationalsozialistischen Machtergreifung in Deutschland 1933 und nach antisemitischen Aktivitäten in Österreich, Polen, Ungarn und Rumänien neue Emigrationswelle nach Lateinamerika, die infolge nordamerikanischer Einwanderungsbeschränkungen 1938 sprunghaft anstieg. Zwischen 1933 und 1945 wanderten 80 000–90 000 europäische Flüchtlinge (unter ihnen etwa 95 Prozent Juden) nach Lateinamerika, wegen argentinischer und brasilianischer Aufnahmebegrenzungen auch in die bisher weniger angesteuerten Länder Chile, Bolivien, Ecuador, Kolumbien, Kuba und Dominikanische Republik. Die von einigen Regierungen geförderten landwirtschaftlichen Kolonisationsprojekte scheiterten größtenteils an finanziellen, klimatischen und politischen Schwierigkeiten und gelangen nur im dominikanischen Sosua, im brasilianischen Rôlandia und dort, wo sie in Argentinien an ältere Siedlungen anknüpften. Die meisten Emigranten ließen sich in wirtschaftlichen Zentren nieder und betätigten sich in Handel, Handwerk und Dienstleistungsgewerbe, in Argentinien und Brasilien auch in Hochschulwesen und Presse. In Buenos Aires, São Paulo und Rio de Janeiro hatten jüdische Einwanderer maßgeblichen Einfluß auf das Kulturleben. Nach 1945 Tendenz zur Weiterwanderung von ärmeren in entwickeltere Staaten Lateinamerikas sowie in die USA, nach →Palästina/Israel und zurück nach Europa. In den 1950er Jahren jüdische Einwanderung aus arabischen Ländern, dagegen seit Ende der 1960er Jahre erneute Tendenz zur Abwanderung nach Israel und Nordamerika; starke Fluktuation infolge wirtschaftlicher und politischer Instabilität der Region. 1995 etwa 850 000 Juden in Mittel- und Südamerika (etwa 0,2 Prozent der Gesamtbevölkerung). Religiöse Ausrichtung, Riten und Traditionen, Synagogengemeinden, kulturelle und karitative Einrichtungen und selbst weltliche Organisationen wie Sport- und Jugendklubs oder zionistische Vereinigungen konservieren theologische, landsmannschaftliche, soziale und politische Unterschiede innerhalb des Judentums; nur allmähliche innerjüdische Integration bei gebietsweise deutlicher Neigung zur Assimilierung an die Bevölkerungsmehrheit; keine gesamtjüdischen Organisationen, nur in Argentinien loser Dachverband zur Vertretung gemeinsamer Interessen. Allgemein kein verbreiteter Antisemitismus in Mittel- und Südamerika, nur gebietsweise aufflackernd, wobei die Impulse sowohl von konservativer und klerikaler Seite als auch von sozialrevolutionären Kreisen ausgehen können. Bei der Abstimmung der UNO über die Teilung Palästinas entfielen 13 von 33 Ja-Stimmen und sechs Enthaltungen auf lateinamerikanische Staaten. Nach dem Sechs-Tage-Krieg 1967 stimmten die meisten lateinamerikanischen Staaten gegen die Vereinigung beider Teile Jerusalems, jedoch verlegten neun von 13 Republiken ihre Botschaft dorthin. Regelmäßig werden scharfe Kritik linker Gruppen an Israel und Sympathien für die arabische Seite laut, doch hat selbst Kuba die diplomatischen Beziehungen mit Israel aufrechterhalten. Israel betreibt eine sehr vielseitige entwicklungspolitische und wirtschaftliche Zusammenarbeit mit Mittel- und Südamerika.

[L] J. L. Elkin, Jews of the Latin American Republics, Chapel Hill 1980. – A. Schrader/K. H. Rengstorf (Hrsg.), Europäische Juden in Lateinamerika, St. Ingbert 1989.

(PM)

Essay

Geschichte der Juden im Mittelalter

Friedrich Lotter

Das Mittelalter beginnt für die Juden im Abendland mit der Gründung germanischer Reiche auf dem Boden des (west-)römischen Reichs seit dem ausgehenden 5. Jahrhundert, es endet mit der Zwangsbekehrung oder Vertreibung der Juden in England (1290), Süditalien (1294, 1492), Frankreich (1306, 1394), Spanien (1391, 1492), Portugal (1497). Für das Heilige Römische Reich deutscher Nation stellten die furchtbaren Verfolgungswellen zwischen 1298 und 1350 den tiefsten Einschnitt dar. Die danach durch Fürsten und Städte neubestimmte Lage der verbliebenen Juden veränderte sich auch durch die Reformation nicht wesentlich und wurde erst durch die im 17. Jahrhundert einsetzende Aufklärung neuen Bedingungen unterworfen. Die Privilegien polnischer Fürsten und Könige begünstigten im 13. und 14. Jahrhundert die Aufnahme vieler den Verfolgungen entkommener deutscher Juden. Der Aufstieg des (aschkenasischen) Ostjudentums dauerte bis zu den furchtbaren Pogromen um 1648 während des Kosakenaufstands unter Bogdan Chmielnicki (→Chmielnicki-Pogrome).
Bis in die Anfänge des 11. Jahrhunderts blieben die maßgebenden Instanzen der gesamten Judenheit der Exilarch (Resch Galuta) und die Häupter (Geonim) der Lehrhäuser von Pumbedita und Sura in Mesopotamien (Irak). Zu dieser Zeit und noch lange danach lebte die Mehrheit der Juden im islamischen Herrschaftsbereich. Dennoch verlagerten sich schon im Hochmittelalter ihre geistigen Zentren nach Süd- und Westeuropa, dann zunehmend auch nach West- und Süddeutschland.
Unter den arianischen Herrschern der germanischen Völkerwanderungsreiche (Ostgoten, Burgund, Westgoten, Vandalen) genossen die Juden Duldung und Schutz auf der Basis des →Codex Theodosianus. In Italien, Gallien und Nordafrika versuchten freilich auch im 6. Jahrhundert vor allem kirchliche Kräfte weiterhin, durch erzwungene Massentaufen und Synagogenzerstörungen den jüdischen Ritus zu unterdrükken. Papst Gregor der Große legte jedoch Papsttum und Kirche für die Zukunft auf die Duldung der jüdischen Religion und auf milde Behandlung der Juden fest, ohne dabei das Ziel der Bekehrung aufzugeben. Nachdem die Westgoten um 587 den katholischen Ritus angenommen hatten, versuchte das Königtum durch Zwangstaufe der dort offenbar sehr zahlreichen Juden die Einheit des Staatsvolkes zu vollenden. Die rechtliche Auseinandersetzung mit den insgeheim an jüdischen Riten festhaltenden Scheinchristen und deren Kindern beherrschte in Spanien das ganze 7. Jahrhundert. Eine Anzahl repressiver Bestimmungen der Konzilien von Toledo ging in das kanonische Recht ein und übte bis weit in die Neuzeit hinein Wirkung aus. Die Unterdrückung der Juden im Westgotenreich führte zu einer Fluchtwelle ins merowingische Frankenreich, doch soll König Dagobert (623–639), auf Veranlassung des byzantinischen Kaisers Herakleios und vermutlich infolge der gleichzeitigen Ereignisse im Heiligen Land, die Juden ebenfalls vor die Wahl »Ausweisung oder Taufe« gestellt haben. Nach 711 befreite die islamische Invasion die Juden Spaniens und bescherte ihnen hier ein »goldenes Zeitalter«, dessen Ende mit dem ersten großen Judenmassaker in Granada 1066 eingeleitet wurde.
Die Herrscher des karolingischen Frankenreichs haben von Anfang an eine eher judenfreundliche Politik betrieben. Seit der islamischen Eroberung des südlichen Mittelmeerraums und dem Ausfall der christlichen Kaufleute Syriens (Libanon) besaßen die Juden das Monopol des Han-

dels mit Luxuswaren aus dem Orient und aus Osteuropa (Gewürze, Weihrauch, Seide, Pelze, Sklaven). Ihre Handelswege führten über das Mittelmeer, aber auch über Spanien, Nordafrika und die Küstenregionen des Schwarzen Meers in den Vorderen Orient, nach Inner- und Ostasien. In einer Zeit des verfallenen und noch unentwickelten Städtewesens waren sie in den nördlichen Regionen Europas Pioniere urbaner Wirtschafts- und Lebensformen. Vor allem in Süd- und Südostfrankreich lebten sie auch als Grundbesitzer. Kaiser Ludwig der Fromme gewährte nicht nur einzelnen jüdischen Kaufleuten und Grundbesitzern, sondern auch schon ganzen Judengemeinden (Lyon) vorteilhafte Privilegien, die u. a. der Kirche untersagten, heidnische Sklaven der Juden zu taufen. Damit provozierte er begreiflicherweise den Protest des fränkischen Episkopats. Der Gegensatz zwischen weltlicher und geistlicher Gewalt in der Frage der Behandlung der Juden setzte sich auch unter dem westfränkischen König Karl dem Kahlen fort.
Im ostfränkisch-deutschen Reich werden Juden erstmals während der Synode von Erfurt 932 erwähnt, als die Venezianer eine in Byzanz verfügte Vertreibung aller Juden auch König Heinrich I. und dem deutschen Episkopat nahezulegen versuchten. Wenig später beabsichtigte Erzbischof Friedrich von Mainz, die damals wohl schon recht zahlreichen Juden durch die Androhung der Ausweisung zu bekehren. Ottonen und Salier förderten jedoch die Ansiedlung und die Handelstätigkeit der Juden, deren Zahl sich durch Einwanderung von Italien und Frankreich her laufend vermehrte. Juden wohnten damals nicht nur in den rheinischen Städten, sondern auch in den Bischofssitzen im Elbe-Saale-Raum (Magdeburg, Merseburg), von wo aus sie Handel mit den Slawengebieten trieben. Die in Quellen des 10. Jahrhunderts häufig auftretende Formel »Juden und die übrigen Kaufleute« belegt ihre damalige Bedeutung für die Entwicklung von Warenaustausch und Wirtschaft. Ihre Nähe zum Kaiserhof bezeugt ein Jude aus dem Gefolge Kaiser Ottos II., der diesen nach der Niederlage von Cotrone vor schimpflicher Gefangenschaft bewahrte.
Um die Jahrtausendwende kam es unter Rabbi Gershom ben Jehuda zu einer ersten Blüte des Lehrhauses von Mainz. Die guten Beziehungen zwischen Christen und Juden wurden nur unter Kaiser Heinrich II. gestört, als dieser um 1012 die Juden vorübergehend aus Mainz verbannte.
Mit den kirchenrechtlichen Sammlungen Burchards von Worms und Ivos von Chartres begann im 11. Jahrhundert die Ausbildung eines kanonischen Judenrechts, das das Prinzip der Duldung und des Schutzes mit einer Anzahl restriktiver Bestimmungen verband. Gegen Ende des Jahrhunderts stieg der Anteil der Juden an der Einwohnerschaft einiger rheinischer Städte (Mainz, Köln, Worms) bis auf etwa 20 bis 25 Prozent. Im Januar 1090 gewährte Kaiser Heinrich IV. den Juden von Speyer, später auch denen von Worms Privilegien, die die spätkarolingischen Begünstigungen noch erweiterten und ihnen den Schutz von Leib und Leben, Handel und Besitz, religiösem Bekenntnis und Ritus sowie Chancengleichheit in Prozessen mit Christen garantierten. Diese Bestimmungen standen vielfach im Gegensatz zum Kirchenrecht (Judengesetzgebung). Sie konnten aber nicht verhindern, daß während des 1. Kreuzzugs ganze Judengemeinden dem Fanatismus der Kreuzfahrer zum Opfer fielen.
Diese Verfolgung bedeutete zwar einen psychologischen Einschnitt, stellte jedoch keinen eigentlichen Bruch in der Entwicklung dar. Die vernichteten Gemeinden entstanden bald wieder, zahlreiche neue wurden gegründet. Mit dem Mainzer Reichslandfrieden von 1103 unterstellte Kaiser Heinrich IV. alle Juden dem besonderen Königsschutz. Spätestens Friedrich I. Barbarossa verband das Privilegienrecht mit dem allgemeinen Königsschutz, der die Juden dem kaiserlichen Fiskus zuordnete. Wenn Kaiser Friedrich II. 1236 dieses Schutzverhältnis als →Kammerknechtschaft definierte, wollte er den Schutz der Juden besser absichern, ohne deren sozialen Status zu mindern. Tatsächlich erwies

sich die königliche Protektion bis zum Ende der Stauferzeit durchaus als wirksam. Bis in die 80er Jahre des 13. Jahrhunderts ereigneten sich im Deutschen Reich nur lokale Übergriffe und Gewalttaten, die fast immer die Reichsgewalt oder ihre Vertreter zum Einschreiten veranlaßten. In dieser Epoche ist auch der Höhepunkt der Tätigkeit jüdischer Übersetzer und Philosophen anzusetzen, die durch die Vermittlung antiker und arabischer Natur- und Geisteswissenschaften dem Abendland unverzichtbare kulturelle und zivilisatorische Impulse gaben. Inzwischen hatte die »Concordantia« des Bologneser Magisters Gratian um 1140 das kirchliche Judenrecht neu fixiert und damit auch Duldung und Schutz der Juden erneut festgeschrieben. Dennoch kam es in England während des 3. Kreuzzugs um 1190 und in den französischen West- und Nordprovinzen um 1236 bereits zu massiven Verfolgungen, die Tausende von Opfern forderten. Zugleich veranlaßte die brutale Geldabschöpfungspolitik der Könige Englands und Frankreichs zahlreiche Juden, nach Spanien (Sepharad) oder Deutschland (Aschkenas) abzuwandern. Gerade in dieser Zeit entstanden hier unter noch relativ gesicherten Existenzbedingungen die jüdischen Neustämme der Sepharden und Aschkenasen. Das zweite »goldene Zeitalter« der Juden – nunmehr im christlichen Spanien – endete mit den grausamen Verfolgungs- und Zwangsbekehrungswellen vor und nach der Wende zum 16. Jahrhundert.

Ebenso wie in Spanien sprechen auch in Deutschland nicht wenige Zeugnisse für eine weitgehende Akkulturation der Juden an die christliche Umwelt des Hochmittelalters. Ein Schreiben Papst Gregors IX. an das deutsche Episkopat vom Jahr 1233 klagte die Juden an, entgegen dem kirchlichen Recht noch immer in Amtsstellungen Macht über Christen auszuüben, über christliche Dienstleute zu verfügen, nicht nur diese, sondern auch Freie zum Judentum zu bekehren, ferner sich in der Kleidung nicht von den Christen zu unterscheiden. Eine ähnliche Situation beschrieb noch um 1273 der Bischof von Olmütz in einem Bericht über den Zustand der deutschen Kirche (→Kirche und Judentum).

Erst in den letzten Jahrzehnten des 13. Jahrhunderts bahnte sich auch hier ein deutlicher Wandel an. Mit dem Aufkommen der Zünfte wurden die Juden allmählich aus dem Fernhandel verdrängt und wandten sich immer mehr Kreditgeschäften mit Zinsnahme und Pfandleihe zu. Durch die Vermittlung der Praktiken des Bankwesens ebenso wie durch Geldbeschaffung haben sie zwar wiederum einen unentbehrlichen Beitrag für den wirtschaftlichen und kulturellen Fortschritt (Kathedralenbau) der europäischen Zivilisation geleistet, andererseits sich jedoch in weiten Kreisen ihrer Schuldner, besonders beim niederen Adel und den städtischen Mittelschichten, verhaßt gemacht. Das Bild des Wucherers konkretisierte die zunehmende Verteufelung der Juden.

Diese Entwicklung lief in Deutschland parallel mit der abnehmenden Macht der Zentralgewalt seit dem Interregnum. König Rudolf I. deutete schließlich die Kammerknechtschaft als Unfreiheit im Rechtssinn, versagte den Juden die freie Mobilität und beanspruchte die Verfügungsgewalt über ihr Vermögen und ihren Nachlaß. Sein vergeblicher Versuch, gemeinsam mit dem Episkopat den Kult des »Guten Werner von Bacharach« und die damit verbundenen Verfolgungen zu verhindern, bezeugte nur die Schwäche der kaiserlichen wie der geistlichen Gewalt gegenüber populären Volksbewegungen. Gewisse Verschärfungen in der Haltung des Papsttums und im kirchlichen Judenrecht seit Innozenz III. und der Herausgabe der neuen Dekretalensammlung Gregors IX. um 1234 sind nicht als Ursachen, sondern eher als begleitende Faktoren einer wachsenden Judenfeindschaft anzusehen. Diese ist weniger in der Haltung der kirchlichen Hierarchie als vielmehr im Wirken des Niederklerus und der Bettelmönche festzumachen. Sie wird zunehmend sichtbar in der bösartigen Darstellung der Juden in der bildenden Kunst, in der Skulptur und der Malerei seit dem 13. Jahrhundert. Ähnli-

ches ist in der Legenden- und Exempelliteratur zu beobachten.
Die Typisierung der Juden als Diener des Satans und des Antichrist erfolgte vor allem mit dem Aufkommen und der zunehmenden Verbreitung der Mordlegenden in Wort, Schrift und Malerei. Da die Juden in diesen Darstellungen den angeblichen »Gottesmord« symbolisch nachvollzogen, wurden sie tief im religiösen Bewußtsein des einfachen Volkes verankert (→Ritualmordvorwurf). Nachdem die erst 1235 in Deutschland nachzuweisende Ritualmordlegende zunächst nur lokale Verfolgungen ausgelöst hatte, trat mit dem angeblichen Mord am »Guten Werner von Bacharach« um 1287 erstmals in Deutschland das Phänomen der flächenbrandartig sich ausbreitenden Verfolgung auf. Noch weit verheerender wirkte sich die Hostienfrevellegende aus, die sich in einer virulenten, allein die Juden beschuldigenden Form nach 1290, ihrem ersten Auftreten in Paris, in Deutschland wie ein Lauffeuer verbreitete. Angebliche Hostienfrevel verursachten oder rechtfertigten die Verfolgung des »Königs Rindfleisch« in Franken um 1298 mit etwa 5000 Opfern sowie die schweren Verfolgungswellen um 1336 bis 1338, die neben Franken den ganzen süddeutschen Raum einschließlich des Elsaß und der österreichischen Länder heimsuchten. Alle diese Pogromwellen wurden durch die Verfolgung in der Zeit des »Schwarzen Todes« von 1347 bis 1350 noch in den Schatten gestellt. Diesmal sollten alle Juden sich verschworen haben, durch Vergiftung der Quellen und Brunnen die ganze Christenheit auszurotten. Sie wurden daher nicht nur spontan getötet, sondern aufgrund von Gerichtsurteilen, die auf durch Folter erpreßten Geständnissen beruhten. Die meisten jüdischen Gemeinden Deutschlands fielen dieser Verfolgung zum Opfer. Kaiser Karl IV. vermochte die Juden lediglich in seinen eigenen österreichischen und böhmischen Territorien zu schützen, gab sie und ihren Nachlaß jedoch in den übrigen Ländern und den Reichsstädten den Verfolgern preis (→Verfolgungen, →Vertreibungen).
Obwohl die Juden bald nach dieser Katastrophe in Städten und Territorien wieder zugelassen wurden, geschah dies doch nur mit zeitlicher und auch zahlenmäßiger Einschränkung. Inzwischen wurden sie auch im Bankgeschäft durch christliche Konkurrenten ersetzt und damit entbehrlich. Größere Gemeinden hielten sich bis in die Neuzeit hinein nur in den Städten Frankfurt und Worms, sonst wohnten Juden fast nur noch in Kleinstädten und Dörfern. Die schon seit längerem bedrohte und einst so fruchtbare christlich-jüdische Symbiose hatte nun auch in Deutschland für lange Zeit ihr Ende gefunden.

[L] S. W. Baron, A Social and Religious History of the Jews, Bände 2–4, 11–13, 1952–69. – B. Blumenkranz, Juifs et chrétiens, 1960. – G. Caro, Sozial- und Wirtschaftsgeschichte der Juden in Mittelalter und Neuzeit, 2 Bände, 1964. – Germania Judaica, Band 1, 1934 (Neudruck 1963), Band 2, 1968, Band 3,1, 1987. – H. Liebeschütz, Synagoge und Ecclesia, 1983. – K. Lohrmann, Judenrecht und Judenpolitik im mittelalterlichen Österreich, 1990.

Die Karte (rechts) *zeigt die Wanderungen und Vertreibungen der Juden während des Mittelalters.*

Mittwochsgesellschaft →Gesellschaft von Freunden der Aufklärung

Mizpe Ramon →Ramon

Mizwa (hebräisch »Gebot«, Plural Mizwot), ursprüngliche Bezeichnung für die Gesamtheit der religiösen Ge- und Verbote des Judentums; in nachbiblischer Zeit Bezeich-

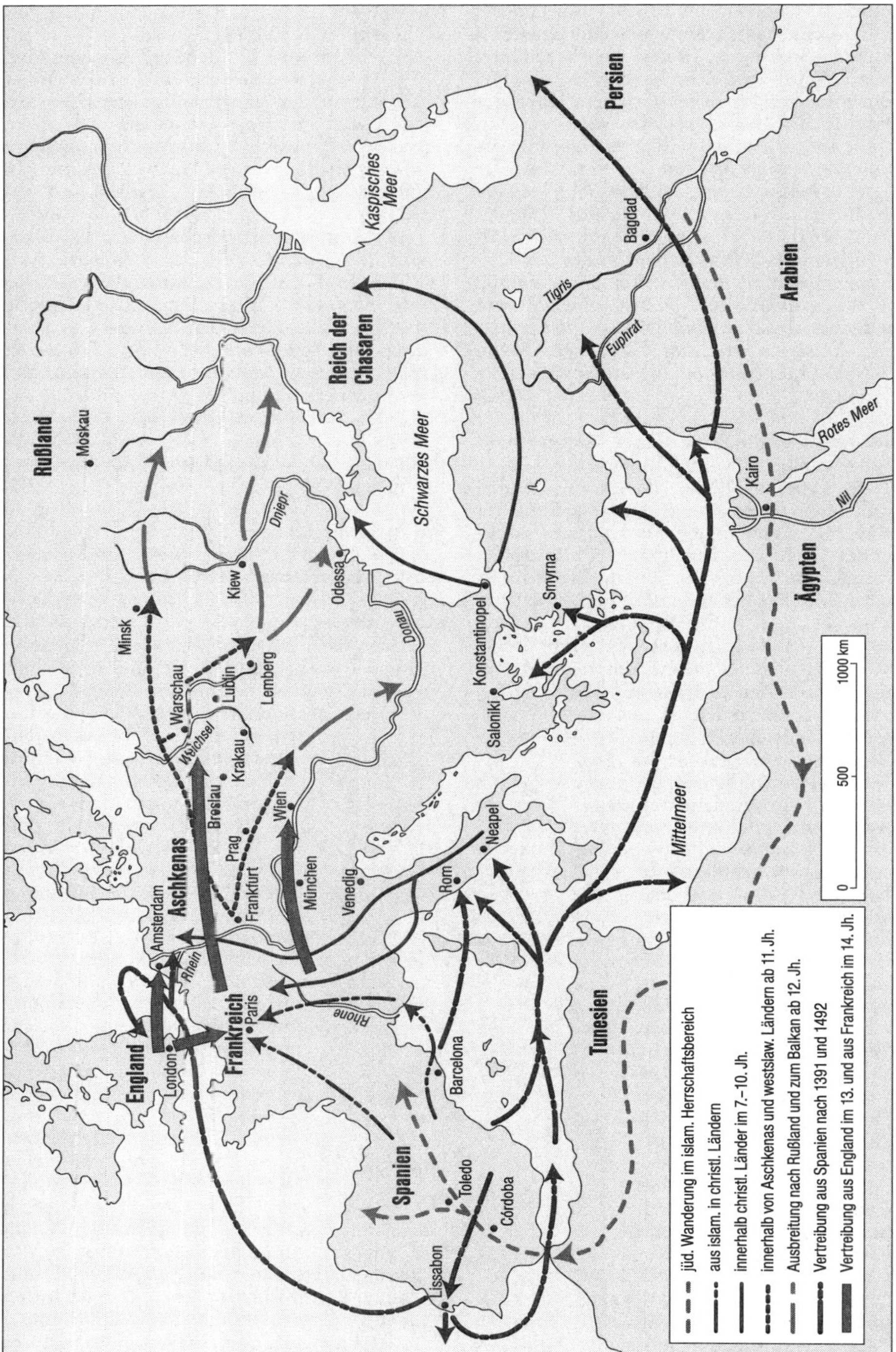

Wanderungen und Vertreibungen im Mittelalter

nung für eine einzelne Pflicht, während mit →Halacha das gesamte »religionsgesetzliche« System des Judentums bezeichnet wird. Außer den Zehn Geboten (Dekalog) der sinaitischen Offenbarung umfaßt der Begriff Mizwa weitere insgesamt 613 Mizwot (365 Verbote und 248 Gebote), die von der talmudischen Literatur in der →Tora benannt werden. Obwohl es leichte (kallot) und schwere (chamurot) Mizwot gibt, wird die Gleichwertigkeit aller Mizwot betont. Schimon ben Kajara (8. Jahrhundert) hat als erster in seiner Sammlung »Halachot Gedolot« die biblischen Mizwot aufgelistet und gezählt. Maßgeblich wurde die Auflistung (»Sefer ha-Mizwot«) von →Mose ben Maimon in seiner »Mischne Tora«. (RED)

Modena, Leon da, Rabbiner, Lehrer und Schriftsteller, 23. 4. 1571 Venedig – 21. 3. 1648 Venedig. Neben dem traditionellen jüdischen Lernen und dem Studium der Kabbala widmete sich Modena auch weltlicher Dichtung, christlicher Philosophie, Musik und Tanz. Seit früher Jugend verfaßte Modena Kommentare zur Bibel und zum Talmud und übersetzte Teile von Ariosts »Orlando furioso« ins Hebräische. Wirtschaftliche Schwierigkeiten der Familie zwangen den leidenschaftlichen Glücksspieler, als Privatlehrer, Schreiber, Verfasser von Auftragsgedichten, Predigten bei Geburten, Hochzeiten und Beerdigungen, Grabinschriften sowie von italienischen und hebräischen Theaterstücken zu arbeiten. In Ferrara, Florenz und später in Venedig immer wieder als rabbinische Autorität in religiösen und juristischen Streitfällen herangezogen. 1609 in Venedig zum Rabbiner ordiniert. Seine außergewöhnliche Predigerbegabung zog viele Menschen an, wobei auch zahlreiche Christen zu den Zuhörern gehörten. 1614/15 verfaßte Modena für ein christliches Publikum eine Beschreibung jüdischer Riten und Gesetzesbestimmungen (»Historia dei riti ebraici«, 1638).

Amedeo Modigliani

L M. R. Cohen (Hrsg.), The Autobiography of a Seventeenth-Century Venetian Rabbi. Leon da Modenas »Life of Judah«, Princeton 1988. (JÖD)

Modigliani, Amedeo, italienischer Maler und Bildhauer, 12. 7. 1884 Livorno – 25. 1. 1920 Paris. Studium in Florenz und Venedig. 1906 Übersiedlung nach Paris, wo er schnell zu den avantgardistischen Kreisen um Pablo Picasso, Max Jacob und André Salmon Kontakt fand. Modigliani lebte ständig in finanziellen Schwierigkeiten. In den letzten Lebensjahren zunehmend von Alkohol und Drogen abhängig. Im Mittelpunkt seines künstlerischen Interesses standen das Porträt und der weibliche Akt. 1917 löste die Ausstellung eines Zyklus von Aktbildern Modiglianis in der Galerie Berthe Weill einen Skandal aus; erst posthum fand sein Werk 1922 und 1930 durch Retrospektiven auf den Biennalen von Venedig Anerkennung.
L W. Fifield, Modigliani, New York 1976. – W. Schmalenbach, Amedeo Modigliani, 1990. – Modigliani e Montparnasse, Verona 1988. (JÖD)

Moed →Mischna

Moed, Moed Qatan →Mischna

Mohammed (Abu l-Qasim Muhammad Ibn Abd Allah), um 570 Mekka – 8. 6. 632 Medina, Prophet und Religionsstifter. Seit dem Berufungserlebnis um 609/610 verkündete Mohammed unter dem Einfluß christlicher und jüdischer teilweise sektiererischer Lehren den →Islam als Lehre der Unterwerfung unter den Willen des einen Gottes Allah und als Lehre vom kommenden Weltgericht. Sie wurde ihm in wiederholten Offenbarungen (→Koran) vermittelt. Die von Mohammed zunächst vertretene Übereinstimmung von Islam und Judentum bezeugt die ursprüngliche Festlegung der Gebetsrichtung (qibla) nach Jerusalem. Da es Mohammed nicht gelang, die Mekkaner für den Islam zu gewinnen, folgte er 622 mit seinen Anhängern einer Einladung nach Yatrib, das fortan Medina (= Stadt des Propheten) hieß. Da die hier stark vertretenen Juden den Islam ablehnten, änderte sich Mohammeds Haltung ihnen gegenüber. Damit hängt der Wechsel der Gebetsrichtung nach Mekka zusammen, wo die Gründung (oder Reinigung) des ältesten Gotteshauses Abraham zugeschrieben wurde. Im Unter-

schied zu anderen Religionsstiftern verbreitete Mohammed seine Lehre durch Krieg und gewaltsame Unterwerfung. Solange ihm dies zur Durchsetzung des Islam nötig erschien, schaltete er gefährliche Gegner auch durch Meuchelmord aus, die seine Herrschaft gefährdenden jüdischen Stämme durch Enteignung, Vertreibung und Ausrottung. Als die jüdische Banu-Quraiza die Annahme des Islam verweigerten, ließ er alle (600) Männer hinrichten, Frauen und Kinder versklaven. Nach der Durchsetzung seiner Herrschaft in Medina nahm er die Unterwerfung der Juden von Chaibar unter der fortan grundlegenden Bedingung an, daß sie als Pächter die Hälfte des Ertrags ihrer bisherigen Güter abzuliefern hätten. Mekka bekam Mohammed ohne Blutvergießen in die Hand, nachdem er die Wallfahrt zur Kaaba von heidnischen Elementen gereinigt und dadurch gesichert hatte. Bei seinem Tod waren alle Stämme der Arabischen Halbinsel unter dem Islam geeint.
🄻 R. Paret, Mohammed und der Koran, 1980. – J. Bouman, Der Koran und die Juden, 1990. (RED)

Mohel →Berit Mila

Moked, 1973 gebildete linkssozialistische und zionistische politische Partei in Israel; entstand als Vereinigung aus einem eher zionistisch eingestellten Rest der →Kommunistischen Partei Israels, der von Meir Pail geführten Blau-Rot-Bewegung und →Siah, einer Gruppe der »neuen Linken«. Gemäßigter als →Mazpen, wollte Moked einen Mittelweg zwischen Kommunismus und Sozialdemokratie finden. In den Knessetwahlen 1973 erhielt Moked 1,4 Prozent der Stimmen und ein Mandat. 1977 vereinigten sich Moked und andere linke Gruppen zur →Schelli.
🄻 D. Schnall, Radical Dissent in Contemporary Israeli Politics, 1979. – M. Wolffsohn, Politik in Israel, 1983. (DB/MW)

Moledet (hebräisch: »Heimat« oder »Vaterland«), 1988 unter Führung des Generals a. D. Rechawam Seewi gegründete israelische politische Partei, die im Wahlkampf 1988 mit dem Schlagwort »Transfer« die Umsiedlung aller in Israel einschließlich der besetzten Gebiete lebenden palästinischen Araber in Gebiete außerhalb der bestehenden Landesgrenzen verlangte. Ab Juni 1990 beteiligte sich Moledet an der von der →Likud-Partei geführten Regierungskoalition; der Regierung von Benjamin Netanjahu seit 1996 gehört die Partei nicht an. In den Wahlen zur Knesset erzielte Moledet folgende Ergebnisse:

1988	2,4%	der Stimmen	2 Mandate
1992	2,4%	der Stimmen	3 Mandate
1996	1,9%	der Stimmen	2 Mandate

🄻 M. Wolffsohn/D. Bokovoy, Israel. Geschichte, Politik, Gesellschaft, Wirtschaft, [5]1996. (DB/MW)

Molnár, Ferenc (eigentlich Franz Neumann), Dramatiker und Schriftsteller, 12. 1. 1878 Budapest – 1. 4. 1952 New York. Lebte seit seiner Emigration (1940) in den USA. Seine erste Novelle »Az éhes város« (»Die hungrige Stadt«) aus dem Jahr 1900 ist eine der anschaulichsten historischen Beschreibungen des jüdischen Viertels von Budapest. Molnárs erster großer Erfolg wurde der Roman »A pál utcai fiúk« (1907; deutsch »Die Jungen der Paulstraße«, 1910). Auch die meisten seiner Theaterstücke waren dank einer meisterhaften Bühnentechnik und der geistreichen (z. T. an Oscar Wilde orientierten) Dialoge sehr erfolgreich. In vielen seiner Werke geht es um die Assimilationsproblematik von ungarischen Juden, die während des Prozesses der Anpassung an ihre Umwelt zu lächerlichen Figuren werden, so z. B. in »A farkas« (1912; deutsch »Das Märchen vom Wolf«, 1913). Weitere Werke: Schauspiele: »Farsang« (1916; deutsch »Fasching«, 1917), »A vörös malom« (1922; »Die rote Mühle«, 1925), »Panoptikum« (1944; deutsch 1949); Romane: »A zöld Huszár« (1937; »Der grüne Husar«), »Companion in exile« (1945; »Gefährtin im Exil«, 1950). (RED)

Mombert, Alfred, Dichter, 6. 2. 1872 Karlsruhe – 8. 4. 1942 Winterthur. Doktor der Rechtswissenschaft 1897, bis 1906 Rechtsanwalt in Heidelberg, wo Mombert bis 1940 als freier Schriftsteller wohnte. 1926 bis 1933 war Mombert Mitglied der Sektion Dichtkunst der Preußischen Akademie. In das französische Lager Gurs verschleppt, wurde Mombert über Idron 1941 nach Winterthur gerettet. Für F. J. Schneider war Mombert seit Heine der erste Jude, der reformierenden Einfluß auf die deutsche Lyrik gewann, u. a. als Wegbereiter des Expressionismus (»Der himmlische Zecher«, 1909, erweitert 1951). Asien und der Orient waren für diesen großen Hymniker die Wiege ekstatisch-prophetischer Dichtung; in deutscher Sprache schien ihm sein kosmisches Werk (»Aeon«, 1907–11; »Sfaira der Alte«, 1936–42) gerade auch für die deutschen Juden im Dritten Reich besonders bedeutsam (an Buber, 3. 9. 1935). Buber sah im Werk Momberts die »Urkonzeption der Welt als Schöpfung« realisiert, die »den im Menschen lebendigen Geist unmittelbar angeht«. (HH)

Mommsen, Theodor, Historiker, 30. 11. 1817 Garding, Schleswig – 1. 11. 1903 Charlottenburg. Der Pfarrerssohn, der seit 1848 römisches Recht in Leipzig lehrte, wurde 1851 wegen seines Engagements in der Märzrevolution amtsenthoben. Nach Berufungen an die Universitäten Zürich (1852) und Breslau (1854) wurde er 1861 Professor für römische Geschichte in Berlin. Mommsen erhielt 1902 den Nobelpreis für Literatur. Im Reichstag (1881–84) war er als liberaler Abgeordneter Gegner des politischen und sozialen Systems Bismarcks. Im →Berliner Antisemitismus-Streit bezog er 1880 in einem Brief an die »Nationalzeitung« entschieden Stellung gegen Heinrich von Treitschke und initiierte die Gründung des →Vereins zur Abwehr des Antisemitismus mit. Trotz seiner liberalen Haltung und seines mutigen Eintretens gegen die Antisemiten war er nicht bereit, die jüdische Minderheit mit ihrer kulturellen Eigenheit im modernen Nationalstaat zu tolerieren und trat indirekt für ihre Taufe ein.
L L. Wickert, Theodor Mommsen und Jacob Bernays, in: Historische Zeitschrift 205, 1967. (AH)

Monat →Kalender

Montagu, Sir Samuel, Bankier, 1832 Liverpool – 1911 London. Gründer der Londoner Bank Samuel Montagu & Co., einer der Führer der englischen Juden in der 2. Hälfte des 19. Jahrhunderts, 1885–1900 Parlamentsabgeordneter der Liberalen. Er kümmerte sich besonders um die religiösen und sozialen Belange jüdischer Einwanderer, förderte die Chowewe Zion (nationaljüdische Vereine vor dem organisierten Zionismus) 1893 durch eine Petition an Sultan Abd ul-Hamid, jüdische Ansiedlungen in Transjordanien zuzulassen. (JS)

Montefiore, Moses, Sir, britisch-jüdischer Philanthrop und politischer Führer, 24. 10. 1784 Livorno – 28. 7. 1885 Ramsgate. Er zog sich 1824 aus einer erfolgreichen, nicht immer problemlosen Karriere im Handel, Versicherungs- und Bankwesen zurück, um sich humanitären Aufgaben, vor allem unter Juden, zu widmen. Als Vorsitzender des →Board of Deputies (1835–1874, mit kurzer Unterbrechung) setzte er sich, wenn auch mit begrenztem Erfolg, für unterdrückte Juden in →Damaskus, Rußland, Marokko und Rumänien ein. Ein besonderes Interesse hatte er am Wohlergehen der Juden in Palästina; siebenmal besuchte er das Land. Frucht seiner Bemühungen war die Gründung mehrerer Unternehmen (im Druck- und Textilgewerbe) und mehrerer landwirtschaftlicher Siedlungen. In seinen späteren Jahren entwickelte er sich zu einem streng gesetzestreuen Juden und benutzte seinen nicht unerheblichen Einfluß dazu, das Reformjudentum in England einzudämmen. 1846 wurde er wegen seiner humanitären Bemühungen geadelt.
L S. und V. A. Lipman (Hrsg.), The Century of Moses Montefiore, London 1985. (LK)

Montreal →Kanada

Monumenta Judaica, Ausstellung der Stadt Köln im Kölner Stadtmuseum vom 16. 10. 1963 bis 15. 2. 1964, die die 2000jährige Geschichte und Kultur der rheinischen Juden dokumentierte. In den Rheinlanden sind nicht nur die frühesten Ansiedlungen von Juden in Deutschland nachweisbar, das rheinische Judentum erlangte auch eine herausragende Bedeutung für die aschkenasische Kultur insgesamt. In einer breitangelegten Darstellung daran erinnert zu haben, war das Verdienst der Ausstellung.
L K. Schilling (Hrsg.), Monumenta Judaica. 2000 Jahre Geschichte und Kultur der Juden am Rhein, (Handbuch und Katalog) 1963. (RD)

Morascha, bei den Knessetwahlen 1984 gebildete gemeinsame Wahlliste der →Poale Agudat Israel und der 1983 unter Führung von Rabbiner Druckmann gegründeten, zionistisch-religiösen Mazad-Partei. Morascha erhielt 1,6 Prozent der Stimmen und zwei Knessetmandate. 1984–86 war die Fraktion an der Koalition der nationalen Einheit beteiligt. Im Juli 1986 kehrte Druckmann mit seinen Anhängern zur →Nationalreligiösen Partei zurück.
L M. Wolffsohn/D. Bokovoy, Israel. Geschichte, Politik, Gesellschaft, Wirtschaft, [5]1996. (DB/MW)

Mordechai, eine der Hauptpersonen des Esterbuchs. Die Königin Ester ist die Pflegetochter ihres Onkels Mordechai, Sohn des Jair aus dem Stamm Benjamin (Est 2,5). Mordechai deckt während des Exils ein Komplott gegen den König Xerxes in Babylon auf, als er am Tor des Königspalastes in Susa sitzt (Est 2,21). Er zieht sich den Haß des königlichen Beraters Haman zu, als er diesem keine Ehre erweist (Est 3,2), worauf Haman danach trachtet, sich an dem ganzen jüdischen Volk zu rächen (Est 3,6). Die Vernichtung der Juden wird durch das Los (Pur) auf den 13. Adar festgesetzt. Doch der König erfährt durch Intervention Esters von der Loyalität Mordechais; er hüllt ihn daraufhin in königliche Gewänder und läßt ihn auf einem Roß durch die Stadt reiten (Est 6,7–11). Haman wird gehängt (Est 7,10). Ester bekennt dem König ihre wahre Identität (Est 8,1), und ein neues Edikt zum Schutz der Juden wird erlassen (Est 8,11). In Erinnerung an die Errettung des jüdischen Volkes durch Ester wird am 14. Adar das →Purimfest als Freudenfest gefeiert. Der Name Mordechai ist umstritten. Der Talmud interpretiert Mordechai als Zusammensetzung aus »Mur« und »Dechi« (reine Myrrhe, Hul 139b und Meg 10b). Mordechai wird mit dem Propheten Maleachi identifiziert (Meg 15a). Im Talmud wird Mordechai Petachja genannt, weil es heißt, daß er im →Sanhedrin urteilte und 70 Sprachen beherrschte (Men 64b–65a). (RED)

Mordechai ben Hillel, Halachist, um 1240 bis 1298 in Nürnberg. Sein wichtigstes Werk ist die halachische Sammlung »Sefer Mordechai«, genannt »der große Mordechai«, zur Unterscheidung vom »kleinen Mordechai«, der gekürzten Version von Samuel Aaron Schlettstadt (1376). Das Werk enthält Zitate von etwa 350 talmudischen Gelehrten und ist eine der wichtigsten historischen und literaturhistorischen Quellen des deutschen Mittelalters. Nach seinem Tod wurde Mordechai ben Hillels Werk neu bearbeitet und in zwei völlig voneinander abweichenden Versionen (rheinischer und österreichischer Mordechai) veröffentlicht. Der rheinische Mordechai ben Hillel wurde als Textgrundlage für den Druck genommen. Er enthält nur ein Drittel des Materials der österreichischen Version und war die Grundlage für Schlettstadts gekürzte Version. Der österreichische Mordechai ben Hillel existiert nur als Manuskript. Mordechai ben Hillel wurde in Nürnberg zusammen mit seiner Frau und fünf Kindern von den Schlägertruppen des →Rindfleisch ermordet. (RED)

More Newuchim (»Führer der Unschlüssigen«), philosophisches Hauptwerk des →Mose ben Maimon (arabische Urfassung mit hebräischen Buchstaben 1190; erste hebräische Übersetzung von Samuel ibn Tibbon 1204; erste lateinische Übersetzung vor 1240; französisch von S. →Munk 1856–66; deutsch von Adolf Weiß 1923/24, [2]1972; englisch von S. Pines 1960). Im More Newuchim wendet sich Mose ben Maimon an die in ihrem angestammten Glauben Unschlüssigen unter den jüdischen Gebildeten und zeigt die Übereinstimmung der zeitgenössischen Wissenschaft, d.h. des arabischen →Aristotelismus, mit den jüdischen Quellen. Dabei schwankt der Verfasser selbst zwischen philosophischem Naturalismus und religiösem Supranaturalismus. In der Theologie neigt Mose ben Maimon wie seine jüdischen Vorläufer →Saadja ben Josef, Isaak ben Salomo →Israeli und →Abraham ibn Daud Halewi dem Gott der Philosophen zu, d.h. dem nur aus seinen Wirkungen erschließbaren, an sich aber nicht erkennbaren Seins- und Erkenntnisprinzip; dagegen werden die anthropomorphen Züge des biblischen Gottes als übertragene Ausdrucksweisen der biblischen Sprache bzw. als bildliche Wendungen für den Leser erklärt. In der Kosmologie orientierte Mose ben Maimon sich am aristotelischen Weltbild; er interpretierte z.B. die Berufungsvision des Propheten Jecheskel (Hesekiel) als Allegorie dieses Weltbilds. Doch hielt er gegen die Theorie einer ewigen und notwendigen Entwicklung aus und zu Gott, wie sie der arabische Aristotelismus lehrte, am Schöpfungsdogma fest. In der Ethik gewinnt schließlich wieder der aristotelische Intellektualismus eindeutig die Oberhand. Spekulative Erkenntnis, nicht moralische und religionsgesetzliche Pflichterfüllung, ist nach Mose ben Maimon das höchste menschliche Gut. Das mosaische und rabbinische Gesetz, das Mose ben Maimon so übersichtlich kodifiziert hat, dient diesem Zweck als politisches und pädagogisches Mittel und ist nach Mose ben Maimon z.T. sogar nur zeitbedingt und überholt. Während Mose ben Maimon als Kodifikator durch klare Systematik glänzt, hat er den More Newuchim bewußt unklar gegliedert, um unerwünschte Leser zu verwirren. Der esoterische Charakter des Buches hat zu Kommentaren angeregt. Die klassischen Kommentatoren des More Newuchim sind →Schem Tow ben Josef ibn Falaquera, →Josef ibn Kaspi, M. →Narboni, C. →Crescas und I. →Abravanel. Die doktrinalen Absichten des More Newuchim sind aber bis in die Gegenwart umstritten. Eine Methode zur Entschlüsselung dieser Absichten hat vor allem L. →Strauss gesucht. (DK)

Morgengebet →Schacharit

Morgenstern, 1. David, Jurist, Politiker, 7.3.1814 Büchenbach bei Erlangen –

2. 11. 1882 Fürth. 1826 begann Morgenstern eine kaufmännische Lehre in Fürth. 1829 ging er nach Erlangen, wo er seit 1830 an der Königlichen Studienanstalt das Gymnasium absolvierte. Seit 1834 Studium der Rechtswissenschaften in Würzburg und Erlangen, wo er 1840 das Staatsexamen ablegte. Nach dem Referendariat und mehrjähriger Tätigkeit als Kanzleianwalt promovierte Morgenstern 1846 in Erlangen. Am 7. 11. 1848 wurde er als erster jüdischer Abgeordneter in den bayerischen Landtag gewählt, wo er sich für die Emanzipation der Juden in Bayern ebenso einsetzte wie für das allgemeine Wahlrecht und die Interessen seines Wahlkreises Nürnberg. Morgenstern blieb bis 1855 MdL, war aber auch anschließend vor allem als Vorsitzender des radikal-demokratischen Fürther Volksvereins politisch tätig. Nach seinem Ausscheiden aus dem Landtag wurde ihm aufgrund seiner Kritik an der Regierung die Genehmigung für eine Anwaltskanzlei verweigert. Morgenstern war danach Teilhaber und seit 1861 Direktor der Forchheimer Spiegelglas- und Folienfabrik, die sein Bruder Joseph Pfeifer Morgenstern gegründet hatte.

🄻 I. Sponsel, David Morgenstern, in: M. Treml/W. Weigand (Hrsg.), Geschichte und Kultur der Juden in Bayern. Lebensläufe, 1988. (BV)

2. Lina, Schriftstellerin, Philanthropin und Frauenrechtlerin, 25. 11. 1830 Breslau – 16. 12. 1909 Berlin. Tochter des jüdischen Kaufmanns Albert Bauer. 1854 Heirat mit dem jüdischen Kaufmann Theodor Morgenstern und Übersiedlung nach Berlin. Die entscheidende Wende zur Befreiung der Frau leiteten ihrer Ansicht nach Jean-Jacques Rousseau, Johann Heinrich Pestalozzi und Friedrich Fröbel ein. Größte Hoffnung setzte Morgenstern auf die Fröbelsche Pädagogik, die den Ausgleich sozialer und religiöser Gegensätze und damit auch die Integration der Juden in die deutsche Gesellschaft bewirken sollte. Zu den von Morgenstern gegründeten zahlreichen Lehranstalten zählten der »Frauenverein zur Beförderung Fröbelscher Kindergärten« (Berlin), dessen Vorsitz sie 1862–66 innehatte, und die »Akademie zur wissenschaftlichen Fortbildung für junge Damen«. Ihre literarische Arbeit umfaßte Publikationen zur Stellung der Frau und zur Frauenarbeit in Deutschland. Aber auch Koch- und Wirtschaftsbücher sowie Kindermärchen gehörten zu ihren Veröffentlichungen. Ihr dreibändiges Werk »Die Frauen des 19. Jahrhunderts. Biographische und culturhistorische Zeit- und Charaktergemälde« (1888–91) ist noch heute von Bedeutung. (MAM)

Morgenthau, Henry jr., Agronom und Politiker, 11. 5. 1891 New York – 6. 2. 1967 Poughkeepsie, New York. An der Cornell Universität Studium der Agrarwissenschaften; 1928 Vorsitzender des Agricultural Advisory Committee des Bundesstaates New York; 1934 Sekretär der Staatskammer und Berater Franklin D. Roosevelts. Setzte sich früh für amerikanische Kriegsvorbereitungen ein und organisierte den Verkauf von Kriegsanleihen, kämpfte für die Gründung des War Refugee Board unter dem Vorsitz des Präsidenten. Entwikkelte einen Friedensplan in seiner 1945 erschienenen Schrift »Germany is Our Problem«, nach dem Deutschland entindustrialisiert werden sollte. Mitglied des →Independent Order of B'nai B'rith und mehrmals Vorsitzender des United Jewish Appeal; unterstützte Israel und leitete den Israel Bond Drive zu Beginn der 50er Jahre.

🄻 A. Morse, While Six Million Died, New York 1968. (CL)

Mortara, Edgardo →Mortara-Fall

Mortara-Fall. 1858 gestand eine christliche Magd in Bologna, den sechsjährigen Edgardo (1851–1940) aus der jüdischen Familie Mortara zur Rettung seiner Seele heimlich getauft zu haben. Daraufhin drangen Gendarmen in das Haus der Familie ein und entführten das Kind. Die Maßnahme stützte sich auf eine Instruktion Papst Benedikts XIV. aus dem Jahr 1747, die sowohl die Taufe von Kindern Ungläubiger bei Todesgefahr als auch die Wegnahme getaufter Kinder bei Gefährdung der katholischen Erziehung erlaubte. Rabbinerversammlungen und jüdische Gemeinden in der ganzen Welt protestierten gegen dieses Vorgehen. Die liberale Presse in Europa nahm sich des Falles an und verlangte die Rückgabe des Kindes an seine Eltern. Die Pressekampagne blieb ebenso erfolglos wie Petitionen von M. →Montefiore, Kaiser Napoleon III. und Kaiser Franz Joseph I. Der solidarische Protest stärkte wie bei der →Damaskus-Affäre das jüdische Gemeinschaftsbewußtsein.

🄻 F. Albrecht, Der gewaltsame Kinderraub in Bologna, 1858. (JÖD)

Mosaikkunst. Einfache Bodenmosaike gab es in Palästina schon in herodianischer Zeit, doch sind die Mosaikböden in Synagogen in Palästina und der Diaspora von besonderer Bedeutung, da sie neben geometrischen Mustern, Ranken, Blüten und Tieren auch Symbole und symbolische und figürliche Darstellungen enthalten. Das häufigste Symbol ist die →Menora, zuweilen mit Tempelgeräten verbunden oder als Leuchterpaar mit einem Toraschrein. Die Menora als Lichter- und Lebensbaum, flankiert von einem Löwenpaar, wird in Ma'on mit Pfauen und Palmen des Paradieses verbunden. In Hammam-Lif (Tunesien) ist die Paradiesvorstellung durch einen Lebensbrunnen mit Pfauen und Palmen ausgedrückt, ferner durch den Leviathan und andere mystische Tiere, die auf den Beginn der messianischen Zeit deuten. Figürliche Szenen sind relativ selten: David mit der Harfe (Gaza), Isaak-Opfer (Bet Alpha), auch in Verbindung mit dem Zodiak (Tierkreis-Zeichen; Bet Alpha, Hammat-Tiberias, Na'aran). Mit dem Ausgang der Spätantike kommt die Mosaikkunst in Synagogen nicht mehr vor; sie erlebte erst in jüngster Zeit in modernen Synagogen (USA) eine neue Blüte in Wandmosaiken (z. B. Temple Emanuel, Los Angeles, 1955; Temple Ohev Shalom, Nashville, Tenn., 1959).

[L] M. Dothan, Hammath Tiberias, Jerusalem 1985. – L. I. Levine (Hrsg.), Ancient Synagogues Revealed, Jerusalem 1981. – E. L. Sukenik, The Ancient Synagogue in Beth Alpha, 1932. (HK)

Moschav (der, Plural Moschavim, hebräisch »Siedlung«). Der Moschav Ovdim ist der verbreitetste Typ der Genossenschaftssiedlung in Israel; beruht auf Nationaleigentum des Bodens, Pflicht zur Eigenarbeit (Lohnarbeit nur in Ausnahmefällen, z. B. bei Engpässen während Erntezeiten), Verpflichtung zu gegenseitiger Hilfe sowie Einkauf und Vermarktung auf genossenschaftlicher Basis. Jeder Siedler führt seinen eigenen Betrieb und bewohnt ein eigenes Haus. Der erste Moschav war Nahalal (1921 gegründet). 1996 gab es 454 Moschavim aller Arten mit insgesamt 180 000 Einwohnern (3,8 Prozent der jüdischen Bevölkerung Israels). Die Sonderform des Moschav Olim ist für Neueinwanderer ohne landwirtschaftliche Erfahrung bestimmt. Diese Moschavim werden anfangs von Instruktoren zentraler Siedlungsbehörden geleitet. Der Moschav Schitufi ist eine Zwischenform zum Kibbuz mit kollektivem Besitz und gemeinsamer Wirtschaft, aber eigenem Haus und Haushalt, individuell geregeltem Arbeitsentgelt und Gewinnanteilen. Die meisten Moschavim gehören Organisationen an, die ihrerseits mit politischen Parteien eng verbunden sind oder waren. Die größte davon, Tenuat Moschave Haovidim, steht der →Israelischen Arbeitspartei nahe; →Hapoel Hamisrachi ist mit der →Nationalreligiösen Partei verbunden, Haoved Hazioni mit der →Progressiven Partei und andere mit →Cherut und →Poale Agudat Israel.

[L] N. Besch, Die israelischen Genossenschaften, besonders die Siedlungsgenossenschaften, 1995. – M. Klayman, The Moshav in Israel, 1985. – E. Meyer, Der Moschav, 1967. – M. Wolffsohn/D. Bokovoy, Israel. Geschichte, Politik, Gsellschaft, Wirtschaft, [5]1996. (DB/MW)

Moschava (die, Plural Moschavot), in Israel ein Dorf mit privatem Grundbesitz, Einzelwirtschaft, individueller Vermarktung und Beschäftigung von Lohnarbeitern. (DB/MW)

Mose, biblischer Prophet, gilt als Mittler des Bundes zwischen Gott und Israel. Er ist der Überbringer der Tora, Lehrer des gesamten Gesetzeskodex, der Reinheitsvorschriften, der Begründer des Priestertums und damit des →Tempelkults und der Prophetie. In der rabbinischen Literatur wird Mose »Mosche Rabbenu« (unser Lehrer) genannt. In der Aggada ranken sich zahlreiche Legenden um die Figur des Mose. Er wird als Vater, Meister und Prophet beschrieben (ExR 21,4, LevR 1,3). So wird z. B. die Tötung eines Ägypters (Ex 2,11–12) dahingehend interpretiert, daß der Ägypter eine Hebräerin zum Ehebruch zwingen wollte (ExR 1,33). Es heißt, daß Mose nicht nur in der Tora, sondern auch im Talmud unterwiesen wurde (ExR 47,9). Die Tora, die nur für Mose und dessen Generation gegeben wurde, übergab Mose an ganz Israel (Ned 38a). Als Mose nach dem Empfang der Zehn Gebote auf dem Sinai Zeuge des Abfalls der Israeliten durch das Anbeten des →Goldenen Kalbes (Ex 32) wurde, zerbrach er die Gesetzestafeln, damit Israel von Gott nicht bestraft werden könne (ARN 2). Moses Liebe und Sorge um sein Volk wird in der Aggada besonders betont (Men 65a–b). Er besaß ein großes Maß an Weisheit (RH 21b–22a). Seine Autorität wird mit der eines ganzen →Sanhedrins verglichen (Sanh 16b). Nur seinetwegen wurde die Welt erschaffen (Sanh 98b). Er soll ein Höchstmaß an Bescheidenheit besessen haben, so daß die Tora nach ihm benannt wurde (Schab 89a). Er sollte jedoch das Land Kanaan nicht betreten, weil er zu wenig Gottvertrauen (Num 20,12) besaß. Auch in der Aggada bleibt der Ort, an dem Mose starb, ein Geheimnis. Mose soll an einem Sabbat, am 7. Adar im Alter von 120 Jahren gestorben sein (Sota 13b). (RED)

Mose ben Jakob ibn Esra (Abu Harun Musa), spanischer Dichter und Philosoph, um 1070 Granada – 1139. Er gilt als einer der bedeutendsten Dichter der spanisch-jüdischen Schule. Er verfaßte mehr als 250 Gedichte religiösen Inhalts, u. a. zu den Festtagen Rosch ha-Schana (Neujahrsfest) und Jom Kippur (Versöhnungstag), sowie zahlreiche Bußgedichte. Sein Interesse galt auch der Theorie der Dichtkunst. In seiner Schrift »Kitab al-Muhadara wa al-Mudhakara« (Buch der Erörterung und Erinnerung) befaßte er sich mit der Rhetorik der arabischen und der hebräischen Poesie, eine der frühesten Arbeiten über jüdische Dichtung und als solche einzigartig in der mittelalterlichen jüdischen Literatur. Teile dieser Schrift erschienen in einer hebräischen Übersetzung von B. Z. Halper (Leipzig 1924). In seinen philosophischen Ansichten wird Mose ben Jakob ibn Esra dem →Neuplatonismus zugerechnet. Grundgedanke seiner Philosophie ist das Konzept des Menschen als eines Mikrokosmos. In den Werken der Menschen deute sich die Vollkommenheit Gottes als eines in sich selbst ruhenden, einheitlichen Wesens an. Der endliche und unvollkommene menschliche Verstand könne den unendlichen und vollkommenen Gott nicht erkennen; Kenntnis von Gott müsse mit der Kenntnis des eigenen Verstands beginnen. (WR)

Mose ben Maimon (Maimonides), genannt RaMBaM, Philosoph, Rechtsgelehrter und Arzt, 30. 3. 1135 Córdoba – 13. 12. 1204 Fostat bei Kairo; Grab in Tiberias. Mose ben Maimon war Sohn des Richters Maimon ben Josef und erhielt eine umfassende allgemeine und rabbinische Bildung. Auf der Flucht vor den fanatischen Almohaden ließen sich Mose ben Maimon mit seiner vermutlich zwangsbekehrten Familie 1160 als Kryptojuden (hebräisch Anussim) in Fes (Marokko) nieder und ermutigte im »Iggeret ha-Schemad« (»Sendschreiben über die Apostasie«) die zwangsbekehrten Juden. 1165 mußten sie wieder fliehen und kamen über Palästina nach Ägypten, das unter Saladin und seinen Nachfolgern (1171–1250) Juden Asyl gewährte. Nach dem Tod seines Vaters und seines Bruders, der als Kaufmann die Familie ernährt hatte, praktizierte Mose ben Maimon als Arzt in Fostat bei Kairo. Hier vollendete er 1168 seinen arabischen Kommentar zur →Mischna. In der Einleitung zu Sanh X stellte Mose ben Maimon 13 verbindliche Glaubensgrundsätze (Ikkarim) des Judentums auf. Diese Dogmatik wurde zwar in die Liturgie aufgenommen, blieb aber inhaltlich umstritten (vgl. J. →Albo, I. →Abravanel) und formal ohne bindende Kraft. 1180 erschien Mose ben Maimons halachisches Hauptwerk, der Kodex Mischne Tora (»Wiederholung der Tora«), der nach dem Vorbild der Mischna und islamischer Kodifikationen den ganzen kasuistischen Traditionsstoff systematisch und, wie Mose ben Maimon meinte, endgültig ordnen sollte. Das Werk löste wegen seines umfassenden Anspruchs den ersten →Maimonidesstreit aus. Mose ben Maimon galt nun als wichtigste rabbinische Autorität seiner Zeit. 1185 wurde er zum Hofarzt des Sultans und Nagid (Oberhaupt) der ägyptischen Juden ernannt. Trotz drückender Pflichten verfaßte Mose ben Maimon neben rabbinischen Responsen u. a. medizinische Werke zur Diätetik, zur Hygiene und zur Psychosomatik. 1190 vollendete er sein philosophisches Hauptwerk, den →More Newuchim (»Führer der Unschlüssigen«), zweifellos das bedeutendste Werk der jüdischen Religionsphilosophie des Mittelalters. Noch zu Lebzeiten Mose ben Maimons fertigte Samuel ibn Tibbon eine hebräische Übersetzung des arabischen Werks an (1204). Der Versuch einer Synthese der zeitgenössischen Wissenschaft und der jüdischen Quellen im Zeichen des arabischen →Aristotelismus hat im Judentum zu einem erneuten Streit zwischen Anhängern und Gegnern Mose ben Maimons geführt und durch die lateinische Übersetzung (1240) den christlichen Aristotelismus, vor allem den Thomismus, beeinflußt. In den letzten Lebensjahren widmete sich Mose ben Maimon als Leibarzt des Sultans Al-Adil und als rabbinische Autorität vor allem praktischen Aufgaben. Sein Leichnam wurde in Tiberias bestattet. Die Würde des Nagid, des Oberhaupts der ägyptischen Juden, wurde in der Familie Mose ben Maimons erblich. Abraham Maimonides (1186–1237) setzte unter dem Einfluß der islamischen Mystik das Werk seines Vaters in eine pietistische Richtung fort, ebenso der letzte Dynast, David Maimonides (1335–1415).

[L] Gesellschaft zur Förderung der Wissenschaft des Judentums (Hrsg.), Maimonides. Sein Leben, seine Werke und sein Einfluß, 1971 (Nachdruck). – A. Heschel, Maimonides, 1935. – F. Niewöhner, Maimonides. Aufklärung und Toleranz im Mittelalter, 1987. (DK)

Mose ben Nachman (Nachmanides, Nachamani und RaMBaN), spanischer Rabbiner, Arzt, Dichter, Kabbalist, Philosoph, Halachist und Bibelexeget, 1194 Gerona – 1270 Akko. Während des →Maimonidesstreits versuchte Mose ben Nachman, die Auseinandersetzung zu schlichten. 1263 war er auf Geheiß von König Jakob I. von Aragón der jüdische Sprecher im Streitgespräch mit dem Apostaten Paolo Christiani (→Religionsgespräch von Tortosa). Mose ben Nachman hat mindestens 50 Werke verfaßt, die meisten waren →Chidduschim. Sein Bibelkommentar ist einer der bedeutendsten, und seine halachischen Beiträge gelten als Meisterwerke. Wegen einer Veröffentlichung über das Streitgespräch (Sefer ha-Vikkuach) wurde Mose ben Nachman von Papst Klemens IV. verbannt. 1267 ist Mose ben Nachman nach Jerusalem ausgewandert, das von den Tataren zerstört worden war. In Jerusalem hat er die Gemeinde erneuert, eine Synagoge errichtet und eine Jeschiwa gegründet. 1268 siedelte Mose ben Nachman nach Akko über, wo er starb. Zu seinen bekanntesten Schülern gehörten Salomo ben Abraham Adret und Aharon ben Josef ha-Levi. (RED)

Mosenthal, Salomon Hermann Ritter von (Pseudonym Friedrich Lehner), Schriftsteller, 14. 1. 1821 Kassel – 17. 2. 1877 Wien. Aus verarmter jüdischer Kaufmannsfamilie stammend. Mathematisch-naturwissenschaftliche Studien in Karlsruhe, 1842 Promotion in Marburg; seit 1843 Erzieher in Wien, 1850 trotz jüdischer Konfession Aufnahme in den Staatsdienst, 1871 geadelt. Als Dramatiker und Librettist hatte Mosenthal vor allem mit seinem sentimentalen, in jüdischem Milieu spielenden Volksschauspiel »Deborah« (1850) Erfolg; mit seinen »Geschichten aus dem jüdischen Familienleben« (posthum 1878) erinnert Mosenthal an seine Jugend in Hessen. (JK)

Moses, Siegfried, Rechtsanwalt, zionistischer Führer, 3. 5. 1887 Lautenburg – 14. 1. 1974 Tel Aviv. 1923–29 geschäftsführender Direktor der Schocken-Warenhäuser in Zwikkau. 1933–37 Vorsitzender der Zionistischen Vereinigung für Deutschland. 1937 Übersiedlung nach Palästina. 1939–49 Direktor der →Haavara. 1949 Ernennung zum ersten Staatskontrolleur Israels (bis 1961). Mitbegründer der »Progressiven Partei« in Israel, Präsident des Irgun Olej Merkas Europa (der Vereinigung und Interessenvertretung der in Israel ansässigen Einwanderer aus Europa) und des Leo-Baeck-Instituts. (LH)

Moses Mendelssohn Zentrum für europäisch-jüdische Studien (MMZ), 1992 als Forschungszentrum und An-Institut der Universität Potsdam gegründet. Gründungsdirektor ist Prof. Dr. Julius H. Schoeps, Lehrstuhl für Neuere Geschichte. Das MMZ ist eine interdisziplinär arbeitende wissenschaftliche Einrichtung, deren Forschungsinteresse der Geschichte, Religion und Kultur der Juden und des Judentums in den Ländern Europas gilt. Ein besonderer Akzent liegt dabei auf der Beziehungsgeschichte von Juden und nicht-jüdischer Umwelt. Forschung und Lehre am MMZ sind maßgeblicher Baustein für den Studiengang Jüdische Studien/Jewish Studies der Universität Potsdam. Das Institut verfügt über eine umfangreiche wissenschaftliche Spezialbibliothek, gibt ein Jahrbuch (MENORA) sowie zahlreiche Fachpublikationen heraus. Die 1995 in Halberstadt als Stiftung bürgerlichen Rechts gegründete Moses Mendelssohn Akademie (MMA) arbeitet eng mit dem MMZ zusammen. Beide Einrichtungen organisieren regelmäßig wissenschaftliche Symposien und Konferenzen, die dem internationalen wissenschaftlichen Austausch dienen. (RED)

Moskau (russisch Moskwa), Hauptstadt Rußlands und der Sowjetunion. Anwesenheit von Juden seit Iwan III. (Regierungszeit 1462–1505). In der Zeit des →Ansiedlungsrayons durften jüdische Händler nur zeitweise in die Stadt und hatten nur das Recht, ihre Läden und Warenlager im jüdischen Ghetto anzulegen, das sich im Handelsviertel befand. Das Recht, sich in der gesamten Stadt niederzulassen, erhielten die Juden erst nach 1856. 1890 lebten in Moskau 26 000 Juden. Durch die Revolution von 1917 fielen die politischen Beschränkungen, denen die Juden unterworfen waren. An die Stelle der politischen Verfolgung traten nun massive religiöse Repressalien (→Rußland). Die Gemeinde vergrößerte sich rasch nach 1917. Vorübergehend spielte die jüdische Kultur eine wichtige Rolle im Kulturleben der Stadt (Habima-Theater 1916–25, Jüdisch-akademisches Künstlertheater 1924–30). Die Stalin-Ära erstickte diese Initiativen. 1965 lebten in Moskau etwa 500 000 Juden – fast 10 Prozent der Gesamtbevölkerung der Stadt. Moskau hatte damit die drittgrößte jüdische Bevölkerungskonzentration außerhalb Israels nach den Metropolitan Areas von New York und Los Angeles. Unter der sowjetischen Regierung und besonders nach der Öffnung der Grenzen 1989 wanderten viele Moskauer Juden aus, 1997 lebten noch etwa 200 000 in der Stadt. Gleichzeitig kam es seit 1989 zu einer Revitalisierung jüdischen Lebens in Moskau. So entstanden mehr als 20 jüdische Schulen, eine jüdische Universität, Forschungseinrichtungen (u. a. das »Jüdische Wissenschaftliche Zentrum« an der Russischen Akademie der Wissenschaften und die »Jüdische Historische Gesellschaft«), Gedenkstätten für die Opfer des Holocaust und jüdische Zeitungen. Synagogengemeinden unterschiedlicher Glaubensrichtungen wurden neu- oder wiedergegründet. Im Mittelpunkt des religiösen Lebens steht auch im neuen Rußland weiterhin die große Moskauer Choralsynagoge, die schon in der Sowjetzeit ein Treffpunkt von Juden war, die sich schon damals offen zu ihrer »Nationalität« bekennen wollten. (AB/BV)

Mosse, Rudolf, Verleger, 9. 5. 1843 Grätz, Posen – 8. 9. 1920 Schenkendorf, 1864 Geschäftsführer eines Verlags in Leipzig, 1867 Gründung der Annoncen-Expedition und Verlags-Buchhandlung Mosse, 1872 Gründung des »Berliner Tageblatts«, 1889 Gründung der »Berliner Morgenzeitung«, 1904 Kauf der »Berliner Volkszeitung«, Mitglied der Repräsentantenversammlung der jüdischen Gemeinde zu Berlin und Vorsitzender der Jüdischen Reformgemeinde. (JS)

Mühsam, Erich, deutscher Schriftsteller, 6. 4. 1878 Berlin – 10. 7. 1934 KZ Oranienburg (zu Tode gefoltert). 1918/19 Beteiligung an der Revolution und der Räterepublik in München, 1919–1924 Festungshaft, 1933/34 Gefängnis und KZ. In Gedichten, die zunächst dem Kabarett nahestanden, und vor allem in publizistischen Texten vertrat Mühsam im Kaiserreich wie in der Weimarer Republik beharrlich seine dezidiert anarchistisch-revolutionären Anschauungen, die zwar parteipolitisch nicht festlegbar waren, ihn aber, zumal auch aufgrund seiner jüdischen Abstammung, zum Opfer des Nationalsozialismus werden ließen. Eine von ihm herausgegebene »Zeitschrift für Menschlichkeit« trug den Titel »Kain«. Mühsam schrieb auch Dramen über aktuelle politische Themen. (GMS)

Erich Mühsam

München. Erster indirekter Nachweis der Anwesenheit von Juden in München 1229 in einer Regensburger Urkunde über »Abraham de Municha«. Ein Pogrom vom 12. 10. 1285, dem laut Nürnberger Memorbuch 67 Personen zum Opfer fielen, belegt die Existenz einer kleinen jüdischen Gemeinde. 1380 entstand eine Synagoge, die nach der endgültigen Vertreibung 1442 zur »Gruftkirche« umgewandelt wurde. Erst 300 Jahre später erneute Ansiedlung, z. T. als Hoffaktoren. 1750 gab es 20, 1790 bereits 127 Juden. Als Folge der Französischen Revolution 1805 im »Regulativ über die Münchner Judenschaft« Gewährung beschränkter Rechte, u. a. Genehmigung unauffälliger Religionsausübung und eines eigenen Friedhofs. 1815 Gründung der Israelitischen Kultusgemeinde; 1826 Einweihung der ersten Synagoge in München, deren Bau Max I. Joseph unterstützt hatte. Ein starker Bevölkerungszuwachs veranlaßte den Bau der Hauptsynagoge, eingeweiht 1887; Abriß durch die Nationalsozialisten im Juni 1938 aus »verkehrstechnischen Gründen«. Unterschiedliche Auffassung von Liberalen und Orthodoxen führte zur Gründung des Vereins »Ohel Jakob«, der 1892 eine eigene Synagoge errichtete. 1910 lebten etwa 20 Prozent der bayerischen Juden (11 083) in der Landesmetropole. Viele waren osteuropäischer Herkunft. Weitere Zuwanderungswelle nach dem Ersten Weltkrieg aus Rußland. 1931 entstand für sie die Synagoge an der Reichenbachstraße, die heute als Hauptsynagoge dient. Als Folge der sog. Reichskristallnacht wurden 1000 Juden ins KZ Dachau verschleppt. 4500 wurden bis zum Ende der NS-Zeit deportiert, allein 3000 nach Theresienstadt. 300 überlebten. 84 jüdische Frauen und Männer haben die Zeit des Nationalsozialismus in München überlebt. Am 19. 7. 1945 Wiederbegründung der Kultusgemeinde. In den folgenden fünf Jahren passierten etwa 120 000 jüdische Displaced Persons München, was vorübergehend zu intensivem sozialem Netz und zu intensiver Kulturarbeit, einschließlich eines jüdischen Gymnasiums (1946–51), führte. 1966 Gründung der Sinai-Grundschule. 1970 Brandanschlag auf das Gemeindezentrum mit Altenheim, bei dem sieben Menschen umkamen. Eine

Synagogenschändung im selben Jahr bestätigte die permanente Ausnahmesituation. 1998 umfaßt die Münchner jüdische Gemeinde etwa die Hälfte (5700) der in Bayern in insgesamt zwölf Gemeinden ansässigen Juden und steht nach Berlin und Frankfurt an dritter Stelle in der Bundesrepublik Deutschland. Eng mit der Geschichte Münchens sind die Namen der Familie Bernheimer, S. →Ben-Chorin, K. →Eisner, L. →Feuchtwanger, N. T. →Gidal, G. →Landauer und E. →Mühsam verbunden. Regen Zuspruch in der Öffentlichkeit finden alljährlich im November die Jüdischen Kulturtage, veranstaltet von der Gesellschaft zur Förderung jüdischer Kultur und Tradition e. V (gegründet 1982). Sie sind, wie die Vortragsreihen der Literaturhandlung und des Lehrstuhls für Jüdische Geschichte und Kultur an der Ludwig-Maximilians-Universität, ein fester Bestandteil des Münchner Kulturlebens geworden.

Jahr	Einwohner	Juden
1798	40000	200
1825	65000	607
1860	127000	1200
1867	150000	2067
1880	227000	4144
1910	590000	11083
1933	z. Z. der Machtergreifung	9005
1939		4407
1941		3249
1942		645
1945	z. Z. der Befreiung	84
1946	in und um München	7445
1952		1800
1960		2310
1970		3522
1980		3920
1990		4050

Ⓛ S. Frost (Hrsg.), Hauptsynagoge München 1887–1938, 1987. – H. Lamm (Hrsg.), Vergangene Tage. Jüdische Kultur in München, 1982. – W. Selig (Hrsg.), Synagogen und jüdische Friedhöfe in München, 1988. – J. Wetzel, Jüdisches Leben in München 1945–1951, 1987. (EP)

Munk, Salomon, Orientalist und Philosophiehistoriker, 14.5.1805 Glogau, Schlesien – 6.2.1867 Paris. Da Munk nach Studien in Berlin, Bonn und Paris keine angemessene Stellung in Preußen erhielt, ging er als Hauslehrer der Familie →Rothschild nach Paris. Dort wurde er Kustos an der Nationalbibliothek und trat 1864 trotz seiner Erblindung die Nachfolge von Ernest Renan am Collège de France an. Munks wissenschaftliche Ausgabe und Übersetzung des →More Newuchim (»Führer der Unschlüssigen«, 3 Bände, 1856–66) war für die →Wissenschaft des Judentums grundlegend. In seinem Werk »Mélange de Philosophie juive et arabe« (Paris 1859) hat Munk das für die christliche Scholastik richtungweisende neuplatonische Buch »Die Lebensquelle« erstmals als Werk des jüdischen Dichters →Salomo ben Jehuda ibn Gabirol identifiziert. Doch spricht Munk den jüdischen Philosophen Originalität ab; er beschreibt sie als Epigonen der islamischen Philosophen und würdigt lediglich ihre Rolle als Vermittler zwischen griechischer und abendländischer Philosophie. Im Zusammenhang mit der →Damaskus-Affäre (1840) beteiligte sich Munk an einer jüdischen Orientdelegation als wissenschaftlicher Sachverständiger.

Ⓛ E. Seidel, Jüdische Philosophie in nichtjüdischer und jüdischer Philosophiegeschichtsschreibung, Dissertation, 1984. (DK)

Münster (Westfalen; Stadt und Stift). Erste Nennung von Juden in der Stadt 1127/28. Bildung einer Gemeinde im 13. Jahrhundert mit Synagoge (erste Erwähnung 1290), Friedhof (1301), Mikwe (1358 erstmals erwähnt). Vernichtung der Gemeinde durch die Pestpogrome 1350, Wiederzulassung 1535 durch Bischof Franz von Waldeck, der in der Auseinandersetzung mit den Wiedertäufern die finanziellen Mittel der Juden brauchte. 1554 erneute Ausweisung. 1560 setzten die Stände (Domkapitel, Ritterschaft, Städte) eine Ausweisung der Juden auch aus den anderen Städten des Stifts (Warendorf, Beckum, Ahlen) durch. Über das 1570 erlassene Ausweisungsdekret setzten sich einzelne Adlige hinweg, die Juden auf ihren Gütern aufnahmen. Tätigkeiten als Vieh-, Fleisch-, Wein- und Textilhändler. Die wittelsbachischen Bischöfe Ernst (1585–1612) und Ferdinand von Bayern (1615–50) konnten das Geleitrecht wieder an sich ziehen. Ab 1600 erneute Ansiedlung von Juden im Stift. Bischof Christoph Bernhard von Galen (Regierungszeit 1650–78) bestimmte 1651 die Einsetzung eines jüdischen »Befehlshabers« und erteilte ein Generalgeleit, das bis 1795 sechsmal erneuert wurde. 1662 erließ er eine →Judenordnung, die als erste eines geistlichen Territorialstaates scharfe Bestimmungen gegen die jüdische Religionspraxis enthielt und im Stift bis zur preußischen Besitznahme (1802) gültig blieb. Seit 1810 durften sich Juden wieder in der Stadt Münster ansiedeln, wo bald eine der führenden Gemeinden →Westfalens mit überregionaler Bedeutung entstand. Der latente katholische Antisemitismus verhinderte während der Kaiserzeit nicht die kulturelle Integration in das bürgerliche, jedoch in das konfessionelle Vereinswesen (Schützenbruderschaften, Studentenverbindungen). Die nach den Verfolgungen der NS-Zeit bis Februar 1942 in Münster noch verbliebenen 78 jüdischen Bürger wurden bis zum 31. 7. 1942 nach Riga deportiert. Nur wenige kehrten nach ihrer Befreiung aus dem KZ nach Münster zurück, wo 1949 ein neues Gemeindezentrum in der ehemaligen →Marks-Haindorf-Stiftung eingerichtet wurde. 1961 Einweihung einer neuen Synagoge für die 130 aktiven Gemeindemitglieder. 1997 umfaßte die Gemeinde aufgrund der jüdischen Zuwanderer aus den Staaten der GUS rund 360 Personen.

L Geschichte der Juden in Münster. Dokumentation einer Ausstellung, 1989. (AH)

Münzjuden. Seit dem frühen Mittelalter wurden Juden häufig bevorzugt als Münzmeister mit der Beschaffung von Edelmetallen und der Prägung von Münzen beauftragt, weil sie sich durch ihre internationalen Beziehungen, ihre Kenntnis des Geldmarkts und andere Fertigkeiten dafür empfahlen. Münzjuden sind im 10. Jahrhundert in Mailand, im 11.–13. Jahrhundert in Ungarn, im 12. Jahrhundert in England, seit dem 11. Jahrhundert auf der Iberischen Halbinsel, seit dem 12. Jahrhundert in deutschen Territorien und in Polen-Litauen nachzuweisen. In der Wetterau, in Meißen und in der Lausitz finden sich schon im 12. Jahrhundert Münzen mit hebräischen Lettern und teilweise den Namen der jüdischen Münzmeister. Der Münzjude Schlom (Salomon) stieg im Dienst der österreichischen Herzöge zum einflußreichen Oberaufseher über die Güter, über Wirtschaft und Finanzen auf, bis ihn Kreuzfahrer 1196 erschlugen. Seinen Aufstieg, teilweise auch sein Schicksal wiederholten zahlreiche Münzjuden, die in der Neuzeit durch Kontrakte in den Dienst von Fürsten traten, so in Brandenburg-Preußen im 16. Jahrhundert Lippold, im 17./18. Jahrhundert Israel Aron, Jost Liebmann, Levin Veit, die Familien Itzig und Gompertz sowie V.-H. →Ephraim, in Württemberg im 18. Jahrhundert J. S. →Oppenheimer. Münzjuden gab es auch in der islamischen Welt vom 7. bis zum 19. Jahrhundert. (FL)

Museen, jüdische. Die erste Museumssammlung hat der Braunschweiger Hofjude Alexander David (1681–1765) zusammengestellt. Auf der Weltausstellung in Paris wurden 1878 Zeremonialobjekte gezeigt, die noch heute in Teilen im Musée Cluny in Paris zu sehen sind. Gegen Ende des 19. Jahrhunderts gab es in einigen großen Museen jüdische Abteilungen, z. B. die »Salle Hébraïque« im Pariser Louvre. In Wien wurde 1897 das erste eigenständige jüdische Museum eröffnet, 1901 folgte in Frankfurt am Main das erste systematisch angelegte jüdische Museum in Europa. 1904 begann das Jewish Theological Seminary in New York mit der Sammlung The Jewish Museum. Jüdische Museen entstanden in den Jahren bis 1938 u. a. in Berlin, Breslau, Budapest, Danzig, Kassel, Krakau, London, Lemberg, Mainz, München, Prag, Wilna und Warschau. Die meisten von ihnen wurden während der nationalsozialistischen Herrschaft zerstört. Seit den 50er Jahren hat man in den USA und in Israel große Sammlungen angelegt. Seit den 70er Jahren wurde auch in Europa wieder an die alten Institutionen angeknüpft. Gemeinsam sind allen jüdischen Museen die meist lokalgeschichtlichen Sammlungsschwerpunkte, Judaica, Hebraica, Werke jüdischer Künstler, ethnographische Objekte und Archivalien zur Wirtschafts- und Sozialgeschichte.

L A. Greenwald/E. van Voolen, Jewish Museums, in: Encyclopaedia Judaica, Jahrbuch 1988/9, Jerusalem 1989. (AN)

Mussaf (von hebräisch »jasaf«, hinzufügen). Zu biblischer Zeit bis zur Zerstörung des Zweiten →Tempels und des damit verbundenen →Tempelkults war das Mussaf ein zusätzliches Opfer, das am Sabbat, an den drei Wallfahrtsfesten, am Jom Kippur und am Neumond (→Rosch Chodesch; vgl. Num 28–29) nach dem regulären Opfer am Morgen dargebracht wurde (Joma 33a). Als der Tempelkult zu existieren aufgehört hatte, trat anstelle des Opfers (Korban) das Gebet (→Tefilla). Das Mussafgebet ist für jeden obligatorisch. Es wird nach der Toralesung gebetet. Es handelt von der Bitte um die Rückkehr ins Heilige Land und beschreibt die Wiedererrichtung des Opferkults in messianischer Zeit. (RED)

Mussar →Mussar-Bewegung

Mussar-Bewegung (von hebräisch »Mussaru«, Moral). Die Mussar-Bewegung entstand Mitte des 19. Jahrhunderts unter I. L. →Salanter innerhalb des orthodoxen Judentums in Litauen. Die Anhänger der Mussar-Bewegung befürchteten den zunehmenden Zerfall des traditionellen jüdischen Lebens und die Zerstörung der Einheit der jüdischen Gesellschaft sowohl durch den →Chassidismus als auch durch die Anhänger der Reformbewegung. Ziel war die Erhaltung und Pflege der Tradition, die Erbauung des Einzelnen durch eine strenge, ethische Lebensweise im Geist der →Halacha. 1849 schlug Salanter die Gründung einer Lehrstube (Mussar-Schtibl) zum Studium ethischer Werke vor, was zunächst kaum auf Resonanz stieß. Erst durch die Schüler Salanters entstanden Schulen mit einem eigenen erzieherischen Programm. Ethische Abhandlungen aus Talmud, Midrasch und Bibel, die Werke von Gerondi, Mose ben Josef →Cordovero und Hartwig →Wessely wurden in diesen neuen Einrichtungen unter Leitung des Maschgiach (Aufseher) studiert. Die neue Lehrmethode der Mussar-Bewegung drang zunehmend in die Jeschiwot ein und prägte vor allem die litauischen Jeschiwot bis ins 20. Jahrhundert. (RED)

Mystik →Kabbala, →Chassidismus

Essay

Jüdische Musik

Alphons Silbermann

Die Begriffsbestimmung dessen, was als »jüdische Musik« zu gelten hat oder nicht, ist recht verwirrend. Während die einen davon sprechen, es handle sich bei der »jüdischen Musik« um die Musik der Juden, insofern sie Merkmale und Charakteristiken des jüdischen Volkes aufweist, also das Bestehen einer Völkergemeinschaft voraussetzen, sagen andere, daß unter diesen Begriff die Musik derjenigen falle, die dem jüdischen Kulturkreis angehören, womit wiederum auf völkische, indes nicht einheitlich verbreitete Eigenarten Rekurs genommen wird. Da beide Auslegungen wenig zufriedenstellend sind, gehen wiederum andere Beurteiler vom musikalischen Idiom aus, indem sie das jüdische Idiom dem nichtjüdischen gegenüberstellen, wobei zum einen musiktheoretische Analysen herangezogen werden, zum anderen mehr oder minder gefühlsmäßige Beurteilungen. Letztlich wird zu der Definition des eminenten Musikologen Curt Sachs gegriffen, der von der jüdischen Musik als einer von Juden für Juden geschriebenen Musik spricht, was allerdings von der nichtjüdischen Welt, besonders einer judenfeindlichen, nur insoweit akzeptiert wird, als für sie »jüdische Musik« kurzum die von einem Juden komponierte Musik ist, gleich aus welchem Zeitalter sie stammt oder zu welchem Musikgenre sie gehört, gleich auch, ob sie der Feder getaufter Juden (beispielsweise Felix →Mendelssohn-Bartholdys oder Gustav →Mahlers) entsprungen ist. Überdies wird die Begriffskonstellation »jüdische Musik« inhaltlich auch auf von Nichtjuden komponierte Musiken bezogen, die sich als typisch jüdisch angesehener Idiome oder Themen bedienen, wie z. B. Max Bruch, dessen Konzert für Cello und Orchester »Kol Nidre« (1880) sich einer hebräischen Melodie bedient. Die oben angeführten Klippen umschiffend, wird in maßgebenden Lexika musikwissenschaftlich korrekt ausgeführt, daß unter »jüdischer Musik« primär diejenige Musik zu verstehen ist, die seit uralten Zeiten beim Vortrag jüdischer Gebete gebraucht wird und die sich, epochenweise sowie geopolitisch durch die Diaspora bedingt, mit gewissen Varianten entwickelt hat: die synagogale Musik. Selbstverständlich wird auch jüdische Volksmusik als »jüdische Musik« angeführt. Sie entspricht den Traditionen der in unterschiedlichen Teilen der Welt angesiedelten jüdischen Gemeinden. Gelegentlich wird sie auch bei

Kulthandlungen in den Synagogen benutzt. Idiome, Melodien, Themen und Rhythmen jüdischer Volksmusiken sind seit Bestehen des Staates Israel in Kunstmusikwerke der dort lebenden Komponisten eingegangen, eine Musik, die – spezifiziert – folglich die Bezeichnung »israelische Musik« zu tragen hat.

Festzuhalten ist, daß die synagogale Musik wie ein Kommentar zur Geschichte der Juden angesehen werden kann: In ihr haben sich die religiösen und ästhetischen Impulse niedergeschlagen, so, wie sie durch ihre sozio-musikalische Umgebung in der wechselnden Szene über die Jahrhunderte abgeändert wurden. Verfolgt man diesen Ablauf, lassen sich in der Entwicklung der jüdischen, als synagogal gekennzeichneten Musik grosso modo mehrere Stadien erkennen, die hier – ohne Eingehen auf musiktheoretische Verknüpfungen – kurz umrissen werden.

Beginnen wir mit der Musik in den *Heiligen Schriften.* Hier wird in erster Linie stets auf den König Saul verwiesen, der sich zur Besänftigung seiner Gedanken von David die Harfe schlagen ließ. Aber noch andere Aufzeichnungen über Musik finden sich in der Bibel, bis hin in die Zeiten der Patriarchen. So heißt es beispielsweise im 1. Buch Mose, Kap. 31, Vers 27 (Flucht des Jakob vor Laban): »Warum bist du heimlich geflohen und hast dich weggestohlen und hast mir's nicht angesagt, daß ich dich hätte geleitet mit Freuden, mit Singen, mit Pauken und Harfen?« Im 1. Buch Samuel, Kap. 18, Vers 6, bei der Rückkehr Davids von der Schlacht gegen die Philister, lesen wir: »daß die Weiber aus allen Städten Israels waren gegangen mit Gesang und Reigen, dem König Saul entgegen, mit Pauken, mit Freuden und mit Geigen«. Und noch ein letztes Beispiel, das sich allerdings eher auf profane denn auf religiöse Musik zu beziehen scheint: In Jesaja, Kap. 5, Vers 12 heißt es: »Und haben Harfen, Psalter, Pauken, Pfeifen und Wein in ihrem Wohlleben und sehen nicht auf das Werk des Herrn und schauen nicht auf das Geschäft seiner Hände!«

Als ein zweites Stadium läßt sich die *Tempelmusik* bezeichnen, aus der die Musik in der Synagoge hervorgegangen ist, deren Ursprung in das Babylonische Exil zurückverlegt wird. Talmudische Quellen weisen auf, daß eine enge Verbindung zwischen der Musik des Tempels und der der Synagoge bestanden haben muß, das heißt – wie u. a. von dem Forscher Abraham Zwi Idelsohn gezeigt wurde –, daß die in der synagogalen Musik (einem dritten Stadium) benutzten Kantilenen und Gebetsmotive uralten Ursprungs sind. Die melodischen Phrasen und die ihnen unterliegenden Tonalitäten (Skalen) haben einen starken Einfluß auf die Entwicklung des Gesangs der Kantoren, der Vorsänger und Vorbeter in der Synagoge ausgeübt, indem sie diese zur Grundlage ihrer Improvisationen und der Übernahme von traditionellen Modi machten (→ Chasan).

Ohne hier im einzelnen die Entwicklung der eigentlichen »jüdischen« Musik, eben der synagogalen, verfolgen zu können, läßt sich generell feststellen, daß das Hervortreten von auf alten Modi basierenden, in die traditionellen Gesänge der Synagoge inkorporierten Melodien der Inspiration der Kantoren zuzuschreiben ist. Von der Tradition sprechend, ist an dieser Stelle zu unterstreichen, daß die ihr eigene musikalische Rigidität durch die Beeinflussung ungleicher Musikauffassungen und Musikkulturen durchbrochen bzw. modifiziert wurde. Die Gründe hierfür sind in dem jahrhundertelangen Zustand des Galut zu sehen bzw. in der Ansiedlung der Juden in unterschiedlichem Traditionsgehabe bei den Aschkenasim und den Sephardim.

Viele Autoren sprechen in diesem Zusammenhang von einer Dekadenz der synagogalen Musik, indem sie darauf hinweisen, daß der Gesangsstil in den polnischen Synagogen in seiner künstlerischen Form angesichts des allgemein niederen kulturellen Standards der polnischen Umgebung stark abgefallen sei; die früheren Gesänge wurden mit unkünstlerischen Schnörkeln und Passagen überzogen. Auch die religiöse Bewegung des Chassidismus hat seit Ende des 18. Jahrhunderts im östlichen Europa zu einem bedeutsamen sozio-musikalischen Wandel beigetragen, indem der in der Synagoge praktizierten Musik eine mystische

Innerlichkeit verliehen wurde. Die künstlerische Kraft der chassidischen Musik zeigt sich übrigens in der Übernahme ihres Duktus in Kompositionen von Ernest Bloch, so in seinem »Baal Sehem« für Violine und Orchester, in Max Bruchs bereits genannter Vertonung »Kol Nidre«, Maurice Ravels »Deux mélodies hébraïques« und anderen Adaptionen.
Eine weitere Etappe in der Entwicklung der synagogalen Musik hin zu Stilmischungen und -übertragungen tritt deutlich mit der sogenannten Emanzipation der Juden hervor, der Zeit, in der sich eine jüdisch-europäische Musik herausbildete. Reformbewegungen im Judentum berührten den Gottesdienst und brachten auch im Felde der Musik gewisse Innovationen hervor, so unter anderem die Einführung von Orgel-, Chor- und Instrumentalmusik, Musikdarbietungen, die im jüdischen Gotteshaus bei strikter Einhaltung der religiösen Gesetze untersagt sind. Seit dem Anfang des 19. Jahrhunderts machte sich eine Anpassung der synagogalen Musik breit, bei der vor allem die Übernahme des in den deutschen Landen vorherrschenden Musikstils eine große Rolle spielte. Wiederum waren es Kantoren – unter ihnen führend Salomon Sulzer (1804–1890) und Louis →Lewandowski (1821–1894) –, die als Komponisten synagogaler Gesänge der »jüdischen« Musik neue Anstöße vermittelten. Auch in Osteuropa waren es Kantoren, die als Komponisten den synagogalen Gesang erneuerten oder zumindest an seiner Fortentwicklung interessiert waren. Allerdings blieben ihre Unterfangen angesichts des starken traditionsgebundenen Einflusses der Orthodoxie ohne allzu großen Erfolg. Während in Ländern wie England, Italien, Frankreich und in den USA eine Anzahl von Musikern sich nach wie vor einer Fortentwicklung der synagogalen Musik zuwenden, indem sie deren Einzigartigkeit mit den ästhetischen Bedürfnissen unserer Zeit zu verbinden suchen, ist in Deutschland und Österreich die in den Synagogen erklingende Musik seit dem Ende des grausamen Hitlerismus in den östlich-orthodoxen Synagogengesang zurückgefallen.
Zur »jüdischen Musik« gehören auch die häuslichen Gesänge oder Volkslieder. Zu ihnen zählen alle jene Weisen, die seit Generationen im jüdischen Heim Handlungen und Zeremonien des täglichen Lebens begleiten, darin inbegriffen Liebes- und Hochzeitslieder, Wiegenlieder und Tanzmelodien. Der vornehmliche Zug dieser jüdischen Melodien ist – im Gegensatz zu den traditionellen religiösen Gesängen – eine typisch orientalische Ausrichtung sowie eine frische, scharf betonte rhythmische Struktur. Eine systematische Sammlung und Zusammenstellung jüdischer Volkslieder aus aller Welt sowie ihre Bearbeitung und Veröffentlichung setzten in den ersten Jahren des 20. Jahrhunderts mit der Verbreitung des Zionismus ein. Neuere Volkslieder sind in Palästina, und zwar hauptsächlich aus den Reihen der Erbauer des Staates Israel, aufgekommen, darunter manche, die aus jüdisch-jemenitischen und arabischen Quellen hervorgegangen sind. Die von jüdischen Musikwissenschaftlern vor allem in Israel und den Vereinigten Staaten von Amerika ausgeführte Erforschung der »jüdischen Musik« befaßt sich mit dem systematischen Studium der Theorie und der Ästhetik der in vielen Teilen der Welt verbreiteten sakralen oder weltlichen jüdischen Musiken. Historische, ethnische, soziologische, liturgische und andere Problemkreise finden hier Durchleuchtung.

[L] A. Friedmann, Der synagogale Gesang, 1908. – A. Z. Idelsohn, Jewish Music in its Historical Development, 1929. – C. Sachs, The Rise of Music in the Ancient World, 1943. – A. M. Rothmüller, Die Musik der Juden, 1951. – P. Gradenwitz, Die Musikgeschichte Israels, 1961. – A. Sendrey, Music of the Jews in the Diaspora, 1970. – E. Werner, A Voice Still Heard. The Sacred Songs of the Ashkenazie Jews, 1976.

N

Na'aman, Shlomo (Geburtsname: Hans Salomon Goldreich), Historiker, 10. 11. 1912 Essen. Mitglied der zionistischen Jugendbewegung in Essen; 1932 Emigration nach Palästina. 1932–34 Lehrer an Kibbuzschulen. 1954 Studium der Geographie, allgemeinen und jüdischen Geschichte in Jerusalem. 1962 Promotion mit einer Arbeit über F. →Lassalle. Seit 1962 bis zur Emeritierung (1980) Professor für Sozialgeschichte an der Universität Tel Aviv. Gastprofessor in Hannover und Münster. Na'aman wirkte entscheidend mit am Aufbau des Instituts für Arbeitswissenschaften und an dem von W. →Grab begründeten Institut für deutsche Geschichte an der Universität Tel Aviv. Hauptwerke: »Ferdinand Lassalle. Deutscher und Jude« (1968), »Lassalle« (1970), »Die Konstituierung der deutschen Arbeiterbewegung 1862/63« (1975), »Emanzipation und Messianismus. Leben und Werk des Moses Hess« (1982). (LH)

Nablus, hebräisch Sichem, Shechem, griechisch Neapolis, Stadt in Samaria, seit 1948 unter jordanischer, 1967–95 unter israelischer Verwaltung, 140 000 Einwohner; größte Stadt im Westjordanland; bei Erdbeben 1927 völlig zerstört und danach wieder aufgebaut; Anbau von Weizen und Oliven; Schaf- und Ziegenhaltung; Erzeugung von Seife, Nahrungs- und Genußmitteln, Baustoffen. Jakobsbrunnen; Grab Josephs. – In Sichem errichteten Abraham (Gen 12,7) und Jakob (Gen 33,20) Altäre. Jakobs Söhne Simeon und Levi töteten alle männlichen Bewohner und plünderten die Stadt, nachdem ihre Schwester Dina vergewaltigt und entführt worden war (Gen 34). Später wurden die aus Ägypten zurückgeholten Gebeine Josephs in Sichem beigesetzt (Jos 24,32). Auf dem nahegelegenen Berg Ebal (Har Eval) errichtete Josua einen Altar und ließ das Gesetz ausrufen (Jos 8,30–35). In Sichem hielt er seine Abschiedsrede (Jos 24). Nach der Spaltung des Davidreichs machte König Jerobeam die Stadt zur Hauptstadt Israels, d. h. der zehn Nordstämme (1 Kön 12), bis unter König Omri Samaria die neue Hauptstadt wurde (1 Kön 16,24). Nach der Rückkehr aus dem Babylonischen Exil errichteten die Samaritaner ihr eigenes Heiligtum auf dem Berg Garizim (881 m) über dem heutigen Nablus, das auf das vom römischen Kaiser Vespasian (72) gegründete Neapolis zurückgeht. 636 von Arabern besetzt. In der Kreuzfahrerzeit 1099 erobert, 1152–61 Witwensitz der Königin Melisande. (WL)

Nachman ben Simcha aus Brazlaw, Urenkel des →Israel ben Elieser Baal Schem Tow, 1772 Medschibosch, Ukraine – 1811 Uman. Nachman ben Simcha aus Brazlaw wuchs in einer chassidischen Familie auf, lebte vor allem in Medwedewka, Slatopolje nahe Schpola, Brazlaw und Uman und unternahm zahlreiche Reisen, u. a. 1798/99 nach Palästina. Chassidischer Führer, der sich selbst für den verfolgten, einzig wahren →Zaddik und für den Träger der messianischen Seele hielt. In seinen Lehren betonte er das Gebet mit speziellen Melodien, die Herzenseinfalt, die Einhaltung der Gebote (→Mizwa) und den Glauben an den Zaddik. Dieser allein habe die Kraft, den Chassid von Sünde und Sündenbewußtsein zu erlösen. Deshalb führte Nachman ben Simcha eine Art regelmäßiger Lebensbeichte ein. Nachman ben Simcha war dabei geleitet von der lurianischen →Kabbala, vor allem von der Idee der Wiederherstellung der ursprünglichen Harmonie (»Tikkun«). Diese Hoffnung und seinen eigenen messianischen Anspruch kleidete Nachman ben Simcha in märchenhafte allegorische Erzählungen, die im Grunde von ihm selber handeln. Seine Schüler ermutigte er zur Freude und lehrte sie u. a. das Ideal der täglichen »Hitbodedut«, d. h. das Aufsuchen der freien Natur, um in Einsamkeit vor Gott zu sprechen und ihm die Seele auszuschütten. Seine Reiseerinnerungen, Lehren, Märchen und Gebete sind in den Werken seines Schülers Nathan ben Naftali Hertz Sternhartz von Nemirow festgehalten. Nachman ben Simcha, der zu seiner Zeit kaum Anhänger hatte, ist der Begründer der Brazlawer Chassidim, die heute ihr Zentrum in Jerusalem haben. (HMD)

Nachmanides →Mose ben Nachman

Nachmann, Werner, Kaufmann und Verbandsfunktionär, 12. 8. 1925 Karlsruhe – 21. 1. 1988 Karlsruhe. 1938 Emigration nach Frankreich, Rückkehr 1945; 1961–88 Gemeindevorsitzender in Karlsruhe und Präsident des Oberrats der Israeliten Badens, seit 1962 im Direktorium des →Zentralrats der Juden in Deutschland (Ressort Finanzen), 1969–88 Direktoriumsvorsitzender. Als Befürworter einer sog. stillen

Diplomatie setzte er auf Kontaktpflege mit nichtjüdischen Institutionen und propagierte als Motto, die Überlebenden seien zurückgekehrt, um am Wiederaufbau der Demokratie in Deutschland mitzuwirken. Erhielt 1986 den Theodor-Heuss-Preis für seine »hingebungsvollen und geduldigen Bemühungen um den jüdisch-deutschen Aussöhnungsprozeß«. Nach dem Tod Nachmanns wurde der Vorwurf erhoben, daß Nachmann zwischen 1981 und 1987 über 30 Mill. DM veruntreut habe, hauptsächlich Zinserträge aus Abschlußzahlungen von Wiedergutmachungsgeldern für bislang unentschädigte Opfer des Nationalsozialismus. Der Verbleib der unterschlagenen Gelder blieb weitgehend ungeklärt. (EP)

Nachrichtenblatt des Verbandes der Jüdischen Gemeinden in der DDR, seit 1962 offizielles Organ der jüdischen Gemeinden der Deutschen Demokratischen Republik (→Deutschland). Neben Gemeindemeldungen und Verbandsnachrichten wurden kulturell-religiöse Artikel und Buchrezensionen veröffentlicht. (LM)

Nachum →Hebräische Bibel

Nagid (Plural Nagidim, hebräisch »Fürst«), Titel des Oberhaupts der jüdischen Gemeinden in den islamischen Ländern nach der Aufspaltung des abbasidischen Kalifats und der Gründung unabhängiger Königreiche (8. Jahrhundert). Die Institution des Nagid, nachweislich erstmals im 11. Jahrhundert so benannt, war der des babylonischen Exilarchen (→Resch Galuta) ähnlich. Allerdings wurde der Nagid von den jeweiligen islamischen Herrschern auf Empfehlung von einflußreichen Personen der jüdischen Gemeinden eingesetzt. Die Nagid stammten auch nicht aus davidischem Geschlecht, sondern waren meist wohlhabende oder angesehene Mitglieder der Gemeinden, die selber für ihren Unterhalt aufkommen mußten. Die Aufgaben des Nagid bestanden darin, die jüdischen Gemeinden nach außen zu vertreten und nach innen deren Angelegenheiten zu regeln. Dazu gehörte je nach Anordnung der Herrscher im innergemeindlichen Bereich die Einsetzung der Richter und anderer öffentlicher Personen, die Verwaltung der jüdischen Rechtsprechung besonders in Angelegenheiten des Personenstands (Verlobungen, Eheschließungen, Scheidungen), die Überwachung der Einhaltung der rabbinischen Entscheidungen, das Bannrecht, die Bestimmung des sozialen Status der Mitglieder bezüglich der Steuerfestsetzung und die Überwachung von Synagogen und Gottesdiensten. Nach außen bemühte sich der Nagid um die Verteidigung der Gemeinden gegen Unterdrückung durch Regierungsbeamte. Es gab Negidim in Spanien, Kairouan (Tunesien), Ägypten, Palästina und Syrien (1187–1517), Jemen und vom 16. bis 19. Jahrhundert in den Maghreb-Staaten. (HMD)

Nahalal, israelisches Dorf im Jesreeltal, 1500 Einwohner; ältester →Moschav; 1921 gegründet zur Trockenlegung malariaverseuchter Sümpfe. Geplante konzentrische Anlage mit landwirtschaftlichem Lehrbetrieb. (WL)

Nahariya, Nahariyya, Naharia, israelische Stadt im nördlichen Küstenabschnitt, zwischen Akko und der libanesischen Grenze, 40000 Einwohner; 1934 von deutschen Juden als Bauerndorf gegründet; im Unabhängigkeitskrieg 1948 sechs Monate belagert; lebhaftes Seebad mit Nahrungsmittel-, Textil-, Baustoff- und Metallindustrie, Viehwirtschaft und Exportkulturen (Blumen, Erdbeeren, Avocados). (WL)

Namen, jüdische. Die Bevorzugung bestimmter Namen in der jüdischen Bevölkerung läßt sich aus den Namen der Bibel erklären. Ihrer Tendenz nach handelt es sich dabei um Eigenschaftsnamen (»rot«, »klein«) oder Wunschnamen, die eine Beziehung zu Gott (»El«) oder einen Vergleich mit bestimmten Tieren (z. B. »Jona«, »Taube«) oder Pflanzen (z. B. »Tamar«, »Dattelpalme«) ausdrücken, Dank- oder Abstammungsnamen (»Elchanan«, »Gott hat Gnade erwiesen«) oder Zusammensetzungen mit »ben« (»Sohn«) oder »bat« (»Tochter«). Eine Reihe von biblischen Namen sind, z. T. über die Namen der christlichen Heiligen, in die europäisch-amerikanischen Namen übernommen worden. Beispiele im Deutschen sind: Hans (Jochanan), Else (Elischewa), Joachim (Jojachin/Jojakim). Viele Namen gehen zurück auf Eigenschaften des Trägers, z. B. »Groß« (Großmann) oder »Weiß« (Weißbart, Blank, Bialik). Die Vorstellung, daß ein Tier mit dem göttlichen Plan zusammenhängt, erklärt die Zuwendung zu Namen wie »Bär« und »Hirsch«; »Katz« dagegen leitet sich aus dem Priesternamen »Kohen zedek« ab. Hebräische Namen bildeten sich im Deutschen wie in anderen Sprachen weiter und verbanden sich mit Koseformen wie z. B. aus Jacob – Jäckel, Koppel, Jacoby, oder aus Abraham – Brahms oder aus Samuel – Schmuhl, Simmel. Häufig waren Spitznamen und Scheltworte Ursache von Namen. Oft sind Familiennamen Standesnamen wie Cohen (»Priester«). Davon leiten sich ab: Cohn, Cahan, Kogan oder Kahn; aus Levite wird Levi und Loewy. Zu den religiösen Standesnamen gehören auch Kantor und Singer. In Ableitung von Berufen oder den dazugehörigen Arbeitsmaterialien existieren Namen wie Drucker, Pergamenter, Nadel. In einzelnen Regionen leiten sich Namen von Merkmalen des Hauszeichens ab wie bei Schild, Rothschild, Weinstock und Nußbaum. Häufig sind die Namen von Ländern und Städten abgeleitet, wie Deutsch(mann), Preuß, Heß, Schlesinger, Frankl, Berlin(er), Dessau(er) oder Oppenheim(er). Vornamen bei Frauen haben oft ihre ursprüngliche Form verloren. So wird Bella zu Beile; Schöne zu Scheine. Verbreitet sind: Perle, Rose, Biene, Frummet (»Gerechtigkeit«), Edel (Jiddisch »Eidel«). In Norddeutschland waren Namen verbreitet wie Rose, Blume, Veilchen; davon leiten sich ab Rosenfeld, Rosenberg, Rosenbaum und Rosenzweig. Bis zum 19. Jahrhundert besaßen Juden durchweg keine Familiennamen. Sie führten nur einen Rufnamen, dem der Rufname des Vaters beigegeben wurde, z.B. Jakob ben Josef. Die nichtjüdische Standesgesellschaft war bis dahin auf die unmittelbare Identifizierung von Juden nicht angewiesen. Erst seit dem frühen 19. Jahrhundert bestand für die Juden ein gesetzlicher Zwang, feste, in aller Regel selbst zu wählende, bürgerliche Namen anzunehmen. Solche Vorschriften wurden in Rußland 1804, Frankreich 1808, Preußen 1812 und Polen 1821 eingeführt. Neben den tradierten Namen gab es auch willkürlich verordnete. Die jüdischen Familiennamen in Deutschland zu Beginn der Emanzipation verteilen sich auf vier Hauptgruppen: 1. Herkunftsnamen (z.B. Hamburger), 2. Väternamen (z.B. Isaakson), 3. Berufsnamen, Eigenschaftsnamen, Spitznamen und 4. Willkürnamen (z.B. Kugelfresser). In der Verfassung des Norddeutschen Bundes (1869) waren die Juden bezüglich der Führung von Familiennamen innerhalb der allgemeinen Rechtsordnung gleichgestellt. Die Führung christlicher Vornamen war von 1816/28 bis 1848/1850 in Preußen verboten. Solange Juden in der →Diaspora als isolierte Gruppe lebten, behielten sie eine eigenständige Namensgebung. Mit zunehmender Akkulturation glichen sie die Namensgebung der jeweiligen Umwelt an. Jüdische Namen wurden oft zum Stigma, zum Gegenstand von Verunglimpfungen und zum Hindernis für gesellschaftliche Anerkennung und sozialen Aufstieg. So erklärt sich, daß die Juden sich diesem durch Flucht, d.h. durch Namensänderung, zu entledigen suchten. Bis 1919 war in Deutschland die Änderung des Namens schwierig bis unmöglich. Seit 1934 war es nichtjüdischen Bürgern in Deutschland erlaubt, ihren jüdischen Namen abzulegen. Gleichzeitig wurden die Bedingungen für den Namenswechsel für die jüdische Bevölkerung verschärft. 1938 wurden sämtliche Namensänderungen von – lebenden wie verstorbenen – Juden von Amts wegen rückgängig gemacht. Seit dem 1.1.1938 mußte jeder Jude zwangsweise den Vornamen »Israel« bzw. »Sara« annehmen. Im österreichischen Galizien mußten alle Juden seit 1787 feste Familiennamen annehmen, wobei die Namen angesehener deutscher oder polnischer Familien verboten waren. Die Namen der Juden wurden in mehrere Kategorien eingeteilt und z.T. verkauft. Am teuersten waren von Blumen oder Edelmetallen abgeleitete Namen wie z.B. Lilienthal oder Silberstein. Kostenlos waren Namen von Tieren und Spottnamen wie Muskatblatt. Selbst Namen wie Pulverbestandteil, Tintenpulver, Geldschrank wurden von gehässigen Beamten Juden zudiktiert. Auch in Österreich – wie in Rußland und Polen – war die Namensänderung nur beim Übertritt zur christlichen Religion oder mit ausdrücklicher Genehmigung des Kaisers zulässig. Namensänderungen deutschsprachiger Einwanderer in Palästina waren bei Familiennamen häufiger als bei Ruf- oder Vornamen, z.B. durch Hebraisierung: »Löwenstein« zu »Even-Ari« oder durch phonetische Transskription wie Offenburg zu OFiR. In Israel haben sich durchweg hebräische Vornamen durchgesetzt; traditionelle Familiennamen der Neueinwanderer wurden weitgehend hebraisiert.

L D. Bering, Der Name als Stigma, 1987. – G. und J. Toury, Namensänderungen deutschsprachiger Einwanderer in Palästina, in: Menora 2, 1991. – L. Zunz, Namen der Juden, 1837. (LH)

Nansen, 1. Fridtjof, norwegischer Polar- und Naturforscher und Diplomat, 10.10.1861 Store-Fröen bei Christiania – 13.5.1930 Lysakar. Leitete nach dem Ersten Weltkrieg die Arbeit des Völkerbunds zum Austausch von Kriegsgefangenen und zur Repatriierung von Flüchtlingen, die besonders auch jüdischen Flüchtlingen zugute kam. Führte den »Nansenpaß« für staatenlose politische Flüchtlinge ein, ein Reisedokument, das von 53 Staaten anerkannt wurde. Vertrat in der Mandatskommission des Völkerbunds und in der öffentlichen Debatte in Norwegen die Sache der Juden. Friedensnobelpreis 1922. Auf Initiative norwegischer Juden 1929 in das »Goldene Buch« in Jerusalem eingetragen.

Ⓛ T. Greve, Fridtjof Nansen, 2 Bände, 1973/74. – E. E. Reynolds, Nansen, 1949. – A. de Selincourt, Nansen, 1957. (DR)

2. Odd, norwegischer Architekt, Sohn von Fridtjof Nansen, 6. 12. 1901 Bærum bei Oslo – 27. 6. 1973 Oslo. Stiftete 1936 die »Nansenhilfe«, eine Organisation für staatenlose Flüchtlinge. Nansen setzte sich für nach Norwegen kommende jüdische Flüchtlinge ein. Im Zweiten Weltkrieg in deutscher Gefangenschaft, u. a. in Sachsenhausen. In seinen Tagebüchern schildert Nansen die Haftbedingungen jüdischer Häftlinge. (DR)

Naphtali, Fritz (Peretz), Journalist, Politiker, 29. 3. 1883 Berlin – 30. 4. 1961 Tel Aviv. Nach Besuch der Handelshochschule und journalistischen Lehrjahren trat er 1921 in die Handelsredaktion der »Frankfurter Zeitung« ein. 1926 Leiter der Forschungsstelle für Wirtschaftspolitik. Seit 1911 Mitglied der SPD. Gestützt auf Rudolf Hilferdings These vom »organisierten Kapitalismus« entwickelte er 1928 in seiner Schrift »Wirtschaftsdemokratie. Ihr Wesen, Weg und Ziel« (Neudruck 1966) für die Gewerkschaften ein Konzept, das eine demokratische Wirtschaft mit sozialistischen Elementen als Ziel propagierte. Naphtalis Konzept der Wirtschaftsdemokratie wurde in der Weimarer Republik von Arbeitgebern und der KPD bekämpft; es lieferte eine der Grundlagen für das Mitbestimmungsgesetz von 1976. Kurz nach Hitlers Machtergreifung wanderte Naphtali 1933 nach Palästina aus. Einflußreiche Stellung in der israelischen Gewerkschaftsbewegung, 1938–49 Leiter der Arbeiterbank Hapoalim. 1949–59 Mitglied der Knesset. Als Wirtschaftsberater von D. →Ben-Gurion hatte Naphtali wesentlichen Anteil an der wirtschaftlichen Konsolidierung des Staates Israel; 1952 Landwirtschaftsminister, 1959 Wohlfahrtsminister. Setzte in Israel die Wirtschaftsdemokratie durch die gemeinwirtschaftliche Organisation der Wirtschaft in die Praxis um. Nach ihm ist die Fritz-Naphtali-Stiftung Tel Aviv benannt. (AH)

Napoleon I. (Bonaparte), Kaiser der Franzosen (1804–1814/15), 15. 8. 1769 Ajaccio, Korsika – 5. 5. 1821 St. Helena. Während seiner ägyptischen Expedition (1798/99) nahm Napoleon I. eine projüdische Haltung ein, um die Juden für seinen Kampf gegen die Türken zu gewinnen. Nach der Einnahme von Gaza und Jaffa erließ Napoleon I. eine Proklamation zugunsten der Juden. 1806/07 initiierte er eine jüdische Notabelnversammlung und den »Großen →Sanhedrin« (1807), der die Forderung erhob, die Juden müßten alle religionsgesetzlichen Pflichten zugunsten der staatsbürgerlichen Pflichten zurückstellen. Mit seinem Dekret von 17. 3. 1808 (décret infâme) schränkte Napoleon I. die Emanzipation der Juden stark ein. Napoleons I. Absicht war es, die Juden, denen er nur wenig Wertschätzung entgegenbrachte, für seine Politik zu gewinnen. Er sprach sich für die völlige Aufgabe nationaler Forderungen als Voraussetzung für eine Eingliederung in den Staat aus und befürwortete die interkonfessionelle Ehe; innerjüdische Ehen wollte er beschränken; trat nachdrücklich für den Militärdienst der Juden ein, worin er ein geeignetes erzieherisches Mittel sah, die Integration der Juden in den französischen Nationalstaat unter Verlust ihrer Eigenständigkeit zu beschleunigen.

Ⓛ E. Barre, Napoleon I. und die Juden, 1891. (LH)

Narboni, Moses, Philosoph, Exeget und Arzt, um 1300 Perpignan – 1362 Soria, Altkastilien. Narboni wurde entgegen dem geltenden Bann (→Maimonidesstreit) schon als 13jähriger in das philosophische Werk des Maimonides (→Mose ben Maimon) eingeführt. Später wurde er bekannt als enzyklopädisch gebildeter und subtiler Kommentator der Bibel sowie des arabischen und jüdischen →Aristotelismus. Während seiner Wanderjahre in Spanien (1355–62) verfaßte er seinen klassischen Kommentar zum »Führer der Unschlüssigen« des Maimonides. Narboni erhob hier den Anspruch, die wahre Lehre des Maimonides wiederzugeben, die dieser nur angedeutet habe. Tatsächlich handelte es sich um eine Umdeutung im Sinne des →Averroes. Weil Narboni von der Identität von Vernunft und Offenbarung überzeugt war, befürwortete er auch die rationalistische Deutung des geoffenbarten Gesetzes. Narboni galt als ebenso unentbehrlicher wie problematischer Kommentator des Maimonides und wurde von konservativen Kritikern wie I. →Abravanel sowohl benutzt als widerlegt.

Ⓛ M.-R. Hayoun, La Philosophie et la Théologie de Moïse de Narbonne, Tübingen 1989. (DK)

Narbonne, südfranzösische Stadt. Anläßlich einer Provinzialsynode im Jahr 589 werden die Juden von Narbonne aus Anlaß restriktiver kirchlicher Judengesetzgebung erstmals erwähnt. Ein lateinisches, mit Menora versehenes Epitaph von 688/689 überliefert die älteste Juden betreffende Inschrift aus Frankreich. Nach legendärer Überlieferung sollen die Juden von Narbonne Pippin dem Kurzen im Jahr 759 geholfen haben, die islamische Herrschaft zu beenden. Einbußen erlitt die stattliche Gemeinde (um 2000 Personen) im frühen 12. Jahrhundert in den Auseinandersetzungen zwischen Gräfin Irmingard von Narbonne und Graf Alfons von Toulouse; zahlreiche Juden wanderten nach Anjou, Poitou und ins Königreich Frankreich aus. Die Verbleibenden waren 1163 einem Angriff spanischer Kreuzfahrer ausgesetzt und wurden von Graf Berengar sowie dem Erzbischof Gottfried in Schutz genommen. Während im 13. Jahrhundert Narbonne begehrter Zufluchtsort der von Ludwig IX. bedrängten Juden aus dem Königreich Frankreich war, erfolgte 1306 eine Vertreibung auch aus Narbonne; die Zurückgekehrten erlitten Verfolgungen während des Schwarzen Todes 1348. Danach nur noch geringe jüdische Besiedlung. (PAU)

Naschim →Mischna

Nasir →Mischna

Nassi (hebräisch »Fürst«, »Patriarch«), biblische Bezeichnung eines Stammesfürsten oder Familienoberhaupts, später unter den →Makkabäern und →Bar Kochba der politische Führer des Volkes. Im rabbinischen Judentum speziell der Titel des Präsidenten des →Sanhedrins, zurückgeführt auf die Zeit der Paare (→Sugot). Nach 70 n. Z. bekam der Titel größere politische Bedeutung, da der Nassi, der in der Regel ein Nachkomme →Hillels war, von den Römern zugleich als das repräsentative Oberhaupt (Patriarch) der jüdischen Gemeinden in Palästina angesehen wurde. Der letzte Nassi als Nachkomme Hillels war Rabban Gamaliel VI. (gestorben 425). Im Mittelalter war Nassi die Bezeichnung für die z. T. einem Exilarchen (→Resch Galuta) vergleichbaren Vorsteher der Gemeinden in Jerusalem, Fostat (Ägypten), Bagdad, Damaskus, Mosul, Syrien und unter islamischer Herrschaft in Spanien (synonym mit →Nagid), manchmal aber auch nur ein Ehrentitel. Heute ist Nassi im Neuhebräischen (Iwrit) die Bezeichnung für einen Präsidenten. (HMD)

Natan ben Jechiel, Leiter der →Jeschiwa in Rom, 1035–um 1100. Als Verfasser des »Aruch«, eines Wörterbuchs zu Talmud und Midraschim, auch Baal he-Aruch genannt. Im »Aruch« behandelt Natan ben Jechiel die Begriffe, die seines Erachtens einer Erklärung bedurften. Unter Heranziehung der Worterklärungen vor allem der gaonäischen Literatur, der Kommentare von →Chananel ben Chuschiel und der Mainzer Schule erklärt Natan ben Jechiel Bedeutung und auch Etymologie der Begriffe. Dazu bringt er zahlreiche Zitate und Vergleiche mit dem Lateinischen, Griechischen, Arabischen, Persischen und Aramäischen. Sein Werk erlangte weite Verbreitung und wurde maßgeblich für die Lexikographie der rabbinischen Literatur. Es erfuhr viele Bearbeitungen und Ergänzungen, zuletzt in der auf sieben Handschriften basierenden wissenschaftlichen Ausgabe von Alexander Kohut, »Aruch Completum« (1878–92). (HMD)

Nathan, 1. Fanny, 2. 4. 1803 Paderborn – 12. 7. 1877 Paderborn. Gründete am 1. 3. 1855 das »Israelitische Waisenhaus für Westfalen und Rheinland«, dessen Finanzierung sie durch Vorträge und Sammlungen in deutschen Städten ermöglichte und sicherte. Als »Mutter der Armen« (I. M. Jost) leitete sie bis zu ihrem Tod das Waisenhaus, das etwa 30 Kinder aufnehmen konnte. Nach dem pädagogischen Konzept der Gründerin sollten die Kinder religiös im Sinne der jüdischen Tradition erzogen und für ihre Zukunft auf einen bürgerlichen Beruf vorbereitet werden.
[L] M. Kayserling, Die jüdischen Frauen in der Geschichte, Literatur und Kunst, 1879 (Neudruck 1991). – L. Rothschild, Jüdische Wohltätigkeit in Westfalen vor 100 Jahren, in: H. C. Meyer, Aus Geschichte und Leben der Juden in Westfalen, 1962. (AH)

2. Paul, Sozialpolitiker und Schriftsteller, 25. 4. 1857 Berlin – 15. 3. 1927 Berlin. Mit Theodor Barth fast 20 Jahre lang Herausgeber der politischen Wochenschrift »Die Nation«, Leiter des Komitees zur Abwehr antisemitischer Angriffe in Berlin. Mitbegründer, Erster stellvertretender Vorsitzender und ehrenamtlicher Geschäftsführer (bis 1914) des →Hilfsvereins der deutschen Juden. Beteiligt an den Anfängen der Notgemeinschaft der deutschen Wissenschaft, die 1920 in Berliner Universitätskreisen entstand und durch jüdische Förderer und führende Mitarbeiter unterstützt wurde. In der innerdeutschen Politik stand Nathan auf dem linken Flügel der liberalen Partei und schloß sich in den 20er Jahren der SPD an. Hauptwerke: »Die Kriminalität der Juden in Deutschland« (1926); »Das Problem der Ostjuden« (1926), Herausgeber von Ludwig Bambergers »Erinnerungen« (1899). (LH)

National Council of Jewish Women (NCJW), 1893 gegründet als Frauenorganisation mit religiösen, philanthropischen und aufklärerischen Zielen; erste Präsidentin (1893–1908) Hannah G. Solomon. Der NCJW eröffnete religiöse Schulen, förderte liberale Reformen und setzte sich vor allem auch für die rechtliche Gleichstellung der Frau ein. Jüdischen Einwanderern bot er umfangreiche Hilfen an. In den 30er und 40er Jahren half er bei der Umsiedlung jüdischer Kinder aus Deutschland und dem von den Nationalsozialisten beherrschten Europa. In den 60er Jahren setzte sich der NCJW für die Rassengleichheit in den USA ein und beteiligte sich an der Bürgerrechts- und der Friedensbewegung. An verschiedenen Schulen wurden Eltern-Lehrer-Gruppen eingerichtet und in der Schulküche dafür gesorgt, daß die Schüler ein gesundes Mittagessen bekamen

🄻 NCJW, The First Fifty Years: A History of the NCJW, New York 1943. (CL)

Nationale Arbeiterorganisation →Histadrut Haovidim Haleumit

National-jüdische Vereinigung, gegründet 1896 in Köln von M. I. →Bodenheimer und D. →Wolffsohn. 1897 ging aus der National-jüdischen Vereinigung die »National-Jüdische Vereinigung für Deutschland« hervor, die nach dem »Basler Kongreß« 1897 in →Zionistische Vereinigung für Deutschland umbenannt wurde. Ähnlich anderen zionistischen Vereinigungen entstand die National-jüdische Vereinigung aus dem Bewußtsein, daß die Assimilation an der ablehnenden Haltung der nichtjüdischen Mehrheit gescheitert sei. Die Lösung der »Judenfrage« suchte die Vereinigung in der Rückbesinnung auf Kultur und Geschichte des Judentums als einer nationalen Gemeinschaft sowie in der Errichtung eines souveränen jüdischen Staates. Dieses Programm wurde in den →Kölner Thesen niedergelegt. (RD)

Nationalreligiöse Partei (NRP, hebräisch »Miflaga Datit Leumit«, Abkürzung Mifdal), 1956 durch Zusammenschluß von →Misrachi und →Hapoel Hamisrachi entstandene israelische Partei; bildet traditionell den religiösen Flügel der zionistischen Bewegung. Zu ihrem Programm gehören der religiös begründete Anspruch auf das »Gelobte Land« und die Forderung nach einer an der jüdischen Religion orientierten Gesetzgebung und Erziehung. Die NRP beteiligte sich seit der Staatsgründung an fast allen Regierungen und war bzw. ist Koalitionspartner sowohl der →Mapai bzw. →Israelischen Arbeitspartei als auch des →Likud. Seit 1981 wurde der Einfluß der NRP durch die Entstehung neuer religiöser Parteien geschwächt. Diese Parteien sind meist auf eine besonders religiöse Gruppe oder Tradition ausgerichtet und dadurch weniger kompromißbereit als die NRP. Die NRP (bzw. 1949 die →Vereinigte Religiöse Front und 1951 und 1955 die Wahlliste Misrachi und Hapoel Hamisrachi) erzielte in den Wahlen zur Knesset folgende Ergebnisse:

1949	12,2%	der Stimmen	16 Mandate
1951	8,3%	der Stimmen	10 Mandate
1955	9,1%	der Stimmen	11 Mandate
1959	9,9%	der Stimmen	12 Mandate
1961	9,8%	der Stimmen	12 Mandate
1965	8,9%	der Stimmen	11 Mandate
1969	9,7%	der Stimmen	12 Mandate
1973	8,3%	der Stimmen	10 Mandate
1977	9,2%	der Stimmen	12 Mandate
1981	4,9%	der Stimmen	6 Mandate
1984	3,5%	der Stimmen	4 Mandate
1988	3,9%	der Stimmen	5 Mandate
1992	5,0%	der Stimmen	6 Mandate
1996	7,9%	der Stimmen	9 Mandate

🄻 C. S. Liebman/E. Don-Yehiya, Religion and Politics in Israel, 1984. – G. Schiff, Tradition and Politics. The Religious Parties of Israel, 1977. – M. Wolffsohn/D. Bokovoy, Israel. Geschichte, Politik, Gesellschaft, Wirtschaft, [5]1996. (DB/MW)

Naumann, Max, Rechtsanwalt, 12. 1. 1875 Berlin – 1939 New York, Reserveoffizier, Mitglied der DVP, 1920 Gründer und Vorsitzender des →Verbands nationaldeutscher Juden, Herausgeber der Monatsschrift »Der Nationaldeutsche Jude«, nach der Auflösung des Verbands durch die Nationalsozialisten Auswanderung in die USA.

🄻 C. J. Rheins, Leo Baeck Institute Year Book 25, 1980. (JS)

Navon, Izhak, israelischer Politiker (→Mapai, →Rafi, →Israelische Arbeitspartei), 19. 4. 1921 Jerusalem; Studium an der Hebräischen Universität, einige Jahre Lehrer. 1951/52 Sekretär des Außenministers M. →Scharett, dann 1952–63 Sekretär David →Ben-Gurions. 1963–65 war Navon Direktor der Kulturabteilung im Erziehungs-

und Kulturministerium; 1978–83 israelischer Staatspräsident; 1984–88 stellvertretender Ministerpräsident und Minister für Kultur und Erziehung. Als Staatspräsident war I. Navon der erste Sepharde und der erste in Israel Geborene in diesem Amt. (DB/MW)

Izhak Navon, 1977

Nazareth, hebräisch Nazerat, arabisch An Nasira, nordisraelische Stadt am Rand Untergaliläas, über der Jesreelebene an der Straße Haifa-Tiberias, 57 000 Einwohner; neben Jerusalem die größte Arabersiedlung in Israel; christliche heilige Stätten: Verkündigungskirche, Marienquelle; Handel, Handwerk, Fremdenverkehr. Über der Stadt das 1957 gegründete, überwiegend jüdische Ober-Nazareth (Nazerat Illit), 42 000 Einwohner; Möbel-, Textil-, Schokoladenindustrie. – Im NT ist Nazareth der Heimatort Jesu und seiner Eltern. Erster Kirchenbau unter Konstantin. Das in der Kreuzfahrerzeit bedeutende kirchliche Zentrum wurde 1263 von dem Mamluken Baibars zerstört. Wiederaufbau durch Franziskaner seit 1620. Deren Kirche von 1730 wurde 1969 durch eine große Kathedrale ersetzt. 1948 von israelischen Truppen besetzt. Die arabische Bevölkerung blieb in der Stadt. (WL)

Essay

Juden und Nationalsozialismus

Nachum Orland

Am 30. Januar 1939, dem sechsten Jahrestag der Machtübernahme durch die Nationalsozialisten, sprach Hitler die folgenden Sätze, die anfangs in ihrer Bedeutung verkannt wurden:
»Ich will heute wieder ein Prophet sein. Wenn es dem internationalen Finanzjudentum inner- und außerhalb Europas gelingen sollte, die Völker noch einmal in einen Weltkrieg zu stürzen, dann wird das Ergebnis nicht die Bolschewisierung der Erde und damit der Sieg des Judentums sein, sondern die Vernichtung der jüdischen Rasse in Europa.«
Diese Sätze entbehren der inneren Logik. Wenn dem Judentum – namentlich den wohlhabenden Juden – im Zusammenhang mit dem Ersten Weltkrieg irgendwelche »Schuld« nachgesagt werden kann, so ist es die, daß das deutsche Judentum zu unkritisch den Zielen der wilhelminischen Regierung gegenüberstand. Ähnliches läßt sich über das Judentum in Österreich sagen: Die Masse der osteuropäischen Juden hat die kaiserlichen Armeen als Befreier vom zaristischen Joch begrüßt und half ihnen, wo sie nur konnte. Damit zog dieses Judentum den Haß der dort lebenden Völker auf sich.
Auch die Juden Amerikas – gerade die finanzstarken – waren während des Ersten Weltkriegs eher pro- als antideutsch gesonnen. Was sich auch über die Ursache des Ersten Weltkriegs sagen läßt – die Juden haben ihn nicht verursacht. Weiter gefolgert: Welches Interesse konnte das Judentum, zumal »das Finanzjudentum«, an der »Bolschewisierung« der Welt haben, da doch die Erfahrung in Rußland gezeigt hatte, daß die Juden die ersten Opfer dieses Prozesses waren?
Über die Unsinnigkeit, die »jüdische Rasse« als einheitlich handelndes Subjekt zu deuten, das zudem verschwörerische

Ziele verfolgte, lohnt es nicht, sich überhaupt zu äußern. Wichtig ist vielleicht die Nebenbemerkung, daß Hitler sich »wieder« als Prophet erachtete, und das ermöglicht auch Rückschlüsse auf das Wesen des Nationalsozialismus. Er war nicht irgendeine der radikalen Parteien, von denen es damals in Europa viele gab. Er war auch viel mehr als eine »Bewegung«. Der Nationalsozialismus hat sich als eine politische Religion, vielleicht als eine neue Religion verstanden. Seine Diktion offenbart dies. Er sprach die Erlösungsbedürfnisse an, die er selber konstruierte, wobei politische Lösungen mit Erlösung gleichgesetzt wurden. Er meditierte über den endzeitlichen Reichsgedanken; Hitler verlangte von seinen Anhängern einen fanatischen Glauben. Diejenigen aus den Reihen der Nationalsozialisten, die beim Putsch in München 1923 ums Leben kamen, wurden zu heiligen Opfern hochstilisiert, zu Blutzeugen ernannt, die den Weg für das Dritte Reich und damit zur Erlösung ebneten und verkündeten.

Es gab natürlich – zentral und sehr eminent – den Gedanken der Auserwähltheit der Deutschen. So hat sich der Nationalsozialismus in seinen tieferen Dimensionen verstanden. Er brauchte aber die »Gegenrasse«, den Satan. Man fand sie, man konstruierte sie in den Juden. Alle Aggressivität, alle Verschwörungen gegen die Nachbarländer, darüber hinaus alle Herrschaftsansprüche, die die Nationalsozialisten in sich trugen und zu deren Realisierung sie auf dem besten Weg waren, wurden in die Juden hineinprojiziert. Die Nationalsozialisten waren auch überzeugt, daß es die Juden seien, die ihnen den Weg zu diesen Zielen versperrten. Ebenso, wie sie in der »Rasse« ihres Volkes alle nur erdenklich guten und edlen Eigenschaften zu erkennen glaubten, setzten sie die »Gegenrasse« mit allen negativen Attributen gleich: häßlich, faul, parasitär. Es entstand das Bild des »Untermenschen«, des »Nicht-Menschen«, ein Ausdruck von Haß, der mit pseudowissenschaftlichen Argumenten »untermauert« wurde – die Juden gefährdeten die Deutschen. Werte und Faktoren wie Demokratie, Pressewesen, Parteien, Amerika, England und weitere mehr wurden durch das Adjektiv »verjudet« zusammengeschmolzen und zu einem bedrohlichen Bild gemacht.

Zwei »Rassen« und Glauben rangen um die Weltherrschaft. Oft haben die Nationalsozialisten – hier war der Einfluß Goebbels' maßgeblich – den Bibelvers »Und ihr solltet mir ein Königreich von Priestern und heiligem Volk sein« zitiert. Das war für religiöse Juden eher metaphorisch gemeint, ein religiöses Bekenntnis ohne politischen Anspruch. Goebbels deutete das Ganze um. Erst durch die Vernichtung der Juden könnten die Deutschen die ihnen »entrissene« Auserwähltheit wiedererlangen. Das Reich sollte dieses heilige Königreich sein. Dies verband man mit realpolitischen Ansprüchen gegen andere Völker. »Indem ich« – so Hitler – »mich gegen das Judentum erwehre, kämpfe ich für das Werk des Herrn.« Bei dieser Betrachtungsweise war der Gegensatz zwischen Germanentum und Judentum total und kompromißlos. Daraus wurde auch die »moralische Berechtigung« abgeleitet, die Juden zu vernichten. Das Ziel stand klar vor Augen, ergab sich aus dem eigenen Verständnis. Der Weg dorthin mußte jedoch, auch mit Rücksicht auf andere Faktoren, in Etappen zurückgelegt werden, Etappen, die auch das Element der Verschleierung und der Beschwichtigung enthielten, ohne auf das Ziel als solches zu verzichten.

Der →Antisemitismus war ein integraler Bestandteil des Nationalsozialismus, auch als diese Partei noch in der Opposition war. Das Parteiprogramm vom 24. Februar 1920 forderte die Abschaffung der staatlichen Rechte der deutschen Juden, ihre Entfernung aus öffentlichen Ämtern, Abschiebung jener Juden, die die deutsche Staatsbürgerschaft nicht besaßen, und auf lange Sicht die Entfernung aller Juden aus Deutschland (Paragraph 4–8). Hitler selbst hat zwischen »Gefühlsantisemitismus«, der im Pogrom mündete und nach seiner Meinung den Juden nicht genügend schadete, vielmehr bei Teilen der Bevölkerung Sympathien ihnen gegenüber erzeugte, und anderen Maßnahmen unter-

schieden. Er wollte sein Werk, seinen Plan systematisch vollendet wissen: Isolierung der Juden, Verdrängung aus der Wirtschaft, Herabsetzung, Brechung jeglichen Widerstands bis hin zur physischen Vernichtung. Darüber sprach er allerdings bis zum Rußlandfeldzug nicht öffentlich. Vernichtungsphantasien sind jedoch an mehreren Stellen in »Mein Kampf« explizit oder implizit deutlich zu lesen.
Gleich nachdem die Nationalsozialisten die Macht übernommen hatten, begannen sie durch Gesetz schon im Februar 1933 mit der Gleichschaltung der Medien und mit der Entfernung »nicht-arischer Elemente«. Es folgte dann am 1. April 1933 der →Boykott gegen jüdische Geschäfte. SA-Männer stellten sich davor, pöbelten die Kunden an. Aber diese Maßnahmen lagen eher im Bereich des von Hitler nicht sonderlich geschätzten »Gefühlsantisemitimus« und wurden nach einem Tag beendet. Er wollte, wie gesagt, systematisch vorgehen. Am 7. April 1933 folgte das Gesetz zur Wiederherstellung des Berufsbeamtentums, was nichts anderes als die Entfernung der jüdischen Beamten – mit wenigen Ausnahmen – bedeutete. Es folgten am 22. April 1933 eine Verordnung, die jüdischen Ärzten verbot, für Krankenkassen zu arbeiten, am 25. April 1933 die Einführung des Numerus clausus für jüdische Studenten, deren Zahl nicht mehr als 1,5 Prozent der gesamten Studentenschaft betragen sollte, und es folgten andere Maßnahmen.
Die Jahre 1934 und 1935 wurden von den Nationalsozialisten sehr erfolgreich dazu benutzt, ihre Herrschaft zu stabilisieren. Am 15. September 1935 folgten die auf dem Parteitag in Nürnberg verkündeten »Nürnberger Gesetze«, durch die Heirat und außereheliche Beziehungen zwischen Juden und Deutschen kriminalisiert wurden (→Rassegesetze). Das Olympiadejahr 1936 brachte eine gewisse »Beruhigung« der Lage mit sich, wenn auch in diesem Jahr antijüdische Verordnungen verkündet wurden. Buchhändler mußten ihren »arischen Nachweis« erbringen (31. März 1936). Durch Gesetz vom 19. Juni 1936 erhielten jüdische Apotheken keine Konzessionen mehr. Verschärfte antijüdische Maßnahmen waren während des Jahres 1938 zu verzeichnen, so am 26. April 1938 die Verordnung über die Anmeldung des Vermögens von Juden – eine Verordnung, die die Ausschaltung der Juden aus der Wirtschaft vorbereitete bzw. sanktionierte, was bereits vor sich ging. Am 17. August 1938 wurde die Annahme des Zusatznamens »Sara« bzw. »Israel« durch Gesetz für jeden Juden zur Pflicht. Ab 5. Oktober 1938 mußten die Pässe jüdischer Personen – und durch Gesetz wurde bereits definiert, wer als solche galt – mit einem »J« versehen werden. Es folgte dann der Pogrom vom 8. November 1938 (→Reichspogromnacht).
Er war ein weiterer Ausdruck des »Gefühlsantisemitismus«, der allerdings systematisch durchorganisiert war. Der Anlaß – die Ermordung des Gesandtschaftsrats in der deutschen Botschaft in Paris, Ernst vom Rath, durch Herschel Grynszpan, mag zufällig gewesen sein. Das Jahr brachte bereits die Radikalisierung mit sich. Mag sein, daß das Attentat den Nationalsozialisten die ersehnte Gelegenheit bot. Es wurde eine Pogromstimmung erzeugt, 91 Juden wurden ermordet, über 25 000 in KZs eingewiesen, Synagogen und andere Einrichtungen brannten aus. Die Radikalität innerhalb der deutschen Bevölkerung griff um sich. Mehr als fünf Jahre systematische Hetze und Entrechtung zeigten Wirkung, setzten Instinkte frei, senkten die Hemm- und Schamschwelle.
Im Innern sind die Nationalsozialisten auf nennenswerten Widerstand nicht gestoßen. Latente Zustimmung bei breiten Schichten einerseits, Angst der Durchschnittsbürger vor den Terrormethoden der Nationalsozialisten andererseits trugen sichtlich ihren Teil dazu bei. Aber auch im Ausland war die Reaktion sehr milde, eher beschwichtigend. All das stärkte die Nationalsozialisten in dem Glauben, daß die Welt »dies« hinnehmen würde – und dieses »dies« wurde immer radikaler.
Nach dem Ausbruch des Kriegs wurde auch die Möglichkeit der Auswanderung – besser gesagt: der Flucht aus Deutschland – den meisten Juden versperrt. In den

Jahren zuvor hatten immerhin fast 270 000 deutsche Juden davon Gebrauch gemacht (→Emigration und Exil nach 1933). Aber für die rund 250 000 im Reich verbliebenen war auch dieser Weg nun versperrt. Sie saßen in einer tödlichen Falle. Gleich nach Kriegsausbruch begann eine Welle von Verfolgungen, zunächst in Polen, ab Sommer 1940 auch in Frankreich, Holland und anderen besetzten Ländern. Die Radikalität der Verfolgung der deutschen Juden steigerte sich. Es begann die systematische Vertreibung, die allerdings in einer verschleiernden Weise geschah. Man sprach von »Umsiedlungsaktionen«. All das steigerte sich nach Beginn des Feldzugs gegen die Sowjetunion. Es begannen die Massenerschießungen, die Errichtung von Ghettos, und es folgte dann, vor allem nach der Wannsee-Konferenz vom 20. Januar 1942, in der die →»Endlösung« geregelt wurde, die systematische Vernichtung von Juden in Konzentrationslagern (→Holocaust).

Wer hat all das verursacht, ermöglicht, war es ein Zufall, daß dies ausgerechnet von Deutschland aus seinen Anfang nahm? Darf man all das nur mit der Person Hitler in Verbindung bringen und mit seiner Bewegung oder kann man hier eine gewisse Kontinuität erkennen?

Sicherlich hat Hitler den Antisemitismus nicht erfunden, der in Deutschland eine lange Tradition hatte. Er basierte auf religiösen Vorurteilen, die auch die säkularisierten Deutschen übernahmen. Es hat Antisemitismus in konservativ-feudalen Kreisen gegeben, die in den Juden Vertreter des traditionslosen und für sie bedrohlichen Modernismus sahen. Das Bürgertum dagegen betrachtete die Juden als eine gefährliche Konkurrenz. Auch innerhalb der Arbeiterschaft – wenn auch von entgegengesetzter Warte – gab es starke Vorbehalte gegen die Juden, die mit einer Kapitalismuskritik verknüpft waren. Diese war zeitweilig so eminent, daß August Bebel sich zu der Warnung genötigt sah und zu der Feststellung, daß »Antisemitismus der Sozialismus der dummen Kerle« sei. Es hat in Deutschland eine lange Tradition des Rassismus gegeben, und es gab natürlich die imperialen Bestrebungen, den Kampf um den Platz an der Sonne.

Hitler und die Nationalsozialisten haben all dies reaktiviert, und doch waren sie eine radikale Neuheit und in ihrer Verwerflichkeit einzigartig. Anfangs wurde dies nicht verstanden. Die Ziele, die Hitler artikulierte, hatten auch mit den Juden im Grunde nichts zu tun: Lebensraum im Osten – der Wunsch, große Teile der slawischen Bevölkerung zu versklaven, der Kampf gegen die Demokratie und das Streben nach Weltherrschaft. So phantastisch sich das alles anhört – in den Jahren 1940–1942, als die Deutschen Norwegen im Norden, Griechenland im Süden, Frankreich im Westen besetzt hielten und vor den Toren Moskaus standen, gab es Anlaß zur Sorge, daß all das ihnen doch noch gelingen könnte. Sowohl die Völker des Ostens als auch die des Westens kämpften um Selbstbehauptung. Sie hätten gegen Hitler gekämpft, auch wenn er ein Judenfreund gewesen wäre, ja auch, wenn die Juden seine Verbündeten gewesen wären. Seine wahren Ziele und Bestrebungen wären auch in einem solchen Fall in keiner Weise moralisch oder berechtigt gewesen. Die Völker im Osten, die Länder des Westens haben nicht für die Juden gekämpft. Indem sie aber Hitler niederrangen, wurde der Holocaust beendet.

Gleichwohl, in der Welt, die sich Hitler zurechtzimmerte, waren die Juden die Drahtzieher und Schuldigen. Diese Gedanken fanden auch in seinem politischen Testament ihren Niederschlag. Mit Hitler gab es keine Möglichkeit der Verständigung, aber auch mit anderen, »rationaleren« Nationalsozialisten nicht. Diese versuchten seit 1944, als es klar wurde, daß es keinen »Endsieg« geben würde, mit den Juden zu verhandeln, vor allem in Ungarn, das seit März 1944 von den Deutschen besetzt war. Aber die Geschäftsgrundlage, die sie konstruierten, war absurd. Die Juden wurden aufgefordert, einen Separatfrieden mit dem Westen herbeizuführen. Als die Juden diese Bedingungen nicht erfüllen konnten, wurde 1944/45 auch ein großer Teil der ungarischen Juden Opfer der NS-Vernichtungsmaschinerie.

Der Holocaust war einzigartig. Imperiale Kriege hat es immer gegeben, auch Kämpfe gegen diese oder jene Regierungssysteme. Nie zuvor in der neueren Zeit jedoch hat es eine solche Eruption von Haß und Vernichtung gegeben. Dies ist nicht als Abstraktum oder Metapher gemeint, sondern buchstäblich. Das Ziel war, ein ganzes Volk durch Aushungern, Erschießen, Vergasen und Verbrennen auszurotten. Das Ziel war vor allem, die kommende Generation, die Kinder, zu vernichten. Ungefähr eine Million von ihnen ist während des Holocaust umgekommen. Eine ganze Kultur sollte vom Erdboden verschwinden bzw. auf Exponate für ein in Prag geplantes Museum reduziert werden. Jeder Versuch, dies zu relativieren, zu verharmlosen, dem Holocaust in Analogie mit dem Verhalten anderer Diktatoren einen Anstrich von »Normalität« zu verleihen, ist für die Überlebenden eine Verhöhnung. Gleichwohl – gerade weil der Holocaust einzigartig war, kann man eher eine optimistische Schlußfolgerung ziehen. »Erbfeindschaft« zwischen Deutschen und Juden hat es niemals gegeben. An die Tradition der fruchtbaren Zusammenarbeit, die es auch gab, soll man anknüpfen.

[L] J. Bauer, Der Holocaust – historische Aspekte (hebräisch), Tel Aviv 1982. – W. Benz (Hrsg.), Die Juden in Deutschland 1933–1945, 1989. – S. Dawidowicz, Der Krieg gegen die Juden 1933–1945, 1979. – E. Jäckel, Hitlers Herrschaft. Vollzug einer Weltanschauung, 1986. – A. Paucker (Hrsg.) unter Mitarbeit von S. Gilchrist und B. Suchy, Die Juden im nationalsozialistischen Deutschland 1933–1943/The Jews in Nazi Germany 1933–1943, 1986.

Nebukadnezar II., Großkönig des neubabylonisch-chaldäischen Reichs mit dem Zentrum in Babylon, (605–561 v. Z.). Gleich zu Beginn seiner Herrschaft vertrieb Nebukadnezar II. die Ägypter aus Syrien und Palästina; 597 eroberte er Jerusalem und verbannte König Jojachin von Juda mit angeblich 10 000 Mann nach Babylonien. Nach einem Aufstand des neuen Königs Zedekia ließ Nebukadnezar II. ganz Juda besetzen und schließlich Jerusalem erstürmen (586). Der König und seine Anhänger wurden ebenfalls nach Babylonien deportiert, der Jude Gedalja wurde als Statthalter eingesetzt. 582 kam es nach einem erneuten Aufstand zu weiteren Deportationen. Durch die Angabe hoher Deportiertenzahlen will die jüdische Überlieferung den Eindruck erwecken, allein das babylonische Judentum sei die legitime Fortsetzung Judas gewesen (anders Jer 52,28–30). (HC)

Nedarim (Singular Neder, hebräisch »Gelübde«), begegnen schon in der Hebräischen Bibel (vgl. auch →Mischna) und werden ausführlich behandelt (Num 30). Dabei ist zwischen zwei Arten von Nedarim zu unterscheiden, die auch das rabbinische Judentum übernahm: sog. Weihe-Nedarim oder Schenkungs-Nedarim (Nidre Hekdesch) und sog. Verbots-Nedarim (Nidre Issur). Bei den Weihe-Nedarim, die in der Ordnung Qodaschim behandelt werden, weiht jemand ein ihm gehörendes Gut – ein Tier oder einen Gegenstand – für den Altar oder für den Unterhalt des Tempels. Je nach Formulierung des Nedarim übernimmt der betreffende eine persönliche (d. h. wenn das Opfertier stirbt, muß er ein entsprechendes anderes darbringen) oder eine sachliche Verpflichtung (d. h. wenn das Opfertier stirbt oder untauglich wird, erlischt die nur auf das bestimmte Tier bezogene Verpflichtung). Bei Verbots-Nedarim, behandelt im Traktat Nedarim, wird dem Betreffenden durch die Nedarim der Genuß bzw. die Nutznießung eines Gegenstands verboten. Dieses Verbot kann sowohl das Eigentum betreffen, das der Gelobende sich und anderen entzieht, als auch fremdes Eigentum, dessen er sich entsagt. Die Nedarim einer Frau bedürfen der Bekräftigung durch den Vater oder Ehe-

mann. Die Nedarim erhalten insofern eine weitere Einschränkung, als sie nicht gegen Gebote (→Mizwa) verstoßen dürfen und nur bei klarem Bewußtsein und ohne Druck ausgesprochen werden dürfen. Eine Auflösung – obwohl in der Hebräischen Bibel nicht erwähnt – ist aufgrund rabbinischer Lehre vor einem sachkundigen Richter oder vor drei Laien durch die dreimal wiederholte Formel »Es sei dir erlaubt« möglich.
Eine spezielle Art der Verbots-Nedarim sind die Nasirats-Nedarim, behandelt im Traktat Nasir. Nasiräer werden Personen genannt, die sich selbst weihen oder absondern, indem sie sich durch Nedarim für eine bestimmte Zeit des Genusses von Trauben oder irgendeines Produkts aus Trauben enthalten, nicht die Haare scheren und keinen Leichnam berühren. Ist in biblischen Zeiten von einem lebenslangen Nasirat die Rede, so unterscheiden Mischna und Talmud ein normales, ein lebenslanges und ein sog. Simson-Nasirat. Wenn die Dauer eines Nasirats nicht gesondert festgelegt worden war, galt es 30 Tage. Die Nasiratsgebote galten nur für Israel. Sie konnten nicht von Heiden, wohl aber von Frauen und Sklaven abgelegt werden. Ein zeitlich befristetes Nasirat wurde durch einen bestimmten Opferritus im Tempel beendet. Nach der Zerstörung des Zweiten Tempels 70 n.Z. wurde dies unmöglich, so daß die Praxis des Nasirats allmählich verfiel. Ähnlich wie bei den normalen Nedarim gab es auch bei Nasirats-Nedarim die Regelung, daß sie annulliert werden konnten. Voraussetzung war dabei aber, daß die Umstände, unter denen die betreffende Person die Nedarim abgelegt hatte, von ihr nicht bedacht wurden oder ihr nicht bekannt waren, aber eine gewisse Eventualität des Ereignisses bestanden hat. Die Annullierung hatte vor einem dreiköpfigen Bet Din zu geschehen und wurde mit der zweimal gesprochenen Formel »Es ist aufgehoben für dich« besiegelt. Nedarim sind schon in der Hebräischen Bibel umstritten. Im rabbinischen Judentum werden sie weitgehend abgelehnt, vor allem auch das Nasirat, da Askese nicht dem Geist des Judentums entspreche. (HMD)

Negaim →Mischna

Negev, Negeb, der Süden Israels, 60 Prozent der Landesfläche in den Grenzen von 1948–67, ein Dreieck zwischen Elat, Totem Meer und der Mittelmeerküste bei Ashqelon und Gaza; Wüste mit von Nordwesten nach Süden von 300 auf 25 mm abnehmenden Jahresniederschlägen; im Norden die Beer-Sheva-Senke mit fruchtbaren, aber erosionsgefährdeten Lößböden, die bis zur Breite von Beer Sheva, der Hauptstadt des Negev, seit 1948 durch künstliche Bewässerung in Kultur genommen wurden; früher – wie das Gebiet südlich und östlich von Beer Sheva heute noch – Siedlungsraum von Beduinen, die heute zu Anbau übergehen; südlich und östlich davon die Berge des Zentral-Negev mit Bodenschätzen (vor allem Phosphate und keramische Rohstoffe, wenig Erdöl, Erdgas, Eisenerz), deren Abbau zu Stadtgründungen (→Dimona; Arad, 1962 gegründet, 21 000 Einwohner; Mizpe Ramon, 3000 Einwohner, u. a.) führte; im Har Ramon 1035 m hoch; südlich anschließend die Paranhochfläche mit dem Wadi Paran und die Elatberge (bis 890 m).
Als »Südland« bezeichnet, bildete der Negev in biblischer Zeit den Süden des Siedlungsgebiets des Stammes Juda (Jos 15,21–32). Auch Simeon hatte hier seinen Erbbesitz (Jos 19,1–9).
🄻 N. Glueck, Rivers in the Desert. A History of the Negev, New York 1959. – Y. Karmon, Israel. Eine geographische Landeskunde, ²1994. (WL)

Nehemia →Hebräische Bibel

Neher, André, französischer Rabbiner, Lehrer und Philosoph, 1913 Obernai, Elsaß – 1988 Jerusalem. Neher begann seine Laufbahn als Germanist, wurde dann geistiger und philosophischer Lehrer einer ganzen Generation jüdischer Intellektueller. 1946 erschien sein erstes, grundlegendes Werk »Transzendenz und Immanenz«. Sein Hauptthema war das Zeitalter vom Ende des Mittelalters bis zum Beginn der Renaissance, beeinflußt durch Rabbi Juda Löw ben Bezalel (Maharal von Prag). 1957 ernannte ihn David Ben-Gurion zu einem »Weisen von Israel«. 1967 siedelte Neher nach Israel über und ließ sich mit seiner Frau Renée Neher-Bernheim in Jerusalem nieder. Hier übernahm Neher eine Dozentur an der Hebräischen Universität. Bis zu seinem Tod blieb sein Einfluß speziell auf die jüdische Öffentlichkeit in Frankreich erhalten. (MH)

Neila (hebräisch »Verschließen«; Abkürzung für »Neilat Schearim«, »Schließen der Tore«), ursprünglich Bezeichnung für das Abschlußgebet der →Maamadot im Tempel vor dem Verschließen der Tempeltore eine Stunde vor Sonnenuntergang. Nach der Zerstörung des Zweiten Tempels 70 n.Z.

zusätzliche Gebetszeit an allen Fasttagen, später aber im Synagogen-Gottesdienst nur noch an →Jom ha-Kippurim. Das Schließen der Tore wurde dabei übertragen auf das Schließen der himmlischen Tore, d. h. zu dieser Zeit wurde der himmlische Urteilsspruch über die Menschen besiegelt, deren Taten an →Rosch ha-Schana in das Buch des Lebens eingeschrieben wurden. Die Zeit der Buße und Reue ist vorbei. Das Neila-Gebet, das aufgrund der Länge der Jom ha-Kippurim-Liturgie meist erst nach Sonnenuntergang beginnt, bildet den Abschluß des Jom ha-Kippurim. Es gilt als sein Höhepunkt und zeichnet sich durch besonders getragene Melodien und solche Gebete aus, die die Sündenvergebung zum Thema haben. (HMD)

Nelson, Leonard, Philosoph, 11. 7. 1882 Berlin – 19. 10. 1927 Göttingen. Nelson war Nachkomme M. →Mendelssohns und Sohn eines angesehenen jüdischen Rechtsanwalts, wurde aber schon als Kind getauft. Sein philosophisches Lebenswerk galt der Begründung und der konsequenten politischen Umsetzung einer exakten Ethik. Sein im Anschluß an I. →Kant formuliertes Moralgesetz: »Handle nie so, daß du nicht auch in deine Handlungsweise einwilligen könntest, wenn die Interessen der von dir Betroffenen auch deine eigenen wären« weist auf gegenwärtige Versuche einer kommunikativen Ethikbegründung hin. Nelsons so motiviertes sozialistisches Engagement hat noch im Widerstand gegen den Nationalsozialismus und im Godesberger Programm der SPD Spuren hinterlassen. (DK)

Neonazismus. Bezeichnung für rechtsradikale, neofaschistische und antisemitische Strömungen, Gruppierungen und Parteien, die auch nach dem Zweiten Weltkrieg an die Tradition des Nationalsozialismus anknüpfen.
Obwohl der Neonazismus eine internationale Erscheinung ist, konzentriert sich das öffentliche Interesse zu Recht auf die Entwicklung in Deutschland. Aufsehen erregt vor allem die rechtsextremistische Aktivität in den neuen Bundesländern, wo sich die Übergriffe neonazistischer Skinheads und antisemitische Schmierereien (→Friedhofsschändungen) mehren. Die überwiegend von Jugendlichen verübten spektakulären Aktionen in Ostdeutschland hatten vergleichbare Vorläufer in der alten Bundesrepublik. Dort ist die Zahl der Friedhofsschändungen – u. a. in Affaltrach, Bamberg, Cham, in Düsseldorf, Fürth, Mainz, Münster, Köln, Hamburg, Hannover und Pretzfeld – kaum noch zu überblicken, Hunderte von Gräbern wurden geschändet, mit Hakenkreuzen, SS-Runen und mit »Juda Verrecke!«-Parolen beschmiert. In zahlreichen Städten und kleinen Gemeinden wurden an Schulen, Rathäusern, Denkmälern, öffentlichen Verkehrsmitteln und Häuserwänden Hakenkreuze und NS-Parolen wie »Heil Hitler«, »Es lebe die NSDAP!« angebracht; Handzettel und Aufkleber mit Hakenkreuzen und Losungen wie »NSDAP jetzt«, »Kauft nicht bei Juden«, »Kampf den Judenparteien« wurden geklebt und verteilt. Im ehemaligen KZ Flossenbürg wurde die Wand des Krematoriums mit der Forderung »Schluß mit der Sechs-Millionen-Lüge« beschmiert; in Bergen-Belsen wurden auf 50 Meter Länge Hakenkreuze und NS-Symbole angebracht; 20 Meter lang waren die Schmierereien am Institutum Judaicum in Münster; an die Hamburger Synagoge malten unerkannte Täter die Parolen »Juda verrecke« und »In Auschwitz macht die Arbeit frei«. Darüber hinaus mehren sich auch die Fälle stillen Terrors: Drohungen gegen Repräsentanten jüdischer Gemeinden, gegen Rechtsanwälte, Journalisten, Gewerkschaften oder Bürger, die sich öffentlich, z. B. in Leserbriefen, als Gegner des Neonazismus zu erkennen geben. Mit Sicherheit ist die Dunkelziffer weit größer als die Zahl der bekanntgewordenen Fälle. Die meisten dieser neonazistischen Aktionen haben einen gemeinsamen politisch-ideologischen Hintergrund. Beschönigungen der Verbrechen des NS-Regimes (»Auschwitz-Lüge«) und das Festhalten am Reichsmythos prägen das Selbstverständnis der Rechtsextremisten. In den Programmen der zeitweilig in Parlamenten vertretenen rechtsradikalen Parteien wie der SRP in den 50er, der NPD in den 60er und der »Republikaner« in den 80er Jahren gab es übereinstimmende Grundauffassungen, die durch eine auflagenstarke Presse u. a. Publikationsorgane verbreitet wurden und werden: Beklagt wurde der durch den »verlorenen Krieg« bedingte Verlust von nationaler Identität und Souveränität. Die Neonazis sahen und sehen den völkischen Organismus infiziert und bedroht durch den Zustrom von Ausländern und durch die zunehmende Verbreitung nichtdeutscher kultureller Werte. Ihre Fremdenfeindlichkeit begründen sie mit Biopolitik, durchsetzt von rassistischen Beiklängen. Die Ent-Mischung der Völker ist für sie traditionellerweise Voraussetzung der »Volksgesundheit«. Zu den Problemen, die sich aus der

Einheit Deutschlands ergeben, gehört vor allem auch der gefährliche Aufschwung von Neonazismus und Antisemitismus. (WJ)

Nesikin →Mischna

Netanjahu, Benjamin (»Bibi«), israelischer Politiker, 21. 10. 1949 Jerusalem. Verbrachte einen großen Teil seiner Jugend in den USA, wo sein Vater Geschichte lehrte. Netanjahu diente 1967 im Sechs-Tage-Krieg; danach bis 1976 Wechsel von Studium in den USA (Architektur, Betriebswirtschaft) und Militärdienst in Israel (zuletzt als Major); Tätigkeit in der Wirtschaft; ab 1982 an der israelischen Botschaft in Washington, 1984–88 UN-Botschafter Israels, 1988 Likud-Abgeordneter in der Knesset und stellvertretender Außenminister, 1991 Leiter der israelischen Delegation an der Madrider Friedenskonferenz, Ende 1991 bis Juli 1992 Vizeminister im Büro des Regierungschefs Schamir. 1993 wurde Netanjahu gegen den ehemaligen Außenminister David Levy als Nachfolger Schamirs zum Vorsitzenden des Likud und Oppositionsführer gewählt. Seine konsequente Opposition gegen den Friedensprozeß mit →Palästina, vor allem aber der anhaltende islamistische Terror führten zu seinem hauchdünnen Wahlsieg als erster direkt gewählter →Ministerpräsident Israels im Mai 1996 (50,4%), obwohl der Likud gleichzeitig einen Rückschlag erlitt. Als Ministerpräsident verständigte er sich zwar nach längerem Zögern mit Palästinenserchef Arafat über die weitgehende Räumung von →Hebron im Januar 1997, doch blieben weitere Fortschritte im Friedensprozeß aus. Netanjahus Mehrheit in der Knesset (im Juni 1996 hatte die Koalition aus Likud, Israel Baalija und religiösen und nationalistischen Parteien 66 von 120 Sitzen) schmolz im Januar 1998 durch den Rücktritt von Außenminister →Levy auf das Minimum von 61 Sitzen, und Benjamin Netanjahu sah sich nicht nur starkem außenpolitischem (USA, EU), sondern auch innenpolitischem Druck ausgesetzt. (WL)

Netanya, Nathania (nach dem in den USA lebenden Geschäftsmann und Philanthropen Nathan Strauss genannt), israelische Küstenstadt nördlich von Tel Aviv, Verwaltungssitz des Unterbezirks Sharon, 152 000 Einwohner; 1929 gegründet als Orangenbauerndorf; heute größtes Seebad Israels am Mittelmeer und Zentrum der Diamantschleiferei, Elektro- und Textilindustrie. (WL)

Nettl, Paul, amerikanischer Musikwissenschaftler, 10. 1. 1889 Hohenelbe, Böhmen – 8. 1. 1972 Bloomington, Indiana (USA). Studierte in Prag zunächst Jura, dann Musikwissenschaft. Nach dem Ersten Weltkrieg Privatdozent an der Deutschen Universität Prag, ab 1937 Leiter der Musikabteilung des Deutschen Rundfunks in der Tschechoslowakei. 1939 Emigration in die USA, wo er am Westminster Choir College in Princeton lehrte. 1946–59 Ordinarius an der University of Indiana in Bloomington. Nettl, der über 30 Bücher veröffentlicht hat, widmete sich hauptsächlich der Musik des 17. und 18. Jahrhunderts sowie der Musikgeschichte Österreichs und Böhmens. Ein wesentlicher Teil seiner Forschungsarbeiten galt Mozart. Zu seinen wichtigen frühen Schriften gehört die Studie »Alte jüdische Spielleute und Musiker« aus dem Jahr 1923. (AS)

Neture Karta (aramäisch »Wächter der Stadt«), seit 1935 politisch aktive, extrem religiöse jüdische Gruppierung in Israel, die den Zionismus und den Staat Israel ablehnt, da die Erlösung der Juden nur Gottes Werk sein dürfe und menschliches Tun dabei Gotteslästerung sei. Teile der Neture Karta haben sich sogar zur Zusammenarbeit mit der PLO gegen den jüdischen Staat bereit gefunden. Die 500–1000 Mitglieder leben in Bene Beraq bei Tel Aviv und hauptsächlich im geschlossenen orthodoxen Viertel Mea Shearim in Jerusalem, wo sie die Lebensweisen des traditionellen osteuropäischen Judentums pflegen. Da der säkulare jüdische Staat als Teufelswerk angesehen wird, ist Kontakt mit ihm verboten. Die Schulen der Neture Karta beschränken sich auf das Studium der heiligen Schriften.

🄻 E. Marmorstein, Heaven at Bat, 1969. – D. Schnall, Radical Dissent in Contemporary Israeli Politics, 1979. (DB/MW)

Neuberger, Josef, Politiker (SPD), 11. 10. 1902 Antwerpen – 11. 1. 1977 Düsseldorf. 1914 bei Kriegsausbruch Familie nach Deutschland ausgewiesen, Studium der Volks- und Rechtswissenschaft in Köln, aktiv in der jüdischen Jugendbewegung »Blau-Weiß«; Mitbegründer der Poale Zion in Deutschland; 1920 Eintritt in die SPD, 1933 Ausschluß aus der Anwaltskammer. Neuberger wurde in der Reichspogromnacht schwer mißhandelt, emigrierte über Holland nach Palästina. 1950 Entschluß zur Rückkehr, angetrieben von der »Sehnsucht heimatlos gewordener Deutscher jüdischen Glaubens nach ihrem Vaterland«.

Neuberger engagierte sich in der Düsseldorfer jüdischen Gemeinde, später im Direktorium des →Zentralrats der Juden in Deutschland; in dessen Auftrag war er Nebenkläger im Düsseldorfer Treblinka- u. im Bochumer Sobibor-Prozeß. Neben Anwaltstätigkeit 1956–59 im Rat der Stadt Düsseldorf, gleichzeitig Vorsitzender des Wiedergutmachungsausschusses. Ab 1959 MdL in Nordrhein-Westfalen, 1962–72 dort Justizminister. Sorgte für Reorganisation und Liberalisierung des Strafvollzugs, da er »am eigenen Leib erleben mußte, was die Mißachtung der Menschenwürde bedeutet«; Reform der Juristenausbildung. 1978 posthume Verleihung des Leo-Baeck-Preises. (EP)

Neuda, Fanny, Schriftstellerin, 6.3.1819 Eibenschitz, Mähren – 16.4.1894 Meran. Tochter des Rabbiners Schmiedl, Frau des Rabbiners von Nikolsburg, Abraham Neuda. Neuda ist die Verfasserin des in sieben Auflagen erschienenen Buches »Stunden der Andacht. Ein Gebet- und Erbauungsbuch für Israels Frauen und Jungfrauen« (1855), das neben Gebeten und religiösen Betrachtungen Anleitungen für Mütter zur Erziehung der Töchter enthält. Ferner schrieb sie Erzählungen: »Noami« (1867), »Jugenderzählungen aus dem jüdischen Familienleben« (1876). (MAM)

Neue Kommunistische Liste (NKL, auch »Rakah«, »Neue Kommunistische Partei«), jüdisch-arabische, nichtzionistische, linkssozialistisch-kommunistische israelische politische Partei, die sich 1965 nach Abspaltung von der →Kommunistischen Partei Israels (KPIL) konstituierte. Während die KPIL den ägyptischen Präsidenten Nasser für den Aggressor im →Sechs-Tage-Krieg 1967 hielt, verurteilte die NKL die »israelische Aggression« und wurde von Moskau als »die« kommunistische Partei Israels anerkannt. Da sie zwar Israels Existenzrecht uneingeschränkt, nicht aber die gesellschaftliche und politische Gestalt des Staates anerkennt, wurde die NKL »die« Partei der israelischen Araber. Seit den Knessetwahlen 1977 ist die NKL Teil der →Demokratischen Front für Frieden und Gleichheit (dort Wahlergebnisse ab 1977). Nach der Auflösung der KPIL nannte sich die NKL wieder Kommunistische Partei Israels. Lange hatten sich jüdische Stalinisten in der NKL gehalten, doch 1989 wurden sie aus ihren Führungspositionen verdrängt.
Bei den Knessetwahlen erzielte die NKL folgende Ergebnisse:

1965	2,3%	der Stimmen	3 Mandate
1969	2,8%	der Stimmen	3 Mandate
1973	3,4%	der Stimmen	4 Mandate

Ⓛ D. Schnall, Radical Dissent in Contemporary Israeli Politics, 1979. – Wolffsohn/Bokovoy, Israel. Geschichte, Politik, Gesellschaft, Wirtschaft, [5]1996. (DB/MW)

Neuer Israelitischer Tempelverein, 1817 in Hamburg gegründet. Nahm ein Jahr später in der Nähe des Großneumarktes ein eigenes Gebäude für den Gottesdienst in Gebrauch, das 1844 durch den Tempel in der Poolstraße abgelöst wurde. 1931 Umzug in den Tempel in der Oberstraße, der heute als Sendesaal des NDR dient. Die Mehrzahl der wohlhabenden und gebildeten Familien, die sich nicht mehr als Mitglied eines jüdischen Volkes, sondern eines jüdischen Religionsverbandes verstand, schloß sich ihm an. In enger personeller und ideeller Verbindung stand der Neue Israelitische Tempelverein mit der →Israelitischen Freischule Hamburg; so predigte E. →Kley im Neuen Israelitischen Tempelverein, und I. →Wohlwill sowie L. →Zunz hielten engen Kontakt mit ihm. 1840–43 war G. →Riesser Vorsteher. Kennzeichen des reformierten Gottesdienstes waren Gebete in deutscher statt in hebräischer Sprache, deutscher und hebräischer Gesang mit Orgelbegleitung und die obligatorische Predigt in deutscher Sprache. Die Reform wurde von orthodoxen Kreisen, aber auch von Heinrich Heine kritisiert. Mit den Reformgemeinden, u. a. in Kassel und Seesen, zählt der Neue Israelitische Tempelverein zu den Begründern der modernen jüdischen Reformbewegung.
Ⓛ B. Italiener (Hrsg.), Festschrift zum hundertzwanzigjährigen Bestehen des Neuen Israelitischen Tempelvereins 1817 bis 1937, 1937. (JÖD/AH)

Neue Weg, Der, Monatsschrift der jüdischen sozialdemokratischen Arbeiter-Organisation →Poale Zion in Deutschland, Berlin 1925. Redakteure: Melech Neustadt, Werner Fraustädter. (LH)

Neujahrsfest →Rosch ha-Schana

Neumann, 1. Alfred, Erzähler und Übersetzer, 15.10.1895 Lautenburg, Westpreußen – 3.10.1952 Lugano. Aufgewachsen in Berlin, Rostock und der französischen Schweiz als Sohn eines Holzfabrikanten, wurde Neumann Lektor und später Schwiegersohn des Verlegers Georg Müller; 1918–20 Dramaturg bei den Münchner Kammerspielen, danach freier Schriftsteller in München und Fiesole, wo er bis 1938 lebte. 1938 Emigration nach Nizza, 1941 in die USA; 1949 Rückkehr nach Europa. Neumanns psychologisch-historische Erzählungen (u. a. »Der Patriot«, 1925; »Der Teufel«, 1926) wurden in den 20er Jahren viel gelesen; auch im Exil und nach 1945 hatte er noch einen gewissen Erfolg (»Neuer Cäsar«, 1934; »Kaiserreich«, 1938; »Der Pakt«, 1949; »Viele heißen Kain«, 1950). In der Erzählung »König Haber« (1926, dramatisiert als »Haus Danieli« 1930) schildert Neumann Aufstieg und Fall eines jüdischen Emporkömmlings; der Roman »Es waren ihrer sechs« (1944) thematisiert das Schicksal der Widerstandsgruppe um die Geschwister Scholl. (HH)

2. Erich, Psychologe, 23. 1. 1905 Berlin – 5. 11. 1960 Tel Aviv, studierte zunächst Philosophie und Psychologie und später, um seine psychologischen Kenntnisse zu vertiefen, Medizin. Seine Ausbildung in »Analytischer Psychologie« erhielt er von Carl Gustav Jung in Zürich. Zentrale Themen in Neumanns Werk sind das Weibliche in seiner tiefenpsychologischen Bedeutung und die Psychologie des schöpferischen Menschen. Neumann, der der jüdischen Mystik und dem Gedankengut der →Kabbala eng verbunden war, emigrierte 1934 nach Palästina. 1948–59 war er ständiger Referent der Eranos-Tagungen in Moscia (bei Ascona). In seinem Werk »Tiefenpsychologie und Neue Ethik« (1949) zeigt er, daß die jüdisch-christliche Ethik die zerstörerischen Kräfte des Menschen nicht zu bändigen vermag. Demgegenüber entwarf Neumann eine individuelle Ethik, deren Grundgedanken er auf die ursprüngliche jüdische Ethik zurückführte. (CH)

3. Isaac →Deutschland, Deutsche Demokratische Republik

4. Robert, Schriftsteller, 22. 5. 1897 Wien – 3. 1. 1975 München. Neumann arbeitete zunächst als Buchhalter und bankrottierte 1925 mit einer eigenen Importfirma, ehe er 1927 mit einem Novellenband und vor allem mit dem Parodienband »Mit fremden Federn« erste Erfolge hatte (Fortsetzung: »Unter falscher Flagge«, 1932). 1933 Exil in England, 1940 kurzfristige Internierung. Exilromane u. a. »An den Wassern von Babylon« (englisch 1939, deutsch 1945). 1941–45 Anti-NS-Propaganda bei der BBC. 1959 siedelte Neumann nach Locarno über; zeitweilig Vizepräsident des internationalen PEN. Vielfältige Tätigkeit als Essayist, Kritiker und zeitkritischer und satirischer Erzähler (»Olympia«, 1961, ein Seitenstück zu Thomas Manns »Felix Krull«). (CS)

5. Salomon, Arzt, Sozialhygieniker, Kommunalpolitiker, Publizist, 22. 10. 1819 Pyritz, Pommern – 21. 9. 1908 Berlin. Neumann studierte in Berlin und Halle, dort 1842 Doktor der Medizin, 1845 Niederlassung als Arzt in Berlin. Neben der ärztlichen Praxis entwickelte Neumann eine wissenschaftliche und gemeinnützige Aktivität auf kommunaler Ebene. Mit seiner »Medizinischen Statistik des preußischen Staates« (1849) wurde Neumann zum Begründer des statistischen Amts in Berlin. Seine wissenschaftliche Arbeit galt den sozialen Aspekten der Medizin und der Statistik. Als Anhänger radikal-demokratischer Ideen trat er während der 1848er Revolution für die politische und soziale Emanzipation aller Deutschen ein. 1859–1905 Mitglied der Berliner Stadtverordnetenversammlung. Neumann war Vorsitzender des deutschen Komitees der »Alliance Israélite Universelle« und Mitbegründer und Vorsitzender des Kuratoriums der »Lehranstalt für die Wissenschaft des Judentums« (1895–1906) sowie der Zunz-Stiftung (1864). 1899 errichtete er die »Salomon-Neumann-Stiftung zur Pflege der Wissenschaft des Judentums«. Hauptwerke u. a.: »Die Berliner Syphilisfrage« (1852), »Krankenanstalten im preußischen Staate« (1858), »Fabel von der jüdischen Masseneinwanderung« (1886). (LH)

Neumark, Fritz, Wirtschaftswissenschaftler, 20. 7. 1900 Hannover – 9. 3. 1991 Baden-Baden. 1921 Promotion zum Dr. rer. pol., 1923/24 wissenschaftlicher Mitarbeiter im Reichsfinanzministerium in Berlin. 1925 bis 1933 Assistent, Dozent und Professor an der Universität Frankfurt am Main. Im April 1933 aus »rassischen Gründen« entlassen; emigrierte im Oktober 1933 nach Istanbul und wirkte dort bis 1951 als Professor an der Juristischen und Wirtschaftswissenschaftlichen Fakultät der Universität. Neumark gründete 1946 das Institut für Finanzwissenschaften an der Universität Istanbul und war maßgeblich an der Universitätsreform Atatürks beteiligt. Bis 1952 Regierungsberater (vor allem im Rahmen der türkischen Steuerreform 1950). 1952 Rückkehr nach Frankfurt am Main, bis 1969 Professor für Finanzwissenschaft an der Johann-Wolfgang-Goethe-Universität, 1954/55 und 1961/62 Rektor der Universität. Neumark war Berater des Bundeswirtschaftsministeriums und des Bundesfinanzministeriums, Mitherausgeber des »Finanzarchivs« und des »Handbuchs der Finanzwissenschaft«. (WJ)

Neumeyer, 1. Alfred, Jurist, 17.2.1867 München – 19.12.1944 Argentinien. Entstammte einer jüdischen Kaufmannsfamilie. Bruder von K. →Neumeyer. Jurastudium und Promotion zum Doktor der Rechtswissenschaft; seit 1893 Staatsanwalt in Kempten und Landshut; 1898 Staatsanwalt und Richter am Amts- und Landesgericht in München; 1910 erster Staatsanwalt am Oberlandesgericht in Augsburg; 1918 Richter am Oberlandesgericht München und von 1929 bis zu seiner von den Nationalsozialisten erzwungenen Pensionierung 1933 Richter am bayerischen Obersten Landesgericht. Neumeyer war bis zu seiner Emigration 1941 Vorsitzender der jüdischen Gemeinde in München und des →Verbandes Bayerischer Israelitischer Gemeinden, dessen Gründung in Nürnberg am 20. 4. 1920 aufgrund seiner Initiative erfolgte. Neumeyer setzte sich auch unter der NS-Herrschaft bis zuletzt für die Rechte der Juden ein. (BV)

2. Karl, Jurist, 19.9.1869 München – 17.7. 1941 Sulzberg, Vorarlberg. Bruder von A. →Neumeyer. Nach 1887 Jurastudium in Berlin, Genf und München; 1891 Promotion in München. Im Anschluß an die Habilitation (1901) Privatdozent an der juristischen Fakultät der Universität München; seit 1908 außerordentlicher und seit 1926 ordentlicher Professor in München. 1913 erhielt Neumeyer einen Ruf an die Universität Zürich, den er aus familiären Gründen ablehnte. Seine Verdienste im internationalen und vergleichenden Recht und im Völkerrecht fanden auch international Anerkennung; so wurde er 1926 Mitglied der »Académie de Droit international« in Den Haag. Unter der NS-Herrschaft konnte Neumeyer seiner Lehr- und Forschungstätigkeit nur in sehr eingeschränktem Maße nachgehen (eine zwangsweise Emeritierung war nicht möglich, da er bereits vor 1914 verbeamtet worden war). 1941 begingen er und seine Frau während eines letzten Urlaubs Selbstmord. (BV)

Neumond →Rosch Chodesch

Neuplatonismus. Das letzte originelle System der griechischen Philosophie, geschaffen von Plotin (um 204–270 n.Z.). Die Lehre des Neuplatonismus zeichnet sich durch ein charakteristisches metaphysisches Ab- und Aufstiegsschema aus. Auf der einen Seite wird der kosmische Prozeß als Ausfluß (Emanation) des geistigen, seelischen, natürlichen und stofflich Seienden (Hypostasen) aus dem Urgrund geschildert – wie eine Selbstvervielfältigung der ursprünglichen Einheit (Hen) bis zum Selbstverlust in der materiellen Vielheit. Dem entspricht auf der anderen Seite der psychische Prozeß der Rückbesinnung der im Körper gefangenen Seele auf ihren höheren Ursprung und die Erlösung durch asketische Läuterung, geistige Erleuchtung und ekstatische Vereinigung mit dem Urgrund (Henosis). Obwohl der Neuplatonismus als philosophische Religion zunächst mit den monotheistischen Religionen konkurrierte, erschien sein Monismus später häufig als Stütze für sie, ohne Rücksicht darauf, daß er anstelle des persönlichen Gottes ein unpersönliches Einheitsprinzip, anstelle der freien zeitlichen Schöpfung der Welt aus dem Nichts einen notwendigen und ewigen Emanationsprozeß aus Gott und anstelle der göttlichen Offenbarung und Erlösung die Selbsterkenntnis und -erlösung setzte. Trotzdem prägte der Neuplatonismus insbesondere die jüdische Religionsphilosophie. Seine profiliertesten Anhänger im Mittelalter waren Isaak ben Salomo →Israeli, →Salomo ben Jehuda ibn Gabirol, →Abraham bar Chija, →Josef ben Jakob ibn Zaddik, →Abraham ben Meir ibn Esra. Der Neuplatonismus hat ferner durch →Bachja ibn Pakuda die jüdische Ethik maßgeblich geprägt. Aber auch die jüdischen Vertreter des →Aristotelismus waren vom Neuplatonismus beeinflußt, weil im Mittelalter theologische Werke Plotins als aristotelische Schriften galten. So findet sich bei den meisten jüdischen Religionsphilosophen des Mittelalters das für den Neuplatonismus typische Ab- und Aufstiegsschema wieder. Noch tiefgreifender hat der Neuplatonismus die kabbalistische und chassidische Mystik durchdrungen und dadurch bis heute auf die religiöse Weltanschauung und die Volksfrömmigkeit des Judentums gewirkt.

[L] K. E. Grözinger, Neuplatonisches Denken in Chassidismus und Kabbala, in: Frankfurter judaistische Beiträge, H. 11, 1983. (DK)

Neuseeland. Nachdem 1829 die australische Firma Cooper & Levy Niederlassungen auf der Südinsel gegründet hatte, folgten während des nächsten Jahrzehnts weitere jüdische Händler. Nach der Ernennung Aucklands zur Hauptstadt 1840 gründete dort David Nathan gemeinsam mit anderen jüdischen Geschäftsleuten und Händlern die jüdische Gemeinde. Im selben Jahr begannen Juden sich in Wellington niederzulassen, unter ihnen 1843 der Londoner Gemeindevorsteher Abraham Hort sen. (1799–1869). Sein Plan, die Armut der Juden in London durch systematische Auswanderung nach Neuseeland zu mildern, scheiterte jedoch. Weitere jüdische Gemeinden folgten in Christchurch (1863) und Dunedin (1864). Sir Julius Vogel, zweifacher Premierminister (1873–75 und 1876) und Gründer der ersten Tageszeitung Neuseelands, entstammte der neuseeländischen jüdischen Gemeinde. Frei von Diskriminierungen haben Juden einen großen Beitrag zur Entwicklung Neuseelands geleistet; tätig waren sie in Politik, Wirtschaft, Justiz und Kultur. Nach 1918 führte der erste neuseeländische Delegierte des Internationalen Zionistenkongresses die zionistische Bewegung an. Die außer gegenüber Briten sehr restriktive Einwanderungspolitik der Regierung Neuseelands ließ kaum Flüchtlinge vor den Verfolgungen in Rußland u. a. kommunistischen Staaten Osteuropas sowie vor den Nationalsozialisten in Neuseeland Zuflucht finden. 1996 lebten etwa 5000 Juden in Neuseeland, hauptsächlich in Auckland und Wellington. (PB)

Essay

Die Juden in der frühen Neuzeit

Arno Herzig

Im Gegensatz zur Situation in den südeuropäischen Staaten Italien und Spanien bildet die Wende um 1500 keinen gravierenden Einschnitt für die Geschichte der Juden in Deutschland. Vielmehr ist die Periode von 1350 bis 1650 als eine Einheit zu begreifen, die durch eine sich ständig verschlechternde Lage bestimmt wird. Im 15. und 16. Jahrhundert zählten die jüdischen Kaufleute, verglichen mit der Konkurrenz der Fugger und anderer, nicht mehr zu den großen Finanziers. Soweit die noch kapitalkräftigen Juden nicht von selbst abwanderten, kam es in zahlreichen Städten zur Ausweisung, die in erster Linie von den Handwerker- und Kleinkrämerzünften durchgesetzt wurde. Dennoch wurden die Juden weiterhin zum Antisymbol des heraufkommenden Kapitalismus stilisiert, wie zahlreiche Einblattdrucke aus dem 16., aber auch dem 17. Jahrhundert beweisen. Bereits im ausgehenden 15. und beginnenden 16. Jahrhundert wurde diese Einstellung durch die Predigten der Bettelmönche verstärkt. Verquickt wurden die ökonomischen mit religiösen Motiven. Unhaltbare Anschuldigungen, wie Beleidigung der Madonna, vor allem aber Hostienfrevel und, noch grotesker, der Vorwurf des Ritualmords, tauchten Ende des 15. Jahrhunderts verstärkt in fast allen deutschen Regionen auf und führten zu zahlreichen Pogromen. Die durch den Volksglauben provozierte Ausgrenzung der Juden wurde verfestigt durch offizielle kirchliche Beschlüsse auf den Regionalkonzilien, wie sie 1451 Nikolaus von Kues in fast allen Bischofsstädten durchführte. Hier wurde die Kennzeichnung der Juden durch einen gelben Ring auf der Kleidung gefordert. Oder es wurde 1491 auf einer Diözesansynode in Bamberg den Juden verboten, mit gewöhnlichen Leuten über den christlichen Glauben zu diskutieren, sie zum Judentum zu verleiten und die Beschneidung an einem Nichtjuden zu vollziehen.

Der Antijudaismus, der die katholische Kirche in ihrer Krise um 1500 bestimmte, fand im Gegensatz zur päpstlichen Politik im 16. Jahrhundert, abgesehen von Johannes Ecks Schrift »Ains Judenbüchlins Verlegung« (1541), in Deutschland keine Fortsetzung. Die katholische Gegenreformation verzichtete weitgehend auf das strategische Mittel des Antijudaismus. Dagegen fanden die judenfreundlichen Ansätze reformatorischer Schriften der 1520er Jahre keine Fortsetzung, sondern leiteten über zu den judenfeindlichen Äußerungen Luthers in den 1540er Jahren, die die Juden als Boten des Antichrists verketzerten (→Kirche und Judentum). Diese Meinung wurde ebenfalls von den Humanisten vertreten, auch wenn diese bestrebt waren, das talmudische Schrifttum vor den Flammen der Inquisition zu retten. Luthers antijüdische Einstellung bestimmte die Haltung zahlreicher protestantischer Prediger in ihrem Bestreben, die reine Lehre gegen »beyderley Hauffen, die Juden und Esauiter« (Jesuiten), zu verteidigen. In protestantischen Territorien hatten die Theologen mit ihrer Argumentation vielfach Erfolg. So wurde die Ausübung der jüdischen Zeremonien, vor allem der Bau von Synagogen, verboten oder eingeengt und ein Glaubensgespräch zwischen jüdischen und christlichen Untertanen untersagt. In den Judenordnungen katholischer Regionen findet sich ein ähnliches Verbot erst wieder 1661 bei Bischof Bernhard von Münster. In einigen Staaten wie Braunschweig (1590/91) und Hessen-Darmstadt (1661/62) führten die Vorbehalte protestantischer Theologen zur Vertreibung aus den Territorien oder aus den Städten aufs Land. Relativ sicher wohnten trotz der Gegenreformation die Juden in den geistlichen Territorialstaaten, auch wenn es hier immer wieder Forderungen in den Wahlkapitulationen gab, die Juden zu vertreiben oder zumindest ihre Zahl einzuschränken. Die Fürstbischöfe kümmerten sich jedoch nicht darum. Als Landesherrn beanspruchten sie das Judenregal und damit die Einnahmen aus dem →Judenschutz. Sie entzogen sich damit der Finanzkontrolle der Stände, was auch in den Territorien der Fall war, wo es dem Landesherren im Zuge der Territorialisierung nicht gelungen war, das Mitspracherecht der Stände auszuschließen. Der Hoffaktor Jud Süß →Oppenheimer war ein Opfer dieser ständischen Konkurrenzpolitik.

Die meisten Landesherren versuchten, durch →Judenordnungen die widersprüchlichen Interessen in ihren Territorien zu regeln. Die Untertanen sollten durch Festsetzung der Zinssätze (meist fünf Prozent) im Sinne der »guten Policey« gegen Wucher geschützt, die Monopolstellung der Zünfte garantiert, die christliche Religion nicht verletzt, den Juden aber ein Bleiberecht garantiert werden. So trat trotz aller Einschränkungen eine Stabilisierung der Verhältnisse ein. Strikte Ausweisungen, die dann auch durchgeführt wurden, ereigneten sich immer seltener. Die Judenordnungen sind somit ein Ergebnis der Rationalisierung, die im Zuge der Territorialstaatenbildung erfolgte. Sie bekräftigten den Anspruch des Landesherrn gegenüber konkurrierenden Gewalten, wie den Ständen oder den Städten, auf das alleinige Judenregal im Sinne des römischen Rechts. Die meisten Landesherren sahen die Juden ausschließlich unter fiskalpolitischem Aspekt. Die Tributgelder sicherten Einnahmen, die von den Ständen nicht kontrolliert werden konnten. Der fiskalische Aspekt hatte für die Judenschaft den Vorteil, daß der Territorialherr sich nicht in die innerjüdischen Belange einmischte, solange ihm die Judenschaft die Einkommen aus dem Judenschutz garantierte. Die Vertreibung bzw. Auswanderung aus den Städten und die damit verbundene verstreute Niederlassung auf dem Land erschwerten im 16./17. Jahrhundert wegen der Minjan-Bestimmung eine Gemeindebildung in den ländlichen Ortschaften. In fast allen Territorien schlossen sich die Juden deshalb in Judenschaften zusammen, deren Selbstverwaltungsorgan der jüdische Landtag bildete, auf dem alle Männer stimmberechtigt waren. Diese →Landtage wählten die Landesrabbiner, die »Vorgänger« und andere Beamte, die die Judenschaft gegenüber den Landesherren vertraten. Dort, wo sich der Landesherr dieses Recht vorbehielt, hatten die Judenlandtage zumindest ein Vorschlagsrecht oder konnten vielfach die Abberufung unbeliebter Vorgänger erreichen, die nicht aus der eigenen Judenschaft kamen. Die wichtigste Aufgabe des jüdischen Landtags bestand in der Aufteilung des Gesamttributs auf die einzelnen Mitglieder, was in der zweiten Hälfte des 18. Jahrhunderts bei sich fortsetzender Verarmung zu ständigen Konflikten führte.

Zur Autonomie der Judenschaften gehörte auch die Gerichtsbarkeit des Rabbiners, der für Delikte innerhalb der Judenschaft zuständig war.
Die Einrichtung der Judenschaften stellt nach der Zerstörung der meisten Stadtgemeinden des Mittelalters eine Antwort auf die Herausbildung der frühneuzeitlichen Territorialstaaten dar. Sie sind der Versuch einer Stabilisierung, nachdem 1603 auf der sogenannten Rabbiner-Konferenz in Frankfurt am Main ein letzter Versuch gescheitert war, die Juden auf Reichsebene zu organisieren und den Kaiser nach dem römischen Recht als obersten Schutzherren zu reaktivieren. Im Gegensatz zur Rolle, die der Reichsvorgänger →Josel von Rosheim (1478–1554) in seiner Beziehung zu Kaiser Karl V. spielte, war der Kaiser um 1600 nicht bereit, sich mit den Territorialherren in dieser Frage auf eine Auseinandersetzung einzulassen. Die Juden unterstanden zwar weiterhin dem römischen Recht, aber die durch den Kaiser privilegierten Aufkündigungen des Niederlassungsrechts führten im 16. und im beginnenden 17. Jahrhundert zu der legalen Praxis der Vergeleitung auf Zeit in den Städten; allenfalls waren dies zwölf Jahre. Eher als Ausnahme zu sehen sind hier die beiden wichtigen Zentren: die Städte Worms und Frankfurt am Main, wo nach einer kurzen Vertreibungsphase zu Beginn des 17. Jahrhunderts die »stettigkeit« garantiert wurde, die Juden allerdings in Ghettos leben mußten.
Diese Politik hatte bis 1650 zu einem fortgesetzten Rückgang der Judenheit in Deutschland geführt. Eine Zuordnung einzelner Territorien zu den fünf jüdischen Gerichtshöfen, die in Frankfurt am Main 1603 bestimmt wurden, zeigt außer Prag folgende Zentren: die Städte Frankfurt am Main, Worms, Gelnhausen, Günzburg, Friedberg, Fürth; in den geistlichen Territorialstaaten Münster, Paderborn, Hildesheim, Kurtrier, Köln, Speyer und Bamberg; in den weltlichen Territorialstaaten die Regionen Ostfriesland, Westfalen, Hessen. Ferner in der fränkischen und der schwäbischen Reichsritterschaft.
Eine gewisse Stabilisierung der Verhältnisse trat ein, als Brandenburg-Preußen nach den Territorialgewinnen von 1648 unter dem Großen Kurfürsten Friedrich Wilhelm seine ablehnende Judenpolitik änderte und die Juden in den Ausbau des absolutistischen Staatswesens einbezog. Dies ermöglichte zahlreichen Juden, die nach den Chmielnicki-Massakern (1648/49) aus Osteuropa nach Deutschland emigrierten, die Niederlassung in den brandenburgisch-preußischen Staaten. Trotz der Einschränkung der Judenordnungen unter dem Soldatenkönig Friedrich Wilhelm I. (1730) und dem allen Regeln der Aufklärung widersprechenden Gesetz Friedrichs II. (1750) bildete →Preußen im 18. Jahrhundert das wichtigste Zentrum der deutschen Juden und wurde mit →Berlin zum Mittelpunkt der jüdischen Aufklärung.
Die Verdrängung der Juden aus den Städten aufs Land führte zu einem sozialen Abstieg. Große jüdische Finanziers gab es im 16. und im beginnenden 17. Jahrhundert kaum. Dann setzte eine starke Differenzierung ein. Es bildete sich mit den →Hoffaktoren eine kleine Oberschicht heraus, die etwa zwei Prozent der Gesamtjudenschaft umfaßte. Fraglich bleibt, ob sich ihr Einfluß, bedingt durch ihre Funktion an den Höfen, auch positiv für die Judenschaften der betreffenden Territorien auswirkte, denen sie vielfach gegen deren Protest als »Vorgänger« aufgedrängt wurden. Weitgehend zur jüdischen Oberschicht zählten in den norddeutschen Hafenstädten die sephardischen Kaufmannsfamilien, die im beginnenden 17. Jahrhundert von der Iberischen Halbinsel kommend über Holland hier eingewandert waren. Die Mittelschicht bildeten die »Schutzjuden«, die gegen hohe Abgaben als Pfand- und Geldleiher, Vieh-, Korn- oder Trödelhändler seit dem Dreißigjährigen Krieg ihr Auskommen in den einzelnen Territorien fanden. Ihr Anteil an der jüdischen Bevölkerung, die in Deutschland im ausgehenden 18. Jahrhundert mit 60 000 Personen etwa 0,5 Prozent der Gesamteinwohnerschaft betrug, ist schwer auszumachen, da mit der allgemeinen Verarmung der Judenschaften in der 2. Hälfte des 18. Jahrhunderts der

Übergang zur jüdischen Unterschicht, den Betteljuden, fließend war. Schutzjuden, die ihr Geleit nicht mehr zahlen konnten, verpachteten dies oft an Neuzuwanderer und konnten auf diese Weise in den Gemeinden wohnen bleiben; doch in den meisten Fällen waren sie gezwungen, sich den Betteljuden anzuschließen, die in Scharen weit über Land zogen. Es ist davon auszugehen, daß ihr Anteil im ausgehenden Ancien Régime etwa ein Drittel der jüdischen Bevölkerung betrug. Vielfach aus Not zu kriminellen Handlungen auch gegenüber Glaubensgenossen gezwungen, hatten sie kaum Kontakt zu den jüdischen Gemeinden und damit zum jüdischen Gemeindeleben. Der soziale Abstieg vieler Juden war nicht zuletzt durch den Siebenjährigen Krieg und die Judenpolitik Friedrichs II. von Preußen bedingt.

Der Kontakt zwischen Juden und Nichtjuden wurde in dieser Phase durch den alltäglichen Geschäftsverkehr bestimmt. Konflikte wie 1699 in Franken, wo die Juden für die allgemeine wirtschaftliche Not verantwortlich gemacht wurden, blieben nicht aus, bildeten aber die Ausnahme. Ein ständiges Konfliktpotential ergab sich aus dem Konkurrenzneid der städtischen Zünfte, die ihre »gerechte Nahrung« durch den jüdischen Hausierhandel in Gefahr sahen. Konfliktreich war weiterhin der konfessionelle Bereich. Auf katholischer Seite übernahm vielfach der protestantische Prediger die Rolle, die bis dahin der Jude als Antisymbol des wahren Glaubens innehatte. Pogrome im Anschluß an die Karfreitagsliturgie sind im 18. Jahrhundert sowohl in lutherischen als auch in katholischen Regionen nachweisbar.

Die Autonomie der Judenschaften führte in zahlreichen jüdischen Gemeinden zu einer Blüte des kulturellen Lebens, von der nicht nur die Prachthandschriften und barocken Kultgeräte zeugen. Der geistige Kontakt zur nichtjüdischen Umwelt blieb bis ins Zeitalter der Aufklärung hinein weitgehend beschränkt, wenn nicht vorurteilgeprägte Verdächtigungen wie um 1700 Eisenmengers »Entdecktes Judentum« immer wieder zu Auseinandersetzungen sowohl mit der lutherischen als auch der katholischen Konfession zwangen. Erscheinungen wie der →Sabbatianismus, der eine späte Wirkung im Altonaer Rabbinerstreit (ab 1751) erlebte, zeugen von einer geistigen Verunsicherung in dieser Phase. Zu dieser Unsicherheit gehört auch, daß zahlreiche Juden im Zeitalter der Aufklärung ihr geistiges Erbe nicht durch die »engstirnigen Rabbiner« repräsentiert sahen. Ihr Kampf gegen den »Rabbinismus« führte hinüber in die »jüdische Moderne«.

Der Judenschutz, der den Juden zwar eine gewisse Autonomie ermöglichte und gegen hohe Abgaben eine leidliche Rechtssicherheit garantierte, sie aber auch aus der Gesellschaft ausgrenzte, hatte sich im ausgehenden 18. Jahrhundert überlebt. Aufgeklärte Beamte wie Christian Wilhelm von Dohm forderten die Integration der Juden in die Gesellschaft, wobei der Staat eine Erzieherfunktion erfüllen sollte. Obwohl diese Vorschläge in den einzelnen Staaten von vielen Beamten aufgegriffen wurden und zum Teil auch Ansätze einer Realisierung vorhanden waren, führten sie in keinem der Staaten des Ancien Régime zur Abschaffung des alten Schutzsystems. Erst die Neuordnung unter französischer Vorherrschaft eröffnete nach 1800 den Weg zur bürgerlichen Gleichstellung der Juden in den deutschen Staaten.

New York City, mit etwa 1,5 Mill. jüdischen Einwohnern größte jüdische Ansiedelung der Welt; 1654 erste jüdische Siedler; erste Synagoge, Shearith Israel, 1729/30 erbaut; viele Juden in Handelsgeschäften tätig. Neue Freiheit und Entfaltungsmöglichkeiten nach der Unabhängigkeit; ab 1830 verstärkte Einwanderung deutscher Juden, ab 1881 Einwanderungswelle von Juden aus Osteuropa. Deutsche Juden (»Uptown Jews« genannt) häufig Gemeindeführer, Philanthropen und amerikanisiert; Ostjuden (»Downtown Jews«) zuerst Arbeiter und Facharbeiter, vor allem in der Textilindustrie. Nach 1883 Gründung jiddischer Theater, jiddischer Zeitungen, politischer und kultureller Organisationen. Ab 1900 Entwicklung von Gewerkschaften und sozialistischen Bewegungen mit aktiver Teilnahme der jüdischen Massen. Juden gestalteten die populäre Kultur New York Citys und Amerikas im Vaudeville, am →Broadway, später in Radio und Fernsehen; rascher Aufstieg der Juden New York Citys in die mittleren und Oberen Schichten. New York City ist Hauptquartier vieler nationaler und internationaler Organisationen und Symbol erfolgreicher jüdischer Existenz in der Diaspora.

🄻 H. Golden, The Greatest Jewish City in the World, New York 1972. (CL)

Nicolaus Maniacoria, Rechtslehrer, Zisterzienser, ?–1145 Tre Fontane bei Rom. Nicolaus Maniacoria entwickelte in seinen Werken »Über die Verderbnis der Psalmen« und »Förderer des Bibelkompendiums« neue Methoden der alttestamentlichen Exegese, die moderne Textkritik vorwegnahmen. Die zahlreichen Textvarianten lateinischer Bibelausgaben führte er richtig auf Entstellung durch Zusätze, Auslassungen und Konjekturen zurück; dementsprechend suchte er den richtigen Text durch Vergleich mit der Hebräischen Bibel. Dieser gab er in der Regel den Vorzug, auch wenn sie nur mit einer Minderzahl lateinischer Lesarten übereinstimmt. Mit dieser Anwendung des Prinzips der →Veritas Hebraica folgte er →Hieronymus und dem dritten Abt des Mutterklosters Cîteaux, Stephan Harding. Nicolaus Maniacoria wollte verhindern, daß die Fehler der Bibelausgaben die Christen dem Gespött der Juden aussetzten, und ließ den Einwand, die Juden hätten ihre Tradition verfälscht, nur ausnahmsweise gelten. Die Verarbeitung rabbinischer Midraschim (Auslegung von Bibelstellen) in seinen Kommentaren belegt Nicolaus Maniacorias Umgang mit jüdischen Gelehrten (→Zisterzienserorden).

🄻 H. Schreckenberg, Die christlichen Adversus-Judaeos-Texte (11.–13. Jahrhundert), 1988. (FL)

Nidda (hebräisch »menstruierende Frau«), zugleich Bezeichnung für die mit der Menstruation und dem Wochenbett der Frau verbundenen Reinheitsvorschriften, abgehandelt im Traktat »Nidda« und festgelegt im →Schulchan Aruch. Die Entwicklung der Bestimmungen ist kompliziert. In der Hebräischen Bibel gilt eine menstruierende Frau mit dem Einsetzen der Blutung sieben Tage als »unrein«, vom achten Tag an – sofern sich kein Blut mehr zeigt – ist sie »rein«. Hat ein Mann in dieser Zeit mit einer Nidda Geschlechtsverkehr, so gilt für ihn wie für die Nidda die Todesstrafe. Im rabbinischen Judentum galt zunächst, abgesehen von mindestens fünf Tagen der Menstruation plus sieben Reinigungstagen, ein fester Zyklus von 18 Tagen. Während dieser Zeit verblieb die Frau in den ersten sieben Tagen im Status einer Nidda. Sollte sich am achten Tag noch Blut zeigen, war die Frau weitere sieben Tage »unrein«. Da die rabbinische Unterscheidung zwischen »reinen« und »unreinen« Blutungen unpraktikabel war, wurde sie am Ende der tannaitischen Zeit aufgegeben. Seither bedarf es beim Erscheinen eines Bluttropfens – gleichgültig, ob »rein« oder »unrein« – noch sieben »reiner« Tage, während denen Geschlechtsverkehr, körperlicher Kontakt und indirekte Berührung verboten sind. Am Ende des siebenten Reinigungstags nimmt die Nidda ein Tauchbad (Tewila) in einer →Mikwe, wobei sie mit dem ganzen Körper untertaucht und einen Segensspruch spricht. Im Fall des Wochenbetts ist die Frau bei der Geburt eines Jungen sieben Tage »unrein«. Dazu kommt eine Reinigungsphase von 33 Tagen. Bei der Geburt von Mädchen verdoppeln sich die Zeiten. Anschließend beginnt eine neue Zählung des Regelzyklus. (HMD)

Niederlande. In den mittelalterlichen Quellen wird nur hin und wieder die Anwesenheit von Juden im Süden und Osten des Landes belegt. Um 1590 ließen sich portugiesische Kaufleute in den nördlichen Teilen der Niederlande nieder. Diese Portugiesen waren Scheinchristen, die in der Republik zum Judentum zurückkehrten. In den Niederlanden wurde niemals ein allgemeingültiges Judenreglement erlassen. Jede Stadt entschied selbst über die Aufnahme von Juden. Nach ihrer Aufnahme wurde den Juden Religionsfreiheit gewährt. Ghettos und die äußerliche Kennzeichnung waren untersagt. Die jüdischen Gemeinden waren sehr selbständig. Allerdings war den Juden der Zutritt zu den Zünften verwehrt. Die Juden ließen sich hauptsächlich im Westen des Landes, so in →Amsterdam, Den Haag, Middelburg, Rotterdam und sporadisch in anderen Orten, nieder. Die Aschkenasim, die nach 1620 aus Polen und Deutschland einwanderten, übertrafen zahlenmäßig bald die Sephardim. 1635 entstand eine selbständige hochdeutsche Gemeinde. Die Unterschiede zwischen den beiden Gruppen waren bedeutend: Die aschkenasischen Juden sprachen Jiddisch, die sephardischen Portugiesisch und benutzten Spanisch als Schriftsprache. Die portugiesische Gemeinde hatte einen mächtigen und reichen Kern. Die portugiesischen Kaufleute waren im internationalen Handelsnetz integriert und hatten großen Anteil an der wirtschaftlichen Blüte während des Goldenen Zeitalters. Die sephardischen Kaufleute spielten eine wichtige Rolle in den Zuckerraffinerien, in der Diamant-, Seiden- und Tabakindustrie. Ihre aschkenasischen Glaubensgenossen waren im allgemeinen arm und betrieben u. a. Kleinhandel, Viehhandel und Schlachtereien. Nach 1770 entstanden über das Land verstreut Hunderte von jüdischen Gemeinden. Infolge der französischen Herrschaft erhielten die Juden am 2. 9. 1796 die Bürgerrechte zuerkannt. Der Preis, den sie hierfür zu bezahlen hatten, war die Verdrängung ihrer eigenen Sprache. Im Lauf des 19. Jahrhunderts machte die Assimilation starke Fortschritte. Die Juden begannen am sozialen Leben teilzunehmen und fanden auch in Kunst, Presse und Literatur ihren Platz. Das jüdische Proletariat sah im aufkommenden Sozialismus seine Hoffnung auf eine bessere Zukunft. Der Zionismus hingegen hatte in den Niederlanden vor dem Zweiten Weltkrieg keine große Anhängerschaft. Der Überfall der deutschen Wehrmacht am 10. 5. 1940 beendete drei Jahrhunderte friedlichen Zusammenlebens. Von den 140 000 Juden, die in den Niederlanden vor dem Krieg lebten, sind etwa 106 000 über →Westerbork in die Vernichtungslager deportiert und dort ermordet worden. Heute leben in den Niederlanden etwa 30 000 vorwiegend aschkenasische Juden; zur Hälfte in Amsterdam, mittlere Gemeinden in Rotterdam und Den Haag. In Amsterdam besteht u. a. das →Joods Historisch Museum und das Anne →Frank Haus.

🄻 M. H. Gans, Memorbook. History of Dutch Jewry from the Renaissance to 1940, Baarn 1971. (HB)

Nikolaus von Damaskus, wohl kein Jude, Literat, Vertrauter und Ratgeber →Herodes' des Großen; zuvor Erzieher der Kinder der Kleopatra und des Marcus Antonius, um 64 v. Z. Damaskus – nach 4 n. Z. vermutlich Rom. Nikolaus von Damaskus hatte auch engen Kontakt zu →Augustus und dessen engerer Umgebung, den er immer wieder zugunsten des Herodes und der Juden zu nutzen verstand. Seine letzten Lebensjahre verbrachte Nikolaus von Damaskus wohl in Rom, wo er sich auch für →Archelaos einsetzte. Sein literarisches Hauptwerk war eine Universalgeschichte in 144 Büchern (nur noch Fragmente erhalten; eine Augustusbiographie und eine Autobiographie sind ebenfalls nur aus späteren, z. T. allerdings umfangreichen Zitaten bekannt); seine philosophischen Werke sind durch syrische und arabische Übersetzungen überliefert. (HC)

Nikolaus von Kues (Cusanus), Philosoph, 1401 Kues, Mosel – 11. 8. 1464 Todi, Umbrien. Der Sohn eines Moselschiffers erhielt seine Ausbildung zunächst bei den Brüdern vom Gemeinsamen Leben in Deventer und studierte dann in Heidelberg, Padua und Köln. Seit 1432 nahm er am →Basler Konzil teil, dessen bedeutendster theologischer und philosophischer Denker er wurde; insbesondere seine Schrift »Die katholische Eintracht« (De concordantia catholica) beeinflußte die Arbeit des Konzils und förderte die Ausbildung der konziliaren Idee. Im Jahr 1448 wurde Nikolaus von Kues zum Kardinal und 1450 zum Bischof von Brixen erhoben. Im Auftrag Papst Nikolaus' V. unternahm er 1450/51 eine Legationsreise durch Deutschland. Auf den von ihm abgehaltenen Provinzialsynoden im Bamberg, Würzburg, Augsburg, Köln, Minden, Mainz, Magdeburg, Hildesheim sollte auch das Basler Dekret »De Judaeis et Neophytis« von 1434 in erneuerter und verschärfter Form durchgesetzt werden. Dieser Versuch hatte indessen nur wenig Erfolg. (PAU)

Nimrod, Urenkel →Noahs, wird als der erste Jäger und erste Herrscher bezeichnet. Er gilt in der Hebräischen Bibel als Machthaber über die Städte Babel, Erech, Akkad, Kalne und als Erbauer assyrischer Städte, darunter Ninive. In der →Aggada erscheint Nimrod als Prototyp des Rebellen gegen Gott (Name abgeleitet von »marad«, »rebellieren«), der den Turm zu Babel nur für seinen Götzendienst erbauen ließ. Ebenso soll er Zeitgenosse →Abrahams gewesen sein. Diese sog. Abraham-Nimrod-Legende durchzieht die Überlieferung und taucht selbst im Islam auf. Bei Abrahams Geburt ließ Nimrod angeblich alle kleinen Kinder umbringen und Abraham selber später in einen Feuerofen werfen, weil dieser den Götzendienst verweigerte. Am Ende der Zeiten wird es aber gerade Nimrod sein, der bezeugt, daß Abraham niemals Götzendienst verrichtete. Nimrod starb entsprechend der →Aggada durch →Esau, der Nimrod den Erfolg als Jäger und dessen Gewand, das von Adam und Eva stammt, neidete. (HMD)

Nissan →Kalender

Nissim ben Jakob ibn Schahin (persisch »der Falke«), Gelehrter in Kairouan (Tunesien), um 990–1062, Schüler seines Vaters, des Leiters der Jeschiwa in Kairouan, der enge Beziehungen zu den →Geonim in Pumbedita pflegte; außerdem Schüler Chuschiels und vielleicht auch →Chananels ben Chuschiel. Nach dem Tod von Chananel ben Chuschiel wurde Nissim ben Jakob ibn Schahin an dessen Stelle zum Rosch ha-Rabbanan ernannt. Nissim ben Jakob ibn Schahin pflegte engen Kontakt mit Gelehrten in Babylonien und Spanien, u. a. mit Chai Gaon. →Salomo ibn Gabirol soll sein Schüler gewesen sein. Von seinen umfangreichen und vielfach rezipierten Werken ist vieles verlorengegangen. Von dem Werk »Mafteach schel Manule ha-Talmud« (»Schlüssel für die verschlossenen Teile des Talmud«), einer Sammlung von Zitaten, talmudischen Parallelen und Quellenangaben zu Baraitot und Mischnajot, sind nur Teile erhalten. Der Inhalt des nicht mehr erhaltenen Werks »Megillat Setarim« (»Rolle der Geheimnisse«), geschrieben in arabisch und hebräisch, läßt sich durch Zitate bei anderen Gelehrten und einen in der Kairoer →Genisa (Archiv der Esra-Synagoge) enthaltenen Index rekonstruieren. Es enthielt als ethisch-philosophische Schrift u. a. Meinungen, Schriftexegese, →Responsen, Bräuche und Erläuterungen von Stellen aus →Talmud und →Midrasch. Der »Chibur meha-Jeschua« (»Sammlung von der Erlösung«), Nissim ben Jakob ibn Schahins bekanntestes Werk, ist eine Sammlung von alten Volkserzählungen. In hebräisch geschrieben, markiert es den Beginn der schöngeistigen hebräischen Literatur. (HMD)

Nissim ben Ruben Gerondi (RaN), Arzt und Talmudgelehrter, Schüler seines Vaters und des späteren Rabbis von Barcelona, Perez ha-Kohen, nach 1310 Gerona, Katalonien – um 1375. Nissim ben Ruben Gerondi bekleidete nie das Amt eines Rabbiners, obwohl er diese Aufgabe wahrnahm. So erreichten ihn als anerkannte Autorität zahlreiche →Responsen aus Frankreich, Italien, Nordafrika, Palästina und Syrien, und er war an der Festlegung vieler Takkanot in Spanien beteiligt. Hauptberuflich scheint er Arzt und Leiter einer →Jeschiwa gewesen zu sein. Zu seinen wichtigsten Schülern zählte →Isaak ben Scheschet Perfet. Mit seinen halachischen Kommentaren steht er ganz in der Tradition von →Mose ben Nachman, Salomo ben Abraham →Adret und Aaron ha-Levi aus Barcelona. Sein Hauptwerk ist ein Kommentar zu Isaak ben Jakob →Alfassi, worin er ihn verteidigt. Außerdem verfaßte Nissim ben Ruben Gerondi Novellen und Kommentare zu Talmudtraktaten, wobei der zum Traktat Nedarim von besonderer Bedeutung ist und sich anstelle des Kommentars von →Salomo ben Isaak in jeder Talmud-Ausgabe findet. (HMD)

Noachidische Gebote stellen im rabbinischen Judentum eine Art allgemeines Menschenrecht dar, das von allen Menschen, Juden wie Nichtjuden, einzuhalten ist und durch dessen Achtung ein Noachide den Anspruch auf menschliche Anerkennung und Behandlung erlangt. Befolgt ein Nichtjude die Noachidischen Gebote, so wird er Ger Toschaw (»Beisasse«) genannt und erhält Anteil an der kommenden Welt. Voraussetzung ist aber, daß er die Gebote als von Gott offenbart ansieht. Die Noachidischen Gebote bestehen aus sechs Verboten und einem Gebot: die Verbote betreffen Gotteslästerung, Götzendienst, Unzucht, Blutvergießen (Mord), Raub (Diebstahl), Genuß eines Glieds von einem lebendigen Tier; das Gebot betrifft die Wahrung des Rechtsprinzips. Möglicherweise ist es als Aufforderung zu interpretieren, die sechs Verbote zu befolgen. Die Noachidischen Gebote werden traditionell auf die Gebote Gottes an →Adam und →Noah zurückgeführt. Sie sind also vorsinaitisch und damit im Gegensatz zum mosaischen Gesetz für alle Menschen bindend. Der Ursprung der Gebote ist ungeklärt. Vorformen und Anlehnungen finden sich im Buch der Jubiläen (7,20 ff.) und in der Apostelgeschichte (15,20). Auch erhielten sie bald Hinzufügungen wie das Verbot, von lebendigen Tieren zu trinken, das Verbot von Zauberei, Kastration, Samenvermischung und fehlerhaftem Opfer sowie die Verfügungen, wohltätig zu sein, Kinder zu zeugen und die Tora zu ehren. »Gerechte unter den

Völkern der Welt« (»Chasside Umot ha-Olam«) werden diejenigen genannt, die die Noachidischen Gebote beachten. (HMD)

Noah, Sohn Lamechs, Vater von Sem, Ham und Jafet, zehn Generationen nach →Adam, zehn Generationen vor →Abraham. Mit Noah verbindet sich die Sintflutgeschichte (Parallelen im Gilgamesch-Epos), die einen tiefen Einschnitt in der Frühgeschichte darstellt. Ihr folgt eine Bestandsgarantie für die Ordnung der Schöpfung durch die Selbstbindung Gottes im Bund. Das Zeichen dieses Noah-Bundes ist der Regenbogen. Der Noah-Bund ist zugleich Vorbild für Gottes Handeln an Israel nach dem Exil. Er ist ein Friedensbund, in den neben der Befreiung von der Fremdherrschaft die Natur einbezogen ist, der aber durch menschliches Verschulden empfindlich gestört werden kann. Noah wird als der erste Weinbauer dargestellt. Daran schließt sich die erste Sünde nach der Flut und die Verfluchung Kanaans an. Gott ist seither nur noch der Gott Sems. Noah wird neben Daniel und Hiob als herausragender Gerechter dargestellt, was allerdings nur für seine Generation gilt. Er ist deshalb in seiner Bedeutung nicht mit Abraham zu vergleichen. Worin seine Gerechtigkeit besteht, wird erst in der →Aggada ergänzt: Noah verzögerte den Bau der Arche, um den Menschen Gelegenheit zur Umkehr zu geben, und versorgte die Tiere in der Arche gewissenhaft Tag und Nacht. Von den Engeln erfuhr Noah alle Möglichkeiten, Krankheiten der Menschen mit Hilfe von Pflanzen zu heilen, und schrieb sie in einem Buch nieder. Die sog. →Noachidischen Gebote wurden traditionell schon früh mit Noah verknüpft. (HMD)

Nordau, Max Simon, Schriftsteller, Journalist, 29.7.1849 Budapest – 22.1.1923 Paris. Nach Medizinstudium medizinische Praxis in Budapest. 1880 Übersiedlung nach Paris, Korrespondent der »Wiener Neuen Freien Presse«. Infolge seiner umfangreichen literarischen und kritischen Tätigkeit einer der bekanntesten Publizisten seiner Zeit. Seit 1896 Mitkämpfer von T. →Herzl in der zionistischen Bewegung. (AK)

Norwegen. Die ersten jüdischen Ansiedlungen im 17. und 18. Jahrhundert waren nur vorübergehend, Einzelheiten sind kaum bekannt. Da Norwegen Teil des Königreichs →Dänemark war, galt für die Juden die dänische Gesetzgebung. Durch die sonst liberale norwegische Verfassung von 1814 wurde Juden verboten, sich in Norwegen aufzuhalten. 1851 hob die Nationalversammlung das Niederlassungsverbot für Juden auf (H. A. →Wergeland). Eine richtige Einwanderung setzte erst nach 1880 ein, und um die Jahrhundertwende lebten 642 Juden in Norwegen (1920 rund 1500). Zunächst hauptsächlich Einwanderung aus Dänemark, Schleswig-Holstein und Mitteleuropa, später vor allem aus Osteuropa. Jüdische Gemeinden bildeten sich 1892 in Christiania (seit 1924 Oslo) und 1905 in →Trondheim. Ende der 30er Jahre kamen jüdische Flüchtlinge nach Norwegen. Bei Kriegsausbruch befanden sich etwa 1800 Juden in Norwegen. Die nationalsozialistischen Verfolgungen begannen bald nach der Okkupation (April 1940) und kulminierten in Deportationen nach Auschwitz im November 1942 und Februar 1943. Von insgesamt 759 Deportierten überlebten nur 25. 925 Juden gelang die Flucht nach Schweden. Laut Volkszählung von 1946 lebten 559 Juden in Norwegen. Heute befindet sich die jüdische Gemeinde in Norwegen wieder in einem leichten Wachstum. Die Anzahl der Mischehen hat zugenommen. Jüdische Persönlichkeiten haben sich im öffentlichen und kulturellen Leben in Norwegen hervorgetan, wie z. B. der Präsident der Nationalversammlung, Jo Benkow, der Jurist Charles Philipson, der Psychiater L. →Eitinger und der Musiker Robert Levin. 1995 lebten 1000 Juden in Norwegen, die größten Gemeinden sind in Oslo und Trondheim.

[L] O. Mendelsohn, Jødenes historie i Norge gjennom 300 år, 2 Bände, 1969–86. (DR)

Notarikon, griechisch, lateinisch »notarius«, »Schnellschreiber«, Abkürzungssystem (→Abkürzungen), zugleich die 30. der 32 exegetischen Regeln des Rabbi Elieser ben Jose ha-Gelili. Dabei kann entweder jeder Buchstabe eines Ausgangswortes als Abkürzung für ein mit diesem Buchstaben beginnendes neues Wort gelten oder aber das Ausgangswort in einzelne Wortteile zerlegt werden. Das Prinzip des Notarikon wird nie zu halachischen Auslegungen herangezogen, sondern allenfalls bei der →Asmachta, meist aber in der →Aggada verwendet und ist selbst dort umstritten. Es fand vor allem in der mittelalterlichen Homiletik und der →Kabbala entsprechend der Aussage »die Worte der Tora sind [als] Notarikon [zu verstehen]« bei der Schriftauslegung Anwendung. (HMD)

Novellen, rabbinische →Chidduschim

Essay

NS-Prozesse in Nachkriegsdeutschland

Heiner Lichtenstein

Sie erhoben sich von ihren Plätzen, traten vor die Mitte der Schranke, die sie vom Gericht trennte, und erklärten übereinstimmend, sie seien »nicht schuldig«; Hermann Göring, Joachim von Ribbentrop, Rudolf Heß und die anderen Angeklagten im ersten NS-Prozeß. Das war am 21. November 1945, sechs Wochen nach der Eröffnung der Hauptverhandlung vor dem Internationalen Gerichtshof in Nürnberg. Wie sie verhielten sich fast ohne Ausnahme alle Angeklagten, die später wegen NS-Verbrechen vor Gericht gestellt worden sind. Ob es der Kommandant von Treblinka, Franz Paul Stangl, in Düsseldorf war oder sein Kollege aus Auschwitz, Rudolf Höß, in Krakau, der Chef des Sicherheitsdienstes in Den Haag, Wilhelm Harster, in München, oder sein Kollege aus Paris, Kurt Lischka, in Köln. Niemand übernahm Verantwortung, alle sagten, sie hätten nur Befehle befolgt. Selbst der Spediteur des Todes, der Staatssekretär im Reichsverkehrsministerium Albert Ganzenmüller, verfocht vor seinen Richtern in Düsseldorf den Standpunkt, keine Ahnung gehabt zu haben, warum Himmler immer mehr Güterzüge brauchte. Juden nach Auschwitz, Majdanek, Sobibór, Treblinka, Bełzec, Chełmno? Das habe ich alles erst nach der Kapitulation erfahren. »Kapitulation«, »Zusammenbruch« – kein Angeklagter hat je von Befreiung gesprochen – im Gegensatz zu den vielen Tausend Zeugen aus dem Kreis der Überlebenden, die zwischen 1945 und den frühen neunziger Jahren Gerichten bei der Suche nach der Wahrheit geholfen haben. Vor Gericht begegneten sich Menschen aus zwei Welten. Die Herrinnen und Herren von einst den ehedem Rechtlosen, den »Untermenschen«, den Todgeweihten. Mitleid oder Reue auf der Anklagebank – keine Spur. Vielmehr Empörung, oft fassungsloses Staunen darüber, nach zwanzig, dreißig Jahren plötzlich aus dem bürgerlich-beschaulichen Leben herausgerissen und unter Anklage gestellt zu werden. Warum, so fragten viele, werden jetzt, nach so langer Zeit, die alten Geschichten hervorgeholt? Die meisten hatten recht, die so fragten. Für sie waren die Schwarze Wand in Auschwitz, das »Erntefest« vom November 1943 mit 17 000 Opfern allein in Majdanek, der Pferdestall von Sachsenhausen längst Teil der Geschichte. Die betagten Frauen und Männer waren oft längst Großeltern, spielten mit ihren Enkeln, erfreuten sich an den Schulferien zusammen mit den Kleinen am Strand von Ost- und Nordsee. Daß viele von ihnen erst in den 70er und 80er Jahren auf der Anklagebank sitzen mußten, gehört zu den schlimmsten Kapiteln bundesdeutscher Rechtsgeschichte. Als das Bonner Parlament 1949 seine Arbeit aufnahm, galt für Mord die Verjährungsfrist von 20 Jahren. Danach sollte der Rechtsfrieden wiederhergestellt sein. Um ja nicht zu lange die Last der Geschichte schleppen zu müssen, wendete eine Mehrheit aus allen Fraktionen des Bundestags einen Trick an. Gerechnet wurde nicht vom Beginn parlamentarischer Arbeit an. Stichtag war der 8. Mai 1945. Da hatte man im Jahr 1949 schon vier Jahre gewonnen. Spätestens am 9. Mai 1965 sollte alles vorbei sein. Man wollte ja »wiederaufbauen«, nicht einfach aufbauen oder neu beginnen. »Wiederaufbau« – das war das Schlagwort. Semantisch entlarvend. Konrad Adenauer, der erste Bundeskanzler, setzte das in die politische Praxis um und holte sich als Chef seines Amtes Hans Globke. Der hatte durch seine Kommentare der Nazijustiz eine Handhabe für die Verfolgung der Juden geliefert. Da mochten Justiz, Wirtschaft, Verwaltung nicht nachstehen. Sie griffen ebenfalls auf »bewährte« Frauen und Männer zurück. Die Vergangenheit spielte keine Rolle. In Rheinland-Pfalz wurde der Kommandant eines Einsatzkommandos Chef der Kriminalpolizei des Landes.

Um sich nicht in die Karten schauen zu lassen, blieben die wichtigsten Archive mit Dokumenten über NS-Verbrechen selbst gutwilligen Richtern und Staatsanwälten verschlossen: die Archive in Polen, der UdSSR und allen anderen Staaten in Ost- und Südeuropa. Um mit der unbequemen Vergangenheit rasch und endgültig fertig zu werden, fragte die Bundesregierung im Herbst 1964 die Zentrale Stelle der Landesjustizverwaltungen in Ludwigsburg, ob im Mai 1965 alles aufgearbeitet sei. Diese Stelle war erst sechs Jahre zuvor gegründet worden – und zwar nicht auf Anordnung oder Empfehlung des Bundesjustizministeriums oder des Bundestags. Die Initiative hatten vielmehr die Justizminister und -senatoren der Bundesländer ergriffen, um endlich eine zentrale Ermittlungsbehörde zu schaffen.

Die Antwort aus Ludwigsburg konnte nur lauten: Nein, an ein Ende der Ermittlungen ist gar nicht zu denken, von den Hauptverhandlungen zu schweigen. Solange wir nicht gen Osten dürfen – endlich einmal friedlich – werden wir niemals fertig. Plötzlich wachte man in Bonn auf, bat Warschau, Moskau, Prag, Budapest, Bukarest, Belgrad um Amtshilfe. Die freilich war Jahre zuvor angeboten worden. Das Erwachen in Bonn ging allerdings nicht auf bessere Sicht oder Einsicht zurück. Es war vielmehr der Druck aus dem Ausland. Kein Schlußstrich – so klang es aus allen Hauptstädten auch mittlerweile befreundeter Staaten.

Um wenigstens einigermaßen das Gesicht zu wahren, erinnerten sich die Abgeordneten im Plenarsaal des Verjährungstricks von 1949 und setzten noch einen drauf. Eine funktionsfähige Justiz gebe es in der BRD erst seit 1950. Deshalb sei es wohl angebracht, von diesem Jahr an die Verjährungsfrist zu berechnen. So gewinne man Zeit bis 1970. Nach 19 verlorenen Jahren – 1945 bis 1964 – stand freilich schon damals fest: Die Verjährung wird das Parlament erneut ereilen. Und so geschah es denn auch. 1969 mußte zum zweiten Mal über Naziverbrechen und NS-Prozesse diskutiert werden, und wieder fiel eine Entscheidung im Sinn der Täter. Die Verjährung für Mord wurde nicht einfach aufgehoben, man verlängerte die Frist lediglich von 20 auf 30 Jahre. Damit war die dritte Debatte programmiert. Sie erfolgte Ende 1979 und führte endlich zu einem eindeutigen Beschluß. Seitdem gibt es in der Bundesrepublik für Mord keine Verjährung mehr.

Das ist ein Grund für wehleidige Kommentare und Berichte in den westdeutschen Medien, wenn alte Frauen und Männer auch in den 80er und 90er Jahren unter Mordanklage gestellt werden. Oft stützen sie sich auf Stöcke, bedürfen verschiedener Hörhilfen und ärztlicher Betreuung, können nicht mehr als zweimal pro Woche für drei, vier Stunden der Verhandlung folgen. Prozesse ziehen sich schier endlos in die Länge, Richter und Geschworene haben Mühe, jahrelang zurückliegende Zeugenaussagen im Gedächtnis zu behalten. Das aber müssen sie, wenn sie über Schuld oder Unschuld zu befinden haben. Richter, Staatsanwälte und Geschworene sind längst die eigentlichen Opfer der Bonner Verschleppungspolitik. Wer jahrelang gezwungen ist, sich nur mit der Entsetzlichkeit der Shoa zu beschäftigen, Zeugen in vielen Staaten der Erde befragen, aber nach spätestens neun Tagen wieder am Gerichtsort sein muß, weil die Hauptverhandlung nicht länger als zehn Tage unterbrochen werden darf, bekommt Beziehungsschwierigkeiten. Ehen zerbrechen, Männer und Frauen werden alkoholkrank, Laienrichter kommen im Beruf nicht weiter, weil sie über Jahre nur selten an ihrem Arbeitsplatz sind, und bei Verteidigern ist es bereits vorgekommen, daß Praxen geschlossen werden mußten. Die Anwälte waren kaum noch in ihren Kanzleien anzutreffen, die Klienten suchten sich andere

Berater. Mit solchen Schicksalen beschäftigen sich Berichterstatter und Kommentatoren höchst selten. Ihre Blicke richten sich meist auf die betagten Leute auf der Anklagebank – und vergessen über ihrem Mitleid, daß diese Angeklagten einst mitleidlose Henker und Schergen waren. Sie vergessen ebenso das Schicksal der Zeugen, die noch immer mit dem Trauma der Verfolgung leben. Sie müssen nicht aussagen, tun es aber trotzdem, sehen darin ein Vermächtnis denen gegenüber, die nicht mehr helfen können, die Wahrheit herauszufinden, die nicht überlebt haben. Die Übriggebliebenen leiden oft darunter, mit dem Leben davongekommen zu sein. Da stellen sich Schuldgefühle ein, gegen die sie sich nicht wehren können. Warum lebe ich noch, aber nicht mein Kind? Der Aussage vor einem Gericht in der Bundesrepublik sind meistens monatelange Diskussionen im Kreis der Familie vorausgegangen. Kinder und Enkel versuchten, die Älteren davon abzubringen, Gerichten zur Verfügung zu stehen. Sie ahnten, daß auf dem Zeugenstuhl das Grauen von einst wieder Wirklichkeit werden müsse. Das wollten sie den Eltern und Großeltern ersparen – auch mit Rücksicht auf sich selbst. Denn nicht nur die ehemaligen Häftlinge selbst leiden unter der Shoa. Das Trauma hat längst die nächste und übernächste Generation erreicht.

Aber davon hört und liest man nichts. Spannender kommt es vielen vor, genüßlich zu berichten, wie Menschen die Erinnerung verlassen hat, Widersprüche auftauchen, Zeugen in sich zusammensinken und von Weinkrämpfen geschüttelt werden. Währenddessen hocken die Beschuldigten regungs- und teilnahmslos auf ihren Plätzen, grinsen allenfalls, lehnen sich entspannt und erleichtert zurück: Wieder ist eine Zeugenaussage zu ihren Gunsten ausgefallen.

Das ist Alltag in den Gerichtssälen – in der Bundesrepublik Deutschland. In der DDR war das anders. Schon Anfang der 50er Jahre waren dort mehr als 90 Prozent der Verdächtigen abgeurteilt. Die DDR hatte die Grundsätze der Nürnberger Prozesse übernommen. Verbrechen gegen die Menschlichkeit wurden konsequent verfolgt. Mehr als 12 900 Angeklagte sind in der DDR in NS-Prozessen rechtskräftig verurteilt worden. Amnestiert wurde keiner, auch keiner begnadigt.

In der Bundesrepublik hat es bis zum 1. Januar 1988 etwa 90 000 Ermittlungsverfahren wegen NS-Verbrechen gegeben. Rechtskräftig verurteilt wurden bis dahin gerade 6482 Männer und Frauen. Auch das eine unmittelbare Folge der Verschleppungspolitik von Bundesregierung und Bundestag. Viele Verdächtige, die später angeblich nicht mehr verhandlungsfähig waren, hätten früher ohne Frage zur Verantwortung gezogen werden können. Freisprüche waren für Gerichte oft unausweichlich, etwa dann, wenn Zeugen sich nicht mehr genau erinnern konnten. Deren Gedächtnis hätte zehn, fünfzehn Jahre vorher fraglos besser funktioniert. Aber da wollte sie ja niemand hören.

NS-Prozesse sind alles in allem im Sinn der Täter gelaufen. Und dennoch hatten sie historische Bedeutung. Denn ohne sie wäre die Nazizeit heute nicht so gut erforscht, wie das auf weiten Strecken der Fall ist. Gerichte und Staatsanwaltschaften brauchten nicht zu fragen, ob eine Zeugenvernehmung in Warschau, Ottawa, New York, Haifa oder sonstwo auf der Erde zu teuer sei. Historiker müssen lange warten, ehe sie eine teure Dienstreise bewilligt bekommen. Geld spielte bei den NS-Prozessen zum Glück keine Rolle. So wurden Richter und Staatsanwälte zu unersetzlichen Helfern der Forschung. Ohne ihre Arbeit fehlten heute grundlegende Erkenntnisse – etwa über Treblinka. Von diesem Lager gab es bei Kriegsende keine Skizze, keinen Plan. Ein Staatsanwalt machte sich im ersten Treblinkaprozeß die Mühe, jeden Zeugen zu fragen, wo er im Lager gewesen sei, woran er sich überhaupt erinnern könne. Jede Kleinigkeit sei wichtig. So entstand aus vielen Mosaiksteinchen eine Skizze. Als später der Treblinka-Kommandant Stangl vom selben Staatsanwalt ange-

klagt wurde, zeigte der ihm den rekonstruierten Lagerplan. Stangl kam aus der Anklagebank heraus, nahm die Brille ab, betrachtete den Plan minutenlang und fragte dann den Staatsanwalt, woher er diese bis ins Detail genaue Karte habe.
Der Spediteur des Todes, Albert Ganzenmüller, behauptete, niemals Himmler Güterzüge zur Verfügung gestellt zu haben. Staatsanwälte waren es, die ein Dankschreiben des Himmleradjutanten Karl Wolff an den Staatssekretär dafür entdeckten, »daß nun schon seit 14 Tagen täglich ein Zug mit je 5000 Angehörigen des auserwählten Volkes nach Treblinka fährt...«. Hunderte solcher Beispiele beweisen, wie wichtig für die Forschung viele NS-Prozesse gewesen sind. Die Zentrale Stelle in Ludwigsburg, wo all diese Akten gesammelt werden einschließlich sämtlicher Urteile, gilt heute in der Welt als eines der wichtigsten Archive für die zeitgeschichtliche Forschung. Dieser Aspekt der NS-Prozesse wird oft übersehen.
Anders als für die DDR, wo Anfang der 50er Jahre zu Recht gesagt werden konnte, die NS-Prozesse seien weitgehend abgeschlossen, wird es eine solche Feststellung für die Bundesrepublik niemals geben können. Mord verjährt zwar seit 1979 nicht mehr, Verjährung gibt es aber dennoch. Eine biologische Verjährung nämlich. Die Justiz hat den Wettlauf mit der Zeit verloren, verlieren müssen. Die Gründe sind eingehend dargelegt worden. Wer einer Hauptverhandlung geistig nicht mehr folgen kann, weil er krank oder einfach zu alt ist, darf nicht angeklagt werden. Dieser alte Rechtsgrundsatz muß gelten, gilt auch. Davon profitieren freilich fast ausschließlich mutmaßliche NS-Täter. Sie genießen die Gnade und Barmherzigkeit der biologischen Verjährung. Ihre Taten sind dennoch nicht vergessen, sind festgehalten in Millionen Akten und Dokumenten – als Mahnung und Vermächtnis der Millionen Toten, von denen wir auch in ferner Zukunft noch sprechen sollten.

L H. Artzt, Mörder in Uniform. Organisationen, die zu Vollstreckern nationalsozialistischer Verbrechen wurden, 1979. – J. Gorzkowska, Nazi Criminals before West German Courts, Warschau 1965. – H. Hillermann/H. J. Schoeps (Hrsg.), Justiz und Nationalsozialismus, 1987. – R. M. W. Kempner, Ankläger einer Epoche. Lebenserinnerungen, 1983. – H. Langbein, Der Auschwitz-Prozeß. Eine Dokumentation, 1965. – H. Lichtenstein, Majdanek. Reportage eines Prozesses, 1979. – H. Lichtenstein, Im Namen des Volkes? Eine persönliche Bilanz der NS-Prozesse, 1986. – I. Müller-Münch, Die Frauen von Majdanek. Vom zerstörten Leben der Opfer und Mörderinnen, 1982. – U.-D. Oppitz, Strafverfahren und Strafvollstreckung bei NS-Gewaltverbrechern, 1979. – C. Pilichowski, Es gibt keine Verjährung, Warschau 1980. – A. Rückerl, NS-Vernichtungslager im Spiegel deutscher Strafprozesse, 1977.

Novemberpogrom → Reichspogromnacht

Numeri → Hebräische Bibel

Nürnberg. Erste jüdische Ansiedlung ist für das Jahr 1146 nachgewiesen, möglicherweise gab es auch schon zuvor einzelne Juden in Nürnberg. Jüdische Kaufleute und Geldleiher verhalfen der Gemeinde zu relativem Wohlstand, so daß eine Frauensynagoge, eine Mikwe und 1296 eine neue Synagoge errichtet werden konnten. Außerdem wurden mehrere Talmudschulen unterhalten, die z. T. von so berühmten rabbinischen Gelehrten wie → Mordechai ben Hillel geleitet wurden. Die → Rindfleisch-Unruhen 1298 trafen die jüdische Gemeinde Nürnbergs besonders hart und forderten über 600 Opfer. 1338 zählte die Gemeinde wieder über 1000 Mitglieder. Im Jahr 1349 kam es erneut zu, behördlich inszenierten, schweren Pogromen (Nürnberg war von der Pest verschont geblieben), denen das Judenviertel und etwa ein Drittel der jüdischen Einwohner zum Opfer fielen; die übrigen wurden vertrieben, die Schulden bei jüdischen Gläubigern getilgt und der Grundbesitz enteignet. Die anschließende Neuansiedlung erfolgte unter restriktiven Bedingungen und war gering; die Gemeinde erlangte bis zu ihrer endgültigen Vertreibung 1498/99 ihre alte Bedeutung nicht mehr. Erst nach 300 Jahren erhielten Juden wieder das Ansiedlungsrecht. Die Gemeinde entwickelte sich nun rasch: 1862 Gründung der Kultusgemeinde, 1872 Berufung eines Rabbiners, 1864 Bau eines Friedhofs, Errichtung der Synagoge 1870–74. Zählte Nürnberg 1840 nur sechs jüdische Einwohner, waren es 1867 bereits 1254 und seit Ende des 19. Jahrhunderts war Nürnberg (1910: 7815 jüdische Einwohner) nach →München die größte jüdische Gemeinde in Bayern. Seit den 20er Jahren verschlechterten sich die Lebensbedingungen der Nürnberger Juden durch die Ausschreitungen der wachsenden Anhängerschaft der NSDAP immer mehr. Unter der NS-Herrschaft konnten sich bis 1939 2539 Juden aus Nürnberg durch Emigration retten; 1656 wurden von November 1941 bis Januar 1944 in die KZs deportiert. Von dort kehrten nach 1945 nur 65 Juden nach Nürnberg zurück, die die Gemeinde neu gründeten. 1998 zählte Nürnberg vor allem infolge der Zuwanderung der letzten Jahre etwa 360 jüdische Einwohner.

🄻 B. Z. Ophir, Die jüdischen Gemeinden in Bayern. 1918–45, 1979. – K. Ulshöfer, Zur Situation der Juden im mittelalterlichen Nürnberg, in: M. Treml/J. Kirmeier (Hrsg.), Geschichte und Kultur der Juden in Bayern, 1988. (BV)

Nürnberger Gesetze →Rassegesetze

Nürnberger Prozesse →NS-Prozesse in Nachkriegsdeutschland

Nussbaum, Felix, Maler, 11. 12. 1904 Osnabrück – 9. 8. 1944 Auschwitz. Nach ersten Jahren der Ausbildung an der Hamburger Kunstgewerbeschule und an der Lewin-Funcke-Schule in Berlin (bei Willy Jaeckel) studierte er ab 1925 an der Hochschule der Berliner Akademie der Künste (bei Cesar Klein und Hans Meid). 1926 malte er die Synagoge zu Osnabrück (»Die beiden Juden«). Nach dem Vorbild Rousseaus entstanden heiter-naive Stadtansichten und Landschaften: »Ostender Seesteg« (1928/29), »Erinnerung an Norderney« (1929), »Der tolle Platz« (1931). 1932 Stipendium für die Villa Massimo in Rom, das ihm 1933 wegen seiner jüdischen Herkunft entzogen wurde. 1934 Aufenthalt an der Riviera. 1935–40 Exil in Belgien. 1937 Heirat mit Felka Platek. 10. 5. 1940 Abschiebung als »feindlicher Ausländer« in das südfranzösische Lager Saint-Cyprien. Nach der Flucht aus dem Lager illegaler Aufenthalt in Brüssel. Hier entstanden symbolisch verschlüsselte Bilder, Selbstbildnisse und Porträts seiner Frau: »Selbstbildnis an der Staffelei« (1943), »Selbstbildnis mit Judenpaß« (1943), »Die Verdammten« (1943/44). Das letzte erhaltene Werk datiert vom 18. 4. 1944: »Die Gerippe spielen zum Tanz«. Verhaftung im Sommer 1944, Deportation und Tod.

Felix Nussbaum; »Selbstbildnis mit Judenpaß«, Gemälde um 1943

🄻 P. Jungk/W. Zimmer, Felix Nussbaum. Leben und Werk, 1982. (WJ)

O

Obadja →Hebräische Bibel

Oberrabbinat, oberste religiöse Behörde in Israel. Usprünglich geht das Oberrabbinat auf das Osmanische Reich zurück, in dem der Oberrabbiner als Sprecher der jüdischen Gemeinschaft vor dem Sultan diente. Seit dem 17. Jahrhundert trägt der (sephardische) Oberrabbiner den Titel Rishon Le Zion (»Erster in Zion«). Nach dem Ersten Weltkrieg übernahm die Zionistische Weltorganisation die Organisierung und Finanzierung eines Rabbinats für die ständige wachsende jüdische Bevölkerung des →Jischuw. Unter den britischen Mandatsbehörden wurde ein Oberrabbinat eingerichtet, das aus einem Rat des Oberrabbinats und zwei Oberrabbinern, je einer für →Sephardim und →Aschkenasim, bestand.

Seit der Gründung des Staates Israel wurden mehrere Wahlen zum Rat des Oberrabbinats abgehalten. Mit Hilfe verschiedener Abteilungen und Ausschüsse entscheidet das Oberrabbinat alle Fragen, die religiöse Gesetze betreffen, beaufsichtigt die Tätigkeiten religiöser Instanzen, die Ernennung von Rabbinern und Religionslehrern, Prüfungen zur rabbinischen Ordination sowie die Qualifikation der Richter an den jüdischen religiösen Gerichten. Die beiden israelischen Oberrabbiner bleiben jeweils sephardisch bzw. aschkenasisch, wobei Rabbiner der reformerischen und konservativen Juden in Israel keine Anerkennung finden. (DB/MW)

Odessa, ukrainische Stadt, Schwarzmeerhafen. Juden siedelten sich in Odessa erst nach 1800 an. Odessa wurde Mittelpunkt der intellektuellen Bewegung →Haskala; bedeutende Schriftsteller und andere Persönlichkeiten des kulturellen Lebens waren dort tätig, u. a. →Mendele Mocher Sforim, Chajim Tschernowitz, der Leiter der modernen Jeschiwa, →Achad Haam, A. →Ussischkin, C. N. →Bialik, Z. →Jabotinsky, S. →Dubnow, der berühmte Kantor Minkowskij und I. →Babel. Im 19. Jahrhundert und Anfang des 20. Jahrhunderts erschienen zahlreiche jiddische und hebräische Zeitschriften. 1941 nationalsozialistische Massaker und Verschleppungen, nach denen die Stadt am 23. 2. 1942 für »judenrein« erklärt wurde. 1970 lebten wieder 100 000 bis 150 000 Juden in Odessa; 1997 zählte die Stadt noch etwa 45 000. (AB)

David Oistrach

Offenbach, Jacques (Jacob), französischer Komponist und Theaterdirektor, 20. 6. 1819 Köln – 5. 10. 1880 Paris. Sohn des in Offenbach geborenen Isaac Juda Eberst, der ab 1825 Vorsänger der Kölner jüdischen Gemeinde und Verfasser des »Allgemeinen Gebetbuchs für die israelitische Jugend, hebräisch und deutsch« war. Da in Deutschland für jüdische Musiker die Berufsaussichten schlecht waren, wurde der 14jährige Jacob vom Vater zusammen mit dem älteren Bruder Jules nach Paris gebracht. In das Pariser Conservatoire aufgenommen, besuchte Offenbach die Celloklasse, studierte Komposition bei J. F. →Halévy, der ihn auch auf seinem weiteren Weg förderte. Für lange Zeit schlug sich der in Armut lebende junge Offenbach als Cellovirtuose in Salons, in Vergnügungsstätten und Theaterorchestern durch. Bereits während dieser Zeit komponierte er Lieder, Salonmusiken, Cellostücke und musikalische Buffonerien, an denen sich sein besonderes Talent erwies. 1855 übernahm Offenbach als Direktor ein kleines Theater an den Champs-Élysées, dem er den Namen »Bouffes-Parisiens« gab. Hier wurden viele seiner Singspiele und Buffoopern uraufgeführt; später in dem unter seiner Leitung stehenden »Théâtre de la Gaîté«. In seinen mehr als 100 Stücken, die er im Lauf der Jahre mit dem Titel »opérette« versah, entwickelte und pflegte Offenbach einen aus einprägsamer Melodik und gefestigter Rhythmik bestehenden Stil. Unerschöpflich in seinem Einfallsreichtum, war es ihm gegeben, selbst die Parodierung mythologischer Gestalten (sog. Offenbachiaden) sowie Satiren über die gesellschaftlichen Zustände seiner Zeit zu Welterfolgen zu machen. Zu den nach wie vor viel gespielten Hauptwerken der von Offenbach geschaffenen neuen Gattung gehören: »Orpheus in der Unterwelt« (1858), »Die schöne Helena« (1864), »Pariser Leben« (1866), »La Périchole« (1868). Offenbachs Versuch, sich auch als Opernkomponist hervorzutun, scheiterte mit der für die Wiener Hofoper komponierten romantischen Oper »Die Rheinnixen«, erreichte indes mit der zum internationalen Opernrepertoire gehörenden, nach seinem Tod 1881 uraufgeführten phantastischen Oper »Hoffmanns Erzählungen« einen unumstrittenen Höhepunkt. Offenbach, von den Deutschen wie von den Franzosen, von den Juden wie von den Christen als der Ihre reklamiert (er wurde französischer Staatsbürger und trat zum Katholizismus über), war ein Kölner Kind und ein Pariser Idol.

L S. Kracauer, Jacques Offenbach und das Paris seiner Zeit, 1976. – H.K. Metzger/R. Riehn (Hrsg.), Jacques Offenbach, 1980.
(AS)

Ohalot →Mischna

Oistrach, David, Violinvirtuose, 30. 9. 1908 Odessa – 24. 10. 1974 Amsterdam. Oistrach erhielt 1937 in Brüssel den ersten Preis des Wettbewerbs der Königin Elisabeth, und wurde dadurch international bekannt; sehr erfolgreiche Tourneen in der ganzen Welt; 1934 Professor am Moskauer Konservatorium; seit 1961 auch Dirigent; spielte oft im Duo mit seinem Sohn Igor (geb. 27.4. 1931) (AB)

Olam (hebräisch »Welt«), die Unterscheidung »Olam ha-se« (»diese Welt«) und »Olam ha-ba« (»die kommende Welt«) ist Teil eines eschatologischen Konzepts, das in der Vorstellung einer neuen Welt begründet ist, zu dem sich in der Hebräischen Bibel aber allenfalls Ansätze finden (Dan 2; 7; 12). Es stammt aus der apokalyptischen Literatur. Der Begriff »Olam haba« ist nicht exakt definiert. Er kann erstens allgemein die Endzeit mit neuer Weltordnung nach der →Auferstehung der Toten und dem Gericht meinen, zweitens speziell die messianische Zeit als Abschluß der jetzigen Welt und Überleitung zur Endzeit und drittens das transzendente Jenseits (»Gehenna«), in das die Seele nach dem Tod eintritt. In der Regel geht die messianische Zeit der zukünftigen Welt voraus, wobei Auferstehung und Gericht im rabbinischen Judentum im Zusammenhang mit der messianischen Zeit gedacht werden. Die Vorstellungen über die zukünftige Welt gehen auseinander. Neben Schilderungen der zu erwartenden Genüsse gibt es die Ansicht, daß sie sich einer konkreten Beschreibung entziehe, aber auch die Auffassung, daß sie rein geistig sein werde. An ihr haben nicht nur exklusiv Juden Anteil, sondern auch nichtjüdische Fromme. Keinen Anteil an der zukünftigen Welt hat der, der die Auferstehung leugnet. Insgesamt zeigen die rabbinische Literatur und die jüdische Liturgie mehr Interesse an der messianischen Zeit als an der zukünftigen Welt. Eine Abwertung der diesseitigen Welt gegenüber der kommenden findet sich in der apokalyptischen Literatur, nicht aber im rabbinischen Judentum. (HMD)

Ölberg, arabisch Jabal at-Tur, Bergzug östlich von Jerusalem, durch das Kidrontal von der Stadt getrennt, 828 m; im NT Schauplatz der Gefangennahme Jesu und seiner Himmelfahrt. Daran erinnern seit der Zeit Konstantins mehrere Kirchen. Am Westhang liegen der Garten Gethsemane und der unter jordanischer Herrschaft (1948–67) weitgehend entweihte und zerstörte große jüdische Friedhof. – Hier erwarten die Gläubigen am Ende der Tage den Einzug des Messias, wie es in Sach 14,4 und Ez 43,1 beschrieben ist. David besuchte ein israelitisches Heiligtum auf dem Gipfel des Ölbergs (2 Sam 15,32). Zum Ölberg gehört der Berg des Ärgernisses (des Verderbens), an dem Salomo für seine ausländischen Frauen Tempel ihrer Götter hatte errichten lassen (1 Kön 11,7–8, 2 Kön 23,13). Zu Füßen des Ölbergs liegen die sog. Prophetengräber (Haggai, Sacharja, Maleachi), 36 aus dem Fels gehauene Nischen aus dem 4./5. Jahrhundert n.Z. Zum Ölberg-Bereich gehört auch der Mount Scopus (826 m) mit den älteren Gebäuden der Hebräischen Universität. (WL)

Oldenburg i. O. Während der dänischen Herrschaft über die ehemalige Grafschaft Oldenburg i. O. (1667–1773) lassen sich zum ersten Mal urkundliche Zulassungen einzelner Schutzjuden nachweisen; so waren 1786 23 Familien im Besitz des Schutzbriefs. Nach der kurzen Phase der bürgerlichen Gleichstellung der Jahre 1810–13 in der Franzosenzeit, die eine langsame Zunahme der jüdischen Bevölkerung zur Folge hatte, wurden alte Restriktionen und das Schutzrechtsystem wieder eingeführt. Die Judenordnung aus dem Jahr 1827 sah als Neuerung die Ernennung eines Landesrabbiners zur Überwachung der religiösen Angelegenheiten und Beaufsichtigung der jüdischen Schulen vor; die beiden ersten Amtsträger waren N. M. →Adler und S. R. →Hirsch; das Oldenburger Staatsgrundgesetz von 1849 brachte den Juden die bürgerliche Gleichberechtigung; 1910 lebten 950 Juden in Oldenburg i. O.; 1938 wurden das Amt des Landesrabbiners aufgelöst und die Vermögenswerte der jüdischen Gemeinden von den nationalsozialistischen Machthabern eingezogen; 1940/41 wurden die Oldenburger Juden in die Vernichtungslager, vor allem nach Minsk, deportiert. Nach 1945 Gründung der »Jüdischen Kultusvereinigung Oldenburg e. V.«, die sich 1973 auflöste.

L Die Geschichte der Oldenburger Juden und ihre Vernichtung, 1988. – L. Trepp, Die Oldenburger Judenschaft, 1973. (JÖD)

Omer, 1. Hohlmaß (ungefähr 3,6 l) für Getreide, ein Zehntel Efa, deshalb oft ein Zehntel genannt, das beim Speise-Mehl-Opfer eine besondere Rolle spielte.

2. Garbe, die von der Erstlingsfrucht im Tempel am ersten Tag von →Pessach (16. Nissan) als Opfer dargebracht wurde und vor deren Darbringung der Genuß des neuen Getreides untersagt war. Das Ritual wird als Gebet an Gott verstanden, die Ernte zu beschützen.

3. Name der Periode von 49 Tagen zwischen Pessach und →Schawuot. Sie ist gekennzeichnet durch das tägliche Omer-Zählen (»Sefirat ha-Omer«), das mit feststehender Formulierung nach dem Abendgottesdienst mit Beginn des neuen Tags stattfindet. Diese Periode gilt zugleich in Erinnerung an den Tod zahlreicher Schüler des Rabbi →Akiba ben Josef als Trauerzeit, in der Hochzeitsfeiern, Haarescheren und Arbeit nach Sonnenuntergang verboten sind. Mit dem 33. Tag dieser Periode (»Lag ba-Omer«) verbinden sich unterschiedliche Traditionen. Er gilt entweder als der Tag, an dem das Sterben unter den Schülern Akibas aufhörte, oder ist Symbol für die 33 Werktage der 49tägigen Periode, an denen Trauer möglich ist. Möglicherweise ist es aber auch der Tag eines Sieges der Juden über die Römer z. Z. des →Bar Kochba. In der →Kabbala gilt die Periode als die Vorbereitungszeit für die Offenbarung der Tora an Schawuot und der 33. Tag als der Tag des Rabbi Simon ben Jochaj, an dem bis heute in Meron die Hillula, d. h. die Hochzeit zwischen Himmel und Erde, anläßlich seines Todestags gefeiert wird (zugleich sein Ordinationstag und der Tag, an dem er das Versteck in Meron verließ). (HMD)

Omez (hebräisch »Mut«, nämlich »für die Genesung der Wirtschaft«), 1984 gegründete »Einmannpartei« des ehemaligen Finanzministers (1979–81) Yigael Hurwitz, der sich (wieder) vom Likud abspaltete (auch →Telem). Mit einem Parteiprogramm, das hauptsächlich für eine rigorose Sparpolitik eintrat, erhielt Omez bei den Knessetwahlen 1984 1,2 Prozent der Stimmen und ein Mandat. 1985 führte Hurwitz Einigungsverhandlungen mit der →Israelischen Arbeitspartei, ging aber 1986 wieder zum →Likud zurück. 1984–88 war Omez an der »Koalition der nationalen Einheit« beteiligt. (DB/MW)

Onkelos →Targum

Opatoszu, Józef (auch Opatoschu, eigentlich Józef Meyer Opatowski), polnisch-jüdischer Schriftsteller, 1. 1. 1887 bei Mława – 7. 10. 1954 New York. Lebte seit 1907 in den USA. 40 Jahre lang Mitarbeiter der New Yorker jiddischen Tageszeitung »Der Tog«. Debütierte mit der Erzählung »Oit jener Seit Brik«. Seit 1910 wurden seine Texte in Anthologien und Zeitschriften gedruckt. 1914 erschien seine erste eigene Anthologie »Die Naye Heym«. Opatoszu war einer der ersten jiddischen Schriftsteller, die das Leben der jüdischen Emigranten in Amerika beschrieben haben, so in »Farloyrene Mentschen« (1919), »Di Tentserin« (1929), »Arum Grand Street« (1929), »Rase« (1923) u. a. Besonders bekannt wurde seine Romantrilogie, in der er das Leben im chassidischen Wallfahrtsort Kock und vor diesem Hintergrund die polnisch-jüdischen Beziehungen im 19. Jahrhundert schilderte: »Di poilische Wälder« (1921), deutsch »Der letzte Waldjude« (1928) und »Der Aufstand« (1929); der letzte Band, »Aleyn« (Allein), erschien bereits 1919. In seinem letzten Roman, »Der letzte Oyfstand« (2 Bände, 1948–52), wandte sich Opatoszu der Geschichte des Alltags der Juden im 2. Jahrhundert n. Z. zu. (AGR)

Operation Esra und Nehemia (auch: Operation Ali Baba), von der →Jewish Agency und der israelischen Regierung von Mai 1950 bis Dezember 1951 durchgeführter Luft-Transfer von 113 545 Juden aus dem Irak nach Israel. Bis die Auswanderung irakischer Juden im März 1950 vom irakischen Parlament legalisiert wurde, stand sie (seit 1948) unter Todesstrafe. Das Vermögen der Auswanderungswilligen wurde »eingefroren«, ihre Staatsbürgerschaft bei der Registrierung aberkannt. Mit Ausnahme eines Bankschecks in Höhe von 50 Dinar pro Erwachsenen durften keine Wertgegenstände ausgeführt werden. Rund 25 000 Juden blieben 1951 zunächst im Irak. (DB/MW)

Operation Frieden für Galiläa →Libanonkrieg

Operation Mose →Äthiopien

Operation Zauberteppich, Luftbrücke, mit der zwischen Dezember 1948 und September 1950, hauptsächlich jedoch nach Mai 1949, insgesamt 48 818 Juden aus dem Jemen ausgeflogen wurden. Damit immigrierte nahezu die gesamte Bevölkerung einer der ältesten jüdischen Gemeinden der Diaspora nach Israel. (DB/MW)

Opfer nehmen in der Hebräischen Bibel eine besondere Stellung ein. Sie wurden im Judentum zunächst an verschiedenen Orten verrichtet, nach dem →Exil aber auf den →Tempel in Jerusalem beschränkt. Die Opfer, allgemein »Qorban« genannt, umfassen das Brand- oder Ganzopfer (»Ola«), das Speiseopfer (»Mincha«), das neben dem Trankopfer (»Nessech«) ein Zusatzopfer zu den Tieropfern darstellt, das ursprünglich nomadische Schlachtopfer (»Sewach«), zu dem auch die Schluß- oder Friedensopfer (»Schelamim«) gehören, das von dem Schuldopfer (»Ascham«) nicht klar abzugrenzende Sündopfer (»Chattat«), das Dankopfer (»Toda«) und die Räucheropfer. Die Opfer erfolgten nach einem speziellen Kalender (Num 28f.) täglich morgens und abends und an Festtagen zusätzlich nachmittags. Neben den öffentlichen Opfern bestanden aber auch private, die z. B. anläßlich eines Gelübdes (→Nedarim) dargebracht wurden. Die Opfer wurden u. a. als Gabe, Huldigung, Dank, Ausdruck der Gemeinschaft mit Gott und der Teilnehmer untereinander, Versöhnung, Sühne oder Befreiung von Unreinheit verstanden. In der Hebräischen Bibel wird von den Propheten auch Kritik am Opferkult geäußert. Die Diaspora-Erfahrung führte zur Entfremdung vom Opferdienst, so daß der Tempel mit seinen Opfern in der →Diaspora schon vor seiner Zerstörung im Jahr 70 n. Z. an Bedeutung verlor. Die Rabbinen sahen in ihm rückblickend z. T. ein Zugeständnis an die kulturelle Umgebung. Nach dem Wegfall der Opfer kommt den Begleittexten, die den Grundstock für das →Gebet bilden, und der Verwendung von besonderen Symbolen und Zeremonien eine herausragende Bedeutung zu. Besonders ausgeprägt ist diese Ersatzfunktion beim →Pessachfest. Das Gebet wird nun zur zentralen Form der Gottesverehrung, ist zur Zeit des Tempelkults aber am Tempeldienst orientiert. Auch das Studium der Opfervorschriften wird als Ersatz angesehen. Die Erinnerung an die Opfer wird speziell in der →Awoda gepflegt. Für den Fall der erhofften Wiedererrichtung des Tempels werden in der →Halacha Opfervorschriften festgehalten und diskutiert. (HMD)

Opfergedenktag (hebräisch »Jom ha-Shoa«, »Tag der Katastrophe«). Gedenken ist ein Grundzug jüdischer Religiosität; entsprechend hoch ist der Stellenwert von Trauerriten. Von besonderer Bedeutung ist das Gedenken an die Opfer des Nationalsozialismus (auch →Gedenkstätten). In Israel wird seit 1951 der 27. Nissan (März/April, in der Woche nach Pessach und eine Woche vor dem Unabhängigkeitstag) als Opfergedenktag begangen. Außerhalb Israels gilt der 19. April, der Beginn des letzten deutschen Angriffs auf das Warschauer Ghetto, als Opfergedenktag. (RED)

Oppenheim, 1. Heinrich Bernhard, Hochschullehrer und Politiker, 20.7.1819 Frankfurt am Main – 29.3.1880 Berlin. Studierte Rechts- und Staatswissenschaften, 1842 Doktor der Rechtswissenschaft, Privatdozent für Staatswissenschaft und Völkerrecht in Heidelberg; zusammen mit Arnold Ruge Redakteur der Zeitschrift »Die Reform«, nahm auf dem linken Flügel an der revolutionären Bewegung von 1848 teil, war 1849 Redakteur der »Karlsruher Zeitung« und lebte anschließend 11 Jahre in Frankreich und England in der Emigration. Nach seiner Rückkehr in den Anschauungen gemäßigter, veröffentlichte er nationalökonomische Arbeiten und gab u. a. die »Deutschen Jahrbücher zur Politik und Literatur« heraus. Oppenheim unterstützte seit 1866 Bismarcks Außenpolitik; 1874–77 MdR als Mitglied der Nationalliberalen. Oppenheim prägte den Begriff »Kathedersozialismus«.

L H. Valentin, Heinrich Bernhard Oppenheim. Ein Beitrag zur Geschichte des Deutschen Liberalismus, 1936. (JS)

2. Hermann →Shoa und Traumatisierung

3. Moritz Daniel, Maler, 7. oder 8.1.1800 Hanau – 26.2.1882 Frankfurt am Main. Studium in Frankfurt, München, Paris und seit 1921 in Rom; Begegnung mit Bertel Thorvaldsen und den Nazarenern. 1825 Niederlassung in Frankfurt; Unterstützung durch die Rothschilds; Werke mit Themen zum AT und NT; 1832 Begegnung mit Goethe in Weimar, den er porträtierte; Zeichnungen zu Goethes »Hermann und Dorothea«. Berühmt wurde er durch 20 Gemälde (seit 1833), jüdischer Genreszenen, die 1865 als Stichsammlung »Bilder aus dem altjüdischen Familienleben« veröffentlicht wurden. Oppenheim war der erste jüdische Maler, der das jüdische Bürgertum in Deutschland darstellte, illustrierte Werke von Berthold Auerbach und Salomon Hermann von Mosenthal; zahlreiche Porträts, u. a. von Ludwig Börne, ferner deutscher Kaiser für den Kaisersaal im Römer zu Frankfurt. Seine Autobiographie erschien posthum (»Erinnerungen«, herausgegeben von A. Oppenheim, 1924).

L E. Cohen, Moritz Daniel Oppenheim. The First Jewish Painter. Katalog, Jerusalem 1983. (HK)

4. Salomon, letzter kurkölnischer Hoffaktor, Gründer der Kölner jüdischen Gemeinde und Gründer des Bankhauses Oppenheim in Köln, 1772 Bonn – 9.11. 1828 Bonn. 1798 Übersiedlung von Bonn nach Köln und Verlegung der Handelsgesellschaft nach Bonn. 1802 Mitbegründer der Kölner

Gemeinde und Gemeindevorsteher. 1822 Mitglied der Handelskammer und Interessenvertreter der Kölner Bankiers. Seine fortschrittliche Geschäftspolitik wurde unter Simon und Abraham Oppenheim mit weiteren Firmengründungen im Transportwesen (Schiffahrt/Eisenbahn), der Finanzierung von Industrie und Bergbau und im Versicherungsgewerbe fortgesetzt. Der Aufstieg zu einer der bedeutendsten Banken des 19. Jahrhunderts begann mit der Einführung eines neuen Banktypus, der Aktienbank zur Industrie- und Verkehrsfinanzierung. Das Bankhaus S. Oppenheim & Cie. erlangte damit während der Gründerzeit internationale Bedeutung und wurde mit der →Hirschlandbank (Essen) zum wichtigsten Finanzier der Modernisierung der rheinisch-westfälischen Industrieregion. (RD)

Oppenheimer, 1. Franz, Nationalökonom und Mitbegründer der deutschen Soziologie, 30. 3. 1864 Berlin – 30. 9. 1943 Los Angeles. Der Vater Julius Oppenheimer war Prediger an der Berliner Reformgemeinde. Oppenheimer studierte Medizin in Freiburg i. Br. und Berlin, wo er 1885 den Doktor der Medizin erwarb. 1886/87–96 praktischer Arzt in Berlin; anschließend Redakteur und Schriftsteller in Berlin. 1902–18 in der zionistischen Bewegung tätig (u. a. Mitbegründer der Siedlungsgenossenschaft Merchawia in Palästina und des →Komitees für den Osten). 1908 Promotion zum Doktor der Philosophie in Kiel, 1909 Habilitation in Berlin. Seit 1909 mit großem Hörerzulauf Privatdozent an der Friedrich-Wilhelm-Universität in Berlin und seit 1919 Professor auf dem ersten deutschen Lehrstuhl für Soziologie und Wirtschaftstheorie in Frankfurt am Main; 1929 Emeritierung. Während des Ersten Weltkriegs war Oppenheimer Referent für die Organisation der Kriegswirtschaft im Kriegsministerium und später im Kriegsamt. 1938 emigrierte Oppenheimer über Japan und Schanghai in die USA (1940). Unter der NS-Herrschaft wurden seine Werke verboten. Oppenheimer war Vertreter einer Universalsoziologie, die die einzelnen sozialwissenschaftlichen Fachdisziplinen in einem System zusammenfassen und sozioökonomische Prozesse sowie Geschichte und Gesellschaft in ihrer Gesamtheit untersuchen wollte. Politisch trat er für einen »liberalen Sozialismus« ein und forderte eine sozial gerechte Marktwirtschaft. Dieses Ziel glaubte Oppenheimer mit der Gründung von Siedlungsgenossenschaften, die zunächst den Großgrundbesitz und damit sukzessive alle Monopole beseitigen sollten, erreichen zu können. Politische Aktivität entfaltete Oppenheimer in der deutschen und der zionistischen Siedlungsbewegung sowie in der preußischen Ansiedlungspolitik, womit er zur Verbreitung von genossenschaftlichen Ideen vor allem im Zionismus beitrug. Bedeutung erlangte Oppenheimer auch als Lehrer von Ludwig Erhard bei der Grundlegung der sozialen Marktwirtschaft in der Bundesrepublik Deutschland. Sein umfangreiches Gesamtwerk umfaßt neben Schriften über Thomas R. Malthus, Karl Marx und David Ricardo auch zahlreiche Artikel zu jüdischen und zionistischen Themen. Hauptwerke u. a.: »Die Siedlungsgenossenschaft« (1896), »Großgrundeigentum und Soziale Frage« (1898), »Der Staat« (1908, mehrfach übersetzt und neu aufgelegt), »System der Soziologie« (4 Bände, 1922 bis 1935, Neuauflage 1964) und »Weder Kapitalismus noch Kommunismus« (1932, Neuauflage 1962); »Gesammelte Schriften« (3 Bände, 1995–98)

L B. Vogt, Franz Oppenheimer. Wissenschaft und Ethik der sozialen Marktwirtschaft, Bodenheim 1997. (BV)

2. Josef Süß (»Jud Süß« genannt), Hoffaktor, 12. 2. 1698 Heidelberg – 4. 2. 1738 Stuttgart. Als »Hofjude« diente Oppenheimer Herzog Karl Alexander von Württemberg, dessen aufwendigen Lebensstil er seit 1732 als »Schatullenverwalter« in komplizierten Transaktionen finanzierte. Zugleich übernahm Oppenheimer Kriegs- und Munitionslieferungen, war Käufer und Verkäufer, Händler und Unternehmer sowie politischer Berater des Herzogs in einer Person. Für die ständig wachsenden immensen Staatsschulden erschloß Oppenheimer immer neue Geldquellen, womit er zwar politische Macht erlangte, aber auch den Neid und die Mißgunst vor allem der Stände auf sich zog. Nach dem Tod Karl Alexanders wurde er in einem von antisemitischen Tendenzen geprägten Schauprozeß zum Tod durch Erhängen verurteilt. Die rettende Taufe lehnte er unter dem Galgen ab. Unter dem Namen »Jud Süß« ging Oppenheimer in die Geschichte ein, und dieser Name wurde für Antisemiten zum Synonym für jüdische »Verschlagenheit«, »Geldgier« und jüdischen »Machthunger«. Nicht zufällig wurde Oppenheimer das Vorbild für den berüchtigten antisemitischen Propagandafilm »Jud Süß« von Veit Harlan (1940). Oppenheimers schillernde Persönlichkeit und sein spektakuläres Ende am Galgen dienen wiederholt als Vorlage für Schriftsteller und Komponisten: Wilhelm Hauff (1827), Lion Feuchtwanger (1925), Paul Kornfeld (1930), Eugen Ortner (1933) u. a.

L C. Elwenspoek, Jud Süß Oppenheimer, 1926. – B. Gerber, Jud Süß, 1990. – S. Stern, Jud Süß Oppenheimer, ein Beitrag zur deutschen und jüdischen Geschichte, 1929. – M. Zimmermann, Jud Süß Oppenheimer, ein Finanzmann des 18. Jahrhunderts, 1874. (LH)

Oppler, Edwin, Architekt, 18. 6. 1831 Oels bei Breslau – 6. 9. 1880 Hannover. Studium in Hannover, später in Brüssel und Paris bei Eugène-Emmannel Viollet-le-Duc; 1860 Niederlassung in Hannover, errichtete Wohn- und Geschäftshäuser, Villen und Schlösser, Denk- und Grabmäler und entwarf Inneneinrichtungen. Für seine Profanbauten verwendete Oppler den Stil des Klassizismus, der Gotik und der Renaissance. Seine Synagogenbauten und -entwürfe entstanden einheitlich im neuromanischen Stil als eine bewußte Abkehr von dem damals beliebten neuislamischen Stil. Daher stand er als Verfechter der Romanik für den deutschen Synagogenbau im Gegensatz zu seinem Konkurrenten A. →Wolff. Synagogenbauten: Hannover 1862 bis 1870, Breslau 1865–72, Schweidnitz 1872–77, Hameln 1877–79, Bleicherode 1877 ff. Entwürfe für Nürnberg 1868, München 1871 ff. und Karlsbad 1874. Oppler baute die Halle des jüdischen Friedhofs (1861–64) und die israelitische Schule (1874/75) in Hannover.

L P. Eilitz, Leben und Werk des königlichen hannoverschen Baurats Edwin Oppler, 1971. – H. Hammer-Schenk, Die Architektur der Synagoge von 1780–1933, in: Die Architektur der Synagoge, Ausstellungskatalog, Frankfurt am Main 1988. (HK)

Orach Chajim →Schulchan Aruch

Ordination →Semicha

Orgel. Bis ins 19. Jahrhundert gab es Orgeln nur in wenigen Synagogen (Bagdad, Korfu, Venedig, Modena, Mainz); die Vorbeter wurden auf ihnen nur an ausgewählten Festtagen, an denen kein religiöses Arbeitsverbot wie am Sabbat herrschte, und zu Hochzeiten begleitet. 1810 wurde in Deutschland der erste jüdische Gottesdienst abgehalten, der von einer Orgel musikalisch umrahmt wurde. In den folgenden Jahrzehnten entbrannte eine als Orgelstreit bezeichnete Kontroverse, die oftmals zur Spaltung der Gemeinden führte. Drei Hauptargumente wurden von den altfrommen Orgelgegnern ins Feld geführt: Das Orgelspiel verstoße gegen das Musizierverbot, das als Zeichen der Trauer seit der Tempelzerstörung gelte, es verstoße gegen das Arbeitsverbot am Sabbat, es stelle zudem eine religionsgesetzlich verbotene Nachahmung nichtjüdischer Gottesdienstformen dar. In den nord- und südamerikanischen Gemeinden ist die Orgelbegleitung Standard für alle Gottesdienste mit Ausnahme der Altfrommen; in Europa gibt es nur wenige liberale Gemeinden, die nach dem Holocaust noch Orgelgottesdienste abhalten (→Reformjudentum).

L A. Z. Idelsohn, Jewish Music in its Historical Development, New York 1975. (AN)

Orientalische Juden, israelische Juden, die aus den Ländern des Nahen Ostens, Südwestasiens, Nordafrikas und aus Indien immigrierten. Im Gegensatz zu den →Aschkenasim und →Sephardim haben die Vorfahren der Orientalischen Juden niemals in Europa gelebt. Ihre Diaspora-Gemeinden gingen teilweise auf die Zeit des ersten Tempels (10.–6. Jahrhundert v. Z.) zurück. 1948 machten Orientalische Juden 15 Prozent der jüdischen Bevölkerung Israels aus. Zwischen 1949 und 1951 kamen rund 330 000 Juden aus nordafrikanischen und asiatischen Ländern, weitere knapp 400 000 bis 1968. Erst seit 1969 überwog wieder der Anteil der Aschkenasim unter den Einwanderern. Durch Masseneinwanderung und höhere Geburtenrate wurden die Juden orientalischer Herkunft zeitweise zur relativen Mehrheit in Israel (1989 42 Prozent der jüdischen Bevölkerung, 1995 noch 35 %). Die Orientalischen Juden, in der Regel in ihren Herkunftsländern Handwerker, Händler, kamen meist mittellos, ohne das Ideal des zionistischen landwirtschaftlichen Pioniers und meist ohne die Bildungsvoraussetzungen für das Berufsleben in Israels moderner Industrie- und Dienstleistungsgesellschaft. Dadurch entstand eine wirtschaftliche und gesellschaftliche »Lücke« zwischen den Orientalischen Juden und den bessergestellten Juden euroamerikanischer Herkunft. Orientalische Juden sind eher religiös und stärker nationalistisch eingestellt als ihre aschkenasischen Mitbürger.

L S. Smooha, Social Research on Jewish Ethnicity in Israel: 1948–1986, 1987. – M. Wolffsohn/D. Bokovoy, Israel. Geschichte, Politik, Gesellschaft, Wirtschaft, [5]1996. (DB/MW)

Origenes, Kirchenvater, der fruchtbarste Theologe und Autor griechischer Sprache, um 185 Alexandria – 253 vermutlich Tyros. Da Origenes später als Häretiker galt, ist nur ein recht kleiner Teil seines großen Werkes erhalten. In seiner Dogmatik integrierte Origenes den zeitgenössischen Platonismus in die christliche Theologie; die Auferstehung Jesu interpretierte er rein geistig. In seiner »Hexapla« (sechs verschiedene Versionen des AT einschließlich einer hebräischen) bemühte sich Origenes um einen authentischen Bibeltext als Grundlage für jüdisch-christliche Streitgespräche. In seinen exegetischen Schriften trieb Origenes das Prinzip des zweifachen Schriftsinns durch allegorisch-typologische Deutungen so auf die Spitze, daß die Inhalte mystifiziert und unverständlich wurden. Die Zerstörung Jerusalems und die Zerstreuung der Juden sind nach Origenes die verdiente Strafe für das Verbrechen der Tötung Jesu. Polemische Äußerungen des Origenes über die Juden und das Judentum – er bringt sie mit dem Teufel und der Hölle in Verbindung – haben starken Einfluß auf das Judenbild des Mittelalters gehabt. (HC)

Orla →Mischna

Orléans, Ort mehrerer fränkischer Synoden. Die 3. Synode, Generalkonzil der Reiche Childeberts I. und Theudeberts I., erwähnt 538 in drei von 36 Kanones die Juden.
1. Christliche Sklaven soll nach wiederholter Mißhandlung durch jüdische Herren in der Kirche Asyl gewährt; den Herren soll als Kaufpreis nur der Taxwert erstattet werden. Bei Mischehen soll die Trennung durch Exkommunikation erzwungen werden; die Teilnahme an jüdischen Mahlzeiten wird mit einem Jahr Exkommunikation bestraft.
2. Die Juden sollen sich in der Osterzeit von Christen fernhalten (Übernahme eines Edikts Childeberts).
3. Christen dürfen die Sonntagsruhe nicht nach jüdischer Sitte verschärfen. Insgesamt tasten diese Bestimmungen die jüdische Existenz nicht an, streben jedoch nach Abgrenzung der Juden von der christlichen Umwelt. Die 541 abgehaltene 4. Synode war fränkisches Reichskonzil. Von 38 erwähnten Kanones betreffen zwei die Juden.
1. Unter Bezug auf frühere Beschlüsse wird christlichen Sklaven Asylrecht zugesichert.
2. Juden wird in Anlehnung an Bestimmungen der →Lex Romana Visigothorum verboten, Christen und christliche Sklaven zu Proselyten zu machen und sich mit christlichen Mägden einzulassen; als Strafe wird jeweils die Wegnahme der Sklaven – entgegen der in der Lex Romana Visigothorum vorgesehenen Todestrafe – angedroht.
🄻 O. Pontal, Synoden im Merowingerreich, 1986. (FL)

Or Sarua →Isaak ben Mose aus Wien

ORT, 1. →American Joint Distribution Committee
2. (russisch »Obschtschestwo Rasprostranenija Truda sredi Jewrejew w Rossiji«), Gesellschaft zur Förderung des Handwerks, der Industrie und der Landwirtschaft unter den Juden, gegründet 1880 in St. Petersburg. 1921 wurde die ORT ein internationaler Verband; 1924 gründete sie ein besonderes Kreditinstitut, den »Jewish Reconstruction Fund«. Zweigstellen in zahlreichen europäischen Ländern, in den USA und Kanada. ORT leistete einen bemerkenswerten Beitrag bei der Umschulung zahlreicher Juden aus der Sowjetunion in Israel und anderen Ländern und bei der Gründung jüdischer landwirtschaftlicher Siedlungen und Kolonien. (AB)

Orthodoxie →Agudat Israel, →Chassidismus, →Misrachi, →Judentum

Orzeszkowa, Eliza (geb. Pawłowska), polnische nichtjüdische Schriftstellerin, 6.6. 1841 Grodno – 18.5.1910 Grodno. Eine der wichtigsten Vertreterinnen der didaktischen Literatur des polnischen Positivismus. In mehreren Romanen (»Meir Ezofowicz«, »Eli Makower« 1874/75, »Mirtala«), Novellen (»Der starke Simson«, »Die Verbissene«, »Gredali«, »Herr Graba«) und theoretischen Schriften setzte sie sich für nationale und konfessionelle Toleranz gegenüber den Juden ein. In ihrem wichtigsten Roman zur jüdischen Thematik, »Meir Ezofowicz« (1878, deutsch 1885), schildert sie – vor dem Hintergrund einer ostpolnischen Kleinstadt – den Konflikt zwischen den Befürwortern der →Haskala und der jüdischen Orthodoxie. Orzeszkowa plädierte für die Loslösung von den als erstarrt geltenden jüdisch-orthodoxen Glaubens- und Lebensformen, betonte die Zugehörigkeit der Juden zur polnischen Kultur, propagierte die Assimilation und ein gemeinsames Handeln von Juden und Polen gegen die russische Besatzungspolitik. Orzeszkowas Werke wurden in mehrere Sprachen übersetzt.
🄻 I. Butkiewiczówna, Powieści i nowele żydow-skie Elizy Orzeszkowej, Lublin 1937. (AGR)

Osborn, Max, Kunstkritiker und Schriftsteller, 10. 2. 1870 Köln – 24. 9. 1946 New York. 33 Jahre lang Mitarbeiter der »Vossischen Zeitung«, für die er die Kunstberichte schrieb. Osborn arbeitete an der staatlichen wie städtischen Kunstverwaltung in Berlin mit und war Präsident des »Verbands deutscher Kunstkritiker«. 1933 Mitbegründer und bis 1938 Mitarbeiter des Kulturbundes Deutscher Juden. 1938 Emigration nach Frankreich, 1941 weiter in die USA. Osborn veröffentlichte Monographien über Franz Krüger, Eugen Bracht, Max Pechstein. Werke u. a.: »Geschichte der Kunst« (1910–33), die 70 Auflagen erreichte, »Die Kunst des Rokoko« (1929), »Der bunte Spiegel, Lebenserinnerungen« (1945). (LH)

OSE (russisch »Obschtschestwo Sdrawoochranenija Jewrejew«), Gesellschaft zum Schutz der Gesundheit der Juden in Osteuropa, gegründet 1912 in St. Petersburg. 1922–33 befand sich der Hauptsitz der OSE in Berlin, später in Paris. Die OSE unterhält u. a. jüdische Kinderheime und Gesundheitseinrichtungen in vielen Ländern. (AB)

Oslo, Hauptstadt Norwegens. Beginn der Einwanderung nach Aufhebung des in der Verfassung verankerten Niederlassungsverbots für Juden 1851. 1869 wurde ein erster und 1917 ein zweiter jüdischer Friedhof angelegt. Formelle Gründung der Gemeinde 1892. Um die Jahrhundertwende hatte Oslo 343 jüdische Einwohner. Längere Zeit gab es in Oslo zwei Gemeinden, zeitweilig sogar vier. 1920 wurde die derzeitige Synagoge eingeweiht, 1923 ein Kinderheim. 630 Juden aus Oslo und dem Süden Norwegens wurden während des Zweiten Weltkriegs getötet. Ein Teil flüchtete nach Schweden. Die neugegründete Einheitsgemeinde hatte Ende 1945 151 Mitglieder. 1960 wurde ein neues Gemeindehaus eingeweiht, 1988 ein neues Altersheim. Die Gemeinde erlebte in den letzten Jahren einen gewissen Zuwachs. Seit 1980 ist der aus Kopenhagen stammende Michael Melchior Rabbiner der Gemeinde. Heute zählt sie etwa 900 Mitglieder.

🄻 O. Mendelsohn, Jødenes historie i Norge gjennom 300 år, 2 Bände, 1969–86.

(DR)

Oslo-Abkommen → Palästina

Osmanisches Reich. Mit der Eroberung Konstantinopels unter Mehmed II. 1453 und dem Zusammenbruch des → Byzantinischen Reichs verbesserte sich die wirtschaftliche und religiöse Lage der Juden im gesamten östlichen Mittelmeerraum, da die Türken die diskriminierenden Vorschriften des → Islam weniger streng auslegten und in den Juden, besonders den europäischen, ein aufgrund ihrer Kenntnisse und Fähigkeiten nützliches Element ihrer Gesellschaft sahen. Deswegen boten die Sultane Einwanderern Zuflucht und siedelten sie in neueroberten Städten an; so nahm Bayezid II. (vor 1500) Flüchtlinge aus Spanien und Portugal auf, wodurch das bislang romaniotisch geprägte Judentum im Osmanischen Reich sephardisch überlagert wurde. Unter Selim I. gerieten 1516 Palästina und 1517 auch Ägypten unter osmanische Herrschaft. Im 15./16. Jahrhundert erlebte das osmanische Judentum eine Blüte. Zwischen 1500 und 1800 war der osmanisch beherrschte Balkan Zufluchtsstätte für Juden auch aus Deutschland, der Ukraine, Polen und Rußland. Zunehmende Einschränkungen im 17./18. Jahrhundert führten zu Verarmung, besonders der türkischen Juden, woran auch die Gleichstellung mit anderen Minderheiten 1839 und die völlige Emanzipation 1856 nichts änderten. (PB)

Österreich. Bezeichnet im Mittelalter etwa das Gebiet des heutigen Ober- und Niederösterreichs; als Fernhändler tätige, aber wohl noch nicht auf dem Gebiet des späteren Österreichs ansässige Juden sind hier schon um 900 nachgewiesen. Ansiedlung seit dem 12., vor allem im 13. Jahrhundert; in den nächsten Jahrzehnten auch in kleineren Orten weit verbreitet. Juden waren zu dieser Zeit die wichtigsten Finanziers des österreichischen und steirischen Adels. Schwere Verfolgung vor allem nördlich der Donau 1338 wegen einer angeblichen Hostienschändung in Pulkau, nicht aber während der Pestzeit 1348–50 (Schutz durch den Herzog). Vertreibung und teilweise Hinrichtung 1420/21. Noch im 15. Jahrhundert kurzfristige Wiederansiedlung in einigen niederösterreichischen Orten und später auch in → Wien. Im 16. Jahrhundert kamen mit Ungarn und Böhmen, im 18. Jahrhundert mit Galizien und der Bukowina Gebiete unter habsburgische Herrschaft, in denen es nie eine landesweite Vertreibung gegeben hatte und in denen – zumindest in den beiden letzteren – eine starke jüdische Minderheit (über 10 Prozent) lebte. Das Toleranzpatent Kaiser Josephs II. (1781/82) gestattete ihnen freie Religionsausübung, aber erst die Staatsgrundgesetze 1867 brachten mit der bürgerlichen Gleichstellung die Ansiedlungsfreiheit in allen Gebieten der Monarchie, in der 1869 bei einer Gesamtbevölkerung von 35,635 Mio. 1,372 Mio. (3,9 Prozent) Juden lebten. Zuzug aus den östlichen Teilen vor allem in die Metropole Wien, deren Kultur und Leben die Juden teilweise stark beeinflußten (→Wiener Moderne), aber auch in viele andere Orte (Gründung einer Reihe meist kleinerer Kultusgemeinden im Gebiet des heutigen Österreichs). Zunehmender Antisemitismus seit dem ausgehenden 19. Jahrhundert förderte die Tendenz zur Assimilation; der Zerfall der Monarchie 1918 stoppte weitgehend die Zuwanderung, dazu Geburtenrückgang und erhöhte Sterblichkeit wegen Überalterung, so daß die Zahl der Juden in Österreich seither deutlich zurückging (1923–34 um rund fünf Prozent). 1934 lebten in Österreich etwa 200 000 Juden (2,8 Prozent der Gesamtbevölkerung), davon 176 034 in Wien (9,4 Prozent), 7716 in Niederösterreich und 3632 im Burgenland. Unter den Nationalsozialisten fast vollständige Vertreibung oder Vernichtung (etwa ein Drittel kam in KZs ums Leben). Nach dem Krieg Durchgangsland für KZ-Überlebende u. a. osteuropäische Juden auf ihrem Weg nach Palästina oder den USA (bedeutend u. a. die Lager Salzburg und Hohenems), aber nur geringe Wiederansiedlung, auch wegen des teilweise immer noch starken latenten Antisemitismus in der Bevölkerung. 1981 bekannten sich in Österreich 7123 Menschen zur »israelitischen« Religion, 6527 von ihnen in Wien, die übrigen meist in den Landeshauptstädten oder deren Umgebung. Durch Zuzug aus Osteuropa und vor allem aus der ehemaligen Sowjetunion hat sich diese Zahl in den 90er Jahren deutlich auf über 10 000 (1997) erhöht, wobei ein großer Teil der Zuwanderer aus der Kaukasus-Region stammt. Die große Mehrheit der jüdischen Bevölkerung lebt in Wien, dessen Kultusgemeinde auch für Niederösterreich und das nördliche Burgenland zuständig ist. Kleine Gemeinden mit weniger als 100 Mitgliedern bestehen außerdem in Baden, Bad Gastein, Graz (→Innerösterreich), Innsbruck (→Tirol und Vorarlberg), Linz und Salzburg.

[L] T. Albrich: Exodus durch Österreich. Die jüdischen Flüchtlinge 1945–48, 1987. – A. Drabek u. a., Das österreichische Judentum, 1974. – H. Gold (Hrsg.), Geschichte der Juden in Österreich, 1971.
(MAW)

Ostfriesland. Bis zur Eingliederung in das preußische Königreich 1744 waren den seit Mitte des 16. Jahrhunderts sich verstärkt niederlassenden Juden vergleichsweise günstige Schutzbriefe ausgestellt worden. Im Zuge der preußischen Judenpolitik unter Friedrich II. und seinen Nachfolgern von 1744 bis 1807 wurden dem Magistrat der Stadt Emden und den Besitzern der »Herrlichkeiten« der Einzug der Schutzgelder untersagt und die von den jüdischen Gemeinden zu leistenden Abgaben erhöht. Trotz der schlechteren Lebensbedingungen erreichte die Emdener Gemeinde 1771 mit 105 Familien und 525 Mitgliedern ihren Höchststand. Nach der bürgerlichen Gleichstellung während der napoleonischen Besetzung (1806–13) galt ab 1813 in Ostfriesland das preußische Edikt von 1812. Während der Zugehörigkeit zum Königreich →Hannover (1815–66) wurden die erlangten Rechte bald wieder eingeschränkt, die volle Gleichberechtigung erreichten die Juden erst mit dem Gesetz des Norddeutschen Bundes von 1869. Am Ende des 19. Jahrhunderts lebten in Ostfriesland 2766 Juden in 11 Gemeinden: Emden, Aurich, Leer, Norden, Weener, Bünde, Dornum, Esens, Jengum, Neustadtgödens, Wittmund. 1925 waren die größten Gemeinden in Emden (700), wo auch der Landrabbiner seinen Sitz hatte, Aurich (389) und Leer (289). Unmittelbar nach 1933 massive antijüdische Maßnahmen; nach dem Novemberpogrom 1938 wurden rund 1000 Juden in das KZ Sachsenhausen deportiert; bereits Ende März 1940 gab es in vielen Orten keine jüdischen Einwohner mehr. Nach 1945 keine Neuansiedlung.

[L] H. Reyer (Hrsg.), Frisia Judaica. Beiträge zur Geschichte der Juden in Ostfriesland, 1988.
(JÖD)

Ostgotenreich, 493–552, Nachfolgestaat des Römischen Reichs mit römischem Verwaltungsapparat und gotischem Föderatenheer, gegründet von König Theoderich dem Großen (um 456–526). Das Theoderich dem Großen zuzusprechende Edictum Theoderici bestätigte den Juden die Wahrung ihrer Rechte und Autonomie innerhalb ihrer Gemeinden. Verfügungen von Theoderichs Minister Cassiodor garantierten den Juden von Genua auf Antrag die volle Geltung der Gesetze. Als 509/511 der christliche Mob in Rom Synagogen verbrannte, 519 in Ravenna Übergriffe von Juden gegen Konvertiten zu Aufruhr und Zerstörung von Synagogen führten und 523/526 in Mailand Geistliche jüdische Rechte verletzten, veranlaßte der König jeweils strenge Bestrafung der Schuldigen und die Wiederherstellung der zerstörten Gebäude. Unter Theoderich gehörten Juden noch immer dem Senatorenstand an (→Gelasius). Ein jüdischer Rechtskundiger, Symmachus, stellte für Theoderich Edikte aus. Der günstige Status der Juden im Ostgotenreich erklärt ihre Parteinahme für die Goten während der Rückeroberung Italiens. So leisteten die Juden bei der Verteidigung Neapels gegen die Truppen Belisars bis zuletzt hartnäckigen Widerstand.

Ⓛ B. Bachrach, Early Medieval Jewish Policy, 1977. (FL)

Ostjuden. Das Wort Ostjuden für die Juden in den osteuropäischen Ländern wurde 1903 erstmals von N. →Birnbaum gebraucht. Bis dahin war die Bezeichnung »russische«, »osteuropäische« Juden oder auch »Galizier« üblich. Auch die Begriffe »ausländische« oder »fremdstämmige« Juden oder das synonym gebrauchte Wort »Schnorrer« waren verbreitet. Die Bezeichnung »jüdische Sprache« (später »Jiddisch«) für die sonst »Jargon« genannte Volkssprache der Juden Osteuropas geht ebenfalls auf Birnbaum zurück (→Ostjudenbild in Deutschland). Die bereits für das 9./10. Jahrhundert in Rußland nachweisbare Ansiedlung von Juden erfolgte von unterschiedlichen Regionen her: aus dem →Chasarenreich, aus Byzanz, dem Kaukasus, von der Krim, aus Persien. Wirtschaftliche Gründe (einflußreiche Rolle jüdischer Kaufleute, reger Zuzug von Juden) und religiöse Motive (Annahme des byzantinischen Christentums durch Großfürst Wladimir 988, lebhafte jüdische Mission und Propaganda) führten bereits im 11. Jahrhundert zu judenfeindlichen Äußerungen und Aktionen. Durch das Vordringen der Mongolen im 13. Jahrhundert gingen offenbar zahlreiche jüdische Siedlungen zugrunde; in Kiew bestand im Spätmittelalter wieder eine stattliche Gemeinde; hier besaßen neben den Rabbaniten auch die Karäer einflußreiche Lehrstätten. Für das Gebiet zwischen Weichsel und Oder (Polen) ist ebenfalls ab dem 10. Jahrhundert die Ansiedlung von Juden, wohl aus dem Chasarenreich, aus Byzanz und der Ukraine stammend, nachweisbar. Beträchtlichen Zuzug gab es von Westen her nach den Kreuzzugsverfolgungen im Deutschen Reich (1096, 1147) und auch späterhin jeweils bei westeuropäischen Vertreibungswellen. Die aus Deutschland stammenden Juden bewahrten auch in Polen ihre kulturelle Eigenart und mittelhochdeutsche Sprache, die sich hier, mit hebräischen u. a. fremdsprachigen Elementen durchsetzt, als »Sprachinsel« bis in unsere Zeit erhielt und weiterentwickelte (→Jiddische Sprache). Die große Zahl stattlicher Gemeinden (u. a. Kalisch, Krakau, Lemberg, Posen) lebte unter einem bis ins 14. Jahrhundert verhältnismäßig günstigen weltlichen Judenrecht, mit dem ein seit dem 13. Jahrhundert deutlich restriktiveres geistliches Judenrecht zunehmend konkurrierte. Bis zur Neuzeit entwikkelte sich Osteuropa, wo um 1800 1,5 Mill. Juden lebten, zum zahlenmäßig bedeutendsten jüdischen Siedlungszentrum. Bis 1880 stieg die jüdische Bevölkerung in Rußland auf knapp vier Mill. (70 Prozent des Weltjudentums), 1900 waren es mehr als sieben Mill. Die Lebensweise osteuropäischer Juden war gekennzeichnet durch eine relativ schwache Anpassung an die jeweilige Landeskultur, die Bewahrung der jiddischen Sprache und religiöser Traditionen, die Zugehörigkeit zur unteren Mittelschicht und zur Unterschicht. Seit Ende des 18. Jahrhunderts waren die Juden Rußlands durch Sondergesetz gezwungen, in bestimmten Gebieten (→Ansiedlungsrayon) zu wohnen und besaßen im →Schtetl ihre typische Lebensform. Der Zugang zu Bildungseinrichtungen war für sie stark eingeschränkt: Die Zahl der Schüler durfte nicht den jüdischen Prozentanteil an der Gesamtbevölkerung übersteigen. Der Elementarschulbereich wurde von den Juden selbst geregelt. Charakteristisch war der »Cheder« (Stube) für Jungen zwischen dem 4. und 6. Lebensjahr. Aufgrund gesetzlicher Beschränkungen bestand im Rayon in den zugelassenen Handels- und Handwerksberufen eine drangvolle Enge. Durch das berufliche Überangebot war die Existenzgrundlage vieler Juden gefährdet, und viele mußten sich als sog. Luftmenschen von Tag zu Tag einen neuen Lebensunterhalt suchen. Die große Masse der Besitz- und Mittellosen stand einer kleinen Gruppe von durch Handel oder industrielle Unternehmen zu Reichtum gekommenen gegenüber. Durch die russische →Pogrombewegung seit den 1880er Jahren als Folge politischer, wirtschaftlicher und sozialer Krisen setzte die moderne jüdische Wanderungsbewegung nach Westen, vor allem in die USA mit Deutschland als Durchwanderungsland oder Zwischenstation, ein. Bis zum Ersten Weltkrieg wanderten fast drei Mill. Juden nach Amerika und 51 000 nach Deutschland aus. Die auch von der Obrigkeit geduldete, oft geförderte Judenfeindschaft, die sich bis weit in das 20. Jahrhundert und sogar noch nach dem →Holocaust in blutigen Pogromen entlud, förderte den modernen jüdischen Nationalismus (Zionismus) und eine Wanderungsbewegung nach

Palästina. Die westeuropäischen Juden, weitgehend bestrebt, sich zu assimilieren, standen den Ostjuden ambivalent gegenüber und sahen häufig mit einer gewissen Verachtung und Geringschätzung auf die in einer anderen Kulturtradition Stehenden hinab. Religiös-orthodoxe Bewegungen, wie beispielsweise der →Chassidismus, blieben im Westen unverstanden. Man leistete umfassende Fürsorge, förderte jedoch hauptsächlich die schnelle Weiterwanderung in andere Länder.

[L] S. Adler-Rudel, Ostjuden in Deutschland 1880–1940, 1959. – S. E. Aschheim, Brothers and Strangers, Madison, Wisconsin/London 1982. – T. Maurer, Ostjuden in Deutschland 1918–1933, 1986. – J. Wertheimer, Unwelcome Strangers, New York/Oxford 1987. (PAU/LH)

Ostjüdisches Sekretariat bei der Generalkommission der Gewerkschaften, am 1.1. 1918 gegründetes Gewerkschaftssekretariat für ostjüdische Arbeiter, die seit 1915 als Kriegsarbeiter, teils freiwillig, teils unter Zwang in der deutschen Rüstungsindustrie beschäftigt waren und denen eine Mitgliedschaft in den Gewerkschaften zunächst verwehrt war. Initiatoren dieses Sekretariats waren E. →Bernstein, M. →Cohen-Reuß, O. →Cohn und G. →Davidsohn, die in dem Gewerkschaftsführer Robert Schmidt einen Fürsprecher fanden. Das Sekretariat und das →Arbeiterfürsorgeamt waren bis Kriegsende die eigentliche Vertretung der →Jüdischen Abteilung der Deutschen Arbeiterzentrale in Warschau und wurden mit der Anwerbung sowie der Interessenvertretung der ostjüdischen Arbeiter in Streitfällen betraut. Nach Beendigung des Kriegs und angesichts der einsetzenden Arbeitslosigkeit, von der die ostjüdischen Arbeiter stark betroffen waren, wurden die Aufgaben des Sekretariats erweitert. Es regelte den Rücktransport in die Heimat oder die Weiterwanderung in den Westen. Weiterhin leistete es materielle und soziale Hilfe für die wegen der Pogromwelle in Osteuropa nach Deutschland flüchtenden Ostjuden. Leiter des Sekretariats war Isaak Kornfeld, der zugleich Vorstandsmitglied der →Poale Zion war. (LH)

Essay

Das Ostjudenbild in Deutschland

Ludger Heid

Der Begriff »Ostjude« ist erst seit der Wende zum 20. Jahrhundert verbreitet und wurde von Nathan Birnbaum erstmals gebraucht. Das Wort sollte gegenüber dem »blutarmen«, assimilierten, »innerlich unsicheren Westjuden« den in seinem Volk, in seiner Tradition und in seiner angestammten Zukunftshoffnung verwurzelten Juden bezeichnen. Davor lautete die wohl wichtigste Bezeichnung »polnische Juden«, die in zwei verschiedenen Bedeutungen vorkam. Im engeren Sinn bezeichnete sie die Einwohner des polnischen Kernlands, das im Norden durch Preußen und im Süden durch Galizien begrenzt wurde. Im weiteren Sinn wurde der Begriff »polnische Juden« auf alle Juden angewandt, die in jenen Territorien lebten, die – nach den polnischen Teilungen – unter Österreich, Rußland und Preußen aufgeteilt worden waren. Dieser weitgefaßte Begriff schloß in sich die kulturell verschiedenen jüdischen Gemeinschaften zusammen, die im Jiddischen als »Poljak«, »Litvak« und »Galicianer« bezeichnet wurden. Die seit den 1880er Jahren nach Deutschland einwandernden osteuropäischen Juden nannte man einfach »Ausländer« oder genauer »russische«, »polnische« oder »galizische Juden« und auch »Polacken« oder »Schnorrer«. In der Bezeichnung »Ostjude« bündeln sich antisemitische Stereotypen, weil in ihr zwei negativ konnotierte Begriffe aufeinanderprallen: der Osten und der Jude – beides Wörter, die Abgrenzung, Verdrängung und Ausschluß signali-

sieren. Der zusammenfassende Oberbegriff setzte sich erst im Ersten Weltkrieg, während der deutschen Besetzung Polens, durch, vor allem auch in den Verbindungen »Ostjudengefahr« und »Ostjudenfrage«. Das Bewußtsein, überall – sogar im →Schtetl – in der Fremde, im Galut, zu sein, gehört zur Definition vom Ostjuden. Für die im Westen als Lösung verkündete Formel vom »Heimatrecht der deutschen Juden« gab es für die Ostjuden kein Äquivalent.
Für Walther Rathenau waren Ostjuden eine »asiatische Horde«, ein »abgesondert fremdartiger Menschenstamm«, der die deutsche Kultur bedrohte. Vor ihrem Erscheinen inmitten des Berliner Tiergartens ängstigte er sich. Arnold Zweig idealisierte sie zur »rosen- und veilchenfarbene(n), goldgeränderte(n) Abendröte des jüdischen Volkes«. Theodor Wolff, Chefredakteur des »Berliner Tageblatts« und Mitbegründer der Deutschen Demokratischen Partei, bezeichnete sie als »unerfreuliche Schacherfiguren« und unter der westlichen Sonne »lichtfeindlich wirkende Gestalten«, an deren langen Rockschleppen sich die Sage von der Unveränderlichkeit und »Gefährlichkeit einer jüdischen Rasse« anklammere. Für Albert Einstein waren sie unglückliche Flüchtlinge, die sich aus der »Hölle« Osteuropas gerettet hatten; er sah sich veranlaßt, für sie »eine Lanze zu brechen«. Unter dem Eindruck der gegen sie gerichteten Schikanen wurde er bewußter Jude und bekannte sich zum Zionismus.
Diese gegensätzlichen Stimmen prominenter deutscher Juden, deren Aufzählung sich beliebig fortführen ließe, galten einer zugewanderten jüdischen Minderheit – den Ostjuden in Deutschland. Die zitierten Äußerungen sind Hinweise auf die gebrochene Identität ostjüdischer Existenz in Deutschland zwischen Assimilation, Akkulturation, Zionismus, Orthodoxie und religiös-kultureller Selbstbehauptung.
Auf dem Höhepunkt der Zuwanderung 1925 zählte man in Deutschland 90 000 Ostjuden, was einem Anteil von etwa 15 Prozent der gesamtjüdischen Bevölkerung entsprach. Während des Ersten Weltkriegs bis 1922 kamen zur Ankurbelung der deutschen Kriegswirtschaft – teils freiwillig, teils unter Zwang, nach 1918 illegal – etwa 150 000 ostjüdische Arbeiter nach Deutschland, die jedoch bis 1923 durch fluktuierenden Zuzug sowie durch Rück- und Weiterwanderung bis auf einige wenige Tausend das Land wieder verließen. Die meisten dieser osteuropäischen Juden ließen sich in den deutschen Großstädten nieder, wo sie, kulturell und gesellschaftlich abgesondert von der deutsch-jüdischen Öffentlichkeit, bestimmte Stadtteile bewohnten. Das Berliner →Scheunenviertel hatte etwas von einem polnischen Schtetl. Es besaß das Gepräge einer ostjüdischen Enklave im emanzipierten jüdischen Deutschland. Die Lebensweise osteuropäischer Juden war gekennzeichnet durch eine relativ schwache Anpassung an die deutsche Kultur, die Bewahrung der jiddischen Sprache und religiöser Traditionen, die Zugehörigkeit zur unteren Mittelschicht und zur Unterschicht. Typisch waren weiterhin eine hohe Geburtenrate und wenig Bereitschaft, Nichtjuden zu heiraten. Für die Ostjuden war es wichtig, beieinander zu wohnen, wie sie es vom traditionellen Zusammenleben im Schtetl gewohnt waren.
Seit der Novemberrevolution übte die öffentliche Meinung einen immer stärkeren politischen Druck auf die Regierung aus, die Einwanderung von Ostjuden zu stoppen. Die rechtliche Stellung der Ostjuden war in den Anfangsjahren der Weimarer Republik zunehmend unsicherer geworden. Über ihnen schwebte ständig das Damoklesschwert der Ausweisung, wenn sie sich nach Meinung der jeweiligen Polizeibehörde »lästig« gemacht hatten oder einfach nur »unerwünscht« waren. Polnische Juden wurden proportional häufiger ausgewiesen als polnische Christen. Mit der Zunahme der ostjüdischen Einwanderung steigerte sich die Revolutionsfurcht der Behörden. Die revolutionäre Aktivität einiger Prominenter jüdischer Herkunft, vor allem im Spartakusbund, wie beispielsweise Rosa Luxemburgs, Leo Jogiches', Paul Levis, August Thalheimers, oder in der Münchner Räterepublik – so Kurt Eisner, Erich Mühsam, Eugen Leviné, Ernst Toller –

war im öffentlichen Bewußtsein nur eine Komponente des komplexen antisemitischen Gesamtbilds.
Die deutsch-jüdische Orthodoxie versprach sich von den Ostjuden, die meist aus einem streng frommen Milieu kamen, eine Verstärkung der Jüdischkeit. Doch viele von ihnen brachen mit dem Grenzübertritt auch mit ihren religiösen Traditionen. Dennoch wurden die Ostjuden zu einem beachtlichen Faktor im jüdischen Leben Deutschlands. Ihre Anwesenheit führte zu einer Polarisierung der deutsch-jüdischen Gegensätze. Die innerjüdischen Auseinandersetzungen, in die wegen des öffentlich-rechtlichen Charakters der Gemeinden auch der Staat einbezogen war, trugen Züge eines Machtkampfs mit Intrigen und Eitelkeiten, unnötigen Schärfen und überspitzten Ideologien. Ostjuden waren zugleich »Beter und Rebellen«: Sie waren ebenso kommunistisch, sozialistisch, anarchistisch oder syndikalistisch wie konservativ, religiös, orthodox, chassidisch, indifferent oder gar atheistisch, zionistisch oder assimilatorisch.
Die Ostjuden galten als schmutzig, laut, roh, unsittlich, kulturell rückständig – Angehörige des Ghettos, das Gegenbild des »modernen«, emanzipierten und akkulturierten deutschen Juden. Die Antisemiten verknüpften den Begriff mit der Gesamtheit der deutschen Juden, um damit deutlich zu machen, daß auch die jüdischen Bürger des Deutschen Reiches für sie letztlich »Ostjuden« oder allenfalls deren äußerlich angepaßte Nachfahren waren. Gegenüber den so fremd wirkenden Ostjuden entfielen die Bedenken, die viele Deutsche gegen die antisemitische Propaganda hatten – sofern deutsche Juden davon betroffen waren. Die eigentliche Bedeutung der Ostjudeneinwanderung für die Ausbreitung des Antisemitismus läßt sich auf die Formel bringen: Die Haltung der Nicht-Antisemiten oder der selbsterklärten Gegner des Antisemitismus war nicht so gefestigt, daß sie nicht ins Wanken gebracht werden konnte. Und da dies für Liberale wie für Sozialdemokraten galt, wurde dem Antisemitismus in Deutschland zu wenig Widerstand entgegengesetzt.
Die Westjuden fürchteten, auf ihrem Weg der Assimilation in die bürgerliche, deutsche Gesellschaft behindert zu werden. Sie waren durch einen hohen Grad der Angleichung an die deutsche Kultur charakterisiert und neigten dazu, »jüdische« Werte und ihre Religion aufzugeben. Sie gehörten meist zur Mittelschicht und lebten in den Städten. Die Geburtenrate war niedrig, die Ehe mit Nichtjuden weitverbreitet, die Eheschließung mit einem ostjüdischen Partner wurde in vielen westjüdischen Familien als »Mesalliance« angesehen, bekämpft oder mindestens bedauert. Ihre jüdische Identität war religiös, nicht national definiert. Sie sahen sich als »deutsche Staatsbürger jüdischen Glaubens«.
In den Spuren der Aufklärung begriffen die Westjuden »Bildung« als ein Mittel der Differenzierung und Distanzierung. Faktisch jedoch hatte sie die Funktion der Denationalisierung des jüdischen Volkes, indem sie die seit dem frühen 19. Jahrhundert im Emanzipationsprozeß begriffenen deutschen Juden zu einer bewußten Loslösung aus ihrem jüdisch-kulturellen Nährboden und zu einer – gewollten – Assimilation führte. Die deutschen Juden hielten auf allgemeine Bildung, pflegten einen Lebensstandard, der dem deutschen Bürgertum entsprach, und waren bemüht, sich in ihrem Alltag so zu bewegen, daß sie nicht als Juden auffielen. Aber gerade hier war der empfindlichste Punkt, der durch die ostjüdische Zuwanderung berührt wurde: Ostjuden fielen als Juden auf. Die assimilierten Juden waren beunruhigt, ja verstört über die jiddische Kultur, die mit einem Mal inmitten ihrer liberalen Zivilisation auftauchte. Für die Westjuden verkörperten die Ostjuden ein zweifelhaftes, unangenehmes Relikt der Vergangenheit, wovon man sich entfernen und woran man nicht mehr erinnert werden wollte. Das Ärgste war ihnen, daß sich die nichtjüdische Umwelt wieder an ihre – der deutschen Juden – jüdische »Vergangenheit«, kurz, an ihr »Anderssein« erinnerte. Es gab einen Gegensatz zwischen den »Krawattenjuden« und den »Kaftanjuden«: Die einen sahen die anderen nur als ethnisches Stereotyp, das sich hundert Jahre hindurch nicht ver-

ändert hatte. Aber es war auch ein Klassenproblem: deutsch-jüdisches Bürgertum gegenüber einem ostjüdischen Proletariat, »Luftmenschen«, die nach dem Zufall haschten, und – allenfalls – kleinbürgerliche Handwerker und Händler. Deutsche – Juden wie Nichtjuden gleichermaßen – klammerten sich an ihre vorgefaßten Meinungen über die Ostjuden, denn dadurch konnten sie eher ihre eigene Situation unter erträglichen Voraussetzungen sehen. Ihr Bild vom Ostjuden bestärkte sie in ihrem Überlegenheitsgefühl: Es diente ihnen dazu, jene Qualitäten des Geistes und des Verstandes herauszuschälen, die sie im besseren Licht erscheinen ließen. Aber man mußte etwas tun für die fremden Brüder, handelte es sich doch, um »ungleiche Geschwister einer Familie«. Allgemein war das Verhalten der deutschen Juden gegenüber den Ostjuden sehr ambivalent; private Geringschätzung, aber öffentliche Verteidigung gegen antisemitische Angriffe und Unterstützung eines umfangreichen sozialen Hilfswerks. Die deutschen Juden mußten die Ostjuden verteidigen, weil sie erkannten, daß das negative Ostjudenstereotyp auch auf sie projiziert wurde.
Das Bild des Ostjuden in der antisemitischen Publizistik nahm vorweg, was Jahre später in Auschwitz grausige Realität wurde. In der völkischen Sprache wird die »Gefahr«, die von den Ostjuden ausgeht, auf sinnliche Weise konkretisiert: (Ost)-Juden werden als Ungeziefer und Schmarotzer dargestellt, die es zu vernichten gilt. Die Ostjuden mit größeren Tieren zu vergleichen, wie es der völkische »Hammer« tat, war seltener: »Ein grauenvoller Anblick, diese Raubtier-Gesichter: in ihnen ist keine Spur menschlicher Regungen; das Opfer erspähen, anschleichen, anspringen, abwürgen.« Ausdrücke wie »Ostjudenplage« und »am Volksmark saugende ausländische Parasiten«. »Krebsgeschwüre« und andere biologistische Formulierungen waren antisemitische Stereotypen, die auch im amtlichen Sprachgebrauch geläufig waren. Ungestraft konnte der »Hammer« 1922 kommentieren: »Es wird sich auch nicht vollständig verhindern lassen, daß dieses Gesindel eines Tages totgeschlagen wird, da die ›Regierung‹ für diese Fremdlinge gegen das Volk Partei nimmt.« Und in den »Deutschvölkischen Blättern« wurde im selben Jahr die Frage gestellt, wann endlich der Tag komme, an dem die Juden »mit Peitschen aus Deutschland ausgetrieben werden«!
Seit den 1880er Jahren war Deutschland ein natürlicher Anziehungspunkt für verfolgte Ostjuden, die sich immer dann auf Wanderschaft begaben, wenn politische, ökonomische oder soziale Krisen die Existenz in ihren Heimatländern gefährdeten. Trotz repressiver Ausländerpolitik, trotz ausgeprägtem Antisemitismus, gab es für die Ostjuden im Deutschland der Weimarer Republik eine Perspektive. Es lag eine gute Portion »Trotzjudentum« und Selbstbehauptungswille darin, wenn Organisationen das in der Öffentlichkeit so stark belastete Wort »ostjüdisch« unbekümmert in ihrem Titel aufnahmen. Die völkische Prophezeiung aus dem Jahr 1922 wurde im Oktober 1938 Wirklichkeit, als Tausende von Ostjuden aus Deutschland ausgetrieben wurden. Diese erste Massenausweisung Hitler-Deutschlands war der Auslöser des wenige Tage später initiierten Novemberpogroms, der Anfang vom Ende ostjüdischer Existenz in Deutschland. Im Martyrium von Auschwitz wurden Ostjuden und Westjuden – ungleiche Kinder eines Vaters – unterschiedslos auf grausige Weise vereint.

[L] S. Adler-Rudel, Ostjuden in Deutschland 1880–1940, 1959. – S. E. Aschheim, Brothers and Strangers. The East European Jews in German and German Jewish Consciousness, 1800–1923, Madison, Wisconsin/London 1982. – L. Heid, East European Jewish Workers in the Ruhr, 1915 bis 1922, in: Leo Baeck Institute Year Book 30, London 1985. – T. Maurer, Ostjuden in Deutschland 1918–1933, 1986. – J. Riedl (Hrsg.), Versunkene Welt, Wien 1984. – J. Wertheimer: Unwelcome Strangers. East European Jews in Imperial Germany, New York/Oxford 1987.

Ostpreußen. In dem seit dem 13. Jahrhundert vom Deutschen Orden beherrschten Gebiet, zu dem auch →Westpreußen gehörte, wurde 1309 Juden der Zuzug ausdrücklich verboten. Nach dem Niedergang des Deutschen Ordens seit der Schlacht bei Tannenberg 1410 unterstellten die preußischen Stände sich 1454 →Polen. Damit wurde Ostpreußen auch ökonomisch von Polen dominiert und zunehmend von ihm abhängig. Da Juden einen wichtigen Teil der polnischen Händlerschicht bildeten, wurden sie auch in Ostpreußen geduldet, jedoch waren sie ständig von der allerdings selten tatsächlich vollzogenen Ausweisung bedroht. Im Lauf der Reformation wurde Ostpreußen unter Herzog Albrecht I. 1525 zum Herzogtum →Preußen. Nachdem 1807 von Ostpreußen die Erneuerung des preußischen Staates ausgegangen war und hier 1813 der Befreiungskampf gegen Napoleon begonnen hatte, bildete Ostpreußen gemeinsam mit Westpreußen bis 1878 die Provinz Preußen und wurde danach selbständige Provinz des Königreichs Preußen. In der Provinz Preußen, also in Westpreußen und Ostpreußen zusammen, lebten im Jahr 1863 etwa 38 000 Juden, im Jahr 1900 waren es in Ostpreußen allein etwa 14 000 (0,7 Prozent der Bevölkerung). Nach dem Vertrag von Versailles wurden ein Teil Westpreußens an Ostpreußen an- und das Memelgebiet ausgegliedert (1923 von Litauen annektiert); seit 1945 ist Ostpreußen de facto je zur Hälfte Teil der Sowjetunion bwz. Rußlands und Polens, während das Memelland erneut Litauen angegliedert wurde (auch →Königsberg). (PB)

Otto I., deutscher König (936–973) und Kaiser (seit 962), 23. 10. 912–7. 5. 973 Memleben. Bis in die Zeit Ottos I. reichen die frühesten Überlieferungen über Mainzer Rabbiner zurück. Otto I. war den Juden freundlich gesonnen. 937 wurde der Plan des Hauptgegners von Ottos I. Kirchenpolitik, des Erzbischofs Friedrich von Mainz, die Juden zumindest aus dem Territorium des Erzstifts auszuweisen, nicht ausgeführt. Der streng kirchlich eingestellte Bischof Rather von Verona, Gesinnungsfreund Friedrichs von Mainz, warf dem Kaiser 966 vor, nicht nur die Juden als seine Dienstleute durch dreifaches Bußgeld zu schützen, sondern auch zu dulden, daß sie den König aller Könige, Christus, und die Gottesmutter, unablässig schmähten. Ein Privileg Ottos I. für das Moritzstift in Magdeburg, Sitz eines neuen Erzbistums, übertrug diesem 965 mit dem Bann über »die Juden und die übrigen dort ansässigen Kaufleute« erstmals alle Rechte an den Juden. Am Hof Kaiser Ottos I. in Magdeburg wurde um 966 der jüdische Reisende →Ibrahim ibn Jakub empfangen. (FL)

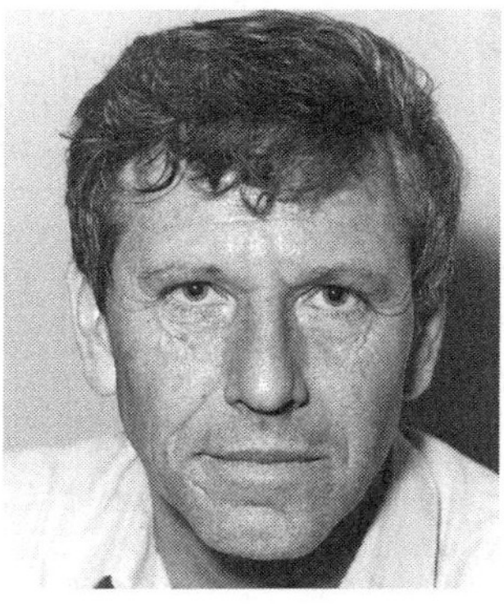

Amos Oz, 1992

Otto II., deutscher König (961) und Kaiser (967/973–983), 955–7. 12. 983 Rom. Otto II. bestätigte 973 dem Erzbischof von Magdeburg u. a. Bannrechte über die Kaufleute und die Juden und verlieh zugleich ein entsprechendes Privileg an den Bischof von Merseburg. 979 präzisierte er, das Magdeburger Privileg gelte für alle Juden im Dombezirk und in der Vorstadt von Magdeburg. Zu seinem Hofstaat gehörte der Jude Kalonymus, vermutlich aus der Mainzer Familie jüdischer Notabeln stammend (→Mainz). Dieser sah in Otto II. seinen Lehnsherrn und rettete ihn nach der Niederlage bei Cotrone in Süditalien gegen die Sarazenen durch Überlassung seines eigenen Pferdes. Die Bestätigung eines Kaufvertrags von 981 mit dem Kloster St. Emmeram in Regensburg belegt, daß Juden im Königsdienst damals auch über Grundbesitz verfügten. (FL)

Oz, Amos, Schriftsteller, 4. 5. 1939 Jerusalem. 1966 schickte ihn der Kibbuz Hulda zum Studium der Literatur und Philosophie an die Hebräische Universität Jerusalem. Er kehrte als Lehrer in den Kibbuz zurück; später ließ er sich mit seiner Familie in Arad nieder; studierte in Oxford. Die Romane »Mein Michael« (1968), »Black Box« (1987) und »Der dritte Zustand« (1992) wurden Bestseller und in mehrere Sprachen übersetzt. Erzählungsbände: »Dort, wo die Schakale heulen«, »Der Hügel des schlechten Rates«, »Dem Tod entgegen«, »Die Hügel des Libanon«, 1995. Seine Romane und Erzählungen schildern das Familienleben mit seinen täglichen Problemen, gleichsam als Querschnitt der israelischen Gesellschaft; sie entlarven das System von Ordnung und Sittenstrenge, wie es von der offiziellen Ideologie der Kibbuz-Tradition und des akademischen Establishments definiert wird, als brüchige Fassade. Als Journalist vertritt Amoz OZ mit großer Entschiedenheit eine Position des Ausgleichs im Konflikt zwischen Israel und den Palästinensern. (AB)

P

Paare →Sugot

Paderborn (Hochstift und Stadt). Trotz der Verleihung des Judenregals durch Rudolf von Habsburg besaßen die Juden vor ihrer Vernichtung 1350 in Stift und Stadt keine große Bedeutung. Seit 1534 waren die Juden durch die Adelsfamilie von Büren im Fürstbistum vergeleitet, doch gelang es Bischof Ernst von Bayern (1618–50), von den Städten und Herrschaften das Judenregal zurückzugewinnen. Versuche der Landstände, die Zahl der jüdischen Einwohner zu reduzieren, wurden nie realisiert. Der Versuch des Bischofs, 1651 B. →Levi als Vorgänger der Juden im Hochstift einzusetzen, scheiterte am Protest der Judenschaft, die dieses Amt bis zu seiner Aufhebung 1734 mit ortsansässigen Gemeindemitgliedern besetzte. Die jüdische Bevölkerung (etwa zwei Prozent der Einwohner) konzentrierte sich auf den südlichen Teil Paderborns mit dem Zentrum Warburg, wo sie vor allem vom Getreide- und Viehhandel lebte. Hier amtierte im 18. Jahrhundert auch der Landrabbiner des Fürstbistums Paderborn. In der Stadt Paderborn wohnte die jüdische Bevölkerung im 18. Jahrhundert vor allem in der Königssträßerbauernschaft, wo auch die Synagoge stand. Trotz wiederholter Pogrome gelang es der Bürgerschaft nicht, sie zu vertreiben, da sie durch den Bischof geschützt wurde. In der Säkularisation fiel Paderborn 1803 vorübergehend und 1815 endgültig an Preußen. Im 19. Jahrhundert trugen in Paderborn die jüdischen Bankiers Paderstein und Mayersberg zur Entwicklung des Bankwesens und der Infrastruktur Ostwestfalens bei. 1855 gründete F. →Nathan in Paderborn das Israelitische Waisenhaus für Westfalen und das Rheinland. Paderborn war in der Kulturkampfzeit im wilhelminischen Kaiserreich durch die antijüdische Polemik der dortigen Theologen A. Rohling und J. Rebbert ein Zentrum des katholischen Antisemitismus. Nach Zerstörung der Synagoge 1938 begannen im Dezember 1941 die Deportationen nach Riga, Theresienstadt und Auschwitz. 1945 Neugründung einer jüdischen Gemeinde durch Überlebende; 1959 Einweihung einer neuen Synagoge. 1997 hatte die Gemeinde rund 50 Mitglieder.

Ⓛ H. C. Meyer, Aus Geschichte und Leben der Juden in Westfalen, 1962. – M. Naarmann, Die Paderborner Juden 1802 bis 1945, 1988. (AH)

Padua. Seit Mitte des 14. Jahrhunderts ließen sich in Padua zahlreiche Juden aus Pisa, Rom, Bologna, Deutschland, Spanien und der Levante nieder. Es etablierten sich später eine deutsche, eine italienische und eine spanische Gemeinde mit jeweils eigener Synagoge und eigenem Ritus. Seit dem Anschluß an die Republik Venedig 1406 verschlechterten sich die Lebensbedingungen, trotzdem blieb Padua durch die »Accademia rabbinica«, an der sich einflußreiche Rabbiner und Talmudgelehrte wie Elia Delmedigo, Juda Münz und Meir Katzenellenbogen aufhielten, wichtiges Zentrum rabbinischen Studiums. Die Universität von Padua war für lange Zeit die einzige in Europa, die jüdische Studenten an der medizinischen Fakultät aufnahm. Bei Einrichtung des Ghettos 1603 lebten rund 665 Juden in Padua. Unter französischer Regierung 1797 und 1805–14 und während der österreichischen Herrschaft wurden den Juden zahlreiche Freiheitsrechte eingeräumt. 1829 Gründung des →Collegio Rabbinico Italiano, an dem u. a. S. D. →Luzzatto lehrte. 1881 lebten 1378 Juden in Padua; bei Erlaß der Rassegesetze im faschistischen →Italien 1938 rund 600; heute noch rund 200.

Ⓛ G. Vasentin, Il ghetto di Padua, Padua 1984. (JÖD)

Paitan (Plural Paitanim, hebräisch für »religiöser Dichter«), Bezeichnung für die Verfasser der →Pijutim, anfangs zugleich der Vortragende. Die ersten Paitanim stammten aus Palästina. Der erste namentlich bekannte Paitan ist Jose ben Jose (4. Jahrhundert?). Andere bedeutende Paitanim waren →Jannai Paitan, Simeon ben Megas, Eleasar →Kalir, Chaduta ben Abraham und Josef ha-Kohen. Nach der Eroberung durch die Araber verlagerte sich das Zentrum der Paitanim nach Osten. Besonders bekannt wurden Salomo Suleiman ben Amr al-Sanjari, Nissi al-Nahrawani, →Saadja ben Josef und Josef al-Bardani. Seit dem 9. Jahrhundert sind Paitanim in Italien nachgewiesen. In der Tradition Palästinas verwurzelt, trugen sie entscheidend zur Ausbreitung der Pijut-Dichtung in Mitteleuropa bei. Dabei ragten besonders hervor Salomo ben Juda ha-Babli aus Rom und Kalonymus aus Lucca. Im 10. und 11. Jahrhundert wurde vor allem in Deutschland der sog. aschkenasische Pijut weiterentwickelt. Maßgeblich dabei waren Meschullam ben Kalonymus, Simon ben Isaak aus Mainz und Meir ben Isaak aus Worms, aber auch →Salomo ben Isaak, →Jakob ben Meir und →Elieser ben Natan aus Mainz. Beinahe zeitgleich entwickelte sich eine eigenständige spanische Tradition. Ihre Vertreter waren Josef ben Isaak ibn Abitur, →Salomo ben Jehuda ibn Gabirol, Jehuda ben Samuel →Halewi, →Mose ben Jakob ibn Esra und →Abraham ben Meir ibn Esra. Das 13. Jahrhundert bildete einen Einschnitt in der Pijut-Dichtung. Zwar gibt es bis heute noch Paitanim, doch wurden keine größeren Pijut-Werke mehr verfaßt. (HMD)

Paläographie (aus griechischem »palaios«, »alt«, und »graphein«, »schreiben«), Lehre von alten Schriftarten. Selbständige Wissenschaft zur Erforschung der Schrift. Durch die Untersuchung der Schrift im Hinblick auf Schreibmaterial, Schriftart, Schriftbild, Ornamentik der Buchstaben, Orthographie, Verwendung von Hiatustilgern (Zeichen als Zeilenfüller), Ligaturen (Ineinanderschreibung von zwei Buchstaben), Abkürzungen u. a. m. können alte Handschriften gelesen und datiert werden. Im weiteren Sinne erforscht die Paläographie im Fall des Hebräischen und Aramäischen nicht nur Handschriften (aus Papyrus, Pergament und Papier), sondern auch Inschriften, Siegel und Münzen und zieht hierzu auch andere Wissenschaften wie die Epigraphik (Inschriftenkunde) und die Numismatik (Münzkunde) heran. (HMD)

Palästina (griechisch/lateinisch »Philisterland«, arabisch »Falastin«; hebräisch »Erez Israel«), das biblische »Kanaan«, das »Gelobte Land« der Juden, als Wirkungsstätte Christi das »Heilige Land« der Christenheit, ein Gebiet, das sich vom Libanon im Norden bis zum Golf von Elat im Süden, von der Mittelmeerküste im Westen bis zu den Bergländern östlich des Jordangrabens erstreckt. Der Name Palästina stammt aus dem 2. Jahrhundert n. Z.; er war bis ins 19. Jahrhundert im wesentlichen nur in der christlichen Literatur gebräuchlich. Palästina war bis 1922 nie eine politische Einheit und hatte daher auch keine eindeutigen Grenzen. Palästina ist seit der Altsteinzeit besiedelt (Höhlen am Karmel). Die Jäger-, Sammler- und Fischerkultur des Natufien (8.–6. Jahrtausend v. Z.) vollzog möglicherweise den Übergang zum Pflanzenbau. Im 7. Jahrtausend v. Z. hatte Jericho bereits städtischen Charakter mit Befestigungsanlagen. Seit Beginn des 3. Jahrtausends v. Z. bestanden in Palästina zahlreiche Stadtstaaten, die von semitischen Einwanderern und einer älteren nichtsemitischen Bevölkerung bewohnt waren. Während des 2. Jahrtausends v. Z. geriet das Gebiet in den Einflußbereich benachbarter Mächte, u. a. der Hethiter und der Ägypter. Zwischen dem 14. und 12. Jahrhundert v. Z. wanderten die Israeliten in das Landesinnere und die Philister in den Küstenstreifen ein. Im 10. Jahrhundert konstituierte sich das israelitische Königtum, das um 930–926 v. Z. in die Teilstaaten Israel und Juda zerfiel. 731/722 v. Z. wurde Israel von den Assyrern, 597/586 v. Z. Juda von den Babyloniern erobert. In den folgenden Jahrhunderten wechselte mehrmals die Oberherrschaft über Palästina; es gehörte zum Perserreich und zum Reich Alexanders des Großen. Im Jahr 63 v. Z. wurde es römisch. Nach der Niederwerfung des letzten großen jüdischen Aufstands (Bar Kochba, 135 n. Z.) gaben die Römer der Provinz Judäa den Namen Palästina, um die Erinnerung an alles Jüdische auszulöschen. Nach der Teilung des Römischen Reichs gehörte das Gebiet zum Byzantinischen Reich. 636 eroberten die islamischen Araber das Land. 1099 gründeten die Kreuzfahrer ihr Königreich Jerusalem; es wurde 1187 von Saladin vernichtet. Die Kreuzfahrer konnten sich an den Küsten Palästinas noch bis 1291 halten. Danach gehörte Palästina zu Ägypten. Seit 1517 war das Land ein Teil des Osmanischen Reichs, bildete in ihm jedoch keine administrative Einheit. Neben der überwiegend arabisch-islamischen Bevölkerung hatte das Land stets auch eine Anzahl jüdischer Bewohner. Im letzten Viertel des 19. Jahrhunderts begann die organisierte Einwanderung von Juden nach Palästina, die mit dem Aufkommen des politischen →Zionismus einen großen Umfang annahm. Im Ersten Weltkrieg eroberte Großbritannien das Gebiet, versprach 1917 in der →Balfour-Deklaration den Juden Unterstützung bei der Errichtung einer »nationalen Heimstätte« in Palästina, machte aber gleichzeitig den Arabern Hoffnung auf die Einbeziehung des Gebiets in ein unabhängiges arabisches Staatswesen. 1922 wurde Palästina britisches Völkerbundsmandat. Zum Mandatsgebiet gehörten zunächst auch östlich des Jordan gelegene Territorien. Diese wurden 1923 als Emirat

Transjordanien abgetrennt, das zwar formal Bestandteil des Mandats blieb, jedoch Autonomie erhielt. Die Balfour-Deklaration galt nur noch für den westlich des Jordan gelegenen Landesteil, und es bürgerte sich ein, den Namen Palästina auf dieses Gebiet zu beschränken. Der arabische Widerstand gegen die jüdische Einwanderung trug zum Erwachen eines eigenen Nationalbewußtseins der palästinischen Araber bei. Die Gegensätze zwischen Juden und Arabern erwiesen sich als unüberwindlich. Ein britischer Plan (»Weißbuch«) von 1939 zur Errichtung eines »binationalen« Staates binnen zehn Jahren entsprach weitgehend den arabischen Wünschen, da er eine rigorose Beschränkung der jüdischen Einwanderung vorsah. Nach dem Zweiten Weltkrieg überließ Großbritannien die weitere Behandlung des Problems den UN, deren Vollversammlung 1947 die Teilung Palästinas in einen jüdischen und einen arabischen Staat beschloß. Die Juden akzeptierten den Teilungsplan die Araber lehnten ihn ab. Aus dieser Situation erwuchs der bis heute ungelöste Nahostkonflikt. Nach dem Abzug der britischen Truppen 1948 proklamierten die Juden den Staat Israel. Im darauffolgenden 1. arabisch-israelischen Krieg (→Unabhängigkeitskrieg) konnte Israel sein Staatsgebiet über die im Teilungsplan vorgesehenen Grenzen hinaus erweitern; beim Waffenstillstand 1949 umfaßte es etwa drei Viertel der Fläche Palästinas. Jordanien annektierte 1949 gegen den Einspruch der anderen arabischen Staaten das sogenannte Westjordanland (auch: West Bank, Cisjordanien, Judäa und Samaria) mit der Altstadt von Jerusalem. Ägypten besetzte den Gazastreifen, annektierte ihn aber nicht. Im →Sechs-Tage-Krieg 1967 besetzte Israel diese beiden Gebiete und stellte sie unter Militärverwaltung. Damit befand sich das ganze ehemalige Mandatsgebiet Palästina in den Grenzen von 1923 unter israelischer Herrschaft. Das weitere Vorgehen in den besetzten Gebieten blieb in Israel umstritten. Die 1977 bis 1984 amtierende Regierungskoalition arbeitete auf eine faktische Annexion hin, während die 1984–90 bestehende »Koalition der nationalen Einheit« in der Frage der →Siedlungspolitik zerstritten war. Die Kritiker forderten eine zumindest teilweise Räumung der Gebiete und Autonomie der Bewohner unter Wahrung der israelischen Sicherheitsinteressen. Auf arabischer Seite proklamierte die Palästinensische Befreiungsorganisation (PLO), die von den arabischen Ländern als »einzige legitime Vertreterin des palästinensischen Volkes« anerkannt wurde, die »Befreiung« ganz Palästinas und die Beseitigung des Staates Israels. Im November 1988 rief der Palästinensische Nationalrat einen Staat Palästina aus, ohne jedoch seine Grenzen zu bezeichnen. Einen Monat später erklärte sich PLO-Führer Jasir Arafat bereit, Israels Existenzrecht anzuerkennen. In den bilateralen Gesprächen zwischen Israel und den Palästinensern in Washington, die sich an die Madrider Friedenskonferenz von Oktober/November 1991 anschlossen, akzeptierte Israel das Prinzip »Land gegen Frieden«. Aus den Gesprächen entwickelten sich Geheimtreffen unter norwegischer Vermittlung in Oslo, später in Paris, die zu einer ersten Vereinbarung über einen Fünf-Stufen-Plan am 20.8.1993 führten (»Oslo-Abkommen«). Danach unterzeichneten PLO-Chef Arafat in Tunis (9.9.) und Ministerpräsident Rabin in Jerusalem (10.9.) Dokumente über die gegenseitige Anerkennung der Verhandlungsparteien. Am 13.9.1993 folgte dann in Washington durch Israels Außenminister Peres und den PLO-Vertreter Mahmud Abbas die feierliche Unterzeichnung einer Vereinbarung über eine palästinensische Teilautonomie in Gaza und Jericho. Nach einem weiteren Abkommen in Kairo am 4.5.1994 wurden dann im Mai 1994 Gaza und Jericho an die PLO übergeben. Damit begann eine fünfjährige Übergangsphase, in der spätestens nach zwei Jahren über den dauerhaften Status der besetzten Gebiete und offene Fragen wie Jerusalem verhandelt werden sollte. Auf Grund eines Abkommens vom 29.8.1994 wurde der palästinensischen Autonomiebehörde die Selbstverwaltung in den Bereichen Bildung, Gesundheit, Steuern, Soziales und Tourismus auch in den noch besetzten Gebieten übertragen. Weitere Fortschritte brachten Abkommen vom 27.8.1995 über die Übertragung zusätzlicher ziviler Verantwortungen auf die Palästinenser in den Bereichen Arbeitsverwaltung, Gas- und Ölversorgung, Handel und Industrie, Kommunalverwaltung, Versicherungen, Post und Statistik sowie vom 28.9.1995 (Unterzeichnung in Washington) über die Ausweitung der Autonomie (Oslo B). In Erfüllung des letzteren wurden im November/Dezember 1995 die Städte Jenin, Tulkarem, Nablus, Bethlehem, Kalkiliya und Ramallah sowie 450 Kleinstädte und Dörfer geräumt. Während dieses Friedensprozesses kam es immer wieder zu Terrorakten palästinensischer islamistischer Extremisten, die den Prozeß als zu wenig umfassend kritisieren, auf der Vernichtung Israels bestehen und von der

Autonomiebehörde Arafats nicht unter Kontrolle zu bringen waren. Die Autonomiebehörde kann sich seit 20. 1. 1996 auf einen von der Bevölkerung gewählten 88köpfigen Autonomierat unter dem mit 87,1% der Stimmen gewählten Vorsitzenden Arafat stützen. Die Exzesse, die im Laufe der Jahre Hunderte von Toten in Israel forderten, machten immer wieder Absperrmaßnahmen an den Grenzen zwischen den Autonomiegebieten und Israel notwendig, die vor allem die in Israel tätigen palästinensischen Arbeitnehmer schwer trafen. Von palästinensischer Seite wurde besonders die nach dem Regierungswechsel in Israel von 1996 verstärkte Siedlungstätigkeit als Hindernis auf dem Weg zum Frieden beklagt. Schon in der ersten Jahreshälfte 1996 hatte der Palästinensische Nationalrat einige Artikel aus seiner Charta gestrichen, die die Vernichtung Israels forderten, ein Schritt, der die IAP-Regierung unter Peres zufriedenstellte, die Nachfolgerin unter Netanjahu aber nicht. Nach langer Verzögerung wurde am 17. 1. 1997 ein Abkommen über die Räumung des größten Teils von Hebron (ein Bereich im Zentrum um einen Bezirk von 400 jüdischen Siedlern bleibt unter dem Schutz israelischer Polizeitruppen) als Ergänzung zu Oslo B geschlossen, danach kamen die Verhandlungen bis 1998 zum Erliegen. Immerhin leben nach der weitgehenden Räumung Hebrons 90 Prozent der palästinensischen Bevölkerung des Westjordanlandes und des Gazastreifens im von Israel geräumten Bereich. Kritiker machen geltend, daß die Autonomiegebiete einen Fleckenteppich bilden, der als Gebiet eines unabhängigen Staates ungeeignet erscheint.

[L] D. Bernstein u. a. (Hrsg.), Der Palästinakonflikt, 1983. – A. Flores/A. Schölch (Hrsg.), Palästinenser in Israel, 1983. – Y. Harkabi, Palästina und Israel, 1974. – R. Khalidi, Palestinian Identity. The Construction of a Modern National Consciousness, 1997. – K. Liebl, Die Einstellung der israelischen Parteien zum Palästina-Problem, 1981. – H. Mejcher/A. Schölch (Hrsg.), Die Palästina-Frage 1917–1948, 1981. – F. Schreiber, Die Palästinenser, ³1992. – F. Schreiber/M. Wolffsohn, Nahost. Geschichte und Struktur des Konflikts, ³1992. – B. Tuchman, Bibel und Schwert. Palästina und der Westen vom frühen Mittelalter bis zur Balfour-Declaration, 1983. – M. Wolffsohn, Wem gehört das Heilige Land? 1992. (DB/MW/WL)

Palästina-Amt →Emigration und Exil nach 1933

Palästina-Mandat →Palästina

Palästina-Transfer, Transferabkommen, das 1933 im Namen der →Jewish Agency mit dem Reichswirtschaftsministerium geschlossen wurde und wesentlich zur Förderung der Mittelstandseinwanderung beigetragen hat. Das Abkommen regelte den Transfer von Auswanderervermögen durch Verrechnung deutscher Warenexporte nach Palästina und ermöglichte Inhabern von »Kapitalistenzertifikaten«, eine Summe von maximal 50 000 RM zusätzlich zum »Vorzeigegeld« von 15 000 RM zu einem günstigeren Wechselkurs als beim Verkauf von Auswanderersperrmark zu transferieren. Auf Initiative von Sam Cohen (Zitrus-Pflanzengesellschaft »Hanotea« Ltd.) kam es schon im Mai 1933 zu einer ersten Vereinbarung. Im August 1933 wurde die Durchführung des Transfers einer Treuhandgesellschaft übertragen und die »Trust and Transfer Office Haavara Ltd.« (»Haavara«, hebräisch »Transfer«) in Tel Aviv gegründet. In Deutschland war die »Palästina-Treuhandstelle zur Beratung deutscher Juden G.m.b.H.« (»Paltreu«) in Berlin zuständig. Obwohl das Auswärtige Amt und Teile der NSDAP-Führung gegen die Transaktion opponierten, da sie das Entstehen eines jüdischen Staates befürchteten, blieb das Abkommen mit Einschränkungen bis zum 3. 9. 1939 (Kriegseintritt Englands) in Kraft. Insgesamt wurden knapp 140 Mill. RM durch die »Haavara« transferiert. (WJ)

Palästinensische Kommunistische Partei →Sozialistische Arbeiterpartei

Palmach (Abkürzung für hebräisch »Pelugot Machaz«, »Stoßtruppen«), linkssozialistisch orientierte Eliteeinheit der jüdischen Selbstschutztruppe →Hagana in Palästina. Die Palmach wurde 1941 als strategische Reserve der Hagana gegründet, kämpfte 1941/42 mit alliierten Truppen im Zweiten Weltkrieg und wurde 1942 von britischen Offizieren intensiv ausgebildet, mußte aber bereits 1943 in den Untergrund gehen. Beim Ausbruch des →Unabhängigkeitskriegs 1948 hatte sie 5000 Mitglieder, ein Drittel von ihnen Frauen. Vorwiegend jung und zionistisch-idealistisch, waren die Palmach-Soldaten in Kibbuzim stationiert, wo sie arbeiteten und trainierten. Sie bildeten den Kern der späteren israelischen Luftwaffe; aus der Einheit Palyam ging die israelische Marine hervor. Unter Führung von Y. →Allon war die Palmach an entscheidenden Operationen im Unabhängigkeitskrieg beteiligt und erlitt hohe Verluste. 1948 ging die Palmach in die israelische Armee →Zahal auf.

🄻 A. Perlmutter, Politics and the Military in Israel, 1977. (DB/MW)

Palmyra →Zenobia

Palmzweig →Lulaw

Panamaskandal, Bezeichnung für den international Aufsehen erregenden Bestechungsskandal in Frankreich beim Bau des Panamakanals; noch heute wird in St. Petersburg und Moskau eine größere Betrügerei gelegentlich als »Panama« bezeichnet. Die französische Kanalbaugesellschaft, 1879 unter Leitung von Ferdinand de Lesseps gegründet, hatte in der Durchführung des Bauvorhabens keinen Erfolg. Es kam zu einer großangelegten Verschleierungsaktion, in deren Verlauf Dutzende von Parlamentariern und Hunderte von Journalisten bestochen wurden, damit die (nun eigentlich wertlosen) Panama-Anleihen nicht ausgezahlt werden mußten. Die Hauptverantwortlichen für diese Bestechungen waren neben de Lesseps u. a. Cornélius Herz und Jacques de Reinach, die jüdischer Herkunft waren. Als die Gesellschaft 1889 in Konkurs gehen mußte und Zehntausende von Kleinsparern ihre Einlagen verloren, entfaltete die französische Presse (vor allem die katholische Zeitung »La Croix« und die Zeitung »Libre Parole« von Edouard Drumont) eine antisemitische Hetzkampagne, die Reinach und Herz nur zum Vorwand nahmen, um die kleine, aber exponierte jüdische Minderheit in →Frankreich insgesamt zu diffamieren. Die Hetztiraden, die nur noch während der →Dreyfus-Affäre übertroffen wurden, führten schließlich 1892/93 auch zu einem parlamentarischen Skandal wegen der Bestechlichkeit einzelner Abgeordneter. (BV)

Panofsky, Erwin, Kunsthistoriker, 30. 3. 1892 Hannover – 14. 3. 1968 Princeton, New Jersey. Studium der Kunstgeschichte in Freiburg i. Br., München und Berlin; 1914 Promotion; bis zu seiner Habilitation 1920 Assistent an der Universität Hamburg. 1921 bis 1926 Dozent und 1926–33 Ordinarius am Kunstgeschichtlichen Seminar in Hamburg; 1933 Entlassung aus seinem Amt; 1934 Emigration in die USA; 1935–63 Professor für Kunstgeschichte an der Princeton University und 1963–68 Professor am Institute of Fine Arts in New York. Hauptwerke: »Studies in Iconology« (1939), »The Life and Art of Albrecht Dürer« (1943), »Early Netherlandish Painting, its Origin and Character« (1953), »Meaning in the Visual Arts« (1955).

🄻 R. Heidt, Erwin Panofsky – Kunsttheorie und Einzelwerk, 1977. (JÖD)

Pappenheim, Bertha, Sozialarbeiterin, Frauenrechtlerin, 27. 2. 1859 Wien – 28. 5. 1936 Isenburg. 1889 Übersiedlung nach Frankfurt am Main. Pappenheim vertrat die Ideale der bürgerlichen deutschen Feministinnen und übertrug die Forderungen der deutschen →Frauenbewegung nach gleichen Bildungs- und Berufschancen und nach politischer Gleichberechtigung der Frau auf jüdische Verhältnisse. Ihre sozialen und pädagogischen Bestrebungen zielten auf eine bessere religiöse Ausbildung der Frau und ihre Gleichstellung in jüdischen Institutionen. Mit dem von ihr 1904 gegründeten »Jüdischen →Frauenbund« (JFB), den sie bis 1924 als Vorsitzende leitete, etablierte sie die jüdische Frauenbewegung in Deutschland. Ihre literarische und publizistische Arbeit begann sie mit dem 1890 unter dem Pseudonym Paul Berthold verfaßten Novellenband »In der Trödlerbude«. 1899 veröffentlichte sie das Theaterstück »Frauenrechte« und eine Übersetzung von Mary Wollstonecrafts Schrift »A Vindication of the Rights of Women«. Der Besorgnis über die zunehmende Konversion deutscher Juden gab sie in ihrer 1902 erschienenen Novelle »Ein Schwächling« Ausdruck. Ihre bekannteste Veröffentlichung, »Sisyphus-Arbeit« (1930), ein Bericht über die Prostitution und den Mädchenhandel in Osteuropa und im Vorderen Orient, war das Ergebnis ihrer Studienreisen nach Osteuropa und Palästina. Im Nachrichtenblatt des JFB finden sich zahlreiche Artikel über Frauenbildung, Mädchenhandel und die ethische Bedeutung der Sozialarbeit aus Pappenheims Feder. (MAM)

Papsttum und Juden. Die grundsätzliche Haltung des Papsttums gegenüber den Juden wurde schon von den Päpsten →Gelasius und besonders von →Gregor dem Großen auf der Grundlage des spätrömischen Kaiserrechts gegen stärker repressive Tendenzen im Episkopat festgelegt. Papst →Alexander II. traf 1063 auch die prinzipielle Unterscheidung in der Haltung gegenüber dem aggressiven Islam und dem friedfertigen Judentum für die Kreuzzugsepoche. Den Schutz der Juden vor Zwangsbekehrung (→Zwangstaufe), vor der Beeinträchtigung der ihnen gewährten Rechte und vor Verfolgungen ohne rechtmäßig ergangenes richterliches Urteil vertraten vom 12. bis zum 15. Jahrhundert zahlreiche Päpste in den immer wieder erneuerten →Sicut-Iudaeis-Bullen. Die Juristenpäpste von →Alexander III. bis zu →Gregor IX., besonders →Innozenz III., verschärften jedoch die restriktiven Züge des kirchlichen Judenrechts. In der Auseinandersetzung mit dem staufischen Kaisertum beanspruchten die Päpste zunehmend auch die Schutzherrschaft und damit die Rechtshoheit über die Juden. Daher verfügten Päpste seit 1242 wiederholt die Einziehung des →Talmuds. Weitere Verschärfungen brachten im 13. Jahrhundert die Anwendung der Inquisition auch gegen Zwangsbekehrte und Proselytenmacher unter Klemens IV. (1265–68) und die Beauftragung der Dominikaner mit Zwangspredigten unter Nikolaus III. (1277–80). Andererseits untersagten Päpste immer wieder – wenn auch meist erfolglos – die Verbreitung von Mordlegenden, so des →Ritualmordvorwurfs und der →Brunnenvergiftungslegende. Auch Judenvertreibungen billigten sie nur ausnahmsweise. Bis ins 19. Jahrhundert setzte sich die zwischen duldsamer Milde und restriktiven Praktiken schwankende Judenpolitik fort. Insgesamt kann dem Papsttum das Verdienst nicht versagt werden, gegen andersgerichtete Tendenzen innerhalb der Kirche am Prinzip der Duldung der jüdischen Religionsgemeinschaft festgehalten zu haben. Eine grundsätzliche Neuorientierung der katholischen Kirche gegenüber dem Judentum hat das von Papst Johannes XXIII. einberufene 2. Vatikanische Konzil (1962–65) eingeleitet.

L S. Simonsohn, The Apostolic See and the Jews, Toronto 1991. – E. A. Synan, Popes and the Jews in the Middle Ages, New York 1965. (FL)

Para →Mischna

Paradies →Gan Eden

Parascha (oder auch Sidra), der für die Toralesung bestimmte Abschnitt, nach den hebräischen Anfangsworten genannt und zitiert. Die Toralesung ist schon von alters her Bestandteil des Synagogengottesdienstes. Sie erfolgt am →Sabbat, an Festtagen (→Feste) und Neumondstagen, am Montag, Donnerstag und Sabbatnachmittag. Während die Lesung an gewöhnlichen Sabbaten, montags und donnerstags fortlaufend erfolgt, gibt es dem Anlaß entsprechend spezielle Lesungen an Fest- und Fasttagen. An Festtagen wird zusätzlich aus einer anderen Rolle die entsprechende

Liste der 54 Wochenabschnitte aus der Tora nach dem einjährigen Zyklus

Gen	1,1–6,8	Bereschit
	6,9–11,32	Noach
	12,1–17,27	Lekh lekha
	18,1–22,24	Wa-jera
	23,1–25,18	Chajje Sara
	25,19–28,9	Toldot
	28,10–32,3	Wa-jetse
	32,4–36,43	Wa-jischlach
	37,1–40,23	Wa-jescheb
	41,1–44,17	Miqqets
	44,18–47,27	Wa-jiggasch
	44,28–50,26	Wa-jechi
Ex	1,1–6,1	Schemot
	6,2–9,35	Wa-era
	10,1–13,16	Bo
	13,17–17,16	Beschallach
	18,1–20,26	Jitro
	21,1–24,18	Mischpatim
	25,1–27,19	Teruma
	27,20–30,10	Tetsawwe
	30,11–34,35	Tissa
	35,1–38,20	Wa-jaqhel
	38,21–40,38	Pequde
Lev	1,1–5,26	Wa-jiqra
	6,1–8,36	Tsaw
	9,1–11,47	Schemini
	12,1–13,59	Tazri'a
	14,1–15,33	Metsora
	16,1–18,30	Achare
	19,1–20,27	Qedoschim
	21,1–24,23	Emor
	25,1–26,2	Behar
	26,3–27,34	Bechuqqotai
Num	1,1–4,20	Bemidbar
	4,21–7,89	Naso
	8,1–12,16	Beha'alotkha
	13,1–15,41	Schelach
	16,1–18,32	Korach
	19,1–22,1	Chuqqat
	22,2–25,9	Balak
	25,10–30,1	Pinhas
	30,2–32,42	Mattot
	33,1–36,13	Mas'e
Dtn	1,1–3,22	Debarim
	3,23–7,11	Wa-etchannen
	7,12–11,25	Eqeb
	11,26–16,17	Re'e
	16,18–21,9	Schoftim
	21,10–25,19	Ki Tetse
	26,1–29,8	(Ki) Tabo
	29,9–30,20	Nitsabim
	31,1–30	Wa-jelekh
	32,1–52	Ha'azinu
	33,1–34,12	We-zot ha-Berakha

Passage aus Numeri (28,16–29,39) gelesen. An den zwei Sabbaten vor und nach →Purim werden neben dem Wochenabschnitt ebenfalls aus einer zweiten Rolle spezielle Parascha gelesen. Die fortlaufende Lesung umfaßte in Palästina einen dreieinhalb- bis vierjährigen Zyklus, in Babylonien einen nur einjährigen Zyklus aus 54 Wochenabschnitten, der sich durchsetzte. Er beginnt am Sabbat nach →Sukkot und endet an →Simchat Tora. Die Lesung erfolgt auf der Bima, einem erhöhten Platz in der Synagoge, in Gegenwart mindestens eines →Minjans. Vor und nach dem Lesen wird ein spezieller Segensspruch (Birkat ha-Tora) gesprochen. Im Anschluß an die Lesung wird die →Haftara gelesen. Die Lesungen werden auf verschiedene Personen verteilt. Der erste Teil geht an einen →Priester, der zweite an einen Leviten, der dritte und die folgenden an Israeliten. Dabei werden Bräutigame, Bar-Mizwa-Kinder, Männer, deren Frauen gerade ein Kind geboren haben, und Männer, die den Jahrestag des Todestags der Eltern begehen oder gerade die siebentägige Trauerzeit beendet haben, bevorzugt. Am Sabbatnachmittag, montags und donnerstags lesen drei Personen; vier an →Chol ha-Moed und →Rosch Chodesch; fünf an einem Festtag; sechs an →Jom ha-Kippurim; sieben am Sabbatmorgen. (HMD)

Pardes (persisch, im Hebräischen »Obstplantage«, im übertragenen Sinne anlehnend an griechisches »paradeisos«, »himmlisch«, Bezeichnung für Paradies). In →Midrasch und →Kabbala seit Mose de León Merkwort im Stil eines →Akrostichons für die vier Schriftsinne bei der Bibelauslegung: →Peschat (buchstäbliche Erklärung des Schriftsinns einschließlich der mündlichen Tora); Remes (andeutender Hinweis auf den Schriftsinn durch Gematria [Zahlenmystik] und →Notarikon, allegorische Schriftdeutung im Hinblick auf philosophische Weisheiten); →Derasch (homiletische Interpretation des Textes im Sinne eines ethisch-aggadischen Kommentars) und Sod (mystische Auslegung). Die Erzählung der vier Gelehrten im Pardes (Chag 14b und öfter) beschreibt entweder die Gefährlichkeit des ekstatischen Aufstiegs in die himmlische Welt oder stellt vier verschiedene Typen von Toralehrern dar. (HMD)

Paris. 582 sind erstmals Judengasse und Synagoge erwähnt. Die vier mittelalterlichen Judenquartiere lagen südöstlich des Petit-Pont (6. Jahrhundert), inmitten der Île de la Cité (12. Jahrhundert), südwestlich des Petit-Pont (13. Jahrhundert) und nördlich der Île de la Cité (Ende 13., Anfang 14. Jahrhunderts). Mit den Juden der ganzen Île de France wurden auch die von Paris im Jahr 1182 durch König →Philipp II. August vertrieben, Synagogen zu Kirchen umgeweiht; 1189 wurde den Juden die Rückkehr wieder erlaubt. Unter dem religiös-eifernden König →Ludwig IX. dem Heiligen fand im Juni 1240 eine öffentliche Disputation unter Beteiligung von N. →Donin sowie den Rabbinern Jechiel von Paris und Mose von Coucy statt. Am 29. 9. 1242 wurden 24 Wagenladungen mit Talmudexemplaren in Paris öffentlich verbrannt. Im 14. Jahrhundert kam es zunächst zur Ausweisung unter Philipp IV. (1306), Wiederzulassung unter dem judenfreundlichen Ludwig X. (1315), dann zu Verfolgung wegen angeblicher Brunnenvergiftung (1321) und zu Pogromen anläßlich der Feierlichkeiten zur Krönung Karls VI. Mit der Ausweisung der Juden aus dem Königreich im Jahr 1394 fand auch die Pariser Gemeinde ein Ende. Seit der →Französischen Revolution Wiederansiedlung von Sephardim aus Südfrankreich, Aschkenasim aus dem →Elsaß, später von Juden aus Mittel- und Osteuropa und dann von Flüchtlingen aus der Sowjetunion und aus Hitler-Deutschland. Bis 1940 Konzentration der Juden im Norden und Osten der Stadt. Unter den Juden in Paris waren Bankiers, aber auch Konfektionäre und Handwerker, zahlreiche Politiker, Ärzte, Juristen, Wissenschaftler, Publizisten und Künstler. Jüdische Bevölkerung: 30 000 (1865), 170 000 (1939), 70 000 (1942), 350 000 (1995, etwa 9 Prozent der Gesamtbevölkerung). Ein hoher Prozentsatz der Pariser Juden (50 000) wurde Opfer des NS-Terrors. Nach der Besetzung durch die deutsche Armee begingen etwa 300 von ihnen Selbstmord. Nach dem Krieg wieder starke Zuwanderung. Paris ist der Sitz wichtiger jüdischer Organisationen (→Frankreich). (PAU/WJ)

Parlament Israels →Knesset

Parnas (Plural Parnasim, hebräisch »Unterhaltsbesorger«) oder Rosch (hebräisch »Haupt«), heute meist Präsident oder Vorsitzender genannt. Ursprünglich geistiger Führer und Verwalter einer jüdischen Gemeinde in einer Person. Seit dem 16. Jahrhundert als Einzelner oder im Kollegium mehrerer Parnasim nur noch Verwalter und neben den →Gabbaim (hebräisch »Kassierer«) Teil des Leitungsgremiums aschkenasischer und sephardischer Gemeinden. Manchmal auf Lebenszeit, in der Regel aber auf befristete Zeit (ein oder drei Jahre) gewählt. (HMD)

Parwe, Wortbedeutung unsicher, oder jiddisch »minnich«.
1. Bezeichnung für Speisen, die nach den Speisevorschriften in bezug auf die Kategorien milchig und fleischig als neutral gelten und mit allen Nahrungsmittelarten genossen werden können: z. B. Mehlspeisen (Nudeln u. a.), Brot, Eier, Öl, Pflanzenfett, Obst und Gemüse. Fisch gilt zwar als Parwe, der Verzehr zusammen mit Fleisch ist aber verboten.
2. Bezeichnung für die weder mit Fleisch- noch mit Milchprodukten in Berührung gekommenen und gesondert aufzubewahrenden Gerätschaften. (HMD)

Passuk (»Absatz«, von hebräisch passak, »zuteilen, entscheiden«), talmudische Bezeichnung für einen Vers der Hebräischen Bibel. (HMD)

Pasternak, Boris Leonidowitsch, Schriftsteller, 10. 2. 1890 Moskau – 30. 5. 1960 Peredelkino bei Moskau. Sohn eines russisch-jüdischen Malers, entfernte sich früh geistig vom Judentum und geriet unter starken Einfluß des russisch-orthodoxen Mystizismus. Studierte in Moskau und an der Universität Marburg in Deutschland Philosophie bei dem Neukantianer H. →Cohen. Als einer der größten Dichter Rußlands wurde Pasternak weltberühmt. Übersetzte mit außergewöhnlichem Talent Goethe, Kleist, Rilke, Shakespeare u. a. Hatte Veröffentlichungsverbot in den Jahren des stalinistischen Terrors. Sein berühmter Roman »Doktor Schiwago« erschien erstmals, in Übersetzung, in Italien (1957). 1958 wurde ihm der Nobelpreis für Literatur verliehen, doch die sowjetischen Behörden zwangen ihn, den Preis zurückzuweisen. (AB)

Boris Pasternak

Patriarch →Nassi

Patriotismus, jüdischer. Patriotismus, verstanden als Liebe zum Vaterland, entstand als Geisteshaltung von Juden in der →Diaspora seit Beginn des 19. Jahrhunderts. Mit der Erteilung von Bürgerrechten in europäischen Staaten, womit auch die Militärpflicht verbunden war, erschienen die Juden als patriotische Untertanen. Sie wurden durch die →Französische Revolution »aus dem Ghetto in die Nation« geführt, d. h. Juden konnten seit 1791 in eingeschränktem Maß aktiven Anteil an der Gestaltung des Staates nehmen. So beteiligten sich polnische Juden 1830 am Aufstand gegen die russische Herrschaft. Allgemein entstand eine vaterländische Identifikation von Juden in den Staaten, die sie rechtlich den übrigen Bürgern gleichstellten. Deshalb fanden sich jüdische Patrioten vor allem in den USA, England und Frankreich, weniger aber im zaristischen Rußland. Während um 1910 in der preußischen Armee kein jüdischer Offizier stand, gab es in Österreich-Ungarn 2179 jüdische Offiziere, unter ihnen einen Feldmarschall; Italien zählte 500 und Frankreich, trotz der →Dreyfus-Affäre, immerhin 720. In Deutschland bekundeten Juden schon während des 18. Jahrhunderts ihre Treue zu Fürst und Obrigkeit, obwohl sie häufig noch keinerlei Bürgerrechte besaßen. Seit dem preußischen →Emanzipationsedikt von 1812 entwickelten sich die Juden in Preußen von devot-loyalen Untertanen zu begeisterungsfähigen preußischen Patrioten. Die sog. →Befreiungskriege (1813 bis 1815) gegen die Franzosen stellten den ersten Anlaß zum Militärdienst in Deutschland in der Neuzeit dar. M. →Burg, von der preußischen Garde wegen seiner jüdischen Herkunft zurückgewiesen, war der erste deutsche Jude im Majorsrang. Die militärischen Leistungen der jüdischen Kriegsteilnehmer wurden als vorbildlich und patriotisch geschätzt. Was schon nach den Befreiungskriegen in den Beurteilungen mancher Kommandeure deutlich geworden war, zeigte sich auch in den Einigungskriegen. Der Patriotismus der Juden war nicht weniger echt als der ihrer Umgebung. Am Deutschen Krieg 1866 nahmen auf preußischer Seite über 1000, am Deutsch-Französischen Krieg 1870/71 im deutschen Heer etwa 6000 jüdische Soldaten teil. Auch in anderen deutschen Staaten entwickelten die Juden, in Verbindung mit der bürgerlichen Gleichstellung, vaterländische Empfindungen. In gedruckten

Gedenk-, Fest- und Huldigungspredigten kam diese staatsloyale, patriotische Gesinnung zum Ausdruck. Die Loyalität gegenüber Fürst und Staat wurde im Vormärz und besonders während der Revolution 1848/49 belastet. Auch unter den Republikanern befanden sich z. B. mit G. →Riesser, J. →Jacoby, M. E. v. →Simson, L. →Bamberger u. v. a. Patrioten, obwohl sie sich gegen die fürstlichen Obrigkeiten wandten. Jüdische Parlamentarier der Paulskirche agitierten, in Opposition zum reaktionären deutschen Staatensystem, für ein von Liberalismus und Verfassung geprägtes demokratisches Deutschland. Die →Emanzipation erlitt nach dem Scheitern der 1848er Revolution zwar einen Rückschlag, konnte aber dennoch weitere Erfolge verzeichnen. Die Partizipationsmöglichkeiten der deutschen Juden nahmen zu, was ihre Identifikation mit Deutschland förderte. Die Definition »Juden und Deutsche zugleich« war für die meisten deutschen Juden seit Mitte des 19. Jahrhunderts selbstverständlich. Die vom Norddeutschen Bund und vom Kaiserreich 1869–71 abgeschlossene rechtliche Emanzipation förderte den Patriotismus der Juden. Der im wilhelminischen Kaiserreich kultivierte Nationalismus kehrte sich jedoch u. a. gegen die Juden, was im politisch-rassistischen →Antisemitismus Ausdruck fand. Als eine Reaktion auf den zunehmenden Antisemitismus betonten die deutschen Juden ihre Verbundenheit mit der deutschen Kultur und dem »Deutschtum«. Mit der 1893 erfolgten Gründung des →Centralvereins deutscher Staatsbürger jüdischen Glaubens hatte die überwiegende Mehrzahl der Juden ihre Definition als deutscher Staatsbürger gegeben: Deutschland war ihr Vaterland; das Judentum wurde als Konfession oder bestenfalls als Erbe angesehen. Für die Juden des kaiserlichen Deutschlands war der Beginn des Ersten Weltkriegs im August 1914 der Auslöser für heroischen Patriotismus. In zahlreichen Aufrufen der deutsch-jüdischen Organisationen, selbst der Zionisten, kam die Kriegsbegeisterung zum Ausdruck. Der Patriotismus fand seinen Niederschlag in der Kriegsteilnahme von 100 000 deutsch-jüdischen Soldaten, von denen 12 000 fielen. Etwa 2000 ungetaufte Juden wurden zu Offizieren befördert; über 2000 erhielten das Eiserne Kreuz 1. Klasse, 10 000 das Eiserne Kreuz 2. Klasse; insgesamt wurden 30 000 deutsche Juden mit Orden ausgezeichnet. Ihre patriotische Gesinnung manifestierte sich auch in der Aktivität von Wirtschaftsführern wie W. →Rathenau und A. →Ballin, die sich an der Organisation der deutschen Kriegswirtschaft beteiligten, sowie in chauvinistischer Kriegslyrik (E. →Lissauer, »Haßgesang gegen England«). Der Name Ludwig Franks kann gleichsam als Symbol für die Haltung der deutschen Juden im Ersten Weltkrieg gelten: Obgleich europäischer Pazifist und sozialistischer Patriot, meldete sich Frank dennoch als Kriegsfreiwilliger. Er war eines der zwei Mitglieder des deutschen Reichstags, die im Krieg fielen. Als Reaktion auf antisemitische Verleumdungen entstand der →Reichsbund jüdischer Frontsoldaten, der den patriotischen Kriegseinsatz dokumentierte. Die deutsch-jüdische Militärgeschichte, die 1813–15 begann und 1918 endete, markiert zugleich 100 Jahre Emanzipationsgeschichte. Dabei blieb das Militär der gesellschaftliche Bereich, in dem Juden auch nach der rechtlichen Emanzipation keine oder kaum Aufstiegsmöglichkeiten besaßen. Durch ihren Militärdienst versuchten sie die Anerkennung als loyale Staatsbürger zu erreichen und die letzten Widerstände auf dem Weg zur vollständigen Emanzipation zu beseitigen. Diese Hoffnung wurde noch während des Ersten Weltkriegs zerstört. Auf antisemitischen Druck kam es zu einer »Judenzählung«, mit der das Kriegsministerium »jüdische Drückebergerei« beweisen wollte. Das Ergebnis der Umfrage wurde nicht veröffentlicht, denn es hätte das Gegenteil des Vorwurfs erbracht. Auch in der Weimarer Republik bekundeten deutsche Juden ihren Patriotismus in Organisationen wie dem »Verband nationaldeutscher Juden« (gegründet 1920). Selbst gegen Ende der Weimarer Republik wurde der Einklang von Judentum und »Deutschtum« mit nationalem Impetus von deutschen Juden vertreten (z. B. von H.-J. Schoeps, »Gefolgschaft deutscher Juden«). Nach dem Ende der nationalsozialistischen Gewaltherrschaft erschien eine Identifikation der Juden in Deutschland mit dem Rechtsnachfolger dieses Terrorstaates unmöglich. Deshalb ist das heutige Verhältnis der in der Bundesrepublik Deutschland lebenden Juden zu Staat und zur Bundeswehr geprägt vom Spannungsverhältnis zwischen jüdischer und deutscher Identität.

L U. Dunker, Der Reichsbund jüdischer Frontsoldaten 1919–1938, 1977. – Gedenkbuch an den deutsch-französischen Krieg von 1870/71 für die deutschen Israeliten, Bonn 1871. – Kriegsbriefe gefallener deutscher Juden, 1961. – Militärgeschichtliches Forschungsamt (Hrsg.), Deutsch-jüdische Soldaten 1914–1945, 1987. – M. Naumann, Vom nationaldeutschen Juden,

1920. – H.-J. Schoeps, »Bereit für Deutschland«. Der Patriotismus deutscher Juden und der Nationalsozialismus, 1970. – M. Stern, Aus der Zeit der deutschen Befreiungskriege 1813–15. Flugschriften, Dichtungen, Gebete, 1935. (LH)

Pauker, Anna, geb. Rabinsohn, Politikerin, 12. 12. 1893 Codaeşti, Moldau – 26. 6(?). 1960 Bukarest. Tochter eines Rabbiners; erhielt eine traditionelle jüdische Erziehung, wurde Hebräisch-Lehrerin an einer Elementarschule der jüdischen Gemeinde. 1920 trat sie der illegalen Kommunistischen Partei bei. Von 1936 bis 1941 im Gefängnis, ging nach ihrer Freilassung in die Sowjetunion und kam 1944 mit den russischen Streitkräften wieder zurück. Nach dem Weltkrieg Organisatorin der »Rumänischen Demokratischen Front«, Mitglied des Politbüros und des Sekretariats der Kommunistischen Partei Rumäniens. Seit 1945 Mitglied der rumänischen Regierung, Außenministerin 1947–52, 1949 eine der stellvertretenden Ministerpräsidenten. 1952, in der Zeit der berüchtigten →Slánský-Affäre, wurde sie aus der Partei ausgeschlossen, verlor ihre Ämter und wurde unter Hausarrest gestellt. U. a. wurde ihr zur Last gelegt, die Massenemigration nach Israel zwischen 1948 und 1951 gefördert zu haben. Lange vor ihrem Tod hatte sie alle Bindungen mit der jüdischen Gemeinschaft gelöst, obwohl viele ihrer nächsten Verwandten zu den ersten rumänischen Siedlern im Staat Israel gehörten. (LH)

Paulus de Santa María (Salomon ben Levi), Arzt aus Kastilien, 1350– 1435. Der angesehene kastilische Arzt Salomon ben Levi konvertierte um 1390 zusammen mit seinem Bruder, seiner Mutter und seinen fünf Kindern zum Christentum, während seine Frau beim Judentum verblieb. Nach der Scheidung studierte er Theologie, wurde Priester und stellte sich fortan in den Dienst der Judenmission Papst →Benedikts XIII. Einflußreiche Positionen erlangte er als Bischof von Cartagena und später als Erzbischof von Burgos; er war Großkanzler von Kastilien sowie Vormund und Erzieher des späteren Königs Johann II. Sein Bruder, der den Taufnamen Alvar García de Santa María angenommen hatte, wurde Chronist und Geheimschreiber des Königs. Paulus de Santa María verfaßte verschiedene polemische Werke, von denen insbesondere »Die Erforschung der Schriften« (Scrutinium scripturarum) in Spanien jahrzehntelang als das beste Handbuch der theologischen Judenbekämpfung angesehen wurde.

🄻 P. Browe, Die Judenmission im Mittelalter und die Päpste, Rom 1942. (PAU)

Pea →Mischna

Peel-Kommission, nach dem Ausbruch des arabischen Aufstands in Palästina 1936 von der britischen Regierung eingesetzte Untersuchungskommission unter dem Vorsitz des Viscount Peel; sollte die Hintergründe der arabischen und jüdischen Beschwerden gegen die Mandatsregierung untersuchen und Empfehlungen aussprechen. 1937 schlug die Kommission die Teilung des Mandatsgebiets in einen jüdischen und einen arabischen Staat vor. (DB/MW)

Peerce, Jan (ursprünglich Jacob Pincus Perelmuth), Kantor und Opernsänger, 3. 6. 1906 New York – 15. 12. 1984 New York; sang als junger Mann an den Feiertagen im Chor, spielte Geige und sang nebenbei in einer Tanzkapelle auf jüdischen Hochzeiten und im →Borscht Belt; 1932 Sänger in der Radio City Music Hall; entdeckt von Toscanini, wurde Peerce Solist im NBC-Orchester. 1938 Beginn der Opernkarriere in der Rolle des Herzogs in »Rigoletto« in Philadelphia, Debüt in der Metropolitan Opera in New York in »La Traviata« 1941. Zahlreiche Schallplattenaufnahmen mit jüdischer Musik in Hebräisch und Jiddisch.

🄻 A. Levy/J. Peerce, The Bluebird of Happiness: The Memoirs of Jan Peerce, New York 1976. (CL)

Peltz, Isaak, jüdischer Romancier in Rumänien, 1899 Bukarest – 1983 Bukarest. Seine bekanntesten Romane »Weg« (1934) und »Feuer in der Herberge zur Linde« (1935), sind farbenfrohe Beschreibungen der bunten Welt des jüdischen Viertels in Bukarest. In »Blutendes Israel« (1946) erinnert Peltz an die Tragödie der jüdischen Deportation in die Vernichtungslager →Transnistriens. (AB)

Pentateuch →Tora

Peot (hebräisch »Schläfenlocken«), Bezeichnung der Teile des Kopfhaars, die gemäß (Lev 19,27) nicht geschnitten werden dürfen, nämlich die Schläfenpartie vom hinteren Rand der Ohren nach vorn. Diese Anordnung gilt nur für Männer, nicht aber für Frauen (→Scheitel). Haarlänge und -menge ist in der Halacha nicht festgelegt, sondern abhängig von Sitten und politischen Verhältnissen in den jeweiligen Ländern. Weil der Buchstabenwert des Wortes »Pea« mit dem des Gottesnamens »Elohim« in der Zahlenmystik übereinstimmt, erhalten die Peot in der lurianischen →Kabbala als Teil des gottähnlichen Gesichts des Menschen besondere Bedeutung. Auf Empfehlung Isaak ben Salomo →Lurias entstand der bis heute unter orthodoxen Juden übliche Brauch, den Jungen in Palästina nach Vollendung des vierten Lebensjahres am →Chol ha-Moed von →Pessach oder an →Lag ba-Omer nach Möglichkeit in Meron am Grab des verehrten Mystikers Simon ben Jochaj zum ersten Mal das Kopfhaar zu schneiden und die Peot übrig zu lassen. Diese Prozedur wird feierlich begangen und »Chalukka« (arabisch »Kahlscheren«) genannt. (HMD)

Perek (hebräisch parak, »trennen«), Bezeichnung für Absatz oder Kapitel, volkstümlich auch Bezeichnung für den Mischna-Traktat »Abot«. Perek-Sagen wird daher die Sitte genannt, beginnend mit dem ersten Sabbat nach Pessach und von neuem an den Sabbaten Naso, Pinhas und Schoftim (→Parascha) an den Nachmittagen je einen Abschnitt aus den »Pirqe Abot« (»Sprüche der Väter«) zu lesen. (HMD)

Peres, Shimon, israelischer Politiker (→Mapai, →Rafi, →Israelische Arbeitspartei [IAP]), 15.8.1923 Woloschin, Weißrußland, seit 1934 in Palästina. Einer der Gründer des Kibbuz Alumot, in →Hanoar Haoved Vehalomed aktiv, 1941–45 dessen Generalsekretär. Als Mitglied der →Hagana leitete Peres im →Unabhängigkeitskrieg Israels Marineeinheiten. Bis 1965 im Verteidigungsministerium, 1959–1965 als stellvertretender Verteidigungsminister. Seit 1959 in der Knesset; 1965 Mitbegründer und bis 1968 Generalsekretär der →Rafi, 1969–1977 in verschiedenen Ministerämtern, 1974–77 Verteidigungsminister. April–Mai 1977 geschäftsführender Ministerpräsident. 1977–92 und 1995–97 Vorsitzender der IAP. Nach der Bildung der »Koalition der nationalen Einheit« 1984–86 zuerst Ministerpräsident und, nach dem vereinbarten Ämtertausch mit I. →Schamir, 1986–88 Außenminister und stellvertretender Ministerpräsident. In der neuen Koalition nach den Knessetwahlen 1988 Finanzminister (1988–90) und erneut stellvertretender Ministerpräsident. Nach dem Zusammenbruch der Einheitskoalition versuchte Peres 1990 eine Mitte-Links-Koalition der »Tauben« zu bilden. Der Versuch mißlang. Peres und die IAP mußten in die Opposition zu der von Schamir geführten Rechts-Koalition gehen. Nach dem Wahlsieg der IAP im Sommer 1992 wurde Peres, der vorher die Ämter des Parteivorsitzenden und des Kandidaten für die Ministerpräsidentenschaft an I. →Rabin verloren hatte, erneut Außenminister. Peres gilt als der eigentliche Architekt der Oslo-Abkommen (→Palästina) und erhielt gemeinsam mit Premier Rabin und PLO-Chef Arafat im Jahre 1994 den Friedensnobelpreis. Für den Nahen Osten strebte Peres eine wirtschaftliche Zusammenarbeit nach dem Modell der Europäischen Gemeinschaft an und stellte sich damit klar gegen nationalistische Konzepte. Nach der Ermordung I. →Rabins (4.11.1995) wurde Peres erneut Ministerpräsident und verlor das Amt bei den Wahlen 1996 nur hauchdünn an den rechtskonservativen Likud-Politiker B. →Netanjahu. Veröffentlichungen: »Shalom. Erinnerungen« (1994), »Die Versöhnung« (1996). (DB/MW)

Shimon Peres, 1993

Perez, Isaak Leib (Itzhok Lejb), Schriftsteller, 18.5.1851 Zamość, Kreis Lublin – 3.4.1915 Warschau. Mit →Mendele Mocher Sforim und →Scholem Alejchem einer der Väter der modernen Literatur in jiddischer Sprache, schrieb auch in Hebräisch. Die Skizzen des Bands »Bilder fun a Provints-Rayze« (»Bilder einer Reise in die Provinz«, 1891) beschreiben das Leben der armen Juden im →Ansiedlungsrayon. Zu seinen bedeutendsten Werken gehören die Erzählungssammlungen »Folkstimlikhe Geshikhten« (»Volkstümliche Geschichten«, 1916) und »Khasidish« (»Chassidische Erzählungen«, 1917). Symbolische Dramen u. a.: »Baynakht oyfn Altn Mark« (»Die Nacht auf dem alten Markt«, 1907); »Di Goldene Keyt« (»Die goldene Kette«, 1909). 1908 war Perez Präsident der Konferenz der Jiddischisten von Tschernowitz, der eine wichtige Rolle in der Förderung der jiddischen Sprache und Literatur zukam. (AB)

Perl, Josef →Haskala

Perücke →Scheitel

Perutz, Leo, österreichischer Romancier, 2.11.1882 Prag – 25.8.1957 Bad Ischl. Lebte seit 1899 in Wien. Gaststudium an der Universität Wien, ab 1908 Versicherungsmathematiker. 1917 wurde Perutz an der Front schwer verletzt. Enge Verbindung mit der Wiener Kaffeehausszene. 1938 emigrierte Perutz nach Palästina. Perutz thematisierte in seinen Abenteuer- und Kriminalromanen die tragische Kollision von Individuum und Geschichte. Die historische Entwicklung vollzieht sich zwar durch ihre Akteure, aber nicht in ihrem Sinne. Durch perspektivische Erzähltechniken wird Geschichte dem Leser als nachträglicher Konstrukt erfahrbar gemacht. Eine Parabel in historischem Gewand über Judentum und Christentum schrieb Perutz mit dem Prag-Roman »Nachts unter der steinernen Brücke« (1953); weitere wichtige Werke waren »Die dritte Kugel« (1915) und »Der Meister des jüngsten Tages« (1923). (MIM)

Peschat (hebräisch »eben machen«, »ausstrecken«; in talmudischer Literatur verstanden als »sich auslassen über« bzw. »vortragen«), in rabbinischer Zeit, in der hauptsächlich zwischen der halachischen und der aggadischem →Exegese differenziert wurde, wohl kaum als eine spezielle exegetische Methode von →Derasch zu unterscheiden. Erst →Salomo ben Isaak trennte in seinen Schrift-Kommentaren streng zwischen Peschat als einfachem Buchstaben-/Wortsinn und Derasch als homiletische Auslegung (vgl. auch →Pardes). (HMD)

Pescher (hebräisch »Bedeutung«, »Erklärung«), Auslegung (→Exegese) der Hebräischen Bibel vor allem in den →Qumran-Schriften, die den Text vor dem Hintergrund der historischen Situation endzeitlich auslegt. Grundlegend ist hier die Ansicht, daß in den Schrift-Worten vor allem der →Propheten ein göttliches Mysterium (Ras) verborgen liegt, das nur durch spezielle Kenntnisse, die durch göttliche Erleuchtung vermittelt werden, erkannt werden kann. Pescher erklärt den Text nicht im historischen Kontext der Propheten, sondern erklärt Vers für Vers die Lage der Gemeinde in der sog. Endzeit im Licht der Prophetenworte. Erst so erfahre die göttliche Offenbarung ihre tatsächliche Bedeutung. (HMD)

Pesikta (ursprüngliche Pluralform vielleicht Pesikata, verwandt mit →Passuk, »Vers«, entspricht Pisqa, »Abschnitt«, und →Parascha), Bezeichnung speziell der Abschnitte, die an den Festtagen und den besonderen Sabbaten aus Tora und Haftara in der Synagoge verlesen werden. Es gibt drei Sammlungen von kommentierenden Homilien zu diesen Abschnitten: »Pesikta de Rab Kahana« (5. Jahrhundert), »Pesikta Rabbati« (Ende 3.-7. Jahrhundert) und »Pesikta Chadatta« (→Midrasch). (HMD)

Pessach (Bedeutung des Wortes unbekannt; eventuelle Bezeichnung eines Opferrituals für eine bestimmte Schlachtart), erstes der drei Wallfahrts- bzw. Erntefeste (Beginn der Gerstenernte). Biblisch sieben Tage lang vom 14.–21. Nissan, in der →Diaspora einen Tag länger. Der erste und siebte Tag sind Vollfeiertage, dazwischen liegen fünf Halbfeiertage (→Chol ha-Moed). In Erinnerung an die Verschonung der israelitischen Erstgeborenen in Ägypten ist am Vorabend von Pessach, am sog. Rüsttag, ein Fasten der Erstgeborenen Sitte. Am zweiten Abend von Pessach beginnt das →Omer-Zählen. Für diejenigen, die an Pessach das Opfer versäumten, gab es die Einrichtung eines zweiten Pessach einen Monat später am 14. Ijar. Während des Pessach-Festes soll sich kein Gesäuertes (»Chamez«) mehr im Haus befinden. Deshalb wird am Abend zuvor das Gesäuerte zusammengesucht und am darauffolgenden Tag zur Mittagszeit in einem speziellen Ritus verbrannt. Auch das Geschirr ist koscher für Pessach. Die biblischen Namen »Chag ha-Pessach« und »Chag ha-Mazzot« kennzeichnen zwei ursprünglich getrennte Feste: das nomadische Pessach-Fest und das bäuerliche Mazzot-Fest anläßlich der ersten Getreideernte. Beide sind in der Tradition zusammengewachsen und als Pessach-Fest mit dem Auszug aus Ägypten verbunden worden. Seither gilt Pessach als das Fest der Befreiung. So ist das Lamm Hinweis dafür, daß Gottes Würgeengel an den Israeliten vorüberging, das ungesäuerte Brot (→Mazza) als »Brot des Elends« ist Zeichen für die Befreiung aus Ägypten, und das Bitterkraut (→Maror) Zeichen für die Unterdrückung durch die Ägypter. Die Opferung des Pessach-Lamms wird seit der Zerstörung des Zweiten Tempels in Jerusalem 70 n.Z. nur noch von den →Samaritanern auf dem Garizim (heiliger Berg der Samaritaner) vollzogen. Neben der synagogalen Liturgie ist für das Pessach-Fest der häusliche »Seder« (»Ordnung«) am ersten Abend (in der Diaspora an den ersten beiden Abenden) des Festes charakteristisch, an dem des Auszugs gedacht wird. So liegen auf dem Seder-Tisch drei Mazzen, ein gekochtes Ei, ein gebratener Knochen mit wenig Fleisch, hinzu kommen ein Napf mit Salzwasser, Bitterkräuter und süßer Brei aus gehackten Nüssen, geriebenen Äpfeln, Rosinen, Zucker, Zimt und Wein (Charosset). Außerdem werden vier Becher Wein getrunken. Ein fünfter gefüllter Becher, der sog. Elia-Becher, weist auf die erhoffte letzte Erlösung hin. Mit diesen Elementen symbolisiert der Seder den Opferkult. Der Pessach-Teller ist ein Symbol für Tier-, Brot- bzw. Mehl- und Grün- bzw. Gemüseopfer, die Segnung des Weins steht für die Libation (Trankopfer), das Anzünden der Kerzen entspricht der Verwendung von Weihrauch im Tempel. Die festgelegte fünfzehnteilige Ordnung ist mit wenigen Änderungen wahrscheinlich aus dem Tempeldienst übernommen. Zum Seder gehört u. a. das Lesen der Pessach-Haggada und der Verzehr des Afikoman (Nachtisch), einer Hälfte der mittleren Mazze, die nach aschkenasischem Brauch von den Kindern versteckt und vom Leiter des Seders durch ein Geschenk ausgelöst wird. Der Afikoman stellt nach der Zerstörung des Zweiten Tempels eine symbolische Erinnerung an das Pessach-Opfer dar und bildet den Abschluß des Mahls. Die Anordnungen zum Pessach-Fest finden sich in dem Traktat »Pessachim«. (HMD)

Pessachim →Mischna

Pessuke desimra (»Verse des Gesangs«), oder Semirot (»Gesänge«), Bezeichnung für den zweiten Hauptteil des Morgengebets (→Schacharit) nach den Morgenbenediktionen (»Birchot ha-Schacher«) mit den Opferabschnitten (»Korbanot«) und vor dem →Schema Jisrael. Der Teil enthält im Kern den durch eine einleitende und eine abschließende →Beracha gerahmten Komplex der Psalmen 145–150. Dazu treten an Wochentagen sowie an Sabbaten jeweils weitere liturgische Stücke, vor allem biblische Lieder bzw. Psalmen. Das Pessuke desimra ist ein stilles Gebet, bei dem der →Chasan den Anfang und den Schluß nur schlicht intoniert. Es dient der inneren Vorbereitung auf das Schema und das →Schemone esre. (HMD)

Pestverfolgung. Für die sich seit 1348 von Südfrankreich und Savoyen ausbreitende Pestepidemie (Schwarzer Tod) wurden alsbald die Juden verantwortlich gemacht, weil sie angeblich die Brunnen vergifteten. Ausgehend von Toulon (13. 4. 1348) rollte eine Welle von Pogromen über Europa: Spanien (Mai 1348), Savoyen (August 1348), Schweiz, Süddeutschland, Elsaß, Thüringen, Schlesien, Westfalen, Brandenburg (Herbst 1348–Ende 1350). Vielfach wurden die Juden umgebracht, noch ehe die Pest da war; auch in Gegenden, die von der Pest nicht berührt wurden, kam es zu Judenmorden (Breslau). Treibende Kräfte bei den Verfolgungen waren häufig die örtlichen Zünfte, bei den Juden verschuldete Adlige und der städtische Rat – eindeutig spielten wirtschaftliche Motive eine erhebliche Rolle. König →Karl IV. (1346–78) nahm den ihm als Reichsoberhaupt obliegenden Judenschutz bewußt nicht angemessen wahr, förderte vielmehr durch Begünstigung einzelne Pogrome. Mehr als 100 jüdische Gemeinden wurden vernichtet, etwa ein Drittel der jüdischen Bevölkerung Europas kam ums Leben oder wurde vertrieben. Die Pestverfolgung ist der gravierendste Einschnitt in der Geschichte der europäischen Juden im Mittelalter: ihr rechtlicher, sozialer und wirtschaftlicher Status blieb seither deutlich gemindert.

🄻 F. Graus, Pest–Geißler–Judenmorde. Das 14. Jahrhundert als Krisenzeit, 1988. (PAU)

Petah Tiqwa, israelische Stadt im östlichen Vorortbereich von Tel Aviv, 155 000 Einwohner; 1878 zunächst erfolglos als erste jüdische landwirtschaftliche Siedlung in den Yarqonsümpfen gegründet, die nach einem zweiten Siedlungsansatz (1883) mit Unterstützung durch Baron E. de Rothschild trockengelegt wurden; Orangenanbau; Stadt seit 1937; Textil-, Baumaterial-, Maschinen-, Reifen- und Kraftfahrzeugindustrie. (WL)

Petrus Alfonsi (ursprünglich Moses Sephardi), 1062 Huesca, Aragón – 1110. 1106 ließ er sich taufen. König Alfons VI. von Kastilien war sein Pate. Er ist der erste unter den zahlreichen Conversos in der Geschichte des spanischen Judentums. Um den Wandel seiner Überzeugungen zu rechtfertigen, verfaßte er einen Dialog, gleichsam einen inneren Monolog mit sich selber, bei dem Moses mit Petrus den Wahrheitsanspruch beider Religionen erörtert. Zugleich ist die Schrift, wie später oft bei jüdischen Konvertiten, an die übrigen Juden gerichtet, um ihre Konversionsbereitschaft zu wecken. Als solche blieb sie vorerst wirkungslos. Nachruhm erwarb Petrus Alfonsi sich vor allem mit der »Disciplina clericalis«, einer in Europa weitverbreiteten Schrift, durch die er die Europäer mit vorwiegend arabischen Legenden, Mythen und Lebensweisheiten vertraut machte. Als neuer Christ bemühte er sich um vermittelnden Austausch der drei religiös geprägten Zivilisationen. (ES)

Petrus Damiani, Kardinalbischof von Ostia (1057–66), Kirchenlehrer, 1007 Ravenna – 23.2.1072 Faenza. Petrus Damiani schrieb zwei Traktate im Sinne herkömmlicher antijüdischer Apologetik mit deutlicher Skepsis in bezug auf die Chancen einer →Judenmission. Von der gnadenlosen Schärfe in seiner Polemik gegen den simonistischen Klerus hebt sich die relativ maßvolle Argumentation gegen die Juden ab. In den zehn Antworten seines »Dialogus« vertritt er die typologisch-spirituelle Deutung der alttestamentlichen Gesetze und rechtfertigt, gestützt auf Augustin, die Fortexistenz des Judentums. Als Zeugen für die an den Juden vollzogene göttliche Strafe benutzt er ausgiebig Flavius →Josephus.
Ⓛ H. Schreckenberg, Die christlichen Adversus-Judaeos-Texte und ihr literarisches und historisches Umfeld (1. – 11. Jahrhundert), ²1990. (FL)

Petrus Negri (Schwarz), Hebraist, um 1435 bis 1483. Negri studierte nach Eintritt in den Dominikanerorden in Leipzig, Montpellier und schließlich Salamanca; hier wurde er von einem jüdischen Lehrer im Hebräischen unterrichtet. Seit 1473 lehrte er scholastische Theologie an der Universität Ingolstadt. 1475 erschien seine »Abhandlung gegen die Juden« (Tractatus contra judaeos). Als Kenner des Hebräischen wirkte Petrus Negri bei Judenprozessen mit und unternahm Reisen in Sachen der →Judenmission (Frankfurt, Worms, Nürnberg); dabei betätigte er sich als Sammler hebräischer Handschriften. Petrus Negri gilt als der maßgebliche Hebraist des 15. Jahrhunderts und hat u.a. auch auf →Reuchlin spürbar eingewirkt. (PAU)

Petrus Venerabilis, Benediktiner, Abt von Cluny (1122–56), um 1092 Montboissier – 25.12.1156 Cluny. Petrus Venerabilis gewährte →Abaelard Asyl und veranlaßte die Übersetzung des Korans. Neben einer Abhandlung gegen den Islam schrieb er im Vorfeld des 2. Kreuzzugs (→Kreuzzüge) an den französischen König Ludwig VI. einen Traktat »Über die eingefleischte Verstocktheit der Juden«. Er benutzte Material der Talmudkritik von →Petrus Alfonsi, übernahm jedoch auch vulgäre Elemente der Kreuzzugsideologie. Danach standen die Juden noch unter den Muslimen und mußten als erste bekämpft, wenn auch nicht getötet werden. Nach längeren Ausführungen im Sinne der apologetischen Tradition unterstrich Petrus Venerabilis die ewige Verdammnis der Juden und rechtfertigte die Forderung, den Kreuzzug mit ihrem Geld zu finanzieren, mit dem Vorwurf betrügerischen Erwerbs durch Hehlerei. Im Gegensatz zu →Bernhard von Clairvaux dämonisierte Petrus Venerabilis die Juden und bündelte in der Vermischung theologischer mit wirtschaftlicher und sozial argumentierender Herabsetzung bereits bestehende Vorurteile. Er schuf damit eine breitere Basis für die zunehmende Judenfeindschaft.
Ⓛ H. Schreckenberg, Die christlichen Adversus-Judaeos-Texte (11.–13. Jahrhundert), 1988. (FL)

Petrus von Blois, Theologe in Frankreich, 1135–1212. Petrus von Blois gehörte zu den einflußreichsten Vertretern der antijüdischen Polemik im 12. Jahrhundert. Bewußt suchte er die theologische Auseinandersetzung in privater Disputation mit gelehrten Juden. Dabei ging es ihm stärker um die Widerlegung der jüdischen Lehren als um die Bekehrung der Juden selbst. Hinzu kam eine beträchtliche Furcht vor offensiven Versuchen einer jüdischen Christenmission. Öffentlich vereinbarte Religionsgespräche, wie sie dann seit dem 13. Jahrhundert üblich wurden (→Religionsgespräch von Barcelona, Tortosa), lehnte Petrus von Blois ab, weil die komplizierte theologische Argumentation dem breiten Publikum ohnehin unverständlich bleibe. Breite Wirkung bis in das Spätmittelalter hinein entfaltete seine Schrift »Gegen die Treulosigkeit der Juden« (Contra perfidiam iudaeorum).
Ⓛ P. Browe, Die Judenmission im Mittelalter und die Päpste, Rom 1942. (PAU)

Pharisäer, Wortbedeutung unsicher, jüdische Gruppe, vermutlich aus der Bewegung der →Chassidim entstanden und sicher wie diese aus Schreiberkreisen hervorgegangen. Sie standen in strenger Gegnerschaft gegen die sadduzäische Tempelaristokratie (→Sadduzäer) und das regierende hasmonäische Herrscherhaus (→Hasmonäer). Dieser Konflikt führte unter Johannes →Hyrkan I. (135–104 v.Z.) zur Vertreibung der Pharisäer aus dem →Sanhedrin und erreichte unter →Alexander Jannaj (103–76 v.Z.) mit gewaltsamen Auseinandersetzungen seinen Höhepunkt. Die Popularität der Pharisäer allerdings zwang

→Alexandra Salome (76–67 v.Z.) zur Aussöhnung. Seither gewannen die Pharisäer im Sanhedrin immer mehr Einfluß und leiteten ihn nach rabbinischer Geschichtsauffassung sogar zeitweise durch die Paare (→Sugot). Die stärkste Position scheinen aber bis zum ersten jüdisch-römischen Krieg (66–74 n.Z.) die Sadduzäer innegehabt zu haben. Von den Gegnern als »sich Absondernde« (Pharisäer von »parasch«, »sich absondern«) beschimpft, fühlten sich die Pharisäer dem Ideal der Keduscha (Heiligkeit) verbunden. Die Heiligkeit Gottes, die Treue zu Gott, das Fernhalten von Sünden und das Festhalten an seinen Geboten gehörten zur Grundüberzeugung der Pharisäer. Deshalb förderten sie das Studium der →Tora unter Beteiligung des ganzen Volkes (Pharisäer von »Mefarschim«, »Schrifterklärer«). Dabei sahen sie sich in der Betonung der Reinheit und der Beachtung des priesterlichen Zehnten nicht als exklusive Sondergruppe, sondern als Leiter des Volkes und Bewahrer des Gesetzes. Als solche versuchten sie, die Tora zu aktualisieren. So verstanden sie sich in der Hochschätzung von schriftlicher und mündlicher Tradition als Nachfahren Esras. Die Förderung der Synagoge als Ort des Gottesdienstes und der Lehre entsprang nicht nur der Polemik gegen den Tempel, sondern der Überzeugung, daß Gott überall ist und deshalb überall angebetet werden kann. Zu ihren Lehren gehörte u.a. der freie Wille in Verknüpfung mit der göttlichen Vorsehung, die Eigenverantwortlichkeit des Menschen, die Entlohnung für dieses Leben in der kommenden Welt, die →Auferstehung der Toten und der Glaube an →Engel. Die Pharisäer waren keine homogene Gruppe; in der rabbinischen Literatur werden sieben Gruppen von Pharisäern genannt. Trotz der Kritik an der sadduzäischen Tempelaristokratie und der Polemik gegen den Tempel hat es unter ihnen auch →Priester gegeben, die um den Tempel trauerten. Die unterschiedliche Haltung zu politischer Aktivität führte zur Abspaltung der →Zeloten. Im NT wird oft gegen die Pharisäer polemisiert. Doch kann die Abgrenzung zu ihnen nicht für die Jesus-Bewegung und das Christentum als konstitutiv angesehen werden. Vielmehr scheint Jesus selbst Pharisäer und sich dessen auch bewußt gewesen zu sein. Die partielle Überschneidung mit den pharisäischen Positionen und das gemeinsame Potential von Sympathisanten sind Grundlage der Auseinandersetzung. Ihr inhaltlicher Kern ist die Proklamation einer neuen, eschatologisch-pneumatischen (d.h. einer aufgrund der Vollmacht Jesu auch die Heiden in das Konzept der Reinheit/Heiligkeit einbeziehenden) Art des Pharisäismus durch Jesus. Ebenso bemerkenswert ist, daß sich die Rabbinen trotz mancher inhaltlicher Übereinstimmung nach der Zerstörung des Zweiten Tempels nicht als Pharisäer, sondern als Chachamim (»Weise«) verstanden. Ein Grund dafür war, daß im Zeichen der großen Koalition von →Jawne sektiererische Exklusivität durch rabbinischen Pluralismus ersetzt wurde. Zugleich wurde die kollektive Autorität einer Gruppe durch die individuelle Autorität von Gelehrten abgelöst, die miteinander im Rechtsstreit disputierten. Erst die babylonischen →Amoräer verstanden sich als Nachfahren der Pharisäer. (HMD)

Philanthropin (»Stätte der Menschenfreundlichkeit«), bedeutende jüdische Schule in Frankfurt am Main, gegründet 1804 von Siegmund Geisenheimer unter Einfluß der Basedowschen Aufklärungspädagogik als private Schule für jüdische Knaben aus minderbemittelten Familien. Schwerpunkt des Unterrichts war neben den profanen Unterrichtsfächern vor allem die deutsche Sprache, um die Eingliederung der Juden in die deutsche Gesellschaft voranzutreiben. Neben dem Unterricht in Fremdsprachen, Naturwissenschaften und Ethik wurde seit 1807 im Vorgriff auf die Arbeitslehre auch eine handwerkliche Unterweisung eingeführt. Seit 1810 besuchten Mädchen, seit 1811 auch christliche Schüler und Schülerinnen das Philanthropin, allerdings blieben sie in der Minderzahl. 1867 wurde das Philanthropin als Realschule anerkannt. 1908 erfolgte der Umzug in das noch bestehende Gebäude in der Hebelstraße. Das Philanthropin war Anfang des 20. Jahrhunderts unter der Leitung von Dr. Otto Driesen eine Bildungsstätte, die alle Bildungswege und Abschlüsse vermittelte. 1929 besuchten etwa 900 Schüler das Philanthropin, die Schülerzahl stieg in den Jahren der NS-Herrschaft auf bis zu 1200. Ende Juni 1942 wurde die Schule per Gesetz vom Reichsministerium für Wissenschaft, Erziehung und Volksbildung geschlossen. Zuletzt leiteten Rosa Feidel und Julius Spier die Volksschule, Hermann Freudenberger und Alfred Speier die Höhere Schule. 1954–79 gehörte das Gebäude der jüdischen Gemeinde Frankfurt, dann erwarb es die Stadt Frankfurt. Die Geschichte der Schule wird dort durch eine Dauerausstellung dokumentiert.

[L] M. Eliav, Jewish Education in Germany in the Period of Enlightenment and Emancipation, Jerusalem 1966 (hebräisch). – I. Schlotzhauer, Das Philanthropin 1804 bis 1942. Die Schule der israelitischen Gemeinde in Frankfurt am Main, 1990. (RR)

Philipp II. August, König von Frankreich (1180–1223), 21.8.1165 Paris – 14.7.1223 Nantes. Der angeblich in seinen Kinderjahren durch Ritualmordmärchen judenfeindlich beeinflußte Philipp II. August ließ kurz nach seiner Thronbesteigung die Juden von Paris einkerkern, um hohes Lösegeld (15000 Silbermark) zu erpressen. Im Jahr 1182 ordnete er die Enteignung und Vertreibung der Juden aus der Île de France an, um sich an ihrem Besitz zu bereichern; Synagogen wurden zu Kirchen umgeweiht (u.a. Paris, Orléans) und eine weitreichende Judenschuldentilgung proklamiert. Die dadurch Begünstigten sollten zum Dank ein Fünftel ihrer Schuldsumme an den König zahlen. Aus finanziellen Gründen ließ Philipp II. August im Jahr 1198 die Juden wieder im Königreich zu. Den Haupterwerb vieler Juden, die Geldleihe, beschränkte der König durch Gesetz von 1219: Wer ausschließlich von den Erträgen seiner eigenen Arbeit lebte, sollte nicht mehr bei Juden leihen dürfen. Durch Besteuerung der Juden und Erhebung unregelmäßiger Abgaben von ihnen hatte Philipp II. August eine beträchtliche Einnahmequelle, die er da, wo es ihm notwendig schien, auch sicherte und schützte. So vermied er es, den Kirchenbeschluß, daß Juden kein christliches Gesinde beschäftigen dürften, in seinem Reich strikt durchzusetzen.

Ⓛ H. F. Delaborde (Hrsg.), Recueil des actes de Philippe Auguste, 3 Bände, 1916 bis 1966. (PAU)

Philippson, Ludwig, Rabbiner, Gelehrter, Schriftsteller, Vertreter jüdischer Reformbestrebungen, 22.12.1811 Dessau – 29.12. 1889 Bonn. Studium der Altphilologie und Theologie, 1833 Promotion in Berlin, danach Prediger in Magdeburg. 1834 begründet Philippson die erste regelmäßig erscheinende jüdische Monatsschrift »Israelitisches Predigt- und Schulmagazin«, 1837 durch die →Allgemeine Zeitung des Judentums abgelöst, die Philippson zu einem der einflußreichsten Anhänger des liberalen Judentums in Deutschland machte. Philippson setzte sich vor allem für die bürgerliche Gleichstellung der jüdischen Bevölkerung ein. Er propagierte die Tradierung jüdischer Kultur, lehnte aber eine nationale Sonderexistenz der Juden ab. Diese Zielsetzung vertrat er ungeachtet der Rückschläge nach dem Scheitern der Revolution 1848/49. Für seine Aufrufe und Petitionen (Petitionssturm 1856/57) an die Parlamente erhielt Philippson die Unterstützung der liberalen jüdischen Öffentlichkeit. 1862 Übersiedlung nach Bonn. Dort verstärkte journalistische und schriftstellerische Tätigkeit. Philippson verfaßte neben religionsphilosophischen, exegetischen und homiletischen Betrachtungen auch zahlreiche Romane, Dramen und Erzählungen. Werke u.a.: »Über die Resultate in der Weltgeschichte« (1860), »Die israelitische Weltgeschichte« (1861 und 1865). Von 1839 bis 1853 Herausgabe seines großen Bibelwerks »Torah, Newiim, Ketuwim [...]«. Übersetzung der Bibel, gemeinsam mit den Rabbinern Dr. Landau (Dresden) und Prof. Dr. Kämpf (Prag) 1862; seine Schrift »Haben die Juden Jesum gekreuzigt?« (1866) rief großes Aufsehen hervor und wurde in mehrere Sprachen übersetzt. Philippson war Mitbegründer der Hochschule für die Wissenschaft des Judentums in Berlin und Gründer des Instituts zur Förderung der israelitischen Literatur (1855).

Ⓛ J. Philippson, Ludwig Philippson und die Allgemeine Zeitung des Judentums, in: H. Liebeschütz/A. Paucker (Hrsg.), Das Judentum in der deutschen Umwelt 1800 bis 1850, 1977. (RD/AH)

Philosemitismus, auch Judaeophilie, Judophilie, bedeutet nach dem Wortsinn »Liebe zu den Semiten«, ist als Gegenbewegung zum →Antisemitismus entstanden und wird in den westlichen Kulturen ausschließlich auf die Juden angewandt. Objekte des Philosemitismus sind 1. die Juden als Mitmenschen, für die man sich aus Gründen der Vernunft, der Gerechtigkeit und der Humanität einsetzt, 2. das alte Volk Israel, das man als Schöpfer oder Träger kultureller Werte verehrt, 3. die Juden als Volk, dem man Zukunftsaufgaben zuschreibt (»Prozionismus«), 4. die jüdische Religion, für die Sympathie empfunden wird, und 5. die Juden als Gegenstand christlicher Nächstenliebe und der →Judenmission.

Ⓛ H.-J. Schoeps, Philosemitismus im Barock, 1952. (JS)

Philosophiegeschichte, jüdische. Im engeren Sinn beginnt die Philosophiegeschichte nach der Begegnung des Judentums mit dem Hellenismus (zur weiteren Bedeutung vgl. →Jüdische Philosophie?). Ein Schüler des Aristoteles, Theophrastos (372–288 v.Z.) nannte die Juden ein »von seinem Wesen her philosophisches Volk« und bezog sich dabei auf den Monotheismus, den auch Aristoteles lehrte. Die allgemeine philosophische Theologie war in Opposition zu den menschlichen Verhaltensweisen und Leidenschaften der olympischen Götter entstanden; sie verwarf die Anthropomorphismen und -pathismen der Dichter oder interpretierte sie, wie die Stoa, als Allegorien. Um ihrem philosophischen Anspruch gerecht zu werden, mußten auch jüdisch-hellenistische Philosophen wie →Aristobul und →Philo von Alexandrien die Bibel als philosophisches Werk auffassen und allen Stellen, die der reinen philosophischen Gottesidee und dem philosophischen Universalismus widersprachen, einen tieferen allegorischen Sinn unterlegen. Auf diese Weise konnten sich jüdische Denker die griechische Philosophie aneignen. Nach dem Untergang des hellenistischen Judentums in Ägypten (2. Jahrhundert n.Z.), in der produktiven Phase des rabbinischen Judentums in Palästina und Babylonien, verschwand die Philosophie ganz aus dem jüdischen Horizont. Im 10. Jahrhundert n.Z. trat die griechische Philosophie in ihrer arabischen Rezeption wieder in den Gesichtskreis des rabbinischen Judentums., zuerst im Zusammenhang mit dem →Kalam als polemisches Mittel zur Bekämpfung von Freigeistern wie →Chiwi Al-Balkhi, von schismatischen Sekten wie den →Karäern und nicht zuletzt von konkurrierenden Religionen. Stärker von philosophischen Interessen war die ebenfalls im 10. Jahrhundert einsetzende jüdische Rezeption des →Neuplatonismus bestimmt. Die intellektualistische Mystik des Neuplatonismus stand freilich in Konkurrenz zu den traditionellen jüdischen Lehren und provozierte die heftige Kritik Jehuda ben Samuel →Halewis. Das konnte aber die seit dem 12. Jahrhundert erfolgende jüdische Rezeption des arabischen →Aristotelismus nicht verhindern. Der nun einsetzende Streit der Traditionalisten (→Maimonidesstreit) gegen die Modernisten, insbesondere gegen den radikal rationalistischen Averroismus (→Averroes), wurde jetzt nicht nur argumentativ, sondern auch institutionell ausgetragen. Ein Mittel zur Abwehr der rationalistischen Auflösungserscheinungen war die jüdische Mystik (→Kabbala), die gegen die allegorische Auslegung der Bibel und die Lockerung der religiösen Praxis die mystische Bedeutung des biblischen Buchstabens und der Rituale unterstrich. Mit dem Niedergang des provenzalischen und sephardischen Judentums im späten Mittelalter wurde auch die Philosophie im Judentum zurückgedrängt und z.B. von →Schem Tow ibn Schem Tow für die Mißstände verantwortlich gemacht. Mit der Vertreibung der Juden aus Spanien 1492 endete die produktive Phase der jüdischen Religionsphilosophie. An der Rezeption der griechischen Philosophie in der europäischen Renaissance im 15. und im 16. Jahrhundert haben sich vereinzelt jüdische Philosophen vor allem in Italien beteiligt. Die Werke von J. →Abravanel und J. S. →Delmedigo sind für das Judentum aber nur noch von peripherer Bedeutung. Bemerkenswert ist im 17. Jahrhundert eine Gruppe von Freigeistern, die sich von der Synagoge löste und deistische Positionen einnahm. U. →Acosta, J. de →Prado und B. →Spinoza hatten aufgrund ihrer Abstammung von Kryptojuden aus Portugal keine klare religiöse Identität und suchten ihren Stand außerhalb aller positiven Religionen, in einer natürlichen Religion. Im 18. Jahrhundert verlief der Anschluß der Juden an die Philosophie der Aufklärung in Deutschland weitgehend reibungslos. Die Grundsätze der deistischen Vernunftreligion: die Existenz eines vollkommenen Wesens und die sittliche Ordnung der Welt, genügten zwar nicht dem christlichen Dogma, wohl aber dem orthopraxen Judentum, das, einige Fundamentallehren ausgenommen (J. →Albo), über philosophische Inhalte nicht befindet. Die meisten englischen, französischen und deutschen Aufklärer schätzten, auch wenn sie für die →Emanzipation der Juden eintraten, den Wert der jüdischen Religion sehr niedrig ein. Jüdische Denker, die sich weiter dem Judentum verpflichtet fühlten, standen im 19. und im 20. Jahrhundert vor der apologetischen Aufgabe, die Übereinstimmung des Judentums zunächst mit der Aufklärung, später mit den verschiedenen Richtungen des deutschen Idealismus (vor allem mit →Kant und →Hegel) nachzuweisen. Im Zuge der Emanzipation der Juden in West- und Mitteleuropa spielten Denker jüdischer Herkunft eine immer wichtigere Rolle in der allgemeinen Philosophie. Einige erreichten akademische Spitzenpositionen und wirkten schulbildend. Aber Denker wie K. →Marx, E. →Husserl und H. →Bergson befaßten sich nur widerwillig mit ihrer jüdischen Herkunft und nur am Rande mit der jüdischen Religion, und zwar meistens in Unkenntnis und mit negativen Vorurteilen. Eine wichtige Ausnahme bildete der Begründer des Neukantianismus, H. →Cohen, der nach einer vorübergehenden Phase der Loslösung vom Judentum in seiner Spätphilosophie das Judentum idealistisch darstellte und die nachidealistische, existentialistische jüdische Philosophie von F. →Rosenzweig anregte. Die zögerliche akademische Gleichberechtigung der Juden in Mitteleuropa (z. B. die Berufung auf Lehrstühle) bedeutete keineswegs die akademische Gleichberechtigung des Judentums. Es gab keine jüdischen Fakultäten wie die theologischen Fakultäten der christlichen Konfessionen. Die →Wissenschaft des Judentums war auf jüdische Hochschulen angewiesen. Nach der Vernichtung der großen jüdischen Zentren in Europa durch die Nationalsozialisten haben sich die Schwerpunkte der jüdischen Philosophie vor allem in die USA und nach Israel verlagert, wenn sie inhaltlich auch weitgehend von der europäischen Philosophie abhängig geblieben sind. In der modernen Philosophiegeschichte ist die Erneuerung jüdischen Denkens in Frankreich in den 70er und den 80er Jahren unter dem Einfluß von E. →Lévinas bemerkenswert. In den USA haben vor allem jüdische Emigranten aus Europa, etwa J. D. →Soloveitschik, A. J. →Heschel und M. M. →Kaplan, ihre Ansätze für das jüdische Denken fruchtbar gemacht. Die neuhebräische Philosophie verdankt ihren Anschluß an die europäische Entwicklung vor allem der Arbeit von H. →Bergmann und J. →Klatzkin. Orthodoxe religionsphilosophische Ansätze wie der mystische Vitalismus A. I. →Kuks und der rigoristische Halachismus von J. →Leibowitz haben die religionsphilosophische Diskussion in Israel angeregt.

[L] J. Guttmann, Die Philosophie des Judentums, 1933. – I. Husik, A History of Mediaeval Jewish Philosophy, Philadelphia 1916. – N. Rotenstreich, Jewish Philosophy in Modern Times, 2 Bände, Tel Aviv 1945 (hebräisch), New York 1968 (englisch). – H. und M. Simon, Geschichte der jüdischen Philosophie, 1984. – C. Sirat, La Philosophie juive au Moyen Age, Paris 1983. – G. Vajda, Introduction à la Pensée juive du Moyen Age, Paris 1947. (DK)

Essay

Jüdische Philosophie?

Daniel Krochmalnik

Bevor geklärt wird, was jüdische Philosophie ist, wer die jüdischen Philosophen waren und welche Bedeutung sie in der jüdischen Tradition hatten, sollte erst geprüft werden, ob es eine Disziplin dieses Namens überhaupt gibt. Gewiß handelt es sich nicht um alle Werke von Philosophen jüdischer Herkunft, denn ein jüdischer Philosoph denkt ja nicht notwendigerweise über sein Judentum nach. Tut er das gar nicht, kann sein Werk auch nicht der jüdischen Philosophie zugerechnet werden – wenn auch sein Schweigen beredt ist und zumindest eine stillschweigende Einstellung zu seiner jüdischen Herkunft verrät. Das gehört aber eher zu seiner Biographie als zu seiner Philosophie. So sind zahlreiche Philosophen der Gegenwart, wie z. B. die Marxisten Ernst Bloch, Walter Benjamin, Max Horkheimer, Herbert Marcuse u. a., strenggenommen keine jüdischen Philosophen. Ganz zu schweigen von den Philosophen jüdischer oder teilweise jüdischer Herkunft, die vom Rassismus wieder zu Juden gemacht worden sind, so z. B. die zum Christentum konvertierten Phänomenologen Edmund Husserl, Max Scheler, Adolf Reinach, Edith Stein u. a. Das Denken solcher Philosophen jüdischer Abstammung, die sich nicht ausdrücklich mit dem Judentum auseinandergesetzt haben, wird in den Nachschlagewerken zur allgemeinen Philosophie behandelt. Hier können nur ihr Leben, ihre Einstellung zum Judentum und gegebenenfalls ihre Wirkung auf das jüdische Denken dargestellt werden. Auf der anderen Seite zählt nicht jede philosophische Auseinandersetzung mit dem Judentum zur jüdischen Philosophie; sonst müßten auch die meisten

christlichen Philosophien behandelt werden. Einige Aussagen nichtjüdischer Philosophen zu den Quellen und zur historischen Entwicklung des Judentums sind für das jüdische Denken so folgenreich gewesen – man denke z. B. an →Kant und →Hegel – , daß sie in der Darstellung der jüdischen Philosophie nicht übergangen werden dürfen. Im allgemeinen gilt aber, daß die jüdische Philosophie eine philosophische Reflexion von Juden über ihr Judentum ist – eine philosophische Selbstreflexion, die sich an den wichtigsten Quellen des Judentums orientiert, in einem gewissen Maß auch Religionsphilosophie ist. Solche Abgrenzungen tun angesichts der landläufigen Vermischung von rassischen, nationalen und religiösen Definitionskriterien not; sie lösen aber nicht die grundlegende Frage, ob es eine »Jüdische Philosophie« überhaupt gibt. Epochemachende jüdische Philosophen, wie →Philo von Alexandrien, →Saadja Gaon, →Mose ben Maimon, Moses →Mendelssohn und Franz →Rosenzweig, sind zumindest keine Philosophen wie Sokrates im platonischen Dialog mit Eutyphron. Dieser ist auf dem Weg, seinen Vater im Namen der Frömmigkeit anzuklagen. Von Sokrates, der sich selber wegen Vergehen gegen die Frömmigkeit verantworten muß, über das Wesen der Frömmigkeit ausgefragt, muß Eutyphron sein Unwissen eingestehen. Philosophieren im ursprünglichen und ewigen sokratischen Verständnis heißt auch, die fraglos gültigen religiösen Überzeugungen rücksichtslos zu hinterfragen. In diesem Sinne können die genannten jüdischen Denker, ähnlich wie die christlichen und die islamischen, gar nicht als Philosophen bezeichnet werden. Es geht ihnen nicht darum, ihre Religion zu hinterfragen, sondern vielmehr darum, sie philosophisch zu erklären, zu rechtfertigen und zu verteidigen. Sie dienen nicht der Philosophie; sie bedienen sich ihrer zu religiösen Zwecken. Baruch Spinoza, der ausgestoßene jüdische Philosoph, sagte einmal kurz und bündig, die Juden seien Verächter der Philosophie. Und ein so versierter Kenner der jüdischen Philosophiegeschichte wie Julius Guttmann kam zu dem Schluß: »Das Judentum hat keine Philosophie hervorgebracht.«
Ein Einwand sei hier gestattet: Mit Philosophie ist gewiß nicht nur eine historische und akademische Erscheinung gemeint; die Philosophie ist doch auch nach ihrem eigenen Zeugnis ein ursprüngliches Bedürfnis des Menschen, über sich selber, über seine Welt, über seine Herkunft und Zukunft nachzudenken. Jüdische Philosophie, oder wie es in Frankreich treffender heißt »Jüdisches Denken«, reflektiert eine besondere religiöse Bindung und Erbschaft. Jüdische Philosophie ist, noch einfacher ausgedrückt, ein bewußter und durchdachter jüdischer Glaube – und zwar ganz unabhängig davon, welche Mittel diese Reflexion wählt: ob sie, wie die klassische griechische Philosophie, diarethische Begriffsunterscheidungen und syllogistische Schlußfolgerungen vorzieht oder, wie die rabbinische Tradition, exegetische, paradigmatische und narrative Reflexionsformen. Wenn die Philosophie ein zeitloses Bedürfnis des geistigen Lebens ist, dann heißt die Existenz der jüdischen Philosophie zu bestreiten zugleich die Möglichkeit eines durchdachten jüdischen Lebens zu leugnen. Das lag gewiß nicht in der Absicht Guttmanns. Er wollte nur die Abhängigkeit der jüdischen Religionsphilosophie im engeren Wortsinn von der Philosophie griechischen Ursprungs hervorheben.
Die Philosophie ist ursprünglich keine jüdische, sondern eine griechische Beschäftigung gewesen. Die Juden haben natürlich zu jeder Zeit genauso wie die Griechen die Weisheit geliebt. Die jüdische Weisheit begegnet uns in vielfältigen Formen: in den biblischen Weisheitsbüchern, in den talmudischen Vätersprüchen, in der geheimen Weisheitstradition der Kabbalisten; man könnte, wie Emmanuel →Lévinas, das überlieferte Schrifttum der Juden insgesamt als Ausdruck der jüdischen Weisheit auffassen. Diese Weisheit warnt aber vor einem Übermaß an Weisheit. So heißt es in den biblischen Weisheitsbüchern:
»Trachte nicht im Übermaß weise zu werden, warum willst du dich zerstören« (Koh 7,16) und »Was dir also zu schwierig ist, wolle nicht erforschen, und was über deine Kräfte geht, nicht untersuchen. Was

dir vorgeschrieben ist, daran denke und mühe dich nicht um das Verborgene« (Sir 3,22f. zitiert in Chag 13a und GenR 8). Diese pragmatische Weisheit scheint nur wenig mit dem philosophischen Ideal des theoretischen Lebens zu tun zu haben. Noch entschiedener haben die eigentlichen Lehrer des Judentums, die Rabbinen, die griechische Philosophie abgelehnt. Im riesigen rabbinischen Schrifttum wird die Philosophie, die immerhin zum gewöhnlichen Bildungsgut der hellenistischen Zeit gehörte, totgeschwiegen. Allenfalls die Irrlehren Epikurs werden erwähnt (Sprüche der Väter II,14), und bis heute steht der Philosoph in traditionalistischen Kreisen im Verdacht, ein »Apikores«, d. h. ein Freigeist, zu sein. Nicht nur die griechische Philosophie, sondern jede metaphysische Spekulation hielten die Rabbinen für schädlich. Der Locus classicus in der Mischna lautet: »Jeder, der vier Dinge erwägt – was oben, was unten, was vorne und was hinten [d. h. was vorher und was nachher; der Verfasser] ist, für den wäre es besser, er wäre nicht auf die Welt gekommen« (Chag II,1). Ein Jude solle die »vier Ellen der Halacha« bestellen. Der historische Überblick bestätigt, daß die Philosophie im griechischen Verständnis des Wortes in der jüdischen Tradition Episode geblieben ist.

Was man gewöhnlich als »Jüdische Philosophie« bezeichnet, entstand als Folge der Aneignung der griechischen Kultur in der großen jüdischen Kolonie in Alexandrien (Ägypten) und tauchte dann mit den Renaissancen dieser Kultur im Islam und im Christentum wieder auf. Ein wichtiges Merkmal für deren Periodisierung sind die Bibelübersetzungen in die großen Kultursprachen – ein Anzeichen für kulturelle Assimilation. So leitet die griechische Übersetzung der Bibel, die Septuaginta, nicht nur die Ausbreitung des biblischen Glaubens in der hellenistischen Welt ein, sondern umgekehrt auch eine Periode intensiver Aneignung griechischen Bildungs- und Geistesgutes im Judentum. Die jüdische Religionsphilosophie in der Antike, so wie sie sich vor allem im Werk des Philo von Alexandrien darstellt, ist ein Resultat dieses Kulturaustausches. Sie war in der Folgezeit von kaum zu überschätzender Bedeutung, weil sie einer von der griechischen Philosophie beherrschten Kultur eine Vermittlung von Bibelgläubigkeit und Philosophie anbot, die sich dann mit dem Christentum im ganzen hellenistischen und lateinischen Kulturraum durchgesetzt hat. Die arabische Übersetzung der Bibel durch Saadja Gaon, den »Vater« der mittelalterlichen jüdischen Religionsphilosophie, ist ein Indiz für die Wiederaneignung des inzwischen verlorenen hellenistischen Kulturerbes in seiner arabischen Bearbeitung. Die jüdische Religionsphilosophie des Mittelalters, die im Werk von Mose ben Maimon gipfelte, ist ein Ausdruck für die Kultursymbiose in der islamischen Zivilisation. Für die abendländisch-christliche Kultur war die jüdische Religionsphilosophie vorbildlich, weil sie einer, diesmal vom biblischen Glauben durchdrungenen Kultur eine Vermittlung von antiker Wissenschaft und Bibelgläubigkeit zeigte und durch Übersetzungen aus dem Arabischen weitgehend zugänglich machte. Eine lateinische Bibelübersetzung von jüdischer Hand hat es im Mittelalter allerdings nicht gegeben. Der Kulturaustausch zwischen Juden und Christen blieb einseitig und dürftig, weil der aggressive christliche Missionseifer eine normale Aneignung des lateinischen Bildungsgutes weitgehend verhinderte. Nach vereinzelten Versuchen in der Renaissance setzte erst mit der deutschen Aufklärung eine Periode intensiver Aneignung der europäischen Bildung ein. Die deutsche Bibelübersetzung von Moses Mendelssohn, dem Vater der modernen jüdischen Religionsphilosophie, hängt mit dem dritten Höhepunkt der jüdischen Philosophiegeschichte zusammen. Dabei handelt es sich vor allem um eine Auseinandersetzung mit den philosophischen Strömungen und Gegenströmungen des Idealismus. Im Gegensatz zur kontrollierten Aneignung der heidnischen Geisteswelt in der Antike und im Mittelalter schlug die Assimilation der europäischen Bildung im 19. Jahrhundert in eine unkontrollierte Akkulturation um. In dieser Periode sind die jüdischen Philosophen vor allem durch ihre nichtjüdischen Beiträge von allgemeiner Bedeutung. Als das Scheitern der Assimilation absehbar wurde, entstanden religionsphilosophische Systeme, die sich zur Dissimilation des Judentums bekannten. Dafür ist die Bibelübersetzung von Martin →Buber und Franz Rosenzweig ein Indiz. Für die jüdische Tradition insgesamt waren die Höhepunkte der jüdischen Religionsphilosophie Episoden. Sie endeten abrupt, wenn auch nicht folgenlos mit der Vernichtung der Assimilationskulturen: 117 in Ägypten, 1492 in Spanien und 1933 in Deutschland.

Daß die Aneignung der herrschenden philosophischen Strömungen im Judentum keinem originären, sondern einem eher sekundären apologetischen und polemischen Interesse entsprang, beweist, besonders deutlich im Mittelalter, ihre chronische Verspätung. Saadja Gaon greift bei der Rechtfertigung der jüdischen Glaubenslehren auf den Kalam, das ist die philosophische Theologie des Islam, zurück, während die Falasifa, die arabische Bearbeitung der griechischen Philosophie, bereits in voller Blüte steht. Der von Isaak ben Salomo →Israeli initiierte jüdische →Neuplatonismus hielt sich noch, als in der islamischen Philosophie bereits der →Aristotelismus herrschte. Und als dieser sich im jüdischen Denken mit →Abraham ibn Daud und Mose ben Maimon schließlich den Weg bahnte, setzte er sich in den vom radikalen Averroismus (→Averroes) überholten Bearbeitungen Alfarabis und Avicennas durch.

Eine weitere einfache Beobachtung bestätigt, zumindest auf den ersten Blick, den apokryphen Charakter der jüdischen Philosophie. Es gibt jüdische Platoniker, jüdische Aristoteliker, jüdische Kantianer, jüdische Hegelianer, jüdische Existentialisten usw. Offensichtlich haben sich jüdische Denker der gerade herrschenden philosophischen Idiome bedient, um ihr religiöses Anliegen auszudrücken. Eine originär jüdische Philosophie im ursprünglichen Sinn dieses Wortes scheint es nicht zu geben. Es verwundert daher nicht, daß jüdische Denker die jüdische Religionsphilosophie immer wieder als einen gefährlichen fremden Einfluß gegeißelt haben, der mehr schlecht als recht mit der biblischen Tradition vermengt werde. Jüdische Philosophen wie Philo, Mose ben Maimon, Nachman →Krochmal und Hermann →Cohen werden immer wieder beschuldigt, das Judentum entweder platonisch, aristotelisch, hegelianisch oder kantianisch verfremdet und anstelle der Tradition eine tote Abstraktion gesetzt zu haben. Der Locus classicus dazu ist Jehuda →Halewis Antithese vom Gott der Philosophen, der der gleichgültige Gegenstand der Spekulation, und vom Gott der Väter, der der Gegenstand liebe- und aufopferungsvoller Hingabe sei. Religionsphilosophen wie →Bachja ibn Pakuda und Mose ben Maimon vertraten dagegen die Ansicht, daß der traditionelle Glaube nicht ausreiche, daß vielmehr die philosophische Anstrengung des Begriffs unverzichtbar sei, um zu einem dem Monotheismus angemessenen Gottesverständnis zu gelangen. Und über die Aufopferungsbereitschaft dieser Philosophen kann kein Zweifel bestehen. Vor allem unterschätzt die polemische Antithese aber die originelle Leistung der jüdischen Philosophie. Sie hat die fremden Systeme ja nicht kritiklos übernommen, sondern zumeist ihren Voraussetzungen und Bedürfnissen angepaßt. So haben die jüdischen Neuplatoniker und Aristoteliker des Mittelalters originelle, philosophisch folgenreiche Synthesen des biblischen Schöpfungsglaubens und der Lehre von der Ewigkeit der Welt aus der griechischen Theologie und Kosmologie geschaffen. Jüdische Aufklärer und Kantianer haben Synthesen der natürlichen Vernunftreligion und der positiven Offenbarungsreligion, des heteronomen göttlichen Gesetzes und des autonomen Sittengesetzes durchgeführt. Jüdische Hegelianer formulierten Synthesen des prophetischen Messianismus und moderner Fortschrittsideologie, des jüdischen Partikularismus und der universalistischen Sendung des Judentums. Es läßt sich meistens gar nicht unterscheiden, ob ein fremdes Denkmuster in das jüdische Erbe eingearbeitet oder das jüdische Erbe in einem fremden Denkmuster aufgelöst worden ist. Ganz abgesehen davon, daß moderne jüdische Religionsphilosophen wie Hermann Cohen und Emmanuel Lévinas an Systemen anknüpfen, die sie selbst entworfen haben, oder sich auf Philosophien stützen, die von Philosophen jüdischer Herkunft geschaffen worden sind, in diesen Fällen von Salomon →Maimon und Edmund →Husserl. Der Vorwurf mangelnder Originalität, der übrigens auch eine antisemitische Tradition hat, muß etwas relativiert werden.

Eine Soziologie der Philosophie, wie sie Leo Strauss gefordert hat, zeigt freilich auch, daß die jüdische Philosophie innerhalb der jüdischen Tradition insgesamt randständig geblieben ist. Philosophie war bis zur Emanzipation der Juden im letzten Jahrhundert kein jüdischer Beruf. Im Mittelalter, auf dem Höhepunkt ihrer Entwicklung, gehörte sie nicht zum jüdischen Bildungsprogramm, während sie an den christlichen Universitäten Bestandteil des theologischen Kursus war. Die Philosophie war Privatangelegenheit von Gelehrten, was sie zwar vor der systematischen Kontrolle durch die religiösen Autoritäten, wie sie im Christentum geschah, bewahrte, sie aber auf der anderen Seite, wie im Islam, einem systematischen Verdacht aussetzte. Die wichtigsten philosophischen Werke genossen, anders als etwa die kabbalistischen Klassiker, keine kanonische Autorität, und die Autorität der jüdischen Philosophen rührte nicht von ihren philosophischen Leistungen her, sondern von ihrer Tätigkeit als Kommentatoren, Dezisoren und Kodifikatoren des Religionsgesetzes. So wurde z. B. Mose ben Maimon in traditionalistischen Kreisen als Kodifikator ebenso geschätzt, wie er als Philosoph umstritten war. Der Grund für diese Lage der jüdischen Religionsphilosophie mag mit Leo Strauss darin gesucht werden, daß das Judentum, wie auch der Islam, im wesentlichen ein geoffenbartes Gesetz, das Christentum dagegen ein geoffenbarter Glaube ist. Die Orthodoxie macht sich die Philosophie untertan, während die Orthopraxie sie an den Rand drängt. Solche wissenssoziologischen Beobachtungen sollten aber nicht über die legitimen religiösen Motive und Spielräume der jüdischen Philosophie täuschen. Gerade weil die jüdische Religion mehr das Verhalten als die Gedanken reglementiert, ist sie bei der Feststellung ihrer Lehre auf die Religionsphilosophie angewiesen. Die Pflicht zu philosophieren wurde auch aus dem Wahrheitsanspruch der Religion abgeleitet, denn zwei Wahrheiten, eine religiöse und eine philosophische, kann es nicht geben. Schließlich ist das Judentum eine universalistische Religion, so daß das Bedürfnis nach einer allgemeingültigen Darstellung seiner Lehre und Lebensordnung der Religion selbst entspringt und Religionsphilosophie legitimiert. – Wie läßt sich die eingangs aufgeworfene Frage nach der Existenz und Berechtigung der jüdischen Philosophie beantworten? Die oft vertretene pauschale Ansicht, es gebe keine jüdische Philosophie im ursprünglichen Wortsinn, hat zwar einige historische und soziologische Gründe für sich. Aber einmal abgesehen davon, daß der Anspruch auf ein unveräußerliches geistiges Eigentum zutiefst unphilosophisch ist, verkennt dieser Schluß auch die innerreligiösen Bedürfnisse nach Feststellung und Vermittlung der religiösen Wahrheiten, was die Verwendung philosophischer Methoden nahelegt. Vor allem geht aber ein solcher Schluß davon aus, daß das Judentum eine feststehende Größe ist, die ein eindeutiges Urteil darüber erlaubt, was jüdisch und was unjüdisch ist. Das Judentum versteht sich aber als bewegliche Größe, die neben der fixierten Offenbarung stets die Berechtigung einer aktualisierenden Aneignung eingeräumt hat. Wie episodenhaft und marginal auch immer, war und ist die jüdische Religionsphilosophie ein wichtiges Instrument für die Vergegenwärtigung der Offenbarung; ja, ihre kulturelle und soziale Randstellung ist Gewähr dafür, daß sie ihrer Aufgabe, die Übersetzung der Gegenwart in das Judentum und des Judentums in die Gegenwart, gerecht werden kann.

[L] J. Guttmann, Die Philosophie des Judentums, 1933 (Neudruck 1985). – I. Husik, A History of Mediaeval Jewish Philosophy, Philadelphia 1916. – N. Rotenstreich, Jewish Philosophy in Modern Times, 2 Bände, Tel Aviv 1945 (hebräisch), New York 1968 (englisch). – H. und M. Simon, Geschichte der jüdischen Philosophie, 1984. – C. Sirat, La Philosophie juive au Moyen Age, Paris 1983. – G. Stemberger, Das Klassische Judentum Kultur und Geschichte der rabbinischen Zeit, 1979. – L. Strauss, Persecution and the Art of Writing, Glencoe 1952. – G. Vajda, Introduction à la Pensée juive du Moyen Age, Paris 1947.

Philo-Verlag →Verlage

Philo(n) von Alexandrien, Philosoph, um 20 v.Z. Alexandrien – um 50 n.Z. Alexandrien. Philo(n) von Alexandrien entstammte einer mächtigen jüdischen Familie aus Ägypten mit Verbindungen zum römischen Kaiserhof und zur Provinzialverwaltung. Er war mit König →Agrippa I. von Judäa verschwägert, und sein vom Judentum abgefallener Neffe war römischer Prokurator von Judäa und Präfekt von Ägypten. Philo(n) von Alexandrien war in der hellenistischen Bildungswelt erzogen worden. Neben der griechischen Bibelübersetzung (Septuaginta) haben ihn vor allem die platonische und die stoische Philosophie geprägt. Er trat öffentlich als Verteidiger seiner Gemeinde auf: 38 n.Z. gegen den Präfekten Flaccus, der ein Pogrom gegen die Juden Alexandriens unterstützte, und 40 n.Z. in einer Gesandtschaft bei Kaiser Caligula, der im Cäsarenwahn die Juden zum Bilderdienst zwingen wollte. Philo(n) von Alexandrien war als gläubiger Jude und gebildeter Hellenist davon überzeugt, daß die griechische Philosophie mit dem biblischen Glauben übereinstimmte und ursprünglich von ihm herkam. In seinen Kommentaren zum →Pentateuch versuchte er, dies durch das Mittel der Allegorese nachzuweisen, das bereits von →Aristobul verwendet worden war. Danach ist z. B. die biblische Vätergeschichte nur in einem provinziellen (nach Philo[n] von Alexandrien »mikropolitischen«) Sinne eine nationale Gründergeschichte; in ihrem universellen (nach Philo[n] von Alexandrien »makropolitischen«) Verständnis sind die Väter, Abraham, Isaak und Jakob, Allegorien für die Stadien der Vergeistigung des religiösen Menschen. Philo(n) von Alexandrien hat vor allem durch seine Verknüpfung der biblischen Frömmigkeit, die sich auf einen welttranszendenten Schöpfergott bezieht – Philo(n) von Alexandrien entwickelte eine »negative Theologie« –, mit der griechischen Kosmosfrömmigkeit, die sich auf einen weltimmanenten göttlichen Grund bezieht, nachgewirkt. Im Anschluß an die jüdisch-hellenistischen Weisheitsbücher und die stoische Kosmologie setzt Philo(n) von Alexandrien den göttlichen Logos – Philo(n) von Alexandrien nennt ihn einmal den »Zweiten Gott« – als Vermittler zwischen Transzendenz und Immanenz ein. Philo(n) von Alexandriens Allegorese und Logoslehre wurden von den christlichen Kirchenvätern aufgegriffen. Auch seine Schriften wurden von Christen bewahrt, während sie für das Judentum seit der Zerstörung des ägyptischen Zentrums (117 n.Z.) bis in die frühe Neuzeit verschollen waren.

[L] L. Cohn/I. Heinemann u.a. (Hrsg.), Werke in deutscher Übersetzung, 1909 bis 1964. – H. A. Wolfson, Philo(n) von Alexandrien Foundation of Religious Philosophy in Judaism, Christianity and Islam, Cambridge, Mass. 1947. (DK)

Piatigorsky, Gregor, Cellist, 4.(17.)4.1903 Jekaterinoslaw – 6.8.1976 Los Angeles. Studierte in Moskau, gab 1912 erste Konzerte und avancierte 1917 zum Ersten Cellisten am Kaiserlichen Theater; 1924–29 Erster Cellist der Berliner Philharmoniker; lebte seit 1929 in den USA. Im Rahmen einer internationalen Konzert- und Lehrtätigkeit war er in der Folge an den großen Musikzentren der Welt tätig. So unterrichtete er 1941–54 am Berkshire Festival Music Center in Tanglewood, 1942–51 am Curtis Institute in Philadelphia und 1967–73 am Los Angeles Music Center; berühmt als Solist und Kammermusiker (Trio mit W. Horowitz und N. Milstein); zahlreiche Uraufführungen von Cellowerken u.a. von P. Hindemith, A. Webern, S. Prokofjew und D. Milhaud. Erinnerungsbuch »Cellist« (1965, dt. »Mein Cello und ich«, 1968). (RED)

Pidjon ha-Ben (hebräisch »Auslösung des erstgeborenen Sohnes«), hängt zusammen mit der Verschonung der israelitischen Erstgeborenen in Ägypten und ist als biblisches Gebot nur auf den Erstgeborenen der Mutter bezogen (Petor rechem). Die Auslösung hat am 31. Lebenstag zu geschehen und wird nur dann auf den nächsten Werktag verschoben, wenn der 31. Lebenstag auf einen Sabbat fällt. Die Auslösung erfolgt durch fünf Schekel, die ein Kohen (→Priester) erhält, und darf nur in Münzen abgegolten werden. Der Kohen kann das Geld zurückgeben. Hat ein Vater seine Auslösungspflicht gegenüber dem Sohn nicht erfüllt, muß dies der Erstgeborene selbst mit Eintritt seiner Volljährigkeit nachholen. Kinder von →Priestern und Leviten sind von der Auslösungspflicht ausgenommen. Die Zeremonie der Auslösung erfolgt nach einem dialogartigen Schema, das sich in jedem →Siddur findet. Sie enthält u. a. die →Beracha (Segensformel) zur Auslösung und schließt mit dem →Priestersegen über das Kind und der Beracha über den Wein. (HMD)

Pijut (hebräisch, Plural Pijutim), Bezeichnung allgemein für Poesie, speziell die für die synagogale Liturgie bestimmte religiöse Dichtung. Ursprünglich nur eine Erweiterung der Stammgebete (→Tefilla, →Jotzer) im Morgengebet (→Schacharit), dann auch zur Ausschmückung im →Mussaf und Abendgebet (→Maariv) an Feiertagen, besonders Sabbaten, Halbfeiertagen und Fasttagen verwendet. Nach der Fixierung der Stammgebete im 6. Jahrhundert Bezeichnung für alle Zusatzdichtungen. Die Sprache der Pijut war zunächst streng biblisch und talmudisch, dann aber geprägt durch Neubildungen hebräischer Wörter, Stileigenheiten und Allegorien (→Saadja ben Josef), die die Pijutim z. T. schwer verständl machen, so daß bald Kommentare erforderlich wurden. Strophenförmiger Aufbau, unter dem Einfluß der arabischen Poesie oft Reime und das Stilmittel des →Akrostichons, um den Namen der Verfasser anzugeben. Ursprünglich ohne besonderes Versmaß oder vierfüßig mit zwei oder drei Betonungen, wurde das Metrum aus der arabischen Poesie übernommen (regelmäßige Abwechslung von kurzen offenen Silben mit Kurzvokal und langen Silben, entweder offen mit Langvokal oder geschlossen mit Kurzvokal). Die Pijutim werden nach ihrem Ort im Gebet benannt. Die wichtigsten sind Jotzer (vor und nach dem →Schema Jisrael im Schacharit) und Kerowa (im →Schemone essre). Die Pijutim stellen für ihre Zeit neue Ausdrucksformen für die Zwiesprache mit Gott dar. So entstanden im frühen Mittelalter eine italienisch/deutsche und eine spanische Pijutim-Schule (→Paitan), wobei die religionsgeschichtliche Bedeutung der umfangreichen Pijutim-Dichtungen noch keineswegs ausgeschöpft ist. Der Pijut kam so in Mode, daß er die eigentlichen Grundbestandteile der Liturgie zu verdrängen drohte. Dies führte zu massiver rabbinischer Kritik. Aber erst der Buchdruck und die Verbreitung gedruckter Gebetbücher (→Siddur und →Machsor) beendeten seit dem 16. Jahrhundert die Flut von Neudichtungen. (HMD)

Pilpul (abgeleitet von hebräisch »Pfeffer«), Bezeichnung für scharfsinnige Dialektik zur Klärung von Widersprüchen in halachischen Fragen und zur Vertiefung des Verständnisses. Dies geschieht nicht nur aufgrund der Kenntnis von Quellen, mündlichen Traditionen und Lehren der Gelehrten, sondern aufgrund eigener Intuition, die z. T. als göttliche Inspiration verstanden wird. Von Traditionalisten deshalb immer wieder angegriffen, setzte die Methode des Pilpul doch die Einheit von schriftlicher und mündlicher Tora und zugleich ihre bleibende Bedeutung im Wandel der Zeiten voraus. Das Tora-Studium galt deshalb als permanente Herausforderung. In talmudischer Zeit hauptsächlich in Babylonien zur Verknüpfung von schriftlicher und mündlicher Tora angewandt. Im 13./14. Jahrhundert wurde der Pilpul vor allem in französischen und deutschen Schulen bei innertalmudischen Schwierigkeiten benutzt, im 15./16. Jahrhundert zur Einbeziehung der inzwischen entstandenen Bräuche, seit dem 16./17. Jahrhundert zur Klärung von halachischen Fragen und zur Aktualisierung der Tradition. Zugleich diente er von jeher als didaktische Methode der Schärfung des Verstandes. Dies führte z. T. dazu, daß der Pilpul in rabbinischen Schulen zum Selbstzweck wurde und besonders seit dem 13./14. Jahrhundert kritisiert wurde. (HMD)

Pinkus-de Sassi, Theo, Buchhändler, Verleger und Journalist, 21. 8. 1909 Zürich – 5. 5. 1991 Zürich. Bereits im Freibund, einer Zürcher Schülergruppe, lernte er die Ideen des religiösen Sozialismus und Kommunismus kennen und ging 1927 nach Berlin, um im Verlag Ernst Rowohlt eine Buchhändlerlehre zu absolvieren. Willi Münzenberg holte Pinkus-de Sassi als Agitprop-Funktionär des kommunistischen Jugendverbands in seinen »Neuen Deutschen Verlag«, wo Pinkus-de Sassi die Werbung für die »Arbeiter-Illustrierte Zeitung« übernahm. 1933 mußte Pinkus-de Sassi, Jude und Kommunist, Deutschland verlassen. In Zürich lebte er als Journalist und baute den Bücherdienst (für verbotene Literatur) auf, aus dem dann das Antiquariat und die später in die Pinkus-Genossenschaft umgewandelte Buchhandlung in der Zürcher Froschaugasse hervorgingen. Seine umfangreiche Bibliothek bildete den Grundstock für die in Zürich ansässige »Stiftung Studentenbibliothek zur Geschichte der Arbeiterbewegung«. Mit seiner Frau Amalie gründete er das Begegnungszentrum »Salecina« (Engadin). Mit seinem Leben und Werk stand der unorthodoxe Kommunist für die Idee eines menschenfreundlichen Sozialismus ein (HD)

Pinsker, Leon (Jehuda Leib), Arzt, Schriftsteller und Politiker, 1821 Tomaschow, Polen – 1891 Odessa. Zunächst ein Vertreter des Assimilationsgedankens, änderte er seine Überzeugungen unter dem Eindruck der Judenpogrome in Rußland zu Beginn der 1880er Jahre. In seiner anonym veröffentlichten Schrift »Autoemancipation! Mahnruf an seine Stammesgenossen von einem russischen Juden« (1882), vertrat er die These, Juden seien nicht assimilierbar, weil sie »im Schoße der Völker, unter denen sie leben, tatsächlich ein heterogenes Element [bilden], welches von keiner Nation gut vertragen werden kann«. Pinsker bezeichnete den →Antisemitismus als eine sozialpathologische Erscheinung, die ihre Grundlage in der »Judaeophobie« der Wirtsvölker habe. Als Heilmittel gegen diese Krankheit forderte Pinsker, daß die Juden wieder eine Nation würden. Pinskers Bedeutung für die Entwicklung der zionistischen Bewegung besteht darin, daß er in seiner Broschüre die gedanklichen Grundlagen des späteren politisch-ökonomischen →Zionismus legte.
Ⓛ J. H. Schoeps, Leon Pinsker: Autoemancipation!«, in: M. Brocke, Beter und Rebellen, 1983. (JS)

Helmuth Plessner

Plessner, Helmuth, Philosoph, 4.9.1892 Wiesbaden – 12.6. 1985 Göttingen. Studium der Zoologie und der Medizin sowie der Philosophie bei E. →Husserl in Göttingen (1914 bis 16). Mit seinem Hauptwerk, »Die Stufen des Organischen und der Mensch« (1928), begründet Plessner eine an der Biologie orientierte, philosophische Anthropologie. Entgegen den anthropologischen Entwürfen seiner berühmten Zeitgenossen M. →Scheler und Martin Heidegger entlarvte Plessner die religiöse Illusion vom Menschen als Gipfel des Kosmos und die romantische Illusion vom eigentlichen, nichtentfremdeten Selbst und von der echten, unmittelbaren Gemeinschaft. Nach Plessner ist der Mensch ein Wesen in exzentrischer Position, das stets seine Mitte sucht und deshalb auch auf Utopien angewiesen bleibt. Plessner emigrierte 1933 in die Niederlande und lehrte an der Universität Groningen. Im Krieg tauchte er unter und entkam nur knapp der Deportation. 1951 wurde er wieder nach Göttingen berufen. Werke: »Gesammelte Schriften«, herausgegeben von G. Dux/O. Marquard/E. Ströker. Frankfurt am Main 1980ff. (DK)

Poale Agudat Israel (PAI, hebräisch »Arbeiter-Vereinigung Israels«), 1922 in Polen aus der religiösen Agudat-Israel-Bewegung (AI) entstandene Arbeiterorganisation, die sich dem Aufbau des Landes Israel im Geiste und nach den Gesetzen der Tora verschrieb. Seit Ende der 1920er Jahre hat PAI eine Reihe von Siedlungen und Kibbuzim in Palästina/Israel gegründet. In den Knessetwahlen 1949 erhielt die Wahlliste von PAI, AI und anderen religiösen Parteien 16 Mandate. 1955, 1959 und 1973 stellten PAI und AI gemeinsame Wahllisten (siehe AI für Wahlergebnisse), sonst kandidierte PAI bis 1981 mit einer eigenen Wahlliste. 1984 bildete PAI zusammen mit der 1983 von Rabbiner Druckmann gegründeten, zionistisch-religiösen Mazad-Partei eine gemeinsame Wahlliste, die sich →Moraschа nannte. 1988 war sie wieder mit der AI zusammen. Bei den Knessetwahlen erzielte die PAI folgende Ergebnisse:

1951	1,6%	der Stimmen	2 Mandate
1961	1,9%	der Stimmen	2 Mandate
1965	1,8%	der Stimmen	2 Mandate
1969	1,8%	der Stimmen	2 Mandate
1977	1,3%	der Stimmen	1 Mandat
1981	0,9%	der Stimmen	0 Mandate
1984	1,6%	der Stimmen	2 Mandate (Morascha)

Ⓛ C. S. Liebman/E. Don-Yehiya, Religion and Politics in Israel, 1984. – G. Schiff, Tradition and Politics. The Religious Parties of Israel, 1977. – M. Wolffsohn/D. Bokovoy, Israel. Geschichte, Politik, Gesellschaft, Wirtschaft, [5]1996. (DB/MW)

Poale Zion (»Arbeiter Zions«), 1906 in Osteuropa und 1907 weltweit gegründete sozialistisch-zionistische Partei. Sie erstrebte neben den allgemeinen sozialistischen Zielen auch die Lösung der jüdischen Arbeiterfrage durch Konzentrierung der jüdischen arbeitenden Massen in Palästina. Vor dem Ersten Weltkrieg breitete sich die Bewegung in Polen, Österreich-Ungarn, Palästina und in den USA aus. Meinungsverschiedenheiten zwischen eher sozialdemokratischen und eher revolutionär bis kommunistisch eingestellten Mitgliedern führten oft zu Kontroversen und Abspaltungen. Unter Führung von D. →Ben-Gurion und I. →Ben-Zwi betonte die seit 1906 in Palästina vertretene Poale Zion weniger den Klassenkampf als die landwirtschaftliche Siedlungsarbeit. Der Erste Weltkrieg und die Russische Revolution führten zu einer Spaltung. Die sozialdemokratischen Gruppierungen, vor allem in Palästina, England, den USA und Argentinien, blieben in der Zionistischen Weltorganisation. In Palästina gründeten sie u. a. die →Achdut Haawoda. Eine Faktion bolschewistisch orientierter russischer Juden in Palästina bildete 1919 die »Poale Zion Jüdisch-Kommunistische Partei«. Andere marxistische Gruppen in Palästina organisierten sich 1924 zur →Poale Zion Linke. Nach 1918 hatte die Poale Zion in Deutschland eine große Anhängerschaft unter den ostjüdischen Arbeitern, die sich auf ein proletarisches Leben in Palästina vorbereiteten und in den größeren Städten Ortsgruppen bildeten, besonders im Rheinland und in Sachsen. In Berlin zeigten sozialistische Politiker wie E. →Bernstein und O. →Cohn großes Interesse an dieser Bewegung. Führend in der deutschen Poale Zion war S. →Rubaschow. Organ der Poale Zion in Deutschland war die →Jüdische Arbeiterstimme, die zum ersten Mal am 5.3.1921 erschien. Namhaftester Theoretiker war B. →Borochow.

L B. Locker, Was ist sozialistischer Zionismus?, Tel Aviv 1937. – P. Merhav, Die israelische Linke. Zionismus und Arbeiterbewegung in der Geschichte Israels, 1972. – F. A. Theilhaber, Die sozialistisch-zionistische Arbeiterpartei Poale Zion, in: Das deutsche Judentum, seine Parteien und Organisationen, 1919. (LH/DB/MW)

Poale Zion Linke (PZL), aus mehreren Gruppen bestehende Faktion zunächst innerhalb der →Poale-Zion-Bewegung, die den Zionismus mit dem Marxismus bolschewistischer Prägung zu versöhnen suchte, aber in Konflikt mit der antizionistischen Position der Komintern geriet. Mehrere kleinere Parteien in Palästina, die sich gleichzeitig zum Klassenkampf und zum Zionismus bekannten, gründeten 1924 die PZL, die jedoch mehrmals wieder in Splitterparteien zerfiel, ehe sie sich 1948 mit →Haschomer Hazair zur →Mapam-Partei vereinigte.

L M. Wolffsohn, Politik in Israel, 1983. (DB/MW)

Pogrom (russisch »Massaker«, »Verwüstung«), allgemein benutzte Bezeichnung für eine mit Plünderung und Gewalttätigkeit verbundene Verfolgung einer bestimmten Bevölkerungsgruppe, die im Lauf der Zeit vor allem zur Bezeichnung der gegen Juden gerichteten Ausschreitungen wurde (→Antisemitismus, →Antijudaismus, →Vertreibungen). Bis z. Z. des Nationalsozialismus fand der Begriff fast ausschließlich Verwendung für Judenverfolgungen in Rußland. Die berüchtigtsten und blutigsten Pogrome waren in Odessa 1821, 1859, 1871; Jelisawetgrad 1881, Balta 1882, Rostow 1883, Kischinjow 1903, in über 700 Orten 1905 (organisiert von den »Schwarzen Hundert«; über 800 Tote, nahezu 800 Verletzte), Proskurow 1919 (über 1500 Tote), 1917 bis 1921 an über 1200 Orten (die Mehrzahl durch Weißgardisten, weit über 30 000 Tote und ebenso viele Verletzte; andere Schätzungen geben die Gesamtzahl der Opfer mit 100 000 an). In der Zeit vor der Russischen Revolution wurde insbesondere durch die Verbreitung der antisemitischen Hetzschrift der →Protokolle der Weisen von Zion der Nährboden für die Pogrome geschaffen. Die Revolution vom Februar 1917, die den Juden volle Gleichberechtigung brachte, rief zunächst keinerlei antijüdische Exzesse hervor. Erst nach dem bolschewistischen Umsturz kam es im Zusammenhang mit dem erbitterten Bürgerkrieg zu einer grausamen Pogromwelle, von der am schwersten die Juden in der Ukraine betroffen waren. Die Umwälzungen nach dem Ersten Weltkrieg und in den folgenden Jahren waren auch in anderen ost- und mitteleuropäischen Ländern von Pogromen begleitet. In Polen setzten unmittelbar nach der Unabhängigkeitserklärung im November 1918 an mehreren Orten (Warschau, Wilna, Lemberg u. a.) schwere pogromartige Ausschreitungen gegen Juden ein. In den Jahren 1918 und 1919 kam es auch in Mähren und in der Slowakei zu ähnlichen antijüdischen Übergriffen. In Ungarn wütete vom Sturz der Räteregierung im Sommer 1919 bis 1922 der »weiße Terror«, dem viele wehrlose Juden zum Opfer fielen. Ähnliche Grausamkeiten gegen Juden wurden 1922 in Rumänien verübt. In diesem Zusammenhang müssen auch die blutigen Juden-Massaker der Araber im Mai 1921 in Jaffa und im August 1929 in Hebron, Safed und Jerusalem erwähnt werden. Gegen Ende des 19. Jahrhunderts und zu Beginn des 20. Jahrhunderts fanden auch in westeuropäischen Ländern pogromartige Ausschreitungen gegen Juden statt, so in Frankreich im Zusammenhang mit der →Dreyfus-Affäre. Auch die »spontanen« Pogrome des Dritten Reichs (Reichspogromnacht), die auf Signal organisiert aufflammten, hatten ihre Vorform in der antisemitischen Bewegung der Bismarck-Zeit (→Berliner Bewegung). Nach Ausbruch des Kriegs zwischen dem nationalsozialistischen Deutschland und der Sowjetunion verübten die deutschen Truppen und ihre Verbündeten im Aufmarschgebiet zur Front Pogrome fürchterlichen Ausmaßes. In den 50er Jahren wurden unter der Herrschaft Stalins in der Sowjetunion und in verschiedenen osteuropäischen Ländern erneut pogromartige Übergriffe gegen Juden organisiert (→Antizionismus). Die Fluchtwelle der Juden aus der Sowjetunion seit 1990 zeigt, daß der zu Pogromen führende Antisemitismus wieder aufgelebt ist. Die historischen Tatsachen beweisen, daß Antisemitismus und Pogrome je nach Bedarf und Interessenlage manipuliert werden können. (WJ)

Polen (Polska), erste jüdische Niederlassung wahrscheinlich im 8./9. Jahrhundert, nachgewiesen seit dem 10. Jahrhundert. Zu den ältesten jüdischen Gemeinden zählen Przemyśl (1085), Płock (1237), →Sandomierz (13. Jahrhundert), →Lemberg (13./14. Jahrhundert), →Krakau (1304) und →Posen (1379). Die großen jüdischen Einwanderungswellen waren eine Folge der →Kreuzzüge (1096, 1147), von Judenverfolgungen in Westeuropa (1348/49), aber auch der liberalen Judenpolitik der polnischen Könige. Generalprivilegien wurden von Bolesław dem Frommen den Juden Kleinpolens 1264 erteilt, von Kasimir (III.) dem Großen 1334 auf ganz Polen erweitert (1364 und 1367 ergänzt) und von fast allen Königen bestätigt; sie regelten die rechtliche und ökonomische Stellung der Juden und verliehen den Gemeinden eine relativ große Autonomie. In →Litauen, seit 1386 in Personal- und seit 1569 in Realunion mit Polen, erhielten die Juden 1388/89 Privilegien, die die Entstehung von jüdischen Gemeinden (z. B. in →Wilna) förderten. Gleichzeitig versuchten die katholische Kirche und das polnische Bürgertum vom 13. bis zum 16. Jahrhundert immer wieder, die wachsende ökonomische Bedeutung der Juden durch die Beseitigung der Privilegien einzuschränken. Die Niederlassung von Juden wurde begrenzt, es kam zu Zwangsansiedlungen in Judenvierteln und Vertreibungen aus den Städten (→Warschau 1483, Krakau 1495). Im 14. und 15. Jahrhundert sowie nach 1558 kam es auch unter dem Einfluß der Jesuiten zu Verfolgungen, darunter →Ritualmordvorwürfe (Posen 1339; Pułtusk 1597; →Lublin 1598; Leczyca 1636, 1639), obwohl König Stephan Báthory (R. 1576–86) die Blutbeschuldigung unter Strafe gestellt hatte. Unter Sigismund (Zygmunt) I. (Regierungszeit 1506–48) wurden Juden zu Generalsteuereinnehmern ernannt. 1551 wurde das Rabbiner- und Seniorenernennungsrecht an die Gemeinden zurückgegeben, und Sigismund II. (Regierungszeit 1548–72) verzichtete sogar auf sein Bestätigungsrecht. Die jüdische Selbstverwaltung wurde durch die Einrichtung der →Vierländersynode (1580 bis 1764) und des jüdischen Sejm in Litauen weiter gestärkt. Polen-Litauen wurde zum Zentrum rabbinischer Gelehrsamkeit: Jakob Polak (1460/70–1522), Schalom Schachna (Salomon Szachna, 1510–1558), M. →Isserles (1525/30–1572), Salomo ben Jechiel →Luria (um 1510–1573), N. →Spira (1585–1633) sind hier u. a. zu nennen. In Lublin und Krakau gab es berühmte Akademien, die hebräische Buchdruckkunst blühte. Bis zur Einschränkung ihrer Handelsrechte im 16. Jahrhundert unterhielten die Juden weitreichende Handelsbeziehungen; nun wandten sie sich der ländlichen Pacht zu, die sie bald monopolisierten. Dies machte sie zum Objekt des Hasses der Bauern (Leibeigene). Während der großen Kosaken- (1637, 1648–50) und Hajdamakenrevolten (1734–36) wurden Juden daher zu Hauptopfern. Nur etwa ein Zehntel der jüdischen Bevölkerung überlebte in Wolynien, Podolien und der Ukraine. Viele Juden verarmten und wanderten nach Westeuropa aus. Wirtschaftliche Not und sinkende Autorität des →Kahal und damit der Gemeinde machte die polnische Judenschaft besonders empfänglich für mystische und messianistische Strömungen, wie den →Sabbatianismus, den Frankismus (→Frankisten) und die eigentliche Erneuerungsbewegung der polnischen Juden, den →Chassidismus. 1772 wurden fast 30 Prozent der polnischen Gebiete von Rußland, Preußen und Österreich besetzt (1. Teilung). Auf den Tagungen des Vierjährigen Sejm (1788–91) wurde heftig über →Emanzipation und Assimilation diskutiert. 1793 folgte die 2. Teilung Polens. Am Kościuszko-Aufstand gegen die Teilungsmächte beteiligte sich ein jüdisches Regiment. 1795 wurden die restlichen polnischen Gebiete aufgeteilt (3. Teilung); die Grenzen verschoben sich noch einmal 1815. Die Teilnahme von Juden an den nationalen Demonstrationen und Aufständen (1830; 1861–63) führte zeitweise zu einer Annäherung zwischen Polen und Juden. Die Bürgerrechte bekamen die polnischen Juden im russischen Königreich Polen 1862, im preußischen Großherzogtum Posen 1848 bzw. 1869 und im österreichischen →Galizien 1867. Nach den Pogromen in →Rußland (1881) flüchteten viele russische Juden in das Königreich Polen. Dort kamen Ende des 19. Jahrhunderts verstärkt antisemitische Tendenzen auf. 1919 vereinigte der Versailler Vertrag wieder die polnischen Territorien. Der Grenzkonflikt zwischen Polen und der Sowjetunion brachte während des sog. Bolschewikenkriegs (1920/21) von beiden Seiten viel Leid über die im Grenzgebiet lebenden, »neutralen« Juden. Die polnische Verfassung vom 13.3.1921 garantierte die Gleichberechtigung der als nationale Minderheit anerkannten jüdischen Bürger. Die Jahre 1919–39 brachten einerseits eine steigende Verarmung und wachsenden Antisemitismus, andererseits einen Höhepunkt des religiösen und kulturellen Lebens der polnischen Juden. So gab es 1930 über 180 Periodika, davon 135 in jiddischer, 16 in hebräischer, 28 in polnischer und eines in deutscher Sprache. Im Schuljahr 1928/29 gab es 394 Volksschulen mit Jiddisch und 202 mit Hebräisch als Unterrichtssprache. In Polen wirkte die stärkste jüdische Sozialistische Partei, der →Bund. Politisch übernahmen innerhalb der Gemeinden die Zionisten und die Nationaljuden die Führung. 1931 lebten 76,5 Prozent der polnischen Juden in den Städten, 45,1 Prozent arbeiteten in der Industrie, 38,2 Prozent im Handel und im Versicherungswesen. 1937 lebte in Polen ein Drittel der Juden Europas (einschließlich UdSSR). Nach dem deutschen Überfall auf Polen flohen viele Juden nach Osten, etwa 20 000 kamen bei den Septemberkämpfen ums Leben. Die deutschen Besatzungsbehörden setzten die sog. Judenräte ein. Seit 1940 wurden die Juden in Ghettos eingesperrt, seit 1941 aus dem Reich ins Generalgouverment deportiert. Im Dezember 1941 entstand das erste Vernichtungslager in Chełmno, es folgten Auschwitz-Birkenau (bis März 1942 KZ), Majdanek, Treblinka, Plaszów, Bełzec und Sobibór. In die polnischen Ghettos und Vernichtungslager wurden unter nationalsozialistischer Herrschaft Juden aus ganz Europa deportiert und ermordet.

Entwicklung der jüdischen Bevölkerung in Polen

Jahr	Juden	
1578	100 000	
1648	300 000	(2,5–3 % d. Bev.)
1764	749 968	(davon 201 191 in Litauen)
1897	2 952 458	(davon 1 601 589 in Kongreßpolen)
1929	2 968 207	(30 000 000 Ew.)
1939	3 351 000	
1946	250 000	
1985	um 6 000	

Ghettoaufstände (1943 →Białystok, →Warschau u.a.) und die Tätigkeit der jüdischen Partisanengruppen konnten die →»Endlösung« nicht aufhalten. Etwa 45 000 Juden überlebten den Krieg, infolge der Rückkehr aus der UdSSR gab es Ende 1946 eine Viertelmillion Juden in Polen. Im ersten Nachkriegsjahr wurden 353 Juden in pogromartigen, von den neuen Machthabern tolerierten Ausschreitungen umgebracht (Krakau und Kielce). 150 000 Juden wanderten bis Ende 1947 aus. In den 50er Jahren wurden die Juden in einer von der Regierung inszenierten Kampagne der Fehler und Verbrechen der stalinistischen Ära beschuldigt. 1957 kam es in Stettin, Waldenburg (Wałbrzych), Posen, Dzierzoniow u.a. zu Judenmißhandlungen und Friedhofsschändungen. 1968 wurden unter der Parole: »Liquidierung der zionistischen Fünften Kolonne« die Kommunistische Partei, die Universitäten, die Massenmedien, die Wirtschaft, die Armee und die Verwaltung von Juden »gesäubert«. Antisemitismus machte sich u.a. auch bei den Wahlen zum Sejm 1989 und zum Präsidentenamt 1990 bemerkbar. Nach den drei Auswanderungswellen (1946/47; 1956; 1968) blieben in Polen etwa 6000 Juden (nach anderen Quellen bis 12 000) zurück, von denen etwa 2000 in den Jahren 1990–1995 nach Israel auswanderten. 1997 lebten etwa 8000 Juden in Polen, die meisten in Warschau. Kleine Gemeinden sind in Krakau, Lodz, Danzig und Katowicz. Seit den 90er Jahren ist eine Erneuerung jüdischen Lebens zu beobachten, so entstand in Warschau ein jiddisches Theater und es erschienen jüdische Zeitschriften sowie viele Bücher zu jüdischen Themen.

[L] M. Bałaban, Skizzen und Studien zur Geschichte der Juden in Polen, 1911. – F. Golczewski, Polnisch-jüdische Beziehungen 1881–1922, 1981. – S. Jersch-Wenzel, Deutsche–Polen–Juden, 1987. – M. Niezabitowska/T. Tomaszewski, Die letzten Juden in Polen, 1987. – B. D. Weinryb, The Jews of Poland. A Social and Economic History of the Jewish Community in Poland from 1100 to 1800, Philadelphia 1987.

(AGR)

Polgar, Alfred, Theaterkritiker und Feuilletonist, 17.10.1873 Wien – 24.4.1955 Zürich. Sohn des »Claviermeisters« Polak aus der Leopoldstadt. Seit 1895 bei vielen Zeitungen und Zeitschriften tätig, zunächst in Wien, seit 1925 vor allem in Berlin (u. a. »Wiener Allgemeine Zeitung«, »Schaubühne« und »Weltbühne«, »Prager Tagblatt«, »Tage-Buch«, »Der Tag« und »Der Morgen«, »Berliner Tageblatt«). 1933 Rückkehr nach Wien, 1938 Emigration über die Schweiz nach Paris, 1940 in die USA. Mehrere Europareisen seit 1949, seit 1952 vorwiegend in Europa. Polgar gehört als »Klassiker des kleinen Lebens« (A. Zweig) zu den Meistern der »kleinen Form« – ein Anwalt der Gerechtigkeit und der Opfer der Geschichte. Seine Texte hat er in 27 Bänden gesammelt; außerdem schrieb er eine Komödie (»Die Defraudanten«, 1931) und zusammen mit Friedell drei Kabarettstücke (u. a. »Goethe im Examen«, 1908). (HH)

Poliakov, Leon, Historiker und bedeutender Antisemitismusforscher, 25.10.1910 St. Petersburg, Rußland – 8.12.1997 Paris. Seit 1920 lebt Poliakov in Frankreich. In Paris absolvierte er ein Jurastudium und arbeitete bis 1939 als Journalist; während des Zweiten Weltkriegs diente er in der französischen Armee. Nach dem Krieg war er Mitbegründer des »Centre de Documentation Juive Contemporaine« (→Dokumentationszentren) und Leiter der Forschungsabteilung. 1952 wurde er Mitglied und später Direktor der Forschungsabteilung des »Centre National de Recherche Scientifique«. Poliakov ist Docteur-ès-Lettres der Sorbonne. Er veröffentlichte grundlegende Werke zur Geschichte des Antisemitismus und des Holocaust. Seine vielfach übersetzte »L'Histoire de l'Antisémitisme« (1955–77; deutsch »Geschichte des Antisemitismus«, 8 Bände, 1977–88) ist ein Standardwerk der Antisemitismusforschung. Weitere, z.T. mehrfach übersetzte Hauptwerke: »Bréviaire de la Haine (Le IIIe Reich et les Juifs)« (1951), »Le Mythe Aryen« (1971). Außerdem hat Poliakov zusammen mit Josef Wulf eine vielbeachtete Materialsammlung in mehreren Bänden herausgegeben: »Das Dritte Reich und die Juden« (1955, Neuauflage 1978), »Das Dritte Reich und seine Diener« (1956, Neuauflage 1978), »Das Dritte Reich und seine Denker« (1959, Neuauflage 1978). (BV)

Politzer, Heinz, Lyriker und Germanist, 31.12.1910 Wien – 31.7.1978 Berkeley, USA. Politzer studierte in Wien und Prag Germanistik und Anglistik. 1938 Emigration nach Palästina. Seit 1947 in den USA. Zuerst Professor am Oberlin College in Ohio, danach (seit 1956) Professor für deutsche Sprache und Literatur an der University of California, Berkeley. Veröffentlichungen u. a.: »Fenster vor dem Firmament« (1937), »Gedichte Jerusalem« (1941). (WJ)

Pommer, Erich, Filmproduzent, 20.7.1889 Hildesheim – 8.5.1966 Hollywood. Pommer war Inhaber der Decla (später Decla-Bioscop), einer Filmfirma in Deutschland, die eine der wenigen ernsthaften Alternativen zur UFA darstellte, bis sie mit ihr 1923 fusionierte. Pommer, Deutschlands berühmtester Produzent der 20er und 30er Jahre, zeichnete u. a. verantwortlich für »Das Cabinet des Dr. Caligari« (1919), »Dr. Mabuse, der Spieler« (1922), »Der letzte Mann« (1924), »Varieté« (1925), »Der blaue Engel« (1930), »Der Kongreß tanzt« (1931). Nach seiner Rückkehr aus dem amerikanischen Exil 1946 produzierte er fünf Filme in Deutschland, u. a. »Nachts auf den Straßen« (1951, mit Lucie Mannheim) und »Kinder, Mütter und ein General« (1954), alle ohne großen Erfolg. Pommer kehrte seinem Heimatland 1956 enttäuscht erneut den Rücken. (MAR)

Pommern. Im seit 1478 bestehenden Herzogtum Pommern gab es im Mittelalter nur vereinzelt jüdische Niederlassungen. Seit der Teilung im Westfälischen Frieden (1648) war im schwedischen Teil Pommerns für die Aufnahme von Juden die Zustimmung der Landstände erforderlich, die 1681 durchsetzten, daß Juden weder auf dem Land noch in den Städten toleriert werden sollten. Die Regierung erließ 1776 dennoch eine Verfügung, die die Aufnahme von Juden mit regierungsamtlicher Konzession in den Städten vorsah. Durch Appellation an das Tribunal erreichten die Stände 1777 die Aufhebung dieser Verfügung. In einzelnen Städten (z. B. in Greifswald) wurde Juden in begrenztem Umfang der Zuzug dennoch erlaubt. Im preußischen Teil Pommerns, zu dem 1720 Teile Vorpommerns mit Stettin kamen, versuchte der Große Kurfürst →Friedrich Wilhelm mit Hilfe jüdischer Kaufleute gegen den Protest der Städte Kolberg, Rügenwalde, Stargard und Köslin den freien Handel durchzusetzen. Der hinterpommerschen Regierung wurde befohlen, die Juden zu schützen und ihnen freie Wohnung zu gestatten. Das Ausweisungs- bzw. Nicht-Aufnahme-Recht der Städte und ihr Protest wurden nicht berücksichtigt. Der Anteil der jüdischen Bevölkerung blieb dennoch weiterhin niedrig. Von den 16 000 Reichstalern, die 1689 von allen Juden in den brandenburgisch-preußischen Ländern zu zahlen waren, entrichteten die Juden in Pommern mit 200 Reichstalern den niedrigsten Satz. Die internen Angelegenheiten, so die Aufteilung der Gesamtsteuer auf die einzelnen Mitglieder, regelten die Juden im preußischen Teil Pommerns bis 1812 auf den jährlich stattfindenden →Landtagen. 1803 machten die 1350 Juden 0,3 Prozent der Bevölkerung aus. In dem 1815 an →Preußen gefallenen übrigen Teil Vorpommerns galten bis zum →Judengesetz von 1847 die schwedischen Verordnungen. Bis Ende 1816 kamen alle Teile Pommerns mit 2809 jüdischen Einwohnern (0,42 Prozent der Gesamtbevölkerung) als Provinz an Preußen, davon lebten in Stettin 1218, in Köslin 1468, dagegen in dem ehemals schwedischen Stralsund nur 123. Von den 42 preußischen Städten mit mehr als 500 jüdischen Einwohnern lag keine in Pommern. 1925 zählte Pommern etwa 7800 Juden, davon etwa 2600 in Stettin, wo seit 1816 eine jüdische Gemeinde bestand. Gemeinden mit mehr als 200 Mitgliedern gab es 1932/33 nur in Kolberg, Lauenburg, Stargard und Stolp. Die Juden Pommerns waren führend in der Textilfabrikation, im Einzelhandel und auf dem Land im Getreidehandel. Letztere konnten sich noch bis 1935 behaupten. Bis Juni 1933 waren acht Prozent der Juden Pommerns emigriert. Die bis zum Kriegsausbruch in Stettin und im übrigen Pommern verbliebenen 800 Juden wurden als erste aus dem Reich im Februar 1940 in die Ghettos von Piaski, Belzyce und Glusk bei Lublin (Polen) deportiert, wo die meisten von ihnen im März 1942 ermordet wurden.

[L] L. Rönne/H. Simon, Die früheren und gegenwärtigen Verhältnisse der Juden in den sämmtlichen Landestheilen des Preußischen Staates, 1843. – S. Stern, Der Preußische Staat und die Juden, Teil 1, 1962. – R. Thewoz/H. Branig/C. Lowenthal-Hensel, Pommern 1934/35 im Spiegel von Gestapo-Lageberichten und Sachakten, 1974.

(AH)

Pompeius, Gnaeus Pompeius Magnus, Feldherr und Staatsmann der späten römischen Republik, 29. 9. 106–28. 9. 48 v. Z. Rivale →Caesars im Kampf um die Macht, dem er schließlich in der Schlacht bei Pharsalos in Thessalien (48) unterlag. Auf der Flucht in Ägypten ermordet. Sein großes Verdienst war die Organisation der römischen Herrschaft in der östlichen Mittelmeerwelt. Pompeius entschied den Streit zwischen →Hyrkan II. und →Aristobul II. um die Herrschaft in Palästina zugunsten Hyrkans. Bei der Eroberung Jerusalems (63 v. Z.) soll Pompeius das Allerheiligste des Tempels betreten, von den Tempelschätzen jedoch nichts angerührt haben. (HC)

Ponary, Massenvernichtungsgelände in der Nähe von Wilna (Litauen). Während der deutschen Besetzung im Zweiten Weltkrieg benutzte die SS in Ponary riesige leerstehende Öltankgruben als Massengräber für ermordete Juden und sowjetische Kriegsgefangene. Die Opfer wurden gruppenweise zu Fuß, mit Wagen oder mit der Eisenbahn nach Ponary deportiert, dort erschossen und vergraben. Der Massenmord an den Juden in Ponary begann im Juli 1941 und dauerte bis Juli 1943. Die Schätzungen über die Zahl der Ermordeten reichen von 70 000 bis 100 000. Im September 1943 versuchten die Nationalsozialisten, die Spuren ihrer Verbrechen zu vernichten. Sie ließen die Gruben öffnen, um die Leichen zu verbrennen. Man zwang jüdische Gefangene, diese grauenvolle Arbeit zu verrichten.

(WJ)

Pontius Pilatus →Statthalter

Popper, 1. (seit 1912 Popper-Lynkeus), Josef (Pseudonym Lynkeus), Ingenieur, Schriftsteller und Sozialreformer, 21. 2. 1838 Kolin, Böhmen – 22. 12. 1921 Wien. Studium der Naturwissenschaften; trotz ausgezeichneter Leistungen keine Universitätslaufbahn. Freundschaft mit Ernst Mach. Mehrere technische Erfindungen befreiten Popper aus materieller Not. Der Prosaband »Phantasien eines Realisten« (1899) erlebte trotz Konfiskation 1901 hohe Auflage, und Poppers größtes Interesse galt der Behe-

bung materieller Not und gesellschaftlicher Mißstände. Im Hauptwerk »Die allgemeine Nährpflicht als Lösung der sozialen Frage« (1912) forderte er die Garantie des Existenzminimums für jeden Bürger. Er setzte sich ein für Aufklärung und Achtung individueller Bedürfnisse (u. a. »Das Recht zu leben und die Pflicht zu sterben«, 1878; »Voltaire«, 1905), für die Abschaffung der Wehrpflicht (»Krieg, Wehrpflicht und Staatsverfassung«, 1921), für eine Reform des Strafrechts (»Philosophie des Strafrechts«, 1924) und kämpfte gegen den zunehmenden Antisemitismus (»Fürst Bismarck und der Antisemitismus«, 1886). Ein Verein »Allgemeine Nährpflicht« (1918–38) propagierte Poppers Ideen.
🄻 I. Belke, Die sozialreformerischen Ideen von J. Popper-Lynkeus, 1978. (IB)

2. Sir Karl Raimund, Philosoph, 28. 7. 1902 Wien – 17. 2. 1994 Croydon bei London. 1924 Volksschullehrer-Examen, 1928 Promotion bei Karl Bühler, 1929 Lehrbefähigung für Mathematik und Physik; 1930–36 Gymnasiallehrer, 1937–45 Dozent für Philosophie am Canterbury College in Christchurch/Neuseeland; 1947–69 Professor in London; britischer Staatsbürger, 1964 geadelt. Im Mittelpunkt von Poppers Philosophie steht das Verfahren von Versuch und Irrtum, die Falsifizierbarkeit allen wissenschaftlichen Handelns. In seinem vielgelesenen Werk »Die offene Gesellschaft und ihre Feinde« (2 Bde., 1945) wandte er sich gegen jede Form des »Historizismus« und stellte dem Hegel-Marxschen Denken eine Gesellschaft gegenüber, deren Institutionen so beschaffen sind, daß jederzeit ohne Gewaltanwendung Verbesserungen konkreter Mißstände möglich sind. Poppers kritischer Rationalismus, der in der Denktradition Kants wurzelt, übte beachtlichen Einfluß auf Staatsmänner der westlichen Welt aus. Im sog. Positivismusstreit der 60er Jahre ergriff Popper Partei gegen Th. →Adorno und die →Frankfurter Schule. Werke u. a.: »Das Elend des Historizismus« (1957); »Ausgangspunkte. Meine intellektuelle Entwicklung« (1979, Autobiographie), »Das Ich und das Gehirn« (1982, mit John C. Eccles); »Die Zukunft ist offen. Das Altenberger Gespräch« (1985, mit Konrad Lorenz).
🄻 N. v. Leser u. a., Die Gedankenwelt Sir Karl Poppers, 1991. – J. A. Alt, Karl R. Popper, 1992. – M. Geiser, Karl Popper, 1994. (RED)

Portugal, Ansiedlung von Juden wahrscheinlich schon zur Römerzeit. Im 12. Jahrhundert, als Portugal seine Unabhängigkeit gewann, kamen erstmals in größerer Zahl Juden in das Land. Sie genossen Religionsfreiheit und Selbstverwaltung und waren unter Staatsaufsicht straffer organisiert, als es in anderen Ländern im Mittelalter üblich war. Ein Oberrabbiner fungierte seit dem späten 13. Jahrhundert als Oberhaupt aller Gemeinden und wurde bei seinen Visitationen von königlichen Richtern und Beamten begleitet, die seine Verwaltung kontrollierten. Juden waren, wie in →Spanien, vor allem in Finanzgeschäften, in Handwerken und als Ärzte tätig. Der Eintritt in die Staatsverwaltung war ihnen verwehrt. Sie wurden hoch besteuert. Alfons IV. (Regierungszeit 1325–57) erließ ein Emigrationsverbot, da Juden sich durch Umsiedlung dem Steuerdruck entziehen wollten. Während der Thronwirren 1383 bis 1385 kam es, weil die königliche Autorität, die schon aus finanziellen Gründen die Juden schützte, ohnmächtig war, zu schweren Ausschreitungen in den Kommunen. Johann I. (Regierungszeit 1385–1433) schützte die Juden energisch vor ungesetzlichen Übergriffen. Er förderte die Einwanderung aus Spanien nach den dortigen Ausschreitungen 1391. Den in Spanien zwangsweise getauften Juden erlaubte er die Rückkehr zu ihrer Religion. Johann II. (Regierungszeit 1481–95) gewährte gegen Bezahlung den aus Spanien 1492 geflüchteten Juden (etwa 50 000–60 000) einen befristeten Aufenthalt. Unter spanischem Druck erließ er am 4. 12. 1496 ein Dekret, das alle Juden verpflichtete, bis Oktober 1497 das Land zu verlassen oder sich taufen zu lassen. Wer die Kosten für die Emigration nicht aufbringen konnte, wurde als Sklave verkauft oder, sofern er sich nicht taufen ließ, umgebracht. Kinder wurden ihren Eltern weggenommen und christlich erzogen. Unter den portugiesischen Conversos (zum Katholizismus konvertierte Juden) gab es erheblich mehr Kryptojuden als unter den spanischen. Die Trennung zwischen Alt-Christen und Conversos war in Portugal noch schärfer als in Spanien. 1531 wurde die →Inquisition eingeführt. Ihr entzogen sich viele Conversos nach der Vereinigung Portugals mit Spanien (1580/81) durch den Wechsel in das spanische Gebiet. Dort, obschon offiziell als Christen von den Königen geschützt, wurden sie vor allem Mitte des 17. Jahrhunderts von der Inquisition verfolgt, so daß nur die Flucht (vor allem nach Amsterdam, Bordeaux, London und Hamburg) es ihnen ermöglichte, sich wieder öffentlich zum Judentum zu bekennen. Ab 1892 wurden die Juden in

Portugal wieder offiziell anerkannt. Heute gibt es nur noch einige Hundert →Marranen, die unabhängig von der jüdischen Gemeinde leben, die (bei abnehmender Zahl) ebenfalls einige Hundert umfaßt. (ES)

Poseidonios, Philosoph, Geograph und Historiker, Freund und Anhänger des →Pompeius, um 135 Apameia, Syrien – 50 v.Z. Rom. Ließ sich später in Rhodos nieder, wo →Cicero seine Vorträge besuchte. Von seinem umfangreichen und vielseitigen literarischen Werk ist kaum etwas erhalten; sein Polybios fortsetzendes Geschichtswerk behandelte in einem Anhang die Kriege des Pompeius, worin sich Poseidonios auch mit den Juden ausführlich beschäftigt haben dürfte. (HC)

Posen (Großherzogtum). Seit dem →Wiener Kongreß preußische Provinz. Dadurch erhöhte sich die Zahl der preußischen Juden auf 123 800, von denen 42 Prozent zumeist in städtischen Gemeinden in Posen lebten. Das hier gültige französische Recht wurde durch Patent vom 9. 11. 1816 aufgehoben, den Juden der Status von Schutzjuden zugesprochen und damit Staatsbürgerrecht und Freizügigkeit aberkannt. Im Zuge der »Germanisierung« Posens stellte die preußische Regierung 1833 die akkulturierten Juden mit den Juden in →Preußen gleich, erreichte damit bis 1846 allerdings nur 20 Prozent der jüdischen Bevölkerung Posens. Das →Judengesetz von 1847 verfügte ebenfalls einschränkende Sonderregelungen für die Juden Posens, die aber ein Jahr später aufgehoben wurden. Zwischen 1824 und 1873 verließen 48 209 Juden Posen, die Zahl der jüdischen Bürger sank jedoch nur von 65 132 (1825) auf 61 982 (1871). Da bis 1847/48 für die nichtnaturalisierten Juden aus Posen der Umzug in die westlichen preußischen Provinzen nur mit besonderer Zustimmung der Regierung möglich war, wanderten viele in die USA aus; von den nach 1848 Abgewanderten ließen sich etwa 12 000 in Berlin und Breslau nieder. 1919 kam das Gebiet wieder an →Polen, 1939 bis 1945 deutsche Besetzung.

[L] C. Östreich, Posener Juden nach Amerika. Eine Minderheit im Umbruch und ihre Auswanderung, Dissertation, 1991. – L. Rönne/H. Simon, Die früheren und gegenwärtigen Verhältnisse der Juden in den sämmtlichen Landestheilen des Preußischen Staates, 1843. (AH)

Possekim (hebräisch, Plural von »Possek«, »Gesetzentscheider« oder »Dezisoren«, ursprünglich im Gegensatz zu den »Mefarschim«, »Erklärern«), Gelehrte, die aufgrund von talmudischen Quellen und rabbinischer Literatur halachische Entscheidungen trafen, entweder auf Anfrage (→Responsen) oder in gesonderten Sammelwerken. Seit dem Erscheinen des →Schulchan Aruch zeichnen sich die Possekim nicht mehr durch theoretische Erklärungen, sondern durch praktische Erfahrung in der Anwendung und Auslegung der Kodizes aus. Die Possekim werden in verschiedene Perioden und Schulen eingeteilt. In Klammern sind die wichtigsten Werke genannt: 1. »Possekim Kadmonim« (älteste Dezisoren der gaonäischen Zeit): unter ihnen vor allem →Achai ben Schabbecha (»Scheelot«), Jedudai Gaon (»Halachot ketonot«), Simon Kajara (»Halachot gedolot«), →Saadja Gaon und Chai Gaon, →Nissim ben Jakob ibn Schahin, →Chananel ben Chuschiel. 2. »Possekim →Rischonim« (frühere Dezisoren, 10. bis 15. Jahrhundert): a) spanisch-arabische Schule: u. a. Samuel ha-Nagid, Isaak ben Jakob →Alfassi (»Halachot«), Josef ibn Migas, →Mose ben Maimon (»Mischne Tora«), Abraham ben Isaak aus Narbonne (»Sefer ha-Eschkol«), Isaak ben Abba Mari (»Sefer ha-Ittur«), Salomo ben Abraham →Adret (»Torat ha-Bajit«), →Isaak ben Scheschet Perfet und Simon ben Zemach →Duran; b) französisch-italienisch-deutsche Schule: u. a. →Kalonymus, →Salomo ben Isaak, →Elieser ben Natan (»Ewen ha-Eser«), Mose ben Jakob aus Coucy (»Sefer Mizwot gadol«), →Elieser ben Joel ha-Levi aus Bonn (»Awieser«, »Awiassaf«), →Isaak ben Mose aus Wien (»Or Sarua«), →Ascher ben Jechiel, →Jakob ben Ascher (»Kizzur Pisske Rosch«, »Arba Turim«), →Jakob ben Mose ha-Levi Mölln (»Sefer MaHaRIl«). 3. »Possekim →Acharonim« (spätere Dezisoren, 16.-18. Jahrhundert): u. a. J. →Karo (»Beit Josef«, »Schulchan Aruch«), M. →Isserles (»Mappa«), Josua Falk (»Sefer Meirat Enjanim«), →Sabbatai ben Meir ha-Kohen (»Sifte Kohen«), →David ben Samuel ha-Levi (»Ture Sahaw«), Abraham Abele Gombriner (»Magen David«), Jonathan ben Natan →Eibenschütz (»Urim we-Tummim«, »Kereti u-Peleti«), Mordechai Jaffe (»Lewuschim«), Salomo ben Jechiel →Luria (»Jam schel Schelomo«). (HMD)

Prado, Juan (Daniel) de, Arzt, heterodoxer Denker, um 1615 – um 1670 Antwerpen. Prado entstammte einer Familie heimlicher Juden (→Marranen) aus Spanien. Während seines Studiums in Alcalá de Henares propagierte er insgeheim das Judentum und beeinflußte u. a. Isaac Orobio de Castro, mit dem er sich später überwarf, was zu einem polemischen Schriftwechsel zwischen beiden führte. 1638 wurde Prado in Toledo zum Arzt promoviert. Danach wanderte er in die Niederlande aus und revertierte zum Judentum. Seine Anwesenheit in Amsterdam ist für 1655 erstmals belegt. Inzwischen hegte Prado jedoch erheblichen Zweifel an der biblischen Offenbarung und beeinflußte in diesem Sinne auch jüdische Jugendliche, u. a. B. →Spinoza. Er wurde deshalb aus der jüdischen Gemeinde ausgeschlossen, nach einem Widerruf aber wieder aufgenommen, während Spinoza den gegen ihn 1656 verhängten Bann hinnahm. Schließlich wurde auch Prado nach einem »Rückfall« am 14. 2. 1657 endgültig verbannt. Er wanderte anschließend nach Antwerpen aus und wurde trotz mehrerer vergeblicher Versuche nicht wieder in die jüdische Gemeinde Amsterdams aufgenommen.

L I. S. Revah, Spinoza et le Dr. Juan de Prado, Paris 1959. (DK)

Prag, Hauptstadt der Tschechischen Republik. Der bedeutende Handelsplatz »Braga« wurde sehr früh von jüdischen Kaufleuten benutzt, wie das Zeugnis des Abraham ben Jakob aus Spanien um das Jahr 970 dokumentiert. Ein anderer Bericht weist auf den Beginn der jüdischen Ansiedlung im 10. Jahrhundert hin, deren Existenz für das Jahr 1090 gesichert ist. Die jüdische Bevölkerung setzte sich vermutlich zunächst aus sephardischen Juden zusammen, ehe im 12. Jahrhundert verstärkt mitteleuropäische zuwanderten. Die Jüdische Gemeinde nahm durch das Wachstum des Handels und der Stadt an Zahl und Wohlstand seit dem 12. Jahrhundert zu und entwickelte sich zu einer der bedeutendsten Europas. Prag wurde mit der Bezeichnung »die Stadt und Mutter von Israel« geehrt. König Johann von Luxemburg ließ 1336 das jüdische Ghetto plündern. Im Jahre 1389 kam es erneut zu einem schweren Pogrom, in dessen Verlauf mehrere hundert Personen ermordet und viele zur Taufe gezwungen wurden – der Prager Klerus hatte »den« Juden Gotteslästerung und Hostienschändung vorgeworfen. Während der Hussitenkriege (1420–1436) blieb die politisch-rechtliche Situation der jüdischen Bevölkerung Prags weitgehend unverändert. Im 15. und 16. Jahrhundert wurde das Ghetto mit Mauern und Toren von der übrigen Stadt abgetrennt und die letzten freien Grundstücke bis 1520 mit Häusern bebaut. Trotz der räumlichen Enge und fortgesetzten Verfolgungen in den Jahren 1422, 1448 und 1483 erreichte es eine beträchtliche Einwohnerzahl: Im 15. Jahrhundert war das Prager Judenviertel größer als das Frankfurter und zweihundert Jahre später das größte Europas. Das weit gespannte Handelsnetz brachte einen kulturellen Austausch mit sich, der Prag zu einem bedeutenden Zentrum jüdischen Lebens machte. In der Renaissance kam es zu einer kulturellen Blüte. Im Jahre 1512 wurde zum Beispiel eine der ersten hebräischen Buchdruckereien in Betrieb genommen. Einer der vielen Repräsentanten des geistigen Lebens der Renaissance war der jüdische Gelehrte David →Gans. Nach der Vereinigung Böhmens, Ungarns und Österreichs unter der habsburgischen Herrschaft kam es 1543 aufgrund eines Beschlusses des böhmischen Landtags zu einer Vertreibung, der sich nur wenige entziehen konnten. Die große wirtschaftliche Bedeutung der jüdischen Kaufleute trug zu einer teilweisen Revision der Ausweisung bei: Offiziell blieben 30 jüdische Familien in Prag, die seit 1551 einen »gelben Fleck« als Kennzeichnung auf der Kleidung tragen mußten. Nach erneuten Vertreibungsversuchen der Stände in den Jahren 1557/58 nahm die Politik gegenüber der jüdischen Minderheit zwischenzeitlich tolerantere Züge an: Die zuvor beschlossene Ausweisung wurde immer wieder aufgeschoben und 1567 schließlich ganz verworfen. Es blieben zwar viele Restriktionen, etwa zum Zuzug oder zur wirtschaftlichen Betätigung, bestehen, aber das jüdische Leben in Prag konnte sich nun relativ ungestört entfalten, und so stieg die Bevölkerungszahl bis zum Jahr 1600 auf etwa 3000. Im 16. Jahrhundert ist auch eine verstärkte Bautätigkeit zu beobachten. Die bedeutendste jüdische Persönlichkeit in der zweiten Hälfte des 16. Jahrhunderts war der Rabbiner und Gelehrte Juda ben Bezalel →Löwe. 1623 erließ der Kaiser Ferdinand II. ein neues Privileg, das Niederlassungsfreiheit und erweiterte wirtschaftliche Rechte gewährte, insbesondere im Handel und Handwerk. Als sich gegen Ende des Dreißigjährigen Krieges (1618–48) die Prager Juden an der Verteidigung der Stadt gegen schwedische Truppen beteiligten, erweiterte Ferdinand III. die Privilegien nochmals und verlieh der Gemeinde das Recht, ein Wappen zu führen. 1638 ermittelte man rund 8000 Einwohner im Prager Ghetto; zu Beginn des 18. Jahrhunderts erreichte diese Zahl mit vermutlich 12 000 ihren Höchststand. Nach Blütezeit im 16. und 17. Jahrhundert 1744 Vertreibung von

Juden aus Prag unter Maria Theresia; Verbesserung der Lage der Juden durch Toleranzpatent Josephs II. 1781, das den Prozeß der Emanzipation einleitete. Das Toleranzpatent ermöglichte den Juden den Zugang zum allgemeinen Schul- und Bildungswesen, öffnete den Handel und die gewerblichen Wirtschaftszweige weitgehend und schaffte die Kennzeichnungspflicht ab. Die Einführung einer einheitlichen Stadtverwaltung für Prag beendete de facto die bisherige jüdische Selbstverwaltung und Gerichtsbarkeit; im Jahre 1850 wurde das Ghetto formal als V. Stadtbezirk angegliedert und zu Ehren Josephs II. in Josephsstadt (Josefov) umbenannt. Das »Assanierungsgesetz« von 1893 beendete die tausendjährige Geschichte des mittlerweile stark verfallenen Ghettos. Nach Abschluß der Bauarbeiten 1905 blieben nur wenige historische Gebäude bestehen, so die Altneuschul (2. Hälfte des 13. Jahrhunderts errichtet, eine der ältesten erhaltenen Synagogen in Europa), das jüdische Rathaus (von 1541), die Hohe Synagoge (1590–92) und die Klausen-Synagoge (1690–94), ferner der Alte Friedhof (1439 bis 1787 benutzt, mit etwa 12 000 Grabsteinen). Die soziale Auflösung des Ghettos begann bereits um die Wende zum 19. Jahrhundert, als Angehörige der jüdischen Mittel- oder Oberschicht es verließen und sich an die nichtjüdische Gesellschaft anpaßten. Mehrheitlich war zunächst die deutsche Minderheit Ziel der Integrationsbemühungen. Die starke Neigung der Prager Juden zum Deutschtum war nicht allein Ausdruck ihrer positiven Einstellung zur deutschen Kultur. Sie war ebenso Reaktion auf den verbreiteten Antisemitismus der tschechischen Bevölkerung, die Juden als »deutschfreundlich« betrachtete. Einheitlich war diese Strömung jedoch von Beginn an nicht, denn jüdische Autoren, wie David Kuh (1818–1879), veröffentlichten früh in der jüdischen Presse Artikel, die zur Unterstützung der tschechischen Bewegung aufriefen. Neben der tschechisch-jüdischen entwickelte sich auch die zionistische Bewegung, so wurde in Prag im Jahre 1898 mit dem Verein Bar Kochba die erste zionistische Organisation von Studenten gegründet. Prag wurde neben Wien zum bedeutendsten Zentrum des Zionismus in der österreich-ungarischen Monarchie. Weitere Schritte auf dem Weg zu Assimilierung und Gleichberechtigung waren die formale Aufhebung der Ghettoisierung 1852, die Abschaffung der →Familiantengesetze 1859 und die bürgerliche Gleichstellung 1867. Die vielfältigen publizistischen, sozialen und politischen Aktivitäten der zionistischen und der tschechisch-jüdischen Bewegung mit eigenen Zeitungen, Zeitschriften, Vereinen und Schulen führten zur nationalen Neuorientierung vieler Prager Juden, die zum Beispiel in der Schließung von vielen deutsch-jüdischen Schulen seit der Jahrhundertwende sichtbar wurde. Die schrumpfende deutschsprachige Enklave brachte jedoch in der mystischen Atmosphäre des »goldenen« Prag zwischen 1890 und 1939 eine Literatur von Weltruf hervor, als der sogenannte →Prager Kreis (F. →Kafka, M. →Brod) ein Kristallisationspunkt für deutschsprachige Autoren war. Nach antijüdischen Unruhen in den Jahren 1920/21 entwickelte sich das jüdische Leben in Prag während der Zwischenkriegszeit vergleichsweise ruhig. Die Zahl der jüdischen Einwohner stieg nochmals auf 35 425 an, die damit fast die Hälfte der Juden in Böhmen repräsentierte. Prag war zu einem bedeutenden Industriestandort und Handelsplatz mit vielen jüdischen Unternehmern und Geschäftsleuten geworden. 1933 Zionistenkongreß in Prag. Ab diesem Jahr (nach der Machtübernahme der Nationalsozialisten) Immigrationswellen deutscher und (1938) österreichischer Juden und von Juden aus dem Sudetenland. Über die genaue Zahl der Flüchtlinge in Prag zum Zeitpunkt der deutschen Besetzung Prags am 15. März 1939 liegen keine genauen Zahlen vor, Schätzungen über die gesamte jüdische Einwohnerschaft belaufen sich auf rund 55 000. Nach der Besetzung 1939 Einrichtung der »Zentralstelle für jüdische Auswanderung«, geleitet von Adolf Eichmann. Das »Palästina-Büro« unter Jacob Edelstein ermöglichte bis Ende 1939 etwa 10 000–20 000 Juden die Emigration. Bis März 1945 wurden über 46 000 Juden aus Prag in die KZs Lodz und Minsk sowie nach →Theresienstadt deportiert. Nach Kriegsende belief sich die Zahl der Prager Juden etwa auf 11 000. Auswanderungswellen richteten sich 1948 und 1968 nach Übersee und Israel. Auf dem Gebiet des ehemaligen Ghettos ist seit Kriegsende das Staatliche Jüdische Museum untergebracht, das aus dem 1906 gegründeten »Jüdischen Museumsverein« und der von den nationalsozialistischen Besatzern 1941 geschaffenen »Treuhandstelle« hervorging. Die »Treuhandstelle« sammelte zahlreiche Zeugnisse jüdischen Lebens aus Böhmen und Mähren für das makabere Projekt eines »Zentralmuseums der ausgelöschten jüdischen Rasse«, die heute das Herzstück des Jüdischen Museums bilden. 1997 lebten in Prag etwa 4000 Juden. (BV)

Prager Kreis. Unter diesem Terminus werden die fast durchweg jüdischen Autoren erfaßt, die im ersten Drittel des 20. Jahrhunderts den bedeutendsten Komplex literarischer Werke in deutscher Sprache außerhalb des deutschen Sprachraums schufen. Der »Kreis« setzte sich aus einer losen Folge und Verbindung von um ihre jeweiligen Zentren gruppierten Generationen und Gruppen zusammen. Der »Concordia«-Kreis wurde von dem Lyriker, Übersetzer und Nachdichter tschechischer Werke Friedrich Adler (1857–1938) geführt; Mitglieder waren ferner der mit ihm rivalisierende Prosaist und Lyriker Hugo Salus (1866–1929), der Lyriker, Dramatiker und Kritiker Emil Faktor (1876–1941 KZ), der Autor und Dramaturg des Prager deutschen Theaters Heinrich Teweles (1856 bis 1927). Mit Prag verbunden bleibt auch nach ihrer Übersiedlung nach Berlin A. →Hauschner. – Der bedeutendste Autor der Gruppe »Jung Prag« war Paul Leppin (1878–1945), dessen Werk eine thematische Verwandtschaft mit dem Gustav Meyrinks aufweist; weitere Mitglieder waren der Autor und Herausgeber von Anthologien Prager Dichtung Oskar Wiener (1873–1944 KZ) und der Lyriker Viktor Hadwiger (1876–1911). Zu derselben Generation gehören der Lyriker und Übersetzer Camill Hoffmann (1878–1944 KZ) und vor allem Paul Adler (1878–1946). Dieser bedeutende Essayist und Dichter (»Elohim«, 1914; »Nämlich«, 1915; »Zauberflöte«, 1916) gab aus Gewissensgründen seine Laufbahn als Richter auf und wurde Lektor bei Jakob Hegner, später Theaterkritiker der »Prager Presse«. – Die Bedeutung der nur zweimal erschienenen Zeitschrift »Wir« (April/Mai 1906), die von Paul Leppin und Rudolf Teschner herausgegeben wurde, liegt in ihrem neuen Ton, dem Protest gegen die ideologische Grenzziehung der »Concordia« zwischen Tschechen und Deutschen und dem gleichzeitigen Verlangen nach freier künstlerischer Entwicklung – eine Absage an den Romantizismus und Ästhetizismus des Prager Kreises und zugleich ein resignativer Abschied. Das »neue« Prag profilierte sich in den Gedichten M. →Brods, der zum Mentor der zu höchster Leistung berufenen Prager Dichtergeneration wurde; für sie bekamen tschechische Kultur und Judentum ausschlaggebende Bedeutung. – Die Ziele des neuen »Prager Kreises« – Eigenständigkeit der literarischen Form, positive Einstellung zur tschechischen Kultur und Interesse am Judentum – lassen die »Herderblätter« (vier Ausgaben zwischen April 1911 und Oktober 1912) deutlich erkennen, die vom Herderverein der Prager B'nai-B'rith-Loge herausgegeben und vom späteren Leiter der »Literarischen Welt« W. →Haas (1891–1973) redigiert wurden. Wichtige Mitarbeiter waren ferner der Übersetzer und Mittler tschechischer Kultur Otto Pick (1887–1940) und der Übersetzer, Lyriker und Dramatiker (»Aufruhr im Mansfelder Land«, 1930) Rudolf Fuchs (1890–1942). Auf anderer Ebene lag die Bedeutung des eng mit Kafka und Brod befreundeten Felix Weltsch (1884–1964), des langjährigen Herausgebers der zionistischen »Selbstwehr«. – Mit der Gründung der ČSR 1919 wurde neben der generellen Problematik der Anderssprachigkeit in einem geschlossenen tschechisch-slowakischen Staatsgebilde auch die Frage der ethnischen Zugehörigkeit wichtig. Der einsetzende Abwanderungsprozeß konnte von neuen Autoren wie Johannes Urzidil (1896–1970) oder Franz Carl Weiskopf (1900–55) nicht kompensiert werden. 1933 wurde Prag zur Zufluchtsstätte nicht nur der Abgewanderten, 1939 war mit dem Ende der ČSR auch das Schicksal des »Prager Kreises« besiegelt. Freilich blieben die Autoren brieflich miteinander verbunden, und der ihre Werke prägende humanistische Gedanke behielt auch in den verschiedenen ideologisch-politischen Veränderungen ihrer Weltsicht seine zentrale Bedeutung.

(MP)

Predigt →Derascha

Presse, jüdische. Die ersten jüdischen Periodika erschienen in →Amsterdam, in ladino (1678), in jüdisch-deutsch (1686/87) und in hebräisch (1728). Für die jüdischen Aufklärer dienten die Zeitungen und Zeitschriften vor allem der Volksbildung. Dem damaligen jüdischen Bildungsideal entsprachen Periodika sowohl in der klassischen Sprache, d.h. dem erneuerten Hebräisch, als auch in der Kultursprache der jeweiligen Umwelt. Wochen-, Monats- und Vierteljahresschriften informierten vor allem über jüdische Fragen und Bereiche der Naturwissenschaften

1. In Deutschland: Die ersten jüdischen Periodika in Deutschland erschienen auf hebräisch im Rahmen der Aufklärung (M. →Mendelssohn, »Kohelet Mussar« [Der Moralprediger] 1750; aus seinem Kreis →»Hame'assef« [Der Sammler] 1784–1811). In deutscher Sprache, aber hebräischen Lettern kam 1771/72 die »Dyhernfurter Privilegirte Zeitung« heraus. Die ersten regulär deutschsprachigen Zeitschriften (»Sulamith«, 1806–33; »Jedidja«, 1817–33) vertraten wie »Hame'assef« Ideen der Aufklärung (→Haskala), konzentrierten sich jedoch vorwiegend auf die religiöse Reform. Das Engagement von G. →Riessers »Der Jude« (1832–35) und von L. Philippsons →Allgemeiner Zeitung des Judentums (AZJ, 1837–1922) galt neben der religiösen Reform der politischen Emanzipation. Die AZJ, die bis 1889 von Philippson, danach von G. Karpeles, L. Geiger und A. Katz ediert wurde, avancierte mit ihren zahlreichen Rubriken zum Muster für jüdische Wochenschriften schlechthin, die seit 1840 (→Damaskus-Affäre, Etablierung des →Reformjudentums) vor allem in Deutschland, aber auch in Europa (»The Jewish Chronicle«, London; »Les Archives Israélites«, Paris) in zunehmender Zahl und religiöser Ausrichtung erschienen; orthodox waren »Der Israelit« (1860–1938), »Die jüdische Presse« (1869–1923) und die »Deutsch-Israelitische Zeitung« (1884–1938), konservativ die »Israelitische Wochenschrift« (Magdeburg, 1870–94), liberal die »Allgemeine Israelitische Wochenschrift« (Berlin, 1896 bis 1901), das »Jüdische Volksblatt« (Breslau, 1896–1923) und das »Israelitische Familienblatt« (Hamburg, 1898–1938).

Unter den Zeitschriften aus dem Bereich der Wissenschaft des Judentums, deren erste L. Zunz im Rahmen des →Vereins für Cultur und Wissenschaft der Juden 1822/23 herausgab, wurden besonders wichtig A. Geigers »Wissenschaftliche Zeitschrift für jüdische Theologie« (1835–48, fortgesetzt 1862–75 als »Jüdische Zeitschrift für Wissenschaft und Leben«), J. Fürsts »Der Orient« (1840–51), Z. Frankels »Monatsschrift für Geschichte und Wissenschaft des Judentums« (1851–1938), M. Steinschneiders »Hebräische Bibliographie« (1858–82), G. Karpeles »Jahrbuch für jüdische Geschichte und Literatur« (1898 bis 1937), L. Geigers »Zeitschrift für die Geschichte der Juden in Deutschland« (1887 bis 1992, Neue Folge 1929–37), die »Zeitschrift für Demographie und Statistik der Juden« (1904–22) und die »Mitteilungen des Gesamtarchivs der deutschen Juden« (1908–26).

Im Gefolge des zunehmenden Antisemitismus, des Entstehens der zionistischen Bewegung und anderer nationaler und sozialer Organisationen politisierte sich gegen Ende des 19. Jahrhunderts die jüdische Presse. »Im deutschen Reich«, das Organ des →Centralvereins deutscher Staatsbürger jüdischen Glaubens (1895 bis 1922, danach bis 1938 als »Z. V.-Zeitung«), und »Die Welt« (1897–1914), das erste offizielle Blatt der zionistischen Organisation, plädierten, konträr zueinander, für eine politische »Lösung der Judenfrage« im Sinne der Assimilation bzw. des →Zionismus; nach 1918 verschärfte sich diese Kontroverse, vor allem zwischen der »Z. V.-Zeitung« und der »Jüdischen Rundschau« (1898–1938). Unter dem Einfluß der jüdischen Kulturbewegung um 1900 erschienen mehrere kulturpolitische und literarische Zeitschriften, darunter »Die jüdische Moderne« (1897–98), »Ost und West. Illustrierte Monatsschrift für modernes Judentum« (1901–22), M. Bubers »Der Jude« (1916–29), »Neue Jüdische Monatshefte« (1916–19), »Der Morgen« (1925–38).

Einzige jüdische Tageszeitung in deutscher Sprache war die »Wiener Morgenzeitung« (1919–27).

1920–38 erschienen in Deutschland über 30 Gemeindeblätter, über 20 Blätter verschiedener Organisationen (Berufs-, Sport-, Frauen-, Jugend- und Wohltätigkeitsvereine), 16 Parteiorgane unterschiedlicher Ausrichtung sowie sechs wissenschaftliche und literarische Zeitschriften; in Österreich gab es insgesamt 18 deutschsprachige Periodika, in der Tschechoslowakei sieben, in der Schweiz vier. 1806–1938 erschienen rund 250 jüdische Zeitungen und Zeitschriften in deutscher Sprache, davon etwa ein Drittel über mehr als zehn Jahre.

2. Andere Länder: Auch in den anderen westlichen Ländern erschienen jüdische Zeitungen und Zeitschriften in den jeweiligen Landessprachen, so in Frankreich seit 1840 die »Archives Israélites«, in England 1841–48 »The Voice of Jacob« und seit 1841 »The Jewish Chronicle«. Nach 1840 erschienen auch neue Zeitschriften in ladino in Smyrna, Gibraltar (1843), Konstantinopel (1853) und Wien (1855). Im Unterschied zu den Zielen der Presse der europäischen Aufklärer dienten diese Ladino-Organe vor allem der allgemeinen Information und den Handelsinteressen.

3. Hebräische: Vor allem in Böhmen, Österreich und Galizien erschienen seit 1821 neue hebräische Zeitschriften mit literarischem und wissenschaftlichem Anspruch, so die »Bikkure ha-Ittim« (Erstlinge der Zeiten). Nach der Revolutions- und Krisenzeit von 1848 stieg das Interesse der Juden in Osteuropa an Presseinformationen. Begünstigt wurde das Entstehen neuer jüdischer Zeitschriften durch die Verbesserung der Verkehrswege (Eisenbahn) und die Lockerung der Zensur in Rußland. 1856 erschien in Lyck (ostpreußisch-russisches Grenzgebiet) die Wochenzeitung

»Ha-Maggid« (Der Künder), 1860 in Odessa »Ha-Melis« (Der Mittler) und in Wilna »Ha-Karmel« (Der Karmel), 1862 in Warschau »Ha-Zfirah« (Die Morgenröte). In Wien existierte 1868–84 die Monatsschrift »Ha-Sahar« (Das Morgenrot), und in Lemberg wurde 1852–89 »Ha-Halus« (Der Pionier) herausgegeben. All diese hebräischen Zeitungen und Zeitschriften waren Ausdruck eines neuen jüdischen Selbstbewußtseins, bedeuteten Abkehr von Assimilation und Emanzipation und bereiteten den Zionismus vor.

4. *Jiddische:* Vor der Revolutionszeit von 1848 wurde die →jiddische Sprache und Literatur von vielen Juden als Jargon verachtet. Die einfachen Schichten der →Ostjuden jedoch hatten große Mühe mit dem Neuhebräischen und sprachen weder deutsch noch polnisch noch russisch. Herausgeber hebräischer Zeitungen entschlossen sich daher zu Beilagen in jiddischer Sprache, einige Zeitschriften erschienen mit hebräischem Titel und jiddischem Text, so »Qol Mwasser« (Stimme des Verkünders) 1868 bis 1872 und in Königsberg ab 1876 »Qol la-Am« (Die Volks-Stimme). Die traditionsreichsten deutsch-jüdischen Blätter in Galizien nach 1848 waren die »Zeitung« und »Die jüdische Post«. Nach 1867 erschien die »Warschauer jüdische Zeitung«. Zur jüdischen Presse auch →Exilpresse, Deutsch-jüdischer →Journalismus.

[L] D. Flinker (Hrsg.), The Jewish Press that was, Tel Aviv 1980. (IS/WJ)

Preuß, Hugo, deutsch-jüdischer Politiker, 28. 10. 1860 Berlin – 9. 10. 1925 Berlin. Preuß war seit 1906 Professor für Öffentliches Recht in Berlin und arbeitete gleichzeitig als Journalist, u. a. für die »Nation« Theodor Barths. Nach 1918 wurde er zunächst Staatssekretär und dann Reichminister des Innern. Preuß war Schöpfer des Wahlgesetzes zur konstituierenden Nationalversammlung des Deutschen Reichs und initiierte u. a. Reformen zum Frauenwahlrecht. Preuß gilt als Begründer der Weimarer Verfassung. 1919 trat er aus Protest gegen den Versailler Friedensvertrag als Innenminister zurück, führte aber das Verfassungswerk zu Ende. Zu seinen wichtigsten Publikationen gehört die Schrift »Entwicklung des deutschen Städtewesens« (1906–09). (RED)

Preuss, Walter, Nationalökonom, 20. 1. 1895, Berlin – 14. 5. 1984 Tel Aviv. Aktiv in der zionistischen Bewegung →Hapoel Hazair. 1920 Leiter des Jüdischen Arbeitsamtes in Duisburg und Generalsekretär des Jüdischen Arbeitsamtes in Berlin. 1922 Übersiedlung nach Palästina. Leiter der statistischen Abteilung der →Histadrut, später Dozent an der Universität Tel Aviv. Hauptwerke: »Ein Ring schließt sich« (Autobiographie, o. J.), »Die Arbeiterbewegung in Israel« (1969). (LH)

Preußen (auch →Hannover, →Mecklenburg, →Ostpreußen, →Pommern, →Posen, →Rheinland, →Schlesien, →Westfalen, →Westpreußen). Die seit dem 13. Jahrhundert in der Mark →Brandenburg nachweisbare jüdische Bevölkerung wurde nach einem sog. Hostienschändungsprozeß 1572/73 »auf ewige Zeiten« des Landes verwiesen. 1624 wurden einige Juden wieder in der Mark Brandenburg zugelassen. Mit der Gewinnung der Territorien Preußen (1618), →Kleve, →Mark und →Ravensberg (1609–14, 1647) und der säkularisierten Fürstbistümer →Magdeburg, →Halberstadt und →Minden (1648) erhielt Brandenburg-Preußen größere Judenschaften, die der Große Kurfürst →Friedrich Wilhelm gezielt für den Ausbau seiner absolutistischen Territorialpolitik einsetzte (→Aufnahmeedikt 1671). Trotz des staatlichen Versuchs, die Judenschaften durch Einziehung eines Gesamttributs und die damit verbundene kollektive Haftung zu zentralisieren, gelang es den Judenschaften in den einzelnen Territorien, ihr Eigenleben zu behaupten. Der Versuch der Regierung, 1717 einen »immerwährenden Oberältesten der Judenschaft in Berlin wie auch sonst in den königlichen Landen« als jüdische Zentralinstanz zu etablieren, scheiterte. Die →Generalreglements (1700, 1714, 1730 und 1750) schränkten die Rechte und wirtschaftlichen Entfaltungsmöglichkeiten der jüdischen Mittelschicht erheblich ein, während sich die kleine jüdische Oberschicht der Hoffaktoren zahlreicher Privilegien erfreute, die sie den christlichen Kaufleuten gleichstellte. Insgesamt stieg die preußische Judenschaft in der 2. Hälfte des 18. Jahrhunderts sozial ab. Die aufgeklärten Reformen, wie sie der preußische Beamte C. W. v. →Dohm vorschlug, kamen auch nach dem Tod König Friedrichs II. nicht voran, so dringlich sie auch von der Judenschaft gefordert wurden. Erst im Zuge der defensiven Modernisierung erließ Karl August von Hardenberg am 11. 3. 1812 das »Edikt, betreffend die bürgerlichen Verhältnisse der Juden in dem Preußischen Staat«, das die Juden für »Einländer und preußische Staatsbürger« erklärte, aber sie nur privatrechtlich der christlichen Bevölkerung gleichstellte. Das →Emanzipationsedikt galt nur für die Gebiete, die nach dem Tilsiter Frieden (1807) Preußen verblieben waren. Nach dem →Wiener Kongreß (1814/15) verzichtete Preußen darauf, ein einheitliches Judenrecht für alle Teile der Monarchie zu schaffen, und restituierte 22 alte Judenordnungen. Die antisemitische Ideologie vom christlich-germanischen Staat von Friedrich Julius Stahl, die besagte, daß das Christentum der Kern des deutschen Staates sei und deshalb nur Christen obrigkeitliche Ämter im Staat ausüben dürften, verhinderte unter König Friedrich Wilhelm IV. jede weitere Integration. Das Gesetz vom 3. 7. 1869 hob alle »aus der Verschiedenheit des religiösen Bekenntnisses hergeleiteten Beschränkungen« auf, ließ aber weiterhin die in den 1864 und 1866 angegliederten Provinzen geltenden Rechtssysteme in Kraft. Trotz Rechtsgleichheit erfolgten wiederholt antisemitische Ausgrenzungsversuche an den Universitäten und im Militär (→Berliner Antisemitismus-Streit, Besetzung von Lehrstühlen). Interne Regelungen (Frauen-, Zensus-Wahlrecht) blieben über 1919 hinaus den Gemeinden überlassen. Wiederholte Versuche des →Preußischen Landesverbandes jüdischer Gemeinden (gegründet 1922), ein Konkordat mit dem preußischen Staat abzuschließen, blieben erfolglos. Nach der »Gleichschaltung« Preußens durch die Nationalsozialisten vertrat die →Reichsvertretung der deutschen Juden die Belange der preußischen Gemeinden. Vernichtung des preußischen Judentums durch die Nationalsozialisten.

[L] I. Freund, Die Rechtsstellung der Synagogengemeinden in Preußen und die Reichsverfassung, 1926. – L. v. Rönne/H. Simon, Die früheren und gegenwärtigen Verhältnisse der Juden in den sämmtlichen Landestheilen des Preußischen Staates, 1843. – S. Stern, Der Preußische Staat und die Juden, 3 Teile, 1962–71. (AH)

Preußischer Landesverband jüdischer Gemeinden (PLV). Auf der Gründungsversammlung des PLV am 25. 6. 1922 in Berlin, bei der 70 Prozent der in Preußen lebenden Juden vertreten waren, wurden folgende Verbandsziele formuliert: »Vertretung aller der jüdischen Religionsgemeinschaft in Preußen gemeinsamen Angelegenheiten nach außen« und »Mitwirkung bei der Vorbereitung von Gesetzen und allgemeiner Verwaltungsanordnungen«; finanzielle Unterstützung leistungsschwacher Gemeinden; Subventionen für die theologischen Bildungsanstalten in Berlin und Breslau; Unterstützung von Lehrerbildungsanstalten in Münster und Köln; Gewährung von Stipendien zur Heranbildung von Religionslehrern, Kantoren und Gemeindebeamten; Ausarbeitung eines neuen, der Reichsverfassung angepaßten, Judengesetzes. Die Mitgliedsgemeinden (1923: rund 400, 1935: 784) sollten in bezug auf ihre Gemeindeordnung und ihre Verwaltung autonom bleiben. Nach 1933 war der PLV, der von der preußischen Staatsregierung niemals de jure anerkannt wurde, vornehmlich um die Unterstützung der wachsenden Zahl von Gemeinden bemüht, die auf finanzielle Hilfe angewiesen waren; seit 1935 kam es zu einer Anschlußbewegung von jüdischen Gemeinden außerhalb Preußens, vor allem aus dem norddeutschen Raum; Ende 1936 waren rund 80 Prozent der deutschen Judenheit im PLV vereinigt. Auf Druck der nationalsozialistischen Machthaber wurden der PLV 1938 aufgelöst und die →Reichsvereinigung der Juden in Deutschland, eingerichtet.

[L] M. P. Birnbaum, Staat und Synagoge 1918–1938. Eine Geschichte des PLV, 1981. (JÖD)

Priester (hebräisch »Kohen«, Bedeutung unsicher). Obwohl in der Hebräischen Bibel das Priestertum mit →Aaron einsetzt, konnte ursprünglich wohl jeder Israelit, besonders aber der Sippenvorstand, priesterliche Aufgaben wahrnehmen. Die Priester stammten entweder allgemein aus dem Stamm Levi oder waren direkte Nachkommen Aarons, die in der sich später herausbildenden Rangordnung der Priester als die eigentlichen Priester den Leviten und Tempelsklaven (Netinim) übergeordnet wurden. Bis z. Z. →Davids dominierte das Geschlecht Eli in Shilo, danach aber kontinuierlich die Familie Zadoks, die später auf die Aaroniden zurückgeführt wurde. Zu den Aufgaben der Priester gehörte die Gottesbefragung, richterliche und rituelle Entscheidungen, die Begleitung der Bundeslade (→Aron ha-Berit) sowie die Lehre. Erst im Lauf der Zeit entwickelte sich mit der Kultzentralisation auch das Recht der Priester, als einzige im Tempel Opfer darzubringen. In der Königszeit übernahm auch der König selber kultische Aufgaben. Unter David wurden Priester Beamte des Königs. Die Priester hatten im Hinblick auf ihre »Kultfähigkeit« besonders Reinheits- und Ehevorschriften zu beachten und mußten frei von Gebrechen sein. Sie wurden schon bald als gesonderter Stand angesehen und bezogen ihren Unterhalt u. a. aus Teilen von Tier- und Speiseopfern, Weihegaben,

Erstlingen von Tieren und Früchten des Erntedankopfers und dem Lösegeld für Erstgeborene, um für den Tempeldienst frei zu sein. Beim Tempeldienst hatten Priester eine besondere Kleidung zu tragen. Der Hohepriester durfte keine Witwe, nach rabbinischer Ansicht sogar nur eine Jungfrau unter 12 1/2 Jahren heiraten. Die große Zahl der Priester in nachbabylonischer Zeit führte zur Regelung der →Mischmarot. Priester standen an der Spitze der hasmonäischen Aufstandsbewegung und stellten z.Z. des Zweiten →Tempels ein festes Element der Machtstruktur dar. Der Hohepriester hatte die religiöse Leitung inne, beaufsichtigte Recht und Gesetzgebung und war politisches Oberhaupt. Die einfachen Priester fungierten in öffentlichen Institutionen (Richter, Leiter der Stadt) und als Toragelehrte und Lehrer. Allmählich kam es zu Spannungen innerhalb der Priesterschaft zwischen einfachen Priestern außerhalb Jerusalems, die verarmten und sich ihren Lebensunterhalt selber erarbeiten mußten, und einer sich herausbildenden Tempelaristokratie. So ist der Begriff Priester in dieser Zeit nicht mit den →Sadduzäern gleichzusetzen. Priester waren in allen Gruppierungen vertreten, so bei den →Pharisäern, den →Zeloten und den →Essenern. Durch die Zerstörung des Zweiten Tempels 70 n.Z. verloren die Priester ihre Hauptaufgabe; sie haben aber in Erinnerung daran nach wie vor auch in der →Synagoge einige Vorrechte (die ersten bei der Toralesung, Sprechen des →Priestersegens). Sie unterliegen weiterhin Einschränkungen im Hinblick auf Reinheit (Verbot der Berührung eines Leichnams, Verbot des Friedhofbesuchs) und Ehe (Verbot der Heirat einer Geschiedenen, Prostituierten, Entweihten, Sklavin, Befreiten oder Proselytin). (HMD)

Priestersegen (hebräisch »Birkat ha-Kohanim«; Num 6,24–26), im Tempel von den Priestern täglich beim Morgen- und Abendopfer vom Duchan (spezielle Plattform) gesprochen. Schon vor der Zerstörung des Zweiten Tempels 70 n.Z. in der synagogalen Liturgie. Während der Priestersegen in der →Diaspora allgemein nur noch am →Sabbat und an Festtagen (→Feste), im aschkenasischen Ritus sogar nur an den hohen Feiertagen und den Wallfahrtsfesten gesprochen wird, geschieht dies in Israel jeden Sabbat (→Schacharit, →Mussaf), in Jerusalem jeden Tag. Die Priester bereiten sich durch Ablegen der Schuhe und Händewaschen vor und werden vom →Chasan aufgerufen. Nach der →Beracha zur →Mizwa sprechen sie den Segen mit ausgestreckten Armen und mit in besonderer Weise gespreizten Fingern, wobei sich die Daumen berühren. Kopf, Arme und Hände sind vom →Tallit bedeckt. Es ist Brauch, die Priester dabei nicht anzusehen. Beim Segen wurde das Tetragramm im Tempel, nicht aber in der Synagoge ausgesprochen. Ursprünglich verharrte die Gemeinde schweigend, später rezitierte sie nach jedem Satz biblische Verse. In Babylonien wurden Beschwörungen gegen böse Träume, in der →Kabbala ein längeres Gebet hinzugefügt. Die Gemeinde antwortete mit Amen oder einem Lobpreis. Segnende Hände als Symbol für Priester finden sich häufig auf Grabsteinen. (HMD)

Pringsheim, 1. Alfred, Sohn von Rudolf Pringsheim, Mathematiker, 2.9.1850 Ohlau – 25.6.1941 Zürich. Forschungen auf dem Gebiet der Funktionstheorie; trat zum Protestantismus über, war 1901–22 Professor an der Universität München und Mitglied der Bayerischen Akademie der Wissenschaften; seine Tochter Katja Pringsheim heiratete 1905 Thomas Mann. 1933 Emigration über Österreich in die Schweiz. (AH)

2. Fedor, Bankier, 24.8.1828 Bernstadt, Schlesien – 2.5.1910 Breslau. Führender Bankier in Breslau; Leiter des schlesischen Bankvereins; Mitbegründer und Aufsichtsratsmitglied vieler großer Industrieunternehmen; Stadtrat und Stadtältester in Breslau; seit 1879 für 19 Jahre Vorsteher der dortigen Synagogengemeinde.
Ⓛ A. Heppner, Jüdische Persönlichkeiten in und aus Breslau, 1931. (AH)

3. Nathanael, Botaniker, 30.11. 1823 Wziesko, Oberschlesien – 6.10.1894 Berlin; Begründer der Deutschen Botanischen Gesellschaft und der Jahrbücher für wissenschaftliche Botanik; 1864–68 Professor in Jena, 1868–88 in Berlin; seit 1856 Mitglied der Akademie der Wissenschaften. (AH)

4. Rudolf, Eisenbahnunternehmer, 1821 Oels, Schlesien – 1901 Berlin. Entstammte einer alten jüdischen Familie in Bernstadt, wo sein Vorfahr Mendel Chaim Pringsheim 1753 Branntweinschänker und Pächter der Braugerechtigkeit war. Baute ab 1844 das oberschlesische Eisenbahnsystem auf; zog 1884 nach Berlin; sein Haus ließ er dort von Anton von Werner ausmalen.
Ⓛ G. Schyma, Die Begründung und Ausgestaltung des oberschlesischen Eisenbahnnetzes, in: Mitteilungen des Beuthener Ge-

schichts- und Museums-Vereins 11/12, 1928/29. (AH)

Prinz, Joachim, 10.5.1902 Burkhardsdorf, Schlesien – 30.9.1988 Livingstone, New Jersey (USA). 1926 Rabbiner der Berliner jüdischen Gemeinde, geriet durch seine zionistischen Positionen, vor allem durch sein Buch »Wir Juden« (1934), in Konflikt mit den assimilierten Juden, besonders mit H.-J. →Schoeps. Wiederholte Festnahmen durch die Gestapo, 1937 Auswanderung in die USA, 1939 Rabbiner am Temple B'nai Abraham, Newark. Prinz verließ 1948 die zionistische Bewegung mit der Begründung, daß durch die Existenz des Staates Israel der →Zionismus seinen Zweck erfüllt habe. Aktiv in jüdischen Organisationen, u.a. von 1958–66 Präsident des →American Jewish Congress. (JS)

Progressive Liste für den Frieden (PLF), 1984 aus dem Zusammenschluß einer arabischen Partei mit Führern der jüdischen Friedensbewegung entstandene israelische politische Partei. Eine Gruppe nicht-kommunistischer, eher bürgerlicher arabischer Akademiker trennte sich 1983 von der →Neuen Kommunistischen Liste und bildete die »Progressive Bewegung Nazareth«. Bei der Gründung der PLF kamen die jüdischen »Tauben« Matitjahu Peled und Uri Avnery hinzu. Die PLF befürwortet einen palästinensischen Staat im Westjordanland und im Gazastreifen neben, aber nicht anstelle des jüdischen Staates und wurde hauptsächlich eine Partei der israelischen Araber. 1992 blieb die Partei ohne Mandat. Die PLF erzielte in den Wahlen zur Knesset folgende Ergebnisse:

1984	1,8%	der Stimmen	2 Mandate
1988	1,5%	der Stimmen	1 Mandat
1992	0,9%	der Stimmen	0 Mandate

L M. Wolffsohn/D. Bokovoy, Israel. Geschichte, Politik, Gesellschaft, Wirtschaft, [5]1996. (DB/MW)

Progressive Partei, 1948 aus drei liberaldemokratischen zionistischen Gruppierungen (vor allem →Allgemeine Zionisten, Gruppe A) gebildete israelische Partei, die den Sozialismus ablehnte und individuelle Freiheiten sowie die Rolle der Privatwirtschaft in Israel zu stärken suchte. Mit einer Unterbrechung 1951/52 beteiligten sich die Progressiven an den von der →Mapai geführten Regierungskoalitionen bis zu ihrer Vereinigung mit den (anderen) Allgemeinen Zionisten zur →Liberalen Partei 1961. Als langjähriger Justizminister schuf Parteiführer P. →Rosen die Fundamente einer unabhängigen Judikative und setzte sich für die Entpolitisierung des öffentlichen Dienstes sowie des staatlichen Schulsystems ein. Beim Zusammenschluß der →Liberalen Partei mit →Cherut zum →Gachal bildeten ehemalige Anhänger der Progressiven Partei die →Unabhängige Liberale Partei. Die Progressive Partei erzielte in den Wahlen zur Knesset folgende Ergebnisse:

1949	4,1%	der Stimmen	5 Mandate
1951	3,2%	der Stimmen	4 Mandate
1955	4,4%	der Stimmen	5 Mandate
1959	4,6%	der Stimmen	6 Mandate

L M. Wolffsohn/D. Bokovoy, Israel. Geschichte, Politik, Gesellschaft, Wirtschaft, [5]1996. – M. Wolffsohn, Politik in Israel, 1983. (DB/MW)

Propheten (hebräisch »Nawi«), auch Seher (hebräisch »Roe« oder »Chose«) oder Mann Gottes genannt. Personen, die aufgrund göttlicher Offenbarung oder Berufung Willen und Wahrheiten Gottes verkünden. Dies drückt sich in der sog. Boten-Formel »So spricht der Ewige« oder der Wendung »Spruch des Ewigen« aus. Die Propheten als Teil der →Hebräischen Bibel werden eingeteilt in frühere (Josua bis Könige) und spätere (Jesaja bis Maleachi), wobei die späteren als Schrift-Propheten (von 750 v.Z. an), die früheren (Samuel, Gad, Natan, Ahija von Shilo, Elia, Elischa und Micha ben Jimla) als deren Vorläufer bezeichnet werden. Die Überlieferung der früheren Propheten erfolgt in Prophetenerzählungen, die der späteren in situationsbezogenen Reden, die gesammelt und später schriftlich fixiert wurden. Im Auftrag Gottes fordern die Propheten die Wiederherstellung der alten Frömmigkeit, warnen vor Luxus und politischen Bündnissen, kritisieren Oberflächlichkeit im Kult, soziale Mißstände und Sittenverfall ebenso wie gottesverachtendes Königtum und kämpfen um den Monotheismus. Sie künden nicht nur Unheil und Gericht, sondern ebenso auch Heil für Einzelne und für Israel. Die früheren Propheten kennzeichnet vorrangig, daß sie in Gruppen lebten und als Ekstatiker auftraten. Davon sind allerdings Samuel, Elischa und Micha ben Jimla teilweise ausgenommen. Die früheren Propheten wurden nicht nur um Rat gefragt, sie verkündeten auch von sich aus unbequeme Wahrheiten für politische und religiöse Institutionen, Gruppen und Einzelpersonen. Ihr politischer Einfluß war weitreichend, weil sie u.a. Könige salbten und deren Zukunft verkündeten. Sie waren so wichtig, daß sich die Könige Hof- oder Berufspropheten hielten. Die Schrift-Propheten lebten zurückgezogen und bedienten sich einer scharfen, bildreichen Sprache, die verschiedene rhetorische Mittel verwendete und auf Visionen zurückgriff. Diese bezogen sich auf Ereignisse, aber auch auf Gott selbst und rückten die Propheten in die Nähe der Apokalyptik. In symbolhaften Handlungen drückten die Schrift-Propheten nicht nur Kommendes aus, sondern ließen es im Augenblick real erscheinen. Ihre Ankündigungen führten zum Konflikt zwischen wahren und falschen Propheten, wobei die Wahrheit sich am Eintreffen der Vorhersage zeigte. Bis dahin aber beklagten die Propheten Zweifel und Ungehorsam gegenüber ihren Worten und litten an ihrem Auftrag. Neben →Abraham wird vor allem →Mose als Ur- und Vorbild aller Propheten dargestellt. Daran knüpft das rabbinische Judentum an. Mose ist der größte Prophet. Zu der ungeheuren Anzahl von Propheten und Prophetinnen werden auch Nicht-Israeliten, darunter vor allem →Bileam, gezählt. Die Prophezeiungen der Propheten handeln nur von der messianischen Zeit, nie aber von der kommenden Welt. Sie geben zwar von Gott offenbarte Worte wieder, gleichen sich aber nicht in der Ausdrucksweise. Ihre Hauptaufgabe besteht nicht in einer Art Neuschöpfung, sondern in der Weitergabe und Erläuterung der →Tora. Das Ende der Prophetie wird unterschiedlich erklärt: a) Weil nur wenige Israeliten mit Esra aus dem Exil zurückkehrten, zeigte sich in der Periode des Zweiten →Tempels kein prophetischer Geist mehr. Haggai, Sacharja und Maleachi waren somit die letzten Propheten. Seither ertönt ab und zu eine Himmelsstimme (Bat Kol), um Israel verborgene Dinge zu offenbaren. b) Josephus und rabbinische Quellen gehen davon aus, daß es noch z. Z. des Zweiten Tempels Propheten gab. So heißt es u. a., die Prophetie sei nach der Zerstörung des Zweiten Tempels an die Weisen (Chachamim), manche sagen, an Kinder und Narren, übergegangen. Der weit verbreitete Topos der gewaltsamen Abweisung bzw. Tötung der Propheten durch Israel ist ursprünglich Teil des deuteronomistischen Geschichtsbilds und dient zur Erklärung eines andauernden, bevorstehenden oder eingetretenen Strafgerichts sowie der Umkehrpredigt und des Sündenbekenntnisses. (HMD)

Proselyt (griechisch »Hinzukömmling«), ein zum Judentum übergetretener Nichtjude (hebräisch »Ger Zedek«). Bedingung für den Übertritt ist das uneingeschränkte Bekenntnis zur →Tora. Der Übertritt erfolgt vor einem →Bet Din und drei Zeugen. Aufgrund der unterschiedlichen Motive zum Übertritt wird zwar theoretisch zwischen echten und unechten Proselyten unterschieden, alle aber werden als Proselyten anerkannt, weil die wahren Motive nicht erkennbar seien. Weitere Voraussetzung ist die Beschneidung (→Berit Mila) sowie das Tauchbad (→Mikwe), später noch die Darbringung eines Opfers bzw. seit der Zerstörung des Zweiten →Tempels 70 n. Z. eine Geldabgabe. Als äußeres Zeichen nimmt der Proselyt, der als neugeborenes Kind gilt, einen hebräischen Namen an. In diesem besteht keine Verbindung mehr zu den leiblichen Eltern, sondern zu →Sara bzw. →Abraham, dem Stammvater der Proselyten. Das Bet Din hat den Proselyten auf die zu erwartende besondere Verantwortung infolge der Übernahme der Tora durch Israel hinzuweisen. Der Proselyt ist zwar vom Standpunkt der Religion Jude, seine nichtjüdische Herkunft hat aber halachische Konsequenzen. Eine Proselytin darf keinen →Priester heiraten, ein Proselyt keine öffentlichen Ämter übernehmen, nicht als Richter in Strafsachen, nach manchen Quellen auch nicht in Zivilsachen agieren, sein Erbe können nur nach dem Übertritt gezeugte Kinder antreten. Hat er keine Kinder, ist seine Habe →Hefker (»herrenlos«). Da Proselyten nicht in der jüdischen Tradition aufgewachsen sind, wird geraten, →Pessach nicht allein bzw. unter sich zu feiern. Ein Proselyt gilt sonst halachisch als Jude, wird in der Hierarchie allerdings ans Ende gesetzt. In der →Aggada stehen sich Aussagen der Hochschätzung und Ablehnung gegenüber. Damit korrespondiert eine Offenheit für Proselyten und die Ansicht, für Nichtjuden seien die →Noachidischen Gebote gegeben und damit eine Übernahme der Tora nicht erforderlich. Da halachisch eine Mischehe unmöglich ist, ist bis heute die Frage des Übertritts des nichtjüdischen Ehepartners aktuell. (HMD)

Proselytismus (Proselytenmacherei), Bekehrung zum Judentum. Seit Antoninus Pius (Regierungszeit 138–161) haben römische Kaiser wiederholt die Beschneidung von Nichtjuden und damit faktisch den Proselytismus verboten. Die Wirksamkeit dieses Verbots ist zweifelhaft, doch gab es vor allem in den kleinasiatischen Gemeinden zahlreiche »Gottesfürchtige«, die sich dem Judentum zuordneten, ohne beschnitten zu sein. Als Kaiser Konstantin der Große die allgemeine Religionsfreiheit verkündete, untersagte er dennoch den Abfall vom Christentum und hielt am Verbot des Proselytismus und der Beschneidung von Nichtjuden fest, was er ausdrücklich auch auf Sklaven der Juden bezog. Das spätrömische Kaiserrecht verfügte schließlich für die Beschneidung von Nichtjuden die Konfiskation des Vermögens und, wenn es Sklaven waren, die Todesstrafe bzw. für Freie die Verbannung. In der Folge befaßten sich gallo-fränkische Synoden nur noch mit der widerrechtlichen Beschneidung von Sklaven, und auch die kirchenrechtlichen Sammlungen →Burchards, →Ivos von Chartres und →Gratians nahmen nur die milderen Fassungen dieser Verbote auf. Im Vordergrund der kirchlichen Maßnahmen gegen den Proselytismus stand schon seit der Synode von Elvira (um 306) bis hin zu den kirchenrechtlichen Sammlungen des 11./12. Jahrhunderts die Fülle der Verbote, jüdische Sitten anzunehmen (→Judaisieren) oder zu enge Kontakte mit Juden zu pflegen. Diese Maßnahmen bezeugen bis ins Hochmittelalter die Furcht der Kirche vor jüdischer Einflußnahme. Trotz der spätestens seit dem 13. Jahrhundert gegen christliche Apostaten (→Apostasie) ebenso wie gegen Proselytenmacher verhängten Todesstrafe hat es stets Proselyten gegeben, die in christlichen Quellen nur in spektakulären Fällen, in hebräischen dagegen häufiger erwähnt werden oder an dem Namen Abraham erkennbar sind. Ähnlich wie bei Konvertiten aus dem Judentum trat bei ihnen oft ein besonderer Eifer zutage, ihrerseits Proselyten zu machen (→Bodo-Eleazar, →Wecelin). Von dem Proselyten Abraham von Augsburg berichten Selichot (hebräische Klagelieder) um 1264, er habe Christus- oder Heiligenbilder in der Kirche seiner Heimatstadt zerstört und dafür den Feuertod erlitten. Im orthodoxen Rußland wurden Proselyten, die häufig aus judaisierenden Sekten hervorgingen, noch bis ins 18. Jahrhundert öffentlich verbrannt.

(FL)

Proskauer, Erna, geb. Aronson, Rechtsanwältin und Notarin, 5. 8. 1903 Bromberg. Nach dem Abitur 1922 Jurastudium in Berlin und Freiburg i. Br., seit 1931 Gerichtsassessorin und auf dem Weg in die Richterlaufbahn – als eine der ersten Frauen im Deutschen Reich. 1933 Entlassung aufgrund des Gesetzes zur Wiederherstellung des Berufsbeamtentums; im selben Jahr Emigration nach Paris und 1934 nach Palästina; dort Wäscherin in Haifa, 1953 Rückkehr nach Berlin, Verhinderung der Fortsetzung der Richterlaufbahn 1956 aufgrund eines umstrittenen Urteils des Bundesverwaltungsgerichts, Tätigkeit als Rechtsanwältin in Wiedergutmachungsangelegenheiten, 1968–88 eigene Anwaltspraxis.

L S. Berghahn/C. Wickert (Hrsg.), Erna Proskauer: Wege und Umwege. Erinnerungen einer Rechtsanwältin, 1989. (CW)

Protokolle der Weisen von Zion, gefälschte antisemitische Hetzschrift über angebliche Pläne zur Errichtung einer »Jüdischen Weltherrschaft«, die in viele Sprachen übersetzt und millionenfach verbreitet wurde. Wahrscheinlich zwischen 1897 und 1899 in Paris geschrieben. Auftraggeber war der zaristische Polizeioffizier Pjotr Iwanowitsch Ratschkowksij, der eigentliche Verfasser ist unbekannt. 1903–07 wurden von P. A. Kruschewan und G. W. Butmy in Rußland mehrere Fassungen herausgegeben. In ihrer weltbekannt gewordenen Version wurden die Protokolle der Weisen von Zion zum erstenmal 1905 im Anhang zur dritten Auflage des Buchs »Das Große im Kleinen und Der Antichrist als nahe politische Möglichkeit« (1901) des mystischen Schriftstellers Sergej Nilus abgedruckt. Die plumpe Fälschung schildert die Versammlung einer fiktiven jüdischen Geheimregierung, der »Weisen von Zion«, greift auf die christliche Tradition der antijüdischen →Weltverschwörungslegende zurück, stellt diese willkürlich in Zusammenhang mit angeblich geheimen Zusatzprotokollen des 1. Zionistenkongresses in Basel (1897) und suggeriert eine Verschwörung von Juden und Freimaurern. Tatsächlich basieren die Protokolle der Weisen von Zion zum Großteil auf dem Plagiat eines französischen Pamphlets gegen Napoleon III. (»Dialogue aux enfers entre Machiavel et Montesquieu« von Maurice Joly, 1868, deutsch »Macht contra Vernunft. Gespräche in der Unterwelt zwischen Machiavelli und Montesquieu«, 1968). Ursprünglich benutzte die zaristische Geheimpolizei die Protokolle der Weisen von Zion zur antisemitischen Hetze, die in blutigen Pogromen endete. Obwohl die Protokolle der Weisen von Zion bereits frühzeitig u. a. von O. Friedrich in Deutschland (1920), H. Bernstein in den USA (1921) und P. Graves in der Londoner »Times« (1921) als Fälschung entlarvt wurden und trotz der Sinnlosigkeit ihres Inhalts, riefen sie paradoxerweise immer wieder Gefühle der Angst und der Ohnmacht vor einer fiktiven jüdischen »Weltherrschaft« hervor. So u. a. in Frankreich, Polen, den Vereinigten Staaten (wo sie Henry Ford von 1920–27 verbreiten ließ) und in Deutschland, wo die

Protokolle der Weisen von Zion eine besonders unheilvolle Rolle zur Rechtfertigung des antijüdischen Terrors unter der NS-Herrschaft spielten. Auch nach 1945 wurden die Protokolle der Weisen von Zion für die antijüdische und antiisraelische Propaganda eingesetzt, u. a. in Ägypten unter Nasser und während des 2. →Vatikanischen Konzils, als eine spanische Edition erschien. (BV)

Provinzialverband rheinischer Synagogengemeinden, 1900 gegründet als Untergliederung des Preußischen Landesverbands jüdischer Gemeinden, mit Sitz in Köln-Ehrenfeld. Der Provinzialverband rheinischer Synagogengemeinden sah seine Aufgabe darin, den kleineren, finanzschwachen jüdischen Gemeinden des Rheinlands Unterstützung zu gewähren und besonders für die Erteilung des Religionsunterrichts Sorge zu tragen. Da eine große Anzahl Gemeinden über keine Körperschaftsrechte verfügte, verfolgte der Provinzialverband rheinischer Synagogengemeinden das Ziel, diese politisch durchzusetzen. Dem Provinzialverband rheinischer Synagogengemeinden gehörten 71 Synagogengemeinden an. 1933 hatte er 58 223 Mitglieder. Im selben Jahr ging er in der Reichsvertretung der deutschen Juden auf. (RD)

Psalmen →Hebräische Bibel

Psychoanalytisches Institut Jerusalem →Chewra Psychoanalytith d'Erez Israel

Essay

Psychoanalyse und Judentum

Hans Keilson

Es gibt eine Wissenschaft des Judentums. Gibt es auch eine »jüdische« Wissenschaft? Und ist die Psychoanalyse eine »jüdische Wissenschaft«, einzig und allein, weil ihr Schöpfer ein Jude war und u. a. auch ein zentrales Thema der biblischen Geschichte behandelte und außerdem nur ein »gottloser Jude« war, wie Sigmund Freud in einem Brief an den Schweizer Pfarrer und Psychoanalytiker Otto Pfister am 9. Oktober 1918 sich selbst porträtierte? Dieses Bild, das er von sich selbst entwarf, ist gewiß wahr. Aber die Entstehung und Entwicklung des psychoanalytischen Paradigmas allein auf den Atheismus Freuds und dessen Verhältnis zur Moderne mit ihrer strikten Trennung von Wissenschaft und Religion zu beschränken, läßt einige wissenschaftstheoretische Aspekte außer Betracht, wie sie durch Thomas S. Kuhn formuliert sind. Dieser erweiterte Ansatz liefert gewiß keinen simplen Beitrag, die komplizierten Verhältnisse zwischen Wissenschaft und Religion einerseits und zwischen Juden und Nichtjuden andererseits einsichtiger, eindeutiger zu gestalten. Aber man kann sie auch nicht außer acht lassen. Sie verleihen der Fragestellung nach dem Verhältnis von Psychoanalyse und Judentum erst den dazugehörigen zeitgeschichtlichen Hintergrund. Peter Gay hat in seiner Publikation »Ein gottloser Jude. Sigmund Freuds Atheismus und die Entwicklung der Psychoanalyse« darauf hingewiesen, daß man sich in eine unerwünschte Gesellschaft, »einen widersprüchlichen Bund von Juden, die Freud eifrig für sich in Anspruch nehmen, und übelwollenden Nichtjuden, die ihn noch eifriger herabsetzen«, begibt, wenn man die Psychoanalyse als eine jüdische Wissenschaft bezeichnet. Aber es gab und gibt auch jüdische Kritiker, orthodoxe Rabbiner, Theologen und Philosophen, die die Psychoanalyse als dem Geist und den ethischen Maßstäben der Tora zuwider verwarfen, totschwiegen oder sich von ihr unbeeindruckt zeigten (u. a. Martin Buber, Franz Rosenzweig). Daß besondere wissenschaftliche oder künstlerische Leistungen von Juden dem virulenten Spannungsfeld des antisemitischen Vorurteils erliegen (wie Heinrich Heine), zeigt auch die Qualifikation der Einsteinschen Relativitätstheorie durch einen hervorragenden deutschen Physiker als einer »jüdischen Wissenschaft«. Man muß als nichtjüdischer Naturwissenschaftler schon besonders böswillig sein, um eine andere naturwissenschaftliche Theorie als »jüdisch« zu bezeichnen, in dem »wahnhaften« Glauben, die eigene Theorie gäbe die reine, objektive Wahrheit wieder. Freud hat zeit seines Lebens die Psychoanalyse als Naturwissenschaft definiert, eine Aussage, der heute wohl niemand mehr Beifall spendet, und sich dagegen gewandt, sie als »jüdische Wissenschaft«, als eine nationale jüdische Angelegenheit zu verstehen. Man könnte diese spontane, zähe Leugnung als einen Abwehrmechanismus deuten. Aber um wirklich »etwas« abwehren zu können, war nach seinem eigenen Eingeständnis und dem seiner Kinder seine eigene jüdische Bildung zu gering. Es sei denn, daß man in die Tiefen des ominösen kollektiven Unbewußten hinabsteigt, aus dem sich, wie wir nur zu gut wissen, sehr viel Geheimes, Pseudo-Spezifisches hervorzaubern läßt. Aber was verstand er unter »Wissenschaft« und was bedeutete ihm seine Zugehörigkeit zur jüdischen Gruppe, die er nie verleugnet hat? Aus seinen Arbeiten, seinen Briefen, Reden und den vielen überlieferten privaten Äußerungen entsteht das Bild eines jüdischen Mannes, dem der Glaube, die Religion und die Rituale der Väter nichts mehr bedeuten und dessen Werk in der Tradition der Aufklärung steht, jedoch, und hierin völlig im Gegensatz zu dem Werk von Max Weber, mit einer deutlich wahrnehmbaren antireligiösen Animosität. Für Freud bedeutete Wissenschaft betreiben, sich von den Fesseln des Glaubens zu befreien, mit dem Instrumentarium der Wissenschaft Kritik an der Religion zu üben und sie als Illusion, als Ur-Feind jeglichen nicht nur wissenschaftlichen Fortschritts zu demaskieren, um dann die Rätsel des Lebens zu lösen. Der erste Wiener Kreis von Anhängern und Schülern, die sich allwöchentlich um ihn scharten und an der Entwicklung des psychoanalytischen Paradigmas teilnahmen, waren Juden. Dennis B. Klein untersuchte in seiner Publikation »Jewish origins of the psychoanalytic movement« (The University of Chicago Press, Chicago/London 1981, 1985), inwiefern das jüdische Bewußtsein von Freud und seinen Anhängern und deren jüdisches Selbstverständnis Anteil hatten an der frühen psychoanalytischen Bewegung. Klein ist, wie schon der Titel seiner Publikation ahnen läßt, von dieser Verwurzelung überzeugt. Die äußerst komplizierte Fragestellung ist so eng verknüpft mit der Emanzipationsgeschichte und den Säkularisationserscheinungen der jüdischen Minderheit in der Diaspora in Mitteleuropa, daß angesichts der Vielfalt der hier wirksamen politischen, sozialpsychologischen und kulturellen Faktoren äußerste Vorsicht geboten erscheint bei der Einschätzung und Beantwortung der sich anbietenden Problematik. Unter Vielfalt der hier wirksamen Faktoren müssen auch die vorurteilsbedingten Reaktionsweisen der nicht-jüdischen Mehrheitsgruppe verstanden werden mit der jeder Majorität eigenen ethnozentrischen Hypokrisie, ihrer zuweilen wenig reflektierten, ambivalenten Gefühlseinstellung der jüdischen Minorität gegenüber.

Klein führt zwei Zeugen für seine Hypothese an: Otto Rank, einen der ersten Anhänger Freuds und dessen Glaube an die »psychoanalytische Erlösungsmission der Juden«, und Fritz Wittels, der allerdings nur kurze Zeit dem Kreis um Freud angehörte. Vor allem in Wittels Schriften »Der Taufjude« (1904) und »Die sexuelle Not« (1907) fand der Gedanke der universellen Aufgabe der Psychoanalyse im Zusammenhang mit dem bitteren Status der jüdischen Minderheit in der katholischen Doppelmonarchie seinen beredten Ausdruck: »Einige von uns glaubten, daß die Psychoanalyse das Angesicht der Erde verändern [...] und ein goldenes Zeitalter (einführen) würde, in welchem kein Raum mehr für Neurosen sein würde. Wir fühlten, daß ähnlich wie große Männer [...] einige Völker eine Mission in ihrem Leben haben.« Auch Hitschmann, dem Kreis um Freud zugehörig und Mitglied der B'nai-B'rith-Loge, der erste Direktor der psychoanalytischen Klinik in Wien, pries die psychoanalytische Bewegung als eine jüdische und hielt sie darum für der übrigen Gesellschaft überlegen. Diese verheißungsvolle Erwartung der Gruppe um Freud bestätigt die Kuhnsche These, daß eine normalwissenschaftliche Tradition sich dann erst etablieren kann, wenn »ein Kreis von Personen sich zusammengefunden hat, deren Glieder von den Leistungen einer Auffassung zur Deutung bestimmter Phänomene überzeugt sind, und auch davon, daß aus dieser Auffassung Modelle für weitere Problemlösungen herauszuholen sind« (Stegmüller).

Zu der Gruppe von Juden, die Freud eifrig für sich in Anspruch nehmen, gehört auch A. A. Roback, ein Judaist und Psychologe, der Ende der zwanziger Jahre die Frage, ob die Psychoanalyse eine jüdische Bewegung sei, vorbehaltlos bejahte. Er nannte Freud den »Chassid« in der modernen Psychologie, mit dem Hinweis auf Freuds mystische Neigungen (»Totem und Tabu«) und auf seine Methode, die ihn stark an den der kabbalistischen Philosophie unterliegenden Symbolismus erinnerte. Drei Jahrzehnte später hat David Bakan Robacks Beobachtungen erweitert mit der Behauptung, »der Geist der Kabbala sei in Freud lebendig« (P. Gay). Auch die von Mortimer Ostow edierte Publikation »Judaism and Psychoanalysis« muß hier erwähnt werden (New York 1982), in der von jüdischen Psychoanalytikern und einem psychoanalytisch geschulten Rabbiner (Richard L. Rubinstein) der ernsthafte Versuch unternommen wird, den Zusammenhang zwischen beiden Disziplinen zu untersuchen. Ostow zufolge schätzen beide Disziplinen Lernen, Erkenntnis, Wissen bis zu dem Punkt, wo mystische Versenkungen in Gestalt von esoterischen Erkenntnissen zugelassen werden. Hierzu rechnet Ostow auch das Phänomen der Übertragung. In der marginalen Position der Juden sieht er ein Motiv, sich der marginalen Position der Psychoanalyse zuzuwenden. Auch die beiden Disziplinen inhärente Methode der Interpretation, der Exegese, bestätigt den inneren Zusammenhang. Der Beitrag von Richard L. Rubenstein »The Meaning of Anxiety in Rabbinic Judaism« enthält Hinweise auf Kierkegaard, Tillich und Heidegger, womit im Grunde doch auch die Universalität des Angsterlebnisses im religiösen Erleben überhaupt dargestellt wurde. Zwei weitere Beiträge befassen sich mit Fragen der jüdischen Identität im allgemeinen und der Freuds im besonderen im Zusammenhang mit seiner Abhandlung über die Mosesfigur.

Es scheint mir schwierig und im kritisch-wissenschaftlichen Kontext auch eines Essays nicht zulässig zu sein, sich über die Identität einer jüdischen Persönlichkeit zu ergehen, die mit ihrem Werk das Antlitz eines Zeitalters geprägt hat, ohne die rückläufigen Einwirkungen dieses Zeitalters in seinen Hauptströmungen, in seinen soziopolitischen und kulturellen Dimensionen aufgezeigt zu haben. Diese Hauptströmung war auch für Sigmund Freud zeit seines Lebens der Antisemitismus österreichischer Färbung. Das erste Wetterleuchten der sich nähernden Shoa hat er nach dem »Anschluß« Österreichs an das Dritte Reich mit seiner Emigration nach England noch am eigenen Leibe erfahren.

Wenn es also nicht die religiöse Dimension ist, die zu seiner jüdischen Identität einen Beitrag geliefert hat, und auch sein Denkstil, seine sprachlichen Formulierungen und Methoden sich mehr an der deutschen Klassik und den großen Konzepten der Weltliteratur gebildet haben als an der talmudischen Literatur oder den Schriften der Haskala, die er beide nicht kannte, bleibt die Frage nach der Beschaffenheit, nach der Modalität seiner jüdischen Identität vorläufig noch unbeantwortet. Wie seine berühmte Ansprache anläßlich seines 70. Geburtstags an die Mitglieder des jüdischen Vereins B'nai B'rith verdeutlicht, ist es seine Solidarität, sein Gefühl von Brüderlichkeit angesichts der Verfolgungen dieser Minderheit als Spiegel seines eigenen Schicksalswegs, worauf sein Verhältnis zum Judentum beruht. Dieser Text enthält einige für einen rationalen Psychoanalytiker höchst enthüllende Passagen. Dort heißt es: »Daß Sie Juden sind, konnte mir nur erwünscht sein, denn ich war selbst Jude, und es war mir immer nicht nur unwürdig, sondern direkt unsinnig erschienen, es zu verleugnen. Was mich ans Judentum band, war – ich bin schuldig, es zu bekennen – nicht der Glaube, auch nicht der nationale Stolz, denn ich war immer ein Ungläubiger, bin ohne Religion erzogen worden, wenn auch nicht ohne Respekt vor den ›ethisch‹ genannten Forderungen der menschlichen Kultur. Ein nationales Hochgefühl habe ich, wenn ich dazu neigte, zu unterdrücken mich bemüht, als unheilvoll und ungerecht, erschreckt durch die warnenden Beispiele der Völker, unter denen wir Juden leben. Aber es blieb genug anderes übrig, was die Anziehung des Judentums und der Juden unwiderstehlich macht, viele dunkle Gefühlsmächte, umso gewaltiger, je weniger sie sich in Worte fassen ließen, ebenso wie die klare Bewußtheit der inneren Identität, die Heimlichkeit der gleichen seelischen Konstruktion. Und dazu kam die Einsicht, daß ich nur meiner jüdischen Natur die zwei Eigenschaften verdankte, die mir auf meinem schwierigen Lebensweg unerläßlich geworden waren. Weil ich Jude war, fand ich mich frei von vielen Vorurteilen, die andere im Gebrauch ihres Intellekts beschränkten, als Jude war ich dafür vorbereitet, in die Opposition zu gehen und auf das Einvernehmen mit der ›kompakten Majorität‹ zu verzichten.« Vergleicht man Freuds Worte mit dem 1941 verfaßten Testament von Henri Bergson, so entdeckt man bei allen fundamentalen Unterschieden in der Lebensführung, in Denkstil, wissenschaftlichen Zielsetzungen und Aktivitäten eine gemeinsame Grundhaltung zwischen diesen beiden Männern im Verhältnis zu ihrer jüdischen Bezugsgruppe, die nachdenklich stimmt. Bergson lebte während der deutschen Besatzung in Paris. Er ließ sich in seinem Rollstuhl, den gelben Stern auf seinem Mantel, gegen das ausdrückliche, nur für Juden geltende Verbot, auf dem Trottoir vor der deutschen Kommandantur auf und ab fahren. Trotz seiner Affinität zu den Lehrsätzen der katholischen Kirche und trotz seiner Distanz zu und seiner Kritik an »un certain nombre de juifs, dépourvus de sens moral«, wie man in seinem Testament lesen kann, hat er sich nicht taufen lassen. Dort heißt es: »J'ai voulu rester parmi ceux qui seront demain des persecutés.« Theodor Herzl ersann nach dem Dreyfus-Prozeß eine andere Lösung der Judenfrage.

Ist die Psychoanalyse eine jüdische Wissenschaft? Enthält sie wesentliche Elemente, an denen man ihre jüdische Abkunft möglicherweise erkennen kann? »Warum hat keiner von all den Frommen« – christlichen Frommen, möchte man hinzufügen – »die Psychoanalyse geschaffen, warum mußte man da auf einen gottlosen Juden warten«, schrieb Freud an Pfister. Freuds jüdische Identität mag keinem Zweifel unterliegen, sie enthält jedoch starke ambivalente Elemente, ebenso wie sein Verhältnis zum Deutschtum in seinen politischen und kulturellen Verästelungen. Freud scheint mir das typische innere Profil eines emanzipierten, assimilierten mitteleuropäischen Juden zu zeigen, stark und bewußt im Gebrauch aller politischen und kulturellen Angebote, die ihm seine Umgebung macht und zugleich vorurteilsgebunden verweigert, wobei »Assimilation« ohne Selbstaufgabe als ein Positivum, als ein Zeichen von gesunder Anpassung, von starker Lebensfähigkeit, wie es die biologische Wissenschaft definiert, verstanden werden muß. Die in religiöser und nationaler Hinsicht vorurteilsgebundenen mitteleuropäischen Staaten und Gesellschaften zeigten sich dem hierdurch neu entstandenen Identitätsanspruch nicht gewachsen. Ihre einseitige, zu kurz bemessene Interpretation verschloß ihnen, daß Identität mehrere Loyalitäten haben kann, ohne des Verrats bezichtigt zu werden. Wer wie Freud als Jude nicht gläubig, Sozialist oder Zionist war, mußte sich, um am Leben zu bleiben, mit der »kompakten Majorität« seiner Umgebung auseinandersetzen oder resignieren, er konnte sich auch taufen lassen oder in der Wissenschaft seine Heimat finden. Aber auch hier waren mehrere Varianten möglich, wie Albert Einstein zeigt. Der Kern des gesamten Problems liegt in dem Verhältnis der jüdischen Minderheitsgruppe zu der nicht-jüdischen Mehrheitsgruppe im christlichen Abendland. Er betrifft die Identitätsproblematik der jüdischen Gruppe, die ihre Akkulturierung der emanzipatorischen Aufklärung verdankt, dem Gedanken der »fraternité«, ebenso wie die Identitätsproblematik der nichtjüdischen.

Die Frage, ob die Psychoanalyse eine jüdische oder eine nichtjüdische Wissenschaft sei, ist im Grunde irrelevant. Wenn man wissenschaftstheoretisch in Anlehnung an Reichenbach den Kontext der Entdeckung getrennt von dem Kontext der Rechtfertigung einer Theorie mit Bezug auf die entscheidende Entdeckung des psychoanalytischen Ansatzpunktes betrachtet, so ist die Entdeckung des Übertragungsphänomens gewiß die Konzeption der psychoanalytischen Theorie gewesen. Während Breuer vor den obszönen Symptomen seiner Patientin Anna O. die Flucht ergriff und eine zweite Hochzeitsreise nach Venedig arrangieren mußte, wurde Freud von ihnen in seiner Neugier gefesselt, er vergaß seine theoretische und vielleicht auch bürgerliche Präokkupation und sah mit neuen Augen. Breuer und Freud waren beide Juden. Weder in Breuers Flucht, noch in Freuds Entdeckung kann ich jüdisches Gedankengut erkennen. Was Freud neu entdeckte, spricht für sein Genie, aber nicht für sein Judentum. Daß Prüderie, Heuchelei und Korruption nicht nur in sexuellen, sondern auch in gesellschaftlichen, politischen Angelegenheiten dem »demasquer« der Psychoanalyse anheimfielen, ist gewiß ein Skandalon, das bloßgestellt zu haben man Freud nur schwer verziehen hat. Aber abgesehen von diesen Entdeckungen geht es in der Psychoanalyse um ein völlig anderes Phänomen. Die Psychoanalyse definiert Identität als eine Ich-Leistung. Freud wußte, daß er »jene rätselhafte Sache« in sich hatte, »die bis jetzt – jeder Analyse unzugänglich – den Juden ausmacht«. Identität entsteht nicht durch unkritische Übernahme von kollektiven Identifizierungsangeboten zur Bewältigung der eigenen Identität.

»Ich sage Ihnen, die Psychoanalyse begann als eine Therapie, aber nicht als Therapie wollte ich sie Ihrem Interesse empfehlen, sondern wegen ihres Wahrheitsgehaltes, wegen der Aufschlüsse, die sie uns gibt, über das, was dem Menschen am nächsten geht, sein eigenes Wesen, und wegen der Zusammenhänge, die sie zwischen den verschiedensten seiner Betätigungen aufdeckt.« (S. Freud, Gesammelte Werke, Bd. 15, S. 169).

Wahrheitsgehalt, sein eigenes Wesen, Zusammenhänge aufdecken – das sind die Widersprüche und Risse, das ist das persönliche, das eigene »Skandalon«, das private und öffentliche Ärgernis, der Kern, den die Analyse enthüllt. Die Basis der Ich-Leistung ist die Annahme des Konflikts, der Widersprüche und Risse, der *condition humaine* und nicht ihre Leugnung und Glättung durch die unkritische Annahme kollektiver Identifizierungsangebote in Gestalt harmonisierender Heilserwartungen religiös-kirchlicher oder weltanschaulich-politischer Natur. Die Annahme dieser, seiner eigenen *condition humaine* gilt auch für den Menschen Sigmund Freud. Er erfuhr sie als mitteleuropäischer Jude, im Wetterleuchten der Shoa. In der Psychoanalyse formulierte er sie, nicht zuletzt in seinen kulturkritischen Schriften, in ihrer Allgemeingültigkeit.

Pulitzer, Joseph, Journalist und Verleger, Jurist, 10.4.1847 Mako, Ungarn – 29.10. 1911 Charleston, USA. Sohn eines jüdischen Vaters und einer römisch-katholischen Mutter. Pulitzer ging 1864 in die USA und kämpfte im amerikanischen Bürgerkrieg auf der Seite der Union. Im März 1867 erhielt er die amerikanische Staatsbürgerschaft. 1868 wurde er Reporter bei der in St. Louis erscheinenden deutschsprachigen »Westlichen Post«. 1869 wurde Pulitzer als republikanischer Abgeordneter in das Parlament von Missouri gewählt. Neben seiner journalistischen und politischen Tätigkeit studierte Pulitzer Jura und wurde 1878 als Anwalt zugelassen. Den ersten Schritt zum Aufbau eines kleinen, aber einflußreichen Zeitungskonzerns tat Pulitzer mit dem Erwerb des bankrotten »St. Louis Dispatch« (1878), den er mit der »St. Louis Post« zum »Post-Dispatch« vereinigte. 1883 kaufte er die New Yorker »World« und gründete 1887 die »Evening World«. Mit Werbung, Boulevardjournalismus und einer neuen Aufmachung in Bild und Schrift führte Pulitzer seine Zeitung zum Erfolg. Auf Pulitzers Initiative und mit seiner finanziellen Unterstützung wurde die »Pulitzer School of Journalism« an der Columbia University gegründet und der berühmte Pulitzer-Preis für Zeitungswesen, Literatur und Musik gestiftet.

[L] H.-D. Fischer, History and Development of the Pulitzer Prize for International Reporting, in: H.-D. Fischer(Hrsg.), The Pulitzer Prize Archive: A History and Anthology of Award-winning Materials in Journalism, Letters and Arts, Band 1, 1987.

(WR)

Pulkau, Ort eines Blutwunderkults in Niederösterreich. Nachdem die Armleder-Erhebungen 1336/37 Franken und Anfang 1338 auch das Elsaß ergriffen hatten (→Armleder), wurden zu Ostern 1338 in Pulkau im nördlichen Niederösterreich, einem seit längerem für Blutwunder besonders empfänglichen Raum, die Juden des Hostienfrevels beschuldigt und erschlagen. Die Verfolgung erfaßte auch hier den weiteren Umkreis bis hin nach Böhmen und Mähren mit etwa 30 Orten. Eine blutige Hostie war vor dem Haus eines Juden gefunden, ihre Echtheit durch zahlreiche Wunder »bestätigt« worden. Herzog Albrecht II. argwöhnte jedoch wie in früheren Fällen (etwa in Korneuburg) – wie sich herausstellte, zu Recht – eine Inszenierung und intervenierte bei Papst Benedikt XII., der eine Untersuchung anordnete. Der Bischof von Passau, Albert von Sachsen, der für Pulkau zuständig war, umging das Problem der fälschlichen Verehrung einer ungeweihten Hostie, indem er mit der verdächtigen eine geweihte Hostie ausstellte und so einen Kult etablierte. Mit dem Bau einer Heiligblutkirche in Pulkau sowie durch Wallfahrten und bildliche Darstellungen hat dieser Kult die Erinnerung an das angebliche Verbrechen der Juden bis in die Gegenwart wachgehalten. (FL)

Pumbedita →Akademie

Purim (Herkunft des Wortes unbekannt), Freudenfest zur Erinnerung an die Rettung der persischen Juden vor der Verfolgung Hamans (Günstling des persischen Königs Xerxes). Purim gehört zu den untergeordneten Festen. Es wird am 14./15. Adar, im Schaltjahr im Adar II (der 14./15. Adar I heißt dann Purim katan, »kleines Purim«), in Jerusalem als ummauerte Stadt gefeiert, dagegen z. B. in Tel Aviv am 15. Adar. Der 13. Adar ist seit dem 9. Jahrhundert Fasttag. Liturgisch wird in das →Schemone essre das Gebet »Al ha-Nissim« (»Über die Wunder«) eingefügt. Neben dem Tora-Abschnitt (Ex 17,8–16) wird die »Megillat Ester« (»Ester-Rolle«), die auf nur einem Stab aufgerollt ist, in der Synagoge gelesen. Dies geschah ursprünglich nur am Morgen, später auch am Vorabend. Ausnahmsweise dürfen auch Frauen lesen, weil eine Frau entscheidenden Anteil an der Errettung hatte. Die »Megillat Ester« ist das einzige Buch der Hebräischen Bibel, in dem Gott nicht erwähnt wird. Es gehört zu den Bräuchen, die Lesung besonders emotional vorzutragen und mit Rasseln oder Haman-Hämmern zu lärmen, wenn der Name des Haman genannt wird. Purim ist ein Fest der Geschenke für Freunde und Arme. Am Nachmittag wird ein besonderes Purim-Essen veranstaltet. Dazu gehören traditionell gekochte Bohnen und Erbsen sowie dreieckige Haman-Taschen (Haman-Ohren). Das Trinken von Alkohol ist ausdrücklich erlaubt – nach manchen so lange, bis nicht mehr zwischen den Sprüchen »Verflucht sei Haman« bzw. »Gesegnet sei Mordechai« unterschieden werden kann. Beeinflußt vom Karneval, entwickelte sich der Brauch des Verkleidens, des Parodierens talmudischer Beweisführung (z. B. der sog. Traktat Purim zum Thema »Verpflichtung, Wein statt Wasser zu trinken«), des Purim-Gesangs und seit dem 16. Jahrhundert der Purim-Spiele vor allem im aschkenasischen Bereich. Ursprünglich war Purim vielleicht ähnlich wie der Karneval eine Art Abschlußfest, bevor die Zeit der Vorbereitung auf →Pessach beginnt. Es ist Sitte, an Purim sowohl für eine wunderbare persönliche Errettung aus einer Gefahr zu danken als auch innerhalb des Jahres an den sog. kleinen Purim-Tagen mit spezieller Liturgie historische Errettungen von Gemeinden oder Familien vor Verfolgungen zu gedenken. (HMD)

Q

Qiryat Shemona → Hulatal

Qishon, Kishon, der einzige ständig wasserführende größere Fluß, der Israels Mittelmeerküste erreicht, 75 km lang; entspringt am Har Gilboa (494 m), westlich von Bet Shean, durchfließt die Jesreelebene, mündet bei Haifa; Stausee (7 Mio. m^3) bei Kefar Barukh. – Am Qishon wurde der Kanaaniter Sisera von Debora und Barak geschlagen (Ri 4). Der Prophet Elia ließ am Qishon 450 Propheten Baals töten (1 Kön 18,40). (WL)

Qumran, Chirbet Qumran, seit 1947 bekannte Ruinenstätte nordwestlich vom → Toten Meer, deren Deutung und Zuordnung umstritten ist. Gefunden wurde ein Gebäudekomplex, bestehend aus einem Hauptbau mit starkem Festungsturm, einem umfangreichen Wasserleitungs- und Zisternensystem und verschiedenen Räumen. Ausgrabungen und Münzfunde belegen, daß die Siedlung Mitte des 2. Jahrhunderts v. Z. angelegt, 31 v. Z. durch ein Erdbeben zerstört und in der Regierungszeit des Archelaus (4 v. Z. – 6 n. Z.) wiederbesiedelt wurde. Brandspuren deuten auf eine gewaltsame Eroberung und Zerstörung durch die Römer 68 n. Z. hin. Außerdem läßt sich eine Nutzung durch eine römische Garnison (68–90 n. Z.) und durch die Freiheitskämpfer (132–135 n. Z.) während des → Bar-Kochba-Aufstands nachweisen. In unmittelbarer Nähe fand sich ein Friedhof mit etwa 1200 Gräbern, darunter Gräber von Frauen und Kindern. Einige Forscher deuten die zentralen Räume als Versammlungsraum, Skriptorium und Refektorium einer abgesondert lebenden, religiösen Gruppe. Andere sehen in diesen Räumen den Speisesaal, die Organisationszentrale und die Synagoge einer jüdischen Festung. Weiterhin wurden in elf Höhlen in der Nähe Fragmente von zahlreichen Schriften gefunden. Darunter: Bibelhandschriften (u. a. eine vollständige Jesaja-Rolle), die Handschrift 1 QS (enthält Gemeinderegeln: Liturgie für das Fest der Bundeserneuerung, Ordnungsregeln für das Zusammenleben und Strafbestimmungen; prophetische Stellen mit dem Ausdruck der Erwartung eines Propheten, eines priesterlichen und königlichen Messias), 1 QM (Kriegsrolle: Kampf der Söhne des Lichts gegen die Söhne der Finsternis), 1 QH (Loblieder), 1 QpHab (→ Pescher Habakuk: Kommentar mit Anspielungen auf die aktuelle Situation), Fragmente der Damaskusschrift (CD, enthält eine mahnende Geschichtsrede, rituelle und zivilrechtliche Bestimmungen) und eine Kupferrolle (3 Q 15: Verzeichnis von Schätzen). Zu den Funden wird auch die in Bethlehem beschlagnahmte Tempelrolle gezählt (enthält Reinheitsbestimmungen; eine Liste von Opfer- und Weihegaben; eine Beschreibung Jerusalems und des Tempels sowie Anweisungen für König und Heer). Die Schriftbilder deuten auf verschiedene Schreiber hin. Die Schriften werden von vielen mit den Ausgrabungen in Verbindung gebracht. Demnach stammen sie von der sog. Qumran-Sekte (in den Quellen Jachad genannt), die unter dem sog. »Lehrer der Gerechtigkeit«, einem zadokidischen Priester, nach einem Konflikt mit dem Hohenpriester in Jerusalem in die Wüste zog und dort in der Abgeschiedenheit mit einer straff organisierten Gruppe (Rangordnung: Zadokiden, Leviten, Männer des Bundes, Novizen) ein Leben in ritueller Reinheit und Gütergemeinschaft nach eigenem Kalender und im Glauben an die nahe Endzeit führte. Gegen diese Annahme und die weit verbreitete Identifizierung von a) der Lokalität Chirbet Qumran mit den Aussagen von Plinius zur Niederlassung der → Essener in der Umgebung von En Gedi, b) den Bewohnern der Festung mit den Essenern und c) den Schriften als essenischen Schriften aufgrund inhaltlicher Ähnlichkeiten zu den Beschreibungen der Essener bei → Josephus und → Philo von Alexandria, spricht: 1. Plinius hat seinen Bericht (75 n. Z.) nach der Zerstörung Qumrans (68 n. Z.) geschrieben und somit eine andere Lokalität – näher an En Gedi – als Niederlassung der Essener beschrieben. 2. Qumran war eine strategisch günstig gelegene, wichtige und gut gerüstete Festung, die die Römer nur mit großem Aufwand einnehmen und zerstören konnten. Nach Philo und Josephus waren die Essener eine friedliebende, eher pazifistische Gruppe. Es ist deshalb trotz der Erwähnung des Johannes des Esseners unwahrscheinlich, daß die in Qumran Stationierten Essener waren, zumal Josephus in seinem detaillierten Kriegsbericht keine essenischen Truppenteile erwähnt. 3. Gemäß den Schriften und der Beschreibung von Josephus lebten die Essener zumeist zölibatär. Auf dem Friedhof wurden aber auch Gräber von Frauen und Kindern gefunden. 4. Die Texte aus den Höhlen lassen sich keinesfalls nur einer religiösen Richtung zuweisen. 5. Unter den Textfunden sind nur Schriften, keine Dokumente. 6. Es gibt keinerlei archäologische, historische und paläographische Anzeichen, daß diese Texte in Chirbet Qumran gelesen, abgeschrieben oder verfaßt wurden. Wahrscheinlich handelt es sich bei den Schriftfunden um Teile der in den Kriegswirren ausgelagerten und versteckten Jerusalemer Tempel-Bibliothek. 7. Die apokalyptische Interpretation der Kupferrolle ist unhaltbar. Es handelt sich eher um die detaillierte Aufstellung der Verstecke des Tempelschatzes. (HMD)

R

Raabe, Wilhelm →Antisemitismus in der Literatur

Raananna →Tel Aviv

RABaD I. →Abraham ibn Daud Halewi

RABaD III. →Abraham ben David

Rabba, Name verschiedener babylonischer →Amoräer, deren wichtigste waren:

1. Rabbi ben Chana (Anfang 3. Jahrhundert n. Z.), Kollege des →Abba Arikha (Raw);
2. → Rabbi ben Awuha (2. Hälfte des 3. Jahrhunderts), Schwiegervater von Raw Nachman;
3. → Rabbi ben Huna (?–322), Schulhaupt von Sura (→Akademien);
4. Rabbi bar Bar Chana (2. Hälfte 3. Jahrhundert), der nach seiner Rückkehr aus Palästina über 200 halachische Aussprüche im Namen von →Jochanan ben Zakkai überlieferte;
5. → Rabba bar Nachmani. (LD/TK)

Rabba bar Nachmani, babylonischer →Amoräer, 3./4. Jahrhundert n. Z., Onkel →Abajes, aus einer Familie, die sich auf den →Priester Eli zurückführte (RH 18a), Schüler von Raw Huna in Sura und von Raw Juda ben Jecheskel in Pumbedita (→Akademie), nach dessen Tod 22 Jahre Akademieleiter daselbst. Rabba bar Nachmani war bekannt für seine hohen Hörerzahlen, die in den →Kalla-Monaten 12 000 erreichten (BM 86a). Ob er der Aufforderung nachkam, in Palästina unter →Jochanan ben Zakkai zu studieren (Ket 111a), ist unklar. Rabba bar Nachmani war ein scharfsinniger Dialektiker, was ihm die Bezeichnung »Berge-Entwurzeler« (Oker ha-Rim) eingebracht hat (Ber 64a). Rabba bar Nachmani lebte in Armut (MQ 28a) und starb im Alter von 40 Jahren (RH 18a). (LD/TK)

Rabban (aramäisch »unser Meister«), Titel des Patriarchen (→Nassi) in Palästina. Der Titel wird vor den Namen gesetzt (z. B. »Rabban Gamaliel II.«). (LD/TK)

Rabbenu Tam →Jakob ben Meir

Rabbi (hebräisch »mein Meister«, deutscher Plural Rabbinen), Titel ordinierter (→Semicha) →Tannaiten und →Amoräer in Palästina, während die babylonischen Amoräer →Raw oder Mar hießen. Das Wort Raw (zunächst einfach »Herr«, »Meister«), von dem auch Rabbi abgeleitet ist, bekam seine Bedeutung als Gelehrtentitel erst in der Generation nach →Hillel (Mt 23,7 zeigt bereits diese Entwicklung). Der Titel wird vor den Namen gesetzt (z. B. Rabbi Jischmael).
Die Rabbinen legten die Tora in →Halacha und →Aggada aus, lehrten an →Akademien, hatten aber in den meisten Fällen eine davon unabhängige Erwerbstätigkeit, von der sie lebten. In einigen modernen Sprachen ist Rabbi auch die Bezeichnung für den →Rabbiner. (LD/TK)

Rabbiner, Gemeindeangestellter mit den Aufgaben des Lehrers, Richters (Dajan), Predigers (darschan), Fachmanns der →Halacha und Leiters einer Gemeinde. Das Amt des Rabbiners entstand erst im Mittelalter (→Rabbi, →Raw, →Chacham). Die Schwächung der zentralistischen Struktur (→Gaon, →Resch Galuta im Orient) und der Zuwachs von Juden in westlichen Ländern, die nie eine solche Struktur hatten, stärkten die Bedeutung des lokalen Rabbiners. Der Rabbiner arbeitete zunächst unentgeltlich nach dem Grundsatz, die Tora müsse kostenlos gelehrt werden; seit Ende des 14. Jahrhunderts bekam er jedoch einen sog. Ausgleich für Zeitverlust (Sechar Battala), was einem Gehalt gleichkam. Rabbiner erhielten ihre Ausbildung an einer Jeschiwa, bekamen eine Ordination (→Semicha) oder andere Zertifikate der Ernennung durch eine zentrale Autorität; doch auch die lokalen Gemeindeleitungen (→Parnas) hatten oft ein Mitspracherecht. Rabbiner leiteten vielfach selbst Lehrhäuser und Jeschiwot; andere Gemeinden konnten den Rabbiner um →Responsen zu konkreten Problemen bitten. Der Rabbiner (hebräisch ha-Raw) hatte in den verschiedenen Ländern unterschiedliche Namen: in Spanien hieß er Dajan, in den östlichen Ländern, in die die →Sephardim vertrieben wurden, Chacham oder Marbiz Tora (»Toralehrer«), in Palästina Chawer (Absolvent und Mitglied einer palästinischen Akademie). Bei steigender jüdischer Bevölkerungsdichte setzte sich zunächst das Konzept der lokalen rabbinischen Autorität (Mara de-Atra) durch, der sich andere Gelehrte oder Synagogen-Rabbiner am Ort unterzuordnen hatten. Vor allem im Osmanischen Reich kam es zur Einsetzung von Oberrabbinern (Palästina: Rischon le-Zion »Erster von Zion«; später auch, wie in Konstantinopel, Ägypten u. a.: Chacham Baschi). (LD)

Raben →Elieser ben Natan aus Mainz

Rabiah →Elieser ben Joel ha-Levi aus Bonn

Rabin, Izhak, israelischer Offizier und Politiker (→Israelische Arbeitspartei), 1. 3. 1922 Jerusalem – 4. 11. 1995 Tel Aviv (ermordet). In Tel Aviv als Sohn russischer Einwanderer aufgewachsen; trat 1941 in die →Palmach ein und war im →Unabhängigkeitskrieg Brigadekommandeur, u. a. für die Verteidigung der Zufahrtswege nach Jerusalem zuständig. Rabin wurde Berufsoffizier, 1960 bis 1964 stellvertretender, 1964 bis 1967 Generalstabschef; führte die israelische Armee im →Sechs-Tage-Krieg. 1968 bis 1973 war er Botschafter in den USA; 1974–1977 Ministerpräsident. 1977 mußte er seinem Rivalen Shimon Peres als Führer der IAP weichen. Rabin war 1984–1990 Verteidigungsminister und damit verantwortlich für die Führung der israelischen Armee nach dem Beginn der Intifada, des 1987 ausgebrochenen Aufstandes der palästinensischen Araber in den besetzten Gebieten. 1992 löste er S. →Peres als Parteivorsitzender der IAP ab und wurde nach den Wahlen im gleichen Jahr Ministerpräsident. Er führte Israel auf den Weg zum Frieden mit den Palästinensern (→Palästina) und mit Jordanien und erhielt 1994 zusammen mit Außenminister Peres und PLO-Chef Arafat den Friedensnobelpreis. Zusammen mit Peres trieb Rabin den Friedensprozeß im Nahen Osten rasch voran: 1993 unterzeichneten Israel und die PLO das Gaza-Jericho-Abkommen, 1995 das Autonomieabkommen für das Westjordanland. Der Frieden war jedoch von Anfang an durch Terrorakte radikaler Palästinenser und militanter israelischer Siedler gefährdet. Am 4. 11. 1995 wurde Rabin in Tel Aviv Opfer eines religiös motivierten Mordanschlages. Rabins Memoiren erschienen bereits 1979.

Izhak Rabin, 1994

[L] D. Arazi, Izhak Rabin. Held von Krieg und Frieden, 1996. – Lea Rabin, Ich gehe weiter auf seinem Weg, 1997. (DB/MW)

Rachel, Erzmutter Israels, Tochter des Laban, jüngere Schwester der Lea, wurde wie diese →Jakobs Frau. Rachel, schöner und von Jakob mehr geliebt als Lea, war zunächst unfruchtbar und schickte zu Jakob ihre Magd Bilha, deren Söhne Dan und Naphtali sie als ihre eigenen betrachtete (Gen 30,1–8). Als sie von Lea die »Liebesäpfel« (duda'im, Alraune) bekam, die deren Sohn Ruben gefunden hatte, und im Gegenzug dafür ihrer Schwester das Ehelager für einige Zeit räumte, wurde auch Rachel fruchtbar und gebar →Josef. Als Jakob mit seiner Familie vor Laban floh, stahl Rachel dessen Götzenbilder (Gen 31,4–35); die Rabbinen erklären dies u. a. damit, daß Rachel ihren Vater vom Götzendienst abbringen wollte (GenR 74,5). Rachel starb bei der Geburt ihres zweiten Sohnes, Benjamin, und »wurde begraben auf dem Weg nach Efrat«(Gen 35,16–20), vom biblischen Glossator als »Bethlehem« gedeutet, so daß noch heute das Rachel-Grab (besucht vor allem von jüdischen und muslimischen Frauen) an der Straße Jerusalem-Bethlehem liegt. 1 Sam 10,2 und Jer 31,15 lassen jedoch die Lage des Grabes im Stammesgebiet Benjamin, nordwestlich von Jerusalem, vermuten (wie schon →Mose ben Nachman bemerkte). (LD/TK)

Rachel, Elisabeth Felix, Schauspielerin, 28. 2. 1821 Mumpf, Schweiz – 3. 1. 1858 Cannes. 1837 gab die aus armseligen Verhältnissen stammende Rachel (Kind eines mittellosen jüdischen Händlers) ihr Debüt am Gymnase-Dramatique in Paris. 1838 Schauspielerin an der Comédie-Française. Hier zunächst schwache Publikumsresonanz; mit der Wiederentdeckung der damals wenig gespielten Tragödien von Pierre Corneille und Jean Racine stieg die Popularität Rachels, 1843 schauspielerischer Triumph mit der »Phèdre« von Racine. Eine der bedeutendsten französischen Schauspielerinnen des 19. Jahrhunderts. Ihr veristischer Darstellungsstil war geprägt von scharfen Kontrastierungen; Passagen von glühender Leidenschaft wechselten mit virtuos gespielten Wutausbrüchen. 1849 schrieben Eugène Scribe und Ernest Legouve für Rachel das Stück »Adrienne Lecouvreur«. 1858, nach Rückkehr von einer USA-Tournee, erkrankte die körperlich gebrechliche Rachel an Tuberkulose, der sie binnen kurzem erlag. (MBR)

Elisabeth Felix Rachel

Radaniten (Radhanija), nicht eindeutig geklärte Bezeichnung für jüdische Fernkaufleute, von denen der arabische Geograph Ibn Chordadbeh in seinem »Buch der Straßen und Königreiche« Ende des 9. Jahrhunderts berichtet. Danach verkehrten die Radaniten zu Wasser und zu Lande zwischen Orient und Abendland, brachten von hier Sklaven, Pelze und Schwerter, von dort Duftstoffe, Essenzen und Gewürze. Vom Frankenreich aus segelten sie entweder nach Ägypten und nach der Überquerung der Landenge von Suez durch das Rote Meer nach Arabien, Indien und China, oder sie nahmen den Weg über Syrien zum Euphrat und über den Persischen Golf ebendorthin. Andere Radaniten reisten zu Land über Andalusien nach Nordafrika oder durch das Land der Slawen zu den →Chasaren und nach Mittelasien. Sie beherrschten die Sprachen all dieser Länder. Die Quelle bezeugt die Bedeutung der Handelsbeziehungen zwischen Abendland und Morgenland, deren Monopol damals in den Händen dieser Juden lag.

L L. Rabinowitz, Jewish Merchant Adventurers, 1948. (FL)

Radikale Zionisten, 1923 in Karlsbad in Opposition zur Politik C. →Weizmanns entstandene zionistische Partei aus vornehmlich mitteleuropäischen Juden, deren bekannteste Vertreter Izhak Grünbaum und N. →Goldmann waren. Sie fürchteten, daß Weizmanns Bereitschaft zu Kompromissen gegenüber der britischen Regierung und sein Plan, nicht-zionistische Organisationen an der →Jewish Agency zu beteiligen, zu einer Verwässerung des Zionismus und zu einer Schwächung der Siedlungstätigkeit in Palästina führen könnten. Nachdem sich im Jahr 1931 die →Allgemeinen Zionisten gespalten hatten, vereinigten sich die Radikalen mit dem liberalen Flügel der Allgemeinen zur Weltunion der Allgemeinen Zionisten (Gruppe A). (DB/MW)

Rafi (Abkürzung für hebräisch »Reschimat Poale Israel«, »Liste der Arbeiter Israels«), israelische Partei, 1965 nach innerparteilichen Auseinandersetzungen um die Person D. →Ben-Gurions unter seiner Führung und mit M. →Dayan, S. →Peres und fünf weiteren Knessetmitgliedern als Abspaltung der →Mapai entstanden. Das Parteiprogramm verlangte Reformen im Wahl- und im Bildungssystem, eine Modernisierung der Wirtschaft und Selbständigkeit in der Verteidigung. In den Knessetwahlen 1965 erhielt Rafi 7,9 Prozent der Stimmen und zehn Sitze. Im selben Jahr wurde ihr Kandidat T. →Kollek zum Bürgermeister von Jerusalem gewählt. Die Partei blieb bis kurz vor dem →Sechs-Tage-Krieg 1967 in der Opposition, beteiligte sich dann an der »Koalition der nationalen Einheit«. Dayan wurde Verteidigungsminister. 1967/68 vereinigte sich die Mehrheit der Rafi (ohne Ben-Gurion) wieder mit der Mapai zur →Israelischen Arbeitspartei. Ein Rest bildete 1968 die →Staatsliste. Yigael Hurwitz, ein ehemaliges Rafi-Mitglied, brach 1979 mit der von ihm mitbegründeten →Laam-Partei und ließ für kurze Zeit eine neue »Rafi« wiederaufleben, die sich jedoch 1981 mit →Telem vereinigte.

L M. Wolffsohn, Politik in Israel, 1983. (DB/MW)

Raimundus Lullus (Ramón Llull), spanischer Dominikaner, 1232 Palma, Mallorca – 1316. Raimundus Lullus war zunächst Erzieher am Königshof, ehe er sich 1262 entschloß, in der Juden- und Muslimenmission tätig zu werden. Als Voraussetzung für eine erfolgreiche Missionierung sah er eine genaue Kenntnis der hebräischen und der

arabischen Sprache an. Nachdem sein im Jahr 1267 in Miramar gegründetes Sprachkolleg gescheitert war, wandte er sich 1311 an das Konzil von Vienne und erlangte den Beschluß, daß an den Universitäten Paris, Oxford, Bologna und Salamanca sowie an der römischen Kurie künftig Griechisch, Hebräisch, Arabisch und Syrisch unterrichtet werden sollten. Das Lateinische hingegen wollte er zu einer alle Menschen verbindenden Kultursprache machen und schlug deshalb vor, Muslime und Juden – ggf. mit Zwang – darin zu unterweisen. Gestützt auf ein persönliches Privileg König Jakobs II. von Aragón aus dem Jahr 1299, entfaltete Raimundus Lullus eine rege Predigttätigkeit in den Synagogen und Moscheen Spaniens. Seine mystisch-philosophische und theologische Lehre hat Raimundus Lullus auch in zahlreichen, teils romanhaften Schriften niedergelegt.
🄻 H. Schreckenberg, Die christlichen Adversus-Judaeos-Texte (11.–13. Jahrhundert), 1988. (PAU)

Raimundus Martini, Theologe, 1220–1285. An das →Religionsgespräch von Barcelona (1263), bei dem führend der Dominikaner Paulus Christiani beteiligt war, schloß sich auf Betreiben dieses und anderer christlicher Theologen eine Säuberungsaktion gegen jüdische Schriften an. Dabei sollten alle Anspielungen auf Jesus und Maria getilgt werden. An dieser Aktion war auch Raimundus Martini beteiligt. Er war einer der wenigen christlichen Theologen seiner Zeit, die mit der Hebräischen Bibel und dem Talmud umzugehen wußten und sich rabbinische Kenntnisse angeeignet hatten. Weil er für die Judenmission eine auf Aussagen des Talmud gestützte Beweisführung praktizierte, wandte er sich gegen die Vernichtung der jüdischen Schriften, wie sie die Päpste Gregor IX. und Klemens IV. betrieben. In seinen letzten Jahren hatte Raimundus Martini in Barcelona einen Lehrstuhl für Hebraistik inne. Von seinen antijüdischen Schriften hat insbesondere »Der Dolch des Glaubens gegen Mauren und Juden« (Pugio fidei adversus mauros et iudaeos) bis ins 16. Jahrhundert Beachtung gefunden. (PAU)

Raimund von Peñafort, Dominikaner, um 1175 Burg Peñafort – 6. 1. 1275 Barcelona. Raimund von Peñafort, 1230 päpstlicher Pönitentiar, 1238–40 Ordensgeneral, gab 1234 im Auftrag Papst →Gregors IX. die Sammlung der nachgratianischen Dekretalen, den →Liber Extra (später der zweite Teil des →Corpus Iuris Canonici), heraus. 1238 vollendete er die Beichtsumme »Summa de casibus«, deren erstes Buch den Titel »Über Juden, Sarazenen und ihre Sklaven« enthält. Bei der Auslegung betont Raimund von Peñafort die restriktiven Maßnahmen, berücksichtigt jedoch neben dem kanonischen auch das römische Recht. Als Beichtvater veranlaßte er König Jakob I. von Aragón, die Inquisition gegen die Albigenser einzuführen, die Judenmission voranzutreiben und 1228 antijüdische Gesetze zu erlassen. Raimund von Peñafort nahm 1263 an der Disputation von Barcelona zwischen →Mose ben Nachman (Nachmanides) und Paulus Christiani teil und forderte 1265 Nachmanides' Verurteilung und Verbannung wegen Blasphemie. Im Anschluß an das Religionsgespräch gingen aus seiner Schule eine Anzahl antijüdischer Schriften hervor. Raimund von Peñafort leitete damit auch auf der Iberischen Halbinsel eine zunehmende Verschlechterung der christlich-jüdischen Beziehungen ein.
🄻 F. Valls-Taberner, San Ramón de Peñafort, 1953. (FL)

RaLBaG →Levi ben Gerson

Ramallah →Judäa

Ramat Gan (»Gartenhöhe«), israelische Stadt im nahen östlichen Vorortbereich von Tel Aviv, 121 000 Einwohner; 1921 als Wohnvorort gegründet; ausgedehnte Parkanlagen; bedeutender Industriestandort: Textilien, Bekleidung, Nahrungsmittel, Maschinen, Elektrogeräte; Diamantenbörse; Bar-Ilan-Universität (religiös, gegründet 1953, eröffnet 1955). (WL)

RaMBaM →Mose ben Maimon

RaMBaN →Mose ben Nachman

Ramla, Ramle, israelische Stadt im südöstlichen Vorortbereich von Tel Aviv, 60 000 Einwohner; Verwaltungssitz des Zentraldistrikts; großes Zementwerk, Elektromotorenbau, Holz- und Stahlverarbeitung. 715 bis 717 von den arabischen Omajjaden als Hauptstadt Palästinas gegründet (einzige arabische Stadtgründung in Palästina), oft umkämpft; 1016, 1033 und 1067 schwere Erdbebenschäden; im 12. Jahrhundert Kreuzfahrerburg am Weg nach Jerusalem; die jüdische Gemeinde und die jüdischen Sektengruppen der Samaritaner und Karäer gingen in der Kreuzfahrerzeit unter; Ruinen historischer Bauwerke: Weißer Turm (Minarett von 1268), Große Moschee (ehemalige St.-Joseph-Kathedrale der Kreuzfahrer). 1948 aus einer weitgehend verlassenen arabischen Kleinstadt von 17 000 Einwohnern entstanden. (WL)

Ramon, Har Ramon, höchste Erhebung im zentralen Negev (Israel), 1035 m; am Südwest-Ende des 40 km langen, 8 km breiten und 400 m tiefen Erosionskraters Makhtesh Ramon. In der Nähe Mizpe Ramon, 1956 gegründete Entwicklungsstadt, 3000 Einwohner, seit 1986 steuerfreie Freihandelszone, Keramik-, Zementindustrie. (WL)

RaN →Nissim ben Ruben Gerondi

RaSchBA →Adret, Salomo ben Abraham

RaSchBaM →Samuel ben Meir

RaSchBaSch →Duran, Salomo ben Simon

RaSchBaZ →Duran, Simon ben Zemach

RaSCHI →Salomo ben Isaak

Rassegesetze (auch »Nürnberger Gesetze«), Gesetze separierenden und diffamierenden Inhalts gegen die in Deutschland lebenden Juden, vom Reichstag auf Initiative Hitlers am 15. 9. 1935 während des Reichsparteitags der NSDAP in Nürnberg verabschiedet. Ausgehend von der nationalsozialistischen Ideologie, daß die Juden einer von den Nichtjuden abgrenzbaren »minderwertigen Rasse« angehörten, sollten sie aus dem bürgerlichen Leben völlig verdrängt werden. Die Rassegesetze verboten unter Androhung von Zuchthausstrafen Eheschließung und außereheliche Beziehungen zwischen Juden und »Staatsangehörigen deutschen oder artverwandten Blutes« (*Blutschutzgesetz*) und schlossen alle Staatsbürger »nicht-deutschen oder artverwandten Blutes« von der Reichsbürgerschaft aus (*Reichsbürgergesetz*). Vorausgegangen war bereits seit 1933 die Entlassung jüdischer Beamter aus dem Staatsdienst (»Gesetz zur Wiederherstellung des Berufsbeamtentums«, 7. 4. 1933), die erste einschneidende Ausschaltungsmaßnahme gegen die jüdischen Bürger und wie alle gegen sie gerichteten Sondergesetze ein eklatanter, zynischer Bruch der noch immer bestehenden Weimarer Verfassung, der von der Juristenschaft ohne Protest hingenommen wurde. Auch eine Fülle von Berufsverboten für Juden war bereits ergangen: keine Zulassung für Rechtsanwälte, nur noch bedingter Zugang zu Universitäten und weiterführenden Schulen, Entzug der Kassenarztzulassung, Einschränkung künstlerischer Betätigung, Verbot für jüdische Journalisten, für nichtjüdische Blätter zu schreiben. Die Nürnberger Gesetze jedoch stempelten die Juden endgültig zu Bürgern zweiter Klasse, ja, machten die bürgerliche Gleichstellung (→Emanzipation) überhaupt rückgängig. Die Juden waren nun generell von den politischen Bürgerrechten ausgeschlossen. Mit perfider Detailfreudigkeit definierten die Ausführungsbestimmungen der Nürnberger Gesetze, wen man als »deutschblütig«, »Jude«, »Mischling 1. Grades« oder »Mischling 2. Grades« einzuordnen hatte. In vielen gesellschaftlichen Bereichen wurde ein Nachweis für die »Reinheit des Blutes« in Form eines Abstammungsbescheids gefordert. Obwohl die Nürnberger Gesetze den Druck auf die deutschen Juden in bisher nicht bekanntem Maße gesteigert hatten, konnten sie nicht alle engen menschlichen Beziehungen verhindern. Gerichtsverfahren und Verurteilungen wegen »Rassenschande« gehörten bald zum Alltag. Die Isolierung der Juden von ihrer nichtjüdischen Umwelt wurde immer bedrückender; nach dem Verbot, nichtjüdische Hausangestellte unter 45 Jahren zu beschäftigen (Teil des »Blutschutzgesetzes«), durften Juden bald auch keine Theater, Kinos und Schwimmbäder mehr besuchen, auch keine Urlaubsorte. Am 28. 4. 1938 begann die Ausschaltung der Juden aus dem Wirtschaftsleben (→Arisierung). Im selben Jahr wurden Juden verpflichtet, ihr Vermögen anzumelden; gleichzeitig wurde ihnen die Ausübung einer Reihe weiterer Berufe verboten. Im selben Jahr noch wurden alle Juden, die keine erkennbar jüdischen Vornamen trugen, gezwungen, zusätzlich die Namen »Sara« oder »Israel« zu führen. Im November 1938, nach der →Reichspogromnacht, kam dann die endgültige Ausschaltung aus dem Wirtschaftsleben – die dritte einschneidende Ausschaltungsmaßnahme. Es folgten weitere Berufsverbote, Einschränkungen der Bewegungsfreiheit, die Beschlagnahme von Juwelen, Schmuck und Kunstgegenständen. Die erzwungene »Auswanderung« von Juden wurde forciert. Deutsche Juden hießen jetzt »Juden in Deutschland« und galten als Fremde (4. 7. 1939). Jüdische Kinder durften seit 1939 keine öffentlichen Schulen im Deutschen Reich mehr besuchen.

Seit spätestens 1941 wurden den deutschen Juden bestimmte, separierte Wohngebiete zugewiesen, ihre Ausweispapiere mit einem »J« gestempelt, und sie waren verpflichtet, den »Judenstern« (→Judenkennzeichnung) zu tragen. Verboten war ihnen der Besitz von Radiogeräten, eines Telefonanschlusses, der Bezug von Zeitungen, der Besuch von öffentlichen Veranstaltungen, die Benutzung von Bänken in öffentlichen Parkanlagen. Die Zeiten, in denen sie einkaufen gehen konnten, wurden reglementiert. Juden waren in jeder Beziehung recht- und besitzlos geworden. Der Weg für die →Endlösung der Judenfrage war auf diese Weise geebnet.

🄻 J. Walk (Hrsg.), Das Sonderrecht für die Juden im NS-Staat, 1981. – F. Battenberg, Das Europäische Zeitalter der Juden, 1990. (SG)

Rassenantisemitismus →Antisemitismus

Rathenau, Walther, Industrieller und Politiker, 29. 9. 1867 Berlin – 24. 6. 1922 Berlin, trat 1900 in den Vorstand der AEG ein, wo er 1915 seinem Vater auf dem Posten des Präsidenten nachfolgte, baute 1914/15 die Kriegsrohstoffabteilung im preußischen Kriegsministerium auf und forderte im Oktober 1918 die Entfesselung eines »Volkskrieges« angesichts der drohenden Niederlage. 1919 Mitglied im Reichswirtschaftsrat und tätig bei den Vorbereitungen zur Friedenskonferenz. Von Mai bis November 1921 Wiederaufbauminister, seit dem 1. 2 1922 Reichsaußenminister. Wegen seiner »Erfüllungspolitik« von Nationalisten ermordet. Neben der politischen Tätigkeit schriftstellerische Arbeiten zu allgemeinen philosophischen und kulturkritischen Fragen. Rathenau nahm wiederholt zu Fragen des Judentums Stellung. In seinem 1897 geschriebenen Aufsatz »Höre Israel!« betonte er die Gegensätze zwischen deutschem und jüdischem Wesen und bekannte sich zum Assimilationsjudentum. 1917 veröffentlichte er »Eine Streitschrift vom Glauben«, in der er die Taufe mit der Begründung ablehnte, das Christentum sei vielleicht die allein mögliche Fortbildung des Judentums, der mosaische Monotheismus aber sei kraft seiner Freiheit von Dogma und Kirche das einzige Bekenntnis, das den persönlichen Glauben ohne inneren Widerspruch dulde. Die Gesamtausgabe der Werke Rathenaus besorgten H. D. Hellige und E. Schulin unter dem Titel »Werke und Briefe« (6 Bände, 1983ff.).

Walther Rathenau

🄻 P. Berglar, Walther Rathenau. Seine Zeit, sein Werk, seine Persönlichkeit, 1970. (JS)

Ravensberg (Grafschaft). In der im 13. Jahrhundert im Randgebiet der Stifte Minden, Paderborn und Münster gebildeten Grafschaft, über die endgültig erst 1647 →Brandenburg die Verwaltung erhielt, sind vor 1345 Juden in Bielefeld nachweisbar; nachdem diese infolge der Pestpogrome 1348/49 weggezogen waren, nahm 1370 Graf Wilhelm die in Bielefeld weilenden Juden erneut in seinen Schutz. 1408/09 wurden die Juden in Ravensberg von König Ruprecht geächtet, weil sie den sog. Opferpfennig nicht bezahlt hatten. Gesicherte Nachrichten über Juden in Ravensberg liegen erst wieder aus dem Jahr 1586 für Bielefeld vor. Eine Gemeinde entstand in Bielefeld jedoch erst im 17. Jahrhundert. Seit 1807 zum Königreich Westfalen gehörend, bildete Bielefeld im System des Kasseler Konsistoriums einen Sprengel. Nach 1815 kam Ravensberg zur preußischen Provinz →Westfalen und war mit Rabbinatssitz in Bielefeld das jüdische Zentrum Ostwestfalens.

🄻 D. Aschoff, Die Juden in Westfalen (1350–1530), 1980. – B. Brilling/H. Richtering, Westfalia Judaica, Band 1 (1005–1350), 1967. – M. Minninger u. a., Einwohner – Bürger – Entrechtete. Sieben Jahrhunderte jüdisches Leben im Raum Bielefeld, 1988. (AH)

Ravensbrück, KZ bei Fürstenberg/Havel. 1938 als größtes KZ für Frauen errichtet, seit 1941 auch ein Lager für Männer. Besonders berüchtigt war Ravensbrück wegen medizinischer Experimente an Polinnen (den sog. »Versuchskaninchen« oder »Rabbit girls«). Insgesamt waren in Ravensbrück rund 107 000 Frauen und 20 000 Männer als Häftlinge registriert, 90 000 wurden ermordet. Im Februar 1945 waren noch 46 000 Menschen in Ravensbrück inhaftiert. Ende April 1945 wurde das Lager von Sowjettruppen befreit. Seit 1959 ist Ravensbrück eine Mahn- und →Gedenkstätte. 1991 entstand eine heftige Kontroverse über den Bau eines Supermarkts in unmittelbarer Nähe der Gedenkstätte an der Zufahrtsstraße zum ehemaligen KZ, die von den Häftlingen angelegt worden war.

[L] Komitee der Antifaschistischen Widerstandskämpfer, Frauen-KZ Ravensbrück, 1973. (RED)

Raw (hebräisch »groß«; »Herr«, »Meister«), Titel babylonischer →Amoräer, während der Titel →Rabbi für die ordinierten (→Semicha) Gelehrten Palästinas reserviert war. Seit dem Mittelalter, meist in der Form ha-Raw, hebräische Bezeichnung für den →Rabbiner. (LD/TK)

Rawa (auch Raba; Abkürzung von Raw Abba ben Josef ben Chama), ?– 352 n.Z., babylonischer →Amoräer, Schüler von Raw Nachman ben Jakob und Raw Josef ben Chija, dem Schuloberhaupt von Pumbedita (→Akademie). Die halachischen Kontroversen mit seinem Studienkollegen →Abaje gelten als Höhepunkt talmudischer Dialektik und nehmen im babylonischen Talmud einen breiten Raum ein. Als Abaje Schuloberhaupt in Pumbedita wurde, ging Rawa zurück nach Machosa, wo er für 14 Jahre die Leitung der dortigen Akademie übernahm, der sich nach Abajes Tod auch dessen Schüler anschlossen. Rawa war bekannt für Scharfsinn und logische Argumentation. Als Landbesitzer (BM 73a) und Weinhändler (Ber 56a) hatte Rawa gute Beziehungen zum Exilarchen (→Resch Galuta) sowie – von anderen beargwöhnte – Verbindungen zum Perserkönig Schapur II. (vgl. Chag 5b) und zu dessen Mutter (BB 10b). (LD/TK)

RAZ →Bürgerrechtsbewegung

Recht, jüdisches, bezeichnet die Gesamtheit der Gegenstände der →Halacha, sofern sie das Verhältnis eines Menschen zu seinem Mitmenschen oder zur Gesellschaft betreffen; zu unterscheiden davon ist das Verhältnis zu Gott (→Mizwa). Recht und Religion sind indes untrennbar verbunden, da sie dieselben literarischen Quellen haben und nach ähnlichen Methoden entwickelt werden. Das Recht zerfällt in verschiedene Bereiche: Zivilrecht (Dine mamonot, einschließlich Strafsachen ohne körperliche Strafe), Strafrecht (Dine nefaschot, konzeptionell einschließlich der Todesstrafe, praktisch abhängig von der jeweiligen Rechtsautonomie der Juden), Personenstandsrecht, Zins- u. Steuerrecht und dgl. Literarische Quellen des Rechts sind die →Hebräische Bibel, der aramäische →Targum, die halachische Midraschim (→Midrasch), →Mischna, →Tossefta und Baraitot (→Baraita), die beiden Talmude; seit der gaonäischen Zeit →Chidduschim und Kommentare zu Mischna und Talmud, →Responsen und →Kodizes, daneben Takkanot (→Takkana; Erlasse, Satzungen). Rechtsgrundlagen sind die Überlieferungskette der schriftlichen und mündlichen Lehre seit Mose am Sinai (Abot 1,1); die Ableitung von Rechtsnormen durch Auslegung der Bibel (Hermeneutik); die rabbinisch autorisierte Entscheidung; der Brauch (→Minhag); der »Präzedenzfall«; die vernünftige Entscheidung (Sewara). Ort der Gerichtsbarkeit war das →Bet Din; um dem Zwang zu entgehen, bei Fehlen eines gesetzeskundigen Richters nichtjüdische Gerichte (Arka'ot schel Gojim) anzurufen, wurden auch Gerichte mit drei Laien zugelassen. Das nichtjüdische Recht der Regierung galt als Recht (Dina de-Malchuta Dina, Ned 28a), allerdings eingeschränkt und nur im Zivilrecht.
Die jüdische Rechtsautonomie hing vom jeweiligen nichtjüdischen Herrscher ab; seit dem 18. Jahrhundert (→Emanzipation) schwand sie bis auf das Personenstandsrecht, während Verhandlungen vor staatlichen Gerichten im Sinne des Dina de-Malchuta Dina anerkannt wurden. Zum »ethisch« motivierten Rechtsverzicht: →Din Tora. (LD)

Reconstructionism, der einzige rein amerikanische Zweig des Judentums, von M. →Kaplan gegründet; sieht das Judentum als fortdauernde Entwicklung der jüdischen Kultur. Den Gottesbegriff als Kernsache ersetzt der Reconstructionism durch den Begriff des jüdischen Volkstums (peoplehood); Gott wird dadurch naturalisiert und als Macht, die Erlösung ermöglicht, dargestellt; Erlösung wird als Möglichkeit der diesseitigen, nicht der jenseitigen Welt verstanden. Der Reconstructionism betont die Gleichheit zwischen den Geschlechtern und führte die Bat-Mizwa-Zeremonie (→Bar Mizwa für Mädchen) ein; 1968 wurde das Reconstructionist Rabbinical College in Philadelphia eröffnet; Federation of Reconstructionist Congregations and Havurot als Dachorganisation der Synagogen und kleinerer Gruppentreffen (Havurot).
[L] R. Libowitz, Mordechai Kaplan and the Development of Reconstructionism, New York 1983. (CL)

Rée, Anton, Pädagoge, Politiker, 1815 Hamburg – 1895 Hamburg. Anhänger des Linksliberalismus in der Revolution 1848/49 in Hamburg, Mitglied der dortigen Bürgerschaft (1859–71) und des Reichstags (1881–84). Setzte sich für die Trennung von Staat und Kirche sowie für eine standes- und konfessionsfreie Volksschule ein. Direktor der →Israelitischen Freischule, deren Bildungskonzept er entscheidend mitgestaltete.

[L] M. Asendorf, Der Hamburger Pädagoge und Politiker Rée. Ein Beitrag zum Verhältnis von Emanzipation und Bildung, in: W. Grab (Hrsg.), Jüdische Integration und Identität in Deutschland und Österreich 1848–1918, Tel Aviv 1984. (AH)

Essay

Reformjudentum

Michael A. Meyer

Der Begriff Reformjudentum bezeichnet eine Richtung im religiösen Judentum, die heute mehr als 1 200 000 Anhänger zählt, meistens in Nordamerika, wie auch eine Religionsphilosophie, deren Ziel es ist, jüdische Tradition mit moderner Kultur in Einklang zu bringen. Die entsprechende Bewegung entstand zuerst in den jüdischen Gemeinden Deutschlands unter dem Einfluß der Aufklärung und breitete sich dann in den Ländern Mittel- und Westeuropas aus, aber auch und besonders in den Vereinigten Staaten von Amerika.

Die Reformbewegung im Judentum erschien zu der Zeit, als die Juden aus der Isolierung des Ghettos in die europäische Gesellschaft eintraten. Ihre neue Lage verlangte eine Harmonisierung zwischen überliefertem Brauchtum und ihrer geistlichen sowie kulturellen Umgebung. Man brauchte eine Theologie, die in der Lage war, gegen die Behauptung christlicher Denker aufzutreten, das Judentum könne in der modernen Welt keinen Platz finden, aber auch eine religiöse Ästhetik, die eine neu erwachte Sensibilität ansprach. An die Seite der *Halacha*, des jüdischen Gesetzes, als Maßstab der jüdischen Legitimität trat das religiöse Bewußtsein des Individuums. Das subjektive Erlebnis beim Gottesdienst wurde nicht weniger wichtig als die regelgerechte Ausübung des Rituals.

Mit Ausnahme einer kurzlebigen Separatgemeinde, die in Amsterdam im Jahr 1797 entstand, wurden die ersten reformierten Gottesdienste in Deutschland gehalten: 1810 in Seesen, 1815 in Berlin und 1818 in Hamburg. Diese Gottesdienste, die von Laien angeregt wurden, nahmen sich die protestantische Kirche als Muster, indem sie Erbauung und gute Ordnung anstrebten. Die Synagoge, früher auch als Gemeindehaus benutzt, wurde nunmehr exklusiv ein Gotteshaus, das angemessene Ehrfurcht erforderte. An die Stelle der herkömmlichen *Derascha*, des bibelexegetischen Vortrags, trat die homiletisch gut ausgearbeitete Predigt, an die Stelle des Singsangs des Vorbeters die Choräle eines ausgebildeten Chors. Die →Orgel wurde bald die unentbehrliche Begleiterin des Gottesdienstes, der wesentlich gekürzt wurde. Da die hebräische Gebetssprache immer weniger verstanden wurde und Frauen, auf die jetzt mehr Rücksicht genommen wurde, sie meist nie gelernt hatten, wurden die Gebete teilweise in der Landessprache vorgetragen. Und da die Reformjuden sich bald national als Deutsche fühlten und nicht mehr glaubten, daß jüdische Existenz in Deutschland als Exil zu bezeichnen sei, entfernten sie aus ihrer Liturgie Gebetsstellen, die die Hoffnung auf die Rückkehr in das Land Israel, auf die Wiedererrichtung des alten Tempels und die Wiedereinführung der Tieropfer ausdrückten. Überzeugt davon, daß der Zeitgeist gegenseitige Toleranz beanspruche, merzten sie auch aus ihren Gebetbüchern Stellen aus, die Gottes Rache an Christen als Vergeltung für die Verfolgungen des Mittelalters verlangten. Die Ortho-

doxen in den Gemeinden – die lange in der Überzahl blieben – widersetzten sich natürlich allen diesen Neuerungen und klagten, besonders in Preußen, die Reformatoren als gefährliche Sektierer bei den staatlichen Behörden an.
Seit den 30er Jahren des 19. Jahrhunderts erfuhr die jüdische Reformbewegung in Deutschland eine Vertiefung durch die wissenschaftliche und spekulative Theologie. Schon ein Jahrzehnt früher war eine Wissenschaft des Judentums gegründet worden, die an den Universitäten ausgebildete Rabbiner nun auf die rabbinischen Quellen anwandten, um eine historisch-kritische Perspektive für Reformversuche zu gewinnen. Führender Reformrabbiner war Abraham →Geiger (1810–1874), der zuerst in Wiesbaden amtierte, danach in Breslau, Frankfurt am Main und Berlin. Geiger war zugleich Historiker des Judentums, praktischer Reformator und berühmter Prediger. In seinen wissenschaftlichen Arbeiten versuchte er zu zeigen, daß das historische Judentum bis in das 16. Jahrhundert nicht erstarrt war, sondern sich durchgehend entwickelte, immer in Beziehung zu der veränderten Kulturwelt, in der die Juden lebten. Er vertrat eine Offenbarungsidee, die sich nicht auf Sinai beschränkte, sondern sich im religiösen Bewußtsein der Juden immer weiter entfaltete. Spekulative Theologen, meist auch Reformrabbiner, versuchten, diese Idee eines sich entwickelnden und fortschreitenden Judentums in Beziehung zu herrschenden Philosophiesystemen (Kantianismus, Hegelianismus usw.) zu setzen wie auch gegenüber der christlichen Theologie (besonders Schleiermachers) zu rechtfertigen.
Während der 40er Jahre trafen sich reformgeneigte Rabbiner in drei Rabbinerversammlungen (Braunschweig 1844, Frankfurt am Main 1845, Breslau 1846). Hier wurde der Versuch unternommen, gegenüber den wichtigsten Fragen eine gemeinsame Stellung einzunehmen. Es wurde z. B. beschlossen, daß es ratsam sei, die hebräische Sprache, obgleich nicht unbedingt erforderlich, als Bestandteil des Gottesdienstes zusammen mit der deutschen Sprache beizubehalten. Trotz der Schwierigkeit, den Sabbat am Sonnabend, der nunmehr für die meisten Juden Werk- und Schultag war, rechtmäßig zu feiern, waren nur wenige Rabbiner (besonders Samuel →Holdheim, später der erste Rabbiner der radikalen Reformgemeinde in Berlin) bereit, ihn auf den Sonntag zu verlegen. In der letzten Versammlung, in Breslau, wurden auch Vorschläge zur religiösen Emanzipation der jüdischen Frau gemacht, die bisher in der Synagoge nicht als gleichberechtigt betrachtet worden war.
In der Zeit nach den Rabbinerversammlungen spaltete sich das Reformjudentum in Deutschland in drei Richtungen. Der rechte Flügel unter Rabbiner Zacharias →Frankel (1801–1875), dem Gründer und Leiter des ersten modernen Rabbinerseminars in Deutschland, des →Jüdisch-Theologischen Seminars in Breslau, bezeichnete sich als Verfechter eines »positiv-historischen Judentums«. Diese Bezeichnung verwies auf ein Judentum, das, wenn es auch der historischen Entwicklung unterlag, einen unantastbaren Kern der geoffenbarten Religion in sich trug, den es jenseits aller historischen Kritik zu bewahren galt. In der Mitte stand das »liberale Judentum«, das als religiös-progressives Element innerhalb der Gemeinden den Großteil des deutschen Judentums für sich gewann. Auch diese Richtung wurde durch ein Rabbinerseminar begründet, die →Hochschule für die Wissenschaft des Judentums in Berlin. Am linken Rand stand die unabhängige Berliner »Reformgemeinde«, in der jeden Sonntag ein sehr gekürzter Gottesdienst fast ausschließlich in deutscher Sprache stattfand, bei dem die Männer ohne Kopfbedeckung beteten. Diese Aufgliederung außerhalb des orthodoxen Judentums erhielt sich bis in die Hitlerzeit.
Unterdessen verbreitete sich die Reformbewegung in den anderen Ländern Europas. In Österreich entwickelte sich ein »Wiener Ritus«, der die Gebetsformeln kaum antastete, jedoch auf festlicher Ordnung bestand und durch den guten Ruf des Predigers Isaak Noa Mannheimer (1793–1865) und des Kantors und liturgischen Komponisten Salomon Sulzer

(1804–1890) einen wesentlichen Einfluß auch auf Galizien und Ungarn ausübte. Während das Reformjudentum in Polen und Rußland wenig Erfolg erlangte, bedingt durch die reaktionäre politische und religiöse Einstellung in diesen Ländern, drang es im Westen leichter vorwärts. Wenn auch in Frankreich ein selbständiges Reformjudentum erst im 20. Jahrhundert aufkam, näherte sich dort das offizielle Judentum ziemlich früh der Ästhetik der katholischen Kirche an, und mehrere Synagogen wurden mit Orgeln ausgestattet. In England bildete sich 1842 eine Reformgemeinde in London, und zu Beginn des 20. Jahrhunderts kam eine mehr radikale Bewegung, der »Liberal Judaism«, hinzu. Ihren größten Erfolg erntete die Reformbewegung in den Vereinigten Staaten. Dort stand ihr keine eingewurzelte traditionelle Gemeinde entgegen, die zuerst bekämpft werden mußte. Auch der Individualismus, der die amerikanische Kultur kennzeichnet, bevorzugte ein Judentum, das nicht völlig an alte Normen gebunden war. Schon im Jahr 1824 entstand eine kleine Reformgemeinde in Charleston, South Carolina. Sie bestand aus sephardischen Juden spanischer Herkunft und wurde nach kurzer Zeit wieder von der Hauptgemeinde absorbiert. Erst als deutsche Juden, die teilweise innerhalb der Reformgemeinden aufgewachsen und konfirmiert worden waren, in die Vereinigten Staaten auswanderten, verbreitete sich die jüdische Reform in Amerika. Diese Immigranten gründeten während der 40er und 50er Jahre Synagogen in amerikanischen Großstädten, die immer mehr den Reformritus annahmen. Eine wichtige Neuerung, die sich in Amerika schneller und weiter als in Deutschland verbreitete, war das Zusammensitzen von Frauen und Männern beim Gottesdienst auf »Familienbänken«. Auch nahm die Reform in Amerika bald eine radikalere Form an. Der Glaube an die Wiederauferstehung der Toten wurde preisgegeben, ebenso mehrere Rituale, die als primitiv angesehen wurden, z. B. das Blasen des Schofar (des Widderhorns) an den hohen Feiertagen. Diese radikale Phase des amerikanischen Reformjudentums (heute das »klassische Reformjudentum« genannt) erhielt bündigen Ausdruck in einer Grundsatzerklärung seitens mehrerer Reformrabbiner, die sich in Pittsburgh im Jahr 1885 trafen. Die »Pittsburgh-Plattform« erklärte, daß das Judentum wesentlich monotheistischer Glaube und universale Ethik sei und daß die Ritualgesetze nur in dem Maße verbindlich seien, in dem sie zur religiösen Erbauung und zur Heiligung des Lebens beitrügen. Sie verwarf jedes jüdische Nationalbewußtsein, indem sie das Judentum ausschließlich als Religionsgemeinschaft bezeichnete. Auch wenn die Erklärung vom Optimismus der Zeit stark beeinflußt war, gelang es einem der führenden Rabbiner, Emil G. Hirsch (1851–1923) aus Chicago, als letzten Grundsatz hinzuzufügen, daß es Aufgabe sei, bestehendes Unrecht in der amerikanischen Gesellschaft zu bekämpfen. Im europäischen Reformjudentum wenig betont, wurde in den Vereinigten Staaten die praktische Sozialethik ein dominantes Element. Die schnelle Entwicklung des Reformjudentums in den Vereinigten Staaten führte bald zur Gründung eines Bundes reformistischer Synagogen, der Union of American Hebrew Congregations (1873), eines Rabbinerseminars, des Hebrew Union College (1875), und einer Rabbinervereinigung, der Central Conference of American Rabbis (1889). Alle drei wurden von dem in Böhmen geborenen Rabbiner Isaac Mayer Wise (1829–1900), der beinahe ein halbes Jahrhundert in Cincinnati amtierte, gegründet oder angeregt. Wise war ein höchst tatkräftiger Organisator, dessen Ziel darin bestand, durch überlegte Kompromisse das amerikanische Judentum zu vereinigen. Doch gelang ihm dies nur zeitweise. In dem Maße, in dem die Reformbewegung sich radikalisierte, entfernte sie sich auch von den mehr konservativen Juden, die seit Anfang der 80er Jahre besonders aus Osteuropa nach Amerika strömten. Sie schlossen sich überwiegend einer neuen Richtung an, dem »Conservative Judaism«, der sich von der Reformbewegung abtrennte.

Im 20. Jahrhundert wandelte sich das Reformjudentum in Amerika mehrmals. Zunehmend kehrte es zu einst aufgegebenen Ritualen zurück. Besonders nach dem Zweiten Weltkrieg und der Gründung des Staates Israel wuchs der Anteil der hebräischen Sprache im Gottesdienst. Jüdische Identität wurde jetzt als ethnische und nicht mehr nur als religiöse verstanden; den Zionismus, einst als mit dem Reformjudentum unverträglich verpönt, unterstützte man schon in den 30er Jahren. Das Weiterleben des jüdischen Volkes trotz sich ausbreitender Assimilation wurde Ziel der Bewegung. Dennoch blieb das Reformjudentum von anderen Richtungen des Judentums abgesondert, vor allem dadurch, daß ein Teil der Rabbiner Ehen von Juden mit Nichtjuden einsegnete und auch Kinder, bei denen nur der Vater (und nicht, wie das jüdische Gesetz vorschreibt, die Mutter) jüdisch war, als jüdisch anerkannte. Die Reformbewegung war auch die erste Richtung im Judentum, die (seit 1972) Frauen als Rabbiner ordinierte. Während der letzten Dezennien hat sich die Reformbewegung auch in Israel verbreitet. Obgleich sie dort weithin von der Orthodoxie benachteiligt wird, gibt es heute mehrere israelische Gemeinden wie auch zwei Kibbuzim in der Wüste nördlich von Elat, die sich zum Reformjudentum bekennen. In Deutschland, der Heimstätte der Reformbewegung, besteht gegenwärtig nur eine Synagoge – in Berlin –, in der ein liberaler Ritus mit Orgel (jedoch mit Trennung der Geschlechter) eingeführt ist. International ist das Reformjudentum in der »World Union for Progressive Judaism« vereinigt, die ihren Hauptsitz in Jerusalem hat und der Gemeinden in mehr als einem Dutzend Ländern angehören.

L M. A. Meyer, Response of Modernity. A History of the Reform Movement in Judaism, New York 1988. – W. G. Plaut, The Rise of Reform Judaism. A Sourcebook of its European Origins, New York 1963. – W. G. Plaut, The Growth of Reform Judaism. American and European Sources to 1948, New York 1965. – J. J. Petuchowski, Prayerbook Reform in Europe. The Liturgy of European Liberal and Reform Judaism, New York 1968. – M. Wiener, Jüdische Religion im Zeitalter der Emanzipation, 1933. – C. Seligmann, Geschichte der jüdischen Reformbewegung, 1922.

Regensburg, ursprünglich Sitz der bayerischen Herzöge, freie Reichsstadt um 1230 bis 1803, 1810 an Bayern. In Regensburg befand sich eine der ältesten Judengemeinden Deutschlands. Zu Beginn des 1. Kreuzzugs 1096 wurden auch in Regensburg die Juden zwangsgetauft, doch machte Kaiser →Heinrich IV. dies 1097 rückgängig. 1182 erneuerte Kaiser Friedrich I. alle herkömmlichen Rechte der Juden von Regensburg; weitere Bestätigungen folgten 1216 und 1230. 1233 übertrug König Heinrich (VII.) dem Bischof von Regensburg die Gerichtsbarkeit über die Juden und die Rechte an ihnen, doch konnte später die Bürgerschaft darüber verfügen, nachdem Regensburg freie Reichsstadt geworden war. Bei den Verfolgungen von 1298, 1336–38 und 1348–50 schützte die Stadt ihre Juden. Das Judenviertel mit der um 1210 errichteten Synagoge lag um den späteren Neupfarrplatz. Seit dem Ende des 12. Jahrhunderts war Regensburg ein religiöses Zentrum der deutschen Juden. 1187 hinterließ Petachja ben Jakob aus Regensburg einen Bericht über seine Reise nach Palästina und Babylonien. Seit 1196 lebte in Regensburg Jehuda he-Chassid (»der Fromme«). Im 14. Jahrhundert wurde die jüdische Gemeinde durch zunehmende Steuerlast und die Schuldentilgungen König Wenzels von 1385 und 1390 heimgesucht. Die mit antijüdischen Predigten des Konvertiten →Petrus Negri, Ritualmordanklage und Vermögenskonfiskation 1475/76 eingeleitete Endphase kulminierte in der Vertreibung von 1519. Im Zuge der Einrichtung eines ständigen Reichstags 1663 wurden 1669 wieder einige Schutzjuden in Regensburg zugelassen. Die Angliederung der Stadt an Bayern 1810 brachte auch hier die Emanzipation. 1880 umfaßte die jüdische

Gemeinde wieder 635 Mitglieder, doch ging deren Anzahl seitdem zurück. 1938 wurde die 1841 errichtete Synagoge niedergebrannt; die etwa 230 noch verbliebenen Juden wurden nach Theresienstadt, Auschwitz und Lublin deportiert. 1998 zählte die jüdische Gemeinde wieder über 370 Mitglieder.

Ⓛ R. Straus, Judengemeinde Regensburg, 1932. (FL)

Rehovot, israelische Stadt im südlichen Vorortbereich von Tel Aviv, 88 000 Einwohner; 1890 gegründet; zuerst Weinbau und Mandelplantagen, dann Orangenanbau; Weizmann-Institut der Wissenschaften (Zentrum der naturwissenschaftlichen Forschung in Israel, u. a. mit Kernforschungsanlagen; 1934 gegründet, 1944 nach C. →Weizmann benannt und seit 1949 erweitert), landwirtschaftliche Fakultät der Universität Jerusalem mit Versuchspflanzungen; Glas- und pharmazeutische Industrie; Grabstätte Weizmanns. (WL)

Reichenheim, Leonor, Industrieller und Politiker, 3. 5. 1814 Bernburg, Anhalt – 26. 1. 1868 Berlin. Kaufmännische Lehre im Geschäft seines Vaters. 1848 übernahm er mit seinen Brüdern die Maschinenwollweberei in Wüstegiersdorf, Schlesien. Seit 1858 während dreier Legislaturperioden Mitglied des preußischen Abgeordnetenhauses. Mitglied der Kommission für Handel und Gewerbe und der Budgetkommission. 1867 Mitglied des konstituierenden Norddeutschen Reichstags. Zunächst (seit 1861) Mitglied der Fortschrittspartei, 1867 Mitbegründer der Nationalliberalen Partei, seit 1864 unbesoldeter Stadtrat in Berlin. Geriet als angeblicher Prototyp des »ausbeuterischen und verschwenderischen Bourgeois« in das Kreuzfeuer der Kritik F. →Lassalles, aber auch der konservativen »Kreuzzeitung«. Reichenheim kämpfte gegen eine Sozialgesetzgebung, setzte sich aber in patriarchalischer Weise für seine 2400 Arbeiter ein, was von der »Allgemeine Zeitung des Judentums« lobend anerkannt wurde. (AH)

Reich-Ranicki, Marcel, Literaturkritiker, Schriftsteller, 2. 6. 1920 Włocławek, Polen. Reich-Ranickis Vater entstammte dem polnischen, seine Mutter dem deutschen Judentum; beide Eltern sowie ein Bruder wurden von den Nationalsozialisten ermordet. 1929 Übersiedlung der Familie nach Berlin, 1938 Ausweisung nach Polen. Flucht aus dem Warschauer Ghetto 1943; nach der Befreiung Polens trat Reich-Ranicki der KP bei und arbeitete bis 1949 im Außenministerium und als Diplomat in London. 1949, nach dem Ausschluß aus der KP, war er Verlagslektor, von 1951 bis zu seiner Übersiedlung in die Bundesrepublik Deutschland 1958 freier Schriftsteller. Reich-Ranicki wurde zu einem der einflußreichsten Literaturkritiker in der Bundesrepublik Deutschland (1960–73 Literaturkritiker der »Zeit«, 1973–88 Leiter der Literaturredaktion der »Frankfurter Allgemeinen Zeitung«), seit 1988 Leiter der Sendung »Das literarische Quartett« im ZDF). Zahlreiche Bücher (u. a. »Lauter Verrisse«, 1970; »Nachprüfung«, 1977; »Thomas Mann und die Seinen«, 1987), Editionen (u. a. eine fünfbändige Anthologie deutscher Erzählprosa zwischen 1900 und 1980, die seit 1976 erscheinende »Frankfurter Anthologie«), Rezensionen und Aufsätze, Fernsehsendungen, die Tätigkeit als Juror und Gastprofessor unterstreichen die exzeptionelle Position Reich-Ranickis im literarischen Leben der Bundesrepublik Deutschland. Mit dem Buch »Über Ruhestörer. Juden in der deutschen Literatur« (1973, erweitert 1977) sowie in Interviews (u. a. mit Herlinde Koelbl 1989) ergriff Reich-Ranicki Partei für jüdische Autoren seit dem 18. Jahrhundert, deren Besonderheit sich durch ihre Außenseiterposition entwickelt habe, nicht durch jüdisches Erbe oder Tradition. (HH)

Reichsbund jüdischer Frontsoldaten (RjF), gegründet 1919 durch den ehemaligen Hauptmann Leo Löwenstein als Abwehrinstrument gegen den Antisemitismus und den ständigen Vorwurf, die Juden Deutschlands seien im Weltkrieg ihrer Wehrpflicht nicht nachgekommen. Der Reichsbund umfaßte 1925 16 Landesverbände mit 500 Orts- und Untergruppen und war mit etwa 40 000 Mitgliedern die zweitstärkste jüdische Organisation in Deutschland. Von der Bundesleitung wurde die Wochenschrift »Der Schild« herausgegeben. Nach der Pogromnacht vom 9./10. 11. 1938 (→Reichspogromnacht) stellte der Reichsbund jüdischer Frontsoldaten seine Tätigkeit ein.

Ⓛ U. Dunker, Der RjF 1919–1938. Die Geschichte eines jüdischen Abwehrvereins, 1977. (JS)

Reichskristallnacht →Reichspogromnacht

Reichspogromnacht (ursprünglich »Reichskristallnacht«; auch Novemberpogrom), Bezeichnung für die Nacht vom 9. zum 10. 11. 1938, in der als »Vergeltung« für das Attentat auf den Legationsrat der deutschen Botschaft in Paris, Ernst vom Rath, durch H. →Grynszpan ein →Pogrom gegen die Juden in ganz Deutschland stattfand. Der von Goebbels als »spontaner Sühneakt« des deutschen Volkes dargestellten Aktion der SA fielen 91 Menschen zum Opfer. Über 250 Synagogen wurden verwüstet oder in Brand gesteckt, etwa 7500 jüdische Geschäfte und Wohnungen geplündert und zerstört und über 25 000 Juden verhaftet, die meist in die →Konzentrationslager eingeliefert wurden. Der entstandene wirtschaftliche Gesamtschaden betrug mehrere hundert Millionen Reichsmark. Die Täter gingen frei aus, und die betroffenen Juden mußten die von den Nationalsozialisten angerichteten Schäden nicht nur selbst beseitigen und tragen (»Verordnung über die Wiederherstellung des Straßenbildes«, 12. 11. 1938), sondern hatten überdies noch eine »Sühneleistung« von einer Mrd. Reichsmark aufzubringen und wurden von nun an durch Schließung jüdischer Geschäfte und Handwerksbetriebe (→Arisierung) sowie durch weitere Berufsverbote systematisch aus dem Wirtschaftsleben verdrängt (»Verordnung zur Ausschaltung der Juden aus dem deutschen Wirtschaftsleben«, 12. 11. 1938). Die Voraussetzungen für eine →Deportation der Juden in Sammellager waren damit geschaffen.

Der Volksmund prägte für die Ereignisse in der Nacht vom 9. zum 10. November den Begriff »Reichskristallnacht«. Diese verharmlosende Bezeichnung bezog sich allgemein auf die zertrümmerten Glasscheiben jüdischer Geschäfte, in Berlin speziell auf den zerschlagenen Kristallüster eines großen jüdischen Warenhauses. Doch es war viel Schlimmeres geschehen als »nur« das Zertrümmern von Fensterscheiben jüdischer Geschäfte. Gegen das Pogrom regte sich keine Protestbewegung in der Bevölkerung, die Kirchen schwiegen. Der generalstabsmäßig durchgeführte »Rachefeldzug« war für die Weltöffentlichkeit sichtbarer Ausdruck dafür, daß die Bedrohung und die Vertreibung der Juden aus Deutschland von nun an mit physischer Gewalt erfolgen sollten.

L H.-J. Döscher, »Reichskristallnacht«, 1988. – W. Mairgünther, »Reichskristallnacht«, 1987. (LM)

Reichsverband der jüdischen Kulturbünde in Deutschland →Jüdische Kulturbünde

Reichsvereinigung der Juden in Deutschland →Reichsvertretung der deutschen Juden

Reichsvertretung der deutschen Juden, Zusammenschluß jüdischer Vereine, um eine Gesamtvertretung des deutschen Judentums zu schaffen. Die Bemühungen um eine einheitliche Organisation der jüdischen Verbände reichen bis 1869 und zur Gründung des →Deutsch-Israelitischen Gemeindebundes (D. I. G. B.) zurück. Da politische Tätigkeit statutenwidrig war, wurde 1904 als Verein bürgerlichen Rechts der »Verband der deutschen Juden« gegründet, der bis 1922 existierte; danach übernahm die »Arbeitsgemeinschaft der jüdischen Landesverbände« vorläufig die Interessenvertretung. Nach der Machtübernahme der Nationalsozialisten erfolgte zunächst die Gründung eines →Zentralausschusses der deutschen Juden für Hilfe und Aufbau (Zusammenschluß der Wohlfahrts- und Wanderungsorganisationen). Als Geschäftsführer fungierten Ludwig Tietz, Carl Melchior, Bruno Woyda und Arthur Lilienthal. Durch Initiative des →Centralvereins deutscher Staatsbürger jüdischen Glaubens und der →Zionistischen Vereinigung wurde am 17. 9. 1933 die Reichsvertretung gegründet, Präsident war L. →Baeck. Neben dem Centralverein und der Zionistischen Vereinigung waren die Träger der Reichsvertretung die regionalen Gemeindeverbände und der →Reichsbund jüdischer Frontsoldaten. Die Legitimation der Reichsvertretung bestand darin, gegenüber den deutschen Behörden und ausländischen Institutionen als Sprecherin aufzutreten und im innerjüdischen Bereich als geistige Führerin zu wirken. Die Reichsvertretung gliederte sich in folgende Abteilungen: Wanderungs- und Wirtschaftshilfe (durch die Zentralwohlfahrtsstelle der deutschen Juden), Erziehung und Bildung (Jüdische Schulen, Lehranstalten), Auswanderung (Palästina-Amt, Hilfsverein für andere Länder), Juristisch-wirtschaftliche Betreuung (Centralverein), Transfer (»Paltreu« für Palästina, »Altreu« für andere Länder), Kunst und Kultur (→Jüdische Kulturbünde). Der erste Präsidialausschuß der Reichsvertretung bestand aus: Leo Baeck, Otto Hirsch, Rudolf Callmann, Jakob Hoffmann, Leopold Landenberger, Franz Meyer, Siegfried Moses, Julius L. Seligsohn und Heinrich Stahl. Im Rahmen der Verordnungen der »Nürnberger Gesetze« (→Rassegesetze) wurde der Name der Reichsvertretung zunächst in »Reichsvertretung der deutschen Juden« geändert, im Juli 1939 die Organisation in »Reichsvereinigung der Juden in Deutschland« umgewandelt. Der Funktionswandel bestand darin, daß aus einem freiwilligen Zusammenschluß jetzt eine von den nationalsozialistischen Machthabern erzwungene Zwangsvereinigung geworden war. Durch Bildung der »Reichsvereinigung« verloren etwa 1500 jüdische Organisationen und 1600 Einzelgemeinden ihre Selbständigkeit. Die Leitung der »Reichsvereinigung« wurde von den Nationalsozialisten ernannt und war direkt der Kontrolle der Gestapo unterworfen. Am 10. 6. 1943 wurde die Geschäftsstelle von der Gestapo geschlossen, das Vermögen beschlagnahmt und die noch tätigen Mitarbeiter deportiert. Von den leitenden Mitarbeitern haben nur Leo Baeck und Moritz Henschel überlebt. Einen Überblick über die Anzahl der in Deutschland betreuten Juden gibt die folgende Statistik: 16. 6. 1933: 502 799; 16. 6. 1939: 215 000; 16. 10. 1941: 163 696 (Beginn der Deportationen); 1. 4. 1943: 31 897. (WJ)

Reik, Theodor, Psychoanalytiker, 12.5.1888 Wien – 31.12.1969 New York, studierte Psychologie, Germanistik und Romanistik in Wien. Reik war einer der ersten Psychoanalytiker ohne medizinische Ausbildung und der Initiator einer Debatte über die Laienanalyse. Der Streit um die Anerkennung von Laienanalytikern erschwerte seine Arbeit zunächst in Wien und Berlin und später, nach Reiks Emigration, in Holland (1934–38) und den USA (seit 1938). Reik arbeitete an literatur- und religionswissenschaftlichen Studien, befaßte sich mit dem Masochismus und der psychologischen Bedeutung des Witzes. Seiner Analyse religiöser Phänomene liegt S. →Freuds Auffassung über die Entstehung und Funktion von Religion zugrunde. Reiks Untersuchungen des Witzes befassen sich u. a. mit dem Charakter des jüdischen Witzes. Dieser spiegelt die jüdische Kultur und Geschichte wider. Reik teilt ihn in drei Kategorien ein: Die erste übermittelt die Weisheit des Lebensalltags, die zweite bringt das Leiden in den Lagern und in der Diaspora zum Ausdruck, und die dritte Kategorie hat die Sehnsucht des Volkes zum Gegenstand. Je nach dem Inhalt verändert sich die Form von heiteren Anspielungen bis zu bitterer Satire. Hauptwerke: »Der eigene und der fremde Gott. Zur Psychoanalyse der religiösen Entwicklung« (1923), »Dogma und Zwangsidee. Eine psychoanalytische Studie zur Entwicklung der Religion« (1927), »Zur Psychoanalyse des jüdischen Witzes« (1929), »Gebetsmantel und Gebetsriemen der Juden. Ein psychoanalytischer Beitrag zur hebräischen Archäologie« (1930), »Jewish wit« (1962). (CH)

Reinach, Adolf, Philosoph, 23.12.1883 Mainz – 16.11.1917 Dixmuiden, Flandern (gefallen). Reinach, Assistent von E. →Husserl in Göttingen, widmete sich vor allem der phänomenologischen Untersuchung des bürgerlichen Rechts. Als Mentor übte er einen starken Einfluß auf E. →Stein aus. Nach dem Ausbruch des Ersten Weltkriegs trat er vom Judentum zum Protestantismus über. Die Schüler des im Krieg Gefallenen besorgten eine Ausgabe seiner Werke.

L H. Spiegelberg, The Phenomenological Movement, Den Haag/Boston/London 1982. (DK)

Max Reinhardt, Zeichnung von Emil Orlik, 1928

Reinhardt, Max (ursprünglich Max Goldmann), Regisseur und Theaterleiter, 9.9.1873 Baden bei Wien – 31.10.1943 New York, erhielt von 1890–92 Schauspielunterricht am Sulkowskyschen Eleventheater in Matzleinsdorf. 1894–1902 Schauspieler am Deutschen Theater bei O. →Brahm. 1902 Mitbegründer des Kabaretts »Schall und Rauch«, später umbenannt in »Kleines Theater Unter den Linden«. 1902–05 dort Theaterleiter, Nachfolger V. →Barnowskys. 1903 Erwerb des »Neuen Theaters am Schiffbauerdamm«. Reinhardt verknüpfte künstlerische Arbeit mit Theaterorganisation und -geschäft. Durch systematischen Ankauf baute Reinhardt sein Theaterunternehmen auf, wurde u. a. Besitzer des Deutschen Theaters (1905) und des Großen Schauspielhauses (1919). Wichtige Inszenierungen u. a. 1905 »Der Sommernachtstraum«, 1909 »Faust«, 1907–14 der Shakespeare-Zyklus, 1912 das Mysterienspiel »Das Mirakel« (Vollmöller). 1916 Präsidiumsmitglied der Salzburger Festspiele. 1917 Gründung der Versuchsbühne »Das junge Deutschland«. 1920 verließ Reinhardt Berlin. Danach spektakuläre Theaterprojekte in Salzburg, u. a. »Jedermann«

(Hofmannsthal, 1920). 1924–33 wieder Direktor des Deutschen Theaters, Leiter einer eigenen Schauspielschule und eines Regieseminars. Einer der maßgeblichen Regisseure des deutschen Theaters, künstlerisch äußerst vielseitig. Reinhardt verwandelte die Bühne in einen impressionistisch-magischen Raum. 1933 Emigration. In einem offenen Brief übertrug Reinhardt das Deutsche Theater dem deutschen Volk. Bis 1937 Gastregisseur u. a. in London, Paris, Hollywood. 1937 ins Exil in die USA. 1938 Gründung einer Schauspielschule in Hollywood. Vereinzelte Theaterprojekte, u. a. 1938 Aufführung von Thornton Wilders »The Merchant of Yonkers«. Erfolglos in seinen Bemühungen, ein Ensemble und ein Repertoire aufzubauen. 1942 Publikumserfolg mit der »Fledermaus«-Inszenierung in New York. Dennoch Rückzug aus dem Theaterbetrieb, in großen finanziellen Schwierigkeiten, unterstützt durch Freunde, u. a. E. W. →Korngold. (MBR)

Rein und unrein. Ausgehend von Tabuvorstellungen findet sich in Bibel und rabbinischer Literatur eine fortschreitende Differenzierung der Begriffe rein und unrein. Reinheit ist grundsätzliches Freisein von etwas Tabuisiertem, das von Materiellem (Schmutz, Sperma) bis zu Kultisch-Moralischem (Götzendienst, Sünde) reicht. Unreinheit wird durch Berührung (Nahrungsaufnahme) übertragen.

1. *Menschen* werden durch Samenerguß (einen Tag lang), Menstruation (sieben Tage) und krankhaften Ausfluß unrein (Lev 15); Wöchnerinnen sind nach Geburt eines Sohnes 33 Tage, einer Tochter 66 Tage unrein (Lev 12,4f.). Eine schwere Unreinheit ist der Aussatz (Lev 13f.). Die höchste Stufe von Unreinheit geht von einem Toten aus (Num 19,14ff.). Das übliche Reinigungsmittel ist Wasser (Händewaschung, →Mikwe); da das zur Reinigung bei Leichenberührung verwendete Wasser mit der Asche der Roten Kuh (Num 19,11ff.) seit der Tempelzerstörung nicht mehr verfügbar ist, werden heute Juden, auch →Priester, halachisch nicht als rein betrachtet.

2. Es wird zwischen reinen und unreinen *Tieren* unterschieden. Dabei kann das Kriterium der Opferfähigkeit angelegt werden (z. B. Gen 7,2; 8,20); vor allem geht es aber um die Eßbarkeit der Tiere. Nur reine Tiere können →koscher sein. a) Säugetiere: Wiederkäuer mit vollständig gespaltenen Klauen (Paarhufer) dürfen gegessen werden (Lev 11,3; Dtn 14,6); verboten sind daher z. B. das Schwein, das Kamel und der Hase, ferner alle Fleischfresser. b) Vögel: In Chul 63a f. werden 24 unreine Vögel aufgezählt, vor allem Greifvögel, aber auch Strauß und Storch. Nach Chul 3,6 haben reine Vögel eine Hinterzehe, einen Kropf und einen doppelhäutigen Muskelmagen. Eier unreiner Vögel sind verboten, ebenso befruchtete Eier überhaupt (Chul 64a f.). c) Fische: Nur Wassertiere mit Flosse(n) und Schuppen sind rein (Lev 11,9ff.). Verboten sind daher der Hai und der Aal, ebenso alle Meeresfrüchte. d) Insekten: Lev 11,21f. nennt vier Arten von erlaubten Heuschrecken: Sie werden aber selten gegessen (u. a. weil schwer zu identifizieren). Obwohl die Biene unrein ist, ist Honig erlaubt, da er als »umgewandelter Blütenstaub« gilt (Bek 7b). – Speisen können durch die Flüssigkeiten Wasser, Tau, Öl, Wein, Milch, Blut und Honig unrein werden (Makh 1,1; 6,4). Die Gründe für die Unreinheit mancher Tiere sind oft nicht mehr im einzelnen nachzuvollziehen.

3. Die Rabbinen haben weiteres als unrein bezeichnet: Götzendienst (AZ 3,4); vgl. Gen 25,2; Heiden und heidnisches Land (Schab 14b). (LD/TK)

Rekkeswind, Westgotenkönig (653–672). Rekkeswind erließ 654 die →Lex Visigothorum, die die Rechtseinheit von Westgoten und Romanen gesetzlich festschrieb. Elf seiner Königsgesetze stellen einen Höhepunkt der antijüdischen Gesetzgebung dar. Neben erneuter Inkraftsetzung aller die Juden betreffenden früheren Gesetze verbieten sie im einzelnen die Pflege jüdischer Riten und Sitten, sprechen den Juden das Klagerecht, Juden und Konvertiten auch das Zeugnisrecht ab, drohen bei Zuwiderhandlung die Todesstrafe an, fordern von allen Konvertiten ein schriftliches Gelöbnis, verbieten Kontakte mit Glaubensjuden, schreiben die Wahl altchristlicher Ehepartner vor, warnen Klerus und Adel vor Beihilfe bei der Umgehung dieser Gesetze. Die Verordnungen lassen den Schluß zu, daß die bisherigen Maßnahmen gegen die Juden wirkungslos waren und das Königtum bei ihrer Durchsetzung eher die treibende Kraft war. (FL)

Religionsgespräche, zwischen Juden und Christen in der Regel apologetisch und polemisch geführte »Gespräche« mit dem Ziel, die Wahrheit der eigenen Religion zu beweisen und die der anderen zu widerlegen. Für die Juden gab es kaum Chancengleichheit, da die christliche Obrigkeit eine Unterlegenheit ihrer Vertreter nicht duldete. Für die Juden hatten die Religionsgespräche oft →Zwangstaufen, →Talmudverbot, Talmudverbrennung, Vertreibung oder Hinrichtung zur Folge. Die meist von Christen herausgeforderten Religionsgespräche griffen fast durchgängig und immer wiederkehrend Argumente der christlichen Polemik gegen das Judentum auf, die zum dogmatischen Bestand aller christlichen Kirchen gehörten. Die wichtigsten Argumente der Christen waren: Die Auserwählung der Juden als Gottes Volk sei auf die Kirche übergegangen; Jesus Christus sei der Messias; die Zerstörung des Tempels sei die Strafe für die Kreuzigung Jesu und Ausdruck für die Verwerfung des Volkes Israel durch Gott; das jüdische Gesetz sei durch den Glauben an die neue Offenbarung aufgehoben; der Talmud enthalte christenfeindliche Stellen. Die Dispute über diese Themen schlugen sich in den Evangelien nieder (paulinische Theologie) und erfuhren unter den Kirchenvätern ihre Dogmatisierung (christlicher Antijudaismus). Aus der Konfrontation mit diesen zentralen Themen entwickelte sich im Mittelalter eine Literatur apologetischen systematischen Denkens, die heute unter dem Begriff »Mittelalterliche jüdische Religionsphilosophie« zusammengefaßt wird. Daneben entstand zum Gebrauch für Tageszwecke, besonders für den Fall erzwungener öffentlicher Religionsdisputationen, eine mit Schriftbeweisen und Widerlegungen arbeitende apologetische Literatur, die häufig auch polemisch war und nicht selten mit einem fiktiven Gegner operierte. Als wichtigste öffentliche Disputationen, deren Anlaß auch politisch-weltlich motiviert sein konnte (z.B. Pogrom zur Enteignung jüdischen Vermögens), seien genannt: die Religionsgespräche von →Meaux und Paris (1240), →Barcelona (1263) und Tortosa (1413/14). Erst 1686 konnte in Holland das erste freie Religionsgespräch zwischen Isaak Orobio de Castro und Philipp van Limborch ohne kirchliche Zensur stattfinden, dessen wesentliches Resultat die Erkenntnis Orobios war, daß Juden und Christen zwar die gleichen Termini benutzen, sie aber mit unterschiedlichen Inhalten füllen. Eine Zäsur innerhalb der Religionsgespräche trat mit der Aufklärung und der Emanzipation Ende des 18. Jahrhunderts ein. Mit der Wendung vom Glauben an die Offenbarung zum Glauben an die Vernunft, vor deren Hintergrund der Mendelssohn-Lavater-Streit zu sehen ist, wurden die Vielzahl der vorhandenen Religionen und die Frage nach ihrem jeweils besonderen Anteil an der allgemeinen Wahrheit, die doch nur eine sein kann, evident und damit die Erkenntnis, daß eine andere Religion neben der eigenen ein Stück Wahrheit repräsentieren kann. Diese Erkenntnis leitet über vom Disput zum echten Dialog, der allerdings erst unter dem politischen und religiösen Liberalismus im 20. Jahrhundert möglich wurde. Als entscheidende jüdische Wegbereiter gelten hierfür F. →Rosenzweig und M. →Buber. Christlicherseits hat wohl erst der Holocaust zur entscheidenden Wende hin zum christlich-jüdischen Dialog geführt. Vor diesem Hintergrund ist u.a. die Erklärung des 2. Vatikanischen Konzils »Nostra aetate« vom 28. 10. 1965 und der Synodalbeschluß der Evangelischen Kirche im Rheinland »Zur Erneuerung des Verhältnisses von Christen und Juden« vom 11. 1. 1980 zu beurteilen, die von den traditionellen christlichen Antijudaismen Abstand nehmen und das Verhältnis von Kirche und Judentum mit weitreichenden theologischen Konsequenzen positiv bestimmen.

[L] H. Kremers/J. H. Schoeps (Hrsg.), Das jüdisch-christliche Religionsgespräch, 1988. – R. Ruether, Nächstenliebe und Brudermord. Die theologischen Wurzeln des Antisemitismus, 1978. – H.-J. Schoeps, Das jüdisch-christliche Religionsgespräch in neunzehn Jahrhunderten, 1984. (MHF)

Religionsgespräch von Barcelona. Auf Betreiben der Dominikaner und insbesondere des Raimund (Ramin) von Peñafort ordnete König Jakob I. von Aragón 1263 ein öffentliches christlich-jüdisches Religionsgespräch an, das zum Mittel der Judenmission werden sollte. Die christliche Seite wurde von dem vom Judentum konvertierten Dominikaner Paulus Christiani, die jüdische durch den berühmten Rabbiner und Arzt →Mose ben Nachman (RaMBaN) aus Gerona vertreten. Der König wohnte der sich über vier Tage erstreckenden Disputation (20.,27.,30. und 31. Juli) persönlich bei. Wegen des unterschiedlichen Gottes- und Messiasbegriffs blieb das Gespräch ergebnislos, allerdings für Mose ben Nachman nicht ohne Folgen: Auf Betreiben seines Widerparts erlegte ihm der König eine zweijährige Verbannung auf. Dies schien den Dominikanern und Papst Klemens IV. eine zu milde Sanktion; sie wollten ihn zur Abschreckung exemplarisch durch die Inquisition bestraft sehen. Dem entzog sich Mose ben Nachman, indem er im Alter von etwa 70 Jahren nach Palästina auswanderte.

[L] Y. F. Baer, Die Juden im christlichen Spanien, 1929–1936. – H.-G. v. Mutius, Die christlich-jüdische Zwangsdisputation zu Barcelona, 1982. (PAU)

Religionsgespräch von Tortosa. Papst →Benedikt XIII., der schon als Kardinal in der Judenmission aktiv gewesen war und in Pamplona Disputationen mit jüdischen Gelehrten abgehalten hatte, faßte 1412 den Plan zu einem großen öffentlichen Religionsgespräch mit bedeutenden jüdischen Theologen. Sein Leibarzt, ein konvertierter Jude namens Josua Halorqi bzw. Hieronymus de Sancta Fide sowie sein Beichtvater, der hl. Vinzenz →Ferrer, bestärkten ihn in diesem Vorhaben. Das Gespräch fand in Tortosa vom 7.2.1413 bis zum 13.11.1414 statt und erstreckte sich über 69 Sitzungen. Auf christlicher Seite ergriffen hauptsächlich Konvertiten das Wort, die jüdische Seite vertraten die berühmtesten Rabbiner Aragóns; beide Parteien haben über den Verlauf der Disputation berichtet. Im Unterschied zum →Religionsgespräch von Barcelona (1263; →Religionsgespräch von Barcelona) ging es in Tortosa nicht um den freien Austausch theologischer Positionen, sondern – vor dem Hintergrund der blutigen Verfolgung von 1391 – um eine an die Juden gerichtete belehrende Aufforderung zur Konversion. Am 11. 5. 1415 erließ Benedikt XIII., der das Religionsgespräch von Tortosa über weite Strecken selbst geleitet hatte, die Bulle »Et si doctoris«; darin forderte er die Konfiszierung des Talmuds sowie weitere restriktive und diskriminierende Maßnahmen gegen die Juden. In diesem Zusammenhang berichtet der Papst, 3000 Juden hätten sich nach dem Religionsgespräch von Tortosa taufen lassen.

L P. Browe, Die Judenmission im Mittelalter und die Päpste, Rom 1942. (PAU)

Religion und Politik in Israel. Bei Umfragen gaben 1996 – mit zunehmender Tendenz – ein Sechstel der jüdischen Israelis an, religiös-orthodox zu sein, ein weiteres Drittel bezeichnete sich als »religiös« oder »traditionalistisch«. Rund 50 Prozent der jüdischen Israelis gaben an, nicht religiös zu sein. Während der ersten Jahrzehnte des Staates Israel betrug das Verhältnis etwa 30:70. Für die strenge Orthodoxie kann allein Gott die Juden der Welt aus der Diaspora in das Gelobte Land zurückführen; daß die Zionisten in den geschichtlichen Vorgang eingreifen wollen, sieht die Orthodoxie als Gotteslästerung an. Die extrem orthodox-religiösen Parteien sind daher antizionistisch. Vor allem →Agudat Israel (AI) und die zionistische →Nationalreligiöse Partei zeigten sich zur Teilnahme an Regierungskoalitionen bereit und konnten dadurch viele ihrer Forderungen durchsetzen: Stärkung der religiösen Institutionen (→Oberrabbinat, religiöse →Gerichte), deren alleinige Zuständigkeit (z. B. in Ehefragen) nicht angetastet werden konnte, Befreiung vom Wehrdienst, Ausbau des Systems der staatlichen religiösen Schulen und Subventionen für andere religiöse Schulen. Der Einfluß der religiösen Parteien sorgte dafür, das die anderen Richtungen des Judentums (das Reform- und das konservative Judentum) in Israel nie anerkannt wurden. Mit Ausnahme der antizionistischen Orthodoxie, deren Anhänger zu den extremen »Tauben« gehörten (und, wie →Neture Karta, der PLO ihre Unterstützung gegen den jüdischen Staat wiederholt angeboten haben), ist eine religiöse Einstellung in Israel eher mit einer »falkenhaften« politischen Haltung verbunden. Für die Siedlungsfanatiker des →Gusch Emunim (auch →Techija und →Schass) dient die Bibel als politischer Atlas: Judäa und Samaria (das Westjordanland) sind demnach das unverzichtbare Kernland des historischen Erez Israel (des Landes Israel). Religionspolitischer Streit war vom Anfang an und blieb bis in die 90er Jahre die häufigste Quelle für Regierungskrisen in Israel.

L C. S. Liebman/E. Don-Yehiya, Religion and Politics in Israel, 1984. – H. Rabinowicz, Hasidism and the State of Israel, 1982. – K. Schneider (Hrsg.), Staat und Religion in Israel, 1984. – M. Wolffsohn/ D. Bokovoy, Israel. Geschichte, Politik, Gesellschaft, Wirtschaft, [5]1996. (DB/MW)

ReMA →Isserles, Mose

Rendsburg. Juden sind im holsteinischen Festungsteil Neuwerk seit 1693 nachweisbar Synagogengemeinde, um 1695 Friedhof in →Westerrönfeld angelegt. Seit 1756 Talmud-Tora-Lehrhaus. 1843 Grundsteinlegung für eine zweite Synagoge (erhalten). 1933 lebten noch sieben Familien in der Synagogengemeinde. In der ehemaligen jüdischen Schule (seit 1888) befindet sich das Jüdische Museum Rendsburg. In der ständigen Sammlung Werke jüdischer und nichtjüdischer Künstler mit jüdischer Thematik. Schwerpunkte: Max Liebermann, jüdische Porträts, verfolgte jüdische Künstler, Bilder zur Bibel, jüdische Themen. Das Museum will den jüdischen Beitrag zur deutschen Kultur dokumentieren, zugleich die Integration jüdischer Künstler in die deutsche Kultur zeigen. Eine Abteilung Judaica befindet sich im Aufbau, 1991 Erweiterung um zwei Häuser. Im Nachbargebäude, der ehemaligen Synagoge, das Dr.-Bamberger-Haus für Ausstellungen, Konzerte,

Vorträge, mit Artothek. Um die Mikwe Ausstellung zur Geschichte der jüdischen Gemeinden in Schleswig-Holstein. (FD)

Resch Galuta (aramäisch »Anführer des Exils«), Exilarch, erblicher Titel des aus dem Geschlecht →Davids stammenden säkularen Hauptes der Juden in Babylon, traditionell auf die Nachkommen des Königs Jojachin (6. Jahrhundert v.Z.) zurückgeführt (SOZ, nach 2 Kön 25,27ff.), erstmals im 2. Jahrhundert n.Z. unter den Parthern. Der Resch Galuta vertrat die babylonischen Juden nach außen und besaß die Steuerhoheit (mußte z.T. Steuern an die Regierung weiterleiten). Selbst selten ein Gelehrter, kam er gelegentlich in Konflikt mit den Häuptern der →Akademien, die sich aufgrund ihrer Gelehrsamkeit überlegen fühlten, und später mit den Geonim (→Gaon), die ihre relative Autonomie erhalten wollten. Nach der arabischen Eroberung residierte der Resch Galuta eine Zeitlang in →Bagdad. Seit dem 12./13. Jahrhundert war er ohne größere Befugnisse; offiziell erlosch der Titel 1401. (LD/TK)

Responsen (hebräisch »Scheelot u-Teschuwot«, Abkürzung: SCHUT), rabbinische Bezeichnung für einen Briefwechsel, in dem eine Seite die andere über ein Problem der →Halacha befragt. Ein schriftlicher Meinungsaustausch von Gelehrten ist erstmals im Talmud erwähnt (Jeb 105a). Von größerer Bedeutung waren Responsen seit etwa der Mitte der gaonäischen Zeit. Die Juden in der Diaspora waren kaum mehr vertraut mit dem Talmud; ferner suchten sie Rat in Fragen, über die sie keine gemeinsame Antwort erzielten. Sie richteten ihre Fragen an die →Akademien, wo sie z.T. vom →Gaon selbst oder unter den Gelehrten diskutiert wurden. In den Responsen der →Rischonim, oft länger und detaillierter als die der Geonim, sind bereits Meinungsverschiedenheiten der Gelehrten angesprochen; die →Acharonim verstehen in ihren Responsen die Meinung der Rischonim schon als bindend und beziehen sich darauf. Man schätzt die Zahl der Responsen auf insgesamt etwa 300 000. Sie sind als Präzedenzfälle ein wichtiger Faktor bei der Findung der Halacha und des →Rechts. Für die moderne Wissenschaft bieten sie einen besonderen Einblick in die sozialen, wirtschaftlichen, religiösen und politischen Verhältnisse der Juden in den verschiedenen Zeiten, vor allem weil den Responsen – anders als Geschichtsdarstellungen und Biographien – keine Schönungsabsicht unterstellt werden kann. (LD)

Reuchlin, Johannes (Pseudonyme Capnio, Phorcensis), deutscher Humanist, 22.2. 1455 Pforzheim – 30.6.1522 Stuttgart. Reuchlin studierte in Freiburg i. Br. und Paris, dazu ergänzend Jura in Orléans und Poitiers; seit 1481 arbeitete er als Advokat in Tübingen und wurde Rat des Württemberger Grafen Eberhard im Barte. Im Jahr 1492 wurde er durch Kaiser Friedrich III. geadelt, 1502 wählte ihn der Schwäbische Reichskreis zum Richter. Von Calman, dem jüdischen Leibarzt des Kaisers, lernte Reuchlin Hebräisch und studierte die Kabbala; 1506 veröffentlicht er in Pforzheim die Schrift »De rudimentis Hebraicis« (Vorschule des Hebräischen), in der er Lexikon und einführende hebräische Grammatik, aufbauend auf dem Werk von David Kimchi, miteinander verband. Reuchlins Weigerung, im Sinne von Johann Pfefferkorn und J. v. →Hoogstraeten an der Verurteilung und Verfolgung des Talmuds u.a. jüdischer Schriften mitzuwirken, führte zu langjähriger polemischer Auseinandersetzung mit dem Apostaten Pfefferkorn und den Kölner Dominikanern (Pfefferkorn: »Handspiegel wider und gegen die Juden«, 1511; Reuchlin: »Augenspigel: Wahrhafftige Entschuldigung gegen und wider ains getaufften Juden genant Pfefferkorn [...] unwahrhaftigs Schmachbuechlin«, 1511). Von Hoogstraeten der Ketzerei beschuldigt, wurde Reuchlin zunächst durch das Gericht des Bischofs von Speyer freigesprochen (1514). Als Jurist urteilte Reuchlin, daß auch die Juden als Untertanen des Heiligen Römischen Reichs unter dem Schutz des römischen Rechts stünden, und zog die Folgerung: »Vnd zu letst so sol ain cristen mensch den iuden lieb haben als seinen nechsten, das alles ist inn den rechtenn gegrünndt« (Augenspigel). Durch die Affäre um die »Dunkelmännerbriefe« und die frühen Wirren der Reformation ließ Papst Leo X. sich 1520 zu einer Verurteilung von Reuchlins Lehren und Schriften bewegen. In seinen letzten Jahren lehrte Reuchlin Griechisch und Hebräisch an der Universität Ingolstadt (1519–21) sowie Hebräisch an der Universität Tübingen (1521/22).

L M. Brod, Johannes Reuchlin und sein Kampf, 1965. (PAU)

Revisionistische Partei, von Vladimir Jabotinsky 1925 gegründete zionistische Partei, die ein radikal nationalistisches Programm verfocht. Sie sollte die Politik der Zionistischen Weltorganisation dahingehend »revidieren«, daß die Gründung eines jüdischen Staates (nicht nur einer »Heimstätte«) zu beiden Seiten des Jordans angestrebt wurde. Zur Erreichung dieses Ziels sollten so viele Juden wie nur möglich nach Palästina gebracht werden. Da ihr die landwirtschaftliche Erschließung zu langsam voranging, forderte die Revisionistische Partei die Errichtung städtischer Siedlungen, Industrialisierung und privatkapitalistische Initiativen. Sie vertrat damit einen anti-sozialistischen, eher mittelständischen Kurs. Vor dem Zweiten Weltkrieg lagen die Hochburgen der Revisionisten in Mittel- und Osteuropa. In Palästina ging der →Irgun Zvai Leumi als »bewaffneter Arm« aus der revisionistischen Bewegung hervor. Bei den Wahlen zur ersten Knesset 1949 kandidierte die Revisionistische Partei erfolglos; ein Großteil ihrer Mitglieder ging 1950 zur →Cherut.

L N. Orland, Israels Revisionisten, 1978. – J. Schlechtmann, History of the Revisionist Movement, 1970. – M. Wolffsohn, Politik in Israel, 1983. (DB/MW)

Rheinische Provinziallandtage, Ständevertretung des Adels, der Städte und nichtadliger Landbesitzer, allerdings nur für Angehörige der christlichen Konfession. Insgesamt wurden acht Rheinische Provinziallandtage von 1826 bis 1845 abgehalten. Während sich der erste Provinziallandtag (29.10.1826) der Judenemanzipation noch entgegenstellte und statt dessen die Ausdehnung der einschränkenden Bestimmungen des napoleonischen Dekrets (1808) auf die rechtsrheinischen Gebiete verlangte, plädierte das wirtschaftlich einflußreiche, liberale rheinische Großbürgertum auf dem vierten und fünften Provinziallandtag (1833 und 1837) für die Judenemanzipation. Dies allerdings ohne Erfolg. Erst auf dem siebenten und achten Provinziallandtag (1843 und 1845) gab es Abstimmungsmehrheiten für eine rechtliche Gleichstellung der Juden als Grundlage für Petitionen an König Friedrich Wilhelm IV., der diese Forderung ablehnte. Eine eingeschränkte bürgerlich-rechtliche Gleichstellung konnte erst auf dem ersten Vereinigten Preußischen Provinziallandtag (11.4. 1847) und mit dem Gesetz vom 5.8.1847 durchgesetzt werden. (RD)

Rheinische Rabbinerversammlung, im Mittelalter wichtigstes Entscheidungsgremium mit Richtlinienkompetenz in Fragen der Glaubensordnung und der damit verbundenen jüdischen Rechtsordnung, deren Geltung sich sowohl auf das Gemeindeleben als auch auf das Verhältnis zur nichtjüdischen Umwelt erstreckte. Aufgrund der Autonomiebestrebungen der rheinischen Gemeinden war die Rheinische Rabbinerversammlung als zentrale Instanz der Weiterentwicklung jüdischen Rechts unentbehrlich. Ihre Anordnungen betrafen Fragen der Gemeindeverwaltung, des Zivil- und Eherechts. Rheinische Rabbinerversammlungen wurden im Rheinland schon z.Z. Rabbi Gerschoms (960–1028) abgehalten. Historisch besser dokumentiert sind die Rabbinerversammlungen des 12. und 13. Jahrhunderts, so die in Troyes, an der unter der Leitung →Jakob ben Meirs 150 deutsche Rabbiner teilnahmen. Ihre Beschlüsse waren für alle Länder verbindlich. Die Durchsetzung der Verordnungen erfolgte unter Androhung des Banns. 1196 befaßte sich die Rheinische Rabbinerversammlung in Mainz hauptsächlich mit innerjüdischen Angelegenheiten. Vier Rheinische Rabbinerversammlungen wurden im 13. Jahrhundert (in den Jahren 1215 bis 1245 in Mainz, Speyer und Worms) abgehalten. Synodalbeschlüsse aus dem Jahr 1220, die als »Takkanot SCHUM« (Verordnungen der Gemeinden Speyer, Worms und Mainz) in Mainz gefaßt wurden, sind bis heute noch für das jüdische Familienrecht bedeutsam. Höchste Entscheidungsinstanz bei strittigen Fragen war die SCHUM. Die letzte Rheinische Rabbinerversammlung fand 1381 in Mainz statt. (RD)

Rheinischer Städtebund, gegründet 1254 als Zusammenschluß der Städte Basel, Straßburg, Speyer, Worms, Oppenheim, Mainz und Köln zum Schutz des allgemeinen Landfriedens. Beitritt von über 70 weiteren Städten (darunter Aachen, Lübeck, Regensburg und Zürich) sowie geistlichen und weltlichen Feudalgewalten. Der Machtbereich des Rheinischen Städtebundes reichte von Wesel bis Basel. Erster Emanzipationsversuch der Städte gegenüber königlicher und landesherrlicher Gewalt. Interessenausgleich zwischen Fürsten und Städten durch eine paritätisch besetzte Schlichtungskommission. Ziele: Friedenssicherung auf den Handelsstraßen, Beseitigung (ungerechter) Zölle und bei Reichsvakanz Verteidigung des Landfriedens. Der Rheinische Städtebund schloß alle Bevölkerungsschichten ein, so daß hierdurch die rheinischen Juden, gegen Abgaben zur Unterstützung des Rheinischen Städtebunds, Schutzgarantien erhielten. Ungerechtfertigten Abgabenforderungen brauchten sie mit Billigung der Städte nicht nachzukommen. Vorteil der Liberalisierung des Handels. Der Rheinische Städtebund bestimmte die

Höhe des Zinssatzes, den Juden im Kreditgeschäft einfordern durften. 1257 zerfiel der Rheinische Städtebund, bedingt durch die strittige Doppelkönigswahl von Richard von Cornwall und König Alfons von Kastilien. (RD)

Rheinisches Recht. Die Rechtsentscheide rheinischer Rabbiner genossen für das gesamte Judentum auf halachischem Gebiet große Autorität. Die rheinischen Rabbiner wurden als Hüter jüdischen Rechts allgemein anerkannt. Mit ihren halachischen Entscheidungen und Belehrungen (entweder als Antwort auf schriftliche Anfragen [→Responsen] oder als gerichtliche Entscheidungen) spezifizierten sie jüdisches Recht, durch Erlasse und Verordnungen auf den →Rheinischen Rabbinerversammlungen entwickelten sie es weiter und paßten es so den historischen Veränderungen an. Ihre Verordnungen (Takkanot) hatten entscheidenden Einfluß auf Kultur und Alltagsleben der deutschen Juden. So haben das Verbot der Vielehe und die Sicherung des Briefgeheimnisses durch →Gershom ben Jehuda aus Mainz noch heute Gültigkeit für das aschkenasische Judentum. Die Konzilsbeschlüsse der SCHUM (Takkanot der Gemeinden Speyer, Worms und Mainz), die 1220 in Mainz gefaßt wurden, blieben richtungweisend für das jüdische Familienrecht. (RD)

Rheinland. Früheste Ansiedlung von Juden in Deutschland, erste jüdische Gemeinden im 4. Jahrhundert in →Trier und →Köln durch die Dekrete Kaiser Konstantins (321 und 331) belegt. Bürgerrecht und Recht freier Religionsausübung. Tätigkeiten im Fernhandel, Geldwechselgeschäft und Kleingewerbe. In fränkischer und karolingischer Zeit Niederlassung von Juden als Kaufleute (Orienthandel), Ärzte, Steuerpächter und Geldverleiher, u. a. in →Aachen durch die Kapitularien →Karls des Großen. Im 11. Jahrhundert entstanden aus den jüdischen Handelsniederlassungen Gemeinden (→Mainz, →Worms, →Speyer, Xanten, Moers, Geldern, Neuß, Altenahr und Kerpen). Die rheinischen Bischofsstädte waren das Kerngebiet der jüdischen Ansiedlung im Rheinland (Privilegien für Worms und Speyer 1090). Worms, Speyer und Mainz entwickelten sich im Mittelalter zu bedeutenden Zentren jüdischer Kultur und Gelehrsamkeit in Europa (Mainzer Talmudschule). Dem 1. und dem 2. Kreuzzug 1096 bzw. 1147/48 fielen fast alle rheinischen Gemeinden zum Opfer. Der Mainzer Reichslandfrieden (1103), der →Rheinische Städtebund (1254), das Dekret Friedrichs II. (1236) über die →Kammerknechtschaft waren auch Schutzmaßnahmen gegen die Pogromwellen, die das Rheinland erfaßten. 1348/49, z. Z. der Pest, Ermordung und Vertreibung fast aller rheinischen Juden. Im 14. und 15. Jahrhundert vereinzelte Wiederansiedlung mit Unterstützung der um das →Judenregal bemühten Könige, Fürsten und Städte. Weitgehende Verelendung der rheinischen Juden im 15. und 16. Jahrhundert aufgrund höherer Steuern; der Niedergang der ökonomischen Basis (Zünfte und Bürgertum erstarkten) und die sozialen Unruhen der Reformationszeit führten zu Vertreibungen aus zahlreichen rheinischen Städten. Niederlassung in den umliegenden ländlichen Gebieten als Kleingewerbetreibende, Vieh- und Weinhändler. Geleitkonzessionen, mit einschränkenden →Judenordnungen, garantierten teilweise gesicherte Verhältnisse. Volles Bürgerrecht erhielten die rheinischen Juden unter französischer Herrschaft; es wurde aber im linksrheinischen Gebiet durch ein napoleonisches Dekret (17.3.1808) wieder eingeschränkt und blieb auch unter preußischer Verwaltung bestehen. Die rechtliche Gleichstellung erfolgte mit den Gesetzen vom 23.7.1847 bzw. vom 3.7.1869. Verstärkter Zuzug von Landjuden in die rheinischen Städte Mitte des 19. Jahrhunderts und in der Industrialisierungsphase nach der Reichsgründung; Entfaltung eines mittleren und eines zahlenmäßig geringen, wohlhabenden Bürgertums in den größeren Städten. Privatbanken (u. a. S. →Oppenheim/Köln 1801 und die Hirschlandbank/Essen 1841) ermöglichten Modernisierung und Expansion der rheinisch-westfälischen Industrieregion. Die jüdische Bevölkerung stieg auf 57 692 Personen (1910). Verstärkte Assimilation, Liberalisierung und Säkularisierung führten zu innerjüdischen Konflikten (Gemeindespaltungen), aber auch zu wachsendem Antisemitismus unter der nichtjüdischen Bevölkerung. Gründung der →Zionistischen Vereinigung für Deutschland 1897 in Köln und des »Agitationsausschusses des Centralvereins deutscher Staatsbürger jüdischen Glaubens für Rheinland-Westfalen« (1905). In der ersten Hälfte des 20. Jahrhunderts waren rheinische Juden mehrheitlich im Handel, als Selbständige und in der Industrie tätig; bis 1933 verringerte sich der Anteil der Selbständigen auf 2,5 Prozent. Unter der nationalsozialistischen Herrschaft kam es am 10. und 13. März 1933 im Ruhrgebiet (Mülheim/Essen) zu ersten Ausschreitungen, die den Beginn eskalierender Verfolgungen bildeten. Der »Jüdische Kulturbund Rhein-Ruhr« (1933) (→Jüdische Kulturbünde) und der →Verein für die jüdischen Interessen des Rheinlandes versuchten kulturelle und religiöse Orientierung in der Zeit der nationalsozialistischen Verfolgungen zu geben. 1933–39 sank die Zahl der Juden im Rheinland von rund 95600 auf 39500. 1941 begann die systematische Deportation und Ermordung der Juden. 1945 lebten in den ehemaligen rheinischen Synagogengemeinden noch 1980 jüdische Bürger. Seit 1989 ist aufgrund der Zuwanderung von Juden aus der GUS ein starker Zuwachs zu verzeichnen: 1997 zählten die jüdischen Gemeinden im Landesverband Nordrhein (u.a. Aachen, Bonn, →Düsseldorf und Duisburg) über 8000 Mitglieder, Köln rund 3000 und der Landesverband Rheinland-Pfalz (u.a. →Mainz und →Koblenz) über 600 Mitglieder.

🄻 A. Kober u.a., Zur Geschichte und Kultur der Juden im Rheinland, 1909 (Neudruck 1985; herausgegeben von F. Wiesemann). – K. Schilling (Hrsg.), Monumenta Judaica. 2000 Jahre Geschichte und Kultur der Juden am Rhein, (Handbuch und Katalog), 1963. – J. H. Schoeps/L. Heid/M. Sassenberg (Hrsg.), Wegweiser durch das jüdische Rheinland, 1991. (RD)

Rheinlandloge, in Köln am 4. 4. 1888 von Dr. Benjamin Auerbach, Dr. Callmann, Dr. Frank und Dr. Mannheim gegründet. Bei ihrer Gründung zählte die Loge 92 Mitglieder. Hauptaufgabe war die innere Mission unter Juden in Form der Pflege praktischer Nächstenliebe. Die Devise der Rheinlandloge lautete: Wohltätigkeit, Brüderlichkeit und Eintracht. Eintragung in das Vereinsregister am 10. 9. 1903. 1913 zählte die Rheinlandloge 280 Mitglieder. Sie regte die Gründung vieler wichtiger Institutionen an, darunter die Arbeitsstätte für die Wanderbettler, der Jugendverein »Gabriel Riesser«, eine Jugend- und Wanderbibliothek, das Lehrlingsheim und das israelitische Asyl. Die Rheinlandloge bezuschußte Anstalten und Vereine in ganz Deutschland und im Ausland (vor allem in Palästina), bemühte sich um die Ausbildung von Krankenpflegerinnen, errichtete Ferienkolonien und organisierte Bildungs- und Unterhaltungsveranstaltungen. Im April 1937 wurde die Loge aufgrund einer Verfügung der Geheimen Staatspolizei aufgelöst. (RD)

Riba →Isaak ben Ascher ha-Levi

RIBaM →Isaak ben Mordechai

RiBaSch →Isaak ben Scheschet Perfet

Richard I., Löwenherz, König von England (1189–99), 8.9.1157 Oxford – 6.4.1199 Châlus bei Limoges. Bereits aus Anlaß der Krönungsfeierlichkeiten Richards I. kam es zu massiven antijüdischen Ausschreitungen, die sich während seiner Teilnahme am 3. Kreuzzug 1190 noch verstärkten (London, York). Wohl als Konsequenz und vielleicht auf Bitten der Juden erließ Richard I. am 22. 3. 1190 ein Judenschutzprivileg (das älteste erhaltene englische Königsprivileg für Juden). Es gewährte freies Wohn- und Besitzrecht, regelte Erbrecht und Gerichtsstand sowie Geldhandel und Pfandleihe in einem den Juden günstigen Sinn. König Johann Ohneland bestätigte das Privileg 1201 und dehnte es auf alle Juden Englands und der Normandie aus. (PAU)

Richter →Hebräische Bibel

Riesser, Gabriel, Jurist und Politiker, 2.4.1806 Hamburg – 22.4.1863 Hamburg. Nach dem Jura- und Philosophiestudium in Kiel, Heidelberg und München bewarb sich Riesser erfolglos um eine Privatdozentur in Heidelberg und Jena und um die Zulassung als Advokat in Hamburg; seit 1832 Herausgeber der Zeitschrift »Der Jude«. Riesser wurde 1848 als Kandidat der Liberalen in die Frankfurter Nationalversammlung gewählt; in seiner »Kaiserrede« am 21. 3. 1849 in der Paulskirche sprach er sich für das konstitutionelle, erbliche Kaisertum aus und gehörte der Delegation an, die König Friedrich Wilhelm IV. die deutsche Kaiserkrone antrug. 1859 Wahl in die Hamburger Bürgerschaft und Ernennung zu deren Vizepräsidenten. 1860 wurde Riesser als erster jüdischer Richter Deutschlands als Rat in das Obergericht gewählt. Ausgehend von seinem Diktum »Wir sind entweder Deutsche, oder wir sind heimatlos« kritisierte Riesser in ungewöhnlich scharfer Form die offizielle Judenpolitik und setzte sich für die vorbehaltlose Gleichberechtigung der Juden in Deutschland ein.

🄻 U. Barschel, Gabriel Riesser als Abgeordneter des Herzogtums Lauenburg in der Frankfurter Paulskirche 1848/49, 1987. (JÖD)

RIF →Alfassi, Isaak ben Jakob

Riga, Hauptstadt von →Lettland. Riga wurde im 13. Jahrhundert gegründet und stand zu verschiedenen Zeiten unter deutscher, polnischer, schwedischer und russischer Herrschaft. Seit dem 17. Jahrhundert sind jüdische Einwohner nachweisbar, die sich u. a. als Handwerker, Kaufleute und in der Kultur betätigten. Der bis heute erhaltene historische Stadtkern wurde maßgeblich von dem jüdischen Architekten Paul Mandelstamm (1872–1941) konzipiert. Mitte der 30er Jahre dieses Jahrhunderts bildete Riga das politische und kulturelle Zentrum der Juden in Lettland, das aber nach der deutschen Besetzung im Juli 1941 fast völlig vernichtet wurde. Noch im Sommer 1941 errichteten die Nazis das berüchtigte Rigaer Ghetto, in das später auch Juden aus dem deutschen Reichsgebiet deportiert wurden. Immer wieder kam es dort zu Massenerschießungen und Massensterben in Folge von Hunger und Krankheit. Bei Eintreffen der Roten Armee am 13. Oktober 1944 lebten in Riga nur noch etwa 150 Juden. Nach dem Krieg kehrten mehr als zehntausend lettische Juden nach Riga zurück. In den späten 60er und den frühen 70er Jahren war Riga eines der Zentren des wiedererwachten nationaljüdischen Bewußtseins in der UdSSR. Heute beträgt die Zahl der Juden in Riga 13 000, verringert sich aber noch immer durch die Ausreisewelle nach Israel.

L M. Vestermanis, Juden in Riga, [2]1996. (RED)

Rijksinstituut voor Oorlogsdocumentatie → Dokumentationszentren

Rindfleisch (auch Rintfleisch), Anführer von Judenschlägern in Franken 1298, Fleischermeister aus Röttingen, fälschlich als Adliger bezeichnet. Ausgelöst, begleitet und teilweise nachträglich gerechtfertigt durch Hostienfrevelbeschuldigungen, war die Verfolgung begünstigt durch den Thronstreit zwischen König Adolf von Nassau und Herzog Albrecht von Österreich. Sie verlief in drei Schüben. Am 20. 4. 1298 wütete sie in Röttingen und Umgebung. Vom 23. bis 30. 6. wurde der Raum zwischen Mainknie, Steigerwald und oberem Taubertal von den Ausschreitungen erfaßt. Erst während der dritten Phase, vom 18. 8. bis 1. 9., überrollte die Verfolgungswelle auch die großen Städte wie Rothenburg, Würzburg, Nürnberg, Nördlingen und Bamberg. Die von Rindfleisch angeführte Schar ermordete die Juden nur in einigen der etwa 140 von der Verfolgung betroffenen Städte und Ortschaften; in anderen ging der Pöbel eigenmächtig vor. In Würzburg veranlaßte der Rat selbst die Ermordung von etwa 800 Juden, in Rothenburg und Nürnberg versuchten Teile der Bürgerschaft erfolglos die Juden zu schützen, in Regensburg gelang es dem Rat, die Judenverfolger abzuwehren. Insgesamt forderte die Verfolgung etwa 5000 Opfer, deren Namen großenteils im Martyrologium des Nürnberger Memorbuchs festgehalten sind. Nach der Krönung in Aachen bestrafte König Albrecht einige Städte mit hohen Bußsummen; der Rat von Nürnberg verbannte einige Aufrührer, unter ihnen vor allem Handwerker. (FL)

Ringelblum, Emanuel (Pseudonym Menahem), Historiker, Gründer des Archivs im Warschauer Ghetto, 1900 Buczacz – 1944 Warschau. Wuchs in einer jüdischen Kaufmannsfamilie im ostgalizischen Buczacz und in Nowy Sacz auf. Absolvierte die historische Fakultät der Warschauer Universität, wo er 1927 über die Geschichte der Juden in Warschau promovierte. Publizierte zahlreiche Artikel zur Geschichte der polnischen Juden. Dabei war er bestrebt, ein Gesamtbild des jüdischen Lebens zu entwerfen. Soziale Aspekte kamen bei Ringelblum stark zur Geltung. Er engagierte sich im linken Flügel der → Poale Zion und nahm an den Arbeiten der »Centrale Yidische Schul Organizacje« teil, regte 1928 die Gründung eines »Kreises der jungen Historiker« an und gab dessen Zeitschrift »Der Yinger Historiker« mit heraus. Seit 1929 war Ringelblum Mitarbeiter des → American Joint Distribution Committee in Warschau und gab dessen Zeitung »Folkshilf« heraus. Bei Kriegsausbruch war Ringelblum in Genf Delegierter beim 21. Zionistenkongreß; trotz der gefährlichen Lage kehrte er nach Warschau zurück und beteiligte sich an der Organisation der Selbsthilfe für die zunehmend von Armut und Hunger bedrohten Warschauer Juden. Seit November 1940 im Ghetto eingeschlossen, gründete er ein Ghetto-Archiv, das außer selbstverfaßten Aufzeichnungen und Aufsätzen die Verordnungen der deutschen Behörden, illegal erscheinende Zeitschriften und Berichte verschiedener Organisationen umfaßt. Zwei Pakete mit Archivbeständen wurden nach dem Krieg unter den Ghetto-Ruinen gefunden und sind heute die wichtigste Quelle zur Geschichte des Warschauer Ghettos (aufbewahrt im »Żydowski Instytut Historyczny« [→ Dokumentationszentren] in Warschau). Nach der Niederschlagung des Ghetto-Aufstands 1943 wurde Ringelblum mit anderen in das KZ Trawniki deportiert. Von Freunden aus dem Lager befreit, versteckte er sich noch einige Monate lang in einem Bunker in Warschau. In seinem Versteck schrieb er Aufzeichnungen zu den polnisch-jüdischen

Beziehungen während der deutschen Besatzung (unter dem Titel »Ghetto Warschau. Tagebücher aus dem Chaos« 1967 veröffentlicht) sowie einen Bericht über die Kulturarbeit im Warschauer Ghetto. Im März 1944 wurde er entdeckt und wenige Tage später zusammen mit Frau und Kindern erschossen. (AGR)

Rischonim (hebräisch »die frühe[re]n [Autoritäten]«), im weiteren Sinne die Gelehrten früherer Generationen, zunächst als autoritativer angesehen als die Zeitgenossen (z. B. Schab 112b). Generell hat sich jedoch die Auffassung durchgesetzt, daß im Lauf der Zeit ein Verfall rabbinischer Autorität stattgefunden hat, ausgedrückt in einer Periodisierung der nachtalmudischen Geschichte. In diesem Kontext meint Rischonim im engeren Sinne die Periode zwischen den Geonim (→Gaon) und den →Acharonim, üblicherweise beginnend mit dem Tod von Hai Gaon (1038), endend im 15. Jahrhundert (die Periodisierungen schwanken; →Isaak ben Scheschet, →Jakob ben Mose ha-Levi aus Mölln und I. →Isserlein werden meist noch zu den Rischonim gezählt). Die Rischonim zeichnen sich gegenüber den Geonim aus durch eine Differenzierung der Literaturgattungen und durch größere Komplexität ihrer Darstellungen; die Acharonim erkennen ihre Weisungen vielfach als bindend an. (LD/TK)

Rishon Le Zion (hebräisch, »Erste in Zion«, auch Rishon LeZiyyon), israelische Stadt im südlichen Vorortbereich von Tel Aviv, 170 000 Einwohner; 1882 als eines der ersten jüdischen Dörfer gegründet, zunächst Wein-, später auch Orangenanbau; 1887 Weinkellerei Carmel, von Baron E. de Rothschild als erster Industriebetrieb im heutigen Israel gegründet, bis heute Weinexport; Elektro-, Metallwaren-, Holz-, Baustoff-, Nahrungsmittelindustrie. (WL)

RITBA →Jomtow ben Abraham Ischbili

Ritualmordvorwurf. Der Ritualmordvorwurf, in vielen Gesellschaften gegen religiöse Minderheiten erhoben, unterstellt Mord als Element eines religiösen Rituals. Von hellenistischen und römischen Autoren wurden Ritualmorde schon in der Antike den Juden und später auch den Christen angelastet, von diesen wiederum Anhängern häretischer Sekten. Seit dem 12. Jahrhundert gehört der Ritualmordvorwurf seitens der Christen zur jüdischen Leidensgeschichte. Der Fund der Leiche eines Knaben löste 1144 im englischen Norwich den Ritualmordvorwurf gegen Juden aus. Die ausführliche Darstellung dieses ersten mittelalterlichen Ritualmordvorwurfs bei →Thomas von Monmouth belegt – ebenso wie weitere Ritualmordvorwürfe in Frankreich (Pontoise 1163) und England (Gloucester 1168, Bury St. Edmunds 1181) – das primäre Motiv, durch einen Märtyrerkult für die heimische Kirche eine neue Einnahmequelle zu erschließen. Dies erforderte jedoch den Nachweis, daß das Kind nur von Juden ermordet worden sein konnte, die an ihm die Passion Christi nachvollzogen oder sein Blut zur magischen Entsühnung benötigt hätten, und daß alle Juden an dem angeblichen Verbrechen mitschuldig waren (→Weltverschwörungslegende). Zwar lösten die frühen Ritualmordvorwürfe noch nicht unmittelbar Judenverfolgungen aus; sie verfestigten aber die Ritualmordlegende, die fortan bei jedem Leichenfund ins Spiel gebracht werden konnte und zunehmend Massaker (Fulda 1235), erfolterte Geständnisse mit Massenhinrichtungen (Lincoln 1255) und blutige Pogromwellen (Bacharach 1287)zur Folge hatte. Der Ritualmordvorwurf tauchte auch in der Neuzeit immer wieder auf und erlebte in der →Damaskus-Affäre (1840) sowie den aufsehenerregenden Prozessen von →Tiszaeszlár 1883 und Xanten 1891 gegen Ende des 19. Jahrhunderts eine traurige Renaissance. In der zweiten Hälfte des 19. Jahrhunderts wurde der Ritualmordvorwurf vor allem durch die antisemitische Hetzkampagne von August Rohling wiederbelebt. Die katholische Mailänder Tageszeitung »L'Osservatore Cattolico« veröffentlichte 1892 eine Liste von 154 teils versuchten, teils vollbrachten »Ritualmorden«. In keinem einzigen Fall konnte die Schuld von Juden nachgewiesen werden. Rohling wurde in einem öffentlichen Gerichtsverfahren der Fälschung und des Meineids überführt. 1900–03 gab es um den Ritualmordvorwurf in der westpreußischen Kreisstadt Konitz mit behördlicher Duldung eine antisemitische Hetzkampagne, die zur Auswanderung eines Großteils der dortigen Judengemeinde führte. Noch 1911–13 fand in Kiew ein Ritualmordprozeß (Beiliss) statt, und 1946 führte in Kielce ein offensichtlich lanciertes Gerücht zu einem Pogrom, das 42 Opfer forderte. In besonders skrupelloser Weise benutzte Julius Streicher während der NS-Zeit den Ritualmordvorwurf für die antisemitische Hetze im »Stürmer«.

L G. I. Langmuir, Toward a Definition of Antisemitism, 1990. – F. Lotter, Innocens virgo et martyr, in: R. Erb (Hrsg.), Blutbeschuldigungen, 1991. (FL)

Robert, Ludwig Ernst Friedrich, Schriftsteller, Bruder R. →Varnhagens, 16. 12. 1778 Berlin – 5. 7. 1832 Baden-Baden. In seinem Trauerspiel »Die Macht der Verhältnisse« (1815) entwickelte er die Ansicht, daß nicht das Individuum, sondern die gesellschaftlichen Verhältnisse Schuld am Scheitern des Individuums trügen und die Gesellschaft vom »poetischen Gericht« zur Rechenschaft gezogen werden müsse. Mit dieser literarischen Idee wurde Robert zum Vorläufer von Friedrich Hebbel und Henrik Ibsen. Robert war Mitglied der romantischen Dichter-Vereinigung Berlins, des »Nordstern-Bundes«, und vermutlich der erste Jude, dessen Stücke auf deutschen Bühnen aufgeführt wurden. Hauptwerk: »Die Tochter Jephtas« (1811 und 1820). (LH)

Rodenberg, Julius (Julius Levy), Schriftsteller und Publizist, 26. 6. 1831 Rodenberg, Hessen – 11. 7. 1914 Berlin. Nach dem Jurastudium führten ihn abwechslungsreiche Wanderjahre durch England, Belgien, Holland, Dänemark, Italien und die Schweiz. Seit 1859 literarische Tätigkeit in Berlin, u. a. mit Reiseberichten, Alltagsfeuilletons, Romanen und der Biographie Franz Dingelstedts. Seine literarische Leistung wird indes übertroffen durch die Gründung der »Deutschen Rundschau« (1874–1963). Die anspruchsvolle (Erstdrucke u. a. von Keller, Meyer, Storm, Fontane), politisch nationalliberale, künstlerisch eher konservative kulturelle Zeitschrift war eines der einflußreichsten Organe des deutschen Bürgertums im Kaiserreich. (MS)

Rohling, August →Ritualmordvorwurf

Rom. In der ältesten jüdischen Gemeinde Europas lebten Juden seit dem 2. Jahrhundert v. Z. Viele kamen nach der zweiten Tempelzerstörung 70 n. Z. als Gefangene und Sklaven nach Rom. Nach der Erklärung des Christentums zur Staatsreligion (380) faßten zum ersten Mal der →Codex Theodosianus (439) und der →Codex Justinianus (534) das Judenrecht systematisch zusammen. Mit dem Ausbau der politischen Machtstellung des →Papsttums seit dem 13. Jahrhundert hing die Situation der Juden in Rom von der jeweiligen Haltung des Papstes ab. Das von Innozenz III. einberufene 4. Laterankonzil (1215) muß mit seinen diskriminierenden Maßnahmen als Wendepunkt päpstlicher Judenpolitik angesehen werden: Begrenzung des jüdischen Zinsfußes, Zwangsabgaben an die Kirche, Verbot öffentlichen Auftretens in der Karwoche, Ausschluß von öffentlichen Ämtern, Kennzeichnung der Kleidung. Ende des 15. Jahrhunderts Zuzug von Flüchtlingen aus Spanien. Die tolerante Haltung der Päpste der Hochrenaissance gegenüber den Juden in der ersten Hälfte des 16. Jahrhunderts ging abrupt mit der Gegenreformation zu Ende: 1553 Talmudverbrennung; 1555 ordnete die Bulle »Cum nimis absurdum« von Paul IV. neben vielen anderen restriktiven Maßnahmen die Einrichtung von Ghettos für Juden an. Für zwei Jahrhunderte unterlag die jüdische Gemeinde Roms (1656: rund 4000, Anfang des 18. Jahrhunderts rund 10 000 Juden) durch die päpstliche »Camera apostolica« einem unerbittlichen Abgaben- und Sondersteuersystem; Das »Editto sopra gli Ebrei« von 1775 unter Pius VI. verschlechterte nach zwischenzeitlichen Gesetzeslockerungen erneut die Lebensbedingungen. Unter französischer Herrschaft (1798/99 und 1809–14) erhielten Juden das Bürgerrecht, die Wiederherstellung der päpstlichen Macht führte jedoch bis zur Eingliederung in das Königreich →Italien 1870 zur Wiedereinführung alter Restriktionen. Zum Zeitpunkt der Besetzung durch deutsche Truppen im September 1943 lebten rund 10 000 Juden in Rom; in einer von der SS organisierten Verschleppungsaktion, zu der Papst Pius XII. im Vatikan schwieg, wurden ungefähr 2000 Juden in die KZ Dachau, Bergen-Belsen und Auschwitz deportiert. Heute leben in der größten jüdischen Gemeinde Italiens rund 15 000 Juden.

Ⓛ A. Berliner, Geschichte der Juden in Rom, 1893 (Neudruck 1987). – A. Sacerdoti, Guida all'Italia ebraica, Genua 1986. (JÖD)

Römisches Reich. Die Stadt Rom am Tiber, der Sage nach 753 v. Z. gegründet, entwikkelte sich aus kleinen Anfängen im 5. und 4. Jahrhundert v. Z. in Auseinandersetzung mit Etruskern, Griechen, Latinern und den stammesverwandten Italikern zur unangefochtenen Vormacht in Italien, im 3. Jahrhundert nach den siegreichen Punischen Kriegen gegen das phönizische Karthago zur beherrschenden Macht im Mittelmeerraum. Die Staatsführung lag in den Händen einer sich auf Großgrundbesitz stützenden Aristokratie, der sog. Senatsaristokratie. Mit der Expansion Roms in die östliche Mittelmeerwelt und der schrittweisen Unterwerfung der hellenistischen Flächenstaaten seit dem Beginn des 2. Jahrhunderts v. Z. kam es auch zu Kontakten mit den um ihre politische Selbständigkeit ringenden Juden →Palästinas und etwa seit der Mitte

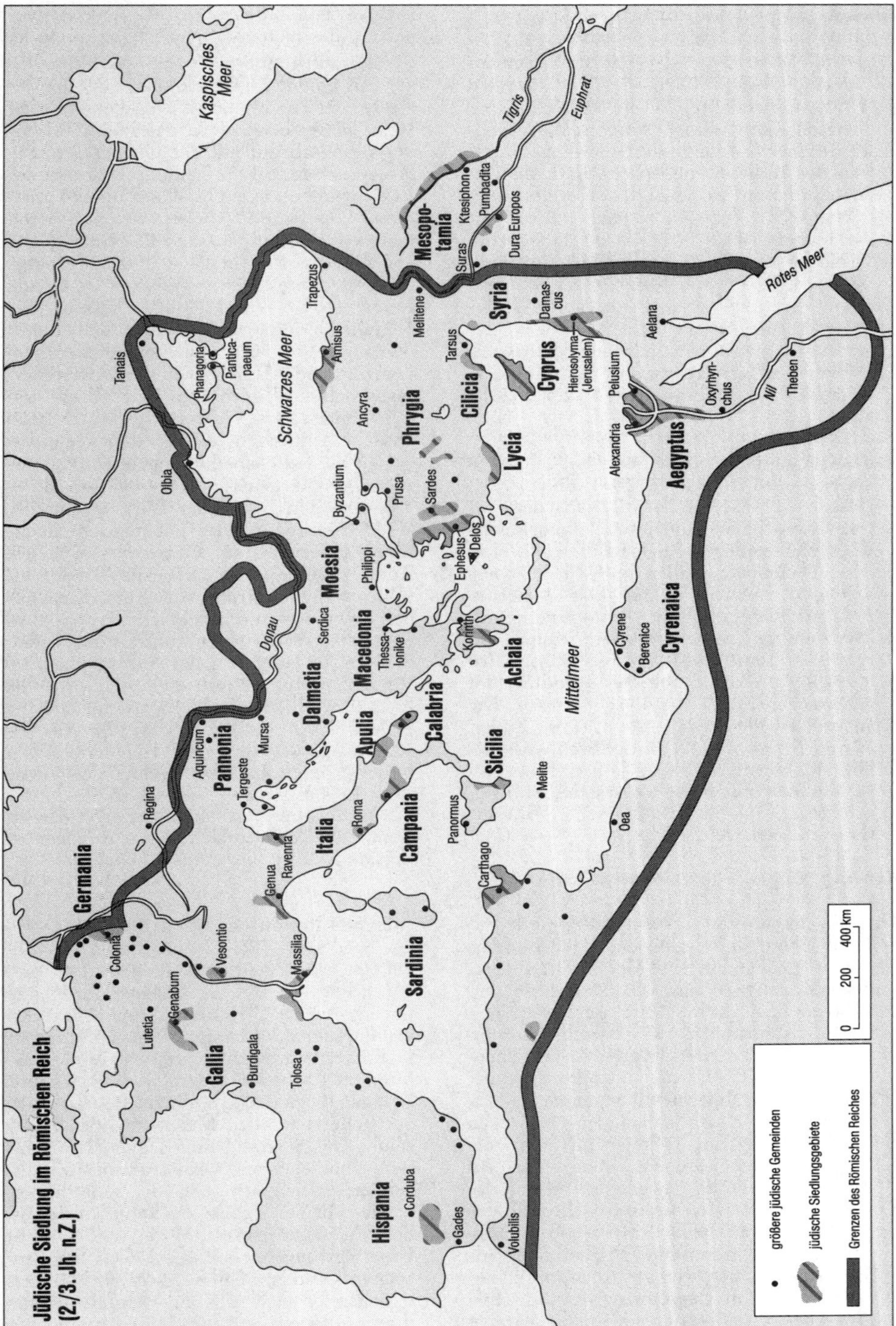
Jüdische Siedlung im Römischen Reich
(2./3. Jh. n.Z.)
Kaspisches Meer
Tigris
Euphrat
Mesopotamia
Ktesiphon
Pumbadita
Dura Europos
Suras
Rotes Meer
Syria
Damascus
Aelana
Trapezus
Melitene
Tarsus
Cyprus
Hierosolyma (Jerusalem)
Pelusium
Oxyrhynchus
Nil
Theben
Tanais
Phanagoria
Panticapaeum
Amisus
Schwarzes Meer
Ancyra
Phrygia
Cilicia
Lycia
Alexandria
Aegyptus
Olbia
Byzantium
Prusa
Sardes
Ephesus
Delos
Moesia
Philippi
Serdica
Donau
Macedonia
Thessalonike
Korinth
Achaia
Mittelmeer
Cyrene
Berenice
Cyrenaica
Dalmatia
Mursa
Apulia
Calabria
Sicilia
Melite
Aquincum
Pannonia
Tergeste
Regina
Italia
Roma
Campania
Panormus
Carthago
Oea
Germania
Ravenna
Genua
Colonia
Vesontio
Massilia
Sardinia
Genabum
Lutetia
Gallia
Burdigala
Tolosa
Hispania
Corduba
Gades
Volubilis
größere jüdische Gemeinden
jüdische Siedlungsgebiete
Grenzen des Römischen Reiches
0
200
400 km

jenes Jahrhunderts zur Einwanderung von Juden nach →Rom und →Italien (auch Juden in der →Antike). Seit 63 v.Z. stand Palästina ununterbrochen unter direkter oder indirekter römischer Herrschaft (→Pompeius, →Herodes der Große, →Augustus). 66–73 fand der 1. Jüdisch-römische Krieg statt, in dessen Verlauf der jüdische Aufstand niedergeworfen und römische Truppen unter →Titus 70 n.Z. den Zweiten →Tempel in Jerusalem zerstörten. Die judenfeindlichen Gesetze und die Umwandlung Jerusalems in die römische Kolonie Aelia Capitolina unter →Hadrian lösten den 2. Jüdisch-römischen Krieg aus: den erfolglosen Aufstand unter Führung von →Bar Kochba (132–135). Unter der von Augustus begründeten Prinzipatsverfassung erreichte das Imperium nach immer neuen Eroberungszügen zu Beginn des 2. Jahrhunderts n.Z. seine größte Ausdehnung; es reichte von Spanien über Britannien, Germanien, den Balkan und →Mesopotamien bis nach Nordafrika. Für eine Reichsbevölkerung zwischen 50 und 100 Mill. Menschen – unter ihnen etwa zwei Millionen Juden (eine Million Juden allein in Ägypten) – stand ein riesiger Wirtschaftsraum ohne ins Gewicht fallende Handelsschranken und Binnenzölle zur Verfügung. Ebenso bot das Reich relativ günstige Bedingungen für die Ausbreitung von Ideen und religiösen Bewegungen; so sind z.B. für →Köln und →Rumänien Juden seit der Römerzeit nachgewiesen. Mit der seit der 2. Hälfte des 3. Jahrhunderts einsetzenden Christianisierung (→Konstantin I., →Theodosius I., →Justinian I.) verschlechterten sich die gesetzlichen und sozioökonomischen Lebensbedingungen für die Juden im Reich sukzessive (zur weiteren Entwicklung →Byzantinisches Reich, →Diaspora, →Mittelalter, →Islam, →Kirche und Judentum, →Wanderungen).

[L] E. M. Smalwood, The Jews under Roman Rule from Pompey to Diocletian, 1976. – A. Lindner (Hrsg.), The Jews in the Roman Imperial Legislation, 1987. (HC)

Rosch →Ascher ben Jechiel

Rosch Chodesch, Monatsanfang. Der jüdische Monat beginnt mit dem Erscheinen des Neumonds (Molad), das ursprünglich nicht berechnet, sondern von zwei Augenzeugen vor dem →Sanhedrin in Jerusalem bezeugt werden mußte, wo es feierlich proklamiert und durch Feuerzeichen, später durch Boten in Palästina und in der Diaspora bekannt gemacht wurde. Nach der Einrichtung eines festen →Kalenders (erstmals Mitte 4. Jahrhundert n.Z.) fiel das Bezeugen des Neumonds fort; es hat sich der Brauch erhalten, in der Synagoge am Sabbat vor dem Neumond nach der →Haftara den Monatsanfang zu verkürzen und über den neuen Monat eine →Beracha zu sprechen (Birkat ha-Chodesch). Rosch Chodesch gilt als Halbfeiertag und wird je nach Erscheinen des Mondes einen oder zwei Tage lang gefeiert; Arbeit ist erlaubt (Schab 24a; Frauen pflegen sich schwerer Arbeit zu enthalten). In Analogie zu den →Festen ist Rosch Chodesch ein Freudentag, an dem Fasten verboten ist. An Rosch Chodesch wird Halb-Hallel (→Hallel) gebetet (Taan 28b); im →Schemone essre und im Tischgebet wird ein Gebetsstück eingeschoben (Jaale we-Jawo); →Tachanun wird weggelassen. Ferner wird →Mussaf gebetet. Die Kabbalisten begehen den Tag vor Rosch Chodesch als Tag der Buße und des Fastens (»kleiner →Jom ha-Kippurim«). (LD/TK)

Rosch ha-Schana, das jüdische Neujahrsfest, gefeiert am 1. und 2. Tischri (September/Oktober, →Kalender), einer der höchsten jüdischen Feiertage. Die Rabbinen haben den Jahresbeginn auf den 1. Tischri festgesetzt (RH 1,1). Nach der Meinung von Rabbi Elieser wurde die Welt an diesem Tag erschaffen (RH 27a). Grundlegendes Element von Rosch ha-Schana ist das Blasen des →Schofars; es ist Pflicht, den Schofar (bewußt) zu hören. Ein wichtiges Moment von Rosch ha-Schana ist sein Charakter als Gerichtstag. Man sagt, drei Bücher würden an Rosch ha-Schana geöffnet: eines für die vollkommen Gerechten, die in dasselbe sofort eingeschrieben werden, eines für die vollkommen Bösen, die ebenfalls sogleich verzeichnet werden, und eines für die Durchschnittlichen, denen Zeit bis →Jom ha-Kippurim (sog. zehn Bußtage) gelassen wird (RH 16b); man wünscht sich daher an Rosch ha-Schana: »Zu einem guten Jahr möget ihr eingeschrieben werden.« Betont wird ferner an Rosch ha-Schana (und an den zehn Bußtagen) das Königtum Gottes; daher viele Einfügungen in Gebeten, die Gott als König und dgl. ansprechen. Die Hauptelemente von Rosch ha-Schana spiegeln sich in besonderen Gebeten, die Gottes Königtum (Malchujot), Gottes Gedenken an Israel zum Guten (Sichronot) und das Blasen des Schofars (Schofarot) zum Inhalt haben. Am Vorabend von Rosch ha-Schana werden (wie schon an den Tagen vorher und an den zehn Bußtagen) Selichot (→Selicha) gesprochen. Am ersten Tag Rosch ha-Schana wird die →Taschlich-Zeremonie vollzogen. Ferner ist es Brauch, an Rosch ha-Schana Brot (Challa) und Apfelstücke für ein »süßes Jahr« in Honig zu tauchen. (LD/TK)

Rosen, Pinhas (ursprünglich Felix Rosenblüth), zionistischer israelischer Politiker (→Progressive Partei, →Liberale Partei), 1.5.1887 Berlin – 4.5.1978 nahe Tel Aviv. Von Jugend an in der zionistischen Bewegung, 1911 ein Gründer des jüdischen Wanderbunds »Blau-Weiß«, im Ersten Weltkrieg deutscher Offizier. 1918 Sekretär, 1920 Vorsitzender der Zionistischen Organisation Deutschlands; 1926–31 Mitglied der Zionistischen Exekutive in London; 1931 nach Palästina. Rosen war ein Gründer der Alija Chadascha und 1941 bis 1948 deren Präsident; er gehörte 1948 zu den Gründern der Progressiven Partei, war deren Führer bis 1961 und diente mit kurzen Unterbrechungen bis 1961 als Justizminister. Rosen schuf die Grundlagen des israelischen Rechtssystems und sorgte für die Unabhängigkeit der Gerichte sowohl der Knesset als auch der Regierung gegenüber; Rosen gehörte auch zu den Führern der Liberalen Partei und war zuletzt Ehrenvorsitzender der →Unabhängigen Liberalen Partei. 1968 gab er seinen Knessetsitz auf. (DB/MW)

Rosenfeld, Samson Wolf, Rabbiner, Vorkämpfer der Emanzipation und der jüdischen Reformbewegung in Bayern, Januar 1780 Uehlfeld bei Höchfeld, Bayern – 12.5.1862 Bamberg. Rosenfeld absolvierte eine traditionelle Rabbinerausbildung, erwarb schon früh eine umfangreiche Allgemeinbildung und schloß sich den Ideen der jüdischen Aufklärung, vor allem denen M. →Mendelssohns, an. Seit 1808 Rabbiner in Uehlfeld, wo er als erster bayerischer Rabbiner Reformen in der synagogalen Liturgie und Architektur einführte. Seit 1825 Rabbiner in →Bamberg, wo er seine Reformbemühungen fortsetzte. In den Auseinandersetzungen zwischen Orthodoxie und Reformjudentum nahm er eine gemäßigte Haltung ein. Publizistisch trat er für die jüdischen Emanzipationsbestrebungen und gegen antisemitische Tendenzen ein (u.a. »Denkschrift an die Hohe Stände-Versammlung des Königreichs Baiern, die Lage der Israeliten und ihre bürgerliche Verbesserung betreffend«, 1819). 1835/36 gab Rosenfeld die erste deutsch-jüdische Wochenzeitung, »Das Füllhorn. Ein Zeitblatt zunächst für und über Israeliten«, heraus.
L J. Klein, Rabbiner Samson Wolf Rosenfeld, in: Monatsschrift für Geschichte und Wissenschaft des Judentums 12, 1863. – F. Wiesemann, Samson Wolf Rosenfeld (1780–1862). Rabbiner in der Emanzipationszeit, in: M. Treml/W. Weigand (Hrsg.), Geschichte und Kultur der Juden in Bayern. Lebensläufe, 1988. (BV)

Rosenstock-Huessy, Eugen, Theologe, Rechtshistoriker und Soziologe, 6.7.1888 Berlin – 24.2.1973 Norwich, USA. Rosenstock-Huessy, der einer alten jüdischen Familie entstammte (er war der Sohn eines angesehenen jüdischen Bankiers in Berlin und der Enkel von Moritz Rosenstock-Huessy, dem Leiter der jüdischen Schule in Wolfenbüttel), konvertierte bereits mit 16 Jahren zum Protestantismus. 1909 schloß er seine Doktorarbeit ab und wurde nach seiner Habilitation einer der jüngsten Hochschullehrer in Deutschland. 1912–14 lehrte er Staatsrecht des Mittelalters an der Universität Leipzig. Im Ersten Weltkrieg war er Frontsoldat. In der Weimarer Republik widmete er sich vorrangig Fragen der Arbeiter- und Erwachsenenbildung. 1921 wurde er Leiter der Akademie der Arbeit in Frankfurt am Main. 1923–33 als Professor für Verfassungsrecht in Breslau. 1933 Emigration in die USA. Lehrtätigkeit in Harvard und Dartmouth. Die Bedeutung des Einflusses von Rosenstock-Huessy auf die jüdische Philosophiediskussion erklärt sich vor allem aus seiner Zusammenarbeit und Auseinandersetzung mit F. →Rosenzweig. Nach dem Ersten Weltkrieg wurde die von Rosenstock-Huessy gegründete Zeitschrift »Die Kreatur« zum Forum des christlich-jüdischen Dialogs. Rosenstock-Huessys »Dialog-Theorie« weist auch Berührungspunkte mit den Ideen von M. →Buber auf. Nach dem Zweiten Weltkrieg wurden internationale Einrichtungen und Institute nach Rosenstock-Huessy benannt. Hauptwerke: »Die Europäischen Revolutionen« (1931), »Briefwechsel mit F. Rosenzweig« (1935), »Der Atem des Geistes« (1951), »Die Sprache des Menschengeschlechtes« (1963). (RED)

Rosenthaler Tor, bekannt geworden dadurch, daß Juden die Stadt Berlin nur durch bestimmte Tore betreten durften. Neben dem Rosenthaler Tor wurden im →Generalreglement von 1750 auch das Prenzlauer- und das Hallesche Tor genannt. (JS)

Rosenzweig, Franz, Philosoph, 25.12.1886 Kassel – 12.12.1929 Frankfurt am Main. Rosenzweig entstammte einer assimilierten und z.T. konvertierten großbürgerlichen

Familie. Nach einem brillanten Studium und bedeutenden Leistungen in der Erforschung des deutschen Idealismus wollte sich Rosenzweig 1913 unter dem Einfluß seiner christlichen Familie taufen lassen, entschied sich dann aber bewußt für das Judentum und wurde Schüler von H. →Cohen. Als Soldat im Ersten Weltkrieg schrieb er z. T. auf Feldpostkarten seine Religionsphilosophie (»Der Stern der Erlösung«, 1919) nieder. Im Anschluß an den späten Schelling setzte Rosenzweig gegen die idealistische Aufhebung von Gott, Mensch und Welt in umfassenden Denksystemen ein »Neues Denken«, das deren (unaufhebbare) Gegebenheit betont. Das Christentum als geschichtliche Macht und das Judentum als außergeschichtliches Ideal spielen laut Rosenzweig bei der Entfaltung des Verhältnisses von Gott, Mensch und Welt in der Heilsgeschichte jeweils unentbehrliche und sich ergänzende Rollen. Rosenzweigs Denken stimmt im antiidealistischen Ansatz mit der Dialogphilosophie M. →Bubers überein. Gegen dessen Erweckungsreligiosität unterstrich er aber die Bedeutung der regelmäßigen, »ewigen« gesetzlichen Praxis als Charakteristikum des Judentums. Schon an der Front entwarf Rosenzweig Pläne für eine jüdische Bildungsreform. 1920 gründete er das »Freie Jüdische Lehrhaus« in Frankfurt am Main, wo Lehrer wie Buber, E. →Simon, G. →Scholem, E. →Fromm u. a. gemeinsam mit ihren erwachsenen Schülern die traditionellen Wurzeln des Judentums erschlossen. Diese dem traditionellen »jüdischen Lernen« entsprechende Methode beeinflußte die jüdische Erwachsenenbildung in Deutschland maßgeblich. Rosenzweig litt seit 1922 an einer fortschreitenden Lähmung, blieb aber bis zu seinem Tod aktiv. Gemeinsam mit Buber begann er die Übersetzung der Hebräischen Bibel (Pentateuch, 1925), die Buber 1961 abschloß. Werke: »Franz Rosenzweig. Der Mensch und sein Werk. Gesammelte Schriften« (Den Haag 1979ff.).

Franz Rosenzweig

Ⓛ S. Mosès, System und Offenbarung. Die Philosophie Franz Rosenzweigs, 1985. (DK)

Rosheim, Josel oder Joselmann von →Josel von Rosheim

Rostock →Mecklenburg-Vorpommern

Roth, 1. Henry, amerikanischer Schriftsteller, 8. 2. 1906 Brody, Galizien – 13. 10. 1995 Albuquerque, N.M. Roth kam als Kleinkind mit seinen Eltern nach New York, wo er aufwuchs und studierte. Er schlug sich in verschiedenen Berufen durch und lebte abseits vom Literaturbetrieb in Maine und New Mexico. Sein Ruhm als Autor resultiert aus dem bereits 1934 erschienenen autobiographischen Roman »Call It Sleep«, der allerdings – nach einem Anfangserfolg in der Kritik – erst eine Generation später, in den 60er Jahren, zu einem Bestseller wurde. Der Roman lebt von seiner bilingualen Sensibilität, deren sprachlicher Ausdruck verschiedene Formen des Englischen und Reminiszenzen an das Jiddische sind. Thema ist die (ödipale) Situation des kleinen David Schearl zwischen den eben in die USA eingewanderten Eltern. Der Roman besticht durch seine komplexe Form und seine Evokation einer proletarischen Existenz; zugleich erweist er sich in seiner Sprache wie in seinen Anspielungen als prononciert jüdisches Kunstwerk. (HH)

2. Joseph, österreichischer Schriftsteller, 2. 9. 1894 Brody, Galizien – 27. 5. 1939 Paris. Obwohl Roth deutsch erzogen wurde und, von einigen Besuchen in Galizien und Polen abgesehen, fern von seiner ostjüdischen Heimat lebte, entwickelte er eine Art von Distanzliebe zu den Juden. In den Ostjuden sieht er eine vom Untergang bedrohte Gruppe, die in der Zeitlosigkeit gleichsam mythischer Existenz eine Art Identität und Heimat haben, während die Westjuden ohne diese Sicherheit auskommen müssen und daher als Gruppe zum Untergang verdammt sind (»Juden auf Wanderschaft«, 1927). Verklärung und kritische Hellsicht bestimmen Roths Romanwerk, in dem – wie im Werk der großen jiddischen Erzähler des Ostens – immer auch die jüdische Existenz zur Debatte steht, so vor allem in »Hiob« (1930). Roth, dem man nach 1933 eine konservative, ja reaktionäre Wendung zum habsburgischen Legitimismus und zum Katholizismus vorgeworfen hat, blieb der Universalist, der er auch z. Z. seiner sozialistischen Anfänge gewesen war – ein radikaler Gegner des Nationalsozialismus, vor dem er lange vor der Machtergreifung gewarnt hatte, immer auf der Suche nach einer gerechteren Welt, deren fragmentarische Züge er in immer neuen utopischen Entwürfen dialektisch aus der Negation des Bestehenden zeichnete. Die beiden großen Romane »Radetzkymarsch« (1932) und »Die Kapuzinergruft« (1938) bezeugen diesen utopischen Universalismus, für den die (verklärte und zugleich auch in ihren Strukturen kritisierte) Habsburgermonarchie modellhaft steht.

L H. Ausserhofer, Joseph Roth und das Judentum, Dissertation 1970. – D. Bronsen, Joseph Roth. Eine Biographie, 1974.

(HH)

3. Philip, amerikanischer Schriftsteller, 19.3. 1933 Newark, New Jersey ; lebt in Connecticut. Nach dem Studium der englischen Literatur Lehrtätigkeit an verschiedenen amerikanischen Universitäten. Das Gesamtwerk Roths kann als autobiographische Selbsterforschung jüdisch-amerikanischer Existenz gelesen werden, die bestimmt ist durch eine starke Bindung an die jüdische Gruppe bzw. Familie mit ihren Identifikationsmustern Leid und Auserwähltheit und den ebenso starken Wunsch, aus der Gruppe auszutreten und bloß »Mensch« zu sein. Romane wie »Portnoys Beschwerden« 1969 (deutsch 1970), die Nathan-Zuckerman-Trilogie (»Der Ghost Writer« 1979, deutsch 1980; »Zuckermans Befreiung« 1981, deutsch 1982; »Die Anatomiestunde« 1983, deutsch 1986; »Gegenleben« 1986, deutsch 1988) und autobiographische Werke (»Die Tatsachen« 1988, deutsch 1991; »Mein Leben als Sohn« 1991, deutsch 1992) leben u.a. vom Diskurs der Psychoanalyse; so werden über die Thematik jüdisch-amerikanischer Identitätskrisen hinaus zugleich Grundfragen der modernen amerikanischen Gesellschaft behandelt. 1995 wurde der Roman »Operation Shylock« (1993, deutsch 1994) in den USA als bestes Prosawerk des Jahres ausgezeichnet. (HH)

4. Wolfgang, Bühnenbildner, Künstler, 25.1. 1910 Berlin. Seit 1927 Studium an der Kunstakademie Berlin. 1930–33 u.a. Assistent von Traugott Müller an der Piscatorbühne. Bühnenbildner für politische Revuen, Kabaretts und experimentelle Filme. Mitglied der KPD und der Assoziation »Revolutionärer Bildender Künstler Deutschlands«. 1933 Emigration über Wien nach Zürich. 1934–38 Bühnen- und Kostümbildner an Schweizer Theatern. 1938 Emigration nach New York. 1939 Mitglied in »Actors Equity Association and United Scenic Artists«. Seit 1943 Bühnenausstatter für Produktionen am Broadway, Off Broadway, Off Off Broadway, Opern-, Ballettaufführungen an amerikanischen Regionaltheatern. 1959–61 künstlerischer Leiter und Bühnenbildner der Cincinnati Opera Company (Ohio). 1947 leitete Roth die Meisterklasse für Design an der »New York University School of Arts«. (MBR)

Rothenburg ob der Tauber, freie Reichsstadt 1274–1802, dann an Bayern. Seit der Wende des 12. Jahrhunderts sind in Rothenburg ob der Tauber Juden bezeugt. Um 1241 wurde die Bürgerschaft mit 90 Mark, Juden mit 10 Mark Reichssteuer veranlagt. Seit etwa 1245 wirkte in Rothenburg ob der Tauber →Meir ben Baruch, die größte rabbinische Autorität des 13. Jahrhunderts. 1298 wurden 470 Juden nach vergeblicher Verteidigung auf der Burg von den Anhängern des →Rindfleisch erschlagen. Als 1349 wiederum etwa 100 Juden der →Pestverfolgung zum Opfer fielen, überließ Kaiser Karl IV. der Stadt 1352 die niedergebrannte Synagoge, die Judenhäuser und den Friedhof, sprach später jedoch den überlebenden Juden die Hälfte des Nachlasses zu. 1375 wurden Juden gegen die Verpflichtung, die Hälfte der 800 Pfennige Reichssteuer aufzubringen, wieder zugelassen und in der Judengasse angesiedelt; in der Folge entstanden auch eine neue Synagoge und das Judentanzhaus. Die Rothenburger Gerichtsbücher bezeugen von 1274 an gleiche Behandlung der Juden. Seit 1384 wurden die Juden wiederholt durch Schuldentilgungen und erpreßte Sonderabgaben geschröpft. 1478 versagte die Stadt im »Neuen Geding« den Juden ihre Hilfe beim Einklagen von Zinsforderungen. Das jüdische Lehrhaus genoß jedoch noch immer hohes Ansehen. Der Rabbiner Israel aus Rothenburg ob der Tauber wurde 1407 von König Ruprecht von der Pfalz zum »Hochmeister aller Juden in Deutschland« ernannt. 1520 wurden die Juden endgültig aus Rothenburg ob der Tauber ausgewiesen. Erst im 19. Jahrhundert siedelten sich in Rothenburg ob der Tauber wieder Juden an, doch zählte die Gemeinde 1925 nur 70 und 1933 nur noch 44 Mitglieder, die teils emigrierten, teils verschleppt wurden. (FL)

Rothfels, Hans, Historiker, 12.4.1891 Kassel – 22.6.1976 Tübingen. Teilnahme am Ersten Weltkrieg, schwer verwundet. 1918 Promotion zum Doktor der Philosophie.

Von 1920 bis 1924 Archivrat im Reichsarchiv Potsdam. Nach der Habilitation bei Friedrich Meinecke über Bismarcks Bündnispolitik wurde Rothfels Privatdozent an der Berliner Universität. Von 1926 bis 1934 als Professor für moderne europäische Geschichte in Königsberg, 1934 Entlassung aus »rassischen« Gründen. Nach seiner Rückkehr von Gastvorlesungen in Cambridge (1936 und 1937) kam Rothfels vorübergehend in Haft. Er emigrierte 1939 nach Großbritannien. 1939/40 Research Fellow in Oxford, von Mai bis Dezember 1940 Internierung auf der Isle of Man. 1941 emigrierte Rothfels in die USA, 1946–56 Professor für europäische Geschichte in Chicago, ab 1951 gleichzeitig ordentlicher Professor für Zeitgeschichte in Tübingen. Rothfels war Gründer und Mitherausgeber der »Viertelsjahreshefte für Zeitgeschichte« (1952–76). Seine Arbeiten über den deutschen Widerstand gegen den Nationalsozialismus gelten als Standardwerk. 1961 erhielt Rothfels den Orden »Pour le mérite« für Wissenschaften und Künste. (WJ)

Hans Rothfels

Rothschild, Familie von Finanziers, Philanthropen und Kunstsammlern. Ihr Stammvater ist Isaac Rothschild, der seit 1530 in Frankfurt am Main ansässig war. Die Geschichte des Bankhauses Rothschild beginnt mit Meyer Amschel Rothschild (1743–1812) aus Frankfurt am Main und seinen Söhnen (den »fünf Frankfurtern«), die seine Geschäftsverbindungen in ganz Europa aufbauten. Die Geschichte der Rothschilds ragt aus der Epoche der Hofjuden kleinerer und größerer Potentaten hinaus, unmittelbar in die Zeit des Hochkapitalismus hinein. Die Reihe bedeutender Bankiers reicht von Meyer Amschel über den Baron Anselm Meyer (1773–1855) in Frankfurt, Salomon Meyer (1774–1855) in Wien, Nathan Meyer (1777–1836) in London, Baron Meyer Carl (1788–1855) in Neapel bis zu James Meyer (1792–1868) in Paris und von da weiter bis in alle Zweige der europäischen Finanzwelt. In Deutschland betätigte sich die Rothschild-Bank zunächst nur als Finanzberater des bodenständigen Adels und wurde später Emmissionshaus für deutsche und ausländische Staatsanleihen. Nach Wilhelm Carls (1828–1901) Tod wurde das Frankfurter Haus 1901 liquidiert. Der Einfluß des Hauses Rothschild ging gegen Ende des 19. Jahrhunderts überall zurück. Aus der Familie Rothschild sind besonders hervorzuheben: *England:* Nathan Meyer, der die Finanzierung der Kriege gegen Napoleon organisierte; sein Sohn Lionel (1808–1879) war der erste gewählte Jude im britischen Unterhaus, nachdem die christlich-religiöse Eidesformel seinetwegen geändert worden war. Lionel Rothschild finanzierte 1876 den Erwerb der Suezaktien für Großbritannien. Sein Sohn Nathaniel Meyer (1840–1915) sanierte durch Kredite den ägyptischen Staatshaushalt und wurde 1885 erstes jüdisches Oberhausmitglied. Ferdinand (1839–1898), der von Wien nach London übersiedelte, vermachte seine Kunstsammlung dem Britischen Museum. *Frankreich:* James Meyer gründete 1812 die Pariser, später die Brüsseler Zweigniederlassung. Er war der Finanzier der Bourbonenkönige sowie von Leopold I. von Belgien und Napoleon III. Seine Söhne Edmond (1845–1934) und Alphonse (1827 bis 1905) traten als Kunstsammler und Philanthropen hervor. Alphonse brachte 1871 die Mittel für die Kriegsentschädigung an Deutschland auf. Edmond war Begründer landwirtschaftlicher und industrieller Siedlungen in Palästina. Sein Sohn Edmond de Rothschild (geb. 1926) ist Bankier und europäischer Präsident der »State of Israel Bonds Organisation«. *Österreich:* Salomon Meyer baute 1816 das Bankhaus in Wien auf, finanzierte Eisenbahnen und neue Industrien, gründete die Österreichische Kreditanstalt und stand in enger Verbindung mit Fürst Metternich und Friedrich von Gentz. Nach dem »Anschluß« wurde das Wiener Haus 1938 aufgelöst. In Neapel gründete Carl Meyer ein Handelshaus, das 1820–60 bestand.

L Die Rothschilds (bearbeitet von W. Gong), 1962. – H. Schnee, Rothschild. Geschichte einer Familie, 1961. (LH)

Rouen, seit 911 Hauptstadt des Herzogtums Normandie, gehörte von 1066–1204 und 1419–49 mit der Normandie zu England, seither bei Frankreich. Seit dem frühen 11. Jahrhundert siedelten Juden in Rouen, von einer Verfolgung der Juden in Frankreich 1007–09 waren auch sie betroffen.

Mit Erfolg rief Jakob ben Jekutiel von Rouen Papst Johannes XVIII. um Hilfe an. Erneute Verfolgung (wie sie im Gebiet des heutigen Frankreich außer in Rouen nur noch in Metz stattfand) mit Mord und Zwangstaufen brachte der 1. Kreuzzug 1096. Während des Hochmittelalters unterhielten die Juden von Rouen rege wirtschaftliche Verbindungen nach England. Die Rückkehr zum Königreich Frankreich brachte offenbar einen Niedergang für die Gemeinde; die letzten Nachrichten aus dem Mittelalter stammen von 1380. In der ersten Hälfte des 17. Jahrhunderts erfolgte eine Neubesiedlung durch Marranen. Im 18. Jahrhundert wurde das jüdische Leben zunehmend durch Einwanderer aus dem Elsaß bestimmt. Unmittelbar nach der →Französischen Revolution konstituierte sich eine neue Gemeinde. Während des Zweiten Weltkriegs wurde die Synagoge durch Bomben zerstört. Der Neuaufbau erfolgte 1950. Heute umfaßt die jüdische Gemeinde etwa 1000 Seelen.

[L] H. G. Richardson, English Jewry under Angevin Kings, 1960. (PAU)

Rubaschow, Salman →Schasar, Schneur Salman

Rubiner, Ludwig, deutscher Schriftsteller, 12. 7. 1881 Berlin – 27. 2. 1920 Berlin. Aus einer jüdisch-galizischen Familie stammend, plädierte Rubiner in seinem lyrischen, dramatischen und essayistischen Werk für eine neue Menschengemeinschaft. Die These einer Einheit von Literatur und Politik befruchtete den politischen Expressionismus (»Politisierung des Theaters«, 1908; »Der Dichter greift in die Politik«, 1912; »Der Mensch in der Mitte«, 1917). Zunächst Mitarbeiter der Zeitschrift »Aktion«, arbeitete Rubiner nach seiner Emigration in die Schweiz 1914 an den »Weißen Blättern« mit und plädierte in seiner eigenen Zeitschrift »Zeit-Echo« für eine europäische Gesinnung. Ein »ethischer Sozialismus« sollte Materialismus und Kapitalismus überwinden. Diesem Ziel dienten auch das Drama »Die Gewaltlosen« sowie die Anthologien »Die Gemeinschaft« und »Kameraden der Menschheit« (alle 1919). (HAM)

Rubinstein, Anton Grigorjewitsch, russischer Pianist und Komponist, 28. 11. 1829 Wychwatinez bei Balta, Podolien – 20. 11. 1894 Peterhof bei St. Petersburg. War der gefeiertste Klaviervirtuose seiner Zeit. Gab mit neun Jahren sein erstes öffentliches Konzert in Moskau. Studien in Deutschland. Rückkehr nach Rußland 1848, von wo aus er zahlreiche Konzerttourneen in das westliche Ausland unternahm, die ihm das Signum eines »Titans der Klaviatur« einbrachten. 1872 besuchte er Amerika, wo er 215 Konzerte gab. Bereits 1859 wurde Rubinstein die Leitung der St. Petersburger Russischen Musikgesellschaft übertragen, drei Jahre später die Direktion des von ihm gegründeten Kaiserlichen Konservatoriums in St. Petersburg, an das er hauptsächlich Lehrer aus dem westlichen Europa berief. Rubinstein, aus einer der deutschen Kultur zugeneigten Familie stammend, übersiedelte 1891 nach Dresden, wo er bis kurz vor seinem Tod blieb. Sein meisterhaftes Klavierspiel, eine Verbindung von Farbigkeit, Ausdruckskraft und Anschlagkultur, überwog bei weitem seine Leistungen als ganz der Romantik verschriebener Komponist. Rubinsteins Werkverzeichnis weist Kompositionen aus allen Musiksparten auf, darunter auch eine Anzahl von Opern, von denen das Werk »Der Dämon« (1875) das erfolgreichste war. Einige Titel wie die Opern »Der Turm von Babel« (1870), »Die Makkabäer« (1875), »Moses« (Prag 1894) sind biblischen bzw. jüdischen Themen gewidmet. (AS)

Rückkehrgesetz, das am 5. 7. 1949 von der ersten →Knesset verabschiedete Gesetz, das das Land Israel für jeden Juden öffnet, der sich dort niederlassen will. Jüdische Einwanderer (Olim) erhalten automatisch zum Datum ihres Eintreffens die israelische Staatsbürgerschaft, es sei denn, der Innenminister befindet, daß sie eine Gefahr für die öffentliche Gesundheit oder für die Sicherheit des Staates darstellen. Eine Berufung an den Obersten Gerichtshof ist möglich. Das Rückkehrgesetz legt nicht fest, ob der Begriff »Jude« im Sinne der Abstammung oder im Sinne der Religion zu verstehen ist, was zu politischen und juristischen Komplikationen geführt hat. (DB/MW)

Rüdiger, genannt Huozmann, Bischof von Speyer (1073–90), ?–22. 2. 1090 Speyer. Rüdiger, Parteigänger Kaiser →Heinrichs IV., siedelte nach dem Brand des Mainzer Judenviertels 1084 einen Teil der Mainzer Juden in Speyer an. »Um das Ansehen unserer Stadt tausendfach zu vermehren«, verlieh er »dem Volk der Juden« ein Privileg, das ihm das »beste Recht zugesteht, das es in irgendeiner Stadt des deutschen Reiches besitzt«. Er wies den Juden einen ummauerten Bezirk zu, um sie vor dem Pöbel zu schützen. Sie durften in der ganzen Stadt Geldwechsel und Handel frei betreiben, christliche Dienstleute und Ammen anstellen, nach ihrem Ritus geschlachtetes Fleisch an Christen verkaufen, genossen Rechtsautonomie, mußten jedoch mit ihren Knechten die Mauer ihres Bezirks instandhalten, bewachen und verteidigen und jährlich 3 ½ Pfund Speyerer Münze an Abgaben zahlen. Noch unter Rüdiger entwikkelte sich Speyer zu einem neuen Zentrum jüdischer Gelehrsamkeit. Kurz vor seinem Tod veranlaßte Rüdiger Kaiser Heinrich IV., den Juden 1090 ein Privileg auszustellen, das ihre Existenz auch für die Zukunft sichern sollte. (FL)

Rudolf I. von Habsburg, deutscher König (1273–91), 1.5.1218 Schloß Limburg, Breisgau – 15.7.1291 Speyer. Rudolf I. von Habsburg wurde 1273 zum deutschen König gewählt, vermochte aber die Kaiserkrönung nicht zu erlangen. Die Politik Rudolfs I. von Habsburg in Deutschland ist von Bemühungen um die Sicherung des Landfriedens gekennzeichnet. In seiner Judenpolitik setzte er einerseits die Bestrebungen zur Friedenssicherung fort, indem er gegen Blutbeschuldigungen einschritt; andererseits steigerte er die Unterdrückung der Juden durch exzessive Besteuerung, abgeleitet aus dem Status der jüdischen →Kammerknechtschaft. Als eine beträchtliche Anzahl von Juden unter der Führung Meir ben Baruchs von Rothenburg aus Deutschland nach Palästina fliehen wollte, leitete Rudolf I. von Habsburg aus der Kammerknechtschaft seinen Anspruch auf das zurückgelassene Gut ab und setzte Meir gefangen; dieser starb 1293 in der Gefangenschaft, nachdem er den jüdischen Gemeinden untersagt hatte, das von Rudolf I. von Habsburg geforderte Lösegeld für ihn aufzubringen.

🄻 O. Redlich, Rudolf von Habsburg, 1903 (Neudruck 1965). (PAU)

Rudolf von Schlettstadt, Dominikanerprior, um 1303 Verfasser einer Sammlung von 56 »Historiae Memorabiles« in der Art mittelalterlicher Exempel, die als einzigartiges kulturhistorisches Zeugnis volkstümliches Erzählgut der Epoche wiedergeben. Die Schauplätze der Geschichten sind in der Zeit von 1284 bis 1303 vorwiegend im Oberrheingebiet und in Franken anzusetzen. Außer mit Teufels- und Geistererscheinungen, Hexerei, Liebeszauber, Monstergeburten, Prophetien, Offenbarungswundern und sonstigen Mirakeln befassen sich 20 Erzählungen mit Juden und den mit ihnen verbundenen Vorstellungen. 12 bis 14 von ihnen beziehen sich auf die Verfolgung von 1298 unter →Rindfleisch. Nicht weniger als 12 Geschichten handeln von Hostienfreveln der Juden (→Hostienfrevellegende), die nicht nur die üblichen Martern vollziehen, sondern die Hostien gelegentlich auch als magische Beschaffer von Reichtum benutzen (4,5). Zuweilen bewirken Hostien- und Blutwunder auch Bekehrungen (4, 5, 7, 9, 16); wiederholt werden die angeblichen Verbrechen durch Erscheinungen, Kindergeschrei und Lichtwunder offenbart und durch die vom Autor begrüßte Hinrichtung aller Juden gesühnt. Das Ritualmordmotiv (→Ritualmordvorwurf) tritt demgegenüber zurück (16, 17, 39). Die Erzählungen weisen auf die Rolle der Dominikaner als populäre Propagandisten des Judenhasses und der Judenverfolgung hin.

🄻 E. Kleinschmidt, Rudolf von Schlettstadt, Historiae Memorabiles, 1974. (FL)

Rühle-Gerstel, Alice, Psychologin und Schriftstellerin, 24.3.1894 Prag – 24.6.1943 Mexiko (Freitod). Sie studierte Germanistik und Philosophie in Prag und München und wurde 1921 mit einer Arbeit über Friedrich Schlegel promoviert. Im selben Jahr heiratete sie Otto Rühle, mit dem sie an einer Synthese von Marxismus und Individualpsychologie arbeitete. Gemeinsame Gründung des Verlags »Am anderen Ufer« zur Verbreitung von Texten zu einer sozialistischen Erziehungstheorie. Schülerin von A. →Adler. 1924 erschien »Freud und Adler«, 1927 »Der Weg zum Wir«, 1932 ihr theoretisches Hauptwerk, »Das Frauenproblem der Gegenwart«, in dem es heißt: »Die ganze Welt, wie sie heute ist, ist Männerwelt.« Rühle-Gerstel vertrat die These, daß es keine Lösung der Frauenfrage ohne Lösung der sozialen Frage gebe. 1932 emigrierte sie nach Prag, 1936 nach Mexiko, wo sie als Übersetzerin arbeitete. Freundschaft mit L. →Trotzkij, über den sie ein Buch schrieb: »Kein Gedicht für Trotzki« (1979). Ebenfalls postum erschien »Der Umbruch oder Hanna und die Freiheit« (1984), »ein bißchen autobiographisch, vermischt mit einer Liebesgeschichte und der Abwendung der Heldin von der Kommunistischen Partei«, wie es in einem Brief vom 4. 8. 1938 heißt. (BH)

Rumänien. Auf dem Gebiet des heutigen Rumänien (das alte Dakien) lebten Juden seit den ersten Jahrhundert n.Z.; sie kamen als Kaufleute oder Soldaten der römischen Legionen, die in Kleinasien ausgehoben wurden und Dakien eroberten. Die rumänischen Fürstentümer Walachei und Moldau gewährten den Juden Rechte und einige Privilegien, um sie als Untertanen zu gewinnen. Unter diesen günstigen Bedingungen, die zeitweise unterbrochen wurden durch antisemitische Maßnahmen einzelner Herrscher, deren Ehrgeiz es war, sie zum Christentum zu bekehren, trieben die Juden die wirtschaftliche Entwicklung voran, gründeten Handelszentren, bauten Mühlen, Herbergen und Kleinindustrie, förderten den Export von Getreide, Fellen und Vieh. Gegen Ende des 18. und zu Beginn des 19. Jahrhunderts entwickelte sich eine massive antisemitische Welle, vor allem bei Großgrundbesitzern, im Bürgertum, in der Industrie, in Handel und Finanzen, überall dort, wo man die wirtschaftliche Konkurrenz der Juden fürchtete. Während des 19. Jahrhunderts und in den ersten Jahrzehnten des 20. galten daraufhin besonders strenge diskriminierende Gesetze. Den Juden wurde die rumänische Staatsbürgerschaft lange verweigert und erst nach dem Ersten Weltkrieg auf Druck der Westmächte gewährt. In den 20er und 30er Jahren folgten erneut antisemitische Ausschreitungen, verursacht vor allem durch die rechtsextreme Gruppierung »Eiserne Garde«. Am 21. 6. 1941 trat Rumänien auf seiten des Deutschen Reichs in den Krieg ein. Die Truppenbewegungen zur Front waren begleitet von antisemitischen Massakern; Hunderttausende von Juden, vor allem in der →Bukowina und in →Bessarabien, wurden umgebracht oder nach →Transnistrien deportiert. Jüdische Unternehmen unterstellte man zwangsweise rumänischer Verwaltung, Juden wurden von bestimmten Berufen ausgeschlossen, hohen Steuern unterworfen und zu unbezahlter Zwangsarbeit verpflichtet. Im sog. Alten Königreich (Walachei und Moldau) sowie im Süden Transsilvaniens war die Anzahl der Opfer des Holocaust allerdings wesentlich geringer als in anderen Ländern unter nationalsozialistischer Herrschaft. Hier wurde Hitlers »Endlösung« nicht durchgeführt. Aus dem Norden Transsilvaniens wurden hingegen alle Juden (etwa 120 000–130 000) in die Vernichtungslager deportiert. Während vor dem Krieg in Rumänien rund 900 000 Juden lebten, sank diese Zahl nach dem Holocaust und der Auswanderung vieler Juden auf etwa 400 000 nach dem Zweiten Weltkrieg. Nach Errichtung des kommunistischen Staates folgte eine neue Auswanderungswelle rumänischer Juden, überwiegend nach Israel. Durch hohe Valuta-Forderungen für jeden ausgewanderten Juden machte der Staat aus dem Menschenhandel ein einträgliches Geschäft. Anfang 1990 gab es in Rumänien weniger als 20 000 Juden, von denen nach dem Zusammenbruch des kommunistischen Regimes ein großer Teil auswanderte, allein etwa 5000 nach Israel.

🄻 The Jews of Romania in Modern Times, Beth Hatefutsoth, Tel Aviv 1982. (AB)

Rupert von Deutz, Benediktiner, Abt von Deutz (um 1120–um 1130), 1075/80 – 4.3.1129 oder 1130 Deutz. Rupert von Deutz vertrat in der Frühscholastik die konservative Richtung. Neben Bibelkommentaren und geschichtstheologischen Werken schrieb er den »Ring« (Anulus, mit dem Gleichnis vom verlorenen Sohn) als literarischen Dialog zwischen einem Christen und einem Juden. Rupert von Deutz bezeugt hier eine gute Kenntnis jüdischer Standpunkte; seine Schriftauslegung ist oft mystisch-allegorisch. Unter Bezug auf →Josephus und die →Josephuslegende verstand er die Unterwerfung der Juden unter christlichen Fürsten als Strafe für die Kreuzigung Jesu. Gelegentlich ordnete er Juden auch dem Antichrist und dem Teufel zu und identifizierte sie mit Kain. Dennoch sah er in ihnen – der augustinischen Deutung des älteren Bruders des verlorenen Sohnes bei Lk 15,25ff. folgend – auch die »Brüder Christi«, die nicht getötet, sondern zur Einsicht in ihre Schuld geführt werden sollten. Die Gespräche Rupert von Deutzs mit →Hermann von Scheda vor dessen Konversion haben wohl erst nach Abfassung des »Rings« stattgefunden.

🄻 H. Schreckenberg, Die christlichen Adversus-Judaeos-Texte (11.–13. Jahrhundert), 1988. (FL)

Ruppin, Arthur, Soziologe und Nationalökonom, 1.3.1876 Rawitsch, Preußen – 1.1. 1943 Jerusalem, lebte seit 1908 in Palästina. Er studierte Volkswirtschaftslehre und Jura in Berlin und Halle; erhielt 1903 den Haeckel-Preis für seine Abhandlung »Darwinismus und Sozialwissenschaft«. 1903 bis 07 Leiter des von ihm gegründeten »Büros für jüdische Statistik und Demographie«. Seit 1926 Dozent, später Professor für Soziologie des Judentums an der Hebräischen Universität in Jerusalem. Ruppin war in vielen dem Aufbau Palästinas gewidmeten Organisationen tätig; auf seine Anregung ging auch die Gründung von Tel Aviv, der ersten rein jüdischen Stadt Palästinas, zurück. Ruppin war an jenen sozialen Experimenten beteiligt, die zur Entwicklung revolutionärer Formen der sozialen Organisation wie →Kibbuz und →Moschav-Genossenschaft führten, über die er u. a. in den

Schriften »Jüdische Zukunftsarbeit in Palästina« (1918), »Der Aufbau des Landes Israel. Ziele und Wege jüdischer Siedlungsarbeit in Palästina« (1919) und »Dreißig Jahre Aufbau in Palästina« (1937) berichtete. Grundlegend für die Bedeutung Ruppins als Soziologe sind seine Werke »Die Juden der Gegenwart« (1904) und »Soziologie der Juden« (2 Bände, 1930/31). Mit diesen Schriften, die u. a. dazu dienten, das antisemitische Vorurteil einer »Verjudung« von Berufszweigen demographisch sowie empirisch-soziologisch zu widerlegen, darf Ruppin als Begründer einer Soziologie der Juden gelten.

🄻 S. Krolik (Hrsg.), Arthur Ruppin. Briefe, Tagebücher, Erinnerungen, 1985. (AS)

Russisch-jüdisch wissenschaftlicher Verein, im Dezember 1888 von zwölf russisch-jüdischen Studenten in Berlin gegründet. Im Mittelpunkt der Tätigkeit standen ideologische Diskussionen und kulturelle Veranstaltungen, bei denen die Probleme einer jüdischen nationalen Heimstätte besprochen wurden. Die Hauptbedeutung des Vereins lag in seiner Wirkung auf einige deutsch-jüdische Studenten in Berlin, bei denen er ein jüdisches Nationalgefühl weckte. Gründer des Vereins war Leo Motzkin. Führender Vertreter dieser Organisation war Schmarja Levin; einziges deutsches Mitglied in den 1890er Jahren war der Journalist, Historiker und Bibliothekar Heinrich Loewe. (LH)

Rußland, 1922–1991 Union der Sozialistischen Sowjetrepubliken/UdSSR, seit 1992 Russische Föderation und Mitglied der Gemeinschaft Unabhängiger Staaten/GUS. Seit fast zwei Jahrtausenden sind jüdische Kaufleute auf der Krim und in den Gebieten zwischen Wolga und Dnjestr sowie jüdisches Gemeinwesen in den griechischen Kolonien nördlich des Schwarzen Meeres nachweisbar. In der Region von →Moskau traten Juden erst in der zweiten Hälfte des 15. Jahrhunderts in Erscheinung. Unter dem Zaren Iwan III. Wassiljewitsch (1462–1505) hatte die christliche Kirche zunehmend gegen die Häresie der »Judaisierenden« zu kämpfen. Antisemitismus bestimmte die Politik der Zaren, mit geringen Erleichterungen während der Herrschaft Peters des Großen (1682 bis 1725). Gegen Ende des 18. Jahrhunderts beschränkte Katharina II. das Wohnrecht der Juden auf den →Ansiedlungsrayon. Grausame antisemitische Maßnahmen wurden angewandt unter dem ultrareaktionären Regime des Zaren Nikolaus I. (1825 bis 1855). Die härteste dieser Maßnahmen war die Zwangsaushebung von ungefähr 70 000 jüdischen Jugendlichen im Alter zwischen 12 und 25 Jahren (den →Kantonisten), für einen Militärdienst von jeweils 25 Jahren. Dieses Gesetz wurde unter Alexander II. (1855–81) wieder abgeschafft. Ende des 19. Jahrhunderts überschritt die jüdische Bevölkerung Rußlands die Fünf-Millionen-Grenze; sie betrug damit 4,13 Prozent der Gesamtbevölkerung oder ungefähr die Hälfte der jüdischen Weltbevölkerung. In der zweiten Hälfte des 19. Jahrhunderts spielten die Juden eine bedeutende Rolle in der Entwicklung von Industrie, Transportwesen, Banken und Handel. Eine Welle von →Pogromen 1881–84, die ansteigende Häufigkeit von →Ritualmordvorwürfen, der Numerus clausus im universitären Lehrbetrieb u. a. förderten die Auswanderung nach Amerika und die Entwicklung der zionistischen Bewegung. Eine weitere Welle von Pogromen, von den Behörden ermutigt, traf die jüdische Bevölkerung in den Jahren 1903–06 (→Protokolle der Weisen von Zion). In dieser Zeit entstand eine Selbstverteidigungs-Bewegung, meist aus Zionisten und zionistischen Sozialisten, die sich in vielen Städten gegen Pogrome bewaffnet zur Wehr setzten. Als Reaktion auf die antisemitische Verfolgung reihten sich viele jüdische Jugendliche – besonders aus Intellektuellen- und Arbeiterkreisen – in die russische revolutionäre Bewegung ein (→Arbeiterbewegung, jüdische). Nach der Februarrevolution 1917 erklärte die provisorische Regierung die vollständige Rechtsgleichheit der Juden und beseitigte alle antisemitischen Einschränkungen bezüglich Wohnrecht, Lehrtätigkeit, Berufsausübung und Besetzung öffentlicher Ämter. Die Grundsätze nationaler Gleichheit und humaner Justiz wurden von der bolschewistischen Regierung anerkannt, die durch die Oktoberrevolution von 1917 an die Macht kam. Die Mehrheit der Juden unterstützte die sozialistische Revolution in der Hoffnung, sie würde eine Ära bürgerlicher Emanzipation durchsetzen. Zur Führung der Kommunistischen Partei und der sowjetischen Regierung gehörten von Beginn an zahlreiche Juden: L. →Trotzkij, Sinowjew, Kamenew, Swerdlow, U. Litwinow, Radek, Kaganowitsch u. a. Trotzdem zählte die jüdische Bevölkerung zu den ersten Opfern der Umwandlung des sowjetischen Systems in ein unerbittliches despotisches Regime. Entsprechend den Ideen Lenins und Stalins, die die Existenz einer jüdischen Nation negierten, wurden den Juden nach und nach alle ursprünglich gewährten nationalen Rechte wieder entzogen. Obwohl die sowjetischen Gesetze die Glaubensfreiheit postulierten, begann eine brutale Verfolgung der Religionsgemeinschaften, wobei die jüdische zu jenen gehörte, die am heftigsten zu leiden hatten. Die meisten Synagogen wurden geschlossen und in Klubs, Werkstätten oder Geschäfte umgewandelt. Die hebräische Sprache wurde als Instrument der Religion und des Zionismus betrachtet und daher verboten. Eine Resolution des Kommissariats für öffentlichen Unterricht aus dem Jahr 1919 akzeptierte die hebräische Sprache nicht als Sprache einer ethnischen Minderheit Rußlands und behandelte sie als »fremd«. Um die hebräische Sprache vollständig auszutilgen, förderten die sowjetischen Behörden zeitweise Kultur und Unterricht in Jiddisch. 1920 erschienen fast 100 jiddische Zeitungen. Zwischen 1933 und 1937 wurden 852 Bücher in jiddischer Sprache veröffentlicht. 1935 existierten in der UdSSR 16 jiddische Theater. In Dörfern und Städtchen, in denen die Juden die absolute Mehrheit der Bevölkerung stellten, durfte die jiddische Sprache als offizielle Sprache bei Behörden und Gerichten benutzt werden. 100 000 Kinder besuchten noch 1938 die jiddischen Schulen. Wenige Jahre später war ihre Existenz in der gesamten Sowjetunion ausgelöscht. Das sowjetische Regime verursachte den ökonomischen Ruin jener Teile der jüdischen Bevölkerung, die zur niederen und mittleren Bourgeoisie zählten und somit durch den Sozialismus zum Verschwinden verurteilt waren. Am Vorabend des Zweiten Weltkriegs betrug die Zahl der Juden in der Sowjetunion (einschließlich der 1939 und 1940 annektierten Gebiete Polens, der baltischen Staaten, Bessarabiens und der Nord-Bukowina) ungefähr 5 250 000. Vier Millionen lebten in den von den deutschen Armeen besetzten Gebieten; von ihnen kamen ungefähr drei Millionen durch den Holocaust um. Die Juden der UdSSR nahmen in bedeutendem Ausmaß am Krieg teil, 160 000 jüdische Soldaten der Roten Armee erhielten Kriegsauszeichnungen, und 145 wurden Helden der Sowjetunion. Die Volkszählung des Jahres 1959 registrierte in der Sowjetunion 2 267 814 Personen, die sich zum Judentum bekannten (zweifellos weit weniger als tatsächlich, da zahlreiche Juden es vorzogen, ihre Nationalität zu verbergen, um der Diskriminierung zu entgehen). 472 000 Juden gaben das Jiddische als Muttersprache an. Trotzdem existierte zu diesem Zeitpunkt keine einzige Schule mit jiddischer Unterrichtssprache, wurde kein Buch in Jiddisch herausgegeben, erschien in jiddischer Sprache nur eine einzige Zeitung mit einer Auflage von 1000 Exemplaren (»Der Stern« in →Birobidschan); die vier jüdischen Staatstheater, die während der ersten Nachkriegsjahre noch bestanden, waren bereits verschwunden. Die Zahl der Synagogen sank von 1956 bis 1963 von 450 auf 96. Als Symptom der beginnenden Entstalinisierung entstand 1961 die jiddische Zeitschrift »Sowjetisches Heimland«, nach 1959 wurden einige Bücher in jiddischer Sprache gedruckt und einige Vorstellungen und Konzerte jüdischer Folklore erlaubt, dargeboten von Amateurgruppen. Es wurde aber weiterhin die Veröffentlichung von Büchern und Broschüren mit deutlich antisemitischem Inhalt toleriert und ermutigt. Die Verbreitung antisemitischer Gedanken hatte auch offene Gewalttätigkeit zur Folge, etwa die Unruhen von Malachowka (bei Moskau) im Oktober 1959. Laut Volkszählung von 1979 soll die Anzahl der Juden in der Sowjetunion auf 1 811 000 gesunken sein, der Prozentsatz der Jiddisch-Sprechenden auf 14,2 Prozent.

Den in den 60er Jahren veröffentlichten Statistiken ist zu entnehmen, daß die Juden offiziell zwar weniger als ein Prozent der Gesamtbevölkerung der UdSSR ausmachten, aber 10,8 Prozent der Wissenschaftler, 15 Prozent der Mitglieder der Akademie der Wissenschaften, 14,7 Prozent der Ärzte, 10,4 Prozent der Juristen, ungefähr 10 Prozent der Schriftsteller und über drei Prozent der Studenten an den Universitäten stellten. Sie leisteten sehr viel für das Land, in dem sie geboren wurden. Erst in den Jahren der Perestrojka öffnete die sowjetische Führung die Grenzen für eine massive Auswanderung der Juden nach Israel, deren tatsächliche Zahl Ende der 80er Jahre noch zwischen 1,5 und 2 Millionen gelegen haben dürfte. Gleichzeitig wurde die Meinungsfreiheit – Ergebnis der Glasnost-Politik Gorbatschows – von chauvinistischen Gruppen dazu genutzt, offen den Haß gegenüber den Juden zu äußern (u. a. antisemitische Demonstrationen des slawophilen »Pamjat«). Zwischen 1989 und 1998 wanderten vom Gebiet der ehemaligen UdSSR über 900 000 Juden aus, davon allein ca. 700 000 nach Israel. Parallel zum zwischenzeitlichen Anstieg des Antisemitismus, der seinen traditionellen staatlichen Charakter jedoch weitgehend verlor, und der starken Emigration ist eine Revitalisierung jüdischen Lebens vor allem in →Moskau und →Sankt Petersburg zu verzeichnen. Diese jüdische Bewegung ging aus dem Kreis der Ostasniki (auch als Refuseniks bekannt) hervor, denen in den 70er und 80er Jahren die Ausreiseerlaubnis verweigert worden war und die eine nationale Bewegung mit dem Ziel einer »geistigen Repatriierung« entwickelten. So bildete sich im Rahmen der Samisdat-(Selbstverlag)Presse ein jüdischer Samisdat, der 1986 u. a. den inzwischen populären, historischen Stadtführer »Juden in Petersburg« von Michail Bejser (englisch 1989, Jerusalem) druckte. In vielen Städten gründeten sich während der Liberalisierung der Gorbatschow-Ära und vor allem danach jüdische Gemeinden neu, die meisten mit orthodoxer, aber auch zehn mit reformerischer Ausrichtung. Mit der Unterstützung jüdischer Organisationen aus den USA und Israel, wie der →Jewish Agency und des →Joint, entstanden zahlreiche jüdische Schulen, Bildungseinrichtungen und Kulturzentren, darunter zwei jüdische Universitäten in Moskau und Petersburg. In den großen Städten stehen mittlerweile koschere Nahrungsmittel zur Verfügung; jüdische Zeitungen (in russischer Sprache) erscheinen u. a. in Moskau, Petersburg, Swerdlowsk (Jekaterinburg) und Perm. Die russische Judenschaft ist heute in der Vereinigung der Jüdischen Organisationen und Gemeinden Rußlands (WA'AD) und dem Russisch-Jüdischen Kongreß organisiert. Auf dem Gebiet der Russischen Föderation lebten 1997 noch etwa 450 000 Juden.

L S. W. Baron, The Russian Jews under Tsars and Soviets, New York 1964. – L. Leneman, La tragédie des Juifs en U.R.S.S., Paris 1959. – Z. Rudy, Die Juden in der Sowjetunion, Wien 1966. – E. Wiesel, Les Juifs du Silence, Paris 1966. (AB/BV)

Rut →Hebräische Bibel

S

Saadja ben Josef, hebräisch Gaon, Religionsphilosoph und führende rabbinische Autorität seiner Zeit, 882 Faiyum, Ägypten – 942 Sura, Babylonien. Als arabophoner Universalgelehrter hat Saadja ben Josef fast im Alleingang alle Gebiete der jüdischen Wissenschaft, u. a. Grammatik und Lexikographie, neu gegründet und durch seine arabische Bibelübersetzung die arabisch-jüdische Kultursymbiose des Mittelalters eingeleitet. Mit seinem arabisch verfaßten »Buch der philosophischen Meinungen und Glaubenslehren« (um 933) führte Saadja ben Josef, was heute als seine wichtigste Leistung gewürdigt wird, die rationale Theologie im Judentum ein. Er schloß sich dabei dem →Kalam an und übernahm dessen ethischen Monotheismus. So bemühte er sich in der Bibelexegese insbesondere um eine Reinigung des anthropomorphen Gottesbildes und deutete alle Theophanien als geschaffene Lichterscheinungen (hebräisch »Kabod«). Für die Notwendigkeit einer zu der an sich ausreichenden Vernunfterkenntnis hinzukommenden göttlichen Offenbarung nannte Saadja ben Josef einen pädagogischen Grund: die Erziehung der ungebildeten Massen. Die Offenbarung war für ihn allerdings eine durch ein ganzes Volk bezeugte historische Tatsache, deren Maßstab jedoch die Vernunft sei: Was dieser widerspreche, müsse umgedeutet werden. Insbesondere gab es nach Saadja ben Josef eine natürliche Erkenntnis der Sittengesetze (hebräisch »Sichlijot«). Demgegenüber waren die detaillierten »Gehorsamsgebote« (hebräisch »Schimijot«) der Offenbarung Sonder- und Ausführungsbestimmungen, die nicht immer einsichtig, dafür aber immer nützlich seien. Mit der These von der Übereinstimmung der Vernunftwahrheiten und der Offenbarungslehren sowie ihrer historischen, pädagogischen und utilitaristischen Begründung wurde Saadja ben Josef zum Schöpfer der jüdischen Religionsphilosophie.

L H. Malter, Saadja Gaon. His Life and Works, Philadelphia 1921, Nachdruck 1969. (DK)

Sabbat (hebräisch »Schabbat«, »Ruhen«), der siebte Tag der Woche und der Schöpfung. Ruhetag zur Erinnerung an das Ruhen Gottes nach der Erschaffung der Welt (Ex 20,11) und an den Auszug des Volkes Israel aus Ägypten (Dtn 5,12–15). Er beginnt Freitagabend nach Einbruch der Dämmerung und endet Samstagabend bei Dunkelheit (bzw. bei Erscheinen von drei Sternen). Traditionell gilt der Sabbat als Tag der Ruhe, des Studiums, der Freude und des Friedens. Besonderes Kennzeichen des Sabbat ist das Arbeitsverbot. Es dient dazu, die Heiligkeit des Sabbat zu bewahren. Das Arbeitsverbot beschränkt sich nicht auf körperliche Anstrengung, sondern untersagt – im Bewußtsein, daß Gott der alleinige Schöpfer sei –, Neues zu produzieren. So gehört zum Arbeitsverbot der persönlich-soziale (Ruhe des arbeitenden Menschen), aber auch der sozialethische Aspekt (Pflicht des Arbeitgebers, sei-

nen Arbeitern Ruhe zu gönnen). Aus der Bibel werden 39 Kategorien von Arbeitsverboten (Abot) mit entsprechenden Unterkategorien (Toledot) abgeleitet; daneben treten noch verschiedene rabbinische Verbote. Die Begrenzung des Sabbatwegs auf 2000 Ellen Länge, beginnend am Haus oder an der Grenze (Tachum) des →Eruw-Gebiets, soll wie das Arbeitsverbot freie Zeit schaffen für das Studium und für die Familie. Der Sabbat beginnt traditionell zu Hause mit dem Anzünden der Kerzen. Nach dem Besuch des Synagogengottesdienstes findet er zu Hause seine Fortsetzung. Dort ist der Tisch gedeckt, zwei Laibe Brot (Challa, Plural Challot) liegen bereit (Ex 16,22–26). Das Familienoberhaupt liest den Bibeltext mit einer Lobpreisung der Hausfrau (Spr 31) und spricht den Segen über die Kinder, es folgen der →Kiddusch über den Wein und nach dem Händewaschen der Segen über das Brot. Danach beginnt das Sabbatmahl. Nach dem Mahl werden Psalm 26 gelesen und die Benediktionen des Tischgebets gesprochen. Am nächsten Tag entfallen im Achtzehnbittengebet (hebräisch »Schemone essre«, →Tefilla) die Bitten 4–16, die an Wochentagen gesprochen werden. Am Sabbat sollen die Menschen nicht an Elend und Not erinnert werden; an Stelle dieser Bitten werden spezielle Gebete zur Heiligung des Tages eingefügt. Dementsprechend wird besondere Kleidung getragen, sollen Gang und Sprache gemessen, die drei Mahlzeiten schmackhafter als gewöhnlich sein. Nach der Lesung der Wochenabschnitte wird ein zusätzliches →Mussaf gebetet. Der Tag klingt aus mit der →Hawdala (Trennung, Scheidung).
Zahlreiche Sabbate haben im Jahreslauf spezielle Namen: Der Sabbat vor dem Neumond (Sabbat Mebarechin); der Sabbat, der mit dem Neumond zusammenfällt (Sabbat Rosch Chodesch); der Sabbat zwischen Neujahr und Versöhnungstag (Sabbat Teschuwa); der Sabbat während der Pessach- oder Sukkot-Tage (Sabbat Chol ha-Moed); der Sabbat – manchmal zwei – während der Chanukka-Tage (Sabbat Chanukka); der Sabbat mit der Lesung Ex 14–17 (Sabbat Schira); der Sabbat unmittelbar vor dem Monat Adar (Sabbat Schekalim); der Sabbat vor Purim (Sabbat Sachor); der Sabbat vor Sabbat ha-Chodesch (Sabbat Para); der Sabbat vor dem Monat Nissan oder an dessen 1. Tag (Sabbat ha-Chodesch); der Sabbat vor Pessach (Sabbat ha-Gadol); der Sabbat vor dem 9. Aw (Sabbat Chason); der Sabbat nach dem 9. Aw (Sabbat Nachamu). (HMD)

Sabbatai ben Meir ha-Kohen (SchaCh), rabbinischer Gelehrter, 1621 Amstivov nahe Vilkaviskis, Litauen – 1662 Holleschau. Schüler seines Vaters und des Joschua Höschel ben Josef in Trykocin, dem er an die →Jeschiwa in Krakau folgte. Danach Schüler des Naphtali ben Isaak ha-Kohen in Lublin und Richter (Dajan) im →Bet Din des Moses Lima in Wilna. Nach den →Chmielnicki-Pogromen (1648/49) 1655 von Wilna über Lublin nach Böhmen vertrieben. Dort Rabbiner in Dresin und Holleschau. Angesehener →Possek und Verfasser der »Sifte ha-Kohen«, eines Kommentars zum →Schulchan Aruch, der in allen Ausgaben abgedruckt ist. Als einer der wenigen polnischen Gelehrten ein Verteidiger des Josef ben Efraim →Karo. Zeitgleich erschien der Kommentar »Ture Sahaw« des →David ben Samuel ha-Levi. Diesem entgegnete Sabbatai ben Meir ha-Kohen in seinen »Nekudot ha-Kessef«. Es entspann sich ein Disput, den auch die Schüler der beiden fortführten. Die Gelehrten Polens und Litauens folgten eher der Ansicht Sabbatai ben Meir ha-Kohens, die Deutschlands der David ha-Levis. Sabbatai ben Meir ha-Kohen verfaßte u. a. Erläuterungen zum »Arba Turim« des →Jakob ben Ascher (»Sefer ha-Aruch mi-Schach«), ein Werk über die 613 Gebote (»Poel ha-Zedek«), eine Schrift über die erlebten Pogrome (»Megillat Ajefa«) und synagogale Poesie (→Selicha) zum 20. Siwan, den er als Gedenktag dieser Verfolgungen anordnete. (HMD)

Sabbatai Zewi, Pseudomessias, 1. 8. 1626 Smyrna (heute Izmir) – 10. 9. 1676 Dulcigno (heute Ulcinj, Montenegro). Aufgewachsen in einer Familie aschkenasischer Abstammung, war Sabbatai Zewi mit talmudischer, rabbinischer und kabbalistischer Literatur vertraut. Er lebte schon als Jugendlicher asketisch und sammelte durch sein Charisma bald Gleichgesinnte um sich. Wie viele Zeitgenossen war Sabbatai Zewi ergriffen von der Lurianischen →Kabbala, die die messianischen Erwartungen und das Bewußtsein förderte, durch asketischen Lebenswandel, Meditation und Bewahrung der Gebote (→Mizwa) das messianische Zeitalter vorbereiten zu können. So griffen die politische und die religiöse Dimension des Messianismus ineinander. Die →Chmielnicki-Pogrome verstand Sabbatai Zewi als Geburtswehen des →Messias. Sie fielen zugleich aber in eine Phase persönlicher Depression. Zwei Ehen von ihm wurden geschieden. Das öffentliche Aussprechen des Gottesnamens führte 1651 zum

Bann durch seinen Lehrer Josef Iskafa. Sabbatai Zewi verließ Smyrna und gelangte über Saloniki, Konstantinopel und Kairo nach Jerusalem. Als Gesandter der dortigen Gemeinde reiste er wiederholt nach Ägypten, heiratete dort und lernte das Oberhaupt der ägyptischen Juden, Raphael Josef Chelbi, kennen. Zugleich erfuhr er von dem kabbalistischen Propheten Natan Benjamin ha-Levi aus Gaza, von dem er sich Heilung seiner Depression erhoffte. Dieser überzeugte ihn aber statt dessen, daß er der Messias sei. Als solcher ließ Sabbatai Zewi sich am 31. 5. 1665 ausrufen und gewann die Rabbinen Samuel Primo und Moses Galante als Mitarbeiter. Vor allem Natan verbreitete die Nachricht mit Flugschriften, erklärte die Lurianische Kabbala für überholt, weil die messianische Zeit angebrochen sei, und rief zur Umkehr auf. Dies führte zur Verbannung Sabbatai Zewis aus Jerusalem und zur Rückkehr nach Smyrna. Dort gelang es ihm, die ihm ablehnend gegenüberstehende Gemeindeleitung abzulösen und sich als Messias feiern zu lassen. Von Smyrna aus erfaßte das messianische Fieber ganz Europa und Nordafrika. Neue Vorschriften über Kasteiungen und kabbalistische Gebetsformeln (Tikkunim) wurden erlassen und der 18. 6. 1666 als Tag der Erlösung verkündet. Auf dem Weg nach Konstantinopel wurde Sabbatai Zewi von den türkischen Behörden im Februar 1666 verhaftet. Auch im Gefängnis erreichten ihn zahlreiche Zuschriften und suchten ihn Delegationen aus ganz Europa auf, u. a. Vertreter der →Vierländersynode. Der Kabbalist Nehemia Kohen aus Polen, der Sabbatai Zewi ebenfalls im Gefängnis besuchte und seinem Anspruch, der Messias zu sein, widersprach, berichtete dem Sultan von Sabbatai Zewis revolutionären Absichten. Daraufhin wurde Sabbatai Zewi nach Adrianopel gebracht und vor die Wahl zwischen Hinrichtung und Übertritt zum Islam gestellt. Am 15. 9. 1666 erfolgte die Konversion. Sabbatai Zewi hieß nun Asis Mehmed Effendi und wurde mit dem Ehrentitel eines Türwächters des Palastes und mit einer Pension bedacht. Etwa 200 jüdische Familien (→Dönmeh) traten ebenfalls zum Islam über. Sabbatai Zewi lebte seither in einer Doppelexistenz. Er wurde im Islam unterwiesen, befolgte aber weiterhin jüdische Riten. Er stand in regelmäßigem Kontakt mit Natan Benjamin ha-Levi und jüdischen Gemeinden. Nach Denunziationen wurde er 1672 verhaftet und nach Dulcigno in Albanien verbannt. Da es Natan gelang, Apostasie und Tod des Messias in das Denken zu integrieren (der Messias kann nur durch die Erniedrigung sich selbst und Israel aus der Welt der Dämonen erlösen), bedeuteten Übertritt und Tod Sabbatai Zewis nicht das Ende der sabbatianischen Bewegung (→Sabbatianismus). (HMD)

Sabbatianismus, Bezeichnung für die sich auf →Sabbatai Zewi und seinen Propheten Natan Benjamin ha-Levi aus Gaza gründende messianische Bewegung, die nach dem Tod der beiden vor allem in der Türkei, in Italien und Polen weiterlebte, im Judentum aber eine Minderheit bildete und als Irrglaube bekämpft wurde. Wichtige Zweige dieser Bewegung sind: a) die →Dönmeh, die dem in Saloniki zum Nachfolger von Sabbatai Zewi erklärten Jakob Querido (1650–1690) beim Übertritt zum Islam folgten; b) die Bewegung um Nehemia Chija Chajun aus Sarajevo (1650–1733), der seine Lehren über die Türkei aus Jerusalem kommend in Wien und Amsterdam verbreitete und u. a. mit Jonathan →Eibenschütz, der zentralen Figur im Streit mit Jakob ben Zewi →Emden, Kontakt hatte; c) der Zirkel um Abraham ben Michael Rovigo (1650–1713) in Modena, der mit Natan korrespondierte, dessen Schriften studierte und auf vielen Reisen u. a. in Polen, den Niederlanden und Deutschland verbreitete; d) die →Frankisten, die Jakob Frank (1726–1791) beim Übertritt zum Katholizismus in Polen folgten. (HMD)

Sabim →Mischna

Saboräer (von hebräisch »sabar«, »nachdenken, prüfen, schlußfolgern«), im 6./7. Jahrhundert Nachfolger der →Amoräer, Vorläufer der →Geonim. Nach →Abraham ibn Daud Halewi war Raw Jose der erste der Saboräer. Die Saboräer sind nicht – wie lange vermutet – diejenigen, die stilistische Feinarbeit am literarisch schon abgeschlossenen babylonischen Talmud ausführten, sondern seine eigentlichen Redaktoren, die durch besondere Hinzufügungen (»Suggiot«) vor allem an den Traktat- und Kapitelanfängen dessen Endfassung entscheidend prägten. Möglicherweise gehen auch die anonymen Aussagen auf die Saboräer zurück. (HMD)

Sabre, Sabre →Zabarim

Sacharja →Hebräische Bibel

Sachs, 1. Curt, amerikanischer Musikwissenschaftler, 29. 6. 1881 Berlin – 5. 2. 1959 New York. Studierte in Berlin Kunst- und

Musikgeschichte, habilitierte sich an der Berliner Universität; 1920 Professor der Instrumentenkunde an der Staatlichen Hochschule für Musik und Leiter der Instrumentensammlung. Ab 1922 außerordentlicher Professor, 1928 ordentlicher Professor an der Universität Berlin. 1933 aus allen Ämtern entlassen. Sachs ging zunächst nach Paris, dann 1937 in die USA, wo er bis 1957 an der New York University und an der Columbia University als Professor für Musikwissenschaft lehrte. Sachs hat grundlegende Forschungen zur Instrumentenkunde und antiken Musik vorgelegt. Das Schriftenverzeichnis von Sachs zeigt, daß er mit vielen Aspekten und Gebieten der Musikwissenschaft, der Systematik der Musikinstrumente und der Ethnomusikologie vertraut war. Zu seinen Hauptwerken gehören: »Reallexikon der Musikinstrumente« (1913), »Handbuch der Musikinstrumentenkunde« (1920), »Die Musik der Antike« (1928), »Weltgeschichte des Tanzes« (1933) und »The Commonwealth of Art« (1946). (AS)

2. Michael, Rabbiner der gemäßigten Reform, 3.9.1808 Glogau – 31.1.1864 Berlin. Sachs wirkte in Prag und Berlin und gilt als bedeutender Prediger, Gelehrter und Übersetzer der Bibel (15 Bücher der Zunzschen Bibel), des Gebetbuchs (Siddur und Machsor) und hebräisch-spanischer Poesie. Seine »religiöse Poesie der Juden in Spanien« inspirierte H. →Heine zu den »Hebräischen Melodien«. Hauptwerke: »Die religiöse Poesie der Juden in Spanien« (1845), »Stimmen von Jordan und Euphrat« (1853), »Beiträge zur Sprach- und Altertumsforschung aus jüdischen Quellen« (1852 bis 1854). (FDL)

3. Nelly, deutsche Dichterin, 10.12.1891 Berlin – 12.5. 1970 Stockholm. Seit 1940 in Stockholm; Übersetzungen aus dem Schwedischen. Aufgewachsen in einem bürgerlich-liberalen Elternhaus, durch die Erfahrung der Verfolgung (Flucht mit der Mutter 1940) zunehmende Besinnung auf universalistisch verstandene jüdische Tradition: Bibel (Jesaja, Hiob, Propheten), vor allem →Chassidismus und →Kabbala. Später Ruhm: 1965 Friedenspreis des Deutschen Buchhandels, 1966 Nobelpreis zusammen mit S. J. Agnon. Neben Paul Celan (denkwürdiges Treffen mit ihm in Zürich 1960) die eigentliche jüdische Dichterin der Shoa. Beginn mit »In den Wohnungen des Todes« (1943/44, veröffentlicht 1947); es folgen neben Mysterienspielen (»Eli«, 1951) und szenarischen Stücken die Bände »Sternverdunkelung« (1949), »Und niemand weiß weiter« (1957) und vor allem »Flucht und Verwandlung« (1959), dessen Titelgedicht eine neue Sinngebung des Exilschicksals versucht: »In der Flucht/welch großer Empfang/unterwegs – (...)/An der Stelle von Heimat/halte ich die Verwandlungen der Welt.« Das Spätwerk zeigt eine Verdichtung der Sprache und Bilder, deren Hermetik das Verständnis erschwert: »Fahrt ins Staublose« (1959/60), »Noch feiert der Tod das Leben« (1961), »Glühende Rätsel« (1963–67). Die universelle Idee Israels liegt in ihrer Repräsentation der leidenden Menschheit – jenseits der kritisch bejahten Existenz des jüdischen Staates.

Nelly Sachs

Ⓛ E. Bahr, Nelly Sachs, 1980. (HH)

Sachsen. Während der Herrschaft Ottos I. (936–973) sind Juden u.a. für →Magdeburg, →Halle, →Erfurt und Merseburg bezeugt. Bis zu den Verfolgungen während der Kreuzzüge und den Ritualmordbeschuldigungen des 13. Jahrhunderts lebten sie nahezu unbehelligt, hauptsächlich als Händler. Die im Sachsenspiegel (um 1230) festgesetzten geringen Rechte der Juden wurden bereits Mitte des 13. Jahrhunderts erweitert, da sich die sächsischen Markgrafen davon wirtschaftliche Vorteile versprachen. Unter den berühmten Talmudgelehrten, die in Sachsen lebten, waren Ascher ben Jechiel, genannt Rosch, und Isaak ben Mose von Wien. Unter den →Rindfleisch-Verfolgungen (1298) hatten die Juden in Sachsen ebenso zu leiden wie unter den Verfolgungen und Vertreibungen z.Z. der Pest (1348–50). Der militante Antijudaismus der protestantischen Reformation führte dazu, daß die Ausweisungen im 16. Jahrhundert strikter gehandhabt wurden als im 15. Jahrhundert. Der erste sächsische Schutzjude war B. →Lehmann, Hofjude Friedrich August I., des Starken. 1710 gründete Gerd

Levi die jüdische Gemeinde in →Leipzig. Während Friedrich August II. 1733 den Leibzoll für durchreisende Juden abschaffte und die hauptsächlich polnischen Hofjuden förderte, verabschiedete Friedrich August III. 1772 eine restriktive Judenordnung. Erst 1834 wurden Juden das Erlernen eines Handwerks und die Ansiedlung außerhalb →Dresdens gestattet; 1869 erhielten die sächsischen Juden volle Gleichberechtigung, was – vor allem durch Zuwanderung von Ostjuden – zur Verdoppelung der jüdischen Bevölkerung von 3300 (1871) auf 6600 (1880) führte. 1923 lebten in Sachsen 23 200 Juden. Nach der Ausweisung polnischer Juden im Oktober 1938 und zahlreichen Auswanderungen nach Pogromen wurden die verbleibenden Juden in die KZs deportiert. Nach dem Krieg entstanden neue Gemeinden in Leipzig, Dresden und Chemnitz, die in den 80er Jahren nur noch wenige Dutzend Mitglieder hatten. 1997 zählten die drei sächsischen Gemeinden aufgrund der jüdischen Zuwanderer aus der GUS wieder rund 500 Mitglieder. (PB)

Sachsenhausen, nördlich von Berlin gelegenes KZ, das neben →Buchenwald und →Dachau eines der SS-Stammlager war. Im Juli 1936 gegründet, erstes Lager, in dem (im April 1940) ein Krematorium in Betrieb genommen wurde. Insgesamt waren etwa 140 000 Häftlinge in Sachsenhausen und seinen Außenlagern registriert; 50 000 Menschen (unter ihnen viele sowjetische Kriegsgefangene) kamen im Lager um; die Zahl der Opfer von Arbeitseinsätzen und der Evakuierung vom 20. bis 22. April 1944 ist unbekannt. Sachsenhausen wurde im April 1945 von Sowjettruppen befreit. In den Anfangsjahren der SBZ/DDR diente Sachsenhausen, wie Buchenwald, den sowjetischen und ostdeutschen Machthabern als Internierungslager. Über dem Lagertor, das in die 1961 errichtete →Gedenkstätte führt, steht noch die zynische Losung aus der NS-Zeit: »Arbeit macht frei«.

🄻 G. Finn, Sachsenhausen 1936–1950, 1985. – K. W. Fricke, Politik und Justiz in der DDR, 1979. (RED)

Sadduzäer, Religionspartei aus der Zeit des Zweiten →Tempels. Der Name ist wahrscheinlich vom Priestergeschlecht des Zadok abgeleitet. In talmudischen Quellen wird er auch von Zadok und Boethos, zwei Schülern des Antigonos von Socho, abgeleitet und deshalb synonym mit dem Begriff Boethusianer verwendet. Zu den Sadduzäern gehörten vor allem Priester, wohlhabende Bürger und Aristokraten. Sadduzäer bestimmten den Tempeldienst und hatten den Vorsitz im →Sanhedrin. Aufgrund ihrer Neigung zum Hellenismus schwand ihr Einfluß zu Beginn der Makkabäer-Kriege. Politisches Kalkül führte aber schon unter Johannes →Hyrkan und →Alexander Jannaj zu einer Annäherung und Erneuerung der sadduzäischen Führungsrolle. Daraus entstand der Konflikt mit den die breite Masse vertretenden →Pharisäern. Die Informationen über die Sadduzäer stammen fast ausschließlich von Gegnern und sind dürftig. Charakteristisch für die Sadduzäer im Gegensatz zu den Pharisäern scheint vor allem die Ablehnung der mündlichen Lehre, die Leugnung der Existenz von →Engeln, der Unsterblichkeit der Seele, der →Auferstehung und der kommenden Welt zu sein. Sadduzäer vertraten die Willensfreiheit des Menschen und ein eher anthropomorphes Gottesbild. Darin spielte vor allem das →Opfer, weniger aber das Gebet und das Studium eine besondere Rolle. Auch in Fragen zu Reinheitsvorschriften, Gelübden, Festen und zur Ehe unterschieden sich die Sadduzäer von den Pharisäern. Mit der Zerstörung des Zweiten →Tempels 70 n. Z. erlosch der Einfluß der sadduzäischen Priesteraristokratie. (HMD)

Safed, Safad, Zefat, Stadt im Norden Israels, in Obergaliläa beim Berg Meron (1208 m), nordwestlich des Sees Genezareth, 24 000 Einwohner; eine der vier heiligen Städte des Judentums; im 12. Jahrhundert Kreuzritterburg (1140; 1266 durch Sultan Baibars zerstört); seit dem 15. Jahrhundert Zentrum des Judentums im Orient, wo im 16./17. Jahrhundert rabbinische Weisheit und jüdische Mystik (→Kabbala) gepflegt wurden; mit der ältesten hebräischen Druckerei des Landes (1563); hier wirkten u. a. die Rabbiner Isaak →Luria und Josef →Karo. 1769 und 1837 schwere Erdbebenschäden (1837: 5000 Tote). 1948 heftige Kämpfe zwischen 1800 Juden und 12 000 Arabern, die aus der Stadt flohen. Heute ist Safed ein Zentrum jüdischer Kunst, vor allem der Malerei; zahlreiche traditionsreiche Synagogen.

🄻 Y. Karmon, Israel. Eine geographische Landeskunde, ^{2}1994. (WL)

Sahl, Hans, Schriftsteller und Kritiker, 20. 5. 1902 Dresden – 27. 4. 1993 Tübingen. Studium der Philosophie, Kunst- und Literaturgeschichte in Berlin und Tätigkeit als Kritiker, bis ihn 1933 die drohende Verhaftung durch die Nationalsozialisten zur Flucht über Prag und Zürich nach Paris zwang. Bei Kriegsbeginn interniert, entkam er 1941 nach New York, wo er bis 1989 im Exil lebte; im selben Jahr Übersiedlung nach Tübingen. Der Romancier (»Die Wenigen und die Vielen«, 1959), Lyriker und Journalist, der auch bedeutende Autoren der anglo-amerikischen Moderne (u. a. Th. Wilder, T. Williams, A. Miller, J. Osborne) ins Deutsche übersetzte, zeichnet sich durch lakonischen Erzählstil und souveräne Detail- und Personenschilderungen aus. Seine Memoiren (»Memoiren eines Moralisten«, 1983; »Das Exil im Exil«, 1989) sind ein bedeutendes Dokument der Exilliteratur. (SB)

Sal →Abkürzungen

Salanter, Israel ben Zeew Lipkin, Schüler von Zewi Hirsch Broida und Rabbiner Zundel in Salant, Begründer der →Mussar-Bewegung, 3. 9. 1810 Zagory, Litauen – Januar 1883 Königsberg. Ziel der Mitglieder der Mussar-Bewegung war es, durch das Studium traditioneller ethischer Lektüre zur Selbsterkenntnis, Selbstvervollkommnung und sittlichen Erneuerung zu gelangen; dies ging einher mit einer Abschließung von der Welt und asketischer Entsagung. In speziellen Einrichtungen, Bet Mussar genannt, hielt Salanter seine Mussar-Kurse und eindrucksvolle Predigten. Ihn zeichneten sein Charisma und sein Blick für das Notwendige aus. So hob er 1848 in der Cholera-Epidemie das Arbeitsverbot am Sabbat und das Fasten an →Jom ha-Kippurim auf. Als er anschließend als Leiter des neu gegründeten Rabbiner-Seminars in Wilna vorgeschlagen wurde, lehnte er ab, floh aus Furcht vor Verfolgungen nach Kowno und richtete dort eine neue Mussar-Jeschiwa mit weitreichender Versorgung für die Studenten ein (Essen, Wohnen, Studienmaterial usw.). 1857 zog Salanter nach Deutschland (Halberstadt, Königsberg, Memel), 1880 für zwei Jahre nach Frankreich, um seine Lehren zu verbreiten. Sein Ziel, die Popularisierung des Talmuds, suchte er einerseits durch Erarbeitung eines aramäisch-hebräischen Lexikons, die Übersetzung des Talmuds ins Hebräische und in europäische Sprachen sowie die Herausgabe einer einbändigen Druckausgabe, andererseits durch den Unterricht an den Talmud-Tora-Schulen und an den Universitäten der Mussar-Bewegung zu erreichen. Salanter war Herausgeber der Zeitschrift »ha-Tewuna«. Es existieren von ihm nur die Werke »Imre Bina« (Sammlung von Artikeln), »Ewen Jisrael« (Mitschriften von Schülern), »Iggeret ha-Musar« (»Ethische Grundlegung«) und 22 Briefe (unter dem Titel »Or Jisrael« herausgegeben von Isaak Blaser). (HMD)

Salome (hebräisch »die Friedensreiche«)
1. →Alexandra Salome

2. Schwester von →Herodes dem Großen, (gestorben 10 n.Z.). Sie trug die Hauptschuld an dessen blutiger Familienpolitik. Aufgrund ihrer Verleumdungen wurde die Hasmonäerin →Mariamne zum Tod verurteilt und hingerichtet. Auch die Söhne der Mariamne ließ sie verfolgen und hinrichten. (RED)

3. Tochter der Herodias, der Frau des Tetrarchen →Herodes Antipas. Salome bat auf Anstiftung ihrer Mutter Herodes Antipas, dessen Wohlgefallen sie durch ihre Tanzkunst erregt hatte, um das Haupt Johannes des Täufers. Diese Geschichte erfreut sich einer großen Nachwirkung in Dichtung, Kunst und Musik (Drama von Oscar Wilde, Oper von Richard Strauss). (RED)

Salomo, Sohn →Davids und →Batsebas, Nachfolger Davids als jüdischer König. Damit war das dynastische Prinzip für das judäische Königtum begründet. Die Person Salomos wird in der Hebräischen Bibel vielschichtig dargestellt. Innenpolitisch war er zunächst unerbittlich in der Beseitigung von Gegnern. Er betrieb eine aufwendige Hofhaltung, die nur durch die Aufteilung des Landes in zwölf Bezirke zur Lebensmittelversorgung des Hofs und durch weitreichende Handelsbeziehungen ermöglicht wurde. Seine kostspielige Bautätigkeit – Festungsanlagen, Vorratsstädte, Königspalast und Umbau eines jebusitischen Tempels in Jerusalem – wurde durch eigens herangezogene Fronarbeiter bewerkstelligt. Besonders betont wird der Tempelbau und seine Einweihung, ein wichtiger Schritt zur Zentralisierung des →Tempelkults. Außenpolitisch war die Regierungszeit des Salomo eine Zeit des Friedens. Gerühmt wird die Weisheit Salomos, die er von Gott erbeten hatte, die sich am Beispiel bestätigte und weltweit anerkannt war. So gilt Salomo auch als Verfasser der biblischen Bücher Hoheslied, Sprichwörter und Kohelet sowie einiger Psalmen. Gegen Ende seiner Regierungszeit zeichnete sich der Niedergang seiner Herrschaft und des davidischen Großreichs ab. Im Norden bemächtigte sich der Söldnerführer Reson der Stadt Damaskus und gründete ein Aramäerreich. Im

Süden machten sich die Edomiter unter ihrem König Hadad selbständig. Die Handelsverträge mit Hiram von Tyrus und mit Ägypten mußten z. T. mit der Abtretung von galiläischen Städten bezahlt werden. Im Inneren wuchs der Gegensatz zwischen luxuriöser Hofhaltung und einer immer ärmer werdenden Bevölkerung. Die Befreiung Jerusalems und Judas von der Fronarbeit schürte Haß und führte zum Aufstand des Beamten Jerobeam, des späteren Gegenkönigs der Nordstämme nach der Reichsteilung. Salomos Heirat mit ausländischen Frauen, unter ihnen die Tochter des Pharao, führte zur Errichtung von Heiligtümern für fremde Götter. In der →Aggada werden die Themen Weisheit, Tempelbau und Salomos Abfall von Gott aufgrund der Ehe mit ausländischen Frauen aufgegriffen und vertieft. Salomo werden vor allem sein Übermut und das Übertreten der biblischen Königsgebote im Hinblick auf Streitmacht, Reichtum und Frauen angelastet. Deswegen verlor er Thron, Reichtum und sogar Weisheit. Mit Salomo verbinden sich auch die Schriften »Psalmen Salomos« (1. Jahrhundert v. Z.), »Weisheit Salomos« (1. Jahrhundert v. Z.), »Oden Salomos« (2. Jahrhundert n. Z.) und »Testament Salomos« (2. Jahrhundert n. Z.).
(HMD)

Salomo ben Abraham ben Adret →Adret, Salomo ben Abraham

Salomo ben Isaak (RaSCHI)), bedeutender Bibel- und Talmud-Kommentator, 1040 Troyes, Frankreich – 13. 7. 1107 Troyes. Studium in Worms und Mainz als Schüler von Jakob ben Jakar, Isaak ben Juda und Isaak ben Eleasar ha-Levi, Rückkehr nach Troyes, Errichtung der bald darauf bedeutendsten →Jeschiwa seiner Zeit. Abgesehen von zahlreichen Legenden ist von seiner Biographie nur wenig bekannt. Salomo ben Isaak hatte drei Töchter. Zu seinen Enkeln gehörten →Samuel ben Meir, Isaak ben Meir und →Jakob ben Meir. Salomo ben Isaak verfaßte einen umfangreichen Kommentar zur Hebräischen Bibel. Dabei bemühte er sich um die Verknüpfung von Wortsinnerklärung und →Midrasch. Der Kommentar basiert zu drei Vierteln auf aramäischen →Targumim und rabbinischen Quellen, ohne diese aber zu nennen. Im Stil ist er äußerst knapp und präzis. Seine eigenen Interpretationen beziehen sich auf philologische Erläuterungen. Dabei folgt er in grammatikalischen Fragen der Richtung von Menachem ben Saruk und →Dunasch ben Labrat. Oftmals übersetzt er hebräische Ausdrücke bzw. Phrasen in andere Sprachen, darunter etwa 1000 Wörter ins Französische, einige auch ins Deutsche und ins Slowenische. Nur selten gibt Salomo ben Isaak die halachische Relevanz des Verses an. Die Bedeutung des Kommentars zeigt sich u. a. darin, daß der Teil zur Tora das erste gedruckte hebräische Buch (1475) war und mehr als 200 Kommentare dazu existieren. Darüber hinaus verfaßte Salomo ben Isaak einen Kommentar zum Talmud, wobei der Teil zu den Traktaten »Baba Batra« und »Makkot« von Schülern vollendet wurde. Aufgrund vorliegender Handschriften stellte er eine korrekte Lesart des Textes zusammen. Da die Gemara die eigentliche Auslegung der →Mischna sei, bezieht sich sein Kommentar nur auf die Gemara. Er ist didaktisch geschickt konzipiert. Salomo ben Isaak weist auf Schwierigkeiten des Abschnitts und ungewöhnliche Terminologie hin, ist gut verständlich, setzt aber dennoch in seiner Wortkargheit Wissen voraus. Der Kommentar errang schnell weite Verbreitung. Er gilt als der Kommentar schlechthin. Salomo ben Isaak wird deshalb auch »Kuntress« oder »Kontress« (Abkürzung von »commentarius«) oder auch »Parschandata« (»Erklärer des Gesetzes«) genannt. Der Kommentar findet sich in jeder Talmud-Ausgabe. Er ist in der sog. Raschi-Schrift (eine Art Kursivschrift der hebräischen Quadratschrift) gesetzt, die seither den Schrifttyp für Kommentare darstellt. Widerspruch und Weiterführung erfährt der Kommentar durch die Tossafisten. Vor allem aufgrund seines Talmud-Kommentars wurde Salomo ben Isaak als bedeutender Halachist angesehen. Nach seinem Tod wurden von seinen Schülern unter dem Namen »Raschi-Schule« →Responsen, Lehren und praktische Anweisungen und anderes mehr verbreitet. Sie basieren auf mündlichen Lehren und Verhaltensweisen Salomo ben Isaaks, die sowohl die →Geonim und die großen spanischen Gelehrten als auch – der Zusammenhang ist noch ungeklärt – die frühen Traditionen Israels berücksichtigen.
(HMD)

Salomo ben Jehuda ibn Gabirol, Philosoph und Dichter, um 1020 Málaga – 1057/58 Valencia. Vom unglücklichen Leben dieses hebräischen Dichters künden seine bitteren Verse. Früh Vollwaise, von empfindlichem, hochmütigem und zänkischem Gemüt, verprellte er immer wieder seine Gönner und führte ein unstetes Leben. Der düsteren Stimmung seiner weltlichen Gedichte entspricht der asketische Zug seiner vom

→Neuplatonismus inspirierten Dichtung, die wie das Lehrgedicht »Keter Malchut« (hebräisch »Königskrone«) z. T. in die Liturgie aufgenommen wurde. Salomo ben Jehuda ibn Gabirols philosophisches Werk, das »liber fontis vitae« (lateinisch »Lebensquelle«), ist nur in der lateinischen Übersetzung aus dem Arabischen erhalten geblieben und erst im 19. Jahrhundert von Salomo ben Jehuda ibn Gabirol →Munk wieder Salomo ben Jehuda ibn Gabirol zugeschrieben worden (französische Übersetzung von J. Schlanger, »Livre de la source de vie«, 1970). Das Werk weist keinen Bezug zu jüdischen Quellen auf. Indessen versucht Salomo ben Jehuda ibn Gabirol eine Synthese des biblischen Schöpfungsglaubens und des Neuplatonismus, indem er dem griechischen Monismus die Spitze bricht und den Kosmos nicht aus Gott hervorgehen läßt, sondern von seinem Willen abhängig macht. Ferner vermeidet Salomo ben Jehuda ibn Gabirol den griechischen Dualismus von Form und Materie, die wertend mit Geist und Körper bzw. mit Gut und Böse gleichgesetzt werden. Im System von Salomo ben Jehuda ibn Gabirol sind beide Komponenten sowohl im geistigen wie im materiellen Sein enthalten, und Gott steht ihnen weder als geistiger noch als körperlicher Schöpfer gegenüber. Unter dem lateinischen Namen Avencebrol oder Avicebron hat Salomo ben Jehuda ibn Gabirol vor allem auf die franziskanische Theologie des Mittelalters, u. a. auf J. →Duns Scotus, gewirkt, während ihn die Dominikaner, vor allem →Thomas von Aquin, bekämpften.

Erich Salomon

[L] F. P. Bargebuhr, Salomo ben Jehuda ibn Gabirol. Ostwestliches Dichtertum, 1976. – J. Schlanger, La Philosophie de Salomo ben Jehuda ibn Gabirol, 1968. (DK)

Salomon, 1. Charlotte, Malerin, 16. 4. 1917 Berlin – 1943 Auschwitz. Tochter des jüdischen Arztes Albert Salomon und von Franziska Grünwald, wuchs in einem assimilierten deutsch-jüdischen Intellektuellen-Milieu auf. Sie floh im Jahr 1939 aus Hitler-Deutschland. Während ihrer letzten Lebensjahre wohnte sie bei ihren Großeltern in Südfrankreich. Als ihre Großmutter dort Selbstmord beging, veranlaßte dies Salomon, ihre eigene Lebensgeschichte zu malen. Sie gab ihr den Titel »Leben oder Theater?«. Dieses Werk (publiziert Köln 1981) folgt in der Form einem Theaterstück, das sich in Akten und Szenen gliedert. Die Hauptrollen spielen die Personen, die in Salomons Leben am wichtigsten waren. 1943 wurde sie von den Nationalsozialisten gefaßt und nach Auschwitz deportiert, wo sie im Alter von 26 Jahren ermordet wurde. (EV)

2. Erich, Fotograf und Pionier der Fotoreportage, 28. 4. 1886 Berlin – 1944 KZ Auschwitz. Salomon studierte Jura und promovierte 1913 zum Doktor der Rechtswissenschaft. Nach dem Ersten Weltkrieg und der Rückkehr aus französischer Kriegsgefangenschaft arbeitete Salomon, notgedrungen, in verschiedenen Berufen. 1925 Anstellung bei Ullstein. Erste Arbeiten als Pressefotograf entstanden 1928, als Salomon für die zum Ullstein-Verlag gehörende »Berliner Illustrirte« von einem aufsehenerregenden Prozeß berichtete. Seine Fotos aus dem Reichstag, aus Konzertsälen, von Empfängen und internationalen Konferenzen machten Salomon binnen kurzer Zeit bekannt (besonders seine Fotoserie von der »Haager Nachtsitzung«) und begründeten seinen Ruf als »le roi des indiscrets« (der französische Außenminister Aristide Briand über Salomon) mit seiner »Candid Camera« (die Londoner Zeitschrift »Graphic« über Salomons Arbeit). Salomon gilt als einer der bedeutendsten Bildjournalisten der Weimarer Republik. 1931 veröffentlichte er sein Buch »Berühmte Zeitgenossen in unbewachten Augenblicken«. Nach dem Machtantritt der Nationalsozialisten emigrierte Salomon mit seiner Frau und dem jüngeren seiner beiden Söhne nach Rotterdam; von dort wurden sie 1943 zunächst in das KZ Theresienstadt deportiert und 1944 in Auschwitz ermordet. (WR)

Salomon Ludwig Steinheim-Institut für deutsch-jüdische Geschichte, benannt nach dem Arzt, Schriftsteller und Theologen S. L. →Steinheim. Das von Professor Dr. Julius H. Schoeps 1986 gegründete Institut ist eine wissenschaftliche Einrichtung an der

Universität/Gesamthochschule Duisburg; Schwerpunkte der Forschungsarbeit sind Religions- und Geistesgeschichte, Regional- und Sozialgeschichte, deutsch-jüdische Kultur- und Mediengeschichte. 1993 gab der Gründungsdirektor die Leitung des Instituts ab und verlagerte den Forschungsschwerpunkt »europäisch-jüdische Geschichte« in das neu gegründete →Moses Mendelssohn Zentrum in Potsdam. (RED)

Saloniki →Griechenland

Salons, literarische. Begünstigt durch den Verfall der höfischen Kultur einerseits, durch den Aufstieg des Bürgertums und die Emanzipationsbestrebungen der Frauen und der jüdischen Minderheit andererseits, etablierten Jüdinnen in den Jahren 1790 bis 1806 in Berlin und Wien den Salon als Keimzelle einer literarischen Öffentlichkeit. Der Salonabend im jüdischen Bürgerhaus bot neben den intellektuellen und erotischen Reizen der Gastgeberinnen eine Atmosphäre aus aufklärerischem Konsens und intellektuellem Abenteuergeist, die jungen Adeligen und Künstlern geistige Anregung versprach. Die jüdischen Frauen eröffneten sich mit dieser neuen Form der Geselligkeit erstmals einen gesellschaftlichen Raum, innerhalb dessen sie ihre in Folge der Aufklärung entwickelte Forderung nach Gleichberechtigung realisieren konnten. Charakteristisch für den emanzipatorischen Anspruch dieser Zusammenkünfte war eine zeitweilige und teilweise Neutralisierung der ständischen Hierarchie. Freilich fand das Salongespräch in einem gleichsam exterritorialen Raum statt, hatte die Taufe der jüdischen Teilnehmer zur Voraussetzung oder Folge und wurde fast ausschließlich von der deutschen Kultur bestimmt. – In Wien gruppierten sich u. a. Talleyrand, Wellington, Th. Körner und die Gebrüder Schlegel um die auch karitativ engagierte Fanny von →Arnstein (1758–1818). Den ersten Berliner Salon gründete Henriette →Herz (1764–1847) Ende der 1780er Jahre. Die Besucher (Dorothea Veit und ihre Schwester Henriette Mendelssohn, die Brüder Humboldt u. a.) waren zugleich Mitglieder eines »Tugendbundes«, dessen Statuten u. a. die rückhaltlose Preisgabe aller Gedanken und Erlebnisse verlangten. Paradigmatisch geht aus dieser Annäherung der jugendlichen Liebesbünde an das Beichtverhältnis die Differenz des Berliner Salonlebens zu seinem französischen Vorbild hervor: Während im vorrevolutionären Paris der Salon eine meinungsbildende, politisch wirksame Institution war, die ästhetische Fragestellungen mit Philosophie und Politik locker verband, verlor sich der selbstgenügsam-privatistische Charakter der Berliner Gesellschaften auch in den 90er Jahren nicht, als Diplomaten und Staatsmänner den Kreis erweiterten. Auch der Kreis um R. →Varnhagen von Ense, der Wesentliches zur Goethe-Rezeption beigetragen hat und von dem die deutsche Romantik ihren Ausgang nahm, blieb auf ästhetisch-literarische Fragen beschränkt. Die ständische Mischung der Teilnehmer (u. a. Schleiermacher, die Brüder Humboldt, Jean Paul, F. Gentz und Prinz Louis Ferdinand) schloß durchaus an aufklärerische Traditionen und Schillers Utopie der ästhetischen Erziehung an, entsprach aber mehr noch der romantischen Vorstellung von Geselligkeit als »wahrem Element für alle Bildung« (F. Schlegel). Fortgeführt wurde der Austausch über gesellschaftliche und literarische Phänomene in der Korrespondenz der Teilnehmer, die einen wesentlichen Beitrag zur zeitgenössischen »Briefkultur« darstellt. Insbesondere die jüdischen Veranstalterinnen der Salonabende betätigten sich literarisch fast ausschließlich als Epistolographinnen und entwickelten in ihrer weitläufigen Korrespondenz den »freien« Briefstil. So waren die Salons »literarisch« nicht nur im Hinblick auf die Bedeutung der Poeten unter ihren Gästen, sondern auch hinsichtlich der entscheidenden gemeinschaftsbildenden Aktivitäten Schreiben, Lesen und Rezitieren. Die hier hergestellte Einheit von Autor und Rezipient, die dem gewandelten Poesieverständnis entsprach, fand ihr vorläufiges Ende 1806 mit Napoleons Sieg über Preußen. Erst 1819 etablierte R. von Varnhagen von Ense ihren zweiten Salon, in dem bedeutende Zeitgenossen von Grillparzer über Lassalle bis H. Heine ein geistiges Zentrum fanden.

L I. Drewitz, Berliner Salons, ²1979. – D. Hertz, Die jüdischen Salons im alten Berlin, 1991. (HMK)

Salten, Felix (eigentlich Siegmund Salzmann), österreichischer Journalist und Schriftsteller, 6. 9. 1869 Budapest – 8. 10. 1945 Zürich. Salten stammte von in Ungarn wirkenden Rabbinern ab; sein Judentum wurde ihm aber erst in der Wiener Gymnasialzeit bewußt. Philologiestudium, anschließend Theaterkritiker der »Wiener Allgemeinen Zeitung«, Feuilletonredakteur der »Zeit« und (als Nachfolger seines Freundes Herzl) der »Neuen Freien Presse«. Engagement für den Zionismus. Salten gehörte zum Freundeskreis um Schnitzler,

Hofmannsthal und Beer-Hofmann. Als Präsident des Wiener PEN-Zentrums stimmte Salten 1933 auf der internationalen Tagung in Ragusa (Dubrovnik) der Verurteilung Deutschlands wegen der Bücherverbrennung aus Rücksicht auf nationalsozialistische Mitglieder nicht zu. 1938 Emigration in die USA, nach dem Krieg Rückkehr in die Schweiz. Jüdische Themen werden selten behandelt: Neben dem Palästinabuch »Neue Menschen auf alter Erde« (1925) sind nur der Roman »Simson« (1928) und die biblische Erzählung »Dieses unschuldige Mädchen« zu nennen. (SPS)

Salzburg, österreichisches Bundesland mit gleichnamiger Hauptstadt; bis 1806 selbständiges Fürsterzbistum. Im Mittelalter wesentlich größer (u. a. gehörten die Städte Friesach in Kärnten und Pettau/Ptuj im heutigen Slowenien dazu). Außer in den genannten Städten lebten Juden damals auch in Hallein. Erste Ansiedlung von Juden in der Stadt Salzburg vielleicht schon im 10. Jahrhundert (Kaufleutesiedlung an der Stelle der späteren Judengasse), nachgewiesen im 13. Jahrhundert. Verfolgungen in der Stadt Salzburg und in Hallein anläßlich der Pest 1349/50 und einer angeblichen Hostienschändung 1404 (damals auch zeitweilige Vertreibung aus Pettau, endgültige aus Friesach); Vertreibung aus dem gesamten Erzstift, in dem damals nur noch in der Stadt Salzburg und in Hallein Juden lebten, durch den Erzbischof 1498. Neuansiedlung seit 1867 (in ganz Österreich erlaubt), noch vor 1900 Erbauung eines Tempels und eines Friedhofs, eigene Kultusgemeinde 1911. 1934 lebten im Land Salzburg 239 Personen jüdischen Glaubens, 198 von ihnen in der Stadt. Die Mehrzahl floh nach den Novemberpogromen 1938, einige überlebten im Untergrund, die übrigen wurden deportiert oder getötet. Nach dem Krieg wurde das in der amerikanischen Besatzungszone gelegene Salzburg aufgrund seiner günstigen geographischen Lage und der Unterstützung der amerikanischen Militärregierung Zentrum der »Bricha« (Jüdische Organisation zur Einwanderung nach Palästina); nicht zuletzt dadurch Entstehen einer neuen Gemeinde (Wiedererrichtung der Synagoge 1967/68), die aber heute bei etwa 100 Mitgliedern weitgehend überaltert ist.

🄻 A. Altmann, Geschichte der Juden in Stadt und Land Salzburg, 1990. – M. Wenninger, Zur Geschichte der Juden in Salzburg, in: Geschichte Salzburgs – Stadt und Land, Band I,2, H. Dopsch (Hrsg.), 1984. (MAW)

Samaria, hebräisch Shom(e)ron, Bergland zwischen Judäa im Süden und Galiläa im Norden, erreicht im Har Eval (Ebal) 940 m, Hauptort Nablus; vorwiegend arabisches Siedlungsgebiet mit Regenfeldbau, vor allem in den Tälern mit Schwemmlandböden; durch Täler, Becken und Berge stark gegliedert. Zu Samaria gehört auch der Bergrücken →Karmel. Der größte Teil Samarias war 1948–67 von Jordanien annektiert und steht seitdem unter israelischer Verwaltung (mit Ausnahme der 1995 geräumten Städte Jenin, Tulkarem, Kalkiliya und Nablus und kleiner Teilgebiete). – Samaria war ursprünglich der Name der um 880 v. Z. von König Omri (1 Kön 16,24) gegründeten Hauptstadt des Nordreichs Israel. Sie wurde 722 durch die Assyrer unter Sargon II. zerstört (Ende des Nordreichs Israel); Wiederaufbau in hellenistischer Zeit, Blüte in römischer Zeit, vor allem unter Herodes dem Großen (Umbenennung in Sebaste). Ausgrabungen (1908–10, 1931–35) legten den Palast der israelitischen Könige, Teile der Umfassungsmauer und römische Bauten frei. An derselben Stelle liegt heute das Dorf Sabastiya. – Der Name Samaria ging auf die Provinz und die Landschaft über.

🄻 Y. Karmon, Israel. Eine geographische Landeskunde, ²1994. (WL)

Samaritaner, religiöse Gemeinschaft. Die Zuordnung zu dem politisch-geographischen Begriff Samaria (Nordreich/Israel) und der Zeitpunkt der Entstehung sind umstritten. Die verschiedenen Ansichten lassen sich grob in drei Kategorien unterteilen: Nach den Selbstzeugnissen (vor allem »Sefer ha-Jamim«) sind die Samaritaner Nachfahren der Stämme Ephraim und Manasse. An ihrer Spitze steht ein Hohepriester, der direkt von →Aaron abstammt. Das Schisma nach friedlicher Koexistenz mit den übrigen israelitischen Stämmen sei durch die Abwanderung Elis von Sichem nach Silo entstanden. Sich selbst bezeichnen die Samaritaner als »Hüter der Wahrheit« (»Schamerim al ha-Emet«) mit eigenem – mehrmals zerstörten – Tempel auf dem Garizim. Nach 2 Kön 17,24ff. ist »Samaritaner« die Bezeichnung für die heidnisch-israelitische Mischbevölkerung des Gebiets von Samaria nach der Eroberung durch den Assyrerkönig Salmanassar V. (Wortlaut »Schomronim«). Dieser hatte die Israeliten z. T. deportiert und fremde Bevölkerungsgruppen angesiedelt. Aufgrund ihres Synkretismus wurden die Samaritaner nach der Rückkehr der Israeliten aus dem babylonischen Exil unter Esra und

Nehemia nicht als Juden angesehen. Die obengenannte Passage im 2. Buch der Könige ist eine polemische Projizierung von aktuellen religiösen Auseinandersetzungen auf frühere Machtkämpfe. Bei den Texten über angebliche Auseinandersetzungen zwischen den Rückkehrern und ihren Widersachern bzw. dem →Am ha-Arez anläßlich des Tempelbaus (Esra/Nehemia) handelt es sich um eine literarische Fiktion. Auch hier wurden spätere historische Begebenheiten polemisch auf die frühere Zeit übertragen, um die Unterbrechung beim Tempelbau zu erklären. Zur Zeit Esras und Nehemias gab es die religiöse Gemeinschaft der Samaritaner noch nicht. Statt dessen ist von einem politischen Konflikt zwischen den Rückkehrern und der Bevölkerung Samarias als Fortsetzung des Konflikts zwischen Nord- und Südreich auszugehen. Der Umschwung zu einer eigenständigen religiösen Gruppierung der Samaritaner erfolgte z. Z. →Alexanders des Großen. Die Samaritaner scheinen die politische Umbruchzeit zum Bau eines eigenen Tempels genutzt zu haben. Dieser wurde mit der Erlaubnis zum Tempelbau durch Alexander ähnlich legitimiert wie der Jerusalemer Tempel durch das Kyros-Edikt. Die Zerschlagung der persischen Provinz Samaria führte zu einer samaritanischen Revolte. Alexander schlug diese nieder, verbannte die Samaritaner aus Samaria und siedelte dort makedonische Veteranen an. Unter →Antiochos IV. erlitten Juden wie Samaritaner religiöse Verfolgung. Möglicherweise spalteten sich die Samaritaner in eine hellenistische und eine antihellenistische Gruppe. Die Samaritaner beteiligten sich jedenfalls nicht am Makkabäer-Krieg 167–164 v. Z.; 107 v. Z. wurde Samaria von Johannes →Hyrkan I. erobert (Zerstörung des Heiligtums und der Stadt). Die Samaritaner wurden erfolglos zwangsbekehrt. Ob die Samaritaner im →Bar-Kochba-Aufstand gemeinsam mit den Juden kämpften, ist umstritten. Möglicherweise machten sie einen begrenzten eigenen Aufstand und profitierten von der Bestrafung der Juden durch Hadrian. Vor allem aufgrund der religiösen Unterschiede werden die Samaritaner in der rabbinischen Literatur als Apostaten, Heiden oder Kutim bezeichnet und zunehmend negativ dargestellt. Wahrscheinlich setzte diese negative Bewertung aber erst nach dem Bar-Kochba-Aufstand ein. Rabbi →Akiba ben Josef und Rabban →Gamaliel II. finden noch Anerkennung für die Samaritaner. Mit wenigen ideologischen Unterschieden (Hervorhebung des Garizim als Kultort und Sichems als heiliger Stadt) erkennen die Samaritaner die →Tora der jüdischen Tradition als kanonische Schrift an. Sie stützten sich in ihren Religionsgesetzen zunächst nur auf die schriftliche Tora. Eine mündliche Überlieferung war ihnen fremd. Erst allmählich glichen sich die Samaritaner ihrer jüdischen, christlichen, gnostischen und islamischen Umwelt an und bildeten eine mündliche Tradition aus. Samaritaner halten die biblischen Festzeiten (Sabbat, Pessach, Neujahr, Versöhnungstag, Schemini Azeret) und die drei Wallfahrtsfeste (Fest der ungesäuerten Brote, Wochenfest und Sukkot) ein. Sie vollziehen die Beschneidung (→Berit Mila), beachten die Reinheitsgebote und feiern eine Art →Bar Mizwa, wenn die Kinder die Tora im Alter von sechs bis zehn Jahren lesen können. Heirats- und Trauerriten sind denen der jüdischen Tradition sehr ähnlich. Die Samaritaner glauben an den allmächtigen Gott, an Mose als seinen einzigen →Propheten, an die →Auferstehung, an ein Endgericht und an die Wiedererrichtung des Paradieses. Innerhalb der samaritanischen Gesellschaft nimmt der Priester eine besondere Stellung ein. Er legt die Tora aus und bestimmt den Kalender. Die Samaritaner benutzten im Lauf ihrer Geschichte neben dem Hebräischen (vor allem als sakrale Sprache) das Griechische, das Aramäische und das Arabische. Ihre eigenständige Literatur umfaßt aus der Frühzeit (bis ins 4. Jahrhundert) u. a. einen originalen hebräischen Pentateuch, dessen aramäische Übersetzung, ein liturgisches (»Defter«) und ein exegetisches (»Memar Marqa«) Werk. Dazu kommen vor allem seit dem Mittelalter Chroniken, halachische und grammatikalische Schriften sowie Pentateuch-Kommentare. Trotz permanenter Verfolgung bestehen samaritanische Gemeinden bis heute in Sichem (Nablus) und Holon. (HMD)

Sambation (auch Sabbatikon), legendärer Fluß, erwähnt bei →Josephus, Plinius und in der rabbinischen Literatur. Seine Lokalisierung ist oft versucht worden. Er soll von Gott über Nacht zum Schutz der seit dem babylonischen Exil verschollenen zehn Stämme Israels vor Nebukadnezar geschaffen worden sein, damit sie in einem abgeschlossenen Gebiet die Gebote befolgen konnten. Der Sambation war voll von Geröll und Sand. Da er aber an Werktagen reißend war und nur am Sabbat ruhte, konnten ihn die Stämme wegen der Sabbatheiligung nicht überqueren (umgekehrt mit völlig anderem Bezug bei Josephus). Während Rabbi →Akiba die zehn Stämme für verworfen hielt, wurde ihre Rückkehr (d.h. ihre Überquerung des Sambation) oft mit der Endzeit und der Ankunft des Messias verknüpft. Vor allem seit Eldad ha-Dani (9. Jahrhundert) war der Sambation Gegenstand zahlreicher Legenden und Reiseberichte (u.a. von Gerschon ben Elieser ha-Levi und Manasse ben Israel). Sogar →Sabbatai Zewi soll sich seit seinem Tod bei den zehn Stämmen jenseits des Sambation aufhalten, von wo er zur Erlösung seiner Schüler zurückkehren werde. (HMD)

Samson-Schule Wolfenbüttel. Mitglieder der seit Ende des 17. Jahrhunderts in Wolfenbüttel ansässigen Hofjudenfamilie Samson betätigten sich als Gründer verschiedener Lehr- und Schuleinrichtungen in Braunschweig und Wolfenbüttel. 1807 wurden die beiden Wolfenbütteler Schulen zu der »Samsonschen Freischule« zusammengefaßt. Nach dem Vorbild der Jüdischen Freyschule in Berlin brauchten arme Kinder kein Schulgeld zu entrichten. Zu ihren ersten Schülern gehörten I. M. →Jost und L. →Zunz. War der Unterricht zunächst auf die talmudische Lehre ausgerichtet, traten mit der Berufung S. M. →Ehrenbergs zum Leiter des Instituts 1807 allgemeinbildende Fächer immer mehr in den Vordergrund; praktische, handwerkliche Fächer fehlten ganz. Die erneuerte Form religiöser Erziehung drückte sich im selben Jahr in der Einführung der Konfirmation aus. 1840 wurde die Schule von den Behördern als »Bürgerliche Schule« mit drei Klassen anerkannt; 1881 wurden erstmals christliche Schüler aufgenommen. (JÖD)

Samuel, Herbert Louis, First Viscount, liberaler Politiker, 6.11.1870 Liverpool – 5.2.1963 London. War vor dem Ersten Weltkrieg in eher untergeordneter Stellung für verschiedene liberale Regierungen tätig, wurde 1916 Innenminister. Bei Ausbruch des Kriegs versuchte er vergebens, seine Kabinettskollegen für eine Unterstützung des Zionismus zu gewinnen, um sowohl den Juden in aller Welt (besonders aber den russischen) zu nützen als auch die britische Weltmachtstellung im Nahen Osten zu stärken. Hierdurch wurde Samuel mit C. →Weizmann bekannt, den er zum ersten Mal im Dezember 1914 traf. Dieses Eintreten für den Zionismus führte zu Samuels Ernennung zum ersten Hochkommissar in Palästina (1910–25). Obwohl die jüdische Heimstätte in jenen Jahren gedieh, kritisierten viele Zionisten seine Politik, die jüdische Einwanderung zu begrenzen, und die Ernennung Hadschi Amin al-Husseinis zum Mufti von Jerusalem. Samuel blieb stets der Sache des Zionismus und anglojüdischen humanitären und kulturellen Bestrebungen verbunden. Abgesehen von einer kurzen Amtszeit als Innenminister 1931/32, bekleidete Samuel nie wieder ein hohes Staatsamt, sondern entwickelte sich zu einem hochangesehenen »elder statesman«.

[L] L. Stein, Herbert Louis Samuel, 1963.
(LK)

Samuel aus Verona, Hillel ben →Hillel ben Samuel

Samuel ben Josef ibn Nagdela (Nagrela), Staatsmann, Dichter und Grammatiker, 993 Córdoba – um 1055 Granada. Samuel ben Josef ibn Nagdela erwarb sich in seiner Heimatstadt Córdoba nicht nur gute Kenntnisse des Arabischen, Lateinischen sowie der Berberdialekte, sondern genoß auch eine gründliche Talmudschulung und Unterricht in klassischer Philosophie und Mathematik. 1012, nach antijüdischen Ausschreitungen der Berber, ging er nach Málaga. Dort fiel der kleine Gewürzhändler, der auch als Briefschreiber tätig war, wegen seiner kunstvollen Handschrift und aufgrund seines Stils dem dortigen Wesir auf und wurde dessen Sekretär. Als politischer Ratgeber wurde er bald unentbehrlich, so daß ihn 1027 König Habbus von Granada zum Wesir ernannte. Samuel ben Josef ibn Nagdela war vor allem für die Beziehungen zu den christlichen Staaten Spaniens zuständig, bewährte sich aber auch als Feldherr. König Badis, der ab 1037 regierte, überließ ihm, ohne ihn zu kontrollieren, sämtliche Staatsgeschäfte. Ungeachtet seiner Machtvollkommenheit blieb er ein jüdischer Schriftgelehrter, der liturgische Gedichte und ein Wörterbuch der biblischen Sprache verfaßte und sich als Mäzen betätigte, um bedürftigen Schülern das Talmud-Tora-Studium zu ermöglichen. (ES)

Samuel ben Meir (RaschBaM), Bibel- und Talmud-Kommentator, um 1080/85 Ramerupt, Nordfrankreich – um 1174 Ramerupt. Enkel und Schüler →Salomo ben Isaaks. Angesehener Exeget, von dessen Kommentar zur Hebräischen Bibel nur der Teil zur Tora fast vollständig erhalten ist. Samuel ben Meir folgte strikt dem einfachen Schriftsinn (→Peschat), z.T. gegen die →Halacha, oft gegen die →Aggada. Er arbeitete scharfsinnig, stilistisch klar und einfach. Zu seinen Quellen gehörte vor allem das →Targum »Onkelos«. Obwohl er sich auch gegen Auslegungen von Salomo ben Isaak wandte, ist dessen Einfluß auf Samuel ben Meir unverkennbar. Wie dieser benutzte Samuel ben Meir u. a. französische Glossen, um Sachverhalte und Wörter zu erklären, oder gründete seine grammatikalische Analyse auf die Arbeiten von Menachem ben Saruk und →Dunasch ben Labrat. Samuel ben Meir differenzierte allerdings im Gegensatz zu Salomo ben Isaak deutlich zwischen einem biblischen und einem mischnischen Hebräisch. Als Talmud-Kommentator ergänzte Samuel ben Meir in z. T. weitschweifigem Stil die von Salomo ben Isaak nicht bearbeiteten Teile. Außerdem verfaßte er →Tossafot zum Talmud und zu Isaak ben Jakob →Alfassi. (HMD)

Sandomierz, eine der ältesten jüdischen Niederlassungen in Polen, seit Anfang des 13. Jahrhunderts nachgewiesen. 1550 lebten dort etwa 40 (steuerpflichtige) Juden. Anfang des 17. Jahrhunderts gab es in Sandomierz eine Judengasse mit 17 Häusern; 1688 wurde nach dem Brand der alten eine neue Synagoge gebaut. Während der Schwedenkriege (1655/56) wurden die Juden aus Sandomierz vertrieben. 1658 erlaubte ihnen der polnische König Johann II. Kasimir (Jan Kazimierz) die Rückkehr und garantierte mit einem Privileg ihre Rechte, die auch von den späteren Königen bestätigt wurden (1674 von Johann III. Sobieski, 1745 von August III.). Ende des 17. und Anfang des 18. Jahrhunderts gab es in Sandomierz wegen wiederholten →Ritualmordvorwurfs eine Reihe von Prozessen gegen Juden, die ein Niederlassungsverbot zur Folge hatten. Das Verbot galt bis 1862, wurde aber nachsichtig gehandhabt. Nach der 3. Teilung Polens (1795) österreichisch, wurde Sandomierz 1815 Kongreß-Polen zugeschlagen. In der 2. Hälfte des 19. Jahrhunderts wuchs die jüdische Bevölkerung stark und bildete bis zu 40 Prozent der Gesamtbevölkerung. Mit dem Einmarsch der deutschen Truppen in Sandomierz begannen Verfolgungen und Pogrome. Im Ghetto von Sandomierz wurden die Juden aus Stadt und Umgebung eingesperrt: 1942 waren es etwa 5200. Im Oktober 1942 wurden etwa 3200 in das Vernichtungslager Belzec deportiert. Das Ghetto wurde am 10. 1. 1943 liquidiert: bis auf etwa 700 wurden alle (etwa 6300) Juden nach Treblinka deportiert. 300 wurden in das Arbeitslager Skarzysko-Kamienna verschleppt, die anderen ermordet. Nach dem Krieg enstand in Sandomierz keine neue jüdische Gemeinde. (AGR)

Sanhedrin (griechisch »Synhedrion«, »Rat«, »Gerichtshof«). **1.** Oberste politische, juristische und religiöse Körperschaft der jüdischen Bevölkerung Palästinas in griechisch-römischer Zeit bis zur Auflösung des Patriarchats nach dem Tod von Rabban Gamaliel VI. (425 n. Z.), wahrscheinlich hervorgegangen aus der Gerusia bzw. der großen Versammlung, die bis ins 2. Jahrhundert v. Z. bestand. Der Name Sanhedrin wurde möglicherweise nach der Neuordnung unter Pompeius (63 v. Z.) eingeführt. Erstmals erwähnt von →Josephus im Zusammenhang mit Gabinius (57 v. Z.), der Palästina in fünf Sanhedrien aufteilte. Größe, Zusammensetzung und Funktion des Sanhedrins ist aufgrund der Quellen nicht eindeutig zu bestimmen. Bei Josephus und im NT hat das Sanhedrin eher politische Funktion, ist mehrheitlich von →Sadduzäern besetzt, vom Hohenpriester geleitet und durch Parteikämpfe zwischen Sadduzäern und →Pharisäern geprägt. In rabbinischen Quellen hat das Sanhedrin eher religiöse, gesetzgebende und -interpretierende Funktion. Vorsitz des 71 Mitglieder zählenden Gremiums mit Sitz in Jerusalem führt ein →Nassi zusammen mit einem geschäftsführenden Vizepräsidenten des →Bet Din (Ab Bet Din). Aufgrund dieser Unterschiede gehen manche Wissenschaftler von nur einem Sanhedrin aus, andere von zwei (mit politischem und religionsgesetzlichem Zuständigkeitsbereich) und wieder andere von drei kleinen (priesterlich, pharisäisch, aristokratisch geprägt mit je 23 Mitgliedern) bei zeitweiligen gemeinsamen Treffen in einem großen Sanhedrin (71 Mitglieder, geleitet vom Nassi und vom Ab Bet Din). Nach rabbinischen Quellen gehört zu den Aufgaben des Sanhedrins die Entscheidung über Krieg und Frieden, die Einsetzung von neuen Gerichtshöfen, Königen und Hohenpriestern, die Verurteilung von zum Götzendienst Abgefallenen, von falschen Propheten und von Hohenpriestern, die eine Verfehlung begangen haben; außerdem die Beaufsichtigung des Tempel- und Opferdienstes, Kalenderfragen, Vorschriften über die »rote Kuh« (Herstellung des Entsühnungsmittels, vgl. Num 19) und das Erschlagenen-Opfer sowie der Prozeß gegen eine der Untreue angeklagte Frau. Die Aufnahme ins Sanhedrin erfolgte durch eine →Semicha (Ordination), getagt wurde täglich in der Zeit zwischen den →Opfern (halb acht bis halb vier) im Tempel, nie in der Nacht, am →Sabbat und an Festtagen (→Feste). Die Mitglieder saßen im Halbkreis, vor ihnen standen zwei Gerichtsdiener als Protokollanten. Zur Abstimmung erhob man sich. Zum Freispruch genügte die einfache Mehrheit, zur Verurteilung war eine Mehrheit von zwei Stimmen notwendig. In Todesstrafsachen war das Sanhedrin halachisch nur so lange entscheidungsbefugt, als es im Tempelbezirk tagte und der Tempelkult regulär ausgeübt wurde. Mit der Übersiedlung des Sanhedrins in eine Kaufhalle in Jerusalem 40 Jahre vor der Zerstörung des Zweiten →Tempels (70 n. Z.) konnte es nicht mehr in Todesstrafsachen richten. Das Sanhedrin ist später verschwunden. Dies wird mit der Zerstörung des Zweiten Tempels in Verbindung gebracht. Seine Fortsetzung fand das Sanhedrin in dem Gerichtshof in →Jawne (später umgesiedelt nach Uscha, Bet Shearim, Sepphoris und Tiberias), der zunächst keine politische, sondern nur eine rabbinische Institution zur Konsolidierung des Judentums war. Mit der Zeit erhielt er auch die politische Anerkennung durch die römischen Behörden. (HMD)

2. *Grand Sanhédrin* (französisch/griechisch »Großer Sanhedrin«), von →Napoleon I. initiierte Institution, die nach dem Vorbild des antiken Sanhedrins die Gesamtvertretung der Juden in →Frankreich und laut Beschluß sogar die Gesamtvertretung des »Weltjudentums« beanspruchte. Napoleon verfolgte mit der Gründung des Grand Sanhédrin die Absicht, das französische und europäische Judentum für seine politischen Ziele zu instrumentalisieren. Das Gremium war aus Rabbinern bzw. Laien zusammengesetzt und tagte vom 9. 2. bis 9. 3. 1807 in Paris. Die Beschlüsse, die mit dem Ziel gefaßt wurden, die Integration der jüdischen Bevölkerung in den Nationalstaat durchzusetzen, enthielten im wesentlichen die Forderung, die religionsgesetzlichen den staatsbürgerlichen Pflichten unterzuordnen. (RED)

Sankt Petersburg, 1914–24 Petrograd, 1924 bis 1991 Leningrad, Hauptstadt Rußlands bis 1918. Vereinzelte jüdische Präsenz im 18. Jahrhundert. Nach der Aufhebung von Verboten wuchs die jüdische Bevölkerung in der 2. Hälfte des 19. Jahrhunderts, und das geistige Leben entwickelte sich. 1863 entstand die »Gesellschaft zur Verbreitung der Bildung unter den Juden Rußlands«; es erschien auch die erste Tageszeitung in jiddischer Sprache in Rußland, »Der Fraynd« (1903–08). Während des Zweiten Weltkriegs leisteten Juden einen bedeutenden Beitrag bei der Verteidigung der Stadt. Die Saltykow-Schtschedrin-Staatsbibliothek (ehemalige »Kaiserliche Öffentliche Bibliothek«) besitzt unter insgesamt 13 Mill. Bänden ungefähr 40 000 Bücher in hebräisch und jiddisch und eine der wertvollsten Sammlungen hebräischer Manuskripte der Welt. In den 50er und 60er Jahren wurde die jüdische Bevölkerung Sankt Petersburgs auf 200 000–300 000 geschätzt; sie ist seither, insbesondere seit Öffnung der Grenzen 1989, durch Auswanderung stark zurückgegangen. Gleichzeitig entstand seit Ende der achtziger Jahre eine Bewegung zur Erneuerung des jüdischen Lebens (auch →Rußland). 1989 wurde eine jüdische Abenduniversität gegründet, die seit 1992 als Petersburger Jüdische Universität staatlich anerkannt ist. Die Universität unterhält heute einen regulären Lehrbetrieb mit mehreren hundert Studenten und versteht sich als weltliche Bildungseinrichtung. An die Universität angegliedert sind drei allgemeinbildende Schulen mit jüdischem Schwerpunkt. In Sankt Petersburg erscheint eine der wichtigsten russischsprachigen jüdischen Zeitungen, »Ami-Narod moj« (hebr./russ. »Mein Volk«). Heute leben in Petersburg noch etwa 100 000 Juden. (AB/BV)

Santob de Carrión (auch Schem Tow ben Isaac Ardutiel), hebräischer und spanischer Dichter, Ende 13. Jahrhundert Carrión de los Condes bei Burgos – 14. Jahrhundert Carrión de los Condes. In seinem Geburtsort verbrachte Santob de Carrión sein Leben, über das nichts weiter bekannt ist. Peter I. von Kastilien widmete er die »Proverbios morales«, eine Folge von Gedichten, um 1355 entstanden, über den Wert der Tugenden für ein gutes Leben. Seine Überlegungen unterscheiden sich nicht sonderlich von der moralpädagogischen Literatur seiner Zeit, wurden aber wegen der Eleganz ihrer Formulierung gerade auch von Christen geschätzt. Seine Absicht, zu erweisen, daß das gute Beispiel nicht deshalb schlecht sei, weil von einem Juden empfohlen, hatte er erreicht. Die Spanier würdigten ihn als einen ihrer größten »trovadores«. Im Gegensatz zu den übrigen in Spanisch dichtenden Juden ist sein Werk nie in Vergessenheit geraten. (ES)

Saphir, Moritz Gottlieb, Publizist und Humorist, 8. 2. 1795 Lovas-Berény bei Pest – 5. 9. 1858 Baden bei Wien. Zu Talmudstudien bestimmt, ging Saphir 1806 nach Prag, wo er die deutsche Sprache und Literatur kennenlernte. 1814 Rückkehr nach Pest, erste literarische Erfolge. Kritiker und Herausgeber literarischer Zeitschriften in Wien (seit 1822) und Berlin (seit 1825). In München trat Saphir 1832 zum Protestantismus über; nach 1834 in Wien. Den Ruf als skandalträchtiger Starautor erwarb sich Saphir durch seinen Wortwitz und den Umgang mit Berliner Autoren wie Fouqué und Alexis. Mit seinen Theaterpossen, Witzbüchern, satirischen Zeitschriften und humoristischen Deklamatorien wurde Saphir populär beim Publikum, zog sich aber auch die harte Kritik seiner Kollegen zu. (HN)

Sapir, Pinhas (ursprünglich Koslowski), israelischer Politiker (→Mapai, →Israelische Arbeitspartei [IAP]), 1909 Suwałki, Polen – 12. 8. 1975 bei Beer Sheva. 1929 nach Palästina gekommen, arbeitete Sapir auf einer Zitrusplantage; 1937–47 Assistent von L. →Eschkol für die →Mekorot-Wassergesellschaft. 1948–53 Generaldirektor des Verteidigungsministeriums, 1953–55 Generaldirektor des Finanzministeriums; 1955–63 und 1970–72 Minister für Handel und Industrie, 1963–68 und 1969–74 Finanzminister; 1968/69 Generalsekretär der Arbeitspartei; 1974 Präsident der Zionistischen Weltorganisation. (DB/MW)

Sara, 1. (auch Sarai; Bedeutung unsicher, eventuell »Fürstin«), die erste der vier Erzmütter, Frau →Abrahams und zugleich dessen Halbschwester. Ihre Schönheit zwang Abraham, sie zu seiner eigenen Rettung zweimal als seine Schwester auszugeben. Lange unfruchtbar, gebar Sara erst in hohem Alter ihren ersten Sohn, →Isaak. Es gelang ihr, sich gegen die Nebenfrau Hagar und deren Sohn Ismael durchzusetzen, der älter war als Isaak. Nach ihrem Tod wurde Sara ebenso wie Abraham in der Höhle Machpela (bei Hebron) begraben. Die →Aggada greift Saras Verwandtschaftsverhältnis zu Abraham auf (Sara wird wiederholt als »Jiska«, Abrahams Nichte bezeichnet), ferner ihre außerordentliche Schönheit, ihre Gastfreundschaft, ihr Verhältnis zu Hagar und Ismael, ihre Unfruchtbarkeit und die späte Geburt Isaaks. Sara gilt zudem als eine der sieben Prophetinnen. Ihr Tod wird mit der »Akeda« (Bindung Isaaks) in Verbindung gebracht. (HMD)

2. erste historisch bekannte jüdische Ärztin, 15. Jahrhundert. Gegen eine jährliche Steuer erhielt Sara von Bischof Johann II. (1411–40) die Erlaubnis, im Bistum Würzburg von ihrer Arzneikunde praktischen Gebrauch zu machen. (MAM)

Sassaniden (auch Sasaniden), nationalpersische Dynastie, die 224–226 n. Z. die Herrschaft der Parther über das persische Großreich ablöste und sie bis zur islamischen Eroberung (651) behauptete; unter den Sassaniden verlagerte sich das Zentrum des Reichs vom Zweistromland in die zentralpersischen Landschaften. Unter Chosroes II. entrissen die Perser 614 den Byzantinern Palästina, wobei sich ihnen damals 20 000 aufständische Juden angeschlossen haben sollen. Nach der Übergabe Jerusalems an die Juden sollen 4500 Christen das Martyrium erlitten haben, weil sie sich weigerten, zum Judentum überzutreten. Noch unter den Persern wurden die Juden wieder aus Jerusalem vertrieben. 628 fiel Palästina abermals unter byzantinische Herrschaft; die Juden wurden auf drei Meilen Entfernung aus Jerusalem verbannt. – In dem von religiöser Toleranz geprägten Sassanidenreich konnten sich seit dem frühen 3. Jahrhundert n. Z. in Babylonien zwei bald überall anerkannte →Akademien (Sura; Pumbedita) für die Ausbildung und die Weiterentwicklung der jüdischen Lehre und eine dem jüdischen Patriarchat in Palästina vergleichbare Institution (→Resch Galuta) entwickeln; im 6. Jahrhundert wurde dort der Babylonische →Talmud vollendet. (HC)

Satan (Bedeutung unsicher), in der Hebräischen Bibel zumeist persönlicher oder politischer Widersacher einzelner. Zugleich ist er auch Ankläger vor Gott. Als solcher ist er ein selbständiger, aber dennoch in Gottes Auftrag handelnder →Engel, der die Manifestation des Zweifels an Gott darstellt. Allenfalls im 1 Chr 21,1 wird der Satan als dämonische Macht verstanden. Im nachbiblischen Judentum stellt der Satan den Gegner Gottes dar, einen von ihm abgefallenen Engel. Im rabbinischen Judentum gibt es auch die Ansicht, daß der Satan und die →Dämonen am sechsten Schöpfungstag geschaffen wurden. Für Satan sind, als dem Anführer aller bösen Engel, Dämonen und Geister auch die Bezeichnungen »Belial«, »Mastema«, »Asasel« und »Sammael« (als »Haupt der Satane« und als »Schutzgeist Roms«) gebräuchlich. Satan wird zur widergöttlichen Macht. Er verführt zum Bösen, klagt an und bestraft die Verdammten. In der Endzeit wird alle Macht des Satans vergehen. Im rabbinischen Judentum gilt der Satan vor allem als Versucher und Ankläger der Sünden Israels vor Gott. Als »Versucher« wird er oft mit dem »bösen Trieb« (→Jetzer) identifiziert, der aus Neid über die Sündlosigkeit und Unsterblichkeit des Menschen im Paradies Adam und →Eva verführte, →Abraham und →Isaak in Versuchung führte, als Schutzengel →Esaus mit →Jakob kämpfte, die Geburt des zukünftigen Königs →David zu verhindern suchte, das Volk Israel am Sinai täuschte und zur Anbetung des Goldenen Kalbes reizte, David ins Unglück stürzte und auch Rabbinen wie Rabbi →Akiba ben Josef und Rabbi →Jakob ben Meir versuchte. Im Traum verführt er gemeinsam mit →Lilith die Menschen und zeugt mit ihnen unzählige Dämonen. Als »Ankläger« (»Kategor«) tritt er vor Gott gegen Israel und gegen einzelne auf. Allerdings wird er durch Michaels Aufzählung der Verdienste Israels zum Schweigen gebracht und durch den Klang des →Schofars an →Rosch ha-Schana unschädlich gemacht. An →Jom ha-Kippurim ist ihm die Anklage gänzlich entzogen. Satan wird auch mit dem Todesengel gleichgesetzt, gegen den das Studium der →Tora das wichtigste Mittel ist. In der →Kabbala hat der Satan als Repräsentant des Bösen seinen Ursprung in der 5. Sefira (Din), dem Maß der Gerechtigkeit. Er ist somit Gott selbst unterstellt. (HMD)

SchaCh →Sabbatai ben Meir ha-Kohen

Schacharit (hebräisch »Morgengebet«). Es besteht aus folgenden Teilen: Morgenbenediktionen (Birkat ha-Schachar); Korbanot (Opfer, biblische und talmudische Texte, die von den Tempelopfern sprechen); Psalmen (→Pessuke desimra oder Semirot); Keriat →Schema Jisrael (Lesung des Schema und seiner Segenssprüche); Achtzehnbittengebet (Schemone essre, →Tefilla oder Amida) zunächst als stilles Gebet von der Gemeinde und dann laut vom Vorbeter (→Chasan) gesprochen; Bittgebete (→Tachanun); Lesung des Wochenabschnitts aus der Tora und den Propheten mit den dazugehörigen Segenssprüchen; Abschluß (Ps 20, Aleinu le-Schabeach und Tagespsalm). Das Schacharit zeichnet sich gegenüber den anderen Hauptgebeten (→Mincha und →Maariv) durch seine Länge aus, vor allem aber durch das gleichberechtigte Nebeneinander von Schema (nicht in der Mincha gesprochen) und Achtzehnbittengebet (ursprünglich im Abendgebet freiwillig gesprochen, deshalb nicht wiederholt und dadurch ganz im Schatten des Schema). Außerdem werden nur zum Schacharit – außer am →Sabbat und an den Hauptfeiertagen – die →Tefillin angelegt. Der →Tallit wird nur am 9. Aw beim Schacharit nicht getragen. Dem besonderen Charakter des Sabbats und der jeweiligen Festtage wird vor allem durch eine Änderung im Achtzehnbittengebet Rechnung getragen (statt 4.-16. Bitte spezielle Tagesgebete zur Heiligung des Tages). Hinzu kommen zusätzliche Psalmen, an Feiertagen noch das →Hallel und →Pijutim. Traditionell wird das Schacharit auf Abraham zurückgeführt. (HMD)

Izhak Schamir, 1983

Schächten →Schechita

Schaddai →Gottesnamen

Schai (Kürzel für hebräisch »Bewegung für Veränderung und Initiative«), Fraktion um Amnon Rubinstein, David Golomb und Meir Amit, die sich im September 1978 nach Auseinandersetzungen über die Friedenspolitik von der →Demokratischen Bewegung für Veränderung löste. Die Schai-Anhänger verlangten eine größere Konzessionsbereitschaft und verließen die Regierungskoalition vor Abschluß der →Camp-David-Abkommen. Eine Mehrheit der Schai kam aus der →Schinui-Bewegung und trat 1981 in die Partei dieses Namens über.

Ⓛ M. Wolffsohn, Politik in Israel, 1983. (DB/MW)

Schaltjahr →Kalender

Schamir, Izhak (auch Shamir, ursprünglich Jagernicki), israelischer Politiker (→Cherut, →Likud), 3. 11. 1914 Ruzinoy, Polen ; Jurist; 1935 nach Palästina gekommen, seit 1937 Mitglied jüdischer militärischer Untergrundorganisationen, zuerst →Irgun Zvai Leumi, dann →Lechi. Zeitweise in britischer Haft. Nach dem Tod des Lechi-Gründers A. Stern 1942 übernahm Schamir mit einer kleinen Gruppe anderer Mitglieder das Kommando; später im israelischen Geheimdienst. Schamir war 1977–80 Präsident der Knesset, 1980–83 Außenminister. 1983 folgte er M. →Begin als Ministerpräsident; 1984–86 Außenminister und stellvertretender Ministerpräsident in der »Koalition der nationalen Einheit« unter S. →Peres und nach dem vereinbarten Ämtertausch 1986 wieder Ministerpräsident. 1990 gelang Schamir die Bildung einer von der Likud-Partei dominierten rechts-religiösen Koalition. Er verlor die Knesset-Wahl 1992 gegen I. →Rabin (IAP) und mußte in die Opposition gehen. 1996 kandidierte er nicht wieder für die Knesset. (DB/MW)

Schammai der Ältere, um 50 v.Z. – 30 n.Z. Bildete zusammen mit →Hillel das letzte der fünf Paare (→Sugot). Zwischen beiden herrschten halachische Kontroversen, vornehmlich über die Speise- bzw. levitischen Reinheitsgesetze. Schammai der Ältere entschied meistens erschwerend, Hillel erleichternd. Dabei orientierte sich Schammai der Ältere eher am wörtlichen Schriftverständnis, betonte weniger die Intention (Hillel), sondern mehr die faktische Tat. So war Schammai der Ältere kompromißloser in der Absonderung und im Verhalten gegenüber der römischen Herrschaft. Beide begründeten jeweils eine Schulrichtung (Bet Schammai und Bet Hillel). Nach der Tradition sind beider Ansichten Worte des lebendigen Gottes. Die →Halacha folgt Hillel. Das bedeutet nicht, Hillel allein habe die Wahrheit; vielmehr machte sich die Gemeinschaft in konkreten Fällen aufgrund des Mehrheitsprinzips die Meinung Hillels zu eigen. Die Entscheidungen Schammais des Älteren und seiner Schule werden dazu als Kontrast für die Diskussion in späteren Zeiten weiter überliefert. (HMD)

Schammes (hebräisch »Schammasch«), Bezeichnung des Dieners der Synagoge, vereinigt mehrere Ämter, steht u.a. dem Vorsteher bei der Leitung des Gottesdienstes zur Seite und überwacht das Synagogengebäude. Mitunter fungierte der Schammes auch als Vollstreckungsbeamter des Gerichtshofs. Oft waren es gelehrte Männer, die das Amt bekleideten, aber häufig wird auch abschätzig von den Trägern des Amtes gesprochen. (JS)

Schanghai. Als Zufluchtsort für Juden z.Z. des Nationalsozialismus und des Zweiten Weltkriegs war Schanghai zunächst dadurch attraktiv, daß Juden ohne Visum u.a. offizielle Papiere immigrieren konnten. 1938 ermöglichte die japanische Politik die Öffnung des international kontrollierten Hafens für jüdische Flüchtlinge, obwohl von seiten der USA, Großbritanniens und Frankreichs versucht wurde, die Einwanderung zu beschränken. Bis zum Eintritt Japans in den Krieg waren über 17 000 Juden, vorwiegend aus Deutschland, Österreich und Polen, nach Schanghai geflüchtet. Am 18. 2. 1943 errichtete die japanische Regierung unter deutschem Druck ein Ghetto; die Situation der Juden wurde dadurch verschärft, daß die Regierung der USA bis Ende 1943 die Überweisung privater Gelder und solcher von Hilfsorganisationen in Kriegsgebiete verbot. Nach der Gründung des Staates Israel und der Regierungsübernahme durch die Kommunisten in China verließen nahezu alle Juden Schanghai. (PB)

Schapira, Moshe (auch Shapira), israelischer Politiker (→Misrachi, →Nationalreligiöse Partei), 26.10.1902 Grodno, Rußland – 16.7.1970 Tel Aviv; studierte in der Grodno-Jeschiwa und am Hildesheimer-Seminar in Berlin und gehörte zu den Gründern der Misrachi-Chaluz-Bewegung. Als Führungsmitglied von Tora Waawoda 1925 in Palästina, später Vorsitzender der Misrachi-Bewegung und Mitglied der Exekutive der →Jewish Agency. In der provisorischen Regierung war Schapira Einwanderungsminister, dann 1949–53 und 1955 Innenminister, 1953–58 Religionsminister und 1959 bis zu seinem Tod 1970 wieder Innenminister. (DB/MW)

Scharanskij →Schtscharanskij

Scharett, Moshe (auch Sharett, ursprünglich Schertok), israelischer Politiker (→Achdut Haawoda, →Mapai), 16.10.1894 Cherson, Ukraine – 7.7.1965 Jerusalem. Seine Eltern brachten ihn 1906 nach Palästina. Sie gehörten zu den Gründern Tel Avivs. Scharett studierte in Istanbul; im Ersten Weltkrieg in der türkischen Armee als Dolmetscher. 1920–25 gehörte er der Exekutive von Achdut Haawoda an, studierte gleichzeitig an der London School of Economics. 1931 Sekretär, 1933 Leiter der Politischen Abteilung der →Jewish Agency; vertrat in dieser Position den →Jischuw bei zahlreichen internationalen Verhandlungen. Ab 1947 vertrat er die Jewish Agency bei den UN; gehörte zu den Unterzeichnern der israelischen Unabhängigkeitserklärung. Als erster Außenminister (1948–56) baute er Israels diplomatischen Dienst auf; unterzeichnete 1952 mit Konrad Adenauer das deutsch-israelische Wiedergutmachungsabkommen. 1953–55 löste er D. →Ben-Gurion als zweiter Ministerpräsident vorübergehend ab und amtierte gleichzeitig als Außenminister weiter. (DB/MW)

Scharon, Ariel (auch Sharon, ursprünglich Schoenermann), israelischer Offizier (zuletzt Generalmajor) und Politiker (→Likud), 27.2.1928 Kfar Malal bei Tel Aviv. Von früher Jugend an in der →Hagana aktiv; Berufssoldat. Als Brigadekommandeur nahm er im →Unabhängigkeitskrieg an vielen wichtigen Operationen teil; leitete in den 50er Jahren die »Einheit 101«, die Vergeltungsmaßnahmen nach Terror- und Freischärlerangriffen durchführte. Im →Sechs-Tage-Krieg 1967 kommandierte Scharon die Truppen, die die ägyptischen Linien im Sinai durchbrachen; im →Jom-Kippur-Krieg 1973 führte er seine Division als erste über den Suezkanal. Als Politiker zunächst in der Liberalen Partei; Initiator des Zusammenschlusses der Liberalen mit der →Cherut zum Likud-Block 1973. 1977–81 Landwirtschaftsminister, 1981 bis 1983 Verteidigungsminister, mußte infolge der Kritik an seiner Amtsführung im →Libanonkrieg zurücktreten. 1983/84 Minister ohne Geschäftsbereich, 1984 bis 1990 Minister für Handel und Industrie; 1990–92 Wohnungsbauminister, 1996 Minister für nationale Infrastruktur. Scharons Autobiographie »Warrior« erschien 1989. (DB/MW)

SCHaS →Abkürzungen

Schasar, Salman (auch Shazar, ursprünglich Schneur Salman Rubaschow), zionistischer Journalist und israelischer Politiker (→Mapai), 6.10.1889 Mir, Weißrußland – 5.10.1974 Jerusalem. Seit 1905 in →Poale Zion aktiv, studierte Geschichte und Philosophie in St. Petersburg, Freiburg, Straßburg und während des Ersten Weltkriegs in Berlin; arbeitete für mehrere jiddische und deutsch-jüdische Zeitungen; 1916–18 Redakteur der zionistischen Jüdischen Rundschau. 1924 nach Palästina, gehörte der Exekutive der →Histadrut und des Nationalrats (1929; →Waad Leumi) an; war ein Gründer der Mapai (1930) und hat für verschiedene Parteiorgane geschrieben; Chefredakteur der Tageszeitung »Dawar«; gehörte zu den Vertretern der →Jewish Agency bei den UN-Verhandlungen 1947 und spielte eine führende Rolle bei Israels Unabhängigkeitserklärung. 1948–50 Erziehungsminister, 1952–56 Leiter der Informations- und dann der Bildungs- und Kulturabteilung der Jewish Agency, ab 1956 stellvertretender Vorsitzender. 1963 zum Staatspräsidenten gewählt und 1968 wiedergewählt. (DB/MW/LH)

Salman Schasar

Schass (auch Shas, hebräische Abkürzung für »Vereinigung der sephardischen Tora-Wächter«), 1983 unter Führung des ehemaligen sephardischen Oberrabbiner Ovadia Josef gegründete religiöse israelische Partei, die sich von der orthodoxen →Agudat Israel abspaltete und zunächst vorwiegend von marokkanischen Juden unterstützt wurde. Schass wendet sich mit ihren Forderungen nach mehr Sozialpolitik an die relativ benachteiligten orientalischen Juden und gehört außenpolitisch zu den »Falken«. In den Knessetwahlen 1984 erstmals aufgetreten, wurde Schass zweitstärkste, bei den Wahlen 1988 bereits stärkste religiöse Partei; sie war 1984–88 an der »Koalition der nationalen Einheit«, seit Juni 1990 und seit 1996 an den vom →Likud geführten Koalitionen, aber auch an der linksgerichteten Regierung von I. Rabin seit 1992 beteiligt. Schass erzielte in den Wahlen zur Knesset folgende Ergebnisse:

1984	3,1%	der Stimmen	4 Mandate
1988	4,7%	der Stimmen	6 Mandate
1992	4,9%	der Stimmen	6 Mandate
1996	8,5%	der Stimmen	10 Mandate

L M. Wolffsohn/D. Bokovoy, Israelische Geschichte, Politik, Gesellschaft, Wirtschaft, [5]1996. (DB/MW)

Schatz, Boris, Bildhauer, Maler, 23.12.1866 Vorna, Litauen – 23.3.1932 Denver, USA. Künstlerische Ausbildung 1890–96 in Warschau und Paris, lebte dann in Sofia, wo er Mitbegründer der Bulgarischen Akademie der Künste war und als Hofbildhauer viele Monumente errichtete. 1906 gründete und leitete Schatz in Jerusalem die Bezalel-Schule und das Bezalel-Museum. Sein bedeutendstes Werk »Mattatias Makkabi« spiegelt seine ganz im Judentum wurzelnde Kunst. Neben mehreren großen Statuen und Reliefs schuf Schatz zahlreiche Porträtbüsten u. a. von Rubinstein und Herzl. Er veröffentlichte eine Reihe von Artikeln in russisch, bulgarisch, jiddisch und hebräisch über Kunst und Kunstausstellungen. Zum 20jährigen Bestehen der Bezalel-Schule publizierte er eine utopische Erzählung des künftigen Jerusalem mit einer Geschichte der Bezalel-Schule (1925). Seine Autobiographie »Das erbaute Jerusalem« (1910) erschien in hebräischer und jiddischer Sprache. Viele seiner Arbeiten wurden prämiert und befinden sich in mehreren Museen Europas und der USA.

🄻 K. Schwarz, Juden in der Kunst, 1928. (LH)

Schaufäden →Zizit

Schaumburg-Lippe. Mit der ersten Landesverordnung aus dem Jahr 1639 und der 1684 erfolgten Erlaubnis der Religionsausübung (»geheim ohne Aufwand«) kann die Anwesenheit von Juden in der Grafschaft als nachgewiesen gelten. 1682 wurde Isaak Heine, Urgroßvater von H. →Heine, ein Schutzbrief für die Residenzstadt Bückeburg ausgestellt; 1691 wurde er zum Hoflieferanten und -bankier ernannt; für fast zwei Jahrhunderte, bis zum Konkurs des Bankhauses Heine 1852, nahm die Familie Heine in Schaumburg-Lippe eine dominierende Stellung am fürstlichen Hof ein. Zu Beginn des 18. Jahrhunderts standen 15 Familien unter Schutz; nach Aufkündigung der Schutzerteilung 1705 und 1717 lassen sich bis zur bürgerlichen Gleichstellung am 5. 12. 1848 fast konstant 50 Familien nachweisen. Fürstin Juliane (Regierungszeit 1787–99) versuchte eine Veränderung der jüdischen Berufsstruktur herbeizuführen. Juden wurden dazu angehalten, Handwerksberufe auszuüben oder, nach der Bereitstellung von Siedlerstellen, sich als Neubauern niederzulassen; jüdischen Handwerkern und Kolonisten wurde der Hausbesitz gestattet, andererseits die Aussicht auf Vergeleitung für die im Handel tätigen Juden verschlechtert; die Schutzerteilung wurde auch vom Erlernen der deutschen Sprache abhängig gemacht. 1866 Errichtung neuer Synagogen in Bückeburg und Stadthagen; mit dem »Gesetz betreffend die rechtliche Stellung der Synagogengemeinden« von 1911 wurden beide Gemeinden Körperschaften des öffentlichen Rechts. Zu Beginn der NS-Herrschaft lebten rund 230 Juden in Schaumburg-Lippe, die seit 1941 in die KZs Riga und Theresienstadt deportiert wurden. Nach 1945 kam es zu keiner nennenswerten jüdischen Neuansiedlung.

🄻 H. H. Hasselmeier, Die Stellung der Juden in Schaumburg-Lippe, 1967. – G. Steinwascher, Judenverfolgung in Schaumburg-Lippe 1933–45, 1988. (JÖD)

Schawuot (hebräisch, eigentlich »Chag ha-Schawuot«, »Wochenfest«), Wallfahrtsfest am 6. Siwan (Diaspora 6./7. Siwan). Als Fest der Erstlingsfrüchte, d. h. der ersten Feldfrüchte (besonders Weizen), wird es 50 Tage (7 Wochen, deshalb »Wochenfest«) nach →Pessach und am Ende des →Omer-Zählens gefeiert und bildet den Abschluß der Frühlingsfeste (deshalb wird es in der rabbinischen Literatur auch »Azeret«, »Schlußfest«, genannt). Dementsprechend werden Synagogen und Häuser mit Früchten und Blumen geschmückt. Neben dem agrarischen Aspekt wird in rabbinischer Zeit mit Schawuot die Erinnerung an die Offenbarung am Sinai sowie zugleich die Vergegenwärtigung der Erwählung Israels verbunden. Beides drückt sich traditionell in einer Nacht des Lernens (»Tikkun lel Schawuot«) aus. Grundlage des Studiums sind oft ausgewählte Passagen der rabbinischen Literatur. Daran knüpft sich eine Diskussion über Gegenwartsbezug und Auftrag der Tora als Offenbarung und Lehre an. Am Schawuot wird die Megillat Ruth gelesen und das aramäische Lied »Akdamut millin« (Lob über Israels Treue zur Tora) nach dem ersten Vers der Toralesung als Einleitung zum →Targum gesungen. (HMD)

Schechina (»Einwohnung Gottes«, von hebräisch »schochen«, »wohnen«). In der rabbinischen Literatur die Bezeichnung für die Gegenwart Gottes in der Welt, speziell an bestimmten Orten (z. B. im Dornbusch), im Tempel, beim Volk oder auch bei Einzelnen. Ihre Anwesenheit verschafft einem Ort oder der Gemeinde Heiligkeit. Die Schechina ist damit zu unterscheiden von dem Heiligen Geist, der als eine Offenbarungsweise Gottes (z. B. als Geist der Offenbarung in den Propheten) nicht mit Gott identisch ist. Mit der Schechina verbinden sich unterschiedliche Gottesvorstellungen. So soll sie nur bis zur Zerstörung des Ersten Tempels (586 v. Z.) im Tempel anwesend gewesen sein und sich anschließend in den Himmel zurückgezogen haben, um in der Zeit der Erlösung zurückzukehren und in dem wiedererrichteten Tempel Wohnung zu nehmen. Nach anderer Auffassung zog die Schechina mit Israel ins Exil und wird mit Israel von dort zurückkehren. Wieder andere glauben, daß sie z. B. beim Beten und beim Tora-Studium, aber auch bei Kranken anwesend sei. In nachtalmudischer Zeit wurde eine Identifikation der Schechina mit Gott vermieden. Die Schechina galt vielmehr als eine Art Zwischenwesen zwischen Gott und Menschen, oft verglichen mit dem Licht der Sonne. In der →Kabbala ist die Schechina, auch »Malchut« (»Herrschaft«) genannt, das weibliche Prinzip und Name für die zehnte, unterste Sefira (→Sefirot), die den Kontakt zu den Menschen herstellt. (HMD)

Schechita (hebräisch »Schächten«), nach der Halacha aufgrund von Dtn 12,21 einzig erlaubte Schlachtmethode für Tiere oder Vögel (→Koscher), die zum Verzehr erlaubt sind. Das Schächten erfolgt durch einen Fachmann (»Schochet«) mit einem vorher geprüften, scharfen, schartenfreien Messer (»Challaf«). Der Schnitt durchtrennt durch Hin- und Herführen in einem Zug Halsschlagader, Luft- und Speiseröhre. Bevor der Stempel für rituell geschlachtetes (koscheres) Fleisch aufgedrückt wird, müssen der Schnitt, die inneren Organe (vor allem die Lunge) und nochmals das Messer untersucht werden. Vor und nach dem Schächten wird je eine spezielle Benediktion gesprochen. In apologetischem Zusammenhang wird das biblisch gebotene Schächten als eine weitgehend schmerzlose Tötungsart verteidigt. (HMD)

Scheelot u-Teschuwot →Responsen

Scheiber, Sándor, Rabbiner, Gelehrter, 9.7. 1913 Budapest – 3.3.1985 Budapest. 1938 Abschluß der Studien am →Budapester Landesrabbinerseminar. 1937 Promotion an der Universität von Budapest. 1940 bis 1944 Rabbiner in Dunaföldvár. 1945 Professor am Rabbinerseminar, 1950–85 Direktor des Seminars. Forschungsgebiete: Geschichte, Literatur, Folklore und Kunst der ungarischen Juden. Herausgeber wichtiger Quellenliteratur. Hauptwerke: »Corpus Inscriptionum Hungariae Judaicarum« (1960), »Hebräische Kodexüberreste in ungarländischen Einbandstafeln« (1969). (AK)

Scheidebrief →Get

Scheidung →Ehe

Scheitel (Jiddisch »Perücke«). Schon von altersher bedeckten verheiratete Frauen aus Keuschheit ihr Haupthaar. Im Mittelalter setzte sich der Brauch durch, nach der Hochzeit das Haar ganz abzuschneiden und den Kopf mit einer Haube (»Kupka«) zu bedecken. Darauf wurde seit dem 19. Jahrhundert in Osteuropa das sog. »Sterntüchel« oder »Tichel« getragen. Es ist ein mit Perlen bestickter und z. T. mit Diamanten besetzter Reif mit zwei Bändern, mit denen die »Kupka« befestigt wird. Oft wurde auch statt der Haube ein Haarband, eine aus Seide hergestellte Frisur, verwendet. An die Stelle des Haarbands trat später vor allem in Osteuropa die »Perücke«. Da diese aber nicht mehr vom natürlichen Haar zu unterscheiden ist, also dem ursprünglichen Sinn widerspricht, ist das Tragen von »Perücken« umstritten. (HMD)

Schekalim →Mischna

Schekel, ursprünglich eine 8,4 Gramm entsprechende Gewichtseinheit für die Zahlung in Gold und Silber, die bereits im 3. Jahrtausend in Babylonien gebraucht und von dort mit einigen Änderungen nach Kanaan eingeführt wurde. 50 Schekel waren eine Minna, 60 Minna ein Kikkar. Es gab den babylonischen und den phönizischen Schekel, jeweils in einer schweren und einer leichten Variante. Während des Jüdischen Kriegs (66–70) prägten die jüdischen Münzämter eigene Schekel. Seit der Zerstörung des Tempels hatten die Juden keine eigene Währung, und der Name Schekel geriet in Vergessenheit. Als eine Art von Mitgliedsbeitrag für die zionistische Bewegung wurde 1897 der Schekel als Sammelbegriff eingeführt. Die Höhe der Beiträge war von Land zu Land verschieden, entsprach aber im großen und ganzen dem Wert von einem Schweizer Franken. Nur diejenigen, die diesen Beitrag entrichteten (er war zuerst als jährlicher Beitrag vorgesehen), die »Soklei ha-Skalim«, durften in der zionistischen Bewegung wählen oder gewählt werden. Die Währung in Palästina während des britischen Mandats war die Lira, die an das Pfund gebunden war. Nach der Gründung Israels hieß die Währung – an keine andere Währung gebunden – Lira, die ihrerseits aus 1000 Mill (in etwa Pfennig) und 100 Groschen (Grus) bestand. 1969 wurde der Schekel als israelische Währung eingeführt, 1980, um die Währung zu stabilisieren, der Neue Israelische Schekel (NIS), wobei es offiziell bis heute blieb. (RED)

Scheler, Max, Philosoph, 22.8.1874 München – 19.5.1928 Frankfurt am Main. Schelers Mutter entstammte einer orthodoxen Familie aus Franken; der Vater war Protestant. Scheler hatte sich bereits in der Schulzeit dem Christentum angenähert. Vor seiner Eheschließung mit Amelie von Dewitz trat er 1899 zum Katholizismus über. Erst nach dem Beginn seiner akademischen Laufbahn schloß er sich dem phänomenologischen Kreis um E. →Husserl an und wandte durchaus selbständig die Phänomenologie vor allem auf dem Gebiet der Ethik, der Religionsphilosophie und der Soziologie an. In seinem Hauptwerk, »Der Formalismus in der Ethik und die materiale Wertethik« (1913–16), vertrat Scheler einen ethischen Personalismus und untersuchte in dieser Perspektive das Wesen und die Hierarchien der materialen, moralischen und religiösen Werte. Bei Ausbruch des Ersten Weltkriegs wurde auch er von patriotischer Kriegsbegeisterung mitgerissen (vgl. seine Schrift »Der Genius des Krieges und der Deutsche Krieg«, 1915). In dieser Zeit setzte er sich intensiv für die Erneuerung des Katholizismus im Geist der augustinischen Liebesidee ein. Nach seiner Scheidung von Märit Furtwängler distanzierte er sich öffentlich von der Kirche und vertrat eine an B. →Spinoza und H. →Bergson orientierte Lebensphilosophie. Das Judentum betrachtete Scheler in allen seinen Wandlungen als eine »selbstgerechte Sklavenreligion«. Er übte beträchtlichen Einfluß auf das katholische Denken aus, so auf E. →Stein und Papst Johannes Paul II. »Gesammelte Werke« seit 1954.

Ⓛ W. Mader, Max Scheler in Selbstzeugnissen und Bilddokumenten, 1980. (DK)

Schelli (hebräisches Kürzel: »Frieden für Israel«, »Gleichheit für Israel«), im März 1977 aus mehreren linkssozialistischen Friedensgruppen gebildete israelische politische Partei. Dazu gehörten →Moked, ein Teil der orientalischen Schwarzen Panther, die Unabhängigen Sozialisten und die Gruppe um U. →Avnery sowie der ehemalige Generalsekretär der →Israelischen Arbeitspartei Arieh Eliav. Schelli verlangte einen garantierten Mindestlohn und zahlreiche andere sozialpolitische Maßnahmen, besonders im Bereich der Frauenpolitik. Am wichtigsten war ihr jedoch die Friedenspolitik. Schelli bekannte sich zum Zionismus, war aber bereit, auf große Teile der besetzten Gebiete zu verzichten. Schelli erzielte in den Wahlen zur Knesset folgende Ergebnisse:

1977	1,6%	der Stimmen	2 Mandate
1981	0,4%	der Stimmen	0 Mandate

Ⓛ M. Wolffsohn/D. Bokovoy, Israel. Geschichte, Politik, Gesellschaft, Wirtschaft, [5]1996. – M. Wolffsohn, Politik in Israel, 1983. (DB/MW)

ScheLoH →Horowitz, Jesaja ha-Levi

Schema Jisrael (hebräisch), Beginn des Schriftverses »Höre, Israel, der Herr, unser Gott, der Herr ist einer/einzig«(Dtn 6,4). Es bekundet die Einheit und Einzigkeit Gottes und die Übernahme des Jochs seiner Königsherrschaft durch Israel. Das Schema Jisrael wird beim Ausheben der Tora am Sabbat und an Festtagen, in der Mussaf-Keduscha (→Mussaf) und am Schluß des Abschlußgebets an →Jom ha-Kippurim rezitiert. Das Schema Jisrael wurde das Bekenntnis der Märtyrer und wird oft als letztes Gebet vor dem Tod gesprochen. Das eigentliche Schemagebet (»Keriat Schema Jisrael«) ist ein Hauptgebet am Morgen und am Abend vor der Amida (→Tefilla). Es besteht im Kern aus drei Schriftabschnitten (Dtn 6,4–9; 11,13–21 und Num 15,37–41) und ist begleitet von Benediktionen (→Beracha). Die Schriftverse bekunden 1. die Erkenntnis und die Anerkennung der göttlichen Herrschaft, 2. die Übernahme der Gebote Gottes und 3. das Gedenken an den Exodus. (HMD)

Schemini Azeret (eigentlich: der 8. Tag, das Schlußfest), 8. und letzter Tag von →Sukkot am 22. Tischri, in der Diaspora ein eigener Feiertag, in Israel identisch mit →Simchat Tora. Toralesung: Dtn 14,22 bis 16,17; Haftara: Num 29,35– 30,1; Prophetenlesung: 1 Kön 8,54–66. Wenn in der Sukkotwoche kein Sabbat lag, wird an Schemini Azeret aufgrund einer speziellen Interpretation von Koh 11,2 das Buch Kohelet gelesen. Das Fest bekommt dadurch einen eher melancholischen Charakter. Wie bei den anderen Wallfahrtsfesten findet in aschkenasischen Gemeinden nach der Schriftlesung eine Seelenfeier (→Trauerriten) statt. Schemini Azeret ist aber als Abschlußtag von Sukkot, dem letzten Erntefest im Herbst, auch im Zusammenhang des landwirtschaftlichen Jahreszyklus zu sehen. So wird im Blick auf eine möglichst gute Ernte beim →Mussaf (in Israel davor) ein spezielles Gebet um Wind und Regen in die zweite Benediktion (Kräfte Gottes) der Amida (→Tefilla) eingefügt und von da an jeden Tag gesprochen, bis es am ersten Tag von →Pessach durch die Bitte um Tau ersetzt wird. (HMD)

Schemone essre →Tefilla

Schemot →Hebräische Bibel

Schem Tow ben Josef ben Schem Tow ibn Schem Tow, Rabbiner und Philosoph, Sohn von →Josef ben Schem Tow ibn Schem Tow, 15. Jahrhundert. Er bekannte sich entschieden zu →Mose ben Maimon und verfaßte einen klassischen Kommentar zu dessen »Führer der Unschlüssigen« (→More Newuchim). Gleichzeitig rief er die Juden, die in Spanien immer stärker unter dem Taufzwang litten, zum Glaubenszeugnis auf und verkörperte so das Gegenbeispiel zu der Regel, die sein Großvater →Schem Tow ibn Schem Tow aufgestellt hatte. (DK)

Schem Tow ben Josef ibn Falaquera, Philosoph, Gelehrter und Dichter, um 1225 Nordspanien – um 1295(?). Schem Tow ben Josef ibn Falaquera entstammte einer reichen Familie aus Tudela, Navarra. Er war vor allem ein Enzyklopädist; seine hebräischen Werke sind größtenteils Kompilationen arabischer Literatur. So haben seine Exzerpte der »Lebensquelle« von →Salomo ben Jehuda ibn Gabirol S. →Munk die Identifikation des Autors ermöglicht. Schem Tow ben Josef ibn Falaquera war ein entschiedener Aufklärer. In seinem häufig gedruckten Dialog zwischen einem Philosophen und einem Traditionalisten (hebräisch »Wikku'ah he-Chacham im he-Chasid«) setzte er sich für die philosophische Bildung ein. Im →Maimonidesstreit ergriff er Partei für →Mose ben Maimon und verteidigte die allegorische Bibelauslegung, weil nach seiner Auffassung Philosophie und Offenbarung übereinstimmten und die Philosophie im übrigen eine originär jüdische Leistung sei. In seinem klassischen Kommentar zum »Führer der Unschlüssigen« (hebräisch »Moreh ha-Moreh«, 1280), korrigierte er die hebräische Übersetzung von Samuel ibn Tibbon nach dem arabischen Original und stellte Vergleiche mit der Lehre des →Averroes an.

[L] H. Malter, Shem Tob ben Joseph Falaquera, in: Jewish Quarterly Review, 1910/11. (DK)

Schem Tow ibn Schem Tow, Rabbiner und Kabbalist, um 1380 – um 1441 Spanien. Schem Tow ibn Schem Tow war Zeuge der Pogrome von 1391 und der anschließenden Taufwelle unter den spanischen Juden. Er machte den Rationalismus für den Abfall vom Glauben der Väter verantwortlich und polemisierte in seinem »Sefer ha-Emmunot« (»Buch der Glaubenslehren«) gegen →Abraham ibn Esra, →Levi ben Gerson, I. →Albalag u. a., aber auch gegen den Intellektualismus des →Mose ben Maimon. Seine fideistische Reaktion hatte aber keinen Erfolg. (DK)

Scherira ben Chananja Gaon (Gaon von Pumbedita), 906– 1006. Scherira ben Chananja Gaon war ein Sproß der Familie Raschai ha-Gola (»Häupter der Diaspora«). Sowohl sein Großvater als auch sein Vater waren als Geonim (→Gaon) in Pumbedita. Scherira ben Chananja Gaon selbst amtierte als Gaon, als Leiter der →Akademie von Pumbedita, von 986 bis zu seinem Tod. Zu seiner Zeit geriet die Akademie von Pumbedita in eine Krise, weil sie Konkurrenz durch andere Zentren in der Diaspora bekam. Scherira ben Chananja Gaon vermochte jedoch dank seiner Gelehrsamkeit und Autorität die Akademien in Baylonien und vor allem Pumbedita zu einer neuen Blüte zu führen und hatte Schüler aus allen Zentren der jüdischen Welt. Scherira ben Chananja Gaon war bekannt für seine ausführlichen Antworten auf Fragen, die an ihn gerichtet wurden (→Responsen). Eine seiner berühmten Antworten war das Schreiben von 987 an die Gemeinde von Kairouan (Iggeret Rab Scherira Gaon) über die Entstehung von →Mischna und →Talmud. Das Schreiben ist zu einer wichtigen geschichtlichen Quelle geworden. Es sind zwei Versionen erhalten, die sog. Sephardische und die Französische Version. (HMD)

Scheunenviertel, ghettoähnlicher ostjüdischer Wohnbezirk nahe dem Alexanderplatz in Berlin, später »Hirtenviertel« genannt, dessen bekannteste Straßen Artillerie-, Grenadier- und Dragonerstraße hießen. Neben vielen religiösen Einrichtungen gab es im Scheunenviertel zahlreiche jüdische Wohlfahrts- und Kulturvereine, deren wichtigstes das »Jüdische Volksheim« in der Auguststraße 14–15 mit einer Anzahl von Fürsorgeeinrichtungen war. Kulturelles Zentrum war seit 1916 das Jüdische →Volksheim in der Dragonerstraße 22. In den 20er und 30er Jahren war das Scheunenviertel Zielscheibe antisemitischer Ausschreitungen und polizeilicher Razzien.

[L] E. Geisel, Im Scheunenviertel, 1981. (LH)

Schewat →Kalender

Schewiit →Mischna

Schiff, 1. Hermann (David Bär Schiff; Pseudonym u. a. Isaak Bernays), Schriftsteller, 23. 4. 1801 Hamburg – 1. 4. 1867 Hamburg. Einer verarmten jüdischen Kaufmannsfamilie entstammend, studierte Schiff in Berlin und Jena Jura; Promotion zum Doktor der Philosophie 1825, Taufe 1841. Ärmliche literarische Existenz als Novellist, Rezensent und Mitarbeiter politischer und belletristischer Zeitschriften in Leipzig, Berlin und Hamburg. Von vielen Kollegen, u.a. Hebbel und Grabbe, zu Unrecht als verkommener und käuflicher Literat heftig attackiert; sein entfernter Verwandter Heine jedenfalls hat das Talent Schiffs nicht unterschätzt. Hervorzuheben sind vor allem Schiffs jüdische Erzählungen und Ghettogeschichten, die bei aller Kritik an Ghettomentalität und Orthodoxie und trotz prinzipiell assimilatorischer Haltung ein realistisch-solidarisches Bild der Juden zeichneten: »Simon Abeles« (historische Novelle, 1840), »Hundert und ein Sabbat« (Erzählsammlung 1842) und vor allem der komische Roman »Schief-Levinche mit seiner Kalle oder Polnische Wirtschaft« (1848). (HN)

2. Jacob Henry, Finanzmann und Philanthrop, 10.1.1847 Frankfurt am Main – 26.9.1920 New York. 1865 Emigration nach New York; heiratete die Tochter von Solomon Loeb, danach Mitarbeiter im Bankhaus Kuhn, Loeb und Co., dessen Chef er 1885 wurde. Spielte eine Schlüsselrolle in der Entwicklung der amerikanischen Eisenbahn; verkaufte japanische Schuldverschreibungen, die Japan den Krieg gegen Rußland ermöglichten. Großzügige philanthropische Tätigkeit; gründete das Montefiore-Heim für Invalide und wurde dessen Präsident; spendete dem Barnard College eine Mio. Dollar und baute das semitische Museum an der Harvard University auf. Unterstützte das →Jewish Theological Seminary, das →Hebrew Union College und das Rabbi Isaac Elchanan Theological Seminary, später →Yeshiva University; Mitbegründer des →American Jewish Committee.
L P. Arnsberg, Jacob Henry Schiff, Von der Frankfurter Judengasse zur Wallstreet, 1967. (CL)

Schiffer, Eugen, Jurist und Politiker, 14.2.1860 Breslau – 5.9.1954 Berlin. Schiffer ließ sich 1896 taufen. 1900 wurde er Landrichter in Magdeburg, 1917 Unterstaatssekretär, 1918 (nach der Revolution) Staatssekretär im Reichsschatzamt, 1903–18 Mitglied des Preußischen Abgeordnetenhauses. 1912–17 war Schiffer MdR, Mitglied der Nationalversammlung, des ersten Reichstags der Weimarer Republik und des Preußischen Landtags 1921–24 (DDP). 1919 wurde er Reichsfinanzminister, später Reichsjustizminister. 1922 deutsches Mitglied des Ausschusses für die Durchführung der deutsch-polnischen Konvention zur Sicherung des oberschlesischen Warenaustauschs und zum Schutz der Minderheiten. Er gründete 1925 die Liberale Vereinigung, um die Deutsche Demokratische Partei und die Deutsche Volkspartei zusammenzuschließen, und zog sich nach deren Scheitern aus der aktiven Politik zurück. (JS)

Schildkraut, Rudolf, Schauspieler, 27.4.1862 Konstantinopel – 15.7.1930 Hollywood. Schildkraut gehörte 1900–05 dem Ensemble des Deutschen Schauspielhauses Hamburg an. Seit 1905 Schauspieler am Deutschen Theater bei M. →Reinhardt, spielte hier u.a. den Shylock im »Kaufmann von Venedig«, den Autolycus im »Wintermärchen«, den Mephistopheles im »Faust«. Berühmt wegen seiner expressionistischen Darstellungsweise. 1920 Aufenthalt in den USA. Auftritte am jiddischen »People's Theatre« 1925. Gründung eines eigenen jiddischen Theaters. Sein Sohn Joseph Schildkraut war Schauspieler bei Reinhardt. 1920 folgte er seinem Vater in die USA; zahlreiche Film- und Theatererfolge, u.a. 1955 als Vater Frank in »Tagebuch der Anne Frank«. (MBR)

Schiller, Friedrich, Dichter, 10.11.1759 Marbach – 9.5.1805 Weimar. Ob die Figur des Moritz Spiegelberg, wie das einige sprachliche Hinweise und der Vorschlag zur Wiedererrichtung eines jüdischen Staates andeuten, im Drama »Die Räuber« tatsächlich als Jude konzipiert war, ist vermutlich trotz einer häßlichen Rezeptionsgeschichte unerheblich und zugleich fragwürdig. Schillers Vorlesung »Die Sendung Moses« ist als voltairisierende Paraphrase des AT in ihren historischen Aussagen seit der Entzifferung der Hieroglyphen überholt; bemerkenswert sind Äußerungen über die universalhistorische Rolle Israels und die Bedeutung des jüdischen Monotheismus für die europäische Aufklärung. Zahlreiche Übersetzungen und literarische Inanspruchnahmen, auch Parodien, beweisen die ungeheure, noch unausgelotete Faszination seines Werks wie seines Humanitätsideals für das östliche Judentum Europas. (MS)

Schina, hebräischer Begriff, der nirgendwo definiert wurde und dennoch häufig verwendet wird, und dies mit starker emotionaler, positiver Bedeutung. Das Wort leitet sich von der Wurzel »Schan« ab, was im engeren Sinne »Wohnen« bedeutet. In der Bibel wird die Schina, wenn auch indirekt, ein paarmal erwähnt. In Num 24,17 heißt es: »Und die Herrlichkeit des Herrn war anzusehen wie ein verzehrendes Feuer auf dem Gipfel des Berges«, in Num 25,8: »Und sie sollen mir ein Heiligtum machen, daß ich unter ihnen wohne« und in Ez 43,9: »Und ich will für immer unter ihnen wohnen.« Schina wird als die Anwesenheit der Gottesherrlichkeit verstanden. Im Judentum spricht man von »Kanfai haschina« (wörtlich übersetzt »Flügel der Schina«). Schina bedeutet auch Segen für das Volk Israel, und in Zeiten nationaler Not wurde die Abwesenheit der Schina (Nistalka ha-Schina) beklagt. (RED)

Schinui (hebräisches Kürzel für »Bewegung für Veränderung«), von Amnon Rubinstein, Professor für Verfassungsrecht in Tel Aviv, angeführte israelische Protestbewegung, die mehr Demokratie im Staat und vor allem in den Parteien verlangte; 1975 trat ein Teil der Mitglieder der →Jaad-Partei bei; 1976 vereinigte sich Rubinsteins Schinui mit der neuen Partei Y. →Yadins, der →Demokratischen Bewegung für Veränderung (DBV). Nach dem Zerfall der DBV kandidierte Schinui seit 1981 als selbständige Partei; 1984–87 an der »Koalition der nationalen Einheit« beteiligt, trat 1987 dem neu gebildeten Block →Bewegung der Mitte bei, der jedoch bis Juni 1990 wieder auf den Kern der Schinui geschrumpft war. Seit 1988 tritt Schinui besonders für eine Reform des Wahlsystems ein. Sie ist seit 1992 an dem Wahlbündnis →Merez beteiligt. Schinui erzielte in den Wahlen zur Knesset folgende Ergebnisse:

1981	1,5%	der Stimmen	2 Mandate
1984	2,6%	der Stimmen	3 Mandate
1988	1,7%	der Stimmen	2 Mandate

🄻 M. Wolffsohn/D. Bokovoy, Israel. Geschichte, Politik, Gesellschaft, Wirtschaft, [5]1996. – M. Wolffsohn, Politik in Israel, 1983. (DB/MW)

Schläfenlocke →Peot

Schlattenschammes, ironische Bezeichnung für eine Person, die sich ungebeten zu Dienstleistungen und Missionen aufdrängt, sich in öffentliche Angelegenheiten einmischt und ihre Nase in alles steckt. Das Wort setzt sich zusammen aus Schlatten (Jiddisch: »Salat«) und →Schammes. (JS)

Schlegel, Dorothea von (eigentlicher Vorname Brendel), Schriftstellerin, 24. 10. 1764 Berlin – 3. 8. 1839 Frankfurt am Main. Älteste Tochter M. →Mendelssohns. 1784 heiratete Schlegel auf Wunsch ihres Vaters den Bankier Simon Veit, von dem sie sich 1798 scheiden ließ, als sie im Salon von H. →Herz Friedrich von Schlegel (1772 bis 1829) kennenlernte. Nach der Scheidung ließ sie sich mit F. von Schlegel in Jena nieder, lebte dort zusammen mit August Wilhelm von Schlegel, F. von Schlegels älterem Bruder, und dessen Frau Caroline. 1802 Übersiedlung nach Paris. 1804 Übertritt zum Protestantismus und Eheschließung mit F. von Schlegel. 1808 Übertritt zum Katholizismus. 1809 Übersiedlung nach Wien. Nach dem Tod Schlegels ging sie nach Rom zu ihrem Sohn, dem Maler Philipp Veit, mit dem sie 1831 nach Frankfurt am Main übersiedelte. 1801 erschien anonym, wie auch ihre Zeitschriftenartikel und Übersetzungen, ihr erster und einziger Roman, »Florentin«; ein geplanter zweiter Teil blieb unvollendet. In späteren Jahren widmete sie sich vor allem der Überarbeitung der Manuskripte ihres Mannes. Schlegel zählt zusammen mit H. Herz und R. →Varnhagen zu den bekanntesten Frauengestalten der Romantik. In ihrem Salon fanden für kurze Zeit jüdische, weibliche und bürgerliche Emanzipationsbestrebungen zusammen.

Dorothea Schlegel; Gemälde von Anton Graff

🄻 D. Hertz, Die jüdischen Salons im alten Berlin, 1991. – E. Kleßmann, Die Mendelssohns. Bilder aus einer deutschen Familie, 1990. – C. Stern, Ich möchte mir Flügel wünschen. Das Leben der Dorothea von Schlegel, 1990. – M. Susman, Frauen in der Romantik, 1929. (MAM)

Schlesien. Seit dem 13. Jahrhundert Juden nachweisbar, nach den antijüdischen Predigten des Franziskaners →Johannes von Capestrano aus den schlesischen Städten vertrieben. Danach nur Niederlassungen in →Glogau (1598), →Zülz (1562), Dyhernfurth bei Breslau und, bedingt durch die Handelsmessen, seit dem 17. Jahrhundert auch in →Breslau. Im Gegenzug für Zahlungen für die kaiserliche Armee in Siebenbürgen erhielten die Juden in Schlesien 1628 ein Generalprivileg. Das 1738 verfügte oberamtliche Patent »wegen Abschaffung der Juden aus Schlesien« wurde aufgrund der Eroberung durch König Friedrich II. von Preußen nicht realisiert. In preußischer Zeit (seit 1740) bildeten die Juden Schlesiens bis 1812 vier Gemeinden, und zwar die zu Breslau, Zülz, Glogau und die sog. Landgemeinde. Die Reglements Friedrichs II. für die schlesischen Juden widersprachen in ihrer Härte allen aufgeklärten Bestrebungen. 1790 wurde unter dem Einfluß des Provinzialministers Graf →Hoym eine tolerante Judenordnung erlassen. Seit 1812 galt für die 1815 neugebildete Provinz Schlesien das preußische Emanzipationsgesetz. Im 19. und 20. Jahrhundert zählten jüdische Persönlichkeiten zu den bedeutendsten Vertretern des kulturellen, wirtschaftlichen und politischen Lebens in Schlesien. Fünf der 14 jüdischen Nobelpreisträger Deutschlands kamen aus Schlesien. Für das innerjüdische Leben besaß das durch J. →Fraenckel gegründete →Jüdisch-Theologische Seminar in Breslau internationale Bedeutung. Betrug die Zahl der jüdischen Einwohner Schlesiens 1880 mit einem Höchststand von 52 700 über ein Prozent der Bevölkerung, so waren es 1925 ohne die Abtretungsgebiete Oberschlesiens 40 000, von denen über die Hälfte in Breslau lebte. Unter den Nationalsozialisten wurden die Juden in Schlesien wie im übrigen Reich verfolgt und ermordet. Eine Ausnahme bildeten bis zum 15. 7. 1937 die Juden im Regierungsbezirk Oppeln, die aufgrund des Genfer Abkommens über Oberschlesien vor antijüdischen Gesetzen geschützt waren. Widerstand gegen die Verfolgungen gab es vereinzelt in den Kirchen. Eine von Kardinal Bertram 1941 gegen die »Evakuierung« der Juden erwogene Protestnote an die nationalsozialistische Reichsregierung unterblieb. Gesicherte Zahlen über die nach 1933 aus Schlesien emigrierten bzw. in die KZs deportierten Juden liegen nicht vor. Die Pflege des kulturellen Erbes der schlesischen Judenheit haben sich nach 1945 die »Vereinigungen früherer Juden aus Breslau und Schlesien« in Tel Aviv und New York zum Ziel gesetzt.

[L] M. Brann, Die schlesische Judenheit vor und nach dem Edikt vom 11. März 1812. (Beilage zum Jahresbericht des Jüdisch-Theologischen Seminars), 1913. – B. Brilling, Die jüdischen Gemeinden Mittelschlesiens, 1972. – K. Jonca, Judenverfolgung und Kirche in Schlesien (1933–45), in: S. Jersch-Wenzel (Hrsg.), Deutsche, Polen, Juden, 1987. (AH)

Schleswig →Schleswig-Holstein

Schleswig-Holstein. In den beiden der dänischen Krone verbundenen Herzogtümern ließen sich erst Ende des 16. Jahrhunderts jüdische Familien in nennenswertem Umfang nieder; es waren zu Beginn vor allem sephardische Juden, die sich an sog. Freistätten ansiedelten, die von den Landesherren zur Belebung des wirtschaftlichen Lebens eingerichtet worden waren: Niederlassungsfreiheit genossen Juden in →Altona, →Friedrichstadt, →Glückstadt, Rendsburg-Neuwerk und in den Flecken Elmshorn und →Wandsbek. An den drei erstgenannten Orten war ihnen die öffentliche Religionsausübung gestattet; an allen übrigen Orten durften sie sich nur mit einem für die jüdischen Familien ausgestellten Schutzbrief niederlassen. Die Einführung der bürgerlichen Gleichberechtigung der Juden in →Dänemark 1814 erstreckte sich nicht auf die beiden Herzogtümer Schleswig und Holstein, da die Einführung der Bestimmungen von den Verwaltungsbehörden abgelehnt wurde. Die Einrichtung von Ständeversammlungen in den Herzogtümern bedeutete den Beginn einer lang andauernden Debatte um die Emanzipation der Juden, in der auf jüdischer Seite vor allem S. L. →Steinheim unermüdlich für die Gleichberechtigung eintrat. Mit der Verkündung der bürgerlichen Gleichstellung der Juden 1854 im Herzogtum Schleswig und 1863 im Herzogtum Holstein setzte eine Abwanderung von den Kleinstädten in die Städte ein. Die letzte freie Volkszählung vor 1933, im Jahr 1925, erfaßte für die ehemalige Provinz Schleswig-Holstein unter Einschluß von Lübeck, Altona und Wandsbek 4781 jüdische Bürger. In den 30er Jahren Neugründungen von Gemeinden in Flensburg (61 jüdische Einwohner) und Neumünster (43 jüdische Einwohner). Juden waren vor allem im Textilhandel und in akademischen Berufen (Ärzte, Anwälte), kaum im Vieh- oder Geldhandel tätig. Während des Novemberpogroms 1938 wurden die Synagogen in Elmshorn, Friedrichstadt, Kiel, Lübeck und Rendsburg in Brand gesteckt, jüdische Geschäfte zerstört, jüdische Familien überfallen und drangsaliert; in vielen Städten Verhaftungen und Transporte in das KZ Oranienburg; 1941–45 Deportationen in die KZs, vor allem nach Riga. Nach 1945 einzelne Neugründungen von Gemeinden; 1968 Auflösung der Jüdischen Gemeinschaft Schleswig-Holstein und Beitritt zur jüdischen Gemeinde Hamburg; von deren 1997 rund 3300 Mitgliedern lebt ein kleinerer Teil in Schleswig-Holstein. Jüdisches Museum in →Rendsburg.

Ⓛ Landeszentrale für Politische Bildung (Hrsg.), Die Juden in Schleswig-Holstein, 1988. – W. Victor, Die Emanzipation der Juden in Schleswig, 1913. – Isolation–Assimilation–Emanzipation. Zur Geschichte der Juden in Schleswig-Holstein 1584–1863, 1989 (Ausstellungskatalog). (JÖD)

Schlonski, Avraham, Dichter und Erneuerer des Hebräischen, 6.3.1900 Krjukowo, Ukraine – 18.5.1973 Jaffa. Ließ sich 1921 in Palästina nieder, gründete mit Natan Altermann und Lea Goldberg den Dichterkreis »Yachdav«, der eine Erneuerungsbewegung in der Literatur förderte. Hauptwerke: »Für Väter und Mütter« (1927), »Chaossteine« (1934), »In Fülle« (1947), »Quadersteine« (1959). Schlonski wurde auch bekannt durch Übersetzungen von Shakespeare, Brecht und Werken der modernen und klassischen russischen Literatur. (AB)

Schmelz, Usiel Oskar, Demograph, 1918 Wien, lebt in Israel. 1958–83 Leiter der Demographischen und Sozialabteilung im Statistischen Zentralbüro des Staates Israel. Parallel dazu Tätigkeit in Forschung und Lehre an der Hebräischen Universität Jerusalem, 1973 außerordentlicher, 1985 ordentlicher Professor. 1977–86 als Nachfolger von R. →Bachi Direktor der Abteilung für Jüdische Demographie und Statistik im Institut für Zeitgenössisches Judentum. Aus der Vielfalt seiner Publikationen seien hervorgehoben: »Die demographische Entwicklung der Juden in Deutschland von der Mitte des 19. Jahrhunderts bis 1933« (in: Zeitschrift für Bevölkerungswissenschaft, 1982) und die Monographie »Worlds Jewish Population. Regional Estimates and Projections« (Jerusalem 1981), die seitdem durch regelmäßige Mitteilungen im »American Jewish Year Book« aktualisiert wird. Außerdem veröffentlichte Schmelz neben zahlreichen wissenschaftlichen Aufsätzen mehrere Bücher: »Infant and Early Childhood Mortality among the Jews of the Diaspora« (1971), »Aging of World's Jewry« (1984) und »Modern Jerusalem's Demographic Evolution« (1987). (PH)

Arthur Schnitzler, 1922

Schneiderman(n), Rose, Gewerkschaftsfunktionärin, 1882 Sawine, Polen – 1972. Seit 1890 in den USA, 1903 Mitbegründerin der Textilarbeiter-Gewerkschaft und in der Folge weiterer Gewerkschaften. 1918–49 Präsidentin der New York Women's Trade Union League, 1933–35 das einzige weibliche Mitglied im Vorstand der National Industrial Recovery Administration. Mit Lucy Goldthwaite verfaßte sie einen Bericht über ihre Tätigkeit in der Arbeiterbewegung, »All for One« (1967). (LH)

Schnitzler, Arthur, österreichischer Dichter, 15.5.1862 Wien – 21.10.1931 Wien. Schnitzlers Dramen und Erzählungen gehörten zu den auflagenstärksten seiner Zeit. Nach Promotion zum Doktor der Medizin Veröffentlichung von Novelletten und Einaktern, erster Bühnenerfolg mit »Liebele« am Wiener Burgtheater 1895. Etwa seit 1912 wandte sich Schnitzler stärker der Erzählprosa zu, 1918 erschienen die großen Novellen, 1928 der Roman »Therese. Chronik eines Frauenlebens«. Mit der »Judenproblematik« hat sich Schnitzler vor allem in seiner Autobiographie »Jugend in Wien« und in dem aufschlußreichen Zeitroman »Weg ins Freie« auseinandergesetzt, ebenso in der Komödie »Professor Bernhardi« (1912 in Berlin uraufgeführt). 1921 löste sein Stück »Der Reigen« in Berlin einen Publikumsskandal aus, dem ein Prozeß wegen Erregung öffentlicher Ärgernisses folgte. Zwar wurden die angeklagten Theaterleute freigesprochen, die Prozeßprotokolle sind jedoch Dokumente eines militanten Antisemitismus.

Ⓛ H. Schnitzler/C. Brandstätter/R. Urbach (Hrsg.), Arthur Schnitzler. Sein Leben, sein Werk, seine Zeit, 1981. (DA)

Schochet →Schechita

Schocken, 1. Gershom (Gustav), Verleger, 29.9.1912 Zwickau. 1932/33 Studium der Soziologie in Heidelberg. 1933 Emigration nach Palästina. 1935/36 Student an der London School of Economics und ab 1939 Direktor des von seinem Vater S. →Schocken gegründeten Schocken-Verlagshauses in Tel Aviv sowie Verleger der Tageszeitung »Haaretz«. 1955–59 Abgeordneter in der Knesset. (RED)

2. Salman, deutsch-jüdischer Verleger und Warenhausbesitzer, 30.10.1877 Margonin, Posen – 6.8.1959 Pontresina (während einer Reise). Schocken gründete in Zwickau zusammen mit seinen Brüdern Julius und Simon den bekannten Warenhauskonzern, der 1933 über ein weitverzweigtes Filialnetz mit über 30 Geschäften verfügte. Schocken war außerdem Gründer des →Schocken-Verlags, des nach der Familie benannten Forschungsinstituts sowie einer Bibliothek in Jerusalem mit über 50000 Bänden. Lebte seit 1933 in Palästina und in den USA. (JS)

Schocken-Verlag, 1931 gegründet von S. →Schocken, brachte bis 1938 etwa 150 Buchtitel heraus. Autoren des Verlags waren S. J. →Agnon, L. →Baeck, Fritz Baer, M. →Buber, F. →Kafka, F. →Rosenzweig, G. →Scholem, L. →Strauss, K. →Wolfskehl. Herausragendes Projekt war die Schocken-Bücherei, in der 1933–38 insgesamt 83 Titel erschienen sind. Der Verlag wollte mit ihr jüdisches Schrifttum »aller Länder und Zeiten« dem Leser in sorgfältiger Auswahl und Bearbeitung zu einem erschwinglichen Preis anbieten. 1939 gründete S. Schocken das Schocken Publishing House in Tel Aviv, 1945 die Schocken Books Inc. in New York (→Verlage).
[L] V. Dahm, Das jüdische Buch im Dritten Reich, Band 2: Salman Schocken und sein Verlag, 1982. (JS)

Schoeps, Hans-Joachim, Historiker, 30.1. 1909 Berlin – 8.7.1980 Erlangen, Gründer des »Vortrupp Gefolgschaft deutscher Juden« (1933–35), vertrat 1934 (»Wir deutschen Juden«) gegenüber J. →Prinz eine dezidiert antizionistische Position, 1938–46 in der Emigration in Schweden, Rückkehr nach Deutschland und Habilitation in Marburg 1946, Lehrstuhl für Religions- und Geistesgeschichte an der Universität Erlangen 1947–80. Herausgeber der →Zeitschrift für Religions- und Geistesgeschichte (ZRGG), Vorsitzender der »Gesellschaft für Geistesgeschichte« 1956–78. Werke: »Gesammelte Schriften«, herausgegeben vom Salomon Ludwig Steinheim-Institut, 16 Bände, 1990 ff.
[L] K. Töpner, Wider die Ächtung der Geschichte, 1969. – C. J. Rheins, Deutscher Vortrupp, in: Year Book Leo Baeck Institute 26, 1981. (JS)

Schofar, ausgehöhltes, gebogenes Horn eines Widders oder einer Antilope, dessen Spitze zu einem einfachen Mundstück geformt ist. Ursprünglich in biblischer Zeit als Signalinstrument im Krieg oder bei Gefahr, aber auch beim Tempeldienst verwendet. Traditionell wird der Schofar im Zusammenhang mit dem Neujahrsfest (→Rosch ha-Schana) und dem Versöhnungstag (→Jom ha-Kippurim) geblasen. Das Schofar-Blasen beginnt im Monat Elul (außer am Sabbat), in der Regel beim Morgengebet (→Schacharit), und erfolgt am Neujahrstag vor allem vor und beim →Mussaf-Gebet sowie zum Abschluß des Versöhnungstags. Das Blasen des Schofars erinnert u.a. an die Bindung Isaaks (Gen 22), die Offenbarung der Tora am Sinai (Ex 19,16) und die Eroberung Jerichos (Jos 6). So wird das Blasen als Ruf zur Umkehr und als Zeichen des Sieges über das Böse verstanden. Im Mittelalter erklang der Schofar auch zu anderen Anlässen (Beginn des Sabbats, Fasttage, Beerdigungen), ebenso heutzutage in Israel (Einsetzung eines neuen Staatspräsidenten). Der Schofar wird in genau festgelegter Reihenfolge auf drei verschiedene Arten geblasen: Tekia (langer, anschwellender Ton); Schebarim (gebrochenes Signal: drei kurze Stöße); Terua (schmetternder Ton: rasche Aufeinanderfolge von neun Stakkato-Tönen). (HMD)

Scholem, 1. Betty, geb. Hirsch, 1866 Berlin – 5.5. 1946 Australien. Scholem arbeitete im Verlag ihres Mannes Arthur Scholem und floh 1938 aus Deutschland. Auf die Bitte ihres Sohnes G. →Scholem schrieb sie einige autobiographische Skizzen über ihr Leben in Berlin. Ihre etwa 600 Briefe an den Sohn zeichnen ein eindrucksvolles Bild des Berliner Judentums in den 20er Jahren und der wachsenden Repressionen der 30er Jahre; u.a. ist darin die Rede von der Blindheit gegen den Antisemitismus (»Ich sehe wahrlich, daß wir eine Binde vor den Augen hatten«) und der »Nacht der langen Messer« (»die kam schneller als wir blinden Aale glaubten«). Die Korrespondenz erschien 1989 unter dem Titel »Mutter und Sohn im Briefwechsel«. (BH)

2. Gershom, Religionshistoriker und Philosoph, 5.12.1897 Berlin – 20.2.1982 Jerusalem. Studium in Berlin, Jena, Bern und München, 1922 Promotion, Bekenntnis zum →Zionismus und Auswanderung nach Palästina, 1925 Dozent, später Professor für jüdische Mystik und Kabbala an der Hebräischen Universität, 1968–74 Präsident der Israelischen Akademie der Wissenschaften. Bedeutende Untersuchungen über die Ursprünge und Anfänge der →Kabbala und über →Sabbatai Zewi und die sabbatianische Bewegung. Scholem war mit W. →Benjamin befreundet (dokumentiert in seiner Biographie »Walter Benjamin – Die Geschichte einer Freundschaft«, 1975) und korrespondierte mit zahlreichen Persönlichkeiten der Zeitgeschichte, so auch mit F. →Rosenzweig. Veröffentlichungen u. a.: »Die jüdische Mystik« (1957), »Judaica 1–4« (1977 ff.), »Von Berlin nach Jerusalem« (1977).

L Mysticism and Religion. Presented to Gershom G. Scholem on his Seventieth Birthday, 1967. (JS)

3. Werner, 29. 12. 1895 Berlin – 17. 7. 1940 KZ Buchenwald. Sohn von B. →Scholem und Bruder von G. →Scholem; stammte aus einem assimilierten, strikt antizionistischen Elternhaus. Als Jugendlicher mit dem politischen Zionismus sympathisierend, schloß Scholem sich vor dem Ersten Weltkrieg der sozialistischen Arbeiterjugend an. Während des Ersten Weltkriegs wegen Antikriegsdemonstrationen inhaftiert. Seit 1911 Redakteur. 1913–17 Mitglied der SPD, anschließend der USPD, seit 1920 der KPD; MdL in Preußen 1921–24, MdR 1924–28. Im Preußischen Landtag (29. 11. 1922) verteidigte er die Ostjuden gegen Angriffe deutschnationaler Abgeordneter. Vom kommunistischen Standpunkt aus negierte er eine »Judenfrage« grundsätzlich, und so galt seine Solidarität nicht den Juden als religiöser oder nationaler Minderheit, sondern den proletarischen Klassengenossen, die u. a. auch Juden waren. 1927 Ausschluß aus der KPD. Als Jude und Kommunist wurde Scholem seit 1933 doppelt verfolgt und im Zusammenhang mit dem Reichstagsbrand am 28. 2. 1933 verhaftet und anschließend ins KZ eingewiesen, wo er bis zu seiner Ermordung eine siebenjährige Haft erdulden mußte. (LH)

Scholem Alejchem (Schalom Rabbinowicz), Klassiker der jiddischen Literatur, 2. 3. 1859 Perejaslaw, Ukraine – 13. 5. 1916 New York. Scholem Alejchem wuchs auf in Woronkow und begann seine publizistische und literarische Tätigkeit als Mitarbeiter der hebräischen Zeitungen »Hameliz« und »Hazefirah«. Seine erste jiddische Erzählung veröffentlichte er im Wochenblatt »Dos Yidische Volksblatt« in St. Petersburg. Es folgten weitere satirische Novellen und Erzählungen. 1888 gab er in →Kiew die Literaturzeitschrift »Die jüdische Volksbibliothek« heraus, in der auch seine ersten Romane (u. a. »Stempenju«) erschienen. 1905, nach den großen Pogromen in →Rußland, wanderte Scholem Alejchem nach Amerika aus. 1907 kehrte er nach Europa zurück und lebte in verschiedenen Ländern. In seinen Werken, in zahlreiche Sprachen übersetzt, beschrieb er wie kein anderer das Leben der Juden in den »Schtetln« Osteuropas, deren Prototyp das fiktive Städtchen Kasrilowka wurde. Scholem Alejchem brachte das befreiende Lachen als neuen Ton in die jiddische Literatur ein. Weite Verbreitung fand die Erzählungsreihe »Motl Peyse dem Khazns« (1907, »Motl, der Junge des Kantors Peyse«), der Brief-Roman »Menachem Mendel« (1892), die Komödie »Schwer zu sein ein Jud« und viele weitere. Nach dem Roman »Tewje, der Milchmann« (1894) entstand das Musical »Fiddler on the roof« (»Anatevka«), 1964 mit sehr großem Erfolg am Broadway vorgestellt und dann auf den Bühnen der ganzen Welt gespielt. (AB)

Schönberg, Arnold, österreichischer Komponist, 13. 9. 1874 Wien – 13. 7. 1951 Los Angeles. Nach dem Studium 1901 Übersiedlung nach Berlin, Dirigent in E. von Wolzogens Kabarett »Überbrettl«. Rückkehr nach Wien 1903, tätig als Komponist, Dirigent, Lehrer und Leiter von Kompositionskursen an der Wiener Musikakademie. 1918 Gründung des »Vereins für musikalische Privataufführungen« in Wien zur Verwirklichung eines neuen Proben- und Aufführungsstils, 1925 Berufung an die Preußische Akademie der Künste in Berlin als Leiter einer Meisterklasse für Komposition. 1933 Emigration über Frankreich in die USA, 1934 Niederlassung in Los Angeles, 1936 bis 1944 Professor für Musik an der Staatsuniversität von Südkalifomien. Mit der 1920 entwickelten »Methode der Komposition mit zwölf nur aufeinander bezogenen Tönen« (Zwölftontechnik), einer Ablösung der Tradition, gilt Schönberg als Schöpfer der Neuen Musik zu Beginn des 20. Jahrhunderts. Aber erst 1945 begann die Anerkennung seiner Theorien und seiner musikalischen Spra-

Arnold Schönberg

che, die weltweit Komponisten aller Genres beeinflußt haben. Unter seinen zahlreichen Kompositionen finden sich auch Orientierungen an jüdischen Themen: Das alttestamentliche Oratorium »Die Jakobsleiter« (1917, unvollendet, 1961 uraufgeführt), die Oper »Moses und Aron« (1932, ebenfalls unvollendet, 1954 konzertant, 1957 szenisch uraufgeführt), »Kol nidre« für Sprecher, gemischten Chor und Orchester (1938) und »Ein Überlebender aus Warschau« für Sprecher, Männerchor und Orchester (1947). (AS)

Schreiber →Sofer

Schreiber-Krieger, Adele, Schriftstellerin, 29.4.1872 Wien – 19.2.1957 Herrliberg bei Zürich. Aufgewachsen in Tirol, katholische Erziehung; verheiratet mit dem Arzt Julius Krieger. 1898 Übersiedlung nach Deutschland, wo sie zunächst an der ersten Initiative für eine Frauenversicherungsbank beteiligt war, bevor sie nach Berlin ging und in der Frauenstimmrechtsbewegung aktiv wurde; Vizepräsidentin des »Weltbundes für Frauenstimmrecht« (1904–33), Aktivistin im radikalen Flügel der bürgerlichen Frauenbewegung; seit 1913 SPD-Mitglied, 1920–24, 1928–32 MdR; 1933 Emigration in die Schweiz, 1939–46 in England lebend, dort Engagement im Rahmen von Kursen zur demokratischen Erziehung deutscher Kriegsgefangener. Seit 1946 lebte sie in der Schweiz.

Ⓛ C. Wickert, Unsere Erwählten. Sozialdemokratische Frauen im Deutschen Reichstag und im Preußischen Landtag 1919 bis 1933, 1986. (CW)

Schreker, Franz, österreichischer Komponist, 23.3.1878 Monaco – 21.3.1934 Berlin, studierte in Wien Komposition und Violine. Er leitete von 1911 bis 1920 den von ihm gegründeten Philharmonischen Chor, wurde 1912 Kompositionslehrer an der Akademie der Tonkunst in Wien und folgte 1920 einem Ruf als Direktor der Musikhochschule in Berlin, an die er namhafte Lehrer verpflichtete. 1932 trat Schreker als Direktor der Musikhochschule zurück und übernahm eine Meisterklasse für Komposition an der Preußischen Akademie der Künste, eine Position, aus der ihn die Nationalsozialisten unter Verbot jeder pädagogisch-musikalischen Tätigkeit entließen. Schreker wurde in erster Linie als Komponist von klangvoll verfeinerten Opern bekannt, deren tiefenpsychologisch beeinflußte Textbücher er selbst verfaßte. Mit seinen Opern »Der ferne Klang« (1912), »Die Gezeichneten« (1918), »Der Schatzgräber« (1920), »Irrelohe« (1924), »Christophorus« (1927), »Der singende Teufel« (1928), »Der Schmied von Gent« (1932) wurde Schreker zu einem der gefeiertsten Opernkomponisten seiner Zeit. Nach Jahrzehnten der Vergessenheit erschienen seit den 70er Jahren wieder einige seiner Opern im Repertoire deutscher Bühnen. (AS)

Schrifterklärung →Exegese

Schtadlan →Vorgänger

Schtetl. Die Schtetl waren jüdische Kleinstadtgemeinden in Osteuropa, in denen Juden von den jeweiligen Herrschern Privilegien und Freiheiten wie Religionsfreiheit und kommunale Selbstverwaltung gewährt waren. Im Schtetl konnten die Juden ihrer Religion gemäß leben, isoliert von der nichtjüdischen Umwelt. Das Schtetl bildete die Hochburg der ostjüdischen Kultur. Ob unter der Herrschaft von Polen, Russen, Litauern oder Ungarn – die Juden behielten im Schtetl ihre eigene Identität, ihre eigenen Traditionen und Gesetze. Sie sprachen jiddisch, schrieben und lasen hebräisch, verhandelten in gebrochenem Polnisch oder Ukrainisch. In Orten mit Schtetl-Charakter, die weniger als 1000, manchmal bis zu 20000 Einwohner haben konnten, bildeten die Juden die Mehrheit der Gesamtbevölkerung. Die jüdische Bevölkerung des Schtetl verbrachte die Tage zwischen Synagoge (»Schul«) und Betstube (»Schtibl«), Haus und Markt. Große Bedeutung hatte das Studium der heiligen Schriften, wozu die (männlichen) Kinder von klein auf erzogen wurden. Die Gelehrten des Schtetl, die »schejne jidn« oder »schejne leit« (»schöne Leute«), erreichten das höchste Ansehen. Im Gegensatz dazu standen die »gewöhnlichen« Juden, die »proste jidn«, die auf den hinteren Synagogenbänken sitzen mußten. Der Alltag im Schtetl war weitgehend bestimmt durch die Jagd nach der »parnosse«, der Bestreitung des Lebensunterhalts. Studierte der Mann, dann fiel diese Aufgabe der Frau zu. Das Schtetl lebte in den Zwischenräumen einer überholten agrarischen Struktur, wo Juden, denen Landbesitz meist verboten war, vom Handel, vom Handwerk und als »Luftmenschen« lebten. Weil das Schtetl ständig mit Angriffen von außen rechnen mußte, konnten meist alle inneren Spannungen ausgeglichen werden. Im Gefolge der Pogrome der 1880er Jahre siedelten sich immer mehr Juden in den größeren Städten wie →Lodz und →Warschau an. Die Russische Revolution und der →Holocaust löschten das Schtetl aus.

Ⓛ J. Roth, Juden auf Wanderschaft, 1985. – H. Haumann, Geschichte der Ostjuden, 1990. – R. Salamander (Hrsg.), Die jüdische Welt von Gestern, 1990. – M. Sperber, Die Wasserträger Gottes, 1979. – M. Zborowski/E. Herzog, Das Schtetl, 1991. (LH)

Schtscharanskij, Scharansky, Anatolij (Nathan), russisch-jüdischer Dissident und israelischer Politiker, 20. 1. 1948 Donezk. Studierte Physik in Moskau. Im Haus seines Freundes Wladimir Slepak lernte er die jüdische Untergrundliteratur kennen; erste Verhaftung im Juni 1974; Mitglied der Helsinki-Gruppe. Am 15. 3. 1977 zweite Verhaftung durch das KGB; vor Gericht gestellt unter der Anklage der Spionage; 1978 zu 13 Jahren Haft verurteilt. Unter dem Druck der weltweiten öffentlichen Meinung wurde er am 11. 2. 1986 freigelassen und erhielt ein Ausreisevisum. Ließ sich mit seiner Frau Avital, die bereits 1974 die Sowjetunion hatte verlassen können und jahrelang die Weltöffentlichkeit für ihren Mann mobilisiert hatte, in Israel nieder. Beschrieb den von ihm selbst erlebten Gulag in seinem Buch »Fürchte dich nicht vor dem Bösen« (1988). 1995 Gründung der Einwandererpartei Baaliya, seit 1996 Industrie- und Handelsminister. Setzt sich für arabisch-jüdische Verständigung ein. (AB)

Schulchan Aruch (hebräisch »gedeckter Tisch«), Bezeichnung für ein von J. →Karo verfaßtes halachisches Kompendium, eingeteilt nach dem vierteiligen Prinzip der »Arba Turim« des →Jakob ben Ascher: a) »Orach Chajim« (Alltag, Sabbat, Feiertage); b) »Jore Dea« (Ritualgesetz); c) »Eben ha-Eser« (Eherecht, Scheidung); d) »Choschen Mischpat« (Zivil- und Strafrecht). In knappem, einfachem und prägnantem Stil listet der Schulchan Aruch die im sephardischen Ritus gängige →Halacha ohne Begründungen und Quellenangaben auf. Dabei orientieren sich die Entscheidungen an I. →Alfassi, →Mose ben Maimon und →Ascher ben Jechiel. Umstritten war der Schulchan Aruch zunächst vor allem wegen der Nichtberücksichtigung aschkenasischer Bräuche. Diese wurden von M. →Isserles in seinem »Mappa« (»Decke«) genannten Kommentar hinzugefügt. In dieser Kombination von »Tisch« und »Decke« ist der Schulchan Aruch bis heute der maßgebende halachische Kodex. Abgelehnt wurde der Schulchan Aruch auch von Gegnern jeder Kodifikation (z. B. I. →Luria und Mordechai Jaffe). Damit ist zugleich eine bis heute bestehende Schwierigkeit benannt: der Konflikt zwischen einer anscheinend im Schulchan Aruch zum Abschluß gekommenen halachischen Entwicklung und einer notwendigen permanenten Erneuerung der →Halacha im Rückgriff auf die Quellen (→Tora, →Mischna, →Talmud), auf die →Responsen und auf sonstige halachische Literatur. Die wichtigsten Kommentare zum Schulchan Aruch stammen aus dem 16./17. Jahrhundert. Es sind dies »Ture Sahaw« (TaS) von →David ha-Levi zum ganzen Schulchan Aruch, »Sifte Kohen« (SchaCh) von Sabbatai ha-Kohen zum 2. und zum 3. Teil, »Magen Abraham« von Abraham Gombiner zum 1. und »Sefer Meirat Enajim« (SeMA) von Josua Falk zum 4. Teil. (HMD)

Schule der jüdischen Jugend. Ausgehend von Gedanken des zionistischen Rabbiners Joachim Prinz wurden um 1920 zunächst in Berlin, später auch in anderen Städten (u. a. Kassel und Frankfurt am Main) Schulen gegründet. Träger waren die jüdischen Gemeinden. Die Schulen hatten den Charakter einer jüdischen Volkshochschule, die besonders für die zionistische Jugend gedacht war. Neben Themen aus der jüdischen Geschichte und der jüdischen Philosophie nahm das Studium der hebräischen Sprache eine zentrale Rolle ein. Gruppenarbeit wurde als Lernmethode bevorzugt. Einige Schulen bestanden bis in die 30er Jahre.

Ⓛ E. Simon, Aufbau im Untergang. Jüdische Erwachsenenbildung im nationalsozialistischen Deutschland als geistiger Widerstand, 1959. (RR)

Schulwesen in Deutschland. Genaue Informationen zu den Anfängen der jüdischen Schulen fehlen. Im Mittelalter entstanden in den europäischen Städten mit großen jüdischen Gemeinden Chadarim (Cheder) und Jeschiwot. In Deutschland erreichte das Jeschiwawesen zur Zeit →Salomo ben Isaaks seine Blüte. Unter dem Einfluß der Aufklärung (→Haskala) erkannte M. →Mendelssohn, daß für die Gleichberechtigung der Juden allgemeine Schulbildung und Erlernen der deutschen Sprache von großer Bedeutung sind. Die Chadarim wurden von liberalen Juden geringgeschätzt und verloren bald an Bedeutung. Die ersten Gründungen jüdischer Schulen waren vom Geist der Aufklärung geprägte →Freischulen. Parallel dazu wurden von orthodoxer Seite höhere Schulen gegründet, so die Schule der Israelitischen Religionsgesellschaft in Frankfurt am Main von S. R. →Hirsch (1852), die die Gründung weiterer Schulen (z. B. Fürth, 1862) nach sich zog. Die Schulgesetzgebung und die Schulpflicht für jüdische Schulkinder waren im 19. Jahrhundert in den deutschen Ländern uneinheitlich geregelt. In Bayern wurde 1813, in Preußen 1847 die allgemeine Schulpflicht für jüdische Kinder eingeführt. Nach der Reichsgründung 1871 ging die Zahl der jüdischen Volks- und höheren Schulen aufgrund der Assimilierungstendenzen stetig zurück. Unter der nationalsozialistischen Herrschaft erkannte die →Reichsvertretung der deutschen Juden 1933 die Notwendigkeit, neue jüdische Schulen aufzubauen. Aufgabe dieser Schulen war die Stärkung der jüdischen Identität und des Selbstbewußtseins der Schüler durch Intensivierung der jüdischen Bildung. 1937 existierten etwa 150 jüdische Volks- und höhere Schulen, nach dem Pogrom am 9. 11. 1938 wurde etwa die Hälfte dieser Schulen aufgelöst. Die verbleibenden Schulen verloren im Juli 1939 ihren Status als öffentliche Schulen. Den jüdischen Kindern wurde damit das Recht auf Bildung durch den Staat entzogen. Ende Juli 1942 löste Bernhard Rust, Reichsminister für Erziehung, Unterricht und Volksbildung, in einem Geheimerlaß alle noch bestehenden jüdischen Schulen auf und verbot jegliche Erteilung von Unterricht an Juden. Mit dem Neuaufbau jüdischer Gemeinden in der Bundesrepublik Deutschland wurden 1966 in Frankfurt am Main und 1986 in Berlin private jüdische Grundschulen gegründet, deren Träger die jeweilige jüdische Gemeinde ist. Höhere jüdische Schulen existieren in Deutschland nicht mehr.

[L] M. Eliav, Jewish Education in Germany in the Period of Enlightenment and Emancipation, Jerusalem 1960. – M. Güdemann, Quellenschrift zur Geschichte des Unterrichts und der Erziehung bei den deutschen Juden, von den ältesten Zeiten bis auf Mendelssohn, 1891. – R. Röcher, Die jüdische Schule im nationalsozialistischen Deutschland 1933–1942, Dissertation, 1990. (RR)

Schulwesen in Israel. Seit 1953 gibt es in Israel sowohl eine nicht-religiöse als auch eine religiöse Richtung im staatlichen Schulsystem. Seit 1988 bestehen auch öffentliche orthodox-religiöse Schulen. Neben den staatlichen Schulen unterhalten die →Kibbuzim sowie die orthodoxe →Agudat-Israel-Bewegung (AI) eigene Schulsysteme, die öffentliche Subventionen erhalten. Die nicht-religiösen Schulen machen rund 70 Prozent, die staatlich-religiösen etwa 24 Prozent und die Schulen von AI und Schass sechs Prozent aller Schulen in Israel aus. Die jüdischen und die arabischen Schulsysteme sind organisatorisch voneinander getrennt, obwohl die Lerninhalte bis auf den Religionsunterricht weitgehend gleich sind. Für Fünfjährige besteht die Pflicht zur Vorschulerziehung. Die Schulpflicht beträgt zehn Jahre. Die Grundschule umfaßt die Klassen 1 bis 6. Schüler der Klassen 7 bis 9 besuchen eine »Zwischenschule«. Die Schulen mit den Klassen 10 bis 12 haben unterschiedliche Richtungen. Es gibt allgemeinbildende (Hochschulreife), berufsbildende und landwirtschaftliche Sekundarschulen sowie religiöse Jeschiwot, die dem Studium des Talmuds und der Tora gewidmet sind. Der Großteil der Schulkosten wird vom Staat oder von den Gemeinden getragen, der Rest kommt von Spenden und Schulgeld. Das Schulgeld, nach Familieneinkommen und Kinderzahl gestaffelt, beträgt umgerechnet 100–400 DM und wurde in den letzten Jahren mehrmals erhöht.

[L] W. Ackermann u. a. (Hrsg.), Erziehung in Israel, 1982. – H. Becker/L. Liegle, Israelische Erziehung und Gesellschaft, 1980. – M. Wolffsohn/D. Bokovoy, Israel. Geschichte, Politik, Gesellschaft, Wirtschaft, [3]1991. (DB/MW)

Schulz, Bruno, Schriftsteller und Maler, 12. 7. 1892 Drogobytsch – 19. 11. 1942 Drogobytsch. Als jüngster Sohn eines jüdischen Seidenhändlers geboren. Nach unbeendetem Architekturstudium in Lemberg lebte Schulz zurückgezogen und in ärmlichen Verhältnissen in seiner galizischen Vaterstadt und verdiente seinen Lebensunterhalt als Zeichenlehrer an der örtlichen höheren Schule. Schulz' schriftstellerisches Debüt, die 1934 erschienenen »Sklepy cynamonowe« (»Die Zimtläden«), sowie das 1937 herausgebrachte »Sanatorium pod klepsydra« (»Das Sanatorium zur Todesanzeige«) hatten großen Erfolg und wurden mit einem Preis der Polnischen Akademie für Literatur ausgezeichnet. Schulz' Werke vermitteln die habsburgisch-galizisch-jüdische Atmosphäre seiner Vaterstadt, die als Chiffre der verschwundenen alten Welt betrachtet werden kann. Die Texte sind von Katastrophenstimmung durchdrungen. Eine gewisse Nähe zu Kafka, Thomas Mann, Witold Gombrowicz sowie Einflüsse Freudscher Theorien sind zu erkennen. Der von Schulz angefangene Roman »Messias« ging, wie viele andere unveröffentlichte Texte von ihm, im Krieg verloren. Die ersten Monate der deutschen Besetzung (seit Mitte 1941) überlebte Schulz dank seiner zeichnerischen Begabung, die ihm den Schutz eines Gestapo-Mannes sicherte. Am 19. 11. 1942 wurde Schulz auf der Straße im Ghetto erschossen. Die Bücher von Schulz durften im Nachkriegs-Polen erst nach 1956 erscheinen und wurden in mehrere Sprachen übersetzt. Werke: »Die Zimtläden und andere Erzählungen« (1981), »Die Mannequins und andere Erzählungen« (1987), »Die Republik der Träume. Fragmente, Aufsätze, Briefe« (1967).

L E. Goślicki-Baur, Die Prosa von Bruno Schulz, 1975. – L. Steinhof, Rückkehr zur Kindheit als groteskes Denkspiel. Ein Beitrag zum Motiv »dojrzec do dziecinstwa« in den Erzählungen von Bruno Schulz, 1984.

(AGR)

SCHUM →Abkürzungen

Schutzjuden. Das Schutzjudensystem, das sich historisch bis in das Heilige Römische Reich zurückverfolgen läßt, fand von der Mitte des 14. Jahrhunderts bis zur Emanzipation der Juden im 19. Jahrhundert Anwendung. Zunächst war der Kaiser im Rahmen der →Kammerknechtschaft alleiniger Schutzherr der Juden und Inhaber des →Judenregals; immer häufiger, vor allem im Zuge des Ausbaus der Landesherrschaft, wurden die Schutzrechte an Territorialherren oder Städte abgetreten. In Form von sog. Schutzbriefen gewährte der Landesherr einem einzelnen Juden oder einer jüdischen Gemeinde ein zeitlich befristetes Niederlassungsrecht. Dieser herrschaftliche Schutz, der in Form eines jährlich zu zahlenden Schutzgeldes erworben werden mußte, entwickelte sich für den Territorialherren zu einer bedeutenden Einnahmequelle, zumal die Schutzgelder häufig erhöht und zusätzliche Sonderabgaben, wie z. B. das Heiratsgeld, erhoben wurden. Im preußischen Generalreglement von 1750 wurden die Juden in »ordentliche« und »außerordentliche« Schutzjuden eingeteilt; die ordentlichen Schutzjuden durften ihr Wohnrecht nur auf eines ihrer Kinder übertragen; die anderen mußten das Land verlassen oder unverheiratet als Gesinde im Haushalt eines anerkannten Schutzjuden arbeiten. Im Zuge der Verleihung der Staatsbürgerschaft an die Juden seit dem ausgehenden 18. Jahrhundert entfiel das Schutzjudensystem.

L A. H. Brammer, Judenpolitik und Judengesetzgebung in Preußen 1812 bis 1847, 1987. – G. Kisch, Forschungen zur Rechts- und Sozialgeschichte der Juden in Deutschland während des Mittelalters, 1955.

(JÖD)

Schwaben →Bayern

Schwarzbuch, Das. Titel einer dokumentarischen Sammlung internationaler Presseberichte, Gesetzestexte usw. über die Judenverfolgung in Deutschland während der ersten sechs Monate der nationalsozialistischen Herrschaft. Die heute noch als Quellensammlung genutzte Dokumentation wurde von Rudolf Olden 1934 für das »Comité des Délégations Juives« in Paris herausgegeben. (WJ)

Schwarze Panther (SP), eine 1971 in Israel entstandene Protestbewegung, die mit ihrer Namensgebung die sozial benachteiligte Lage ihrer Anhänger mit jener der Afro-Amerikaner in den USA verglich. Zunächst von jugendlichen marokkanischen Juden in Jerusalem gegründet, lockten die SP bald zahlreiche Dozenten und Studenten zu ihren fernsehwirksamen Demonstrationen. Bei den Histadrut-Wahlen 1973 erhielten die SP 1,6 Prozent der Stimmen. Meinungsverschiedenheiten führten zu Spaltungen, so daß keine der SP-Listen über die damalige Ein-Prozent-Hürde bei den Knessetwahlen kam. Verschiedene Gruppen der SP gingen zur →Demokratischen Front für Frieden und Fortschritt, zur →Schelli und zur →Demokratischen Bewegung für Veränderung.

L D. Schnall, Radical Dissent in Contemporary Israeli Politics, 1979. – M. Wolffsohn, Politik in Israel, 1983.

(DB/MW)

Schwarzschild, Leopold, Publizist, 7. 12. 1891 Frankfurt am Main – 2. 10. 1950 Santa Margherita, Italien. Schwarzschild engagierte sich bereits während des Ersten Weltkriegs publizistisch gegen den Militarismus. 1919 Tätigkeit für das Reichsfinanzministerium. 1920 zusammen mit Stefan Großmann Herausgeber der Zeitschrift »Das Tage-Buch«. 1923 Mitbegründer der Zeitung »Der Montag Morgen«. Ab 1927 alleiniger Herausgeber des »Tage-Buchs«. Schwarzschild galt in der Weimarer Republik als ein Hauptrepräsentant linksliberaler Publizistik und war u. a. politisch tätig in der Deutschen Liga für Menschenrechte. Als jüdischer Publizist war Schwarzschild bei den Nationalsozialisten besonders verhaßt. 1933 emigrierte Schwarzschild über Österreich nach Frankreich. Er gab in Paris bis 1940 die einflußreiche Exilzeitschrift

»Das Neue Tage-Buch« heraus und beteiligte sich anfangs an der Volksfrontdiskussion. Danach nahm er eine radikal-antikommunistische Position ein. Nach Internierung (1940) Flucht über Spanien und Portugal in die USA. Tätigkeit für das Office of War Information (»Voices of America«) und Mitarbeiter der »New York Times«. (WJ)

Schweden. Erste jüdische Ansiedlung möglicherweise im Mittelalter. 1775 erteilte König Gustav III. dem Mecklenburger A. →Isaac u. a. in Stockholm das Ansiedlungsrecht; im selben Jahr erfolgte die Gründung der jüdischen Gemeinde Stockholm, 1776 wurde der jüdische Friedhof angelegt. Mit Isaac wanderte die Familie Josephson ein, die das schwedische Kulturleben beeinflußte; der Familie entstammten drei Leiter des Königlichen Dramatischen Theaters: Ludwig (1851–99), Ragnar (1891 bis 1966) und Erland Josephson (geb. 1923) sowie der berühmte schwedische Maler Ernst Josephson (1851–1906). Weitere Gemeinden folgten 1779 in Göteborg und Norrköping sowie 1874 in Malmö. Der Widerstand gegen die Erlaubnis Gustavs III. führte 1782 zu den bis 1838 geltenden »Judenreglements«, die den jüdischen Siedlungen den Status fremder Kolonien gaben und ihren Mitgliedern Freizügigkeit und Wahlrecht versagten. Seit 1815 gab es keine jüdische Einwanderung mehr nach Schweden. Das Recht auf Grundbesitz außerhalb der Niederlassungen wurde 1860, das aktive Wahlrecht 1866 und volle Gleichberechtigung 1870 mit der Einschränkung erteilt, daß kein Jude Premierminister werden durfte. In den 1880er Jahren flohen viele Juden vor den Pogromen in Rußland und Polen nach Schweden. Bis in die 20er Jahre des 20. Jahrhunderts hatte sich die blühende jüdische Gemeinde in die schwedische Gesellschaft integriert. Aufgrund restriktiver schwedischer Einwanderungspolitik konnten in den 30er Jahren nur wenige deutsche und österreichische Juden nach Schweden emigrieren; dennoch nahm der Antisemitismus in Schweden zu. Nach Ausbruch des Zweiten Weltkriegs wurde Schweden zur Zufluchtsstätte von mehr als 200 000 Flüchtlingen, unter ihnen zahlreiche norwegische und dänische Juden. Nach dem Aufstand von 1956 flohen 2500 Juden aus Ungarn nach Schweden; zu ihnen kamen etwa 1500 Juden, die 1968 aus Polen flüchteten. Von den heute etwa 16 000–18 000 Juden in Schweden gehören etwa 9500 den insgesamt 13 Gemeinden an. Die größten Gemeinden mit Gemeindeangestellten bestehen in Stockholm (5000 Mitglieder), Göteborg (1800) und Malmö (1400), weitere in Uppsala, Västerås, Eskilstuna, Norrköping, Borås, Hälsingborg und Lund. Mit der jüdischen Tradition Schwedens sind u. a. Namen wie Oscar Levertin (Schriftsteller, Professor für Literaturgeschichte, 1862–1906), M. →Ehrenpreis (1869–1951), Ernst Klein (Kulturhistoriker, 1887–1937), Zenia Larsson (Schriftstellerin, geb. 1922) und R. →Wallenberg (1912–1945) verbunden. (JL/HIR)

Schweiz. Die ersten Juden kamen im 3. und 4. Jahrhundert mit römischen Legionen nach Helvetien. Seit dem 13. Jahrhundert urkundlich erwähnt in Basel, Bern, Zürich, Genf, St. Gallen, Luzern, Schaffhausen, Diessenhofen, Baden, Rheinfelden, Laufenburg, Zofingen, Bremgarten, Biel, Murten, Pruntrut, Vevey, Neuenburg, Solothurn, Freiburg. Die Juden durften nur bestimmte Berufe ausüben, insbesondere den Geldverleih. Von Handwerk, Warenhandel und Gewerbe waren sie zunächst ausgeschlossen, die Zünfte nahmen keine Juden auf. Kleidervorschriften u. a. diskriminierende Maßnahmen grenzten sie von der übrigen Bevölkerung ab. In Notzeiten und bei Epidemien fanden Ausschreitungen, Judenverbrennungen und Vertreibungen statt wie 1294 in Bern, 1401 in Schaffhausen, auch unter dem Vorwand, die Juden hätten für rituelle Zwecke christliche Kinder ermordet (Blutlüge). Auch die Anschuldigung der »Brunnenvergiftung« in Pestzeiten führte 1348/49 zu Verfolgungen und Verbrennungen in der ganzen Schweiz. Im 15. Jahrhundert kam es erneut zu Vertreibungen, da in verschiedenen Städten (Luzern, Bern) das kanonische Zinsverbot aufgehoben wurde, was jüdische Geldverleiher überflüssig machte. Die Vertriebenen fanden Zuflucht in den eidgenössischen Untertanenländern, im Thurgau, im Rheintal und in der Grafschaft Baden. Die eigentliche Geschichte der jüdischen Gemeinschaft in der Schweiz begann im 17. Jahrhundert in der Grafschaft Baden, damals eidgenössisches Untertanengebiet, als sich Gemeinden in Endingen und Lengnau bildeten. Die eidgenössische Tagsatzung, Herrin über das Untertanengebiet, vertreten durch den Landvogt von Baden, verkaufte den Juden einen »Schutz- und Schirmbrief«, gültig jeweils für 16 Jahre, der ihnen den Aufenthalt in den beiden Dörfern sowie Handelsrechte gewährte. Der Geldverleih war beschränkt gestattet. 1750 Einweihung der ersten Synagoge in Lengnau,

1764 in Endingen. Die heute noch bestehende Synagoge in Lengnau stammt aus dem Jahr 1848, die in Endingen von 1852. Zwar brachte der Untergang der alten Eidgenossenschaft und die Schaffung des Kantons Aargau (1803) eine langsame wirtschaftliche Besserstellung, die völlige Gleichberechtigung erhielten die Juden jedoch erst 1866. 1897 fand in Basel der 1. Zionistenkongreß statt (→Zionistischer Weltkongreß). Insgesamt 14 der 22 Kongresse tagten in der Schweiz. Nach erfolgter Emanzipation siedelten die meisten Juden sich in Städten und in anderen Gegenden der Schweiz an, wo bereits kleine Gemeinden bestanden oder neu gegründet wurden. Von der Jahrhundertwende bis zum Ersten Weltkrieg Zuzug vieler Juden aus Rußland und Polen, was zu den klassischen Spannungen zwischen »Ostjuden« und »Westjuden« führte. Nach dem Ersten Weltkrieg konsolidierte sich die wirtschaftliche und soziale Situation der Juden trotz antisemitischer Strömungen weiter. 1920 lebten etwa 20000 Juden in der Schweiz, eine Zahl, die in den folgenden Jahrzehnten praktisch konstant blieb. 1929 wurde die erweiterte →Jewish Agency in Zürich gegründet, der Jüdische Weltkongreß 1936 in Genf. Die Verteilung der Juden auf die Sprachregionen blieb ebenfalls in den letzten Jahrzehnten konstant: etwa 58 Prozent in der deutschen Schweiz, ungefähr 38 Prozent im französischen Sprachraum, der Rest im Tessin und in Graubünden. Die Kantone mit der größten jüdischen Bevölkerung sind Zürich (6000), Genf (4000), Waadt (2300), Basel (2100), Bern (900). Die jüdischen Gemeinden sind im 1904 gegründeten →Schweizerischen Israelitischen Gemeindebund (SIG) zusammengeschlossen, der 20 Mitgliedergemeinden umfaßt, rund 70 Prozent der jüdischen Gemeinschaft. In den 30er Jahren griff der Nationalsozialismus auch auf die Schweiz über; es kam zum »Frontenfrühling«, zur Gründung der nationalsozialistischen »Nationalen Front«. Gegen die Verbreitung der →»Protokolle der Weisen von Zion« durch die Frontisten erhoben die jüdische Gemeinde Bern und der SIG 1933 Klage, was zum »Berner Prozeß« führte. 1935 stellte das Gericht fest, daß es sich um ein Machwerk und Plagiat handele. Im Februar 1936 wurde der »Gauleiter« der NSDAP in der Schweiz, Wilhelm Gustloff, von dem jüdischen Studenten David Frankfurter in Davos erschossen. Der Prozeß bewirkte, daß die Öffentlichkeit auf die Judenverfolgung in Deutschland und die Umtriebe der Nationalsozialisten in der Schweiz aufmerksam wurde. Nach der →Reichspogromnacht stieg die Zahl jüdischer Flüchtlinge an, was die Schweizer Behörden veranlaßte, in Berlin die Einführung des »Judenstempels« in Pässen vorzuschlagen, wodurch die Einwanderung von Juden eingeschränkt werden konnte; ab August 1942 wurden Juden ganz zurückgewiesen. Jene, denen der Übertritt bereits gelungen war, wurden wieder ausgewiesen. Dagegen erhob sich Protest nicht nur jüdischer Kreise. Die Maßnahmen wurden gemildert. Rund 23000 Juden fanden in der Schweiz Zuflucht. Die meisten wanderten nach Kriegsende weiter. Heute leben rund 19000 Juden in der Schweiz. (WGU)

Schweizerischer Israelitischer Gemeindebund (SIG), 1904 gegründet, umfaßt 20 Mitgliedergemeinden in der →Schweiz, rund 70 Prozent der jüdischen Gemeinschaft. Der SIG vertritt die Interessen der Juden gegenüber den schweizerischen Behörden, internationalen jüdischen Organisationen und dem Staat Israel. Eine wesentliche Aufgabe des SIG sind auch die Kontakte mit den katholischen und protestantischen Dachorganisationen. Der SIG und die Gemeinden sind »Vereine« gemäß dem Schweizerischen Zivilgesetzbuch. Die Gemeinde Basel ist öffentlich-rechtlich anerkannt und damit den Landeskirchen gleichgestellt; diesen Status erhielt 1990 auch die Gemeinde in Freiburg. (WGU)

Schwimmer, Rosika, Pazifistin, Journalistin, Frauenrechtlerin, 9.11.1877 Budapest – 3.8.1948 New York. Während des Ersten Weltkriegs bemühte sie sich um einen Waffenstillstand. Ministerin im ersten ungarischen Nachkriegskabinett unter Mihály Károlyi; später Gesandte in der Schweiz; 1919 Flucht vor dem Regime Béla Kuns in die USA. Dort wurde ihr aufgrund ihrer pazifistischen Haltung die Staatsbürgerschaft verweigert. Schwimmer wurde bekannt als radikale Pazifistin und machte sich neben Henrietta Szold und Rebekka Kohut durch ihr öffentliches Wirken in Amerika einen bedeutenden Namen. (LH)

Sebastia →Samaria

Sebastian, Mihail (Josef Hechter), Dramatiker, Prosaschriftssteller und Essayist, 8.10. 1907 Braila – 29.5.1945 Bukarest. Seine poetischen Stücke halten einen Spitzenplatz im Repertoire des rumänischen Theaters. Das Stück »Steaua fara nume« (Namenloser Stern, 1943) wurde unter Pseudonym während der nationalsozialistischen

Verbote in Bukarest aufgeführt. Weitere Stücke: »Jocul de-a vacanta« (Falsche Ferien, 1936), »Ultima ora« (Letzte Ausgabe, 1943/44); Romane: »Orasul cu salcîmi« (Die Stadt der Akazien, 1935), »Accidentul« (Der Unfall, 1940). Der Bekenntnis-Roman »De doua mii de ani« (Seit 2000 Jahren, 1934) zeichnete die Gewissenskrise des jungen jüdischen Intellektuellen auf, der sich isoliert fühlt und dazu verurteilt ist, einer ewig verfolgten Gruppe anzugehören. Im Vorwort zum Buch behauptete der populäre Philosoph Nae Ionescu, daß das jüdische Volk zum Leiden verurteilt sei, weil es den Messias nicht in der Person Jesu erkannte. Der durch dieses Vorwort provozierte Skandal veranlaßte Sebastian, die Polemik »Cum am devenit huligan« (Wie ich ein Hooligan wurde, 1935) zu veröffentlichen, in der er sich kategorisch von den Ansichten Ionescus distanzierte. (AB)

Sechs-Tage-Krieg, der vom 5. 6. bis 10. 6. 1967 dauernde Krieg zwischen Israel, Ägypten, Syrien und Jordanien. Zu den unmittelbaren Anlässen gehörten der am 17. 5. 1967 vom ägyptischen Präsidenten Nasser geforderte und innerhalb von zwei Tagen erfolgte Abzug der an der Grenze zu Israel stationierten UN-Friedenstruppe, die Schließung der Straße von Tiran für israelische Schiffe am 22. Mai, die Mobilisierung der Armeen in Ägypten, Syrien und Jordanien, die Unterzeichnung von militärischen Beistandspakten zwischen Ägypten und Jordanien am 30. Mai und gleich danach mit dem Irak sowie die Verlegung ägyptischer Einheiten nach Latrun (Westjordanland), einer strategisch wichtigen Stelle an der Hauptstraße zwischen Tel Aviv und Jerusalem. Nach anfänglichem Zögern bildete Israels Ministerpräsident Levi Eschkol eine Regierung der nationalen Einheit mit Moshe Dayan (Rafi) als Verteidigungsminister und Menachem Begin (Cherut) als Minister ohne Geschäftsbereich und mobilisierte die israelische Armee. Israel führte am 5. 6. 1967 einen Präventivschlag aus, der die ägyptische, später die syrische und die jordanische Luftwaffe am Boden zerstörte und Israel die unangefochtene Überlegenheit in der Luft sicherte. Gleichzeitig eröffnete die israelische Armee einen – von Ägypten nicht erwarteten – Frontalangriff im Norden der Sinai-Halbinsel, der die ägyptische Armee in die Flucht schlug. Am 6. Juni wurde Sharm esh-Sheikh an der Straße von Tiran eingenommen, und am 8. Juni erreichte die israelische Armee den Suezkanal. Gegenüber König Hussein hatte Israel versprochen, keine Feindseligkeiten zu beginnen, wenn sich Jordanien aus den Kämpfen heraushielte. Nach ersten, falschen ägyptischen Siegesmeldungen begann jordanische Artillerie am 5 Juni Tel Aviv, Jerusalem und andere Ziele in Israel zu beschießen. Israel antwortete mit einem Einkesselungsangriff gegen Ostjerusalem, um die Altstadt zu schonen. Nach schweren Kämpfen wurden die jordanischen Stellungen eingenommen oder abgeschnitten Die jordanischen Einheiten zogen sich aus der Altstadt zurück, die die israelische Armee am 7. Juni einnahm. Parallel dazu hatte Israel auch das Westjordanland erobert. Israel und Jordanien akzeptierten am selben Tag die am 7. Juni angenommene Waffenstillstandsresolution des UN-Sicherheitsrats. Ägypten folgte am 8. Juni. Syrien hatte Israel bombardiert und unter Artilleriebeschuß genommen; es unternahm zwar keinen größeren Vorstoß in israelisches Gebiet, lehnte jedoch den Waffenstillstand zunächst ab. Am 9. und 10. Juni eroberte die israelische Armee in verlustreichen Kämpfen die Golanhöhen, bis am Abend des 10. 6. 1967 ein Waffenstillstand in Kraft trat. Mit diesem von der Weltöffentlichkeit nicht erwarteten, glänzenden Sieg eroberte Israel die gesamte Sinai-Halbinsel bis zum Suezkanal und das gesamte Westjordanland mit ganz Jerusalem sowie die Golanhöhen. Damit war die unmittelbare Bedrohung des israelischen Kernlandes beseitigt. Ostjerusalem wurde unverzüglich, die Golanhöhen später faktisch annektiert. Aufgrund des ägyptisch-israelischen Friedensvertrags (→Camp-David-Abkommen, 1979) wurde die Sinai-Halbinsel an Ägypten zurückgegeben. Das Westjordanland und der Gazastreifen blieben unter israelischer Militärverwaltung, die größeren Städte wurden im Mai 1994 (Jericho), Ende 1995 bzw. 1997 (Hebron teilweise) geräumt, ebenso die meisten Dörfer.

L C. Herzog, Kriege um Israel. Von 1948 bis 1984, 1984. – N. Safran, From War to War. The Arab-Israeli Confrontation 1948–1967, 1969. – F. Schreiber/M. Wolffsohn, Nahost. Geschichte und Struktur des Konflikts, [2]1989. (DB/MW)

Sechsunddreißig Gerechte →Lamed Waw Zaddikim

Sedarim →Mischna

Sederteller →Kunstgewerbe

Sedom →Totes Meer

Sefer ha-Maasse →Maasser-Buch

Sefirot, kabbalistischer Begriff (→Kabbala). Zuerst belegt in dem Buch »Sefer Jetzira«, bezeichnete Sefirot ursprünglich die zehn Urzahlen und Dimensionen der Welt. Diese Vorstellungen scheinen von den Pythagoräern übernommen zu sein. Später wurde die Bedeutung von Sefirot erweitert zu den zehn Stufen der Emanationen, die von den En-Sof stammen. Die zehn Sefirot werden bildlich dargestellt, u. a. als Baum oder Mensch (Adam Kadmon, »der erste Adam«). (RED)

Anna Seghers, 1965

Segall, Lazar (Laser), Maler, Bildhauer und Graphiker, 8.7.1891 Wilna – 31.7. 1957 São Paulo. Seit 1906 Kunststudium in Berlin, 1919–23 Mitglied der Dresdner Sezession und der Berliner Novembergruppe; 1923 Auswanderung nach Brasilien. In seinen Arbeiten widmete Segall sich häufig jüdischen Themen, so in seiner graphischen Serie »Erinnerungen an Wilna« und in den Gemälden »Pogrom« (1936/37), »Exodus« (1947), »Sturmwind« (1941).

L P. M. Bardi, Lazar Segall, 1959. (LH)

Seghers, Anna (eigentlich Netty Radványi, geb. Reiling), Erzählerin, 19.11.1900 Mainz – 1.6.1983 Berlin. 1919–24 Studium der Geschichte, Kunstgeschichte und Sinologie; 1924 Promotion mit der Arbeit »Jude und Judentum im Werk Rembrandts«. Seit 1928 Mitglied der KPD; 1933 Emigration nach Frankreich, 1941 nach Mexiko; 1947 Rückkehr nach Deutschland (SBZ/DDR). Seghers' umfangreiches Werk (u. a. »Das siebte Kreuz«, 1942; »Die Toten bleiben jung«, 1949; »Das wirkliche Blau«, 1967; »Die Reisebegegnung«, 1972) ist dem Kampf um Gerechtigkeit und Menschlichkeit gewidmet. Der Kommunismus mit seinem Emanzipationsversprechen schien Seghers die Rettung vor dem Antisemitismus. Spuren ihrer jüdischen Herkunft finden sich allerdings nur in wenigen Werken, am unmittelbarsten in zwei Erzählungen aus dem mexikanischen Exil, in denen das Leiden der Juden unter dem (nationalsozialistischen) Antisemitismus zum Thema wird (»Der Ausflug der toten Mädchen« und »Post ins gelobte Land«, 1946). (SOH)

Seiber, Mátyás, britischer Komponist, 4.5.1905 Budapest – 25.9.1960 Johannesburg. Schüler von Zoltán Kodály. Ursprünglich ging Seiber nach Frankfurt am Main, wo er am Hochschen Konservatorium die Leitung einer Jazz-Klasse übernahm. 1935 Übersiedlung nach London, wo er nach mehrjähriger Tätigkeit in einem Musikverlag 1942 als Kompositionslehrer dem Lehrkörper des Morley College beitrat. Seiber gewann bald internationalen Ruf; sein Einfluß auf die junge englische Komponistengeneration bleibt unübersehbar. Unter Nutzung einer freien Satztechnik, der Anwendung strenger und freier Zwölftontechnik sowie von Jazzidiomen schrieb Seiber zahlreiche Orchester- und Vokalwerke sowie Kammermusiken. Als sein bedeutendstes Werk gilt die 1946/47 entstandene Kantate für Tenor-Solo, gemischten Chor und Orchester »Ulysses« nach James Joyce' Roman »Ulysses«. (AS)

Sekten →Minim

Selbstmord, d. h. Freitod, gilt im Judentum als verpönt. Die Quelle für dieses Verbot wird bereits im Zehngebot erblickt (»Du sollst nicht morden«) sowie in Gen 9,5 (»für euer eigenes Blut werde ich Rechenschaft fordern«). Aus Dtn 4,15 (»und bewahret gar sehr euer Leben«) wird die Verpflichtung zur Lebenserhaltung abgeleitet. Der Selbstmord wird als Frevel gegen Gott angesehen, dem der auf Erden weilende Mensch sich ebensowenig entziehen darf wie der Diener seinem Herrn. (JS)

Selicha (hebräisch »Vergebung«, Plural Selichot), Gattungsbegriff synagogaler Poesie für die besonderen Gebete um Vergebung. In jüdischer Tradition ist Umkehr (→Teschuwa) Voraussetzung für die Vergebung der Sünden. Insofern schließt sich folgerichtig in der Amida (→Tefilla) die Bitte um Umkehr (fünfte Bitte) an die Bitte um Vergebung (sechste Bitte) an. An Buß- und Fasttagen folgen auf diese sechste Bitte, oft aber auch erst auf die Amida weitere Selichot. Besonderes Gewicht hat die Selicha am Versöhnungstag (→Jom Kippur). Zur Vorbereitung beginnen die sog. Selicha-Tage schon am 1. Elul (sephardischer Ritus) oder erst am sechsten Tag vor dem Neujahrsfest (→Rosch ha-Schana; aschkenasischer Ritus). In dieser Zeit werden die Selichot getrennt von der Amida am ersten Tag um Mitternacht, sonst vor Tagesanbruch vor dem Morgengebet (→Schacharit) gesprochen. Im Lauf der Zeit entstanden zahlreiche Selichot, die in speziellen Sammlungen zusammengefaßt und nach verschiedenen Untergattungen geordnet wurden. Merkmal, Kem und oft auch Refrain der Selicha sind die dreizehn →Gottesattribute (gemäß Ex 34). (HMD)

Semicha (hebräisch »Handauflegung«). In Num 27,18–23 wird berichtet, daß Mose die Führerschaft an Josua übergeben und dabei vor der ganzen Gemeinde die Hand auf Josua gelegt habe. Mit der Hand wurde die Ordination eines Richters oder Rabbiners vollzogen. Diese Anerkennung der Ordination hatte nur in Palästina Gültigkeit und war an die Zustimmung des →Nassi gebunden. Im 14. Jahrhundert setzte Rabbi Meir Halewi aus Wien es durch, daß die Rabbiner erst dann amtieren durften, wenn sie von einem Rabbinerseminar eine schriftliche Urkunde (»Hattarat Horaa«) und den Titel »Morenu« (unser Lehrer) erhalten hatten. Heute muß ein angehender Rabbiner die schriftliche »Hattarat Horaa« haben, um als Rabbiner amtieren zu dürfen. Der ursprüngliche Begriff Semicha ist jedoch nicht ganz verschwunden. So wird im heutigen Hebräisch ein autorisierter Rabbiner auch »Rab musmach« genannt. (RED)

Semiten, die rassisch sehr uneinheitliche Völkergruppe mit semitischen Sprachen. Der Name, den August Ludwig Schlözer (1735–1809) prägte, geht zurück auf Noahs ersten Sohn, Sem (Gen 5,32; 9,18; 10,21 u.a.). Die ältesten bekannten Semiten siedelten seit der Wende vom 4. zum 3. Jahrtausend v.Z. in Mesopotamien, die Ostsemiten, zu denen Akkader, Assyrer und Babylonier gehörten. Seit Mitte des 3. Jahrtausends v.Z. trat die zweite, kanaanäische Schicht der Semiten in Erscheinung, zu der u.a. Amoriter, Phönizier und Israeliten gerechnet werden. Sie übertrugen semitische Sprachen auf andere Völker im syrisch-palästinischen Raum. Die letzte (südwest-)semitische Welle bildeten Araber und Äthiopier. Gemeinsam mit der hamitischen Sprachgruppe (Altägyptisch, Libysch-Berberisch, Baskisch und Kuschitisch [Somalisch, Galla]) gehören die semitischen Sprachen zur hamitisch-semitischen Sprachfamilie. Die semitischen Sprachen verwenden eigene Buchstabenschriften (z.B. arabisches, aramäisches und phönizisches Alphabet), zunächst ohne Vokalbezeichnungen (→Hebräische Sprache und Literatur). Die ältesten semitischen Sprachen (z.B. das Akkadische) bedienten sich dagegen der Keilschrift mit vielen hundert Zeichen, auch für Vokale, während das Äthiopische eine Silbenschrift hat. Charakteristisch sind zahlreiche Kehl- und Rachenlaute sowie der Konsonantismus der Wortwurzeln (meist drei Konsonanten: Trikonsonantismus). Zu den bedeutendsten Semitisten des 20. Jahrhunderts zählt der Franzose Marcel Cohen (1884–1974).
Übersicht der semitischen Sprachgruppe (*ausgestorben als Umgangssprache):
Ostsemitisch: Akkadisch*, entwickelte sich zu Assyrisch* und Babylonisch*; *Nordwestsemitisch*: Ugaritisch*, Kanaanäisch*, Amoritisch*, Althebräisch*, Neuhebräisch (Iwrit) ,Moabitisch*, Phönizisch*, Punisch*, Aramäisch (fast*); *Südwestsemitisch*: Nordarabisch, Südarabisch, Minäisch (*; heute Mehri), äthiopische Sprachen (Kirchensprache Ge'ez), daraus: Amharisch, Tigre, Tigrinja. (WL)

Senator, David Werner, Sozialarbeiter, September 1896 Berlin – 2.11 1953 Atlanta, USA. Mitglied des »Kartells Jüdischer Verbindungen«, Mitbegründer des Jüdischen →Volksheims in Berlin. Bis Ende 1922 tätig im →Arbeiterfürsorgeamt der jüdischen Organisationen in Berlin. Seit 1923 in der Direktion des →Joint für Europa tätig. 1930 siedelte er nach Palästina über. 1930–45 Mitglied der Exekutive der Jewish Agency. Seit 1937 Administrator, 1949–53 Geschäftsführender Vizepräsident der Hebräischen Universität Jerusalem. (LH)

Sender, Toni, Nationalökonomin, 29.11.1888 Wiesbaden – 26.6.1964 New York. Tochter des Vorstehers der Jüdischen Gemeinde Wiesbaden. Ausbildung zum Handelskaufmann in Frankfurt am Main. Seit 1905 Gewerkschaftsmitglied, seit 1906 Mitglied der SPD. 1910–14 in Paris tätig, Rückkehr mit Beginn des Ersten Weltkriegs und Engagement in der Antikriegsbewegung. 1917–22 Mitglied der USPD, 1918/19 Mitglied des Frankfurter Arbeiter- und Soldatenrats, 1919–33 Mitglied der Nationalversammlung und des Reichstags. In der SPD-Fraktion in den 20er Jahren Finanzexpertin und aktiv im gewerkschaftlichen Bereich. Herausgeberin der »Betriebsrätezeitung« der Metallarbeitergewerkschaft und der »Frauenwelt«. 1933 Emigration über die Tsche-

choslowakei und Belgien in die USA, dort journalistische Tätigkeit. Seit 1941 beim amerikanischen Gewerkschaftsbund AFL-CIO, seit 1946 Beraterin des UN-Wirtschafts- und Sozialrats in Genf. Nach Beendigung dieser Tätigkeit 1956 verstärkte Hinwendung zum jüdischen Glauben.
L C. Wickert, Unsere Erwählten. Sozialdemokratische Frauen im Deutschen Reichstag und im Preußischen Landtag 1919–33, 2 Bände, 1986. (CW)

Sephardim (Singular Sephard, hebräische Bezeichnung für Spanien), Bezeichnung für die Juden, die vor ihrer Vertreibung 1492 in →Spanien und →Portugal lebten, sich anschließend in Südosteuropa, Nordafrika, Asien, aber auch in Holland, England, Nordwestdeutschland und Amerika niederließen. Nach dem Niedergang des babylonischen Judentums setzten die Sephardim dessen Tradition fort und bestimmten bis Ende des 15. Jahrhunderts maßgeblich die Entwicklung des Judentums. Sephardische Gelehrte prägten die →Halacha, die hebräische Sprachwissenschaft und Poesie. Sie vermittelten arabische Wissenschaft und griechische Philosophie (Aristoteles) nach Europa. Von der im Mittelalter aufblühenden aschkenasischen Tradition (→Aschkenas) unterscheidet sie ihre eigenständige Sprache (→Ladino). Da sich die Sephardim in Fragen der Halacha nur auf den →Schulchan Aruch des J. →Karo, nicht aber auf die Ergänzungen des M. →Isserles beziehen, bestehen signifikante Unterschiede zum aschkenasischen Judentum. Diese beruhen nicht auf grundlegenden Meinungsverschiedenheiten, sondern auf eigenständigen Interpretationen des babylonischen Talmuds oder speziellen Bräuchen. Dazu gehören z. B. die Anordnung der Synagogeneinrichtung, Festtagsbräuche, die Bevorzugung von spanischer Dichter im Gebet und eigenes Vokabular für Dinge des religiösen Lebens. (HMD)

Septuaginta →Hebräische Bibel, →Targum

Serafim →Engel

Serbien →Jugoslawien

Serkin, Rudolf, Pianist, 28. 3. 1903 Eger, Böhmen – 8. 5. 1991 Guilford, USA. Durch seinen Vater, einen jüdisch-russischen Sänger, wurde Serkin schon als Kind zur Beschäftigung mit Musik angeleitet. Bereits mit neun Jahren erhielt er in Wien Klavierunterricht bei Josef Marx und lernte Komposition bei Arnold Schönberg. 1915 debütierte der Zwölfjährige bei den Wiener Philharmonikern. 1933 bei der Jahrhundertfeier für Brahms in Hamburg erhielt Serkin als Jude Auftrittsverbot. Im selben Jahr emigrierte er in die Vereinigten Staaten. Hier wurde Serkin weltberühmt als Interpret der Beethoven-Sonaten. Im Dezember 1934 gab Serkin in Paris ein Wohltätigkeitskonzert zugunsten deutscher Emigranten in Frankreich. 1936 erfolgte Serkins Solodebüt mit den New Yorker Philharmonikern unter Toscanini. Sein letzter großer Soloabend war in der Carnegie Hall am 9. 4. 1987. Serkin war eng befreundet mit dem Pianisten Vladimir Horowitz, ging aber nicht dessen Weg der virtuosen Brillanz, sondern stellte Technik und Virtuosität in den Dienst der Musik. (WJ)

Servitus perpetua. Die Verdammung der Juden zu Servitus perpetua, zu »ewiger Knechtschaft«, wurde schon von Justinus Martyr und →Tertullian aus der paulinischen Identifizierung von Christen und Juden mit den Nachkommen von Abrahams Frauen, der Freien Sara und der Sklavin Hagar (Gal 4,22–26), bzw. mit Jakob und Esau (Röm 9,12) abgeleitet und mit der Vorstellung vom wahren Israel (→Verus Israel) verbunden. →Hieronymus verstand die Zerstörung des Tempels und die Knechtung der Juden durch Vespasian und Titus als Folge der Selbstverfluchung (Mt 27,25) und folgerte, daß sie bis zum Ende der Welt dem Kaiser dienen müßten. Für das Mittelalter grundlegend wurde schließlich die heilsgeschichtliche Bestimmung jüdischer Existenz durch →Augustinus. Danach sind die Juden als Zeugen der Wahrheit des Evangeliums in alle Welt verstreut und tragen, als Archivare der Christen, diesen wie Sklaven ihren Herren die Bücher (das AT) nach, von denen sie in ihrer Blindheit nichts verstehen (vgl. Röm 3,2; Hebr 3,5). Diese fortan ständig wiederholte theologische Deutung der »ewigen Knechtschaft« wurde seit dem 12. Jahrhundert zunehmend auch im rechtlich-sozialen Sinne ausgelegt. Schließlich begründete Papst →Innozenz III. 1205 in dem ins Kirchenrecht eingegangenen Dekretale »Et si Iudaeos« mit der »ewigen Knechtschaft« das grundsätzliche Verbot, Juden zu dienen. Demgegenüber übernahm das weltliche Judenrecht aus der →Josephuslegende die Vorstellung, daß die Juden seit der Zerstörung Jerusalems durch Vespasian Knechte der römischen Kaiser seien. Kaiser →Friedrich II. entwickelte daraus im Gegensatz zum päpstlichen Anspruch die Theorie der →Kammerknechtschaft, doch erst König →Rudolf I. von Habsburg leitete daraus wie vor ihm schon die Könige von Frankreich und England das Recht ab, über die Juden und ihr Vermögen frei zu verfügen. Diese Auffassung stützten auch führende Scholastiker wie →Thomas von Aquin und, noch entschiedener, Johannes →Duns Scotus.

🄻 S. W. Baron, Essays, 1972. (FL)

Sevilla. Während der westgotischen Herrschaft siedelten im 7. Jahrhundert bereits Juden in Sevilla; der Kirchenvater →Isidor von Sevilla verfaßte u. a. auch antijüdische Schriften. Nachdem die Omajjaden im Jahr 712 die Stadt erobert hatten, entwickelte sich Sevilla rasch zur wirtschaftlichen und kulturellen Metropole Andalusiens; es kam zur Bildung einer stattlichen, politisch einflußreichen und kulturell hochstehenden jüdischen Gemeinde (u. a. bedeutende Ärzte). Im Jahr 1013 war Sevilla Zufluchtsort der vor den Berbern fliehenden Juden aus Córdoba. Während der Eroberung Andalusiens durch die Almohaden (1195) wurde mit den anderen Gemeinden auch die von Sevilla nahezu aufgerieben. Die Eroberung der Stadt durch Ferdinand III. im Jahr 1248 sollen die Juden mit ermöglicht haben, teilweise kam ihnen die gegen die Muslime gerichtete Reconquista, vor allem in wirtschaftlicher Hinsicht, zugute; freilich waren sie in der Folge häufig finanziellen Pressionen durch die spanischen Könige ausgesetzt. Um 1300 lebten etwa 200 jüdische Familien in Sevilla. Zu antijüdischen, meist von fanatischen christlichen Theologen (z. B. Ferrant Martínez) angestifteten Aktionen kam es vermehrt gegen Ende des 14. Jahrhunderts; 1391 kam es hier zu einer großen, sich bald auch auf Kastilien und Aragón erstreckenden Verfolgungswelle. Die stark dezimierte Gemeinde fand durch die Vertreibung der spanischen Juden im Jahr 1492, bei der Sevilla der wichtigste Hafen für die Ausreise nach Nordafrika war, ihr Ende.

🄻 Y. Baer, A History of the Jews in Christian Spain, 1966 (Neudruck). (PAU)

Sewachim →Mischna

Sexualethik →Ehe

Shamir, Izhak →Schamir

Sharett, Moshe →Scharett

Sharon →Karmel

Sharon, Ariel →Scharon

Shas →Schass

Shazar, Salman →Schasar

Shechem (Sichem) →Nablus

Shoa →Holocaust

Shoa und Traumatisierung. Die »traumatische Neurose« hat seit der 1889 erschienenen Publikation von Hermann Oppenheim im psychiatrischen Denken, nicht zuletzt durch zwei Weltkriege, eine stets größere Bedeutung erhalten. Die Aufsplitterung des ursprünglich zu einer in sich geschlossenen nosologischen Einheit zusammengefaßten Begriffs ist durch folgenden Wandel gekennzeichnet: 1. die Erweiterung des Begriffs »Trauma« von einem anscheinend einmaligen und plötzlich auftretenden, das Gemütsleben erschütternden und den psychischen »Apparat« schädigenden Ereignis zur »traumatischen Situation« mit langwährenden, psychisch extremen Belastungsaspekten und 2. die Möglichkeit, durch Anwendung psychoanalytischer Denkmodelle, eventuell in Verbindung mit naturwissenschaftlichen Begriffen wie Streß und Homöostase oder durch Anreicherung mit anthropologisch-existentiellen Betrachtungsweisen, die nach dem Sinngehalt des traumatischen Erlebnisses fragen, die Psychogenese und Soziogenese als unmittelbare Gegebenheiten für das Entstehen psychisch-nervöser Normalabweichungen und krankhafter Zustände auch ohne organisches Substrat sicherzustellen. Der Begriff »Sequentielle Traumatisierung bei Kindern« wurde durch die deskriptiv-klinische und quantifizierend-statistische follow-up-Untersuchung zum Schicksal der jüdischen Kriegswaisen in den Niederlanden in die Kinderpsychiatrie eingeführt. Er konzeptualisiert in biologischer, psychologischer und soziologischer Hinsicht die durch die Shoa bewirkte neuartige traumatische Situation der Waisenschaft in ihren zeitlichen Sequenzen. Nach dem Ende des Zweiten Weltkriegs befanden sich in den Niederlanden mehr als 2000 jüdische Kriegswaisen, geboren zwischen 1925 und 1944, über die Vormundschaften erteilt werden mußten. Die meisten Kinder hatten die Verfolgung in den Niederlanden überlebt, untergetaucht und versteckt in einer oder mehreren improvisierten Kriegspflegefamilien. Ein kleiner Teil der Kinder – ungefähr 10 Prozent – war aus den Konzentrationslagern zurückgekommen, wohin sie zusammen mit ihren Eltern deportiert worden waren. Alle diese Kinder und Jugendlichen,

Angehörige einer Minorität, waren die Überlebenden einer Verfolgung, die ihre planmäßige Ausrottung zum Ziel hatte (→Endlösung). Ihr Überleben war die nicht vorhergesehene Ausnahme. Das Ende des Kriegs bedeutete für die meisten Kinder noch nicht das Ende der traumatischen Ereignisse. In der Nachkriegsphase traten die Folgen der Verfolgung, von denen die Zuweisung der Vormundschaft nur ein Aspekt ist, in vollem Umfang zutage. Es galt, die individuelle Biographie des jüdischen Waisenkinds auch vor dem Hintergrund der Biographie seiner Bezugsgruppe im Kontext aller rechtlichen, psychologischen und pädagogischen Fragen zu erfassen und zu beschreiben. Hierbei wurden zwei Hypothesen überprüft: die altersspezifische Traumatisierung und die Intensität der Traumatisierung. Es wurde untersucht: a) ob es in altersmäßig voneinander abgegrenzten Gruppen nachweisbare Zusammenhänge zwischen einigermaßen gleichartigen Belastungssituationen und überdauernden Persönlichkeitsveränderungen gibt; b) ob zwischen dem Ernst der Traumatisierung während der Kindheit und Jugend und dem Schweregrad der bei der späteren Nachuntersuchung gefundenen Persönlichkeitsstörung ein Zusammenhang gefunden werden kann. Außer klinisch-psychiatrischen Diagnosen wurde – zur Ermittlung des Sozialverhaltens – die Tabelle der psycho-sozialen Defizienz (Jacques Weyel) herangezogen. Die Studie ist ein Beitrag zur Untersuchung der massiv-kumulativen Traumatisierung von Kindern durch »man made disaster« und ein Versuch, einen Teil der psychoanalytischen Theorie zu überprüfen. Im Unterschied zu den Arbeiten über erwachsene Verfolgte, in denen die Verfolgung unter dem Gesichtspunkt des Einbruchs in die gereifte Persönlichkeit erfaßt wurde, wird hier die extreme Belastungssituation als integraler Bestandteil der Entwicklung des Kindes und Jugendlichen betrachtet. Hierbei erwies sich die Einführung des Begriffs »traumatische Sequenz« für die Einteilung und Abgrenzung der verschiedenen Phasen der Traumatisierung als fruchtbar, und zwar sowohl für die Darstellung und Einschätzung der klinischen Fakten als auch für die quantifizierend-statistische Bearbeitung. Drei traumatische Sequenzen wurden unterschieden: 1. die feindliche Besetzung der Niederlande mit dem beginnenden Terror gegen die jüdische Minderheit; Angriffe auf deren soziale und psychische Integrität; 2. die direkte Verfolgung; Deportation von Eltern und Kindern respektive Trennung von Mutter und Kind; Versteck in improvisierten Pflegemilieus; Aufenthalt in Konzentrationslagern; 3. die Nachkriegsperiode, mit der Vormundschaftszuweisung als zentralem Aspekt. Bei der Zuweisung der Vormundschaft gab es zwei alternative Möglichkeiten: a) Fortdauer des Aufenthalts des Kindes im nicht-kongenialen Kriegspflegemilieu mit allen dieser Situation inhärenten Spannungen gruppendynamischer und individuell-psychologischer Art (Taufe, Verarbeitung der Waisenschaft, Loyalitäts- und Identitätskonflikte, Trauerproblematik und anderes mehr); b) Rückkehr des Kindes in das kongeniale, seinerseits traumatisierte jüdische Milieu, Trennung vom Kriegserziehungsmilieu mit allen Konsequenzen. Auch auf diese Weise war eine ungestörte Entwicklung keineswegs gewährleistet. Die Untersuchung wurde an einer repräsentativen Gruppe von 204 Kindern (10 Prozent der Gesamtzahl) durchgeführt, verteilt auf sechs Altersgruppen. Als Stichtag wurde das Datum der Trennung von Mutter und Kind gewählt. Es ergaben sich Konvergenz-Resultate, von denen hier in Anbetracht der Spezifität des Materials, der sich daraus ergebenden methodischen Fragestellungen und der notwendigen Beschränkungen bei der Beantwortung der eingangs gestellten Hypothesen nur die wichtigsten genannt werden. Die Hypothese der altersspezifischen Traumatisierung wurde gestützt. Bei der zweiten und dritten traumatischen Sequenz handelt es sich um zwei unterschiedliche Phasen, die nach zwei verschiedenen Skalen (»Sicherheit« bzw. »Antwort des Pflegemilieus«) definiert werden können. Nicht nur die Zeitspanne der unmittelbaren Katastrophe (zweite traumatische Sequenz), sondern auch die darauf folgende Periode (dritte traumatische Sequenz) ist für die adäquate Erfassung und Einschätzung des traumatisierten Entwicklungsgangs von Wichtigkeit. Kinder mit einer günstigen zweiten, aber einer ungünstigen dritten traumatischen Sequenz zeigen 25 Jahre später ein ungünstigeres Entwicklungsbild als Kinder mit einer ungünstigeren zweiten, aber einer günstigen dritten traumatischen Sequenz. Das hier entwickelte Traumamodell hat sich als hilfreich bei der Beurteilung in Wiedergutmachungsprozessen erwiesen. Ferner hat es sich gezeigt, daß dieses Modell auch auf andere Gruppen von traumatisierten Kindern angewendet werden kann.

🄻 H. Keilson (unter Mitarbeit von H. R. Sarphatie), Sequentielle Traumatisierung bei Kindern, 1979. – H. Oppenheim, Die traumatischen Neurosen, 1889. – H. Paul/

H. J. Herberg, Psychische Spätschäden nach Verfolgungseinflüssen in der Kindheit und Jugend, 1963. (HAK)

Shylock, zentrale Außenseiterfigur des jüdischen Wucherers in Shakespeares Drama »The Merchant of Venice« (»Der Kaufmann von Venedig«, 1600). Quellen für das Stück waren einerseits eine Novelle Giovanni Fiorentinos (in »Il Pecorone«, Erstdruck 1558), andererseits Christopher Marlowes »Famous Tragedy of the Rich Jew of Malta« (entstanden um 1589), deren Titelfigur Barabas die Inkarnation des skrupellosen Machiavellismus ist. Im Lauf der Aufführungsgeschichte von Shakespeares Drama entfaltete sich die Ambivalenz Shylocks zwischen grotesker Komödienfigur und menschlich bewegender Tragödienfigur, deren Ruf nach Toleranz und Menschenrecht auch für die Juden (III,1) immer wieder zitiert wurde. Shylocks Handlungsweise ist das Ergebnis Jahrhundertelanger Unterdrückung durch die Christen; dies konnte man aber erst erkennen, als sich im Gefolge der Emanzipation der Blick für die sozialpsychologischen Auswirkungen der Judenverfolgung geschärft hatte. E. Kean (1814, Drury Lane Theatre) wurde der erste Darsteller Shylocks, der der Ambivalenz der Figur gerecht wurde und damit zugleich seinen Ruhm begründete; seine romantische Auffassung beeinflußte alle weiteren Darsteller in England. In Deutschland verkörperte L. Devrient den »edlen« Shylock (Königliches Schauspielhaus Berlin 1815), A. Bassermann den diabolischen Schurken (M. Reinhardts Inszenierung am Deutschen Theater 1905); während W. Krauss 1943 am Wiener Burgtheater Shylock antisemitisch verzerrt darbot, nachdem er unter Reinhardt 1921 in Berlin viel differenzierter agiert hatte, wurden F. Kortner (Inszenierung Fehlings 1927, Fernsehinszenierung 1961) und E. Deutsch (in den 60er Jahren) der Ambivalenz der Figur am großartigsten gerecht, vielleicht weil beide auch Lessings Nathan-Figur verkörpert haben und daher in Shylock immer auch das Gegenbild des Nathan mitspielen ließen.

Ⓛ H. Sinsheimer, Shylock. Die Geschichte einer Figur, 1960. (HH)

Siah (hebräisches Kürzel für »Neue Israelische Linke«), linkssozialistische politische Gruppierung, die vornehmlich aus Studenten bestand und sich nach dem →Sechs-Tage-Krieg von der Jugendbewegung der →Mapam trennte. Siah verstand sich als neue, kritische Linksbewegung westlicher und nicht östlicher Prägung. Siah-Mitglieder gehörten zu den Gründern der →Haolam-Haze- und der →Moked-Partei.

Ⓛ M. Wolffsohn, Politik in Israel, 1983. (DB/MW)

Sichem →Nablus

Sicut-Iudaeis-Bullen, päpstliche Urkunden, die mit der einleitenden Formel »Sicut Iudaeis« aus dem Register →Gregors I. die Beziehungen zwischen Christen und Juden auf der Basis geltenden Rechts regeln. Erstmals von Kalixt II. (1119–24) erlassen, wurde diese Sicut-Iudaeis-Bulle in der ersten erhaltenen Fassung →Alexanders III. über den →Liber Extra (X 45,6,9) in das Kirchenrecht aufgenommen und mit im Kern gleichem Text von 23 Päpsten des 12.-15. Jahrhunderts immer wieder erneuert. Nach einer Arenga, einer Einleitung, die den Juden aus christlicher Barmherzigkeit den erbetenen Schutz verheißt, verbietet sie, Juden zwangsweise zu taufen, sie ohne Urteil der weltlichen Gewalt zu töten, zu verletzen oder zu berauben, ihre herkömmlichen Rechte zu ändern, sie bei ihren Festen und Ritualen zu stören, Zwangsdienste zu fordern, ihre Friedhöfe zu schänden und Leichen zwecks Erpressung auszugraben. Bei Zuwiderhandlung wird Amtsenthebung und Exkommunikation angedroht. Papst →Innozenz III. ergänzte den Kerntext um einen Schlußsatz, der die Geltung nur auf Juden bezog, die den christlichen Glauben nicht untergruben. Dieser Vorbehalt minderte den verheißenen Schutz. Die Päpste →Innozenz IV., Gregor X. und Martin IV fügten jeweils weitere Bestimmungen hinzu, die Ritualmordanklagen (→Ritualmordvorwurf) und andere rechtswidrige Maßnahmen untersagten. Nach 1348 erschienen die Sicut-Iudaeis-Bullen in teilweise stark veränderter Form. Mit dem Niedergang der päpstlichen Autorität seit dem 14. Jahrhundert verloren die Sicut-Iudaeis-Bullen außerhalb des Bereichs unmittelbarer päpstlicher Herrschaft jede Bedeutung.

Ⓛ S. Grayzel, Papal Bulls Sicut Iudaeis, in: Studies and Essays in Honour of A. A. Newman, Leiden 1962. (FL)

Siddur (hebräisch »Ordnung«, Plural Siddurim), Bezeichnung für das jüdische Gebetbuch für den Alltag; heute zu unterscheiden von dem im aschkenasischen Ritus →Machsor (Zyklus), im sephardischen Ritus »Moadim« (Feste) genannten Gebetbuch für die Feiertage. Der Siddur enthält Texte für das synagogale Gebet (z. B. Morgen-, Mittag- und Abendgebet), das Einzelgebet (z. B. Benediktionen über das Händewaschen, das Anlegen der →Tefillin oder anläßlich von Reisen) und besondere Anlässe (z. B. Tischgebet, Trauung, Beschneidung, Auslösung, Beerdigung). Ursprünglich wurden die Gebete nicht niedergeschrieben, sondern durch den Vorbeter (→Chasan) zurechtgelegt, vorgetragen und von der Gemeinde mit »Amen« bekräftigt. Erst im 5. Jahrhundert wurde damit begonnen, zunächst nur wichtige Gebetsformeln und Anleitungen zum Gebet (d. h. die entsprechende →Halacha) aufzuschreiben. Die älteste erhaltene Formelsammlung ist die des →Amram ben Scheschna (9. Jahrhundert). In dieses Raster wurden je nach Brauch andere Gebetstexte eingefügt. Dies führte schließlich zu derart unterschiedlichen Gebetstexten, daß Siddurim mit ausgeführtem Text notwendig wurden. Die berühmtesten sind der Siddur des →Saadja Gaon (10. Jahrhundert) und der »Machsor Vitry« (11. Jahrhundert) eines Raschi-Schülers. Darüber hinaus wurden immer wieder halachische Materialsammlungen (z. B. Siddur-Raschi 11./12. Jahrhundert) und Kommentare zu den Gebeten verfaßt. Doch erst der Buchdruck reduzierte die Vielfalt der Riten auf wenige Grundtypen (vor allem sephardischer, römischer und aschkenasischer Ritus). Aber auch hier gibt es nach wie vor je nach Region und Kongregation erhebliche Unterschiede bei Auswahl, Umfang und Inhalt der Gebete. (HMD)

Sidra →Parascha

Siedlungspolitik, israelische. Israels Siedlungspolitik in den seit dem →Sechs-Tage-Krieg besetzten Gebieten ist das größte Streitthema der israelischen Innen- und Außenpolitik, das die israelische Gesellschaft und die Parteien in zwei etwa gleich große Lager gespalten hat: die »Tauben«, die in irgendeiner Form eine territoriale Kompromißlösung mit den palästinischen Arabern befürworten, und die »Falken«, die möglichst wenig oder gar kein Land »zurückgeben« wollen. In bezug auf die seit dem Entflechtungsabkommen mit Syrien von Israel noch gehaltenen und bereits annektierten Teile der Golanhöhen sowie mehr noch über (Ost-) Jerusalem herrscht allerdings weitgehend Einigkeit unter jüdischen Israelis: Diese Gebiete gehören zu Erez Israel, zum Lande Israel. Die Siedlungspolitik der von der Israelischen Arbeitspartei dominierten Regierungen bis 1977 richtete sich im wesentlichen nach der von Y. →Allon vorgeschlagenen Strategie (Allon-Plan), jüdische Siedlungen auf den Anhöhen der küstennahen Bergkette von Samaria sowie über dem und im Jordantal anzulegen, um vor allem Israels schmale, bis 1967 ständig gefährdete »Taille« nördlich von Tel Aviv, aber auch das ganze Land gegen einen Angriff Jordaniens zu sichern. Nur soviel Territorium wie dazu notwendig sollte Israel behalten; das restliche Westjordanland mit den großen arabischen Bevölkerungszentren sollte »zurückgegeben« werden. Diese Strategie bestimmt im wesentlichen das Denken der »Tauben«. Im Westjordanland lebten 1972 nur 800 jüdische Siedler; 1977, im letzten Jahr der IAP-geführten Regierung, waren es rund 3000. Israels »Falken« wie M. →Begin und I. →Schamir betrachten Judäa und Samaria, das Westjordanland, als unverzichtbare Bestandteile von Erez Israel. Seit 1977 betreiben die vom Likud dominierten Regierungen zwei Strategien der Siedlungspolitik. Die erste sichert die Anwesenheit einer zahlenmäßig starken jüdischen Bevölkerung in den nahe bei Tel Aviv und Jerusalem gelegenen Gebieten und dient zugleich als sozialpolitische Maßnahme für diejenigen Teile der Bevölkerung (hauptsächlich →Orientalische Juden, also Likud-Wähler), die sich sonst keine eigene Wohnung leisten könnten. Etwa drei Viertel aller »Siedler« wohnen in 15 Großsiedlungen, die nur wenige Autominuten von den israelischen Großstädten entfernt liegen. In diesen Orten wird der soziale Wohnungsbau besonders stark gefördert. Dagegen lebten auch 1997 noch in zwei Drittel der insgesamt rund 170 Siedlungen nur jeweils ungefähr 200–500 Menschen, manchmal weniger. Diese Siedler sind oft religiös motiviert; viele von ihnen betreiben Landwirtschaft. Das zweite strategische Ziel ist, mit vergleichsweise wenigen Siedlern die jüdischen Ansprüche auf das biblische Land Israel in die Tat umzusetzen und gleichzeitig die arabischen Bevölkerungszentren zu umzingeln. Bis Ende 1997 war die Anzahl der jüdischen Siedler im Westjordanland auf rund 155 000 gewachsen. Als Planziel für das Jahr 2010 gab die Likud-Regierung 1990 eine Zahl von 350 000 Juden im Westjordanland an. Auf den Golanhöhen lebten 1997 16 000 jüdische Israelis, im Gazastreifen etwa 5500 Siedler. Seit Beginn des Friedensprozesses 1993 erhielt die Siedlungspolitik zusätzliche Brisanz. Während die Regierung unter Rabin und Peres 1992–96 eher restriktiv handelte, förderte die Likudregierung unter Netanjahu seit 1996 die Siedlungen wieder stärker (→Palästina).

🄻 M. Benvenisti, 1987 Report. Demographic, Economic, Legal, Social and Political Developments in the West Bank, 1987. – E. Efrat, Geography and Politics in Israel since 1967, 1988. – M. Wolffsohn/D. Bokovoy, Israel. Geschichte, Politik, Gesellschaft, Wirtschaft, [5]1996. (DB/MW)

Siete Partidas, Gesetzessammlung Alfons' X. von Kastilien (Regierungszeit 1252–84), das entsprechend dem kanonischen wie dem römischen Recht das Zusammenleben zwischen Christen und Juden regelte. Der Unterschied wurde rein religiös und nicht nach Volksgruppe definiert: »Jude ist, wer an das Gesetz Moses glaubt.« Die Religionsfreiheit wurde gewährleistet, solange der christliche Glaube nicht angriffen würde. Die Christen wurden dazu angehalten, Juden nicht während ihrer Sabbatfeiern zu belästigen und deren Kult zu tolerieren. Die Siete Partidas enthielten allerdings auch diskriminierende Vorschriften: In der Karwoche durften Juden sich nicht in der Öffentlichkeit zeigen; Juden und Christen durften nicht zusammenleben; privater Umgang war zu vermeiden, sofern er nicht geschäftlich notwendig war; die jüdische Bevölkerung wurde gezwungen, ein Kennzeichen zu tragen; wer als Neuchrist zum Judentum zurückkehrte, wurde mit dem Tod bestraft; neue Synagogen durften nicht errichtet werden; grundsätzlich wurden Juden von Staatsämtern ausgeschlossen. Daran hielt sich allerdings Alfons X. sowenig wie alle seine Nachfolger, wenn es um Finanzberater und Schatzmeister ging. (ES)

Sifre →Midrasch

Sikarier. In seiner Darstellung des großen jüdischen Aufstands gegen die Römerherrschaft (66–74 n. Z.) verwendete →Josephus erstmals den Begriff Sikarier für eine Schar gedungener Mörder; er bezeichnete damit die Träger eines kurzen Dolchs (lateinisch sica), die sich von den kämpfenden Parteien, den Römern wie den unterschiedlichen jüdischen Gruppierungen, in Dienst nehmen ließen. Die Sikarier waren keine festumrissene Gruppe mit bestimmten politischen Zielen, daher auch keine Untergruppe der →Zeloten. Judas, der Jesus verriet, dürfte seinen Beinamen Ischariot als früheres Mitglied einer Bande von Sikariern erhalten haben. (HC)

Silbergleit, Heinrich, Statistiker, 2. 7. 1858 Gleiwitz – 15. 3. 1939 Berlin. Studium der Mathematik und Staatswissenschaften in Breslau, Leipzig und Berlin. Promotion in Gießen. Seit 1886 Mitarbeiter im Statistischen Amt Berlin. 1890–1903 Direktor des Statistischen Amtes Magdeburg, dann bis 1906 in Schöneberg und von 1906 bis zu seiner Pensionierung im Jahr 1923 Direktor des Statistischen Amtes der Stadt Berlin. Seine Publikationen betreffen vor allem Bevölkerungsprobleme und Fragen des Arbeitsmarkts. 1908 Herausgabe einer Denkschrift aus Anlaß des hundertjährigen Bestehens der preußischen Städteordnung. Silbergleit war viele Jahre Mitglied des Centralvereins deutscher Staatsbürger jüdischen Glaubens. An der vom Verband der deutschen Juden veranlaßten statistischen Untersuchung »Die deutschen Juden als Soldaten im Krieg 1914–1918« (Berlin 1922) war er führend beteiligt. Als 1927 bei der Akademie für die Wissenschaft des Judentums eine Sektion für Statistik und Wirtschaft gegründet wurde, trat Silbergleit an deren Spitze und entwickelte ein Programm zur bevölkerungspolitischen Forschung über Juden. Innerhalb dieses Programms edierte er das Quellenwerk »Die Bevölkerungs- und Berufsverhältnisse der Juden im Deutschen Reich«, das auf der Volkszählung von 1925 beruhte und von dem 1930 nur der den Freistaat Preußen betreffende Teil herauskam. (PH)

Silbermann, Alphons, Soziologe, 11. 8. 1909 Köln. Studierte Jura, Soziologie und Musik in Köln, Freiburg i. Br. und Grenoble, emigrierte nach der Promotion bei Hans Kelsen über Amsterdam und Paris nach Sydney (Australien), wo er ab 1938 am New South Wales State Conservatory of Music als Musiksoziologe wirkte. 1953 beim Centre d'Études Radiophoniques in Paris Leiter einer Forschungsgruppe. 1958 Dozent für Soziologie der Massenkommunikation und Kunstsoziologie an der Universität Köln; 1962 Honorarprofessor; 1964 Lehrstuhl für Soziologie der Kunst und Massenkommunikation in Lausanne; 1969 Universität Köln; 1974–79 Professor an der Universität Bordeaux. In seinen musik- und kunstsoziologischen Schriften – darunter »Wovon lebt die Musik? Die Prinzipien der Musiksoziologie« (1957), »Empirische Kunstsoziologie« (1936) – geht der Empiriker Silbermann vom konkreten Kunsterlebnis aus, um die Interaktion und Interdependenz von Künstler, Kunstwerk und Publikum zu erfassen. Zahlreiche Untersuchungen und Publikationen im Bereich der Massenkommunikations- und Medienforschung, u. a. »Bildschirm und Wirklichkeit« (1966), »Soziologie der Massenkommunikation« (1973 mit

U. M. Krüger) und »Handwörterbuch der Massenkommunikation und Medienforschung« (2 Bände, 1982). Zuletzt auch Arbeiten zur Vorurteilsforschung und Wohnsoziologie: »Sind wir Antisemiten? Ausmaß und Wirkung eines sozialen Vorurteils in der Bundesrepublik Deutschland« (1982), »Was ist jüdischer Geist. Zur Identität der Juden« (1984), »Vom Wohnen der Deutschen« (1963), »Neues vom Wohnen der Deutschen« (1991), »Alle Kreter lügen« (1993). Silbermann veröffentlichte 1989 seine Autobiographie »Verwandlungen«. (RED)

Silver, Abba Hillel, Reformrabbiner und Zionistenführer, 28. 1. 1893 Sirvintos, Litauen – 28. 11. 1963 Cleveland. 1902 Emigration nach Amerika; 1915 Verleihung des Rabbinertitels vom →Hebrew Union College, 1917 Rabbiner am Tempel Tifereth Israel in Cleveland; 1933 führende Rolle im Anti-NS-Boykott; 1938 Vorsitzender des United Jewish Appeal und des United Palestine Appeal; warb 1947 als Vorsitzender der amerikanischen Abteilung der Jewish Agency (Sochnut) vor der UNO für einen unabhängigen Judenstaat in Palästina. Präsident der →Zionist Organization of America und der (Reform) Central Conference of American Rabbis.

L M. Raphael, Abba Hillel Silver: A Profile in American Judaism, New York 1989. (CL)

Simchat Tora (hebräisch »Freude der Lehre«), Festtag am 23. (Diaspora) bzw. 22. (Israel, identisch mit →Schemini Azeret) Tischri; letzter Tag von →Sukkot. In diesem Freudenfest drückt sich die lebendige Beziehung zur Tora aus. Simchat Tora findet seit dem 9. Jahrhundert anläßlich der Beendigung des einjährigen Zyklus, der →Toralesungen statt. An diesem Tag, der nach Lev 23,36 Schlußfest heißt, wird der letzte Abschnitt der Tora vom »Bräutigam der Tora« (»Chatan Tora«) gelesen (Dtn 34) und der neue Zyklus (Gen 1) durch den »Bräutigam des ersten Toraabschnitts« (»Chatan Bereschit«) begonnen. Dieser Brauch ist Sinnbild fortwährender Freude an der Tora. In festlicher Prozession (hebräisch →Hakafa) werden sämtliche Torarollen siebenmal um das Lesepult getragen. Der Abschnitt Dtn 33 wird so oft wie nötig wiederholt, um möglichst alle an diesem Tag an der Toralesung zu beteiligen. Selbst Kinder, die noch nicht die →Bar Mizwa gefeiert haben, dürfen die Benediktion über die Tora sprechen. Singend und um die Torarollen tanzend, feiern die Gläubigen diesen Tag in ausgelassener Freude in der Synagoge; es finden Sammlungen für die Synagoge und Festmähler zu Ehren der Tora statt. (HMD)

Simeon ben Schetach →Sugot

Simmel, Georg, Philosoph und Soziologe, 1. 3. 1858 Berlin – 26. 9. 1918 Straßburg. Simmels Eltern waren getaufte Juden. Trotzdem war die akademische Karriere des Sohnes ungeachtet seiner überragenden Leistungen durch seine jüdische Abstammung gefährdet. Simmels Einstellung zum Judentum war ambivalent. Die Religion des AT stellte er in einem Beitrag (»Die Religion«, 1906) für die von seinem Schüler M. →Buber herausgegebene Reihe »Die Gesellschaft« ethnosoziologische als überholte Volksreligion ohne ideellen Wert dar. In seiner »Philosophie des Geldes« (1900) und seiner »Soziologie« (1908) finden sich indes interessante Einblicke in die Sozialpsychologie des »Fremden« und wichtige Beobachtungen zur gesellschaftlichen und wirtschaftlichen Stellung der Juden in der Geschichte. 1914 wurde Simmel als Professor nach Straßburg berufen. Bei Kriegsausbruch tat er sich durch eifrige patriotische Äußerungen hervor. Seine Lehre wurde erst nach seinem Tod in der Weimarer Republik rezipiert.

L H. Liebeschütz, Von Georg Simmel zu Franz Rosenzweig, 1970. (DK)

Simon, 1. Ernst, Pädagoge, 15. 3. 1899 Berlin – 18. 8. 1988 Jerusalem. Freund F. →Rosenzweigs, seit 1918 aktiver Zionist, 1923–28 Redaktion der Zeitschrift »Der Jude«, Lehrtätigkeit am Freien Jüdischen Lehrhaus in Frankfurt, 1928 Auswanderung nach Palästina, auf Aufforderung M. →Bubers 1933 Rückkehr nach Deutschland, dort tätig beim Aufbau der »Mittelstelle für jüdische Erwachsenenbildung« bei der →Reichsvertretung der deutschen Juden. Seit 1935 Professor für Pädagogik an der Hebräischen Universität Jerusalem. Werke: »Ranke und Hegel« (1928), »Chajim Nachmann Bialik« (1935), »Aufbau im Untergang« (1959), »Brücken« (1965), »Entscheidung zum Judentum« (1980). (JS)

2. James, Unternehmer und Mäzen, 17. 9. 1851 Berlin – 23. 5. 1932 Berlin. Inhaber einer führenden Baumwollhandlung in Berlin, 1898 Mitbegründer der Deutschen Orient-Gesellschaft, unterstützte Ausgrabungen in Mesopotamien, Palästina und Ägypten, machte den Berliner Museen bedeutende

Schenkungen. Simon gehörte bis 1929 dem Rat der →Jewish Colonization Association (JCA) an und betätigte sich auch in der jüdischen Wohlfahrtspflege, gründete 1901 mit Eugen Landau und Paul Nathan den →Hilfsverein der deutschen Juden.

Ⓛ E. Feder, James Simon, Industrialist, Art Collector, Philanthropist, in: Year Book Leo Baeck Institute 10, 1965. (JS)

Simon Bar Kochba →Bar Kochba

Simon ben Lakisch (gewöhnlich Resch Lakisch genannt, palästinischer →Amoräer), um 200– 275 n.Z. Herausragendes Mitglied der Schule seines Schwagers →Jochanan ben Nappacha zuerst in Sepphoris, dann in Tiberias. Er betonte besonders das Gebot des Torastudiums. So erinnerte er Jehuda ha-Nassi II. an seine Pflicht, für genügend Schulen zu sorgen. In halachischen Diskussionen war Simon ben Lakisch unparteiisch. So sind seine scharfsinnigen Diskussionen mit Jochanan maßgeblich für die talmudische Dialektik. Bezeichnend ist Simon ben Lakischs Ablehnung der babylonischen Juden, denen er vorwarf, nicht aus dem Exil zurückgekehrt zu sein.(HMD)

Simonsen, David, Rabbiner, Orientalist, 17.3.1853 Kopenhagen – 15.6.1932 Kopenhagen. 1879 Rabbinerausbildung in Breslau, Rabbiner in Kopenhagen, 1892 bis 1902 Oberrabbiner in Dänemark. Simonsen publizierte viele wissenschaftliche Aufsätze über jüdische Literatur und Sprache und führte eine umfassende Korrespondenz mit führenden Persönlichkeiten Europas über wissenschaftliche Probleme und Hilfen für die osteuropäischen Juden. Seine große Bibliothek (40 000 Bände) für orientalistische und rabbinische Forschung enthielt Literatur in hebräisch, jiddisch, ladino, judeo-arabisch und judeo-persisch, etwa 165 Handschriften (zwei Sammlungen Responsen von →Mose ben Maimon) und Inkunabeln. 30 000 Bände dieser Privatbibliothek erwarb 1932 die →Königliche Bibliothek Kopenhagen. Aus 25 000 dieser Bände mit Judaica und Hebraica setzt sich die Bibliotheca Simonseniana der Judaistischen Abteilung zusammen. (HTK)

Simon von Trient →Trienter Judenprozeß

Simson, Martin Eduard von, Jurist und Politiker, 10.11.1810 Königsberg – 2.5.1899 Berlin. Evangelisch getauft, Studium der Nationalökonomie und der Rechtswissenschaft, 1836 Ordinarius für Römisches Recht an der Universität Königsberg, 1848 Wahl zum Mitglied der Nationalversammlung in Frankfurt am Main, später Präsident der Versammlung. Leitete als führendes Mitglied der Erbkaiserlichen im April 1849 die Abordnung, die Friedrich Wilhelm IV. die Kaiserkrone anbot. 1859–67 Mitglied des Preußischen Abgeordnetenhauses, zeitweilig dessen Präsident, 1869 Präsident des Appellationsgerichts in Frankfurt/O., Mitglied und Präsident des Norddeutschen Reichstags und des Zollparlaments, MdR und Präsident des Reichstags bis 1874, 1879–91 Präsident des Reichsgerichts, 1888 in den erblichen Adelsstand erhoben.

Ⓛ E. Wolff, Eduard von Simson, 1929. (JS)

Sinai, Halbinsel zwischen dem Golf von Aqaba und dem Golf von Suez. Für die Geschichte des biblischen Israel hat die Halbinsel eine große Bedeutung. Man vermutet, daß der Horeb (auch »Berg Gottes« genannt) mit dem »Mose-Berg« im Sinai-Gebirge identisch ist, jenem Ort, wo Mose die Zehn Gebote erhielt. Bei seinem Auszug aus Ägypten wanderte das Volk Israel 40 Jahre lang durch die Wüste Sinai. Die Bedeutung des Sinai liegt in der Offenbarung, die das Volk Israel dort empfangen hat. Die »Tora mi Sinai« (die Lehre von Sinai), d.h. die Erwählungsverpflichtung, gilt in der Tradition als das durch die meisten Augen- und Ohrenzeugen bezeugte geschichtliche Ereignis (→Tora). Während der osmanischen Herrschaft stand die Halbinsel unter ägyptischer Verwaltung. Israelische Truppen eroberten 1948/49 Teile des Sinai, räumten ihn aber wieder. Im Herbst 1956, während des →Sinai-Feldzugs, eroberten die Israelis den ganzen Sinai, zogen sich aber bereits im März 1957 wieder zurück. Während des →Sechs-Tage-Kriegs 1967 eroberten die Israelis die Halbinsel erneut. Im Zuge des Entflechtungsabkommens von 1975 sowie des →Camp-David-Abkommens von 1978 räumten die Israelis die Halbinsel bis April 1982 und erkannten die Zugehörigkeit des Sinai zum Staatsgebiet Ägyptens an. (RED)

Sinai-Feldzug, israelische Militäroperation (auch: Kadesch) gegen Ägypten, 29.10. bis 5.11.1956. Die seit dem israelischen →Unabhängigkeitskrieg bestehende Grundspannung zwischen Ägypten und Israel wurde durch mehrere Faktoren verschärft, u.a. die ägyptische Blockade gegen israelische Schiffe und israelischen Handelsverkehr im Suezkanal sowie in der Straße von Tiran, die Aufrüstung der ägyptischen Armee mit Waffen aus dem Ostblock, sich ausweitende Überfälle palästinischer Kommandos aus dem Gazastreifen und die durch die Nationalisierung des Suezkanals ausgelöste internationale Krise. Nach geheimen Absprachen mit Großbritannien und Frankreich stieß die israelische Armee gegen El-Arish und Abu Aweiqila (Ageila) im Norden sowie in Richtung auf den Mitla-Paß in der Mitte und gegen Sharm esh-Sheikh im Süden der Halbinsel vor. Die schwersten Kämpfe wurden im Norden ausgefochten. Innerhalb von 100 Stunden und mit einem Verlust von 180 Soldaten stand die israelische Armee in der Nähe des Suezkanals. Die israelische Operation lieferte einen Vorwand für das britisch-französische Vorgehen in der Suezkrise. Als Ergebnis des israelischen Vorgehens wurde die Straße von Tiran für die israelische Schiffahrt geöffnet. Die Kommando-Übergriffe aus dem Gazastreifen hörten auf. Unter starkem Druck von UN, UdSSR und USA (Androhung von Sanktionen) räumte Israel die Sinai-Halbinsel im März 1957. Eine UN-Friedenstruppe wurde im Gazastreifen und entlang der ägyptisch-israelischen Grenze stationiert.

[L] M. Dayan, Diary of the Sinai Campaign, 1966. – C. Herzog, Kriege um Israel. Von 1948 bis 1984, 1984. – F. Schreiber/M. Wolffsohn, Nahost. Geschichte und Struktur des Konflikts, [3]1992. (DB/MW)

Singer, 1. Günter, Verbandsfunktionär, 14. 1. 1922 Breslau – 1. 11. 1989 Hamburg. Ausbildung zum Verwaltungsangestellten der jüdischen Gemeinde. 1943 Deportation ins KZ. Ab August 1945 Geschäftsführer und Kantor der jüdischen Gemeinde Erfurt; ging 1953 als Kantor und Religionslehrer nach Hamburg; ab 1956 Geschäftsführer, später kamen Posten in faktisch allen jüdischen Organisationen hinzu, so im →Zentralrat der Juden in Deutschland, in der →Makkabi-Sportbewegung und im →B'nai B'rith. 1984–89 Direktor der →Zentralwohlfahrtsstelle der deutschen Juden. (EP)

Isaac B. Singer, 1970

2. Isaac Bashevis, jiddischer Schriftsteller und Journalist, 27. 7. 1904 Radzymin bei Warschau – 25. 7. 1991 Miami, Florida. Rabbinersohn, emigrierte 1935 nach New York. Von seinem älteren Bruder Israel Jehoschua Singer (1893–1944), einem anerkannten jiddischen Schriftsteller, sehr beeinflußt; als Meister der Kurzgeschichte verwendete Singer Bilder der →Kabbala und der jüdischen Folklore; viele seiner Werke erschienen in der jiddischen Zeitung »Der Forverts«, andere in englischer Übersetzung. Bekam 1978 den Nobelpreis für Literatur. Hauptwerke u. a.: »Der sotn in Goray« (»Der Satan in Goraj«, 1934, deutsch 1957), »Di familye Mushat« (1950), »Gimpl tam un andere dertseylungen« (»Gimpel der Narr und andere Erzählungen«, 1957, deutsch 1968). (CL)

3. Paul, Kaufmann und SPD-Politiker, 16. 1. 1844 Berlin – 31. 1. 1911 Berlin. Sohn eines jüdischen Kaufmanns. Besuch der Realschule (1851–58), danach kaufmännische Lehre und Berufstätigkeit in einer Berliner Konfektionsfirma, 1869 Mitbegründer der Damenmäntelfabrik Gebrüder Singer, seit 1887 Privatier. Gründete 1884 das »Berliner Volksblatt« (einen Vorläufer des »Vorwärts«) und den Verlag Paul Singer; 1869 Mitbegründer der Sozialdemokratischen Deutschen Arbeiterpartei in Eisenach; trotz antisemitischer Hetze seit 1883 Mitglied der Stadtverordneten-Versammlung. Hier bis zu seinem Tod SPD-Fraktionsvorsitzender und von 1884 an MdR; neben A. Bebel zählte er zu den bedeutendsten Politikern der deutschen Sozialdemokratie während des Kaiserreichs. Sozialpolitisch engagiert, gehörte er seit 1875 zu den Leitern des Berliner Asylvereins für Obdachlose; blieb auch als radikaler Sozialist Mitglied der jüdischen Gemeinde Berlins, die ihn bei seiner Ausweisung unter dem Sozialistengesetz aus Berlin öffentlich verabschiedete; vermied es aber in der SPD, so 1893 auf dem Kölner Parteitag, sich aktiv an der Antisemitismusdebatte zu beteiligen.

[L] A. Herzig, Paul Singer – Heinrich Braun, in: W. Grab (Hrsg.), Jüdische Integration und Identität ..., 1984. (AH)

Siodmak, Curt, Filmregisseur und Filmproduzent, 10. 8. 1902 Dresden. Studierte Mathematik, Physik und Ingenieurwesen. Zunächst Eisenbahningenieur und Fabrikarbeiter, dann freier Schriftsteller, Drehbuchautor und Filmproduzent in Deutschland, auch Science-fiction-Autor. 1933 Emigration, zunächst nach Frankreich, 1935 nach England und 1937 nach Los Angeles. Setzte seine Karriere in den USA als Drehbuchautor und Produzent erfolgreich fort. Autobiographie: »Unter Wolfsmenschen. Band 1: Europa« (1996). (RED)

Siwan →Kalender

Sizilien. Juden in Sizilien sind seit 590 durch Briefe und Verfügungen Papst Gregors I. belegt; ausführlichere Informationen über jüdisches Leben im Reisetagebuch Benjamins von Tudela, der 1171 von Gemeinden in Palermo (1599 Juden) und Messina (200 Juden) berichtet; frühe Gemeinden auch in Agrigent, Catania, Syrakus, Trapani und Noto. Jüdische Kaufleute unterhielten enge Handelsbeziehungen nach Nordafrika und dem Orient; auch das kulturelle und geistige Leben der Juden in Sizilien war geprägt von der Mittellage zwischen christlicher und islamischer Welt. Unter der Herrschaft des spanischen Hauses Aragón 1282 und durch die antijüdischen Predigten des Inquisitors →Johannes Capestrano verschlechterten sich die Lebensbedingungen. In der zweiten Hälfte des 15. Jahrhunderts →Ritualmordvorwürfe und →Hostienfrevellegenden (Modica 1474, Noto 1475, Syrakus 1478). Zur Zeit der Vertreibung der Juden durch die spanische Herrschaft 1492/93 bestanden rund 52 Gemeinden mit 37 000 Juden. Versuche, Juden in Sizilien im späten 17. Jahrhundert neu anzusiedeln, scheiterten.

[L] I. La Lumia, Gli ebrei siciliani, Palermo 1984 (Erstausgabe 1879). – R. Straus, Die Juden im Königreich Sizilien unter Normannen und Staufern, 1910. (JÖD)

Skandinavische Gesellschaft für Judaistik, 1973 in Stockholm gegründet, seit 1975 mit einem skandinavischen Vorstand. Die Skandinavische Gesellschaft für Judaistik befördert und koordiniert die wissenschaftliche Forschung über jüdische Religion und Kultur im allgemeinen und speziell in den skandinavischen Ländern. Zu diesem Zweck werden Kongresse veranstaltet. Die vier ersten fanden 1975 in Stockholm, 1981 in Kopenhagen, 1985 in Turku (Åbo) und 1990 in Trondheim statt. Die bisherigen Vorsitzenden der Skandinavischen Gesellschaft für Judaistik waren Dozent Bernhard Taeschys (Stockholm), Prof. Helmer Ringgren (Uppsala) und Prof. Karl-Johann Illman (Turku/Åbo). Die Skandinavische Gesellschaft für Judaistik publiziert seit 1975 die Zeitschrift »Nordisk Judaistik/Scandinavian Jewish Studies« zweimal jährlich. Herausgeber ist seit 1985 Dozent Nils Martola (Turku/Åbo). (KI)

Sklaven. Die Tora fordert schonende Behandlung von Sklaven (Lev 25,40–53); sie müssen beschnitten werden und den Sabbat einhalten (Gen 17,12f.; Ex 20,10 usw.), sie dürfen nicht verletzt und getötet werden, können Besitz erwerben und ihren Herrn beerben. Nach talmudischem Recht darf ein nichtjüdischer Sklave nicht an Nichtjuden verkauft und muß bei Verletzung mit dauerhafter Entstellung freigelassen werden. Seit der Spätantike sind Sklaven in jüdischem Besitz ein christliches Rechtsproblem. Schon Kaiser →Konstantin I. verbot Juden den Kauf und die Beschneidung nichtjüdischer Sklaven, letzteres bei Todesstrafe. Versuche, den Juden den Besitz christlicher Sklaven überhaupt zu verbieten, widerrief Kaiser Honorius um 415, um die Existenz der staatstragenden Schicht der Besitzenden nicht anzutasten. Erst Kaiser →Justinian I. verbot den Juden endgültig den Besitz christlicher Sklaven (Codex Justinianus I,10, 2). Dieses Verbot wurde dem Abendland durch Papst →Gregor I. vermittelt, der jedoch den Juden die Anstellung christlicher Höriger (coloni) gestattete, aber auch bekehrungswilligen Sklaven das Asylrecht gewährte. Im Frankenreich nahmen die judenrechtliche Sammlung →Amolos und das Konzil von →Meaux und Paris das Verbot des Besitzes christlicher Sklaven auf. Demgegenüber sicherte Kaiser Ludwig der Fromme den Juden in seinen Privilegien den Besitz der nichtchristlichen Sklaven durch ein Taufverbot, das auf schärfsten Protest des Episkopats stieß. Dennoch übernahmen noch die salischen und die staufischen Kaiser dieses Taufverbot und erweiterten es dahingehend, daß bei Zuwiderhandlung der getaufte Sklave im Besitz des jüdischen Herrn verblieb. Dagegen forderten die kirchenrechtlichen Sammlungen →Burchards in drei Texten, →Ivos von Chartres (im Decretum) in sechs, →Gratians in vier und selbst der →Liber Extra in einem Text die Freilassung taufwilliger Sklaven. Noch 1259 trat eine Mainzer Provinzialsynode in Fritzlar für die Freilassung aller christlichen Sklaven der Juden ein. Erst nach der Mitte des 13. Jahrhunderts legt das Schweigen der Quellen nahe, daß Juden in dieser Zeit in den deutschen Ländern kaum noch über christliche Unfreie verfügen konnten.

🄻 F. Lotter, Geltungsbereich und Wirksamkeit des Rechts der kaiserlichen Judenprivilegien, in: Aschkenas I, 1991. (FL)

Sklavenhandel. Nachdem Kaiser →Justinian I. durch das Verbot des Besitzes christlicher oder taufwilliger Sklaven den Juden die Existenzgrundlage als Grundbesitzer entzogen hatte, legten diese freiwerdendes Kapital im Fernhandel und im Sklavenhandel an. Papst →Gregor I. bezeugt, daß Juden, von byzantinischen Amtsträgern gefördert, heidnische und zuweilen auch christliche Sklaven aus dem Raum nördlich der Alpen nach Italien (Neapel) importierten. Das Konzil von →Meaux und Paris bestimmte, daß heidnische Sklaven von Juden und Christen eingeführt, jedoch nicht außer Landes gebracht werden dürften. Tatsächlich versorgte ein reger Sklavenhandel der Juden (und auch der Christen) jahrhundertelang das muslimische Spanien und den Orient mit meist heidnischen Sklaven vor allem aus den slawischen Ländern Osteuropas. Um die Jahrtausendwende war besonders Prag ein Umschlagplatz für Sklaven. Noch 1104 fordert die Koblenzer Zollrolle des Trierer Simeonsstifts von jüdischen Kaufleuten für jeden Sklaven vier Denare. Mit der Christianisierung der Slawen verlagerte sich der Sklavenhandel der Juden in den Raum des muslimischen und später des Osmanischen Reichs und dessen Randgebiete. Hier konkurrierten jüdische mit venezianischen und genuesischen Sklavenhändlern. Im 16. und im 17. Jahrhundert waren Juden noch in Westindien und Brasilien, bis ins 19. Jahrhundert gelegentlich auch noch in Nordamerika am Sklavenhandel beteiligt.

🄻 E. Verlinden, L'esclavage dans l'Europe mediévale, 1955. (FL)

Skopus, Mount →Jerusalem

Slánský-Prozeß, antisemitischer Schauprozeß in der ČSSR (heute ČSFR) vom 20. bis 27. 11. 1952. Der Hauptangeklagte war Rudolf Slánsky (1901–1952), der seit 1945 als Generalsekretär die kommunistische Partei (KPČ) zur mitgliederstärksten Partei der ČSSR ausbaute und damit eine der Voraussetzungen für die Machtübernahme der Kommunisten 1948 schuf. Mit Billigung Stalins wurde Slánský im September 1951 vom damaligen Präsidenten Klement Gottwald entmachtet und im November verhaftet. Das Tribunal gegen Slánský und 13 führende Partei- und Staatsfunktionäre der KPČ war einer der stalinistischen Schauprozesse, die willkürlich inszeniert wurden, um den »Titoismus«, d. h. nationalkommunistische Strömungen in den Führungseliten der sowjetischen Satellitenstaaten, zu beseitigen und sie unter Kontrolle moskautreuer Stalinisten zu bringen. Der Slánský-Prozeß stand in direktem Zusammenhang mit der antisemitischen Kampagne in der Sowjetunion während der letzten Jahre der Stalin-Herrschaft (→Ärzteverschwörung). Den Beklagten wurde die Schuld an der desolaten Wirtschaftlage und eine staatsfeindliche Verschwörung vorgeworfen. Die jüdische Herkunft von elf der Angeklagten und erzwungene »Geständnisse« reichten dem Gericht aus, sie als »Titoisten«, »Zionisten« und »Kosmopoliten« zu verurteilen. Elf der Beschuldigten, unter ihnen Slánský, wurden am 3. 12. 1952 hingerichtet, drei zu lebenslangen Gefängnisstrafen verurteilt. Der Slánský-Prozeß gab das Signal für eine Reihe von judenfeindlichen Willkürakten der Justiz. Hunderte von tschechischen Juden wurden inhaftiert oder in Arbeitslager deportiert. Nach Stalins Tod 1953 entspannte sich die Lage, doch die Opfer wurden erst Ende der 50er Jahre oder noch später rehabilitiert (das Urteil gegen Slánský wurde 1963 aufgehoben). Der Slánský-Prozeß markiert die antizionistische Wende der sowjetischen Israel-Politik und belastete lange die diplomatischen Beziehungen zwischen der ČSSR und Israel.

🄻 A. London, Ich gestehe. Der Prozeß um Rudolf Slánský, 1970. – J. Slánská, Bericht über meinen Mann. Die Affäre Slánský, 1969. (BV)

Slowakei, Erste Hinweise auf jüdische Siedlungen aus der Mitte des 13. Jahrhunderts. Vom Mittelalter bis 1918 Teil →Ungarns, weshalb die Geschichte der jüdischen Einwohner im slowakischen Landesteil eng mit der des ungarischen Judentums verbunden ist. Zwischen den Weltkriegen gehörte die Slowakei zur Tschechoslowakischen Republik (→Tschechien), von März 1939 bis April 1945 formal unabhängiger Staat, nach Kriegsende Teil der Tschechoslowakei, seit 1. Januar 1993 unabhängige Republik. In der Slowakei lebten vorwiegend orthodoxe Juden, aber auch Chassidim. Im 14. Jahrhundert waren etwa 800 Juden in Preßburg (Bratislava) ansässig. Wiederholte Verfolgungen und Vertreibung aus den Städten vor allem aufgrund der antisemitischen →Blutbeschuldigung Ende des 15. und im 16. Jahrhundert. Erst im 17. und 18. Jahrhundert findet sich wieder eine größere Zahl von Juden in den Städten, die allerdings ständig Konflikte mit den übrigen Kaufleuten hatten, die hauptsächlich deutscher Herkunft waren und die jüdischen Konkurrenten bekämpften. In dieser Zeit erfolgte eine starke jüdische Zuwanderung aus Böhmen und Mähren, wo Verfolgungen und Restriktionen wie die »Familiantengesetze« vorherrschten. Der nördliche, slowakische Teil Ungarns war damals als »Magjar Israel« bekannt: Preßburg war beim Zensus aus dem Jahr 1785 die größte jüdische Gemeinde Ungarns. Der Erlaß von Kaiser Joseph II. von 1781 bedeutete erste Schritte auf dem Weg zur Gleichberechtigung, denn er erleichterte unter anderem die Berufsausübung und Ansiedlung. Preßburg avancierte bis ins 19. Jahrhundert zu einem intellektuellen Zentrum des orthodoxen Judentums in der Donaumonarchie. Hier bestand nicht nur eine der führenden Jeschivot (gegründet um 1700), es wirkten auch bedeutende, orthodoxe Rabbiner wie Moses Sofer (auch Chatam Sofer, 1762-1839, seit 1806 Rabbiner von Preßburg), der ein entschiedener Gegner von Aufklärung und Emanzipation war. Im 19. Jahrhundert bildeten sich auch einige Reformgemeinden in der Slowakei; die Zahl der jüdischen Bevölkerung wuchs insgesamt stark. 1867 Emanzipation und nach der Konstitution der Tschechoslowakei im Jahre 1918 bürgerliche Gleichberechtigung. Eine Volkszählung im Jahre 1930 ermittelte rund 140 000 Juden in der Slowakei, deren Mehrheit sich als eigene Volksgruppe einstufte, rund 44 000 bezeichneten sich als Slowaken, was vor dem Hintergrund zunehmender Akkulturation einerseits und (wieder) wachsendem jüdischen Nationalbewußtsein andererseits zu sehen ist: So waren in der zionistischen Jugendbewegung zu diesem Zeitpunkt etwa 10 000 Mitglieder organisiert. Nach dem Münchner Abkommen annektierte Ungarn einen Teil der Slowakei. Von den verbliebenen 90 000 Juden fielen die meisten der nationalsozialistischen Verfolgung nach dem deutschen Überfall auf die Tschechoslowakei zum Opfer. Die slowakische Marionettenregierung erließ antisemitische Gesetze wie das sogenannte »Judengesetz« (Židovský Kodex, das sich an die Nürnberger →Rassegesetze anlehnte), enteignete jüdisches Eigentum, errichtete Arbeitslager und beteiligte sich aktiv an den Deportationen in die Vernichtungslager. Am slowakischen Volksaufstand von August bis Oktober 1944 beteiligten sich schätzungsweise ein- bis zweitausend jüdische Widerstandskämpfer. Bis zur deutschen Besetzung Ungarns im März 1944 flohen mehr als 10 000 slowakische Juden nach Ungarn; zwischen 24 000 und 30 000 überlebten den Holocaust. Nach Kriegsende reorganisierten sich zwar einige Gemeinden, doch die antizionistische bzw. antisemitische Politik der kommunistischen Regierungen in der Stalin-Ära, die im →Slánský-Prozeß kulminierte, und noch einmal der sowjetische Einmarsch 1968 führten viele in die Emigration. 1997 lebten in der Slowakei etwa 6000 Juden, überwiegend in Bratislava sowie u. a. in Košice, Prešov und Piešt'any. In Bratislava existiert ein jüdisches Museum.

🄻 A. Dagan (Hrsg.), The Jews of Czechoslovakia, 3 Bde., Philadelphia 1968–1984. – L. Lipscher, Die Juden im slowakischen Staat, 1939–1949, München 1980. (BV)

Slowenien →Jugoslawien

Smidt, Johann →Bremen, →Wiener Kongreß

Smolenskin, Perez, hebräischer Schriftsteller, 17. 2. 1842 Monastyrchina, Rußland – 1. 2. 1885 Meran. Smolenskin erhielt in Odessa eine talmudische Ausbildung, wandte sich gegen die jüdische Orthodoxie und das Assimilantentum, war seit 1868 Drucker und Korrektor in Wien und gab dort die für die jüdisch-nationale Idee epochemachende hebräischsprachige Zeitschrift »Haschachar« (Die Morgenröte) heraus. 1874 war Smolenskin im Auftrag der →Alliance Israélite Universelle in Rumänien, um für die Verbesserung der Lebensbedingungen der dortigen Juden zu wirken. 1882 war er mitbeteiligt an der Gründung des national-jüdischen Studentenvereins »Kadimah« in Wien. In seinen Romanen und Erzählungen schildert er das russisch-jüdische Kleinstadtleben. Werke: Gesamtausgabe der Erzählungen, 10 Bände (1898 ff.).

🄻 C. H. Freundlich, Perez Smolenskin, 1965. (JS)

Sobernheim, Moritz, Orientalist, 13. 8. 1872 Berlin – 5. 1. 1933 Berlin. Professor für semitische Epigraphik. Bereiste als Mitglied der Baalbek-Expedition der preußischen Regierung mehrmals Syrien und Palästina und veröffentlichte im Anschluß daran seine Arbeiten über tripolitanische, Baalbeker, palmyrische und samaritanische Inschriften. 1896 Vorstandsmitglied des Vereins »Ezra«. Stellvertretender Vorsitzender des »Deutschen Israelitischen Gemeindebundes« und Präsidiumsmitglied des →Komitees für den Osten. Seit 1918 Legationsrat im Auswärtigen Amt und Referent für jüdisch-politische Angelegenheiten.

1926–33 Mitglied des Präsidiums des »Pro-Palästina-Komitees«. (LH)

Société des Études Juives (SEJ) und »Revue des Études Juives« (REJ). Die SEJ wurde 1880 gegründet; Redaktionsleiter der REJ waren die Oberrabbiner Zadoc Kahn, Israël Lévy, Julien Weill und Maurice Liber. Lévi und Liber bekamen einen Lehrstuhl an der École Pratique des Hautes Études. SEJ und REJ waren die Zentren, in denen sich die Wissenschaft des Judentums in Frankreich etablierte. Bis 1945 standen SEJ und REJ unter dem Einfluß deutsch-jüdischer Gelehrter. (MH)

Sodom →Totes Meer

Sofer (hebräisch »Schreiber, Schriftgelehrter«, Plural Soferim).

1. Zur Zeit des Ersten →Tempels Bezeichnung für Schriftkundige, die den Beruf des Schreibers ausübten.
2. Zu Beginn der Zeit des Zweiten Tempels Bezeichnung für priesterlich-levitische Kreise, die keinen weltlichen Beruf ausübten und sich ganz dem Studium der Weisheit, der Prophetie und der Schrift widmeten (Sir 38f.).
3. Mit Beginn der Herrschaft der →Hasmonäer und dem Niedergang der Zadokiten entwickelte sich ein neuer Typus der gelehrten Soferim. Sie legten dem Volk nicht mehr nur die →Tora im traditionellen Sinne aus, sondern bezogen Lebensumstände und Bräuche mit ein. Dadurch erweiterten sie die schriftliche um die sog. mündliche Tora, zu deren Träger sie wurden. Da zugleich die Zugehörigkeit zu den Soferim nicht mehr an die Herkunft gebunden war, war die Tora nun nicht länger Domäne der →Priester, sondern Gemeingut des Volkes. Dementsprechend schwand der Anteil der Priester unter den Soferim. Als Gegensatz zu den →Sadduzäern entwickelte sich aus den Soferim die Bewegung der →Pharisäer. Das Idealbild der sachverständigen, weisen und als gesetzliche Autorität anerkannten Soferim war nach rabbinischer Tradition Esra. Er steht am Anfang der Periode der »Männer der großen Versammlung«, ein rabbinischer Terminus für die vortannaitische Zeit. Dieser Versammlung von Soferim werden spezielle halachische Entscheidungen (Diwre Sofer, Dikduke Sofer, Takkanot Sofer), die Sammlung der »Propheten« und »Schriften« (→Hebräische Bibel), spezielle Lesarten des unpunktierten Bibeltextes (Mikra Sofer; Ittur Sofer) und das Zählen der Worte, Buchstaben und Verse in Tora und Psalmen zugeschrieben.
4. In talmudischer Zeit beschränkt sich die Bezeichnung Sofer wieder auf die handwerkliche Tätigkeit (Schreiben von Torarollen, Gebetsriemen und Messusot).
5. Sofer ist zugleich der Name eines außerkanonischen Traktats, der, in einer palästinischen (Endredaktion etwa 8. Jahrhundert) und einer unvollständig erhaltenen babylonischen Fassung überliefert, vor allem Regeln für die Herstellung von Bibelhandschriften und für die öffentliche Toralesung (→Parascha) enthält. (HMD)

Sohar, Sefer ha- (hebräisch »Buch des Glanzes«; Titel spielt auf Dan 12, 3 an), bedeutendstes Werk der →Kabbala. Es besteht aus verschiedenen Büchern. Nach der Tradition ist das Werk auf Simon bar Jochai (2. Jahrhundert n. Z.) zurückzuführen. Die Sprache des Sefer ha-Sohar ist ein künstliches Aramäisch, gemischt mit mittelalterlichen Hebräisch-Elementen. Manche Wörter und Ausdrücke sind spanischen Ursprungs, andere unbekannter Herkunft. Der Hauptteil des Werks wurde von Mose ben Schem Tow aus León (14. Jahrhundert) verfaßt, aber mindestens zwei Teile, die Ra'aja Mehemma und Tikkune ha-Sohar, wurden von einem späteren Kabbalisten geschrieben. Möglicherweise hat Joseph Giktatilla, ein Zeitgenosse von Mose ben Schem Tow aus León, an der Gestaltung des Sefer ha-Sohar teilgenommen. Das Werk enthält die kabbalistische Lehre von Adam Kadmon, →Sefirot, Merkawa u. a. Auch Zahlenmystik, Wundererzählungen, →Hekalot-Beschreibungen und esoterische Darstellungen sind Bestandteil des Werks. Erstdrucke: Cremona (1559, ^{2}1560); Mantua (1558–60). (RED)

Sokolow, Nahum, Politiker, Schriftsteller und Publizist, 10. 1. 1861 Wyszogrod, Polen – 17. 5. 1937 London. Begründer des modernen hebräischen Journalismus, schrieb seit 1884 besonders für die Zeitschrift »Hazefira« Feuilletons und Artikel, in denen er den Juden Osteuropas die Kultur der Moderne zu vermitteln versuchte. Sokolow schloß sich der zionistischen Bewegung an, wurde nach T. →Herzls Tod Generalsekretär der Zionistischen Organisation in Köln, redigierte zeitweilig die »Welt« und das von ihm gegründete hebräische Zentralorgan der Bewegung »Haolam«. Während des Ersten Weltkriegs übersiedelte Sokolow nach London, wo er gemeinsam mit C. →Weizmann Einfluß auf die englische Palästina-Politik nahm und Anteil am Entstehen der →Balfour-Deklaration hatte. Sokolow war Präsident der zionistischen Bewegung, als 1933 die Macht an die Nationalsozialisten überging. Er entwickelte neben seiner politischen eine ausgedehnte literarisch-wissenschaftliche Tätigkeit. Erwähnung verdient neben seinen Übersetzungen europäischer Literatur ins Hebräische insbesondere seine 1918 in zwei Bänden in englischer Sprache erschienene »Geschichte des Zionismus« (deutsch 1921). (JS)

Soloveitschik, Joseph Dov, Rabbiner und Philosoph, geistiger Führer der amerikanischen Neuorthodoxie, 27.3.1903 Pružanay, Polen. Soloveitschik entstammt einem bedeutenden litauischen Talmudistengeschlecht. Sein Großvater Chajim, genannt Brisker (1853–1918), hat als Haupt der Jeschiwa von Woloschin das Talmudstudium durch eine logische anspruchsvolle kasuistische Methode nachhaltig geprägt. Der traditionell erzogene Soloveitschik studierte Philosophie in Berlin und wurde 1932 mit der Arbeit »Über das reine Denken und die Seinskonstituierung bei Hermann Cohen« promoviert. Im selben Jahr emigrierte er in die USA und wurde Rabbiner von Boston. Von 1941 an lehrte er als Nachfolger seines Vaters an der Yeshiva University in New York, wo er vor allem durch seinen mündlichen Vortrag Generationen von orthodoxen Rabbinern geprägt hat. Im Anschluß an seine besondere Familientradition und den Marburger Neukantianismus hat Soloveitschik eine Philosophie der →Halacha entwickelt. Er faßt die Halacha als ein der theoretischen Physik vergleichbares exaktes System auf, das die spezifisch jüdische Wirklichkeit erzeugt. Der »halachische Mensch« ist nach Soloveitschik ein komplexer Typus, der in sich die Züge des weltverfallenen Naturwissenschaftlers und des weltflüchtigen Mystikers verbindet. Soloveitschik ist Abgeordneter des rabbinischen Rates in der Halacha-Kommission, die sich mit der halachischen Erfassung der Probleme der heutigen Zeit auseinandersetzt. Werke u.a.: »The Halakhik Man« (hebräisch 1944, französisch von B. Gross, 1981), »The Lonely Man of Faith« (1965). (DK)

Werner Sombart

Sombart, Werner, Nationalökonom und Soziologe, 19.1.1863 Ermsleben – 18.5.1941 Berlin. Studium der Wirtschaftswissenschaften, Philosophie und Geschichte in Berlin, Pisa und Rom. 1890–1906 lehrte Sombart Nationalökonomie in Breslau, 1906–17 an der Handelshochschule in Berlin, danach als Nachfolger Gustav Schmollers bis zu seiner Emeritierung 1931 an der Universität Berlin. Er verfaßte nationalökonomische, soziologische, philosophische und interdisziplinäre Studien. Sombart arbeitete vor allem über europäische Wirtschaftsgeschichte, über das Verhältnis Kapitalismus/Sozialismus. Zu seinen bekanntesten Werken gehört sein 1911 erschienenes Buch »Die Juden und das Wirtschaftsleben«. Darin weist er den Juden aufgrund ihrer vermeintlich rationalistischen, berechnenden, aufs Abstrakte eingestellten geistigen Veranlagung eine maßgebliche Rolle für die Entstehung des Kapitalismus zu. Auf die Kritik, die er mit seinen Thesen auslöste, reagierte Sombart mit einer weiteren antisemitischen Schrift »Die Zukunft der Juden« (1912). Wegen seiner anerkannten wissenschaftlichen Autorität wurden seine tendenziell antisemitischen Thesen von der antisemitischen Agitation aufgegriffen und propagiert. Nach 1933 wandte er sich dem Nationalsozialismus zu und veröffentlichte seine Ansichten in der Schrift »Der deutsche Sozialismus«, distanzierte sich jedoch später wieder von der NS-Politik. Sombart entwickelte sich von einem kritischen Sozialwissenschaftler zu einem pessimistischen Kulturphilosophen.

[L] M. Hoffmann, Judentum und Kapitalismus, eine kritische Würdigung von Werner Sombart, 1912. – A. Philippi, Die Juden und das Wirtschaftsleben, 1929. (LH)

Sonnemann, Leopold, 29.10.1831 Höchberg bei Würzburg – 30.10.1909 Frankfurt am Main. Gründete 1856 (Alleinbesitzer seit 1867) die »Frankfurter Zeitung« und war jahrzehntelang für deren liberalen Kurs verantwortlich. Sonnemann war Mitglied des Frankfurter Stadtparlaments, einer der Begründer des »Volkswirtschaftlichen Kongresses« und gehörte den süddeutschen Demokraten an. 1871–76 und

1878–84 war Sonnemann MdR (Deutsche Volkspartei).
🄻 H. Simon, Leopold Sonnemann, 1931. (JS)

Sota →Mischna

Sowjetunion, 1. →Rußland.
2. *Beziehungen zu Israel.* Die UdSSR unterstützte nicht nur die Staatsgründung Israels mit ihrer Zustimmung in der UN-Vollversammlung, sondern auch mit Waffenlieferungen über die ČSSR. Israels erste Botschafterin in Moskau, Golda Meir, erhielt einen triumphalen Empfang, aber die Beziehungen verschlechterten sich rapide während der langen Kette von antisemitischen und antizionistischen Schauprozessen gegen prominente jüdische Kommunisten im ganzen Ostblock Ende der 1940er und Anfang der 1950er Jahre. Nach Stalins Tod trat eine kurze Verbesserung ein, aber 1955 begannen massive sowjetische Waffenlieferungen an Ägypten. Anläßlich des →Sechs-Tage-Kriegs brach die UdSSR die diplomatischen Beziehungen zu Israel ab. Als Zeichen der Entspannung, dessen Adressat in erster Linie die US-amerikanischen Juden waren, ließ die UdSSR zahlreiche Sowjet-Juden besonders am Anfang der 1970er Jahre, danach nur noch wenige auswandern. Die meisten immigrierten in die USA, einige jedoch nach Israel. Mit dem Beginn der Ära Gorbatschow ebbte die antizionistische Propaganda ab. Seit 1989 dürfen sowjetische Juden wieder in großer Zahl auswandern. 1990 kamen etwa 170 000 nach Israel. 1991 wurden die diplomatischen Beziehungen zwischen Israel und der UdSSR wieder aufgenommen. Nach dem Zerfall der Sowjetunion 1991 blieben die Beziehungen zu Rußland unverändert. Bis 1997 wanderten weitere mehr als 500 000 Juden von dort ein; die Immigration hält an.
🄻 P. Brod, Die Antizionismus- und Israelpolitik der UdSSR. Voraussetzungen und Entwicklung bis 1956, 1980. – G. Golan, Yom Kippur and After. The Soviet Union and the Middle East Crisis, 1979. – A. J. Klinghoffer/J. Apter, Israel and the Soviet Union, 1985. – G. Linde, Die neue Ausgangslage für die sowjetische Mittelostpolitik, 1989. (DB/MW)

Sozialistische Arbeiterpartei (SAP), 1919 in Palästina gegründete politische Partei, die jüdische landwirtschaftliche Siedlungstätigkeit sowie den Aufbau eines Industrieproletariats mit dem kommunistischen Klassenkampf und der Diktatur des Proletariats zu verbinden suchte. Sie nannte sich auch »Jüdische Kommunistische Partei« als Sektion der »Palästinischen Kommunistischen Partei« (PKP). Fragen der Priorität zwischen den beiden Grundzielen der SAP und der Gegensatz zur antizionistisch eingestellten Komintern führten zu zahlreichen Meinungsverschiedenheiten und Abspaltungen. Ambivalent bis ablehnend gegenüber den Zielen des Zionismus, bemühte sich die SAP größtenteils erfolglos um arabische Beteiligung. Die arabische Revolte von 1936/37 führte beinahe zur Auflösung der Partei, da die jüdischen Mitglieder dazu aufgerufen wurden, die Araber zu unterstützen. Die SAP blieb eine Randerscheinung im →Jischuw. Nach Israels Unabhängigkeit nannte sich die SAP/PKP →Kommunistische Partei Israels (Maki).
🄻 M. Wolffsohn, Politik in Israel, 1983. (DB/MW)

Soziologie der Juden, erarbeitet mit Hilfe statistischer Methoden. Die Soziologie der Juden sammelt demographische Erkenntnisse über das Leben bzw. den Lebensbereich von Juden als Mitglieder eines Kollektivs. Es handelt sich weder um die Soziologie des →Judentums bzw. des Judaismus, angesehen als das religiöse System der Juden, noch um ein Teilgebiet der Religionssoziologie, dessen Objekt das Studium der wahrnehmbaren Formen der menschlichen religiösen Aktivitäten ist. So behandelt der als Begründer dieses Fachzweiges geltende A. →Ruppin in seinem Werk »Soziologie der Juden« (2 Bände 1930/31) in erster Linie Fragen der sozialen Struktur der Juden, z. B. Geburten, Eheschließungen, Berufsverteilung, Wirtschaftslage und Bildung. Auch die Erfassung und die Analyse jüdischer Assoziationen, Organisationen und Institutionen sowie geistiger Strömungen werden in dieses Forschungsgebiet eingebracht. (AS)

Spanien. Die früheste jüdische Ansiedlung ist durch die Kanones der Synode von Elvira (bald nach 300), die das Verbot von Ehen zwischen Christen und Juden enthielten, für das 4. Jahrhundert nachgewiesen. Nach der Eroberung des →Westgotenreichs durch die Araber ab 711 zogen vor allem aus Asien und Afrika Juden auf die Iberische Halbinsel. Sie siedelten sich vornehmlich im Süden an. Abgetrennt von Muslimen wie von Christen, waren sie im internationalen Handel, im Geldverleih, in der Finanzverwaltung, als Diplomaten und Offiziere tätig. Das Nebeneinander der drei

Religionen wurde ab dem 11. Jahrhundert gestört, als die berberischen Almohaden und anschließend die Almoraviden zur Herrschaft gelangten und mit diskriminierenden Gesetzen – Verbot von Grunderwerb, Herausgabe erworbener Güter, Versuche zu Zwangsbekehrungen – Juden veranlaßten, in die christlichen, durch die Reconquista sich vergrößernden Staaten auszuwandern. Dort konnten sie sich, als religiöse Minderheit behandelt, unter königlichem Schutz in nahezu allen Berufen entfalten, sollten aber abgesondert von den Christen leben. Das Verbot, vom Hof angestellt zu werden, das die Stände immer wieder forderten, beachteten die Könige Kastiliens und Aragóns nie. Vom Ende des 11. Jahrhunderts bis ins 14. Jahrhundert kam es in Spanien zu einer Blüte der jüdischen Kultur und Philosophie. In dieser Epoche lebten bedeutende Dichter, Gelehrte und Philosophen wie →Abraham bar Chija, →Abraham ben Meir ibn Esra, →Abraham ibn Daud Halewi, →Averroes, →Bachja ibn Pakuda, C. →Crescas, Jehuda ben Samuel →Halewi, →Mose ben Maimon und →Mose ben Nachman in Spanien. Klagen über Steuerpächter, Zinsnehmen und allzu großen Einfluß am Hof wie unter dem Adel führten im 14. Jahrhundert zu ersten heftigen Tumulten, die sich 1391 zu Massakern ausweiteten, bei denen etwa 50 000 Juden umkamen. Der jüdische Anteil der Bevölkerung betrug etwa 300 000. Zwangsbekehrungen, aber auch freiwillige Übertritte in erheblicher Zahl während des 15. Jahrhunderts reduzierten den jüdischen Einfluß in der Gesellschaft erheblich. Die Conversos als große Händler und Bankiers, verschwägert mit dem Adel, übernahmen die Funktion, die zuvor Juden innegehabt hatten. Juden waren seitdem vornehmlich als kleine Händler, Handwerker und Bauern tätig. Um die Conversos, an deren Katholizität vor allem die kleinbürgerlichen Schichten zweifelten, vom Rückfall ins Judentum abzuhalten, wurden am 31. 3. 1492 die Juden vor die Wahl gestellt, sich entweder taufen zu lassen oder auszuwandern. Die Zahl der Juden, mit rückfälligen Kryptojuden, wird auf 150 000 geschätzt. Der größere Teil wanderte aus. Die weitere Auseinandersetzung zwischen Neu- und Altchristen unter dem Druck der →Inquisition und der öffentlichen Meinung blieb innerchristlich, obschon während der ersten drei bis vier Jahrzehnte der Inquisition 30 000–50 000 Conversos in Verfahren wegen weiteren »Judaisierens« verwickelt wurden. Die meisten endeten mit Geldstrafen und befristeter sozialer Diskriminierung (Zwang zum Tragen diskriminierender Kennzeichen u. ä.). Seit 1868 dürfen sich Juden in Spanien wieder offiziell zu ihrem Glauben bekennen. 1943 repatriierte die spanische Regierung einen Teil der spanischen Juden aus Griechenland und Frankreich, 1944 stellte sie Budapester Juden Schutzpässe aus. Knapp 4000 Juden wurden so vor der Deportation bewahrt. Heute leben ungefähr 15 000 Juden in Spanien.

🄻 Jane S. Gerber, The Jews of Spain, New York 1992. (ES)

Spanischer Bürgerkrieg, blutige Auseinandersetzung zwischen Volksfrontrepublikanern und Putschisten (Franco) von 1936 bis 1939. Durch deutsche Intervention (»Legion Condor«) und Einsatz »Internationaler Brigaden« weitete sich der Spanische Bürgerkrieg zum großen militärischen, politischen und ideologischen Konflikt im Vorfeld des Zweiten Weltkriegs aus. Die Zahl aller Todesopfer wird auf 1,2 Mio. geschätzt. Von den insgesamt 40 000–60 000 Angehörigen der »Internationalen Brigaden« waren etwa 6000–8000 Freiwillige jüdischer Herkunft. Jüdische Soldaten, Ärzte, Krankenschwestern und Journalisten kamen aus ganz Europa und Amerika, um die spanische Republik gegen den Faschismus zu verteidigen. Zusammen mit in Spanien lebenden Emigranten bildeten sie die erste internationale Einheit, die »Thälmann-Gruppe«. Die offizielle Gründung einer jüdischen Einheit, der »Botwin-Kompanie«, erfolgte am 12. 12. 1937. Die »Botwin-Kompanie« eroberte während der Ebro-Schlacht »mit heiliger Entschlossenheit« (so der amerikanische Journalist J. Patt) die Stadt Corbera. Es existierten eine jiddische Frontzeitung (»Freiheits-Kemfer«) und ein jiddischer Soldatenchor. Bekannte Spanienkämpfer jüdischer Herkunft waren u. a. Abram Abramowitsch, Julius Deutsch, Ilja Ehrenburg, Carl Einstein, Selig Joffe, Frantisek Kriegel und Ernst Toller. Chaskel Honigstein erhielt als letzter Gefallener der Internationalen Brigaden am 8. 10. 1938 in Barcelona ein republikanisches Staatsbegräbnis. Viele Lebensspuren jüdischer Spanienkämpfer enden in den deutschen Vernichtungslagern und in Stalins Gulag.

🄻 A. Lustiger, Schalom Libertad, Juden im Spanischen Bürgerkrieg, 1989. (WJ)

Speisegesetze →Koscher

Sperber, Manès, Psychoanalytiker und Schriftsteller, 12. 12. 1905 Zabłotów, Ostgalizien – 5. 2. 1984 Paris. 1916 Flucht der Familie nach Wien, wo Sperber bald Schüler des Begründers der Individualpsychologie, A. →Adler, wurde, dem er 1926 und 1970 monographische Essays widmete. 1927 Übersiedlung nach Berlin, enge Verbindung zu KPD und Komintern, von denen er sich 1937 löste (»Zur Analyse der Tyrannis«, 1939). Seine Erfahrungen hat Sperber eindrucksvoll literarisch verarbeitet in der (auch verfilmten) Roman-Trilogie »Wie eine Träne im Ozean« (1961). 1933 verhaftet, emigrierte Sperber über Prag, Wien, Jugoslawien nach Frankreich; als französischer Soldat flüchtete er 1940 in die Schweiz. Von 1945 bis 1980 arbeitete Sperber als Verlagsleiter in Paris. Außer sozialpsychologischen Essays veröffentlichte er seine Autobiographie »All das Vergangene« (3 Bände, 1974, 1975, 1977), die u. a. eindrucksvoll chassidische Traditionen vermittelt. (MS)

Speyer, freie Reichsstadt (1294–1801), dann französisch, später zu Bayern (1815–1945). Bischof →Rüdiger von Speyer förderte 1084 die Niederlassung von Juden durch ein Privileg, doch läßt das Vorhandensein zweier jüdischer Viertel in Speyer im 12. Jahrhundert schon auf eine frühere Ansiedlung von Juden schließen. Diese hatten »Burgwerk« (Befestigungsarbeiten) zu leisten, mußten sich an der Stadtverteidigung beteiligen und genossen Rechtsautonomie unter einem →Judenbischof. Kaiser →Heinrich IV. gewährte den Juden der Stadt 1090 ein weiteres umfassendes Privileg. Während des 1. Kreuzzugs (→Kreuzzüge) rettete Bischof Johannes durch Einsatz von Bewaffneten den Großteil der Judengemeinde vor dem Kreuzfahrerpöbel und bestrafte die Schuldigen. Nach der Vernichtung der Gemeinden von →Worms und →Mainz ging die geistige Führung der deutschen Juden an die Gelehrten von Speyer über. Rabbi Mosche bar Jekuthiel bewog Kaiser Heinrich IV., die Zwangstaufen für ungültig zu erklären. 1195 folgte einer Mordbeschuldigung ein blutiges Pogrom; Kaiser Heinrich VI. zwang die Schuldigen, die Juden zu entschädigen. 1241 wurden die Speyerer Juden im Reichssteuerverzeichnis mit 80 Mark veranlagt, ein Hinweis auf den relativen Wohlstand der Gemeinde. 1223 fand in Speyer eine Rabbinersynode statt. 1349 fielen die meisten Speyerer Juden der Verfolgung zum Opfer. 1354 entstand eine neue Gemeinde, die 1394 von König Wenzel einen Schutzbrief erkaufte. Dennoch wurden die Juden 1405, 1430 und 1435 vertrieben und jeweils nach kürzeren oder längeren Pausen wieder zugelassen. Antijüdische Dekrete des Bischofs Matthias von 1468 und 1472 entzogen ihnen jedoch die Existenzmöglichkeit. Im 19. Jahrhundert wurde die Gemeinde erneuert; 1831 entstand eine Schule, 1837 eine Synagoge. 1933 zählte die Speyerer Gemeinde 264, 1939 noch 77 Mitglieder, die seit 1940 nach Gurs (Frankreich) und in den Osten deportiert wurden. (FL)

Speyer, Bankiersfamilie aus Frankfurt am Main, deren Stammvater Michael Isaak (gestorben 1692) war. Seine Urenkel Isaak Michael (gestorben 1807) und Lazarus (Lasar) Hirsch Michael (gestorben 1789) waren →Hoffaktoren. Der Frankfurter Bankier Eduard Beit (1860–1933), durch Einheirat Beit von Speyer, war in Europa und Amerika nicht nur als hervorragender Bankier, sondern auch als eifriger Förderer von Kunst und Wissenschaft und als Philanthrop bekannt. Beit wurde in Hamburg geboren, wo sein Vater die Norddeutsche Affinerie gegründet hatte. Der junge Beit kam nach gründlicher Vorbildung sowie nach längerem Aufenthalt in London und Paris nach New York. Dort war er in dem, seiner Familie nahestehenden, international führenden Bankhaus Speyer & Co. tätig, dem u. a. der angloamerikanische Bankier Sir Edgar Speyer (1862–1932) angehörte. Im Jahr 1892 nahm Eduard Beit dann Geschäftsbeziehungen zu dem Frankfurter Bankhaus Lazard Speyer-Elissen auf, dessen Leitung er 1928 als Vorsitzender des Aufsichtsrats übernahm. Seine großen Mittel und organisatorischen Fähigkeiten hat er uneigennützig in den Dienst der Öffentlichkeit gestellt. Die Universität Frankfurt ernannte ihn zum Mitglied ihres Kuratoriums und des Großen Rates. Das Bankhaus Lazard Speyer-Elissen ging 1934 in Liquidation. Bedeutende Familienvertreter waren auch Georg Speyer (1835–1902) und seine Ehefrau Franziska, geb. Gumbert (1844 bis 1909), die eine Studienstiftung für allgemeinwissenschaftliche Zwecke gründete. Aus der Frankfurter Bankiersfamilie stammen auch Gustav Speyer (1825–1883), der 1845 nach Amerika ging, und dessen Bruder Philip (1815–1876), der das New Yorker Bankhaus Speyer & Co. gründete. Dieses erlangte seine große Bedeutung nach dem Eintritt von Gustavs Sohn James Speyer (1861 bis 1941), der ein Philanthrop großen Stils war. (LH)

Spiel, Hilde, Publizistin, 19. 10. 1911 Wien – 30. 11. 1990 Wien. Zu den Ahnen mütterlicherseits gehörte Markus Benedict, liberaler Oberlandesrabbiner von Mähren, der dem weltlichen Aufstieg der Familie in Wien nicht im Weg stand; die Eltern Spiels ließen sich taufen. Nach dem Abitur 1930 Studium der Philosophie u. a. bei Moritz Schlick, 1936 Promotion, Ehe mit Peter de Mendelssohn, Emigration nach London, britische Staatsbürgerschaft. 1963 Rückkehr nach Wien. Die Leistung Spiels auf dem Gebiet des Essays (»In meinem Garten schlendernd«, 1981) und der kulturgeschichtlichen Monographie ist unbestritten. So setzte sie in ihren späten autobiographischen Darstellungen »Die hellen und die finsteren Zeiten« (1989) und »Welche Welt ist meine Welt?« (1990) ihrem eigenen Zeitalter ein Denkmal, während mit »Fanny von Arnstein oder Die Emanzipation« (1962) die Zeit der jüdischen →Salons des späten 18. Jahrhunderts und damit des Aufstiegs ihrer eigenen Familie in den Mittelpunkt rückte. Demgegenüber ist das Erzählwerk stilistisch weniger ausgeprägt. (HH)

Spier, Arthur, Pädagoge und Schuldirektor, 23. 7. 1898 Ballenstedt, Anhalt – 30. 3. 1985 New York. Studium der Mathematik und Physik sowie der Philosophie bei S. Breuer in Frankfurt, E. →Hildesheimer in Berlin und Arthur Cohn in Marburg. 1922 Studienassessor an der Oberrealschule der Israelitischen Religionsgemeinschaft in Frankfurt am Main. Seit 1926 setzte Spier als Direktor der →Talmud-Tora-Schule in Hamburg das dortige Reformprogramm fort. Von der Gestapo beauftragt, organisierte Spier 1938/39 gemeinsam mit englischen Hilfsorganisationen und der jüdischen Gemeinde Stockholm Ausreisetransporte für bedrohte jüdische Kinder. 1940 von der Gestapo zum »Leiter des gesamten jüdischen Schulwesens im Reich« ernannt, erhielt Spier den Befehl, in Polen ein jüdisches Unterrichtswerk zu errichten. Als Spier dafür in den USA Geld beschaffen sollte, blieb er in New York. Dort Leiter der Religionsschule des »Jewish Center«, Direktor der Schule der spanisch-portugiesischen Synagoge. Gründete die »Manhattan Day School« und unterrichtete an der High School Rabbi Samson Raphael Hirsch in Washington Heights. (JÖD)

Baruch de Spinoza

Spinoza, Baruch (alias Bento, alias Benedict), Philosoph, 24. 11. 1632 Amsterdam – 21. 2. 1677 Den Haag. Die Familie Spinozas gehörte zu den Kryptojuden aus Portugal (→Marranen), die in die Niederlande eingewandert waren und sich dort wieder offen zum Judentum bekannten. Die Rejudaisierung dieser christlich erzogenen Flüchtlinge verlief nicht immer reibungslos. Einige wie U. →Acosta, J. de →Prado u. a. lehnten sich im Namen einer einfachen, »natürlichen« Religion gegen die Zucht der positiven Religion auf und wurden verbannt. Unter solche Einflüsse geriet auch Spinoza, was dazu führte, daß er nach dem Tod seines angesehenen Vaters, dessen Firma er weiterführte, 1656 aus der »portugiesischen« Synagoge ausgeschlossen wurde. Nach seiner Verbannung fand Spinoza vor allem bei freikirchlichen Christen und bei Anhängern der liberalen Regierung Johan de Witts Halt und Anklang. In einer verlorenen »Apologie« hat Spinoza vermutlich schon die antijüdische Polemik vorgetragen, die sich dann in seinem »Tractatus Theologico-Politicus« (1670) wiederfindet. Hier geht es eigentlich um ein Plädoyer für die Gewissensfreiheit und die Trennung von Staat und Kirche. Um den herrschenden Regimen die biblische Legitimation zu entziehen, analysierte Spinoza erstmals das AT mit der historisch-kritischen Methode und schränkte so die Geltung der mosaischen Verfassung und auch des Judentums auf die Phase jüdischer Eigenstaatlichkeit ein. Lediglich die allgemeinen moralischen Prinzipien der Bibel, wie sie am reinsten Jesus verkörpere, seien nach wie vor gültig und stimmten mit der natürlichen und vernünftigen Ethik überein. Im Anschluß an René Descartes entwickelte Spinoza ein pantheistisches System, das posthum als »Ethica. More Geometrico Demonstrata« (1677) veröffentlicht wurde. Seine rationalistische und individualistische Heilslehre stellte einen Religionsersatz dar und wurde nach der Aufklärung u. a. von jüdischen Denkern wie M. →Hess, C. →Brunner und L. →Brunschvicg in diesem Sinne rezipiert.

Ⓛ Y. Yovel, Spinoza and other Heretics, Princeton 1989. – Z. Levy, Baruch or Benedict. On some Jewish Aspects of Spinoza's Philosophy, New York 1989. (DK)

Spira, Nathan (Natan ben Salomon), Kabbalist und Gelehrter, um 1585 Krakau – 29. 7. 1633 Krakau. Seit etwa 1617 Leiter der von M. →Isserles gegründeten Jeschiwa, in den letzten Lebensjahren Vorsitzender des Krakauer Rabbinergerichts. Spira verbreitete als einer der ersten in Polen eine pseudolurianische →Kabbala. Sein posthum veröffentlichtes Werk »Megalleh Amukkot« (1637, »Der Entdecker der Tiefen«) mit 252 Interpretationen einer einzigen Stelle des Pentateuch (Dtn 3,23ff.) wurde zu einer grundlegenden Schrift der aschkenasischen Kabbala. Die Denkmethode und die Interpretationsweise wurden noch über 200 Jahre lang nachgeahmt.
(AGR)

Sport, *1. Sport in der Antike.* Es gibt keine Erwähnung sportlicher Aktivitäten von Juden zwischen dem Ende der biblischen Zeit und der Makkabäer-Periode. Sport wurde nicht im Zusammenhang mit der notwendigen körperlichen Ertüchtigung gesehen oder als Aspekt des militärischen Trainings, sondern als »Sport um des Sports willen«, und war damit unvereinbar mit den jüdischen Idealen. Diese Abneigung blieb bis in die moderne Zeit erhalten. Einige Umstände begleiten die negative Einstellung zum Sport. Mit →Alexander dem Großen breitete sich die hellenistische Kultur aus, und der Versuch von →Antiochos IV., die Juden gewaltsam zu hellenisieren, führte zum Ausbruch des Makkabäeraufstands. Eine der Provokationen war die Errichtung eines Gymnasiums in Jerusalem, in dem die Wettkämpfer nackt auftraten. Sport wurde mit der fremden und als bedrohlich angesehenen hellenistischen Kultur gleichgesetzt. Außerdem waren die Olympischen Spiele der Sage nach vom Halbgott Herakles gestiftet und mit der Verehrung speziell des Gottes Zeus verbunden. Trotzdem fand der Sport dort Eingang in das jüdische Leben, wo die Juden unter griechischen Einfluß lebten. Der Widerstand gegen den Sport erhielt in Rom neue Nahrung, wo Theater und Spiele in der jüdischen Bevölkerung als Antithese zu Schule und Synagoge verstanden wurden, dies nicht nur wegen der Grausamkeiten, sondern auch, weil Juden zum Gegenstand von Satire, Parodie und Spott wurden. Der erste jüdische Herrscher, der den Sport förderte, war →Herodes der Große. Zwischen 37 und 4 v. Z. errichtete er Stadien in seinem Herrschaftsgebiet, u. a. in Caesarea, Sebastia, Tiberias, Jericho, und führte eine Olympiade in Palästina ein, die alle fünf Jahre stattfand.

2. Sport in der →Diaspora. Im Mittelalter gibt es einige Hinweise auf organisierten Sport von Juden in Spanien, die Kampfsportarten, Tanzen und intellektuelle Sportarten wie Schachspielen und Rätselraten betrieben; alle diese Sportarten wurden offensichtlich wegen ihres Erholungswertes geübt. Erwähnungen finden auch der Reitsport und die Falknerei. Am populärsten waren offenbar Ballsportarten, vor allem das sog. Pelota. Im 15. Jahrhundert beteiligten sich Juden in Augsburg an Wettkämpfen in den Disziplinen Laufen, Springen, Werfen, Kugelstoßen. Im selben Jahrhundert wurden Volksfeste in Rom eingeführt, die auch sportliche Wettkämpfe einschlossen. Aus dem Jahr 1513 datiert ein Lied über einen jüdischen Läufer. Diese Spiele und Feste wurden ungefähr 200 Jahre fortgeführt. Seit der frühen Neuzeit wandten sich Juden besonders dem Fechten zu. Obwohl die meisten Juden im 19. Jahrhundert unter Umständen lebten, die sportliche Leistungen nicht förderten, gab es in England, Deutschland, Ungarn, Kanada, Frankreich, Österreich und den USA eine ganze Reihe jüdischer Spitzensportler. 1896 waren unter den Medaillengewinnern der 1. Olympischen Spiele der Neuzeit in Athen sechs jüdische Athleten, die 13 Medaillen gewannen. Auf dem 5. Zionistischen Weltkongreß 1901 rief M. →Nordau, der Ideologe des »Muskeljudentums«, die Juden auf, ihr Interesse am Sport und an der körperlichen Ertüchtigung zu erneuern. Sport bedeutete für viele Juden, denen lange durch satzungsgemäße »Arierparagraphen« die Mitgliedschaft in der deutschen Turnbewegung verwehrt war, neben der Entwicklung zu einem neuen, körperlichen Selbstbewußtsein auch einen Beitrag zur Abwehr des Antisemitismus. Sport wurde als Mittel betrachtet, das weitverbreitete Vorurteil von der körperlichen Minderwertigkeit der Juden zu widerlegen. Aus dieser Motivation entstand die Makkabäer-Bewegung, die von Europa und Palästina aus um die ganze Welt ging. Zu Beginn des Ersten Weltkriegs gab es in Europa über 100 →Makkabi-Vereine. Die größten – »Ha-Koah« in Wien, »Bar Kochba« in Berlin und »Ha-Gibor« in Prag – waren berühmt für ihre hervorragenden Mannschaften. Der »Bar Kochba« in Berlin war bei seiner Gründung 1898 der erste jüdische Turnverein in Deutschland. Bis zum Ersten Weltkrieg entstanden auch in einer Reihe weiterer Städte innerhalb und außerhalb des Reichsgebiets derartige Vereine. Sie schlossen sich in der »Jüdischen Turnerschaft« zusammen, die 1921 im zionistisch ausgerichteten »Makkabi-Weltverband« aufging. Stark waren die zum →Reichsbund jüdischer Frontsoldaten gehörenden Gruppen, die in mehr als 100 Vereinen zusammengeschlossen waren. Im Gegensatz zu den konfessionellen Sportorganisationen und der Arbeitersportbewegung wurde der Makkabi 1933 zunächst nicht aufgelöst. Er nahm vielmehr in den folgenden Jahren einen bemerkenswerten Aufschwung, weil er den aus den Vereinen des »Deutschen Reichsbundes für Leibesübungen« ausgeschlossenen Juden eine letzte Möglichkeit zur sportlichen Betätigung bot. Der Novemberpogrom von 1938 setze dem organisierten jüdischen Sport ein Ende. Die Vereine und Verbände wurden aufgelöst. Der 1964 wiedergegründete »Makkabi Deutschland e. V.« ist Mitglied des »Deutschen Sportbunds«. Zu Beginn des 20. Jahrhunderts lernten die Kinder der jüdischen Immigranten in Großbritannien und den USA die Spiele ihrer neuen Heimat vor allem in Jugendklubs kennen. Da sie in dichtbesiedelten Stadtteilen lebten, wurden sie bald Meister in Sportarten, die wenig Platz beanspruchten, wie Boxen, Handball, Tischtennis, Basketball, Gymnastik und Ringen. Sportlicher Erfolg sicherte den Jugendlichen häufig ein Stipendium an einer amerikanischen Hochschule. Nach dem Zweiten Weltkrieg änderte sich das Bild. In den aufstrebenden Gemeinden wurden mehr und mehr Sportarten mit hohem Statuswert wie Tennis, Golf, Polo, Reiten, Squash und Segeln betrieben. Wo Juden der Zugang zu den entsprechenden Klubs verwehrt blieb, organisierten sie ihre eigenen.

3. Sport in Palastina und in Israel. Der israelische Makkabi begann als unpolitische Sportorganisation, die aber von den Zionisten unterstützt wurde. Der erste Makkabi-Verein wurde 1911 in Jerusalem gegründet und hatte bald 300 Mitglieder. Ein zweiter Verein entstand in Petah Tiqwa. Beide Vereine bildeten zusammen mit dem Verein »Rishon le-Zion« in Jaffa 1912 die nationale Makkabi-Organisation. Makkabi beschränkte sich nicht nur auf sportliche Aktivitäten, sondern engagierte sich im kulturellen Bereich, kämpfte für die Anerkennung des Hebräischen, für die »jüdische Arbeit« und die Selbstverteidigung. Zu Beginn des Ersten Weltkriegs waren etwa 1000 Mitglieder in 15 Vereinen organisiert. Mit der Teilnahme von Makkabi und der Bewegung Haschomer am Sportfestival von Rehovot 1913 war eine nationale jüdische Sportbewegung etabliert. Die Spiele wurden nach dem Krieg nicht wiederbelebt; Makkabi organisiert seit 1920 eigene Spiele, die Makkabiade. Die Sporterziehung bekam neue Impulse mit der Ankunft erfahrener jüdischer Athleten, unter ihnen David Almagor (Turner und Ringer) aus Kairo, Yehoshua Alouf (einer der besten Turner von Makkabi Warschau) und Dr. Emanuel Simon (einer der besten Leichtathleten von »Bar Kochba« in Berlin). Die Arbeiter organisierten sich ab 1924 in Hapoel-Vereinen, die der →Histadrut angeschlossen waren. Anliegen des Hapoel war der Breitensport, 1935 gab es bei den 4. Spielen des Hapoel 10 000 Teilnehmer. Diese Spiele finden nach wie vor alle fünf Jahre statt. Unter dem britischen Mandat gewann der Fußball einen großen Stellenwert im Sport. 1925 wurde die Organisation der Jüdischen Fußballvereine gegründet, 1928 die Palästinische Fußball-Vereinigung. Sie bestand aus britischen, jüdischen und arabischen Teams und war die einzige Vereinigung, in der Makkabi und Hapoel bis zur Staatsgründung zusammenarbeiteten. Seit 1936 wurde Palästina und später Israel durch diese Vereinigung bei den Weltmeisterschaften vertreten. Die Makkabiade 1931 markierte den Eintritt in den internationalen Sport. Zwei Jahre später gründete sich das Palästinische Olympische Komitee. Nach der 2. Makkabiade 1935 blieben viele Teilnehmer im Land, so daß die Makkabiade nicht nur wesentliche Impulse für das sportliche Leben setzte, sondern auch ein Anreiz für die →Alija wurde. Makkabi schickte 1934 eine Delegation zu den Westasiatischen Spielen nach Neu-Delhi und 1935 zu den Londoner Spielen, einem Wettbewerb für Frauen. In derselben Zeit wurde Palästina von Hapoel auf zwei Veranstaltungen vertreten, auf den Arbeiter-Olympiaden in Wien 1931 und in Antwerpen 1937. Eine Einladung zu den Olympischen Spielen 1936 in Berlin wurde aus verständlichen Gründen nicht angenommen, und für die nächsten 16 Jahre nahmen keine palästinischen oder israelischen Athleten an Olympischen Spielen teil. 1950 wurde die 3. Makkabiade durchgeführt, und die Sportler von Makkabi und Hapoel starteten erstmals gemeinsam in einem Team. Nach den Makkabiaden 1953 und 1957 wurden die Makkabiaden alle vier Jahre durchgeführt. Neben Makkabi und Hapoel gibt es weitere wichtige Organisationen: »Elizur« und »Betar«, die religiös bzw. national orientiert sind, und »Academic Sports Association«. Das Wingate-Institut für körperliche Erziehung in Netanya genießt einen internationalen Ruf als Ausbildungsstätte und Trainingslager.

4. *Allgemein* ist die Präferenz jüdischer Sportler für Sportarten der Selbstverteidigung wie Boxen, Ringen, Fechten, Gewichtheben auffallend. Der englische Schwergewichts-Champion Daniel Mendoza (1763–1836) setzte die Boxregeln durch und führte die Boxhandschuhe ein. Max Baer (USA) war der einzige jüdische Weltmeister im Schwergewicht. In anderen Gewichtsklassen gab es eine Reihe jüdischer Weltmeister. Im Fechten errangen jüdische Sportler und Sportlerinnen ihre größten Erfolge. Goldmedaillen gewannen u. a.: Norman Cohen (Ungarn, 1928), Eugen Fuchs (Ungarn, 1908 und 1912), Johann Garay (Ungarn, 1928), Josef Lewis (USA, 1932). Bei der Olympiade 1936 in Berlin hießen die Siegerinnen: Ilona Schacherer-Elek (Ungarn, Gold), H. →Mayer (Deutschland, Silber) und Ellen Preis (Österreich, Bronze).
Der erfolgreichste jüdische Sportler aller Zeiten war der Schwimmer Mark Spitz (USA), der bei den Olympischen Spielen 1968 und 1972 insgesamt 9 Goldmedaillen gewann. Große Verdienste um die Olympischen Spiele erwarb sich der ehemalige Staatssekretär Theodor Lewald (1860–1947), ein Neffe F. →Lewalds. Als Mitglied des Olympischen Komitees leitete Lewald die deutsche Olympiamannschaft der Spiele von 1928 und 1932. 1936 war er Reichskommissar für die Olympischen Spiele in Berlin, da Hitler durch seine Berufung einen Olympiaboykott des Auslands vermeiden wollte.

L A. Harnack, Die Anfänge der organisierten jüdischen Turn- und Sportbewegung, Wien 1974. – W. Meisl/F. Pinczower, Sport, in: S. Kaznelson, Juden im deutschen Kulturbereich, 1962. – B. Postal u. a., Encyclopedia of Jews in Sport, 1965. – H. U. Ribalow, The Jews in American Sports, 1966. (LH)

Sprachen der Juden. Kein Volk hat sich so wie die Juden die verschiedensten Sprachen zu eigen gemacht. Die älteste, das (Alt-)Hebräische (→Hebräische Sprache und Literatur), ein Zweig der westsemitischen kanaanischen Sprachen, ist die Sprache der klassischen Literatur und des Ritus. Mit dem babylonischen Exil verbreitete sich das ebenfalls westsemische Aramäisch, das auch die Sprache Jesu war. In der hellenistischen Diaspora wurde dagegen die griechische Koine Umgangssprache, in die im 2. vorchristlichen Jahrhundert auch die Bibel übersetzt wurde (→Septuaginta). Das (Mittel-)Hebräische der →Mischna nahm aramäische sowie griechische Bestandteile auf, während die →Gemara auf aramäisch verfaßt wurde. Im Früh-Mittelalter nahmen die Juden weithin die Sprachen der Länder an, in denen sie lebten; so entstanden u. a. Jüdisch-Persisch (noch in Buchara), Jüdisch-Arabisch, Jüdisch-Grusinisch, Jüdisch-Griechisch, Jüdisch-Provenzalisch, Jüdisch-Italienisch. Die wichtigsten jüdischen Umgangssprachen sind die der sephardischen und der aschkenasischen Juden, Spaniolisch und Jiddisch (→Jiddische Sprache und Literatur). Spaniolisch oder →Ladino ist die in Dialekten zwischen Kastilisch und Portugiesisch gesprochene Sprache der von der Iberischen Halbinsel stammenden sephardischen Juden in Nordafrika, in Griechenland, der Türkei, Südfrankreich und Israel. Das Jiddische (ursprünglich Taitsch) ist eine im Hoch- und Spät-Mittelalter aus mittel- und oberdeutschen Dialekten entstandene Ausgleichssprache mit hebräischen Elementen, die zur Umgangs- und seit dem 19. Jahrhundert auch zur Literatursprache des Ostjudentums wurde und ihrerseits eigene Mundarten entwickelte. In Nordamerika verschmolzen diese unter englischem Einfluß zu einem amerikanischen Jiddisch, das jedoch stark im Schwinden begriffen ist. Dagegen ist Jiddisch noch Umgangssprache zahlreicher orthodoxer Juden in Israel. Bis 1940 gehörten etwa drei Viertel der Weltjudenheit dem jiddisch sprechenden aschkenasischen Zweig an. Mit der zionistischen Siedlung in Palästina und der Gründung des Staates Israel wurde das von Elieser Ben Jehuda entwickelte Neuhebräisch (Iwrit) Umgangs- und Staatssprache.

L H. Löwe, Sprachen der Juden, 1911.
(FL)

Sprinzak, Josef, zionistischer und israelischer Politiker, 1885 Moskau – 28.1.1959 Jerusalem. Zuerst in zionistischen Organisationen in Rußland aktiv, ging 1908 als Sekretär von →Hapoel Hazair nach Palästina; spielte eine bedeutende Rolle bei der Organisierung der Selbstverwaltungsorgane des →Jischuw. 1945–48 Generalsekretär der →Histadrut; 1948 Vorsitzender des Provisorischen Staatsrats. Die erste Knesset wählte ihn 1949 einstimmig zum Sprecher. Dieses Amt hatte er bis zu seinem Tod inne. (DB/MW)

Staatsbürgerschaft, israelische. Nach dem am 5. 7. 1949 von der Knesset verabschiedeten →Rückkehrgesetz kann jeder aus dem Ausland kommende Jude sofort die Staatsbürgerschaft erhalten. Die Frage, wer Jude ist und welche staatliche oder religiöse Instanz im Zweifelsfall darüber entscheidet, hat immer wieder zu heftigen Kontroversen und zu Regierungskrisen geführt. Nicht wenige orthodoxe Rabbiner und ihre Anhänger verneinten die Zugehörigkeit der aus Äthiopien stammenden →Falascha zum Judentum. Als Bedingung ihrer Teilnahme an einer Regierungskoalition haben orthodox-religiöse Parteien wiederholt die Verabschiedung eines Gesetzes verlangt, wonach Konversionen zum Judentum, die von den vornehmlich amerikanischen Rabbinern des Reform- und Konservativen Judentums vorgenommen werden, in Israel keine Anerkennung finden würden. Für die israelische Staatsbürgerschaft gilt sonst das Abstammungsprinzip, wobei die Abstammung von einer jüdischen Mutter entscheidend ist, die Naturalisierung (Einbürgerung) oder die Verleihung sowie das Territorialprinzip in bezug auf die nichtjüdischen Bewohner Israels in den Grenzen bis Juni 1967. Die seitdem annektierten Gebiete (Ostjerusalem, Golanhöhen) wurden dem jüdischen Staat juristisch zugeordnet, ohne daß die nichtjüdischen Bewohner zu israelischen Staatsbürgern gemacht wurden. (DB/MW)

Staatskontrolleur, Leiter einer Behörde, die allein der →Knesset verantwortlich ist; wird vom →Staatspräsidenten aufgrund einer Empfehlung eines Knesset-Ausschusses für fünf Jahre ernannt und darf nicht Mitglied der Knesset oder eines lokalpolitischen Gremiums sein. Sein Amt kontrolliert alle Ministerien, die Nationalbank, die nationale Versicherungsanstalt, den staatlichen Rundfunk, das staatliche Fernsehen, alle staatlichen oder teilstaatlichen Unternehmen, die religiösen Räte und die Universitätsverwaltungen. Seit 1971 fungiert der Staatskontrolleur außerdem als Beauftragter für Beschwerden aus der Öffentlichkeit. (DB/MW)

Staatsliste, 1968 unter Führung von Yigael Hurwitz und Meir Avisohar aus der →Rafi-Partei hervorgegangene reformistische, sozialdemokratische israelische Partei; sie wurde von den rund 40 Prozent der Rafi-Mitglieder gegründet, die sich weigerten, dem Mehrheitsbeschluß zur Vereinigung mit der →Mapai und →Achdut Haawoda zur neuen →Israelischen Arbeitspartei (IAP) zu folgen. Rafi-Gründer D. →Ben-Gurion gab der neuen Partei seinen Segen, beteiligte sich jedoch nicht mehr aktiv. Bei den Knessetwahlen 1969 erhielt die Staatsliste 3,1 Prozent der Stimmen und vier Mandate. Bereits 1970 wechselte die Gruppe um Avisohar zur IAP. Hurwitz gründete später die →Laam-Partei.

[L] M. Wolffsohn, Politik in Israel, 1983.
(DB/MW)

Staatspräsident, israelischer, Staatsoberhaupt. Die Kompetenzen des Staatspräsidenten sind in den Grundgesetzen über Staatspräsident (1964) und Regierung (1968) festgelegt. Er wird mit einfacher Mehrheit von der Knesset für eine Amtsperiode von fünf Jahren bei geheimer Stimmabgabe gewählt und kann (seit 1969) höchstens einmal wiedergewählt werden. Während seiner Amtszeit besitzt er Immunität, die jedoch nicht darüber hinausgeht. Zur Amtsenthebung ist eine Dreiviertelmehrheit der Knessetmitglieder (90 von 120) notwendig. Die wichtigste Aufgabe des Staatspräsidenten war bis zur Einführung der Direktwahl des Ministerpräsidenten durch ein Gesetz von 1992 die Beauftragung eines Knessetmitglieds mit der Regierungsbildung nach Neuwahlen oder nach dem Rücktritt der Regierung. Rücktritte von Ministern oder Regierungen nimmt er entgegen. Der Staatspräsident unterzeichnet Gesetze, die nicht seine eigenen Befugnisse betreffen, »Abkommen mit fremden Staaten, die von der Knesset bestätigt wurden« (wobei die Regierung nicht verpflichtet ist, Abkommen der Knesset vorzulegen), nimmt Beglaubigungsschreiben ausländischer Botschafter entgegen, ernennt Israels diplomatische Vertreter, die Richter des Obersten Gerichtshofs und anderer ziviler und religiöser Gerichte, den Staatskontrolleur, den Präsidenten der Zentralbank u. a. Er kann Strafen verringern oder verändern und Begnadigungen aussprechen. Israels Staatspräsidenten waren C. →Weizmann 1949–52 (im Amt gestorben), I. →Ben-Zwi 1952–63 (1957 und 1962 wiedergewählt, im Amt gestorben), S. →Schasar 1963–73 (1968 wiedergewählt), E. →Katzir 1973–78, I. →Navon 1978 bis 1983, C. →Herzog 1983–93 (1988 wiedergewählt) und E. →Weizman(n) 1993 (1998 wiedergewählt). (DB/MW)

Stahl, Friedrich Julius →Preußen

Stalin, Jossif (Josef) →Antisemitismus, →Antizionismus, →»Ärzteverschwörung«, →Rußland, →Slánský-Prozeß

Stampfer, Friedrich, Journalist und Politiker, 8.9.1874 Brünn – 1.12.1957 Kronberg, Taunus. 1900–02 Mitarbeiter der »Leipziger Volkszeitung« (SPD) und Herausgeber einer »Korrespondenz«, 1916–33

und weiter im Exil bis 1939 leitender Redakteur des SPD-Organs »Vorwärts« in Berlin und Reichstagsabgeordneter. Nach der Machtergreifung der Nationalsozialisten war Stampfer wegen seiner jüdischen Herkunft und sozialistischen Tätigkeit besonders gefährdet. 1933 Emigration nach Prag und später New York. Zusammen mit R. →Hilferding maßgeblich beteiligt am Exilprogramm der SPD, dem »Prager Manifest« (1934). Stampfer warb – in Konkurrenz zur kommunistisch gesteuerten Volksfrontbewegung – für eine sozialdemokratisch orientierte »humanistische Front« von Politikern und Intellektuellen. Nach seiner Rückkehr nach Deutschland (1948) versuchte er mit der Errichtung eines politischen »Korrespondenz-Büros« noch einmal, Einfluß auf den politischen Neubeginn in Deutschland zu nehmen. 1957 erschien seine Autobiographie »Erfahrungen und Erkenntnisse«. (WJ)

Edith Stein, um 1935

Statistik →Demographie

Statthalter. Nach der Absetzung des →Archelaos wurde →Judäa (mit einer kurzen Unterbrechung unter →Agrippa I.) eine römische Provinz; sie war römischen Statthaltern aus dem Ritterstand unterstellt, die den Titel »praefectus« führten; da dieses Amt dem eines römischen Prokurators entsprach, übersetzte Luther die griechische Bezeichnung für Statthalter häufig mit »Landpfleger«. Der fünfte römische Statthalter war Pontius Pilatus, der als einziger der römischen Statthalter vor Ausbruch des großen jüdischen Aufstands auch durch eine Inschrift aus Caesarea bezeugt ist; aufgrund seines willkürlichen und auf die religiösen Empfindungen der Juden keine Rücksicht nehmenden Verhaltens kam es immer wieder zu Unruhen. Im Jahr 36 n. Z. wurde Pontius Pilatus nach einem Blutbad unter Samaritanern von Kaiser Tiberius abgesetzt. Pilatus fällte nach römischem Recht das Todesurteil über Jesus und ließ es nach römischer Sitte vollstrecken. Unter dem ebenso rücksichtslosen Statthalter Gessius Florus (64–66) brach der große jüdische Aufstand aus. (HC)

Steiermark →Innerösterreich

Stein, 1. Edith, Philosophin, 12.10.1891 Breslau – 9.8.1942 Auschwitz (ermordet). Im Haus der Witwe Auguste Stein – Stein war das letzte von elf Kindern – wurden die jüdischen Bräuche noch gepflegt. Stein schildert in ihrer Autobiographie »Aus dem Leben einer jüdischen Familie« (Werke, Band 7, 1985) aber auch den Traditionsverfall in ihrer Familie und ihren vollständigen Glaubensverlust. Während des Studiums bei E. →Husserl in Göttingen (1913–16) wandte sie sich unter dem Einfluß von M. →Scheler und A. →Reinach dem Christentum zu und trat 1922 zum Katholizismus über. Neben den Verdiensten um die Herausgabe des Werks von E. Husserl ist an der Philosophin Stein vor allem ihre Arbeit an einer Synthese der christlichen Scholastik und der Phänomenologie hervorzuheben. 1933 mußte sie ihre Stelle am katholischen Institut für Pädagogik in Münster aufgeben. Ihr Versuch, Papst Pius XI. zu einer Enzyklika gegen die Judenverfolgung zu bewegen, scheiterte. 1933 wurde sie in das Kölner Karmeliterinnenkloster aufgenommen. Nach dem Novemberpogrom 1938 siedelte sie in den Karmel von Echt (Holland) über. Dort wurde sie am 2. 8. 1942 im Zuge einer Vergeltungsaktion gegen die holländischen Bischöfe als konvertierte Jüdin verhaftet und nach Auschwitz deportiert. Stein deutete die Judenverfolgung z. T. mit dem christlichen Gemeinplatz von der »Selbstverfluchung« des jüdischen Volkes. 1987 wurde Stein von Papst Johannes Paul II. seliggesprochen.

[L] W. Herbstrith (Hrsg.), Erinnere dich – vergiß es nicht. Edith Stein – Christlich-jüdische Perspektiven, 1990. (DK)

2. Karl, Reichsfreiherr vom und zum, preußischer Staatsmann, 26.10.1757 Nassau an der Lahn – 29.6.1831 Cappenberg, Westfalen. In der von Stein konzipierten preußischen Städteordnung von 1807 wurde den Juden zwar das städtische Bürgerrecht zuerkannt, jedoch nicht ihr Status als →Schutzjuden aufgehoben. Bei Übernahme aller bürgerlichen Rechte und Pflichten blieben sie weiterhin verpflichtet, Schutzgelder zu zahlen. Zur Lösung der sozialen Probleme der Juden in →Preußen trug Stein nicht bei. Als Marschall des westfälischen Provinziallandtags, seinem letzten politischen Amt, vertrat er im Hinblick auf die Juden eine konservative Position, die auf eine weitere soziale Ausgrenzung der jüdischen Bevölkerung hinauslief.

🄻 R. Erb/W. Bergmann, Die Nachtseite der Judenemanzipation. Der Widerstand gegen die Integration der Juden in Deutschland 1780–1860, 1989. (AH)

Steinbarg, Eliezer, jiddischer Schriftsteller, 1880 Lipkany, Bessarabien – 1932 Tschernowitz. Steinbarg war bis 1920 Direktor der hebräischen und jiddischen Schule in seiner Heimatstadt. Er schrieb Fabeln von hohem literarischem Wert, die erst nach seinem Tod in Buchform erschienen. Nach 1920 lebte er in Tschernowitz und entfaltete eine intensive kulturelle Tätigkeit; verfaßte auch Erzählungen für Kinder in hebräischer Sprache. (AB)

Steinhardt, Jakob, Maler und Graphiker, 23.5.1887 Zerkow, Polen – 11.2.1968 Nahariya, Israel. Seit 1906 Studium in Berlin u.a. bei H. →Struck (Radierung), 1909–12 in Paris bei Henri Laurens und Henri Matisse; 1912 Rückkehr nach Berlin und Gründung der Pathetiker-Gruppe zusammen mit Ludwig Meidner und Richard Janthur. 1933 verließ Steinhardt Deutschland und wanderte nach Jerusalem aus, wo er 1949 Leiter der graphischen Abteilung der Bezalel-Schule, 1953 bis 1957 deren Direktor wurde. Internationale Preise gewann er auf der Biennale in São Paulo (1955) und in Venedig (1960). Steinhardt wandte zunächst verschiedene Techniken (Radierung, Lithographie) an, später bevorzugte er den Holzschnitt. Zu seinen Frühwerken zählen Blätter zum jüdischen Milieu in Osteuropa und zu biblischen Themen sowie Illustrationen zur Aggada (1920/21); seit 1950 entstanden vorrangig Holzschnitte zu einem umfangreichen Bibelzyklus.

🄻 Z. Amishai-Maisels, Jakob Steinhardt. Etchings and Lithographs, Jerusalem/Tel Aviv 1981. – C. Gamzu, Graphic Art of Jakob Steinhardt, 1963. – L. Kolb, Woodcuts of Jakob Steinhardt, 1959. – R. Pfefferkorn, Jakob Steinhardt, 1967. (HK)

Salomon Ludwig Steinheim

Steinheim, Salomon Ludwig, Arzt, Theologe und Gelehrter, 6.8.1789 Bruchhausen, Westfalen – 19.5.1866 Zürich. Steinheim besuchte das humanistische Gymnasium Christianeum in Altona und studierte Medizin in Berlin und Kiel, wo er 1811 promoviert wurde. 1811–45 wirkte er als Arzt in Altona, wo er sich in der Seuchenvorsorge, vor allem im Kampf gegen Typhus und Cholera, hervortat. Von 1845 bis zu seinem Tod lebte Steinheim in Italien. Sein naturwissenschaftliches Werk zeichnet sich durch eine für seine Zeit noch ungewöhnliche, streng empirische Vorgehensweise aus. Diese ist auch für die jüdische Theologie bezeichnend, die Steinheim in seinem Hauptwerk, »Die Offenbarung nach dem Lehrbegriff der Synagoge« (1835–65), entwickelt. Gegen eine rationalistische oder positivistische Reduktion des Judentums auf eine Vernunft- bzw. Gesetzesreligion betont Steinheim den übervernünftigen Gehalt der biblischen Offenbarung. Die Vernunft kann nach Steinheim nicht von sich aus auf Einsichten wie die Persönlichkeit Gottes oder die Schöpfung aus dem Nichts kommen. Diese Offenbarungen müssen laut Steinheim folglich empirische Tatsachen sein und das geoffenbarte Gesetz ihr symbolischer Ausdruck. Demgemäß fußt die Offenbarung des Judentums, so die apologetische Pointe Steinheims, wie die empirischen Naturwissenschaften auf Tatsachen. Als Publizist setzte sich Steinheim nachhaltig für die Emanzipation der Juden in Schleswig-Holstein ein. Seine originelle Stellung zwischen Alt- und Neuorthodoxie auf der einen und der Reformbewegung auf der anderen Seite hat Steinheim isoliert und in Vergessenheit geraten lassen.

In diesem Jahrhundert hat sich vor allem H.-J. →Schoeps um Steinheims Wiederentdeckung verdient gemacht (→Salomon Ludwig Steinheim-Institut für deutsch-jüdische Geschichte).

🄻 H.-J. Schoeps (Hrsg.), Salomon Ludwig Steinheim zum Gedenken, 1966. – »Philo des 19. Jahrhunderts«: Studien zu Salomon Ludwig Steinheim. Hrsg. von J.H. Schoeps und A. Bagel-Bohlan, 1993. (DK)

Steinschneider, Moritz, Orientalist und Bibliograph, 30.3.1816 Proßnitz, Mähren – 24.1.1907 Berlin, war seit 1859 Dozent an der Veitel-Heine-Ephraim-Stiftung in Berlin und 1869–90 Direktor der jüdischen

Mädchenschule. Die wissenschaftlichen Arbeiten Steinschneiders erstreckten sich auf das ganze Gebiet der jüdischen Literatur und Kultur des Mittelalters und der Neuzeit bis ins 19. Jahrhundert. Steinschneider gab zahlreiche Kataloge, hebräische Bücher und Handschriften heraus und legte bedeutende Forschungsergebnisse über die Übersetzungstätigkeit der Juden und Araber im Mittelalter vor, mit besonderer Berücksichtigung der Naturwissenschaften.

L Verzeichnis seiner Schriften zusammengestellt von G. A. Kohut, in: Festschrift Moritz Steinschneider, 1896. – I. Elbogen, Moritz Steinschneider, der Vater der hebräischen Bibliographie, 1926. (JS)

Steinthal, Heymann, Philosoph und Philologe, 16.5.1823 Gröbzig, Anhalt – 14.3. 1899 Berlin. Zusammen mit seinem Schwager M. →Lazarus hat Steinthal die Völkerpsychologie begründet. Seit 1855 war er außerordentlicher Professor für allgemeine Sprachwissenschaft in Berlin und seit 1872 Professor für Bibelwissenschaft und Religionsphilosophie an der neugegründeten →Hochschule für die Wissenschaft des Judentums in Berlin. Das Judentum zeichnet sich nach Steinthal durch die Verpflichtung auf die universalistische Ethik der Propheten aus und stellt keinen Gegensatz, sondern eine harmonische Ergänzung zur »deutschen Sittlichkeit« dar. »Wir finden«, schreibt Steinthal, »in dem doppelten und verschmolzenen jüdisch deutschen Nationalgefühl doppelte Veranlassung zur Menschlichkeit, zu jeder Art sittlicher Betätigung«. Als Leiter des überregionalen →Deutsch-Israelitischen Gemeindebunds beteiligte sich Steinthal aktiv an der Abwehr des →Antisemitismus.

L I. Belke (Hrsg.), Moritz Lazarus und Heymann Steinthal. Die Begründer der Völkerpsychologie in ihren Briefen, 3 Bände, 1971 ff. (DK)

Stern, 1. Avraham, extremer jüdischer Nationalist und Gründer der →Lechi, 1907 Suwałki, Polen – 12.2.1942 Tel Aviv. 1929 in der →Hagana aktiv, brach sein Studium ab, um sich ganz dieser militärischen Organisation zu widmen; 1937 Mitbegründer des →Irgun, der Gegenterror gegen die Araber und die militärische »Befreiung« Palästinas propagierte. Weil Hagana und Irgun im Zweiten Weltkrieg bereit waren, an der Seite Englands zu kämpfen, gründeten Stern und seine Anhänger 1940 die militärische Untergrundorganisation Lohame Cherut Israel (abgekürzt: Lechi), um weiterhin gegen die britische Mandatsmacht zu kämpfen. Stern wurde bei seiner Festnahme von britischen Polizisten erschossen. (DB/MW)

2. Ernst Julian, Kostüm- und Bühnenbildner, 20.3.1876 Bukarest – 28.8.1954 London. Studierte seit 1894 an der Akademie der Schönen Künste in München. Karikaturist für die Zeitschrift »Jugend« und »Simplizissimus«. Mitarbeit am literarisch-politisch-satirischen Kabarett »Die elf Scharfrichter« München, bekannt als »Tobias Loch der Schnellmaler«. 1905 Wechsel nach Berlin. 1906–20 Bühnenbildner bei M. →Reinhardt. Raumkünstler, der mit Dekoration und imaginären Bildern die künstlerischen Absichten Reinhardts umsetzte. Entwickelte mit dem Konzept der Drehbühne eine der bedeutenden theatertechnischen Neuerungen der Reinhardtschen Bühnen (Beleuchtungsapparat, Kuppelhorizont). 1920–23 Bühnenbildner bei Ernst Lubitsch. Seit 1924 verantwortlich für die Ausstattung der Revue- und Operettenproduktionen Eric Charells. 1933 Emigration über Amsterdam und Paris nach London. 1934 Aufenthalt in Hollywood. Seit 1935 Bühnenbildner an verschiedenen Londoner Theatern. Publikation: »Reinhardt und seine Bühne. Bilder von der Arbeit des Deutschen Theaters« (1919, zusammen mit H. Herald). (MBR)

3. Fritz, Historiker, 2.2.1926 Breslau. 1938 Emigration in die USA, 1947 US-Staatsbürgerschaft; seit 1957 Professor an der Columbia University in New York, zahlreiche Gastprofessuren. Stern zählt zu den bedeutendsten Historikern der Gegenwart, sein Spezialgebiet ist die politische Kulturgeschichte Deutschlands im 19. und 20. Jahrhundert. Werke u.a.: »Kulturpessimismus als Gefahr« (1961, deutsch 1963); »Das Scheitern illiberaler Politik« (1972); »Gold und Eisen. Bismarck und sein Bankier Bleichröder« (1978); »Der Traum vom Frieden und die Versuchung der Macht. Deutsche Geschichte im 20. Jahrhundert« (1988); »Verspielte Größe. Essays zur deutschen Geschichte des 20. Jahrhunderts« (1996). (RED)

4. Gustave, Dirigent, Arrangeur, Pianist, 15.5. 1901 Duisburg – 11.8.1990 Seattle, USA. Nach seinem Studium in Leipzig wurde Stern Hilfsdirigent an der Duisburger Oper, Chorleiter verschiedener politischer und religiöser Gruppen. Auf der Flucht vor den Nationalsozialisten kam Stern über Paris 1942 in die USA. 1946 wurde er Dirigent der »Civic Light Opera Comp.« in Seattle. Hier dirigierte und arrangierte er seit 1953 Musicals, bei denen er mit einer Reihe von Broadway- und Holywoodstars zusammenarbeitete. (LH)

5. Sigismund, Mitbegründer der Berliner Reformgemeinde, 1812 Karge, Provinz Posen – 1867 Frankfurt am Main. Übernahm 1835 die Leitung der Berliner Schul- und Pensionsanstalt; 1855 zum Leiter des →Philantropins in Frankfurt am Main berufen. Seine Vorlesungen über »die Aufgaben des Judentums und seiner Bekenner« 1844/45 in Berlin, in denen er die Losung der »Deutsch-jüdischen Kirche« ausgab, führten 1845 zur Gründung der Gesellschaft für die Reform des Judentums.
L A. Galliner, Sigismund Stern. Der Reformator und Pädagoge, 1930. (JS)

6. William Louis, Psychologe, 29.4.1871 Berlin – 27.3.1938 Durham (N. C.). Studierte Psychologie und Philosophie in Berlin. Sterns personaler Psychologie liegt eine metaphysisch begründete Weltanschauung zugrunde, deren zentrale Begriffe »Person« und »Sache« auf die Lebenswirklichkeit des Menschen übertragen werden. So gelang ihm eine Verbindung zwischen Philosophie und Psychologie zur Klärung des menschlichen Lebens und seiner Entwicklungsbedingungen. Da Stern nicht bereit war, zum Christentum zu konvertieren, mußte er nach seiner Habilitation 1897 bis zum Jahr 1916 auf eine Berufung zum ordentlichen Professor warten und als Privatdozent in Breslau arbeiten. 1919 lehrte er an der neu gegründeten Universität in Hamburg als Professor für Psychologie, Philosophie und Pädagogik. 1933 emigrierte Stern in die USA. Hauptwerke: »Person und Sache« (3 Bände, 1906–24), »Psychologie der frühen Kindheit bis zum sechsten Lebensjahr« (1914). (CH)

Sternheim, Carl, Dramatiker und Essayist, 1.4.1878 Leipzig – 3.11.1942 Brüssel. Väterlicherseits gemeinsame Vorfahren mit Heine; Vater Bankier, Theaterkritiker und Zeitungsbesitzer, christliche Mutter; drei Ehen, zuletzt mit Pamela Wedekind; in der Brüsseler Emigration krank und vergessen. Als sozial- und kulturkritischer, vor allem das »juste milieu« sprachkritisch ins Visier nehmender Autor hatte Sternheim anhaltenden Theatererfolg, besonders mit »Die Hose« (1910), »Die Kassette« (1911), »Bürger Schippel« (1912), »Der Snob« (1913). (JK)

Stern-Täubler, Selma, Doktor der Philosophie, Historikerin, 24.7.1890 Kippenheim, Baden – 17.8.1981 Riehen, Schweiz. Tochter des jüdischen Arztes und Physikers Julius Stern (1861–1908) und von Emilie Durlacher (1869–1931), Frau von E. →Täubler. Nach dem Studium in Heidelberg und München wurde Stein-Täubler in München zum Doktor der Philosophie promoviert. Von 1920 bis 1933 war sie wissenschaftliche Mitarbeiterin am Forschungsinstitut der →Hochschule für die Wissenschaft des Judentums in Berlin. 1941 emigrierte sie über Schweden in die USA, wo sie ab 1946 als Archivarin in den American Jewish Archives am →Hebrew Union College in Cincinnati, Ohio tätig war. 1960 siedelte sie nach Basel über. Ihr Hauptwerk, »Der Preußische Staat und die Juden«, stellt den Zusammenhang zwischen jüdischer Geschichte und der politischen, sozialen und Wirtschaftsgeschichte Preußens dar. Weitere Werke: »Jud Süß. Ein Beitrag zur deutschen und zur jüdischen Geschichte« (1929), »The Court Jew« (Philadelphia 1950), »Aufsätze zur Problematik jüdischer Geschichtsschreibung 1908 bis 1950« (1977). (MAM)

Stettin, Hauptstadt Pommerns, seit dem 13. Jahrhundert Mitglied der Hanse, bis 1636 von pommerschen Herzögen regiert. 1648 (Westfälischer Friede) fiel Vorpommern mit Stettin an Schweden. Seit 1820 war Stettin eine der wichtigsten Seehandelsstädte Preußens; seit 1945 polnisch (Szczecin). Juden werden erstmals im 13. Jahrhundert erwähnt. Am 2. 12. 1261 erließ Herzog Barnim I. für die Stadt ein Privileg (erneuert 1308 und 1371), das Juden ein Ansiedlungsrecht gewährte. Am 12. 1. 1325 wurde dem Juden Jordan, seiner Familie und seinen Erben das Bürgerrecht verliehen. Vom 15. bis zum 19. Jahrhundert lebten in Stettin keine oder nur wenige Juden. Erst seit 1814 ließen sich Juden in der Stadt nieder. Am 1. 7. 1816 erfolgte durch 18 Juden die Gründung der Gemeinde. 1834 wurde mit dem Bau der ersten Synagoge begonnen, die für die rasch anwachsende Gemeinde 1875 durch eine größere mit 800 bis 900 Männer- und 750 Frauenplätzen ersetzt wurde. Der erste Gemeinderabbiner war Wolf Aloys Meisch (1843 bis 1859), gefolgt u. a. von Abraham Treuenfels (1860–79), Heinemann Vogelstein (1880–1911), Max Wiener (1912–26). Die Gemeinde besaß neben einer Religions- und Volksschule seit 1855 ein Waisenhaus und seit 1893 ein Altersheim. Die Mitgliederzahl lag 1873 bei 1000–1200, 1927/28 bei 2800–3000, 1933 bei 2700. Am 11./12.

2. 1940 wurde die Deportation der gesamten Gemeinde (etwa 800 Personen) innerhalb von acht Stunden angeordnet. Von Lublin (Polen) aus wurden sie bei armen polnischen Juden in Glusk, Belzyce und Piaski einquartiert. Am 28. 10. 1942 wurden die Stettiner Juden in Belzyce konzentriert und grausam ermordet; nur wenige überlebten. Im 1944/45 fast vollständig zerstörten Stettin nach 1945 Gemeindegründung durch polnische Juden.

L U. Grotefend, Geschichtliche und rechtliche Stellung der Juden in Pommern. Von den Anfängen bis zum Tode Friedrichs des Großen, 1930. – J. Peiser, Die Geschichte der Synagogen-Gemeinde zu Stettin, ^{2}1965. – E. Rosenfeld/G. Luckner (Hrsg.), Lebenszeichen aus Piaski. Briefe Deportierter aus dem Distrikt Lublin 1940–1943, 1968. (MAH)

Stiassny, Wilhelm, Architekt, 15. 10. 1842 Preßburg – 1910 Bad Ischl. Gründete 1862 die »Wiener Bauhütte« und war seit 1878 Mitglied des Wiener Magistrats und der Donauregulierungskommission. 1895 gründete er die Gesellschaft zur Sammlung und Konservierung jüdischer Kunstdenkmäler in Wien; neben Profanbauten in Wien (Schulen, Fabriken, Wohnhäuser, Friedhofshallen, Rothschild-Spital in Währing) zahlreiche Synagogenbauten, darunter die meisten im neuislamischen Stil: 1886/87 in Malaczka (Ungarn), 1892 in Gablonz, 1892/93 in Wien (orthodoxe Synagoge in der Leopoldgasse), 1896–98 in Königlichen Weinberge bei Prag, in Caslau (Böhmen), 1902 in Wiener Neustadt und 1908 in Prag (Jerusalemerstraße).

L H. Künzl, Islamische Stilelemente im Synagogenbau des 19. und frühen 20. Jahrhunderts, 1984. (HK)

Stoecker, Adolf → Antisemitismus, → Berliner Bewegung

Stokes (Wieslander), Rose Pastor, Gewerkschaftsführerin und sozialistische Schriftstellerin, 1879 Augustowa, Polen – Juni 1933 Frankfurt am Main. Seit 1891 in USA (Cleveland). Arbeiterin in einer Zigarrenfabrik; veröffentlichte 1903 in den »Jewish Daily News« Gedichte. In New York kämpfte sie für Geburtenkontrolle, organisierte Frauenarbeit und schloß sich der Kommunistischen Partei an. Ihr Nachlaß umfaßt das Schauspiel »The Woman Who Wouldn't« (1916) und eine Übersetzung von Morris Rosenfelds »Arbeter-Lider as Songs of Labor« (1914). Während einer Reise durch Deutschland, auf der sie gegen den Nationalsozialismus agitieren wollte, starb sie im Juni 1933 in einem Frankfurter Krankenhaus. (LH)

Straßburg. Seit dem späten 12. Jahrhundert ist die Ansiedlung von Juden nachweisbar. Im Umfeld des 3. Kreuzzugs (1189–92) kam es zu judenfeindlichen Aktionen; in den um 1200 abgefaßten Statuten der Stadt sind die Juden und ein abgegrenztes Judenquartier genannt. Die Existenz eines eigenen Friedhofs belegen Grabsteine des 13. Jahrhunderts, deren ältester von 1213 stammt. Das Reichssteuerverzeichnis von 1242 führt die Judengemeinde von Straßburg als diejenige mit den höchsten Abgaben im Reich auf – ein Indiz für die Größe und die wirtschaftliche Bedeutung. Um 1260 erhielt der Bischof von Straßburg das Judenregal vom Reich übertragen; zu Beginn des 14. Jahrhunderts umfaßte die jüdische Gemeinde etwa 300 Personen. Weder Bischof noch Rat vermochten die Juden vor dem großen, von den Zünften nach einem Putsch gegen den Rat inszenierten Pogrom zu schützen: Am Samstag, dem 14. 2. 1349 erlitt die Gemeinde den Feuertod. König → Karl IV. sprach im nachhinein die Kommune von Schuld frei und beließ ihr den geraubten Besitz. Ein Ratsbeschluß untersagte den Juden auf 100 Jahre die Wiederansiedlung; im Jahr 1369 dennoch erstmals wieder zugelassen, wurden sie bereits 1388 erneut vertrieben. Im 18. Jahrhundert wurde die Gemeinde von Cerfberr neu gegründet. Etwa 800 Juden wurden Opfer des nationalsozialistischen Terrors. Heute leben rund 16 000 Juden in Straßburg. Es existieren drei Synagogen, ein Altersheim, eine Schule und verschiedene für das → Elsaß bedeutsame jüdische Einrichtungen.

L A. Glaser, Geschichte der Juden in Straßburg, 1924. (PAU)

Straus, Rahel, Ärztin, 21. 3. 1880 Karlsruhe – 15. 5. 1963 Jerusalem. Tochter des Rabbiners Gabor Goitein und der jüdischen Lehrerin Ida Löwenfeld, Frau des jüdischen Anwalts Elias Straus. Seit 1899 Studium der Medizin in Heidelberg, wo sie 1905 promoviert wurde. Im selben Jahr ließ Straus sich in München nieder und führte dort bis 1933 eine Arztpraxis. 1933 emigrierte sie nach Jerusalem, eröffnete dort erneut eine Arztpraxis und praktizierte bis 1940. Als aktives Mitglied (1932/33 stellvertretende Vorsitzende) im Jüdischen → Frauenbund (JFB) und überzeugte Zionistin versuchte Straus den JFB dazu zu bewegen, sich für den Aufbau einer jüdischen Heimat in Palästina einzusetzen. Ihr autobiographisches Buch »Wir lebten in Deutschland. Erinnerungen einer deutschen Jüdin 1880–1933« (1961) beschreibt ihren Weg als eine der ersten in Deutschland niedergelassenen jüdischen Ärztinnen und als Zionistin. (MAM)

Strauss, 1. Leo, Philosoph, 20. 9. 1899 Kirchhain, Hessen – 18. 10. 1973 Anapolis, Maryland. Strauss studierte bei E. →Cassirer, E. →Husserl und Martin Heidegger. 1925–32 war er Mitarbeiter der →Akademie für die Wissenschaft des Judentums und bearbeitete vor allem unter der Leitung von J. →Guttmann die Jubiläumsausgabe der Werke von M. →Mendelssohn. 1938 emigrierte er in die USA und lehrte danach in New York und Chicago. Als Kritiker des Historismus ergriff Strauss Partei für die von der Moderne scheinbar überholte antike und mittelalterliche Philosophie. In einer Kontroverse mit J. Guttmann wies er insbesondere den Wert der jüdischen Philosophie des Mittelalters und die beherrschende Stellung der politischen Reflexion in ihr nach (»Philosophie und Gesetz«, 1935). Strauss machte mit der dort gängigen Unterscheidung von aufklärerischen esoterischen und populären exoterischen Lehren ernst und versuchte in subtilen Analysen u. a. der geheimen Lehre des →Mose ben Maimon auf die Spur zu kommen (»Persecution and the Art of Writing«, Glencoe 1952). Er verteidigte ferner die Aktualität des Naturrechts gegen den Rechtspositivismus und die Begründung einer politischen Ethik gegen den Machiavellismus (»Naturrecht und Geschichte«, 1956). Strauss zählt zu den herausragenden politischen Denkern unseres Jahrhunderts. (DK)

2. Ludwig, 28. 10. 1892 Aachen – 11. 8. 1953 Jerusalem. Strauss war einer der ganz wenigen deutschen jüdischen Dichter im Wortsinn, früh vertraut mit der deutschen Sprache und Literatur ebenso wie mit der hebräischen und jiddischen. Im Kreis M. →Bubers aktiv, dessen Schwiegersohn er wurde. Von 1929 bis zur Emigration 1934 Literarhistoriker an der TH Aachen (Studien insbesondere über Hölderlin). Einwanderung nach Palästina 1935, zeitweilig im Kibbuz Hasorea; danach Lehrer im Kinderdorf Ben Schemen, schließlich Dozent für allgemeine und hebräische Literaturgeschichte in Jerusalem. Die Lyrik hielt Strauss für seine wichtigste Leistung; in ihr versuchte er früh eine wirkliche Synthese deutscher bzw. jiddischer und hebräischer Traditionen (»Nachtwache. Gedichte 1919–1933«, erschienen im September 1933). Einen wirklichen Neuansatz brachten die Gedichte des Zyklus »Land Israel« (1935). In »Heimlicher Gegenwart« (1952) legte Strauss die Summe seiner später deutschen Gedichte vor, fast zeitgleich mit einem Band hebräischer Gedichte (»Schaot waDor«, 1951); die Aphorismensammlung »Wintersaat« (1953) schloß das Lebenswerk von Strauss ab. (HH)

Streicher, Julius →Ritualmordvorwurf

Strousberg, Bethel Henry (eigentlich Barthel Heinrich Straußberg), Unternehmer, 20. 11. 1823 Neidenberg – 31. 5. 1884 Berlin. Zunächst Journalist in England, erzielte als Generalunternehmer für Eisenbahnbauten in Deutschland hohe Gewinne, die er spekulativ anlegte, gehörte drei Jahre als Mitglied der Konservativen Partei dem Norddeutschen Reichstag an. In der Gründerkrise (1873) brachen seine Unternehmungen zusammen. Werke: »Dr. Strousberg und sein Wirken. Selbstbiographie«. 1876.

[L] M. Ohlsen, Der Eisenbahnkönig Bethel Henry Strousberg, [2]1987. (JS)

Struck, Hermann, Graphiker, 6. 3. 1876 Berlin – 11. 1. 1944 Haifa. Entwickelte neue Techniken der Radierung, die er 1909 (»Die Kunst des Radierens«, [5]1923) veröffentlichte. Zu seinen Schülern auf dem Gebiet von Kupferstich und Radierung gehörten u. a. M. →Chagall, M. →Liebermann, J. →Israels und Lovis Corinth. Struck war auch politisch aktiv: Mitglied des →Komitees für den Osten, Mitbegründer der Misrachi-Bewegung in Deutschland; im Ersten Weltkrieg deutscher Soldat in Litauen; dort Studien jüdischer Menschen und des jüdischen Milieus (»Skizzen aus Litauen, Weißrußland und Kurland«, 1916); später illustrierte er »Das Ostjüdische Antlitz« von Arnold Zweig (1920). 1923 emigrierte Struck nach Palästina (Haifa). Neben Themen aus dem jüdischen Leben in Osteuropa entstanden zahlreiche Porträts z. T. berühmter Zeitgenossen.

[L] A. Donath, Hermann Struck, 1920. – A. Fortlage und K. Schwarz, Das graphische Werk von Hermann Struck, 1911. (HK)

Studentenverbindungen, jüdische. In Deutschland ging mit dem Aufkommen des politischen Antisemitismus in der Studentenschaft ab 1880 die Mehrzahl der Verbindungen dazu über, Juden als Mitglieder abzulehnen (Jüdische »Alte Herren« und Getaufte waren in der Regel hiervon ausgenommen). Neben einigen sog. »paritätischen Verbindungen«, die das Prinzip der gleichberechtigten Aufnahme jüdischer und christlicher Studenten beibehielten, jedoch in der Folgezeit mehrheitlich aus Juden bestanden (Freie Wissenschaftliche Vereinigungen, Burschenbunds-Convent), entstanden bald rein jüdische Studentenverbindungen, von denen sich drei Richtungen unterscheiden lassen: 1. deutsch-national: →Kartell-Convent; 2. jüdisch-national/zionistisch: →Bund Jüdischer Corporationen, →Bund Zionistischer Koporationen, →Kartell Jüdischer Verbindungen, →Kartell Zionistischer Verbindungen; 3. religiös: →Bund Jüdischer Akademiker. – Außerhalb Deutschlands wurden, ausgehend von Wien (→Kadima, 1882), zionistische Verbindungen und Vereine in der Habsburgermonarchie (bzw. deren Nachfolgestaaten), in der Schweiz und im Baltikum gegründet. Die jüdischen Studentenverbindungen in Deutschland wurden 1933 verboten, ihre Altherrenvereine konnten bis 1938 weiterbestehen (in den anderen Staaten erfolgte das endgültige Verbot meist mit der deutschen Besetzung). Zahlreiche Altherrenverbände konstituierten sich im Ausland (Israel, USA) neu.

L A. Asch, Geschichte des Kartell-Convent im Lichte der deutschen kulturellen und politischen Entwicklung, London 1964. – P. Platzer, Jüdische Verbindungen in der Schweiz, Bern 1988. – E. Rothschild, Meilensteine. Vom Weg des Kartells jüdischer Verbindungen in der Zionistischen Bewegung, Tel Aviv 1972. – F. Roubicek, Von Basel bis Czernowitz. Die jüdisch-akademischen Studentenverbindungen in Europa, Wien 1986. – T. Schindler, Studentischer Antisemitismus und jüdische Studentenverbindungen, 1989. (TS)

Stuttgart →Württemberg

Südafrika. Jüdische Siedler in Südafrika gab es bereits im 17. Jahrhundert, aber erst seit dem 19. Jahrhundert ist ihnen der Aufenthalt und die Religionsausübung offiziell gestattet. Die erste jüdische Gemeinde etablierte sich 1841 in Kapstadt, andere entstanden in Port Elizabeth (1857), Kimberley (1875) und East London (1901); die jüdischen Niederlassungen in Transvaal werden auf 1886 datiert, als Gold in der Region um Johannesburg gefunden wurde. Von da an spielten Juden eine wichtige Rolle in Industrie- und Handel. Der Charakter der Gemeinde änderte sich in den 80er Jahren des 19. Jahrhunderts, als große Einwanderungswellen jüdische Flüchtlinge aus Osteuropa nach Südafrika brachten. Bis 1910 kamen etwa 40 000 Immigranten nach Südafrika, hauptsächlich aus →Litauen. 1930 wurde die Einwanderung von Juden eingeschränkt, 1937 insbesondere die von deutschen Juden verboten. Dennoch stieg der Anteil der jüdischen Bevölkerung in Südafrika stetig, von 38 100 im Jahr 1904 auf über 150 000 im Jahr 1986. Die jüdische Gemeinde Südafrikas besteht vornehmlich aus Juden aschkenasischer Herkunft. Die Juden zählten unter dem Apartheidssystem zur weißen Bevölkerung und waren ihr gleichgestellt. Die Gemeinde fühlte sich einem friedlichen Abbau der Apartheid verpflichtet, besaß aber nur geringen politischen Einfluß. Obwohl Antisemitismus kein akutes Problem ist, ist er doch vorhanden: In den extremen Flügeln weißer und schwarzer Organisationen bestehen Vorbehalte. Die große islamische Gemeinde bezieht seit dem Ende der weißen Vorherrschaft zunehmend eine proarabische Position und verbreitet antisemitische Propaganda. Seit den siebziger Jahren sind mehr als 50 000 Juden aufgrund der politischen Entwicklung Südafrikas nach Israel (1965–95: 15 000), in die USA und nach Australien ausgewandert. Im gleichen Zeitraum, insbesondere nach Ablösung des Apartheid-Regimes, immigrierten etwa 10 000 Juden. 1997 verzeichnete Südafrika etwa 90 000 jüdische Einwohner, die in der Mehrzahl in Johannesburg (ca. 55 000) und Kapstadt (15 000) lebten; kleinere Gemeinden in Durban (5000) und Pretoria (3000). In Johannesburg und Kapstadt bestehen jüdische Museen, Bibliotheken und eine vierteljährliche Zeitschrift. Die Mooi Street Synagoge in Johannesburg, die litauische Juden zu Beginn des Jahrhunderts errichteten, wurde zum nationalen Denkmal erklärt. (PB/BV)

Südamerika →Mittel- und Südamerika

Sugia (von aramäisch »sagi«, »gehen«, Plural Sugiot), geschlossene Grundeinheit im Verlauf der talmudischen Diskussion, besonders im babylonischen →Talmud, bestehend aus tannaitischem Quellenmaterial (→Mischna, Beraita), amoräischen Erwiderungen (»Memrot«, Singular Memra) und Traditionen einer anonymen Autorität (aramäisch »Stama«, hebräisch »Stam«). Vermutlich beruhen die Sugiot auf tannaitischen Quellen und wurden anhand der Mischna geordnet. Später wurden Memrot sowohl vor wie auch nach der jeweiligen tannaitischen Quelle hinzugefügt. Diese tannaitischen und amoräischen Traditionen wurden schließlich vom Stama in ein einheitliches Ganzes gebracht. Einzelne Sugiot stammen aus dem 3. Jahrhundert. Ältere Sugiot haben z. T. die Bildung späterer beeinflußt oder sind in sie eingegangen. So finden sich einzelne Sugiot an mehreren Stellen im Talmud in unterschiedlichem Kontext wieder. (HMD)

Sugot (hebräisch »Paare«), Bezeichnung für fünf Generationen paarweise genannter Gelehrter (um 160 v. Z.–30 n. Z.): Jose ben Joezer – Jose ben Jochanan; Jehoschua ben Perachja – Mattai (oder Nittai); Jehuda ben Tabbai – Simeon ben Schetach; Schemaja – Abtaljon; Hillel der Ältere – Schammai der Ältere. Die Sugot tradierten die mündliche Lehre, die sie von Simeon dem Gerechten über Antigonos von Sokho erhalten hatten, an Rabban →Jochanan ben Zakkai. Nach rabbinischer Ansicht stellen die Sugot somit die Verbindung zwischen →Propheten und →Tannaiten her. Die Paare sollen jeweils Nassi und Aw Bet Din, d. h. Vorsitzender und Stellvertreter im →Sanhedrin, gewesen sein. Die Schematisierung der Periode in Paare beruht wohl auf einer Rückprojizierung des Verhältnisses von →Hillel und →Schammai. (HMD)

Sukka →Mischna

Sukkot (Laubhüttenfest, Plural von hebräisch »Sukka«, »Laubhütte«, oder auch nur »das Fest« genannt), Fest anläßlich der Obst- und Weinlese vom 15.–22. Tischri. In Israel sind der 1. und 8. Tag (→Schemini Azeret, →Simchat Tora) sowie der dazwischenliegende Sabbat Ruhetage, die übrigen Tage Halbfeiertage. In der Diaspora sind nach alter Sitte aufgrund der Unsicherheit in Kalenderfragen der 1., 2., 8. (Schemini Azeret) und 9. Tag (Simchat Tora) Feiertage. Sukkot ist entsprechend dem biblischen Gebot das Fest der Freude. Zu Zeiten des →Tempels drückte sich dies vor allem in dem sog. Wasserschöpffest an den Halbfeiertagen aus. Besonderes Kennzeichen von Sukkot ist das Wohnen in einer Laubhütte zur Erinnerung an das Leben in Hütten und an Gottes Bewahrung beim Auszug aus Ägypten, zugleich auch ein Hinweis auf das Angewiesensein auf Gott, auf die Unzulänglichkeit von scheinbarer Sicherheit wie Reichtum und Erfolg. Die Laubhütte muß eine bestimmte Mindesthöhe und drei Wände haben und im Freien stehen. Ihr Laubdach muß so beschaffen sein, daß man Sonne und Himmel sehen kann. Es muß aber mehr Schatten spenden als Sonne hereinlassen. Der Bau beginnt am Tag nach dem Versöhnungstag (→Jom ha-Kippurim). Er geschieht nach Möglichkeit in Eigenarbeit und bietet Gelegenheit, den Kindern die Geschichten von Gottes Bewahrung zu erzählen. Während der Sukkot-Tage soll in der festlich geschmückten Laubhütte geschlafen und gegessen werden. Dazu werden Gäste eingeladen. Seit dem 16. Jahrhundert ist es in Übernahme kabbalistischer Tradition üblich, jeden Tag eine der großen biblischen Gestalten – Abraham, Isaak, Jakob, Mose, Aaron, Josef und David (die sog. Uschpisin) – als Gast zu begrüßen. Von altersher wird ein Feststrauß (»Lulaw« oder auch »Arba Minim«, »vier Arten«) bei den Umzügen (→Hakafa) im →Tempel und in der →Synagoge getragen. Er besteht aus vier Teilen – einem Etrog (Zitrusfrucht) und drei mit trockenen Palmblattstreifen gesondert zusammengebundenen Zweigarten: in der Mitte ein Palmzweig (Lulaw), drei Myrtenzweige (Hadas) rechts, zwei Bachweiden (Araba) links. Der Feststrauß wird jeden Tag – außer am Sabbat – in die Hand genommen und eine Benediktion über ihn gesprochen. Darüber hinaus wird er auch beim →Hallel (Ps 113-118) in die Hand genommen und nach speziellem Ritus vor Ps 118 und zu Ps 118,25 geschlagen. Zusätzlich finden am Ende des Gottesdienstes in der Synagoge Umzüge um die Tora statt. Dazu werden der Etrog in der Linken, der Lulaw in der Rechten getragen und spezielle Bittgebete (Hoschanot, abgeleitet von Ps 118,25: »Gott, hilf!«) für eine gute Ernte im kommenden Jahr gesungen. Am 7. Tag erfolgen sieben solcher Rundgänge. Daher heißt dieser Tag auch »Hoschana Rabba« (großes Hoschana). (HMD)

Sulzer, Salomon, österreichischer Kantor und Komponist, 30. 3. 1804 Hohenems, Vorarlberg – 18. 1. 1890 Wien. Gilt als der Vater der modernen synagogalen Musik. Sulzer studierte in Karlsruhe und Wien Komposition und wurde bereits mit 21 Jahren zum Oberkantor der Neuen Synagoge in Wien ernannt. Sulzer komponierte eine Anzahl von Tempelgesängen, in denen er traditionelle Melodien mit einem Stil und mit Harmonien verband, die der Wiener Klassik (Schubert) angenähert waren. Zwischen 1845 und 1868 veröffentlichte er das zweibändige jüdische Gesangbuch »Schir Zion«, das hebräische Hymnen und andere für den Gottesdienst bestimmte Gesänge enthält. Sie sind teilweise für vierstimmigen Chor und Orgelbegleitung geschrieben, eine bis dahin verpönte und noch heute von der Orthodoxie abgelehnte Innovation.

Sulzers Kunst, in seinen Kompositionen europäische Polyphonie mit traditionellen Elementen jüdischer Musik in einer fast reinen Dur-Moll-Tonalität zu verbinden, fand höchste Anerkennung bei musikalischen Größen wie Liszt, Schubert, Schumann, →Meyerbeer u. a. Selbst die nichtjüdische Welt ehrte ihn mit Orden aus Rußland, Österreich und Bayern, mit der Ernennung zum Ehrenmitglied der Accademia di Santa Cecilia in Rom und der Ernennung zum Professor für Gesang an der Königlichen Kaiserlichen Akademie der Musik in Wien. In vielen westeuropäischen Gemeinden folgten Kantoren Sulzers Neuerungen, indem sie die musikalischen Produkte aus dem 18. Jahrhundert durch wirksame Harmonie ersetzten: Die synagogale Musik fand zu einem Ton der Erhabenheit zurück. (AS)

Sura →Akademie

Susman, Margarete, Schriftstellerin, 14. 10. 1872 Hamburg – 16. 1. 1966 Zürich. Tochter des jüdischen Kaufmanns Adolf Susman, Frau von Eduard Heinrich von Bendemann, von dem sie sich scheiden ließ. Nach dem Studium der Malerei in Düsseldorf und Paris studierte Susman Kunst und Philosophie in Paris, München und Berlin. Von 1910 bis 1912 lebte sie in Berlin, dann in Frankfurt am Main, bis sie 1933 in die Schweiz emigrierte. In Zürich gehörte sie dem Kreis um den Theologen Leonhard Ragaz an, galt damit als »linksextremistisch«, woraufhin ihr 1939 Rede- und Publikationsverbot erteilt wurde. Unter dem Pseudonym »Reiner« setzte sie ihre schriftstellerische Tätigkeit fort. Auch nach 1945 blieb Susman in der Schweiz. Mit ihren Gedichtsammlungen »Gedichte« (1892), »Mein Land« (1901), »Neue Gedichte« (1907), »Die Liebenden« (1917), »Lieder von Tod und Erlösung« (1923) wurde sie als Lyrikerin bekannt. Von 1907 bis 1932 war sie Mitarbeiterin der »Frankfurter Zeitung«, von 1926 bis 1935 Mitarbeiterin bei der Zeitung »Der Morgen«. Ihre bekanntesten Werke: »Frauen in der Romantik« (1929), »Das Buch Hiob und das Schicksal des jüdischen Volkes« (1946), »Deutung einer großen Liebe: Goethe und Charlotte von Stein« (1951), »Die geistige Gestalt Georg Simmels« (1959); »Vom Geheimnis der Freiheit« (Aufsatzsammlung, 1965). Autobiographie: »Ich habe viele Leben gelebt« (1964). (MAM)

Süßkind von Trimberg, jüdischer Spruchdichter und der einzige bekannte jüdische Minnesänger, 2. Hälfte des 13. Jahrhunderts. Mit sechs Gedichten in zwölf Strophen und einer Abbildung wird Süßkind von Trimberg als Jude in der Manessischen Liedersammlung (nach 1300) aufgeführt. Themen sind wie oft im Minnesang Tugendlehre (I,1 und 2; III,2), Lob des Schöpfergottes (III,1), Vergänglichkeit und Tod (I,3; IV,1), die Ungerechtigkeit der Welt (II; IV,2 und 3; VI), die Bedürftigkeit des Dichters (V,1 und 2). Verbindungen gibt es u. a. zwischen dem Frauenlob III,2 und Spr 31,10–31 sowie dem Abendgebet für Sabbattage, der hymnischen Anrufung Gottes III,1 und Ps 104 (103). Den »Wucherzins«, den jüdische Kaufleute nahmen, stellte Süßkind von Trimberg als Folge der Lebensbedingungen dar. Auch Christen würden ihn nehmen, wenn sie wie die Juden vom Kapitalhandel leben müßten. Dazu allein paßt auch die resignierende Ankündigung V,2, »nach alter Judenart« leben zu wollen. Die Tätigkeit Süßkind von Trimbergs setzt weitgehende Assimilation an die christliche Umwelt voraus. Ähnliche literarische Zeugnisse finden sich in der Kairoer Sammelhandschrift von 1382, die neben deutschen Gedichten zu alttestamentlichen Themen eine sonst nicht überlieferte Fassung der Kudrunsage enthält. Nationaldeutsche Germanisten wollten Süßkind von Trimberg die jüdische Identität absprechen, ohne die ihnen dann zufallende Beweislast zu tragen.

🄻 P. Wapnewski, Süßkind von Trimberg, in: A. Schöne (Hrsg.), Akten des 7. Internationalen Germanisten-Kongresses, Band 1, 1985. (FL)

Sussmann, Elieser, Maler, Sohn des Kantors Schlomo Katz aus Brody, Distrikt Lemberg, Lebensdaten unbekannt. Im frühen 18. Jahrhundert wanderte Sussmann nach Süddeutschland aus, wo er die Innenräume kleiner Synagogen bzw. Beträume ausstattete: in Bechhofen (1732; zerstört), Horb (1735; jetzt im Israel-Museum, Jerusalem), Unterlimpurg (1738/39; Keckenburg-Museum, Schwäbisch-Hall) und Kirchheim (1739/40; zerstört). Die Malerei in der Synagoge zu Colmberg wird ihm zugeschrieben. Sussmann wandte den Stil polychromer Malerei an, mit Ranken, Blumen, Tieren, hebräischen Inschriften, wie er in den polnischen Holzsynagogen üblich war. Für den süddeutschen Raum ist dies einzigartig.

🄻 D. Davidovics, Wandmalerei in alten Synagogen. Das Wirken des Malers Elieser Sussmann in Deutschland, 1969. (HK)

Sutro, Abraham, Landrabbiner, 1784 Bruck

bei Erlangen – 1869 Münster, Westfalen. Besuch der Talmudhochschulen in Fürth und Prag; 1810 durch das Kasseler Konsistorium zum Rabbinatsadjunkten (-gehilfen) ernannt; 1811 Kreisrabbiner in Warburg mit Sitz in Beverungen; 1815 Bestätigung durch die Provinzialregierung in Münster zum Landrabbiner für die Verwaltungsbezirke Münster und Dortmund, seit 1828 auch für →Paderborn. Versuchte gegen die liberalen Tendenzen in Westfalen das orthodoxe Judentum zu behaupten. Sein hebräisches Werk »Milchamoth Adonai« erschien 1836–64 in vier Heften.

🄻 B. Brilling, Abraham Sutro, ein Beitrag zum Leben und Wirken des letzten münsterschen Landrabbiners, in: Westfälische Zeitschrift 123, 1973. (AH)

Sutzkewer, Abraham, jiddischer Schriftsteller, 1913 Smorgon, Polen. Studium an der Universität Wilna; Mitglied der Dichtergruppe »Jung Wilna« seit den frühen 1930er Jahren. Seine ersten Gedichte »A Masknbal« erschienen in »Vokhnshrift far Literartur« und im »Vilner Tog« (1933). Sein erstes Buch erschien 1937 unter dem Titel »Lider«. In diesem Jahr literarische Zusammenarbeit mit J. →Roth. Sutzkewer anvancierte zu einem beachteten Autor jiddischer Dichtung. 1940 kam sein zweiter Band »Valdiks« (»Wälder«) heraus. Während des Kriegs Flucht aus dem Ghetto Wilna, Kämpfer und Partisan. Nach der Befreiung literarische Auszeichnungen in Moskau. 1945/46 erschienen weitere Werke »Di Festung«, »Lider fun Geto« und »Fun Vilner Geto«. Sutzkewer war Zeuge im Nürnberger Prozeß. Seit 1947 in Israel, im selben Jahr Mitglied des PEN-Clubs und Sprecher für jiddische Literatur. 1948 publizierte er in Israel »Yidishe Gas« (»Jüdische Straße«) und gab ab 1949 die jiddische Zeitschrift »Die goldene Kette« heraus. Seine Werke wurden in 30 Sprachen übersetzt. 1963 erschien eine Gesamtausgabe seiner Gedichte.

🄻 J. Leftwich, Abraham Sutzkewer: Partisan Poet, 1971. – Z. Shazar (Hrsg.), Yovel-Bukh tsum Fuftsikstn Geboyrentog fun Abraham Sutzkewer, 1963. (LH)

Svevo, Italo (eigentlich Hector Aron Schmitz), italienischer Schriftsteller, 19. 12. 1861 Triest – 13. 9. 1928 Motta di Livenza. Kaufmännische Ausbildung. Seit 1880 Auslandskorrespondent bei der Filiale der Berliner Union-Bank in Triest. Nachdem die Veröffentlichung der ersten beiden Romane keinen Erfolg hatte, entschloß sich Svevo, seine literarische Tätigkeit aufzugeben. Erst die Freundschaft mit James Joyce (seit 1905) animierte Svevo erneut zum Schreiben. Seit 1925 erregten in Frankreich die Veröffentlichungen seiner Romane große Aufmerksamkeit. In kurzer Zeit erlangte Svevo nun auch in Italien literarischen Ruhm. Sein breites Werk umfaßt neben Romanen und journalistischen Arbeiten Erzählungen, Komödien und Theaterstücke. Hauptwerke: »Una vita« (1892, deutsch »Ein Leben«), »Senilità« (1898, deutsch »Ein Mann wird älter«), »La coscienza di Zeno« (1923, deutsch »Zeno Cosini«).

Italo Svevo

🄻 F. Bondy, Italo Svevo, 1990. – S. Del Missier, Italo Svevo, Florenz 1982. (JÖD)

Sykes-Picot-Abkommen, britisch-französisches Geheimabkommen vom 9. 5. 1916 über die Aufteilung des Osmanischen Reichs. Nach den Unterhändlern Sir Mark Sykes (Großbritannien) und François-Georges Picot (Frankreich) benannt, grenzten die Vereinbarungen, die mit Zustimmung Rußlands getroffen wurden, die Interessensphären Großbritanniens und Frankreichs im Nahen Osten ab. Palästina westlich des Jordans sollte eine »Internationale Zone« werden. Das Geheimabkommen widersprach den Zusagen, die Großbritannien 1915 den Arabern und 1917 in der Balfour-Deklaration den Zionisten gab. (DE/MW)

Symbolik. In biblischen Zeiten findet sich die Zahlensymbolik auch in den Kunstwerken, z. B. die zwölf Edelsteine auf dem Brustschild des Hohenpriesters, der Schaubrot-Tisch im Tempel mit zwölf Broten als Symbol für die zwölf Stämme Israels, ferner zwölf Rinder als Träger des großen Wasserbeckens im Tempelhof und die sieben Arme der →Menora. Die Menora ist das häufigste Symbol in der Antike, sei es als einfaches jüdisches Symbol, als Tempelleuchter oder, in der Grabkunst, die brennende Menora als Symbol für ewiges Le-

ben. In der →Mosaikkunst spätantiker Synagogen erscheint das Löwenpaar als Wächter der Menora (Lichter- und Lebensbaum) und der Tora. Auf Bodenmosaiken treten weitere Tempelgeräte als messianische Symbole auf, ferner der Zodiak mit den zwölf Monatszeichen.
Im Mittelalter liefert die →Buchmalerei reiche Symbolik: Menora und Tempelgeräte als Symbole für den zukünftigen messianischen Tempel; verschiedene Tiersymbole für das Volk Israel (in Hasen- und Hirschjagdszenen), für die Tora (Einhorn) u. a. Die drei mythischen Tiere (Leviathan, Behemot und Sis) sind Ausdruck der messianischen Erwartung. Seit dem 16. Jahrhundert treten im Zusammenhang mit der wissenschaftlichen Erforschung des Jerusalemer Tempels Tempelgeräte auf, besonders im Toraschmuck: die beiden Säulen vor der Vorhalle, Gesetzestafeln, Menora und Priesterwaschkrug, Schaubrot-Tisch u. a. Die drei Kronen als Krone der Tora, des Priester- und Königtums sind aus einer nachbiblischen Quelle (Pirke Avot, Kap. 4,7) abgeleitet. Der in der Antike übliche Zodiak-Kreis bestimmt in der Barockzeit die Malerei polnischer Holzsynagogen und die Ornamente der Ketubbot (Heiratsverträge). In der →Grabkunst werden die üblichen Symbole durch Tiersymbole ergänzt. Ferner sind besonders die Hände der Aaroniden im Segensgestus als Symbol für einen Kohen und die Levitenkanne als Symbol für einen Levi zu nennen.
Mit dem frühen 20. Jahrhundert tritt der Symbolzyklus der zwölf Stämme Israels, abgeleitet von Gen 49 und Gen 33, auf, zuerst in Graphik und Buchkunst bei E. M. →Lilien, im Synagogenbau an Bronzetüren (Essen, New York), im Innenraum (Augsburg) und in Buntglasfenstern (Jerusalem, Chagall). Der Zyklus ist in neuerer Zeit sehr geläufig. Auch der →Magen David, erst seit dem späteren 16. Jahrhundert ein jüdisches Symbol, wird besonders im 19. und im 20. Jahrhundert verwendet.
(HK)

Essay

Synagogenbau

Hannelore Künzl

Antike: Der antike Synagogenbau entstand zur Zeit des Tempels in Jerusalem. Im Gegensatz zum Tempel mit seinem Opferkult ist mit der Synagoge ein Wortgottesdienst verbunden, in dessen Mittelpunkt die Toralesung steht. Antike Synagogen wurden ferner als Versammlungshäuser und Gerichtsgebäude genutzt. In archäologischen Resten erhaltene frühe Bauten finden sich auf Delos (2./1. Jahrhundert v. Z.) und in Palästina (Gamla, Massada, Herodion). Von einer Synagoge in Jerusalem ist eine Bauinschrift (1. Jahrhundert) erhalten. Eine erste große Blüte erlebte der Synagogenbau seit etwa 200 n. Z. in Palästina. Der frühe galiläische Typus (etwa 2. bis 4. Jahrhundert) besitzt Säulenreihen an drei Seiten, steinerne Bankreihen, vor der Front zuweilen einen Säulenvorbau (Kfar Baram) und häufig einen seitlichen Hof (Kfar Nahum). Die Front mit drei Portalen ist nach Jerusalem gerichtet; dies machte eine feste Stellung des Aron ha-Kodesch (Toraschrein) im Innern unmöglich, da dieser immer an der Jerusalem zugewandten Seite steht. In einer Übergangsphase (4. Jahrhundert) entstanden Querbauten, mit und ohne Säulenreihen, in denen der Toraschrein schon einen festen Platz gefunden hatte (Eschtemoa, Khirbet Shema). Der Synagogenbau des 5. bis 7. Jahrhunderts in Palästina war in der Regel dreischiffig, mit einer Nische für den Aron ha-Kodesch und den Eingängen an der gegenüberliegenden Seite. Diese Bauten besaßen Bodenmosaiken mit figürlichen Szenen (Gaza, Bet Alpha), Darstellungen des Toraschreins mit Leuchtern und des Tierkreis-Zyklus (Bet Alpha, Na'aran, Hammat bei Tiberias; vgl. →Mosaikkunst). Neben der Toranische für die Torarolle wurde in der Spätantike eine feste Stellung der Bima (Lesepult für die Toralesung) üblich. Die Lage der Frauenräume ist umstritten. Da größere Bauten zweigeschossig waren, wird angenommen, daß das Obergeschoß als Frauenempore genutzt wurde. Doch ist der Aufenthalt der Frauen im angrenzenden Hof – analog zur Tempelstruktur – wahrscheinlicher. Der Synagogenbau in anderen Mittelmeerländern war nicht einheitlich konzipiert; er löste sich vom Bauschema Palästinas (Ostia), bestand als Saalbau mit Mosaiken (Hammam-Lif/Tunesien; Aigina) oder folgte dem dreischiffigen Typus (Priene). Die Synagoge zu Dura Europos am Euphrat ist die einzige bisher entdeckte mit Wandmalereien zu biblischen Themen (3. Jahrhundert). Nach der Spätantike (6./7. Jahrhundert) sind architektonische Reste von Synagogen erst wieder im Spätmittelalter in Zentraleuropa bekannt.

Mittelalter: Im Mittelalter ist die sephardische Tradition in Spanien und Portugal von der aschkenasischen in Mittel- und Osteuropa zu unterscheiden. Der frühe Synagogenbau in Spanien ist wegen der Zerstörungen durch die im 12. Jahrhundert vordringenden Berberstämme nicht erhalten. Die älteste Synagoge steht in Toledo (um 1200). Weitere Bauten in Toledo und Córdoba (mit Frauenemporen) stammen aus dem 14. Jahrhundert, die Synagoge in Tomar (Portugal) aus dem 15. Jahrhundert. Der Synagogenbau vereint Elemente der christlichen und der spanisch-islamischen Kunst; im 14. Jahrhundert ist er vom Mudéjar-Stil (Wanddekorationen im Innern) geprägt. Wegen der Vertreibung der Juden aus Spanien (1492) und Portugal (1497) sind nur wenige Bauten erhalten. Viele wurden zerstört, andere in Kirchen umgebaut (z. B. in Sevilla) oder anderweitig zweckentfremdet genutzt und verbaut. – Der aschkenasische Synagogenbau, im Stil seiner Zeit und seiner Umgebung errichtet, weist zwei Typen auf: den zweischiffigen Raum mit zwei Säulen in der Mittelachse und einer zentral aufgestellten Bima zwischen den Säulen (Worms; Prag, Altneuschul; Krakau) und daneben den einfachen Saalbau (Rufach im Elsaß, Speyer, Eger, Miltenberg). Früheste Bauten sind aus dem 11. Jahrhundert bekannt (Köln). Frauenemporen gibt es nicht; die Frauen waren in angrenzenden Räumen untergebracht, die seit dem 13. Jahrhundert belegt sind.

Zum mittelalterlichen jüdischen Stadtviertel gehörte ferner die Mikwe, das rituelle Bad, das sehr häufig einen tief ins Erdreich hineinführenden Badeschacht mit mehreren Treppenzugängen besaß (Köln, Worms, Speyer, Offenburg, Friedberg). Wegen der frühen Vertreibung aus England sind dort Synagogen aus dem Mittelalter nicht bekannt. Das gleiche gilt für Frankreich; nur in Rouen fand man Baureste, die als Lehrhaus oder Synagoge gedeutet werden. Aus Italien sind mittelalterliche Synagogen nur in bescheidenen Resten (Trani) erhalten, da wegen der judenfeindlichen Politik des Königreichs Neapel und des Kirchenstaats im 16. Jahrhundert die älteren Synagogen aufgegeben wurden, die das gleiche Schicksal wie die in Spanien erlitten. Auch die Ghetto-Bildung im 16. Jahrhundert zwang zur Aufgabe von Synagogen außerhalb der neuen Ghettomauern.

16. bis 18. Jahrhundert: Wegen der Vertreibung der Juden aus vielen deutschen Städten am Ende des Mittelalters waren Stadtsynagogen zunächst sehr selten (z. B. in Frankfurt am Main). Da sich Juden vorrangig in Kleinstädten und Dörfern ansiedelten, wurden im 16. und 17. Jahrhundert nur einfache, kleine Betstuben genutzt. Erst im 18. Jahrhundert entstanden kleine, als Synagogen konzipierte Bauten, schlichte Säle mit Frauenemporen meist im Westen. Neben diesen Landsynagogen ist ein neuer Bau von Großstadtsynagogen zu beobachten (Frankfurt, Berlin, Halberstadt). In Osteuropa dagegen gab es im 16. Jahrhundert bereits eine rege Bautätigkeit, so in Prag (Pinkas-Synagoge) und in Polen (Krakau, Lemberg, Lublin), wo rechteckige Saalbauten mit Frauenemporen entstanden. In Polen entwickelte sich neben den steinernen Renaissance- und Barockbauten der Typus der Festungssynagoge als eine geschlossen wirkende Architektur mit Attikageschoß zur Abwehr der Kosaken (v. a. im 17. Jahrhundert). Im Innern standen recht häufig vier Stützen, die die zentral aufgestellte Bima umrahmten und das Gewölbe trugen. Daneben existierten Holzsynagogen, die vom 17. bis zum frühen 19. Jahrhundert bekannt sind und heute alle zerstört sind. Neben dem einfachen Typus mit westlicher Vorhalle gab es den erweiterten mit seitlichen Anbauten. Wie in den Steinsynagogen waren für die Frauen Emporen im Westen und seitliche, ebenerdige Anbauten vorgesehen. Die polnischen Holzsynagogen hatten Schnitzereien am Außenbau und im Innenraum (Bima, Toraschrein) und waren innen reich bemalt. Farbige Malereien mit Ranken, Blumen, Tieren, Tempelgeräten, dem Zodiak und anderen symbolischen Darstellungen überzogen die Wände und die kunstvoll geschwungenen kuppelförmigen Decken. Eine Variante der bemalten polnischen Holzsynagogen findet sich in den von Elieser →Sussmann ausgestatteten Räumen in Süddeutschland. In den aschkenasischen Bauten Mittel- und Osteuropas stand die Bima immer in der Raummitte. Andere Lösungen finden sich in Italien, wo wegen der Ghettobildung im 16. Jahrhundert in den neuen Ghettogrenzen Neubauten notwendig wurden. Da am Ende des Mittelalters aschkenasische Juden aus Deutschland und Frankreich, nach 1492 sephardische Juden aus Spanien eingewandert waren, gab es, bezogen auf die Ursprungsländer, in den größeren Städten mehrere Gemeinden, die eigene Synagogen errichteten (so in Venedig, Rom, Pesaro und Ancona). Während die aschkenasischen Gemeinden an einer zentralen Bima festhielten, entstand in den Synagogen des italienischen und sephardischen Ritus das Zwei-Pol-Schema mit dem Aron ha-Kodesch im Osten und der Bima im Westen, nicht selten mit einer Baunische verbunden (etwa in Venedig). Hier waren die Bankreihen der Männer parallel zu den Außenwänden der Langseiten aufgestellt. Nur in Padua standen sie an den Schmalseiten, da sich Aron ha-Kodesch und Bima in der Mittelachse der Langseiten befanden. Die Frauen waren auf Emporen untergebracht. Die saalartigen italienischen Synagogen befanden sich häufig im Obergeschoß eines mehrstöckigen Hauses (z. B. in Venedig). Hingegen wurde in Livorno die große sephardische Synagoge im 18. Jahrhundert als selbständiger Bau erneuert. Sie besaß als einzige italienische Synagoge Säulen an drei Seiten, die die dreigeschossigen Emporen trugen. Die Bima war nach Westen verschoben. Dieses System entsprach der großen portugiesischen Synagoge in Amsterdam (1675), die durch zwei Säulenreihen in drei Schiffe unterteilt war. Vom Amsterdamer Einfluß abhängig war auch die sephardische Synagoge in London (um 1700) mit drei Säulenreihen (wie später in Livorno), ebenso die frühen sephardischen Synagogen in Mittel- und Nordamerika. Dagegen besitzen die südfranzösischen sephardischen Synagogen in Cavaillon und Carpentras nur im Westen eine Säulenreihe, die eine Empore mit der Bima trägt. Große aschkenasische Synagogen entstanden in Südfrankreich nicht, wohl aber in den holländischen Großstädten und in London.

Das 19. und 20. Jahrhundert: Im Gegensatz zu England, Holland, Polen und Italien, deren Großstädte schon zum Teil prachtvolle Synagogenbauten besaßen, vollzogen sich die Neuerungen des frühen 19. Jahrhunderts vor allem in Deutschland. Mit der Emanzipation und der veränderten Rechtslage strömten Juden wieder in die Städte, so daß Neubauten errichtet werden mußten, die die wachsenden Gemeinden aufnehmen konnten. Gleichzeitig forderten die jüdischen Reformer Neuerungen im Synagogenraum: Angleichung an Kirchenschemata, Aufhebung der Bima als Raummitte, Aufstellung der Bänke mit Mittelgang in Richtung Osten, Einführung der Orgel und der Kanzel für die Predigt in der Landessprache, Abschaffung der Frauenempore. So entstanden in vielen Großstädten orthodoxe Synagogen nach dem alten Schema, Reformsynagogen nach dem neuen Konzept, meist jedoch eine einzige Synagoge als Kompromiß zwischen beiden Richtungen, so daß in der Regel die Frauenempore erhalten blieb. Daneben bestand das Problem der Stilwahl, verstärkt durch die Forderung nach einem Nationalstil. Da die jüdische Kunst keinen eigenen Stil hervorgebracht hat, den man im Sinne des Historismus hätte wiederaufnehmen können, baute man zunächst im neuromanischen Stil (Kassel 1839), seit etwa 1850 im neuislamischen Stil, der, von Deutschland ausgehend, auch in anderen Ländern Verbreitung fand. Es entstanden Langhäuser mit Zweiturmfassaden (Berlin, Turin), mit Kuppeln (vgl. Adolf →Wolff und Ludwig →Levy), überkuppelte Zentralbauten (Köln, Florenz). In der zweiten Hälfte des 19. Jahrhunderts näherte sich die Großstadtsynagoge der Kirchenimitation, besonders durch Edwin →Oppler in Deutschland (Neuromanik) und Max →Fleischer in Wien (Neugotik). Erst im Jugendstil wurde der Historismus durch neue Formen (Paris, H. Guimard) und die Aufnahme reicher jüdischer Symbolik überwunden (Essen, Augsburg). Da die meisten europäischen Großstädte große repräsentative Synagogen aus der Zeit vor dem Ersten Weltkrieg besaßen, entstanden in den zwanziger Jahren nur wenige Neubauten. Nach dem Zweiten Weltkrieg wurden Neubauten vorrangig als Ersatz für die zerstörten Synagogen errichtet, als moderne Zweckbauten mit Gemeindezentren, zuweilen mit jüdischer Symbolik verbunden, die den Bau in den Zusammenhang mit dem Stiftszelt (Livorno) oder der Tempelanlage (Darmstadt, Mannheim) stellte. Der Synagogenbau in den USA nahm im 19. Jahrhundert in den Großstadtbauten ähnlich wie in Europa die verschiedenen historischen Stile auf. Veränderungen zeigten sich im 20. Jahrhundert mit der Bildung des Community Center und neuen formalen Lösungen, besonders nach 1950. Neben der schlichten funktionellen Architektur nahm die Anwendung von Symbolen am Außenbau und im Innenraum zu, ferner die Tendenz zu einer symbolistischen Architektur, die an das Stiftszelt (Elkins Park bei Philadelphia) und an die Gesetzestafeln (El Paso/Texas und Baltimore) erinnert. Auffallend ist die reiche Innenraumgestaltung durch Mosaik, Malerei und Metallarbeiten. – Besondere Bedeutung erlangte der moderne Synagogenbau in Israel, wo nach den von europäischer Architektur beeinflußten Bauten des 19. und des frühen 20. Jahrhunderts nach der Staatsgründung (1948) viele Synagogen entstanden, die in neuester Zeit ebenfalls mit Symbolik verknüpft sind. Auch hier spielt die Idee der Zeltarchitektur eine große Rolle. Auffallend ist die Rückkehr zu einer traditionellen Innenraumgestaltung mit zentraler Bima. Mosaiken und Malereien mit figürlichen Szenen, im Synagogenbau der USA geläufig, kommen hier nicht vor. Statt dessen bevorzugt man jüdische Symbole, auch in den Glasfenstern der Synagogen (Jerusalem).

🄻 *Antike:* F. Hüttenmeister/G. Reeg, Die antiken Synagogen in Israel, 2 Bände, 1977. – H. Kohl/C. Watzinger, Die antiken Synagogen in Galilaea, 1916. – L. I. Levine (Hrsg.), Ancient Synagogues Revealed, Jerusalem 1981. – E. L. Sukenik, Ancient Synagogues in Palestine and Greece, London 1934. – *Mittelalter:* F. Cantera Burgos, Las sinagogas españolas, Madrid 1955. – R. Krautheimer, Mittelalterliche Synagogen, 1927. – J. Schönberger, Miqwaoth, Jerusalem 1974. – *Neuzeit:* D. Davidovitch, Bate knesset bePolin wehurbanam, Jerusalem 1960. – A. Grotte, Deutsche, böhmische und polnische Synagogentypen des XI. bis XIX. Jahrhunderts, 1915. – H. Hammer-Schenk, Synagogen in Deutschland (1780–1933), 2 Bände, 1961. – A. Kampf, Contemporary Synagogue Art, New York 1966. – H. Künzl, Islamische Stilelemente im Synagogenbau des 19. und frühen 20. Jahrhunderts, 1984. – R. Wischnitzer, Synagogue Architecture in the United States, Philadelphia 1955. – *Allgemeines:* C. Krinsky, Synagogues of Europe. Architecture, History, Meaning, New York 1985. – H.-P. Schwarz (Hrsg.), Die Architektur der Synagoge, Ausstellungskatalog, Frankfurt am Main 1988. – R. Wischnitzer, The Architecture of the European Synagogue, Philadelphia 1964.

Synagoge, griechische Bezeichnung für den Versammlungsort der →Gemeinde. Nach der Zerstörung des →Tempels 70 n. Z. führten die Israeliten im Exil den Beweis, daß ihre religiösen Überlieferungen auch außerhalb Israels und ohne das Zentralheiligtum lebensfähig waren. Religiöse Handlungen fanden an neuen Versammlungsplätzen statt. Erste Hinweise auf einen solchen Ort in der Diaspora stammen aus dem hellenistischen Ägypten. Dort wurde auch erstmals in der griechischen Bibelübersetzung Septuaginta (der Name besagt, daß mehr als 70 Übersetzer eine gleichlautende Version anfertigten) das griechische Wort Synagoge für »Versammlung« benutzt. Demgegenüber wird in Israel bis heute die Synagoge als »Bet ha-Knesset« (hebräisch »Haus der Versammlung«) bezeichnet. Die Existenz von Synagogen ist auch in Palästina vor 70 n. Z. archäologisch nachweisbar (→Synagogenbau). Zwischen →Tempelkult und synagogaler Liturgie bestanden wechselseitige Beziehungen. Im Unterschied zum Tempelkult waren Schriftlesung (aus der →Tora und den →Propheten) und Schriftdeutung – verbunden mit dem Gebet (→Tefilla) – von Anfang an für den Gottesdienst in der Synagoge charakteristisch. Synagoge und Lehrhaus (→Bet ha-Midrasch) waren ursprünglich nicht getrennt. Das Beten im allgemeinen Sinn war nicht das einzige Merkmal des synagogalen Gottesdienstes – zu dessen Durchführung ein →Minjan anwesend sein mußte –, obwohl die Synagoge auch als »Bet ha-Tefilla« (hebräisch »Gebetshaus«) bezeichnet wurde. Die seit babylonischer Zeit in jährlich wiederholte Wochenabschnitte (→Parascha) gegliederte Lesung der Tora (hebräisch »Lehre, [Unter-]Weisung«) bildet bis heute das Zentrum des religiösen Lebens und ist Ausdruck der engen Verbindung von Glauben und Lehre im Judentum; später wurde die Synagoge im Jiddischen deshalb auch »Schul« genannt. Jeder der Teilnehmer des synagogalen Gottesdienstes, der seine →Bar Mizwa gefeiert hatte, konnte aufgerufen werden. Die Gebete, Psalter, Hymnen, Bibelpassagen und Benediktionen wurden traditionell in Hebräisch oder Aramäisch vorgetragen. Dies stärkte die Solidarität und das Geschichtsbewußtsein der jüdischen Gemeinden in der →Diaspora; erst die jüdische Reformbewegung führte im 19. Jahrhundert u. a. eine landessprachliche Liturgie ein. Die Synagoge fungierte nicht nur als religiöses, sondern auch als kulturelles und gesellschaftliches Zentrum der Gemeinde. Während im Tempel der Dienst von einem erblichen Priestertum versehen wurde und im Zentrum der Opferkult stand, entwickelte sich der Wortgottesdienst in der Synagoge als Ausdruck einer Laienreligion. Die Struktur der Synagoge hat sich im Mittelalter und der Neuzeit gegenüber den Ursprüngen in der Antike kaum verändert. Je nach Größe der Gemeinde entstand eine Anzahl von Ämtern (z. B. →Chasan, →Rabbiner). (RED)

Synedrion →Sanhedrin

Syrien. Vor der assyrischen Eroberung im 8. Jahrhundert v. Z. gab es immer wieder Auseinandersetzungen zwischen den aramäischen Königreichen im heutigen Syrien und den Reichen Israel und Juda; nach der griechischen Eroberung im 4. Jahrhundert v. Z. wurden die Gemeinden unterdrückt, ebenso nach der arabischen Eroberung im 7. Jahrhundert n. Z. Von 1516 bis Ende des Ersten Weltkriegs türkisch. Im 15. u. 16. Jahrhundert wanderten Juden aus Spanien und anderen europäischen Ländern nach Syrien aus. In dieser Phase verdankten die jüdischen Gemeinden Syriens wie des gesamten Osmanischen Reichs ihr Ansehen und ihren Wohlstand den Kontakten zu Europa bzw. dem Nutzen, den ihnen diese Verbindungen verschafften. Es entstand eine blühende jüdisch-arabische Kultur. Mit dem Verschwinden der Einwanderung im 17. Jahrhundert schwanden auch die Vorteile für die türkischen Herrscher, und der Niedergang der jüdischen Gemeinden begann. Seitdem wuchsen antisemitische Diskriminierungen und Verfolgungen. 1840 Blutbeschuldigung in Damaskus (→Damaskus-Affäre); 1918 führte die französische Besetzung zu Gleichberechtigung, aber die zunehmende antizionistische Stimmung gleichzeitig zu Gewaltakten. Im Kampf gegen die vichytreue französische Kolonialmacht wurden die Syrer von der →Hagana 1940/41 unterstützt. Zu Beginn der 40er Jahre lebten rund 30 000 Juden in Syrien, hauptsächlich in Damaskus, Aleppo und Qâmichliyé. Jede dieser drei Gemeinschaften verfügte über eine eigenständige kulturell-religiöse Tradition: Die Juden von Qâmichliyé sprachen vorwiegend Kurdisch, in Aleppo eine Mischsprache aus Hebräisch und Spanisch (→Ladino) und in Damaskus Arabisch, weshalb letztere auch Musta'riba genannt wurden. Seit 1945 wiederholt Pogrome; scharfe antisemitische Gesetzgebung (Einschränkung der Bewegungsfreiheit, der Schulbildung, der Berufswahl, Konfiszierung des Vermögens Verstorbener, Kennzeichnungspflicht bei

Pässen). 1948/49 syrische Aggression gegen das neu entstandene Israel (→Unabhängigkeitskrieg). Im →Sechs-Tage-Krieg 1967 besetzten israelische Truppen syrisches Gebiet (Golan). Im →Jom-Kippur-Krieg 1973 erneut große syrische Gebietsverluste, danach israelischer Teilrückzug; Besetzung der Golan-Höhen bis heute. Die fortgesetzte Feindschaft und Diskriminierung der jüdischen Bevölkerung, die sich erst mit der Madrider Friedenskonferenz 1992 abschwächten, führten zur fast vollständigen Auswanderung der syrischen Juden (seit 1948 allein nach Israel über 10 000): 1997 lebten nur noch etwa 100 in Syrien. (PB/BV)

Szenes, Hannah, Schriftstellerin, Widerstandskämpferin, 1921 Budapest – 7. 11. 1944 Budapest. Unter dem Eindruck des Antisemitismus in Ungarn wurde Szenes Zionistin. 1939 Emigration nach Palästina; Mitglied der →Hagana. 1942 freiwillig zur britischen Armee, landete 1944 mit dem Fallschirm in Jugoslawien, um von dort aus mit den Partisanen Titos den jüdischen →Widerstand und die Flucht aus Ungarn zu organisieren; wurde von der ungarischen Polizei gefangengenommen, gefoltert und standrechtlich erschossen. Ihre sterblichen Überreste wurden nach Israel gebracht und auf dem Mount Herzl (bei Jerusalem) beigesetzt. In Israel ist ihr Name ein Symbol für Opferbereitschaft. Ihre hinterlassenen Gedichte besitzen hohes literarisches Niveau.

L Y. Lewy (Hrsg.), Das Leben von Chana Szenes. 1921–1944 nach ihren Tagebüchern, 1960. (LH)

Szofer, Mózes, Rabbiner, Gelehrter, 24. 9. 1762 Frankfurt am Main – 3. 10. 1839 Preßburg. Studien bei Nathan Adler und Pinkas Hurwitz in Frankfurt am Main, Rabbiner in Dressnitz, Mähren. 1789 Übersiedlung nach Ungarn, Rabbiner in Mattersdorf, 1806–39 Rabbiner der größten jüdischen Gemeinde im damaligen Ungarn, Preßburg. Anerkannte Autorität in der Interpretation der biblischen und talmudischen Gesetze. Militanter Verteidiger des religiösen Konservativismus gegen die reformistischen Strömungen. Unter seiner Leitung wurde die Rabbinerschule (etwa 500 Studenten) in Preßburg eine der bedeutendsten jüdischen Lehranstalten des Landes. (AK)

Szold, Henrietta, Zionistenführerin und Philanthropin, 21. 12. 1860 Baltimore – 13. 2. 1945 Jerusalem. 1877 Lehrerin an einer privaten Mädchenschule, gleichzeitig Journalistin; 1888 Aufbau einer Abendschule für Immigranten; 1899 Mitherausgeberin, 1904–08 Herausgeberin des ersten »American Jewish Yearbook« für das →American Jewish Committee; 1909 Reise nach Palästina; 1910 Sekretärin der Federation of American Zionists; 1912 Mitbegründerin und erste Präsidentin der →Hadassa-WIZO; 1918 Direktorin der zionistischen Erziehungsarbeit in der neugegründeten →Zionist Organization of America. 1920 erneut in Palästina, dort Direktorin des Hadassa-Krankenhauses, Leiterin der Schwesternausbildung und der Gesundheitspflege in den jüdischen Schulen. 1933 Direktorin der von der Jewish Agency gegründeten Jugend-Alija, die deutsch-jüdische Kinder nach Palästina brachte. 1944 Ehrendoktor der Universität Boston. (CL)

T

Taanit →Mischna

Tabor, Har Tavor, Berg in Israel östlich von Nazareth, 588 m; Ort der Verklärung Jesu; Franziskanerkirche (1924), griechisch St.-Elias-Kirche (1911). Der Tabor markierte die Grenze zwischen Sebulon und Isachar (Jos 19,22), die hier Opfer darbrachten (Dtn 33,19). An seinem Fuß im Jesreeltal schlugen Debora und der Richter Barak den Kanaaniter Sisera (Ri 4). In Ps 89 symbolisierten Tabor und Hermon die Einheit des Heiligen Landes. (WL)

Tabori, George, Schauspieler, Regisseur und Schriftsteller, 24. 5. 1914 Budapest. Emigration aus Berlin über Budapest und Paris nach London. Während des Zweiten Weltkriegs im Intelligence Service der britischen Armee. 1947 Übersiedlung in die USA. Erfolgreiche Theaterarbeit in den 50er und 60er Jahren. 1966 Gründung einer eigenen Theatergruppe, Arbeit an Experimentierbühnen. Ab 1969 Theaterarbeit in Deutschland, u. a. in Bremen, München, Bochum und Berlin. 1987–90 Leitung des »Theaters im Kreis« in Wien, 1992 mit dem Georg-Büchner-Preis ausgezeichnet. (RED)

Tachanun (hebräisch »Flehen«, »Bitte«, Plural Tachanunim), ursprünglich Privatgebet, jetzt eine Art Konfession (Beichtgebet über

Sünden) im Anschluß an die Amida (→Tefilla) im Morgen- und Nachmittagsgottesdienst. Die Tachanunim werden in Anwesenheit einer Torarolle sitzend, den Kopf auf den Arm gelegt, gesprochen. Eingeleitet werden sie mit einem stillen Sündenbekenntnis (sephardischer Ritus) und dem Gebet Davids (2 Sam 24,14). Hauptbestandteil sind die Bußpsalmen Ps 6,2–11 (aschkenasischer Ritus) oder Ps 25 (sephardischer Ritus). Den Abschluß bildet ein mit 2 Chr 20,12 beginnendes Gebet um das Erbarmen Gottes. An den traditionellen Fasttagen Montag und Donnerstag werden die Tachanunim durch →Pijutim zum Thema Vergebung vermehrt. An →Sabbat, →Rosch Chodesch, Feier- und Halbfeiertagen sowie im Monat Nisan werden die Tachanunim nicht gesprochen. (HMD)

Tacitus, Publius Cornelius, römischer Historiker der frühen Kaiserzeit, um 55– nach 115. Kritische Darstellung der Kaiserzeit in seinen beiden Hauptwerken, den (nur z. T. erhaltenen) »Historien« und den »Annalen«. Als römischer Statthalter in Kleinasien dürfte Tacitus direkten Kontakt zu jüdischen Gemeinden gehabt haben. Im fünften Buch seiner »Historien« gibt Tacitus in einem längeren Exkurs ein Bild vom Judentum, wie es in der staatstragenden Schicht der Senatsaristokratie verbreitet gewesen sein dürfte; danach stand das Wertesystem der Juden dem römischen diametral entgegen, waren die Juden durch einen menschenverachtenden Haß gegenüber allen Nichtjuden (»hostile odium«) und durch selbstgewählte Absonderung gekennzeichnet, worin Tacitus sie in enger Nachbarschaft zu den frühen Christen sah (»odium generis humani« im Hinblick auf die Christen). In der Diskreditierung der Reinheitsvorschriften, der Beschneidung und der Sabbatruhe hat Tacitus das heidnische Bild vom Judentum entscheidend geprägt und darin immer wieder Nachahmer gefunden. (HC)

Takkana (Plural Takkanot, von hebräisch »verbessern«), innerhalb des Systems der →Halacha eine Verbesserung mit dem Ziel, eine Lücke zu füllen oder die Halacha aufgrund veränderter Gegebenheiten zu berichtigen. Das Recht einer solchen rabbinischen Anpassung wird biblisch begründet (aus Dtn 17,11 und 32,7). Als Innovation der Rabbinen (Mide Rabbanan), die in der Schrift abgesichert wird (→Asmachta), legt die Takkana in der Regel eine Verpflichtung auf. Sie unterscheidet sich von halachischen Bestimmungen, die sich direkt aus der Schrift ergeben (Mide Oraita). Neben der Gesera (Verbotsentscheidungen, die der Verletzung der biblischen Satzung vorbeugen sollen) ist die Takkana als legislative Verbesserung ein Kennzeichen für die Lebendigkeit und Menschlichkeit der Halacha. Sie ist zugleich Ausdruck der Autonomie des Menschen. Wo die Halacha nicht mehr ihrem Zweck gerecht wird, muß sie verantwortlich geändert werden. (HMD)

Tal, Josef, israelischer Komponist und Pianist, 18. 9. 1910 Pinne bei Posen. Emigrierte 1934 nach Palästina, wo er zunächst als Kompositionslehrer an der Jerusalemer Musikakademie, später (1948–52) als deren Leiter wirkte. Seine Beschäftigung mit der elektronischen Musik führte 1961 zur Gründung des »Israelischen Zentrums für Elektronische Musik« an der Hebräischen Universität Jerusalem, das er seither leitet. Seine zahlreichen Kompositionen (Orchesterwerke, Konzerte, Klavier-, Vokal-, Kammermusik, Opern und elektronische Musik) spiegeln die Wandlungen in der Kompositionstechnik seit den 20er Jahren wider. In seinen Opern vertonte Tal häufig sich auf biblischen Erzählungen gründende Libretti. So bezieht sich beispielsweise seine konzertante Oper »Saul in En-Dor« (1957) auf 1 Sam 28 (Saul bei dem Weibe zu Endor), und in der Kurzoper »Amnon und Tamur« (1961) findet sich die tragische Beziehung zwischen König Davids Sohn und seiner Stiefschwester vertont. Auch die Opern »Ashemdai« (1971), »Massada« (1973) und »Die Versuchung« behandeln Themen aus der jüdischen Geschichte, ebenso das elektronische Ballett »Exodus« (1960) und der Hymnon für Chor, Solisten und elektronische Begleitung »Der Tod Moses« (1970). Tal ist innerhalb des Kreises der neuen israelischen Komponisten als führender Vertreter der europäischen Orientierten anzusehen. (AS)

Tallit (hebräisch »Gebetsmantel«), viereckiges Tuch aus Wolle, Baumwolle oder Seide, meist weiß mit blauen oder schwarzen Streifen, an dessen vier Enden gemäß Num 15,38–41 die Schaufäden (→Zizit) angebracht sind. Der Tallit wird von männlichen Juden täglich beim Morgengebet, am Versöhnungstag den ganzen Tag, am 9. Aw nur beim Nachmittaggebet mit einer speziellen Benediktion über die Kleidung angelegt. Um das Gebot der Zizit zu erfüllen, wird der sog. kleine Tallit oft ständig unter der Kleidung, jedoch nicht auf der nackten Haut, getragen. Der Tallit ist zugleich ständige Mahnung zur Beachtung der Gebote der Tora. So trägt ein Mann auch im Tod außer dem Totengewand den Tallit. Allerdings werden die Knoten an einem der vier Zizit gelöst. Dies bedeutet, daß der Tote nicht mehr beten muß. (HMD)

Talmud (hebräisch »Lernen«, »Lehre«, »Studium«), Sammlung der Ausführungen, Diskussionen und Kommentare der →Amoräer über die →Mischna von Rabbi →Jehuda ha-Nassi. Diese entstand in den →Akademien von Palästina und Babylonien: in Palästina vor allem in Caesarea, Tiberias, Sepphoris und Lydda; in Babylonien vor allem in Nehardea, Sura, Pumbedita, Mahoza, Naresch und Mata Mehasya. Der Talmud wird auch »Schas« genannt, eine Abkürzung von »Schischa Sidrei (Mischna)«, was »Sechs Ordnungen (der Mischna)« heißt. Eine andere Bezeichnung ist Gemara (»Lernen«); sie kennzeichnet den eigentlichen Talmudtext. Der Text des Talmuds besteht aus der Mischna und der Gemara. Die Mischna ist der Ausgangspunkt für die Gemara. Die Mischna ist in nachbiblischem Hebräisch bzw. mischnischem Hebräisch verfaßt. Da das Studium der Mischna sowohl in Babylonien als auch in Palästina gepflegt wurde, entstanden zwei verschiedene Talmudim: der palästinische Talmud (PT), auch Jerusalemer Talmud genannt, und der viel umfangreichere babylonische Talmud (BT). Der PT ist in West-Aramäisch verfaßt und enthält manche griechische Lehnwörter der Dialekte aus den Provinzen Syrien und Palästina. Der BT ist in Ost-Aramäisch (das auch babylonisches Aramäisch genannt wird) verfaßt. Das Hebräisch ist mischnaisches Hebräisch aus einer späteren Zeit. Der PT wurde Ende des 5. Jahrhunderts abgeschlossen. Der BT wurde von den Saboräern im 6./7. Jahrhundert bearbeitet (es gibt aber auch Redaktionsarbeit von den Geonim [→Gaon]). In beiden Talmudim sind nicht alle Traktate der Mischna erläutert. In dem PT z. B. ist die erste Ordnung, »Zeraim«, mit Gemara, in dem BT aber nur das erste Traktat, »Berachot«, mit Gemara. Im PT fehlt die 5. Ordnung vollständig, und nur ein kleiner Teil der 6. Ordnung ist überliefert. Der Text der Gemara besteht aus Einheiten (→Sugia), die redaktionell ausgewählt und bearbeitet wurden. Die Gemara behandelt u. a. Fragen der →Halacha und große Teile der →Aggada, wie Aberglaube, Astronomie, Astrologie, Folklore, Sagen, Volksmedizin und Geschichten zum Leben der Rabbiner. Der BT war in seiner Wirkungsgeschichte weitaus bedeutender. Die Überlieferung der Talmudim erfolgte unter schwierigen Bedingungen; es kam immer wieder vor allem im Mittelalter zu →Talmudverbrennungen und zur Zensur; vollständige Handschriften sind selten. Die bedeutendste Handschrift des PT ist der Leidener Kodex von 1289 (Erstdruck des PT: Venedig 1523/24; wichtige Ausgabe: Krotoschin 1866). Die bedeutendste Handschrift des BT ist der Kodex München Hebräisch 95 von 1343 (Erstdruck: Venedig 1520–23; wichtige Ausgabe: Wilna 1880 bis 1886). (RED)

Talmud-Tora-Schule Hamburg, 1805 als »Israelitische Armenschule der Talmud-Tora« in Altona gegründet; bis 1821 lag der Schwerpunkt des Unterrichts auf religiösen Fächern. Ein Gutachten des Oberrabbiners I. →Bernays leitete im Sinne der Neuorthodoxie an der Schule einen Reformprozeß ein: die Erziehung der Kinder zu Bürgern und Juden sah das Erlernen der deutschen Sprache und die Aufnahme allgemeinbildender Fächer vor. Im Zuge einer ständigen Erweiterung des Lehrstoffes und der Anerkennung als Höhere Bürgerschule (1869) entwickelte sich die Schule (1893: 530 Schüler) zu einem Zentrum jüdisch-pädagogischen Lebens in Deutschland. Die Amtszeit von J. →Carlebach als Direktor der Schule (1920–26) war von dem Versuch geprägt, den nationalen Faktoren der jüdischen Religion wie Sprache, Land und Kultur eine stärkere Bedeutung zukommen zu lassen. Am 1. 4. 1939 wurde die Talmud-Tora-Schule Hamburg von den nationalsozialistischen Behörden mit der Mädchenschule der Deutsch-Israelitischen Gemeinde zusammengelegt und mußte sich ab November »Volks- und Höhere Schule für Juden« nennen; zum Zeitpunkt der Schließung am 30. 6. 1942 besuchten noch 81 Schüler das Lehrinstitut.

Ⓛ J. Goldschmidt, Geschichte der Talmud-Tora-Realschule, 1905. – I. Lorenz, Juden in Hamburg zur Zeit der Weimarer Republik, 2 Bände, 1987. (JÖD)

Talmud-Tora-Schulen. Die Talmud-Tora-Schulen basieren auf der zentralen religiösen Pflicht im Judentum, Tora, Talmud, Kommentare und Kodifikationen zu studieren. Es waren in der Regel orthodoxe Elementarschulen, von denen jedoch einige seit dem 19. Jahrhundert versuchten, auch die Anerkennung als Höhere Schule zu erlangen. Unter dem Einfluß der Aufklärung wurde auch profaner Unterricht in die Lehrpläne aufgenommen. Die bekannteste der deutschen Talmud-Tora-Schulen war die →Talmud-Tora-Schule Hamburg. Weitere wichtige Schulen der orthodoxen Gemeinden waren in Halberstadt (»Hascharat Z'wi«, gegründet 1796, 1866 als Höhere Schule anerkannt), Fürth (gegründet 1862), Mainz (gegründet 1859), Leipzig (gegründet 1912) und Berlin (gegründet 1919).

🄻 M. Breuer, Jüdische Orthodoxie im Deutschen Reich 1871–1918. Die Sozialgeschichte einer religiösen Minderheit, 1986. – M. Eliav, Jewish Education in Germany in the Period of Enlightenment and Emancipation, Jerusalem 1960. (RR)

Talmudverbot, Talmudverbrennungen. Kaiser →Justinian I. griff schon 553 mit der 146. Novelle des →Codex Justinianus in den Synagogengottesdienst ein und verbot die außerbiblische Überlieferung der »Deuterosis«. Im Mittelalter leitete Papst →Gregor IX. aus der zunehmend beanspruchten Rechtsgewalt über die Juden die Befugnis ab, auch ihre angebliche Rechtgläubigkeit zu überwachen. Einen Präzedenzfall bot die Verbrennung der Schriften des →Mose ben Maimon durch die Dominikaner 1232, nach offensichtlicher Denunziation durch dessen orthodoxe Gegner. Auf eine Anzeige des Konvertiten N. →Donin hin ordnete Gregor IX. 1239 an, den Talmud zu konfiszieren und zu überprüfen. Die erste große, öffentliche Talmuddisputation fand im Juni 1240 am königlichen Hof in Paris zwischen Donin und vier rabbinischen Gelehrten (Jechiel von Paris, Mose von Coucy, Jehuda Ben-David von Melun und Rabbi Samuel ben Salomo von Château-Thierry) statt. Obwohl es dem Sprecher der jüdischen Gelehrten, Jechiel von Paris, gelang, die Anschuldigungen zu entkräften, wurde im Protokoll der Disputation vermerkt, die Juden hätten »gestanden«. Es wurde das Urteil erlassen, alle Talmudexemplare in Paris zu verbrennen. Die Talmudverbrennung wurde im Juni 1242 auf einem öffentlichen Platz vorgenommen, ihr fielen 24 Wagenladungen zum Opfer. 1244 erwirkte eine jüdische Petition die Überprüfung, doch bestätigte Papst →Innozenz IV. das alte Urteil. Französische Könige verfügten 1248, 1254, 1284, 1290 und 1299 immer neue Konfiskationen. Nach dem Religionsgespräch von Barcelona (→Raimund von Peñafort) unterwarf auch König Jakob I. von Aragón 1263 den Talmud einer strengen Zensur. In größeren Abständen folgten weitere Verurteilungen durch die Päpste. 1509 erwirkte der Konvertit Johannes Pfefferkorn in Köln eine erneute Konfiskation des Talmuds und die Einberufung einer Kommission, in der der Humanist J. →Reuchlin entschieden für die Erhaltung des Talmuds eintrat. Der Streit zog sich bis 1520 hin. Mit Eifer wurde die Talmudverfolgung auch in Italien ausgeübt. Papst Leo X. hatte zwar die Drucklegung des Talmuds gefördert, sein Nachfolger jedoch, Julius III., befahl auf Drängen des Generalinquisitors die Talmudvernichtung. Die Verbrennung in Rom wurde bewußt am 9. September (1553), dem Tag des jüdischen Neujahrsfestes, vollzogen. Die Szenerie des Scheiterhaufens wiederholte sich in allen Gemeinden des Kirchenstaats und in anderen Städten Italiens. Danach wurde die Zensur für den Talmud und alle anderen hebräischen Bücher eingeführt (1554). Dennoch fand 1559 in Cremona erneut eine Talmudverbrennung statt. Noch 1601 wurde von Clemens VII. eine Verbrennung hebräischer Bücher angeordnet. Die letzte Talmudverbrennung fand 1757 in Kamenez-Podolskij (Polen) nach einer Disputation mit den Frankisten statt. (FL/WJ)

Tam →Jakob ben Meir

Tami (hebräisch »Bewegung für die Tradition Israels«), 1981 von Aharon Abuhazira gegründete religiöse israelische Partei, die vornehmlich von nationalistisch-religiös eingestellten marokkanischen Juden unterstützt wurde. Der Religionsminister Abuhazira brach mit der →Nationalreligiösen Partei, da er und seine Anhänger sich in dieser Partei benachteiligt fühlten. Sie forderten insbesondere mehr Sozialleistungen zugunsten der benachteiligten orientalischen Bevölkerungsgruppe. Nach den Knessetwahlen blieb Abuhazira Religionsminister in einer →Likud-geführten Koalition, wurde aber der Korruption überführt und rechtskräftig verurteilt. Tami löste sich auf; die Anhänger gingen vorwiegend zur →Schass; ein Teil schloß sich 1987 dem Likud an. Tami erzielte in den Wahlen zur Knesset folgende Ergebnisse:

1981	2,3%	der Stimmen	3 Mandate
1984	1,5%	der Stimmen	1 Mandat

🄻 M. Wolffsohn, Politik in Israel, 1983.
(DB/MW)

Tamid →Mischna

Tammus →Kalender

Tannaiten (von aramäisch »tanna«, wiederholen, lehren, lernen), Bezeichnung für die Rabbinen der mischnaischen Zeit, deren durch ständige Wiederholung tradierte

Lehre als autoritativ anerkannt wurde. Die Zeit der Tannaiten erstreckt sich vom Beginn der allgemeinen Zeitrechnung (→Hillel und →Schammai, nach manchen erst seit Rabban →Jochanan ben Zakkai) bis ins frühe 3. Jahrhundert (Rabbi →Jehuda ha-Nassi und dessen Söhne) und wird traditionell in fünf Generationen von Tannaiten eingeteilt. Auf sie folgten die Periode der diese Lehren kommentierenden →Amoräer (bis um 500), die Periode der den babylonischen Talmud bearbeitenden →Saboräer (bis zum 7. Jahrhundert) und schließlich die Periode der →Geonim (bis zum 11. Jahrhundert). Die Bedeutung der Tannaiten liegt in der Sammlung und der Ordnung der mündlichen Tradition in halachischen Kodizes (→Mischna, →Tosseftà) und halachischer Tora-Exegese (halachische Midraschim) zu einer Zeit, in der die Traditionskette durch die Verfolgung und den Tod der Lehrer und die Zerstörung der Gelehrtenschulen abzubrechen drohte (Jüdischer Krieg; →Bar-Kochba-Aufstand). (HMD)

Tansman, Alexandre, Komponist, Pianist und Dirigent, 12. 6. 1897 Lodz – 15. 11. 1986 Paris. Erhielt 1919 für zwei Werke den ersten und den zweiten polnischen Nationalpreis; lebte seit 1921 als Pianist und Dirigent in Paris, Flucht in die USA, wo er 1941–46 lebte; kehrte dann nach Frankreich zurück. Seine vielfältigen Kompositionen spiegeln seine polnisch-jüdische Herkunft wieder. Die »Rhapsodie Polonaise« ist eine Erinnerung an die Warschauer Ghetto-Kämpfer. Tansman schrieb acht Symphonien und Kammermusik. Weitere Tonwerke: »Genesis«, »Isaïe« (Oratorium, 1949–51); Klavierstücke »Pièces Polonaises«, »Préludes«; Oper »Sabbatai Zewi«. (LH)

Targum (aramäisch »Übersetzung«, Plural Targumim). In rabbinischem Verständnis nur bezogen auf die Bibelübersetzung ins →Aramäische. Als das Aramäische zur Alltags- und Schriftsprache des westlichen Perserreichs geworden war, wurde im Anschluß an die hebräische Perikopenlesung in der Synagoge eine Übersetzung der →Tora notwendig. Diese erfolgte versweise mündlich (bei den Propheten jeweils nach drei Versen), um den Unterschied zu dem eigentlichen, schriftlichen hebräischen Text zu wahren. Dadurch entstanden je nach Ort im Wortlaut verschiedene Targumim, die nicht nur reine Übersetzungen sind, sondern für die Gemeinde den Text umschreiben, erhellende Einfügungen bringen und den Text auf die jeweilige Situation hin auslegen (vgl. Neh 8,8). Insofern ist der Targum nicht streng zu unterscheiden vom →Midrasch. Beide Gattungen entstammen dem Synagogengottesdienst. Möglicherweise waren sogar Übersetzer (→Meturgeman) und Prediger (Darschan; →Derasch) oft identisch. Die schon früh schriftlich fixierten aramäischen Targumim sind in zwei Gruppen untergliedert a) Der alte sog. palästinische Targum ist belegt in Fragmenten aus Qumran (zu Lev und Hiob), im Kodex Neofiti (zur Tora), im sog. Fragmenten-Targum (Targum Jeruschalmi II), in Fragmenten der Kairoer Genisa sowie im Targum Pseudo-Jonathan (Targum Jonathan ben Usiel oder Targum Jeruschalmi I). Dieser bietet, beeinflußt vom Targum Onkelos und von der Midrasch-Tradition, eine ausführliche Paraphrase des Textes. b) Zu den im 5. Jahrhundert n. Z. in Babylonien im Wortlaut festgelegten und für das Judentum autoritativen Targumim gehören der auf dem masoretischen Text basierende Targum Onkelos (zur Tora) und der Targum Jonathan (zu den Propheten). Sie sollten wohl als offizielle, nach dem hebräischen Text revidierte und von midraschischen Erweiterungen befreite Übersetzungen die Vielzahl der im Umlauf befindlichen Targumim ersetzen. Abgesehen davon existiert noch der sog. samaritanische Targum zur Tora (4. Jahrhundert), der jedoch – offiziell unredigiert – je nach Handschrift einen anderen Text bietet. Die Targumim zu den Schriften stammen von unterschiedlichen Autoren späterer Zeit und wurden nicht offiziell autorisiert. Über die aramäischen Targumim hinaus entstanden zunächst Übersetzungen der Bibel ins Griechische. Dazu gehört die Septuaginta (Übersetzungssammlung der in der ägyptischen Diaspora lebenden griechisch sprechenden Juden, 3.-1. Jahrhundert v. Z.), die in ihrer Wörtlichkeit oft ungriechisch klingende Übersetzung des Aquila (Proselyt und nach rabbinischer Tradition Schüler Rabbi →Akibas, um 130 n. Z.), die Neuübersetzung des Ebioniten oder zum Judentum übergetretenen Samaritaners Symmachus (um 170 n. Z.) und die revidierende Übersetzung des Theodotion (Ende 2. Jahrhundert). Später folgten Übersetzungen ins Syrische (Peschitta, Mitte 1. Jahrhundert, möglicherweise in Anlehnung an einen palästinischen Targum entstanden), ins Arabische (vor allem die Übersetzung von →Saadja Gaon), ins Lateinische von Hieronymus (»Vulgata«, 400 n. Z.) und seit dem Mittelalter in fast alle anderen Sprachen.

Für den deutschen Sprachraum sind die Übersetzungen von Mendelssohn, Zunz, Bernfeld und Buber/Rosenzweig wichtig. (HMD)

Tas →David ben Samuel ha-Levi

Taschlich (hebräisch »[du sollst] werfen«), spezielle Zeremonie nach dem →Mincha-Gebet des ersten Neujahrstags (fällt dieser auf einen Sabbat, am zweiten Neujahrstag), möglichst kurz vor Sonnenuntergang. Man begibt sich an fließendes Wasser (Fluß, Meer, See, Brunnen oder Quelle), schüttelt seine Kleider aus und versenkt so symbolisch die abgeschüttelten Sünden. Währenddessen wird dreimal Mi 7,18–20 (Vers 19: »werfe alle ihre Sünden in des Meeres Tiefe«) gesprochen; je nach Ritus werden auch ein Gebet des Chajim Josef David Azulai sowie Psalmen (Ps 118,5–9; Ps 33; Ps 130 oder Jes 11,9) rezitiert. Die symbolische Handlung soll zur Buße vor Gott und zur Läuterung am Neujahrstag (→Rosch ha-Schana) anregen. Möglicherweise hat das Mißverständnis dieses Brauchs zu dem Vorurteil, Juden seien Brunnenvergifter (→Brunnenvergiftungslegende), beigetragen. (HMD)

Täubler, Eugen, Historiker, 16. 10. 1879 Gostyn, Posen – 13. 8. 1953 Cincinnati. Seit 1899 Studium von Altphilologie, Alter Geschichte und Hebraistik in Berlin; Dissertation 1903. Von 1906 bis 1918 war er Mitbegründer und Leiter des →Gesamtarchivs der deutschen Juden und Dozent für Geschichte und Literatur der jüdisch-hellenistischen und frühchristlichen Zeit an der Lehranstalt für die Wissenschaft des Judentums. 1919 habilitierte sich Täubler in Berlin in griechischer und römischer Geschichte. Nach einem dreijährigen Aufenthalt an der Universität Zürich lehrte er von 1925 bis 1933 Alte Geschichte an der Universität Heidelberg, wo er seine Professur aus Protest gegen die diskriminierende Behandlung von Juden niederlegte. Seit 1938 lehrte Täubler erneut in Berlin an der Lehranstalt für die Wissenschaft des Judentums; nach der Emigration in die USA im Jahr 1941 war er bis 1953 als Research Professor und Dozent für Bibelkunde und Hellenistische Literatur am Hebrew Union College in Cincinnati tätig.

[L] G. Herlitz, Three Jewish Historians: Isaak Markus Jost – Heinrich Graetz – Eugen Täubler, in: Leo Baeck Institute Year Book 9, 1964. (JÖD)

Tauchbad →Mikwe

Taufen. Das Judentum war im Bereich der christlichen Kirche einem ständigen Taufdruck ausgesetzt. Lang ist die Liste der Gewaltanwendung im Mittelalter zur Durchsetzung der Taufe bei den Juden. Man stellte die Juden entweder direkt vor die Wahl zwischen Taufe und Tod, wie etwa in Europa z. Z. der →Kreuzzüge, oder man befahl die Ausweisung aller nichtgetauften Juden wie in →Spanien z. Z. der Westgoten im 7. Jahrhundert und später bei der großen →Vertreibung im Jahr 1492. Oder man schenkte den des Ritualmords bzw. der Hostienschändung Angeklagten nur dann das Leben, wenn sie sich zur Annahme der Taufe bereit fanden. Auch wenn die Kirche an dem theologischen Grundsatz festhielt, daß die Taufe auf der freien Zustimmung beruhen müsse, führte ihr Missionseifer immer wieder zur Ausübung direkten oder indirekten Drucks. Zu den sensibleren Formen gehört bereits die zwangsweise Verordnung, spezielle christliche Predigten anzuhören. In Rom gab es diese Zwangspredigten bis ins 19. Jahrhundert hinein. Anfang des 19. Jahrhunderts setzte vor allem in Deutschland im Zusammenhang mit dem Assimilationsprozeß eine neue Welle von Judentaufen ein. Entgegen allgemein verbreiteten Vorstellungen, die lange Zeit sowohl von der christlichen Judenmission als auch von der jüdischen Geschichtsschreibung (Heinrich Graetz) geteilt wurden und wonach es sich besonders in Berlin damals um »Massentaufen« gehandelt haben soll, ist heute klar, daß diesen Taufen eher ein Indikationscharakter zukommt. Die Taufen waren nicht so sehr durch ihr quantitatives Ausmaß (man nennt heute Quoten von maximal zehn Prozent) ein bedenklicher Vorgang für die jüdische Gemeinschaft, sondern vielmehr durch die sich in ihnen äußernde Lockerung religiöser und traditioneller Bindungen. Obwohl die Juden im 19. Jahrhundert keinem direkten Taufzwang mehr ausgesetzt waren, kann an dem An- und Abschwellen der Taufbewegung ein enger Zusammenhang mit politischem Druck erkannt werden. Das wird an der wechselnden Judenpolitik des zaristischen Rußlands ebenso deutlich wie bei der Verzögerung des Emanzipationsprozesses in →Preußen. Die Judentaufen des 19. Jahrhunderts können nicht ausschließlich als Folge zunehmender Assimilation betrachtet werden. Ebenso wie ein eindeutiger Zusammenhang zwischen Taufen und →Mischehen besteht, gibt es auch eine Abhängigkeit der Taufen vom politischen Druck. Das wird noch deutlicher bei der Austrittsbewegung, die um die Wende zum 20. Jahrhundert allmählich an die Stelle der Taufbewegung trat. Durch Gesetz war es sowohl in Deutschland (1873) als auch in Österreich (1868) Ende des 19. Jahrhunderts möglich geworden, aus dem Judentum auszutreten, ohne sich anschließend taufen zu lassen. Spätestens seit dem Ersten Weltkrieg überwiegen dann die Austritte ohne nachfolgende Taufen. Neuere Untersuchungen für Berlin, Wien und Budapest haben gezeigt, daß die Austritte in antisemitischen Krisenzeiten (in Berlin 1919, 1933, 1938; in Wien beim »Anschluß« 1938) erheblich zunehmen.

L T. M. Endelman (Hrsg.), Jewish Apostasy in the Modern World, 1987. – P. Honigmann, Jewish Conversions. A Measure of Assimilation?, in: Leo Baeck Institute Year Book 34, 1989. – N. Samter, Judentum im Neunzehnten Jahrhundert, 1906.

(PH)

Techija (hebräisch »Wiederauferstehung«), 1979 gegründete nationalistische israelische Partei, die sich gegen eine Rückgabe von besetzten Gebieten wehrt. Aus Protest gegen den ägyptisch-israelischen Friedensvertrag (→Camp-David-Abkommen) spalteten sich Dissidenten, vor allem aus der →Groß-Israel-Bewegung, beim Zerfall der →Laam vom →Likud-Block ab. Sie wurden von vielen siedlungspolitischen Aktivisten des →Gusch Emunim unterstützt, die sich ihrerseits von der →Nationalreligiösen Partei abwandten. 1984 kam die vom ehemaligen Generalstabschef Raphael Eytan geführte →Zomet hinzu. Die gemeinsame Wahlliste wurde zur drittstärksten Fraktion in der Knesset. Techija wurde »die« Partei der Siedlungsaktivisten und der »Falken«, d. h. derjenigen, die Judäa und Samaria (das Westjordanland) als unverzichtbaren Bestandteil des Landes Israel (Erez Israel) ansehen und zu keinem territorialen Kompromiß mit den palästinischen Arabern bereit sind. Nach den Wahlen 1981 war Techija 1981–84 an der vom →Likud dominierten und wieder ab 1990 an der von I. →Schamir (Likud) geführten Regierung beteiligt. Techija erzielte in den Wahlen zur Knesset folgende Ergebnisse:

1981	2,3%	der Stimmen	3 Mandate
1984	4,0%	der Stimmen	5 Mandate
1988	3,1%	der Stimmen	3 Mandate
1992	1,2%	der Stimmen	0 Mandate

L M. Wolffsohn/D. Bokovoy, Israel. Geschichte, Politik, Gesellschaft, Wirtschaft, [5]1996. – M. Wolffsohn, Politik in Israel, 1983.

(DB/MW)

Tefilla (hebräisch »Gebet«), auch Amida (hebräisch »Stehen«) oder Achtzehnbittengebet (hebräisch »Schemone essre«), allgemeine Bezeichnung für den Hauptteil des jüdischen Synagogengebets. Es handelt sich um eine Reihung von Bitten, die jeweils mit einer →Beracha und einem Abschluß (»Chatima«) über Gottes Handeln enden. Da der Begriff Achtzehnbittengebet nicht ganz zutrifft (es handelt sich in der heute gebräuchlichen babylonischen Fassung um 19 Bitten), hat sich die vor allem im sephardischen Judentum gebräuchliche Bezeichnung Amida eingebürgert. Sie orientiert sich am Gebetsvollzug: das Gebet wird nur im Stehen verrichtet. In Palästina und Babylonien hat es unterschiedliche Fassungen des Gebets gegeben, wobei die Bitten um den Wiederaufbau Jerusalems und um das Kommen des Messias in Palästina in einer Bitte vereint (14. Bitte), in Babylonien aber getrennt waren (14. und 15. Bitte). Bei der Tefilla – dem Gemeindegebet schlechthin – bekräftigte die Gemeinde ursprünglich jede einzelne vom Vorbeter formulierte Bitte mit »Amen«. Erst seit Ende des 1. Jahrhunderts und der Festlegung der Bitten betet die Gemeinde die Tefilla zunächst leise, bevor der Vorbeter sie laut wiederholt. Diese Wiederholung geschieht jedoch nur morgens und nachmittags. Nach und nach erfuhr die Tefilla Hinzufügungen vor allem an Festtagen (→Feste); hinzu kam die →Keduscha im Anschluß an die 3. Bitte bei der Wiederholung durch den Vorbeter. Tefilla wird auch als Sammelbezeichnung für alle anderen Gebete (wie z. B. →Schacharit, →Mussaf und →Maariv) benutzt. Die Tefilla ist heute in drei Teile untergliedert: a) Lob (Bitte 1–3) – 1. Väter, 2. Taten, 3. Heiligung des Namens; b) Bitten (4–16) – 4. Verstehen, 5. Umkehr, 6. Vergebung, 7. Erlösung, 8. Heiligung, 9. Segnung des Jahres, 10. Sammlung der Zerstreuten, 11. Rückkehr der Gerichtshöfe, 12. Verwünschung der Häretiker, 13. Gerechte, 14. Erbauer Jerusalems, 15. Sproß Davids, 16. Gebet; c) Dank (17–19) – 17. Kult bzw. Gottesdienst, 18. Dank, 19. Friedenssegen. Am Sabbat und an anderen Feiertagen werden die Bitten (4–16) nicht gesprochen. Niemand soll an diesen Festtagen, dem Vorgeschmack der Erlösung, an Leid und Elend erinnert werden. Deshalb wird ein spezieller Teil zur Heiligung des Tages eingefügt, so daß sich die Tefilla auf ein Siebenbittengebet reduziert (Ausnahme: Mussaf an →Rosch ha-Schana mit neun Bitten). Das Gebet ist in Anlehnung an die beiden täglichen Lamm-Opfer im Tempel entstanden. Dementsprechend war die Tefilla nur morgens und nachmittags Pflicht. Im Blick auf das Motiv des dreimaligen Gebets am Tag (Dan 6,11) war die Tefilla am Abend zunächst nur freiwillig, wurde erst im Lauf der Zeit zur Pflicht. Zusätzlich wird die Tefilla auch beim Mussaf-Gebet am Sabbat und an den Feiertagen sowie beim Abschlußgebet des Versöhnungstags gebetet. (HMD)

Tefillin (hebräisch »Gebetsriemen«), zwei schwarze Lederkapseln, die spezielle auf Pergament geschriebene Schriftverse enthalten und von männlichen Juden (nach ihrer →Bar Mizwa) mit schwarzen Lederriemen am linken Arm und an der Stirn in Erfüllung des Gebotes Dtn 6,8 (und öfter) festgebunden werden. Es bestehen genaue Vorschriften über das Anlegen sowie die Anfertigung und die Behandlung der Tefillin. Dazu gehört z. B., daß die Tefillin nach dem →Tallit mit einer speziellen Benediktion zuerst am Arm, dann am Kopf angelegt werden. Die Lederkapseln enthalten die Schriftabschnitte Ex 13,1–10, Ex 13,11–16, Dtn 6,4–9 und Dtn 11,13–21. Diese Abschnitte erinnern an die Liebe zu Gott und an die Befreiung aus Ägypten und sollen in Form der Tefillin ein Zeichen sein und zum Gehorsam gegenüber den Geboten führen. Obgleich immer wieder diskutiert wurde, ob die Anweisung, Tefillin anzulegen, wörtlich zu verstehen sei, ist der Brauch schon sehr alt. Das Anlegen war jedoch nicht allgemein verbreitet und wurde noch im 10. Jahrhundert angemahnt. Es erfolgte ursprünglich den ganzen Tag, nur nicht bei Nacht. Heute werden die Tefillin nur beim Morgengebet der Wochentage getragen, nicht aber am Sabbat und an Festtagen, da diese Tage selbst Zeichencharakter haben. (HMD)

Teitelbaum, Moses, Rabbiner, 1759 Przemyśl – 17. 7. 1841 Sátoraljaújhely. Gründer des Chassidismus in Ungarn. Talmud-Tora-Studien in Lublin. 1785–1808 Rabbiner in Sarinov. Ab 1808 Rabbiner in Sátoraljaújhely, Nordungarn. 33 Jahre lang Leiter der berühmten chassidischen Jeschiwa in Sátoraljaújhely. Legendäre Persönlichkeit des Chassidismus, in den Legenden als Wunderrabbi verehrt. Verfasser verschiedener Kommentare zu biblischen Texten. (AK)

Teixeira, 1. Diego (Abraham Senior), Bankier, Diplomat, 1581– 1666. Marrane aus einer portugiesischen Adelsfamilie, kam über Antwerpen 1646 nach Hamburg. Karfreitag 1647 kehrte er offiziell mit seinen Söhnen zum Judentum zurück und wurde das bedeutendste Mitglied der Hamburger sephardischen Gemeinde. Wegen seines Vermögens und der jährlichen Schoßabgabe von 300 Mark gewährte ihm der Senat nicht nur Wohnrecht, sondern schützte ihn auch gegen die Versuche des Wiener Hofs, ihn wegen »Apostasie« anzuklagen bzw. ihn mit Sonderabgaben zu belegen. In wichtigen finanziellen Geschäften mit den nordeuropäischen Höfen tätig, gewann er großes Ansehen durch seine Beziehungen zur schwedischen Königin Christine, deren Finanzagent und Resident er seit 1655 in Hamburg wurde. Auf diplomatischem Weg erwirkte sie für Teixeira in Wien 1654 einen Geleitbrief für das Reich. In Hamburg erregte der »reiche Portugiese« oder »reiche Jude« wegen seines herrschaftlichen Lebensstils Aufsehen unter der protestantischen Bürgerschaft. Sein Grab befindet sich auf dem jüdischen Friedhof Königstraße in Hamburg-Altona.

Ⓛ A. Cassuto, Die Familie des Don Diego Senior Teixeira de Sampayo, in: Jüdische Familienforschung 5, 1929. – H. Kellenbenz, Diego und Manuel Teixeira und ihr Hamburger Unternehmen, in: Vierteljahresschrift für Sozial- und Wirtschaftsgeschichte 42, 1958. (AH)

2. Manuel (Isaac Senior), Bankier, Diplomat, 1631 Antwerpen – 1705 Amsterdam, Sohn des D. →Teixeira und wie dieser 1647 zum Judentum zurückgekehrt. Setzte das Werk seines Vaters sowohl als Bankier wie als Hamburger Resident der (seit 1654 abgedankten) schwedischen Königin Christine fort. Vermittelte aufgrund seiner verwandtschaftlichen Beziehungen zu finanzkräftigen sephardischen Familien in Amsterdam, London und Paris zahlreiche Subsidienzahlungen zwischen den europäischen Höfen, die auch Hamburgs Wirtschaft zugute kamen. Aufgrund der ständigen Angriffe von seiten der Hamburger Bürgerschaft und der protestantischen Geistlichkeit gegen die sephardische Gemeinde, für deren Belange sich Teixeira sehr engagierte, verlegte er den Familiensitz um 1700 nach Amsterdam, wo er ebenfalls wichtige Ämter in der portugiesischen Gemeinde bekleidete.

Ⓛ A. Cassuto, Die Familie des Don Diego Senior Teixeira de Sampayo, in:Jüdische Familienforschung 5, 1929. – H. Kellenbenz, Diego und Manuel Teixeira und ihr Hamburger Unternehmen, in: Vierteljahresschrift für Sozial- und Wirtschaftsgeschichte 42, 1958. (AH)

Tel Aviv, Tel Aviv-Jaffa (Yafo), zweitgrößte Stadt Israels, an der Mittelmeerküste südlich der Yarqonmündung, 356 000 Einwohner, mit dem engeren, geschlossenen Vorortbereich 968 000 Einwohner, mit dem äußeren Vorortring etwa 1,96 Mio. Einwohner (über 40 Prozent der jüdischen Bevölkerung Israels). Tel Aviv ist heute mit seinen Vororten der wichtigste Industriestandort Israels, in dem fast alle Branchen vertreten sind; Großkraftwerk; Mittelpunkt des Handels und Bankwesens und der Kultur; Städtische Universität, Bar-Ilan-Universität (beide 1953 gegründet), Musikakademie, mehrere Theater (u. a. Habima) und Museen (u. a. Tel Aviv-Museum, Haarez-Museum, Museum der jüdischen Diaspora, gegründet 1979), Goethe-Institut, Fremdenverkehr; Verkehrsknotenpunkt, Seehafen seit 1965 stillgelegt, Inlandsflughafen. – Jaffa (griechisch Joppe, hebräisch Jophea, Yafo) ist seit etwa 1500 v. Z. bezeugt. Der Name und die Gründung werden von der jüdischen Überlieferung auf Noahs Sohn Jafet zurückgeführt. Vom 15. bis 13. Jahrhundert (Thutmosis III. – Ramses II.) und erneut seit der zweiten Hälfte des 8. Jahrhunderts v. Z. war die Stadt in ägyptischem Besitz, dazwischen in der Hand der Philister. In dieser Zeit diente sie Salomo als Einfuhrhafen für Zedernholz aus dem Libanon (2 Chr 2,15). Im 8. Jahrhundert trat der Prophet Jona in Jaffa seine Seereise an (Jona 1,3). Mit Jaffa ist die griechische Sage von Andromeda und Perseus verbunden. Seit dem Altertum war Jaffa wichtig als Hafen für Jerusalem. 144 v. Z. kam es unter jüdische (Jonathan), 63 v. Z. unter zunächst lose römische Herrschaft; seit dem 4. Jahrhundert Bischofssitz. Unter arabischer Herrschaft (seit 636) war Jaffa mit seinem Hafen wichtiges Eingangstor für den Handel von und nach Palästina. In dieser Zeit kann kaum die Existenz einer größeren jüdischen Gemeinde angenommen werden. Nachdem Jaffa 1099 durch die Kreuzfahrer erobert worden war, blieb es lange Zeit der wichtigste Hafen des christlichen Königreichs. Benjamin von Tudela berichtet, er habe 1170 nur einen einzigen Juden angetroffen. Nach Zerstörung durch Al Malik (1196) wurde Jaffa in den Kreuzzügen Friedrichs II. (1228) und Ludwigs IX. (1248) wieder befestigt. Eine kleine jüdische Gemeinde dieser Zeit rekrutierte sich vor allem aus Händlern und Handwerkern, die vielfach aus Südfrankreich eingewandert waren. Unter den Mamluken (1268–1571) wurde zunächst einerseits der Hafen zum Schutz vor christlicher Invasion zerstört, andererseits die Siedlung ausgebaut und befestigt. Wegen des päpstlichen Verbots, Juden aus Europa ins Heilige Land zu befördern, kam es seit dem 15. Jahrhundert nur gelegentlich zur Einreise einzelner Pilger und kleiner Pilgergruppen. Im arabisch-israelischen Krieg 1948 wurde Jaffa (100 000 Einwohner, 30 000 von ihnen Juden) von Israel erobert. Tel Aviv (hebräisch »Frühlingshügel«, nach dem Titel der hebräischen Übersetzung des Romans »Altneuland« von T. Herzl) wurde 1901 als jüdischer Vorort von Jaffa gegründet. 1921 wurde es selbständige Stadt; in den 1930er Jahren überholte es Jaffa an Einwohnerzahl (1935: 120 000); 1950 wurde Jaffa, das nach dem UN-Teilungsplan hätte arabisch bleiben sollen, aber am 14. 5. 1948 eingenommen wurde, nach Tel Aviv eingemeindet. In Tel Aviv wurde am 14. 5. 1948 der Staat Israel ausgerufen, bis 1949 war es provisorische Hauptstadt. Wegen des völkerrechtlich umstrittenen Status von Jerusalem unterhalten die meisten Staaten ihre diplomatischen Vertretungen bei der israelischen Regierung in Tel Aviv. 1965 betrug die Einwohnerzahl 392 000, danach sank sie bis Anfang 1990 auf etwa 320 000 und stieg seither durch die Einwanderung russischer Juden wieder. – Zum Vorortbereich von Tel Aviv gehören u. a. Bat Yam (143 000 Einwohner), Bene Beraq, Givatayim (95 000 Einwohner), Herzliya, Holon (164 000 Einwohner), Kefar Sava (72 000 Einwohner), Lod, Petah Tiqwa, Raananna (60 000 Einwohner), Ramat Gan, Ramla, Rehovot, Rishon Le Zion.

Ⓛ Y. Karmon, Israel. Eine geographische Landeskunde, ²1994. (PAU/WL)

Telem, im April 1981 unter Führung von Moshe Dayan gegründete israelische politische Partei, der sich die von Yigael Hurwitz geführte →Rafi anschloß. Bei den Knessetwahlen im Juni 1981 erhielt Telem 1,6 Prozent der Stimmen und zwei Mandate, eine herbe Enttäuschung für die reformfordernde Partei, die an die Tradition der (alten) Rafi unter D. →Ben-Gurion und Dayan anknüpfen wollte. Nach dem Tod Dayans im Oktober 1981 zerfiel die Partei. Hurwitz ging 1982 zum →Likud zurück, die Gruppe um Salman Schuwal schloß sich der →Israelischen Arbeitspartei an.

Ⓛ M. Wolffsohn/D. Bokovoy, Israel. Geschichte, Politik, Gesellschaft, Wirtschaft, ⁵1996. – M. Wolffsohn, Politik in Israel, 1983. (DB/MW)

Tempel. Nach 1 Kön 6–8 und 2 Chr 3–5 errichtete König Salomo im 10. Jahrhundert v. Z. den Ersten Tempel in Jerusalem, an den sich im Süden der Palast-Komplex anschloß. Gemäß der Raumfolge im Stiftszelt befand sich hinter der Vorhalle mit den davorstehenden Säulen Jachin und Boas der Hauptraum (Hechal) mit Schaubrottisch, zehn Leuchtern und einem Räucheraltar, dahinter das Allerheiligste (Dewir) mit Bundeslade und Cherubim. Der Tempel stand in einem Hof mit großem Wasserbecken und Opferaltar, nach Osten hin folgten weitere Höfe, zunächst für die Männer, dann für die Frauen (vgl. auch →Tempelkult). Dieser prachtvolle Tempel wurde 587/586 v.Z. zerstört. Der Zweite Tempel entstand 520–516 v.Z., war schlichter und wurde mehrmals umgebaut, zuletzt durch Herodes (20/19 v.Z.). Ihm fehlten die vorgestellten Säulen; im Hechal stand ein Leuchter, die →Menora. Mit seiner Zerstörung 70 n.Z. fand der von der Priesterschaft durchgeführte Tempelkult sein Ende. Die Vorstellung vom Dritten Tempel betrifft den der messianischen Zeit. L T. A. Busink, Der Tempel von Jerusalem, von Salomo bis Herodes, 2 Bände, 1970 und 1980. (HK)

Tempelkult. Der →Tempel war Ort der Gottesverehrung in biblischen Zeiten. Die von König Salomo in Jerusalem erbaute Tempelanlage entsprach der Vorstellung eines Nationalheiligtums. Die Hauptform der Gottesverehrung war der Opferkult. Man brachte →Opfer aus Dankbarkeit gegen Gott, zur Sühne von Sünden, zur Reinigung von ritueller Unreinheit, zur Erfüllung von Gelübden u.a. Zum Tempelkult gehörten aber auch →Gebete (vgl. Dtn 26,1–10). Schuldopfer wurden von Sündenbekenntnissen begleitet. Der Opferdienst war nicht von der Anwesenheit einer Gottesdienstgemeinde abhängig, sondern wurde in der Regel für die Laien unsichtbar vollzogen. An der Spitze der Tempelhierarchie stand der Hohepriester. Ihm zur Seite stand der erbliche Priesteradel, die Cohanim (→Priester), während die niederen Tempeldienste von den Leviten (Nachkommen eines Sohns des Stammvaters Jakob und seiner Frau Lea) erbracht wurden. Die Bedeutung des Tempels für das Judentum kommt im Fast- und Trauertag zum Ausdruck, der am neunten Tag des Monats Aw (Juli/August) zur Erinnerung an die Zerstörung begangen wird. Jeder orthodoxe Gottesdienst enthält Gebete für den Wiederaufbau des Tempels. Die →Westmauer des Jerusalemer Tempelbezirks (»Klagemauer«) ist zum Wallfahrtsort geworden. Der Tempelkult wurde vom Gottesdienst der →Synagoge abgelöst. (RED)

Tempelrolle →Qumran

Tempelsteuer →Fiscus Judaicus

Tempelzerstörungen →Tempel

Temura →Mischna

Tenach →Hebräische Bibel

Terefa (hebräisch »Zer-, Gerissenes«), Bezeichnung für Fleisch von rituell geschlachteten Tieren mit Organfehler (→Schechita), das damit für den Verzehr untauglich geworden ist. Der Begriff ist zu verstehen vor dem Hintergrund der Einteilung in zum Verzehr erlaubte und nicht erlaubte Tiere (→Koscher). Erlaubt sind Säugetiere mit gespaltenen Klauen, Fische mit Schuppen und Flossen sowie viele Vogelarten (vgl. Lev 11; Dtn 14,3–20). Abgesehen von Blut und speziellem Fett (Lev 7,22–27) sowie den in der Bibel ausdrücklich verbotenen Tieren ist vor allem Aas (»Newela«) und von Raubtieren Zerrissenes (Ex 22,30) verboten. Zu Aas zählen halachisch auch Säugetiere und Vögel, die nicht vorschriftsmäßig geschlachtet wurden. Unter Zerrissenes fällt das Fleisch vorschriftsmäßig geschlachteter Tiere, sofern bei der anschließenden Untersuchung der inneren Organe Defekte festgestellt wurden. Entscheidend ist die Frage, ob das Tier mindestens noch ein Jahr lebensfähig gewesen wäre. Nach rabbinischer Tradition gibt es 18 Kategorien von Defekten, die vorschriftsmäßig geschlachtetes Fleisch zu Terefa machen. Dazu bestehen entsprechende Unterkategorien. So listete →Mose ben Maimon sogar insgesamt 70 Kategorien von organischen Fehlern auf. (HMD)

Tergit, Gabriele (Elise Reifenberg), deutsche Journalistin und Schriftstellerin, 4.3.1894 Berlin – 25.7.1982 London. 1925–33 Redakteurin des »Berliner Tageblatts«. 1933 Emigration in die Tschechoslowakei, dann nach Palästina, schließlich nach London, seit 1957 Sekretärin des PEN-Zentrums deutschsprachiger Autoren im Ausland. Erster Erfolg mit dem neusachlichen Berliner Zeitroman »Käsebier erobert den Kurfürstendamm« (1931), dessen Thema der Niedergang des deutschen und deutsch-jüdischen Bürgertums vor 1933 ist. Wichtigstes Werk war der Roman »Effingers« (1951), die Saga einer weitverzweigten deutsch-jüdischen Familie von 1878 bis zum Untergang 1942 und als solche ein tragisches Seitenstück zu Thomas Manns »Buddenbrooks«. (HH)

Territorialstaaten, geistliche. Das →Judenregal der sich im Spätmittelalter herausbildenden Territorialstaaten lag bei den Fürstbischöfen, die es vielfach an die Mediatstädte weiterverpfändeten. Wiedergewinnung zu Beginn des 17. Jahrhunderts.; Regelung der rechtlichen Verhältnisse durch Geleit- und →Judenordnungen, die trotz der judenfeindlichen Politik der Päpste im Zeitalter der Gegenreformation den Judenschaften relativ großzügige religiöse und organisatorische Freiheiten einräumten (Bau von Synagogen, Vorsteher- und Rabbinerwahl, Landtage, interne Gerichtsbarkeit). Konflikte zwischen Juden und Christen, wie 1699 im Fürstbistum Bamberg, waren relativ selten, wenn auch das Verbot für Juden, sakrale christliche Orte zu besuchen oder an christlichen Zeremonien teilzunehmen, vereinzelt von christlicher Seite zu Akten der Selbstjustiz führte. Ausweisungsbemühungen durch Zünfte oder Kaufmannsgilden und Domkapitel blieben weitgehend erfolglos. Die für die Bischöfe tätigen →Hoffaktoren entstammten weitgehend nicht der einheimischen Judenschaft. Reformansätze im Zuge der katholischen Aufklärung (so in Würzburg) waren wenig effektiv. In den geistlichen Territorialstaaten wurden die Institutionen der Judenschaften mit der Säkularisation dieser Staaten 1803 aufgelöst.

[L] O. Stobbe, Die Juden in Deutschland während des Mittelalters, 1966. (AH)

Tertullian, ältester überlieferter lateinisch-christlicher Autor, um 160 Karthago – nach 220 Karthago. In seinen Schriften verteidigte er die christliche Orthodoxie gegen Heiden und christliche Häresien, vor allem gegen die Gnostiker, wandte sich jedoch gegen Ende seines Lebens den häretischen Montanisten zu. Obwohl seine Einstellung gegenüber dem Judentum eher maßvoll war, begründete er mit seiner Schrift »Gegen die Juden« eine Jahrhunderte anhaltende Tradition (→Adversus-Judaeos-Traktate). Das Hauptziel der Schrift ist ein theologisches: Die Exegese alttestamentlicher Schriftstellen dient dem Schriftbeweis der Messianität Jesu. Wenn Tertullian auch von der Kollektivschuld der Juden am Tod Jesu ausgeht, so sind sie für ihn doch nicht die Gottesmörder, weil sie Jesu Gottsohnschaft nicht erkannt hätten; vielmehr sind die Juden nach Tertullian schon zuvor vom »rechten Glauben« abgefallen und verstoßen worden. In der jüdischen Diaspora seiner Zeit sah Tertullian das sichtbare Zeugnis der theologischen »Enterbung« der Juden. (HC)

Teruma (hebräisch »Spende«). In Num 18 wird spezifiziert, welcher Jude verpflichtet war, den Priestern und den Leviten Spenden zu entrichten, und welche Abgaben die Leviten ihrerseits an die Priester abzuführen hatten. Es handelt sich meist um ein Zehntel (Masser) der Ernte und ein Zehntel des geborenen Viehs. Abgabepflichtig waren die Israeliten, d. h. jene, die weder zum Stand der Priester (Kohen) noch zu dem der Leviten (Levi) gehörten. Die Teruma wurde im Exil als Pflichtabgabe nicht mehr praktiziert; das Wort bedeutet heute Spende auf freiwilliger Basis. (RED)

Terumot →Mischna

Teschuwa (hebräisch »Umkehr«, »Buße«). Als Voraussetzung für die Vergebung Gottes umfaßt Teschuwa die Einsicht in falsches Handeln und die Hinwendung zu guten Taten. Vergehen werden dementsprechend als ein Abweichen vom rechten Weg verstanden. Biblisch sind Schuldopfer eine Möglichkeit der Sühne für solches Übertreten göttlicher Weisung. Äußeres Zeichen der Reue ist häufig das Fasten. Höhepunkt ist allerdings der Versöhnungstag als Sühnetag für alle (→Jom Kippur). Unabhängig davon ist Unrecht an Menschen durch Schadensersatz wiedergutzumachen (Lev 5,21–25). Ausschließlich in diesem Sinne sind die Talionssprüche auszulegen (Ex 21,23–25 und öfter). Im rabbinischen Judentum gewinnen durch den Wegfall der Opfer Gebet und Reue an Bedeutung. Teschuwa wird zu den Dingen gerechnet, die vor der Schöpfung erschaffen wurden, weil durch sie die Welt Bestand haben wird. Teschuwa ist die Voraussetzung dafür, daß Gott sich gnädig erweist. Werden Übertretungen von Geboten bei Teschuwa sofort vergeben, so hebt Teschuwa bei Übertretung von Verboten zwar die Strafe auf, aber erst der Versöhnungstag führt die Versöhnung herbei. Für die Entweihung des →Gottesnamens vermögen selbst Teschuwa und Versöhnungstag keine Versöhnung zu bewirken; erst der Tod beendet das Vergehen. Rabbinisches Ideal ist es, nicht nur aus Furcht am Ende des Lebens umzukehren, sondern aus Liebe jeden Tag in Teschuwa zu leben. Traditionell sind die zehn Tage von Neujahr (→Rosch ha-Schana) bis einschließlich Versöhnungstag Bußtage. Sie dienen der Selbstprüfung und sittlicher Umkehr. An ihnen werden vor dem Morgengebet spezielle Bußgebete (→Selicha) gesprochen. Teschuwa ist ein zentrales Thema jüdischer Ethik und Philosophie im Mittelalter. In der →Kabbala ist diese indi-

viduelle Teschuwa in ein kosmisches Erlösungsdrama eingebunden. Mit seiner Teschuwa hilft der Mensch Gott bei der Befreiung der Lichtfunken (»Tikkun«) und der Einleitung der messianischen Zeit.
(HMD)

Tetragramm →Gottesnamen

Teufel →Satan

Tewet →Kalender

Tewul Jom →Mischna

Theater, jüdisches. *1. Hebräisches Theater:* Das jüdische Altertum kannte kein Theater. Der Talmud verbot den Juden die Teilnahme an heidnischen Theatervorstellungen, bei denen Götzen geopfert und die als frivol betrachtet wurden. Andererseits wurde schon in der talmudischen Epoche das religiöse Purim-Fest gefeiert, das eine Wiedergabe der Legende aus dem Buch Ester mit Musik, Tanz und Pantomime einschloß, Beleg dafür, daß den Juden eine Neigung zur Kunst der Vorstellung nicht fehlte. Dramatische Elemente sind in Miriams Triumphlied auszumachen, im Buch Ijob (Hiob) und in anderen biblischen Texten.

Erstes Theaterstück in hebräischer Sprache war »Eine beredte Posse der Heirat«, gedruckt 1618 und verfaßt von Jehuda Leone di Somi unter dem Einfluß der italienischen Komödie. Es folgten dramatische Stücke von Autoren wie Moshe Zacuto, Josef ben Isaac Penso und besonders M. C. →Luzzatto. Die →Haskala-Bewegung regte im 18. und 19. Jahrhundert eine Reihe von Übersetzungen und Bearbeitungen dramatischer Werke an, z. B. eine jüdische Bearbeitung von Goethes »Faust« durch Meir Halevi Letteris, ferner die Herausgabe zahlreicher hebräischer Stücke mit ethischen und religiösen Themen. Helden dieser Stücke waren oft die »Maskilim« (Träger der Aufklärung, »Intellektuelle«). Anfang des 20. Jahrhunderts war Mettatyahu Shoham (1893–1937) der bedeutendste hebräische Dramatiker der nationalen Wiedergeburt in Palästina, Verfasser von vier biblischen Dramen in Versform, deren poetische Sprache und philosophischer Inhalt geschätzt wurden. Ein wichtiger Einschnitt in der Entwicklung des hebräischen Theaters war die von Wachtangow 1922 inszenierte Aufführung des Dramas »Der Dibbuk« von Anski an der Habima in Moskau (hebräische Übersetzung von Bialik). In Palästina gab es seit 1904 eine Theaterbewegung von Amateuren, deren führender Kopf Menachem Gnessin war. Chajim Harari gründete vor dem Ersten Weltkrieg ein hebräisches Theater in Palästina, 1920 wurde das »Teatron Iwri« (das Hebräische Theater), gegründet von David Davidoff, eröffnet. Die Habima-Bühne siedelte sich 1928 in Tel Aviv an, mit dem erklärten Ziel, nach der Unabhängigkeit das National-Theater Israels zu werden. M. →Brod, der seit 1939 in Israel lebte, wurde Dramaturg der Habima. In Tel Aviv spielten bereits seit 1924 das Theater TEI (Teatron Erez Israeli) und seit 1925 das Theater »Ohel«. 1929 entstand die Truppe »Matate«. Der Regisseur Joseph Milo gründete 1944 das Theater Cameri, das sich 1955 endgültig in Tel Aviv niederließ. Das erste städtische Theater in Israel entstand 1961 in Haifa. In den letzten Jahrzehnten wurden weitere städtische Theater in Jerusalem und Beer Sheva gegründet, ferner das Theater Khan in Jerusalem, kleine Theater in Tel Aviv (die bekanntesten sind Zavta, Bet Leisin, Hasimta) und Kibbuz-Theatergruppen. Die ersten original hebräischen Stücke, die in Palästina inszeniert wurden, folgten Anregungen aus dem Leben der zionistischen Einwanderer. Zu den bedeutendsten zeitgenössischen israelischen Dramatikern zählen Yigal Mossinson (»In der Wüste des Negev«), Moshe Shamir (»Er schritt auf Feldern«, »Der Erbe«), Lea Goldberg (»Das Schloßfräulein«), Nissim Aloni (»Der König ist der Grausamste«, »Die Zigeunerinnen aus Jaffa«), Hanoch Levin (»Hefetz«, »Jacoby und Leidenthal«), Ephraim Kishon (Verfasser von Komödien, die auch in Deutschland u. a. Ländern gern gesehen werden), Yehuda Amichai (»Reise nach Ninive«), Yehoshua Sobol (dessen in Israel umstrittene Stücke auf europäischen Bühnen häufig aufgeführt werden) u. a. Jährlich findet in Akko ein Herbstfestival mit den neuesten Stücken der hebräischsprachigen Autoren statt.

2. Jiddisches Theater: Seine Ursprünge finden sich ebenfalls in den Purim-Spielen, in Vorstellungen mit Masken, die in Italien bereits aus dem 16. und in Deutschland aus dem 18. Jahrhundert belegt sind. In der zweiten Hälfte des 19. Jahrhunderts spielten in Rußland und Rumänien literarisch-musikalische Truppen sporadische Couplets und Einakter in jiddischer Sprache. Das erste professionelle jiddische Theater wurde 1877 von A. →Goldfaden in Iaşi (Rumänien) gegründet. Goldfaden war auch der Verfasser der meisten Stücke im Repertoire des Theaters (Komödien, Melodramen, Operetten). Nach dem Ende des

russisch-türkischen Kriegs spielte Goldfaden in Rußland, wo auch andere Truppen, geführt von Leon Lerner und Schumer-Scheikewitz, entstanden. 1881 wanderte Goldfaden infolge des Zaren-Ukas, der das jiddische Theater auf dem Gebiet Rußlands verbot, zunächst nach London, dann nach Amerika aus. Autoren wie →Scholem Alejchem, I. L. →Perez, Jacob Gordin, Ossip Dimov u. a. hatten Anteil am Entstehen einer modernen jiddischen Bühnenliteratur. Schiller, Lessing, Shakespeare, Molière u. a. Dramatiker der Klassik wurden übersetzt und jiddisch gespielt.
Das jiddische Theater nahm gegen Ende des 19. und in den ersten Jahrzehnten des 20. Jahrhunderts einen besonderen Aufschwung. 1900 gab es allein in New York 21 solcher Theater. Zahlreiche jiddische Truppen entstanden in London, Frankreich, Argentinien, Südafrika, Rumänien und Polen. Eine besonders wichtige Rolle in der Geschichte des jiddischen Theaters spielte die »Wilnaer Truppe«, gegründet 1916 in der Hauptstadt Litauens. Die Uraufführung des Stücks »Der Dibbuk« (1920 durch diese Truppe) war, wie im Fall des hebräischen Theaters, ein denkwürdiges künstlerisches Ereignis. Das jiddische Theater in Rußland erlebte nach der Revolution von 1917 eine Blütezeit. Anfang der 30er Jahre gab es in der Sowjetunion über 20 jiddische Theater, wovon das bedeutendste das Jiddische Staatstheater in Moskau war, geführt von Alexander Granowskij, später von S. →Mikhoels. Die gesamte jiddische Theaterbewegung in der UdSSR wurde in den Jahren von Stalins antisemitischem Terror vernichtet. Nach dem Zweiten Weltkrieg ging der Theaterbetrieb in jiddischer Sprache in der ganzen Welt drastisch zurück, und es gab kaum anspruchsvolle neue Autoren. Die letzten beiden professionellen seßhaften Theater bestehen in Bukarest und Warschau, subventioniert vom rumänischen bzw. polnischen Staat. Ungeachtet der Tatsache, daß die jüdische Bevölkerung in diesen beiden Staaten zahlenmäßig unbedeutend geworden ist, führen die jiddischen Theater eine Tradition fort und erfüllen eine kulturelle Funktion. Seit einigen Jahren ist ein wachsendes Interesse am jiddischen Theater, in Amerika, in einigen westeuropäischen Ländern und in Israel zu beobachten, und es entstehen neue professionelle Ensembles (z. B. Das Jiddische Theater Tel Aviv).

[L] G. Abramson, Modern Hebrew Drama, London 1979. – M. J. Landa, The Jew in Drama, London 1926. (AB)

Theaterkritik →Literaturkritik

Theilhaber, Felix Aaron, Mediziner und Publizist, 5. 9. 1884 Bamberg – 26. 1. 1956 Tel Aviv. Studium der Medizin in Berlin und München, wo er 1910 promovierte. 1909/10 Mitarbeiter und Herausgeber der zionistischen Monatszeitschrift »Palästina« in München und Mitbegründer des bayerischen →Makkabi. In Libyen 1911 und im Balkankrieg 1913 diente er als freiwilliger Arzt beim türkischen Roten Halbmond. Neben seinen zionistischen Aktivitäten setzte sich Theilhaber für Geburtenregelung und Sexualreform ein (u. a. als Herausgeber der »Beiträge zur Sexualreform«) und publizierte zu Fragen der Bevölkerungsentwicklung (u. a. »Der Untergang der deutschen Juden«, 1911, Neubearbeitung 1921; »Das sterile Berlin«, 1913). Im Ersten Weltkrieg Armeearzt 1914–18; seine Kriegseindrücke veröffentlichte er u. a. in den Schriften »Die Juden und der Weltkrieg« (1916) und »Schlichte Kriegserlebnisse« (1918). 1918–35 betrieb Theilhaber eine Privatpraxis als Facharzt für Dermatologie in Berlin und war Vizepräsident der »Berliner Gesellschaft für praktizierende Ärzte«. Theilhaber war außerdem Mitherausgeber des »Jüdischen Lexikons« und Mitarbeiter der »Jüdischen Rundschau«. Nach zwischenzeitlicher Inhaftierung unter der NS-Herrschaft gelang ihm 1935 die Emigration nach Palästina, wo er als Arzt, Publizist und für den Makkabi tätig war. Weitere Werke u. a.: »Dein Reich komme!« (1924, Roman), »Goethe, Sexus und Eros« (1929), »Schicksal und Leistung. Juden in der deutschen Forschung und Technik« (1931), »Geschichte des jüdischen Volkes« (1936), »Judenschicksal. Acht Biographien« (1946). (BV)

Theodosius I., römischer Kaiser (379–395), 11. 1. 347 Cauca, Spanien – 17. 1. 395 Mailand. Konsolidierung der Reichseinheit. Alleinherrschaft seit 392; der Reichseinheit diente auch ein 380 erlassenes Edikt, das im Sinne des Nicaenums allen Reichsangehörigen ein verbindliches Glaubensbekenntnis vorschrieb. Die Duldung der jüdischen Religion und Kultausübung hat Theodosius I. mit den Mitteln des Rechts und unter Einsatz der Staatsgewalt gegen fanatisierte Christen immer wieder durchgesetzt, getreu dem in einer Verfügung aus dem Jahr 393 formulierten Grundsatz, »daß die Religionsgemeinschaft der Juden nicht durch Gesetz verboten ist«. Die Zurückhaltung des Kaisers im Fall der Synagogenzerstörung von →Callinicum gegenüber Ambrosius von Mailand zeigt zwar, daß es eine Diskrepanz zwischen Rechtstheorie und politisch-sozialer Wirklichkeit gab, nimmt aber dem Gebot der grundsätzlichen Duldung des Judentums nichts an Bedeutung, vor allem vor dem Hintergrund der rigorosen Unterdrückung aller häretischen und nichtchristlichen Glaubensgemeinschaften (392 Verbot jeglichen Götterkults) und der Durchsetzung der kirchlichen Bußgewalt auch gegenüber dem Kaiser in Theodosius' I. Regierungszeit.

L A. Lippold, Theodosius der Große und seine Zeit, 1968, [2]1980 (erweitert). (HC)

Theodosius II., oströmischer Kaiser (408 bis 450), 10.4.401 Konstantinopel – 28.7.450 Konstantinopel. In Sorge um die Wahrung der öffentlichen Ordnung, die durch die Gewalttaten fanatisierter christlicher Massen in Palästina und im Ostjordanland an Heiden und Juden ernsthaft bedroht war, erließ Theodosius II. innerhalb von vier Monaten vier Erlasse zum Schutz von Juden und Heiden, untersagte aber gleichzeitig den Neubau von Synagogen und stellte die Beschneidung von Nichtjuden unter Strafe. Seine an alle Nichtorthodoxen gerichtete dritte Novelle vom 31. 1. 438 stellt eine Schlußbilanz der Judenpolitik der vergangenen Jahrzehnte dar; in ihr wurde festgelegt, unter welchen Bedingungen Juden im christlichen Staat weiter existieren durften: Ausschluß aus den Führungspositionen in Militär und Verwaltung, Proselytismusverbot, Verbot von Synagogenneubauten. Damit war und blieb das Judentum als einzige nichtchristliche und nichtorthodoxe Glaubensgemeinschaft im Römischen Reich offiziell anerkannt (→Codex Theodosianus). Die Regierung des Theodosius II. brachte auch das Ende des jüdischen Patriarchats und die Umleitung des »Krongolds« in die Staatskassen (→Nassi, →Fiscus Judaicus). (HC)

Theresienstadt, Kleinstadt in Böhmen, die Anfang 1942 von den Nationalsozialisten in ein KZ umgewandelt wurde. Theresienstadt galt als »Vorzeigelager«, in dem zunächst nur Juden über 65 Jahre, sog. Halbjuden, Veteranen des Ersten Weltkriegs und Künstler interniert waren. Viele ältere Juden glaubten der Lüge, sie würden in ein »Sanatorium« gebracht. Das wie ein Getto wirkende Lager wurde Vertretern des Roten Kreuzes als »mustergültig« vorgeführt. Es war ein zynisches Privileg der jüdischen Künstler in Theresienstadt, bis zu ihrer Ermordung zur »Unterhaltung« ihrer Leidensgenossen beizutragen. Vor den Augen der Welt inszenierten die Nationalsozialisten eine makabre »Kultur-Show« im KZ: Theater, Konzerte, Oper, Operette, Caféhaus. Die ausländische Öffentlichkeit fiel auf den Propagandatrick herein. Von den ursprünglich 87 000 Häftlingen starben 37 000 an Hunger und Krankheit. Seit Januar 1943 begannen auch von Theresienstadt die Transporte in die Vernichtungslager, vor allem nach Auschwitz, die 33 000 Opfer forderten. Im Mai 1945 befreite die Rote Armee die etwa 17 000 Überlebenden.

L U. Migdal (Hrsg.), Und die Musik spielt dazu. Chansons und Satiren aus dem KZ Theresienstadt, 1986. (WJ)

Thomas von Aquin, Philosoph und Theologe, um 1225 Roccasecca bei Aquino – 7.3.1274 Fossanova. Thomas von Aquins Hauptwerk »Summa theologica« und die spätere Schrift »Summa contra gentiles« (um 1260) zeigen enge Vertrautheit u. a. mit den Werken von →Salomo ben Jehuda ibn Gabirol (Avicebron) und →Mose ben Maimon. Seine Haltung zum Judentum verdeutlicht die Schrift »Über die Herrschaft der Juden, an die Herzogin von Brabant« (De regimine judaeorum ad ducissam Brabantiae, um 1261): Geldleihe und Pfandhandel verurteilt er als verwerflich, fordert stattdessen für die Juden freie Berufsausübung; er unterstützt die Auflagen zum Tragen von Judenkennzeichen; die →Taufe jüdischer (u. a. nichtchristlicher) Kinder gegen den Willen ihrer Eltern lehnt er ebenso vehement ab wie Zwangsmaßnahmen im Rahmen der →Judenmission. (PAU)

Thomas von Monmouth, Benediktiner, Domherr in Norwich. Thomas von Monmouth verfaßte 1150–54 sechs Bücher über Leben und Leiden des Märtyrers Wilhelm von Norwich, ein siebtes Buch 1173. Unter Berufung auf fragwürdige Zeugen versuchte Thomas von Monmouth nachzuweisen, daß der zu Ostern 1144 bei Norwich (East Anglia) ermordete zwölfjährige Kürschnergeselle Wilhelm von Juden entführt und in Nachahmung der Passion Christi gemartert und gekreuzigt worden sei und daher als Märtyrer zu gelten habe. Er schilderte weit über 100 Wunder, die die Heiligkeit Wilhelms und damit auch die Schuld der Juden gegen zahlreiche Zweifler beweisen sollten. Traumerscheinungen Wilhelms und berühmter Heiliger sowie eine Anzahl von Strafwundern, die Zweifler treffen, verdeutlichen die Tendenz, durch Propagierung eines neuen Heiligen der Kirche von Norwich besonderes Ansehen und durch Pilgerzustrom eine neue Einnahmequelle zu verschaffen. Neben dem hier erstmals in dieser Form voll ausgebildeten →Ritualmordvorwurf verbreitete Thomas von Monmouth zugleich die →Weltverschwörungslegende.

Ⓛ G. I. Langmuir, Toward a Definition of Antisemitism, 1990. – F. Lotter, Innocens virgo et martyr, in: R. Erb (Hrsg.), Blutbeschuldigungen, 1991. (FL)

Thüringen. Jüdische Händler sind in Thüringen bereits für das 10. Jahrhundert belegt, jüdische Gemeinden jedoch entstanden erst ab dem 12. Jahrhundert, zunächst in →Erfurt. Die südlichen Teile Thüringens litten 1298 unter der Rindfleisch-Verfolgung (→Rindfleisch). 1303 führte Landgraf Friedrich I. persönlich das Massaker gegen 126 Juden in Weißenfels an. Der bei jüdischen Geldverleihern hochverschuldete Landgraf Friedrich II. sandte während der Pestverfolgungen 1348/49 Aufrufe an verschiedene Städte, die Juden zu töten und ihren Besitz zu konfiszieren. 1368 genossen die Juden weitgehenden Schutz. Im Gefolge der protestantischen Reformation kam es zur Ausweisung von Juden aus Thüringen. Später zerfiel Thüringen in zahlreiche kleine Herzog- und Fürstentümer, in denen Hofjuden und reiche Händler protegiert wurden; die wegen des Verbots der Ansiedlung in Städten auf den Ländereien der Adligen lebenden armen Juden jedoch blieben bis zur Emanzipation durch die Verfassung des Deutschen Bundes 1869 weitgehend rechtlos. Nach dem Ersten Weltkrieg wurde das neue Land Thüringen gebildet, in dem 1930 der erste Nationalsozialist einen Ministerposten errang. Bereits 1933 wurden die Juden aus allen Ämtern verbannt, später deportiert. Nach dem Zweiten Weltkrieg bildete sich eine Synagogengemeinde in Erfurt, das seit 1994 auch der Sitz des Landesverbandes Thüringen ist. Die Gemeinde Erfurt zählte aufgrund der jüdischen Zuwanderer aus der GUS 1997 rund 200 Mitglieder. (PB)

Tiberias, Teverya, israelische Stadt am Westufer des Sees Genezareth, 206 m u. M., 38 000 Einwohner; eine der vier heiligen Städte des Judentums; Ruinen des zwischen 18 und 26, vermutlich 21 n. Z. von Herodes Antipas gegründeten und nach Kaiser Tiberius benannten Tiberias; Kreuzfahrerstadtmauer (Datierung unsicher, eventuell auch 16. Jahrhundert), Gräber des Mose ben Maimon, des Rabbi Akiba u. a. jüdischer Weiser; heiße Quellen, Kurortbetrieb und Fremdenverkehr; die Industrie verarbeitet Agrarprodukte. – Tiberias war vom 2./3. Jahrhundert bis ins frühe Mittelalter ein Zentrum jüdischer Gelehrsamkeit (Sitz des Sanhedrin), nachdem es vorher wegen der Errichtung der Stadt Tiberias über jüdischen Gräbern als unrein gegolten hatte. Hier wurden Mischna (bis um 200) und sog. Jerusalemer Talmud (um 400) redigiert. 1099 von Kreuzfahrern eingenommen; 1187 im zeitlichen Zusammenhang mit der Schlacht an den Hörnern von Hittin, durch die das Königreich Jerusalem zerstört wurde, von Saladin erobert; nach dem 13. Jahrhundert ein Fischerdorf. Nach 1561 scheiterte ein Versuch des Marranen Josef Nassi, der vom Sultan Suleiman Tiberias als Lehen erhalten hatte, hier ein neues jüdisches Gewerbe- und Kulturzentrum zu errichten, weil er beim folgenden Sultan Selim II. (ab 1566) in Ungnade fiel. Erst im 18. Jahrhundert blühte Tiberias unter Emir Dahir el-Ummar (gestorben 1775) auf, der auch →Akko neu belebte; 1837 schwere Erdbebenschäden. (WL)

Tietz, Oskar, Warenhausbesitzer, 18. 4. 1858 Birnbaum, Posen – 17. 1. 1923 Klosters, Schweiz. Mitbegründer des →Hilfsvereins der deutschen Juden. Tietz gründete zusammen mit seinem Onkel Hermann Tietz 1882 in Gera ein Weißwarengeschäft, das infolge des Engroseinkaufs, den Tietz zusammen mit seinen Verwandten tätigte, besonders billig liefern konnte. 1889 gründeten sie ein Geschäft in München, das 1894 zu einem Warenhaus erweitert wurde. 1900 eröffnete Tietz an der Leipziger Straße in Berlin ein großes Warenhaus, dem im folgenden Jahrzehnt weitere Warenhäuser angegliedert wurden. Im Zuge der →Arisierung ging die Firmengruppe Tietz 1933/34 dem Familienbesitz verloren und nahm den Namen »Hertie AG« an.

Ⓛ H. Tietz, Geschichte einer Familie und ihrer Warenhäuser, 1965. (JS)

Tikkun Chazot (hebräisch »Mitternachtsgebet«). Laut →Scherira Gaon war es bereits im 10. Jahrhundert Brauch, um Mitternacht der Zerstörung des Tempels durch ein Gebet zu gedenken und für die Wiederherstellung des Tempels zu beten. Im 16. Jahrhundert hat I. →Luria dafür eine neue Gebetsordnung verfaßt. Im 17. und im 18. Jahrhundert entstanden eigene Gebetbücher für das Tikkun Chazot (→Kabbala). (RED)

Tiktin, 1. Abraham ben Gedalja, Rabbiner, 24. 12. 1764 Schwersenz, Posen – (22. Tewet) 1820 Breslau. Einziger Sohn des Schwersenzer Dajan, der »große Gedalja«

aus Tykozin genannt. Nach dem frühen Tod des Vaters wurde Tiktin von seinen Schwägern Dajan Jacob aus Posen und Rabbiner Mordechai aus Grätz erzogen. Nach der Eheschließung mit Esther, Tochter von Aron und Feidel Kuttner (Kutschinsky), lebte und studierte er zwölf Jahre im Haus der Schwiegereltern, wurde um 1798 Rabbiner in Schwersenz, später in Luntschütz, 1803–16 Rabbiner in Glogau und bis zu seinem Tod Oberlandesrabbiner in Breslau. Einen Ruf als Rabbiner nach Fürth konnte er nicht mehr annehmen. Tiktin galt als bedeutender Talmudgelehrter und wurde »Fürst der Tora« genannt. Er verfaßte u. a. Noten und Kommentare zum →Schulchan Aruch, zur Tora und zu →Mose ben Maimon. Von seinen zahlreichen Schriften ist nur eine erschienen. (MAH)

2. Gedalja, Rabbiner, 1810 Tschenstochau – 6. 8. 1886 Breslau. Tiktin war als Nachfolger seines Vaters S. →Tiktin 43 Jahre Rabbiner in Breslau. Am 24. 5. 1843 wurde er von den sog. Altgläubigen zum Rabbiner auf Lebenszeit gewählt. Tiktins Wahl wurde vom Gemeindevorstand, der A. →Geiger zum Oberrabbiner ernennen wollte, nicht anerkannt. Zwischen beiden Parteien entstand unter Einschaltung staatlicher Behörden ein jahrelanger Kampf um die Rabbinerstellen und die religiöse Reform. 1854 erhielt Tiktin den Titel Königlicher Landrabbiner in Schlesien, doch wurde er erst am 1. 7. 1856 als besoldeter Rabbiner auf Lebenszeit von der Breslauer Gemeinde übernommen. Tiktin, gleichzeitig Kaufmann, wurde von rabbinischen Autoritäten wie Raphael Fürstental und Aron Heppner umfangreiches talmudisches Wissen bescheinigt. (MAH)

3. Salomon, Rabbiner, Februar 1791 Tschenstochau – 20. 3. 1843 Breslau. Sohn von A. →Tiktin, Kaufmann und Bürger der Stadt Breslau. Als Nachfolger seines Vaters Abraham wurde Tiktin am 9. 4. 1823 zum interimistischen Oberlandesrabbiner bestimmt. Der Streit, den er als Konservativer mit dem Reformer A. →Geiger führte, ging als Geiger-Tiktin in die Geschichte ein. Geiger sprach Tiktin den Titel Oberrabbiner ab und forderte im Gegensatz zu Tiktin ein Universitätsstudium für Rabbiner. In zwei Streitschriften verteidigte Tiktin seine Position als »Altgläubiger« gegenüber den Reformern der Breslauer Gemeinde. Nach dem plötzlichen Tod Tiktins übernahm 1843 sein Sohn G. →Tiktin das Rabbineramt in Breslau. Der Streit in der gespaltenen Gemeinde wurde vehement fortgesetzt und konnte erst nach dem Tod Geigers durch langwierige Übereinkünfte geschlichtet werden. (MAH)

Tirol und Vorarlberg. Große Judengemeinden gab es hier nie, aber im Gegensatz zu den meisten anderen österreichischen Ländern auch keine landesweite Vertreibung. Im Mittelalter wohnten Juden zeitweilig in Bregenz, Feldkirch, Hall, Brixen, Lienz, Meran, Trient, Rovereto, Innsbruck und Bozen, in der Neuzeit in den beiden letztgenannten Orten sowie in Riva und Sulz (bei Feldkirch). Bekannt wurden vor allem die Gemeinden von Trient und Hohenems. In Trient wurden die Juden 1475 des Ritualmords beziehtigt; in einem aufwendigen Prozeß (Folter, ausführliche Protokolle u. a.) sollte ihre Schuld und damit auch die prinzipielle Möglichkeit des von Juden verübten Ritualmords rechtsgültig nachgewiesen werden. Alle männlichen Juden wurden anschließend hingerichtet, Frauen und Kinder getauft. Das Verfahren zog weite Kreise, löste in den nächsten Jahrzehnten viele weitere Ritualmordbeschuldigungen und -prozesse aus und diente noch im 19. und 20. Jahrhundert Antisemiten als »Beweis« für tatsächlich vorgekommene Ritualmorde. In der damals selbständigen Grafschaft Hohenems lebten Juden von 1617–76 und – nach einer kurzfristigen Ausweisung – wieder seit 1688 (in diesem Jahr mit Ausnahme von drei Familien Ausweisung aller Juden aus den habsburgischen Gebieten Vorarlbergs). Bedeutend wurde die Gemeinde nach der von Kaiserin Maria Theresia 1748 auf Betreiben der Stände befohlenen Ausweisung der Juden aus Sulz (von dort der jüdische Familienname →Sulzer). 1849–78 bildeten die in Hohenems lebenden Juden eine eigene politische, dann eine Kultusgemeinde, die sich 1939/40 auflöste bzw. vernichtet wurde. 1945–54 jüdische Flüchtlingskolonie in Hohenems. In Tirol und Vorarlberg bekannten sich 1981 64 Personen zum Judentum; die heute für diesen Raum zuständige Kultusgemeinde (zwischen 50 und 100 Mitglieder) hat ihren Sitz in Innsbruck.

L G. H. Sella, Die Juden Tirols, Tel Aviv 1979. – A. Tänzer, Die Geschichte der Juden in Hohenems, 1982. (MAW)

Tischa be-Aw (9. Aw), der Tag, an dem nach der Tradition 586 v. Z. Jerusalem und der Erste Tempel fielen, 70 n. Z. der Zweite Tempel in Flammen aufging, 135 n. Z. mit dem Fall der Stadt Betar der →Bar-Kochba-Aufstand niedergeschlagen wurde und

1492 die Judenvertreibung in →Spanien begann. Trauer- und Gedenktag mit strengem Fasten von Sonnenuntergang bis Sonnenuntergang. Vorbereitet durch die Trauerzeit vom 17. Tammus bis 9. Aw, drei Wochen der Erinnerung an die Belagerung Jerusalems. Mit Beginn des Monats Aw vertieft sich die Trauer; auf Fleisch, tierische Fette und Wein wird nunmehr verzichtet. Am 9. Aw selber (oder 10. Aw, wenn der 9. auf einen Sabbat fällt) gelten alle Enthaltungen des Versöhnungstags (→Jom ha-Kippurim). Außerdem werden →Trauerriten wie beim Tod eines nahen Verwandten beachtet. Das Torastudium ist untersagt. Statt dessen werden nur Klagetexte gelesen (Hiob, Klagelieder, Teile von Jeremia). Abends und morgens fehlt jeglicher Schmuck in der Synagoge, Lederschuhe werden abgelegt, kein →Tallit und keine →Tefillin getragen, die synagogalen Gesänge in Moll gehalten. Der Kantor setzt sich nach der Amida auf die Stufen vor den Toraschrank und liest die Klagelieder des Jeremia. Anschließend folgen weitere Trauergesänge (»Kinnot«). Nachmittags findet sich wieder Schmuck in der Synagoge, Tefillin und Tallit werden getragen. In die Amida (→Tefilla) wird in die 14. Bitte eine Passage um Trost für Zion und den Wiederaufbau Jerusalems eingefügt (»Nachem«, »tröste«). An den 9. Aw schließen sich bis zum Neujahrsfest sieben Wochen des Trostes an. (HMD)

Tischri →Kalender

Tiszaeszlár, Dorf im Nordosten Ungarns an der Theiß. Nach dem Verschwinden eines Mädchens 1882 Anklage gegen einige Juden wegen Ritualmords (→Ritualmordvorwurf) aufgrund des Geständnisses eines 13jährigen Jungen, das unter physischem Druck zustande gekommen war. Freispruch im Prozeß, da die Verteidigung die Manipulation hatte beweisen können. (AK)

Titus, Flavius Vespasianus, römischer Kaiser (79–81), 30.12.39 Rom – 13.9.81 Aquae Cutiliae bei Rieti. Seit Beginn des großen jüdischen Aufstands (66–73) an dessen Niederschlagung beteiligt an der Seite seines Vaters →Vespasian. Titus zog im April 70 ein großes Heer zur Eroberung Jerusalems zusammen, eroberte die Stadt, zerstörte und plünderte den Tempel. Im Juni 71 feierte Titus zusammen mit seinem Vater in Rom den Sieg über die Juden. In Palästina lernte Titus →Berenike kennen, die seine Geliebte wurde und mit ihm nach Rom ging. (HC)

Toch, Ernst, amerikanischer Komponist, 7.12.1887 Wien – 1.10.1964 Los Angeles. Studierte zunächst Medizin und Philosophie, dann autodidaktisch Musik. 1900 gewann er den Mozart-Preis der Stadt Frankfurt, wurde von dort nach Mannheim als Klavier- und Kompositionslehrer an die Hochschule für Musik berufen. Nach Teilnahme am Ersten Weltkrieg kehrte er nach Mannheim zurück, 1929–33 lebte er in Berlin. 1933 emigrierte er nach England und von dort 1934 nach New York, wo er eine Stelle an der »New School of Social Research« fand, einem Auffangplatz für viele jüdische Emigranten. 1936 übersiedelte er nach Los Angeles und lehrte dort bis 1948 an der University of Southern California. Toch wurde sowohl in Amerika als auch in Europa nach dem Zweiten Weltkrieg durch seine exzellenten Lehrkurse und Vorträge bekannt. Sein Werkverzeichnis reicht von Orchesterwerken, Konzerten, Kammermusik, Chor- und Vokalwerken bis zu Filmmusiken und Opern. Während Toch sich in seinen ersten Werken eines neuklassischen und neuromantischen Stils bediente, wandte er sich später mehr radikalen Formen des aufkommenden Modernismus zu, der ihn bisweilen in experimentelle Gebiete vordringen ließ. Bezeichnend für ihn sind die vielen programmatischen Titel seiner Kompositionen, darunter die Kammersymphonie für Soloinstrumente und Sopran »Die Chinesische Flöte« (1922), die Ouvertüre »Pinocchio« (1936), die symphonische Komposition »Jephta« (1963) und andere mehr. (AS)

Todesengel →Engel

Toharot →Mischna

Toledo, Hauptstadt Kastiliens bis 1561, gilt der Legende nach, die I. →Abravanel verfestigte, als Ort der ältesten jüdischen Gemeinde in →Spanien. Die ersten Siedler wären demnach unmittelbar nach der Zerstörung des Zweiten →Tempels 70 n. Z. gekommen. Aller Wahrscheinlichkeit nach, da das römische Toletum ein bedeutungsloses Dorf war, zogen jedoch erst unter den Westgoten (→Westgotenreich), die Toledo Ende des 6. Jahrhunderts zu ihrer Hauptstadt erhoben, Juden in größerer Zahl dorthin. Im Westgotenreich war Toledo Ort mehrerer Konzile. Das 4. Konzil (4. Toletanum) setzte sich 633 unter dem Vorsitz von Bischof →Isidor von Sevilla in Anwesenheit König Sisenands mit den Folgen der von König Sisebut 615/616 angeordneten →Zwangstaufen auseinander und beschloß zehn Judenkapitel, die von maßgeblichem Einfluß auf das Kirchenrecht waren. Das Konzil ging von der Freiwilligkeit der Bekehrung aus, verfügte jedoch gleichzeitig die Gültigkeit bereits erfolgter Zwangstaufen. Des weiteren beschloß es die Trennung der Sklaven und der Kinder von rückfälligen Konvertiten, falls diese sie beschnitten hatten oder sie bereits getauft waren, verbot Konvertiten den Umgang mit Glaubensjuden und diesen die Bekleidung öffentlicher Ämter sowie Kauf und Besitz von christlichen Sklaven, verfügte in Mischehen den Übertritt eines jüdischen Ehepartners und der Kinder, sprach letzteren ihr Erbe zu und rückfälligen Konvertiten das Testierrecht ab und drohte Geistlichen und Laien bei Begünstigung von Juden mit der →Exkommunikation. Von diesen Beschlüssen gingen acht in →Gratians Decretum ein. Das 12. Konzil, 681 unter Vorsitz von König →Ervigius (Erwich), bestätigte alle Judendekrete der früheren Könige und 28 neue Judengesetze des Königs, mit denen er die endgültige Bekehrung aller Juden zum Christentum überwachen und durchsetzen wollte. Unter den Arabern, seit dem 8. Jahrhundert, vergrößerte sich die jüdische Gemeinde, die nach der Eroberung Toledos 1085 durch Alfons VI. von Kastilien, der die Stadt zur Hauptstadt Kastiliens machte, zu einer der größten Spaniens wurde. Mitte des 14. Jahrhunderts lebten dort etwa 13 000 Juden bei einer Einwohnerzahl von etwa 40 000. Das den Juden im Westen der Stadt zugewiesene Wohngebiet, seit 820 mit einer Mauer umgeben und mit einer Festung versehen zum Schutz bei Verfolgung, hatte im 14. Jahrhundert zehn Synagogen. Die um 1357 von Samuel Halevi errichtete Synagoge ist heute Museum für die Geschichte der Juden in Spanien. Die Juden Toledos waren vor allem in der Textilindustrie tätig, im Handel und im Bankwesen. Jüdische Gelehrte vermittelten den Europäern durch Übersetzungen die arabische Philosophie, Literatur und Wissenschaft. Die Gemeindeverwaltung blieb bis ins 13. Jahrhundert Vorrecht der vornehmsten und reichsten Familien. Sie wurde dann dahingehend modifiziert, daß zwei von der Gemeinde gewählte Gutachter die zehn Ortsvorsteher bestimmten. Mit dem Auftreten der Pest, 1348, begannen die heftigen Verfolgungen, die durch die kriegerischen Auseinandersetzungen Peters I. und Heinrichs II. noch intensiviert wurden. Bei der Belagerung Toledos 1368 durch Peter I. kamen 8000 Juden um. Die Überlebenden mußten ihm nach der Eroberung 1369 1 000 000 Goldmünzen als Tribut leisten, was die Gemeinde überforderte und wirtschaftlich ruinierte. 1391 wurden in Toledo fast alle Synagogen zerstört, Geschäfte geplündert und eine unbestimmte Zahl der Gemeindemitglieder umgebracht oder zwangsgetauft. Die jüdische Gemeinde hat diesen Angriff nicht überstanden. Die weitere Geschichte der Juden in Toledo ist vornehmlich die Geschichte des Kampfes der Altchristen gegen die Conversos, denen seit 1449 der Zugang zu öffentlichen Ämtern verwehrt wurde. 1492 wurden die letzten Juden, die sich nicht taufen lassen wollten, vertrieben und der jüdische Besitz zugunsten der Krone enteignet. (FL/ES)

Toledot Jeschu →Judentum und Jesusbild

Toller, Ernst, deutscher Schriftsteller, 1. 12. 1893 Samotschin, Posen – 22. 5. 1939 New York (Freitod). 1914–16 Kriegsteilnahme; 1918/19 Beteiligung an den revolutionären Vorgängen und der Räterepublik in München; 1919–24 Festungshaft; ab 1933 wechselnde Aufenthalte in Europa und Übersee. Toller ist ein bedeutender Dramatiker des Expressionismus und der 20er Jahre; von ihm stammen auch Gedichte sowie kritische Schriften, die seine pazifistische und antifaschistische Haltung dokumentieren. Im Drama »Die Wandlung« (1919) und vor allem in der Autobiographie »Eine Jugend in Deutschland« (1933) schildert Toller seine eigene Entwicklung vom jüdischen Kriegsfreiwilligen, der auf Integration hofft, zum Pazifisten. (GMS)

Topographie des Terrors, eine 1987 zur 750-Jahr-Feier in West-Berlin realisierte Ausstellung, die das »Gestapogelände« zwischen Stresemann-, Wilhelm- und Niederkirchnerstraße dokumentiert. 1933 wurde die Kunstgewerbeschule in der Prinz-Albrecht-Straße 8 zum Sitz der Gestapo. In der unmittelbaren Nachbarschaft lagen weitere Terror-Zentralen des Dritten Reichs: die SS-Zentrale und ab September 1939 das Reichssicherheitshauptamt. Die Nachkriegsgeschichte des Terrains verrät alle Symptome vorsätzlichen Verdrängens: Die im Krieg schwer beschädigten Gebäude wurden abgerissen, das verödete Gelände verkam zu einem Schuttabladeplatz. Im Zusammenhang mit dem Wiederaufbau des Martin-Gropius-Baus 1981 erschlossen Mitarbeiter der Preußen-Ausstellung und Bürgerinitiativen die Geschichte dieses Geländes. Der Plan, auf dem etwa 62 000 m^2 großen Areal einen Stadtpark anzulegen, wurde verworfen; statt dessen brachten archäologische Grabungen u. a. die Fundamentreste der Folterzellen zutage. Die Ausstellung »Topographie des Terrors«, nach der Vereinigung der Stadt wieder im Herzen Berlins gelegen, hat jährlich mehrere hunderttausend Besucher und soll bis 1995 in eine Stiftung umgewandelt werden, die die Aufgabe hat, diesen Ort der »Täter« zu einem »Denkort« zu machen.

🄻 S. Endlich, Denkort Gestapogelände, 1990. – R. Rürup (Hrsg.), Topographie des Terrors. Gestapo, SS und Reichssicherheitshauptamt auf dem »Prinz-Albrecht-Gelände«. Dokumentation, 1991. (AN)

Tora (hebräisch »Lehre, Unterweisung«). Im biblischen Sprachgebrauch allgemeine Lehre oder Unterweisung von einzelnen, aber auch Bezeichnung für Gesetzessammlungen. Auch heute wird mit Tora oft das jüdische Religionsgesetz von der Bibel bis hin zu den jüngsten halachischen Entwicklungen bezeichnet; die alleinige Übersetzung mit »Gesetz« verkürzt jedoch die Bedeutung der Tora auf einen Aspekt. Im engeren Sinne bezeichnet Tora die Mose am Sinai übergebene Offenbarung Gottes und die fünf Bücher Mose (Pentateuch; vgl. auch →Hebräische Bibel). Der Pentateuch gilt als Heilige Schrift des Judentums, als geoffenbartes Buch des Bundes des Volkes Israel mit Gott (→Berit). Die ganzjährige, abschnittsweise Toralesung (→Parascha) bildet das Zentrum des religiösen Lebens im Judentum Die Tora wird traditionell auf eine geschmückte Pergamentrolle (→Toraschmuck) von Hand geschrieben und in einem Schrein aufbewahrt. Die rabbinische Tradition geht von der Vorstellung einer präexistenten Tora göttlichen Ursprungs aus. Sie wurde am Sinai allen Völkern angeboten, aber nur von Israel angenommen. Die Gabe der Tora ist Zeichen nicht nur der Erwählung, sondern auch der Verpflichtung (»Joch der Tora«). Die Ausführung der Tora (→Halacha) sichert den Bestand der Welt und führt zur Erlösung Israels und der Welt. Als Offenbarung und Weisung Gottes enthält die Tora alles, was der Mensch zu einem gottgefälligen Leben braucht, bedarf aber der Auslegung und der permanenten Aktualisierung. Diese Aktualisierung durch die Rabbinen manifestiert sich in der sog. mündlichen Tora, die oft auch auf Mose zurückgeführt wird (abgeleitet aus Gen 26,5 und Ex 34,27). In der →Kabbala und der jüdischen →Philosophie wird die Tora oft mit der präexistenten Weisheit identifiziert, vor der Welt erschaffen, Schöpfungsplan und Weltordnung, die deren Bestand sichert. (RED)

Torabanner →Degel Hatora

Torafreudenfest →Simchat Tora

Tora-Front, Name des bei den Knessetwahlen 1955 und 1959 aus →Agudat Israel und →Poale Agudat Israel gebildeten Blocks (gemeinsame Wahlliste und Knessetfraktion). Die beiden Parteien trennten sich ein halbes Jahr nach den Knessetwahlen 1959 wieder. Wahlergebnisse →Agudat Israel. (DB/MW)

Torakrone →Toraschmuck

Toralesung →Parascha

Toramantel →Toraschmuck

Torarolle →Tora

Toraschild →Toraschmuck

Toraschmuck. Im Mittelalter durch die →Buchmalerei bezeugt, seit dem 16. Jahrhundert in Europa erhalten; umfaßt Textilien und Metallarbeiten. Zu den Textilien gehören: der Toramantel (Me'il) über der auf zwei Stäben aufgewickelten Torarolle, der Torawimpel, ein schmales Band, das zur Befestigung um die Torarolle geschlungen wird und seit dem 18. Jahrhundert im aschkenasischen Raum gebräuchlich ist, sowie der Toravorhang vor dem Toraschrein (Aron ha-Kodesch), in dem die Torarollen aufbewahrt werden. Der Toravorhang (Parochet) kann mit einem Querbehang (Kapporet) verbunden sein. Aus Metall (meist Silber) sind Torazeiger (Jad), das Toraschild (Tas) zur Markierung der Rolle und als Schmuckelement die Torakrone (Keter) gefertigt sowie die zwei auf den beiden Holzstäben aufsitzenden Rimmonim. In Italien sind die Kronen geöffnet und werden mit den Rimmonim verbunden. Der Höhepunkt des Toraschmucks war im 18. Jahrhundert erreicht; im 20. Jahrhundert setzten sich vor allem in europäischen Ländern neue, schlichte Formen durch. In orientalischen Ländern ist der Toramantel durch eine feste Umhüllung ersetzt, in das die Rimmonim eingesteckt sind. Das Toraschild fehlt oft. (HK)

Toraschrein →Toraschmuck

Toravorhang →Toraschmuck

Torawimpel →Toraschmuck

Torazeiger →Toraschmuck

Torberg, Friedrich (bis 1930 Friedrich E. Kantor), österreichischer Schriftsteller und Kritiker, 16. 9. 1908 Wien – 10. 11. 1979 Wien. Nach der Matura Journalist in Prag und Wien, u. a. für das »Prager Tagblatt«. Erster Erfolg mit dem Roman »Der Schüler Gerber hat absolviert« (1930). 1938 Emigration in die Schweiz, 1939 in die tschechische Exilarmee, 1940 Flucht über Spanien und Portugal in die USA; 1951 Rückkehr nach Wien. Herausgeber der kulturpolitischen Zeitschrift »Forum« (1954–65); Übersetzer u. a. von E. →Kishon. Torberg war ein streitbarer Verfechter liberaler Gesinnung; sein erzählerisches Werk (u. a. »Hier bin ich, mein Vater«, 1948; »Golems Wiederkehr«, 1968) thematisierte jüdisches Schicksal und Fragen der Macht und des Gewissens. Den Roman »Süßkind von Trimberg« (1972) bezeichnete Torberg selbst als sein Lebenswerk. (CS)

Torquemada (de Turrecremata), Tomás de, Dominikaner, spanischer Generalinquisitor, 1420–16. 9. 1498 Ávila. Der wohl aus Valladolid stammende Torquemada wurde 1469 Beichtvater des spanischen Königspaars Isabella und Ferdinand. Aufgrund seiner und des Kardinals Mendoza Initiative wurde von Papst Sixtus IV. im Jahr 1478 eine einheitliche →Inquisition für Spanien eingerichtet, der Torquemada seit 1483 als »Großinquisitor« vorstand. Mit fanatischer Strenge ging Torquemada seit 1481 daran, in Sevilla, Toledo, Saragossa, Barcelona und Valencia die zur Konversion gezwungenen Juden (Conversos), von denen viele im verborgenen weiterhin als Juden lebten, dem →Autodafé und damit meist dem Feuertod auszuliefern. Besonderes Aufsehen erregte der große Hostienschändungs- und Ritualmordprozeß von La Guardia (1490/91). Torquemada war maßgeblich an der Vertreibung der Juden aus Andalusien (1483), der Reconquista des Königreichs Granada (1491/92) und an der Vertreibung der Juden aus Spanien (1492) beteiligt. (PAU)

Tossafot (hebräisch »Hinzufügungen«), Bezeichnung für Sammlungen von Erklärungen und Zusätzen zu bestehenden Talmudkommentaren, speziell zum Raschi-Kommentar (→Salomo ben Isaak). Die Verfasser dieser Tossafot (»Tossafisten«) sind u. a. die Enkel Raschis →Samuel ben Meir, →Jakob ben Meir und Isaak ben Meir sowie sein Schüler →Isaak ben Ascher ha-Levi. Sie sind Teil einer Bewegung, die das Studium der Schulen in Deutschland, Frankreich und auch Spanien vom 12. bis zum 14. Jahrhundert prägte. In die Diskussion über den Kommentar Raschis wurden zunehmend die babylonisch-nordafrikanischen Traditionen (vermittelt durch I. →Alfassi) und der Jerusalemer Talmud (vermittelt durch →Chananel ben Chuschiel und →Natan ben Jechiel) eingeführt. Ziel ist es, Schwierigkeiten aufzugreifen, angeschnittene Probleme weiter zu erläutern und eine Quelle einer anderen, einen Sachverhalt einem anderen gegenüberzustellen. So entstanden neue halachische Entscheidungen, die wiederum Grundlage für neue Tossafot wurden. Daraus entwikkelte sich eine rege Diskussion in und zwischen den Schulen. Abgesehen von den in allen traditionellen Talmudausgaben auf der äußeren Seite abgedruckten Tossafot der Enkel Raschis entstanden eine Vielzahl von Sammlungen, z. B. die des Samson von Sens, des →Meir ben Baruch aus Rothenburg und des →Ascher ben Jechiel. Sie beziehen sich in der Regel auf Raschis Kommentar zum Talmud und zur Tora, manche aber auch auf Alfassi. (HMD)

Tossefta (aramäisch »Hinzufügung«, »Ergänzung«), ursprünglich der halachische Lehrstoff, den ein Gelehrter (»Tanna«) neben der →Mischna beherrschen mußte. Später Bezeichnung für ein in Hebräisch verfaßtes halachisches Werk, das nicht in der Mischna kanonisierte tannaitische Aussprüche enthält (→Baraita). Es entspricht der Mischna im Aufbau, hat weniger Traktate (es fehlen Abot, Kinnim, Middot und Tamid), aber etwa den vierfachen Umfang. Das Verhältnis von Tossefta und Mischna ist je nach Traktat unterschiedlich. Teilweise bestehen wörtliche Übereinstimmungen. Es gibt in der Tossefta aber auch gegenüber der Mischna Abweichungen und inhaltliche Ergänzungen, Kommentare, Widersprüche und neue halachische Themen. Insofern ist die Frage nach der Funktion der Tossefta (ergänzendes Lehrbuch oder erster Mischna-Kommentar) nicht zu klären. Gleiches gilt für die Entstehungszeit. Verfasser ist wohl kaum, wie im Mittelalter angenommen, Rabbi →Chija der Große oder Rabbi Hoschaja (Anfang 3. Jahrhundert). Vielmehr ist von einer der Mischna vergleichbaren Entwicklungsgeschichte auszugehen, wobei die Endfassung um 300 n. Z. in Palästina entstanden sein dürfte. So kommt es, daß sich viele der Baraitot aus dem palästinischen und dem babylonischen →Talmud wörtlich in der Tossefta finden, andere nur inhaltlich mit der Tossefta übereinstimmen; manchmal werden von →Amoräern Probleme diskutiert, die in der Tossefta bereits geklärt sind, und schließlich stehen die Baraitot im palästinischen Talmud der Tossefta wesentlich näher als die im babylonischen Talmud. (HMD)

Totes Meer, hebräisch Yam Ha Melah, arabisch Bahr al-Mayyit, abflußloser Salzsee an der jordanisch-israelischen Grenze, 80 km lang, bis 18 km breit, Mündungsbekken des Jordan, tiefste Depression der Erde (der in den letzten Jahrzehnten deutlich gesunkene Seespiegel lag 1991 bei 408 m u. M.), 940 km^2, im Nordteil bis 390, südlich der Lisanhalbinsel nur bis 6 m tief; infolge des hohen Salzgehalts ohne Lebewesen (Salzgehalt an der Oberfläche 30 Prozent, in der Tiefe 33 Prozent). Extrem trockenheißes Klima. Salzgewinnung (Brom, Kali) bei Sedom, in kleinerem Umfang auch an der Nordküste; Heilbäder En Boqeq, Hamme Zohar, En Gedi. – Das Tote Meer wurde in der Bibel oft als »Salzmeer« (Num 34,3 u. a.) bezeichnet. Es ist Schauplatz der Zerstörung der sündigen Städte Sodom und Gomorrha (Gen 19,24). Über dem Toten Meer liegen Qumram (Essener-Zentrum bis 68 n. Z.; Funde von Schriftrollen) und Masada (Bergfestung mit Herodes-Palast, 70–73 von Römern belagert).

L Y. Karmon, Israel. Eine geographische Landeskunde, ^{2}1994. (WL)

Toury, Jacob (bis 1940 Franz Königsberger), Historiker und Pädagoge, 5. 1. 1915 Beuthen. Toury stammt aus einer seit dem 18. Jahrhundert in Oberschlesien ansässigen Kaufmannsfamilie. Seit 1935 Studium der Klassischen Philologie, Geschichte und Pädagogik an der Hebräischen Universität in Jerusalem. Promotion 1961. 1938–61 Lehrer und zeitweise Leiter der Technical High School, des Technions, in Haifa. Lektor für Pädagogik am Technion sowie für Geschichte und Pädagogik an der Haifaer Abenduniversität. 1961–65 Lektor für Pädagogik an der Hebräischen Universität. 1962–84 Professor an der Universität Tel Aviv, Ordinarius für Neuzeitliche Geschichte der Juden in den westlichen Ländern. Forschungsschwerpunkt ist die Rekonstruktion der während der Assimilation verschütteten Quellen zur sozialen und politischen Entwicklung der Juden im deutschen Sprach- und Kulturkreis. Hauptwerke: »Die politischen Orientierungen der Juden in Deutschland« (1966), »Soziale und politische Geschichte der Juden in Deutschland« (1977), »Die jüdische Presse im Österreich. Kaiserreich 1802–1918« (1983), »Jüdische Textilunternehmer in Baden-Württemberg 1683 bis 1938« (1984). (LH)

Transferabkommen →Palästina-Transfer

Transnistrien, Name, der während des Zweiten Weltkriegs dem ukrainischen Gebiet zwischen Dnjestr und Bug gegeben wurde, das von deutschen und rumänischen Truppen besetzt war. In dieses Gebiet wurden zwischen 1941 und 1944 fast 200 000 Juden aus →Rumänien deportiert, überwiegend aus →Bessarabien, der →Bukowina und aus dem Bezirk Dorohoi (im Norden der Moldau). In Transnistrien gab es fast 50 Ghettos, 58 Arbeits- oder Durchgangslager und acht Vernichtungslager. (AB)

Trauerriten. In der Zeit zwischen Tod und Begräbnis (»Aninut«) wird der Tote zunächst ehrenvoll versorgt. Totenwache, Totenklage, Waschung und rituelle Reinigung, Aufbahrung und Begräbnis sind meist Aufgabe der →Chewra Kaddischa. Oft zünden die Hinterbliebenen ein Licht (»Ner Tamid«) für den Toten an, das auf jeden Fall 30 Tage, oft ein Jahr brennt und jeweils zum Jahrestag wieder entzündet wird. Auf dem Friedhof reißen die Angehörigen zum Zeichen der Trauer die Kleidung ein. Es folgen die Trauerrede (»Hesped«), das Geleit zum Grab (»Halewaja«) und die Beerdigung (»Kewura«). Bis zur Beisetzung werden keine Worte des Trostes geäußert. Nach der Rückkehr vom Friedhof beginnt mit einem schlichten Stärkungsmahl (Brot und gekochte Eier) für den Trauernden (»Seudat hawraa«) die siebentägige Trauerzeit (»Schiwa«). In dieser Zeit bleibt der Trauernde zu Hause. Er verrichtet keine Arbeit, sitzt auf niedrigem Schemel, trägt keine ledernen Schuhe und verzichtet auf gründliche Körperpflege (Waschen, Rasieren, Schminken). Am ersten Tag dürfen keine →Tefillin angelegt werden. Der Trauernde darf nicht grüßen und nur solche Teile aus Bibel und Mischna studieren, die sich mit der Klage beschäftigen. Um ihn nicht aus der Gemeinschaft auszuschließen, erhält er Besuch. An Wochentagen finden morgens und abends in Gegenwart eines →Minjan Gottesdienste statt. Dabei werden bestimmte Teile aus Ehrfurcht vor dem Trauernden weggelassen (z. B. →Priestersegen, →Tachanun oder →Hallel). Im anschließenden Trauermonat (»Scheloschim«), der 30 Tage dauert, gelten gelockerte Trauervorschriften. Dazu gehören die Verbote, die Haare zu schneiden, neue oder gepflegte Kleidung zu tragen, die über dem Toten zerrissene Kleidung zu flicken, an öffentlichen Veranstaltungen teilzunehmen oder zu heiraten. In dieser Zeit spricht der Trauernde jeden Tag in der Synagoge das Kaddisch. Die 30 Tage werden zu einem Trauerjahr verlängert, wenn Eltern oder Kinder sterben. In diesem Jahr wird täglich das Kaddisch gesprochen und auf die Teilnahme an Feiern verzichtet. Nach Ablauf des Trauerjahrs wird alljährlich am Todes-, meistens am Begräbnistag mit einem Kaddisch des Verstorbenen gedacht (Jahrzeit). Außerdem spricht in aschkenasischen Gemeinden am Versöhnungstag (→Jom ha-Kippurim), dem achten Tag von →Pessach, dem zweiten Tag von →Schawuot und an →Schemini Azeret im Anschluß an die Toralesung jeder, der keine Eltern mehr hat, ein stilles Gebet (»Jiskor«), um die Seelen vor Gott in Erinnerung zu bringen (»Haskarat Neschamot«). Fällt in die Trauerzeit ein Sabbat, so zählt dieser zur Trauerzeit hinzu, ohne daß an ihm die Trauerriten zu befolgen sind. Begann die siebentägige Trauerzeit vor einem Feiertag oder vor einem der Wallfahrtsfeste, war aber noch nicht abgeschlossen, so folgt nach dem Fest sofort die 30tägige Trauerzeit. Wurde schon vor dem Fest die 30tägige Trauerzeit begonnen, so ist diese mit dem Fest beendet. (HMD)

Treitschke, Heinrich von →Antisemitismus, →Berliner Antisemitismus-Streit

Trepp, Leo, letzter Landesrabbiner von Oldenburg, Hochschullehrer, 4.3.1913 Mainz. Studium in Frankfurt am Main, Berlin und Würzburg, Dissertation 1935; darüber hinaus Besuch der Talmudhochschule in Frankfurt am Main und des Rabbinerseminars in Berlin. 1934/35 Lehrer am staatlichen Gymnasium in Würzburg, 1935/36 Prediger der Jüdischen Gemeinde Berlin; 1936–38 Landesrabbiner von Oldenburg, wo Trepp 1937 eine jüdische Volkshochschule eröffnete. Verhaftung in der →Reichspogromnacht und Deportation in das KZ Sachsenhausen; durch Einspruch des Chief Rabbi von England wurde Trepp befreit. Emigration zunächst nach England, anschließend in die USA, wo er als Rabbiner in verschiedenen Gemeinden tätig war. 1944/45 Studium an der Harvard University und 1950/51 an der Berkeley University in Kalifornien; seit 1951 Professor für Philosophie und Geisteswissenschaften am Napa College, Kalifornien. Hauptwerke: »Die Landesgemeinde der Juden in Oldenburg, 1827–1938« (1965), »Die Oldenburger Judenschaft« (1973). (JÖD)

Trieb, guter und böser →Jetzer

Trient →Tirol und Vorarlberg

Trienter Judenprozeß. Am Karfreitag, dem 24. 3. 1475, meldete der Gerber Andreas in Trient dem Podestà der Stadt, daß seit dem Vortag, Gründonnerstag, sein zweieinhalbjähriger Sohn Simon vermißt werde. Der Gründonnerstag war zugleich der Beginn des Pessachfestes. Sofort richtete sich der Ritualmordverdacht gegen die Juden, vor denen kurz zuvor →Bernardino da Feltre gewarnt hatte. Nachdem am Karsamstag nahe dem Grundstück des reichsten Juden der Stadt die Leiche des Kindes aufgefunden worden war, folgten die Verhaftung und ein mehrmonatiger, weithin beachteter Prozeß gegen etwa 20 verdächtigte Juden. Ein Konvertit bestätigte, daß die Juden zu Pessach Christenblut benötigten; auf der Folter legten einige der Angeklagten Geständnisse ab. Diejenigen Juden, die die Folter überlebten, wurden für schuldig befunden und hingerichtet. Alsbald bildete sich ein reger Kult der Verehrung um Simon. Papst Gregor XIII. (1572–85) sprach ihn selig, Flugblätter, kirchliche Spiele und judenfeindliche Bildnisse hielten die Erinnerung an den vermeintlichen Ritualmord am Leben. Erst am 28. 10. 1965 hob die römische Ritenkongregation den Kult des Simon aufgrund eines von W. P. Eckert angefertigten Gutachtens auf. (PAU)

Trier, neben Köln Ort der frühesten jüdischen Siedlung in Deutschland. Seit Beginn des 4. Jahrhunderts ist eine Gemeinde mit Synagoge und weiteren Gemeindeeinrichtungen nachweisbar. Jüdische Ansiedlung vermutlich schon im 3. Jahrhundert, da die Edikte Kaiser Konstantins aus den Jahren 321 und 331 auch für Trier galten. Im Mittelalter bildeten die Juden als Kaufleute, Viehhändler und Geldverleiher einen bedeutenden Wirtschaftsfaktor des Erzstifts. Das Trierer Judenviertel (noch erhalten), wie die Synagoge am Hauptmarkt gelegen, entstand vermutlich in der 2. Hälfte des 10. Jahrhunderts. Während des 1. Kreuzzugs (1096) war die Gemeinde heftigen Verfolgungen ausgesetzt. Ihre eigentliche Blütezeit erlangte sie im 13. und 14. Jahrhundert, als sie wirtschaftlich aufs engste mit Erzbischof Balduin von Luxemburg verbunden war. Das Judenviertel umfaßte 61 Häuser und hatte mehr als 300 Einwohner; der Friedhof an der Jüdemerstraße wurde bis 1418 belegt. Die Verfolgungen z. Z. der Pest (1348/49) führten zum Untergang der Gemeinde, die sich, abgesehen von der Wiederansiedlung einiger jüdischer Familien im 15. und im 16. Jahrhundert, erst im 17. Jahrhundert erneut konstituierte. Der zwischen 1620 und 1650 in der Weidenstraße angelegte Friedhof bestand bis 1922. 1620 Einweihung der neuen Synagoge am Weberbach. 1723–33 wirkte dort der Rabbiner Josua Herschel, später, um die Wende vom 18. zum 19. Jahrhundert, der Rabbiner Samuel Marx, der Onkel von K. →Marx. 1859 Einweihung der neuen Synagoge auf dem Zuckerberg. Volles Bürgerrecht erhielten die Juden für kurze Zeit 1794, während sie unter preußischer Herrschaft zwar wirtschaftlich erstarkten, die rechtliche Gleichstellung aber erst 1871 wieder erreichten. Eine jüdische Schule bestand seit 1825, eine Volksschule von 1886 bis 1924. Es entstanden zahlreiche kulturelle und soziale Vereine (u. a. »Moselloge«/U.O.B.B., nach 1900 gegründet). Die Verwüstungen am 10. 11. 1938 und die endgültige Zerstörung der Synagoge 1944 markierten den Untergang der jüdischen Gemeinde. Von den 796 jüdischen Bürgern 1933 überlebte kaum einer. 1950 zählte die neugegründete Gemeinde 34, 1984 61 Mitglieder. Errichtung der neuen Synagoge 1956. (RD)

Triest. In der politisch seit 1382 der österreichischen, kulturell jedoch Italien zugehörigen Hafenstadt siedelten seit dem 14. Jahrhundert deutsche Juden, die Geldverleih und Handel betrieben. Im 17. und 18. Jahrhundert ließen sich zunehmend auch italienische Juden aus Venetien, der Levante, den Marken und Ferrara in Triest nieder. 1696/97 Einrichtung eines jüdischen Ghettos (1785 aufgelöst). 1753 erlaubte ein Dekret Maria Theresias das Wohnen außerhalb des Ghettos, 1776 wurden Juden vom Leibzoll befreit. Das Toleranzpatent Josephs II. von 1782 schaffte die →Judenkennzeichnung ab und gewährte freie Berufswahl. Im engen Kontakt mit M. →Mendelssohn und N. H. →Wessely richtete die Gemeinde im gleichen Jahr eine jüdische Reformschule ein. 1805 wurde in zwei der vier Synagogen der deutsche Ritus praktiziert, in den beiden anderen der sephardische und der spanische Ritus. Die Zahl der jüdischen Einwohner stieg von 103 (1730) auf 4421 (1869) an. Seit dem Anschluß Triests an →Italien (1919) nahm die Zahl der Gemeindemitglieder von rund 6000 auf 2300 (1940) ab. Seit 1933 flüchteten viele jüdische Emigranten über Triest nach Palästina; 1943/44 wurden 837 Juden in KZs deportiert; heute umfaßt die Gemeinde rund 1000 Personen.

🄻 G. Cervani und L. Buda, La comunità israelitica di Trieste nel Sec. XVIII., New Brunswick/Oxford 1986. – S. Gherardi Bon, La persecuzione antiebraica a Trieste (1938–1945), Udine 1972. – A. Sacerdoti, Guida all'Italia ebraica, Genua 1986.
(JÖD)

Troller, Georg Stefan, Journalist, 10. 12. 1921 Wien. Ausbildung als Buchbinder. 1938 Emigration in die Tschechoslowakei, 1939 über Italien nach Frankreich. 1939/40 und 1941 interniert. Dann Emigration nach New York. 1943–46 diente Troller in der US-Army. Studium in Berkeley und an der Columbia-University. 1949 Rückkehr nach Frankreich und Studium an der Sorbonne. 1951–58 Radiojournalist. 1962–71 freier Fernsehjournalist. Ab 1972 Paris-Korrespondent des ZDF. 1991 mit dem Adolf-Grimme-Preis ausgezeichnet. Lebt in Paris. (RED)

Trondheim, Stadt in Norwegen, nördlichste jüdische Gemeinde und Synagoge der Welt. Die ersten Juden kamen in den Jahren 1880–90 nach Trondheim, die meisten aus Kleinstädten Osteuropas. Um die Jahrhundertwende hatte die Stadt 119 jüdische Einwohner. 1902 wurde ein Friedhof angelegt, 1905 die Gemeinde formal gegründet. Die derzeitige Synagoge wurde 1925 eingeweiht (orthodoxer Ritus). 1920 betrug die Zahl der Gemeindemitglieder 326, bei Kriegsausbruch in Norwegen (1940) 260. 130 Juden aus Trondheim wurden während des Kriegs getötet. Die Synagoge wurde 1947 wiedereingeweiht. Seit 1970 hat die Gemeinde keinen festangestellten Rabbiner. Heute leben 120 Juden in Trondheim.
🄻 O. Mendelsohn, Jødenes historie i Norge gjennom 300 år, 2 Bände, 1969–86. (DR)

Trotzkij, Leo (ursprünglich Bronstein, Lew Dawidowitsch), russischer Revolutionär, 7. 11. 1879 Janowka, Ukraine – 21. 8. 1940 Coyoacán, Mexiko. Trotzkij wuchs auf als Sohn eines wohlhabenden jüdischen Kolonisten. Er betätigte sich bereits in der Realschule als sozialistischer Propagandist und wurde 1898 und 1905 wegen revolutionärer Tätigkeit nach Sibirien verbannt. Beide Male gelang ihm die Flucht, danach Exil in London, Wien, Paris, New York. Trotzkij kehrte 1917 nach Rußland zurück und wurde enger Mitarbeiter Lenins in den Jahren der Revolution und des Bürgerkriegs, dann Organisator und Führer der Roten Armee. Als Außenminister der Sowjetischen Republik unterzeichnete er den Friedensvertrag von Brest-Litowsk. Nach dem

Tod Lenins wurde er von Stalin verfolgt, 1927 aus der Partei ausgeschlossen und 1928 nach Alma-Ata verbannt. In der stalinistischen Propaganda gegen den »Trotzkismus« wurde bewußt auf Trotzkijs jüdische Herkunft angespielt. 1929 flüchtete er in die Türkei, später nach Norwegen und ließ sich endgültig in Mexiko nieder. Wurde auf Befehl Stalins umgebracht. Trotzkij war ein Kritiker der zionistischen Bewegung und propagierte vom Standpunkt seiner sozialistischen Ideologie die weltweite Emanzipation der Juden. Trotzkij warnte frühzeitig vor der Gefahr des Nationalsozialismus und gilt als ein theoretischer Begründer der Faschismusanalyse. Werke u. a.: »Mein Leben« (1930), »Die permanente Revolution« (1930). (RED)

Leo Trotzkij, 1937

Troyes, französische Stadt. Eine organisierte jüdische Gemeinde bestand in Troyes seit der ersten Hälfte des 11. Jahrhunderts. Zu den verhältnismäßig günstigen Lebensbedingungen gehörte die Möglichkeit, Grundbesitz, Landgüter und Weinberge zu erwerben; im 13. Jahrhundert trat die Geldleihe als Erwerbszweig hinzu, Geschäftspartner war u. a. das Kloster St.-Loup. Überregionales Ansehen erlangte Troyes durch das Wirken des hier geborenen Rabbi →Salomo ben Isaak (Raschi), des bedeutenden Bibel- und Talmud-Kommentators, der um 1070 eine Jeschiwa und eine bis ins 13. Jahrhundert reichende Lehrtradition begründete (Rabbi Jakob ben Meir Tam, Rabbi Josef ben Mose u. a.). Um 1100 zählte die Gemeinde etwa 100 Personen. Eine Ritualmordbeschuldigung führte 1288 zum →Autodafé, dem 13 Juden zum Opfer fielen; die französische Elegie »Complainte de Troyes« von Jacob ben Jehuda de Lotra (Lothringen) und eine hebräische Elegie desselben Autors berichten darüber. Wie im ganzen Königreich wurden auch die Juden von Troyes 1306 vertrieben, kehrten 1315 zurück, waren in der Folge verstärkt Pressionen ausgesetzt (Kennzeichen an der Kleidung) und wurden 1322 erneut und offenbar endgültig vertrieben. (PAU)

Trumpeldor, Joseph, zionistischer Pionier und Soldat, 4. 12. 1880 Pjatigorsk, Rußland – 12. 3. 1920 Tel Hay, Palästina; 1902 zur russischen Armee eingezogen, hochdekorierter Soldat im Russisch-Japanischen Krieg (1904/05), organisierte als Kriegsgefangener der Japaner eine zionistische Soldatengruppe sowie Bildungskurse für die Gefangenen und wurde erster jüdischer Offizier in der russischen Armee; Studium der Landwirtschaft; versuchte ab 1911 Siedlungen in Palästina zu gründen. Zusammen mit Z. →Jabotinsky organisierte er die Jüdische Legion im Ersten Weltkrieg. Nach Ausbruch der Revolution in Rußland versuchte Trumpeldor, jüdische Soldaten zuerst für die Revolution, dann für die Selbstverteidigung zu gewinnen sowie Immigranten für Palästina zu rekrutieren. Nach 1919 wieder in Palästina, führte er die jüdische Abwehr während der arabischen Angriffe auf jüdische Siedlungen in Galiläa und wurde am 29. 2. 1920 bei der Verteidigung von Tel Hay schwer verletzt. Nach ihm wurde die Jugendorganisation der Revisionisten »Brit Trumpeldor« (→Beitar) benannt. (DB/MW)

Tschechien. Jüdische Händler sind für Mähren im 9. Jahrhundert und für Böhmen im 10. Jahrhundert erwähnt. Erste jüdische Siedlungen für Böhmen (Prag) und Mähren (Brünn [Brno]) für das Jahr 1090 gesichert, wahrscheinlich jedoch schon früher vorhanden. Seit dem 11. Jahrhundert entstand in →Prag eine der bedeutendsten jüdischen Gemeinschaften Europas. Nach Zwangstaufen und Verfolgung infolge des ersten Kreuzzugs 1096 erteilte Premysl Ottokar II. den jüdischen Gemeinden in Böhmen und Mähren im Jahre 1254 ein verhältnismäßig großzügiges Privileg, das unter anderem die Ausübung des Geldhandels erleichterte und Schutzbestimmungen gegen antijüdische Verfolgungen vorsah. Freilich sahen sich die jüdischen Einwohner im Laufe der Geschichte trotz hoher Abgabenlast immer wieder der Willkür ihrer königlichen »Schutzherren« ausgesetzt, so kam es vor allem im 14. und 15. Jahrhundert immer wieder zu Pogromen und Vertreibungen (unter anderem in Brünn, Neuhaus [Jindřich hův Hradec], Olmütz [Olomouc] und Prag). Während der Hussitenkriege (1420-36) verlief die jüdische Geschichte lokal unterschiedlich. Einerseits sympathisierten viele Juden mit den Reformforderungen des Jan Hus und wurden aus Eger (Cheb) und Iglau (Jihlava) vertrieben, andererseits wurde das jüdische Leben wie in Prag kaum beeinträchtigt. Im 16. Jahrhundert lebte die jüdische Bevölkerung in Mähren vorwiegend auf dem Land und in kleinen Städten unter der Abhängigkeit der lokalen geistlichen und weltlichen Herrscher, während sich in Böhmen das jüdische Leben auf Prag konzentrierte. Im 17. Jahrhundert flohen Juden vor den →Chmielnicki-Pogromen aus Polen (1648) nach Böhmen und Mähren. Auch viele der 1670 vertriebenen Wiener Juden fanden in Tschechien eine neue Heimat. Nach 1726 regelten die →Familiantengesetze durch Quotierung von Heiratserlaubnissen die Größe der jüdischen Bevölkerung. Das Toleranzpatent Kaiser Josephs II. aus dem Jahre 1781 leitete den Prozeß der Emanzipation ein, denn es ermöglichte den Juden den Zugang zum allgemeinen Schul- und Bildungswesen, öffnete ihnen den Handel und die gewerblichen Wirtschaftszweige weitgehend sowie schaffte die Kennzeichnungspflicht ab. Die ökonomische und kulturelle Bedeutung der jüdischen Einwohner für das Land wuchs seitdem. 1859 wurden die Familiantengesetze aufgehoben, und die bürgerliche Gleichstellung erfolgte 1867. 1890 lebten in Böhmen rund 95 000 und in Mähren 45 000 Juden. In Böhmen siedelten Juden mit Ausnahme Prags vorwiegend in kleineren Gemeinden und sprachen sowohl tschechisch als auch deutsch. In der zweiten Hälfte des 19. Jahrhunderts setzte hier, ebenso wie in Mähren mit einem höheren Anteil traditionsbewußter Juden, eine zunehmende Landflucht ein, und viele der Gemeinden zerfielen. Dieser allgemeine Modernisierungs- und Akkulturationsprozeß war in Tschechien von der Besonderheit begleitet, sich zwischen der deutschen und der tschechischen Kultur zu entscheiden. Mehrheitlich war zunächst die deutsche Minderheit Ziel der Integrationsbemühungen, was nicht zuletzt auf den verbreiteten Antisemitismus der tschechischen Bevölkerung zurückzuführen war, die die Juden als «deutschfreundlich« betrachtete. Neben der tschechisch-jüdischen entfaltete sich auch die zionistische Bewegung mit dem Zentrum in Prag. Die nach dem Ersten Weltkrieg gegründete Tschechoslowakische Republik folgte unter ihrem ersten Präsidenten Tomáš Garrigue Masaryk (1886-1948) trotz antisemitischer Ausschreitungen zwischen den Jahren 1918 und 1921 den Forderungen des zionistisch geprägten jüdischen Nationalrats und gewährte in der Verfassung 1920 den Juden Nationalitätenstatus. Die Tschechoslowakei umfaßte bis zum →Münchner Abkommen 1938 Böhmen mit rund 76 000 jüdischen Einwohnern (1930), Mähren mit 41 000, die →Slowakei mit 137 000 und Karpato-Rußland mit 103 000. Karpato-Rußland wurde ebenso wie ein Teil der Slowakei Ende 1938 von Ungarn annektiert. Insgesamt lebten also im Jahre 1930 357 000 Juden in der Tschechoslowakei, die sich überwiegend der »jüdischen Nationalität« (57%) zuordneten, gefolgt von der tschechischen (25%), deutschen (12%) und ungarischen (5%). Nach 1933 kamen noch schätzungsweise 40 000 jüdische Flüchtlinge aus Deutschland und Österreich hinzu, während gleichzeitig viele Juden bereits emigrierten.

Vor der deutschen und ungarischen Okkupation lebten 1939 etwa 380 000 Juden in der Tschechoslowakei, von denen dann über 250 000 den Deportationen (meist über →Theresienstadt), Erschießungsaktionen oder den unmenschlichen Bedingungen der Ghettos zum Opfer fielen; die Gedenktafel in der Prager Pinkas-Synagoge verzeichnet allein 77 297 jüdische Tote aus Böhmen und Mähren. Geflüchtete Juden kämpften auch in der tschechoslowakischen Auslandsarmee auf Seiten der Alliierten mit, wobei sie jedoch oft antisemitischen Anfeindungen aus den eigenen Reihen ausgesetzt waren. In Böhmen und Mähren lebten bei Kriegsende zwischen 20 000 und 25 000 Juden (darunter etwa ein Drittel sogenannte »Optanten« aus dem nun sowjetischen Karpato-Rußland), in der gesamten neugegründeten Tschechoslowakei etwa 45 000 – 55 000. Nach Kriegsende reorganisierten sich zwar einige Gemeinden, doch die antizionistische bzw. antisemitische Politik der kommunistischen Regierungen in der Stalin-Ära, die im →Slánský-Prozeß kulminierte, und noch einmal der sowjetische Einmarsch 1968 führte viele in die Emigration. Nach der friedlichen Revolution 1989 und der Gründung der Tschechischen Republik 1993 ist eine Tendenz zur Revitalisierung jüdischen Lebens vor allem in Prag zu beobachten. 1997 lebten in Tschechien etwa 5000 Juden, überwiegend in Prag (4000), wo inzwischen auch viele Juden aus den USA und Israel einen Wohnsitz unterhalten, sowie u. a. in Brünn, Pilsen (Plzeň) und Karlsbad (Karlovy Vary).

[L] A. Dagan (Hrsg.), The Jews of Czechoslovakia, 3 Bde., Philadelphia 1968 bis 1984. – Wilma Iggers (Hrsg.), Die Juden in Böhmen und Mähren, München 1986. (BV)

Tschernichowski, Saul, hebräischer Dichter und Übersetzer, 28. 8. 1875 Michailowka, Krim – 14. 10. 1943 Jerusalem. Tschernichowski beherrschte bereits während seiner Schulzeit in Odessa die hebräische und russische Sprache. Später eignete er sich noch Deutsch, Französisch, Englisch sowie Latein und Griechisch an. Tschernichowski studierte 1899–1906 Medizin in Heidelberg und Lausanne. Später lebte er auch zeitweilig in Berlin. Seit 1931 in Palästina. Seine Gedichte spiegeln eine eigenartige Mischung von religiöser Tradition und modernen europäischen Kultureinflüssen. Von Tschernichowski stammen eine optimistische, farbenfrohe Lyrik, aber auch Verse, die den Märtyrern des jüdischen Volkes gewidmet sind. Hauptwerke: »Visionen und Melodien«, »Eine Handvoll Sonette«, »Das Buch der Idyllen«, »Die Flöte« (Verse für Kinder), »Neue Poeme«, »Siehe, die Erde«, »Sterne und der weite Himmel«. Übersetzte ins Hebräische die Ilias, die Odyssee, »Reineke Fuchs« von Goethe u. a. bedeutende Werke der Weltliteratur. (AB)

Tschernowitz, ehemalige Hauptstadt der →Bukowina. Die Juden bildeten am Vorabend des Zweiten Weltkriegs ungefähr 50 Prozent ihrer multinationalen Bevölkerung, zu der auch Rumänen, Deutsche, Ruthenen, Polen und andere mehr gehörten. Tschernowitz war die größte israelitische Kultusgemeinde →Rumäniens. Nach Gründung der Deutschen Universität in Tschernowitz (1875) nahm das jüdische Kulturleben einen bemerkenswerten Aufschwung. Es entstanden zahlreiche jüdische akademische Vereine: »Hasmonäa« (gegründet 1891), »Zephira« (1897), »Humanitas« (1900), »Hebronia« (1900), »Eunah« (1903), »Heatid« (1918), zionistische Gesellschaften und Organisationen, Studenten-, Musik- und Sportvereine. In Tschernowitz erschienen einige jüdische Zeitschriften in hebräisch. Zahlreiche Juden gehörten zum Lehrkörper der Universität, und letzter Rektor war, vor dem Anschluß der Bukowina an Rumänien, ein Jude: Cäsar Pomeranz. 1896 waren 49,8 Prozent der Studenten Juden, 1914 waren es 38,5 Prozent. 1921 wurde die Universität eine rumänische Institution; nach Rassenverfolgungen sank der Anteil der jüdischen Studenten auf 9,4 Prozent. Nach dem Zweiten Weltkrieg (Tschernowitz gehörte seit 1944 zur Sowjetunion) blieb von dem bedeutenden Zentrum jüdischer Kultur lediglich die Erinnerung. (AB)

Kurt Tucholsky

Tschernowitz, Chaim, Schriftsteller (Pseudonym Raw Zair), Talmudforscher, Rabbiner, 1870 Sebej, Litauen – 15. 5. 1949 New York. Seit 1897 Rabbiner in Odessa; gründete hier 1905 die erste moderne Jeschiwa, die auch profanes Wissen vermittelte. 1914 Promotion in Würzburg. Seit 1923 Professor für Talmudstudien am Jewish Institute of Religion in New York. 1939 Gründer und Redakteur der hebräischen Zeitschrift »Bizaron« in New York. Hauptwerke: »Die Entstehung des Schulchan Aruch« (1915), »Geschichte der Halacha« (3 Bände, 1934–38), »Memoiren« (1945). (LH)

Tu bi Schewat (15. Schewat), Neujahrsfest der Bäume, nichtbiblischer Halbfeiertag. Hintergrund ist das Gebot Lev 19,23–25, die Früchte von neugepflanzten Bäumen drei Jahre nicht zu genießen, sie im vierten Jahr im Tempel zu verzehnten und erst im fünften Jahr zu essen. In talmudischer Zeit war der 15. Schewat Stichtag für die Jahreszählung und die Fruchtabgabe, weil dieser Termin das Ende der Regenzeit und den Beginn der idealen Pflanzperiode in Israel markiert. Dementsprechend werden an diesem Tag in Israel Bäume gepflanzt. Zugleich wird der Tag heute zur Feier des Erfolgs und der Urbarmachung des Landes festlich begangen. In der Diaspora ist es Brauch, möglichst 15 Früchte zusammenzustellen und zu verzehren, die an das Land Israel erinnern. In der Liturgie entfällt das Bittgebet (→Tachanun). (HMD)

Tucholsky, Kurt, deutscher Publizist, 9. 1. 1890 Berlin – 21. 12. 1935 Hindås bei Göteborg, Schweden (Freitod). Seit 1913 war Tucholsky Mitarbeiter von Siegfried Jacobsohns »Schaubühne«, 1918 umbenannt in »Weltbühne«, dem wichtigsten gesellschaftskritischen Organ z. Z. der Weimarer Republik. 1918–20 Chefredakteur des »Ulk«, danach freier Publizist, seit 1924 Korrespondent der »Weltbühne« in Paris, 1929 Übersiedlung nach Schweden. Bedeutendster gesellschaftskritischer Publizist der Weimarer Zeit; seine Hauptgegner waren die seit dem Kaiserreich unverändert starken Kräfte des Militarismus, der obrigkeitsstaatlichen Justiz und der Rechtsparteien. Tucholsky gehörte zu den schärfsten Kritikern des wachsenden Antisemitismus, schonte aber auch in Gestalt seines spießbürgerlichen jüdischen Kapitalisten Wendriner die Berliner Juden nicht. Aus dem Judentum trat er 1914 aus, »wohl wissend, daß man das gar nicht kann«. In den Briefen und Notizen der »Q-Tagebücher« seit 1933 faßte er seinen Zorn und seine Verzweiflung über die deutschen Juden in Worte, die als Äußerungen »jüdischen Selbsthasses« verstanden werden konnten. A. →Zweig hat jedoch in seinem Nachruf »Brief an Kurt Tucholsky« (16. 1. 1936) hervorgehoben, Tucholsky sei gerade als Jude verwundet gewesen, »nicht als Linker, nicht als Geistiger, nicht als kassandrischer Prophet«. (RS)

Tunesien →Maghreb-Staaten

Ture Sahaw →David ben Samuel ha-Levi

Turim →Jakob ben Ascher

Türkei. Jüdische Siedlungen gab es in →Kleinasien von jeher. Nach dem Zusammenbruch des →Osmanischen Reichs erfolgte in der Türkei eine Säkularisierung durch Mustafa Kemal Pascha (Atatürk) mit Aufhebung des islamischen Rechts; dadurch Einschränkung der Religionsausübung auch für türkische Juden, aber andererseits Gleichstellung mit den Muslimen (unter Verzicht auf das im Lausanner Vertrag festgelegte Minderheitenrecht für die Juden). Während des Zweiten Weltkriegs Zuwanderung von jüdischen Flüchtlingen aus Hitler-Deutschland. Trotz Neutralität Sondersteuern für Juden. 1948–50 Auswanderung von 37 000 Juden nach Israel. Die Türkei war lange Zeit der einzige Staat mit muslimischer Bevölkerung, der diplomatische Beziehungen zu Israel unterhielt. Die jüdische Bevölkerung ist zu 95 Prozent sephardisch, zu fünf Prozent aschkenasisch. Die rund 20 000 Juden leben vorwiegend in Istanbul, 2000 in Izmir sowie kleinere Gruppen in Bursa, Ankara und Edirne. Zionistische Organisationen sind verboten, da türkische Bürger nicht Mitglieder internationaler Einrichtungen sein dürfen. Die Beziehungen zu Israel sind seit 1996 enger. Beide Staaten haben eine intensive militärische Zusammenarbeit vereinbart und entsprechende Abkommen, auch über Waffenlieferungen und gemeinsame Manöver, geschlossen. (PB)

Tzara, Tristan (Sami Rosenstein), Dichter, 16. 4. 1896 Moineşti, Rumänien – 25. 12. 1963 Paris. Debütierte 1912 als Symbolist in Rumänien und veröffentlichte Gedichte in Avantgarde-Zeitschriften. 1916 emigrierte er nach Zürich und war Mitbegründer der Dada-Bewegung; ließ sich 1919 in Paris nieder. Während der deutschen Besetzung kämpfte er auf seiten der französischen Résistance. Werke in französischer Sprache: »Vingtcinq poèmes« (1918), »Cinéma, calendrier du cœur abstrait« (Kino, Kalender des abstrakten Herzens, 1920), »L'homme approximatif« (Der angenäherte Mensch, 1931), das Drama »La Fuite« (Die Flucht, 1947) u. a. Rumänisch: »Primele poeme« (Erste Gedichte, 1934). (AB)

Übergangsgesetz →Hok Hamawar

U

Uganda-Plan. Im Sommer 1903 bot der britische Kolonialminister Joseph Chamberlain T. →Herzl »Uganda« für die Errichtung eines jüdischen Staates an. Tatsächlich handelte es sich dabei jedoch um Kenia (das damalige Britisch-Ostafrika); ob die Bezeichnung Uganda vielleicht auf eine Verwechslung mit der kenianischen Provinz Ukamba zurückgeht, wurde in der Literatur bislang nicht ausreichend untersucht. Das formelle Angebot der britischen Regierung erfolgte im August 1903 an Herzl, dieser ließ es durch M. →Nordau, der Uganda lediglich als Übergangslösung (»Nachtasyl«) betrachtete, auf der Eröffnungssitzung des 6. Zionistenkongresses 1903 den Delegierten vorlegen. Zwar stimmte eine knappe Mehrheit für diesen Plan, der geschlossene Auszug der osteuropäischen Delegierten führte jedoch zu der ersten großen Krise der zionistischen Bewegung und drohte sie zu spalten. Der Vorgang verdeutlichte, wie groß die Sehnsucht vor allem der Ostjuden nach Palästina war. Der Uganda-Plan wurde auf dem 7. Zionistenkongreß 1905 endgültig abgelehnt. (PB)

Ukraine, unabhängiger Staat seit 1992, Mitglied der Gemeinschaft Unabhängiger Staaten/GUS. In →Kiew, das seine Blüte im 9. bis 12. Jahrhundert erlebte, gab es eine bedeutende jüdische Gemeinde. Wiedergeburt der jüdischen Gemeinden seit dem

16. Jahrhundert. Da zahlreiche Juden von Großgrundbesitzern als Pächter eingesetzt wurden, richtete sich die Unzufriedenheit der Bauernschaft und der Kosaken oft gegen sie. 1648/49 fanden die ersten großen Pogrome in der Ukraine durch die Kosaken des Bogdan Chmielnicki (→Chmielnicki-Pogrome) statt. Weitere Pogrome geschahen während des Aufstands der Haidamaken im 18. Jahrhundert. 1897 lebten in der Ukraine 1927268 Juden, d.h. 9,2 Prozent der Gesamtbevölkerung (30 Prozent der städtischen Bevölkerung). Nach Abschaffung des →Ansiedlungsrayons verließen über 300000 Juden die Ukraine, um der gewalttätigen antisemitischen Atmosphäre zu entkommen, und ließen sich in anderen Gebieten der späteren UdSSR nieder bzw. emigrierten. In der Frühzeit der sowjetischen Regierung war die Ukraine (neben Weißrußland) ein Zentrum jiddischer Kultur. Es existierten bis zur antisemitischen/antizionistischen Wende unter Stalin in den 30er Jahren viele jiddische Schulen, Theater, Zeitungen und Verlage (→Rußland). Der traditionelle Judenhaß brach auch in den Jahrzehnten der Sowjetherrschaft oft aus. Die einheimische Bevölkerung der Ukraine unterstützte teilweise die Massenvernichtung von Juden durch die Nationalsozialisten – mehr als die Hälfte der jüdischen Bevölkerung der Ukraine (1939 über 1,5 Millionen) wurde ermordet. Nach Kriegsende und insbesondere nach der Öffnung der Grenzen 1989 emigrierten viele Juden aus der Sowjetrepublik überwiegend nach Israel. Bei der Volkszählung 1989 bekannten sich noch rund 500000 Personen zur »jüdischen Nationalität«, allerdings gab nur ein sehr kleiner Teil der Älteren das Jiddische als Muttersprache an. 1997 lebten noch etwa 300000 Juden in der Ukraine, ein Drittel davon in →Kiew, gefolgt von den Gemeinden in Dnepropetrowsk, Charkow und →Odessa. Die Dachorganisation der ukrainischen Judenschaft ist die Vereinigung der Jüdischen Gemeinden und Organisationen in der Ukraine mit Sitz in der Hauptstadt Kiew. Ähnlich wie in Rußland ist seit Ende der 80er Jahre eine jüdische Bewegung zu verzeichnen, die sich um eine kulturell-religiöse Erneuerung bemüht. So bestehen mittlerweile in 45 Städten jüdische Schulen, davon 10 Ganztags- und 65 Sonntagsschulen. Es existieren außerdem einige jüdische Zeitungen und Zeitschriften, so »Hadashot« in Kiew, sowie ein wöchentliches jüdisches Programm innerhalb des staatlichen Fernsehens.
(AB/BV)

Ukzin →Mischna

Ullmann, Viktor, Komponist, 1.1.1898 Teschen (Schlesien) – 18. Oktober 1944 Auschwitz. Gilt als einer der eigenwilligsten Schüler von Arnold Schönberg. Nach dem Studium der Formenlehre und Instrumentation 1920/21 Assistent von Alexander Zemlinsky am Neuen Deutschen Theater in Prag. Nach verschiedenen Tätigkeiten in Aussig, Zürich und Stuttgart floh Ullman 1933 als Jude, Anthroposoph und »entarteter Künstler« nach Prag. Hier komponierte er 1934/35 u.a. die Oper »Der Sturz des Antichrist«. Nach 1938 erfolgte seine Internierung in Theresienstadt, wo Ullmann hinter der lügnerischen Fassade des »Vorzeigelagers« weiterkomponieren durfte. Seine bekannteste Komposition aus Theresienstadt war »Der Kaiser von Atlantis« mit dem Untertitel »Die Tod-Verweigerung« oder »Der Tod dankt ab«, die 1987 in Amsterdam uraufgeführt wurde. Sein vermutlich letztes Werk, die 7. Klaviersonate, trägt das Datum 22. August 1944 und den Vermerk »Das Recht der Aufführung bleibt dem Komponisten bei Lebzeiten vorbehalten«. Am 16. Oktober 1944 befand sich Ullmann zusammen mit seiner Frau Elly im Transport von Theresienstadt nach Auschwitz. Zwei Tage später wurden beide in der Gaskammer ermordet.
(RED)

Ulpan (Plural Ulpanim, hebräisch »Haus des Lernens«), seit 1949 vom israelischen Unterrichtsministerium und der →Jewish Agency geförderte Schulart, die durch Intensivkurse (Dauer: meistens fünf Monate) erwachsenen Neueinwanderern die hebräische Sprache und notwendiges praktisches Wissen für ihre Integration in die Wirtschaft und die Gesellschaft des Landes sowie Informationen über Geschichte und Traditionen Israels vermittelt. (DB/MW)

Umkehr →Teschuwa

Unabhängige Liberale Partei (UL), 1965 durch Spaltung der Liberalen Partei gegründete israelische politische Partei. Als sich eine Mehrheit der Liberalen 1965 für die Bildung eines Blocks (Wahlbündnis mit gemeinsamer Knessetfraktion) mit M. →Begins bürgerlich-nationaler →Cherut-Partei entschied, war eine Gruppe, die mehrheitlich aus der ehemals Progressiven Partei kam, dazu nicht bereit. Sie spaltete sich ab und gründete die UL, die sich 1965 bis 1977 an verschiedenen von der →Mapai geführten Regierungskoalitionen beteiligte.

Nachdem die UL bei den Knessetwahlen 1981 weniger als ein Prozent und damit kein Mandat bekam, wurde sie Teil des von der →Israelischen Arbeitspartei dominierten →Maarach-Blocks, trat jedoch 1987 wieder aus, um sich der →Bewegung der Mitte anzuschließen. Die UL erzielte in den Wahlen zur Knesset folgende Ergebnisse:

1965	3,8%	der Stimmen	5 Mandate
1969	3,2%	der Stimmen	4 Mandate
1973	3,6%	der Stimmen	4 Mandate
1977	1,2%	der Stimmen	1 Mandat
1981	0,6%	der Stimmen	0 Mandate

L M. Wolffsohn/D. Bokovoy, Israel. Geschichte, Politik, Gesellschaft, Wirtschaft, [5]1996. – M. Wolffsohn, Politik in Israel, 1983. (DB/MW)

Unabhängiger Linkssozialistischer Bund (kurz: Linker Bund), unter Führung von Jakov Riftin und anderen moskauorientierten »Stalinisten« gebildete Faktion innerhalb der zionistisch-sozialistischen →Mapam-Partei, die sich gegen den 1968 mit der →Mapai gebildeten Block des →Maarach zur Wehr setzte. (DB/MW)

Unabhängiger Orden Bne Briss →Independent Order of B'nai B'rith

Unabhängige Sozialisten, im Januar 1976 von den beiden Knesset-Abgeordneten Arieh Eliav (ehemaliger Generalsekretär der →Israelischen Arbeitspartei) und Marcia Friedman gebildete Faktion, die sich als politische Partei bezeichnete, jedoch nie über eine organisierte Anhängerschaft verfügte. 1977 rief Friedman die →Frauenpartei ins Leben, Eliav beteiligte sich an der Gründung der →Schelli. (DB/MW)

Unabhängiges Zentrum, 1975 von Eliezer Schostak, Ehud Olmert und ihren Anhängern gegründete israelische politische Partei. Diese Gruppe von »Superfalken« lehnte jeden territorialpolitischen Kompromiß in bezug auf die besetzten Gebiete ab. Sie vereinigte sich 1976 mit der →Groß-Israel-Bewegung und der →Staatsliste zur →Laam-Partei. (DB/MW)

Unabhängigkeitserklärung, die von 37 Vertretern der gewählten jüdischen Selbstverwaltungsorgane des →Jischuw und der Zionistischen Weltorganisation in Tel Aviv unterzeichnete und am 14. 5. 1948 von D. →Ben-Gurion öffentlich verlesene Erklärung, in der der in der UN-Resolution vom 29. 11. 1947 vorgesehene jüdische Staat ausgerufen wurde und den Namen »Israel« erhielt. Während des Abzugs der britischen Truppen und Mandatsbehörden übernahmen die jüdischen Selbstverwaltungsorgane zwischen März und Mai 1948 de facto die Regierungsgewalt in den für den jüdischen Staat vorgesehenen Gebieten. Drei Tage vor Ablauf des Mandats trafen sich in Tel Aviv zehn der 13 Mitglieder des vorgesehenen provisorischen Kabinetts. Das US-Außenministerium übte einen starken Druck aus, einen Waffenstillstand in den bereits stattfindenden Kämpfen des →Unabhängigkeitskriegs anzunehmen, ohne daß die arabische wie auch die jüdische Seite einen Staat ausrufen würde. Die Gruppe der provisorischen Regierung unter Führung Ben-Gurions beschloß dennoch, die Unabhängigkeit zu verkünden, da sie im Fall ihres Zögerns negative Auswirkungen auf die öffentliche Meinung der bereits um ihre Existenz kämpfenden jüdischen Bevölkerung fürchtete. Die Ausrufung des Staates Israel geschah am 14. Mai, da der Tag des Ablaufs des Mandats, der 15. Mai, auf einen Sabbat fiel. (DB/MW)

Unabhängigkeitskrieg. Vom Beginn des Abzugs der britischen Mandatstruppen (November 1947) bis Juli 1949 dauerten die Kämpfe der jüdischen Bevölkerung des →Jischuw gegen die regulären Armeen von Ägypten, Syrien, Irak, Jordanien und Libanon sowie die Arabische Befreiungsarmee, die »Heilsarmee« des Mufti von Jerusalem, die Moslembruderschaft und »freiwillige« Verbände aus Saudi-Arabien, Libyen und Jemen. Angesichts des wachsenden Drucks arabischer Angriffe ging die →Hagana bereits vor dem Ablauf des britischen Mandats von ihrer defensiven Haltung zu einer Strategie der gezielten Offensive über. Bis April 1948 war Jerusalem sowohl von den umliegenden jüdischen Siedlungen als auch vom jüdischen Kernland abgeschnitten, ebenso die jüdischen Gebiete im Negev und im Westen Galiläas. Mit der Operation Nachschon (5. 4.–15. 4. 1948) öffnete die Hagana vorübergehend den Korridor nach Jerusalem und brachte lebenswichtige Vorräte in die Stadt. Weitere Operationen der Hagana und des →Palmach nach »Plan D« im April und Mai 1948 sicherten beim Abzug der britischen Streitkräfte die in der UN-Teilungsresolution vom 29. 11. 1947 für den jüdischen Staat vorgesehenen Gebiete, vor allem um Haifa, Tiberias, Safed und im »Finger« von Galiläa. In den Wochen vor dem Ablauf des Mandats konsolidierte der Jischuw seine Kontrolle über die jüdischen Gebiete an der Mittelmeerküste zwischen Tel Aviv und Akko sowie in Galiläa, mobilisierte rund 30 000 Kämpfer, vornehmlich in der Hagana, und verstärkte ihre Schlagkraft durch Lieferungen vor allem tschechischer Waffen. Die Lage Westjerusalems blieb dagegen äußerst prekär, und jüdische Siedlungen südlich von Jerusalem gingen verloren. Am 15. 5. 1948, am Tag nach Israels Unabhängigkeitserklärung, begann die Invasion der Armeen aus den arabischen Staaten. Die syrischen, irakischen, jordanischen und libanesischen Verbände sollten vom Norden und Osten kommend bis Haifa durchstoßen, die ägyptische Armee entlang der südlichen Küste bis Tel Aviv vordringen und die Arabische Befreiungsarmee Druck auf Jerusalem ausüben. Der Vorstoß der zahlreichen Verbände an so vielen Stellen ergab eine komplizierte Folge von Kampfhandlungen bis zum ersten Waffenstillstand. Insgesamt gelang es den Armeen der arabischen Staaten nicht, ihre große Überlegenheit an Soldaten und Waffen zur Geltung zu bringen, weil es (mit Ausnahme von Jordaniens Arabischer Legion) an erfahrener und qualifizierter Führung mangelte und weil die arabischen Regierungen einander mißtrauten. Der strategische Plan wurde nie durchgeführt. Besonders König Abdallah von Jordanien suchte soviel Territorium wie nur möglich im Gebiet um Jerusalem unter seine Kontrolle zu bringen. Die schwersten Kämpfe fanden südlich von Tel Aviv und um Jerusalem statt. Am 28. Mai mußten die Verteidiger des abgeschnittenen jüdischen Viertels in der Altstadt von Jerusalem kapitulieren. Die einzige Straßenverbindung zwischen dem jüdischen Westjerusalem und der Küste wurde immer wieder abgeschnitten, bis die Hagana eine Umgehungsstraße nur wenige Tage vor dem UN-Waffenstillstand am 11. 6. 1948 eröffnen konnte. Der erste Waffenstillstand dauerte nur 28 Tage, erlaubte aber beiden Seiten, sich zu erholen und neue Vorräte herbeizuschaffen. Die ägyptische Armee eröffnete die nächste Phase des Kriegs am 8. Juli mit einem Angriff im Süden, der die Lage der abgeschnittenen jüdischen Siedlungen im Negev verschlechterte. In den zehn Tagen bis zum zweiten UN-Waffenstillstand ging Israel dennoch zur Offensive über. Vor allem wurden die in der UN-Resolution dem arabischen Staat zugeschlagenen Städte Lod (Flughafen) und Ramle sowie weitere Gebiete im Norden Galiläas eingenommen und der Korridor nach Jerusalem erweitert. Wiederholte, verlustreiche Angriffe konnten die Arabische Legion aus der strategisch wichtigen Stellung von Latrun jedoch nicht vertreiben. Bis zum Beginn des zweiten Waffenstillstands am 18. 7. 1947 war nur eine dünne Verbindung zu den Siedlungen im Negev eröffnet. Nach dem zweiten Waffenstillstand kam es trotzdem zu schweren Kämpfen in Galiläa und im Süden. Da er keiner Regierung eines UN-Mitgliedstaates angehörte, fühlte sich der Führer der Arabischen Befreiungsarmee im Norden Galiläas auch nicht an den UN-Waffenstillstand gebunden. In der Operation »Hiram« trieb die israelische Armee im Oktober 1948 die arabischen Verbände bis über die libanesische Grenze zurück. Verlustreiche, bis Januar 1949 dauernde Operationen (vor allem »Joav« 15.–22. 10. 1948 und »Horev« 22. 12. 1948–8. 1. 1949) sicherten schließlich den Negev für Israel. Vom 24. 2. (Ägypten) bis 20. 7. 1949 (Syrien) wurden Waffenstillstandsabkommen mit allen kriegführenden arabischen Staaten unterzeichnet. Israel hatte seine Unabhängigkeit gegen eine arabische Übermacht erfolgreich verteidigt und sein Territorium über die in der UN-Teilungsresolution von 1947 vorgesehenen Grenzen hinaus erheblich erweitert, aber mit 6000 Toten nahezu ein Prozent der Bevölkerung des Landes zum Zeitpunkt der Unabhängigkeitserklärung verloren.

L C. Herzog, Kriege um Israel, 1984. – Israel Army Research Branch, History of the War of Independence, 1975. – N. Lorch, Israel's War of Independence, 1961. – N. Safran, From War to War. The Arab-Israeli Confrontation 1948–1967, 1969. – F. Schreiber/M. Wolffsohn, Nahost. Geschichte und Struktur des Konflikts, ^{3}1992. (DB/MW)

Unabhängigkeitstag →Jom Haazmaut

Ungarn. Archäologische Funde bestätigen jüdische Präsenz auf dem Gebiet des heutigen Ungarn bereits in der Römerzeit (3. Jahrhundert); erstes schriftliches Dokument über das Zusammenleben von Juden und Ungarn aus dem 10. Jahrhundert. Die ältesten jüdischen Gemeinden in Esztergom (Gran; 11. Jahrhundert), Buda (12. Jahrhundert), Pozsony (Preßburg, Bratislava; 13. Jahrhundert), Sopron (14. Jahrhundert), Székesfehérvár (Stuhlweißenburg; 14. Jahrhundert), später Kismarton (Eisenstadt; 15. Jahrhundert), Obuda (15. Jahrhundert) und Pest (16. Jahrhundert). Im 15. Jahrhundert lebten etwa 20 000 Juden in Ungarn, 1735/36 (nach der türkischen Okkupation) 12 000. 1781, mit dem Erlaß von Kaiser Joseph II., erste Schritte in Richtung auf die Gleichberechtigung: Erleichterungen bei der Ausübung verschiedener Berufe; Schulrecht; fast unbegrenztes Niederlassungsrecht; seit 1825 Kampf der ungarischen Liberalen (József Eötvös, Lajos Kossuth) für die Emanzipation. 1840 erhielten die Juden fast alle Rechte der Nichtadligen. 1849 verabschiedete die revolutionäre Regierung ein Emanzipationsgesetz, das allerdings wegen der Niederschlagung der Revolution nicht mehr in Kraft treten konnte. 1867 Emanzipationsgesetz; 1895 gesetzliche Anerkennung des Judentums als gleichberechtigter Religion neben den christlichen Konfessionen. Die Zeit zwischen der Emanzipation und dem Ersten Weltkrieg war das »Goldene Zeitalter« des ungarischen Judentums. Der vom liberalen Adel getragene und an einer Modernisierung des Landes interessierte Staat ermöglichte den sozialen Aufstieg der Juden, die sich ihrerseits rasch assimilierten. Seit 1871 gab es sowohl einen orthodoxen als auch einen liberalen Landesverband (Reformjudentum), dem die Mehrheit der ungarischen Juden angehörte. Der Antisemitismus blieb – nach einem kurzen, heftigen Aufflammen anläßlich der Ritualmordbeschuldigung in →Tiszaeszlár 1882 – in dieser Zeit politisch wirkungslos. Es war die Blütezeit der jüdischen Gelehrsamkeit in Ungarn: Nach der Gründung des →Budapester Landesrabbinerseminars (1877) unterrichteten dort Persönlichkeiten wie V. →Bacher, M. →Bloch, D. →Kaufmann, I. →Goldziher. Es entwickelte sich die reiche, urbane Kultur →Budapests, wo namhafte Persönlichkeiten aus Literatur, Psychologie (S. →Ferenczi), Philosophie (G. →Lukács), Soziologie, Kunst und Politik ihre Laufbahn begannen. Etwa eine Mill. Juden gab es um 1910 in Ungarn, die meisten von ihnen im Handel und in freien Berufen (als Ärzte und Rechtsanwälte) tätig. Nach dem Ersten Weltkrieg, dem Zerfall der Monarchie und den Revolutionen von 1918/19 entstand ein antiliberales, autoritär-konservatives System unter der Führung des Reichsverwesers Admiral Miklós Horthy. Der politische Antisemitismus wurde offizielle Ideologie, »Judengesetze« schränkten die Juden in Berufswahl und -ausübung ein. Dem Gesetz von 1941 kam ähnliche Bedeutung zu wie den Nürnberger →Rassegesetzen. Im selben Jahr wurden etwa 20 000 der ungefähr 410 000 ungarischen Juden in die Ukraine deportiert. Am 19. 3. 1944 besetzte die deutsche Wehrmacht Ungarn, das Eichmann-Kommando wurde tätig. Zwischen April und Juli 1944 wurden die Juden aus der Provinz vor allem nach →Auschwitz deportiert. Am 7. 7. 1944 stoppte Horthy die Deportationen; die systematische Vernichtung der Juden von Budapest wurde nicht mehr durchgeführt. Am 15. 10. 1944 ergriffen die »Pfeilkreuzler« die Macht. Es folgten Ghettoisierung und Pogrome in Budapest. Der Einsatz ausländischer Diplomaten wie des Schweden R. →Wallenberg u. a. rettete vielen Juden das Leben. Nach dem Zweiten Weltkrieg lebten nur noch etwa 140 000 Juden in Ungarn; viele von ihnen wanderten 1945–49 und 1956 aus. Unter der kommunistischen Regierung wurde die Tätigkeit jüdischer Organisationen begrenzt, das Judentum nur als Konfession anerkannt. 1952 wurden zahlreiche Funktionäre der jüdischen Gemeinde verhaftet unter der Anschuldigung, sie hätten einen Zionistenkongreß vorbereitet. Ende der 80er Jahre kam es zu einem schnellen Wiederaufleben der jüdischen Institutionen (Kulturverein, Schulen). 1997 lebten in Ungarn zwischen 60 000 und 80 000 Juden, zu ca. 80 Prozent in →Budapest, kleine Gemeinden außerhalb u. a. in Debrecen und Szeged.

🄻 S. Stern, Die politischen und kulturellen Kämpfe der Juden in Ungarn vom Jahre 1848–1871, Wien 1932. – Institute of Jewish Affairs (Hrsg.), Eichmann in Hungary, New York 1961. (AK)

United HIAS Service (Hebrew Sheltering and Immigrant Aid Service; UHS), 1909 als Vereinigung der 1889 gegründeten Hebrew Sheltering Society (HSS) und der 1902 gegründeten Hebrew Immigrant Aid Society in New York als Selbsthilfeorganisation der ostjüdischen Immigranten gegründet; eröffnete nach dem Ersten Weltkrieg Auslandsbüros in Osteuropa, Frankreich und der Türkei, suchte später sichere Zufluchtsorte für jüdische Flüchtlinge aus Deutschland; 1933–39 half der United HIAS Service Tausenden Juden bei der Einwanderung nach Palästina. Während des Zweiten Weltkriegs versuchte der UHS Zufluchtsorte in Lateinamerika zu finden. Nach dem Krieg zusammen mit dem →American Joint Distribution Committee in den DP-Lagern tätig; 1954 Zusammenschluß mit dem United Service for New Americans des Joint; half jüdischen Flüchtlingen aus Ungarn 1956, aus Kuba in den 60er Jahren, aus der UdSSR in den 70er und 80er Jahren.

🄻 M. Wischnitzer, Visas to Freedom. The History of HIAS, Cleveland 1956. (CL)

United Synagogue, bedeutende anglojüdische synagogale Körperschaft, 1870 hervorgegangen aus fünf aschkenasischen Londoner Synagogen, die alle im 18. Jahrhundert gegründet worden waren. Sie umfaßte 1990 etwa 70 Synagogen und stellt für mehr als 40 000 Familien (etwa 100 000 Personen) religiöse Einrichtungen zur Verfügung. Die United Synagogue ist auch an einer breiten Palette von Bildungs- und Wohltätigkeitseinrichtungen sowie Hilfsdiensten beteiligt, geleitet von einem gewählten Laienrat. Die United Synagogue finanziert den Gerichtshof sowie das Amt des Oberrabbiners, das, ebenfalls 1870 eingerichtet, anfänglich »Chief Rabbi of the British Empire« hieß (seit 1953: »... of the United Hebrew Congregation of the British Commonwealth of Nations«).

L A. Newman, The United Synagogue 1870–1970, London 1977. (LK)

Universitäten in Israel. Das Land Israel hat sieben Hochschulen und Universitäten: 1. das 1912 gegründete Technion, die Technische Hochschule in Haifa, mit 10 400 Studenten (diese und die folgenden Zahlen für 1996); 2. in Jerusalem die 1918 gegründete und 1925 eröffnete Hebräische Universität auf dem Berg Skopus und in Westjerusalem mit 20 300 Studenten; 3. die 1953 gegründete und nach 1956 ausgebaute Universität Tel Aviv mit 26 100 Studenten; 4. die 1953 gegründete und 1955 eröffnete religiöse Bar-Ilan-Universität im Tel Aviver Vorort Ramat Gan mit 19 100 Studenten; 5. die 1963 eröffnete Universität Haifa mit 12 800 Studenten; 6. die 1965 gegründete und 1973 umbenannte Ben-Gurion-Universität in Beer Sheva mit 12 300 Studenten; 7. das 1934 eröffnete Weizmann-Institut in Rehovot, ein naturwissenschaftliches Forschungsinstitut mit 760 graduierten Studenten. Israels Universitäten werden größtenteils von der öffentlichen Hand und der →Jewish Agency finanziert, aber teilweise auch über Studiengebühren, die seit 1984 stark anstiegen und 1989/90 1700 US-Dollar betrugen (auch →Israel). (DB/MW)

Unrein →Rein und Unrein

UNRRA →Harrison Report

Urbach, Ephraim Elimelech, Rabbiner, Pädagoge, 26.5.1912 Włocławek, Polen. 1930 bis 1933 Studium am Jüdisch-Theologischen Seminar in Breslau, 1933–35 Studium an der Universität Rom; 1935–38 Lehrer am Jüdisch-Theologischen Seminar in Breslau. Seit 1938 in Palästina. 1950–53 tätig im Erziehungsministerium, 1955/56 Erziehungsminister. Seit 1958 Professor für →Talmud und →Midrasch an der Hebräischen Universität in Jerusalem. 1973 israelischer Präsidentschaftskandidat. (LH)

Ury, Lesser, 17.11.1861 Birnbaum, Posen – 18.10.1931 Berlin. Ury gilt neben M. →Liebermann als einer der bedeutendsten jüdischen Maler des frühen 20. Jahrhunderts in Berlin, wo er seit 1887 lebte. Die Eindrücke der Großstadt hielt er in seinen berühmten Straßenbildern fest; aber auch für seine Bilder mit biblischen Motiven und für seine Porträts war er bekannt. (JS)

Uscha, Stadt in Untergaliläa. Mitte des 2. Jahrhunderts wurde der Sitz des Nassi und des →Sanhedrins nach Uscha verlegt. Nach der Aufhebung der judenfeindlichen Religionsedikte Hadrians durch Antoninus Pius (137–161) wurde in Uscha eine Synode einberufen, die die Tätigkeit des Sanhedrins fortsetzte und sich für die Ausbreitung und die Förderung des Studiums der Tora einsetzte. Die Periode von Uscha stellt eine der wichtigsten Stufen in der Entwicklung der →Halacha dar und einen wichtigen Schritt in der Kompilation und Modifizierung der →Mischna. In Uscha lehrten berühmte rabbinische Autoritäten wie z. B. Rabbi →Meir und Rabbi Jose ha-Gelili. (RED)

Ussischkin, Abraham Menahem Mendel, zionistischer Führer, 16.8.1863 Dubrowno, Weißrußland – 10.2.1941 Jerusalem. Studium der Ingenieurswissenschaften in Moskau. 1881–89 intensive zionistische Tätigkeit in Moskau. 1891 besuchte Ussischkin Palästina und veröffentlichte über diesen Besuch ein erfolgreiches Büchlein. Nach 1897 spielte er eine bedeutende Rolle im »Allgemeinen Zionistischen Rat«. 1903 und 1905 veranstaltete er einige Konferenzen der Zionisten, die sich dem →Uganda-Plan widersetzten. Im Heft »Unser Programm« bestand er auf der Notwendigkeit, in Erez Israel landwirtschaftliche Siedlungen zu gründen, in denen jüdische Arbeiter den Boden mit »eigenen Händen« bearbeiten sollten. Als Chef der »Zionistischen Kommission« ließ Ussischkin sich 1919 in Palästina nieder. Ihm kam eine bedeutende Rolle zu bei der Gründung des Netzes hebräischer Schulen in Palästina und der Hebräischen Universität in Jerusalem. Als Leiter des Jüdischen Nationalfonds (→Keren Kajemeth Lejisrael) befaßte er sich 1923 bis 1941 mit dem Ankauf großer Ländereien zur Entwicklung der jüdischen Landwirtschaft in Palästina. (AB)

Utitz, Emil, Philosoph, 27.5.1883 Prag – 2.11.1956 Jena. Utitz, der zum Kreis um F. →Kafka und H. →Bergmann gehörte, trat bereits als junger Mann aus dem Judentum aus. Als Professor in Halle (1925 bis 1933) und, nach der Auswanderung, in Prag (1934–39) befaßte sich Utitz im Anschluß an Franz Brentano, den Lehrer E. →Husserls, vor allem mit Charakterologie und war Herausgeber der »Jahrbücher für Charakterologie« (6 Bände, 1924–30). Unter dem Eindruck der nationalsozialistischen Judenverfolgung näherte sich Utitz wieder dem Judentum an. 1942–45 war er im KZ Theresienstadt interniert. Nach der Befreiung bekannte er sich in der DDR zum orthodoxen Marxismus; mit dieser Tendenz verarbeitete er seine Jugenderinnerungen in dem Buch »Egon Erwin Kisch. Der klassische Journalist« (1956). (DK)

Utkin, Josef Pawlowitsch, russisch-jüdischer Schriftsteller, 1903 Mandschurei – 15. 12. 1944 (Flugzeugabsturz). Kämpfte gegen die Weißgardisten. Seine (z. T. vertonten) Gedichte erlangten im Volk und im Heer große Popularität. Nach 1920 wurde er gezwungen, seine Themen, die wegen ihrer Individualität und Sentimentalität gefährlich erschienen, zu ändern und über Themen wie die Industrialisierung und die Kollektivierung der Landwirtschaft zu schreiben. Nach einigen Jahren gab er seinen Widerstand auf, wurde aber niemals als stalinistischer Dichter akzeptiert. Er nahm im Zweiten Weltkrieg an den Kämpfen teil und schrieb zahlreiche Gedichte in einem Armeehospital. Hauptwerke: »Geschichte von dem rotköpfigen Motele« (1925), »Kriegsgedichte« (1933), »Schöne Jugend« (1933), »Ich sah« (1943). (LH)

V

Vajda, George, Judaist und Orientalist, 18. 11. 1908 Budapest – 7. 10. 1981 Paris. Vajda war Schüler des Orientalisten I. →Goldziher am Budapester Landesrabbinerseminar. 1927 ging er nach Paris und begann hier seine Laufbahn als führender Judaist Frankreichs. Sein Interesse galt vor allem der arabophonen jüdischen Philosophie des Mittelalters, deren wichtigste Vertreter er in vorbildlichen Monographien behandelt hat. Seine Geschichte der jüdischen Philosophie des Mittelalters (»Introduction à la pensée juive du Moyen Age«, 1947) ist noch stark von J. →Guttmann geprägt. Unter dem Einfluß von G. →Scholem wandte sich Vajda in den 60er Jahren den wenig erforschten Synthesen von jüdischer Philosophie und →Kabbala zu. Die judaistische Forschung hat er in kritischen Bibliographien zusammengefaßt.
L Mélanges George Vajda, 1982. (DK)

Valetti, Rosa (ursprünglich Rosa Vallentin), Kabarettistin und Chansonnette, 17. 3. 1878 Berlin – 10. 12. 1937 Wien, seit 1919 im Ensemble von M. →Reinhardts sozialkritischen Kabarett »Schall und Rauch«. Populäre Berliner Kabarettistin. Besitzerin verschiedener Kleinkunstbühnen. Theater- und Filmengagements, Kabarettprojekte mit ihrem Bruder Hermann Vallentin und den Chansonniers Kate Kühl und Ernst Busch. Auftritte u. a. in Kurt Robitscheks »Kabarett der Komiker«. Größte schauspielerische Intensität zeigte Valetti vor allem in ihren Porträts grotesker Charakterrollen. 1933 Emigration nach Wien. 1933 bis 35 Schauspielerin am Theater in der Josefstadt. 1936 Gastspielreise nach Palästina, Soloabende mit hebräischen Liedern. (MBR)

Valréas, Ort in der Dauphiné, in dem es an Ostern 1247 zu einer Ritualmordanklage kam, deren Prozeßprotokolle noch vorhanden sind. Nach dem Fund der Leiche eines zweijährigen Mädchens, das offenbar im Burggraben ertrunken war, erpreßten zwei Franziskaner von drei Juden nach zehntägiger Folter Geständnisse. Dabei wurde das schon in →Fulda bezeugte Blutritual mit der →Weltverschwörungslegende verknüpft, laut der alle Juden durch Kommunikation mit dem Blut eines christlichen Opfers Entsühnung suchten. Die Juden von Valréas wurden in einem Prozeß zum Tod verurteilt und verbrannt, ihre Kinder zwangsgetauft, weitere Juden aus der Umgebung verhaftet. Auf einen Hilferuf der Judenschaft hin erklärte Papst →Innozenz IV. Geständnis und Urteil für ungültig und die Klage zum Vorwand, die Juden berauben zu können, verfügte die Freilassung aller noch Gefangenen, hob die Zwangstaufen auf und verbot alle weiteren Verfolgungen. Wenige Monate später verfügte er in einer →Sicut-Iudaeis-Bulle und in besonderem Schreiben an den deutschen Episkopat und den Erzbischof von Vienne, daß die Juden nicht wegen Ritualmords belangt werden dürften. (FL)

Van Dyck, Richard, Journalist, 26. 6. 1889 Bremen – 3. 10. 1966 Mamaroneck, New York, USA. Offizier im Ersten Weltkrieg; seit 1923 Redakteur beim »Acht-Uhr-Abendblatt« in Berlin. 1933 Emigration nach Frankreich, 1941 Portugal, 1942 in die USA. Mitherausgeber der Pariser Tageszeitung. Bis zum Beginn des Zweiten Weltkriegs französischer Soldat, bis 1944 Krankenwärter in New York, bis 1959 Mitarbeiter an der »New Yorker Staatszeitung« und Stellvertretender Chefredakteur des →Aufbau in New York. Mitarbeit am »Lexikon des Judentums« (1967). Hauptwerke: »Marokko, Land ohne Zeit« (1932), »The Jewish Influence on Journalism« (1950). (LH)

Varga, Lucie (eigentlich Rosa Stern), Historikerin, 21.6.1904 Baden bei Wien – 26.4.1941 Toulouse. Sie änderte als junge Frau ihren Vornamen in Lucie und heiratete den Arzt Josef Varga. Nach dem Studium von Geschichte und Kunstgeschichte in Wien wurde sie 1931 mit einer Untersuchung über die Entstehung des Schlagworts vom »finsteren Mittelalter« promoviert. 1933 Eheschließung mit Franz Borkenau und Umzug nach Paris. Dort enge Zusammenarbeit mit Lucien Febvre und der Zeitschrift »Annales d'histoire économique et sociale«, in der 1937 ein grundlegender Aufsatz Vargas über die Genese des Nationalsozialismus erschien, der »zum ersten Mal die symbolische und emotionale Dimension der NS-Bewegung erschließt« (P. Schöttler). Ihre Studie »Hexenglauben in einem ladinischen Tal« (1939) nahm mentalitätsgeschichtliche Ansätze vorweg, da Hexerei darin nicht als Wahn oder Aberglaube verstanden wird, sondern als kulturelle Praxis. 1940 floh Varga aus Paris, wo sie zuletzt bei einer Presseagentur gearbeitet hatte, und versuchte in der Nähe von Toulouse als Sprachlehrerin und mit landwirtschaftlicher Arbeit zu überleben. Ein Buchmanuskript über die Religion der Katharer, an dem sie seit 1934 schrieb, ist verlorengegangen. Aus ihrem Nachlaß erschien 1991 der Band »Zeitenwende«.

[L] P. Schöttler, Lucie Varga. Eine österreichische Historikerin im Umkreis der »Annales« (1904–1941), in: Lucie Varga, Zeitenwende, Historiographische Studien aus der Annales-Schule, 1991. (BH)

Rahel Varnhagen von Ense

Varnhagen von Ense, Rahel geborene Levin, 26.5.1771 Berlin – 7.3.1833 Berlin. Als Frau und Jüdin doppelt benachteiligt, empfand sich Rahel Levin als eine »Falschgeborene« und konvertierte kurz vor ihrer Heirat 1814 zum Protestantismus. Gleichwohl blieb sie zeitlebens bewußte Jüdin und Paria und zog aus diesem Schicksal die Energie für ihre Existenz wie nach ihr nur noch H. →Heine, der wie viele andere Größen des geistigen und politischen Lebens – unter ihnen Alexander und Wilhelm von Humboldt, Friedrich Schlegel, Jean Paul, Clemens Brentano, Friedrich Schleiermacher, L. →Börne und Karl Gutzkow – in ihrem Salon verkehrte. Varnhagen von Ense, die in ihren Briefen für die Frauen- und Judenrechte eintrat und ein emanzipatives Erziehungsprogramm formulierte, schrieb keine »Literatur« im Sinne der konventionellen Gattungspoetik; ihr umfangreiches Corpus epistolarum, das sie nebst Tagebüchern hinterließ, läßt allerdings nicht nur tiefe Einblikke in die Lebens- und Gedankenwelt der Romantiker zu, sondern darf in seiner Exzentrik auch poetischen Rang beanspruchen.

[L] H. Arndt, Rahel Varnhagen von Ense, 1959. – B. Badt-Strauss, Rahel Varnhagen von Ense und ihre Zeit, 1912. – M. Susman, Frauen in der Romantik, 1929. (HMK)

Vatikanisches Konzil, Zweites →Kirche und Judentum

Veit, Moritz, Schriftsteller und Politiker, 12.9.1808 Berlin – 5.2.1864 Berlin. Veit stammte aus einer aus Wien eingewanderten, traditionsreichen jüdischen Familie. Nach dem Studium der Fächer Philosophie, Geschichte und Philologie (1825–32) Dissertation über das Thema »Saint Simon und der Saint Simonismus. Allgemeiner Völkerbund und Ewiger Friede«. Danach vorübergehende Aufenthalte in Dresden, Weimar und Heidelberg. Veit wurde bekannt als Verfasser verschiedener historischer, ästhetischer und philosophischer Schriften und als kämpferischer Journalist, der öffentlich und polemisch die antijüdischen Gesetzesmaßnahmen verurteilte. 1830/31 war Veit Herausgeber des »Berliner Musenalmanachs«. 1934 gründete er zusammen mit Josef Levy eine Verlagsbuchhandlung. 1839–48 war Veit Vorsteher der jüdischen Gemeinde und wirkte sowohl in der Nationalversammlung als auch im Preußischen Abgeordnetenhaus. (RED)

Veitel Heine Ephraimsche Lehranstalt, errichtet 1783 von dem Hofjuwelier Friedrichs II., Veitel-Heine →Ephraim, in Berlin. Zweck der Anstalt war das Studium des →Talmuds im Geiste der jüdischen Tradition. Es wirkten dort als Lehrer Lazarus Hurwitz und Philipp Biberfeld, später T. Haarbrücker und F. Lebrecht. Seit 1856 diente die reorganisierte Anstalt dazu, die rabbinische Literatur wissenschaftlich zu erforschen und zu lehren. 1859/60 konnten L. →Zunz und M. →Steinschneider gewonnen werden. Seit 1908 lehrte Eugen Mittwoch und seit 1915 Gotthold Weil an der Lehranstalt. (JS)

Venedig. Mit der Einrichtung des »Geto nuovo« 1516, des ersten jüdischen →Ghettos in Italien, wurde deutschen und italienischen Juden die Niederlassung erlaubt. 1541 wurde jüdischen Kaufleuten aus der Levante vom venezianischen Senat das »Geto vecchio« als Wohnort zugewiesen; 1603 wurde das »Geto nuovissimo«, vor allem für aschkenasische Juden, eingerichtet. Im 16. und 17. Jahrhundert ein wichtiges geistiges und kulturelles Zentrum für das italienische Judentum, entwickelte sich Venedig zu einer Hauptstätte der Herstellung jüdischer Zeremonialgeräte und des hebräischen Buchdrucks. In den prächtigen Synagogen predigten so berühmte Rabbiner wie L. da →Modena. Im Verlauf des 18. Jahrhunderts vollzog sich der wirtschaftliche Niedergang der Gemeinde, die Zahl der jüdischen Einwohner ging von 4800 Mitte des 17. Jahrhunderts auf 1500 zurück. Als Venedig Teil des napoleonischen Königreichs Italien 1805–14 war, erhielten die Juden gleiche Rechte, die unter österreichischer Herrschaft bis zur Eingliederung in das Königreich Italien 1866 z. T. wieder eingeschränkt waren. 1913 lebten 1814 Juden in Venedig. Von November 1943 bis August 1944 wurden 205 Juden aus Venedig in KZs deportiert, unter ihnen auch der Oberrabbiner und Historiker Adolfo Ottolenghi; die Gemeinde von Venedig und Mestre umfaßte 1991 rund 630 Mitglieder.

L R. Calimani, Die Kaufleute von Venedig. Die Geschichte der Juden in der Löwenrepublik, 1988. (JÖD)

Verband Bayerischer Israelitischer Gemeinden (VBIG), auf Initiative von A. →Neumeyer, der bis zur Auflösung des VBIG Vorsitzender blieb, am 20. 4. 1920 in Nürnberg als Dachverband der jüdischen Gemeinden in Bayern gegründet; bis 1926 waren alle Gemeinden bis auf Hainsfarth (Schwaben) und Kulmbach (Oberfranken) beigetreten. Die Hauptaufgabe des VBIG bestand im Aus- und Aufbau von Hilfs- und Bildungsorganisationen auf Landesebene (u. a. Alters- und Erholungsheime, Lehrerseminare, Waisenhäuser), der finanziellen und organisatorischen Unterstützung besonders von armen Gemeinden und der Regelung der Personalangelegenheiten von jüdischen Gemeindeangestellten; daneben vertrat der VBIG offiziell die Interessen der Judenschaft gegenüber dem bayerischen Staat. Im Gegensatz zum →Preußischen Landesverband jüdischer Gemeinden hatte der VBIG im Rahmen der staatlichen Steuergesetzgebung das Recht, eigene Steuern in den jüdischen Gemeinden zu erheben, weshalb er seine Aufgaben auch während der Weltwirtschaftskrise und unter der NS-Herrschaft weitgehend erfüllen konnte. Nachdem der VBIG im März 1938 wie alle jüdischen Organisationen zu einem »privaten Verein« deklariert worden war, war ihm die finanzielle Basis entzogen. Bis zu seinem zwangsweisen Aufgehen in der →Reichsvereinigung der Juden in Deutschland 1939 bestand er nur noch formal weiter. 1945 wurde er als »Landesverband der Israelitischen Kultusgemeinden in Bayern« neugegründet. (BV)

Verband der Ostjuden in Deutschland, der Zionistischen Vereinigung für Deutschland nahestehende, 1919 in Berlin gegründete Fürsorgeeinrichtung mit dem Ziel, den ostjüdischen Flüchtlingen und Einwanderern zu helfen. Der Verband vertrat die religiösen, rechtlichen, sozialen und kulturellen Interessen der Ostjuden in Deutschland und setzte sich für die Gleichstellung in den jüdischen Gemeinden ein. Er gab 1921/22 das Wochenblatt »Der Misrach-Jud« (Jiddisch) heraus und seit 1929 die »Jüdische Welt«. Ende der 20er Jahre bestanden etwa 70 Ortsgruppen. (LH)

Verband nationaldeutscher Juden, gegründet 1921 auf Initiative von M. →Naumann, bezweckte »den Zusammenschluß aller derjenigen Deutschen jüdischen Stammes, die bei offenem Bekennen ihrer Abstammung sich mit deutschem Wesen und deutscher Kultur so unauflöslich verwachsen fühlen, daß sie nicht anders als deutsch empfinden und denken können«. Aufgenommen wurden Männer und Frauen deutscher Staatsangehörigkeit und jüdischer Abstammung, die nicht aus dem Judentum ausgetreten waren. Der Verband nationaldeutscher Juden, der den →Zionismus bekämpfte, verstand sich als überparteilich, forderte jedoch, daß für die parteipolitische Orientierung nicht jüdische Gesichtspunkte maßgebend sein sollten, sondern nur deutsche. Der Verband nationaldeutscher Juden gab die Monatsschrift »Der Nationaldeutsche Jude« (1921–35) heraus und hatte das »Schwarze Fähnlein« als Jugendorganisation. Der Verband nationaldeutscher Juden wurde 1935 von der NS-Regierung wegen »staatsfeindlicher Aktivitäten« aufgelöst.

🄻 C. J. Rheins, The Verband nationaldeutscher Juden. 1921–1933, in: Year Book Leo Baeck Institute 12, 1980. (JS)

Verband russischer Juden in Deutschland, 1920 durch I. S. Soloveitschik gegründete unpolitische Organisation russisch-jüdischer Flüchtlinge. Vom zionistischen →Verband der Ostjuden in Deutschland unterschied er sich durch ein Selbsthilfeprogramm, das Rechtshilfe, medizinische Betreuung, Unterstützung zum Lebensunterhalt, Darlehensbeschaffung, Berufs- und Weiterbildungsangebote, Kinderfürsorge, Gründung von Vereinsheimen und Unterstützung bei der Weiterwanderung umfaßte. 1927 wurde der Verband als Mitglied des beratenden Komitees für Flüchtlinge beim Völkerbund aufgenommen. Vorsitzender 1921–33 war Jakob L. Teitel. Der Verband bestand bis 1935.

🄻 T. Maurer, Ostjuden in Deutschland 1918–1933, 1986. (LH)

Verbote →Mizwa

Verein für Cultur und Wissenschaft der Juden (»Kulturverein«), am 7. 9. 1819 unter dem Eindruck der →Hep-Hep-Krawalle in Berlin gegründet, wollte durch wissenschaftliche und praktische Arbeit eine sichere Grundlage für die innere und äußere Reform des Judentums schaffen. In einem »Institut für die Wissenschaft des Judentums« hielten die Vereinsmitglieder Vorträge. Eine eigene Zeitschrift sollte der Verbreitung der Ideen des Vereins für Cultur und Wissenschaft der Juden und der wissenschaftlichen Leistungen seiner Mitglieder dienen. Dem Verein für Cultur und Wissenschaft der Juden gehörten u. a. E. →Gans, der Kaufmann Moses Moser, L. →Zunz, zeitweise auch H. →Heine an. Der Verein für Cultur und Wissenschaft der Juden, der bis 1824 existierte, brachte es inner- und außerhalb Berlins nur auf ungefähr 50 Mitglieder. (JS)

Verein für die jüdischen Interessen des Rheinlandes, gegründet 1902 von Benedikt Wolf in Köln. Vereinszweck: Erhaltung und Mehrung des Judentums. Enge Verbindung mit der orthodoxen Austrittsgemeinde Adass-Jeschurun (Köln) und der von Rabbiner Joseph Wolf gegründeten →Talmud-Tora-Schule. Die Aufgabe des Vereins bestand darin, das religiöse Leben auch in kleineren jüdischen Gemeinden der Rheinprovinz aufrechtzuerhalten, die über keinen eigenen Rabbiner verfügten. Da es keine landesbehördliche Regelung des Rabbinats gab, unterlagen die Gemeinden keinem staatlichen Zwang zur Anstellung eines Rabbiners und unterließen dies häufig aus liberaler Überzeugung oder aus finanziellen Gründen. Bis 1936 traten dem Verein für die jüdischen Interessen des Rheinlandes 52 Gemeinden bei. Zudem bemühte sich der Verein für die jüdischen Interessen des Rheinlandes um die Sicherstellung des Religionsunterrichts und der Besoldung der Rabbiner durch Interventionen bei der preußischen Regierung. (RD)

Vereinigte Religiöse Front, bei den Wahlen zur ersten Knesset 1949 von den religiösen Parteien →Agudat Israel, →Misrachi und →Hapoel Hamisrachi gebildete gemeinsame Wahlliste, die 12,2 Prozent der Stimmen und 14 Mandate erhielt. (DB/MW)

Vereinigte Staaten von Amerika. Über 40 Prozent aller Juden in der Welt sind US-amerikanische Staatsbürger. Erste jüdische Siedler 1654 in Neu-Amsterdam angekommen, weitere Verbreitung jüdischer Siedlungen unter englischer Herrschaft. Die meisten Juden dieser Periode waren Ladenbesitzer, Händler und dgl. Die Kehillot (Gemeinden) waren freiwillige Zusammenschlüsse und sorgten für die geistigen Bedürfnisse ihrer Mitglieder, die noch sehr an ihrer Religion hingen. Die große Mehrheit der 1500–2500 amerikanischen Juden war bis zur Unabhängigkeit (1776) sephardischen (spanisch-portugiesischen) Ursprungs. Anfang des 19. Jahrhunderts erster deutlicher Zugang der Juden in die freien Berufe und die Finanzwelt. Bis 1830 wanderten vorwiegend Sephardim ein, von 1830–80 deutsch-jüdische Immigranten. Die Zahl der jüdischen Einwohner stieg von 15 000 im Jahre 1826 auf rund 230 000 1878, von denen damals wie heute etwa die Hälfte im Nordosten der USA, vor allem in →New York City, lebten. Viele Immigranten fingen als Hausierer an; danach wurden sie Kleinkrämer und Großkaufleute. Das jüdische Kulturleben zeigte eine starke deutsch-jüdische Prägung; viele deutsche Juden hielten ihre Verbindungen zur deutschen Sprache und Kultur durch deutsche Klubs, Theater und Zeitungen aufrecht. Die Liberalisierung des Gottesdienstes kündigte die Durchsetzung des →Reformjudentums an. Entstehung jüdischer Selbsthilfeorganisationen. Während des Bürgerkriegs Teilnahme vieler Juden als Soldaten auf beiden Seiten. Judah P. Benjamin war zunächst Justiz- und später Außenminister in der Regierung der Südstaaten; »Judas Ischariot« genannt, wurde er Zielscheibe antisemitischer Anschuldigungen, den Krieg für den Süden verloren zu haben. Starke Entwicklung und Ausdehnung der jüdischen Gemeinden nach dem Bürgerkrieg. Die Zeit der jüdischen Industriellen und Finanziers brach an. Aufstieg der Kaufhäuser, größtenteils unter der Führung jüdischer Familien wie Filene, Straus (Macy's), Gimbel, Kaufmann, Goldsmith, Neiman, Marcus, Rosenwald (Sears and Roebuck). Ein deutscher jüdischer Immigrant, Levi Strauss (1829–1902), entwarf eine neue Art von Hosen für Bergarbeiter, »Levi's« oder »Blue Jeans« genannt. Die große Immigration zwischen 1881 und 1923 veränderte das jüdische Leben in Amerika; getrieben von Pogromen, Arbeitslosigkeit und antijüdischen Maßnahmen sowie von der Hoffnung auf ein besseres und freieres Leben in Amerika, strömten Mill. Ostjuden in »di goldene medineh«, in den goldenen Staat; insgesamt nahmen die USA in diesem Zeitraum etwa 1,8 Mill. jüdische Emigranten, die zu 90 Prozent aus Osteuropa stammten, auf. Die Zahl der US-amerikanischen Juden nahm folglich rapide zu: Sie überschritt bereits vor der Jahrhundertwende die Millionengrenze und belief sich 1927 auf rund 4,2 Mill.; danach verflachte die Bevölkerungsentwicklung (1955: rund 5 Mill.). Den ostjüdischen Immigranten wurde von den deutschen jüdischen Organisationen geholfen; die großen Führer des amerikanischen Judentums wie L. →Marshall, F. →Warburg und J. H. →Schiff setzten sich für die Immigranten ein. Es kam aber bald Spannung auf zwischen den mittelständischen, amerikanisierten deutschen Reformjuden und ihren orthodoxen, armen, jiddischsprechenden Glaubensbrüdern. Die Welt der ostjüdischen Immigranten in den Großstädten Amerikas wie in New York City's Lower East Side war eine Welt der vor allem in der Textilindustrie beschäftigten Arbeiter, der Hausierer und ärmlichen Kleinkrämer. Sie war auch eine Welt der Orthodoxie, obwohl auch säkulare Tendenzen wie Sozialismus, Anarchismus und Zionismus viele Anhänger gewannen. Jüdische Arbeiter spielten in der Gewerkschaftsbewegung vor und während des Ersten Weltkriegs eine zentrale Rolle. Jiddisch war die Muttersprache der meisten ostjüdischen Immigranten; sie entwickelten ein lebhaftes Zeitungswesen und (seit 1883) das beliebte jiddische Theater. Der Redakteur der jiddischen Zeitung »Forverts«, A. →Cahan, und der »König« des jiddischen Theaters, Jacob Adler, schufen den jüdischen Massen ein Kulturangebot, das sowohl die Solidarität der Gemeinde stärkte als auch eine Brücke zur amerikanischen Kultur schlug. Die meisten Juden aber hingen nicht an ihrer alten Kultur. Im Gegenteil, sie wollten so schnell wie möglich »Yankees« werden. Viele jüdische Jugendliche haben ihre Talente auf der Bühne entwickelt: Bekannte Musiker und Komiker wie Jack Benny, George Burns, Eddie Cantor, George Jessel, Al Jolson u. a. arbeiteten in den Vaudeville-Theatern. Andere, besonders viele Komiker, begannen ihre Karriere im →Borscht Belt. I. →Berlin gab dem amerikanischen Publikum viele seiner beliebtesten Lieder, und G. →Gershwins Musik ging weit über die Grenzen Amerikas hinaus. Hollywood war eine Schöpfung jüdischer Immigranten, die das amerikanische Ideal feierten. Ohne den Beitrag der Juden wäre der →Broadway, wie wir ihn kennen, kaum möglich geworden. Seit 1924 war die Immigration in die USA drastisch eingeschränkt, und der Ausbruch der Wirtschaftskrise 1929 hatte eine weitgehende Abschottung der USA gegenüber jüdischen Einwanderern zur Folge. Antisemitismus war in dieser Zeit eine wachsende Gefahr, da Organisationen wie der Ku-Klux-Klan einen Höhepunkt an Popularität erreichten. Juden wurden in vielen Bereichen diskriminiert. Nach Hitlers Machtergreifung und der Verfolgung der Juden durch die Nationalsozialisten in Deutschland riefen jüdische Organisationen zum Kampf gegen den neuen politischen Antisemitismus auf und versuchten, das deutsche Judentum zu retten. Jüdische Persönlichkeiten wie die Rabbiner S. →Wise und A.H. →Silver standen dabei im Vordergrund. Zwischen 1933 und 1941 konnten rund 100 000 jüdische Flüchtlinge aus Deutschland und Österreich sowie über 30 000 aus Europa in die USA einreisen. Die Einreisebestimmungen waren jedoch weiterhin restriktiv, denn es wurden Bürgschaften von in den USA ansässigen Verwandten verlangt. Während des Zweiten Weltkriegs waren die meisten amerikanischen Juden am Krieg aktiv beteiligt. Als das Ausmaß des Massenmords am europäischen Judentum bekannt wurde, setzte sich eine breite Mehrheit der amerikanischen Juden energisch für die Gründung eines jüdischen Staates in Palästina ein. Diese Unterstützung des zionistischen Staates hält bis zum heutigen Tag an. In der Nachkriegszeit integrierten sich die amerikanischen Juden völlig in die amerikanische Kultur. Mit dem Abflauen des Antisemitismus nahmen die Mischehen zu, es entstanden Identitätsprobleme und Konflikte zwischen religiösen und nichtreligiösen Juden sowie zwischen den verschiedenen Strömungen innerhalb des Judentums. Seit den 60er Jahren führten die niedrige Geburtenrate und der Trend zur Assimilation zu einem erheblichen Anstieg des Durchschnittsalters der jüdischen Einwohner. Diese negative demographische Tendenz wurde durch die Zuwanderung von Juden aus Israel, der ehemaligen Sowjetunion, dem Iran und anderen Ländern teilweise abgeschwächt. Eine Studie im Auftrag des Council of Jewish Federations bezifferte 1990/91 die jüdische Bevölkerung auf 5,8 Mill., allerdings gehörten nur 3,5 Mill. einer Familie an, in der beide Elternteile jüdischer Herkunft waren; die Quote der interkulturellen Ehen lag bei über 50 Prozent. Niemals in der Geschichte war eine jüdische Gemeinde gleichzeitig so sicher und so besorgt um ihre Zukunft.

Ⓛ C. Baum u. a., The Jewish Woman in America, New York 1976. – M. Dobkowski, Jewish American Voluntary Organizations, Westport, Connecticut, 1986. – A. Hertzberg, The Jews in America. Four Centuries of an Uneasy Encounter, New York 1989. – M. Rischin, The Jews of North America, Detroit 1987. – J. Sarna, The American Jewish Experience, New York 1986. – A. Schoener, The American Jewish Album. 1654 to the Present, New York 1983. (CL)

Vereinigte Staaten von Amerika, Beziehungen zu Israel. Die Hilfe der USA im diplomatisch-politischen Kampf um die Gründung des jüdischen Staates war entscheidend, aber die Regierung unter Präsident Truman leistete keine Waffenhilfe im →Unabhängigkeitskrieg. So wichtig die finanzielle Unterstützung der US-amerikanischen Juden für Israel war und ist, fiel die Wirtschaftshilfe der US-Regierung in den 1950er Jahren bescheiden aus und wurde zu Beginn des →Sinai-Feldzugs gestoppt. Die Eisenhower-Regierung versuchte, Waffenlieferungen an Staaten des Nahen Ostens generell zu vermeiden, und betrachtete Israel eher als Belastung bei der Suche nach Verbündeten in der Region. Auch in den 1960er Jahren, trotz der massiven sowjetischen Aufrüstung der arabischen Staaten, wollten die USA höchstens indirekte Lieferanten sein und lenkten Israels Waffenkäufe nach Europa, auch über die Bundesrepublik Deutschland. Vor dem →Sechs-Tage-Krieg zögerte die Johnson-Regierung mit der diplomatischen wie auch der militärischen Hilfestellung. Erst nach dem Krieg wurden die USA Israels größter Waffenlieferant. Wie die UdSSR für die arabischen Staaten, so richteten die USA für Israel im →Jom-Kippur-Krieg 1973 eine Luftbrücke ein. Erst mit dieser Hilfe konnte Israel alle seine Reserven in den Kampf werfen, doch verhinderten USA und UdSSR zusammen einen »totalen« israelischen Sieg. Nach dem Krieg konnte die Nixon-Kissinger-Regierung als Vermittler auftreten. Kissingers Pendeldiplomatie erreichte Entflechtungsabkommen zwischen Israel, Ägypten und Syrien. Es fanden erste direkte Gespräche zwischen Vertretern Israels und Ägyptens statt. Seitdem sind die USA Israels engste Verbündete und wichtigste Quelle wirtschaftlicher und militärischer Hilfe. Ein formales Bündnis besteht jedoch nicht. Präsident Carter spielte eine entscheidende Rolle beim Zustandekommen der →Camp-David-Abkommen 1978. Durch die →Siedlungspolitik der →Begin-Regierung und besonders seit dem →Libanonkrieg (1982–85) entstanden deutliche Differenzen zwischen Washington und Jerusalem. Der Ausbruch der Intifada (1987) brachte eine weitere Abkühlung in der öffentlichen Meinung in den USA, auch unter den US-Juden. Dennoch: Israel wird weiterhin als Amerikas bisher einziger zuverlässiger Partner im Nahen Osten angesehen und verfügt über einen traditionell starken Rückhalt im Capitol und im Pentagon. 1991 wandten die USA allerdings erheblichen Druck an (Verschleppung der Integrationshilfe für sowjetische Juden), um Israel zur Teilnahme an einer Nahost-Friedenskonferenz zu bewegen. Während der Amtszeit der IAP-geführten Regierung unter Rabin bzw. Peres entspannten sich die Beziehungen, da der in Gang kommende Friedensprozeß den Vorstellungen der USA weitgehend entsprach. Die US-Regierung förderte die Oslo-Abkommen über die Autonomie →Palästinas und den Friedensvertrag zwischen Israel und Jordanien, konnte aber nach dem israelischen Regierungswechsel 1996 auch durch Druck keine entscheidenden Fortschritte im Friedensprozeß bewirken.

[L] E. Gilboa, American Public Opinion toward Israel and the Arab-Israeli Conflict, 1987. – C. Hacke, Amerikanische Nahost-Politik. Kontinuität und Wandel von Nixon bis Reagan, 1984. – B. Reich, The United States and Israel. The Dynamics of Influence, 1984. – R. Sack, Die USA im Nahost-Konflikt, 1988. – D. Schoenbaum, The United States and Israel, 1990. – G. Sheffer (Hrsg.), Dynamics of Dependence. U. S.-Israel Relations, 1987. – S. Spiegel, The Other Arab-Israeli Conflict. Making America's Middle East Policy, from Truman to Reagan, 1985. (DB/MW)

Vereinigung jüdischer Organisationen Deutschlands zur Wahrung der Rechte der Juden des Ostens (VIOD), auf Initiative von James Simon am 8. 1. 1918 in Berlin gegründeter erster Dachverband der deutschen Judenheit. Angeschlossen waren: →Hilfsverein der deutschen Juden, B'nai-B'rith-Logen, →Centralverein deutscher Staatsbürger jüdischen Glaubens, Verband der deutschen Juden, Frankfurter Osteuropa-Komitee, →Deutsch-Israelitischer Gemeindebund, Vereinigung für die Interessen der osteuropäischen Juden, →Komitee für den Osten, →Zionistische Vereinigung für Deutschland, Jüdisch-liberale Vereinigung. Die programmatische Hauptforderung der VIOD war die staatsbürgerliche Gleichberechtigung aller Juden. Für die Ostjuden forderte die VIOD das Recht auf freie Einwanderung und wirtschaftliche Freiheit in allen Teilen des Osmanischen Reichs, die freie Niederlassung in Palästina und die Pflege der jüdischen Kultur. Die VIOD war unter der Annahme eines deutschen Siegs im Weltkrieg gegründet worden, verstand es aber nicht, sich den veränderten politischen Umständen anzupassen und mit einer neuen Programmatik im besiegten Deutschland anzutreten. Geschäftsführer waren P. →Nathan und A. Hantke. Sekretäre: B. →Kahn und R. →Lichtheim. Ausschußvorstand: James Simon, Oskar Cassel und F. →Oppenheimer. Die VIOD löste sich nach Deutschlands Niederlage im Ersten Weltkrieg auf. (LH)

Verein zur Abwehr des Antisemitismus (Abwehrverein), von liberalen Politikern und Publizisten 1890 gegründet. Bekämpfte alle Versuche, die bürgerliche Gleichstellung der Juden in Deutschland wieder rückgängig zu machen. Seine Aktionen richteten sich, unterstützt von den links-liberalen Parteien, gegen antisemitische Vereine und Verbände. Trotz der Versuche seines Vorsitzenden, des schlesischen Industriellen und Reichstagsabgeordneten Georg Gothein (1857–1940), während der Weimarer Republik den gemeinsamen Widerstand von Juden und Christen gegen den zunehmenden Antisemitismus und Nationalsozialismus zu organisieren, wurde seine Wirkung am Ende der Weimarer Republik immer ineffektiver, obgleich die »Mitteilungen aus dem Verein zur Abwehr des Antisemitismus«, die sog. Abwehrblätter, 1930 noch eine Auflage von 25 000 Stück erreichten. Die Versuche, sich mit der NS-Herrschaft zu arrangieren – so erließ der Verein am 27. 3. 1933 eine Deklaration gegen die ausländische »Greuelpropaganda« und betonte in seinem »Abschiedswort«, daß er die Maximen des Vereins durch die neue Führung gewährleistet sehe – bildeten das Ende des Vereins unter seinem Vorsitzenden, dem Zentrumsabgeordneten Heinrich Krone, im Juli 1933, das in groteskem Kontrast zu seiner 43jährigen Geschichte steht.

[L] B. Suchy, The Verein zur Abwehr des Antisemitismus, in: Leo Baeck Institute Year Book 28, 1983, und 30, 1985. (AH)

Verein zur Beförderung von Handwerkern unter den Juden. Unter dem Einfluß der von C. W. von →Dohm geforderten wirtschaftlichen und sozialen Anpassung der Juden an die christliche Umwelt entstanden seit 1820 unter variierender, aber ähnlicher Bezeichnung mehr als 50 Vereine (z. B. Hamburg 1823; Frankfurt am Main 1824; Minden, Münster/W. 1825). Ziel war vor allem die Erziehung jüdischer Kinder zu Handwerkern, wobei vereinzelt noch Zunftgesetze und die antijüdischen Vorurteile der Meister dieses Programm erschwerten. Infolge der Strukturkrise des Handwerks und der günstigeren Berufschancen im tertiären Sektor war die Arbeit dieser Vereine weitgehend erfolglos. Die genannten Erfolgszahlen, so für Bayern 1842 4700 jüdische Handwerker, erscheinen unwahrscheinlich. Bevorzugt wurden Handwerksberufe mit einer starken Handelskomponente. Seit Mitte des 19. Jahrhunderts stagnierte die Zahl jüdischer Handwerker, so daß die Vereine ihre Tätigkeit einstellten. (AH)

Verfassunggebende Versammlung →Haasefa Chamehonenet

Verfassung Israels. Israel hat bis zum heutigen Tag keine festgeschriebene Verfassung. Infolge eines grundlegenden Streits über den Geltungsbereich religiöser Gesetze kam es schon in der Verfassunggebenden

Versammlung von 1949, der Vorläuferin der späteren →Knesset, zu keiner Einigung darüber. Eine verabschiedete Rechts- und Verwaltungsordnung sicherte aber ab, daß bereits geltende Gesetze in Kraft bleiben konnten, die nicht im Widerspruch zur Unabhängigkeitserklärung des Staates standen. An die Stelle einer Verfassung traten die Unabhängigkeitserklärung, die Übergangsgesetze und v. a. die Grundgesetze, die wichtige Teilbereiche des staatlichen Lebens regeln wie: →Knesset (Grundgesetz von 1958), Böden (1960), →Staatspräsident (1964), Regierung (1968), Wirtschaft des Staates (1975), Militär (1976), Jerusalem als Hauptstadt Israels (1980), Gerichtswesen (1984), →Staatskontrolleur (1988), Grund- und Menschenrechte (1989). Im Jahre 1992 wurden drei weitere Grundgesetze zu folgenden Belangen verabschiedet: Berufsfreiheit, Menschenwürde und Freiheit, Direktwahl des →Ministerpräsidenten. Die Grundgesetze müssen von der Knesset mit absoluter Mehrheit angenommen werden. Verfassungscharakter besitz neben den Grundgesetzen auch das Rückkehrgesetz aus dem Jahre 1950, das jedem Juden auf der Welt das Recht gewährt, nach Israel zu kommen und gleichzeitig die Staatsbürgerschaft zu erhalten. In den Grundgesetzen über die →Knesset, den →Staatspräsidenten und die Regierung sind wesentliche Eckpunkte für den demokratischen Charakter des Staates mit einer entsprechenden Gewaltenteilung verankert. Der Oberste Gerichtshof ist die höchste Instanz in staats- und verwaltungsrechtlichen Fragen in Israel. Gesetze, die die Knesset formaljuristisch exakt und mit den nötigen Mehrheiten verabschiedet, kann der Oberste Gerichtshof allerdings nicht für verfassungswidrig erklären. In bezug auf einige speziell abgesicherte Grundgesetze (z. B. Regierung, Berufsfreiheit) fungiert der Oberste Gerichtshof trotzdem als Verfassungsgericht. Für das Personenstandsrecht der jüdischen Bevölkerung ist das Oberste Rabbinatsgericht die höchste Instanz, die anderen ethnischen und religiösen Gruppen besitzen entsprechende Instanzen. (MW/OG)

Verfolgungen. Die Verfolgungen der Juden reichen von der →Zwangstaufe über →Vertreibung und →Pogrom bis zum Massaker. Nach der Erhebung des Christentums zur Staatsreligion unter Kaiser →Theodosius I. kam es vielerorts zu Synagogenzerstörungen und Massentaufen. Vom 7. bis 10. Jahrhundert ordneten byzantinische Kaiser, im 7. Jahrhundert auch die Westgotenkönige, wiederholt die Taufe aller Juden in ihrem Reich an. Die religiöse Fanatisierung durch die sich verschärfende muslimisch-christliche Auseinandersetzung in der Reconquista und den →Kreuzzügen entlud sich häufig gegen die Juden. Dem ersten großen Judenmassaker im muslimischen Granada 1066 und Verfolgungen der Juden durch eifernde Berbersekten entsprechen blutige Pogrome während der ersten beiden Kreuzzüge in Deutschland und Frankreich und während des 3. Kreuzzugs in England mit Tausenden von Opfern. Mit der Verbreitung von Mordlegenden (→Ritualmordvorwurf, →Hostienfrevellegende, →Brunnenvergiftungslegende) führte der durch Volksprediger, später vor allem durch Bettelmönche geschürte Judenhaß seit dem 12. Jahrhundert zunächst zu lokalen, dann zunehmend zu flächenbrandartig sich ausbreitenden Verfolgungswellen (1236 West- und Nordfrankreich, 1298 Franken, →Rindfleisch, 1320 Südfrankreich, 1336–38 Franken und Elsaß, →Armleder, →Deggendorf, 1348–50 →Pestverfolgung). Im Spätmittelalter wurden die Juden aus allen Ländern Westeuropas sowie den meisten Städten und zahlreichen Territorien Deutschlands ausgewiesen. Das inzwischen erstarkte Ostjudentum erlebte 1648 eine schwere Heimsuchung, als der Kosakenaufstand unter Hetman Chmielnicki (→Chmielnicki-Pogrome) zahlreiche Gemeinden auslöschte. Um 1819 kündigten die Hep-Hep-Krawalle im Zarenreich (→Hep-Hep) als Reaktion auf die fortschreitende Judenemanzipation bereits den Rassenantisemitismus an. Seit 1881 kam es im jüdischen →Ansiedlungsrayon Westrußlands wiederholt zu Pogromwellen, die von staatlichen Stellen teilweise geduldet wurden und eine Auswanderungswelle nicht gekannten Ausmaßes zur Folge hatten. Die vom NS-Regime verordnete Judengesetzgebung und die darauffolgende, systematisch betriebene Massenvernichtung der Juden stellten schließlich alle früheren Verfolgungen in den Schatten (→Holocaust).

L L. Poliakov, Geschichte des Antisemitismus, 8 Bände, 1977–88. (FL)

Vergangenheitsbewältigung, hier die Auseinandersetzung jüdischer Menschen mit einer traumatisch erfahrenen Vergangenheit in der Emigration und/oder in KZs. Traumatische Situationen waren vor allem: 1. die pseudofreiwillige Emigration unter staatlichem Druck; 2. das Überleben der Haft in KZs oder in Vernichtungslagern, häufig als einziges Mitglied der Familie;

3. das Überleben – meist von Kindern – in einer nichtjüdischen Umgebung, daran anschließend im günstigsten Fall die Wiedervereinigung von Menschen, die einander fremd geworden sind; 4. die Schwierigkeiten von Kindern, die nach 1945 geboren wurden und sich in die Verhaltensweisen und die Lebensansichten ihrer Eltern nicht einfühlen können. Am leichtesten wurde noch die pseudofreiwillige Emigration ertragen, wenn die Familie zusammenblieb, das Aufnahmeland erträgliche Lebensumstände bot, eine spätere Rückkehr theoretisch möglich war und man für Verluste wenigstens teilweise entschädigt wurde. Der Schock, in einem Staat, dessen Bürger man war und den man bejaht hatte, plötzlich rechtlos geworden zu sein (→Rassegesetze), ist aber auch in diesem Fall kaum zu überwinden. Besonders schwierig ist das Leben mit der Vergangenheit für Menschen, die ein Vernichtungslager überlebten. Nicht nur die Erinnerung an das tausendfache tägliche Sterben belastet sie, sondern auch die Frage: »Warum habe gerade ich – auf wessen Kosten – überlebt?« (→KZ-Syndrom). Kinder von Überlebenden sehen sich häufig mit deren Erinnerungen und Ängsten konfrontiert, leiden unter Abkapselungsversuchen und mehr oder minder subtilen Vorwürfen, die verständlich sind, aber zum Zerbrechen der Familie führen können (→Shoa und Traumatisierung). Versuche, überlebenden Opfern nicht nur materiell zu helfen, sondern sie zu einem Neuanfang zu führen, sind viele gemacht worden, haben aber nicht immer überzeugende Ergebnisse gebracht. Nicht jedes Trauma läßt sich mit gutem Willen überwinden.

🄻 H. Keilson, Sequentielle Traumatisierung bei Kindern, 1979. (LM)

Essay

Holocaust und Vergangenheitsbewältigung

Micha Brumlik

Als im Mai des Jahres 1945 die Waffen schwiegen und der Zweite Weltkrieg zu Ende ging, wurde die Weltöffentlichkeit eines Verbrechens gewahr, das seit dem Bestehen der menschlichen Gattung, seit den ersten Spuren menschlicher Geschichte einmalig war: Das kriegführende Deutsche Reich hatte ohne nachvollziehbare strategische, ökonomische oder politische Gründe mindestens fünf Millionen europäischer Juden nicht nur erschießen, sondern in eigens hierzu angelegten Vernichtungslagern vergasen und die Überreste der Leichen industriell verwerten lassen. An diesen zunächst durch Erschießung erfolgten Ausrottungsaktionen müssen direkt oder indirekt große Teile der deutschen Bevölkerung selbst mehr oder minder aktiv teilgenommen haben, noch mehr mußten davon wissen. Von den Nachbarn, die sahen, wie ihre jüdischen Gegenüber deportiert wurden, über die Soldaten, die Transporte zu bewachen hatten, die Bahnbeamten, die die Transporte nach Auschwitz und Treblinka abfertigten und leiteten, bis zu den Wehrmachtssoldaten, die an Erschießungen beteiligt waren und endlich den SS-Totenkopfverbänden, die die Vernichtung selbst organisierten. Von diesen Morden müssen weit mehr Menschen als jene 50 000 gewußt haben, die an den Vergasungsaktionen unmittelbar beteiligt waren. Die Erkenntnis, daß alle Bereiche der deutschen Gesellschaft unter dem Nationalsozialismus an der Entrechtung und Ausrottung der Juden beteiligt waren, während all jene, die nicht direkt beteiligt waren, kalte Apathie und nur einige Minderheiten Widerstand zeigten, ist heute in der Geschichtsforschung unumstritten.

Wie sollte sich eine Gesellschaft, nämlich die nun bundesrepublikanische, zu dem Umstand verhalten, daß sie selbst noch wenige Jahre zuvor in diese Verbrechen verwickelt gewesen war? Läßt sich eine

solche »Vergangenheit« »bewältigen«? Was aber heißt »Vergangenheit«, solange ein großer Teil der Täter und Mitläufer ebenso wie eine Reihe entronnener Opfer noch leben?
Noch vor ihrer Gründung war die künftige Bundesrepublik aufgrund eines schwachen äußeren und eines stärkeren, aber keineswegs besonders ausgeprägten inneren Drucks vor die Aufgabe gestellt, neue Beziehungen zu den Juden zu knüpfen sowie die noch greifbaren Täter abzuurteilen bzw. jene gesellschaftlichen Sektoren, die am Verbrechen der Massenvernichtung beteiligt gewesen waren, zu erneuern. Nach nunmehr nahezu fünfzig Jahren darf man urteilen, daß der Wille, sich mit dieser Geschichte auseinanderzusetzen, doch größer war, als es die inflationäre Rede von der »Verdrängung« impliziert, daß aber die Fähigkeit, diese Herausforderung auch angemessen anzunehmen, kleiner war, als jene, die heute eine »Normalisierung« anstreben, einsehen können. Mit der Art und Weise, wie die nun historisch überholte DDR mit der nationalsozialistischen Vergangenheit umging, steht jedenfalls eine Kontrastfolie zur Verfügung, die uns darüber belehrt, daß eine Identifikation ausschließlich mit den kommunistischen Opfern und den Siegern über den Nationalsozialismus genau das schürt und konserviert, was den Judenmord erst ermöglichte: Rassen- und Fremdenhaß, Antisemitismus und Autoritarismus! Nur im Rahmen einer pluralistischen Demokratie mit Presse-, Rede- und Forschungsfreiheit konnte jenes immer noch zu kleine Maß an Bewußtsein über dieses Menschheitsverbrechen zustande kommen, das heute in der Bundesrepublik existiert. Die Auseinandersetzung mit der Vergangenheit oblag in der Bundesrepublik der politischen Führung, der Justiz, der Kultur, der Wissenschaft und der Öffentlichkeit. Das, was als »Vergangenheitsbewältigung« bezeichnet wird, läßt sich als ein Kompromiß zwischen den bemäntelnden und auf Integration ehemaliger Nationalsozialisten zielenden Strategien vor allem konservativer, CDU-geführter Regierungen hier und einer eigensinnigen Öffentlichkeit dort darstellen.
Obwohl es nicht nachweisbar ist, daß die Alliierten die ersten, von Konrad Adenauer geführten Regierungen zwangen, den Juden schönfärberisch »Wiedergutmachung« genannte Zahlungen anzubieten, ist umgekehrt gewiß, daß jüdische Organisationen bei der Durchsetzung ihrer Ansprüche auf härteste Widerstände stießen. Hier scheint eher die vermutete Macht der Juden als die ehrliche Bereitschaft, vergangenes Unrecht, so weit reparabel, auszugleichen, handlungsleitend gewesen zu sein. Der Preis, den jüdische Organisationen und der jüdische Staat für diese »Wiedergutmachung« zu zahlen hatten, war politisch und moralisch hoch. Der erste Bundeskanzler, Konrad Adenauer, erzwang so die Akzeptanz seines Staatssekretärs Hans Globke, der die Nürnberger Rassegesetze kommentiert hatte und bereits in der Weimarer Republik ein aktiver Judenfeind gewesen war. Globke symbolisierte in diesem Zusammenhang die überwältigende Mehrheit konservativer Staatsbeamter, die dem Nationalsozialismus und seiner judenfeindlichen Politik treu gedient hatten und ohne die nach Auffassung der frühen Bundesregierungen in Deutschland auch künftig kein Staat zu machen war. So ging die Auseinandersetzung mit dem Holocaust zunächst in die justizielle Bearbeitung der Morde in den Vernichtungslagern über.
Eine erste Welle von Prozessen unter der Hoheit der Alliierten urteilte bis zum Ende des Jahres 1950 etwas mehr als 5000 Personen ab, hauptsächlich Angehörige von Wachmannschaften der KZs und Angehörige der Einsatzgruppen. Eine Petition des Bundestages im Jahr 1950, verhängte Todesstrafen in Freiheitsstrafen umzuwandeln, kam US-amerikanischen Bestrebungen entgegen, zu Beginn des Kalten Kriegs die künftigen neuen Bundesgenossen zu schonen. Als darauf im Jahr 1951 der Art. 131 GG verabschiedet wurde, der entlassenen Nazis den öffentlichen Dienst neu eröffnete, fand die erste Phase der Vergangenheitsbewältigung ihr Ende.
Die zweite Phase, die 1956 mit dem sogenannten Ulmer Einsatzkommandoprozeß begann, wurde gleichsam unabsichtlich eröffnet: Ein ehemaliger Einsatzgruppenlei-

ter, der im Entnazifizierungsverfahren als »nicht betroffen« eingestuft worden war, klagte auf seine Wiedereinstellung in den Staatsdienst und wurde durch Zufall als einer der Verantwortlichen für Judenerschießungen im deutsch-litauischen Grenzgebiet erkannt. Die großen Prozesse der 60er und 70er Jahre – beginnend mit dem Frankfurter Auschwitzprozeß im Jahr 1963, endend mit dem Kölner Prozeß gegen Lischka und andere, die für die Ermordung und Deportation der Juden aus Frankreich verantwortlich waren – waren für die Zeitgeschichte von unschätzbarem Wert, mußten aber das spontane Rechtsempfinden notwendigerweise unbefriedigt lassen.

Die Qualen und Ängste der als Zeugen geladenen Überlebenden, der Zynismus der Verteidiger sowie die in der Regel mehrere Jahrzehnte zurückliegende Tatzeit führten zu Urteilen, die in keinem Verhältnis zu den begangenen Verbrechen standen und die zudem nicht selten wegen des Alters oder des Gesundheitszustands der Verurteilten ausgesetzt wurden. Der Verfolgung der Täter entsprach eine Haltung gegenüber den Verfolgten, die diese in der Regel systematisch mißachtete. Nicht nur rief keine deutsche Regierung die emigrierten jüdischen Staatsbürger zurück – auch die Art und Weise, wie Gutachter und Ämter mit jenen auf dem Territorium der Bundesrepublik lebenden ehemaligen Opfern, die wegen Gesundheitsschäden um Entschädigungen einkamen, umgingen, waren für diese traumatisierend und erniedrigend.

Dafür wurde die wiedererstehende jüdische Gemeinschaft politisch-liturgisch in die Nachkriegsidentität der Bundesrepublik eingebaut: Die Existenz einer jüdischen Gemeinschaft galt als Beweis für ein erneuertes Deutschland. Spätestens seit der Ehrung von deutschen Soldatengräbern – unter denen sich auch Gräber von Angehörigen der Waffen-SS befanden – im Jahr 1985 in Bitburg, der Auseinandersetzung über ein mit Gründen des Antisemitismus geziehenes Stück von Rainer Werner Fassbinder in Frankfurt sowie dem mißglückten Versuch des damaligen Bundestagspräsidenten Philipp Jenninger im Jahr 1988, des 9. Novembers zu gedenken, ist deutlich geworden, daß die oft beklagte Phase eines vermeintlichen »Philosemitismus« längst zu Ende gegangen ist.

Parallel zu unzulänglichen, weil nur symbolisch-affirmativen Bemühungen der Bundesregierungen und der notwendig zu kurz greifenden, aber unersetzlichen Arbeit der Justiz waren freilich Wissenschaft, Publizistik, Rundfunk und Fernsehen seit den ersten Jahren der Bundesrepublik mit Taschenbuchreihen, Fernsehspielen, Dokumentarsendungen und Filmen mit einer breitenwirksamen und kritischen Auseinandersetzung mit dem Nationalsozialismus befaßt. So erschien 1957 zum ersten Mal ein Taschenbuch mit Dokumenten zum Nationalsozialismus und zur Judenverfolgung, das bis heute eine Gesamtauflage von einer Million erreicht hat (Walther Hofer 1957). Eine melodramatische Hollywood-Produktion wie der Fernsehfilm »Holocaust« erreichte allen Mängeln zum Trotz Ende der 70er Jahre Millionen von Zuschauern, die Gedenktage am 9. November 1988 zeigten ein beispielloses Interesse in Schulen, Kommunen und Kirchen an der Judenverfolgung. Freilich: So falsch der Vorwurf ist, die politische Kultur und die Öffentlichkeit in der Bundesrepublik hätten irgend etwas verschwiegen, so ungeklärt ist, ob diese massenhafte öffentliche Thematisierung auch zu einer veränderten, sensibleren Einstellung den Opfern gegenüber geführt hat. So haben Alexander und Margarete Mitscherlich im Jahr 1967 die These aufgestellt, wonach die Unfähigkeit der meisten Deutschen, den »geliebten Führer« Adolf Hitler zu betrauern, auch zu einer Kälte und zu Distanz gegenüber den Opfern des nationalsozialistischen Rassenwahns geführt habe. Dem hielt 1983 der Philosoph Hermann Lübbe entgegen, daß eine psychoanalytische Theorie der »Unfähigkeit zu trauern« mit Aussagen über das kollektive Unbewußte der Deutschen gar nicht nötig sei, da die Psychologie der Täter aus ihrem Mitläuferwillen erklärbar und Adenauers Integrationspolitik gegenüber diesen Mitläufern staatspolitisch klug gewesen sei.

Ende der 80er Jahre hat sich die Debatte über die »Bewältigung der Vergangenheit« allmählich aus dem Bereich der Politik gelöst und ist in der Öffentlichkeit als Disput über die Singularität der nationalsozialistischen Verbrechen weitergeführt worden.
Die Intervention des Philosophen Jürgen Habermas gegen Spekulationen namhafter Historiker wie Ernst Nolte und Andreas Hillgruber, die entweder die Judenvernichtung und -verfolgung als eine nachvollziehbare Handlung Hitlers im Rahmen des Kampfes gegen den »Bolschewismus« analysierten oder die Fortdauer des Judenmordes als Folge der Verteidigung der Heimat und der Zivilbevölkerung gegen die Rote Armee zu akzeptieren sich gezwungen sahen, klärte in der Öffentlichkeit noch einmal das Problem, um das es ging: Wie soll sich eine Nation zu einem weltgeschichtlich einmaligen Verbrechen, das zwar nicht von allen, aber doch von sehr vielen Angehörigen einer Generation dieser Nation begangen oder ertragen wurde, verhalten, ohne in atavistische Begriffe wie die einer »Kollektivschuld« zu verfallen (Historikerstreit 1987)?
Daß die Generation der ab 1915 Geborenen ihren Nachfahren eine massive politische Hypothek hinterlassen und damit eine »zweite Schuld« (Ralph Giordano) auf sich genommen hat, ist nicht nur ein moralisches Postulat.
Sowohl die Kunst – am deutlichsten das Werk Fassbinders – als auch die Psychoanalyse zeigen, wie sehr die nicht abgelöste und nicht bearbeitete Schuld der Generation der Eltern auch noch das Leben ihrer Kinder beeinträchtigt.
Unfähigkeit zu trauern und massenhafte, publizistische Aufklärung sind in der Geschichte der Bundesrepublik kein Widerspruch, sie ergänzen einander aber auch nicht. Sie laufen nebeneinander her, ließen und lassen die Generation der Täter eher unberührt, rührten die Geschichte ihrer Kinder zutiefst auf und stoßen heute auf eine neue Generation, für die der Holocaust Geschichte ist, die sich aber dennoch mit der politischen Hypothek und der moralischen Aufgabe auseinanderzusetzen hat, die diese Geschichte darstellt. Dabei ist der Wunsch nach Normalität und einem unbelasteten nationalen Selbstbewußtsein ebenso erklärlich wie unrealistisch. Ein so ungeheures Ereignis, ein »Zivilisationsbruch« (Dan Diner) wie die industrielle Massenvernichtung von Menschen, mußte zu einer kollektiven psychischen Disposition führen, die abzulösen vierzig, fünfzig, ja hundert Jahre eine kurze Zeit sind. Solange Juden bis ins dritte oder vierte Geschlecht an den Spätfolgen des Holocaust leiden, solange andere Nationen den Namen »Deutschland« mit der Geschichte des Nationalsozialismus verbinden und solange die Kinder und Enkel der Täter an deren Schweigen leiden, wird diese »Vergangenheit« nicht zu »bewältigen« sein.
Ein geschichtsphilosophisches, ein theologisches Bedenken tritt hinzu. Heißt, die Vergangenheit zu bewältigen, nicht auch, den Opfern dadurch Gewalt anzutun, daß man sie vergessen will?

[L] M. Bodemann, Staat und Ethnizität: Der Aufbau der jüdischen Gemeinden im Kalten Krieg, in: M. Brumlik u. a. (Hrsg.), Jüdisches Leben in Deutschland seit 1945, 1988. – M. Brumlik, Entsorgungsversuche im Frankfurter Müll, in: H. Funke (Hrsg.), Von der Gnade der geschenkten Nation, 1987. – A. Eckstaedt, Die Kinder der Täter, 1989. – R. Giordano, Die zweite Schuld, 1988. – R. Hilberg, Die Vernichtung der europäischen Juden, 1982. – »Historikerstreit«. Die Dokumentation der Kontroverse um die Einzigartigkeit der nationalsozialistischen Judenvernichtung, 1987. – J. H. Schoeps/H. Hillermann, Justiz und Nationalsozialismus, 1987. – P. Longerich, Die Ermordung der europäischen Juden, 1989. – A. und M. Mitscherlich, Die Unfähigkeit zu trauern. Grundlagen kollektiven Verhaltens, 1967. – H. Mommsen, Was haben die Deutschen vom Völkermord an den Juden gewußt?, in: W. H. Pehle (Hrsg.), Von der »Reichskristallnacht« zum Völkermord, 1988. – C. Pross, Wiedergutmachung. Der Kleinkrieg gegen die Opfer, 1988. – A. Rückerl, NS-Verbrechen vor Gericht, 1982.

Veritas Hebraica, die Vorstellung, daß der hebräische Text den wahren Wortlaut des AT enthalte. Der Kirchenvater →Origenes (um 185–253/254) betonte als erster die Bedeutung des hebräischen Textes der Bibel für das Christentum und stellte ihn mit seiner griechischen Transkription in der Synopse seiner Bibelauslegung, der »Hexapla«, den vier (griechischen) Übersetzungen gegenüber. Auf ihm fußend, begründet dann vor allem →Hieronymus (um 347 bis 419/420) besonders in seinen »Quaestiones Hebraicae in Genesim« den Vorrang des hebräischen Textes gegenüber dem Text der Septuaginta. Mit dem Aufkommen der Scholastik erneuerte sich das Interesse an der hebräischen Bibel. Im 12. Jahrhundert bemühten sich zwei Schulen, die der frühen Zisterzienser (→Zisterzienserorden) und die des Augustinerchorherrenstifts von St.-Victor (Victoriner) in Paris (→Hugo von St.-Victor, →Andreas von St.-Victor), in Kontakten mit Rabbinern auf der Grundlage der Veritas Hebraica um die Korrektur des Bibeltextes. Als bester Kenner des Hebräischen und rabbinischen Bibelkommentare erwies sich Herbert Bosham (gestorben um 1194). Im 13. Jahrhundert wurden diese Studien von den Bettelorden aufgegriffen und von dem Franziskaner Roger Bacon (um 1219–94) zu einer christlichen →Hebraistik entwickelt. Schließlich beschloß das Konzil von Vienne 1312 die Einrichtung von Lehrstühlen der Hebraistik. Die Bibelkommentare des Nikolaus von Lyra (um 1270–1349) bezogen sich offen auf →Salomo ben Isaak und wurden ihrerseits in den Bibelübersetzungen Wiclifs und Luthers benutzt. Mit der Wiederbelebung der christlichen Hebraistik im Humanismus nahm auch J. →Reuchlin unter Berufung auf Hieronymus den Grundsatz der Veritas Hebraica wieder auf. So stellt das von der Spätantike überlieferte Prinzip der »hebräischen Wahrheit« über die dunkelsten Zeiten der Judenverfolgungen hinweg ein wichtiges Element christlich-jüdischer Verständigung in der Gelehrtenwelt dar.

L B. Smalley, Study of the Bible in the Middle Ages, Band 2, 1964. (FL)

Verlage, jüdische. Von jüdischen Verlagen läßt sich nur in einem genau umgrenzten Sinn sprechen: Maßgebend für die Definition kann nicht sein, daß die Verleger zwar Juden sind, die Verlagsproduktion sich jedoch an ein allgemeines Lesepublikum richtet (wie etwa im deutsch-österreichischen Raum S. →Fischer, Georg Bondi, Erich Reiss, Bruno Cassirer und Paul Zsolnay oder auch die Ullsteins, R. →Mosse oder Moritz Benedikt als Zeitungsverleger), sondern daß durch solche Verlage jüdische Literatur im weitesten Sinn – von der Bibel und dem Talmud über Gebetbücher, Kommentare, religiöse wissenschaftliche Literatur bis hin zu Werken der jüdischen Belletristik, insbesondere der Erzählliteratur – für ein vorwiegend jüdisches Publikum hergestellt wird, sei es in hebräischer, jiddischer, deutscher oder einer anderen Sprache. Durch diese verlegerische Aktivität soll die Bewahrung jüdischer Traditionen gewährleistet und auch ein Beitrag zur Existenzbewältigung der Juden in einer häufig feindlichen nichtjüdischen Gesellschaft geleistet werden. Nach Anfängen im 19. Jahrhundert (W. Pascheles oder J. C. Brandeis mit seiner »Jüdischen Universalbibliothek« in Prag, I. Kauffmann in Frankfurt am Main, M. Poppelauer und C. Boas in Berlin, R. Löwit in Wien) war seit der Jahrhundertwende, vor allem im Zeichen der »jüdischen Renaissance« und des Zionismus, ein deutlicher Aufschwung jüdischer Verlage zu verzeichnen. Besonders bedeutend wurde der »Jüdische Verlag« (1902 von Buber, Feiwel, Lilien und Trietsch gegründet, 1907 von der Zionistischen Organisation übernommen, bis 1920 geleitet von Ahron Eliasberg, bis 1938 Siegmund Kaznelson, Wiederaufnahmeversuche nach 1945 durch Athenäum und Suhrkamp). Neben jüdischen Almanachen wurden hier zionistische Schriften u. a. von Achad Haam, Herzl, Nordau und Dubnow verlegt, aber auch das »Jüdische Lexikon«, Goldschmidts Gesamtübertragung des babylonischen Talmuds, die Übersetzung der Werke Mendele Mocher Sforims, die Denkwürdigkeiten der Glückel von Hameln und schließlich Bubers wichtige Zeitschrift »Der Jude«. Im »Philo-Verlag« des →Centralvereins deutscher Staatsbürger jüdischen Glaubens (gegründet 1893), dem verlegerischen Gegenstück zum kulturzionistischen »Jüdischen Verlag«, erschien neben der Zeitschrift »Der Morgen« vor allem apologetische und Abwehrliteratur, unter der besonders das »Philo-Lexikon« (1935, vier Auflagen bis 1937) eine wichtige Funktion innehatte. Im Dritten Reich kam es durch die systematische Ausgrenzungs- und Ghettoisierungspolitik der Nationalsozialisten paradoxerweise geradezu zu einer Blütezeit jüdischer Verlage, die bis zu deren Liquidierung Ende 1938 anhielt. Besonders bedeutend wurde der 1931 gegründete Berliner Verlag des Kaufhausbesitzers und Bibliophilen S. →Schocken, dessen nach dem Vorbild der Insel-Bücherei gestaltete »Bücherei des Schocken-Verlags« es von 1933 bis 1938 auf über 90 Bände brachte, darunter nicht nur Werke großer jüdischer Schriftsteller wie Mendelssohn, Maimon, Perez und Wolfskehl, sondern auch Werke jüdischer Thematik von nichtjüdischen Dichtern wie Droste-Hülshoff und Stifter. Das allgemeine Verlagsprogramm brachte Originalwerke bzw. Übersetzungen u. a. von Mose ben Maimon, H. Cohen, S. J. Agnon, aber auch mehrere Bände der Bibelübersetzung von Buber und Rosenzweig und die erste Gesamtausgabe der Werke Kafkas – insgesamt über 200 Titel, die gemäß der kulturzionistisch orientierten Programmatik des Verlags der »geistigen Behauptung und sittlichen Erneuerung [...] der deutschlesenden Judenheit« eine Richtung geben sollten und nicht wenig zum geistigen Widerstand der Verfemten beitrugen. 1939 gründete Schocken den Verlag in Tel Aviv neu, 1945 in New York. Zu Verlage auch →Exilverlage.

L V. Dahm, Das jüdische Buch im Dritten Reich, 2 Bände, 1979 und 1982. – I. Belke, In den Katakomben. Jüdische Verlage in Deutschland 1933 bis 1938. Marbacher Magazin 25, 1983. (HH)

Vernichtungslager →Konzentrationslager, →Endlösung, →Auschwitz

Versöhnungstag →Jom ha-Kippurim

Vertreibungen. Seit biblischer Zeit gehören Flucht und Vertreibung zum Schicksal der Juden. Die Existenz der Juden in Europa war und ist eine fast ununterbrochene Kette von Verfolgungen und Vertreibungen, die von der →Zwangstaufe und der Ausweisung über den →Pogrom bis zur Massenvernichtung (→Endlösung) reicht. Die Geschichte der Vertreibungen beginnt mit der →Diaspora nach der Zerstörung des Zweiten Tempels in Jerusalem (im Jahr 70 n. Z.). Vertreibungen erfolgten meist in Verbindung mit Bekehrungsaktionen. So führten schon die Zwangstaufen im Westgotenreich (7. Jahrhundert) und im Byzantinischen Reich (7.-10. Jahrhundert) zur Abwanderung großer jüdischer Bevölkerungsteile. Insgesamt waren die Vertreibungen so umfangreich und zahlreich, daß nur die grausamsten und wichtigsten erwähnt werden können. Bei den großen Vertreibungen des Mittelalters während der →Kreuzzüge, durch die →Rindfleisch-Banden und die →Armleder-Judenschläger (13. und 14. Jahrhundert) wurden Hunderttausende von Juden ermordet; nur wenige konnten fliehen. Während der →Pestverfolgungen (Schwarzer Tod), 1348/49 in ganz Europa, gingen mehr als 300 jüdische Gemeinden unter. In Deutschland gab es schon 1012 eine Vertreibung der Juden aus Mainz, die Kaiser Heinrich II. angeordnet hatte. 1171 wurden die Juden aus Bologna, 1182 aus der Île-de-France, 1239 aus der Bretagne, 1276 aus Oberbayern, 1290 aus England und 1394 aus Frankreich vertrieben. 1360 folgten Vertreibungen aus Ungarn, 1353 und 1431 aus Speyer, 1441 aus Augsburg, 1442 und 1450 aus München, 1456 aus 46 bayerischen Orten. Den Höhepunkt stellten während der Inquisitionszeit die grausamen Vertreibungen sämtlicher Juden aus Spanien (1492) und aus Portugal (1497) dar. Im 16. Jahrhundert fanden weitere Vertreibungen u. a. aus Genua, Preßburg, Paris, Florenz, Neapel und Böhmen statt. Nach Plünderungen in der Frankfurter Judengasse während des →Fettmilch-Aufstands (1614) wurden sämtliche Frankfurter Juden vertrieben. In Polen begann nach dem blutigen Kosakenaufstand (→Chmielnicki-Pogrome) im Jahr 1646 eine panikartige Abwanderung der Juden aus den östlichen Gebieten nach Mähren, Böhmen, Wien und Deutschland. Die letzte große Vertreibung in Europa vor der NS-Zeit war die aus Prag im Jahr 1744 durch Maria Theresia, von der über 20 000 Juden betroffen waren. Im Vergleich zu den erzwungenen Wanderungsbewegungen früherer Epochen erscheint die Zahl der etwa 280 000 deutsch-jüdischen Emigranten nach 1933 nicht einmal sehr hoch. Doch weil diese Emigration Vorgeschichte und Bestandteil eines millionenfachen Massenmords war (→Holocaust), ist sie historisch kaum vergleichbar. Die Zerstörung der jüdischen Gemeinschaften in Mitteleuropa durch die Nationalsozialisten markiert den tragischsten Einschnitt in die jüdische Geschichte, dessen Nachwirkungen für eine noch unübersehbare Zeit dauern werden. (WJ)

Verus Israel, die aus der Verwerfungstheologie (→Antijudaismus) entwickelte Lehre, daß die Kirche das wahre Israel sei und die Verheißungen des AT sich auf sie und nicht auf das abtrünnige Judentum bezögen. Sie wurde von den Kirchenvätern fälschlich schon auf die paulinische Unterscheidung zwischen »Israel Gottes« und »Israel nach dem Fleisch« (Gal 6,16; 1 Kor 10,18; vgl. Phil 3,3) zurückgeführt. Immerhin findet sich die Vorstellung von den »wahren« Juden als den Christusgläubigen im Gegensatz zu den Angehörigen der Synagoge des Satans schon in der Apokalypse (Apk 2,9; 3,9; vgl. auch Röm 2,28f.). Die eigentliche Vorstellung von der Kirche als dem wahren Israel entwickelte jedoch Justinus Martyr (hingerichtet um 165) nach den als göttliche Strafe für die Verwerfung Jesu gedeuteten Katastrophen von 68–70 und 132–35 im »Dialog mit dem Juden Tryphon« (besonders 11,5; 123,6–9; 135,3–6). In diesem Sinne identifizierte sich die Kirche mit dem Israel der Patriarchen und der Propheten und beanspruchte gegen häretische Tendenzen (etwa des Gnostikers Marcion) das AT als ihr heiliges Buch.

🄻 M. Simon, Verus Israel, 1986. (FL)

Vespasian, Titus Flavius, römischer Kaiser (69–79), 17. 11. 9 bei Reate (Rieti) – 24. 6. 79 Rom. Von Nero Ende 66 zum Oberbefehlshaber im großen jüdischen Aufstand (66–73) ernannt, eroberte Vespasian u. a. im Jahr 67 Jotapata in Galiläa, das von →Josephus verteidigt wurde. Am 1. 7. 1969 rief ihn der Statthalter Ägyptens zum Kaiser aus; die in Syrien und Palästina stehenden Truppen schlossen sich der Proklamation wenige Tage später an, der römische Senat bestätigte die Erhebung am 22. 12. 69. Bei seinem Weggang aus Palästina Mitte des Jahres 69 hatte Vespasian den Oberbefehl über die römischen Truppen an seinen Sohn →Titus übergeben (zur Zweckentfremdung der Tempelsteuer →Fiscus Judaicus). (HC)

Vichy-Regime, Regierung des Marschalls Philippe Pétain im unbesetzten, südlichen Teil Frankreichs nach dem deutsch-französischen Waffenstillstandsabkommen vom 22. 6. 1940. Im Oktober 1940 führte Pétain das »Judenstatut« (Le Statut des Juifs) ein, ein Ausnahmegesetz, durch das die Juden in Frankreich aus Verwaltung, Justiz, Polizei, Armee, Schulen, Universitäten u. a. öffentlichen Einrichtungen entfernt wurden. Das Statut bot außerdem die Grundlage für die Internierung aller ausländischen Juden in Frankreich. Die schon vor der Teilung Frankreichs errichteten Sammellager wie →Les Milles, St.-Cyprien, Les Garrigues, Malavielle, Le Vernet, Rieucros, Gurs u. a. erhielten dadurch eine KZ-ähnliche Funktion. Nach zahlreichen Großrazzien begann am 27. 3. 1942 mit dem ersten Transport nach →Auschwitz auch in Frankreich die Durchführung der →Endlösung. Während des Vichy-Regimes wurden etwa 80 000 Juden den deutschen Gaskammern ausgeliefert.

🄻 L. Feuchtwanger, Der Teufel in Frankreich, 1954. – J.-M. Guiraud, La vie intellectuelle et artistique à Marseille à l'époque de Vichy et sous l'occupation, Marseille 1987. (WJ)

Victor von Carben (Karben), Konvertit, 1422–1515. Seinen eigenen Angaben zufolge war Victor von Carben Rabbiner, ehe er im Jahr 1471 konvertierte. Im Jahr 1480 soll er an einem Religionsgespräch vor dem Kölner Erzbischof in Poppelsdorf bei Bonn teilgenommen haben. Als Mitglied der theologischen Fakultät der Kölner Universität seit 1485 verfaßte er eine Reihe (ursprünglich vielleicht deutsch geschriebener) lateinisch publizierter antijüdischer Abhandlungen: »Das Leben und die Sitten der Juden« (De vita et moribus judaeorum, 1509), »Widerlegung der Juden« (Confutatio judaeorum, 1504; deutsche Version: J. Buechlin, Straßburg 1519, 1550); »Schutzschild des christlichen Glaubens« (Propugnaculum fidei christianae, 1518, 1550). In der Kontroverse Reuchlin-Pfefferkorn gehörte Victor von Carben 1509/10 einer von Kaiser Maximilian I. eingesetzten Expertenkommission an. (PAU)

Vierländersynode, hebräisch »Waad arba arazot«, Reichstag der polnischen Juden (→Polen), entstand 1580 aus dem Zusammenschluß der vier Provinzialvertretungen der jüdischen Gemeinden: Großpolen, Kleinpolen, Ruthenien und →Litauen. 1623 machte sich die litauische Vertretung selbständig und bildete den Sejm der Juden Litauens. Die Vierländersynode, der Sejm der Juden der polnischen Krone, blieb die autonome oberste Gewalt von etwa 730 Gemeinden (1765), von denen Lemberg mit 6378 Mitgliedern die größte war. Die Vierländersynode tagte zunächst ein-, später zweimal im Jahr: im Sommer in Jarosław, im Februar in Lublin. Die Gesamtzahl der Delegierten betrug etwa 25 (seit 1753), je zwei bis drei aus jeder Provinzialvertretung und aus den von den Provinzialverbänden unabhängigen Gemeinden (Posen, Krakau, Przemyśl), gewählt nach unterschiedlichen Systemen und auf ungleich lange Zeit. Aus ihrem Kreis wurde der Marschall, der Vorsitzende, gewählt, ein Laie, kein Rabbiner; dem Marschall wurden Syndici, Sekretäre und Kassierer beigegeben. Die Vierländersynode pflegte Kontakte zur Krone und zu den zentralen Regierungsinstanzen, sie hatte die Pauschalsteuer (Kopfsteuer für die gesamte polnische Judenheit, eingeführt 1549) zu entrichten. Die Steuersumme wurde dann auf die einzelnen Provinzen und Gemeinden

(→Kahal) umgelegt. Die Wahrung der Wirtschaftsinteressen des polnischen Judentums, die Regelung von Verwaltungsfragen (1583 Wahlrecht für die Gemeindevorstände. 1595 Befugnisse des Gemeindevorstehers) und religiösen Belangen (Verhängung des Banns, Anpassung der religiösen Vorschriften an die Bedürfnisse des modernen Lebens), von Erziehungs- und sozialen Angelegenheiten (z. B. Festlegung der Schulprogramme) waren die Aufgaben der Vierländersynode. Infolge der Verarmung der Juden Polens nach den Kosakenkriegen mußten sowohl die Provinzialvertretungen als auch die Vierländersynode Schulden machen, um den finanziellen Forderungen des Staates nachzukommen. 1764 hob der Sejm beide Institutionen auf und beschloß eine direkte Erhebung der Kopfsteuer.

L L. Lewin, Die Landessynode der großpolnischen Judenschaft, 1926. – M. Schorr, Organizacja żydów w Polsce, 1899. (AGR)

Vindicta Salvatoris, paratheologische Deutung des Untergangs Jerusalems 70 n. Chr. Sie wurde aus verschiedenen Elementen, u. a. der →Josephuslegende, kompiliert, lag im 7./8. Jahrhundert in Aquitanien in Prosa, etwa gleichzeitig auch in einer Gedichtfassung vor und wurde später in verschiedenen Versionen verbreitet. Danach haben Kaiser →Vespasian und →Titus den Tod Christi gerächt, indem sie Jerusalem zerstörten und die Juden töteten oder versklavten. Nach dem Prinzip »Auge um Auge, Zahn um Zahn« taten sie der Gerechtigkeit Genüge, indem sie 30 Juden für einen Denar verkauften, so, wie die Juden Jesus für 30 Denare verkauft hatten. Die Gedichtfassung betont bereits, daß die Juden zur Strafe für ihre Missetaten auf ewig Sklaven der Römer und aller Völker seien; die Strafexpedition der Römer ins Heilige Land nahm so bereits Elemente des Kreuzzugsgedankens vorweg. So trug die Vindicta Salvatoris dazu bei, das Bild der Juden als Feinde der Christenheit in den naiven Volksglauben hineinzutragen.

L M. Schreckenberg, Josephus und die christliche Wirkungsgeschichte, in: H. Temporini/W. Haase (Hrsg.), Aufstieg und Niedergang der römischen Welt, Band 21,2, 1984. (FL)

Völkische Bewegung, Bezeichnung für eine Bewegung des rassistischen →Antisemitismus, die in Berlin 1879/80 entstand. In Opposition zum »christlich-sozialen« Antisemitismus der →Berliner Bewegung forderte die Völkische Bewegung einen radikalen Antisemitismus, wie ihn Moritz Busch als einer der ersten in der Zeitschrift »Grenzbote« in einer Artikelserie 1880 entworfen hatte. Die Juden, so die verleumderische Agitation, sollten aus dem öffentlichen Leben ausgeschlossen, die →Emanzipation rückgängig gemacht und diskriminierende »Judengesetze« erlassen bzw. wieder in Kraft gesetzt werden, da angeblich weder Taufen noch Mischehen den »beherrschenden und zersetzenden Einfluß« der Juden in Staat und Gesellschaft verhindern könnten. Die Völkische Bewegung setzte »Volk«, »Rasse« und »Nation« bzw. »Rasse« und Judentum gleich (im Anschluß an Houston Stewart Chamberlain, Edouard Drumont, Joseph A. Graf von Gobineau u. a.) und proklamierte den Herrschaftsanspruch der »nordisch-germanischen Rasse« gegenüber den als »minderwertig« diffamierten Juden. Diese abstruse, aggressiv-nationalistische Ideologie wurde in verschiedensten Variationen von Organisationen wie der »Antisemitenliga« (1879 gegründet von Wilhelm Marr), dem »Deutschen Volksverein«, (1880 gegründet von den Initiatoren der →Antisemitenpetition) und der »Sozialen Reichspartei« (1880–82) Ernst Henricis zunächst weitgehend erfolglos in Berlin verbreitet. 1880 entstand in Dresden auf Initiative Alexander Pinkerts die »Deutsche Reformpartei«, die u. a. in Leipzig (1884 unter Theodor Fritsch, dem Verfasser des berüchtigten »Antisemiten-Katechismus«) und in Kassel (1886 unter Otto Boeckel, der 1887 als erster »Radau-Antisemit« in den Reichstag gewählt wurde) Ortsgruppen gründete. Die Thesen dieser Partei fanden vor allem bei der Landbevölkerung in Sachsen, Westfalen und Hessen Anklang. Auf dem Bochumer Antisemitentag 1889 scheiterten Versuche, die Völkische Bewegung organisatorisch zusammenzuschließen, woraufhin Liebermann 1889 die »Deutschsoziale Partei« mit Sitz in Bochum und Boeckel 1890 die »Antisemitische Volkspartei« (1893 in »Deutsche Reformpartei« umbenannt) in Erfurt gründeten. In der Folgezeit entfaltete die Völkische Bewegung eine breit angelegte Propagandakampagne, in deren Verlauf sich besonders die »Deutsche Antisemitische Vereinigung« und der »Hammerverlag« von Theodor Fritsch in Leipzig sowie der suspendierte Schulleiter Herrmann Ahlwardt (der sog. Rektor aller Deutschen) mit ihren verleumderischen und gefälschten Machwerken profilierten. Die Völkische Bewegung erreichte bei den Reichstagswahlen 1893 rund eine Viertelmillion Stimmen (16 Mandate und 3,5 Prozent der abgegebenen Stimmen). In Reaktion auf die Popularität des Antisemitismus wurde von jüdischer Seite 1890 der →Verein zur Abwehr des Antisemitismus und 1893 der →Centralverein deutscher Staatsbürger jüdischen Glaubens gegründet. Die Völkische Bewegung konnte ihren Stimmenanteil in den folgenden Wahlen nicht verteidigen und errang 1912 nur noch sieben Mandate. Nach dem parlamentarischen Niedergang der Völkischen Bewegung setzten vor allem Organisationen wie der »Alldeutsche Verband« (gegründet 1891), der »Bund der Landwirte« (gegründet 1893) und der »Deutschnationale Handlungsgehilfenverband« (gegründet 1893) die antisemitische und nationalistische Agitation fort. In der Weimarer Republik wurden mit völkischer Ideologie u. a. die »Deutschvölkische Partei« (1914), der »Deutschvölkische Bund« (1918, seit 1920 »Deutschvölkischer Schutz- und Trutzbund«) und die »Deutschvölkische Freiheitspartei« (1922), die sich nach dem »Hitlerputsch« im November 1923 mit der NSDAP vereinigte, gegründet. Die verworrene Rassenideologie der Völkischen Bewegung und ihre doppelbödige Agitation gegen das herrschende »System« und den Marxismus war eine der Grundlagen der Ideologie des →Nationalsozialismus.

🄻 P. W. Massing, Vorgeschichte des politischen Antisemitismus, 1949 (deutsche Übersetzung von F. J. Weil, 1959). (BV)

Volksheim, Jüdisches, gegründet am 18. 5. 1916 durch Studenten und junge Kaufleute in Berlin. Es war der Versuch, ein in England und Amerika erprobtes System der Volkserziehung auf das jüdische Proletariat zu übertragen. In Anlehnung an das Settlementsystem hatte sich das Jüdische Volksheim, neben allgemeiner Hilfeleistung bei gesundheitlichen und wirtschaftlichen Schwierigkeiten die Aufgabe gestellt, Kinder und Jugendliche in Gemeinschaften (Kindergärten, Jugendkameradschaften, Klubs) zusammenzuschließen, um einen kulturellen Einfluß auf die heranwachsende Generation zu gewinnen. Das Berliner Volksheim befand sich in der Dragonerstraße 22, im Zentrum des meist von Ostjuden bewohnten sog. →Scheunenviertels, und bestand etwa zehn Jahre. Leitende Mitarbeiter waren S. →Lehmann und Margarete Turnowsky-Pinner. (LH)

Volkshochschulen, jüdische →Erziehung

Vorarlberg →Tirol und Vorarlberg

Vorbeter →Chasan

Vorgänger (Schtadlan, Hauptmann). Nach den gescheiterten Versuchen, einen »Reichsrabbiner« oder »Befehlshaber der Judenschaft im Heiligen Römischen Reich« zu etablieren, gewann im 17. Jahrhundert im Zuge der Territorialisierung das Amt des Vorgängers unter wechselnden Bezeichnungen in den einzelnen Territorien an Bedeutung. Der Vorgänger versah das Amt eines fast souveränen »Gemeindevaters«, der durch seine Finanzkraft Vermittler zwischen Gemeinde und Regierung war. Häufig hatte er zudem das Amt des Rabbiners inne und fungierte als oberster Steuereinnehmer. Das Verhältnis zur Gemeinde war nicht immer konfliktfrei, zumal wenn ein Ausgleich der Interessen von Landesherrn und Judenschaft nicht möglich war. Im 18. Jahrhundert verlor dieses Amt seine Bedeutung zugunsten des gewählten mehrköpfigen Vorstands.

🄻 D. J. Cohen, Die Entwicklung der Landesrabbinate in den deutschen Territorien bis zur Emanzipation, in: A. Haverkamp (Hrsg.), Zur Geschichte der Juden im Deutschland des späten Mittelalters und der frühen Neuzeit, 1981. (AH)

Vulgata →Hebräische Bibel, →Targum

W

Waad arba arazot →Vierländersynode

Waad Leumi (hebräisch »Nationalrat«), Exekutivorgan des →Jischuw (Knesset Israel); 1920–48 bestand der Nationalrat aus 23–42 von der Delegiertenversammlung (→Asefat Haniwcharim) gewählten Mitgliedern und wurde 1928 von der britischen Mandatsregierung offiziell anerkannt. Zusammen mit dem Direktorat der →Jewish Agency übernahm der Nationalrat die Führung der vorstaatlichen jüdischen Gemeinschaft in Palästina. 1948 wurde er von der provisorischen Regierung abgelöst. (DB/MW)

Wachenheim, Hedwig, Sozialarbeiterin, 25. 8. 1891 Mannheim – 8. 10. 1969 Hannover, 1916–22 Angestellte bei Kommunal- und Reichsbehörden; 1922–33 Regierungsrätin bei der Reichsfilmprüfstelle Berlin; seit 1913/14 SPD-Mitglied, Mitbegründerin der Arbeiterwohlfahrt, 1919–33 Redakteurin der Zeitschrift »Arbeiterwohlfahrt«,

1928–33 Mitglied des Preußischen Landtags. 1933 Emigration über Paris, Italien und England nach New York. Aktiv in sozialdemokratischen Emigrantenkreisen und Mitarbeit an einer Denkschrift für ein demokratisches Wohlfahrtswesen nach der Niederlage Hitlers. 1945–51 als Mitglied der Wohlfahrtsabteilung der amerikanischen Militärbehörden Rückkehr nach Deutschland. Memoiren: »Vom Großbürgertum zur Sozialdemokratie. Memoiren einer Reformistin« (1973).

Ⓛ C. Wickert, Unsere Erwählten. Sozialdemokratische Frauen im Deutschen Reichstag und im Preußischen Landtag, 2 Bände, 1986. (CW)

Waffenrecht. Die Juden besaßen in Deutschland vom 11. bis ins 13. Jahrhundert das Recht, Waffen zu tragen und zu führen. Kirchliche Bemühungen, den Juden dieses Recht abzusprechen (→Ivo von Chartres, Dekretale XIII, 108), setzten sich zunächst nicht durch. Während des 1. Kreuzzugs (→Kreuzzüge) verteidigten sich die Juden von →Mainz und →Worms in voller Rüstung gegen die Kreuzfahrer. In zahlreichen Städten waren die Juden verpflichtet, Burgwerk, Wachdienst und Verteidigung eines Mauerabschnitts zu übernehmen (→Rüdiger). Entsprechende Regelungen liegen u. a. für →Speyer, →Köln, Worms, Straßburg, Hameln und Erfurt vor; die tatsächliche Beteiligung an der Stadtverteidigung ist u. a. 1201 für Worms, 1252 für Köln, 1309 für Erfurt belegt. Doch wurden diese Dienste seit dem 13. Jahrhundert zunehmend durch finanzielle Leistungen abgelöst. Aus der Aufnahme der Juden in die Landfrieden seit 1103 und der damit verbundenen Anerkennung ihrer Schutzbedürftigkeit zog der Sachsenspiegel (LR II,2) um 1225 die Folgerung, daß der Friedensschutz nur bei Verzicht auf das Waffentragen galt. Von der Verpflichtung, Friedensbrecher zu verfolgen, wurden die Juden jedoch erst durch den Schwabenspiegel ausgeschlossen. Aus der Deutung der →Kammerknechtschaft als Unfreiheit folgte das Waffenverbot. (FL)

Wagner, Richard →Antisemitismus, →Bayreuth

Wajikra →Hebräische Bibel

Wakar →Josef ben Abraham ibn Wakar

Walden, Herwarth (eigentlich Georg Levin), Musiker, Kunstkritiker und Schriftsteller, 16. 9. 1878 Berlin – 31. 10. 1941 Saratow, UdSSR. Walden, der in erster Ehe (1901 bis 1911) mit E. →Lasker-Schüler verheiratet war, gründete 1910 die Zeitschrift »Der Sturm« (1910–32) und schrieb neben expressionistischen Dramen und Romanen Abhandlungen zur Theorie der neuen Kunst. 1912–21 veranstaltete er Ausstellungen expressionistischer, futuristischer und kubistischer Künstler, von denen die erste im März 1912 (»Der Blaue Reiter«) und der »Herbstsalon« 1913 die bedeutendsten waren. 1931 emigrierte Walden in die UdSSR.

Ⓛ L. Schreyer/N. Walden (Hrsg.), Der Sturm. Ein Gedenkbuch an Herwarth Walden und die Künstler des Sturmkreises, 1954. (JS)

Wallenberg, 1. Ernst, Journalist, 9. 11. 1878 Berlin – 21. 8. 1948 New York. Wallenberg stammte aus einer Danziger Rabbiner- und Gelehrtenfamilie. Studium der Zahnmedizin, Literatur und Volkswirtschaft in Berlin. Tätigkeit als Zahnarzt, Journalist und Redakteur, u. a. für das »Korrespondenzblatt für Zahnärzte«. 1903 Mitarbeit im Ullstein-Verlag. 1904–06 Aufenthalt in den USA. Rückkehr als Korrespondent des Hearst-Verlags. Seit 1909 erneut Tätigkeit für den Ullstein-Verlag. Im Ersten Weltkrieg Presseoffizier und Herausgeber der »Wilnaer Zeitung«. Danach Redakteur bei der »Berliner Morgenpost« und »BZ am Mittag«. 1922–25 Chefredakteur der Auslandsausgabe der »Vossischen Zeitung«, 1925–30 Chefredakteur der »BZ am Mittag«. Führte mit »Tempo« den Typ des Nachmittags-Boulevardblattes ein und war außerdem Herausgeber von Sprachbüchern (»1000 Worte Englisch«). Nach der Machtergreifung der Nationalsozialisten mußte Wallenberg wegen seiner jüdischen Herkunft aus dem Verlag ausscheiden. 1938 Flucht über Italien in die USA. (RED)

2. Hans, Sohn von E. →Wallenberg, Redakteur, 17. 11. 1907 Berlin – 13. 4. 1977 Berlin. 1926–28 Studium der Philosophie und Rechtswissenschaft, anschließend Redakteur im Ullstein-Verlag. 1932/33 Redakteur der Filmzeitschrift »Lichtbildbühne«. 1935–37 Druckereiangestellter, danach Emigration über die Tschechoslowakei in die USA. Mitbegründer und Teilhaber einer Übersetzungsfirma. Seit 1942 in der US-Armee, kam mit der kämpfenden Truppe als Major 1945 nach Deutschland. 1945–47 Chefredakteur der amerikanischen Besatzungszeitung »Allgemeine Zeitung« und »Neue Zeitung« (NZ). Danach Tätigkeit bei der Info-Abteilung des US-

Außenministeriums und Gründung des New Yorker Büros des Springer Auslandsdienstes. In Berlin Generalbevollmächtigter Axel Springers für den Ullstein-Verlag, Leiter der Buchverlage Ullstein und Propyläen. 1964–67 geschäftsführender Redakteur der »Welt«. Danach persönlicher Berater von Axel Springer. 1976 Mitbegründer der »Gesellschaft für ein jüdisches Museum« in Berlin. (RED)

3. Raoul, schwedischer Diplomat, 1912 Stockholm – 1945 (in Ungarn verschollen); entstammte einer Bankiersfamilie. Als diplomatischer Abgesandter arbeitete Wallenberg 1944 in Ungarn mit dem Roten Kreuz zusammen, um Juden vor dem Terror des Nationalsozialismus zu retten. Insgesamt etwa 15 000 ungarische Juden verdanken Wallenbergs Mission ihr Leben. Seit seinem Besuch bei Marschall Malinowskij, dem Eroberer von Budapest (16. 1. 1945), gilt Wallenberg als verschollen. Laut Gerüchten soll Wallenberg noch 1960 in einer russischen Nervenklinik gelebt haben, in die er verschleppt worden war. Sein Schicksal ist bis heute ungeklärt. Im Februar 1989 wurde an der Universität Uppsala ein »Raoul Wallenberg Project« ins Leben gerufen, das »oral history«-Dokumente über die Rettungsaktion archiviert. (WJ)

Wallfahrtsfeste, jüdische →Feste

Walter, Bruno, Dirigent und Pianist, 15. 9. 1876 Berlin – 17. 2. 1962 Beverly Hills, Kalifornien. Seit 1893 als Dirigent in Köln, Hamburg, Breslau, Riga und Berlin tätig. 1901 holte ihn G. →Mahler an die Wiener Hofoper. Hier dirigierte Walter u. a. die Uraufführung von Mahlers »Lied von der Erde«. 1913–22 war Walter Generalmusikdirektor der Münchner Oper, danach vorübergehend Gastdirigent bei den New Yorker Philharmonikern, 1925–29 Generalmusikdirektor der Städtischen Oper, 1929–33 Gewandhauskapellmeister in Leipzig. Im März 1933 verhinderten die Nationalsozialisten Walters Konzerte in Leipzig und Berlin. Walter wurde entlassen, weil er Jude war, und ging noch 1933 ins Exil nach Österreich. Hier war er 1936–38 Direktor der Wiener Staatsoper. Nach dem »Anschluß« floh Walter nach Frankreich, wo er 1938 französischer Staatsbürger wurde. 1939 Übersiedlung nach Amerika. 1941–45 dirigierte Walter an der Metropolitan Opera. Von 1947 bis 1949 war Walter künstlerischer Berater der New Yorker Philharmoniker, danach auch wieder Konzertreisen in Europa. 1946 erschien seine Autobiographie »Theme and Variations« (deutsch 1947). (WJ)

Bruno Walter

Wanderungen. Die Geschichte der Juden ist seit ihren Anfängen eine Geschichte der Wanderungen. Handelte es sich in vorbiblischer Zeit um typische Nomadenwanderungen, so hatte die Wanderung nach Ägypten wirtschaftliche Motive (Mißernten, Hungersnöte). Die Rückwanderung aus Ägypten (»Exodus«) in das verheißene Land (um 1300 v. Z.) mit ihrer 40jährigen Wüstenwanderung war Folge von Unterdrückung während der ägyptischen Gefangenschaft. In der Zeit der Richter und Könige folgte eine Periode der Seßhaftigkeit, der Konsolidierung des Volkes und der nationalen Blüte, die durch die Deportationen 734 und 722 nach Assyrien und 597 und 586 nach Babylonien beendet wurde. Die babylonische Gefangenschaft ging 537 mit der Rückkehr eines Teils der Juden in die judäische Heimat zu Ende. Unter Esra und Nehemia erstarkte das palästinische Judentum wieder, doch gab es auch in dieser Zeit Gemeinden in Ägypten, Kleinasien und Griechenland. Mit dem Untergang ihres Staates (70 n. Z.) wurden die Juden von den Römern aus ihrer Heimat vertrieben und leben seither zerstreut unter vielen Völkern in aller Welt. Eine Blütezeit des Judentums in der →Diaspora war die Epoche vom 11. bis zum 14. Jahrhundert in →Spanien. Durch die zunehmend antijüdische Politik der Päpste seit dem 11. Jahrhundert verschlechterte sich jedoch die Lage der Juden in Europa einschneidend. Judenabzeichen, →Inquisition, Ausschluß von Grundbesitz, Berufsverbote, Sondersteuern, Errichtung von Judenvierteln (→Ghettos), →Zwangstaufen, Folterungen, →Pogrome, Ausweisungen und →Vertreibungen waren Maßnahmen, die häufig aus Gründen der Sanierung der Staatsfinanzen durch Einziehung der zurückgelassenen Vermögen und Schuldtilgungen erfolgten. Außer aus Spanien wurden die Juden u.a. aus →Portugal, →Großbritannien, →Frankreich und →Sizilien vertrieben. Aus Deutschland, wo Juden seit der Römerzeit lebten, erfolgte die erste Massenauswanderung seit der Zeit der →Kreuzzüge überwiegend nach Osteuropa. Die →Pestverfolgungen des 14. Jahrhunderts bildeten den Beginn der Vertreibungen von Juden aus Deutschland nach Osten. Nach den →Chmielnicki-Pogromen im 17. Jahrhundert wanderten viele Juden →Polens vor allem nach Westeuropa aus. Die moderne jüdische Migration begann in Osteuropa infolge der Pogrome in den 1880er Jahren. Bis 1914 hatten etwa 2,5 Mill. →Ostjuden gezwungenermaßen ihre Heimat verlassen. Hauptziel waren die Vereinigten Staaten von Amerika (etwa 80 Prozent). Seit der Emanzipationszeit im frühen 19. Jahrhundert bis zur Reichsgründung 1871 emigrierten etwa 150000–200000 Juden aus Deutschland in die USA. Vor den nationalsozialistischen Gewaltmaßnahmen (→Holocaust) konnten sich insgesamt etwa 280000 deutsche Juden durch Auswanderung vor allem in die USA und nach Palästina retten. Über die Hälfte mußte ihre ersten Zufluchtsplätze in Europa und dem Fernen Osten während des Zweiten Weltkriegs wieder verlassen oder wanderten in andere Länder weiter, wenn die Einwanderungsquote dies zuließ oder Visa zur Verfügung standen. Infolge fast ununterbrochener Verfolgungen sind die Juden einer ständigen Wanderung unterworfen, die erst durch die Errichtung des Staates Israel 1948 zurückgegangen ist. Nach dem Zweiten Weltkrieg wanderten die osteuropäischen Juden (vor allem aus der →Sowjetunion) in die USA und nach Israel aus, seit den 50er Jahren auch die Juden aus den nordafrikanischen und orientalischen Staaten. Die unfreiwilligen Wanderungen hatten stets religiöse, wirtschaftliche, politische und soziale Ursachen. In den Vorstellungen vieler Menschen verfestigte sich dadurch das Bild von dem zum ewigen Wandern verdammten Juden, dem →Ahasverus. Die Zwangswanderungen hatten unterschiedliche Formen: Deportationen, Vertreibungen bzw. Ausweisungen, Flucht aus wirtschaftlicher Not, vor Pogromen oder wegen rassistischer Verfolgungen. Daneben stehen freiwillige Wanderungen aus religiös-nationalen Gründen und national-jüdischen bzw. zionistischen Motiven. Jahrhundertelange Bedrohungen durch Ausweisungs- und Vertreibungspolitik verhinderten Seßhaftigkeit und Verwurzelung der Juden. Sie ergriffen infolge obrigkeitsstaatlichen Zwangs mobile Berufe; auf den Erwerb von Grundbesitz mußten sie häufig verzichten. Juden waren nicht aus Tradition oder besonderer abstrakter Begabung Träger der Geldwirtschaft und des Handels, sondern aufgrund ihrer Interterritorialität und der dadurch bedingten Beziehungen und Organisationsmöglichkeiten. Die weltwirtschaftliche Bedeutung der Juden ist somit ein zwangsläufiges Produkt ihrer Wanderungen.

[L] W. W. Kaplan-Kogan, Die Wanderungen der Juden, 1913. – W. W. Kaplan-Kogan, Die jüdischen Wanderungen in der neuesten Zeit (1880–1914), 1919. – J. Neuberger, Die Hauptwanderungen der Juden seit 1914, Dissertation, 1927. (LH)

Wandsbek. Die Besitzer des im Herzogtum Holstein gelegenen adligen Guts Wandsbek erteilten im letzten Viertel des 16. Jahrhunderts aschkenasischen Juden das Niederlassungsrecht; 1621 lebten vier jüdische Familien, 1648 acht Familien in Wandsbek. Die Privilegien der kleinen Gemeinde, die sich am 29. 7. 1671 mit den Gemeinden von →Altona und →Hamburg konföderiert und sich damit dem Altonaer Oberrabbiner unterstellt hatte, entsprachen denen von Altona. Zu Beginn des 18. Jahrhunderts zogen viele Wandsbeker Juden nach Hamburg. Mit der von der französischen Besatzungsmacht am 26. 4. 1812 dekretierten Auflösung des Dreigemeinde-Verbands Altona-Hamburg-Wandsbek schlossen die in Hamburg ansässigen Mitglieder sich mit den übrigen Hamburger Juden zur »Deutsch-Israelitischen Gemeinde« zusammen.

[L] A. Herzig (Hrsg.), Die Juden in Hamburg 1590–1990, 1991. – A. Louven, Die Juden in Wandsbek 1604–1940, 1989.

(JÖD)

Wannseekonferenz, Konferenz in Berlin am 20. 1. 1942, benannt nach ihrem Tagungsort, einer Villa in der Straße Am Großen Wannsee 56–58 (→Wannseevilla). Der Zweck der Konferenz bestand darin, die geplanten Maßnahmen der nationalsozialistischen Machthaber zur →Endlösung der Judenfrage zu koordinieren. Die Aktion sollte unter strikter Geheimhaltung durchgeführt werden, um eine Beunruhigung der Bevölkerung zu vermeiden. Anwesend waren Vertreter des Ministeriums für die Ostgebiete, des Innenministeriums, des Amtes des Generalgouvernements der besetzten polnischen Gebiete und ein Vertreter des Auswärtigen Amtes. Leiter der Konferenz war der Chef der Sicherheitspolizei und des SD, Reinhard Heydrich, das Protokoll führte Adolf Eichmann. Im Protokoll heißt es u. a.: »Unter entsprechender Leitung sollen im Zuge der Endlösung die Juden in geeigneter Weise im Osten zum Arbeitseinsatz kommen. In großen Arbeitskolonnen, unter Trennung der Geschlechter, werden die arbeitsfähigen Juden straßenbauend in diese Gebiete geführt, wobei zweifellos ein Großteil durch natürliche Vernichtung ausfallen wird. Der allfällig endlich verbleibende Restbestand wird, da es sich bei diesem zweifellos um den widerstandsfähigsten Teil handelt, entsprechend behandelt werden müssen [...]. Abschließend wurden die verschiedenen Arten der Lösungsmöglichkeiten besprochen.« Für die Durchführung zuständig war der Reichsführer SS Heinrich Himmler, als Auftraggeber fungierte Hermann Göring, der bereits in einem »Gesamtentwurf« vom 31. 7. 1941 einen Plan für die »Endlösung« definiert hatte. Details über die »Lösungsmöglichkeiten« wurden im Protokoll nicht festgehalten. Eichmann, der für die »organisatorische Abwicklung« des Endlösungsplans verantwortlich war, hat im Jerusalemer Prozeß (1961) ausgesagt, daß mit den »Lösungsmöglichkeiten« die Organisation von Massenmord gemeint war. Im Jahr 1966 gründeten Gelehrte und Publizisten in dem Gebäude, in dem die Wannseekonferenz stattgefunden hatte, das »Internationale Dokumentationszentrum zur Erforschung des Nationalsozialismus und seiner Folgeerscheinungen«. Im Oktober 1990 wurde der Trägerverein für eine Gedenkstätte »Haus der Wannseekonferenz« gegründet, wo eine Dauerausstellung und regelmäßige Konferenzen stattfinden sollen. (LM/WJ)

Wannseevilla, Villa Minoux, Am Großen Wannsee 56–58, Ort der →Wannseekonferenz. Das Gebäude diente nach der Befreiung 1945 bis in die 80er Jahre als Schullandheim eines West-Berliner Bezirks. Der Historiker Joseph Wulff (1912–1974) hatte schon in den 60er Jahren den Aufbau eines Dokumentationszentrums an diesem Ort gefordert. Lehnte der Senat 1967 noch die Einrichtung einer solchen Institution ab, so wurde schließlich 1989 entschieden, in der Villa eine Gedenkstätte und ein Begegnungszentrum zu etablieren; 1990 wurde ein Trägerverein gegründet, dem u. a. die Jüdische Gemeinde zu Berlin, der Zentralrat der Juden in Deutschland sowie das Deutsche Historische Museum angehören. Im Januar 1992 konnte die Begegnungs- und Gedenkstätte Wannseevilla ihre Arbeit aufnehmen. Neben einer Dauerausstellung zur Geschichte des Judenmords wurde eine Bibliothek eröffnet. Zum Programm der Institution gehören außerdem seminarähnliche Veranstaltungen zur politischen Bildungsarbeit. (AN)

Warburg, 1. Hamburger Bankiersfamilie, Vorfahren aus Italien, im 16. Jahrhundert als Geldwechsler und Pfandleiher in Kassel und Warburg vergeleitet. 1668 Übersiedlung nach Altona. Mit dem 1675 im Hamburg-Altonaer Memorbuch genannten Joseph Warburg beginnt die Hamburger Traditionslinie der Familie, die in der Geschichte der jüdischen Gemeinde, aber auch der Wirtschaft, der Wissenschaft, der Kultur und des sozialen Lebens dieser Stadt große Bedeutung erlangt hat. Samuel Warburg begründete das noch heute in Familienbesitz befindliche Bankhaus M. M. Warburg und Co. Dem Hamburger Familienzweig entstammte der bedeutende Kunstwissenschaftler Aby Warburg (13. 6. 1866 Hamburg – 26. 10. 1929 Hamburg), dessen Privatbibliothek jetzt als Warburg-Institut Teil der Universität London ist.

🄻 P. Dölling, Familie Warburg, in: I. Warburg Spinelli, Die Dringlichkeit des Mitleids und die Einsamkeit, nein zu sagen, 1990. – E. Rosenbaum, M. M. Warburg und Co. Merchant Bankers of Hamburg, in: Year Book Leo Baeck Institute 7, 1962. (AH)

2. Felix Moritz, Bankier und Philanthrop, 14. 1. 1871 Hamburg – 20. 10. 1937 New York; Sohn der deutsch-jüdischen Hamburger Bankiersfamilie →Warburg; ab 1895 Teilhaber des Bankhauses Kuhn, Loeb & Co. Hervorragende Beiträge zur allgemeinen Kultur und Bildung einschließlich der Teilnahme an der Entwicklung der Juilliard School of Music und des New Yorker Philharmonischen Orchesters; 1914–32 Vorsitzender des →American Jewish Joint; 1917 Mitbegründer und später führende Persönlichkeit der jüdischen philanthropischen Gesellschaften von New York City; als Förderer höherer jüdischer Erziehung unterstützte Warburg das →Hebrew Union College und das →Jewish Theological Seminary. Zusammen mit L. →Marshall trug er zur Öffnung der Jewish Agency (Sochnut) für die Mitarbeit von Nichtzionisten beim Aufbau einer jüdischen Heimstätte in Palästina bei. (CL)

Warschau (Warszawa). Erste jüdische Niederlassungen wahrscheinlich im 14. Jahrhundert, nachgewiesen seit 1414. 1421 lebten die etwa 120 Juden in der heutigen Altstadt. 1454 auf die Agitation des →Johannes von Capestrano zurückzuführende Judenverfolgungen. Die Verfolgungen von 1483 endeten mit der Vertreibung der Juden aus Warschau. Die Stadt erhielt das Privileg »De non tolerandis judaeis«. Seit Warschau 1569 zum Sitz des Sejm wurde, durften sich Juden während seiner Tagungszeit in der Stadt aufhalten und Handel treiben. Im 18. Jahrhundert erkauften sich mehrere hundert jüdische Familien die Erlaubnis, in Warschau zu wohnen. Versuche, am Stadtrand jüdische Siedlungen zu errichten (1775, 1784), scheiterten am Widerspruch der Bürger. 1795–1806 war Warschau preußisch, und viele deutsche Juden ließen sich hier nieder. Zur selben Zeit erschienen in der Stadt die ersten Anhänger des →Chassidismus. 1796 wurde den in Warschau bereits lebenden Juden das Wohnrecht erteilt, die später hinzugezogenen mußten als Fremde eine Tagesgebühr zahlen. Die Gründung des Herzogtums Warschau (1807–15) durch Napoleon brachte den Juden die bürgerliche Gleichberechtigung, auf Proteste des Bürgertums, des Adels und der Chassidim wurde sie auf zehn Jahre suspendiert; wegen der Auflösung des Herzogtums gelangte sie nie zur Wirkung. 1816–1914 gehörte Warschau zu dem von Rußland aus regierten Königreich Polen. Die Warschauer Juden beteiligten sich an den patriotischen Demonstrationen (1861) und Aufständen (1831, 1863) gegen die Russen. 1861 spielte dabei Rabbiner D. B. →Meisels eine hervorragende Rolle. Nach den Pogromen in Südrußland (1881) gehörte Warschau zu den bevorzugten Einwanderungszielen. Juden stellten bis zu 40 Prozent der Einwohnerschaft. Seit 1919 war Warschau Hauptsitz der jüdischen Parteien und Verbände: der Zionisten, der orthodoxen »Schlome emune jisroel« und der Agudat Israel (beide spielten in der Zwischenkriegszeit eine entscheidende Rolle in der Warschauer Gemeinde) sowie der Linken (→Bund, Sejmisten, Vereinigte). Die Gemeinde unterhielt mehrere jüdische Volks-, Fach- und höhere Schulen, verfügte über eine Bibliothek mit etwa 30000 Bänden, ein Museum, ein Archiv, Wohlfahrtseinrichtungen, Theater und mehrere Synagogen. 90 Prozent aller Kaufleute und Handwerker in Warschau waren in den 20er Jahren Juden. Nach der Besetzung der Stadt 1939 durch deutsche Truppen wurde am 29. September der »Judenrat« berufen, an dessen Spitze A. →Czerniaków stand. Im April 1940 entstand das Ghetto, seit November 1940 von der restlichen Stadt abgeriegelt, in dem etwa 400000 bis 500000 Juden aus Warschau und Umgebung, später auch aus dem Ausland eingeschlossen wurden. Etwa 100000 Personen starben 1942 an Hunger und Epidemien. Im Ghetto wirkten zionistische Untergrundorganisationen, erschienen Untergrundzeitungen (»Dewor«, »Neged ha Zerem«, »El Al«). Im Juni 1942 begannen die Deportationen in die Vernichtungslager (täglich 5000 bis 13000 Menschen). Am 22. Juli des Jahres wurden in einer großen »Aktion« etwa 400000 jüdische Intellektuelle, Künstler, Lehrer und Kinder deportiert. Im Ghetto blieben nicht mehr als 60000 Juden. Am 28.7.1942 wurde die Jüdische Kampforganisation Żydowska Organizacja Bojowa (Ż. O. B.) gegründet, die von Mordechaj Anielewicz, Yitzhak Zuckerman, Herz Berliński, Marek Edelman, Żywia Lubetkin u.a. geleitet wurde. Im Januar 1943 setzten erneut Massendeportationen nach Treblinka ein. Am 19.4.1943 begann der Kampf um das Ghetto. Nach der Niederlage wurden die überlebenden Juden in die Vernichtungslager deportiert. An das Leben der Juden in Warschau und an den Ghetto-Aufstand erinnern u.a. eine ständige Ausstellung, eine umfangreiche Bibliothek sowie ein Archiv im »Żydowski Instytut Historyczny« in Warschau (→Dokumentationszentren). 1997 lebte die Mehrzahl der etwa 8000 polnischen Juden in Warschau. In den 90er Jahren wurden ein jüdischer Kindergarten, eine Grundschule und das Jiddische Kaminska Theater eröffnet. Das Jiddische Theater ist das einzige mit regulärem Spielbetrieb weltweit. Die meisten Schauspieler sind keine Juden, und die Zuschauer können über Kopfhörer den Aufführungen in Polnisch folgen. Außerdem erscheinen einige jüdische Publikationen, darunter Jidele (für Jugendliche) und Dos Yiddishe Wort (in Polnisch und Jiddisch). (AGR)

Jahr	Juden	Gesamteinwohnerschaft
1421	120	
1813	8000	
1864	72000	
1882	129000	386228 (33,40%)
1887	155558	436284 (35,66%)
1897	212892	601560 (35,39%)
1910	306061	781167 (39,18%)
1985	2000	

Wassermann, Jakob, deutscher Erzähler, 10.3.1873 Fürth – 1.1.1934 Altaussee, Österreich. Hauptthema seines Werks ist das Problem der deutsch-jüdischen Identität. Bereits der erste Roman, »Die Juden von Zirndorf« (1897), wurde von diesem Thema – wenn auch in chaotisch-expressivem Gewand – ganz beherrscht, und am Ende des Lebenswerks stand der Plan zu einem Ahasver-Roman (1933) als Ausdruck vergeblicher Bemühung um die deutsch-jüdische Synthese. Wassermann war zweifellos ein Exponent der Assimilation; aber er wurde dabei keineswegs von Selbsthaß bestimmt. so sehr er auch unter seiner Doppelidentität als Deutscher und Jude gelitten hat (»Mein Weg als Deutscher und Jude«, 1921), sondern von dem Bewußtsein, daß auch nach der Integration jüdische Traditionen und ein »orientalisches« Temperament als Aktiva in die deutsche Gesamtkultur eingebracht werden könnten (»Der Jude als Orientale«, 1913). Angesichts der jahrtausendealten Leiden des jüdischen Volkes (»Das Los der Juden«, 1904) sei es die Pflicht des jüdischen Schriftstellers, an der Humanisierung der Gesellschaft mitzuwirken; von daher wird die Dominanz des Themas der Gerechtigkeit bei Wassermann verständlich. Judentum und Gerechtigkeit waren für Wassermann – trotz typischer assimilatorischer Vorbehalte gegenüber den Ostjuden – unauflöslich miteinander verbunden; in der ambivalenten Figur Warschauer-Waremmes (»Der Fall Maurizius«, 1928) laufen alle Argumentationsstränge zusammen, die den Autor bis dahin unter dem Aspekt des jüdischen Schicksals beschäftigt hatten. Warschauer vollzieht den typischen Weg des Ostjuden nach Westen – über Deutschland nach Amerika –, aber er kehrt geläutert in den Osten zurück. So wird am Ende gleichsam versöhnt, was zu Beginn unversöhnbar schien – freilich nicht ohne die immer deutlich spürbare Drohung durch einen Rassenwahn, dessen terroristische Konsequenz Wassermann nur durch seinen frühen Tod entrann.

Ⓛ D. Rodewald (Hrsg.), Jakob Wassermann. Ein Weg als Deutscher und Jude, 1984. (HH)

Wecelin, Kaplan eines Herzogs Konrad, 11. Jahrhundert. Wecelin trat vor 1012 zum Judentum über und verfaßte eine polemische Schrift gegen das Christentum, mit deren Widerlegung Kaiser →Heinrich II. einen Geistlichen namens Heinrich beauftragte. Laut diesem hatte Wecelin unter Berufung auf Texte des AT die Gottessohnschaft Jesu bestritten, die Fortdauer der Verheißungen an Israel vertreten und die christliche Heiligenverehrung kritisiert. Wecelin ist der erste einer Reihe prominenter Proselyten des 11. Jahrhunderts, unter ihnen Bischof Andreas von Bari und Obadjas der Normanne. N. Golb identifiziert Wecelin als einen Proselyten, der nach einem in Jerusalem aufbewahrten Dokument aus der →Genisa der Synagoge von Fostat (Kairo) eine Empfehlung für Fostat erhielt.

Ⓛ N. Golb, A Proselyte (hebräisch), Sefunot 8, 1964. (FL)

Weichmann, Herbert, Jurist und Politiker (SPD), 23.2.1896 Landsberg, Oberschlesien – 9.10.1983 Hamburg. Kriegsfreiwilliger im Ersten Weltkrieg. 1920 Eintritt in die SPD. Während des Studiums Korrespondent u.a. der, »Vossischen Zeitung« und der »Frankfurter Zeitung«, 1927–33 im preußischen Staatsdienst. 1933 Emigration nach Frankreich, später in die USA, wo er als Wirtschaftsprüfer arbeitete. 1948 Rückkehr, 1949–57 Präsident des Hamburgischen Rechnungshofs, 1957–65 Hamburger Senator für Finanzen, 1961–74 Mitglied der Hamburger Bürgerschaft. 1965 bis 1971 Erster Bürgermeister der Freien und Hansestadt Hamburg. Der Fachmann für Finanzpolitik und »preußische Hanseat« lehnte die wiederholt angebotene Empfehlung für das Bundespräsidentenamt ab. Er glaubte, als Jude in diesem Amt innenpolitisch sowie in den Beziehungen zur arabischen Welt Belastungen hervorzurufen.

Ⓛ W. Uellner, Herbert Weichmann, in: Hamburger Biographien. Band 17, 1974. – E. Weichmann, Zuflucht Jahre des Exils, 1983. (EP)

Weichselbaum, Alfred, Kaufmann und Verbandsfunktionär, 24.10.1922 Frankfurt am Main – 8.2.1984 Frankfurt am Main. Organisierte nach seiner Flucht in Belgien, Holland und Frankreich Kinderhilfstransporte, 1942 Deportation ins KZ. 1945 Rückkehr und Mitbegründung der Jüdischen Gemeinde Frankfurt; langjähriges Mitglied im →Zentralrat der Juden in Deutschland, seit 1975 im Verwaltungsrat; 1979–84 Direktor der →Zentralwohlfahrtsstelle er deutschen Juden, wo er 1980 eine besondere Hilfsaktion für Juden in Polen initiierte.. (EP)

Weidenfeld, Lord Arthur George, Verleger, 13.9. 1919 Wien. Studium in Wien. 1938 Emigration nach England. 1939–46 bei der BBC, bis 1942 Abhördienst. Außerdem Dozent am Royal Institute for International

Affairs. Tätigkeit als Herausgeber und Verleger. 1949/50 politischer Berater des israelischen Staatspräsidenten Weizmann. Aktiv in verschiedenen britisch-israelischen Gesellschaften. Autobiographie: »Von Menschen und Zeiten« (1995). (RED)

Weil, 1. Bruno, Rechtsanwalt, Politiker, Publizist, 4.4.1883 Saarlouis – 11.11.1961 New York. 1910–19 in Straßburg. Hauptvorstandsmitglied und ab 1927 einer der stellvertretenden Vorsitzenden im →Centralverein deutscher Staatsbürger jüdischen Glaubens und im →Kartell-Convent in Berlin. 1932 Kandidat der Deutschen Demokratischen Partei für den Reichstag. 1935 Emigration über Frankreich nach Argentinien, 1940 in die USA. In New York führend in einigen Hilfsorganisationen. Gründer und Präsident der Jewish Axis Victims League, New York. Hauptwerke: »Elsass-Lothringen und der Krieg« (1914), »Die jüdische Internationale« (1924), »Der Prozeß des Hauptmanns Dreyfus« (1930), »Glück und Ende des Generals Boulanger« (1932), »Der Weg der deutschen Juden« (1934), »Durch drei Kontinente« (1948), »2000 Jahre Cicero« (1962). (LH)

2. Simone, Philosophin, 3.2.1909 Paris – 24.8.1943 Ashford, England. Weil stammte aus einer großbürgerlichen und vollkommen assimilierten jüdischen Familie. Nach brillanten Studien der Philosophie bei Alain engagierte sich Weil als Linkssyndikalistin und gab 1934 vorübergehend ihren Lehrberuf auf, um in der Fabrik zu arbeiten. 1936 kämpfte sie auf der Seite der republikanischen Truppen im Spanischen Bürgerkrieg. In dieser Zeit näherte sie sich dem Christentum. Im Herbst 1938 hatte sie ein mystisches Christuserlebnis. Nach dem Einfall der Deutschen in Frankreich setzte sie sich mit ihren Eltern erst nach Südfrankreich und im Mai 1942 in die USA ab, kehrte jedoch bald nach Europa zurück, um sich der Résistance anzuschließen. In radikaler Askese starb sie den Hungertod. Ihre wichtigsten religiösen Schriften sind erst nach dem Krieg (seit 1947) erschienen und haben starken Anklang gefunden. Weils sublime Auffassung von der spirituellen Gottes- und Nächstenliebe trägt gnostische Züge und ist mit einem heftigen Antijudaismus verbunden, so z.B. in der Schrift »Israel und die Heiden« (1940 bis 1942). Weil hatte auch ein gespaltenes Verhältnis zur katholischen Kirche, der sie nie beitrat, und betrachtete ihr spirituelles Versagen als Folge jüdischen Einflusses.

🄻 P. Giniewski, Simone Weil ou la haine de soi, Paris 1978. – H. R. Schlette/A. A. Devaux, Simone Weil. Philosophie, Religion, Politik, 1985. (DK)

Kurt Weill

Weill, Kurt, Komponist, 2.3.1900 Dessau – 3.4.1950 New York. Weill war der Sohn eines Kantors und Komponisten synagogaler Musik. Nach dem Studium bei Humperdinck und Busoni sowie ersten Kompositionen von Instrumental- und Vokalwerken wandte er sich der Oper zu. Seine beiden ersten Werke, die Einakter »Der Protagonist« (1926) und »Der Zar läßt sich photographieren« (1928), entstanden in Zusammenarbeit mit dem Dramatiker Georg Kaiser. Durch die Begegnung mit Bertolt Brecht und dessen Ideen von einem »epischen Theater« geriet das Schaffen Weills mehr und mehr in die Richtung einer Sozialkritik, zu deren musikalischer Unterlegung er auf die Ausdrucksformen des Jazz, der Moritat, der Ballade und des Chansons zurückgriff, ohne indes das Feld der Kunstmusik zu verlassen. Unter diesem Aspekt sowie durch die Verwendung ruckhafter Harmoniewechsel und polyphoner Anklänge erzielte Weill mit der 1928 in Berlin uraufgeführten »Dreigroschenoper« (nach J. Gays »The Beggar's Opera« in der Bearbeitung von B. Brecht) einen weit über die Grenzen Deutschlands reichenden Erfolg. Die darin enthaltenen Songs (»Und der Haifisch, der hat Zähne«, »Seeräuberjenny« u.a.) wurden zu Evergreens. Als Jude und als Komponist heftig angefeindet, emigrierte Weill 1933 zunächst nach Paris, wo er in Zusammenarbeit mit Brecht das heute noch oft aufgeführte Ballett »Die sieben Todsünden der Kleinbürger« schrieb, dann 1935 nach New York. 1943 wurde er US-amerikanischer Staatsbürger. Insgesamt liegen von Weill 29 Bühnenwerke vor, darunter außer den bereits angeführten: »Aufstieg und Fall der Stadt Mahagonny« (1930). »Knikkerbocker Holiday« (1938), »Lady in the Dark« (1941), »One Touch of Venus« (1943) und, weniger bekannt, das biblische Musikdrama »The Eternal Road«, Libretto von F. →Werfel (1937). Weills Kunst, Stilelemente populärer Musikformen mit unsymmetrischen Phrasen, ungeschliffener Instrumentierung und brillanter melodisch-harmonischer Individualität zu verbinden, wird von der traditionellen Musikwissenschaft unterbewertet. (AS)

Wein (hebräisch »Jajin«). In der Bibel gilt der Weinstock als Symbol der Fruchtbarkeit (Ps 128,3), des Reichtums (Gen 49,11) und des Friedens (1 Kön 5,5). Der Wein spielt aufgrund dieser Eigenschaften eine zentrale Rolle im kulturellen jüdischen Ritus. So sollen die religiösen Zeremonien wie der →Kiddusch und die →Hawdala am Sabbat mit Wein zelebriert werden (Pes 105b bis 106a). Am Sederabend werden vier Becher Wein getrunken, zwei an Hochzeiten und ein Becher bei einer Beschneidung. In der talmudischen Literatur werden die Tora, Jerusalem, das Volk Israel und der Gerechte mit dem Wein, als dem Sinnbild des Guten. verglichen; der Wein nimmt daher in der messianischen Zeit eine besondere Rolle ein (vgl. Ber 34b). Wein aus nichtjüdischer Produktion (»Götzenopferwein«) war zum Genuß verboten. Nach orthodoxer Praxis wird auch heute für liturgische Zwecke ausschließlich »koscherer« Wein aus jüdischem Anbau verwendet. (RED)

Weinberger, Jaromir, Komponist, 8. 1. 1896 Prag – 8. 8. 1967 St. Petersburg, Florida, USA. Studierte am Prager Konservatorium und eine kurze Zeit bei Max Reger in Leipzig. Reiste 1922 in die USA, wo er bis 1923 am Ithaca College Komposition lehrte. Nach Europa zurückgekehrt, lebte er als freier Komponist in Prag und Baden bei Wien, bis er vor den Nationalsozialisten nach Paris fliehen mußte; 1939 siedelte er dann in die USA über. Weinberger wurde durch seine in 17 Sprachen übersetzte Oper »Schwanda der Dudelsackpfeifer« (1927) weltberühmt, in der er volkstümliche Melodien mit glänzender Instrumentation umkleidete. In allen seinen Werken, so auch in dem in den USA häufig auf den Konzertprogrammen erscheinenden Orchesterwerk »Under the Spreading Chestnut Tree« (1941), zeigt sich der Einfluß tschechischer und südslawischer Folklore sowie synagogaler Gesänge. Auch der Einfluß seiner Vorbilder, der Komponisten Smetana und Dvořak, ist unüberhörbar. (AS)

Weininger, Otto, antisemitischer Philosoph, 3. 4. 1880 Wien – 4. 10. 1903 Wien (Freitod). Weininger war Sohn eines jüdischen Goldschmieds. Am Tag seiner Promotion mit einer Arbeit über die Bisexualität (21. 7. 1902) konvertierte Weininger zum Protestantismus. Im Sommer 1903 veröffentlichte er eine (besonders um das 13. Kapitel: »Das Judentum«) erweiterte Fassung seiner Dissertation unter dem Titel »Geschlecht und Charakter«. Kurz danach beging er im Beethovenhaus Selbstmord. Sein Werk erlebte bis 1904 sechs, bis 1923 28 Auflagen und wurde in viele Sprachen übersetzt (hebräisch 1953). Es wurde zum Kultbuch des faschistischen Männlichkeitskults. Weininger entwickelte aus einer Wilhelm Fließ und S. →Freud entlehnten Typologie der menschlichen Bisexualität eine manichäische Weltanschauung vom Kampf der Geschlechter. Der Mann wird nach Weininger als Inbegriff der Sittlichkeit im Sinne I. →Kants, der Ordnung und der Form vom Weib als Inbegriff der Sinnlichkeit, des Chaos und der Materie verführt und erniedrigt. Nur eine Beendigung der sexuellen Geschlechterbeziehung kann das gute männliche Prinzip vor der Verunreinigung retten. Dem Kampf der Geschlechter entspricht nach Weininger, der hier an die Spätschriften Richard Wagners anknüpft, der Kampf der Arier gegen das Judentum, das für ihn ebenfalls Inbegriff des unsittlichen Materialismus ist. Weiningers asketischer Reinheitswahn hat Moralisten wie K. →Kraus, Ludwig Wittgenstein und A. →Schönberg im Fin de siècle angezogen, aber auch auf Adolf Hitler und Benito Mussolini gewirkt.

🄻 T. Lessing, Der jüdische Selbsthaß, 1930 (Neudruck 1984). – H. Kohn, Karl Kraus, Arthur Schnitzler, Otto Weininger. Aus dem jüdischen Wien der Jahrhundertwende, 1962. (DK)

Weiß, Ernst, Arzt und Schriftsteller, 28. 8. 1884 Brünn – 15. 6. 1940 Paris (Freitod). Lebte in Prag und Wien, seit 1922 in Berlin, Emigration nach Paris 1933. Das Gesamtwerk Weiß' ist seit dem ersten Roman, »Die Galeere« (1913), von seinem Arztberuf bestimmt, aber auch von seiner Freundschaft mit Kaffka (»Franziska« 1916). Weiß wandte sich vom Expressionismus (»Tiere in Ketten« 1918) zu einem psychologischen Realismus (»Die Feuerprobe«, 1923, 1929; »Männer in der Nacht« 1925). Die Protagonisten der letzten Romane leiden unter einer extremen Vaterbindung; mit einer typischen jüdischen Zähigkeit, die Weiß auch seinen christlichen Zentralgestalten aufoktroyierte, überwinden sie die Feindlichkeit der Umwelt (»Georg Letham, Arzt und Mörder«, 1931; »Ich – der Augenzeuge«, 1963 posthum veröffentlicht). (MP)

Weiss, Peter, Schriftsteller, 8. 11. 1916 Nowawes bei Berlin – 10. 5. 1982 Stockholm. Sohn eines jüdischen Textilfabrikanten österreichisch-ungarischer Herkunft; Emigration 1934 über London nach Prag (Kunstakademie), 1939 Übersiedlung nach Schweden, seit 1945 schwedischer Staatsbürger. Arbeit zunächst als Maler, seit 1947 auch literarisch tätig, seit 1960 Schriftsteller. In den frühen autobiographischen Werken »Abschied von den Eltern« (1961) und »Fluchtpunkt« (1962) einerseits, der späten Wunschbiographie »Die Ästhetik des Widerstands« (3 Bände, 1975, 1978, 1981) andererseits erörtert Weiss das Verhältnis von individuellem und kollektivem Glücksanspruch. Insbesondere das großangelegte Romanexperiment der »Ästhetik« thematisiert die Funktion von Kunst angesichts politischer und ökonomischer Unterdrückung. Das szenische Oratorium in elf Gesängen »Die Ermittlung« (1965) versucht, den Komplex »Auschwitz« als »Konzentrat« der puren anonymen Faktizität dokumentarisch aufzuarbeiten; das sprachliche Material des Frankfurter Prozesses wird in freier Rhythmisierung dargeboten, beginnend mit dem »Gesang von der Rampe«, endend mit dem »Gesang von den Feueröfen« – eine ästhetische Provokation, die die Diskussion um die Holocaust-Literatur neu angefacht hat. (HH)

Weißensee, Berliner Stadtbezirk mit jüdischem Friedhof, Herbert Baum-Straße 45. Die Größe dieses Friedhofs, der am 9. 9. 1880 eingeweiht und mit 115 000 Gräbern der größte jüdische Friedhof in Europa ist, hängt mit dem außerordentlichen Aufschwung zusammen, den die jüdische Gemeinde nach der Jahrhundertwende in →Berlin nahm. Für die Pflege und Instandhaltung der Gräber standen in den 20er Jahren über 200 Arbeitskräfte zur Verfügung. Auf keinem anderen deutschen Friedhof des 20. Jahrhunderts ruhen so viele berühmte Ärzte, Wissenschaftler, Ingenieure, Erfinder, Schriftsteller und Journalisten wie in Weißensee.

[L] A. Etzold u. a., Jüdische Friedhöfe in Berlin, 1988. – P. Melcher, Weißensee. Ein Friedhof als Spiegelbild jüdischer Geschichte in Berlin, 1987. (JS)

Weißrußland, bis 1991 sowjetische Republik, zu der die ehemaligen Provinzen →Minsk, Mohilew (Mogiljow) und Witebsk gehörten; seither unabhängige Republik und Mitglied der GUS. Die Geschichte der Juden dieses Gebiets hängt eng zusammen mit der der Juden in →Polen, →Litauen, →Rußland und der →Ukraine. 1926 lebten hier 407 000 Juden in der größten Anzahl von jüdischen Gemeinden der Sowjetunion. 90,7 Prozent der jüdischen Bevölkerung gaben Jiddisch als Muttersprache an. 1959 gab es nur noch 150 000 Juden in Weißrußland. Unter der sowjetischen Regierung und besonders nach der Öffnung der Grenzen wanderten viele Juden aus Weißrußland aus; seit 1989 allein rund 57 000 nach Israel. 1997 lebten in Belorußland noch etwa 45 000 Juden, hauptsächlich in Minsk (etwa 20 000) sowie u. a. in Bobruisk, Mogiljow und Gomel (je zwischen 5000 und 6000). In den 90er Jahren ist eine Tendenz zur Revitalisierung jüdischen Lebens zu beobachten. 1994 wurde in Minsk ein Zentrum für die nationale jüdische Kultur gegründet. In mehreren Städten erscheinen jüdische Zeitschriften, allein in Minsk drei jüdische Zeitungen. (AB/BV)

Weizmann, Chaim, Chemiker, zionistischer und israelischer Politiker, 27. 11. 1874 Motyli bei Pinsk, Weißrußland – 9. 11. 1952 Rehovot. Ging in eine traditionelle jüdische Grundschule, studierte Chemie in Darmstadt, Berlin und Freiburg, lehrte nach 1904 in England. Als Chemiker und Berater der britischen Regierung im Ersten Weltkrieg gewann Weizmann Einfluß beim Außenminister Lord Balfour und dem künftigen Premierminister Lloyd George. Seit seiner Studentenzeit in der zionistischen Bewegung aktiv, war Weizmanns Einfluß maßgebend für das Zustandekommen der →Balfour-Deklaration, die die Voraussetzung für das britische Palästina-Mandat als Vorstufe eines jüdischen Staates schuf. Weizmann war 1920–30 und 1935–46 Präsident der Zionistischen Weltorganisation und ab 1929 der →Jewish Agency. Als prominentester Sprecher der zionistischen Bewegung führte er zahlreiche Verhandlungen mit den Regierungen in London und Washington und warb bei den amerikanischen Juden um Unterstützung für den Zionismus. Die entgegen den Wahlkampfversprechungen ausgesprochen antizionistische Politik der Labour-Regierung Attlees nach 1945 überzeugte Weizmann von der Notwendigkeit eines souveränen jüdischen Staates. Nicht zuletzt durch seinen Kontakt mit Präsident Truman war Weizmann maßgeblich beteiligt an der Errichtung des Staates Israel, dessen erster Staatspräsident er 1948–52 war. Autobiographie: »Memoiren – Das Werden des Staates Israel« (1951; deutsch).

Ⓛ J. Reinharz, Chaim Weizmann (englisch), 1985. – N. Rose, Chaim Weizmann, 1987. (DB/MW)

Weizman(n), Ezer (Neffe von C. →Weizmann), israelischer Offizier (Generalmajor) und Politiker (→Cherut, →Jahad, →Israelische Arbeitspartei [IAP]), 15. 6. 1924 Tel Aviv . Bereits 1939 Mitglied der →Hagana; im Zweiten Weltkrieg Pilot in der Royal Air Force. Nach der Gründung des Staates Israel war Weizman(n) für die Überführung der ersten, von der Tschechoslowakei gelieferten Messerschmitt-Kampfflugzeuge verantwortlich. 1949 Kommandant der ersten Staffel der israelischen Luftwaffe, 1950–53 Operationschef, 1958–66 Chef der Luftwaffe und 1966–69 stellvertretender Generalstabschef. Unter seiner Führung spielte die Luftwaffe eine entscheidende Rolle bei Israels Sieg im →Sechs-Tage-Krieg. 1969–80 Mitglied der Cherut-Partei; 1969/70 Verkehrsminister in der Koalition der nationalen Einheit. Für den →Likud-Block leitete Weizman(n) 1977 den erfolgreichen Wahlkampf, aus dem der Likud zum ersten Mal als stärkste Fraktion hervorging und die Regierung bilden konnte. Als Verteidigungsminister 1977–80 trug er wesentlich zum Abschluß des israelisch-ägyptischen Friedens (1979) bei. Weizman(n) brach 1980 mit M. →Begin und der Cherut, gründete die liberale Partei Jahad, die sich 1984 mit der IAP im →Maarach-Block verbündete. 1984–88 Minister für besondere Aufgaben, 1988–90 Wissenschaftsminister. 1993 wurde Ezer Weizman(n) zum 7. Staatspräsidenten Israels gewählt (1998 wiedergewählt). Bücher: »On Eagles' Wings« (1976), »Eine Schlacht für den Frieden« (deutsch 1981). (DB/MW)

Chaim Weizmann, 1993

Weizmann-Institut →Universitäten in Israel

Wellesz, Egon, Musikwissenschaftler und Komponist, 21. 10. 1885 Wien – 9. 11. 1974 Oxford. Studierte Musikwissenschaft bei G. →Adler, Harmonielehre und Kontrapunkt bei A. →Schönberg. 1911–15 Lehrer für Musikgeschichte am Neuen Konservatorium in Wien, habilitierte sich an der Wiener Universität, wo er 1929–38 als Professor lehrte. 1932 gründete er das »Institut für Byzantinische Musik«, ein Forschungsgebiet, auf dem er als Autorität galt. 1938 Emigration nach England, wo er Mitglied der Musikwissenschaftlichen Fakultät der Universität Oxford als Reader für Byzantinische Musik wurde. Wellesz' Forschungsarbeit führte zur Entzifferung der mittelbyzantinischen Notenschrift und trug zur Aufklärung über die Musik der Ostkirchen bei. Zu diesem Thema gehört sein Werk »A History of Byzantine Music and Hymnography« (1949). Neben seiner musikwissenschaftlichen Tätigkeit war Wellesz ein eifriger, von dem Vorbild Schönbergs und →Mahlers ausgehender Komponist mit einer ins Archaische ausgreifenden Sprache. Er schrieb Orchesterwerke, Kammer- und Klaviermusik, Lieder und mehrere Bühnenwerke, unter denen die Oper »Die Bacchantinnen« (1931) als sein bestes gilt. (AS)

Weltkrieg 1914 – 1918 (Erster Weltkrieg). Im Weltkrieg 1914–18 kämpften Juden in nahezu allen Armeen der kriegführenden Staaten mit. Die Zahlen über jüdische Kriegsteilnehmer in den einzelnen Ländern sind häufig lückenhaft; in Deutschland dienten nach zuverlässigen Schätzungen über 100 000 Juden, von denen etwa 80 000 Frontsoldaten waren und etwa 12 000 gefallen sind; etwa 35 000 wurden ausgezeichnet. Die patriotische Begeisterung bei Kriegsausbruch (→Patriotismus) erfaßte auch die jüdische Bevölkerung in den beteiligten europäischen Ländern, und selbst viele Anhänger des Zionismus meldeten sich freiwillig zum →Militärdienst. Die jüdische Bevölkerung in den osteuropäischen Kriegsgebieten litt besonders unter Arbeitslosigkeit und Versorgungsengpässen und war im Kriegsverlauf wiederholt Verfolgungen u. a. in Russisch-Polen, Rußland, der Ukraine und der Bukowina ausgesetzt. Schon zu Beginn des Kriegs waren Hunderttausende aus Galizien vor den russischen Truppen geflohen; von März 1915 bis zur deutschen Invasion wurden Hunderttausende Juden auf Anordnung des russischen Generalstabs aus Litauen, Lettland und Polen nach Rußland deportiert. Für die Kriegsplanung des deutschen Generalstabs spielte die Idee einer Revolutionierung der unterdrückten →Ostjuden anfänglich eine gewisse Rolle, zumal für viele deutsche Juden der Zarismus als Inbegriff des Antisemitismus galt. In diesem Zusammenhang wurde 1914 das →Komitee für den Osten gegründet, das u. a. für eine Autonomie der Ostjuden eintrat, jedoch innerhalb der Zionistischen Weltorganisation, die sich um eine neutrale Position bemühte, isoliert wurde und auch für die deutsche Kriegspolitik zunehmend an Bedeutung verlor. Zwar wurde die jüdische Bevölkerung in den deutschen Besatzungsgebieten in Osteuropa wie andere Minderheiten behandelt, doch wurde ihre Rechtsstellung weder verbessert noch das Minderheitenproblem entschärft; nach dem Zusammenbruch der Ostfront der Mittelmächte 1918 kam es vor allem in Polen (besonders in Galizien), Ungarn, Rumänien, der Slowakei, Westrußland und der Ukraine zu zahlreichen schweren Pogromen. In Deutschland trug die tendenziöse »Judenzählung« des Königlich-Preußischen Kriegsministeriums aus dem Jahr 1916 zur Verbreitung von antisemitischen Vorurteilen über »jüdische Drückeberger« bei; zahlreiche Gegendarstellungen sowie die Publikationen des 1919 gegründeten →Reichsbunds jüdischer Frontsoldaten in der Weimarer Republik versuchten dem entgegenzutreten. Die jüdische Bevölkerung Palästinas, die unter dem Wegfall der Handelsverbindungen besonders zu leiden hatte, bzw. die zionistische Bewegung hatten innerhalb der britischen Nahost-Politik im Krieg gegen das Osmanische Reich einen bestimmten Stellenwert, wofür die →Balfour-Deklaration ein sichtbarer Ausdruck ist; militärisch blieb allerdings das 1917 von Z. →Jabotinsky gegründete zionistische »First Judean Regiment« unbedeutend.

L R. Vogel, Ein Stück von uns. Deutsche Juden in deutschen Armeen 1813 – 1976. Eine Dokumentation, 1977. – E. Zechlin, Die deutsche Politik und die Juden im Ersten Weltkrieg, 1969. (BV)

Weltkrieg 1939 – 1945 (Zweiter Weltkrieg). Im Weltkrieg 1939 – 45 kämpften auf Seiten der Alliierten und im →Widerstand viele Juden gegen den →Nationalsozialismus. So dienten in der amerikanischen Armee über eine halbe Million jüdische Soldaten und Offiziere sowie in der Roten Armee 400 000 bis 500 000, von denen etwa die Hälfte fiel; das →Jüdische Antifaschistische Komitee publizierte eine eigene jiddischsprachige Zeitung, »Eynigkeit«. In Frankreich bildete sich nach dem deutschen Sieg 1940 die →Armée Juive, die gegen die deutsche Besatzungsmacht und das →Vichy-Regime kämpfte. Nach anfänglichem Zögern und angesichts der großen deutschen Anfangserfolge billigte und unterstützte die britische Besatzungsmacht in Palästina den verstärkten Aufbau von zionistischen Guerillaeinheiten. Die britische Einwanderungsbeschränkung für Palästina vom Mai 1939 und die Quotierung anderer Länder erschwerten die →Emigration der deutschen und europäischen Juden. Unmittelbar nach Kriegsbeginn begannen Verfolgungen und Deportationen der jüdischen Bevölkerung in den deutschen Besatzungsgebieten in →Konzentrationslager und in die polnischen →Ghettos. In →Polen wurde die jüdische Bevölkerung zusammen mit deportierten Juden in Ghettos (u. a. in →Warschau, →Lublin und →Krakau) zusammengepfercht, im Warschauer Ghetto allein etwa 450 000; dessen Liquidierung konnte auch der Aufstand 1943 nicht aufhalten. Nach dem Überfall auf die Sowjetunion im Juni 1941 begannen u. a. die »Einsatzgruppen« des Reichssicherheitshauptamtes und SS-Verbände mit der systematischen Ermordung der sowjetischen Juden; allein in →Babij Jar wurden etwa 33 000 Juden am 29. und 30. 11. 1941 ermordet.

Die →Wannseekonferenz faßte im Januar 1942 offiziell den Beschluß zur systematischen Ermordung der europäischen Juden. Dem →Holocaust fielen insgesamt etwa sechs Mill. Juden, dem nationalsozialistischen Rassenwahn und der abstrusen »Lebensraumideologie« ferner u. a. politische und religiöse Gruppen, Hunderttausende von Sinti und Roma sowie über drei Mill. sowjetische Kriegsgefangene zum Opfer. Nach dem Weltkrieg wurde aufgrund des UN-Teilungsbeschlusses vom November 1947 am 14. 5. 1948 der Staat →Israel proklamiert. (BV)

Weltsch, Robert, Journalist, 20. 6. 1891 Prag – 22. 12. 1982 Jerusalem. Aktiv in zionistischen Studentengruppen, zog Weltsch nach dem Ersten Weltkrieg nach Berlin, wo er 1919 – 38 die »Jüdische Rundschau« herausgab. 1939 Übersiedlung nach Palästina, wo er 1939/40 die »Jüdische Welt-Rundschau« redigierte. Ab 1945 Korrespondent der Zeitung »Ha-aretz« in London, 1956 einer der Gründer des →Leo Baeck-Instituts, Rückkehr nach Israel 1978. (JS)

Weltverschwörungslegende. Im frühen Mittelalter wurden die Juden wiederholt beschuldigt, sich mit den Muslimen gegen die Christen verschworen zu haben. Die voll ausgebildete Weltverschwörungslegende findet sich jedoch erstmals bei →Thomas von Monmouth, Mitte des 12. Jahrhunderts, als Bericht eines Konvertiten. Danach bestimmten die versammelten Rabbiner jährlich durch das Los, wo in aller Welt ein Christ geopfert werden müsse, damit an den Christen das den Juden zugefügte Leid gerächt werden könne. Die im Zusammenhang mit anderen Beschuldigungen (→Ritualmordvorwurf, →Hostienfrevellegende, →Brunnenvergiftungslegende) häufig wiederholte Weltverschwörungslegende suggerierte dem naiven Volk, die Juden insgesamt trügen an diesen angeblichen Verbrechen Schuld. – In der Neuzeit lebte die Weltverschwörungslegende wieder auf. Im Gefolge der Französischen Revolution beschuldigte der Jesuit Augustin Barruel um 1807 wieder die Juden, die Weltherrschaft anzustreben. Ähnliche Vorstellungen entwickelten parallel mit dem aufkommenden rassistischen Antisemitismus linke Sozialreformer wie Alphonse Toussenel und Eugen Dühring sowie konservative Publizisten wie Wilhelm Marr und Edouard Drumont. Gegen Ende des 19. Jahrhunderts »enthüllten« schließlich die →Protokolle der Weisen von Zion den Plan des Weltjudentums, unter dem Deckmantel moderner Demokratie die Völker der Welt seiner Herrschaft zu unterwerfen. (FL)

Wengeroff, Pauline, Schriftstellerin, 1833 Bobruisk – 1916 Minsk. Tochter des jüdischen Kaufmanns und Gelehrten Juda Epstein, Ehefrau des Bankiers Hanan Wengeroff. Bekannt wurde Wengeroff durch ihre Erinnerungen »Memoiren einer Großmutter. Bilder aus der Kulturgeschichte der Juden Rußlands im 19. Jahrhundert« (Band 1, 1908, Band 2, 1910). Sie beschrieb darin das Leben einer wohlhabenden jüdischen Familie in der Zeit der →Haskala. Die Auswirkungen der Aufklärung auf das Leben des jüdischen Bürgertums sind Thema ihrer Schilderungen. Wengeroff stand der zionistischen Bewegung nahe und war dem orthodoxen Judentum verbunden, obwohl sie eine Reformierung des Judentums anerkannte. Ihr Sohn, Semyon Wengeroff (1855–1920), der zum Christentum konvertierte, beschäftigte sich als Literaturhistoriker vor allem mit der russischen Literaturgeschichte des 19. und des 20. Jahrhunderts. Ihre Tochter, Zinaida Wengeroff (1867–1941) war eine namhafte Publizistin und schrieb für die jüdisch-russische sowie die westeuropäische Presse über die russische Kultur. (MAM)

Werfel, Franz, Dichter, 10. 9. 1890 Prag – 26. 8. 1945 Beverly Hills, Kalifornien Aus wohlhabender jüdischer Kaufmannsfamilie stammend. 1911–14 Lektor bei K. →Wolff, 1914–17 Soldat, danach als freier Schriftsteller in Wien; 1929 Heirat mit Alma Mahler. 1938 Emigration über Frankreich und Spanien in die USA. Werfels frühe Gedichte, von M. →Brod gefördert, sind Meilensteine expressionistischer Lyrik (z. B. »Der Weltfreund«, 1911); seine bühnenwirksamen Dramen (z. B. das Erlösungsstück »Spiegelmensch«, 1920; die autobiographische Komödie »Jacobowsky und der Oberst«, 1944) stehen gegenüber dem Prosawerk zurück, das Weltruhm erlangte (vor allem »Die 40 Tage des Musa Dagh«, 1933; »Das Lied von Bernadette«, 1941). In den Romanen Werfels spiegeln sich sein komplexes Verhältnis zum Judentum, seine Zweifel an menschlichen Gemeinschaften und (vor allem im utopischen Roman »Stern der Ungeborenen«, 1946) die Gottsuche des modernen Menschen. (MP)

Wergeland, Henrik Arnold, norwegischer Dichter, 17. 6. 1808 Kristiansand – 12. 7. 1845 Kristiania (seit 1924 Oslo). Setzte sich vehement für die Aufhebung des in der norwegischen Verfassung von 1814 verankerten Niederlassungsverbots für Juden ein, u. a. in »Indlæg i Jødesagen« (Zur Judensache, 1841), und »Jødesagen i det norske storting« (Die Judensache im norwegischen Parlament, 1842). Nach mehrjähriger Debatte wurde das Verbot 1851 aufgehoben. Wergelands Gedichtsammlung »Jøden« (1842) und »Jødinden« (1844; deutsche Übersetzung 1955: Der Jude und die Jüdin), in norwegischen Schulen viel gelesen, trugen bedeutend zur Entstehung einer positiven Haltung der Norweger gegenüber Juden bei.

[L] O. Mendelsohn, Jødenes historie i Norge gjennom 300 år, Band 1, 1969. (DR)

Werner, Eric, Musikwissenschaftler, 1. 8. 1901 Wien. Studierte Musik in Wien und Berlin, außerdem Philologie, Semitistik und Musikwissenschaft in Wien, Prag, Berlin und Göttingen. Seit 1924 war Werner Musiklehrer in Berlin, Hannover und Saarbrücken. 1935 als Studienassessor an das jüdische Gymnasium Breslau und als Dozent an das dortige theologische Seminar berufen. Emigration nach Amerika, erhielt als Nachfolger von A. Z. →Idelsohn einen Lehrstuhl für jüdische Musik am Hebrew Union College in Cincinnati. 1948 gründete Werner die Hebrew School of Sacred Music in New York, das erste akademische Institut dieser Art in Amerika. An der Universität Tel Aviv verbrachte er einen Teil des Jahres als Direktor des musikwissenschaftlichen Instituts. Werner war vor allem mit der kritischen Erforschung der nahöstlichen, insbesondere jüdischen, arabischen und frühchristlichen Musik befaßt. Von seinen Werken sind die bekanntesten: »The Choir Loft. Manual for Organists in American Synagogues« (1957) und »The Sacred Bridge. The Liturgical and Musical Independence of Synagogue and Church during the first Millennium« (1959). Weitere Kompositionen sind u. a.: »Symphony-Requiem« und »Service for the High Holidays« für Kammerorchester, Chor, Soli und Orgel. (AS)

Werner von Bacharach, »der gute Werner«, ein Bettelknabe, dessen Ermordung bei Bacharach etwa zwei Wochen nach Ostern 1287 den Juden angelastet und von der Legende nach Oberwesel verlegt wurde. Werner von Bacharachs Tod wurde nach dem üblichen Schema des →Ritualmordvorwurfs dargestellt; eine christliche Magd wollte den Ritualmord beobachtet haben. Der Leichnam wurde in eine Kapelle übergeführt, wo zahlreiche Wunder die Heiligkeit des Märtyrers »bestätigten«. In Oberwesel und Boppard fielen zunächst 40 Juden Pogromen zum Opfer. König →Rudolf I. von Habsburg belegte die beiden Städte mit hohen Geldbußen, doch obwohl er gemeinsam mit den Erzbischöfen von Mainz und Köln gegen die Judenverfolger vorging und den Märtyrerkult untersagte, ergriff die Verfolgungswelle in den folgenden Monaten weitere 15 Städte des Mittelrhein- und des Moselraums bis hin zur Nahe und forderte insgesamt etwa 500 Opfer. Eine Wallfahrt entwickelte sich, die die Geldmittel zum Ausbau der spätgotischen Wernerkapelle in Bacharach lieferte. Ein Kanonisationsprozeß (1426–29), dessen Akten erhalten sind, blieb erfolglos; dennoch wurde Werner in der Diözese Trier seit dem 18. Jahrhundert als Märtyrer verehrt und erst 1961 aus dem Trierer Kalendarium gestrichen. (FL)

Wertheim, 1. (Familie). Einer der bekanntesten deutschen Warenhauskonzerne war die Firma Arthur Wertheim. Franz Wertheim (1862–1932) war gemeinsam mit seinen Brüdern Georg (1857–1939) und Wilhelm Inhaber der Arthur Wertheim GmbH. Die Firma (für Manufaktur- und Modewaren) entstand 1875/76 in Stralsund; 1884 Gründung einer Zweigniederlassung in Rostock, 1885 Eröffnung des ersten Warenhauses in Berlin, in der Rosenthaler Straße. Später wurden dann die Berliner Häuser in der Leipziger Straße, der Oranienstraße und der Königstraße errichtet. Eine weitere Filiale bestand in Breslau. Mit dem Warenhausbau am Leipziger Platz (1897–1904 durch Alfred Messel, 1853 bis 1909) war architektonisch wie geschäftsorganisatorisch der Typus des großstädtischen Warenhauses geschaffen. Die Häuser wurden in der NS-Zeit »arisiert« und in AWAG (Allgemeine Warenhaus AG) umbenannt. (LH)

2. Abraham Carel, Bankier, 1832 Amsterdam – 1897. Wertheim kam aus einer Umgebung, die den Ideen der jüdischen Aufklärung, der sog. →Haskala, sehr aufgeschlossen gegenüberstand und eine Vorreiterrolle im Emanzipationsprozeß der Juden in den →Niederlanden übernahm. Neben seiner Eigenschaft als Bankier war Wertheim auf zahlreichen anderen Gebieten tätig. Auch im kulturellen Leben engagierte er sich; so beteiligte er sich z. B. am Wiederaufbau der Stadsschowburg, die 1890 durch einen Brand vollständig zerstört worden war. Als liberaler Politiker war er 20 Jahre Mitglied des Landtags der Provinz Nordholland. 1866 wurde Wertheim Mitglied der Ersten Kammer des Parlaments. Nach diesem Aufstieg verlor er seine proletarischen Wähler. Wertheim war nicht religiös, sein »Jüdischsein« äußerte sich in einem großen sozialen Verbundenheitsgefühl. (HB)

Wertheimer, Max, Psychologe und Philosoph, 15. 4. 1880 Prag – 12. 10. 1943 New York. Nach dem Studium der Rechte in Prag studierte Wertheimer Philosophie in Prag, Berlin und Würzburg. Zusammen mit Wolfgang Köhler und Kurt Koffka begründete er die Gestaltpsychologie der sog. Berliner Schule. Die Gestaltpsychologie befaßt sich deskriptiv mit den Phänomenen der Wahrnehmung und des Erlebens und legt ihnen – im Gegensatz zur Elementenpsychologie – die Prinzipien der Gestalt, Ganzheit und Ordnung zugrunde. Wertheimer lehrte 1916–29 als Privatdozent in Berlin und 1929–33 als Professor der Psychologie in Frankfurt. 1933 emigrierte er zunächst in die Tschechoslowakei und dann weiter in die USA, wo er an die New School for Social Research in New York berufen wurde. Veröffentlichungen u. a.: »Über Gestalttheorie« (1926), »Gestaltpsychologische Forschung« (1926). (HC)

Wesel →Kleve

Wessely, Hartwig (Naphtali Herz), Schriftsteller, 1725 Hamburg – 23.3.1805 Hamburg. Gilt als einer der bedeutenden Vertreter der Aufklärung, war 1774 nach Berlin übergesiedelt und hatte sich dem Kreis um M. →Mendelssohn angeschlossen. 1775 gab er einen Kommentar zum Traktat Awot (»Jein Lewanon«) heraus, zwei Jahre später eine hebräische Übersetzung des apokryphen Buches »Weisheit Salomos«. Wessely arbeitete an Mendelssohns Pentateuchübersetzung mit und schrieb den Kommentar zum dritten Buch. Unter dem Eindruck der Reformen Kaiser Josephs II. verfaßte Wessely 1782 auf Anfrage der Triester Gemeinde das berühmte Sendschreiben »Diwre schalom we'emet« (Worte des Friedens und der Wahrheit). Wesselys Stil galt als vorbildlich. Seine Dichtungen (»Schire tif'eret«, 5 Teile, 1789–1802) machten ihn zu einem der markantesten Vertreter der neuhebräischen Literatur und begründeten seinen Ruhm als Schriftsteller. Aus seinem Nachlaß wurden noch einige Schriften herausgegeben, darunter die hebräische Übersetzung von Mendelssohns Antwort an Lavater. (JS)

Westerbork (Niederlande), im Oktober 1939 als Lager für deutsch-jüdische Flüchtlinge gegründet. Ende 1941 bestimmte die deutsche Besatzungsmacht dieses Lager zum Transitlager für die →Deportationen in den Osten. Die systematischen Deportationen von Juden aus den Niederlanden begannen im Juli 1942. Die Bestimmungsorte waren Auschwitz, Sobibor, Theresienstadt und Bergen-Belsen. Das Lager stand seit Oktober 1942 unter dem Befehl des SS-Obersturmführers Gemmeker. Die jüdischen Lagerinsassen hatten Zwangsarbeit zu leisten. Gemmeker initiierte kulturelle Aktivitäten. Die Künstler des Lagers gaben Konzerte und traten in Theatervorstellungen auf. Juden waren auch für die Zusammenstellung der Transportlisten und für die Regelung der Transporte verantwortlich. Am 12. 4. 1945 wurde Westerbork von den Alliierten befreit. Insgesamt etwa 100 000 Juden wurden aus Westerbork deportiert.

🄻 J. Presser, Ashes in the Wind. The Destruction of Dutch Jewry, Detroit 1988. (HB)

Westerrönfeld, um 1695 angelegter Friedhof der jüdischen Gemeinde →Rendsburg, südlich der Festung Rendsburg im damaligen Ödland, heute baumbestanden. Begräbnisse 1700–1939 (1942). Zahlreiche, z. T. große Steine erhalten, die ältesten reich verziert aus dem 18. Jahrhundert. Front des Friedhofs nach Osten ausgerichtet. Bis zum Zweiten Weltkrieg Leichen- und Wärterhaus mit Stallanbau auf dem Gelände. Vom gesamten Areal (22 000 m²) etwa 5000 m² als Begräbnisplatz genutzt, der Rest als Acker und Garten. War Zentralfriedhof, Bestattungen z. B. von Schleswig, Wyk auf Föhr, Kiel (vor 1852). Im Sommer 1939 zwangsweise Übergabe des nicht als Friedhof genutzten Teils an den Rendsburger Schützenverein. Dafür Verpflichtung der Grabpflege für 30 Jahre. Während des Zweiten Weltkriegs Diebstahl von Steinen, Entfernung der schmiedeeisernen Umfriedungen für sog. Rohstoffverwertung. Heute Eigentum der jüdischen Gemeinde in Hamburg.

🄻 O. Harck, Jüdische Kleinstadtgemeinden in Schleswig-Holstein, erläutert am Beispiel Rendsburg, in: Grenzfriedensbund (Hrsg.), Jüdisches Leben und die Novemberpogrome 1938 in Schleswig-Holstein, 1988. – E. Heinz, Der jüdische Friedhof in Westerrönfeld, in: K. Kramer u. a. (Hrsg.), Vergessen und verdrängt, 1984. (FD)

Westfalen, preußische Provinz 1815–1946, in der nach der Übergangsphase der napoleonischen Modellstaaten Berg und Westfalen die ehemaligen westfälischen Kleinterritorien und damit deren Judenschaften aufgingen. Aufgrund der nach dem Wiener Kongreß 1814/15 restituierten Judenordnungen und der 1836 durch Kabinettsorder verfügten Ausnahmegesetzgebung für die Juden in den ostwestfälsichen Kreisen →Paderborn, Büren, Höxter und Warburg unterblieb bis 1847 der Ausbau einer einheitlichen jüdischen Organisation. Das von A. →Sutro angestrebte Amt eines Provinzialrabbiners wurde von der Provinzialregierung nicht eingerichtet. Im Regierungsbezirk Minden fungierte Mendel Steinhardt als Oberrabbiner. Die Gemeinden als geduldete Privatvereine konnten zur Anerkennung des Oberrabbiners nicht gezwungen werden. Zu Auseinandersetzungen in den jüdischen Gemeinden Westfalens führten die Versuche des Soester Obervorstehers L. L. →Hellwitz, die Liturgie der Reformbewegung durchzusetzen. Durch das preußische Gesetz vom 23. 7. 1847 wurden die Gemeinden, zu Synagogenbezirken erweitert, öffentlich-rechtliche Körperschaften, denen alle westfälischen Juden unabhängig von ihrer religiösen Anschauung als Mitglied beitreten mußten. 1858 gab es in Westfalen 93, 1932 117 Synagogenbezirke, die weitgehend zur liberalen Richtung tendierten. 1891 schlossen sie sich im »Verband der Synagogengemeinden Westfalens« mit Geschäftsstelle in Bielefeld zusammen. Als orthodoxe Gegengründung konstituierte sich im selben Jahr der »Verein zur Wahrung des überlieferten Judentums in der Provinz Westfalen«, der einen eigenen Rabbiner zunächst mit Sitz in Warburg, später in Recklinghausen unterhielt. 1922 Gründung des »Provinzialverbandes für jüdische Wohlfahrtspflege«. Mit der demographischen Entwicklung konnten die jüdischen Einwohner im 19. und im beginnenden 20. Jahrhundert nicht Schritt halten. Ihr Anteil sank von 0,9 Prozent (1825: 11 142 Juden) auf 0,45 Prozent (1925: 21 595 Juden). Einen Beitrag zur Entwicklung der Infrastruktur im Industrialisierungsprozeß leisteten die Juden in Westfalen auf den Sektoren Geldleihe und Banken, Vieh- und Getreidehandel, Manufakturwaren- und Textilhandel. Industriell tätig waren sie nur in der Textilindustrie. Überregionale Bedeutung für die Juden in Deutschland gewann in Westfalen die durch A. →Haindorf unter dem Einfluß des Berliner Cultur-Vereins 1825/26 gegründete →Marks-Haindorf-Stiftung. – In fast allen Städten Westfalens wurden in der Reichspogromnacht 1938 die Synagogen niedergebrannt. Weder von seiten der protestantischen noch seitens der katholischen Kirche unter dem späteren Kardinal Clemens August Graf von Galen gab es bemerkenswerte Hilfsmaßnahmen. Die Juden Westfalens wurden ab 1941 u. a. in die KZs und Vernichtungslager deportiert. Nach dem Holocaust bildete sich am Rosch haSchana 1945 die erste jüdische Gemeinde in Dortmund. Weitere Gemeinden entstanden in Bochum, Bielefeld, Detmold, Gelsenkirchen, Hagen, Herford, Minden, Münster und Paderborn; sie haben sich im »Landesverband der jüdischen Kultusgemeinden von Westfalen« zusammengeschlossen, der 1989 745 Gemeindemitglieder und 1997 aufgrund der jüdischen Zuwanderung aus der ehemaligen Sowjetunion 4600 zählte.

L D. Aschoff, Juden in Westfalen, 1985. – A. Barkai, Die sozioökonomische Situation der Juden in Rheinland-Westfalen zur Zeit der Industrialisierung (1850–1910), in: Rheinland-Westfalen im Industriezeitalter, Band 2, 1983. – A. Herzig, Judentum und Emanzipation in Westfalen, 1973. – H. C. Meyer, Aus Geschichte und Leben der Juden in Westfalen, 1962. (AH)

Westgotenreich, 418–711, Nachfolgestaat des Römischen Reichs, zunächst in Südgallien (bis 507), dann auf der Iberischen Halbinsel. Die Geschichte der Juden im Westgotenreich kann fast nur aus Rechtstexten erschlossen werden. Wie andere arianische Herrscher haben auch die Westgotenkönige die Juden zunächst nach dem Recht des →Codex Theodosianus als römische Bürger behandelt (→Lex Romana Visigothorum). Auch nach dem Übergang der Westgoten zum Katholizismus 589 hielten sich die Judengesetze König Rekkareds noch in diesem Rahmen. Die Wende kam unter König Sisebut, der 615/16 die Zwangsbekehrung aller Juden verfügte. Obwohl die Kirche im Prinzip an der Freiwilligkeit der Bekehrung festhielt, bestand das 4. Konzil von →Toledo 633 auf der Gültigkeit auch der erzwungenen Taufen (→Zwangstaufe). In der Folge wurde die Judenpolitik von dem Problem der judaisierenden Konvertiten (→Judaisieren) bestimmt. Immer wieder wechselten Zeiten von Zwangsbekehrungen, so unter den Königen Chintila (638), →Rekkeswind (653), →Ervigius (681) und Egiza (693), und Perioden relativer Toleranz einander ab. Schließlich erfolgten 694 als Reaktion auf verräterische Verbindungen mit den Muslimen in Nordafrika die Enteignung und die Versklavung aller Juden, ob getauft oder nicht. Nach der entscheidenden Niederlage gegen die maurischen Invasoren 711 begrüßten die Juden diese als Befreier und unterstützten sie bei der Eroberung Spaniens.

L B. S. Bachrach, Early Medieval Jewish Policy, 1977. – L. García Iglesias, Los Judíos en la España Antigua, 1978. (FL)

Westheim, Paul, Kunsthistoriker und -kritiker, 7. 8. 1886 Eschwege – 21. 12. 1963 Berlin. Seit 1906 in Berlin, 1917–33 Herausgeber der Zeitschrift »Das Kunstblatt« und 1918–33 der Vierteljahreszeitschrift für Graphik »Die Schaffenden«. Westheim setzte sich temperamentvoll und stilsicher für die Kunst des Nachimpressionismus ein. Mit dem »Kunstblatt« hatte er sich ein qualifiziertes und kritisches Forum geschaffen. Seine bedeutendste Leistung war, den fortschrittlichen Kunstgedanken der Weimarer Republik den Weg geebnet zu haben. 1933 Emigration nach Paris, wo er 1936 in der »Pariser Tageszeitung« den satirischen Anti-Hitler-Roman »Heil Kadlatz!« veröffentlichte. Seit 1942 lebte Westheim in Mexiko, wo er eine Professur für Kunstgeschichte innehatte. Hauptwerke u.a.: »Wilhelm Lehmbruck« (1920), »Das Holzschnittbuch« (1921), »Oskar Kokoschka« (1925). (LH)

Westjordanland →Israel

Westmauer (hebräisch »ha-Kotel ha-Ma'arawi«, auch »Klagemauer«), Westteil der Umfassungsmauer des herodianischen Tempelbezirks, seit der Zerstörung des Zweiten →Tempels (70 n.Z.) intakt geblieben (elf sichtbare Reihen herodianischer Quader, 19 weitere unter der Erde; die größten Quader sind 12 m lang und etwa 100 t schwer). In mehreren Midraschim findet sich der Gedanke, daß die Westmauer des Tempelgebäudes nie zerstört werde, weil die Gottesgegenwart (→Schechina) auf ihr ruhe (vgl. ExR 2,2; NumR 11,2; HldR 2,9). Tatsächlich wird nirgends in den ersten Jahrhunderten nach der Zerstörung von einer besonderen religiösen Bedeutung der Westmauer gesprochen. Nach und nach wird sie in Verbindung mit anderen Teilen des Tempelbergs genannt, die Größe ihrer Steine beschrieben, ihre Erbauung →Salomo zugeschrieben. Im 11. Jahrhundert gab es eine Synagoge nahe der Westmauer. Erst nach der türkischen Eroberung und der Ansiedlung von Vertriebenen aus Spanien (Anfang 16. Jahrhundert) wurde der Ort der Schechina auf die Westmauer übertragen; von nun an gilt sie in allen literarischen Quellen als Ort der Versammlung und des Gebets der Juden. Im 19. Jahrhundert mehrere gescheiterte Versuche von Juden, die Westmauer von der islamischen Stiftung (Wakf) abzukaufen. 1948–67 wurde Juden der Zugang zur Westmauer von den jordanischen Behörden verwehrt; am 7. 6. 1967 eroberten israelische Fallschirmspringer Ostjerusalem. Das Maghrebiner-(Marokkaner-)Viertel vor der Westmauer, das bis auf 3,30 m an diese heranreichte, wurde zerstört, der Platz geebnet und in einen allgemeinen Besucherteil und in den Gebetsbezirk vor der Westmauer geteilt, der in Männer- und Frauenteil geschieden ist. Die Westmauer, an der die gleichen Gebete wie in der →Synagoge, aber auch persönliche Bitt- und Dankgebete gesprochen oder auf Zettel geschrieben werden und an der →Bar-Mizwa-Feiern stattfinden, ist zu einem nationalen Symbol geworden. (LD)

Westpreußen. Pomerellen und Ermland standen seit 1309 unter der Herrschaft des Deutschen Ordens, womit den Juden wie in →Ostpreußen der Zuzug verboten war. Im Zug des Untergangs des Deutschen Ordens fiel 1466 Westpreußen an →Polen. Erst nach der ersten Teilung Polens 1772, durch die sich die Anzahl der Juden in Preußen fast verdoppelte, kam Westpreußen wieder zu Preußen, was der Wiener Kongeß bestätigte. Dennoch wurde das Emanzipationsedikt des Staatskanzlers Karl August Fürst von →Hardenberg vom 11. 3. 1812 nicht auf Westpreußen ausgedehnt; dies trug dazu bei, daß bis 1848 weniger als ein Viertel der insgesamt rund 125 000 preußischen Juden Staatsbürgerrechte besaß. 1863 lebten in der aus Westpreußen und Ostpreußen gebildeten Provinz Preußen zusammen 37 635 Juden. (PB)

Widdui (hebräisch »Sündenbekenntnis«), ein Gebet (Dtn 26,5–10 und 13–15), das bei der Abgabe des Zehnten (Maasser) und der Erstlingsfrüchte im Jerusalemer Tempel gesprochen wurde. Gemäß Lev 16,21 (Sündenbekenntnis des Hohenpriesters) wird es bis heute zu →Jom ha-Kippurim gebetet. Die Praxis des Widdui muß schon sehr früh bestanden haben, denn die →Mischna erwähnt bereits die Formel »Chatati, awiti, paschati« (»Ich habe gesündigt, mich vergangen, gefrevelt«) Zu Jom Kippur wird vom Vorbeter und der Gemeinde das in alphabetischer Abfolge bekannte Sündenbekenntnis »Aschamnu, Bagadnu« (»Wir sind schuldig«) gebetet. Das Widdui wurde auch in die Selichot (Gattung der synagogalen Poesie) eingefügt. Es wird auch zu →Mincha am Erew Jom Tov gebetet. Beeinflußt durch die →Kabbala, nahmen die Frommen das Aschamnu ins tägliche Gebet auf. Bei den Sephardim ist es Brauch, daß das Widdui vom Sterbenden gebetet werden soll. (RED)

Widerstand, jüdischer, gegen den Nationalsozialismus dokumentiert sich vor allem im Anteil der Juden an der militärischen Niederlage Hitler-Deutschlands. Über 1,5 Mill. jüdische Männer und Frauen haben in den Armeen der antifaschistischen Allianz gekämpft (→Militärdienst), in ganz Europa schlossen sich Juden den Partisaneneinheiten an, und schon vorher hatten Tausende als Brigadisten im →Spanischen Bürgerkrieg gekämpft. Das bekannteste Beispiel des kollektiven, bewaffneten jüdischen Wi-

derstands war der Aufstand im Warschauer Ghetto 1943 (→Warschau). Die Führer des Aufstands Mordechaj Anielewicz, Marek Edelman, Yitzhak Zuckerman u. a. gehörten der jüdischen Militärorganisation Ż. O. B. an.
In den westlichen Ländern, vor allem in Frankreich, beteiligten sich Juden aktiv an den Aktionen der verschiedenen Widerstandsorganisationen. Sie bildeten in Frankreich eine eigene militärische Formation, die →Armée Juive, und kämpften in den Résistance-Gruppen de Gaulles und der Kommunisten. Auf dem berühmten »Roten Plakat« (L'Affiche Rouge), das die Deutschen in Frankreich als Steckbrief mit den Köpfen der zehn meistgesuchten Partisanenführer der MOI (»Main d'Œuvre immigré«) verbreiteten, waren sieben jüdische Widerstandskämpfer abgebildet. Sie alle wurden ermordet. Aus Frankreich, England und Palästina meldeten sich junge jüdische Freiwillige für Fallschirmeinsätze; viele von ihnen ließen dabei ihr Leben. Unter ihnen waren Enzo Sereni (in Dachau hingerichtet), Hanna Szenes (23jährig in Budapest hingerichtet), Awiwa Reich, Raphael Reiss, Zwi ben Jaacob (1945 ermordet). In Deutschland war organisierter, bewaffneter jüdischer Widerstand infolge der Ausnahmesituation nicht vorstellbar. Einzelne Aktionen, überwiegend Propagandaaktionen gegen den Nationalsozialismus, erfolgten aus den Reihen jüdischer Jugendgruppen; viele jüdische Jugendliche waren in kommunistischen Gruppen organisiert. Nach dem Erlaß der Nürnberger Gesetze (→Rassegesetze) war es Politik der KPD, jüdische Widerstandszellen separat zu organisieren. Die größte jüdische Widerstandsorganisation war die →Baum-Gruppe, die durch einen spektakulären Brandanschlag auf eine antisowjetische Propagandaausstellung in Berlin im Mai 1942 Aufsehen erregte. Deutsch-jüdischer Widerstand organisierte sich vor allem in der →Emigration und im Exil nach 1933. Jüdische Politiker, Wissenschaftler, Publizisten, Künstler und Schriftsteller formierten sich zusammen mit nichtjüdischen Emigranten zuerst in Prag und Paris, dann auch in den USA politisch-propagandistisch als das »andere Deutschland«. L. →Baeck war bis zu seiner Deportierung mit dem Widerstandskreis um Carl Friedrich Goerdeler in Kontakt. Resigniert erklärte Baeck nach seiner Befreiung aus dem KZ Theresienstadt 1945: »Für uns Juden aus Deutschland ist eine Geschichtsepoche zu Ende gegangen. Eine solche geht zu Ende, wenn immer eine Hoffnung, ein Glaube, eine Zuversicht endgültig zu Grabe getragen werden muß.«

🄻 F. Kroh, David kämpft, 1988. – A. Paucker, Jüdischer Widerstand in Deutschland, 1989. (WJ)

Essay

Deutschland, Israel und die »Wiedergutmachung«

Michael Wolffsohn

UNGLEICHZEITIGKEIT, GESCHICHTSPOLITIK, BILDER. *Ungleichzeitigkeit* kennzeichnet die deutsch-israelischen Beziehungen ebenso wie die deutsch-jüdischen. Ungleichzeitigkeit bedeutet, daß beide Seiten zwar in derselben Zeit leben, sich jedoch auf verschiedene Zeitpunkte beziehen, an unterschiedlichen Zeitpunkten orientieren. Die Ungleichzeitigkeit bestimmt auch den jeweiligen Wahrnehmungsfilter. Die israelische Seite nimmt das Verhältnis zu Deutschland, zumindest ideologisch, eher durch den Filter der Vergangenheit wahr, die deutsche eher durch den Filter von Gegenwart und Zukunft. Ein weiteres Mal und besonders kraß wurde die deutsch-israelische Ungleichzeitigkeit am 9. November 1989 deutlich. »Heute sind die Deutschen das glücklichste Volk der Welt«, frohlockte der Regierende Bürgermeister von Berlin (West) nach der Öffnung der Mauer. Der Jubel der Deutschen über den 9. November 1989 werde ihre Trauer, Empörung und Scham über den 9. November 1938 verdrängen, befürchteten viele Israelis (und Diaspora-

juden). Zwischen Linken und Rechten gab es dabei kaum Unterschiede. Israels Ministerpräsident Schamir erklärte am 16. November: »Ein starkes und vereinigtes Deutschland wird vielleicht wieder versuchen, das jüdische Volk zu vernichten.« Zu jenem Zeitpunkt traf er damit die Ängste und Vorbehalte vieler Israelis. Jerusalems Bürgermeister Teddy Kollek bildete eher die Ausnahme, wenn er schon Jahrzehnte gehofft habe, Berlins Mauer würde fallen wie die der Heiligen Stadt im Jahre 1967.
Zwei Dimensionen deutsch-israelischer Beziehungen werden in solchen Momenten erkennbar. Es gibt sie, seitdem die Bundesrepublik Deutschland souverän wurde (1955). Die eine ist *geschichtspolitisch*, die andere *tagespolitisch*. Von Geschichtspolitik sprechen wir, wenn Geschichte Gegenstand und Ziel, Instrument und Signal der Politik ist.
So wie israelische und deutsche Politiker im öffentlichen Dialog nicht selten in Ungleichzeitigkeit aneinander vorbeireden und dann doch pragmatisch, tagespolitisch in Gemeinsamkeit handeln, schwankt auch das *Bild der jeweiligen Bevölkerungen voneinander* im Wechselbad von Abneigungen, Sympathien, traumatischen Erinnerungen und Befürchtungen und dann wieder Solidaritätsbekundungen.
Ein Blick zurück: Viele Israelis verziehen ihrer Regierung den Abschluß des Luxemburger »Wiedergutmachungs«-Abkommens im Jahre 1952 nicht, in Deutschland lehnte es ohnehin fast die Hälfte der Bevölkerung ab. Doch seit Aufnahme der diplomatischen Beziehungen im Jahre 1965 entwickelten sich erste unverkrampfte Privatkontakte und ein beidseits reger touristischer Austausch. In Deutschland herrschte von 1967 bis 1981 sogar eine regelrechte Israel-Begeisterung, bis zu jenem Augenblick, als Ministerpräsident Begin offiziell das deutsche Volk in seiner Gesamtheit und den damaligen Bundeskanzler Helmut Schmidt als seinen Repräsentanten für den Holocaust verantwortlich erklärte. Libanonkrieg, Intifada und Siedlungspolitik trübten das Israelbild der Deutschen in den 80ern weiter, während die Israelis sich an Auschwitz erinnerten, als Saddam Hussein im Golfkrieg 1991 beinahe Giftgas »deutscher Lizenz« gegen den jüdischen Staat einsetzte. Das Mißtrauen festigte sich angesichts zahlreicher rechtsextremistischer Ausschreitungen in Deutschland Anfang der 90er Jahre. Doch wurde hierzulande schon bald auch mit Staunen der erwachende nahöstliche Friedensprozeß begrüßt wie auch sein Stocken in jüngster Zeit bedauert. Vor allem nachgeborene Israelis und Deutsche haben indes mittlerweile gelernt, auf Pauschalverurteilungen und eingeübte Klischees zu verzichten und ihr persönliches Bild vom anderen Land und seiner Bevölkerung nicht von spontanen Zwistigkeiten und politischen Verstimmungen beeinträchtigen zu lassen.

ZUR CHRONOLOGIE DES DEUTSCH-ISRAELISCHEN VERHÄLTNISSES. Die deutsch-israelischen Beziehungen lassen sich in *neun Abschnitte* einteilen:

1. In den Jahren 1949 bis 1953/55 beherrschte die Frage der Wiedergutmachung das bilaterale Verhältnis. Am 21. September 1951 bekannte sich Bundeskanzler Adenauer zur deutschen Schuld an den NS-Verbrechen. Er hatte sich in Vorgesprächen geweigert, von »Kollektivschuld« zu reden. Am 10. September 1952 wurde das Luxemburger Abkommen unterzeichnet. Die Bundesrepublik Deutschland verpflichtete sich, dem Staat Israel drei Milliarden DM, der Claims Conference, einem Dachverband verschiedener diasporajüdischer Organisationen, 450 Millionen DM zu bezahlen. In Deutschland war die Opposition der KPD einstimmig, die der CDU heftig. Einstimmig für den Vertrag votierte im Bundestag die SPD. Umfragen zeigten jedoch keine erheblichen Abweichungen in bezug auf die Anhängerschaft: In der gesamten Bevölkerung waren nur 11 Prozent uneingeschränkt für das Abkommen, 24 Prozent bedingt dafür und 44 Prozent dagegen (Allensbach-Umfrage). In Israel lehnten Kommunisten, Linkssozialisten (Mapam, Achdut Haawoda) und Rechtsnationalisten (Cherut) die Vereinbarung am energisch-

sten ab. Die DDR lehnte jegliche Wiedergutmachung ab. Sie habe eine soziale Revolution vollzogen, die die nationale Schande aufgelöst und den »Faschismus« an der Wurzel gepackt und deshalb beseitigt habe, ließ sie verlauten. Außerdem gebühre Kapitalisten keine Wiedergutmachung, auch nicht jüdischen Kapitalisten.

2. Im Jahr 1955 wurde die Bundesrepublik souverän. Tagespolitische Probleme schoben sich in den Vordergrund. Während bis 1955 Israel diplomatische Beziehungen abgelehnt hatte, mauerte nun Bonn. Doch 1965 geriet man unter Entscheidungszwang: Im Oktober 1964 war bekannt geworden, daß die Bundesrepublik an Israel Waffen lieferte; Ägypten drohte, die DDR anzuerkennen. Am Ende der Krise gab es keine deutschen Waffen mehr, dafür diplomatische Beziehungen mit Israel.

3. In den Jahren 1965 bis 1973 versuchte die Bundesrepublik auf »Normalisierung« zu schalten, besonders in der Zeit der Ostpolitik der Regierung Brandt/Scheel (1969–1974). Die deutsche öffentliche Meinung blieb Israel sehr wohlgesinnt.

4. Die Jahre 1973 bis 1984 sind die Zeit der demonstrativen Normalität. Seit dem Ölpreisschock (1973/74, als Folge des Jom-Kippur-Kriegs) hatten für Bonn die Beziehungen mit arabischen Staaten vitale Bedeutung. 1981: Die SPD/FDP-Koalition will Panzer an Saudi-Arabien liefern. Eine innen- und außenpolitische Kontroverse folgt. Am 3. Mai 1981 bezichtigt Israels Ministerpräsident Begin das deutsche Volk der Kollektivschuld an den NS-Verbrechen. Die Bundesregierung und die Öffentlichkeit reagieren empört. Die CDU/CSU/FDP-Koalition versucht den Waffenexport ihrerseits, steckt aber seit 1984 zurück. Der Grund: Seit Bundeskanzler Kohls Israel-Reise (Januar 1984) wird die Debatte immer geschichtspolitischer.

5. Diese Debatte ist der Anfang geschichtspolitischer Verstimmung, die nun auch, flankierend, von den westlichen Staaten gezeigt wird. Am 6. Juni 1984 wird des 40. Jahrestags der allierten Landung ohne Kanzler Kohl gedacht. Von Dezember 1984 bis Mai 1985: Die Auseinandersetzungen um Bitburg (Präsident Reagan und Kanzler Kohl auf dem Soldatenfriedhof, wo auch Angehörige der Waffen-SS beerdigt sind) beeinträchtigen das deutsch-israelische Verhältnis. Bitburg wird in Israel als Signal des »Vergessen-Wollens« des Holocaust interpretiert. Verstärkt wird diese Sicht durch den »Historikerstreit« (Höhepunkt: 1986/87). Erstmals gerät die Bundesrepublik Deutschland der DDR gegenüber in die geschichtspolitische Defensive. Die DDR signalisiert US-jüdischen Gruppen und Israel eine pragmatischere Politik, auch Bereitschaft zur nationalen Verantwortung am Holocaust und zur finanziellen Wiedergutmachung. Judenpolitik wird von der DDR instrumentalisiert, um internationale Anerkennung zu gewinnen und von den USA die Meistbegünstigungsklausel zu erhalten. In dieser emotional geladenen Phase gerät Österreich erstmals in den großdeutschen Geschichtsstrudel: selbst verschuldet durch die Wahl Kurt Waldheims zum Bundespräsidenten.

6. Der 9. November 1989 leitete die deutsche Wiedervereinigung ein. Sie stieß in Israel auf die erwähnten Ängste. In dieser Phase versuchte die noch regierende SED/PDS mittels eines nationalen Schuldbekenntnisses der tief in der Krise steckenden DDR ein weiteres Mal, Israel- und Judenpolitik zu instrumentalisieren – zur Rettung der deutschen Zweistaatlichkeit. Anders die neue, frei gewählte Volkskammer der DDR: Sie signalisierte am 12. April 1990 durch ein solches Schuldbekenntnis ihren Erneuerungswillen auch auf diesem Gebiet. Zweistaatlichkeit stand zu diesem Zeitpunkt schon nicht mehr zur Diskussion, wohl aber sollte und wollte dieses neue Deutschland für das künftig vereinte moralischen Kredit gewinnen.

7. Während des Golfkrieges 1991 wurde deutlich, auf welch dünnem Eis die »Normalität« der Beziehungen zwischen Israel und Deutschland manchmal noch steht: Seit Mitte der 80er Jahre war bekannt ge-

wesen, daß der Irak mit Hilfe deutscher Firmen Chemiewaffen produzierte. Die von Saddam Hussein im Januar 1991 gegen Israel eingesetzten Scud-Raketen hätten Giftgas gemäß deutschem Know how transportieren können! Israels Bevölkerung – und seine älteren Bewohner im besonderen – ergriff zum ersten Mal nach Jahrzehnten das Gefühl permanenter Schutzlosigkeit. In der Nacht vom 17. zum 18. Januar 1991 schlugen irakische Scud-Raketen in Tel Aviv und Haifa ein und forderten – auch ohne Giftgas – mehrere Todesopfer. Das ohnehin skeptische Deutschlandbild vieler Israelis schien bestätigt – bei Umfragen im Februar 1991 meinte fast die Hälfte der Befragten, daß die Deutschen ihre Haltung den Juden gegenüber seit dem Zweiten Weltkrieg nicht geändert hätten. Außenminister Genscher und Bundestagspräsidentin Süssmuth bemühten sich durch Besuche vor Ort um Schadensbegrenzung, und die Bundesregierung beschloß die Lieferung von Abwehrraketen und weiteren Waffen an Israel.

8. Die schwierige Situation des kleinen jüdischen Staates im Golfkrieg, der Machtwechsel vom Juli 1992, der von der sozialdemokratischen Regierung unter Rabin und Peres eingeschlagene mutige Aussöhnungskurs mit den Palästinensern und den arabischen Nachbarstaaten wie auch die landesweite Trauer um den im November 1995 ermordeten Premier Rabin erhöhten spürbar die Sympathien für Israel in der deutschen Öffentlichkeit, wenngleich diese Sympathie im Vergleich zu anderen Staaten und in der Breite gesehen gering blieb. Politik und Gesellschaft in Israel zeigten sich auch nach dem deutschen Giftgas-Skandal an engeren Beziehungen zu Deutschland interessiert, wobei das Entsetzen und Mißtrauen infolge der dortigen rechtsextremen Zwischenfälle 1991 bis 1993 (Hoyerswerda, Rostock, Sachsenhausen, Mölln, Solingen) und der späteren Anschläge in Lübeck (darunter ein Synagogenbrand) deutlich geäußert wurde. Unabhängig davon bezeichnen israelische Spitzenpolitiker verschiedener Lager Deutschland zunehmend als weltweit zweitwichtigsten Kooperationspartner nach den USA. Die wirtschaftliche Zusammenarbeit ist weiter ausgebaut worden. Deutschlands Regierung und Opposition haben ihrerseits nachdrücklich die Unterstützung des von Rabin, Peres und PLO-Chef Arafat begonnenen Aussöhnungsprozesses in Nahost signalisiert und dies auch mit finanziellen Hilfen untermauert.

9. Die in den 90er Jahren enger geknüpften politischen und wirtschaftlichen Beziehungen zwischen Israel und Deutschland blieben auch nach der erneuten Regierungsübernahme in Jerusalem durch den Likud im Sommer 1996 relativ stabil. Unter allen EU-Staaten pflegt Israel mit Deutschland die engsten Beziehungen. Den mittlerweile gehemmten Friedensprozeß in Nahost legt die deutsche Regierung nicht einseitig den Israelis zur Last, sie kritisiert jüdische Siedlungspolitik in den besetzten Gebieten und palästinensischen Terrorismus eher in gleicher Stärke. Ein Zankapfel zwischen israelischen und deutschen Politikern könnte hingegen die großzügige Einwanderungsregelung für russische Juden nach Deutschland werden. Rund 93 000 ehemalige Bürger der Sowjetunion bzw. der GUS-Staaten sind mittlerweile hierher eingereist. Israelische Politiker äußern Unverständnis über diesen Zuzug ins »Land der Täter«, zumal die Emigranten nachhaltig, aber teilweise eben erfolglos von der israelischen Jewish Agency angeworben werden. Teile der deutschen Politik und Öffentlichkeit begrüßen den unerwarteten Zuzug der russischen Juden hingegen als hoffnungsvollen Beginn einer neuen Ära jüdischen Gemeinde- und Kulturlebens in Deutschland.

THESEN ZUM DEUTSCH-ISRAELISCHEN VERHÄLTNIS

These 1: Das Ringen mit der nationalsozialistischen Vergangenheit ist nicht nur Last für Deutschland. Es ist zugleich Chance.

These 2: Durch das Ringen mit der moralisch-politischen Verantwortung für die

NS-Vergangenheit und durch deren Übernahme hat die Bundesrepublik Deutschland diesbezüglich enormes Ansehen gewonnen – im Gegensatz zu Österreich und zur früheren DDR.

These 3: Das Ringen mit der nationalsozialistischen Vergangenheit ist eine gewinnträchtige und erst recht eine moralische Investition. Es ist politisches Instrument und Signal.

These 4: Die Last der deutschen Geschichte ist ein großdeutsches Erbe. An ihm trugen die Bundesrepublik Deutschland, die DDR und Österreich, an ihr tragen seit der Vereinigung das eine Deutschland und Österreich.

These 5: Das Erbe ist unteilbar. Die Schuld aber ist nicht erblich.

These 6: Das Martyrium ist auch nicht erblich.

These 7: Die Nachgeborenen müssen keine Umkehr leisten. Ihre Aufgabe ist das Verhindern der Wiederkehr der nationalsozialistischen Verbrechen.

These 8: Trauerarbeit wurde und wird geleistet. Sie ist notwendig. Ihre Dauer muß begrenzt sein. Andernfalls wäre eine Kollektivtherapie notwendig.

These 9: Die Bundesrepublik Deutschland hat nach der ursprünglich verordneten Vergangenheitsbewältigung freiwillige Vergangenheitsbewältigung geleistet, dabei mehr durch die jüngeren Generationen als durch die eigentlich Beteiligten. Die Akzeptanz des deutschen Umgangs mit der Vergangenheit ist auch auf israelischer Seite bei der jüngeren Generation größer.

These 10: »Vergangenheitsbewältigung« bedeutet: Wissen, Werten, Weinen, Wollen. Wissen: Was geschah. Das Werten der Taten als Greueltaten. Das zumindest symbolische Weinen. Das Wollen einer menschlichen Gesellschaft.

These 11: Bei der Vergangenheitsbewältigung wird oft mehr gewertet, geweint, gewollt als gewußt. Wissenslücken klaffen in Deutschland und in Israel. Statt dessen werden Täterschaft und Martyrium fast biologisch interpretiert, als wären sie erblich.

These 12: Das Wissen von der jüngsten deutschen Vergangenheit erweitert unser Wissen vom Menschen. Nicht nur vom Deutschen, vom Juden, vom Nichtjuden, sondern vom Menschen überhaupt. Der nur dünne Firnis jedweder Zivilisation wird in beiden Ländern vornehmlich von Schriftstellern thematisiert, sei es bei Günter Grass' und Ralph Giordanos Auseinandersetzung mit Fremdenfeindlichkeit in Deutschland oder bei Abraham B. Yehoshuas und Nathan Zachs Kritik am israelischen Wegsehen während der Intifada.

These 13: Das nachträgliche Werten von Fehlentwicklungen und Verbrechen ist oft nur Bekundung von superlativischer Gesinnung.

These 14: Das Gedenken an den Nationalsozialismus verkümmert oft zum sinnentleerten Ritual. Das gilt für die deutsche und die israelische Seite.

These 15: Vergangenheitsbewältigung ist moralisch richtig und notwendig. Holocaustmentalität gleicht dagegen einer Selbstamputation; einer Selbstamputation von Juden, Israelis und Deutschen.

These 16: Es kommt vor, daß Deutschland und der Holocaust in Israel als Identitätsstifter instrumentalisiert werden. Deutschland wiederum läuft Gefahr, Israel und die eigene Vergangenheitsbewältigung als überzeugenden Nachweis seiner Selbsterneuerung zu instrumentalisieren.

These 17: Nach dem Holocaust erfolgte in der bundesdeutschen Öffentlichkeit aus schlechtem Gewissen, wohlmeinend, eine Fast-Heiligsprechung von Juden, Judentum und Israel. (Die neue DDR von

1989/1990 schien dieses Muster zu kopieren – in bester Absicht.) Das schadet allen: Juden, Judentum, Israel und nicht zuletzt den Deutschen. Diasporajuden, Israelis und Deutsche befinden sich noch immer auf der jahrhundertealten Suche nach der Realität ihrer Geschichte und ihrer Beziehungen zueinander.

These 18: Der deutsch-israelische Dialog besteht oft aus wortreichen Mißverständnissen. Man benutzt dieselben Begriffe, verbindet mit ihnen jedoch unterschiedliche Inhalte. Der Grund: Beide Seiten denken in verschiedenen Zeitbezügen. Es ist ein Dialog der Ungleichzeitigkeit.

These 19: Entkrampfung ohne historische Entsorgung kennzeichnet den deutsch-israelischen Alltag immer mehr – von Politikern und Ideologen allerdings zu wenig bemerkt.

Wiederherstellung des Berufsbeamtentums → Berufsverbot

Wien. Sichere Nachweise für die Ansiedlung von Juden in Wien datieren vom Ende des 12. Jahrhunderts. Im 13. Jahrhundert konkurrierten landesherrliches (herzogliches) und königliches Judenregal (→ Kammerknechtschaft) miteinander; das im Jahr 1236 den Bürgern von Wien erteilte Privileg Kaiser Friedrichs II. verbot den Juden die Ausübung öffentlicher Ämter (1244 durch Herzog Friedrich den Streitbaren aufgehoben, 1247 durch Kaiser Friedrich II. erneut eingeführt, 1251 durch Ottokar II. wiederum und endgültig aufgehoben). Der Judengemeinde verlieh Kaiser Friedrich II. im Jahr 1237 ein begünstigendes Privileg, das demjenigen für Worms aus dem Jahr 1236 nachgebildet war. Als Gelehrte von überregionalem Ruf wirkten im 13. Jahrhundert Isaak ben Mose (Or Sarua), dessen Responsen von zahlreichen Gemeinden (u. a. auch aus Leipzig) eingeholt wurden und der einen umfangreichen halachischen Kommentar hinterlassen hat, und sein Sohn Chajim (Elieser) Or Sarua, von dem ebenfalls zahlreiche Rechtsentscheide überliefert sind. Von der Pestverfolgung der Jahre 1348–50 war Wien nicht betroffen und konnte so eine Zufluchtstätte verfolgter Juden sein. Judenfeindliche Bestrebungen in der Stadtbevölkerung und die unsicheren politischen Verhältnisse während der Hussitenkriege führten 1421 zu einer schweren Verfolgung (Wiener Gesera), ausgelöst durch angeblichen Hostienfrevel. Ein großer Teil der Gemeinde wurde eingekerkert und beschloß die Selbstverbrennung. Von den Überlebenden erlitten mehr als 200 Juden den Feuertod durch die christliche Obrigkeit, viele Kinder wurden zwangsgetauft. Der Nachlaß der Ermordeten fiel Herzog Albrecht V. zu; die Verfolgungswelle griff auf zahlreiche Gemeinden Österreichs über. Bis 1670 erfolgten mehrere Judenvertreibungen. Danach zunächst Rückkehr privilegierter Hofjuden, deren Nachfahren auf dem Wiener Kongreß 1815 eine gesellschaftliche und politische Rolle spielten. Im 19. Jahrhundert setzte eine Zuwanderung von Juden aus verschiedenen Teilen der Doppelmonarchie ein. Juden nahmen verstärkt am kulturellen Leben teil und erwarben sich große Verdienste beim Aufbau von Industrie und Bankwesen. Im 20. Jahrhundert kamen in Wien starke antisemitische Tendenzen auf, so unter dem Bürgermeister und Führer der Christlich-Sozialen Partei Österreichs, Karl Lueger (1844–1910). Der Zerfall der Donaumonarchie führte zu starker Ausgrenzung der Juden. Nach dem »Anschluß« an das nationalsozialistische Deutschland im Jahr 1938 kam es zur völligen Ausschaltung, Austreibung, Deportation und Vernichtung der Wiener Juden. 1934 betrug die Zahl der in Wien lebenden Juden 178 000 (9,5 Prozent der Bevölkerung). Nach dem Krieg lebten in Wien noch etwa 9200; von ihnen gehörte nur etwa die Hälfte der jüdischen Gemeinde an. 1996 zählte die jüdische Gemeinde (hauptsächlich aufgrund der Zuwanderer aus Osteuropa) wieder 8000 Mitglieder, und weitere etwa 5000 Juden sind in Wien nicht registriert. In den 80er und 90er Jahren erwachte die sogenannte »Mazzeinsel», die im 19. Jahrhundert von Ostjuden aus der Donaumonarchie inmitten der Leopoldstadt aufgebaut wurde, mit jüdischen Geschäften und Restaurants zu neuem Leben; 1992 wurde hier das »Sephardische Zentrum« eingeweiht. 1993 eröffnete in Wien unter der Leitung von Julius H. Schoeps das Jüdische Museum der Stadt Wien, das im Palais Eskeles untergebracht ist. Das Museum zeigt eine Dauerausstellung zur

deutsch-jüdischen Beziehungsgeschichte, die um regelmäßig wechselnde Sonderausstellungen ergänzt wird. Das Museum beherbergt außerdem eine Literaturhandlung und ein Café und hat sich zu einem kulturellen und gesellschaftlichen Mittelpunkt des jüdischen Lebens in Wien entwickelt.
🄻 K. Lohrmann, Judenrecht und Judenpolitik im mittelalterlichen Österreich, Wien 1989. – O. H. Stowasser, Zur Geschichte der Wiener Gesera von 1421, 1920. – H. Tietze, Die Juden Wiens, 1933. (PAU)

Wiener, Max, Rabbiner, Philosoph und Historiker, 22.4.1882 Oppeln – 30.6.1950 New York. Wiener stammte aus einer orthodoxen Familie. Nach der rabbinischen Ausbildung an der Berliner →Hochschule für die Wissenschaft des Judentums (u.a. bei H. →Cohen) amtierte er seit 1912 als Rabbiner in Stettin und seit 1926 als Nachfolger von L. →Baeck in Berlin. Seine bedeutende Habilitationsschrift, »Jüdische Religion im Zeitalter der Emanzipation« (1933), scheiterte infolge der nationalsozialistischen Machtübernahme. 1934 trat Wiener mit Fritz Bamberger die Nachfolge J. →Guttmanns an der Hochschule für die Wissenschaft des Judentums an. 1939 emigrierte er in die USA, wo er seine theologische Arbeit fortsetzte. Wiener ging von H. Cohens Sicht des Judentums als eines prophetischen Idealismus aus. Unter dem Einfluß des Zionismus M. →Bubers betonte er jedoch stärker die geschichtliche Verankerung des Judentums in der Gesetzesreligion und der Tradition des »Glaubensvolkes«. Auch betonte er gegen die rationalistische Religionsphilosophie seines Lehrers den mystischen Charakter der göttlichen Offenbarung. Wiener war Mitherausgeber des »Jüdischen Lexikons« (1927) und verfaßte zahlreiche Aufsätze, so den wichtigen »Aufriß einer jüdischen Theologie« (1943/44).
🄻 H. Liebeschütz, Von Georg Simmel zu Franz Rosenzweig, 1970. (DK)

Wiener Kongreß, Zusammenkunft europäischer Staatsvertreter in Wien (1814/15) zur Neuordnung Europas. Die am 8. 6. 1815 als Verfassung des Deutschen Bundes unterzeichnete Bundesakte bestimmte in Artikel 16, daß den »Bekennern des jüdischen Glaubens [...] die denselben *von* den einzelnen Bundesstaaten bereits eingeräumten Rechte erhalten« bleiben. Die unter dem Einfluß von Hardenberg und Metternich zunächst gefundene Formulierung (»die denselben *in* den einzelnen Bundesstaaten«) wurde auf Manipulation des Bremer Bürgermeisters Smidt hin in die für die jüdische Minderheit ungünstigere Formulierung abgeändert. Da die napoleonischen Modellstaaten, in denen eine weitgehende Gleichstellung der Juden erfolgt war, nicht mehr existierten, konnten von den Regierungen der meisten Bundesstaaten die für die Juden ungünstigeren, z. T noch mittelalterlichen oder frühneuzeitlichen Bestimmungen der Vorgängerstaaten in Kraft gesetzt werden. Anstatt einer möglichst einheitlichen Regelung im gesamten Bundesgebiet erfolgte nun die Inkraftsetzung von etwa 60 Einzelgesetzen, die erst nach 1871 im Zuge des neuen Reichsrechts durch die endgültige Gleichstellung aufgehoben wurden.
🄻 S. Baron, Die Judenfrage auf dem Wiener Kongreß, 1920. (AH)

Wiener Library →Dokumentationszentren

Wiener Moderne (Jung-Wien), literarhistorische Bewegung in Wien um 1890–1910. Die Autoren entstammten meist dem assimilierten jüdischen Großbürgertum, dessen Traditionsverlust zur Lösung von religiösen und sozialen Bindungen führte, dessen europäische Orientierung aber auch zu ihrem selbstverständlichen Bildungshintergrund gehörte. Erst durch den Wiener Antisemitismus veranlaßt, beschäftigten sich einige Autoren mit der »Judenfrage« (H. Bahr, »Der Antisemitismus. Ein internationales Interview«, 1894; A. Schnitzler, »Professor Bernhardi«, Uraufführung 1912 in Berlin). Materielle Sicherheit und bürgerliche Bildung begünstigten eine Sensibilisierung der Empfindung und ästhetizistischer Haltung ohne Beziehung zu den sozialen und politischen Kämpfen der Zeit, deren Kehrseite Krisenbewußtsein, Sinnverlust und gesellschaftliche Isolierung der Künstler waren. Als Umschlagplatz von Ideen und Lektüreerlebnissen bildete das Kaffeehaus einen Gegenpol zur Vereinsamung der Schriftsteller. – In der Nachfolge des Naturalismus forderte Hermann Bahr, der Inaugurator und Anreger der Wiener Moderne, »Liebe zur Wahrheit«, die er aber nicht in der Realität der Außenwelt, sondern, an Ernst Machs »sensualistischen Positivismus« anschließend, in der subjektiven Empfindung verankerte. Aus dieser Einstellung erwuchs ein »literarischer Impressionismus«, der mit der Betonung von Detail und Nuance Stimmungen erzeugte. Den Mangel an Welthaftigkeit und kompositorischer Energie dokumentierte das Vorherrschen der literarischen Kleinformen Lyrik, Prosaskizze und Einakter. – Der

Naturalismus dominierte noch in den Dramen, Novellen und Romanen A. Schnitzlers. Die Milieuschilderungen seiner Gesellschaftsstücke entlarvten die Konvention als Lüge, verwiesen aber auch auf menschliche Grunderfahrungen, denen der resignative Zug Schnitzlers entsprang. Im Roman »Der Weg ins Freie« (1908) schilderte er auch das jüdische Leben in Wien. In R. Beer-Hofmanns Erzählung »Der Tod Georgs« (1900) prägte sich der literarische Impressionismus in Entfabelung und ornamentaler Verschlingung rein aus. Nach dem Ersten Weltkrieg wandte er sich mit biblischen Dramen dem jüdischen Erbe zu. Hugo von Hofmannsthals historistischer Ästhetizismus wurde durch die Einsicht in den Realitätsverlust der Kunst gebrochen. Momentaufnahmen des Alltags lieferten die zwischen Fiktion und Nichtfiktion changierenden Prosaskizzen P. Altenbergs. A. Polgar entwickelte die Prosaskizze zur Kulturkritik weiter. F. Salten begleitete die Wiener Moderne feuilletonistisch. K. Kraus galt mit seiner moralischen Sprachkritik als Wahrzeichen Wiens.

L Jugend in Wien. Literatur um 1900 (Sonderausstellungen des Schiller-Nationalmuseums, Katalog Nr. 24), 1974. – J. M. Fischer, Fin de siècle. Kommentar zu einer Epoche, 1978. – V. Zmegac (Hrsg.), Deutsche Literatur der Jahrhundertwende, 1981. (MIM)

Wiesel, Elie (Eliezer), Schriftsteller und Publizist, 30. 9. 1928 Sighet, Rumänien. 1944 wurde Wiesel im Alter von 15 Jahren nach Auschwitz und Buchenwald deportiert. Während seine gesamte Familie in den Lagern ums Leben kam, wurde Wiesel 1945 aus Buchenwald befreit. Nach dem Krieg Journalist in Paris, später in New York. Bereits in seinem ersten Roman, »Un di Velt Hot Geshvign« (Die Nacht, 1958), ursprünglich in jiddischer Sprache, bildete der Holocaust das Hauptthema. Aufgewachsen in einer sehr religiösen Familie, erzogen unter chassidischem Einfluß, behandelte Wiesel in all seinen Büchern unter unterschiedlichen Aspekten die Frage der Beziehung zwischen Mensch und Gott. Prosabände in französischer Sprache: »L'aube« (Morgengrauen, 1960), »Le jour« (Der Tag, 1961), »La ville de la chance« (Stadt des Glücks, 1962), »Les portes de la forêt« (Die Tore des Waldes, 1964), »Le chant des morts« (Lieder der Toten, 1966), »Le mendiant de Jérusalem« (Der Bettler aus Jerusalem, 1968) u. a. Nach einem Besuch in der UdSSR veröffentlichte er ein scharfes Pamphlet zum Antisemitismus in diesem Land: »Les Juifs du silence« (Die Juden des Schweigens, 1966). Sein Roman »Der Schwur« und das Theaterstück »Der Shamgoroder Prozeß« spiegeln die Atmosphäre wilder antisemitischer Pogrome wider. Die Kantate »Ani Maamin«, vertont von Darius Milhaud, ist den Opfern des Holocaust gewidmet. Wiesels unermüdliche Tätigkeit im Dienst humanistischer Ideale wurde 1986 mit dem Friedensnobelpreis geehrt. (AB)

Elie Wiesel, 1996

Wiesenthal, Simon, Schriftsteller, Diplom-Ingenieur, 31. 12. 1908 Buczacz, Galizien. Architekturstudium an den Universität Lemberg und Prag. Insgesamt wurden 89 seiner Verwandten Opfer des Holocaust. Sein Leidensweg durch insgesamt 12 KZs endete im KZ Mauthausen, aus dem er am 5. 5. 1945 befreit wurde. Emigration nach Palästina. Nach der Befreiung war Wiesenthal für die Amerikaner bei der Aufdekkung von Kriegsverbrechen tätig. 1947 eröffnete er zusammen mit seiner Frau und anderen in Linz ein Dokumentationszentrum zur Sammlung von Unterlagen über das Schicksal von Juden und ihren Verfolgern. Nach der Ergreifung und Verurteilung Eichmanns 1961 Rückkehr nach Wien, um ein neues Dokumentationszentrum zu errichten. In der Folgezeit enttarnte Wiesenthal mehr als 1200 NS-Verbrecher und brachte sie vor Gericht, unter ihnen den SS-Führer Rajkowitsch, Vertreter Eichmanns in den Niederlanden, Stangel, den Kommandanten des KZs Treblinka, und Karl Silberbauer, der Anne Frank verhaftet hatte. Wegen innenpolitischer Schwierigkeiten stellte Wiesenthal seine Nachforschungen in Österreich ein und widmete sich nur noch internationalen Recherchen. U. a. spürte er 1978 den ehemaligen stellvertretenden Kommandanten der KZs Treblinka und Sobibor, Gustav Franz Wagner, in Brasilien auf, konnte jedoch dessen Auslieferung nicht durchsetzen. In den Auseinandersetzungen um die ungeklärte Rolle des österreichischen Bundespräsidenten Waldheim als Offizier der deutschen Wehrmacht warf Wiesenthal dem →World Jewish Congress u. a. vor, mit der Kampagne gegen Waldheim antisemitische Gefühle in Österreich belebt zu haben, hielt diesen jedoch für eine Belastung Österreichs. Wiesenthal sah sich stets großen Widerständen gegen seine Arbeit ausgesetzt. Aus Anlaß seines 80. Geburtstags entstand 1988 eine sechsteilige US-TV-Serie. Werke u. a.: »KZ Mauthausen« (1946), »Ich jagte Eichmann« (1960), »Doch die Mörder leben« (1967), »Die Segel der Hoffnung. Die geheime Mission des Christoph Columbus« (1986), »Jeder Tag ein Gedenktag« (1988), »Recht, nicht Rache« (1988).

🄻 R. Vogel (Hrsg.), Das Echo. Widerhall auf Simon Wiesenthal, 1979. (LH)

Wilder, Billy, Filmautor und Regisseur, 22. 6. 1906 Sucha, Galizien. Nach erster journalistischer Tätigkeit in Wien lebte Wilder ab 1926 in Berlin. 1929 war er Mitautor des halbdokumentarischen Stummfilms »Menschen am Sonntag« von Robert Siodmak. Er schrieb zahlreiche Drehbücher für die Ufa, u. a. »Emil und die Detektive« (1931). 1933 emigrierte Wilder nach Frankreich; 1934 siedelte er nach einer Zwischenstation in Mexiko in die USA über. Hier arbeitete er bis 1954 für die Paramount-Filmgesellschaft. Zunächst war er nur als Autor tätig, ab 1942 auch als Regisseur. 1945 kam er als Oberst der US-Armee in einer Psychological Warfare Division nach Deutschland. Danach begann seine Hollywood-Karriere als Regisseur, Autor und Produzent. Wilder realisierte mehr als 50 Filmkomödien und gesellschaftskritische Filme, u. a.: »The Lost Weekend« (1945), »Sunset Boulevard« (1950), »Sabrina« (1954), »The Seven Year Itch« (1955), »Some Like It Hot« (1959), »One, Two, Three« (1961), »Irma La Douce« (1963), »Avanti« (1972), »Buddy Buddy« (1981). 1993 auf der Berlinale für sein Lebenswerk mit dem »Goldenen Bären« ausgezeichnet. (WJ)

Wilhelm von Bourges, Konvertit, Diakon, 13. Jahrhundert. Wilhelm von Bourges verfaßte u. a. um 1235 das »Buch der Kriege des Herrn gegen Juden und Ketzer«. Er kannte sich in der hebräischen Bibel und teilweise auch im Talmud aus und erweiterte dadurch die herkömmliche antijüdische Apologetik. Hebräische Zitate in lateinischer Umschrift sollten der Unterlegenheit christlicher Partner in Streitgesprächen mit Juden abhelfen. Wilhelm von Bourges sah die Juden als Söhne des Teufels und des Antichrists in der Verdammnis, obwohl er ihnen noch eher als Ketzern die Möglichkeit von Reue und Umkehr einräumte.

🄻 H. Schreckenberg, Die christlichen Adversus-Judaeos-Texte (11.–13. Jahrhundert), 1988. (FL)

Wilna (Vilnius), Hauptstadt →Litauens. Erste jüdische Niederlassungen vermutlich Ende des 15. Jahrhunderts, 1487 wurde ein Friedhof errichtet. 1527 erhielt die Stadt von König Sigismund (Zygmunt) I. das Privileg »De non tolerandis judaeis«. Es verbot den Juden, sich in Wilna niederzulassen und Handel zu treiben. Trotzdem lebten Mitte des 16. Jahrhunderts Schutzjuden in den Häusern von Adligen. 1573 begann der Bau der Großen Synagoge. Während des Pogroms 1592 wurden die Synagoge, die Läden und Häuser von Juden zerstört. 1593 gab König Sigismund III. Wasa den Juden das Recht, Häuser in Wilna zu kaufen und zu pachten. 1633 wurden die jüdische Handels- und Handwerkstätigkeit, das jüdische Wohnrecht sowie die Höhe der jüdischen Abgaben an die Stadt festgelegt. 1655 floh ein großer Teil der jüdischen Bevölkerung vor den Kosaken aus der Stadt, die Zurückgebliebenen wurden ermordet, das jüdische Viertel niedergebrannt. In der Zeit der russischen Besetzung Wilnas (1658–61) durften die Juden auf Drängen der christlichen Handwerker und Kaufleute nicht in die Stadt zurückkehren; erst nach der Rückeroberung der Stadt durch Polen wurden sie in ihre Rechte wiedereingesetzt. Im Nordischen Krieg (1700–21) litt Wilna stark unter der russischen und schwedischen Besetzung, unter Hunger und Feuersbrunst. 1709/10 kostete der Hunger 34 000 Menschen, unter ihnen 4000 Juden, das Leben. Nach der 2. Teilung Polens wurden die Juden im russischen Wilna in ihren Rechten belassen, 1861 sämtliche Wohnrechtsbeschränkungen aufgehoben. In Wilna lebten zahlreiche berühmte Rabbiner und Gelehrte. Der berühmteste war Elias aus Wilna (1720 bis1797), Wilnaer Gaon genannt. Wilna war eines der Zentren der polnischen →Haskala. Seit 1847 gab es hier eine Rabbinerschule (1871 zum Lehrerseminar umgewandelt), mehrere Synagogen, Verlagsanstalten und Druckereien. Anfang des 20. Jahrhunderts war Wilna Sitz der Leitung der russischen zionistischen Bewegung. Bei der Einnahme der Stadt durch polnische Truppen im April 1919 wurden etwa 80 Juden ermordet. In den 20er Jahren war Wilna ein Zentrum der jiddischen Kultur; mehrere jiddische und hebräische Schulen wurden gegründet, seit 1916 gab es ein jiddisches Amateurtheater (→Wilnaer Truppe), drei jiddische Tages-, mehrere Wochen- und Monatsblätter. 1925 entstand das →YIVO. 1940 wurde Wilna von der Sowjetunion annektiert, jüdische kulturelle und politische Institutionen wurden verboten, ihre früheren Mitarbeiter nach Rußland deportiert, viele von ihnen umgebracht. Als am 24. 6. 1941 die Deutschen die Stadt einnahmen, lebten in Wilna etwa 80 000 Juden. Kurz nach der Errichtung des Ghettos wurden etwa 35 000 Juden in Ponary bei Wilna ermordet. Seit Januar 1942 existierte im Ghetto eine Widerstandsgruppe, »Fareynigte Partizaner Organizatsye« (F. P. O.), unter Izhak Wittenberg (1907–1943). Im August 1943 begann die Liquidierung des Ghettos: Deportationen nach Estland, Lettland und in das KZ Majdanek. Beim Einmarsch der sowjetischen Truppen (12. 7. 1944) gab es in Wilna etwa 6000 Juden, die in den Wäldern und in anderen Verstecken überlebt hatten. Ihr weiteres Schicksal verlief ähnlich wie das der Lemberger Juden (auch →Lemberg, →Rußland). (AGR)

Wilnaer Truppe, berühmtes jiddisches →Theater, gegründet in Wilna im Februar 1916. 1917 übersiedelte das Theater nach Warschau, wo es 1920 mit außerordentlichem Erfolg den »Dibbuk« von S. →Anski uraufführte. Tourneen in England, Frankreich und den USA. 1921 teilt sich die Truppe. Der eine Teil, das »Jüdische Künstlertheater«, zog quer durch Europa und ließ sich in Amerika nieder, wo es bis 1930 bestand. Der zweite Teil behielt den Namen Wilnaer Truppe und zog nach Wien und dann nach Rumänien. Tourneen nach Bukarest, Iași, Tschernowitz, u. a. mit »Der Sänger seiner Trauer« von Ossip Dymov, einem der populärsten Stücke der Wilnaer Truppe. 1927 spielte die Truppe in Polen und war besonders erfolgreich mit »Kiddusch Hashem«, der Dramatisierung Michael Weicherts nach S. →Asch. Der Gründer der Wilnaer Truppe, Mordechai Maso, und seine Ehefrau, die Schauspielerin Miriam Orleska, kamen im Warschauer Ghetto während des Zweiten Weltkriegs ums Leben. (AB)

Winder, Ludwig, Schriftsteller und Journalist, 7. 2. 1889 Schaffa, Mähren – 16. 6. 1946 Baldock, England. Seit 1914 Kulturredakteur der Prager »Bohemia«; laut Brod gehörte Winder zum engsten »Prager Kreis«. 1939 Emigration nach England. Die engstirnige mährische Kleinstadt seiner Jugend mit ihrem ethnischen und sozialen Druck prägte die Milieudarstellung seiner Romane, vor allem »Die jüdische Orgel« (1922), »Die nachgeholten Freuden« (1927) und »Doktor Muff« (1931) (MP)

Winter, David Alexander, Rabbiner, 23. 11. 1878 Mönchengladbach – 13. 10. 1953 London. Besuch des Rabbinerseminars in Berlin; Rabbinatsprüfung und anschließendes Doktorat in Halle; zunächst Rabbiner der Gemeinden von Myslowitz (Oberschlesien) und Homburg, seit 1915 Feldrabbiner; 1921 Rabbiner in Lübeck; nach 1933 verantwortlich für die Betreuung der jüdischen Gemeinden von Kiel und Mecklenburg-Schwerin; 1938 Emigration der Familie nach England. Bis zu seinem Tod hielt Winter in seinem Haus talmudische Lehrvorträge; seit seiner Lübecker Amtszeit hatte er intensive historische Studien über die Juden in Lübeck und Moisling betrieben. (JÖD)

Wischnitzer, Mark, Historiker, 10. 5. 1882 Rowno, Polen – 16. 10. 1955 Tel Aviv. 1908–13 Redakteur der historischen Abteilung der russisch-jüdischen Enzyklopädie, St. Petersburg, ab 1925 Redakteur der »Encyclopaedia Judaica« in Berlin; 1922–37 Generalsekretär des →Hilfsvereins der deutschen Juden. 1938 Emigration nach Frankreich; 1940 über Spanien, Portugal und die Dominikanische Republik in die USA. Durch die Veröffentlichung der Erinnerungen von B. →Borochow hat Wischnitzer einen Beitrag zur jüdischen Memoirenliteratur geliefert. Hauptwerk: »Die Juden in der Welt« (1935). (LH)

Wise, Stephen Samuel, Zionistenführer und Rabbiner, 17. 3. 1874 Budapest – 19. 4. 1949 New York. Rabbinersohn, emigrierte als kleines Kind in die USA; mit 18 Jahren Abschluß an der Columbia University mit Auszeichnung; 1893 Assistenzrabbiner, später Rabbiner am Tempel B'nai Jeshurun in New York. 1897 Mitbegründer der New York Federation of American Zionists, gleichzeitig Sekretär der zionistischen Weltorganisation; 1900 Rabbiner am Tempel Beth El in Portland, Oregon; 1902 Doktorat an der Columbia University; 1909 Mitbegründer der National Association for the Advancement of Colored People. Berater des Präsidenten Wilson während des

Ersten Weltkriegs; 1918/19 vertrat Wise die Interessen des Zionismus bei der Versailler Konferenz; 1918–20 Vizepräsident der →Zionist Organization of America; 1920 Mitbegründer der American Civil Liberties Union (ACLU). Etablierte das Jewish Institute of Religion als Rabbinerausbildungsstelle und jüdische Hochschule (1922), das sich später mit dem Hebrew Union College zusammenschloß. 1930 veröffentlichte Wise (mit Jacob De Haas) »Great Betrayal« über die Geschichte der britischen Palästinapolitik. 1936–38 Präsident der Zionist Organization of America, 1936 Vorsitzender des jüdischen Weltkongresses bis zu seinem Tod. 1949 erschien seine Autobiographie, »Challenging Years«. (CL)

Essay

Juden und Wirtschaftsleben in Deutschland

Werner E. Mosse

Jüdische Wirtschaftstätigkeit in der Diaspora ist die einer geringen Minderheit. Als solche war und ist sie weitgehend abhängig von den Gegebenheiten der nichtjüdischen Umwelt, deren Gesetzen und Bestimmungen sowie der allgemeinen Wirtschaftsentwicklung. So setzte, vor dem Hintergrund einer vorwiegend ländlichen Naturalwirtschaft, die Gesetzgebung in voremanzipatorischer Zeit jüdischer Erwerbstätigkeit enge Grenzen. Nach der wirtschaftlichen Emanzipation, die der rechtlich-politischen häufig vorausging, wurde dann der Einfluß wirtschaftlicher Faktoren wie Frühindustrialisierung, Urbanisierung und zunehmender Verbreitung kapitalistischer Wirtschaftsformen entscheidend. Die Entwicklung – charakteristisch für Mitteleuropa, weniger für die westlichen Länder und Osteuropa – soll hier in ihren Grundzügen am Beispiel Deutschlands aufgezeigt werden.

Bis zur Zeit der Judenvertreibungen war jüdischer Landbesitz in Deutschland, Frankreich und Spanien nicht ungewöhnlich. Vor allem an Umschlagplätzen am Mittelmeer betrieben jüdische Kaufleute ausgedehnten Handel. Bereits im juristischen Sprachgebrauch des 9. Jahrhunderts waren die Bezeichnungen »Jude« und »Kaufmann« Synonyme.

Einen entscheidenden Einschnitt bedeuteten die Kreuzzüge. Die Juden verloren ihre Rechte, Handel zu treiben, und wurden auf einen neuen Zweig der wirtschaftlichen Betätigung, den Geldhandel, abgedrängt, der das Bild der Umwelt von ihnen bis in unsere Zeit mitbestimmen sollte (→Zinsverbot). Bis zur Jahrtausendwende spielte die Geldwirtschaft kaum eine große Rolle; der Ein- und Verkauf von Produkten und Waren wurde gewöhnlich auf dem Weg des Tauschhandels geregelt. Erst mit dem Aufbau des Orienthandels entwickelte sich ein internationaler Kapitalmarkt. Das von Papst Alexander III. 1179 den Juden zugestandene Recht, gegen Zinsen Geld zu leihen (»Wucher«), wurde 1215 bestätigt, als Innozenz III. ein an die Christen gerichtetes Verbot der Zinsnahme erließ, das als »kanonisches Zinsverbot« bekannt geworden ist. Allein die Tatsache, daß die Juden Zinsen nahmen – in welcher Höhe auch immer –, machte sie allseits höchst unbeliebt. Nicht nur die Bürger in den Städten lehnten die Zinsnahme als unsittlich ab. Sie nahmen für ihre Produkte feste Preise, die ihnen den Lebensunterhalt sicherten, und standen dem Zuerwerbsdenken fremd gegenüber. Da andererseits die mittelalterliche Sozialordnung Juden den Zugang zu Zünften, Gilden und Korporationen verwehrte, blieb den Juden der Handel mit Trödel und Pfändern, der ihnen wiederum den Vorwurf eintrug, mit Dieben und Mördern gemeinsame Sache zu machen.

Gegen den Widerstand des Souveräns wäre allerdings das Zinsgeschäft nicht möglich gewesen. So gestand beispielsweise Kaiser Friedrich III. im Jahr 1470 den Juden das Recht zu, höhere Zinsen als die Christen zu nehmen. Aus der Geschichte bis in die Neuzeit sind zahlreiche Beispiele dafür bekannt, daß die christliche Obrigkeit die angesammelten Vermögen der Juden mit einem Federstrich konfiszierte und diese »für ewige Zeiten« des Landes verwies, sie dann aber in Fällen neuer finanzieller Bedrängnis wieder aufnahm; die Abgaben, die die Juden erbringen mußten, waren höchst willkommen.
Bis zum Beginn des 19. Jahrhunderts unterstanden »Judenschaften« den jeweiligen Landesherren und deren →Judenordnungen. Die Mehrheit bestand aus geduldeten »Schutzjuden«, denen man gegen finanzielle Leistungen ein Minimum an Schutz gewährte. Von Landbesitz, Ackerbau und »zünftigem« Handwerk ausgeschlossen, durften sie sich nur an bestimmten Orten niederlassen. Zu zahlreichen Sonderabgaben verpflichtet, unterlagen sie zusätzlich der willkürlichen Brandschatzung durch ihre »Beschützer« und der dauernd drohenden Sanktion der Vertreibung. Generell war ihre Erwerbstätigkeit auf Zweige beschränkt, die Christen wenig oder keinen Anreiz boten.
Zogen die wirtschaftlichen und rechtlichen Bedingungen des absolutistischen Zeitalters der jüdischen Erwerbstätigkeit enge Grenzen, so eröffnete andererseits eine Eigenheit der deutschen Situation einer relativ kleinen Anzahl von Juden bedeutende Erwerbsmöglichkeiten. Bis zum Wiener Kongreß zählte Deutschland nicht weniger als 324 unabhängige Territorien. Seit langem hatten sich deren Fürsten darum bemüht, vermögende und in wirtschaftlichen Dingen erfahrene Juden an ihre Höfe zu binden. Jüdische →Hoffaktoren, bei fester Anstellung und Gehalt, hatten die finanziellen Bedürfnisse ihrer Herren zu befriedigen, Monopole zu verwalten, Metalle für Münzen zu beschaffen, Luxuswaren für die Hofhaltung zu liefern sowie nicht zuletzt Heereslieferungen auszuführen. Als effektive »Finanzminister« kamen manche von ihnen zu Reichtum und erwarben für sich und ihre Familien eine gesellschaftliche Stellung, die der von Adligen vergleichbar war. Nicht selten bemühten sie sich erfolgreich um die Verbesserung der rechtlichen Situation ihrer weniger begünstigten Glaubensbrüder. Gegen Ende des absolutistischen Zeitalters soll der Anteil solcher privilegierten Bankiers und Großkaufleute etwa 25 Prozent aller jüdischen Gewerbetreibenden betragen haben.
Im Verlauf des Napoleonischen Zeitalters erfuhr dann die Situation der Juden einschneidende Veränderungen. In verschiedenen deutschen Staaten gewährten Regierungen Juden eine weitgehende →Emanzipation. In französisch besetzten oder beherrschten Gebieten wie etwa den linksrheinischen Provinzen und dem kurzlebigen Königreich Westfalen erhielten sie die volle bürgerliche Gleichberechtigung einschließlich Freizügigkeit, Niederlassungsrecht und weitgehender Freiheit der Berufswahl. In Altpreußen wiederum (mit Ausschluß von Posen) gewährten die Stein-Hardenbergschen Reformen, besonders das Emanzipationsedikt von 1812, Juden ähnliche Rechte. Die Zeit des »Schutzjudentums« ging zu Ende. Viele (beileibe nicht alle) Juden wurden zu Staats- und Wirtschaftbürgern, wenn auch nur vereinzelt zu Bürgern gleichen Rechts.
Gleichzeitig boten die Revolutions- und die Napoleonischen Kriege einzelnen Juden Erwerbsmöglichkeiten großen Stils. Fürsten und Regierungen benötigten Mittel zur Finanzierung ihrer Feldzüge. Es bestand ein nicht abreißender Bedarf an Heereslieferungen. Französische Kontributionen mußten eingetrieben, englische Subsidien und später französische Reparationszahlungen transferiert werden. Wohlhabende Juden waren in der Lage, derartige Chancen zu nutzen. Sie verfügten über ausreichendes Kapital, generationenalte Erfahrung im Geldwesen, ein einzigartiges Netz internationaler Verbindungen sowie ausgedehnte Kenntnisse und Beziehungen im Produktenhandel. So begann das Goldene Zeitalter für Meyer Amschel Rothschild aus Frankfurt und seine fünf Söhne, gefolgt von einer Reihe von ihnen prote-

gierter Bankiersdynastien, der die Mendelssohns und später die Bleichröders in Berlin, die Oppenheims in Köln, die Heines in Hamburg, die Habers in Karlsruhe, die Kaullas in Stuttgart und die Ladenburgs in Mannheim angehörten, um nur einige der wichtigsten zu nennen. Diese entwickelten sich oft zu Staatsbankiers, die durch Geschäfte und Staatsanleihen – zumeist in Frankfurt gehandelt – unersättliche staatliche Kreditbedürfnisse befriedigten. Bis zur Jahrhundertmitte hatten jüdische Bankiers auf dem Gebiet der Staatsfinanzierung beinahe eine Monopolstellung inne.

Als dann im Lauf der 30er Jahre dank einer langsamen Gesundung der Staatsfinanzen der Bedarf an Anleihen nachließ, bot sich als Ersatz ein riesiges Bedürfnis an Kapital für den kostspieligen Eisenbahnbau. An der Zeichnung von Eisenbahnaktien – jetzt meist an der Berliner Börse gehandelt – waren jüdische Privatbankiers maßgeblich beteiligt. Auch figurierten Juden, die Rothschilds, Baron Moritz Hirsch und Baruch Hirsch Straussberg (später Bethel Henry Strousberg), unter den bedeutendsten Eisenbahnunternehmern. Daneben vermehrte sich in der beginnenden Frühindustrialisierung das Kapital der einstigen Hofjuden noch durch Gewinne aus Handel und Industrie. Hier spielten auch weitverstreute, zumeist mittlere oder kleinere Privatbanken eine Rolle. Noch 1882 stellten in Preußen Juden 43 Prozent aller Direktoren und Inhaber von Bank- und Kreditunternehmen.

Der wirtschaftliche Aufstieg besonders während der 50er und der 60er Jahre blieb nicht auf Mitglieder der wohlhabenden Schichten beschränkt. Die fortschreitende Industrialisierung in Teilen Deutschlands war begleitet von einem allgemeinen wirtschaftlichen Aufschwung. Die Abwanderung eines Teils der Landbevölkerung in die neuen Industriestädte erhöhte den Bedarf an Ladengeschäften. Dasselbe geschah auf dem Land im Zuge zurückgehender Selbstversorgung sowie verbesserter Verkehrsverhältnisse. Auch der langsame Anstieg des Lebensstandards und die Auswirkungen des Zollvereins nebst Deutschlands Eintritt in die Weltwirtschaft förderten die neue Wirtschaftskonjunktur. In deren Verlauf wurden aus jüdischen Kleinhändlern zunehmend Ladeninhaber, Kommissionsagenten oder kleinere Bankiers, wobei sich die einzelnen Branchen nur allmählich voneinander trennten. Wies die preußische Berufszählung von 1843 noch 61 Prozent jüdische Kleinhändler (ohne Laden), Trödler und Hausierer aus, so war deren Anteil schon 1861 auf 41 Prozent gesunken. Zur Verminderung der jüdischen Unterschicht um diese Zeit trug auch eine massive Auswanderung aus Teilen Deutschlands besonders in die USA bedeutend bei.

Zum Strukturwandel bei der jüdischen Bevölkerung im Rahmen einer rapiden Verbürgerlichung gehörte auch, besonders seit den 60er Jahren, ihr zunehmender Eintritt in die freien Berufe, den Arztberuf, die Rechtsanwaltschaft und den Journalismus. Allerdings erreichten Juden hier erst 1882 den Durchschnitt (4,9 Prozent) der Gesamtbevölkerung. Gleichzeitig stieg auch die Zahl der im Handel angestellten »Commis« sowie der Bankangestellten.

Im weiteren Verlauf wurde dann die jüdische Wirtschaftsentwicklung zunehmend zu einem Teil der allgemeinen. Nach zwei Dezennien wirtschaftlichen Aufschwungs brachte die in den 70er Jahren einsetzende Depression eine Belastung auch der jüdischen Wirtschaftstätigkeit, verschärft noch durch die begleitende antisemitisch-antikapitalistische Agitation der Stoecker-Zeit. Vom Ausgang der Depression in den 90er Jahren bis zum Ausbruch des Ersten Weltkriegs folgte dann eine weitere Periode stürmischen Wirtschaftswachstums. Auch für das jüdische Unternehmertum wurde das spätere Wilhelminische zum »Goldenen« Zeitalter. Unter den führenden Großunternehmern dieser Zeit waren etwa Emil und Walther Rathenau, Albert Ballin, die Bankiers Carl Fürstenberg, Max Warburg, Eugen Gutmann (Gründer der Dresdner Bank) sowie der Verleger Rudolf Mosse. Zu Großunternehmen mit maßgeblicher jüdischer Beteiligung gehörten die AEG, die HAPAG, Orenstein & Koppel, Ludwig Loewe, die Frankfurter Metallgesellschaft, die Warenhäuser von Hermann und Leon-

hard Tietz sowie die großen »jüdischen« Zeitungsverlage. Auch hatten in sämtlichen Großbanken bis zum Ende der Weimarer Republik Männer jüdischer Herkunft führende Positionen inne.
Zu den Wirtschaftsbranchen mit starkem jüdischem Anteil gehörten neben Bank- und Börsenwesen Textilindustrie und Konfektion, Genußmittelindustrie, Metallhandel, Detailhandel, Handel mit landwirtschaftlichen Produkten, Import-Export-Geschäft sowie Verlags- und Pressewesen. Die hohen Anteile der Selbständigen unter sämtlichen jüdischen Erwerbspersonen hingen wesentlich mit deren starker Konzentration gerade im Handel zusammen. Im Handel im engeren Sinne machten im Jahr 1882 die jüdischen unter allen Selbständigen aus: 17 Prozent in Preußen, 19 Prozent in den größeren Städten Preußens und 22 Prozent in Berlin. Noch 1933 betrugen die entsprechenden Verhältnisziffern: sieben Prozent im Deutschen Reich, zehn Prozent in Preußen und in allen deutschen Großstädten, 16 Prozent in Berlin. Der starke Anteil von Selbständigen unter allen erwerbstätigen Juden muß im Zusammenhang mit der wirtschaftlichen, gesellschaftlichen und psychologischen Lage der Juden in Deutschland beurteilt werden. Sie waren einerseits eine kleine und zerstreute Minderheit und verfügten andererseits über Bildung, Initiative und gewisse finanzielle Mittel.
Wie gezeigt, war die Entwicklung des jüdischen Wirtschaftslebens in Deutschland weitgehend von der Gesetzgebung zum einen und von der allgemeinen wirtschaftlichen Entwicklung zum anderen bestimmt. Doch spielten auch innerjüdische Faktoren eine Rolle, so Aspekte der religiösen Tradition, spezielle Sozialisierungsprozesse, starke Familien- und Gruppensolidarität, ein ausgedehntes Netz sowohl interner als auch internationaler Beziehungen. In manchen Punkten, etwa bei der Branchenverteilung, wich die jüdische Wirtschaftstätigkeit teilweise von der nichtjüdischen ab. Der Erste Weltkrieg brachte die Zerschlagung und die Einengung der mittel- und osteuropäischen Wirtschaftsgebiete mit sich. Vor allem die staatliche Planwirtschaft wirkte sich gegen jüdischen Handel und freie Berufstätigkeit aus. Wirtschaftskrisen schränkten den Kapitalbesitz des Mittelstands ein und führten zu politischer Radikalisierung und immer aggressiver werdenden Formen des Antisemitismus. Trotz tiefgreifender Veränderungen im nichtjüdischen wie auch im jüdischen Bereich behielt die jüdische Wirtschaftstätigkeit bis zum bitteren Ende im Nationalsozialismus dennoch zumindest teilweise ihren eigenen Charakter. »Judenboykott«, »Entjudung« und →»Arisierung« waren nach 1933 die Stichworte zur Ausschaltung der Juden aus dem deutschen Wirtschaftsleben. Austreibung und Ausplünderung bereiteten die Phase der »Endlösung« vor. Zwar hat sich die Vorstellung, daß Deutschland für Jahrhunderte ein Land ohne Juden sein werde, nicht erfüllt; doch die kleine jüdische Gemeinschaft in Nachkriegsdeutschland hat mit dem »klassischen« deutschen Judentum kaum noch etwas zu tun und ist wirtschaftspolitisch ohne Bedeutung.

[L] A. Barhai, Jüdische Minderheit und Industrialisierung, 1988. – W. E. Mosse, Jews in the German Economy. The German-Jewish Economic Elite 1820–1935, Oxford 1987. – M. Richarz (Hrsg.), Jüdisches Leben in Deutschland Band 1: Selbstzeugnisse zur Sozialgeschichte 1780–1871, 1976. – W. Sombart, Die Juden und das Wirtschaftsleben, 1911. – F. Stern, Gold und Eisen. Bismarck und sein Bankier Bleichröder, 1978.

Essay

Wissenschaft des Judentums

Julius Carlebach

Sowohl Stärke als auch Schwäche der Wissenschaft des Judentums besteht darin, daß sie, wie andere Geisteswissenschaften auch, schon unter ihren Vorgängern und danach im Lauf der Zeit verschiedene Definitionen erfahren hat. Das Konzept wurde im zweiten Jahrzehnt des 19. Jahrhunderts von Eduard →Gans (1798–1839) vorgelegt, dem damaligen Führer einer kleinen, einflußreichen Gruppe junger jüdischer Intellektueller, die sich in einem →Verein für Cultur und Wissenschaft der Juden zusammengeschlossen hatten.
Schockiert von den antijüdischen Hep-Hep-Unruhen in Deutschland 1819, bemühten sie sich darum, neue Wege zu finden, die den Juden bei ihrer Integration in die deutsche Gesellschaft helfen sollten. Sie stimmten jedoch mehr in den anzuwendenden Methoden als in dem Konzept einer Wissenschaft des Judentums überein.
Der Verein hatte fünf Tätigkeitsbereiche oder Abteilungen:
1. das Betreiben der Wissenschaft des Judentums in ihrer reinen Form;
2. Publikation einer Zeitschrift (drei Ausgaben wurden veröffentlicht);
3. Unterweisung jüdischer (meist polnischer) Jugendlicher in praktischen und säkularen Fächern (1823 zwölf Schüler);
4. Einrichtung einer Bibliothek und eines Archivs;
5. Bereitstellung einer Prüfungskommission zur Beratung jüdischer Gemeinden bei der Gewährung von Stipendien für Studenten der Universität.
Es war beabsichtigt, wie Gans es formulierte, »die jüdische Welt sich selbst vorstellig zu machen«. Gans, der erste Vorsitzende des Vereins, suchte nach einer säkularen, nicht verpflichtenden Form des Judentums, die Jüdischsein in Deutschland akzeptabel und respektabel machen würde, während sie es gleichzeitig säkularen Juden erlauben sollte, den Grad von Jüdischkeit zu bewahren, den sie wollten und glaubten bewahren zu müssen: »... ein Aufgehen einer jüdischen Welt in der europäischen« sei notwendig, doch »Aufgehen ist nicht Untergehen«, sagte Gans.
So kreativ seine Annäherung an das Judentum (vielleicht besser: an die Juden) auch war, Gans war und blieb sehr ambivalent, mit einem irrationalen Haß auf »Rabbinen und Romanisten«, davon überzeugt, daß die jüdische Geschichte der selbstauferlegten »Absonderung« enden würde.
Eine weit systematischere Form der Wissenschaft des Judentums wurde 1822 von Immanuel Wolff (später →Wohlwill) vorgeschlagen. Er sah im Judentum »die Idee der unbegrenzten Einheit«, der die Wissenschaft des Judentums immer begegnen würde, weil die Wissenschaft des Judentums das Judentum in seinem weitesten Sinne begreife, es systematisch entwickle und sich immer auf sein »grundlegendes Prinzip« rückbeziehe. Sie behandle das Studienobjekt an und für sich selbst. Was eine Wissenschaft des Judentums umfassen soll, ist ein dreiteiliges Programm: das Studium der Texte des Judentums, eine Geschichte des Judentums und eine Philosophie des Judentums. Wie Gans vermischte Wolff seine Zielsetzungen einer Wissenschaft des Judentums, indem er sowohl ein politisches als auch ein intellektuelles Ziel vorschlug. Am Ende seiner Analyse ist er zuversichtlich, daß die intellektuelle Kenntnis des Judentums über die Vorzüge und die Nachteile der Juden und über ihre Tauglichkeit oder Untauglichkeit entscheiden werde, denselben Status und Respekt wie andere Bürger zu erhalten.
Die einflußreichste Konzeption einer Wissenschaft des Judentums kam von einem

anderen Mitglied des Vereins, Leopold →Zunz (1794–1886). Bereits 1818 hatte Zunz einen programmatischen Aufsatz, »Etwas über die rabbinische Literatur«, veröffentlicht. Zunz brachte großen Pessimismus über die Zukunft jüdischer Studien zum Ausdruck. Er ahnte, daß es 1819 mehr hebräische Bücher geben würde als 1919, und warnte davor, daß die Tendenz unter Juden, sich mit anderen Wissenschaften und Künsten zu befassen und Berufe zu ergreifen, die Juden früher nicht offenstanden, sie dem Judentum entfremden würde. Eine moderne, kritische Annäherung an die Lehrmeinungen, an Sprache und Geschichte der Juden könne daher helfen, das Interesse und die Loyalität zukünftiger Generationen zu bewahren. Obwohl ein Großteil seines Pamphlets einem detaillierten Programm für das wissenschaftliche Studium der rabbinischen Literatur gewidmet ist, in dem Zunz für einen vierundzwanzigjährigen Gelehrten eine schillernde Belesenheit zeigt, sah auch er eine klare politische Rolle für die Wissenschaft des Judentums.

Der Verein für Cultur und Wissenschaft der Juden existierte etwa vier Jahre. Soziale Vergünstigungen, die die Mitglieder ungeduldig erwarteten, kamen nicht zustande. Statt dessen regte die Idee einer Wissenschaft des Judentums eine Anzahl fähiger jüdischer Gelehrter dazu an, sich dieser Idee zu widmen. Solomon Juda Rapaport (1790–1867), Samuel David →Luzzatto (1800–1865) und Zacharias Frankel (1801–1875) begannen, die Wissenschaft des Judentums zu verwirklichen. Jedoch geschah dies nur durch unabhängige Einzelpersonen, ohne eine vereinheitlichende Tendenz in der Arbeit, die sie leisteten.

Die Notwendigkeit für eine gelehrte Gemeinschaft, die Ziele einer Wissenschaft des Judentums zu realisieren, Forschungsvorhaben anzuregen und zu koordinieren, junge Aspiranten durch Ausbildung und Schulung heranzuziehen und den jüdischen Gemeinden in Deutschland Unterstützung und geschultes Personal zur Verfügung zu stellen, war zwingend. Es war nötig, ja dringend, den Versuch zu unternehmen, sich der Abwanderung in den Säkularismus entgegenzustellen, dem Drang zur Assimilation, der unter den Juden Deutschlands so sehr um sich griff. Dieses Bedürfnis wurde nicht nur in Deutschland, sondern in ganz Westeuropa empfunden und führte schließlich zur Gründung einer Anzahl von Institutionen, die sich der Wissenschaft des Judentums widmeten und es sich gleichzeitig zur Aufgabe gemacht hatten, Rabbiner und Lehrer auszubilden, die jüdisches Leben und jüdisches Lernen vor den Abnutzungserscheinungen der Zeit schützen würden. Eines der ersten Seminare, die in Europa gegründet wurden, war das →Jüdisch-Theologische Seminar in Breslau (1854). Geleitet wurde es von Zacharias Frankel, dem Begründer der »historischen Schule« des Judentums und des konservativen Zugangs zur Religion, der versuchte, einen Mittelweg zwischen einer aggressiven Reformbewegung und einer kompromißlosen Orthodoxie zu gehen. Das Seminar bildete viele Rabbiner und Lehrer aus, deren Einfluß sich in der gesamten jüdischen Welt in Europa und in den Vereinigten Staaten von Amerika bemerkbar machte. 1873 gründete Esriel →Hildesheimer (1820–1899) in Berlin ein Rabbinerseminar für die Ausbildung orthodoxer Rabbiner und Lehrer. Das Seminar, das Hirschs »Tora im Derech Eretz«, eine Verbindung jüdischer und allgemeiner Kultur, populär machte, war, wie sein Breslauer Gegenstück, innerhalb und außerhalb der Grenzen Europas einflußreich und erfolgreich.

Für die Pioniere der Wissenschaft des Judentums jedoch, für Männer wie Zunz, Abraham →Geiger (1810–1874), einen Führer der Reformbewegung und früheren Verfechter der Wissenschaft des Judentums, und Ludwig →Philippson (1811 bis 1889), Gelehrter, Rabbiner und Begründer der »Allgemeinen Zeitung des Judentums« (1837), waren die Seminare nicht genug. Als private Bildungseinrichtungen brauchten und besaßen sie keine offizielle staatliche Anerkennung oder tatsächliche Gleichwertigkeit oder Vergleichbarkeit mit einer Universität. Zunz, Geiger und Philippson warben für eine Hochschule, eine jüdische Universität, eine Institution, die sicherstellen würde, daß die Wissenschaft des Judentums als akademische Disziplin in allen Universitäten akzeptiert würde. Mit diesem Ziel wurde 1872 eine →Hochschule für die Wissenschaft des Judentums eröffnet, und Ludwig Philippson frohlockte, nun sei die Heimat der Wissenschaft des Judentums fest in Deutschland verwurzelt. Doch weder die Regierung noch irgendeine Universität waren bereit, die neue Hochschule als »gleichwertig« gelten zu lassen. Nach einem zehnjährigen Kampf um Anerkennung wurde die Hochschule auf den Status einer Lehranstalt verwiesen. Dies befähigte die Schule, wissenschaftliche Tätigkeit mit seminaristischer Ausbildung und Berufsvorbereitung zu kombinieren, obwohl dadurch auch eine strukturell widersprüchliche Organisation geschaffen wurde. Die Hochschule wie auch die Seminare in Breslau und Berlin taten viel, um jüdische Gelehrsamkeit zu fördern. Es fand zwar keine öffentliche Diskussion darüber statt, doch hinterließen die herabsetzende Haltung von Staat und akademischer Welt, der Fehlschlag der Wissenschaft des Judentums, ein anerkannter Teil dieser Welt zu werden, ihre Spuren bei jüdischen Gelehrten. Einigen von ihnen war es nun möglich, als Lehrer an Universitäten angestellt zu werden, aber nicht in jüdischen Fächern. Das Interesse der Juden in Deutschland verschob sich etwas von der Bemühung, von nichtjüdischen Gelehrten akzeptiert zu werden, dahin, die Juden selbst zur Wertschätzung ihrer eigenen Kultur und Geschichte zu bringen. 1902 wurde eine »Gesellschaft zur Förderung der Wissenschaft des Judentums« gegründet, die viele, inzwischen klassische Werke jüdischer Gelehrter veröffentlichte. Sie verhalf außerdem einer bekannten wissenschaftlichen Zeitschrift, der »Monatsschrift für Geschichte und Wissenschaft des Judentums«, die anfangs von dem Breslauer Seminar veröffentlicht wurde, zu neuem Leben. 1904 wurde in Berlin ein »Büro für Statistik der Juden« eingerichtet, das bahnbrechende Arbeit auf dem Gebiet des Studiums der jüdischen Demographie leistete. Im darauffolgenden Jahr veröffentlichte Arthur →Ruppin (1876–1943) die »Zeitschrift für Demographie und Statistik der Juden«. Eugen →Täubler (1879–1953) gründete 1906 ein »Gesamtarchiv der deutschen Juden«, dem er bis 1918 vorstand. Die Abwendung der Jugend von ihren jüdischen Wurzeln hielt unvermindert an. Unmittelbar nach dem Ersten Weltkrieg forderte Franz →Rosenzweig (1886 bis 1929) ein Erziehungsprogramm, das Juden zu ihrer Kultur und ihren Ursprüngen zurückführen sollte. Diese Idee wurde von dem Philosophen Hermann →Cohen (1842 bis 1918) enthusiastisch aufgegriffen, aber die daraus resultierende »Akademie für die Wissenschaft des Judentums« (1919) hatte Ziele, die von Franz Rosenzweigs Vorstellungen abwichen. Die Akademie sah ihre Aufgabe in der Förderung jüdischer Gelehrsamkeit, der Ermutigung junger Gelehrter und der Veröffentlichung ihrer Forschungsarbeiten. Ein Forschungsinstitut wurde gegründet, das zunächst von Eugen Täubler und dann von Julius →Guttmann (1880–1950) geleitet wurde. Wie die Gesellschaft publizierte auch die Akademie eine Anzahl bedeutender Beiträge zur Wissenschaft des Judentums, begann eine Werkausgabe Moses Mendelssohns anläßlich der 200. Wiederkehr seines Geburtstags und beteiligte sich an einer Anzahl anderer wissenschaftlicher Projekte.

Es war ein wichtiges Merkmal der späteren Jahre der Bewegung für eine Wissenschaft des Judentums, daß ihre Führer, Männer wie Eugen Täubler, Julius Guttmann und Ismar →Elbogen (1874–1943), ihre Wurzeln sowohl in Universitäten als auch in jüdischen Institutionen für die Wissenschaft des Judentums hatten. Die Gelehrten wurden akzeptiert, nicht aber die Institutionen. Nur für kurze Zeit während der Weimarer Republik wurden einige Lehrstühle für nachbiblische und rabbinische Literatur eingerichtet.

Alles in allem zog die Wissenschaft des Judentums nur wenig Kritik der Orthodoxie auf sich, obwohl es ihr nicht gelang, sich in deutschen Universitäten zu etablieren. Diese Kritik wurde prägnant von Samson Raphael →Hirsch (1808–1888) formuliert, der dagegen protestierte, daß »das,

was seit etwa einigen dreißig Jahren angefangen, sich als ›Wissenschaft des Judentums‹ geltend zu machen, [...] sehr geneigt ist, dieses Epitheton in solchem Grade für sich in Anspruch zu nehmen, daß es die Wissenschaft des Judentums überhaupt erst von sich selber datiert« (»Jeschurun«, Oktober 1861). Man könnte zu Recht argumentieren, daß die umfangreiche Literatur der Juden viele gute Beispiele für Werke enthält, die im Geiste einer Wissenschaft des Judentums verfaßt wurden (z. B. die »Mischne Tora« von Maimonides und die vergleichende Philologie eines Ibn Esra). Eine ähnliche Kritik äußerte kurz, aber beißend →Achad Haam (1856–1927), der sich darüber beklagte, daß »fremde Forscher« zu viel Einfluß ausübten und daß jüdische Gelehrte ihnen zu sklavisch folgten.
So werde z. B. die spezifische Logik des Talmuds nicht in ihrer »Spitzfindigkeit« abklassifiziert (»Am Scheideweg«, Bd. 2). Eine andere Art der Opposition kam mit den Verfechtern des jüdischen Nationalismus, die die frühen Befürworter der Wissenschaft des Judentums dafür kritisierten, daß sie den Prozeß der Assimilation und »Entjudung« beschleunigten. In Anbetracht des Erfolgs der auf der Wissenschaft des Judentums basierenden Studien an der Hebräischen Universität in Jerusalem ein Jahrhundert später ist dieser Kritik nicht viel Gewicht beizumessen, obwohl es wahr ist, daß manche Gelehrte, wie Moritz →Steinschneider (1816–1907), glaubten, die Wissenschaft des Judentums werde dem Judentum ein ehrenvolles Begräbnis bereiten. Das Judentum lebt weiter, bereichert durch die Arbeit seiner Wissenschaftler, doch behindert durch die anhaltenden Forderungen, daß sein Fortschritt mit den politischen Bestrebungen seiner Benutzer verknüpft sein solle.

🄻 J. Carlebach/U. Kaufmann (Hrsg.): Wissenschaft des Judentums – Schulen und Lehren, 1991/92. – I. Elbogen, Ein Jahrhundert Wissenschaft des Judentums, 42. Bericht der Hochschule für die Wissenschaft des Judentums, 1925. – M. M. Meyer, The Origins of the Modern Jew 1749–1824, Detroit 1967. – M. Wiener (Hrsg.), Wissenschaft des Judentums im deutschen Sprachbereich, 2 Bände, 1967. – I. Wolff, On the Concept of a Science of Judaism (1822), in: Year Book Leo Baeck Institute 2, 1957.

Woche der Brüderlichkeit, fand erstmals im März 1950 in Stuttgart statt. Seit 1951 wird sie bundesweit, jeweils unter einem bestimmten aktuellen Jahresthema, dem ein historisches Motto oder ein Bibelzitat zugrunde gelegt wird, organisiert. Die Woche der Brüderlichkeit soll die Ziele der →Gesellschaften für christlich-jüdische Zusammenarbeit in Deutschland bekanntmachen, d. h. die Ideen der Brüderlichkeit, der Menschenrechte und der religiösen Toleranz. Seit 1968 wird in diesem Rahmen alljährlich die Buber-Rosenzweig-Medaille für besondere Verdienste um die christlich-jüdische Verständigung verliehen. Als Paten dieser Auszeichnung, mit der Personen und Institutionen geehrt werden können, dienen M. →Buber und F. →Rosenzweig. Zu den Preisträgern zählen u. a. M. →Sperber, Eugen Kogon, die Siedlung Neve Shalom in Israel und Y. →Menuhin. Die Tradition einer »Woche der Brüderlichkeit« geht in den USA bis ins Jahr 1934 zurück. Auch in einigen anderen europäischen Staaten finden analoge Veranstaltungen statt. (EP)

Wochenabschnitt →Parascha

Wochenfest →Schawuot

Wohl, Jeanette, Freundin und Briefpartnerin von L. →Börne, 1783 Frankfurt am Main – 1861 Paris. Wuchs im Frankfurter Ghetto auf als dritte von vier Töchtern des Wechselmaklers und Schutzjuden Wolf David Wohl. 1805 erste Ehe mit Leopold Heinrich Oppenheimer. Scheidung 1814. Im Winter 1816/17 lernte sie Börne kennen und blieb ihm bis zu seinem Tod freundschaftlich verbunden. Sie ermutigte Börne zur Veröffentlichung der »Briefe aus Paris« und unterstützte viele seiner publizistischen Projekte. 1832 zweite Ehe mit Salomon Strauss. In Paris gemeinsame Wohnung mit Börne. Nach Börnes Tod (1837) gaben Wohl und Strauss Teile des Börne-Nachlasses heraus, einschließlich der bis dahin ungedruckten Polemiken gegen H. →Heine. Es kam zu dem in der Literaturgeschichte berüchtigten Skandal. Wegen beleidigender Äußerungen über Börne und Wohl wurde Heine von Strauss zum Duell gefordert und leicht verletzt. In ihren letzten Jahren litt Wohl unter schweren Depressionen und Verfolgungswahn. (WJ)

Wohlfahrtspflege, jüdische →Zedaka

Wohlwill, Immanuel, Pädagoge, 28.8.1799 Harzgerode – 2.3.1847 Seesen. Studierte in Berlin Philosophie und Philologie; 1823–38 war er Lehrer an der →Israelitischen Freischule Hamburg; 1834 hatte man ihn als ersten Juden zum Ehrenmitglied der Patriotischen Gesellschaft der Hansestadt ernannt; 1838 wurde Wohlwill als Direktor an die →Jacobson-Schule in Seesen berufen. In der Tradition der Aufklärungspädagogik stehend, setzte sich Wohlwill für Koedukation ein und propagierte die Erlernung der deutschen Sprache als Mittel für eine kulturelle Assimilation der Juden. In seinem programmatischen Aufsatz »Über den Begriff einer Wissenschaft des Judentums«, der 1822 in der »Zeitschrift für die Wissenschaft des Judentums« erschien, beschrieb er Umfang und Aufgaben dieser neuen →Wissenschaft des Judentums, die die Integration in die Gesellschaft ermöglichen sollte. (JÖD)

Wolf, Friedrich, Arzt, Schriftsteller, 23.12. 1888 Neuwied, Rheinland – 5.10.1953 Lehnitz. 1907–12 Studium der Medizin, der Philosophie und der Kunstgeschichte. Promotion 1913. Nach dem Ersten Weltkrieg Tätigkeit als Arzt in Remscheid und Hechingen. 1933 Emigration über Österreich, die Schweiz und Frankreich in die Sowjetunion, in der der Kommunist Wolf mit einigen Unterbrechungen bis 1945 blieb. Nach 1945 Rückkehr nach Deutschland (Berlin-Ost), Arbeit in Kulturbund, Rundfunk und Theater. 1948 Vorsitzender des »Bundes Deutscher Volksbühnen« und Herausgeber der Zeitschrift »Volk und Kunst«. 1949 Botschafter der DDR in Polen. Von 1951 bis zu seinem Tod war Wolf weiterhin literarisch tätig. Erste Kurzgeschichten und Gedichte waren 1912 im »Simplicissimus« veröffentlicht worden. Es folgten bis 1933 zahlreiche Stücke, in denen Wolf die Entwicklung eines kritischen politisch-sozialen Bewußtseins gegenüber den gesellschaftlichen Verhältnissen als Aufgabe der Kunst definiert. Wichtige Stücke: »Der arme Konrad« (1923), »Cyankali« (1929), »Die Matrosen von Cattaro« (1930) und »Professor Mamlock« (in Frankreich, 1935) über die Judenverfolgung, ein Stück, mit dem Wolf international bekannt wurde. Letztes großes Drama: »Thomas Münzer« (1953). Wichtige Romane und Erzählungen: »Kreatur« (1926), »Zwei an der Grenze« (1938), »Menetekel« (1952). (RD)

Wolfenstein, Alfred, deutscher Schriftsteller, 28.12.1883 Halle – 22.1.1945 Paris (Freitod). Entstammte einer jüdischen Kaufmannsfamilie; lebte seit 1901 in Berlin. Die Erfahrungen der Großstadt und seine Außenseiterposition als Jude und Avantgardist prägten seine frühe expressionistische Lyrik (»Die gottlosen Jahre«, 1914). 1914 Mitbegründer von Hillers Aktivismus-Bewegung, zu der er säkularisiert-messianische Dichtungen beisteuerte (»Die Freundschaft«, 1917). Mit dem Jahrbuch »Die Erhebung« (1919/20) trug er zum Selbstverständnis des späten Expressionismus bei. Der Essay »Das neue Dichtertum des Juden« (1922) identifizierte die Problematik der jüdischen Existenz mit der des modernen Dichters: in der Poesie ließen sich jüdisches Wesen und deutsche Sprache fast bruchlos miteinander vereinen, in ihr wie in jeder anderen geistigen Tätigkeit könne die »jüdische Gestalt« unabhängig werden, was wichtiger sei als das Streben der Zionisten nach »neuem Boden«. 1933 floh Wolfenstein nach Prag, 1938 nach Paris; einige Monate in Gestapohaft (Gedichtzyklus »Der Gefangene«). Die nächsten Jahre war Wolfenstein ständig auf der Flucht; nach der Befreiung von Paris kehrte er dorthin zurück. (HAM)

Wolff, 1. Adolf, Architekt, 1832 Eßlingen – 1885 Stuttgart. Schüler von G. A. Breymann, der mit dem Bau der Synagoge in Stuttgart begann; Wolff vollendete ihn nach Breymanns Tod (1859–61). Neben Profanbauten, besonders in Stuttgart, wo er seit 1873 als Stadtbaurat tätig war, errichtete Wolff vor allem Synagogen, 1873 in Ulm, mit mittelalterlichen Stilelementen, die späteren Synagogen im neuislamischen Stil: Nürnberg 1874, Heilbronn 1877, Karlsbad 1877. Sein Fassadenkonzept mit zwei überkuppelten Türmen, großer Fensterrosette im Hufeisenbogen und zentraler Kuppel beeinflußte die Synagogenarchitektur von L. →Levy. (HK)

2. Jeanette, geb. Cohen, sozialdemokratische Politikerin und Publizistin, 22.6.1888 Bocholt, Westfalen – 19.5.1976 Berlin. Als ältestes von 16 Kindern eines jüdischen Lehrers geboren, wurde sie Kindergärtnerin, Erzieherin, Journalistin. Seit 1905 Mitglied der SPD und der Freien Gewerkschaften. 1919 SPD-Stadtverordnete in Bocholt; Tätigkeit in der Arbeiterwohlfahrt; Vorstandsmitglied der SPD im westlichen Westfalen. Ab 1920 Vorstandsmitglied des Centralvereins deutscher Staatsbürger jüdischen Glaubens in Berlin. Kämpfte gegen den Nationalsozialismus; 1933–35 in »Schutzhaft«; 1942 Deportation in das Ghetto Riga, danach in das KZ Kaiserwald, dann Stutthof; Befreiung am 27. 1. 1945. Zwei ihrer drei Kinder und ihr Ehemann wurden von den Nationalsozialisten ermordet. Seit 1946 Mitglied des SPD-Vorstands Berlin; kämpfte gegen die Fusion von SPD und KPD; Stadtverordnete. Vorsteherin der Repräsentanz der jüdischen Gemeinde Berlin. Vorsitzende des jüdischen Frauenbunds in der Bundesrepublik Deutschland und der Liga für Menschenrechte; Mitglied des Direktoriums der Juden in Deutschland und Ratspräsidentin der Ratstagung. Hauptvorstandsmitglied der DAG; 1952–62 MdB (SPD); 1967 Ernennung zur Berliner »Stadtältesten«.

[L] G. Lange, Jeanette Wolff 1888–1976. Eine Biographie, 1988. – O. Zarek, Jeanette Wolff, eine deutsche Sozialistin und Jüdin, 1960. (AH)

3. Kurt, Verleger, 3.3.1887 Bonn – 22.10. 1963 Ludwigsburg. Gründete nach Lehrlings- und Gehilfenjahren 1913 in Leipzig den Kurt Wolff Verlag, der zu den bedeutenden Anregern des Expressionismus gehörte. 1930 Verkauf des Verlags und Übernahme des Kunstverlags Panthéon in Florenz, ab 1932 London, Nizza, Florenz, Paris. 1941 nach Internierung über Spanien in die USA. 1942 New York (Pantheon Books, Inc.), 1959 Schweiz. Zu den von Wolff geförderten Autoren gehörten K. →Kraus und F. →Werfel. Autobiographie: »Autoren, Bücher, Abenteuer. Betrachtungen und Erinnerungen eines Verlegers« (1965). (JS)

4. Theodor, Journalist, Schriftsteller, Politiker, 2.8.1868 Berlin – 23.9.1943 Berlin. Seit 1887 Redakteur, 1894–1906 Korrespondent und 1906–33 Chefredakteur des »Berliner Tageblatts«. 1918 Mitbegründer der Deutschen Demokratischen Partei, verließ sie jedoch 1926 wegen ihrer positiven Stellung zum »Schmutz- und Schundgesetz«, später politischer Berater Stresemanns und Brünings. Wolff war Mitbegründer der »Freien Bühne« in Berlin. 1933 Emigration über Österreich nach Frankreich, wo er das »Pariser Tageblatt« gründete. 1943 Verhaftung in Nizza und Internierung im KZ Sachsenhausen. Verstarb an den Internierungsfolgen im Israelitischen Krankenhaus in Berlin-Moabit. Wolff trat auch als Dramatiker und Romancier hervor. Theaterstücke: »Die stille Insel« (1894), »Niemand weiß es« (1896), »Die Königin« (1898). Romane: »Der Heide« (1891), »Der Untergang« (1892), »Die Sünder« (1894). 1908 Herausgabe des »Pariser Tagebuchs«; »Spaziergänge« (1909), »Vollendete Tatsachen« als Sammlung seiner Kriegsleitartikel (1919). Autobiographische und zeitgeschichtlich bedeutsame Aufzeichnungen (1942/43) aus dem Nachlaß unter dem Titel »Die Juden«, 1984 veröffentlicht. (RD)

Wolffsohn, David, Mitbegründer des Zionismus, Nachfolger T. →Herzls als Präsident der Zionistischen Organisation, 1856 Dorbiany (Darbenai), Gouvernement Kowno – 15.9.1914 Homburg. Nach religiöser Erziehung in seinem Elternhaus wurde er in der Talmud-Tora-Schule des Rabbiners Isaac Rülf (eines Vordenkers des frühen Zionismus) mit der Gedankenwelt des Zionismus vertraut gemacht. Danach kaufmännische Ausbildung in Lyck (Ostpreußen) im Haus Leib Gordons. Von 1888 bis zu seinem Tod lebte er in Köln. Seit 1892 Engagement für die Wiederbesiedlung Palästinas. Mit M. I. →Bodenheimer Gründung des »Kölner Vereins zur Förderung von Ackerbau und Handwerk in Palästina« (1893), 1896 der »National-Jüdischen Vereinigung Köln«. 1896 Kontakte zu Herzl. In Verbindung mit Herzl und gemeinsam mit Bodenheimer Aufbau des deutschen Zionismus. 1899 Gründung der »Jüdischen Kolonialbank«, die er bis zu seinem Tod leitete. Auf dem 7. Zionistenkongreß (1905) wurde Wolffsohn Präsident der Zionistischen Organisation. Seine liberale Position stieß auf die Kritik seitens der »praktischen Zionisten«. Rücktritt 1911 auf dem 10. Kongreß. Letztmalige Präsidentschaft auf dem 11. Kongreß (1913). Die nach seinem Tod gegründete »Wolffsohn-Stiftung« finanzierte den Bau der Jüdischen Nationalbibliothek.

[L] E. B. Cohn, David Wolffsohn, 1989. – A. Robinsohn, David Wolffsohn, 1921. (RD)

Wolffson, Isaac, Jurist und Politiker, 19.1. 1817 Hamburg – 12.10.1895 Hamburg. Als Jude konnte Wolffson 1838 die angestrebte Advokatur nicht erlangen und übte sie durch Mittelsleute getarnt aus. 1848 Mitglied der ersten Bürgerschaft in Hamburg. 1858 gehörte er als geschätztes Mitglied der Hamburger Bürgerschaft an, in der er bis 1889 blieb; 1881/82 war er ihr Präsident. 1871–1881 nationalliberaler Reichstagsabgeordneter für Hamburg, arbeitete 1875/76 an den großen Reichsjustizgesetzen mit. Seit 1879 Vorsitzender der Hanseatischen Anwaltskammer. 1890 berief ihn der Bundesrat in die Kommission für die zweite Lesung des Bürgerlichen Gesetzbuchs, wo er der einzige ständige Vertreter der Rechtsanwaltschaft war. (LH)

Wolfskehl, Karl, Lyriker, Essayist und Philologe, 17. 9. 1869 Darmstadt – 30. 6. 1948 Auckland, Neuseeland. Wolfskehl wuchs in einer großbürgerlichen nationalliberalen Familie in Hessen auf, die ihre Geschichte bis in die Zeit Karls des Großen in die Toskana zurückführte. In dieser dreifachen Bindung – »jüdisch, römisch, deutsch zugleich« – hat Wolfskehl das Jüdische stark hervorgehoben. Promotion im Fach Germanistik mit einer Arbeit über »Germanische Werbungssagen«. In seiner polyhistorischen Bildungsbiographie verbinden sich Kulturzionismus und Studium antiker und germanischer Mythologie im Zeichen Nietzsches und Bachofens mit einer weitausholenden Lektüre vor allem der deutschen und der romanischen Literatur. Prägend wurde die Aufnahme in den Kreis Stefan Georges, der Wolfskehl seinerseits als Partner akzeptierte; bis 1919 erschienen die meisten Gedichte in den »Blättern für die Kunst«. Mit A. Schuler und L. Klages verband sich Wolfskehl 1899–1903 zur neuromantisch-mystisch orientierten »Kosmischen Runde«. Auch nach dem Zerfall des Kreises wegen des zunehmenden Antisemitismus der beiden Partner blieb die kosmische Orientierung Wolfskehls, mit der er nach symbolistischen Anfängen Anschluß an den deutschen Expressionismus gewann. Bis zur Inflation finanziell unabhängig, machte Wolfskehl als Kunstsammler und Bibliophiler seine Schwabinger Wohnung zum Treffpunkt für Gelehrte und Künstler. Das durch zahlreiche Übersetzungen aus dem Mittellateinischen, dem Italienischen und dem Hebräischen erweiterte lyrische Œuvre wurde nach 1925 durch ein breites essayistisches Werk ergänzt, nach der Emigration – 1933 zunächst in die Schweiz und nach Italien, 1938 dann nach Neuseeland – durch einen umfangreichen, bedeutenden Briefwechsel. Mit dem Zyklus von vier »Hiob«-Gedichten (posthum 1950) schuf Wolfskehl eine der wichtigsten jüdischen Dichtungen des Exils.

Karl Wolfskehl

🄻 G. Grimm, Karl Wolfskehl. Die Hiob-Dichtung, 1972. (GM)

Wolfson, Harry Austryn, Philosophiehistoriker, 2. 11. 1887 Litauen – 1974. Wolfson studierte zunächst an der Jeschiwa von Slobodka. 1903 emigrierte er in die USA und lehrte seit 1915 an der Harvard University. In seinen Standardwerken über →Philo von Alexandrien (1947), C. →Crescas (1929) und B. →Spinoza (1934) versuchte Wolfson, inspiriert durch die talmudische Hermeneutik, die Systematik der philosophischen Texte herauszuarbeiten. Er hob entgegen älteren Historikern die Originalität des jüdischen Denkens hervor und betrachtete die angeführten Denker jeweils als Begründer der christlichen Religionsphilosophie, als Überwinder des mittelalterlichen Weltbilds und als Pionier des modernen Denkens. Wolfsons wichtigste wissenschaftliche Leistung behandelt den arabischen →Aristotelismus. Während der Judenverfolgung in Europa setzte sich Wolfson aktiv für die Unterstützung vertriebener Akademiker ein.

🄻 H. A. Wolfson, Studies in the History of Philosophy and Religion, 2 Bände, I. Twersky (Hrsg.), Cambridge, Mass. 1973 und 1977. (DK)

Women's International Zionist Organization (WIZO), gegründet 1920 in London nach einer internationalen Konferenz zionistischer Frauen, einberufen durch die »Federation of Women Zionists of the United Kingdom«. Vera Weizmann, Rebecca Sieff, Romana Goodman, Edith Eder und Henrietta Irwell waren die Führungsmitglieder. Nach Ansicht zionistischer Frauen erforderte die besondere Lebenssituation, mit der emigrierte Frauen in Palästina konfrontiert waren, eine spezielle Frauenorganisation, die die zionistische Arbeit organisieren und Institutionen und eine aktive Mitwirkung jüdischer Frauen in Palästina ermöglichen sollte. Zu diesem Zweck gründete die WIZO in Palästina u. a. Kindergärten, Schulen, Berufsberatungszentren, Jugendvereine und Frauenzentren. In den ersten 20 Jahren ihres Bestehens hatte die WIZO ihr Zentralbüro in London; nach dem Zweiten Weltkrieg wurde es nach Tel Aviv verlegt. Angeschlossen sind Landesverbände u. a. in fast allen europäischen Ländern, in Kanada, Australien, Japan, Südafrika; eine Ausnahme bilden die Vereinigten Staaten, wo die →Hadassah-WIZO bereits seit 1912 existiert. Die WIZO ist Mitglied von World Zionist Organization und →World Jewish Congress, ferner bei ECOSOC (U. N. Economic and Social Council) und UNICEF (U. N. Children Emergency Fund). (MAM)

World Jewish Congress (Jüdischer Weltkongreß), internationales jüdisches Gremium, das sich 1936 in Genf als Dachorganisation verschiedener jüdischer Vereinigungen konstituierte, um die Interessen der Juden gegenüber der Weltöffentlichkeit zu vertreten. Der World Jewish Congress war eine Nachfolgeorganisation des während der Versailler Friedenskonferenz (1919) gegründeten »Comité des Délégations Juives«. Obwohl der World Jewish Congress wegen innerjüdischer Widersprüche sein hochgestecktes Ziel nicht erreichen konnte, hat er unter Führung des amerikanischen Rabbiners Stephen S. Wise während der nationalsozialistischen Herrschaft wichtige Rettungs- und Hilfsaktionen geleitet. Eine der zentralen Mitgliederorganisationen war von Anfang an der →American Jewish Congress. Nach Ausbruch des Zweiten Weltkriegs wurde die Exekutive des World Jewish Congress von Europa in die USA verlegt. An der Spitze des Verwaltungsrats stand N. →Goldmann. Nach dem Krieg verlagerte sich der Schwerpunkt der Arbeit des World Jewish Congress auf die Verfolgung von NS-Kriegsverbrechen, Wiedergutmachung, Minderheitenschutz u. a. Der World Jewish Congress ist in drei Arbeitsbereiche aufgeteilt: Israel, Europa und Amerika. Sitz der Zentrale ist New York. (WJ)

Worms. Gemeinsam mit Mainz, Speyer, Köln und Trier war die Stadt Worms Sitz einer der ältesten jüdischen Gemeinden in Deutschland. Erste Ansiedlung vermutlich z. Z. der Römer. Historisch belegen lassen sich Juden in Worms für das 10. Jahrhundert (um 960). Die Synagoge wurde 1034 vollendet. 1084 Erteilung von Privilegien unter Heinrich IV., die von Friedrich I. und Friedrich II. bestätigt wurden. Judenviertel (Mikwe 1185/86) zwischen Martins- und Judenpforte. Jüdischer Friedhof (ältester Europas) im 11. Jahrhundert angelegt. Fast vollständige Vernichtung der jüdischen Gemeinde während des 1. Kreuzzugs (1096) wie auch während der Pest (1349). Mitte des 11. Jahrhunderts bis zum Ausgang des Mittelalters erlangte Worms seine Bedeutung als geistiges und spirituelles Zentrum der europäischen Judenheit. Worms war Sitz der berühmten Talmudhochschule, an der 1060 Rabbi →Salomo ben Isaak studierte. Geburts- und Wirkstätte von →Meir ben Baruch aus Rothenburg und →Ascher ben Jechiel. Für die elitäre Frömmigkeitsbewegung →Chasside Aschkenas war die Familie →Kalonymus in →Speyer, →Mainz und Worms wichtig. 1615 kam es trotz städtischer Privilegien aus dem Jahr 1526 zu einer erneuten Vertreibung, die mit der Niederschlagung des Aufstands durch Kurfürst Friedrich V. von der Pfalz beendet wurde. Im 16. Jahrhundert war der Wormser Rabbinatssitz 1521 mit Rabbi Samuel, dem »obersten Rabbi im heiligen Reich« (Karl V.) und Rabbi Jakob ben Chajim, dem »Kaiser Rabbiner« (Ferdinand I.), wiederum von maßgebender Bedeutung für die Judenheit des Reichs. Das Judenviertel samt Synagoge und Spital fiel der Zerstörung von Worms während der französischen Besetzung 1698 zum Opfer. 1699 wurden die Männer- und die Frauensynagoge und eine Mikwe neu errichtet. Mitte des 19. Jahrhunderts lebten in Worms etwa 1000, um 1900 knapp 1300 Juden. Sie waren im Handel (Wein-, Frucht-, Textil-, Lederhandel) und im Versicherungsgewerbe tätig. 1875 erfolgte die Einweihung der Neuen Synagoge. Sie wurde ebenso wie das 1924 von Isidor Käfer gegründete Jüdische Museum 1938 zerstört. 1961 erfolgte der Wiederaufbau der Alten Synagoge; die wenigen Wormser Juden werden gegenwärtig durch die Gemeinde Mainz betreut. (RD)

Wurm, 1. Emanuel, Chemiker und Physiker, 16.9.1857 Breslau – 3.5.1920 Berlin. Seit 1904 mit M. →Wurm verheiratet. 1876 Mitglied der SPD. 1880–83 Leiter von Essig- und Hefefabriken in Deutschland und Rußland. Seit 1884 Schriftsteller in Dresden; 1887/88 Herausgeber der Wochenschrift »Der Volksfreund« in Dresden; 1888–90 Gründer und Geschäftsführer des Konsumvereins »Vorwärts« in Dresden; Redakteur bei wechselnden Zeitungen

1890–1917. 1894–98 Herausgeber eines bekannten fünfbändigen Volkslexikons; 1907–14 Lehrer an der Berliner SPD-Parteischule; 1907–20 Vorsitzender des »Vereins Arbeiterpresse«; 1900–19 Stadtverordneter in Berlin; MdR 1890–1907, 1912–18, 1919/20. Bis zu seinem Tod Mitglied der jüdischen Gemeinde. (LH)

2. Mathilde, geb. Adler, Schriftstellerin und Politikerin, 30.9.1874 Frankfurt am Main – 1.4.1935 London. Nach dem Tod ihres Mannes E. →Wurm wurde sie Reichtagsabgeordnete des Wahlkreises Gera, zunächst für die USPD, dann MdR für die SPD 1920–33. Sie trat für die Rechte der Ostjuden in Deutschland ein und bekämpfte die Ausweisungs- und Internierungspolitik der preußischen Behörden der 20er Jahre. 1919–21 Stadtverordnete in Berlin, 1919 bis 1921 Redakteurin der »Kämpferin« (Frauenzeitschrift der USPD), nach der Wiedervereinigung der Sozialdemokratie Redakteurin der »Gleichheit«. 1933 Emigration nach England, wo sie freiwillig aus dem Leben schied. (LH)

Württemberg, ehemaliges deutsches Land, seit 1952 Hauptteil von Baden-Württemberg (auch →Baden); Juden erstmals 1298 in Heilbronn erwähnt, danach auch in Eßlingen, Reutlingen, Tübingen, Stuttgart u.a.; während der →Pestverfolgungen wurden zahlreiche Gemeinden vernichtet (1348). Nachdem bereits im 15. Jahrhundert Judenausweisungen aus einzelnen Städten erfolgt waren, wurde 1521 eine diesbezügliche Landesordnung erlassen. Die repressive Haltung gegenüber den Juden wurde im 18. Jahrhundert durch gelegentliche Ausnahmen durchbrochen, so in der Periode des jüdischen Finanziers und Landhofmeisters J. →Oppenheimer in Stuttgart (1734–37), aber auch durch günstige Regelungen der Judenordnungen von 1731 und 1780 für die zum Besitz des Herrscherhauses gehörenden Kammer- und Kammerschreibereiorte Freudenthal und Hochberg. Eine wesentliche Verbesserung der Lage der Juden trat ein, als sich durch Einverleibung Neu-Württembergs 1806 die Zahl der Juden von 534 auf 4884 erhöhte. Am 25.4.1828 erfolgte eine in der Tendenz positive gesetzliche Gesamtregelung durch das »Gesetz in Betreff der öffentlichen Verhältnisse der israelitischen Glaubensgenossen«. Als beispielhafte jüdische Einrichtung galt die 1831 in Eßlingen gegründete Israelitische Waisen- und Erziehungsanstalt »Wilhelmspflege«. 1849 traten die Grundrechte der Frankfurter Nationalversammlung in Württemberg in Kraft, 1864 unterzeichnete König Karl das Gesetz zur bürgerlichen Gleichstellung der Juden, und wie in anderen Regionen hob das Gesetz des Norddeutschen Bundes vom 3.7.1869 die letzten Beschränkungen auf (→Judengesetzgebung). Hinsichtlich des Verhältnisses der Juden zum Staat und zur Oberkirchenbehörde wurden in Württemberg 1912 und 1924 erweiternde gesetzliche Regelungen getroffen. 1928 zählte man in 40 Gemeinden und zehn Rabbinatsbezirken 10827 Juden. 1933 lebten noch 8000 Juden (etwa 0,3 Prozent der Bevölkerung) in Württemberg. Nach den grausamen Ereignissen der NS-Zeit waren es nur noch etwa 700. 1997 zählte der Landesverband der Israelitischen Religionsgemeinschaft Württembergs aufgrund der jüdischen Zuwanderer aus der ehemaligen Sowjetunion wieder rund 1500 Mitglieder, die hauptsächlich in Stuttgart leben. (WJ)

Würzburg. Seit dem frühen 12. Jahrhundert sind Juden in der Bischofsstadt nachweisbar. Im 12. und 13. Jahrhundert bestand eine stattliche, durch ihre Gelehrten berühmte Gemeinde; Joel ha-Levi und sein Sohn Elieser, Isaak ben Mose Or Sarua aus Wien, Meir ben Baruch und Mordechai ben Hillel lehrten hier. Während des 2. Kreuzzugs führte im Jahr 1147 der Ritualmordvorwurf zu einer Verfolgung, der mehr als 20 Juden, unter ihnen drei Rabbiner, zum Opfer fielen. Zu pogromartigen Ausschreitungen kam es auch in der Folge wiederholt, so 1188 und 1253/54. Besonders betroffen wurde die Gemeinde 1298 von den Rindfleisch-Pogromen (→Rindfleisch); am 23. Juni wurden etwa 900 Juden, unter ihnen viele, die von auswärts in Würzburg Zuflucht gesucht hatten, erschlagen. 1336 nahm der Rat bei erneut drohenden Ausschreitungen die Juden in Schutz. Während der →Pestverfolgung kam es am 20./21. 4. 1349 zu einem großen Pogrom; ein Teil der Judenschaft beging Selbstverbrennung. Danach sind erst seit 1377 wieder Juden in Würzburg anzutreffen; eine – nur kleine – Gemeinde bildete sich langsam, und erst 1446 wurde eine neue Synagoge errichtet. Das dem Reich zustehende Judenregal (→Kammerknechtschaft) wurde im 13. und 14. Jahrhundert mehrfach dem Bischof von Würzburg verpfändet; dieser hatte zeitweise einen jüdischen Münzmeister. 1567 Judenaustreibung, Neuansiedlung um 1800. S. B. →Bamberger (1807 bis 1878) gründete die Israelitische Lehrerbildungsanstalt. 1932 lebten etwa 2150 Juden in Würzburg.

1941–45 wurden über 1500 Juden deportiert; die übrigen wanderten aus. 1998 zählte die Gemeinde über 530 Mitglieder. (PAU)

Y

Yadin, Yigael, israelischer Archäologe, General und Politiker, Sohn des Archäologen Eliezer Lipa Sukenik, 21.3.1917 Jerusalem – 28.6.1984 Michmoret. Studierte an der Hebräischen Universität, war aktives Mitglied der →Hagana. Im →Unabhängigkeitskrieg Operationschef der Hagana und 1949–52 Generalstabschef der israelischen Armee (→Zahal). Ab 1959 Professor in Jerusalem, leitete zahlreiche Ausgrabungen. Zu seinen Werken gehören: »Masada« (deutsch 1967), »Bar Kochba« (deutsch 1971), »Hazor« (deutsch 1976), »Die Tempelrolle« (deutsch 1985). Yadin gründete 1977 die Partei Dash (→Demokratische Bewegung für Veränderung) und war 1977–81 stellvertretender Ministerpräsident in der Koalitionsregierung unter M. →Begin. (DB/MW)

Yad Vashem (hebräisch »Denkmal und Gedächtnisstätte«, nach Jes 56,5). Am 19.8. 1953 beschloß die Knesset die Errichtung einer Gedächtnisstätte für die Helden und die Opfer der Shoa (Holocaust). Ben-Zion →Dinur trug wesentlich zum Bau des Mahnmals bei. Yad Vashem wird von der israelischen Regierung, der →Jewish Agency, dem Jüdischen Nationalfonds →Keren Kajemeth Lejisrael und der Conference on Jewish Material Claims against Germany verwaltet. Neben den Denkmalstätten besitzt Yad Vashem ein Museum, eine Bibliothek und ein Archiv. Dokumentationen und die historische Erforschung der Shoa werden gefördert. (DB/MW)

Yarmouk, größter Nebenfluß des Jordan, 150 km lang, entspringt im syrischen Haouran, mündet bei Naharayim südlich des Sees Genezareth; Ableitung seines Wassers z.T. in syrische Bewässerungsgebiete, z.T. durch den Ghorkanal ins Ostjordanland. – In der Schlacht am Yarmouk (20.8.636) gelang den Arabern der Einbruch in das Gebiet des Byzantinischen Reichs; Syrien und Palästina wurden islamisch. Auf Grund des Friedensvertrages von Oktober 1994 unternehmen Israel und Jordanien gemeinsame Anstrengungen zur vermehrten Frischwasserversorgung, in deren Mittelpunkt Yarmouk und Jordan stehen. Dazu gehört neben einer Entsalzungsanlage am See →Genezareth, aus der auch Jordanien Wasser erhält, ein Staubecken am Oberlauf des Yarmouk auf jordanischem Gebiet, das 50–80 Mill. Kubikmeter Wasser fassen soll. (WL)

Yarqon, Yarkon, israelischer Fluß im Küstentiefland, 26 km lang; entspringt bei Rosh Ha'ayin, mündet nördlich von Tel Aviv ins Mittelmeer; von den außerordentlich ergiebigen Quellen führt seit 1953 die 107 km lange Yarqon-Negev-Leitung Wasser in die Bewässerungsgebiete des nördlichen Negev, der Rest wird im Großraum Tel Aviv verbraucht. (WL)

Yehoshua (Jehoschua), Abraham Bar, Schriftsteller, 9.12.1936 Jerusalem. Studierte Philosophie und Literatur an der Hebräischen Universität Jerusalem. Sein literarisches Werk ist von sozialpsychologischer und sozialkritischer Thematik bestimmt. So spielt z.B. die Handlung seines ersten Romans, »Der Liebhaber« (1980), während und kurz nach dem Jom-Kippur-Krieg. Juden und Araber in Haifa überwinden ihre gegenseitigen Vorurteile und entdecken, daß sie miteinander leben können, sowohl friedlich als auch in aufrichtiger Freundschaft. Andere Werke: »Angesichts der Wälder« (1982), »Eine Nacht im Mai« (1983), »Späte Scheidung« (1986), »Frühsommer 1970« (1989), »Die fünf Jahreszeiten des Molcho« (1989). (AB)

Yeshiva University, 1928 als Yeshiva College in New York gegründet, die erste orthodoxe jüdische Hochschule in der Geschichte des Judentums, zuerst geleitet von Bernard Revel; seit 1945 Universität. Kern der Yeshiva University ist das Rabbi Isaac Elchanan Theological Seminary (RIETS), 1897 von Rabbi Moses Matlin und Yehuda David Bernstein gegründet; führende Lehrer des Talmudstudiums waren die Brüder Joseph B. und Aaron Soloveitschik. Das ultraorthodoxe Mißtrauen gegenüber der säkularen Welt ablehnend, bildet die Yeshiva University ihre Studenten sowohl in religiösem als auch in säkularem Wissen aus. Enge Mitarbeit in der Union of Orthodox Jewish Congregations, der Dachorganisation der modernen orthodoxen Gemeinden. 1945 wurde Samuel Belkin Nachfolger von Revel als Präsident der Yeshiva University. 1954 wurde das Stern College für Frauen eröffnet. Das Albert Einstein College of

Medicine der Yeshiva University ist weltbekannt.

[L] W. Helmreich, Yeshiva in America, New York 1982. – G. Klaperman, The Story of Yeshiva University. The First Jewish University in America, New York 1969. (CL)

Yiud, Gruppe von Knessetabgeordneten der Partei →Zomet, die sich im Februar 1994 unter Führung von Gonen Segev abspaltete und im Dezember 1994 der Regierung Rabin beitrat, wobei Segev das Amt des Energieministers übernahm. Stützte nach der Ermordung Rabins (1995) auch die Regierung Peres'. (WL)

YIVO (Yidisher Visenshaftlikher Institut), Institute for Jewish Research, Institut für das wissenschaftliche Studium der jiddischen Sprache und des sozialen, ökonomischen und kulturellen Lebens des jüdischen Volkes, gegründet in Berlin im August 1925, auf Initiative des dort ansässigen Philologen Nachum Stif; Hauptsitz des Instituts bis 1940 in Wilna, danach dem New Yorker Zweig angegliedert, der dann Zentrale wurde; Direktor war Max Weinreich 1925 bis 1969. Nach dem Krieg wurde gerettetes Material von Deutschland nach New York gebracht. Größte Artefaktensammlung der jiddischen Kultur der Welt: Bücher, Musik, Plakate, Schallplatten, zeremonielle Gegenstände, Bilder und Akten (mehr als 22 Mill. Stück). Bietet Kurse in jiddischer Sprache und Kultur an, organisiert Vorlesungen, Konferenzen und wissenschaftliche Tagungen, stellt Ausstellungen zusammen, gibt Bücher heraus. Zusammenarbeit mit verschiedenen Universitäten beim Studium aller Aspekte der osteuropäischen jüdischen Kultur. (CL)

Yourgrau, Wolfgang, Physiker, 16. 11. 1908 Berlin. Lebt in Denver, USA. Nach dem Studium der Physik in Berlin 1932 Promotion und Assistent von Erwin Schrödinger. Als Jude und Mitglied der »Sozialistischen Arbeiterpartei« (SAP) nach Machtübernahme der Nationalsozialisten überfallen und mißhandelt. Im Dezember 1933 Emigration nach Lettland. Nach Ausweisung Aufenthalt in Polen, danach Übersiedlung nach Palästina. Tätigkeit als Dozent bei der Kulturabteilung der Gewerkschaft Histadrut. 1942/43 zusammen mit A. →Zweig Herausgeber der deutschsprachigen Zeitschrift »Orient« (→Exilpresse); ab 1943 Mitarbeiter des englischen Militärrundfunks und Tätigkeit für die US-Armee. Nach dem Krieg in den USA Wiederaufnahme seiner Forschungen als Physiker. Seit 1963 Professor an der Universität von Denver. (WJ)

Z

Zabarim (von hebräisch »Zabra«, einer in Israel wild wachsenden Kaktusart, deren süße, geschmackvolle Frucht von einer zähen Schale mit langen Stacheln umhüllt ist), populäre Bezeichnung für die in Israel geborenen Juden (auch Sabre), deren Charakter nach dem Volksmund äußerlich zäh, aber innerlich zart sein soll. Der jüdische Staat entstand 1948 als Folge der zionistischen Immigration, und Israel blieb ein Einwanderungsland. 1948–51 kamen rund 680 000 Juden. Danach gingen die Zahlen zurück, stiegen jedoch 1989 wieder dramatisch an. 1948 waren nur 35 Prozent der jüdischen Bevölkerung Israels auch dort geboren, 1996 waren es 61 Prozent; nur 25 Prozent hatten jedoch einen Zabra zum Vater. Obwohl der Einfluß der Herkunft noch sehr stark bleibt, ist eine zunehmende »Zabarisierung« der israelischen Gesellschaft zu erkennen. Sie äußert sich durch ein Aufweichen ideologischer Positionen, durch pragmatische, reformistische Einstellungen, aber andererseits auch durch eine zunehmende Polarisierung des politischen Spektrums, die bei den Wahlen vornehmlich dem Likud, aber auch den kleinen linksliberalen und reformistischen Parteien zugute gekommen ist. (DB/MW)

Zacuto, Abraham ben Samuel (auch Diego Rodrigues), Astronom und Historiker, 1452 Kastilien – um 1515 Damaskus. Zacuto stammte von französischen Juden ab, die bei der Vertreibung 1306 nach Kastilien geflohen waren; er studierte in Salamanca. Der dortige Bischof, Gonzalo de Vivero, protegierte ihn und veranlaßte, daß seine Schriften in die Kathedralbibliothek aufgenommen wurden. Ab 1480 stand er in Diensten von Don Juan de Zúñiga. Er schrieb den »Tratado breve de las influencias del cielo« und das Werk »De las eclipses del sol y de la luna«, beides die Grundlage für die Verbesserung der Navigation, in der er Vasco da Gama vor dessen Aufbruch zur Weltumsegelung unterwies. 1492 war er nicht bereit, sich taufen zu lassen, rettete sich nach Portugal und wurde Hofastronom Johanns II. und Manuel I. Zacuto entwickelte einen Astrolab aus Kupfer, ein astronomisches Meßinstrument, das den Sonnenstand präziser angeben konnte. 1497 floh er nach Tunis, um der nun in Portugal geforderten Zwangstaufe zu entgehen. Dort schrieb er den »Sefer ha-Juchasin«, die chronologische Entwicklung der Gesetzesauslegung in der rabbinischen Literatur. 1513 zog er nach Jerusalem und starb wahrscheinlich zwei Jahre später in Damaskus. Zacuto gilt als der bedeutendste Astronom seiner Zeit. (ES)

Zaddik (hebräisch »Gerechter«, Plural Zaddikim). In der Bibel wird jemand, der rechtschaffen lebt und gerecht handelt, Zaddik genannt (z.B. Noah, Gen 6,9). Der Zaddik lebt in dem Glauben (Hab 2,4), er wird von Gott nicht verlassen (Ps 37,25). Ganz Israel wird wegen seiner Gerechtigkeit in messianischer Zeit das Land besitzen (Jes 60,21). Im Talmud wird derjenige als Zaddik bezeichnet, der über die Erfüllung des Gesetzes hinausgeht (vgl. BM 83a). Der Talmud spricht dem Zaddik schöpferische Fähigkeiten zu (Sanh 65b). Nur durch den Zaddik besteht die Welt (Joma 38b). Solange es 36 Gerechte gibt, die die →Schechina empfangen, wird die Welt nicht untergehen (Sanh 97b). Im →Chassidismus Osteuropas spielt der Zaddik eine zentrale Rolle. Er gilt als Vermittler zwischen Gott und Mensch, der durch →Kawwana (d.h. in völliger Hingabe an Gott) im Gebet und durch spirituelle Ekstase (Hitlahabut) seine Anhänger zu Gott führen soll. Er wurde von seinen Anhängern verehrt, gab Ratschläge, behandelte Kranke und wurde von seinen Anhängern finanziell unterstützt. Die Nachkommen des »Wunderrabbi« →Baer von Mesiritsch gründeten eigene Dynastien von Zaddikim. (RED)

Zahal (hebräische Abkürzung für »Zava Hagana Le Israel«, »Israelische Verteidigungskräfte«, englische Abkürzung: IDF), die durch Befehl der provisorischen Regierung am 31.5.1948 aus den Vorgängerorganisationen →Hagana und →Palmach gebildete israelische Armee. Sie ist eine um einen Kern von rund 30 000 Berufssoldaten organisierte Bürgerarmee. Der Großteil der israelischen Streitkräfte besteht aus Reservisten. 1994/95 verfügte Zahal über 177 500 diensttuende Offiziere und Soldaten, die Zahl der registrierten Reservisten lag bei 427 000. Innerhalb von 24 Stunden kann aufgrund der Mobilisierung aller Reservisten die Gesamtstärke auf über eine halbe Million erhöht werden. Wehrpflichtig sind Männer im Alter zwischen 18 und 29 Jahren und unverheiratete Frauen zwischen 18 und 26. Religiöse Schüler bzw. Studenten aus den →Jeschiwot sind von der Wehrpflicht befreit, ebenso religiöse Frauen. Der Grundwehrdienst dauert für Männer drei Jahre, für Frauen 21 Monate. Männer leisten bis zum 51. Lebensjahr etwa 30 Tage Reservistendienst pro Jahr. In Notzeiten kann der Reservedienst bis zu 60 Tagen ausgedehnt werden. Die höchste militärische Instanz in Israel ist der Chef des Generalstabs, der wiederum dem Verteidigungsminister verantwortlich ist. Außer in Kommandos der Landstreitkräfte, der Luftwaffe und der Marine ist das Land noch in Territorialkommandos unterteilt. Im allgemeinen Selbstverständnis der Israelis gilt Zahal als Sicherheitsgarant für die Existenz des Staates und genießt hohes Ansehen quer durch alle gesellschaftlichen Schichten. Sie spielt außerdem eine besondere Rolle bei der Integration von unterprivilegierten Gruppen und v.a. von Neueinwanderern, die während ihrer Dienstzeit z.B. eine Hebräisch-, Schul- oder Berufsausbildung nachholen können. Ein längerer erfolgreicher Dienst in der Armee galt und gilt als Karriere-Sprungbrett in andere gesellschaftliche Bereiche, insbesondere in die Politik. Gemäß den Osloer Abkommen kooperiert die israelische Armee mit palästinensischen Einheiten bei Sicherheitsfragen in der Westbank und sorgt gleichzeitig für den Schutz der jüdischen Siedlungen in den Autonomiegebieten. Die ständige Modernisierung von Zahal erfordert einen recht hohen Verteidigungshaushalt, der derzeit bei 10 Prozent des Bruttoinlandsproduktes liegt. (MW/OG)

Zangwill, Israel, englischer Erzähler und Dramatiker, 14.2.1864 London – 1.8.1926 Midhurst, Sussex. Der Sohn russisch-jüdischer Emigranten arbeitete zunächst als Lehrer, konnte sich aber bald als freier Schriftsteller etablieren. Mit seinen Skizzen und Erzählungen (»Ghetto Tragedies«, 1893; »Dreamers of the Ghetto«, 1898; »Ghetto Comedies«, 1907) sowie seinen Romanen (»The Children of the Ghetto«, 1892/93; »The King of the Schnorrers«, 1894) über jüdisches Leben, insbesondere in England, erwarb er sich den Ruhm eines »Dickens der anglojüdischen Welt«, des »Scholem Alejchem des englischen Judentums« (Schalom Asch). Seine humoristisch-realistische Schreibweise verband zwei wesentlich literarische Strömungen miteinander – den englischen Realismus und die jiddische Erzähltradition. Die Dramen (»The Melting Pot«, 1908; »Chosen Peoples«, 1918) waren dagegen weniger erfolgreich. Zangwill war ein früher Anhänger T. →Herzls, setzte sich aber 1905 vom vorherrschenden Zionismus ab und gründete die »Jewish Territorial Organization« (I. T. O.), die die Errichtung eines jüdischen Territoriums außerhalb Palästinas befürwortete. Die Hauptleistung der I. T. O. war die Ansiedlung mehrerer tausend Juden in Galveston (Texas) vor dem Ersten Weltkrieg.

L I. Lettwich, Israel Zangwill, 1957.

(HH/LK)

Zedaka (hebräisch »Wohltätigkeit«). Die Bibel verwendet Zedaka im Sinne von Frömmigkeit (Gen 15,6), Gerechtigkeit (Amos 5,7) und (im Plural) rechtschaffenen Taten (Ri 5,11). In talmudischer Zeit wurde Zedaka im Sinne von Wohltätigkeit gebraucht. Man verstand darunter vor allem das Üben sozialer Gerechtigkeit durch Hergeben von Vermögen zum Wohl der Armen. Zedaka nimmt einen hohen Rang ein (BB 10a), sie bewahrt den Menschen vor der Sünde. Allerdings soll der einzelne nicht mehr als ein Fünftel seines Vermögens einem bedürftigen Verwandten geben. Das höchste Ziel ist, dem Verarmten auf solche Weise zu helfen, daß er für sich selbst sorgen kann. Berühmte rabbinische Gelehrte, die für ihre Zedaka bekannt waren, sind →Hillel, der einem Armen ein Pferd gab, und Rabbi →Akiba, der heimlich Geld unter die Armen verteilte. (RED)

Zedner, Joseph, Buchhändler und Bibliothekar, 10.2.1804 Glogau – 10.10.1871 Berlin. Zedner besuchte die Talmudschule in Posen und war 1827–33 Lehrer an der jüdischen Gemeindeschule in Strelitz. 1832 Eröffnung einer Leihbibliothek in Berlin, 1846–49 Kustos in der Drucke-Abteilung des Britischen Museums in London. Hauptwerk: »Catalogue of the Hebrew Books in the Library of the British Museum« (1867). (FDL)

Zefanja →Hebräische Bibel

Zeitschrift für Religions- und Geistesgeschichte (ZRGG), gegründet 1948 von H.-J. →Schoeps als wissenschaftliches Publikationsorgan für seine Idee einer umfassenden geistesgeschichtlichen Interpretation historischer Phänomene. Das Redaktionsprogramm reicht von religionswissenschaftlichen, philosophischen und theologischen über literaturwissenschaftliche, kunsthistorische, ethnologische bis hin zu psychologischen und naturwisssenschaftlichen Fragestellungen. Die ZRGG enthält Aufsätze, Miszellen und Buchbesprechungen und erscheint vierteljährlich im Brill-Verlag, Leiden. Nach dem Tod von H.-J. Schoeps übernahm Julius H. Schoeps als geschäftsführender Herausgeber die ZRGG. (MHF)

Zeitungen in Israel. Die Printmedien in Israel bedienen verschiedenste ethnische, kulturelle und politische Gruppen, während sich bei den größeren Blättern ein Trend zur Konzentration und Monopolisierung abzeichnet. Die bedeutendsten Zeitungen des Landes bevorzugen eine eher nüchterne, sachliche Berichterstattung. Rund 48% der Israelis lesen die mit Abstand auflagenstärkste, politisch Mitterechts-liegende Tageszeitung »Jediot Acharonot«, gefolgt von »Maariv« (23%, Mitterechts) und »Haaretz« (7%, linksliberal). Auch die Zeitung der Histadrut-Gewerkschaft, »Dawar«, und die englischsprachige »Jerusalem Post« erreichen ein breites Publikum. Parteipolitisch geprägte Blätter geben v. a. nationalreligiöse (NRP) und religiös-orthodoxe Parteien (Agudat Israel, Degel Hatora, Schass) heraus. Die am häufigsten gelesene arabische Tageszeitung ist »Al-Etihad«. Infolge der anhaltend starken Einwanderungswelle von Juden aus den GUS-Staaten nimmt die Zahl russischsprachiger Tages- und Wochenzeitschriften stetig zu (derzeit etwa 10). (MW/OG)

Zeloten (griechisch »Eiferer«), gemeinsame Bezeichnung verschiedener Gruppen von jüdischen Aufständischen im großen jüdischen Aufstand gegen Rom (66–73 n. Z.); priesterlich-messianische Tendenzen finden sich bei ihnen ebenso wie nationale und sozialrevolutionäre. Nach dem Fall Jerusalems im September 70 hielten die Zeloten noch die Festungen Herodion, Machärus und Masada für wenige Jahre; wohl im Mai 73 begingen die letzten Verteidiger von Masada kollektiven Selbstmord. (HC)

Zenobia, nach der Ermordung ihres Gatten Odaenathus 267 n. Z. Herrscherin über das römische Klientelkönigreich Palmyra, das sie während der Krise des Römischen Reichs beträchtlich erweiterte (um Teile Mesopotamiens, Syrien, Arabien und Ägypten) und dessen Unabhängigkeit von Rom sie schließlich proklamierte; Palmyra wurde damals zur Wirtschafts- und Kulturmetropole des Ostens, in der auch die Existenz einer jüdischen Gemeinde belegt ist. Seit 271 bekämpfte Kaiser Aurelian die Unabhängigkeitsbestrebungen erfolgreich; im Frühjahr 272 wurde Zenobia in ihrer

Hauptstadt Palmyra zur Kapitulation gezwungen und nach Rom verschleppt, wo sie noch lange gelebt haben soll. In der kurzen Zeit der palmyrenischen Herrschaft über Palästina kam es zu Konflikten mit den Rabbinen. (HC)

Zenon-Papyri, die auf Papyrus erhaltene umfangreiche Korrespondenz des Zenon von Kaunos, des Vermögensverwalters des ägyptischen Finanzministers Apollonios unter Ptolemaios II. Zenon weilte 260–258 v.Z. in Palästina, wo er die vielfältigen wirtschaftlichen Initiativen des Königs und des Apollonios koordinierte und überwachte. Die Korrespondenz des Zenon ist eine ausgezeichnete und authentische Quelle für die Verwaltung und das Wirtschaftsleben Palästinas in der 1. Hälfte des 3. Jahrhunderts v.Z. (HC)

Zentralausschuß der deutschen Juden für Hilfe und Aufbau, Zusammenschluß der in der →Reichsvertretung der deutschen Juden vereinigten jüdischen Wohlfahrts- und Auswanderungsverbände. Vorsitzender des Zentralausschußes der deutschen Juden für Hilfe und Aufbau war in Personalunion der Rabbiner L. →Baeck. Ziel des am 13.4.1933 gegründeten Zentralausschußes der deutschen Juden für Hilfe und Aufbau war es, durch Solidarität und Selbsthilfe die Folgen des antisemitischen →Boykotts zu lindern. Neben der Aufrechterhaltung der Gemeindeinstitutionen und -funktionen wie Schulen u.a. half der Zentralausschuß der deutschen Juden für Hilfe und Aufbau bei der Berufsausbildung und der Umschulung in handwerkliche Berufe, wie sie in Palästina beim Aufbau des Landes benötigt wurden. Außerdem leistete er Hilfe bei der Vorbereitung und der Durchführung der Auswanderung von über 200 000 Juden. (LM)

Zentralrat der Juden in Deutschland, 1950 gegründet als überregionale Dachorganisation der jüdischen Gemeinden in der Bundesrepublik Deutschland und West-Berlin. Vertrat bis zur Vereinigung der beiden deutschen Teilstaaten im Oktober 1990 über 50 Gemeinden mit etwa 30 000 registrierten Mitgliedern. Im Dezember 1990 wurden fünf Verbände aus der ehemaligen Deutschen Demokratischen Republik (→Deutschland) aufgenommen. Zu den Aufgaben des Zentralrats gehören satzungsgemäß »insbesondere die Förderung und Pflege der religiösen und kulturellen Aufgaben der jüdischen Gemeinden und ihrer Landesverbände« und »die Vertretung gemeinsamer Interessen der jüdischen Gemeinden und ihrer Landesverbände« gegenüber Bundesbehörden, Parteien und anderen Institutionen des öffentlichen Lebens im In- und Ausland. Der Zentralrat der Juden in Deutschland unterstützt viele jüdische Organisationen, wie z.B. den →Bundesverband Jüdischer Studenten in Deutschland, den Jüdischen →Frauenbund in Deutschland und die →Makkabi-Sportbewegung. Er ist seit 1973 Herausgeber der →Allgemeinen Jüdischen Wochenzeitung. In den 70er Jahren initiierte der Zentralrat der Juden in Deutschland Jugend- und Kulturtagungen. Dem Mangel an Fachkräften für das jüdische Erziehungs- und Sozialwesen, die für den Fortbestand eines eigenständigen jüdischen Gemeinwesens in Deutschland unerläßlich sind, sollte mit der 1979 in Heidelberg gegründeten →Hochschule für Jüdische Studien entgegengewirkt werden. Für die überregionale soziale Betreuung vom Kindes- bis zum Seniorenalter wurde die →Zentralwohlfahrtsstelle der deutschen Juden eingerichtet. Im Frühjahr 1988 geriet der Zentralrat der Juden in Deutschland in eine Krise, als die Unterschlagung von Zinserträgen aus Wiedergutmachungszahlungen durch den ehemaligen Direktoriumsvorsitzenden W. →Nachmann publik wurde. Der Zentralrat der Juden in Deutschland setzt sich zusammen aus der Ratsversammlung als dem obersten Organ, dem Direktorium und dem Verwaltungsrat. Das Direktorium wählt für jeweils zwei Jahre aus seiner Mitte den Vorsitzenden; zunächst amtierte Heinz →Galinski, 1963–69 Herbert →Lewin, 1969–88 Werner Nachmann, 1988 bis 1992 wieder Heinz Galinski. Seit 1992 Ignatz Bubis. Generalsekretär war 1950–73 H. G. van Dam, 1973 bis 1988 Alexander Ginsburg, danach nebenberuflich und seit Oktober 1989 hauptberuflich Micha Guttmann. Im November 1984 verlegte der Zentralrat der Juden in Deutschland seinen Geschäftssitz von Düsseldorf nach Bonn. Er verleiht jährlich den Leo-Baeck-Preis. (EP)

Zentralwohlfahrtsstelle der deutschen Juden (ZWST), gegründet am 9. 9. 1917 in Berlin auf Anregung von B. →Pappenheim; 1919 gehörten ihr 11, 1927 200 Gemeinden an. Die Zentralwohlfahrtsstelle der deutschen Juden wurde der →Reichsvertretung der deutschen Juden angeschlossen. Gründete in den Nachkriegsjahren unter dem Druck osteuropäischer Zuwanderer Abteilungen für »Wanderfürsorge«, Jugendpflege und einen Fonds »Jüdische Not«; in der

Zeit der Massenarbeitslosigkeit Verstärkung der Wirtschaftsfürsorge, 1933 Gründung eines jüdischen Winterhilfswerks. 1943 Auflösung der Restabteilung »Fürsorge« zusammen mit der Reichsvertretung der deutschen Juden. 1945, nach der Befreiung, daher keine Infrastruktur der einst blühenden Wohlfahrtspflege vorhanden. Erste jüdische Gemeinden und Hilfskomitees in den DP-Lagern als provisorische Anlaufstellen für Zehntausende von Hilfebedürftigen. Am 20. 8. 1951 Neugründung als Zentralwohlfahrtsstelle der Juden in Deutschland durch den →Zentralrat der Juden in Deutschland; Sitz der Spitzenorganisation jüdischer Wohlfahrtspflege war anfangs Hamburg, ab 1955 Frankfurt. Arbeitsschwerpunkte zunächst: sozialmedizinische und rechtliche Beratung von KZ-Überlebenden, Starthilfe für berufliche Eingliederung und Wohnraumbeschaffung, auch für Rückwanderer, 1955 Einrichtung eines Jugendreferats und einer Erziehungsberatungsstelle, Errichtung eigener Ferienheime, Gründung sozialer Darlehenskassen. Seit den 50er Jahren Ferienaufenthalte für Kinder und Jugendliche, ferner Seniorenprogramme, Bildungsreisen auf den Spuren jüdischer Geschichte nach Polen, Spanien und Israel, Fortbildungsseminare für Sozialarbeiter, Altenpfleger, Jugendzentrumsleiter, Erzieher und Lehrkräfte sowie ehrenamtliche Jugendleiter. 1970 Einrichtung eines Flüchtlingsreferats. 1982 neues Rehabilitationszentrum in Sobernheim. 1990 Errichtung einer Zweigstelle in Ostberlin zur Betreuung sowjetischer Flüchtlinge. Die Zentralwohlfahrtsstelle der deutschen Juden ist Mitglied der Bundesarbeitsgemeinschaft der Freien Wohlfahrtspflege. (EP)

Zentrum für Antisemitismusforschung, eröffnet am 9. 11. 1982 durch den Historiker und ersten Leiter Prof. Herbert Strauss. Interdisziplinäre wissenschaftliche Forschungseinrichtungen im Fachbereich Geschichte und Kommunikation der TU Berlin. Schwerpunkte: Entstehung und Ursachen des modernen Antisemitismus »vom letzten Viertel des 19. Jahrhunderts an bis in die Gegenwart«, Erforschung der Vorurteils- und Akkulturationsprozesse, Dokumentation von Lebenserinnerungen und Interviews mit Zeitzeugen, Errichtung einer Fachbibliothek für Antisemitica. Zwei große Forschungsprojekte gelten dem »Bild des Juden in der Volkskultur 1815–48« und dem »Wissenschaftstransfer durch Emigration und Rücktransfer nach 1945«. Ferner veranstaltet das Zentrum für Antisemitismusforschung Kolloquien und Lerntage und gibt eine eigene Schriftenreihe heraus (EP)

Zentrum-Schinui-Liste →Bewegung der Mitte

Zeremonialgesetz. Der Begriff wurde seit der jüdischen Aufklärung (→Haskala) vor allem von Anhängern des →Reformjudentums als Sammelbezeichnung für die →Halacha, für Bräuche (→Minhag) und auch für Speisegesetze (→Koscher) benutzt. Häufig wurde das Zeremonialgesetz abgelehnt, weil darin das größte Hindernis für eine politische →Emanzipation und die Assimilation der Juden gesehen wurde. (RED)

Zermürbungskrieg, von September 1968 bis August 1970 dauernde Kampfhandlungen zwischen Israel und Ägypten, hauptsächlich entlang dem Suezkanal. Es fanden außerdem Kämpfe zwischen der israelischen Armee und PLO-Kampfverbänden entlang dem Jordan statt. Nach den schweren Verlusten im →Sechs-Tage-Krieg dauerte die vom ägyptischen Präsidenten Nasser proklamierte und mit massiver sowjetischer Hilfe durchgeführte »erste Phase« des Wiederaufbaus der ägyptischen Armee bis September 1968. Die »zweite Phase« wurde mit gewaltigen Artillerieangriffen gegen israelische Stellungen östlich des Suezkanals eröffnet. Israel antwortete sowohl defensiv mit dem Bau der →Bar-Lew-Linie, um israelische Soldaten gegen die Bombardements zu schützen, als auch offensiv mit Vergeltungsschlägen am Kanal und Kommando-Überfällen tief im ägyptischen Binnenland. Die intensivste Phase der Kämpfe dauerte von April 1969 bis Juli 1970. Ägypten suchte seine Überlegenheit im Bereich der Artillerie, Israel seine überlegene Luftwaffe am vorteilhaftesten einzusetzen. Trotz sowjetischer Unterstützung für die Ägypter gewann Israel bald die Oberhand in der Luft. Nach einem Besuch in Moskau im Juli 1970 erklärte sich Nasser bereit, einen amerikanischen Plan für einen Waffenstillstand zu akzeptieren. (DB/MW)

Zinnemann, Fred, Filmregisseur und -produzent, 29. 4. 1907 Wien – 14. 3. 1997 London. Beeinflußt von Stroheims Filmen, entschied sich der gelernte Musiker für die Filmkunst. Mitarbeit an Robert Siodmaks »Menschen am Sonntag« (1929). In den USA arbeitete er zunächst als Cutter und Regieassistent, bevor er mit »That Mothers Might Live« (1938) seinen ersten Oscar gewann. Mit der Seghers-Adaption »The Seventh Cross« (Das siebte Kreuz, 1944), mit »The Search« (Die Gezeichneten, 1948) und »Teresa« (1951) brachte Zinnemann den amerikanischen Zuschauern aktuelle Kriegs- und Nachkriegsleiden auf (neo-)realistische Weise nahe. In die Filmgeschichte ging Zinnemann mit »High Noon« (1952, produziert von Stanley Kramer) ein – einer antifaschistischen Parabel im Gewand eines Westerns. Weitere Oscars erhielt Zinnemann für »From Here To Eternity« (Verdammt in alle Ewigkeit, 1953), »A Man For All Seasons« (Ein Mann zu jeder Jahreszeit, 1966), »The Day of the Jackal« (Der Schakal, 1972). (MAR)

Zinsverbot. Das AT verbietet die Geldleihe gegen Zins bei armen Mitbürgern (Ex 22,24; Lev 25,36f.), erlaubt sie jedoch bei Fremden (Dtn 23,20f.); die →Mischna gibt dazu eingehendere Erläuterungen (BM 5,1–11). Das Zinsverbot wurde allerdings schon in biblischer Zeit umgangen, und auch die →Gemara (BM 65a; 68a f.; 104b) spiegelt den Widerspruch zwischen striktem Verbot und wirtschaftlichen Notwendigkeiten wider. Das biblische Zinsverbot galt auch für die Kirche. Schon im 4./5. Jahrhundert verurteilten Kirchenväter und Konzile die Zinsnahme und untersagten sie Klerikern und teilweise auch Laien. Seit dem 12. Jahrhundert wurde das Problem aufs neue akut, als mit dem Wiederaufleben der Geldwirtschaft die Juden aus den zünftischen Gewerben auf den →Geldhandel abgedrängt wurden. Das vom 2. und vom 3. Laterankonzil (→Laterankonzile) beschlossene Zinsverbot bezog sich auf Christen, doch traten an die Stelle geistlicher Institutionen als Geldverleiher zunehmend christliche Kaufleute aus Cahors (Kawertschen) und Lombarden, die schließlich die Juden in die Pfandleihe abdrängten. Nachdem Papst →Innozenz III. 1198 bis 1200 in zahlreichen Schreiben einen Schuldenerlaß für Kreuzfahrer verkündet und von den Juden die Rückerstattung bereits gezahlter Zinsen gefordert hatte, wurde das Zinsverbot zunehmend auch auf Juden bezogen. Demgegenüber traten Fürsten und Städte mitunter für ein jüdisches Monopol ein. Die allgemeine Verteufelung des Zinswuchers gab jedoch dem Judenhaß Auftrieb und seit dem 12. Jahrhundert den Herrschern in England und Frankreich, seit dem 14. auch denen im deutschen Reich eine Rechtfertigung für wiederholte Schuldenerlasse und Vermögenskonfiskationen, die das Judentum in West- und Mitteleuropa ruinierten.

[L] I. Bernfeld, Das Zinsverbot bei den Juden, 1924. (FL)

Essay

Zionismus

Shlomo Avineri

Zionismus ist die moderne jüdische Nationalbewegung, die Ende des 19. Jahrhunderts in Mittel- und Osteuropa aufkam und durch kulturelle Wiederbelebung, politische Organisation sowie massive Immigration und Ansiedlung von Juden in Palästina die Grundlagen für die Errichtung des Staates Israel im Jahr 1948 schuf. Während äußerlich die politischen Strukturen des Zionismus in hohem Maße durch die Institutionen geprägt wurden, die in der Folge des ersten Zionisten-Kongresses in Basel (1897) entstanden waren – inspiriert durch Theodor →Herzls »Judenstaat« (1896) und zuvor schon durch Moses →Hess' »Rom und Jerusalem« (1862) –, sind die inneren Ursachen wesentlich komplexer. Einerseits bezieht sich der Zionismus auf den jahrtausendealten religiösen Glauben an messianische Erlösung, der im jüdischen Bewußtsein immer mit der Rückkehr ins Land Israel und nach Zion (Jerusalem) verbunden war. Doch war dieser Glaube, der die Fähigkeit der Juden, im Exil zu überleben, begünstigte, im wesentlichen ein Glaube an die göttliche Vorsehung und hatte eine von Grund auf passive Dimension. Er führte, mit einigen wichtigen, aber marginalen Ausnahmen, nie zu konkreten Schritten im Hier und Jetzt mit dem Ziel, das Entstehen des jüdischen Gemeinwesens im Land der Juden zu bewerkstelligen. Andererseits trug das Aufkommen des modernen rassistischen →Antisemitismus gegen Ende des 19. Jahrhunderts in Ost- und Mitteleuropa – bei Juden und Nichtjuden gleichermaßen – entscheidend zu dem Bewußtsein eines neuen »jüdischen Problems« bei, für das die konventionellen liberalen Ideologien von →Emanzipation und Rechtsgleichheit keine angemessene Lösung bieten konnten. Aber diese Entwicklungen, die ost- und mitteleuropäische Juden in die Emigration trieben, sind keine ausreichende Erklärung für das Entstehen einer politischen Bewegung, die außerordentliche menschliche und finanzielle Ressourcen zur Institutionalisierung einer unabhängigen jüdischen Gesellschaft in Palästina mobilisierte.

Mit anderen Worten: Weder die traditionelle jüdische Religiosität noch der moderne Antisemitismus sind alleinige Bedingungen für das Entstehen des Zionismus. Er kann nur im Kontext der Moderne – sowohl politisch als auch sozial und ökonomisch –, im Zusammenhang mit dem verzweigten Geflecht jüdischer und nichtjüdischer Beziehungen in der vergehenden europäischen Gesellschaft des 19. Jahrhunderts und deren grundlegender Umwandlung gesehen werden.

Es war dieser Prozeß, in dessen Verlauf das prekäre Gleichgewicht gestört wurde, das den Juden eine Nische im christlichen Europa eröffnet hatte. Trotz Verfolgung, Diskriminierung und wiederholter Vertreibung gewöhnte sich das christliche Europa daran, mit der Existenz einer kleinen religiösen Minderheit in ihrer Mitte – den Juden – zu leben. Die Juden konnten unter der Voraussetzung, daß sie ihre Randstellung und ihre Unterordnung akzeptierten, einschließlich ihres Ausschlusses aus dem öffentlichen Leben dieser Gesellschaft, in den meisten Fällen ihre Existenz bewahren und ihre Religion weiter praktizieren.

Die Entstehung des modernen Nationalstaats, die einerseits auf der Idee der Selbstbestimmung und der Rechtsgleichheit aller Bürger und andererseits auf Ideen des nationalen Zusammenhalts aufgrund gemeinsamer Sprache und Geschichte, Mythen und Institutionen beruhte, konfrontierte sowohl Juden als auch Nichtjuden mit neuen Herausforderungen und Problemen. Nicht mehr die Frage nach religiöser Toleranz stand an oberster Stelle, sondern die nach Identität in einer Welt, in der Liberalismus einerseits und Nationalismus andererseits für die Menschen zuweilen widerstreitende Bindungen darstellten. Während die Ideen der Französischen Revolution den Juden zum ersten Mal die Gesellschaft auf der Grundlage der Rechtsgleichheit öffneten, brachten sie diesen Juden, die nun aus ihrem physischen und geistigen Ghetto befreit waren, gleichzeitig Identitätsprobleme, für die die traditionelle Weltanschauung des Judentums keine Lösung hatte. Wie sollten sie sich ihrem jüdischen Erbe stellen, im Hinblick auf jüdische Feiertage, Aufrechterhaltung familiärer Bindungen, Beibehaltung ihrer kulturellen Identität, angesichts einer Gesellschaft, die ihnen erstmals ihre Tore öffnete? Zugleich stellte der wachsende Nationalismus in Mittel- und Osteuropa, wo im 19. Jahrhundert die meisten Juden lebten, eine dieser Situation entsprechende Herausforderung dar: Sollten die Juden ihre Tradition jetzt als ausschließlich religiöses Bekenntnis ansehen, ihre ethnische und kulturelle Identität aufgeben, sich selber z. B. als »Deutsche mosaischen Glaubens« betrachten? Und wenn sie diese Option wählten – wie es viele von ihnen getan haben –, würde die von Ideen der nationalen Kontinuität, Geschichte und Identität durchdrungene Umgebung sie wirklich akzeptieren und nicht länger als fremd ansehen?

Diese Fragen stellten sich besonders in Gebieten mit zahlreicher jüdischer Bevölkerung wie im Russischen und im Österreichisch-Ungarischen Reich, wo Prozesse der Modernisierung – wenn auch in unterschiedlichem Tempo – auf zentrifugale Tendenzen nationaler Bewegungen trafen, die die Auflösung der multinationalen und autokratischen Reiche sowie deren Ersetzung durch Nationalstaaten forderten. In diesem facettenreichen Zusammenhang wurde die Frage der Identität und des kulturellen Erbes noch komplexer, da emanzipierte und säkularisierte Juden sich fragen mußten, zu welcher der vielen kulturellen und nationalen Identitäten ihrer Umgebung sie sich bekennen sollten – zu der vorherrschenden deutschen bzw. russischen Kultur oder zu den polnischen bzw. ungarischen Ansprüchen an kulturelle Autonomie oder eventuelle Hegemonie?

Mit der →Haskala (Aufklärung) in Mittel- und Osteuropa kam ein weiteres Problem hinzu: die Wiedergeburt des Hebräischen als literarischer und als Umgangssprache. Die Geschichte des jüdischen Volkes wurde zum anerkannten Studiengebiet innerhalb der Weltgeschichte (so, wie der deutsch-jüdische Historiker Heinrich Graetz seine frühe und einflußreiche Studie zur Geschichte des jüdischen Volkes nach Rankes Auffassung von Geschichte formte). Diese Entwicklung führte zu einer modernen, literarischen und nationalen Neuinterpretation der Bibel, nicht als eines spirituellen Textes, sondern als einer Sammlung des nationalen Erbes, reich an poetischen, ethischen und historischen Schätzen. Manifester Ausdruck dieser Entwicklung waren die hebräischen Nationalschulen in zahlreichen Gegenden Mittel- und Osteuropas, in denen man versuchte, eine moderne, jüdisch-nationale Elite auszubilden, die sowohl in der Weltkultur als auch in der modernen Interpretation der jüdischen Geschichte und der hebräischen Literatur heimisch sein sollte.

Die Haskala hatte in Osteuropa in den 50er bis 90er Jahren des 19. Jahrhunderts ihre Blütezeit und schuf die Grundlage für ein kulturelles – noch nicht politisches – jüdisches Nationalbewußtsein. Wie in vielen anderen europäischen Bewegungen lagen die ersten Stufen der Entwicklung des Nationalbewußtseins hauptsächlich auf kulturellem Gebiet. Erst später wurden diese Ideen mit romantischen Gedanken der Geschichtsschreibung und politischen Ideologien verbunden, die wiederum auf Selbstbestimmung gründeten.

Das war der Rahmen, in dem die von Herzl gegründete zionistische Bewegung sich entwickelte und politische Strukturen gewinnen konnte. Während Herzl anfangs dachte, der Erwerb einer jüdischen Heimstatt in Palästina sei mit diplomatischen Mitteln und durch die Vermittlung der europäischen Großmächte bei der osmanischen Regierung zu erreichen, so wurde doch bald klar, daß ohne eine Änderung der Bevölkerungsstruktur Palästinas die politische Annäherung nur minimale Ergebnisse erzielen konnte. Die kleinen und sporadischen Anstrengungen jüdischer Einwanderer und Siedler in Palästina, die der Entstehung des Zionismus vorausgingen, wurden zum Meilenstein für das massive Bemühen, eine eigene jüdische soziale, ökonomische und politische Infrastruktur in Palästina zu schaffen. Nach dem Ersten Weltkrieg wurde Palästina, das der britischen Mandatsregierung unterstellt wurde, zum britischen »Government«. Großbritannien hatte sich in der →Balfour-Deklaration von 1917 verpflichtet, eine nationale jüdische Heimstatt in Palästina zu errichten. In der Zeit von 1918 bis 1939 wuchs die Zahl der Juden in Palästina von weniger als 60 000 auf fast 600 000, und dieses Wachstum durch Immigration war begleitet von weitgehenden strukturellen Veränderungen der jüdischen Gesellschaft.

Die Zionisten betrachteten das, was sie die »Anomalie« der jüdischen Existenz nannten, stets nicht nur unter dem Faktum des Exils, der Zerstreuung des Volkes und der politischen Machtlosigkeit, sondern auch unter dem Aspekt der Abnormität der Sozialstruktur der Juden, die aus den Bedingungen des Exils hervorgegangen war und die jüdische Existenz auf bestimmte wirtschaftliche Tätigkeiten beschränkte und später, nach der Emanzipation, wiederum in bestimmte Berufe trieb. Eines der ersten und wichtigsten Ziele des Zionismus war, die Inversion der Sozialpyramide des jüdischen Volkes aufzuheben und im Land Israel eine produktive Basis für eine lebensfähige Gesellschaft zu schaffen. Auf diese Weise war die Einwanderung nach Palästina in vielen Fällen begleitet von einer bewußten Aufnahme manueller Arbeit, die zur Bildung einer jüdischen Arbeiterklasse und Bauernschaft in Palästina führte.

Diese soziale Revolution, die einen gewissen sozialen Abstieg mit sich brachte – was in anderen Einwanderungsgesellschaften recht ungewöhnlich war –, wurde erheblich erleichtert durch sozialistische Tendenzen, die unter den Immigranten in der Zeit von 1905 bis 1926 vorherrschten und zur Errichtung gemeinschaftlicher und kooperativer Dörfer führten, der Kibbuzim und der Moschavim. Diese waren Vehikel für die bewußte Umwandlung der jüdischen Sozialstruktur und für die Schaffung einer umfassenden sozialen Schichtung der jüdischen Gemeinschaft in Palästina, in der öffentliches Eigentum und sozialer Egalitarismus streng betont wurden.

Der Zionismus als eine jüdisch-nationale, auf das Land Israel konzentrierte Bewegung und die Entwicklung im Land hin zu einer großen jüdischen Gemeinschaft gaben der arabischen Opposition Auftrieb, sowohl in Palästina selbst als auch in den umliegenden arabischen Ländern. Die Araber in Palästina sahen sich der Bedrohung ausgesetzt, zu einer Minderheit im eigenen Land gemacht zu werden, eine Angst, die von den Regierungen der aufstrebenden arabischen Staaten verstärkt wurde. Diese Opposition führte in den Jahren 1921 und 1929 zu antijüdischen Unruhen, danach, von 1936 bis 1939, zur konzertierten arabischen Revolte in Palästina. Beide Erhebungen richteten sich gegen die britische Herrschaft und das Anwachsen der jüdischen Bevölkerung. Der Aufstand kulminierte im Krieg von 1948: Die Araber Palästinas und die arabischen Länder wiesen den Plan der Vereinten Nationen zur Teilung Britisch-Palästinas zurück und fielen am 15. Mai 1948 in Israel ein.

Der auch nach dem Krieg 1948/49 fortbestehende Konflikt blieb charakterisiert von einer steten Weigerung der arabischen Nachbarstaaten, die Legitimität Israels zu akzeptieren, was zu den Kriegsausbrüchen 1956, 1967 und 1973 wesentlich beitrug. Auch bei den direkten militärischen Auseinandersetzungen mit der PLO als der stärksten Fraktion der Palästinenser, wie sie sich während des Libanonkrieges 1982 und während der Intifada Ende der 80er Jahre ereigneten, blieben Kompromißlösungen von vornherein ausgeschlossen. Im Kontrast hierzu bewies das 1977 zwischen Ägypten und Israel geschlossene Friedensabkommen von →Camp David (USA) die Machbarkeit zwischenstaatlicher Aussöhnungen. Seit 1988 ließen auch Teile der PLO-Führung ihre Bereitschaft erkennen, das Existenzrecht Israels nicht weiter in Frage zu stellen und auf eine politische Lösung des Konfliktes hinzuarbeiten. Die israelische Mitte-Links-Regierung unter Rabin und Peres brachte ihrerseits verschiedene Autonomieabkommen mit der palästinensischen Führung unter Arafat (Gaza-Jericho-Abkommen 1993, Oslo I und II in den Jahren 1994/95) und einen Friedensvertrag mit Jordanien (1994) auf den Weg, was im Land selbst u.a. zu einer verstärkten Diskussion über die Rolle des Zionismus in der Gegenwart führte. Die Mannigfaltigkeit kultureller, politischer und religiöser Interpretation des Zionismus ist dort nach wie vor stark präsent und reicht von messianischen, nationalreligiösen und eher traditionell-pragmatischen Vorstellungen bis hin zu den Ideen der »Postzionisten«, die eine Entmythologisierung und Relativierung der ursprünglichen zionistischen Bewegung im Kontext der neuen gesellschaftlichen Gegebenheiten im Lande und in Nahost anstreben. Im Zuge kultureller und demographischer Veränderungen erheben aber zunehmend nationalreligiöse und konservative Kräfte Anspruch auf das zionistische Erbe. Nach deren Interpretation habe der Zionismus nicht als nationale Befreiungsbewegung zu Ende des 19. Jahrhunderts begonnen, sondern sei als bedeutende jüdisch-messianische Strömung schon seit der Zerstörung des 2.Tempels in → Jerusalem im Jahre 70 u.Z. existent und als identitätsstiftender Faktor auch nach der Etablierung des modernen Staates Israel unverzichtbar.

Obwohl die meisten Juden in den demokratischen, freien westlichen Gesellschaften wenig geneigt sind, selbst nach Israel auszuwandern, hat die reale Existenz dieses Staates doch die ideelle und normative Balance des jüdischen Lebens verändert. Viele Juden in der Diaspora sehen heute in Israel das eigentliche Zentrum jüdischen

Lebens, und ein an Israel orientiertes jüdisches Bewußtsein trat in vielen Fällen an die Stelle älterer, traditionellerer Formen jüdischer Identität. Die massive Einwanderung von Juden aus der ehemaligen Sowjetunion während der 90er Jahre hat gezeigt, daß die historische Analyse des Zionismus noch lange nicht zum Abschluß gekommen ist: Die Entstehung moderner Gesellschaften führt in den entscheidenden Phasen ihrer Entwicklung immer wieder dazu, daß moderne, säkularisierte Juden Identitäts- und Existenzprobleme haben. Heute ist es die größte Herausforderung für Israel – und den Zionismus –, die friedliche Integration der eigenen Gesellschaft in seine unmittelbare Umwelt zu erwirken. Dieser Prozeß wechselseitiger Anpassung und Anerkennung kam bis Mitte der 90er Jahre gut voran, wird aber immer wieder durch fundamentalistische Opponenten auf arabisch-palästinensischer und israelischer Seite erschwert.
(Aus dem Englischen von Petra Bartnik)

Zion, 1. ursprünglich Name eines Hügels Jerusalems und der auf ihm angelegten Burgfeste, die von David erobert und danach Davidstadt genannt wurde. Als diese sich nach Norden erweiterte, wurde auch der Tempelberg Zion genannt (z. B. Jes 10,12). Später wurde Zion eine dichterische Bezeichnung für ganz Jerusalem (Am 6,1) und dann weiter für das ganze Land (Jes 1,27).
2. Chowewe-zion, Berliner Monatsschrift, gegründet 1895 (bestand bis 1899), 1895/96 herausgegeben von dem Historiker, Volkskundler und Bibliothekar Heinrich Loewe (1869–1951). Chowewe Zion (»Zionsliebende«), Anhänger der Zionsidee, hatten sich erstmals in Rußland, unter dem Eindruck der Pogrome von 1881/82, in kleinen Gruppen zusammengefunden (auch L. →Pinsker). (JS)

Zionisten-Revisionisten, Bezeichnung einer Partei innerhalb der Zionistischen Organisation, die sich im April 1925 unter Führung von Z. →Jabotinsky als Opposition gegen die herrschende Richtung C. →Weizmanns konstituierte. Die Gruppierung wollte die zionistische Politik der Nachkriegszeit »revidieren« im Sinne der Rückkehr zur Herzlschen Idee des Judenstaats. Am Anfang sollte die politische Aktion stehen, d. h. die Kolonisation sollte sich auf politische Machtmittel stützen. Als solche wurde 1. die Wiederherstellung der jüdischen Legion und 2. ein Kolonisationsregime gefordert. Um diese beiden Forderungen durchzusetzen, bedürfe es einer energischen jüdischen Politik, die alle Macht des jüdischen Volkes einsetze. Die Zionisten-Revisionisten hielten 1925, 1926, 1928 und 1930 Weltkonferenzen ab. Sie traten für eine militärische Erziehung der jüdischen Jugend und für zionistischen »Monismus« ein, d. h. der Zionismus sollte alleiniges Ideal der Jugend sein, ohne Mischung mit Sozialismus oder anderen Ideen. (JS)

Zionistischer Weltkongreß, gegründet durch T. →Herzl, eine alle zwei Jahre tagende Versammlung der durch demokratische Wahlen gewählten Vertreter der Zionistischen Organisation, die die oberste gesetzgebende Instanz bilden. Der erste Kongreß fand in Basel vom 29. bis 31. 8. 1897 statt, spätere Kongresse ebenfalls in Basel, aber auch in London, Den Haag, Hamburg, Wien, Karlsbad, Zürich, Prag, Luzern und Genf. Seit dem 23. Kongreß (14. bis 30. 8. 1951) findet der Kongreß regelmäßig in Jerusalem statt. (JS)

Zionistische Vereinigung für Deutschland (Z.V.f.D.), gegründet 1897 von M. I. →Bodenheimer, D. →Wolffsohn und Fabius Schach. Organisatorisch war die Z.V.f.D. auf demokratischer Grundlage aufgebaut. Ihr höchstes Organ war der jährlich zusammentretende Delegiertentag, der aus allgemeinen, direkten und geheimen Wahlen aller der Vereinigung angehörenden Zionisten hervorging. Die Arbeit an den einzelnen Orten wurde von »Ortsgruppen« geleistet, von denen es etwa 200 gab und die ihrerseits territorial zu Gruppenverbänden zusammengefaßt waren. Zentrales publizistisches Organ war die »Jüdische Rundschau«. Anfang der 30er Jahre hatte die Z.V.f.D. etwa 20 000 Mitglieder. (JS)

Zionist Organization of America (ZOA), als Dachverband vieler zionistischer Gruppen unter der Leitung von L. D. →Brandeis am 25. 6. 1916 konstituiert; Übernahme des Baseler Programms des ersten Zionistischen Kongresses; 1920–30 durch interne Konflikte handlungsunfähig. Während der Zeit der nationalsozialistischen Bedrohung kämpften die zwei Vorsitzenden S. S. →Wise und A. H. →Silver für die Rettung des europäischen Judentums, nach dem Zweiten Weltkrieg für einen jüdischen Staat in Palästina. Die ZOA fördert die →Alija für amerikanische Juden und versucht die Verbindungen zwischen Israel und den USA zu stärken; unterhält englischsprachige Schulen in Israel. (CL)

Zisterzienserorden. Der Zisterzienserorden zeichnete sich vor allem in seiner Frühzeit durch besondere Aufgeschlossenheit gegenüber den Juden aus. Stephan Harding, der als Abt von Cîteaux (1109–33) mit der »Charta caritatis« die reformerische Basis für den Zisterzienserorden schuf, leitete im Zusammenwirken mit jüdischen Gelehrten gleichzeitig eine Revision des Vulgatatextes ein. Das Prinzip der →Veritas Hebraica nahm auch der italienische Rechtslehrer →Nicolaus Maniacoria auf. Dieser Auffassung entsprach die Betonung der paulinischen Linie der auch für Israel gültigen Verheißungen etwa bei Wilhelm von St.-Thierry (um 1085–1148), einem der geistigen Führer des Zisterzienserordens, in seiner Auslegung des Römerbriefs. Besonders galt dies für den eigentlichen Sprecher des Zisterzienserordens, →Bernhard von Clairvaux, der in Wort und Tat für die Schonung der Juden eintrat. Diese Haltung war noch bis zum Ende des 12. Jahrhunderts für den Orden charakteristisch, etwa bei →Adam von Perseigne. Die Meinung, daß die Christen schlimmer sündigten als die Juden, kann geradezu als Zisterziensertopos bezeichnet werden. Als 1198 das Generalkapitel des Zisterzienserordens wegen der über Bibelstudium und -exegese hinausgehenden Beziehungen zu Rabbinern Diskussionen mit Juden verbot, leitete es auch in diesem Bereich eine Wende ein. (FL)

Zizit (Quasten, Schaufäden). In Num 15,37–41 wird das Tragen von Quasten an den vier Zipfeln des Gewands als →Mizwa erwähnt. Die Zizit sollen an die Erfüllung der religiösen Pflichten erinnern. Sie dienen zur Ermahnung und Stärkung gegen die Gefahr der Sünde (Men 44a). Die Zizit bestehen aus einem längeren (Schamasch) und drei kürzeren weißen Fäden, die durch Löcher in den vier Ecken des Gewands gezogen werden. Der lange Faden wird mehrmals um die anderen gewunden, so daß sie, zusammen mit dem Zahlenwert der Zizit (600), die Zahl der biblischen Gebote (613) ergeben. Der blaue Faden an den Zizit erinnert vermutlich an den Himmelsthron Gottes (Men 43b). Die Zizit wurden besonders zur griechisch-römischen Zeit auf den →Tallit (Gebetsmantel) begrenzt. Daraus entwickelte sich der sog. kleine Tallit, ein rechteckiger Kleidungsstoff mit einer Öffnung für den Kopf und Quasten an den vier Ecken, woraus sich der Begriff Arba Kanfot (vier Ecken) herleitet. Frauen sind vom Tragen der Zizit ausgenommen. Heute werden die Zizit nur noch von orthodoxen Juden getragen. (RED)

Zomet (hebräische Abkürzung für »Bewegung für Zionistische Erneuerung«), unter Führung des ehemaligen Generalstabschefs Raphael Eytan gebildete bürgerlich-liberal-nationalistische Gruppierung in Israel, die 1984 mit der →Techija-Partei eine gemeinsame Wahlliste vorlegte und in den Knessetwahlen desselben Jahres vier Prozent der Stimmen und fünf Mandate erhielt. 1985 vereinigte sich Zomet mit Techija, spaltete sich im November 1987 jedoch wieder ab und setzte sich als selbständige Partei, besonders für eine Reform des Wahlsystems ein. Im Juni 1990 beteiligte sich Zomet an der vom →Likud geführten Regierungskoalition. Im Februar 1994 spaltete sich eine Gruppe von 3 Abgeordneten unter dem Namen →Yiud ab; sie trat im Dezember 1994 der Regierung Rabin bei. Ihr Vorsitzender Gonen Segev wurde Energieminister. 1996 schloß Zomet ein Wahlbündnis mit dem Likud. Als selbständige Partei erzielte Zomet in den Wahlen zur Knesset folgende Ergebnisse:

1988	2,0%	der Stimmen	2 Mandate
1992	6,4%	der Stimmen	8 Mandate

(DB/MW)

Zülz, Oberschlesien. Seit 1562 in der vom Kaiser an den Grafen von Proskau verpfändeten Herrschaft Zülz nachweisbar, bildeten die Juden von Zülz eine der vier jüdischen Gemeinden Schlesiens. Durch kaiserliches Privileg erhielten sie 1699 die Erlaubnis, alle öffentlichen schlesischen Jahr- und Wochenmärkte gleich den christlichen Kaufleuten zu besuchen. Das Aufnahmerecht lag auch in der preußischen Zeit bei der Grundherrschaft. Im 18. Jahrhundert zählte Zülz bisweilen mehr jüdische als christliche Einwohner; es war Sitz eines eigenen Gerichts und eines eigenen Rabbinats. Nach dem Edikt von 1812 verlor Zülz seine Bedeutung als jüdisches Zentrum in →Schlesien. (AH)

Zunz, Leopold, Mitbegründer der Wissenschaft des Judentums, 10. 8. 1794 Detmold – 17. 3. 1886 Berlin. Besuch der Samsonschule in Wolfenbüttel, Studium an der Universität Berlin. Beteiligung 1819 an der Gründung des →Vereins für Cultur und Wissenschaft der Juden, 1821 Promotion zum Doktor der Philosophie in Halle. Vorkämpfer für die Emanzipation der Juden in Deutschland, 1840–50 Direktor des Jüdischen Lehrerseminars in Berlin, 1823 bis 1831 Mitglied der Redaktion der »Haude & Spenerschen Zeitung«; nahm 1848 an der März-Revolution in Berlin teil. 1862 und 1870 Wahlmann in Berliner Wahlkreisen. Zunz forderte für die Juden »nicht Rechte, sondern Recht, nicht Freiheiten, sondern Freiheit«. Hauptwerke: »Die gottesdienstlichen Vorträge der Juden« (1832), »Die synagogale Poesie des Mittelalters« (1855), »Literaturgeschichte der synagogalen Poesie« (1866). Kleinere Abhandlungen und Aufsätze sind in den »Gesammelten Schriften« vereinigt, die 1874 zum 80. Geburtstag von Zunz herausgegeben wurden.

L N. N. Glatzer (Hrsg.), Leopold Zunz. Jude, Deutscher, Europäer, 1964. (JS)

Zwangstaufe. Mit der Einführung des Christentums als Staatsreligion und dem Verbot aller häretischen und heidnischen Kulte mehrten sich seit Ende des 4. Jahrhunderts Versuche von kirchlicher Seite, durch Synagogenzerstörung, Vertreibung und Zwangstaufe auch das Judentum gewaltsam zu unterdrücken. Dagegen unterstrichen die Kaiser in ihren Dekreten, daß die jüdische Religion nicht verboten und Übergriffe gegen Juden streng zu bestrafen seien. Als es dennoch in Gallien und Italien weiterhin zu Gewalttaten kam, legte Papst →Gregor I. in verschiedenen Reskripten die Kirche grundsätzlich auf die Freiwilligkeit der Bekehrung fest. Diese Regelung ging über die kirchenrechtlichen Sammlungen →Burchards und →Ivos von Chartres in das Decretum →Gratians ein. Trotzdem hatten Westgotenkönige und der fränkische König Dagobert auch im 7. Jahrhundert und byzantinische Kaiser vom 7. bis 9. Jahrhundert wiederholt, doch ohne dauernden Erfolg die Zwangstaufe aller Juden angeordnet. Im Rhôneraum kam es vor 950 zu einer Zwangstaufe jüdischer Kinder (→Kindertaufe). Die →Judenprivilegien deutscher Kaiser im Hoch-Mittelalter wandten sich daher nicht nur grundsätzlich gegen die Zwangstaufe, sondern verboten ausdrücklich auch die Entführung jüdischer Kinder. Dennoch stellten die Kreuzfahrer die Juden oft vor die Alternative »Tod oder Taufe«. In den zahlreichen →Sicut-Iudaeis-Bullen seit dem 12. Jahrhundert betonten die Päpste die Unzulässigkeit der Zwangstaufe. 1201 führte →Innozenz III. jedoch mit einer später als »Canones Maiores Ecclesiae« in den →Liber Extra (X 3,42,3) aufgenommenen Verfügung die Unterscheidung von absolutem und bedingtem Zwang ein und wertete jede vorübergehende Zustimmung zur Taufe selbst unter Todesdrohung als freiwillige und daher unwiderrufliche Bekehrung. Damit setzten sich rückfällige Zwangskonvertiten den Strafen für →Apostasie (Verbrennung als Ketzer) aus, die vom 13. Jahrhundert an verschärft wurden. Verheerende Folgen hatte die Zwangstaufe der Juden in Spanien und Portugal seit dem Ende des 14. Jahrhunderts (→Marranen), die mit der Ausweisung aller noch am Glauben festhaltenden Juden 1492 bzw. 1497 endete. Aber auch noch im 19. Jahrhundert ereigneten sich zahlreiche Fälle von Zwangstaufe, vor allem in Italien, Galizien, Polen und Rußland. (FL)

Zweig, 1. Arnold, Schriftsteller und Kulturphilosoph, 10. 11. 1887 Großglogau, Schlesien – 26. 11. 1968 Berlin. Seit 1923 in Berlin, zeitweise Redakteur der »Jüdischen Rundschau«. Seit 1933 in Palästina; in Haifa Mitherausgeber der Wochenzeitung »Orient« (1942/43). 1948 Rückkehr nach Berlin (Ost). Jüdische Themen werden häufig behandelt, so bereits im ersten Buch, »Aufzeichnungen über eine Familie Klopfer« (1911), ferner u. a. in den Dramen »Abigail und Nabal« (1913) und »Ritualmord in Ungarn« (1915; Neubearbeitung »Die Sendung Semaels«, 1920). Ausschließlich der jüdischen Thematik gewidmet sind »Das Ostjüdische Antlitz« (1920), eine Apologie des Ostjudentums; »Die Umkehr des Abtrünnigen« (Tragödie, 1925); »Caliban« (1927), eine psychologisch-soziologische Analyse der Judenfeindschaft; »Juden auf der deutschen Bühne« (1928); der Essay »Bilanz der deutschen Judenheit 1933« (1934), in dem der universalistische Ethos des Judentums betont wird. »De Vriendt kehrt heim« (1932) ist ein bedeutender Roman über das Palästina der 20er Jahre. Zweigs Lösung der »Judenfrage« besteht weder in totaler Assimilation noch im nationalen »Judenstaat«, sondern in der Anerkennung der jüdischen Gruppe innerhalb der verschiedenen Staaten. (IG)

2. Stefan, Schriftsteller, 28. 11. 1881 Wien – 23. 2. 1942 Petropolis, Brasilien (Freitod).

Nach dem Studium der Philologie viele Reisen; 1914 im Wiener Kriegsarchiv, dann 1917/18 als pazifistischer Humanist in Zürich. 1919–34 Salzburg, 1938 Emigration nach England, 1940 New York, seit 1941 in Brasilien. In seiner Autobiographie, »Die Welt von gestern« (1942), hat der aus dem mährischen Judentum stammende Zweig der Epoche vor dem Ersten Weltkrieg ein Denkmal gesetzt: als einer Welt der Sicherheit, deren Kultur wesentlich vom jüdischen, ins Geistige strebenden Bürgertum bestimmt wurde. Die Karriere als Schriftsteller begann bereits um 1900, der Erfolg als kongenialer Übersetzer, Novellist und biographischer Essayist blieb Zweig bis in die 30er Jahre treu und setzte sich nach 1945 fort (u. a. »Drei Meister«, 1920; »Amok«, 1922; »Sternstunden der Menschheit« und »Verwirrung der Gefühle«, 1927; »Baumeister der Welt«, 1935; »Ungeduld des Herzens«, 1938; »Schachnovelle«, 1941). Im Drama »Jeremias« (1917) behandelte Zweig am biblischen bzw. jüdischen Modell die Frage der Macht der Besiegten. (HH)

Stefan Zweig

Żydowski Instytut Historyczny →Dokumentationszentren

Zypern. Die erste Erwähnung Zyperns erfolgte als »Kittim« im Buch Jesaja. Im 1. Jahrhundert n. Z. hatte sich eine größere Anzahl von Juden auf Zypern niedergelassen. Sie kämpften zusammen mit der übrigen Bevölkerung gegen die Römer, wurden jedoch nach ihrer Niederlage von der Insel verbannt. Im späten Mittelalter entstanden neue Gemeinden in Nikosia, Paphos und Famagusta. Nach der Einsetzung einer britischen Verwaltung im 19. Jahrhundert wurde versucht, Juden im landwirtschaftlichen Bereich anzusiedeln, jedoch mit geringem Erfolg. Nach dem Zweiten Weltkrieg errichteten die Briten Internierungslager für Juden, die illegal versucht hatten, nach Palästina einzuwandern. 1945–49 waren etwa 11 000 Juden interniert; sie und die Mehrheit der jüdischen Bevölkerung wanderten nach Aufhebung des Auswanderungsverbots nach Israel oder Großbritannien aus. Der Anteil der heute auf Zypern lebenden Juden ist verschwindend gering. Zwischen Zypern und Israel bestehen volle diplomatische Beziehungen. Israel unterhält eine Botschaft in Nikosia. (PB)